MITCH

..., ...

V6V 1G5

anglais
maxi

Le Robert
& Collins

anglais
maxi

français-anglais / anglais-français

HarperCollins Publishers
Westerhill Road
Bishopbriggs
Glasgow
G64 2QT
Great Britain

Septième édition en France/
Seventh edition in France 2015

© William Collins Sons & Co. Ltd 1988
© HarperCollins Publishers 1995, 1997, 1999,
2004, 2007, 2009, 2015

ISBN 978-0-00-754642-8

Collins® is a registered trademark of
HarperCollins Publishers Limited

www.collinsdictionary.com

Dictionnaires Le Robert
25, avenue Pierre de Coubertin,
75211 Paris cedex 13
France

www.lerobert.com

ISBN Maxi+ 978-2-32100-851-4
ISBN Maxi 978-2-32100-845-3

Dépôt légal mai 2016
Achevé d'imprimer en mai 2016

Photocomposition/Typeset by
Davidson Publishing Solutions, Glasgow

Imprimé en Italie par/Printed in Italy by
Legoprint

Tous droits réservés/All rights reserved

DIRECTION ÉDITORIALE/
EDITORIAL DIRECTORS

Catherine Love
Helen Newstead

CHEFS DE PROJET/PROJECT EDITORS

Teresa Álvarez
Susie Beattie
Janice McNeillie

COLLABORATEURS/CONTRIBUTORS

Phyllis Buchanan
Daphne Day
Laurence Larroche
Cordelia Lilly
Christian Salzédo
Anna Stevenson

INFORMATIQUE ÉDITORIALE/
TECHNICAL SUPPORT

Thomas Callan
Agnieszka Urbanowicz

POUR LA MAISON D'ÉDITION/
FOR THE PUBLISHER

Gerry Breslin
Kerry Ferguson

Le contenu consultable depuis le site www.lerobert.com vous est offert pour l'achat du **Maxi anglais**.

Cependant, l'accès à ce contenu peut être payant. Il dépend de votre connexion Internet, variable selon votre fournisseur d'accès, de votre opérateur et de votre type d'abonnement. Les Dictionnaires Le Robert ne peuvent être tenus responsables de la qualité ni du coût de la connexion au réseau, au serveur ou au site. Ils ne garantissent pas l'absence de virus, de bogues ou de défauts dans les contenus proposés en consultation depuis le site www.lerobert.com. Ils ne peuvent être tenus responsables d'éventuelles difficultés d'accès à ces contenus. Le contenu proposé est destiné à votre usage personnel.

Il est propriété des Dictionnaires Le Robert.

Table des matières   # Contents

LES MARQUES DEPOSÉES

Les termes qui constituent à notre connaissance une marque déposée ont été désignés comme tels. La présence ou l'absence de cette désignation ne peut toutefois être considérée comme ayant valeur juridique.

NOTE ON TRADEMARKS

Words which we have reason to believe constitute trademarks have been designated as such. However, neither the presence nor the absence of such designation should be regarded as affecting the legal status of any trademark.

Introduction

Vous désirez apprendre l'anglais ou approfondir des connaissances déjà solides. Vous voulez vous exprimer dans la langue de Shakespeare, lire ou rédiger des textes en anglais ou converser avec des interlocuteurs anglophones. Que vous soyez lycéen, étudiant, touriste, secrétaire ou chef d'entreprise, vous venez de choisir le compagnon de travail idéal pour vous exprimer et communiquer en anglais, à l'oral comme à l'écrit. Résolument pratique et moderne, ce dictionnaire fait une large place au vocabulaire de tous les jours, aux domaines de l'actualité, des affaires, de la bureautique et du tourisme. Comme dans tous nos dictionnaires, nous avons mis l'accent sur la langue contemporaine et les expressions idiomatiques.

Mode d'emploi
Vous trouverez ci-après quelques explications sur la manière dont les informations sont présentées dans ce dictionnaire.

Les articles
Voici les différents éléments dont se compose une entrée ou un article type du dictionnaire :

Transcription phonétique
La prononciation de tous les mots figure, entre crochets, immédiatement après l'entrée, qui est en caractères gras. Comme la plupart des dictionnaires modernes, nous avons opté pour le système dit « alphabet phonétique international ». Vous trouverez ci-dessous, aux pages xii et xiii, une liste complète des caractères utilisés.

Données grammaticales
Les mots appartiennent tous à une catégorie grammaticale donnée : substantif, verbe, adjectif, adverbe, pronom, article, conjonction. Les substantifs peuvent être singuliers ou pluriels et, en français, masculins ou féminins. Les verbes peuvent être transitifs, intransitifs, pronominaux (ou réfléchis) ou encore impersonnels. La catégorie grammaticale des mots est indiquée en *italique*, immédiatement après le mot.

Souvent un mot se subdivise en plusieurs catégories grammaticales. Ainsi le français **creux** peut-il être un adjectif ou un nom masculin et l'anglais **early** peut-il être soit un adverbe, soit un adjectif. De même le verbe **fumer** est parfois transitif (« fumer un cigare »), parfois intransitif (« défense de fumer »). Pour vous permettre de trouver plus rapidement le sens que vous cherchez, et pour aérer la présentation, nous avons séparé les différentes catégories grammaticales par un petit triangle bleu ▶.

Subdivisions sémantiques

La plupart des mots ont plus d'un sens ; ainsi **bouchon** peut être un objet servant à boucher une bouteille, ou, dans un sens figuré, un embouteillage. D'autres mots se traduisent différemment selon le contexte dans lequel ils sont employés : **couler** se traduira en anglais « to leak » ou « to sink » selon qu'il s'agit d'un stylo ou d'un bateau. Pour vous permettre de choisir la bonne traduction dans tous les contextes, nous avons subdivisé les articles en catégories de sens: chaque catégorie est introduite par une « indication d'emploi » entre parenthèses et en *italique*. Pour les exemples ci-dessus, les articles se présenteront donc comme suit :

> **bouchon** [buʃɔ̃] *nm* (*en liège*) cork; (*autre matière*)
> stopper; (*de tube*) top; (*fig* : *embouteillage*) holdup;
> (*Pêche*) float

> **couler** [kule] /1/ *vi* to flow, run; (*fuir* : *stylo*,
> *récipient*) to leak; (: *nez*) to run; (*sombrer* : *bateau*) to
> sink

De même, certains mots changent de sens lorsqu'ils sont employés dans un domaine spécifique, comme par exemple **puce** que nous employons généralement dans son acception de « petit insecte sauteur », mais qui est aussi un terme d'informatique. Pour montrer à l'utilisateur quelle traduction choisir, nous avons donc ajouté, en *italique* entre parenthèses, et commençant par une majuscule, une indication de domaine, dans ce cas (*Informatique*), que nous avons abrégée pour gagner de la place en (*Inform*) :

> **puce** [pys] *nf* flea; (*Inform*) chip

Une liste complète des abréviations utilisées dans ce dictionnaire figure ci-dessous aux pages x et xi.

Traductions

La plupart des mots français se traduisent par un seul mot anglais, et vice-versa, comme dans les exemples ci-dessus. Parfois cependant, il arrive qu'il n'y ait pas d'équivalent exact dans la langue d'arrivée et nous avons donné un équivalent approximatif, indiqué par le signe ≈. C'est le cas par exemple pour le mot **baccalauréat**, dont l'équivalent anglais est « A levels » : il ne s'agit pas d'une traduction à proprement parler puisque les deux systèmes scolaires sont différents :

> **baccalauréat** [bakalɔʀea] *nm* ≈ A levels *pl*
> (*Brit*), ≈ high school diploma (*US*)

Parfois, il est même impossible de trouver un équivalent approximatif. C'est le cas par exemple pour les noms de plats régionaux, comme le plat languedocien suivant :

> **cassoulet** [kasulɛ] *nm sausage and bean hotpot*

L'explication remplace ici une traduction (qui n'existe pas) ; pour plus de clarté, cette explication, ou glose, est donnée en *italique*.

Souvent aussi, on ne peut traduire isolément un mot ou une acception particulière d'un mot. La traduction anglaise d'**éponge**, par exemple, est « sponge » ; cependant **passer l'éponge** se traduit par « to let bygones be bygones ». Dans cette phrase, « sponge » (la traduction d'**éponge**) n'est pas utilisé du tout. C'est là que votre dictionnaire se révélera particulièrement utile et complet, car il contient un maximum de composés, de phrases et d'expressions idiomatiques.

Registre

En français, vous saurez instinctivement quand dire **j'en ai assez** et quand dire **j'en ai marre** ou **j'en ai ras le bol**. Mais lorsque vous essayez de comprendre quelqu'un qui s'exprime en anglais, ou de vous exprimer vous-même en anglais, il est très important de savoir ce qui est poli et ce qui l'est moins. Nous avons donc ajouté l'indication *(fam)* aux expressions de langue familière ; les expressions particulièrement grossières se voient dotées d'un point d'exclamation supplémentaire *(fam!)* dans la langue de départ comme dans la langue d'arrivée, vous incitant à une prudence accrue. Notez également que dans la partie français-anglais, les traductions qui appartiennent au registre vulgaire sont suivies d'un point d'exclamation entre parenthèses.

Mots-clés

Une importance particulière a été accordée aux mots qui figurent dans le texte sous la mention **mot-clé**. Il s'agit de certains des mots les plus courants, comme **être** et **faire** ou leurs équivalents anglais **be** et **do**, que nous avons traités d'une manière plus approfondie parce que ce sont des éléments de base de la langue.

Notes culturelles

Les articles présentées sous forme de notices en-dessous de l'entrée expliquent certaines caractéristiques culturelles des pays francophones et anglophones. Les médias, l'éducation, la politique et les fêtes figurent parmi les sujets traités. Exemples : **afternoon tea, Super Bowl, Pacs** et **fête des rois**.

Notes linguistiques

De nombreuses notes sur la langue anglaise ont été introduites pour compléter les informations données dans les entrées. Ces notes d'usage permettent d'éviter un certain nombre d'erreurs courantes en anglais et d'expliquer plus en détail certaines différences entre les deux langues.

Abréviations

Abbreviations

abréviation	*ab(b)r*	abbreviation
adjectif, locution adjectivale	*adj*	adjective, adjectival phrase
administration	*Admin*	administration
adverbe, locution adverbiale	*adv*	adverb, adverbial phrase
agriculture	*Agr*	agriculture
anatomie	*Anat*	anatomy
architecture	*Archit*	architecture
article défini	*art déf*	definite article
article indéfini	*art indéf*	indefinite article
automobile	*Aut(o)*	cars
aviation, voyages aériens	*Aviat*	flying, air travel
biologie	*Bio(l)*	biology
botanique	*Bot*	botany
anglais britannique	*Brit*	British English
chimie	*Chem*	chemistry
cinéma	*Ciné, Cine*	cinema
commerce, finance, banque	*Comm*	commerce, finance, banking
informatique	*Comput*	computing
conjonction	*conj*	conjunction
construction	*Constr*	building
nom utilisé comme adjectif	*cpd*	compound element
cuisine	*Culin*	cookery
article défini	*def art*	definite article
déterminant : article, adjectif démonstratif *ou* indéfini, etc	*dét*	determiner: article, demonstrative, etc
économie	*Écon, Econ*	economics
électricité, électronique	*Élec, Elec*	electricity, electronics
en particulier	*esp*	especially
exclamation, interjection	*excl*	exclamation, interjection
féminin	*f*	feminine
langue familière (! emploi vulgaire)	*fam(!)*	colloquial usage (! particularly offensive)
emploi figuré	*fig*	figurative use
(verbe anglais) dont la particule est inséparable	*fus*	(phrasal verb) where the particle is inseparable
généralement	*gén, gen*	generally
géographie, géologie	*Géo, Geo*	geography, geology
géométrie	*Géom, Geom*	geometry
histoire	*Hist*	history
humoristique	*hum*	humorous
langue familière (! emploi vulgaire)	*inf(!)*	colloquial usage (! particularly offensive)
infinitif	*infin*	infinitive
informatique	*Inform*	computing
invariable	*inv*	invariable
irrégulier	*irrég, irreg*	irregular
domaine juridique	*Jur*	law

Abréviations

Abbreviations

grammaire, linguistique	*Ling*	grammar, linguistics
littéral	lit	literal
masculin	*m*	masculine
mathématiques	*Math*	mathematics
médecine	*Méd, Med*	medical term, medicine
masculin *ou* féminin	*m/f*	masculine *or* feminine
domaine militaire, armée	*Mil*	military matters
musique	*Mus*	music
nom	*n*	noun
navigation, nautisme	*Navig, Naut*	sailing, navigation
nom *ou* adjectif numéral	*num*	numeral noun *or* adjective
	o.s.	oneself
péjoratif	*péj, pej*	derogatory, pejorative
photographie	*Phot(o)*	photography
physiologie	*Physiol*	physiology
pluriel	*pl*	plural
politique	*Pol*	politics
participe passé	*pp*	past participle
préposition	*prép, prep*	preposition
pronom	*pron*	pronoun
psychologie, psychiatrie	*Psych*	psychology, psychiatry
temps du passé	*pt*	past tense
quelque chose	*qch*	
quelqu'un	*qn*	
religion, domaine ecclésiastique	*Rel*	religion
	sb	somebody
enseignement, système scolaire et universitaire	*Scol*	schooling, schools and universities
(verbe anglais) dont la particule est séparable	*sep*	(phrasal verb) where the particle is separable
singulier	*sg*	singular
	sth	something
subjonctif	*sub*	subjunctive
sujet (grammatical)	*su(b)j*	(grammatical) subject
superlatif	*superl*	superlative
technologie	*Tech*	technology
télécommunications	*Tél, Tel*	telecommunications
théâtre	*Théât, Theat*	theatre
télévision	*TV*	television
typographie	*Typ(o)*	typography, printing
anglais des USA	*US*	American English
verbe (auxiliaire)	*vb (aux)*	(auxiliary) verb
verbe intransitif	*vi*	intransitive verb
verbe pronominal	*vpr*	pronominal verb
verbe transitif	*vt*	transitive verb
zoologie	*Zool*	zoology
marque déposée	®	registered trademark
indique une équivalence culturelle	≈	introduces a cultural equivalent

Transcription phonétique

Consonnes		Consonants
poupée	p	*puppy*
bombe	b	*baby*
tente thermal	t	*tent*
dinde	d	*daddy*
coq qui képi	k	*cork kiss chord*
gag bague	g	*gag guess*
sale ce nation	s	*so rice kiss*
zéro rose	z	*cousin buzz*
tache chat	ʃ	*sheep sugar*
gilet juge	ʒ	*pleasure beige*
	tʃ	*church*
	dʒ	*judge general*
fer phare	f	*farm raffle*
valve	v	*very rev*
	θ	*thin maths*
	ð	*that other*
lent salle	l	*little ball*
rare rentrer	ʀ	
	r	*rat rare*
maman femme	m	*mummy comb*
non nonne	n	*no ran*
agneau vigne	ɲ	
	ŋ	*singing bank*
hop !	h	*hat reheat*
yaourt paille	j	*yet*
nouer oui	w	*wall bewail*
huile lui	ɥ	
	x	*loch*

Divers		Miscellaneous
pour l'anglais : le **r** final se prononce en liaison devant une voyelle	ʳ	in English transcription: final **r** can be pronounced before a vowel
pour l'anglais : précède la syllabe accentuée	ˈ	in French wordlist: no liaison before aspirate **h**

NB : p, b, t, d, k, g sont suivis d'une aspiration en anglais.

NB: p, b, t, d, k, g are not aspirated in French.

En règle générale, la prononciation est donnée entre crochets après chaque entrée. Toutefois, du côté anglais-français et dans le cas des expressions composées de deux ou plusieurs mots non réunis par un trait d'union et faisant l'objet d'une entrée séparée, la prononciation doit être cherchée sous chacun des mots constitutifs de l'expression en question.

Phonetic transcription

Voyelles		Vowels
ici vie lyrique	i i:	heel bead
	ɪ	hit pity
jouer été	e	
lait jouet merci	ɛ	set tent
plat amour	a æ	bat apple
bas pâte	ɑ ɑ:	after car calm
	ʌ	fun cousin
le premier	ə	over above
beurre peur	œ	
peu deux	ø ə:	urgent fern work
or homme	ɔ	wash pot
mot eau gauche	o ɔ:	born cork
genou roue	u	full hook
	u:	boom shoe
rue urne	y	

Diphtongues		Diphthongs
	ɪə	beer tier
	ɛə	tear fair there
	eɪ	date plaice day
	aɪ	life buy cry
	au	owl foul now
	əu	low no
	ɔɪ	boil boy oily
	uə	poor tour

Voyelles nasales		Nasal vowels
matin plein	ɛ̃	
brun	œ̃	
sang an dans	ɑ̃	
non pont	ɔ̃	

NB : La mise en équivalence de certains sons n'indique qu'une ressemblance approximative.

NB: The pairing of some vowel sounds only indicates approximate equivalence.

In general, we give the pronunciation of each entry in square brackets after the word in question. However, on the English-French side, where the entry is composed of two or more unhyphenated words, each of which is given elsewhere in this dictionary, you will find the pronunciation of each word in its alphabetical position.

Le verbe anglais

present	pt	pp
arise	arose	arisen
awake	awoke	awoken
be (am, is, are)	was, were	been
bear	bore	born(e)
beat	beat	beaten
become	became	become
befall	befell	befallen
begin	began	begun
behold	beheld	beheld
bend	bent	bent
beset	beset	beset
bet	bet, betted	bet, betted
bid (at auction, cards)	bid	bid
bid (say)	bade	bidden
bind	bound	bound
bite	bit	bitten
bleed	bled	bled
blow	blew	blown
break	broke	broken
breed	bred	bred
bring	brought	brought
build	built	built
burn	burnt, burned	burnt, burned
burst	burst	burst
buy	bought	bought
can	could	(been able)
cast	cast	cast
catch	caught	caught
choose	chose	chosen
cling	clung	clung
come	came	come
cost	cost	cost
cost (work out price of)	costed	costed
creep	crept	crept
cut	cut	cut
deal	dealt	dealt
dig	dug	dug
do (3rd person: he/she/it does)	did	done
draw	drew	drawn
dream	dreamed, dreamt	dreamed, dreamt
drink	drank	drunk
drive	drove	driven
dwell	dwelt	dwelt
eat	ate	eaten
fall	fell	fallen
feed	fed	fed
feel	felt	felt
fight	fought	fought
find	found	found
flee	fled	fled
fling	flung	flung
fly	flew	flown
forbid	forbad(e)	forbidden
forecast	forecast	forecast
forget	forgot	forgotten
forgive	forgave	forgiven
forsake	forsook	forsaken
freeze	froze	frozen
get	got	got, (US) gotten
give	gave	given
go (goes)	went	gone
grind	ground	ground
grow	grew	grown
hang	hung	hung
hang (execute)	hanged	hanged
have	had	had
hear	heard	heard
hide	hid	hidden
hit	hit	hit
hold	held	held
hurt	hurt	hurt
keep	kept	kept
kneel	knelt, kneeled	knelt, kneeled
know	knew	known
lay	laid	laid
lead	led	led
lean	leant, leaned	leant, leaned
leap	leapt, leaped	leapt, leaped
learn	learnt, learned	learnt, learned
leave	left	left
lend	lent	lent
let	let	let
lie	lay	lain
light	lit, lighted	lit, lighted
lose	lost	lost

present	pt	pp	present	pt	pp
make	made	made	speak	spoke	spoken
may	might	—	speed	sped,	sped,
mean	meant	meant		speeded	speeded
meet	met	met	spell	spelt,	spelt,
mistake	mistook	mistaken		spelled	spelled
mow	mowed	mown,	spend	spent	spent
		mowed	spill	spilt,	spilt,
must	(had to)	(had to)		spilled	spilled
pay	paid	paid	spin	spun	spun
put	put	put	spit	spat	spat
quit	quit,	quit,	spoil	spoiled,	spoiled,
	quitted	quitted		spoilt	spoilt
read	read	read	spread	spread	spread
rid	rid	rid	spring	sprang	sprung
ride	rode	ridden	stand	stood	stood
ring	rang	rung	steal	stole	stolen
rise	rose	risen	stick	stuck	stuck
run	ran	run	sting	stung	stung
saw	sawed	sawed,	stink	stank	stunk
		sawn	stride	strode	stridden
say	said	said	strike	struck	struck
see	saw	seen	strive	strove	striven
seek	sought	sought	swear	swore	sworn
sell	sold	sold	sweep	swept	swept
send	sent	sent	swell	swelled	swollen,
set	set	set			swelled
sew	sewed	sewn	swim	swam	swum
shake	shook	shaken	swing	swung	swung
shear	sheared	shorn,	take	took	taken
		sheared	teach	taught	taught
shed	shed	shed	tear	tore	torn
shine	shone,	shone,	tell	told	told
	shined	shined	think	thought	thought
shoot	shot	shot	throw	threw	thrown
show	showed	shown	thrust	thrust	thrust
shrink	shrank	shrunk	tread	trod	trodden
shut	shut	shut	wake	woke,	woken,
sing	sang	sung		waked	waked
sink	sank	sunk	wear	wore	worn
sit	sat	sat	weave	wove	woven
slay	slew	slain	weave	weaved	weaved
sleep	slept	slept	(wind)		
slide	slid	slid	wed	wedded,	wedded,
sling	slung	slung		wed	wed
slit	slit	slit	weep	wept	wept
smell	smelt,	smelt,	win	won	won
	smelled	smelled	wind	wound	wound
sow	sowed	sown,	wring	wrung	wrung
		sowed	write	wrote	written

Les nombres

un (une)	1	one
deux	2	two
trois	3	three
quatre	4	four
cinq	5	five
six	6	six
sept	7	seven
huit	8	eight
neuf	9	nine
dix	10	ten
onze	11	eleven
douze	12	twelve
treize	13	thirteen
quatorze	14	fourteen
quinze	15	fifteen
seize	16	sixteen
dix-sept	17	seventeen
dix-huit	18	eighteen
dix-neuf	19	nineteen
vingt	20	twenty
vingt et un (une)	21	twenty-one
vingt-deux	22	twenty-two
trente	30	thirty
quarante	40	forty
cinquante	50	fifty
soixante	60	sixty
soixante-dix	70	seventy
soixante et onze	71	seventy-one
soixante-douze	72	seventy-two
quatre-vingts	80	eighty
quatre-vingt-un (-une)	81	eighty-one
quatre-vingt-dix	90	ninety
cent	100	a hundred, one hundred
cent un (une)	101	a hundred and one
deux cents	200	two hundred
deux cent un (une)	201	two hundred and one
quatre cents	400	four hundred
mille	1000	a thousand
cinq mille	5000	five thousand
un million	1000000	a million

Numbers

Les nombres

premier (première), 1er (1ère)
deuxième, 2e or 2ème
troisième, 3e or 3ème
quatrième, 4e or 4ème
cinquième, 5e or 5ème
sixième, 6e or 6ème
septième
huitième
neuvième
dixième
onzième
douzième
treizième
quartorzième
quinzième
seizième
dix-septième
dix-huitième
dix-neuvième
vingtième
vingt et unième
vingt-deuxième
trentième
centième
cent-unième
millième

Numbers

first, 1st
second, 2nd
third, 3rd
fourth, 4th
fifth, 5th
sixth, 6th
seventh
eighth
ninth
tenth
eleventh
twelfth
thirteenth
fourteenth
fifteenth
sixteenth
seventeenth
eighteenth
nineteenth
twentieth
twenty-first
twenty-second
thirtieth
hundredth
hundred-and-first
thousandth

L'heure

The time

quelle heure est-il ?	*what time is it?*
il est ...	*it's ...*
minuit	midnight, twelve p.m.
une heure (du matin)	one o'clock (in the morning), one (a.m.)
une heure cinq	five past one
une heure dix	ten past one
une heure et quart	a quarter past one, one fifteen
une heure vingt-cinq	twenty-five past one, one twenty-five
une heure et demie,	half-past one,
une heure trente	one thirty
deux heures moins vingt-cinq,	twenty-five to two,
une heure trente-cinq	one thirty-five
deux heures moins vingt,	twenty to two,
une heure quarante	one forty
deux heures moins le quart,	a quarter to two,
une heure quarante-cinq	one forty-five
deux heures moins dix,	ten to two,
une heure cinquante	one fifty
midi	twelve o'clock, midday, noon
deux heures (de l'après-midi),	two o'clock (in the afternoon),
quatorze heures	two (p.m.)
sept heures (du soir),	seven o'clock (in the evening),
dix-neuf heures	seven (p.m.)
à quelle heure ?	*(at) what time?*
à minuit	at midnight
à sept heures	at seven o'clock
dans vingt minutes	in twenty minutes
il y a un quart d'heure	fifteen minutes ago

La date

The date

aujourd'hui	today
demain	tomorrow
après-demain	the day after tomorrow
hier	yesterday
avant-hier	the day before yesterday
la veille	the day before, the previous day
le lendemain	the next or following day
le matin	morning
le soir	evening
ce matin	this morning
ce soir	this evening
cet après-midi	this afternoon
hier matin	yesterday morning
hier soir	yesterday evening
demain matin	tomorrow morning
demain soir	tomorrow evening
dans la nuit du samedi au dimanche	during Saturday night, during the night of Saturday to Sunday
il viendra samedi	he's coming on Saturday
le samedi	on Saturdays
tous les samedis	every Saturday
samedi passé ou dernier	last Saturday
samedi prochain	next Saturday
samedi en huit	a week on Saturday
samedi en quinze	a fortnight or two weeks on Saturday
du lundi au samedi	from Monday to Saturday
tous les jours	every day
une fois par semaine	once a week
une fois par mois	once a month
deux fois par semaine	twice a week
il y a une semaine ou huit jours	a week ago
il y a quinze jours	a fortnight or two weeks ago
l'année dernière	last year
dans deux jours	in two days
dans huit jours ou une semaine	in a week
dans quinze jours	in a fortnight or two weeks
le mois prochain	next month
l'année prochaine	next year

quel jour sommes-nous ?	*what day is it?*
le 1er/24 octobre 2015	the 1st/24th of October 2015, October 1st/24th 2015
en 2015	in 2015
mille neuf cent quatre-vingt seize	nineteen ninety-six
deux mille quinze	two thousand (and) fifteen, twenty fifteen
44 av. J.-C.	44 BC
14 apr. J.-C.	14 AD
au XIXe (siècle)	in the nineteenth century
dans les années trente	in the thirties

Aa

A, a [ɑ] *nm inv* A, a; **A comme Anatole** A for Andrew (Brit) *ou* Able (US); **de a à z** from a to z; **prouver qch par a + b** to prove sth conclusively ▶ *abr* = **anticyclone** ; **are**; (*ampère*) amp; (*autoroute*) ≈ M (Brit)

a [a] *vb voir* **avoir**

MOT-CLÉ

à [a] (*à + le* = **au**, *à + les* = **aux**) *prép* **1** (*endroit, situation*) at, in; **être à Paris/au Portugal** to be in Paris/Portugal; **être à la maison/à l'école** to be at home/at school; **à la campagne** in the country; **c'est à 10 m/km/à 20 minutes (d'ici)** it's 10 m/km/20 minutes away

2 (*direction*) to; **aller à Paris/au Portugal** to go to Paris/Portugal; **aller à la maison/à l'école** to go home/to school; **à la campagne** to the country

3 (*temps*) : **à 3 heures/minuit** at 3 o'clock/midnight; **au printemps** in the spring; **au mois de juin** in June; **à Noël/Pâques** at Christmas/Easter; **au départ** at the start, at the outset; **à demain/la semaine prochaine !** see you tomorrow/next week!; **visites de 5 heures à 6 heures** visiting from 5 to *ou* till 6 o'clock

4 (*attribution, appartenance*) to; **le livre est à Paul/à lui/à nous** this book is Paul's/his/ours; **donner qch à qn** to give sth to sb; **un ami à moi** a friend of mine; **c'est à moi de le faire** it's up to me to do it

5 (*moyen*) with; **se chauffer au gaz** to have gas heating; **à bicyclette** on a *ou* by bicycle; **à pied** on foot; **à la main/machine** by hand/machine; **à la télévision/la radio** on television/the radio

6 (*provenance*) from; **boire à la bouteille** to drink from the bottle

7 (*caractérisation, manière*) : **l'homme aux yeux bleus** the man with the blue eyes; **à la russe** the Russian way; **glace à la framboise** raspberry ice cream

8 (*but, destination*) : **tasse à café** coffee cup; **maison à vendre** house for sale; **je n'ai rien à lire** I don't have anything to read; **à bien réfléchir …** thinking about it …, on reflection …; **problème à régler** problem to sort out

9 (*rapport, évaluation, distribution*) : **100 km/unités à l'heure** 100 km/units per *ou* an hour; **payé à l'heure** paid by the hour; **cinq à six** five to six

10 (*conséquence, résultat*) : **à ce qu'il prétend** according to him; **à leur grande surprise** much to their surprise; **à nous trois nous n'avons pas su le faire** we couldn't do it even between the three of us; **ils sont arrivés à quatre** four of them arrived (together)

Å *abr* (= *Ångstrom*) Å *ou* A

AB *abr* = **assez bien**

abaissement [abɛsmã] *nm* lowering; pulling down

abaisser [abese] /**1**/ *vt* to lower, bring down; (*manette*) to pull down; (*fig*) to debase; to humiliate; **s'abaisser** *vpr* to go down; (*fig*) to demean o.s.; **s'~ à faire/à qch** to stoop *ou* descend to doing/to sth

abandon [abãdɔ̃] *nm* abandoning; deserting; giving up; withdrawal; surrender, relinquishing; (*fig*) lack of constraint; relaxed pose *ou* mood; **être à l'~** to be in a state of neglect; **laisser à l'~** to abandon

abandonné, e [abãdɔne] *adj* (*solitaire*) deserted; (*route, usine*) disused; (*jardin*) abandoned

abandonner [abãdɔne] /**1**/ *vt* (*personne*) to leave, abandon, desert; (*projet, activité*) to abandon, give up; (*Sport*) to retire *ou* withdraw from; (*Inform*) to abort; (*céder*) to surrender, relinquish; **~ qch à qn** to give sth up to sb; **s'abandonner** *vpr* to let o.s. go; **s'~ à** (*paresse, plaisirs*) to give o.s. up to

abasourdi, e [abazurdi] *adj* stunned, dumbfounded

abasourdir [abazurdir] /**2**/ *vt* to stun, stagger

abat *etc* [aba] *vb voir* **abattre**

abâtardi, e [abatardi] *adj* (*style, langue*) bastardized, watered-down

abat-jour [abaʒur] *nm inv* lampshade

abats [aba] *vb voir* **abattre** ▶ *nmpl* (*de bœuf, porc*) offal *sg* (Brit), entrails (US); (*de volaille*) giblets

abattage [abataʒ] *nm* cutting down, felling

abattant [abatã] *vb voir* **abattre** ▶ *nm* leaf, flap

abattement [abatmã] *nm* (*physique*) enfeeblement; (*moral*) dejection, despondency; (*déduction*) reduction; **~ fiscal** ≈ tax allowance

abattis [abati] *vb voir* **abattre** ▶ *nmpl* giblets

abattoir [abatwar] *nm* abattoir (Brit), slaughterhouse

abattre [abatr] /**41**/ *vt* (*arbre*) to cut down, fell; (*mur, maison*) to pull down; (*avion, personne*) to shoot down; (*animal*) to shoot, kill; (*fig* : *physiquement*) to wear out, tire out; (*: moralement*) to demoralize; **~ ses cartes** (aussi fig) to lay one's cards on the table; **~ du travail** ou **de la besogne** to get through a lot of work; **ne pas se laisser ~** to keep one's spirits up, not to let things get one down; **s'abattre** vpr to crash down; **s'~ sur** (pluie) to beat down on; (coups, injures) to rain down on

abattu, e [abaty] pp de **abattre** ▶ adj (déprimé) downcast

abbatiale [abasjal] nf abbey (church)

abbaye [abei] nf abbey

abbé [abe] nm priest; (d'abbaye) abbot; **M l'~** Father

abbesse [abɛs] nf abbess

abc, ABC [abese] nm alphabet primer; (fig) rudiments pl

abcès [apsɛ] nm abscess

abdication [abdikasjɔ̃] nf abdication

abdiquer [abdike] /1/ vi to abdicate ▶ vt to renounce, give up

abdomen [abdɔmɛn] nm abdomen

abdominal, e, -aux [abdɔminal, -o] adj abdominal; **abdominaux** nmpl : **faire des abdominaux** to do sit-ups

abdos [abdo] nmpl (fam : muscles) abs (fam); (: exercices) abdominal exercises, ab exercises (fam)

abécédaire [abesedɛʀ] nm alphabet primer

abeille [abɛj] nf bee

aberrant, e [abeʀɑ̃, -ɑ̃t] adj absurd

aberration [abeʀasjɔ̃] nf aberration

abêtir [abetiʀ] /2/ vt to make morons (ou a moron) of

abêtissant, e [abetisɑ̃, -ɑ̃t] adj stultifying

abhorrer [abɔʀe] /1/ vt to abhor, loathe

abîme [abim] nm abyss, gulf

abîmé, e [abime] adj (objet) damaged; **~ dans la prière** deep in prayer, lost in prayer

abîmer [abime] /1/ vt to spoil, damage; **s'abîmer** vpr to get spoilt ou damaged; (fruits) to spoil; (tomber) to sink, founder; **s'~ les yeux** to ruin one's eyes ou eyesight

abject, e [abʒɛkt] adj abject, despicable

abjection [abʒɛksjɔ̃] nf abjectness

abjurer [abʒyʀe] /1/ vt to abjure, renounce

ablatif [ablatif] nm ablative

ablation [ablasjɔ̃] nf removal

ablutions [ablysjɔ̃] nfpl : **faire ses ~** to perform one's ablutions

abnégation [abnegasjɔ̃] nf (self-)abnegation

aboie etc [abwa] vb voir **aboyer**

aboiement [abwamɑ̃] nm bark, barking no pl

aboierai etc [abwajəʀe] vb voir **aboyer**

abois [abwa] nmpl : **aux ~** at bay

abolir [abɔliʀ] /2/ vt to abolish

abolition [abɔlisjɔ̃] nf abolition

abolitionniste [abɔlisjɔnist] adj, nmf abolitionist

abominable [abɔminabl] adj abominable

abomination [abɔminasjɔ̃] nf abomination

abondamment [abɔ̃damɑ̃] adv abundantly

abondance [abɔ̃dɑ̃s] nf abundance; (richesse) affluence; **en ~** in abundance

abondant, e [abɔ̃dɑ̃, -ɑ̃t] adj plentiful, abundant, copious

abonder [abɔ̃de] /1/ vi to abound, be plentiful; **~ en** to be full of, abound in; **~ dans le sens de qn** to concur with sb

abonné, e [abɔne] nm/f subscriber; season ticket holder ▶ adj : **être ~ à un journal** to subscribe to ou have a subscription to a periodical; **être ~ au téléphone** to be on the (tele)phone

abonnement [abɔnmɑ̃] nm subscription; (pour transports en commun, concerts) season ticket

abonner [abɔne] /1/ : **s'abonner** vpr : **s'~** to subscribe to, take out a subscription to; **s'~ aux tweets de qn sur Twitter** to follow sb on Twitter

abord [abɔʀ] nm : **être d'un ~ facile** to be approachable; **être d'un ~ difficile** (personne) to be unapproachable; (lieu) to be hard to reach ou difficult to get to; **de prime ~, au premier ~** at first sight, initially; **d'~** adv first; **tout d'~** first of all; **abords** nmpl (environs) surroundings

abordable [abɔʀdabl] adj (personne) approachable; (marchandise) reasonably priced; (prix) affordable, reasonable

abordage [abɔʀdaʒ] nm boarding

aborder [abɔʀde] /1/ vi to land ▶ vt (sujet, difficulté) to tackle; (personne) to approach; (rivage etc) to reach; (Navig : attaquer) to board; (: heurter) to collide with

aborigène [abɔʀiʒɛn] nm aborigine, native

Abou Dhabî, Abu Dhabî [abudabi] nm Abu Dhabi

abouler [abule] vt (fam : payer) to fork out (fam); **~ le fric** to fork out (fam)

abouti, e [abuti] adj accomplished

aboutir [abutiʀ] /2/ vi (négociations) to succeed; **~ à/dans/sur** to end up at/in/on; **n'~ à rien** to come to nothing

aboutissants [abutisɑ̃] nmpl voir **tenant**

aboutissement [abutismɑ̃] nm success; (de concept, projet) successful realization; (d'années de travail) successful conclusion

aboyer [abwaje] /8/ vi to bark

abracadabrant, e [abʀakadabʀɑ̃, -ɑ̃t] adj incredible, preposterous

abrasif, -ive [abʀazif, -iv] adj, nm abrasive

abrasion [abʀazjɔ̃] nf abrasion

abrégé [abʀeʒe] nm summary; **en ~** in a shortened ou abbreviated form

abréger [abʀeʒe] /3, 6/ vt (texte) to shorten, abridge; (mot) to shorten, abbreviate; (réunion, voyage) to cut short, shorten

abreuver [abʀœve] /1/ vt to water; (fig) : **~ qn de** to shower ou swamp sb with; (injures etc) to shower sb with; **s'abreuver** vpr to drink

abreuvoir [abʀœvwaʀ] nm watering place

abréviation [abʀevjasjɔ̃] nf abbreviation

abri [abʀi] nm shelter; **être à l'~** to be under cover; **se mettre à l'~** to shelter; **à l'~ de** sheltered from; (danger) safe from

Abribus® [abʀibys] nm bus shelter

abricot [abʀiko] nm apricot

abricotier [abʀikɔtje] nm apricot tree

abrité, e [abʀite] adj sheltered

abriter [abʀite] /1/ vt to shelter; (loger) to accommodate; **s'abriter** vpr to shelter, take cover

abrogation [abʁɔgasjɔ̃] nf (Jur) repeal, abrogation

abroger [abʁɔʒe] /**3**/ vt to repeal, abrogate

abrupt, e [abʁypt] adj sheer, steep; (ton) abrupt

abruti, e [abʁyti] adj stunned, dazed; **~ de travail** overworked ▶ nm/f (fam) idiot, moron

abrutir [abʁytiʁ] /**2**/ vt to daze; (fatiguer) to exhaust; (abêtir) to stupefy; **s'abrutir** vpr (s'abêtir) to vegetate; **s'~ de travail** to work o.s. stupid; **s'~ devant la télé** to vegetate in front of the TV

abrutissant, e [abʁytisɑ̃, -ɑ̃t] adj (bruit, travail) stupefying

abscisse [apsis] nf X axis, abscissa

abscons, e [apskɔ̃, -ɔ̃s] adj abstruse

absence [apsɑ̃s] nf absence; (Méd) blackout; **en l'~ de** in the absence of; **avoir des absences** to have mental blanks

absent, e [apsɑ̃, -ɑ̃t] adj absent; (chose) missing, lacking; (distrait : air) vacant, faraway ▶ nm/f absentee

absentéisme [apsɑ̃teism] nm absenteeism

absenter [apsɑ̃te] /**1**/ : **s'absenter** vpr to take time off work; (sortir) to leave, go out

abside [apsid] nf (Archit) apse

absinthe [apsɛ̃t] nf (boisson) absinth(e); (Bot) wormwood, absinth(e)

absolu, e [apsɔly] adj absolute; (caractère) rigid, uncompromising ▶ nm (Philosophie) : **l'~** the Absolute; **dans l'~** in the absolute, in a vacuum

absolument [apsɔlymɑ̃] adv absolutely

absolution [apsɔlysjɔ̃] nf absolution; (Jur) dismissal (of case)

absolutisme [apsɔlytism] nm absolutism

absolvais etc [apsɔlvɛ] vb voir **absoudre**

absorbant, e [apsɔʁbɑ̃, -ɑ̃t] adj absorbent; (tâche) absorbing, engrossing

absorbé, e [apsɔʁbe] adj absorbed, engrossed

absorber [apsɔʁbe] /**1**/ vt to absorb; (Méd : manger, boire) to take; (Écon : firme) to take over, absorb; **s'absorber** vpr : **s'~ dans** (dans un travail, une activité) to be absorbed in

absorption [apsɔʁpsjɔ̃] nf absorption

absoudre [apsudʁ] /**51**/ vt to absolve; (Jur) to dismiss

absous, -oute [apsu, -ut] pp de **absoudre**

abstenir [apstəniʁ] /**22**/ : **s'abstenir** vpr (Pol) to abstain; **s'~ de qch/de faire** to refrain from sth/from doing

abstention [apstɑ̃sjɔ̃] nf abstention

abstentionnisme [apstɑ̃sjɔnism] nm abstaining

abstentionniste [apstɑ̃sjɔnist] nm abstentionist

abstenu, e [apstəny] pp de **abstenir**

abstiendrai [apstjɛ̃dʁe] , **abstiens** etc [apstjɛ̃] vb voir **abstenir**

abstinence [apstinɑ̃s] nf abstinence; **faire ~** to abstain (from meat on Fridays)

abstint etc [apstɛ̃] vb voir **abstenir**

abstraction [apstʁaksjɔ̃] nf abstraction; **faire ~ de** to set ou leave aside; **~ faite de ...** leaving aside ...

abstraire [apstʁɛʁ] /**50**/ vt to abstract; **s'abstraire** vpr : **s'~ (de)** (s'isoler) to cut o.s. off (from)

abstrait, e [apstʁɛ, -ɛt] pp de **abstraire** ▶ adj abstract ▶ nm : **dans l'~** in the abstract

abstraitement [apstʁɛtmɑ̃] adv abstractly

abstrayais etc [apstʁɛjɛ] vb voir **abstraire**

absurde [apsyʁd] adj absurd ▶ nm absurdity; (Philosophie) : **l'~** absurd; **par l'~** ad absurdum

absurdité [apsyʁdite] nf absurdity

abus [aby] nm (excès) abuse, misuse; (injustice) abuse; **~ de confiance** breach of trust; (détournement de fonds) embezzlement; **il y a de l'~ !** (fam) that's a bit much!

abuser [abyze] /**1**/ vi to go too far, overstep the mark ▶ vt to deceive, mislead; **~ de** (force, droit) to misuse; (alcool) to take to excess; (violer, duper) to take advantage of; **s'abuser** vpr (se méprendre) to be mistaken

abusif, -ive [abyzif, -iv] adj exorbitant; (punition) excessive; (pratique) improper

abusivement [abyzivmɑ̃] adv exorbitantly; excessively; improperly

abyssal, e [abisal] adj (Géo : faune) abyssal; (fig : déficit, décalage) huge; **fosse abyssale** deep-sea trench

abysse [abis] nm (fonds marin) abyssal zone; **abysses** nmpl : **les abysses** the abyss

AC sigle f = **appellation contrôlée**

acabit [akabi] nm : **du même ~** of the same type

acacia [akasja] nm (Bot) acacia

académicien, ne [akademisjɛ̃, -ɛn] nm/f academician

académie [akademi] nf (société) learned society; (école : d'art, de danse) academy; (Art : nu) nude; (Scol : circonscription) ≈ regional education authority; **l'A~ (française)** the French Academy

> ### ACADÉMIE FRANÇAISE
>
> The **Académie française** was founded by Cardinal Richelieu in 1635, during the reign of Louis XIII. It is made up of forty elected scholars and writers who are known as les Quarante or les Immortels. One of the Académie's functions is to keep an eye on the development of the French language, and its recommendations are frequently the subject of lively public debate. It has produced several editions of its famous dictionary and also awards various literary prizes.

académique [akademik] adj academic

Acadie [akadi] nf : **l'~** the Maritime Provinces

acadien, ne [akadjɛ̃, -ɛn] adj Acadian, of ou from the Maritime Provinces

acajou [akaʒu] nm mahogany

acariâtre [akaʁjɑtʁ] adj sour(-tempered) (BRIT), cantankerous

acarien [akaʁjɛ̃] nm dust mite

accablant, e [akɑblɑ̃, -ɑ̃t] adj (chaleur) oppressive; (témoignage, preuve) overwhelming

accablé, e [akable] adj (effondré) overwhelmed; **l'air ~** looking overwhelmed; **~ de** (dettes, soucis) weighed down with; **~ de chagrin** grief-stricken

accablement [akabləmɑ̃] nm deep despondency

accabler [akɑble] /**1**/ vt (suj : témoignage) to condemn, damn; **~ qn d'injures** to heap ou shower abuse on sb; **~ qn de travail** to overwork sb

accalmie [akalmi] nf lull

accaparant, e [akapaʀɑ̃, -ɑ̃t] adj that takes up all one's time ou attention

accaparer [akapaʀe] /**1**/ vt to monopolize; (travail etc) to take up (all) the time ou attention of

accéder [aksede] /**6**/ : **~ à** vt (lieu) to reach; (fig : pouvoir) to accede to (: poste) to attain; (accorder : requête) to grant, accede to

accélérateur [akseleʀatœʀ] nm accelerator

accélération [akseleʀasjɔ̃] nf speeding up; acceleration

accéléré [akseleʀe] nm : **en ~** (Ciné) speeded up

accélérer [akseleʀe] /**6**/ vt (mouvement, travaux) to speed up ▶ vi (Auto) to accelerate; **s'accélérer** vpr (processus, rythme) to speed up

accent [aksɑ̃] nm accent; (inflexions expressives) tone (of voice); (Phonétique, fig) stress; **aux accents de** (musique) to the strains of; **mettre l'~ sur** (fig) to stress; **~ aigu/grave/circonflexe** acute/grave/circumflex accent

accentuation [aksɑ̃tɥasjɔ̃] nf accenting; stressing

accentué, e [aksɑ̃tɥe] adj marked, pronounced

accentuer [aksɑ̃tɥe] /**1**/ vt (Ling : orthographe) to accent; (: phonétique) to stress, accent; (fig) to accentuate, emphasize; (effort, pression) to increase; **s'accentuer** vpr to become more marked ou pronounced

acceptable [aksɛptabl] adj satisfactory, acceptable

acceptation [aksɛptasjɔ̃] nf acceptance

accepter [aksɛpte] /**1**/ vt to accept; (tolérer) : **~ que qn fasse** to agree to sb doing; **~ de faire** to agree to do

acception [aksɛpsjɔ̃] nf meaning, sense; **dans toute l'~ du terme** in the full sense ou meaning of the word

accès [aksɛ] nm (à un lieu, Inform) access; (Méd) attack; (: de toux) fit; (: de fièvre) bout; **d'~ facile/malaisé** easily/not easily accessible; **facile d'~** easy to get to; **donner ~ à** (lieu) to give access to; (carrière) to open the door to; **avoir ~ auprès de qn** to have access to sb; **l'~ aux quais est interdit aux personnes non munies d'un billet** ticket-holders only on platforms, no access to platforms without a ticket; **~ de colère** fit of anger; **~ de joie** burst of joy ▶ nmpl (routes etc) means of access, approaches

accessible [aksesibl] adj accessible; (personne) approachable; (livre, sujet) : **~ à qn** within the reach of sb; (sensible) : **~ à la pitié/l'amour** open to pity/love

accession [aksesjɔ̃] nf : **~ à** accession to; (à un poste) attainment of; **~ à la propriété** home-ownership

accessit [aksesit] nm (Scol) ≈ certificate of merit

accessoire [akseswaʀ] adj secondary, of secondary importance; (frais) incidental ▶ nm accessory; (Théât) prop

accessoirement [akseswaʀmɑ̃] adv secondarily; incidentally

accessoiriste [akseswaʀist] nmf (TV, Ciné) property man/woman

accident [aksidɑ̃] nm accident; **par ~** by chance; **~ de parcours** mishap; **~ de la route** road accident; **~ du travail** accident at work; industrial injury ou accident; **accidents de terrain** unevenness of the ground

accidenté, e [aksidɑ̃te] adj damaged ou injured (in an accident); (relief, terrain) uneven; hilly

accidentel, le [aksidɑ̃tɛl] adj accidental

accidentellement [aksidɑ̃tɛlmɑ̃] adv (par hasard) accidentally; (mourir) in an accident

accise [aksiz] nf : **droit d'~(s)** excise duty

acclamation [aklamasjɔ̃] nf : **par ~** (vote) by acclamation; **acclamations** nfpl cheers, cheering sg

acclamer [aklame] /**1**/ vt to cheer, acclaim

acclimatation [aklimatasjɔ̃] nf acclimatization

acclimater [aklimate] /**1**/ vt to acclimatize; **s'acclimater** vpr to become acclimatized

accointances [akwɛ̃tɑ̃s] nfpl : **avoir des ~ avec** to have contacts with

accolade [akɔlad] nf (amicale) embrace; (signe) brace; **donner l'~ à qn** to embrace sb

accoler [akɔle] /**1**/ vt to place side by side

accommodant, e [akɔmɔdɑ̃, -ɑ̃t] adj accommodating, easy-going

accommodement [akɔmɔdmɑ̃] nm compromise

accommoder [akɔmɔde] /**1**/ vt (Culin) to prepare; (points de vue) to reconcile; **~ qch à** (adapter) to adapt sth to; **s'accommoder** vpr : **s'~ de** to put up with; (se contenter de) to make do with; **s'~ à** (s'adapter) to adapt to

accompagnateur, -trice [akɔ̃paɲatœʀ, -tʀis] nm/f (Mus) accompanist; (de voyage) guide; (de voyage organisé) courier; (d'enfants) accompanying adult

accompagnement [akɔ̃paɲmɑ̃] nm (Mus) accompaniment; (Mil) support

accompagner [akɔ̃paɲe] /**1**/ vt to accompany, be ou go ou come with; (Mus) to accompany; **s'accompagner** vpr : **s'~ de** to bring, be accompanied by

accompli, e [akɔ̃pli] adj accomplished

accomplir [akɔ̃pliʀ] /**2**/ vt (tâche, projet) to carry out; (souhait) to fulfil; **s'accomplir** vpr to be fulfilled

accomplissement [akɔ̃plismɑ̃] nm carrying out; fulfilment (BRIT), fulfillment (US)

accord [akɔʀ] nm (entente, convention, Ling) agreement; (entre des styles, tons etc) harmony; (consentement) agreement, consent; (Mus) chord; **donner son ~** to give one's agreement; **mettre deux personnes d'~** to make two people come to an agreement, reconcile two people; **se mettre d'~** to come to an agreement (with each other); **être d'~** to agree; **être d'~ avec qn** to agree with sb; **d'~ !** OK!, right!; **d'un commun ~** of one accord; **~ parfait** (Mus) tonic chord

accord-cadre [akɔʀkadʀ] (pl **accords-cadres**) nm framework ou outline agreement

accordéon [akɔʀdeɔ̃] *nm* (*Mus*) accordion

accordéoniste [akɔʀdeɔnist] *nmf* accordionist

accorder [akɔʀde] /**1**/ *vt* (*faveur, délai*) to grant; (*attribuer*) : ~ **de l'importance/de la valeur à qch** to attach importance/value to sth; (*harmoniser*) to match; (*Mus*) to tune; **je vous accorde que …** I grant you that …; **s'accorder** *vpr* to get on together; (*être d'accord*) to agree; (*couleurs, caractères*) to go together, match; (*Ling*) to agree

accordeur [akɔʀdœʀ] *nm* (*Mus*) tuner

accoster [akɔste] /**1**/ *vt* (*Navig*) to draw alongside; (*personne*) to accost ▶ *vi* (*Navig*) to berth

accotement [akɔtmɑ̃] *nm* (*de route*) verge (*BRIT*), shoulder; ~ **stabilisé/non stabilisé** hard shoulder/soft verge *ou* shoulder

accoter [akɔte] /**1**/ *vt* : ~ **qch contre/à** to lean *ou* rest sth against/on; **s'accoter** *vpr* : **s'~ contre/à** to lean against/on

accouchement [akuʃmɑ̃] *nm* delivery, (child)birth; (*travail*) labour (*BRIT*), labor (*US*); ~ **à terme** delivery at (full) term; ~ **sans douleur** natural childbirth

accoucher [akuʃe] /**1**/ *vi* to give birth, have a baby; (*être en travail*) to be in labour (*BRIT*) *ou* labor (*US*); ~ **d'un garçon** to give birth to a boy ▶ *vt* to deliver

accoucheur [akuʃœʀ] *nm* : (**médecin**) ~ obstetrician

accoucheuse [akuʃøz] *nf* midwife

accouder [akude] /**1**/ : **s'accouder** *vpr* : **s'~ à/ contre/sur** to rest one's elbows on/against/on; **accoudé à la fenêtre** leaning on the windowsill

accoudoir [akudwaʀ] *nm* armrest

accouplement [akupləmɑ̃] *nm* coupling; mating

accoupler [akuple] /**1**/ *vt* to couple; (*pour la reproduction*) to mate; **s'accoupler** *vpr* to mate

accourir [akuʀiʀ] /**11**/ *vi* to rush *ou* run up

accoutrement [akutʀəmɑ̃] *nm* (*péj*) getup (*BRIT*), outfit

accoutrer [akutʀe] /**1**/ *vt* (*péj*) to do *ou* get up; **s'accoutrer** *vpr* to do *ou* get o.s. up

accoutumance [akutymɑ̃s] *nf* (*gén*) adaptation; (*Méd*) addiction

accoutumé, e [akutyme] *adj* (*habituel*) customary, usual; **comme à l'accoutumée** as is customary *ou* usual

accoutumer [akutyme] /**1**/ *vt* : ~ **qn à qch/faire** to accustom sb to sth/to doing; **s'accoutumer** *vpr* : **s'~ à** to get accustomed *ou* used to

accréditer [akʀedite] /**1**/ *vt* (*nouvelle*) to substantiate; ~ **qn (auprès de)** to accredit sb (to)

accro [akʀo] *nmf* (*fam* : = *accroché(e)*) addict

accroc [akʀo] *nm* (*déchirure*) tear; (*fig*) hitch, snag; **sans** ~ without a hitch; **faire un** ~ **à** (*vêtement*) to make a tear in, tear; (*fig : règle etc*) to infringe

accrochage [akʀɔʃaʒ] *nm* hanging (up); hitching (up); (*Auto*) (minor) collision; (*Mil*) encounter, engagement; (*dispute*) clash, brush

accroche-cœur [akʀɔʃkœʀ] *nm* kiss-curl

accrocher [akʀɔʃe] /**1**/ *vt* (*suspendre*) to hang; (*fig*) to catch, attract; ~ **qch à** (*suspendre*) to hang sth (up) on; (*attacher : remorque*) to hitch sth (up) to; (*déchirer*) to catch sth (on); **il a accroché ma voiture** he bumped into my car ▶ *vi* to stick, get stuck; (*fig : pourparlers etc*) to hit a snag; (*plaire : disque etc*) to catch on; **s'accrocher** *vpr* (*se disputer*) to have a clash *ou* brush; (*ne pas céder*) to hold one's own, hang on in (*fam*); **s'~ à** (*rester pris à*) to catch on; (*agripper, fig*) to hang on *ou* cling to

accrocheur, -euse [akʀɔʃœʀ, -øz] *adj* (*vendeur, concurrent*) tenacious; (*publicité*) eye-catching; (*titre*) catchy, eye-catching

accroire [akʀwaʀ] /**44**/ *vt* : **faire** *ou* **laisser** ~ **à qn qch/que** to give sb to believe sth/that

accrois [akʀwa], **accroissais** *etc* [akʀwasɛ] *vb voir* **accroître**

accroissement [akʀwasmɑ̃] *nm* increase

accroître [akʀwatʀ] /**55**/ *vt*, **s'accroître** *vpr* to increase

accroupi, e [akʀupi] *adj* squatting, crouching (down)

accroupir [akʀupiʀ] /**2**/ : **s'accroupir** *vpr* to squat, crouch (down)

accru, e [akʀy] *pp de* **accroître**

accu [aky] *nm* (*fam* : = *accumulateur*) accumulator, battery

accueil [akœj] *nm* welcome; (*endroit*) reception (desk); (*dans une gare*) information kiosk; **comité/centre d'~** reception committee/ centre

accueillant, e [akœjɑ̃, -ɑ̃t] *adj* welcoming, friendly

accueillir [akœjiʀ] /**12**/ *vt* to welcome; (*aller chercher*) to meet, collect; (*loger*) to accommodate

acculer [akyle] /**1**/ *vt* : ~ **qn à** *ou* **contre** to drive sb back against; ~ **qn dans** to corner sb in; ~ **qn à** (*faillite*) to drive sb to the brink of

acculturation [akyltyʀasjɔ̃] *nf* acculturation

accumulateur [akymylatœʀ] *nm* accumulator, battery

accumulation [akymylasjɔ̃] *nf* accumulation; **chauffage/radiateur à** ~ (night-)storage heating/heater

accumuler [akymyle] /**1**/ *vt* to accumulate, amass; **s'accumuler** *vpr* to accumulate; to pile up

accusateur, -trice [akyzatœʀ, -tʀis] *nm/f* accuser ▶ *adj* accusing; (*document, preuve*) incriminating

accusatif [akyzatif] *nm* (*Ling*) accusative

accusation [akyzasjɔ̃] *nf* (*gén*) accusation; (*Jur*) charge; (*partie*) : **l'~** the prosecution; **mettre en** ~ to indict; **acte d'~** bill of indictment

accusé, e [akyze] *nm/f* accused; (*prévenu(e)*) defendant ▶ *nm* : ~ **de réception** acknowledgement of receipt

accuser [akyze] /**1**/ *vt* to accuse; (*fig*) to emphasize, bring out; (: *montrer*) to show; ~ **qn de** to accuse sb of; (*Jur*) to charge sb with; ~ **qn/ qch de qch** (*rendre responsable*) to blame sb/sth for sth; ~ **réception de** to acknowledge receipt of; ~ **le coup** (*fig*) to be visibly affected; **s'accuser** *vpr* to become more marked; **s'~ de qch/d'avoir fait qch** to admit sth/having done sth; to blame o.s. for sth/for having done sth

acerbe [asɛʀb] *adj* caustic, acid

acéré, e [aseʀe] *adj* sharp

acétate [asetat] *nm* acetate

acétique [asetik] *adj* : **acide ~** acetic acid

acétone [asetɔn] *nf* acetone

acétylène [asetilɛn] *nm* acetylene

ach. *abr* = **achète**

achalandé, e [aʃalɑ̃de] *adj* : **bien ~** (*magasin : en marchandises*) well-stocked; (: *en clients*) with a large clientele

acharné, e [aʃaʀne] *adj* (*lutte, adversaire*) fierce, bitter; (*travail*) relentless, unremitting

acharnement [aʃaʀnəmɑ̃] *nm* fierceness; relentlessness

acharner [aʃaʀne] /1/ : **s'acharner** *vpr* : **s'~ sur** to go at fiercely, hound; **s'~ contre** to set o.s. against; to dog, pursue; (*malchance*) to hound; **s'~ à faire** to try doggedly to do; to persist in doing

achat [aʃa] *nm* buying *no pl*; (*article acheté*) purchase; **faire l'~ de** to buy, purchase; **faire des achats** to do some shopping, buy a few things

acheminement [aʃ(ə)minmɑ̃] *nm* conveyance

acheminer [aʃ(ə)mine] /1/ *vt* (*courrier*) to forward, dispatch; (*troupes*) to convey, transport; (*train*) to route; **s'acheminer vers** *vpr* to head for

acheter [aʃ(ə)te] /5/ *vt* to buy, purchase; (*soudoyer*) to buy, bribe; **~ qch à** (*marchand*) to buy *ou* purchase sth from; (*ami etc : offrir*) to buy sth for; **~ à crédit** to buy on credit

acheteur, -euse [aʃ(ə)tœʀ, -øz] *nm/f* buyer; shopper; (*Comm*) buyer; (*Jur*) vendee, purchaser

achevé, e [aʃ(ə)ve] *adj* : **d'un ridicule ~** thoroughly *ou* absolutely ridiculous; **d'un comique ~** absolutely hilarious

achèvement [aʃevmɑ̃] *nm* completion, finishing

achever [aʃ(ə)ve] /5/ *vt* to complete, finish; (*blessé*) to finish off; **s'achever** *vpr* to end

achoppement [aʃɔpmɑ̃] *nm* : **pierre d'~** stumbling block

achopper [aʃɔpe] *vi* to stumble; **~ sur** (*problème*) to come up against

acide [asid] *adj* sour, sharp; (*ton*) acid, biting; (*Chimie*) acid(ic) ▸ *nm* acid

acidifiant [asidifjɑ̃] *nm* acidifier

acidifier [asidifje] /7/ *vt* to acidify; **s'acidifier** *vpr* to acidify

acidité [asidite] *nf* sharpness; acidity

acidulé, e [asidyle] *adj* slightly acid; **bonbons acidulés** acid drops (BRIT), ≈ lemon drops (US)

acier [asje] *nm* steel; **~ inoxydable** stainless steel

aciérie [asjeʀi] *nf* steelworks *sg*

acné [akne] *nf* acne

acolyte [akɔlit] *nm* (*péj*) associate

acompte [akɔ̃t] *nm* deposit; (*versement régulier*) instalment; (*sur somme due*) payment on account; (*sur salaire*) advance; **un ~ de 10 euros** 10 euros on account

acoquiner [akɔkine] /1/ : **s'acoquiner avec** *vpr* (*péj*) to team up with

Açores [asɔʀ] *nfpl* : **les ~** the Azores

à-côté [akote] *nm* side-issue; (*argent*) extra

à-coup [aku] *nm* (*du moteur*) (hic)cough; (*fig*) jolt; **sans à-coups** smoothly; **par à-coups** by fits and starts

acouphène [akufɛn] *nm* (*Méd*) tinnitus; **souffrir d'acouphènes** to have tinnitus

acoustique [akustik] *nf* (*d'une salle*) acoustics *pl*; (*science*) acoustics *sg* ▸ *adj* acoustic

acquéreur [akeʀœʀ] *nm* buyer, purchaser; **se porter/se rendre ~ de qch** to announce one's intention to purchase/to purchase sth

acquérir [akeʀiʀ] /21/ *vt* to acquire; (*par achat*) to purchase, acquire; (*valeur*) to gain; (*résultats*) to achieve; **ce que ses efforts lui ont acquis** what his efforts have won *ou* gained (for) him

acquiers *etc* [akjɛʀ] *vb voir* **acquérir**

acquiescement [akjɛsmɑ̃] *nm* acquiescence, agreement

acquiescer [akjese] /3/ *vi* (*opiner*) to agree; (*consentir*) : **~ (à qch)** to acquiesce *ou* assent (to sth)

acquis, e [aki, -iz] *pp de* **acquérir** ▸ *nm* (accumulated) experience; (*avantage*) gain ▸ *adj* (*achat*) acquired; (*valeur*) gained; (*résultats*) achieved; **être ~ à** (*plan, idée*) to be in full agreement with; **son aide nous est acquise** we can count on *ou* be sure of his help; **tenir qch pour ~** to take sth for granted

acquisition [akizisjɔ̃] *nf* acquisition; (*achat*) purchase; **faire l'~ de** to acquire; to purchase

acquit [aki] *vb voir* **acquérir** ▸ *nm* (*quittance*) receipt; **pour ~** received; **par ~ de conscience** to set one's mind at rest

acquittement [akitmɑ̃] *nm* acquittal; payment, settlement

acquitter [akite] /1/ *vt* (*Jur*) to acquit; (*facture*) to pay, settle; **s'acquitter de** *vpr* to discharge; (*promesse, tâche*) to fulfil (BRIT), fulfill (US), carry out

âcre [ɑkʀ] *adj* acrid, pungent

âcreté [ɑkʀəte] *nf* acridness, pungency

acrimonie [akʀimɔni] *nf* acrimony

acrimonieux, -euse [akʀimɔnjø, -jøz] *adj* (*ton, débat*) acrimonious

acrobate [akʀɔbat] *nmf* acrobat

acrobatie [akʀɔbasi] *nf* (*art*) acrobatics *sg*; (*exercice*) acrobatic feat; **~ aérienne** aerobatics *sg*

acrobatique [akʀɔbatik] *adj* acrobatic

acronyme [akʀɔnim] *nm* acronym

Acropole [akʀɔpɔl] *nf* : **l'~** the Acropolis

acrosport [akʀɔspɔʀ] *nm* acrosport

acrostiche [akʀɔstiʃ] *nm* (*poème*) acrostic

acrylique [akʀilik] *adj*, *nm* acrylic

acte [akt] *nm* act, action; (*Théât*) act; **prendre ~ de** to note, take note of; **faire ~ de présence** to put in an appearance; **faire ~ de candidature** to submit an application; **~ d'accusation** charge (BRIT), bill of indictment; **~ de baptême** baptismal certificate; **~ de mariage/naissance** marriage/birth certificate; **~ de vente** bill of sale; **actes** *nmpl* (*compte-rendu*) proceedings

acteur [aktœʀ] *nm* actor

actif, -ive [aktif, -iv] *adj* active; **prendre une part active à qch** to take an active part in sth; **population active** working population ▸ *nm* (*Comm*) assets *pl*; (*Ling*) active (voice); (*fig*) : **avoir**

à son ~ to have to one's credit; **mettre à son** ~ to add to one's list of achievements; ~ **toxique** toxic asset; **l'~ et le passif** assets and liabilities; **actifs** *nmpl* people in employment
action [aksjɔ̃] *nf (gén)* action; *(Comm)* share; **une bonne/mauvaise** ~ a good/an unkind deed; **mettre en** ~ to put into action; **passer à l'**~ to take action; **sous l'**~ **de** under the effect of; **l'~ syndicale** (the) union action; **un film d'**~ an action film *ou* movie; ~ **en diffamation** libel action; ~ **de grâce(s)** *(Rel)* thanksgiving
actionnaire [aksjɔnɛʀ] *nmf* shareholder
actionnariat [aksjɔnaʀja] *nm (statut)* shareholding; *(actionnaires)* shareholders *pl*
actionner [aksjone] */1/ vt* to work; *(mécanisme)* to activate; *(machine)* to operate
activation [aktivasjɔ̃] *nf (de dispositif, logiciel)* activation; *(Bio, Chimie : de gène, cellule)* activation
active [aktiv] *adj f voir* **actif**
activement [aktivmã] *adv* actively
activer [aktive] */1/ vt (dispositif, logiciel)* to activate; *(Bio, Chimie)* to activate; **s'activer** *vpr (s'affairer)* to bustle about; *(se hâter)* to hurry up
activisme [aktivism] *nm* activism
activiste [aktivist] *nmf* activist
activité [aktivite] *nf* activity; **en** ~ *(volcan)* active; *(fonctionnaire)* in active life; *(militaire)* on active service
actrice [aktʀis] *nf* actress
actualisation [aktɥalizasjɔ̃] *nf (de connaissances, réglementation, base de données)* updating; *(Finance : de valeur, coûts)* conversion to current value
actualiser [aktɥalize] */1/ vt (connaissances)* to bring up to date; *(base de données)* to update
actualité [aktɥalite] *nf (d'un problème)* topicality; *(événements)* : **l'~** current events; **les actualités** *(Ciné, TV)* the news; **l'~ politique/sportive** the political/sports *ou* sporting news; **les actualités télévisées** the television news; **d'~** topical
actuel, le [aktɥɛl] *adj (présent)* present; *(d'actualité)* topical; *(non virtuel)* actual; **à l'heure actuelle** at this moment in time, at the moment

⚠ **actuel** is not usually translated by *actual*.

actuellement [aktɥɛlmã] *adv* at present, at the present time
acuité [akɥite] *nf* acuteness
acuponcteur, acupuncteur [akypɔ̃ktœʀ] *nm* acupuncturist
acuponcture, acupuncture [akypɔ̃ktyʀ] *nf* acupuncture
adage [adaʒ] *nm* adage
adagio [ada(d)ʒjo] *adv, nm* adagio
adaptable [adaptabl] *adj* adaptable
adaptateur, -trice [adaptatœʀ, -tʀis] *nm/f* adapter
adaptation [adaptasjɔ̃] *nf* adaptation
adapter [adapte] */1/ vt* to adapt; ~ **qch à** *(approprier)* to adapt sth to (fit); ~ **qch sur/dans/à** *(fixer)* to fit sth on/into/to; **s'adapter** *vpr* : **s'~ (à)** *(personne)* to adapt (to); *(objet, prise etc)* to apply (to)

addenda [adɛ̃da] *nm inv* addenda
addictologie [adiktɔlɔʒi] *nf* addiction studies *pl*
Addis-Ababa [adisababa], **Addis-Abeba** [adisabəba] *n* Addis Ababa
additif [aditif] *nm* additional clause; *(substance)* additive; ~ **alimentaire** food additive
addition [adisjɔ̃] *nf* addition; *(au café)* bill
additionnel, le [adisjɔnɛl] *adj* additional
additionner [adisjɔne] */1/ vt* to add (up); ~ **un produit d'eau** to add water to a product; **s'additionner** *vpr* to add up
adduction [adyksjɔ̃] *nf (de gaz, d'eau)* conveyance
adepte [adɛpt] *nmf* follower
adéquat, e [adekwa(t), -at] *adj* appropriate, suitable
adéquation [adekwasjɔ̃] *nf* appropriateness; *(Ling)* adequacy
adhérence [aderãs] *nf* adhesion
adhérent, e [aderã, -ãt] *nm/f (de club)* member
adhérer [adere] */6/ vi (coller)* to adhere, stick; ~ **à** *(coller)* to adhere ou stick to; *(se rallier à : parti, club)* to join, to be a member of; *(: opinion, mouvement)* to support
adhésif, -ive [adezif, -iv] *adj* adhesive, sticky; **ruban** ~ sticky ou adhesive tape ▸ *nm* adhesive
adhésion [adezjɔ̃] *nf (à un club)* joining; membership; *(à une opinion)* support
ad hoc [adɔk] *adj inv* ad hoc
adieu, x [adjø] *excl* goodbye ▸ *nm* farewell; **dire** ~ **à qn** to say goodbye ou farewell to sb; **dire** ~ **à qch** *(renoncer)* to say ou wave goodbye to sth
adipeux, -euse [adipø, -øz] *adj* bloated, fat; *(Anat)* adipose
adiposité [adipozite] *nf* adiposity
adjacent, e [adʒasã, -ãt] *adj* : ~ **(à)** adjacent (to)
adjectif [adʒɛktif] *nm* adjective; ~ **attribut** adjectival complement; ~ **épithète** attributive adjective
adjectival, e, -aux [adʒɛktival, -o] *adj* adjectival
adjoignais *etc* [adʒwaɲɛ] *vb voir* **adjoindre**
adjoindre [adʒwɛ̃dʀ] */49/ vt* : ~ **qch à** to attach sth to; *(ajouter)* to add sth to; ~ **qn à** *(personne)* to appoint sb as an assistant to; *(comité)* to appoint sb to, attach sb to; **s'adjoindre** *vpr (collaborateur etc)* to take on, appoint
adjoint, e [adʒwɛ̃, -wɛ̃t] *pp de* **adjoindre** ▸ *nm/f* assistant; ~ **au maire** deputy mayor; **directeur** ~ assistant manager
adjonction [adʒɔ̃ksjɔ̃] *nf* attaching; addition; appointment
adjudant [adʒydã] *nm (Mil)* warrant officer; ~**-chef** ≈ warrant officer 1st class *(Brit)*, ≈ chief warrant officer *(US)*
adjudicataire [adʒydikatɛʀ] *nmf* successful bidder, purchaser; *(pour travaux)* successful tenderer *(Brit)* ou bidder *(US)*
adjudicateur, -trice [adʒydikatœʀ, -tʀis] *nm/f (aux enchères)* seller
adjudication [adʒydikasjɔ̃] *nf* sale by auction; *(pour travaux)* invitation to tender *(Brit)* ou bid *(US)*
adjuger [adʒyʒe] */3/ vt (prix, récompense)* to award; *(lors d'une vente)* to auction (off); **adjugé !** *(vendu)* gone!, sold!; **s'adjuger** *vpr* to take for o.s.

adjurer [adʒyʀe] /**1**/ vt : ~ **qn de faire** to implore ou beg sb to do

adjuvant [adʒyvã] nm (médicament) adjuvant; (additif) additive; (stimulant) stimulant

admettre [admɛtʀ] /**56**/ vt (visiteur) to admit, let in; (candidat : Scol) to pass; (Tech : gaz, eau, air) to admit; (tolérer) to allow, accept; (reconnaître) to admit, acknowledge; (supposer) to suppose; **j'admets que** ... I admit that ...; **je n'admets pas que tu fasses cela** I won't allow you to do that; **admettons que** ... let's suppose that ...; **admettons** let's suppose so

administrateur, -trice [administʀatœʀ, -tʀis] nm/f (Comm) director; (Admin) administrator; ~ **délégué** managing director; ~ **judiciaire** receiver

administratif, -ive [administʀatif, -iv] adj administrative

administration [administʀasjɔ̃] nf administration; **l'A~** ≈ the Civil Service

administrativement [administʀativmã] adv (rattaché, dépendre) for administrative purposes

administré, e [administʀe] nm/f ≈ citizen

administrer [administʀe] /**1**/ vt (firme) to manage, run; (biens, remède, sacrement etc) to administer

admirable [admiʀabl] adj admirable, wonderful

admirablement [admiʀabləmã] adv admirably

admirateur, -trice [admiʀatœʀ, -tʀis] nm/f admirer

admiratif, -ive [admiʀatif, -iv] adj admiring

admiration [admiʀasjɔ̃] nf admiration; **être en ~ devant** to be lost in admiration before

admirativement [admiʀativmã] adv admiringly

admirer [admiʀe] /**1**/ vt to admire

admis, e [admi, -iz] pp de **admettre**

admissibilité [admisibilite] nf eligibility; admissibility, acceptability

admissible [admisibl] adj (candidat) eligible; (comportement) admissible, acceptable; (Jur) receivable

admission [admisjɔ̃] nf admission; **tuyau d'~** intake pipe; **demande d'~** application for membership; **service des admissions** admissions

admonester [admɔnɛste] /**1**/ vt to admonish

ADN sigle m (= acide désoxyribonucléique) DNA

ado [ado] nmf (fam : = adolescent(e)) ado, teenager, adolescent

adolescence [adɔlesɑ̃s] nf adolescence

adolescent, e [adɔlesɑ̃, -ɑ̃t] nm/f adolescent, teenager

adonner [adɔne] /**1**/ : **s'adonner à** vpr (sport) to devote o.s. to; (boisson) to give o.s. over to

adopter [adɔpte] /**1**/ vt to adopt; (projet de loi etc) to pass

adoptif, -ive [adɔptif, -iv] adj (parents) adoptive; (fils, patrie) adopted

adoption [adɔpsjɔ̃] nf adoption; **son pays/sa ville d'~** his adopted country/town

adorable [adɔʀabl] adj adorable

adoration [adɔʀasjɔ̃] nf adoration; (Rel) worship; **être en ~ devant** to be lost in adoration before

adorer [adɔʀe] /**1**/ vt to adore; (Rel) to worship

adossé, e [adose] adj : ~ **à** (mur, contreforts : personne) leaning against; (: maison) built right up against

adosser [adose] /**1**/ vt : ~ **qch à** to stand sth against; **s'adosser** vpr : **s'~ à** ou **contre** to lean with one's back against

adouber [adube] vt (Hist : vassal) to dub; (nommer : successeur, ministre) to name

adoucir [adusiʀ] /**2**/ vt (goût, température) to make milder; (avec du sucre) to sweeten; (peau, voix, eau) to soften; (caractère, personne) to mellow; (peine) to soothe, allay; **s'adoucir** vpr to become milder; to soften; (caractère) to mellow

adoucissant [adusisɑ̃] nm (pour le linge) fabric softener

adoucissement [adusismɑ̃] nm becoming milder; sweetening; softening; mellowing; soothing

adoucisseur [adusisœʀ] nm : ~ **(d'eau)** water softener

adr. abr = **adresse** ; **adresser**

adrénaline [adʀenalin] nf adrenaline

adresse [adʀɛs] nf skill, dexterity; (domicile, Inform) address; **à l'~ de** (pour) for the benefit of; ~ **électronique** email address; ~ **Web** web address

adresser [adʀese] /**1**/ vt (lettre : expédier) to send; (: écrire l'adresse sur) to address; (injure, compliments) to address; ~ **qn à un docteur/bureau** to refer ou send sb to a doctor/an office; ~ **la parole à qn** to speak to ou address sb; **s'adresser** vpr : **s'~ à** (parler à) to speak to, address; (s'informer auprès de) to go and see, go and speak to; (: bureau) to enquire at; (livre, conseil) to be aimed at

Adriatique [adʀijatik] nf : **l'~** the Adriatic

adroit, e [adʀwa, -wat] adj (joueur, mécanicien) skilful (BRIT), skillful (US), dext(e)rous; (politicien etc) shrewd, skilled

adroitement [adʀwatmã] adv skilfully (BRIT), skillfully (US), dext(e)rously; shrewdly

AdS sigle f = **Académie des Sciences**

ADSL sigle m (= asymmetrical digital subscriber line) ADSL, broadband; **avoir l'~** to have broadband

adulation [adylasjɔ̃] nf adulation

aduler [adyle] /**1**/ vt to adulate

adulte [adylt] nmf adult, grown-up; **formation/film pour adultes** adult training/film ▶ adj (personne, attitude) adult, grown-up; (chien, arbre) fully-grown, mature; **l'âge ~** adulthood

adultère [adyltɛʀ] adj adulterous ▶ nmf adulterer/adulteress ▶ nm (acte) adultery

adultérin, e [adylteʀɛ̃, -in] adj born of adultery

advenir [advəniʀ] /**22**/ vi to happen; **qu'est-il advenu de** ... ? what has become of ...?; **quoi qu'il advienne** whatever befalls ou happens

adventiste [advɑ̃tist] nmf (Rel) Adventist

adverbe [advɛʀb] nm adverb; ~ **de manière** adverb of manner

adverbial, e, -aux [advɛʀbjal, -o] adj adverbial

adversaire [advɛʀsɛʀ] nmf (Sport, gén) opponent, adversary; (Mil) adversary, enemy

adverse [advɛʀs] *adj* opposing
adversité [advɛʀsite] *nf* adversity
AELE *sigle f* (= *Association européenne de libre-échange*)
EFTA (= *European Free Trade Association*)
AEN *sigle f* (= *Agence pour l'énergie nucléaire*) ≈ AEA
(= *Atomic Energy Authority*)
aérateur [aeʀatœʀ] *nm* ventilator
aération [aeʀasjɔ̃] *nf* airing; (*circulation de l'air*)
ventilation; **conduit d'~** ventilation shaft;
bouche d'~ air vent
aéré, e [aeʀe] *adj* (*pièce, local*) airy, well-
ventilated; (*tissu*) loose-woven; **centre ~**
outdoor centre
aérer [aeʀe] **/6/** *vt* to air; (*fig*) to lighten; **s'aérer**
vpr to get some (fresh) air
aérien, ne [aeʀjɛ̃, -ɛn] *adj* (*Aviat*) air *cpd*, aerial;
(*câble, métro*) overhead; (*fig*) light; **compagnie
aérienne** airline (company); **ligne aérienne**
airline
aérobic [aeʀɔbik] *nf* aerobics *sg*
aérobie [aeʀɔbi] *adj* aerobic
aéro-club [aeʀɔklœb] *nm* flying club
aérodrome [aeʀɔdʀɔm] *nm* airfield, aerodrome
aérodynamique [aeʀɔdinamik] *adj*
aerodynamic, streamlined ▶ *nf*
aerodynamics *sg*
aérofrein [aeʀofʀɛ̃] *nm* air brake
aérogare [aeʀɔgaʀ] *nf* airport (buildings);
(*en ville*) air terminal
aéroglisseur [aeʀɔglisœʀ] *nm* hovercraft
aérogramme [aeʀɔgʀam] *nm* air letter,
aerogram(me)
aéromodélisme [aeʀɔmɔdelism] *nm* model
aircraft making
aéronaute [aeʀɔnot] *nmf* aeronaut
aéronautique [aeʀɔnotik] *adj* aeronautical
▶ *nf* aeronautics *sg*
aéronaval, e [aeʀɔnaval] *adj* air and sea *cpd*
Aéronavale [aeʀɔnaval] *nf* ≈ Fleet Air Arm
(*Brit*), ≈ Naval Air Force (*US*)
aéronef [aeʀɔnɛf] *nm* aircraft
aérophagie [aeʀɔfaʒi] *nf* wind; (*Méd*)
aerophagia; **il fait de l'~** he suffers from
abdominal wind
aéroport [aeʀɔpɔʀ] *nm* airport;
~ d'embarquement departure airport
aéroporté, e [aeʀɔpɔʀte] *adj* airborne, airlifted
aéroportuaire [aeʀɔpɔʀtɥeʀ] *adj* of an *ou* the
airport, airport *cpd*
aéropostal, e, -aux [aeʀɔpostal, -o] *adj*
airmail *cpd*
aérosol [aeʀɔsɔl] *nm* aerosol
aérospatial, e, -aux [aeʀɔspasjal, -o] *adj*
aerospace ▶ *nf* the aerospace industry
aérostat [aeʀɔsta] *nm* aerostat
aérotrain [aeʀɔtʀɛ̃] *nm* hovertrain
AF *sigle fpl* = **allocations familiales** ▶ *sigle f*
(*Suisse*) = **Assemblée fédérale**
AFAT [afat] *sigle m* (= *Auxiliaire féminin de l'armée de
terre*) member of the women's army
affabilité [afabilite] *nf* affability
affable [afabl] *adj* affable
affabulateur, -trice [afabylatœʀ, -tʀis] *nm/f*
storyteller
affabulation [afabylasjɔ̃] *nf* invention, fantasy

affabuler [afabyle] **/1/** *vi* to make up stories
affacturage [afaktyʀaʒ] *nm* factoring
affadir [afadiʀ] **/2/** *vt* to make insipid *ou*
tasteless; **s'affadir** *vpr* to become insipid, to
become tasteless
affaibli, e [afebli] *adj* (*parti, autorité*) weakened;
(*personne, voix*) weak
affaiblir [afebliʀ] **/2/** *vt* (*parti, authorité*) to
weaken; **s'affaiblir** *vpr* to weaken, grow weaker;
(*vue*) to grow dim
affaiblissement [afeblismɑ̃] *nm* weakening
affaire [afɛʀ] *nf* (*problème, question*) matter;
(*criminelle, judiciaire*) case; (*scandaleuse etc*) affair;
(*entreprise*) business; (*marché, transaction*)
(business) deal, (piece of) business *no pl*;
(*occasion intéressante*) good deal; **tirer qn/se tirer
d'~** to get sb/o.s. out of trouble; **ceci fera l'~**
this will do (nicely); **avoir ~ à** (*comme adversaire*)
to be faced with; (*en contact*) to be dealing with;
tu auras ~ à moi ! (*menace*) you'll have me to
contend with!; **c'est une ~ de goût/d'argent**
it's a question *ou* matter of taste/money; **c'est
l'~ d'une minute/heure** it'll only take a
minute/an hour; **affaires** *nfpl* affairs; (*activité
commerciale*) business *sg*; (*effets personnels*) things,
belongings; **affaires de sport** sports gear; **ce
sont mes affaires** (*cela me concerne*) that's my
business; **occupe-toi de tes affaires !** mind
your own business!; **toutes affaires
cessantes** forthwith; **les affaires étrangères**
(*Pol*) foreign affairs
affairé, e [afeʀe] *adj* busy
affairer [afeʀe] **/1/**: **s'affairer** *vpr* to busy o.s.,
bustle about
affairisme [afeʀism] *nm* wheeling and dealing
affairiste [afeʀist] *nmf* wheeler-dealer
affaissé, e [afese] *adj* (*sol, épaules*) sagging
affaissement [afesmɑ̃] *nm* subsidence;
collapse
affaisser [afese] **/1/**: **s'affaisser** *vpr* (*terrain,
immeuble*) to subside, sink; (*personne*) to collapse;
(*dos, épaules*) to sag
affalé, e [afale] *adj*: **~ dans un fauteuil**
slumped in an armchair; **~ sur un banc**
slumped on a bench
affaler [afale] **/1/**: **s'affaler** *vpr*: **s'~ dans/sur** to
collapse *ou* slump into/onto
affamé, e [afame] *adj* starving, famished
affamer [afame] **/1/** *vt* to starve
affectation [afɛktasjɔ̃] *nf* allotment;
appointment; posting; affectedness
affecté, e [afɛkte] *adj* affected
affecter [afɛkte] **/1/** *vt* (*émouvoir*) to affect, move;
(*feindre*) to affect, feign; (*telle ou telle forme etc*) to
take on, assume; **~ qch à** to allocate *ou* allot sth
to; **~ qn à** to appoint sb to; (*diplomate*) to post sb
to; **~ qch de** (*de coefficient*) to modify sth by
affectif, -ive [afɛktif, -iv] *adj* emotional,
affective
affection [afɛksjɔ̃] *nf* affection; (*mal*) ailment;
avoir de l'~ pour to feel affection for; **prendre
en ~** to become fond of
affectionner [afɛksjɔne] **/1/** *vt* to be fond of
affectueusement [afɛktɥøzmɑ̃] *adv*
affectionately

affectueux, -euse [afɛktɥø, -øz] *adj* affectionate

afférent, e [aferɑ̃, -ɑ̃t] *adj* : **~ à** pertaining *ou* relating to

affermir [afɛʀmiʀ] /2/ *vt* to consolidate, strengthen; **s'affermir** *vpr (tendance, position)* to become stronger; *(peau, muscles)* to become firmer

affichage [afiʃaʒ] *nm* billposting, billsticking; *(électronique)* display; « **~ interdit** » "stick no bills", "billsticking prohibited"; **~ à cristaux liquides** liquid crystal display, LCD; **~ numérique** *ou* **digital** digital display

affiche [afiʃ] *nf* poster; *(officielle)* (public) notice; *(Théât)* bill; **être à l'~** *(Théât)* to be on; **tenir l'~** to run

affiché, e [afiʃe] *adj (ambition, volonté, optimisme)* declared

afficher [afiʃe] /1/ *vt (affiche)* to put up, post up; *(réunion)* to put up a notice about; *(électroniquement)* to display; *(fig)* to exhibit, display; « **défense d'~** » "no bill posters"; **s'afficher** *vpr (péj)* to flaunt o.s.; *(électroniquement)* to be displayed

affichette [afiʃɛt] *nf* small poster *ou* notice

affilé, e [afile] *adj* sharp

affilée [afile] : **d'~** *adv* at a stretch

affiler [afile] /1/ *vt* to sharpen

affiliation [afiljasjɔ̃] *nf* affiliation

affilié, e [afilje] *adj* : **être ~ à** to be affiliated to ▸ *nm/f* affiliated party *ou* member

affilier [afilje] /7/ : **s'affilier à** *vpr* to become affiliated to

affinage [afinaʒ] *nm (de fromages, des huîtres)* maturing; *(de métaux)* refining

affiner [afine] /1/ *vt (métaux, concept)* to refine; *(fromages)* to mature; *(huîtres)* to allow to mature; **s'affiner** *vpr* to become (more) refined

affinité [afinite] *nf* affinity

affirmatif, -ive [afiʀmatif, -iv] *adj* affirmative ▸ *nf* : **répondre par l'affirmative** to reply in the affirmative; **dans l'affirmative** *(si oui)* if (the answer is) yes ..., if he does *(ou* you do *etc)* ...

affirmation [afiʀmasjɔ̃] *nf* assertion

affirmativement [afiʀmativmɑ̃] *adv* affirmatively, in the affirmative

affirmé, e [afiʀme] *adj (volonté)* declared; *(personnalité)* assertive

affirmer [afiʀme] /1/ *vt (prétendre)* to maintain, assert; *(autorité)* to assert; **s'affirmer** *vpr* to assert o.s.; to assert itself

affleurer [aflœʀe] /1/ *vi* to show on the surface

affliction [afliksjɔ̃] *nf* affliction

affligé, e [afliʒe] *adj* distressed, grieved; **~ de** *(maladie, tare)* afflicted with

affligeant, e [afliʒɑ̃, -ɑ̃t] *adj* distressing

affliger [afliʒe] /3/ *vt (peiner)* to distress, grieve; **s'affliger** *vpr (être attristé)* : **s'~ de** to be distressed about

affluence [aflyɑ̃s] *nf* crowds *pl*; **heures d'~** rush hour *sg*; **jours d'~** busiest days

affluent [aflyɑ̃] *nm* tributary

affluer [aflye] /1/ *vi (secours, biens)* to flood in, pour in; *(sang)* to rush, flow

afflux [afly] *nm* flood, influx; rush

affolant, e [afɔlɑ̃, -ɑ̃t] *adj* terrifying

affolé, e [afɔle] *adj* panic-stricken, panicky

affolement [afɔlmɑ̃] *nm* panic

affoler [afɔle] /1/ *vt* to throw into a panic; **s'affoler** *vpr* to panic

affranchi, e [afʀɑ̃ʃi] *adj (lettre)* stamped; **~ de qch** *(conventions, entraves)* liberated from sth; **esprit ~** free spirit

affranchir [afʀɑ̃ʃiʀ] /2/ *vt (lettre)* to put a stamp *ou* stamps on; *(à la machine)* to frank *(BRIT)*, meter *(US)*; *(esclave)* to enfranchise, emancipate; *(fig)* to free, liberate; **machine à ~** franking machine, postage meter; **s'affranchir de** *vpr* to free o.s. from

affranchissement [afʀɑ̃ʃismɑ̃] *nm (Postes)* franking *(BRIT)*, metering *(US)*; *(prix payé)* postage; *(des esclaves)* freeing; **tarifs d'~** postage rates

affres [afʀ] *nfpl* : **dans les ~ de** in the throes of

affréter [afʀete] /6/ *vt* to charter

affreusement [afʀøzmɑ̃] *adv* dreadfully, awfully

affreux, -euse [afʀø, -øz] *adj* dreadful, awful

affriolant, e [afʀijɔlɑ̃, -ɑ̃t] *adj* tempting, enticing

affront [afʀɔ̃] *nm* affront

affrontement [afʀɔ̃tmɑ̃] *nm (Mil, Pol)* clash, confrontation

affronter [afʀɔ̃te] /1/ *vt* to confront, face; **s'affronter** *vpr* to confront each other

affubler [afyble] /1/ *vt (péj)* : **~ qn de** to rig *ou* deck sb out in; *(surnom)* to attach to sb

affût [afy] *nm (de canon)* gun carriage; **à l'~ (de)** *(gibier)* lying in wait (for); *(fig)* on the look-out (for)

affûter [afyte] /1/ *vt* to sharpen, grind

afghan, e [afgɑ̃, -an] *adj* Afghan

Afghanistan [afganistɑ̃] *nm* : **l'~** Afghanistan

afin [afɛ̃] : **~ que** *conj* so that, in order that; **~ de faire** in order to do, so as to do

AFNOR [afnɔʀ] *sigle f (= Association française de normalisation)* industrial standards authority

a fortiori [afɔʀsjɔʀi] *adv* all the more, a fortiori

AFP *sigle f* = **Agence France-Presse**

AFPA *sigle f* = **Association pour la formation professionnelle des adultes**

africain, e [afʀikɛ̃, -ɛn] *adj* African ▸ *nm/f* : **Africain, e** African

afrikaans [afʀikɑ̃] *nm, adj inv* Afrikaans

afrikaner [afʀikanɛʀ] *adj* Afrikaner ▸ *nm/f* : **Afrikaner** Afrikaner

Afrique [afʀik] *nf* : **l'~** Africa; **l'~ australe/du Nord/du Sud** southern/North/South Africa

afro [afʀo] *adj inv* : **coupe ~** afro hairstyle ▸ *nmf* : **Afro** Afro

afro-américain, e [afʀoamerikɛ̃, -ɛn] *adj* Afro-American

AG *sigle f* = **assemblée générale**

ag. *abr* = **agence**

agaçant, e [agasɑ̃, -ɑ̃t] *adj* irritating, aggravating

agacement [agasmɑ̃] *nm* irritation, aggravation

agacer [agase] /**3**/ vt to pester, tease; (*involontairement*) to irritate, aggravate; **s'agacer** vpr to get annoyed; **s'~ de qch** to get annoyed about sth

agapes [agap] nfpl (*humoristique : festin*) feast

agate [agat] nf agate

agave [agav] nm agave

AGE sigle f = **assemblée générale extraordinaire**

âge [ɑʒ] nm age; **quel ~ as-tu ?** how old are you?; **une femme d'un certain ~** a middle-aged woman, a woman who is getting on (in years); **bien porter son ~** to wear well; **prendre de l'~** to be getting on (in years), grow older; **limite d'~** age limit; **dispense d'~** special exemption from age limit; **le troisième ~** (*personnes âgées*) senior citizens; (*période*) retirement; **l'~ ingrat** the awkward ou difficult age; **~ légal** legal age; **~ mental** mental age; **l'~ mûr** maturity, middle age; **~ de raison** age of reason

âgé, e [ɑʒe] adj old, elderly; **~ de 10 ans** 10 years old

agence [aʒɑ̃s] nf agency, office; (*succursale*) branch; **~ immobilière** estate agent's (office) (BRIT), real estate office (US); **~ matrimoniale** marriage bureau; **~ de placement** employment agency; **~ de publicité** advertising agency; **~ de voyages** travel agency

agencé, e [aʒɑ̃se] adj : **bien/mal ~** well/badly put together; well/badly laid out ou arranged

agencement [aʒɑ̃smɑ̃] nm putting together; arrangement, laying out

agencer [aʒɑ̃se] /**3**/ vt to put together; (*local*) to arrange, lay out

agenda [aʒɛ̃da] nm diary; **~ électronique** PDA

agenouillé, e [aʒ(ə)nuje] adj kneeling, kneeling down

agenouiller [aʒ(ə)nuje] /**1**/ : **s'agenouiller** vpr to kneel (down)

agent, e [aʒɑ̃, -ɑ̃t] nm/f (*aussi : **agent(e) de police***) policeman (policewoman); (*Admin*) official, officer; (*fig : élément, facteur*) agent; **~ d'assurances** insurance broker; **~ de change** stockbroker; **~ commercial** sales representative; **~ immobilier** estate agent (BRIT), realtor (US); **~ (secret)** (secret) agent

agglo [aglo] nm (*fam*) = **aggloméré**

agglomérat [aglɔmeʀa] nm (*Géo*) agglomerate

agglomération [aglɔmeʀasjɔ̃] nf town; (*Auto*) built-up area; **l'~ parisienne** the urban area of Paris

aggloméré [aglɔmeʀe] nm (*bois*) chipboard; (*pierre*) conglomerate

agglomérer [aglɔmeʀe] /**6**/ vt to pile up; (*Tech : bois, pierre*) to compress; **s'agglomérer** vpr to pile up

agglutiner [aglytine] /**1**/ vt to stick together; **s'agglutiner** vpr to congregate

aggravant, e [agʀavɑ̃, -ɑ̃t] adj : **circonstances aggravantes** aggravating circumstances

aggravation [agʀavasjɔ̃] nf worsening, aggravation; increase

aggraver [agʀave] /**1**/ vt to worsen, aggravate; (*Jur : peine*) to increase; **~ son cas** to make one's case worse; **s'aggraver** vpr to worsen

agile [aʒil] adj agile, nimble

agilement [aʒilmɑ̃] adv nimbly

agilité [aʒilite] nf agility, nimbleness

agios [aʒjo] nmpl bank charges, charges

agir [aʒiʀ] /**2**/ vi (*se comporter*) to behave, act; (*faire quelque chose*) to act, take action; (*avoir de l'effet*) to act; **il s'agit de** it's a matter ou question of; (*ça traite de*) it is about; (*il importe que*) : **il s'agit de faire** we (ou you etc) must do; **de quoi s'agit-il ?** what is it about?

agissements [aʒismɑ̃] nmpl (*péj*) schemes, intrigues

agitateur, -trice [aʒitatœʀ, -tʀis] nm/f agitator

agitation [aʒitasjɔ̃] nf (*hustle and*) bustle; (*trouble*) agitation, excitement; (*politique*) unrest, agitation

agité, e [aʒite] adj (*remuant*) fidgety, restless; (*troublé*) agitated, perturbed; (*journée*) hectic; (*mer*) rough; (*sommeil*) disturbed, broken

agiter [aʒite] /**1**/ vt (*bouteille, chiffon*) to shake; (*bras, mains*) to wave; (*préoccuper, exciter*) to trouble, perturb; « **~ avant l'emploi** » "shake before use"; **s'agiter** vpr to bustle about; (*dormeur*) to toss and turn; (*enfant*) to fidget; (*Pol*) to grow restless

agneau, x [aɲo] nm lamb; (*toison*) lambswool

agnelet [aɲ(ə)lɛ] nm little lamb

agnostique [agnɔstik] adj, nmf agnostic

agonie [agɔni] nf mortal agony, death pangs pl; (*fig*) death throes pl

agonir [agɔniʀ] /**2**/ vt : **~ qn d'injures** to hurl abuse at sb

agoniser [agɔnize] /**1**/ vi to be dying; (*fig*) to be in its death throes

agoraphobe [agɔʀafɔb] adj agoraphobic

agoraphobie [agɔʀafɔbi] nf agoraphobia

agrafe [agʀaf] nf (*de vêtement*) hook, fastener; (*de bureau*) staple; (*Méd*) clip

agrafer [agʀafe] /**1**/ vt to fasten; to staple

agrafeuse [agʀaføz] nf stapler

agraire [agʀɛʀ] adj agrarian; (*mesure, surface*) land cpd

agrandir [agʀɑ̃diʀ] /**2**/ vt (*magasin, domaine*) to extend, enlarge; (*trou*) to enlarge, make bigger; (*Photo*) to enlarge, blow up; **s'agrandir** vpr (*ville, famille*) to grow, expand; (*trou, écart*) to get bigger

agrandissement [agʀɑ̃dismɑ̃] nm extension; enlargement; (*photographie*) enlargement

agrandisseur [agʀɑ̃disœʀ] nm (*Photo*) enlarger

agréable [agʀeabl] adj pleasant, nice

agréablement [agʀeabləmɑ̃] adv pleasantly

agréé, e [agʀee] adj : **concessionnaire ~** registered dealer; **magasin ~** registered dealer('s)

agréer [agʀee] /**1**/ vt (*requête*) to accept; **~ à** to please, suit; **veuillez ~, Monsieur/Madame, mes salutations distinguées** (*personne nommée*) yours sincerely; (*personne non nommée*) yours faithfully

agrég [agʀɛg] nf (*fam*) = **agrégation**

agrégat [agʀega] nm aggregate

agrégateur [agʀegatœʀ] nm (*Inform*) aggregator

agrégation [agʀegasjɔ̃] nf highest teaching diploma in France

agrégé, e [agʀeʒe] nm/f holder of the *agrégation*

agréger [agʀeʒe] /**3**/ : **s'agréger** vpr to aggregate

agrément [aɡʀemɑ̃] *nm* (*accord*) consent, approval; (*attraits*) charm, attractiveness; (*plaisir*) pleasure; **voyage d'~** pleasure trip

agrémenter [aɡʀemɑ̃te] /1/ *vt* : **~ (de)** to embellish (with), adorn (with)

agrès [aɡʀɛ] *nmpl* (gymnastics) apparatus *sg*

agresser [aɡʀese] /1/ *vt* to attack

agresseur [aɡʀesœʀ] *nm* aggressor, attacker; (*Pol, Mil*) aggressor

agressif, -ive [aɡʀesif, -iv] *adj* aggressive

agression [aɡʀesjɔ̃] *nf* attack; (*Pol, Mil, Psych*) aggression

agressivement [aɡʀesivmɑ̃] *adv* aggressively

agressivité [aɡʀesivite] *nf* aggressiveness

agreste [aɡʀɛst] *adj* rustic

agricole [aɡʀikɔl] *adj* agricultural, farm *cpd*

agriculteur, -trice [aɡʀikyltœʀ, -tʀis] *nm/f* farmer

agriculture [aɡʀikyltyʀ] *nf* agriculture; farming

agripper [aɡʀipe] /1/ *vt* to grab, clutch; (*pour arracher*) to snatch, grab; **s'agripper à** *vpr* to cling (on) to, clutch, grip

agritourisme [aɡʀituʀism] *nm* agritourism

agroalimentaire [aɡʀoalimɑ̃tɛʀ] *adj* farming *cpd* ▸ *nm* farm-produce industry; **l'~** agribusiness

agrocarburant [aɡʀokaʀbyʀɑ̃] *nm* agrofuel

agro-industrie [aɡʀoɛ̃dystʀi] *nf* : **l'~** agribusiness; **les agro-industries** agribusiness

agronome [aɡʀɔnɔm] *nmf* agronomist

agronomie [aɡʀɔnɔmi] *nf* agronomy

agronomique [aɡʀɔnɔmik] *adj* agronomic(al)

agrumes [aɡʀym] *nmpl* citrus fruit(s)

aguerri, e [ageʀi] *adj* (*soldat, sportif, homme politique*) battle-hardened

aguerrir [ageʀiʀ] /2/ *vt* to harden; **s'aguerrir** *vpr* : **s'~ (contre)** to become hardened (to)

aguets [aɡɛ] : **aux ~** *adv* : **être aux ~** to be on the look-out

aguichant, e [aɡiʃɑ̃, -ɑ̃t] *adj* enticing

aguicher [aɡiʃe] /1/ *vt* to entice

aguicheur, -euse [aɡiʃœʀ, -øz] *adj* enticing

ah [a] *excl* ah!; **ah bon ?** really?, is that so?; **ah mais ...** yes, but ...; **ah non !** oh no!

ahuri, e [ayʀi] *adj* (*stupéfait*) flabbergasted; (*idiot*) ▸ dim-witted

ahurir [ayʀiʀ] /2/ *vt* to stupefy, stagger

ahurissant, e [ayʀisɑ̃, -ɑ̃t] *adj* stupefying, staggering, mind-boggling

ai [ɛ] *vb voir* **avoir**

aide [ɛd] *nmf* assistant; **~ de camp** *nmf* aide-de-camp; **~ comptable** *nmf* accountant's assistant; **~ électricien** *nmf* electrician's mate; **~ de laboratoire** *nmf* laboratory assistant ▸ *nf* assistance, help; (*secours financier*) aid; **à l'~ de** with the help *ou* aid of; **aller à l'~ de qn** to go to sb's aid, go to help sb; **venir en ~ à qn** to help sb, come to sb's assistance; **appeler (qn) à l'~** to call for help (from sb); **à l'~ !** help!; **~ familiale** *nf* mother's help, ≈ home help; **~ judiciaire** *nf* legal aid; **~ ménagère** *nf* ≈ home help (*Brit*) *ou* helper (*US*); **~ technique** *nf* ≈ VSO (*Brit*), ≈ Peace Corps (*US*); **~ sociale** *nf* (*assistance*) state aid

aide-éducateur, -trice [ɛdmedykatœʀ, -tʀis] *nm/f* classroom assistant

aide-mémoire [ɛdmemwaʀ] *nm inv* memoranda pages *pl*; (*key facts*) handbook

aider [ede] /1/ *vt* to help; **~ à qch** to help (towards) sth; **~ qn à faire qch** to help sb to do sth; **s'aider de** *vpr* (*se servir de*) to use, make use of

aide-soignant, e [ɛdswaɲɑ̃, -ɑ̃t] *nm/f* auxiliary nurse

aie *etc* [ɛ] *vb voir* **avoir**

aïe [aj] *excl* ouch!

AIEA *sigle f* (= *Agence internationale de l'énergie atomique*) IAEA (= *International Atomic Energy Agency*)

aïeul, e [ajœl] *nm/f* grandparent, grandfather/grandmother; (*ancêtre*) forebear

aïeux [ajø] *nmpl* grandparents; forebears, forefathers

aigle [ɛɡl] *nm* eagle

aiglefin [ɛɡləfɛ̃] *nm* = **églefin**

aigre [ɛɡʀ] *adj* sour, sharp; (*fig*) sharp, cutting; **tourner à l'~** to turn sour

aigre-doux, -douce [ɛɡʀədu, -dus] *adj* (*fruit*) bitter-sweet; (*sauce*) sweet and sour

aigrefin [ɛɡʀəfɛ̃] *nm* swindler

aigrelet, te [ɛɡʀəlɛ, -ɛt] *adj* (*goût*) sourish; (*voix, son*) sharpish

aigrette [ɛɡʀɛt] *nf* (*plume*) feather

aigreur [ɛɡʀœʀ] *nf* sourness; sharpness; **aigreurs d'estomac** heartburn *sg*

aigri, e [egʀi] *adj* embittered

aigrir [egʀiʀ] /2/ *vt* (*personne*) to embitter; (*caractère*) to sour; **s'aigrir** *vpr* to become embittered; to sour; (*lait etc*) to turn sour

aigu, ë [egy] *adj* (*objet, arête*) sharp, pointed; (*son, voix*) high-pitched, shrill; (*note*) high(-pitched); (*douleur, intelligence*) acute, sharp

aigue-marine [ɛɡmaʀin] (*pl* **aigues-marines**) *nf* aquamarine

aiguillage [eɡɥijaʒ] *nm* (*Rail*) points *pl*

aiguille [eɡɥij] *nf* needle; (*de montre*) hand; **~ à tricoter** knitting needle

aiguiller [eɡɥije] /1/ *vt* (*orienter*) to direct; (*Rail*) to shunt

aiguillette [eɡɥijɛt] *nf* (*Culin*) aiguillette

aiguilleur [eɡɥijœʀ] *nm* : **~ du ciel** air traffic controller

aiguillon [eɡɥijɔ̃] *nm* (*d'abeille*) sting; (*fig*) spur, stimulus

aiguillonner [eɡɥijɔne] /1/ *vt* to spur *ou* goad on

aiguiser [egize] /1/ *vt* to sharpen, grind; (*fig*) to stimulate; (: *esprit*) to sharpen; (: *sens*) to excite

aiguisoir [egizwaʀ] *nm* sharpener

aïkido [ajkido] *nm* aikido

ail [aj] *nm* garlic

aile [ɛl] *nf* wing; (*de voiture*) wing (*Brit*), fender (*US*); **battre de l'~** (*fig*) to be in a sorry state; **voler de ses propres ailes** to stand on one's own two feet; **~ libre** hang-glider

ailé, e [ele] *adj* winged

aileron [ɛlʀɔ̃] *nm* (*de requin*) fin; (*d'avion*) aileron

ailette [ɛlɛt] *nf* (*Tech*) fin; (: *de turbine*) blade

ailier [elje] *nm* (*Sport*) winger

aille *etc* [aj] *vb voir* **aller**

aillé, e [aje] *adj* (*pain, sauce*) garlic *cpd*

ailleurs [ajœʀ] *adv* elsewhere, somewhere else; **partout/nulle part** ~ everywhere/nowhere else; **d'**~ *adv (du reste)* moreover, besides; **par** ~ *adv (d'autre part)* moreover, furthermore

ailloli [ajɔli] *nm* garlic mayonnaise

aimable [ɛmabl] *adj* kind, nice; **vous êtes bien** ~ that's very nice *ou* kind of you, how kind (of you)!

aimablement [ɛmabləmɑ̃] *adv* kindly

aimant[1] [ɛmɑ̃] *nm* magnet

aimant[2], **e** [ɛmɑ̃, -ɑ̃t] *adj* loving, affectionate

aimanté, e [ɛmɑ̃te] *adj* magnetic

aimanter [ɛmɑ̃te] /1/ *vt* to magnetize

aimer [eme] /1/ *vt* to love; (d'amitié, affection, par goût) to like; (souhait) : **j'aimerais ...** I would like ...; **je n'aime pas beaucoup Paul** I don't like Paul much, I don't care much for Paul; ~ **faire qch** to like doing sth, like to do sth; **j'aime faire du ski** I like skiing; **je t'aime** I love you; **aimeriez-vous que je vous accompagne ?** would you like me to come with you?; **j'aimerais (bien) m'en aller** I should (really) like to go; **bien** ~ **qn/qch** to like sb/sth; **j'aime mieux Paul (que Pierre)** I prefer Paul (to Pierre); **j'aime mieux** *ou* **autant vous dire que** I may as well tell you that; **j'aimerais autant** *ou* **mieux y aller maintenant** I'd sooner *ou* rather go now; **j'aime assez aller au cinéma** I quite like going to the cinema; **s'aimer** *vpr* to love each other; to like each other

aine [ɛn] *nf* groin

aîné, e [ene] *adj* elder, older; (le plus âgé) eldest, oldest ▶ *nm/f* oldest child *ou* one, oldest boy *ou* son/girl *ou* daughter; **il est mon** ~ **(de 2 ans)** he's (2 years) older than me, he's (2 years) my senior; **aînés** *nmpl* (fig : anciens) elders

aînesse [ɛnɛs] *nf* : **droit d'**~ birthright

ainsi [ɛ̃si] *adv* (de cette façon) like this, in this way, thus; (ce faisant) thus ▶ *conj* thus, so; ~ **que** (comme) (just) as; (et aussi) as well as; **pour** ~ **dire** so to speak, as it were; ~ **donc** and so; ~ **soit-il** (Rel) so be it; **et** ~ **de suite** and so on (and so forth)

aïoli [ajɔli] *nm* = **ailloli**

air [ɛʀ] *nm* air; (mélodie) tune; (expression) look, air; (atmosphère, ambiance) : **dans l'**~ in the air (fig); **prendre de grands airs (avec qn)** to give o.s. airs (with sb); **en l'**~ (up) into the air; **tirer en l'**~ to fire shots in the air; **paroles/menaces en l'**~ empty words/threats; **prendre l'**~ to get some (fresh) air; (avion) to take off; **avoir l'**~ (sembler) to look, appear; **avoir l'**~ **triste** to look *ou* seem sad; **avoir l'**~ **de qch** to look like sth; **avoir l'**~ **de faire** to look as though one is doing, appear to be doing; **courant d'**~ draught (BRIT), draft (US); **le grand** ~ the open air; **mal de l'**~ air-sickness; **tête en l'**~ scatterbrain; ~ **comprimé** compressed air; ~ **conditionné** air-conditioning

airbag [ɛʀbag] *nm* airbag

aire [ɛʀ] *nf* (zone, fig, Math) area; (nid) eyrie (BRIT), aerie (US); ~ **d'atterrissage** landing strip; landing patch; ~ **de jeu** play area; ~ **de lancement** launching site; ~ **de stationnement** parking area

airelle [ɛʀɛl] *nf* bilberry

aisance [ɛzɑ̃s] *nf* ease; (Couture) easing, freedom of movement; (richesse) affluence; **être dans l'**~ to be well-off *ou* affluent

aise [ɛz] *nf* comfort; **frémir d'**~ to shudder with pleasure; **être à l'**~ *ou* **à son** ~ to be comfortable; (pas embarrassé) to be at ease; (financièrement) to be comfortably off; **se mettre à l'**~ to make o.s. comfortable; **être mal à l'**~ *ou* **à son** ~ to be uncomfortable; (gêné) to be ill at ease; **mettre qn à l'**~ to put sb at his (*ou* her) ease; **mettre qn mal à l'**~ to make sb feel ill at ease; **à votre** ~ please yourself, just as you like; **en faire à son** ~ to do as one likes; **en prendre à son** ~ **avec qch** to be free and easy with sth, do as one likes with sth ▶ *adj* : **être bien** ~ **de/ que** to be delighted to/that; **aises** *nfpl* : **aimer ses aises** to like one's (creature) comforts; **prendre ses aises** to make o.s. comfortable

aisé, e [eze] *adj* easy; (assez riche) well-to-do, well-off

aisément [ezemɑ̃] *adv* easily

aisselle [ɛsɛl] *nf* armpit

ait [ɛ] *vb voir* **avoir**

ajonc [aʒɔ̃] *nm* gorse *no pl*

ajouré, e [aʒuʀe] *adj* openwork *cpd*

ajournement [aʒuʀnəmɑ̃] *nm* adjournment; deferment, postponement

ajourner [aʒuʀne] /1/ *vt* (réunion) to adjourn; (décision) to defer, postpone; (candidat) to refer; (conscrit) to defer

ajout [aʒu] *nm* addition; **merci pour l'**~ thanks for the add

ajouter [aʒute] /1/ *vt* to add; ~ **à** (accroître) to add to; ~ **que** to add that; ~ **foi à** to lend *ou* give credence to; **s'ajouter** *vpr* to add to

ajustage [aʒystaʒ] *nm* fitting

ajusté, e [aʒyste] *adj* : **bien** ~ (robe etc) close-fitting

ajustement [aʒystəmɑ̃] *nm* adjustment

ajuster [aʒyste] /1/ *vt* (régler) to adjust; (vêtement) to alter; (coup de fusil) to aim; (cible) to aim at; (adapter) : ~ **qch à** to fit sth to; ~ **sa cravate** to adjust one's tie

ajusteur [aʒystœʀ] *nm* metal worker

alaise [alɛz] *nf* = **alèse**

alambic [alɑ̃bik] *nm* still

alambiqué, e [alɑ̃bike] *adj* convoluted, overcomplicated

alangui, e [alɑ̃gi] *adj* languid

alanguir [alɑ̃giʀ] /2/ : **s'alanguir** *vpr* to grow languid

alarmant, e [alaʀmɑ̃, -ɑ̃t] *adj* alarming

alarme [alaʀm] *nf* alarm; **donner l'**~ to give *ou* raise the alarm; **jeter l'**~ to cause alarm

alarmer [alaʀme] /1/ *vt* to alarm; **s'alarmer** *vpr* to become alarmed

alarmiste [alaʀmist] *adj* alarmist

Alaska [alaska] *nm* : **l'**~ Alaska

albanais, e [albanɛ, -ɛz] *adj* Albanian ▶ *nm* (Ling) Albanian ▶ *nm/f* : **Albanais, e** Albanian

Albanie [albani] *nf* : **l'**~ Albania

albâtre [albɑtʀ] *nm* alabaster

albatros [albatʀos] *nm* albatross

albigeois, e [albiʒwa, -waz] *adj* of *ou* from Albi

albinos [albinos] *nmf* albino

album [albɔm] *nm* album; **~ à colorier** colouring book; **~ de timbres** stamp album

albumen [albymɛn] *nm* albumen

albumine [albymin] *nf* albumin; **avoir** *ou* **faire de l'~** to suffer from albuminuria

alcalin, e [alkalɛ̃, -in] *adj* alkaline

alchimie [alʃimi] *nf* alchemy

alchimiste [alʃimist] *nm* alchemist

alco(o)lo [alkɔlo] *(fam) adj* alcoholic ▶ *nm/f* alcoholic, alkie *(fam)*

alcool [alkɔl] *nm* : **l'~** alcohol; **un ~** a spirit, a brandy; **bière sans ~** non-alcoholic *ou* alcohol-free beer; **à brûler** methylated spirits (BRIT), wood alcohol (US); **~ à 90°** surgical spirit; **~ camphré** camphorated alcohol; **~ de prune** *etc* plum *etc* brandy

alcoolémie [alkɔlemi] *nf* blood alcohol level

alcoolique [alkɔlik] *adj, nmf* alcoholic

alcoolisé, e [alkɔlize] *adj* alcoholic; **une boisson non alcoolisée** a soft drink

alcoolisme [alkɔlism] *nm* alcoholism

alcootest® [alkɔtɛst] *nm (objet)* Breathalyser®; *(test)* breath-test; **faire subir l'~ à qn** to Breathalyse® sb

alcopop [alkɔpɔp] *nm* alcopop

alcôve [alkov] *nf* alcove, recess

aléas [alea] *nmpl* hazards

aléatoire [aleatwaʀ] *adj* uncertain; *(Inform, Statistique)* random

alémanique [alemanik] *adj* : **la Suisse ~** German-speaking Switzerland

ALENA [alena] *sigle m* (= *Accord de libre-échange nord-américain*) NAFTA (= *North American Free Trade Agreement*)

alentour [alɑ̃tuʀ] *adv* around (about); **alentours** *nmpl* surroundings; **aux alentours de** in the vicinity *ou* neighbourhood of, around about; *(temps)* around about

alerte [alɛʀt] *adj* agile, nimble; *(style)* brisk, lively ▶ *nf* alert; warning; **donner l'~** to give the alert; **à la première ~** at the first sign of trouble *ou* danger; **~ à la bombe** bomb scare

alerter [alɛʀte] */1/ vt* to alert

alèse [alɛz] *nf (drap)* undersheet, draw-sheet

aléser [aleze] */6/ vt* to ream

alevin [alvɛ̃] *nm* alevin, young fish

alevinage [alvinaʒ] *nm* fish farming

Alexandrie [alɛksɑ̃dri] *n* Alexandria

alexandrin [alɛksɑ̃drɛ̃] *nm* alexandrine

alezan, e [alzɑ̃, -an] *adj* chestnut

algarade [algaʀad] *nf* row, dispute

algèbre [alʒɛbʀ] *nf* algebra

algébrique [alʒebʀik] *adj* algebraic

Alger [alʒe] *n* Algiers

Algérie [alʒeʀi] *nf* : **l'~** Algeria

algérien, ne [alʒeʀjɛ̃, -ɛn] *adj* Algerian ▶ *nm/f* : **Algérien, ne** Algerian

algérois, e [alʒeʀwa, -waz] *adj* of *ou* from Algiers ▶ *nm* : **l'A~** *(région)* the Algiers region

algorithme [algɔʀitm] *nm* algorithm

algue [alg] *nf* seaweed *no pl*; *(Bot)* alga

alias [aljas] *adv* alias

alibi [alibi] *nm* alibi

aliénation [aljenasjɔ̃] *nf* alienation

aliéné, e [aljene] *nm/f* insane person, lunatic *(péj)*

aliéner [aljene] */6/ vt* to alienate; *(bien, liberté)* to give up; **s'aliéner** *vpr* to alienate

aligné, e [aliɲe] *adj (politiquement)* aligned; *(en rang)* in a line, lined up; **~ sur** aligned with; **pays non alignés** non-aligned countries

alignement [aliɲ(ə)mɑ̃] *nm* alignment, lining up; **à l'~** in line

aligner [aliɲe] */1/ vt* to align, line up; *(idées, chiffres)* to string together; *(adapter)* : **~ qch sur** to bring sth into alignment with; **s'aligner** *vpr (soldats etc)* to line up; **s'~ sur** *(Pol)* to align o.s. with

aliment [alimɑ̃] *nm* food; **~ complet** whole food

alimentaire [alimɑ̃tɛʀ] *adj* food *cpd*; *(péj : besogne)* done merely to earn a living; **produits alimentaires** foodstuffs, foods

alimentation [alimɑ̃tasjɔ̃] *nf* feeding; *(en eau etc, de moteur)* supplying, supply; *(commerce)* food trade; *(produits)* groceries *pl*; *(régime)* diet; *(Inform)* feed; **~ (générale)** (general) grocer's; **~ de base** staple diet; **~ en feuilles/en continu/en papier** form/stream/sheet feed

alimenter [alimɑ̃te] */1/ vt* to feed; *(Tech)* : **~ (en)** to supply (with), feed (with); *(fig)* to sustain, keep going

alinéa [alinea] *nm* paragraph; **« nouvel ~ »** "new line"

alité, e [alite] *adj (malade)* confined to bed; **infirme ~** bedridden person *ou* invalid

aliter [alite] */1/* : **s'aliter** *vpr* to take to one's bed; **infirme alité** bedridden person *ou* invalid

alizé [alize] *adj, nm* : *(vent)* - trade wind

allaitement [alɛtmɑ̃] *nm* feeding; **~ maternel/au biberon** breast-/bottle-feeding; **~ mixte** mixed feeding

allaiter [alete] */1/ vt (femme)* to (breast-)feed, nurse; *(animal)* to suckle; **~ au biberon** to bottle-feed

allant [alɑ̃] *nm* drive, go

alléchant, e [aleʃɑ̃, -ɑ̃t] *adj* tempting, enticing

allécher [aleʃe] */6/ vt* : **~ qn** to make sb's mouth water; to tempt sb, entice sb

allée [ale] *nf (de jardin)* path; *(en ville)* avenue, drive; **allées et venues** comings and goings

allégation [alegasjɔ̃] *nf* allegation

allégé, e [aleʒe] *adj (yaourt etc)* low-fat

allègement [alɛʒmɑ̃] *nm (de charges)* lightening

alléger [aleʒe] */6, 3/ vt (voiture)* to make lighter; *(chargement)* to lighten; *(souffrance)* to alleviate, soothe

allégorie [alegɔʀi] *nf* allegory

allégorique [alegɔʀik] *adj* allegorical

allègre [alɛgʀ] *adj* lively, jaunty (BRIT); *(personne)* gay, cheerful

allègrement [alɛgʀəmɑ̃] *adv* cheerfully; *(péj)* blithely

allégresse [alegʀɛs] *nf* elation, gaiety

allegretto [al(l)egʀet(t)o] *adv, nm* allegretto

allegro [al(l)egʀo] *adv, nm* allegro

alléguer [alege] */6/ vt* to put forward (as proof *ou* an excuse)

Allemagne [alman] *nf* : **l'~** Germany; **l'~ de l'Est/Ouest** East/West Germany; **l'~ fédérale (RFA)** the Federal Republic of Germany (FRG)

allemand, e [almā, -ād] *adj* German ▸ *nm* (*Ling*) German ▸ *nm/f* : **Allemand, e** German; **A~ de l'Est/l'Ouest** East/West German

aller [ale] /9/ *nm* (*trajet*) outward journey; (*billet*) single (*BRIT*) *ou* one-way ticket (*US*); **~ simple** (*billet*) single (*BRIT*) *ou* one-way ticket; **~ (et) retour** (*trajet*) return trip *ou* journey (*BRIT*), round trip (*US*); (*billet*) return (*BRIT*) *ou* round-trip (*US*) ticket ▸ *vi* (*gén*) to go; **~ à** (*convenir*) to suit; (*forme, pointure etc*) to fit; **cela me va** (*couleur*) that suits me; that fits me; (*projet, disposition*) that suits me, that's fine *ou* OK by me; **~ à la chasse/pêche** to go hunting/fishing; **~ avec** (*couleurs, style etc*) to go (well) with; **je vais le faire/me fâcher** I'm going to do it/to get angry; **~ voir/chercher qn** to go and see/look for sb; **comment allez-vous ?** how are you?; **comment ça va ?** how are you?; (*affaires etc*) how are things?; **ça va ? — oui (ça va) !** how are things? — fine!; **pour ~ à** how do I get to; **ça va (comme ça)** that's fine (as it is); **il va bien/mal** he's well/not well, he's fine/ill; **ça va bien/mal** (*affaires etc*) it's going well/not going well; **tout va bien** everything's fine; **ça ne va pas !** (*mauvaise humeur etc*) that's not on!, hey, come on!; **ça ne va pas sans difficultés** it's not without difficulties; **~ mieux** to be better; **il y va de leur vie** their lives are at stake; **se laisser ~** to let o.s. go; **~ jusqu'à** to go as far as; **ça va de soi, ça va sans dire** that goes without saying; **tu y vas un peu fort** you're going a bit (too) far; **allez !** go on!; come on!; **allons !** come now!; **allons-y !** let's go!; **allez, au revoir !** right *ou* OK then, bye-bye!

allergène [alɛRʒɛn] *nm* allergen

allergie [alɛRʒi] *nf* allergy

allergique [alɛRʒik] *adj* allergic; **~ à** allergic to

allergologue [alɛRgɔlɔg] *nmf* allergist, allergy specialist

allez [ale] *vb voir* **aller**

alliage [aljaʒ] *nm* alloy

alliance [aljãs] *nf* (*Mil, Pol*) alliance; (*mariage*) marriage; (*bague*) wedding ring; **neveu par ~** nephew by marriage

allié, e [alje] *nm/f* ally; **parents et alliés** relatives and relatives by marriage

allier [alje] /7/ *vt* (*métaux*) to alloy; (*Pol, gén*) to ally; (*fig*) to combine; **s'allier** *vpr* to become allies; (*éléments, caractéristiques*) to combine; **s'~ à** to become allied to *ou* with

alligator [aligatɔR] *nm* alligator

allitération [aliteRasjɔ̃] *nf* alliteration

allô [alo] *excl* hullo, hallo

allocataire [alɔkatɛR] *nm/f* beneficiary

allocation [alɔkasjɔ̃] *nf* allowance; **~ (de) chômage** unemployment benefit; **~ (de) logement** rent allowance; **allocations familiales** ≈ child benefit *no pl*; **allocations de maternité** maternity allowance

allocs [alɔk] *nfpl* (*fam* : *allocations familiales*) ≈ child benefit *no pl*

allocution [alɔkysjɔ̃] *nf* short speech

allongé, e [alɔ̃ʒe] *adj* (*étendu*) : **être ~** to be stretched out *ou* lying down; (*long*) long; (*étiré*) elongated; (*oblong*) oblong; **rester ~** to be lying down; **mine allongée** long face

allongement [alɔ̃ʒmã] *nm* (*de jours*) lengthening; (*de durée de travail*) extension

allonger [alɔ̃ʒe] /3/ *vt* to lengthen, make longer; (*étendre : bras, jambe*) to stretch (out); (: *sauce*) to spin out, make go further; **~ le pas** to hasten one's step(s); **s'allonger** *vpr* to get longer; (*se coucher*) to lie down, stretch out

allouer [alwe] /1/ *vt* : **~ qch à** to allocate sth to, allot sth to

allumage [alymaʒ] *nm* (*Auto*) ignition

allume-cigare [alymsigaR] *nm inv* cigar lighter

allume-gaz [alymgɑz] *nm inv* gas lighter

allumer [alyme] /1/ *vt* (*lampe, phare, radio*) to put *ou* switch on; (*pièce*) to put *ou* switch the light(s) on in; (*feu, bougie, cigare, pipe, gaz*) to light; (*chauffage*) to put on; **~ (la lumière ou l'électricité)** to put on the light; **s'allumer** *vpr* (*lumière, lampe*) to come *ou* go on

allumette [alymɛt] *nf* match; (*morceau de bois*) matchstick; (*Culin*) : **~ au fromage** cheese straw; **~ de sûreté** safety match

allumeuse [alymøz] *nf* (*péj*) tease (*woman*)

allure [alyR] *nf* (*vitesse*) speed; (: *à pied*) pace; (*démarche*) walk; (*maintien*) bearing; (*aspect, air*) look; **avoir de l'~** to have style; **à toute ~** at full speed

allusion [a(l)lyzjɔ̃] *nf* allusion; (*sous-entendu*) hint; **faire ~ à** to allude *ou* refer to; to hint at

alluvions [alyvjɔ̃] *nfpl* alluvial deposits, alluvium *sg*

almanach [almana] *nm* almanac

aloès [alɔɛs] *nm* (*Bot*) aloe

aloi [alwa] *nm* : **de bon/mauvais ~** of genuine/doubtful worth *ou* quality

MOT-CLÉ

alors [alɔR] *adv* **1** (*à ce moment-là*) then, at that time; **il habitait alors à Paris** he lived in Paris at that time; **jusqu'alors** up till *ou* until then **2** (*par conséquent*) then; **tu as fini ? alors je m'en vais** have you finished? I'm going then **3** (*expressions*) : **alors ? quoi de neuf ?** well *ou* so? what's new?; **et alors ?** so (what)?; **ça alors !** (well) really!
▸ *conj* **1** : **alors que** (*au moment où*) when, as; **il est arrivé alors que je partais** he arrived as I was leaving
2 : **alors que** (*tandis que*) whereas, while; **alors que son frère travaillait dur, lui se reposait** while his brother was working hard, HE would rest
3 : **alors que** (*bien que*) even though; **il a été puni alors qu'il n'a rien fait** he was punished, even though he had done nothing
4 : **alors que** (*pendant que*) while, when; **alors qu'il était à Paris, il a visité ...** while *ou* when he was in Paris, he visited ...

alouette [alwɛt] *nf* (*sky*)lark

alourdir [aluʀdiʀ] /2/ vt to weigh down, make heavy; **s'alourdir** vpr to grow heavy ou heavier
aloyau [alwajo] nm sirloin
alpaga [alpaga] nm (tissu) alpaca
alpage [alpaʒ] nm high mountain pasture
Alpes [alp] nfpl : **les ~** the Alps
alpestre [alpɛstʀ] adj alpine
alphabet [alfabɛ] nm alphabet; (livre) ABC (book), primer
alphabétique [alfabetik] adj alphabetic(al); **par ordre ~** in alphabetical order
alphabétisation [alfabetizasjɔ̃] nf literacy teaching
alphabétiser [alfabetize] /1/ vt to teach to read and write; (pays) to eliminate illiteracy in
alphanumérique [alfanymeʀik] adj alphanumeric
alpin, e [alpɛ̃, -in] adj (plante etc) alpine; (club) climbing
alpinisme [alpinism] nm mountaineering, climbing
alpiniste [alpinist] nmf mountaineer, climber
Alsace [alzas] nf Alsace; **l'~** Alsace
alsacien, ne [alzasjɛ̃, -ɛn] adj Alsatian ▶ nm/f : **Alsacien, ne** Alsatian
altercation [altɛʀkasjɔ̃] nf altercation
alter ego [altɛʀego] nm alter ego
altérer [alteʀe] /6/ vt (faits, vérité) to falsify, distort; (qualité) to debase, impair; (données) to corrupt; (donner soif à) to make thirsty; **s'altérer** vpr to deteriorate; to spoil
altermondialisation [altɛʀmɔ̃djalizasjɔ̃] nf anti-globalization
altermondialisme [altɛʀmɔ̃djalism] nm anti-globalism
altermondialiste [altɛʀmɔ̃djalist] adj, nmf anti-globalist
alternance [altɛʀnɑ̃s] nf alternation; **en ~** alternately; **formation en ~** sandwich course
alternateur [altɛʀnatœʀ] nm alternator
alternatif, -ive [altɛʀnatif, -iv] adj alternating ▶ nf alternative
alternative nf (choix) alternative
alternativement [altɛʀnativmɑ̃] adv alternately
alterner [altɛʀne] /1/ vt to alternate; **(faire) ~ qch avec qch** to alternate sth with sth ▶ vi : **~ (avec)** to alternate (with)
Altesse [altɛs] nf Highness
altier, -ière [altje, -jɛʀ] adj haughty
altimètre [altimɛtʀ] nm altimeter
altiport [altipɔʀ] nm mountain airfield
altiste [altist] nmf viola player, violist
altitude [altityd] nf altitude, height; **à 1000 m d'~** at a height ou an altitude of 1000 m; **en ~** at high altitudes; **perdre/prendre de l'~** to lose/gain height; **voler à haute/basse ~** to fly at a high/low altitude
alto [alto] nm (instrument) viola ▶ nf (contr)alto
altruisme [altʀɥism] nm altruism
altruiste [altʀɥist] adj altruistic
alu [aly] nm (fam : aluminium) foil; **en ~ foil**
aluminium [alyminjɔm] nm aluminium (BRIT), aluminum (US)
alun [alœ̃] nm alum

alunir [alyniʀ] /2/ vi to land on the moon
alunissage [alynisaʒ] nm (moon) landing
alvéole [alveɔl] nm ou f (de ruche) alveolus
alvéolé, e [alveɔle] adj honeycombed
AM sigle f = **assurance maladie**
amabilité [amabilite] nf kindness; **il a eu l'~ de** he was kind ou good enough to
amadou [amadu] nm touchwood, amadou
amadouer [amadwe] /1/ vt to coax, cajole; (adoucir) to mollify, soothe
amaigri, e [amegʀi] adj (visage, personne) : **je l'ai trouvée très amaigrie depuis ma dernière visite** I thought she was a lot thinner than the last time I visited her, I thought she'd lost a lot of weight since the last time I visited her
amaigrir [amegʀiʀ] /2/ vt to make thin ou thinner; **s'amaigrir** vpr to get thinner
amaigrissant, e [amegʀisɑ̃, -ɑ̃t] adj : **régime ~** slimming (BRIT) ou weight-reduction (US) diet
amalgame [amalgam] nm amalgam; (fig : de gens, d'idées) hotch-potch, mixture
amalgamer [amalgame] /1/ vt to amalgamate
amande [amɑ̃d] nf (de l'amandier) almond; (de noyau de fruit) kernel; **en ~** (yeux) almond cpd, almond-shaped
amandier [amɑ̃dje] nm almond (tree)
amanite [amanit] nf (Bot) mushroom of the genus Amanita; **~ tue-mouches** fly agaric
amant [amɑ̃] nm lover
amarre [amaʀ] nf (Navig) (mooring) rope ou line; **amarres** nfpl moorings
amarrer [amaʀe] /1/ vt (Navig) to moor; (gén) to make fast
amaryllis [amaʀilis] nf amaryllis
amas [amɑ] nm heap, pile
amasser [amɑse] /1/ vt to amass; **s'amasser** vpr to pile up, accumulate; (foule) to gather
amateur [amatœʀ] nm amateur; **en ~** (péj) amateurishly; **musicien/sportif ~** amateur musician/sportsman; **~ de musique/sport** etc music/sport etc lover
amateurisme [amatœʀism] nm amateurism; (péj) amateurishness
Amazone [amazon] nf : **l'~** the Amazon
amazone [amazon] nf horsewoman; **en ~** side-saddle
Amazonie [amazoni] nf : **l'~** Amazonia
ambages [ɑ̃baʒ] : **sans ~** adv without beating about the bush, plainly
ambassade [ɑ̃basad] nf embassy; (mission) : **en ~** on a mission; **l'~ de France** the French Embassy
ambassadeur, -drice [ɑ̃basadœʀ, -dʀis] nm/f ambassador/ambassadress
ambiance [ɑ̃bjɑ̃s] nf atmosphere; **il y a de l'~** everyone's having a good time
ambiant, e [ɑ̃bjɑ̃, -ɑ̃t] adj (air, milieu) surrounding; (température) ambient
ambidextre [ɑ̃bidɛkstʀ] adj ambidextrous
ambigu, ë [ɑ̃bigy] adj ambiguous
ambiguïté [ɑ̃bigɥite] nf ambiguousness no pl, ambiguity
ambitieux, -euse [ɑ̃bisjø, -jøz] adj ambitious
ambition [ɑ̃bisjɔ̃] nf ambition
ambitionner [ɑ̃bisjɔne] /1/ vt to have as one's aim ou ambition

ambivalence [ābivalās] *nf* ambivalence
ambivalent, e [ābivalā, -āt] *adj* ambivalent
amble [ābl] *nm* : **aller l'~** to amble
ambre [ābʀ] *nm* : **~ (jaune)** amber; **~ gris** ambergris
ambré, e [ābʀe] *adj (couleur)* amber; *(parfum)* ambergris-scented
ambulance [ābylās] *nf* ambulance
ambulancier, -ière [ābylāsje, -jeʀ] *nm/f* ambulanceman/woman (BRIT), paramedic (US)
ambulant, e [ābylā, -āt] *adj* travelling, itinerant
âme [ɑm] *nf* soul; **rendre l'~** to give up the ghost; **bonne ~** *(aussi ironique)* kind soul; **un joueur/tricheur dans l'~** a gambler/cheat through and through; **~ sœur** kindred spirit
amélioration [ameljɔʀasjɔ̄] *nf* improvement
améliorer [ameljɔʀe] /1/ *vt* to improve; **s'améliorer** *vpr* to improve, get better
aménagé, e [amenaʒe] *adj (cave, grenier)* converted; **ferme aménagée** converted farmhouse
aménagement [amenaʒmā] *nm* fitting out; laying out; development; **l'~ du territoire** ≈ town and country planning; **aménagements** *nmpl* developments; **aménagements fiscaux** tax adjustments
aménager [amenaʒe] /3/ *vt (agencer : espace, local)* to fit out; (: *terrain*) to lay out; (: *quartier, territoire*) to develop; *(installer)* to fix up, put in
amende [amād] *nf* fine; **mettre à l'~** to penalize; **faire ~ honorable** to make amends
amendement [amādmā] *nm (Jur)* amendment
amender [amāde] /1/ *vt (loi)* to amend; *(terre)* to enrich; **s'amender** *vpr* to mend one's ways
amène [amen] *adj* affable; **peu ~** unkind
amener [am(ə)ne] /5/ *vt* to bring; *(causer)* to bring about; *(baisser : drapeau, voiles)* to strike; **~ qn à qch/à faire** to lead sb to sth/to do; **s'amener** *vpr (fam)* to show up, turn up
amenuiser [amənɥize] /1/ : **s'amenuiser** *vpr* to dwindle; *(chances)* to grow slimmer, lessen
amer, amère [ameʀ] *adj* bitter
amèrement [ameʀmā] *adv* bitterly
américain, e [ameʀikē, -ɛn] *adj* American; **en vedette américaine** as a special guest (star) ▸ *nm (Ling)* American (English) ▸ *nm/f* : **Américain, e** American
américaniser [ameʀikanize] /1/ *vt* to Americanize
américanisme [ameʀikanism] *nm* Americanism
amérindien, ne [ameʀēdjē, -ɛn] *adj* Amerindian, American Indian
Amérique [ameʀik] *nf* America; **l'~ centrale** Central America; **l'~ latine** Latin America; **l'~ du Nord** North America; **l'~ du Sud** South America
Amerloque [ameʀlɔk] *nmf (fam)* Yank, Yankee
amerrir [ameʀiʀ] /2/ *vi* to land (on the sea); *(capsule spatiale)* to splash down
amerrissage [ameʀisaʒ] *nm* landing (on the sea); splash-down
amertume [ameʀtym] *nf* bitterness

améthyste [ametist] *nf* amethyst
ameublement [amœblǝmā] *nm* furnishing; *(meubles)* furniture; **articles d'~** furnishings; **tissus d'~** soft furnishings, furnishing fabrics
ameuter [amøte] /1/ *vt (badauds)* to draw a crowd of; *(peuple)* to rouse, stir up
ami, e [ami] *nm/f* friend; *(amant/maîtresse)* boyfriend/girlfriend; **un ~ des arts** a patron of the arts; **un ~ des chiens** a dog lover; **petit ~/petite amie** *(fam)* boyfriend/girlfriend ▸ *adj* : **pays/groupe ~** friendly country/group; **être (très) ~ avec qn** to be (very) friendly with sb; **être ~ de l'ordre** to be a lover of order
amiable [amjabl] : **à l'~** *adv (Jur)* out of court; *(gén)* amicably
amiante [amjāt] *nm* asbestos
amibe [amib] *nf* amoeba
amical, e, -aux [amikal, -o] *adj* friendly ▸ *nf (club)* association
amicalement [amikalmā] *adv* in a friendly way; *(formule épistolaire)* regards
amidon [amidɔ̄] *nm* starch
amidonner [amidɔne] /1/ *vt* to starch
amincir [amēsiʀ] /2/ *vt (objet)* to thin (down); **~ qn** to make sb thinner *ou* slimmer; *(vêtement)* to make sb look slimmer; **s'amincir** *vpr* to get thinner *ou* slimmer
amincissant, e [amēsisā, -āt] *adj* slimming; **régime ~** diet; **crème amincissante** slimming cream
aminé, e [amine] *adj* : **acide ~** amino acid
amiral, -aux [amiʀal, -o] *nm* admiral
amirauté [amiʀote] *nf* admiralty
amitié [amitje] *nf* friendship; **prendre en ~** to take a liking to; **faire** *ou* **présenter ses amitiés à qn** to send sb one's best wishes; **amitiés** *(formule épistolaire)* (with) best wishes
ammoniac [amɔnjak] *nm* : **(gaz) ~** ammonia
ammoniaque [amɔnjak] *nf* ammonia (water)
amnésie [amnezi] *nf* amnesia
amnésique [amnezik] *adj* amnesic
Amnesty International [amnɛsti-] *n* Amnesty International
amniocentèse [amnjosētɛz] *nf* amniocentesis
amnistie [amnisti] *nf* amnesty
amnistier [amnistje] /7/ *vt* to amnesty
amocher [amɔʃe] /1/ *vt (fam)* to mess up
amoindrir [amwēdʀiʀ] /2/ *vt* to reduce
amollir [amɔliʀ] /2/ *vt* to soften
amonceler [amɔ̄s(ə)le] /4/ *vt* to pile *ou* heap up; **s'amonceler** *vpr* to pile *ou* heap up; *(fig)* to accumulate
amoncellement [amɔ̄sɛlmā] *nm* piling *ou* heaping up; accumulation; *(tas)* pile, heap; accumulation
amont [amɔ̄] : **en ~** *adv* upstream; *(sur une pente)* uphill; **en ~ de** *prép* upstream from; uphill from, above
amoral, e, -aux [amɔʀal, -o] *adj* amoral
amorce [amɔʀs] *nf (sur un hameçon)* bait; *(explosif)* cap; *(tube)* primer; (: *contenu*) priming; *(fig : début)* beginning(s), start
amorcer [amɔʀse] /3/ *vt* to bait; to prime; *(commencer)* to begin, start
amorphe [amɔʀf] *adj* passive, lifeless

amortir [amɔrtir] /**2**/ vt (atténuer : choc) to absorb, cushion; (: bruit, douleur) to deaden; (Comm : dette) to pay off, amortize; (: mise de fonds, matériel) to write off; **~ un abonnement** to make a season ticket pay (for itself)

amortissable [amɔrtisabl] adj (Comm) that can be paid off

amortissement [amɔrtismɑ̃] nm (de matériel) writing off; (d'une dette) paying off

amortisseur [amɔrtisœr] nm shock absorber

amour [amur] nm love; (liaison) love affair, love; (statuette etc) cupid; **un ~ de** a lovely little; **faire l'~** to make love

amouracher [amuraʃe] /**1**/ : **s'amouracher de** vpr (péj) to become infatuated with

amourette [amurɛt] nf passing fancy

amoureusement [amurøzmɑ̃] adv lovingly

amoureux, -euse [amurø, -øz] adj (regard, tempérament) amorous; (vie, problèmes) love cpd; (personne) : **être ~ (de qn)** to be in love (with sb); **tomber ~ de qn** to fall in love with sb; **être ~ de qch** to be passionately fond of sth ▶ nm/f lover; **un ~ de la nature** a nature lover ▶ nmpl courting couple(s)

amour-propre [amurprɔpr] (pl **amours-propres**) nm self-esteem, pride

amovible [amɔvibl] adj removable, detachable

ampère [ɑ̃pɛr] nm amp(ere)

ampèremètre [ɑ̃pɛrmɛtr] nm ammeter

amphétamine [ɑ̃fetamin] nf amphetamine

amphi [ɑ̃fi] nm (Scol : fam : = amphithéâtre) lecture hall ou theatre

amphibie [ɑ̃fibi] adj amphibious

amphibien [ɑ̃fibjɛ̃] nm (Zool) amphibian

amphithéâtre [ɑ̃fiteɑtr] nm amphitheatre; (d'université) lecture hall ou theatre

amphore [ɑ̃fɔr] nf amphora

ample [ɑ̃pl] adj (vêtement) roomy, ample; (gestes, mouvement) broad; (ressources) ample; **jusqu'à plus ~ informé** (Admin) until further details are available

amplement [ɑ̃pləmɑ̃] adv amply; **~ suffisant** ample, more than enough

ampleur [ɑ̃plœr] nf scale, size; (de dégâts, problème) extent, magnitude

ampli [ɑ̃pli] nm (fam : = amplificateur) amplifier, amp

amplificateur [ɑ̃plifikatœr] nm amplifier

amplification [ɑ̃plifikasjɔ̃] nf amplification; expansion, increase

amplifier [ɑ̃plifje] /**7**/ vt (son, oscillation) to amplify; (fig) to expand, increase; **s'amplifier** vpr (oscillations) to become amplified; (contestation) to intensify

ampliforme [ɑ̃plifɔrm] adj (soutien-gorge) maximizer cpd

amplitude [ɑ̃plityd] nf amplitude; (des températures) range

ampoule [ɑ̃pul] nf (électrique) bulb; (de médicament) phial; (aux mains, pieds) blister

ampoulé, e [ɑ̃pule] adj (péj) pompous, bombastic

amputation [ɑ̃pytasjɔ̃] nf amputation

amputer [ɑ̃pyte] /**1**/ vt (Méd) to amputate; (fig) to cut ou reduce drastically; **~ qn d'un bras/pied** to amputate sb's arm/foot

Amsterdam [amstɛrdam] n Amsterdam

amulette [amylɛt] nf amulet

amusant, e [amyzɑ̃, -ɑ̃t] adj (divertissant, spirituel) entertaining, amusing; (comique) funny, amusing

amusé, e [amyze] adj amused

amuse-gueule [amyzgœl] nm inv appetizer, snack

amusement [amyzmɑ̃] nm (voir amusé) amusement; (voir amuser) entertaining, amusing; (jeu etc) pastime, diversion

amuser [amyze] /**1**/ vt (divertir) to entertain, amuse; (égayer, faire rire) to amuse; (détourner l'attention de) to distract; **s'amuser** vpr (jouer) to amuse o.s., play; (se divertir) to enjoy o.s., have fun; (fig) to mess around; **s'~ de qch** (trouver comique) to find sth amusing; **s'~ avec** ou **de qn** (duper) to make a fool of sb

amusette [amyzɛt] nf idle pleasure, trivial pastime

amuseur [amyzœr] nm entertainer; (péj) clown

amygdale [amidal] nf tonsil; **opérer qn des amygdales** to take sb's tonsils out

amygdalite [amidalit] nf tonsillitis

AN sigle f = **Assemblée nationale**

an [ɑ̃] nm year; **être âgé de** ou **avoir 3 ans** to be 3 (years old); **en l'an 1980** in the year 1980; **le jour de l'an, le premier de l'an, le nouvel an** New Year's Day

anabolisant [anabolizɑ̃] nm anabolic steroid

anachronique [anakrɔnik] adj anachronistic

anachronisme [anakrɔnism] nm anachronism

anaconda [anakɔda] nm (Zool) anaconda

anaérobie [anaerɔbi] adj anaerobic

anagramme [anagram] nf anagram

ANAH sigle f = **Agence nationale pour l'amélioration de l'habitat**

anal, e, -aux [anal, -o] adj anal

analgésique [analʒezik] nm analgesic

anallergique [analɛrʒik] adj hypoallergenic

analogie [analɔʒi] nf analogy

analogique [analɔʒik] adj (Logique : raisonnement) analogical; (calculateur, montre etc) analogue; (Inform) analog

analogue [analɔg] adj : **~ (à)** analogous (to), similar (to)

analphabète [analfabɛt] nmf illiterate

analphabétisme [analfabetism] nm illiteracy

analyse [analiz] nf analysis; (Méd) test; **faire l'~ de** to analyse; **une ~ approfondie** an in-depth analysis; **en dernière ~** in the last analysis; **avoir l'esprit d'~** to have an analytical turn of mind; **~ grammaticale** grammatical analysis, parsing (Scol)

analyser [analize] /**1**/ vt to analyse; (Méd) to test

analyste [analist] nmf analyst; (psychanalyste) (psycho)analyst

analyste-programmeur, -euse (pl **analystes-programmeurs, analystes-programmeuses**) [analist-] nm/f systems analyst

analytique [analitik] adj analytical

analytiquement [analitikmɑ̃] adv analytically

ananas [anana(s)] nm pineapple

anarchie [anarʃi] nf anarchy

anarchique [anarʃik] adj anarchic

anarchisme [anaʀʃism] *nm* anarchism
anarchiste [anaʀʃist] *adj* anarchistic ▶ *nmf* anarchist
anathème [anatɛm] *nm* : **jeter l'~ sur**, **lancer l'~ contre** to anathematize, curse
anatomie [anatɔmi] *nf* anatomy
anatomique [anatɔmik] *adj* anatomical
ancestral, e, -aux [ɑ̃sɛstʀal, -o] *adj* ancestral
ancêtre [ɑ̃sɛtʀ] *nmf* ancestor; *(fig)* : **l'~ de** the forerunner of
anche [ɑ̃ʃ] *nf* reed
anchois [ɑ̃ʃwa] *nm* anchovy
ancien, ne [ɑ̃sjɛ̃, -jɛn] *adj* old; *(de jadis, de l'antiquité)* ancient; *(précédent, ex-)* former, old; *(par l'expérience)* senior; **un ~ ministre** a former minister; **mon ancienne voiture** my previous car; **être plus ~ que qn dans une maison** to have been in a firm longer than sb; *(dans la hiérarchie)* to be senior to sb in a firm; **~ combattant** ex-serviceman; **~ (élève)** *(Scol)* ex-pupil *(BRIT)*, alumnus *(US)* ▶ *nm (mobilier ancien)* : **l'~** antiques *pl* ▶ *nm/f (dans une tribu etc)* elder
anciennement [ɑ̃sjɛnmɑ̃] *adv* formerly
ancienneté [ɑ̃sjɛnte] *nf* oldness; antiquity; *(Admin)* (length of) service; *(privilèges obtenus)* seniority
ancrage [ɑ̃kʀaʒ] *nm* anchoring; *(Navig)* anchorage; *(Constr)* anchor
ancre [ɑ̃kʀ] *nf* anchor; **jeter/lever l'~** to cast/weigh anchor; **à l'~** at anchor
ancrer [ɑ̃kʀe] /1/ *vt (Constr : câble etc)* to anchor; *(fig)* to fix firmly; **s'ancrer** *vpr (Navig)* to (cast) anchor
andalou, -ouse [ɑ̃dalu, -uz] *adj* Andalusian
Andalousie [ɑ̃daluzi] *nf* : **l'~** Andalusia
andante [ɑ̃dɑ̃t] *adv, nm* andante
Andes [ɑ̃d] *nfpl* : **les ~** the Andes
andin, e [ɑ̃dɛ̃, -in] *adj* Andean
Andorre [ɑ̃dɔʀ] *nf* Andorra
andouille [ɑ̃duj] *nf (Culin)* sausage made of chitterlings; *(fam)* clot, nit
andouillette [ɑ̃dujɛt] *nf* small andouille
androgyne [ɑ̃dʀɔʒin] *adj (allure, visage)* androgynous
âne [ɑn] *nm* donkey, ass; *(péj)* dunce, fool
anéantir [aneɑ̃tiʀ] /2/ *vt (ville, armée)* to annihilate, wipe out; *(fig : espoirs)* to dash, destroy; *(déprimer)* to overwhelm
anéantissement [aneɑ̃tismɑ̃] *nm (d'armée, ville)* annihilation; *(d'espoirs)* dashing
anecdote [anɛkdɔt] *nf* anecdote
anecdotique [anɛkdɔtik] *adj* anecdotal
anémie [anemi] *nf* anaemia
anémié, e [anemje] *adj* anaemic; *(fig)* enfeebled
anémique [anemik] *adj* anaemic
anémone [anemɔn] *nf* anemone; **~ de mer** sea anemone
ânerie [ɑnʀi] *nf* stupidity; *(parole etc)* stupid *ou* idiotic comment *etc*
anéroïde [aneʀɔid] *adj voir* **baromètre**
ânesse [ɑnɛs] *nf* she-ass
anesthésiant, e [anɛstezjɑ̃, -ɑ̃t] *adj, nm* anaesthetic

anesthésie [anɛstezi] *nf* anaesthesia; **sous ~** under anaesthetic; **~ générale/locale** general/local anaesthetic; **faire une ~ locale à qn** to give sb a local anaesthetic
anesthésier [anɛstezje] /7/ *vt* to anaesthetize
anesthésique [anɛstezik] *adj, nm* anaesthetic
anesthésiste [anɛstezist] *nmf* anaesthetist
aneth [anɛt] *nm* dill; **du saumon à l'~** salmon in dill
anfractuosité [ɑ̃fʀaktɥozite] *nf* crevice
ange [ɑ̃ʒ] *nm* angel; **être aux anges** to be over the moon; **~ gardien** guardian angel
angélique [ɑ̃ʒelik] *adj* angelic(al) ▶ *nf* angelica
angelot [ɑ̃ʒ(ə)lo] *nm* cherub
angélus [ɑ̃ʒelys] *nm* angelus; *(cloches)* evening bells *pl*
angevin, e [ɑ̃ʒ(ə)vɛ̃, -in] *adj* of *ou* from Anjou; of *ou* from Angers
angine [ɑ̃ʒin] *nf* sore throat, throat infection; **~ de poitrine** angina (pectoris)
angiome [ɑ̃ʒjom] *nm* angioma
anglais, e [ɑ̃glɛ, -ɛz] *adj* English; **filer à l'anglaise** to take French leave; **à l'anglaise** *(Culin)* boiled ▶ *nm (Ling)* English ▶ *nm/f* : **Anglais, e** Englishman/woman; **les A~** the English
anglaises [ɑ̃glɛz] *nfpl (cheveux)* ringlets
angle [ɑ̃gl] *nm* angle; *(coin)* corner; **~ droit/obtus/aigu/mort** right/obtuse/acute/dead angle
Angleterre [ɑ̃glətɛʀ] *nf* : **l'~** England
anglican, e [ɑ̃glikɑ̃, -an] *adj, nm/f* Anglican
anglicanisme [ɑ̃glikanism] *nm* Anglicanism
anglicisme [ɑ̃glisism] *nm* anglicism
angliciste [ɑ̃glisist] *nmf* English scholar; *(étudiant)* student of English
anglo... [ɑ̃glɔ] *préfixe* Anglo(-)
anglo-américain, e [ɑ̃glɔameʀikɛ̃, -ɛn] *adj* Anglo-American ▶ *nm (Ling)* American English
anglo-arabe [ɑ̃glɔaʀab] *adj* Anglo-Arab
anglo-canadien, ne [ɑ̃glɔkanadjɛ̃, -ɛn] *adj* Anglo-Canadian ▶ *nm (Ling)* Canadian English
anglo-normand, e [ɑ̃glɔnɔʀmɑ̃, -ɑ̃d] *adj* Anglo-Norman; **les îles anglo-normandes** the Channel Islands
anglophile [ɑ̃glɔfil] *adj* Anglophilic
anglophobe [ɑ̃glɔfɔb] *adj* Anglophobic
anglophone [ɑ̃glɔfɔn] *adj* English-speaking
anglo-saxon, ne [ɑ̃glɔsaksɔ̃, -ɔn] *adj* Anglo-Saxon
angoissant, e [ɑ̃gwasɑ̃, -ɑ̃t] *adj* harrowing
angoisse [ɑ̃gwas] *nf* : **l'~** anguish *no pl*
angoissé, e [ɑ̃gwase] *adj* anguished; *(personne)* distressed
angoisser [ɑ̃gwase] /1/ *vt* to harrow, cause anguish to ▶ *vi* to worry, fret
Angola [ɑ̃gɔla] *nm* : **l'~** Angola
angolais, e [ɑ̃gɔlɛ, -ɛz] *adj* Angolan
angora [ɑ̃gɔʀa] *adj, nm* angora
anguille [ɑ̃gij] *nf* eel; **~ de mer** conger (eel); **il y a ~ sous roche** *(fig)* there's something going on, there's something beneath all this
angulaire [ɑ̃gylɛʀ] *adj* angular
anguleux, -euse [ɑ̃gylø, -øz] *adj* angular
anhydride [anidʀid] *nm* anhydride

anicroche [anikʀɔʃ] *nf* hitch, snag

animal, e, -aux [animal, -o] *adj, nm* animal; ~ **domestique/sauvage** domestic/wild animal

animalerie [animalʀi] *nf (magasin)* pet shop

animalier, -ière [animalje, -jɛʀ] *adj* : **peintre ~** animal painter

animalité [animalite] *nf* animality

animateur, -trice [animatœʀ, -tʀis] *nm/f (de télévision)* host; *(de music-hall)* compère; *(de groupe)* leader, organizer; *(Ciné : technicien)* animator

animation [animasjɔ̃] *nf (voir animé)* busyness; liveliness; *(Ciné : technique)* animation; **centre d'~** ≈ community centre; **animations** *nfpl (activité)* activities

animé, e [anime] *adj (rue, lieu)* busy, lively; *(conversation, réunion)* lively, animated; *(opposé à inanimé, aussi Ling)* animate

animer [anime] /1/ *vt (ville, soirée)* to liven up, enliven; *(mettre en mouvement)* to drive; *(stimuler)* to drive, impel; **s'animer** *vpr* to liven up, come to life

animisme [animism] *nm* animism

animiste [animist] *adj (tribu, peuple)* animist

animosité [animozite] *nf* animosity

anis [ani(s)] *nm (Culin)* aniseed; *(Bot)* anise

anisé, e [anize] *adj (apéritif, goût)* aniseed

anisette [anizɛt] *nf* anisette

Ankara [ɑ̃kaʀa] *n* Ankara

ankyloser [ɑ̃kiloze] /1/ : **s'ankyloser** *vpr* to get stiff

annales [anal] *nfpl* annals

anneau, x [ano] *nm (de rideau, bague)* ring; *(de chaîne)* link; *(Sport)* : **exercices aux anneaux** ring exercises; ~ **gastrique** *(Méd)* gastric band

année [ane] *nf year;* **souhaiter la bonne ~ à qn** to wish sb a Happy New Year; **tout au long de l'~** all year long; **d'une ~ à l'autre** from one year to the next; **d'~ en ~** from year to year; **l'~ scolaire/fiscale** the school/tax year

année-lumière [anelymjɛʀ] *(pl* **années-lumières***) nf* light year

annexe [anɛks] *adj (problème)* related; *(document)* appended; *(salle)* adjoining ▶ *nf (bâtiment)* annex(e); *(de document, ouvrage)* annex, appendix; *(jointe à une lettre, un dossier)* enclosure

annexer [anɛkse] /1/ *vt* to annex; ~ **qch à** *(joindre)* to append sth to; **s'annexer** *vpr (pays)* to annex

annexion [anɛksjɔ̃] *nf* annexation

annihiler [aniile] /1/ *vt* to annihilate

anniversaire [anivɛʀsɛʀ] *nm* birthday; *(d'un événement, bâtiment)* anniversary ▶ *adj* : **jour ~** anniversary

annonce [anɔ̃s] *nf* announcement; *(signe, indice)* sign; *(aussi* : **annonce publicitaire***)* advertisement; *(Cartes)* declaration; ~ **personnelle** personal message; **les petites annonces** the small *ou* classified ads

annoncer [anɔ̃se] /3/ *vt* to announce; *(être le signe de)* to herald; *(Cartes)* to declare; **je vous annonce que ...** I wish to tell you that ...; ~ **la couleur** *(fig)* to lay one's cards on the table; **s'annoncer** *vpr* : **s'~ bien/difficile** to look promising/difficult

annonceur, -euse [anɔ̃sœʀ, -øz] *nm/f (TV, Radio* : *speaker)* announcer; *(publicitaire)* advertiser

annonciateur, -trice [anɔ̃sjatœʀ, -tʀis] *adj* : ~ **d'un événement** presaging an event

Annonciation [anɔ̃sjasjɔ̃] *nf* : **l'~** *(Rel)* the Annunciation; *(jour)* Annunciation Day

annotation [anɔtasjɔ̃] *nf* annotation

annoter [anɔte] /1/ *vt* to annotate

annuaire [anɥɛʀ] *nm* yearbook, annual; ~ **téléphonique** (telephone) directory, phone book

annuel, le [anɥɛl] *adj* annual, yearly

annuellement [anɥɛlmɑ̃] *adv* annually, yearly

annuité [anɥite] *nf* annual instalment

annulaire [anylɛʀ] *nm* ring *ou* third finger

annulation [anylasjɔ̃] *nf* cancellation; annulment; quashing, repeal

annuler [anyle] /1/ *vt (rendez-vous, voyage)* to cancel, call off; *(mariage)* to annul; *(jugement)* to quash *(BRIT)*, repeal *(US)*; *(résultats)* to declare void; *(Math, Physique)* to cancel out; **s'annuler** *vpr* to cancel each other out

anoblir [anɔbliʀ] /2/ *vt* to ennoble

anoblissement [anɔblismɑ̃] *nm* ennoblement

anode [anɔd] *nf* anode

anodin, e [anɔdɛ̃, -in] *adj* harmless; *(sans importance)* insignificant, trivial

anomalie [anɔmali] *nf* anomaly

ânon [ɑnɔ̃] *nm* baby donkey; *(petit âne)* little donkey

ânonner [ɑnɔne] /1/ *vi, vt* to read in a drone; *(hésiter)* to read in a fumbling manner

anonymat [anɔnima] *nm* anonymity; **garder l'~** to remain anonymous

anonyme [anɔnim] *adj* anonymous; *(fig)* impersonal

anonymement [anɔnimmɑ̃] *adv* anonymously

anorak [anɔʀak] *nm* anorak

anorexie [anɔʀɛksi] *nf* anorexia

anorexique [anɔʀɛksik] *adj, nmf* anorexic

anormal, e, -aux [anɔʀmal, -o] *adj* abnormal; *(insolite)* unusual, abnormal

anormalement [anɔʀmalmɑ̃] *adv* abnormally; unusually

ANPE *sigle f (= Agence nationale pour l'emploi)* national employment agency *(functions include job creation)*

anse [ɑ̃s] *nf* handle; *(Géo)* cove

antagonisme [ɑ̃tagɔnism] *nm* antagonism

antagoniste [ɑ̃tagɔnist] *adj* antagonistic ▶ *nm* antagonist

antalgique [ɑ̃talʒik] *adj, nm* analgesic

antan [ɑ̃tɑ̃] : **d'~** *adj* of yesteryear, of long ago

antarctique [ɑ̃taʀktik] *adj* Antarctic; **le cercle A~** the Antarctic Circle; **l'océan A~** the Antarctic Ocean ▶ *nm* : **l'A~** the Antarctic

antécédent [ɑ̃tesedɑ̃] *nm (Ling)* antecedent; **antécédents** *nmpl (Méd etc)* past history *sg*; **antécédents professionnels** record, career to date

antédiluvien, ne [ɑ̃tedilyvjɛ̃, -ɛn] *adj (fig)* ancient, antediluvian

anténatal, e, -aux [ɑ̃tenatal, -o] *adj* antenatal

antenne [ɑ̃tɛn] *nf (de radio, télévision)* aerial; *(d'insecte)* antenna, feeler; *(poste avancé)* outpost; *(petite succursale)* sub-branch; **sur l'~** on the air; **passer à/avoir l'~** to go/be on the air; **deux heures d'~** two hours' broadcasting time;

hors ~ off the air; ~ **chirurgicale** (*Mil*)
advance surgical unit; ~ **parabolique** satellite
dish; ~-**relais** mobile phone mast (*BRIT*), cell
tower (*US*)
antépénultième [ātepenyltjɛm] *adj*
antepenultimate
antérieur, e [āteʀjœʀ] *adj* (*d'avant*) previous,
earlier; (*de devant*) front; ~ **à** prior *ou* previous to;
passé/futur ~ (*Ling*) past/future anterior
antérieurement [āteʀjœʀmā] *adv* earlier;
(*précédemment*) previously; ~ **à** prior *ou*
previous to
antériorité [āteʀjɔʀite] *nf* precedence (*in time*)
anthologie [ātɔlɔʒi] *nf* anthology
anthracite [ātʀasit] *nm* anthracite ▸ *adj* :
(gris) ~ charcoal (grey)
anthropocentrisme [ātʀɔposātʀism] *nm*
anthropocentrism
anthropologie [ātʀɔpɔlɔʒi] *nf* anthropology
anthropologique [ātʀɔpɔlɔʒik] *adj*
anthropological
anthropologue [ātʀɔpɔlɔg] *nmf*
anthropologist
anthropomorphisme [ātʀɔpɔmɔʀfism] *nm*
anthropomorphism
anthropophage [ātʀɔpɔfaʒ] *adj* cannibalistic
anthropophagie [ātʀɔpɔfaʒi] *nf* cannibalism,
anthropophagy
anti... [āti] *préfixe* anti...
antiaérien, ne [ātiaeʀjē, -ɛn] *adj* anti-aircraft;
abri ~ air-raid shelter
antialcoolique [ātialkɔlik] *adj* anti-alcohol;
ligue ~ temperance league
antiatomique [ātiatɔmik] *adj* : **abri** ~ fallout
shelter
antibactérien, ne [ātibakteʀjē, -jɛn] *adj*
antibacterial
antibiotique [ātibjɔtik] *nm* antibiotic
antibrouillard [ātibʀujaʀ] *adj* : **phare** ~ fog
lamp
antibruit [ātibʀɥi] *adj inv* : **mur** ~ (*sur autoroute*)
sound-muffling wall
antibuée [ātibɥe] *adj inv* : **dispositif** ~ demister;
bombe ~ demister spray
anticalcaire [ātikalkɛʀ] *adj inv* anti-liming,
anti-scale
anticancéreux, -euse [ātikāseʀø, -øz] *adj*
cancer *cpd*
anticapitaliste [ātikapitalist] *adj* (*parti,
mouvement*) anticapitalist
anticasseur, anticasseurs [ātikasœʀ] *adj* :
loi/mesure ~(s) law/measure against damage
done by demonstrators
antichambre [ātiʃābʀ] *nf* antechamber,
anteroom; **faire** ~ to wait (for an audience)
antichar [ātiʃaʀ] *adj* antitank
antichoc [ātiʃɔk] *adj* shockproof
anticipation [ātisipasjɔ̃] *nf* anticipation;
(*Comm*) payment in advance; **par** ~ in
anticipation, in advance; **livre/film d'**~
science fiction book/film
anticipé, e [ātisipe] *adj* (*règlement, paiement*) early,
in advance; (*joie etc*) anticipated, early; **avec
mes remerciements anticipés** thanking you
in advance *ou* anticipation

anticiper [ātisipe] /**1**/ *vt* (*événement, coup*) to
anticipate, foresee; (*paiement*) to pay *ou* make in
advance ▸ *vi* to look *ou* think ahead; (*en
racontant*) to jump ahead; (*prévoir*) to anticipate;
~ **sur** to anticipate
anticlérical, e, -aux [ātikleʀikal, -o] *adj*
anticlerical
anticoagulant, e [ātikɔagylā, -āt] *adj, nm*
anticoagulant
anticolonialisme [ātikɔlɔnjalism] *nm*
anticolonialism
anticonceptionnel, le [ātikɔ̃sɛpsjɔnɛl] *adj*
contraceptive
anticonformisme [ātikɔ̃fɔʀmism] *nm*
nonconformism
anticonformiste [ātikɔ̃fɔʀmist] *adj, nmf*
nonconformist
anticonstitutionnel, le [ātikɔ̃stitysjɔnɛl] *adj*
unconstitutional
anticorps [ātikɔʀ] *nm* antibody
anticyclone [ātisiklon] *nm* anticyclone
antidater [ātidate] /**1**/ *vt* to backdate, predate
antidémocratique [ātidemɔkʀatik] *adj*
antidemocratic; (*peu démocratique*) undemocratic
antidépresseur [ātidepʀesœʀ] *nm*
antidepressant
antidérapant, e [ātideʀapā, -āt] *adj* nonskid
antidopage [ātidɔpaʒ], **antidoping** [ātidɔpiŋ]
adj (*lutte*) antidoping; (*contrôle*) dope *cpd*
antidote [ātidɔt] *nm* antidote
anti-émeute [ātiemøt] *adj* (*police*) riot; (*lutte*)
against rioting
antienne [ātjɛn] *nf* (*fig*) chant, refrain
antigang [ātigāg] *adj inv* : **brigade** ~ commando
unit
antigel [ātiʒɛl] *nm* antifreeze
antigène [ātiʒɛn] *nm* antigen
antigouvernemental, e, -aux
[ātiguvɛʀnəmātal, -o] *adj* antigovernment
Antigua et Barbude [ātigaebaʀbyd] *nf*
Antigua and Barbuda
antihéros [ātieʀo] *nm* antihero
antihistaminique [ātiistaminik] *nm*
antihistamine
anti-inflammatoire [ātiēflamatwaʀ] *adj*
anti-inflammatory
anti-inflationniste [ātiēflasjɔnist] *adj*
anti-inflationary
antillais, e [ātijɛ, -ɛz] *adj* West Indian,
Caribbean ▸ *nm/f* : **Antillais, e** West Indian,
Caribbean
Antilles [ātij] *nfpl* : **les** ~ the West Indies; **les
Grandes/Petites** ~ the Greater/Lesser Antilles
antilope [ātilɔp] *nf* antelope
antimatière [ātimatjɛʀ] *nf* antimatter
antimilitarisme [ātimilitaʀism] *nm*
antimilitarism
antimilitariste [ātimilitaʀist] *adj*
antimilitarist
antimissile [ātimisil] *adj* antimissile
antimite(s) [ātimit] *adj, nm* : **(produit)
antimite(s)** moth proofer, moth repellent
antimondialisation [ātimɔ̃djalizasjɔ̃] *nf*
anti-globalization
antinucléaire [ātinykleɛʀ] *adj* antinuclear

antioxydant [ãtiɔksidã] *nm* antioxidant

antiparasite [ãtipaʀazit] *adj (Radio, TV)* anti-interference; **dispositif ~** suppressor

antipathie [ãtipati] *nf* antipathy

antipathique [ãtipatik] *adj* unpleasant, disagreeable

antipelliculaire [ãtipelikylɛʀ] *adj* anti-dandruff

antipersonnel [ãtipɛʀsɔnɛl] *adj inv (mines)* antipersonnel

antiphrase [ãtifʀaz] *nf* : **par ~** ironically

antipodes [ãtipɔd] *nmpl (Géo)* : **les ~** the antipodes; *(fig)* **être aux ~ de** to be the opposite extreme of

antipoison [ãtipwazɔ̃] *adj inv* : **centre ~** poison centre

antipoliomyélitique [ãtipɔljɔmjelitik] *adj* polio *cpd*

antipollution [ãtipɔlysjɔ̃] *adj* environmentally friendly, eco-friendly

antiquaire [ãtikɛʀ] *nmf* antique dealer

antique [ãtik] *adj* antique; *(très vieux)* ancient, antiquated

antiquité [ãtikite] *nf (objet)* antique; **l'A~** Antiquity; **magasin/marchand d'antiquités** antique shop/dealer

antirabique [ãtiʀabik] *adj* rabies *cpd*

antiracisme [ãtiʀasism] *nm* anti-racism

antiraciste [ãtiʀasist] *adj* antiracist

antireflet [ãtiʀəflɛ] *adj inv (verres)* antireflective

antirépublicain, e [ãtiʀepyblikɛ̃, -ɛn] *adj* antirepublican

antirides [ãtiʀid] *adj inv (crème)* anti wrinkle

antirouille [ãtiʀuj] *adj inv* anti-rust *cpd*; **peinture ~** antirust paint; **traitement ~** rustproofing

antisémite [ãtisemit] *adj* anti-Semitic

antisémitisme [ãtisemitism] *nm* anti-Semitism

antiseptique [ãtisɛptik] *adj, nm* antiseptic

antisismique [ãtisismik] *adj (dispositif, protection)* earthquake *cpd*; *(construction)* earthquake-safe; **normes antisismiques** earthquake safety standards

antisocial, e, -aux [ãtisɔsjal, -o] *adj* antisocial

antispasmodique [ãtispasmɔdik] *adj, nm* antispasmodic

antisportif, -ive [ãtispɔʀtif, -iv] *adj* unsporting; *(hostile au sport)* antisport

antitabac [ãtitaba] *adj inv (lutte, campagne)* anti-smoking

antiterroriste [ãtiteʀɔʀist] *adj (mesures, loi)* anti-terrorist

antitétanique [ãtitetanik] *adj* tetanus *cpd*

antithèse [ãtitɛz] *nf* antithesis

antitrust [ãtitʀœst] *adj inv (loi, mesures)* antimonopoly

antituberculeux, -euse [ãtitybɛʀkylø, -øz] *adj* tuberculosis *cpd*

antitussif, -ive [ãtitysif, -iv] *adj* antitussive, cough *cpd*

antivariolique [ãtivaʀjɔlik] *adj* smallpox *cpd*

antiviral, e, -aux [ãtiviʀal, -o] *adj (Méd)* antiviral

antivirus [ãtiviʀys] *nm (Inform)* antivirus (program)

antivol [ãtivɔl] *adj, nm* : **(dispositif) ~** antitheft device; *(pour vélo)* padlock

antonyme [ãtɔnim] *nm* antonym

antre [ãtʀ] *nm* den, lair

anus [anys] *nm* anus

Anvers [ãvɛʀ] *n* Antwerp

anxiété [ãksjete] *nf* anxiety

anxieusement [ãksjøzmã] *adv* anxiously

anxieux, -euse [ãksjø, -jøz] *adj* anxious, worried; **être ~ de faire** to be anxious to do

anxiogène [ãksjɔʒɛn] *adj (situation, climat)* stressful

anxiolytique [ãksjɔlitik] *nm* anxiolytic

AOC *sigle f (= Appellation d'origine contrôlée)* guarantee of quality of wine

aorte [aɔʀt] *nf* aorta

août [u(t)] *nm* August; *voir aussi* **Assomption** ; **juillet**

aoûtien, ne [ausjɛ̃, -ɛn] *nm/f* August holiday-maker

AP *sigle f* = **Assistance publique**

apaisant, e [apɛzã, -ãt] *adj* soothing

apaisement [apɛzmã] *nm* calming; soothing; *(aussi Pol)* appeasement; **apaisements** *nmpl* soothing reassurances; *(pour calmer)* pacifying words

apaiser [apeze] /**1**/ *vt (colère)* to calm, quell, soothe; *(faim)* to appease, assuage; *(douleur)* to soothe; *(personne)* to calm (down), pacify; **s'apaiser** *vpr (tempête, bruit)* to die down, subside; *(personne)* to calm down

apanage [apanaʒ] *nm* : **être l'~ de** to be the privilege *ou* prerogative of

aparté [apaʀte] *nm (Théât)* aside; *(entretien)* private conversation; **en ~** *adv* in an aside (*BRIT*); *(entretien)* in private

apartheid [apaʀtɛd] *nm* apartheid

apathie [apati] *nf* apathy

apathique [apatik] *adj* apathetic

apatride [apatʀid] *nmf* stateless person

APCE *sigle f (= Agence pour la création d'entreprises)* business start-up agency

apercevoir [apɛʀsəvwaʀ] /**28**/ *vt* to see; **s'apercevoir de** *vpr* to notice; **s'~ que** to notice that; **sans s'en ~** without realizing *ou* noticing

aperçu, e [apɛʀsy] *pp de* **apercevoir** ▶ *nm (vue d'ensemble)* general survey; *(intuition)* insight

apéritif, -ive [apeʀitif, -iv] *adj* which stimulates the appetite ▶ *nm (boisson)* aperitif; *(réunion)* (pre-lunch *ou* -dinner) drinks *pl*; **prendre l'~** to have drinks (before lunch *ou* dinner) *ou* an aperitif

apéro [apeʀo] *nm (fam : apéritif)* aperitif, drink *(before lunch or dinner)*; **prendre l'~** to have an aperitif

apesanteur [apəzãtœʀ] *nf* weightlessness

à-peu-près [apøpʀɛ] *nm inv (péj)* vague approximation

apeuré, e [apœʀe] *adj* frightened, scared

aphasie [afazi] *nf* aphasia

aphone [afɔn] *adj* voiceless

aphorisme [afɔʀism] *nm* aphorism

aphrodisiaque [afʀɔdizjak] *adj, nm* aphrodisiac

aphte [aft] *nm* mouth ulcer

aphteuse [aftøz] *adj f* : **fièvre ~** foot-and-mouth disease

à-pic [apik] *nm* cliff, drop

apicole [apikɔl] *adj* beekeeping *cpd*

apiculteur, -trice [apikyltœR, -tRis] *nm/f* beekeeper

apiculture [apikyltyR] *nf* beekeeping, apiculture

apitoiement [apitwamã] *nm* pity, compassion

apitoyer [apitwaje] /**8**/ *vt* to move to pity; **~ qn sur qn/qch** to move sb to pity for sb/over sth; **s'apitoyer** *vpr* to feel pity *ou* compassion; **s'~ (sur qn/qch)** to feel pity *ou* compassion (for sb/ over sth)

ap. J.-C. *abr* (= *après Jésus-Christ*) AD

APL *sigle f* (= *aide personnalisée au logement*) housing benefit

aplanir [aplaniR] /**2**/ *vt* to level; (*fig*) to smooth away, iron out

aplati, e [aplati] *adj* flat, flattened

aplatir [aplatiR] /**2**/ *vt* to flatten; **s'aplatir** *vpr* to become flatter; (*écrasé*) to be flattened; (*fig*) to lie flat on the ground; (: *fam*) to fall flat on one's face; (: *péj*) to grovel

aplomb [aplɔ̃] *nm* (*équilibre*) balance, equilibrium; (*fig*) self-assurance; (: *péj*) nerve; **d'~** *adv* steady; (*Constr*) plumb

APN *sigle m* (= *appareil photo(graphique) numérique*) digital camera

apnée [apne] *nf* : **apnées du sommeil** sleep apnoea; **la plongée en ~** free-diving

apocalypse [apɔkalips] *nf* apocalypse

apocalyptique [apɔkaliptik] *adj* (*fig*) apocalyptic

apocryphe [apɔkRif] *adj* apocryphal

apogée [apɔʒe] *nm* (*fig*) peak, apogee

apolitique [apɔlitik] *adj* (*indifférent*) apolitical; (*indépendant*) unpolitical, non-political

apologie [apɔlɔʒi] *nf* praise; (*Jur*) vindication

apoplexie [apɔplɛksi] *nf* apoplexy

a posteriori [apɔsteRjɔRi] *adv* after the event, with hindsight, a posteriori

apostolat [apɔstɔla] *nm* (*Rel*) apostolate, discipleship; (*gén*) evangelism

apostolique [apɔstɔlik] *adj* apostolic

apostrophe [apɔstRɔf] *nf* (*signe*) apostrophe; (*appel*) interpellation

apostropher [apɔstRɔfe] /**1**/ *vt* (*interpeller*) to shout at, address sharply

apothéose [apɔteoz] *nf* (*apogée*) pinnacle (of achievement); (*Mus etc*) grand finale

apothicaire [apɔtikɛR] *nm* apothecary

apôtre [apotR] *nm* apostle, disciple

apparaître [aparɛtR] /**57**/ *vi* to appear ▶ *vb copule* to appear, seem

apparat [apaRa] *nm* : **tenue/dîner d'~** ceremonial dress/dinner

appareil [apaRɛj] *nm* (*outil, machine*) piece of apparatus, device; (*électrique etc*) appliance; (*politique, syndical*) machinery; (*avion*) (aero)plane (BRIT), (air)plane (US), aircraft (US); (*téléphonique*) telephone; (*dentier*) brace (BRIT), braces (US); **~ digestif/reproducteur** digestive/ reproductive system *ou* apparatus; **l'~**

productif the means of production; **qui est à l'~ ?** who's speaking?; **dans le plus simple ~** in one's birthday suit; **~ (photo)** camera; **~ numérique** digital camera

appareillage [apaRɛjaʒ] *nm* (*appareils*) equipment; (*Navig*) casting off, getting under way

appareiller [apaReje] /**1**/ *vi* (*Navig*) to cast off, get under way ▶ *vt* (*assortir*) to match up; (*Méd* : *prothèse*) to fit with a prosthesis; (: *appareil acoustique*) to fit with a hearing aid

appareil photo [apaRɛjfɔto] (*pl* **appareils photos**) *nm* camera

apparemment [apaRamã] *adv* apparently

apparence [apaRãs] *nf* appearance; **malgré les apparences** despite appearances; **en ~** apparently, seemingly

apparent, e [apaRã, -ãt] *adj* visible; (*évident*) obvious; (*superficiel*) apparent; **coutures apparentes** topstitched seams; **poutres apparentes** exposed beams

apparenté, e [apaRãte] *adj* : **~ à** related to; (*fig*) similar to

apparenter [apaRãte] /**1**/ : **s'apparenter à** *vpr* to be similar to

apparier [apaRje] /**7**/ *vt* (*gants*) to pair, match

appariteur [apaRitœR] *nm* attendant, porter (*in French universities*)

apparition [apaRisjɔ̃] *nf* appearance; (*surnaturelle*) apparition; **faire son ~** to appear

appartement [apaRtəmã] *nm* flat (BRIT), apartment (US)

appartenance [apaRtənãs] *nf* : **~ à** belonging to, membership of

appartenir [apaRtəniR] /**22**/ : **~ à** *vt* to belong to; (*faire partie de*) to belong to, be a member of; **il lui appartient de** it is up to him to

appartiendrai [apaRtjɛ̃dRe], **appartiens** *etc* [apaRtjɛ̃] *vb voir* **appartenir**

apparu, e [apaRy] *pp de* **apparaître**

appas [apa] *nmpl* (*d'une femme*) charms

appât [apa] *nm* (*Pêche*) bait; (*fig*) lure, bait

appâter [apate] /**1**/ *vt* (*hameçon*) to bait; (*poisson, fig*) to lure, entice

appauvrir [apovRiR] /**2**/ *vt* to impoverish; **s'appauvrir** *vpr* to grow poorer, become impoverished

appauvrissement [apovRismã] *nm* impoverishment

appel [apɛl] *nm* call; (*nominal*) roll call; (: *Scol*) register; (*Mil* : *recrutement*) call-up; (*Jur*) appeal; **faire ~ à** (*invoquer*) to appeal to; (*avoir recours à*) to call on; (*nécessiter*) to call for, require; **faire ou interjeter ~** (*Jur*) to appeal, lodge an appeal; **faire l'~** to call the roll; (*Scol*) to call the register; **indicatif d'~** call sign; **numéro d'~** (*Tél*) number; **produit d'~** (*Comm*) loss leader; **sans ~** (*fig*) final, irrevocable; **~ d'air** in-draught; **~ d'offres** (*Comm*) invitation to tender; **faire un ~ de phares** to flash one's headlights; **~ (téléphonique)** (tele)phone call

appelé [ap(ə)le] *nm* (*Mil*) conscript

appeler [ap(ə)le] /**4**/ *vt* to call; (*Tél*) to call, ring; (*faire venir* : *médecin etc*) to call, send for; (*fig* : *nécessiter*) to call for, demand; **~ au secours** to call for help; **~ qn à l'aide** ou **au secours** to call to sb to help; **~ qn à un poste/des fonctions** to appoint sb to a post/assign duties to sb; **être appelé à** (fig) to be destined to; **~ qn à comparaître** (Jur) to summon sb to appear; **en ~ à** to appeal to; **s'appeler** vpr : **elle s'appelle Gabrielle** her name is Gabrielle, she's called Gabrielle; **comment vous appelez-vous ?** what's your name?; **comment ça s'appelle ?** what is it ou that called?

appellation [apelasjɔ̃] nf designation, appellation; **vin d'~ contrôlée** "appellation contrôlée" wine, wine guaranteed of a certain quality

appelle etc [apɛl] vb voir **appeler**

appendice [apɛ̃dis] nm appendix

appendicectomie [apɛ̃disɛktɔmi] nf appendicectomy, appendectomy (US)

appendicite [apɑ̃disit] nf appendicitis

appentis [apɑ̃ti] nm lean-to

appert [apɛʀ] vb : **il ~ que** it appears that, it is evident that

appesantir [apəzɑ̃tiʀ] /2/ : **s'appesantir** vpr to grow heavier; **s'~ sur** (fig) to dwell at length on

appétissant, e [apetisɑ̃, -ɑ̃t] adj appetizing, mouth-watering

appétit [apeti] nm appetite; **couper l'~ à qn** to take away sb's appetite; **bon ~ !** enjoy your meal!

applaudimètre [aplodimɛtʀ] nm applause meter

applaudir [aplodiʀ] /2/ vt to applaud ▶ vi to applaud, clap; **~ à** vt (décision) to applaud, commend

applaudissements [aplodismɑ̃] nmpl applause sg, clapping sg

appli [apli] nf app

applicable [aplikabl] adj applicable

applicateur [aplikatœʀ] nm applicator

application [aplikasjɔ̃] nf application; (d'une loi) enforcement; **mettre en ~** to implement

applique [aplik] nf wall lamp

appliqué, e [aplike] adj (élève etc) industrious, assiduous; (science) applied

appliquer [aplike] /1/ vt to apply; (loi) to enforce; (donner : gifle, châtiment) to give; **s'appliquer** vpr (élève etc) to apply o.s.; **s'~ à** (loi, remarque) to apply to; **s'~ à faire qch** to apply o.s. to doing sth, take pains to do sth; **s'~ sur** (coïncider avec) to fit over

appoint [apwɛ̃] nm (extra) contribution ou help; **avoir/faire l'~** (en payant) to have/give the right change ou money; **chauffage d'~** extra heating

appointements [apwɛ̃tmɑ̃] nmpl salary sg, stipend

appointer [apwɛte] /1/ vt : **être appointé à l'année/au mois** to be paid yearly/monthly

appontage [apɔ̃taʒ] nm landing (on an aircraft carrier)

apponter [apɔ̃te] /1/ vi (avion, hélicoptère) to land

appontement [apɔ̃tmɑ̃] nm landing stage, wharf

apport [apɔʀ] nm supply; (argent, biens etc) contribution

apporter [apɔʀte] /1/ vt to bring; (preuve) to give, provide; (modification) to make; (remarque) to contribute, add

apposer [apoze] /1/ vt to append; (sceau etc) to affix

apposition [apozisjɔ̃] nf appending; affixing; (Ling) : **en ~** in apposition

appréciable [apʀesjabl] adj (important) appreciable, significant

appréciation [apʀesjasjɔ̃] nf appreciation; estimation, assessment; **appréciations** nfpl (avis) assessment sg, appraisal sg

apprécier [apʀesje] /7/ vt to appreciate; (évaluer) to estimate, assess; **s'apprécier** vpr (monnaie) to rise; **l'euro s'est apprécié de 8,4% par rapport au dollar** the euro has risen 8.4% against the dollar

appréhender [apʀeɑ̃de] /1/ vt (craindre) to dread; (arrêter) to apprehend; **~ que** to fear that; **~ de faire** to dread doing

appréhensif, -ive [apʀeɑ̃sif, -iv] adj apprehensive

appréhension [apʀeɑ̃sjɔ̃] nf apprehension

apprendre [apʀɑ̃dʀ] /58/ vt to learn; (événement, résultats) to learn of, hear of; **~ qch à qn** (informer) to tell sb (of) sth; (enseigner) to teach sb sth; **tu me l'apprends !** that's news to me!; **~ à faire qch** to learn to do sth; **~ à qn à faire qch** to teach sb to do sth

apprenti, e [apʀɑ̃ti] nm/f apprentice; (fig) novice, beginner

apprentissage [apʀɑ̃tisaʒ] nm learning; (Comm, Scol : période) apprenticeship; **école** ou **centre d'~** training school ou centre; **faire l'~ de qch** (fig) to be initiated into sth

apprêt [apʀɛ] nm (sur un cuir, une étoffe) dressing; (sur un mur) size; (sur un papier) finish; **sans ~** (fig) without artifice, unaffectedly

apprêté, e [apʀete] adj (fig) affected

apprêter [apʀete] /1/ vt to dress, finish; **s'apprêter** vpr : **s'~ à qch/à faire qch** to prepare for sth/for doing sth

appris, e [apʀi, -iz] pp de **apprendre**

apprivoisé, e [apʀivwaze] adj tame, tamed

apprivoiser [apʀivwaze] /1/ vt to tame

approbateur, -trice [apʀɔbatœʀ, -tʀis] adj approving

approbatif, -ive [apʀɔbatif, -iv] adj approving

approbation [apʀɔbasjɔ̃] nf approval; **digne d'~** (conduite, travail) praiseworthy, commendable

approchant, e [apʀɔʃɑ̃, -ɑ̃t] adj similar, close; **quelque chose d'~** something similar

approche [apʀɔʃ] nf approaching; (arrivée, attitude) approach; **à l'~ du bateau/de l'ennemi** as the ship/enemy approached ou drew near; **l'~ d'un problème** the approach to a problem; **travaux d'~** (fig) manoeuvrings; **approches** nfpl (abords) surroundings

approché, e [apʀɔʃe] adj approximate

approcher [apʀɔʃe] /1/ vi to approach, come near ▶ vt (vedette, artiste) to approach, come close to; (rapprocher) : **~ qch (de qch)** to bring ou put ou move sth near (to sth); **~ de** vt (lieu, but) to draw near to; (quantité, moment) to approach;

s'approcher de *vpr* to approach, go *ou* come *ou* move near to; **approchez-vous** come *ou* go nearer

approfondi, e [apʀɔfɔ̃di] *adj* thorough, detailed

approfondir [apʀɔfɔ̃diʀ] /**2**/ *vt* to deepen; (*question*) to go further into; **sans ~** without going too deeply into it

approfondissement [apʀɔfɔ̃dismã] *nm* (*de connaissances*) deepening

appropriation [apʀɔpʀijasjɔ̃] *nf* appropriation

approprié, e [apʀɔpʀije] *adj* **: ~ (à)** appropriate (to), suited (to)

approprier [apʀɔpʀije] /**7**/ *vt* (*adapter*) adapt; **s'approprier** *vpr* to appropriate, take over

approuver [apʀuve] /**1**/ *vt* to agree with; (*autoriser : loi, projet*) to approve, pass; (*trouver louable*) to approve of; **je vous approuve entièrement/ne vous approuve pas** I agree with you entirely/don't agree with you; **lu et approuvé** (read and) approved

approvisionnement [apʀɔvizjɔnmã] *nm* supplying; (*provisions*) supply, stock

approvisionner [apʀɔvizjɔne] /**1**/ *vt* to supply; (*compte bancaire*) to pay funds into; **~ qn en** to supply sb with; **s'approvisionner** *vpr* **: s'~ dans un certain magasin/au marché** to shop in a certain shop/at the market; **s'~ en** to stock up with

approximatif, -ive [apʀɔksimatif, -iv] *adj* approximate, rough; (*imprécis*) vague

approximation [apʀɔksimasjɔ̃] *nf* approximation

approximativement [apʀɔksimativmã] *adv* approximately, roughly; vaguely

appt *abr* = **appartement**

appui [apɥi] *nm* support; **prendre ~ sur** to lean on; (*objet*) to rest on; **point d'~** fulcrum; (*fig*) something to lean on; **à l'~ de** (*pour prouver*) in support of; **à l'~** *adv* to support one's argument; **l'~ de la fenêtre** the windowsill, the window ledge

appuie *etc* [apɥi] *vb voir* **appuyer**

appui-tête, appuie-tête [apɥitɛt] *nm inv* headrest

appuyé, e [apɥije] *adj* (*regard*) meaningful; (: *insistant*) intent, insistent; (*excessif : politesse, compliment*) exaggerated, overdone

appuyer [apɥije] /**8**/ *vt* (*poser, soutenir : personne, demande*) to support, back (up); **~ qch sur/contre/à** to lean *ou* rest sth on/against/on ▸ *vi* **: ~ sur** (*bouton*) to press, push; (*mot, détail*) to stress, emphasize; **~ sur le frein** to brake, to apply the brakes; **~ sur le champignon** to put one's foot down; **~ contre** (*toucher : mur, porte*) to lean *ou* rest against; **~ à droite** *ou* **sur sa droite** to bear (to the) right; **s'appuyer sur** *vpr* (*chose : peser sur*) to rest (heavily) on, press against, to lean on; (*compter sur*) to rely on; **s'~ sur qn** to lean on sb

apr. *abr* = **après**

âpre [ɑpʀ] *adj* acrid, pungent; (*fig*) harsh; (*lutte*) bitter; **~ au gain** grasping, greedy

après [apʀɛ] *prép* after; **d'~** *prép* (*selon*) according to; **d'~ lui** according to him; **d'~ moi** in my opinion; **~ quoi** after which; **et (puis) ~ ?**

so what? ▸ *adv* afterwards; **deux heures ~** two hours later; **~ qu'il est parti/avoir fait** after he left/having done; **courir ~ qn** to run after sb; **crier ~ qn** to shout at sb; **~ coup** *adv* after the event, afterwards; **être toujours ~ qn** (*critiquer etc*) to be always on at sb; **~ tout** *adv* (*au fond*) after all

après-demain [apʀɛdmɛ̃] *adv* the day after tomorrow

après-guerre [apʀɛɡɛʀ] *nm* post-war years *pl*; **d'~** *adj* post-war

après-midi [apʀɛmidi] *nm ou f inv* afternoon

après-rasage [apʀɛʀazaʒ] *nm inv* after-shave

après-shampooing [apʀɛʃãpwɛ̃] *nm inv* conditioner

après-ski [apʀɛski] *nm inv* (*chaussure*) snow boot; (*moment*) après-ski

après-soleil [apʀɛsɔlɛj] *adj inv* after-sun *cpd* ▸ *nm* after-sun cream *ou* lotion

après-vente [apʀɛvãt] *adj inv* after-sales *cpd*

âpreté [ɑpʀəte] *nf* (*voir âpre*) pungency; harshness; bitterness

à-propos [apʀɔpo] *nm* (*d'une remarque*) aptness; **faire preuve d'~** to show presence of mind, do the right thing; **avec ~** suitably, aptly

apte [apt] *adj* **: ~ à qch/faire qch** capable of sth/doing sth; **~ (au service)** (*Mil*) fit (for service)

aptitude [aptityd] *nf* ability, aptitude

apurer [apyʀe] /**1**/ *vt* (*Comm*) to clear

aquaculture [akwakyltyʀ] *nf* fish farming

aquagym® [akwaʒim] *nf* aquaerobics *sg*

aquaplanage [akwaplanaʒ] *nm* (*Auto*) aquaplaning

aquaplane [akwaplan] *nm* (*planche*) aquaplane; (*sport*) aquaplaning

aquaplaning [akwaplaniŋ] *nm* aquaplaning

aquarelle [akwaʀɛl] *nf* (*tableau*) watercolour (*BRIT*), watercolor (*US*); (*genre*) watercolo(u)rs *pl*, aquarelle

aquarelliste [akwaʀelist] *nmf* painter in watercolo(u)rs

aquarium [akwaʀjɔm] *nm* aquarium

aquatique [akwatik] *adj* aquatic, water *cpd*

aqueduc [ak(ə)dyk] *nm* aqueduct

aqueux, -euse [akø, -øz] *adj* aqueous

aquilin [akilɛ̃] *adj m* **: nez ~** aquiline nose

AR *sigle m* = **accusé de réception**; (*Aviat, Rail etc*) = **aller (et) retour**; **lettre/paquet avec AR** recorded delivery letter/parcel ▸ *abr* (*Auto*) = **arrière**

arabe [aʀab] *adj* Arabic; (*désert, cheval*) Arabian; (*nation, peuple*) Arab ▸ *nm* (*Ling*) Arabic ▸ *nmf* **: Arabe** Arab

arabesque [aʀabɛsk] *nf* arabesque

Arabie [aʀabi] *nf* **: l'~** Arabia; **l'~ Saoudite** *ou* **Séoudite** Saudi Arabia

arable [aʀabl] *adj* arable

arachide [aʀaʃid] *nf* groundnut (plant); (*graine*) peanut, groundnut

araignée [aʀɛɲe] *nf* spider; **~ de mer** spider crab

araser [aʀaze] /**1**/ *vt* to level; (*en rabotant*) to plane (down)

aratoire [aʀatwaʀ] *adj* **: instrument ~** ploughing implement

arbalète [aʀbalɛt] *nf* crossbow
arbitrage [aʀbitʀaʒ] *nm* refereeing; umpiring; arbitration
arbitraire [aʀbitʀɛʀ] *adj* arbitrary
arbitrairement [aʀbitʀɛʀmã] *adv* arbitrarily
arbitre [aʀbitʀ] *nm* (*Sport*) referee; (: *Tennis, Cricket*) umpire; (*fig*) arbiter, judge; (*Jur*) arbitrator
arbitrer [aʀbitʀe] /1/ *vt* to referee; to umpire; to arbitrate
arboré, e [aʀbɔʀe] *adj* (*jardin*) planted with trees
arborer [aʀbɔʀe] /1/ *vt* to bear, display; (*avec ostentation*) to sport
arborescence [aʀbɔʀesãs] *nf* tree structure
arboricole [aʀbɔʀikɔl] *adj* (*animal*) arboreal; (*technique*) arboricultural
arboriculture [aʀbɔʀikyltyʀ] *nf* arboriculture; **~ fruitière** fruit (tree) growing
arbre [aʀbʀ] *nm* tree; (*Tech*) shaft; **~ à cames** (*Auto*) camshaft; **~ fruitier** fruit tree; **~ généalogique** family tree; **~ de Noël** Christmas tree; **~ de transmission** (*Auto*) drive shaft
arbrisseau, x [aʀbʀiso] *nm* shrub
arbuste [aʀbyst] *nm* small shrub, bush
arc [aʀk] *nm* (*arme*) bow; (*Géom*) arc; (*Archit*) arch; **~ de cercle** arc of a circle; **en ~ de cercle** *adj* semi-circular
arcade [aʀkad] *nf* arch(way); **~ sourcilière** arch of the eyebrows; **arcades** *nfpl* arcade *sg*, arches
arcanes [aʀkan] *nmpl* mysteries
arc-boutant [aʀkbutã] (*pl* **arcs-boutants**) *nm* flying buttress
arc-bouter [aʀkbute] /1/ : **s'arc-bouter** *vpr* : **s'~ contre** to lean *ou* press against
arceau, x [aʀso] *nm* (*métallique etc*) hoop
arc-en-ciel [aʀkãsjɛl] (*pl* **arcs-en-ciel**) *nm* rainbow
archaïque [aʀkaik] *adj* archaic
archaïsme [aʀkaism] *nm* archaism
archange [aʀkãʒ] *nm* archangel
arche [aʀʃ] *nf* arch; **~ de Noé** Noah's Ark
archéologie [aʀkeɔlɔʒi] *nf* arch(a)eology
archéologique [aʀkeɔlɔʒik] *adj* arch(a)eological
archéologue [aʀkeɔlɔg] *nmf* arch(a)eologist
archer [aʀʃe] *nm* archer
archet [aʀʃɛ] *nm* bow
archétype [aʀketip] *nm* (*modèle*) archetype; **être l'~ de qch** to epitomize sth
archevêché [aʀʃəveʃe] *nm* archbishopric; (*palais*) archbishop's palace
archevêque [aʀʃəvɛk] *nm* archbishop
archi... [aʀʃi] *préfixe* (*très*) dead, extra
archibondé, e [aʀʃibɔ̃de] *adj* chock-a-block (*Brit*), packed solid
archiduc [aʀʃidyk] *nm* archduke
archiduchesse [aʀʃidyʃɛs] *nf* archduchess
archipel [aʀʃipɛl] *nm* archipelago
archisimple [aʀʃisɛ̃pl] *adj* dead easy *ou* simple
architecte [aʀʃitɛkt] *nm* architect
architectural, e, -aux [aʀʃitɛktyʀal, -o] *adj* architectural
architecture [aʀʃitɛktyʀ] *nf* architecture
architrave [aʀʃitʀav] *nf* (*Archit*) architrave

archivage [aʀʃivaʒ] *nm* filing
archive [aʀʃiv] *nf* file; **archives** *nfpl* (*collection*) archives
archiver [aʀʃive] /1/ *vt* to file
archiviste [aʀʃivist] *nmf* archivist
arçon [aʀsɔ̃] *nm* voir **cheval**
arctique [aʀktik] *adj* Arctic; **le cercle A~** the Arctic Circle; **l'océan A~** the Arctic Ocean ▶ *nm* : **l'A~** the Arctic
ardemment [aʀdamã] *adv* ardently, fervently
ardent, e [aʀdã, -ãt] *adj* (*soleil*) blazing; (*fièvre*) raging; (*amour*) ardent, passionate; (*prière*) fervent
ardeur [aʀdœʀ] *nf* blazing heat; (*fig*) fervour, ardour
ardoise [aʀdwaz] *nf* slate
ardu, e [aʀdy] *adj* (*travail*) arduous; (*problème*) difficult; (*pente*) steep, abrupt
are [aʀ] *nm* are, 100 square metres
arène [aʀɛn] *nf* arena; (*fig*) : **l'~ politique** the political arena; **arènes** *nfpl* bull-ring *sg*
arête [aʀɛt] *nf* (*de poisson*) bone; (*d'une montagne*) ridge; (*Géom etc*) edge (*where two faces meet*)
arg. *abr* = **argus**
argent [aʀʒã] *nm* (*métal*) silver; (*monnaie*) money; (*couleur*) silver; **en avoir pour son ~** to get value for money; **gagner beaucoup d'~** to earn a lot of money; **~ comptant** (hard) cash; **~ de poche** pocket money; **~ liquide** ready money, (ready) cash
argenté, e [aʀʒãte] *adj* silver(y); (*métal*) silver-plated
argenter [aʀʒãte] /1/ *vt* to silver(-plate)
argenterie [aʀʒãtʀi] *nf* silverware; (*en métal argenté*) silver plate
argentin, e [aʀʒãtɛ̃, -in] *adj* Argentinian, Argentine ▶ *nm/f* : **Argentin, e** Argentinian, Argentine
Argentine [aʀʒãtin] *nf* : **l'~** Argentina, the Argentine
argentique [aʀʒãtik] *adj* (*appareil photo*) film *cpd*
argile [aʀʒil] *nf* clay
argileux, -euse [aʀʒilø, -øz] *adj* clayey
argot [aʀgo] *nm* slang

ARGOT

Argot was the term originally used to describe the jargon of the criminal underworld, characterized by colourful images and distinctive intonation and designed to confuse the outsider. Some French authors wrote in *argot* and so have helped it spread and grow. More generally, the special vocabulary used by any social or professional group is also known as *argot*.

argotique [aʀgɔtik] *adj* slang *cpd*; (*très familier*) slangy
arguer [aʀgɥe] /1/ : **~ de** *vt* to put forward as a pretext *ou* reason; **~ que** to argue that
argument [aʀgymã] *nm* argument
argumentaire [aʀgymãtɛʀ] *nm* list of sales points; (*brochure*) sales leaflet
argumentation [aʀgymãtasjɔ̃] *nf* (*fait d'argumenter*) arguing; (*ensemble des arguments*) argument

argumenter [aʀgymɑ̃te] /1/ vi to argue

argus [aʀgys] nm guide to second-hand car etc prices

arguties [aʀgysi] nfpl pettifoggery sg (BRIT), quibbles

aride [aʀid] adj arid

aridité [aʀidite] nf aridity

arien, ne [aʀjɛ̃, -ɛn] adj Arian

aristocrate [aʀistɔkʀat] nmf aristocrat

aristocratie [aʀistɔkʀasi] nf aristocracy

aristocratique [aʀistɔkʀatik] adj aristocratic

arithmétique [aʀitmetik] adj arithmetic(al)
  ▶ nf arithmetic

armada [aʀmada] nf (fig) army

armagnac [aʀmaɲak] nm Armagnac

armateur [aʀmatœʀ] nm shipowner

armature [aʀmatyʀ] nf framework; (de tente etc) frame; (de corset) bone; (de soutien-gorge) wiring

arme [aʀm] nf weapon; **se battre à l'~ blanche** to fight with blades; **~ à feu** firearm; (section de l'armée) arm; **armes** nfpl weapons, arms; (blason) (coat of) arms; **les armes** (profession) soldiering sg; **à armes égales** on equal terms; **en armes** up in arms; **passer par les armes** to execute (by firing squad); **prendre/présenter les armes** to take up/present arms; **armes de destruction massive** weapons of mass destruction

armé, e [aʀme] adj armed; **~ de** armed with

armée [aʀme] nf army; **~ de l'air** Air Force; **l'~ du Salut** the Salvation Army; **~ de terre** Army

armement [aʀməmɑ̃] nm (matériel) arms pl, weapons pl; (: d'un pays) arms pl, armament; (action d'équiper : d'un navire) fitting out; **armements nucléaires** nuclear armaments; **course aux armements** arms race

Arménie [aʀmeni] nf : **l'~** Armenia

arménien, ne [aʀmenjɛ̃, -ɛn] adj Armenian
  ▶ nm (Ling) Armenian ▶ nm/f : **Arménien, ne** Armenian

armer [aʀme] /1/ vt to arm; (arme à feu) to cock; (appareil photo) to wind on; **~ qch de** to fit sth with; (renforcer) to reinforce sth with; **~ qn de** to arm ou equip sb with; **s'armer** vpr : **s'~ de** to arm o.s. with

armistice [aʀmistis] nm armistice; **l'A~** ≈ Remembrance (BRIT) ou Veterans (US) Day

armoire [aʀmwaʀ] nf (tall) cupboard; (penderie) wardrobe (BRIT), closet (US); **~ à pharmacie** medicine chest

armoiries [aʀmwaʀi] nfpl coat of arms sg

armure [aʀmyʀ] nf armour no pl, suit of armour

armurerie [aʀmyʀʀi] nf arms factory; (magasin) gunsmith's (shop)

armurier [aʀmyʀje] nm gunsmith; (Mil, d'armes blanches) armourer

ARN sigle m (= acide ribonucléique) RNA

arnaque [aʀnak] nf (fam) swindling; **c'est de l'~** it's daylight robbery

arnaquer [aʀnake] /1/ vt (fam) to do (fam), swindle; **se faire ~** to be had (fam) ou done

arnaqueur [aʀnakœʀ] nm swindler

arnica [aʀnika] nm : (**teinture d'**)**~** arnica

arobase [aʀobaz] nf (Inform) "at" symbol, @; « **paul ~ société point fr** » "paul at société dot fr"

aromates [aʀɔmat] nmpl seasoning sg, herbs (and spices)

aromathérapie [aʀɔmateʀapi] nf aromatherapy

aromatique [aʀɔmatik] adj aromatic

aromatisé, e [aʀɔmatize] adj flavoured

arôme [aʀom] nm aroma; (d'une fleur etc) fragrance

arpège [aʀpɛʒ] nm arpeggio

arpentage [aʀpɑ̃taʒ] nm (land) surveying

arpenter [aʀpɑ̃te] /1/ vt to pace up and down

arpenteur [aʀpɑ̃tœʀ] nm land surveyor

arqué, e [aʀke] adj arched; (jambes) bow cpd, bandy

arr. abr = **arrondissement**

arrachage [aʀaʃaʒ] nm : **~ des mauvaises herbes** weeding

arraché [aʀaʃe] nm (Sport) snatch; **obtenir à l'~** (fig) to snatch

arrache-pied [aʀaʃpje] : **d'~** adv relentlessly

arracher [aʀaʃe] /1/ vt to pull out; (page etc) to tear off, tear out; (déplanter : légume, herbe, souche) to pull up; (bras etc : par explosion) to blow off; (: par accident) to tear off; **~ qch à qn** to snatch sth from sb; (fig) to wring sth out of sb, wrest sth from sb; **~ qn à** (solitude, rêverie) to drag sb out of; (famille etc) to tear ou wrench sb away from; **se faire ~ une dent** to have a tooth out ou pulled (US); **s'arracher** vpr (article très recherché) to fight over; **s'~ de** (lieu) to tear o.s. away from; (habitude) to force o.s. out of

arraisonner [aʀezɔne] /1/ vt to board and search

arrangeant, e [aʀɑ̃ʒɑ̃, -ɑ̃t] adj accommodating, obliging

arrangement [aʀɑ̃ʒmɑ̃] nm arrangement

arranger [aʀɑ̃ʒe] /3/ vt to arrange; (réparer) to fix, put right; (régler) to settle, sort out; (convenir à) to suit, be convenient for; **cela m'arrange** that suits me (fine); **s'arranger** vpr (se mettre d'accord) to come to an agreement ou arrangement; (s'améliorer : querelle, situation) to be sorted out; (se débrouiller) : **s'~ pour que ...** to arrange things so that ...; **je vais m'~** I'll manage; **ça va s'~** it'll sort itself out; **s'~ pour faire** to make sure that ou see to it that one can do

arrangeur [aʀɑ̃ʒœʀ] nm (Mus) arranger

arrestation [aʀestasjɔ̃] nf arrest

arrêt [aʀɛ] nm stopping; (de bus etc) stop; (Jur) judgment, decision; (Football) save; **être à l'~** to be stopped, have come to a halt; **rester** ou **tomber en ~ devant** to stop short in front of; **sans ~** without stopping, non-stop; (fréquemment) continually; **~ d'autobus** bus stop; **~ facultatif** request stop; **~ de mort** capital sentence; **~ de travail** stoppage (of work); **arrêts** nmpl (Mil) arrest sg

arrêté, e [aʀete] adj (idées) firm, fixed ▶ nm order, decree; **~ municipal** ≈ bylaw, bye-law

arrêter [aʀete] /1/ vt to stop; (chauffage etc) to turn off, switch off; (Comm : compte) to settle; (Couture : point) to fasten off; (fixer : date etc) to appoint, decide on; (criminel, suspect) to arrest; **~ de faire** to stop doing; **arrête de te plaindre** stop complaining; **ne pas ~ de faire** to keep on doing; **s'arrêter** *vpr* to stop; *(s'interrompre)* to stop o.s.; **s'~ de faire** to stop doing; **s'~ sur** *(choix, regard)* to fall on

arrhes [aʀ] *nfpl* deposit *sg*

arrière [aʀjɛʀ] *nm* back; *(Sport)* fullback; **à l'~** *adv* behind, at the back; **en ~** *adv* behind; *(regarder)* back, behind; *(tomber, aller)* backwards; **en ~ de** *prép* behind ▶ *adj inv* : **siège/roue** ~ back *ou* rear seat/wheel; **arrières** *nmpl* *(fig)* : **protéger ses arrières** to protect the rear

arriéré, e [aʀjeʀe] *adj (péj)* backward ▶ *nm (d'argent)* arrears *pl*

arrière-boutique [aʀjɛʀbutik] *nf* back shop

arrière-cour [aʀjɛʀkuʀ] *nf* backyard

arrière-cuisine [aʀjɛʀkɥizin] *nf* scullery

arrière-garde [aʀjɛʀgaʀd] *nf* rearguard

arrière-goût [aʀjɛʀgu] *nm* aftertaste

arrière-grand-mère [aʀjɛʀgʀɑ̃mɛʀ] *(pl* **arrière-grands-mères)** *nf* great-grandmother

arrière-grand-père [aʀjɛʀgʀɑ̃pɛʀ] *(pl* **arrière-grands-pères)** *nm* great-grandfather

arrière-grands-parents [aʀjɛʀgʀɑ̃paʀɑ̃] *nmpl* great-grandparents

arrière-pays [aʀjɛʀpei] *nm inv* hinterland

arrière-pensée [aʀjɛʀpɑ̃se] *nf* ulterior motive; *(doute)* mental reservation

arrière-petite-fille [aʀjɛʀpətitfij] *(pl* **arrière-petites-filles)** *nf* great-granddaughter

arrière-petit-fils [aʀjɛʀpətifis] *(pl* **arrière-petits-fils)** *nm* great-grandson

arrière-petits-enfants [aʀjɛʀpətizɑ̃fɑ̃] *nmpl* great-grandchildren

arrière-plan [aʀjɛʀplɑ̃] *nm* background; **à l'~** in the background; **d'~** *adj (Inform)* background *cpd*

arriérer [aʀjeʀe] */6/* : **s'arriérer** *vpr (Comm)* to fall into arrears

arrière-saison [aʀjɛʀsɛzɔ̃] *nf* late autumn

arrière-salle [aʀjɛʀsal] *nf* back room

arrière-train [aʀjɛʀtʀɛ̃] *nm* hindquarters *pl*

arrimer [aʀime] */1/* *vt (cargaison)* to stow; *(fixer)* to secure, fasten securely

arrivage [aʀivaʒ] *nm* consignment

arrivant, e [aʀivɑ̃, -ɑ̃t] *nm/f* newcomer

arrivée [aʀive] *nf* arrival; *(ligne d'arrivée)* finish; **~ d'air/de gaz** air/gas inlet; **courrier à l'~** incoming mail; **à mon ~** when I arrived

arriver [aʀive] */1/* *vi* to arrive; *(survenir)* to happen, occur; **j'arrive !** (I'm) just coming!; **il arrive à Paris à 8 h** he gets to *ou* arrives in Paris at 8; **~ à destination** to arrive at one's destination; **~ à** *(atteindre)* to reach; **~ à (faire) qch** *(réussir)* to manage (to do) sth; **~ à échéance** to fall due; **en ~ à faire ...** to end up doing ..., get to the point of doing ...; **il arrive que ...** it happens that ...; **il lui arrive de faire ...** he sometimes does ...

arrivisme [aʀivism] *nm* ambition, ambitiousness

arriviste [aʀivist] *nmf* go-getter

arrobase [aʀɔbaz] *nf (Inform)* "at" symbol, @

arrogance [aʀɔgɑ̃s] *nf* arrogance

arrogant, e [aʀɔgɑ̃, -ɑ̃t] *adj* arrogant

arroger [aʀɔʒe] */3/* : **s'arroger** *vpr* to assume (without right); **s'~ le droit de ...** to assume the right to ...

arrondi, e [aʀɔ̃di] *adj* round ▶ *nm* roundness

arrondir [aʀɔ̃diʀ] */2/* *vt (forme, objet)* to round; *(somme)* to round off; **~ ses fins de mois** to supplement one's pay; **s'arrondir** *vpr* to become round(ed)

arrondissement [aʀɔ̃dismɑ̃] *nm (Admin)* ≈ district

ARRONDISSEMENT MUNICIPAL

An **arrondissement municipal** is an administrative subdivision of the cities of Paris, Lyon and Marseille, which have 20, nine and 16 *arrondissements* respectively. Each *arrondissement* has an elected *conseil* which, in turn, chooses a mayor. It is not to be confused with the *arrondissement départemental*, which is a subdivision of a *département* made up of several *cantons*.

arrosage [aʀozaʒ] *nm* watering; **tuyau d'~** hose(pipe)

arroser [aʀoze] */1/* *vt* to water; *(victoire etc)* to celebrate (over a drink); *(Culin)* to baste

arroseur [aʀozœʀ] *nm (tourniquet)* sprinkler

arroseuse [aʀozøz] *nf* water cart

arrosoir [aʀozwaʀ] *nm* watering can

arrt *abr* = **arrondissement**

arsenal, -aux [aʀsənal, -o] *nm (Navig)* naval dockyard; *(Mil)* arsenal; *(fig)* gear, paraphernalia

arsenic [aʀsənik] *nm* arsenic

art [aʀ] *nm* art; **avoir l'~ de faire** *(fig : personne)* to have a talent for doing; **les arts** the arts; **livre/ critique d'~** art book/ critic; **objet d'~** objet d'art; **~ dramatique** dramatic art; **arts martiaux** martial arts; **arts et métiers** applied arts and crafts; **arts ménagers** home economics *sg*; **arts plastiques** plastic arts

art. *abr* = **article**

artère [aʀtɛʀ] *nf (Anat)* artery; *(rue)* main road

artériel, le [aʀteʀjɛl] *adj* arterial

artériosclérose [aʀteʀjoskleʀoz] *nf* arteriosclerosis

arthrite [aʀtʀit] *nf* arthritis

arthropode [aʀtʀopod] *nm* arthropod

arthroscopie [aʀtʀoskɔpi] *nf* arthroscopy

arthrose [aʀtʀoz] *nf* (degenerative) osteoarthritis

artichaut [aʀtiʃo] *nm* artichoke

article [aʀtikl] *nm* article; *(Comm)* item, article; **faire l'~** *(Comm)* to do one's sales spiel; **faire l'~ de** *(fig)* to sing the praises of; **à l'~ de la mort** at the point of death; **~ défini/indéfini** definite/ indefinite article; **~ de fond** *(Presse)* feature article; **articles de bureau** office equipment; **articles de voyage** travel goods *ou* items

articulaire [aʀtikylɛʀ] *adj* of the joints, articular

articulation [aʀtikylasjɔ̃] *nf* articulation; *(Anat)* joint

articulé, e [aʀtikyle] *adj (membre)* jointed; *(poupée)* with moving joints

articuler [aʀtikyle] */1/* *vt* to articulate; **s'articuler sur** *vpr (Anat, Tech)* to articulate (with); **s'~ autour de** *(fig)* to centre around *ou* on, turn on

artifice [aʀtifis] nm device, trick
artificiel, le [aʀtifisjɛl] adj artificial
artificiellement [aʀtifisjɛlmɑ̃] adv artificially
artificier [aʀtifisje] nm pyrotechnist
artificieux, -euse [aʀtifisjø, -øz] adj guileful, deceitful
artillerie [aʀtijʀi] nf artillery, ordnance
artilleur [aʀtijœʀ] nm artilleryman, gunner
artisan [aʀtizɑ̃] nm artisan, (self-employed) craftsman; **l'~ de la victoire/du malheur** the architect of victory/of the disaster
artisanal, e, -aux [aʀtizanal, -o] adj of ou made by craftsmen; (péj) cottage industry cpd, unsophisticated; **de fabrication artisanale** home-made
artisanalement [aʀtizanalmɑ̃] adv by craftsmen
artisanat [aʀtizana] nm arts and crafts pl
artiste [aʀtist] nmf artist; (Théât, Mus) artist, performer; (de variétés) entertainer
artistique [aʀtistik] adj artistic
artistiquement [aʀtistikmɑ̃] adv artistically
arum [aʀɔm] nm arum lily
aryen, ne [aʀjɛ̃, -ɛn] adj Aryan
AS sigle fpl (Admin) = **assurances sociales** ▶ sigle f (Sport : = Association sportive) ≈ FC (= Football Club)
as vb [a] voir **avoir** ▶ nm [ɑs] ace
a/s abr (= aux soins de) c/o
ASBL sigle f (= association sans but lucratif) non-profit-making organization
asc. abr = **ascenseur**
ascendance [asɑ̃dɑ̃s] nf (origine) ancestry; (Astrologie) ascendant
ascendant, e [asɑ̃dɑ̃, -ɑ̃t] adj upward ▶ nm influence; **ascendants** nmpl ascendants
ascenseur [asɑ̃sœʀ] nm lift (BRIT), elevator (US)
ascension [asɑ̃sjɔ̃] nf ascent; (de montagne) climb; **l'A~** (Rel) the Ascension (: jour férié) Ascension (Day); see note; **(île de) l'A~** Ascension Island

- **L'ASCENSION**
:
: The **fête de l'Ascension** is a public holiday
: in France. It always falls on a Thursday,
: usually in May. Many French people take
: the following Friday off work too and enjoy
: a long weekend, a practice known as faire le
: pont (see note at entry pont).

ascète [asɛt] nmf ascetic
ascétique [asetik] adj ascetic
ascétisme [asetism] nm asceticism
ascorbique [askɔʀbik] adj : **acide ~** ascorbic acid
ASE sigle f (= Agence spatiale européenne) ESA (= European Space Agency)
asepsie [asɛpsi] nf asepsis
aseptique [asɛptik] adj aseptic
aseptisé, e [asɛptize] adj (péj) sanitized
aseptiser [asɛptize] vt (stériliser : pièce, instruments) to sterilize; (fig, péj) to sanitize
asexué, e [asɛksɥe] adj asexual
ashkénaze [aʃkenɑz] adj, nmf Ashkenazi
asiatique [azjatik] adj Asian, Asiatic ▶ nmf : **Asiatique** Asian

Asie [azi] nf : **l'~** Asia
asile [azil] nm (refuge) refuge, sanctuary; (pour malades, vieillards etc) home; **droit d'~** (Pol) (political) asylum; **accorder l'~ politique à qn** to grant ou give sb political asylum; **chercher/ trouver ~ quelque part** to seek/find refuge somewhere
asocial, e, -aux [asɔsjal, -o] adj antisocial
aspartame [aspaʀtam] nm aspartame
aspect [aspɛ] nm appearance, look; (fig) aspect, side; (Ling) aspect; **à l'~ de** at the sight of
asperge [aspɛʀʒ] nf asparagus no pl
asperger [aspɛʀʒe] /**3**/ vt to spray, sprinkle
aspérité [aspeʀite] nf excrescence, protruding bit (of rock etc)
aspersion [aspɛʀsjɔ̃] nf spraying, sprinkling
asphalte [asfalt] nm asphalt
asphyxiant, e [asfiksjɑ̃, -ɑ̃t] adj suffocating; **gaz ~** poison gas
asphyxie [asfiksi] nf suffocation, asphyxia, asphyxiation
asphyxier [asfiksje] /**7**/ vt to suffocate, asphyxiate; (fig) to stifle; **mourir asphyxié** to die of suffocation ou asphyxiation
aspic [aspik] nm (Zool) asp; (Culin) aspic
aspirant, e [aspiʀɑ̃, -ɑ̃t] adj : **pompe aspirante** suction pump ▶ nm (Navig) midshipman
aspirateur [aspiʀatœʀ] nm vacuum cleaner, hoover®; **passer l'~** to vacuum
aspiration [aspiʀasjɔ̃] nf inhalation, sucking (up); drawing up; **aspirations** nfpl (ambitions) aspirations
aspirer [aspiʀe] /**1**/ vt (air) to inhale; (liquide) to suck (up); (appareil) to suck ou draw up; **~ à** vt to aspire to
aspirine [aspiʀin] nf aspirin
assagir [asaʒiʀ] /**2**/ vt, **s'assagir** vpr to quieten down, settle down
assaillant, e [asajɑ̃, -ɑ̃t] nm/f assailant, attacker
assaillir [asajiʀ] /**13**/ vt to assail, attack; **~ qn de** (questions) to assail ou bombard sb with
assainir [aseniʀ] /**2**/ vt to clean up; (eau, air) to purify
assainissement [asenismɑ̃] nm cleaning up; purifying
assaisonnement [asɛzɔnmɑ̃] nm seasoning
assaisonner [asɛzɔne] /**1**/ vt to season; **bien assaisonné** highly seasoned
assassin [asasɛ̃] nm murderer; assassin
assassinat [asasina] nm murder; assassination
assassiner [asasine] /**1**/ vt to murder; (Pol) to assassinate
assaut [aso] nm assault, attack; **prendre d'~** to (take by) storm, assault; **donner l'~ (à)** to attack; **faire ~ de** (rivaliser) to vie with ou rival each other in
assèchement [asɛʃmɑ̃] nm draining, drainage
assécher [aseʃe] /**6**/ vt to drain
ASSEDIC [asedik] sigle f (= Association pour l'emploi dans l'industrie et le commerce) unemployment insurance scheme
assemblage [asɑ̃blaʒ] nm (action) assembling; (Menuiserie) joint; **un ~ de** (fig) a collection of; **langage d'~** (Inform) assembly language

assemblée [asɑ̃ble] *nf* (*réunion*) meeting; (*public, assistance*) gathering; assembled people; (*Pol*) assembly; (*Rel*) : **l'~ des fidèles** the congregation; **l'A~ nationale (AN)** the (French) National Assembly; *see note*

• **ASSEMBLÉE NATIONALE**
•
• The **Assemblée nationale** is the lower house
• of the French Parliament, the upper house
• being the *Sénat*. It is housed in the Palais
• Bourbon in Paris. Its members, or *députés*, are
• elected every five years.

assembler [asɑ̃ble] /1/ *vt* (*joindre, monter*) to assemble, put together; (*amasser*) to gather (together), collect (together); **s'assembler** *vpr* to gather, collect

assembleur [asɑ̃blœʀ] *nm* assembler, fitter; (*Inform*) assembler

assener, asséner [asene] /5/ *vt* : **~ un coup à qn** to deal sb a blow

assentiment [asɑ̃timɑ̃] *nm* assent, consent; (*approbation*) approval

asseoir [aswaʀ] /26/ *vt* (*malade, bébé*) to sit up; (*personne debout*) to sit down; (*autorité, réputation*) to establish; **faire ~ qn** to ask sb to sit down; **~ qch sur** to build sth on; (*appuyer*) to base sth on; **s'asseoir** *vpr* to sit (o.s.) up; to sit (o.s.) down; **asseyez-vous !, assieds-toi !** sit down!

assermenté, e [asɛʀmɑ̃te] *adj* sworn, on oath

assertion [asɛʀsjɔ̃] *nf* assertion

asservir [asɛʀviʀ] /2/ *vt* to subjugate, enslave

asservissement [asɛʀvismɑ̃] *nm* (*action*) enslavement; (*état*) slavery

assesseur [asesœʀ] *nm* (*Jur*) assessor

asseyais *etc* [aseje] *vb voir* **asseoir**

assez [ase] *adv* (*suffisamment*) enough, sufficiently; (*passablement*) rather, quite, fairly; **~ !** enough!, that'll do!; **~/pas ~ cuit** well enough done/underdone; **est-il ~ fort/rapide ?** is he strong/fast enough?; **il est passé ~ vite** he went past rather *ou* quite *ou* fairly fast; **~ de pain/livres** enough *ou* sufficient bread/books; **vous en avez ~ ?** have you got enough?; **en avoir ~ de qch** (*en être fatigué*) to have had enough of sth; **j'en ai ~ !** I've had enough!; **travailler ~** to work (hard) enough

> **Fairly, quite** et **rather** servent tous à modifier un adjectif ou un adverbe, mais avec des nuances : **rather** est moins neutre que **quite** et **fairly**. Par exemple, **it's rather expensive** suggère que la personne qui parle trouve la chose en question un peu trop chère, alors que **it's quite** ou **fairly expensive** est plus neutre.

assidu, e [asidy] *adj* assiduous, painstaking; (*régulier*) regular; **~ auprès de qn** attentive towards sb

assiduité [asidɥite] *nf* assiduousness, painstaking regularity; attentiveness; **assiduités** *nfpl* assiduous attentions

assidûment [asidymɑ̃] *adv* assiduously, painstakingly; attentively

assied *etc* [asje] *vb voir* **asseoir**

assiégé, e [asjeʒe] *adj* under siege, besieged

assiéger [asjeʒe] /3, 6/ *vt* to besiege, lay siege to; (*foule, touristes*) to mob, besiege

assiérai *etc* [asjeʀe] *vb voir* **asseoir**

assiette [asjɛt] *nf* plate; (*contenu*) plate(ful); (*équilibre*) seat; (*de colonne*) seating; (*de navire*) trim; **il n'est pas dans son ~** he's not feeling quite himself; **~ à dessert** dessert *ou* side plate; **~ anglaise** assorted cold meats; **~ creuse** (soup) dish, soup plate; **~ de l'impôt** basis of (tax) assessment; **~ plate** (dinner) plate

assiettée [asjete] *nf* plateful

assignation [asiɲasjɔ̃] *nf* assignation; (*Jur*) summons; (: *de témoin*) subpoena; **~ à résidence** compulsory order of residence

assigner [asiɲe] /1/ *vt* : **~ qch à** to assign *ou* allot sth to; (*valeur, importance*) to attach sth to; (*somme*) to allocate sth to; (*limites*) to set *ou* fix sth to; (*cause, effet*) to ascribe *ou* attribute sth to; **~ qn à** (*affecter*) to assign sb to; **~ qn à résidence** (*Jur*) to give sb a compulsory order of residence

assimilable [asimilabl] *adj* easily assimilated *ou* absorbed

assimilation [asimilasjɔ̃] *nf* assimilation, absorption

assimilé, e [asimile] *adj* (*semblable*) similar; **ils sont assimilés aux infirmières** (*Admin*) they are classed as nurses ▶ *nm* : **cadres et assimilés** managers and those of equivalent grade

assimiler [asimile] /1/ *vt* to assimilate, absorb; (*comparer*) : **~ qch/qn à** to liken *ou* compare sth/sb to; **s'assimiler** *vpr* (*s'intégrer*) to be assimilated *ou* absorbed

assis, e [asi, -iz] *pp de* **asseoir** ▶ *adj* sitting (down), seated; **~ en tailleur** sitting cross-legged ▶ *nf* (*Constr*) course; (*Géo*) stratum (*pl* -a); (*fig*) basis (*pl* bases), foundation

assises [asiz] *nfpl* (*Jur*) assizes; (*congrès*) (annual) conference

assistanat [asistana] *nm* assistantship; (*à l'université*) probationary lectureship

assistance [asistɑ̃s] *nf* (*public*) audience; (*aide*) assistance; **porter** *ou* **prêter ~ à qn** to give sb assistance; **A~ publique** public health service; **enfant de l'A~ (publique)** child in care; **~ technique** technical aid

assistant, e [asistɑ̃, -ɑ̃t] *nm/f* assistant; (*d'université*) probationary lecturer; **assistante sociale** social worker; **assistants** *nmpl* (*auditeurs etc*) those present

assisté, e [asiste] *adj* (*Auto*) power-assisted; **~ par ordinateur** computer-assisted; **direction assistée** power steering ▶ *nm/f* person receiving aid from the State

assister [asiste] /1/ *vt* to assist; **~ à** *vt* (*scène, événement*) to witness; (*conférence*) to attend, be (present) at; (*spectacle, match*) to be at, see

associatif, -ive [asɔsjatif, -iv] *adj* : **mouvement ~** community movement; **vie/radio associative** community life/radio; **tissu ~** fabric of community life

association [asɔsjasjɔ̃] *nf* association; (*Comm*) partnership; **~ d'idées/images** association of ideas/images

associé, e [asɔsje] *nm/f* associate; (*Comm*) partner

associer [asɔsje] /**7**/ *vt* to associate; **~ qn à** (*profits*) to give sb a share of; (*affaire*) to make sb a partner in; (*joie, triomphe*) to include sb in; **~ qch à** (*joindre, allier*) to combine sth with; **s'associer** *vpr, vpr* to join together; (*Comm*) to form a partnership; (*collaborateur*) to take on (as a partner); **s'~ à** (*couleurs, qualités*) to be combined with; (*opinions, joie de qn*) to share in; **s'~ à** *ou* **avec qn pour faire** to join (forces) *ou* join together with sb to do

assoie *etc* [aswa] *vb voir* **asseoir**

assoiffé, e [aswafe] *adj* thirsty; **~ de** (*sang*) thirsting for; (*gloire*) thirsting after

assoirai [aswaʀe], **assois** *etc* [aswa] *vb voir* **asseoir**

assolement [asɔlmɑ̃] *nm* (systematic) rotation of crops

assombrir [asɔ̃bʀiʀ] /**2**/ *vt* to darken; (*fig*) to fill with gloom; **s'assombrir** *vpr* to darken; (*devenir nuageux, fig : visage*) to cloud over; (*fig*) to become gloomy

assommant, e [asɔmɑ̃, -ɑ̃t] *adj* (*ennuyeux*) deadly boring, deadly dull; **c'est ~** it's a real bore

assommer [asɔme] /**1**/ *vt* to knock out, stun; (*fam : ennuyer*) to bore stiff

Assomption [asɔ̃psjɔ̃] *nf* : **l'~** the Assumption

L'ASSOMPTION

The **fête de l'Assomption**, more commonly known as *le 15 août* is a national holiday in France. Traditionally, large numbers of people either set off on or return from their holidays on 15 August, frequently causing chaos on the roads.

assorti, e [asɔʀti] *adj* matched, matching; **fromages/légumes assortis** assorted cheeses/vegetables; **~ à** matching; **~ de** accompanied with; (*conditions, conseils*) coupled with; **bien/mal ~** well/ill-matched

assortiment [asɔʀtimɑ̃] *nm* (*choix*) assortment, selection; (*harmonie de couleurs, formes*) arrangement; (*Comm : lot, stock*) selection

assortir [asɔʀtiʀ] /**2**/ *vt* to match; **~ qch à** to match sth with; **~ qch de** to accompany sth with; **s'assortir** *vpr* to go well together, match; **s'~ de** to be accompanied by

assoupi, e [asupi] *adj* dozing, sleeping; (*fig*) (be)numbed; (*sens*) dulled

assoupir [asupiʀ] /**2**/ : **s'assoupir** *vpr* (*personne*) to doze off; (*sens*) to go numb

assoupissement [asupismɑ̃] *nm* (*sommeil*) dozing; (*fig : somnolence*) drowsiness

assouplir [asupliʀ] /**2**/ *vt* to make supple, soften; (*membres, corps*) to limber up, make supple; (*fig*) to relax; (: *caractère*) to soften, make more flexible; **s'assouplir** *vpr* to soften; to limber up; to relax; to become more flexible

assouplissant [asuplisɑ̃] *nm* (fabric) softener

assouplissement [asuplismɑ̃] *nm* softening; limbering up; relaxation; **exercices d'~** limbering up exercises

assourdir [asuʀdiʀ] /**2**/ *vt* (*bruit*) to deaden, muffle; (*bruit*) to deafen

assourdissant, e [asuʀdisɑ̃, -ɑ̃t] *adj* (*bruit*) deafening

assouvir [asuviʀ] /**2**/ *vt* to satisfy, appease

assouvissement [asuvismɑ̃] *nm* (*action, résultat*) satisfaction

assoyais *etc* [aswajɛ] *vb voir* **asseoir**

assujetti, e [asyʒeti] *adj* : **~ (à)** subject (to); (*Admin*) **~ à l'impôt** subject to tax(ation)

assujettir [asyʒetiʀ] /**2**/ *vt* to subject, subjugate; (*fixer : planches, tableau*) to fix securely; **~ qn à** (*règle, impôt*) to subject sb to

assujettissement [asyʒetismɑ̃] *nm* subjection, subjugation

assumer [asyme] /**1**/ *vt* (*fonction, emploi*) to assume, take on; (*accepter : conséquence, situation*) to accept

assurance [asyʀɑ̃s] *nf* (*certitude*) assurance; (*confiance en soi*) (self-)confidence; (*contrat*) insurance (policy); (*secteur commercial*) insurance; **prendre une ~ contre** to take out insurance *ou* an insurance policy against; **~ contre l'incendie** fire insurance; **~ contre le vol** insurance against theft; **société d'~**, **compagnie d'assurances** insurance company; **~ au tiers** third party insurance; **~ maladie** health insurance; **~ tous risques** (*Auto*) comprehensive insurance; **assurances sociales** ≈ National Insurance (*BRIT*), ≈ Social Security (*US*)

assurance-vie [asyʀɑ̃svi] (*pl* **assurances-vie**) *nf* life assurance *ou* insurance

assurance-vol [asyʀɑ̃svɔl] (*pl* **assurances-vol**) *nf* insurance against theft

assuré, e [asyʀe] *adj* (*réussite, échec, victoire etc*) certain, sure; (*démarche, voix*) assured; (*pas*) steady, (self-)confident; (*certain*) : **~ de** confident of; (*Assurances*) insured ▶ *nm/f* insured (person); **~ social** ≈ member of the National Insurance (*BRIT*) *ou* Social Security (*US*) scheme

assurément [asyʀemɑ̃] *adv* assuredly, most certainly

assurer [asyʀe] /**1**/ *vt* (*Comm*) to insure; (*stabiliser*) to steady, stabilize; (*victoire etc*) to ensure, make certain; (*frontières, pouvoir*) to make secure; (*service, garde*) to provide, operate; **~ qch à qn** (*garantir*) to secure *ou* guarantee sth for sb; (*certifier*) to assure sb of sth; **~ à qn que** to assure sb that; **je vous assure que non/si** I assure you that that is not the case/is the case; **~ qn de** to assure sb of; **~ ses arrières** (*fig*) to be sure one has something to fall back on; **s'assurer** *vpr* (*Comm*) : **s'~ (contre)** to insure o.s. (against); **s'~ de/que** (*vérifier*) to make sure of/that; **s'~ (de)** (*aide de qn*) to secure; **s'~ sur la vie** to take out life insurance; **s'~ le concours/la collaboration de qn** to secure sb's aid/collaboration

assureur [asyʀœʀ] *nm* insurance agent; (*société*) insurers *pl*

Assyrie [asiʀi] *nf* : **l'~** Assyria

assyrien, ne [asiʀjɛ̃, -jɛn] *adj* Assyrian ▶ *nm/f* : **Assyrien, ne** Assyrian

astérisque [asteʀisk] *nm* asterisk

astéroïde [asteʀɔid] *nm* asteroid

asthénie [asteni] *nf* asthenia

asthmatique [asmatik] *adj, nmf* asthmatic

asthme [asm] *nm* asthma

asticot [astiko] *nm* maggot

asticoter [astikɔte] **/1/** *vt (fam)* to needle, get at

astigmate [astigmat] *adj (Méd : personne)* astigmatic, having an astigmatism

astiquer [astike] **/1/** *vt* to polish, shine

astrakan [astʀakɑ̃] *nm* astrakhan

astral, e, -aux [astʀal, -o] *adj* astral

astre [astʀ] *nm* star

astreignant, e [astʀɛɲɑ̃, -ɑ̃t] *adj* demanding

astreindre [astʀɛ̃dʀ] **/49/** *vt* : ~ **qn à qch** to force sth upon sb; ~ **qn à faire** to compel *ou* force sb to do; **s'astreindre à** *vpr* to compel *ou* force o.s. to

astreinte [astʀɛ̃t] *nf* on-call duty; **être d'~** to be on call

astringent, e [astʀɛ̃ʒɑ̃, -ɑ̃t] *adj* astringent

astrologie [astʀɔlɔʒi] *nf* astrology

astrologique [astʀɔlɔʒik] *adj* astrological

astrologue [astʀɔlɔɡ] *nmf* astrologer

astronaute [astʀonot] *nmf* astronaut

astronautique [astʀonotik] *nf* astronautics *sg*

astronef [astʀonɛf] *nm* spacecraft, spaceship

astronome [astʀonɔm] *nmf* astronomer

astronomie [astʀonɔmi] *nf* astronomy

astronomique [astʀonɔmik] *adj* astronomic(al)

astrophysicien, ne [astʀofizisjɛ̃, -ɛn] *nm/f* astrophysicist

astrophysique [astʀofizik] *nf* astrophysics *sg*

astuce [astys] *nf* shrewdness, astuteness; *(truc)* trick, clever way; *(plaisanterie)* wisecrack

astucieusement [astysjøzmɑ̃] *adv* shrewdly, cleverly, astutely

astucieux, -euse [astysjø, -øz] *adj* shrewd, clever, astute

asymétrie [asimetʀi] *nf* asymmetry

asymétrique [asimetʀik] *adj* asymmetric(al)

asymptomatique [asɛ̃ptɔmatik] *adj (maladie, sujet)* asymptomatic

AT *sigle m* (= *Ancien Testament*) OT

atavique [atavik] *adj* atavistic

atavisme [atavism] *nm* atavism, heredity

ataxie [ataksi] *nf* ataxia

atelier [atəlje] *nm* workshop; *(de peintre)* studio

atermoiements [atɛʀmwamɑ̃] *nmpl* procrastination *sg*

atermoyer [atɛʀmwaje] **/8/** *vi* to temporize, procrastinate

athée [ate] *adj* atheistic ▸ *nmf* atheist

athéisme [ateism] *nm* atheism

Athènes [atɛn] *n* Athens

athénien, ne [atenjɛ̃, -ɛn] *adj* Athenian

athlète [atlɛt] *nmf (Sport)* athlete; *(costaud)* muscleman

athlétique [atletik] *adj* athletic

athlétisme [atletism] *nm* athletics *sg*; **faire de l'~** to do athletics; **tournoi d'~** athletics meeting

Atlantide [atlɑ̃tid] *nf* : **l'~** Atlantis

atlantique [atlɑ̃tik] *adj* Atlantic ▸ *nm* : **l'(océan) A~** the Atlantic (Ocean)

atlantiste [atlɑ̃tist] *adj, nmf* Atlanticist

Atlas [atlɑs] *nm* : **l'~** the Atlas Mountains

atlas [atlɑs] *nm* atlas

atmosphère [atmɔsfɛʀ] *nf* atmosphere

atmosphérique [atmɔsfeʀik] *adj* atmospheric

atoll [atɔl] *nm* atoll

atome [atom] *nm* atom

atomique [atomik] *adj* atomic, nuclear; *(usine)* nuclear; *(nombre, masse)* atomic

atomiser [atomize] *vt (vaporiser)* to spray

atomiseur [atomizœʀ] *nm* atomizer

atomiste [atomist] *nmf (aussi : savant atomiste)* atomic scientist

atone [atɔn] *adj* lifeless; *(Ling)* unstressed, unaccented

atours [atuʀ] *nmpl* attire *sg*, finery *sg*

atout [atu] *nm* trump; *(fig)* asset; *(: plus fort)* trump card; « ~ **pique/trèfle** » "spades/clubs are trumps"

ATP *sigle f* (= *Association des joueurs de tennis professionnels*) ATP (= *Association of Tennis Professionals*) ▸ *sigle mpl* = **arts et traditions populaires; musée des ~** = folk museum

âtre [ɑtʀ] *nm* hearth

atroce [atʀɔs] *adj* atrocious, horrible

atrocement [atʀɔsmɑ̃] *adv* atrociously, horribly

atrocité [atʀɔsite] *nf* atrocity

atrophie [atʀɔfi] *nf* atrophy

atrophier [atʀɔfje] **/7/** : **s'atrophier** *vpr* to atrophy

atropine [atʀɔpin] *nf (Chimie)* atropine

attabler [atable] **/1/** : **s'attabler** *vpr* to sit down at (the) table; **s'~ à la terrasse** to sit down (at a table) on the terrace

ATTAC *sigle f* (= *Association pour la Taxation des Transactions pour l'Aide aux Citoyens*) ATTAC, *organization critical of globalization originally set up to demand a tax on foreign currency speculation*

attachant, e [ataʃɑ̃, -ɑ̃t] *adj* engaging, likeable

attache [ataʃ] *nf* clip, fastener; *(fig)* tie; **à l'~** *(chien)* tied up; **attaches** *nfpl (relations)* connections

attaché, e [ataʃe] *adj* : **être ~ à** *(aimer)* to be attached to ▸ *nm/f (Admin)* attaché; **~ de presse/d'ambassade** press/embassy attaché; **~ commercial** commercial attaché

attaché-case [ataʃekɛz] *nm inv* attaché case *(Brit)*, briefcase

attachement [ataʃmɑ̃] *nm* attachment

attacher [ataʃe] **/1/** *vt* to tie up; *(étiquette)* to attach, tie on; *(ceinture)* to fasten; *(souliers)* to do up; ~ **qch à** to tie *ou* fasten *ou* attach sth to; ~ **qn à** *(fig : lier)* to attach sb to; ~ **du prix/de l'importance à** to attach great value/attach importance to ▸ *vi (poêle, riz)* to stick; **s'attacher** *vpr (robe etc)* to do up; **s'~ à** *(par affection)* to become attached to; **s'~ à faire qch** to endeavour to do sth

attaquant [atakɑ̃] *nm (Mil)* attacker; *(Sport)* striker, forward

attaque [atak] *nf* attack; *(cérébrale)* stroke; *(d'épilepsie)* fit; **être/se sentir d'~** to be/feel on form; ~ **à main armée** armed attack

attaquer [atake] /**1**/ *vt* to attack; *(en justice)* to sue, bring an action against; *(travail)* to tackle, set about ▸ *vi* to attack; **s'attaquer à** *vpr* *(personne)* to attack; *(épidémie, misère)* to tackle, attack

attardé, e [ataʀde] *adj (passants)* late; *(enfant)* backward; *(conceptions)* old-fashioned

attarder [ataʀde] /**1**/ : **s'attarder** *vpr (sur qch, en chemin)* to linger; *(chez qn)* to stay on

atteignais *etc* [ateɲɛ] *vb voir* **atteindre**

atteindre [atɛ̃dʀ] /**49**/ *vt* to reach; *(blesser)* to hit; *(contacter)* to reach, contact, get in touch with; *(émouvoir)* to affect

atteint, e [atɛ̃, -ɛ̃t] *pp de* **atteindre** ▸ *adj (Méd)* : **être ~ de** to be suffering from ▸ *nf* attack; **hors d'atteinte** out of reach; **porter atteinte à** to strike a blow at, undermine

attelage [at(ə)laʒ] *nm (de remorque etc)* coupling (BRIT), (trailer) hitch (US); *(animaux)* team; *(harnachement)* harness; (: *de bœufs)* yoke

atteler [at(ə)le] /**4**/ *vt (cheval, bœufs)* to hitch up; *(wagons)* to couple; **s'atteler à** *vpr (travail)* to buckle down to

attelle [atɛl] *nf* splint

attenant, e [at(ə)nã, -ãt] *adj* : **~ (à)** adjoining

attendant [atãdã] : **en ~** *adv (dans l'intervalle)* meanwhile, in the meantime

attendre [atãdʀ] /**41**/ *vt* to wait for; *(être destiné ou réservé à)* to await, be in store for; **je n'attends plus rien (de la vie)** I expect nothing more (from life); **attendez-moi, s'il vous plaît** wait for me, please; **~ un enfant** to be expecting a baby; **~ qch de** to expect sth of; **~ de pied ferme** to wait determinedly; **~ de faire/d'être** to wait until one does/is; **~ que** to wait until; **attendez qu'il vienne** wait until he comes; **faire ~ qn** to keep sb waiting; **se faire ~** to keep people *(ou us etc)* waiting; **en attendant** *adv voir* **attendant** ▸ *vi* to wait; **attendez que je réfléchisse** wait while I think; **s'attendre** *vpr* : **s'~ à (ce que)** *(escompter)* to expect (that); **je ne m'y attendais pas** I didn't expect that; **ce n'est pas ce à quoi je m'attendais** that's not what I expected

attendri, e [atãdʀi] *adj* tender

attendrir [atãdʀiʀ] /**2**/ *vt* to move (to pity); *(viande)* to tenderize; **s'attendrir** *vpr* : **s'~ (sur)** to be moved *ou* touched (by)

attendrissant, e [atãdʀisã, -ãt] *adj* moving, touching

attendrissement [atãdʀismã] *nm (tendre)* emotion; *(apitoyé)* pity

attendrisseur [atãdʀisœʀ] *nm* tenderizer

attendu, e [atãdy] *pp de* **attendre** ▸ *adj (événement)* long-awaited; *(prévu)* expected ▸ *nm* : **attendus** *reasons adduced for a judgment*; **~ que** *conj* considering that, since

attentat [atãta] *nm (contre une personne)* assassination attempt; *(contre un bâtiment)* attack; **~ à la bombe** bomb attack; **~ à la pudeur** *(exhibitionnisme)* indecent exposure *no pl*; *(agression)* indecent assault *no pl*; **~ suicide** suicide bombing

attente [atãt] *nf* wait; *(espérance)* expectation; **contre toute ~** contrary to (all) expectations

attenter [atãte] /**1**/ : **~ à** *vt (liberté)* to violate; **~ à la vie de qn** to make an attempt on sb's life; **~ à ses jours** to make an attempt on one's life

attentif, -ive [atãtif, -iv] *adj (auditeur)* attentive; *(soin)* scrupulous; *(travail)* careful; **~ à** paying attention to; *(devoir)* mindful of; **~ à faire** careful to do

attention [atãsjɔ̃] *nf* attention; *(prévenance)* attention, thoughtfulness *no pl*; **mériter ~** to be worthy of attention; **à l'~ de** for the attention of; **porter qch à l'~ de qn** to bring sth to sb's attention; **attirer l'~ de qn sur qch** to draw sb's attention to sth; **faire ~ (à)** to be careful (of); **faire ~ (à ce) que** to be *ou* make sure that; **~!** careful!, watch!, watch out!; **~ à la voiture!** watch out for that car!; **~, si vous ouvrez cette lettre** *(sanction)* just watch out, if you open that letter; **~, respectez les consignes de sécurité** be sure to observe the safety instructions

attentionné, e [atãsjɔne] *adj* thoughtful, considerate

attentisme [atãtism] *nm* wait-and-see policy

attentiste [atãtist] *adj (politique)* wait-and-see ▸ *nmf* believer in a wait-and-see policy

attentivement [atãtivmã] *adv* attentively

atténuant, e [atenɥã, -ãt] *adj* : **circonstances atténuantes** extenuating circumstances

atténuer [atenɥe] /**1**/ *vt (douleur)* to alleviate, ease; *(couleurs)* to soften; *(diminuer)* to lessen; *(amoindrir)* to mitigate the effects of; **s'atténuer** *vpr* to ease; *(violence etc)* to abate

atterrant, e [ateʀã, -ãt] *adj* appalling

atterrer [ateʀe] /**1**/ *vt* to dismay, appal

atterrir [ateʀiʀ] /**2**/ *vi* to land

atterrissage [ateʀisaʒ] *nm* landing; **~ sur le ventre/sans visibilité/forcé** belly/blind/forced landing

attestation [atɛstasjɔ̃] *nf* certificate, testimonial; **~ médicale** doctor's certificate

attesté, e [atɛste] *adj (mot, emploi)* attested

attester [atɛste] /**1**/ *vt* to testify to, vouch for; *(démontrer)* to attest, testify to; **~ que** to testify that

attiédir [atjediʀ] /**2**/ : **s'attiédir** *vpr* to become lukewarm; *(fig)* to cool down

attifé, e [atife] *adj (fam)* got up (BRIT), decked out

attifer [atife] /**1**/ *vt* to get (BRIT) *ou* do up, deck out

attique [atik] *nm* : **appartement en ~** penthouse (flat (BRIT) *ou* apartment (US))

attirail [atiʀaj] *nm* gear; *(péj)* paraphernalia

attirance [atiʀãs] *nf* attraction; *(séduction)* lure

attirant, e [atiʀã, -ãt] *adj* attractive, appealing

attirer [atiʀe] /**1**/ *vt* to attract; *(appâter)* to lure, entice; **~ qn dans un coin/vers soi** to draw sb into a corner/towards one; **~ l'attention de qn** to attract sb's attention; **~ l'attention de qn sur qch** to draw sb's attention to sth; **~ des ennuis à qn** to make trouble for sb; **s'attirer** *vpr* : **s'~ des ennuis** to bring trouble upon o.s., get into trouble

attiser [atize] /**1**/ *vt (feu)* to poke (up), stir up; *(fig)* to fan the flame of, stir up

attitré - aulne

attitré, e [atitʀe] *adj* qualified; *(agréé)* accredited, appointed
attitude [atityd] *nf* attitude; *(position du corps)* bearing
attouchements [atuʃmɑ̃] *nmpl* touching *sg*; *(sexuels)* fondling *sg*, stroking *sg*
attractif, -ive [atʀaktif, -iv] *adj* attractive
attraction [atʀaksjɔ̃] *nf* attraction; *(de cabaret, cirque)* number
attrait [atʀɛ] *nm* appeal, attraction; *(plus fort)* lure; **éprouver de l'~ pour** to be attracted to; **attraits** *nmpl* attractions
attrape [atʀap] *nf voir* **farce**
attrape-nigaud [atʀapnigo] *nm* con
attraper [atʀape] /**1**/ *vt* to catch; *(habitude, amende)* to get, pick up; *(fam: duper)* to con, take in (BRIT); **se faire ~** *(fam)* to be told off
attrayant, e [atʀɛjɑ̃, -ɑ̃t] *adj* attractive
attribuer [atʀibɥe] /**1**/ *vt (prix)* to award; *(rôle, tâche)* to allocate, assign; *(imputer)* : **~ qch à** to attribute sth to, ascribe sth to, put sth down to; **s'attribuer** *vpr (s'approprier)* to claim for o.s.
attribut [atʀiby] *nm* attribute; *(Ling)* complement
attribution [atʀibysjɔ̃] *nf (voir attribuer)* awarding; allocation, assignment; attribution; **complément d'~** *(Ling)* indirect object; **attributions** *nfpl (compétence)* attributions
attristant, e [atʀistɑ̃, -ɑ̃t] *adj* saddening
attrister [atʀiste] /**1**/ *vt* to sadden; **s'attrister** *vpr* : **s'~ de qch** to be saddened by sth
attroupement [atʀupmɑ̃] *nm* crowd, mob
attrouper [atʀupe] /**1**/ : **s'attrouper** *vpr* to gather
atypique [atipik] *adj (aussi Méd)* atypical
au [o] *prép voir* **à**
aubade [obad] *nf* dawn serenade
aubaine [obɛn] *nf* godsend; *(financière)* windfall; *(Comm)* bonanza
aube [ob] *nf* dawn, daybreak; (Rel) alb; **à l'~** at dawn *ou* daybreak; **à l'~ de** *(fig)* at the dawn of
aubépine [obepin] *nf* hawthorn
auberge [obɛʀʒ] *nf* inn; **~ de jeunesse** youth hostel
aubergine [obɛʀʒin] *nf* aubergine (BRIT), eggplant (US)
aubergiste [obɛʀʒist] *nmf* inn-keeper, hotel-keeper
auburn [obœʀn] *adj inv* auburn
aucun, e [okœ̃, -yn] *adj, pron* no; *(positif)* any; **il n'y a ~ livre** there isn't any book, there is no book; **~ homme** no man; **sans ~ doute** without any doubt; **sans aucune hésitation** without hesitation; **en aucune façon** in no way at all ▶ *pron* none; *(positif)* any(one); **je n'en vois ~ qui ...** I can't see any which ..., I (can) see none which ...; **plus qu'~ autre** more than any other; **il le fera mieux qu'~ de nous** he'll do it better than any of us; **plus qu'~ de ceux qui ...** more than any of those who ...; **~ des deux** neither of the two; **~ d'entre eux** none of them; **d'aucuns** *(certains)* some
aucunement [okynmɑ̃] *adv* in no way, not in the least

audace [odas] *nf* daring, boldness; *(péj)* audacity; **il a eu l'~ de ...** he had the audacity to ...; **vous ne manquez pas d'~ !** you're not lacking in nerve *ou* cheek!
audacieusement [odasjøzmɑ̃] *adv* daringly
audacieux, -euse [odasjø, -øz] *adj* daring, bold
au-dedans [odədɑ̃] *adv, prép* inside
au-dehors [odəɔʀ] *adv, prép* outside
au-delà [odəla] *adv* beyond; **~ de** *prép* beyond ▶ *nm* : **l'~** the hereafter
au-dessous [odsu] *adv* underneath; below; **~ de** *prép* under(neath), below; *(limite, somme etc)* below, under; *(dignité, condition)* below; **~ de tout** the (absolute) limit
au-dessus [odsy] *adv* above; **~ de** *prép* above
au-devant [od(ə)vɑ̃] : **~ de** *prép* : **aller ~ de** *(personne, danger)* to go (out) and meet; *(souhaits, désirs de qn)* to anticipate; **aller ~ de qn** to go out to meet sb; **aller ~ des ennuis** *ou* **difficultés** to be asking for trouble
audible [odibl] *adj* audible
audience [odjɑ̃s] *nf* audience; *(Jur: séance)* hearing; **trouver ~ auprès de** to arouse much interest among, get the (interested) attention of
audimat® [odimat] *nm (taux d'écoute)* ratings *pl*
audio [odjo] *adj inv (fichier, matériel)* audio
audioguide [odjogid] *nm* audio guide
audiovisuel, le, audio-visuel, le [odjovizɥel] *adj* audio-visual ▶ *nm (équipement)* audio-visual aids *pl*; *(méthodes)* audio-visual methods *pl*; *(média, secteur)* : **l'~** radio and television
audit [odit] *nm* audit
auditeur, -trice [oditœʀ, -tʀis] *nm/f (à la radio)* listener; *(à une conférence)* member of the audience, listener; **~ libre** unregistered student *(attending lectures)*, auditor (US)
auditif, -ive [oditif, -iv] *adj (mémoire)* auditory; **appareil ~** hearing aid
audition [odisjɔ̃] *nf (ouïe, écoute)* hearing; *(Jur: de témoins)* examination; *(Mus, Théât: épreuve)* audition
auditionner [odisjone] /**1**/ *vt, vi* to audition
auditoire [oditwaʀ] *nm* audience
auditorium [oditɔʀjɔm] *nm* (public) studio
auge [oʒ] *nf* trough
augmentation [ogmɑ̃tasjɔ̃] *nf (action)* increasing; raising; *(résultat)* increase; **~ (de salaire)** rise (in salary) (BRIT), (pay) raise (US)
augmenter [ogmɑ̃te] /**1**/ *vt* to increase; *(salaire, prix)* to increase, raise, put up; *(employé)* to increase the salary of, give a (salary) rise (BRIT) *ou* (pay) raise (US) to ▶ *vi* to increase; **~ de poids/volume** to gain (in) weight/volume
augure [ogyʀ] *nm* soothsayer, oracle; **de bon/mauvais ~** of good/ill omen
augurer [ogyʀe] /**1**/ *vt* : **~ qch de** to foresee sth (coming) from *ou* out of; **~ bien de** to augur well for
auguste [ogyst] *adj* august, noble, majestic
aujourd'hui [oʒuʀdɥi] *adv* today; **~ en huit/quinze** a week/two weeks today, a week/two weeks from now; **à dater** *ou* **partir d'~** from today('s date)
aulne [o(l)n] *nm* alder

aumône [omon] *nf* alms *sg* (*pl inv*); **faire l'~ (à qn)** to give alms (to sb); **faire l'~ à qn** (*fig*) to favour sb with sth
aumônerie [ɔmonʀi] *nf* chaplaincy
aumônier [ɔmonje] *nm* chaplain
auparavant [opaʀavɑ̃] *adv* before(hand)
auprès [opʀɛ] : **~ de** *prép* next to, close to; (*recourir, s'adresser*) to; (*en comparaison de*) compared with, next to; (*dans l'opinion de*) in the opinion of
auquel [okɛl] *pron voir* **lequel**
aura *etc* [ɔʀa] *vb voir* **avoir**
aurai *etc* [ɔʀe] *vb voir* **avoir**
auréole [ɔʀeɔl] *nf* halo; (*tache*) ring
auréolé, e [ɔʀeɔle] *adj* (*fig*) : **~ de gloire** crowned with *ou* in glory
auriculaire [ɔʀikylɛʀ] *nm* little finger
aurifère [ɔʀifɛʀ] *adj* gold-bearing
aurons *etc* [oʀɔ̃] *vb voir* **avoir**
aurore [ɔʀɔʀ] *nf* dawn, daybreak; **~ boréale** northern lights *pl*
auscultation [ɔskyltasjɔ̃] *nf* auscultation
ausculter [ɔskylte] /**1**/ *vt* to sound; **~ un patient** to listen to a patient's chest
auspices [ɔspis] *nmpl* : **sous les ~ de** under the patronage *ou* auspices of; **sous de bons/ mauvais ~** under favourable/unfavourable auspices
aussi [osi] *adv* (*également*) also, too; (*de comparaison*) as; **~ fort que** as strong as; **moi ~** me too; **lui ~** (*sujet*) he too; (*objet*) him too; **~ bien que** (*de même que*) as well as ▸ *conj* therefore, consequently

> **Also** n'est jamais placé en fin de phrase, contrairement à **too**.
> *Il était aussi artiste.* **He was also an artist.**
> *Elle est chanteuse et aussi actrice.* **She's a singer and an actress too.**

aussitôt [osito] *adv* straight away, immediately; **~ que** as soon as; **~ envoyé** as soon as it is (*ou* was) sent; **~ fait** no sooner done
austère [ɔstɛʀ] *adj* austere; (*sévère*) stern
austérité [ɔsteʀite] *nf* austerity; **plan/budget d'~** austerity plan/budget
austral, e [ɔstʀal] *adj* southern; **l'océan A~** the Antarctic Ocean; **les Terres Australes** Antarctica
Australie [ɔstʀali] *nf* : **l'~** Australia
australien, ne [ɔstʀaljɛ̃, -ɛn] *adj* Australian ▸ *nm/f* : **Australien, ne** Australian
autant [otɑ̃] *adv* so much; **je ne savais pas que tu la détestais ~** I didn't know you hated her so much; (*comparatif*) : **~ (que)** as much (as); (*nombre*) as many (as); **~ (de)** so much (*ou* many); as much (*ou* many); **n'importe qui aurait pu en faire ~** anyone could have done the same *ou* as much; **~ partir** we (*ou* you *etc*) may as well leave; **~ ne rien dire** best not say anything; **~ dire que ...** one might as well say that ...; **fort ~ que courageux** as strong as he is brave; **pour ~** for all that; **il n'est pas découragé pour ~** he isn't discouraged for all that; **pour ~ que** *conj* assuming, as long as; **d'~** *adv* accordingly, in proportion; **d'~ plus/mieux (que)** all the more/ the better (since)

autarcie [otaʀsi] *nf* autarky, self-sufficiency
autel [otɛl] *nm* altar
auteur [otœʀ] *nm* author; **l'~ de cette remarque** the person who said that; **droit d'~** copyright
auteur-compositeur [otœʀkɔ̃pozitœʀ] *pl*, **auteurs-compositeurs** *nmf* composer-songwriter
authenticité [ɔtɑ̃tisite] *nf* authenticity
authentification [otɑ̃tifikasjɔ̃] *nf* authentication
authentifier [ɔtɑ̃tifje] /**7**/ *vt* to authenticate
authentique [otɑ̃tik] *adj* authentic, genuine
autisme [otism] *nm* autism
autiste [otist] *adj* autistic ▸ *nmf* autistic person
auto [oto] *nf* car; **autos tamponneuses** bumper cars, Dodgems®
auto... [oto] *préfixe* auto..., self-
autobiographie [otobjɔgʀafi] *nf* autobiography
autobiographique [otobjɔgʀafik] *adj* autobiographical
autobronzant [otobʀɔ̃zɑ̃] *nm* self-tanning cream (*ou* lotion *etc*)
autobus [ɔtɔbys] *nm* bus
autocar [ɔtɔkaʀ] *nm* coach
autochtone [ɔtɔktɔn] *nmf* native
autocollant, e [otokɔlɑ̃, -ɑ̃t] *adj* self-adhesive; (*enveloppe*) self-seal ▸ *nm* sticker
auto-couchettes [otokuʃɛt] *adj inv* : **train ~** car sleeper train, motorail® train (*Bʀɪт*)
autocratie [otokʀasi] *nf* autocracy
autocratique [otokʀatik] *adj* autocratic
autocritique [otokʀitik] *nf* self-criticism
autocuiseur [otokwizœʀ] *nm* (*Culin*) pressure cooker
autodéfense [otodefɑ̃s] *nf* self-defence; **groupe d'~** vigilante committee
autodérision [otodeʀizjɔ̃] *nf* self-mockery
autodestruction [otodɛstʀyksjɔ̃] *nf* self-destruction
autodétermination [otodetɛʀminasjɔ̃] *nf* self-determination
autodidacte [otodidakt] *nmf* self-taught person
autodiscipline [otodisiplin] *nf* self-discipline
autodrome [otodʀom] *nm* motor-racing stadium
auto-école [otoekɔl] *nf* driving school
autoentrepreneur, -euse [otoɑ̃tʀəpʀənœʀ, øz] *nm/f* self-employed businessman/woman
autofinancement [otofinɑ̃smɑ̃] *nm* self-financing
autogéré, e [otoʒeʀe] *adj* self-managed, managed internally
autogestion [otoʒɛstjɔ̃] *nf* joint worker-management control
autographe [otogʀaf] *nm* autograph
autoguidé, e [otogide] *adj* self-guided
automate [ɔtɔmat] *nm* (*robot*) automaton; (*machine*) (automatic) machine
automatique [ɔtɔmatik] *adj* automatic
automatiquement [ɔtɔmatikmɑ̃] *adv* automatically

automatisation [ɔtɔmatizasjɔ̃] *nf*
automation

automatiser [ɔtɔmatize] /1/ *vt* to automate

automatisme [ɔtɔmatism] *nm* (*Tech* : *mécanisme*)
automatic device; (*activité*) automatic reflex;
devenir un ~ to become an automatic reflex

automédication [otomedikasjɔ̃] *nf* self-
medication

automitrailleuse [otomitʀɑjøz] *nf*
armoured car

automnal, e, -aux [ɔtɔnal, -o] *adj* autumnal

automne [ɔtɔn] *nm* autumn (*Brit*), fall (*US*)

automobile [ɔtɔmɔbil] *adj* motor *cpd* ▶ *nf*
(motor) car; **l'~** motoring; (*industrie*) the car *ou*
automobile (*US*) industry

automobiliste [ɔtɔmɔbilist] *nmf* motorist

automutilation [otomytilasjɔ̃] *nf* self-harm

automutiler [otomytile] /1/ : **s'automutiler** *vpr*
to self-harm

autonettoyant, e [otonɛtwajɑ̃, -ɑ̃t] *adj* : **four** ~
self-cleaning oven

autonome [ɔtɔnɔm] *adj* autonomous

autonomie [ɔtɔnɔmi] *nf* autonomy; (*Pol*)
self-government, autonomy; ~ **de vol** range

autonomiste [ɔtɔnɔmist] *nmf* separatist

autoportrait [otopɔʀtʀɛ] *nm* self-portrait

autoproclamé, e [otopʀɔklame] *adj* (*leader,
vainqueur*) self-proclaimed; **le président** ~ the
self-proclaimed president

autoproclamer [otopʀɔklame] :
s'autoproclamer *vpr* to declare o.s.

autopsie [ɔtɔpsi] *nf* post-mortem
(examination), autopsy

autopsier [ɔtɔpsje] /7/ *vt* to carry out a
post-mortem *ou* an autopsy on

autoradio [otoʀadjo] *nf* car radio

autorail [otoʀɑj] *nm* railcar

autorisation [ɔtɔʀizasjɔ̃] *nf* permission,
authorization; (*papiers*) permit; **donner à qn
l'~ de** to give sb permission to, authorize sb to;
avoir l'~ de faire to be allowed *ou* have
permission to do, be authorized to do

autorisé, e [ɔtɔʀize] *adj* (*opinion, sources*)
authoritative; (*permis*) : ~ **à faire** authorized *ou*
permitted to do; **dans les milieux autorisés**
in official circles

autoriser [ɔtɔʀize] /1/ *vt* to give permission for,
authorize; (*fig*) to allow (of), sanction; ~ **qn à
faire** to give permission to sb to do, authorize
sb to do; **s'autoriser** *vpr* (*audace, dépenses*) to allow
o.s.; **s'~ à faire** to permit o.s. to do; **il s'est
autorisé à faire des commentaires** he
permitted himself to make some remarks;
**elle ne s'autorise que trois morceaux de
chocolat par semaine** she only allows herself
three pieces of chocolate a week

autoritaire [ɔtɔʀitɛʀ] *adj* authoritarian

autoritarisme [ɔtɔʀitaʀism] *nm*
authoritarianism

autorité [ɔtɔʀite] *nf* authority; **faire** ~ to be
authoritative; **autorités constituées**
constitutional authorities

autoroute [otoʀut] *nf* motorway (*Brit*),
expressway (*US*); ~ **de l'information** (*Inform*)
information superhighway; *see note*

AUTOROUTE

French **autoroutes**, indicated by blue road
signs with the letter A followed by a number,
are toll roads. The speed limit is 130 km/h
(110 km/h when it is raining). At the tollgate,
the lanes marked with an orange T are
reserved for people who subscribe to *télépéage*,
an electronic payment system.

autoroutier, -ière [otoʀutje, -jɛʀ] *adj* motorway
cpd (*Brit*), expressway *cpd* (*US*)

autosatisfaction [otosatisfaksjɔ̃] *nf*
self-satisfaction

auto-stop [otostɔp] (*pl* **autos-stops**) *nm* : **l'~**
hitch-hiking; **faire de l'~** to hitch-hike;
prendre qn en ~ to give sb a lift

auto-stoppeur, -euse [otostɔpœʀ, -øz] *nm/f*
hitch-hiker, hitcher (*Brit*)

autosuffisance [otosyfizɑ̃s] *nf* self-sufficiency

autosuffisant, e [otosyfizɑ̃, -ɑ̃t] *adj* self-
sufficient

autosuggestion [otosyg3ɛstjɔ̃] *nf*
autosuggestion

autour [otuʀ] *adv* around; ~ **de** *prép* around;
(*environ*) around, about; **tout** ~ *adv* all around

MOT-CLÉ

autre [otʀ] *adj* **1** (*différent*) other, different;
je préférerais un autre verre I'd prefer
another *ou* a different glass; **d'autres verres**
different glasses; **se sentir autre** to feel
different; **la difficulté est autre** the
difficulty is *ou* lies elsewhere
2 (*supplémentaire*) other; **je voudrais un autre
verre d'eau** I'd like another glass of water
3 : **autre chose** something else; **autre part**
somewhere else; **d'autre part** on the other
hand
▶ *pron* **1** : **un autre** another (one); **nous/vous
autres** us/you; **d'autres** others; **l'autre** the
other (one); **les autres** the others; (*autrui*)
others; **l'un et l'autre** both of them; **ni l'un
ni l'autre** neither of them; **se détester l'un
l'autre/les uns les autres** to hate each other
ou one another; **d'une semaine/minute à
l'autre** from one week/minute *ou* moment to
the next; (*incessamment*) any week/minute *ou*
moment now; **de temps à autre** from time to
time; **entre autres** (*personnes*) among others;
(*choses*) among other things
2 (*expressions*) : **j'en ai vu d'autres** I've seen
worse; **à d'autres !** pull the other one!

autrefois [otʀəfwa] *adv* in the past

autrement [otʀəmɑ̃] *adv* differently; (*d'une
manière différente*) in another way; (*sinon*)
otherwise; **je n'ai pas pu faire** ~ I couldn't do
anything else, I couldn't do otherwise; ~ **dit** in
other words; (*c'est-à-dire*) that is to say

Autriche [otʀiʃ] *nf* : **l'~** Austria

autrichien, ne [otʀiʃjɛ̃, -ɛn] *adj* Austrian ▶ *nm/f* :
Autrichien, ne Austrian

autruche [otʀyʃ] *nf* ostrich; **faire l'~** (*fig*) to bury
one's head in the sand

autrui [otʀɥi] *pron* others

auvent [ovã] *nm* canopy

auvergnat, e [ɔvɛʀɲa, -at] *adj* of *ou* from the Auvergne

Auvergne [ɔvɛʀɲ] *nf* : **l'~** the Auvergne

aux [o] *prép voir* **à**

auxiliaire [ɔksiljɛʀ] *adj, nmf* auxiliary

auxquels, auxquelles [okɛl] *pron voir* **lequel**

AV *sigle m* (*Banque* : = *avis de virement*) advice of bank transfer ▸ *abr* (*Auto*) = **avant**

av. *abr* (= *avenue*) Av(e)

avachi, e [avaʃi] *adj* limp, flabby; (*chaussure, vêtement*) out-of-shape; (*personne*) : **~ sur qch** slumped on *ou* across sth

avais *etc* [avɛ] *vb voir* **avoir**

aval [aval] *nm* (*accord*) endorsement, backing; (*Géo*) : **en ~** downstream, downriver; (*sur une pente*) downhill; **en ~ de** downstream *ou* downriver from; downhill from

avalanche [avalãʃ] *nf* avalanche; **~ poudreuse** powder snow avalanche

avaler [avale] /**1**/ *vt* to swallow

avaliser [avalize] /**1**/ *vt* (*plan, entreprise*) to back, support; (*Comm, Jur*) to guarantee

avance [avãs] *nf* (*de troupes etc*) advance; (*progrès*) progress; (*d'argent*) advance; (*opposé à retard*) lead; being ahead of schedule; **une ~ de 300 m/4 h** (*Sport*) a 300 m/4 hour lead; (**être**) **en ~** (to be) early; (*sur un programme*) (to be) ahead of schedule; **on n'est pas en ~ !** we're kind of late!; **être en ~ sur qn** to be ahead of sb; **d'~, à l'~, par ~** in advance; **~ (du) papier** (*Inform*) paper advance; **avances** *nfpl* overtures; (*amoureuses*) advances

avancé, e [avãse] *adj* advanced; (*travail etc*) well on, well under way; (*fruit, fromage*) overripe; **il est ~ pour son âge** he is advanced for his age ▸ *nf* projection; overhang; (*progrès*) advance; **une avancée majeure** a major advance

avancement [avãsmã] *nm* (*professionnel*) promotion; (*de travaux*) progress

avancer [avãse] /**3**/ *vi* to move forward, advance; (*projet, travail*) to make progress; (*être en saillie*) to overhang; to project; (*montre, réveil*) to be fast; (: *d'habitude*) to gain; **j'avance (d'une heure)** I'm (an hour) fast ▸ *vt* to move forward, advance; (*argent*) to advance; (*montre, pendule*) to put forward; (*faire progresser : travail etc*) to advance, move on; **s'avancer** *vpr* to move forward, advance; (*fig*) to commit o.s.; (*faire saillie*) to overhang; to project

avanies [avani] *nfpl* snubs (*BRIT*), insults

avant [avã] *prép* before; **~ tout** (*surtout*) above all; **en ~ de** in front of; **à l'~** (*dans un véhicule*) in (the) front; **~ qu'il parte/de partir** before he leaves/ leaving; **~ qu'il (ne) pleuve** before it rains (*ou* rained) ▸ *adv* : **trop/plus ~** too far/further forward; **en ~** (*se pencher, tomber*) forward(s); **partir en ~** to go on ahead ▸ *adj inv* : **siège/ roue ~** front seat/wheel ▸ *nm* (*d'un véhicule, bâtiment*) front; (*Sport : joueur*) forward; **aller de l'~** to steam ahead (*fig*), make good progress

avantage [avãtaʒ] *nm* advantage; (*Tennis*) : **~ service/dehors** advantage *ou* van (*BRIT*) *ou* ad (*US*) in/out; **tirer ~ de** to take advantage of; **vous auriez ~ à faire** you would be well-

advised to do, it would be to your advantage to do; **à l'~ de qn** to sb's advantage; **être à son ~** to be at one's best; **avantages en nature** benefits in kind; **avantages sociaux** fringe benefits

avantager [avãtaʒe] /**3**/ *vt* (*favoriser*) to favour; (*embellir*) to flatter

avantageusement [avãtaʒøzmã] *adv* : **remplacer ~ qch** to be a good replacement for sth

avantageux, -euse [avãtaʒø, -øz] *adj* (*prix*) attractive; (*intéressant*) attractively priced; (*portrait, coiffure*) flattering; **conditions avantageuses** favourable terms

avant-bras [avãbʀa] *nm inv* forearm

avant-centre [avãsãtʀ] *nm* centre-forward

avant-coureur [avãkuʀœʀ] *adj inv* (*bruit etc*) precursory; **signe ~** advance indication *ou* sign

avant-dernier, -ière [avãdɛʀnje, -jɛʀ] *adj, nm/f* next to last, last but one

avant-garde [avãɡaʀd] *nf* (*Mil*) vanguard; (*fig*) avant-garde; **d'~** avant-garde

avant-goût [avãɡu] *nm* foretaste

avant-hier [avãtjɛʀ] *adv* the day before yesterday

avant-poste [avãpɔst] *nm* outpost

avant-première [avãpʀəmjɛʀ] *nf* (*de film*) preview; **en ~** as a preview, in a preview showing

avant-projet [avãpʀɔʒe] *nm* preliminary draft

avant-propos [avãpʀɔpo] *nm* foreword

avant-veille [avãvɛj] *nf* : **l'~** two days before

avare [avaʀ] *adj* miserly, avaricious; **~ de compliments** stingy *ou* sparing with one's compliments ▸ *nmf* miser

avarice [avaʀis] *nf* avarice, miserliness

avarie [avaʀi] *nf* (*Navig*) damage; **en cas d'~** in the event of damage

avarié, e [avaʀje] *adj* (*viande, fruits*) rotting, going off (*BRIT*); (*Navig : navire*) damaged

avaries [avaʀi] *nfpl* (*Navig*) damage *sg*

avatar [avataʀ] *nm* misadventure; (*transformation*) metamorphosis

avec [avɛk] *prép* with; (*à l'égard de*) to(wards), with; **~ habileté/lenteur** skilfully/slowly; **~ eux/ces maladies** with them/these diseases; **~ ça** (*malgré ça*) for all that; **et ~ ça ?** (*dans un magasin*) anything *ou* something else? ▸ *adv* (*fam*) with it (*ou* him *etc*)

avenant, e [av(ə)nã, -ãt] *adj* pleasant ▸ *nm* (*Assurances*) additional clause; **à l'~** *adv* in keeping

avènement [avɛnmã] *nm* (*d'un roi*) accession, succession; (*d'un changement*) advent; (*d'une politique, idée*) coming

avenir [avniʀ] *nm* : **l'~** the future; **à l'~** in future; **sans ~** with no future, without a future; **carrière/politicien d'~** career/ politician with prospects *ou* a future

Avent [avã] *nm* : **l'~** Advent

aventure [avãtyʀ] *nf* : **l'~** adventure; **une ~** an adventure; (*amoureuse*) an affair; **partir à l'~** to go off in search of adventure; (*au hasard*) to go where one's fancy takes one; **roman/film d'~** adventure story/film

aventurer – avoir

aventurer [avɑ̃tyʀe] /1/ *vt* (*somme, réputation, vie*) to stake; (*remarque, opinion*) to venture; **s'aventurer** *vpr* to venture; **s'~ à faire qch** to venture into sth

aventureux, -euse [avɑ̃tyʀø, -øz] *adj* adventurous, venturesome; (*projet*) risky, chancy

aventurier, -ière [avɑ̃tyʀje, -jɛʀ] *nm/f* adventurer ▸ *nf* (*péj*) adventuress

avenu, e [av(ə)ny] *adj* : **nul et non ~** null and void

avenue [avny] *nf* avenue

avéré, e [aveʀe] *adj* recognized, acknowledged

avérer [aveʀe] /6/ : **s'avérer** *vpr* : **s'~ faux/coûteux** to prove (to be) wrong/expensive

averse [avɛʀs] *nf* shower

aversion [avɛʀsjɔ̃] *nf* aversion, loathing

averti, e [avɛʀti] *adj* (well-)informed

avertir [avɛʀtiʀ] /2/ *vt* : **~ qn (de qch/que)** to warn sb (of sth/that); (*renseigner*) to inform sb (of sth/that); **~ qn de ne pas faire qch** to warn sb not to do sth

avertissement [avɛʀtismɑ̃] *nm* warning

avertisseur [avɛʀtisœʀ] *nm* horn, siren; **~ (d'incendie)** (fire) alarm

aveu, x [avø] *nm* confession; **passer aux aveux** to make a confession; **de l'~** according to

aveuglant, e [avœglɑ̃, -ɑ̃t] *adj* blinding

aveugle [avœgl] *adj* blind ▸ *nmf* blind person; **les aveugles** the blind; **test en (double) ~** (double) blind test

aveuglement [avœgləmɑ̃] *nm* blindness

aveuglément [avœglemɑ̃] *adv* blindly

aveugler [avœgle] /1/ *vt* to blind

aveuglette [avœglɛt] : **à l'~** *adv* groping one's way along; (*fig*) in the dark, blindly

avez [ave] *vb voir* **avoir**

aviaire [avjɛʀ] *adj* avian

aviateur, -trice [avjatœʀ, -tʀis] *nm/f* aviator, pilot

aviation [avjasjɔ̃] *nf* (*secteur commercial*) aviation; (*sport, métier de pilote*) flying; (*Mil*) air force; **terrain d'~** airfield; **~ de chasse** fighter force

aviculteur, -trice [avikyltœʀ, -tʀis] *nm/f* poultry farmer; bird breeder

aviculture [avikyltyʀ] *nf* (*de volailles*) poultry farming

avide [avid] *adj* eager; (*péj*) greedy, grasping; **~ de** (*sang etc*) thirsting for; **~ d'honneurs/d'argent** greedy for honours/money; **~ de connaître/d'apprendre** eager to know/learn

avidement [avidmɑ̃] *adv* avidly

avidité [avidite] *nf* (*péj*) greed; eagerness

avilir [aviliʀ] /2/ *vt* to debase

avilissant, e [avilisɑ̃, -ɑ̃t] *adj* degrading

avilissement [avilismɑ̃] *nm* (*abjection*) abasement

aviné, e [avine] *adj* drunken

avion [avjɔ̃] *nm* (aero)plane (*Brit*), (air)plane (*US*); **aller (quelque part) en ~** to go (somewhere) by plane, fly (somewhere); **par ~** by airmail; **~ de chasse** fighter; **~ de ligne** airliner; **~ à réaction** jet (plane)

avion-cargo [avjɔ̃kaʀgo] (*pl* **avions-cargos**) *nm* air freighter

avion-citerne [avjɔ̃sitɛʀn] (*pl* **avions-citernes**) *nm* air tanker

aviron [aviʀɔ̃] *nm* oar; (*sport*) : **l'~** rowing

avis [avi] *nm* opinion; (*notification*) notice; (*Comm*) : **~ de crédit/débit** credit/debit advice; **à mon ~** in my opinion; **je suis de votre ~** I share your opinion, I am of your opinion; **être d'~ que** to be of the opinion that; **changer d'~** to change one's mind; **sauf ~ contraire** unless you hear to the contrary; **sans ~ préalable** without notice; **jusqu'à nouvel ~** until further notice; **~ de décès** death announcement

avisé, e [avize] *adj* sensible, wise; **être bien/mal ~ de faire** to be well-/ill-advised to do

aviser [avize] /1/ *vt* (*voir*) to notice, catch sight of; (*informer*) : **~ qn de/que** to advise *ou* inform *ou* notify sb of/that ▸ *vi* to think about things, assess the situation; **nous aviserons sur place** we'll work something out once we're there; **s'aviser** *vpr* : **s'~ de qch/que** to become suddenly aware of sth/that; **s'~ de faire** to take it into one's head to do

aviver [avive] /1/ *vt* (*douleur, chagrin*) to intensify; (*intérêt, désir*) to sharpen; (*colère, querelle*) to stir up; (*couleur*) to brighten up

av. J.-C. *abr* (= *avant Jésus-Christ*) BC

avocat, e [avɔka, -at] *nm/f* (*Jur*) ≈ barrister (*Brit*), lawyer; (*fig*) advocate, champion; **se faire l'~ du diable** to be the devil's advocate; **l'~ de la défense/partie civile** the counsel for the defence/plaintiff; **~ d'affaires** business lawyer; **~ général** assistant public prosecutor ▸ *nm* (*Culin*) avocado (pear)

avocat-conseil [avɔkakɔ̃sɛj] (*pl* **avocats-conseils**) *nm* ≈ barrister (*Brit*)

avocat-stagiaire [avɔkastaʒjɛʀ] (*pl* **avocats-stagiaires**) *nm* ≈ barrister doing his articles (*Brit*)

avoine [avwan] *nf* oats *pl*

MOT-CLÉ

avoir [avwaʀ] /34/ *vt* **1** (*posséder*) to have; **elle a deux enfants/une belle maison** she has (got) two children/a lovely house; **il a les yeux bleus** he has (got) blue eyes; **vous avez du sel ?** do you have any salt?; **avoir du courage/de la patience** to be brave/patient

2 (*éprouver*) : **qu'est-ce que tu as ?, qu'as-tu ?** what's wrong?, what's the matter?; **avoir de la peine** to be *ou* feel sad; *voir aussi* **faim** ; **peur** *etc*

3 (*âge, dimensions*) to be; **il a 3 ans** he is 3 (years old); **le mur a 3 mètres de haut** the wall is 3 metres high

4 (*fam : duper*) to do, have; **on vous a eu !** you've been done *ou* had!; (*fait une plaisanterie*) it *ou* they had you there

5 : **en avoir contre qn** to have a grudge against sb; **en avoir assez** to be fed up; **j'en ai pour une demi-heure** it'll take me half an hour; **n'avoir que faire de qch** to have no use for sth

6 (*obtenir, attraper*) to get; **j'ai réussi à avoir mon train** I managed to get *ou* catch my train; **j'ai réussi à avoir le renseignement qu'il me**

fallait I managed to get (hold of) the information I needed
▶ *vb aux* **1** to have; **avoir mangé/dormi** to have eaten/slept; **hier je n'ai pas mangé** I didn't eat yesterday
2 (*avoir +à +infinitif*) : **avoir à faire qch** to have to do sth; **vous n'avez qu'à lui demander** you only have to ask him; **tu n'as pas à me poser des questions** it's not for you to ask me questions
▶ *vb impers* **1** : **il y a** (+ *singulier*) there is; (+ *pluriel*) there are; **il y avait du café/des gâteaux** there was coffee/there were cakes; **qu'y a-t-il ?, qu'est-ce qu'il y a ?** what's the matter?, what is it?; **il doit y avoir une explication** there must be an explanation; **il n'y a qu'à ...** we (*ou* you *etc*) will just have to ...; **il ne peut y en avoir qu'un** there can only be one
2 : **il y a** (*temporel*) : **il y a 10 ans** 10 years ago; **il y a 10 ans/longtemps que je le connais** I've known him for 10 years/a long time; **il y a 10 ans qu'il est arrivé** it's 10 years since he arrived
▶ *nm* assets *pl*, resources *pl*; (*Comm*) credit; **avoir fiscal** tax credit

avoisinant, e [avwazinã, -ãt] *adj* neighbouring
avoisiner [avwazine] /1/ *vt* to be near *ou* close to; (*fig*) to border *ou* verge on
avons [avɔ̃] *vb voir* **avoir**
avorté, e [avɔʀte] *adj* (*tentative, révolution*) abortive
avortement [avɔʀtəmã] *nm* abortion
avorter [avɔʀte] /1/ *vi* (*Méd*) to have an abortion; (*fig*) to fail; **faire ~** to abort; **se faire ~** to have an abortion
avorton [avɔʀtɔ̃] *nm* (*péj*) little runt

avouable [avwabl] *adj* respectable; **des pensées non avouables** unrepeatable thoughts
avoué, e [avwe] *adj* avowed ▶ *nm* (*Jur*) ≈ solicitor (*Brit*), lawyer
avouer [avwe] /1/ *vt* (*crime, défaut*) to confess (to); **~ avoir fait/que** to admit *ou* confess to having done/that; **~ que oui/non** to admit that that is so/not so ▶ *vi* (*se confesser*) to confess; (*admettre*) to admit
avril [avʀil] *nm* April; *voir aussi* **juillet**
axe [aks] *nm* axis (*pl* axes); (*de roue etc*) axle; (*fig*) main line; **dans l'~ de** directly in line with; **~ routier** trunk road (*Brit*), main road, highway (*US*)
axer [akse] /1/ *vt* : **~ qch sur** to centre sth on
axial, e, -aux [aksjal, -o] *adj* axial
axiome [aksjom] *nm* axiom
ayant [ɛjã] *vb voir* **avoir** ▶ *nm* : **~ droit** assignee; **~ droit à** (*pension etc*) person eligible for *ou* entitled to
ayatollah [ajatɔla] *nm* ayatollah
ayons [ɛjɔ̃] *vb voir* **avoir**
azalée [azale] *nf* azalea
Azerbaïdjan [azɛʀbaidʒã] *nm* Azerbaijan
azerbaïdjanais, e [azɛʀbajdʒanɛ, -ɛz] *adj* Azerbaijani ▶ *nm/f* : **Azerbaïdjanais, e** Azerbaijani
azimut [azimyt] *nm* azimuth; **tous azimuts** *adj* (*fig*) omnidirectional
azote [azɔt] *nm* nitrogen
azoté, e [azɔte] *adj* nitrogenous
AZT *sigle m* (= *azidothymidine*) AZT
aztèque [aztɛk] *adj* Aztec
azur [azyʀ] *nm* (*couleur*) azure, sky blue; (*ciel*) sky, skies *pl*
azyme [azim] *adj* : **pain ~** unleavened bread

Bb

B, b [be] *nm inv* B, b; **B comme Bertha** B for Benjamin (BRIT) ou Baker (US) ▶ *abr* = **bien**
BA *sigle f* (= *bonne action*) good deed
baba [baba] *adj inv* : **en être ~** (*fam*) to be flabbergasted ▶ *nm* : **~ au rhum** rum baba
B.A.-BA [beaba] *nmsg* ABC; **le ~ de qch** the basics of sth
babil [babi] *nm* prattle
babillage [babijaʒ] *nm* chatter
babiller [babije] /1/ *vi* to prattle, chatter; (*bébé*) to babble
babines [babin] *nfpl* chops
babiole [babjɔl] *nf* (*bibelot*) trinket; (*vétille*) trifle
bâbord [babɔʀ] *nm* : **à** *ou* **par ~** to port, on the port side
babouin [babwɛ̃] *nm* baboon
baby-foot [babifut] *nm inv* table football
Babylone [babilɔn] *n* Babylon
babylonien, ne [babilɔnjɛ̃, -ɛn] *adj* Babylonian
baby-sitter [babisitœʀ] *nmf* baby-sitter
baby-sitting [babisitiŋ] *nm* baby-sitting; **faire du ~** to baby-sit
bac [bak] *nm* (*Scol*) = **baccalauréat**; (*bateau*) ferry; (*récipient*) tub; (: *Photo etc*) tray; (: *Industrie*) tank; **~ à glace** ice-tray; **~ à légumes** vegetable compartment *ou* rack
baccalauréat [bakalɔʀea] *nm* ≈ A-levels *pl* (BRIT), ≈ high school diploma (US); *see note*

⋮ **BACCALAURÉAT**
⋮
⋮ The **baccalauréat**, more commonly known as
⋮ the *bac*, is the school-leaving examination
⋮ taken by final-year pupils at French *lycées*,
⋮ when they are around 18 years old. It marks
⋮ the end of seven years' secondary education.
⋮ Several subject combinations are available,
⋮ although in all cases a broad range is studied.
⋮ Successful candidates can go on to study at
⋮ university.

bâche [baʃ] *nf* tarpaulin, canvas sheet
bachelier, -ière [baʃəlje, -jɛʀ] *nm/f* holder of the *baccalauréat*
bâcher [baʃe] /1/ *vt* to cover (with a canvas sheet *ou* a tarpaulin)
bachot [baʃo] *nm* = **baccalauréat**
bachotage [baʃotaʒ] *nm* (*Scol*) cramming
bachoter [baʃote] /1/ *vi* (*Scol*) to cram (for an exam)
bacille [basil] *nm* bacillus
bâcler [bakle] /1/ *vt* to botch (up)

bacon [bekɔn] *nm* bacon
bactéricide [bakteʀisid] *nm* (*Méd*) bactericide
bactérie [bakteʀi] *nf* bacterium
bactérien, ne [bakteʀjɛ̃, -ɛn] *adj* bacterial
bactériologie [bakteʀjɔlɔʒi] *nf* bacteriology
bactériologique [bakteʀjɔlɔʒik] *adj* bacteriological
bactériologiste [bakteʀjɔlɔʒist] *nmf* bacteriologist
badaud, e [bado, -od] *nm/f* idle onlooker
baderne [badɛʀn] *nf* (*péj*) : (**vieille**) **~** old fossil
badge [badʒ] *nm* badge
badger [badʒe] *vi* to swipe one's card
badigeon [badiʒɔ̃] *nm* distemper; colourwash
badigeonner [badiʒɔne] /1/ *vt* to distemper; to colourwash; (*péj* : *barbouiller*) to daub; (*Méd*) to paint
badin, e [badɛ̃, -in] *adj* light-hearted, playful
badinage [badinaʒ] *nm* banter
badine [badin] *nf* switch (*stick*)
badiner [badine] /1/ *vi* : **~ avec qch** to treat sth lightly; **ne pas ~ avec qch** not to trifle with sth
badminton [badmintɔn] *nm* badminton
BAFA [bafa] *sigle m* (= *Brevet d'aptitude aux fonctions d'animation*) *diploma for youth leaders and workers*
baffe [baf] *nf* (*fam*) slap, clout
Baffin [bafin] *nf* : **terre de ~** Baffin Island
baffle [bafl] *nm* baffle (*board*)
bafouer [bafwe] /1/ *vt* to deride, ridicule
bafouillage [bafujaʒ] *nm* (*fam* : *propos incohérents*) jumble of words
bafouiller [bafuje] /1/ *vi*, *vt* to stammer
bâfrer [bafʀe] /1/ *vi*, *vt* (*fam*) to guzzle, gobble
bagage [bagaʒ] *nm* : **bagages** luggage *sg*, baggage *sg*; (*connaissances*) background, knowledge; **faire ses bagages** to pack (one's bags); **~ littéraire** (stock of) literary knowledge; **bagages à main** hand luggage

> Luggage est indénombrable, c'est-à-dire qu'il ne peut pas désigner un seul sac ou valise. Pour traduire *un bagage*, il faut dire **a piece of luggage**. Notez que **luggage** ne prend jamais de **-s** et s'emploie avec un verbe au singulier.
> *Vos bagages sont trop lourds.* **Your luggage** *is* **too heavy.**
> *Vous avez droit à un seul bagage à main.* **You are only allowed one piece of hand luggage.**

bagagiste [bagaʒist] *nmf* baggage handler

bagarre [bagaʀ] *nf* fight, brawl; **il aime la** ~ he loves a fight, he likes fighting

bagarrer [bagaʀe] /**1**/ : **se bagarrer** *vpr* to (have a) fight

bagarreur, -euse [bagaʀœʀ, -øz] *adj* pugnacious ▶ *nm/f* : **c'est un** ~ he loves a fight

bagatelle [bagatɛl] *nf* trifle, trifling sum (*ou* matter)

Bagdad, Baghdâd [bagdad] *n* Baghdad

bagnard [baɲaʀ] *nm* convict

bagne [baɲ] *nm* penal colony; **c'est le** ~ (*fig*) it's forced labour

bagnole [baɲɔl] *nf* (*fam*) car, wheels *pl* (BRIT)

bagout [bagu] *nm* glibness; **avoir du** ~ to have the gift of the gab

bague [bag] *nf* ring; ~ **de fiançailles** engagement ring; ~ **de serrage** clip

baguenauder [bagnode] /**1**/ : **se baguenauder** *vpr* to trail around, loaf around

baguer [bage] /**1**/ *vt* to ring

baguette [bagɛt] *nf* stick; (*cuisine chinoise*) chopstick; (*de chef d'orchestre*) baton; (*pain*) stick of (French) bread; (*Constr* : *moulure*) beading; **mener qn à la** ~ to rule sb with a rod of iron; ~ **magique** magic wand; ~ **de sourcier** divining rod; ~ **de tambour** drumstick

Bahamas [baamas] *nfpl* : **les (îles)** ~ the Bahamas

Bahreïn [baʀɛn] *nm* Bahrain *ou* Bahrein

bahut [bay] *nm* chest

bai, e [bɛ] *adj* (*cheval*) bay

baie [bɛ] *nf* (*Géo*) bay; (*fruit*) berry; ~ **(vitrée)** picture window

baignade [beɲad] *nf* (*action*) bathing; (*bain*) bathe; (*endroit*) bathing place; « ~ **interdite** » "no bathing"

baigné, e [beɲe] *adj* : ~ **de** bathed in; (*trempé*) soaked with; (*inondé*) flooded with

baigner [beɲe] /**1**/ *vt* (*bébé*) to bath ▶ *vi* : ~ **dans son sang** to lie in a pool of blood; ~ **dans la brume** to be shrouded in mist; **ça baigne !** (*fam*) everything's great!; **se baigner** *vpr* to go swimming *ou* bathing; (*dans une baignoire*) to have a bath

baigneur, -euse [bɛɲœʀ, -øz] *nm/f* bather ▶ *nm* (*poupée*) baby doll

baignoire [beɲwaʀ] *nf* bath(tub); (*Théât*) ground-floor box

bail [baj] (*pl* **baux** [bo]) *nm* lease; **donner** *ou* **prendre qch à** ~ to lease sth

bâillement [bajmɑ̃] *nm* yawn

bâiller [baje] /**1**/ *vi* to yawn; (*être ouvert*) to gape

bailleur [bajœʀ] *nm* : ~ **de fonds** sponsor, backer; (*Comm*) sleeping *ou* silent partner

bâillon [bajɔ̃] *nm* gag

bâillonner [bajɔne] /**1**/ *vt* to gag

bain [bɛ̃] *nm* (*dans une baignoire, Photo, Tech*) bath; (*dans la mer, une piscine*) swim; **costume de** ~ bathing costume (BRIT), swimsuit; **prendre un** ~ to have a bath; **se mettre dans le** ~ (*fig*) to get into (the way of) it *ou* things; ~ **de bouche** mouthwash; ~ **de foule** walkabout; ~ **moussant** bubble bath; ~ **de pieds** footbath; (*au bord de la mer*) paddle; ~ **de siège** hip bath; ~ **de soleil** sunbathing *no pl*; **prendre un** ~ **de**

soleil to sunbathe; **bains de mer** sea bathing *sg*; **bains(-douches) municipaux** public baths

bain-marie [bɛ̃maʀi] (*pl* **bains-marie**) *nm* double boiler; **faire chauffer au** ~ (*boîte etc*) to immerse in boiling water

baïonnette [bajɔnɛt] *nf* bayonet; (*Élec*) : **douille à** ~ bayonet socket; **ampoule à** ~ bulb with a bayonet fitting

baisemain [bɛzmɛ̃] *nm* kissing a lady's hand

baiser [beze] /**1**/ *nm* kiss ▶ *vt* (*main, front*) to kiss; (!) to screw (!)

baisse [bɛs] *nf* fall, drop; (*Comm*) : « ~ **sur la viande** » "meat prices down"; **en** ~ (*cours, action*) falling; **à la** ~ downwards

baisser [bese] /**1**/ *vt* to lower; (*radio, chauffage*) to turn down; (*Auto* : *phares*) to dip (BRIT), lower (US) ▶ *vi* to fall, drop, go down; (*vue, santé*) to fail, dwindle; **se baisser** *vpr* to bend down

baissier, -ière [besje, -jɛʀ] *adj* (*Finance* : *à la baisse* : *marché, cycle*) bearish; **une spirale baissière** a downward spiral; **la tendance baissière** the downward trend

bajoues [baʒu] *nfpl* chaps, chops

bal [bal] *nm* dance; (*grande soirée*) ball; ~ **costumé/masqué** fancy-dress/masked ball; ~ **musette** dance (*with accordion accompaniment*)

balade [balad] (*fam*) *nf* (*à pied*) walk, stroll; (*en voiture*) drive; **faire une** ~ to go for a walk *ou* stroll; to go for a drive

balader [balade] /**1**/ *vt* (*fam* : *traîner*) to trail around; **se balader** *vpr* to go for a walk *ou* stroll; to go for a drive

baladeur [baladœʀ] *nm* personal stereo, Walkman®; ~ **numérique** MP3 player

baladeuse [baladøz] *nf* inspection lamp

baladin [baladɛ̃] *nm* wandering entertainer

baladodiffusion [baladodifyzjɔ̃] *nf* podcasting

balafre [balafʀ] *nf* gash, slash; (*cicatrice*) scar

balafrer [balafʀe] /**1**/ *vt* to gash, slash

balai [bale] *nm* broom, brush; (*Auto* : *d'essuie-glace*) blade; (*Mus* : *de batterie etc*) brush; **donner un coup de** ~ to give the floor a sweep; ~ **mécanique** carpet sweeper

balai-brosse [balɛbʀɔs] (*pl* **balais-brosses**) *nm* (long-handled) scrubbing brush

balance [balɑ̃s] *nf* (*à plateaux*) scales *pl*; (*de précision*) balance; (*Comm, Pol*) : ~ **des comptes** *ou* **paiements** balance of payments; (*signe*) : **la B**~ Libra, the Scales; **être de la B**~ to be Libra; ~ **commerciale** balance of trade; ~ **des forces** balance of power; ~ **romaine** steelyard

balancelle [balɑ̃sɛl] *nf* garden hammock-seat

balancer [balɑ̃se] /**3**/ *vt* to swing; (*lancer*) to fling, chuck; (*renvoyer, jeter*) to chuck out ▶ *vi* to swing; **se balancer** *vpr* to swing; (*bateau*) to rock; (*branche*) to sway; **se** ~ **de qch** (*fam*) not to give a toss about sth

balancier [balɑ̃sje] *nm* (*de pendule*) pendulum; (*de montre*) balance wheel; (*perche*) (balancing) pole

balançoire [balɑ̃swaʀ] *nf* swing; (*sur pivot*) seesaw

balayage [balɛjaʒ] *nm* sweeping; scanning

41

balayer – bandelette

balayer [baleje] /**8**/ vt (feuilles etc) to sweep up, brush up; (pièce, cour) to sweep; (chasser) to sweep away ou aside; (radar) to scan; (phares) to sweep across

balayette [balɛjɛt] nf small brush

balayeur, -euse [balɛjœʀ, -øz] nm/f road sweeper ▶ nf (engin) road sweeper

balayures [balɛjyʀ] nfpl sweepings

balbutiement [balbysimɑ̃] nm (paroles) stammering no pl; **balbutiements** nmpl (fig : débuts) first faltering steps

balbutier [balbysje] /**7**/ vi, vt to stammer

balcon [balkɔ̃] nm balcony; (Théât) dress circle

balconnet [balkɔnɛ] nm half-cup bra (BRIT), demi-cup bra (US)

baldaquin [baldakɛ̃] nm canopy

Bâle [bɑl] n Basle ou Basel

Baléares [baleaʀ] nfpl : **les ~** the Balearic Islands, the Balearics

baleine [balɛn] nf whale; (de parapluie) rib; (de corset) bone

baleinier [balenje] nm (Navig) whaler

baleinière [balenjɛʀ] nf whaleboat

balisage [balizaʒ] nm (signaux) beacons pl; buoys pl; runway lights pl; signs pl, markers pl

balise [baliz] nf (Navig) beacon, (marker) buoy; (Aviat) runway light, beacon; (Auto, Ski) sign, marker

baliser [balize] /**1**/ vt to mark out (with beacons ou lights etc)

balistique [balistik] adj (engin) ballistic ▶ nf ballistics

balivernes [balivɛʀn] nfpl twaddle sg (BRIT), nonsense sg

balkanique [balkanik] adj Balkan

Balkans [balkɑ̃] nmpl : **les ~** the Balkans

ballade [balad] nf ballad

ballant, e [balɑ̃, -ɑ̃t] adj dangling

ballast [balast] nm ballast

balle [bal] nf (de fusil) bullet; (de sport) ball; (du blé) chaff; (paquet) bale; (fam : franc) franc; **~ perdue** stray bullet

ballerine [bal(ə)ʀin] nf (danseuse) ballet dancer; (chaussure) pump, ballet shoe

ballet [balɛ] nm ballet; (fig) : **~ diplomatique** diplomatic to-ings and fro-ings

ballon [balɔ̃] nm (de sport) ball; (jouet, Aviat, de bande dessinée) balloon; (de vin) glass; **~ d'essai** (météorologique) pilot balloon; (fig) feeler(s); **~ de football** football; **~ d'oxygène** oxygen bottle

ballonné, e [balɔne] adj bloated; **se sentir ~** to feel bloated; **j'ai le ventre ~** my stomach's bloated

ballon-sonde [balɔ̃sɔ̃d] (pl **ballons-sondes**) nm sounding balloon

ballot [balo] nm bundle; (péj) nitwit

ballottage [balɔtaʒ] nm (Pol) second ballot

ballotter [balɔte] /**1**/ vi to roll around; (bateau etc) to toss ▶ vt to shake ou throw about; to toss; **être ballotté entre** (fig) to be shunted between; (: indécis) to be torn between

ballottine [balɔtin] nf (Culin) : **~ de volaille** meat loaf made with poultry

ball-trap [baltʀap] nm (appareil) trap; (tir) clay pigeon shooting

balluchon [balyʃɔ̃] nm bundle (of clothes)

balnéaire [balneɛʀ] adj seaside cpd; **station ~** seaside resort

balnéothérapie [balneɔteʀapi] nf spa bath therapy

BALO sigle m (= Bulletin des annonces légales obligatoires) ≈ Public Notices (in newspapers etc)

balourd, e [baluʀ, -uʀd] adj clumsy ▶ nm/f clodhopper

balourdise [baluʀdiz] nf clumsiness; (gaffe) blunder

balsamique [balsamik] adj balsamic; **vinaigre ~** balsamic vinegar

balte [balt] adj Baltic ▶ nmf : **Balte** native of the Baltic States

baltique [baltik] adj Baltic ▶ nf : **la (mer) B~** the Baltic (Sea)

baluchon [balyʃɔ̃] nm = **balluchon**

balustrade [balystʀad] nf railings pl, handrail

bambin [bɑ̃bɛ̃] nm little child

bambou [bɑ̃bu] nm bamboo

ban [bɑ̃] nm round of applause, cheer; **être/ mettre au ~ de** to be outlawed/to outlaw from; **le ~ et l'arrière-~ de sa famille** every last one of his relatives; **bans (de mariage)** banns, bans

banal, e [banal] adj banal, commonplace; (péj) trite; **four/moulin ~** village oven/mill

banalisé, e [banalize] adj (voiture de police) unmarked

banalité [banalite] nf banality; (remarque) truism, trite remark

banane [banan] nf banana; (sac) waist-bag, bum-bag

bananeraie [banɑ̃ʀɛ] nf banana plantation

bananier [bananje] nm banana tree; (bateau) banana boat

banc [bɑ̃] nm seat, bench; (de poissons) shoal; **~ des accusés** dock; **~ d'essai** (fig) testing ground; **~ de sable** sandbank; **~ des témoins** witness box; **~ de touche** dugout

bancaire [bɑ̃kɛʀ] adj banking; (chèque, carte) bank cpd

bancal, e [bɑ̃kal] adj wobbly; (personne) bow-legged; (fig : projet) shaky

bandage [bɑ̃daʒ] nm bandaging; (pansement) bandage; **~ herniaire** truss

bande [bɑ̃d] nf (de tissu etc) strip; (Méd) bandage; (motif, dessin) stripe; (Ciné) film; (Radio, groupe) band; (péj) : **une ~ de** a bunch ou crowd of; **par la ~** in a roundabout way; **donner de la ~** to list; **faire ~ à part** to keep to o.s.; **~ dessinée** strip cartoon (BRIT), comic strip; **~ magnétique** magnetic tape; **~ passante** (Inform) bandwidth; **~ perforée** punched tape; **~ de roulement** (de pneu) tread; **~ sonore** sound track; **~ de terre** strip of land; **~ Velpeau®** (Méd) crêpe bandage

bandé, e [bɑ̃de] adj bandaged; **les yeux bandés** blindfold

bande-annonce [bɑ̃danɔ̃s] (pl **bandes-annonces**) nf (Ciné) trailer

bandeau, x [bɑ̃do] nm headband; (sur les yeux) blindfold; (Méd) head bandage

bandelette [bɑ̃dlɛt] nf strip of cloth, bandage

42 · FRANÇAIS | ANGLAIS

bander [bɑ̃de] /**1**/ vt (blessure) to bandage; (muscle) to tense; (arc) to bend; **~ les yeux à qn** to blindfold sb ► vi (!) to have a hard on (!)

banderole [bɑ̃dʀɔl] nf banderole; (dans un défilé etc) streamer

bande-son [bɑ̃dsɔ̃] (pl **bandes-son**) nf (Ciné) soundtrack

bandit [bɑ̃di] nm bandit

banditisme [bɑ̃ditism] nm violent crime, armed robberies pl

bandoulière [bɑ̃duljɛʀ] nf : **en ~** (slung ou worn) across the shoulder

Bangkok [bɑ̃ŋkɔk] n Bangkok

Bangladesh [bɑ̃ɡladɛʃ] nm : **le ~** Bangladesh

banjo [bɑ̃(d)ʒo] nm banjo

banlieue [bɑ̃ljø] nf suburbs pl; **quartiers de ~** suburban areas; **trains de ~** commuter trains

banlieusard, e [bɑ̃ljøzaʀ, -aʀd] nm/f suburbanite

bannière [banjɛʀ] nf banner

bannir [baniʀ] /**2**/ vt to banish

banque [bɑ̃k] nf bank; (activités) banking; **~ des yeux/du sang** eye/blood bank; **~ d'affaires** merchant bank; **~ de dépôt** deposit bank; **~ de données** (Inform) data bank; **~ d'émission** bank of issue

banqueroute [bɑ̃kʀut] nf bankruptcy

banquet [bɑ̃kɛ] nm (de club) dinner; (de noces) reception; (d'apparat) banquet

banquette [bɑ̃kɛt] nf seat

banquier [bɑ̃kje] nm banker

banquise [bɑ̃kiz] nf ice field

bantou, e [bɑ̃tu] adj Bantu

baobab [baɔbab] nm (Bot) baobab

baptême [batɛm] nm (sacrement) baptism; (cérémonie) christening; baptism; (d'un navire) launching; (d'une cloche) consecration, dedication; **~ de l'air** first flight

baptiser [batize] /**1**/ vt to christen; to baptize; to launch; to consecrate, dedicate

baptiste [batist] adj, nmf Baptist

baquer [bake] : **se baquer** vpr to bathe

baquet [bakɛ] nm tub, bucket

bar [baʀ] nm bar; (poisson) bass

baragouin [baʀaɡwɛ̃] nm gibberish

baragouiner [baʀaɡwine] /**1**/ vi to gibber, jabber

baraque [baʀak] nf shed; (fam) house; **~ foraine** fairground stand

baraqué, e [baʀake] adj (fam) well-built, hefty

baraquements [baʀakmɑ̃] nmpl huts (for refugees, workers etc)

baratin [baʀatɛ̃] nm (fam) smooth talk, patter

baratiner [baʀatine] /**1**/ vt (fam : fille) to chat up

baratineur, -euse [baʀatinœʀ, -øz] nm/f (fam) smooth talker

baratte [baʀat] nf churn

Barbade [baʀbad] nf : **la ~** Barbados

barbant, e [baʀbɑ̃, -ɑ̃t] adj (fam) deadly (boring)

barbare [baʀbaʀ] adj barbaric ► nmf barbarian

Barbarie [baʀbaʀi] nf : **la ~** the Barbary Coast

barbarie [baʀbaʀi] nf barbarism; (cruauté) barbarity

barbarisme [baʀbaʀism] nm (Ling) barbarism

barbe [baʀb] nf beard; **(au nez et) à la ~ de qn** (fig) under sb's very nose; **la ~ !** (fam) damn it!; **quelle ~ !** (fam) what a drag ou bore!; **~ à papa** candy-floss (Brit), cotton candy (US)

barbecue [baʀbəkju] nm barbecue

barbelé [baʀbəle] adj, nm : **(fil de fer) ~** barbed wire no pl

barber [baʀbe] /**1**/ vt (fam) to bore stiff; **se barber** vpr (fam) to be bored stiff

barbiche [baʀbiʃ] nf goatee

barbichette [baʀbiʃɛt] nf small goatee

barbiturique [baʀbityʀik] nm barbiturate

barboter [baʀbɔte] /**1**/ vi to paddle, dabble ► vt (fam) to filch

barboteuse [baʀbɔtøz] nf rompers pl

barbouillé, e [baʀbuje] adj : **avoir l'estomac ~** to feel queasy

barbouiller [baʀbuje] /**1**/ vt to daub; (péj : écrire, dessiner) to scribble

barbu, e [baʀby] adj bearded

barbue [baʀby] nf (poisson) brill

Barcelone [baʀsəlɔn] n Barcelona

barda [baʀda] nm (fam) kit, gear

barde [baʀd] nf (Culin) piece of fat bacon ► nm (poète) bard

bardé, e [baʀde] adj : **~ de médailles** etc bedecked with medals etc

bardeaux [baʀdo] nmpl shingle no pl

barder [baʀde] /**1**/ vt (Culin : rôti, volaille) to bard ► vi (fam) : **ça va ~** sparks will fly

barème [baʀɛm] nm (Scol) scale; (liste) table; **~ des salaires** salary scale

barge [baʀʒ] nf barge

barguigner [baʀɡiɲe] vi : **sans ~** without any shilly-shallying

baril [baʀi(l)] nm (tonneau) barrel; (de poudre) keg

barillet [baʀijɛ] nm (de revolver) cylinder

bariolé, e [baʀjɔle] adj many-coloured, rainbow-coloured

barman [baʀman] nm barman

baromètre [baʀɔmɛtʀ] nm barometer; **~ anéroïde** aneroid barometer

baron [baʀɔ̃] nm baron

baronne [baʀɔn] nf baroness

baroque [baʀɔk] adj (Art) baroque; (fig) weird

baroud [baʀud] nm : **~ d'honneur** gallant last stand

baroudeur [baʀudœʀ] nm (fam) fighter

barque [baʀk] nf small boat

barquette [baʀkɛt] nf small boat-shaped tart; (récipient : en aluminium) tub; (: en bois) basket; (pour repas) tray; (pour fruits) punnet

barracuda [baʀakyda] nm barracuda

barrage [baʀaʒ] nm dam; (sur route) roadblock, barricade; **~ de police** police roadblock

barre [baʀ] nf (de fer etc) rod; (Navig) helm; (écrite) line, stroke; (Danse) barre; (Jur) : **comparaître à la ~** to appear as a witness; (niveau) : **la livre a franchi la ~ des 1,70 euros** the pound has broken the 1.70 euros barrier; **être à** ou **tenir la ~** (Navig) to be at the helm; **coup de ~** (fig) : **c'est le coup de ~ !** it's daylight robbery!; **j'ai le coup de ~ !** I'm all in!; **~ fixe** (Gym) horizontal bar; **~ de mesure** (*Mus*) bar line; **~ à mine** crowbar; **barres parallèles/asymétriques** (*Gym*) parallel/asymmetric bars

barreau, x [baʀo] *nm* bar; (*Jur*) : **le ~** the Bar

barrer [baʀe] /**1**/ *vt* (*route etc*) to block; (*mot*) to cross out; (*chèque*) to cross (*BRIT*); (*Navig*) to steer; **se barrer** *vpr* (*fam*) to clear off

barrette [baʀɛt] *nf* (*pour cheveux*) (hair) slide (*BRIT*) *ou* clip (*US*); (*broche*) brooch

barreur [baʀœʀ] *nm* helmsman; (*aviron*) coxswain

barricade [baʀikad] *nf* barricade

barricader [baʀikade] /**1**/ *vt* to barricade; **se barricader** *vpr* : **se ~ chez soi** (*fig*) to lock o.s. in

barrière [baʀjɛʀ] *nf* fence; (*obstacle*) barrier; (*porte*) gate; **la Grande B~** the Great Barrier Reef; **~ de dégel** (*Admin : on roadsigns*) no heavy vehicles — road liable to subsidence due to thaw; **barrières douanières** trade barriers

barrique [baʀik] *nf* barrel, cask

barrir [baʀiʀ] /**2**/ *vi* to trumpet

bar-tabac [baʀtaba] (*pl* **bars-tabacs**) *nm* bar (*which sells tobacco and stamps*)

baryton [baʀitɔ̃] *nm* (*aussi*) baritone

bas, basse [ba, bas] *adj* low; (*action*) low, ignoble; **la tête basse** with lowered head; (*fig*) with head hung low; **avoir la vue basse** to be short-sighted; **au ~ mot** at the lowest estimate; **enfant en ~ âge** infant, young child; **~ morceaux** (*viande*) cheap cuts ▶ *adv* low; (*parler*) softly; **plus ~** lower down; more softly; (*dans un texte*) further on, below; **mettre ~** *vi* (*animal*) to give birth; **à ~ la dictature !** down with dictatorship! ▶ *nm* (*vêtement*) stocking; (*partie inférieure*) : **le ~ de** the lower part *ou* foot *ou* bottom of; **de ~ en haut** upwards; from the bottom to the top; **des hauts et des ~** ups and downs; **en ~** down below; (*d'une liste, d'un mur etc*) at (*ou* to) the bottom; (*dans une maison*) downstairs; **en ~ de** at the bottom of; **un ~ de laine** (*fam : économies*) money under the mattress (*fig*) ▶ *nf* (*Mus*) bass

basalte [bazalt] *nm* basalt

basané, e [bazane] *adj* (*teint*) tanned, bronzed; (*foncé : péj*) swarthy

bas-côté [bakote] *nm* (*de route*) verge (*BRIT*), shoulder (*US*); (*d'église*) (side) aisle

bascule [baskyl] *nf* : (**jeu de**) **~** seesaw; (**balance à**) **~** scales *pl*; **fauteuil à ~** rocking chair; **système à ~** tip-over device; rocker device

basculer [baskyle] /**1**/ *vi* to fall over, topple (over); (*benne*) to tip up ▶ *vt* (*aussi* : **faire basculer**) to topple over; (*: contenu*) to tip out; (*: benne*) tip up

base [baz] *nf* base; (*fondement, principe*) basis (*pl* bases); **la ~** (*Pol*) the rank and file, the grass roots; **jeter les bases de** to lay the foundations of; **à la ~ de** (*fig*) at the root of; **sur la ~ de** (*fig*) on the basis of; **de ~** basic; **à ~ de café** *etc* coffee *etc* -based; **~ de données** (*Inform*) database; **~ de lancement** launching site

base-ball [bɛzbol] *nm* baseball

baser [baze] /**1**/ *vt* : **~ qch sur** to base sth on; **se ~ sur** (*données, preuves*) to base one's argument on; **être basé à/dans** (*Mil*) to be based at/in

bas-fond [bafɔ̃] *nm* (*Navig*) shallow; **bas-fonds** *nmpl* (*fig*) dregs

basilic [bazilik] *nm* (*Culin*) basil

basilique [bazilik] *nf* basilica

basket [baskɛt], **basket-ball** [baskɛtbol] *nm* basketball

baskets [baskɛt] *nfpl* (*chaussures*) trainers (*BRIT*), sneakers (*US*)

basketteur, -euse [baskɛtœʀ, -øz] *nm/f* basketball player

basquaise [baskɛz] *adj f* Basque ▶ *nf* : **B~** Basque

basque [bask] *adj, nm* (*Ling*) Basque; **le Pays ~** the Basque country ▶ *nmf* : **Basque** Basque

basques [bask] *nfpl* skirts; **pendu aux ~ de qn** constantly pestering sb; (*mère etc*) hanging on sb's apron strings

bas-relief [baʀəljɛf] *nm* bas-relief

basse [bas] *adj voir* **bas** ▶ *nf* (*Mus*) bass

basse-cour [baskuʀ] (*pl* **basses-cours**) *nf* farmyard; (*animaux*) farmyard animals

bassement [basmɑ̃] *adv* basely

bassesse [bases] *nf* baseness; (*acte*) base act

basset [base] *nm* (*Zool*) basset (hound)

bassin [basɛ̃] *nm* (*cuvette*) bowl; (*pièce d'eau*) pond, pool; (*de fontaine, Géo*) basin; (*Anat*) pelvis; (*portuaire*) dock; **~ houiller** coalfield

bassine [basin] *nf* basin; (*contenu*) bowl, bowlful

bassiner [basine] /**1**/ *vt* (*plaie*) to bathe; (*lit*) to warm with a warming pan; (*fam : ennuyer*) to bore; (*: importuner*) to bug, pester

bassiste [basist] *nmf* (double) bass player

basson [basɔ̃] *nm* bassoon

bastide [bastid] *nf* (*maison*) country house (*in Provence*); (*ville*) walled town (*in SW France*)

bastingage [bastɛ̃gaʒ] *nm* ship's rail, rail

bastion [bastjɔ̃] *nm* (*aussi fig, Pol*) bastion

baston [bastɔ̃] *nm ou f* fistfight, punch-up (*BRIT*)

bastonner [bastone] (*fam*) : **se bastonner** *vpr* to have a punch-up (*BRIT*), to trade punches

bas-ventre [bavɑ̃tʀ] *nm* (lower part of the) stomach

bat [ba] *vb voir* **battre**

bât [ba] *nm* packsaddle

bataille [bataj] *nf* battle; (*rixe*) fight; **en ~** (*en travers*) at an angle; (*en désordre*) awry; **elle avait les cheveux en ~** her hair was a mess; **~ rangée** pitched battle

bataillon [batajɔ̃] *nm* battalion

bâtard, e [batar, -aʀd] *adj* (*enfant*) illegitimate; (*fig*) hybrid; **chien ~** mongrel ▶ *nm/f* illegitimate child, bastard (*péj*) ▶ *nm* (*Boulangerie*) ≈ Vienna loaf

batavia [batavja] *nf* ≈ Webb lettuce

bateau, x [bato] *nm* boat; **~ de pêche/à moteur/à voiles** fishing/motor/sailing boat ▶ *adj inv* (*banal, rebattu*) hackneyed

bateau-citerne [batositɛʀn] (*pl* **bateaux-citernes**) *nm* tanker

bateau-mouche [batomuʃ] (*pl* **bateaux-mouches**) *nm* (*passenger*) pleasure boat (*on the Seine*)

bateau-pilote [batopilɔt] (*pl* **bateaux-pilotes**) *nm* pilot ship

bateleur, -euse [batlœʀ, -øz] *nm/f* street performer

batelier, -ière [batəlje, -jɛʀ] *nm/f* ferryman/-woman

bat-flanc [baflɑ̃] *nm* raised boards for sleeping, in cells, army huts etc

bâti, e [bɑti] *adj* (*terrain*) developed; **bien ~** (*personne*) well-built ▶ *nm* (*armature*) frame; (*Couture*) tacking

batifoler [batifɔle] /**1**/ *vi* to frolic *ou* lark about

batik [batik] *nm* batik

bâtiment [bɑtimɑ̃] *nm* building; (*Navig*) ship, vessel; (*industrie*) : **le ~** the building trade

bâtir [bɑtiʀ] /**2**/ *vt* to build; (*Couture* : *jupe, ourlet*) to tack; **fil à ~** (*Couture*) tacking thread

bâtisse [bɑtis] *nf* building

bâtisseur, -euse [bɑtisœʀ, -øz] *nm/f* builder

batiste [batist] *nf* (*Couture*) batiste, cambric

bâton [bɑtɔ̃] *nm* stick; **mettre des bâtons dans les roues à qn** to put a spoke in sb's wheel; **à bâtons rompus** informally; **parler à bâtons rompus** to chat about this and that; **~ de rouge (à lèvres)** lipstick; **~ de ski** ski stick

bâtonnet [bɑtɔnɛ] *nm* short stick *ou* rod

bâtonnier [bɑtɔnje] *nm* (*Jur*) ≈ President of the Bar

batraciens [batʀasjɛ̃] *nmpl* amphibians

bats [ba] *vb voir* **battre**

battage [bataʒ] *nm* (*publicité*) (hard) plugging

battant, e [batɑ̃, -ɑ̃t] *vb voir* **battre** ▶ *adj* : **pluie battante** lashing rain; **tambour ~** briskly ▶ *nm* (*de cloche*) clapper; (*de volets*) shutter, flap; (*de porte*) side; (*fig : personne*) fighter; **porte à double ~** double door

batte [bat] *nf* (*Sport*) bat

battement [batmɑ̃] *nm* (*de cœur*) beat; (*intervalle*) interval (*between classes, trains etc*); **~ de paupières** blinking *no pl* (of eyelids); **un ~ de 10 minutes, 10 minutes de ~** 10 minutes to spare

batterie [batʀi] *nf* (*Mil, Élec*) battery; (*Mus*) drums *pl*, drum kit; **~ de cuisine** kitchen utensils *pl*; (*casseroles etc*) pots and pans *pl*; **une ~ de tests** a string of tests

batteur [batœʀ] *nm* (*Mus*) drummer; (*appareil*) whisk

batteuse [batøz] *nf* (*Agr*) threshing machine

battoir [batwaʀ] *nm* (*à linge*) beetle (*for laundry*); (*à tapis*) (carpet) beater

battre [batʀ] /**41**/ *vt* to beat; (*pluie, vagues*) to beat *ou* lash against; (*œufs etc*) to beat up, whisk; (*blé*) to thresh; (*cartes*) to shuffle; (*passer au peigne fin*) to scour; **~ la mesure** to beat time; **~ en brèche** (*Mil : mur*) to batter; (*fig : théorie*) to demolish (: *institution etc*) to attack; **~ son plein** to be at its height, be going full swing; **~ pavillon britannique** to fly the British flag; **~ la semelle** to stamp one's feet ▶ *vi* (*cœur*) to beat; (*volets etc*) to bang, rattle; **~ des mains** to clap one's hands; **~ des ailes** to flap its wings; **~ de l'aile** (*fig*) to be in a bad way *ou* in bad shape; **~ en retraite** to beat a retreat; **se battre** *vpr* to fight

battu, e [baty] *pp de* **battre** ▶ *nf* (*chasse*) beat; (*policière etc*) search, hunt

baud [bo(d)] *nm* baud

baudruche [bodʀyʃ] *nf* : **ballon en ~** (toy) balloon; (*fig*) windbag

baume [bom] *nm* balm; **~ labial** lip balm; (*fig*) : **mettre du ~ au cœur à qn** to hearten sb

bauxite [boksit] *nf* bauxite

bavard, e [bavaʀ, -aʀd] *adj* (very) talkative; gossipy

bavardage [bavaʀdaʒ] *nm* chatter *no pl*; gossip *no pl*

bavarder [bavaʀde] /**1**/ *vi* to chatter; (*indiscrètement*) to gossip; (*révéler un secret*) to blab

bavarois, e [bavaʀwa, -waz] *adj* Bavarian ▶ *nm* (*Culin*) bavarois ▶ *nm/f* : **Bavarois, e** Bavarian

bave [bav] *nf* dribble; (*de chien etc*) slobber, slaver (BRIT), drool (US); (*d'escargot*) slime

baver [bave] /**1**/ *vi* to dribble; (*chien*) to slobber, slaver (BRIT), drool (US); (*encre, couleur*) to run; **en ~** (*fam*) to have a hard time (of it)

bavette [bavɛt] *nf* bib

baveux, -euse [bavø, -øz] *adj* dribbling; (*omelette*) runny

Bavière [bavjɛʀ] *nf* : **la ~** Bavaria

bavoir [bavwaʀ] *nm* (*de bébé*) bib

bavure [bavyʀ] *nf* smudge; (*fig*) hitch; (*policière etc*) blunder

bayer [baje] /**1**/ *vi* : **~ aux corneilles** to stand gaping

bazar [bazaʀ] *nm* general store; (*fam*) jumble

bazarder [bazaʀde] /**1**/ *vt* (*fam*) to chuck out

BCBG *sigle adj* (= *bon chic bon genre*) smart and trendy, ≈ preppy

BCG *sigle m* (= *bacille Calmette-Guérin*) BCG

bcp *abr* = **beaucoup**

BD *sigle f* = **bande dessinée**; (= *base de données*) DB

bd *abr* = **boulevard**

b.d.c. *abr* (*Typo* : = *bas de casse*) l.c.

béant, e [beɑ̃, -ɑ̃t] *adj* gaping

béarnais, e [beaʀnɛ, -ɛz] *adj* *ou* from the Béarn

béat, e [bea, -at] *adj* showing open-eyed wonder; (*sourire etc*) blissful

béatitude [beatityd] *nf* bliss

beau, bel, belle, beaux [bo, bɛl] *adj* beautiful, lovely; (*homme*) handsome; **un ~ geste** (*fig*) a fine gesture; **un ~ salaire** a good salary; **un ~ gâchis/rhume** a fine mess/nasty cold; **le ~ monde** high society; (*fig*) **parleur** smooth talker; **un ~ jour** one (fine) day; **de plus belle** more than ever, even more; **bel et bien** well and truly; (*vraiment*) really (and truly); **il a ~ jeu de protester** *etc* it's easy for him to protest *etc* ▶ *nf* (*Sport*) : **la belle** the decider; **en faire/dire de belles** to do/say (some) stupid things ▶ *adv* : **il fait ~** the weather's fine; **on a ~ essayer** however hard *ou* no matter how hard we try ▶ *nm* : **avoir le sens du ~** to have an aesthetic sense; **le temps est au ~** the weather is set fair; **le plus ~ c'est que ...** the best of it is that ...; **c'est du ~ !** that's great, that is!; **faire le ~** (*chien*) to sit up and beg

beauceron, ne [bos(ə)ʀɔ̃, -ɔn] *adj* from the Beauce

MOT-CLÉ

beaucoup [boku] *adv* **1** a lot; **il boit beaucoup** he drinks a lot; **il ne boit pas beaucoup** he doesn't drink much *ou* a lot

2 (*suivi de plus, trop etc*) much, a lot, far; **il est beaucoup plus grand** he is much *ou* a lot *ou* far taller; **c'est beaucoup plus cher** it's a lot *ou* much more expensive; **il a beaucoup plus de temps que moi** he has much *ou* a lot more time than me; **il y a beaucoup plus de touristes ici** there are a lot *ou* many more tourists here; **beaucoup trop vite** much too fast; **il fume beaucoup trop** he smokes far too much
3 : **beaucoup de** (*nombre*) many, a lot of; (*quantité*) a lot of; **pas beaucoup de** (*nombre*) not many, not a lot of; (*quantité*) not much, not a lot of; **beaucoup d'étudiants/de touristes** a lot of *ou* many students/tourists; **beaucoup de courage** a lot of courage; **il n'a pas beaucoup d'argent** he hasn't got much *ou* a lot of money; **il n'y a pas beaucoup de touristes** there aren't many *ou* a lot of tourists
4 : **de beaucoup** by far
▸ *pron* : **beaucoup le savent** lots of people know that

beau-fils [bofis] (*pl* **beaux-fils**) *nm* son-in-law; (*remariage*) stepson
beau-frère [bofʀɛʀ] (*pl* **beaux-frères**) *nm* brother-in-law
beau-père [bopɛʀ] (*pl* **beaux-pères**) *nm* father-in-law; (*remariage*) stepfather
beauté [bote] *nf* beauty; **de toute ~** beautiful; **en ~** *adv* with a flourish, brilliantly; **finir qch en ~** to complete sth brilliantly
beaux-arts [bozaʀ] *nmpl* fine arts
beaux-parents [bopaʀɑ̃] *nmpl* wife's/husband's family, in-laws
bébé [bebe] *nm* baby
bébé-éprouvette [bebeepʀuvɛt] (*pl* **bébés-éprouvette**) *nm* test-tube baby
bec [bɛk] *nm* beak, bill; (*de plume*) nib; (*de cafetière etc*) spout; (*de casserole etc*) lip; (*d'une clarinette etc*) mouthpiece; (*fam*) to shut sb up; **ouvrir le ~** (*fam*) to open one's mouth; **~ de gaz** (street) gaslamp; **~ verseur** pouring lip
bécane [bekan] *nf* (*fam*) bike
bécarre [bekaʀ] *nm* (*Mus*) natural
bécasse [bekas] *nf* (*Zool*) woodcock; (*fam*) silly goose
bec-de-cane [bɛkdəkan] (*pl* **becs-de-cane**) *nm* (*poignée*) door handle
bec-de-lièvre [bɛkdəljɛvʀ] (*pl* **becs-de-lièvre**) *nm* harelip
béchamel [beʃamɛl] *nf* : (**sauce**) **~** white sauce, bechamel sauce
bêche [bɛʃ] *nf* spade
bêcher [beʃe] /**1**/ *vt* (*terre*) to dig; (*personne* : *critiquer*) to slate; (: *snober*) to look down on
bêcheur, -euse [beʃœʀ, -øz] *adj* (*fam*) stuck-up ▸ *nm/f* fault-finder; (*snob*) stuck-up person
bécoter [bekɔte] /**1**/ : **se bécoter** *vpr* to smooch
becquée [beke] *nf* : **donner la ~ à** to feed
becqueter [bɛkte] /**4**/ *vt* (*fam*) to eat
bedaine [bədɛn] *nf* paunch
bédé [bede] *nf* (*fam*) = **bande dessinée**
bedeau, x [bədo] *nm* beadle

bedonnant, e [bədɔnɑ̃, -ɑ̃t] *adj* paunchy, potbellied
bée [be] *adj* : **bouche ~** gaping
beffroi [befʀwa] *nm* belfry
bégaiement [begɛmɑ̃] *nm* stammering, stuttering
bégayer [begeje] /**8**/ *vt*, *vi* to stammer
bégonia [begɔnja] *nm* (*Bot*) begonia
bègue [bɛg] *nmf* : **être ~** to have a stammer
bégueule [begœl] *adj* prudish
beige [bɛʒ] *adj* beige
beignet [bɛɲɛ] *nm* fritter
bel [bɛl] *adj m voir* **beau**
bêler [bele] /**1**/ *vi* to bleat
belette [bəlɛt] *nf* weasel
belge [bɛlʒ] *adj* Belgian ▸ *nmf* : **Belge** Belgian
Belgique [bɛlʒik] *nf* : **la ~** Belgium
Belgrade [bɛlgʀad] *n* Belgrade
bélier [belje] *nm* ram; (*engin*) (battering) ram; (*signe*) : **le B~** Aries, the Ram; **être du B~** to be Aries
Bélize [beliz] *nm* : **le ~** Belize
bellâtre [bɛlɑtʀ] *nm* dandy
belle [bɛl] *adj, nf voir* **beau**
belle-famille [bɛlfamij] (*pl* **belles-familles**) *nf* (*fam*) in-laws *pl*
belle-fille [bɛlfij] (*pl* **belles-filles**) *nf* daughter-in-law; (*remariage*) stepdaughter
belle-mère [bɛlmɛʀ] (*pl* **belles-mères**) *nf* mother-in-law; (*remariage*) stepmother
belle-sœur [bɛlsœʀ] (*pl* **belles-sœurs**) *nf* sister-in-law
belliciste [belisist] *adj* warmongering
belligérance [beliʒeʀɑ̃s] *nf* belligerence
belligérant, e [beliʒeʀɑ̃, -ɑ̃t] *adj* belligerent
belliqueux, -euse [belikø, -øz] *adj* aggressive, warlike
belote [bəlɔt] *nf* belote (*card game*)
belvédère [bɛlvedeʀ] *nm* panoramic viewpoint (*or small building there*)
bémol [bemɔl] *nm* (*Mus*) flat
ben [bɛ̃] *excl* (*fam*) well
bénédiction [benediksjɔ̃] *nf* blessing
bénéfice [benefis] *nm* (*Comm*) profit; (*avantage*) benefit; **au ~ de** in aid of
bénéficiaire [benefisjɛʀ] *nmf* beneficiary
bénéficier [benefisje] /**7**/ *vi* : **~ de** to enjoy; (*profiter*) to benefit by *ou* from; (*obtenir*) to get, be given
bénéfique [benefik] *adj* beneficial
Benelux [benelyks] *nm* : **le ~** Benelux, the Benelux countries
benêt [bənɛ] *nm* simpleton
bénévolat [benevɔla] *nm* voluntary service *ou* work
bénévole [benevɔl] *adj* voluntary, unpaid
bénévolement [benevɔlmɑ̃] *adv* voluntarily
Bengale [bɛ̃gal] *nm* : **le ~** Bengal; **le golfe du ~** the Bay of Bengal
bengali [bɛ̃gali] *adj* Bengali, Bengalese ▸ *nm* (*Ling*) Bengali
Bénin [benɛ̃] *nm* : **le ~** Benin
bénin, -igne [benɛ̃, -iɲ] *adj* minor, mild; (*tumeur*) benign
bénir [beniʀ] /**2**/ *vt* to bless

bénit, e [beni, -it] *adj* consecrated; **eau bénite** holy water

bénitier [benitje] *nm* stoup, font *(for holy water)*

benjamin, e [bɛ̃ʒamɛ̃, -in] *nm/f* youngest child; *(Sport)* under-13

benne [bɛn] *nf* skip; *(de téléphérique)* (cable) car; ~ **basculante** tipper *(BRIT)*, dump *ou* dumper truck; ~ **à ordures** *(amovible)* skip

benzine [bɛ̃zin] *nf* benzine

béotien, ne [beɔsjɛ̃, -ɛn] *nm/f* philistine

BEP *sigle m* (= *Brevet d'études professionnelles*) school-leaving diploma, taken at approx. 18 years

BEPC *sigle m* (= *Brevet d'études du premier cycle*) former school certificate *(taken at approx. 16 years)*

béquille [bekij] *nf* crutch; *(de bicyclette)* stand

berbère [bɛRbɛR] *adj* Berber ▸ *nm (Ling)* Berber ▸ *nmf* : **Berbère** Berber

bercail [bɛRkaj] *nm* fold

berceau, x [bɛRso] *nm* cradle, crib

bercer [bɛRse] /**3**/ *vt* to rock, cradle; *(musique etc)* to lull; ~ **qn de** *(promesses etc)* to delude sb with

berceur, -euse [bɛRsœR, -øz] *adj* soothing ▸ *nf (chanson)* lullaby

berceuse *nf* lullaby

Bercy [bɛRsi] *n the offices of the French Ministry of Finance and Industry*

BERD [bɛRd] *sigle f* (= *Banque européenne pour la reconstruction et le développement*) EBRD

béret [beRɛ] *nm (aussi* : **béret basque**) beret

bergamote [bɛRgamɔt] *nf (Bot)* bergamot

berge [bɛRʒ] *nf* bank

berger, -ère [bɛRʒe, -ɛR] *nm/f* shepherd/shepherdess; ~ **allemand** *(chien)* alsatian (dog) *(BRIT)*, German shepherd (dog) *(US)*

bergerie [bɛRʒəRi] *nf* sheep pen

bergeronnette [bɛRʒəRɔnɛt] *nf* wagtail

béribéri [beRibeRi] *nm* beriberi

Berlin [bɛRlɛ̃] *n* Berlin; ~-**Est/-Ouest** East/West Berlin

berline [bɛRlin] *nf (Auto)* saloon (car) *(BRIT)*, sedan *(US)*

berlingot [bɛRlɛ̃go] *nm (emballage)* carton *(pyramid shaped)*; *(bonbon)* lozenge

berlinois, e [bɛRlinwa, -waz] *adj ou* from Berlin ▸ *nm/f* : **Berlinois, e** Berliner

berlue [bɛRly] *nf* : **j'ai la** ~ I must be seeing things

bermuda [bɛRmyda] *nm (short)* Bermuda shorts

Bermudes [bɛRmyd] *nfpl* : **les (îles)** ~ Bermuda

Berne [bɛRn] *n* Bern

berne [bɛRn] *nf* : **en** ~ at half-mast; **mettre en** ~ to fly at half-mast

berner [bɛRne] /**1**/ *vt* to fool

bernois, e [bɛRnwa, -waz] *adj* Bernese

berrichon, ne [beRiʃɔ̃, -ɔn] *adj* of *ou* from the Berry

besace [bəzas] *nf* beggar's bag

besogne [bəzɔɲ] *nf* work *no pl*, job

besogneux, -euse [bəzɔɲø, -øz] *adj* hard-working

besoin [bəzwɛ̃] *nm* need; *(pauvreté)* : **le** ~ need, want; **le** ~ **d'argent/de gloire** the need for money/glory; **besoins (naturels)** nature's needs; **faire ses besoins** to relieve o.s.; **avoir** ~ **de qch/faire qch** to need sth/to do sth; **il n'y a pas** ~ **de (faire)** there is no need to (do); **au** ~,

si ~ **est** if need be; **pour les besoins de la cause** for the purpose in hand; **être dans le** ~ to be in need *ou* want

bestial, e, -aux [bɛstjal, -o] *adj* bestial, brutish ▸ *nmpl* cattle

bestiole [bɛstjɔl] *nf (tiny)* creature

bêta [beta] *adj, nm inv* beta

bétail [betaj] *nm* livestock, cattle *pl*

bétaillère [betajɛR] *nf* livestock truck

bête [bɛt] *nf* animal; *(bestiole)* insect, creature; **les bêtes** (the) animals; **chercher la petite** ~ to nit-pick; ~ **noire** pet hate, bugbear *(BRIT)*; ~ **sauvage** wild beast; ~ **de somme** beast of burden ▸ *adj* stupid, silly

bêtement [bɛtmɑ̃] *adv* stupidly; **tout** ~ quite simply

Bethléem [bɛtleɛm] *n* Bethlehem

bêtifier [betifje] /**7**/ *vi* to talk nonsense

bêtise [betiz] *nf* stupidity; *(action, remarque)* stupid thing *(to say ou do)*; *(bonbon)* type of mint sweet *(BRIT)* ou candy *(US)*; **faire/dire une** ~ to do/say something stupid

bêtisier [betizje] *nm* collection of howlers

béton [betɔ̃] *nm* concrete; **(en)** ~ *(fig : alibi, argument)* cast iron; ~ **armé** reinforced concrete; ~ **précontraint** prestressed concrete

bétonner [betɔne] /**1**/ *vt* to concrete (over)

bétonnière [betɔnjɛR] *nf* cement mixer

bette [bɛt] *nf (Bot)* (Swiss) chard

betterave [bɛtRav] *nf (rouge)* beetroot *(BRIT)*, beet *(US)*; ~ **fourragère** mangel-wurzel; ~ **sucrière** sugar beet

beugler [bøgle] /**1**/ *vi* to low; *(péj : radio etc)* to blare ▸ *vt (péj : chanson etc)* to bawl out

Beur [bœR] *nmf see note*

: **BEUR**
:
: **Beur** is a term used to refer to a person
: born in France of North African immigrant
: parents. It is not racist and is often used
: by the media, anti-racist groups and
: second-generation North Africans
: themselves. The term itself comes from
: the reversal of the word *arabe*.

beurre [bœR] *nm* butter; **mettre du** ~ **dans les épinards** *(fig)* to add a little to the kitty; ~ **de cacao** cocoa butter; ~ **noir** brown butter (sauce)

beurré, e [bœRe] *adj (brioche, poêle)* buttered; *(fam : ivre)* plastered *(fam)*; **une tartine beurrée** a piece of bread and butter

beurrer [bœRe] /**1**/ *vt* to butter

beurrier [bœRje] *nm* butter dish

beuverie [bœvRi] *nf* drinking session

bévue [bevy] *nf* blunder

Beyrouth [beRut] *n* Beirut

Bhoutan [butɑ̃] *nm* : **le** ~ Bhutan

bi... [bi] *préfixe* bi..., two-

Biafra [bjafRa] *nm* : **le** ~ Biafra

biafrais, e [bjafRɛ, -ɛz] *adj* Biafran

biais [bjɛ] *nm (moyen)* device, expedient; *(aspect)* angle; *(bande de tissu)* piece of cloth cut on the bias; **en** ~, **de** ~ *(obliquement)* at an angle; *(fig)* indirectly; **par le** ~ **de** by means of

biaiser [bjeze] /1/ *vi* (*fig*) to sidestep the issue
biathlon [biatlɔ̃] *nm* biathlon
bibelot [biblo] *nm* trinket, curio
biberon [bibʀɔ̃] *nm* (feeding) bottle; **nourrir au ~** to bottle-feed
bible [bibl] *nf* bible
bibliobus [biblijɔbys] *nm* mobile library van
bibliographie [biblijɔgʀafi] *nf* bibliography
bibliophile [biblijɔfil] *nmf* book-lover
bibliothécaire [biblijɔtekɛʀ] *nmf* librarian
bibliothèque [biblijɔtɛk] *nf* library; (*meuble*) bookcase; **~ municipale** public library
biblique [biblik] *adj* biblical
bibliquement [biblikmɑ̃] *adv* : **connaître qn ~** (*euphémisme*) to know sb in the biblical sense
bic® [bik] *nm* Biro®
bicarbonate [bikaʀbɔnat] *nm* : **~ (de soude)** bicarbonate of soda
bicentenaire [bisɑ̃t(ə)nɛʀ] *nm* bicentenary
biceps [bisɛps] *nm* biceps
biche [biʃ] *nf* doe
bichonner [biʃɔne] /1/ *vt* to groom
bicolore [bikɔlɔʀ] *adj* two-coloured (BRIT), two-colored (US)
bicoque [bikɔk] *nf* (*péj*) shack, dump
bicorne [bikɔʀn] *nm* cocked hat
bicyclette [bisiklɛt] *nf* bicycle
bidasse [bidas] *nm* (*fam*) squaddie (BRIT)
bide [bid] *nm* (*fam : ventre*) belly; (*Théât*) flop
bidet [bidɛ] *nm* bidet
bidoche [bidɔʃ] *nf* (*fam*) meat
bidon [bidɔ̃] *nm* can ▸ *adj inv* (*fam*) phoney
bidonnant, e [bidɔnɑ̃, -ɑ̃t] *adj* (*fam*) hilarious
bidonville [bidɔ̃vil] *nm* shanty town
bidule [bidyl] *nm* (*fam*) thingamajig
bielle [bjɛl] *nf* connecting rod; (*Auto*) track rod
biélorusse [bjelɔʀys] *adj* Belarussian ▸ *nm* (Ling) Belarussian ▸ *nmf* : **Biélorusse** Belarussian
Biélorussie [bjelɔʀysi] *nf* Belorussia

MOT-CLÉ

bien [bjɛ̃] *nm* **1** (*avantage, profit*) : **faire le bien** to do good; **faire du bien à qn** to do sb good; **ça fait du bien de faire** it does you good to do; **dire du bien de** to speak well of; **c'est pour son bien** it's for his own good; **changer en bien** to change for the better; **le bien public** the public good; **vouloir du bien à qn** (*vouloir aider*) to have sb's (best) interests at heart; **je te veux du bien** (*pour mettre en confiance*) I don't wish you any harm
2 (*possession, patrimoine*) possession, property; **son bien le plus précieux** his most treasured possession; **avoir du bien** to have property; **biens (de consommation** *etc*) (consumer *etc*) goods; **biens durables** (consumer) durables
3 (*moral*) : **le bien** good; **distinguer le bien du mal** to tell good from evil
▸ *adv* **1** (*de façon satisfaisante*) well; **elle travaille/mange bien** she works/eats well; **aller** *ou* **se porter bien** to be well; **croyant bien faire, je/il ...** thinking I/he was doing the right thing, I/he ...; **tiens-toi bien !** (*assieds-toi correctement*) sit up straight!; (*debout*) stand up straight!; (*sois sage*) behave yourself!; (*prépare-toi*) wait for it!

2 (*valeur intensive*) quite; **bien jeune** quite young; **bien assez** quite enough; **bien mieux** (very) much better; **bien du temps/des gens** quite a time/a number of people; **j'espère bien y aller** I do hope to go; **je veux bien le faire** (*concession*) I'm quite willing to do it; **il faut bien le faire** it has to be done; **il y a bien deux ans** at least two years ago; **cela fait bien deux ans que je ne l'ai pas vu** I haven't seen him for at least *ou* a good two years; **il semble bien que** it really seems that; **peut-être bien** it could well be; **aimer bien** to like; **Paul est bien venu, n'est-ce pas ?** Paul HAS come, hasn't he?; **où peut-il bien être passé ?** where on earth can he have got to?
3 (*conséquence, résultat*) : **si bien que** with the result that; **on verra bien** we'll see; **faire bien de ...** to be right to ...
▸ *excl* right!, OK!, fine!; **eh bien !** well!; **(c'est) bien fait !** it serves you (*ou* him *etc*) right!; **bien sûr !**, **bien entendu !** certainly!, of course!
▸ *adj inv* **1** (*en bonne forme, à l'aise*) : **je me sens bien, je suis bien** I feel fine; **je ne me sens pas bien, je ne suis pas bien** I don't feel well; **on est bien dans ce fauteuil** this chair is very comfortable
2 (*joli, beau*) good-looking; **tu es bien dans cette robe** you look good in that dress
3 (*satisfaisant*) good; **elle est bien, cette maison/secrétaire** it's a good house/she's a good secretary; **c'est très bien (comme ça)** it's fine (like that); **ce n'est pas si bien que ça** it's not as good *ou* great as all that; **c'est bien ?** is that all right?
4 (*moralement*) right; (*: personne*) good, nice; (*respectable*) respectable; **ce n'est pas bien de ...** it's not right to ...; **elle est bien, cette femme** she's a nice woman, she's a good sort; **des gens bien** respectable people
5 (*en bons termes*) : **être bien avec qn** to be on good terms with sb

bien-aimé, e [bjɛ̃neme] *adj, nm/f* beloved
bien-être [bjɛ̃nɛtʀ] *nm* well-being
bienfaisance [bjɛ̃fəzɑ̃s] *nf* charity
bienfaisant, e [bjɛ̃fəzɑ̃, -ɑ̃t] *adj* (*chose*) beneficial
bienfait [bjɛ̃fɛ] *nm* act of generosity, benefaction; (*de la science etc*) benefit
bienfaiteur, -trice [bjɛ̃fɛtœʀ, -tʀis] *nm/f* benefactor/benefactress
bien-fondé [bjɛ̃fɔ̃de] *nm* soundness
bien-fonds [bjɛ̃fɔ̃] (*pl* **biens-fonds**) *nm* property
bienheureux, -euse [bjɛ̃nœʀø, -øz] *adj* happy; (*Rel*) blessed, blest
biennal, e, -aux [bjenal, -o] *adj* biennial
bien-pensant, e [bjɛ̃pɑ̃sɑ̃, -ɑ̃t] *adj* right-thinking ▸ *nm/f* : **les bien-pensants** right-minded people
bien que [bjɛ̃k] *conj* although
bienséance [bjɛ̃seɑ̃s] *nf* propriety, decorum *no pl*; **les bienséances** (*convenances*) the proprieties
bienséant, e [bjɛ̃seɑ̃, -ɑ̃t] *adj* proper, seemly
bientôt [bjɛ̃to] *adv* soon; **à ~** see you soon
bienveillance [bjɛ̃vɛjɑ̃s] *nf* kindness
bienveillant, e [bjɛ̃vɛjɑ̃, -ɑ̃t] *adj* kindly

bienvenu, e [bjɛ̃vny] *adj* welcome ▸ *nm/f* : **être le ~/la bienvenue** to be welcome ▸ *nf* : **souhaiter la bienvenue à** to welcome; **bienvenue à** welcome to

bière [bjɛʀ] *nf (boisson)* beer; *(cercueil)* bier; **~ blonde** lager; **~ brune** brown ale *(BRIT)*, dark beer *(US)*; **~ (à la) pression** draught beer

biffer [bife] /1/ *vt* to cross out

bifteck [biftɛk] *nm* steak

bifurcation [bifyʀkasjɔ̃] *nf* fork *(in road)*; *(fig)* new direction

bifurquer [bifyʀke] /1/ *vi (route)* to fork; *(véhicule)* to turn off

bigame [bigam] *adj* bigamous

bigamie [bigami] *nf* bigamy

bigarré, e [bigaʀe] *adj* multicoloured *(BRIT)*, multicolored *(US)*; *(disparate)* motley

bigarreau, x [bigaʀo] *nm type of cherry*

bigleux, -euse [biglø, -øz] *adj (fam : qui louche)* cross-eyed; *(: qui voit mal)* short-sighted; **il est complètement ~** he's as blind as a bat

bigorneau, x [bigɔʀno] *nm* winkle

bigot, e [bigo, -ɔt] *(péj) adj* bigoted ▸ *nm/f* bigot

bigoterie [bigɔtʀi] *nf* bigotry

bigoudi [bigudi] *nm* curler

bigrement [bigʀəmɑ̃] *adv (fam)* fantastically

bijou, x [biʒu] *nm* jewel

bijouterie [biʒutʀi] *nf (magasin)* jeweller's (shop) *(BRIT)*, jewelry store *(US)*; *(bijoux)* jewellery, jewelry

bijoutier, -ière [biʒutje, -jɛʀ] *nm/f* jeweller *(BRIT)*, jeweler *(US)*

bikini [bikini] *nm* bikini

bilan [bilɑ̃] *nm (Comm)* balance sheet(s); *(annuel)* end of year statement; *(fig)* (net) outcome; *(: de victimes)* toll; **faire le ~ de** to assess; to review; **déposer son ~** to file a bankruptcy statement; **~ de santé** *(Méd)* check-up; **~ social** statement of a firm's policies towards its employees

bilatéral, e, -aux [bilateʀal, -o] *adj* bilateral

bilboquet [bilbɔkɛ] *nm (jouet)* cup-and-ball game

bile [bil] *nf* bile; **se faire de la ~** *(fam)* to worry o.s. sick

biler [bile] : **se biler** *vpr (fam)* to get worked up

biliaire [biljɛʀ] *adj* biliary

bilieux, -euse [biljø, -øz] *adj* bilious; *(fig : coléreux)* testy

bilingue [bilɛ̃g] *adj* bilingual

bilinguisme [bilɛ̃gɥism] *nm* bilingualism

billard [bijaʀ] *nm* billiards *sg*; *(table)* billiard table; **c'est du ~** *(fam)* it's a cinch; **passer sur le ~** *(fam)* to have an *(ou* one's*)* operation; **~ électrique** pinball

bille [bij] *nf* ball; *(du jeu de billes)* marble; *(de bois)* log; **jouer aux billes** to play marbles

billet [bijɛ] *nm (aussi* : **billet de banque)** (bank)note; *(de cinéma, de bus etc)* ticket; *(courte lettre)* note; **~ à ordre** *ou* **de commerce** *(Comm)* promissory note, IOU; **~ d'avion/de train** plane/train ticket; **~ circulaire** round-trip ticket; **~ doux** love letter; **~ de faveur** complimentary ticket; **~ de loterie** lottery ticket; **~ de quai** platform ticket; **~ électronique** e-ticket

billetterie [bijɛtʀi] *nf* ticket office; *(distributeur)* ticket dispenser; *(Banque)* cash dispenser

billion [biljɔ̃] *nm* billion *(BRIT)*, trillion *(US)*

billot [bijo] *nm* block

bimbeloterie [bɛ̃blɔtʀi] *nf (objets)* fancy goods

bimensuel, le [bimɑ̃sɥɛl] *adj* bimonthly, twice-monthly

bimestriel, le [bimɛstʀijɛl] *adj* bimonthly, two-monthly

bimoteur [bimɔtœʀ] *adj* twin-engined

binaire [binɛʀ] *adj* binary

biner [bine] /1/ *vt* to hoe

binette [binɛt] *nf (outil)* hoe

binoclard, e [binɔklaʀ, -aʀd] *(fam) adj* specky ▸ *nm/f* four-eyes

binocle [binɔkl] *nm* pince-nez ▸ *nmpl (fam)* glasses

binocles [binɔkl] *nmpl* glasses

binoculaire [binɔkylɛʀ] *adj* binocular

binôme [binom] *nm* binomial

bio [bjo] *adj (fam)* = **biologique**; *(produits, aliments)* organic

bio... [bjo] *préfixe* bio...

biocarburant [bjokaʀbyʀɑ̃] *nm* biofuel

biochimie [bjoʃimi] *nf* biochemistry

biochimique [bjoʃimik] *adj* biochemical

biochimiste [bjoʃimist] *nmf* biochemist

biocompatible [bjokɔ̃patibl] *adj* biocompatible

biodégradable [bjodegʀadabl] *adj* biodegradable

biodiesel [bjodjezɛl] *nm* biodiesel

biodiversité [bjodivɛʀsite] *nf* biodiversity

bioéthique [bjoetik] *nf* bioethics *sg*

biographe [bjɔgʀaf] *nmf* biographer

biographie [bjɔgʀafi] *nf* biography

biographique [bjɔgʀafik] *adj* biographical

biologie [bjɔlɔʒi] *nf* biology

biologique [bjɔlɔʒik] *adj* biological; *(produits)* organic

biologiste [bjɔlɔʒist] *nmf* biologist

biomasse [bjomas] *nf* biomass

biométrie *nf* biometrics

biométrique [bjometʀik] *adj* biometric

biopsie [bjɔpsi] *nf (Méd)* biopsy

biosphère [bjɔsfɛʀ] *nf* biosphere

biotechnologie [bjotɛknɔlɔʒi] *nf* biotechnology

bioterrorisme [bjotɛʀɔʀism] *nm* bioterrorism

bioterroriste [bjotɛʀɔʀist] *nmf* bioterrorist

biotope [bjɔtɔp] *nm* biotope

bip [bip] *nm* : **~ sonore** beep; **laissez votre message après le ~ sonore** leave a message after the beep

bipartisme [bipaʀtism] *nm* two-party system

bipartite [bipaʀtit] *adj (Pol)* two-party, bipartisan

bipède [bipɛd] *nm* biped, two-footed creature

biphasé, e [bifaze] *adj (Élec)* two-phase

biplace [biplas] *adj, nm (avion)* two-seater

biplan [biplɑ̃] *nm* biplane

bipolaire [bipɔlɛʀ] *adj* bipolar

bique [bik] *nf* nanny goat; *(péj)* old hag

biquet, te [bikɛ, -ɛt] *nm/f* : **mon ~** *(fam)* my lamb

BIRD [biʀd] *sigle f (= Banque internationale pour la reconstruction et le développement)* IBRD

49

biréacteur [biʀeaktœʀ] *nm* twin-engined jet
birman, e [biʀmã, -an] *adj* Burmese
Birmanie [biʀmani] *nf* Burma; **la** ~ Burma
bis¹, e [bi, biz] *adj (couleur)* greyish brown ▸ *nf*
 (baiser) kiss; *(vent)* North wind; **faire une** *ou* **la**
 bise à qn to kiss sb; **grosses bises (de)** *(sur
 lettre)* love and kisses (from)
bis² [bis] *adv* : **12** ~ 12a *ou* A ▸ *excl, nm* encore
bisaïeul, e [bizajœl] *nm/f* great-grandfather/
 great-grandmother
bisannuel, le [bizanɥɛl] *adj* biennial
bisbille [bisbij] *nf* : **être en** ~ **avec qn** to be at
 loggerheads with sb
Biscaye [biskɛ] *nf* : **le golfe de** ~ the Bay of
 Biscay
biscornu, e [biskɔʀny] *adj* crooked; *(bizarre)*
 weird(-looking)
biscotte [biskɔt] *nf* toasted bread *(sold in packets)*
biscuit [biskɥi] *nm* biscuit *(BRIT)*, cookie *(US)*;
 (gâteau) sponge cake; ~ **à la cuiller** sponge
 finger
biscuiterie [biskɥitʀi] *nf* biscuit
 manufacturing
bise [biz] *adj f, nf voir* **bis¹**
biseau, x [bizo] *nm* bevelled edge; **en** ~
 bevelled
biseauter [bizote] /**1**/ *vt* to bevel
bisexué, e [bisɛksɥe] *adj* bisexual
bisexuel, le [bisɛksɥɛl] *adj, nm/f* bisexual
bismuth [bismyt] *nm* bismuth
bison [bizõ] *nm* bison
bisou [bizu] *nm (fam)* kiss
bisque [bisk] *nf* : ~ **d'écrevisses** shrimp bisque
bissectrice [bisɛktʀis] *nf* bisector
bisser [bise] /**1**/ *vt (faire rejouer : artiste, chanson)* to
 encore; *(rejouer : morceau)* to give an encore of
bissextile [bisɛkstil] *adj* : **année** ~ leap year
bistouri [bistuʀi] *nm* lancet
bistre [bistʀ] *adj (couleur)* bistre; *(peau, teint)*
 tanned
bistro(t) [bistʀo] *nm* bistro, café
BIT *sigle m* (= *Bureau international du travail*) ILO
bit [bit] *nm (Inform)* bit
bite [bit] *nf* (! : *pénis*) prick (!)
biterrois, e [bitɛʀwa, -waz] *adj* of *ou* from
 Béziers
bitte [bit] *nf* : ~ **d'amarrage** bollard *(Navig)*
bitume [bitym] *nm* asphalt
bitumer [bityme] /**1**/ *vt* to asphalt
bivalent, e [bivalã, -ãt] *adj* bivalent
bivouac [bivwak] *nm* bivouac
bizarre [bizaʀ] *adj* strange, odd
bizarrement [bizaʀmã] *adv* strangely, oddly
bizarrerie [bizaʀʀi] *nf* strangeness, oddness
blackbouler [blakbule] /**1**/ *vt (à une élection)* to
 blackball
blafard, e [blafaʀ, -aʀd] *adj* wan
blague [blag] *nf (propos)* joke; *(farce)* trick;
 sans ~ ! no kidding!; ~ **à tabac** tobacco pouch
blaguer [blage] /**1**/ *vi* to joke ▸ *vt* to tease
blagueur, -euse [blagœʀ, -øz] *adj* teasing ▸ *nm/f*
 joker
blair [blɛʀ] *nm (fam)* conk
blaireau, x [blɛʀo] *nm (Zool)* badger; *(brosse)*
 shaving brush

blairer [blɛʀe] /**1**/ *vt* : **je ne peux pas le** ~ I can't
 bear *ou* stand him
blâmable [blɑmabl] *adj* blameworthy
blâme [blɑm] *nm* blame; *(sanction)* reprimand
blâmer [blɑme] /**1**/ *vt (réprouver)* to blame;
 (réprimander) to reprimand
blanc, blanche [blã, blãʃ] *adj* white; *(non
 imprimé)* blank; *(innocent)* pure; **d'une voix
 blanche** in a toneless voice; **aux cheveux
 blancs** white-haired ▸ *nm (couleur)* white;
 (linge) : **le** ~ whites *pl*; *(espace non écrit)* blank;
 (aussi : **blanc d'œuf**) (egg-)white; *(aussi* : **blanc
 de poulet**) breast, white meat; *(aussi* : **vin blanc**)
 white wine; **le** ~ **de l'œil** the white of the eye;
 laisser en ~ to leave blank; **chèque en** ~ blank
 cheque; **à** ~ *adv (chauffer)* white-hot; *(tirer, charger)*
 with blanks; **saigner à** ~ to bleed white;
 ~ **cassé** off-white ▸ *nf (Mus)* minim *(BRIT)*,
 half-note *(US)*; *(fam : drogue)* smack ▸ *nm/f* :
 Blanc, Blanche white, white man/woman
blanc-bec [blãbɛk] *(pl* **blancs-becs**) *nm*
 greenhorn
blanchâtre [blãʃɑtʀ] *adj (teint, lumière)* whitish
blancheur [blãʃœʀ] *nf* whiteness
blanchiment [blãʃimã] *nm* money laundering;
 le ~ **d'argent sale/de capitaux** money
 laundering
blanchir [blãʃiʀ] /**2**/ *vt (gén)* to whiten; *(linge, fig :
 argent)* to launder; *(Culin)* to blanch; *(fig :
 disculper)* to clear; **blanchi à la chaux**
 whitewashed ▸ *vi* to grow white; *(cheveux)* to go
 white
blanchissage [blãʃisaʒ] *nm (du linge)*
 laundering
blanchisserie [blãʃisʀi] *nf* laundry
blanchisseur, -euse [blãʃisœʀ, -øz] *nm/f*
 launderer
blanc-seing [blãsɛ̃] *(pl* **blancs-seings**) *nm*
 signed blank paper
blanquette [blãkɛt] *nf (Culin)* : ~ **de veau** veal in
 a white sauce, blanquette de veau
blasé, e [blaze] *adj* blasé
blaser [blaze] /**1**/ *vt* to make blasé
blason [blazõ] *nm* coat of arms
blasphémateur, -trice [blasfematœʀ, -tʀis]
 nm/f blasphemer
blasphématoire [blasfematwaʀ] *adj*
 blasphemous
blasphème [blasfɛm] *nm* blasphemy
blasphémer [blasfeme] /**6**/ *vi* to blaspheme
 ▸ *vt* to blaspheme against
blatte [blat] *nf* cockroach
blazer [blazɛʀ] *nm* blazer
blé [ble] *nm* wheat; ~ **en herbe** wheat on the
 ear; ~ **noir** buckwheat
bled [blɛd] *nm (péj)* hole; *(en Afrique du Nord)* : **le** ~
 the interior
blême [blɛm] *adj* pale
blêmir [blemiʀ] /**2**/ *vi (personne)* to (turn) pale;
 (lueur) to grow pale
blennorragie [blenɔʀaʒi] *nf* blennorrhoea
blessant, e [blesã, -ãt] *adj* hurtful
blessé, e [blese] *adj* injured ▸ *nm/f* injured
 person, casualty; **un** ~ **grave, un grand** ~
 a seriously injured *ou* wounded person

blesser [blese] /**1**/ vt to injure; (délibérément : Mil etc) to wound; (souliers etc, offenser) to hurt; **se blesser** vpr to injure o.s.; **se ~ au pied** etc to injure one's foot etc

blessure [blesyʀ] nf (accidentelle) injury; (intentionnelle) wound

blet, te [blɛ, blɛt] adj overripe

blette [blɛt] nf = **bette**

bleu, e [blø] adj blue; (bifteck) very rare; **avoir une peur bleue** to be scared stiff; **zone bleue** ≈ restricted parking area; **fromage ~** blue cheese ▶ nm (couleur) blue; (novice) greenhorn; (contusion) bruise; (vêtement : aussi : **bleus**) overalls pl (BRIT), coveralls pl (US); **au ~** (Culin) au bleu; **~ (de lessive)** ≈ blue bag; **~ de méthylène** (Méd) methylene blue; **~ marine/nuit/roi** navy/midnight/royal blue

bleuâtre [bløatʀ] adj (fumée etc) bluish, blueish

bleuet [bløɛ] nm cornflower

bleuir [bløiʀ] /**2**/ vt, vi to turn blue

bleuté, e [bløte] adj blue-shaded

blindage [blɛ̃daʒ] nm armo(u)r-plating

blindé, e [blɛ̃de] adj armoured (BRIT), armored (US); (fig) hardened ▶ nm armoured ou armored car; (char) tank

blinder [blɛ̃de] /**1**/ vt to armour (BRIT), armor (US); (fig) to harden

blizzard [blizaʀ] nm blizzard

bloc [blɔk] nm (de pierre etc, Inform) block; (de papier à lettres) pad; (ensemble) group, block; **serré à ~** tightened right down; **en ~** as a whole; wholesale; **faire ~** to unite; **~ opératoire** operating ou theatre block; **~ sanitaire** toilet block; **~ sténo** shorthand notebook

blocage [blɔkaʒ] nm (voir bloquer) blocking; jamming; (des prix) freezing; (Psych) hang-up

bloc-cuisine [blɔkkɥizin] (pl **blocs-cuisines**) nm kitchen unit

bloc-cylindres [blɔksilɛ̃dʀ] (pl **blocs-cylindres**) nm cylinder block

bloc-évier [blɔkevje] (pl **blocs-éviers**) nm sink unit

bloc-moteur [blɔkmɔtœʀ] (pl **blocs-moteurs**) nm engine block

bloc-notes [blɔknɔt] (pl **blocs-notes**) nm note pad

blocus [blɔkys] nm blockade

blog, blogue [blɔg] nm blog

blogging [blɔgiŋ] nm blogging

blogosphère [blɔgɔsfɛʀ] nf (Inform) blogosphere

bloguer [blɔge] /**1**/ vi to blog

blond, e [blɔ̃, -ɔ̃d] adj fair; (plus clair) blond; (sable, blés) golden; **~ cendré** ash blond ▶ nm/f fair-haired ou blond man/woman

blondeur [blɔ̃dœʀ] nf fairness; blondness

blondin, e [blɔ̃dɛ̃, -in] nm/f fair-haired ou blond child ou young person

blondinet, te [blɔ̃dinɛ, -ɛt] nm/f blondie

blondir [blɔ̃diʀ] /**2**/ vi (personne, cheveux) to go fair ou blond

bloquer [blɔke] /**1**/ vt (passage) to block; (pièce mobile) to jam; (crédits, compte) to freeze; (personne, négociations etc) to hold up; (regrouper) to group; **~ les freins** to jam on the brakes; **se bloquer** vpr (pièce mobile) to jam; (tuyau) to get blocked

blottir [blɔtiʀ] /**2**/ : **se blottir** vpr to huddle up

blousant, e [bluzɑ̃, -ɑ̃t] adj blousing out

blouse [bluz] nf overall

blouser [bluze] /**1**/ vi to blouse out

blouson [bluzɔ̃] nm blouson (jacket); **~ noir** (fig) ≈ rocker

blue-jean [bludʒin], **blue-jeans** [bludʒins] nm jeans

blues [bluz] nm blues pl

bluet [blyɛ] nm = **bleuet**

bluff [blœf] nm bluff

bluffer [blœfe] /**1**/ vi, vt to bluff

BNF sigle f = **Bibliothèque nationale de France**

boa [bɔa] nm (Zool) : **~ (constricteur)** boa (constrictor); (tour de cou) (feather ou fur) boa

bob [bɔb] nm = **bobsleigh**

bobard [bɔbaʀ] nm (fam) tall story

bobèche [bɔbɛʃ] nf candle-ring

bobine [bɔbin] nf (de fil) reel; (de machine à coudre) spool; (de machine à écrire) ribbon; (Élec) coil; **~ (d'allumage)** (Auto) coil; **~ de pellicule** (Photo) roll of film

bobo [bobo] sigle mf (= bourgeois bohème) boho ▶ nm (fam) sore spot

bobonne [bɔbɔn] nf (péj, fam : nom donné à l'épouse légitime) missus (fam)

bobsleigh [bɔbslɛg] nm bob(sleigh)

bocage [bɔkaʒ] nm (Géo) bocage, farmland criss-crossed by hedges and trees; (bois) grove, copse (BRIT)

bocal, -aux [bɔkal, -o] nm jar

bock [bɔk] nm (beer) glass; (contenu) glass of beer

body [bɔdi] nm body(suit); (Sport) leotard

bœuf [bœf] (pl **bœufs** [bø]) nm ox, steer; (Culin) beef; (Mus : fam) jam session

bof [bɔf] excl (fam : indifférence) don't care!, meh; (: pas terrible) nothing special

Bogota [bɔgɔta] n Bogotá

bogue [bɔg] nf (Bot) husk ▶ nm (Inform) bug

Bohème [bɔɛm] nf : **la ~** Bohemia

bohème [bɔɛm] adj happy-go-lucky, unconventional

bohémien, ne [bɔemjɛ̃, -ɛn] adj Bohemian ▶ nm/f gipsy

boire [bwaʀ] /**53**/ vt to drink; (s'imprégner de) to soak up; **~ un coup** to have a drink

bois [bwa] vb voir **boire** ▶ nm wood; (Zool) antler; (Mus) : **les ~** the woodwind; **de ~, en ~** wooden; **~ vert** green wood; **~ mort** deadwood; **~ de lit** bedstead

boisé, e [bwaze] adj woody, wooded

boiser [bwaze] /**1**/ vt (galerie de mine) to timber; (chambre) to panel; (terrain) to plant with trees

boiseries [bwazʀi] nfpl panelling sg

boisson [bwasɔ̃] nf drink; **pris de ~** drunk, intoxicated; **boissons alcoolisées** alcoholic beverages ou drinks; **boissons non alcoolisées** soft drinks

boit [bwa] vb voir **boire**

boîte [bwat] nf box; (fam : entreprise) firm, company; **aliments en ~** canned ou tinned (BRIT) foods; **~ à gants** glove compartment; **~ à musique** musical box; **~ à ordures** dustbin (BRIT), trash can (US); **~ aux lettres** letter box, mailbox (US); (Inform) mailbox; **~ crânienne**

cranium; ~ **d'allumettes** box of matches; (*vide*) matchbox; ~ **de conserves** can *ou* tin (BRIT) (of food); ~ **de nuit** night club; ~ **de sardines/petits pois** can *ou* tin (BRIT) of sardines/peas; **mettre qn en** ~ (*fam*) to have a laugh at sb's expense; **en vitesses** gear box; ~ **noire** (*Aviat*) black box; ~ **postale** PO box; ~ **vocale** voice mail

boiter [bwate] /**1**/ *vi* to limp; (*fig*) to wobble; (: *raisonnement*) to be shaky

boiteux, -euse [bwatø, -øz] *adj* lame; wobbly; shaky

boîtier [bwatje] *nm* case; (*d'appareil photo*) body; ~ **de montre** watch case

boitiller [bwatije] /**1**/ *vi* to limp slightly, have a slight limp

boive *etc* [bwav] *vb voir* **boire**

bol [bɔl] *nm* bowl; (*contenu*) : **un ~ de café** *etc* a bowl of coffee *etc*; **un ~ d'air** a breath of fresh air; **en avoir ras le ~** (*fam*) to have had a bellyful; **avoir du ~** (*fam*) to be lucky

bolée [bɔle] *nf* bowlful

boléro [bɔleʀo] *nm* bolero

bolet [bɔlɛ] *nm* boletus (mushroom)

bolide [bɔlid] *nm* racing car; **comme un ~** like a rocket

Bolivie [bɔlivi] *nf* : **la ~** Bolivia

bolivien, ne [bɔlivjɛ̃, -ɛn] *adj* Bolivian ▸ *nm/f* : **Bolivien, ne** Bolivian

bolognais, e [bɔlɔɲɛ, -ez] *adj* Bolognese

Bologne [bɔlɔɲ] *n* Bologna

bombance [bɔ̃bɑ̃s] *nf* : **faire ~** to have a feast, revel

bombardement [bɔ̃baʀdəmɑ̃] *nm* bombing

bombarder [bɔ̃baʀde] /**1**/ *vt* to bomb; ~ **qn de** (*cailloux, lettres*) to bombard sb with; ~ **qn directeur** to thrust sb into the director's seat

bombardier [bɔ̃baʀdje] *nm* (*avion*) bomber; (*aviateur*) bombardier

bombe [bɔ̃b] *nf* bomb; (*atomiseur*) (aerosol) spray; (*Équitation*) riding cap; **faire la ~** (*fam*) to go on a binge; ~ **atomique** atomic bomb; ~ **à retardement** time bomb

bombé, e [bɔ̃be] *adj* rounded; (*mur*) bulging; (*front*) domed; (*route*) steeply cambered

bomber [bɔ̃be] /**1**/ *vi* to bulge; (*route*) to camber ▸ *vt* : ~ **le torse** to swell out one's chest

---

MOT-CLÉ

bon, bonne [bɔ̃, bɔn] *adj* **1** (*agréable, satisfaisant*) good; **un bon repas/restaurant** a good meal/restaurant; **être bon en maths** to be good at maths

2 (*charitable*) : **être bon (envers)** to be good (to), to be kind (to); **vous êtes trop bon** you're too kind

3 (*correct*) right; **le bon numéro/moment** the right number/moment

4 (*souhaits*) : **bon anniversaire !** happy birthday!; **bon courage !** good luck!; **bon séjour !** enjoy your stay!; **bon voyage !** have a good trip!; **bon week-end !** have a good weekend!; **bonne année !** happy New Year!; **bonne chance !** good luck!; **bonne fête !** happy holiday!; **bonne nuit !** good night!

5 (*approprié*) : **bon à/pour** fit to/for; **bon à jeter** fit for the bin; **c'est bon à savoir** that's useful to know; **à quoi bon (...) ?** what's the point *ou* use (of ...)?

6 (*intensif*) : **ça m'a pris deux bonnes heures** it took me a good two hours; **un bon nombre de** a good number of

7 : **bon enfant** *adj inv* accommodating, easy-going; **bonne femme** (*péj*) woman; **de bonne heure** early; **bon marché** cheap; **bon mot** witticism; **pour faire bon poids ...** to make up for it ...; **bon sens** common sense; **bon vivant** jovial chap; **bonnes œuvres** charitable works, charities; **bonne sœur** nun
▸ *nm* **1** (*billet*) voucher; (*aussi* : **bon cadeau**) gift voucher; **bon de caisse** cash voucher; **bon d'essence** petrol coupon; **bon à tirer** pass for press; **bon du Trésor** Treasury bond
2 : **avoir du bon** to have its good points; **il y a du bon dans ce qu'il dit** there's some sense in what he says; **pour de bon** for good
▸ *nm/f* : **un bon à rien** a good-for-nothing
▸ *adv* : **il fait bon** it's *ou* the weather is fine; **sentir bon** to smell good; **tenir bon** to stand firm; **juger bon de faire ...** to think fit to do ...
▸ *excl* right!, good!; **ah bon ?** really?; **bon, je reste** right, I'll stay; *voir aussi* **bonne**

bonasse [bɔnas] *adj* soft, meek

bonbon [bɔ̃bɔ̃] *nm* (boiled) sweet

bonbonne [bɔ̃bɔn] *nf* demijohn; carboy

bonbonnière [bɔ̃bɔnjɛʀ] *nf* sweet (BRIT) *ou* candy (US) box

bond [bɔ̃] *nm* leap; (*d'une balle*) rebound, ricochet; **faire un ~** to leap in the air; **d'un seul ~** in one bound, with one leap; ~ **en avant** (*fig* : *progrès*) leap forward

bonde [bɔ̃d] *nf* (*d'évier etc*) plug; (: *trou*) plughole; (*de tonneau*) bung; bunghole

bondé, e [bɔ̃de] *adj* packed (full)

bondieuserie [bɔ̃djøzʀi] *nf* (*péj* : *objet*) religious knick-knack

bondir [bɔ̃diʀ] /**2**/ *vi* to leap; ~ **de joie** (*fig*) to jump for joy; ~ **de colère** (*fig*) to be hopping mad

bonheur [bɔnœʀ] *nm* happiness; **avoir le ~ de** to have the good fortune to; **porter ~ (à qn)** to bring (sb) luck; **au petit ~** haphazardly; **par ~** fortunately

bonhomie [bɔnɔmi] *nf* good-naturedness

bonhomme [bɔnɔm] (*pl* **bonshommes** [bɔ̃zɔm]) *nm* fellow; **un vieux ~** an old chap; ~ **de neige** snowman; **aller son ~ de chemin** to carry on in one's own sweet way ▸ *adj* good-natured

boni [bɔni] *nm* profit

bonification [bɔnifikasjɔ̃] *nf* bonus

bonifier [bɔnifje] /**7**/ : **se bonifier** *vpr* to improve

boniment [bɔnimɑ̃] *nm* patter *no pl*

bonjour [bɔ̃ʒuʀ] *excl, nm* hello; (*selon l'heure*) good morning (*ou* afternoon); **donner** *ou* **souhaiter le ~ à qn** to bid sb good morning *ou* afternoon; **c'est simple comme ~ !** it's easy as pie!

Bonn [bɔn] *n* Bonn

bonne [bɔn] *adj f voir* **bon** ▸ *nf* (*domestique*) maid; ~ **à toute faire** general help; ~ **d'enfant** nanny

bonne-maman [bɔnmamã] (pl **bonnes-mamans**) nf granny, grandma, gran
bonnement [bɔnmã] adv : **tout** ~ quite simply
bonnet [bɔnɛ] nm bonnet, hat; (de soutien-gorge) cup; ~ **d'âne** dunce's cap; ~ **de bain** bathing cap; ~ **de nuit** nightcap
bonneterie [bɔnɛtʀi] nf hosiery
bon-papa [bɔ̃papa] (pl **bons-papas**) nm grandpa, grandad
bonsoir [bɔ̃swaʀ] excl good evening
bonté [bɔ̃te] nf kindness no pl; **avoir la** ~ **de** to be kind ou good enough to
bonus [bɔnys] nm (Assurances) no-claims bonus; (de DVD) extras pl
bonze [bɔ̃z] nm (Rel) bonze
boomerang [bumʀãg] nm boomerang
booster [buste] vt to boost
boots [buts] nfpl boots
borborygme [bɔʀbɔʀigm] nm rumbling noise
bord [bɔʀ] nm (de table, verre, falaise) edge; (de rivière, lac) bank; (de route) side; (de vêtement) edge, border; (de chapeau) brim; **(monter) à** ~ (to go) on board; **jeter par-dessus** ~ to throw overboard; **le commandant de** ~/**les hommes du** ~ the ship's master/crew; **du même** ~ (fig) of the same opinion; **au** ~ **de la mer/route** at the seaside/roadside; **être au** ~ **des larmes** to be on the verge of tears; **virer de** ~ (Navig) to tack; **sur les bords** (fig) slightly; **de tous bords** on all sides; ~ **du trottoir** kerb (Brit), curb (US)
bordeaux [bɔʀdo] nm Bordeaux ▶ adj inv maroon
bordée [bɔʀde] nf broadside; **une** ~ **d'injures** a volley of abuse; **tirer une** ~ to go on the town
bordel [bɔʀdɛl] nm brothel; (!) bloody (Brit) ou goddamn (US) mess (!) ▶ excl hell!
bordelais, e [bɔʀdəlɛ, -ɛz] adj of ou from Bordeaux
border [bɔʀde] /1/ vt (être le long de) to line, border; (qn dans son lit) to tuck up; ~ **qch de** (garnir) to line sth with; to trim sth with
bordereau, x [bɔʀdəʀo] nm docket, slip
bordure [bɔʀdyʀ] nf border; (sur un vêtement) trim(ming), border; **en** ~ **de** on the edge of
boréal, e, -aux [bɔʀeal, -o] adj boreal, northern
borgne [bɔʀɲ] adj one-eyed; **hôtel** ~ shady hotel; **fenêtre** ~ obstructed window
bornage [bɔʀnaʒ] nm (d'un terrain) demarcation
borne [bɔʀn] nf boundary stone; (aussi : **borne kilométrique**) kilometre-marker, ≈ milestone; **sans** ~**(s)** boundless; **bornes** nfpl (fig) limits; **dépasser les bornes** to go too far
borné, e [bɔʀne] adj narrow; (obtus : personne) narrow-minded
Bornéo [bɔʀneo] nm : **le** ~ Borneo
borner [bɔʀne] /1/ vt (délimiter) to limit; (limiter) to confine; **se** ~ **à faire** (se contenter de) to content o.s. with doing; (se limiter à) to limit o.s. to doing
bosniaque [bɔznjak] adj Bosnian ▶ nmf : **Bosniaque** Bosnian
Bosnie [bɔsni] nf Bosnia
Bosnie-Herzégovine [bɔsniɛʀzegɔvin] nf Bosnia-Herzegovina

bosnien, ne [bɔznjɛ̃, -ɛn] adj Bosnian ▶ nm (Ling) Bosnian ▶ nm/f : **Bosnien, ne** Bosnian
Bosphore [bɔsfɔʀ] nm : **le** ~ the Bosphorus
bosquet [bɔskɛ] nm copse (Brit), grove
bosse [bɔs] nf (de terrain etc) bump; (enflure) lump; (du bossu, du chameau) hump; **avoir la** ~ **des maths** (fam) to have a gift for maths etc; **il a roulé sa** ~ (fam) he's been around
bosseler [bɔsle] /4/ vt (ouvrer) to emboss; (abîmer) to dent
bosser [bɔse] /1/ vi (fam) to work; (: dur) to slave (away), slog (hard) (Brit)
bosseur, -euse [bɔsœʀ, -øz] nm/f (hard) worker, slogger (Brit)
bossu, e [bɔsy] nm/f hunchback
bot [bo] adj m : **pied** ~ club foot
botanique [bɔtanik] nf botany ▶ adj botanic(al)
botaniste [bɔtanist] nmf botanist
Botswana [bɔtswana] nm : **le** ~ Botswana
botte [bɔt] nf (soulier) (high) boot; (Escrime) thrust; (gerbe) : ~ **de paille** bundle of straw; ~ **de radis/d'asperges** bunch of radishes/ asparagus; **bottes de caoutchouc** wellington boots
botter [bɔte] /1/ vt to put boots on; (donner un coup de pied à) to kick; (fam) : **ça me botte** I fancy that
bottier [bɔtje] nm bootmaker
bottillon [bɔtijɔ̃] nm bootee
bottin® [bɔtɛ̃] nm directory
bottine [bɔtin] nf ankle boot
botulisme [bɔtylism] nm botulism
bouc [buk] nm goat; (barbe) goatee; ~ **émissaire** scapegoat
boucan [bukã] nm din, racket
bouche [buʃ] nf mouth; **une** ~ **à nourrir** a mouth to feed; **les bouches inutiles** the non-productive members of the population; **faire du** ~ **à** ~ **à qn** to give sb the kiss of life (Brit), give sb mouth-to-mouth resuscitation; **de** ~ **à oreille** confidentially; **pour la bonne** ~ (pour la fin) till last; **faire venir l'eau à la** ~ to make one's mouth water; ~ **cousue !** mum's the word!; **rester** ~ **bée** to stand open-mouthed; ~ **d'aération** air vent; ~ **de chaleur** hot air vent; ~ **d'égout** manhole; ~ **d'incendie** fire hydrant; ~ **de métro** métro entrance
bouché, e [buʃe] adj (flacon etc) stoppered; (temps, ciel) overcast; (carrière) blocked; (péj : personne) thick; (trompette) muted; **avoir le nez** ~ to have a blocked(-up) nose; **c'est un secteur** ~ there's no future in that area; **l'évier est** ~ the sink's blocked
bouchée [buʃe] nf mouthful; **ne faire qu'une** ~ **de** (fig) to make short work of; **pour une** ~ **de pain** (fig) for next to nothing; **bouchées à la reine** chicken vol-au-vents
boucher [buʃe] /1/ nm butcher ▶ vt (pour colmater) to stop up; (trou) to fill up; (obstruer) to block (up); **se boucher** vpr (tuyau etc) to block up, get blocked up; **se** ~ **le nez** to hold one's nose
bouchère [buʃɛʀ] nf butcher; (femme du boucher) butcher's wife
boucherie [buʃʀi] nf butcher's (shop); (métier) butchery; (fig) slaughter, butchery
bouche-trou [buʃtʀu] nm (fig) stop-gap

b

53

bouchon [buʃɔ̃] *nm* (*en liège*) cork; (*autre matière*) stopper; (*de tube*) top; (*fig : embouteillage*) holdup; (*Pêche*) float; **~ doseur** measuring cap

bouchonner [buʃɔne] /**1**/ *vt* to rub down ▶ *vi* to form a traffic jam

bouchot [buʃo] *nm* mussel bed

bouclage [buklaʒ] *nm* sealing off

boucle [bukl] *nf* (*forme, figure, aussi Inform*) loop; (*objet*) buckle; **~ (de cheveux)** curl; **~ d'oreille** earring

bouclé, e [bukle] *adj* (*cheveux*) curly; (*tapis*) uncut

boucler [bukle] /**1**/ *vt* (*fermer : ceinture etc*) to fasten; (*: magasin*) to shut; (*terminer*) to finish off; (*: circuit*) to complete; (*: budget*) to balance; (*enfermer*) to shut away; (*: condamné*) to lock up; (*: quartier*) to seal off; **~ la boucle** to loop the loop ▶ *vi* to curl; **faire ~** (*cheveux*) to curl

bouclette [buklɛt] *nf* small curl

bouclier [buklije] *nm* shield

bouddha [buda] *nm* Buddha

bouddhisme [budism] *nm* Buddhism

bouddhiste [budist] *nmf* Buddhist

bouder [bude] /**1**/ *vi* to sulk ▶ *vt* (*chose*) to turn one's nose up at; (*personne*) to refuse to have anything to do with

bouderie [budri] *nf* sulking *no pl*

boudeur, -euse [budœʀ, -øz] *adj* sullen, sulky

boudin [budɛ̃] *nm* (*Tech*) roll; (*Culin*) : **~ (noir)** black pudding; **~ blanc** white pudding

boudiné, e [budine] *adj* (*doigt*) podgy; (*serré*) : **~ dans** (*vêtement*) bulging out of

boudoir [budwaʀ] *nm* boudoir; (*biscuit*) sponge finger

boue [bu] *nf* mud

bouée [bwe] *nf* buoy; (*de baigneur*) rubber ring; **~ (de sauvetage)** lifebuoy; (*fig*) lifeline

boueux, -euse [bwø, -øz] *adj* muddy ▶ *nm* (*fam*) refuse (BRIT) *ou* garbage (US) collector

bouffant, e [bufã, -ãt] *adj* puffed out

bouffe [buf] *nf* (*fam*) grub, food

bouffée [bufe] *nf* (*de cigarette*) puff; **une ~ d'air pur** a breath of fresh air; **~ de chaleur** (*gén*) blast of hot air; (*Méd*) hot flush (BRIT) *ou* flash (US); **~ de fièvre/de honte** flush of fever/shame; **~ d'orgueil** fit of pride

bouffer [bufe] /**1**/ *vi* (*fam*) to eat; (*Couture*) to puff out ▶ *vt* (*fam*) to eat

bouffi, e [bufi] *adj* swollen

bouffon, ne [bufɔ̃, -ɔn] *adj* farcical, comical ▶ *nm* jester

bouge [buʒ] *nm* (*bar louche*) (low) dive; (*taudis*) hovel

bougeoir [buʒwaʀ] *nm* candlestick

bougeotte [buʒɔt] *nf* : **avoir la ~** to have the fidgets

bouger [buʒe] /**3**/ *vi* to move; (*dent etc*) to be loose; (*changer*) to alter; (*agir*) to stir; (*s'activer*) to get moving; **les prix/les couleurs n'ont pas bougé** prices/colours haven't changed ▶ *vt* to move; **se bouger** *vpr* (*fam*) to move (oneself)

bougie [buʒi] *nf* candle; (*Auto*) spark(ing) plug

bougon, ne [buɡɔ̃, -ɔn] *adj* grumpy

bougonner [buɡɔne] /**1**/ *vi, vt* to grumble

bougre [buɡʀ] *nm* chap; (*fam*) : **ce ~ de ...** that confounded ...

boui-boui [bwibwi] (*pl* **bouis-bouis**) *nm* (*fam*) greasy spoon

bouillabaisse [bujabɛs] *nf* type of fish soup

bouillant, e [bujã, -ãt] *adj* (*qui bout*) boiling; (*très chaud*) boiling (hot); (*fig : ardent*) hot-headed; **~ de colère** *etc* seething with anger *etc*

bouille [buj] *nf* (*fam*) mug

bouilleur [bujœʀ] *nm* : **~ de cru** (home) distiller

bouillie [buji] *nf* gruel; (*de bébé*) cereal; **en ~** (*fig*) crushed

bouillir [bujiʀ] /**15**/ *vi* to boil; **~ de colère** *etc* to seethe with anger *etc* ▶ *vt* (*Culin : aussi* : **faire bouillir**) to boil

bouilloire [bujwaʀ] *nf* kettle

bouillon [bujɔ̃] *nm* (*Culin*) stock *no pl*; (*bulles, écume*) bubble; **~ de culture** culture medium

bouillonnement [bujɔnmã] *nm* (*d'un liquide*) bubbling; (*des idées*) ferment

bouillonner [bujɔne] /**1**/ *vi* to bubble; (*fig : idées*) to bubble up; (*torrent*) to foam

bouillotte [bujɔt] *nf* hot-water bottle

boulanger, -ère [bulãʒe, -ɛʀ] *nm/f* baker ▶ *nf* (*femme du boulanger*) baker's wife

boulangerie [bulãʒʀi] *nf* bakery, baker's (shop); (*commerce*) bakery; **~ industrielle** bakery

boulangerie-pâtisserie [bulãʒʀipɑtisʀi] (*pl* **boulangeries-pâtisseries**) *nf* baker's and confectioner's (shop)

boule [bul] *nf* (*gén*) ball; (*de pétanque*) bowl; (*de machine à écrire*) golf ball; **roulé en ~** curled up in a ball; **se mettre en ~** (*fig*) to fly off the handle, blow one's top; **perdre la ~** (*fig : fam*) to go off one's rocker; **~ de gomme** (*bonbon*) gum(drop), pastille; **~ de neige** snowball; **faire ~ de neige** (*fig*) to snowball

bouleau, x [bulo] *nm* (silver) birch

bouledogue [buldɔɡ] *nm* bulldog

bouler [bule] /**1**/ *vi* (*fam*) : **envoyer ~ qn** to send sb packing; **je me suis fait ~** (*à un examen*) they flunked me

boulet [bulɛ] *nm* (*aussi* : **boulet de canon**) cannonball; (*de bagnard*) ball and chain; (*charbon*) (coal) nut

boulette [bulɛt] *nf* (*de viande*) meatball

boulevard [bulvaʀ] *nm* boulevard

bouleversant, e [bulvɛʀsɑ̃, -ɑ̃t] *adj* (*récit*) deeply distressing; (*nouvelle*) shattering

bouleversé, e [bulvɛʀse] *adj* (*ému*) deeply distressed; shattered

bouleversement [bulvɛʀsəmã] *nm* (*politique, social*) upheaval

bouleverser [bulvɛʀse] /**1**/ *vt* (*émouvoir*) to overwhelm; (*causer du chagrin à*) to distress; (*pays, vie*) to disrupt; (*papiers, objets*) to turn upside down, upset

boulier [bulje] *nm* abacus; (*de jeu*) scoring board

boulimie [bulimi] *nf* bulimia; compulsive eating

boulimique [bulimik] *adj* bulimic

boulingrin [bulɛ̃ɡʀɛ̃] *nm* lawn

bouliste [bulist] *nmf* bowler

boulocher [buloʃe] /**1**/ *vi* (*laine etc*) to develop little snarls

boulodrome [bulodʀɔm] *nm* bowling pitch

b

boulon [bulɔ̃] nm bolt
boulonner [bulɔne] /1/ vt to bolt
boulot¹ [bulo] nm (fam : travail) work
boulot², te [bulo, -ɔt] adj plump, tubby
boum [bum] nm bang ▶ nf (fam) party
bouquet [bukɛ] nm (de fleurs) bunch (of flowers), bouquet; (de persil etc) bunch; (parfum) bouquet; (fig) crowning piece; **c'est le ~ !** that's the last straw!; **~ garni** (Culin) bouquet garni
bouquetin [buk(ə)tɛ̃] nm ibex
bouquin [bukɛ̃] nm (fam) book
bouquiner [bukine] /1/ vi (fam) to read
bouquiniste [bukinist] nmf bookseller
bourbeux, -euse [buʀbø, -øz] adj muddy
bourbier [buʀbje] nm (quag)mire
bourde [buʀd] nf (erreur) howler; (gaffe) blunder
bourdon [buʀdɔ̃] nm bumblebee
bourdonnement [buʀdɔnmɑ̃] nm buzzing no pl, buzz; **avoir des bourdonnements d'oreilles** to have a buzzing (noise) in one's ears
bourdonner [buʀdɔne] /1/ vi to buzz; (moteur) to hum
bourg [buʀ] nm small market town (ou village)
bourgade [buʀgad] nf township
bourgeois, e [buʀʒwa, -waz] adj ≈ (upper) middle class; (péj) bourgeois; (maison etc) very comfortable ▶ nm/f (autrefois) burgher
bourgeoisie [buʀʒwazi] nf ≈ upper middle classes pl; bourgeoisie; **petite ~** middle classes
bourgeon [buʀʒɔ̃] nm bud
bourgeonner [buʀʒɔne] /1/ vi to bud
bourgogne [buʀgɔɲ] nm Burgundy (wine) ▶ nf : **la B~** Burgundy
bourguignon, ne [buʀgiɲɔ̃, -ɔn] adj of ou from Burgundy, Burgundian; **bœuf ~** bœuf bourguignon
bourlinguer [buʀlɛ̃ge] /1/ vi to knock about a lot, get around a lot
bourrade [buʀad] nf shove, thump
bourrage [buʀaʒ] nm (papier) jamming; **~ de crâne** brainwashing; (Scol) cramming
bourrasque [buʀask] nf squall
bourratif, -ive [buʀatif, -iv] adj (fam) filling, stodgy
bourre [buʀ] nf (de coussin, matelas etc) stuffing
bourré, e [buʀe] adj (rempli) : **~ de** crammed full of; (fam : ivre) pickled, plastered
bourreau, x [buʀo] nm executioner; (fig) torturer; **~ de travail** workaholic, glutton for work
bourrelé, e [buʀ(ə)le] adj : **être ~ de remords** to be racked by remorse
bourrelet [buʀlɛ] nm draught (Brit) ou draft (US) excluder; (de peau) fold ou roll (of flesh)
bourrer [buʀe] /1/ vt (pipe) to fill; (poêle) to pack; (valise) to cram (full); **~ de** to cram (full) with, stuff with; **~ de coups** to hammer blows on, pummel; **le crâne à qn** to pull the wool over sb's eyes; (endoctriner) to brainwash sb
bourricot [buʀiko] nm small donkey
bourrique [buʀik] nf (âne) ass
bourru, e [buʀy] adj surly, gruff
bourse [buʀs] nf (subvention) grant; (porte-monnaie) purse; **sans ~ délier** without spending

a penny; **la B~** the Stock Exchange; **~ du travail** ≈ trades union council (regional headquarters)
boursicoter [buʀsikɔte] /1/ vi (Comm) to dabble on the Stock Market
boursier, -ière [buʀsje, -jɛʀ] adj (Comm) Stock Market cpd ▶ nm/f (Scol) grant-holder
boursouflé, e [buʀsufle] adj swollen, puffy; (fig) bombastic, turgid
boursoufler [buʀsufle] /1/ vt to puff up, bloat; **se boursoufler** vpr (visage) to swell ou puff up; (peinture) to blister
boursouflure [buʀsuflyʀ] nf (du visage) swelling, puffiness; (de la peinture) blister; (fig : du style) pomposity
bous [bu] vb voir **bouillir**
bousculade [buskylad] nf (hâte) rush; (poussée) crush
bousculer [buskyle] /1/ vt to knock over; (heurter) to knock into; (fig) to push, rush; **se bousculer** vpr (se presser) to rush
bouse [buz] nf : **~ (de vache)** (cow) dung no pl (Brit), manure no pl
bousiller [buzije] /1/ vt (fam) to wreck
boussole [busɔl] nf compass
bout [bu] vb voir **bouillir** ▶ nm bit; (extrémité : d'un bâton etc) tip; (: d'une ficelle, table, rue, période) end; **au ~ de** at the end of, after; **au ~ du compte** at the end of the day; **pousser qn à ~** to push sb to the limit (of his patience); **venir à ~ de** to manage to finish (off) ou overcome; **~ à ~** end to end; **à tout ~ de champ** at every turn; **d'un ~ à l'autre, de ~ en ~** from one end to the other; **à ~ portant** at point-blank range; **un ~ de chou** (enfant) a little tot; **~ d'essai** (Ciné etc) screen test; **~ filtre** filter tip
boutade [butad] nf quip, sally
boute-en-train [butɑ̃tʀɛ̃] nm inv live wire (fig)
bouteille [butɛj] nf bottle; (de gaz butane) cylinder
boutiquaire [butikɛʀ] adj : **niveau ~** shopping level
boutique [butik] nf shop (Brit), store (US); (de grand couturier, de mode) boutique
boutiquier, -ière [butikje, -jɛʀ] nm/f shopkeeper (Brit), storekeeper (US)
boutoir [butwaʀ] nm : **coup de ~** (choc) thrust; (fig : propos) barb
bouton [butɔ̃] nm (de vêtement, électrique etc) button; (Bot) bud; (sur la peau) spot; (de porte) knob; **~ de manchette** cuff-link; **~ d'or** buttercup
boutonnage [butɔnaʒ] nm (action) buttoning(-up); **un manteau à double ~** a coat with two rows of buttons
boutonner [butɔne] /1/ vt to button up, do up; **se boutonner** vpr to button one's clothes up
boutonneux, -euse [butɔnø, -øz] adj spotty
boutonnière [butɔnjɛʀ] nf buttonhole
bouton-poussoir [butɔ̃puswaʀ] (pl **boutons-poussoirs**) nm pushbutton
bouton-pression [butɔ̃pʀesjɔ̃] (pl **boutons-pression**) nm press stud, snap fastener
bouture [butyʀ] nf cutting; **faire des boutures** to take cuttings

bouvreuil [buvʀœj] *nm* bullfinch

bovidé [bɔvide] *nm* bovine

bovin, e [bɔvɛ̃, -in] *adj* bovine ▸ *nm* : **bovins** cattle *pl*

bowling [boliŋ] *nm* (tenpin) bowling; (*salle*) bowling alley

box [bɔks] *nm* lock-up (garage); (*de salle, dortoir*) cubicle; (*d'écurie*) loose-box; (*aussi* : **box-calf**) box calf; **le ~ des accusés** the dock

boxe [bɔks] *nf* boxing

boxer [bɔkse] /**1**/ *vi* to box ▸ *nm* [bɔksɛʀ] (*chien*) boxer

boxeur [bɔksœʀ] *nm* boxer

boyau, x [bwajo] *nm* (*corde de raquette etc*) (cat) gut; (*galerie*) passage(way); (narrow) gallery; (*pneu de bicyclette*) tubeless tyre; **boyaux** *nmpl* (*viscères*) entrails, guts

boycottage [bɔjkɔtaʒ] *nm* (*d'un produit*) boycotting

boycotter [bɔjkɔte] /**1**/ *vt* to boycott

BP *sigle f* = **boîte postale**

brabançon, ne [bʀabɑ̃sɔ̃, -ɔn] *adj of ou* from Brabant

Brabant [bʀabɑ̃] *nm* : **le ~** Brabant

bracelet [bʀaslɛ] *nm* bracelet

bracelet-montre [bʀaslɛmɔ̃tʀ] (*pl* **bracelets-montres**) *nm* wristwatch

braconnage [bʀakɔnaʒ] *nm* poaching

braconner [bʀakɔne] /**1**/ *vi* to poach

braconnier [bʀakɔnje] *nm* poacher

brader [bʀade] /**1**/ *vt* to sell off, sell cheaply

braderie [bʀadʀi] *nf* clearance sale; (*par des particuliers*) ≈ car boot sale (BRIT), ≈ garage sale (US); (*magasin*) discount store; (*sur marché*) cut-price (BRIT) *ou* cut-rate (US) stall

braguette [bʀagɛt] *nf* fly, flies *pl* (BRIT), zipper (US)

braillard, e [bʀajaʀ, -aʀd] *adj* (*fam*) bawling, yelling

braille [bʀaj] *nm* Braille

braillement [bʀajmɑ̃] *nm* (*cri*) bawling *no pl*, yelling *no pl*

brailler [bʀaje] /**1**/ *vi* to bawl, yell ▸ *vt* to bawl out, yell out

braire [bʀɛʀ] /**50**/ *vi* to bray

braise [bʀɛz] *nf* embers *pl*

braiser [bʀeze] /**1**/ *vt* to braise; **bœuf braisé** braised steak

bramer [bʀɑme] /**1**/ *vi* to bell; (*fig*) to wail

brancard [bʀɑ̃kaʀ] *nm* (*civière*) stretcher; (*bras, perche*) shaft

brancardier [bʀɑ̃kaʀdje] *nm* stretcher-bearer

branchages [bʀɑ̃ʃaʒ] *nmpl* branches, boughs

branche [bʀɑ̃ʃ] *nf* branch; (*de lunettes*) side(-piece)

branché, e [bʀɑ̃ʃe] *adj* (*fam*) switched-on, trendy ▸ *nm/f* (*fam*) trendy

branchement [bʀɑ̃ʃmɑ̃] *nm* connection

brancher [bʀɑ̃ʃe] /**1**/ *vt* to connect (up); (*en mettant la prise*) to plug in; **~ qn/qch sur** (*fig*) to get sb/sth launched onto

branchies [bʀɑ̃ʃi] *nfpl* gills

brandade [bʀɑ̃dad] *nf* brandade (*cod dish*)

brandebourgeois, e [bʀɑ̃dəbuʀʒwa, -waz] *adj of ou* from Brandenburg

brandir [bʀɑ̃diʀ] /**2**/ *vt* (*arme*) to brandish, wield; (*document*) to flourish, wave

brandon [bʀɑ̃dɔ̃] *nm* firebrand

branlant, e [bʀɑ̃lɑ̃, -ɑ̃t] *adj* (*mur, meuble*) shaky

branle [bʀɑ̃l] *nm* : **mettre en ~** to set swinging; **donner le ~ à** to set in motion

branle-bas [bʀɑ̃lba] *nm inv* commotion

branler [bʀɑ̃le] /**1**/ *vi* to be shaky, be loose ▸ *vt* : **~ la tête** to shake one's head; **se branler** *vpr* (! : *se masturber*) to jerk off (!), to wank (!)

braquage [bʀakaʒ] *nm* (*fam*) stick-up, hold-up; (*Auto*) : **rayon de ~** turning circle

braque [bʀak] *nm* (*Zool*) pointer

braquer [bʀake] /**1**/ *vi* (*Auto*) to turn (the wheel) ▸ *vt* (*revolver etc*) : **~ qch sur** to aim sth at, point sth at; (*mettre en colère*) : **~ qn** to antagonize sb, put sb's back up; **~ son regard sur** to fix one's gaze on; **se braquer** *vpr* : **se ~ (contre)** to take a stand (against)

bras [bʀa] *nm* arm; (*de fleuve*) branch; **~ dessus ~ dessous** arm in arm; **à tour de ~** with all one's might; **~ droit** (*fig*) right hand man; **~ de fer** arm-wrestling; **une partie de ~ de fer** (*fig*) a trial of strength; **~ de levier** lever arm; **~ de mer** arm of the sea, sound ▸ *nmpl* (*fig* : *travailleurs*) labour *sg* (BRIT), labor *sg* (US), hands; **à ~ raccourcis** with fists flying; **baisser les ~** to give up; **se retrouver avec qch sur les ~** (*fam*) to be landed with sth

brasero [bʀazeʀo] *nm* brazier

brasier [bʀazje] *nm* blaze, (blazing) inferno; (*fig*) inferno

Brasilia [bʀazilja] *n* Brasilia

bras-le-corps [bʀalkɔʀ] : **à ~** *adv* (a)round the waist

brassage [bʀasaʒ] *nm* (*de la bière*) brewing; (*fig*) mixing

brassard [bʀasaʀ] *nm* armband

brasse [bʀas] *nf* (*nage*) breast-stroke; (*mesure*) fathom; **~ papillon** butterfly(-stroke)

brassée [bʀase] *nf* armful; **une ~ de** (*fig*) a number of

brasser [bʀase] /**1**/ *vt* (*bière*) to brew; (*remuer* : *salade*) to toss; (: *cartes*) to shuffle; (*fig*) to mix; **~ l'argent/les affaires** to handle a lot of money/ business

brasserie [bʀasʀi] *nf* (*restaurant*) bar (*selling food*), brasserie; (*usine*) brewery

brasseur [bʀasœʀ] *nm* (*de bière*) brewer; **~ d'affaires** big businessman

brassière [bʀasjɛʀ] *nf* (baby's) vest (BRIT) *ou* undershirt (US); (*de sauvetage*) life jacket

bravache [bʀavaʃ] *nm* blusterer, braggart

bravade [bʀavad] *nf* : **par ~** out of bravado

brave [bʀav] *adj* (*courageux*) brave; (*bon, gentil*) good, kind

bravement [bʀavmɑ̃] *adv* bravely; (*résolument*) boldly

braver [bʀave] /**1**/ *vt* to defy

bravo [bʀavo] *excl* bravo! ▸ *nm* cheer

bravoure [bʀavuʀ] *nf* bravery

BRB *sigle f* (*Police*) : = *Brigade de répression du banditisme*) ≈ serious crime squad

break [bʀɛk] *nm* (*Auto*) estate car (BRIT), station wagon (US)

brebis [bʀəbi] *nf* ewe; ~ **galeuse** black sheep
brèche [bʀɛʃ] *nf* breach, gap; **être sur la** ~ (*fig*) to be on the go
bredouille [bʀəduj] *adj* empty-handed
bredouiller [bʀəduje] /**1**/ *vi*, *vt* to mumble, stammer
bref, brève [bʀɛf, bʀɛv] *adj* short, brief; **d'un ton** ~ sharply, curtly; **en** ~ in short, in brief; **à** ~ **délai** shortly ▶ *adv* in short ▶ *nf* (*voyelle*) short vowel; (*information*) brief news item
brelan [bʀəlɑ̃] *nm* : **un** ~ three of a kind; **un** ~ **d'as** three aces
breloque [bʀəlɔk] *nf* charm
brème [bʀɛm] *nf* bream
Brésil [bʀezil] *nm* : **le** ~ Brazil
brésilien, ne [bʀeziljɛ̃, -ɛn] *adj* Brazilian ▶ *nm/f* : **Brésilien, ne** Brazilian
bressan, e [bʀesɑ̃, -an] *adj* of *ou* from Bresse
Bretagne [bʀətaɲ] *nf* : **la** ~ Brittany
bretelle [bʀətɛl] *nf* (*de fusil etc*) sling; (*de vêtement*) strap; (*d'autoroute*) slip road (*Brit*), entrance *ou* exit ramp (*US*); ~ **de contournement** (*Auto*) bypass; ~ **de raccordement** (*Auto*) access road; **bretelles** *nfpl* (*pour pantalon*) braces (*Brit*), suspenders (*US*)
breton, ne [bʀətɔ̃, -ɔn] *adj* Breton ▶ *nm* (*Ling*) Breton ▶ *nm/f* : **Breton, ne** Breton
breuvage [bʀœvaʒ] *nm* beverage, drink
brève [bʀɛv] *adj f*, *nf voir* **bref**
brevet [bʀəvɛ] *nm* diploma, certificate; ~ **d'apprentissage** certificate of apprenticeship; ~ (**des collèges**) *school certificate, taken at approx. 16 years*; ~ (**d'invention**) patent
breveté, e [bʀəv(ə)te] *adj* patented; (*diplômé*) qualified
breveter [bʀəv(ə)te] /**4**/ *vt* to patent
bréviaire [bʀevjɛʀ] *nm* breviary
BRGM *sigle m* = **Bureau de recherches géologiques et minières**
briard, e [bʀijaʀ, -aʀd] *adj* of *ou* from Brie ▶ *nm* (*chien*) briard
bribe [bʀib] *nf* bit, scrap; **bribes** *nfpl* (*d'une conversation*) snatches; **par bribes** piecemeal
bric [bʀik] : **de** ~ **et de broc** *adv* with any old thing
bric-à-brac [bʀikabʀak] *nm inv* bric-a-brac, jumble
bricolage [bʀikɔlaʒ] *nm* : **le** ~ do-it-yourself (jobs); (*péj*) patched-up job
bricole [bʀikɔl] *nf* (*babiole, chose insignifiante*) trifle; (*petit travail*) small job
bricoler [bʀikɔle] /**1**/ *vi* to do odd jobs; (*en amateur*) to do DIY jobs; (*passe-temps*) to potter about ▶ *vt* (*réparer*) to fix up; (*mal réparer*) to tinker with; (*trafiquer : voiture etc*) to doctor, fix
bricoleur, -euse [bʀikɔlœʀ, -øz] *nm/f* handyman/woman, DIY enthusiast
bridage [bʀidaʒ] *nm* (*Auto*) speed governing
bride [bʀid] *nf* bridle; (*d'un bonnet*) string, tie; **à** ~ **abattue** flat out, hell for leather; **tenir en** ~ to keep in check; **lâcher la** ~ **à, laisser la** ~ **sur le cou à** to give free rein to
bridé, e [bʀide] *adj* : **yeux bridés** slit eyes

brider [bʀide] /**1**/ *vt* (*réprimer*) to keep in check; (*cheval*) to bridle; (*Culin : volaille*) to truss
bridge [bʀidʒ] *nm* (*Cartes*) bridge
brie [bʀi] *nm* Brie (*cheese*)
briefer [bʀife] *vt* to brief
brièvement [bʀijɛvmɑ̃] *adv* briefly
brièveté [bʀijɛvte] *nf* brevity
brigade [bʀigad] *nf* (*Police*) squad; (*Mil*) brigade
brigadier [bʀigadje] *nm* (*Police*) ≈ sergeant; (*Mil*) bombardier; corporal
brigadier-chef [bʀigadjeʃɛf] (*pl* **brigadiers-chefs**) *nm* ≈ lance-sergeant
brigand [bʀigɑ̃] *nm* brigand
brigandage [bʀigɑ̃daʒ] *nm* robbery
briguer [bʀige] /**1**/ *vt* to aspire to; (*suffrages*) to canvass
brillamment [bʀijamɑ̃] *adv* brilliantly
brillant, e [bʀijɑ̃, -ɑ̃t] *adj* brilliant; (*remarquable*) bright; (*luisant*) shiny, shining ▶ *nm* (*diamant*) brilliant
briller [bʀije] /**1**/ *vi* to shine
brimade [bʀimad] *nf* vexation, harassment *no pl*; bullying *no pl*
brimbaler [bʀɛ̃bale] /**1**/ *vb* = **bringuebaler**
brimer [bʀime] /**1**/ *vt* to harass; to bully
brin [bʀɛ̃] *nm* (*de laine, ficelle etc*) strand; (*fig*) : **un** ~ **de** a bit of; **un** ~ **mystérieux** *etc* (*fam*) a weeny bit mysterious *etc*; ~ **d'herbe** blade of grass; ~ **de muguet** sprig of lily of the valley; ~ **de paille** wisp of straw
brindille [bʀɛ̃dij] *nf* twig
bringue [bʀɛ̃g] *nf* (*fam*) : **faire la** ~ to go on a binge
bringuebaler [bʀɛ̃g(ə)bale] /**1**/ *vi* to shake (about) ▶ *vt* to cart about
brio [bʀijo] *nm* brilliance; (*Mus*) brio; **avec** ~ brilliantly, with panache
brioche [bʀijɔʃ] *nf* brioche (bun); (*fam : ventre*) paunch
brioché, e [bʀijɔʃe] *adj* brioche-style
brique [bʀik] *nf* brick; (*de lait*) carton; (*fam*) 10 000 francs ▶ *adj inv* brick red
briquer [bʀike] /**1**/ *vt* (*fam*) to polish up
briquet [bʀikɛ] *nm* (*cigarette*) lighter
briqueterie [bʀik(ə)tʀi] *nf* brickyard
bris [bʀi] *nm* : ~ **de clôture** (*Jur*) breaking in; ~ **de glaces** (*Auto*) breaking of windows
brisant [bʀizɑ̃] *nm* reef; (*vague*) breaker
brise [bʀiz] *nf* breeze
brisé, e [bʀize] *adj* broken; ~ (**de fatigue**) exhausted; **d'une voix brisée** in a voice broken with emotion; **pâte brisée** shortcrust pastry
brisées [bʀize] *nfpl* : **aller** *ou* **marcher sur les** ~ **de qn** to compete with sb in his own province
brise-glace, brise-glaces [bʀizglas] *nm inv* (*navire*) icebreaker
brise-jet [bʀizʒɛ] *nm* tap swirl
brise-lames [bʀizlam] *nm inv* breakwater
briser [bʀize] /**1**/ *vt* to break; **se briser** *vpr* to break
brise-tout [bʀiztu] *nm inv* wrecker
briseur, -euse [bʀizœʀ, -øz] *nm/f* : ~ **de grève** strike-breaker
brise-vent [bʀizvɑ̃] *nm* windbreak
bristol [bʀistɔl] *nm* (*carte de visite*) visiting card

britannique [bʀitanik] *adj* British ▸ *nmf* :
Britannique Briton, British person; **les
Britanniques** the British

broc [bʀo] *nm* pitcher

brocante [bʀokɑ̃t] *nf (objets)* secondhand
goods *pl*, junk; *(commerce)* secondhand trade;
junk dealing

brocanteur, -euse [bʀokɑ̃tœʀ, -øz] *nm/f* junk
shop owner; junk dealer

brocart [bʀokaʀ] *nm* brocade

broche [bʀoʃ] *nf* brooch; *(Culin)* spit; *(fiche)* spike,
peg; *(Méd)* pin; **à la ~** spit-roasted, roasted on a
spit

broché, e [bʀoʃe] *adj (livre)* paper-backed; *(tissu)*
brocaded

brochet [bʀoʃɛ] *nm* pike *inv*

brochette [bʀoʃɛt] *nf (ustensile)* skewer; *(plat)*
kebab; **~ de décorations** row of medals

brochure [bʀoʃyʀ] *nf* pamphlet, brochure,
booklet

brocoli [bʀokoli] *nm* broccoli

brodequins [bʀodkɛ̃] *nmpl (de marche)* (lace-up)
boots

broder [bʀode] /1/ *vt* to embroider ▸ *vi* : **~ (sur
des faits ou une histoire)** to embroider the
facts

broderie [bʀodʀi] *nf* embroidery

bromure [bʀomyʀ] *nm* bromide

broncher [bʀɔ̃ʃe] /1/ *vi* : **sans ~** without
flinching, without turning a hair

bronches [bʀɔ̃ʃ] *nfpl* bronchial tubes

bronchite [bʀɔ̃ʃit] *nf* bronchitis

bronchodilatateur [bʀɔ̃kodilatatœʀ] *nm*
bronchodilator

broncho-pneumonie [bʀɔ̃kɔpnømɔni] *nf*
broncho-pneumonia *no pl*

bronzage [bʀɔ̃zaʒ] *nm (hâle)* (sun)tan

bronze [bʀɔ̃z] *nm* bronze

bronzé, e [bʀɔ̃ze] *adj* tanned

bronzer [bʀɔ̃ze] /1/ *vt* to tan ▸ *vi* to get a tan;
se bronzer *vpr* to sunbathe

brosse [bʀos] *nf* brush; **donner un coup de ~ à
qch** to give sth a brush; **coiffé en ~** with a
crewcut; **à cheveux** hairbrush; **~ à dents**
toothbrush; **~ à habits** clothesbrush

brosser [bʀose] /1/ *vt (nettoyer)* to brush; *(fig :
tableau etc)* to paint; to draw; **se brosser** *vpr, vpr*
to brush one's clothes; **se ~ les dents** to brush
one's teeth; **tu peux te ~ !** *(fam)* you can sing
for it!

brou [bʀu] *nm* : **~ de noix** *(pour bois)* walnut stain;
(liqueur) walnut liqueur

brouette [bʀuɛt] *nf* wheelbarrow

brouhaha [bʀuaa] *nm* hubbub

brouillage [bʀujaʒ] *nm (d'une émission)*
jamming

brouillard [bʀujaʀ] *nm* fog; **être dans le ~** *(fig)*
to be all at sea

brouille [bʀuj] *nf* quarrel

brouillé, e [bʀuje] *adj (teint)* muddy; *(fâché)* : **il
est ~ avec ses parents** he has fallen out with
his parents

brouiller [bʀuje] /1/ *vt (œufs, message)* to scramble;
(idées) to mix up; to confuse; *(Radio)* to cause
interference to; *(: délibérément)* to jam; *(rendre*

trouble) to cloud; *(désunir : amis)* to set at odds;
~ les pistes to cover one's tracks; *(fig)* to confuse
the issue; **se brouiller** *vpr (ciel, vue)* to cloud over;
(détails) to become confused; **se ~ (avec)** to fall
out (with)

brouillon, ne [bʀujɔ̃, -ɔn] *adj (sans soin)* untidy;
(qui manque d'organisation) disorganized,
unmethodical ▸ *nm* (first) draft; **cahier de ~**
rough (work) book; **(papier) ~** rough paper

broussailles [bʀusaj] *nfpl* undergrowth *sg*

broussailleux, -euse [bʀusajø, -øz] *adj* bushy

brousse [bʀus] *nf* : **la ~** the bush

brouter [bʀute] /1/ *vt* to graze on ▸ *vi* to graze;
(Auto) to judder

broutille [bʀutij] *nf* trifle

broyer [bʀwaje] /8/ *vt* to crush; **~ du noir** to be
down in the dumps

bru [bʀy] *nf* daughter-in-law

brucelles [bʀysɛl] *nfpl* : **(pinces) ~** tweezers

brugnon [bʀyɲɔ̃] *nm* nectarine

bruine [bʀɥin] *nf* drizzle

bruiner [bʀɥine] /1/ *vb impers* : **il bruine** it's
drizzling, there's a drizzle

bruire [bʀɥiʀ] /2/ *vi (eau)* to murmur; *(feuilles,
étoffe)* to rustle

bruissement [bʀɥismɑ̃] *nm* murmuring;
rustling

bruit [bʀɥi] *nm* : **un ~** a noise, a sound; *(fig :
rumeur)* a rumour (BRIT), a rumor (US); **le ~**
noise; **pas/trop de ~** no/too much noise;
sans ~ without a sound, noiselessly; **faire
du ~** to make a noise; **~ de fond** background
noise

bruitage [bʀɥitaʒ] *nm* sound effects *pl*

bruiteur, -euse [bʀɥitœʀ, -øz] *nm/f* sound-
effects engineer

brûlant, e [bʀylɑ̃, -ɑ̃t] *adj* burning (hot); *(liquide)*
boiling (hot); *(regard)* fiery; *(sujet)* red-hot

brûlé, e [bʀyle] *adj* burnt; *(fig : démasqué)* blown;
(: homme politique etc) discredited ▸ *nm* : **odeur
de ~** smell of burning

brûle-pourpoint [bʀylpuʀpwɛ̃] : **à ~** *adv*
point-blank

brûler [bʀyle] /1/ *vt* to burn; *(eau bouillante)* to
scald; *(consommer : électricité, essence)* to use; *(: feu
rouge, signal)* to go through (without stopping);
~ les étapes to make rapid progress; *(aller trop
vite)* to cut corners ▸ *vi* to burn; **tu brûles** *(jeu)*
you're getting warm *ou* hot; **~ (d'impatience)
de faire qch** to burn with impatience to do sth,
be dying to do sth; **se brûler** *vpr* to burn o.s.;
(s'ébouillanter) to scald o.s.; **se ~ la cervelle** to
blow one's brains out

brûleur [bʀylœʀ] *nm* burner

brûlot [bʀylo] *nm (Culin)* flaming brandy; **un ~
de contestation** *(fig)* a hotbed of dissent

brûlure [bʀylyʀ] *nf (lésion)* burn; *(sensation)*
burning *no pl*, burning sensation; **brûlures
d'estomac** heartburn *sg*

brume [bʀym] *nf* mist

brumeux, -euse [bʀymø, -øz] *adj* misty; *(fig)*
hazy

brumisateur [bʀymizatœʀ] *nm* atomizer

brun, e [bʀœ̃, -yn] *adj (gén, bière)* brown; *(cheveux,
personne, tabac)* dark; **elle est brune** she's got

dark hair ► nm (couleur) brown ► nf (cigarette) cigarette made of dark tobacco; (bière) ≈ brown ale, ≈ stout

brunâtre [bʀynɑtʀ] adj brownish

brunch [bʀœntʃ] nm brunch

Brunei [bʀynei] n Brunei; **le sultanat de** ~ the Sultanate of Brunei

brunir [bʀyniʀ] /2/ vi to get a tan

brushing [bʀœʃiŋ] nm blow-dry

brusque [bʀysk] adj (soudain) abrupt, sudden; (rude) abrupt, brusque

brusquement [bʀyskəmɑ̃] adv (soudainement) abruptly, suddenly

brusquer [bʀyske] /1/ vt to rush

brusquerie [bʀyskəʀi] nf abruptness, brusqueness

brut, e [bʀyt] adj raw, crude, rough; (diamant) uncut; (soie, minéral, Inform : données) raw; (Comm) gross; **(champagne)** ~ brut champagne; **(pétrole)** ~ crude (oil) ► nf brute

brutal, e, -aux [bʀytal, -o] adj brutal

brutalement [bʀytalmɑ̃] adv brutally

brutaliser [bʀytalize] /1/ vt to handle roughly, manhandle

brutalité [bʀytalite] nf brutality no pl

brute [bʀyt] adj f, nf voir **brut**

Bruxelles [bʀysɛl] n Brussels

bruxellois, e [bʀysɛlwa, -waz] adj of ou from Brussels ► nm/f : **Bruxellois, e** inhabitant ou native of Brussels

bruyamment [bʀɥijamɑ̃] adv noisily

bruyant, e [bʀɥijɑ̃, -ɑ̃t] adj noisy

bruyère [bʀyjɛʀ] nf heather

BT sigle m (= Brevet de technicien) vocational training certificate, taken at approx. 18 years

BTA sigle m (= Brevet de technicien agricole) agricultural training certificate, taken at approx. 18 years

BTP sigle mpl (= Bâtiments et travaux publics) public buildings and works sector

BTS sigle m (= Brevet de technicien supérieur) vocational training certificate taken at end of two-year higher education course

BU sigle f = **Bibliothèque universitaire**

bu, e [by] pp de **boire**

buanderie [bɥɑ̃dʀi] nf laundry

Bucarest [bykaʀɛst] n Bucharest

buccal, e, -aux [bykal, -o] adj : **par voie buccale** orally

bûche [byʃ] nf log; **prendre une** ~ (fig) to come a cropper (BRIT), fall flat on one's face; ~ **de Noël** Yule log

bûcher [byʃe] /1/ nm (funéraire) pyre; bonfire; (supplice) stake ► vi (fam : étudier) to swot (BRIT), grind (US), slave (away) ► vt to swot up (BRIT), cram, slave away at

bûcheron [byʃʀɔ̃] nm woodcutter

bûchette [byʃɛt] nf (de bois) stick, twig; (pour compter) rod

bûcheur, -euse [byʃœʀ, -øz] nm/f (fam : étudiant) swot (BRIT), grind (US)

bucolique [bykɔlik] adj bucolic, pastoral

Budapest [bydapɛst] n Budapest

budget [bydʒɛ] nm budget

budgétaire [bydʒetɛʀ] adj budgetary, budget cpd

budgéter [bydʒete], **budgétiser** [bydʒetize] vt to budget (for)

buée [bɥe] nf (sur une vitre) mist; (de l'haleine) steam

Buenos Aires [bwenɔzɛʀ] n Buenos Aires

buffet [byfɛ] nm (meuble) sideboard; (de réception) buffet; ~ **(de gare)** (station) buffet, snack bar

buffle [byfl] nm buffalo

buis [bɥi] nm box tree; (bois) box(wood)

buisson [bɥisɔ̃] nm bush

buissonnière [bɥisɔnjɛʀ] adj f : **faire l'école** ~ to play truant (BRIT), skip school

bulbe [bylb] nm (Bot, Anat) bulb; (coupole) onion-shaped dome

bulgare [bylgaʀ] adj Bulgarian ► nm (Ling) Bulgarian ► nmf : **Bulgare** Bulgarian, Bulgar

Bulgarie [bylgaʀi] nf : **la** ~ Bulgaria

bulldozer [buldozœʀ] nm bulldozer

bulle [byl] adj, nm : **(papier)** ~ manil(l)a paper ► nf bubble; (de bande dessinée) balloon; (papale) bull; ~ **de savon** soap bubble

bulletin [byltɛ̃] nm (communiqué, journal) bulletin; (papier) form; (: de bagages) ticket; (Scol) report; ~ **d'informations** news bulletin; ~ **de naissance** birth certificate; ~ **de salaire** pay slip; ~ **de santé** medical bulletin; ~ **(de vote)** ballot paper; ~ **météorologique** weather report

buraliste [byʀalist] nmf (de bureau de tabac) tobacconist; (de poste) clerk

bure [byʀ] nf homespun; (de moine) frock

bureau, x [byʀo] nm (meuble) desk; (pièce, service) office; ~ **de change** (foreign) exchange office ou bureau; ~ **d'embauche** ≈ job centre; ~ **d'études** design office; ~ **de location** box office; ~ **des objets trouvés** lost property office (BRIT), lost and found (US); ~ **de placement** employment agency; ~ **de poste** post office; ~ **de tabac** tobacconist's (shop), smoke shop (US); ~ **de vote** polling station

bureaucrate [byʀokʀat] nm bureaucrat

bureaucratie [byʀokʀasi] nf bureaucracy

bureaucratique [byʀokʀatik] adj bureaucratic

bureautique [byʀotik] nf office automation

burette [byʀɛt] nf (de mécanicien) oilcan; (de chimiste) burette

burin [byʀɛ̃] nm cold chisel; (Art) burin

buriné, e [byʀine] adj (fig : visage) craggy, seamed

Burkina [byʀkina], **Burkina-Faso** [byʀkinafaso] nm : **le** ~**(-Faso)** Burkina Faso

burkinabé, e [byʀkinabe] adj Burkinabe ► nm/f : **Burkinabé, e** person from Burkina Faso

burlesque [byʀlɛsk] adj ridiculous; (Littérature) burlesque

burnous [byʀnu(s)] nm burnous

Burundi [buʀundi] nm : **le** ~ Burundi

bus¹ vb [by] voir **boire**

bus² nm [bys] (véhicule, aussi Inform) bus

busard [byzaʀ] nm harrier

buse [byz] nf buzzard

busqué, e [byske] adj : **nez** ~ hook(ed) nose

buste [byst] nm (Anat) chest; (: de femme) bust; (sculpture) bust

bustier [bystje] *nm* (*soutien-gorge*) long-line bra
but [by] *vb voir* **boire** ▶ *nm* (*cible*) target; (*fig*) goal,
aim; (*Football etc*) goal; **de ~ en blanc**
point-blank; **avoir pour ~ de faire** to aim to
do; **dans le ~ de** with the intention of
butane [bytan] *nm* butane; (*domestique*) Calor
gas® (BʀɪT), butane
buté, e [byte] *adj* stubborn, obstinate ▶ *nf* (*Archit*)
abutment; (*Tech*) stop
buter [byte] /1/ *vi* : **~ contre** *ou* **sur** to bump into;
(*trébucher*) to stumble against ▶ *vt* to
antagonize; **se buter** *vpr* to get obstinate, dig in
one's heels
buteur [bytœʀ] *nm* striker
butin [bytɛ̃] *nm* booty, spoils *pl*; (*d'un vol*) loot
butiner [bytine] /1/ *vi* (*abeilles*) to gather nectar
butor [bytɔʀ] *nm* (*fig*) lout

butte [byt] *nf* mound, hillock; **être en ~ à** to be
exposed to
buvable [byvabl] *adj* (*eau, vin*) drinkable; (*Méd :
ampoule etc*) to be taken orally; (*fig : roman etc*)
reasonable
buvais *etc* [byvɛ] *vb voir* **boire**
buvard [byvaʀ] *nm* blotter
buvette [byvɛt] *nf* refreshment room *ou* stall;
(*comptoir*) bar
buveur, -euse [byvœʀ, -øz] *nm/f* drinker
buvons *etc* [byvɔ̃] *vb voir* **boire**
buzz [bœz] *nm* buzz
BVP *sigle m* (= *Bureau de vérification de la publicité*)
advertising standards authority
Byzance [bizɑ̃s] *n* Byzantium
byzantin, e [bizɑ̃tɛ̃, -in] *adj* Byzantine
BZH *abr* (= *Breizh*) Brittany

Cc

C, c [se] *nm inv* C, c; **C comme Célestin** C for Charlie ▸ *abr* (= *centime*) c; (= *Celsius*) C

c' [s] *pron voir* **ce**

CA *sigle m* = **chiffre d'affaires** ; **conseil d'administration** ; **corps d'armée** ▸ *sigle f* = **chambre d'agriculture**

ça [sa] *pron* (*pour désigner*) this; (: *plus loin*) that; (*comme sujet indéfini*) it; **ça m'étonne que** it surprises me that; **ça va ?** how are you?; how are things?; (*d'accord ?*) OK?, all right?; **où ça ?** where's that?; **pourquoi ça ?** why's that?; **qui ça ?** who's that?; **ça alors !** (*désapprobation*) well!, really!; (*étonnement*) heavens!; **c'est ça** that's right; **ça y est** that's it

çà [sa] *adv* : **çà et là** here and there

cabale [kabal] *nf* (*Théât, Pol*) cabal, clique

caban [kabɑ̃] *nm* reefer jacket, donkey jacket

cabane [kaban] *nf* hut, cabin

cabanon [kabanɔ̃] *nm* chalet, (country) cottage

cabaret [kabaʀɛ] *nm* night club

cabas [kaba] *nm* shopping bag

cabestan [kabɛstɑ̃] *nm* capstan

cabillaud [kabijo] *nm* cod *inv*

cabine [kabin] *nf* (*de bateau*) cabin; (*de plage*) (beach) hut; (*de piscine etc*) cubicle; (*de camion, train*) cab; (*d'avion*) cockpit; ~ **(d'ascenseur)** lift cage; ~ **d'essayage** fitting room; ~ **de projection** projection room; ~ **spatiale** space capsule; ~ **(téléphonique)** call *ou* (tele)phone box, (tele)phone booth

cabinet [kabinɛ] *nm* (*petite pièce*) closet; (*de médecin*) surgery (*BRIT*), office (*US*); (*de notaire etc*) office; (: *clientèle*) practice; (*Pol*) cabinet; (*d'un ministre*) advisers *pl*; ~ **d'affaires** business consultants' (bureau), business partnership; ~ **de toilette** toilet; ~ **de travail** study; **cabinets** *nmpl* (*w.-c.*) toilet *sg*

câble [kabl] *nm* cable; **le ~** (*TV*) cable television, cablevision (*US*)

câblé, e [kable] *adj* (*fam*) switched on; (*Tech*) linked to cable television

câbler [kable] /1/ *vt* to cable; ~ **un quartier** (*TV*) to put cable television into an area

câblo-opérateur [kabloɔpeʀatœʀ] *nm* cable operator

cabossé, e [kabɔse] *adj* (*voiture, gueule*) battered

cabosser [kabɔse] /1/ *vt* to dent

cabot [kabo] *nm* (*péj* : *chien*) mutt

cabotage [kabɔtaʒ] *nm* coastal navigation

caboteur [kabɔtœʀ] *nm* coaster

cabotin, e [kabɔtɛ̃, -in] *nm/f* (*péj* : *personne maniérée*) poseur; (: *acteur*) ham ▸ *adj* dramatic, theatrical

cabotinage [kabɔtinaʒ] *nm* playacting; third-rate acting, ham acting

cabrer [kabʀe] /1/ : **se cabrer** *vpr* (*cheval*) to rear up; (*avion*) to nose up; (*fig*) to revolt, rebel; to jib

cabri [kabʀi] *nm* kid

cabriole [kabʀijɔl] *nf* caper; (*gymnastique etc*) somersault

cabriolet [kabʀijɔlɛ] *nm* convertible

CAC [kak] *sigle f* = **Compagnie des agents de change**; **indice ~** ≈ FT index (*BRIT*), ≈ Dow Jones average (*US*)

caca [kaka] *nm* (*langage enfantin*) poo; (*couleur*) : ~ **d'oie** greeny-yellow; **faire ~** (*fam*) to do a poo

cacahuète [kakaɥɛt] *nf* peanut

cacao [kakao] *nm* cocoa (powder); (*boisson*) cocoa

cachalot [kaʃalo] *nm* sperm whale

cache [kaʃ] *nm* mask, card (*for masking*) ▸ *nf* hiding place

cache-cache [kaʃkaʃ] *nm* : **jouer à ~** to play hide-and-seek

cache-col [kaʃkɔl] *nm* scarf

cachemire [kaʃmiʀ] *nm* cashmere; **le C~** Kashmir ▸ *adj* : **dessin ~** paisley pattern

cache-nez [kaʃne] *nm inv* scarf, muffler

cache-pot [kaʃpo] *nm* flower-pot holder

cache-prise [kaʃpʀiz] *nm* socket cover

cacher [kaʃe] /1/ *vt* to hide, conceal; ~ **qch à qn** to hide *ou* conceal sth from sb; **se cacher** *vpr* (*volontairement*) to hide; (*être caché*) to be hidden *ou* concealed; **il ne s'en cache pas** he makes no secret of it

cache-sexe [kaʃsɛks] *nm* G-string

cachet [kaʃe] *nm* (*comprimé*) tablet; (*sceau* : *du roi*) seal; (: *de la poste*) postmark; (*rétribution*) fee; (*fig*) style, character

cacheter [kaʃte] /4/ *vt* to seal; **vin cacheté** vintage wine

cachette [kaʃɛt] *nf* hiding place; **en ~** on the sly, secretly

cachot [kaʃo] *nm* dungeon

cachotterie [kaʃɔtʀi] *nf* mystery; **faire des cachotteries** to be secretive

cachottier, -ière [kaʃɔtje, -jɛʀ] *adj* secretive

cachou [kaʃu] *nm* : **pastille de ~** cachou (*sweet*)

cacophonie [kakɔfɔni] *nf* cacophony, din

cacophonique [kakɔfɔnik] *adj* cacophonous

cactus [kaktys] *nm* cactus

c.-à-d. *abr* (= *c'est-à-dire*) i.e.

cadastre [kadastʀ] *nm* land register

cadavéreux, -euse [kadaveʀø, -øz] *adj (teint, visage)* deathly pale

cadavérique [kadaveʀik] *adj* deathly (pale), deadly pale

cadavre [kadavʀ] *nm* corpse, (dead) body

Caddie® [kadi] *nm* (supermarket) trolley (BRIT), (grocery) cart (US)

cadeau, x [kado] *nm* present, gift; **faire un ~ à qn** to give sb a present *ou* gift; **faire ~ de qch à qn** to make a present of sth to sb, give sb sth as a present

cadenas [kadna] *nm* padlock

cadenasser [kadnase] /1/ *vt* to padlock

cadence [kadɑ̃s] *nf (Mus)* cadence; (: *rythme*) rhythm; *(de travail etc)* rate; **en ~** rhythmically; in time; **cadences** *nfpl (en usine)* production rate *sg*

cadencé, e [kadɑ̃se] *adj* rhythmic(al); **au pas ~** *(Mil)* in quick time

cadet, te [kadɛ, -ɛt] *adj* younger; *(le plus jeune)* youngest ▶ *nm/f* youngest child *ou* one, youngest boy *ou* son/girl *ou* daughter; **il est mon ~ de deux ans** he's two years younger than me, he's two years my junior; **les cadets** *(Sport)* the minors (15–17 years); **le ~ de mes soucis** the least of my worries

cadrage [kadʀaʒ] *nm* framing *(of shot)*

cadran [kadʀɑ̃] *nm* dial; **~ solaire** sundial

cadre [kadʀ] *nm* frame; *(environnement)* surroundings *pl*; *(limites)* scope; **rayer qn des cadres** to discharge sb; to dismiss sb; **dans le ~ de** *(fig)* within the framework *ou* context of ▶ *nmf (Admin)* managerial employee, executive; **~ moyen/supérieur** *(Admin)* middle/senior management employee, junior/senior executive ▶ *adj* : **loi ~** outline *ou* blueprint law

cadré, e [kadʀe] *adj (Photo)* centred; *(Inform)* : **~ à gauche/à droite** positioned on the left/on the right; **la photo est mal cadrée** the photo is off-centre *ou* (US) off-center

cadrer [kadʀe] /1/ *vi* : **~ avec** to tally *ou* correspond with ▶ *vt (Ciné, Photo)* to frame

cadreur, -euse [kadʀœʀ, -øz] *nm/f (Ciné)* cameraman/woman

caduc, -uque [kadyk] *adj* obsolete; *(Bot)* deciduous

CAF *sigle f* (= *Caisse d'allocations familiales*) family allowance office

caf *abr (coût, assurance, fret)* cif

cafard [kafaʀ] *nm* cockroach; **avoir le ~** to be down in the dumps, be feeling low

cafardeux, -euse [kafaʀdø, -øz] *adj (personne, ambiance)* depressing, melancholy

café [kafe] *nm* coffee; *(bistro)* café; **~ crème** coffee with cream; **~ au lait** white coffee; **~ noir** black coffee; **~ en grains** coffee beans; **~ en poudre** instant coffee; **~ liégeois** *coffee ice cream with whipped cream* ▶ *adj inv* coffee *cpd*

café-concert [kafekɔ̃sɛʀ] *(pl* **cafés-concerts**) *nm (aussi* : **caf'conc'**) *café with a cabaret*

caféine [kafein] *nf* caffeine

café-tabac [kafetaba] *nm tobacconist's or newsagent's also serving coffee and spirits*

cafétéria [kafeteʀja] *nf* cafeteria

café-théâtre [kafeteɑtʀ] *(pl* **cafés-théâtres**) *nm café used as a venue by (experimental) theatre groups*

cafetière [kaftjɛʀ] *nf (pot)* coffee-pot

cafouillage [kafujaʒ] *nm* shambles *sg*

cafouiller [kafuje] /1/ *vi* to get in a shambles; *(machine etc)* to work in fits and starts

cage [kaʒ] *nf* cage; **~ (des buts)** goal; **en ~** in a cage, caged up *ou* in; **~ d'ascenseur** lift shaft; **~ d'escalier** (stair)well; **~ thoracique** rib cage

cageot [kaʒo] *nm* crate

cagibi [kaʒibi] *nm* shed

cagneux, -euse [kaɲø, -øz] *adj* knock-kneed

cagnotte [kaɲɔt] *nf* kitty

cagoule [kagul] *nf* cowl; hood; *(Ski etc)* cagoule; *(passe-montagne)* balaclava

cahier [kaje] *nm* notebook; *(Typo)* signature; *(revue)* : **cahiers** journal; **~ de revendications/ doléances** list of claims/grievances; **~ de brouillons** rough book, jotter; **~ des charges** specification; **~ d'exercices** exercise book

cahin-caha [kaɛ̃kaa] *adv* : **aller ~** to jog along; *(fig)* to be so-so

cahot [kao] *nm* jolt, bump

cahoter [kaɔte] /1/ *vi* to bump along, jog along

cahoteux, -euse [kaɔtø, -øz] *adj* bumpy

cahute [kayt] *nf* shack, hut

caïd [kaid] *nm* big chief, boss

caillasse [kajas] *nf (pierraille)* loose stones *pl*

caille [kaj] *nf* quail

caillé, e [kaje] *adj* : **lait ~** curdled milk, curds *pl*

caillebotis [kajbɔti] *nm* duckboard

cailler [kaje] /1/ *vi (lait)* to curdle; *(sang)* to clot; *(fam)* to be cold

caillot [kajo] *nm (blood)* clot

caillou, x [kaju] *nm (little)* stone

caillouter [kajute] /1/ *vt (chemin)* to metal

caillouteux, -euse [kajutø, -øz] *adj* stony; pebbly

cailloutis [kajuti] *nm (petits graviers)* gravel

caïman [kaimɑ̃] *nm* cayman

Caïmans [kaimɑ̃] *nfpl* : **les ~** the Cayman Islands

Caire [kɛʀ] *nm* : **le ~** Cairo

caisse [kɛs] *nf* box; *(où l'on met la recette)* cashbox; (: *machine*) till; *(où l'on paye)* cash desk (BRIT), checkout counter; (: *au supermarché*) checkout; *(de banque)* cashier's desk; *(Tech)* case, casing; **faire sa ~** *(Comm)* to count the takings; **~ claire** *(Mus)* side *ou* snare drum; **~ éclair** express checkout; **~ enregistreuse** cash register; **~ d'épargne** savings bank; **~ noire** slush fund; **~ de retraite** pension fund; **~ de sortie** checkout; *voir* **grosse**

caissier, -ière [kesje, -jɛʀ] *nm/f* cashier

caisson [kɛsɔ̃] *nm* box, case

cajoler [kaʒɔle] /1/ *vt* to wheedle, coax; to surround with love and care, make a fuss of

cajoleries [kaʒɔlʀi] *nfpl* coaxing *sg*, flattery *sg*

cajou [kaʒu] *nm* cashew nut

cake [kɛk] *nm* fruit cake

CAL *sigle m* (= *Comité d'action lycéen*) *pupils' action group seeking to reform school system*

cal [kal] *nm* callus

cal. *abr* = **calorie**

calamar [kalamaʀ] *nm* = **calmar**

calaminé, e [kalamine] *adj (Auto)* coked up
calamité [kalamite] *nf* calamity, disaster
calandre [kalɑ̃dʀ] *nf* radiator grill; *(machine)* calender, mangle
calanque [kalɑ̃k] *nf* rocky inlet
calcaire [kalkɛʀ] *nm* limestone ▶ *adj (eau)* hard; *(Géo)* limestone *cpd*
calciné, e [kalsine] *adj* burnt to ashes
calcium [kalsjɔm] *nm* calcium
calcul [kalkyl] *nm* calculation; **le ~** *(Scol)* arithmetic; **~ différentiel/intégral** differential/integral calculus; **~ mental** mental arithmetic; **~ (biliaire)** (gall)stone; **~ (rénal)** (kidney) stone; **d'après mes calculs** by my reckoning
calculateur [kalkylatœʀ] *nm*, **calculatrice** [kalkylatʀis] *nf* calculator
calculé, e [kalkyle] *adj* : **risque ~** calculated risk
calculer [kalkyle] /1/ *vt* to calculate, work out, reckon; *(combiner)* to calculate; **~ qch de tête** to work sth out in one's head
calculette [kalkylɛt] *nf* (pocket) calculator
cale [kal] *nf (de bateau)* hold; *(en bois)* wedge, chock; **~ sèche** *ou* **de radoub** dry dock
calé, e [kale] *adj (fam)* clever, bright
calebasse [kalbas] *nf* calabash, gourd
calèche [kalɛʃ] *nf* horse-drawn carriage
caleçon [kalsɔ̃] *nm (d'homme)* boxer shorts; *(de femme)* leggings; **~ de bain** bathing trunks *pl*
calembour [kalɑ̃buʀ] *nm* pun
calendes [kalɑ̃d] *nfpl* : **renvoyer aux ~ grecques** to postpone indefinitely
calendrier [kalɑ̃dʀije] *nm* calendar; *(fig)* timetable
cale-pied [kalpje] *nm* toe clip
calepin [kalpɛ̃] *nm* notebook
caler [kale] /1/ *vt* to wedge, chock up; **~ (son moteur/véhicule)** to stall (one's engine/vehicle) ▶ *vi (moteur, véhicule)* to stall; **se caler** *vpr* : **se ~ dans un fauteuil** to make o.s. comfortable in an armchair
calfater [kalfate] /1/ *vt* to caulk
calfeutrage [kalføtʀaʒ] *nm* draughtproofing (*BRIT*), draftproofing (*US*)
calfeutrer [kalføtʀe] /1/ *vt* to (make) draughtproof (*BRIT*) *ou* draftproof (*US*); **se calfeutrer** *vpr* to make o.s. snug and comfortable
calibre [kalibʀ] *nm (d'un fruit)* grade; *(d'une arme)* bore, calibre (*BRIT*), caliber (*US*); *(fig)* calibre, caliber
calibrer [kalibʀe] /1/ *vt* to grade
calice [kalis] *nm (Rel)* chalice; *(Bot)* calyx
calicot [kaliko] *nm (tissu)* calico
calife [kalif] *nm* caliph
Californie [kalifɔʀni] *nf* : **la ~** California
californien, ne [kalifɔʀnjɛ̃, -ɛn] *adj* Californian
califourchon [kalifuʀʃɔ̃] : **à ~** *adv* astride; **à ~ sur** astride, straddling
câlin, e [kalɛ̃, -in] *adj* cuddly, cuddlesome; *(regard, voix)* tender
câliner [kaline] /1/ *vt* to fondle, cuddle
câlineries [kalinʀi] *nfpl* cuddles
calisson [kalisɔ̃] *nm* diamond-shaped sweet or candy made with ground almonds

calleux, -euse [kalø, -øz] *adj* horny, callous
calligraphie [kaligʀafi] *nf* calligraphy
callosité [kalozite] *nf* callus
calmant [kalmɑ̃] *nm* tranquillizer, sedative; *(contre la douleur)* painkiller
calmar [kalmaʀ] *nm* squid
calme [kalm] *adj* calm, quiet ▶ *nm* calm(ness), quietness; **sans perdre son ~** without losing one's cool *ou* calmness; **~ plat** *(Navig)* dead calm
calmement [kalməmɑ̃] *adv* calmly, quietly
calmer [kalme] /1/ *vt* to calm (down); *(douleur, inquiétude)* to ease, soothe; **se calmer** *vpr* to calm down
calomniateur, -trice [kalɔmnjatœʀ, -tʀis] *nm/f* slanderer; libeller
calomnie [kalɔmni] *nf* slander; *(écrite)* libel
calomnier [kalɔmnje] /7/ *vt* to slander; to libel
calomnieux, -euse [kalɔmnjø, -øz] *adj* slanderous; libellous
calorie [kalɔʀi] *nf* calorie
calorifère [kalɔʀifɛʀ] *nm* stove
calorifique [kalɔʀifik] *adj* calorific
calorifuge [kalɔʀifyʒ] *adj* (heat-)insulating, heat-retaining
calot [kalo] *nm* forage cap
calotte [kalɔt] *nf (coiffure)* skullcap; *(gifle)* slap; **la ~** *(péj : clergé)* the cloth, the clergy; **~ glaciaire** icecap
calque [kalk] *nm (aussi : papier calque)* tracing paper; *(dessin)* tracing; *(fig)* carbon copy
calquer [kalke] /1/ *vt* to trace; *(fig)* to copy exactly
calvados [kalvados] *nm* Calvados *(apple brandy)*
calvaire [kalvɛʀ] *nm (croix)* wayside cross, calvary; *(souffrances)* suffering, martyrdom
calvitie [kalvisi] *nf* baldness
camaïeu [kamajø] *nm* : **(motif en) ~** monochrome motif
camarade [kamaʀad] *nmf* friend, pal; *(Pol)* comrade
camaraderie [kamaʀadʀi] *nf* friendship
camarguais, e [kamaʀgɛ, -ɛz] *adj* of *ou* from the Camargue
Camargue [kamaʀg] *nf* : **la ~** the Camargue
cambiste [kɑ̃bist] *nm (Comm)* foreign exchange dealer, exchange agent
Cambodge [kɑ̃bɔdʒ] *nm* : **le ~** Cambodia
cambodgien, ne [kɑ̃bɔdʒjɛ̃, -ɛn] *adj* Cambodian ▶ *nm/f* : **Cambodgien, ne** Cambodian
cambouis [kɑ̃bwi] *nm* dirty oil *ou* grease
cambré, e [kɑ̃bʀe] *adj* : **avoir les reins cambrés** to have an arched back; **avoir le pied très ~** to have very high arches *ou* insteps
cambrer [kɑ̃bʀe] /1/ *vt* to arch; **~ la taille** *ou* **les reins** to arch one's back; **se cambrer** *vpr* to arch one's back
cambriolage [kɑ̃bʀijɔlaʒ] *nm* burglary
cambrioler [kɑ̃bʀijɔle] /1/ *vt* to burgle (*BRIT*), burglarize (*US*)
cambrioleur, -euse [kɑ̃bʀijɔlœʀ, -øz] *nm/f* burglar
cambrure [kɑ̃bʀyʀ] *nf (du pied)* arch; *(de la route)* camber; **~ des reins** small of the back
cambuse [kɑ̃byz] *nf* storeroom

63

came [kam] *nf* : **arbre à cames** camshaft; **arbre à cames en tête** overhead camshaft

camée [kame] *nm* cameo

caméléon [kameleɔ̃] *nm* chameleon

camélia [kamelja] *nm* camellia

camelot [kamlo] *nm* street pedlar

camelote [kamlɔt] *nf (fam)* rubbish, trash, junk

camembert [kamɑ̃bɛʀ] *nm* Camembert *(cheese)*

caméra [kameʀa] *nf (Ciné, TV)* camera; *(d'amateur)* cine-camera; ~ **de vidéosurveillance** CCTV camera

caméraman [kameʀaman] *nm* cameraman/-woman

Cameroun [kamʀun] *nm* : **le** ~ Cameroon

camerounais, e [kamʀunɛ, -ɛz] *adj* Cameroonian

caméscope® [kameskɔp] *nm* camcorder

camion [kamjɔ̃] *nm* lorry (Brit), truck; *(plus petit, fermé)* van; *(charge)* : ~ **de sable/cailloux** lorry-load (Brit) *ou* truck-load of sand/stones; ~ **de dépannage** breakdown (Brit) *ou* tow (US) truck

camion-citerne [kamjɔ̃sitɛʀn] *(pl* **camions-citernes***)* *nm* tanker

camionnage [kamjɔnaʒ] *nm* haulage (Brit), trucking (US); **frais/entreprise de** ~ haulage costs/business

camionnette [kamjɔnɛt] *nf* (small) van

camionneur [kamjɔnœʀ] *nm (entrepreneur)* haulage contractor (Brit), trucker (US); *(chauffeur)* lorry (Brit) *ou* truck driver; van driver

camisole [kamizɔl] *nf* : ~ **(de force)** straitjacket

camomille [kamɔmij] *nf* camomile; *(boisson)* camomile tea

camouflage [kamuflaʒ] *nm* camouflage

camoufler [kamufle] */1/ vt* to camouflage; *(fig)* to conceal, cover up

camouflet [kamuflɛ] *nm (fam)* snub

camp [kɑ̃] *nm* camp; *(fig)* side; ~ **de nudistes/vacances** nudist/holiday camp; ~ **de concentration** concentration camp

campagnard, e [kɑ̃paɲaʀ, -aʀd] *adj* country *cpd* ▶ *nm/f* countryman/woman

campagne [kɑ̃paɲ] *nf* country, countryside; *(Mil, Pol, Comm)* campaign; **en** ~ *(Mil)* in the field; **à la** ~ in/to the country; **faire** ~ **pour** to campaign for; ~ **électorale** election campaign; ~ **de publicité** advertising campaign

> Bien que **country** et **countryside** soient souvent interchangeables, lorsqu'on parle plus précisément des paysages, notamment sous l'angle esthétique, on emploie plutôt **countryside**.
> *La campagne du Dorset est très belle.* **The Dorset countryside is beautiful**

campanile [kɑ̃panil] *nm (tour)* bell tower

campé, e [kɑ̃pe] *adj* : **bien** ~ *(personnage, tableau)* well-drawn

campement [kɑ̃pmɑ̃] *nm* camp, encampment

camper [kɑ̃pe] */1/ vi* to camp ▶ *vt (chapeau etc)* to pull *ou* put on firmly; *(dessin)* to sketch; **se camper devant** *vpr* to plant o.s. in front of

campeur, -euse [kɑ̃pœʀ, -øz] *nm/f* camper

camphre [kɑ̃fʀ] *nm* camphor

camphré, e [kɑ̃fʀe] *adj* camphorated

camping [kɑ̃piŋ] *nm* camping; **(terrain de)** ~ campsite, camping site; **faire du** ~ to go camping; **faire du** ~ **sauvage** to camp rough

camping-car [kɑ̃piŋkaʀ] *nm* camper, motorhome *(US)*

camping-gaz® [kɑ̃piŋgaz] *nm inv* camp(ing) stove

campus [kɑ̃pys] *nm* campus

camus, e [kamy, -yz] *adj* : **nez** ~ pug nose

Canada [kanada] *nm* : **le** ~ Canada

canadair® [kanadɛʀ] *nm* fire-fighting plane

canadien, ne [kanadjɛ̃, -ɛn] *adj* Canadian ▶ *nm/f* : **Canadien, ne** Canadian ▶ *nf (veste)* fur-lined jacket

canaille [kanaj] *nf (péj)* scoundrel; *(populace)* riff-raff ▶ *adj* raffish, rakish

canal, -aux [kanal, -o] *nm* canal; *(naturel, TV)* channel; *(Admin)* : **par le** ~ **de** through (the medium of), via; ~ **de distribution/télévision** distribution/television channel; ~ **de Panama/Suez** Panama/Suez Canal

canalisation [kanalizasjɔ̃] *nf (tuyau)* pipe

canaliser [kanalize] */1/ vt* to canalize; *(fig)* to channel

canapé [kanape] *nm* settee, sofa; *(Culin)* canapé, open sandwich

canapé-lit [kanapeli] *(pl* **canapés-lits***)* *nm* sofa bed

canaque [kanak] *adj*, *nmf* = **kanak**

canard [kanaʀ] *nm* duck; *(fam : journal)* rag

canari [kanaʀi] *nm* canary

Canaries [kanaʀi] *nfpl* : **les (îles)** ~ the Canary Islands, the Canaries

cancaner [kɑ̃kane] */1/ vi* to gossip (maliciously); *(canard)* to quack

cancanier, -ière [kɑ̃kanje, -jɛʀ] *adj* gossiping

cancans [kɑ̃kɑ̃] *nmpl* (malicious) gossip *sg*

cancer [kɑ̃sɛʀ] *nm* cancer; *(signe)* : **le C**~ Cancer, the Crab; **être du C**~ to be Cancer; **il a un** ~ he has cancer

cancéreux, -euse [kɑ̃seʀø, -øz] *adj* cancerous; *(personne)* suffering from cancer

cancérigène [kɑ̃seʀiʒɛn] *adj* carcinogenic

cancérologue [kɑ̃seʀɔlɔg] *nmf* cancer specialist

cancre [kɑ̃kʀ] *nm* dunce

cancrelat [kɑ̃kʀəla] *nm* cockroach

candélabre [kɑ̃delabʀ] *nm* candelabrum; *(lampadaire)* street lamp, lamppost

candeur [kɑ̃dœʀ] *nf* ingenuousness

candi [kɑ̃di] *adj inv* : **sucre** ~ (sugar-)candy

candidat, e [kɑ̃dida, -at] *nm/f* candidate; *(à un poste)* applicant, candidate

candidature [kɑ̃didatyʀ] *nf (Pol)* candidature; *(à poste)* application; **poser sa** ~ to submit an application, apply; **poser sa** ~ **à un poste** to apply for a job; ~ **spontanée** unsolicited job application

candide [kɑ̃did] *adj* ingenuous, guileless, naïve

cane [kan] *nf* (female) duck

caneton [kantɔ̃] *nm* duckling

canette [kanɛt] *nf (de bière)* (flip-top) bottle; *(de machine à coudre)* spool

canevas [kanva] *nm (Couture)* canvas (for tapestry work); *(fig)* framework, structure

caniche [kaniʃ] *nm* poodle
caniculaire [kanikylɛʀ] *adj* (*chaleur, jour*) scorching
canicule [kanikyl] *nf* scorching heat; midsummer heat, dog days *pl*
canif [kanif] *nm* penknife, pocket knife
canin, e [kanɛ̃, -in] *adj* canine; **exposition canine** dog show ▶ *nf* canine (tooth), eye tooth
caniveau, x [kanivo] *nm* gutter
cannabis [kanabis] *nm* cannabis
canne [kan] *nf* (walking) stick; **~ à pêche** fishing rod; **~ à sucre** sugar cane; **les cannes blanches** (*les aveugles*) the blind
canné, e [kane] *adj* (*chaise*) cane *cpd*
cannelé, e [kanle] *adj* fluted
cannelle [kanɛl] *nf* cinnamon
cannelure [kan(ə)lyʀ] *nf* fluting *no pl*
canner [kane] /1/ *vt* (*chaise*) to make *ou* repair with cane
cannibale [kanibal] *nmf* cannibal
cannibalisme [kanibalism] *nm* cannibalism
canoë [kanɔe] *nm* canoe; (*sport*) canoeing; **~ (kayak)** kayak
canon [kanɔ̃] *nm* (*arme*) gun; (*Hist*) cannon; (*d'une arme*) barrel; (*fig*) model; (*Mus*) canon; **~ rayé** rifled barrel ▶ *adj* : **droit ~** canon law
cañon [kaɲɔ̃] *nm* canyon
canonique [kanɔnik] *adj* : **âge ~** respectable age
canoniser [kanɔnize] /1/ *vt* to canonize
canonnade [kanɔnad] *nf* cannonade
canonnier [kanɔnje] *nm* gunner
canonnière [kanɔnjɛʀ] *nf* gunboat
canopée [kanɔpe] *nf* canopy
canot [kano] *nm* boat, ding(h)y; **~ pneumatique** rubber *ou* inflatable ding(h)y; **~ de sauvetage** lifeboat
canotage [kanɔtaʒ] *nm* rowing
canoter [kanɔte] /1/ *vi* to go rowing
canoteur, -euse [kanɔtœʀ, -øz] *nm/f* rower
canotier [kanɔtje] *nm* boater
Cantal [kɑ̃tal] *nm* : **le ~** Cantal
cantate [kɑ̃tat] *nf* cantata
cantatrice [kɑ̃tatʀis] *nf* (opera) singer
cantilène [kɑ̃tilɛn] *nf* (*Mus*) cantilena
cantine [kɑ̃tin] *nf* canteen; (*réfectoire d'école*) dining hall
cantique [kɑ̃tik] *nm* hymn
canton [kɑ̃tɔ̃] *nm* district (*consisting of several communes*); *see note*; (*en Suisse*) canton

CANTON

A French **canton** is the administrative division represented by a councillor in the *Conseil général*. It comprises a number of *communes* and is, in turn, a subdivision of an *arrondissement*. In Switzerland the *cantons* are the 23 autonomous political divisions which make up the Swiss confederation.

cantonade [kɑ̃tɔnad] : **à la ~** *adv* to everyone in general; (*crier*) from the rooftops
cantonais, e [kɑ̃tɔnɛ, -ɛz] *adj* Cantonese ▶ *nm* (*Ling*) Cantonese
cantonal, e, -aux [kɑ̃tɔnal, -o] *adj* cantonal, ≈ district

cantonnement [kɑ̃tɔnmɑ̃] *nm* (*lieu*) billet; (*action*) billeting
cantonner [kɑ̃tɔne] /1/ *vt* (*Mil*) to billet (BRIT), quarter; to station; **se cantonner** *vpr* : **se ~ dans** to confine o.s. to
cantonnier [kɑ̃tɔnje] *nm* roadmender
canular [kanylaʀ] *nm* hoax
CAO *sigle f* (= *conception assistée par ordinateur*) CAD
caoutchouc [kautʃu] *nm* rubber; **~ mousse** foam rubber; **en ~** rubber *cpd*
caoutchouté, e [kautʃute] *adj* rubberized
caoutchouteux, -euse [kautʃutø, -øz] *adj* rubbery
CAP *sigle m* (= *Certificat d'aptitude professionnelle*) *vocational training certificate taken at secondary school*
cap [kap] *nm* (*Géo*) cape; (*promontoire*) headland; (*fig*) hurdle; (: *tournant*) watershed; (*Navig*) : **changer de ~** to change course; **mettre le ~ sur** to head for; **doubler** *ou* **passer le ~** (*fig*) to get over the worst; **Le C~** Cape Town; **le ~ de Bonne Espérance** the Cape of Good Hope; **le ~ Horn** Cape Horn; **les îles du C~ Vert** (*aussi* : **le Cap-Vert**) the Cape Verde Islands
capable [kapabl] *adj* able, capable; **~ de qch/faire** capable of sth/doing; **il est ~ d'oublier** he could easily forget; **spectacle ~ d'intéresser** show likely to be of interest
capacité [kapasite] *nf* (*compétence*) ability; (*Jur, Inform, d'un récipient*) capacity; **~ (en droit)** basic legal qualification
caparaçonner [kapaʀasɔne] /1/ *vt* (*fig*) to clad
cape [kap] *nf* cape, cloak; **rire sous ~** to laugh up one's sleeve
capeline [kaplin] *nf* wide-brimmed hat
CAPES [kapɛs] *sigle m* (= *Certificat d'aptitude au professorat de l'enseignement du second degré*) *secondary teaching diploma*
capésien, ne [kapesjɛ̃, -ɛn] *nm/f person who holds the CAPES*
CAPET [kapɛt] *sigle m* (= *Certificat d'aptitude au professorat de l'enseignement technique*) *technical teaching diploma*
capharnaüm [kafaʀnaɔm] *nm* shambles *sg*
capillaire [kapilɛʀ] *adj* (*soins, lotion*) hair *cpd*; (*vaisseau etc*) capillary; **artiste ~** hair artist *ou* designer
capillarité [kapilaʀite] *nf* capillary action
capilotade [kapilɔtad] : **en ~** *adv* crushed to a pulp; smashed to pieces
capitaine [kapitɛn] *nm* captain; **~ des pompiers** fire chief (BRIT), fire marshal (US); **~ au long cours** master mariner
capitainerie [kapitɛnʀi] *nf* (*du port*) harbour (BRIT) *ou* harbor (US) master's (office)
capital, e, -aux [kapital, -o] *adj* (*œuvre*) major; (*question, rôle*) fundamental; (*Jur*) capital; **d'une importance capitale** of capital importance; **les sept péchés capitaux** the seven deadly sins; **peine capitale** capital punishment ▶ *nm* capital; (*fig*) stock; asset; **~ (social)** authorized capital; **~ d'exploitation** working capital ▶ *nf* (*ville*) capital; (*lettre*) capital (letter); **capitaux** *nmpl* (*fonds*) capital *sg*, money *sg*

capitalisation – carburant

capitalisation [kapitalizasjɔ̃] *nf (de connaissances, innovations)* capitalizing on; *(de rentes, revenus)* capitalization
capitaliser [kapitalize] /1/ *vt* to amass, build up; *(Comm)* to capitalize ▸ *vi* to save
capitalisme [kapitalism] *nm* capitalism
capitaliste [kapitalist] *adj, nmf* capitalist
capital-risque, capital risque *(pl* **capitaux-risques)** *nm* venture capital
capiteux, -euse [kapitø, -øz] *adj (vin, parfum)* heady; *(sensuel)* sensuous, alluring
capitonnage [kapitɔnaʒ] *nm* padding
capitonné, e [kapitɔne] *adj* padded
capitonner [kapitɔne] /1/ *vt* to pad
capitulation [kapitylasjɔ̃] *nf* capitulation
capituler [kapityle] /1/ *vi* to capitulate
caporal, -aux [kapɔral, -o] *nm* lance corporal
caporal-chef [kapɔralʃɛf] *(pl* **caporaux-chefs** [kapɔro-]) *nm* corporal
capot [kapo] *nm (Auto)* bonnet *(BRIT)*, hood *(US)*
capote [kapɔt] *nf (de voiture)* hood *(BRIT)*, top *(US)*; *(de soldat)* greatcoat; **~ (anglaise)** *(fam)* rubber, condom
capoter [kapɔte] /1/ *vi* to overturn; *(négociations)* to founder
câpre [kɑpR] *nf* caper
caprice [kapRis] *nm* whim, caprice; passing fancy; **faire un ~** to throw a tantrum; **caprices** *nmpl (de la mode etc)* vagaries; **faire des caprices** to be temperamental
capricieux, -euse [kapRisjø, -øz] *adj (fantasque)* capricious; whimsical; *(enfant)* temperamental
Capricorne [kapRikɔrn] *nm* : **le ~** Capricorn, the Goat; **être du ~** to be Capricorn
capsule [kapsyl] *nf (de bouteille)* cap; *(amorce)* primer; cap; *(Bot etc, spatiale)* capsule
captage [kaptaʒ] *nm (d'une émission de radio)* picking-up; *(d'énergie, d'eau)* harnessing
capter [kapte] /1/ *vt (ondes radio)* to pick up; *(eau)* to harness; *(fig)* to win, capture
capteur [kaptœR] *nm* : **~ solaire** solar collector
captieux, -euse [kapsjø, -øz] *adj* specious
captif, -ive [kaptif, -iv] *adj, nm/f* captive
captivant, e [kaptivɑ̃, -ɑ̃t] *adj* captivating
captiver [kaptive] /1/ *vt* to captivate
captivité [kaptivite] *nf* captivity; **en ~** in captivity
capture [kaptyR] *nf (action)* capture, catching *no pl*; catch; **~ d'écran** *(Inform)* screenshot
capturer [kaptyRe] /1/ *vt* to capture, catch
capuche [kapyʃ] *nf* hood
capuchon [kapyʃɔ̃] *nm* hood; *(de stylo)* cap, top
capucin [kapysɛ̃] *nm* Capuchin monk
capucine [kapysin] *nf (Bot)* nasturtium
capverdien, ne, cap-verdien, ne [kapvɛRdjɛ̃, -jɛn] *adj (origine, musique)* Cape Verdean ▸ *nm (créole du Cap-Vert)* Cape Verdean creole
Cap-Vert [kabvɛR] *nm* : **le ~** Cape Verde
caquelon [kaklɔ̃] *nm (ustensile de cuisson)* fondue pot
caquet [kakɛ] *nm* : **rabattre le ~ à qn** to bring sb down a peg or two
caqueter [kakte] /4/ *vi (poule)* to cackle; *(fig)* to prattle

car [kaR] *nm* coach *(BRIT)*, bus; **~ de police** police van; **~ de reportage** broadcasting *ou* radio van ▸ *conj* because, for
carabine [kaRabin] *nf* carbine, rifle; **~ à air comprimé** airgun
carabiné, e [kaRabine] *adj* violent; *(cocktail, amende)* stiff
Caracas [kaRakas] *n* Caracas
caracoler [kaRakɔle] /1/ *vi* to caracole, prance
caractère [kaRaktɛR] *nm (gén)* character; **en caractères gras** in bold type; **en petits caractères** in small print; **en caractères d'imprimerie** in block capitals; **avoir du ~** to have character; **avoir bon/mauvais ~** to be good-/ill-natured *ou* tempered; **~ de remplacement** wild card *(Inform)*; **caractères/seconde (cps)** characters per second (cps)
caractériel, le [kaRakteRjɛl] *adj (enfant)* (emotionally) disturbed; **troubles caractériels** emotional problems ▸ *nm/f* problem child
caractérisé, e [kaRakteRize] *adj* : **c'est une grippe/de l'insubordination caractérisée** it is a clear(-cut) case of flu/insubordination
caractériser [kaRakteRize] /1/ *vt* to characterize; **se ~ par** to be characterized *ou* distinguished by
caractéristique [kaRakteRistik] *adj, nf* characteristic
carafe [kaRaf] *nf* decanter; *(pour eau, vin ordinaire)* carafe
carafon [kaRafɔ̃] *nm* small carafe
caraïbe [kaRaib] *adj* Caribbean; **les Caraïbes** *nfpl* the Caribbean (Islands); **la mer des Caraïbes** the Caribbean Sea
carambolage [kaRɑ̃bɔlaʒ] *nm* multiple crash, pileup
caramel [kaRamɛl] *nm (bonbon)* caramel, toffee; *(substance)* caramel
caraméliser [kaRamelize] /1/ *vt* to caramelize
carapace [kaRapas] *nf* shell
carapater [kaRapate] /1/ : **se carapater** *vpr* to take to one's heels, scram
carat [kaRa] *nm* carat; **or à 18 carats** 18-carat gold
caravane [kaRavan] *nf* caravan
caravanier [kaRavanje] *nm* caravanner
caravaning [kaRavaniŋ] *nm* caravanning; *(emplacement)* caravan site
caravelle [kaRavɛl] *nf* caravel
carbonate [kaRbɔnat] *nm (Chimie)* : **~ de soude** sodium carbonate
carbone [kaRbɔn] *nm* carbon; *(feuille)* carbon, sheet of carbon paper; *(double)* carbon (copy); **compensation ~** carbon offset; **crédit de compensation ~** carbon offset credit
carbonique [kaRbɔnik] *adj* : **gaz ~** carbon dioxide; **neige ~** dry ice
carbonisé, e [kaRbɔnize] *adj* charred; **mourir ~** to be burned to death
carboniser [kaRbɔnize] /1/ *vt* to carbonize; *(brûler complètement)* to burn down, reduce to ashes
carburant [kaRbyRɑ̃] *nm* (motor) fuel

carburateur [kaʀbyʀatœʀ] *nm* carburettor
carburation [kaʀbyʀasjɔ̃] *nf* carburation
carburer [kaʀbyʀe] /**1**/ *vi* (*moteur*) : **bien/mal** ~ to be well/badly tuned
carcan [kaʀkɑ̃] *nm* (*fig*) yoke, shackles *pl*
carcasse [kaʀkas] *nf* carcass; (*de véhicule etc*) shell
carcéral, e, -aux [kaʀseʀal, -o] *adj* prison *cpd*
carcinogène [kaʀsinɔʒɛn] *adj* carcinogenic
cardan [kaʀdɑ̃] *nm* universal joint
carder [kaʀde] /**1**/ *vt* to card
cardiaque [kaʀdjak] *adj* cardiac, heart *cpd*; **être** ~ to have a heart condition ▶ *nmf* heart patient
cardigan [kaʀdigɑ̃] *nm* cardigan
cardinal, e, -aux [kaʀdinal, -o] *adj* cardinal ▶ *nm* (*Rel*) cardinal
cardiologie [kaʀdjɔlɔʒi] *nf* cardiology
cardiologue [kaʀdjɔlɔg] *nmf* cardiologist, heart specialist
cardio-vasculaire [kaʀdjovaskylɛʀ] *adj* cardiovascular
cardon [kaʀdɔ̃] *nm* cardoon
carême [kaʀɛm] *nm* (*Rel*) : **le** ~ Lent
carence [kaʀɑ̃s] *nf* incompetence, inadequacy; (*manque*) deficiency; ~ **vitaminique** vitamin deficiency
carène [kaʀɛn] *nf* hull
caréner [kaʀene] /**6**/ *vt* (*Navig*) to careen; (*carrosserie*) to streamline
caressant, e [kaʀɛsɑ̃, -ɑ̃t] *adj* affectionate; caressing, tender
caresse [kaʀɛs] *nf* caress
caresser [kaʀɛse] /**1**/ *vt* to caress; (*animal*) to stroke, fondle; (*fig : projet, espoir*) to toy with
cargaison [kaʀgɛzɔ̃] *nf* cargo, freight
cargo [kaʀgo] *nm* cargo boat, freighter; ~ **mixte** cargo and passenger ship
cari [kaʀi] *nm* = **curry**
caricatural, e, -aux [kaʀikatyʀal, -o] *adj* caricatural, caricature-like
caricature [kaʀikatyʀ] *nf* caricature; (*politique etc*) (satirical) cartoon
caricaturer [kaʀikatyʀe] /**1**/ *vt* (*personne*) to caricature; (*politique etc*) to satirize
caricaturiste [kaʀikatyʀist] *nmf* caricaturist, (satirical) cartoonist
carie [kaʀi] *nf* : **la** ~ (**dentaire**) tooth decay; **une** ~ a bad tooth
carié, e [kaʀje] *adj* : **dent cariée** bad *ou* decayed tooth
carillon [kaʀijɔ̃] *nm* (*d'église*) bells *pl*; (*de pendule*) chimes *pl*; (*de porte*) : ~ (**électrique**) (electric) door chime *ou* bell
carillonner [kaʀijɔne] /**1**/ *vi* to ring, chime, peal
caritatif, -ive [kaʀitatif, -iv] *adj* charitable
carlingue [kaʀlɛ̃g] *nf* cabin
carmélite [kaʀmelit] *nf* Carmelite nun
carmin [kaʀmɛ̃] *adj inv* crimson
carnage [kaʀnaʒ] *nm* carnage, slaughter
carnassier, -ière [kaʀnasje, -jɛʀ] *adj* carnivorous ▶ *nm* carnivore
carnation [kaʀnasjɔ̃] *nf* complexion; **carnations** *nfpl* (*Peinture*) flesh tones
carnaval [kaʀnaval] *nm* carnival
carné, e [kaʀne] *adj* meat *cpd*, meat-based

carnet [kaʀnɛ] *nm* (*calepin*) notebook; (*de tickets, timbres etc*) book; (*d'école*) school report; (*journal intime*) diary; ~ **d'adresses** address book; ~ **de chèques** cheque book (*Brit*), checkbook (*US*); ~ **de commandes** order book; ~ **de notes** (*Scol*) (school) report; ~ **à souches** counterfoil book
carnier [kaʀnje] *nm* gamebag
carnivore [kaʀnivɔʀ] *adj* carnivorous ▶ *nm* carnivore
Carolines [kaʀɔlin] *nfpl* : **les** ~ the Caroline Islands
carotide [kaʀɔtid] *nf* carotid (artery)
carotte [kaʀɔt] *nf* (*aussi fig*) carrot
Carpates [kaʀpat] *nfpl* : **les** ~ the Carpathians, the Carpathian Mountains
carpe [kaʀp] *nf* carp
carpette [kaʀpɛt] *nf* rug
carquois [kaʀkwa] *nm* quiver
carre [kaʀ] *nf* (*de ski*) edge
carré, e [kaʀe] *adj* square; (*fig : franc*) straightforward; **mètre/kilomètre** ~ square metre/kilometre ▶ *nm* (*de terrain, jardin*) patch, plot; (*Math*) square; (*Navig : salle*) wardroom; ~ **blanc** (*TV*) "adults only" symbol; ~ **d'as/de rois** (*Cartes*) four aces/kings; **élever un nombre au** ~ to square a number; ~ **de soie** silk headsquare *ou* headscarf; ~ **d'agneau** loin of lamb
carreau, x [kaʀo] *nm* (*en faïence etc*) (floor) tile; (*au mur*) (wall) tile; (*de fenêtre*) (window) pane; (*motif*) check, square; (*Cartes : couleur*) diamonds *pl*; (: *carte*) diamond; **tissu à carreaux** checked fabric; **papier à carreaux** squared paper
carrefour [kaʀfuʀ] *nm* crossroads *sg*
carrelage [kaʀlaʒ] *nm* tiling; (*sol*) (tiled) floor
carreler [kaʀle] /**4**/ *vt* to tile
carrelet [kaʀlɛ] *nm* (*poisson*) plaice
carreleur [kaʀlœʀ] *nm* (floor) tiler
carrément [kaʀemɑ̃] *adv* (*franchement*) straight out, bluntly; (*sans détours, sans hésiter*) straight; (*nettement*) definitely; (*intensif*) completely; **c'est** ~ **impossible** it's completely impossible; **il l'a** ~ **mis à la porte** he threw him straight out
carrer [kaʀe] /**1**/ : **se carrer** *vpr* : **se** ~ **dans un fauteuil** to settle o.s. comfortably *ou* ensconce o.s. in an armchair
carrier [kaʀje] *nm* : (**ouvrier**) ~ quarryman, quarrier
carrière [kaʀjɛʀ] *nf* (*de roches*) quarry; (*métier*) career; **militaire de** ~ professional soldier; **faire** ~ **dans** to make one's career in
carriériste [kaʀjeʀist] *nmf* careerist
carriole [kaʀjɔl] *nf* (*péj*) old cart
carrossable [kaʀɔsabl] *adj* suitable for (motor) vehicles
carrosse [kaʀɔs] *nm* (horse-drawn) coach
carrosserie [kaʀɔsʀi] *nf* body, bodywork *no pl* (*Brit*); (*activité, commerce*) coachwork (*Brit*), (car) body manufacturing; **atelier de** ~ (*pour réparations*) body shop, panel beaters' (yard) (*Brit*)
carrossier [kaʀɔsje] *nm* coachbuilder (*Brit*), (car) body repairer; (*dessinateur*) car designer

carrousel [kaʀuzɛl] *nm* (*Équitation*) carousel; (*fig*) merry-go-round

carrure [kaʀyʀ] *nf* build; (*fig*) stature, calibre

cartable [kaʀtabl] *nm* (*d'écolier*) satchel, (school)bag

carte [kaʀt] *nf* (*de géographie*) map; (*marine, du ciel*) chart; (*de fichier, d'abonnement etc, à jouer*) card; (*au restaurant*) menu; (*aussi* : **carte postale**) (post)card; (*aussi* : **carte de visite**) (visiting) card; **avoir/donner ~ blanche** to have/give carte blanche *ou* a free hand; **tirer les cartes à qn** to read sb's cards; **jouer aux cartes** to play cards; **jouer cartes sur table** (*fig*) to put one's cards on the table; **la ~** (*au restaurant*) à la carte; **~ à circuit imprimé** printed circuit; **~ à puce** smartcard, chip and PIN card; **~ bancaire** cash card; **C~ Bleue®** debit card; **~ de crédit** credit card; **~ de fidélité** loyalty card; **la ~ des vins** the wine list; **~ d'état-major** ≈ Ordnance (*Brit*) *ou* Geological (*US*) Survey map; **~ d'identité** identity card; **la ~ grise** (*Auto*) ≈ the (car) registration document; **~ jeune** young person's railcard; **~ mémoire** (*d'appareil photo numérique*) memory card; **~ perforée** punch(ed) card; **~ routière** road map; **~ de séjour** residence permit; **~ SIM** SIM card; **~ téléphonique** phonecard; **la ~ verte** (*Auto*) the green card

cartel [kaʀtɛl] *nm* cartel

carte-lettre [kaʀtəlɛtʀ] (*pl* **cartes-lettres**) *nf* letter-card

carte-mère [kaʀtəmɛʀ] (*pl* **cartes-mères**) *nf* (*Inform*) mother board

carter [kaʀtɛʀ] *nm* (*Auto* : *d'huile*) sump (*Brit*), oil pan (*US*); (: *de la boîte de vitesses*) casing; (*de bicyclette*) chain guard

carte-réponse [kaʀt(ə)ʀepɔ̃s] (*pl* **cartes-réponses**) *nf* reply card

cartésien, ne [kaʀtezjɛ̃, -ɛn] *adj* Cartesian

carte vitale *n see note*

: **CARTE VITALE**
:
: The French national healthcare system issues
: everyone over the age of 16 with a **carte vitale**,
: a smartcard with photo ID and a chip
: containing the medical insurance details of
: its holder. Doctors and other healthcare
: services use a card reader to directly submit
: costs incurred to health insurance providers
: so that the patient can later be reimbursed.

Carthage [kaʀtaʒ] *n* Carthage

carthaginois, e [kaʀtaʒinwa, -waz] *adj* Carthaginian

cartilage [kaʀtilaʒ] *nm* (*Anat*) cartilage

cartilagineux, -euse [kaʀtilaʒinø, -øz] *adj* (*viande*) gristly

cartographe [kaʀtɔgʀaf] *nmf* cartographer

cartographie [kaʀtɔgʀafi] *nf* cartography, map-making

cartographier [kaʀtɔgʀafje] *vt* (*faire une carte de* : *littoral, végétation*) to map; (*représenter* : *processus, répartition*) to chart

cartomancie [kaʀtɔmɑ̃si] *nf* fortune-telling, card-reading

cartomancien, ne [kaʀtɔmɑ̃sjɛ̃, -ɛn] *nm/f* fortune-teller (*with cards*)

carton [kaʀtɔ̃] *nm* (*matériau*) cardboard; (*boîte*) (cardboard) box; (*d'invitation*) invitation card; (*Art*) sketch; cartoon; **en ~** cardboard *cpd*; **faire un ~** (*au tir*) to have a go at the rifle range; to score a hit; (: à cartes) portfolio

cartonnage [kaʀtɔnaʒ] *nm* cardboard (packing)

cartonné, e [kaʀtɔne] *adj* (*livre*) hardback, cased

carton-pâte [kaʀtɔ̃pɑt] (*pl* **cartons-pâtes**) *nm* pasteboard; **de ~** (*fig*) cardboard *cpd*

cartouche [kaʀtuʃ] *nf* cartridge; (*de cigarettes*) carton

cartouchière [kaʀtuʃjɛʀ] *nf* cartridge belt

cas [kɑ] *nm* case; **faire peu de ~/grand ~ de** to attach little/great importance to; **ne faire aucun ~ de** to take no notice of; **le ~ échéant** if need be; **en aucun ~** on no account, under no circumstances (whatsoever); **au ~ où** in case; **dans ce ~** in that case; **en ~ de** in case of, in the event of; **en ~ de besoin** if need be; **en ~ d'urgence** in an emergency; **en ce ~** in that case; **en tout ~** in any case, at any rate; **~ de conscience** matter of conscience; **~ de force majeure** case of absolute necessity; (*Assurances*) act of God; **~ limite** borderline case; **~ social** social problem

Casablanca [kazablɑ̃ka] *n* Casablanca

casanier, -ière [kazanje, -jɛʀ] *adj* stay-at-home

casaque [kazak] *nf* (*de jockey*) blouse

cascade [kaskad] *nf* waterfall, cascade; (*fig*) stream, torrent

cascadeur, -euse [kaskadœʀ, -øz] *nm/f* stuntman/stuntwoman

case [kɑz] *nf* (*hutte*) hut; (*compartiment*) compartment; (*pour le courrier*) pigeonhole; (*d'échiquier*) square; (*sur un formulaire, de mots croisés*) box

casemate [kazmat] *nf* blockhouse

caser [kaze] */1/* (*fam*) *vt* (*mettre*) to put; (*loger*) to put up; (*péj*) to find a job for; to marry off; **se caser** *vpr* (*se marier*) to settle down; (*trouver un emploi*) to find a (steady) job

caserne [kazɛʀn] *nf* barracks

casernement [kazɛʀnəmɑ̃] *nm* barrack buildings *pl*

cash [kaʃ] *adv* : **payer ~** to pay cash down

casier [kazje] *nm* (*à journaux etc*) rack; (*de bureau*) filing cabinet; (: *à cases*) set of pigeonholes; (*case*) compartment; (*pour courrier*) pigeonhole; (: *à clef*) locker; (*Pêche*) lobster pot; **~ à bouteilles** bottle rack; **~ judiciaire** police record

casino [kazino] *nm* casino

casque [kask] *nm* helmet; (*chez le coiffeur*) (hair-)dryer; (*pour audition*) (head-)phones *pl*, headset; **les Casques bleus** the UN peacekeeping force

casquer [kaske] */1/* *vi* (*fam*) to cough up, stump up (*Brit*)

casquette [kaskɛt] *nf* cap

cassable [kɑsabl] *adj* (*fragile*) breakable

cassant, e [kɑsɑ̃, -ɑ̃t] *adj* brittle; (*fig*) brusque, abrupt

cassate [kasat] *nf* : (**glace**) **~** cassata

cassation [kɑsasjɔ̃] *nf* : **se pourvoir en** ~ to lodge an appeal; **recours en** ~ appeal to the Supreme Court
casse [kas] *nf* (*pour voitures*) : **mettre à la** ~ to scrap, send to the breakers (*BRIT*); (*dégâts*) : **il y a eu de la** ~ there were a lot of breakages; (*Typo*) : **haut/bas de** ~ upper/lower case
cassé, e [kɑse] *adj* (*voix*) cracked; (*vieillard*) bent
casse-cou [kɑsku] *adj inv* daredevil, reckless; **crier** ~ **à qn** to warn sb (*against a risky undertaking*)
casse-croûte [kɑskʀut] *nm inv* snack
casse-noisettes [kɑsnwazɛt], **casse-noix** [kɑsnwa] *nm inv* nutcrackers *pl*
casse-pieds [kɑspje] *nmf inv* (*fam*) : **il est** ~, **c'est un** ~ he's a pain (in the neck)
casser [kɑse] /1/ *vt* to break; (*Admin* : *gradé*) to demote; (*Jur*) to quash; (*Comm*) : ~ **les prix** to slash prices; ~ **les pieds à qn** (*fam* : *irriter*) to get on sb's nerves; **à tout** ~ fantastic, brilliant; **se casser** *vpr* to break; (*fam*) to go, leave; **se** ~ **la jambe/une jambe** to break one's leg/a leg; **se** ~ **la tête** (*fam*) to go to a lot of trouble; **se** ~ **net** to break clean off
casserole [kasʀɔl] *nf* saucepan; **à la** ~ (*Culin*) braised
casse-tête [kɑstɛt] *nm inv* (*fig*) brain teaser; (*difficultés*) headache (*fig*)
cassette [kasɛt] *nf* (*bande magnétique*) cassette; (*coffret*) casket; ~ **numérique** digital compact cassette; ~ **vidéo** video
casseur [kɑsœʀ] *nm* hooligan; rioter
cassis [kasis] *nm* blackcurrant; (*de la route*) dip, bump
cassonade [kasɔnad] *nf* brown sugar
cassoulet [kasulɛ] *nm* sausage and bean hotpot
cassure [kɑsyʀ] *nf* break, crack
castagnettes [kastaɲɛt] *nfpl* castanets
caste [kast] *nf* caste
castillan, e [kastijɑ̃, -an] *adj* Castilian ▶ *nm* (*Ling*) Castilian
Castille [kastij] *nf* : **la** ~ Castile
castor [kastɔʀ] *nm* beaver
castrer [kastʀe] /1/ *vt* (*mâle*) to castrate; (*femelle*) to spay; (*cheval*) to geld; (*chat, chien*) to doctor (*BRIT*), fix (*US*)
cataclysme [kataklism] *nm* cataclysm
catacombes [katakɔ̃b] *nfpl* catacombs
catadioptre [katadjɔptʀ] *nm* = **cataphote**
catafalque [katafalk] *nm* catafalque
catalan, e [katalɑ̃, -an] *adj* Catalan, Catalonian ▶ *nm* (*Ling*) Catalan
Catalogne [katalɔɲ] *nf* : **la** ~ Catalonia
catalogue [katalɔg] *nm* catalogue
cataloguer [katalɔge] /1/ *vt* to catalogue, list; (*péj*) to put a label on
catalyse [kataliz] *nf* catalysis
catalyser [katalize] /1/ *vt* to catalyze
catalyseur [katalizœʀ] *nm* catalyst
catalytique [katalitik] *adj* catalytic; **pot** ~ catalytic converter
catamaran [katamaʀɑ̃] *nm* (*voilier*) catamaran
cataphote [katafɔt] *nm* reflector
cataplasme [kataplasm] *nm* poultice
catapulte [katapylt] *nf* catapult
catapulter [katapylte] /1/ *vt* to catapult

cataracte [kataʀakt] *nf* cataract; **opérer qn de la** ~ to operate on sb for a cataract
catarrhe [kataʀ] *nm* catarrh
catarrheux, -euse [kataʀø, -øz] *adj* catarrhal
catastrophe [katastʀɔf] *nf* catastrophe, disaster; **atterrir en** ~ to make an emergency landing; **partir en** ~ to rush away
catastropher [katastʀɔfe] /1/ *vt* (*personne*) to shatter
catastrophique [katastʀɔfik] *adj* catastrophic, disastrous
catch [katʃ] *nm* (all-in) wrestling
catcheur, -euse [katʃœʀ, -øz] *nm/f* (all-in) wrestler
catéchiser [kateʃize] /1/ *vt* to indoctrinate; to lecture
catéchisme [kateʃism] *nm* catechism
catéchumène [katekymɛn] *nmf* catechumen, *person attending religious instruction prior to baptism*
catégorie [kategɔʀi] *nf* category; (*Boucherie*) : **morceaux de première/deuxième** ~ prime/ second cuts
catégorique [kategɔʀik] *adj* categorical
catégoriquement [kategɔʀikmɑ̃] *adv* categorically
catégoriser [kategɔʀize] /1/ *vt* to categorize
caténaire [katenɛʀ] *nf* (*Rail*) catenary
cathédrale [katedʀal] *nf* cathedral
cathéter [katetɛʀ] *nm* (*Méd*) catheter
cathode [katɔd] *nf* cathode
cathodique [katɔdik] *adj* : **rayons cathodiques** cathode rays; **tube/écran** ~ cathode-ray tube/ screen
catholicisme [katɔlisism] *nm* (Roman) Catholicism
catholique [katɔlik] *adj, nmf* (Roman) Catholic; **pas très** ~ a bit shady *ou* fishy
catimini [katimini] : **en** ~ *adv* on the sly, on the quiet
catogan [katɔgɑ̃] *nm* bow (*tying hair on neck*)
Caucase [kɔkaz] *nm* : **le** ~ the Caucasus (Mountains)
caucasien, ne [kɔkazjɛ̃, -ɛn] *adj* Caucasian
cauchemar [koʃmaʀ] *nm* nightmare
cauchemardesque [koʃmaʀdɛsk] *adj* nightmarish
caudal, e, -aux [kodal, -o] *adj* : **la nageoire caudale** the caudal fin, the tail fin
causal, e [kozal] *adj* causal
causalité [kozalite] *nf* causality
causant, e [kozɑ̃, -ɑ̃t] *adj* chatty, talkative
cause [koz] *nf* cause; (*Jur*) lawsuit, case; brief; **faire** ~ **commune avec qn** to take sides with sb; **être** ~ **de** to be the cause of; **à** ~ **de** because of, owing to; **pour** ~ **de** on account of; owing to; **(et) pour** ~ and for (a very) good reason; **être en** ~ (*intérêts*) to be at stake; (*personne*) to be involved; (*qualité*) to be in question; **mettre en** ~ to implicate; to call into question; **remettre en** ~ to challenge, call into question; **c'est hors de** ~ it's out of the question; **en tout état de** ~ in any case
causer [koze] /1/ *vt* to cause ▶ *vi* to chat, talk
causerie [kozʀi] *nf* talk

causette [kozɛt] nf : **faire la** ou **un brin de ~** to have a chat

caustique [kostik] adj caustic

cauteleux, -euse [kotlø, -øz] adj wily

cautériser [kɔteʀize] /1/ vt to cauterize

caution [kosjɔ̃] nf guarantee, security; deposit; (Jur) bail (bond); (fig) backing, support; **payer la ~ de qn** to stand bail for sb; **se porter ~ pour qn** to stand security for sb; **libéré sous ~** released on bail; **sujet à ~** unconfirmed

cautionnement [kosjɔnmɑ̃] nm (somme) guarantee, security

cautionner [kosjɔne] /1/ vt to guarantee; (soutenir) to support

cavalcade [kavalkad] nf (fig) stampede

cavale [kaval] nf : **en ~** on the run

cavalerie [kavalʀi] nf cavalry

cavalier, -ière [kavalje, -jɛʀ] adj (désinvolte) offhand; **allée** ou **piste cavalière** riding path ► nm/f rider; (au bal) partner ► nm (Échecs) knight; **faire ~ seul** to go it alone

cavalièrement [kavaljɛʀmɑ̃] adv offhandedly

cave [kav] nf cellar; (cabaret) (cellar) nightclub ► adj : **yeux caves** sunken eyes; **joues caves** hollow cheeks

caveau, x [kavo] nm vault

caverne [kavɛʀn] nf cave

caverneux, -euse [kavɛʀnø, -øz] adj cavernous

caviar [kavjaʀ] nm caviar(e)

caviste [kavist] nmf wine merchant; (dans un restaurant) sommelier

cavité [kavite] nf cavity

Cayenne [kajɛn] n Cayenne

CB [sibi] sigle f (= citizens' band; canaux banalisés) CB; = **carte bancaire**

CC sigle m = **le corps consulaire** ; **compte courant**

CCI sigle f = **chambre de commerce et d'industrie**

CCP sigle m = **compte chèque postal**

CD sigle m (= chemin départemental) secondary road, ≈ B road (BRIT); (Pol) = **le corps diplomatique**; (= compact disc) CD; (= comité directeur) steering committee

CDD sigle m (= contrat à durée déterminée) fixed-term contract

CDI sigle m (= Centre de documentation et d'information) school library; (= contrat à durée indéterminée) permanent ou open-ended contract

CD-ROM [sedeʀɔm] nm inv (= Compact Disc Read Only Memory) CD-Rom

CDS sigle m (= Centre des démocrates sociaux) political party

CE sigle f (= Communauté européenne) EC; (Comm) = **caisse d'épargne** ► sigle m (Industrie) = **comité d'entreprise**; (Scol) = **cours élémentaire**

(MOT-CLÉ)

ce, cette [sə, sɛt] (devant nm **cet** + voyelle ou h aspiré) (pl **ces**) adj dém (proximité) this; these pl; (non-proximité) that; those pl; **cette maison(-ci/là)** this/that house; **cette nuit** (qui vient) tonight; (passée) last night
► pron **1** : **c'est** it's, it is; **c'est petit/grand/un livre** it's ou it is small/big/a book; **c'est un peintre** he's ou he is a painter; **ce sont des peintres** they're ou they are painters; **c'est le**

facteur etc (à la porte) it's the postman etc; **qui est-ce ?** who is it?; (en désignant) who is he/she?; **qu'est-ce ?** what is it?; **c'est toi qui lui as parlé** it was you who spoke to him
2 : **c'est que** : **c'est qu'il est lent/qu'il n'a pas faim** the fact is, he's slow/he's not hungry
3 (expressions) : **c'est ça** (correct) that's it, that's right; **c'est toi qui le dis !** that's what YOU say!; voir aussi **c'est-à-dire** ; voir **-ci** ; **est-ce que** ; **n'est-ce pas**
4 : **ce qui, ce que** what; **ce qui me plaît, c'est sa franchise** what I like about him ou her is his ou her frankness; (chose qui) : **il est bête, ce qui me chagrine** he's stupid, which saddens me; **tout ce qui bouge** everything that ou which moves; **tout ce que je sais** all I know; **ce dont j'ai parlé** what I talked about; **ce que c'est grand !** it's so big!

CEA sigle m ≈ AEA(BRIT), ≈ AEC(US)

CECA [seka] sigle f (= Communauté européenne du charbon et de l'acier) ECSC (= European Coal and Steel Community)

ceci [səsi] pron this

cécité [sesite] nf blindness

céder [sede] /6/ vt to give up ► vi (pont, barrage) to give way; (personne) to give in; **~ à** to yield to, give in to

cédérom [sedeʀɔm] nm CD-ROM

CEDEX [sedɛks] sigle m (= courrier d'entreprise à distribution exceptionnelle) accelerated postal service for bulk users

cédille [sedij] nf cedilla

cèdre [sɛdʀ] nm cedar

CEE sigle f (= Communauté économique européenne) EEC

CEI sigle f (= Communauté des États indépendants) CIS

ceindre [sɛ̃dʀ] /52/ vt (mettre) to put on; (entourer) : **~ qch de qch** to put sth round sth

ceinture [sɛ̃tyʀ] nf belt; (taille) waist; (fig) ring; belt; circle; **~ de sauvetage** lifebelt (BRIT), life preserver (US); **~ de sécurité** safety ou seat belt; **~ (de sécurité) à enrouleur** inertia reel seat belt; **~ verte** green belt

ceinturer [sɛ̃tyʀe] /1/ vt (saisir) to grasp (round the waist); (entourer) to surround

ceinturon [sɛ̃tyʀɔ̃] nm belt

cela [s(ə)la] pron that; (comme sujet indéfini) it; **~ m'étonne que** it surprises me that; **quand/où ~ ?** when/where (was that)?

célébrant [selebʀɑ̃] nm (Rel) celebrant

célébration [selebʀasjɔ̃] nf celebration

célèbre [selɛbʀ] adj famous

célébrer [selebʀe] /6/ vt to celebrate; (louer) to extol

célébrité [selebʀite] nf fame; (star) celebrity

céleri [sɛlʀi] nm : **~-(rave)** celeriac; **~ (en branche)** celery

célérité [seleʀite] nf speed, swiftness

céleste [selɛst] adj celestial; heavenly

célibat [seliba] nm celibacy, bachelor/spinsterhood

célibataire [selibatɛʀ] adj single, unmarried; **mère ~** single ou unmarried mother ► nmf bachelor/unmarried ou single woman

celle, celles [sɛl] *pron voir* celui
cellier [selje] *nm* storeroom
cellophane® [selɔfan] *nf* cellophane
cellulaire [selylɛʀ] *adj* (*Bio*) cell *cpd*, cellular;
voiture *ou* fourgon ~ prison *ou* police van;
régime ~ confinement
cellule [selyl] *nf* (*gén*) cell; ~ (photo-électrique)
electronic eye; ~ souche stem cell
cellulite [selylit] *nf* cellulite
celluloïd® [selylɔid] *nm* Celluloid
cellulose [selyloz] *nf* cellulose
celte [sɛlt], celtique [sɛltik] *adj* Celt, Celtic

[MOT-CLÉ]

celui, celle [səlɥi, sɛl] (*mpl* ceux, *fpl* celles) *pron*
1 : celui-ci/là, celle-ci/là this one/that one;
ceux-ci, celles-ci these (ones); ceux-là,
celles-là those (ones); celui de mon frère my
brother's; celui du salon/du dessous the one
in (*ou* from) the lounge/below
2 (*+ relatif*) : celui qui bouge the one which *ou*
that moves; (*personne*) the one who moves; celui
que je vois the one (which *ou* that) I see;
(*personne*) the one (whom) I see; celui dont je
parle the one I'm talking about
3 (*valeur indéfinie*) : celui qui veut whoever wants

cénacle [senakl] *nm* (literary) coterie *ou* set
cendre [sɑ̃dʀ] *nf* ash; cendres (*d'un foyer*)
ash(es), cinders; (*volcaniques*) ash *sg*; (*d'un défunt*)
ashes; sous la ~ (*Culin*) in (the) embers
cendré, e [sɑ̃dʀe] *adj* (*couleur*) ashen; (piste)
cendrée cinder track
cendreux, -euse [sɑ̃dʀø, -øz] *adj* (*terrain*,
substance) cindery; (*teint*) ashen
cendrier [sɑ̃dʀije] *nm* ashtray
cène [sɛn] *nf* : la ~ (Holy) Communion; (*Art*) the
Last Supper
censé, e [sɑ̃se] *adj* : être ~ faire to be supposed
to do
censément [sɑ̃semɑ̃] *adv* supposedly
censeur [sɑ̃sœʀ] *nm* (*Scol*) deputy head (*BRIT*),
vice-principal (*US*); (*Ciné, Pol*) censor
censure [sɑ̃syʀ] *nf* censorship
censurer [sɑ̃syʀe] /1/ *vt* (*Ciné, Presse*) to censor;
(*Pol*) to censure
cent [sɑ̃] *num* a hundred, one hundred; pour ~
(%) per cent (%); faire les ~ pas to pace up and
down ▶ *nm* (*US, Canada, partie de l'euro etc*) cent
centaine [sɑ̃tɛn] *nf* : une ~ (de) about a
hundred, a hundred or so; (*Comm*) a hundred;
plusieurs centaines (de) several hundred;
des centaines (de) hundreds (of)
centenaire [sɑ̃t(ə)nɛʀ] *adj* hundred-year-old
▶ *nmf* centenarian ▶ *nm* (*anniversaire*) centenary;
(*monnaie*) cent
centième [sɑ̃tjɛm] *num* hundredth
centigrade [sɑ̃tigʀad] *nm* centigrade
centigramme [sɑ̃tigʀam] *nm* centigramme
centilitre [sɑ̃tilitʀ] *nm* centilitre (*BRIT*),
centiliter (*US*)
centime [sɑ̃tim] *nm* centime; ~ d'euro euro cent
centimètre [sɑ̃timɛtʀ] *nm* centimetre (*BRIT*),
centimeter (*US*); (*ruban*) tape measure,
measuring tape

centrafricain, e [sɑ̃tʀafʀikɛ̃, -ɛn] *adj* of *ou* from
the Central African Republic
central, e, -aux [sɑ̃tʀal, -o] *adj* central ▶ *nm* :
~ (téléphonique) (telephone) exchange ▶ *nf*
power station; centrale d'achat (*Comm*)
central buying service; centrale électrique/
nucléaire electric/nuclear power station;
centrale syndicale group of affiliated trade
unions
centralisation [sɑ̃tʀalizasjɔ̃] *nf* centralization
centraliser [sɑ̃tʀalize] /1/ *vt* to centralize
centralisme [sɑ̃tʀalism] *nm* centralism
centraméricain, e [sɑ̃tʀameʀikɛ̃, -ɛn] *adj*
Central American
centre [sɑ̃tʀ] *nm* centre (*BRIT*), center (*US*);
~ commercial/sportif/culturel shopping/
sports/arts centre; ~ aéré outdoor centre;
~ d'appels call centre; ~ d'apprentissage
training college; ~ d'attraction centre of
attraction; ~ de gravité centre of gravity; ~ de
loisirs leisure centre; ~ d'enfouissement des
déchets landfill site; ~ hospitalier hospital
complex; ~ de tri (*Postes*) sorting office;
centres nerveux (*Anat*) nerve centres
centrer [sɑ̃tʀe] /1/ *vt* to centre (*BRIT*), center (*US*)
▶ *vi* (*Football*) to centre the ball
centre-ville [sɑ̃tʀəvil] (*pl* centres-villes) *nm*
town centre (*BRIT*) *ou* center (*US*), downtown
(area) (*US*)
centrifuge [sɑ̃tʀifyʒ] *adj* : force ~ centrifugal
force
centrifuger [sɑ̃tʀifyʒe] /3/ *vt* to centrifuge
centrifugeuse [sɑ̃tʀifyʒøz] *nf* (*pour fruits*) juice
extractor
centripète [sɑ̃tʀipɛt] *adj* : force ~ centripetal
force
centrisme [sɑ̃tʀism] *nm* centrism
centriste [sɑ̃tʀist] *adj, nmf* centrist
centuple [sɑ̃typl] *nm* : le ~ de qch a hundred
times sth; au ~ a hundredfold
centupler [sɑ̃typle] /1/ *vi, vt* to increase a
hundredfold
CEP *sigle m* = Certificat d'études (primaires)
cep [sɛp] *nm* (*vine*) stock
cépage [sepaʒ] *nm* (type of) vine
cèpe [sɛp] *nm* (edible) boletus
cependant [s(ə)pɑ̃dɑ̃] *adv* however,
nevertheless
céramique [seʀamik] *adj* ceramic ▶ *nf* ceramic;
(*art*) ceramics *sg*
céramiste [seʀamist] *nmf* ceramist
cerbère [sɛʀbɛʀ] *nm* (*fig* : *péj*) bad-tempered
doorkeeper
cerceau, x [sɛʀso] *nm* (*d'enfant, de tonnelle*) hoop
cercle [sɛʀkl] *nm* circle; (*objet*) band, hoop;
décrire un ~ (*avion*) to circle; (*projectile*) to
describe a circle; ~ d'amis circle of friends;
~ de famille family circle; ~ vicieux vicious
circle
cercler [sɛʀkle] /1/ *vt* : lunettes cerclées d'or
gold-rimmed glasses
cercueil [sɛʀkœj] *nm* coffin
céréale [seʀeal] *nf* cereal
céréalier, -ière [seʀealje, -jɛʀ] *adj* (*production*,
cultures) cereal *cpd*

cérébral, e, -aux [seʀebʀal, -o] *adj (Anat)* cerebral, brain *cpd*; *(fig)* mental, cerebral

cérémonial [seʀemɔnjal] *nm* ceremonial

cérémonie [seʀemɔni] *nf* ceremony; **sans ~** *(inviter, manger)* informally; **cérémonies** *nfpl (péj)* fuss *sg*, to-do *sg*

cérémonieux, -euse [seʀemɔnjø, -øz] *adj* ceremonious, formal

cerf [sɛʀ] *nm* stag

cerfeuil [sɛʀfœj] *nm* chervil

cerf-volant [sɛʀvɔlɑ̃] *(pl* **cerfs-volants)** *nm* kite; **jouer au ~** to fly a kite

cerisaie [s(ə)ʀizɛ] *nf* cherry orchard

cerise [s(ə)ʀiz] *nf* cherry

cerisier [s(ə)ʀizje] *nm* cherry (tree)

CERN [sɛʀn] *sigle m (= Centre européen de recherche nucléaire)* CERN

cerné, e [sɛʀne] *adj* : **les yeux cernés** with dark rings *ou* shadows under the eyes

cerner [sɛʀne] /**1**/ *vt (Mil etc)* to surround; *(fig : problème)* to delimit, define

cernes [sɛʀn] *nfpl* (dark) rings, shadows (under the eyes)

certain, e [sɛʀtɛ̃, -ɛn] *adj* certain; *(sûr)* : **~ (de/ que)** certain *ou* sure (of/ that); **d'un ~ âge** past one's prime, not so young; **un ~ temps** (quite) some time; **sûr et ~** absolutely certain; **un ~ Georges** someone called Georges; **certains** *pron, adj* some

certainement [sɛʀtɛnmɑ̃] *adv (probablement)* most probably *ou* likely; *(bien sûr)* certainly, of course

certes [sɛʀt] *adv (sans doute)* admittedly; *(bien sûr)* of course; indeed (yes)

certificat [sɛʀtifika] *nm* certificate; **C~ d'études (primaires)** *former school leaving certificate (taken at the end of primary education)*; **C~ de fin d'études secondaires** school leaving certificate

certifié, e [sɛʀtifje] *adj* : **professeur ~** qualified teacher; *(Admin)* **copie certifiée conforme (à l'original)** certified copy (of the original)

certifier [sɛʀtifje] /**7**/ *vt* to certify, guarantee; **~ à qn que** to assure sb that, guarantee to sb that; **~ qch à qn** to guarantee sth to sb

certitude [sɛʀtityd] *nf* certainty

cérumen [seʀymɛn] *nm* (ear)wax

cerveau, x [sɛʀvo] *nm* brain; **~ électronique** electronic brain

cervelas [sɛʀvəla] *nm* saveloy

cervelle [sɛʀvɛl] *nf (Anat)* brain; *(Culin)* brain(s); **se creuser la ~** to rack one's brains

cervical, e, -aux [sɛʀvikal, -o] *adj* cervical

cervidés [sɛʀvide] *nmpl* cervidae

CES *sigle m (= Collège d'enseignement secondaire)* ≈ (junior) secondary school *(BRIT)*, ≈ junior high school *(US)*

ces [se] *adj dém voir* **ce**

césarienne [sezaʀjɛn] *nf* caesarean *(BRIT) ou* cesarean *(US)* (section)

cessantes [sɛsɑ̃t] *adj fpl* : **toutes affaires ~** forthwith

cessation [sɛsasjɔ̃] *nf* : **~ des hostilités** cessation of hostilities; **~ de paiements/ commerce** suspension of payments/trading

cesse [sɛs] : **sans ~** *adv (tout le temps)* continually, constantly; *(sans interruption)* continuously; **il n'avait de ~ que** he would not rest until

cesser [sese] /**1**/ *vt* to stop; **~ de faire** to stop doing ▶*vi* to stop, cease; **faire ~** *(bruit, scandale)* to put a stop to

cessez-le-feu [sesel(ə)fø] *nm inv* ceasefire

cession [sɛsjɔ̃] *nf* transfer

c'est [sɛ] = **ce**

c'est-à-dire [sɛtadiʀ] *adv* that is (to say); *(demander de préciser)* : **~ ?** what does that mean?; **~ que ...** *(en conséquence)* which means that ...; *(manière d'excuse)* well, in fact ...

CET *sigle m (= Collège d'enseignement technique) (formerly)* technical school

cet [sɛt] *adj dém voir* **ce**

cétacé [setase] *nm* cetacean

cette [sɛt] *adj dém voir* **ce**

ceux [sø] *pron voir* **celui**

cévenol, e [sevnɔl] *adj* of *ou* from the Cévennes region

cf. *abr (= confer)* cf, cp

CFAO *sigle f (= conception de fabrication assistée par ordinateur)* CAM

CFC *sigle mpl (= chlorofluorocarbures)* CFC

CFDT *sigle f (= Confédération française démocratique du travail)* trade union

CFF *sigle m (= Chemins de fer fédéraux)* Swiss railways

CFL *sigle m (= Chemins de fer luxembourgeois)* Luxembourg railways

CFP *sigle m* = **Centre de formation professionnelle** ▶ *sigle f* = **Compagnie française des pétroles**

CFTC *sigle f (= Confédération française des travailleurs chrétiens)* trade union

CGC *sigle f (= Confédération générale des cadres)* management union

CGPME *sigle f* = **Confédération générale des petites et moyennes entreprises**

CGT *sigle f (= Confédération générale du travail)* trade union

CH *abr (= Confédération helvétique)* CH

ch. *abr* = **charges ; chauffage; cherche**

chacal [ʃakal] *nm* jackal

chacun, e [ʃakœ̃, -yn] *pron* each; *(indéfini)* everyone, everybody

> **Everyone** et **everybody** sont suivis d'un verbe au singulier, mais le possessif qui s'y rapporte doit être au pluriel.
> *Chacun a sa propre opinion à ce sujet.* **Everyone** *has their* **own view on this.**

chagrin, e [ʃagʀɛ̃, -in] *adj* morose ▶ *nm* grief, sorrow; **avoir du ~** to be grieved *ou* sorrowful

chagriner [ʃagʀine] /**1**/ *vt* to grieve, distress; *(contrarier)* to bother, worry

chahut [ʃay] *nm* uproar

chahuter [ʃayte] /**1**/ *vt* to rag, bait ▶ *vi* to make an uproar

chahuteur, -euse [ʃaytœʀ, -øz] *nm/f* rowdy

chai [ʃɛ] *nm* wine and spirit store(house)

chaîne [ʃɛn] *nf* chain; *(TV)* channel; *(Inform)* string; **travail à la ~** production line work; **réactions en ~** chain reactions; **faire la ~** to form a (human) chain; **~ alimentaire** food chain; **~ compacte** music centre; **~ d'entraide** mutual aid association; **~ (haute-fidélité** ou **hi-fi)** hi-fi system; **~ (de montage** ou **de fabrication)** production ou assembly line; **~ (de montagnes)** (mountain) range; **~ de solidarité** solidarity network; **~ (stéréo** ou **audio)** stereo (system); **chaînes** nfpl (liens, asservissement) fetters, bonds

chaînette [ʃɛnɛt] nf (small) chain

chaînon [ʃɛnɔ̃] nm link

chair [ʃɛʀ] nf flesh; **avoir la ~ de poule** to have goose pimples ou goose flesh; **bien en ~** plump, well-padded; **en ~ et en os** in the flesh; **~ à saucisse** sausage meat ▶ adj inv : **(couleur) ~** flesh-coloured

chaire [ʃɛʀ] nf (d'église) pulpit; (d'université) chair

chaise [ʃɛz] nf chair; **~ de bébé** high chair; **~ électrique** electric chair; **~ longue** deckchair

chaland [ʃalɑ̃] nm (bateau) barge

châle [ʃal] nm shawl

chalet [ʃalɛ] nm chalet

chaleur [ʃalœʀ] nf heat; (fig : d'accueil) warmth; fire, fervour (BRIT), fervor (US); heat; **en ~** (Zool) on heat

chaleureusement [ʃalœʀøzmɑ̃] adv warmly

chaleureux, -euse [ʃalœʀø, -øz] adj warm

challenge [ʃalɑ̃ʒ] nm contest, tournament

challenger [ʃalɑ̃ʒɛʀ] nm (Sport) challenger

chaloupe [ʃalup] nf launch; (de sauvetage) lifeboat

chalumeau, x [ʃalymo] nm blowlamp (BRIT), blowtorch

chalut [ʃaly] nm trawl (net); **pêcher au ~** to trawl

chalutier [ʃalytje] nm trawler; (pêcheur) trawlerman

chamade [ʃamad] nf : **battre la ~** to beat wildly

chamailler [ʃamaje] /1/ : **se chamailler** vpr to squabble, bicker

chamarré, e [ʃamaʀe] adj richly brocaded

chambard [ʃɑ̃baʀ] nm rumpus

chambardement [ʃɑ̃baʀdəmɑ̃] nm : **c'est le grand ~** everything has been (ou is being) turned upside down

chambarder [ʃɑ̃baʀde] /1/ vt to turn upside down

chamboulé, e [ʃɑ̃bule] adj (fam) turned upside down; **se trouver ~** to be turned upside down

chamboulement [ʃɑ̃bulmɑ̃] nm (fam) disruption

chambouler [ʃɑ̃bule] /1/ vt (fam) to turn upside down

chambranle [ʃɑ̃bʀɑ̃l] nm (door) frame

chambre [ʃɑ̃bʀ] nf bedroom; (Tech) chamber; (Pol) chamber, house; (Jur) court; (Comm) chamber; federation; **faire ~ à part** to sleep in separate rooms; **stratège/alpiniste en ~** armchair strategist/mountaineer; **~ à un lit/ deux lits** single/twin-bedded room; **~ pour une/deux personne(s)** single/double room; **~ d'accusation** court of criminal appeal; **~ d'agriculture** body responsible for the agricultural interests of a département; **~ à air** (de pneu) (inner) tube; **~ d'amis** spare ou guest room; **~ de combustion** combustion chamber; **~ de**

commerce et d'industrie chamber of commerce and industry; **~ à coucher** bedroom; **la C~** des députés the Chamber of Deputies, ≈ the House (of Commons) (BRIT), ≈ the House of Representatives (US); **~ forte** strongroom; **~ froide** ou **frigorifique** cold room; **~ à gaz** gas chamber; **~ d'hôte** ≈ bed and breakfast (in private home); **~ des machines** engine-room; **~ des métiers** chamber of commerce for trades; **~ meublée** bedsit(ter) (BRIT), furnished room; **~ noire** (Photo) dark room

chambrée [ʃɑ̃bʀe] nf room

chambrer [ʃɑ̃bʀe] /1/ vt (vin) to bring to room temperature

chameau, x [ʃamo] nm camel

chamois [ʃamwa] nm chamois ▶ adj inv : **(couleur) ~** fawn, buff

champ [ʃɑ̃] nm (aussi Inform) field; (Photo) : **dans le ~** in the picture; **prendre du ~** to draw back; **laisser le ~ libre à qn** to leave sb a clear field; **~ d'action** sphere of operation(s); **~ de bataille** battlefield; **~ de courses** racecourse; **~ d'honneur** field of honour; **~ de manœuvre** (Mil) parade ground; **~ de mines** minefield; **~ de tir** shooting ou rifle range; **~ visuel** field of vision

Champagne [ʃɑ̃paɲ] nf : **la ~** Champagne, the Champagne region

champagne [ʃɑ̃paɲ] nm champagne

champenois, e [ʃɑ̃pənwa, -waz] adj of ou from Champagne; (vin) : **méthode champenoise** champagne-type

champêtre [ʃɑ̃pɛtʀ] adj country cpd, rural

champignon [ʃɑ̃piɲɔ̃] nm mushroom; (terme générique) fungus; (fam : accélérateur) accelerator, gas pedal (US); **~ de couche** ou **de Paris** button mushroom; **~ vénéneux** toadstool, poisonous mushroom

champion, ne [ʃɑ̃pjɔ̃, -ɔn] adj, nm/f champion

championnat [ʃɑ̃pjɔna] nm championship

chance [ʃɑ̃s] nf : **la ~** luck; **une ~** a stroke ou piece of luck ou good fortune; (occasion) a lucky break; **avoir de la ~** to be lucky; **bonne ~ !** good luck!; **encore une ~ que tu viennes !** it's lucky you're coming!; **je n'ai pas de ~** I'm out of luck; (toujours) I never have any luck; **donner sa ~ à qn** to give sb a chance; **chances** nfpl (probabilités) chances; **il a des chances de gagner** he has a chance of winning; **il y a de fortes chances pour que Paul soit malade** it's highly probable that Paul is ill

chancelant, e [ʃɑ̃s(ə)lɑ̃, -ɑ̃t] adj (personne) tottering; (santé) failing

chanceler [ʃɑ̃s(ə)le] /4/ vi to totter

chancelier [ʃɑ̃səlje] nm (allemand) chancellor; (d'ambassade) secretary

chancellerie [ʃɑ̃sɛlʀi] nf (en France) ministry of justice; (en Allemagne) chancellery; (d'ambassade) chancery

chanceux, -euse [ʃɑ̃sø, -øz] adj lucky, fortunate

chancre [ʃɑ̃kʀ] nm canker

chandail [ʃɑ̃daj] nm (thick) jumper ou sweater

Chandeleur [ʃɑ̃dlœʀ] nf : **la ~** Candlemas

chandelier [ʃɑ̃dəlje] nm candlestick; (à plusieurs branches) candelabra

chandelle – charge

chandelle [ʃɑ̃dɛl] nf (tallow) candle; (Tennis) :
faire une ~ to lob; (Aviat) : **monter en ~** to
climb vertically; **tenir la ~** to play gooseberry;
dîner aux chandelles candlelight dinner

change [ʃɑ̃ʒ] nm (Comm) exchange; **opérations
de ~** (foreign) exchange transactions; **contrôle
des changes** exchange control; **gagner/
perdre au ~** to be better/worse off (for it);
donner le ~ à qn (fig) to lead sb up the garden
path

changeant, e [ʃɑ̃ʒɑ̃, -ɑ̃t] adj changeable, fickle

changement [ʃɑ̃ʒmɑ̃] nm change; **~ climatique**
climate change; **~ de vitesse** (dispositif) gears pl;
(action) gear change

changer [ʃɑ̃ʒe] /3/ vt (modifier) to change, alter;
(remplacer, Comm, rhabiller) to change; **~ de**
(remplacer : adresse, nom, voiture etc) to change one's;
~ de train to change trains; **~ d'air** to get a
change of air; **~ de couleur/direction** to
change colour/direction; **~ d'avis, ~ d'idée** to
change one's mind; **~ de place avec qn** to
change places with sb; **~ de vitesse** (Auto) to
change gear; **~ qn/qch de place** to move sb/sth
to another place; **~ (de bus** etc) to change
(buses etc); **~ qch en** to change sth into ▶ vi to
change, alter; **se changer** vpr to change (o.s.)

changeur [ʃɑ̃ʒœʀ] nm (personne) moneychanger;
~ automatique change machine; **~ de disques**
record changer, autochange

chanoine [ʃanwan] nm canon

chanson [ʃɑ̃sɔ̃] nf song

chansonnette [ʃɑ̃sɔnɛt] nf ditty

chansonnier [ʃɑ̃sɔnje] nm cabaret artist
(specializing in political satire); (recueil) song book

chant [ʃɑ̃] nm song; (art vocal) singing; (d'église)
hymn; (de poème) canto; (Tech) : **posé de** ou **sur ~**
placed edgeways; **~ de Noël** Christmas carol

chantage [ʃɑ̃taʒ] nm blackmail; **faire du ~** to
use blackmail; **soumettre qn à un ~** to
blackmail sb

chantant, e [ʃɑ̃tɑ̃, -ɑ̃t] adj (accent, voix) sing-song

chanter [ʃɑ̃te] /1/ vt, vi to sing; **~ juste/faux** to
sing in tune/out of tune; **si cela lui chante**
(fam) if he feels like it ou fancies it

chanterelle [ʃɑ̃tʀɛl] nf chanterelle (edible
mushroom)

chanteur, -euse [ʃɑ̃tœʀ, -øz] nm/f singer; **~ de
charme** crooner

chantier [ʃɑ̃tje] nm (building) site; (sur une route)
roadworks pl; **mettre en ~** to start work on;
~ naval shipyard

chantilly [ʃɑ̃tiji] nf voir **crème**

chantonner [ʃɑ̃tɔne] /1/ vi, vt to sing to oneself,
hum

chantre [ʃɑ̃tʀ] nm (fig) eulogist

chanvre [ʃɑ̃vʀ] nm hemp

chaos [kao] nm chaos

chaotique [kaɔtik] adj chaotic

chap. abr (= chapitre) ch

chapardage [ʃapaʀdaʒ] nm pilfering

chaparder [ʃapaʀde] /1/ vt to pinch

chapeau, x [ʃapo] nm hat; (Presse) introductory
paragraph; **~ !** well done!; **~ melon** bowler
hat; **~ mou** trilby; **chapeaux de roues** hub
caps

chapeauter [ʃapote] /1/ vt (Admin) to head, oversee

chapelain [ʃaplɛ̃] nm (Rel) chaplain

chapelet [ʃaplɛ] nm (Rel) rosary; (fig) : **un ~ de**
a string of; **dire son ~** to tell one's beads

chapelier, -ière [ʃapəlje, -jɛʀ] nm/f hatter;
milliner

chapelle [ʃapɛl] nf chapel; **~ ardente** chapel
of rest

chapellerie [ʃapɛlʀi] nf (magasin) hat shop;
(commerce) hat trade

chapelure [ʃaplyʀ] nf (dried) breadcrumbs pl

chaperon [ʃapʀɔ̃] nm chaperon

chaperonner [ʃapʀɔne] /1/ vt to chaperon

chapiteau, x [ʃapito] nm (Archit) capital; (de
cirque) marquee, big top

chapitrage [ʃapitʀaʒ] nm (d'un DVD) chaptering

chapitre [ʃapitʀ] nm chapter; (fig) subject,
matter; **avoir voix au ~** to have a say in the
matter

chapitrer [ʃapitʀe] /1/ vt to lecture, reprimand

chapon [ʃapɔ̃] nm capon

chaque [ʃak] adj each, every; (indéfini) every

> **Each** désigne chaque élément (personne ou
> chose) d'un groupe, pour insister sur son
> individualité. On utilise **every** pour
> englober tous les membres d'un groupe de
> plus de deux éléments, autrement dit pour
> signifier tous les.
> Chaque membre du personnel est chargé d'une tâche
> particulière. **Each member of staff is
> responsible for a specific task**
> des chances égales pour chaque enfant **an equal
> chance for every child**

char [ʃaʀ] nm (à foin etc) cart, waggon; (de carnaval)
float; **~ (d'assaut)** tank; **~ à voile** sand yacht

charabia [ʃaʀabja] nm (péj) gibberish,
gobbledygook (BRIT)

charade [ʃaʀad] nf riddle; (mimée) charade

charbon [ʃaʀbɔ̃] nm coal; **~ de bois** charcoal

charbonnage [ʃaʀbɔnaʒ] nm : **les
charbonnages de France** the (French) Coal
Board sg

charbonnier [ʃaʀbɔnje] nm coalman

charcuterie [ʃaʀkytʀi] nf (magasin) pork
butcher's shop and delicatessen; (produits)
cooked pork meats pl

charcutier, -ière [ʃaʀkytje, -jɛʀ] nm/f pork
butcher

chardon [ʃaʀdɔ̃] nm thistle

chardonneret [ʃaʀdɔnʀɛ] nm goldfinch

charentais, e [ʃaʀɑ̃tɛ, -ɛz] adj of ou from
Charente ▶ nf (pantoufle) carpet slipper ▶ nm/f :
Charentais, e person from the Charente region

charge [ʃaʀʒ] nf (fardeau) load; (explosif, Élec, Mil,
Jur) charge; (rôle, mission) responsibility; **à la ~
de** (dépendant de) dependent upon, supported by;
(aux frais de) chargeable to, payable by;
j'accepte, à ~ de revanche I accept, provided I
can do the same for you (in return) one day;
prendre en ~ to take charge of; (véhicule) to take
on; (dépenses) to take care of; **~ utile** (Auto) live
load; (Comm) payload; **charges** nfpl (du loyer)
service charges; **charges sociales** social
security contributions

chargé [ʃaRʒe] *adj* (*voiture, animal, personne*) laden; (*fusil, batterie, caméra*) loaded; (*occupé : emploi du temps, journée*) busy, full; (: *estomac*) heavy, full; (: *langue*) furred; (: *décoration, style*) heavy, ornate; ~ **de** (*responsable de*) responsible for ▸ *nm/f* : ~ **d'affaires** chargé d'affaires; ~ **de cours** ≈ lecturer

chargement [ʃaRʒəmã] *nm* (*action*) loading; charging; (*objets*) load

charger [ʃaRʒe] /3/ *vt* (*voiture, fusil, caméra*) to load; (*batterie*) to charge; ~ **qn de qch/faire qch** to give sb the responsibility for sth/of doing sth; to put sb in charge of sth/doing sth ▸ *vi* (*Mil etc*) to charge; **se charger de** *vpr* to see to, take care of; **se ~ de faire qch** to take it upon o.s. to do sth

chargeur [ʃaRʒœR] *nm* (*dispositif : de batterie*) charger; (: *d'arme à feu*) magazine; (: *Photo*) cartridge

chariot [ʃaRjo] *nm* trolley; (*charrette*) waggon; (*de machine à écrire*) carriage; ~ **élévateur** fork-lift truck

charisme [kaRism] *nm* charisma

charitable [ʃaRitabl] *adj* charitable; kind

charité [ʃaRite] *nf* charity; **faire la ~** to give to charity; to do charitable works; **faire la ~ à** to give (something) to; **fête/vente de ~** fête/sale in aid of charity

charivari [ʃaRivaRi] *nm* hullabaloo

charlatan [ʃaRlatã] *nm* charlatan

charlotte [ʃaRlɔt] *nf* (*Culin*) charlotte

charmant, e [ʃaRmã, -ãt] *adj* charming

charme [ʃaRm] *nm* charm; (*Bot*) hornbeam; **c'est ce qui en fait le ~** that is its attraction; **faire du ~** to be charming, turn on the charm; **aller** *ou* **se porter comme un ~** to be in the pink; **charmes** *nmpl* (*appas*) charms

charmer [ʃaRme] /1/ *vt* to charm; **je suis charmé de ...** I'm delighted to ...

charmeur, -euse [ʃaRmœR, -øz] *nm/f* charmer; ~ **de serpents** snake charmer

charnel, le [ʃaRnɛl] *adj* carnal

charnier [ʃaRnje] *nm* mass grave

charnière [ʃaRnjɛR] *nf* hinge; (*fig*) turning-point

charnu, e [ʃaRny] *adj* fleshy

charogne [ʃaRɔɲ] *nf* carrion *no pl*; (!) bastard (!)

charolais, e [ʃaRɔlɛ, -ɛz] *adj* of *ou* from the Charolais

charpente [ʃaRpãt] *nf* frame(work); (*fig*) structure, framework; (*carrure*) build, frame

charpenté, e [ʃaRpãte] *adj* : **bien** *ou* **solidement ~** (*personne*) well-built; (*texte*) well-constructed

charpenterie [ʃaRpãtRi] *nf* carpentry

charpentier [ʃaRpãtje] *nm* carpenter

charpie [ʃaRpi] *nf* : **en ~** (*fig*) in shreds *ou* ribbons

charretier [ʃaRtje] *nm* carter; (*péj : langage, manières*) : **de ~** uncouth

charrette [ʃaRɛt] *nf* cart

charrier [ʃaRje] /7/ *vt* to carry (along); to cart, carry ▸ *vi* (*fam*) to exaggerate

charrue [ʃaRy] *nf* plough (*BRIT*), plow (*US*)

charte [ʃaRt] *nf* charter

charter [tʃaRtœR] *nm* (*vol*) charter flight; (*avion*) charter plane

chasse [ʃas] *nf* hunting; (*au fusil*) shooting; (*poursuite*) chase; (*aussi* : **chasse d'eau**) flush; **la ~ est ouverte** the hunting season is open; **la ~ est fermée** it is the close (*BRIT*) *ou* closed (*US*) season; **aller à la ~** to go hunting; **prendre en ~, donner la ~ à** to give chase to; **tirer la ~ (d'eau)** to flush the toilet, pull the chain; ~ **aérienne** aerial pursuit; ~ **à courre** hunting; ~ **à l'homme** manhunt; ~ **gardée** private hunting grounds *pl*; ~ **sous-marine** underwater fishing

châsse [ʃas] *nf* reliquary, shrine

chassé-croisé [ʃasekRwaze] (*pl* **chassés-croisés**) *nm* (*Danse*) chassé-croisé; (*fig*) mix-up (*where people miss each other in turn*)

chasse-neige [ʃasnɛʒ] *nm inv* snowplough (*BRIT*), snowplow (*US*)

chasser [ʃase] /1/ *vt* to hunt; (*expulser*) to chase away *ou* out, drive away *ou* out; (*dissiper*) to chase *ou* sweep away; to dispel, drive away

chasseur, -euse [ʃasœR, -øz] *nm/f* hunter; ~ **d'images** roving photographer; ~ **de têtes** (*fig*) headhunter ▸ *nm* (*avion*) fighter; (*domestique*) page (boy), messenger (boy); **chasseurs alpins** mountain infantry

chassieux, -euse [ʃasjø, -øz] *adj* sticky, gummy

châssis [ʃasi] *nm* (*Auto*) chassis; (*cadre*) frame; (*de jardin*) cold frame

chaste [ʃast] *adj* chaste

chasteté [ʃastəte] *nf* chastity

chasuble [ʃazybl] *nf* chasuble; **robe ~** pinafore dress (*BRIT*), jumper (*US*)

chat¹ [ʃa] *nm* cat; ~ **sauvage** wildcat

chat² [tʃat] *nm* (*Internet : salon*) chat room; (: *conversation*) chat

châtaigne [ʃatɛɲ] *nf* chestnut

châtaignier [ʃatɛɲe] *nm* chestnut (tree)

châtain [ʃatɛ̃] *adj inv* chestnut (brown); (*personne*) chestnut-haired

château, x [ʃato] *nm* (*forteresse*) castle; (*résidence royale*) palace; (*manoir*) mansion; ~ **d'eau** water tower; ~ **fort** stronghold, fortified castle; ~ **de sable** sand castle

châtelain, e [ʃat(ə)lɛ̃, -ɛn] *nm/f* lord/lady of the manor ▸ *nf* (*ceinture*) chatelaine

châtié, e [ʃatje] *adj* (*langage*) refined; (*style*) polished, refined

châtier [ʃatje] /7/ *vt* to punish, castigate; (*fig : style*) to polish, refine

chatière [ʃatjɛR] *nf* (*porte*) cat flap

châtiment [ʃatimã] *nm* punishment, castigation; ~ **corporel** corporal punishment

chatoiement [ʃatwamã] *nm* shimmer(ing)

chaton [ʃatɔ̃] *nm* (*Zool*) kitten; (*Bot*) catkin; (*de bague*) bezel; stone

chatouillement [ʃatujmã] *nm* (*gén*) tickling; (*dans le nez, la gorge*) tickle

chatouiller [ʃatuje] /1/ *vt* to tickle; (*l'odorat, le palais*) to titillate

chatouilleux, -euse [ʃatujø, -øz] *adj* ticklish; (*fig*) touchy, over-sensitive

chatoyant, e [ʃatwajã, -ãt] *adj* (*reflet, étoffe*) shimmering; (*couleurs*) sparkling

chatoyer [ʃatwaje] /8/ *vi* to shimmer

châtrer [ʃɑtʀe] /1/ vt (mâle) to castrate; (femelle) to spay; (cheval) to geld; (chat, chien) to doctor (BRIT), fix (US); (fig) to mutilate

chatte [ʃat] nf (she-)cat

chatter [tʃate] /1/ vi (Internet) to chat

chatterton [ʃatɛʀtɔn] nm (ruban isolant : Élec) (adhesive) insulating tape

chaud, e [ʃo, -od] adj (gén) warm; (très chaud) hot; (fig : félicitations) hearty; (discussion) heated ▸ nm : **tenir au ~** to keep in a warm place; **il fait ~** it's warm; it's hot; **manger ~** to have something hot to eat; **avoir ~** to be warm; to be hot; **tenir ~** to keep hot; **ça me tient ~** it keeps me warm; **rester au ~** to stay in the warm

chaudement [ʃodmɑ̃] adv warmly; (fig) hotly

chaudière [ʃodjɛʀ] nf boiler

chaudron [ʃodʀɔ̃] nm cauldron

chaudronnerie [ʃodʀɔnʀi] nf (usine) boilerworks; (activité) boilermaking; (boutique) coppersmith's workshop

chauffage [ʃofaʒ] nm heating; **~ au gaz/à l'électricité/au charbon** gas/electric/solid fuel heating; **~ central** central heating; **~ par le sol** underfloor heating

chauffagiste [ʃofaʒist] nm (installateur) heating engineer

chauffant, e [ʃofɑ̃, -ɑ̃t] adj : **couverture chauffante** electric blanket; **plaque chauffante** hotplate

chauffard [ʃofaʀ] nm (péj) reckless driver; road hog; (: après un accident) hit-and-run driver

chauffe-bain [ʃofbɛ̃] nm = **chauffe-eau**

chauffe-biberon [ʃofbibʀɔ̃] nm (baby's) bottle warmer

chauffe-eau [ʃofo] nm inv water heater

chauffe-plats [ʃofpla] nm inv dish warmer

chauffer [ʃofe] /1/ vt to heat ▸ vi to heat up, warm up; (trop chauffer : moteur) to overheat; **se chauffer** vpr (se mettre en train) to warm up; (au soleil) to warm o.s.

chaufferie [ʃofʀi] nf boiler room

chauffeur [ʃofœʀ] nm driver; (privé) chauffeur; **voiture avec/sans ~** chauffeur-driven/self-drive car; **~ de taxi** taxi driver

chauffeuse [ʃoføz] nf fireside chair

chauler [ʃole] /1/ vt (mur) to whitewash

chaume [ʃom] nm (du toit) thatch; (tiges) stubble

chaumière [ʃomjɛʀ] nf (thatched) cottage

chaussée [ʃose] nf road(way); (digue) causeway

chausse-pied [ʃospje] nm shoe-horn

chausser [ʃose] /1/ vt (bottes, skis) to put on; (enfant) to put shoes on; **~ du 38/42** to take size 38/42 ▸ vi (souliers) : **~ grand/bien** to be big-/well-fitting; **se chausser** vpr to put one's shoes on

chausse-trappe [ʃostʀap] nf trap

chaussette [ʃosɛt] nf sock

chausseur [ʃosœʀ] nm (marchand) footwear specialist, shoemaker

chausson [ʃosɔ̃] nm slipper; (de bébé) bootee; **~ (aux pommes)** (apple) turnover

chaussure [ʃosyʀ] nf shoe; (commerce) : **la ~** the shoe industry ou trade; **chaussures basses** flat shoes; **chaussures montantes** ankle boots; **chaussures de ski** ski boots

chaut [ʃo] vb : **peu me ~** it matters little to me

chauve [ʃov] adj bald

chauve-souris [ʃovsuʀi] (pl **chauves-souris**) nf bat

chauvin, e [ʃovɛ̃, -in] adj chauvinistic; jingoistic

chauvinisme [ʃovinism] nm chauvinism; jingoism

chaux [ʃo] nf lime; **blanchi à la ~** whitewashed

chavirer [ʃaviʀe] /1/ vi to capsize, overturn

chef [ʃɛf] nm head, leader; (patron) boss; (de cuisine) chef; **au premier ~** extremely, to the nth degree; **de son propre ~** on his ou her own initiative; **général/commandant en ~** general-/commander-in-chief; **~ d'accusation** (Jur) charge, count (of indictment); **~ d'atelier** (shop) foreman; **~ de bureau** head clerk; **~ de clinique** senior hospital lecturer; **~ d'entreprise** company head; **~ d'équipe** team leader; **~ d'état** head of state; **~ de famille** head of the family; **~ de file** (de parti etc) leader; **~ de gare** station master; **~ d'orchestre** conductor (BRIT), leader (US); **~ de rayon** department(al) supervisor; **~ de service** departmental head

> ⚠ *chef* is not the most common translation of the French word **chef**.

chef-d'œuvre [ʃɛdœvʀ] (pl **chefs-d'œuvre**) nm masterpiece

chef-lieu [ʃɛfljø] (pl **chefs-lieux**) nm county town

cheftaine [ʃɛftɛn] nf (guide) captain

cheik, cheikh [ʃɛk] nm sheik

chelou, e [ʃəlu] adj (fam) shady, dodgy (BRIT)

chemin [ʃ(ə)mɛ̃] nm path; (itinéraire, direction, trajet) way; **en ~, ~ faisant** on the way; **~ de fer** railway (BRIT), railroad (US); **par ~ de fer** by rail; **les chemins de fer** the railways (BRIT), the railroad (US); **~ de terre** dirt track

cheminée [ʃ(ə)mine] nf chimney; (à l'intérieur) chimney piece, fireplace; (de bateau) funnel

cheminement [ʃ(ə)minmɑ̃] nm progress; course

cheminer [ʃ(ə)mine] /1/ vi to walk (along)

cheminot [ʃ(ə)mino] nm railwayman (BRIT), railroad worker (US)

chemise [ʃ(ə)miz] nf shirt; (dossier) folder; **~ de nuit** nightdress

chemiserie [ʃ(ə)mizʀi] nf (gentlemen's) outfitters'

chemisette [ʃ(ə)mizɛt] nf short-sleeved shirt

chemisier [ʃ(ə)mizje] nm blouse

chenal, -aux [ʃənal, -o] nm channel

chenapan [ʃ(ə)napɑ̃] nm (garnement) rascal; (péj : vaurien) rogue

chêne [ʃɛn] nm oak (tree); (bois) oak

chenet [ʃ(ə)nɛ] nm fire-dog, andiron

chenil [ʃ(ə)nil] nm kennels pl

chenille [ʃ(ə)nij] nf (Zool) caterpillar; (Auto) caterpillar track; **véhicule à chenilles** tracked vehicle, caterpillar

chenillette [ʃ(ə)nijɛt] nf tracked vehicle

cheptel [ʃɛptɛl] nm livestock

chèque [ʃɛk] nm cheque (BRIT), check (US); **faire/toucher un ~** to write/cash a cheque; **par ~** by

cheque; ~ **barré/sans provision** crossed (BRIT)/
bad cheque; ~ **en blanc** blank cheque; ~ **au
porteur** cheque to bearer; ~ **postal** post office
cheque, ≈ giro cheque (BRIT); ~ **de voyage**
traveller's cheque
chèque-cadeau [ʃɛkkado] (pl **chèques-
cadeaux**) nm gift token
chèque-repas [ʃɛkʀəpɑ] (pl **chèques-repas**),
chèque-restaurant [ʃɛkʀɛstɔʀɑ̃] (pl
chèques-restaurant) nm ≈ luncheon voucher
chéquier [ʃekje] nm cheque book (BRIT),
checkbook (US)
cher, -ère [ʃɛʀ] adj (aimé) dear; (coûteux)
expensive, dear; **mon ~, ma chère** my dear
▶ adv : **coûter/payer** ~ to cost/pay a lot; **cela
coûte** ~ it's expensive, it costs a lot of money
▶ nf : **la bonne chère** good food
chercher [ʃɛʀʃe] /1/ vt to look for; (gloire etc) to
seek; ~ **des ennuis/la bagarre** to be looking for
trouble/a fight; **aller** ~ to go for, go and fetch;
~ **à faire** to try to do
chercheur, -euse [ʃɛʀʃœʀ, -øz] nm/f researcher,
research worker; ~ **de** seeker of; hunter of;
~ **d'or** gold digger
chère [ʃɛʀ] adj f, nf voir **cher**
chèrement [ʃɛʀmɑ̃] adv dearly
chéri, e [ʃeʀi] adj beloved, dear; (mon) ~ darling
chérir [ʃeʀiʀ] /2/ vt to cherish
cherté [ʃɛʀte] nf : **la ~ de la vie** the high cost of
living
chérubin [ʃeʀybɛ̃] nm cherub
chétif, -ive [ʃetif, -iv] adj puny, stunted
cheval, -aux [ʃ(ə)val, -o] nm horse; (Auto) :
~ **(vapeur)** horsepower no pl; **50 chevaux (au
frein)** 50 brake horsepower, 50 b.h.p.; **10
chevaux (fiscaux)** 10 horsepower (for tax
purposes); **faire du** ~ to ride; **à** ~ on horseback;
à ~ **sur** astride, straddling; (fig) overlapping;
~ **d'arçons** vaulting horse; **à bascule** rocking
horse; ~ **de bataille** charger; (fig) hobby-horse;
~ **de course** race horse; **chevaux de bois** (des
manèges) wooden (fairground) horses; (manège)
merry-go-round
chevaleresque [ʃ(ə)valʀɛsk] adj chivalrous
chevalerie [ʃ(ə)valʀi] nf chivalry; knighthood
chevalet [ʃ(ə)valɛ] nm easel
chevalier [ʃ(ə)valje] nm knight; ~ **servant**
escort
chevalière [ʃ(ə)valjɛʀ] nf signet ring
chevalin, e [ʃ(ə)valɛ̃, -in] adj of horses, equine;
(péj) horsy; **boucherie chevaline** horse-meat
butcher's
cheval-vapeur [ʃəvalvapœʀ] (pl **chevaux-
vapeur**) nm voir **cheval**
chevauchée [ʃ(ə)voʃe] nf ride; cavalcade
chevauchement [ʃ(ə)voʃmɑ̃] nm overlap
chevaucher [ʃ(ə)voʃe] /1/ vi (aussi : **se
chevaucher**) to overlap (each other) ▶ vt to be
astride, straddle
chevaux [ʃəvo] nmpl voir **cheval**
chevelu, e [ʃəv(ə)ly] adj with a good head of
hair, hairy (péj)
chevelure [ʃəv(ə)lyʀ] nf hair no pl
chevet [ʃ(ə)vɛ] nm : **au ~ de qn** at sb's bedside;
lampe de ~ bedside lamp

cheveu, x [ʃ(ə)vø] nm hair ▶ nmpl (chevelure) hair
sg; **avoir les cheveux courts/en brosse** to
have short hair/a crew cut; **se faire couper les
cheveux** to get ou have one's hair cut; **tiré par
les cheveux** (histoire) far-fetched
cheville [ʃ(ə)vij] nf (Anat) ankle; (de bois) peg;
(pour enfoncer une vis) plug; **être en ~ avec qn** to be
in cahoots with sb; ~ **ouvrière** (fig) kingpin
chèvre [ʃɛvʀ] nf (she-)goat; **ménager la ~ et le
chou** to try to please everyone
chevreau, x [ʃəvʀo] nm kid
chèvrefeuille [ʃɛvʀəfœj] nm honeysuckle
chevreuil [ʃəvʀœj] nm roe deer inv; (Culin)
venison
chevron [ʃəvʀɔ̃] nm (poutre) rafter; (motif)
chevron, v(-shape); **à chevrons** chevron-
patterned; (petits) herringbone
chevronné, e [ʃəvʀɔne] adj seasoned,
experienced
chevrotant, e [ʃəvʀɔtɑ̃, -ɑ̃t] adj quavering
chevroter [ʃəvʀɔte] /1/ vi (personne, voix) to
quaver
chevrotine [ʃəvʀɔtin] nf buckshot no pl
chewing-gum [ʃwiŋɡɔm] nm chewing gum

(MOT-CLÉ)

chez [ʃe] prép **1** (à la demeure de) at; (: direction) to;
chez qn at/to sb's house ou place; **je suis chez
moi** I'm at home; **je rentre chez moi** I'm
going home; **allons chez Nathalie** let's go to
Nathalie's
2 (+profession) at; (: direction) to; **chez le
boulanger/dentiste** at ou to the baker's/
dentist's
3 (dans le caractère, l'œuvre de) in; **chez les
renards/Racine** in foxes/Racine; **chez ce
poète** in this poet's work; **chez les Français**
among the French; **chez lui, c'est un devoir**
for him, it's a duty; **c'est ce que je préfère
chez lui** that's what I like best about him
4 (à l'entreprise de) : **il travaille chez Renault** he
works for Renault, he works at Renault('s)
▶ nm inv : **mon chez moi/ton chez toi** etc my/
your etc home ou place

chez-soi [ʃeswa] nm inv home
Chf. cent. abr (= chauffage central) c.h.
chiadé, e [ʃjade] adj (fam : fignolé, soigné) wicked
chialer [ʃjale] /1/ vi (fam) to blubber; **arrête de** ~ **!**
stop blubbering!
chiant, e [ʃjɑ̃, -ɑ̃t] adj (!) bloody annoying (!:
BRIT), damn annoying; **qu'est-ce qu'il est** ~ **!**
he's such a bloody pain! (!)
chic [ʃik] adj inv chic, smart; (généreux) nice,
decent ▶ nm stylishness; **avoir le** ~ **de** ou **pour**
to have the knack of ou for; **de** ~ adv off the cuff;
~ **!** great!, terrific!
chicane [ʃikan] nf (obstacle) zigzag; (querelle)
squabble
chicaner [ʃikane] /1/ vi (ergoter) : ~ **sur** to quibble
about
chiche [ʃiʃ] adj (mesquin) niggardly, mean; (pauvre)
meagre (BRIT), meager (US) ▶ excl (en réponse à un
défi) you're on!; **tu n'es pas** ~ **de lui parler !** you
wouldn't (dare) speak to her!

chichement [ʃiʃmɑ̃] *adv* (*pauvrement*) meagrely (BRIT), meagerly (US); (*mesquinement*) meanly

chichi [ʃiʃi] *nm* (*fam : aussi* : **chichis**) fuss; **faire des chichis** to make a fuss

chicorée [ʃikɔʀe] *nf* (*café*) chicory; (*salade*) endive; ~ **frisée** curly endive

chicot [ʃiko] *nm* stump

chien [ʃjɛ̃] *nm* dog; (*de pistolet*) hammer; **temps de** ~ rotten weather; **vie de** ~ dog's life; **couché en** ~ **de fusil** curled up; ~ **d'aveugle** guide dog; ~ **de chasse** gun dog; ~ **de garde** guard dog; ~ **policier** police dog; ~ **de race** pedigree dog; ~ **de traîneau** husky

chiendent [ʃjɛ̃dɑ̃] *nm* couch grass

chien-loup [ʃjɛ̃lu] (*pl* **chiens-loups**) *nm* wolfhound

chienne [ʃjɛn] *nf* (she-)dog, bitch

chier [ʃje] /**7**/ *vi* (!) to crap (!), shit (!); **faire ~ qn** (*importuner*) to bug sb; (*causer des ennuis à*) to piss sb around (!); **se faire** ~ (*s'ennuyer*) to be bored rigid

chiffe [ʃif] *nf* : **il est mou comme une** ~, **c'est une** ~ **molle** he's spineless *ou* wet

chiffon [ʃifɔ̃] *nm* (piece of) rag

chiffonné, e [ʃifɔne] *adj* (*fatigué : visage*) worn-looking

chiffonner [ʃifɔne] /**1**/ *vt* to crumple, crease; (*tracasser*) to concern

chiffonnier [ʃifɔnje] *nm* ragman, rag-and-bone man; (*meuble*) chiffonier

chiffrable [ʃifrabl] *adj* numerable

chiffre [ʃifr] *nm* (*représentant un nombre*) figure; numeral; (*montant, total*) total, sum; (*d'un code*) code, cipher; **chiffres romains/arabes** Roman/Arabic figures *ou* numerals; **en chiffres ronds** in round figures; **écrire un nombre en chiffres** to write a number in figures; ~ **d'affaires** turnover; ~ **de ventes** sales figures

chiffrer [ʃifre] /**1**/ *vt* (*dépense*) to put a figure to, assess; (*message*) to (en)code, cipher ▶ *vi* (*fam*) to add up; **se chiffrer à** *vpr* to add up to

chignole [ʃiɲɔl] *nf* drill

chignon [ʃiɲɔ̃] *nm* chignon, bun

chiite [ʃiit] *adj*, *nmf* Shiite

Chili [ʃili] *nm* : **le** ~ Chile

chilien, ne [ʃiljɛ̃, -ɛn] *adj* Chilean ▶ *nm/f* : **Chilien, ne** Chilean

chimère [ʃimɛr] *nf* (wild) dream, pipe dream, idle fancy

chimérique [ʃimerik] *adj* (*utopique*) fanciful

chimie [ʃimi] *nf* chemistry

chimio [ʃimjo], **chimiothérapie** [ʃimjoteʀapi] *nf* chemotherapy

chimiothérapie [ʃimjoteʀapi] *nf* chemotherapy

chimique [ʃimik] *adj* chemical; **produits chimiques** chemicals

chimiste [ʃimist] *nmf* chemist

chimpanzé [ʃɛ̃pɑ̃ze] *nm* chimpanzee

chinchilla [ʃɛ̃ʃila] *nm* chinchilla

Chine [ʃin] *nf* : **la** ~ China; **la République de** ~ the Republic of China, Nationalist China (*Taiwan*)

chine [ʃin] *nm* rice paper; (*porcelaine*) china (vase)

chiné, e [ʃine] *adj* flecked

chinois, e [ʃinwa, -waz] *adj* Chinese; (*fig* : *péj*) pernickety, fussy ▶ *nm* (*Ling*) Chinese ▶ *nm/f* : **Chinois, e** Chinese

chinoiserie [ʃinwazʀi] *nf*, **chinoiseries** *nfpl* (*péj*) red tape, fuss

chiot [ʃjo] *nm* pup(py)

chiper [ʃipe] /**1**/ *vt* (*fam*) to pinch

chipie [ʃipi] *nf* shrew

chipolata [ʃipolata] *nf* chipolata

chipoter [ʃipote] /**1**/ *vi* (*manger*) to nibble; (*ergoter*) to quibble, haggle

chips [ʃips] *nfpl* (*aussi* : **pommes chips**) crisps (BRIT), (potato) chips (US)

chique [ʃik] *nf* quid, chew

chiquenaude [ʃiknod] *nf* flick, flip

chiquer [ʃike] /**1**/ *vi* to chew tobacco

chiromancie [kiʀɔmɑ̃si] *nf* palmistry

chiromancien, ne [kiʀɔmɑ̃sjɛ̃, -ɛn] *nm/f* palmist

chiropracteur [kiʀɔpraktœʀ] *nm*, **chiropraticien, ne** [kiʀɔpratisjɛ̃, -ɛn] *nm/f* chiropractor

chirurgical, e, -aux [ʃiʀyʀʒikal, -o] *adj* surgical

chirurgie [ʃiʀyʀʒi] *nf* surgery; ~ **esthétique** cosmetic *ou* plastic surgery

chirurgien, ne [ʃiʀyʀʒjɛ̃] *nm/f* surgeon; ~ **dentiste** dental surgeon

chiure [ʃjyʀ] *nf* : **chiures de mouche** fly specks

ch.-l. *abr* = **chef-lieu**

chlore [klɔʀ] *nm* chlorine

chloroforme [klɔʀɔfɔʀm] *nm* chloroform

chlorophylle [klɔʀɔfil] *nf* chlorophyll

chlorure [klɔʀyʀ] *nm* chloride

choc [ʃɔk] *nm* (*heurt*) impact; (*Méd, Psych*) shock; (*collision*) crash; (*affrontement*) clash; **de** ~ (*troupe, traitement*) shock *cpd*; (*patron etc*) high-powered; ~ **opératoire/nerveux** post-operative/nervous shock; ~ **en retour** return shock; (*fig*) backlash ▶ *adj* (*pl* ~ *ou* **chocs**) : **prix** ~ amazing *ou* incredible price/prices

chocolat [ʃɔkɔla] *nm* chocolate; (*boisson*) (hot) chocolate; ~ **chaud** hot chocolate; ~ **à cuire** cooking chocolate; ~ **au lait** milk chocolate; ~ **en poudre** drinking chocolate

chocolaté, e [ʃɔkɔlate] *adj* chocolate *cpd*, chocolate-flavoured

chocolaterie [ʃɔkɔlatʀi] *nf* (*fabrique*) chocolate factory

chocolatier, -ière [ʃɔkɔlatje, -jɛʀ] *nm/f* chocolate maker

chœur [kœʀ] *nm* (*chorale*) choir; (*Opéra, Théât*) chorus; (*Archit*) choir, chancel; **en** ~ in chorus

choir [ʃwaʀ] *vi* to fall

choisi, e [ʃwazi] *adj* (*de premier choix*) carefully chosen; select; **textes choisis** selected writings

choisir [ʃwaziʀ] /**2**/ *vt* to choose; (*entre plusieurs*) to choose, select; ~ **de faire qch** to choose *ou* opt to do sth

choix [ʃwa] *nm* choice; selection; **avoir le** ~ to have the choice; **je n'avais pas le** ~ I had no choice; **de premier** ~ (*Comm*) class *ou* grade one; **de** ~ choice *cpd*, selected; **au** ~ as you wish *ou* prefer; **de mon/son** ~ of my/his *ou* her choosing

choléra [kɔleRa] nm cholera
cholestérol [kɔlɛsteRɔl] nm cholesterol
chômage [ʃomaʒ] nm unemployment; **mettre au** ~ to make redundant, put out of work; **être au** ~ to be unemployed ou out of work; ~ **partiel** short-time working; ~ **structurel** structural unemployment; ~ **technique** lay-offs pl
chômé [ʃome] adj : **jour** ~ public holiday
chômer [ʃome] /**1**/ vi to be unemployed, be idle
chômeur, -euse [ʃomœR, -øz] nm/f unemployed person, person out of work
chope [ʃɔp] nf tankard
choper [ʃɔpe] /**1**/ vt (fam : objet, maladie) to catch
choquant, e [ʃɔkɑ̃, -ɑ̃t] adj shocking
choquer [ʃɔke] /**1**/ vt (offenser) to shock; (commotionner) to shake (up)
choral, e [kɔRal] adj choral ▸ nf choral society, choir
chorale [kɔRal] nf choir
chorégraphe [kɔRegRaf] nmf choreographer
chorégraphie [kɔRegRafi] nf choreography
choriste [kɔRist] nmf choir member; (Opéra) chorus member
chorus [kɔRys] nm : **faire** ~ **(avec)** to voice one's agreement (with)
chose [ʃoz] nf thing; **dire bien des choses à qn** to give sb's regards to sb; **parler de** ~**(s) et d'autre(s)** to talk about one thing and another; **c'est peu de** ~ it's nothing much ▸ adj inv : **être/se sentir tout** ~ (bizarre) to be/feel a bit odd; (malade) to be/feel out of sorts ▸ nm (fam : machin) thingamajig
chou, x [ʃu] nm cabbage; **mon petit** ~ (my) sweetheart; **faire** ~ **blanc** to draw a blank; **feuille de** ~ (fig : journal) rag; ~ **à la crème** cream bun (made of choux pastry); ~ **de Bruxelles** Brussels sprout ▸ adj inv cute
choucas [ʃuka] nm jackdaw
chouchou, te [ʃuʃu, -ut] nm/f (Scol) teacher's pet
chouchouter [ʃuʃute] /**1**/ vt to pet
choucroute [ʃukRut] nf sauerkraut; ~ **garnie** sauerkraut with cooked meats and potatoes
chouette [ʃwɛt] nf owl ▸ adj (fam) great, smashing
chou-fleur [ʃuflœR] (pl **choux-fleurs**) nm cauliflower
chou-rave [ʃuRav] (pl **choux-raves**) nm kohlrabi
chouraver [ʃuRave] vt to nick (BRIT), to pinch
choyer [ʃwaje] /**8**/ vt to cherish; to pamper
CHR sigle m = **Centre hospitalier régional**
chrétien, ne [kRetjɛ̃, -ɛn] adj, nm/f Christian
chrétiennement [kRetjɛnmɑ̃] adv in a Christian way ou spirit
chrétienté [kRetjɛ̃te] nf Christendom
Christ [kRist] nm : **le** ~ Christ; **christ** (crucifix etc) figure of Christ; **Jésus** ~ Jesus Christ
christianiser [kRistjanize] /**1**/ vt to convert to Christianity
christianisme [kRistjanism] nm Christianity
chromatique [kRɔmatik] adj chromatic
chrome [kRom] nm chromium; (revêtement) chrome, chromium
chromé, e [kRome] adj chrome-plated, chromium-plated
chromosome [kRɔmozom] nm chromosome

chronique [kRɔnik] adj chronic ▸ nf (de journal) column, page; (historique) chronicle; (Radio, TV) : **la** ~ **sportive/théâtrale** the sports/theatre review; **la** ~ **locale** local news and gossip
chroniqueur [kRɔnikœR] nm columnist; chronicler
chrono [kRɔnɔ] nm (fam) = **chronomètre**
chronologie [kRɔnɔlɔʒi] nf chronology
chronologique [kRɔnɔlɔʒik] adj chronological
chronologiquement [kRɔnɔlɔʒikmɑ̃] adv chronologically
chronomètre [kRɔnɔmɛtR] nm stopwatch
chronométrer [kRɔnɔmetRe] /**6**/ vt to time
chronométreur [kRɔnɔmetRœR] nm timekeeper
chrysalide [kRizalid] nf chrysalis
chrysanthème [kRizɑ̃tɛm] nm chrysanthemum

⋮ **CHRYSANTHÈMES**

⋮ **Chrysanthèmes** are strongly associated with funerals in France and it is customary to lay them on graves on All Saints' Day (1 November). Because of this association they are never given as gifts.

CHU sigle m (= Centre hospitalo-universitaire) ≈ (teaching) hospital
chu, e [ʃy] pp de **choir**
chuchotement [ʃyʃɔtmɑ̃] nm whisper
chuchoter [ʃyʃɔte] /**1**/ vt, vi to whisper
chuintement [ʃɥɛ̃tmɑ̃] nm hiss
chuinter [ʃɥɛ̃te] /**1**/ vi to hiss
chut [ʃyt] excl sh! ▸ vb [ʃy] voir **choir**
chute [ʃyt] nf fall; (de bois, papier : déchet) scrap; **la** ~ **des cheveux** hair loss; **faire une** ~ **(de 10 m)** to fall (10 m); **chutes de pluie/neige** rain/snowfalls; ~ **(d'eau)** waterfall; ~ **du jour** nightfall; ~ **libre** free fall; ~ **de reins** small of the back
chuter [ʃyte] vi to fall; ~ **lourdement** to fall heavily; ~ **dans les sondages** (Premier ministre) to slip in the polls; **faire** ~ (gouvernement) to bring down, to topple; (champion) to topple; **faire** ~ **les cours** to bring prices down
Chypre [ʃipR] nmf Cyprus
chypriote [ʃipRijɔt] adj, nmf = **cypriote**
-ci, ci- [si] adv voir **par** ; **ci-contre** ; **ci-joint** etc ▸ adj dém : **ce garçon-~/-là** this/that boy; **ces femmes-~/-là** these/those women
CIA sigle f CIA
cial abr = **commercial**
ciao [tʃao] excl (fam) (bye-)bye
ci-après [siapRɛ] adv hereafter
cibiste [sibist] nm CB enthusiast
cible [sibl] nf target
cibler [sible] /**1**/ vt to target
ciboire [sibwaR] nm ciborium (vessel)
ciboule [sibul] nf (large) chive
ciboulette [sibulɛt] nf (small) chive
ciboulot [sibulo] nm (fam) head, nut; **il n'a rien dans le** ~ he's got nothing between his ears
cicatrice [sikatRis] nf scar
cicatriser [sikatRize] /**1**/ vt to heal; **se cicatriser** vpr to heal (up), form a scar

ci-contre [sikɔ̃tʀ] *adv* opposite
CICR *sigle m* (= *Comité international de la Croix-Rouge*) ICRC
ci-dessous [sidəsu] *adv* below
ci-dessus [sidəsy] *adv* above
ci-devant [sidəvɑ̃] *nmf inv* aristocrat who lost his/her title in the French Revolution
CIDJ *sigle m* (= *Centre d'information et de documentation de la jeunesse*) careers advisory service
cidre [sidʀ] *nm* cider
cidrerie [sidʀəʀi] *nf* cider factory
Cie *abr* (= *compagnie*) Co
ciel [sjɛl] *nm* sky; (*Rel*) heaven; **à ~ ouvert** open-air; (*mine*) opencast; **tomber du ~** (*arriver à l'improviste*) to appear out of the blue; (*être stupéfait*) to be unable to believe one's eyes; **C~ !** good heavens!; **~ de lit** canopy; **ciels** *nmpl* (*Peinture etc*) skies; **cieux** *nmpl* sky *sg*, skies; (*Rel*) heaven *sg*
cierge [sjɛʀʒ] *nm* candle; **~ pascal** Easter candle
cieux [sjø] *nmpl voir* **ciel**
cigale [sigal] *nf* cicada
cigare [sigaʀ] *nm* cigar
cigarette [sigaʀɛt] *nf* cigarette; **~ (à) bout filtre** filter cigarette; **~ électronique** e-cigarette
ci-gît [siʒi] *adv* here lies
cigogne [sigɔɲ] *nf* stork
ciguë [sigy] *nf* hemlock
ci-inclus, e [siɛ̃kly, -yz] *adj, adv* enclosed
ci-joint, e [siʒwɛ̃, -ɛ̃t] *adj, adv* enclosed; (*to email*) attached; **veuillez trouver ~** please find enclosed *ou* attached
cil [sil] *nm* (eye)lash
ciller [sije] */1/ vi* to blink
cimaise [simɛz] *nf* picture rail
cime [sim] *nf* top; (*montagne*) peak
ciment [simɑ̃] *nm* cement; **~ armé** reinforced concrete
cimenter [simɑ̃te] */1/ vt* to cement
cimenterie [simɑ̃tʀi] *nf* cement works *sg*
cimetière [simtjɛʀ] *nm* cemetery; (*d'église*) churchyard; **~ de voitures** scrapyard
cinéaste [sineast] *nmf* film-maker
ciné-club [sineklœb] *nm* film club; film society
cinéma [sinema] *nm* cinema; **aller au ~** to go to the cinema *ou* pictures *ou* movies; **~ d'animation** cartoon (film)
cinémascope® [sinemaskɔp] *nm* Cinemascope®
cinémathèque [sinematɛk] *nf* film archives *pl ou* library
cinématographie [sinematɔgʀafi] *nf* cinematography
cinématographique [sinematɔgʀafik] *adj* film *cpd*, cinema *cpd*
cinéphile [sinefil] *nmf* film buff
cinérama® [sinerama] *nm* : **en ~** in Cinerama®
cinétique [sinetik] *adj* kinetic
cingalais, e, cinghalais, e [sɛ̃galɛ, -ɛz] *adj* Sin(g)halese
cinglant, e [sɛ̃glɑ̃, -ɑ̃t] *adj* (*propos, ironie*) scathing, biting; (*échec*) crushing
cinglé, e [sɛ̃gle] *adj* (*fam*) crazy
cingler [sɛ̃gle] */1/ vt* to lash; (*fig*) to sting ▶ *vi* (*Navig*) : **~ vers** to make *ou* head for

cinq [sɛ̃k] *num* five
cinquantaine [sɛ̃kɑ̃tɛn] *nf* : **une ~ (de)** about fifty; **avoir la ~** (*âge*) to be around fifty
cinquante [sɛ̃kɑ̃t] *num* fifty
cinquantenaire [sɛ̃kɑ̃tnɛʀ] *adj, nmf* fifty-year-old
cinquantième [sɛ̃kɑ̃tjɛm] *num* fiftieth
cinquième [sɛ̃kjɛm] *num* fifth ▶ *nf* (*Scol*) year 8 (*Brit*), seventh grade (*US*)
cinquièmement [sɛ̃kjɛmmɑ̃] *adv* fifthly
cintre [sɛ̃tʀ] *nm* coat-hanger; (*Archit*) arch; **plein ~** semicircular arch
cintré, e [sɛ̃tʀe] *adj* curved; (*chemise*) fitted, slim-fitting
CIO *sigle m* (= *Comité international olympique*) IOC (= *International Olympic Committee*); (= *centre d'information et d'orientation*) careers advisory centre
cirage [siʀaʒ] *nm* (shoe) polish
circoncis, e [siʀkɔ̃si, -iz] *adj* circumcised
circoncision [siʀkɔ̃sizjɔ̃] *nf* circumcision
circonférence [siʀkɔ̃feʀɑ̃s] *nf* circumference
circonflexe [siʀkɔ̃flɛks] *adj* : **accent ~** circumflex accent
circonlocution [siʀkɔ̃lɔkysjɔ̃] *nf* circumlocution
circonscription [siʀkɔ̃skʀipsjɔ̃] *nf* district; **~ électorale** (*d'un député*) constituency; **~ militaire** military area
circonscrire [siʀkɔ̃skʀiʀ] */39/ vt* to define, delimit; (*incendie*) to contain; (*propriété*) to mark out; (*sujet*) to define
circonspect, e [siʀkɔ̃spɛkt] *adj* circumspect, cautious
circonspection [siʀkɔ̃spɛksjɔ̃] *nf* circumspection, caution
circonstance [siʀkɔ̃stɑ̃s] *nf* circumstance; (*occasion*) occasion; **œuvre de ~** occasional work; **air de ~** fitting air; **tête de ~** appropriate demeanour (*Brit*) *ou* demeanor (*US*); **circonstances atténuantes** mitigating circumstances
circonstancié, e [siʀkɔ̃stɑ̃sje] *adj* detailed
circonstanciel, le [siʀkɔ̃stɑ̃sjɛl] *adj* : **complément/proposition ~(le)** adverbial phrase/clause
circonvenir [siʀkɔ̃v(ə)niʀ] */22/ vt* to circumvent
circonvolutions [siʀkɔ̃vɔlysjɔ̃] *nfpl* twists, convolutions
circuit [siʀkɥi] *nm* (*trajet*) tour, (round) trip; (*Élec, Tech*) circuit; **~ automobile** motor circuit; **~ de distribution** distribution network; **~ fermé** closed circuit; **~ intégré** integrated circuit
circulaire [siʀkylɛʀ] *adj, nf* circular
circulation [siʀkylasjɔ̃] *nf* circulation; (*Auto*) : **la ~** (the) traffic; **bonne/mauvaise ~** good/bad circulation; **mettre en ~** to put into circulation
circulatoire [siʀkylatwaʀ] *adj* : **avoir des troubles circulatoires** to have problems with one's circulation
circuler [siʀkyle] */1/ vi* (*véhicules*) to drive (along); (*passants*) to walk along; (*train etc*) to run; (*sang, devises*) to circulate; **faire ~** (*nouvelle*) to spread (about), circulate; (*badauds*) to move on

cire [siʀ] nf wax; ~ **à cacheter** sealing wax
ciré [siʀe] nm oilskin
cirer [siʀe] /1/ vt to wax, polish
cireur [siʀœʀ] nm shoeshine boy
cireuse [siʀøz] nf floor polisher
cireux, -euse [siʀø, -øz] adj (fig : teint) sallow, waxen
cirque [siʀk] nm circus; (arène) amphitheatre (BRIT), amphitheater (US); (Géo) cirque; (fig : désordre) chaos, bedlam; (: chichis) carry-on; **quel ~ !** what a carry-on!
cirrhose [siʀoz] nf : ~ **du foie** cirrhosis of the liver
cisaille [sizaj] nf, **cisailles** nfpl (gardening) shears pl
cisailler [sizaje] /1/ vt to clip
ciseau, x [sizo] nm : ~ **(à bois)** chisel; ~ **à froid** cold chisel ▶ nmpl (paire de ciseaux) (pair of) scissors; **sauter en ciseaux** to do a scissors jump
ciseler [siz(ə)le] /5/ vt to chisel, carve
ciselure [siz(ə)lyʀ] nf engraving; (bois) carving
Cisjordanie [sisʒɔʀdani] nf : **la ~** the West Bank (of Jordan)
citadelle [sitadɛl] nf citadel
citadin, e [sitadɛ̃, -in] nm/f city dweller ▶ adj town cpd, city cpd, urban
citation [sitasjɔ̃] nf (d'auteur) quotation; (Jur) summons sg; (Mil : récompense) mention
cité [site] nf town; (plus grande) city; ~ **ouvrière** (workers') housing estate; ~ **universitaire** students' residences pl
cité-dortoir [sitedɔʀtwaʀ] (pl **cités-dortoirs**) nf dormitory town
cité-jardin [siteʒaʀdɛ̃] (pl **cités-jardins**) nf garden city
citer [site] /1/ vt (un auteur) to quote (from); (nommer) to name; (Jur) to summon; ~ **(en exemple)** (personne) to hold up (as an example); **je ne veux ~ personne** I don't want to name names
citerne [sitɛʀn] nf tank
cithare [sitaʀ] nf zither
citoyen, ne [sitwajɛ̃, -ɛn] nm/f citizen
citoyenneté [sitwajɛnte] nf citizenship
citrique [sitʀik] adj : **acide ~** citric acid
citron [sitʀɔ̃] nm lemon; ~ **pressé** (fresh) lemon juice; ~ **vert** lime
citronnade [sitʀonad] nf still lemonade
citronné, e [sitʀone] adj (boisson) lemon-flavoured (BRIT) ou -flavored (US); (eau de toilette) lemon-scented
citronnelle [sitʀonɛl] nf citronella
citronnier [sitʀonje] nm lemon tree
citrouille [sitʀuj] nf pumpkin
cive [siv] nf chive
civet [sivɛ] nm stew; ~ **de lièvre** jugged hare; ~ **de lapin** rabbit stew
civette [sivɛt] nf (Bot) chives pl; (Zool) civet (cat)
civière [sivjɛʀ] nf stretcher
civil, e [sivil] adj (Jur, Admin, poli) civil; (non militaire) civilian ▶ nm/f civilian ~ **en** ~ in civilian clothes; **dans le** ~ in civilian life
civilement [sivilmɑ̃] adv (poliment) civilly; **se marier** ~ to have a civil wedding

civilisation [sivilizasjɔ̃] nf civilization
civilisé, e [sivilize] adj civilized
civiliser [sivilize] /1/ vt to civilize
civilité [sivilite] nf civility; **présenter ses civilités** to present one's compliments
civique [sivik] adj civic; **instruction ~** (Scol) civics sg
civisme [sivism] nm public-spiritedness
cl. abr (= centilitre) cl
clafoutis [klafuti] nm batter pudding (containing fruit)
claie [klɛ] nf grid, riddle
clair, e [klɛʀ] adj light; (chambre) light, bright; (eau, son, fig) clear; **bleu ~** light blue; **pour être ~** so as to make it plain; **le plus ~ de son temps/argent** the better part of his time/money ▶ adv : **voir ~** to see clearly; **y voir ~** (comprendre) to understand, see ▶ nm : **mettre au ~** (notes etc) to tidy up; **tirer qch au ~** to clear sth up, clarify sth; **en ~** (non codé) in clear; ~ **de lune** moonlight
claire [klɛʀ] nf : **(huître de) ~** fattened oyster
clairement [klɛʀmɑ̃] adv clearly
claire-voie [klɛʀvwa] : **à ~** adj letting the light through; openwork cpd
clairière [klɛʀjɛʀ] nf clearing
clair-obscur [klɛʀɔpskyʀ] (pl **clairs-obscurs**) nm half-light; (fig) uncertainty
clairon [klɛʀɔ̃] nm bugle
claironner [klɛʀone] /1/ vt (fig) to trumpet, shout from the rooftops
clairsemé, e [klɛʀsəme] adj sparse
clairvoyance [klɛʀvwajɑ̃s] nf clear-sightedness
clairvoyant, e [klɛʀvwajɑ̃, -ɑ̃t] adj perceptive, clear-sighted
clam [klam] nm (Zool) clam
clamer [klame] /1/ vt to proclaim
clameur [klamœʀ] nf clamour (BRIT), clamor (US)
clan [klɑ̃] nm clan
clandestin, e [klɑ̃dɛstɛ̃, -in] adj clandestine, covert; (Pol) underground, clandestine; (travailleur, immigration) illegal; **passager ~** stowaway
clandestinement [klɑ̃dɛstinmɑ̃] adv secretly; **s'embarquer ~** to stow away
clandestinité [klɑ̃dɛstinite] nf : **dans la ~** (en secret) under cover; (en se cachant : vivre) underground; **entrer dans la ~** to go underground
clapet [klapɛ] nm (Tech) valve
clapier [klapje] nm (rabbit) hutch
clapotement [klapɔtmɑ̃] nm lap(ping)
clapoter [klapɔte] /1/ vi to lap
clapotis [klapɔti] nm lap(ping)
claquage [klakaʒ] nm pulled ou strained muscle
claque [klak] nf (gifle) slap; (Théât) claque ▶ nm (chapeau) opera hat
claqué, e [klake] adj (fam : épuisé) dead beat (fam)
claquement [klakmɑ̃] nm (de porte : bruit répété) banging; (: bruit isolé) slam
claquemurer [klakmyʀe] /1/ : **se claquemurer** vpr to shut o.s. away, closet o.s.
claquer [klake] /1/ vi (drapeau) to flap; (porte) to bang, slam; (fam : mourir) to snuff it; (coup de feu)

to ring out; **elle claquait des dents** her teeth
were chattering ▸ vt (*porte*) to slam, bang;
(*doigts*) to snap; (*fam : dépenser*) to blow; **se
claquer** *vpr* : **se ~ un muscle** to pull *ou* strain a
muscle

claquettes [klakɛt] *nfpl* tap-dancing *sg*;
(*chaussures*) flip-flops

clarification [klaʀifikasjɔ̃] *nf* (*fig*) clarification

clarifier [klaʀifje] /**7**/ *vt* (*fig*) to clarify

clarinette [klaʀinɛt] *nf* clarinet

clarinettiste [klaʀinetist] *nmf* clarinettist

clarté [klaʀte] *nf* lightness; brightness; (*d'un
son, de l'eau*) clearness; (*d'une explication*) clarity

clash [klaʃ] *nm* clash

clasher [klaʃe] (*fam*) *vt* to slag off (BRIT), to
badmouth (US) ▸ *vi* (*personnes*) to clash

classe [klɑs] *nf* class; (*Scol : local*) class(room);
(: *leçon, élèves*) class, form; **1ère/2ème ~** 1st/2nd
class; **un (soldat de) deuxième ~** (*Mil : armée de
terre*) = private (soldier); (: *armée de l'air*)
= aircraftman (BRIT), ≈ airman basic (US); **de ~**
luxury *cpd*; **faire ses classes** (*Mil*) to do one's
(recruit's) training; **faire la ~** (*Scol*) to be a *ou*
the teacher; to teach; **aller en ~** to go to school;
aller en ~ verte/de neige/de mer to go to the
countryside/skiing/to the seaside with the
school; **~ préparatoire** *class which prepares
students for the Grandes Écoles entry exams; see note;*
~ sociale social class; **~ touriste** economy class

: **CLASSES PRÉPARATOIRES**
:
: **Classes préparatoires**, commonly known as
: *prépas*, are the two years of intensive study to
: prepare students for the competitive entry
: examinations to the *grandes écoles*. These
: extremely demanding courses follow the
: *baccalauréat* and are usually done at a *lycée*.
: Schools which provide such classes are more
: highly regarded than those which do not.

classement [klɑsmɑ̃] *nm* classifying; filing;
grading; closing; (*rang : Scol*) place; (: *Sport*)
placing; (*liste : Scol*) class list (in order of merit);
(: *Sport*) placings *pl*; **premier au ~ général**
(*Sport*) first overall

classer [klɑse] /**1**/ *vt* (*idées, livres*) to classify;
(*papiers*) to file; (*candidat, concurrent*) to grade;
(*personne : juger : péj*) to rate; (*Jur : affaire*) to close;
se ~ premier/dernier to come first/last; (*Sport*)
to finish first/last

classeur [klɑsœʀ] *nm* (*cahier*) file; (*meuble*) filing
cabinet; **~ à feuillets mobiles** ring binder

classification [klɑsifikasjɔ̃] *nf* classification

classifier [klasifje] /**7**/ *vt* to classify

classique [klasik] *adj* (*sobre : coupe etc*) classic(al),
classical; (*habituel*) standard, classic; **études
classiques** classical studies, classics ▸ *nm*
classic; classical author

claudication [klodikasjɔ̃] *nf* limp

clause [kloz] *nf* clause

claustrer [klostʀe] /**1**/ *vt* to confine

claustrophobie [klostʀofɔbi] *nf* claustrophobia

clavecin [klav(ə)sɛ̃] *nm* harpsichord

claveciniste [klav(ə)sinist] *nmf* harpsichordist

clavicule [klavikyl] *nf* clavicle, collarbone

clavier [klavje] *nm* keyboard

clé, clef [kle] /**7**/ key; (*Mus*) clef; (*de mécanicien*)
spanner (BRIT), wrench (US); **mettre sous ~**
to place under lock and key; **prendre la ~ des
champs** to run away, make off; **prix clés en
main** (*d'une voiture*) on-the-road price; (*d'un
appartement*) price with immediate entry; **~ de
sol/de fa/d'ut** treble/bass/alto clef; **livre/film**
etc **à ~** *book/film etc in which real people are depicted
under fictitious names;* **à la ~** (*à la fin*) at the end of
it all; **~ anglaise** *ou* **~ à molette** adjustable
spanner (BRIT) *ou* wrench, monkey wrench;
~ de contact ignition key; **~ USB** (*Inform*) USB
key, flash drive; **~ de voûte** keystone ▸ *adj inv* :
problème/position ~ key problem/position

clématite [klematit] *nf* clematis

clémence [klemɑ̃s] *nf* mildness; leniency

clément, e [klemɑ̃, -ɑ̃t] *adj* (*temps*) mild;
(*indulgent*) lenient

clémentine [klemɑ̃tin] *nf* (*Bot*) clementine

clenche [klɑ̃ʃ] *nf* latch

cleptomane [kleptɔman] *nmf* = **kleptomane**

clerc [klɛʀ] *nm* : **~ de notaire** *ou* **d'avoué**
lawyer's clerk

clergé [klɛʀʒe] *nm* clergy

clérical, e, -aux [kleʀikal, -o] *adj* clerical

clic [klik] *m* (*Inform*) click

cliché [kliʃe] *nm* (*fig*) cliché; (*Photo*) negative;
print; (*Typo*) (printing) plate; (*Ling*) cliché

client, e [klijɑ̃, -ɑ̃t] *nm/f* (*acheteur*) customer,
client; (*d'hôtel*) guest, patron; (*du docteur*)
patient; (*de l'avocat*) client

clientèle [klijɑ̃tɛl] *nf* (*du magasin*) customers *pl*,
clientèle; (*du docteur, de l'avocat*) practice;
accorder sa ~ à to give one's custom to; **retirer
sa ~ à** to take one's business away from

cligner [kliɲe] /**1**/ *vi* : **~ des yeux** to blink (one's
eyes); **~ de l'œil** to wink

clignotant [kliɲɔtɑ̃] *nm* (*Auto*) indicator

clignoter [kliɲɔte] /**1**/ *vi* (*étoiles etc*) to twinkle;
(*lumière : à intervalles réguliers*) to flash; (: *vaciller*) to
flicker; (*yeux*) to blink

climat [klima] *nm* climate

climatique [klimatik] *adj* climatic

climatisation [klimatizasjɔ̃] *nf* air
conditioning

climatisé, e [klimatize] *adj* air-conditioned

climatiseur [klimatizœʀ] *nm* air conditioner

clin d'œil [klɛ̃dœj] *nm* wink; **en un ~** in a flash

clinique [klinik] *adj* clinical ▸ *nf* nursing home,
(private) clinic

clinquant, e [klɛ̃kɑ̃, -ɑ̃t] *adj* flashy

clip [klip] *nm* (*pince*) clip; (*boucle d'oreille*) clip-on;
(vidéo) ~ pop (*ou* promotional) video

clique [klik] *nf* (*péj : bande*) clique, set; **prendre
ses cliques et ses claques** to pack one's bags

cliquer [klike] /**1**/ *vi* (*Inform*) to click; **~ deux fois**
to double-click; **~ sur** to click on ▸ *vt* to click

cliqueter [klik(ə)te] /**4**/ *vi* to clash; (*ferraille, clefs,
monnaie*) to jangle, jingle; (*verres*) to chink

cliquetis [klik(ə)ti] *nm* jangle; jingle; chink

clitoris [klitɔʀis] *nm* clitoris

clivage [klivaʒ] *nm* cleavage; (*fig*) rift, split

clivant, e [klivɑ̃, ɑ̃t] *adj* divisive

cloaque [klɔak] *nm* (*fig*) cesspit

clochard, e [klɔʃaʀ, -aʀd] *nm/f* tramp
cloche [klɔʃ] *nf* (*d'église*) bell; (*fam*) clot; (*chapeau*) cloche (hat); **~ à fromage** cheese-cover
cloche-pied [klɔʃpje] : **à ~** *adv* on one leg, hopping (along)
clocher [klɔʃe] /**1**/ *nm* church tower; (*en pointe*) steeple; **de ~** (*péj*) parochial ▶ *vi* (*fam*) to be ou go wrong
clocheton [klɔʃtɔ̃] *nm* pinnacle
clochette [klɔʃɛt] *nf* bell
clodo [klɔdo] *nm* (*fam* : = *clochard*) tramp
cloison [klwazɔ̃] *nf* partition (wall); **~ étanche** (*fig*) impenetrable barrier, brick wall (*fig*)
cloisonner [klwazɔne] /**1**/ *vt* to partition (off), to divide up; (*fig*) to compartmentalize
cloître [klwatʀ] *nm* cloister
cloîtrer [klwatʀe] /**1**/ : **se cloîtrer** *vpr* to shut o.s. away; (*Rel*) to enter a convent ou monastery
clonage [klɔnaʒ] *nm* cloning
clone [klɔn] *nm* clone
cloner [klɔne] /**1**/ *vt* to clone
clope [klɔp] *nm ou f* (*fam*) fag (*Brit*), cigarette
clopin-clopant [klɔpɛ̃klɔpɑ̃] *adv* hobbling along; (*fig*) so-so
clopiner [klɔpine] /**1**/ *vi* to hobble along
cloporte [klɔpɔʀt] *nm* woodlouse
cloque [klɔk] *nf* blister
cloqué, e [klɔke] *adj* : **étoffe cloquée** seersucker
cloquer [klɔke] /**1**/ *vi* (*peau, peinture*) to blister
clore [klɔʀ] /**45**/ *vt* to close; **~ une session** (*Inform*) to log out
clos, e [klo, -oz] *pp de* **clore** ▶ *adj voir* **maison** ; **huis** ; **vase** ▶ *nm* (enclosed) field
clôt [klo] *vb voir* **clore**
clôture [klotyʀ] *nf* closure, closing; (*barrière*) enclosure, fence
clôturer [klotyʀe] /**1**/ *vt* (*terrain*) to enclose, close off; (*festival, débats*) to close
clou [klu] *nm* nail; (*Méd*) boil; **le ~ du spectacle** the highlight of the show; **~ de girofle** clove; **pneus à clous** studded tyres; **clous** *nmpl* = **passage clouté**
cloud computing *m* cloud computing
clouer [klue] /**1**/ *vt* to nail down (*ou* up); (*fig*) : **~ sur/contre** to pin to/against
clouté, e [klute] *adj* studded
clown [klun] *nm* clown; **faire le ~** (*fig*) to clown (about), play the fool
clownerie [klunʀi] *nf* clowning *no pl*; **faire des clowneries** to clown around
club [klœb] *nm* club
CM *sigle f* = **chambre des métiers** ▶ *sigle m* = **conseil municipal**; (*Scol*) = **cours moyen**
cm. *abr* (= *centimètre*) cm
CMU *sigle f* (= *couverture maladie universelle*) system of free health care for those on low incomes
CNAT *sigle f* (= *Commission nationale d'aménagement du territoire*) national development agency
CNC *sigle m* (= *Conseil national de la consommation*) national consumers' council
CNDP *sigle m* = **Centre national de documentation pédagogique**
CNE *sigle m* (= *Contrat nouvelles embauches*) less stringent type of employment contract for use by small companies

CNED *sigle m* (= *Centre national d'enseignement à distance*) ≈ Open University
CNIL *sigle f* (= *Commission nationale de l'informatique et des libertés*) board which enforces law on data protection
CNIT *sigle m* (= *Centre national des industries et des techniques*) exhibition centre in Paris
CNJA *sigle m* (= *Centre national des jeunes agriculteurs*) farmers' union
CNL *sigle f* (= *Confédération nationale du logement*) consumer group for housing
CNRS *sigle m* (= *Centre national de la recherche scientifique*) ≈ SERC (*Brit*), ≈ NSF (*US*)
c/o *abr* (= *care of*) c/o
coagulant [kɔagylɑ̃] *nm* (*Méd*) coagulant
coaguler [kɔagyle] /**1**/ *vi*, *vt*, **se coaguler** *vpr* (*sang*) to coagulate
coaliser [kɔalize] /**1**/ : **se coaliser** *vpr* to unite, join forces
coalition [kɔalisjɔ̃] *nf* coalition
coasser [kɔase] /**1**/ *vi* to croak
coauteur [kɔotœʀ] *nm* co-author
coaxial, e, -aux [kɔaksjal, -o] *adj* coaxial
cobaye [kɔbaj] *nm* guinea-pig
COBOL, Cobol [kɔbɔl] *nm* COBOL, Cobol
cobra [kɔbʀa] *nm* cobra
coca® [kɔka] *nm* Coke®
cocagne [kɔkaɲ] *nf* : **pays de ~** land of plenty; **mât de ~** greasy pole (*fig*)
cocaïne [kɔkain] *nf* cocaine
cocarde [kɔkaʀd] *nf* rosette
cocardier, -ière [kɔkaʀdje, -jɛʀ] *adj* jingoistic, chauvinistic; militaristic
cocasse [kɔkas] *adj* comical, funny
coccinelle [kɔksinɛl] *nf* ladybird (*Brit*), ladybug (*US*)
coccyx [kɔksis] *nm* coccyx
cocher [kɔʃe] /**1**/ *nm* coachman ▶ *vt* to tick off; (*entailler*) to notch
cochère [kɔʃɛʀ] *adj f voir* **porte**
cochon, ne [kɔʃɔ̃, -ɔn] *nm* pig; **~ d'Inde** guinea-pig; **~ de lait** (*Culin*) sucking pig ▶ *nm/f* (*péj* : *sale*) (filthy) pig; (: *méchant*) swine ▶ *adj* (*fam*) dirty, smutty
cochonnaille [kɔʃɔnaj] *nf* (*péj* : *charcuterie*) (cold) pork
cochonnerie [kɔʃɔnʀi] *nf* (*fam* : *saleté*) filth; (: *marchandises*) rubbish, trash
cochonnet [kɔʃɔnɛ] *nm* (*Boules*) jack
cocker [kɔkɛʀ] *nm* cocker spaniel
cocktail [kɔktɛl] *nm* cocktail; (*réception*) cocktail party
coco [kɔko] *nm voir* **noix**; (*fam*) bloke (*Brit*), dude (*US*)
cocon [kɔkɔ̃] *nm* cocoon
cocorico [kɔkɔʀiko] *excl*, *nm* cock-a-doodle-do
cocotier [kɔkɔtje] *nm* coconut palm
cocotte [kɔkɔt] *nf* (*en fonte*) casserole; **ma ~** (*fam*) sweetie (pie); **~ (minute)®** pressure cooker; **~ en papier** paper shape
cocu [kɔky] *nm* (*fam*) cuckold
cocufier [kɔkyfje] *vt* (*fam*) to be unfaithful to
code [kɔd] *nm* code; **~ (à) barres** bar code; **~ de caractère** (*Inform*) character code; **~ civil** Common Law; **~ machine** machine code;

~ **pénal** penal code; ~ **postal** (*numéro*) postcode (*Brit*), zip code (*US*); ~ **de la route** highway code; ~ **secret** cipher; **se mettre en ~(s)** to dip (*Brit*) *ou* dim (*US*) one's (head)lights ▸ *adj* : **phares codes** dipped lights

codéine [kɔdein] *nf* codeine

coder [kɔde] /1/ *vt* to (en)code

codétenu, e [kodet(ə)ny] *nm/f* fellow prisoner *ou* inmate

codicille [kɔdisil] *nm* codicil

codifier [kɔdifje] /7/ *vt* to codify

codirecteur, -trice [kɔdiʀɛktœʀ, -tʀis] *nm/f* co-director

coéditeur, -trice [kɔeditœʀ, -tʀis] *nm/f* co-publisher; (*rédacteur*) co-editor

coefficient [kɔefisjɑ̃] *nm* coefficient; ~ **d'erreur** margin of error

coéquipier, -ière [kɔekipje, -jɛʀ] *nm/f* team-mate, partner

coercition [kɔɛʀsisjɔ̃] *nf* coercion

cœur [kœʀ] *nm* heart; (*Cartes : couleur*) hearts *pl*; (: *carte*) heart; (*Culin*) : ~ **de laitue/d'artichaut** lettuce/artichoke heart; (*fig*) : ~ **du débat** heart of the debate; ~ **de l'été** height of summer; ~ **de la forêt** depths *pl* of the forest; **affaire de** ~ love affair; **avoir bon** ~ to be kind-hearted; **avoir mal au** ~ to feel sick; **contre** *ou* **sur son** ~ to one's breast; **opérer qn à** ~ **ouvert** to perform open-heart surgery on sb; **recevoir qn à** ~ **ouvert** to welcome sb with open arms; **parler à** ~ **ouvert** to open one's heart; **de tout son** ~ with all one's heart; **avoir le** ~ **gros** *ou* **serré** to have a heavy heart; **en avoir le** ~ **net** to be clear in one's own mind (about it); **par** ~ by heart; **de bon** ~ willingly; **avoir à** ~ **de faire** to be very keen to do; **cela lui tient à** ~ that's (very) close to his heart; **prendre les choses à** ~ to take things to heart; **à** ~ **joie** to one's heart's content; **être de tout** ~ **avec qn** to be (completely) in accord with sb

coexistence [kɔɛgzistɑ̃s] *nf* coexistence

coexister [kɔɛgziste] /1/ *vi* to coexist

coffrage [kɔfʀaʒ] *nm* (*Constr : dispositif*) form(work)

coffre [kɔfʀ] *nm* (*meuble*) chest; (*coffre-fort*) safe; (*d'auto*) boot (*Brit*), trunk (*US*); **avoir du** ~ (*fam*) to have a lot of puff

coffre-fort [kɔfʀəfɔʀ] (*pl* **coffres-forts**) *nm* safe

coffrer [kɔfʀe] /1/ *vt* (*fam*) to put inside, lock up

coffret [kɔfʀɛ] *nm* casket; ~ **à bijoux** jewel box

cogérant, e [kɔʒeʀɑ̃, -ɑ̃t] *nm/f* joint manager/manageress

cogestion [kɔʒestjɔ̃] *nf* joint management

cogiter [kɔʒite] /1/ *vi* to cogitate

cognac [kɔɲak] *nm* brandy, cognac

cognement [kɔɲmɑ̃] *nm* knocking

cogner [kɔɲe] /1/ *vi* to knock, bang; **se cogner** *vpr* to bump o.s.; **se ~ contre** to knock *ou* bump into; **se ~ la tête** to bang one's head

cohabitation [kɔabitasjɔ̃] *nf* living together; (*Pol, Jur*) cohabitation

cohabiter [kɔabite] /1/ *vi* to live together

cohérence [kɔeʀɑ̃s] *nf* coherence

cohérent, e [kɔeʀɑ̃, -ɑ̃t] *adj* coherent, consistent

cohésion [kɔezjɔ̃] *nf* cohesion

cohorte [kɔɔʀt] *nf* troop

cohue [kɔy] *nf* crowd

coi, coite [kwa, kwat] *adj* : **rester** ~ to remain silent

coiffe [kwaf] *nf* headdress

coiffé, e [kwafe] *adj* : **bien/mal** ~ with tidy/untidy hair; ~ **d'un béret** wearing a beret; ~ **en arrière** with one's hair brushed *ou* combed back; ~ **en brosse** with a crew cut

coiffer [kwafe] /1/ *vt* (*fig : surmonter*) to cover, top; ~ **qn** to do sb's hair; ~ **qn d'un béret** to put a beret on sb; **se coiffer** *vpr* to do one's hair; to put on a *ou* one's hat

coiffeur, -euse [kwafœʀ, -øz] *nm/f* hairdresser ▸ *nf* (*table*) dressing table

coiffure [kwafyʀ] *nf* (*cheveux*) hairstyle, hairdo; (*chapeau*) hat, headgear *no pl*; (*art*) : **la** ~ hairdressing

coin [kwɛ̃] *nm* corner; (*pour graver*) die; (*pour coincer*) wedge; (*poinçon*) hallmark; **l'épicerie du** ~ the local grocer; **dans le** ~ (*aux alentours*) in the area, around about; (*habiter*) locally; **je ne suis pas du** ~ I'm not from here; **au** ~ **du feu** by the fireside; **du** ~ **de l'œil** out of the corner of one's eye; **regard en** ~ side(ways) glance; **sourire en** ~ half-smile

coincé, e [kwɛse] *adj* stuck, jammed; (*fig : inhibé*) inhibited, with hang-ups

coincer [kwɛse] /3/ *vt* to jam; (*fam*) to catch (out); to nab; **se coincer** *vpr* to get stuck *ou* jammed

coïncidence [kɔɛ̃sidɑ̃s] *nf* coincidence

coïncider [kɔɛ̃side] /1/ *vi* : ~ **(avec)** to coincide (with); (*correspondre : témoignage etc*) to correspond *ou* tally (with)

coin-coin [kwɛ̃kwɛ̃] *nm inv* quack

coing [kwɛ̃] *nm* quince

coït [kɔit] *nm* coitus

coite [kwat] *adj f voir* **coi**

coke [kɔk] *nm* coke

col [kɔl] *nm* (*de chemise*) collar; (*encolure, cou*) neck; (*de montagne*) pass; ~ **roulé** polo-neck; ~ **de l'utérus** cervix

coléoptère [kɔleɔptɛʀ] *nm* beetle

colère [kɔlɛʀ] *nf* anger; **une** ~ a fit of anger; **être en** ~ **(contre qn)** to be angry (with sb); **mettre qn en** ~ to make sb angry; **se mettre en** ~ **contre qn** to get angry with sb; **se mettre en** ~ to get angry

coléreux, -euse [kɔleʀø, -øz], **colérique** [kɔleʀik] *adj* quick-tempered, irascible

colibacille [kɔlibasil] *nm* colon bacillus

colibacillose [kɔlibasiloz] *nf* colibacillosis

colifichet [kɔlifiʃɛ] *nm* trinket

colimaçon [kɔlimasɔ̃] *nm* : **escalier en** ~ spiral staircase

colin [kɔlɛ̃] *nm* hake

colin-maillard [kɔlɛ̃majaʀ] *nm* (*jeu*) blind man's buff

colique [kɔlik] *nf* diarrhoea (*Brit*), diarrhea (*US*); (*douleurs*) colic (pains *pl*); (*fam : personne ou chose ennuyeuse*) pain

colis [kɔli] *nm* parcel; **par** ~ **postal** by parcel post

colistier, -ière [kɔlistje, -jɛʀ] *nm/f* fellow candidate

colite [kɔlit] *nf* colitis

coll. *abr* = **collection**; **collaborateurs**; **et coll.** et al.

collaborateur, -trice [kɔlabɔʀatœʀ, -tʀis] *nm/f* (*aussi Pol*) collaborator; (*d'une revue*) contributor

collaboration [kɔlabɔʀasjɔ̃] *nf* collaboration

collaborer [kɔ(l)labɔʀe] /1/ *vi* to collaborate; ~ **à** to collaborate on; (*revue*) to contribute to

collage [kɔlaʒ] *nm* (*Art*) collage

collagène [kɔlaʒɛn] *nm* collagen

collant, e [kɔlɑ̃, -ɑ̃t] *adj* sticky; (*robe etc*) clinging, skintight; (*péj*) clinging ▶ *nm* (*bas*) tights *pl*; (*de danseur*) leotard

collatéral, e, -aux [kɔlateʀal, -o] *nm/f* collateral

collation [kɔlasjɔ̃] *nf* light meal

colle [kɔl] *nf* glue; (*à papiers peints*) (wallpaper) paste; (*devinette*) teaser, riddle; (*Scol : fam*) detention; ~ **forte** superglue®

collecte [kɔlɛkt] *nf* collection; **faire une** ~ to take up a collection

collecter [kɔlɛkte] /1/ *vt* to collect

collecteur [kɔlɛktœʀ] *nm* (*égout*) main sewer

collectif, -ive [kɔlɛktif, -iv] *adj* collective; (*visite, billet etc*) group *cpd*; **immeuble** ~ block of flats ▶ *nm* : ~ **budgétaire** mini-budget (*Brit*), mid-term budget

collection [kɔlɛksjɔ̃] *nf* collection; (*Édition*) series; **pièce de** ~ collector's item; **faire (la)** ~ **de** to collect; **(toute) une** ~ **de** ... (*fig*) a (complete) set of ...

collectionner [kɔlɛksjɔne] /1/ *vt* (*tableaux, timbres*) to collect

collectionneur, -euse [kɔlɛksjɔnœʀ, -øz] *nm/f* collector

collectivement [kɔlɛktivmɑ̃] *adv* collectively

collectiviser [kɔlɛktivize] /1/ *vt* to collectivize

collectivisme [kɔlɛktivism] *nm* collectivism

collectiviste [kɔlɛktivist] *adj* collectivist

collectivité [kɔlɛktivite] *nf* group; **la** ~ the community, the collectivity; **les collectivités locales** local authorities

collège [kɔlɛʒ] *nm* (*école*) (secondary) school; *see note*; (*assemblée*) body; ~ **électoral** electoral college

⋮ **COLLÈGE**
⋮
⋮ A **collège** is a secondary school for children
⋮ between 11 and 15 years of age. Pupils follow
⋮ a national curriculum consisting of several
⋮ core subjects, all compulsory, along with
⋮ several options. Schools are free to arrange
⋮ their own timetable and choose their own
⋮ teaching methods. Before leaving this phase
⋮ of their education, students are assessed by
⋮ examination and course work for their *brevet*
⋮ *des collèges*.

collégial, e, -aux [kɔleʒjal, -o] *adj* collegiate

collégien, ne [kɔleʒjɛ̃, -ɛn] *nm/f* secondary school pupil (*Brit*), high school student (*US*)

collègue [kɔ(l)lɛg] *nmf* colleague

coller [kɔle] /1/ *vt* (*papier, timbre*) to stick (on); (*affiche*) to stick up; (*appuyer, placer contre*) :

~ **son front à la vitre** to press one's face to the window; (*enveloppe*) to stick down; (*morceaux*) to stick *ou* glue together; (*Inform*) to paste; (*fam : mettre, fourrer*) to stick, shove; (*Scol : fam*) to keep in, give detention to; ~ **qch sur** to stick (*ou* paste *ou* glue) sth on(to); **être collé à un examen** (*fam*) to fail an exam ▶ *vi* (*être collant*) to be sticky; (*adhérer*) to stick; ~ **à** to stick to; (*fig*) to cling to

collerette [kɔlʀɛt] *nf* ruff; (*Tech*) flange

collet [kɔlɛ] *nm* (*piège*) snare, noose; (*cou*) : **prendre qn au** ~ to grab sb by the throat; ~ **monté** *adj inv* straight-laced

colleter [kɔlte] /4/ *vt* (*adversaire*) to collar, grab by the throat; **se** ~ **avec** to wrestle with

colleur [kɔlœʀ] *nm* : ~ **d'affiches** bill-poster

collier [kɔlje] *nm* (*bijou*) necklace; (*de chien, Tech*) collar; ~ **(de barbe), barbe en** ~ narrow beard along the line of the jaw; ~ **de serrage** choke collar

collimateur [kɔlimatœʀ] *nm* : **être dans le** ~ (*fig*) to be in the firing line; **avoir qn/qch dans le** ~ (*fig*) to have sb/sth in one's sights

colline [kɔlin] *nf* hill

collision [kɔlizjɔ̃] *nf* collision, crash; **entrer en** ~ **(avec)** to collide (with)

colloque [kɔlɔk] *nm* colloquium, symposium

collusion [kɔlyzjɔ̃] *nf* collusion

collutoire [kɔlytwaʀ] *nm* (*Méd*) oral medication; (*en bombe*) throat spray

collyre [kɔliʀ] *nm* (*Méd*) eye lotion

colmater [kɔlmate] /1/ *vt* (*fuite*) to seal off; (*brèche*) to plug, fill in

coloc [kɔlɔk] *nmf* (*fam : dans un appartement*) flatmate (*Brit*), roommate(*US*); (: *dans une maison*) housemate (*Brit*), roommate(*US*)

colocation [kɔlɔkasjɔ̃] *nf* shared flat (*Brit*), shared apartment (*US*); **être en** ~ to share a flat (*Brit*) *or* apartment (*US*)

Cologne [kɔlɔɲ] *n* Cologne

colombage [kɔlɔ̃baʒ] *nm* half-timbering; **une maison à colombages** a half-timbered house

colombe [kɔlɔ̃b] *nf* dove

Colombie [kɔlɔ̃bi] *nf* : **la** ~ Colombia

colombien, ne [kɔlɔ̃bjɛ̃, -ɛn] *adj* Colombian ▶ *nm/f* : **Colombien, ne** Colombian

colon [kɔlɔ̃] *nm* settler; (*enfant*) boarder (*in children's holiday camp*)

côlon [kolɔ̃] *nm* colon (*Méd*)

colonel [kɔlɔnɛl] *nm* colonel; (*de l'armée de l'air*) group captain

colonial, e, -aux [kɔlɔnjal, -o] *adj* colonial

colonialisme [kɔlɔnjalism] *nm* colonialism

colonialiste [kɔlɔnjalist] *adj, nmf* colonialist

colonie [kɔlɔni] *nf* colony; ~ **(de vacances)** holiday camp (*for children*)

colonisation [kɔlɔnizasjɔ̃] *nf* colonization

coloniser [kɔlɔnize] /1/ *vt* to colonize

colonnade [kɔlɔnad] *nf* colonnade

colonne [kɔlɔn] *nf* column; **se mettre en** ~ **par deux/quatre** to get into twos/fours; **en** ~ **par deux** in double file; ~ **de secours** rescue party; ~ **(vertébrale)** spine, spinal column

colonnette [kɔlɔnɛt] *nf* small column

colophane [kɔlɔfan] *nf* rosin

colorant – comme

colorant [kɔlɔʀɑ̃] nm colouring
coloration [kɔlɔʀasjɔ̃] nf colour(ing); **se faire faire une ~** (chez le coiffeur) to have one's hair dyed
coloré, e [kɔlɔʀe] adj (fig) colourful
colorer [kɔlɔʀe] /1/ vt to colour; **se colorer** vpr to turn red; to blush
coloriage [kɔlɔʀjaʒ] nm colouring
colorier [kɔlɔʀje] /7/ vt to colour (in); **album à ~** colouring book
coloris [kɔlɔʀi] nm colour, shade
coloriste [kɔlɔʀist] nmf colourist
colossal, e, -aux [kɔlɔsal, -o] adj colossal, huge
colosse [kɔlɔs] nm giant
colostrum [kɔlɔstʀɔm] nm colostrum
colporter [kɔlpɔʀte] /1/ vt to peddle
colporteur, -euse [kɔlpɔʀtœʀ, -øz] nm/f hawker, pedlar
colt [kɔlt] nm revolver, Colt®
coltiner [kɔltine] /1/ vt to lug about
colza [kɔlza] nm rape(seed)
COM [kɔm] sigle m, sigle mpl (= Collectivité(s) d'outre-mer) French overseas departments and regions; see note
coma [kɔma] nm coma; **être dans le ~** to be in a coma
comateux, -euse [kɔmatø, -øz] adj comatose
combat [kɔ̃ba] vb voir **combattre** ▶ nm fight; fighting no pl; **~ de boxe** boxing match; **~ de rues** street fighting no pl; **~ singulier** single combat
combatif, -ive [kɔ̃batif, -iv] adj with a lot of fight
combativité [kɔ̃bativite] nf fighting spirit
combattant [kɔ̃batɑ̃] vb voir **combattre** ▶ nm combatant; (d'une rixe) brawler; **ancien ~** war veteran
combattre [kɔ̃batʀ] /41/ vi to fight ▶ vt to fight; (épidémie, ignorance) to combat, fight against
combien [kɔ̃bjɛ̃] adv (quantité) how much; (nombre) how many; (exclamatif) how; **~ de** how much; (nombre) how many; **~ de temps** how long, how much time; **c'est ~?, ça fait ~?** how much is it?; **~ coûte/pèse ceci?** how much does this cost/weigh?; **vous mesurez ~?** what size are you?; **ça fait ~ en largeur?** how wide is that?; **on est le ~ aujourd'hui?** (fam) what's the date today?
combinaison [kɔ̃binɛzɔ̃] nf combination; (astuce) device, scheme; (de femme) slip; (d'aviateur) flying suit; (de plongée) wetsuit; (bleu de travail) boilersuit (BRIT), coveralls pl (US)
combine [kɔ̃bin] nf trick; (péj) scheme, fiddle (BRIT)
combiné nm (aussi: **combiné téléphonique**) receiver; (Ski) combination (event); (vêtement de femme) corselet
combiner [kɔ̃bine] /1/ vt to combine; (plan, horaire) to work out, devise
comble [kɔ̃bl] adj (salle) packed (full) ▶ nm (du bonheur, plaisir) height; **de fond en ~** from top to bottom; **pour ~ de malchance** to cap it all; **c'est le ~!** that beats everything!, that takes the biscuit! (BRIT); **combles** nmpl (Constr) attic sg, loft sg; **sous les combles** in the attic

combler [kɔ̃ble] /1/ vt (trou) to fill in; (besoin, lacune) to fill; (déficit) to make good; (satisfaire) to gratify, fulfil (BRIT), fulfill (US); **~ qn de joie** to fill sb with joy; **~ qn d'honneurs** to shower sb with honours
combustible [kɔ̃bystibl] adj combustible ▶ nm fuel
combustion [kɔ̃bystjɔ̃] nf combustion
COMECON [kɔmekɔn] sigle m Comecon
comédie [kɔmedi] nf comedy; (fig) playacting no pl; **jouer la ~** (fig) to put on an act; **faire une ~** (fig) to make a fuss; **la C~-Française** see note; **~ musicale** musical

: **COMÉDIE-FRANÇAISE**
:
: Founded in 1680 by Louis XIV, the **Comédie-**
: **Française** is the French national theatre.
: The company is subsidized by the state and
: mainly performs in the Palais-Royal in Paris,
: tending to focus on classical French drama.

comédien, ne [kɔmedjɛ̃, -ɛn] nm/f actor/actress; (comique) comedy actor/actress, comedian/comedienne; (fig) sham
comestible [kɔmɛstibl] adj edible; **comestibles** nmpl foods
comète [kɔmɛt] nf comet
comice [kɔmis] nm: **~ agricole** agricultural show
comique [kɔmik] adj (drôle) comical; (Théât) comic ▶ nmf (artiste) comic, comedian ▶ nm: **le ~ de qch** the funny ou comical side of sth
comité [kɔmite] nm committee; **petit ~** select group; **~ directeur** management committee; **~ d'entreprise** works council; **~ des fêtes** festival committee
commandant [kɔmɑ̃dɑ̃] nm (gén) commander, commandant; (Mil: grade) major; (: armée de l'air) squadron leader; (Navig) captain; **~ (de bord)** (Aviat) captain
commande [kɔmɑ̃d] nf (Comm) order; (Inform) command; **passer une ~ (de)** to put in an order (for); **sur ~** to order; **~ à distance** remote control; **véhicule à double ~** vehicle with dual controls; **commandes** nfpl (Aviat etc) controls
commandement [kɔmɑ̃dmɑ̃] nm command; (ordre) command, order; (Rel) commandment
commander [kɔmɑ̃de] /1/ vt (Comm) to order; (diriger, ordonner) to command; **~ à** (Mil) to command; (contrôler, maîtriser) to have control over; **~ à qn de faire** to command ou order sb to do
commanditaire [kɔmɑ̃ditɛʀ] nm sleeping (BRIT) ou silent (US) partner
commandite [kɔmɑ̃dit] nf: **(société en) ~** limited partnership
commanditer [kɔmɑ̃dite] /1/ vt (Comm) to finance, back; to commission
commando [kɔmɑ̃do] nm commando (squad)

MOT-CLÉ

comme [kɔm] prép **1** (comparaison) like; **tout comme son père** just like his father; **fort comme un bœuf** as strong as an ox; **joli comme tout** ever so pretty

2 (*manière*) like; **faites-le comme ça** do it like this, do it this way; **comme ça** *ou* **cela on n'aura pas d'ennuis** that way we won't have any problems; **comme ci, comme ça** so-so, middling; **comment ça va ?** — **comme ça** how are things? — OK; **comme on dit** as they say **3** (*en tant que*) as a; **donner comme prix** to give as a prize; **travailler comme secrétaire** to work as a secretary
4 : **comme quoi** (*d'où il s'ensuit que*) which shows that; **il a écrit une lettre comme quoi il …** he's written a letter saying that …
5 : **comme il faut** *adv* properly; *adj* (*correct*) proper, correct
▶ *conj* **1** (*ainsi que*) as; **elle écrit comme elle parle** she writes as she talks; **il est malin comme c'est pas permis** he's as smart as anything; **comme si** as if
2 (*au moment où, alors que*) as; **il est parti comme j'arrivais** he left as I arrived
3 (*parce que, puisque*) as, since; **comme il était en retard, il …** as he was late, he …
▶ *adv* : **comme il est fort/c'est bon !** he's so strong/it's so good!

commémoratif, -ive [kɔmemɔratif, -iv] *adj* commemorative; **un monument** ~ a memorial
commémoration [kɔmemɔrasjɔ̃] *nf* commemoration
commémorer [kɔmemɔre] /1/ *vt* to commemorate
commencement [kɔmɑ̃smɑ̃] *nm* beginning, start, commencement; **commencements** *nmpl* (*débuts*) beginnings
commencer [kɔmɑ̃se] /3/ *vt* to begin, start, commence; ~ **à** *ou* **de faire** to begin *ou* start doing; ~ **par qch** to begin with sth; ~ **par faire qch** to begin by doing sth ▶ *vi* to begin, start, commence
commensal, e, -aux [kɔmɑ̃sal, -o] *nm/f* companion at table
comment [kɔmɑ̃] *adv* how; ~ **?** (*que dites-vous*) (I beg your) pardon?; ~ **!** what!; **et** ~ **!** and how!; ~ **donc !** of course!; ~ **faire ?** how will we do it?; ~ **se fait-il que …?** how is it that …? ▶ *nm* : **le** ~ **et le pourquoi** the whys and wherefores
commentaire [kɔmɑ̃tɛr] *nm* comment; remark; ~ **(de texte)** (*Scol*) commentary; ~ **sur image** voice-over
commentateur, -trice [kɔmɑ̃tatœr, -tris] *nm/f* commentator
commenter [kɔmɑ̃te] /1/ *vt* (*jugement, événement*) to comment (up)on; (*Radio, TV* : *match, manifestation*) to cover, give a commentary on
commérages [kɔmeraʒ] *nmpl* gossip *sg*
commerçant, e [kɔmɛrsɑ̃, -ɑ̃t] *adj* commercial; trading; (*rue*) shopping *cpd*; (*personne*) commercially shrewd ▶ *nm/f* shopkeeper, trader
commerce [kɔmɛrs] *nm* (*activité*) trade, commerce; (*boutique*) business; **le petit** ~ small shop owners *pl*, small traders *pl*; **faire** ~ **de** to trade in; (*fig* : *péj*) to trade on; **chambre de** ~ Chamber of Commerce; **livres de** ~ (account) books; **vendu dans le** ~ sold in the shops;

vendu hors-~ sold directly to the public; ~ **en** *ou* **de gros/détail** wholesale/retail trade; ~ **électronique** e-commerce; ~ **équitable** fair trade; ~ **intérieur/extérieur** home/foreign trade
commercer [kɔmɛrse] /3/ *vi* : ~ **avec** to trade with
commercial, e, -aux [kɔmɛrsjal, -o] *adj* commercial, trading; (*péj*) commercial ▶ *nm* : **les commerciaux** the commercial people
commercialisable [kɔmɛrsjalizabl] *adj* marketable
commercialisation [kɔmɛrsjalizasjɔ̃] *nf* marketing
commercialiser [kɔmɛrsjalize] /1/ *vt* to market
commère [kɔmɛr] *nf* gossip
commettant [kɔmetɑ̃] *vb voir* **commettre** ▶ *nm* (*Jur*) principal
commettre [kɔmɛtr] /56/ *vt* to commit; **se commettre** *vpr* to compromise one's good name
commis¹ [kɔmi] *nm* (*de magasin*) (shop) assistant (*Brit*), sales clerk (*US*); (*de banque*) clerk; ~ **voyageur** commercial traveller (*Brit*) *ou* traveler (*US*)
commis², e [kɔmi, -iz] *pp de* **commettre**
commisération [kɔmizerasjɔ̃] *nf* commiseration
commissaire [kɔmisɛr] *nm* (*de police*) ≈ (police) superintendent (*Brit*), ≈ (police) captain (*US*); (*de rencontre sportive etc*) steward; ~ **du bord** (*Navig*) purser; ~ **aux comptes** (*Admin*) auditor
commissaire-priseur [kɔmisɛrprizœr] (*pl* **commissaires-priseurs**) *nm* (official) auctioneer
commissariat [kɔmisarja] *nm* (*aussi* : **commissariat de police**) police station; (*Admin*) commissionership
commission [kɔmisjɔ̃] *nf* (*comité, pourcentage*) commission; (*message*) message; (*course*) errand; ~ **d'examen** examining board; **commissions** *nfpl* (*achats*) shopping *sg*
commissionnaire [kɔmisjɔnɛr] *nm* delivery boy (*ou* man); messenger; (*Transports*) (forwarding) agent
commissure [kɔmisyr] *nf* : **les commissures des lèvres** the corners of the mouth
commode [kɔmɔd] *adj* (*pratique*) convenient, handy; (*facile*) easy; (*air, personne*) easy-going; (*personne*) : **pas** ~ awkward (to deal with) ▶ *nf* chest of drawers
commodité [kɔmɔdite] *nf* convenience
commotion [kɔmosjɔ̃] *nf* : ~ **(cérébrale)** concussion
commotionné, e [kɔmosjɔne] *adj* shocked, shaken
commuer [kɔmɥe] /1/ *vt* to commute
commun, e [kɔmœ̃, -yn] *adj* common; (*pièce*) communal, shared; (*réunion, effort*) joint; **d'un** ~ **accord** of one accord; with one accord; **être** ~ **à** (*chose*) to be shared by; **en** ~ (*faire*) jointly; **mettre en** ~ to pool, share; **peu** ~ unusual; **sans commune mesure** incomparable ▶ *nmsg* : **le** ~ **des mortels** the common run of people; **cela sort du** ~ it's out of the ordinary

► *nf* (*Admin*) commune, ≈ district; (: *urbaine*)
≈ borough; **communs** *nmpl* (*bâtiments*)
outbuildings

communal, e, -aux [kɔmynal, -o] *adj* (*Admin*) of
the commune, ≈ (district *ou* borough) council *cpd*

communard, e [kɔmynaʀ, -aʀd] *nm/f* (*Hist*)
Communard; (*péj* : *communiste*) commie

communautaire [kɔmynotɛʀ] *adj*
community *cpd*

communauté [kɔmynote] *nf* community; (*Jur*) :
régime de la ~ communal estate settlement

commune [kɔmyn] *adj f*, *nf voir* **commun**

communément [kɔmynemã] *adv* commonly

Communes [kɔmyn] *nfpl* (*en Grande-Bretagne* :
parlement) Commons

communiant, e [kɔmynjã, -ãt] *nm/f*
communicant; **premier ~** child taking his first
communion

communicant, e [kɔmynikã, -ãt] *adj*
communicating

communicatif, -ive [kɔmynikatif, -iv] *adj*
(*personne*) communicative; (*rire*) infectious

communication [kɔmynikasjɔ̃] *nf*
communication; **~ (téléphonique)**
(telephone) call; **avoir la ~ (avec)** to get *ou* be
through (to); **vous avez la ~** you're through;
donnez-moi la ~ avec put me through to;
mettre qn en ~ avec qn (*en contact*) to put sb in
touch with sb; (*au téléphone*) to connect sb with
sb; **~ interurbaine** long-distance call; **~ en
PCV** reverse charge (BRIT) *ou* collect (US) call;
~ avec préavis personal call

communier [kɔmynje] /**7**/ *vi* (*Rel*) to receive
communion; (*fig*) to be united

communion [kɔmynjɔ̃] *nf* communion

communiqué [kɔmynike] *nm* communiqué;
~ de presse press release

communiquer [kɔmynike] /**1**/ *vt* (*nouvelle, dossier*)
to pass on, convey; (*maladie*) to pass on; (*peur etc*)
to communicate; (*chaleur, mouvement*) to
transmit ► *vi* to communicate; **~ avec** (*salle*) to
communicate with; **se communiquer à** *vpr* (*se
propager*) to spread to

communisme [kɔmynism] *nm* communism

communiste [kɔmynist] *adj, nmf* communist

commutateur [kɔmytatœʀ] *nm* (*Élec*)
(change-over) switch, commutator

commutation [kɔmytasjɔ̃] *nf* (*Inform*) : **~ de
messages** message switching; **~ de paquets**
packet switching

Comores [kɔmɔʀ] *nfpl* : **les (îles) ~** the Comoros
(Islands)

comorien, ne [kɔmɔʀjɛ̃, -ɛn] *adj* of *ou* from the
Comoros

compact, e [kɔpakt] *adj* (*dense*) dense; (*appareil*)
compact

compagne [kɔ̃paɲ] *nf* companion

compagnie [kɔ̃paɲi] *nf* (*firme, Mil*) company;
(*groupe*) gathering; (*présence*) : **la ~ de qn** sb's
company; **homme/femme de ~** escort; **tenir ~
à qn** to keep sb company; **fausser ~ à qn** to give
sb the slip, slip *ou* sneak away from sb; **en ~ de**
in the company of; **Dupont et ~**, **Dupont et
Cie** Dupont and Company, Dupont and Co;
~ aérienne airline (company)

compagnon [kɔ̃paɲɔ̃] *nm* companion;
(*autrefois* : *ouvrier*) craftsman; journeyman

comparable [kɔ̃paʀabl] *adj* : **~ (à)**
comparable (to)

comparaison [kɔ̃paʀɛzɔ̃] *nf* comparison;
(*métaphore*) simile; **en ~ (de)** in comparison
(with); **par ~ (à)** by comparison (with)

comparaître [kɔ̃paʀɛtʀ] /**57**/ *vi* : **~ (devant)**
to appear (before)

comparatif, -ive [kɔ̃paʀatif, -iv] *adj, nm*
comparative

comparativement [kɔ̃paʀativmã] *adv*
comparatively; **~ à** by comparison with

comparé, e [kɔ̃paʀe] *adj* : **littérature** *etc*
comparée comparative literature *etc*

comparer [kɔ̃paʀe] /**1**/ *vt* to compare; **~ qch/qn
à ou et** (*pour choisir*) to compare sth/sb with *ou*
and; (*pour établir une similitude*) to compare sth/sb
to *ou* and

comparse [kɔ̃paʀs] *nmf* (*péj*) associate, stooge

compartiment [kɔ̃paʀtimã] *nm* compartment

compartimenté, e [kɔ̃paʀtimãte] *adj*
partitioned; (*fig*) compartmentalized

comparu, e [kɔ̃paʀy] *pp de* **comparaître**

comparution [kɔ̃paʀysjɔ̃] *nf* appearance

compas [kɔ̃pa] *nm* (*Géom*) (pair of) compasses *pl*;
(*Navig*) compass

compassé, e [kɔ̃pase] *adj* starchy, formal

compassion [kɔ̃pasjɔ̃] *nf* compassion

compatibilité [kɔ̃patibilite] *nf* compatibility

compatible [kɔ̃patibl] *adj* compatible; **~ (avec)**
compatible (with)

compatir [kɔ̃patiʀ] /**2**/ *vi* : **~ (à)** to sympathize
(with)

compatissant, e [kɔ̃patisã, -ãt] *adj* sympathetic

compatriote [kɔ̃patʀijɔt] *nmf* compatriot,
fellow countryman/woman

compensateur, -trice [kɔ̃pãsatœʀ, -tʀis] *adj*
compensatory

compensation [kɔ̃pãsasjɔ̃] *nf* compensation;
(*Banque*) clearing; **en ~** in *ou* as compensation

compensé, e [kɔ̃pãse] *adj* : **semelle compensée**
platform sole

compenser [kɔ̃pãse] /**1**/ *vt* to compensate for,
make up for

compère [kɔ̃pɛʀ] *nm* accomplice; fellow
musician *ou* comedian *etc*

compétence [kɔ̃petãs] *nf* competence

compétent, e [kɔ̃petã, -ãt] *adj* (*apte*) competent,
capable; (*Jur*) competent

compétitif, -ive [kɔ̃petitif, -iv] *adj* competitive

compétition [kɔ̃petisjɔ̃] *nf* (*gén*) competition;
(*Sport* : *épreuve*) event; **la ~** competitive sport;
être en ~ avec to be competing with; **la ~
automobile** motor racing

compétitivité [kɔ̃petitivite] *nf*
competitiveness

compilateur [kɔ̃pilatœʀ] *nm* (*Inform*) compiler

compilation [kɔ̃pilasjɔ̃] *nf* compilation

compiler [kɔ̃pile] /**1**/ *vt* to compile

complainte [kɔ̃plɛ̃t] *nf* lament

complaire [kɔ̃plɛʀ] /**54**/ : **se complaire** *vpr* :
se ~ dans/parmi to take pleasure in/in being
among

complaisais *etc* [kɔ̃plɛzɛ] *vb voir* **complaire**

complaisamment [kɔ̃plɛzamɑ̃] *adv* kindly; complacently

complaisance [kɔ̃plɛzɑ̃s] *nf* kindness; (*péj*) indulgence; (: *fatuité*) complacency; **attestation de ~** *certificate produced to oblige a patient etc*; **pavillon de ~** flag of convenience

complaisant, e [kɔ̃plɛzɑ̃, -ɑ̃t] *vb voir* **complaire** ▶ *adj* (*aimable*) kind; obliging; (*péj*) accommodating; (: *fat*) complacent

complaît [kɔ̃plɛ] *vb voir* **complaire**

complément [kɔ̃plemɑ̃] *nm* complement; (*reste*) remainder; (*Ling*) complement; **~ d'information** (*Admin*) supplementary *ou* further information; **~ d'agent** agent; **~ (d'objet) direct/indirect** direct/indirect object; **~ (circonstanciel) de lieu/temps** adverbial phrase of place/time; **~ de nom** possessive phrase

complémentaire [kɔ̃plemɑ̃tɛʀ] *adj* complementary; (*additionnel*) supplementary

complet, -ète [kɔ̃plɛ, -ɛt] *adj* complete; (*plein* : *hôtel etc*) full; **pain ~** wholemeal bread ▶ *nm* (*aussi* : **complet-veston**) suit; **au (grand) ~** all together

complètement [kɔ̃plɛtmɑ̃] *adv* (*en entier*) completely; (*absolument* : *fou, faux etc*) absolutely; (*à fond* : *étudier etc*) fully, in depth

compléter [kɔ̃plete] /6/ *vt* (*porter à la quantité voulue*) to complete; (*augmenter* : *connaissances, études*) to complement, supplement; (: *garde-robe*) to add to; **se compléter** *vpr* (*personnes*) to complement one another; (*collection etc*) to become complete

complexe [kɔ̃plɛks] *adj* complex ▶ *nm* (*Psych*) complex, hang-up; (*bâtiments*) : **~ hospitalier/industriel** hospital/industrial complex

complexé, e [kɔ̃plɛkse] *adj* mixed-up, hung-up

complexité [kɔ̃plɛksite] *nf* complexity

complication [kɔ̃plikasjɔ̃] *nf* complexity, intricacy; (*difficulté, ennui*) complication; **complications** *nfpl* (*Méd*) complications

complice [kɔ̃plis] *nm* accomplice

complicité [kɔ̃plisite] *nf* complicity

compliment [kɔ̃plimɑ̃] *nm* (*louange*) compliment; **compliments** *nmpl* (*félicitations*) congratulations

complimenter [kɔ̃plimɑ̃te] /1/ *vt* : **~ qn (sur** *ou* **de)** to congratulate *ou* compliment sb (on)

compliqué, e [kɔ̃plike] *adj* complicated, complex, intricate; (*personne*) complicated

compliquer [kɔ̃plike] /1/ *vt* to complicate; **se compliquer** *vpr* (*situation*) to become complicated; **se ~ la vie** to make life difficult *ou* complicated for o.s.

complot [kɔ̃plo] *nm* plot

comploter [kɔ̃plɔte] /1/ *vi, vt* to plot

complu, e [kɔ̃ply] *pp de* **complaire**

comportement [kɔ̃pɔʀtəmɑ̃] *nm* behaviour (*BRIT*), behavior (*US*); (*Tech* : *d'une pièce, d'un véhicule*) behavio(u)r, performance

comporter [kɔ̃pɔʀte] /1/ *vt* (*consister en*) to consist of, be composed of, comprise; (*être équipé de*) to have; (*impliquer*) to entail, involve; **se comporter** *vpr* to behave; (*Tech*) to behave, perform

composant [kɔ̃pozɑ̃] *nm* component, constituent

composante [kɔ̃pozɑ̃t] *nf* component

composé, e [kɔ̃poze] *adj* (*visage, air*) studied; (*Bio, Chimie, Ling*) compound; **~ de** made up of ▶ *nm* (*Chimie, Ling*) compound

composer [kɔ̃poze] /1/ *vt* (*musique, texte*) to compose; (*mélange, équipe*) to make up; (*faire partie de*) to make up, form; (*Typo*) to (type)set; **~ un numéro** to dial a number ▶ *vi* (*Scol*) to sit *ou* do a test; (*transiger*) to come to terms; **se composer de** *vpr* to be composed of, be made up of

composite [kɔ̃pozit] *adj* heterogeneous

compositeur, -trice [kɔ̃pozitœʀ, -tʀis] *nm/f* (*Mus*) composer; (*Typo*) compositor, typesetter

composition [kɔ̃pozisjɔ̃] *nf* composition; (*Scol*) test; (*Typo*) (type)setting, composition; **de bonne ~** (*accommodant*) easy to deal with; **amener qn à ~** to get sb to come to terms; **~ française** (*Scol*) French essay

compost [kɔ̃pɔst] *nm* compost

composter [kɔ̃pɔste] /1/ *vt* to date-stamp; (*billet*) to punch; *see note*

⋮ **COMPOSTER**
⋮
⋮ In France you have to punch (**composter**) your
⋮ ticket on the platform to validate it before
⋮ getting on the train. Travellers who fail to do
⋮ so may be asked to pay a supplementary fare
⋮ once on board, although tickets bought
⋮ online and printed out at home are not
⋮ subject to this rule.

composteur [kɔ̃pɔstœʀ] *nm* date stamp; punch; (*Typo*) composing stick

compote [kɔ̃pɔt] *nf* stewed fruit *no pl*; **~ de pommes** stewed apples

compotier [kɔ̃pɔtje] *nm* fruit dish *ou* bowl

compréhensible [kɔ̃pʀeɑ̃sibl] *adj* comprehensible; (*attitude*) understandable

compréhensif, -ive [kɔ̃pʀeɑ̃sif, -iv] *adj* understanding

compréhension [kɔ̃pʀeɑ̃sjɔ̃] *nf* understanding; comprehension

comprendre [kɔ̃pʀɑ̃dʀ] /58/ *vt* to understand; (*se composer de*) to comprise, consist of; (*inclure*) to include; **se faire ~** to make o.s. understood; to get one's ideas across; **mal ~** to misunderstand

compresse [kɔ̃pʀɛs] *nf* compress

compresser [kɔ̃pʀese] /1/ *vt* to squash in, crush together; (*Inform*) to zip

compresseur [kɔ̃pʀesœʀ] *adj m voir* **rouleau**

compressible [kɔ̃pʀesibl] *adj* (*Physique*) compressible; (*dépenses*) reducible

compression [kɔ̃pʀesjɔ̃] *nf* compression; (*d'un crédit etc*) reduction

comprimé, e [kɔ̃pʀime] *adj* : **air ~** compressed air ▶ *nm* tablet

comprimer [kɔ̃pʀime] /1/ *vt* to compress; (*fig* : *crédit etc*) to reduce, cut down

compris, e [kɔ̃pʀi, -iz] *pp de* **comprendre** ▶ *adj* (*inclus*) included; **~ ?** understood?, is that clear?; **~ entre** (*situé*) contained between; **la maison**

comprise/non comprise, y/non ~ la maison including/excluding the house; **service ~** service (charge) included; **100 euros tout ~** 100 euros all inclusive *ou* all-in

compromettant, e [kɔ̃pRɔmetɑ̃, -ɑ̃t] *adj* compromising

compromettre [kɔ̃pRɔmɛtR] /**56**/ *vt* to compromise

compromis [kɔ̃pRɔmi] *vb voir* **compromettre** ▸ *nm* compromise

compromission [kɔ̃pRɔmisjɔ̃] *nf* compromise, deal

comptabiliser [kɔ̃tabilize] /**1**/ *vt* (*valeur*) to post; (*fig*) to evaluate

comptabilité [kɔ̃tabilite] *nf* (*activité, technique*) accounting, accountancy; (*d'une société : comptes*) accounts *pl*, books *pl*; (: *service*) accounts office *ou* department; **~ à partie double** double-entry book-keeping

comptable [kɔ̃tabl] *nmf* accountant ▸ *adj* accounts *cpd*, accounting

comptant [kɔ̃tɑ̃] *adv* : **payer ~** to pay cash; **acheter ~** to buy for cash

compte [kɔ̃t] *nm* count, counting; (*total, montant*) count, (right) number; (*bancaire, facture*) account; **ouvrir un ~** to open an account; **faire le ~ de** to count up, make a count of; **tout ~ fait** on the whole; **à ce ~-là** (*dans ce cas*) in that case; (*à ce train-là*) at that rate; **en fin de ~** (*fig*) all things considered, weighing it all up; **au bout du ~** in the final analysis; **à bon ~** at a favourable price; (*fig*) lightly; **avoir son ~** (*fig : fam*) to have had it; **s'en tirer à bon ~** to get off lightly; **pour le ~ de** on behalf of; **pour son propre ~** for one's own benefit; **sur le ~ de qn** (*à son sujet*) about sb; **travailler à son ~** to work for oneself; **mettre qch sur le ~ de qn** (*le rendre responsable*) to attribute sth to sb; **prendre qch à son ~** to take responsibility for sth; **trouver son ~ à qch** to do well out of sth; **régler un ~** (*s'acquitter de qch*) to settle an account; (*se venger*) to get one's own back; **rendre ~ (à qn) de qch** to give (sb) an account of sth; **tenir ~ de qch** to take sth into account; **~ tenu de** taking into account; **~ en banque** bank account; **~ chèque(s)** current account; **~ chèque postal** Post Office account; **~ client** (*sur bilan*) accounts receivable; **~ courant** current account; **~ de dépôt** deposit account; **~ d'exploitation** operating account; **~ fournisseur** (*sur bilan*) accounts payable; **~ à rebours** countdown; **~ rendu** account, report; (*de film, livre*) review; **comptes** *nmpl* accounts, books; (*fig*) explanation *sg*; **rendre des comptes à qn** (*fig*) to be answerable to sb

compte-gouttes [kɔ̃tgut] *nm inv* dropper

compter [kɔ̃te] /**1**/ *vt* to count; (*facturer*) to charge for; (*avoir à son actif, comporter*) to have; (*prévoir*) to allow, reckon; (*tenir compte de, inclure*) to include; (*penser, espérer*) : **~ réussir/revenir** to expect to succeed/return; **sans ~ que** besides which ▸ *vi* to count; (*être économe*) to economize; (*être non négligeable*) to count, matter; (*valoir*) : **~ pour** to count for; (*figurer*) : **~ parmi** to be *ou* rank among; **~ sur** to count (up)on; **~ avec**

qch/qn to reckon with *ou* take account of sth/sb; **~ sans qch/qn** to reckon without sth/sb; **à ~ du 10 janvier** (*Comm*) (as) from 10th January

compte-tours [kɔ̃ttuR] *nm inv* rev(olution) counter

compteur [kɔ̃tœR] *nm* meter; **~ de vitesse** speedometer

comptine [kɔ̃tin] *nf* nursery rhyme

comptoir [kɔ̃twaR] *nm* (*de magasin*) counter; (*de café*) counter, bar; (*colonial*) trading post

compulser [kɔ̃pylse] /**1**/ *vt* to consult

comte, comtesse [kɔ̃t, kɔ̃tɛs] *nm/f* count/countess

con, ne [kɔ̃, kɔn] *adj* (!) bloody (BRIT!) *ou* damned stupid

concasser [kɔ̃kase] /**1**/ *vt* (*pierre, sucre*) to crush; (*poivre*) to grind

concave [kɔ̃kav] *adj* concave

concéder [kɔ̃sede] /**6**/ *vt* to grant; (*défaite, point*) to concede; **~ que** to concede that

concentration [kɔ̃sɑ̃tRasjɔ̃] *nf* concentration

concentrationnaire [kɔ̃sɑ̃tRasjɔnɛR] *adj* of *ou* in concentration camps

concentré [kɔ̃sɑ̃tRe] *nm* concentrate; **~ de tomates** tomato purée

concentrer [kɔ̃sɑ̃tRe] /**1**/ *vt* to concentrate; **se concentrer** *vpr* to concentrate

concentrique [kɔ̃sɑ̃tRik] *adj* concentric

concept [kɔ̃sɛpt] *nm* concept

concepteur, -trice [kɔ̃sɛptœr, -tRis] *nm/f* designer

conception [kɔ̃sɛpsjɔ̃] *nf* conception; (*d'une machine etc*) design

concernant [kɔ̃sɛRnɑ̃] *prép* (*se rapportant à*) concerning; (*en ce qui concerne*) as regards

concerner [kɔ̃sɛRne] /**1**/ *vt* to concern; **en ce qui me concerne** as far as I am concerned; **en ce qui concerne ceci** as far as this is concerned, with regard to this

concert [kɔ̃sɛR] *nm* concert; **de ~** *adv* in unison; together; (*décider*) unanimously

concertation [kɔ̃sɛRtasjɔ̃] *nf* (*échange de vues*) dialogue; (*rencontre*) meeting

concerter [kɔ̃sɛRte] /**1**/ *vt* to devise; **se concerter** *vpr* (*collaborateurs etc*) to put our (*ou* their *etc*) heads together, consult (each other)

concertiste [kɔ̃sɛRtist] *nmf* concert artist

concerto [kɔ̃sɛRto] *nm* concerto

concession [kɔ̃sesjɔ̃] *nf* concession

concessionnaire [kɔ̃sesjɔnɛR] *nmf* agent, dealer

concevable [kɔ̃s(ə)vabl] *adj* conceivable

concevoir [kɔ̃s(ə)vwaR] /**28**/ *vt* (*idée, projet*) to conceive (of); (*méthode, plan*) design; (*comprendre*) to understand; (*enfant*) to conceive; **se concevoir** *vpr* to be conceivable; **ça se conçoit** it's understandable

concierge [kɔ̃sjɛRʒ] *nmf* caretaker; (*d'hôtel*) head porter

conciergerie [kɔ̃sjɛRʒəRi] *nf* caretaker's lodge

concile [kɔ̃sil] *nm* council, synod

conciliable [kɔ̃siljabl] *adj* (*opinions etc*) reconcilable

conciliabules [kɔ̃siljabyl] *nmpl* (private) discussions, confabulations (BRIT)

conciliant, e [kɔ̃siljɑ̃, -ɑ̃t] *adj* conciliatory
conciliateur, -trice [kɔ̃siljatœR, -tRis] *nm/f* mediator, go-between
conciliation [kɔ̃siljasjɔ̃] *nf* conciliation
concilier [kɔ̃silje] /**7**/ *vt* to reconcile; **se ~ qn/l'appui de qn** to win sb over/sb's support
concis, e [kɔ̃si, -iz] *adj* concise
concision [kɔ̃sizjɔ̃] *nf* concision, conciseness
concitoyen, ne [kɔ̃sitwajɛ̃, -ɛn] *nm/f* fellow citizen
conclave [kɔ̃klav] *nm* conclave
concluant, e [kɔ̃klyɑ̃, -ɑ̃t] *vb voir* **conclure** ▶ *adj* conclusive
conclure [kɔ̃klyR] /**35**/ *vt* to conclude; (*signer : accord, pacte*) to enter into; (*déduire*) : **~ qch de qch** to deduce sth from sth; **~ à l'acquittement** to decide in favour of an acquittal; **~ au suicide** to come to the conclusion (*ou* (*Jur*) to pronounce) that it is a case of suicide; **~ un marché** to clinch a deal; **j'en conclus que** from that I conclude that
conclusion [kɔ̃klyzjɔ̃] *nf* conclusion; **en ~** in conclusion; **conclusions** *nfpl* (*Jur*) submissions; findings
concocter [kɔ̃kɔkte] /**1**/ *vt* to concoct
conçois [kɔ̃swa], **conçoive** *etc* [kɔ̃swav] *vb voir* **concevoir**
concombre [kɔ̃kɔ̃bR] *nm* cucumber
concomitant, e [kɔ̃kɔmitɑ̃, -ɑ̃t] *adj* concomitant
concordance [kɔ̃kɔRdɑ̃s] *nf* concordance; **la ~ des temps** (*Ling*) the sequence of tenses
concordant, e [kɔ̃kɔRdɑ̃, -ɑ̃t] *adj* (*témoignages, versions*) corroborating
concorde [kɔ̃kɔRd] *nf* concord
concorder [kɔ̃kɔRde] /**1**/ *vi* to tally, agree
concourir [kɔ̃kuRiR] /**11**/ *vi* (*Sport*) to compete; **~ à** *vt* (*effet etc*) to work towards
concours [kɔ̃kuR] *vb voir* **concourir** ▶ *nm* competition; (*Scol*) competitive examination; (*assistance*) aid, help; **recrutement par voie de ~** recruitment by (competitive) examination; **apporter son ~ à** to give one's support to; **~ de circonstances** combination of circumstances; **~ hippique** horse show; *voir* **hors-concours**
concret, -ète [kɔ̃kRɛ, -ɛt] *adj* concrete
concrètement [kɔ̃kRɛtmɑ̃] *adv* in concrete terms
concrétisation [kɔ̃kRetizasjɔ̃] *nf* realization
concrétiser [kɔ̃kRetize] /**1**/ *vt* to realize; **se concrétiser** *vpr* to materialize
conçu, e [kɔ̃sy] *pp de* **concevoir** ▶ *adj* : **maison bien/mal conçue** well-/badly-designed *ou* -planned house
concubin, e [kɔ̃kybɛ̃, -in] *nm/f* (*Jur*) cohabitant
concubinage [kɔ̃kybinaʒ] *nm* (*Jur*) cohabitation
concupiscence [kɔ̃kypisɑ̃s] *nf* concupiscence
concurremment [kɔ̃kyRamɑ̃] *adv* concurrently; jointly
concurrence [kɔ̃kyRɑ̃s] *nf* competition; **jusqu'à ~ de** up to; **faire ~ à** to be in competition with; **~ déloyale** unfair competition
concurrencer [kɔ̃kyRɑ̃se] /**3**/ *vt* to compete with; **ils nous concurrencent**

dangereusement they are a serious threat to us
concurrent, e [kɔ̃kyRɑ̃, -ɑ̃t] *adj* competing ▶ *nm/f* (*Sport, Écon etc*) competitor; (*Scol*) candidate
concurrentiel, le [kɔ̃kyRɑ̃sjɛl] *adj* competitive
conçus [kɔ̃sy] *vb voir* **concevoir**
condamnable [kɔ̃dɑnabl] *adj* (*action, opinion*) reprehensible
condamnation [kɔ̃dɑnasjɔ̃] *nf* (*action*) condemnation; sentencing; (*peine*) sentence; conviction; **~ à mort** death sentence
condamné, e [kɔ̃dɑne] *nm/f* (*Jur*) convict
condamner [kɔ̃dɑne] /**1**/ *vt* (*blâmer*) to condemn; (*Jur*) to sentence; (*porte, ouverture*) to fill in, block up; (*malade*) to give up (hope for); (*obliger*) : **~ qn à qch/à faire** to condemn sb to sth/to do; **~ qn à deux ans de prison** to sentence sb to two years' imprisonment; **~ qn à une amende** to impose a fine on sb
condensateur [kɔ̃dɑ̃satœR] *nm* condenser
condensation [kɔ̃dɑ̃sasjɔ̃] *nf* condensation
condensé [kɔ̃dɑ̃se] *nm* digest
condenser [kɔ̃dɑ̃se] /**1**/ : **se condenser** *vpr* to condense
condescendance [kɔ̃desɑ̃dɑ̃s] *nf* condescension
condescendant, e [kɔ̃desɑ̃dɑ̃, -ɑ̃t] *adj* (*personne, attitude*) condescending
condescendre [kɔ̃desɑ̃dR] /**41**/ *vi* : **~ à** to condescend to
condiment [kɔ̃dimɑ̃] *nm* condiment
condisciple [kɔ̃disipl] *nmf* school fellow, fellow student
condition [kɔ̃disjɔ̃] *nf* condition; **sans ~** *adj* unconditional; *adv* unconditionally; **sous ~ que** on condition that; **à ~ de** *ou* **que** provided that; **en bonne ~** in good condition; **mettre en ~** (*Sport etc*) to get fit; (*Psych*) to condition (mentally); **conditions** *nfpl* (*tarif, prix*) terms; (*circonstances*) conditions; **conditions de vie** living conditions
conditionné, e [kɔ̃disjɔne] *adj* : **air ~** air conditioning; **réflexe ~** conditioned reflex
conditionnel, le [kɔ̃disjɔnɛl] *adj* conditional ▶ *nm* conditional (tense)
conditionnement [kɔ̃disjɔnmɑ̃] *nm* (*emballage*) packaging; (*fig*) conditioning
conditionner [kɔ̃disjɔne] /**1**/ *vt* (*déterminer*) to determine; (*Comm : produit*) to package; (*fig : personne*) to condition
condoléances [kɔ̃dɔleɑ̃s] *nfpl* condolences
conducteur, -trice [kɔ̃dyktœR, -tRis] *adj* (*Élec*) conducting ▶ *nm/f* (*Auto etc*) driver; (*d'une machine*) operator ▶ *nm* (*Élec etc*) conductor

⚠ **conducteur** does not usually mean *conductor*.

conduire [kɔ̃dɥiR] /**38**/ *vt* (*véhicule, passager*) to drive; (*délégation, troupeau*) to lead; **~ qn quelque part** to take sb somewhere; to drive sb somewhere ▶ *vi* : **~ vers/à** to lead towards/to; **se conduire** *vpr* to behave
conduit, e [kɔ̃dɥi, -it] *pp de* **conduire** ▶ *nm* (*Tech*) conduit, pipe; (*Anat*) duct, canal

conduite [kɔ̃dɥit] *nf (en auto)* driving;
(comportement) behaviour (BRIT), behavior (US);
(d'eau, de gaz) pipe; **sous la ~ de** led by; **~ forcée**
pressure pipe; **~ à gauche** left-hand drive;
~ intérieure saloon (car); **~ sous l'emprise de
stupéfiants** drug-driving

cône [kon] *nm* cone; **en forme de ~** cone-
shaped

conf. *abr* = **confort**; **tt conf.** all mod cons (BRIT)

confection [kɔ̃fɛksjɔ̃] *nf (fabrication)* making;
(Couture) : **la ~** the clothing industry, the rag
trade *(fam)*; **vêtement de ~** ready-to-wear *ou*
off-the-peg garment

confectionner [kɔ̃fɛksjɔne] /**1**/ *vt* to make

confédération [kɔ̃federasjɔ̃] *nf* confederation

conférence [kɔ̃feRɑ̃s] *nf (exposé)* lecture;
(pourparlers) conference; **~ de presse** press
conference; **~ au sommet** summit
(conference)

conférencier, -ière [kɔ̃feRɑ̃sje, -jɛR] *nm/f*
lecturer

conférer [kɔ̃feRe] /**6**/ *vt* : **~ à qn** *(titre, grade)* to
confer on sb; **~ à qch/qn** *(aspect etc)* to endow
sth/sb with, give (to) sth/sb

confesser [kɔ̃fese] /**1**/ *vt* to confess; **se confesser**
vpr (Rel) to go to confession

confesseur [kɔ̃fesœR] *nm* confessor

confession [kɔ̃fesjɔ̃] *nf* confession; *(culte :
catholique etc)* denomination

confessionnal, -aux [kɔ̃fesjɔnal, -o] *nm*
confessional

confessionnel, le [kɔ̃fesjɔnɛl] *adj*
denominational

confetti [kɔ̃feti] *nm* confetti *no pl*

confiance [kɔ̃fjɑ̃s] *nf (en l'honnêteté de qn)*
confidence, trust; *(en la valeur de qch)* faith;
avoir ~ en to have confidence *ou* faith in, trust;
faire ~ à to trust; **en toute ~** with complete
confidence; **de ~** trustworthy, reliable; **mettre
qn en ~** to win sb's trust; **vote de ~** *(Pol)* vote of
confidence; **inspirer ~ à** to inspire confidence
in; **~ en soi** self-confidence; *voir* **question**

confiant, e [kɔ̃fjɑ̃, -ɑ̃t] *adj* confident; trusting

confidence [kɔ̃fidɑ̃s] *nf* confidence

confident, e [kɔ̃fidɑ̃, -ɑ̃t] *nm/f* confidant/
confidante

confidentiel, le [kɔ̃fidɑ̃sjɛl] *adj* confidential

confidentiellement [kɔ̃fidɑ̃sjɛlmɑ̃] *adv* in
confidence, confidentially

confier [kɔ̃fje] /**7**/ *vt* : **~ à qn** *(objet en dépôt, travail
etc)* to entrust to sb; *(secret, pensée)* to confide to
sb; **se ~ à qn** to confide in sb

configuration [kɔ̃figyRasjɔ̃] *nf* configuration,
layout; *(Inform)* configuration

configurer [kɔ̃figyRe] /**1**/ *vt* to configure

confiné, e [kɔ̃fine] *adj* enclosed; *(air)* stale

confiner [kɔ̃fine] /**1**/ *vt* : **~ à** to confine to;
(toucher) to border on; **se ~ dans** *ou* **à** to
confine o.s. to

confins [kɔ̃fɛ̃] *nmpl* : **aux ~ de** on the borders of

confirmation [kɔ̃fiRmasjɔ̃] *nf* confirmation

confirmer [kɔ̃fiRme] /**1**/ *vt* to confirm; **~ qn
dans une croyance/ses fonctions** to
strengthen sb in a belief/his duties

confiscation [kɔ̃fiskasjɔ̃] *nf* confiscation

confiserie [kɔ̃fizRi] *nf (magasin)* confectioner's
ou sweet shop (BRIT), candy store (US);
confiseries *nfpl (bonbons)* confectionery *sg*,
sweets, candy *no pl*

confiseur, -euse [kɔ̃fizœR, -øz] *nm/f*
confectioner

confisquer [kɔ̃fiske] /**1**/ *vt* to confiscate

confit, e [kɔ̃fi, -it] *adj* : **fruits confits**
crystallized fruits ▸ *nm* : **~ d'oie** potted goose

confiture [kɔ̃fityR] *nf* jam; **~ d'oranges**
(orange) marmalade

conflagration [kɔ̃flagRasjɔ̃] *nf* cataclysm

conflictuel, le [kɔ̃fliktɥɛl] *adj* full of clashes *ou*
conflicts

conflit [kɔ̃fli] *nm* conflict

confluent [kɔ̃flyɑ̃] *nm* confluence

confondre [kɔ̃fɔdR] /**41**/ *vt (jumeaux, faits)* to
confuse, mix up; *(témoin, menteur)* to confound;
~ qch/qn avec qch/qn d'autre to mistake sth/
sb for sth/sb else; **se confondre** *vpr* to merge;
se ~ en excuses to offer profuse apologies,
apologize profusely

confondu, e [kɔ̃fɔ̃dy] *pp de* **confondre** ▸ *adj*
(stupéfait) speechless, overcome; **toutes
catégories confondues** taking all categories
together

conformation [kɔ̃fɔRmasjɔ̃] *nf* conformation

conforme [kɔ̃fɔRm] *adj* : **~ à** *(en accord avec : loi,
règle)* in accordance with, in keeping with;
(identique à) true to; **copie certifiée ~** *(Admin)*
certified copy; **~ à la commande** as per order

conformé, e [kɔ̃fɔRme] *adj* : **bien ~** well-formed

conformément [kɔ̃fɔRmemɑ̃] *adv* : **~ à** in
accordance with

conformer [kɔ̃fɔRme] /**1**/ *vt* : **~ qch à** to model
sth on; **se ~ à** to conform to

conformisme [kɔ̃fɔRmism] *nm* conformity

conformiste [kɔ̃fɔRmist] *adj, nmf* conformist

conformité [kɔ̃fɔRmite] *nf* conformity;
agreement; **en ~ avec** in accordance with

confort [kɔ̃fɔR] *nm* comfort; **tout ~** *(Comm)* with
all mod cons (BRIT) *ou* modern conveniences

confortable [kɔ̃fɔRtabl] *adj* comfortable

confortablement [kɔ̃fɔRtabləmɑ̃] *adv*
comfortably

conforter [kɔ̃fɔRte] /**1**/ *vt* to reinforce,
strengthen

confrère [kɔ̃fRɛR] *nm* colleague; fellow
member

confrérie [kɔ̃fReRi] *nf* brotherhood

confrontation [kɔ̃fRɔ̃tasjɔ̃] *nf* confrontation

confronté, e [kɔ̃fRɔ̃te] *adj* : **~ à** confronted by,
facing

confronter [kɔ̃fRɔ̃te] /**1**/ *vt* to confront; *(textes)* to
compare, collate

confus, e [kɔ̃fy, -yz] *adj (vague)* confused;
(embarrassé) embarrassed

confusément [kɔ̃fyzemɑ̃] *adv (distinguer, ressentir)*
vaguely; *(parler)* confusedly

confusion [kɔ̃fyzjɔ̃] *nf (voir confus)* confusion;
embarrassment; *(voir confondre)* confusion;
mixing up; *(erreur)* confusion; **~ des peines** *(Jur)*
concurrency of sentences

congé [kɔ̃ʒe] *nm (vacances)* holiday; *(arrêt de
travail)* time off *no pl*, leave *no pl*; *(Mil)* leave *no pl*;

(avis de départ) notice; **en** ~ on holiday; off (work); on leave; **semaine/jour de** ~ week/day off; **prendre** ~ **de qn** to take one's leave of sb; **donner son** ~ **à** to hand *ou* give in one's notice to; ~ **de maladie** sick leave; ~ **de maternité** maternity leave; **congés payés** paid holiday *ou* leave

congédier [kɔ̃ʒedje] **/7/** *vt* to dismiss

congélateur [kɔ̃ʒelatœʀ] *nm* freezer, deep freeze

congélation [kɔ̃ʒelasjɔ̃] *nf* freezing; *(de l'huile)* congealing

congeler [kɔ̃ʒ(ə)le] **/5/** *vt* to freeze; **les produits congelés** frozen foods; **se congeler** *vpr* to freeze

congénère [kɔ̃ʒenɛʀ] *nmf* fellow (bear *ou* lion *etc*), fellow creature

congénital, e, -aux [kɔ̃ʒenital, -o] *adj* congenital

congère [kɔ̃ʒɛʀ] *nf* snowdrift

congestion [kɔ̃ʒɛstjɔ̃] *nf* congestion; ~ **cérébrale** stroke; ~ **pulmonaire** congestion of the lungs

congestionner [kɔ̃ʒɛstjɔne] **/1/** *vt* to congest; *(Méd)* to flush

conglomérat [kɔ̃glɔmeʀa] *nm* conglomerate

Congo [kɔ̃o] *nm* : **le** ~ *(pays, fleuve)* the Congo

congolais, e [kɔ̃gɔlɛ, -ɛz] *adj* Congolese ▸ *nm/f* : **Congolais, e** Congolese

congratuler [kɔ̃gʀatyle] **/1/** *vt* to congratulate

congre [kɔ̃gʀ] *nm* conger (eel)

congrégation [kɔ̃gʀegasjɔ̃] *nf (Rel)* congregation; *(gén)* assembly; gathering

congrès [kɔ̃gʀɛ] *nm* congress

congressiste [kɔ̃gʀesist] *nmf* delegate, participant (at a congress)

congru, e [kɔ̃gʀy] *adj* : **la portion congrue** the smallest *ou* meanest share

conifère [kɔnifɛʀ] *nm* conifer

conique [kɔnik] *adj* conical

conjecture [kɔ̃ʒɛktyʀ] *nf* conjecture, speculation *no pl*

conjecturer [kɔ̃ʒɛktyʀe] **/1/** *vt, vi* to conjecture

conjoint, e [kɔ̃ʒwɛ̃, -wɛ̃t] *adj* joint ▸ *nm/f* spouse

conjointement [kɔ̃ʒwɛ̃tmɑ̃] *adv* jointly

conjonctif, -ive [kɔ̃ʒɔ̃ktif, -iv] *adj* : **tissu** ~ connective tissue

conjonction [kɔ̃ʒɔ̃ksjɔ̃] *nf (Ling)* conjunction

conjonctivite [kɔ̃ʒɔ̃ktivit] *nf* conjunctivitis

conjoncture [kɔ̃ʒɔ̃ktyʀ] *nf* circumstances *pl*; **la** ~ **(économique)** the economic climate *ou* situation

conjoncturel, le [kɔ̃ʒɔ̃ktyʀɛl] *adj* : **variations/ tendances conjoncturelles** economic fluctuations/trends

conjugaison [kɔ̃ʒygɛzɔ̃] *nf (Ling)* conjugation

conjugal, e, -aux [kɔ̃ʒygal, -o] *adj* conjugal; married

conjugué, e [kɔ̃ʒyge] *adj* combined

conjuguer [kɔ̃ʒyge] **/1/** *vt (Ling)* to conjugate; *(efforts etc)* to combine

conjuration [kɔ̃ʒyʀasjɔ̃] *nf* conspiracy

conjuré, e [kɔ̃ʒyʀe] *nm/f* conspirator

conjurer [kɔ̃ʒyʀe] **/1/** *vt (sort, maladie)* to avert; *(implorer)* : ~ **qn de faire qch** to beseech *ou* entreat sb to do sth

connais [kɔnɛ], **connaissais** *etc* [kɔnɛsɛ] *vb voir* **connaître**

connaissance [kɔnɛsɑ̃s] *nf (savoir)* knowledge *no pl*; *(personne connue)* acquaintance; *(conscience)* consciousness; **être sans** ~ to be unconscious; **perdre/reprendre** ~ to lose/regain consciousness; **à ma/sa** ~ to (the best of) my/ his knowledge; **faire** ~ **avec qn** *ou* **la** ~ **de qn** *(rencontrer)* to meet sb; *(apprendre à connaître)* to get to know sb; **avoir** ~ **de** to be aware of; **prendre** ~ **de** *(document etc)* to peruse; **en** ~ **de cause** with full knowledge of the facts; **de** ~ *(personne, visage)* familiar; **connaissances** *nfpl* knowledge *no pl*

connaissant *etc* [kɔnɛsɑ̃] *vb voir* **connaître**

connaissement [kɔnɛsmɑ̃] *nm* bill of lading

connaisseur, -euse [kɔnɛsœʀ, -øz] *nm/f* connoisseur ▸ *adj* expert

connaître [kɔnɛtʀ] **/57/** *vt* to know; *(éprouver)* to experience; *(avoir : succès)* to have; to enjoy; ~ **de nom/vue** to know by name/sight; **se connaître** *vpr* to know each other; *(soi-même)* to know o.s.; **ils se sont connus à Genève** they (first) met in Geneva; **s'y** ~ **en qch** to know about sth

connasse [kɔnas] *nf (!)* stupid bitch *(!) ou* cow *(!)*

connecté, e [kɔnɛkte] *adj (Inform)* on line

connecter [kɔnɛkte] **/1/** *vt* to connect; **se** ~ **à Internet** to log onto the Internet

connectivité [kɔnɛktivite] *nf (Inform)* connectivity

connerie [kɔnʀi] *nf (fam)* (bloody) stupid (BRIT) *ou* damn-fool (US) thing to do *ou* say

connexe [kɔnɛks] *adj* closely related

connexion [kɔnɛksjɔ̃] *nf* connection

connivence [kɔnivɑ̃s] *nf* connivance

connotation [kɔnɔtasjɔ̃] *nf* connotation

connu, e [kɔny] *pp de* **connaître** ▸ *adj (célèbre)* well-known

conque [kɔ̃k] *nf (coquille)* conch (shell)

conquérant, e [kɔ̃keʀɑ̃, -ɑ̃t] *nm/f* conqueror

conquérir [kɔ̃keʀiʀ] **/21/** *vt* to conquer, win

conquerrai *etc* [kɔ̃keʀʀe] *vb voir* **conquérir**

conquête [kɔ̃kɛt] *nf* conquest

conquière, conquiers *etc* [kɔ̃kjɛʀ] *vb voir* **conquérir**

conquis, e [kɔ̃ki, -iz] *pp de* **conquérir**

consacrer [kɔ̃sakʀe] **/1/** *vt (Rel)* to consecrate; *(fig : usage etc)* to sanction, establish; ~ **qch à** *(employer)* to devote *ou* dedicate sth to; *(Rel)* to consecrate sth to; **se** ~ **à qch/faire** to dedicate *ou* devote o.s. to sth/to doing

consanguin, e [kɔ̃sɑ̃gɛ̃, -in] *adj* between blood relations; **frère** ~ half-brother *(on father's side)*; **mariage** ~ intermarriage

consciemment [kɔ̃sjamɑ̃] *adv* consciously

conscience [kɔ̃sjɑ̃s] *nf (morale)*; *(perception)* consciousness; **avoir/prendre** ~ **de** to be/ become aware of; **perdre/reprendre** ~ **to** lose/regain consciousness; **avoir bonne/ mauvaise** ~ to have a clear/guilty conscience; **en (toute)** ~ in all conscience

consciencieux, -euse [kɔ̃sjɑ̃sjø, -øz] *adj* conscientious

conscient, e [kɔ̃sjɑ̃, -ɑ̃t] *adj* conscious; ~ **de** aware *ou* conscious of

conscription [kɔ̃skʀipsjɔ̃] *nf* conscription

conscrit [kɔ̃skʀi] nm conscript
consécration [kɔ̃sekʀasjɔ̃] nf consecration
consécutif, -ive [kɔ̃sekytif, -iv] adj consecutive;
~ à following upon
consécutivement [kɔ̃sekytivmã] adv
consecutively; ~ à following on
conseil [kɔ̃sɛj] nm (avis) piece of advice, advice
no pl; (assemblée) council; (expert) : ~ en
recrutement recruitment consultant; tenir ~
to hold a meeting; to deliberate; donner un ~
ou des conseils à qn to give sb (a piece of)
advice; demander ~ à qn to ask sb's advice;
prendre ~ (auprès de qn) to take advice (from
sb); ~ d'administration board (of directors);
~ de classe (Scol) meeting of teachers, parents and
class representatives to discuss pupils' progress;
~ de discipline disciplinary committee;
~ général regional council; see note; ~ de
guerre court-martial; le ~ des ministres ≈
the Cabinet; ~ municipal town council;
~ régional regional board of elected representatives;
~ de révision recruitment ou draft (US) board
▶ adj : ingénieur-~ engineering consultant

∶ CONSEIL GÉNÉRAL
∶
∶ Each département of France is run by a
∶ conseil général, whose remit includes
∶ maintenance of school buildings, transport
∶ and road infrastructure, housing, the fire
∶ and rescue service, the environment, tourism
∶ and culture. The council is made up of
∶ conseillers généraux, each of whom represents
∶ a canton and is elected for a six-year term.
∶ Half of the council's membership are
∶ elected every three years.

Advice est indénombrable, c'est-à-dire qu'il
ne peut pas désigner un seul avis. Pour
traduire un conseil, il faut dire a piece of
advice. Notez que advice ne prend jamais de
-s et s'emploie avec un verbe au singulier.
Leurs conseils m'ont été précieux. Their advice
was invaluable to me.
C'est le meilleur conseil qu'on m'ait jamais donné.
This is the best piece of advice I have ever
been given.

conseiller¹ [kɔ̃seje] vt (personne) to advise;
(méthode, action) to recommend, advise; ~ qch à
qn to recommend sth to sb; ~ à qn de faire qch
to advise sb to do sth
conseiller², -ère [kɔ̃seje, -ɛʀ] nm/f adviser;
~ général regional councillor; ~ matrimonial
marriage guidance counsellor; ~ municipal
town councillor; ~ d'orientation (Scol) careers
adviser (BRIT), (school) counselor (US)
consensuel, le [kɔ̃sãsɥɛl] adj consensual
consensus [kɔ̃sɛ̃sys] nm consensus
consentement [kɔ̃sãtmã] nm consent
consentir [kɔ̃sãtiʀ] /16/ vt : ~ (à qch/faire) to
agree ou consent (to sth/to doing); ~ qch à qn to
grant sb sth
conséquence [kɔ̃sekãs] nf consequence,
outcome; en ~ (donc) consequently; (de façon
appropriée) accordingly; ne pas tirer à ~ to be
unlikely to have any repercussions; sans ~

unimportant; de ~ important; conséquences
nfpl consequences, repercussions
conséquent, e [kɔ̃sekã, -ãt] adj logical, rational;
(fam : important) substantial; par ~ consequently
conservateur, -trice [kɔ̃sɛʀvatœʀ, -tʀis] adj
conservative ▶ nm/f (Pol) conservative; (de musée)
curator ▶ nm (pour aliments) preservative
conservation [kɔ̃sɛʀvasjɔ̃] nf retention;
keeping; preserving, preservation
conservatisme [kɔ̃sɛʀvatism] nm
conservatism
conservatoire [kɔ̃sɛʀvatwaʀ] nm academy;
(Écologie) conservation area
conserve [kɔ̃sɛʀv] nf (gén pl) canned ou tinned
(BRIT) food; conserves de poisson canned ou
tinned (BRIT) fish; en ~ canned, tinned (BRIT);
de ~ (ensemble) in concert; (naviguer) in convoy
conservé, e [kɔ̃sɛʀve] adj : bien ~ (personne)
well-preserved
conserver [kɔ̃sɛʀve] /1/ vt (faculté) to retain,
keep; (habitude) to keep up; (amis, livres) to
keep; (préserver, Culin) to preserve; « ~ au frais »
"store in a cool place"; se conserver vpr
(aliments) to keep
conserverie [kɔ̃sɛʀvəʀi] nf canning factory
considérable [kɔ̃sideʀabl] adj considerable,
significant, extensive
considérablement [kɔ̃sideʀabləmã] adv
considerably, significantly
considération [kɔ̃sideʀasjɔ̃] nf consideration;
(estime) esteem, respect; prendre en ~ to take
into consideration ou account; ceci mérite ~
this is worth considering; en ~ de given,
because of; considérations nfpl (remarques)
reflections
considéré, e [kɔ̃sideʀe] adj respected; tout bien
~ all things considered
considérer [kɔ̃sideʀe] /6/ vt to consider;
(regarder) to consider, study; ~ qch comme to
regard sth as
consigne [kɔ̃siɲ] nf (Comm) deposit; (de gare) left
luggage (office) (BRIT), checkroom (US);
(punition : Scol) detention; (: Mil) confinement to
barracks; (ordre, instruction) instructions pl;
~ automatique left-luggage locker; consignes
de sécurité safety instructions
consigné, e [kɔ̃siɲe] adj (Comm : bouteille,
emballage) returnable; non ~ non-returnable
consigner [kɔ̃siɲe] /1/ vt (note, pensée) to record;
(marchandises) to deposit; (punir : Mil) to confine
to barracks; (: élève) to put in detention; (Comm)
to put a deposit on
consistance [kɔ̃sistãs] nf consistency
consistant, e [kɔ̃sistã, -ãt] adj thick; solid
consister [kɔ̃siste] /1/ vi : ~ en/dans/à faire to
consist of/in/in doing
consœur [kɔ̃sœʀ] nf (lady) colleague; fellow
member
consolation [kɔ̃sɔlasjɔ̃] nf consolation no pl,
comfort no pl
console [kɔ̃sɔl] nf console; ~ graphique ou de
visualisation (Inform) visual display unit, VDU;
~ de jeux games console
consoler [kɔ̃sɔle] /1/ vt to console; se ~ (de qch)
to console o.s. (for sth)

consolider [kɔ̃sɔlide] /**1**/ vt to strengthen, reinforce; (fig) to consolidate; **bilan consolidé** consolidated balance sheet

consommateur, -trice [kɔ̃sɔmatœʀ, -tʀis] nm/f (Écon) consumer; (dans un café) customer

consommation [kɔ̃sɔmasjɔ̃] nf (Écon) consumption; (Jur) consummation; (boisson) drink; **~ aux 100 km** (Auto) (fuel) consumption per 100 km, ≈ miles per gallon (mpg), ≈ gas mileage (US); **de ~** (biens, société) consumer cpd

consommé, e [kɔ̃sɔme] adj consummate ▶ nm consommé

consommer [kɔ̃sɔme] /**1**/ vt (personne) to eat ou drink, consume; (voiture, usine, poêle) to use, consume; (Jur : mariage) to consummate ▶ vi (dans un café) to (have a) drink

consonance [kɔ̃sɔnɑ̃s] nf consonance; **nom à ~ étrangère** foreign-sounding name

consonne [kɔ̃sɔn] nf consonant

consortium [kɔ̃sɔʀsjɔm] nm consortium

consorts [kɔ̃sɔʀ] nmpl : **et ~** (péj) and company, and his bunch ou like

conspirateur, -trice [kɔ̃spiʀatœʀ, -tʀis] nm/f conspirator, plotter

conspiration [kɔ̃spiʀasjɔ̃] nf conspiracy

conspirer [kɔ̃spiʀe] /**1**/ vi to conspire, plot; **~ à** (tendre à) to conspire to

conspuer [kɔ̃spɥe] /**1**/ vt to boo, shout down

constamment [kɔ̃stamɑ̃] adv constantly

constance [kɔ̃stɑ̃s] nf permanence, constancy; (d'une amitié) steadfastness; **travailler avec ~** to work steadily; **il faut de la ~ pour la supporter** (fam) you need a lot of patience to put up with her

constant, e [kɔ̃stɑ̃, -ɑ̃t] adj constant; (personne) steadfast ▶ nf constant

Constantinople [kɔ̃stɑ̃tinɔpl] n Constantinople

constat [kɔ̃sta] nm (d'huissier) certified report (by bailiff); (de police) report; (observation) (observed) fact, observation; (affirmation) statement; **~ (à l'amiable)** (jointly agreed) statement for insurance purposes; **~ d'échec** acknowledgement of failure

constatation [kɔ̃statasjɔ̃] nf noticing; certifying; (remarque) observation

constater [kɔ̃state] /**1**/ vt (remarquer) to note, notice; (Admin, Jur : attester) to certify; (dégâts) to note; **~ que** (dire) to state that

constellation [kɔ̃stelasjɔ̃] nf constellation

constellé, e [kɔ̃stele] adj : **~ de** (étoiles) studded ou spangled with; (taches) spotted with

consternant, e [kɔ̃stɛʀnɑ̃ -ɑ̃t] adj (nouvelle) dismaying; (attristant, étonnant : bêtise) appalling

consternation [kɔ̃stɛʀnasjɔ̃] nf consternation, dismay

consterner [kɔ̃stɛʀne] /**1**/ vt to dismay

constipation [kɔ̃stipasjɔ̃] nf constipation

constipé, e [kɔ̃stipe] adj constipated; (fig) stiff

constituant, e [kɔ̃stitɥɑ̃, -ɑ̃t] adj (élément) constituent; **assemblée constituante** (Pol) constituent assembly

constitué, e [kɔ̃stitɥe] adj : **~ de** made up ou composed of; **bien ~** of sound constitution; well-formed

constituer [kɔ̃stitɥe] /**1**/ vt (comité, équipe) to set up, form; (dossier, collection) to put together, build up; (éléments, parties : composer) to make up, constitute; (: représenter, être) to constitute; **se ~ prisonnier** to give o.s. up; **se ~ partie civile** to bring an independent action for damages

constitution [kɔ̃stitysjɔ̃] nf setting up; building up; (composition) composition, make-up; (santé, Pol) constitution

constitutionnel, le [kɔ̃stitysjɔnɛl] adj constitutional

constructeur [kɔ̃stʀyktœʀ] nmf manufacturer, builder

constructif, -ive [kɔ̃stʀyktif, -iv] adj (positif) constructive

construction [kɔ̃stʀyksjɔ̃] nf construction, building

construire [kɔ̃stʀɥiʀ] /**38**/ vt to build, construct; **se construire** vpr : **l'immeuble s'est construit très vite** the building went up ou was built very quickly

consul [kɔ̃syl] nm consul

consulaire [kɔ̃sylɛʀ] adj consular

consulat [kɔ̃syla] nm consulate

consultant, e [kɔ̃syltɑ̃, -ɑ̃t] adj, nm consultant

consultatif, -ive [kɔ̃syltatif, -iv] adj advisory

consultation [kɔ̃syltasjɔ̃] nf consultation; **être en ~** (délibération) to be in consultation; (médecin) to be consulting; **aller à la ~** (Méd) to go to the surgery (BRIT) ou doctor's office (US); **heures de ~** (Méd) surgery (BRIT) ou office (US) hours; **consultations** nfpl (Pol) talks

consulter [kɔ̃sylte] /**1**/ vt to consult ▶ vi (médecin) to hold surgery (BRIT), be in (the office) (US); **se consulter** vpr to confer

consumer [kɔ̃syme] /**1**/ vt to consume; **se consumer** vpr to burn; **se ~ de chagrin/ douleur** to be consumed with sorrow/grief

consumérisme [kɔ̃symeʀism] nm consumerism

contact [kɔ̃takt] nm contact; **au ~ de** (air, peau) on contact with; (gens) through contact with; **mettre/couper le ~** (Auto) to switch on/off the ignition; **entrer en ~** (fils, objets) to come into contact, make contact; **se mettre en ~ avec** (Radio) to make contact with; **prendre ~ avec** (relation d'affaires, connaissance) to get in touch ou contact with

contacter [kɔ̃takte] /**1**/ vt to contact, get in touch with

contagieux, -euse [kɔ̃taʒjø, -øz] adj infectious; (par le contact) contagious

contagion [kɔ̃taʒjɔ̃] nf contagion

container [kɔ̃tenɛʀ] nm container

contamination [kɔ̃taminasjɔ̃] nf infection; contamination

contaminer [kɔ̃tamine] /**1**/ vt (par un virus) to infect; (par des radiations) to contaminate

conte [kɔ̃t] nm tale; **~ de fées** fairy tale

contemplatif, -ive [kɔ̃tɑ̃platif, -iv] adj contemplative

contemplation [kɔ̃tɑ̃plasjɔ̃] nf contemplation; (Rel, Philosophie) meditation

contempler [kɔ̃tɑ̃ple] /**1**/ vt to contemplate, gaze at

contemporain, e [kɔ̃tɑ̃pɔʀɛ̃, -ɛn] *adj, nm/f*
contemporary

contenance [kɔ̃t(ə)nɑ̃s] *nf (d'un récipient)*
capacity; *(attitude)* bearing, attitude; **perdre ~**
to lose one's composure; **se donner une ~** to
give the impression of composure; **faire
bonne ~ (devant)** to put on a bold front (in the
face of)

conteneur [kɔ̃t(ə)nœʀ] *nm* container; **~ (de
bouteilles)** bottle bank

conteneurisation [kɔ̃tnœʀizasjɔ̃] *nf*
containerization

contenir [kɔ̃t(ə)niʀ] **/22/** *vt* to contain; *(avoir une
capacité de)* to hold; **se contenir** *vpr (se retenir)* to
control o.s. *ou* one's emotions, contain o.s.

content, e [kɔ̃tɑ̃, -ɑ̃t] *adj* pleased, glad; **~ de**
pleased with; **je serais ~ que tu ...** I would be
pleased if you ...

contentement [kɔ̃tɑ̃tmɑ̃] *nm* contentment,
satisfaction

contenter [kɔ̃tɑ̃te] **/1/** *vt* to satisfy, please; *(envie)*
to satisfy; **se contenter de** *vpr* to content o.s.
with

contentieux [kɔ̃tɑ̃sjø] *nm (Comm)* litigation;
(: service) litigation department; *(Pol etc)*
contentious issues *pl*

contenu, e [kɔ̃t(ə)ny] *pp de* **contenir** ▶ *nm*
(d'un bol) contents *pl*; *(d'un texte)* content

conter [kɔ̃te] **/1/** *vt* to recount, relate; **en ~ de
belles à qn** to tell tall stories to sb

contestable [kɔ̃tɛstabl] *adj* questionable

contestataire [kɔ̃tɛstatɛʀ] *adj (journal, étudiant)*
anti-establishment ▶ *nmf* (anti-
establishment) protester

contestation [kɔ̃tɛstasjɔ̃] *nf* questioning,
contesting; *(Pol)* : **la ~** anti-establishment
activity, protest

conteste [kɔ̃tɛst] : **sans ~** *adv* unquestionably,
indisputably

contesté, e [kɔ̃tɛste] *adj (roman, écrivain)*
controversial

contester [kɔ̃tɛste] **/1/** *vt* to question, contest
▶ *vi (Pol : gén)* to rebel (against established
authority), protest

conteur, -euse [kɔ̃tœʀ, -øz] *nm/f* story-teller

contexte [kɔ̃tɛkst] *nm* context

contiendrai [kɔ̃tjɛ̃dʀe], **contiens** *etc* [kɔ̃tjɛ̃]
vb voir **contenir**

contigu, ë [kɔ̃tigy] *adj* : **~ (à)** adjacent (to)

continent [kɔ̃tinɑ̃] *nm* continent

continental, e, -aux [kɔ̃tinɑ̃tal, -o] *adj*
continental

contingences [kɔ̃tɛ̃ʒɑ̃s] *nfpl* contingencies

contingent [kɔ̃tɛ̃ʒɑ̃] *nm (Mil)* contingent;
(Comm) quota

contingenter [kɔ̃tɛ̃ʒɑ̃te] **/1/** *vt (Comm)* to fix a
quota on

contins *etc* [kɔ̃tɛ̃] *vb voir* **contenir**

continu, e [kɔ̃tiny] *adj* continuous; **faire la
journée continue** to work without taking
a full lunch break; **(courant) ~** direct
current, DC

continuation [kɔ̃tinɥasjɔ̃] *nf* continuation

continuel, le [kɔ̃tinɥɛl] *adj (qui se répète)*
constant, continual; *(continu)* continuous

continuellement [kɔ̃tinɥɛlmɑ̃] *adv*
continually; continuously

continuer [kɔ̃tinɥe] **/1/** *vt (travail, voyage etc)* to
continue (with), carry on (with), go on with;
(prolonger : alignement, rue) to continue; **~ à** *ou* **de
faire** to go on *ou* continue doing ▶ *vi (pluie, vie,
bruit)* to continue, go on; *(voyageur)* to go on;
se continuer *vpr* to carry on

continuité [kɔ̃tinɥite] *nf* continuity;
continuation

contondant, e [kɔ̃tɔ̃dɑ̃, -ɑ̃t] *adj* : **arme
contondante** blunt instrument

contorsion [kɔ̃tɔʀsjɔ̃] *nf* contortion

contorsionner [kɔ̃tɔʀsjɔne] **/1/** : **se
contorsionner** *vpr* to contort o.s., writhe about

contorsionniste [kɔ̃tɔʀsjɔnist] *nmf*
contortionist

contour [kɔ̃tuʀ] *nm* outline, contour; **contours**
nmpl (d'une rivière etc) windings

contourner [kɔ̃tuʀne] **/1/** *vt* to bypass, walk *ou*
drive round; *(difficulté)* to get round

contraceptif, -ive [kɔ̃tʀasɛptif, -iv] *adj, nm*
contraceptive

contraception [kɔ̃tʀasɛpsjɔ̃] *nf* contraception

contracté, e [kɔ̃tʀakte] *adj (muscle)* tense,
contracted; *(personne : tendu)* tense, tensed up;
article ~ *(Ling)* contracted article

contracter [kɔ̃tʀakte] **/1/** *vt (muscle etc)* to tense,
contract; *(maladie, dette, obligation)* to contract;
(assurance) to take out; **se contracter** *vpr (métal,
muscles)* to contract

contraction [kɔ̃tʀaksjɔ̃] *nf* contraction

contractuel, le [kɔ̃tʀaktɥɛl] *adj* contractual
▶ *nm/f (agent)* traffic warden; *(employé)* contract
employee

contradiction [kɔ̃tʀadiksjɔ̃] *nf* contradiction

contradictoire [kɔ̃tʀadiktwaʀ] *adj* contradictory,
conflicting; **débat ~** (open) debate

contraignant, e [kɔ̃tʀɛɲɑ̃, -ɑ̃t] *vb voir*
contraindre ▶ *adj* restricting

contraindre [kɔ̃tʀɛ̃dʀ] **/52/** *vt* : **~ qn à faire** to
force *ou* compel sb to do

contraint, e [kɔ̃tʀɛ̃, -ɛ̃t] *pp de* **contraindre** ▶ *nf*
constraint; **sans contrainte** unrestrainedly,
unconstrainedly

contraire [kɔ̃tʀɛʀ] *adj, nm* opposite; **~ à** contrary
to; **au ~** *adv* on the contrary

contrairement [kɔ̃tʀɛʀmɑ̃] *adv* : **~ à** contrary to,
unlike

contralto [kɔ̃tʀalto] *nm* contralto

contrariant, e [kɔ̃tʀaʀjɑ̃, -ɑ̃t] *adj (personne)*
contrary, perverse; *(incident)* annoying

contrarier [kɔ̃tʀaʀje] **/7/** *vt (personne)* to annoy,
bother; *(fig)* to impede; *(projets)* to thwart,
frustrate

contrariété [kɔ̃tʀaʀjete] *nf* annoyance

contraste [kɔ̃tʀast] *nm* contrast

contraster [kɔ̃tʀaste] **/1/** *vt, vi* to contrast

contrat [kɔ̃tʀa] *nm* contract; *(fig : accord, pacte)*
agreement; **~ de travail** employment contract

contravention [kɔ̃tʀavɑ̃sjɔ̃] *nf (infraction)* :
~ à contravention of; *(amende)* fine; *(PV pour
stationnement interdit)* parking ticket; **dresser ~ à**
(automobiliste) to book; to write out a parking
ticket for

contre [kɔ̃tʀ] *prép* against; *(en échange)* (in exchange) for; **par** ~ on the other hand
contre-amiral, -aux [kɔ̃tʀamiʀal, -o] *nm* rear admiral
contre-attaque [kɔ̃tʀatak] *nf* counterattack
contre-attaquer [kɔ̃tʀatake] /**1**/ *vi* to counterattack
contrebalancer [kɔ̃tʀəbalɑ̃se] *vt* to counterbalance; *(fig)* to offset
contre-balancer [kɔ̃tʀəbalɑ̃se] /**3**/ *vt* to counterbalance; *(fig)* to offset
contrebande [kɔ̃tʀəbɑ̃d] *nf (trafic)* contraband, smuggling; *(marchandise)* contraband, smuggled goods *pl*; **faire la ~ de** to smuggle
contrebandier, -ière [kɔ̃tʀəbɑ̃dje, -jɛʀ] *nm/f* smuggler
contrebas [kɔ̃tʀəba] : **en ~** *adv* (down) below
contrebasse [kɔ̃tʀəbɑs] *nf* (double) bass
contrebassiste [kɔ̃tʀəbasist] *nmf* (double) bass player
contre-braquer [kɔ̃tʀəbʀake] /**1**/ *vi* to steer into a skid
contrecarrer [kɔ̃tʀəkaʀe] /**1**/ *vt* to thwart
contrechamp [kɔ̃tʀəʃɑ̃] *nm (Ciné)* reverse shot
contrecœur [kɔ̃tʀəkœʀ] : **à ~** *adv* (be)grudgingly, reluctantly
contrecoup [kɔ̃tʀəku] *nm* repercussions *pl*; **par ~** as an indirect consequence
contre-courant [kɔ̃tʀəkuʀɑ̃] : **à ~** *adv* against the current
contredire [kɔ̃tʀədiʀ] /**37**/ *vt (personne)* to contradict; *(témoignage, assertion, faits)* to refute; **se contredire** *vpr* to contradict o.s.
contredit, e [kɔ̃tʀədi, -it] *pp de* **contredire** ▶ *nm* : **sans ~** without question
contrée [kɔ̃tʀe] *nf* region; land
contre-écrou [kɔ̃tʀekʀu] *nm* lock nut
contre-enquête [kɔ̃tʀākɛt] *nf* counter-inquiry
contre-espionnage [kɔ̃tʀɛspjɔnaʒ] *nm* counter-espionage
contre-exemple [kɔ̃tʀɛgzɑ̃pl(ə)] *nf* counter-example
contre-expertise [kɔ̃tʀɛkspɛʀtiz] *nf* second (expert) assessment
contrefaçon [kɔ̃tʀəfasɔ̃] *nf* forgery; **~ de brevet** patent infringement
contrefaire [kɔ̃tʀəfɛʀ] /**60**/ *vt (document, signature)* to forge, counterfeit; *(personne, démarche)* to mimic; *(dénaturer : sa voix etc)* to disguise
contrefait, e [kɔ̃tʀəfɛ, -ɛt] *pp de* **contrefaire** ▶ *adj* misshapen, deformed
contrefasse [kɔ̃tʀəfas], **contreferai** *etc* [kɔ̃tʀəfʀe] *vb voir* **contrefaire**
contre-filet [kɔ̃tʀəfilɛ] *nm (Culin)* sirloin
contreforts [kɔ̃tʀəfɔʀ] *nmpl* foothills
contre-haut [kɔ̃tʀəo] : **en ~** *adv* (up) above
contre-indication [kɔ̃tʀɛ̃dikasjɔ̃] *(pl* **contre-indications)** *nf (Méd)* contra-indication; « **~ en cas d'eczéma** » "should not be used by people with eczema"
contre-indiqué, e [kɔ̃tʀɛ̃dike] *adj (Méd)* contraindicated; *(déconseillé)* unadvisable, ill-advised
contre-interrogatoire [kɔ̃tʀɛ̃teʀɔgatwaʀ] *nm* : **faire subir un ~ à qn** to cross-examine sb

contre-jour [kɔ̃tʀəʒuʀ] : **à ~** *adv* against the light
contremaître [kɔ̃tʀəmɛtʀ] *nm* foreman
contre-manifestant, e [kɔ̃tʀəmanifɛstɑ̃, -ɑ̃t] *nm/f* counter-demonstrator
contre-manifestation [kɔ̃tʀəmanifɛstasjɔ̃] *nf* counter-demonstration
contremarque [kɔ̃tʀəmaʀk] *nf (ticket)* pass-out ticket
contre-offensive [kɔ̃tʀɔfɑ̃siv] *nf* counteroffensive
contre-ordre [kɔ̃tʀɔʀdʀ] *nm* = **contrordre**
contrepartie [kɔ̃tʀəpaʀti] *nf* compensation; **en ~** in compensation; in return
contre-performance [kɔ̃tʀəpɛʀfɔʀmɑ̃s] *nf* below-average performance
contrepèterie [kɔ̃tʀəpetʀi] *nf* spoonerism
contre-pied [kɔ̃tʀəpje] *nm (inverse, opposé)* : **le ~ de ...** the exact opposite of ...; **prendre le ~ de** to take the opposing view of; to take the opposite course to; **prendre qn à ~** *(Sport)* to wrong-foot sb
contre-plaqué [kɔ̃tʀəplake] *nm* plywood
contre-plongée [kɔ̃tʀəplɔ̃ʒe] *nf* low-angle shot
contrepoids [kɔ̃tʀəpwa] *nm* counterweight, counterbalance; **faire ~** to act as a counterbalance
contre-poil [kɔ̃tʀəpwal] : **à ~** *adv* the wrong way
contrepoint [kɔ̃tʀəpwɛ̃] *nm* counterpoint
contrepoison [kɔ̃tʀəpwazɔ̃] *nm* antidote
contrer [kɔ̃tʀe] /**1**/ *vt* to counter
contre-révolution [kɔ̃tʀəʀevɔlysjɔ̃] *nf* counter-revolution
contre-révolutionnaire [kɔ̃tʀəʀevɔlysjɔnɛʀ] *nmf* counter-revolutionary
contresens [kɔ̃tʀəsɑ̃s] *nm (erreur)* misinterpretation; *(mauvaise traduction)* mistranslation; *(absurdité)* nonsense *no pl*; **à ~** *adv* the wrong way
contresigner [kɔ̃tʀəsiɲe] /**1**/ *vt* to countersign
contretemps [kɔ̃tʀətɑ̃] *nm* hitch, contretemps; **à ~** *adv (Mus)* out of time; *(fig)* at an inopportune moment
contre-terrorisme [kɔ̃tʀəteʀɔʀism] *nm* counter-terrorism
contre-terroriste [kɔ̃tʀəteʀɔʀist(ə)] *nmf* counter-terrorist
contre-torpilleur [kɔ̃tʀətɔʀpijœʀ] *nm* destroyer
contrevenant, e [kɔ̃tʀəv(ə)nɑ̃, -ɑ̃t] *vb voir* **contrevenir** ▶ *nm/f* offender
contrevenir [kɔ̃tʀəv(ə)niʀ] /**22**/ : **~ à** *vt* to contravene
contre-voie [kɔ̃tʀəvwa] : **à ~** *adv (en sens inverse)* on the wrong track; *(du mauvais côté)* on the wrong side
contribuable [kɔ̃tʀibɥabl] *nmf* taxpayer
contribuer [kɔ̃tʀibɥe] /**1**/ : **~ à** *vt* to contribute towards
contribution [kɔ̃tʀibysjɔ̃] *nf* contribution; **les contributions** *(bureaux)* the tax office; **mettre à ~** to call upon; **contributions directes/ indirectes** direct/indirect taxation
contrit, e [kɔ̃tʀi, -it] *adj* contrite

contrôlable – coopération

contrôlable [kɔ̃tʀɔlabl] *adj* (*maîtrisable : situation, débit*) controllable; (: *alibi, déclarations*) verifiable
contrôle [kɔ̃tʀɔl] *nm* checking *no pl*, check; supervision; monitoring; (*test*) test, examination; **perdre le ~ de son véhicule** to lose control of one's vehicle; **~ des changes** (*Comm*) exchange controls; **~ continu** (*Scol*) continuous assessment; **~ d'identité** identity check; **~ des naissances** birth control; **~ des prix** price control
contrôler [kɔ̃tʀɔle] /1/ *vt* (*vérifier*) to check; (*surveiller : opérations*) to supervise; (: *prix*) to monitor, control; (*maîtriser, Comm : firme*) to control; **se contrôler** *vpr* to control o.s.
contrôleur, -euse [kɔ̃tʀɔlœʀ, -øz] *nm/f* (*de train*) (ticket) inspector; (*de bus*) (bus) conductor/tress; **~ de la navigation aérienne, ~ aérien** air traffic controller; **~ financier** financial controller
contrordre [kɔ̃tʀɔʀdʀ] *nm* counter-order, countermand; **sauf ~** unless otherwise directed
controverse [kɔ̃tʀɔvɛʀs] *nf* controversy
controversé, e [kɔ̃tʀɔvɛʀse] *adj* (*personnage, question*) controversial
contumace [kɔ̃tymas] : **par ~** *adv* in absentia
contusion [kɔ̃tyzjɔ̃] *nf* bruise, contusion
contusionné, e [kɔ̃tyzjɔne] *adj* bruised
conurbation [kɔnyʀbasjɔ̃] *nf* conurbation
convaincant, e [kɔ̃vɛ̃kɑ̃, -ɑ̃t] *vb voir* **convaincre** ▸ *adj* convincing
convaincre [kɔ̃vɛ̃kʀ] /42/ *vt* : **~ qn (de qch)** to convince sb (of sth); **~ qn (de faire)** to persuade sb (to do); **~ qn de** (*Jur : délit*) to convict sb of
convaincu, e [kɔ̃vɛ̃ky] *pp de* **convaincre** ▸ *adj* : **d'un ton ~** with conviction
convainquais *etc* [kɔ̃vɛ̃ke] *vb voir* **convaincre**
convalescence [kɔ̃valesɑ̃s] *nf* convalescence; **maison de ~** convalescent home
convalescent, e [kɔ̃valesɑ̃, -ɑ̃t] *adj, nm/f* convalescent
convenable [kɔ̃vnabl] *adj* suitable; (*décent*) acceptable, proper; (*assez bon*) decent, acceptable; (*adéquat*) adequate, passable
convenablement [kɔ̃vnabləmɑ̃] *adv* (*placé, choisi*) suitably; (*s'habiller, s'exprimer*) properly; (*payé, logé*) decently
convenance [kɔ̃vnɑ̃s] *nf* : **à ma/votre ~** to my/your liking; **convenances** *nfpl* proprieties
convenir [kɔ̃vniʀ] /22/ *vi* to be suitable; **~ à** to suit; **il convient de** it is advisable to; (*bienséant*) it is right *ou* proper to; **~ de** (*bien-fondé de qch*) to admit (to), acknowledge; (*date, somme etc*) to agree upon; **~ que** (*admettre*) to admit that, acknowledge the fact that; **~ de faire qch** to agree to do sth; **il a été convenu que** it has been agreed that; **comme convenu** as agreed
convention [kɔ̃vɑ̃sjɔ̃] *nf* convention; **de ~** conventional; **~ collective** (*Écon*) collective agreement; **conventions** *nfpl* (*convenances*) convention *sg*, social conventions
conventionnalisme [kɔ̃vɑ̃sjɔnalism(ə)] *nm* (*des idées*) conventionality
conventionné, e [kɔ̃vɑ̃sjɔne] *adj* (*Admin*) applying charges laid down by the state

conventionnel, le [kɔ̃vɑ̃sjɔnɛl] *adj* conventional
conventionnellement [kɔ̃vɑ̃sjɔnɛlmɑ̃] *adv* conventionally
conventuel, le [kɔ̃vɑ̃tɥɛl] *adj* monastic; monastery *cpd*, conventual, convent *cpd*
convenu, e [kɔ̃vny] *pp de* **convenir** ▸ *adj* agreed
convergence [kɔ̃vɛʀʒɑ̃s] *nf* convergence; **les critères de ~** the convergence criteria
convergent, e [kɔ̃vɛʀʒɑ̃, -ɑ̃t] *adj* convergent
converger [kɔ̃vɛʀʒe] /3/ *vi* to converge; **~ vers** *ou* **sur** to converge on
conversation [kɔ̃vɛʀsasjɔ̃] *nf* conversation; **avoir de la ~** to be a good conversationalist
converser [kɔ̃vɛʀse] /1/ *vi* to converse
conversion [kɔ̃vɛʀsjɔ̃] *nf* conversion; (*Ski*) kick turn
convertible [kɔ̃vɛʀtibl] *adj* (*Écon*) convertible; (**canapé**) **~** sofa bed
convertir [kɔ̃vɛʀtiʀ] /2/ *vt* : **~ qn (à)** to convert sb (to); **~ qch en** to convert sth into; **se convertir (à)** *vpr* to be converted (to)
convertisseur [kɔ̃vɛʀtisœʀ] *nm* (*Élec*) converter
convexe [kɔ̃vɛks] *adj* convex
conviction [kɔ̃viksjɔ̃] *nf* conviction
conviendrai [kɔ̃vjɛ̃dʀe], **conviens** *etc* [kɔ̃vjɛ̃] *vb voir* **convenir**
convienne *etc* [kɔ̃vjɛn] *vb voir* **convenir**
convier [kɔ̃vje] /7/ *vt* : **~ qn à** (*dîner etc*) to (cordially) invite sb to; **~ qn à faire** to urge sb to do
convint *etc* [kɔ̃vɛ̃] *vb voir* **convenir**
convive [kɔ̃viv] *nmf* guest (*at table*)
convivial, e [kɔ̃vivjal] *adj* (*Inform*) user-friendly
convocation [kɔ̃vɔkasjɔ̃] *nf* (*voir convoquer*) convening, convoking; summoning; invitation; (*document*) notification to attend; (*Jur*) summons *sg*
convoi [kɔ̃vwa] *nm* (*de voitures, prisonniers*) convoy; (*train*) train; **~ (funèbre)** funeral procession
convoité, e [kɔ̃vwate] *adj* (*richesses, terres*) coveted; **très ~** much coveted ▸ *pp de* **convoiter**
convoiter [kɔ̃vwate] /1/ *vt* to covet
convoitise [kɔ̃vwatiz] *nf* covetousness; (*sexuelle*) lust, desire
convoler [kɔ̃vɔle] /1/ *vi* : **~ (en justes noces)** to be wed
convoquer [kɔ̃vɔke] /1/ *vt* (*assemblée*) to convene, convoke; (*subordonné, témoin*) to summon; (*candidat*) to ask to attend; **~ qn (à)** (*réunion*) to invite sb (to attend)
convoyer [kɔ̃vwaje] /8/ *vt* to escort
convoyeur [kɔ̃vwajœʀ] *nm* (*Navig*) escort ship; **~ de fonds** security guard
convulsé, e [kɔ̃vylse] *adj* (*visage*) distorted
convulsif, -ive [kɔ̃vylsif, -iv] *adj* convulsive
convulsions [kɔ̃vylsjɔ̃] *nfpl* convulsions
cookie [kuki] *nm* (*Inform*) cookie
coopérant [kɔɔpeʀɑ̃] *nm* ≈ person doing Voluntary Service Overseas (*Brit*), ≈ member of the Peace Corps (*US*)
coopératif, -ive [kɔɔpeʀatif, -iv] *adj, nf* co-operative
coopération [kɔɔpeʀasjɔ̃] *nf* co-operation; (*Admin*) : **la C~** ≈ Voluntary Service Overseas

coopérer – coréen

(BRIT) ou the Peace Corps (US: done as alternative to military service)

coopérer [kɔɔpeʀe] /**6**/ vi : ~ **(à)** to co-operate (in)

coordination [kɔɔʀdinasjɔ̃] nf coordination

coordonnateur, -trice [kɔɔʀdɔnatœʀ, -tʀis] adj coordinating ▶ nm/f coordinator

coordonné, e [kɔɔʀdɔne] adj coordinated ▶ nf (Ling) coordinate clause; **coordonnés** nmpl (vêtements) coordinates; **coordonnées** nfpl (Math) coordinates; (détails personnels) address, phone number, schedule etc; whereabouts; **donnez-moi vos coordonnées** (fam) can I have your details please?

coordonner [kɔɔʀdɔne] /**1**/ vt to coordinate

copain, copine [kɔpɛ̃, kɔpin] nm/f mate (BRIT), pal; (petit ami/petite amie) boyfriend/girlfriend ▶ adj : **être ~ avec** to be pally with

copeau, x [kɔpo] nm shaving; (de métal) turning

Copenhague [kɔpənag] n Copenhagen

copie [kɔpi] nf copy; (Scol) script, paper; exercise; ~ **certifiée conforme** certified copy; ~ **papier** (Inform) hard copy

copier [kɔpje] /**7**/ vt, vi to copy; ~ **coller** (Inform) copy and paste; ~ **sur** to copy from

copieur [kɔpjœʀ] nm (photo)copier

copieusement [kɔpjøzmɑ̃] adv copiously

copieux, -euse [kɔpjø, -øz] adj copious, hearty

copilote [kɔpilɔt] nm (Aviat) co-pilot; (Auto) co-driver, navigator

copinage [kɔpinaʒ] nm : **obtenir qch par ~** to get sth through contacts

copine [kɔpin] nf voir **copain**

copiste [kɔpist] nmf copyist, transcriber

coproduction [kɔpʀɔdyksjɔ̃] nf coproduction, joint production

copropriétaire [kɔpʀɔpʀijetɛʀ] nmf co-owner

copropriété [kɔpʀɔpʀijete] nf co-ownership, joint ownership; **acheter en ~** to buy on a co-ownership basis

copulation [kɔpylasjɔ̃] nf copulation

copuler [kɔpyle] vi to copulate

copyright [kɔpiʀajt] nm copyright

coq [kɔk] nm cockerel, rooster; ~ **de bruyère** grouse; ~ **du village** (fig = péj) ladykiller; ~ **au vin** coq au vin ▶ adj inv (Boxe) : **poids ~** bantamweight

coq-à-l'âne [kɔkalɑn] nm inv abrupt change of subject

coque [kɔk] nf (de noix, mollusque) shell; (de bateau) hull; **à la ~** (Culin) (soft-)boiled

coquelet [kɔklɛ] nm (Culin) cockerel

coquelicot [kɔkliko] nm poppy

coqueluche [kɔklyʃ] nf whooping-cough; (fig) : **être la ~ de qn** to be sb's flavour of the month

coquet, te [kɔkɛ, -ɛt] adj appearance-conscious; (joli) pretty; (logement) smart, charming

coquetier [kɔk(ə)tje] nm egg-cup

coquettement [kɔkɛtmɑ̃] adv (s'habiller) attractively; (meubler) prettily

coquetterie [kɔkɛtʀi] nf appearance-consciousness

coquillage [kɔkijaʒ] nm (mollusque) shellfish inv; (coquille) shell

coquille [kɔkij] nf shell; (Typo) misprint; ~ **de beurre** shell of butter; ~ **d'œuf** (couleur) eggshell; ~ **de noix** nutshell; ~ **St Jacques** scallop

coquillettes [kɔkijɛt] nfpl pasta shells

coquin, e [kɔkɛ̃, -in] adj mischievous, roguish; (polisson) naughty ▶ nm/f (péj) rascal

cor [kɔʀ] nm (Mus) horn; (Méd) : ~ **(au pied)** corn; **réclamer à ~ et à cri** to clamour for; ~ **anglais** cor anglais; ~ **de chasse** hunting horn

corail, -aux [kɔʀaj, -o] nm coral no pl

Coran [kɔʀɑ̃] nm : **le ~** the Koran

coraux [kɔʀo] nmpl de **corail**

corbeau, x [kɔʀbo] nm crow

corbeille [kɔʀbɛj] nf basket; (Inform) recycle bin; (Bourse) : **la ~** the floor (of the Stock Exchange); ~ **de mariage** (fig) wedding presents pl; ~ **à ouvrage** work-basket; ~ **à pain** breadbasket; ~ **à papier** waste paper basket ou bin

corbillard [kɔʀbijaʀ] nm hearse

cordage [kɔʀdaʒ] nm rope; **cordages** nmpl (de voilure) rigging sg

corde [kɔʀd] nf rope; (de violon, raquette, d'arc) string; (trame) : **la ~** the thread; (Athlétisme, Auto) : **la ~** the rails pl; **les cordes** (Boxe) the ropes; **les (instruments à) cordes** (Mus) the strings, the stringed instruments; **semelles de ~** rope soles; **tenir la ~** (Athlétisme, Auto) to be in the inside lane; **tomber des cordes** to rain cats and dogs; **tirer sur la ~** to go too far; **la ~ sensible** the right chord; **usé jusqu'à la ~** threadbare; ~ **à linge** washing ou clothes line; ~ **lisse** (climbing) rope; ~ **à nœuds** knotted climbing rope; ~ **raide** tightrope; ~ **à sauter** skipping rope; **cordes vocales** vocal cords

cordeau, x [kɔʀdo] nm string, line; **tracé au ~** as straight as a die

cordée [kɔʀde] nf (d'alpinistes) rope, roped party

cordelière [kɔʀdəljɛʀ] nf cord (belt)

cordial, e, -aux [kɔʀdjal, -o] adj warm, cordial ▶ nm cordial, pick-me-up

cordialement [kɔʀdjalmɑ̃] adv cordially, heartily; (formule épistolaire) (kind) regards

cordialité [kɔʀdjalite] nf warmth, cordiality

cordillère [kɔʀdijɛʀ] nf : **la ~ des Andes** the Andes cordillera ou range

cordon [kɔʀdɔ̃] nm cord, string; ~ **sanitaire/de police** sanitary/police cordon; ~ **littoral** sandbank, sandbar; ~ **ombilical** umbilical cord

cordon-bleu [kɔʀdɔ̃blø] (pl **cordons-bleus**) adj, nmf cordon bleu

cordonnerie [kɔʀdɔnʀi] nf shoe repairer's ou mender's (shop)

cordonnier [kɔʀdɔnje] nm shoe repairer ou mender, cobbler

cordouan, e [kɔʀduɑ̃, -an] adj Cordovan

Cordoue [kɔʀdu] n Cordoba

Corée [kɔʀe] nf : **la ~** Korea; **la ~ du Sud/du Nord** South/North Korea; **la République (démocratique populaire) de ~** the (Democratic People's) Republic of Korea

coréen, ne [kɔʀeɛ̃, -ɛn] adj Korean ▶ nm (Ling) Korean ▶ nm/f : **Coréen, ne** Korean

99

coreligionnaire [kɔR(ə)lijɔnɛR] *nmf* fellow Christian/Muslim/Jew *etc*

Corfou [kɔRfu] *n* Corfu

coriace [kɔRjas] *adj* tough

coriandre [kɔRjɑ̃dR] *nf* coriander

Corinthe [kɔRɛ̃t] *n* Corinth

cormoran [kɔRmɔRɑ̃] *nm* cormorant

cornac [kɔRnak] *nm* elephant driver

corne [kɔRn] *nf* horn; *(de cerf)* antler; *(de la peau)* callus; **~ d'abondance** horn of plenty; **~ de brume** *(Navig)* foghorn

cornée [kɔRne] *nf* cornea

corneille [kɔRnɛj] *nf* crow

cornélien, ne [kɔRneljɛ̃, -ɛn] *adj (débat etc)* where love and duty conflict

cornemuse [kɔRnəmyz] *nf* bagpipes *pl*; **joueur de ~** piper

corner¹ [kɔRnɛR] *nm (Football)* corner (kick)

corner² [kɔRne] *vt (pages)* to make dog-eared ▸ *vi (klaxonner)* to blare out

cornet [kɔRnɛ] *nm (paper)* cone; *(de glace)* cornet, cone; **~ à pistons** cornet

cornette [kɔRnɛt] *nf* cornet *(headgear)*

corniaud [kɔRnjo] *nm (chien)* mongrel; *(péj)* twit, clot

corniche [kɔRniʃ] *nf (de meuble, neigeuse)* cornice; *(route)* coast road

cornichon [kɔRniʃɔ̃] *nm* gherkin

Cornouailles [kɔRnwaj] *fpl* Cornwall

cornue [kɔRny] *nf* retort

corollaire [kɔRɔlɛR] *nm* corollary

corolle [kɔRɔl] *nf* corolla

coron [kɔRɔ̃] *nm* mining cottage; mining village

coronaire [kɔRɔnɛR] *adj* coronary

corporation [kɔRpɔRasjɔ̃] *nf* corporate body; *(au Moyen-Âge)* guild

corporel, le [kɔRpɔRɛl] *adj* bodily; *(punition)* corporal; **soins corporels** care *sg* of the body

corps [kɔR] *nm (gén)* body; *(cadavre)* (dead) body; **à son ~ défendant** against one's will; **à ~ perdu** headlong; **perdu ~ et biens** lost with all hands; **prendre ~** to take shape; **faire ~ avec** to be joined to; to form one body with; **~ d'armée** army corps; **~ de ballet** corps de ballet; **~ constitués** *(Pol)* constitutional bodies; **le ~ consulaire** the consular corps; **~ à ~** *adv* hand-to-hand; *nm* clinch; **le ~ du délit** *(Jur)* corpus delicti; **le ~ diplomatique** the diplomatic corps; **le ~ électoral** the electorate; **le ~ enseignant** the teaching profession; **~ étranger** *(Méd)* foreign body; **~ expéditionnaire** task force; **~ de garde** guardroom; **~ législatif** legislative body; **le ~ médical** the medical profession

corpulence [kɔRpylɑ̃s] *nf* build; *(embonpoint)* stoutness *(Brit)*, corpulence; **de forte ~** of large build

corpulent, e [kɔRpylɑ̃, -ɑ̃t] *adj* stout *(Brit)*, corpulent

corpus [kɔRpys] *nm (Ling)* corpus

correct, e [kɔRɛkt] *adj (exact)* accurate, correct; *(bienséant, honnête)* correct; *(passable)* adequate

correctement [kɔRɛktəmɑ̃] *adv* accurately; correctly; adequately

correcteur, -trice [kɔRɛktœR, -tRis] *nm/f (Scol)* examiner, marker; *(Typo)* proofreader

correctif, -ive [kɔRɛktif, -iv] *adj* corrective ▸ *nm (mise au point)* rider, qualification

correction [kɔRɛksjɔ̃] *nf (voir corriger)* correction; marking; *(voir correct)* correctness; *(rature, surcharge)* correction, emendation; *(coups)* thrashing; **~ sur écran** *(Inform)* screen editing; **~ (des épreuves)** proofreading

correctionnel, le [kɔRɛksjɔnɛl] *adj (Jur)* : **tribunal ~** ≈ criminal court

corrélation [kɔRelasjɔ̃] *nf* correlation

correspondance [kɔRɛspɔ̃dɑ̃s] *nf* correspondence; *(de train, d'avion)* connection; **ce train assure la ~ avec l'avion de 10 heures** this train connects with the 10 o'clock plane; **cours par ~** correspondence course; **vente par ~** mail-order business

correspondancier, -ière [kɔRɛspɔ̃dɑ̃sje, -jɛR] *nm/f* correspondence clerk

correspondant, e [kɔRɛspɔ̃dɑ̃, -ɑ̃t] *nm/f* correspondent; *(Tél)* person phoning *(ou being phoned)*

correspondre [kɔRɛspɔ̃dR] /41/ *vi (données, témoignages)* to correspond, tally; *(chambres)* to communicate; **~ à** to correspond to; **~ avec qn** to correspond with sb

Corrèze [kɔRɛz] *nf* : **la ~** the Corrèze

corrézien, ne [kɔRezjɛ̃, -ɛn] *adj* of *ou* from the Corrèze

corrida [kɔRida] *nf* bullfight

corridor [kɔRidɔR] *nm* corridor, passage

corrigé [kɔRiʒe] *nm (Scol : d'exercice)* correct version; fair copy

corriger [kɔRiʒe] /3/ *vt (devoir)* to correct, mark; *(texte)* to correct, emend; *(erreur, défaut)* to correct, put right; *(punir)* to thrash; **~ qn de** *(défaut)* to cure sb of; **se ~ de** to cure o.s. of

corroborer [kɔRɔbɔRe] /1/ *vt* to corroborate

corroder [kɔRɔde] /1/ *vt* to corrode

corrompre [kɔRɔ̃pR] /41/ *vt (dépraver)* to corrupt; *(acheter : témoin etc)* to bribe

corrompu, e [kɔRɔ̃py] *adj* corrupt

corrosif, -ive [kɔRɔzif, -iv] *adj* corrosive

corrosion [kɔRɔzjɔ̃] *nf* corrosion

corruption [kɔRypsjɔ̃] *nf* corruption; *(de témoins)* bribery

corsage [kɔRsaʒ] *nm (d'une robe)* bodice; *(chemisier)* blouse

corsaire [kɔRsɛR] *nm* pirate, corsair; privateer

corse [kɔRs] *adj* Corsican ▸ *nmf* : **Corse** Corsican ▸ *nf* : **la C~** Corsica

corsé, e [kɔRse] *adj* vigorous; *(café etc)* full-flavoured *(Brit)* ou -flavored *(US)*; *(goût)* full; *(sauce)* spicy; *(problème)* tough, tricky

corselet [kɔRsəlɛ] *nm* corselet

corser [kɔRse] /1/ *vt (difficulté)* to aggravate; *(intrigue)* to liven up; *(sauce)* to add spice to

corset [kɔRsɛ] *nm* corset; *(d'une robe)* bodice; **~ orthopédique** surgical corset

corso [kɔRso] *nm* : **~ fleuri** procession of floral floats

cortège [kɔRtɛʒ] *nm* procession

cortisone [kɔRtizɔn] *nf (Méd)* cortisone

corvée [kɔʀve] *nf* chore, drudgery *no pl*; *(Mil)* fatigue (duty)

cosaque [kɔzak] *nm* cossack

cosignataire [kɔsiɲatɛʀ] *adj, nmf* co-signatory

cosinus [kɔsinys] *nm* (*Math*) cosine

cosmétique [kɔsmetik] *nm* (*pour les cheveux*) hair-oil; (*produit de beauté*) beauty care product

cosmétologie [kɔsmetɔlɔʒi] *nf* beauty care

cosmique [kɔsmik] *adj* cosmic

cosmonaute [kɔsmɔnot] *nmf* cosmonaut, astronaut

cosmopolite [kɔsmɔpɔlit] *adj* cosmopolitan

cosmos [kɔsmɔs] *nm* outer space; cosmos

cosse [kɔs] *nf* (*Bot*) pod, hull

cossu, e [kɔsy] *adj* opulent-looking, well-to-do

Costa Rica [kɔstaʀika] *nm* : **le ~** Costa Rica

costaricien, ne [kɔstaʀisjɛ̃, -ɛn] *adj* Costa Rican ▶ *nm/f* : **Costaricien, ne** Costa Rican

costaud, e [kɔsto, -od] *adj* strong, sturdy

costume [kɔstym] *nm* (*d'homme*) suit; (*de théâtre*) costume

costumé, e [kɔstyme] *adj* dressed up

costumier, -ière [kɔstymje, -jɛʀ] *nm/f* (*fabricant, loueur*) costumier; (*Théât*) wardrobe master/mistress

cotangente [kɔtɑ̃ʒɑ̃t] *nf* (*Math*) cotangent

cotation [kɔtasjɔ̃] *nf* quoted value

cote [kɔt] *nf* (*en Bourse etc*) quotation; quoted value; (*d'un candidat etc*) rating; (*mesure : sur une carte*) spot height; (: *sur un croquis*) dimension; (*de classement*) (classification) mark; reference number; **la ~ de** (*d'un cheval*) the odds *pl* on; **avoir la ~** to be very popular; **inscrit à la ~** quoted on the Stock Exchange; **~ d'alerte** danger *ou* flood level; **~ mal taillée** (*fig*) compromise; **~ de popularité** popularity rating

coté, e [kɔte] *adj* : **être ~** to be listed *ou* quoted; **être ~ en Bourse** to be quoted on the Stock Exchange; **être bien/mal ~** to be highly/poorly rated

côte [kot] *nf* (*rivage*) coast(line); (*pente*) slope; (: *sur une route*) hill; (*Anat*) rib; (*d'un tricot, tissu*) rib, ribbing *no pl*; **~ à ~** *adv* side by side; **la C~ (d'Azur)** the (French) Riviera; **la C~ d'Ivoire** the Ivory Coast; **~ de porc** pork chop

côté [kote] *nm* (*gén*) side; (*direction*) way, direction; **de chaque ~ (de)** on each side of; **de tous les côtés** from all directions; **de quel ~ est-il parti ?** which way *ou* in which direction did he go?; **de ce/de l'autre ~** this/the other way; **d'un ~ ... de l'autre ~ ...** (*alternative*) on (the) one hand ... on the other (hand) ...; **du ~ de** (*provenance*) from; (*direction*) towards; **du ~ de Lyon** (*proximité*) near Lyons; **du ~ gauche** on the left-hand side; **de ~** *adv* (*regarder*) sideways; on one side; to one side; aside; **laisser de ~** to leave on one side; **mettre de ~** to put aside, put on one side; **mettre de l'argent de ~** to save some money; **de mon ~** (*quant à moi*) for my part; **à ~** *adv* (*right*) nearby; (*voisins*) next door; (*d'autre part*) besides; **à ~ de** beside; next to; (*fig*) in comparison to; **à ~ (de la cible)** off target, wide (of the mark); **être aux côtés de** to be by the side of

coteau, x [kɔto] *nm* hill

Côte d'Ivoire [kotdivwaʀ] *nf* : **la ~** Côte d'Ivoire, the Ivory Coast

côtelé, e [kot(ə)le] *adj* ribbed; **pantalon en velours ~** corduroy trousers *pl*

côtelette [kotlɛt] *nf* chop

coter [kɔte] /1/ *vt* (*Bourse*) to quote

coterie [kɔtʀi] *nf* set

côtier, -ière [kotje, -jɛʀ] *adj* coastal

cotisation [kɔtizasjɔ̃] *nf* subscription, dues *pl*; (*pour une pension*) contributions *pl*

cotiser [kɔtize] /1/ *vi* : **~ (à)** to pay contributions (to); (*à une association*) to subscribe (to); **se cotiser** *vpr* to club together

coton [kɔtɔ̃] *nm* cotton; **~ hydrophile** cotton wool (*BRIT*), absorbent cotton (*US*)

cotonnade [kɔtɔnad] *nf* cotton (fabric)

Coton-Tige® [kɔtɔ̃tiʒ] (*pl* **Cotons-Tiges**) *nm* cotton bud

côtoyer [kotwaje] /8/ *vt* to be close to; (*rencontrer*) to rub shoulders with; (*longer*) to run alongside; (*fig : friser*) to be bordering *ou* verging on

cotte [kɔt] *nf* : **~ de mailles** coat of mail

cou [ku] *nm* neck

couac [kwak] *nm* (*fam*) bum note

couard, e [kwaʀ, -aʀd] *adj* cowardly

couchage [kuʃaʒ] *nm voir* **sac**

couchant, e [kuʃɑ̃, ɑ̃t] *adj* : **soleil ~** setting sun

couche [kuʃ] *nf* (*strate : gén, Géo*) layer, stratum (*pl* -a); (*de peinture, vernis*) coat; (*de poussière, crème*) layer; (*de bébé*) nappy (*BRIT*), diaper (*US*); **~ d'ozone** ozone layer; **couches** *nfpl* (*Méd*) confinement *sg*; **couches sociales** social levels *ou* strata

couché, e [kuʃe] *adj* (*étendu*) lying down; (*au lit*) in bed

couche-culotte [kuʃkylɔt] (*pl* **couches-culottes**) *nf* (plastic-coated) disposable nappy (*BRIT*) *ou* diaper (*US*)

coucher [kuʃe] /1/ *nm* (*du soleil*) setting; **à prendre avant le ~** (*Méd*) to take at night *ou* before going to bed; **~ de soleil** sunset ▶ *vt* (*personne*) to put to bed; (: *loger*) to put up; (*objet*) to lay on its side; (*écrire*) to inscribe, couch ▶ *vi* (*dormir*) to sleep, spend the night; **~ avec qn** to sleep with sb, go to bed with sb; **se coucher** *vpr* (*pour dormir*) to go to bed; (*pour se reposer*) to lie down; (*soleil*) to set, go down

couchette [kuʃɛt] *nf* couchette; (*de marin*) bunk; (*pour voyageur, sur bateau*) berth

coucheur [kuʃœʀ] *nm* : **mauvais ~** awkward customer

couci-couça [kusikusa] *adv* (*fam*) so-so

coucou [kuku] *nm* cuckoo ▶ *excl* peek-a-boo

coude [kud] *nm* (*Anat*) elbow; (*de tuyau, de la route*) bend; **~ à ~** *adv* shoulder to shoulder, side by side

coudée [kude] *nf* : **avoir ses coudées franches** (*fig*) to have a free rein

cou-de-pied [kudpje] (*pl* **cous-de-pied**) *nm* instep

coudoyer [kudwaje] /8/ *vt* to brush past *ou* against; (*fig*) to rub shoulders with

coudre [kudʀ] /48/ *vt* (*bouton*) to sew on; (*robe*) to sew (up) ▶ *vi* to sew

couenne [kwan] *nf* (*de lard*) rind

couette [kwɛt] *nf* duvet; **couettes** *nfpl* (*cheveux*) bunches

couffin [kufɛ̃] *nm* Moses basket; (*straw*) basket

couilles [kuj] *nfpl* (*!*) balls (*!*)

couillu, e [kujy] *adj* (*fam : courageux : personne*) ballsy (*fam*)

couiner [kwine] /**1**/ *vi* to squeal

coulage [kula3] *nm* (*Comm*) loss of stock (*due to theft or negligence*)

coulant, e [kulɑ̃, -ɑ̃t] *adj* (*indulgent*) easy-going; (*fromage etc*) runny

coulée [kule] *nf* (*de lave, métal en fusion*) flow; **~ de neige** snowslide

couler [kule] /**1**/ *vi* to flow, run; (*fuir : stylo, récipient*) to leak; (: *nez*) to run; (*sombrer : bateau*) to sink; **~ à pic** to sink *ou* go straight to the bottom; **~ de source** to follow on naturally; **faire ~** (*eau*) to run; **faire ~ un bain** to run a bath ▶ *vt* (*cloche, sculpture*) to cast; (*bateau*) to sink; (*personne*) to bring down, ruin; **~ une vie heureuse** to enjoy a happy life; **il a coulé une bielle** (*Auto*) his big end went; **se couler** *vpr* (*se glisser*) : **se ~ dans** (*interstice, ouverture*) to slip into; (*fig*) : **se ~ dans le moule** to fit the mould (*BRIT*) *ou* mold (*US*)

couleur [kulœʀ] *nf* colour (*BRIT*), color (*US*); (*Cartes*) suit; **de ~** (*homme, femme : vieilli*) colo(u)red; **sous ~ de** on the pretext of; **de quelle ~** of what colo(u)r; **couleurs** *nfpl* (*du teint*) colo(u)r *sg*; **les couleurs** (*Mil*) the colo(u)rs; **en couleurs** (*film*) in colo(u)r; **télévision en couleurs** colo(u)r television

couleuvre [kulœvʀ] *nf* grass snake

coulissant, e [kulisɑ̃, -ɑ̃t] *adj* (*porte, fenêtre*) sliding

coulisse [kulis] *nf* (*Tech*) runner; **porte à ~** sliding door; **coulisses** *nfpl* (*Théât*) wings; (*fig*) : **dans les coulisses** behind the scenes

coulisser [kulise] /**1**/ *vi* to slide, run

couloir [kulwaʀ] *nm* corridor, passage; (*d'avion*) aisle; (*de bus*) gangway; (: *sur la route*) bus lane; (*Sport : de piste*) lane; (*Géo*) gully; **~ aérien** air corridor *ou* lane; **~ de navigation** shipping lane

coulpe [kulp] *nf* : **battre sa ~** to repent openly

coup [ku] *nm* (*heurt, choc*) knock; (*affectif*) blow, shock; (*agressif*) blow; (*avec arme à feu*) shot; (*de l'horloge*) chime, stroke; (*Sport : golf*) stroke; (: *tennis*) shot; (*Échecs*) move; (*fam : fois*) time; **~ de coude/genou** nudge (with the elbow)/with the knee; **à coups de hache/marteau** (*hitting*) with an axe/a hammer; **~ de tonnerre** clap of thunder; **~ de sonnette** ring of the bell; **~ de crayon/pinceau** stroke of the pencil/brush; **donner un ~ de balai** to give the floor a sweep, sweep up; **donner un ~ de chiffon** to go round with the duster; **avoir le ~** (*fig*) to have the knack; **être dans le/hors du ~** to be/not to be in on it; (*à la page*) to be hip *ou* trendy; **du ~** as a result; **boire un ~** to have a drink; **d'un seul ~** (*subitement*) suddenly; (*à la fois*) at one go, in one blow; **du ~** so (you see); **du premier ~** first time *ou* go, at the first attempt; **du même ~** at the same time; **à ~ sûr** definitely, without fail; **après ~** afterwards;

~ sur ~ in quick succession; **être sur un ~** to be on to something; **sur le ~** outright; **sous le ~ de** (*surprise etc*) under the influence of; **tomber sous le ~ de la loi** to constitute a statutory offence; **à tous les coups** every time; **tenir le ~** to hold out; **il a raté son ~** he missed his turn; **pour le ~** for once; **~ bas** (*fig*) : **donner un ~ bas à qn** to hit sb below the belt; **~ de chance** stroke of luck; **~ de chapeau** (*fig*) pat on the back; **~ de couteau** stab (of a knife); **~ dur** hard blow; **~ d'éclat** (*great*) feat; **~ d'envoi** kick-off; **~ d'essai** first attempt; **~ d'état** coup d'état; **~ de feu** shot; **~ de filet** (*Police*) haul; **~ de foudre** (*fig*) love at first sight; **~ fourré** stab in the back; **~ franc** free kick; **~ de frein** (*sharp*) braking *no pl*; **~ de fusil** rifle shot; **~ de grâce** coup de grâce; **~ du lapin** (*Auto*) whiplash; **~ de main** : **donner un ~ de main à qn** to give sb a (*helping*) hand; **~ de maître** master stroke; **~ d'œil** glance; **~ de pied** kick; **~ de poing** punch; **~ de soleil** sunburn *no pl*; **~ de sonnette** ring of the bell; **~ de téléphone** phone call; **~ de tête** (*fig*) (*sudden*) impulse; **~ de théâtre** (*fig*) dramatic turn of events; **~ de tonnerre** clap of thunder; **~ de vent** gust of wind; **en ~ de vent** (*rapidement*) in a tearing hurry

coupable [kupabl] *adj* guilty; (*pensée*) guilty, culpable; **~ de** guilty of ▶ *nmf* (*gén*) culprit; (*Jur*) guilty party

coupant, e [kupɑ̃, -ɑ̃t] *adj* (*lame*) sharp; (*fig : voix, ton*) cutting

coupe [kup] *nf* (*verre*) goblet; (*à fruits*) dish; (*Sport*) cup; (*de cheveux, de vêtement*) cut; (*graphique, plan*) (*cross*) section; **être sous la ~ de** to be under the control of; **faire des coupes sombres dans** to make drastic cuts in

coupé, e [kupe] *adj* (*communications, route*) cut, blocked; (*vêtement*) : **bien/mal ~** well/badly cut ▶ *nm* (*Auto*) coupé ▶ *nf* (*Navig*) gangway

coupe-circuit [kupsiʀkɥi] *nm inv* cutout, circuit breaker

coupe-faim [kupfɛ̃] *nm inv* appetite suppressant

coupe-feu [kupfø] *nm* firebreak

coupe-gorge [kupgɔʀ3] *nm inv* cut-throats' den

coupe-ongles [kupɔ̃gl] *nm inv* (*pince*) nail clippers; (*ciseaux*) nail scissors

coupe-papier [kuppapje] *nm inv* paper knife

couper [kupe] /**1**/ *vt* to cut; (*retrancher*) to cut (out), take out; (*route, courant*) to cut off; (*appétit*) to take away; (*fièvre*) to take down, reduce; (*vin, cidre*) to blend; (: *à table*) to dilute (with water); **~ l'appétit à qn** to spoil sb's appetite; **~ la parole à qn** to cut sb short; **~ les vivres à qn** to cut off sb's vital supplies; **~ le contact** *ou* **l'allumage** (*Auto*) to turn off the ignition; **~ les ponts avec qn** to break with sb; **se faire ~ les cheveux** to have *ou* get one's hair cut; **nous avons été coupés** we've been cut off ▶ *vi* to cut; (*prendre un raccourci*) to take a short-cut; (*Cartes* : *diviser le paquet*) to cut; (: *avec l'atout*) to trump; **se couper** *vpr* (*se blesser*) to cut o.s.; (*en témoignant etc*) to give o.s. away

couperet [kupʀɛ] *nm* cleaver, chopper

couperosé, e [kupʀoze] *adj* blotchy

coupe-vent [kupvɑ̃] (*pl* **~(s)**) *nm* windcheater, Windbreaker®(*US*)

couple [kupl] *nm* couple; **~ de torsion** torque

coupler [kuple] /1/ *vt* to couple (together)

couplet [kuplɛ] *nm* verse

coupleur [kuplœʀ] *nm* : **~ acoustique** acoustic coupler

coupole [kupɔl] *nf* dome; cupola

coupon [kupɔ̃] *nm* (*ticket*) coupon; (*de tissu*) remnant; roll

coupon-réponse [kupɔ̃ʀepɔ̃s] (*pl* **coupons-réponses**) *nm* reply coupon

coupure [kupyʀ] *nf* cut; (*billet de banque*) note; (*de journal*) cutting; **~ de courant** power cut

cour [kuʀ] *nf* (*de ferme, jardin*) (court)yard; (*d'immeuble*) back yard; (*Jur, royale*) court; **faire la ~ à qn** to court sb; **~ d'appel** appeal court (*BRIT*), appellate court (*US*); **~ d'assises** court of assizes, ≈ Crown Court (*BRIT*); **~ de cassation** final court of appeal; **~ des comptes** (*Admin*) revenue court; **~ martiale** court-martial; **~ de récréation** (*Scol*) playground, schoolyard

courage [kuʀaʒ] *nm* courage, bravery

courageusement [kuʀaʒøzmɑ̃] *adv* bravely, courageously

courageux, -euse [kuʀaʒø, -øz] *adj* brave, courageous

couramment [kuʀamɑ̃] *adv* commonly; (*parler*) fluently

courant, e [kuʀɑ̃, -ɑ̃t] *adj* (*fréquent*) common; (*Comm, gén : normal*) standard; (*en cours*) current; **~ octobre** *etc* in the course of October *etc*; **le 10 ~** (*Comm*) the 10th inst. ▶ *nm* current; (*fig*) movement; (*: d'opinion*) trend; **être au ~ (de)** (*fait, nouvelle*) to know (about); **mettre qn au ~ (de)** (*fait, nouvelle*) to tell sb (about); (*nouveau travail etc*) to teach sb the basics (of), brief sb (about); **se tenir au ~ (de)** (*techniques etc*) to keep o.s. up-to-date (on); **dans le ~ de** (*pendant*) in the course of; **~ d'air** draught (*BRIT*), draft (*US*); **~ électrique** (electric) current, power

courbature [kuʀbatyʀ] *nf* ache

courbaturé, e [kuʀbatyʀe] *adj* aching

courbe [kuʀb] *adj* curved ▶ *nf* curve; **~ de niveau** contour line

courber [kuʀbe] /1/ *vt* to bend; **~ la tête** to bow one's head; **se courber** *vpr* (*branche etc*) to bend, curve; (*personne*) to bend (down)

courbette [kuʀbɛt] *nf* low bow

coure *etc* [kuʀ] *vb voir* **courir**

coureur, -euse [kuʀœʀ, -øz] *nm/f* (*Sport*) runner (*ou* driver); (*péj*) womanizer/manhunter; **~ cycliste/automobile** racing cyclist/driver

courge [kuʀʒ] *nf* (*Bot*) gourd; (*Culin*) marrow

courgette [kuʀʒɛt] *nf* courgette (*BRIT*), zucchini (*US*)

courir [kuʀiʀ] /11/ *vi* (*gén*) to run; (*se dépêcher*) to rush; (*fig : rumeurs*) to go round; (*Comm : intérêt*) to accrue; **le bruit court que** the rumour is going round that; **par les temps qui courent** at the present time; **~ après qn** to run after sb, chase (after) sb; **laisser ~** to let things alone; **faire ~ qn** to make sb run around (all over the place); **tu peux (toujours) ~ !** you've got a

hope! ▶ *vt* (*Sport : épreuve*) to compete in; (*: risque*) to run; (*: danger*) to face; **~ les cafés/bals** to do the rounds of the cafés/ dances

couronne [kuʀɔn] *nf* crown; (*de fleurs*) wreath, circlet; **~ (funéraire** *ou* **mortuaire)** (funeral) wreath

couronnement [kuʀɔnmɑ̃] *nm* coronation, crowning; (*fig*) crowning achievement

couronner [kuʀɔne] /1/ *vt* to crown

courons [kuʀɔ̃], **courrai** *etc* [kuʀe] *vb voir* **courir**

courre [kuʀ] *vb voir* **chasse**

courriel [kuʀjɛl] *nm* email; **envoyer qch par ~** to email sth

courrier [kuʀje] *nm* mail, post; (*lettres à écrire*) letters *pl*; (*rubrique*) column; **qualité ~** letter quality; **long/moyen ~** *adj* (*Aviat*) long-/medium-haul; **~ du cœur** problem page; **est-ce que j'ai du ~ ?** are there any letters for me?; **~ électronique** electronic mail, email

⚠ **courrier** does not mean *courier*.

courroie [kuʀwa] *nf* strap; (*Tech*) belt; **~ de transmission/de ventilateur** driving/fan belt

courrons *etc* [kuʀɔ̃] *vb voir* **courir**

courroucé, e [kuʀuse] *adj* wrathful

cours [kuʀ] *vb voir* **courir** ▶ *nm* (*leçon*) class; (*: particulier*) lesson; (*série de leçons*) course; (*cheminement*) course; (*écoulement*) flow; (*avenue*) walk; (*Comm : de devises*) rate; (*: de denrées*) price; (*Bourse*) quotation; **donner libre ~ à** to give free expression to; **avoir ~** (*monnaie*) to be legal tender; (*fig*) to be current; (*Scol*) to have a class *ou* lecture; **en ~** (*année*) current; (*travaux*) in progress; **en ~ de route** on the way; **au ~ de** in the course of, during; **le ~ du change** the exchange rate; **~ d'eau** waterway; **~ élémentaire** 2nd and 3rd years of primary school; **~ moyen** 4th and 5th years of primary school; **~ préparatoire** ≈ infants' class (*BRIT*), ≈ 1st grade (*US*); **~ du soir** night school

course [kuʀs] *nf* running; (*Sport : épreuve*) race; (*trajet : du soleil*) course; (*: d'un projectile*) flight; (*: d'une pièce mécanique*) travel; (*excursion*) outing; (*ascension*) climb; (*d'un taxi, autocar*) journey, trip; (*petite mission*) errand; **à bout de ~** (*épuisé*) exhausted; **~ automobile** car race; **~ de côte** (*Auto*) hill climb; **~ par étapes** *ou* **d'étapes** race in stages; **~ d'obstacles** obstacle race; **~ à pied** walking race; **~ de vitesse** sprint; **courses** *nfpl* (*achats*) shopping *sg*; (*Hippisme*) races; **faire les** *ou* **ses courses** to go shopping; **jouer aux courses** to bet on the races; **courses de chevaux** horse racing

coursier, -ière [kuʀsje, -jɛʀ] *nm/f* courier

court, e [kuʀ, kuʀt] *adj* short; **ça fait ~** that's not very long; **tirer à la courte paille** to draw lots; **faire la courte échelle à qn** to give sb a leg up; **~ métrage** (*Ciné*) short (film) ▶ *adv* short; **tourner ~** to come to a sudden end; **couper ~ à** to cut short; **à ~ de** short of; **prendre qn de ~** to catch sb unawares; **pour faire ~** briefly, to cut a long story short ▶ *nm* : **~ (de tennis)** (tennis) court

court-bouillon [kuʀbujɔ̃] (*pl* **courts-bouillons**) *nm* court-bouillon

court-circuit – crampe

court-circuit [kuʀsiʀkɥi] (pl **courts-circuits**) nm short-circuit

court-circuiter [kuʀsiʀkɥite] /1/ vt (fig) to bypass

courtier, -ière [kuʀtje, -jɛʀ] nm/f broker

courtisan [kuʀtizɑ̃] nm courtier

courtisane [kuʀtizan] nf courtesan

courtiser [kuʀtize] /1/ vt to court, woo

courtois, e [kuʀtwa, -waz] adj courteous

courtoisement [kuʀtwazmɑ̃] adv courteously

courtoisie [kuʀtwazi] nf courtesy

couru, e [kuʀy] pp de **courir** ▸ adj (spectacle etc) popular; **c'est ~ (d'avance)!** (fam) it's a safe bet!

cousais etc [kuzɛ] vb voir **coudre**

couscous [kuskus] nm couscous

cousin, e [kuzɛ̃, -in] nm/f cousin; **~ germain** first cousin ▸ nm (Zool) mosquito

cousons etc [kuzɔ̃] vb voir **coudre**

coussin [kusɛ̃] nm cushion; **~ d'air** (Tech) air cushion

cousu, e [kuzy] pp de **coudre** ▸ adj : **~ d'or** rolling in riches

coût [ku] nm cost; **le ~ de la vie** the cost of living

coûtant [kutɑ̃] adj m : **au prix ~** at cost price

couteau, x [kuto] nm knife; **~ à cran d'arrêt** flick-knife; **~ de cuisine** kitchen knife; **~ à pain** bread knife; **~ de poche** pocket knife

couteau-scie [kutosi] (pl **couteaux-scies**) nm serrated(-edged) knife

coutelier, -ière [kutəlje, -jɛʀ] adj : **l'industrie coutelière** the cutlery industry ▸ nm/f cutler

coutellerie [kutɛlʀi] nf cutlery shop; cutlery

coûter [kute] /1/ vt to cost ▸ vi to cost; **~ à qn** to cost sb a lot; **~ cher** to be expensive; **~ cher à qn** (fig) to cost sb dear ou dearly; **combien ça coûte ?** how much is it?, what does it cost?; **coûte que coûte** at all costs

coûteux, -euse [kutø, -øz] adj costly, expensive

coutume [kutym] nf custom; **de ~** usual, customary

coutumier, -ière [kutymje, -jɛʀ] adj customary; **elle est coutumière du fait** that's her usual trick

couture [kutyʀ] nf sewing; (profession) dress-making; (points) seam

couturier [kutyʀje] nm fashion designer, couturier

couturière [kutyʀjɛʀ] nf dressmaker

couvade [kuvad] nf couvade syndrome, sympathetic pregnancy

couvée [kuve] nf brood, clutch

couvent [kuvɑ̃] nm (de sœurs) convent; (de frères) monastery; (établissement scolaire) convent (school)

couver [kuve] /1/ vt to hatch; (maladie) to be sickening for; **~ qn/qch des yeux** to look lovingly at sb/sth; (convoiter) to look longingly at sb/sth ▸ vi (feu) to smoulder (BRIT), smolder (US); (révolte) to be brewing

couvercle [kuvɛʀkl] nm lid; (de bombe aérosol etc, qui se visse) cap, top

couvert, e [kuvɛʀ, -ɛʀt] pp de **couvrir** ▸ adj (ciel) overcast; (coiffé d'un chapeau) wearing a hat; **~ de** covered with ou in; **bien ~** (habillé) well wrapped up ▸ nm place setting; (place à table) place; (au restaurant) cover charge; **mettre le ~** to lay the table; **à ~** under cover; **sous le ~ de** under the shelter of; (fig) under cover of; **couverts** nmpl place settings; (ustensiles) cutlery sg

couverture [kuvɛʀtyʀ] nf (de lit) blanket; (de bâtiment) roofing; (de livre, fig : d'un espion etc, Assurances) cover; (Presse) coverage; **de ~** (lettre etc) covering; **~ chauffante** electric blanket

couveuse [kuvøz] nf (à poules) sitter, brooder; (de maternité) incubator

couvre etc [kuvʀ] vb voir **couvrir**

couvre-chef [kuvʀəʃɛf] nm hat

couvre-feu, x [kuvʀəfø] nm curfew

couvre-lit [kuvʀəli] nm bedspread

couvre-pieds [kuvʀəpje] nm inv quilt

couvreur [kuvʀœʀ] nm roofer

couvrir [kuvʀiʀ] /18/ vt to cover; (dominer, étouffer : voix, pas) to drown out; (erreur) to cover up; (Zool : s'accoupler à) to cover; **se couvrir** vpr (ciel) to cloud over; (s'habiller) to cover up, wrap up; (se coiffer) to put on one's hat; (par une assurance) to cover o.s.; **se ~ de** (fleurs, boutons) to become covered in

cover-girl [kɔvœʀgœʀl] nf model

cow-boy [kobɔj] nm cowboy

coyote [kɔjɔt] nm coyote

CP sigle m = **cours préparatoire**

CPAM sigle f (= Caisse primaire d'assurances maladie) health insurance office

cps abr (= caractères par seconde) cps

cpt abr = **comptant**

CQFD abr (= ce qu'il fallait démontrer) QED (= quod erat demonstrandum)

CR sigle m = **compte rendu**

crabe [kʀɑb] nm crab

crachat [kʀaʃa] nm spittle no pl, spit no pl

craché, e [kʀaʃe] adj : **son père tout ~** the spitting image of his (ou her) father

cracher [kʀaʃe] /1/ vi to spit ▸ vt to spit out; (fig : lave etc) to belch (out); **~ du sang** to spit blood

crachin [kʀaʃɛ̃] nm drizzle

crachiner [kʀaʃine] /1/ vi to drizzle

crachoir [kʀaʃwaʀ] nm spittoon; (de dentiste) bowl

crachotement [kʀaʃɔtmɑ̃] nm crackling no pl

crachoter [kʀaʃɔte] /1/ vi (haut-parleur, radio) to crackle

crack [kʀak] nm (intellectuel) whiz kid; (sportif) ace; (poulain) hot favourite (BRIT) ou favorite (US)

Cracovie [kʀakɔvi] n Cracow

crade [kʀad], **cradingue** [kʀadɛ̃g] adj (fam) disgustingly dirty, filthy-dirty

craie [kʀɛ] nf chalk

craignais etc [kʀɛɲɛ] vb voir **craindre**

craindre [kʀɛ̃dʀ] /52/ vt to fear, be afraid of; (être sensible à : chaleur, froid) to be easily damaged by; **~ de/que** to be afraid of/that; **je crains qu'il (ne) vienne** I am afraid he may come

crainte [kʀɛ̃t] nf fear; **de ~ de/que** for fear of/that

craintif, -ive [kʀɛ̃tif, -iv] adj timid

craintivement [kʀɛ̃tivmɑ̃] adv timidly

cramer [kʀame] /1/ vi (fam) to burn

cramoisi, e [kʀamwazi] adj crimson

crampe [kʀɑp] nf cramp; **~ d'estomac** stomach cramp; **j'ai une ~ à la jambe** I've got cramp in my leg

crampon [kʀɑ̃pɔ̃] *nm* (*de semelle*) stud; (*Alpinisme*) crampon

cramponner [kʀɑ̃pɔne] /**1**/ : **se cramponner** *vpr* : **se ~ (à)** to hang *ou* cling on (to)

cran [kʀɑ̃] *nm* (*entaille*) notch; (*de courroie*) hole; (*courage*) guts *pl*; **~ d'arrêt/de sûreté** safety catch; **~ de mire** bead

crâne [kʀɑn] *nm* skull

crânement [kʀɑnmɑ̃] *adv* (*fièrement*) proudly

crâner [kʀɑne] /**1**/ *vi* (*fam*) to swank, show off

crânien, ne [kʀɑnjɛ̃, -ɛn] *adj* cranial, skull *cpd*, brain *cpd*

crapaud [kʀapo] *nm* toad

crapule [kʀapyl] *nf* villain

crapuleux, -euse [kʀapylø, -øz] *adj* : **crime ~** villainous crime

craquelure [kʀaklyʀ] *nf* crack; crackle *no pl*

craquement [kʀakmɑ̃] *nm* crack, snap; (*du plancher*) creak, creaking *no pl*

craquer [kʀake] /**1**/ *vi* (*bois, plancher*) to creak; (*fil, branche*) to snap; (*couture*) to come apart, burst; (*fig : accusé*) to break down, fall apart; (: *être enthousiasmé*) to go wild; **j'ai craqué** (*fam*) I couldn't resist it ▶ *vt* : **~ une allumette** to strike a match

crash [kʀaʃ] (*pl* **crashs** *ou* **crashes**) *nm* crash; **~ boursier** stock market crash

crasher [kʀaʃe] (*fam*) : **se crasher** *vpr* to crash

crasse [kʀas] *nf* grime, filth ▶ *adj* (*fig : ignorance*) crass

crasseux, -euse [kʀasø, -øz] *adj* filthy

crassier [kʀasje] *nm* slag heap

cratère [kʀatɛʀ] *nm* crater

cravache [kʀavaʃ] *nf* (riding) crop

cravacher [kʀavaʃe] /**1**/ *vt* to use the crop on

cravate [kʀavat] *nf* tie

cravater [kʀavate] /**1**/ *vt* to put a tie on; (*fig*) to grab round the neck

crawl [kʀol] *nm* crawl

crawlé, e [kʀole] *adj* : **dos ~** backstroke

crayeux, -euse [kʀɛjø, -øz] *adj* chalky

crayon [kʀɛjɔ̃] *nm* pencil; (*de rouge à lèvres etc*) stick, pencil; **écrire au ~** to write in pencil; **~ à bille** ball-point pen; **~ de couleur** crayon; **~ optique** light pen

crayon-feutre [kʀɛjɔ̃føtʀ] (*pl* **crayons-feutres**) *nm* felt(-tip) pen

crayonner [kʀɛjɔne] /**1**/ *vt* to scribble, sketch

CRDP *sigle m* (= *Centre régional de documentation pédagogique*) teachers' resource centre

créance [kʀeɑ̃s] *nf* (*Comm*) (financial) claim, (recoverable) debt; **donner ~ à qch** to lend credence to sth

créancier, -ière [kʀeɑ̃sje, -jɛʀ] *nm/f* creditor

créateur, -trice [kʀeatœʀ, -tʀis] *adj* creative ▶ *nm/f* creator ▶ *nm* : **le C~** (*Rel*) the Creator

créatif, -ive [kʀeatif, -iv] *adj* creative

création [kʀeasjɔ̃] *nf* creation

créativité [kʀeativite] *nf* creativity

créature [kʀeatyʀ] *nf* creature

crécelle [kʀesɛl] *nf* rattle

crèche [kʀɛʃ] *nf* (*de Noël*) crib; (*garderie*) crèche, day nursery

crédence [kʀedɑ̃s] *nf* (small) sideboard

crédibilité [kʀedibilite] *nf* credibility

crédible [kʀedibl] *adj* credible

crédit [kʀedi] *nm* (*gén*) credit; **acheter à ~** to buy on credit *ou* on easy terms; **faire ~ à qn** to give sb credit; **~ municipal** pawnshop; **~ relais** bridging loan; **~ carbone** carbon credit; **crédits** *nmpl* funds

crédit-bail [kʀedibaj] (*pl* **crédits-bails**) *nm* (*Écon*) leasing

créditer [kʀedite] /**1**/ *vt* : **~ un compte (de)** to credit an account (with)

créditeur, -trice [kʀeditœʀ, -tʀis] *adj* in credit, credit *cpd* ▶ *nm/f* customer in credit

credo [kʀedo] *nm* credo, creed

crédule [kʀedyl] *adj* credulous, gullible

crédulité [kʀedylite] *nf* credulity, gullibility

créer [kʀee] /**1**/ *vt* to create; (*Théât : pièce*) to produce (for the first time); (: *rôle*) to create

crémaillère [kʀemajɛʀ] *nf* (*Rail*) rack; (*tige crantée*) trammel; **direction à ~** (*Auto*) rack and pinion steering; **pendre la ~** to have a house-warming party

crémation [kʀemasjɔ̃] *nf* cremation

crématoire [kʀematwaʀ] *adj* : **four ~** crematorium

crématorium [kʀematɔʀjɔm] *nm* crematorium

crème [kʀɛm] *nf* cream; (*entremets*) cream dessert; **~ anglaise** (egg) custard; **~ chantilly** whipped cream, crème Chantilly; **~ fouettée** whipped cream; **~ glacée** ice cream; **~ à raser** shaving cream; **~ solaire** sun cream ▶ *adj inv* cream; **un (café) ~** ≈ a white coffee

crémerie [kʀɛmʀi] *nf* dairy; (*tearoom*) teashop

crémeux, -euse [kʀemø, -øz] *adj* creamy

crémier, -ière [kʀemje, -jɛʀ] *nm/f* dairyman/-woman

créneau, x [kʀeno] *nm* (*de fortification*) crenel(le); (*fig, aussi Comm*) gap, slot; (*Auto*) : **faire un ~** to reverse into a parking space (*between cars alongside the kerb*)

créole [kʀeɔl] *adj, nmf* Creole

créosote [kʀeɔzɔt] *nf* creosote

crêpe [kʀɛp] *nf* (*galette*) pancake ▶ *nm* (*tissu*) crêpe; (*de deuil*) black mourning crêpe; (*ruban*) black armband (*ou* hatband *ou* ribbon); **semelle (de) ~** crêpe sole; **~ de Chine** crêpe de Chine

crêpé, e [kʀepe] *adj* (*cheveux*) backcombed

crêperie [kʀɛpʀi] *nf* pancake shop *ou* restaurant

crépi [kʀepi] *nm* roughcast

crépir [kʀepiʀ] /**2**/ *vt* to roughcast

crépitement [kʀepitmɑ̃] *nm* (*du feu*) crackling *no pl*; (*d'une arme automatique*) rattle *no pl*

crépiter [kʀepite] /**1**/ *vi* to sputter, splutter, crackle

crépon [kʀepɔ̃] *nm* seersucker

CREPS [kʀɛps] *sigle m* (= *Centre régional d'éducation physique et sportive*) ≈ sports *ou* leisure centre

crépu, e [kʀepy] *adj* frizzy, fuzzy

crépuscule [kʀepyskyl] *nm* twilight, dusk

crescendo [kʀeʃɛndo] *nm, adv* (*Mus*) crescendo; **aller ~** (*fig*) to rise higher and higher, grow ever greater

cresson [kʀesɔ̃] *nm* watercress

Crète [kʀɛt] *nf* : **la ~** Crete

crête [kʀɛt] *nf* (*de coq*) comb; (*de vague, montagne*) crest

crétin, e [kʀetɛ̃, -in] nm/f cretin
crétois, e [kʀetwa, -waz] adj Cretan
cretonne [kʀətɔn] nf cretonne
creuser [kʀøze] /1/ vt (trou, tunnel) to dig; (sol) to dig a hole in; (bois) to hollow out; (fig) to go (deeply) into; **ça creuse** that gives you a real appetite; **se ~ (la cervelle)** to rack one's brains
creuset [kʀøzɛ] nm crucible; (fig) melting pot, (severe) test
creux, -euse [kʀø, -øz] adj hollow; **heures creuses** slack periods; (électricité, téléphone) off-peak periods ▸ nm hollow; (fig : sur graphique etc) trough; **le ~ de l'estomac** the pit of the stomach; **avoir un ~** (fam) to be hungry
crevaison [kʀəvɛzɔ̃] nf puncture, flat
crevant, e [kʀəvɑ̃, -ɑ̃t] adj (fam : fatigant) knackering; (: très drôle) priceless
crevasse [kʀəvas] nf (dans le sol) crack, fissure; (de glacier) crevasse; (de la peau) crack
crevé, e [kʀəve] adj (fam : fatigué) shattered (BRIT), exhausted
crève-cœur [kʀɛvkœʀ] nm heartbreak
crever [kʀəve] /5/ vt (papier) to tear, break; (tambour, ballon) to burst; **cela lui a crevé un œil** it blinded him in one eye; **~ l'écran** to have real screen presence ▸ vi (pneu) to burst; (automobiliste) to have a puncture (BRIT) ou a flat (tire) (US); (abcès, outre, nuage) to burst (open); (fam) to die
crevette [kʀəvɛt] nf : **~ (rose)** prawn; **~ grise** shrimp
CRF sigle f (= Croix-Rouge française) French Red Cross
cri [kʀi] nm cry, shout; (d'animal : spécifique) cry, call; **à grands cris** at the top of one's voice; **c'est le dernier ~** (fig) it's the latest fashion
criant, e [kʀijɑ̃, -ɑ̃t] adj (injustice) glaring
criard, e [kʀijaʀ, -aʀd] adj (couleur) garish, loud; (voix) yelling
crible [kʀibl] nm riddle; (mécanique) screen, jig; **passer qch au ~** to put sth through a riddle; (fig) to go over sth with a fine-tooth comb
criblé, e [kʀible] adj : **~ de** riddled with
cric [kʀik] nm (Auto) jack
cricket [kʀikɛt] nm cricket
criée [kʀije] nf : **(vente à la) ~** (sale by) auction
crier [kʀije] /7/ vi (pour appeler) to shout, cry (out); (de peur, de douleur etc) to scream, yell; (fig : grincer) to squeal, screech ▸ vt (ordre, injure) to shout (out), yell (out); **sans ~ gare** without warning; **~ grâce** to cry for mercy; **~ au secours** to shout for help

⚠ **crier** does not mean to cry in the sense of 'weep'.

crieur, -euse [kʀijœʀ, -øz] nm/f : **~ de journaux** newspaper seller
crime [kʀim] nm crime; (meurtre) murder
Crimée [kʀime] nf : **la ~** the Crimea
criminalité [kʀiminalite] nf criminality, crime
criminel, le [kʀiminɛl] adj criminal ▸ nm/f criminal; murderer; **~ de guerre** war criminal
criminologie [kʀiminɔlɔʒi] nf criminology
criminologiste [kʀiminɔlɔʒist] nmf criminologist

criminologue [kʀiminɔlɔg] nmf criminologist
crin [kʀɛ̃] nm (de cheval) hair no pl; (fibre) horsehair; **à tous crins, à tout ~** diehard, out-and-out
crinière [kʀinjɛʀ] nf mane
crique [kʀik] nf creek, inlet
criquet [kʀikɛ] nm grasshopper
crise [kʀiz] nf crisis (pl crises); (Méd) attack; (: d'épilepsie) fit; **~ cardiaque** heart attack; **~ de foi** crisis of belief; **avoir une ~ de foie** to have really bad indigestion; **~ de nerfs** attack of nerves; **piquer une ~ de nerfs** to go hysterical
crispant, e [kʀispɑ̃, -ɑ̃t] adj annoying, irritating
crispation [kʀispasjɔ̃] nf (spasme) twitch; (contraction) contraction; tenseness
crispé, e [kʀispe] adj tense, nervous
crisper [kʀispe] /1/ vt to tense; (poings) to clench; **se crisper** vpr to tense; to clench; (personne) to get tense
crissement [kʀismɑ̃] nm crunch; rustle; screech
crisser [kʀise] /1/ vi (neige) to crunch; (tissu) to rustle; (pneu) to screech
cristal, -aux [kʀistal, -o] nm crystal; **~ de plomb** (lead) crystal; **~ de roche** rock-crystal; **cristaux** nmpl (objets) crystal(ware) sg; **cristaux de soude** washing soda sg
cristallin, e [kʀistalɛ̃, -in] adj crystal-clear ▸ nm (Anat) crystalline lens
cristalliser [kʀistalize] /1/ vi, vt, **se cristalliser** vpr to crystallize
critère [kʀitɛʀ] nm criterion (pl criteria)
critiquable [kʀitikabl] adj open to criticism
critique [kʀitik] adj critical ▸ nmf (de théâtre, musique) critic ▸ nf criticism; (Théât etc : article) review; **la ~** (activité) criticism; (personnes) the critics pl
critiquer [kʀitike] /1/ vt (dénigrer) to criticize; (évaluer, juger) to assess, examine (critically)
croasser [kʀɔase] /1/ vi to caw
croate [kʀɔat] adj Croatian ▸ nm (Ling) Croat, Croatian ▸ nmf : **Croate** Croat, Croatian
Croatie [kʀɔasi] nf : **la ~** Croatia
croc [kʀo] nm (dent) fang; (de boucher) hook
croc-en-jambe [kʀɔkɑ̃ʒɑ̃b] (pl crocs-en-jambe) nm : **faire un ~ à qn** to trip sb up
croche [kʀɔʃ] nf (Mus) quaver (BRIT), eighth note (US); **double ~** semiquaver (BRIT), sixteenth note (US)
croche-pied [kʀɔʃpje] nm = **croc-en-jambe**
crochet [kʀɔʃɛ] nm hook; (clef) picklock; (détour) detour; (Boxe) : **~ du gauche** left hook; (Tricot : aiguille) crochet hook; (: technique) crochet; **crochets** nmpl (Typo) square brackets; **vivre aux crochets de qn** to live ou sponge off sb
crocheter [kʀɔʃte] /5/ vt (serrure) to pick
crochu, e [kʀɔʃy] adj hooked; claw-like
crocodile [kʀɔkɔdil] nm crocodile
crocus [kʀɔkys] nm crocus
croire [kʀwaʀ] /44/ vt to believe; **~ qn honnête** to believe sb (to be) honest; **se ~ fort** to think one is strong; **~ que** to believe ou think that; **vous croyez ?** do you think so?; **~ être/faire** to think one is/does; **~ à, ~ en** to believe in

croîs *etc* [kʀwa] *vb voir* **croître**

croisade [kʀwazad] *nf* crusade

croisé, e [kʀwaze] *adj* (*veston*) double-breasted; (*Football* : *tir, tête*) to the far post; (*Tennis* : *revers, coup droit*) cross-court ▸ *nm* (*guerrier*) crusader ▸ *nf* (*fenêtre*) window, casement; **croisée d'ogives** intersecting ribs; **à la croisée des chemins** at the crossroads

croisement [kʀwazmɑ̃] *nm* (*carrefour*) crossroads *sg*; (*Bio*) crossing; (: *résultat*) crossbreed

croiser [kʀwaze] /**1**/ *vt* (*personne, voiture*) to pass; (*route*) to cross, cut across; (*Bio*) to cross; **~ les jambes/bras** to cross one's legs/ fold one's arms ▸ *vi* (*Navig*) to cruise; **se croiser** *vpr* (*personnes, véhicules*) to pass each other; (*routes*) to cross, intersect; (*lettres*) to cross (in the post); (*regards*) to meet; **se ~ les bras** (*fig*) to fold one's arms, to twiddle one's thumbs

croiseur [kʀwazœʀ] *nm* cruiser (*warship*)

croisière [kʀwazjɛʀ] *nf* cruise; **vitesse de ~** (*Auto etc*) cruising speed

croisillon [kʀwazijɔ̃] *nm* : **motif/fenêtre à croisillons** lattice pattern/window

croissais *etc* [kʀwasɛ] *vb voir* **croître**

croissance [kʀwasɑ̃s] *nf* growing, growth; **troubles de la ~** growing pains; **maladie de ~** growth disease; **~ économique** economic growth

croissant, e [kʀwasɑ̃, -ɑ̃t] *vb voir* **croître** ▸ *adj* growing; rising ▸ *nm* (*à manger*) croissant; (*motif*) crescent; **~ de lune** crescent moon

croître [kʀwatʀ] /**55**/ *vi* to grow; (*lune*) to wax

croix [kʀwa] *nf* cross; **en ~** *adj, adv* in the form of a cross; **la C~ Rouge** the Red Cross

croquant, e [kʀɔkɑ̃, -ɑ̃t] *adj* crisp, crunchy ▸ *nm/f* (*péj*) yokel, (country) bumpkin

croque-madame [kʀɔkmadam] *nm inv* toasted cheese sandwich with a fried egg on top

croque-mitaine [kʀɔkmitɛn] *nm* bog(e)y-man (*pl* -men)

croque-monsieur [kʀɔkməsjø] *nm inv* toasted ham and cheese sandwich

croque-mort [kʀɔkmɔʀ] *nm* (*péj*) pallbearer

croquer [kʀɔke] /**1**/ *vt* (*manger*) to crunch; (: *fruit*) to munch; (*dessiner*) to sketch; **chocolat à ~** plain dessert chocolate ▸ *vi* to be crisp *ou* crunchy

croquet [kʀɔkɛ] *nm* croquet

croquette [kʀɔkɛt] *nf* croquette

croquis [kʀɔki] *nm* sketch

cross [kʀɔs], **cross-country** [kʀɔskuntʀi] (*pl* **~(-countries)**) *nm* cross-country race *ou* run; cross-country racing *ou* running

crosse [kʀɔs] *nf* (*de fusil*) butt; (*de revolver*) grip; (*d'évêque*) crook, crosier; (*de hockey*) hockey stick

crotale [kʀɔtal] *nm* rattlesnake

crotte [kʀɔt] *nf* droppings *pl*; **~ !** (*fam*) damn!

crotté, e [kʀɔte] *adj* muddy, mucky

crottin [kʀɔtɛ̃] *nm* dung, manure; (*fromage*) (small round) cheese (*made of goat's milk*)

croulant, e [kʀulɑ̃, -ɑ̃t] *nm/f* (*fam*) old fogey

crouler [kʀule] /**1**/ *vi* (*s'effondrer*) to collapse; (*être délabré*) to be crumbling

croupe [kʀup] *nf* croup, rump; **en ~** pillion

croupi, croupie [kʀupi] *adj f* stagnant; **eau croupie** stagnant water

croupier, ière [kʀupje, -jɛʀ] *nm/f* croupier ▸ *nfpl* : **tailler des croupières à qn** (*Écon, Comm*) to steal a march on sb

croupion [kʀupjɔ̃] *nm* (*d'un oiseau*) rump; (*Culin*) parson's nose

croupir [kʀupiʀ] /**2**/ *vi* to stagnate; **~ en prison** to rot in prison

CROUS [kʀus] *sigle m* (= *Centre régional des œuvres universitaires et scolaires*) students' representative body

croustade [kʀustad] *nf* (*Culin*) croustade

croustillant, e [kʀustijɑ̃, -ɑ̃t] *adj* crisp; (*fig*) spicy

croustiller [kʀustije] /**1**/ *vi* to be crisp *ou* crusty

croûte [kʀut] *nf* crust; (*du fromage*) rind; (*de vol-au-vent*) case; (*Méd*) scab; **en ~** (*Culin*) in pastry, in a pie; **~ aux champignons** mushrooms on toast; **~ au fromage** cheese on toast *no pl*; **~ de pain** (*morceau*) crust (of bread); **~ terrestre** earth's crust

croûton [kʀutɔ̃] *nm* (*Culin*) crouton; (*bout du pain*) crust, heel

croyable [kʀwajabl] *adj* believable, credible

croyais *etc* [kʀwajɛ] *vb voir* **croire**

croyance [kʀwajɑ̃s] *nf* belief

croyant, e [kʀwajɑ̃, -ɑ̃t] *vb voir* **croire** ▸ *adj* : **être/ ne pas être ~** to be/not to be a believer ▸ *nm/f* believer

Crozet [kʀɔzɛ] *n* : **les îles ~** the Crozet Islands

CRS *sigle fpl* (= *Compagnies républicaines de sécurité*) state security police force ▸ *sigle m* member of the CRS

cru, e [kʀy] *pp de* **croire** ▸ *adj* (*non cuit*) raw; (*lumière, couleur*) harsh; (*description*) crude; (*paroles, langage* : *franc*) blunt; (: *grossier*) crude; **jambon ~** Parma ham; **monter à ~** to ride bareback ▸ *nm* (*vignoble*) vineyard; (*vin*) wine; **un grand ~** a great vintage; **de son (propre) ~** (*fig*) of his own devising; **du ~** local ▸ *nf* (*d'un cours d'eau*) swelling, rising; **en crue** in spate

crû [kʀy] *pp de* **croître**

cruauté [kʀyote] *nf* cruelty

cruche [kʀyʃ] *nf* pitcher, (earthenware) jug

crucial, e, -aux [kʀysjal, -o] *adj* crucial

crucifier [kʀysifje] /**7**/ *vt* to crucify

crucifix [kʀysifi] *nm* crucifix

crucifixion [kʀysifiksjɔ̃] *nf* crucifixion

cruciforme [kʀysifɔʀm] *adj* cruciform, cross-shaped

cruciverbiste [kʀysivɛʀbist] *nmf* crossword puzzle enthusiast

crudité [kʀydite] *nf* crudeness *no pl*; harshness *no pl*; **crudités** *nfpl* (*Culin*) selection of raw vegetables

crue [kʀy] *nf* (*inondation*) flood; *voir aussi* **cru**

cruel, le [kʀyɛl] *adj* cruel

cruellement [kʀyɛlmɑ̃] *adv* cruelly

crûment [kʀymɑ̃] *adv* (*voir cru*) harshly; bluntly; crudely

crus, crûs *etc* [kʀy] *vb voir* **croire** ; **croître**

crustacés [kʀystase] *nmpl* shellfish

cryptage [kʀiptaʒ] *nm* (*de données*) encryption

crypte [kʀipt] *nf* crypt

crypté, e [kʀipte] *adj* (*télévision*) encrypted; (*chaînes*) encrypted, scrambled

crypter [kʀipte] *vt* (*Inform, Tél*) encrypt

CSA *sigle f* (= *Conseil supérieur de l'audiovisuel*) French broadcasting regulatory body, ≈ IBA (BRIT), ≈ FCC (US)

cse *abr* = **cause**

CSEN *sigle f* (= *Confédération syndicale de l'éducation nationale*) group of teachers' unions

CSG *sigle f* (= *contribution sociale généralisée*) supplementary social security contribution in aid of the underprivileged

CSM *sigle m* (= *Conseil supérieur de la magistrature*) French magistrates' council

Cte *abr* = **Comtesse**

CU *sigle f* = **communauté urbaine**

Cuba [kyba] *nm* : **le** ~ Cuba

cubage [kyba3] *nm* cubage, cubic content

cubain, e [kybɛ̃, -ɛn] *adj* Cuban ▶ *nm/f* : **Cubain, e** Cuban

cube [kyb] *nm* cube; (*jouet*) brick, building block; **gros** ~ powerful motorbike; **mètre** ~ cubic metre; **2 au** ~ = **8** 2 cubed is 8; **élever au** ~ to cube

cubique [kybik] *adj* cubic

cubisme [kybism] *nm* cubism

cubiste [kybist] *adj, nmf* cubist

cubitus [kybitys] *nm* ulna

cueillette [kœjɛt] *nf* picking; (*quantité*) crop, harvest

cueillir [kœjiR] /**12**/ *vt* (*fruits, fleurs*) to pick, gather; (*fig*) to catch

cuiller, cuillère [kɥijɛR] *nf* spoon; ~ **à café** coffee spoon; (*Culin*) ≈ teaspoonful; ~ **à soupe** soup spoon; (*Culin*) ≈ tablespoonful

cuillerée [kɥijRe] *nf* spoonful; (*Culin*) : ~ **à soupe/café** tablespoonful/teaspoonful

cuir [kɥiR] *nm* leather; (*avant tannage*) hide; ~ **chevelu** scalp

cuirasse [kɥiRas] *nf* breastplate

cuirassé [kɥiRase] *nm* (*Navig*) battleship

cuire [kɥiR] /**38**/ *vt* : (**faire**) ~ (*aliments*) to cook; (*au four*) to bake; (*poterie*) to fire ▶ *vi* to cook; (*picoter*) to smart, sting, burn

cuisant, e [kɥizɑ̃, -ɑ̃t] *vb voir* **cuire** ▶ *adj* (*douleur*) smarting, burning; (*fig* : *souvenir, échec*) bitter

cuisine [kɥizin] *nf* (*pièce*) kitchen; (*art culinaire*) cookery, cooking; (*nourriture*) cooking, food; **faire la** ~ to cook

cuisiné, e [kɥizine] *adj* : **plat** ~ ready-made meal *ou* dish

cuisiner [kɥizine] /**1**/ *vt* to cook; (*fam*) to grill ▶ *vi* to cook

cuisinette [kɥizinɛt] *nf* kitchenette

cuisinier, -ière [kɥizinje, -jɛR] *nm/f* cook ▶ *nf* (*poêle*) cooker; **cuisinière électrique/à gaz** electric/gas cooker

> Bien qu'en anglais beaucoup de noms de professions se terminent en **-er** (**teacher**, **bus driver**, **photographer**, etc.), *cuisinier* se traduit par **cook**, à ne pas confondre avec **cooker**, qui désigne la cuisinière au sens d'appareil électroménager.

cuisis *etc* [kɥizi] *vb voir* **cuire**

cuissardes [kɥisaRd] *nfpl* (*de pêcheur*) waders; (*de femme*) thigh boots

cuisse [kɥis] *nf* (*Anat*) thigh; (*Culin*) leg

cuisson [kɥisɔ̃] *nf* cooking; (*de poterie*) firing

cuissot [kɥiso] *nm* haunch

cuistre [kɥistR] *nm* prig

cuit, e [kɥi, -it] *pp de* **cuire** ▶ *adj* (*viande*) : **bien** ~ well done; **trop** ~ overdone; **pas assez** ~ underdone; ~ **à point** medium done; done to a turn ▶ *nf* (*fam*) : **prendre une cuite** to get plastered *ou* smashed

cuiter [kɥite] *vpr* (*fam*) : **se cuiter** to get smashed

cuivre [kɥivR] *nm* copper; **les cuivres** (*Mus*) the brass; ~ **rouge** copper; ~ **jaune** brass

cuivré, e [kɥivRe] *adj* coppery; (*peau*) bronzed

cul [ky] *nm* (!) arse (BRIT!), ass (US!), bum (BRIT); ~ **de bouteille** bottom of a bottle

culasse [kylas] *nf* (*Auto*) cylinder-head; (*de fusil*) breech

culbute [kylbyt] *nf* somersault; (*accidentelle*) tumble, fall

culbuter [kylbyte] /**1**/ *vi* to (take a) tumble, fall (head over heels)

culbuteur [kylbytœR] *nm* (*Auto*) rocker arm

cul-de-jatte [kyd3at] (*pl* **culs-de-jatte**) *nm/f* legless cripple

cul-de-sac [kydsak] (*pl* **culs-de-sac**) *nm* cul-de-sac

culinaire [kylinɛR] *adj* culinary

culminant, e [kylminɑ̃, -ɑ̃t] *adj* : **point** ~ highest point; (*fig*) height, climax

culminer [kylmine] /**1**/ *vi* to reach its highest point; to tower

culot [kylo] *nm* (*d'ampoule*) cap; (*fam* : *effronterie*) cheek, nerve

culotte [kylɔt] *nf* (*de femme*) panties *pl*, knickers *pl* (BRIT); (*d'homme*) underpants *pl*; (*pantalon*) trousers *pl* (BRIT), pants *pl* (US); ~ **de cheval** riding breeches *pl*

culotté, e [kylɔte] *adj* (*pipe*) seasoned; (*cuir*) mellowed; (*effronté*) cheeky

culpabiliser [kylpabilize] /**1**/ *vt* : ~ **qn** to make sb feel guilty

culpabilité [kylpabilite] *nf* guilt

culte [kylt] *adj* : **livre/film** ~ cult film/book ▶ *nm* (*religion*) religion; (*hommage, vénération*) worship; (*protestant*) service

cultivable [kyltivabl] *adj* cultivable

cultivateur, -trice [kyltivatœR, -tRis] *nm/f* farmer

cultivé, e [kyltive] *adj* (*personne*) cultured, cultivated

cultiver [kyltive] /**1**/ *vt* to cultivate; (*légumes*) to grow, cultivate; **se cultiver** *vpr* to educate o.s.

culture [kyltyR] *nf* cultivation; growing; (*connaissances etc*) culture; (**champs de**) **cultures** land(s) under cultivation; **les cultures intensives** intensive farming; ~ **OGM** GM crop; ~ **physique** physical training

culturel, le [kyltyRɛl] *adj* cultural

culturisme [kyltyRism] *nm* body-building

culturiste [kyltyRist] *nmf* body-builder

cumin [kymɛ̃] *nm* (*Culin*) cumin

cumul [kymyl] *nm* (*voir* **cumuler**) holding (*ou* drawing) concurrently; ~ **de peines** sentences to run consecutively

cumulable [kymylabl] *adj* (*fonctions*) which may be held concurrently

cumuler [kymyle] /1/ vt (emplois, honneurs) to hold concurrently; (salaires) to draw concurrently; (Jur : droits) to accumulate
cupide [kypid] adj greedy, grasping
cupidité [kypidite] nf greed
curable [kyʀabl] adj curable
curaçao [kyʀaso] nm curaçao ▶ n : **C~** Curaçao
curare [kyʀaʀ] nm curare
curatif, -ive [kyʀatif, -iv] adj curative
cure [kyʀ] nf (Méd) course of treatment; (Rel) cure, ≈ living; presbytery, ≈ vicarage; **faire une ~ de fruits** to go on a fruit cure ou diet; **faire une ~ thermale** to take the waters; **n'avoir ~ de** to pay no attention to; **~ d'amaigrissement** slimming course; **~ de repos** rest cure; **~ de sommeil** sleep therapy no pl
curé [kyʀe] nm parish priest; **M le ~** ≈ Vicar
cure-dent [kyʀdɑ̃] nm toothpick
curée [kyʀe] nf (fig) scramble for the pickings
cure-ongles [kyʀɔ̃gl] nm inv nail cleaner
cure-pipe [kyʀpip] nm pipe cleaner
curer [kyʀe] /1/ vt to clean out; **se ~ les dents** to pick one's teeth
curetage [kyʀtaʒ] nm (Méd) curettage
curieusement [kyʀjøzmɑ̃] adv oddly
curieux, -euse [kyʀjø, -øz] adj (étrange) strange, curious; (indiscret) curious, inquisitive; (intéressé) inquiring, curious ▶ nmpl (badauds) onlookers, bystanders
curiosité [kyʀjozite] nf curiosity, inquisitiveness; (objet) curio(sity); (site) unusual feature ou sight
curiste [kyʀist] nmf person taking the waters at a spa
curriculum vitae [kyʀikylɔmvite] nm inv curriculum vitae
curry [kyʀi] nm curry; **poulet au ~** curried chicken, chicken curry
curseur [kyʀsœʀ] nm (Inform) cursor; (de règle) slide; (de fermeture-éclair) slider
cursif, -ive [kyʀsif, -iv] adj : **écriture cursive** cursive script
cursus [kyʀsys] nm degree course
curviligne [kyʀvilíɲ] adj curvilinear
cutané, e [kytane] adj cutaneous, skin cpd
cuti-réaction [kytiʀeaksjɔ̃] nf (Méd) skin-test
cuve [kyv] nf vat; (à mazout etc) tank
cuvée [kyve] nf vintage

cuvette [kyvɛt] nf (récipient) bowl, basin; (du lavabo) (wash)basin; (des w.-c.) pan; (Géo) basin
CV sigle m (Auto) = **cheval (vapeur)**; (Admin) = **curriculum vitae**
CVS sigle adj (= corrigées des variations saisonnières) seasonally adjusted
cx abr (= coefficient de pénétration dans l'air) drag coefficient
cyanure [sjanyʀ] nm cyanide
cybercafé [sibɛʀkafe] nm Internet café
cyberculture [sibɛʀkyltyʀ] nf cyberculture
cyberespace [sibɛʀɛspas] nm cyberspace
cybernaute [sibɛʀnot] nmf Internet user
cybernétique [sibɛʀnetik] nf cybernetics sg
cyclable [siklabl] adj : **piste ~** cycle track
cyclamen [siklamɛn] nm cyclamen
cycle [sikl] nm cycle; (Scol) : **premier/second ~** ≈ middle/upper school (Brit), ≈ junior/senior high school (US)
cyclique [siklik] adj cyclic(al)
cyclisme [siklism] nm cycling
cycliste [siklist] nmf cyclist ▶ adj cycle cpd; **coureur ~** racing cyclist
cyclo-cross [siklɔkʀɔs] nm (Sport) cyclo-cross; (épreuve) cyclo-cross race
cyclomoteur [siklomotœʀ] nm moped
cyclomotoriste [siklomotɔʀist] nmf moped rider
cyclone [siklon] nm hurricane
cyclotourisme [sikloturism] nm (bi)cycle touring
cygne [siɲ] nm swan
cylindre [silɛ̃dʀ] nm cylinder; **moteur à 4 cylindres en ligne** straight-4 engine
cylindrée [silɛ̃dʀe] nf (Auto) (cubic) capacity; **une (voiture de) grosse ~** a big-engined car
cylindrique [silɛ̃dʀik] adj cylindrical
cymbale [sɛ̃bal] nf cymbal
cynique [sinik] adj cynical
cyniquement [sinikmɑ̃] adv cynically
cynisme [sinism] nm cynicism
cyprès [sipʀɛ] nm cypress
cypriote [sipʀijɔt] adj Cypriot ▶ nmf : **Cypriote** Cypriot
cyrillique [siʀilik] adj Cyrillic
cystite [sistit] nf cystitis
cytise [sitiz] nm laburnum
cytologie [sitɔlɔʒi] nf cytology

Dd

D, d [de] *nm inv* D, d; **D comme Désiré** D for
David (BRIT) *ou* Dog (US) ▸ *abr* : **D** (*Météorologie* :
= *dépression*) low, depression; *voir* **système**

d' *prép, art voir* **de**

D1 *nf* (*Football* : = *première division*) Div 1; **monter en
D1** to go up to Div 1

D2 *nf* (*Football* : = *deuxième division*) Div 2; **la
relégation en D2** relegation to Div 2

DAB [dab] *nm* (= *distributeur automatique de billets*)
ATM

Dacca [daka] *n* Dacca

dactylo [daktilo] *nf* (*aussi* : **dactylographe**)
typist; (*aussi* : **dactylographie**) typing,
typewriting

dactylographier [daktilɔgʀafje] /**7**/ *vt* to type
(out)

dada [dada] *nm* hobby-horse

dadais [dadɛ] *nm* ninny, lump

dague [dag] *nf* dagger

dahlia [dalja] *nm* dahlia

dahoméen, ne [daɔmeɛ̃, -ɛn] *adj* Dahomean

Dahomey [daɔme] *nm* : **le ~** Dahomey

daigner [deɲe] /**1**/ *vt* to deign

daim [dɛ̃] *nm* (*fallow*) deer *inv*; (*peau*) buckskin;
(*cuir suédé*) suede

dais [dɛ] *nm* (*tenture*) canopy

Dakar [dakaʀ] *n* Dakar

dal. *abr* (= *décalitre*) dal.

dallage [dalaʒ] *nm* paving

dalle [dal] *nf* slab; (*au sol*) paving stone,
flag(stone); **que ~** nothing at all, damn all
(BRIT)

daller [dale] /**1**/ *vt* to pave

dalmatien, ne [dalmasjɛ̃, -ɛn] *nm/f* (*chien*)
Dalmatian

daltonien, ne [daltɔnjɛ̃, -ɛn] *adj* colour-blind
(BRIT), color-blind (US)

daltonisme [daltɔnism] *nm* colour (BRIT) *ou*
color (US) blindness

dam [dam] *nm* : **au grand ~ de** much to the
detriment (*ou* annoyance) of

Damas [dama] *n* Damascus

damas [dama] *nm* (*étoffe*) damask

damassé, e [damase] *adj* damask *cpd*

dame [dam] *nf* lady; (*Cartes, Échecs*) queen; **~ de
charité** benefactress; **~ de compagnie** lady's
companion; **dames** *nfpl* (*jeu*) draughts *sg* (BRIT),
checkers *sg* (US); **les (toilettes des) dames** the
ladies' (toilets)

dame-jeanne [damʒɑn] (*pl* **dames-jeannes**) *nf*
demijohn

damer [dame] /**1**/ *vt* to ram *ou* pack down; **~ le
pion à** (*fig*) to get the better of

damier [damje] *nm* draughts board (BRIT),
checkerboard (US); (*dessin*) check (pattern);
en ~ check

damner [dɑne] /**1**/ *vt* to damn; **se damner** *vpr* to
damn o.s.; **être à se ~** (*dessert, beauté*) to be
to-die-for; **belle à se ~** stunningly beautiful

dancing [dɑ̃siŋ] *nm* dance hall

dandiner [dɑ̃dine] /**1**/ : **se dandiner** *vpr* to sway
about; (*en marchant*) to waddle along

Danemark [danmaʀk] *nm* : **le ~** Denmark

danger [dɑ̃ʒe] *nm* danger; **mettre en ~** (*personne*)
to put in danger; (*projet, carrière*) to jeopardize;
être en ~ (*personne*) to be in danger; **être en ~ de
mort** to be in peril of one's life; **être hors de ~**
to be out of danger

dangereusement [dɑ̃ʒʀøzmɑ̃] *adv* dangerously

dangereux, -euse [dɑ̃ʒʀø, -øz] *adj* dangerous

danois, e [danwa, -waz] *adj* Danish ▸ *nm* (*Ling*)
Danish ▸ *nm/f* : **Danois, e** Dane

⸢MOT-CLÉ⸥

dans [dɑ̃] *prép* **1** (*position*) in; (: *à l'intérieur de*)
inside; **c'est dans le tiroir/le salon** it's in the
drawer/lounge; **dans la boîte** in *ou* inside the
box; **marcher dans la ville/la rue** to walk
about the town/along the street; **je l'ai lu
dans le journal** I read it in the newspaper;
être dans les meilleurs to be among *ou* one of
the best

2 (*direction*) into; **elle a couru dans le salon** she
ran into the lounge; **monter dans une
voiture/le bus** to get into a car/on to the bus

3 (*provenance*) out of, from; **je l'ai pris dans le
tiroir/salon** I took it out of *ou* from the drawer/
lounge; **boire dans un verre** to drink out of *ou*
from a glass

4 (*temps*) in; **dans deux mois** in two months, in
two months' time

5 (*approximation*) about; **dans les 20 euros** about
20 euros

dansant, e [dɑ̃sɑ̃, -ɑ̃t] *adj* : **soirée dansante**
evening of dancing; (*bal*) dinner dance

danse [dɑ̃s] *nf* : **la ~** dancing; (*classique*) (ballet)
dancing; **une ~** a dance; **~ du ventre** belly
dancing

danser [dɑ̃se] /**1**/ *vi, vt* to dance

danseur, -euse [dɑ̃sœʀ, -øz] *nm/f* ballet dancer;
(*au bal etc*) dancer; (: *cavalier*) partner; **~ de**

claquettes tap-dancer; **en danseuse** (*à vélo*) standing on the pedals

Danube [danyb] *nm* : **le ~** the Danube

DAO *sigle m* (= *dessin assisté par ordinateur*) CAD

dard [daʀ] *nm* sting (*organ*)

darder [daʀde] /**1**/ *vt* to shoot, send forth

dare-dare [daʀdaʀ] *adv* in double quick time

Dar-es-Salaam, Dar-es-Salam [daʀɛsalam] *n* Dar-es-Salaam

darne [daʀn] *nf* steak (*of fish*)

darse [daʀs] *nf* sheltered dock (*in a Mediterranean port*)

dartre [daʀtʀ] *nf* (*Méd*) sore

datation [datasjɔ̃] *nf* dating

date [dat] *nf* date; **faire ~** to mark a milestone; **de longue ~** *adj* longstanding; **~ de naissance** date of birth; **~ limite** deadline; **~ limite de vente** sell-by date

dater [date] /**1**/ *vt, vi* to date; **~ de** to date from, go back to; **à ~ de** (as) from

dateur [datœʀ] *nm* (*de montre*) date indicator; **timbre ~** date stamp

datif [datif] *nm* dative

datte [dat] *nf* date

dattier [datje] *nm* date palm

daube [dob] *nf* : **bœuf en ~** beef casserole

dauphin [dofɛ̃] *nm* (*Zool*) dolphin; (*Hist*) dauphin; (*fig*) heir apparent

dauphine [dofin] *nf* (*Hist*) dauphine; (*fig*) heir apparent

Dauphiné [dofine] *nm* : **le ~** the Dauphiné

dauphinois, e [dofinwa, -waz] *adj* of *ou* from the Dauphiné

daurade [dɔʀad] *nf* sea bream

davantage [davɑ̃taʒ] *adv* more; (*plus longtemps*) longer; **~ de** more; **~ que** more than

DB *sigle f* (*Mil*) = **division blindée**

DCA *sigle f* (= *défense contre avions*) anti-aircraft defence

DCT *sigle m* (= *diphtérie coqueluche tétanos*) DPT

DDASS [das] *sigle f* ≈ DWP(BRIT), ≈ SSA(US)

DDT *sigle m* (= *dichloro-diphénol-trichloréthane*) DDT

MOT-CLÉ

de, d' [də, d] (*de+le* = **du**, *de+les* = **des**) *prép*
1 (*appartenance*) of; **le toit de la maison** the roof of the house; **la voiture d'Elisabeth/de mes parents** Elizabeth's/my parents' car
2 (*provenance*) from; **il vient de Londres** he comes from London; **de Londres à Paris** from London to Paris; **elle est sortie du cinéma** she came out of the cinema
3 (*moyen*) with; **je l'ai fait de mes propres mains** I did it with my own two hands
4 (*caractérisation, mesure*) : **un mur de brique/bureau d'acajou** a brick wall/mahogany desk; **un billet de 10 euros** a 10 euro note; **une pièce de 2 m de large** *ou* **large de 2 m** a room 2 m wide, a 2m-wide room; **un bébé de 10 mois** a 10-month-old baby; **12 mois de crédit/travail** 12 months' credit/work; **elle est payée 20 euros de l'heure** she's paid 20 euros an hour *ou* per hour; **augmenter de 10 euros** to increase by 10 euros; **trois jours de libres** three free days, three days free; **un verre d'eau**

a glass of water; **il mange de tout** he'll eat anything
5 (*rapport*) from; **de quatre à six** from four to six
6 (*cause*) : **mourir de faim** to die of hunger; **rouge de colère** red with fury
7 (*vb +de +infin*) to; **il m'a dit de rester** he told me to stay
8 (*de la part de*) : **estimé de ses collègues** respected by his colleagues
9 (*en apposition*) : **cet imbécile de Paul** that idiot Paul; **le terme de franglais** the term "franglais"
▶ *art* **1** (*phrases affirmatives*) some (*souvent omis*); **du vin, de l'eau, des pommes** (some) wine, (some) water, (some) apples; **des enfants sont venus** some children came; **pendant des mois** for months
2 (*phrases interrogatives et négatives*) any; **a-t-il du vin ?** has he got any wine?; **il n'a pas de pommes/d'enfants** he hasn't (got) any apples/children, he has no apples/children

dé [de] *nm* (*à jouer*) die *ou* dice; (*aussi* : **dé à coudre**) thimble; **dés** *nmpl* (*jeu*) (game of) dice; **un coup de dés** a throw of the dice; **couper en dés** (*Culin*) to dice

DEA *sigle m* (= *Diplôme d'études approfondies*) post-graduate diploma

dealer [dilœʀ] *nm* (*fam*) (drug) pusher

déambulateur [deɑ̃bylatœʀ] *nm* Zimmer®

déambuler [deɑ̃byle] /**1**/ *vi* to stroll about

déb. *abr* = **débutant**; (*Comm*) = **à débattre**

débâcle [debakl] *nf* rout

déballage [debalaʒ] *nm* (*de marchandises*) display (*of loose goods*); (*fig : fam*) outpourings *pl*

déballer [debale] /**1**/ *vt* to unpack

débandade [debɑ̃dad] *nf* scattering; (*déroute*) rout

débander [debɑ̃de] /**1**/ *vt* to unbandage

débaptiser [debatize] /**1**/ *vt* (*rue*) to rename

débarbouiller [debaʀbuje] /**1**/ *vt* to wash; **se débarbouiller** *vpr* to wash (one's face)

débarcadère [debaʀkadɛʀ] *nm* landing stage (BRIT), wharf

débardeur [debaʀdœʀ] *nm* docker, stevedore; (*maillot*) slipover; (*pour femme*) vest top; (*pour homme*) sleeveless top

débarquement [debaʀkəmɑ̃] *nm* unloading, landing; disembarkation; (*Mil*) landing; **le D~** the Normandy landings

débarquer [debaʀke] /**1**/ *vt* to unload, land ▶ *vi* to disembark; (*fig*) to turn up

débarras [debaʀa] *nm* (*pièce*) lumber room; (*placard*) junk cupboard; (*remise*) outhouse; **bon ~!** good riddance!

débarrasser [debaʀase] /**1**/ *vt* to clear; **~ qn de** (*vêtements, paquets*) to relieve sb of; (*habitude, ennemi*) to rid sb of; **~ qch de** (*fouillis etc*) to clear sth of ▶ *vi* (*enlever le couvert*) to clear away; **se débarrasser de** *vpr* to get rid of; to rid o.s. of

débat [deba] *vb voir* **débattre** ▶ *nm* discussion, debate; **débats** *nmpl* (*Pol*) proceedings, debates

débattre [debatʀ] /**41**/ *vt* to discuss, debate; **se débattre** *vpr* to struggle

débauchage [deboʃaʒ] *nm* (*licenciement*) laying off (of staff); (*par un concurrent*) poaching

débauche [deboʃ] *nf* debauchery; **une ~ de** (*fig*) a profusion of (*: de couleurs*) a riot of

débauché, e [deboʃe] *adj* debauched ▶ *nm/f* profligate

débaucher [deboʃe] /1/ *vt* (*licencier*) to lay off, dismiss; (*salarié d'une autre entreprise*) to poach; (*entraîner*) to lead astray, debauch; (*inciter à la grève*) to incite

débile [debil] *adj* weak, feeble; (*fam : idiot*) dim-witted

débilitant, e [debilitɑ̃, -ɑ̃t] *adj* debilitating

débilité [debilite] *nf* debility; (*fam : idiotie*) stupidity; **~ mentale** mental debility

débiner [debine] /1/ **: se débiner** *vpr* (*fam*) to do a bunk (Brit *fam*), to clear off (*fam*)

débit [debi] *nm* (*d'un liquide, fleuve*) (rate of) flow; (*d'un magasin*) turnover (of goods); (*élocution*) delivery; (*bancaire*) debit; **avoir un ~ de 10 euros** to be 10 euros in debit; **~ de boissons** drinking establishment; **~ de tabac** tobacconist's (shop) (Brit), tobacco *ou* smoke shop (US)

débiter [debite] /1/ *vt* (*compte*) to debit; (*liquide, gaz*) to yield, produce, give out; (*couper : bois, viande*) to cut up; (*vendre*) to retail; (*péj : paroles etc*) to come out with, churn out

débiteur, -trice [debitœR, -tRis] *nm/f* debtor ▶ *adj* in debit; (*compte*) debit *cpd*

déblai [deble] *nm* (*nettoyage*) clearing; **déblais** *nmpl* (*terre*) earth; (*décombres*) rubble

déblaiement [deblɛmɑ̃] *nm* clearing; **travaux de ~** earth moving *sg*

déblatérer [deblateRe] /6/ *vi* : **~ contre** to go on about

déblayer [debleje] /8/ *vt* to clear; **~ le terrain** (*fig*) to clear the ground

déblocage [deblɔkaʒ] *nm* (*des prix, cours*) unfreezing

débloquer [deblɔke] /1/ *vt* (*frein, fonds*) to release; (*prix, crédits*) to free ▶ *vi* (*fam*) to talk rubbish

débobiner [debɔbine] /1/ *vt* to unwind

déboires [debwaR] *nmpl* setbacks

déboisement [debwazmɑ̃] *nm* deforestation

déboiser [debwaze] /1/ *vt* to clear of trees; (*région*) to deforest; **se déboiser** *vpr* (*colline, montagne*) to become bare of trees

déboîter [debwate] /1/ *vt* (*Auto*) to pull out; **se ~ le genou** *etc* to dislocate one's knee *etc*

débonnaire [debɔnɛR] *adj* easy-going, good-natured

débordant, e [debɔRdɑ̃, -ɑ̃t] *adj* (*joie*) unbounded; (*activité*) exuberant

débordé, e [debɔRde] *adj* : **être ~ de** (*travail, demandes*) to be snowed under with

débordement [debɔRdəmɑ̃] *nm* overflowing

déborder [debɔRde] /1/ *vi* to overflow; (*lait etc*) to boil over; **~ de qch** (*dépasser*) to extend beyond sth; **~ de** (*joie, zèle*) to be brimming over with *ou* bursting with ▶ *vt* (*Mil, Sport*) to outflank

débouché [debuʃe] *nm* (*pour vendre*) outlet; (*perspective d'emploi*) opening; (*sortie*) : **au ~ de la vallée** where the valley opens out (onto the plain)

déboucher [debuʃe] /1/ *vt* (*évier, tuyau etc*) to unblock; (*bouteille*) to uncork, open ▶ *vi* : **~ de** to emerge from, come out of; **~ sur** to come out onto; to open out onto; (*fig*) to arrive at, lead up to; (*études*) to lead on to

débouler [debule] /1/ *vi* to go (*ou* come) tumbling down; (*sans tomber*) to come careering down ▶ *vt* : **~ l'escalier** to belt down the stairs

déboulonner [debulɔne] /1/ *vt* to dismantle; (*fig : renvoyer*) to dismiss; (*: détruire le prestige de*) to discredit

débours [debuR] *nmpl* outlay

débourser [debuRse] /1/ *vt* to pay out, lay out

déboussoler [debusɔle] /1/ *vt* to disorientate, disorient

debout [d(ə)bu] *adv* : **être ~** (*personne*) to be standing, stand (*: levé, éveillé*) to be up (and about); (*chose*) to be upright; **être encore ~** (*fig : en état*) to be still going; to be still standing; to be still up; **mettre qn ~** to get sb to his feet; **mettre qch ~** to stand sth up; **se mettre ~** to get up (on one's feet); **se tenir ~** to stand; **~ !** stand up!; (*du lit*) get up!; **cette histoire ne tient pas ~** this story doesn't hold water

débouter [debute] /1/ *vt* (*Jur*) to dismiss; **~ qn de sa demande** to dismiss sb's petition

déboutonner [debutɔne] /1/ *vt* to undo, unbutton; **se déboutonner** *vpr* to come undone *ou* unbuttoned

débraillé, e [debRaje] *adj* slovenly, untidy

débrancher [debRɑ̃ʃe] /1/ *vt* (*appareil électrique*) to unplug; (*téléphone, courant électrique*) to disconnect, cut off

débrayage [debRejaʒ] *nm* (*Auto*) clutch; (*: action*) disengaging the clutch; (*grève*) stoppage; **faire un double ~** to double-declutch

débrayer [debReje] /8/ *vi* (*Auto*) to declutch, disengage the clutch; (*cesser le travail*) to stop work

débridé, e [debRide] *adj* unbridled, unrestrained

débrider [debRide] /1/ *vt* (*cheval*) to unbridle; (*Culin : volaille*) to untruss

débriefer [debRife] /1/ *vt* to debrief

débris [debRi] *nm* (*fragment*) fragment ▶ *nmpl* (*déchets*) pieces, debris *sg*; rubbish *sg* (Brit), garbage *sg* (US); **des ~ de verre** bits of glass

débrouillard, e [debRujaR, -aRd] *adj* smart, resourceful

débrouillardise [debRujaRdiz] *nf* smartness, resourcefulness

débrouiller [debRuje] /1/ *vt* to disentangle, untangle; (*fig*) to sort out, unravel; **se débrouiller** *vpr* to manage; **débrouillez-vous** you'll have to sort things out yourself

débroussailler [debRusaje] /1/ *vt* to clear (of brushwood)

débroussailleuse [debRusajøz] *nf* grass trimmer

débusquer [debyske] /1/ *vt* to drive out (from cover)

début [deby] *nm* beginning, start; **au ~** in *ou* at the beginning, at first; **au ~ de** at the beginning *ou* start of; **dès le ~** from the start;

~ **juin** in early June; **débuts** *nmpl* beginnings; (*de carrière*) début *sg*; **faire ses débuts** to start out

débutant, e [debytɑ̃, -ɑ̃t] *nm/f* beginner, novice

débuter [debyte] /**1**/ *vi* to begin, start; (*faire ses débuts*) to start out

deçà [dəsa] : **en ~ de** *prép* this side of; **en ~** *adv* on this side

décacheter [dekaʃ(ə)te] /**4**/ *vt* to unseal, open

décade [dekad] *nf* (*10 jours*) (period of) ten days; (*10 ans*) decade

décadence [dekadɑ̃s] *nf* decadence; decline

décadent, e [dekadɑ̃, -ɑ̃t] *adj* decadent

décaféiné, e [dekafeine] *adj* decaffeinated, caffeine-free

décalage [dekalaʒ] *nm* move forward *ou* back; shift forward *ou* back; (*écart*) gap; (*désaccord*) discrepancy; **~ horaire** time difference (between time zones), time-lag

décalaminer [dekalamine] /**1**/ *vt* to decoke

décalcification [dekalsifikasjɔ̃] *nf* decalcification

décalcifier [dekalsifje] /**7**/ : **se décalcifier** *vpr* to decalcify

décalcomanie [dekalkɔmani] *nf* transfer

décalé, e [dekale] *adj* (*humour, style*) offbeat

décaler [dekale] /**1**/ *vt* (*dans le temps : avancer*) to bring forward; (: *retarder*) to put back; (*changer de position*) to shift forward *ou* back; **~ de 10 cm** to move forward *ou* back by 10 cm; **~ de deux heures** to bring *ou* move forward two hours; to put back two hours

décalitre [dekalitʀ] *nm* decalitre (*BRIT*), decaliter (*US*)

décalogue [dekalɔg] *nm* Decalogue

décalquer [dekalke] /**1**/ *vt* to trace; (*par pression*) to transfer

décamètre [dekamɛtʀ] *nm* decametre (*BRIT*), decameter (*US*)

décamper [dekɑ̃pe] /**1**/ *vi* to clear out *ou* off

décan [dekɑ̃] *nm* (*Astrologie*) decan

décanter [dekɑ̃te] /**1**/ *vt* to (allow to) settle (and decant); **se décanter** *vpr* to settle

décapage [dekapaʒ] *nm* stripping; scouring; sanding

décapant [dekapɑ̃] *nm* acid solution; scouring agent; paint stripper

décaper [dekape] /**1**/ *vt* to strip; (*avec abrasif*) to scour; (*avec papier de verre*) to sand

décapiter [dekapite] /**1**/ *vt* to behead; (*par accident*) to decapitate; (*fig*) to cut the top off; (: *organisation*) to remove the top people from

décapotable [dekapɔtabl] *adj* convertible

décapoter [dekapɔte] /**1**/ *vt* to put down the top of

décapsuler [dekapsyle] /**1**/ *vt* to take the cap *ou* top off

décapsuleur [dekapsylœʀ] *nm* bottle-opener

décarcasser [dekaʀkase] /**1**/ *vt* : **se ~ pour qn/ pour faire qch** (*fam*) to slog one's guts out for sb/to do sth

décathlon [dekatlɔ̃] *nm* decathlon

décati, e [dekati] *adj* faded, aged

décédé, e [desede] *adj* deceased

décéder [desede] /**6**/ *vi* to die

décelable [des(ə)labl] *adj* discernible

déceler [des(ə)le] /**5**/ *vt* to discover, detect; (*révéler*) to indicate, reveal

décélération [deseleʀasjɔ̃] *nf* deceleration

décélérer [deseleʀe] /**1**/ *vi* to decelerate, slow down

décembre [desɑ̃bʀ] *nm* December; *voir aussi* **juillet**

décemment [desamɑ̃] *adv* decently

décence [desɑ̃s] *nf* decency

décennal, e, -aux [desenal, -o] *adj* (*qui dure dix ans*) having a term of ten years, ten-year; (*qui revient tous les dix ans*) ten-yearly

décennie [deseni] *nf* decade

décent, e [desɑ̃, -ɑ̃t] *adj* decent

décentralisation [desɑ̃tʀalizasjɔ̃] *nf* decentralization

décentraliser [desɑ̃tʀalize] /**1**/ *vt* to decentralize

décentrer [desɑ̃tʀe] /**1**/ *vt* to throw off centre; **se décentrer** *vpr* to move off-centre

déception [desɛpsjɔ̃] *nf* disappointment

décerner [desɛʀne] /**1**/ *vt* to award

décès [desɛ] *nm* death, decease; **acte de ~** death certificate

décevant, e [des(ə)vɑ̃, -ɑ̃t] *adj* disappointing

décevoir [des(ə)vwaʀ] /**28**/ *vt* to disappoint

déchaîné, e [deʃene] *adj* unbridled, raging

déchaînement [deʃɛnmɑ̃] *nm* (*de haine, violence*) outbreak, outburst

déchaîner [deʃene] /**1**/ *vt* (*passions, colère*) to unleash; (*rires etc*) to give rise to, arouse; **se déchaîner** *vpr* to be unleashed; (*rires*) to burst out; (*se mettre en colère*) to fly into a rage; **se ~ contre qn** to unleash one's fury on sb

déchanter [deʃɑ̃te] /**1**/ *vi* to become disillusioned

décharge [deʃaʀʒ] *nf* (*dépôt d'ordures*) rubbish tip *ou* dump; (*électrique*) electrical discharge; (*salve*) volley of shots; **à la ~ de** in defence of

déchargement [deʃaʀʒəmɑ̃] *nm* unloading

décharger [deʃaʀʒe] /**3**/ *vt* (*marchandise, véhicule*) to unload; (*Élec*) to discharge; (*arme : neutraliser*) to unload; (: *faire feu*) to discharge, fire; **~ qn de** (*responsabilité*) to relieve sb of, release sb from; **~ sa colère (sur)** to vent one's anger (on); **~ sa conscience** to unburden one's conscience; **se ~ dans** (*se déverser*) to flow into; **se ~ d'une affaire sur qn** to hand a matter over to sb

décharné, e [deʃaʀne] *adj* bony, emaciated, fleshless

déchaussé, e [deʃose] *adj* (*dent*) loose

déchausser [deʃose] /**1**/ *vt* (*personne*) to take the shoes off; (*skis*) to take off; **se déchausser** *vpr* to take off one's shoes; (*dent*) to come *ou* work loose

dèche [dɛʃ] *nf* (*fam*) : **être dans la ~** to be flat broke

déchéance [deʃeɑ̃s] *nf* (*déclin*) degeneration, decay, decline; (*chute*) fall

déchet [deʃɛ] *nm* (*de bois, tissu etc*) scrap; (*perte : gén Comm*) wastage, waste; **déchets** *nmpl* (*ordures*) refuse *sg*, rubbish *sg* (*BRIT*), garbage *sg* (*US*); **déchets nucléaires** nuclear waste; **déchets radioactifs** radioactive waste

d

déchiffrage – déçois

déchiffrage [deʃifʁaʒ] *nm* sight-reading
déchiffrer [deʃifʁe] /**1**/ *vt* to decipher
déchiqueté, e [deʃik(ə)te] *adj* jagged(-edged), ragged
déchiqueter [deʃik(ə)te] /**4**/ *vt* to tear *ou* pull to pieces
déchirant, e [deʃiʁɑ̃, -ɑ̃t] *adj* heart-breaking, heart-rending
déchiré, e [deʃiʁe] *adj* torn; *(fig)* heart-broken
déchirement [deʃiʁmɑ̃] *nm (chagrin)* wrench, heartbreak; *(gén pl : conflit)* rift, split
déchirer [deʃiʁe] /**1**/ *vt* to tear, rip; *(mettre en morceaux)* to tear up; *(pour ouvrir)* to tear off; *(arracher)* to tear out; *(fig)* to tear apart; **se déchirer** *vpr* to tear, rip; **se ~ un muscle/ tendon** to tear a muscle/ tendon
déchirure [deʃiʁyʁ] *nf (accroc)* tear, rip; **~ musculaire** torn muscle
déchoir [deʃwaʁ] /**25**/ *vi (personne)* to lower o.s., demean o.s.; **~ de** to fall from
déchu, e [deʃy] *pp de* **déchoir** ▸ *adj* fallen; *(roi)* deposed
décibel [desibɛl] *nm* decibel
décidé, e [deside] *adj (personne, air)* determined; **c'est ~** it's decided; **être ~ à faire** to be determined to do
décidément [desidemɑ̃] *adv* undoubtedly; really
décider [deside] /**1**/ *vt* : **~ qch** to decide on sth; **~ de faire/que** to decide to do/that; **~ qn (à faire qch)** to persuade *ou* induce sb (to do sth); **~ de qch** to decide upon sth; *(chose)* to determine sth; **se décider** *vpr (personne)* to decide, make up one's mind; *(problème, affaire)* to be resolved; **se ~ à qch** to decide on sth; **se ~ à faire** to decide *ou* make up one's mind to do; **se ~ pour qch** to decide on *ou* in favour of sth
décideur [desidœʁ] *nm* decision-maker
décilitre [desilitʁ] *nm* decilitre *(BRIT)*, deciliter *(US)*
décimal, e, -aux [desimal, -o] *adj, nf* decimal
décimalisation [desimalizasjɔ̃] *nf* decimalization
décimaliser [desimalize] /**1**/ *vt* to decimalize
décimer [desime] /**1**/ *vt* to decimate
décimètre [desimɛtʁ] *nm* decimetre *(BRIT)*, decimeter *(US)*; **double ~** (20 cm) ruler
décisif, -ive [desizif, -iv] *adj* decisive; *(qui l'emporte)* : **le facteur/l'argument ~** the deciding factor/argument
décision [desizjɔ̃] *nf* decision; *(fermeté)* decisiveness, decision; **prendre une ~** to make a decision; **prendre la ~ de faire** to take the decision to do; **emporter** *ou* **faire la ~** to be decisive
déclamation [deklamasjɔ̃] *nf* declamation; *(péj)* ranting, spouting
déclamatoire [deklamatwaʁ] *adj* declamatory
déclamer [deklame] /**1**/ *vt* to declaim; *(péj)* to spout ▸ *vi* : **~ contre** to rail against
déclarable [deklaʁabl] *adj (marchandise)* dutiable; *(revenus)* declarable
déclaration [deklaʁasjɔ̃] *nf* declaration; registration; *(discours : Pol etc)* statement; *(compte rendu)* report; **fausse ~** misrepresentation; **~ (d'amour)** declaration; **~ de décès**

registration of death; **~ de guerre** declaration of war; **~ (d'impôts)** statement of income, tax declaration, ≈ tax return; **~ (de sinistre)** (insurance) claim; **~ de revenus** statement of income; **faire une ~ de vol** to report a theft
déclaré, e [deklaʁe] *adj (juré)* avowed
déclarer [deklaʁe] /**1**/ *vt* to declare, announce; *(revenus, employés, marchandises)* to declare; *(décès, naissance)* to register; *(vol etc : à la police)* to report; **~ la guerre** to declare war; **rien à ~** nothing to declare; **se déclarer** *vpr (feu, maladie)* to break out
déclassé, e [deklɑse] *adj* relegated, downgraded; *(matériel)* (to be) sold off
déclassement [deklɑsmɑ̃] *nm* relegation, downgrading; *(Rail etc)* change of class
déclasser [deklɑse] /**1**/ *vt* to relegate, downgrade; *(déranger : fiches, livres)* to get out of order
déclenchant, e [deklɑ̃ʃɑ̃, -ɑ̃t] *adj (situation, cause)* trigger *cpd*; **facteur ~** trigger
déclenchement [deklɑ̃ʃmɑ̃] *nm* release; setting off
déclencher [deklɑ̃ʃe] /**1**/ *vt (mécanisme)* to release; *(sonnerie)* to set off, activate; *(attaque, grève)* to launch; *(provoquer)* to trigger off; **se déclencher** *vpr* to release itself; *(sonnerie)* to go off
déclencheur [deklɑ̃ʃœʁ] *nm* release mechanism
déclic [deklik] *nm* trigger mechanism; *(bruit)* click
déclin [deklɛ̃] *nm* decline
déclinable [deklinabl] *adj* : **~ en qch** available in sth; **~ à l'infini** infinitely adaptable
déclinaison [deklinɛzɔ̃] *nf* declension
décliner [dekline] /**1**/ *vi (santé, jour)* to decline ▸ *vt (invitation)* to decline, refuse; *(responsabilité)* to refuse to accept; *(nom, adresse)* to state; *(Ling)* to decline; **se décliner** *vpr (Ling)* to decline
déclivité [deklivite] *nf* slope, incline; **en ~** sloping, on the incline
décloisonner [deklwazɔne] /**1**/ *vt* to decompartmentalize
déclouer [deklue] /**1**/ *vt* to unnail
décocher [dekɔʃe] /**1**/ *vt* to hurl; *(flèche, regard)* to shoot
décoction [dekɔksjɔ̃] *nf* decoction
décodage [dekɔdaʒ] *nm* deciphering, decoding
décoder [dekɔde] /**1**/ *vt* to decipher, decode
décodeur [dekɔdœʁ] *nm* decoder
décoiffant, e [dekwafɑ̃, -ɑ̃t] *adj (fam)* mind-blowing
décoiffé, e [dekwafe] *adj* : **elle est toute décoiffée** her hair is in a mess
décoiffer [dekwafe] /**1**/ *vt* : **~ qn** to mess up sb's hair; **se décoiffer** *vpr* to take off one's hat
décoincer [dekwɛ̃se] /**3**/ *vt* to unjam, loosen; **se décoincer** *vpr (objet)* to come loose; *(fig : fam : personne)* to let one's hair down; **ça s'est décoincé tout seul** it came loose all by itself; **il s'est décoincé un peu depuis qu'il n'habite plus chez ses parents** he's loosened up a bit since he stopped living with his parents
déçois *etc* [deswa], **déçoive** *etc* [deswav] *vb voir* **décevoir**

décolérer [dekɔleʀe] **/6/** vi : **il ne décolère pas** he's still angry, he hasn't calmed down

décollage [dekɔlaʒ] nm (Aviat, Écon) takeoff

décollé, e [dekɔle] adj : **oreilles décollées** sticking-out ears

décollement [dekɔlmɑ̃] nm (Méd) : **de la rétine** retinal detachment

décoller [dekɔle] **/1/** vt to unstick ▶ vi (avion) to take off; (projet, entreprise) to take off, get off the ground; **se décoller** vpr to come unstuck

décolleté, e [dekɔlte] adj low-necked, low-cut; (femme) wearing a low-cut dress ▶ nm low neck(line); (épaules) (bare) neck and shoulders; (plongeant) cleavage

décolleter [dekɔlte] **/4/** vt (vêtement) to give a low neckline to; (Tech) to cut

décolonisation [dekɔlɔnizasjɔ̃] nf decolonization

décoloniser [dekɔlɔnize] **/1/** vt to decolonize

décolorant [dekɔlɔʀɑ̃] nm decolorant, bleaching agent

décoloration [dekɔlɔʀasjɔ̃] nf : **se faire faire une ~** (chez le coiffeur) to have one's hair bleached ou lightened

décoloré, e [dekɔlɔʀe] adj (vêtement) faded; (cheveux) bleached

décolorer [dekɔlɔʀe] **/1/** vt (tissu) to fade; (cheveux) to bleach, lighten; **se faire ~ les cheveux** to have one's hair bleached; **se décolorer** vpr to fade

décombres [dekɔ̃bʀ] nmpl rubble sg, debris sg

décommander [dekɔmɑ̃de] **/1/** vt to cancel; (invités) to put off; **se décommander** vpr to cancel, cry off

décomplexé, e [dekɔ̃plekse] adj self-assured

décomposé, e [dekɔ̃poze] adj (pourri) decomposed; (visage) haggard, distorted

décomposer [dekɔ̃poze] **/1/** vt to break up; (Chimie) to decompose; (Math) to factorize; **se décomposer** vpr to decompose

décomposition [dekɔ̃pozisjɔ̃] nf breaking up; decomposition; factorization; **en ~** (organisme) in a state of decay, decomposing

décompresser [dekɔ̃pʀese] **/1/** vi (fam : se détendre) to unwind

décompresseur [dekɔ̃pʀesœʀ] nm decompressor

décompression [dekɔ̃pʀesjɔ̃] nf decompression

décomprimer [dekɔ̃pʀime] **/1/** vt to decompress

décompte [dekɔ̃t] nm deduction; (facture) breakdown (of an account), detailed account

décompter [dekɔ̃te] **/1/** vt to deduct

déconcentration [dekɔ̃sɑ̃tʀasjɔ̃] nf (des industries etc) dispersal; **~ des pouvoirs** devolution

déconcentré, e [dekɔ̃sɑ̃tʀe] adj (sportif etc) who has lost (his/her) concentration

déconcentrer [dekɔ̃sɑ̃tʀe] **/1/** vt (Admin) to disperse; **se déconcentrer** vpr to lose (one's) concentration

déconcertant, e [dekɔ̃sɛʀtɑ̃, -ɑ̃t] adj disconcerting

déconcerter [dekɔ̃sɛʀte] **/1/** vt to disconcert, confound

déconditionner [dekɔ̃disjɔne] **/1/** vt : **~ l'opinion américaine** to change the way the Americans have been forced to think

déconfit, e [dekɔ̃fi, -it] adj crestfallen, downcast

déconfiture [dekɔ̃fityʀ] nf collapse, ruin; (morale) defeat

décongélation [dekɔ̃ʒelasjɔ̃] nf defrosting, thawing

décongelé, e [dekɔ̃ʒle] adj defrosted; « **ne jamais recongeler un produit ~** » "never refreeze a product that has been defrosted"

décongeler [dekɔ̃ʒ(ə)le] **/5/** vt to thaw (out)

décongestionner [dekɔ̃ʒɛstjɔne] **/1/** vt (Méd) to decongest; (rues) to relieve congestion in

déconnecté, e [dekɔnɛkte] adj : **~ des réalités** out of touch with reality

déconnecter [dekɔnɛkte] **/1/** vt to disconnect

déconner [dekɔne] **/1/** vi (! : en parlant) to talk (a load of) rubbish (Brit) ou garbage (US); (: faire des bêtises) to muck about; **sans ~** no kidding

déconseillé, e [dekɔ̃seje] adj not recommended; **fortement ~** highly inadvisable; **c'est ~** it's not recommended, it's inadvisable

déconseiller [dekɔ̃seje] **/1/** vt : **~ qch (à qn)** to advise (sb) against sth; **~ à qn de faire** to advise sb against doing

déconsidérer [dekɔ̃sideʀe] **/6/** vt to discredit

décontamination [dekɔ̃taminasjɔ̃] nf decontamination

décontaminer [dekɔ̃tamine] **/1/** vt to decontaminate

décontenancé, e [dekɔ̃tnɑ̃se] adj disconcerted

décontenancer [dekɔ̃t(ə)nɑ̃se] **/3/** vt to disconcert, discountenance

décontracté, e [dekɔ̃tʀakte] adj relaxed, laid-back (fam)

décontracter [dekɔ̃tʀakte] **/1/** vt, **se décontracter** vpr to relax

décontraction [dekɔ̃tʀaksjɔ̃] nf relaxation

déconventionnement [dekɔ̃vɑ̃sjɔnmɑ̃] nm (de médecins) opting out

déconventionner [dekɔ̃vɑ̃sjɔne] vt (médecin : pour faute) to strike off

déconvenue [dekɔ̃v(ə)ny] nf disappointment

décor [dekɔʀ] nm décor; (paysage) scenery; **changement de ~** (fig) change of scene; **entrer dans le ~** (fig) to run off the road; **en ~ naturel** (Ciné) on location; **décors** nmpl (Théât) scenery sg, decor sg; (Ciné) set sg

décorateur, -trice [dekɔʀatœʀ, -tʀis] nm/f (interior) decorator; (Ciné) set designer

décoratif, -ive [dekɔʀatif, -iv] adj decorative

décoration [dekɔʀasjɔ̃] nf decoration

décorer [dekɔʀe] **/1/** vt to decorate

décortiqué, e [dekɔʀtike] adj shelled; hulled

décortiquer [dekɔʀtike] **/1/** vt to shell; (riz) to hull; (fig : texte) to dissect

décorum [dekɔʀɔm] nm decorum; etiquette

décote [dekɔt] nf tax relief

découcher [dekuʃe] **/1/** vi to spend the night away

découdre [dekudʀ] **/48/** vt (vêtement, couture) to unpick, take the stitching out of; (bouton) to take off ▶ vi : **en ~** (fig) to fight, do battle; **se découdre** vpr to come unstitched; (bouton) to come off

découler [dekule] **/1/** vi : **~ de** to ensue ou follow from

découpage [dekupaʒ] *nm* cutting up; carving; *(image)* cut-out (figure); ~ **électoral** division into constituencies

découpe [dekup] *nf (de viande)* carving; *(Tech : découpage : de pièces, documents)* cutting; *(forme)* shape

découper [dekupe] /**1**/ *vt (papier, tissu)* to cut up; *(volaille, viande)* to carve; *(détacher : manche, article)* to cut out; **se ~ sur** *(ciel, fond)* to stand out against

découplé, e [dekuple] *adj* : **bien ~** well-built, well-proportioned

découpures [dekupyʀ] *nfpl (morceaux)* cut-out bits; *(d'une côte, arête)* indentations, jagged outline *sg*

décourageant, e [dekuʀaʒɑ̃, -ɑ̃t] *adj* discouraging; *(personne, attitude)* negative

découragement [dekuʀaʒmɑ̃] *nm* discouragement, despondency

décourager [dekuʀaʒe] /**3**/ *vt* to discourage, dishearten; *(dissuader)* to discourage, put off; **~ qn de faire/de qch** to discourage sb from doing/from sth, put sb off doing/sth; **se décourager** *vpr* to lose heart, become discouraged

décousu, e [dekuzy] *pp de* **découdre** ▸ *adj* unstitched; *(fig)* disjointed, disconnected

découvert, e [dekuvɛʀ, -ɛʀt] *pp de* **découvrir** ▸ *adj (tête)* bare, uncovered; *(lieu)* open, exposed; **à visage ~** openly ▸ *nm (bancaire)* overdraft; **à ~** *adv (Mil)* exposed, without cover; *(fig)* openly; *(Comm) adj* overdrawn

découverte [dekuvɛʀt(ə)] *nf* discovery; **aller à la ~ de** *(lieu)* to go off to explore; **partir à la ~ du monde** to go off to explore the world; **faire la ~ de** to discover ▸ *adj inv (itinéraire, sentier, séjour)* scenic

découvrir [dekuvʀiʀ] /**18**/ *vt* to discover; *(apercevoir)* to see; *(enlever ce qui couvre ou protège)* to uncover; *(montrer, dévoiler)* to reveal; **se découvrir** *vpr (chapeau)* to take off one's hat; *(se déshabiller)* to take something off; *(au lit)* to uncover o.s.; *(ciel)* to clear; **se ~ des talents** to find hidden talents in o.s.

décrassage [dekʀasaʒ] *nm (Sport)* warm-down; **une séance de ~** a warm-down session

décrasser [dekʀase] /**1**/ *vt* to clean

décrêper [dekʀepe] /**1**/ *vt (cheveux)* to straighten

décrépi, e [dekʀepi] *adj* peeling; with roughcast rendering removed

décrépit, e [dekʀepi, -it] *adj* decrepit

décrépitude [dekʀepityd] *nf* decrepitude; decay

decrescendo [dekʀeʃɛndo] *nm (Mus)* decrescendo; **aller ~** *(fig)* to decline, be on the wane

décret [dekʀɛ] *nm* decree

décréter [dekʀete] /**6**/ *vt* to decree; *(ordonner)* to order

décret-loi [dekʀɛlwa] *(pl* **décrets-lois**) *nm* statutory order

décrié, e [dekʀije] *adj* disparaged

décrire [dekʀiʀ] /**39**/ *vt* to describe; *(courbe, cercle)* to follow, describe

décrisper [dekʀispe] /**1**/ *vt* to defuse; **se décrisper** *vpr (personne, visage)* to relax; *(relations, situation)* to ease; *(ambiance)* to become more relaxed

décrit, e [dekʀi, -it] *pp de* **décrire**

décrivais *etc* [dekʀivɛ] *vb voir* **décrire**

décrochage [dekʀɔʃaʒ] *nm* : **~ scolaire** *(Scol)* ≈ truancy

décrochement [dekʀɔʃmɑ̃] *nm (d'un mur etc)* recess

décrocher [dekʀɔʃe] /**1**/ *vt (dépendre)* to take down; *(téléphone)* to take off the hook; *(fig : contrat etc)* to get, land; **~ (le téléphone)** *(pour répondre)* to pick up ou lift the receiver ▸ *vi (fam : abandonner)* to drop out; *(: cesser d'écouter)* to switch off; **se décrocher** *vpr (tableau, rideau)* to fall down

décrois *etc* [dekʀwa] *vb voir* **décroître**

décroisé, e [dekʀwaze] *adj (Football : tir, tête)* to the near post; *(Tennis : revers, coup droit)* down-the-line

décroiser [dekʀwaze] /**1**/ *vt (bras)* to unfold; *(jambes)* to uncross

décroissant, e [dekʀwasɑ̃, -ɑ̃t] *vb voir* **décroître** ▸ *adj* decreasing, declining, diminishing; **par ordre ~** in descending order

décroître [dekʀwatʀ] /**55**/ *vi* to decrease, decline, diminish

décrotter [dekʀɔte] /**1**/ *vt (chaussures)* to clean the mud from; **se ~ le nez** to pick one's nose

décru, e [dekʀy] *pp de* **décroître**

décrue [dekʀy] *nf* drop in level (of the waters)

décryptage [dekʀipta3] *nm (de génome, médias, information)* decoding; *(Inform : de fichiers, données, DVD)* decryption; **le ~ du génome humain** the decoding of the human genome

décrypter [dekʀipte] /**1**/ *vt* to decipher; *(Inform, Tél)* to decrypt

déçu, e [desy] *pp de* **décevoir** ▸ *adj* disappointed

déculotter [dekylɔte] /**1**/ *vt* : **~ qn** to take off ou down sb's trousers; **se déculotter** *vpr* to take off ou down one's trousers

déculpabiliser [dekylpabilize] /**1**/ *vt (personne)* to relieve of guilt; *(chose)* to decriminalize; **se déculpabiliser** *vpr* to stop feeling guilty

décuple [dekypl] *nm* : **le ~ de** ten times; **au ~** tenfold

décupler [dekyple] /**1**/ *vt, vi* to increase tenfold

déçut *etc* [desy] *vb voir* **décevoir**

dédaignable [dedɛɲabl] *adj* : **pas ~** not to be despised

dédaigner [dedeɲe] /**1**/ *vt* to despise, scorn; *(négliger)* to disregard, spurn; **~ de faire** to consider it beneath one to do, not deign to do

dédaigneusement [dedɛɲøzmɑ̃] *adv* scornfully, disdainfully

dédaigneux, -euse [dedɛɲø, -øz] *adj* scornful, disdainful

dédain [dedɛ̃] *nm* scorn, disdain

dédale [dedal] *nm* maze

dedans [dədɑ̃] *adv* inside; *(pas en plein air)* indoors, inside; **en ~** *(vers l'intérieur)* inwards ▸ *nm* inside; **au ~** on the inside; inside; *voir aussi* **là**

dédicace [dedikas] *nf (imprimée)* dedication; *(manuscrite, sur une photo etc)* inscription

dédicacer [dedikase] /**3**/ vt : ~ **(à qn)** to sign (for sb), autograph (for sb), inscribe (to sb)

dédié, e [dedje] adj : ~ **à qch** dedicated to sth; **ordinateur** ~ dedicated computer

dédier [dedje] /**7**/ vt to dedicate; ~ **à** to dedicate to; **se dédier** vpr (se consacrer) : **se** ~ **à qn/qch** to dedicate o.s. to sb/sth

dédire [dediʀ] /**37**/ : **se dédire** vpr to go back on one's word; (se rétracter) to retract, recant

dédit [dedi, -it] pp de **dédire** ▶ nm (Comm) forfeit, penalty

dédommagement [dedɔmaʒmɑ̃] nm compensation

dédommager [dedɔmaʒe] /**3**/ vt : ~ **qn (de)** to compensate sb (for); (fig) to repay sb (for)

dédouaner [dedwane] /**1**/ vt to clear through customs; **se dédouaner** vpr to clear one's name; **se** ~ **de qch** (responsabilités, accusation) to clear o.s. of sth

dédoublement [dedublǝmɑ̃] nm splitting; (Psych) : ~ **de la personnalité** split ou dual personality

dédoubler [deduble] /**1**/ vt (classe, effectifs) to split (into two); (couverture etc) to unfold; (manteau) to remove the lining of; ~ **un train/ les trains** to run a relief train/additional trains; **se dédoubler** vpr (Psych) to have a split personality

dédramatiser [dedʀamatize] /**1**/ vt (situation) to defuse; (événement) to play down

déductible [dedyktibl] adj deductible

déduction [dedyksjɔ̃] nf (d'argent) deduction; (raisonnement) deduction, inference

déduire [deduiʀ] /**38**/ vt : ~ **qch (de)** (ôter) to deduct sth (from); (conclure) to deduce ou infer sth (from)

déesse [deɛs] nf goddess

DEFA sigle m (= Diplôme d'État relatif aux fonctions d'animation) diploma for senior youth leaders

défaillance [defajɑ̃s] nf (syncope) blackout; (fatigue) (sudden) weakness no pl; (technique) fault, failure; (morale etc) weakness; ~ **cardiaque** heart failure

défaillant, e [defajɑ̃, -ɑ̃t] adj defective; (Jur : témoin) defaulting

défaillir [defajiʀ] /**13**/ vi to faint; to feel faint; (mémoire etc) to fail

défaire [defɛʀ] /**60**/ vt (installation, échafaudage) to take down, dismantle; (paquet etc, nœud, vêtement) to undo; (bagages) to unpack; (ouvrage) to undo, unpick; (cheveux) to take out; ~ **le lit** (pour changer les draps) to strip the bed; (pour se coucher) to turn back the bedclothes; **se défaire** vpr to come undone; **se** ~ **de** (se débarrasser de) to get rid of; (se séparer de) to part with

défait, e [defɛ, -ɛt] pp de **défaire** ▶ adj (visage) haggard, ravaged ▶ nf defeat; **une défaite annoncée** a predicted defeat; **cinq défaites consécutives** five consecutive defeats

défaites [defɛt] vb voir **défaire**

défaitisme [defetism] nm defeatism

défaitiste [defetist] adj, nmf defeatist

défalcation [defalkasjɔ̃] nf deduction

défalquer [defalke] /**1**/ vt to deduct

défasse etc [defas] vb voir **défaire**

défausser [defose] /**1**/ vt to get rid of; **se défausser** vpr (Cartes) to discard

défaut [defo] nm (moral) fault, failing, defect; (d'étoffe, métal) fault, flaw, defect; (Inform) bug; (manque, carence) : ~ **de** lack of; shortage of; ~ **de la cuirasse** (fig) chink in the armour (BRIT) ou armor (US); **en** ~ at fault; in the wrong; **prendre qn en** ~ to catch sb out; **faire** ~ (manquer) to be lacking; **à** ~ adv failing that; **à** ~ **de** for lack ou want of; **par** ~ (Jur) in his (ou her etc) absence

défaveur [defavœʀ] nf disfavour (BRIT), disfavor (US)

défavorable [defavɔʀabl] adj unfavourable (BRIT), unfavorable (US)

défavoriser [defavɔʀize] /**1**/ vt to put at a disadvantage

défectif, -ive [defɛktif, -iv] adj : **verbe** ~ defective verb

défection [defɛksjɔ̃] nf defection, failure to give support ou assistance; failure to appear; **faire** ~ (d'un parti etc) to withdraw one's support, leave

défectueux, -euse [defɛktɥø, -øz] adj faulty, defective

défectuosité [defɛktɥozite] nf defectiveness no pl; (défaut) defect, fault

défendable [defɑ̃dabl] adj defensible

défendeur, -eresse [defɑ̃dœʀ, -dʀɛs] nm/f (Jur) defendant

défendre [defɑ̃dʀ] /**41**/ vt to defend; (interdire) to forbid; ~ **à qn qch/de faire** to forbid sb sth/to do; **se défendre** vpr to defend o.s.; **il se défend** (fig) he can hold his own; **ça se défend** (fig) it holds together; **se** ~ **de/contre** (se protéger) to protect o.s. from/against; **se** ~ **de** (se garder de) to refrain from; (nier) **se** ~ **de vouloir** to deny wanting

défendu, e [defɑ̃dy] adj : **c'est** ~ it is forbidden; **le fruit** ~ the forbidden fruit

défenestrer [defǝnɛstʀe] /**1**/ vt to throw out of the window; **se défenestrer** vpr to jump out of the window

défense [defɑ̃s] nf defence (BRIT), defense (US); (d'éléphant etc) tusk; **ministre de la** ~ Minister of Defence (BRIT), Defence Secretary; **la** ~ **nationale** defence, the defence of the realm (BRIT); **la** ~ **contre avions** anti-aircraft defence; « ~ **de fumer/cracher** » "no smoking/spitting", "smoking/spitting prohibited"; **prendre la** ~ **de qn** to stand up for sb; ~ **des consommateurs** consumerism

défenseur [defɑ̃sœʀ] nm defender; (Jur) counsel for the defence

défensif, -ive [defɑ̃sif, -iv] adj, nf defensive; **être sur la défensive** to be on the defensive

déféquer [defeke] /**6**/ vi to defecate

déferai etc [defʀe] vb voir **défaire**

déférence [defeʀɑ̃s] nf deference

déférent, e [defeʀɑ̃, -ɑ̃t] adj (poli) deferential, deferent

déférer [defeʀe] /**6**/ vt (Jur) to refer; ~ **à** (requête, décision) to defer to; ~ **qn à la justice** to hand sb over to justice

déferlant, e [defɛʀlɑ̃, -ɑ̃t] adj : **vague déferlante** breaker

d

117

déferlement [defɛʀləmɑ̃] *nm* breaking; surge

déferler [defɛʀle] /1/ *vi (vagues)* to break; *(fig)* to surge

défi [defi] *nm (provocation)* challenge; *(bravade)* defiance; **mettre qn au ~ de faire qch** to challenge sb to do sth; **relever un ~** to take up *ou* accept a challenge; **lancer un ~ à qn** to challenge sb; **sur un ton de ~** defiantly

défiance [defjɑ̃s] *nf* mistrust, distrust

déficeler [defis(ə)le] /4/ *vt (paquet)* to undo, untie

déficience [defisjɑ̃s] *nf* deficiency

déficient, e [defisjɑ̃, -ɑ̃t] *adj* deficient

déficit [defisit] *nm (Comm)* deficit; *(Psych etc : manque)* defect; **~ budgétaire** budget deficit; **être en ~** to be in deficit

déficitaire [defisitɛʀ] *adj (année, récolte)* bad; **entreprise/budget ~** business/budget in deficit

défier [defje] /7/ *vt (provoquer)* to challenge; *(fig)* to defy, brave; **se ~ de** *(se méfier de)* to distrust, mistrust; **~ qn de faire** to challenge *ou* defy sb to do; **~ qn à** to challenge sb to; **~ toute comparaison/concurrence** to be incomparable/unbeatable

défigurer [defigyʀe] /1/ *vt* to disfigure; *(boutons etc)* to mar *ou* spoil (the looks of); *(fig : œuvre)* to mutilate, deface

défilé [defile] *nm (Géo)* (narrow) gorge *ou* pass; *(soldats)* parade; *(manifestants)* procession, march; **un ~ de** *(voitures, visiteurs etc)* a stream of

défiler [defile] /1/ *vi (troupes)* to march past; *(sportifs)* to parade; *(manifestants)* to march; *(visiteurs)* to pour, stream; **faire ~** *(bande, film)* to put on; *(Inform)* to scroll; **faire ~ un document** to scroll a document; **se défiler** *vpr (se dérober)* to slip away, sneak off; **il s'est défilé** *(fam)* he wriggled out of it

défini, e [defini] *adj* definite

définir [definiʀ] /2/ *vt* to define

définissable [definisabl] *adj* definable

définitif, -ive [definitif, -iv] *adj (final)* final, definitive; *(pour longtemps)* permanent, definitive; *(sans appel)* final, definite ▸ *nf* : **en définitive** eventually; *(somme toute)* when all is said and done

définition [definisjɔ̃] *nf* definition; *(de mots croisés)* clue; *(TV)* (picture) resolution

définitivement [definitivmɑ̃] *adv* definitively; permanently; definitely

défiscaliser [defiskalize] *vt* to make tax-exempt

défit *etc* [defi] *vb voir* **défaire**

déflagration [deflagʀasjɔ̃] *nf* explosion

déflation [deflasjɔ̃] *nf* deflation

déflationniste [deflasjɔnist] *adj* deflationist, deflationary

déflecteur [deflɛktœʀ] *nm (Auto)* quarterlight *(BRIT)*, deflector *(US)*

déflorer [deflɔʀe] /1/ *vt (jeune fille)* to deflower; *(fig)* to spoil the charm of

défoncé, e [defɔ̃se] *adj* smashed in; broken down; *(route)* full of potholes ▸ *nm/f* addict

défoncer [defɔ̃se] /3/ *vt (caisse)* to stave in; *(porte)* to smash *ou* down; *(lit, fauteuil)* to burst (the

springs of); *(terrain, route)* to rip *ou* plough up; **se défoncer** *vpr (se donner à fond)* to give it all one's got

défont [defɔ̃] *vb voir* **défaire**

déforestation [defɔʀɛstasjɔ̃] *nf* deforestation

déformant, e [defɔʀmɑ̃, -ɑ̃t] *adj* : **glace déformante** *ou* **miroir ~** distorting mirror

déformation [defɔʀmasjɔ̃] *nf* loss of shape; deformation; distortion; **~ professionnelle** conditioning by one's job

déformer [defɔʀme] /1/ *vt* to put out of shape; *(corps)* to deform; *(pensée, fait)* to distort; **se déformer** *vpr* to lose its shape

défoulement [defulmɑ̃] *nm* release of tension; unwinding

défouler [defule] /1/ : **se défouler** *vpr (Psych)* to work off one's tensions, release one's pent-up feelings; *(gén)* to unwind, let off steam

défraîchi, e [defʀeʃi] *adj* faded; *(article à vendre)* shop-soiled

défraîchir [defʀeʃiʀ] /2/ : **se défraîchir** *vpr* to fade; to become shop-soiled

défrayer [defʀeje] /8/ *vt* : **~ qn** to pay sb's expenses; **~ la chronique** to be in the news; **~ la conversation** to be the main topic of conversation

défrichement [defʀiʃmɑ̃] *nm* clearance

défricher [defʀiʃe] /1/ *vt* to clear (for cultivation)

défriser [defʀize] /1/ *vt (cheveux)* to straighten; *(fig)* to annoy

défroisser [defʀwase] /1/ *vt* to smooth out

défroque [defʀɔk] *nf* cast-off

défroqué [defʀɔke] *nm* former monk *(ou priest)*

défroquer [defʀɔke] /1/ *vi (aussi : se défroquer)* to give up the cloth, renounce one's vows

défunt, e [defœ̃, -œ̃t] *adj* : **son ~ père** his late father ▸ *nm/f* deceased

dégagé, e [degaʒe] *adj (route, ciel)* clear; *(ton, air)* casual, jaunty; **sur un ton ~** casually

dégagement [degaʒmɑ̃] *nm* emission; freeing; clearing; *(espace libre)* clearing; passage; clearance; *(Football)* clearance; **voie de ~** slip road; **itinéraire de ~** alternative route *(to relieve traffic congestion)*

dégager [degaʒe] /3/ *vt (exhaler)* to give off, emit; *(délivrer)* to free, extricate; *(Mil : troupes)* to relieve; *(désencombrer)* to clear; *(isoler, mettre en valeur)* to bring out; *(crédits)* to release; **~ qn de** *(engagement, parole)* to release *ou* free sb from; **se dégager** *vpr (odeur)* to emanate, be given off; *(passage, ciel)* to clear; **se ~ de** *(fig : engagement)* to get out of (: *promesse*) to go back on

dégaine [degɛn] *nf* awkward way of walking

dégainer [degene] /1/ *vt* to draw

dégarni [degaʀni] *adj* bald

dégarnir [degaʀniʀ] /2/ *vt (vider)* to empty, clear; **se dégarnir** *vpr* to empty; to be cleaned out *ou* cleared; *(tempes, crâne)* to go bald

dégâts [dega] *nmpl* damage *sg*; **faire des ~** to damage

dégauchir [degoʃiʀ] /2/ *vt (Tech)* to surface

dégazer [degaze] /1/ *vi (pétrolier)* to clean its tanks

dégel [deʒɛl] *nm* thaw; *(fig : des prix etc)* unfreezing

dégeler [deʒ(ə)le] **/5/** vt to thaw (out); (fig) to unfreeze ▶ vi to thaw (out); **se dégeler** vpr (fig) to thaw out

dégénéré, e [deʒeneʀe] adj, nm/f degenerate

dégénérer [deʒeneʀe] **/6/** vi to degenerate; (empirer) to go from bad to worse; (devenir) : **~ en** to degenerate into

dégénérescence [deʒeneʀesɑ̃s] nf degeneration

dégingandé, e [deʒɛ̃gɑ̃de] adj gangling, lanky

dégivrage [deʒivʀaʒ] nm defrosting; de-icing

dégivrer [deʒivʀe] **/1/** vt (frigo) to defrost; (vitres) to de-ice

dégivreur [deʒivʀœʀ] nm defroster; de-icer

déglinguer [deglɛ̃ge] **/1/** vt to bust

déglutir [deglytiʀ] **/2/** vt, vi to swallow

déglutition [deglytisjɔ̃] nf swallowing

dégonflé, e [degɔ̃fle] adj (pneu) flat; (fam) chicken ▶ nm/f (fam) chicken

dégonfler [degɔ̃fle] **/1/** vt (pneu, ballon) to let down, deflate ▶ vi (désenfler) to go down; **se dégonfler** vpr (fam) to chicken out

dégorger [degɔʀʒe] **/3/** vi (Culin) : **faire ~** to leave to sweat; (rivière) : **(se) ~ dans** to flow into ▶ vt to disgorge

dégoter [degɔte] **/1/** vt (fam) to dig up, find

dégouliner [deguline] **/1/** vi to trickle, drip; **~ de** to be dripping with

dégoupiller [degupije] **/1/** vt (grenade) to take the pin out of

dégourdi, e [deguʀdi] adj smart, resourceful

dégourdir [deguʀdiʀ] **/2/** vt to warm (up); **se dégourdir** vpr : **se ~ les jambes** to stretch one's legs

dégoût [degu] nm disgust, distaste

dégoûtant, e [degutɑ̃, -ɑ̃t] adj disgusting

dégoûté, e [degute] adj disgusted; **~ de** sick of

dégoûter [degute] **/1/** vt to disgust; **cela me dégoûte** I find this disgusting ou revolting; **~ qn de qch** to put sb off sth; **se dégoûter de** vpr to get ou become sick of

dégoutter [degute] **/1/** vi to drip; **~ de** to be dripping with

dégradant, e [degʀadɑ̃, -ɑ̃t] adj degrading

dégradation [degʀadasjɔ̃] nf reduction in rank; defacement; degradation, debasement; deterioration; (aussi : **dégradations** : dégâts) damage no pl

dégradé, e [degʀade] adj (couleur) shaded off; (teintes) faded; (cheveux) layered ▶ nm (Peinture) gradation

dégrader [degʀade] **/1/** vt (Mil : officier) to degrade; (abîmer) to damage, deface; (avilir) to degrade, debase; **se dégrader** vpr (relations, situation) to deteriorate

dégrafer [degʀafe] **/1/** vt to unclip, unhook, unfasten

dégraissage [degʀesaʒ] nm (Écon) cutbacks pl; **~ et nettoyage à sec** dry cleaning

dégraissant [degʀesɑ̃] nm spot remover

dégraisser [degʀese] **/1/** vt (soupe) to skim; (vêtement) to take the grease marks out of; (Écon) to cut back; (: entreprise) to slim down

degré [dəgʀe] nm degree; (d'escalier) step; **brûlure au 1er/2ème ~** 1st/2nd degree burn;

équation du 1er/2ème **~** linear/quadratic equation; **le premier ~** (Scol) primary level; **alcool à 90 degrés** surgical spirit; **vin de 10 degrés** 10° wine (on Gay-Lussac scale); **par degré(s)** adv by degrees, gradually

dégressif, -ive [degʀesif, -iv] adj on a decreasing scale, degressive; **tarif ~** decreasing rate of charge

dégrèvement [degʀevmɑ̃] nm tax relief

dégrever [degʀəve] **/5/** vt to grant tax relief to; to reduce the tax burden on

dégriffé, e [degʀife] adj (vêtement) sold without the designer's label; **voyage ~** discount holiday

dégringolade [degʀɛ̃gɔlad] nf tumble; (fig) collapse

dégringoler [degʀɛ̃gɔle] **/1/** vi to tumble (down); (fig : prix, monnaie etc) to collapse

dégriser [degʀize] **/1/** vt to sober up

dégrossir [degʀosiʀ] **/2/** vt (bois) to trim; (fig) to work out roughly; (: personne) to knock the rough edges off

dégroupage [degʀupaʒ] nm (Internet) unbundling

dégroupé, e [degʀupe] adj (Internet : zone, ADSL) unbundled

déguenillé, e [deg(ə)nije] adj ragged, tattered

déguerpir [degɛʀpiʀ] **/2/** vi to clear off

dégueulasse [degœlas] adj (fam) disgusting

dégueuler [degœle] **/1/** vi (fam) to puke, throw up

déguisé, e [degize] adj disguised; dressed up; **~ en** disguised (ou dressed up) as

déguisement [degizmɑ̃] nm disguise; (habits : pour s'amuser) fancy dress; (: pour tromper) disguise

déguiser [degize] **/1/** vt to disguise; **se déguiser (en)** vpr (se costumer) to dress up (as); (pour tromper) to disguise o.s. (as)

dégustation [degystasjɔ̃] nf tasting; (de fromages etc) sampling; savouring (BRIT), savoring (US); (séance) : **~ de vin(s)** wine-tasting

déguster [degyste] **/1/** vt (vins) to taste; (fromages etc) to sample; (savourer) to enjoy, savour (BRIT), savor (US)

déhancher [deɑ̃ʃe] **/1/** : **se déhancher** vpr to sway one's hips; to lean (one's weight) on one hip

dehors [dəɔʀ] adv outside; (en plein air) outdoors, outside; **mettre** ou **jeter ~** to throw out; **en ~** outside; outwards; **en ~ de** apart from ▶ nm outside; **au ~** outside; (en apparence) outwardly; **au ~ de** outside; **de ~** from outside ▶ nmpl (apparences) appearances, exterior sg

déifier [deifje] **/7/** vt to deify

déjà [deʒa] adv already; (auparavant) before, already; **as-tu ~ été en France ?** have you been to France before?; **c'est ~ pas mal** that's not too bad (at all); **c'est ~ quelque chose** (at least) it's better than nothing; **quel nom, ~ ?** what was the name again?

déjanté, e [deʒɑ̃te] adj (fam : personne) nutty; (: spectacle) off-the-wall

déjanter [deʒɑ̃te] **/1/** : **se déjanter** vpr (pneu) to come off the rim

déjà-vu [deʒavy] nm : **c'est du ~** there's new in that

d

déjeté, e [deʒ(ə)te] *adj* lop-sided, crooked

déjeuner [deʒœne] /**1**/ *vi* to (have) lunch; *(le matin)* to have breakfast ▸ *nm* lunch; *(petit déjeuner)* breakfast; **~ d'affaires** business lunch

déjouer [deʒwe] /**1**/ *vt* to elude, to foil, thwart

déjuger [deʒyʒe] /**3**/ : **se déjuger** *vpr* to go back on one's opinion

delà [dəla] *adv* : **par ~, en ~ (de), au ~ (de)** beyond

délabré, e [delabʀe] *adj* dilapidated, broken-down

délabrement [delabʀəmã] *nm* decay, dilapidation

délabrer [delabʀe] /**1**/ : **se délabrer** *vpr* to fall into decay, become dilapidated

délacer [delase] /**3**/ *vt (chaussures)* to undo, unlace

délai [delɛ] *nm (attente)* waiting period; *(sursis)* extension (of time); *(temps accordé : aussi :* **délais)** time limit; **sans ~** without delay; **à bref ~** shortly, very soon; at short notice; **dans les délais** within the time limit; **un ~ de 30 jours** a period of 30 days; **comptez un ~ de livraison de 10 jours** allow 10 days for delivery

délaissé, e [delese] *adj* abandoned, deserted; neglected

délaisser [delese] /**1**/ *vt (abandonner)* to abandon, desert; *(négliger)* to neglect

délassant, e [delasã, -ãt] *adj* relaxing

délassement [delasmã] *nm* relaxation

délasser [delase] /**1**/ *vt (reposer)* to relax; *(divertir)* to divert, entertain; **se délasser** *vpr* to relax

délateur, -trice [delatœʀ, -tʀis] *nm/f* informer

délation [delasjɔ̃] *nf* denouncement, informing

délavé, e [delave] *adj* faded

délayage [delɛjaʒ] *nm* mixing; thinning down

délayer [deleje] /**8**/ *vt (Culin)* to mix (with water etc); *(peinture)* to thin down; *(fig)* to pad out, spin out

delco® [dɛlko] *nm (Auto)* distributor; **tête de ~** distributor cap

délectation [delɛktasjɔ̃] *nf* delight

délecter [delɛkte] /**1**/ : **se délecter** *vpr* : **se ~ de** to revel ou delight in

délégation [delegasjɔ̃] *nf* delegation; **~ de pouvoir** delegation of power

délégué, e [delege] *adj* delegated; **ministre ~ à** minister with special responsibility for ▸ *nm/f* delegate; representative

déléguer [delege] /**6**/ *vt* to delegate

délestage [delɛstaʒ] *nm* : **itinéraire de ~** alternative route *(to relieve traffic congestion)*

délester [delɛste] /**1**/ *vt (navire)* to unballast; **~ une route** to relieve traffic congestion on a road by diverting traffic

délétère [deletɛʀ] *adj (atmosphère, climat)* poisonous; *(Méd : effet)* deleterious; *(: rôle)* harmful

Delhi [dɛli] *n* Delhi

délibérant, e [delibeʀã, -ãt] *adj* : **assemblée délibérante** deliberative assembly

délibératif, -ive [delibeʀatif, -iv] *adj* : **avoir voix délibérative** to have voting rights

délibération [delibeʀasjɔ̃] *nf* deliberation

délibéré, e [delibeʀe] *adj (conscient)* deliberate; *(déterminé)* determined, resolute; **de propos ~** *(à dessein, exprès)* intentionally

délibérément [delibeʀemã] *adv* deliberately; *(résolument)* resolutely

délibérer [delibeʀe] /**6**/ *vi* to deliberate

délicat, e [delika, -at] *adj* delicate; *(plein de tact)* tactful; *(attentionné)* thoughtful; *(exigeant)* fussy, particular; **procédés peu délicats** unscrupulous methods

délicatement [delikatmã] *adv* delicately; *(avec douceur)* gently

délicatesse [delikatɛs] *nf* delicacy; tactfulness; thoughtfulness; **délicatesses** *nfpl* attentions, consideration *sg*

délice [delis] *nm* delight

délicieusement [delisjøzmã] *adv* deliciously; delightfully

délicieux, -euse [delisjø, -øz] *adj (au goût)* delicious; *(sensation, impression)* delightful

délictueux, -euse [deliktɥø, -øz] *adj* criminal

délié, e [delje] *adj* nimble, agile; *(mince)* slender, fine ▸ *nm* : **les déliés** the upstrokes *(in handwriting)*

délier [delje] /**7**/ *vt* to untie; **~ qn de** *(serment etc)* to free ou release sb from

délimitation [delimitasjɔ̃] *nf* delimitation

délimiter [delimite] /**1**/ *vt (terrain)* to delimit, demarcate

délinquance [delɛ̃kɑ̃s] *nf* criminality; **~ juvénile** juvenile delinquency

délinquant, e [delɛ̃kɑ̃, -ãt] *adj, nm/f* delinquent

déliquescence [delikesɑ̃s] *nf* : **en ~** in a state of decay

déliquescent, e [delikesɑ̃, -ãt] *adj* decaying

délirant, e [deliʀã, -ãt] *adj (Méd : fièvre)* delirious; *(imagination)* frenzied; *(fam : déraisonnable)* crazy

délire [deliʀ] *nm (fièvre)* delirium; *(fig)* frenzy; *(: folie)* lunacy

délirer [deliʀe] /**1**/ *vi* to be delirious; **tu délires !** *(fam)* you're crazy!

délit [deli] *nm (criminal)* offence; **~ de droit commun** violation of common law; **~ de fuite** failure to stop after an accident; **~ d'initiés** insider dealing ou trading; **~ de presse** violation of the press laws

délivrance [delivʀɑ̃s] *nf* freeing, release; *(sentiment)* relief

délivrer [delivʀe] /**1**/ *vt (prisonnier)* to (set) free, release; *(passeport, certificat)* to issue; **~ qn de** *(ennemis)* to rid sb of; *(fig : poids, tourment)* to release sb from; **délivrez-nous du mal** deliver us from evil; **se délivrer** *vpr* : **se ~ de** to free o.s. from; **se ~ de l'emprise de qch** to free o.s. from the clutches of sth

délocalisation [delɔkalizasjɔ̃] *nf* relocation

délocaliser [delɔkalize] /**1**/ *vt (entreprise, emplois)* relocate

déloger [delɔʒe] /**3**/ *vt (locataire)* to turn out; *(objet coincé, ennemi)* to dislodge

déloyal, e, -aux [delwajal, -o] *adj (personne, conduite)* disloyal; *(procédé)* unfair

Delphes [dɛlf] *n* Delphi

delta [dɛlta] *nm (Géo)* delta

deltaplane® [dɛltaplan] *nm* hang-glider

déluge – démerder

déluge [delyʒ] nm (biblique) Flood, Deluge; (grosse pluie) downpour, deluge; (grand nombre) : **~ de** flood of

déluré, e [delyʀe] adj smart, resourceful; (péj) forward, pert

démagnétiser [demaɲetize] /1/ vt to demagnetize

démagogie [demagɔʒi] nf demagogy

démagogique [demagɔʒik] adj demagogic, popularity-seeking; (Pol) vote-catching

démagogue [demagɔg] adj demagogic ▶ nm demagogue

démaillé, e [demaje] adj (bas) laddered (BRIT), with a run (ou runs)

demain [d(ə)mɛ̃] adv tomorrow; **~ matin/soir** tomorrow morning/evening; **~ midi** tomorrow at midday; **à ~ !** see you tomorrow!

demande [d(ə)mɑ̃d] nf (requête) request; (revendication) demand; (Admin, formulaire) application; (Écon) : **la ~** demand; « **demandes d'emploi** » "situations wanted"; **à la ~ générale** by popular request; **~ en mariage** (marriage) proposal; **faire sa ~ (en mariage)** to propose (marriage); **~ de naturalisation** application for naturalization; **~ de poste** job application

demandé, e [d(ə)mɑ̃de] adj (article etc) : **très ~** (very) much in demand

demander [d(ə)mɑ̃de] /1/ vt to ask for; (question, date, heure, chemin) to ask; (requérir, nécessiter) to require, demand; **~ qch à qn** to ask sb for sth, ask sb sth; **ils demandent deux secrétaires et un ingénieur** they're looking for two secretaries and an engineer; **~ la main de qn** to ask for sb's hand (in marriage); **~ pardon à qn** to apologize to sb; **~ à ou de voir/faire** to ask to see/ask if one can do; **~ à qn de faire** to ask sb to do; **~ que/pourquoi** to ask that/why; **se ~ si/pourquoi** etc to wonder if/why etc; (sens purement réfléchi) to ask o.s. if/why etc; **on vous demande au téléphone** you're wanted on the phone, there's someone for you on the phone; **il ne demande que ça** that's all he wants; **je ne demande pas mieux** I'm asking nothing more; **il ne demande qu'à faire** all he wants is to do

⚠ **demander** is not usually translated by to demand.

demandeur, -euse [dəmɑ̃dœʀ, -øz] nm/f : **~ d'asile** asylum-seeker; **~ d'emploi** job-seeker

démangeaison [demɑ̃ʒezɔ̃] nf itching; **avoir des démangeaisons** to be itching

démanger [demɑ̃ʒe] /3/ vi to itch; **la main me démange** my hand is itching; **l'envie ou ça me démange de faire** I'm itching to do

démantèlement [demɑ̃tɛlmɑ̃] nm breaking up

démanteler [demɑ̃t(ə)le] /5/ vt to break up; to demolish

démaquillant [demakijɑ̃] nm make-up remover

démaquiller [demakije] /1/ : **se démaquiller** vpr to remove one's make-up

démarcage [demaʀkaʒ] nm = **démarquage**

démarcation [demaʀkasjɔ̃] nf demarcation

démarchage [demaʀʃaʒ] nm (Comm) door-to-door selling

démarche [demaʀʃ] nf (allure) gait, walk; (intervention) step; approach; (fig : intellectuelle) thought processes pl; approach; **faire entreprendre des démarches** to take action; **faire des démarches auprès de qn** to approach sb; **faire les démarches nécessaires (pour obtenir qch)** to take the necessary steps (to obtain sth)

démarcheur, -euse [demaʀʃœʀ, -øz] nm/f (Comm) door-to-door salesman/woman; (Pol etc) canvasser

démarquage [demaʀkaʒ] nm marking down

démarque [demaʀk] nf (Comm : d'un article) mark-down

démarqué, e [demaʀke] adj (Football) unmarked; (Comm) reduced; **prix démarqués** marked-down prices

démarquer [demaʀke] /1/ vt (prix) to mark down; (joueur) to stop marking; **se démarquer** vpr (Sport) to shake off one's marker

démarrage [demaʀaʒ] nm starting no pl, start; **~ en côte** hill start

démarrer [demaʀe] /1/ vt to start up ▶ vi (conducteur) to start (up); (véhicule) to move off; (travaux, affaire) to get moving; (coureur : accélérer) to pull away

démarreur [demaʀœʀ] nm (Auto) starter

démasquer [demaske] /1/ vt to unmask; **se démasquer** vpr to unmask; (fig) to drop one's mask

démâter [demate] /1/ vt to dismast ▶ vi to be dismasted

démêlant, e [demelɑ̃, -ɑ̃t] adj : **baume ~**, **crème démêlante** (hair) conditioner ▶ nm conditioner

démêler [demele] /1/ vt to untangle, disentangle

démêlés [demele] nmpl problems

démembrement [demɑ̃bʀəmɑ̃] nm dismemberment

démembrer [demɑ̃bʀe] /1/ vt to dismember

déménagement [demenaʒmɑ̃] nm (du point de vue du locataire etc) move; (: du déménageur) removal (BRIT), moving (US); **entreprise/camion de ~** removal (BRIT) ou moving (US) firm/van

déménager [demenaʒe] /3/ vt (meubles) to (re)move ▶ vi to move (house)

déménageur [demenaʒœʀ] nm removal man (BRIT), (furniture) mover (US); (entrepreneur) furniture remover

démence [demɑ̃s] nf madness, insanity; (Méd) dementia

démener [dem(ə)ne] /5/ : **se démener** vpr to thrash about; (fig) to exert o.s.

dément, e [demɑ̃, -ɑ̃t] vb voir **démentir** ▶ adj (fou) mad (BRIT), crazy; (fam) brilliant, fantastic

démenti [demɑ̃ti] nm refutation

démentiel, le [demɑ̃sjɛl] adj insane

démentir [demɑ̃tiʀ] /16/ vt (nouvelle, témoin) to refute; (faits etc) to belie, refute; **~ que** to deny that; **ne pas se ~** not to fail, keep up

démerder [demɛʀde] /1/ : **se démerder** vpr (!) to bloody well manage for o.s.

démériter [demeʀite] /**1**/ *vi* : ~ **auprès de qn** to come down in sb's esteem

démesure [dem(ə)zyʀ] *nf* immoderation, immoderateness

démesuré, e [dem(ə)zyʀe] *adj* immoderate, disproportionate

démesurément [dem(ə)zyʀemɑ̃] *adv* disproportionately

démettre [demɛtʀ] /**56**/ *vt* : ~ **qn de** (*fonction, poste*) to dismiss sb from; **se démettre** *vpr* : **se ~ (de ses fonctions)** to resign (from) one's duties; **se ~ l'épaule** *etc* to dislocate one's shoulder *etc*

demeurant [d(ə)mœʀɑ̃] : **au ~** *adv* for all that

demeure [d(ə)mœʀ] *nf* residence; **dernière ~** (*fig*) last resting place; **mettre qn en ~ de faire** to enjoin *ou* order sb to do; **à ~** *adv* permanently

demeuré, e [d(ə)mœʀe] *adj* backward ▶ *nm/f* backward person

demeurer [d(ə)mœʀe] /**1**/ *vi* (*habiter*) to live; (*séjourner*) to stay; (*rester*) to remain; **en ~ là** (*personne*) to leave it at that; (*choses*) to be left at that

demi, e [dəmi] *adj* half; **et ~** : **trois heures/ bouteilles et demie** three and a half hours/ bottles; **il est 2 heures et demie** it's half past 2; **il est midi et ~** it's half past 12; **à ~** *adv* half-; **ouvrir à ~** to half-open; **faire les choses à ~** to do things by halves ▶ *nm* (*bière* : = 0.25 *litre*) ≈ half-pint; (*Football*) half-back; **~ de mêlée/d'ouverture** (*Rugby*) scrum/fly half ▶ *nf* : **à la demie** (*heure*) on the half-hour

demi... [dəmi] *préfixe* half-, semi..., demi-

demi-bas [dəmiba] *nm inv* (*chaussette*) knee-sock

demi-bouteille [dəmibutɛj] *nf* half-bottle

demi-cercle [dəmisɛʀkl] *nm* semicircle; **en ~** *adv* semicircular; *adv* in a semicircle

demi-douzaine [dəmiduzɛn] *nf* half-dozen, half a dozen

demi-finale [dəmifinal] *nf* semifinal

demi-finaliste [dəmifinalist] *nmf* semifinalist

demi-fond [dəmifɔ̃] *nm* (*Sport*) medium-distance running

demi-frère [dəmifʀɛʀ] *nm* half-brother

demi-gros [dəmigʀo] *nm inv* wholesale trade

demi-heure [dəmijœʀ] *nf* : **une ~** a half-hour, half an hour

demi-jour [dəmiʒuʀ] *nm* half-light

demi-journée [dəmiʒuʀne] *nf* half-day, half a day

démilitariser [demilitaʀize] /**1**/ *vt* to demilitarize

demi-litre [dəmilitʀ] *nm* half-litre (*BRIT*), half-liter (*US*), half a litre *ou* liter

demi-livre [dəmilivʀ] *nf* half-pound, half a pound

demi-longueur [dəmilɔ̃gœʀ] *nf* (*Sport*) half-length, half a length

demi-lune [dəmilyn] : **en ~** *adj inv* semicircular

demi-mal [dəmimal] *nm* : **il n'y a que ~** there's not much harm done

demi-mesure [dəmimzyʀ] *nf* half-measure

demi-mot [dəmimo] : **à ~** *adv* without having to spell things out

déminer [demine] /**1**/ *vt* to clear of mines

démineur [deminœʀ] *nm* bomb disposal expert

demi-pension [dəmipɑ̃sjɔ̃] *nf* half-board; **être en ~** (*Scol*) to take school meals

demi-pensionnaire [dəmipɑ̃sjɔnɛʀ] *nmf* : **être ~** to take school lunches

demi-place [dəmiplas] *nf* half-price; (*Transports*) half-fare

démis, e [demi, -iz] *pp de* **démettre** ▶ *adj* (*épaule etc*) dislocated

demi-saison [dəmisɛzɔ̃] *nf* : **vêtements de ~** spring *ou* autumn clothing

demi-sel [dəmisɛl] *adj inv* slightly salted

demi-sœur [dəmisœʀ] *nf* half-sister

demi-sommeil [dəmisɔmɛj] *nm* doze

demi-soupir [dəmisupiʀ] *nm* (*Mus*) quaver (*BRIT*) *ou* eighth note (*US*) rest

démission [demisjɔ̃] *nf* resignation; **donner sa ~** to give *ou* hand in one's notice, hand in one's resignation

démissionnaire [demisjɔnɛʀ] *adj* outgoing ▶ *nmf* person resigning

démissionner [demisjɔne] /**1**/ *vi* (*de son poste*) to resign, give *ou* hand in one's notice

demi-tarif [dəmitaʀif] *nm* half-price; (*Transports*) half-fare; **voyager à ~** to travel half-fare

demi-teinte [d(ə)mitɛ̃t] *nf* : **en demi teinte** (*résultats, bilan*) mixed; (*rentrée*) subdued

demi-ton [dəmitɔ̃] *nm* (*Mus*) semitone

demi-tour [dəmituʀ] *nm* about-turn; **faire un ~** (*Mil etc*) to make an about-turn; **faire ~** to turn (and go) back; (*Auto*) to do a U-turn

démobilisation [demɔbilizasjɔ̃] *nf* demobilization; (*fig*) demotivation, demoralization

démobiliser [demɔbilize] /**1**/ *vt* to demobilize; (*fig*) to demotivate, demoralize

démocrate [demɔkʀat] *adj* democratic ▶ *nmf* democrat

démocrate-chrétien, ne [demɔkʀatkʀetjɛ̃, -ɛn] *nm/f* Christian Democrat

démocratie [demɔkʀasi] *nf* democracy; **~ populaire/libérale** people's/liberal democracy

démocratique [demɔkʀatik] *adj* democratic

démocratiquement [demɔkʀatikmɑ̃] *adv* democratically

démocratisation [demɔkʀatizasjɔ̃] *nf* democratization

démocratiser [demɔkʀatize] /**1**/ *vt* to democratize; **se démocratiser** *vpr* to become more democratic

démodé, e [demɔde] *adj* old-fashioned

démoder [demɔde] /**1**/ : **se démoder** *vpr* to go out of fashion

démographe [demɔgʀaf] *nmf* demographer

démographie [demɔgʀafi] *nf* demography

démographique [demɔgʀafik] *adj* demographic; **poussée ~** increase in population

demoiselle [d(ə)mwazɛl] *nf* (*jeune fille*) young lady; (*célibataire*) single lady, maiden lady; **~ d'honneur** bridesmaid

démolir [demɔliʀ] /**2**/ *vt* to demolish; (*fig* : *personne*) to do for

démolisseur [demɔlisœʀ] *nm* demolition worker

démolition [demɔlisjɔ̃] *nf* demolition

démon [demɔ̃] *nm* demon, fiend; evil spirit; *(enfant turbulent)* devil, demon; **le ~ du jeu/des femmes** a mania for gambling/women; **le D~** the Devil

démonétiser [demɔnetize] /1/ *vt* to demonetize

démoniaque [demɔnjak] *adj* fiendish

démonstrateur, -trice [demɔ̃stʀatœʀ, -tʀis] *nm/f* demonstrator

démonstratif, -ive [demɔ̃stʀatif, -iv] *adj, nm (aussi Ling)* demonstrative

démonstration [demɔ̃stʀasjɔ̃] *nf* demonstration; *(aérienne, navale)* display

démontable [demɔ̃tabl] *adj* folding

démontage [demɔ̃taʒ] *nm* dismantling

démonté, e [demɔ̃te] *adj (fig)* raging, wild

démonte-pneu [demɔ̃t(ə)pnø] *nm* tyre lever *(Brit)*, tire iron *(US)*

démonter [demɔ̃te] /1/ *vt (machine etc)* to take down, dismantle; *(pneu, porte)* to take off; *(cavalier)* to throw, unseat; *(fig : personne)* to disconcert; **se démonter** *vpr (meuble)* to be dismantled, be taken to pieces; *(personne)* to lose countenance

démontrable [demɔ̃tʀabl] *adj* demonstrable

démontrer [demɔ̃tʀe] /1/ *vt* to demonstrate, show

démoralisant, e [demɔʀalizɑ̃, -ɑ̃t] *adj* demoralizing

démoralisateur, -trice [demɔʀalizatœʀ, -tʀis] *adj* demoralizing

démoraliser [demɔʀalize] /1/ *vt* to demoralize; **se démoraliser** *vpr* to lose heart

démordre [demɔʀdʀ] /41/ *vi* : **ne pas ~ de** to refuse to give up, stick to

démotiver [demɔtive] *vt* to demotivate; **se démotiver** *vpr* to lose one's motivation

démouler [demule] /1/ *vt (gâteau)* to turn out

démultiplication [demyltiplikasjɔ̃] *nf* reduction; reduction ratio

démuni, e [demyni] *adj (sans argent)* impoverished; **~ de** without, lacking in

démunir [demyniʀ] /2/ *vt* : **~ qn de** to deprive sb of; **se ~ de** to part with, give up

démuseler [demyzle] /4/ *vt* to unmuzzle

démystifier [demistifje] /7/ *vt* to demystify

démythifier [demitifje] /7/ *vt* to demythologize

dénatalité [denatalite] *nf* fall in the birth rate

dénationalisation [denasjɔnalizasjɔ̃] *nf* denationalization

dénationaliser [denasjɔnalize] /1/ *vt* to denationalize

dénaturé, e [denatyʀe] *adj (alcool)* denaturized; *(goûts)* unnatural

dénaturer [denatyʀe] /1/ *vt (goût)* to alter (completely); *(pensée, fait)* to distort, misrepresent

dénégations [denegasjɔ̃] *nfpl* denials

déneigement [denɛʒmɑ̃] *nm* snow clearance

déneiger [denɛʒe] /3/ *vt* to clear snow from

dengue [dɛ̃g] *nf* dengue fever

déni [deni] *nm* : **~ (de justice)** denial of justice

déniaiser [denjeze] /1/ *vt* : **~ qn** to teach sb about life

dénicher [denife] /1/ *vt (fam : objet)* to unearth; *(: restaurant etc)* to discover

dénicotinisé, e [denikɔtinize] *adj* nicotine-free

denier [dənje] *nm (monnaie) formerly, a coin of small value; (de bas)* denier; **~ du culte** contribution to parish upkeep; **deniers publics** public money; **de ses (propres) deniers** out of one's own pocket

dénier [denje] /7/ *vt* to deny; **~ qch à qn** to deny sb sth

dénigrement [denigʀəmɑ̃] *nm* denigration; **campagne de ~** smear campaign

dénigrer [denigʀe] /1/ *vt* to denigrate, run down

dénivelé, e [denivle] *adj (chaussée)* on a lower level ▸ *nm* difference in height

déniveler [deniv(ə)le] /4/ *vt* to make uneven; to put on a lower level

dénivellation [denivelasjɔ̃] *nf*, **dénivellement** [denivɛlmɑ̃] *nm* difference in level; *(pente)* ramp; *(creux)* dip

dénombrer [denɔ̃bʀe] /1/ *vt (compter)* to count; *(énumérer)* to enumerate, list

dénominateur [denɔminatœʀ] *nm* denominator; **~ commun** common denominator

dénomination [denɔminasjɔ̃] *nf* designation, appellation

dénommé, e [denɔme] *adj* : **le ~ Dupont** the man by the name of Dupont

dénommer [denɔme] /1/ *vt* to name

dénoncer [denɔ̃se] /3/ *vt* to denounce; **se dénoncer** *vpr* to give o.s. up, come forward

dénonciation [denɔ̃sjasjɔ̃] *nf* denunciation

dénoter [denɔte] /1/ *vt* to denote

dénouement [denumɑ̃] *nm* outcome, conclusion; *(Théât)* dénouement

dénouer [denwe] /1/ *vt* to unknot, undo

dénoyauter [denwajote] /1/ *vt* to stone; **appareil à ~** stoner

dénoyauteur [denwajotœʀ] *nm* stoner

denrée [dɑ̃ʀe] *nf* commodity; *(aussi : **denrée alimentaire**)* food(stuff)

dense [dɑ̃s] *adj* dense

densité [dɑ̃site] *nf* denseness; *(Physique)* density

dent [dɑ̃] *nf* tooth; **avoir/garder une ~ contre qn** to have/hold a grudge against sb; **se mettre qch sous la ~** to eat sth; **être sur les dents** to be on one's last legs; **faire ses dents** to teethe, cut (one's) teeth; **en dents de scie** serrated; *(irrégulier)* jagged; **avoir les dents longues** *(fig)* to be ruthlessly ambitious; **~ de lait/sagesse** milk/wisdom tooth

dentaire [dɑ̃tɛʀ] *adj* dental; **cabinet ~** dental surgery; **école ~** dental school

denté, e [dɑ̃te] *adj* : **roue dentée** cog wheel

dentelé, e [dɑ̃t(ə)le] *adj* jagged, indented

dentelle [dɑ̃tɛl] *nf* lace *no pl*

dentelure [dɑ̃t(ə)lyʀ] *nf (aussi : **dentelures**)* jagged outline

dentier [dɑ̃tje] *nm* denture

dentifrice [dɑ̃tifʀis] *adj, nm* : **(pâte) ~** toothpaste; **eau ~** mouthwash

dentiste [dɑ̃tist] *nmf* dentist

123

dentition [dɑ̃tisjɔ̃] *nf* teeth *pl*, dentition

dénucléariser [denykleaʀize] /**1**/ *vt* to make nuclear-free

dénudé, e [denyde] *adj* bare

dénuder [denyde] /**1**/ *vt* to bare; **se dénuder** *vpr* (*personne*) to strip

dénué, e [denɥe] *adj* : ~ **de** lacking in; (*intérêt*) devoid of

dénuement [denymɑ̃] *nm* destitution

dénutrition [denytʀisjɔ̃] *nf* undernourishment

déodorant [deɔdɔʀɑ̃] *nm* deodorant

déodoriser [deɔdɔʀize] /**1**/ *vt* to deodorize

déontologie [deɔ̃tɔlɔʒi] *nf* code of ethics; (*professionnelle*) (professional) code of practice

déontologique [deɔ̃tɔlɔʒik] *adj* (*cadre, charte*) ethical; **les règles déontologiques** rules of professional ethics

dép. *abr* (= *département*) dept; (= *départ*) dep.

dépannage [depanaʒ] *nm* : **service/camion de** ~ (*Auto*) breakdown service/truck

dépanner [depane] /**1**/ *vt* (*voiture, télévision*) to fix, repair; (*fig*) to bail out, help out

dépanneur [depanœʀ] *nm* (*Auto*) breakdown mechanic; (*TV*) television engineer

dépanneuse [depanøz] *nf* breakdown lorry (BRIT), tow truck (US)

dépareillé, e [depaʀeje] *adj* (*collection, service*) incomplete; (*gant, volume, objet*) odd

déparer [depaʀe] /**1**/ *vt* to spoil, mar

départ [depaʀ] *nm* leaving *no pl*, departure; (*Sport*) start; (*sur un horaire*) departure; **à son** ~ when he left; **au** ~ (*au début*) initially, at the start; **courrier au** ~ outgoing mail; **la veille de son** ~ the day before he leaves/left

départager [depaʀtaʒe] /**3**/ *vt* to decide between

département [depaʀtəmɑ̃] *nm* department; *see note*

: **DÉPARTEMENTS**
:
: France is divided into administrative units
: called **départements**. There are 96 of these
: in metropolitan France and a further five
: overseas. These local government divisions
: are headed by a state-appointed *préfet* and
: administered by an elected *Conseil général*.
: *Départements* are usually named after
: prominent geographical features such as
: rivers or mountain ranges.

départemental, e, -aux [depaʀtəmɑ̃tal, -o] *adj* departmental

départementaliser [depaʀtəmɑ̃talize] /**1**/ *vt* to devolve authority to

départir [depaʀtiʀ] /**16**/ : **se ~ de** *vt* to abandon, depart from

dépassé, e [depase] *adj* superseded, outmoded; (*fig*) out of one's depth

dépassement [depasmɑ̃] *nm* (*Auto*) overtaking *no pl*

dépasser [depase] /**1**/ *vt* (*véhicule, concurrent*) to overtake; (*endroit*) to pass, go past; (*somme, limite*) to exceed; (*fig : en beauté etc*) to surpass, outshine; (*être en saillie sur*) to jut out above (*ou* in front of); (*dérouter*) : **cela me dépasse** it's

beyond me ▸ *vi* (*Auto*) to overtake; (*jupon*) to show; **se dépasser** *vpr* to excel o.s.

dépassionner [depasjɔne] /**1**/ *vt* (*débat etc*) to take the heat out of

dépaver [depave] /**1**/ *vt* to remove the cobblestones from

dépaysé, e [depeize] *adj* disoriented

dépaysement [depeizmɑ̃] *nm* disorientation; change of scenery

dépayser [depeize] /**1**/ *vt* (*désorienter*) to disorientate; (*changer agréablement*) to provide with a change of scenery.

dépecer [depase] /**5**/ *vt* (*boucher*) to joint, cut up; (*animal*) to dismember

dépêche [depɛʃ] *nf* dispatch; ~ (**télégraphique**) telegram, wire

dépêcher [depeʃe] /**1**/ *vt* to dispatch; **se dépêcher** *vpr* to hurry; **se ~ de faire qch** to hasten to do sth, hurry (in order) to do sth

dépeindre [depɛ̃dʀ] /**52**/ *vt* to depict

dépénalisation [depenalizasjɔ̃] *nf* decriminalization

dépendance [depɑ̃dɑ̃s] *nf* (*interdépendance*) dependence *no pl*, dependency; (*bâtiment*) outbuilding

dépendant, e [depɑ̃dɑ̃, -ɑ̃t] *vb voir* **dépendre** ▸ *adj* (*financièrement*) dependent

dépendre [depɑ̃dʀ] /**41**/ *vt* (*tableau*) to take down; **~ de** *vt* to depend on, to be dependent on; (*appartenir*) to belong to; **ça dépend** it depends

dépens [depɑ̃] *nmpl* : **aux ~ de** at the expense of

dépense [depɑ̃s] *nf* spending *no pl*, expense, expenditure *no pl*; (*fig*) consumption; (: *de temps, de forces*) expenditure; **pousser qn à la ~** to make sb incur an expense; **~ physique** (physical) exertion; **dépenses de fonctionnement** revenue expenditure; **dépenses d'investissement** capital expenditure; **dépenses publiques** public expenditure

dépenser [depɑ̃se] /**1**/ *vt* to spend; (*gaz, eau*) to use; (*fig*) to expend, use up; **se dépenser** *vpr* (*se fatiguer*) to exert o.s.

dépensier, -ière [depɑ̃sje, -jɛʀ] *adj* : **il est ~** he's a spendthrift

déperdition [depɛʀdisjɔ̃] *nf* loss

dépérir [depeʀiʀ] /**2**/ *vi* (*personne*) to waste away; (*plante*) to wither

dépersonnaliser [depɛʀsɔnalize] /**1**/ *vt* to depersonalize

dépêtrer [depetʀe] /**1**/ *vt* : **se ~ de** (*situation*) to extricate o.s. from

dépeuplé, e [depœple] *adj* depopulated

dépeuplement [depœpləmɑ̃] *nm* depopulation

dépeupler [depœple] /**1**/ *vt* to depopulate; **se dépeupler** *vpr* to become depopulated

déphasage [defazaʒ] *nm* (*fig*) being out of touch

déphasé, e [defaze] *adj* (*Élec*) out of phase; (*fig*) out of touch

déphaser [defaze] /**1**/ *vt* (*fig*) to put out of touch

dépiauter [depjote] *vt* (*retirer la peau de : lapin, raie*) to skin; (*retirer : emballage*) to take off; (*fig : démonter : appareil*) to take apart

dépilation [depilasjɔ̃] *nf* hair loss; hair removal
dépilatoire [depilatwaʀ] *adj* depilatory, hair-removing; **crème ~** hair-removing *ou* depilatory cream
dépiler [depile] /**1**/ *vt* (*épiler*) to depilate, remove hair from
dépistage [depistaʒ] *nm* (*Méd*) screening
dépister [depiste] /**1**/ *vt* to detect; (*Méd*) to screen; (*voleur*) to track down; (*poursuivants*) to throw off the scent
dépit [depi] *nm* vexation, frustration; **en ~ de** *prép* in spite of; **en ~ du bon sens** contrary to all good sense
dépité, e [depite] *adj* vexed, frustrated
dépiter [depite] /**1**/ *vt* to vex, frustrate
déplacé, e [deplase] *adj* (*propos*) out of place, uncalled-for; **personne déplacée** displaced person
déplacement [deplasmɑ̃] *nm* moving; shifting; transfer; (*voyage*) trip, travelling *no pl* (*Brit*), traveling *no pl* (*US*); **en ~** away (on a trip); **~ d'air** displacement of air; **~ de vertèbre** slipped disc
déplacer [deplase] /**3**/ *vt* (*table, voiture*) to move, shift; (*employé*) to transfer, move; **se déplacer** *vpr, vpr* (*objet*) to move; (*organe*) to become displaced; (*personne : bouger*) to move, walk; (: *voyager*) to travel; **se ~ une vertèbre** to slip a disc
déplafonnement [deplafɔnmɑ̃] *nm* (*de dépenses, allocations, loyers*) raising the ceiling, lifting the ceiling; **le ~ des cotisations employeurs** lifting the ceiling on employer contributions
déplafonner [deplafɔne] *vt* (*allocations, cotisations*) to raise the ceiling on, to lift the ceiling on
déplaire [deplɛʀ] /**54**/ *vi* : **ceci me déplaît** I don't like this, I dislike this; **il cherche à nous ~** he's trying to displease us *ou* be disagreeable to us; **se déplaire** *vpr* : **se ~ quelque part** to dislike it *ou* be unhappy somewhere
déplaisant, e [deplɛzɑ̃, -ɑ̃t] *vb voir* **déplaire** ▶ *adj* disagreeable, unpleasant
déplaisir [deplɛziʀ] *nm* displeasure, annoyance
déplaît [deplɛ] *vb voir* **déplaire**
dépliant [deplijɑ̃] *nm* leaflet
déplier [deplije] /**7**/ *vt* to unfold; **se déplier** *vpr* (*parachute*) to open
déplisser [deplise] /**1**/ *vt* to smooth out
déploiement [deplwamɑ̃] *nm* (*voir déployer*) deployment; display
déplomber [deplɔ̃be] /**1**/ *vt* (*caisse, compteur*) to break (open) the seal of; (*Inform*) to hack into
déplorable [deplɔʀabl] *adj* deplorable, lamentable
déplorer [deplɔʀe] /**1**/ *vt* (*regretter*) to deplore; (*pleurer sur*) to lament
déployer [deplwaje] /**8**/ *vt* to open out, spread; (*Mil*) to deploy; (*montrer*) to display, exhibit; **se déployer** *vpr* (*ailes*) to open out; (*tanks*) to be deployed; (*forces, troupes*) to deploy
déplu [deply] *pp de* **déplaire**
déplumé, e [deplyme] *adj* (*volaille*) plucked; (*au plumage épars ou absent*) featherless; (*fam : dégarni*) balding

déplumer [deplyme] : **se déplumer** *vpr* (*fam : perdre ses cheveux*) to go bald; (*oiseau*) to lose its feathers; (*arbre*) to lose its leaves
dépointer [depwɛ̃te] /**1**/ *vi* to clock out
dépoli, e [depɔli] *adj* : **verre ~** frosted glass
dépolitiser [depɔlitize] /**1**/ *vt* to depoliticize
dépopulation [depɔpylasjɔ̃] *nf* depopulation
déportation [depɔʀtasjɔ̃] *nf* deportation
déporté, e [depɔʀte] *nm/f* deportee; (*1939–45*) concentration camp prisoner
déporter [depɔʀte] /**1**/ *vt* (*Pol*) to deport; (*dévier*) to carry off course; **se déporter** *vpr* (*voiture*) to swerve
déposant, e [depozɑ̃, -ɑ̃t] *nm/f* (*épargnant*) depositor
dépose [depoz] *nf* taking out; taking down
déposé, e [depoze] *adj* registered; *voir aussi* **marque**
déposer [depoze] /**1**/ *vt* (*gén : mettre, poser*) to lay down, put down, set down; (*à la banque, à la consigne*) to deposit; (*caution*) to put down; (*passager*) to drop (off), set down; (*démonter : serrure, moteur*) to take out; (: *rideau*) to take down; (*roi*) to depose; (*Admin : faire enregistrer*) to file; (*marque*) to register; (*plainte*) to lodge; **~ son bilan** (*Comm*) to go into (voluntary) liquidation ▶ *vi* to form a sediment *ou* deposit; (*Jur*) : **~ (contre)** to testify *ou* give evidence (against); **se déposer** *vpr* to settle
dépositaire [depoziteʀ] *nmf* (*Jur*) depository; (*Comm*) agent; **~ agréé** authorized agent
déposition [depozisjɔ̃] *nf* (*Jur*) deposition, statement
déposséder [depɔsede] /**6**/ *vt* to dispossess
dépôt [depo] *nm* (*à la banque, sédiment*) deposit; (*entrepôt, réserve*) warehouse, store; (*gare*) depot; (*prison*) cells *pl*; **~ d'ordures** rubbish (*Brit*) *ou* garbage (*US*) dump, tip (*Brit*); **~ de bilan** (voluntary) liquidation; **~ légal** registration of copyright
dépoter [depɔte] /**1**/ *vt* (*plante*) to take from the pot, transplant
dépotoir [depɔtwaʀ] *nm* dumping ground, rubbish (*Brit*) *ou* garbage (*US*) dump; **~ nucléaire** nuclear (waste) dump
dépouille [depuj] *nf* (*d'animal*) skin, hide; (*humaine*) : **~ (mortelle)** mortal remains *pl*
dépouillé, e [depuje] *adj* (*fig*) bare, bald; **~ de** stripped of; lacking in
dépouillement [depujmɑ̃] *nm* (*de scrutin*) count, counting *no pl*
dépouiller [depuje] /**1**/ *vt* (*animal*) to skin; (*spolier*) to deprive of one's possessions; (*documents*) to go through, peruse; **~ qn/qch de** to strip sb/sth of; **~ le scrutin** to count the votes
dépourvu, e [depuʀvy] *adj* : **~ de** lacking in, without; **au ~** *adv* : **prendre qn au ~** to catch sb unawares
dépoussiérer [depusjeʀe] /**6**/ *vt* to remove dust from
dépravation [depʀavasjɔ̃] *nf* depravity
dépravé, e [depʀave] *adj* depraved
dépraver [depʀave] /**1**/ *vt* to deprave
dépréciation [depʀesjasjɔ̃] *nf* depreciation
déprécier [depʀesje] /**7**/ *vt* to reduce the value of; **se déprécier** *vpr* to depreciate

125

déprédations [depʀedasjɔ̃] *nfpl* damage *sg*
dépressif, -ive [depʀesif, -iv] *adj* depressive
dépression [depʀɛsjɔ̃] *nf* depression;
~ **(nerveuse)** (nervous) breakdown
déprimant, e [depʀimɑ̃, -ɑ̃t] *adj* depressing
déprime [depʀim] *nf (fam)* : **la** ~ depression
déprimé, e [depʀime] *adj (découragé)* depressed
déprimer [depʀime] /**1**/ *vt* to depress
déprogrammer [depʀɔgʀame] /**1**/ *vt (supprimer)*
to cancel
DEPS *abr* (= *dernier entré premier sorti*) LIFO (= *last in
first out*)
dépt *abr* (= *département*) dept
dépuceler [depys(ə)le] /**4**/ *vt (fam)* to take the
virginity of

(MOT-CLÉ)

depuis [dəpɥi] *prép* **1** (*point de départ dans le temps*)
since; **il habite Paris depuis 1983/l'an
dernier** he has been living in Paris since 1983/
last year; **depuis quand ?** since when?;
depuis quand le connaissez-vous ? how
long have you known him?; **depuis lors** since
then
2 (*temps écoulé*) for; **il habite Paris depuis cinq
ans** he has been living in Paris for five years;
je le connais depuis trois ans I've known him
for three years; **depuis combien de temps
êtes-vous ici ?** how long have you been here?
3 (*lieu*) : **il a plu depuis Metz** it's been raining
since Metz; **elle a téléphoné depuis Valence**
she rang from Valence
4 (*quantité, rang*) from; **depuis les plus petits
jusqu'aux plus grands** from the youngest to
the oldest
▶ *adv* (*temps*) since (then); **je ne lui ai pas
parlé depuis** I haven't spoken to him since
(then); **depuis que** *conj* (ever) since; **depuis
qu'il m'a dit ça** (ever) since he said that
to me

dépuratif, -ive [depyʀatif, -iv] *adj* depurative,
purgative
députation [depytasjɔ̃] *nf* deputation; (*fonction*)
position of deputy, ≈ parliamentary seat (*BRIT*),
≈ seat in Congress (*US*)
député, e [depyte] *nm/f* (*Pol*) deputy, ≈ Member of
Parliament (*BRIT*), ≈ Congressman/woman (*US*)
députer [depyte] /**1**/ *vt* to delegate; ~ **qn auprès
de** to send sb (as a representative) to
déracinement [deʀasinmɑ̃] *nm* (*gén*) uprooting;
(*d'un préjugé*) eradication
déraciner [deʀasine] /**1**/ *vt* to uproot
déraillement [deʀajmɑ̃] *nm* derailment
dérailler [deʀaje] /**1**/ *vi* (*train*) to be derailed, go
off *ou* jump the rails; (*fam*) to be completely off
the track; **faire** ~ to derail
dérailleur [deʀajœʀ] *nm* (*de vélo*) dérailleur
gears *pl*
déraison [deʀɛzɔ̃] *nf* unreasonableness
déraisonnable [deʀɛzɔnabl] *adj* unreasonable
déraisonner [deʀɛzɔne] /**1**/ *vi* to talk nonsense,
rave
dérangeant, e [deʀɑ̃ʒɑ̃, -ɑ̃t] *adj* (*question*)
troubling; (*scène*) disturbing

dérangement [deʀɑ̃ʒmɑ̃] *nm* (*gêne, déplacement*)
trouble; (*gastrique*) disorder; **en** ~ (*téléphone*) out
of order
déranger [deʀɑ̃ʒe] /**3**/ *vt* (*personne*) to trouble,
bother, disturb; (*projets*) to disrupt, upset;
(*objets, vêtements*) to disarrange; **est-ce que cela
vous dérange si ... ?** do you mind if ...?; **ça te
dérangerait de faire ... ?** would you mind
doing ...?; **se déranger** *vpr* to put o.s. out; (*se
déplacer*) to (take the trouble to) come (*ou* go) out;
surtout ne vous dérangez pas pour moi
please don't put yourself out on my account;
ne vous dérangez pas don't go to any trouble,
don't disturb yourself
dérapage [deʀapaʒ] *nm* skid, skidding *no pl*;
going out of control
déraper [deʀape] /**1**/ *vi* (*voiture*) to skid; (*personne,
semelles, couteau*) to slip; (*fig : économie etc*) to go
out of control
dératé, e [deʀate] *nm/f* : **courir comme un** ~ to
run like the clappers
dératiser [deʀatize] /**1**/ *vt* to rid of rats
déréglé, e [deʀegle] *adj* (*machine, appareil*) not
working properly; (*mœurs*) dissolute
dérèglement [deʀɛglɑ̃mɑ̃] *nm* upsetting *no pl*,
upset
déréglementation [deʀɛglɑ̃mɑ̃tasjɔ̃] *nf*
deregulation
déréglementer [deʀɛglɑ̃mɑ̃te] *vt* (*marché,
économie*) to deregulate ▶ *vi* to deregulate
dérégler [deʀegle] /**6**/ *vt* (*mécanisme*) to put out of
order, cause to break down; (*estomac*) to upset;
se dérégler *vpr* to break down, go wrong
dérégulation [deʀegylasjɔ̃] *nf* (*déréglementation* :
des télécoms, transports) deregulation; (*du
métabolisme*) upsetting
déréguler [deʀegyle] *vt* (*déréglementer* : *secteur*) to
deregulate; (*Bio*) to disturb ▶ *vi* (*Écon*) to
deregulate
déremboursement [deʀɑ̃buʀs(ə)mɑ̃] *nm*
(*de médicaments*) scaling down of system whereby
patients claimed the cost of medicines
dérider [deʀide] /**1**/ *vt*, **se dérider** *vpr* to cheer up
dérision [deʀizjɔ̃] *nf* derision; **tourner en** ~ to
deride; **par** ~ in mockery
dérisoire [deʀizwaʀ] *adj* derisory
dérivatif [deʀivatif] *nm* distraction
dérivation [deʀivasjɔ̃] *nf* derivation;
diversion
dérive [deʀiv] *nf* (*de dériveur*) centre-board; **aller
à la** ~ (*Navig, fig*) to drift; ~ **des continents** (*Géo*)
continental drift
dérivé, e [deʀive] *adj* derived ▶ *nm* (*Ling*)
derivative; (*Tech*) by-product ▶ *nf* (*Math*)
derivative
dériver [deʀive] /**1**/ *vt* (*Math*) to derive; (*cours d'eau
etc*) to divert; ~ **de** to derive from ▶ *vi* (*bateau*) to
drift
dériveur [deʀivœʀ] *nm* sailing dinghy
dermatite [dɛʀmatit] *nf* dermatitis
dermato [dɛʀmato] *nmf* (*fam* : = *dermatologue*)
dermatologist
dermatologie [dɛʀmatɔlɔʒi] *nf* dermatology
dermatologue [dɛʀmatɔlɔg] *nmf*
dermatologist

dermatose [dɛʀmatoz] *nf* dermatosis

dermite [dɛʀmit] *nf* = **dermatite**

dernier, -ière [dɛʀnje, -jɛʀ] *adj* (*dans le temps, l'espace*) last; (*le plus récent : gén avant n*) latest, last; (*final, ultime : effort*) final; (; *échelon, grade*) top, highest; **lundi/le mois ~** last Monday/month; **du ~ chic** extremely smart; **le ~ cri** the last word (in fashion); **les derniers honneurs** the last tribute; **rendre le ~ soupir** to breathe one's last; **en ~** *adv* last ▸ *nm* (*étage*) top floor ▸ *nm/f*: **ce ~, cette dernière** the latter

dernièrement [dɛʀnjɛʀmɑ̃] *adv* recently

dernier-né, dernière-née [dɛʀnjene, dɛʀnjɛʀne] *nm/f* (*enfant*) last-born

dérobade [deʀɔbad] *nf* side-stepping *no pl*

dérobé, e [deʀɔbe] *adj* (*porte*) secret, hidden; **à la dérobée** surreptitiously

dérober [deʀɔbe] /**1**/ *vt* to steal; (*cacher*): **~ qch à (la vue de) qn** to conceal *ou* hide sth from sb('s view); **se dérober** *vpr* (*s'esquiver*) to slip away; (*fig*) to shy away; **se ~ sous** (*s'effondrer*) to give way beneath; **se ~ à** (*justice, regards*) to hide from; (*obligation*) to shirk

dérogation [deʀɔɡasjɔ̃] *nf* (special) dispensation

déroger [deʀɔʒe] /**3**/: **~ à** *vt* to go against, depart from

dérouiller [deʀuje] /**1**/: **se dérouiller** *vpr*: **se ~ les jambes** to stretch one's legs (*fig*)

déroulant, e [deʀulɑ̃, -ɑ̃t] *adj* (*menus, liste*) drop-down

déroulement [deʀulmɑ̃] *nm* (*d'une opération*) progress

dérouler [deʀule] /**1**/ *vt* (*ficelle*) to unwind; (*papier*) to unroll; **se dérouler** *vpr* to unwind; to unroll, come unrolled; (*avoir lieu*) to take place; (*se passer*) to go; **tout s'est déroulé comme prévu** everything went as planned

déroutant, e [deʀutɑ̃, -ɑ̃t] *adj* disconcerting

déroute [deʀut] *nf* (*Mil*) rout; (*fig*) total collapse; **mettre en ~** to rout; **en ~** routed

dérouter [deʀute] /**1**/ *vt* (*avion, train*) to reroute, divert; (*étonner*) to disconcert, throw (out)

derrick [deʀik] *nm* derrick (*over oil well*)

derrière [dɛʀjɛʀ] *adv, prép* behind; **les pattes de ~** the back legs, the hind legs; **par ~** from behind; (*fig*) in an underhand way, behind one's back ▸ *nm* (*d'une maison*) back; (*postérieur*) behind, bottom

derviche [dɛʀviʃ] *nm* dervish

DES *sigle m* (= *diplôme d'études supérieures*) university post-graduate degree

des [de] *art voir* **de**

dès [dɛ] *prép* from; **~ que** *conj* as soon as; **~ à présent** here and now; **~ son retour** as soon as he was (*ou* is) back; **~ réception** upon receipt; **~ lors** *adv* from then on; **~ lors que** *conj* from the moment (that)

désabusé, e [dezabyze] *adj* disillusioned

désaccord [dezakɔʀ] *nm* disagreement

désaccordé, e [dezakɔʀde] *adj* (*Mus*) out of tune

désacraliser [desakʀalize] /**1**/ *vt* to deconsecrate; (*fig : profession, institution*) to take the mystique out of

désaffecté, e [dezafɛkte] *adj* disused

désaffection [dezafɛksjɔ̃] *nf*: **~ pour** estrangement from

désagréable [dezaɡʀeabl] *adj* unpleasant, disagreeable

désagréablement [dezaɡʀeabləmɑ̃] *adv* disagreeably, unpleasantly

désagrégation [dezaɡʀegasjɔ̃] *nf* disintegration

désagréger [dezaɡʀeʒe] /**3**/: **se désagréger** *vpr* to disintegrate, break up

désagrément [dezaɡʀemɑ̃] *nm* annoyance, trouble *no pl*

désaltérant, e [dezalteʀɑ̃, -ɑ̃t] *adj* thirst-quenching

désaltérer [dezalteʀe] /**6**/: **se désaltérer** *vpr* to quench one's thirst; **ça désaltère** it's thirst-quenching, it quenches your thirst

désamorcer [dezamɔʀse] /**3**/ *vt* to remove the primer from; (*fig*) to defuse; (; *prévenir*) to forestall

désappointé, e [dezapwɛ̃te] *adj* disappointed

désapprobateur, -trice [dezapʀɔbatœʀ, -tʀis] *adj* disapproving

désapprobation [dezapʀɔbasjɔ̃] *nf* disapproval

désapprouver [dezapʀuve] /**1**/ *vt* to disapprove of

désarçonner [dezaʀsɔne] /**1**/ *vt* to unseat, throw; (*fig*) to throw, nonplus (*Brit*), disconcert

désargenté, e [dezaʀʒɑ̃te] *adj* impoverished

désarmant, e [dezaʀmɑ̃, -ɑ̃t] *adj* disarming

désarmé, e [dezaʀme] *adj* (*fig*) disarmed

désarmement [dezaʀməmɑ̃] *nm* disarmament

désarmer [dezaʀme] /**1**/ *vt* (*Mil, aussi fig*) to disarm; (*Navig*) to lay up; (*fusil*) to unload; (; *mettre le cran de sûreté*) to put the safety catch on ▸ *vi* (*pays*) to disarm; (*haine*) to wane; (*personne*) to give up

désarroi [dezaʀwa] *nm* helplessness, disarray

désarticulé, e [dezaʀtikyle] *adj* (*pantin, corps*) dislocated

désarticuler [dezaʀtikyle] /**1**/: **se désarticuler** *vpr* to contort (o.s.)

désassorti, e [dezasɔʀti] *adj* non-matching, unmatched; (*magasin, marchand*) sold out

désastre [dezastʀ] *nm* disaster

désastreux, -euse [dezastʀø, -øz] *adj* disastrous

désavantage [dezavɑ̃taʒ] *nm* disadvantage; (*inconvénient*) drawback, disadvantage

désavantager [dezavɑ̃taʒe] /**3**/ *vt* to put at a disadvantage

désavantageux, -euse [dezavɑ̃taʒø, -øz] *adj* unfavourable, disadvantageous

désaveu [dezavø] *nm* repudiation; (*déni*) disclaimer

désavouer [dezavwe] /**1**/ *vt* to disown, repudiate, disclaim

désaxé, e [dezakse] *adj* (*fig*) unbalanced

désaxer [dezakse] /**1**/ *vt* (*roue*) to put out of true; (*personne*) to throw off balance

desceller [desele] /**1**/ *vt* (*pierre*) to pull free

descendance [desɑ̃dɑ̃s] *nf* (*famille*) descendants *pl*, issue; (*origine*) descent

descendant, e [desɑ̃dɑ̃, -ɑ̃t] *vb voir* **descendre** ▸ *nm/f* descendant

descendeur, -euse [desɑ̃dœʀ, -øz] *nm/f* (*Sport*) downhiller

descendre [desɑ̃dʀ] /**41**/ vt (escalier, montagne) to go (ou come) down; (valise, paquet) to take ou get down; (étagère etc) to lower; (fam : abattre) to shoot down; (: boire) to knock back ▸ vi to go (ou come) down; (passager : s'arrêter) to get out, alight; (niveau, température) to go ou come down, fall, drop; (marée) to go out; ~ **à pied/en voiture** to walk/drive down, go down on foot/by car; ~ **de** (famille) to be descended from; ~ **du train** to get out of ou off the train; ~ **d'un arbre** to climb down from a tree; ~ **de cheval** to dismount, get off one's horse; ~ **à l'hôtel** to stay at a hotel; ~ **dans la rue** (manifester) to take to the streets; ~ **en ville** to go into town, go down town

descente [desɑ̃t] nf descent, going down; (chemin) way down; (Ski) downhill (race); **au milieu de la** ~ halfway down; **freinez dans les descentes** use the brakes going downhill; ~ **de lit** bedside rug; ~ **(de police)** (police) raid

descriptif, -ive [dɛskʀiptif, -iv] adj descriptive ▸ nm explanatory leaflet

description [dɛskʀipsjɔ̃] nf description

désembourber [dezɑ̃buʀbe] /**1**/ vt to pull out of the mud

désembourgeoiser [dezɑ̃buʀʒwaze] /**1**/ vt : ~ **qn** to get sb out of his (ou her) middle-class attitudes

désembuer [dezɑ̃bɥe] /**1**/ vt to demist

désemparé, e [dezɑ̃paʀe] adj bewildered, distraught; (bateau, avion) crippled

désemparer [dezɑ̃paʀe] /**1**/ vi : **sans** ~ without stopping

désemplir [dezɑ̃pliʀ] /**2**/ vi : **ne pas** ~ to be always full

désenchanté, e [dezɑ̃ʃɑ̃te] adj disenchanted, disillusioned

désenchantement [dezɑ̃ʃɑ̃tmɑ̃] nm disenchantment, disillusion

désenclaver [dezɑ̃klave] /**1**/ vt to open up

désencombrer [dezɑ̃kɔ̃bʀe] /**1**/ vt to clear

désenfler [dezɑ̃fle] /**1**/ vi to become less swollen

désengagement [dezɑ̃ɡaʒmɑ̃] nm (Pol) disengagement

désensabler [dezɑ̃sable] /**1**/ vt to pull out of the sand

désensibiliser [desɑ̃sibilize] /**1**/ vt (Méd) to desensitize

désenvenimer [dezɑ̃vnime] /**1**/ vt (plaie) to remove the poison from; (fig) to take the sting out of

désépaissir [dezepesiʀ] /**2**/ vt to thin (out)

déséquilibre [dezekilibʀ] nm (fig : des forces, du budget) imbalance; (Psych) unbalance; (position) : **être en** ~ to be unsteady

déséquilibré, e [dezekilibʀe] nm/f (Psych) unbalanced person

déséquilibrer [dezekilibʀe] /**1**/ vt to throw off balance

désert, e [dezɛʀ, -ɛʀt] adj deserted ▸ nm desert

déserter [dezɛʀte] /**1**/ vi, vt to desert

déserteur [dezɛʀtœʀ] nm deserter

désertion [dezɛʀsjɔ̃] nf desertion

désertique [dezɛʀtik] adj desert cpd; (inculte) barren, empty

désescalade [dezɛskalad] nf (Mil) de-escalation

désespérant, e [dezɛspeʀɑ̃, -ɑ̃t] adj hopeless, despairing

désespéré, e [dezɛspeʀe] adj desperate; (regard) despairing; **état** ~ (Méd) hopeless condition

désespérément [dezɛspeʀemɑ̃] adv desperately

désespérer [dezɛspeʀe] /**6**/ vt to drive to despair ▸ vi : ~ **de** to despair of; **se désespérer** vpr to despair

désespoir [dezɛspwaʀ] nm despair; **être** ou **faire le** ~ **de qn** to be the despair of sb; **en** ~ **de cause** in desperation

déshabillé, e [dezabije] adj undressed ▸ nm négligée

déshabiller [dezabije] /**1**/ vt to undress; **se déshabiller** vpr to undress (o.s.)

déshabituer [dezabitɥe] /**1**/ vt : **se** ~ **de** to get out of the habit of

désherbant [dezɛʀbɑ̃] nm weed-killer

désherber [dezɛʀbe] /**1**/ vt to weed

déshérité, e [dezeʀite] adj disinherited ▸ nm/f : **les déshérités** (pauvres) the underprivileged, the deprived

déshériter [dezeʀite] /**1**/ vt to disinherit

déshonneur [dezɔnœʀ] nm dishonour (Brit), dishonor (US), disgrace

déshonorer [dezɔnɔʀe] /**1**/ vt to dishonour (Brit), dishonor (US), bring disgrace upon; **se déshonorer** vpr to bring dishono(u)r on o.s.

déshumaniser [dezymanize] /**1**/ vt to dehumanize

déshydratation [dezidʀatasjɔ̃] nf dehydration

déshydraté, e [dezidʀate] adj dehydrated

déshydrater [dezidʀate] /**1**/ vt to dehydrate

desiderata [deziderata] nmpl requirements

design [dizajn] adj (mobilier) designer cpd ▸ nm (industrial) design

désignation [deziɲasjɔ̃] nf naming, appointment; (signe, mot) name, designation

designer [dizajnɛʀ] nm designer

désigner [deziɲe] /**1**/ vt (montrer) to point out, indicate; (dénommer) to denote, refer to; (nommer : candidat etc) to name, appoint

désillusion [dezilyzjɔ̃] nf disillusion(ment)

désillusionner [dezilyzjɔne] /**1**/ vt to disillusion

désincarné, e [dezɛ̃kaʀne] adj disembodied

désinence [dezinɑ̃s] nf ending, inflexion

désinfectant, e [dezɛ̃fɛktɑ̃, -ɑ̃t] adj, nm disinfectant

désinfecter [dezɛ̃fɛkte] /**1**/ vt to disinfect

désinfection [dezɛ̃fɛksjɔ̃] nf disinfection

désinformation [dezɛ̃fɔʀmasjɔ̃] nf disinformation

désintégration [dezɛ̃teɡʀasjɔ̃] nf disintegration

désintégrer [dezɛ̃teɡʀe] /**6**/ vt to break up; **se désintégrer** vpr to disintegrate

désintéressé, e [dezɛ̃teʀese] adj (généreux, bénévole) disinterested, unselfish

désintéressement [dezɛ̃teʀɛsmɑ̃] nm (générosité) disinterestedness

désintéresser [dezɛ̃teʀese] /**1**/ : **se désintéresser (de)** vpr to lose interest (in)

désintérêt [dezɛ̃teʀɛ] *nm* (*indifférence*) disinterest

désintoxication [dezɛ̃tɔksikasjɔ̃] *nf* treatment for alcoholism (*ou* drug addiction); **faire une cure de ~** to have *ou* undergo treatment for alcoholism (*ou* drug addiction)

désintoxiquer [dezɛ̃tɔksike] /1/ *vt* to treat for alcoholism (*ou* drug addiction); **se désintoxiquer** *vpr* : **se ~ de qch** (*drogue, alcool, tabac*) to get off sth; (*fig* : *se déshabituer*) to wean o.s. off sth; (*drogué*) to be treated for drug addiction; (*alcoolique*) to be treated for alcoholism

désinvolte [dezɛ̃vɔlt] *adj* casual, off-hand

désinvolture [dezɛ̃vɔltyʀ] *nf* casualness

désir [deziʀ] *nm* wish; (*fort, sensuel*) desire

désirable [dezirabl] *adj* desirable

désirer [deziʀe] /1/ *vt* to want, wish for; (*sexuellement*) to desire; **je désire ...** (*formule de politesse*) I would like ...; **il désire que tu l'aides** he would like *ou* he wants you to help him; **~ faire** to want *ou* wish to do; **ça laisse à ~** it leaves something to be desired

désireux, -euse [deziʀø, -øz] *adj* : **~ de faire** anxious to do

désistement [dezistəmɑ̃] *nm* withdrawal

désister [deziste] /1/ : **se désister** *vpr* to stand down, withdraw

désobéir [dezɔbeiʀ] /2/ *vi* : **~ (à qn/qch)** to disobey (sb/sth)

désobéissance [dezɔbeisɑ̃s] *nf* disobedience

désobéissant, e [dezɔbeisɑ̃, -ɑ̃t] *adj* disobedient

désobligeant, e [dezɔbliʒɑ̃, -ɑ̃t] *adj* disagreeable, unpleasant

désobliger [dezɔbliʒe] /3/ *vt* to offend

désodorisant [dezɔdɔʀizɑ̃] *nm* air freshener, deodorizer

désodoriser [dezɔdɔʀize] /1/ *vt* to deodorize

désœuvré, e [dezœvʀe] *adj* idle

désœuvrement [dezœvʀəmɑ̃] *nm* idleness

désolant, e [dezɔlɑ̃, -ɑ̃t] *adj* distressing

désolation [dezɔlasjɔ̃] *nf* (*affliction*) distress, grief; (*d'un paysage etc*) desolation, devastation

désolé, e [dezɔle] *adj* (*paysage*) desolate; **je suis ~** I'm sorry

désoler [dezɔle] /1/ *vt* to distress, grieve; **se désoler** *vpr* to be upset

désolidariser [desɔlidaʀize] /1/ *vt* : **se ~ de** *ou* **d'avec** to dissociate o.s. from

désopilant, e [dezɔpilɑ̃, -ɑ̃t] *adj* screamingly funny, hilarious

désordonné, e [dezɔʀdɔne] *adj* untidy, disorderly

désordre [dezɔʀdʀ] *nm* disorder(liness), untidiness; (*anarchie*) disorder; **en ~** in a mess, untidy; **désordres** *nmpl* (*Pol*) disturbances, disorder *sg*

désorganisation [dezɔʀganizasjɔ̃] *nf* (*désordre*) disorganization; **en pleine ~** in complete disarray

désorganisé, e [dezɔʀganize] *adj* (*personne*) disorganized

désorganiser [dezɔʀganize] /1/ *vt* to disorganize

désorienté, e [dezɔʀjɑ̃te] *adj* disorientated; (*fig*) bewildered

désorienter [dezɔʀjɑ̃te] /1/ *vt* (*fig*) to confuse

désormais [dezɔʀmɛ] *adv* in future, from now on

désosser [dezose] /1/ *vt* to bone

despote [dɛspɔt] *nm* despot; (*fig*) tyrant

despotique [dɛspɔtik] *adj* despotic

despotisme [dɛspɔtism] *nm* despotism

desquamer [dɛskwame] /1/ : **se desquamer** *vpr* to flake off

desquels, desquelles [dekɛl] *voir* **lequel**

DESS *sigle m* (= *Diplôme d'études supérieures spécialisées*) post-graduate diploma

dessaisir [deseziʀ] /2/ *vt* : **~ un tribunal d'une affaire** to remove a case from a court; **se dessaisir de** *vpr* to give up, part with

dessaler [desale] /1/ *vt* (*eau de mer*) to desalinate; (*Culin* : *morue etc*) to soak; (*fig* : *fam* : *délurer*) : **~ qn** to teach sb a thing or two ▸ *vi* (*voilier*) to capsize

Desse *abr* = **duchesse**

desséché, e [deseʃe] *adj* dried up

dessèchement [desɛʃmɑ̃] *nm* drying out; dryness; hardness

dessécher [deseʃe] /6/ *vt* (*terre, plante*) to dry out, parch; (*peau*) to dry out; (*volontairement* : *aliments etc*) to dry, dehydrate; (*fig* : *cœur*) to harden; **se dessécher** *vpr* to dry out; (*peau, lèvres*) to go dry

dessein [desɛ̃] *nm* design; **dans le ~ de** with the intention of; **à ~** intentionally, deliberately

desseller [desele] /1/ *vt* to unsaddle

desserrer [deseʀe] /1/ *vt* to loosen; (*frein*) to release; (*poing, dents*) to unclench; **ne pas ~ les dents** not to open one's mouth; **se desserrer** *vpr* (*liens*) to come loose; (*fig*) : **l'étau se desserre** the vice-like grip is relaxing

dessert [desɛʀ] *vb voir* **desservir** ▸ *nm* dessert, pudding

desserte [desɛʀt] *nf* (*table*) side table; (*transport*) : **la ~ du village est assurée par autocar** there is a coach service to the village; **chemin** *ou* **voie de ~** service road

desservir [desɛʀviʀ] /14/ *vt* (*ville, quartier*) to serve; (: *voie de communication*) to lead into; (*vicaire* : *paroisse*) to serve; (*nuire à* : *personne*) to do a disservice to; (*débarrasser*) : **~ (la table)** to clear the table

dessiller [desije] /1/ *vt* (*fig*) : **~ les yeux à qn** to open sb's eyes

dessin [desɛ̃] *nm* (*œuvre, art*) drawing; (*motif*) pattern, design; (*contour*) (out)line; **le ~ industriel** draughtsmanship (Brit), draftsmanship (US); **~ animé** cartoon (film); **~ humoristique** cartoon

dessinateur, -trice [desinatœʀ, -tʀis] *nm/f* drawer; (*de bandes dessinées*) cartoonist; (*industriel*) draughtsman (Brit), draftsman (US); **dessinatrice de mode** fashion designer

dessiner [desine] /1/ *vt* to draw; (*concevoir* : *carrosserie, maison*) to design; (*robe* : *taille*) to show off; **se dessiner** *vpr* (*forme*) to be outlined; (*fig* : *solution*) to emerge

dessoûler [desule] /1/ *vt, vi* to sober up

dessous [d(ə)su] *adv, prép* underneath, beneath; **en ~** underneath, below; (*fig* : *en catimini*) slyly,

dessous-de-bouteille – détendre

on the sly; **de ~ le lit** from under the bed; *voir*
ci-dessous ; **là-dessous** ▸ *nm* underside; *(étage
inférieur)* : **les voisins du ~** the downstairs
neighbours; **avoir le ~** to get the worst of it
▸ *nmpl (sous-vêtements)* underwear *sg*; *(fig)* hidden
aspects
dessous-de-bouteille [dəsudbutɛj] *nm inv*
bottle mat
dessous-de-plat [dəsudpla] *nm inv* tablemat
dessous-de-table [dəsudtabl] *nm inv (fig)* bribe,
under-the-counter payment
dessus [d(ə)sy] *adv* on top; *(collé, écrit)* on it; **en ~**
above; **bras ~ bras dessous** arm in arm; **sens ~
dessous** upside down ▸ *nm* top; *(étage supérieur)* :
les voisins/l'appartement du ~ the upstairs
neighbours/flat; **avoir/prendre le ~** to have/
get the upper hand; **reprendre le ~** to get over
it; *voir* **ci-dessus** ; **là-dessus**
dessus-de-lit [dəsydli] *nm inv* bedspread
déstabilisation [destabilizasjɔ̃] *nf*
destabilization
déstabiliser [destabilize] /1/ *vt (Pol)* to
destabilize
destin [dɛstɛ̃] *nm* fate; *(avenir)* destiny
destinataire [dɛstinatɛʀ] *nmf (Postes)*
addressee; *(d'un colis)* consignee; *(d'un mandat)*
payee; **aux risques et périls du ~** at owner's
risk
destination [dɛstinasjɔ̃] *nf (lieu)* destination;
(usage) purpose; **à ~ de** *(avion etc)* bound for;
(voyageur) bound for, travelling to
destiné *e* [dɛstine] *adj (promis)* : **être ~ à qch**
(carrière, avenir) to be destined for sth; *(prévu)* :
être ~ à *(usage)* to be intended for, to be meant
for; *(réservé)* : **être ~ à** *(sort)* to be in store for;
(remarque) to be intended for; **être ~ à faire qch**
to be destined to do sth
destinée [dɛstine] *nf* fate; *(existence, avenir)*
destiny
destiner [dɛstine] /1/ *vt* : **~ qn à** *(poste, sort)* to
destine sb for; **~ qn/qch à** *(prédestiner)* to mark
sb/sth out for; **~ qch à** *(envisager d'affecter)* to
intend to use sth for; **~ qch à qn** *(envisager de
donner)* to intend sb to have sth, intend to give
sth to sb; *(adresser)* to intend sth for sb; **se
destiner à** *vpr* : **se ~ à l'enseignement** to intend
to become a teacher
destituer [dɛstitɥe] /1/ *vt* to depose; **~ qn de ses
fonctions** to relieve sb of his duties
destitution [dɛstitysjɔ̃] *nf* deposition
déstresser [destʀese] *vi* to unwind
destructeur, -trice [dɛstʀyktœʀ, -tʀis] *adj*
destructive
destructif, -ive [dɛstʀyktif, -iv] *adj* destructive
destruction [dɛstʀyksjɔ̃] *nf* destruction
déstructuré, e [destʀyktyʀe] *adj* : **vêtements
déstructurés** casual clothes
déstructurer [destʀyktyʀe] /1/ *vt* to break
down, take to pieces
désuet, -ète [desɥɛ, -ɛt] *adj* outdated,
outmoded
désuétude [desɥetyd] *nf* : **tomber en ~** to fall
into disuse, become obsolete
désuni, e [dezyni] *adj* divided, disunited
désunion [dezynjɔ̃] *nf* disunity

désunir [dezyniʀ] /2/ *vt* to disunite; **se désunir**
vpr (athlète) to get out of one's stride
détachable [detaʃabl] *adj (coupon etc)* tear-off
cpd; *(capuche etc)* detachable
détachant [detaʃɑ̃] *nm* stain remover
détaché, e [detaʃe] *adj (fig)* detached ▸ *nm/f*
(représentant) person on secondment *(Brit) ou* à
posting
détachement [detaʃmɑ̃] *nm* detachment;
(fonctionnaire, employé) : **être en ~** to be on
secondment *(Brit) ou* à posting
détacher [detaʃe] /1/ *vt (enlever)* to detach,
remove; *(délier)* to untie; *(Admin)* : **~ qn (auprès
de** *ou* **à)** to post sb (to), send sb on secondment
(to) *(Brit)*; *(Mil)* to detach; *(vêtement : nettoyer)* to
remove the stains from; **se détacher** *vpr (se
séparer)* to come off; *(page)* to come out; *(se défaire)*
to come undone; *(Sport)* to pull *ou* break away;
(se délier : chien, prisonnier) to break loose; **se ~ sur**
to stand out against; **se ~ de** *(se désintéresser)* to
grow away from
détail [detaj] *nm* detail; *(Comm)* : **le ~** retail; **prix
de ~** retail price; **au ~** *adv (Comm)* retail
(: *individuellement)* separately; **donner le ~ de** to
give a detailed account of; *(compte)* to give a
breakdown of; **en ~** in detail
détaillant, e [detajɑ̃, -ɑ̃t] *nm/f* retailer
détaillé, e [detaje] *adj (récit, plan, explications)*
detailed; *(facture)* itemized
détailler [detaje] /1/ *vt (Comm)* to sell retail;
to sell separately; *(expliquer)* to explain in detail;
to detail; *(examiner)* to look over, examine
détaler [detale] /1/ *vi (lapin)* to scamper off; *(fam :
personne)* to make off, scarper *(fam)*
détartrage [detaʀtʀaʒ] *nm* descaling; *(de dents)*
scaling
détartrant [detaʀtʀɑ̃] *nm* descaling agent
(Brit), scale remover
détartrer [detaʀtʀe] /1/ *vt* to descale; *(dents)* to
scale
détaxe [detaks] *nf (réduction)* reduction in tax;
(suppression) removal of tax; *(remboursement)* tax
refund
détaxé, e [detakse] *adj (produits)* tax-free,
duty-free
détaxer [detakse] /1/ *vt (réduire)* to reduce the tax
on; *(ôter)* to remove the tax on
détecter [detɛkte] /1/ *vt* to detect
détecteur [detɛktœʀ] *nm* detector, sensor; **~ de
mensonges** lie detector; **~ (de mines)** mine
detector
détection [detɛksjɔ̃] *nf* detection
détective [detɛktiv] *nm* detective; **~ (privé)**
private detective *ou* investigator
déteindre [detɛ̃dʀ] /52/ *vi* to fade; *(au lavage)*
to run; **~ sur** *(vêtement)* to run into; *(fig)* to rub
off on
déteint, e [detɛ̃, -ɛ̃t] *pp de* **déteindre**
dételer [det(ə)le] /4/ *vt* to unharness; *(voiture,
wagon)* to unhitch ▸ *vi (fig : s'arrêter)* to leave off
(working)
détendeur [detɑ̃dœʀ] *nm (de bouteille à gaz)*
regulator
détendre [detɑ̃dʀ] /41/ *vt (fil)* to slacken, loosen;
(personne, atmosphère, corps, esprit) to relax;

(*situation*) to relieve; **se détendre** *vpr* (*ressort*) to lose its tension; (*personne*) to relax

détendu, e [detɑ̃dy] *adj* relaxed

détenir [det(ə)niʀ] /**22**/ *vt* (*fortune, objet, secret*) to be in possession of; (*prisonnier*) to detain; (*record*) to hold; **~ le pouvoir** to be in power

détente [detɑ̃t] *nf* relaxation; (*Pol*) détente; (*d'une arme*) trigger; (*d'un athlète qui saute*) spring

détenteur, -trice [detɑ̃tœʀ, -tʀis] *nm/f* holder

détention [detɑ̃sjɔ̃] *nf* (*de fortune, objet, secret*) possession; (*captivité*) detention; (*de record*) holding; **~ préventive** (pre-trial) custody

détenu, e [det(ə)ny] *pp de* **détenir** ▶ *nm/f* prisoner

détergent [deteʀʒɑ̃] *nm* detergent

détérioration [deteʀjɔʀasjɔ̃] *nf* damaging; deterioration

détériorer [deteʀjɔʀe] /**1**/ *vt* to damage; **se détériorer** *vpr* to deteriorate

déterminant, e [detɛʀminɑ̃, -ɑ̃t] *adj* : **un facteur ~** a determining factor ▶ *nm* (*Ling*) determiner

détermination [detɛʀminasjɔ̃] *nf* determining; (*résolution*) decision; (*fermeté*) determination

déterminé, e [detɛʀmine] *adj* (*résolu*) determined; (*précis*) specific, definite

déterminer [detɛʀmine] /**1**/ *vt* (*fixer*) to determine; (*décider*) : **~ qn à faire** to decide sb to do; **se ~ à faire** to make up one's mind to do

déterminisme [detɛʀminism] *nm* determinism

déterré, e [detere] *nm/f* : **avoir une mine de ~** to look like death warmed up (*Brit*) *ou* warmed over (*US*)

déterrer [detere] /**1**/ *vt* to dig up

détersif, -ive [detɛʀsif, -iv] *adj, nm* detergent

détestable [detɛstabl] *adj* foul, detestable

détester [detɛste] /**1**/ *vt* to hate, detest

détiendrai [detjɛ̃dʀe], **détiens** *etc* [detjɛ̃] *vb voir* **détenir**

détonant, e [detɔnɑ̃, -ɑ̃t] *adj* : **mélange ~** explosive mixture

détonateur [detɔnatœʀ] *nm* detonator

détonation [detɔnasjɔ̃] *nf* detonation, bang, report (of a gun)

détoner [detɔne] /**1**/ *vi* to detonate, explode

détonner [detɔne] /**1**/ *vi* (*Mus*) to go out of tune; (*fig*) to clash

détordre [detɔʀdʀ] /**41**/ *vt* to untwist, unwind

détour [detuʀ] *nm* detour; (*tournant*) bend, curve; (*fig* : *subterfuge*) roundabout means; **ça vaut le ~** it's worth the trip; **sans ~** (*fig*) plainly

détourné, e [detuʀne] *adj* (*sentier, chemin, moyen*) roundabout

détournement [detuʀnəmɑ̃] *nm* diversion, rerouting; **~ d'avion** hijacking; **~ (de fonds)** embezzlement *ou* misappropriation (of funds); **~ de mineur** corruption of a minor

détourner [detuʀne] /**1**/ *vt* to divert; (*avion*) to divert, reroute; (: *par la force*) to hijack; (*yeux, tête*) to turn away; (*de l'argent*) to embezzle, misappropriate; **~ la conversation** to change the subject; **~ qn de son devoir** to divert sb from his duty; **~ l'attention (de qn)** to distract

ou divert (sb's) attention; **se détourner** *vpr* to turn away

détracteur, -trice [detʀaktœʀ, -tʀis] *nm/f* disparager, critic

détraqué, e [detʀake] *adj* (*machine, santé*) broken-down ▶ *nm/f* (*fam*) : **c'est un ~** he's unhinged

détraquer [detʀake] /**1**/ *vt* to put out of order; (*estomac*) to upset; **se détraquer** *vpr* to go wrong

détrempe [detʀɑ̃p] *nf* (*Art*) tempera

détrempé, e [detʀɑ̃pe] *adj* (*sol*) sodden, waterlogged

détremper [detʀɑ̃pe] /**1**/ *vt* (*peinture*) to water down

détresse [detʀɛs] *nf* distress; **en ~** (*avion etc*) in distress; **appel/signal de ~** distress call/signal

détriment [detʀimɑ̃] *nm* : **au ~ de** to the detriment of

détritus [detʀitys] *nmpl* rubbish *sg*, refuse *sg*, garbage *sg* (*US*)

détroit [detʀwa] *nm* strait; **le ~ de Bering** *ou* **Behring** the Bering Strait; **le ~ de Gibraltar** the Straits of Gibraltar; **le ~ du Bosphore** the Bosphorus; **le ~ de Magellan** the Strait of Magellan, the Magellan Strait

détromper [detʀɔ̃pe] /**1**/ *vt* to disabuse; **se détromper** *vpr* : **détrompez-vous** don't believe it

détrôner [detʀone] /**1**/ *vt* to dethrone, depose; (*fig*) to oust, dethrone

détrousser [detʀuse] /**1**/ *vt* to rob

détruire [detʀɥiʀ] /**38**/ *vt* to destroy; (*fig* : *santé, réputation*) to ruin; (*documents*) to shred

détruit, e [detʀɥi, -it] *pp de* **détruire**

dette [dɛt] *nf* debt; **~ publique** *ou* **de l'État** national debt

DEUG [døg] *sigle m* = **Diplôme d'études universitaires générales**

deuil [dœj] *nm* (*perte*) bereavement; (*période*) mourning; (*chagrin*) grief; **porter le ~** to wear mourning; **prendre le/être en ~** to go into/be in mourning

DEUST [dœst] *sigle m* = **Diplôme d'études universitaires scientifiques et techniques**

deutérium [døteʀjɔm] *nm* deuterium

deux [dø] *num* two; **les ~** both; **ses ~ mains** both his hands, his two hands; **à ~ pas** a short distance away; **tous les ~ mois** every two months, every other month; **~ fois** twice

deuxième [døzjɛm] *num* second

deuxièmement [døzjɛmmɑ̃] *adv* secondly, in the second place

deux-pièces [døpjɛs] *nm inv* (*tailleur*) two-piece (suit); (*de bain*) two-piece (swimsuit); (*appartement*) two-roomed flat (*Brit*) *ou* apartment (*US*)

deux-points [døpwɛ̃] *nm inv* colon *sg*

deux-roues [døʀu] *nm inv* two-wheeled vehicle

deux-temps [døtɑ̃] *adj inv* two-stroke

devais *etc* [dəvɛ] *vb voir* **devoir**

dévaler [devale] /**1**/ *vt* to hurtle down

dévaliser [devalize] /**1**/ *vt* to rob, burgle

dévalorisant, e [devalɔʀizɑ̃, -ɑ̃t] *adj* depreciatory

dévalorisation [devalɔʀizasjɔ̃] *nf* depreciation

dévaloriser [devalɔʀize] /**1**/ vt to reduce the value of; **se dévaloriser** vpr to depreciate

dévaluation [devalɥasjɔ̃] nf depreciation; (Écon : mesure) devaluation

dévaluer [devalɥe] /**1**/ vt, **se dévaluer** vpr to devalue

devancer [d(ə)vãse] /**3**/ vt to be ahead of; (distancer) to get ahead of; (arriver avant) to arrive before; (prévenir) to anticipate; **~ l'appel** (Mil) to enlist before call-up

devancier, -ière [d(ə)vãsje, -jɛʀ] nm/f precursor

devant [d(ə)vã] vb voir **devoir** ▶ adv in front; (à distance : en avant) ahead; (avec mouvement : passer) past ▶ prép in front of; (en avant) ahead of; (fig) before, in front of; (: face à) faced with, in the face of; (: vu) in view of ▶ nm front; **prendre les devants** to make the first move; **de ~** (roue, porte) front; **les pattes de ~** the front legs, the forelegs

devanture [d(ə)vãtyʀ] nf (façade) (shop) front; (étalage) display; (vitrine) (shop) window

dévastateur, -trice [devastatœʀ, -tʀis] adj devastating

dévastation [devastasjɔ̃] nf devastation

dévaster [devaste] /**1**/ vt to devastate

déveine [devɛn] nf rotten luck no pl

développement [dev(ə)lɔpmã] nm development; **pays en voie de ~** developing countries; **~ durable** sustainable development

développer [dev(ə)lɔpe] /**1**/ vt to develop; **se développer** vpr to develop

développeur, -euse [dev(ə)lɔpœʀ, -øz] nm/f (de logiciels) developer

devenir [dəv(ə)niʀ] /**22**/ vi to become; **~ instituteur** to become a teacher; **que sont-ils devenus ?** what has become of them?

devenu, e [dəvny] pp de **devenir**

dévergondé, e [devɛʀgɔ̃de] adj wild, shameless

dévergonder [devɛʀgɔ̃de] /**1**/ vt, **se dévergonder** vpr to get into bad ways

déverrouiller [devɛʀuje] /**1**/ vt to unbolt

devers [dəvɛʀ] adv : **par ~ soi** to oneself

déverser [devɛʀse] /**1**/ vt (liquide) to pour (out); (ordures) to tip (out); **se déverser dans** vpr (fleuve, mer) to flow into

déversoir [devɛʀswaʀ] nm overflow

dévêtir [devetiʀ] /**20**/ vt, **se dévêtir** vpr to undress

devez [dəve] vb voir **devoir**

déviation [devjasjɔ̃] nf deviation; (Auto) diversion (BRIT), detour (US); **~ de la colonne (vertébrale)** curvature of the spine

dévider [devide] /**1**/ vt to unwind

dévidoir [devidwaʀ] nm reel

deviendrai [dəvjɛ̃dʀe], **deviens** etc [dəvjɛ̃] vb voir **devenir**

devienne etc [dəvjɛn] vb voir **devenir**

dévier [devje] /**7**/ vt (fleuve, circulation) to divert; (coup) to deflect ▶ vi to veer (off course); **faire ~** (projectile) to deflect; (véhicule) to push off course

devin [dəvɛ̃] nm soothsayer, seer

deviner [d(ə)vine] /**1**/ vt to guess; (prévoir) to foretell, foresee; (apercevoir) to distinguish

devinette [d(ə)vinɛt] nf riddle

devint etc [dəvɛ̃] vb voir **devenir**

devis [d(ə)vi] nm estimate, quotation; **~ descriptif/estimatif** detailed/preliminary estimate

dévisager [devizaʒe] /**3**/ vt to stare at

devise [dəviz] nf (formule) motto, watchword; (Écon : monnaie) currency; **devises** nfpl (argent) currency sg

deviser [dəvize] /**1**/ vi to converse

dévisser [devise] /**1**/ vt to unscrew, undo; **se dévisser** vpr to come unscrewed

de visu [devizy] adv : **se rendre compte de qch ~** to see sth for o.s.

dévitaliser [devitalize] /**1**/ vt (dent) to remove the nerve from

dévoiler [devwale] /**1**/ vt to unveil; **se dévoiler** vpr (mystère, raisons) to be revealed

devoir [d(ə)vwaʀ] /**28**/ nm duty; (Scol) piece of homework, homework no pl; (: en classe) exercise; **se faire un ~ de faire qch** to make it one's duty to do sth; **devoirs de vacances** homework set for the holidays ▶ vt (argent, respect) : **~ qch (à qn)** to owe (sb) sth; **combien est-ce que je vous dois ?** how much do I owe you?; **il doit le faire** (obligation) he has to do it, he must do it; **cela devait arriver un jour** (fatalité) it was bound to happen; **il doit partir demain** (intention) he is due to leave tomorrow; **il doit être tard** (probabilité) it must be late; **je devrais faire** I ought to ou should do; **tu n'aurais pas dû** you ought not to have ou shouldn't have; **se devoir** vpr : **se ~ de faire qch** to be duty bound to do sth; **comme il se doit** (comme il faut) as is right and proper

dévolu, e [devɔly] adj : **~ à** allotted to ▶ nm : **jeter son ~ sur** to fix one's choice on

devons [dəvɔ̃] vb voir **devoir**

dévorant, e [devɔʀã, -ãt] adj (faim, passion) raging

dévorer [devɔʀe] /**1**/ vt to devour; (feu, soucis) to consume; **~ qn/qch des yeux** ou **du regard** (fig) to eye sb/sth intently; (convoitise) to eye sb/sth greedily

dévot, e [devo, -ɔt] adj devout, pious ▶ nm/f devout person; **un faux ~** a falsely pious person

dévotion [devosjɔ̃] nf devoutness; **être à la ~ de qn** to be totally devoted to sb; **avoir une ~ pour qn** to worship sb

dévoué, e [devwe] adj devoted

dévouement [devumã] nm devotion, dedication

dévouer [devwe] /**1**/ : **se dévouer** vpr (se sacrifier) : **se ~ (pour)** to sacrifice o.s. (for); (se consacrer) : **se ~ à** to devote ou dedicate o.s. to

dévoyé, e [devwaje] adj delinquent

dévoyer [devwaje] /**8**/ vt to lead astray; **~ l'opinion publique** to influence public opinion; **se dévoyer** vpr to go off the rails

devrai etc [dəvʀe] vb voir **devoir**

dextérité [dɛksteʀite] nf skill, dexterity

dextrose [dɛkstʀoz] nm dextrose

dézipper [dezipe] /**1**/ vt (Inform) to unzip

dfc abr (= désire faire connaissance) WLTM (= would like to meet)

DG sigle m = **directeur général**

dg. *abr* (= *décigramme*) dg.
DGE *sigle f* (= *Dotation globale d'équipement*) state contribution to local government budget
DGSE *sigle f* (= *Direction générale de la sécurité extérieure*) ≈ MI6 (*Brit*), ≈ CIA (*US*)
diabète [djabɛt] *nm* diabetes *sg*
diabétique [djabetik] *nmf* diabetic
diable [djɑbl] *nm* devil; **une musique du ~** an unholy racket; **il fait une chaleur du ~** it's fiendishly hot; **avoir le ~ au corps** to be the very devil
diablement [djɑbləmɑ̃] *adv* fiendishly
diableries [djɑbləʀi] *nfpl* (*d'enfant*) devilment *sg*, mischief *sg*
diablesse [djɑblɛs] *nf* (*petite fille*) little devil
diablotin [djɑblɔtɛ̃] *nm* imp; (*pétard*) cracker
diabolique [djɑbɔlik] *adj* diabolical
diaboliser [djɑbɔlize] *vt* to demonize
diabolo [djɑbɔlo] *nm* (*jeu*) diabolo; (*boisson*) lemonade and fruit cordial; **~(-menthe)** lemonade and mint cordial
diacre [djakʀ] *nm* deacon
diadème [djadɛm] *nm* diadem
diagnostic [djagnɔstik] *nm* diagnosis *sg*
diagnostiquer [djagnɔstike] /**1**/ *vt* to diagnose
diagonal, e, -aux [djagɔnal, -o] *adj, nf* diagonal; **en diagonale** diagonally; **lire en diagonale** (*fig*) to skim through
diagramme [djagʀam] *nm* chart, graph
dialecte [djalɛkt] *nm* dialect
dialectique [djalɛktik] *adj* dialectic(al)
dialogue [djalɔg] *nm* dialogue; **~ de sourds** dialogue of the deaf
dialoguer [djalɔge] /**1**/ *vi* to converse; (*Pol*) to have a dialogue
dialoguiste [djalɔgist] *nmf* dialogue writer
dialyse [djaliz] *nf* dialysis
diamant [djamɑ̃] *nm* diamond
diamantaire [djamɑ̃tɛʀ] *nm* diamond dealer
diamétralement [djametʀalmɑ̃] *adv* diametrically; **~ opposés** (*opinions*) diametrically opposed
diamètre [djamɛtʀ] *nm* diameter
diapason [djapazɔ̃] *nm* tuning fork; (*fig*): **être/ se mettre au ~ (de)** to be/get in tune (with)
diaphane [djafan] *adj* diaphanous
diaphragme [djafʀagm] *nm* (*Anat, Photo*) diaphragm; (*contraceptif*) diaphragm, cap; **ouverture du ~** (*Photo*) aperture
diapo [djapo], **diapositive** [djapozitiv] *nf* transparency, slide
diaporama [djapɔʀama] *nm* slide show
diapré, e [djapʀe] *adj* many-coloured (*Brit*), many-colored (*US*)
diarrhée [djaʀe] *nf* diarrhoea (*Brit*), diarrhea (*US*)
diaspora [djaspɔʀa] *nf* (*de Juifs*) Diaspora; (*de communauté*) diaspora
diatribe [djatʀib] *nf* diatribe
dichotomie [dikɔtɔmi] *nf* dichotomy
dico [diko] *nm* (*fam*) dictionary
dictaphone [diktafɔn] *nm* Dictaphone®
dictateur [diktatœʀ] *nm* dictator
dictatorial, e, -aux [diktatɔʀjal, -o] *adj* dictatorial

dictature [diktatyʀ] *nf* dictatorship
dictée [dikte] *nf* dictation; **prendre sous ~** to take down (*sth dictated*)
dicter [dikte] /**1**/ *vt* to dictate
diction [diksjɔ̃] *nf* diction, delivery; **cours de ~** speech production lesson(s)
dictionnaire [diksjɔnɛʀ] *nm* dictionary; **~ géographique** gazetteer
dicton [diktɔ̃] *nm* saying, dictum
didacticiel [didaktisjɛl] *nm* educational software
didactique [didaktik] *adj* didactic
dièse [djɛz] *nm* (*Mus*) sharp
diesel [djezɛl] *nm, adj inv* diesel
diète [djɛt] *nf* (*jeûne*) starvation diet; (*régime*) diet; **être à la ~** to be on a diet
diététicien, ne [djetetisjɛ̃, -ɛn] *nm/f* dietician
diététique [djetetik] *nf* dietetics *sg* ▶ *adj*: **magasin ~** health food shop (*Brit*) *ou* store (*US*)
dieu, x [djø] *nm* god; **D~** God; **le bon D~** the good Lord; **mon D~!** good heavens!
diffamant, e [difamɑ̃, -ɑ̃t] *adj* slanderous, defamatory; libellous
diffamation [difamasjɔ̃] *nf* slander; (*écrite*) libel; **attaquer qn en ~** to sue sb for slander (*ou* libel)
diffamatoire [difamatwaʀ] *adj* slanderous, defamatory; libellous
diffamer [difame] /**1**/ *vt* to slander, defame; to libel
différé [difeʀe] *adj* : **crédit ~** deferred credit; **traitement ~** (*Inform*) batch processing ▶ *nm* (*TV*) : **en ~** (pre-)recorded
différemment [difeʀamɑ̃] *adv* differently
différence [difeʀɑ̃s] *nf* difference; **à la ~ de** unlike
différenciation [difeʀɑ̃sjasjɔ̃] *nf* differentiation
différencier [difeʀɑ̃sje] /**7**/ *vt* to differentiate; **se différencier** *vpr* (*organisme*) to become differentiated; **se ~ de** to differentiate o.s. from; (*être différent*) to differ from
différend [difeʀɑ̃] *nm* difference (of opinion), disagreement
différent, e [difeʀɑ̃, -ɑ̃t] *adj* (*dissemblable*) different; **~ de** different from; **différents objets** different *ou* various objects; **à différentes reprises** on various occasions
différentiel, le [difeʀɑ̃sjɛl] *adj, nm* differential
différer [difeʀe] /**6**/ *vt* to postpone, put off ▶ *vi* : **~ (de)** to differ (from); **~ de faire** (*tarder*) to delay doing
difficile [difisil] *adj* difficult; (*exigeant*) hard to please, difficult (to please); **faire le** *ou* **la ~** to be hard to please, be difficult
difficilement [difisilmɑ̃] *adv* (*marcher, s'expliquer etc*) with difficulty; **~ lisible/compréhensible** difficult *ou* hard to read/understand
difficulté [difikylte] *nf* difficulty; **en ~** (*bateau, alpiniste*) in trouble *ou* difficulties; **avoir de la ~ à faire** to have difficulty (in) doing
difforme [difɔʀm] *adj* deformed, misshapen
difformité [difɔʀmite] *nf* deformity
diffracter [difʀakte] /**1**/ *vt* to diffract
diffus, e [dify, -yz] *adj* diffuse

d

diffuser – dire

diffuser [difyze] /**1**/ vt (chaleur, bruit, lumière) to diffuse; (émission, musique) to broadcast; (nouvelle, idée) to circulate; (Comm : livres, journaux) to distribute

diffuseur [difyzœR] nm diffuser; distributor

diffusion [difyzjɔ̃] nf diffusion; broadcast(ing); circulation; distribution

digérer [diʒeRe] /**6**/ vt (personne) to digest; (machine) to process; (fig : accepter) to stomach, put up with

digeste [diʒɛst] adj easily digestible

digestible [diʒɛstibl] adj digestible

digestif, -ive [diʒɛstif, -iv] adj digestive ▸ nm (after-dinner) liqueur

digestion [diʒɛstjɔ̃] nf digestion

Digicode® [diʒikɔd] nm entry system (using code numbers)

digit [didʒit] nm : ~ **binaire** binary digit

digital, e, -aux [diʒital, -o] adj digital

digitale [diʒital] nf digitalis, foxglove

digne [diɲ] adj dignified; ~ **de** worthy of; ~ **de foi** trustworthy

dignement [diɲ(ə)mɑ̃] adv (comme il se doit) fittingly; (dans la dignité) with dignity

dignitaire [diɲitɛR] nm dignitary

dignité [diɲite] nf dignity

digresser [digRese] vi to digress

digression [digResjɔ̃] nf digression

digue [dig] nf dike, dyke; (pour protéger la côte) sea wall

dijonnais, e [diʒɔnɛ, -ɛz] adj of ou from Dijon ▸ nm/f : **Dijonnais, e** inhabitant ou native of Dijon

diktat [diktat] nm diktat

dilapidation [dilapidasjɔ̃] nf (voir vb) squandering; embezzlement, misappropriation

dilapider [dilapide] /**1**/ vt to squander, waste; (détourner : biens, fonds publics) to embezzle, misappropriate

dilatation [dilatasjɔ̃] nf (de gaz, métal) expansion; (de pupille, vaisseau, orifice) dilation; (d'estomac) distension

dilater [dilate] /**1**/ vt (pupilles, orifice) to dilate; (gaz, métal) to cause to expand; (estomac) to distend; **se dilater** vpr (gaz, métal) to expand; (pupilles) to dilate

dilemme [dilɛm] nm dilemma

dilettante [diletɑ̃t] nmf dilettante; **en** ~ in a dilettantish way

dilettantisme [diletɑ̃tism] nm dilettant(e)ism

diligence [diliʒɑ̃s] nf stagecoach, diligence; (empressement) despatch; **faire** ~ to make haste

diligent, e [diliʒɑ̃, -ɑ̃t] adj prompt and efficient; diligent

diluant [dilyɑ̃] nm thinner(s)

diluer [dilye] /**1**/ vt to dilute

dilution [dilysjɔ̃] nf dilution

diluvien, ne [dilyvjɛ̃, -ɛn] adj : **pluie diluvienne** torrential rain

dimanche [dimɑ̃ʃ] nm Sunday; **le** ~ **des Rameaux/de Pâques** Palm/Easter Sunday; voir aussi **lundi**

dîme [dim] nf tithe

dimension [dimɑ̃sjɔ̃] nf (grandeur) size; (gén pl : cotes, Math : de l'espace) dimension; (dimensions) dimensions

diminué, e [diminɥe] adj (personne : physiquement) run-down; (: mentalement) less alert

diminuer [diminɥe] /**1**/ vt to reduce, decrease; (ardeur etc) to lessen; (personne : physiquement) to undermine; (dénigrer) to belittle ▸ vi to decrease, diminish

diminutif [diminytif] nm (Ling) diminutive; (surnom) pet name

diminution [diminysjɔ̃] nf decreasing, diminishing

dînatoire [dinatwaR] adj : **goûter** ~ ≈ high tea (BRIT); **apéritif** ~ ≈ evening buffet

dinde [dɛ̃d] nf turkey; (femme stupide) goose

dindon [dɛ̃dɔ̃] nm turkey

dindonneau, x [dɛ̃dɔno] nm turkey poult

dîner [dine] /**1**/ nm dinner; ~ **d'affaires/de famille** business/family dinner ▸ vi to have dinner

dînette [dinɛt] nf (jeu) : **jouer à la** ~ to play at tea parties

dingue [dɛ̃g] adj (fam) crazy

dinosaure [dinozɔR] nm dinosaur

diocèse [djɔsɛz] nm diocese

diode [djɔd] nf diode

dioxine [djɔksin] nf dioxin

dioxyde [djɔksid] nm dioxide

diphasé, e [difaze] adj (Élec) two-phase

diphtérie [diftɛRi] nf diphtheria

diphtongue [diftɔ̃g] nf diphthong

diplodocus [diplɔdɔkys] nm diplodocus

diplomate [diplɔmat] adj diplomatic ▸ nm diplomat; (fig : personne habile) diplomatist; (Culin : gâteau) dessert made of sponge cake, candied fruit and custard, ≈ trifle (BRIT)

diplomatie [diplɔmasi] nf diplomacy

diplomatique [diplɔmatik] adj diplomatic

diplomatiquement [diplɔmatikmɑ̃] adv diplomatically

diplôme [diplom] nm diploma certificate; (examen) (diploma) examination; **avoir des diplômes** to have qualifications

diplômé, e [diplome] adj qualified

diptère [diptɛR] adj, nm dipteran

diptyque [diptik] nm (tableau) diptych; (film) two-part film; (livre) novel in two parts

dire [diR] /**37**/ vt to say; (secret, mensonge) to tell; ~ **l'heure/la vérité** to tell the time/the truth; **dis pardon/merci** say sorry/thank you; ~ **qch à qn** to tell sb sth; ~ **à qn qu'il fasse** ou **de faire** to tell sb to do; ~ **que** to say that; **on dit que** they say that; **comme on dit** as they say; **on dirait que** it looks (ou sounds etc) as though; **on dirait du vin** you'd ou one would think it was wine; **que dites-vous de** (penser) what do you think of; **si cela lui dit** if he feels like it, if he fancies it; **cela ne me dit rien** that doesn't appeal to me; **à vrai** ~ truth to tell; **pour ainsi** ~ so to speak; **cela va sans** ~ that goes without saying; **dis donc !, dites donc !** (pour attirer l'attention) hey!; (au fait) by the way; **et** ~ **que ...** and to think that ...; **ceci** ou **cela dit** that being said; (à ces mots) whereupon;

c'est dit, **voilà qui est dit** so that's settled;
il n'y a pas à ~ there's no getting away from it;
c'est ~ si ... that just shows that ...; **c'est
beaucoup/peu** ~ that's saying a lot/not saying
much ▶ *nm* : **au ~ de** according to; **leurs dires**
what they say; **se dire** *vpr* (*à soi-même*) to say to
oneself; **ça ne se dit pas** (*impoli*) you shouldn't
say that; (*pas en usage*) you don't say that; **cela
ne se dit pas comme ça** you don't say it like
that; **se ~ au revoir** to say goodbye (to each
other); **ça se dit ... en anglais** that is ... in
English

> Seul **say** s'emploie pour citer les paroles de
> quelqu'un, directement ou indirectement.
> *Il a dit, « Je ne me sens pas bien ».* **He said, "I don't
> feel well."**
> *Il a dit qu'il ne se sentait pas bien.* **He said (that)
> he didn't feel well.**
> Lorsque la personne à qui on s'adresse est
> mentionnée, on peut employer **say**, soit
> **tell**, mais attention à la construction : **say ...
> to somebody**, mais **tell somebody ...**
> *Elle a dit à sa sœur qu'elle allait partir.* **She said to
> her sister that she was going to leave.** *ou*
> **She told her sister (that) she was going to
> leave.**

direct, e [diʀɛkt] *adj* direct; **train/bus** ~ express
train/bus ▶ *nm* (*train*) through train; **en** ~
(*émission*) live
directement [diʀɛktəmɑ̃] *adv* directly
directeur, -trice [diʀɛktœʀ, -tʀis] *nm/f*
(*d'entreprise*) director; (*de service*) manager/eress;
(*d'école*) head(teacher) (*BRIT*), principal (*US*);
comité ~ management *ou* steering committee;
~ **général** general manager; ~ **de thèse** ≈ PhD
supervisor
direction [diʀɛksjɔ̃] *nf* (*d'entreprise*)
management; conducting; supervision; (*Auto*)
steering; (*sens*) direction; **sous la** ~ **de** (*Mus*)
conducted by; **en** ~ **de** (*avion, train, bateau*) for;
« **toutes directions** » (*Auto*) "all routes"
directive [diʀɛktiv] *nf* directive, instruction;
directives anticipées (*Méd*) living will
directoire [diʀɛktwaʀ] *nm* (*de société anonyme*)
board of directors
directorial, e, -aux [diʀɛktɔʀjal, -o] *adj* (*bureau*)
director's; manager's; head teacher's
directrice [diʀɛktʀis] *adj f, nf voir* **directeur**
dirent [diʀ] *vb voir* **dire**
dirigeable [diʀiʒabl] *adj, nm* : (**ballon**) ~
dirigible
dirigeant, e [diʀiʒɑ̃, -ɑ̃t] *adj* managerial; (*classes*)
ruling ▶ *nm/f* (*d'un parti etc*) leader; (*d'entreprise*)
manager, member of the management
diriger [diʀiʒe] /**3**/ *vt* (*entreprise*) to manage, run;
(*véhicule*) to steer; (*orchestre*) to conduct;
(*recherches, travaux*) to supervise, be in charge of;
(*braquer : arme*) : ~ **sur** to point *ou* level *ou* aim at;
(*fig : critiques*) : ~ **contre** to aim at; ~ **son regard
sur** to look in the direction of; **se diriger** *vpr*
(*s'orienter*) to find one's way; **se** ~ **vers** *ou* **sur** to
make *ou* head for
dirigisme [diʀiʒism] *nm* (*Écon*) state
intervention, interventionism

dirigiste [diʀiʒist] *adj* interventionist
dirlo [diʀlo] *nmf* (*fam*) head (*BRIT*),
principal (*US*)
dis [di], **disais** *etc* [dizɛ] *vb voir* **dire**
discal, e, -aux [diskal, -o] *adj* (*Méd*) : **hernie
discale** slipped disc
discernement [disɛʀnəmɑ̃] *nm* discernment,
judgment
discerner [disɛʀne] /**1**/ *vt* to discern, make out
disciple [disipl] *nmf* disciple
disciplinaire [disiplinɛʀ] *adj* disciplinary
discipline [disiplin] *nf* discipline
discipliné, e [disipline] *adj* (well-)disciplined
discipliner [disipline] /**1**/ *vt* to discipline;
(*cheveux*) to control
disc-jockey [diskʒɔkɛ] (*pl* **disc-jockeys**) *nm* disc
jockey, DJ
disco [disko] *adj inv, nm* disco
discobole [diskɔbɔl] *nmf* discus thrower
discographie [diskɔgʀafi] *nf* discography
discontinu, e [diskɔ̃tiny] *adj* intermittent;
(*bande : sur la route*) broken
discontinuer [diskɔ̃tinɥe] /**1**/ *vi* : **sans** ~
without stopping, without a break
disconvenir [diskɔ̃v(ə)niʀ] /**22**/ *vi* : **ne pas** ~ **de
qch/que** not to deny sth/that
discophile [diskɔfil] *nmf* record enthusiast
discordance [diskɔʀdɑ̃s] *nf* discordance;
conflict
discordant, e [diskɔʀdɑ̃, -ɑ̃t] *adj* discordant;
conflicting
discorde [diskɔʀd] *nf* discord, dissension
discothèque [diskɔtɛk] *nf* (*boîte de nuit*)
disco(thèque); (*disques*) record collection; (*dans
une bibliothèque*) : ~ (**de prêt**) record library
discourais *etc* [diskuʀe] *vb voir* **discourir**
discourir [diskuʀiʀ] /**11**/ *vi* to discourse, hold
forth
discours [diskuʀ] *vb voir* **discourir** ▶ *nm* speech;
~ **direct/indirect** (*Ling*) direct/indirect *ou*
reported speech
discourtois, e [diskuʀtwa, -waz] *adj*
discourteous
discrédit [diskʀedi] *nm* : **jeter le** ~ **sur** to
discredit
discréditer [diskʀedite] /**1**/ *vt* to discredit
discret, -ète [diskʀɛ, -ɛt] *adj* discreet; (*fig :
musique, style, maquillage*) unobtrusive; (: *endroit*)
quiet
discrètement [diskʀɛtmɑ̃] *adv* discreetly
discrétion [diskʀesjɔ̃] *nf* discretion; **à la** ~ **de
qn** at sb's discretion; in sb's hands; **à** ~ (*boisson
etc*) unlimited, as much as one wants
discrétionnaire [diskʀesjɔnɛʀ] *adj*
discretionary
discrimination [diskʀiminasjɔ̃] *nf*
discrimination; **sans** ~ indiscriminately
discriminatoire [diskʀiminatwaʀ] *adj*
discriminatory
disculper [diskylpe] /**1**/ *vt* to exonerate
discussion [diskysjɔ̃] *nf* discussion
discutable [diskytabl] *adj* (*contestable*) doubtful;
(*à débattre*) debatable
discutailler [diskytaje] *vi* to quibble
discuté, e [diskyte] *adj* controversial

d

discuter [diskyte] /**1**/ vt (contester) to question, dispute; (débattre : prix) to discuss; ~ **de** to discuss ▸ vi to talk; (protester) to argue; **se discuter** vpr : **ça se discute** that's debatable

dise etc [diz] vb voir **dire**

disert, e [dizɛʀ, -ɛʀt] adj loquacious

disette [dizɛt] nf food shortage

diseuse [dizøz] nf : ~ **de bonne aventure** fortune-teller

disgrâce [disgʀɑs] nf disgrace; **être en** ~ to be in disgrace

disgracié, e [disgʀasje] adj (en disgrâce) disgraced

disgracieux, -euse [disgʀasjø, -øz] adj ungainly, awkward

disjoindre [disʒwɛ̃dʀ] /**49**/ vt to take apart; **se disjoindre** vpr to come apart

disjoint, e [disʒwɛ̃, -wɛ̃t] pp de **disjoindre** ▸ adj loose

disjoncter [disʒɔ̃kte] vi (disjoncteur) to trip; (fam : personne) to crack up (fam)

disjoncteur [disʒɔ̃ktœʀ] nm (Élec) circuit breaker

dislocation [dislɔkasjɔ̃] nf dislocation

disloquer [dislɔke] /**1**/ vt (membre) to dislocate; (chaise) to dismantle; (troupe) to disperse; **se disloquer** vpr (parti, empire) to break up; (meuble) to come apart; **se ~ l'épaule** to dislocate one's shoulder

disons etc [dizɔ̃] vb voir **dire**

disparaître [dispaʀɛtʀ] /**57**/ vi to disappear; (à la vue) to vanish, disappear; (être manquant) to go missing ou concealed; (se perdre : traditions etc) to die out; (personne : mourir) to die; **faire ~** (objet, tache, trace) to remove; (personne, douleur) to get rid of

disparate [dispaʀat] adj disparate; (couleurs) ill-assorted

disparité [dispaʀite] nf disparity

disparition [dispaʀisjɔ̃] nf disappearance; **espèce en voie de ~** endangered species

disparu, e [dispaʀy] pp de **disparaître** ▸ nm/f missing person; (défunt) departed; **être porté ~** to be reported missing

dispendieux, -euse [dispɑ̃djø, -øz] adj extravagant, expensive

dispensaire [dispɑ̃sɛʀ] nm community clinic

dispense [dispɑ̃s] nf exemption; (permission) special permission; **~ d'âge** special exemption from age limit

dispenser [dispɑ̃se] /**1**/ vt (donner) to lavish, bestow; (exempter) : **~ qn de** to exempt sb from; **se dispenser** vpr : **se ~ de qch** to avoid sth, get out of sth

disperser [dispɛʀse] /**1**/ vt to scatter; (fig : son attention) to dissipate; **se disperser** vpr to scatter; (fig) to dissipate one's efforts

dispersion [dispɛʀsjɔ̃] nf scattering; (des efforts) dissipation

disponibilité [dispɔnibilite] nf availability; (Admin) : **être en ~** to be on leave of absence; **disponibilités** nfpl (Comm) liquid assets

disponible [dispɔnibl] adj available

dispos [dispo] adj m : (**frais et**) ~ fresh (as a daisy)

disposé, e [dispoze] adj (d'une certaine manière) arranged, laid-out; **bien/mal ~** (humeur) in a good/bad mood; **bien/mal ~ pour** ou **envers qn** well/badly disposed towards sb; **~ à** (prêt à) willing ou prepared to

disposer [dispoze] /**1**/ vt (arranger, placer) to arrange; (inciter) : **~ qn à qch/faire qch** to dispose ou incline sb towards sth/to do sth ▸ vi : **vous pouvez ~** you may leave; **~ de** to have (at one's disposal); **se disposer à faire** vpr to prepare to do, be about to do

dispositif [dispozitif] nm device; (fig) system, plan of action; set-up; (d'un texte de loi) operative part; **~ de sûreté** safety device

disposition [dispozisjɔ̃] nf (arrangement) arrangement, layout; (humeur) mood; (tendance) tendency; **à la ~ de qn** at sb's disposal; **je suis à votre ~** I am at your service; **dispositions** nfpl (mesures) steps, measures; (préparatifs) arrangements; (de loi, testament) provisions; (aptitudes) bent sg, aptitude sg; **prendre ses dispositions** to make arrangements; **avoir des dispositions pour la musique** etc to have a special aptitude for music etc

disproportion [dispʀɔpɔʀsjɔ̃] nf disproportion

disproportionné, e [dispʀɔpɔʀsjɔne] adj disproportionate, out of all proportion

dispute [dispyt] nf quarrel, argument

disputer [dispyte] /**1**/ vt (match) to play; (combat) to fight; (course) to run; **~ qch à qn** to fight with sb for ou over sth; **se disputer** vpr to quarrel, have a quarrel; (match, combat, course) to take place

disquaire [diskɛʀ] nmf record dealer

disqualification [diskalifikasjɔ̃] nf disqualification

disqualifier [diskalifje] /**7**/ vt to disqualify; **se disqualifier** vpr to bring discredit on o.s.

disque [disk] nm (Mus) record; (Inform) disk, disc; (forme, pièce) disc; (Sport) discus; **~ compact** compact disc; **~ compact interactif** CD-I®; **~ dur** hard drive; **~ d'embrayage** (Auto) clutch plate; **~ laser** compact disc; **~ de stationnement** parking disc; **~ système** system disk

disquette [diskɛt] nf floppy (disk), diskette

dissection [disɛksjɔ̃] nf dissection

dissemblable [disɑ̃blabl] adj dissimilar

dissemblance [disɑ̃blɑ̃s] nf dissimilarity, difference

dissémination [diseminasjɔ̃] nf (voir vb) scattering; dispersal; (des armes) proliferation

disséminer [disemine] /**1**/ vt to scatter; (troupes : sur un territoire) to disperse

dissension [disɑ̃sjɔ̃] nf dissension; **dissensions** nfpl dissension

disséquer [diseke] /**6**/ vt to dissect

dissertation [disɛʀtasjɔ̃] nf (Scol) essay

disserter [disɛʀte] /**1**/ vi : **~ sur** to discourse upon

dissidence [disidɑ̃s] nf (concept) dissidence; **rejoindre la ~** to join the dissidents

dissident, e [disidɑ̃, -ɑ̃t] adj, nm/f dissident

dissimilitude [disimilityd] nf dissimilarity

dissimulateur, -trice [disimylatœʀ, -tʀis] *adj* dissembling ▸ *nm/f* dissembler

dissimulation [disimylasjɔ̃] *nf* concealing; (*duplicité*) dissimulation; **~ de bénéfices/de revenus** concealment of profits/income

dissimulé, e [disimyle] *adj* (*personne : secret*) secretive; (: *fourbe, hypocrite*) deceitful

dissimuler [disimyle] /**1**/ *vt* to conceal; **se dissimuler** *vpr* to conceal o.s.; to be concealed

dissipation [disipasjɔ̃] *nf* squandering; unruliness; (*débauche*) dissipation

dissipé, e [disipe] *adj* (*indiscipliné*) unruly

dissiper [disipe] /**1**/ *vt* to dissipate; (*fortune*) to squander, fritter away; **se dissiper** *vpr* (*brouillard*) to clear, disperse; (*doutes*) to disappear, melt away; (*élève*) to become undisciplined *ou* unruly

dissociable [disɔsjabl] *adj* separable

dissocier [disɔsje] /**7**/ *vt* to dissociate; **se dissocier** *vpr* (*éléments, groupe*) to break up, split up; **se ~ de** (*groupe, point de vue*) to dissociate o.s. from

dissolu, e [disɔly] *adj* dissolute

dissoluble [disɔlybl] *adj* (*Pol : assemblée*) dissolvable

dissolution [disɔlysjɔ̃] *nf* dissolving; (*Pol, Jur*) dissolution

dissolvant, e [disɔlvɑ̃, -ɑ̃t] *vb voir* **dissoudre** ▸ *nm* (*Chimie*) solvent; **~ (gras)** nail polish remover

dissonant, e [disɔnɑ̃, -ɑ̃t] *adj* discordant

dissoudre [disudʀ] /**51**/ *vt*, **se dissoudre** *vpr* to dissolve

dissous, -oute [disu, -ut] *pp de* **dissoudre**

dissuader [disɥade] /**1**/ *vt* : **~ qn de faire/de qch** to dissuade sb from doing/from sth

dissuasif, -ive [disɥazif, -iv] *adj* dissuasive

dissuasion [disɥazjɔ̃] *nf* dissuasion; **force de ~** deterrent power

distance [distɑ̃s] *nf* distance; (*fig : écart*) gap; **à ~** at *ou* from a distance; (*mettre en marche, commander*) by remote control; (**situé) à ~** (*Inform*) remote; **tenir qn à ~** to keep sb at a distance; **se tenir à ~** to keep one's distance; **à une ~ de 10 km, à 10 km de ~** 10 km away, at a distance of 10 km; **à deux ans de ~** with a gap of two years; **prendre ses distances** to space out; **garder ses distances** to keep one's distance; **tenir la ~** (*Sport*) to cover the distance, last the course; **~ focale** (*Photo*) focal length

distancer [distɑ̃se] /**3**/ *vt* to outdistance, leave behind

distanciation [distɑ̃sjasjɔ̃] *nf* detachment

distancier [distɑ̃sje] /**7**/ : **se distancier** *vpr* to distance o.s.

distant, e [distɑ̃, -ɑ̃t] *adj* (*réservé*) distant, aloof; (*éloigné*) distant, far away; **~ de** (*lieu*) far away *ou* a long way from; **~ de 5 km (d'un lieu)** 5 km away (from a place)

distendre [distɑ̃dʀ] /**41**/ *vt*, **se distendre** *vpr* to distend

distillation [distilasjɔ̃] *nf* distillation, distilling

distillé, e [distile] *adj* : **eau distillée** distilled water

distiller [distile] /**1**/ *vt* to distil; (*fig*) to exude; to elaborate

distillerie [distilʀi] *nf* distillery

distinct, e [distɛ̃(kt), distɛ̃kt] *adj* distinct

distinctement [distɛ̃ktəmɑ̃] *adv* distinctly

distinctif, -ive [distɛ̃ktif, -iv] *adj* distinctive

distinction [distɛ̃ksjɔ̃] *nf* distinction

distingué, e [distɛ̃ge] *adj* distinguished

distinguer [distɛ̃ge] /**1**/ *vt* to distinguish; **se distinguer** *vpr* (*s'illustrer*) to distinguish o.s.; (*différer*) : **se ~ (de)** to distinguish o.s. *ou* be distinguished (from)

distinguo [distɛ̃go] *nm* distinction

distorsion [distɔʀsjɔ̃] *nf* (*gén*) distortion; (*fig : déséquilibre*) disparity, imbalance

distraction [distʀaksjɔ̃] *nf* (*manque d'attention*) absent-mindedness; (*oubli*) lapse (in concentration *ou* attention); (*détente*) diversion, recreation; (*passe-temps*) distraction, entertainment

distraire [distʀɛʀ] /**50**/ *vt* (*déranger*) to distract; (*divertir*) to entertain, divert; (*détourner : somme d'argent*) to divert, misappropriate; **se distraire** *vpr* to amuse *ou* enjoy o.s.

distrait, e [distʀɛ, -ɛt] *pp de* **distraire** ▸ *adj* absent-minded

distraitement [distʀɛtmɑ̃] *adv* absent-mindedly

distrayant, e [distʀɛjɑ̃, -ɑ̃t] *vb voir* **distraire** ▸ *adj* entertaining

distribuer [distʀibɥe] /**1**/ *vt* to distribute; to hand out; (*Cartes*) to deal (out); (*courrier*) to deliver

distributeur [distʀibytœʀ] *nm* (*Auto, Comm*) distributor; (*automatique*) (vending) machine; **~ de billets** (*Rail*) ticket machine; (*Banque*) cash dispenser

distribution [distʀibysjɔ̃] *nf* distribution; (*postale*) delivery; (*choix d'acteurs*) casting; **circuits de ~** (*Comm*) distribution network; **~ des prix** (*Scol*) prize giving

district [distʀik(t)] *nm* district

dit, e [di, dit] *pp de* **dire** ▸ *adj* (*fixé*) : **le jour ~** the arranged day; (*surnommé*) **X, ~ Pierrot** X, known as *ou* called Pierrot

dites [dit] *vb voir* **dire**

dithyrambique [ditiʀɑ̃bik] *adj* eulogistic

DIU *sigle m* (= *dispositif intra-utérin*) IUD

diurétique [djyʀetik] *adj, nm* diuretic

diurne [djyʀn] *adj* diurnal, daytime *cpd*

divagations [divagasjɔ̃] *nfpl* ramblings; ravings

divaguer [divage] /**1**/ *vi* to ramble; (*malade*) to rave

divan [divɑ̃] *nm* divan

divan-lit [divɑ̃li] (*pl* **divans-lits**) *nm* divan (bed)

divergence [divɛʀʒɑ̃s] *nf* divergence; **des divergences d'opinion au sein de ...** differences of opinion within ...

divergent, e [divɛʀʒɑ̃, -ɑ̃t] *adj* divergent

diverger [divɛʀʒe] /**3**/ *vi* to diverge

divers, e [divɛʀ, -ɛʀs] *adj* (*varié*) diverse, varied; (*différent*) different, various; (**frais) ~** (*Comm*) sundries, miscellaneous (expenses); **« ~ »** (*rubrique*) "miscellaneous"; **diverses personnes** various *ou* several people

137

diversement – dolent

diversement [divɛʀsəmɑ̃] *adv* in various *ou* diverse ways

diversification [divɛʀsifikasjɔ̃] *nf* diversification

diversifier [divɛʀsifje] /**7**/ *vt*, **se diversifier** *vpr* to diversify

diversion [divɛʀsjɔ̃] *nf* diversion; **faire ~** to create a diversion

diversité [divɛʀsite] *nf* diversity, variety

divertir [divɛʀtiʀ] /**2**/ *vt* to amuse, entertain; **se divertir** *vpr* to amuse *ou* enjoy o.s.

divertissant, e [divɛʀtisɑ̃, -ɑ̃t] *adj* entertaining

divertissement [divɛʀtismɑ̃] *nm* entertainment; (*Mus*) divertimento, divertissement

dividende [dividɑ̃d] *nm* (*Math, Comm*) dividend

divin, e [divɛ̃, -in] *adj* divine; (*fig : excellent*) heavenly, divine

divinateur, -trice [divinatœʀ, -tʀis] *adj* perspicacious

divinatoire [divinatwaʀ] *adj* (*art, science*) divinatory; **baguette ~** divining rod

divinement [divinmɑ̃] *adv* (*merveilleusement bien*) divinely; **un dessert ~ bon** a heavenly dessert

diviniser [divinize] /**1**/ *vt* to deify

divinité [divinite] *nf* divinity

divisé, e [divize] *adj* divided

diviser [divize] /**1**/ *vt* (*gén, Math*) to divide; (*morceler, subdiviser*) to divide (up), split (up); **~ par** to divide by; **se diviser en** *vpr* to divide into

diviseur [divizœʀ] *nm* (*Math*) divisor

divisible [divizibl] *adj* divisible

division [divizjɔ̃] *nf* (*gén*) division; **~ du travail** (*Écon*) division of labour

divisionnaire [divizjɔnɛʀ] *adj* : **commissaire ~** ≈ chief superintendent (*Brit*), ≈ police chief (*US*)

divorce [divɔʀs] *nm* divorce

divorcé, e [divɔʀse] *nm/f* divorcee

divorcer [divɔʀse] /**3**/ *vi* to get a divorce, get divorced; **~ de** *ou* **d'avec qn** to divorce sb

divulgation [divylgasjɔ̃] *nf* disclosure

divulguer [divylge] /**1**/ *vt* to disclose, divulge

dix [di, dis, diz] *num* ten

dix-huit [dizɥit] *num* eighteen

dix-huitième [dizɥitjɛm] *num* eighteenth

dixième [dizjɛm] *num* tenth

dix-neuf [diznœf] *num* nineteen

dix-neuvième [diznœvjɛm] *num* nineteenth

dix-sept [disɛt] *num* seventeen

dix-septième [disɛtjɛm] *num* seventeenth

dizaine [dizɛn] *nf* (*10*) ten; (*environ 10*) : **une ~ (de)** about ten, ten or so

Djakarta [dʒakaʀta] *n* Djakarta

Djibouti [dʒibuti] *n* Djibouti

dl *abr* (= *décilitre*) dl

DM *abr* (= *Deutschmark*) DM

dm. *abr* (= *décimètre*) dm.

do [do] *nm* (*note*) C; (*en chantant la gamme*) do(h)

docile [dɔsil] *adj* docile

docilement [dɔsilmɑ̃] *adv* docilely

docilité [dɔsilite] *nf* docility

dock [dɔk] *nm* dock; (*hangar, bâtiment*) warehouse

docker [dɔkɛʀ] *nm* docker

docte [dɔkt] *adj* (*péj*) learned

docteur, e [dɔktœʀ] *nm/f* doctor; **~ en médecine** doctor of medicine

doctoral, e, -aux [dɔktɔʀal, -o] *adj* pompous, bombastic

doctorat [dɔktɔʀa] *nm* : **~ (d'Université)** ≈ doctorate; **~ d'État** ≈ PhD; **~ de troisième cycle** ≈ doctorate

DOCTORAT

Students who hold a *master* and wish to go on to do a further postgraduate degree can study for a **doctorat**. This involves three or four years of intensive research and the writing of a thesis. This option often leads to a research job in a state-funded laboratory or private company, or to a lecturing post in various types of higher education institution.

doctoresse [dɔktɔʀɛs] *nf* lady doctor

doctrinaire [dɔktʀinɛʀ] *adj* doctrinaire; (*sentencieux*) pompous, sententious

doctrinal, e, -aux [dɔktʀinal, -o] *adj* doctrinal

doctrine [dɔktʀin] *nf* doctrine

document [dɔkymɑ̃] *nm* document

documentaire [dɔkymɑ̃tɛʀ] *adj*, *nm* documentary

documentaliste [dɔkymɑ̃talist] *nmf* archivist; (*Presse, TV*) researcher

documentation [dɔkymɑ̃tasjɔ̃] *nf* documentation, literature; (*Presse, TV : service*) research

documenté, e [dɔkymɑ̃te] *adj* well-informed, well-documented; well-researched

documenter [dɔkymɑ̃te] /**1**/ *vt* : **se ~ (sur)** to gather information *ou* material (on *ou* about)

Dodécanèse [dɔdekanɛz] *nm* Dodecanese (Islands)

dodeliner [dɔd(ə)line] /**1**/ *vi* : **~ de la tête** to nod one's head gently

dodo [dodo] *nm* : **aller faire ~** to go to beddy-byes

dodu, e [dɔdy] *adj* plump

dogmatique [dɔgmatik] *adj* dogmatic

dogmatisme [dɔgmatism] *nm* dogmatism

dogme [dɔgm] *nm* dogma

dogue [dɔg] *nm* mastiff

doigt [dwa] *nm* finger; **à deux doigts de** within an ace of (*Brit*) *ou* an inch of; **un ~ de lait/whisky** a drop of milk/whisky; **désigner** *ou* **montrer du ~** to point at; **au ~ et à l'œil** to the letter; **connaître qch sur le bout du ~** to know sth backwards; **mettre le ~ sur la plaie** (*fig*) to find the sensitive spot; **~ de pied** toe

doigté [dwate] *nm* (*Mus*) fingering; (*fig : habileté*) diplomacy, tact

doigtier [dwatje] *nm* fingerstall

dois *etc* [dwa] *vb voir* **devoir**

doit *etc* [dwa] *vb voir* **devoir**

doive *etc* [dwav] *vb voir* **devoir**

doléances [dɔleɑ̃s] *nfpl* complaints; (*réclamations*) grievances

dolent, e [dɔlɑ̃, -ɑ̃t] *adj* doleful, mournful

dollar [dɔlaʀ] *nm* dollar
dolmen [dɔlmɛn] *nm* dolmen
DOM [dɔm] *sigle m(pl)* = **Département(s) d'outre-mer**
domaine [dɔmɛn] *nm* estate, property; *(fig)* domain, field; **dans le ~ de qch** in the field of sth; **dans tous les domaines** in all areas; **tomber dans le ~ public** *(livre, chanson)* to be out of copyright; **~ skiable** ski slopes *pl*
domanial, e, -aux [dɔmanjal, -o] *adj* national, state *cpd*
dôme [dom] *nm* dome
domestication [dɔmɛstikasjɔ̃] *nf (voir domestiquer)* domestication; harnessing
domesticité [dɔmɛstisite] *nf* (domestic) staff
domestique [dɔmɛstik] *adj* domestic ▶ *nmf* servant, domestic
domestiquer [dɔmɛstike] /1/ *vt* to domesticate; *(vent, marées)* to harness
domicile [dɔmisil] *nm* home, place of residence; **à ~** at home; **élire ~ à** to take up residence in; **sans ~ fixe** of no fixed abode; **~ conjugal** marital home; **~ légal** domicile; **livrer à ~** to deliver
domiciliation [dɔmisiljasjɔ̃] *nf (Jur : d'entreprise, société)* domiciliation
domicilié, e [dɔmisilje] *adj* : **être ~ à** to have one's home in *ou* at
dominant, e [dɔminɑ̃, -ɑ̃t] *adj* dominant; *(plus important : opinion)* predominant ▶ *nf (caractéristique)* dominant characteristic; *(couleur)* dominant colour
dominateur, -trice [dɔminatœʀ, -tʀis] *adj* dominating; *(qui aime à dominer)* domineering
domination [dɔminasjɔ̃] *nf* domination
dominer [dɔmine] /1/ *vt* to dominate; *(passions etc)* to control, master; *(sujet)* to master; *(surpasser)* to outclass, surpass; *(surplomber)* to tower above, dominate ▶ *vi* to be in the dominant position; **se dominer** *vpr* to control o.s.
dominicain, e [dɔminikɛ̃, -ɛn] *adj* Dominican
dominical, e, -aux [dɔminikal, -o] *adj* Sunday *cpd*, dominical
Dominique [dɔminik] *nf* : **la ~** Dominica
domino [dɔmino] *nm* domino; **dominos** *nmpl (jeu)* dominoes *sg*
dommage [dɔmaʒ] *nm (préjudice)* harm, injury; **c'est ~ de faire/que** it's a shame *ou* pity to do/that; **quel ~ !, c'est ~ !** what a pity *ou* shame!; **dommages** *nmpl (dégâts, pertes)* damage *no pl*; **dommages corporels** physical injury
dommageable [dɔmaʒabl] *adj (conséquences)* detrimental; **~ pour qn/qch** detrimental to sb/sth; **~ pour l'environnement** harmful to the environment
dommages-intérêts [dɔmaʒ(əz)ɛ̃teʀɛ] *nmpl* damages
dompter [dɔ̃(p)te] /1/ *vt* to tame
dompteur, -euse [dɔ̃tœʀ, -øz] *nm/f* trainer; *(de lion)* lion tamer
DOM-ROM [dɔmʀɔm], **DOM-TOM** [dɔmtɔm] *sigle m, sigle mpl* (= *Département(s) et Région/Territoire(s) d'outre-mer*) French overseas departments and regions; *see note*

DOM-TOM, ROM ET COM

There are five *Départements d'outre-mer* or **DOM**s: Guadeloupe, Martinique, La Réunion, French Guyana and Mayotte. They are run in the same way as metropolitan *départements* and their inhabitants are French citizens. In administrative terms they are also *Régions*, and in this regard are also referred to as **ROM** (*Régions d'outre-mer*). The term **DOM-TOM** is still commonly used, but the term *Territoire d'outre-mer* has been superseded by that of *Collectivité d'outre-mer* (**COM**). There are seven COMs, each of which is independent but supervised by a representative of the French government.

don [dɔ̃] *nm (cadeau)* gift; *(charité)* donation; *(aptitude)* gift, talent; **avoir des dons pour** to have a gift *ou* talent for; **faire ~ de** to make a gift of; **~ en argent** cash donation; **elle a le ~ de m'énerver** she's got a knack of getting on my nerves
donateur, -trice [dɔnatœʀ, -tʀis] *nm/f* donor
donation [dɔnasjɔ̃] *nf* donation
donc [dɔ̃k] *conj* therefore, so; *(après une digression)* so, then; *(intensif)* : **voilà ~ la solution** so there's the solution; **je disais ~ que ...** as I was saying, ...; **venez ~ dîner à la maison** do come for dinner; **allons ~ !** come now!; **faites ~** go ahead
dongle [dɔ̃gl] *nm* dongle
donjon [dɔ̃ʒɔ̃] *nm* keep
don Juan [dɔ̃ʒɥɑ̃] *nm* Don Juan
donnant, e [dɔnɑ̃, -ɑ̃t] *adj* : **~, ~** fair's fair
donne [dɔn] *nf (Cartes)* : **il y a mauvaise** *ou* **fausse ~** there's been a misdeal
donné, e [dɔne] *adj (convenu : lieu, heure)* given; *(pas cher)* very cheap; **c'est ~** it's a gift; **étant ~ que ...** given that ...; **données** *nfpl (Math, Inform, gén)* data
données [dɔne] *nfpl* data
donner [dɔne] /1/ *vt* to give; *(vieux habits etc)* to give away; *(spectacle)* to put on; *(film)* to show; **~ qch à qn** to give sb sth, give sth to sb; **~ sur** *(fenêtre, chambre)* to look (out) onto; **~ dans** *(piège etc)* to fall into; **faire ~ l'infanterie** *(Mil)* to send in the infantry; **~ l'heure à qn** to tell sb the time; **~ le ton** *(fig)* to set the tone; **~ à penser/entendre que ...** to make one think/give one to understand that ...; **ça donne soif/faim** it makes you (feel) thirsty/hungry; **se ~ à fond (à son travail)** to give one's all (to one's work); **se ~ du mal** *ou* **de la peine (pour faire qch)** to go to a lot of trouble (to do sth); **s'en ~ à cœur joie** *(fam)* to have a great time (of it)
donneur, -euse [dɔnœʀ, -øz] *nm/f (Méd)* donor; *(Cartes)* dealer; **~ de sang** blood donor
donneur d'ordres, donneur d'ordre *nm (Jur)* principal

MOT-CLÉ

dont [dɔ̃] *pron relatif* **1** *(appartenance : objets)* whose, of which; *(: êtres animés)* whose; **la maison dont le toit est rouge** the house the roof of which is red, the house whose roof is red; **l'homme**

139

dont je connais la sœur the man whose sister I know

2 (parmi lesquel(le)s) : **deux livres, dont l'un est ...** two books, one of which is ...; **il y avait plusieurs personnes, dont Gabrielle** there were several people, among them Gabrielle; **10 blessés, dont 2 grièvement** 10 injured, 2 of them seriously

3 (complément d'adjectif : de verbe) : **le fils dont il est si fier** the son he's so proud of; **le pays dont il est originaire** the country he's from; **ce dont je parle** what I'm talking about; **la façon dont il l'a fait** the way (in which) he did it

donzelle [dɔ̃zɛl] nf (péj) young madam
dopage [dɔpaʒ] nm (Sport) drug use; (de cheval) doping
dopant [dɔpɑ̃] nm dope
doper [dɔpe] /1/ vt to dope; **se doper** vpr to take dope
doping [dɔpiŋ] nm doping; (excitant) dope
dorade [dɔʀad] nf = **daurade**
doré, e [dɔʀe] adj golden; (avec dorure) gilt, gilded
dorénavant [dɔʀenavɑ̃] adv from now on, henceforth
dorer [dɔʀe] /1/ vt (cadre) to gild; (faire) ~ (Culin) to brown (: gâteau) to glaze; ~ **la pilule à qn** to sugar the pill for sb; **se dorer** vpr : **se ~ au soleil** to sunbathe
dorloter [dɔʀlɔte] /1/ vt to pamper, cosset (BRIT); **se faire** ~ to be pampered ou cosseted
dormant, e [dɔʀmɑ̃, -ɑ̃t] adj : **eau dormante** still water
dorme etc [dɔʀm] vb voir **dormir**
dormeur, -euse [dɔʀmœʀ, -øz] nm/f sleeper
dormir [dɔʀmiʀ] /16/ vi to sleep; (être endormi) to be asleep; ~ **à poings fermés** to sleep very soundly
dorsal, e, -aux [dɔʀsal, -o] adj dorsal
dortoir [dɔʀtwaʀ] nm dormitory
dorure [dɔʀyʀ] nf gilding
doryphore [dɔʀifɔʀ] nm Colorado beetle
dos [do] nm back; (de livre) spine; « **voir au ~** » "see over"; **robe décolletée dans le ~** low-backed dress; **de** ~ from the back, from behind; ~ **à** ~ back to back; **sur le** ~ on one's back; **à ~ de chameau** riding on a camel; **avoir bon** ~ to be a good excuse; **se mettre qn à** ~ to turn sb against one
dosage [dozaʒ] nm mixture
dos-d'âne [dodɑn] nm humpback; **pont en** ~ humpbacked bridge
dose [doz] nf (Méd) dose; **forcer la** ~ (fig) to overstep the mark
doser [doze] /1/ vt to measure out; (mélanger) to mix in the correct proportions; (fig) to expend in the right amounts ou proportions; to strike a balance between; **il faut savoir ~ ses efforts** you have to be able to pace yourself
doseur [dozœʀ] nm measure; **bouchon** ~ measuring cap
dossard [dosaʀ] nm number (worn by competitor)
dossier [dosje] nm (renseignements, fichier) file; (enveloppe) folder, file; (de chaise) back; (Presse)

feature; (Inform) folder; **un ~ scolaire** a school report; **le ~ social/monétaire** (fig) the social/financial question; **~ suspendu** suspension file
dot [dɔt] nf dowry
dotation [dɔtasjɔ̃] nf block grant; endowment
doté, e [dɔte] adj : ~ **de** equipped with
doter [dɔte] /1/ vt : ~ **qn/qch de** to equip sb/sth with
douairière [dwɛʀjɛʀ] nf dowager
douane [dwan] nf (poste, bureau) customs pl; (taxes) (customs) duty; **passer la** ~ to go through customs; **en** ~ (marchandises, entrepôt) bonded
douanier, -ière [dwanje, -jɛʀ] adj customs cpd
▶ nm/f customs officer
doublage [dublaʒ] nm (Ciné) dubbing
double [dubl] adj, adv double; **voir** ~ to see double; **en** ~ **(exemplaire)** in duplicate; **faire ~ emploi** to be redundant; **à ~ sens** with a double meaning; **à ~ tranchant** two-edged; **~ carburateur** twin carburettor; **à doubles commandes** dual-control; ~ **toit** (de tente) fly sheet; ~ **vue** second sight ▶ nm (autre exemplaire) duplicate, copy; (sosie) double; (Tennis) doubles sg; (2 fois plus) : **le ~ (de)** twice as much (ou many) (as), double the amount (ou number) (of); ~ **messieurs/mixte** men's/mixed doubles sg
doublé, e [duble] adj (vêtement) : ~ **(de)** lined (with)
double-clic [dubl(ə)klik] (pl **doubles-clics**) nm double-click
double-cliquer [dubl(ə)klike] /1/ vi (Inform) to double-click
doublement [dubləmɑ̃] nm doubling; twofold increase ▶ adv doubly; (pour deux raisons) in two ways, on two counts
doubler [duble] /1/ vt (multiplier par 2) to double; (vêtement) to line; (dépasser) to overtake, pass; (film) to dub; (acteur) to stand in for; ~ **(la classe)** (Scol) to repeat a year; ~ **un cap** (Navig) to round a cape; (fig) to get over a hurdle ▶ vi to double, increase twofold; **se doubler de** vpr to be coupled with
doublure [dublyʀ] nf lining; (Ciné) stand-in
douce [dus] adj f voir **doux**
douceâtre [dusɑtʀ] adj sickly sweet
doucement [dusmɑ̃] adv gently; (à voix basse) softly; (lentement) slowly
doucereux, -euse [dus(ə)ʀø, -øz] adj (péj) sugary
douceur [dusœʀ] nf softness; sweetness; (de climat) mildness; (de quelqu'un) gentleness; **en** ~ gently; **douceurs** nfpl (friandises) sweets (BRIT), candy sg (US)
douche [duʃ] nf shower; **prendre une** ~ to have ou take a shower; ~ **écossaise**, (fig) ~ **froide** (fig) let-down; **douches** nfpl shower room sg
doucher [duʃe] /1/ vt : ~ **qn** to give sb a shower; (mouiller) to drench sb; (fig) to give sb a telling-off; **se doucher** vpr to have ou take a shower
doudou [dudu] (fam) nm (morceau de tissu) comfort blanket; (peluche) cuddly toy
doudoune [dudun] nf padded jacket; (fam) boob
doué, e [dwe] adj gifted, talented; ~ **de** endowed with; **être ~ pour** to have a gift for

douille [duj] *nf (Élec)* socket; *(de projectile)* case

douillet, te [dujɛ, -ɛt] *adj* cosy; *(péj : à la douleur)* soft

douleur [dulœʀ] *nf* pain; *(chagrin)* grief, distress; **ressentir des douleurs** to feel pain; **il a eu la ~ de perdre son père** he suffered the grief of losing his father

douloureux, -euse [duluʀø, -øz] *adj* painful

doute [dut] *nm* doubt; **sans ~** *adv* no doubt; *(probablement)* probably; **sans nul** *ou* **aucun ~** without (a) doubt; **hors de ~** beyond doubt; **nul ~ que** there's no doubt that; **mettre en ~** to call into question; **mettre en ~ que** to question whether

douter [dute] /1/ *vt* to doubt; **~ de** *vt (allié, sincérité de qn)* to have (one's) doubts about, doubt; *(résultat, réussite)* to be doubtful of; **~ que** to doubt whether *ou* if; **j'en doute** I have my doubts; **se douter** *vpr* : **se ~ de qch/que** to suspect sth/that; **je m'en doutais** I suspected as much; **il ne se doutait de rien** he didn't suspect a thing

douteux, -euse [dutø, -øz] *adj (incertain)* doubtful; *(discutable)* dubious, questionable; *(péj)* dubious-looking

douve [duv] *nf (de château)* moat; *(de tonneau)* stave

Douvres [duvʀ] *n* Dover

doux, douce [du, dus] *adj (lisse, moelleux, pas vif : couleur, non calcaire : eau)* soft; *(sucré, agréable)* sweet; *(peu fort : moutarde etc, clément : climat)* mild; *(pas brusque)* gentle; **en douce** *(partir etc)* on the quiet

douzaine [duzɛn] *nf (12)* dozen; *(environ 12)* : **une ~ (de)** a dozen or so, twelve or so

douze [duz] *num* twelve

douzième [duzjɛm] *num* twelfth

doyen, ne [dwajɛ̃, -ɛn] *nm/f (en âge, ancienneté)* most senior member; *(de faculté)* dean

DPLG *abr (= diplômé par le gouvernement)* extra certificate for architects, engineers etc

Dr *abr (= docteur)* Dr

dr. *abr (= droit(e))* R, r

draconien, ne [dʀakɔnjɛ̃, -ɛn] *adj* draconian, stringent

dragage [dʀagaʒ] *nm* dredging

dragée [dʀaʒe] *nf* sugared almond; *(Méd)* (sugar-coated) pill

dragéifié, e [dʀaʒeifje] *adj (Méd)* sugar-coated

dragon [dʀagɔ̃] *nm* dragon

drague [dʀag] *nf (filet)* dragnet; *(bateau)* dredger

draguer [dʀage] /1/ *vt (rivière : pour nettoyer)* to dredge; (: *pour trouver qch)* to drag; *(fam)* to try and pick up, chat up *(BRIT)* ▶ *vi (fam)* to try and pick sb up, chat sb up *(BRIT)*

dragueur [dʀagœʀ] *nm (aussi :* **dragueur de mines**) minesweeper; *(fam)* : **quel ~ !** he's a great one for picking up girls!

drain [dʀɛ̃] *nm (Méd)* drain

drainage [dʀɛnaʒ] *nm* drainage

drainer [dʀɛne] /1/ *vt* to drain; *(fig : visiteurs, région)* to drain off

dramatique [dʀamatik] *adj* dramatic; *(tragique)* tragic ▶ *nf (TV)* (television) drama

dramatisation [dʀamatizasjɔ̃] *nf* dramatization

dramatiser [dʀamatize] /1/ *vt* to dramatize

dramaturge [dʀamatyʀʒ] *nm* dramatist, playwright

drame [dʀam] *nm (Théât)* drama; *(catastrophe)* drama, tragedy; **~ familial** family drama

drap [dʀa] *nm (de lit)* sheet; *(tissu)* woollen fabric; **~ de plage** beach towel

drapé [dʀape] *nm (d'un vêtement)* hang

drapeau, x [dʀapo] *nm* flag; **sous les drapeaux** with the colours *(BRIT)* ou colors *(US)*, in the army

draper [dʀape] /1/ *vt* to drape; *(robe, jupe)* to arrange

draperies [dʀapʀi] *nfpl* hangings

drap-housse [dʀaus] *(pl* **draps-housses**) *nm* fitted sheet

drapier [dʀapje] *nm* (woollen) cloth manufacturer; *(marchand)* clothier

drastique [dʀastik] *adj* drastic

drépanocytose [dʀepanositoz] *nf* sickle-cell anaemia

dressage [dʀɛsaʒ] *nm* training

dresser [dʀese] /1/ *vt (mettre vertical, monter : tente)* to put up, erect; *(fig : liste, bilan, contrat)* to draw up; *(animal)* to train; **~ l'oreille** to prick up one's ears; **~ la table** to set *ou* lay the table; **~ qn contre qn d'autre** to set sb against sb else; **~ un procès-verbal** *ou* une **contravention à qn** to book sb; **se dresser** *vpr (falaise, obstacle)* to stand; *(avec grandeur, menace)* to tower (up); *(personne)* to draw o.s. up

dresseur, -euse [dʀesœʀ, -øz] *nm/f* trainer

dressoir [dʀeswaʀ] *nm* dresser

dribbler [dʀible] /1/ *vt, vi (Sport)* to dribble

drille [dʀij] *nm* : **joyeux ~** cheerful sort

drogue [dʀɔg] *nf* drug; **la ~** drugs *pl*; **~ dure/ douce** hard/soft drugs *pl*

drogué, e [dʀɔge] *nm/f* drug addict

droguer [dʀɔge] /1/ *vt (victime)* to drug; *(malade)* to give drugs to; **se droguer** *vpr (aux stupéfiants)* to take drugs; *(péj : de médicaments)* to dose o.s. up

droguerie [dʀɔgʀi] *nf* ≈ hardware shop *(BRIT)* ou store *(US)*

droguiste [dʀɔgist] *nm* ≈ keeper *(ou* owner) of a hardware shop *ou* store

droit, e [dʀwa, dʀwat] *adj (non courbe)* straight; *(vertical)* upright, straight; *(fig : loyal, franc)* upright, right, straight(forward); *(opposé à gauche)* right, right-hand ▶ *adv* straight; **~ au but** *ou* **au fait/cœur** straight to the point/heart ▶ *nm (prérogative, Boxe)* right; *(taxe)* duty, tax; (: *d'inscription)* fee; *(lois)* : **le ~** law; **avoir le ~ de** to be allowed to; **avoir ~ à** to be entitled to; **être en ~ de** to have a *ou* the right to; **faire ~ à** to grant, accede to; **être dans son ~** to be within one's rights; **à bon ~** *(justement)* with good reason; **de quel ~ ?** by what right?; **à qui de ~** to whom it may concern; **~ d'auteur** copyright; **avoir ~ de cité (dans)** *(fig)* to belong (to); **~ coutumier** common law; **~ de regard** right of access *ou* inspection; **~ de réponse** right to reply; **~ de visite** (right of) access; **~ de vote** (right to) vote; **droits d'auteur** *(rémunération)* royalties; **droits de douane** customs duties; **droits de l'homme** human rights; **droits d'inscription** enrolment *ou* registration fees ▸ *nf* (Pol) right (wing); (*ligne*) straight line; **à droite** on the right; (*direction*) (to the) right; **à droite de** to the right of; **de droite** (Pol) right-wing; **sur votre droite** on your right

droitement [dʀwatmã] *adv* (*agir*) uprightly

droit-fil [dʀwafil] (*pl* **droits-fils**) *nm* : **être dans le ~ de qch** to be wholly in keeping with sth

droitier, -ière [dʀwatje, -jɛʀ] *nm/f* right-handed person ▸ *adj* right-handed

droiture [dʀwatyʀ] *nf* uprightness, straightness

drôle [dʀol] *adj* (*amusant*) funny, amusing; (*bizarre*) funny, peculiar; **un ~ de ...** (*bizarre*) a strange *ou* funny ...; (*intensif*) an incredible ..., a terrific ...

drôlement [dʀolmã] *adv* funnily; peculiarly; (*très*) terribly, awfully; **il fait ~ froid** it's awfully cold

drôlerie [dʀolʀi] *nf* funniness; funny thing

dromadaire [dʀɔmadɛʀ] *nm* dromedary

dru, e [dʀy] *adj* (*cheveux*) thick, bushy; (*pluie*) heavy ▸ *adv* (*pousser*) thickly; (*tomber*) heavily

drugstore [dʀœgstɔʀ] *nm* drugstore

druide [dʀɥid] *nm* Druid

ds *abr* = **dans**

DST *sigle f* (= *Direction de la surveillance du territoire*) *internal security service*, ≈ MI5 (Bʀɪᴛ)

DT *sigle m* (= *diphtérie tétanos*) *vaccine*

DTCP *sigle m* (= *diphtérie tétanos coqueluche polio*) *vaccine*

DTP *sigle m* (= *diphtérie tétanos polio*) *vaccine*

DTTAB *sigle m* (= *diphtérie tétanos typhoïde A et B*) *vaccine*

du [dy] *art voir* **de**

dû, due [dy] *pp de* **devoir** ▸ *adj* (*somme*) owing, owed; (: *venant à échéance*) due; (*causé par*) : **dû à** due to ▸ *nm* due; (*somme*) dues *pl*

dualisme [dɥalism] *nm* dualism

Dubaï, Dubay [dybaj] *n* Dubai

dubitatif, -ive [dybitatif, -iv] *adj* doubtful, dubious

Dublin [dyblɛ̃] *n* Dublin

duc [dyk] *nm* duke

duché [dyʃe] *nm* dukedom, duchy

duchesse [dyʃɛs] *nf* duchess

duel [dɥɛl] *nm* duel

duettiste [dɥetist] *nmf* duettist

duffel-coat [dœfœlkot] *nm* duffel coat

dûment [dymã] *adv* duly

dumping [dœmpiŋ] *nm* dumping

dune [dyn] *nf* dune

Dunkerque [dɛ̃kɛʀk] *n* Dunkirk

duo [dɥo] *nm* (Mus) duet; (*fig* : *couple*) duo, pair

dupe [dyp] *nf* dupe ▸ *adj* : (**ne pas**) **être ~ de** (not) to be taken in by

duper [dype] /1/ *vt* to dupe, deceive

duperie [dypʀi] *nf* deception, dupery

duplex [dyplɛks] *nm* (*appartement*) split-level apartment, duplex; (TV) : **émission en ~** link-up

duplicata [dyplikata] *nm* duplicate

duplicateur [dyplikatœʀ] *nm* duplicator; **~ à alcool** spirit duplicator

duplicité [dyplisite] *nf* duplicity

duquel [dykɛl] *voir* **lequel**

dur, e [dyʀ] *adj* (*pierre, siège, travail, problème*) hard; (*lumière, voix, climat*) harsh; (*sévère*) hard, harsh; (*cruel*) hard(-hearted); (*porte, col*) stiff; (*viande*) tough; **mener la vie dure à qn** to give sb a hard time; **~ d'oreille** hard of hearing ▸ *adv* hard ▸ *nm* (*fam* : *meneur*) tough nut ▸ *nf* : **à la dure** rough

durabilité [dyʀabilite] *nf* durability

durable [dyʀabl] *adj* lasting

durablement [dyʀabləmã] *adv* for the long term

durant [dyʀã] *prép* (*au cours de*) during; (*pendant*) for; **~ des mois, des mois ~** for months

durcir [dyʀsiʀ] /2/ *vt, vi* to harden; **se durcir** *vpr* to harden

durcissement [dyʀsismã] *nm* hardening

durée [dyʀe] *nf* length; (*d'une pile etc*) life; (*déroulement* : *des opérations etc*) duration; **pour une ~ illimitée** for an unlimited length of time; **de courte ~** (*séjour, répit*) brief, short-term; **de longue ~** (*effet*) long-term; **pile de longue ~** long-life battery

durement [dyʀmã] *adv* harshly

durent [dyʀ] *vb voir* **devoir**

durer [dyʀe] /1/ *vi* to last

dureté [dyʀte] *nf* (*voir dur*) hardness; harshness; stiffness; toughness

durillon [dyʀijɔ̃] *nm* callus

durit® [dyʀit] *nf* (car radiator) hose

DUT *sigle m* = **Diplôme universitaire de technologie**

dut *etc* [dy] *vb voir* **devoir**

duvet [dyvɛ] *nm* down; (**sac de couchage en**) **~** down-filled sleeping bag

duveteux, -euse [dyv(ə)tø, -øz] *adj* downy

DVD *sigle m* (= *digital versatile disc*) DVD

dynamique [dinamik] *adj* dynamic

dynamiser [dinamize] /1/ *vt* to pep up, enliven; (*équipe, service*) to inject some dynamism into

dynamisme [dinamism] *nm* dynamism

dynamite [dinamit] *nf* dynamite

dynamiter [dinamite] /1/ *vt* to (blow up with) dynamite

dynamo [dinamo] *nf* dynamo

dynastie [dinasti] *nf* dynasty

dysenterie [disɑ̃tʀi] *nf* dysentery

dysfonctionnement [disfɔ̃ksjɔnmã] *nm* malfunctioning

dyslexie [dislɛksi] *nf* dyslexia, word blindness

dyslexique [dislɛksik] *adj* dyslexic

dyspepsie [dispɛpsi] *nf* dyspepsia

Ee

E, e [ə] *nm inv* E, e ► *abr* (= *Est*) E; **E comme Eugène** E for Edward (*Brit*) *ou* Easy (*US*)

EAO *sigle m* (= *enseignement assisté par ordinateur* CAL (= *computer-aided learning*)

EAU *sigle mpl* (= *Émirats arabes unis*) UAE (= *United Arab Emirates*)

eau, x [o] *nf* water; **prendre l'~** (*chaussure etc*) to leak, let in water; **faire ~** to leak; **tomber à l'~** (*fig*) to fall through; **à l'~ de rose** slushy, sentimental; **~ bénite** holy water; **~ de Cologne** eau de Cologne; **~ courante** running water; **~ distillée** distilled water; **~ douce** fresh water; **~ gazeuse** sparkling (mineral) water; **~ de Javel** bleach; **~ lourde** heavy water; **~ minérale** mineral water; **~ oxygénée** hydrogen peroxide; **~ plate** still water; **~ de pluie** rainwater; **~ salée** salt water; **~ de toilette** toilet water ► *nfpl* (*Méd*) waters; **prendre les eaux** to take the waters; **eaux ménagères** dirty water (*from washing up etc*); **eaux territoriales** territorial waters; **eaux usées** liquid waste

eau-de-vie [odvi] (*pl* **eaux-de-vie**) *nf* brandy

eau-forte [ofɔʀt] (*pl* **eaux-fortes**) *nf* etching

ébahi, e [ebai] *adj* dumbfounded, flabbergasted

ébahir [ebaiʀ] **/2/** *vt* to astonish, astound

ébats [eba] *vb voir* **ébattre** ► *nmpl* frolics, gambols

ébattre [ebatʀ] **/41/** : **s'ébattre** *vpr* to frolic

ébauche [eboʃ] *nf* (rough) outline, sketch

ébaucher [eboʃe] **/1/** *vt* to sketch out, outline; (*fig*) : **~ un sourire/geste** to give a hint of a smile/make a slight gesture; **s'ébaucher** *vpr* to take shape

ébène [ebɛn] *nf* ebony

ébéniste [ebenist] *nm* cabinetmaker

ébénisterie [ebenist(ə)ʀi] *nf* cabinetmaking; (*bâti*) cabinetwork

éberlué, e [ebɛʀlɥe] *adj* astounded, flabbergasted

éblouir [ebluiʀ] **/2/** *vt* to dazzle

éblouissant, e [ebluisɑ̃, -ɑ̃t] *adj* dazzling

éblouissement [ebluismɑ̃] *nm* dazzle; (*faiblesse*) dizzy turn

ébonite [ebɔnit] *nf* vulcanite

éborgner [ebɔʀɲe] **/1/** *vt* : **~ qn** to blind sb in one eye

éboueur [ebwœʀ] *nm* dustman (*Brit*), garbage man (*US*)

ébouillanter [ebujɑ̃te] **/1/** *vt* to scald; (*Culin*) to blanch; **s'ébouillanter** *vpr* to scald o.s.

éboulement [ebulmɑ̃] *nm* falling rocks *pl*, rock fall; (*amas*) heap of boulders *etc*

ébouler [ebule] **/1/** : **s'ébouler** *vpr* to crumble, collapse

éboulis [ebuli] *nmpl* fallen rocks

ébouriffant, e [eburifɑ̃, -ɑ̃t] *adj* hair-raising

ébouriffé, e [eburife] *adj* tousled, ruffled

ébouriffer [eburife] **/1/** *vt* to tousle, ruffle

ébranlement [ebʀɑ̃lmɑ̃] *nm* shaking

ébranler [ebʀɑ̃le] **/1/** *vt* to shake; (*rendre instable : mur, santé*) to weaken; **s'ébranler** *vpr* (*partir*) to move off

ébrécher [ebʀeʃe] **/6/** *vt* to chip

ébriété [ebʀijete] *nf* : **en état d'~** in a state of intoxication

ébrouer [ebʀue] **/1/** : **s'ébrouer** *vpr* (*souffler*) to snort; (*s'agiter*) to shake o.s.

ébruiter [ebʀɥite] **/1/** *vt*, **s'ébruiter** *vpr* to spread

ébullition [ebylisjɔ̃] *nf* boiling point; **en ~** boiling; (*fig*) in an uproar

écaille [ekaj] *nf* (*de poisson*) scale; (*de coquillage*) shell; (*matière*) tortoiseshell; (*de roc etc*) flake

écaillé, e [ekaje] *adj* (*peinture*) flaking

écailler [ekaje] **/1/** *vt* (*poisson*) to scale; (*huître*) to open; **s'écailler** *vpr* to flake *ou* peel (off)

écaler [ekale] *vt* (*œuf dur*) to shell, to peel

écarlate [ekaʀlat] *adj* scarlet

écarquiller [ekaʀkije] **/1/** *vt* : **~ les yeux** to stare wide-eyed

écart [ekaʀ] *nm* gap; (*embardée*) swerve; (*saut*) sideways leap; (*fig*) departure, deviation; **à l'~** *adv* out of the way; **à l'~ de** *prép* away from; (*fig*) out of; **faire un ~** (*voiture*) to swerve; **faire le grand ~** (*Danse, Gym*) to do the splits; **~ de conduite** misdemeanour

écarté, e [ekaʀte] *adj* (*lieu*) out-of-the-way, remote; (*ouvert*) : **les jambes écartées** legs apart; **les bras écartés** arms outstretched

écarteler [ekaʀtəle] **/5/** *vt* to quarter; (*fig*) to tear

écartement [ekaʀtəmɑ̃] *nm* space, gap; (*Rail*) gauge

écarter [ekaʀte] **/1/** *vt* (*séparer*) to move apart, separate; (*éloigner*) to push back, move away; (*ouvrir : bras, jambes*) to spread, open; (: *rideau*) to draw (back); (*éliminer : candidat, possibilité*) to dismiss; (*Cartes*) to discard; **s'écarter** *vpr* to part; (*personne*) to move away; **s'~ de** to wander from

ecchymose [ekimoz] *nf* bruise

ecclésiastique – éclaircissement

ecclésiastique [eklezjastik] *adj* ecclesiastical
▸ *nm* ecclesiastic

écervelé, e [esɛRvəle] *adj* scatterbrained, featherbrained

ECG *sigle m* (= *électrocardiogramme*) ECG

échafaud [eʃafo] *nm* scaffold

échafaudage [eʃafodaʒ] *nm* scaffolding; (*fig*) heap, pile

échafauder [eʃafode] /1/ *vt* (*plan*) to construct

échalas [eʃala] *nm* stake, pole; (*personne*) beanpole

échalote [eʃalɔt] *nf* shallot

échancré, e [eʃɑ̃kRe] *adj* (*robe, corsage*) low-necked; (*côte*) indented

échancrure [eʃɑ̃kRyR] *nf* (*de robe*) scoop neckline; (*de côte, arête rocheuse*) indentation

échange [eʃɑ̃ʒ] *nm* exchange; **en ~** in exchange; **en ~ de** in exchange ou return for; **libre ~** free trade; **~ de lettres/politesses/vues** exchange of letters/civilities/views; **échanges commerciaux** trade; **échanges culturels** cultural exchanges

échangeable [eʃɑ̃ʒabl] *adj* exchangeable

échanger [eʃɑ̃ʒe] /3/ *vt* : **~ qch (contre)** to exchange sth (for)

échangeur [eʃɑ̃ʒœR] *nm* (*Auto*) interchange

échangisme [eʃɑ̃ʒism] *nm* swinging, partner-swapping

échangiste [eʃɑ̃ʒist] *adj* (*club*) swinging, partner-swapping ▸ *nmf* swinger, partner swapper

échantillon [eʃɑ̃tijɔ̃] *nm* sample

échantillonnage [eʃɑ̃tijɔnaʒ] *nm* selection of samples

échantillonner [eʃɑ̃tijɔne] *vt* (*prélever des échantillons de*) to take samples of; (*Inform*) to digitize; (*Mus*) to sample

échappatoire [eʃapatwaR] *nf* way out

échappée [eʃape] *nf* (*vue*) vista; (*Cyclisme*) breakaway

échappement [eʃapmɑ̃] *nm* (*Auto*) exhaust; **~ libre** cutout

échapper [eʃape] /1/ : **~ à** *vt* (*gardien*) to escape (from); (*punition, péril*) to escape; **~ à qn** (*détail, sens*) to escape sb; (*objet qu'on tient* : *aussi* : **échapper des mains de qn**) to slip out of sb's hands; **laisser ~** to let fall; (*cri etc*) to let out; **l'~ belle** to have a narrow escape

écharde [eʃaRd] *nf* splinter (of wood)

écharpe [eʃaRp] *nf* scarf; (*de maire*) sash; (*Méd*) sling; **avoir le bras en ~** to have one's arm in a sling; **prendre en ~** (*dans une collision*) to hit sideways on

écharper [eʃaRpe] /1/ *vt* to tear to pieces

échasse [eʃas] *nf* stilt

échassier [eʃasje] *nm* wader

échauder [eʃode] /1/ *vt* : **se faire ~** (*fig*) to get one's fingers burnt

échauffement [eʃofmɑ̃] *nm* overheating; (*Sport*) warm-up

échauffer [eʃofe] /1/ *vt* (*métal, moteur*) to overheat; (*fig* : *exciter*) to fire, excite; **s'échauffer** *vpr* (*Sport*) to warm up; (*discussion*) to become heated

échauffourée [eʃofuRe] *nf* clash, brawl; (*Mil*) skirmish

échéance [eʃeɑ̃s] *nf* (*d'un paiement* : *date*) settlement date; (: *somme due*) financial commitment(s); (*fig*) deadline; **à brève/longue ~** *adj* short-/long-term; *adv* in the short/long term

échéancier [eʃeɑ̃sje] *nm* schedule

échéant [eʃeɑ̃] : **le cas ~** *adv* if the case arises

échec [eʃɛk] *nm* failure; (*Échecs*) : **~ et mat/au roi** checkmate/check; **mettre en ~** to put in check; **tenir en ~** to hold in check; **faire ~ à** to foil, thwart; **échecs** *nmpl* (*jeu*) chess *sg*

échelle [eʃɛl] *nf* ladder; (*fig, d'une carte*) scale; **à l'~ de** on the scale of; **sur une grande/petite ~** on a large/small scale; **faire la courte ~ à qn** to give sb a leg up; **~ de corde** rope ladder

échelon [eʃ(ə)lɔ̃] *nm* (*d'échelle*) rung; (*Admin*) grade

échelonnement [eʃ(ə)lɔnmɑ̃] *nm* (*de paiements*) spacing out

échelonner [eʃ(ə)lɔne] /1/ *vt* to space out, spread out; (*versement*) **échelonné** (payment) by instalments; **s'échelonner** *vpr* (*être compris*) : **s'~ entre X et Y** to range between X and Y; **s'~ de X à Y** to range from X to Y

écheveau, x [eʃ(ə)vo] *nm* skein, hank

échevelé, e [eʃəv(ə)le] *adj* tousled, dishevelled; (*fig*) wild, frenzied

échine [eʃin] *nf* backbone, spine

échiner [eʃine] /1/ : **s'échiner** *vpr* (*se fatiguer*) to work o.s. to the bone

échiquier [eʃikje] *nm* chessboard

écho [eko] *nm* echo; **rester sans ~** (*suggestion etc*) to come to nothing; **se faire l'~ de** to repeat, spread about; **échos** *nmpl* (*potins*) gossip *sg*, rumours; (*Presse* : *rubrique*) "news in brief"

échographie [ekɔgRafi] *nf* ultrasound (scan); **passer une ~** to have a scan

échoir [eʃwaR] *vi* (*dette*) to fall due; (*délais*) to expire; **~ à** *vt* to fall to

échoppe [eʃɔp] *nf* stall, booth

échouer [eʃwe] /1/ *vi* to fail; (*débris etc* : *sur la plage*) to be washed up; (*aboutir* : *personne dans un café etc*) to arrive ▸ *vt* (*bateau*) to ground; **s'échouer** *vpr* to run aground

échu, e [eʃy] *pp de* **échoir** ▸ *adj* due, mature

échut *etc* [eʃy] *vb voir* **échoir**

éclabousser [eklabuse] /1/ *vt* to splash; (*fig*) to tarnish

éclaboussure [eklabusyR] *nf* splash; (*fig*) stain

éclair [eklɛR] *nm* (*d'orage*) flash of lightning, lightning *no pl*; (*Photo* : *de flash*) flash; (*fig*) flash, spark; (*gâteau*) éclair

éclairage [eklɛRaʒ] *nm* lighting

éclairagiste [eklɛRaʒist] *nmf* lighting engineer

éclairant, e [eklɛRɑ̃, -ɑ̃t] *adj* (*loupe*) illuminated; **fusée éclairante** flare

éclaircie [eklɛRsi] *nf* bright ou sunny interval

éclaircir [eklɛRsiR] /2/ *vt* to lighten; (*fig* : *mystère*) to clear up; (*point*) to clarify; (*Culin*) to thin (down); **s'éclaircir** *vpr* (*ciel*) to brighten up, clear; (*cheveux*) to go thin; (*situation etc*) to become clearer; **s'~ la voix** to clear one's throat

éclaircissement [eklɛRsismɑ̃] *nm* clearing up, clarification

éclairé, e [eklere] adj (esprit, amateur) enlightened

éclairer [eklere] /1/ vt (lieu) to light (up); (personne : avec une lampe de poche etc) to light the way for; (fig : instruire) to enlighten; (: rendre compréhensible) to shed light on ▶ vi : ~ **mal/bien** to give a poor/good light; **s'éclairer** vpr (phare, rue) to light up; (situation etc) to become clearer; **s'~ à la bougie/l'électricité** to use candlelight/have electric lighting

éclaireur, -euse [eklerœr, -øz] nm/f (scout) (boy) scout/(girl) guide ▶ nm (Mil) scout; **partir en ~** to go off to reconnoitre

éclat [ekla] nm (de bombe, de verre) fragment; (du soleil, d'une couleur etc) brightness, brilliance; (d'une cérémonie) splendour; (scandale) : **faire un ~** to cause a commotion; **action d'~** outstanding action; **voler en éclats** to shatter; **des éclats de verre** broken glass; flying glass; **~ de rire** burst ou roar of laughter; **~ de voix** shout

éclatant, e [eklatã, -ãt] adj brilliant, bright; (succès) resounding; (revanche) devastating

éclatement [eklatmã] nm (de groupe, parti) break-up

éclater [eklate] /1/ vi (pneu) to burst; (bombe) to explode; (guerre, épidémie) to break out; (groupe, parti) to break up; **~ de rire/en sanglots** to burst out laughing/sobbing

éclectique [eklɛktik] adj eclectic

éclectisme [eklɛktism] nm eclecticism

éclipse [eklips] nf eclipse

éclipser [eklipse] /1/ vt to eclipse; **s'éclipser** vpr to slip away

éclopé, e [eklɔpe] adj lame

éclore [eklɔr] /45/ vi (œuf) to hatch; (fleur) to open (out)

éclosion [eklozjõ] nf blossoming

écluse [eklyz] nf lock

écluser [eklyze] (fam) vt to down (fam), to knock back (fam) ▶ vi to knock it back (fam)

éclusier [eklyzje] nm lock keeper

éco- [eko] préfixe eco-

écobuage [ekɔbyaʒ] nm swidden, slash-and-burn farming

écocertification [ekosɛrtifikasjõ] nf eco-labelling, environmental certification

écœurant, e [ekœrã, -ãt] adj sickening; (gâteau etc) sickly

écœurement [ekœrmã] nm disgust

écœurer [ekœre] vt : **~ qn** (nourriture) to make sb feel sick; (fig : conduite, personne) to disgust sb

école [ekɔl] nf school; **aller à l'~** to go to school; **faire ~** to collect a following; **les grandes écoles** prestige university-level colleges with competitive entrance examinations; **~ maternelle** nursery school; see note; **~ primaire** primary (BRIT) ou grade (US) school; **~ secondaire** secondary (BRIT) ou high (US) school; **~ privée/publique/élémentaire** private/state/elementary school; **~ de dessin/danse/musique** art/dancing/music school; **~ hôtelière** catering college; **~ normale (d'instituteurs)** primary school teachers' training college; **~ normale supérieure** grande école for training secondary school teachers; **~ de secrétariat** secretarial college

éclairé – écorchure

ÉCOLE MATERNELLE

Nursery school (kindergarten) (**l'école maternelle**) is publicly funded in France and, though not compulsory, is attended by most children between the ages of three and six. Statutory education begins with primary (grade) school (l'école primaire) and is attended by children between the ages of six and 10 or 11.

Quand le mot **school** désigne l'institution en général, il n'est jamais précédé de l'article défini. Ce n'est pas le cas quand il désigne plus précisément le bâtiment. *J'ai appris à jouer du violon quand j'étais à l'école.* **I learned to play the violin when I was at school.** *Nous avons dû aller à l'école pour parler à l'instituteur de notre fils.* **We had to go to the school to talk to our son's teacher.**

écolier, -ière [ekɔlje, -jɛr] nm/f schoolboy/girl

écolo [ekɔlo] nmf (fam) ecologist ▶ adj ecological

écologie [ekɔlɔʒi] nf ecology; (sujet scolaire) environmental studies pl

écologique [ekɔlɔʒik] adj ecological; environment-friendly

écologiste [ekɔlɔʒist] nmf ecologist; environmentalist

écomusée [ekomyze] nm ecomuseum

éconduire [ekõdɥir] /38/ vt to dismiss

économat [ekɔnɔma] nm (fonction) bursarship (BRIT), treasurership (US); (bureau) bursar's office (BRIT), treasury (US)

économe [ekɔnɔm] adj thrifty ▶ nmf (de lycée etc) bursar (BRIT), treasurer (US)

économétrie [ekɔnɔmetri] nf econometrics sg

économie [ekɔnɔmi] nf (vertu) economy, thrift; (gain : d'argent, de temps etc) saving; (science) economics sg; (situation économique) economy; **une ~ de temps/d'argent** a saving in time/of money; **~ dirigée** planned economy; **~ de marché** market economy; **économies** nfpl (pécule) savings; **faire des économies** to save up

économique [ekɔnɔmik] adj (avantageux) economical; (Écon) economic

économiquement [ekɔnɔmikmã] adv economically; **les ~ faibles** (Admin) the low-paid, people on low incomes

économiser [ekɔnɔmize] /1/ vt, vi to save

économiseur [ekɔnɔmizœr] nm : **~ d'écran** (Inform) screen saver

économiste [ekɔnɔmist] nmf economist

écoper [ekɔpe] /1/ vi to bale out; (fig) to cop it; **~ (de)** vt to get

écorce [ekɔrs] nf bark; (de fruit) peel

écorcer [ekɔrse] /3/ vt to bark

écorché, e [ekɔrʃe] adj : **~ vif** flayed alive ▶ nm cut-away drawing

écorcher [ekɔrʃe] /1/ vt (animal) to skin; (égratigner) to graze; **~ une langue** to speak a language brokenly; **s'~ le genou** etc to scrape ou graze one's knee etc

écorchure [ekɔrʃyr] nf graze

145

écorner [ekɔʀne] /**1**/ vt (taureau) to dehorn; (livre) to make dog-eared

écossais, e [ekɔsɛ, -ɛz] adj Scottish, Scots; (whisky, confiture) Scotch; (écharpe, tissu) tartan ▶ nm (Ling) Scots; (: gaélique) Gaelic; (tissu) tartan (cloth) ▶ nm/f : **Écossais, e** Scot, Scotsman/woman; **les É-** the Scots

Écosse [ekɔs] nf : **l'~** Scotland

écosser [ekɔse] /**1**/ vt to shell

écosystème [ekɔsistɛm] nm ecosystem

écot [eko] nm : **payer son ~** to pay one's share

écotaxe [ekotaks] nf green tax

écotourisme [ekotuʀism] nm ecotourism

écoulement [ekulmɑ̃] nm (de faux billets) circulation; (de stock) selling

écouler [ekule] /**1**/ vt to dispose of; **s'écouler** vpr (eau) to flow (out); (foule) to drift away; (jours, temps) to pass (by)

écourter [ekuʀte] /**1**/ vt to curtail, cut short

écoute [ekut] nf (Navig : cordage) sheet; (Radio, TV) : **temps d'~** (listening ou viewing) time; **heure de grande ~** peak listening ou viewing time; **prendre l'~** to tune in; **rester à l'~ (de)** to stay tuned in (to); **écoutes téléphoniques** phone tapping sg

écouter [ekute] /**1**/ vt to listen to; **s'écouter** vpr : **si je m'écoutais** if I followed my instincts

écouteur [ekutœʀ] nm (Tél) receiver; **écouteurs** nmpl (casque) headphones, headset sg

écoutille [ekutij] nf hatch

écr. abr = **écrire**

écrabouiller [ekʀabuje] /**1**/ vt to squash, crush

écran [ekʀɑ̃] nm screen; (Inform) screen, VDU; **~ de fumée/d'eau** curtain of smoke/water; **porter à l'~** (Ciné) to adapt for the screen; **le petit ~** television, the small screen; **~ tactile** touchscreen; **~ total** sunblock

écrasant, e [ekʀazɑ̃, -ɑ̃t] adj overwhelming

écraser [ekʀaze] /**1**/ vt to crush; (piéton) to run over; (Inform) to overwrite; **se faire ~** to be run over; **écrase(-toi)!** shut up!; **s'~ (au sol)** vi to crash; **s'~ contre** to crash into

écrémage [ekʀemaʒ] nm (sélection) creaming off

écrémé, e [ekʀeme] adj (lait) skimmed

écrémer [ekʀeme] /**6**/ vt to skim

écrevisse [ekʀəvis] nf crayfish inv

écrier [ekʀije] /**7**/ : **s'écrier** vpr to exclaim

écrin [ekʀɛ̃] nm case, box

écrire [ekʀiʀ] /**39**/ vt, vi to write; **~ à qn que** to write and tell sb that; **s'écrire** vpr to write to one another; **ça s'écrit comment ?** how is it spelt?

écrit, e [ekʀi, -it] pp de **écrire** ▶ adj : **bien/mal ~** well/badly written ▶ nm document; (examen) written paper; **par ~** in writing

écriteau, x [ekʀito] nm notice, sign

écritoire [ekʀitwaʀ] nf writing case

écriture [ekʀityʀ] nf writing; (Comm) entry; **l'É~ (sainte), les Écritures** the Scriptures; **écritures** nfpl (Comm) accounts, books

écrivaillon, ne [ekʀivajɔ̃, -ɔn] nm/f scribbler

écrivain [ekʀivɛ̃] nm writer

écrivais etc [ekʀivɛ] vb voir **écrire**

écrou [ekʀu] nm nut

écrouer [ekʀue] /**1**/ vt to imprison; (provisoirement) to remand in custody

écroulé, e [ekʀule] adj (de fatigue) exhausted; (par un malheur) overwhelmed; **~ (de rire)** in stitches

écroulement [ekʀulmɑ̃] nm collapse

écrouler [ekʀule] /**1**/ : **s'écrouler** vpr to collapse

écru, e [ekʀy] adj (toile) raw, unbleached; (couleur) off-white, écru

écu [eky] nm (bouclier) shield; (monnaie : ancienne) crown; (: de la CEE) ecu

écueil [ekœj] nm reef; (fig) pitfall; stumbling block

écuelle [ekɥɛl] nf bowl

éculé, e [ekyle] adj (chaussure) down-at-heel; (fig : péj) hackneyed

écume [ekym] nf foam; (Culin) scum; **~ de mer** meerschaum

écumer [ekyme] /**1**/ vt (Culin) to skim; (fig) to plunder ▶ vi (mer) to foam; (fig) to boil with rage

écumoire [ekymwaʀ] nf skimmer

écureuil [ekyʀœj] nm squirrel

écurie [ekyʀi] nf stable

écusson [ekysɔ̃] nm badge

écuyer, -ère [ekɥije, -ɛʀ] nm/f rider

eczéma [ɛgzema] nm eczema

éd. abr = **édition**

édam [edam] nm (fromage) Edam

edelweiss [edɛlvajs] nm inv edelweiss

éden [edɛn] nm Eden

édenté, e [edɑ̃te] adj toothless

EDF sigle f (= Électricité de France) national electricity company

édifiant, e [edifjɑ̃, -ɑ̃t] adj edifying

édification [edifikasjɔ̃] nf (d'un bâtiment) building, erection

édifice [edifis] nm building, edifice

édifier [edifje] /**7**/ vt to build, erect; (fig) to edify

édiles [edil] nmpl city fathers

Édimbourg [edɛ̃buʀ] n Edinburgh

édit [edi] nm edict

édit. abr = **éditeur**

éditer [edite] /**1**/ vt (publier) to publish; (: disque) to produce; (préparer : texte, Inform : annoter) to edit

éditeur, -trice [editœʀ, -tʀis] nm/f publisher; editor; **~ de texte** (Inform) text editor

édition [edisjɔ̃] nf editing no pl; (série d'exemplaires) edition; (industrie du livre) : **l'~** publishing; **~ sur écran** (Inform) screen editing

édito [edito] nm (fam : éditorial) editorial, leader

éditorial, -aux [editɔʀjal, -o] nm editorial, leader

éditorialiste [editɔʀjalist] nmf editorial ou leader writer

édredon [edʀədɔ̃] nm eiderdown, comforter (US)

éducateur, -trice [edykatœʀ, -tʀis] nm/f teacher; (en école spécialisée) instructor; **~ spécialisé** specialist teacher

éducatif, -ive [edykatif, -iv] adj educational

éducation [edykasjɔ̃] nf education; (familiale) upbringing; (manières) (good) manners pl; **bonne/mauvaise ~** good/bad upbringing;

sans ~ bad-mannered, ill-bred; **l'É~ (nationale)** ≈ the Department for Education; ~ **permanente** continuing education; ~ **physique** physical education
édulcorant [edylkɔʀɑ̃] *nm* sweetener
édulcorer [edylkɔʀe] /**1**/ *vt* to sweeten; (*fig*) to tone down
éduquer [edyke] /**1**/ *vt* to educate; (*élever*) to bring up; (*faculté*) to train; **bien/mal éduqué** well/badly brought up
EEG *sigle m* (= *électroencéphalogramme*) EEG
effaçable [efasabl] *adj* (*feutre, CD*) erasable
effacé, e [efase] *adj* (*fig*) retiring, unassuming
effacer [efase] /**3**/ *vt* to erase, rub out; (*bande magnétique*) to erase; (*Inform : fichier, fiche*) to delete; ~ **le ventre** to pull one's stomach in; **s'effacer** *vpr* (*inscription etc*) to wear off; (*pour laisser passer*) to step aside
effaceur [efasœʀ] *nm* eraser pen
effarant, e [efaʀɑ̃, -ɑ̃t] *adj* alarming
effaré, e [efaʀe] *adj* alarmed
effarement [efaʀmɑ̃] *nm* alarm
effarer [efaʀe] /**1**/ *vt* to alarm
effarouchement [efaʀuʃmɑ̃] *nm* alarm
effaroucher [efaʀuʃe] /**1**/ *vt* to frighten *ou* scare away; (*personne*) to alarm
effectif, -ive [efɛktif, -iv] *adj* real; effective ▶ *nm* (*Mil*) strength; (*Scol*) total number of pupils, size; **effectifs** numbers, strength *sg*; (*Comm*) manpower *sg*; **réduire l'~ de** to downsize
effectivement [efɛktivmɑ̃] *adv* effectively; (*réellement*) actually, really; (*en effet*) indeed
effectuer [efɛktɥe] /**1**/ *vt* (*opération, mission*) to carry out; (*déplacement, trajet*) to make, complete; (*mouvement*) to execute, make; **s'effectuer** *vpr* to be carried out
efféminé, e [efemine] *adj* effeminate
effervescence [efɛʀvesɑ̃s] *nf* (*fig*) : **en** ~ in a turmoil
effervescent, e [efɛʀvesɑ̃, -ɑ̃t] *adj* (*cachet, boisson*) effervescent; (*fig*) agitated, in a turmoil
effet [efɛ] *nm* (*résultat, artifice*) effect; (*impression*) impression; (*Comm*) bill; (*Jur : d'une loi, d'un jugement*) : **avec ~ rétroactif** applied retrospectively; ~ **de style/couleur/lumière** stylistic/colour/lighting effect; **faire** ~ (*médicament*) to take effect; **faire de l'~** (*médicament, menace*) to have an effect, be effective; (*impressionner*) to make an impression; **faire bon/mauvais ~ sur qn** to make a good/bad impression on sb; **sous l'~ de** under the effect of; **donner de l'~ à une balle** (*Tennis*) to put some spin on a ball; **à cet** ~ to that end; **en** ~ *adv* indeed; ~ (**de commerce**) bill of exchange; ~ **de serre** greenhouse effect; **effets** *nmpl* (*vêtements etc*) things; **effets de voix** dramatic effects with one's voice; **effets spéciaux** (*Ciné*) special effects
effeuiller [efœje] /**1**/ *vt* to remove the leaves (*ou* petals) from
efficace [efikas] *adj* (*personne*) efficient; (*action, médicament*) effective
efficacement [efikasmɑ̃] *adv* effectively; **pour présenter ~ vos idées** so as to present your ideas effectively

efficacité [efikasite] *nf* (*d'une personne*) efficiency; (*d'un médicament*) effectiveness
effigie [efiʒi] *nf* effigy; **brûler qn en** ~ to burn an effigy of sb
effilé, e [efile] *adj* slender; (*pointe*) sharp; (*carrosserie*) streamlined
effiler [efile] /**1**/ *vt* (*cheveux*) to thin (out); (*tissu*) to fray
effilocher [efilɔʃe] /**1**/ : **s'effilocher** *vpr* to fray
efflanqué, e [eflɑ̃ke] *adj* emaciated
effleurement [eflœʀmɑ̃] *nm* : **touche à** ~ touch-sensitive control *ou* key
effleurer [eflœʀe] /**1**/ *vt* to brush (against); (*sujet*) to touch upon; (*idée, pensée*) : ~ **qn** to cross sb's mind
effluves [eflyv] *nmpl* exhalation(s)
effondré, e [efɔ̃dʀe] *adj* (*abattu : par un malheur, échec*) overwhelmed
effondrement [efɔ̃dʀəmɑ̃] *nm* collapse
effondrer [efɔ̃dʀe] /**1**/ : **s'effondrer** *vpr* to collapse
efforcer [efɔʀse] /**3**/ : **s'efforcer de** *vpr* : **s'~ de faire** to try hard to do
effort [efɔʀ] *nm* effort; **faire un** ~ to make an effort; **faire tous ses efforts** to try one's hardest; **faire l'~ de ...** to make the effort to ...; **sans** ~ *adj* effortless; *adv* effortlessly; ~ **de mémoire** attempt to remember; ~ **de volonté** effort of will
effraction [efʀaksjɔ̃] *nf* breaking-in; **s'introduire par ~ dans** to break into
effrangé, e [efʀɑ̃ʒe] *adj* fringed; (*effiloché*) frayed
effrayant, e [efʀɛjɑ̃, -ɑ̃t] *adj* frightening, fearsome; (*sens affaibli*) dreadful
effrayé, e [efʀeje] *adj* frightened, scared
effrayer [efʀeje] /**8**/ *vt* to frighten, scare; (*rebuter*) to put off; **s'effrayer (de)** *vpr* to be frightened *ou* scared (by)
effréné, e [efʀene] *adj* wild
effritement [efʀitmɑ̃] *nm* crumbling; erosion; slackening off
effriter [efʀite] /**1**/ : **s'effriter** *vpr* to crumble; (*monnaie*) to be eroded; (*valeurs*) to slacken off
effroi [efʀwa] *nm* terror, dread *no pl*
effronté, e [efʀɔ̃te] *adj* insolent
effrontément [efʀɔ̃temɑ̃] *adv* insolently
effronterie [efʀɔ̃tʀi] *nf* insolence
effroyable [efʀwajabl] *adj* horrifying, appalling
effroyablement [efʀwajabləmɑ̃] *adv* horribly
effusion [efyzjɔ̃] *nf* effusion; **sans ~ de sang** without bloodshed
égailler [egaje] /**1**/ : **s'égailler** *vpr* to scatter, disperse
égal, e, -aux [egal, -o] *adj* (*identique, ayant les mêmes droits*) equal; (*plan : surface*) even, level; (*constant : vitesse*) steady; (*équitable*) even; **être ~ à** (*prix, nombre*) to be equal to; **ça m'est** ~ it's all the same to me, it doesn't matter to me, I don't mind; **c'est** ~, ... all the same, ... ▶ *nm/f* equal; **sans** ~ matchless, unequalled; **à l'~ de** (*comme*) just like; **d'~ à** ~ as equals
également [egalmɑ̃] *adv* (*aussi*) too, as well; (*répartir*) equally; (*étaler*) evenly

147

égaler [egale] /**1**/ vt to equal

égalisateur, -trice [egalizatœʀ, -tʀis] adj (Sport) : **but** ~ equalizing goal, equalizer

égalisation [egalizasjɔ̃] nf (Sport) equalization

égaliser [egalize] /**1**/ vt (sol, salaires) to level (out); (chances) to equalize ▶ vi (Sport) to equalize

égalitaire [egalitɛʀ] adj egalitarian

égalitarisme [egalitaʀism] nm egalitarianism

égalitariste [egalitaʀist] adj (idéologie, mouvement) egalitarian

égalité [egalite] nf (politique, sociale) equality; (Math) identity; ~ **de droits** equality of rights; ~ **des chances** equal opportunities; ~ **d'humeur** evenness of temper; **être à ~ (de points)** to be level

égard [egaʀ] nm, **égards** nmpl consideration sg; **à cet** ~ in this respect; **à certains égards/tous égards** in certain respects/all respects; **eu ~ à** in view of; **par ~ pour** out of consideration for; **sans ~ pour** without regard for; **à l'~ de** prép towards; (en ce qui concerne) concerning, as regards

égaré, e [egaʀe] adj lost

égarement [egaʀmɑ̃] nm distraction; aberration

égarer [egaʀe] /**1**/ vt (objet) to mislay; (moralement) to lead astray; **s'égarer** vpr to get lost, lose one's way; (objet) to go astray; (fig : dans une discussion) to wander

égayer [egeje] /**8**/ vt (personne) to amuse; (: remonter) to cheer up; (récit, endroit) to brighten up, liven up

Égée [eʒe] adj : **la mer** ~ the Aegean (Sea)

égéen, ne [eʒeɛ̃, -ɛn] adj Aegean

égérie [eʒeʀi] nf : **l'~ de qn/qch** the brains behind sb/sth

égide [eʒid] nf : **sous l'~ de** under the aegis of

églantier [eglɑ̃tje] nm wild ou dog rose(-bush)

églantine [eglɑ̃tin] nf wild ou dog rose

églefin [egləfɛ̃] nm haddock

église [egliz] nf church; **aller à l'~** to go to church

ego [ego] nm ego

égocentrique [egɔsɑ̃tʀik] adj egocentric, self-centred

égocentrisme [egɔsɑ̃tʀism] nm egocentricity

égoïne [egɔin] nf handsaw

égoïsme [egɔism] nm selfishness, egoism

égoïste [egɔist] adj selfish, egoistic ▶ nmf egoist

égoïstement [egɔistəmɑ̃] adv selfishly

égorger [egɔʀʒe] /**3**/ vt to cut the throat of

égosiller [egozije] /**1**/ : **s'égosiller** vpr to shout o.s. hoarse

égotisme [egɔtism] nm egotism, egoism

égout [egu] nm sewer; **eaux d'~** sewage

égoutier [egutje] nm sewer worker

égoutter [egute] /**1**/ vt (linge) to wring out; (vaisselle, fromage) to drain ▶ vi to drip; **s'égoutter** vpr to drip

égouttoir [egutwaʀ] nm draining board; (mobile) draining rack

égratigner [egʀatiɲe] /**1**/ vt to scratch; **s'égratigner** vpr to scratch o.s.

égratignure [egʀatiɲyʀ] nf scratch

égrener [egʀəne] /**5**/ vt : ~ **une grappe**, ~ **des raisins** to pick grapes off a bunch; **s'égrener** vpr (fig : heures etc) to pass by; (: notes) to chime out

égrillard, e [egʀijaʀ, -aʀd] adj ribald, bawdy

Égypte [eʒipt] nf : **l'~** Egypt

égyptien, ne [eʒipsjɛ̃, -ɛn] adj Egyptian ▶ nm/f : **Égyptien, ne** Egyptian

égyptologie [eʒiptɔlɔʒi] nf Egyptology

égyptologue [eʒiptɔlɔg] nmf Egyptologist

eh [e] excl hey!; **eh bien** well

éhonté, e [eɔ̃te] adj shameless, brazen (BRIT)

éjaculation [eʒakylasjɔ̃] nf ejaculation

éjaculer [eʒakyle] /**1**/ vi to ejaculate

éjectable [eʒɛktabl] adj : **siège** ~ ejector seat

éjecter [eʒɛkte] /**1**/ vt (Tech) to eject; (fam) to kick ou chuck out

éjection [eʒɛksjɔ̃] nf ejection

élaboration [elabɔʀasjɔ̃] nf elaboration

élaboré, e [elabɔʀe] adj (complexe) elaborate

élaborer [elabɔʀe] /**1**/ vt to elaborate; (projet, stratégie) to work out; (rapport) to draft

élagage [elagaʒ] nm pruning

élaguer [elage] /**1**/ vt to prune

élagueur, -euse [elagœʀ, -øz] nm/f (personne) tree surgeon ▶ nf (machine) pruner

élan [elɑ̃] nm (Zool) elk, moose; (Sport : avant le saut) run up; (de véhicule) momentum; (fig : de tendresse etc) surge; **prendre son ~/de l'~** to take a run up/gather speed; **perdre son ~** to lose one's momentum

élancé, e [elɑ̃se] adj slender

élancement [elɑ̃smɑ̃] nm shooting pain

élancer [elɑ̃se] /**3**/ : **s'élancer** vpr to dash, hurl o.s.; (fig : arbre, clocher) to soar (upwards)

élargir [elaʀʒiʀ] /**2**/ vt to widen; (vêtement) to let out; (Jur) to release; **s'élargir** vpr to widen; (vêtement) to stretch

élargissement [elaʀʒismɑ̃] nm widening; letting out

élasticité [elastisite] nf (aussi Écon) elasticity; ~ **de l'offre/de la demande** flexibility of supply/demand

élastique [elastik] adj elastic ▶ nm (de bureau) rubber band; (pour la couture) elastic no pl

élastomère [elastɔmɛʀ] nm elastomer

Elbe [ɛlb] nf : **l'île d'~** (the Island of) Elba; (fleuve) **l'~** the Elbe

eldorado [ɛldɔʀado] nm Eldorado

électeur, -trice [elɛktœʀ, -tʀis] nm/f elector, voter

électif, -ive [elɛktif, -iv] adj elective

élection [elɛksjɔ̃] nf election; **sa terre/patrie d'~** the land/country of one's choice; ~ **partielle** ≈ by-election; **élections** nfpl (Pol) election(s); **élections législatives/présidentielles** general/presidential election sg; see note

ÉLECTIONS LÉGISLATIVES

Élections législatives are held in France every five years to elect députés to the Assemblée nationale. The president is chosen in the élection présidentielle, which also takes place every five years. Voting is by direct universal suffrage and is divided into two rounds with the ballots always taking place on a Sunday. Local elections (*élections municipales*) are held every six years to choose *conseillers municipaux*, who in turn then elect the mayor and the deputy mayors.

électoral, e, -aux [elɛktɔʀal, -o] *adj* electoral, election *cpd*

électoralisme [elɛktɔʀalism] *nm* electioneering

électorat [elɛktɔʀa] *nm* electorate

électricien, ne [elɛktʀisjɛ̃, -ɛn] *nm/f* electrician

électricité [elɛktʀisite] *nf* electricity; **allumer/ éteindre l'~** to put on/off the light; **~ statique** static electricity

électrification [elɛktʀifikasjɔ̃] *nf* (*Rail*) electrification; (*d'un village etc*) laying on of electricity

électrifier [elɛktʀifje] **/7/** *vt* (*Rail*) to electrify

électrique [elɛktʀik] *adj* electric(al)

> L'adjectif *électrique* se traduit par **electric** quand il s'agit d'appareils, mais par **electrical** dans les contextes plus techniques ou scientifiques, ou en association avec certains mots précis.
> *une guitare électrique* **an electric guitar**
> *un ingénieur en génie électrique* **an electrical engineer**
> *un appareil électrique* **an electrical appliance**

électriser [elɛktʀize] **/1/** *vt* to electrify

électro-, electro- [elɛktʀɔ] *adj* electro- ▶ *nf* (*Mus*) electronic (music), electro

électro-aimant [elɛktʀoɛmɑ̃] *nm* electromagnet

électrocardiogramme [elɛktʀokaʀdjɔgʀam] *nm* electrocardiogram

électrocardiographe [elɛktʀokaʀdjɔgʀaf] *nm* electrocardiograph

électrochoc [elɛktʀofɔk] *nm* electric shock treatment

électrocuter [elɛktʀɔkyte] **/1/** *vt* to electrocute

électrocution [elɛktʀɔkysjɔ̃] *nf* electrocution

électrode [elɛktʀɔd] *nf* electrode

électro-encéphalogramme [elɛktʀoɑ̃sefalɔgʀam] *nm* electroencephalogram

électrogène [elɛktʀɔʒɛn] *adj* : **groupe ~** generating set

électroluminescence [elɛktʀolyminesɑ̃s] *nf* electroluminescence

électroluminescent, e [elɛktʀolyminesɑ̃, -ɑ̃t] *adj* electroluminescent

électrolyse [elɛktʀɔliz] *nf* electrolysis *sg*

électromagnétique [elɛktʀomaɲetik] *adj* electromagnetic

électroménager [elɛktʀomenaʒe] *adj m* : **appareils électroménagers** domestic (electrical) appliances ▶ *nm* : **l'~** household appliances

électron [elɛktʀɔ̃] *nm* electron

électronicien, ne [elɛktʀɔnisjɛ̃, -ɛn] *nm/f* electronics (BRIT) *ou* electrical (US) engineer

électronique [elɛktʀɔnik] *adj* electronic ▶ *nf* (*science*) electronics *sg*

électronucléaire [elɛktʀɔnykleɛʀ] *adj* nuclear power *cpd* ▶ *nm* : **l'~** nuclear power

électrophone [elɛktʀɔfɔn] *nm* record player

électrostatique [elɛktʀɔstatik] *adj* electrostatic ▶ *nf* electrostatics *sg*

électrothérapie [elɛktʀoteʀapi] *nf* electrotherapy

élégamment [elegamɑ̃] *adv* elegantly

élégance [elegɑ̃s] *nf* elegance

élégant, e [elegɑ̃, -ɑ̃t] *adj* elegant; (*solution*) neat, elegant; (*attitude, procédé*) courteous, civilized

élégiaque [eleʒjak] *adj* (*style, œuvre*) elegiac

élégie [eleʒi] *nf* elegy

élément [elemɑ̃] *nm* element; (*pièce*) component, part; **éléments** *nmpl* elements

élémentaire [elemɑ̃tɛʀ] *adj* elementary; (*Chimie*) elemental

éléphant [elefɑ̃] *nm* elephant; **~ de mer** elephant seal

éléphanteau, x [elefɑ̃to] *nm* baby elephant

éléphantesque [elefɑ̃tɛsk] *adj* elephantine

élevage [el(ə)vaʒ] *nm* breeding; (*de bovins*) cattle breeding *ou* rearing; (*ferme*) cattle farm; **truite d'~** farmed trout

élévateur [elevatœʀ] *nm* elevator

élévation [elevasjɔ̃] *nf* (*gén*) elevation; (*voir élever*) raising; (*voir s'élever*) rise

élevé, e [el(ə)ve] *adj* (*prix, sommet*) high; (*fig : noble*) elevated; **bien/mal ~** well-/ill-mannered

élève [elɛv] *nmf* pupil; **~ infirmière** student nurse

élever [el(ə)ve] **/5/** *vt* (*enfant*) to bring up, raise; (*bétail, volaille*) to breed; (*abeilles*) to keep; (*hausser : taux, niveau*) to raise; (*fig : âme, esprit*) to elevate; (*édifier : monument*) to put up, erect; **~ la voix** to raise one's voice; **~ une protestation/critique** to raise a protest/make a criticism; **~ qn au rang de** to raise *ou* elevate sb to the rank of; **~ un nombre au carré/au cube** to square/cube a number; **s'élever** *vpr* (*avion, alpiniste*) to go up; (*niveau, température, aussi : cri etc*) to rise; (*survenir : difficultés*) to arise; **s'~ à** (*frais, dégâts*) to amount to, add up to; **s'~ contre** to rise up against

éleveur, -euse [el(ə)vœʀ, -øz] *nm/f* stock breeder

elfe [ɛlf] *nm* elf

élidé, e [elide] *adj* elided

élider [elide] **/1/** *vt* to elide

éligibilité [eliʒibilite] *nf* eligibility

éligible [eliʒibl] *adj* eligible

élimé, e [elime] *adj* worn (thin), threadbare

élimer [elime] : **s'élimer** *vpr* to wear thin, to become threadbare

élimination [eliminasjɔ̃] *nf* elimination

éliminatoire [eliminatwaʀ] *adj* eliminatory; (*Sport*) disqualifying ▶ *nf* (*Sport*) heat

éliminer [elimine] **/1/** *vt* to eliminate

élire [eliʀ] **/43/** *vt* to elect; **~ domicile à** to take up residence in *ou* at

élisabéthain, e [elizabetɛ̃, -ɛn] *adj* Elizabethan

élision [elizjɔ̃] *nf* elision

élite [elit] *nf* elite; **tireur d'~** crack rifleman; **chercheur d'~** top-notch researcher

élitisme [elitism] *nm* elitism

élitiste – emberlificoter

élitiste [elitist] *adj* elitist
élixir [eliksiʀ] *nm* elixir
elle [ɛl] *pron (sujet)* she; (: *chose*) it; *(complément)* her; it; **elles** *(sujet)* they; *(complément)* them; **~-même** herself; itself; **elles-mêmes** themselves; *voir* **il**
ellipse [elips] *nf* ellipse; *(Ling)* ellipsis *sg*
elliptique [eliptik] *adj* elliptical
élocution [elɔkysjɔ̃] *nf* delivery; **défaut d'~** speech impediment
éloge [elɔʒ] *nm* praise *gén no pl*; **faire l'~ de** to praise
élogieusement [elɔʒjøzmɑ̃] *adv* very favourably
élogieux, -euse [elɔʒjø, -øz] *adj* laudatory, full of praise
éloigné, e [elwaɲe] *adj* distant, far-off; *(parent)* distant
éloignement [elwaɲmɑ̃] *nm* removal; putting off; estrangement; *(fig : distance)* distance
éloigner [elwaɲe] /1/ *vt (échéance)* to put off, postpone; *(soupçons, danger)* to ward off; **~ qch (de)** to move *ou* take sth away (from); **~ qn (de)** to take sb away *ou* remove sb (from); **s'éloigner (de)** *vpr (personne)* to go away (from); *(véhicule)* to move away (from); *(affectivement)* to become estranged (from)
élongation [elɔ̃gasjɔ̃] *nf* strained muscle
éloquence [elɔkɑ̃s] *nf* eloquence
éloquent, e [elɔkɑ̃, -ɑ̃t] *adj* eloquent
élu, e [ely] *pp de* **élire** ▶ *nm/f (Pol)* elected representative
élucider [elyside] /1/ *vt* to elucidate
élucubrations [elykybʀasjɔ̃] *nfpl* wild imaginings
éluder [elyde] /1/ *vt* to evade
élus *etc* [ely] *vb voir* **élire**
élusif, -ive [elyzif, -iv] *adj* elusive
Élysée [elize] *nm* : **(le palais de) l'~** the Élysée palace; *see note*; **les Champs-Élysées** the Champs-Élysées

: **L'ÉLYSÉE**

The **palais de l'Élysée**, situated in the heart of Paris just off the Champs-Élysées, is the official residence of the French President. Built in the eighteenth century, it has performed its present function since 1876. A shorter form of its name, **l'Élysée** is frequently used to refer to the presidency itself.

émacié, e [emasje] *adj* emaciated
émail, -aux [emaj, -o] *nm* enamel
e-mail [imɛl] *nm* email; **envoyer qch par ~ to** email sth
émaillé, e [emaje] *adj* enamelled; *(fig)* : **~ de** dotted with
émailler [emaje] /1/ *vt* to enamel
émanation [emanasjɔ̃] *nf* emanation
émancipation [emɑ̃sipasjɔ̃] *nf* emancipation
émancipé, e [emɑ̃sipe] *adj* emancipated
émanciper [emɑ̃sipe] /1/ *vt* to emancipate; **s'émanciper** *vpr (fig)* to become emancipated *ou* liberated

émaner [emane] /1/ : **~ de** *vt* to emanate from; *(Admin)* to proceed from
émarger [emaʀʒe] /3/ *vt* to sign; **~ de 1000 euros à un budget** to receive 1000 euros out of a budget
émasculer [emaskyle] /1/ *vt* to emasculate
emballage [ɑ̃balaʒ] *nm* wrapping; packing; *(papier)* wrapping; *(carton)* packaging
emballant, e [ɑ̃balɑ̃, -ɑ̃t] *adj* exciting
emballer [ɑ̃bale] /1/ *vt* to wrap (up); *(dans un carton)* to pack (up); *(fig : fam)* to thrill (to bits); **s'emballer** *vpr (moteur)* to race; *(cheval)* to bolt; *(fig : personne)* to get carried away
emballeur, -euse [ɑ̃balœʀ, -øz] *nm/f* packer
embarcadère [ɑ̃baʀkadɛʀ] *nm* landing stage *(Brit)*, pier
embarcation [ɑ̃baʀkasjɔ̃] *nf* (small) boat, (small) craft *inv*
embardée [ɑ̃baʀde] *nf* swerve; **faire une ~ to** swerve
embargo [ɑ̃baʀgo] *nm* embargo; **mettre l'~ sur** to put an embargo on, embargo
embarqué, e [ɑ̃baʀke] *adj (électronique, équipement : Auto)* in-car *cpd*; *(Aviat, Navig)* on-board *cpd*
embarquement [ɑ̃baʀkəmɑ̃] *nm* embarkation; *(de marchandises)* loading; *(de passagers)* boarding
embarquer [ɑ̃baʀke] /1/ *vt (personne)* to embark; *(marchandise)* to load; *(fam)* to cart off; *(: arrêter)* to nick ▶ *vi (passager)* to board; *(Navig)* to ship water; **s'embarquer** *vpr* to board; **s'~ dans** *(affaire, aventure)* to embark upon
embarras [ɑ̃baʀa] *nm (obstacle)* hindrance; *(confusion)* embarrassment; **être dans l'~** *(ennuis)* to be in a predicament *ou* an awkward position; *(gêne financière)* to be in difficulties; **~ gastrique** stomach upset; **vous n'avez que l'~ du choix** your only problem is choosing
embarrassant, e [ɑ̃baʀasɑ̃, -ɑ̃t] *adj* cumbersome; embarrassing; awkward
embarrassé, e [ɑ̃baʀase] *adj (encombré)* encumbered; *(gêné)* embarrassed; *(explications etc)* awkward
embarrasser [ɑ̃baʀase] /1/ *vt (encombrer)* to clutter (up); *(gêner)* to hinder, hamper; *(fig)* to cause embarrassment to; to put in an awkward position; **s'embarrasser de** *vpr* to burden o.s. with
embauche [ɑ̃boʃ] *nf* hiring; **bureau d'~** labour office
embaucher [ɑ̃boʃe] /1/ *vt* to take on, hire; **s'embaucher comme** *vpr* to get (o.s.) a job as
embauchoir [ɑ̃boʃwaʀ] *nm* shoetree
embaumement [ɑ̃bommɑ̃] *nm* embalming
embaumer [ɑ̃bome] /1/ *vt* to embalm; *(parfumer)* to fill with its fragrance; **~ la lavande** to be fragrant with (the scent of) lavender
embellie [ɑ̃beli] *nf* bright spell, brighter period
embellir [ɑ̃beliʀ] /2/ *vt* to make more attractive; *(une histoire)* to embellish ▶ *vi* to grow lovelier *ou* more attractive
embellissement [ɑ̃belismɑ̃] *nm* embellishment
emberlificoter [ɑ̃bɛʀlifikɔte] : **s'emberlificoter** *vpr (fam)* : **s'~ dans qch** to get tangled up in sth

150 · FRANÇAIS | ANGLAIS

embêtant, e [ābɛtā, -āt] *adj* annoying
embêté, e [ābete] *adj* bothered
embêtement [ābɛtmā] *nm* problem, difficulty;
  embêtements *nmpl* trouble *sg*
embêter (*fam*) [ābete] /**1**/ *vt* to bother; **ça
  m'embête** it bothers me; **s'embêter** *vpr*
  (*s'ennuyer*) to be bored; **il ne s'embête pas !**
  (*ironique*) he does all right for himself!
emblée [āble] : **d'~** *adv* straightaway
emblématique [āblematik] *adj* emblematic;
  figure ~ de qch emblem of sth
emblème [āblɛm] *nm* emblem
embobiner [ābɔbine] /**1**/ *vt* (*enjôler*) : **~ qn** to get
  round sb
emboîtable [ābwatabl] *adj* interlocking
emboîtement [ābwatmā] *nm* : **les lames
  s'assemblent par ~** the blades interlock *ou* fit
  together
emboîter [ābwate] /**1**/ *vt* to fit together; **~ le pas
  à qn** to follow in sb's footsteps; **s'emboîter
  dans** *vpr* to fit into; **s'~ (l'un dans l'autre)** to fit
  together
embolie [ābɔli] *nf* embolism
embonpoint [ābɔ̄pwɛ̄] *nm* stoutness (*BRIT*),
  corpulence; **prendre de l'~** to grow stout (*BRIT*)
  ou corpulent
embouché, e [ābuʃe] *adj* : **mal ~** foul-mouthed
embouchure [ābuʃyʀ] *nf* (*Géo*) mouth; (*Mus*)
  mouthpiece
embourber [ābuʀbe] /**1**/ : **s'embourber** *vpr* to
  get stuck in the mud; (*fig*) : **s'~ dans** to sink
  into
embourgeoiser [ābuʀʒwaze] /**1**/ :
  s'embourgeoiser *vpr* to adopt a middle-class
  outlook
embout [ābu] *nm* (*de canne*) tip; (*de tuyau*) nozzle
embouteillage [ābutejaʒ] *nm* traffic jam,
  (traffic) holdup (*BRIT*)
embouteiller [ābuteje] /**1**/ *vt* (*véhicules etc*) to
  block
emboutir [ābutiʀ] /**2**/ *vt* (*Tech*) to stamp; (*heurter*)
  to crash into, ram
embranchement [ābʀāʃmā] *nm* (*routier*)
  junction; (*classification*) branch
embrancher [ābʀāʃe] /**1**/ *vt* (*tuyaux*) to join;
  ~ qch sur to join sth to
embrasement [ābʀazmā] *nm* unrest; **ils
  craignent un nouvel ~ de la région** they fear
  more unrest in the region
embraser [ābʀaze] /**1**/ : **s'embraser** *vpr* to flare
  up
embrassade [ābʀasad] *nf* (*gén pl*) hugging and
  kissing *no pl*
embrasse [ābʀas] *nf* (*de rideau*) tie-back, loop
embrasser [ābʀase] /**1**/ *vt* to kiss; (*sujet, période*)
  to embrace, encompass; (*carrière*) to embark on;
  (*métier*) to go in for, take up; **~ du regard** to take
  in (*with eyes*); **s'embrasser** *vpr* to kiss (each
  other)
embrasure [ābʀazyʀ] *nf* : **dans l'~ de la porte**
  in the door(way)
embrayage [ābʀɛjaʒ] *nm* clutch
embrayer [ābʀeje] /**8**/ *vi* (*Auto*) to let in the
  clutch; **~ sur qch** to begin on sth ▸ *vt* (*fig* :
  affaire) to set in motion

embrigadement [ābʀigadmā] *nm* (*péj*)
  recruiting
embrigader [ābʀigade] /**1**/ *vt* (*péj*) to recruit
embringuer [ābʀɛ̄ge] (*fam*) *vt* to drag in; **~ qn
  dans qch** to drag sb into sth; **s'embringuer** *vpr* :
  s'~ dans qch to get dragged into sth; **se laisser
  ~ dans qch** to get dragged into sth
embrocher [ābʀɔʃe] /**1**/ *vt* to (put on a) spit
  (*ou* skewer)
embrouillamini [ābʀujamini] *nm* (*fam*)
  muddle
embrouille [ābʀuj] *nf* (*fam* : *tromperie*) dodgy
  dealings (*fam*)
embrouillé, e [ābʀuje] *adj* (*affaire*) confused,
  muddled
embrouiller [ābʀuje] /**1**/ *vt* (*fils*) to tangle (up);
  (*fiches, idées, personne*) to muddle up;
  s'embrouiller *vpr* to get in a muddle
embroussaillé, e [ābʀusaje] *adj* overgrown,
  scrubby; (*cheveux*) bushy, shaggy
embrumé, e [ābʀyme] *adj* (*paysage, horizon*)
  misty; (*cerveau, esprit*) befuddled
embruns [ābʀœ̄] *nmpl* sea spray *sg*
embryologie [ābʀijɔlɔʒi] *nf* embryology
embryon [ābʀijɔ̄] *nm* embryo
embryonnaire [ābʀijɔnɛʀ] *adj* embryonic
embûches [ābyʃ] *nfpl* pitfalls, traps
embué, e [ābɥe] *adj* misted up; **yeux embués
  de larmes** eyes misty with tears
embuscade [ābyskad] *nf* ambush; **tendre une
  ~ à** to lay an ambush for
embusqué, e [ābyske] *adj* in ambush ▸ *nm* (*péj*)
  shirker, skiver (*BRIT*)
embusquer [ābyske] /**1**/ : **s'embusquer** *vpr* to
  take up position (for an ambush)
éméché, e [emeʃe] *adj* tipsy, merry
émeraude [em(ə)ʀod] *nf* emerald ▸ *adj inv*
  emerald-green
émergence [emɛʀʒās] *nf* (*fig*) emergence
émergent, e [emɛʀʒā, -āt] *adj* (*pays, économie*)
  emerging; (*marché*) emerging, developing
émerger [emɛʀʒe] /**3**/ *vi* to emerge; (*faire saillie,
  aussi fig*) to stand out
émeri [em(ə)ʀi] *nm* : **toile** *ou* **papier ~** emery
  paper
émérite [emeʀit] *adj* highly skilled
émerveillement [emɛʀvejmā] *nm*
  wonderment
émerveiller [emɛʀveje] /**1**/ *vt* to fill with
  wonder; **s'émerveiller de** *vpr* to marvel at
émet *etc* [emɛ] *vb voir* **émettre**
émétique [emetik] *nm* emetic
émetteur, -trice [emetœʀ, -tʀis] *adj*
  transmitting; (**poste**) **~** transmitter
émetteur-récepteur [emetœʀʀeseptœʀ]
  (*pl* **émetteurs-récepteurs**) *nm* transceiver
émettre [emɛtʀ] /**56**/ *vt* (*son, lumière*) to give out,
  emit; (*message etc* : *Radio*) to transmit; (*billet,
  timbre, emprunt, chèque*) to issue; (*hypothèse, avis*) to
  voice, put forward; (*vœu*) to express ▸ *vi* to
  broadcast; **~ sur ondes courtes** to broadcast
  on short wave
émeus *etc* [emø] *vb voir* **émouvoir**
émeute [emøt] *nf* riot
émeutier, -ière [emøtje, -jɛʀ] *nm/f* rioter

émeuve etc [emœv] vb voir **émouvoir**

émietter [emjete] /1/ vt (pain, terre) to crumble; (fig) to split up, disperse; **s'émietter** vpr (pain, terre) to crumble

émigrant, e [emigʀɑ̃, -ɑ̃t] nm/f emigrant

émigration [emigʀasjɔ̃] nf emigration

émigré, e [emigʀe] nm/f expatriate

émigrer [emigʀe] /1/ vi to emigrate

émincé [emɛ̃se] adj thinly sliced ▶ nm : **un ~ de veau** thin slices of veal

émincer [emɛ̃se] /3/ vt (Culin) to slice thinly

éminemment [eminamɑ̃] adv eminently

éminence [eminɑ̃s] nf distinction; (colline) knoll, hill; **Son É~** His Eminence; **~ grise** éminence grise

éminent, e [eminɑ̃, -ɑ̃t] adj distinguished

émir [emiʀ] nm emir

émirat [emiʀa] nm emirate; **les Émirats arabes unis (EAU)** the United Arab Emirates (UAE)

émis, e [emi, -iz] pp de **émettre**

émissaire [emiseʀ] nm emissary

émission [emisjɔ̃] nf (voir émettre) emission; (d'un message) transmission; (de billet, timbre, emprunt, chèque) issue; (Radio, TV) programme, broadcast

émit etc [emi] vb voir **émettre**

emmagasinage [ɑ̃magazinaʒ] nm storage; storing away

emmagasiner [ɑ̃magazine] /1/ vt to (put into) store; (fig) to store up

emmailloter [ɑ̃majɔte] /1/ vt to wrap up

emmanchure [ɑ̃mɑ̃ʃyʀ] nf armhole

emmêlement [ɑ̃mɛlmɑ̃] nm (état) tangle

emmêler [ɑ̃mele] /1/ vt to tangle (up); (fig) to muddle up; **s'emmêler** vpr to get into a tangle

emménagement [ɑ̃menaʒmɑ̃] nm settling in

emménager [ɑ̃menaʒe] /3/ vi to move in; **~ dans** to move into

emmener [ɑ̃m(ə)ne] /5/ vt to take (with one); (comme otage, capture) to take away; **~ qn au cinéma** to take sb to the cinema

emmental, emmenthal [emɛ̃tal] nm (fromage) Emmenthal

emmerdement [ɑ̃mɛʀdəmɑ̃] nm (fam : plus souvent au pluriel : ennui) trouble no pl; **la loi de l'~ maximum** Sod's law (fam), Murphy's law

emmerder [ɑ̃mɛʀde] /1/ (!) vt to bug, bother; **je t'emmerde !** to hell with you!; **s'emmerder** vpr (s'ennuyer) to be bored stiff

emmitoufler [ɑ̃mitufle] /1/ vt to wrap up (warmly); **s'emmitoufler** vpr to wrap (o.s.) up (warmly)

emmurer [ɑ̃myʀe] /1/ vt to wall up, immure

émoi [emwa] nm (agitation, effervescence) commotion; (trouble) agitation; **en ~** (sens) excited, stirred

émollient, e [emɔljɑ̃, -ɑ̃t] adj (Méd) emollient

émoluments [emɔlymɑ̃] nmpl remuneration sg, fee sg

émonder [emɔ̃de] /1/ vt (arbre etc) to prune; (amande etc) to blanch

émoticone [emɔticon] nm (Inform) smiley

émotif, -ive [emɔtif, -iv] adj emotional

émotion [emɔsjɔ̃] nf emotion; **avoir des émotions** (fig) to get a fright; **donner des émotions à** to give a fright to; **sans ~** without emotion, coldly

émotionnant, e [emosjɔnɑ̃, -ɑ̃t] adj upsetting

émotionnel, le [emosjɔnɛl] adj emotional

émotionner [emosjɔne] /1/ vt to upset

émoulu, e [emuly] adj : **frais ~ de** fresh from, just out of

émoussé, e [emuse] adj blunt

émousser [emuse] /1/ vt to blunt; (fig) to dull

émoustiller [emustije] /1/ vt to titillate, arouse

émouvant, e [emuvɑ̃, -ɑ̃t] adj moving

émouvoir [emuvwaʀ] /27/ vt (troubler) to stir, affect; (toucher, attendrir) to move; (indigner) to rouse; (effrayer) to disturb, worry; **s'émouvoir** vpr to be affected; to be moved; to be roused; to be disturbed ou worried

empailler [ɑ̃paje] /1/ vt to stuff

empailleur, -euse [ɑ̃pajœʀ, -øz] nm/f (d'animaux) taxidermist

empaler [ɑ̃pale] /1/ vt to impale

empaquetage [ɑ̃pakta ʒ] nm packing, packaging

empaqueter [ɑ̃pakte] /4/ vt to pack up

emparer [ɑ̃paʀe] /1/ : **s'emparer de** vpr (objet) to seize, grab; (comme otage, Mil) to seize; (peur etc) to take hold of

empâter [ɑ̃pɑte] /1/ : **s'empâter** vpr to thicken out

empathie [ɑ̃pati] nf (Psych) empathy

empattement [ɑ̃patmɑ̃] nm (Auto) wheelbase; (Typo) serif

empêché, e [ɑ̃peʃe] adj detained

empêchement [ɑ̃peʃmɑ̃] nm (unexpected) obstacle, hitch

empêcher [ɑ̃peʃe] /1/ vt to prevent; **~ qn de faire** to prevent ou stop sb (from) doing; **~ que qch (n')arrive/qn (ne) fasse** to prevent sth from happening/sb from doing; **il n'empêche que** nevertheless, be that as it may; **il n'a pas pu s'~ de rire** he couldn't help laughing

empêcheur [ɑ̃peʃœʀ] nm : **~ de danser en rond** spoilsport, killjoy (BRIT)

empeigne [ɑ̃pɛɲ] nf upper (of shoe)

empennage [ɑ̃pɛnaʒ] nm (Aviat) tailplane

empereur [ɑ̃pʀœʀ] nm emperor

empesé, e [ɑ̃pəze] adj (fig) stiff, starchy

empeser [ɑ̃pəze] /5/ vt to starch

empester [ɑ̃pɛste] /1/ vt (lieu) to stink out ▶ vi to stink, reek; **~ le tabac/le vin** to stink ou reek of tobacco/wine

empêtrer [ɑ̃petʀe] /1/ : **s'empêtrer dans** vpr (fils etc, aussi fig) to get tangled up in

emphase [ɑ̃faz] nf pomposity, bombast; **avec ~** pompously

emphatique [ɑ̃fatik] adj emphatic

empiècement [ɑ̃pjɛsmɑ̃] nm (Couture) yoke

empierrer [ɑ̃pjeʀe] /1/ vt (route) to metal

empiéter [ɑ̃pjete] /6/ : **~ sur** vt to encroach upon

empiffrer [ɑ̃pifʀe] /1/ : **s'empiffrer** vpr (péj) to stuff o.s.

empiler [ɑ̃pile] /1/ vt to pile (up), stack (up); **s'empiler** vpr to pile up

empire [ɑ̃piʀ] nm empire; (fig) influence; **style E~** Empire style; **sous l'~ de** in the grip of

empirer [ɑ̃piʀe] /**1**/ *vi* to worsen, deteriorate
empirique [ɑ̃piʀik] *adj* empirical
empirisme [ɑ̃piʀism] *nm* empiricism
emplacement [ɑ̃plasmɑ̃] *nm* site; **sur l'~ de** on the site of
emplâtre [ɑ̃plɑtʀ] *nm* plaster; *(fam)* twit
emplette [ɑ̃plɛt] *nf* : **faire l'~ de** to purchase; **emplettes** shopping *sg*; **faire des emplettes** to go shopping
emplir [ɑ̃pliʀ] /**2**/ *vt* to fill; **s'emplir (de)** *vpr* to fill (with)
emploi [ɑ̃plwa] *nm* use; *(poste)* job, situation; **l'~** *(Comm, Écon)* employment; **le plein ~** full employment; **mode d'~** directions for use; **~ du temps** timetable, schedule
emploie *etc* [ɑ̃plwa] *vb voir* **employer**
employé, e [ɑ̃plwaje] *nm/f* employee; **~ de bureau/banque** office/bank employee *ou* clerk; **~ de maison** domestic (servant)
employer [ɑ̃plwaje] /**8**/ *vt* *(outil, moyen, méthode, mot)* to use; *(ouvrier, main-d'œuvre)* to employ; **s'~ à qch/à faire** to apply *ou* devote o.s. to sth/to doing
employeur, -euse [ɑ̃plwajœʀ, -øz] *nm/f* employer
empocher [ɑ̃pɔʃe] /**1**/ *vt* to pocket
empoignade [ɑ̃pwaɲad] *nf* row, set-to
empoigne [ɑ̃pwaɲ] *nf* : **foire d'~** free-for-all
empoigner [ɑ̃pwaɲe] /**1**/ *vt* to grab; **s'empoigner** *vpr (fig)* to have a row *ou* set-to
empois [ɑ̃pwa] *nm* starch
empoisonné, e [ɑ̃pwazɔne] *adj (nourriture, vin)* poisoned; *(fig)* : **un cadeau ~** a poisoned chalice; **des flèches empoisonnées** poisoned arrows
empoisonnement [ɑ̃pwazɔnmɑ̃] *nm* poisoning
empoisonner [ɑ̃pwazɔne] /**1**/ *vt* to poison; *(empester : air, pièce)* to stink out; *(fam)* : **~ qn** to drive sb mad; **~ l'atmosphère** *(aussi fig)* to poison the atmosphere; **il nous empoisonne l'existence** he's the bane of our life; **s'empoisonner** *vpr* to poison o.s.
empoissonner [ɑ̃pwasɔne] /**1**/ *vt (étang, rivière)* to stock with fish
emporté, e [ɑ̃pɔʀte] *adj (personne, caractère)* fiery
emportement [ɑ̃pɔʀtəmɑ̃] *nm* fit of rage, anger *no pl*
emporte-pièce [ɑ̃pɔʀtəpjɛs] *nm inv (Tech)* punch; **à l'~** *adj (fig)* incisive
emporter [ɑ̃pɔʀte] /**1**/ *vt* to take (with one); *(emmener : blessés, voyageurs)* to take away; *(entraîner)* to carry away *ou* along; *(arracher)* to tear off; *(rivière, vent)* to carry away; *(Mil : position)* to take; *(avantage, approbation)* to win; **la maladie qui l'a emporté** the illness which caused his death; **l'~** to gain victory; **l'~ (sur)** to get the upper hand (of); *(méthode etc)* to prevail (over); **boissons à ~** take-away drinks; **plats à ~** take-away meals; **s'emporter** *vpr* to fly into a rage, lose one's temper
empoté, e [ɑ̃pɔte] *adj (maladroit)* clumsy
empourpré, e [ɑ̃puʀpʀe] *adj* crimson
empreint, e [ɑ̃pʀɛ̃, -ɛ̃t] *adj* : **~ de** marked with; tinged with ▶ *nf (marque)* print; *(: de pied)*

footprint; *(: de main)* handprint; *(fig)* stamp, mark; **des empreintes de pas** footprints; **empreintes digitales** fingerprints; **empreinte écologique** carbon footprint
empressé, e [ɑ̃pʀese] *adj* attentive
empressement [ɑ̃pʀesmɑ̃] *nm* eagerness
empresser [ɑ̃pʀese] /**1**/ : **s'empresser** *vpr* : **s'~ auprès de qn** to surround sb with attentions; **s'~ de faire** to hasten to do
emprise [ɑ̃pʀiz] *nf* hold, ascendancy; **sous l'~ de** under the influence of
emprisonnement [ɑ̃pʀizɔnmɑ̃] *nm* imprisonment
emprisonner [ɑ̃pʀizɔne] /**1**/ *vt* to imprison, jail
emprunt [ɑ̃pʀœ̃] *nm* borrowing *no pl*, loan *(from debtor's point of view)*; *(Ling etc)* borrowing; **nom d'~** assumed name; **~ d'État** government *ou* state loan; **~ public à 5%** 5% public loan
emprunté, e [ɑ̃pʀœ̃te] *adj (fig)* ill-at-ease, awkward
emprunter [ɑ̃pʀœ̃te] /**1**/ *vt* to borrow; *(itinéraire)* to take, follow; *(style, manière)* to adopt, assume
emprunteur, -euse [ɑ̃pʀœ̃tœʀ, -øz] *nm/f* borrower
empuantir [ɑ̃pɥɑ̃tiʀ] /**2**/ *vt* to stink out
EMT *sigle f* (= *éducation manuelle et technique*) handwork as a school subject
ému, e [emy] *pp de* **émouvoir** ▶ *adj* excited; *(gratitude)* touched; *(compassion)* moved
émulation [emylasjɔ̃] *nf* emulation
émule [emyl] *nmf* imitator
émulsion [emylsjɔ̃] *nf* emulsion; *(cosmétique)* (water-based) lotion
émut *etc* [emy] *vb voir* **émouvoir**
EN *sigle f* = **l'Éducation (nationale)**; *voir* **éducation**

(MOT-CLÉ)

en [ɑ̃] *prép* **1** *(endroit, pays)* in; *(: direction)* to; **habiter en France/ville** to live in France/town; **aller en France/ville** to go to France/town
2 *(moment, temps)* in; **en été/juin** in summer/June; **en 3 jours/20 ans** in 3 days/20 years
3 *(moyen)* by; **en avion/taxi** by plane/taxi
4 *(composition)* made of; **c'est en verre/coton/laine** it's (made of) glass/cotton/wool; **en métal/plastique** made of metal/plastic; **un collier en argent** a silver necklace; **en deux volumes/une pièce** in two volumes/one piece
5 *(description : état)* : **une femme (habillée) en rouge** a woman (dressed) in red; **peindre qch en rouge** to paint sth red; **en T/étoile** T-/star-shaped; **en chemise/chaussettes** in one's shirt sleeves/socks; **en soldat** as a soldier; **en civil** in civilian clothes; **cassé en plusieurs morceaux** broken into several pieces; **en réparation** being repaired, under repair; **en vacances** on holiday; **en bonne santé** healthy, in good health; **en deuil** in mourning; **le même en plus grand** the same but *ou* only bigger
6 *(avec gérondif)* while; on; **en dormant** while sleeping, as one sleeps; **en sortant** on going

out, as he *etc* went out; **sortir en courant** to run out; **en apprenant la nouvelle, il s'est évanoui** he fainted at the news *ou* when he heard the news

7 (*matière*) : **fort en math** good at maths; **expert en** expert in

8 (*conformité*) : **en tant que** as; **en bon politicien, il ...** good politician that he is, he ..., like a good *ou* true politician, he ...; **je te parle en ami** I'm talking to you as a friend
▶ *pron* **1** (*indéfini*) : **j'en ai/veux** I have/want some; **en as-tu ?** have you got any?; **il n'y en a pas** there isn't *ou* aren't any; **je n'en veux pas** I don't want any; **j'en ai deux** I've got two; **combien y en a-t-il ?** how many (of them) are there?; **j'en ai assez** I've got enough (of it *ou* them); (*j'en ai marre*) I've had enough; **où en étais-je ?** where was I?

2 (*provenance*) from there; **j'en viens** I've come from there

3 (*cause*) : **il en est malade/perd le sommeil** he is ill/can't sleep because of it

4 (*de la part de*) : **elle en est aimée** she is loved by him (*ou* them *etc*)

5 (*complément de nom : d'adjectif : de verbe*) : **j'en connais les dangers** I know its *ou* the dangers; **j'en suis fier/ai besoin** I am proud of it/need it; **il en est ainsi** *ou* **de même pour moi** it's the same for me, same here

ENA [ena] *sigle f* (= *École nationale d'administration*) *grande école for training civil servants*

énarque [enaʀk] *nmf* former ENA student
encablure [ɑ̃kablyʀ] *nf* (*Navig*) cable's length
encadrement [ɑ̃kadʀəmɑ̃] *nm* framing; training; (*de porte*) frame; **~ du crédit** credit restrictions
encadrer [ɑ̃kadʀe] /**1**/ *vt* (*tableau, image*) to frame; (*fig : entourer*) to surround; (*personnel, soldats etc*) to train; (*Comm : crédit*) to restrict
encadreur [ɑ̃kadʀœʀ] *nm* (picture) framer
encaisse [ɑ̃kɛs] *nf* cash in hand; **~ or/ métallique** gold/gold and silver reserves
encaissé, e [ɑ̃kese] *adj* (*vallée*) steep-sided; (*rivière*) with steep banks
encaisser [ɑ̃kese] /**1**/ *vt* (*chèque*) to cash; (*argent*) to collect; (*fig : coup, défaite*) to take
encaisseur [ɑ̃kesœʀ] *nm* collector (*of debts etc*)
encan [ɑ̃kɑ̃] : **à l'~** *adv* by auction
encanailler [ɑ̃kanaje] /**1**/ : **s'encanailler** *vpr* to become vulgar *ou* common; to mix with the riff-raff
encart [ɑ̃kaʀ] *nm* insert; **~ publicitaire** publicity insert
encarter [ɑ̃kaʀte] /**1**/ *vt* to insert
en-cas [ɑ̃ka] *nm inv* snack
encastrable [ɑ̃kastʀabl] *adj* (*four, élément*) that can be built in
encastré, e [ɑ̃kastʀe] *adj* (*four, baignoire*) built-in
encastrer [ɑ̃kastʀe] /**1**/ *vt* : **~ qch dans** (*mur*) to embed sth in(to); (*boîtier*) to fit sth into; **s'encastrer dans** *vpr* to fit into; (*heurter*) to crash into
encaustique [ɑ̃kɔstik] *nf* polish, wax
encaustiquer [ɑ̃kɔstike] /**1**/ *vt* to polish, wax

enceinte [ɑ̃sɛ̃t] *adj f* : **~ (de six mois)** (six months) pregnant ▶ *nf* (*mur*) wall; (*espace*) enclosure; **~ (acoustique)** speaker
encens [ɑ̃sɑ̃] *nm* incense
encenser [ɑ̃sɑ̃se] /**1**/ *vt* to (in)cense; (*fig*) to praise to the skies
encensoir [ɑ̃sɑ̃swaʀ] *nm* thurible (BRIT), censer
encéphalogramme [ɑ̃sefalɔgʀam] *nm* encephalogram
encercler [ɑ̃sɛʀkle] /**1**/ *vt* to surround
enchaîné [ɑ̃ʃene] *nm* (*Ciné*) link shot
enchaînement [ɑ̃ʃɛnmɑ̃] *nm* (*fig*) linking
enchaîner [ɑ̃ʃene] /**1**/ *vt* to chain up; (*mouvements, séquences*) to link (together) ▶ *vi* to carry on
enchanté, e [ɑ̃ʃɑ̃te] *adj* (*ravi*) delighted; (*ensorcelé*) enchanted; **~ (de faire votre connaissance)** pleased to meet you, how do you do?
enchantement [ɑ̃ʃɑ̃tmɑ̃] *nm* delight; (*magie*) enchantment; **comme par ~** as if by magic
enchanter [ɑ̃ʃɑ̃te] /**1**/ *vt* to delight
enchanteur, -teresse [ɑ̃ʃɑ̃tœʀ, -tʀɛs] *adj* enchanting
enchâsser [ɑ̃ʃase] /**1**/ *vt* : **~ qch (dans)** to set sth (in)
enchère [ɑ̃ʃɛʀ] *nf* bid; **faire une ~** to (make a) bid; **mettre/vendre aux enchères** to put up for (sale by)/sell by auction; **les enchères montent** the bids are rising; **faire monter les enchères** (*fig*) to raise the bidding
enchérir [ɑ̃ʃeʀiʀ] /**2**/ *vi* : **~ sur qn** (*aux enchères, aussi fig*) to outbid sb
enchérisseur, -euse [ɑ̃ʃeʀisœʀ, -øz] *nm/f* bidder
enchevêtré, e [ɑ̃ʃ(ə)vetʀe] *adj* tangled, tangled up
enchevêtrement [ɑ̃ʃ(ə)vɛtʀəmɑ̃] *nm* tangle
enchevêtrer [ɑ̃ʃ(ə)vɛtʀe] /**1**/ *vt* to tangle (up)
enclave [ɑ̃klav] *nf* enclave
enclaver [ɑ̃klave] /**1**/ *vt* to enclose, hem in
enclencher [ɑ̃klɑ̃ʃe] /**1**/ *vt* (*mécanisme*) to engage; (*fig : affaire*) to set in motion; **s'enclencher** *vpr* to engage
enclin, e [ɑ̃klɛ̃, -in] *adj* : **~ à qch/à faire** inclined *ou* prone to sth/to do
enclore [ɑ̃klɔʀ] /**45**/ *vt* to enclose
enclos [ɑ̃klo] *nm* enclosure; (*clôture*) fence
enclume [ɑ̃klym] *nf* anvil
encoche [ɑ̃kɔʃ] *nf* notch
encoder [ɑ̃kɔde] /**1**/ *vt* to encode
encodeur [ɑ̃kɔdœʀ] *nm* encoder
encoignure [ɑ̃kɔɲyʀ] *nf* corner
encoller [ɑ̃kɔle] /**1**/ *vt* to paste
encolure [ɑ̃kɔlyʀ] *nf* (*tour de cou*) collar size; (*col, cou*) neck
encombrant, e [ɑ̃kɔ̃bʀɑ̃, -ɑ̃t] *adj* cumbersome, bulky
encombre [ɑ̃kɔ̃bʀ] : **sans ~** *adv* without mishap *ou* incident
encombré, e [ɑ̃kɔ̃bʀe] *adj* (*pièce, passage*) cluttered; (*lignes téléphoniques*) engaged; (*marché*) saturated
encombrement [ɑ̃kɔ̃bʀəmɑ̃] *nm* (*d'un lieu*) cluttering (up); (*d'un objet : dimensions*) bulk; **être pris dans un ~** to be stuck in a traffic jam

encombrer [ākɔ̄bʀe] /**1**/ vt to clutter (up); (gêner) to hamper; ~ **le passage** to block ou obstruct the way; **s'encombrer de** vpr (bagages etc) to load ou burden o.s. with

encontre [ākɔ̄tʀ] : **à l'~ de** prép against, counter to

encorbellement [ākɔʀbɛlmā] nm : **fenêtre en ~** oriel window

encorder [ākɔʀde] /**1**/ vt, **s'encorder** vpr (Alpinisme) to rope up

MOT-CLÉ

encore [ākɔʀ] adv **1** (continuation) still; **il y travaille encore** he's still working on it; **pas encore** not yet
2 (de nouveau) again; **j'irai encore demain** I'll go again tomorrow; **encore une fois** (once) again
3 (en plus) more; **encore un peu de viande ?** a little more meat?; **encore un effort** one last effort; **encore deux jours** two more days
4 (intensif) even, still; **encore plus fort/mieux** even louder/better, louder/better still; **hier encore** even yesterday; **non seulement ..., mais encore ...** not only ..., but also ...; **encore !** (insatisfaction) not again!; **quoi encore ?** what now?
5 (restriction) even so ou then, only; **encore pourrais-je le faire si ...** even so, I might be able to do it if ...; **si encore** if only; **encore que** conj although

encourageant, e [ākuʀaʒā, -āt] adj encouraging

encouragement [ākuʀaʒmā] nm encouragement; (récompense) incentive

encourager [ākuʀaʒe] /**3**/ vt to encourage; ~ **qn à faire qch** to encourage sb to do sth

encourir [ākuʀiʀ] /**11**/ vt to incur

encrasser [ākʀase] /**1**/ vt to foul up; (Auto) to soot up; **s'encrasser** vpr (tuyau, filtre) to get fouled up; (bougies d'allumage) to get sooted up

encre [ākʀ] nf ink; ~ **de Chine** Indian ink; ~ **indélébile** indelible ink; ~ **sympathique** invisible ink

encrer [ākʀe] /**1**/ vt to ink

encreur [ākʀœʀ] adj m : **rouleau ~** inking roller

encrier [ākʀije] nm inkwell

encroûter [ākʀute] /**1**/ : **s'encroûter** vpr (fig) to get into a rut, get set in one's ways

encyclique [āsiklik] nf encyclical

encyclopédie [āsiklɔpedi] nf encyclopaedia (Brit), encyclopedia (US)

encyclopédique [āsiklɔpedik] adj encyclopaedic (Brit), encyclopedic (US)

endémique [ādemik] adj endemic

endetté, e [ādete] adj in debt; (fig) : **très ~ envers qn** deeply indebted to sb

endettement [ādɛtmā] nm debts pl

endetter [ādete] /**1**/ vt, **s'endetter** vpr to get into debt

endeuiller [ādœje] /**1**/ vt to plunge into mourning; **manifestation endeuillée par** event over which a tragic shadow was cast by

endiablé, e [ādjable] adj furious; (enfant) boisterous

endiguer [ādige] /**1**/ vt to dyke (up); (fig) to check, hold back

endimanché, e [ādimāʃe] adj in one's Sunday best; **avoir l'air ~** to be all done up to the nines (fam)

endimancher [ādimāʃe] /**1**/ : **s'endimancher** vpr to put on one's Sunday best

endive [ādiv] nf chicory no pl

endocrine [ādɔkʀin] adj f : **glande ~** endocrine (gland)

endoctrinement [ādɔktʀinmā] nm indoctrination

endoctriner [ādɔktʀine] /**1**/ vt to indoctrinate

endolori, e [ādɔlɔʀi] adj painful

endommager [ādɔmaʒe] /**3**/ vt to damage

endormant, e [ādɔʀmā, -āt] adj dull, boring

endormi, e [ādɔʀmi] pp de **endormir** ▶ adj (personne) asleep; (fig : indolent, lent) sluggish; (engourdi : main, pied) numb

endormir [ādɔʀmiʀ] /**16**/ vt to put to sleep; (chaleur etc) to send to sleep; (Méd : dent, nerf) to anaesthetize; (fig : soupçons) to allay; **s'endormir** vpr to fall asleep, go to sleep

endoscope [ādɔskɔp] nm (Méd) endoscope

endoscopie [ādɔskɔpi] nf endoscopy

endosser [ādose] /**1**/ vt (responsabilité) to take, shoulder; (chèque) to endorse; (uniforme, tenue) to put on, don

endroit [ādʀwa] nm place; (localité) : **les gens de l'~** the local people; (opposé à l'envers) right side; **à cet ~** in this place; **à l'~** right side out; the right way up; (vêtement) the right way out; (objet posé) the right way round; **à l'~ de** prép regarding, with regard to; **par endroits** in places

enduire [ādɥiʀ] /**38**/ vt to coat; ~ **qch de** to coat sth with

enduit, e [ādɥi, -it] pp de **enduire** ▶ nm coating

endurance [ādyʀās] nf endurance

endurant, e [ādyʀā, -āt] adj tough, hardy

endurcir [ādyʀsiʀ] /**2**/ vt (physiquement) to toughen; (moralement) to harden; **s'endurcir** vpr (physiquement) to become tougher; (moralement) to become hardened

endurer [ādyʀe] /**1**/ vt to endure, bear

énergétique [enɛʀʒetik] adj (ressources etc) energy cpd; (aliment) energizing

énergie [enɛʀʒi] nf (Physique) energy; (Tech) power; (fig : physique) energy; (: morale) vigour, spirit; ~ **éolienne/solaire** wind/solar power

énergique [enɛʀʒik] adj energetic; vigorous; (mesures) drastic, stringent

énergiquement [enɛʀʒikmā] adv energetically; drastically

énergisant, e [enɛʀʒizā, -āt] adj energizing

énergumène [enɛʀgymɛn] nm rowdy character ou customer

énervant, e [enɛʀvā, -āt] adj irritating, annoying

énervé, e [enɛʀve] adj nervy, on edge; (agacé) irritated

énervement [enɛʀvəmā] nm nerviness; irritation

155

énerver [enɛʀve] /**1**/ vt to irritate, annoy; **s'énerver** vpr to get excited, get worked up

enfance [ɑ̃fɑ̃s] nf (âge) childhood; (fig) infancy; (enfants) children pl; **c'est l'~ de l'art** it's child's play; **petite ~** infancy; **souvenir/ami d'~** childhood memory/friend; **retomber en ~** to lapse into one's second childhood

enfant [ɑ̃fɑ̃] nmf child; **~ adoptif/naturel** adopted/natural child; **bon ~** adj good-natured, easy-going; **~ de chœur** nm (Rel) altar boy; **~ prodige** child prodigy; **~ unique** only child

enfanter [ɑ̃fɑ̃te] /**1**/ vi to give birth ▶ vt to give birth to

enfantillage [ɑ̃fɑ̃tijaʒ] nm (péj) childish behaviour no pl

enfantin, e [ɑ̃fɑ̃tɛ̃, -in] adj childlike; (péj) childish; (langage) children's cpd

enfer [ɑ̃fɛʀ] nm hell; **allure/bruit d'~** horrendous speed/noise

enfermer [ɑ̃fɛʀme] /**1**/ vt to shut up; (à clef, interner) to lock up; **s'enfermer** vpr to shut o.s. away; **s'~ à clé** to lock o.s. in; **s'~ dans la solitude/le mutisme** to retreat into solitude/silence

enferrer [ɑ̃fɛʀe] /**1**/ : **s'enferrer** vpr : **s'~ dans** to tangle o.s. up in

enfiévré, e [ɑ̃fjevʀe] adj (fig) feverish

enfilade [ɑ̃filad] nf : **une ~ de** a series ou line of; **prendre des rues en ~** to cross directly from one street into the next

enfiler [ɑ̃file] /**1**/ vt (vêtement) to slip on; (rue, couloir) to take; (perles) to string; (aiguille) to thread; (insérer) : **~ qch dans** to stick sth into; **~ un tee-shirt** to slip into a T-shirt; **s'enfiler dans** vpr to disappear into

enfin [ɑ̃fɛ̃] adv at last; (en énumérant) lastly; (de restriction, résignation) still; (eh bien) well; (pour conclure) in a word; (somme toute) after all

enflammé, e [ɑ̃flame] adj (torche, allumette) burning; (Méd : plaie) inflamed; (fig : nature, discours, déclaration) fiery

enflammer [ɑ̃flame] /**1**/ vt to set fire to; (Méd) to inflame; **s'enflammer** vpr to catch fire; (Méd) to become inflamed

enflé, e [ɑ̃fle] adj swollen; (péj : style) bombastic, turgid

enfler [ɑ̃fle] /**1**/ vi to swell (up); **s'enfler** vpr to swell

enflure [ɑ̃flyʀ] nf swelling

enfoncé, e [ɑ̃fɔ̃se] adj staved-in, smashed-in; (yeux) deep-set

enfoncement [ɑ̃fɔ̃smɑ̃] nm (recoin) nook

enfoncer [ɑ̃fɔ̃se] /**3**/ vt (clou) to drive in; (faire pénétrer) : **~ qch dans** to push (ou drive) sth into; (forcer : porte) to break open; (: plancher) to cause to cave in; (défoncer : côtes etc) to smash; (fam : surpasser) to lick, beat (hollow); **~ un chapeau sur la tête** to cram ou jam a hat on one's head; **~ qn dans la dette** to drag sb into debt; **s'enfoncer** vpr to sink; (sol, surface porteuse) to give way; **s'~ dans** to sink into; (forêt, ville) to disappear into

enfouir [ɑ̃fwiʀ] /**2**/ vt (dans le sol) to bury; (dans un tiroir etc) to tuck away; **s'enfouir dans/sous** vpr to bury o.s. in/under

enfourcher [ɑ̃fuʀʃe] /**1**/ vt to mount; **~ son dada** (fig) to get on one's hobby-horse

enfourner [ɑ̃fuʀne] /**1**/ vt (poterie) to put in the oven, to put in the kiln; **~ qch dans** to shove ou stuff sth into; **s'enfourner dans** vpr (personne) to dive into

enfreignais etc [ɑ̃fʀɛɲɛ] vb voir **enfreindre**

enfreindre [ɑ̃fʀɛ̃dʀ] /**52**/ vt to infringe, break

enfuir [ɑ̃fɥiʀ] /**17**/ : **s'enfuir** vpr to run away ou off

enfumé, e [ɑ̃fyme] adj (salon, bar) smoky

enfumer [ɑ̃fyme] /**1**/ vt to smoke out

enfuyais etc [ɑ̃fɥijɛ] vb voir **enfuir**

engagé, e [ɑ̃gaʒe] adj (littérature etc) engagé, committed

engageant, e [ɑ̃gaʒɑ̃, -ɑ̃t] adj attractive, appealing

engagement [ɑ̃gaʒmɑ̃] nm taking on, engaging; starting; investing; (promesse) commitment; (Mil : combat) engagement; (: recrutement) enlistment; (Sport) entry; **prendre l'~ de faire** to undertake to do; **sans ~** (Comm) without obligation

engager [ɑ̃gaʒe] /**3**/ vt (embaucher) to take on; (: artiste) to engage; (commencer) to start; (lier) to bind, commit; (impliquer, entraîner) to involve; (investir) to invest, lay out; (faire intervenir) to engage; (Sport : concurrents, chevaux) to enter; (introduire : clé) to insert; (inciter) : **~ qn à faire** to urge sb to do; (faire pénétrer) : **~ qch dans** to insert sth into; **~ qn à qch** to urge sth on sb; **s'engager** vpr to get taken on; (Mil) to enlist; (promettre, politiquement) to commit o.s.; (débuter : conversation etc) to start (up); **s'~ à faire** to undertake to do; **s'~ dans** (rue, passage) to turn into, enter; (s'emboîter) to engage ou fit into; (fig : affaire, discussion) to enter into, embark on

engazonner [ɑ̃gazɔne] /**1**/ vt to turf

engeance [ɑ̃ʒɑ̃s] nf mob

engelures [ɑ̃ʒlyʀ] nfpl chilblains

engendrer [ɑ̃ʒɑ̃dʀe] /**1**/ vt to father; (fig) to create, breed

engin [ɑ̃ʒɛ̃] nm machine; (outil) instrument; (Auto) vehicle; (péj) gadget; (Aviat : avion) aircraft inv; (: missile) missile; **~ blindé** armoured vehicle; **~ (explosif)** (explosive) device; **engins (spéciaux)** missiles; **~ explosif improvisé** improvised explosive device

englober [ɑ̃glɔbe] /**1**/ vt to include

engloutir [ɑ̃glutiʀ] /**2**/ vt to swallow up; (fig : dépenses) to devour; **s'engloutir** vpr to be engulfed

englué, e [ɑ̃glye] adj sticky

engoncé, e [ɑ̃gɔ̃se] adj : **~ dans** cramped in

engorgement [ɑ̃gɔʀʒmɑ̃] nm blocking; (Méd) engorgement

engorger [ɑ̃gɔʀʒe] /**3**/ vt to obstruct, block; **s'engorger** vpr to become blocked

engouement [ɑ̃gumɑ̃] nm (sudden) passion

engouffrer [ɑ̃gufʀe] /**1**/ vt to swallow up, devour; **s'engouffrer dans** vpr to rush into

engourdi, e [ɑ̃guʀdi] adj numb

engourdir [ɑ̃guʀdiʀ] /**2**/ vt to numb; (fig) to dull, blunt; **s'engourdir** vpr to go numb

engourdissement [ɑ̃guʀdismɑ̃] nm numbness

engrais [ãgʀɛ] nm manure; ~ **(chimique)** (chemical) fertilizer; ~ **organique/ inorganique** organic/inorganic fertilizer

engraisser [ãgʀese] /**1**/ vt to fatten (up); (terre : fertiliser) to fertilize ▶ vi (péj) to get fat(ter)

engranger [ãgʀãʒe] /**3**/ vt (foin) to bring in; (fig) to store away

engrenage [ãgʀənaʒ] nm gears pl, gearing; (fig) chain

engueulade [ãgœlad] nf (fam) telling off

engueuler [ãgœle] /**1**/ vt (fam) to bawl at ou out

enguirlander [ãgiʀlãde] /**1**/ vt (fam) to give sb a bawling out, bawl at

enhardir [ãaʀdiʀ] /**2**/ : s'**enhardir** vpr to grow bolder

ENI [eni] sigle f = **école normale (d'instituteurs)**

énième [enjɛm] adj = **nième**

énigmatique [enigmatik] adj enigmatic

énigmatiquement [enigmatikmã] adv enigmatically

énigme [enigm] nf riddle

enivrant, e [ãnivʀã, -ãt] adj intoxicating

enivrer [ãnivʀe] /**1**/ : s'**enivrer** vpr to get drunk; **s'~ de** (fig) to become intoxicated with

enjambée [ãʒãbe] nf stride; **d'une ~** with one stride

enjambement [ãʒãbmã] nm (en poésie) enjambement

enjamber [ãʒãbe] /**1**/ vt to stride over; (pont etc) to span, straddle

enjeu, x [ãʒø] nm stakes pl

enjoindre [ãʒwɛ̃dʀ] /**49**/ vt : ~ **à qn de faire** to enjoin ou order sb to do

enjôler [ãʒole] /**1**/ vt to coax, wheedle

enjôleur, -euse [ãʒolœʀ, -øz] adj (sourire, paroles) winning

enjolivement [ãʒɔlivmã] nm embellishment

enjoliver [ãʒɔlive] /**1**/ vt to embellish

enjoliveur [ãʒɔlivœʀ] nm (Auto) hub cap

enjoué, e [ãʒwe] adj playful

enlacer [ãlase] /**3**/ vt (étreindre) to embrace, hug; (lianes) to wind round, entwine

enlaidir [ãlediʀ] /**2**/ vt to make ugly ▶ vi to become ugly

enlevé, e [ãl(ə)ve] adj (morceau de musique) played brightly

enlèvement [ãlɛvmã] nm removal; (rapt) abduction, kidnapping; **l'~ des ordures ménagères** refuse collection

enlever [ãl(ə)ve] /**5**/ vt (ôter : gén) to remove; (: vêtement, lunettes) to take off; (: Méd : organe) to remove; (emporter : ordures etc) to collect, take away; (kidnapper) to abduct, kidnap; (obtenir : prix, contrat) to win; (Mil : position) to take; (morceau de piano etc) to execute with spirit ou brio; (prendre) : ~ **qch à qn** to take sth (away) from sb; **la maladie qui nous l'a enlevé** (euphémisme) the illness which took him from us; **s'enlever** vpr (tache) to come out ou off

enlisement [ãlizmã] nm getting stuck; (fig : de négociations, conflit) stalemate

enliser [ãlize] /**1**/ : s'**enliser** vpr to sink, get stuck; (dialogue etc) to get bogged down

enluminure [ãlyminyʀ] nf illumination

ENM sigle f (= École nationale de la magistrature) grande école for law students

enneigé, e [ãneʒe] adj snowy; (fam) snowed-up; (maison) snowed-in

enneigement [ãnɛʒmã] nm depth of snow, snowfall; **bulletin d'~** snow report

ennemi, e [ɛnmi] adj hostile; (Mil) enemy cpd; **être ~ de** to be strongly averse ou opposed to ▶ nm/f enemy

ennième [ɛnjɛm] adj = **nième**

ennoblir [ãnɔbliʀ] /**2**/ vt to ennoble

ennui [ãnɥi] nm (lassitude) boredom; (difficulté) trouble no pl; **avoir des ennuis** to have problems; **s'attirer des ennuis** to cause problems for o.s.

ennuie etc [ãnɥi] vb voir **ennuyer**

ennuyé, e [ãnɥije] adj (air, personne) preoccupied, worried

ennuyer [ãnɥije] /**8**/ vt to bother; (lasser) to bore; **s'ennuyer** vpr to be bored; (s'ennuyer de : regretter) to miss; **si cela ne vous ennuie pas** if it's no trouble to you

ennuyeux, -euse [ãnɥijø, -øz] adj boring, tedious; (agaçant) annoying

énoncé [enɔ̃se] nm terms pl; wording; (Ling) utterance

énoncer [enɔ̃se] /**3**/ vt to say, express; (conditions) to set out, lay down, state

énonciation [enɔ̃sjasjɔ̃] nf statement

enorgueillir [ãnɔʀgœjiʀ] /**2**/ : s'**enorgueillir de** vpr to pride o.s. on; to boast

énorme [enɔʀm] adj enormous, huge

énormément [enɔʀmemã] adv enormously, tremendously; **~ de neige/gens** an enormous amount of snow/number of people

énormité [enɔʀmite] nf enormity, hugeness; (propos) outrageous remark

en part. abr (= en particulier) esp.

enquérir [ãkeʀiʀ] /**21**/ : s'**enquérir de** vpr to inquire about

enquête [ãkɛt] nf (de journaliste, de police) investigation; (judiciaire, administrative) inquiry; (sondage d'opinion) survey

enquêter [ãkete] /**1**/ vi to investigate; to hold an inquiry; (faire un sondage) : ~ **(sur)** to do a survey (on), carry out an opinion poll (on)

enquêteur, -euse, -trice [ãkɛtœʀ, -øz, -tʀis] nm/f officer in charge of an investigation; person conducting a survey; pollster

enquiers, enquière etc [ãkjɛʀ, ãkjɛʀ] vb voir **enquérir**

enquiquiner [ãkikine] /**1**/ vt to rile, irritate

enquiquineur, -euse [ãkikinœʀ, -øz] nm/f (fam) pain (fam)

enquis, e [ãki, -iz] pp de **enquérir**

enraciné, e [ãʀasine] adj deep-rooted

enragé, e [ãʀaʒe] adj (Méd) rabid, with rabies; (furieux) furiously angry; (fig) fanatical; ~ **de** wild about

enrageant, e [ãʀaʒã, -ãt] adj infuriating

enrager [ãʀaʒe] /**3**/ vi to be furious, be in a rage; **faire ~ qn** to make sb wild with anger

enrayer [ãʀeje] /**8**/ vt to check, stop; **s'enrayer** vpr (arme à feu) to jam

enrégimenter [ãʀeʒimãte] /**1**/ vt (péj) to enlist

enregistrement [ɑ̃ʀ(ə)ʒistʀəmɑ̃] *nm* recording; (*Admin*) registration; ~ **des bagages** (*à l'aéroport*) baggage check-in; ~ **magnétique** tape-recording

enregistrer [ɑ̃ʀ(ə)ʒistʀe] /1/ *vt* (*Mus*) to record; (*Inform*) to save; (*remarquer, noter*) to note, record; (*Comm : commande*) to note, enter; (*fig : mémoriser*) to make a mental note of; (*Admin*) to register; (*bagages : aussi* : **faire enregistrer** : *par train*) to register; (*: à l'aéroport*) to check in

enregistreur, -euse [ɑ̃ʀ(ə)ʒistʀœʀ, -øz] *adj* (*machine*) recording *cpd* ▶ *nm* (*appareil*) : ~ **de vol** (*Aviat*) flight recorder

enrhumé, e [ɑ̃ʀyme] *adj* : **il est** ~ he has a cold

enrhumer [ɑ̃ʀyme] /1/ : **s'enrhumer** *vpr* to catch a cold

enrichi, e [ɑ̃ʀiʃi] *adj* (*personne*) rich; (*uranium*) enriched

enrichir [ɑ̃ʀiʃiʀ] /2/ *vt* to make rich(er); (*fig*) to enrich; **s'enrichir** *vpr* to get rich(er)

enrichissant, e [ɑ̃ʀiʃisɑ̃, -ɑ̃t] *adj* instructive

enrichissement [ɑ̃ʀiʃismɑ̃] *nm* enrichment

enrobé, e [ɑ̃ʀɔbe] *adj* (*comprimé*) coated

enrober [ɑ̃ʀɔbe] /1/ *vt* : ~ **qch de** to coat sth with; (*fig*) to wrap sth up in

enrôlement [ɑ̃ʀolmɑ̃] *nm* enlistment

enrôler [ɑ̃ʀole] /1/ *vt* to enlist; **s'enrôler (dans)** *vpr* to enlist (in)

enroué, e [ɑ̃ʀwe] *adj* hoarse

enrouer [ɑ̃ʀwe] /1/ : **s'enrouer** *vpr* to go hoarse

enrouler [ɑ̃ʀule] /1/ *vt* (*fil, corde*) to wind (up); ~ **qch autour de** to wind sth (a)round; **s'enrouler** *vpr* to coil up

enrouleur, -euse [ɑ̃ʀulœʀ, -øz] *adj* (*Tech*) winding ▶ *nm voir* **ceinture**

enrubanné, e [ɑ̃ʀybane] *adj* trimmed with ribbon

ENS *sigle f* = **école normale supérieure**

ensablement [ɑ̃sabləmɑ̃] *nm* (*de port, canal*) silting up; (*d'embarcation*) stranding

ensabler [ɑ̃sable] /1/ *vt* (*port, canal*) to silt up, sand up; (*embarcation*) to strand (on a sandbank); **s'ensabler** *vpr* to silt up; to get stranded

ensacher [ɑ̃saʃe] /1/ *vt* to pack into bags

ENSAM *sigle f* (= *École nationale supérieure des arts et métiers*) *grande école for engineering students*

ensanglanté, e [ɑ̃sɑ̃glɑ̃te] *adj* covered with blood

enseignant, e [ɑ̃sɛɲɑ̃, -ɑ̃t] *adj* teaching ▶ *nm/f* teacher

enseigne [ɑ̃sɛɲ] *nf* sign; **à telle** ~ **que** so much so that; **être logés à la même** ~ (*fig*) to be in the same boat; ~ **lumineuse** neon sign ▶ *nm* : ~ **de vaisseau** lieutenant

enseignement [ɑ̃sɛɲ(ə)mɑ̃] *nm* teaching; (*Admin*) education; ~ **ménager** home economics; ~ **primaire** primary (*BRIT*) *ou* grade school (*US*) education; ~ **secondaire** secondary (*BRIT*) *ou* high school (*US*) education

enseigner [ɑ̃seɲe] /1/ *vt, vi* to teach; ~ **qch à qn/à qn que** to teach sb sth/sb that

ensemble [ɑ̃sɑ̃bl] *adv* together; **aller** ~ to go together ▶ *nm* (*assemblage, Math*) set; (*vêtements*) outfit; (*vêtement féminin*) ensemble, suit; (*unité,*

harmonie) unity; (*résidentiel*) housing development; **l'**~ **du/de la** (*totalité*) the whole *ou* entire; **impression/idée d'**~ overall *ou* general impression/idea; **dans l'**~ (*en gros*) on the whole; **dans son** ~ overall, in general; ~ **vocal/musical** vocal/musical ensemble

ensemblier [ɑ̃sɑ̃blije] *nm* interior designer

ensemencement [ɑ̃s(ə)mɑ̃smɑ̃] *nm* sowing

ensemencer [ɑ̃s(ə)mɑ̃se] /3/ *vt* to sow

enserrer [ɑ̃seʀe] /1/ *vt* to hug (tightly)

ENSET [ɛnsɛt] *sigle f* (= *École normale supérieure de l'enseignement technique*) *grande école for training technical teachers*

ensevelir [ɑ̃səv(ə)liʀ] /2/ *vt* to bury

ensilage [ɑ̃silaʒ] *nm* (*aliment*) silage

ensoleillé, e [ɑ̃sɔleje] *adj* sunny

ensoleillement [ɑ̃sɔlɛjmɑ̃] *nm* period *ou* hours *pl* of sunshine

ensommeillé, e [ɑ̃sɔmeje] *adj* sleepy, drowsy

ensorcelant, e [ɑ̃sɔʀsəlɑ̃, -ɑ̃t] *adj* (*regard, sourire*) bewitching

ensorceler [ɑ̃sɔʀsəle] /4/ *vt* to enchant, bewitch

ensuite [ɑ̃sɥit] *adv* then, next; (*plus tard*) afterwards, later; ~ **de quoi** after which

ensuivre [ɑ̃sɥivʀ] /40/ : **s'ensuivre** *vpr* to follow, ensue; **il s'ensuit que ...** it follows that ...; **et tout ce qui s'ensuit** and all that goes with it

entaché, e [ɑ̃taʃe] *adj* : ~ **de** marred by; ~ **de nullité** null and void

entacher [ɑ̃taʃe] /1/ *vt* to soil

entaille [ɑ̃taj] *nf* (*encoche*) notch; (*blessure*) cut; **se faire une** ~ to cut o.s.

entailler [ɑ̃taje] /1/ *vt* to notch; to cut; **s'**~ **le doigt** to cut one's finger

entamer [ɑ̃tame] /1/ *vt* (*pain, bouteille*) to start; (*hostilités, pourparlers*) to open; (*fig : altérer*) to make a dent in; to damage

entartrer [ɑ̃taʀtʀe] /1/ : **s'entartrer** *vpr* to fur up; (*dents*) to become covered with plaque

entassement [ɑ̃tasmɑ̃] *nm* (*tas*) pile, heap

entasser [ɑ̃tase] /1/ *vt* (*empiler*) to pile up, heap up; (*tenir à l'étroit*) to cram together; **s'entasser** *vpr* (*s'amonceler*) to pile up; to cram; **s'**~ **dans** to cram into

entendant [ɑ̃tɑ̃dɑ̃] *nm* hearing person

entendement [ɑ̃tɑ̃dmɑ̃] *nm* understanding

entendeur [ɑ̃tɑ̃dœʀ] *nm* : **à bon** ~, **salut !** a word to the wise!

entendre [ɑ̃tɑ̃dʀ] /41/ *vt* to hear; (*comprendre*) to understand; (*vouloir dire*) to mean; (*vouloir*) : ~ **être obéi/que** to intend *ou* mean to be obeyed/that; **j'ai entendu dire que** I've heard (it said) that; **je suis heureux de vous l'**~ **dire** I'm pleased to hear you say it; ~ **parler de** to hear of; **laisser** ~ **que, donner à** ~ **que** to let it be understood that; ~ **raison** to see sense, listen to reason; **qu'est-ce qu'il ne faut pas** ~ ! whatever next!; **j'ai mal entendu** I didn't catch what was said; **je vous entends très mal** I can hardly hear you; **s'entendre** *vpr* (*sympathiser*) to get on; (*se mettre d'accord*) to agree; **s'**~ **à qch/à faire** (*être compétent*) to be good at sth/doing; **ça s'entend** (*est audible*) it's audible; **je m'entends** I mean; **entendons-nous !** let's be clear what we mean

entendu, e [ãtãdy] *pp de* **entendre** ▸ *adj* (*réglé*) agreed; (*au courant : air*) knowing; **étant ~ que** since (it's understood ou agreed that); **(c'est) ~** all right, agreed; **c'est ~** (*concession*) all right, granted; **bien ~** of course

entente [ãtãt] *nf* (*entre amis, pays*) understanding, harmony; (*accord, traité*) agreement, understanding; **à double ~** (*sens*) with a double meaning

entériner [ãteʀine] /1/ *vt* to ratify, confirm

entérite [ãteʀit] *nf* enteritis *no pl*

enterrement [ãtɛʀmã] *nm* burying; (*cérémonie*) funeral, burial; (*cortège funèbre*) funeral procession

enterrer [ãteʀe] /1/ *vt* to bury

entêtant, e [ãtɛtã, -ãt] *adj* heady

en-tête [ãtɛt] *nm* heading; (*de papier à lettres*) letterhead; **papier à ~** headed notepaper

entêté, e [ãtete] *adj* stubborn

entêtement [ãtɛtmã] *nm* stubbornness

entêter [ãtete] /1/ : **s'entêter** *vpr* : **s'~ (à faire)** to persist (in doing)

enthousiasmant, e [ãtuzjasmã, -ãt] *adj* exciting

enthousiasme [ãtuzjasm] *nm* enthusiasm; **avec ~** enthusiastically

enthousiasmé, e [ãtuzjasme] *adj* filled with enthusiasm

enthousiasmer [ãtuzjasme] /1/ *vt* to fill with enthusiasm; **s'enthousiasmer** *vpr* : **s'~ (pour qch)** to get enthusiastic (about sth)

enthousiaste [ãtuzjast] *adj* enthusiastic

enticher [ãtiʃe] /1/ : **s'enticher de** *vpr* to become infatuated with

entier, -ière [ãtje, -jɛʀ] *adj* (*non entamé, en totalité*) whole; (*total, complet : satisfaction etc*) complete; (*fig : caractère*) unbending, averse to compromise; **se donner tout ~ à qch** to devote o.s. completely to sth; **lait ~** full-cream milk; **nombre ~** whole number ▸ *nm* (*Math*) whole; **en ~** totally; in its entirety

entièrement [ãtjɛʀmã] *adv* entirely, completely, wholly

entité [ãtite] *nf* entity

entomologie [ãtɔmɔlɔʒi] *nf* entomology

entomologique [ãtɔmɔlɔʒik] *adj* entomological

entomologiste [ãtɔmɔlɔʒist] *nm/f* entomologist

entonner [ãtɔne] /1/ *vt* (*chanson*) to strike up

entonnoir [ãtɔnwaʀ] *nm* (*ustensile*) funnel; (*trou*) shell-hole, crater

entorse [ãtɔʀs] *nf* (*Méd*) sprain; (*fig*) : **~ à la loi/au règlement** infringement of the law/rule; **se faire une ~ à la cheville/au poignet** to sprain one's ankle/wrist

entortiller [ãtɔʀtije] /1/ *vt* : **~ qch dans/avec** (*envelopper*) to wrap sth in/with; **s'entortiller** *vpr* : **s'~ dans** (*draps*) to roll o.s. up in; (*réponses*) to get tangled up in

entourage [ãtuʀaʒ] *nm* circle; (*famille*) family (circle); (*d'une vedette etc*) entourage; (*ce qui enclôt*) surround

entouré, e [ãtuʀe] *adj* (*recherché, admiré*) popular; **~ de** surrounded by

entourer [ãtuʀe] /1/ *vt* to surround; (*apporter son soutien à*) to rally round; **~ de** to surround with; (*trait*) to encircle with; **s'entourer de** *vpr* to surround o.s. with; **s'~ de précautions** to take all possible precautions

entourloupe [ãtuʀlup], **entourloupette** [ãtuʀlupɛt] *nf* (*fam*) mean trick

entournures [ãtuʀnyʀ] *nfpl* : **gêné aux ~** in financial difficulties; (*fig*) a bit awkward

entracte [ãtʀakt] *nm* interval

entraide [ãtʀɛd] *nf* mutual aid ou assistance

entraider [ãtʀede] /1/ : **s'entraider** *vpr* to help each other

entrailles [ãtʀaj] *nfpl* entrails; (*humaines*) bowels

entrain [ãtʀɛ̃] *nm* spirit; **avec ~** (*répondre, travailler*) energetically; **faire qch sans ~** to do sth half-heartedly ou without enthusiasm

entraînant, e [ãtʀenã, -ãt] *adj* (*musique*) stirring, rousing

entraînement [ãtʀenmã] *nm* training; (*Tech*) : **~ à chaîne/galet** chain/wheel drive; **manquer d'~** to be unfit; **~ par ergots/friction** (*Inform*) tractor/friction feed

entraîner [ãtʀene] /1/ *vt* (*tirer : wagons*) to pull; (*charrier*) to carry ou drag along; (*Tech*) to drive; (*emmener : personne*) to take (off); (*mener à l'assaut, influencer*) to lead; (*Sport*) to train; (*impliquer*) to entail; (*causer*) to lead to, bring about; **~ qn à faire** (*inciter*) to lead sb to do; **s'entraîner** *vpr* (*Sport*) to train; **s'~ à qch/à faire** to train o.s. for sth/to do

entraîneur [ãtʀenœʀ] *nmf* (*Sport*) coach, trainer ▸ *nm* (*Hippisme*) trainer

entraîneuse [ãtʀenøz] *nf* (*de bar*) hostess

entrapercevoir [ãtʀapɛʀsəvwaʀ] /28/ *vt* to catch a glimpse of

entrave [ãtʀav] *nf* hindrance

entraver [ãtʀave] /1/ *vt* (*circulation*) to hold up; (*action, progrès*) to hinder, hamper

entre [ãtʀ] *prép* between; (*parmi*) among(st); **l'un d'~ eux/nous** one of them/us; **le meilleur d'~ eux/nous** the best of them/us; **ils préfèrent rester ~ eux** they prefer to keep to themselves; **~ autres (choses)** among other things; **~ nous, ...** between ourselves ..., between you and me ...; **ils se battent ~ eux** they are fighting among(st) themselves

entrebâillé, e [ãtʀəbaje] *adj* half-open, ajar

entrebâillement [ãtʀəbajmã] *nm* : **dans l'~ (de la porte)** in the half-open door

entrebâiller [ãtʀəbaje] /1/ *vt* to half open

entrechat [ãtʀəʃa] *nm* leap

entrechoquer [ãtʀəʃɔke] /1/ : **s'entrechoquer** *vpr* to knock ou bang together

entrecôte [ãtʀəkot] *nf* entrecôte ou rib steak

entrecoupé, e [ãtʀəkupe] *adj* (*paroles, voix*) broken

entrecouper [ãtʀəkupe] /1/ *vt* : **~ qch de** to intersperse sth with; **~ un récit/voyage de** to interrupt a story/journey with; **s'entrecouper** *vpr* (*traits, lignes*) to cut across each other

entrecroiser [ãtʀəkʀwaze] /1/ *vt*, **s'entrecroiser** *vpr* to intertwine

entrée [ɑ̃tʀe] *nf* entrance; *(accès : au cinéma etc)* admission; *(billet)* (admission) ticket; *(Culin)* first course; *(Comm : de marchandises)* entry; *(Inform)* entry, input; **d'~** *adv* from the outset; **erreur d'~** input error; « **~ interdite** » "no admittance ou entry"; **~ des artistes** stage door; **~ en matière** introduction; **~ principale** main entrance; **~ en scène** entrance; **~ de service** service entrance; **entrées** *nfpl* : **avoir ses entrées chez** *ou* **auprès de** to be a welcome visitor to

entrefaites [ɑ̃tʀəfɛt] : **sur ces ~** *adv* at this juncture

entrefilet [ɑ̃tʀəfilɛ] *nm (article)* paragraph, short report

entregent [ɑ̃tʀəʒɑ̃] *nm* : **avoir de l'~** to have an easy manner

entrejambes [ɑ̃tʀəʒɑ̃b] *nm inv* crotch

entrelacement [ɑ̃tʀəlasmɑ̃] *nm* : **un ~ de ...** a network of ...

entrelacer [ɑ̃tʀəlase] /3/ *vt*, **s'entrelacer** *vpr* to intertwine

entrelacs [ɑ̃tʀəla] *nm* tracery

entrelarder [ɑ̃tʀəlaʀde] /1/ *vt* to lard; *(fig)* : **entrelardé de** interspersed with

entremêler [ɑ̃tʀəmele] /1/ *vt* : **~ qch de** to (inter)mingle sth with

entremets [ɑ̃tʀəmɛ] *nm* (cream) dessert

entremetteur, -euse [ɑ̃tʀəmɛtœʀ, -øz] *nm/f* go-between

entremettre [ɑ̃tʀəmɛtʀ] /56/ : **s'entremettre** *vpr* to intervene

entremise [ɑ̃tʀəmiz] *nf* intervention; **par l'~ de** through

entrepont [ɑ̃tʀəpɔ̃] *nm* steerage; **dans l'~** in steerage

entreposer [ɑ̃tʀəpoze] /1/ *vt* to store, put into storage

entrepôt [ɑ̃tʀəpo] *nm* warehouse

entreprenant, e [ɑ̃tʀəpʀənɑ̃, -ɑ̃t] *vb voir* **entreprendre** ▶ *adj (actif)* enterprising; *(trop galant)* forward

entreprendre [ɑ̃tʀəpʀɑ̃dʀ] /58/ *vt (se lancer dans)* to undertake; *(commencer)* to begin ou start (upon); *(personne)* to buttonhole; **~ qn sur un sujet** to tackle sb on a subject; **~ de faire** to undertake to do

entrepreneur, -euse [ɑ̃tʀəpʀənœʀ, -øz] *nm/f* : **~ (en bâtiment)** (building) contractor; **~ de pompes funèbres** funeral director, undertaker

entrepreneuriat [ɑ̃tʀəpʀənœʀja], **entreprenariat** [ɑ̃tʀəpʀənaʀja] *nm* entrepreneurship

entreprenne *etc* [ɑ̃tʀəpʀɛn] *vb voir* **entreprendre**

entrepris, e [ɑ̃tʀəpʀi, -iz] *pp de* **entreprendre** ▶ *nf (société)* company, business; *(action)* undertaking, venture; **en entreprise** in a company, for a company; **entreprise familiale** family business

entrer [ɑ̃tʀe] /1/ *vi* to go (ou come) in, enter; **~ dans** *(gén)* to enter; *(pièce)* to go (ou come) into, enter; *(club)* to join; *(heurter)* to run into; *(partager : vues, craintes de qn)* to share; *(être une composante de)* to go into; *(faire partie de)* to form part of; **faire ~ qch dans** to get sth into; **~ au**

couvent to enter a convent; **~ à l'hôpital** to go into hospital; **~ dans le système** *(Inform)* to log in; **~ en fureur** to become angry; **~ en ébullition** to start to boil; **~ en scène** to come on stage; **laisser ~ qn/qch** to let sb/sth in; **faire ~** *(visiteur)* to show in ▶ *vt (Inform)* to input, enter

> *Entrer dans* se traduit le plus souvent par **come into** ou **go into**, selon que le mouvement se rapproche ou s'éloigne de la personne qui parle.
> *Le chat est entré dans la chambre où nous dormions.* **The cat came into the room were we sleeping in.**
> *Je les ai vus entrer dans la maison abandonnée.* **I saw them go into the abandoned house.**
> En revanche, **come** et **go** peuvent être remplacés par d'autres verbes de mouvement si la formulation française décrit la façon d'entrer avec le gérondif *(en ...ant)*.
> *Les enfants sont entrés en courant dans la classe.* **The children ran into the classroom.**

entresol [ɑ̃tʀəsɔl] *nm* entresol, mezzanine

entre-temps [ɑ̃tʀətɑ̃] *adv* meanwhile, (in the) meantime

entretenir [ɑ̃tʀət(ə)niʀ] /22/ *vt* to maintain; *(amitié)* to keep alive; *(famille, maîtresse)* to support, keep; **~ qn (de)** to speak to sb (about); **~ qn dans l'erreur** to let sb remain in ignorance; **s'entretenir (de)** *vpr* to converse (about)

entretenu, e [ɑ̃tʀət(ə)ny] *pp de* **entretenir** ▶ *adj (femme)* kept; **bien/mal ~** *(maison, jardin)* well/badly kept

entretien [ɑ̃tʀətjɛ̃] *nm* maintenance; *(discussion)* discussion, talk; *(pour un emploi)* interview; **frais d'~** maintenance charges

entretiendrai [ɑ̃tʀətjɛ̃dʀe], **entretiens** *etc* [ɑ̃tʀətjɛ̃] *vb voir* **entretenir**

entretuer [ɑ̃tʀətɥe] /1/ : **s'entretuer** *vpr* to kill one another

entreverrai [ɑ̃tʀ(ə)veʀe], **entrevit** *etc* [ɑ̃tʀəvi] *vb voir* **entrevoir**

entrevoir [ɑ̃tʀəvwaʀ] /30/ *vt (à peine)* to make out; *(brièvement)* to catch a glimpse of

entrevu, e [ɑ̃tʀəvy] *pp de* **entrevoir** ▶ *nf* meeting; *(audience)* interview

entrouvert, e [ɑ̃tʀuvɛʀ, -ɛʀt] *pp de* **entrouvrir** ▶ *adj* half-open

entrouvrir [ɑ̃tʀuvʀiʀ] /18/ *vt*, **s'entrouvrir** *vpr* to half open

entuber [ɑ̃tybe] *vt (fam)* : **se faire ~** to be had *(fam)*

énucléer [enyklee] *vt (cellule)* to enucleate

énumération [enymeʀasjɔ̃] *nf* enumeration

énumérer [enymeʀe] /6/ *vt* to list, enumerate

énurésie [enyʀezi] *nf (Méd)* enuresis

envahir [ɑ̃vaiʀ] /2/ *vt* to invade; *(inquiétude, peur)* to come over

envahissant, e [ɑ̃vaisɑ̃, -ɑ̃t] *adj (péj : personne)* interfering, intrusive

envahissement [ɑ̃vaismɑ̃] *nm* invasion

envahisseur [ɑ̃vaisœʀ] *nm (Mil)* invader

envasement [ɑ̃vɑzmɑ̃] *nm* silting up
envaser [ɑ̃vɑze] /**1**/ : **s'envaser** *vpr* to get bogged down (in the mud)
enveloppe [ɑ̃v(ə)lɔp] *nf* (*de lettre*) envelope; (*Tech*) casing; outer layer; (*crédits*) budget;
mettre sous ~ to put in an envelope;
~ **autocollante** self-seal envelope;
~ **budgétaire** budget; ~ **à fenêtre** window envelope
enveloppé, e [ɑ̃vlɔpe] *adj* (*grassouillet*) well-padded, plump
envelopper [ɑ̃v(ə)lɔpe] /**1**/ *vt* to wrap; (*fig*) to envelop, shroud; **s'~ dans un châle/une couverture** to wrap o.s. in a shawl/blanket
envenimer [ɑ̃v(ə)nime] /**1**/ *vt* to aggravate; **s'envenimer** *vpr* (*plaie*) to fester; (*situation, relations*) to worsen
envergure [ɑ̃vɛRgyR] *nf* (*d'un oiseau, avion*) wingspan; (*fig : étendue*) scope; (: *valeur*) calibre
enverrai etc [ɑ̃vɛRE] *vb voir* **envoyer**
envers [ɑ̃vɛR] *prép* towards, to; ~ **et contre tous** *ou* **tout** against all opposition ▶ *nm* other side; (*d'une étoffe*) wrong side; **à l'~** (*verticalement*) upside down; (*pull*) back to front; (*vêtement*) inside out
enviable [ɑ̃vjabl] *adj* enviable; **peu ~** unenviable
envie [ɑ̃vi] *nf* (*sentiment*) envy; (*souhait*) desire, wish; (*tache sur la peau*) birthmark; (*filet de peau*) hangnail; **avoir ~ de** to feel like; (*désir plus fort*) to want; **avoir ~ de faire** to feel like doing; to want to do; **avoir ~ que** to wish that; **donner à qn l'~ de faire** to make sb want to do; **cette glace me fait** ~ I fancy some of that ice cream
envier [ɑ̃vje] /**7**/ *vt* to envy; ~ **qch à qn** to envy sb sth; **n'avoir rien à ~ à** to have no cause to be envious of
envieux, -euse [ɑ̃vjø, -øz] *adj* envious
environ [ɑ̃viRɔ̃] *adv* : ~ **3 h/2 km, 3 h/2km ~** (around) about 3 o'clock/2 km, 3 o'clock/2 km or so; *voir aussi* **environs**
environnant, e [ɑ̃viRɔnɑ̃, -ɑ̃t] *adj* surrounding
environnement [ɑ̃viRɔnmɑ̃] *nm* environment
environnemental, e, -aux [ɑ̃viRɔnmɑ̃tal] *adj* environmental
environnementaliste [ɑ̃viRɔnmɑ̃talist] *nmf* environmentalist
environner [ɑ̃viRɔne] /**1**/ *vt* to surround
environs [ɑ̃viRɔ̃] *nmpl* surroundings; **aux ~ de** around
envisageable [ɑ̃vizaʒabl] *adj* conceivable
envisager [ɑ̃vizaʒe] /**3**/ *vt* (*examiner, considérer*) to contemplate, view; (*avoir en vue*) to envisage; ~ **de faire** to consider doing
envoi [ɑ̃vwa] *nm* sending; (*paquet*) parcel, consignment; ~ **contre remboursement** (*Comm*) cash on delivery
envoie etc [ɑ̃vwa] *vb voir* **envoyer**
envol [ɑ̃vɔl] *nm* takeoff
envolée [ɑ̃vɔle] *nf* (*fig*) flight
envoler [ɑ̃vɔle] /**1**/ : **s'envoler** *vpr* (*oiseau*) to fly away *ou* off; (*avion*) to take off; (*papier, feuille*) to blow away; (*fig*) to vanish (into thin air)
envoûtant, e [ɑ̃vutɑ̃, -ɑ̃t] *adj* enchanting
envoûtement [ɑ̃vutmɑ̃] *nm* bewitchment

envoûter [ɑ̃vute] /**1**/ *vt* to bewitch
envoyé, e [ɑ̃vwaje] *nm/f* (*Pol*) envoy; (*Presse*) correspondent; ~ **spécial** special correspondent ▶ *adj* : **bien** ~ (*remarque, réponse*) well-aimed
envoyer [ɑ̃vwaje] /**8**/ *vt* to send; (*lancer*) to hurl, throw; ~ **une gifle/un sourire à qn** to aim a blow/flash a smile at sb; ~ **les couleurs** to run up the colours; ~ **chercher** to send for; ~ **par le fond** (*bateau*) to send to the bottom;
~ **promener qn** (*fam*) to send sb packing; ~ **un SMS à qn** to text sb
envoyeur, -euse [ɑ̃vwajœR, -øz] *nm/f* sender
enzyme [ɑ̃zim] *nm ou f* enzyme
éolien, ne [eɔljɛ̃, -en] *adj* wind *cpd*; **pompe éolienne** windpump ▶ *nf* wind turbine
EOR *sigle m* (= *élève officier de réserve*) ≈ military cadet
éosine [eɔzin] *nf* eosin (*antiseptic used in France to treat skin ailments*)
épagneul, e [epaɲœl] *nm/f* spaniel
épais, se [epɛ, -ɛs] *adj* thick
épaisseur [epɛsœR] *nf* thickness
épaissir [epesiR] /**2**/ *vt*, **s'épaissir** *vpr* to thicken
épaississant [epesisɑ̃] *nm* thickener
épaississement [epesismɑ̃] *nm* thickening
épanchement [epɑ̃ʃmɑ̃] *nm* : **un ~ de synovie** water on the knee; **épanchements** *nmpl* (*fig*) (sentimental) outpourings
épancher [epɑ̃ʃe] /**1**/ *vt* to give vent to; **s'épancher** *vpr* to open one's heart; (*liquide*) to pour out
épandage [epɑ̃daʒ] *nm* manure spreading
épanoui, e [epanwi] *adj* (*éclos, ouvert, développé*) blooming; (*radieux*) radiant
épanouir [epanwiR] /**2**/ : **s'épanouir** *vpr* (*fleur*) to bloom, open out; (*visage*) to light up; (*fig : se développer*) to blossom (out); (: *mentalement*) to open up
épanouissement [epanwismɑ̃] *nm* blossoming; opening up
épargnant, e [eparɲɑ̃, -ɑ̃t] *nm/f* saver, investor
épargne [eparɲ] *nf* saving; **l'~-logement** property investment
épargner [eparɲe] /**1**/ *vt* to save; (*ne pas tuer ou endommager*) to spare; ~ **qch à qn** to spare sb sth ▶ *vi* to save
éparpillement [eparpijmɑ̃] *nm* (*de papier*) scattering; (*des efforts*) dissipation
éparpiller [eparpije] /**1**/ *vt* to scatter; (*pour répartir*) to disperse; (*fig : efforts*) to dissipate; **s'éparpiller** *vpr* to scatter; (*fig*) to dissipate one's efforts
épars, e [epar, -ars] *adj* (*maisons*) scattered; (*cheveux*) sparse
épatant, e [epatɑ̃, -ɑ̃t] *adj* (*fam*) super, splendid
épaté, e [epate] *adj* : **nez** ~ flat nose (with wide nostrils)
épater [epate] /**1**/ *vt* (*fam*) to amaze; (: *impressionner*) to impress
épaule [epol] *nf* shoulder
épaulé-jeté [epoleʒ(ə)te] (*pl* **épaulés-jetés**) *nm* (*Sport*) clean-and-jerk
épaulement [epolmɑ̃] *nm* escarpment; (*mur*) retaining wall

e

épauler [epole] /1/ vt (aider) to back up, support; (arme) to raise (to one's shoulder) ▶ vi to (take) aim

épaulette [epolɛt] nf (Mil, d'un veston) epaulette; (de combinaison) shoulder strap

épave [epav] nf wreck

épeautre [epotʀ] nm spelt

épée [epe] nf sword

épeler [ep(ə)le] /4/ vt to spell

épépiner [epepine] vt to take the seeds out of

éperdu, e [epɛʀdy] adj (personne) overcome; (sentiment) passionate; (fuite) frantic

éperdument [epɛʀdymã] adv (aimer) wildly

éperlan [epɛʀlã] nm (Zool) smelt

éperon [epʀɔ̃] nm spur

éperonner [epʀɔne] /1/ vt to spur (on); (navire) to ram

épervier [epɛʀvje] nm (Zool) sparrowhawk; (Pêche) casting net

éphèbe [efɛb] nm beautiful young man

éphémère [efemɛʀ] adj ephemeral, fleeting

éphéméride [efemeʀid] nf block ou tear-off calendar

épi [epi] nm (de blé, d'orge) ear; (de maïs) cob; **~ de cheveux** tuft of hair; **stationnement/se garer en ~** parking/to park at an angle to the kerb

épice [epis] nf spice

épicé, e [epise] adj highly spiced, spicy; (fig) spicy

épicéa [episea] nm spruce

épicentre [episãtʀ] nm epicentre

épicer [epise] /3/ vt to spice; (fig) to add spice to

épicerie [episʀi] nf (magasin) grocer's shop; (denrées) groceries pl; **~ fine** delicatessen (shop)

épicier, -ière [episje, -jɛʀ] nm/f grocer

épicurien, ne [epikyʀjɛ̃, -ɛn] adj epicurean

épicurisme [epikyʀism] nm (hédonisme) Epicureanism

épidémie [epidemi] nf epidemic

épidémiologie [epidemjɔlɔʒi] nf epidemiology

épidémiologique [epidemjɔlɔʒik] adj epidemiological

épidémiologiste [epidemjɔlɔʒist] nm/f epidemiologist

épidémique [epidemik] adj epidemic

épiderme [epidɛʀm] nm skin, epidermis

épidermique [epidɛʀmik] adj skin cpd, epidermic

épier [epje] /7/ vt to spy on, watch closely; (occasion) to look out for

épieu, x [epjø] nm (hunting-)spear

épigramme [epigʀam] nf epigram

épigraphe [epigʀaf] nf epigraph

épilation [epilasjɔ̃] nf removal of unwanted hair

épilatoire [epilatwaʀ] adj depilatory, hair-removing

épilepsie [epilɛpsi] nf epilepsy

épileptique [epilɛptik] adj, nmf epileptic

épiler [epile] /1/ vt (jambes) to remove the hair from; (sourcils) to pluck; **s'~ les jambes** to remove the hair from one's legs; **s'~ les sourcils** to pluck one's eyebrows; **se faire ~** to get unwanted hair removed; **crème à ~**

hair-removing ou depilatory cream; **pince à ~** eyebrow tweezers

épilogue [epilɔg] nm (fig) conclusion, dénouement

épiloguer [epilɔge] /1/ vi : **~ sur** to hold forth on

épinards [epinaʀ] nmpl spinach sg

épine [epin] nf thorn, prickle; (d'oursin etc) spine, prickle; **~ dorsale** backbone

épinette [epinɛt] nf (petit clavecin) spinet

épineux, -euse [epinø, -øz] adj thorny, prickly

épinglage [epɛ̃glaʒ] nm pinning

épingle [epɛ̃gl] nf pin; **tirer son ~ du jeu** to play one's game well; **tiré à quatre épingles** well turned-out; **monter qch en ~** to build sth up, make a thing of sth (fam); **~ à chapeau** hatpin; **~ à cheveux** hairpin; **virage en ~ à cheveux** hairpin bend; **~ de cravate** tie pin; **~ de nourrice** ou **de sûreté** ou **double** safety pin, nappy (BRIT) ou diaper (US) pin

épingler [epɛ̃gle] /1/ vt (badge, décoration) : **~ qch sur** to pin sth on(to); (Couture : tissu, robe) to pin together; (fam) to catch, nick

épinière [epinjɛʀ] adj f voir **moelle**

épinoche [epinɔʃ] nf stickleback

Épiphanie [epifani] nf Epiphany

épiphénomène [epifenɔmɛn] nm secondary phenomenon, by-product

épique [epik] adj epic

épiscopal, e, -aux [episkɔpal, -o] adj episcopal

épiscopat [episkɔpa] nm bishopric, episcopate

épisiotomie [epizjɔtɔmi] nf (Méd) episiotomy

épisode [epizɔd] nm episode; **film/roman à épisodes** serialized film/novel, serial

épisodique [epizɔdik] adj occasional

épisodiquement [epizɔdikmã] adv occasionally

épissure [episyʀ] nf splice

épistémologie [epistemɔlɔʒi] nf epistemology

épistémologique [epistemɔlɔʒik] adj epistemological

épistolaire [epistɔlɛʀ] adj epistolary; **être en relations épistolaires avec qn** to correspond with sb

épitaphe [epitaf] nf epitaph

épithète [epitɛt] nf (nom, surnom) epithet; **adjectif ~** attributive adjective

épître [epitʀ] nf epistle

épizootie [epizɔɔti, -epizooti] nf epizootic, epizootic disease

éploré, e [eplɔʀe] adj in tears, tearful

épluchage [eplyʃaʒ] nm peeling; (de dossier etc) careful reading ou analysis

épluche-légumes [eplyʃlegym] nm inv potato peeler

éplucher [eplyʃe] /1/ vt (fruit, légumes) to peel; (comptes, dossier) to go over with a fine-tooth comb

éplucheur [eplyʃœʀ] nm (automatic) peeler

épluchures [eplyʃyʀ] nfpl peelings

épointer [epwɛ̃te] /1/ vt to blunt

éponge [epɔ̃ʒ] nf sponge; **passer l'~ (sur)** (fig) to let bygones be bygones (with regard to); **jeter l'~** (fig) to throw in the towel; **~ métallique** scourer

éponger [epɔ̃ʒe] /**3**/ vt (liquide) to mop ou sponge up; (surface) to sponge; (fig : déficit) to soak up, absorb; **s'~ le front** to mop one's brow

éponyme [epɔnim] adj (rôle) eponymous

épopée [epɔpe] nf epic

époque [epɔk] nf (de l'histoire) age, era; (de l'année, la vie) time; **d'~** adj (meuble) period cpd; **à cette ~** at this (ou that) time ou period; **faire ~** to make history

épouiller [epuje] /**1**/ vt to pick lice off; (avec un produit) to delouse

époumoner [epumɔne] /**1**/ : **s'époumoner** vpr to shout (ou sing) o.s. hoarse

épouse [epuz] nf wife

épouser [epuze] /**1**/ vt to marry; (fig : idées) to espouse; (: forme) to fit

époussetage [epusta3] nm dusting

épousseter [epuste] /**4**/ vt to dust

époustouflant, e [epustuflɑ̃, -ɑ̃t] adj staggering, mind-boggling

époustoufler [epustufle] /**1**/ vt to flabbergast, astound

épouvantable [epuvɑ̃tabl] adj appalling, dreadful

épouvantablement [epuvɑ̃tabləmɑ̃] adv terribly, dreadfully

épouvantail [epuvɑ̃taj] nm (à moineaux) scarecrow; (fig) bog(e)y; bugbear

épouvante [epuvɑ̃t] nf terror; **film d'~** horror film

épouvanter [epuvɑ̃te] /**1**/ vt to terrify

époux [epu] nm husband ▶ nmpl : **les ~** the (married) couple, the husband and wife

éprendre [eprɑ̃dr] /**58**/ : **s'éprendre de** vpr to fall in love with

épreuve [eprœv] nf (d'examen) test; (malheur, difficulté) trial, ordeal; (Photo) print; (Typo) proof; (Sport) event; **à l'~ des balles/du feu** (vêtement) bulletproof/fireproof; **à toute ~** unfailing; **mettre à l'~** to put to the test; **~ de force** trial of strength; (fig) showdown; **~ de résistance** test of resistance; **~ de sélection** (Sport) heat

épris, e [epri, -iz] vb voir **éprendre** ▶ adj : **~ de** in love with

éprouvant, e [epruvɑ̃, -ɑ̃t] adj trying

éprouvé, e [epruve] adj tested, proven

éprouver [epruve] /**1**/ vt (tester) to test; (mettre à l'épreuve) to put to the test; (marquer, faire souffrir) to afflict, distress; (ressentir) to experience

éprouvette [epruvɛt] nf test tube

EPS sigle f (= Éducation physique et sportive) ≈ PE

épuisant, e [epɥizɑ̃, -ɑ̃t] adj exhausting

épuisé, e [epɥize] adj exhausted; (livre) out of print

épuisement [epɥizmɑ̃] nm exhaustion; **jusqu'à ~ des stocks** while stocks last

épuiser [epɥize] /**1**/ vt (fatiguer) to exhaust, wear ou tire out; (stock, sujet) to exhaust; **s'épuiser** vpr to wear ou tire o.s. out, exhaust o.s.; (stock) to run out

épuisette [epɥizɛt] nf landing net; shrimping net

épuration [epyʀasjɔ̃] nf purification; purging; refinement

épure [epyʀ] nf working drawing

épurer [epyʀe] /**1**/ vt (liquide) to purify; (parti, administration) to purge; (langue, texte) to refine

équarrir [ekaʀiʀ] /**2**/ vt (pierre, arbre) to square (off); (animal) to quarter

équarrissage [ekaʀisa3] nm (d'animal) quartering; (de pierre, bois) squaring off

équateur [ekwatœʀ] nm equator; **(la république de) l'É-** Ecuador

équation [ekwasjɔ̃] nf equation; **mettre en ~** to equate; **~ du premier/second degré** simple/quadratic equation

équatorial, e, -aux [ekwatɔʀjal, -o] adj equatorial

équatorien, ne [ekwatɔʀjɛ̃, -ɛn] adj Ecuadorian ▶ nm/f : **Équatorien, ne** Ecuadorian

équerre [ekɛʀ] nf (à dessin) (set) square; (pour fixer) brace; **en ~** at right angles; **à l'~, d'~** straight; **double ~** T-square

équestre [ekɛstʀ] adj equestrian

équeuter [ekøte] /**1**/ vt (Culin) to remove the stalk(s) from

équidé [ekide] nm (Zool) member of the horse family

équidistance [ekɥidistɑ̃s] nf : **à ~ (de)** equidistant (from)

équidistant, e [ekɥidistɑ̃, -ɑ̃t] adj : **~ (de)** equidistant (from)

équilatéral, e, -aux [ekɥilateʀal, -o] adj equilateral

équilibrage [ekilibʀa3] nm (Auto) : **~ des roues** wheel balancing

équilibre [ekilibʀ] nm balance; (d'une balance) equilibrium; **~ budgétaire** balanced budget; **garder/perdre l'~** to keep/lose one's balance; **être en ~** to be balanced; **mettre en ~** to make steady; **avoir le sens de l'~** to be well-balanced

équilibré, e [ekilibʀe] adj (fig) well-balanced, stable

équilibrer [ekilibʀe] /**1**/ vt to balance; **s'équilibrer** vpr (poids) to balance; (fig : défauts etc) to balance each other out

équilibriste [ekilibʀist] nmf tightrope walker

équinoxe [ekinɔks] nm equinox

équipage [ekipa3] nm crew; **en grand ~** in great array

équipe [ekip] nf team; (bande : parfois péj) bunch; **travailler par équipes** to work in shifts; **travailler en ~** to work as a team; **faire ~ avec** to team up with; **~ de chercheurs** research team; **~ de secours** ou **de sauvetage** rescue team

équipé, e [ekipe] adj (cuisine etc) equipped, fitted(-out); **bien/mal ~** well-/poorly-equipped ▶ nf escapade

équipement [ekipmɑ̃] nm equipment; **biens/ dépenses d'~** capital goods/expenditure; **ministère de l'É~** department of public works; **équipements** nmpl amenities, facilities; installations; **équipements sportifs/ collectifs** sports/community facilities ou resources

équiper [ekipe] /**1**/ vt to equip; (voiture, cuisine) to equip, fit out; **~ qn/qch de** to equip sb/sth with; **s'équiper** vpr (sportif) to equip o.s., kit o.s. out

équipier, -ière [ekipje, -jɛʀ] *nm/f* team member
équitable [ekitabl] *adj* fair
équitablement [ekitabləmɑ̃] *adv* fairly, equitably
équitation [ekitasjɔ̃] *nf* (horse-)riding; **faire de l'~** to go (horse-)riding
équité [ekite] *nf* equity
équivaille *etc* [ekivaj] *vb voir* **équivaloir**
équivalence [ekivalɑ̃s] *nf* equivalence
équivalent, e [ekivalɑ̃, -ɑ̃t] *adj, nm* equivalent
équivaloir [ekivalwaʀ] /29/ : **~ à** *vt* to be equivalent to; *(représenter)* to amount to
équivaut *etc* [ekivo] *vb voir* **équivaloir**
équivoque [ekivɔk] *adj* equivocal, ambiguous; *(louche)* dubious ▶ *nf* ambiguity
érable [eʀabl] *nm* maple
éradication [eʀadikasjɔ̃] *nf* eradication
éradiquer [eʀadike] /1/ *vt* to eradicate
érafler [eʀafle] /1/ *vt* to scratch; **s'~ la main/les jambes** to scrape ou scratch one's hand/legs
éraflure [eʀaflyʀ] *nf* scratch
éraillé, e [eʀaje] *adj (voix)* rasping, hoarse
ère [ɛʀ] *nf* era; **en l'an 1050 de notre ~** in the year 1050 A.D.
érectile [eʀɛktil] *adj (organe, corps)* erectile
érection [eʀɛksjɔ̃] *nf* erection
éreintant, e [eʀɛ̃tɑ̃, -ɑ̃t] *adj* exhausting
éreinté, e [eʀɛ̃te] *adj* exhausted
éreintement [eʀɛ̃tmɑ̃] *nm* exhaustion
éreinter [eʀɛ̃te] /1/ *vt* to exhaust, wear out; *(fig : critiquer)* to slate; **s'~ (à faire qch/à qch)** to wear o.s. out (doing sth/with sth)
ergonomie [ɛʀɡɔnɔmi] *nf* ergonomics *sg*
ergonomique [ɛʀɡɔnɔmik] *adj* ergonomic
ergot [ɛʀɡo] *nm (de coq)* spur; *(Tech)* lug
ergoter [ɛʀɡɔte] /1/ *vi* to split hairs, argue over details
ergoteur, -euse [ɛʀɡɔtœʀ, -øz] *nm/f* hairsplitter
ergothérapeute [ɛʀɡoteʀapøt] *nm/f* occupational therapist
ergothérapie [ɛʀɡoteʀapi] *nf* occupational therapy
ériger [eʀiʒe] /3/ *vt (monument)* to erect; **~ qch en principe/loi** to make sth a principle/law; **s'~ en critique (de)** to set o.s. up as a critic (of)
ermitage [ɛʀmitaʒ] *nm* retreat
ermite [ɛʀmit] *nm* hermit
éroder [eʀɔde] /1/ *vt* to erode
érogène [eʀɔʒɛn] *adj* erogenous
érosion [eʀozjɔ̃] *nf* erosion
érotique [eʀɔtik] *adj* erotic
érotiquement [eʀɔtikmɑ̃] *adv* erotically
érotisme [eʀɔtism] *nm* eroticism
érotomane [eʀɔtɔman] *nm/f* erotomaniac
errance [eʀɑ̃s] *nf* wandering
errant, e [eʀɑ̃, -ɑ̃t] *adj* : **un chien ~** a stray dog
erratum [ɛʀatɔm, -a] *(pl* **errata**) *nm* erratum
errements [ɛʀmɑ̃] *nmpl* misguided ways
errer [eʀe] /1/ *vi* to wander
erreur [eʀœʀ] *nf* mistake, error; *(Inform)* error; *(morale)* : **erreurs** *nfpl* errors; **être dans l'~** to be wrong; **induire qn en ~** to mislead sb; **par ~** by mistake; **sauf ~** unless I'm mistaken; **faire ~** to be mistaken; **~ de date** mistake in the date; **~ de fait** error of fact; **~ d'impression** *(Typo)*

misprint; **~ judiciaire** miscarriage of justice; **~ de jugement** error of judgment; **~ matérielle** *ou* **d'écriture** clerical error; **~ tactique** tactical error
erroné, e [eʀɔne] *adj* wrong, erroneous
ersatz [ɛʀzats] *nm* substitute, ersatz; **~ de café** coffee substitute
éructer [eʀykte] /1/ *vi* to belch
érudit, e [eʀydi, -it] *adj* erudite, learned ▶ *nm/f* scholar
érudition [eʀydisjɔ̃] *nf* erudition, scholarship
éruptif, -ive [eʀyptif, -iv] *adj* eruptive
éruption [eʀypsjɔ̃] *nf* eruption; *(cutanée)* outbreak; *(: boutons)* rash; *(fig : de joie, colère, folie)* outburst
érythème [eʀitɛm] *nm* rash; **~ fessier** nappy rash
E/S *abr* (= *entrée/sortie*) I/O (= in/out)
es [ɛ] *vb voir* **être**
ès [ɛs] *prép* : **licencié ès lettres/sciences** ≈ Bachelor of Arts/Science; **docteur ès lettres** ≈ doctor of philosophy, ≈ PhD
ESB *sigle f* (= *encéphalopathie spongiforme bovine*) BSE
esbroufe [ɛsbʀuf] *nf* : **faire de l'~** to have people on
escabeau, x [ɛskabo] *nm (tabouret)* stool; *(échelle)* stepladder
escadre [ɛskadʀ] *nf (Navig)* squadron; *(Aviat)* wing
escadrille [ɛskadʀij] *nf (Aviat)* flight
escadron [ɛskadʀɔ̃] *nm* squadron
escalade [ɛskalad] *nf* climbing *no pl*; *(Pol etc)* escalation
escalader [ɛskalade] /1/ *vt* to climb, scale
escalator [ɛskalatɔʀ] *nm* escalator
escale [ɛskal] *nf (Navig : durée)* call; *(: port)* port of call; *(Aviat)* stop(over); **faire ~ à** *(Navig)* to put in at, call in at; *(Aviat)* to stop over at; **~ technique** refuelling stop; **vol sans ~** nonstop flight
escalier [ɛskalje] *nm* stairs *pl*; **dans l'~** *ou* **les escaliers** on the stairs; **descendre l'~** *ou* **les escaliers** to go downstairs; **~ mécanique** *ou* **roulant** escalator; **~ de secours** fire escape; **~ de service** backstairs; **~ à vis** *ou* **en colimaçon** spiral staircase
escalope [ɛskalɔp] *nf* escalope
escamotable [ɛskamɔtabl] *adj (train d'atterrissage, antenne)* retractable; *(table, lit)* fold-away
escamoter [ɛskamɔte] /1/ *vt (esquiver)* to get round, evade; *(faire disparaître)* to conjure away; *(dérober : portefeuille etc)* to snatch; *(train d'atterrissage)* to retract; *(mots)* to miss out
escampette [ɛskɑ̃pɛt] *nf* : **prendre la poudre d'~** to make off, to do a bunk *(fam)*
escapade [ɛskapad] *nf* : **faire une ~** to go on a jaunt; *(s'enfuir)* to run away *ou* off
escarbille [ɛskaʀbij] *nf* bit of grit
escarcelle [ɛskaʀsɛl] *nf* : **faire tomber dans l'~** *(argent)* to bring in
escargot [ɛskaʀɡo] *nm* snail
escarmouche [ɛskaʀmuʃ] *nf (Mil)* skirmish; *(fig : propos hostiles)* angry exchange
escarpé, e [ɛskaʀpe] *adj* steep
escarpement [ɛskaʀpəmɑ̃] *nm* steep slope

escarpin [ɛskaʀpɛ̃] *nm* flat(-heeled) shoe
escarpolette [ɛskaʀpɔlɛt] *nf* swing
escarre [ɛskaʀ] *nf* bedsore
Escaut [ɛsko] *nm* : **l'~** the Scheldt
eschatologique [ɛskatɔlɔʒik] *adj* eschatological
escient [esjɑ̃] *nm* : **à bon ~** advisedly
esclaffer [ɛsklafe] /1/ : **s'esclaffer** *vpr* to guffaw
esclandre [ɛsklɑ̃dʀ] *nm* scene, fracas
esclavage [ɛsklavaʒ] *nm* slavery
esclavagiste [ɛsklavaʒist] *adj* pro-slavery ▶ *nmf* supporter of slavery
esclave [ɛsklav] *nmf* slave; **être ~ de** (*fig*) to be a slave of
escogriffe [ɛskɔɡʀif] *nm* (*péj*) beanpole
escompte [ɛskɔ̃t] *nm* discount
escompter [ɛskɔ̃te] /1/ *vt* (*Comm*) to discount; (*espérer*) to expect, reckon upon; **~ que** to reckon *ou* expect that
escorte [ɛskɔʀt] *nf* escort; **faire ~ à** to escort
escorter [ɛskɔʀte] /1/ *vt* to escort
escorteur [ɛskɔʀtœʀ] *nm* (*Navig*) escort (ship)
escouade [ɛskwad] *nf* squad; (*fig : groupe de personnes*) group
escrime [ɛskʀim] *nf* fencing; **faire de l'~** to fence
escrimer [ɛskʀime] /1/ : **s'escrimer** *vpr* : **s'~ à faire** to wear o.s. out doing
escrimeur, -euse [ɛskʀimœʀ, -øz] *nm/f* fencer
escroc [ɛskʀo] *nm* swindler, con-man
escroquer [ɛskʀɔke] /1/ *vt* : **~ qn (de qch)/qch à qn** to swindle sb (out of sth)/sth out of sb
escroquerie [ɛskʀɔkʀi] *nf* swindle
esgourdes [ɛzɡuʀd] *nfpl* (*fam*) lugs (*BRIT fam*)
ésotérique [ezɔteʀik] *adj* esoteric
ésotérisme [ezɔteʀism] *nm* (*doctrine*) esotericism; (*caractère obscur*) esoteric nature
espace [ɛspas] *nm* space; **~ publicitaire** advertising space; **~ vital** living space
espacé, e [ɛspase] *adj* spaced out
espacement [ɛspasmɑ̃] *nm* : **~ proportionnel** proportional spacing (*on printer*)
espacer [ɛspase] /3/ *vt* to space out; **s'espacer** *vpr* (*visites etc*) to become less frequent
espadon [ɛspadɔ̃] *nm* swordfish *inv*
espadrille [ɛspadʀij] *nf* rope-soled sandal
Espagne [ɛspaɲ] *nf* : **l'~** Spain
espagnol, e [ɛspaɲɔl] *adj* Spanish ▶ *nm* (*Ling*) Spanish ▶ *nm/f* : **Espagnol, e** Spaniard
espagnolette [ɛspaɲɔlɛt] *nf* (window) catch; **fermé à l'~** resting on the catch
espalier [ɛspalje] *nm* (*arbre fruitier*) espalier
espèce [ɛspɛs] *nf* (*Bio, Bot, Zool*) species *inv*; (*gén : sorte*) sort, kind, type; (*péj*) : **~ de maladroit/de brute !** you clumsy oaf/you brute!; **de toute ~** of all kinds *ou* sorts; **en l'~** *adv* in the case in point; **cas d'~** individual case; **l'~ humaine** humankind; **espèces** *nfpl* (*Comm*) cash *sg*; (*Rel*) species; **payer en espèces** to pay (in) cash
espérance [ɛspeʀɑ̃s] *nf* hope; **~ de vie** life expectancy
espéranto [ɛspeʀɑ̃to] *nm* Esperanto
espérer [ɛspeʀe] /6/ *vt* to hope for; **j'espère (bien)** I hope so; **~ que/faire** to hope that/to do; **~ en** to trust in

espiègle [ɛspjɛɡl] *adj* mischievous
espièglerie [ɛspjɛɡləʀi] *nf* mischievousness; (*tour, farce*) piece of mischief, prank
espion, ne [ɛspjɔ̃, -ɔn] *nm/f* spy; **avion ~** spy plane
espionnage [ɛspjɔnaʒ] *nm* espionage, spying; **film/roman d'~** spy film/novel
espionner [ɛspjɔne] /1/ *vt* to spy (up)on
esplanade [ɛsplanad] *nf* esplanade
espoir [ɛspwaʀ] *nm* hope; **l'~ de qch/de faire qch** the hope of sth/of doing sth; **avoir bon ~ que ...** to have high hopes that ...; **garder l'~ que ...** to remain hopeful that ...; **dans l'~ de/ que** in the hope of/that; **reprendre ~** not to lose hope; **un ~ de la boxe/du ski** one of boxing's/skiing's hopefuls, one of the hopes of boxing/skiing; **sans ~** *adj* hopeless
esprit [ɛspʀi] *nm* (*pensée, intellect*) mind; (*humour, ironie*) wit; (*mentalité, d'une loi etc, fantôme etc*) spirit; **l'~ d'équipe/de compétition** team/ competitive spirit; **faire de l'~** to try to be witty; **reprendre ses esprits** to come to; **perdre l'~** to lose one's mind; **avoir bon/ mauvais ~** to be of a good/bad disposition; **avoir l'~ à faire qch** to have a mind to do sth; **avoir l'~ critique** to be critical; **~ de contradiction** contrariness; **~ de corps** esprit de corps; **~ de famille** family loyalty; **l'~ malin** (*le diable*) the Evil One; **esprits chagrins** fault-finders
esquif [ɛskif] *nm* skiff
esquille [ɛskij] *nf* (*fragment d'os*) splinter
esquimau, de, x [ɛskimo, -od] *adj* Eskimo; **chien ~ husky** ▶ *nm* (*Ling*) Eskimo; (*glace*) : **E~®** ice lolly (*BRIT*), popsicle (*US*) ▶ *nm/f* : **Esquimau, de** Eskimo
esquinter [ɛskɛ̃te] /1/ : *fam vt* to mess up; **s'esquinter** *vpr* : **s'~ à faire qch** to knock o.s. out doing sth
esquisse [ɛskis] *nf* sketch; **l'~ d'un sourire/ changement** a hint of a smile/of change
esquisser [ɛskise] /1/ *vt* to sketch; **~ un sourire** to give a hint of a smile; **s'esquisser** *vpr* (*amélioration*) to begin to be detectable
esquive [ɛskiv] *nf* (*Boxe*) dodging; (*fig*) sidestepping
esquiver [ɛskive] /1/ *vt* to dodge; **s'esquiver** *vpr* to slip away
essai [ɛse] *nm* trying; (*tentative*) attempt, try; (*de produit*) testing; (*Rugby*) try; (*Littérature*) essay; **à l'~** on a trial basis; **mettre à l'~** to put to the test; **~ gratuit** (*Comm*) free trial; **essais** *nmpl* (*Auto*) trials
essaim [ɛsɛ̃] *nm* swarm
essaimer [eseme] /1/ *vi* to swarm; (*fig*) to spread, expand
essayage [esejaʒ] *nm* (*d'un vêtement*) trying on, fitting; **salon d'~** fitting room; **cabine d'~** fitting room (*cubicle*)
essayer [eseje] /8/ *vt* (*gén*) to try; (*vêtement, chaussures*) to try (on); (*restaurant, méthode, voiture*) to try (out); **~ de faire** to *ou* attempt to do ▶ *vi* to try; **essayez un peu !** (*menace*) just you try!; **s'essayer à faire** *vpr* to try one's hand at doing

essayeur, -euse [esejœʀ, -øz] *nm/f* (*chez un tailleur etc*) fitter

essayiste [esejist] *nmf* essayist

ESSEC [esɛk] *sigle f* (= *École supérieure des sciences économiques et sociales*) *grande école for management and business studies*

essence [esɑ̃s] *nf* (*de voiture*) petrol (BRIT), gas(oline) (US); (*extrait de plante, Philosophie*) essence; (*espèce : d'arbre*) species *inv*; **prendre de l'~** to get (some) petrol *ou* gas; **par ~** (*essentiellement*) essentially; **~ de citron/rose** lemon/rose oil; **~ sans plomb** unleaded petrol; **~ de térébenthine** turpentine

essentiel, le [esɑ̃sjɛl] *adj* essential ▸ *nm* : **l'~ d'un discours/d'une œuvre** the essence of a speech/work of art; **emporter l'~** to take the essentials; **c'est l'~** (*ce qui importe*) that's the main thing; **l'~ de** (*la majeure partie*) the main part of

essentiellement [esɑ̃sjɛlmɑ̃] *adv* essentially

esseulé, e [esœle] *adj* forlorn

essieu, x [esjø] *nm* axle

essor [esɔʀ] *nm* (*de l'économie etc*) rapid expansion; **prendre son ~** (*oiseau*) to fly off

essorage [esɔʀaʒ] *nm* wringing out; spin-drying; spinning; shaking

essorer [esɔʀe] */1/* *vt* (*en tordant*) to wring (out); (*par la force centrifuge*) to spin-dry; (*salade*) to spin; (: *en secouant*) to shake dry

essoreuse [esɔʀøz] *nf* mangle, wringer; (*à tambour*) spin-dryer

essoufflé, e [esufle] *adj* out of breath, breathless

essoufflement [esufləmɑ̃] *nm* (*de personne*) breathlessness; (*ralentissement : de croissance, économie, activité*) slowing, running out of steam; **l'~ de la croissance** the slowing of economic growth

essouffler [esufle] */1/* *vt* to make breathless; **s'essouffler** *vpr* to get out of breath; (*fig : économie*) to run out of steam

essuie *etc* [esɥi] *vb voir* **essuyer**

essuie-glace [esɥiglas] *nm* windscreen (BRIT) *ou* windshield (US) wiper

essuie-mains [esɥimɛ̃] *nm* hand towel

essuierai *etc* [esɥiʀe] *vb voir* **essuyer**

essuie-tout [esɥitu] *nm inv* kitchen paper

essuyer [esɥije] */8/* *vt* to wipe; (*fig : subir*) to suffer; **~ la vaisselle** to dry up, dry the dishes; **s'essuyer** *vpr* (*après le bain*) to dry o.s.

est *vb* [ɛ] *voir* **être** ▸ *nm* [ɛst] : **l'~** the east; **à l'~** in the east; (*direction*) to the east, east(wards); **à l'~ de** (to the) east of; **les pays de l'E~** the eastern countries ▸ *adj inv* [ɛst] east; (*région*) east(ern)

estafette [ɛstafɛt] *nf* (*Mil*) dispatch rider

estafilade [ɛstafilad] *nf* gash, slash

est-allemand, e [ɛstalmɑ̃, -ɑ̃d] *adj* East German

estaminet [ɛstaminɛ] *nm* tavern

estampe [ɛstɑ̃p] *nf* print, engraving

estamper [ɛstɑ̃pe] */1/* *vt* (*monnaies etc*) to stamp; (*fam : escroquer*) to swindle

estampille [ɛstɑ̃pij] *nf* stamp

est-ce que [ɛskə] *adv* : **~ c'est cher/c'était bon ?** is it expensive/was it good?; **quand**

est-ce qu'il part ? when does he leave?, when is he leaving?; **où est-ce qu'il va ?** where's he going?; *voir aussi* **que**

este [ɛst] *adj* Estonian ▸ *nmf* : **Este** Estonian

esthète [ɛstɛt] *nmf* aesthete

esthéticienne [ɛstetisjɛn] *nf* beautician

esthétique [ɛstetik] *adj* (*sens, jugement*) aesthetic; (*beau*) attractive, aesthetically pleasing ▸ *nf* aesthetics *sg*; **l'~ industrielle** industrial design

esthétiquement [ɛstetikmɑ̃] *adv* aesthetically

estimable [ɛstimabl] *adj* respected

estimatif, -ive [ɛstimatif, -iv] *adj* estimated

estimation [ɛstimasjɔ̃] *nf* valuation; assessment; (*chiffre*) estimate; **d'après mes estimations** according to my calculations

estime [ɛstim] *nf* esteem, regard; **avoir de l'~ pour qn** to think highly of sb

estimer [ɛstime] */1/* *vt* (*respecter*) to esteem, hold in high regard; (*expertiser : bijou*) to value; (*évaluer : coût etc*) to assess, estimate; (*penser*) : **~ que/être** to consider that/o.s. to be; **j'estime la distance à 10 km** I reckon the distance to be 10 km; **s'estimer satisfait/heureux** *vpr* to feel satisfied/happy

estival, e, -aux [ɛstival, -o] *adj* summer *cpd*; **station estivale** (summer) holiday resort

estivant, e [ɛstivɑ̃, -ɑ̃t] *nm/f* (summer) holiday-maker

estoc [ɛstɔk] *nm* : **frapper d'~ et de taille** to cut and thrust

estocade [ɛstɔkad] *nf* death-blow

estomac [ɛstɔma] *nm* stomach; **avoir mal à l'~** to have stomach ache; **avoir l'~ creux** to have an empty stomach

estomaqué, e [ɛstɔmake] *adj* flabbergasted

estomaquer [ɛstɔmake] *vt* (*fam*) to flabbergast

estompe [ɛstɔ̃p] *nf* stump; (*dessin*) stump drawing

estompé, e [ɛstɔ̃pe] *adj* blurred

estomper [ɛstɔ̃pe] */1/* *vt* (*Art*) to shade off; (*fig*) to blur, dim; **s'estomper** *vpr* (*sentiments*) to soften; (*contour*) to become blurred

Estonie [ɛstɔni] *nf* : **l'~** Estonia

estonien, ne [ɛstɔnjɛ̃, -ɛn] *adj* Estonian ▸ *nm* (*Ling*) Estonian ▸ *nm/f* : **Estonien, ne** Estonian

estourbir [ɛsturbiʀ] *vt* (*fam : personne : assommer*) to knock out; (: *animal : tuer*) to knock out

estrade [ɛstʀad] *nf* platform, rostrum

estragon [ɛstʀagɔ̃] *nm* tarragon

estropié, e [ɛstʀɔpje] *nm/f* cripple

estropier [ɛstʀɔpje] */7/* *vt* to cripple, maim; (*fig*) to twist, distort

estuaire [ɛstɥɛʀ] *nm* estuary

estudiantin, e [ɛstydjɑ̃tɛ̃, -in] *adj* student *cpd*

esturgeon [ɛstyʀʒɔ̃] *nm* sturgeon

et [e] *conj* and; **et lui ?** what about him?; **et alors ?, et (puis) après ?** so what?; (*ensuite*) and then?

ét. *abr* = **étage**

ETA [eta] *sigle m* (*Pol*) ETA

étable [etabl] *nf* cowshed

établi, e [etabli] *adj* established ▸ *nm* (work)bench

établir [etablіʀ] **/2/** vt (papiers d'identité, facture) to make out; (liste, programme) to draw up; (gouvernement, artisan etc : aider à s'installer) to set up, establish; (entreprise, atelier, camp) to set up; (réputation, usage, fait, culpabilité, relations) to establish; (Sport : record) to set; **s'établir** vpr (se faire : entente etc) to be established; **s'~ (à son compte)** to set up in business; **s'~ à/près de** to settle in/near

établissement [etablismɑ̃] nm making out; drawing up; setting up, establishing; (entreprise, institution) establishment; **~ de crédit** credit institution; **~ hospitalier** hospital complex; **~ industriel** industrial plant, factory; **~ scolaire** school, educational establishment

étage [etaʒ] nm (d'immeuble) storey (BRIT), story (US), floor; (de fusée) stage; (Géo : de culture, végétation) level; **au 2ème ~** on the 2nd (BRIT) ou 3rd (US) floor; **à l'~** upstairs; **maison à deux étages** two-storey ou -story house; **c'est à quel ~ ?** what floor is it on?; **de bas ~** adj low-born; (médiocre) inferior

étager [etaʒe] **/3/** vt (cultures) to lay out in tiers; **s'étager** vpr (prix) to range; (zones, cultures) to lie on different levels

étagère [etaʒεʀ] nf (rayon) shelf; (meuble) shelves pl, set of shelves

étai [etε] nm stay, prop

étain [etɛ̃] nm tin; (Bijouterie) pewter no pl

étais etc [etε] vb voir **être**

étal [etal] nm stall

étalage [etalaʒ] nm display; (vitrine) display window; **faire ~ de** to show off, parade

étalagiste [etalaʒist] nmf window-dresser

étale [etal] adj (mer) slack

étalement [etalmɑ̃] nm spreading; (échelonnement) staggering

étaler [etale] **/1/** vt (carte, nappe) to spread (out); (peinture, liquide) to spread; (échelonner : paiements, dates, vacances) to spread, stagger; (exposer : marchandises) to display; (richesses, connaissances) to parade; **s'étaler** vpr (liquide) to spread out; (fam) to fall flat on one's face, come a cropper (BRIT); **s'~ sur** (paiements etc) to be spread over

étalon [etalɔ̃] nm (mesure) standard; (cheval) stallion; **l'~-or** the gold standard

étalonnage [etalɔnaʒ] nm calibration

étalonner [etalɔne] **/1/** vt to calibrate

étamer [etame] **/1/** vt (casserole) to tin(plate); (glace) to silver

étamine [etamin] nf (Bot) stamen; (tissu) butter muslin

étanche [etɑ̃ʃ] adj (récipient, aussi fig) watertight; (montre, vêtement) waterproof; **~ à l'air** airtight

étanchéité [etɑ̃ʃeite] nf watertightness; airtightness

étancher [etɑ̃ʃe] **/1/** vt (liquide) to stop (flowing); **~ sa soif** to quench ou slake one's thirst

étançon [etɑ̃sɔ̃] nm (Tech) prop

étançonner [etɑ̃sɔne] **/1/** vt to prop up

étang [etɑ̃] nm pond

étant [etɑ̃] vb voir **être** ; **donné**

étape [etap] nf stage; (lieu d'arrivée) stopping place; (: Cyclisme) staging point; **faire ~ à** to stop off at; **brûler les étapes** (fig) to cut corners

état [eta] nm (condition) state; (d'un article d'occasion) condition, state; (liste) inventory, statement; (avec une majuscule : Pol) state; **l'État** the State; **les États du Golfe** the Gulf States; **en bon/mauvais ~** in good/poor condition; **en ~ (de marche)** in (working) order; **remettre en ~** to repair; **hors d'~** out of order; **être en ~/hors d'~ de faire** to be in a state/in no fit state to do; **en tout ~ de cause** in any event; **être dans tous ses états** to be in a state; **faire ~ de** (alléguer) to put forward; **en ~ d'arrestation** under arrest; **~ de grâce** (Rel) state of grace; (fig) honeymoon period; **en ~ de grâce** (fig) inspired; **en ~ d'ivresse** under the influence of drink; **~ de choses** (situation) state of affairs; **~ civil** civil status; (bureau) registry office (BRIT); **~ d'esprit** frame of mind; **~ des lieux** inventory of fixtures; **~ de santé** state of health; **~ de siège/d'urgence** state of siege/emergency; **~ de veille** (Psych) waking state; **états d'âme** moods; **états de service** service record sg

étatique [etatik] adj state cpd, State cpd

étatisation [etatizasjɔ̃] nf nationalization

étatiser [etatize] **/1/** vt to bring under state control

étatisme [etatism] nm state control

étatiste [etatist] adj (doctrine etc) of state control ▶ nmf partisan of state control

état-major [etamaʒɔʀ] (pl **états-majors**) nm (Mil) staff; (d'un parti etc) top advisers pl; (d'une entreprise) top management

État-providence [etapʀɔvidɑ̃s] (pl **États-providence**) nm welfare state

États-Unis [etazyni] nmpl : **les ~ (d'Amérique)** the United States (of America)

étau, x [eto] nm vice (BRIT), vise (US)

étayer [eteje] **/8/** vt to prop ou shore up; (fig) to back up

et cætera, et cetera, etc. [εtseteʀa] adv et cetera, and so on, etc

été [ete] pp de **être** ▶ nm summer; **en ~** in summer

éteignais etc [etεɲε] vb voir **éteindre**

éteignoir [etεɲwaʀ] nm (candle) snuffer; (péj) killjoy, wet blanket

éteindre [etɛ̃dʀ] **/52/** vt (lampe, lumière, radio, chauffage) to turn ou switch off; (cigarette, incendie, bougie) to put out, extinguish; (Jur : dette) to extinguish; **s'éteindre** vpr to go off; (feu, lumière) to go out; (mourir) to pass away

éteint, e [etɛ̃, -ɛ̃t] pp de **éteindre** ▶ adj (fig) lacklustre, dull; (volcan) extinct; **tous feux éteints** (Auto : rouler) without lights

étendard [etɑ̃daʀ] nm standard

étendoir [etɑ̃dwaʀ] nm drying rack

étendre [etɑ̃dʀ] **/41/** vt (appliquer : pâte, liquide) to spread; (déployer : carte etc) to spread out; (sur un fil : lessive, linge) to hang up ou out; (bras, jambes, par terre : blessé) to stretch out; (diluer) to dilute, thin; (fig : agrandir) to extend; (fam : adversaire) to floor; **s'étendre** vpr (augmenter, se propager) to spread; (terrain, forêt etc) : **s'~ jusqu'à/de ... à** to stretch as far as/from ... to; **s'~ (sur)** (s'allonger) to stretch out (upon); (se coucher) to lie down (on); (fig : expliquer) to elaborate ou enlarge (upon)

étendu, e [etãdy] *adj* extensive ▶ *nf* (*d'eau, de sable*) stretch, expanse; (*de problème*) extent

éternel, le [etɛʀnɛl] *adj* eternal; **les neiges éternelles** perpetual snow

éternellement [etɛʀnɛlmã] *adv* eternally

éterniser [etɛʀnize] /1/ : **s'éterniser** *vpr* to last for ages; (*personne*) to stay for ages

éternité [etɛʀnite] *nf* eternity; **il y a** *ou* **ça fait une ~ que** it's ages since; **de toute ~** from time immemorial; **ça a duré une ~** it lasted for ages

éternuement [etɛʀnymã] *nm* sneeze

éternuer [etɛʀnɥe] /1/ *vi* to sneeze

êtes [ɛt(z)] *vb voir* **être**

étêter [etete] /1/ *vt* (*arbre*) to poll(ard); (*clou, poisson*) to cut the head off

éthanol [etanɔl] *nm* ethanol

éther [etɛʀ] *nm* ether

éthéré, e [eteʀe] *adj* ethereal

Éthiopie [etjɔpi] *nf* : **l'~** Ethiopia

éthiopien, ne [etjɔpjɛ̃, -ɛn] *adj* Ethiopian

éthique [etik] *adj* ethical ▶ *nf* ethics *sg*

ethnicité [ɛtnisite] *nf* ethnicity

ethnie [ɛtni] *nf* ethnic group

ethnique [ɛtnik] *adj* ethnic

ethnocentrique [ɛtnɔsãtʀik] *adj* (*vision, discours*) ethnocentric

ethnocentrisme [ɛtnosãtʀism] *nm* ethnocentrism

ethnographe [ɛtnɔɡʀaf] *nmf* ethnographer

ethnographie [ɛtnɔɡʀafi] *nf* ethnography

ethnographique [ɛtnɔɡʀafik] *adj* ethnographic(al)

ethnologie [ɛtnɔlɔʒi] *nf* ethnology

ethnologique [ɛtnɔlɔʒik] *adj* ethnological

ethnologue [ɛtnɔlɔɡ] *nmf* ethnologist

éthologie [etɔlɔʒi] *nf* ethology

éthylique [etilik] *adj* alcoholic

éthylisme [etilism] *nm* alcoholism

éthylomètre [etilɔmɛtʀ] *nm* Breathalyser®

éthylotest [etilɔtɛst] *nm* Breathalyser®

étiage [etjaʒ] *nm* low water

étiez [etje] *vb voir* **être**

étincelant, e [etɛ̃s(ə)lã, -ãt] *adj* sparkling

étinceler [etɛ̃s(ə)le] /4/ *vi* to sparkle

étincelle [etɛ̃sɛl] *nf* spark

étioler [etjɔle] /1/ : **s'étioler** *vpr* to wilt

étions [etjɔ̃] *vb voir* **être**

étique [etik] *adj* skinny, bony

étiquetage [etik(ə)taʒ] *nm* labelling

étiqueter [etik(ə)te] /4/ *vt* to label

étiquette [etikɛt] *vb voir* **étiqueter** ▶ *nf* label; (*protocole*) : **l'~** etiquette

étirement [etiʀmã] *nm* (*de muscle*) stretching; **faire des étirements** to do some stretching, to do stretching exercises

étirer [etiʀe] /1/ *vt* to stretch; (*ressort*) to stretch out; **s'étirer** *vpr* (*personne*) to stretch; (*convoi, route*) : **s'~ sur** to stretch out over

étoffe [etɔf] *nf* material, fabric; **avoir l'~ d'un chef** *etc* to be cut out to be a leader *etc*; **avoir de l'~** to be a forceful personality

étoffer [etɔfe] /1/ *vt* to flesh out; **s'étoffer** *vpr* to fill out

étoile [etwal] *nf* star; **la bonne/mauvaise ~ de qn** sb's lucky/unlucky star; **à la belle ~** (out) in the open; **~ filante** shooting star; **~ de mer** starfish; **~ polaire** pole star ▶ *adj* : **danseuse** *ou* **danseur ~** leading dancer

étoilé, e [etwale] *adj* starry

étole [etɔl] *nf* stole

étonnamment [etɔnamã] *adv* amazingly

étonnant, e [etɔnã, -ãt] *adj* surprising

étonné, e [etɔne] *adj* surprised

étonnement [etɔnmã] *nm* surprise, amazement; **à mon grand ~ ...** to my great surprise *ou* amazement ...

étonner [etɔne] /1/ *vt* to surprise, amaze; **cela m'étonnerait (que)** (*j'en doute*) I'd be (very) surprised (if); **s'étonner que/de** *vpr* to be surprised that/at

étouffant, e [etufã, -ãt] *adj* stifling

étouffé, e [etufe] *adj* (*asphyxié*) suffocated; (*assourdi* : *cris, rires*) smothered ▶ *nf* : **à l'étouffée** (*Culin* : *poisson, légumes*) steamed; (: *viande*) braised

étouffement [etufmã] *nm* suffocation

étouffer [etufe] /1/ *vt* to suffocate; (*bruit*) to muffle; (*scandale*) to hush up ▶ *vi* to suffocate; (*avoir trop chaud* : *aussi fig*) to feel stifled; **on étouffe** it's stifling; **s'étouffer** *vpr* (*en mangeant etc*) to choke

étouffoir [etufwaʀ] *nm* (*Mus*) damper

étoupe [etup] *nf* tow

étourderie [etuʀdəʀi] *nf* (*caractère*) absent-mindedness *no pl*; (*faute*) thoughtless blunder; **faute d'~** careless mistake

étourdi, e [etuʀdi] *adj* (*distrait*) scatterbrained, heedless

étourdiment [etuʀdimã] *adv* rashly

étourdir [etuʀdiʀ] /2/ *vt* (*assommer*) to stun, daze; (*griser*) to make dizzy *ou* giddy

étourdissant, e [etuʀdisã, -ãt] *adj* staggering

étourdissement [etuʀdismã] *nm* dizzy spell

étourneau, x [etuʀno] *nm* starling

étrange [etʀãʒ] *adj* strange

étrangement [etʀãʒmã] *adv* strangely

étranger, -ère [etʀãʒe, -ɛʀ] *adj* foreign; (*pas de la famille, non familier*) strange; **~ à** (*mal connu*) unfamiliar to; (*sans rapport*) irrelevant to ▶ *nm/f* foreigner; stranger ▶ *nm* : **l'~** foreign countries; **à l'~** abroad; **de l'~** from abroad

étrangeté [etʀãʒte] *nf* strangeness

étranglé, e [etʀãɡle] *adj* : **d'une voix étranglée** in a strangled voice

étranglement [etʀãɡləmã] *nm* (*d'une vallée etc*) constriction, narrow passage

étrangler [etʀãɡle] /1/ *vt* to strangle; (*fig* : *presse, libertés*) to stifle; **s'étrangler** *vpr* (*en mangeant etc*) to choke; (*se resserrer*) to make a bottleneck

étrave [etʀav] *nf* stem

MOT-CLÉ

être [ɛtʀ] /61/ *nm* being; **être humain** human being

▶ *vb copule* **1** (*état, description*) to be; **il est instituteur** he is *ou* he's a teacher; **vous êtes grand/intelligent/fatigué** you are *ou* you're tall/clever/tired

2 (+à : *appartenir*) to be; **le livre est à Paul** the book is Paul's *ou* belongs to Paul; **c'est à moi/eux** it is *ou* it's mine/theirs

3 (+de : provenance) : **il est de Paris** he is from Paris; (: appartenance) : **il est des nôtres** he is one of us
4 (date) : **nous sommes le 10 janvier** it's the 10th of January (today)
▸ vi to be; **je ne serai pas ici demain** I won't be here tomorrow
▸ vb aux **1** to have; to be; **être arrivé/allé** to have arrived/gone; **il est parti** he has left, he has gone
2 (forme passive) to be; **être fait par** to be made by; **il a été promu** he has been promoted
3 (+à +inf : obligation, but) : **c'est à réparer** it needs repairing; **c'est à essayer** it should be tried; **il est à espérer que …** it is ou it's to be hoped that …
▸ vb impers **1** : **il est** (+ adj) it is; **il est impossible de le faire** it's impossible to do it
2 : **il est** (heure, date) : **il est 10 heures** it is ou it's 10 o'clock
3 (emphatique) : **c'est moi** it's me; **c'est à lui de le faire** it's up to him to do it; voir aussi **est-ce que** ; **n'est-ce pas** ; **c'est-à-dire** ; **ce**

étreindre [etʀɛ̃dʀ] /**52**/ vt to clutch, grip; (amoureusement, amicalement) to embrace; **s'étreindre** vpr to embrace
étreinte [etʀɛ̃t] nf clutch, grip; embrace; **resserrer son ~ autour de** (fig) to tighten one's grip on ou around
étrenner [etʀene] /**1**/ vt to use (ou wear) for the first time
étrennes [etʀɛn] nfpl (cadeaux) New Year's present; (gratifications) ≈ Christmas box sg, ≈ Christmas bonus
étrier [etʀije] nm stirrup
étrille [etʀij] nf (brosse) currycomb
étriller [etʀije] /**1**/ vt (cheval) to curry; (fam : battre) to slaughter (fig)
étriper [etʀipe] /**1**/ vt to gut; (fam) : **~ qn** to tear sb's guts out
étriqué, e [etʀike] adj skimpy
étroit, e [etʀwa, -wat] adj narrow; (vêtement) tight; (fig : liens, collaboration) close, tight; **à l'~** cramped; **~ d'esprit** narrow-minded
étroitement [etʀwatmɑ̃] adv closely
étroitesse [etʀwatɛs] nf narrowness; **~ d'esprit** narrow-mindedness
étron [etʀɔ̃] nm (fam) turd (fam)
étrusque [etʀysk] adj Etruscan
étude [etyd] nf studying; (ouvrage, rapport, Mus) study; (de notaire : bureau) office; (: charge) practice; (Scol : salle de travail) study room; **être à l'~** (projet etc) to be under consideration; **~ de cas** case study; **~ de faisabilité** feasibility study; **~ de marché** (Écon) market research; **études** nfpl (Scol) studies; **faire des études (de droit/médecine)** to study (law/medicine); **études secondaires/supérieures** secondary/higher education
étudiant, e [etydjɑ̃, -ɑ̃t] adj, nm/f student
étudié, e [etydje] adj (démarche) studied; (système) carefully designed; (prix) keen
étudier [etydje] /**7**/ vt, vi to study
étui [etɥi] nm case

étuve [etyv] nf steamroom; (appareil) sterilizer
étuvée [etyve] : **à l'~** adv braised
étymologie [etimɔlɔʒi] nf etymology
étymologique [etimɔlɔʒik] adj etymological
EU sigle mpl (= États-Unis) US
eu, eue [y] pp de **avoir**
EUA sigle mpl (= États-Unis d'Amérique) USA
eucalyptus [økaliptys] nm eucalyptus
Eucharistie [økaʀisti] nf : **l'~** the Eucharist, the Lord's Supper
eucharistique [økaʀistik] adj eucharistic
euclidien, ne [øklidjɛ̃, -ɛn] adj Euclidian
eugénique [øʒenik] adj eugenic ▸ nf eugenics sg
eugénisme [øʒenism] nm eugenics sg
euh [ø] excl er
eunuque [ønyk] nm eunuch
euphémique [øfemik] adj euphemistic
euphémisme [øfemism] nm euphemism
euphonie [øfɔni] nf euphony
euphorbe [øfɔʀb] nf (Bot) spurge
euphorie [øfɔʀi] nf euphoria
euphorique [øfɔʀik] adj euphoric
euphorisant, e [øfɔʀizɑ̃, -ɑ̃t] adj exhilarating
eurafricain, e [øʀafʀikɛ̃, -ɛn] adj Eurafrican
eurasiatique [øʀazjatik] adj Eurasiatic
Eurasie [øʀazi] nf : **l'~** Eurasia
eurasien, ne [øʀazjɛ̃, -ɛn] adj Eurasian
EURATOM [øʀatɔm] sigle f Euratom
eurent [yʀ] vb voir **avoir**
euro [øʀo] nm euro
euro- [øʀo] préfixe Euro-
eurocrate [øʀɔkʀat] nmf (péj) Eurocrat
eurodevise [øʀodəviz] nf Eurocurrency
eurodollar [øʀodɔlaʀ] nm Eurodollar
Euroland [øʀolɑ̃d] nm Euroland
euromonnaie [øʀomɔne] nf Eurocurrency
Europe [øʀɔp] nf : **l'~** Europe; **l'~ centrale** Central Europe; **l'~ verte** European agriculture
européanisation [øʀɔpeanizasjɔ̃] nf Europeanization
européaniser [øʀɔpeanize] /**1**/ vt to Europeanize
européen, ne [øʀɔpeɛ̃, -ɛn] adj European ▸ nm/f : **Européen, ne** European
europhile [øʀofil] adj (homme politique, pays) Europhile, pro-Europe ▸ nm/f Europhile, pro-European
eurosceptique [øʀoseptik] adj, nmf Eurosceptic
Eurovision [øʀovizjɔ̃] nf Eurovision; **émission en ~** Eurovision broadcast
eus etc [y] vb voir **avoir**
euthanasie [øtanazi] nf euthanasia
euthanasier [øtanazje] vt (animal) to put down, to put to sleep; (personne) to euthanize
eux [ø] pron (sujet) they; (objet) them; **~, ils ont fait …** THEY did …
évacuation [evakɥasjɔ̃] nf evacuation
évacué, e [evakɥe] nm/f evacuee
évacuer [evakɥe] /**1**/ vt (salle, région) to evacuate, clear; (occupants, population) to evacuate; (toxine etc) to evacuate, discharge
évadé, e [evade] adj escaped ▸ nm/f escapee
évader [evade] /**1**/ : **s'évader** vpr to escape
évaluation [evalɥasjɔ̃] nf assessment, evaluation

évaluer [evalɥe] /**1**/ vt (expertiser) to assess, evaluate; (juger approximativement) to estimate

évanescent, e [evanesã, -ãt] adj evanescent

évangélique [evãʒelik] adj evangelical

évangélisation [evãʒelizasjɔ̃] nf evangelization

évangéliser [evãʒelize] /**1**/ vt to evangelize

évangéliste [evãʒelist] nm evangelist

évangile [evãʒil] nm gospel; (texte de la Bible) : **l'É~** the Gospel; **ce n'est pas l'É~** (fig) it's not gospel

évanoui, e [evanwi] adj in a faint; **tomber ~** to faint

évanouir [evanwiʀ] /**2**/ : **s'évanouir** vpr to faint, pass out; (disparaître) to vanish, disappear

évanouissement [evanwismã] nm (syncope) fainting fit; (Méd) loss of consciousness

évaporation [evapɔʀasjɔ̃] nf evaporation

évaporé, e [evapɔʀe] adj giddy, scatterbrained

évaporer [evapɔʀe] /**1**/ : **s'évaporer** vpr to evaporate

évasé, e [evaze] adj (jupe etc) flared

évaser [evaze] /**1**/ vt (tuyau) to widen, open out; (jupe, pantalon) to flare; **s'évaser** vpr to widen, open out

évasif, -ive [evazif, -iv] adj evasive

évasion [evazjɔ̃] nf escape; **littérature d'~** escapist literature; **~ des capitaux** (Écon) flight of capital; **~ fiscale** tax avoidance

évasivement [evazivmã] adv evasively

évêché [eveʃe] nm (fonction) bishopric; (palais) bishop's palace

éveil [evɛj] nm awakening; **être en ~** to be alert; **mettre qn en ~, donner l'~ à qn** to arouse sb's suspicions; **activités d'~** early-learning activities

éveillé, e [eveje] adj awake; (vif) alert, sharp

éveiller [eveje] /**1**/ vt to (a)waken; (soupçons etc) to arouse; **s'éveiller** vpr to (a)waken; (fig) to be aroused

événement [evɛnmã] nm event

éventail [evãtaj] nm fan; (choix) range; **en ~** fanned out; fan-shaped

éventaire [evãtɛʀ] nm stall, stand

éventé, e [evãte] adj (parfum, vin) stale

éventer [evãte] /**1**/ vt (secret, complot) to uncover; (avec un éventail) to fan; **s'éventer** vpr (parfum, vin) to go stale

éventrer [evãtʀe] /**1**/ vt to disembowel; (fig) to tear ou rip open

éventualité [evãtɥalite] nf eventuality; possibility; **dans l'~ de** in the event of; **parer à toute ~** to guard against all eventualities

éventuel, le [evãtɥɛl] adj possible

éventuellement [evãtɥɛlmã] adv possibly

évêque [evɛk] nm bishop

Everest [ɛv(ə)ʀɛst] nm : **(mont) ~** (Mount) Everest

évertuer [evɛʀtɥe] /**1**/ : **s'évertuer** vpr : **s'~ à faire** to try very hard to do

éviction [eviksjɔ̃] nf ousting, supplanting; (de locataire) eviction

évidemment [evidamã] adv (bien sûr) of course; (certainement) obviously

évidence [evidãs] nf obviousness; (fait) obvious fact; **se rendre à l'~** to bow before the evidence; **nier l'~** to deny the evidence; **à l'~** evidently; **de toute ~** quite obviously ou evidently; **en ~** conspicuous; **être en ~** to be clearly visible; **mettre en ~** (fait) to highlight

évident, e [evidã, -ãt] adj obvious, evident; **ce n'est pas ~** (cela pose des problèmes) it's not (all that) straightforward, it's not as simple as all that

évider [evide] /**1**/ vt to scoop out

évier [evje] nm (kitchen) sink

évincer [evɛ̃se] /**3**/ vt to oust, supplant

éviscérer [eviseʀe] vt to eviscerate

évitable [evitabl] adj avoidable

évitement [evitmã] nm : **place d'~** (Auto) passing place

éviter [evite] /**1**/ vt to avoid; **~ de faire/que qch ne se passe** to avoid doing/sth happening; **~ qch à qn** to spare sb sth

évocateur, -trice [evɔkatœʀ, -tʀis] adj evocative, suggestive

évocation [evɔkasjɔ̃] nf evocation

évolué, e [evɔlɥe] adj advanced; (personne) broad-minded

évoluer [evɔlɥe] /**1**/ vi (enfant, maladie) to develop; (situation, moralement) to evolve, develop; (aller et venir : danseur etc) to move about, circle

évolutif, -ive [evɔlytif, -iv] adj evolving

évolution [evɔlysjɔ̃] nf development; evolution; **évolutions** nfpl movements

évolutionnisme [evɔlysjɔnism] nm evolutionism

évoquer [evɔke] /**1**/ vt to call to mind, evoke; (mentionner) to mention

ex. abr (= exemple) ex.

ex- [ɛks] préfixe ex-; **son ~mari** her ex-husband; **son ~femme** his ex-wife

exacerbé, e [ɛgzasɛʀbe] adj (orgueil, sensibilité) exaggerated

exacerber [ɛgzasɛʀbe] /**1**/ vt to exacerbate

exact, e [ɛgza(kt), ɛgzakt] adj (précis) exact, accurate, precise; (correct) correct; (ponctuel) punctual; **l'heure exacte** the right ou exact time

exactement [ɛgzaktəmã] adv exactly, accurately, precisely; correctly; (c'est cela même) exactly

exaction [ɛgzaksjɔ̃] nf (d'argent) exaction; (gén pl : actes de violence) abuse(s)

exactitude [ɛgzaktityd] nf exactitude, accurateness, precision

ex aequo [ɛgzeko] adj inv equally placed; **classé 1er** = placed equal first; **arriver ~** to finish neck and neck

exagération [ɛgzaʒeʀasjɔ̃] nf exaggeration

exagéré, e [ɛgzaʒeʀe] adj (prix etc) excessive

exagérément [ɛgzaʒeʀemã] adv excessively

exagérer [ɛgzaʒeʀe] /**6**/ vt to exaggerate ▸ vi (abuser) to go too far; (dépasser les bornes) to overstep the mark; (déformer les faits) to exaggerate; **s'exagérer qch** vpr to exaggerate sth

exaltant, e [ɛgzaltã, -ãt] adj exhilarating

exaltation [ɛgzaltasjɔ̃] nf exaltation

exalté, e [ɛgzalte] adj (over)excited ▸ nm/f (péj) fanatic

exalter [ɛgzalte] /**1**/ vt (enthousiasmer) to excite, elate; (glorifier) to exalt

examen [ɛgzamɛ̃] nm examination; (Scol) exam, examination; **à l'~** (dossier, projet) under consideration; (Comm) on approval; **~ blanc** mock exam(ination); **~ de la vue** sight test; **~ médical** (medical) examination; (analyse) test

examinateur, -trice [ɛgzaminatœR, -tRis] nm/f examiner

examiner [ɛgzamine] /**1**/ vt to examine

exaspérant, e [ɛgzaspeRɑ̃, -ɑ̃t] adj exasperating

exaspération [ɛgzaspeRasjɔ̃] nf exasperation

exaspéré, e [ɛgzaspeRe] adj exasperated

exaspérer [ɛgzaspeRe] /**6**/ vt to exasperate; (aggraver) to exacerbate

exaucer [ɛgzose] /**3**/ vt (vœu) to grant, fulfil; **~ qn** to grant sb's wishes

ex cathedra [ɛkskatedRa] adj inv, adv ex cathedra

excavateur [ɛkskavatœR] nm excavator, mechanical digger

excavation [ɛkskavasjɔ̃] nf excavation

excavatrice [ɛkskavatRis] nf = **excavateur**

excédé, e [ɛksede] adj (à bout) exasperated; **~ de**, **~ de fatigue** exhausted; **~ de travail** worn out with work

excédent [ɛksedɑ̃] nm surplus; **en ~** surplus; **payer 60 euros d'~** (de bagages) to pay 60 euros excess baggage; **~ de bagages** excess baggage; **~ commercial** trade surplus

excédentaire [ɛksedɑ̃tɛR] adj surplus, excess

excéder [ɛksede] /**6**/ vt (dépasser) to exceed; (agacer) to exasperate

excellence [ɛksɛlɑ̃s] nf excellence; (titre) Excellency; **par ~** par excellence

excellent, e [ɛksɛlɑ̃, -ɑ̃t] adj excellent

exceller [ɛksele] /**1**/ vi : **~ (dans)** to excel (in)

excentré, e [ɛksɑ̃tRe] adj (quartier) out of the way

excentricité [ɛksɑ̃tRisite] nf eccentricity

excentrique [ɛksɑ̃tRik] adj eccentric; (quartier) outlying ▶ nmf eccentric

excentriquement [ɛksɑ̃tRikmɑ̃] adv eccentrically

excepté, e [ɛksɛpte] adj, prép : **les élèves exceptés**, **~ les élèves** except for ou apart from the pupils; **~ si/quand** except if/when; **~ que** except that

excepter [ɛksɛpte] /**1**/ vt to except

exception [ɛksɛpsjɔ̃] nf exception; **faire ~** to be an exception; **faire une ~** to make an exception; **sans ~** without exception; **à l'~ de** except for, with the exception of; **d'~** (mesure, loi) special, exceptional

exceptionnel, le [ɛksɛpsjɔnɛl] adj exceptional; (prix) special

exceptionnellement [ɛksɛpsjɔnɛlmɑ̃] adv exceptionally, (par exception) by way of an exception, on this occasion

excès [ɛksɛ] nm surplus; **à l'~** (méticuleux, généreux) to excess; **avec ~** to excess; **sans ~** in moderation; **tomber dans l'~ inverse** to go to the opposite extreme; **~ de langage** immoderate language; **~ de pouvoir** abuse of power; **~ de vitesse** speeding no pl, exceeding

the speed limit; **~ de zèle** overzealousness no pl ▶ nmpl excesses; **faire des ~** to overindulge

excessif, -ive [ɛksesif, -iv] adj excessive

excessivement [ɛksesivmɑ̃] adv (trop : cher) excessively, inordinately; (très : riche, laid) extremely, incredibly; **manger/boire ~** to eat/drink to excess

exciper [ɛksipe] /**1**/ vt : **~ de** vt to plead

excipient [ɛksipjɑ̃] nm (Méd) inert base, excipient

exciser [ɛksize] /**1**/ vt (Méd) to excise

excision [ɛksizjɔ̃] nf (Méd) excision; (rituelle) circumcision

excitant, e [ɛksitɑ̃, -ɑ̃t] adj exciting ▶ nm stimulant

excitation [ɛksitasjɔ̃] nf (état) excitement

excité, e [ɛksite] adj excited

exciter [ɛksite] /**1**/ vt to excite; (café etc) to stimulate; **~ qn à** (révolte etc) to incite sb to; **s'exciter** vpr to get excited

exclamation [ɛksklamasjɔ̃] nf exclamation

exclamer [ɛksklame] /**1**/ : **s'exclamer** vpr to exclaim

exclu, e [ɛkskly] pp de **exclure** ▶ adj : **il est/n'est pas ~ que** ... it's out of the question/not impossible that ...; **ce n'est pas ~** it's not impossible, I don't rule that out ▶ nmpl : **les exclus** the socially excluded, the underclass

exclure [ɛksklyR] /**35**/ vt (faire sortir) to expel; (ne pas compter) to exclude, leave out; (rendre impossible) to exclude, rule out

exclusif, -ive [ɛksklyzif, -iv] adj exclusive; **avec la mission exclusive/dans le but ~ de** ... with the sole mission/aim of ...; **agent ~** sole agent

exclusion [ɛksklyzjɔ̃] nf expulsion; **à l'~ de** with the exclusion ou exception of

exclusivement [ɛksklyzivmɑ̃] adv exclusively

exclusivité [ɛksklyzivite] nf exclusiveness; (Comm) exclusive rights pl; **film passant en ~ à** film showing only at

excommunication [ɛkskɔmynikasjɔ̃] nf (Rel) excommunication

excommunier [ɛkskɔmynje] /**7**/ vt to excommunicate

excréments [ɛkskRemɑ̃] nmpl excrement sg, faeces

excréter [ɛkskRete] /**6**/ vt to excrete

excrétion [ɛkskResjɔ̃] nf excretion

excroissance [ɛkskRwasɑ̃s] nf excrescence, outgrowth

excursion [ɛkskyRsjɔ̃] nf (en autocar) excursion, trip; (à pied) walk, hike; **faire une ~** to go on an excursion ou a trip; to go on a walk ou hike

excursionniste [ɛkskyRsjɔnist] nmf tripper; hiker

excusable [ɛkskyzabl] adj excusable

excuse [ɛkskyz] nf excuse; **mot d'~** (Scol) note from one's parent(s) (to explain absence etc); **excuses** nfpl (regret) apology sg, apologies; **faire des excuses** to apologize; **faire ses excuses** to offer one's apologies; **lettre d'excuses** letter of apology

excuser [ɛkskyze] /**1**/ vt to excuse; **~ qn de qch** (dispenser) to excuse sb from sth; **« excusez-**

exécrable – expansivité

moi » "I'm sorry"; (*pour attirer l'attention*) "excuse me"; **se faire** ~ to ask to be excused; **s'excuser (de)** *vpr* to apologize (for)

exécrable [εgzekʀabl] *adj* atrocious

exécrer [εgzekʀe] /**6**/ *vt* to loathe, abhor

exécutable [εgzekytabl] (*Inform*) *adj, nm* executable

exécutant, e [εgzekytɑ̃, -ɑ̃t] *nm/f* performer

exécuter [εgzekyte] /**1**/ *vt* (*prisonnier*) to execute; (*tâche etc*) to execute, carry out; (*Mus: jouer*) to perform, execute; (*Inform*) to run; **s'exécuter** *vpr* to comply

exécuteur, -trice [εgzekytœʀ, -tʀis] *nm/f* (*testamentaire*) executor ▶ *nm* (*bourreau*) executioner

exécutif, -ive [εgzekytif, -iv] *adj, nm* (*Pol*) executive

exécution [εgzekysjɔ̃] *nf* execution; carrying out; **mettre à** ~ to carry out

exécutoire [εgzekytwaʀ] *adj* (*Jur*) (legally) binding

exégèse [εgzeʒɛz] *nf* exegesis

exégète [εgzeʒɛt] *nm* exegete

exemplaire [εgzɑ̃plɛʀ] *adj* exemplary ▶ *nm* copy

exemple [εgzɑ̃pl] *nm* example; **par** ~ for instance, for example; (*valeur intensive*) really!; **sans** ~ (*bêtise, gourmandise etc*) unparalleled; **donner l'**~ to set an example; **prendre** ~ **sur** to take as a model; **à l'**~ **de** just like; **pour l'**~ (*punir*) as an example

exempt, e [εgzɑ̃, -ɑ̃t] *adj* : ~ **de** (*dispensé de*) exempt from; (*sans*) free from; ~ **de taxes** tax-free

exempter [εgzɑ̃te] /**1**/ *vt* : ~ **de** to exempt from

exemption [εgzɑ̃psjɔ̃] *nf* (*de taxes, visa*) exemption

exercé, e [εgzεʀse] *adj* trained

exercer [εgzεʀse] /**3**/ *vt* (*pratiquer*) to exercise, practise; (*faire usage de: prérogative*) to exercise; (*influence, contrôle, pression*) to exert; (*former*) to exercise, train ▶ *vi* (*médecin*) to be in practice; **s'exercer** *vpr* (*sportif, musicien*) to practise; (*se faire sentir: pression etc*) : **s'**~ (**sur** *ou* **contre**) to be exerted (on); **s'**~ **à faire qch** to train o.s. to do sth

exercice [εgzεʀsis] *nm* practice; exercising; (*tâche, travail*) exercise; (*Comm, Admin: période*) accounting period; (*Mil*) drill; **l'**~ (*sportif etc*) exercise; **en** ~ (*juge*) in office; (*médecin*) practising; **dans l'**~ **de ses fonctions** in the discharge of his duties; **exercices d'assouplissement** limbering-up (exercises)

exergue [εgzεʀg] *nm* : **mettre en** ~ (*inscription*) to inscribe; **porter en** ~ to be inscribed with

exfoliant, e [εksfɔljɑ̃, -jɑ̃t] *adj* (*savon, gel*) exfoliating ▶ *nm* exfoliator, exfoliant

exfoliation [εksfɔljasjɔ̃] *nf* (*gommage*) exfoliation

exfolier [εksfɔlje] *vt* (*peau*) to exfoliate

exhalaison [εgzalεzɔ̃] *nf* exhalation

exhaler [εgzale] /**1**/ *vt* (*parfum*) to exhale; (*souffle, son, soupir*) to utter, breathe; **s'exhaler** *vpr* to rise (up)

exhausser [εgzose] /**1**/ *vt* to raise (up)

exhausteur [εgzostœʀ] *nm* extractor fan

exhaustif, -ive [εgzostif, -iv] *adj* exhaustive

exhiber [εgzibe] /**1**/ *vt* (*montrer: papiers, certificat*) to present, produce; (*péj*) to display, flaunt; **s'exhiber** *vpr* (*personne*) to parade; (*exhibitionniste*) to expose o.s.

exhibition [εgzibisjɔ̃] *nf* (*Sport*) exhibition match

exhibitionnisme [εgzibisjɔnism] *nm* exhibitionism

exhibitionniste [εgzibisjɔnist] *nmf* exhibitionist

exhortation [εgzɔʀtasjɔ̃] *nf* exhortation

exhorter [εgzɔʀte] /**1**/ *vt* : ~ **qn à faire** to urge sb to do

exhumation [εgzymasjɔ̃] *nf* (*de corps*) exhumation

exhumer [εgzyme] /**1**/ *vt* to exhume

exigeant, e [εgziʒɑ̃, -ɑ̃t] *adj* demanding; (*péj*) hard to please

exigence [εgziʒɑ̃s] *nf* demand, requirement

exiger [εgziʒe] /**3**/ *vt* to demand, require

exigible [εgziʒibl] *adj* (*Comm, Jur*) payable

exigu, ë [εgzigy] *adj* cramped, tiny

exiguïté [εgzigɥite] *nf* (*d'un lieu*) cramped nature

exil [εgzil] *nm* exile; **en** ~ in exile

exilé, e [εgzile] *nm/f* exile

exiler [εgzile] /**1**/ *vt* to exile; **s'exiler** *vpr* to go into exile

existant, e [εgzistɑ̃, -ɑ̃t] *adj* (*actuel, présent*) existing

existence [εgzistɑ̃s] *nf* existence; **dans l'**~ in life

existentialisme [εgzistɑ̃sjalism] *nm* existentialism

existentialiste [εgzistɑ̃sjalist] *adj, nmf* existentialist

existentiel, le [εgzistɑ̃sjεl] *adj* existential

exister [εgziste] /**1**/ *vi* to exist; **il existe un/des** there is a/are (some)

exocet [εgzɔsε] *nm* (*poisson*) flying fish; (*missile*) Exocet®

exode [εgzɔd] *nm* exodus

exogamie [εgzɔgami] *nf* (*Sociol, Bio*) exogamy

exonération [εgzɔneʀasjɔ̃] *nf* exemption

exonéré, e [εgzɔneʀe] *adj* : ~ **de TVA** zero-rated (for VAT)

exonérer [εgzɔneʀe] /**6**/ *vt* : ~ **de** to exempt from

exorbitant, e [εgzɔʀbitɑ̃, -ɑ̃t] *adj* exorbitant

exorbité, e [εgzɔʀbite] *adj* : **yeux exorbités** bulging eyes

exorciser [εgzɔʀsize] /**1**/ *vt* to exorcize

exorcisme [εgzɔʀsism] *nm* (*Rel*) exorcism

exorciste [εgzɔʀsist] *nm/f* exorcist

exorde [εgzɔʀd] *nm* introduction

exotique [εgzɔtik] *adj* exotic; **yaourt aux fruits exotiques** tropical fruit yoghurt

exotisme [εgzɔtism] *nm* exoticism

expansif, -ive [εkspɑ̃sif, -iv] *adj* expansive, communicative

expansion [εkspɑ̃sjɔ̃] *nf* expansion

expansionnisme [εkspɑ̃sjɔnism] *nm* expansionism

expansionniste [εkspɑ̃sjɔnist] *adj* expansionist

expansivité [εkspɑ̃sivite] *nf* expansiveness

expatrié, e [ɛkspatʀije] *nm/f* expatriate
expatrier [ɛkspatʀije] /**7**/ *vt* (*argent*) to take *ou* send out of the country; **s'expatrier** *vpr* to leave one's country
expectative [ɛkspɛktativ] *nf* : **être dans l'~** to be waiting to see
expectorant, e [ɛkspɛktɔʀɑ̃, -ɑ̃t] *adj* : **sirop ~** expectorant (syrup)
expectorer [ɛkspɛktɔʀe] /**1**/ *vi* to expectorate
expédient [ɛkspedjɑ̃] *nm* (*parfois péj*) expedient; **vivre d'expédients** to live by one's wits
expédier [ɛkspedje] /**7**/ *vt* (*lettre, paquet*) to send; (*troupes, renfort*) to dispatch; (*péj : travail etc*) to dispose of, dispatch
expéditeur, -trice [ɛkspeditœʀ, -tʀis] *nm/f* (*Postes*) sender
expéditif, -ive [ɛkspeditif, -iv] *adj* quick, expeditious
expédition [ɛkspedisjɔ̃] *nf* sending; (*scientifique, sportive, Mil*) expedition; **~ punitive** punitive raid
expéditionnaire [ɛkspedisjɔnɛʀ] *adj* : **corps ~** (*Mil*) task force
expérience [ɛksperjɑ̃s] *nf* (*de la vie, des choses*) experience; (*scientifique*) experiment; **avoir de l'~** to have experience, be experienced; **avoir l'~ de** to have experience of; **faire l'~ de qch** to experience sth; **~ de chimie/d'électricité** chemical/electrical experiment
expérimental, e, -aux [ɛksperimɑ̃tal, -o] *adj* experimental
expérimentalement [ɛksperimɑ̃talmɑ̃] *adv* experimentally
expérimentation [ɛksperimɑ̃tasjɔ̃] *nf* (*fait d'expérimenter*) testing; (*Science*) experimentation
expérimenté, e [ɛksperimɑ̃te] *adj* experienced
expérimenter [ɛksperimɑ̃te] /**1**/ *vt* (*machine, technique*) to test out, experiment with
expert, e [ɛkspɛʀ, -ɛʀt] *adj* : **~ en** expert in ▶ *nm/f* (*spécialiste*) expert; **~ en assurances** insurance valuer
expert-comptable [ɛkspɛʀkɔ̃tabl] (*pl* **experts-comptables**) *nm* ≈ chartered (*BRIT*) *ou* certified public (*US*) accountant
expertise [ɛkspɛʀtiz] *nf* valuation; assessment; valuer's (*ou* assessor's) report; (*Jur*) (forensic) examination
expertiser [ɛkspɛʀtize] /**1**/ *vt* (*objet de valeur*) to value; (*voiture accidentée etc*) to assess damage to
expiation [ɛkspjasjɔ̃] *nf* (*Rel*) expiation
expiatoire [ɛkspjatwaʀ] *adj* (*sacrifice*) expiatory
expier [ɛkspje] /**7**/ *vt* to expiate, atone for
expiration [ɛkspiʀasjɔ̃] *nf* expiry (*BRIT*), expiration; breathing out *no pl*
expirer [ɛkspiʀe] /**1**/ *vi* (*prendre fin, lit : mourir*) to expire; (*respirer*) to breathe out
explétif, -ive [ɛkspletif, -iv] *adj* (*Ling*) expletive
explicable [ɛksplikabl] *adj* : **pas ~** inexplicable
explicatif, -ive [ɛksplikatif, -iv] *adj* (*mot, texte, note*) explanatory
explication [ɛksplikasjɔ̃] *nf* explanation; (*discussion*) discussion; (*dispute*) argument; **~ de texte** (*Scol*) critical analysis (of a text)
explicite [ɛksplisit] *adj* explicit
explicitement [ɛksplisitmɑ̃] *adv* explicitly

expliciter [ɛksplisite] /**1**/ *vt* to make explicit
expliquer [ɛksplike] /**1**/ *vt* to explain; **~ (à qn) comment/que** to point out *ou* explain (to sb) how/that; **s'expliquer** *vpr* (*se faire comprendre* : *personne*) to explain o.s.; (*se disputer*) to have it out; (*comprendre*) : **je m'explique son retard/absence** I understand his lateness/absence; **son erreur s'explique** one can understand his mistake; **s'~ avec qn** (*discuter*) to explain o.s. to sb

> Lorsque le verbe **explain** est suivi d'un complément d'objet indirect, il faut utiliser la préposition **to** devant ce complément. *Explique-moi comment ça fonctionne.* **Explain to me how it works**.

exploit [ɛksplwa] *nm* exploit, feat
exploitable [ɛksplwatabl] *adj* (*gisement etc*) that can be exploited; **~ par une machine** machine-readable
exploitant [ɛksplwatɑ̃] *nmf* : **~ (agricole)** farmer
exploitation [ɛksplwatasjɔ̃] *nf* exploitation; (*d'une entreprise*) running; (*entreprise*) : **~ agricole** farming concern
exploiter [ɛksplwate] /**1**/ *vt* (*personne, don*) to exploit; (*entreprise, ferme*) to run, operate; **~** (*mine*) to exploit, work
exploiteur, -euse [ɛksplwatœʀ, -øz] *nm/f* (*péj*) exploiter
explorateur, -trice [ɛksplɔʀatœʀ, -tʀis] *nm/f* explorer
exploration [ɛksplɔʀasjɔ̃] *nf* exploration
explorer [ɛksplɔʀe] /**1**/ *vt* to explore
exploser [ɛksploze] /**1**/ *vi* to explode, blow up; (*engin explosif*) to go off, explode; (*fig : joie, colère*) to burst out, explode; (: *personne : de colère*) to explode, flare up; **faire ~** (*bombe*) to explode, detonate; (*bâtiment, véhicule*) to blow up
explosif, -ive [ɛksplozif, -iv] *adj, nm* explosive
explosion [ɛksplozjɔ̃] *nf* explosion; **~ de joie/colère** outburst of joy/rage; **~ démographique** population explosion
expo [ɛkspo] *nf* (*fam*) exhibition
exponentiel, le [ɛksponɑ̃sjɛl] *adj* exponential
export [ɛkspɔʀ] *nm* export
exportable [ɛkspɔʀtabl] *adj* exportable
exportateur, -trice [ɛkspɔʀtatœʀ, -tʀis] *adj* export *cpd*, exporting ▶ *nm/f* exporter
exportation [ɛkspɔʀtasjɔ̃] *nf* (*action*) exportation; (*produit*) export
exporter [ɛkspɔʀte] /**1**/ *vt* to export
exposant [ɛkspozɑ̃] *nm* exhibitor; (*Math*) exponent
exposé, e [ɛkspoze] *nm* (*écrit*) exposé; (*oral*) talk ▶ *adj* : **~ au sud** facing south, with a southern aspect; **bien ~** well situated; **très ~** very exposed
exposer [ɛkspoze] /**1**/ *vt* (*montrer : marchandise*) to display; (: *peinture*) to exhibit, show; (*parler de* : *problème, situation*) to explain, expose, set out; (*mettre en danger, orienter : Photo*) to expose; **~ qn/qch à** to expose sb/sth to; **~ sa vie** to risk one's life; **s'exposer à** *vpr* (*soleil, danger*) to expose o.s. to; (*critiques, punition*) to lay o.s. open to

exposition [εkspozisjɔ̃] *nf (voir exposer)* displaying; exhibiting; explanation, exposition; exposure; *(voir exposé)* aspect, situation; *(manifestation)* exhibition; *(Photo)* exposure; *(introduction)* exposition

exprès¹ [εkspʀε] *adv (délibérément)* on purpose; *(spécialement)* specially; **faire ~ de faire qch** to do sth on purpose

exprès², -esse [εkspʀεs] *adj (ordre, défense)* express, formal ▶ *adj inv, adv (Postes : lettre, colis)* express; **envoyer qch en ~** to send sth express

express [εkspʀεs] *adj inv, nm inv :* **(café) ~** espresso; **(train) ~** fast train

expressément [εkspʀεsemɑ̃] *adv* expressly, specifically

expressif, -ive [εkspʀesif, -iv] *adj* expressive

expression [εkspʀesjɔ̃] *nf* expression; **réduit à sa plus simple ~** reduced to its simplest terms; **liberté/moyens d'~** freedom/means of expression; **~ toute faite** set phrase

expressionnisme [εkspʀesjɔnism] *nm* expressionism

expressivité [εkspʀesivite] *nf* expressiveness

exprimer [εkspʀime] */1/ vt (sentiment, idée)* to express; *(faire sortir : jus, liquide)* to press out; **s'exprimer** *vpr (personne)* to express o.s.

expropriation [εkspʀɔpʀijasjɔ̃] *nf* expropriation; **frapper d'~** to put a compulsory purchase order on

exproprier [εkspʀɔpʀije] */7/ vt* to buy up *(ou* buy the property of) by compulsory purchase, expropriate

expulser [εkspylse] */1/ vt (d'une salle, d'un groupe)* to expel; *(locataire)* to evict; *(Football)* to send off

expulsion [εkspylsjɔ̃] *nf* expulsion; eviction; sending off

expurger [εkspyʀʒe] */3/ vt* to expurgate, bowdlerize

exquis, e [εkski, -iz] *adj (gâteau, parfum, élégance)* exquisite; *(personne, temps)* delightful

exsangue [εksɑ̃g] *adj* bloodless, drained of blood

exsuder [εksyde] */1/ vt* to exude

extase [εkstɑz] *nf* ecstasy; **être en ~** to be in raptures

extasier [εkstɑzje] */7/ :* **s'extasier** *vpr :* **s'~ sur** to go into raptures over

extatique [εkstatik] *adj* ecstatic

extenseur [εkstɑ̃sœʀ] *nm (Sport)* chest expander

extensible [εkstɑ̃sibl] *adj* extensible

extensif, -ive [εkstɑ̃sif, -iv] *adj* extensive

extension [εkstɑ̃sjɔ̃] *nf (d'un muscle, ressort)* stretching; *(fig)* extension; expansion; **à l'~** *(Méd)* in traction

exténuant, e [εkstenɥɑ̃, -ɑ̃t] *adj* exhausting

exténuer [εkstenɥe] */1/ vt* to exhaust

extérieur, e [εksteʀjœʀ] *adj (de dehors : porte, mur etc)* outer, outside; *(: commerce, politique)* foreign; *(: influences, pressions)* external; *(au dehors : escalier, w.-c.)* outside; *(apparent : calme, gaieté etc)* outer ▶ *nm (d'une maison, d'un récipient etc)* outside, exterior; *(d'une personne : apparence)* exterior; *(d'un pays, d'un groupe social) :* **l'~** the outside world; **à l'~** *(dehors)* outside; *(fig : à l'étranger)* abroad

extérieurement [εksteʀjœʀmɑ̃] *adv (de dehors)* on the outside; *(en apparence)* on the surface

extérioriser [εksteʀjɔʀize] */1/ vt* to exteriorize

exterminateur, -trice [εkstεʀminatœʀ, -tʀis] *adj (ange, folie)* exterminating

extermination [εkstεʀminasjɔ̃] *nf* extermination, wiping out

exterminer [εkstεʀmine] */1/ vt* to exterminate, wipe out

externat [εkstεʀna] *nm* day school

externe [εkstεʀn] *adj* external, outer ▶ *nmf (Méd)* non-resident medical student, extern *(US)*; *(Scol)* day pupil

extincteur [εkstɛ̃ktœʀ] *nm* (fire) extinguisher

extinction [εkstɛ̃ksjɔ̃] *nf* extinction; *(Jur : d'une dette)* extinguishment; **~ de voix** *(Méd)* loss of voice

extirper [εkstiʀpe] */1/ vt (tumeur)* to extirpate; *(plante)* to root out, pull up; *(préjugés)* to eradicate

extorquer [εkstɔʀke] */1/ vt (de l'argent, un renseignement) :* **~ qch à qn** to extort sth from sb

extorsion [εkstɔʀsjɔ̃] *nf :* **~ de fonds** extortion of money

extra [εkstʀa] *adj inv* first-rate; *(fam)* fantastic; *(marchandises)* top-quality ▶ *nm inv* extra help ▶ *préfixe* extra(-)

extracommunautaire [εkstʀakɔmynɔtεʀ] *adj (extérieur à la CE : échanges, origine)* non-EU, outside the EU

extraconjugal, e, -aux [εkstʀakɔ̃ʒygal, -o] *adj (aventure)* extramarital

extracteur [εkstʀaktœʀ] *nm (d'air, chaleur)* extractor fan

extraction [εkstʀaksjɔ̃] *nf* extraction

extrader [εkstʀade] */1/ vt* to extradite

extradition [εkstʀadisjɔ̃] *nf* extradition

extra-fin, e [εkstʀafɛ̃, -in] *adj* extra-fine

extra-fort, e [εkstʀafɔʀ, -t] *adj* extra strong

extraire [εkstʀεʀ] */50/ vt* to extract; **~ qch de** to extract sth from

extrait, e [εkstʀε, -εt] *pp de* **extraire** ▶ *nm (de plante)* extract; *(de film, livre)* extract, excerpt; **~ de naissance** birth certificate

extra-lucide [εkstʀalysid] *adj :* **voyante ~** clairvoyant

extraordinaire [εkstʀaɔʀdinεʀ] *adj* extraordinary; *(Pol, Admin : mesures etc)* special; **ambassadeur ~** ambassador extraordinary; **assemblée ~** extraordinary meeting; **par ~** by some unlikely chance

extraordinairement [εkstʀaɔʀdinεʀmɑ̃] *adv* extraordinarily

extrapoler [εkstʀapɔle] */1/ vt, vi* to extrapolate

extra-sensoriel, le [εkstʀasɑ̃sɔʀjεl] *adj* extrasensory

extra-terrestre [εkstʀatεʀεstʀ(ə)] *nmf* extraterrestrial

extra-utérin, e [εkstʀayteʀɛ̃, -in] *adj* extrauterine

extravagance [εkstʀavagɑ̃s] *nf* extravagance *no pl*; extravagant behaviour *no pl*

extravagant, e [εkstʀavagɑ̃, -ɑ̃t] *adj (personne, attitude)* extravagant; *(idée)* wild

extraverti, e [εkstʀavεʀti] *adj* extrovert

extrayais *etc* [εkstʀεjε] *vb voir* **extraire**
extrême [εkstʀεm] *adj, nm* extreme; *(intensif)* :
 d'une ~ simplicité/brutalité extremely
 simple/brutal; **d'un ~ à l'autre** from one
 extreme to another; **à l'~** in the extreme; **à l'~**
 rigueur in the absolute extreme
extrêmement [εkstʀεmmᾶ] *adv* extremely
extrême-onction [εkstʀεmɔ̃ksjɔ̃] *(pl*
 extrêmes-onctions) *nf (Rel)* last rites *pl*,
 Extreme Unction
Extrême-Orient [εkstʀεmɔʀjᾶ] *nm* : **l'~** the
 Far East
extrême-oriental, e, -aux [εkstʀεmɔʀjᾶtal, -o]
 adj Far Eastern

extrémisme [εkstʀεmism] *nm* extremism
extrémiste [εkstʀεmist] *adj, nmf* extremist
extrémité [εkstʀεmite] *nf (bout)* end; *(situation)*
 straits *pl*, plight; *(geste désespéré)* extreme action;
 à la dernière ~ *(à l'agonie)* on the point of death;
 extrémités *nfpl (pieds et mains)* extremities
extroverti, e [εkstʀɔvεʀti] *adj* = **extraverti**
extrusion [εkstʀyzjɔ̃] *nf (Tech)* extrusion
exubérance [εgzybeʀᾶs] *nf* exuberance
exubérant, e [εgzybeʀᾶ, -ᾶt] *adj* exuberant
exulter [εgzylte] /1/ *vi* to exult
exutoire [εgzytwaʀ] *nm* outlet, release
ex-voto [εksvɔto] *nm inv* ex-voto
eye-liner [ajlajnœʀ] *nm* eyeliner

175

F, f [ɛf] *nm inv* F, f ▸ *abr* = **féminin**; (= *franc*) fr.;
(*appartement*) **un F2/F3** a 2-/3-roomed flat (*BRIT*)
ou apartment (*US*); (= *Fahrenheit*) F; (= *frère*)
Br(o).; (= *femme*) W; **F comme François** F for
Frederick (*BRIT*) *ou* Fox (*US*)

fa [fɑ] *nm inv* (*Mus*) F; (*en chantant la gamme*) fa

fable [fɑbl] *nf* fable; (*mensonge*) story, tale

fabricant, e [fabʀikɑ̃, -ɑ̃t] *nm/f* manufacturer,
maker

fabrication [fabʀikasjɔ̃] *nf* manufacture,
making

fabrique [fabʀik] *nf* factory

fabriquer [fabʀike] /1/ *vt* to make;
(*industriellement*) to manufacture, make;
(*construire : voiture*) to manufacture, build;
(: *maison*) to build; (*fig : inventer : histoire, alibi*) to
make up; (*fam*) : **qu'est-ce qu'il fabrique ?**
what is he up to?; **~ en série** to mass-produce

fabulateur, -trice [fabylatœʀ, -tʀis] *nm/f* : **c'est
un ~** he fantasizes, he makes up stories

fabulation [fabylasjɔ̃] *nf* (*Psych*) fantasizing

fabuleusement [fabyløzmɑ̃] *adv* fabulously,
fantastically

fabuleux, -euse [fabylø, -øz] *adj* fabulous,
fantastic

fac [fak] *nf* (*fam : Scol* : = *faculté*) Uni (*BRIT fam*),
≈ college (*US*)

façade [fasad] *nf* front, façade; (*fig*) façade

face [fas] *nf* face; (*fig : aspect*) side; **perdre/
sauver la ~** to lose/save face; **regarder qn en ~**
to look sb in the face; **la maison/le trottoir
d'en ~** the house/pavement opposite; **en ~ de**
prép opposite; (*fig*) in front of; **de ~** *adv* from the
front; face on; **~ à** *prép* facing; (*fig*) faced with, in
the face of; **faire ~ à** to face; **faire ~ à la
demande** (*Comm*) to meet the demand; **à ~** *adv*
facing each other ▸ *adj* : **le côté ~** heads

face-à-face [fasafas] *nm inv* encounter

face-à-main [fasamɛ̃] (*pl* **faces-à-main**) *nm*
lorgnette

Facebook® [feɪsbuk] *m* Facebook®; **elle m'a
envoyé un message sur ~** she facebooked me

facéties [fasesi] *nfpl* jokes, pranks

facétieux, -euse [fasesjø, -øz] *adj* mischievous

facette [fasɛt] *nf* facet

fâché, e [fɑʃe] *adj* angry; (*désolé*) sorry

fâcher [fɑʃe] /1/ *vt* to anger; **se fâcher** *vpr* to get
angry; **se ~ avec** (*se brouiller*) to fall out with

fâcherie [fɑʃʀi] *nf* quarrel

fâcheusement [fɑʃøzmɑ̃] *adv* unpleasantly;
(*impressionné etc*) badly; **avoir ~ tendance à** to
have an irritating tendency to

fâcheux, -euse [fɑʃø, -øz] *adj* unfortunate,
regrettable

facho [faʃo] *adj, nmf* (*fam* : = *fasciste*) fascist

facial, e, -aux [fasjal, -o] *adj* facial

faciès [fasjɛs] *nm* (*visage*) features *pl*

facile [fasil] *adj* easy; (*accommodant : caractère*)
easy-going

facilement [fasilmɑ̃] *adv* easily

facilité [fasilite] *nf* easiness; (*disposition, don*)
aptitude; (*moyen, occasion, possibilité*) : **il a la ~ de
rencontrer les gens** he has every opportunity
to meet people; **facilités** *nfpl* (*possibilités*)
facilities; (*Comm*) terms; **facilités de crédit**
credit terms; **facilités de paiement** easy
terms

faciliter [fasilite] /1/ *vt* to make easier

façon [fasɔ̃] *nf* (*manière*) way; (*d'une robe etc*)
making-up; cut; (*main-d'œuvre*) labour (*BRIT*),
labor (*US*); **châle ~ cachemire** (*imitation*)
cashmere-style shawl; **de quelle ~ ?** (in) what
way?; **sans ~** *adv* without fuss; *adj* unaffected;
non merci, sans ~ no thanks, honestly; **d'une
autre ~** in another way; **en aucune ~** in no
way; **de ~ à so** as to; **de ~ à ce que, de (telle) ~
que** so that; **de toute ~** anyway, in any case;
c'est une ~ de parler it's a way of putting it;
travail à ~ tailoring; **façons** *nfpl* (*péj*) fuss *sg*;
faire des façons (*péj*); (*être affecté*) to be affected
(: *faire des histoires*) to make a fuss

faconde [fakɔ̃d] *nf* (*liter*) loquacity

façonnage [fasɔnaʒ] *nm* (*fabrication : de vêtements*)
making; (*de verre*) shaping

façonner [fasɔne] /1/ *vt* (*fabriquer*) to
manufacture; (*travailler : matière*) to shape,
fashion; (*fig*) to mould, shape

fac-similé [faksimile] *nm* facsimile

facteur, -trice [faktœʀ, -tʀis] *nm/f* postman/
woman (*BRIT*), mailman/woman (*US*); **~/
factrice d'orgues** organ builder; **~/factrice de
pianos** piano maker ▸ *nm* (*Math, gén : élément*)
factor; **~ rhésus** rhesus factor

factice [faktis] *adj* artificial

faction [faksjɔ̃] *nf* (*groupe*) faction; (*Mil*) guard *ou*
sentry (duty); watch; **en ~** on guard; standing
watch

factionnaire [faksjɔnɛʀ] *nm* guard, sentry

factoriel, le [faktɔʀjɛl] *adj, nf* factorial

factotum [faktɔtɔm] *nm* odd-job man,
dogsbody (*BRIT*)

factuel, le [faktɥɛl] *adj* factual

facturation [faktyʀasjɔ̃] *nf* invoicing; *(bureau)* invoicing (office)

facture [faktyʀ] *nf (à payer : gén)* bill; (: *Comm)* invoice; *(d'un artisan, artiste)* technique, workmanship

facturer [faktyʀe] /**1**/ *vt* to invoice

facturette [faktyʀɛt] *nf* credit card slip

facturier, -ière [faktyʀje, -jɛʀ] *nm/f* invoice clerk

facultatif, -ive [fakyltatif, -iv] *adj* optional; *(arrêt de bus)* request *cpd*

faculté [fakylte] *nf (intellectuelle, d'université)* faculty; *(pouvoir, possibilité)* power

fada [fada] *(fam) adj* cracked *(fam)* ▸ *nm* crackpot *(fam)*

fadaises [fadɛz] *nfpl* twaddle *sg*

fade [fad] *adj* insipid

fadette [fadɛt] *nf (Tél)* mobile phone records *(Brit)*, cellphone records *(US)*

fadeur [fadœʀ] *nf (de plat)* blandness; *(de couleur, style)* dullness

fading [fadiŋ] *nm (Radio)* fading

fagot [fago] *nm (de bois)* bundle of sticks

fagoté, e [fagɔte] *adj (fam) :* **drôlement ~** oddly dressed

FAI *sigle m (= fournisseur d'accès à Internet)* ISP *(= Internet service provider)*

faiblard, e [fɛblaʀ, -aʀd] *adj (fam, péj : raisonnement, argument, personne)* feeble; *(son, lumière)* weak

faible [fɛbl] *adj* weak; *(voix, lumière, vent)* faint; *(élève, copie)* poor; *(rendement, intensité, revenu etc)* low ▸ *nm* weak point; *(pour quelqu'un)* weakness, soft spot; **~ d'esprit** feeble-minded

faiblement [fɛbləmɑ̃] *adv* weakly; *(peu : éclairer etc)* faintly

faiblesse [fɛblɛs] *nf* weakness

faiblir [feblir] /**2**/ *vi* to weaken; *(lumière)* to dim; *(vent)* to drop

faïence [fajɑ̃s] *nf* earthenware *no pl*; *(objet)* piece of earthenware

faignant, e [fɛɲɑ̃, -ɑ̃t] *nm/f* = **fainéant**

faille [faj] *vb voir* **falloir** ▸ *nf (Géo)* fault; *(fig)* flaw, weakness

failli, e [faji] *adj, nm/f* bankrupt

faillible [fajibl] *adj* fallible

faillir [fajiʀ] /**2**/ *vi :* **j'ai failli tomber/lui dire** I almost *ou* nearly fell/told him; **~ à une promesse/un engagement** to break a promise/an agreement

faillite [fajit] *nf* bankruptcy; *(échec : d'une politique etc)* collapse; **être en ~** to be bankrupt; **faire ~** to go bankrupt

faim [fɛ̃] *nf* hunger; *(fig) :* **~ d'amour/de richesse** hunger *ou* yearning for love/wealth; **avoir ~** to be hungry; **rester sur sa ~** *(aussi fig)* to be left wanting more

fainéant, e [fɛneɑ̃, -ɑ̃t] *nm/f* idler, loafer

fainéanter [fɛneɑ̃te] *vi* to laze around

fainéantise [fɛneɑ̃tiz] *nf* idleness, laziness

(MOT-CLÉ)

faire [fɛʀ] /**60**/ *vt* **1** *(fabriquer, être l'auteur de)* to make; (: *produire)* to produce; (: *construire : maison, bateau)* to build; **faire du vin/une offre/un**
film to make wine/an offer/a film; **faire du bruit** to make a noise

2 *(effectuer : travail, opération)* to do; **que faites-vous ?** *(quel métier etc)* what do you do?; *(quelle activité : au moment de la question)* what are you doing?; **que faire ?** what are we going to do?, what can be done (about it)?; **faire la lessive/le ménage** to do the washing/the housework

3 *(études)* to do; *(sport, musique)* to play; **faire du droit/du français** to do law/French; **faire du rugby/piano** to play rugby/the piano; **faire du cheval/du ski** to go riding/skiing

4 *(visiter) :* **faire les magasins** to go shopping; **faire l'Europe** to tour *ou* do Europe

5 *(vitesse, distance) :* **faire du 50 (à l'heure)** to do 50 (km an hour); **nous avons fait 1000 km en 2 jours** we did *ou* covered 1000 km in 2 days

6 *(simuler) :* **faire le malade/l'ignorant** to act the invalid/the fool

7 *(transformer, avoir un effet sur) :* **faire de qn un frustré/avocat** to make sb frustrated/a lawyer; **ça ne me fait rien** *(m'est égal)* I don't care *ou* mind; *(me laisse froid)* it has no effect on me; **ça ne fait rien** it doesn't matter; **faire que** *(impliquer)* to mean that

8 *(calculs, prix, mesures) :* **deux et deux font quatre** two and two are *ou* make four; **ça fait 10 m/15 euros** it's 10 m/15 euros; **je vous le fais 10 euros** I'll let you have it for 10 euros; **je fais du 40** I take a size 40

9 *(vb +de) :* **qu'a-t-il fait de sa valise/de sa sœur ?** what has he done with his case/his sister?

10 : **ne faire que :** **il ne fait que critiquer** *(sans cesse)* all he (ever) does is criticize; *(seulement)* he's only criticizing

11 *(dire)* to say; **vraiment ? fit-il** really? he said

12 *(maladie)* to have; **faire du diabète/de la tension** to have diabetes *sg*/high blood pressure

▸ *vi* **1** *(agir, s'y prendre)* to act, do; **il faut faire vite** we *(ou vous etc)* must act quickly; **comment a-t-il fait pour ?** how did he manage to?; **faites comme chez vous** make yourself at home; **je n'ai pas pu faire autrement** there was nothing else I could do

2 *(paraître)* to look; **faire vieux/démodé** to look old/old-fashioned; **ça fait bien** it looks good; **tu fais jeune dans cette robe** that dress makes you look young(er)

3 *(remplaçant un autre verbe)* to do; **ne le casse pas comme je l'ai fait** don't break it as I did; **je peux le voir ? — faites !** can I see it? — please do!; **remets-le en place — je viens de le faire** put it back in its place — I just have (done)

▸ *vb impers* **1 :** **il fait beau** *etc* the weather is fine *etc; voir aussi* **jour** ; **froid** *etc*

2 *(temps écoulé : durée) :* **ça fait deux ans qu'il est parti** it's two years since he left; **ça fait deux ans qu'il y est** he's been there for two years

▸ *vb aux* **1 :** **faire** (+infinitif : *action directe)* to make; **faire tomber/bouger qch** to make sth fall/move; **faire démarrer un moteur/chauffer de l'eau** to start up an engine/heat some water;

cela fait dormir it makes you sleep; **faire travailler les enfants** to make the children work *ou* get the children to work; **il m'a fait traverser la rue** he helped me to cross the road **2 : faire** (*+infinitif : indirectement, par un intermédiaire*) : **faire réparer qch** to get *ou* have sth repaired; **faire punir les enfants** to have the children punished; **il m'a fait ouvrir la porte** he got me to open the door

se faire *vpr* **1** (*vin, fromage*) to mature **2** (*être convenable*) : **cela se fait beaucoup/ne se fait pas** it's done a lot/not done **3** (*+nom ou pron*) : **se faire une jupe** to make o.s. a skirt; **se faire des amis** to make friends; **se faire du souci** to worry; **se faire des illusions** to delude o.s.; **se faire beaucoup d'argent** to make a lot of money; **il ne s'en fait pas** he doesn't worry **4** (*+adj : devenir*) : **se faire vieux** to be getting old; (*: délibérément*) : **se faire beau** to do o.s. up **5 : se faire à** (*s'habituer*) to get used to; **je n'arrive pas à me faire à la nourriture/au climat** I can't get used to the food/climate **6** (*+infinitif*) : **se faire examiner la vue/opérer** to have one's eyes tested/have an operation; **se faire couper les cheveux** to get one's hair cut; **il va se faire tuer/punir** he's going to get himself killed/get (himself) punished; **il s'est fait aider** he got somebody to help him; **il s'est fait aider par Simon** he got Simon to help him; **se faire faire un vêtement** to get a garment made for o.s. **7** (*impersonnel*) : **comment se fait-il/faisait-il que ?** how is it/was it that?; **il peut se faire que nous utilisions ...** it's possible that we could use ...

faire-part [fɛʀpaʀ] *nm inv* announcement (*of birth, marriage etc*)
fair-play [fɛʀplɛ] *adj inv* fair play
fais [fɛ] *vb voir* **faire**
faisabilité [fəzabilite] *nf* feasibility
faisable [fəzabl] *adj* feasible
faisais *etc* [fəzɛ] *vb voir* **faire**
faisan, e [fəzɑ̃, -an] *nm/f* pheasant
faisandé, e [fəzɑ̃de] *adj* high (*bad*); (*fig : péj*) corrupt, decadent
faisceau, x [fɛso] *nm* (*de lumière etc*) beam; (*de branches etc*) bundle
faiseur, -euse [fəzœʀ, -øz] *nm/f* (*gén : péj*) : **~ de** maker of; **~ d'embarras** fusspot; **~ de projets** schemer ▶ *nm* (*bespoke*) tailor
faisons *etc* [fəzɔ̃] *vb voir* **faire**
faisselle [fɛsɛl] *nf* cheese strainer
fait¹ [fɛ] *vb voir* **faire** ▶ *nm* (*événement*) event, occurrence; (*réalité, donnée*) fact; **le ~ que/de manger** the fact that/of eating; **être le ~ de** (*causé par*) to be the work of; **être au ~ (de)** to be informed (of); **mettre qn au ~** to inform sb, put sb in the picture; **au ~** (*à propos*) by the way; **en venir au ~** to get to the point; **de ~** *adj* (*opposé à : de droit*) de facto; *adv* in fact; **du ~ de ceci/qu'il a menti** because of *ou* on account of this/his having lied; **de ce ~** therefore, for this reason; **en ~** in fact; **en ~ de repas** by way of a

meal; **prendre ~ et cause pour qn** to support sb, side with sb; **prendre qn sur le ~** to catch sb in the act; **dire à qn son ~** to give sb a piece of one's mind; **hauts faits** (*exploits*) exploits; **~ d'armes** feat of arms; **~ divers** (*short*) news item; **les faits et gestes de qn** sb's actions *ou* doings

fait², e [fɛ, fɛt] *pp de* **faire** ▶ *adj* (*mûr : fromage, melon*) ripe; (*maquillé : yeux*) made-up; (*vernis : ongles*) painted, polished; **un homme ~** a grown man; **tout(e) ~ -(e)** (*préparé à l'avance*) ready-made; **c'en est ~ de notre tranquillité** that's the end of our peace; **c'est bien ~ (pour lui** *ou* **eux** *etc*) it serves him (*ou* them *etc*) right
faîte [fɛt] *nm* top; (*fig*) pinnacle, height
faites [fɛt] *vb voir* **faire**
faîtière [fɛtjɛʀ] *nf* (*de tente*) ridge pole
faitout [fɛtu] *nm* stewpot
fakir [fakiʀ] *nm* (*Théât*) wizard
falaise [falɛz] *nf* cliff
falbalas [falbala] *nmpl* fripperies, frills
fallacieux, -euse [fa(l)lasjø, -øz] *adj* (*raisonnement*) fallacious; (*apparences*) deceptive; (*espoir*) illusory
falloir [falwaʀ] **/29/** *vb impers* : **il faut faire les lits** we (*ou* you *etc*) have to *ou* must make the beds; **il faut que je fasse les lits** I have to *ou* must make the beds; **il a fallu qu'il parte** he had to leave; **il faudrait qu'elle rentre** she should come *ou* go back, she ought to come *ou* go back; **il faut faire attention** you have to be careful; **il me faudrait 100 euros** I would need 100 euros; **il doit ~ du temps** that must take time; **il vous faut tourner à gauche après l'église** you have to turn left past the church; **nous avons ce qu'il (nous) faut** we have what we need; **il faut qu'il ait oublié** he must have forgotten; **il a fallu qu'il l'apprenne** he would have to hear about it; **il ne fallait pas** (*pour remercier*) you shouldn't have (done); **faut le faire !** (*fam*) (it) takes some doing!; **comme il faut** *adj* proper; *adv* properly; **s'en falloir** *vpr* : **il s'en est fallu de 10 euros/5 minutes** we (*ou* they *etc*) were 10 euros short/5 minutes late (*ou* early); **il s'en faut de beaucoup qu'il soit ...** he is far from being ...; **il s'en est fallu de peu que cela n'arrive** it very nearly happened; **ou peu s'en faut** or just about, or as good as
fallu [faly] *pp de* **falloir**
falot, e [falo, -ɔt] *adj* dreary, colourless (*Brit*), colorless (*US*) ▶ *nm* lantern
falsification [falsifikasjɔ̃] *nf* falsification
falsifier [falsifje] **/7/** *vt* to falsify
famé, e [fame] *adj* : **mal ~** disreputable, of ill repute
famélique [famelik] *adj* half-starved
fameux, -euse [famø, -øz] *adj* (*illustre : parfois péj*) famous; (*bon : repas, plat etc*) first-rate, first-class; (*intensif*) : **un ~ problème** *etc* a real problem *etc*; **pas ~** not great, not much good
familial, e, -aux [familjal, -o] *adj* family *cpd* ▶ *nf* (*Auto*) family estate car (*Brit*), station wagon (*US*)
familiariser [familjaʀize] **/1/** *vt* : **~ qn avec** to familiarize sb with; **se ~ avec** to familiarize o.s. with

familiarité [familjaʀite] nf familiarity; informality; **~ avec** (sujet, science) familiarity with; **familiarités** nfpl familiarities

familier, -ière [familje, -jeʀ] adj (connu, impertinent) familiar; (atmosphère) informal, friendly; (Ling) informal, colloquial ▸ nm regular (visitor)

familièrement [familjeʀmɑ̃] adv (sans façon : s'entretenir) informally; (cavalièrement) familiarly

famille [famij] nf family; **il a de la ~ à Paris** he has relatives in Paris

> En anglais britannique, le mot **family** peut fonctionner comme un singulier ou un pluriel selon que l'accent est mis sur le groupe en général ou sur ses membres. Le verbe qui suit peut donc être au singulier ou au pluriel.
> *La famille, c'est très important pour moi.* **Family** is **very important to me.**
> *Sa famille l'aide beaucoup.* **Her family help her a lot.**

famine [famin] nf famine

fan [fan] nmf fan

fana [fana] adj, nmf (fam) = **fanatique**

fanal, -aux [fanal, -o] nm beacon; lantern

fanatique [fanatik] adj : **~ (de)** fanatical (about) ▸ nmf fanatic

fanatiser [fanatize] vt to make fanatical

fanatisme [fanatism] nm fanaticism

fane [fan] nf top

fané, e [fane] adj faded

faner [fane] /1/ : **se faner** vpr to fade

fanes [fan] nfpl tops; **des ~ de radis** radish tops

faneur, -euse [fanœʀ, -øz] nm/f haymaker ▸ nf (Tech) tedder

fanfare [fɑ̃faʀ] nf (orchestre) brass band; (musique) fanfare; **en ~** (avec bruit) noisily

fanfaron, ne [fɑ̃faʀɔ̃, -ɔn] nm/f braggart

fanfaronnades [fɑ̃faʀɔnad] nfpl bragging no pl

fanfaronner [fɑ̃faʀɔne] vi to brag, to boast

fanfreluches [fɑ̃fʀəlyʃ] nfpl trimming no pl

fange [fɑ̃ʒ] nf mire

fanion [fanjɔ̃] nm pennant

fanon [fanɔ̃] nm (de baleine) plate of baleen; (repli de peau) dewlap, wattle

fantaisie [fɑ̃tezi] nf (spontanéité) fancy, imagination; (caprice) whim; extravagance; (Mus) fantasia ▸ adj : **bijou ~** (piece of) costume jewellery (Brit) ou jewelry (US); **pain ~** fancy bread

fantaisiste [fɑ̃tezist] adj (péj) unorthodox, eccentric ▸ nmf (de music-hall) variety artist ou entertainer

fantasmagorique [fɑ̃tasmagɔʀik] adj phantasmagorical

fantasmatique [fɑ̃tasmatik] adj fantastical

fantasme [fɑ̃tasm] nm fantasy

fantasmer [fɑ̃tasme] /1/ vi to fantasize

fantasque [fɑ̃task] adj whimsical, capricious; fantastic

fantassin [fɑ̃tasɛ̃] nm infantryman

fantastique [fɑ̃tastik] adj fantastic

fantoche [fɑ̃tɔʃ] nm (péj) puppet

fantomatique [fɑ̃tɔmatik] adj ghostly

fantôme [fɑ̃tom] nm ghost, phantom

FAO sigle f (= Food and Agricultural Organization) FAO

faon [fɑ̃] nm fawn (deer)

FAQ sigle f (= foire aux questions) FAQ pl (= frequently asked questions)

far [faʀ] nm (aussi : **far breton**) prune custard flan

faramineux, -euse [faʀaminø, -øz] adj (fam) fantastic

farandole [faʀɑ̃dɔl] nf farandole

farce [faʀs] nf (viande) stuffing; (blague) (practical) joke; (Théât) farce; **faire une ~ à qn** to play a (practical) joke on sb; **farces et attrapes** jokes and novelties

farceur, -euse [faʀsœʀ, -øz] nm/f practical joker; (fumiste) clown

farci, e [faʀsi] adj (Culin) stuffed

farcir [faʀsiʀ] /2/ vt (viande) to stuff; (fig) : **~ qch de** to stuff sth with; **se farcir** vpr (fam) : **je me suis farci la vaisselle** I've got stuck ou landed with the washing-up

fard [faʀ] nm make-up; **~ à joues** blusher

fardeau, x [faʀdo] nm burden

farder [faʀde] /1/ vt to make up; (vérité) to disguise; **se farder** vpr to make o.s. up

farfadet [faʀfadɛ] nm elf

farfelu, e [faʀfəly] adj wacky (fam), hare-brained

farfouiller [faʀfuje] /1/ vi (péj) to rummage around

fariboles [faʀibɔl] nfpl nonsense no pl

farine [faʀin] nf flour; **~ de blé** wheatflour; **~ de maïs** cornflour (Brit), cornstarch (US); **~ lactée** (pour bouillie) baby cereal

fariner [faʀine] /1/ vt to flour

farineux, -euse [faʀinø, -øz] adj (sauce, pomme) floury ▸ nmpl (aliments) starchy foods

farniente [faʀnjɛnte] nm idleness

farouche [faʀuʃ] adj shy, timid; (sauvage) savage, wild; (violent) fierce

farouchement [faʀuʃmɑ̃] adv fiercely

fart [faʀt] nm (ski) wax

farter [faʀte] /1/ vt to wax

fascicule [fasikyl] nm volume

fascinant, e [fasinɑ̃, -ɑ̃t] adj fascinating

fascination [fasinasjɔ̃] nf fascination

fasciner [fasine] /1/ vt to fascinate

fascisant, e [faʃizɑ̃, -ɑ̃t] adj fascistic

fascisme [faʃism] nm fascism

fasciste [faʃist] adj, nmf fascist

fasse etc [fas] vb voir **faire**

faste [fast] nm splendour (Brit), splendor (US) ▸ adj : **c'est un jour ~** it's his (ou our etc) lucky day

fast-food [fastfud] (pl **fast-foods**) nm fast food; (restaurant) snack bar

fastidieux, -euse [fastidjø, -øz] adj tedious, tiresome

fastoche [fastɔʃ] adj (fam) easy-peasy (fam)

fastueux, -euse [fastɥø, -øz] adj sumptuous, luxurious

fat [fa(t)] adj m conceited, smug

fatal, e [fatal] adj fatal; (inévitable) inevitable

fatalement [fatalmɑ̃] adv inevitably

fatalisme [fatalism] nm fatalism

fataliste [fatalist] adj fatalistic

fatalité [fatalite] *nf* (*destin*) fate; (*coïncidence*) fateful coincidence; (*caractère inévitable*) inevitability

fatidique [fatidik] *adj* fateful

fatigant, e [fatigã, -ãt] *adj* (*incident*) tiring; (*agaçant*) tiresome

fatigue [fatig] *nf* tiredness, fatigue; (*détérioration*) fatigue; **les fatigues du voyage** the wear and tear of the journey

fatigué, e [fatige] *adj* tired

fatiguer [fatige] /1/ *vt* to tire, make tired; (*Tech*) to put a strain on, strain; (*fig : agacer*) to annoy ▸ *vi* (*moteur*) to labour (BRIT), labor (US), strain; **se fatiguer** *vpr* to get tired; to tire o.s. (out); **se ~ à faire qch** to tire o.s. out doing sth

fatras [fatrɑ] *nm* jumble, hotchpotch

fatuité [fatɥite] *nf* conceitedness, smugness

faubourg [fobur] *nm* suburb

faubourien, ne [foburjɛ̃, -ɛn] *adj* (*accent*) working-class

fauche [foʃ] *nf* (*de pré*) mowing; (*de blé*) cutting; (*fam : vol*) theft

fauché, e [foʃe] *adj* (*fam*) broke

faucher [foʃe] /1/ *vt* (*herbe*) to cut; (*champs, blés*) to reap; (*fig*) to cut down; (*véhicule*) to mow down; (*fam : voler*) to pinch, nick

faucheur, -euse [foʃœr, -øz] *nm/f* reaper, mower

faucheux [foʃø] *nm* (*araignée*) harvestman

faucille [fosij] *nf* sickle

faucon [fokɔ̃] *nm* falcon, hawk

fauconnerie [fokɔnri] *nf* (*dressage*) falconry; (*chasse*) hawking, falconry

faudra *etc* [fodra] *vb voir* **falloir**

faufil [fofil] *nm* (*Couture*) tacking thread

faufilage [fofilaʒ] *nm* (*Couture*) tacking

faufiler [fofile] /1/ *vt* to tack, baste; **se faufiler** *vpr* : **se ~ dans** to edge one's way into; **se ~ parmi/entre** to thread one's way among/between

faune [fon] *nf* (*Zool*) wildlife, fauna; (*fig : péj*) set, crowd; **~ marine** marine (animal) life ▸ *nm* faun

faussaire [fosɛr] *nmf* forger

fausse [fos] *adj f voir* **faux²**

faussement [fosmã] *adv* (*accuser*) wrongly, wrongfully; (*croire*) falsely, erroneously

fausser [fose] /1/ *vt* (*objet*) to bend, buckle; (*fig*) to distort; **~ compagnie à qn** to give sb the slip

fausset [fosɛ] *nm* : **voix de ~** falsetto voice

fausseté [foste] *nf* wrongness; falseness

faut [fo] *vb voir* **falloir**

faute [fot] *nf* (*erreur*) mistake, error; (*péché, manquement*) misdemeanour; (*Football etc*) offence; (*Tennis*) fault; (*responsabilité*) : **par la ~ de** through the fault of, because of; **c'est de sa/ma ~** it's his/my fault; **être en ~** to be in the wrong; **prendre qn en ~** to catch sb out; **~ de** (*temps, argent*) for *ou* through lack of; **~ de mieux** for want of anything *ou* something better; **sans ~** *adv* without fail; **~ de frappe** typing error; **~ d'inattention** careless mistake; **~ d'orthographe** spelling mistake; **~ professionnelle** professional misconduct *no pl*

fauter [fote] *vi* (*commettre une faute*) to be at fault; (*vieilli : femme, fille*) to stray

fauteuil [fotœj] *nm* armchair; **~ à bascule** rocking chair; **~ club** (big) easy chair; **~ d'orchestre** seat in the front stalls (BRIT) *ou* the orchestra (US); **~ roulant** wheelchair

fauteur [fotœr] *nm* : **~ de troubles** trouble-maker

fautif, -ive [fotif, -iv] *adj* (*incorrect*) incorrect, inaccurate; (*responsable*) at fault, in the wrong; (*coupable*) guilty; **il se sentait ~** he felt guilty ▸ *nm/f* culprit

fauve [fov] *nm* wildcat; (*peintre*) Fauve ▸ *adj* (*couleur*) fawn

fauvette [fovɛt] *nf* warbler

fauvisme [fovism] *nm* (*Art*) Fauvism

faux¹ [fo] *nf* scythe

faux², fausse [fo, fos] *adj* (*inexact*) wrong; (*piano, voix*) out of tune; (*falsifié : billet*) fake, forged; (*sournois, postiche*) false; **~ ami** (*Ling*) faux ami; **faire ~ bond à qn** to let sb down; **~ col** detachable collar; **~ départ** (*Sport, fig*) false start; **faire fausse route** to go the wrong way; **un ~ numéro** a wrong number; **~ frais** *nmpl* extras, incidental expenses; **~ frère** (*fig : péj*) false friend; **~ mouvement** awkward movement; **~ nez** false nose; **~ nom** assumed name; **~ pas** tripping *no pl*; (*fig*) faux pas; **faire un ~ pas** to trip; (*fig*) to make a faux pas; **~ témoignage** perjury; **fausse alerte** false alarm; **fausse clé** skeleton key; **fausse couche** (*Méd*) miscarriage; **fausse joie** vain joy; **fausse note** wrong note (*Mus*) out of tune ▸ *nm* (*copie*) fake, forgery; (*opposé au vrai*) : **le ~** falsehood

faux-filet [fofilɛ] *nm* sirloin

faux-fuyant [fofɥijã] *nm* equivocation

faux-monnayeur [fomɔnɛjœr] *nm* counterfeiter, forger

faux-semblant [fosãblã] *nm* pretence (BRIT), pretense (US)

faux-sens [fosãs] *nm* mistranslation

faveur [favœr] *nf* favour (BRIT), favor (US); **traitement de ~** preferential treatment; **à la ~ de** under cover of; (*grâce à*) thanks to; **en ~ de** favo(u)r of

favorable [favɔrabl] *adj* favo(u)rable

favorablement [favɔrabləmã] *adv* (*juger, accueillir*) favourably (BRIT), favorably (US)

favori, te [favɔri, -it] *adj, nm/f* favo(u)rite

favoris [favɔri] *nmpl* (*barbe*) sideboards (BRIT), sideburns

favoriser [favɔrize] /1/ *vt* to favour (BRIT), favor (US)

favoritisme [favɔritism] *nm* (*péj*) favo(u)ritism

fax [faks] *nm* fax

faxer [fakse] /1/ *vt* to fax

fayot [fajo] *nm* (*fam*) crawler

fayoter [fajɔte] *vi* (*fam : élève*) to crawl (*fam*)

FB *abr* (= *franc belge*) BF, FB

FBI *sigle m* FBI

FC *sigle m* (= *Football Club*) FC

fébrile [febril] *adj* feverish, febrile; **capitaux fébriles** (*Écon*) hot money

fébrilement [febrilmã] *adv* feverishly

fécal, e, -aux [fekal, -o] *adj voir* **matière**

fécond, e [fekɔ̃, -ɔ̃d] *adj* fertile

fécondation [fekɔ̃dasjɔ̃] *nf* fertilization
féconder [fekɔ̃de] /**1**/ *vt* to fertilize
fécondité [fekɔ̃dite] *nf* fertility
fécule [fekyl] *nf* potato flour
féculent [fekylɑ̃] *nm* starchy food
fédéral, e, -aux [federal, -o] *adj* federal
fédéralisme [federalism] *nm* federalism
fédéraliste [federalist] *adj* federalist
fédérateur, -trice [federatœr, -tris] *adj* (*mouvement, événement*) unifying
fédération [federasjɔ̃] *nf* federation; **la F~ française de football** the French football association
fédérer [federe] *vt* (*États*) to federate; (*secteur, membres d'une profession*) to unite; **se fédérer** *vpr* to federate
fée [fe] *nf* fairy
feeling [filiŋ] *nm* (*fam : intuition*) feel, instinct; **au ~** by feel, by instinct
féerie [feri] *nf* enchantment
féerique [ferik] *adj* magical, fairytale *cpd*
feignant, e [fɛɲɑ̃, -ɑ̃t] *nm/f* = **fainéant**
feindre [fɛ̃dr] /**52**/ *vt* to feign; **~ de faire** to pretend to do ▶ *vi* (*liter*) to dissemble
feint, e [fɛ̃, fɛ̃t] *pp de* **feindre** ▶ *adj* feigned ▶ *nf* (*Sport : escrime*) feint; (: *Football, Rugby*) dummy (BRIT), fake (US); (*fam : ruse*) sham
feinter [fɛ̃te] /**1**/ *vi* (*Sport : escrime*) to feint; (: *Football, Rugby*) to dummy (BRIT), fake (US) ▶ *vt* (*fam : tromper*) to fool
fêlé, e [fele] *adj* (*aussi fig*) cracked
fêler [fele] /**1**/ *vt* to crack
félicitations [felisitasjɔ̃] *nfpl* congratulations
félicité [felisite] *nf* bliss
féliciter [felisite] /**1**/ *vt* : **~ qn (de)** to congratulate sb (on)
félidé [felide] *nm* felid
félin, e [felɛ̃, -in] *adj, nm* feline
fellaga, fellagha [felaga] *nm* North African freedom fighter
fellation [felasjɔ̃] *nf* fellatio
félon, ne [felɔ̃, -ɔn] *adj* perfidious, treacherous
félonie [feloni] *nf* treachery
felouque [fəluk] *nf* felucca
fêlure [felyr] *nf* crack
femelle [fəmɛl] *adj* (*aussi* Élec, Tech) female ▶ *nf* female
féminin, e [feminɛ̃, -in] *adj* feminine; (*sexe*) female; (*équipe, vêtements etc*) women's; (*parfois péj : homme*) effeminate ▶ *nm* (Ling) feminine
féminisation [feminizasjɔ̃] *nf* (*de marché du travail, profession, noms de métier*) feminization
féminiser [feminize] /**1**/ *vt* to feminize; (*rendre efféminé*) to make effeminate; **se féminiser** *vpr* : **cette profession se féminise** this profession is attracting more women
féminisme [feminism] *nm* feminism
féministe [feminist] *adj, nf* feminist
féminité [feminite] *nf* femininity
femme [fam] *nf* woman; (*épouse*) wife; **être très ~** to be very much a woman; **devenir ~** to attain womanhood; **~ d'affaires** businesswoman; **~ de chambre** chambermaid; **~ fatale** femme fatale; **~ au foyer** housewife; **~ d'intérieur** (real) homemaker; **~ de ménage** domestic

help, cleaning lady; **~ du monde** society woman; **~-objet** sex object; **~ de tête** determined, intellectual woman
femmelette [famlɛt] *nf* (*fam, péj*) wimp
fémoral, e, -aux [femoral, -o] *adj* femoral
fémur [femyr] *nm* femur, thighbone
FEN [fɛn] *sigle f* (= *Fédération de l'Éducation nationale*) teachers' trades union
fenaison [fənɛzɔ̃] *nf* haymaking
fendillé, e [fɑ̃dije] *adj* (*terre*) crazed
fendiller [fɑ̃dije] *vt* (*terre*) to crack, to craze; (*peau*) to crack
fendre [fɑ̃dr] /**41**/ *vt* (*bois*) to split; (*pierre*) to crack; (*fig : air, eau*) to cut through; (*foule*) to push one's way through; **il gèle à pierre ~** it's freezing hard; **se fendre** *vpr* to crack
fendu, e [fɑ̃dy] *adj* (*sol, mur*) cracked; (*jupe*) slit
fenêtre [f(ə)nɛtr] *nf* window; **~ à guillotine** sash window
fennec [fenɛk] *nm* fennec
fenouil [fənuj] *nm* fennel
fente [fɑ̃t] *nf* (*fissure*) crack; (*de boîte à lettres etc*) slit
féodal, e, -aux [feodal, -o] *adj* feudal
féodalisme [feodalism] *nm* feudalism
féodalité [feodalite] *nf* feudalism
fer [fɛr] *nm* iron; (*de cheval*) shoe; **au ~ rouge** with a red-hot iron; **santé/main de ~** iron constitution/hand; **~ à cheval** horseshoe; **en ~ à cheval** (*fig*) horseshoe-shaped; **~ forgé** wrought iron; **~ à friser** curling tongs; **~ de lance** spearhead; **~ (à repasser)** iron; **~ à souder** soldering iron; **fers** *nmpl* (Méd) forceps; **mettre aux fers** (*enchaîner*) to put in chains
ferai *etc* [fəre] *vb voir* **faire**
fer-blanc [fɛrblɑ̃] (*pl* **fers-blancs**) *nm* tin(plate)
ferblanterie [fɛrblɑ̃tri] *nf* tinplate making; (*produit*) tinware
ferblantier [fɛrblɑ̃tje] *nm* tinsmith
férié, e [ferje] *adj* : **jour ~** public holiday
ferions *etc* [fərjɔ̃] *vb voir* **faire**
férir [ferir] : **sans coup ~** *adv* without meeting any opposition
fermage [fɛrmaʒ] *nm* tenant farming
ferme [fɛrm] *adj* firm ▶ *adv* (*travailler*) hard; (*discuter*) ardently; **tenir ~** to stand firm ▶ *nf* (*exploitation*) farm; (*maison*) farmhouse
fermé, e [fɛrme] *adj* closed, shut; (*gaz, eau etc*) off; (*fig : personne*) uncommunicative; (: *milieu*) exclusive
fermement [fɛrməmɑ̃] *adv* firmly
ferment [fɛrmɑ̃] *nm* ferment
fermentation [fɛrmɑ̃tasjɔ̃] *nf* fermentation
fermenter [fɛrmɑ̃te] /**1**/ *vi* to ferment
fermer [fɛrme] /**1**/ *vt* to close, shut; (*cesser l'exploitation de*) to close down, shut down; (*eau, gaz, robinet*) to turn off; (*aéroport, route*) to close; **~ à clef** to lock; **~ au verrou** to bolt; **~ les yeux (sur qch)** (*fig*) to close one's eyes (to sth) ▶ *vi* to close, shut; (*magasin : définitivement*) to close down, shut down; **se fermer** *vpr* (*yeux*) to close, shut; (*fleur, blessure*) to close up; **se ~ à** (*pitié, amour*) to close one's heart *ou* mind to
fermeté [fɛrməte] *nf* firmness
fermette [fɛrmɛt] *nf* farmhouse

fermeture [fɛʀmətyʀ] nf closing; shutting; closing ou shutting down; putting ou turning off; (dispositif) catch; fastening, fastener; **heure de** ~ (Comm) closing time; **jour de** ~ (Comm) day on which the shop (etc) is closed; ~ **éclair®**, ~ **à glissière** zip (fastener) (BRIT), zipper (US); voir **fermer**

fermier, -ière [fɛʀmje, -jɛʀ] nm/f farmer ▶ nf (femme de fermier) farmer's wife ▶ adj : **beurre/ cidre** ~ farm butter/cider

fermoir [fɛʀmwaʀ] nm clasp

féroce [feʀɔs] adj ferocious, fierce

férocement [feʀɔsmɑ̃] adv ferociously

férocité [feʀɔsite] nf ferocity, ferociousness

ferons etc [fəʀɔ̃] vb voir **faire**

ferrage [feʀaʒ] nm (de cheval) shoeing

ferraille [feʀaj] nf scrap iron; **mettre à la** ~ to scrap; **bruit de** ~ clanking

ferrailler [feʀaje] /1/ vi to clank

ferrailleur [feʀajœʀ] nm scrap merchant

ferrant [feʀɑ̃] adj m voir **maréchal-ferrant**

ferré, e [feʀe] adj (chaussure) hobnailed; (canne) steel-tipped; ~ **sur** (fam : savant) well up on

ferrer [feʀe] /1/ vt (cheval) to shoe; (chaussure) to nail; (canne) to tip; (poisson) to strike

ferreux, -euse [feʀø, -øz] adj ferrous

ferronnerie [feʀɔnʀi] nf ironwork; ~ **d'art** wrought iron work

ferronnier [feʀɔnje] nm craftsman in wrought iron; (marchand) ironware merchant

ferroviaire [feʀɔvjɛʀ] adj rail cpd, railway cpd (BRIT), railroad cpd (US)

ferrugineux, -euse [feʀyʒinø, -øz] adj ferruginous

ferrure [feʀyʀ] nf (ornamental) hinge

ferry(-boat) [feʀe(bot)] nm ferry

fertile [fɛʀtil] adj fertile; ~ **en incidents** eventful, packed with incidents

fertilisant [fɛʀtilizɑ̃] nm fertilizer

fertilisation [fɛʀtilizasjɔ̃] nf fertilization

fertiliser [fɛʀtilize] /1/ vt to fertilize

fertilité [fɛʀtilite] nf fertility

féru, e [feʀy] adj : ~ **de** with a keen interest in

férule [feʀyl] nf : **être sous la** ~ **de qn** to be under sb's (iron) rule

fervent, e [fɛʀvɑ̃, -ɑ̃t] adj fervent

ferveur [fɛʀvœʀ] nf fervour (BRIT), fervor (US)

fesse [fɛs] nf buttock; **les fesses** the bottom sg, the buttocks

fessée [fese] nf spanking

fesser [fese] vt to spank

fessier [fesje] nm (fam) behind

festif, -ive [fɛstif, -iv] adj (ambiance, soirée) festive, party cpd

festin [fɛstɛ̃] nm feast

festival [fɛstival] nm festival

festivalier [fɛstivalje] nm festival-goer

festivités [fɛstivite] nfpl festivities, merrymaking sg

feston [fɛstɔ̃] nm (Archit) festoon; (Couture) scallop

festoyer [fɛstwaje] /8/ vi to feast

fêtard, e [fɛtaʀ, -aʀd] nm/f (fam, péj) high liver, merrymaker

fête [fɛt] nf (religieuse) feast; (publique) holiday; (en famille etc) celebration; (réception) party; (kermesse) fête, fair, festival; (du nom) feast day, name day;

faire la ~ to live it up; **faire** ~ **à qn** to give sb a warm welcome; **se faire une** ~ **de** to look forward to; to enjoy; **ça va être sa** ~ ! (fam) he's going to get it!; **jour de** ~ holiday; **les fêtes (de fin d'année)** the festive season; **la salle/le comité des fêtes** the village hall/festival committee; **la** ~ **des Mères/Pères** Mother's/ Father's Day; ~ **de charité** charity fair ou fête; ~ **foraine** (fun)fair; **la** ~ **de la musique** see note; ~ **mobile** movable feast (day); **la F~ Nationale** the national holiday

FÊTE DE LA MUSIQUE

The **Fête de la Musique** is a music festival which has taken place every year since 1981. On 21 June throughout France local musicians perform free of charge in parks, streets and squares.

Fête-Dieu [fɛtdjø] (pl **Fêtes-Dieu**) nf : **la** ~ Corpus Christi

fêter [fete] /1/ vt to celebrate; (personne) to have a celebration for

fétiche [fetiʃ] nm fetish; **animal** ~, **objet** ~ mascot

fétichisme [fetiʃism] nm fetishism

fétichiste [fetiʃist] adj fetishist

fétide [fetid] adj fetid

fétu [fety] nm : ~ **de paille** wisp of straw

feu¹ [fø] adj inv : ~ **son père** his late father

feu², x [fø] nm (gén) fire; (signal lumineux) light; (de cuisinière) ring; (sensation de brûlure) burning (sensation); **au** ~ ! fire!; **à** ~ **doux/vif** over a slow/brisk heat; **à petit** ~ (Culin) over a gentle heat; (fig) slowly; **faire** ~ to fire; **ne pas faire long** ~ (fig) not to last long; **commander le** ~ (Mil) to give the order to (open) fire; **tué au** ~ (Mil) killed in action; **mettre à** ~ (fusée) to fire off; **pris entre deux feux** caught in the crossfire; **en** ~ on fire; **être tout** ~ **tout flamme (pour)** (passion) to be aflame with passion (for); (enthousiasme) to be fired with enthusiasm (for); **prendre** ~ to catch fire; **mettre le** ~ **à** to set fire to, set on fire; **faire du** ~ to make a fire; **avez-vous du** ~ ? have you (got) a light?; ~ **rouge/vert/orange** (Auto) red/ green/amber (BRIT) ou yellow (US) light; **donner le** ~ **vert à qch/qn** (fig) to give sth/sb the go-ahead ou green light; ~ **arrière** (Auto) rear light; ~ **d'artifice** firework; (spectacle) fireworks pl; ~ **de camp** campfire; ~ **de cheminée** chimney fire; ~ **de joie** bonfire; ~ **de paille** (fig) flash in the pan; **feux** nmpl fire sg; (Auto) (traffic) lights; **tous feux éteints** (Navig, Auto) without lights; **feux de brouillard** (Auto) fog lights ou lamps; **feux de croisement** (Auto) dipped (BRIT) ou dimmed (US) headlights; **feux de position** (Auto) sidelights; **feux de route** (Auto) headlights (on full (BRIT) ou high (US) beam); **feux de stationnement** parking lights

feuillage [fœjaʒ] nm foliage, leaves pl

feuillaison [fœjɛzɔ̃] nf foliation

feuille [fœj] nf (d'arbre) leaf; ~ **(de papier)** sheet (of paper); **rendre** ~ **blanche** (Scol) to give in a blank paper; ~ **de calcul** spreadsheet; ~ **d'or/**

de métal gold/metal leaf; ~ de chou (péj : journal) rag; ~ d'impôts tax form; ~ de maladie medical expenses claim form; ~ morte dead leaf; ~ de paie, ~ de paye pay slip; ~ de présence attendance sheet; ~ de température temperature chart; ~ de vigne (Bot) vine leaf; (sur statue) fig leaf; ~ volante loose sheet

feuillet [fœjɛ] nm leaf, page

feuilletage [fœjtaʒ] nm (aspect feuilleté) flakiness

feuilleté, e [fœjte] adj (Culin) flaky; (verre) laminated; pâte ~ flaky pastry

feuilleter [fœjte] /4/ vt (livre) to leaf through

feuilleton [fœjtɔ̃] nm serial

feuillette etc [fœjɛt] vb voir feuilleter

feuillu, e [fœjy] adj leafy ▶ nm broad-leaved tree

feulement [følmɑ̃] nm growl

feutre [føtʀ] nm felt; (chapeau) felt hat; (stylo) felt-tip(ped pen)

feutré, e [føtʀe] adj feltlike; (pas, voix, atmosphère) muffled

feutrer [føtʀe] /1/ vt to felt; (fig : bruits) to muffle ▶ vi, se feutrer vpr (tissu) to felt

feutrine [føtʀin] nf (lightweight) felt

fève [fɛv] nf broad bean; (dans la galette des Rois) charm (hidden in cake eaten on Twelfth Night)

février [fevʀije] nm February; voir aussi juillet

fez [fɛz] nm fez

FF abr (= franc français) FF

FFA sigle fpl (= Forces françaises en Allemagne) French forces in Germany

FFF abr = Fédération française de football

FFI sigle fpl = Forces françaises de l'intérieur (1942–45) ▶ sigle m member of the FFI

FFL sigle fpl (= Forces françaises libres) Free French Army

Fg abr = faubourg

FGA sigle m (= Fonds de garantie automobile) fund financed through insurance premiums, to compensate victims of uninsured losses

FGEN sigle f (= Fédération générale de l'éducation nationale) teachers' trade union

fi [fi] excl : faire fi de to snap one's fingers at

fiabilité [fjabilite] nf reliability

fiable [fjabl] adj reliable

fiacre [fjakʀ] nm (hackney) cab ou carriage

fiançailles [fjɑ̃saj] nfpl engagement sg

fiancé, e [fjɑ̃se] nm/f fiancé (fiancée) ▶ adj : être ~ (à) to be engaged (to)

fiancer [fjɑ̃se] /3/ : se fiancer vpr : se ~ (avec) to become engaged (to)

fiasco [fjasko] nm fiasco

fibranne [fibʀan] nf bonded fibre ou fiber (US)

fibre [fibʀ] nf fibre, fiber (US); avoir la ~ paternelle/militaire to be a born father/ soldier; ~ optique optical fibre ou fiber; ~ de verre fibreglass (BRIT), fiberglass (US), glass fibre ou fiber

fibreux, -euse [fibʀø, -øz] adj fibrous; (viande) stringy

fibrillation [fibʀijasjɔ̃] nf (Méd) fibrillation

fibrociment [fibʀosimɑ̃] nm fibrocement

fibrome [fibʀom] nm (Méd) fibroma

fibroscopie [fibʀoskɔpi] nf fibrescope (BRIT)ou fiberscope (US)inspection

fibule [fibyl] nf fibula (brooch)

ficelage [fis(ə)laʒ] nm tying (up)

ficelé, e [fis(ə)le] adj (fam) : être mal ~ (habillé) to be badly got up; bien/mal ~ (conçu : roman, projet) well/badly put together

ficeler [fis(ə)le] /4/ vt to tie up

ficelle [fisɛl] nf string; (morceau) piece ou length of string; (pain) stick of French bread; tirer sur la ~ (fig) to go too far; ficelles nfpl (fig) strings

fichage [fiʃaʒ] nm : le ~ des salariés recording information about employees

fiche [fiʃ] nf (carte) (index) card; (formulaire) form; (Élec) plug; ~ de paye pay slip; ~ signalétique (Police) identification card; ~ technique data sheet, specification ou spec sheet

ficher [fiʃe] /1/ vt (dans un fichier) to file; (: Police) to put on file; (fam : faire) to do; (: donner) to give; (: mettre) to stick ou shove; (planter) : ~ qch dans to stick ou drive sth into; ~ qn à la porte (fam) to chuck sb out; fiche(-moi) le camp (fam) clear off; fiche-moi la paix (fam) leave me alone; se ~ dans (s'enfoncer) to get stuck in, embed itself in; se ~ de (fam : rire de) to make fun of; (être indifférent à) not to care about

fichier [fiʃje] nm (gén, Inform) file; (à cartes) card index; ~ actif ou en cours d'utilisation (Inform) active file; ~ d'adresses mailing list; ~ d'archives (Inform) archive file; ~ joint (Inform) attachment

fichtre [fiʃtʀ] excl (vieilli, humoristique) gosh! (fam)

fichtrement [fiʃtʀəmɑ̃] adv (vieilli, humoristique) jolly (BRIT fam), damned

fichu, e [fiʃy] pp de ficher ▶ adj (fam : fini, inutilisable) bust, done for; (: intensif) wretched, darned; être ~ de to be capable of; mal ~ feeling lousy; useless; bien ~ great ▶ nm (foulard) (head)scarf

fictif, -ive [fiktif, -iv] adj fictitious

fiction [fiksjɔ̃] nf fiction; (fait imaginé) invention

fictivement [fiktivmɑ̃] adv fictitiously

fidèle [fidɛl] adj : ~ (à) faithful (to) ▶ nmf (Rel) : les fidèles the faithful; (à l'église) the congregation

fidèlement [fidɛlmɑ̃] adv faithfully

fidélisation [fidelizasjɔ̃] nf (de clientèle) gaining the loyalty of

fidéliser [fidelize] vt (clientèle) to gain the loyalty of

fidélité [fidelite] nf (d'un conjoint) fidelity, faithfulness; (d'un ami, client) loyalty

Fidji [fidʒi] nfpl : (les îles) ~ Fiji

fiduciaire [fidysjɛʀ] adj fiduciary; héritier ~ heir, trustee; monnaie ~ fiat money

fief [fjɛf] nm fief; (fig) preserve; stronghold

fieffé, e [fjefe] adj (ivrogne, menteur) arrant, out-and-out

fiel [fjɛl] nm gall

fiente [fjɑ̃t] nf (bird) droppings pl

fier¹ [fje] : se fier à vpr to trust

fier², fière [fjɛʀ] adj proud; ~ de proud of; avoir fière allure to cut a fine figure

fièrement [fjɛʀmɑ̃] adv proudly

fierté [fjɛʀte] nf pride

fièvre [fjɛvʀ] nf fever; avoir de la ~/39 de ~ to have a high temperature/a temperature of 39° C; ~ typhoïde typhoid fever

fiévreusement [fjevʀɔzmɑ̃] *adv* (*fig*) feverishly

fiévreux, -euse [fjevʀø, -øz] *adj* feverish

FIFA [fifa] *sigle f* (= *Fédération internationale de Football association*) FIFA

fifre [fifʀ] *nm* fife; (*personne*) fife-player

fig *abr* (= *figure*) fig

figé, e [fiʒe] *adj* (*manières*) stiff; (*société*) rigid; (*sourire*) set

figer [fiʒe] /3/ *vt* to congeal; (*fig : personne*) to freeze, root to the spot; **se figer** *vpr* to congeal; (*personne*) to freeze; (*institutions etc*) to become set, stop evolving

fignoler [fiɲɔle] /1/ *vt* to put the finishing touches to

figue [fig] *nf* fig

figuier [figje] *nm* fig tree

figurant, e [figyʀɑ̃, -ɑ̃t] *nm/f* (*Théât*) walk-on; (*Ciné*) extra

figuratif, -ive [figyʀatif, -iv] *adj* representational, figurative

figuration [figyʀasjɔ̃] *nf* walk-on parts *pl*; extras *pl*

figure [figyʀ] *nf* (*visage*) face; (*image, tracé, forme, personnage*) figure; (*illustration*) picture, diagram; **faire ~ de** to look like; **faire bonne ~** to put up a good show; **faire triste ~** to be a sorry sight; **~ de rhétorique** figure of speech

figuré, e [figyʀe] *adj* (*sens*) figurative

figurer [figyʀe] /1/ *vi* to appear ▶ *vt* to represent; **se figurer que** *vpr* to imagine that; **figurez-vous que ...** would you believe that ...?

figurine [figyʀin] *nf* figurine

fil [fil] *nm* (*brin, fig : d'une histoire*) thread; (*du téléphone*) cable, wire; (*textile de lin*) linen; (*d'un couteau : tranchant*) edge; **au ~ des années** with the passing of the years; **au ~ de l'eau** with the stream *ou* current; **de ~ en aiguille** one thing leading to another; **ne tenir qu'à un ~** (*vie, réussite etc*) to hang by a thread; **donner du ~ à retordre à qn** to make life difficult for sb; **coup de ~** (*fam*) phone call; **donner/recevoir un coup de ~** to make/get a phone call; **~ à coudre** (sewing) thread *ou* yarn; **~ dentaire** dental floss; **~ électrique** electric wire; **~ de fer** wire; **~ de fer barbelé** barbed wire; **~ à pêche** fishing line; **~ à plomb** plumb line; **~ à souder** soldering wire

filaire [filɛʀ] *adj* (*téléphone*) corded

filament [filamɑ̃] *nm* (*Élec*) filament; (*de liquide*) trickle, thread

filandreux, -euse [filɑ̃dʀø, -øz] *adj* stringy

filant, e [filɑ̃, -ɑ̃t] *adj* : **étoile filante** shooting star

filasse [filas] *adj inv* white blond

filature [filatyʀ] *nf* (*fabrique*) mill; (*policière*) shadowing *no pl*, tailing *no pl*; **prendre qn en ~** to shadow *ou* tail sb

fil-de-feriste, fildeferiste [fildəfeʀist] *nm/f* high-wire artist

file [fil] *nf* line; (*Auto*) lane; **~ (d'attente)** queue (*Brit*), line (*US*); **prendre la ~** to join the (end of the) queue *ou* line; **prendre la ~ de droite** (*Auto*) to move into the right-hand lane; **se mettre en ~** to form a line; (*Auto*) to get into lane; **stationner en double ~** (*Auto*) to

double-park; **à la ~** *adv* (*d'affilée*) in succession; (*à la suite*) one after another; **à la *ou* en ~ indienne** in single file

filer [file] /1/ *vt* (*tissu, toile, verre*) to spin; (*dérouler : câble etc*) to pay *ou* let out; (*prendre en filature*) to shadow, tail; (*fam : donner*) : **~ qch à qn** to slip sb sth; **~ un mauvais coton** to be in a bad way ▶ *vi* (*bas, maille, liquide, pâte*) to run; (*aller vite*) to fly past *ou* by; (*fam : partir*) to make off; **~ à l'anglaise** to take French leave; **~ doux** to behave o.s., toe the line

filet [filɛ] *nm* net; (*Culin*) fillet; (*d'eau, de sang*) trickle; **tendre un ~** (*police*) to set a trap; **~ (à bagages)** (*Rail*) luggage rack; **~ (à provisions)** string bag

filetage [filtaʒ] *nm* threading; thread

fileter [filte] /5/ *vt* to thread

filial, e, -aux [filjal, -o] *adj* filial ▶ *nf* (*Comm*) subsidiary; affiliate

filiation [filjasjɔ̃] *nf* filiation

filière [filjɛʀ] *nf* (*carrière*) path; **passer par la ~** to go through the (administrative) channels; **suivre la ~** to work one's way up (through the hierarchy)

filiforme [filifɔʀm] *adj* spindly; threadlike

filigrane [filigʀan] *nm* (*d'un billet, timbre*) watermark; **en ~** (*fig*) showing just beneath the surface

filin [filɛ̃] *nm* (*Navig*) rope

fille [fij] *nf* girl; (*opposé à fils*) daughter; **vieille ~** old maid; **~ de joie** prostitute; **~ de salle** waitress

fille-mère [fijmɛʀ] (*pl* **filles-mères**) *nf* unmarried mother

fillette [fijɛt] *nf* (little) girl

filleul, e [fijœl] *nm/f* godchild, godson (goddaughter)

film [film] *nm* (*pour photo*) (roll of) film; (*œuvre*) film, picture, movie; (*couche*) film; **~ muet/parlant** silent/talking picture *ou* movie; **~ alimentaire** clingfilm; **~ d'amour/d'animation/d'horreur** romantic/animated/horror film; **~ comique** comedy; **~ policier** thriller

filmer [filme] /1/ *vt* to film

filmique [filmik] *adj* (*analyse, langage*) film *cpd*, movie *cpd*

filmographie [filmɔgʀafi] *nf* (*de réalisateur, acteur*) filmography

filon [filɔ̃] *nm* vein, lode; (*fig*) lucrative line, money-spinner

filou [filu] *nm* (*escroc*) swindler

fils [fis] *nm* son; **~ de famille** moneyed young man; **~ à papa** (*péj*) daddy's boy

filtrage [filtʀaʒ] *nm* filtering

filtrant, e [filtʀɑ̃, -ɑ̃t] *adj* (*huile solaire etc*) filtering

filtre [filtʀ] *nm* filter; « **~ ou sans ~ ?** » (*cigarettes*) "tipped or plain?"; **~ à air** air filter

filtrer [filtʀe] /1/ *vt* to filter; (*fig : candidats, visiteurs*) to screen ▶ *vi* to filter (through)

fin¹ [fɛ̃] *nf* end; **à (la) ~ mai, ~ mai** at the end of May; **en ~ de semaine** at the end of the week; **prendre ~** to come to an end; **toucher à sa ~** to be drawing to a close; **mettre ~ à** to put an end to; **mener à bonne ~** to bring to a successful conclusion; **à cette ~** to this end; **à la ~** in the end, eventually; **en ~ de compte** in the end; **sans ~** adj endless; adv endlessly; **~ de non-recevoir** (Jur, Admin) objection; **~ de section** (de ligne d'autobus) (fare) stage; **fins** nfpl (but) ends; **à toutes fins utiles** for your information

fin², e [fɛ̃, fin] adj (papier, couche, fil) thin; (cheveux, poudre, pointe, visage) fine; (taille) neat, slim; (esprit, remarque) subtle; shrewd; **c'est ~ !** (ironique) how clever!; **un ~ gourmet** a gourmet; **un ~ tireur** a crack shot; **avoir la vue/l'ouïe fine** to have keen eyesight/hearing, have sharp eyes/ears; **or/linge/vin ~** fine gold/linen/wine; **le ~ fond de** the very depths of; **le ~ mot de** the real story behind; **la fine fleur de** the flower of; **une fine mouche** (fig) a sly customer; **fines herbes** mixed herbs; **vouloir jouer au plus ~ (avec qn)** to try to outsmart sb ▶ adv (moudre, couper) finely; **~ prêt/soûl** quite ready/drunk ▶ nf (alcool) liqueur brandy

final, e [final] (mpl **finaux, finals**) adj final ▶ nf finals, final; **parvenir en finale** to get through to the finals ou final; **quarts de finale** quarter finals; **8èmes/16èmes de finale** 2nd/1st round (in 5 round knock-out competition) ▶ nm (Mus) finale

finalement [finalmɑ̃] adv finally, in the end; (après tout) after all

finalisation [finalizasjɔ̃] nf (de vente, commande) completion

finaliser [finalize] vt (vente, projet) to complete

finaliste [finalist] nmf finalist

finalité [finalite] nf (but) aim, goal; (fonction) purpose

finance [finɑ̃s] nf finance; **moyennant ~** for a fee ou consideration; **finances** nfpl (situation) finances; (activités) finance sg

financement [finɑ̃smɑ̃] nm financing

financer [finɑ̃se] /3/ vt to finance

financier, -ière [finɑ̃sje, -jɛʀ] adj financial ▶ nm financier

financièrement [finɑ̃sjɛʀmɑ̃] adv financially

finasser [finase] /1/ vi (péj) to wheel and deal

finaud, e [fino, -od] adj wily

fine [fin] adj f, nf voir **fin²**

finement [finmɑ̃] adv thinly; finely; neatly, slimly; subtly; shrewdly

finesse [finɛs] nf thinness; (raffinement) fineness; neatness, slimness; (subtilité) subtlety; shrewdness; **finesses** nfpl (subtilités) niceties; finer points

fini, e [fini] adj finished; (Math) finite; (intensif) : **un menteur ~** a liar through and through ▶ nm (d'un objet manufacturé) finish

finir [finiʀ] /2/ vt to finish; **~ de faire** to finish doing; (cesser) to stop doing ▶ vi to finish, end; **~ quelque part** to end ou finish up somewhere; **~ par faire** to end ou finish up doing; **il finit par m'agacer** he's beginning to get on my nerves; **~ en pointe/tragédie** to end in a point/in tragedy; **en ~ avec** to be ou have done with; **à n'en plus ~** (route, discussions) never-ending; **il va mal ~** he will come to a bad end; **c'est bientôt fini ?** (reproche) have you quite finished?

finish [finiʃ] nm (Sport) finish

finissage [finisaʒ] nm finishing

finisseur, -euse [finisœʀ, -øz] nm/f (Sport) strong finisher

finition [finisjɔ̃] nf finishing; (résultat) finish

finlandais, e [fɛ̃lɑ̃dɛ, -ɛz] adj Finnish ▶ nm/f : **Finlandais, e** Finn

Finlande [fɛ̃lɑ̃d] nf : **la ~** Finland

finnois, e [finwa, -waz] adj Finnish ▶ nm (Ling) Finnish

fiole [fjɔl] nf phial

fiord [fjɔʀ(d)] nm = **fjord**

fioriture [fjɔʀityʀ] nf embellishment, flourish

fioul [fjul] nm fuel oil

firent [fiʀ] vb voir **faire**

firmament [fiʀmamɑ̃] nm firmament, skies pl

firme [fiʀm] nf firm

fis [fi] vb voir **faire**

fisc [fisk] nm tax authorities pl, ≈ Inland Revenue (BRIT), ≈ Internal Revenue Service (US)

fiscal, e, -aux [fiskal, -o] adj tax cpd, fiscal

fiscaliser [fiskalize] /1/ vt to subject to tax

fiscaliste [fiskalist] nmf tax specialist

fiscalité [fiskalite] nf tax system; (charges) taxation

fissa [fisa] adv (fam) in double-quick time

fissible [fisibl] adj fissile

fission [fisjɔ̃] nf fission

fissure [fisyʀ] nf crack

fissurer [fisyʀe] /1/ vt to crack; **se fissurer** vpr to crack

fiston [fistɔ̃] nm (fam) son, lad

fistule [fistyl] nf (Méd) fistula

fit [fi] vb voir **faire**

FIV sigle f (= fécondation in vitro) IVF

fixage [fiksaʒ] nm (Photo) fixing

fixateur [fiksatœʀ] nm (Photo) fixer; (pour cheveux) hair cream

fixatif [fiksatif] nm fixative

fixation [fiksasjɔ̃] nf fixing; (attache) fastening; setting; (de ski) binding; (Psych) fixation

fixe [fiks] adj fixed; (emploi) steady, regular; **à heure ~** at a set time; **menu à prix ~** set menu ▶ nm (salaire) basic salary; (téléphone) landline

fixé, e [fikse] adj (heure, jour) appointed; **être ~ (sur)** (savoir à quoi s'en tenir) to have made one's mind (about); to know for certain (about)

fixement [fiksəmɑ̃] adv fixedly, steadily

fixer [fikse] /1/ vt (attacher) : **~ qch (à/sur)** to fix ou fasten sth (to/onto); (déterminer) to fix, set; (Chimie, Photo) to fix; (poser son regard sur) to stare at, look hard at; **~ son choix sur qch** to decide on sth; **se fixer** vpr (s'établir) to settle down; **se ~ sur** (attention) to focus on

fixité [fiksite] nf fixedness

fjord [fjɔʀ(d)] nm fjord, fiord

fl. abr (= fleuve) r, R; (= florin) fl

flacon [flakɔ̃] nm bottle

flagada [flagada] adj inv (fam : fatigué) shattered

flagellation [flaʒelasjɔ̃] nf flogging

flageller [flaʒele] /1/ vt to flog, scourge

flageolant, e [flaʒɔlɑ̃, -ɑ̃t] adj (personne, jambes) trembling

flageoler [flaʒɔle] /1/ vi to have knees like jelly

flageolet [flaʒɔlɛ] nm (Mus) flageolet; (Culin) dwarf kidney bean

flagornerie – flic

flagornerie [flagɔʀnəʀi] *nf* toadying, fawning
flagorneur, -euse [flagɔʀnœʀ, -øz] *nm/f* toady, fawner
flagrant, e [flagʀɑ̃, -ɑ̃t] *adj* flagrant, blatant; **en ~ délit** in the act, in flagrante delicto
flair [flɛʀ] *nm* sense of smell; (*fig*) intuition
flairer [fleʀe] /1/ *vt* (*humer*) to sniff (at); (*détecter*) to scent
flamand, e [flamɑ̃, -ɑ̃d] *adj* Flemish ▸ *nm* (*Ling*) Flemish ▸ *nm/f*: **Flamand, e** Fleming; **les Flamands** the Flemish
flamant [flamɑ̃] *nm* flamingo
flambant [flɑ̃bɑ̃] *adv*: **~ neuf** brand new
flambé, e [flɑ̃be] *adj* (*Culin*) flambé ▸ *nf* blaze; (*fig*) flaring-up, explosion
flambeau, x [flɑ̃bo] *nm* (flaming) torch; **se passer le ~** (*fig*) to hand down the (*ou* a) tradition
flambée [flɑ̃be] *nf* (*feu*) blaze; (*Comm*): **~ des prix** (sudden) shooting up of prices
flamber [flɑ̃be] /1/ *vi* to blaze (up) ▸ *vt* (*poulet*) to singe; (*aiguille*) to sterilize
flambeur, -euse [flɑ̃bœʀ, -øz] *nm/f* big-time gambler
flamboyant, e [flɑ̃bwajɑ̃, -ɑ̃t] *adj* blazing; flaming
flamboyer [flɑ̃bwaje] /8/ *vi* to blaze (up); (*fig*) to flame
flamenco [flamɛnko] *nm* flamenco
flamingant, e [flamɛ̃gɑ̃, -ɑ̃t] *adj* Flemish-speaking ▸ *nm/f*: **Flamingant, e** Flemish speaker; (*Pol*) Flemish nationalist
flamme [flɑm] *nf* flame; (*fig*) fire, fervour; **en flammes** on fire, ablaze
flammèche [flamɛʃ] *nf* (flying) spark
flammerole [flamʀɔl] *nf* will-o'-the-wisp
flan [flɑ̃] *nm* (*Culin*) custard tart *ou* pie
flanc [flɑ̃] *nm* side; (*Mil*) flank; **à ~ de colline** on the hillside; **prêter le ~ à** (*fig*) to lay o.s. open to
flancher [flɑ̃ʃe] /1/ *vi* (*cesser de fonctionner*) to fail, pack up; (*armée*) to quit
Flandre [flɑ̃dʀ] *nf*: **la ~** (*aussi*: **les Flandres**) Flanders
flanelle [flanɛl] *nf* flannel
flâner [flɑne] /1/ *vi* to stroll
flânerie [flɑnʀi] *nf* stroll
flâneur, -euse [flɑnœʀ, -øz] *adj* idle ▸ *nm/f* stroller
flanquer [flɑ̃ke] /1/ *vt* to flank; (*fam*: *mettre*) to chuck, shove; **~ par terre/à la porte** (*jeter*) to fling to the ground/chuck out; **~ la frousse à qn** (*donner*) to put the wind up sb, give sb an awful fright
flapi, e [flapi] *adj* dog-tired
flaque [flak] *nf* (*d'eau*) puddle; (*d'huile, de sang etc*) pool
flash [flaʃ] (*pl* **flashes**) *nm* (*Photo*) flash; **~ (d'information)** newsflash
flash-back [flaʃbak] *nm* (*Ciné*) flashback
flasque [flask] *adj* flabby ▸ *nf* (*flacon*) flask
flatter [flate] /1/ *vt* to flatter; (*caresser*) to stroke; **se ~ de qch** to pride o.s. on sth
flatterie [flatʀi] *nf* flattery
flatteur, -euse [flatœʀ, -øz] *adj* flattering ▸ *nm/f* flatterer

flatulence [flatylɑ̃s], **flatuosité** [flatɥozite] *nf* (*Méd*) flatulence, wind
FLB *abr* (= *franco long du bord*) FAS ▸ *sigle m* (*Pol*) = **Front de libération de la Bretagne**
FLC *sigle m* = **Front de libération de la Corse**
fléau, x [fleo] *nm* scourge, curse; (*de balance*) beam; (*pour le blé*) flail
fléchage [fleʃaʒ] *nm* (*d'un itinéraire*) signposting
flèche [flɛʃ] *nf* arrow; (*de clocher*) spire; (*de grue*) jib; (*trait d'esprit, critique*) shaft; **monter en ~** (*fig*) to soar, rocket; **partir en ~** (*fig*) to be off like a shot; **à ~ variable** (*avion*) swing-wing *cpd*
flécher [fleʃe] /1/ *vt* to arrow, mark with arrows
fléchette [fleʃɛt] *nf* dart; **fléchettes** *nfpl* (*jeu*) darts *sg*
fléchir [fleʃiʀ] /2/ *vt* (*corps, genou*) to bend; (*fig*) to sway, weaken ▸ *vi* (*poutre*) to sag, bend; (*fig*) to weaken, flag; (: *baisser*: *prix*) to fall off
fléchissement [fleʃismɑ̃] *nm* bending; sagging; flagging; (*de l'économie*) dullness
flegmatique [flɛgmatik] *adj* phlegmatic
flegme [flɛgm] *nm* composure
flemmard, e [flemaʀ, -aʀd] *nm/f* lazybones *sg*, loafer
flemmarder [flemaʀde] *vi* (*fam*) to loaf around (*fam*)
flemme [flɛm] *nf* (*fam*): **j'ai la ~ de le faire** I can't be bothered
flétan [fletɑ̃] *nm* (*Zool*) halibut
flétri, e [fletri] *adj* (*fleur, peau*) withered; (*beauté*) faded
flétrir [fletʀiʀ] /2/ *vt* to wither; (*stigmatiser*) to condemn (in the most severe terms); **se flétrir** *vpr* to wither
flétrissement [fletʀismɑ̃] *nm* (*de fleur, peau*) withering
fleur [flœʀ] *nf* flower; (*d'un arbre*) blossom; **être en ~** (*arbre*) to be in blossom; **tissu à fleurs** flowered *ou* flowery fabric; **la (fine) ~ de** (*fig*) the flower of; **être ~ bleue** to be soppy *ou* sentimental; **à ~ de terre** just above the ground; **faire une ~ à qn** to do sb a favour (*Brit*) *ou* favor (*US*); **~ de lis** fleur-de-lis
fleurer [flœʀe] /1/ *vt*: **~ la lavande** to have the scent of lavender
fleuret [flœʀɛ] *nm* (*arme*) foil; (*sport*) fencing
fleurette [flœʀɛt] *nf*: **conter ~ à qn** to whisper sweet nothings to sb
fleurettiste [flœʀetist] *nm/f* foil fencer
fleuri, e [flœʀi] *adj* (*jardin*) in flower *ou* bloom; surrounded by flowers; (*fig*: *style, tissu, papier*) flowery; (: *teint*) glowing
fleurir [flœʀiʀ] /2/ *vi* (*rose*) to flower; (*arbre*) to blossom; (*fig*) to flourish ▸ *vt* (*tombe*) to put flowers on; (*chambre*) to decorate with flowers
fleuriste [flœʀist] *nm/f* florist
fleuron [flœʀɔ̃] *nm* jewel (*fig*)
fleuve [flœv] *nm* river; **roman-~** saga; **discours-~** interminable speech
flexibilité [flɛksibilite] *nf* flexibility
flexible [flɛksibl] *adj* flexible
flexion [flɛksjɔ̃] *nf* flexing, bending; (*Ling*) inflection
flibustier [flibystje] *nm* buccaneer
flic [flik] *nm* (*fam, péj*) cop

flicage [flikaʒ] *nm* (*fam, péj*) policing
flicaille [flikɑj] *nf* (*fam, péj*) cops *pl* (*fam*)
flingue [flɛ̃g] *nm* (*fam*) shooter
flinguer [flɛ̃ge] *vt* (*fam : tirer sur*) to blow away
(*fam*), to shoot; (*détruire : moteur*) to wreck (*fam*);
se faire ~ to get shot
flippant, e [flipɑ̃, -ɑ̃t] *adj* (*fam : angoissant*) freaky
(*fam*), creepy (*fam*); (*déprimant*) : **c'est ~** it gets
you down
flipper [flipœR] *nm* pinball (machine) ▶ *vi*
[flipe] /**1**/ (*fam : être déprimé*) to feel down, be on a
downer; (*: être exalté*) to freak out
fliquer [flike] *vt* (*fam, péj : personnel*) to police
flirt [flœRt] *nm* flirting; (*personne*) boyfriend,
girlfriend
flirter [flœRte] /**1**/ *vi* to flirt
FLN *sigle m* = **Front de libération nationale**
FLNKS *sigle m* (= *Front de libération nationale kanak et
socialiste*) political movement in New Caledonia
flocon [flɔkɔ̃] *nm* flake; (*de laine etc : boulette*)
flock; **flocons d'avoine** oat flakes, porridge
oats
floconneux, -euse [flɔkɔnø, -øz] *adj* fluffy,
fleecy
flonflons [flɔ̃flɔ̃] *nmpl* blare *sg*
flop [flɔp] *nm* (*échec*) flop; **faire un ~** to flop
flopée [flɔpe] *nf* : **une ~ de** loads of
floraison [flɔRɛzɔ̃] *nf* flowering; blossoming;
flourishing; *voir* **fleurir**
floral, e, -aux [flɔRal, -o] *adj* floral, flower *cpd*
floralies [flɔRali] *nfpl* flower show *sg*
flore [flɔR] *nf* flora
Florence [flɔRɑ̃s] *n* (*ville*) Florence
florentin, e [flɔRɑ̃tɛ̃, -in] *adj* Florentine
floriculture [flɔRikyltyR] *nf* flower-growing
florilège [flɔRilɛʒ] *nm* (*de textes, poèmes*)
anthology; (*de sites web, citations*) : **un ~ de ...** a
list of the top ...
florissant, e [flɔRisɑ̃, -ɑ̃t] *vb voir* **fleurir** ▶ *adj*
(*économie*) flourishing; (*santé, teint, mine*)
blooming
flot [flo] *nm* flood, stream; (*marée*) flood tide;
être à ~ (*Navig*) to be afloat; (*fig*) to be on an even
keel; **flots** *nmpl* (*de la mer*) waves; **à flots** (*couler*)
in torrents; **entrer à flots** to stream *ou* pour in
flottage [flɔtaʒ] *nm* (*du bois*) floating
flottaison [flɔtɛzɔ̃] *nf* : **ligne de ~** waterline
flottant, e [flɔtɑ̃, -ɑ̃t] *adj* (*vêtement*) loose(-
fitting); (*cours, barème*) floating
flotte [flɔt] *nf* (*Navig*) fleet; (*fam : eau*) water;
(*: pluie*) rain
flottement [flɔtmɑ̃] *nm* (*fig*) wavering,
hesitation; (*Écon*) floating
flotter [flɔte] /**1**/ *vi* to float; (*nuage, odeur*) to drift;
(*drapeau*) to fly; (*vêtements*) to hang loose; **faire ~**
to float ▶ *vb impers* (*fam : pleuvoir*) : **il flotte** it's
raining ▶ *vt* to float
flotteur [flɔtœR] *nm* float
flottille [flɔtij] *nf* flotilla
flou, e [flu] *adj* fuzzy, blurred; (*fig*) woolly (*BRIT*),
vague; (*non ajusté : robe*) loose(-fitting);
~ artistique (*Photo*) soft focus
flouer [flue] /**1**/ *vt* to swindle
flouze [fluz] *nm* (*fam*) dough (*fam*)
FLQ *abr* (= *franco long du quai*) FAQ

fluctuant, e [flyktɥɑ̃, -ɑ̃t] *adj* (*prix, cours*)
fluctuating; (*opinions*) changing
fluctuation [flyktɥasjɔ̃] *nf* fluctuation
fluctuer [flyktɥe] /**1**/ *vi* to fluctuate
fluet, te [flyɛ, -ɛt] *adj* thin, slight; (*voix*) thin
fluide [flyid] *adj* fluid; (*circulation etc*) flowing
freely ▶ *nm* fluid; (*force*) (*mysterious*) power
fluidifier [flyidifje] /**7**/ *vt* to make fluid; **se
fluidifier** *vpr* (*sang*) to thin; (*circulation*) to move
more freely; (*échanges*) to take place more easily
fluidité [flyidite] *nf* fluidity; free flow
fluor [flyɔR] *nm* fluorine; **dentifrice au ~**
fluoride toothpaste
fluoration [flyɔRasjɔ̃] *nf* (*d'eau*) fluoridation
fluoré, e [flyɔRe] *adj* fluoridated
fluorescence [flyɔResɑ̃s] *nf* fluorescence
fluorescent, e [flyɔResɑ̃, -ɑ̃t] *adj* fluorescent
flûte [flyt] *nf* (*aussi* : **flûte traversière**) flute;
(*verre*) flute glass; (*pain*) (thin) baguette; **petite
~** piccolo; **~ !** drat it!; (**à bec**) recorder; **~ de
Pan** panpipes *pl*
flûté, e [flyte] *adj* (*voix*) reedy, piping
flûtiste [flytist] *nmf* flautist, flute player
fluvial, e, -aux [flyvjal, -o] *adj* river *cpd*, fluvial
flux [fly] *nm* incoming tide; (*écoulement*) flow;
le ~ et le reflux the ebb and flow
fluxion [flyksjɔ̃] *nf* : **~ de poitrine** pneumonia
FM *sigle f* (= *frequency modulation*) FM
Fme *abr* (= *femme*) W
FMI *sigle m* (= *Fonds monétaire international*) IMF
FN *sigle m* (= *Front national*) ≈ NF (= *National Front*)
FNAC [fnak] *sigle f* (= *Fédération nationale des achats
des cadres*) chain of discount shops (hi-fi, photo etc)
FNSEA *sigle f* (= *Fédération nationale des syndicats
d'exploitants agricoles*) farmers' union
FO *sigle f* (= *Force ouvrière*) trades union
foc [fɔk] *nm* jib
focal, e, -aux [fɔkal, -o] *adj* focal ▶ *nf* focal
length
focaliser [fɔkalize] /**1**/ *vt* to focus
foehn [føn] *nm* foehn, föhn
fœtal, e, -aux [fetal, -o] *adj* fetal, foetal (*BRIT*)
fœtus [fetys] *nm* fetus, foetus (*BRIT*)
foi [fwa] *nf* faith; **sous la ~ du serment** under
ou on oath; **ajouter ~ à** to lend credence to;
faire ~ (*prouver*) to be evidence; **digne de ~**
reliable; **sur la ~ de** on the word *ou* strength of;
être de bonne/mauvaise ~ to be in good faith/
not to be in good faith; **ma ~ !** well!
foie [fwa] *nm* liver; **~ gras** foie gras; **crise de ~**
stomach upset
foin [fwɛ̃] *nm* hay; **faire les foins** to make hay;
faire du ~ (*fam*) to kick up a row
foire [fwaR] *nf* fair; (*fête foraine*) (fun) fair; (*fig* :
désordre, confusion) bear garden; **~ aux questions**
(*Internet*) frequently asked questions; **faire la ~**
to whoop it up; **~ (exposition)** trade fair
foirer [fwaRe] *vi* (*fam : échouer*) to come to
nothing; **faire ~ qch** to balls sth up (*BRIT fam*),
to cock sth up (*fam*)
foireux, -euse [fwaRø, -øz] *adj* (*fam : plan, idée*)
half-baked (*fam*)
fois [fwa] *nf* time; **une/deux ~** once/twice;
trois/vingt ~ three/twenty times; **deux ~ deux**
twice two; **deux/quatre ~ plus grand (que)**

twice/four times as big (as); **une ~** (*passé*) once;
(*futur*) sometime; **une (bonne) ~ pour toutes**
once and for all; **encore une ~** again, once
more; **il était une ~** once upon a time; **une ~
que c'est fait** once it's done; **une ~ parti** once
he (*ou* I *etc*) had left; **des ~** (*parfois*) sometimes;
si des ~ … (*fam*) if ever …; **non mais des ~ !** (*fam*)
(now) look here!; **à la ~** (*ensemble*) (all) at once;
à la ~ grand et beau both tall and handsome
foison [fwazɔ̃] *nf* : **une ~ de** an abundance of;
à ~ *adv* in plenty
foisonnant, e [fwazɔnɑ̃, -ɑ̃t] *adj* teeming
foisonnement [fwazɔnmɑ̃] *nm* profusion,
abundance
foisonner [fwazɔne] /**1**/ *vi* to abound; **~ en** *ou* **de**
to abound in
fol [fɔl] *adj m voir* **fou**
folâtre [fɔlɑtʀ] *adj* playful
folâtrer [fɔlɑtʀe] /**1**/ *vi* to frolic (about)
foldingue [fɔldɛ̃g] *adj* (*fam*) crazy (*fam*)
folichon, ne [fɔliʃɔ̃, -ɔn] *adj* : **ça n'a rien de ~** it's
not a lot of fun
folie [fɔli] *nf* (*d'une décision, d'un acte*) madness,
folly; (*état*) madness, insanity; (*acte*) folly; **la ~
des grandeurs** delusions of grandeur; **faire
des folies** (*en dépenses*) to be extravagant
folk [fɔlk] *nm* folk music ▸ *adj inv* folk
folklore [fɔlklɔʀ] *nm* folklore
folklorique [fɔlklɔʀik] *adj* folk *cpd*; (*fam*) weird
folle [fɔl] *adj f*, *nf voir* **fou**
follement [fɔlmɑ̃] *adv* (*très*) madly, wildly
follet [fɔlɛ] *adj m* : **feu ~** will-o'-the-wisp
fomentateur, -trice [fɔmɑ̃tatœʀ, -tʀis] *nm/f*
agitator
fomenter [fɔmɑ̃te] /**1**/ *vt* to stir up, foment
foncé, e [fɔ̃se] *adj* dark; **bleu ~** dark blue
foncer [fɔ̃se] /**3**/ *vt* to make darker; (*Culin : moule
etc*) to line ▸ *vi* to go darker; (*fam : aller vite*) to
tear *ou* belt along; **~ sur** to charge at
fonceur, -euse [fɔ̃sœʀ, -øz] *nm/f* whizz kid
foncier, -ière [fɔ̃sje, -jɛʀ] *adj* (*honnêteté etc*) basic,
fundamental; (*malhonnêteté*) deep-rooted;
(*Comm*) real estate *cpd*
foncièrement [fɔ̃sjɛʀmɑ̃] *adv* basically;
(*absolument*) thoroughly
fonction [fɔ̃ksjɔ̃] *nf* (*rôle*, *Math*, *Ling*) function;
(*emploi*, *poste*) post, position; **entrer en ~(s)** to
take up one's post *ou* duties; to take up office;
voiture de ~ company car; **être ~ de** (*dépendre
de*) to depend on; **en ~ de** (*par rapport à*) according
to; **faire ~ de** to serve as; **la ~ publique** the
state *ou* civil (*Brit*) service; **fonctions** *nfpl*
(*professionnelles*) duties
fonctionnaire [fɔ̃ksjɔnɛʀ] *nmf* state employee
ou official; (*dans l'administration*) ≈ civil servant
(*Brit*)
fonctionnalité [fɔ̃ksjɔnalite] *nf* (*Inform*)
functionality
fonctionnariat [fɔ̃ksjɔnaʀja] *nm* state
employee status
fonctionnariser [fɔ̃ksjɔnaʀize] /**1**/ *vt* (*Admin* :
personne) to give the status of a state employee to
fonctionnel, le [fɔ̃ksjɔnɛl] *adj* functional
fonctionnellement [fɔ̃ksjɔnɛlmɑ̃] *adv*
functionally

fonctionnement [fɔ̃ksjɔnmɑ̃] *nm* working;
functioning; operation
fonctionner [fɔ̃ksjɔne] /**1**/ *vi* to work, function;
(*entreprise*) to operate, function; **faire ~** to work,
operate
fond [fɔ̃] *nm voir aussi* **fonds**; (*d'un récipient, trou*)
bottom; (*d'une salle, scène*) back; (*d'un tableau,
décor*) background; (*opposé à la forme*) content;
(*petite quantité*) : **un ~ de verre** a drop; (*Sport*) : **le ~**
long distance (running); **course/épreuve de ~**
long-distance race/trial; **au ~ de** at the bottom
of; at the back of; **aller au ~ des choses** to get
to the root of things; **le ~ de sa pensée** his (*ou*
her) true thoughts *ou* feelings; **sans ~** *adj*
bottomless; **envoyer par le ~** (*Navig : couler*) to
sink, scuttle; **à ~** *adv* (*connaître, soutenir*)
thoroughly; (*appuyer, visser*) right down *ou* home;
à ~ (de train) *adv* (*fam*) full tilt; **dans le ~, au ~**
adv (*en somme*) basically, really; **de ~ en comble**
adv from top to bottom; **~ sonore** background
noise; background music; **~ de teint**
foundation
fondamental, e, -aux [fɔ̃damɑ̃tal, -o] *adj*
fundamental
fondamentalement [fɔ̃damɑ̃talmɑ̃] *adv*
fundamentally
fondamentalisme [fɔ̃damɑ̃talism] *nm*
fundamentalism
fondamentaliste [fɔ̃damɑ̃talist] *adj*, *nmf*
fundamentalist
fondant, e [fɔ̃dɑ̃, -ɑ̃t] *adj* (*neige*) melting; (*poire*)
that melts in the mouth; (*chocolat*) fondant
fondateur, -trice [fɔ̃datœʀ, -tʀis] *nm/f* founder;
membre ~ founder (*Brit*) *ou* founding (*US*)
member
fondation [fɔ̃dasjɔ̃] *nf* founding; (*établissement*)
foundation; **fondations** *nfpl* (*d'une maison*)
foundations; **travail de ~** foundation works *pl*
fondé, e [fɔ̃de] *adj* (*accusation etc*) well-founded
▸ *nmf* : **~ de pouvoir** authorized representative
fondement [fɔ̃dmɑ̃] *nm* (*derrière*) behind; **sans ~**
adj (*rumeur etc*) groundless, unfounded;
fondements *nmpl* foundations
fonder [fɔ̃de] /**1**/ *vt* to found; (*fig*) : **~ qch sur** to
base sth on; **se ~ sur** (*personne*) to base o.s. on;
~ un foyer (*se marier*) to set up home
fonderie [fɔ̃dʀi] *nf* smelting works *sg*
fondeur, -euse [fɔ̃dœʀ, -øz] *nm/f* (*skieur*)
cross-country skier ▸ *nm* : (*ouvrier*) **~** caster
fondre [fɔ̃dʀ] /**41**/ *vt* (*aussi* : **faire fondre**) to melt;
(: *dans l'eau : sucre, sel*) to dissolve; (*fig : mélanger*) to
merge, blend ▸ *vi* (*à la chaleur*) to melt; to
dissolve; (*fig*) to melt away; (*se précipiter*) : **~ sur**
to swoop down on; **~ en larmes** to dissolve into
tears; **se fondre** *vpr* (*se combiner, se confondre*) to
merge into each other; to dissolve
fondrière [fɔ̃dʀijɛʀ] *nf* rut
fonds [fɔ̃] *nm* (*de bibliothèque*) collection; (*Comm*) :
~ (de commerce) business; (*fig*) : **~ de probité**
etc fund of integrity *etc*; **F~ monétaire
international (FMI)** International Monetary
Fund (IMF); **~ de roulement** float ▸ *nmpl*
(*argent*) funds; **à ~ perdus** *adv* with little or no
hope of getting the money back; **être en ~** to be
in funds; **mise de ~** investment, (capital) outlay

fondu, e [fɔ̃dy] *adj* (*beurre, neige*) melted; (*métal*) molten ▶ *nm* (*Ciné*) : ~ **(enchaîné)** dissolve ▶ *nf* (*Culin*) fondue

fongicide [fɔ̃ʒisid] *nm* fungicide

font [fɔ̃] *vb voir* **faire**

fontaine [fɔ̃tɛn] *nf* fountain; (*source*) spring

fontanelle [fɔ̃tanɛl] *nf* fontanelle

fonte [fɔ̃t] *nf* melting; (*métal*) cast iron; **la ~ des neiges** the (spring) thaw

fonts baptismaux [fɔ̃batismo] *nmpl* (baptismal) font *sg*

foot [fut], **football** [futbol] *nm* football, soccer

footballeur, -euse [futbolœʀ, -øz] *nm/f* footballer (BRIT), football *ou* soccer player

footeux, -euse [futø, -øz] *nm/f* (*fam*) footie fan (*fam*)

footing [futiŋ] *nm* jogging; **faire du ~** to go jogging

for [fɔʀ] *nm* : **dans** *ou* **en son ~ intérieur** in one's heart of hearts

forage [fɔʀaʒ] *nm* drilling, boring

forain, e [fɔʀɛ̃, -ɛn] *adj* fairground *cpd* ▶ *nm* (*marchand*) stallholder; (*acteur etc*) fairground entertainer

forban [fɔʀbɑ̃] *nm* (*pirate*) pirate; (*escroc*) crook

forçat [fɔʀsa] *nm* convict

force [fɔʀs] *nf* strength; (*puissance : surnaturelle etc*) power; (*Physique, Mécanique*) force; **avoir de la ~** to be strong; **être à bout de ~** to have no strength left; **à la ~ du poignet** (*fig*) by the sweat of one's brow; **à ~ de faire** by dint of doing; **arriver en ~** (*nombreux*) to arrive in force; **cas de ~ majeure** case of absolute necessity; (*Assurances*) act of God; **~ de la nature** natural force; **de ~** *adv* forcibly, by force; **de toutes mes/ses forces** with all my/his strength; **par la ~** using force; **par la ~ des choses/de l'habitude** by force of circumstances/habit; **à toute ~** (*absolument*) at all costs; **faire ~ de rames/voiles** to ply the oars/cram on sail; **être de ~ à faire** to be up to doing; **de première ~** first class; **la ~ armée** (*les troupes*) the army; **~ d'âme** fortitude; **~ de frappe** strike force; **~ d'inertie** force of inertia; **la ~ publique** the authorities responsible for public order; **dans la ~ de l'âge** in the prime of life; **forces** *nfpl* (*physiques*) strength *sg*; (*Mil*) forces; (*effectifs*) : **d'importantes forces de police** large contingents of police; **forces d'intervention** (*Mil, Police*) peace-keeping force *sg*; **les forces de l'ordre** the police

forcé, e [fɔʀse] *adj* forced; (*bain*) unintended; (*inévitable*) : **c'est ~ !** it's inevitable!, it HAS to be!

forcément [fɔʀsemɑ̃] *adv* necessarily; inevitably; (*bien sûr*) of course; **pas ~** not necessarily

forcené, e [fɔʀsəne] *adj* frenzied ▶ *nm/f* maniac

forceps [fɔʀsɛps] *nm* forceps *pl*

forcer [fɔʀse] /**3**/ *vt* (*porte, serrure, plante*) to force; (*moteur, voix*) to strain; **~ qn à faire** to force sb to do; **~ la dose/l'allure** to overdo it/increase the pace; **~ l'attention/le respect** to command attention/respect; **~ la consigne** to bypass orders ▶ *vi* (*Sport*) to overtax o.s.; **se forcer** *vpr* : **se ~ à faire qch** to force o.s. to do sth

forcing [fɔʀsiŋ] *nm* (*Sport*) : **faire le ~** to pile on the pressure

forcir [fɔʀsiʀ] /**2**/ *vi* (*grossir*) to broaden out; (*vent*) to freshen

forclore [fɔʀklɔʀ] /**45**/ *vt* (*Jur : personne*) to debar

forclusion [fɔʀklyzjɔ̃] *nf* (*Jur*) debarment

forer [fɔʀe] /**1**/ *vt* to drill, bore

forestier, -ière [fɔʀɛstje, -jɛʀ] *adj* forest *cpd*

foret [fɔʀɛ] *nm* drill

forêt [fɔʀɛ] *nf* forest; **Office National des Forêts** (*Admin*) ≈ Forestry Commission (BRIT), ≈ National Forest Service (US); **la F~ Noire** the Black Forest

foreuse [fɔʀøz] *nf* (electric) drill

forfait [fɔʀfɛ] *nm* (*Comm : prix fixe*) fixed *ou* set price; (: *prix tout compris*) all-in deal *ou* price; (*crime*) infamy; **déclarer ~** to withdraw; **gagner par ~** to win by a walkover; **travailler à ~** to work for a lump sum

forfaitaire [fɔʀfetɛʀ] *adj* set; inclusive

forfait-vacances [fɔʀfevakɑ̃s] *nm* (*pl* **forfaits-vacances**) *nm* package holiday

forfanterie [fɔʀfɑ̃tʀi] *nf* boastfulness *no pl*

forge [fɔʀʒ] *nf* forge, smithy

forgé, e [fɔʀʒe] *adj* : **~ de toutes pièces** (*histoire*) completely fabricated

forger [fɔʀʒe] /**3**/ *vt* to forge; (*fig : personnalité*) to form; (: *prétexte*) to contrive, make up

forgeron [fɔʀʒəʀɔ̃] *nm* (black)smith

formaliser [fɔʀmalize] /**1**/ : **se formaliser** *vpr* : **se ~ (de)** to take offence (at)

formalisme [fɔʀmalism] *nm* formality

formaliste [fɔʀmalist] *adj* (*religion, approche*) formalistic; (*Art*) formalist

formalité [fɔʀmalite] *nf* formality; **simple ~** mere formality

format [fɔʀma] *nm* size; **petit ~** small size; (*Photo*) 35 mm (film)

formatage [fɔʀmataʒ] *nm* (*de disque*) formatting

formater [fɔʀmate] /**1**/ *vt* (*disque*) to format; **non formaté** unformatted

formateur, -trice [fɔʀmatœʀ, -tʀis] *adj* formative

formation [fɔʀmasjɔ̃] *nf* forming; (*éducation*) training; (*Mus*) group; (*Mil, Aviat, Géo*) formation; **la ~ permanente** *ou* **continue** continuing education; **la ~ professionnelle** vocational training

forme [fɔʀm] *nf* (*gén*) form; (*d'un objet*) shape, form; **en ~ de poire** pear-shaped, in the shape of a pear; **sous ~ de** in the form of; in the guise of; **sous ~ de cachets** in the form of tablets; **être en (bonne** *ou* **pleine) ~, avoir la ~** (*Sport etc*) to be on form; **en bonne et due ~** in due form; **pour la ~** for the sake of form; **sans autre ~ de procès** (*fig*) without further ado; **prendre ~** to take shape; **formes** *nfpl* (*bonnes manières*) proprieties; (*d'une femme*) figure *sg*

formé, e [fɔʀme] *adj* (*adolescente*) fully developed; (*goût, jugement*) mature

formel, le [fɔʀmɛl] *adj* (*preuve, décision*) definite, positive; (*logique*) formal

formellement [fɔʀmɛlmɑ̃] *adv* (*interdit*) strictly; (*absolument*) positively

former [fɔʀme] /1/ vt (gén) to form; (éduquer : soldat, ingénieur etc) to train; **se former** vpr to form; to train

formica® [fɔʀmika] nm Formica®; **en ~** (mélaminé) Formica® cpd

formidable [fɔʀmidabl] adj tremendous

formidablement [fɔʀmidabləmɑ̃] adv tremendously

formol [fɔʀmɔl] nm formalin, formol

formosan, e [fɔʀmozɑ̃, -an] adj Formosan

Formose [fɔʀmoz] nm Formosa

formulaire [fɔʀmylɛʀ] nm form

formulation [fɔʀmylasjɔ̃] nf formulation; expression; voir **formuler**

formule [fɔʀmyl] nf (gén) formula; (formulaire) form; (expression) phrase; **selon la ~ consacrée** as one says; **~ de politesse** polite phrase; (en fin de lettre) letter ending

formuler [fɔʀmyle] /1/ vt (émettre : réponse, vœux) to formulate; (expliciter : sa pensée) to express

fornication [fɔʀnikasjɔ̃] nf fornication

forniquer [fɔʀnike] /1/ vi to fornicate

forsythia [fɔʀsisja] nm forsythia

fort, e [fɔʀ, fɔʀt] adj strong; (intensité, rendement) high, great; (corpulent) large; (doué) : **être ~ (en)** to be good (at); **c'est un peu ~ !** it's a bit much!; **à plus forte raison** even more so, all the more reason; **se faire ~ de faire** to claim one can do; **forte tête** rebel ▶ adv (serrer, frapper) hard; (sonner) loud(ly); (beaucoup) greatly, very much; (très) very; **avoir ~ à faire avec qn** to have a hard job with sb; **~ bien/peu** very well/few ▶ nm (édifice) fort; (point fort) strong point, forte; (gén pl : personne, pays) : **le ~, les forts** the strong; **au plus ~ de** (au milieu de) in the thick of, at the height of

fortement [fɔʀtəmɑ̃] adv strongly; (s'intéresser) deeply

forteresse [fɔʀtəʀɛs] nf fortress

fortiche [fɔʀtiʃ] adj (fam) very clever

fortifiant [fɔʀtifjɑ̃] nm tonic

fortifications [fɔʀtifikasjɔ̃] nfpl fortifications

fortifier [fɔʀtifje] /7/ vt to strengthen, fortify; (Mil) to fortify; **se fortifier** vpr (personne, santé) to grow stronger

fortin [fɔʀtɛ̃] nm (small) fort

fortiori [fɔʀtjɔʀi] : **à ~** adv all the more so

FORTRAN [fɔʀtʀɑ̃] nm FORTRAN

fortuit, e [fɔʀtɥi, -it] adj fortuitous, chance cpd

fortuitement [fɔʀtɥitmɑ̃] adv fortuitously

fortune [fɔʀtyn] nf fortune; **faire ~** to make one's fortune; **de ~** adj makeshift; (compagnon) chance cpd

fortuné, e [fɔʀtyne] adj wealthy, well-off

forum [fɔʀɔm] nm forum; **~ de discussion** (Internet) message board

fosse [fos] nf (grand trou) pit; (tombe) grave; **la ~ aux lions/ours** the lions' den/bear pit; **~ commune** common ou communal grave; **~ (d'orchestre)** (orchestra) pit; **à purin** cesspit; **~ septique** septic tank; **fosses nasales** nasal fossae

fossé [fose] nm ditch; (fig) gulf, gap

fossette [fosɛt] nf dimple

fossile [fosil] nm fossil ▶ adj fossilized, fossil cpd

fossilisé, e [fosilize] adj fossilized

fossoyeur [foswajœʀ] nm gravedigger

fou, fol, folle [fu, fɔl] adj mad, crazy; (dérèglé etc) wild, erratic; (mèche) stray; (herbe) wild; (fam : extrême, très grand) terrific, tremendous; **~ à lier**, **~ furieux (folle furieuse)** raving mad; **être ~ de** to be mad ou crazy about; (chagrin, joie, colère) to be wild with; **faire le ~** to play ou act the fool; **avoir le ~ rire** to have the giggles ▶ nm/f madman/woman ▶ nm (du roi) jester, fool; (Échecs) bishop

foucade [fukad] nf caprice

foudre [fudʀ] nf : **la ~** lightning; **foudres** nfpl (fig : colère) wrath sg

foudroyant, e [fudʀwajɑ̃, -ɑ̃t] adj devastating; (progrès) lightning cpd; (succès) stunning; (maladie, poison) violent

foudroyer [fudʀwaje] /8/ vt to strike down; **~ qn du regard** to look daggers at sb; **il a été foudroyé** he was struck by lightning

fouet [fwɛ] nm whip; (Culin) whisk; **de plein ~** adv (se heurter) head on

fouettement [fwɛtmɑ̃] nm lashing no pl

fouetter [fwete] /1/ vt to whip; (crème) to whisk

fougasse [fugas] nf type of flat pastry

fougère [fuʒɛʀ] nf fern

fougue [fug] nf ardour (BRIT), ardor (US), spirit

fougueusement [fugøzmɑ̃] adv ardently

fougueux, -euse [fugø, -øz] adj fiery, ardent

fouille [fuj] nf search; **passer à la ~** to be searched; **fouilles** nfpl (archéologiques) excavations

fouillé, e [fuje] adj detailed

fouiller [fuje] /1/ vt to search; (creuser) to dig; (: archéologue) to excavate; (approfondir : étude etc) to go into ▶ vi (archéologue) to excavate; **~ dans/ parmi** to rummage in/among

fouillis [fuji] nm jumble, muddle

fouine [fwin] nf stone marten

fouiner [fwine] /1/ vi (péj) : **~ dans** to nose around ou about in

fouineur, -euse [fwinœʀ, -øz] adj nosey ▶ nm/f nosey parker, snooper

fouir [fwiʀ] /2/ vt to dig

fouisseur, -euse [fwisœʀ, -øz] adj burrowing

foulage [fulaʒ] nm pressing

foulante [fulɑ̃t] adj f : **pompe ~** force pump

foulard [fulaʀ] nm scarf

foule [ful] nf crowd; **la ~** crowds pl; **une ~ de** masses of; **venir en ~** to come in droves

foulée [fule] nf stride; **dans la ~ de** on the heels of

fouler [fule] /1/ vt to press; (sol) to tread upon; **~ aux pieds** to trample underfoot; **se fouler** vpr (fam) to overexert o.s.; **ne pas se ~** not to overexert o.s.; **il ne se foule pas** he doesn't put himself out; **se ~ la cheville** to sprain one's ankle

foultitude [fultityd] nf : **une ~ de qch** (humoristique) oodles of sth

foulure [fulyʀ] nf sprain

four [fuʀ] nm oven; (de potier) kiln; (Théât : échec) flop; **allant au ~** ovenproof

fourbe [fuʀb] adj deceitful

fourberie [fuʀbəʀi] nf deceit

fourbi [fuʀbi] nm (fam) gear, junk

fourbir [fuʀbiʀ] /**2**/ vt : **~ ses armes** (fig) to get ready for the fray
fourbu, e [fuʀby] adj exhausted
fourche [fuʀʃ] nf pitchfork; (de bicyclette) fork
fourcher [fuʀʃe] /**1**/ vi : **ma langue a fourché** it was a slip of the tongue
fourchette [fuʀʃɛt] nf fork; (Statistique) bracket, margin
fourchu, e [fuʀʃy] adj split; (arbre etc) forked
fourgon [fuʀgɔ̃] nm van; (Rail) wag(g)on; **~ mortuaire** hearse
fourgonnette [fuʀgɔnɛt] nf (delivery) van
fourguer [fuʀge] vt (fam : vendre) to flog (fam)
fourme [fuʀm] nf blue-veined cow's milk cheese
fourmi [fuʀmi] nf ant; **avoir des fourmis dans les jambes/mains** to have pins and needles in one's legs/hands
fourmilier [fuʀmilje] nm (mammifère) anteater
fourmilière [fuʀmiljɛʀ] nf ant-hill; (fig) hive of activity
fourmillement [fuʀmijmɑ̃] nm (démangeaison) pins and needles pl; (grouillement) swarming no pl
fourmiller [fuʀmije] /**1**/ vi to swarm; **~ de** to be teeming with, be swarming with
fournaise [fuʀnɛz] nf blaze; (fig) furnace, oven
fourneau, x [fuʀno] nm stove
fournée [fuʀne] nf batch
fourni, e [fuʀni] adj (barbe, cheveux) thick; (magasin) : **bien ~ (en)** well stocked (with)
fournil [fuʀni] nm bakehouse
fournir [fuʀniʀ] /**2**/ vt to supply; to provide, supply; (effort) to put in; **~ qch à qn** to supply sth to sb, supply ou provide sb with sth; **~ qn en** (Comm) to supply sb with; **se ~ chez** ou **à** to shop at
fournisseur, -euse [fuʀnisœʀ, -øz] nm/f supplier; (Internet) : **~ d'accès à Internet** (Internet) service provider, ISP
fourniture [fuʀnityʀ] nf supply(ing); **fournitures** nfpl supplies; **fournitures de bureau** office supplies, stationery; **fournitures scolaires** school stationery
fourrage [fuʀaʒ] nm fodder
fourrager¹ [fuʀaʒe] vi : **~ dans/parmi** to rummage through/among
fourrager², -ère [fuʀaʒe, -ɛʀ] adj fodder cpd ▶ nf (Mil) fourragère
fourré, e [fuʀe] adj (bonbon, chocolat) filled; (manteau, botte) fur-lined ▶ nm thicket
fourreau, x [fuʀo] nm sheath; (de parapluie) cover; **robe ~** figure-hugging dress
fourrer [fuʀe] /**1**/ vt (fam) to stick, shove; **~ qch dans** to stick ou shove sth into; **se ~ dans/sous** to get into/under; **se ~ dans** (une mauvaise situation) to land o.s. in
fourre-tout [fuʀtu] nm inv (sac) holdall; (péj) junk room (ou cupboard); (fig) rag-bag
fourreur [fuʀœʀ] nm furrier
fourrière [fuʀjɛʀ] nf pound
fourrure [fuʀyʀ] nf fur; (sur l'animal) coat; **manteau/col de ~** fur coat/collar
fourvoyer [fuʀvwaje] /**8**/ : **se fourvoyer** vpr to go astray, stray; **se ~ dans** to stray into
foutaise [futɛz] nf (fam) : **c'est de la ~** (bêtises) silly nonsense

foutoir [futwaʀ] nm (fam) bloody shambles (fam); **c'est le ~ ici !** it's a bloody shambles in here!
foutre [futʀ] vt (!) = **ficher**
foutrement [futʀəmɑ̃] adv (fam) bloody (BRIT fam)
foutu, e [futy] adj (!) = **fichu**
foyer [fwaje] nm (de cheminée) hearth; (fig) seat, centre; (famille) family; (domicile) home; (local de réunion) (social) club; (résidence) hostel; (salon) foyer; (Optique, Photo) focus; **lunettes à double ~** bi-focal glasses
FP sigle f (= franchise postale) exemption from postage
FPA sigle f (= Formation professionnelle pour adultes) adult education
FPLP sigle m (= Front populaire de libération de la Palestine) PFLP (= Popular Front for the Liberation of Palestine)
frac [fʀak] nm (vieilli) morning coat
fracas [fʀaka] nm din; crash
fracassant, e [fʀakasɑ̃, -ɑ̃t] adj (succès) sensational, staggering
fracasser [fʀakase] /**1**/ vt to smash; **se fracasser contre** ou **sur** vpr to crash against
fraction [fʀaksjɔ̃] nf fraction
fractionnement [fʀaksjɔnmɑ̃] nm division
fractionner [fʀaksjɔne] /**1**/ vt to divide (up), split (up)
fracturation [fʀaktyʀasjɔ̃] f : **~ hydraulique** fracking
fracture [fʀaktyʀ] nf fracture; **~ du crâne** fractured skull; **~ de la jambe** broken leg
fracturer [fʀaktyʀe] /**1**/ vt (coffre, serrure) to break open; (os, membre) to fracture; **se ~ le crâne** to fracture one's skull
fragile [fʀaʒil] adj fragile, delicate; (fig) frail
fragilisation [fʀaʒilizasjɔ̃] nf (de matériau) weakening; (: de peau) making more sensitive; (: fig) weakening
fragiliser [fʀaʒilize] /**1**/ vt to weaken, make fragile
fragilité [fʀaʒilite] nf fragility
fragment [fʀagmɑ̃] nm (d'un objet) fragment, piece; (d'un texte) passage, extract
fragmentaire [fʀagmɑ̃tɛʀ] adj sketchy
fragmentation [fʀagmɑ̃tasjɔ̃] nf (de molécules, territoire, groupe) fragmentation; **bombes à ~** cluster bombs
fragmenter [fʀagmɑ̃te] /**1**/ vt to split up
frai [fʀɛ] nm spawn; (ponte) spawning
fraîche [fʀɛʃ] adj f voir **frais**
fraîchement [fʀɛʃmɑ̃] adv (sans enthousiasme) coolly; (récemment) freshly, newly
fraîcheur [fʀɛʃœʀ] nf coolness; (d'un aliment) freshness; voir **frais**
fraîchir [fʀɛʃiʀ] /**2**/ vi (température) to get cooler; (vent) to freshen
frais, fraîche [fʀɛ, fʀɛʃ] adj (air, eau, accueil) cool; (petit pois, œufs, nouvelles, couleur, troupes) fresh; **le voilà ~ !** he's in a (right) mess! ▶ adv (récemment) newly, fresh(ly); **il fait ~** it's cool; **servir ~** chill before serving, serve chilled ▶ nm : **mettre au ~** to put in a cool place; **prendre le ~** to take a breath of cool air ▶ nmpl (débours) expenses; (Comm) costs; charges; **faire des ~** to spend; to

go to a lot of expense; **faire les ~ de** to bear the brunt of; **faire les ~ de la conversation** *(parler)* to do most of the talking; *(en être le sujet)* to be the topic of conversation; **il en a été pour ses ~** he could have spared himself the trouble; **rentrer dans ses ~** to recover one's expenses; **~ de déplacement** travel(ling) expenses; **~ d'entretien** upkeep; **~ généraux** overheads; **~ de scolarité** school fees *(BRIT)*, tuition *(US)*

fraise [fʀɛz] *nf* strawberry; *(Tech)* countersink (bit); *(de dentiste)* drill; **~ des bois** wild strawberry

fraiser [fʀɛze] /1/ *vt* to countersink; *(Culin : pâte)* to knead

fraiseur, -euse [fʀɛzœʀ, -øz] *nm/f (ouvrier)* cutter

fraiseuse [fʀɛzøz] *nf (Tech)* milling machine

fraisier [fʀɛzje] *nm* strawberry plant

framboise [fʀɑ̃bwaz] *nf* raspberry

framboisier [fʀɑ̃bwazje] *nm* raspberry bush

franc, franche [fʀɑ̃, fʀɑ̃ʃ] *adj (personne)* frank, straightforward; *(visage)* open; *(net : refus, couleur)* clear; *(: coupure)* clean; *(intensif)* downright; *(exempt)* : **~ de port** post free, postage paid; *(zone, port)* free; *(boutique)* duty-free ▶ *adv* : **parler ~** to be frank *ou* candid ▶ *nm* franc

français, e [fʀɑ̃sɛ, -ɛz] *adj* French ▶ *nm (Ling)* French ▶ *nm/f* : **Français, e** Frenchman/woman; **les F~** the French

franc-comtois, e [fʀɑ̃kɔ̃twa, -waz] *(mpl* **francs-comtois)** *adj* of *ou* from (the) Franche-Comté

France [fʀɑ̃s] *nf* : **la ~** France; **en ~** in France

Francfort [fʀɑ̃kfɔʀ] *n* Frankfurt

franche [fʀɑ̃ʃ] *adj f voir* **franc**

Franche-Comté [fʀɑ̃ʃkɔ̃te] *nf* Franche-Comté

franchement [fʀɑ̃ʃmɑ̃] *adv* frankly; clearly; *(nettement)* definitely; *(tout à fait)* downright ▶ *excl* well, really!; *voir* **franc**

franchir [fʀɑ̃ʃiʀ] /2/ *vt (obstacle)* to clear, get over; *(seuil, ligne, rivière)* to cross; *(distance)* to cover

franchisage [fʀɑ̃ʃizaʒ] *nm (Comm)* franchising

franchise [fʀɑ̃ʃiz] *nf* frankness; *(douanière, d'impôt)* exemption; *(Assurances)* excess; *(Comm)* franchise; **~ de bagages** baggage allowance

franchisé, e [fʀɑ̃ʃize] *adj* franchised ▶ *nm/f* franchisee

franchissable [fʀɑ̃ʃisabl] *adj (obstacle)* surmountable

franchissement [fʀɑ̃ʃismɑ̃] *nm (d'obstacle)* clearing; *(de rivière, frontière)* crossing

franchouillard, e [fʀɑ̃ʃujaʀ, -aʀd] *adj (péj)* typically French *(in an annoying way)*

francilien, ne [fʀɑ̃siljɛ̃, -ɛn] *adj* of *ou* from the Île-de-France region ▶ *nm/f* : **Francilien, ne** person from the Île-de-France region

francisation [fʀɑ̃sizasjɔ̃] *nf (de mot, nom)* Gallicization

franciscain, e [fʀɑ̃siskɛ̃, -ɛn] *adj* Franciscan

franciser [fʀɑ̃size] /1/ *vt* to gallicize, Frenchify

franc-jeu [fʀɑ̃ʒø] *(pl* **francs-jeux)** *nm* : **jouer ~** to play fair

franc-maçon [fʀɑ̃masɔ̃] *(pl* **francs-maçons)** *nm* Freemason

franc-maçonnerie [fʀɑ̃masɔnʀi] *nf* Freemasonry

franco [fʀɑ̃ko] *adv (Comm)* : **~ (de port)** postage paid

franco... [fʀɑ̃ko] *préfixe* franco-

franco-canadien [fʀɑ̃kokanadjɛ̃] *nm (Ling)* Canadian French

francophile [fʀɑ̃kofil] *adj* Francophile

francophobe [fʀɑ̃kofɔb] *adj* Francophobe

francophone [fʀɑ̃kofɔn] *adj* French-speaking ▶ *nmf* French speaker

francophonie [fʀɑ̃kofɔni] *nf* French-speaking communities *pl*

franco-québécois [fʀɑ̃kokebekwa] *nm (Ling)* Quebec French

franc-parler [fʀɑ̃paʀle] *nm inv* outspokenness; **avoir son ~** to speak one's mind

franc-tireur [fʀɑ̃tiʀœʀ] *nm (Mil)* irregular; *(fig)* freelance

frange [fʀɑ̃ʒ] *nf* fringe; *(cheveux)* fringe *(BRIT)*, bangs *(US)*

frangé, e [fʀɑ̃ʒe] *adj (tapis, nappe)* : **~ de** trimmed with

frangin [fʀɑ̃ʒɛ̃] *nm (fam)* brother

frangine [fʀɑ̃ʒin] *nf (fam)* sis, sister

frangipane [fʀɑ̃ʒipan] *nf* almond paste

frangipanier [fʀɑ̃ʒipanje] *nm* frangipani

franglais [fʀɑ̃glɛ] *nm* Franglais

franquette [fʀɑ̃kɛt] : **à la bonne ~** *adv* without any fuss

franquisme [fʀɑ̃kism] *nm* Francoism

franquiste [fʀɑ̃kist] *adj, nmf* Francoist

frappant, e [fʀapɑ̃, -ɑ̃t] *adj* striking

frappe [fʀap] *nf (d'une dactylo, pianiste, machine à écrire)* touch; *(Boxe)* punch; *(péj)* hood, thug

frappé, e [fʀape] *adj (Culin)* iced; **~ de panique** panic-stricken; **~ de stupeur** thunderstruck, dumbfounded

frapper [fʀape] /1/ *vt* to hit, strike; *(étonner)* to strike; *(monnaie)* to strike, stamp; **~ à la porte** to knock at the door; **~ dans ses mains** to clap one's hands; **~ du poing sur** to bang one's fist on; **~ un grand coup** *(fig)* to strike a blow; **se frapper** *vpr (s'inquiéter)* to get worked up

frasques [fʀask] *nfpl* escapades; **faire des ~** to get up to mischief

fraternel, le [fʀatɛʀnɛl] *adj* brotherly, fraternal

fraternellement [fʀatɛʀnɛlmɑ̃] *adv* in a brotherly way

fraternisation [fʀatɛʀnizasjɔ̃] *nf* fraternization

fraterniser [fʀatɛʀnize] /1/ *vi* to fraternize

fraternité [fʀatɛʀnite] *nf* brotherhood

fratricide [fʀatʀisid] *adj* fratricidal

fratrie [fʀatʀi] *nf* siblings *pl*

fraude [fʀod] *nf* fraud; *(Scol)* cheating; **passer qch en ~** to smuggle sth in *(ou* out); **~ fiscale** tax evasion

frauder [fʀode] /1/ *vi, vt* to cheat; **~ le fisc** to evade paying tax(es)

fraudeur, -euse [fʀodœʀ, -øz] *nm/f* person guilty of fraud; *(candidat)* candidate who cheats; *(au fisc)* tax evader

frauduleusement [fʀodyløzmɑ̃] *adv* fraudulently

frauduleux, -euse [fʀodylø, -øz] *adj* fraudulent

frayer [fʀeje] **/8/** vt to open up, clear ▶ vi to spawn; (fréquenter) : ~ **avec** to mix ou associate with; **se frayer** vpr : **se ~ un passage dans** to clear o.s. a path through, force one's way through

frayeur [fʀejœʀ] nf fright

fredaines [fʀədɛn] nfpl mischief sg, escapades

fredonner [fʀədɔne] **/1/** vt to hum

freesia [fʀezja] nm freesia

freezer [fʀizœʀ] nm freezing compartment

frégate [fʀegat] nf frigate

frein [fʀɛ̃] nm brake; **mettre un ~ à** (fig) to put a brake on, check; **sans ~** (sans limites) unchecked; **~ à main** handbrake; **~ moteur** engine braking; **freins à disques** disc brakes; **freins à tambour** drum brakes

freinage [fʀenaʒ] nm braking; **distance de ~** braking distance; **traces de ~** tyre (BRIT) ou tire (US) marks

freiner [fʀene] **/1/** vi to brake ▶ vt (progrès etc) to check

frelaté, e [fʀəlate] adj adulterated; (fig) tainted

frêle [fʀɛl] adj frail, fragile

frelon [fʀəlɔ̃] nm hornet

freluquet [fʀəlykɛ] nm (péj) whippersnapper

frémir [fʀemiʀ] **/2/** vi (de froid, de peur) to shudder, shiver; (de colère) to shake; (de joie, feuillage) to quiver; (eau) to (begin to) bubble

frémissement [fʀemismɑ̃] nm shiver; quiver; bubbling no pl

frêne [fʀɛn] nm ash (tree)

frénésie [fʀenezi] nf frenzy

frénétique [fʀenetik] adj frenzied, frenetic

frénétiquement [fʀenetikmɑ̃] adv frenetically

fréon® [fʀeɔ̃] nm Freon®

fréquemment [fʀekamɑ̃] adv frequently

fréquence [fʀekɑ̃s] nf frequency

fréquent, e [fʀekɑ̃, -ɑ̃t] adj frequent

fréquentable [fʀekɑ̃tabl] adj : **il est peu ~** he's not the type one can associate oneself with

fréquentation [fʀekɑ̃tasjɔ̃] nf frequenting; seeing; **fréquentations** nfpl (relations) company sg; **avoir de mauvaises fréquentations** to be in with the wrong crowd, keep bad company

fréquenté, e [fʀekɑ̃te] adj : **très ~** (very) busy; **mal ~** patronized by disreputable elements

fréquenter [fʀekɑ̃te] **/1/** vt (lieu) to frequent; (personne) to see; **se fréquenter** vpr to see a lot of each other

frère [fʀɛʀ] nm brother ▶ adj : **partis/pays frères** sister parties/countries

frérot [fʀeʀo] nm (fam) bro (fam)

fresque [fʀɛsk] nf (Art) fresco

fret [fʀɛ(t)] nm freight

fréter [fʀete] **/6/** vt to charter

frétillant, e [fʀetijɑ̃, -ɑ̃t] adj (poisson) wriggling; (queue) wagging

frétiller [fʀetije] **/1/** vi to wriggle; to quiver; **~ de la queue** to wag its tail

fretin [fʀətɛ̃] nm : **le menu ~** the small fry

freudien, ne [fʀødjɛ̃, -ɛn] adj Freudian

freux [fʀø] nm (Zool) rook

friable [fʀijabl] adj crumbly

friand, e [fʀijɑ̃, -ɑ̃d] adj : **~ de** very fond of ▶ nm (Culin) small minced-meat (BRIT) ou ground-

meat (US) pie; (: sucré) small almond cake; **~ au fromage** cheese puff

friandise [fʀijɑ̃diz] nf sweet

fric [fʀik] nm (fam) cash, bread

fricassée [fʀikase] nf fricassee

fricative [fʀikativ] nf (Ling) fricative

fric-frac [fʀikfʀak] nm (fam) break-in

friche [fʀiʃ] : **en ~** adj, adv (lying) fallow

fricoter [fʀikɔte] vi (fam) : **~ avec qn** to knock about with sb (fam)

friction [fʀiksjɔ̃] nf (massage) rub, rub-down; (chez le coiffeur) scalp massage; (Tech, fig) friction

frictionner [fʀiksjɔne] **/1/** vt to rub (down); to massage

frigidaire® [fʀiʒidɛʀ] nm refrigerator

frigide [fʀiʒid] adj frigid

frigidité [fʀiʒidite] nf frigidity

frigo [fʀigo] nm (= frigidaire) fridge

frigorifier [fʀigɔʀifje] **/7/** vt to refrigerate; (fig : personne) to freeze

frigorifique [fʀigɔʀifik] adj refrigerating

frileusement [fʀiløzmɑ̃] adv with a shiver

frileux, -euse [fʀilø, -øz] adj sensitive to (the) cold; (fig) overcautious

frilosité [fʀilozite] nf (manque d'audace) feebleness

frimas [fʀimɑ] nmpl wintry weather sg

frime [fʀim] nf (fam) : **c'est de la ~** it's all put on; **pour la ~** just for show

frimer [fʀime] **/1/** vi (fam) to show off

frimeur, -euse [fʀimœʀ, -øz] nm/f poser

frimousse [fʀimus] nf (sweet) little face

fringale [fʀɛ̃gal] nf (fam) : **avoir la ~** to be ravenous

fringant, e [fʀɛ̃gɑ̃, -ɑ̃t] adj dashing

fringuer [fʀɛ̃ge] vt (fam : habiller) to tog up (fam); **se fringuer** vpr to tog o.s. up (fam)

fringues [fʀɛ̃g] nfpl (fam) clothes, gear no pl

fripé, e [fʀipe] adj crumpled

friperie [fʀipʀi] nf (commerce) secondhand clothes shop; (vêtements) secondhand clothes

fripes [fʀip] nfpl secondhand clothes

fripier, -ière [fʀipje, -jɛʀ] nm/f secondhand clothes dealer

fripon, ne [fʀipɔ̃, -ɔn] adj roguish, mischievous ▶ nm/f rascal, rogue

fripouille [fʀipuj] nf scoundrel

friqué, e [fʀike] adj (fam) loaded (fam)

frire [fʀiʀ] vt to fry ▶ vi to fry

Frisbee® [fʀizbi] nm Frisbee®

frise [fʀiz] nf frieze

frisé, e [fʀize] adj (cheveux) curly; (personne) curly-haired ▶ nf : **(chicorée) frisée** curly endive

friser [fʀize] **/1/** vt (cheveux) to curl; (fig : surface) to skim, graze; (: mort) to come within a hair's breadth of; (: hérésie) to verge on ▶ vi (cheveux) to curl; (personne) to have curly hair; **se faire ~** to have one's hair curled

frisette [fʀizɛt] nf little curl

frisotter [fʀizɔte] /1/ vi (cheveux) to curl tightly

frisquet [fʀiskɛ] adj m chilly

frisson [fʀisɔ̃], **frissonnement** [fʀisɔnmɑ̃] nm (de froid) shiver; (de peur) shudder; quiver

frissonnant, e [fʀisɔnɑ̃, -ɑ̃t] adj (de froid, d'épouvante) shuddering; (: feuilles, animal) quivering

frissonner [fʀisɔne] /1/ vi (de fièvre, froid) to shiver; (d'horreur) to shudder; (feuilles) to quiver

frit, e [fʀi, fʀit] pp de **frire** ▶ adj fried ▶ nf: **(pommes) frites** chips (BRIT), French fries

friterie [fʀitʀi] nf ≈ chip shop (BRIT), ≈ hamburger stand (US)

friteuse [fʀitøz] nf deep fryer, chip pan (BRIT); **~ électrique** electric fryer

friture [fʀityʀ] nf (huile) (deep) fat; (plat) : **~ (de poissons)** fried fish; (Radio) crackle, crackling no pl; **fritures** nfpl (aliments frits) fried food sg

frivole [fʀivɔl] adj frivolous

frivolité [fʀivɔlite] nf frivolity

froc [fʀɔk] nm (Rel) habit; (fam : pantalon) trousers pl, pants pl

froid, e [fʀwa, fʀwad] adj cold; **à ~** adv (démarrer) (from) cold; **battre ~ à qn** to give sb the cold shoulder ▶ nm cold; (absence de sympathie) coolness no pl; **il fait ~** it's cold; **avoir ~** to be cold; **prendre ~** to catch a chill ou cold; **(pendant) les grands froids** (in) the depths of winter, (during) the cold season; **jeter un ~** (fig) to cast a chill; **être en ~ avec** to be on bad terms with

froidement [fʀwadmɑ̃] adv (accueillir) coldly; (décider) coolly

froideur [fʀwadœʀ] nf coolness no pl

froissé, e [fʀwase] adj (tissu, vêtement) crumpled

froisser [fʀwase] /1/ vt to crumple (up), crease; (fig) to hurt, offend; **se froisser** vpr to crumple, crease; (personne) to take offence (BRIT) ou offense (US); **se ~ un muscle** to strain a muscle

frôlement [fʀolmɑ̃] nm (contact) light touch

frôler [fʀole] /1/ vt to brush against; (projectile) to skim past; (fig) to come very close to, come within a hair's breadth of

fromage [fʀɔmaʒ] nm cheese; **~ blanc** soft white cheese; **~ de tête** pork brawn

fromager, -ère [fʀɔmaʒe, -ɛʀ] nm/f cheese merchant ▶ adj (industrie) cheese cpd

fromagerie [fʀɔmaʒʀi] nf cheese dairy

froment [fʀɔmɑ̃] nm wheat

fronce [fʀɔ̃s] nf (de tissu) gather

froncé, e [fʀɔ̃se] adj (encolure, jupe) gathered

froncement [fʀɔ̃smɑ̃] nm : **~ de sourcils** frown

froncer [fʀɔ̃se] /3/ vt to gather; **~ les sourcils** to frown

frondaisons [fʀɔ̃dɛzɔ̃] nfpl foliage sg

fronde [fʀɔ̃d] nf sling; (fig) rebellion, rebelliousness

frondeur, -euse [fʀɔ̃dœʀ, -øz] adj rebellious

front [fʀɔ̃] nm forehead, brow; (Mil, Météorologie, Pol) front; **avoir le ~ de faire** to have the effrontery to do; **de ~** adv (se heurter) head-on; (rouler) together (2 or 3 abreast); (simultanément) at once; **faire ~ à** to face up to; **~ de mer** (sea) front

frontal, e, -aux [fʀɔ̃tal, -o] adj frontal

frontalier, -ière [fʀɔ̃talje, -jɛʀ] adj border cpd, frontier cpd ▶ nm/f : **(travailleurs) frontaliers** workers who cross the border to go to work, commuters from across the border

frontière [fʀɔ̃tjɛʀ] nf (Géo, Pol) frontier, border; (fig) frontier, boundary

frontispice [fʀɔ̃tispis] nm frontispiece

frontiste [fʀɔ̃tist] adj (électorat) National Front cpd

fronton [fʀɔ̃tɔ̃] nm pediment; (de pelote basque) (front) wall

frottement [fʀɔtmɑ̃] nm rubbing, scraping; **frottements** nmpl (fig : difficultés) friction sg

frotter [fʀɔte] /1/ vi to rub, scrape ▶ vt to rub; (pour nettoyer) to rub (up); (: avec une brosse : pommes de terre, plancher) to scrub; **~ une allumette** to strike a match; **se frotter** vpr : **se ~ à qn** to cross swords with sb; **se ~ à qch** to come up against sth; **se ~ les mains** (fig) to rub one's hands (gleefully)

frottis [fʀɔti] nm (Méd) smear

frottoir [fʀɔtwaʀ] nm (d'allumettes) friction strip; (pour encaustiquer) (long-handled) brush

frou-frou [fʀufʀu] (pl **frous-frous**) nm rustle

froufroutant, e [fʀufʀutɑ̃, -ɑ̃t] adj rustling

froussard, e [fʀusaʀ, -aʀd] (fam) adj : **être ~** to be a chicken (fam) ▶ nm/f chicken (fam)

frousse [fʀus] nf (fam : peur) : **avoir la ~** to be in a blue funk

fructifier [fʀyktifje] /7/ vi to yield a profit; **faire ~** to turn to good account

fructose [fʀyktoz] nm fructose

fructueux, -euse [fʀyktɥø, -øz] adj fruitful; profitable

frugal, e, -aux [fʀygal, -o] adj frugal

frugalement [fʀygalmɑ̃] adv frugally

frugalité [fʀygalite] nf frugality

fruit [fʀɥi] nm fruit no pl; **fruits de mer** (Culin) seafood(s); **fruits secs** dried fruit sg

fruité, e [fʀɥite] adj (vin) fruity

fruiterie [fʀɥitʀi] nf (boutique) greengrocer's (BRIT), fruit (and vegetable) store (US)

fruitier, -ière [fʀɥitje, -jɛʀ] adj : **arbre ~** fruit tree ▶ nm/f fruiterer (BRIT), fruit merchant (US)

frusques [fʀysk] nfpl (péj) rags; **de vieilles ~** old rags

fruste [fʀyst] adj unpolished, uncultivated

frustrant, e [fʀystʀɑ̃, -ɑ̃t] adj frustrating

frustration [fʀystʀasjɔ̃] nf frustration

frustré, e [fʀystʀe] adj frustrated

frustrer [fʀystʀe] /1/ vt to frustrate; (priver) : **~ qn de qch** to deprive sb of sth

FS abr (= franc suisse) FS, SF

FSE sigle m (= foyer socio-éducatif) community home

FTP sigle mpl (= Francs-tireurs et partisans) Communist Resistance in 1940–45

fuchsia [fyʃja] nm fuchsia

fuel(-oil) [fjul(ɔjl)] nm fuel oil; (pour chauffer) heating oil

fugace [fygas] adj fleeting

fugitif, -ive [fyʒitif, -iv] adj (lueur, amour) fleeting; (prisonnier etc) runaway ▶ nm/f fugitive, runaway

fugue [fyg] nf (d'un enfant) running away no pl; (Mus) fugue; **faire une ~** to run away, abscond

fuguer [fyge] vi to run away

fugueur, -euse [fygœʀ, -øz] adj, nm/f runaway

fuir [fɥiʀ] /17/ vt to flee from; (éviter) to shun ▶ vi to run away; (gaz, robinet) to leak

fuite [fɥit] nf flight; (écoulement) leak, leakage; (divulgation) leak; **être en ~** to be on the run; **mettre en ~** to put to flight; **prendre la ~** to take flight

fuiter [fɥite] *vi* to leak out
fulgurant, e [fylɡyʀɑ̃, -ɑ̃t] *adj* lightning *cpd*, dazzling
fulminant, e [fylminɑ̃, -ɑ̃t] *adj* (*lettre, regard*) furious; **~ de colère** raging with anger
fulminer [fylmine] /1/ *vi* : **~ (contre)** to thunder forth (against)
fumant, e [fymɑ̃, -ɑ̃t] *adj* smoking; (*liquide*) steaming; **un coup ~** (*fam*) a master stroke
fumé, e [fyme] *adj* (*Culin*) smoked; (*verre*) tinted ▶ *nf* smoke; **partir en fumée** to go up in smoke
fume-cigarette [fymsiɡaʀɛt] *nm* cigarette holder
fumer [fyme] /1/ *vi* to smoke; (*liquide*) to steam ▶ *vt* to smoke; (*terre, champ*) to manure
fumerie [fymʀi] *nf* : **~ d'opium** opium den
fumerolles [fymʀɔl] *nfpl* gas and smoke (*from volcano*)
fûmes [fym] *vb voir* **être**
fumet [fymɛ] *nm* aroma
fumette [fymɛt] *nf* (*fam : fait de fumer de la drogue*) smoking joints
fumeur, -euse [fymœʀ, -øz] *nm/f* smoker; **(compartiment) fumeurs** smoking compartment
fumeux, -euse [fymø, -øz] *adj* (*péj*) woolly (BRIT), hazy
fumier [fymje] *nm* manure
fumigation [fymiɡasjɔ̃] *nf* fumigation
fumigène [fymiʒɛn] *adj* smoke *cpd*
fumiste [fymist] *nm* (*ramoneur*) chimney sweep ▶ *nmf* (*péj : paresseux*) shirker; (: *charlatan*) phoney
fumisterie [fymistəʀi] *nf* (*péj*) fraud, con
fumoir [fymwaʀ] *nm* smoking room
funambule [fynɑ̃byl] *nm* tightrope walker
funboard [fœnbɔʀd] *nm* funboarding
funboarder, funboardeur, -euse [fœnbɔʀdœʀ, -øz] *nm/f* funboarder
funèbre [fynɛbʀ] *adj* funeral *cpd*; (*fig*) doleful; funereal
funérailles [fyneʀɑj] *nfpl* funeral *sg*
funéraire [fyneʀɛʀ] *adj* funeral *cpd*, funerary
funérarium [fyneʀaʀjɔm] *nm* funeral parlour (BRIT), funeral parlor (US)
funeste [fynɛst] *adj* disastrous; deathly
funiculaire [fynikylɛʀ] *nm* funicular (railway)
funky [fœnki] *adj* (*album, chanson*) funky
FUNU [fyny] *sigle f* (= Force d'urgence des Nations unies) UNEF (= United Nations Emergency Forces)
fur [fyʀ] : **au ~ et à mesure** *adv* as one goes along; **au ~ et à mesure que** as; **au ~ et à mesure de leur progression** as they advance (*ou* advanced)
furax [fyʀaks] *adj inv* (*fam*) livid
furent [fyʀ] *vb voir* **être**
furet [fyʀɛ] *nm* ferret
fureter [fyʀ(ə)te] /5/ *vi* (*péj*) to nose about
fureteur [fyʀ(ə)tœʀ] *nm* (*Internet : CANADA : navigateur*) browser
fureur [fyʀœʀ] *nf* fury; (*passion*) : **~ de** passion for; **être en ~** to be infuriated; **faire ~** to be all the rage

furibard, e [fyʀibaʀ, -aʀd] *adj* (*fam*) livid, absolutely furious
furibond, e [fyʀibɔ̃, -ɔ̃d] *adj* livid, absolutely furious
furie [fyʀi] *nf* fury; (*femme*) shrew, vixen; **en ~** (*mer*) raging
furieusement [fyʀjøzmɑ̃] *adv* furiously
furieux, -euse [fyʀjø, -øz] *adj* furious
furoncle [fyʀɔ̃kl] *nm* boil
furtif, -ive [fyʀtif, -iv] *adj* furtive
furtivement [fyʀtivmɑ̃] *adv* furtively
fus [fy] *vb voir* **être**
fusain [fyzɛ̃] *nm* (*Bot*) spindle-tree; (*Art*) charcoal
fuseau, x [fyzo] *nm* (*pantalon*) (ski-)pants *pl*; (*pour filer*) spindle; **en ~** (*jambes*) tapering; (*colonne*) bulging; **~ horaire** time zone
fusée [fyze] *nf* rocket; **~ éclairante** flare
fuselage [fyz(ə)laʒ] *nm* fuselage
fuselé, e [fyz(ə)le] *adj* slender; (*galbé*) tapering
fuser [fyze] /1/ *vi* (*rires etc*) to burst forth
fusible [fyzibl] *nm* (*Élec : fil*) fuse wire; (: *fiche*) fuse
fusil [fyzi] *nm* (*de guerre, à canon rayé*) rifle, gun; (*de chasse, à canon lisse*) shotgun, gun; **~ à deux coups** double-barrelled rifle *ou* shotgun; **~ sous-marin** spear-gun
fusilier [fyzilje] *nm* (*Mil*) rifleman
fusillade [fyzijad] *nf* gunfire *no pl*, shooting *no pl*; (*combat*) gun battle
fusiller [fyzije] /1/ *vt* to shoot; **~ qn du regard** to look daggers at sb
fusil-mitrailleur [fyzimitʀajœʀ] (*pl* **fusils-mitrailleurs**) *nm* machine gun
fusion [fyzjɔ̃] *nf* fusion, melting; (*fig*) merging; (*Comm*) merger; **en ~** (*métal, roches*) molten
fusionnement [fyzjɔnmɑ̃] *nm* merger
fusionner [fyzjɔne] /1/ *vi* to merge
fustiger [fystiʒe] /3/ *vt* to denounce
fut [fy] *vb voir* **être**
fût [fy] *vb voir* **être** ▶ *nm* (*tonneau*) barrel, cask; (*de canon*) stock; (*d'arbre*) bole, trunk; (*de colonne*) shaft
futaie [fytɛ] *nf* forest, plantation
futé, e [fyte] *adj* crafty; **Bison ~**® TV and radio traffic monitoring service
fûtes [fyt] *vb voir* **être**
futile [fytil] *adj* (*inutile*) futile; (*frivole*) frivolous
futilement [fytilmɑ̃] *adv* frivolously
futilité [fytilite] *nf* futility; frivolousness; (*chose futile*) futile pursuit (*ou* thing *etc*)
futon [fytɔ̃] *nm* futon
futur, e [fytyʀ] *nm* future; **son ~ époux** her husband-to-be; **au ~** (*Ling*) in the future
futurisme [fytyʀism] *nm* futurism
futuriste [fytyʀist] *adj* futuristic
futurologie [fytyʀɔlɔʒi] *nf* futurology
fuyant, e [fɥijɑ̃, -ɑ̃t] *vb voir* **fuir** ▶ *adj* (*regard etc*) evasive; (*lignes etc*) receding; (*perspective*) vanishing
fuyard, e [fɥijaʀ, -aʀd] *nm/f* runaway
fuyons *etc* [fɥijɔ̃] *vb voir* **fuir**

Gg

G, g [ʒe] *nm inv* G, g ▸ *abr* (= *gramme*) g; (= *gauche*) L, l; **G comme Gaston** G for George; **le G8** (*Pol*) the G8 nations, the Group of Eight

gabardine [gabaʀdin] *nf* gabardine

gabarit [gabaʀi] *nm* (*fig : dimension, taille*) size; (: *valeur*) calibre; (*Tech*) template; **du même ~** (*fig*) of the same type, of that ilk

gabegie [gabʒi] *nf* (*péj*) chaos

Gabon [gabɔ̃] *nm* : **le ~** Gabon

gabonais, e [gabɔnɛ, -ɛz] *adj* Gabonese

gâcher [gaʃe] /**1**/ *vt* (*gâter*) to spoil, ruin; (*gaspiller*) to waste; (*plâtre*) to temper; (*mortier*) to mix

gâchette [gaʃɛt] *nf* trigger

gâchis [gaʃi] *nm* (*désordre*) mess; (*gaspillage*) waste *no pl*

gadget [gadʒɛt] *nm* thingumajig; (*nouveauté*) gimmick

gadin [gadɛ̃] *nm* (*fam*) : **prendre un ~** to come a cropper (*Brit*)

gadoue [gadu] *nf* sludge

gaélique [gaelik] *adj* Gaelic ▸ *nm* (*Ling*) Gaelic

gaffe [gaf] *nf* (*instrument*) boat hook; (*fam : erreur*) blunder; **faire ~** (*fam*) to watch out

gaffer [gafe] /**1**/ *vi* to blunder

gaffeur, -euse [gafœʀ, -øz] *nm/f* blunderer

gag [gag] *nm* gag

gaga [gaga] *adj* (*fam*) gaga

gage [gaʒ] *nm* (*dans un jeu*) forfeit; (*fig : de fidélité*) token; **mettre en ~** to pawn; **laisser en ~** to leave as security; **gages** *nmpl* (*salaire*) wages; (*garantie*) guarantee *sg*

gager [gaʒe] /**3**/ *vt* : **~ que** to bet *ou* wager that

gageure [gaʒyʀ] *nf* : **c'est une ~** it's attempting the impossible

gagnable [gaɲabl] *adj* (*match, circonscription*) winnable

gagnant, e [gaɲɑ̃, -ɑ̃t] *adj* : **billet/numéro ~** winning ticket/number ▸ *adv* : **jouer ~** (*aux courses*) to be bound to win ▸ *nm/f* winner

gagne-pain [gaɲpɛ̃] *nm inv* job

gagne-petit [gaɲpəti] *nm inv* low wage earner

gagner [gaɲe] /**1**/ *vt* (*concours, procès, pari*) to win; (*somme d'argent, revenu*) to earn; (*aller vers, atteindre*) to reach; (*s'emparer de*) to overcome; (*envahir*) to spread to; (*se concilier*) : **~ qn** to win sb over; **~ du temps/de la place** to gain time/save space; **~ sa vie** to earn one's living; **~ du terrain** (*aussi fig*) to gain ground; **~ qn de vitesse** to outstrip sb ▸ *vi* to win; (*fig*) to gain; **~ à faire** (*s'en trouver bien*) to be better off doing; **il y gagne** it's in his interest, it's to his advantage

gagneur [gaɲœʀ] *nm* winner

gai, e [ge] *adj* cheerful; (*livre, pièce de théâtre*) light-hearted; (*un peu ivre*) merry

gaiement [gemɑ̃] *adv* cheerfully

gaieté [gete] *nf* cheerfulness; **de ~ de cœur** with a light heart; **gaietés** *nfpl* (*souvent ironique*) delights

gaillard, e [gajaʀ, -aʀd] *adj* (*robuste*) sprightly; (*grivois*) bawdy, ribald ▸ *nm/f* (*strapping*) fellow/wench

gaillardement [gajaʀdəmɑ̃] *adv* cheerfully

gain [gɛ̃] *nm* (*revenu*) earnings *pl*; (*bénéfice : gén pl*) profits *pl*; (*au jeu : gén pl*) winnings *pl*; (*fig : de temps, place*) saving; (: *avantage*) benefit; (: *lucre*) gain; **avoir ~ de cause** to win the case; (*fig*) to be proved right; **obtenir ~ de cause** (*fig*) to win out

gaine [gɛn] *nf* (*corset*) girdle; (*fourreau*) sheath; (*de fil électrique etc*) outer covering

gaine-culotte [gɛnkylɔt] (*pl* **gaines-culottes**) *nf* pantie girdle

gainer [gene] /**1**/ *vt* to cover

gala [gala] *nm* official reception; **soirée de ~** gala evening

galamment [galamɑ̃] *adv* courteously

galant, e [galɑ̃, -ɑ̃t] *adj* (*courtois*) courteous, gentlemanly; (*entreprenant*) flirtatious, gallant; (*aventure, poésie*) amorous; (*scène, rendez-vous*) romantic; **en galante compagnie** (*homme*) with a lady friend; (*femme*) with a gentleman friend

galanterie [galɑ̃tʀi] *nf* gallantry

galantine [galɑ̃tin] *nf* galantine

Galapagos [galapagɔs] *nfpl* : **les (îles) ~** the Galapagos Islands

galaxie [galaksi] *nf* galaxy

galbe [galb] *nm* curve(s); shapeliness

galbé, e [galbe] *adj* (*jambes*) (well-)rounded; **bien ~** shapely

gale [gal] *nf* (*Méd*) scabies *sg*; (*de chien*) mange

galéjade [galeʒad] *nf* tall story

galère [galɛʀ] *nf* galley

galérer [galeʀe] /**6**/ *vi* (*fam*) to work hard, slave (away)

galerie [galʀi] *nf* gallery; (*Théât*) circle; (*de voiture*) roof rack; (*fig : spectateurs*) audience; **~ marchande** shopping mall; **~ de peinture** (*private*) art gallery

galérien [galeʀjɛ̃] *nm* galley slave

galeriste [galʀist] *nm/f* gallery owner

galet [galɛ] *nm* (*Tech*) wheel; **galets** *nmpl* pebbles, shingle *sg*

galette [galɛt] nf (*gâteau*) flat pastry cake; (*crêpe*) savoury pancake; **la ~ des Rois** *cake traditionally eaten on Twelfth Night*

galeux, -euse [galø, -øz] adj : **un chien ~** a mangy dog

Galice [galis] nf : **la ~** Galicia (*in Spain*)

Galicie [galisi] nf : **la ~** Galicia (*in Central Europe*)

galiléen, ne [galileɛ̃, -ɛn] adj Galilean

galimatias [galimatja] nm (*péj*) gibberish

galion [galjɔ̃] nm galleon

galipette [galipɛt] nf somersault; **faire des galipettes** to turn somersaults

Galles [gal] nfpl : **le pays de ~** Wales

gallicisme [galisism] nm French idiom; (*tournure fautive*) gallicism

gallinacé [galinase] nm gallinacean

gallois, e [galwa, -waz] adj Welsh ▶ nm (*Ling*) Welsh ▶ nm/f : **Gallois, e** Welshman(-woman)

gallo-romain, e [galorɔmɛ̃, -ɛn] adj Gallo-Roman

galoche [galɔʃ] nf clog

galocher [galɔʃe] vt (*fam*) to French kiss

galon [galɔ̃] nm (*Mil*) stripe; (*décoratif*) piece of braid; **prendre du ~** to be promoted

galop [galo] nm gallop; **au ~** at a gallop; **~ d'essai** (*fig*) trial run

galopade [galɔpad] nf stampede

galopant, e [galɔpɑ̃, -ɑ̃t] adj : **inflation galopante** galloping inflation; **démographie galopante** exploding population

galoper [galɔpe] /1/ vi to gallop

galopin [galɔpɛ̃] nm urchin, ragamuffin

galurin [galyʀɛ̃] nm (*fam*) hat, titfer (*fam*)

galvaniser [galvanize] /1/ vt to galvanize

galvaudé, e [galvode] adj (*expression*) hackneyed; (*mot*) clichéd

galvauder [galvode] /1/ vt to debase

gambade [gɑ̃bad] nf : **faire des gambades** to skip ou frisk about

gambader [gɑ̃bade] /1/ vi (*animal, enfant*) to leap about

gamberger [gɑ̃bɛʀʒe] /3/ (*fam*) vi to (have a) think ▶ vt to dream up

gambette [gɑ̃bɛt] nf (*fam*) leg

Gambie [gɑ̃bi] nf : **la ~** (*pays*) Gambia; (*fleuve*) the Gambia

gambiller [gɑ̃bije] vi (*fam : danser*) to jig about (*fam*)

gamelle [gamɛl] nf mess tin; billy can; (*fam*) : **ramasser une ~** to fall flat on one's face

gamète [gamɛt] nm gamete

gamin, e [gamɛ̃, -in] nm/f kid ▶ adj mischievous, playful

gaminerie [gaminʀi] nf mischievousness, playfulness

gamme [gam] nf (*Mus*) scale; (*fig*) range

gammé, e [game] adj : **croix gammée** swastika

ganache [ganaʃ] nf (*crème*) chocolate cream filling, ganache

Gand [gɑ̃] n Ghent

gang [gɑ̃g] nm (*de criminels*) gang

Gange [gɑ̃ʒ] nm : **le ~** the Ganges

ganglion [gɑ̃glijɔ̃] nm ganglion; (*lymphatique*) gland; **avoir des ganglions** to have swollen glands

gangrène [gɑ̃gʀɛn] nf gangrene; (*fig*) corruption; corrupting influence

gangrener [gɑ̃gʀəne] : **se gangrener** vpr to go gangrenous

gangster [gɑ̃gstɛʀ] nm gangster

gangstérisme [gɑ̃gsteʀism] nm gangsterism

gangue [gɑ̃g] nf coating

ganse [gɑ̃s] nf braid

gant [gɑ̃] nm glove; **prendre des gants** (*fig*) to handle the situation with kid gloves; **relever le ~** (*fig*) to take up the gauntlet; **~ de crin** massage glove; **~ de toilette** (face) flannel (BRIT), face cloth; **gants de boxe** boxing gloves; **gants de caoutchouc** rubber gloves

ganté, e [gɑ̃te] adj : **~ de blanc** wearing white gloves

ganterie [gɑ̃tʀi] nf glove trade; (*magasin*) glove shop

garage [gaʀaʒ] nm garage; **~ à vélos** bicycle shed

garagiste [gaʀaʒist] nmf (*propriétaire*) garage owner; (*mécanicien*) garage mechanic

garant, e [gaʀɑ̃, -ɑ̃t] nm/f guarantor; **se porter ~ de** to vouch for; to be answerable for ▶ nm guarantee

garantie [gaʀɑ̃ti] nf guarantee, warranty; (*gage*) security, surety; (**bon de**) **~** guarantee ou warranty slip; **~ de bonne exécution** performance bond

garantir [gaʀɑ̃tiʀ] /2/ vt to guarantee; (*protéger*) : **~ de** to protect from; **je vous garantis que** I can assure you that; **garanti pure laine/2 ans** guaranteed pure wool/for 2 years

garce [gaʀs] nf (*péj*) bitch

garçon [gaʀsɔ̃] nm boy; (*jeune homme*) boy, lad; (*aussi* : **garçon de café**) waiter; **vieux ~** (*célibataire*) bachelor; **~ boucher/coiffeur** butcher's/hairdresser's assistant; **~ de courses** messenger; **~ d'écurie** stable lad; **~ manqué** tomboy

garçonnet [gaʀsɔnɛ] nm small boy

garçonnière [gaʀsɔnjɛʀ] nf bachelor flat

garde [gaʀd(ə)] nm (*de prisonnier*) guard; (*de domaine etc*) warden; (*soldat, sentinelle*) guardsman; **~ champêtre** nm rural policeman; **~ du corps** nm bodyguard; **~ forestier** nm forest warden; **~ des Sceaux** nm ≈ Lord Chancellor (BRIT), ≈ Attorney General (US); **~ mobile** nmf mobile guard ▶ nf guarding; looking after; (*soldats, Boxe, Escrime*) guard; (*faction*) watch; (*d'une arme*) hilt; (*Typo* : *aussi* : **page** ou **feuille de garde**) flyleaf; (: *collée*) endpaper; **de ~** adj, adv on duty; **monter la ~** to stand guard; **être sur ses gardes** to be on one's guard; **mettre en ~** to warn; **mise en ~** warning; **prendre ~ (à)** to be careful (of); **avoir la ~ des enfants** (*après divorce*) to have custody of the children; **~ d'enfants** nf child minder; **~ à vue** (*Jur*) ≈ police custody

garde-à-vous [gaʀdavu] nm inv : **être/se mettre au ~** to be at/stand to attention; **~ (fixe)!** (*Mil*) attention!

garde-barrière [gaʀdəbaʀjɛʀ] (*pl* **gardes-barrière(s)**) nm/f level-crossing keeper

garde-boue [gaʀdəbu] nm inv mudguard

garde-chasse [gaʀdəʃas] (*pl* **gardes-chasse(s)**) nm gamekeeper

g

garde-côte [gaʀdəkot] *nm* (*vaisseau*) coastguard boat

garde-feu [gaʀdəfø] *nm* fender

garde-fou [gaʀdəfu] *nm* railing, parapet

garde-malade [gaʀdəmalad] (*pl* **gardes-malade(s)**) *nf* home nurse

garde-manger [gaʀdmɑ̃ʒe] *nm inv* (*boîte*) meat safe; (*placard*) pantry, larder

garde-meuble [gaʀdəmœbl] *nm* furniture depository

gardénal [gaʀdenal] *nm* phenobarbitone

gardénia [gaʀdenja] *nm* gardenia

garde-pêche [gaʀdəpɛʃ] *nm* (*personne*) water bailiff; (*navire*) fisheries protection ship

garder [gaʀde] /1/ *vt* (*conserver*) to keep; (: *sur soi* : *vêtement, chapeau*) to keep on; (*surveiller* : *enfants*) to look after; (: *immeuble, lieu, prisonnier*) to guard; ~ **le lit/la chambre** to stay in bed/indoors; ~ **le silence** to keep silent *ou* quiet; ~ **la ligne** to keep one's figure; ~ **à vue** to keep in custody; **pêche/chasse gardée** private fishing/hunting (ground); **se garder** *vpr* (*aliment* : *se conserver*) to keep; **se ~ de faire** to be careful not to do

garderie [gaʀdəʀi] *nf* day nursery, crèche

garde-robe [gaʀdəʀɔb] *nf* wardrobe

gardeur, -euse [gaʀdœʀ, -øz] *nm/f* (*de vaches*) cowherd; (*de chèvres*) goatherd

gardian [gaʀdjɑ̃] *nm* cowboy (*in the Camargue*)

gardien, ne [gaʀdjɛ̃, -ɛn] *nm/f* (*garde*) guard; (*de prison*) warder; (*de domaine, réserve*) warden; (*de musée etc*) attendant; (*de phare, cimetière*) keeper; (*d'immeuble*) caretaker; (*fig*) guardian; ~ **de but** goalkeeper; ~ **de nuit** night watchman; ~ **de la paix** policeman

gardiennage [gaʀdjɛnaʒ] *nm* (*emploi*) caretaking; **société de ~** security firm

gardon [gaʀdɔ̃] *nm* roach

gare [gaʀ] *nf* (*railway*) station, train station (*US*); ~ **maritime** harbour station; ~ **routière** bus station; (*de camions*) haulage (*BRIT*) *ou* trucking (*US*) depot; ~ **de triage** marshalling yard ▸ *excl* : ~ **à** ... mind ...!, watch out for ...!; ~ **à ne pas** ... mind you don't ...; ~ **à toi !** watch out!; **sans crier ~** without warning

garenne [gaʀɛn] *nf voir* **lapin**

garer [gaʀe] /1/ *vt* to park; **se garer** *vpr* to park; (*pour laisser passer*) to draw into the side

gargantuesque [gaʀgɑ̃tɥɛsk] *adj* gargantuan

gargariser [gaʀgaʀize] /1/ : **se gargariser** *vpr* to gargle; **se ~ de** (*fig*) to revel in

gargarisme [gaʀgaʀism] *nm* gargling *no pl*; (*produit*) gargle

gargote [gaʀgɔt] *nf* cheap restaurant, greasy spoon (*fam*)

gargouille [gaʀguj] *nf* gargoyle

gargouillement [gaʀgujmɑ̃] *nm* = **gargouillis**

gargouiller [gaʀguje] /1/ *vi* (*estomac*) to rumble; (*eau*) to gurgle

gargouillis [gaʀguji] *nm* (*gén pl* : *voir vb*) rumbling; gurgling

garnement [gaʀnəmɑ̃] *nm* rascal, scallywag

garni, e [gaʀni] *adj* (*plat*) served with vegetables (*and chips, pasta ou rice*) ▸ *nm* (*appartement*) furnished accommodation *no pl* (*BRIT*) *ou* accommodations *pl* (*US*)

garnir [gaʀniʀ] /2/ *vt* to decorate; (*remplir*) to fill; (*recouvrir*) to cover; **se garnir** *vpr* (*pièce, salle*) to fill up; ~ **qch de** (*orner*) to decorate sth with; to trim sth with; (*approvisionner*) to fill *ou* stock sth with; (*protéger*) to fit sth with; (*Culin*) to garnish sth with

garnison [gaʀnizɔ̃] *nf* garrison

garnissage [gaʀnisaʒ] *nm* (*bourre*) stuffing

garniture [gaʀnityʀ] *nf* (*Culin* : *légumes*) vegetables *pl*; (: *persil etc*) garnish; (: *farce*) filling; (*décoration*) trimming; (*protection*) fittings *pl*; ~ **de cheminée** mantelpiece ornaments *pl*; ~ **de frein** (*Auto*) brake lining; ~ **intérieure** (*Auto*) interior trim; ~ **périodique** sanitary towel (*BRIT*) *ou* napkin (*US*)

garrigue [gaʀig] *nf* scrubland

garrot [gaʀo] *nm* (*Méd*) tourniquet; (*torture*) garrotte

garrotter [gaʀɔte] /1/ *vt* to tie up; (*fig*) to muzzle

gars [gɑ] *nm* lad; (*type*) guy

Gascogne [gaskɔɲ] *nf* : **la ~** Gascony; **le golfe de ~** the Bay of Biscay

gascon, ne [gaskɔ̃, -ɔn] *adj* Gascon ▸ *nm* : **G~** (*hâbleur*) braggart

gas-oil [gazɔjl] *nm* diesel oil

gaspillage [gaspijaʒ] *nm* waste

gaspiller [gaspije] /1/ *vt* to waste

gaspilleur, -euse [gaspijœʀ, -øz] *adj* wasteful

gastéropode [gasteʀɔpɔd] *nm* gastropod

gastrique [gastʀik] *adj* gastric, stomach *cpd*

gastrite [gastʀit] *nf* gastritis

gastro-entérite [gastʀɔɑ̃teʀit] *nf* (*Méd*) gastro-enteritis

gastroentérologue [gastʀɔɑ̃teʀɔlɔg] *nm/f* gastroenterologist

gastro-intestinal, e, -aux [gastʀɔɛ̃testinal, -o] *adj* gastrointestinal

gastronome [gastʀɔnɔm] *nmf* gourmet

gastronomie [gastʀɔnɔmi] *nf* gastronomy

gastronomique [gastʀɔnɔmik] *adj* gastronomic; **menu ~** gourmet menu

gâté, e [gɑte] *adj* (*fruit*) bruised; (*enfant*) spoiled

gâteau, x [gɑto] *nm* cake; ~ **d'anniversaire** birthday cake; ~ **de riz** ≈ rice pudding; ~ **sec** biscuit ▸ *adj inv* (*fam* : *trop indulgent*) : **papa-/ maman-~** doting father/mother

gâter [gɑte] /1/ *vt* to spoil; **se gâter** *vpr* (*dent, fruit*) to go bad; (*temps, situation*) to change for the worse

gâterie [gɑtʀi] *nf* little treat

gâteux, -euse [gɑtø, -øz] *adj* senile

gâtisme [gɑtism] *nm* senility

GATT [gat] *sigle m* (= *General Agreement on Tariffs and Trade*) GATT

gauche [goʃ] *adj* left, left-hand; (*maladroit*) awkward, clumsy; **le bras ~** the left arm; **le côté ~** the left-hand side ▸ *nf* (*Pol*) left (wing); (*Boxe*) left; **à ~** on the left; (*direction*) (to the) left; **à ~ de** (on *ou* to the) left of; **à la ~ de** to the left of; **sur votre ~** on your left; **de ~** (*Pol*) left-wing

gauchement [goʃmɑ̃] *adv* awkwardly, clumsily

gaucher, -ère [goʃe, -ɛʀ] *adj* left-handed

gaucherie [goʃʀi] *nf* awkwardness, clumsiness

gauchir [goʃiʀ] /2/ *vt* (*planche, objet*) to warp; (*fig* : *fait, idée*) to distort

gauchisant, e [goʃizɑ̃, -ɑ̃t] *adj* with left-wing tendencies

gauchisme [goʃism] *nm* leftism

gauchiste [goʃist] *adj, nmf* leftist

gaudriole [godʀijɔl] *nf* hanky panky; *(fam)* : **il ne pense qu'à la ~** he has a one-track mind

gaufre [gofʀ] *nf (pâtisserie)* waffle; *(de cire)* honeycomb

gaufrer [gofʀe] /1/ *vt (papier)* to emboss; *(tissu)* to goffer

gaufrette [gofʀɛt] *nf* wafer

gaufrier [gofʀije] *nm (moule)* waffle iron

Gaule [gol] *nf* : **la ~** Gaul

gaule [gol] *nf (perche)* (long) pole; *(canne à pêche)* fishing rod

gauler [gole] /1/ *vt (arbre)* to beat *(using a long pole to bring down fruit)*; *(fruits)* to beat down *(with a pole)*

gaullisme [golism] *nm* Gaullism

gaulliste [golist] *adj, nmf* Gaullist

gaulois, e [golwa, -waz] *adj* Gallic; *(grivois)* bawdy ▶ *nm/f* : **Gaulois, e** Gaul

gauloiserie [golwazʀi] *nf* bawdiness

gausser [gose] /1/ : **se gausser de** *vpr* to deride

gavage [gavaʒ] *nm (d'animaux)* force-feeding

gaver [gave] /1/ *vt* to force-feed; *(fig)* : **~ de** to cram with, fill up with; **se ~ de** to stuff o.s. with

gay [gɛ] *adj, nm (fam)* gay

gaz [gaz] *nm inv* gas; **mettre les ~** *(Auto)* to put one's foot down; **chambre/masque à ~** gas chamber/mask; **~ en bouteille** bottled gas; **~ butane** Calor gas® *(Brit)*, butane gas; **~ carbonique** carbon dioxide; **~ hilarant** laughing gas; **~ lacrymogène** tear gas; **~ naturel** natural gas; **~ de ville** town gas *(Brit)*, manufactured domestic gas; **ça sent le ~** I can smell gas, there's a smell of gas

gazage [gazaʒ] *nm* gassing

gaze [gaz] *nf* gauze

gazéifié, e [gazeifje] *adj* carbonated, aerated

gazelle [gazɛl] *nf* gazelle

gazer [gaze] /1/ *vt* to gas ▶ *vi (fam)* to be going *ou* working well

gazette [gazɛt] *nf* news sheet

gazeux, -euse [gazø, -øz] *adj* gaseous; *(eau)* sparkling; *(boisson)* fizzy

gazinière [gazinjɛʀ] *nf* gas cooker, gas stove

gazoduc [gazodyk] *nm* gas pipeline

gazole [gazɔl] *nm* = **gas-oil**

gazomètre [gazɔmɛtʀ] *nm* gasometer

gazon [gazɔ̃] *nm (herbe)* turf, grass; *(pelouse)* lawn

gazonné, e [gazone] *adj* grassed

gazonner [gazone] /1/ *vt (terrain)* to grass over

gazouillement [gazujmɑ̃] *nm (voir vb)* chirping; babbling

gazouiller [gazuje] /1/ *vi (oiseau)* to chirp; *(enfant)* to babble

gazouillis [gazuji] *nmpl* chirp *sg*

GB *sigle f* (= *Grande-Bretagne*) GB

gd *abr* (= *grand*) L

GDF *sigle m* (= *Gaz de France*) national gas company

geai [ʒɛ] *nm* jay

géant, e [ʒeɑ̃, -ɑ̃t] *adj* gigantic, giant; *(Comm)* giant-size ▶ *nm/f* giant

gecko [ʒeko] *nm* gecko

gégène [ʒeʒɛn] *nf (torture)* electroshock torture

geignard, e [ʒɛɲaʀ, -aʀd] *adj (fam)* moaning

geignement [ʒɛɲmɑ̃] *nm* groaning, moaning

geindre [ʒɛ̃dʀ] /52/ *vi* to groan, moan

gel [ʒɛl] *nm* frost; *(de l'eau)* freezing; *(fig : des salaires, prix)* freeze; freezing; *(produit de beauté)* gel; **~ douche** shower gel

gélatine [ʒelatin] *nf* gelatine

gélatineux, -euse [ʒelatinø, -øz] *adj* jelly-like, gelatinous

gelé, e [ʒ(ə)le] *adj* frozen ▶ *nf (Culin : de fruits)* jelly; *(gel)* frost; **en gelée** in aspic; **gelée blanche** hoarfrost, white frost

geler [ʒ(ə)le] /5/ *vt, vi* to freeze; **il gèle** it's freezing

gélifiant [ʒelifjɑ̃] *nm* gelling agent

gélule [ʒelyl] *nf (Méd)* capsule

gelures [ʒ(ə)lyʀ] *nfpl* frostbite *sg*

Gémeaux [ʒemo] *nmpl* : **les ~** Gemini, the Twins; **être des ~** to be Gemini

gémir [ʒemiʀ] /2/ *vi* to groan, moan

gémissement [ʒemismɑ̃] *nm* groan, moan

gemme [ʒɛm] *nf* gem(stone)

gémonies [ʒemɔni] *nfpl* : **vouer qn aux ~** to subject sb to public scorn

gén. *abr* (= *généralement*) gen.

gênant, e [ʒɛnɑ̃, -ɑ̃t] *adj (objet)* awkward, in the way; *(histoire, personne)* embarrassing

gencive [ʒɑ̃siv] *nf* gum

gendarme [ʒɑ̃daʀm] *nm* gendarme

gendarmer [ʒɑ̃daʀme] /1/ : **se gendarmer** *vpr* to kick up a fuss

gendarmerie [ʒɑ̃daʀməʀi] *nf* military police force *in countryside and small towns; their police station or barracks*

gendre [ʒɑ̃dʀ] *nm* son-in-law

gène [ʒɛn] *nm (Bio)* gene

gêne [ʒɛn] *nf (à respirer, bouger)* discomfort, difficulty; *(dérangement)* bother, trouble; *(manque d'argent)* financial difficulties *pl ou* straits *pl*; *(confusion)* embarrassment; **sans ~** *adj* inconsiderate

gêné, e [ʒene] *adj* embarrassed; *(dépourvu d'argent)* short (of money)

généalogie [ʒenealɔʒi] *nf* genealogy

généalogique [ʒenealɔʒik] *adj* genealogical

généalogiste [ʒenealɔʒist] *nm/f* genealogist

gêner [ʒene] /1/ *vt (incommoder)* to bother; *(encombrer)* to hamper; *(bloquer le passage)* to be in the way of; *(déranger)* to bother; *(embarrasser)* : **~ qn** to make sb feel ill-at-ease; **se gêner** *vpr* to put o.s. out; **ne vous gênez pas !** *(ironique)* go right ahead!, don't mind me!; **je vais me ~ !** *(ironique)* why should I care?

général, e, -aux [ʒeneral, -o] *adj, nm* general ▶ *nf* : **(répétition) générale** final dress rehearsal; **en ~** usually, in general; **à la satisfaction générale** to everyone's satisfaction

généralement [ʒeneralmɑ̃] *adv* generally

généralisable [ʒeneralizabl] *adj* generally applicable

généralisation [ʒeneralizasjɔ̃] *nf* generalization

généraliser [ʒeneralize] /1/ *vt, vi* to generalize; **se généraliser** *vpr* to become widespread

g

généraliste [ʒeneʀalist] nmf (Méd) general practitioner, GP

généralité [ʒeneʀalite] nf : **la ~ des ...** the majority of ...; **généralités** nfpl generalities; (introduction) general points

générateur, -trice [ʒeneʀatœʀ, -tʀis] adj : **~ de** which causes ou brings about ▸ nf (Élec) generator

génération [ʒeneʀasjɔ̃] nf generation

générer [ʒeneʀe] vt (emplois, chiffre d'affaires) to generate

généreusement [ʒeneʀøzmɑ̃] adv generously

généreux, -euse [ʒeneʀø, -øz] adj generous

générique [ʒeneʀik] adj generic ▸ nm (Ciné, TV) credits pl, credit titles pl

générosité [ʒeneʀozite] nf generosity

Gênes [ʒɛn] n Genoa

genèse [ʒənɛz] nf genesis

genêt [ʒ(ə)nɛ] nm (Bot) broom no pl

généticien, ne [ʒenetisjɛ̃, -ɛn] nm/f geneticist

génétique [ʒenetik] adj genetic ▸ nf genetics sg

génétiquement [ʒenetikmɑ̃] adv genetically

gêneur, -euse [ʒɛnœʀ, -øz] nm/f (personne qui gêne) obstacle; (importun) intruder

Genève [ʒ(ə)nɛv] n Geneva

genevois, e [ʒən(ə)vwa, -waz] adj Genevan

genévrier [ʒənevʀije] nm juniper

génial, e, -aux [ʒenjal, -o] adj of genius; (fam : formidable) fantastic, brilliant

génie [ʒeni] nm genius; (Mil) : **le ~** ≈ the Engineers pl; **avoir du ~** to have genius; **~ civil** civil engineering; **~ génétique** genetic engineering

genièvre [ʒənjɛvʀ] nm (Bot) juniper (tree); (boisson) Dutch gin; **grain de ~** juniper berry

génique [ʒenik] adj (Bio) gene cpd

génisse [ʒenis] nf heifer; **foie de ~** ox liver

génital, e, -aux [ʒenital, -o] adj genital; **les parties génitales** the genitals

géniteur, -trice [ʒenitœʀ, -tʀis] nm/f (humoristique) parent

génitif [ʒenitif] nm genitive

génocide [ʒenɔsid] nm genocide

génois, e [ʒenwa, -waz] adj Genoese ▸ nf (gâteau) ≈ sponge cake

génoise [ʒenwaz] nf (gâteau) ≈ sponge cake

génome [ʒenom] nm genome

génotype [ʒenotip] (Bio) nm genotype

genou, x [ʒ(ə)nu] nm knee; **à genoux** on one's knees; **se mettre à genoux** to kneel down

genouillère [ʒ(ə)nujɛʀ] nf (Sport) kneepad

genre [ʒɑ̃ʀ] nm (espèce, sorte) kind, type, sort; (allure) manner; (Ling) gender; (Art) genre; (Zool etc) genus; **se donner du ~** to give o.s. airs; **avoir bon ~** to look a nice sort; **avoir mauvais ~** to be coarse-looking; **ce n'est pas son ~** it's not like him

gens [ʒɑ̃] nmpl (f in some phrases) people pl; **les ~ d'Église** the clergy; **les ~ du monde** society people; **~ de maison** domestics

gentiane [ʒɑ̃sjan] nf gentian

gentil, le [ʒɑ̃ti, -ij] adj kind; (enfant : sage) good; (sympathique : endroit etc) nice; **c'est très ~ à vous** it's very kind ou good ou nice of you

gentilhomme [ʒɑ̃tizɔm] nm (noble) gentleman

gentilhommière [ʒɑ̃tijɔmjɛʀ] nf (small) manor house ou country seat

gentillesse [ʒɑ̃tijɛs] nf kindness

gentillet, te [ʒɑ̃tijɛ, -ɛt] adj nice little

gentiment [ʒɑ̃timɑ̃] adv kindly

gentleman [dʒɑ̃tləmɛn] nm (homme courtois) gentleman

génuflexion [ʒenyflɛksjɔ̃] nf genuflexion

géo abr (= géographie) geography

géodésie [ʒeɔdezi] nf geodesy

géodésique [ʒeɔdezik] adj geodesic

géographe [ʒeɔgʀaf] nmf geographer

géographie [ʒeɔgʀafi] nf geography

géographique [ʒeɔgʀafik] adj geographical

geôlier [ʒolje] nm jailer

géolocalisation [ʒeolokalizasjɔ̃] nf geolocation

géolocaliser [ʒeolokalize] vt to geolocate

géologie [ʒeɔlɔʒi] nf geology

géologique [ʒeɔlɔʒik] adj geological

géologiquement [ʒeɔlɔʒikmɑ̃] adv geologically

géologue [ʒeɔlɔg] nmf geologist

géomancie [ʒeɔmɑ̃si] nf geomancy

géomètre [ʒeɔmɛtʀ] nm : **(arpenteur-)~** (land) surveyor

géométrie [ʒeɔmetʀi] nf geometry; **à ~ variable** (Aviat) swing-wing

géométrique [ʒeɔmetʀik] adj geometric

géophysicien, ne [ʒeofizisjɛ̃, -jɛn] nm/f geophysicist

géophysique [ʒeofizik] nf geophysics sg

géopolitique [ʒeɔpolitik] nf geopolitics sg

Géorgie [ʒeɔʀʒi] nf : **la ~** (Caucase, USA) Georgia; **la ~ du Sud** South Georgia

géorgien, ne [ʒeɔʀʒjɛ̃, -ɛn] adj Georgian

géostationnaire [ʒeostasjɔnɛʀ] adj geostationary

géothermie [ʒeotɛʀmi] nf (énergie) geothermal energy

géothermique [ʒeotɛʀmik] adj : **énergie ~** geothermal energy

gérable [ʒeʀabl] adj (situation, projet) manageable; (douleur, désagrément) bearable

gérance [ʒeʀɑ̃s] nf management; **mettre en ~** to appoint a manager for; **prendre en ~** to take over (the management of)

géranium [ʒeʀanjɔm] nm geranium

gérant, e [ʒeʀɑ̃, -ɑ̃t] nm/f manager/manageress; **~ d'immeuble** managing agent

gerbe [ʒɛʀb] nf (de fleurs, d'eau) spray; (de blé) sheaf; (fig) shower, burst

gerber [ʒɛʀbe] vi (fam : vomir) to puke

gercé, e [ʒɛʀse] adj chapped

gercer [ʒɛʀse] /3/ vi, **se gercer** vpr to chap

gerçure [ʒɛʀsyʀ] nf crack

gérer [ʒeʀe] /6/ vt to manage

gerfaut [ʒɛʀfo] nm (rapace) gyrfalcon

gériatrie [ʒeʀjatʀi] nf geriatrics sg

gériatrique [ʒeʀjatʀik] adj geriatric

germain, e [ʒɛʀmɛ̃, -ɛn] adj : **cousin ~** first cousin

germanique [ʒɛʀmanik] adj Germanic

germaniste [ʒɛʀmanist] nmf German scholar

germanophone [ʒɛʀmanɔfɔn] adj German-speaking ▸ nm/f German-speaker

germanopratin, e [ʒɛʀmanɔpʀatɛ̃, -in] *adj*
from Saint-Germain-des-Prés
germe [ʒɛʀm] *nm* germ
germer [ʒɛʀme] /**1**/ *vi* to sprout; *(semence, aussi fig)*
to germinate
gérondif [ʒeʀɔ̃dif] *nm* gerund; *(en latin)*
gerundive
gérontocratie [ʒeʀɔ̃tɔkʀasi] *nf* gerontocracy
gérontologie [ʒeʀɔ̃tɔlɔʒi] *nf* gerontology
gérontologue [ʒeʀɔ̃tɔlɔg] *nmf* gerontologist
GES *sigle m* (= *gaz à effet de serre*) GHG (= *greenhouse gas*)
gésier [ʒezje] *nm* gizzard
gésir [ʒeziʀ] *vi* to be lying (down); *voir aussi* **ci-gît**
gestation [ʒɛstasjɔ̃] *nf* gestation
geste [ʒɛst] *nm* gesture; move; motion; **il fit**
un ~ de la main pour m'appeler he signed to
me to come over, he waved me over; **ne faites**
pas un ~ *(ne bougez pas)* don't move
gesticuler [ʒɛstikyle] /**1**/ *vi* to gesticulate
gestion [ʒɛstjɔ̃] *nf* management; **~ des disques**
(Inform) housekeeping; **~ de fichier(s)** *(Inform)*
file management
gestionnaire [ʒɛstjɔnɛʀ] *nmf* administrator;
~ de fichiers *(Inform)* file manager
gestuelle [ʒɛstɥɛl] *nf*
geyser [ʒezɛʀ] *nm* geyser
Ghana [gana] *nm* : **le ~** Ghana
ghetto [gɛto] *nm* ghetto
ghettoïsation [getoizasjɔ̃] *nf* ghettoization
ghettoïser [getoize] *vt* to ghettoize
gibbon [ʒibɔ̃] *nm* gibbon
gibecière [ʒib(ə)sjɛʀ] *nf* *(de chasseur)* gamebag;
(sac en bandoulière) shoulder bag
gibelotte [ʒiblɔt] *nf* rabbit fricassee in white wine
gibet [ʒibɛ] *nm* gallows *pl*
gibier [ʒibje] *nm* *(animaux)* game; *(fig)* prey
giboulée [ʒibule] *nf* sudden shower
giboyeux, -euse [ʒibwajø, -øz] *adj* well-stocked
with game
Gibraltar [ʒibʀaltaʀ] *nm* Gibraltar
gibus [ʒibys] *nm* opera hat
giclée [ʒikle] *nf* spurt, squirt
gicler [ʒikle] /**1**/ *vi* to spurt, squirt
gicleur [ʒiklœʀ] *nm* *(Auto)* jet
GIE *sigle m* = **groupement d'intérêt économique**
gifle [ʒifl] *nf* slap (in the face)
gifler [ʒifle] /**1**/ *vt* to slap (in the face)
gigantesque [ʒigɑ̃tɛsk] *adj* gigantic
gigantisme [ʒigɑ̃tism] *nm* *(Méd)* gigantism;
(des mégalopoles) vastness
gigaoctet [ʒigaɔktɛ] *nm* gigabyte
GIGN *sigle m* (= *Groupe d'intervention de la gendarmerie*
nationale) special crack force of the gendarmerie,
≈ SAS *(Brit)*
gigogne [ʒigɔɲ] *adj* : **lits gigognes** truckle *(Brit)*
ou trundle *(US)* beds; **tables/poupées gigognes**
nest of tables/dolls
gigolo [ʒigolo] *nm* gigolo
gigot [ʒigo] *nm* leg (of mutton *ou* lamb)
gigoter [ʒigɔte] /**1**/ *vi* to wriggle (about)
gigue [ʒig] *nf* *(fam)* : **grande ~** beanpole
gilet [ʒilɛ] *nm* waistcoat; *(pull)* cardigan; *(de*
corps) vest; **~ pare-balles** bulletproof jacket;
~ de sauvetage life jacket
gin [dʒin] *nm* gin; **~-tonic** gin and tonic

gingembre [ʒɛ̃ʒɑ̃bʀ] *nm* ginger
gingivite [ʒɛ̃ʒivit] *nf* inflammation of the
gums, gingivitis
ginseng [ʒinsɛŋ] *nm* ginseng
girafe [ʒiʀaf] *nf* giraffe
giratoire [ʒiʀatwaʀ] *adj* : **sens ~** roundabout
girofle [ʒiʀɔfl] *nm* : **clou de ~** clove
giroflée [ʒiʀɔfle] *nf* wallflower
girolle [ʒiʀɔl] *nf* chanterelle
giron [ʒiʀɔ̃] *nm* *(genoux)* lap; *(fig : sein)* bosom
Gironde [ʒiʀɔ̃d] *nf* : **la ~** the Gironde
gironde [ʒiʀɔ̃d] *adj f (fam : bien faite)* well-rounded
Girondin, e [ʒiʀɔ̃dɛ̃, -in] *nm/f* *(habitant de la*
Gironde) person who lives in the Gironde; *(Hist)*
Girondin
girophare [ʒiʀofaʀ] *nm* revolving (flashing)
light
girouette [ʒiʀwɛt] *nf* weather vane *ou* cock
gis [ʒi], **gisais** *etc* [ʒizɛ] *vb voir* **gésir**
gisant [ʒizɑ̃] *nm* recumbent statue
gisement [ʒizmɑ̃] *nm* deposit
gît [ʒi] *vb voir* **gésir**
gitan, e [ʒitɑ̃, -an] *nm/f* gipsy
gîte [ʒit] *nm* *(maison)* home; *(abri)* shelter; *(du*
lièvre) form; **~ (rural)** (country) holiday cottage
ou apartment, gîte *(self-catering accommodation in*
the country)

GÎTE RURAL

A **gîte rural** is a high-quality holiday rental,
usually typical of the region and with access
to an outdoor space. Gîtes ruraux are mostly
detached houses situated, as their name
implies, in rural areas. They are classified
into 5 categories, from 1 to 5 épis (ears of
wheat), according to how comfortable and
well-equipped they are, how much outdoor
space there is, whether they have a
swimming pool, and so on.

gîter [ʒite] /**1**/ *vi* *(Navig)* to list
givrage [ʒivʀaʒ] *nm* icing
givrant, e [ʒivʀɑ̃, -ɑ̃t] *adj* : **brouillard ~** freezing
fog
givre [ʒivʀ] *nm* (hoar) frost
givré, e [ʒivʀe] *adj* covered in frost; *(fam : fou)*
nuts; **citron ~/orange givrée** lemon/orange
sorbet *(served in fruit skin)*
glabre [glɑbʀ] *adj* hairless; *(menton)* clean-
shaven
glaçage [glasaʒ] *nm* *(au sucre)* icing; *(au blanc*
d'œuf, de la viande) glazing
glace [glas] *nf* ice; *(crème glacée)* ice cream; *(verre)*
sheet of glass; *(miroir)* mirror; *(de voiture)*
window; **de ~** *(fig : accueil, visage)* frosty, icy;
rester de ~ to remain unmoved; **glaces** *nfpl*
(Géo) ice sheets, ice *sg*
glacé, e [glase] *adj* *(mains, vent, pluie)* freezing;
(lac) frozen; *(boisson)* iced
glacer [glase] /**3**/ *vt* to freeze; *(boisson)* to chill,
ice; *(gâteau)* to ice *(Brit)*, frost *(US)*; *(papier, tissu)*
to glaze; *(fig)* : **~ qn** *(intimider)* to chill sb; *(effrayer)*
to make sb's blood run cold
glaciaire [glasjɛʀ] *adj* *(période)* ice *cpd*; *(relief)*
glacial

g

glacial – goguette

glacial, e [glasjal] *adj* icy
glaciation [glasjasjɔ̃] *nf (période)* glaciation
glacier [glasje] *nm (Géo)* glacier; *(marchand)* ice-cream maker
glacière [glasjɛʀ] *nf* icebox
glaçon [glasɔ̃] *nm* icicle; *(pour boisson)* ice cube
gladiateur [gladjatœʀ] *nm* gladiator
glaïeul [glajœl] *nm* gladiola
glaire [glɛʀ] *nf (Méd)* phlegm *no pl*
glaise [glɛz] *nf* clay
glaive [glɛv] *nm* two-edged sword
glamour [glamuʀ] *adj* glamorous
gland [glɑ̃] *nm (de chêne)* acorn; *(décoration)* tassel; *(Anat)* glans
glande [glɑ̃d] *nf* gland
glander [glɑ̃de] */1/ vi (fam)* to fart around (BRIT!), screw around (US!)
glandeur, -euse [glɑ̃dœʀ, -øz] *nm/f (fam)* lazy sod *(fam)*
glandouiller [glɑ̃duje] *vi (fam)* to bum around *(fam)*
glaner [glane] */1/ vt, vi* to glean
glapir [glapiʀ] */2/ vi* to yelp
glapissement [glapismɑ̃] *nm* yelping
glas [glɑ] *nm* knell, toll
glaucome [glokom] *nm* glaucoma
glauque [glok] *adj* dull blue-green
glissade [glisad] *nf (par jeu)* slide; *(chute)* slip; *(dérapage)* skid; **faire des glissades** to slide
glissant, e [glisɑ̃, -ɑ̃t] *adj* slippery
glisse [glis] *nf* : **sports de ~** *sports involving sliding or gliding (eg skiing, surfing, windsurfing)*
glissement [glismɑ̃] *nm* sliding; *(fig)* shift; **~ de terrain** landslide
glisser [glise] */1/ vi (avancer)* to glide *ou* slide along; *(coulisser, tomber)* to slide; *(déraper)* to slip; *(être glissant)* to be slippery; **~ sur** *(fig : détail etc)* to skate over ▸ *vt* to slip; **~ qch sous/dans/à** to slip sth under/into/to; **se glisser dans/entre** *vpr* to slip into/between
glisser-déposer [glisedepoze] *nm inv* drag-and-drop operation ▸ *vt* to drag and drop
glissière [glisjɛʀ] *nf* slide channel; **à ~** *(porte, fenêtre)* sliding; **~ de sécurité** *(Auto)* crash barrier
glissoire [gliswaʀ] *nf* slide
global, e, -aux [glɔbal, -o] *adj* overall
globalement [glɔbalmɑ̃] *adv* taken as a whole
globalisation [glɔbalizasjɔ̃] *nf* globalization
globalité [glɔbalite] *nf* : **dans sa ~** in its entirety
globe [glɔb] *nm* globe; **sous ~** under glass; **~ oculaire** eyeball; **le ~ terrestre** the globe
globe-trotter [glɔbtʀɔtœʀ] *nm* globe-trotter
globulaire [glɔbylɛʀ] *adj (Astronomie : amas)* globular; *(Méd)* : **numération ~** blood count; **volume ~** blood volume
globule [glɔbyl] *nm (du sang)* : **~ blanc/rouge** white/red corpuscle
globuleux, -euse [glɔbylø, -øz] *adj* : **yeux ~** protruding eyes
gloire [glwaʀ] *nf* glory; *(mérite)* distinction, credit; *(personne)* renown
glorieux, -euse [glɔʀjø, -øz] *adj* glorious
glorifier [glɔʀifje] */7/ vt* to glorify, extol; **se glorifier de** *vpr* to glory in

gloriole [glɔʀjɔl] *nf* vainglory
glose [gloz] *nf* gloss
gloser [gloze] *vi* : **~ sur qch** to hold forth on sth
glossaire [glɔsɛʀ] *nm* glossary
glotte [glɔt] *nf (Anat)* glottis
glouglouter [gluglute] */1/ vi* to gurgle
gloussement [glusmɑ̃] *nm (de poule)* cluck; *(rire)* chuckle
glousser [gluse] */1/ vi* to cluck; *(rire)* to chuckle
glouton, ne [glutɔ̃, -ɔn] *adj* gluttonous, greedy
gloutonnerie [glutɔnʀi] *nf* gluttony
glu [gly] *nf* birdlime
gluant, e [glyɑ̃, -ɑ̃t] *adj* sticky, gummy
glucide [glysid] *nm* carbohydrate, *(fam)* carb; **alimentation** *ou* **régime pauvre en glucides** low-carb diet
glucose [glykoz] *nm* glucose
glutamate [glytamat] *nm* : **~ de sodium** monosodium glutamate
gluten [glytɛn] *nm* gluten
glycémie [glisemi] *nf* blood sugar level
glycérine [gliseʀin] *nf* glycerine
glycine [glisin] *nf* wisteria
GMT *sigle adj (= Greenwich Mean Time)* GMT
gnangnan [ɲɑ̃ɲɑ̃] *adj inv (fam : livre, film)* soppy
GNL *sigle m (= gaz naturel liquéfié)* LNG (= *liquefied natural gas)*
gnognote, gnognotte [ɲɔɲɔt] *nf (fam : petite bière)* : **c'est de la ~ à côté du mien** it's not a patch on mine; **c'est pas de la ~** it's quite something
gnôle [ɲol] *nf (fam)* booze *no pl*; **un petit verre de ~** a drop of the hard stuff
gnome [ɲom] *nm* gnome
gnon [ɲɔ̃] *nm (fam : coup de poing)* bash; (: *marque)* dent
gnou [ɲu] *nm* gnu
GO *sigle fpl (= grandes ondes)* LW ▸ *sigle m (= gentil organisateur) title given to leaders on Club Méditerranée holidays; extended to refer to easy-going leader of any group*
Go *abr (= gigaoctet)* GB
go [go] : **tout de go** *adv* straight out
goal [gol] *nm* goalkeeper
gobelet [gɔblɛ] *nm (en métal)* tumbler; *(en plastique)* beaker; *(à dés)* cup
gober [gɔbe] */1/ vt* to swallow
goberger [gɔbɛʀʒe] */3/* : **se goberger** *vpr* to cosset o.s.
Gobi [gɔbi] *n* : **désert de ~** Gobi Desert
godasse [gɔdas] *nf (fam)* shoe
godet [gɔdɛ] *nm* pot; *(Couture)* unpressed pleat
godiche [gɔdiʃ] *(fam) nf* clumsy oaf ▸ *adj* clumsy
godille [gɔdij] *nf (Navig)* steering oar; *(Ski)* wedeln
godiller [gɔdije] */1/ vi (Navig)* to scull; *(Ski)* to wedeln
godillot [gɔdijo] *nm (fam : gros soulier)* clodhopper *(fam)*
goéland [gɔelɑ̃] *nm* (sea)gull
goélette [gɔelɛt] *nf* schooner
goémon [gɔemɔ̃] *nm* wrack
gogo [gɔgo] *nm (péj)* mug, sucker; **à ~** *adv* galore
goguenard, e [gɔg(ə)naʀ, -aʀd] *adj* mocking
goguette [gɔgɛt] *nf* : **en ~** on the binge

goinfre [gwɛ̃fʀ] *nm* glutton
goinfrer [gwɛ̃fʀe] /**1**/ : **se goinfrer** *vpr* to make a pig of o.s.; **se ~ de** to guzzle
goinfrerie [gwɛ̃fʀəʀi] *nf* greed
goitre [gwatʀ] *nm* goitre
golf [gɔlf] *nm* (*jeu*) golf; (*terrain*) golf course; **~ miniature** crazy *ou* miniature golf
golfe [gɔlf] *nm* gulf; (*petit*) bay; **le ~ d'Aden** the Gulf of Aden; **le ~ de Gascogne** the Bay of Biscay; **le ~ du Lion** the Gulf of Lions; **le ~ Persique** the Persian Gulf
golfeur, -euse [gɔlfœʀ, -øz] *nm/f* golfer
gominé, e [gɔmine] *adj* slicked down
gommage [gɔmaʒ] *nm* (*de peau*) scrub
gomme [gɔm] *nf* (*à effacer*) rubber (BRIT), eraser; (*résine*) gum; **boule** *ou* **pastille de ~** throat pastille
gommé, e [gɔme] *adj* : **papier ~** gummed paper
gommer [gɔme] /**1**/ *vt* (*effacer*) to rub out (BRIT), erase; (*enduire de gomme*) to gum
gond [gɔ̃] *nm* hinge; **sortir de ses gonds** (*fig*) to fly off the handle
gondole [gɔ̃dɔl] *nf* gondola; (*pour l'étalage*) shelves *pl*, gondola
gondoler [gɔ̃dɔle] /**1**/ : **se gondoler** *vpr* to warp, buckle; (*fam : rire*) to hoot with laughter; to be in stitches
gondolier [gɔ̃dɔlje] *nm* gondolier
gonflable [gɔ̃flabl] *adj* inflatable
gonflage [gɔ̃flaʒ] *nm* inflating, blowing up
gonflant, e [gɔ̃flɑ̃, -ɑ̃t] *adj* (*fam : ennuyeux*) boring
gonflé, e [gɔ̃fle] *adj* swollen; (*ventre*) bloated; **il est ~** (*fam : courageux*) he's got some nerve (*impertinent*) he's got a nerve
gonflement [gɔ̃fləmɑ̃] *nm* inflation; (*Méd*) swelling
gonfler [gɔ̃fle] /**1**/ *vt* (*pneu, ballon*) to inflate, blow up; (*nombre, importance*) to inflate ▸ *vi* (*pied etc*) to swell (up); (*Culin : pâte*) to rise
gonflette [gɔ̃flɛt] *nf* (*fam, péj*) : **faire de la ~** to pump iron
gonfleur [gɔ̃flœʀ] *nm* air pump
gong [gɔ̃g] *nm* gong
gonzesse [gɔ̃zɛs] *nf* (*fam*) chick, bird (BRIT)
googler [gugle] /**1**/ *vt* to google
goret [gɔʀɛ] *nm* piglet
gorge [gɔʀʒ] *nf* (*Anat*) throat; (*poitrine*) breast; (*Géo*) gorge; (*rainure*) groove; **avoir mal à la ~** to have a sore throat; **avoir la ~ serrée** to have a lump in one's throat
gorgé, e [gɔʀʒe] *adj* : **~ de** filled with; (*eau*) saturated with ▸ *nf* mouthful; (*petite*) sip; (*grande*) gulp; **boire à petites/grandes gorgées** to take little sips/big gulps
gorger [gɔʀʒe] : **se ~ de qch** to gorge o.s on sth; **se ~ de qch** (*se remplir*) to fill to bursting with sth; **se ~ d'eau** to become saturated; **se ~ de lait** to become engorged
gorgone [gɔʀgɔn] *nf* (*Mythologie, Art*) gorgon
gorille [gɔʀij] *nm* gorilla; (*fam*) bodyguard
gosier [gozje] *nm* throat
gosse [gɔs] *nmf* kid
gotha [gɔta] *nm* (*élite*) elite
gothique [gɔtik] *adj* Gothic
gouache [gwaʃ] *nf* gouache

gouaille [gwaj] *nf* street wit, cocky humour (BRIT) *ou* humor (US)
goudron [gudʀɔ̃] *nm* (*asphalte*) tar(mac) (BRIT), asphalt; (*du tabac*) tar
goudronner [gudʀɔne] /**1**/ *vt* to tar(mac) (BRIT), asphalt (US)
gouffre [gufʀ] *nm* abyss, gulf
gougère [guʒɛʀ] *nf* choux pastry filled with cheese
goujat [guʒa] *nm* boor
goujaterie [guʒatʀi] *nf* (*comportement*) boorishness
goujon [guʒɔ̃] *nm* gudgeon
goulée [gule] *nf* gulp
goulet [gulɛ] *nm* bottleneck
gouleyant, e [gulejɑ̃, -ɑ̃t] *adj* (*vin*) lively
goulot [gulo] *nm* (*de bouteille*) neck; **boire au ~** to drink from the bottle
goulu, e [guly] *adj* greedy
goulûment [gulymɑ̃] *adv* greedily
goupille [gupij] *nf* (*metal*) pin
goupiller [gupije] /**1**/ *vt* to pin (together); **se goupiller** *vpr* (*fam*) : **ça s'est bien goupillé** it's turned out well; **ça s'est mal goupillé** it didn't work out
goupillon [gupijɔ̃] *nm* (*Rel*) sprinkler; (*brosse*) bottle brush; **le ~** (*fig*) the cloth, the clergy
gourd, e [guʀ, guʀd] *adj* numb (with cold)
gourde [guʀd] *nf* (*récipient*) flask; (*fam*) (clumsy) clot *ou* oaf ▸ *adj* oafish
gourdin [guʀdɛ̃] *nm* club, bludgeon
gourer [guʀe] /**1**/ (*fam*) : **se gourer** *vpr* to boob
gourmand, e [guʀmɑ̃, -ɑ̃d] *adj* greedy
gourmandise [guʀmɑ̃diz] *nf* greed; (*bonbon*) sweet (BRIT), piece of candy (US)
gourmet [guʀmɛ] *nm* epicure
gourmette [guʀmɛt] *nf* chain bracelet
gourou [guʀu] *nm* guru
gousse [gus] *nf* (*de vanille etc*) pod; **~ d'ail** clove of garlic
gousset [gusɛ] *nm* (*de gilet*) fob
goût [gu] *nm* taste; (*fig : appréciation*) taste, liking; **le (bon) ~** good taste; **de bon ~** in good taste, tasteful; **de mauvais ~** in bad taste, tasteless; **avoir bon/mauvais ~** (*aliment*) to taste nice/nasty; (*personne*) to have good/bad taste; **avoir du/manquer de ~** to have/lack taste; **avoir du ~ pour** to have a liking for; **prendre ~ à** to develop a taste *ou* a liking for
goûter [gute] /**1**/ *vt* (*essayer*) to taste; (*apprécier*) to enjoy; **~ à** to taste, sample; **~ de** to have a taste of; **je peux ~ ?** can I have a taste? ▸ *vi* to have (afternoon) tea ▸ *nm* (afternoon) tea; **~ d'enfants/d'anniversaire** children's tea/birthday party
goutte [gut] *nf* drop; (*Méd*) gout; (*alcool*) nip (BRIT), tot (BRIT), drop (US); **~ à ~** *adv* a drop at a time; **tomber ~ à ~** to drip; **gouttes** *nfpl* (*Méd*) drops
goutte-à-goutte [gutagut] *nm inv* (*Méd*) drip; **alimenter au ~** to drip-feed
gouttelette [gut(ə)lɛt] *nf* droplet
goutter [gute] /**1**/ *vi* to drip
gouttière [gutjɛʀ] *nf* gutter
gouvernail [guvɛʀnaj] *nm* rudder; (*barre*) helm, tiller

gouvernant, e [guvɛʀnɑ̃, -ɑ̃t] *adj* ruling *cpd* ▶ *nf*
(*de maison*) housekeeper; (*d'un enfant*) governess
gouverne [guvɛʀn] *nf* : **pour sa ~** for his
guidance
gouvernement [guvɛʀnəmɑ̃] *nm* government

> En anglais britannique, le mot **government**
> peut fonctionner comme un singulier ou un
> pluriel selon que l'accent est mis sur
> l'institution en général ou sur ses membres.
> Le verbe qui suit peut donc être au singulier
> ou au pluriel.
> *Le gouvernement a annoncé de nouvelles mesures.*
> **The government** *has* **announced new**
> **measures**.
> *Le gouvernement n'est pas en phase avec l'électorat.*
> **The government** *are* **out of touch with the**
> **electorate**.

gouvernemental, e, -aux [guvɛʀnəmɑ̃tal, -o]
adj (*politique*) government *cpd*; (*journal, parti*)
pro-government
gouverner [guvɛʀne] /**1**/ *vt* to govern; (*diriger*) to
steer; (*fig*) to control
gouverneur [guvɛʀnœʀ] *nm* governor; (*Mil*)
commanding officer
goyave [gɔjav] *nf* guava
GPL *sigle m* (= *gaz de pétrole liquéfié*) LPG (= *liquefied*
petroleum gas)
GPS [ʒepeɛs] *sigle m* (= *global positioning system*)
GPS
GQG *sigle m* (= *grand quartier général*) GHQ
graal [gʀal] *nm* (*Rel, aussi fig*) Holy Grail
grabataire [gʀabatɛʀ] *adj* bedridden ▶ *nmf*
bedridden invalid
grabuge [gʀabyʒ] *nm* (*fam*) scrap
grâce [gʀɑs] *nf* (*charme, Rel*) grace; (*faveur*) favour;
(*Jur*) pardon; **de bonne/mauvaise ~** with (a)
good/bad grace; **~ à** *prép* thanks to; **faire ~ à qn**
de qch to spare sb sth; **rendre ~(s) à** to give
thanks to; **demander ~** to beg for mercy; **droit**
de ~ right of reprieve; **recours en ~** plea for
pardon; **grâces** *nfpl* (*Rel*) grace *sg*; **dans les**
bonnes grâces de qn in favour with sb
gracier [gʀasje] /**7**/ *vt* to pardon
gracieusement [gʀasjøzmɑ̃] *adv* graciously,
kindly; (*gratuitement*) freely; (*avec grâce*)
gracefully
gracieux, -euse [gʀasjø, -øz] *adj* (*charmant,*
élégant) graceful; (*aimable*) gracious, kind; **à**
titre ~ free of charge
gracile [gʀasil] *adj* slender
gradation [gʀadasjɔ̃] *nf* gradation
grade [gʀad] *nm* (*Mil*) rank; (*Scol*) degree;
monter en ~ to be promoted
gradé [gʀade] *nm* (*Mil*) officer
gradin [gʀadɛ̃] *nm* (*dans un théâtre*) tier; (*de stade*)
step; **gradins** *nmpl* (*de stade*) terracing *no pl* (*Brit*),
standing area; **en gradins** terraced
graduation [gʀadɥasjɔ̃] *nf* graduation
gradué, e [gʀadɥe] *adj* (*exercices*) graded (for
difficulty); (*thermomètre*) graduated; **verre ~**
measuring jug
graduel, le [gʀadɥɛl] *adj* gradual; progressive
graduer [gʀadɥe] /**1**/ *vt* (*effort etc*) to increase
gradually; (*règle, verre*) to graduate

graff [gʀaf] *nm* graffiti
graffeur, -euse [gʀafœʀ, øz] *nm/f* graffiti artist
graffiti [gʀafiti] *nmpl* graffiti
grailler [gʀaje] *vi* (*fam* : *manger*) to nosh; (*corneille*)
to caw
grain [gʀɛ̃] *nm* (*gén*) grain; (*de chapelet*) bead;
(*Navig*) squall; (*averse*) heavy shower; (*fig* : *petite*
quantité) : **un ~ de** a touch of; **~ de beauté**
beauty spot; **~ de café** coffee bean; **~ de poivre**
peppercorn; **~ de poussière** speck of dust; **~ de**
raisin grape
graine [gʀɛn] *nf* seed; **mauvaise ~** (*mauvais sujet*)
bad lot; **une ~ de voyou** a hooligan in the
making
graineterie [gʀɛntʀi] *nf* seed merchant's
(shop)
grainetier, -ière [gʀɛntje, -jɛʀ] *nm/f* seed
merchant
graissage [gʀɛsaʒ] *nm* lubrication, greasing
graisse [gʀɛs] *nf* fat; (*lubrifiant*) grease;
~ saturée saturated fat
graisser [gʀese] /**1**/ *vt* to lubricate, grease;
(*tacher*) to make greasy
graisseux, -euse [gʀɛsø, -øz] *adj* greasy; (*Anat*)
fatty
graminée [gʀamine] *nf* (*Bot*) grass
grammaire [gʀamɛʀ] *nf* grammar
grammatical, e, -aux [gʀamatikal, -o] *adj*
grammatical
gramme [gʀam] *nm* gramme
grand, e [gʀɑ̃, gʀɑ̃d] *adj* (*haut*) tall; (*gros, vaste,*
large) big, large; (*long*) long; (*plus âgé*) big;
(*adulte*) grown-up; (*important, brillant*) great;
un ~ buveur a heavy drinker; **un ~ homme**
a great man; **son ~ frère** his big *ou* older
brother; **avoir ~ besoin de** to be in dire *ou*
desperate need of; **il est ~ temps de** it's high
time to; **il est assez ~ pour** he's big *ou* old
enough to; **en ~** on a large scale; **au ~ air** in
the open (air); **les grands blessés/brûlés** the
severely injured/burned; **de ~ matin** at the
crack of dawn; **~ écart** splits *pl*; **~ ensemble**
housing scheme; **~ jour** broad daylight;
~ livre (*Comm*) ledger; **~ magasin** department
store; **~ malade** very sick person; **~ public**
general public; **grande personne** grown-up;
grande surface hypermarket, superstore;
grandes écoles *prestige university-level colleges*
with competitive entrance examinations; *see note*;
grandes lignes (*Rail*) main lines; **grandes**
vacances summer holidays (*Brit*) *ou* vacation
(*US*) ▶ *adv* : **~ ouvert** wide open; **voir ~** to
think big

⋮ **GRANDES ÉCOLES**
⋮
⋮ The **grandes écoles** are highly respected
⋮ institutes of higher education which train
⋮ students for specific careers. Students who
⋮ have spent two years after the *baccalauréat*
⋮ in the *classes préparatoires* are recruited by
⋮ competitive entry examination. The
⋮ prestigious *grandes écoles* have a strong
⋮ corporate identity and tend to furnish
⋮ France with its intellectual, administrative
⋮ and political élite.

Large et **big** s'emploient pour parler de la taille, mais contrairement à **large**, **big** peut aussi désigner une chose importante ou impressionnante : *les grands clubs de foot* **the big football clubs**.
Large et **great** peuvent caractériser une quantité : *une grande quantité de nourriture* **a large amount of food**.
Ils ont participé en grand nombre. **They took part in great numbers**.

grand-angle [ɡʀɑ̃tɑɡl] (pl **grands-angles**) nm (Photo) wide-angle lens

grand-angulaire [ɡʀɑ̃tɑɡylɛʀ] (pl **grands-angulaires**) nm (Photo) wide-angle lens

grand-chose [ɡʀɑ̃ʃoz] nmf inv : **pas ~** not much

Grande-Bretagne [ɡʀɑ̃dbʀətaɲ] nf : **la ~** (Great) Britain; **en ~** in (Great) Britain

grandement [ɡʀɑ̃dmɑ̃] adv (tout à fait) greatly; (largement) easily; (généreusement) lavishly

grandeur [ɡʀɑ̃dœʀ] nf (dimension) size; (fig : ampleur, importance) magnitude; (: gloire, puissance) greatness; **~ nature** adj life-size

grand-guignolesque [ɡʀɑ̃ɡiɲɔlɛsk] adj gruesome

grandiloquence [ɡʀɑ̃dilɔkɑ̃s] nf bombast, grandiloquence

grandiloquent, e [ɡʀɑ̃dilɔkɑ̃, -ɑ̃t] adj bombastic, grandiloquent

grandiose [ɡʀɑ̃djoz] adj (paysage, spectacle) imposing

grandir [ɡʀɑ̃diʀ] /2/ vi (enfant, arbre) to grow; (bruit, hostilité) to increase, grow ▶ vt : **~ qn** (vêtement, chaussure) to make sb look taller; (fig) to make sb grow in stature

grandissant, e [ɡʀɑ̃disɑ̃, -ɑ̃t] adj growing

grand-mère [ɡʀɑ̃mɛʀ] (pl **grand(s)-mères**) nf grandmother

grand-messe [ɡʀɑ̃mɛs] (pl **grand(s)-messes**) nf high mass

grand-oncle [ɡʀɑ̃tɔ̃kl(ə)] (pl **grands-oncles** [ɡʀɑ̃tɔ̃kl(ə)]) nm great-uncle

grand-peine [ɡʀɑ̃pɛn] : **à ~** adv with (great) difficulty

grand-père [ɡʀɑ̃pɛʀ] (pl **grands-pères**) nm grandfather

grand-route [ɡʀɑ̃ʀut] nf main road

grand-rue [ɡʀɑ̃ʀy] nf high street

grands-parents [ɡʀɑ̃paʀɑ̃] nmpl grandparents

grand-tante [ɡʀɑ̃tɑ̃t] (pl **grand(s)-tantes**) nf great-aunt

grand-voile [ɡʀɑ̃vwal] (pl **grand(s)-voiles**) nf mainsail

grange [ɡʀɑ̃ʒ] nf barn

granit, granite [ɡʀanit] nm granite

granité [ɡʀanite] nm (sorbet) granita

granitique [ɡʀanitik] adj granite; (terrain) granitic

granule [ɡʀanyl] nm small pill

granulé [ɡʀanyle] nm granule

granuleux, -euse [ɡʀanylø, -øz] adj granular

graphe [ɡʀaf] nm graph

graphème [ɡʀafɛm] nm grapheme

graphie [ɡʀafi] nf written form

graphique [ɡʀafik] adj graphic ▶ nm graph

graphisme [ɡʀafism] nm graphic arts pl; graphics sg; (écriture) handwriting

graphiste [ɡʀafist] nmf graphic designer

graphite [ɡʀafit] nm graphite

graphologie [ɡʀafɔlɔʒi] nf graphology

graphologue [ɡʀafɔlɔɡ] nmf graphologist

grappe [ɡʀap] nf cluster; **~ de raisin** bunch of grapes

grappiller [ɡʀapije] /1/ vt to glean

grappin [ɡʀapɛ̃] nm grapnel; **mettre le ~ sur** (fig) to get one's claws on

gras, se [ɡʀɑ, ɡʀɑs] adj (viande, soupe) fatty; (personne) fat; (surface, main, cheveux) greasy; (terre) sticky; (toux) loose, phlegmy; (rire) throaty; (plaisanterie) coarse; (crayon) soft-lead; (Typo) bold; **faire la grasse matinée** to have a lie-in (BRIT), sleep late; **matière grasse** fat (content) ▶ nm (Culin) fat

gras-double [ɡʀadubl] nm (Culin) tripe

grassement [ɡʀasmɑ̃] adv (généreusement) : **~ payé** handsomely paid; (grossièrement : rire) coarsely

grassouillet, te [ɡʀasujɛ, -ɛt] adj podgy, plump

gratifiant, e [ɡʀatifjɑ̃, -ɑ̃t] adj gratifying, rewarding

gratification [ɡʀatifikasjɔ̃] nf bonus

gratifier [ɡʀatifje] /7/ vt : **~ qn de** to favour (BRIT) ou favor (US) sb with; to reward sb with; (sourire etc) to favo(u)r sb with

gratin [ɡʀatɛ̃] nm (Culin) cheese- (ou crumb-)topped dish; (: croûte) topping; **au ~** au gratin; **tout le ~ parisien** all the best people of Paris

gratiné [ɡʀatine] adj (Culin) au gratin; (fam) hellish ▶ nf (soupe) onion soup au gratin

gratiner [ɡʀatine] vi to brown; **faire ~ qch** to brown sth

gratis [ɡʀatis] adv, adj inv free

gratitude [ɡʀatityd] nf gratitude

gratouiller, grattouiller [ɡʀatuje] vt (fam) to make itch

gratte-ciel [ɡʀatsjɛl] nm inv skyscraper

grattement [ɡʀatmɑ̃] nm (bruit) scratching (noise)

gratte-papier [ɡʀatpapje] nm inv (péj) penpusher

gratter [ɡʀate] /1/ vt (frotter) to scrape; (avec un ongle : bras, bouton) to scratch; (enlever : avec un outil) to scrape off; (: avec un ongle) to scratch off ▶ vi (irriter) to be scratchy; (démanger) to itch; **se gratter** vpr to scratch o.s.

grattoir [ɡʀatwaʀ] nm scraper

gratuit, e [ɡʀatɥi, -ɥit] adj (entrée) free; (billet) free, complimentary; (fig) gratuitous

gratuité [ɡʀatɥite] nf being free (of charge); gratuitousness

gratuitement [ɡʀatɥitmɑ̃] adv (sans payer) free; (sans preuve, motif) gratuitously

gravats [ɡʀava] nmpl rubble sg

grave [ɡʀav] adj (maladie, accident) serious, bad; (sujet, problème) serious, grave; (personne, air) grave, solemn; (voix, son) deep, low-pitched; **ce n'est pas ~!** it's all right, don't worry; **blessé ~** seriously injured person ▶ nm (Mus) low register

graveleux, -euse [ɡʀav(ə)lø, -øz] adj (terre) gravelly; (fruit) gritty; (contes, propos) smutty

g

gravement [gʀavmɑ̃] *adv* seriously; badly; (*parler, regarder*) gravely

graver [gʀave] /1/ *vt* (*plaque, nom*) to engrave; (CD, DVD) to burn; (*fig*) : ~ **qch dans son esprit/sa mémoire** to etch sth in one's mind/memory

graveur [gʀavœʀ] *nm* engraver; ~ **de CD/DVD** CD/DVD burner *ou* writer

gravier [gʀavje] *nm* (loose) gravel *no pl*

gravillons [gʀavijɔ̃] *nmpl* gravel *sg*, loose chippings *ou* gravel

gravir [gʀaviʀ] /2/ *vt* to climb (up)

gravissime [gʀavisim] *adj* very serious

gravitation [gʀavitasjɔ̃] *nf* gravitation

gravité [gʀavite] *nf* (*de maladie, d'accident*) seriousness; (*de sujet, problème*) gravity; (*Physique*) gravity

graviter [gʀavite] /1/ *vi* to revolve; ~ **autour de** to revolve around

gravure [gʀavyʀ] *nf* engraving; (*reproduction*) print; plate

gré [gʀe] *nm* : **à son ~** *adj* to his liking; *adv* as he pleases; **au ~ de** according to, following; **contre le ~ de qn** against sb's will; **de son (plein) ~** of one's own free will; **de ~ ou de force** whether one likes it or not; **de bon ~** willingly; **bon ~ mal ~** like it or not; willy-nilly; **de ~ à ~** (*Comm*) by mutual agreement; **savoir (bien) ~ à qn de qch** to be (most) grateful to sb for sth

grec, grecque [gʀɛk] *adj* Greek; (*classique : vase etc*) Grecian ▸ *nm* (*Ling*) Greek ▸ *nm/f* : **Grec, Grecque** Greek

Grèce [gʀɛs] *nf* : **la ~** Greece

gredin, e [gʀədɛ̃, -in] *nm/f* rogue, rascal

gréement [gʀemɑ̃] *nm* rigging

greffe [gʀɛf] *nf* (*Bot, Méd : de tissu*) graft; (*Méd : d'organe*) transplant ▸ *nm* (*Jur*) office

greffer [gʀefe] /1/ *vt* (*Bot, Méd : tissu*) to graft; (*Méd : organe*) to transplant

greffier [gʀefje] *nm* clerk of the court

greffon [gʀefɔ̃] *nm* (*Bot, Méd : partie greffée ou transplantée*) graft

grégaire [gʀegɛʀ] *adj* gregarious

grège [gʀɛʒ] *adj* : **soie ~** raw silk

grégorien, ne [gʀegɔʀjɛ̃, -jɛn] *adj* (*chant*) Gregorian

grêle [gʀɛl] *adj* (very) thin ▸ *nf* hail

grêlé, e [gʀele] *adj* pockmarked; **la région a été grêlée** the region was damaged by hail

grêler [gʀele] /1/ *vb impers* : **il grêle** it's hailing

grêlon [gʀɛlɔ̃] *nm* hailstone

grelot [gʀəlo] *nm* little bell

grelottant, e [gʀəlɔtɑ̃, -ɑ̃t] *adj* shivering, shivery

grelotter [gʀəlɔte] /1/ *vi* (*trembler*) to shiver

Grenade [gʀənad] *n* Granada ▸ *nf* (*île*) Grenada

grenade [gʀənad] *nf* (*explosive*) grenade; (*Bot*) pomegranate; ~ **lacrymogène** teargas grenade

grenadier [gʀənadje] *nm* (*Mil*) grenadier; (*Bot*) pomegranate tree

grenadine [gʀənadin] *nf* grenadine

grenat [gʀəna] *adj inv* dark red

grenier [gʀənje] *nm* (*de maison*) attic; (*de ferme*) loft

grenouille [gʀənuj] *nf* frog

grenouillère [gʀənujɛʀ] *nf* (*de bébé*) leggings; (: *combinaison*) sleepsuit

grenu, e [gʀəny] *adj* grainy, grained

grès [gʀɛ] *nm* (*roche*) sandstone; (*poterie*) stoneware

grésil [gʀezi] *nm* (fine) hail

grésillement [gʀezijmɑ̃] *nm* sizzling; crackling

grésiller [gʀezije] /1/ *vi* to sizzle; (*Radio*) to crackle

gressin [gʀesɛ̃] *nm* breadstick

grève [gʀɛv] *nf* (*d'ouvriers*) strike; (*plage*) shore; **se mettre en/faire ~** to go on/be on strike; ~ **bouchon** partial strike (*in key areas of a company*); ~ **de la faim** hunger strike; ~ **perlée** go-slow (BRIT), slowdown (US); ~ **sauvage** wildcat strike; ~ **de solidarité** sympathy strike; ~ **surprise** lightning strike; ~ **sur le tas** sit down strike; ~ **tournante** strike by rota; ~ **du zèle** work-to-rule (BRIT), slowdown (US)

grever [gʀəve] /5/ *vt* (*budget, économie*) to put a strain on; **grevé d'impôts** crippled by taxes; **grevé d'hypothèques** heavily mortgaged

gréviste [gʀevist] *nmf* striker

gribouillage [gʀibujaʒ] *nm* scribble, scrawl

gribouiller [gʀibuje] /1/ *vt* to scribble, scrawl ▸ *vi* to doodle

gribouillis [gʀibuji] *nm* (*dessin*) doodle; (*action*) doodling *no pl*; (*écriture*) scribble

grief [gʀijɛf] *nm* grievance; **faire ~ à qn de** to reproach sb for

grièvement [gʀijɛvmɑ̃] *adv* seriously

griffe [gʀif] *nf* claw; (*fig*) signature; (: *d'un couturier, parfumeur*) label, signature

griffé, e [gʀife] *adj* designer(-label) *cpd*

griffer [gʀife] /1/ *vt* to scratch

griffon [gʀifɔ̃] *nm* (*chien*) griffon

griffonnage [gʀifɔnaʒ] *nm* scribble

griffonner [gʀifɔne] /1/ *vt* to scribble

griffure [gʀifyʀ] *nf* scratch

grignotage [gʀiɲɔtaʒ] *nm* snacking

grignoter [gʀiɲɔte] /1/ *vt* (*personne*) to nibble at; (*souris*) to gnaw at ▸ *vi* to nibble

grigri [gʀigʀi] *nm* grigri, gris-gris

gril [gʀil] *nm* steak *ou* grill pan

grillade [gʀijad] *nf* grill

grillage [gʀijaʒ] *nm* (*treillis*) wire netting; (*clôture*) wire fencing

grillager [gʀijaʒe] /3/ *vt* (*objet*) to put wire netting on; (*périmètre, jardin*) to put wire fencing around

grille [gʀij] *nf* (*portail*) (metal) gate; (*clôture*) railings *pl*; (*d'égout*) (metal) grate; (*fig*) grid

grille-pain [gʀijpɛ̃] *nm inv* toaster

griller [gʀije] /1/ *vt* (*aussi* : **faire griller** : *pain*) to toast; (: *viande*) to grill (BRIT), broil (US); (: *café, châtaignes*) to roast; (*fig : ampoule etc*) to burn out, blow; ~ **un feu rouge** to jump the lights (BRIT), run a stoplight (US) ▸ *vi* (*brûler*) to be roasting

grillon [gʀijɔ̃] *nm* (*Zool*) cricket

grimaçant, e [gʀimasɑ̃, -ɑ̃t] *adj* grimacing

grimace [gʀimas] *nf* grimace; (*pour faire rire*) : **faire des grimaces** to pull *ou* make faces

grimacer [gʀimase] /3/ *vi* to grimace

grimacier, -ière [gʀimasje, -jɛʀ] *adj* : **c'est un enfant ~** that child is always pulling faces

grimer [gʀime] /**1**/ vt to make up

grimoire [gʀimwaʀ] nm (illisible) unreadable scribble; (livre de magie) book of magic spells

grimpant, e [gʀɛ̃pɑ̃, -ɑ̃t] adj : **plante grimpante** climbing plant, climber

grimper [gʀɛ̃pe] /**1**/ vi, vt to climb; ~ **à/sur** to climb (up)/climb onto ▶ nm : **le** ~ (Sport) rope-climbing

grimpeur, -euse [gʀɛ̃pœʀ, -øz] nm/f climber

grinçant, e [gʀɛ̃sɑ̃, -ɑ̃t] adj grating

grincement [gʀɛ̃smɑ̃] nm grating (noise); creaking (noise)

grincer [gʀɛ̃se] /**3**/ vi (porte, roue) to grate; (plancher) to creak; ~ **des dents** to grind one's teeth

grincheux, -euse [gʀɛ̃ʃø, -øz] adj grumpy

gringalet [gʀɛ̃galɛ] adj m puny ▶ nm weakling

gringue [gʀɛ̃g] nm (fam) : **faire du ~ à qn** to flirt with sb

griotte [gʀijɔt] nf Morello cherry

grippal, e, -aux [gʀipal, -o] adj (état) flu-like

grippe [gʀip] nf flu, influenza; **avoir la ~** to have (the) flu; **prendre qn/qch en ~** (fig) to take a sudden dislike to sb/sth; ~ **A** swine flu; ~ **aviaire** bird flu; ~ **porcine** swine flu

grippé, e [gʀipe] adj : **être ~** to have (the) flu; (moteur) to have seized up (BRIT) ou jammed

gripper [gʀipe] /**1**/ vt, vi to jam

grippe-sou [gʀipsu] nmf penny pincher

gris, e [gʀi, gʀiz] adj grey (BRIT), gray (US); (ivre) tipsy; **il fait ~** it's a dull ou grey day; **faire grise mine** to look miserable ou morose; **faire grise mine à qn** to give sb a cool reception ▶ nm (couleur) grey (BRIT), gray (US)

grisaille [gʀizaj] nf greyness (BRIT), grayness (US), dullness

grisant, e [gʀizɑ̃, -ɑ̃t] adj intoxicating, exhilarating

grisâtre [gʀizatʀ] adj greyish (BRIT), grayish (US)

grisé [gʀize] adj (Inform : cadre, bandeau) grey

griser [gʀize] /**1**/ vt to intoxicate; **se ~ de** (fig) to become intoxicated with

griserie [gʀizʀi] nf intoxication

grisonnant, e [gʀizɔnɑ̃, -ɑ̃t] adj greying (BRIT), graying (US)

grisonner [gʀizɔne] /**1**/ vi to be going grey (BRIT) ou gray (US)

Grisons [gʀizɔ̃] nmpl : **les ~** Graubünden

grisou [gʀizu] nm firedamp

gris-vert [gʀivɛʀ] adj grey-green

grive [gʀiv] nf (Zool) thrush

grivois, e [gʀivwa, -waz] adj saucy

grivoiserie [gʀivwazʀi] nf sauciness

Groenland [gʀɔɛnlɑ̃d] nm : **le ~** Greenland

groenlandais, e [gʀɔɛnlɑ̃dɛ, -ɛz] adj from Greenland ▶ nm (Ling) Greenlandic ▶ nm/f : **Groenlandais, e** Greenlander

grog [gʀɔg] nm grog

groggy [gʀɔgi] adj inv dazed

grogne [gʀɔɲ] nf grumble

grognement [gʀɔɲmɑ̃] nm grunt; growl

grogner [gʀɔɲe] /**1**/ vi to growl; (fig) to grumble

grognon, ne [gʀɔɲɔ̃, -ɔn] adj grumpy, grouchy

groin [gʀwɛ̃] nm snout

grolle [gʀɔl] nf (fam : chaussure) shoe

grommeler [gʀɔm(ə)le] /**4**/ vi to mutter to o.s.

grondement [gʀɔ̃dmɑ̃] nm rumble; growl

gronder [gʀɔ̃de] /**1**/ vi (canon, moteur, tonnerre) to rumble; (animal) to growl; (fig : révolte) to be brewing ▶ vt to scold; **se faire ~** to get a telling-off

grondin [gʀɔ̃dɛ̃] nm gurnard

groom [gʀum] nm page, bellhop (US)

gros, se [gʀo, gʀos] adj big, large; (obèse) fat; (problème, quantité) great; (travaux, dégâts) extensive; (animal) great; (rhume, averse) heavy; **par ~ temps/grosse mer** in rough weather/heavy seas; ~ **intestin** large intestine; ~ **lot** jackpot; ~ **mot** swearword, vulgarity; ~ **œuvre** shell (of building); ~ **plan** (Photo) close-up; ~ **porteur** wide-bodied aircraft, jumbo (jet); ~ **sel** cooking salt; ~ **titre** headline; **grosse caisse** big drum ▶ adv : **risquer/gagner** ~ to risk/win a lot; **écrire** ~ to write in big letters; **en avoir ~ sur le cœur** to be upset ▶ nm/f fat man/woman ▶ nm (Comm) : **le** ~ the wholesale business; **prix de** ~ wholesale price; **le** ~ **de** the main body of; (du travail etc) the bulk of; **en** ~ roughly; (Comm) wholesale

groseille [gʀozɛj] nf : ~ **(rouge)/(blanche)** red/white currant; ~ **à maquereau** gooseberry

groseillier [gʀozeje] nm red ou white currant bush; gooseberry bush

grosse [gʀos] adj f voir **gros** ▶ nf (Comm) gross

grossesse [gʀosɛs] nf pregnancy; ~ **nerveuse** phantom pregnancy

grosseur [gʀosœʀ] nf size; fatness; (tumeur) lump

grossier, -ière [gʀosje, -jɛʀ] adj coarse; (insolent) rude; (dessin) rough; (travail) roughly done; (imitation, instrument) crude; (évident : erreur) gross

grossièrement [gʀosjɛʀmɑ̃] adv (vulgairement) coarsely; (sommairement) roughly; crudely; (en gros) roughly

grossièreté [gʀosjɛʀte] nf coarseness; rudeness; (mot) : **dire des grossièretés** to use coarse language

grossir [gʀosiʀ] /**2**/ vi (personne) to put on weight; (fig) to grow, get bigger; (rivière) to swell ▶ vt to increase; (exagérer) to exaggerate; (au microscope) to magnify, enlarge; (vêtement) : ~ **qn** to make sb look fatter

grossissant, e [gʀosisɑ̃, -ɑ̃t] adj magnifying, enlarging

grossissement [gʀosismɑ̃] nm (optique) magnification

grossiste [gʀosist] nmf wholesaler

grosso modo [gʀosomɔdo] adv roughly

grotesque [gʀɔtɛsk] adj (extravagant) grotesque; (ridicule) ludicrous

grotte [gʀɔt] nf cave

grouiller [gʀuje] /**1**/ vi (foule) to mill about; (fourmis) to swarm about; ~ **de** to be swarming with

groupe [gʀup] nm group; **cabinet de ~** group practice; **médecine de ~** group practice; ~ **électrogène** generator; ~ **de parole** support group; ~ **de pression** pressure group; ~ **sanguin** blood group; ~ **scolaire** school complex

groupement [gʀupmã] nm grouping; (groupe) group; ~ **d'intérêt économique** ≈ trade association

grouper [gʀupe] /**1**/ vt to group; (ressources, moyens) to pool; **se grouper** vpr to get together

groupie [gʀupi] nf (de vedette) groupie

groupuscule [gʀupyskyl] nm clique

gruau [gʀyo] nm : **pain de ~** wheaten bread

grue [gʀy] nf crane; **faire le pied de ~** (fam) to hang around (waiting), kick one's heels (BRIT)

gruger [gʀyʒe] /**3**/ vt to cheat, dupe

grumeaux [gʀymo] nmpl (Culin) lumps

grumeleux, -euse [gʀym(ə)lø, -øz] adj (sauce etc) lumpy; (peau etc) bumpy

grutier [gʀytje] nm crane driver

gruyère [gʀyjɛR] nm gruyère (BRIT) ou Swiss cheese

GSM [ʒeɛsɛm] nm, adj GSM

Guadeloupe [gwadlup] nf : **la ~** Guadeloupe

guadeloupéen, ne [gwadlupeɛ̃, -ɛn] adj Guadelupian

Guatémala [gwatemala] nm : **le ~** Guatemala

guatémalien, ne [gwatemaljɛ̃, -ɛn] adj Guatemalan

guatémaltèque [gwatemaltɛk] adj Guatemalan

gué [ge] nm ford; **passer à ~** to ford

guenilles [gənij] nfpl rags

guenon [gənɔ̃] nf female monkey

guépard [gepaʀ] nm cheetah

guêpe [gɛp] nf wasp

guêpier [gepje] nm (fig) trap

guêpière [gepjɛR] nf basque

guère [gɛR] adv (avec adjectif, adverbe) : **ne ... ~** hardly; (avec verbe : pas beaucoup) **ne ... ~** (tournure négative) much; (pas souvent) hardly ever; (tournure négative) (very) long; **il n'y a ~ que/de** there's hardly anybody (ou anything) but/hardly any; **ce n'est ~ difficile** it's hardly difficult; **nous n'avons ~ de temps** we have hardly any time

guéri, e [geʀi] adj (rétabli) cured

guéridon [geʀidɔ̃] nm pedestal table

guérilla [geʀija] nf guerrilla warfare

guérillero [geʀijeʀo] nm guerrilla

guérir [geʀiR] /**2**/ vt (personne, maladie) to cure; (membre, plaie) to heal; ~ **de** to be cured of, recover from; ~ **qn de** to cure sb of ▸ vi (personne, malade) to recover, be cured; (maladie) to be cured; (plaie, chagrin, blessure) to heal

guérison [geʀizɔ̃] nf (de maladie) curing; (de membre, plaie) healing; (de malade) recovery

guérissable [geʀisabl] adj curable

guérisseur, -euse [geʀisœR, -øz] nm/f healer

guérite [geʀit] nf (Mil) sentry box; (sur un chantier) (workman's) hut

Guernesey [gɛʀn(ə)zɛ] nf Guernsey

guernesiais, e [gɛʀnəzjɛ, -ɛz] adj of ou from Guernsey

guerre [gɛR] nf war; (méthode) : ~ **atomique/de tranchées** atomic/trench warfare no pl; **en ~** at war; **faire la ~ à** to wage war against; **de ~ lasse** (fig) tired of fighting ou resisting; **de bonne ~** fair and square; ~ **civile/mondiale** civil/world war; ~ **froide/sainte** cold/holy war; ~ **d'usure** war of attrition

guerrier, -ière [gɛRje, -jɛR] adj warlike ▸ nm/f warrior

guerroyer [gɛRwaje] /**8**/ vi to wage war

guet [gɛ] nm : **faire le ~** to be on the watch ou look-out

guet-apens [gɛtapɑ̃] (pl **guets-apens**) nm ambush

guêtre [gɛtR(ə)] nf gaiter

guetter [gete] /**1**/ vt (épier) to watch (intently); (attendre) to watch (out) for; (: pour surprendre) to be lying in wait for

guetteur [gɛtœR] nm look-out

gueulante [gœlɑ̃t] nf (fam) : **pousser une ~ (contre)** to have a good rant (about) (fam)

gueulard, e [gœlaR, -aRd] (fam) adj (personne, musique) loud ▸ nm/f loudmouth (fam)

gueule [gœl] nf (d'animal) mouth; (fam : visage) mug; (: bouche) gob (!), mouth; **ta ~ !** (fam) shut up!; **avoir la ~ de bois** (fam) to have a hangover, be hung over

gueule-de-loup [gœldəlu] (pl **gueules-de-loup**) nf snapdragon

gueuler [gœle] /**1**/ vi (fam) to bawl

gueuleton [gœltɔ̃] nm (fam) blowout (BRIT), big meal

gueux [gø] nm beggar; (coquin) rogue

gugusse [gygys] nm (fam) bloke

gui [gi] nm mistletoe

guibole, guibolle [gibɔl] nf (fam : jambe) pin (fam)

guichet [giʃɛ] nm (de bureau, banque) counter, window; (d'une porte) wicket, hatch; **les guichets** (à la gare, au théâtre) the ticket office; **jouer à guichets fermés** to play to a full house

guichetier, -ière [giʃ(ə)tje, -jɛR] nm/f counter clerk

guide [gid] nm (personne) guide; (livre) guide(book) ▸ nf (fille scout) (girl) guide (BRIT), girl scout (US); **guides** nfpl (d'un cheval) reins

guider [gide] /**1**/ vt to guide

guidon [gidɔ̃] nm handlebars pl

guigne [giɲ] nf (fam) : **avoir la ~** to be jinxed

guigner [giɲe] vt (convoiter) to have one's eye on; (regarder à la dérobée) to eye

guignol [giɲɔl] nm ≈ Punch and Judy show; (fig) clown

guili-guili [giligili] nm (fam) tickle tickle; **faire des guili-guilis à qn** to tickle sb

guillemets [gijmɛ] nmpl : **entre ~** in inverted commas ou quotation marks; ~ **de répétition** ditto marks

guilleret, te [gijRɛ, -ɛt] adj perky, bright

guillotine [gijɔtin] nf guillotine

guillotiner [gijɔtine] /**1**/ vt to guillotine

guimauve [gimov] nf (Bot) marshmallow; (fig) sentimentality, sloppiness

guimbarde [gɛ̃baʀd] nf old banger (BRIT), jalopy

guincher [gɛ̃ʃe] vi (fam) to dance

guindé, e [gɛ̃de] adj (personne, air) stiff, starchy; (style) stilted

Guinée [gine] nf : **la (République de) ~** (the Republic of) Guinea; **la ~ équatoriale** Equatorial Guinea

Guinée-Bissau [ginebiso] nf : **la ~** Guinea-Bissau

guinéen, ne [gineɛ̃, -ɛn] adj Guinean

guingois [gɛ̃gwa] : **de ~** *adv* askew
guinguette [gɛ̃gɛt] *nf* open-air café or dance hall
guirlande [giʀlɑ̃d] *nf* (fleurs) garland; (de papier)
paper chain; **~ lumineuse** lights *pl*, fairy lights
pl (BRIT); **~ de Noël** tinsel *no pl*
guise [giz] *nf* : **à votre ~** as you wish *ou* please;
en ~ de by way of
guitare [gitaʀ] *nf* guitar
guitariste [gitaʀist] *nmf* guitarist, guitar player
gustatif, -ive [gystatif, -iv] *adj* gustatory; *voir*
papille
guttural, e, -aux [gytyʀal, -o] *adj* guttural
guyanais, e [gɥijanɛ, -ɛz] *adj* Guyanese,
Guyanan; (français) Guianese, Guianan
Guyane [gɥijan] *nf* : **la ~** Guyana; **la ~**
(française) (French) Guiana
gvt *abr* (= gouvernement) govt
gym [ʒim] *nf* (exercices) gym

gymkhana [ʒimkana] *nm* rally; **~ motocycliste**
(motorbike) scramble (BRIT), motocross
gymnase [ʒimnɑz] *nm* gym(nasium)
gymnaste [ʒimnast] *nmf* gymnast
gymnastique [ʒimnastik] *nf* gymnastics *sg*;
(au réveil etc) keep-fit exercises *pl*; **~ corrective**
remedial gymnastics
gynéco [ʒineko] *nm/f* (fam : gynécologue)
gynaecologist (BRIT), gynecologist (US)
gynécologie [ʒinekɔlɔʒi] *nf* gynaecology (BRIT),
gynecology (US)
gynécologique [ʒinekɔlɔʒik] *adj*
gynaecological (BRIT), gynecological (US)
gynécologue [ʒinekɔlɔg] *nmf* gynaecologist
(BRIT), gynecologist (US)
gypse [ʒips] *nm* gypsum
gyrophare [ʒiʀɔfaʀ] *nm* (sur une voiture) revolving
(flashing) light

g

Hh

H, h [aʃ] *nm inv* H, h ▸ *abr* (= *homme*) M;
(= *hydrogène*) H; = **heure; à l'heure H** at zero
hour; **bombe H** H bomb; **H comme Henri**
H for Harry (BRIT) *ou* How (US)
ha¹ ['a] *abr* (= *hectare*) ha.
ha², hah ['a] *excl* oh ▸ *nm inv* : **pousser des ho !
et des ha !** (*s'extasier*) to ooh and ah
ha. *abr* (= *hectare*) ha.
hab. *abr* = **habitant**
habile [abil] *adj* skilful; (*malin*) clever
habilement [abilmɑ̃] *adv* skilfully; cleverly
habileté [abilte] *nf* skill, skilfulness;
cleverness
habilité, e [abilite] *adj* : ~ **à faire** entitled to do,
empowered to do
habiliter [abilite] /1/ *vt* to empower, entitle
habillage [abijaʒ] *nm* dressing
habillé, e [abije] *adj* dressed; (*chic*) dressy; ~ **de**
(*Tech*) covered with; encased in
habillement [abijmɑ̃] *nm* clothes *pl*; (*profession*)
clothing industry
habiller [abije] /1/ *vt* to dress; (*fournir en vêtements*)
to clothe; (*couvrir*) to cover; **s'habiller** *vpr* to dress
(o.s.); (*se déguiser, mettre des vêtements chic*) to dress
up; **s'~ de/en** to dress in/dress up as; **s'~ chez/à**
to buy one's clothes from/at
habilleuse [abijøz] *nf* (*Ciné, Théât*) dresser
habit [abi] *nm* outfit; ~ **(de soirée)** evening
dress; (*pour homme*) tails *pl*; **prendre l'~** (*Rel* :
entrer en religion) to enter (holy) orders; **habits**
nmpl (*vêtements*) clothes
habitabilité [abitabilite] *nf* (*de logement*) fitness
for habitation; (*de voiture*) capacity
habitable [abitabl] *adj* (in)habitable
habitacle [abitakl] *nm* cockpit; (*Auto*) passenger
cell
habitant, e [abitɑ̃, -ɑ̃t] *nm/f* inhabitant; (*d'une
maison*) occupant, occupier; **loger chez l'~** to
stay with the locals
habitat [abita] *nm* housing conditions *pl*; (*Bot,
Zool*) habitat
habitation [abitasjɔ̃] *nf* living; (*demeure*)
residence, home; (*maison*) house; **habitations
à loyer modéré (HLM)** low-rent, state-owned
housing, ≈ council flats (BRIT), ≈ public housing
units (US)
habité, e [abite] *adj* inhabited; lived in
habiter [abite] /1/ *vt* to live in; (*sentiment*) to
dwell in ▸ *vi* : ~ **à/dans** to live in *ou* at/in;
~ **chez** *ou* **avec qn** to live with sb; ~ **16 rue
Montmartre** to live at number 16 rue

Montmartre; ~ **rue Montmartre** to live in rue
Montmartre
habitude [abityd] *nf* habit; **avoir l'~ de faire** to
be in the habit of doing; (*expérience*) to be used to
doing; **avoir l'~ des enfants** to be used to
children; **prendre l'~ de faire qch** to get into
the habit of doing sth; **perdre une ~** to get out
of a habit; **d'~** usually; **comme d'~** as usual;
par ~ out of habit
habitué, e [abitɥe] *adj* : **être ~ à** to be used *ou*
accustomed to ▸ *nm/f* (*de maison*) regular visitor;
(*client*) regular (customer)
habituel, le [abitɥɛl] *adj* usual
habituellement [abitɥɛlmɑ̃] *adv* usually
habituer [abitɥe] /1/ *vt* : ~ **qn à** to get sb used to;
s'habituer à *vpr* to get used to
'hâbleur, -euse ['ɑblœʀ, -øz] *adj* boastful
'hache ['aʃ] *nf* axe
'haché, e ['aʃe] *adj* minced (BRIT), ground (US);
(*persil*) chopped; (*fig*) jerky
'hache-légumes ['aʃlegym] *nm inv* vegetable
chopper
'hacher ['aʃe] /1/ *vt* (*viande*) to mince (BRIT), grind
(US); (*persil*) to chop; ~ **menu** to mince *ou* grind
finely; to chop finely
'hachette ['aʃɛt] *nf* hatchet
'hache-viande ['aʃvjɑ̃d] *nm* (*meat*) mincer (BRIT)
ou grinder (US); (*couteau*) (*meat*) cleaver
'hachis ['aʃi] *nm* mince *no pl* (BRIT), hamburger
meat (US); ~ **de viande** minced (BRIT) *ou* ground
(US) meat; ~ **Parmentier** ≈ shepherd's pie
'hachisch ['aʃiʃ] *nm* hashish
'hachoir ['aʃwaʀ] *nm* chopper; (*meat*) mincer
(BRIT) *ou* grinder (US); (*planche*) chopping board
'hachurer ['aʃyʀe] /1/ *vt* to hatch
'hachures ['aʃyʀ] *nfpl* hatching *sg*
'hagard, e ['agaʀ, -aʀd] *adj* wild, distraught
hagiographie [aʒjɔgʀafi] *nf* hagiography
'haie ['ɛ] *nf* hedge; (*Sport*) hurdle; (*fig* : *rang*) line,
row; **200 m haies** 200 m hurdles; ~ **d'honneur**
guard of honour
'haillons ['ɑjɔ̃] *nmpl* rags
'haine ['ɛn] *nf* hatred
'haineux, -euse ['ɛnø, -øz] *adj* full of hatred
'haïr ['aiʀ] /10/ *vt* to detest, hate; **se haïr** *vpr* to
hate each other
'hais ['ɛ], **'haïs** *etc* ['ai] *vb voir* **haïr**
'haïssable ['aisabl] *adj* detestable
Haïti [aiti] *n* Haiti
haïtien, ne [aisjɛ̃, -ɛn] *adj* Haitian
'halage ['alaʒ] *nm* : **chemin de ~** towpath

'hâle ['ɑl] *nm* (sun)tan
'hâlé, e ['ɑle] *adj* (sun)tanned, sunburnt
haleine [alɛn] *nf* breath; **perdre ~** to get out of
breath; **à perdre ~** until one is gasping for
breath; **avoir mauvaise ~** to have bad breath;
reprendre ~ to get one's breath back; **hors d'~**
out of breath; **tenir en ~** *(attention)* to hold
spellbound; *(en attente)* to keep in suspense; **de
longue ~** *adj* long-term
'haler ['ale] */1/ vt* to haul in; *(remorquer)* to tow
haletant, e ['al(ə)tɑ̃, -ɑ̃t] *adj* (personne, animal)
panting; *(match, rencontre)* gripping
'haleter ['alte] */5/ vi* to pant
'hall ['ol] *nm* hall
hallali [alali] *nm* kill
'halle ['al] *nf* (covered) market; **halles** *nfpl (d'une
grande ville)* central food market *sg*
'hallebarde ['albard] *nf* halberd; **il pleut des
hallebardes** *(fam)* it's bucketing down
hallucinant, e [alysinɑ̃, -ɑ̃t] *adj* staggering
hallucination [alysinasjɔ̃] *nf* hallucination
hallucinatoire [alysinatwaʀ] *adj* hallucinatory
halluciné, e [alysine] *nm/f* person suffering
from hallucinations; *(fou)* (raving) lunatic
halluciner [a(l)lysine] *vi (fam)* : **j'hallucine!**
I can't believe it!; **~ sur qch** to be staggered
by sth
hallucinogène [a(l)lysinɔʒɛn] *adj*
hallucinogenic ▶ *nm* hallucinogen
'halo ['alo] *nm* halo
halogène [alɔʒɛn] *nm* : **lampe (à) ~** halogen
lamp
'halte ['alt] *nf* stop, break; *(escale)* stopping place;
(Rail) halt ▶ *excl* stop!; **faire ~** to stop
'halte-garderie ['altgardəri] *(pl* **'haltes-
garderies)** *nf* crèche
haltère [altɛR] *nm (à boules, disques)* dumbbell,
barbell; **(poids et) haltères** *(activité)*
weightlifting *sg*
haltérophile [alterɔfil] *nmf* weightlifter
haltérophilie [alterɔfili] *nf* weightlifting
'hamac ['amak] *nm* hammock
'Hambourg ['ɑ̃buR] *n* Hamburg
'hamburger ['ɑ̃buRgœR] *nm* hamburger
'hameau, x ['amo] *nm* hamlet
hameçon [amsɔ̃] *nm* (fish) hook
'hampe ['ɑ̃p] *nf (de drapeau etc)* pole; *(de lance)*
shaft
'hamster ['amstɛR] *nm* hamster
'hanche ['ɑ̃ʃ] *nf* hip
'hand ['ɑ̃d] *nm (fam)* handball
'hand-ball ['ɑ̃dbal] *nm* handball
'handballeur, -euse ['ɑ̃dbalœR, -øz] *nm/f*
handball player
'handicap ['ɑ̃dikap] *nm* handicap
'handicapé, e ['ɑ̃dikape] *adj* disabled,
handicapped ▶ *nm/f* handicapped person;
~ mental/physique mentally/physically
handicapped person; **~ moteur** person with a
movement disorder
'handicaper ['ɑ̃dikape] */1/ vt* to handicap
'handisport ['ɑ̃dispɔR] *adj (tennis, handball)*
wheelchair *cpd*, disabled *cpd*; **jeux olympiques
~(s)** disabled Olympics
'hangar ['ɑ̃gaR] *nm* shed; *(Aviat)* hangar

'hanneton ['antɔ̃] *nm* cockchafer
'Hanovre ['anɔvʀ] *n* Hanover
'hanté, e ['ɑ̃te] *adj (maison, château)* haunted
'hanter ['ɑ̃te] */1/ vt* to haunt
'hantise ['ɑ̃tiz] *nf* obsessive fear
'happer ['ape] */1/ vt* to snatch; *(train etc)* to hit
'harangue ['aRɑ̃g] *nf* harangue
'haranguer ['aRɑ̃ge] */1/ vt* to harangue
'haras ['aRɑ] *nm* stud farm
'harassant, e ['aRasɑ̃, -ɑ̃t] *adj* exhausting
'harassé, e ['aRase] *adj (épuisé)* exhausted
'harcèlement ['aRsɛlmɑ̃] *nm* harassment;
~ sexuel sexual harassment
'harceler ['aRsəle] */5/ vt (Mil, Chasse)* to harass,
harry; *(importuner)* to plague; **~ qn de questions**
to plague sb with questions
'hardes ['aRd] *nfpl* rags
'hardi, e ['aRdi] *adj* bold, daring
'hardiesse ['aRdjɛs] *nf* audacity
'hardiment ['aRdimɑ̃] *adv* boldly
'harem ['aRɛm] *nm* harem
'hareng ['aRɑ̃] *nm* herring; **~ saur** kipper,
smoked herring
'hargne ['aRɲ] *nf* aggressiveness, aggressiveness
'hargneusement ['aRɲøzmɑ̃] *adv* belligerently,
aggressively
'hargneux, -euse ['aRɲø, -øz] *adj (propos, personne)*
belligerent, aggressive; *(chien)* fierce
'haricot ['aRiko] *nm* bean; **~ blanc/rouge**
haricot/kidney bean; **~ vert** French *(Brit) ou*
green bean
harissa [aRisa] *nf* harissa
'harki ['aRki] *nm Algerian soldier who fought on the
French side during the War of Independence*
harmonica [aRmɔnika] *nm* mouth organ
harmonie [aRmɔni] *nf* harmony
harmonieusement [aRmɔnjøzmɑ̃] *adv*
harmoniously
harmonieux, -euse [aRmɔnjø, -øz] *adj*
harmonious; *(couleurs, couple)* well-matched
harmonique [aRmɔnik] *adj, nm ou f* harmonic
harmoniser [aRmɔnize] */1/ vt* to harmonize;
s'harmoniser *vpr (couleurs, teintes)* to go well
together
harmonium [aRmɔnjɔm] *nm* harmonium
'harnaché, e ['aRnaʃe] *adj (fig)* rigged out
'harnachement ['aRnaʃmɑ̃] *nm (habillement)*
rig-out; *(équipement)* harness, equipment
'harnacher ['aRnaʃe] */1/ vt* to harness
'harnais ['aRnɛ] *nm* harness
'haro ['aRo] *nm* : **crier ~ sur qn/qch** to inveigh
against sb/sth
'harpe ['aRp] *nf* harp
'harpie ['aRpi] *nf* harpy
'harpiste ['aRpist] *nmf* harpist
'harpon ['aRpɔ̃] *nm* harpoon
'harponner ['aRpɔne] */1/ vt* to harpoon; *(fam)* to
collar
'hasard ['azaR] *nm* : **le ~** chance, fate; **un ~** a
coincidence; *(aubaine, chance)* a stroke of luck;
au ~ *(sans but)* aimlessly; *(à l'aveuglette)* at
random, haphazardly; **par ~** by chance;
comme par ~ as if by chance; **à tout ~** *(en
espérant trouver ce qu'on cherche)* on the off chance;
(en cas de besoin) just in case

ˈhasarder [ˈazaʀde] /1/ vt (mot) to venture; (fortune) to risk; se ~ à faire to risk doing, venture to do

ˈhasardeux, -euse [ˈazaʀdø, -øz] adj hazardous, risky; (hypothèse) rash

ˈhasch [ˈaʃ] nm (fam) hash (fam)

ˈhaschisch [ˈaʃiʃ] nm hashish

hassidique [asidik] adj (chant, tradition) Hassidic

ˈhâte [ˈɑt] nf haste; à la ~ hurriedly, hastily; en ~ posthaste, with all possible speed; avoir ~ de to be eager ou anxious to

ˈhâter [ˈɑte] /1/ vt to hasten; se hâter to hurry; se ~ de to hurry ou hasten to

ˈhâtif, -ive [ˈɑtif, -iv] adj (travail) hurried; (décision) hasty; (légume) early

ˈhâtivement [ˈɑtivmɑ̃] adv hurriedly; hastily

ˈhauban [ˈobɑ̃] nm (Navig) shroud

ˈhausse [ˈos] nf rise, increase; (de fusil) backsight adjuster; à la ~ upwards; en ~ rising; être en ~ to be going up

ˈhaussement [ˈosmɑ̃] nm : ~ d'épaules shrug; ~ de sourcils : ... demanda-t-elle avec un ~ de sourcils ironique. ... she asked, raising her eyebrows ironically.

ˈhausser [ˈose] /1/ vt to raise; ~ les épaules to shrug (one's shoulders); se ~ sur la pointe des pieds to stand (up) on tiptoe ou tippy-toe (US)

ˈhaussier, -ière [ˈosje, -jɛʀ] adj (Finance : marché, scénario) bullish

ˈhaut, e [ˈo, ˈot] adj high; (grand) tall; (son, voix) high(-pitched); ~ de 3 m 3 m high; ~ débit (Inform) broadband; haute fidélité hi-fi, high fidelity; la haute finance high finance; haute trahison high treason; ~ en couleur (chose) highly coloured; (personne) un personnage ~ en couleur a colourful character; la haute couture/coiffure haute couture/coiffure; à haute voix aloud, out loud; en haute montagne high up in the mountains; en ~ lieu in high places ▸ adv high; ~ les mains! hands up!, stick 'em up!; plus ~ higher up, further up; (dans un texte) above; (parler) louder; en ~ up above; (être/aller) at (ou to) the top; (dans une maison) upstairs; en ~ de at the top of; tout ~ aloud, out loud; tomber de ~ to fall from a height; (fig) to have one's hopes dashed; dire qch bien ~ to say sth plainly; prendre qch de (très) ~ to react haughtily to sth; traiter qn de ~ to treat sb with disdain; de ~ en bas from top to bottom; downwards ▸ nm top (part); de 3 m de ~ 3 m high, 3 m in height; des hauts et des bas ups and downs; du ~ de from the top of

ˈhautain, e [ˈotɛ̃, -ɛn] adj (personne, regard) haughty

ˈhautbois [ˈobwɑ] nm oboe

ˈhautboïste [ˈoboist] nmf oboist

ˈhaut-commissaire [ˈokɔmisɛʀ] (pl hauts-commissaires) nmf High Commissioner

ˈhaut-commissariat [ˈokɔmisaʀja] (pl hauts-commissariats) nm High Commission

ˈhaut-débit, ˈhaut débit [ˈodebi] adj inv (connexion, ligne) high-speed ▸ nm : le haut débit the high-speed internet

ˈhaut-de-forme [ˈodfɔʀm] (pl ˈhauts-de-forme) nm top hat

ˈhaute-contre [ˈotkɔ̃tʀ] (pl ˈhautes-contre) nf counter-tenor

ˈhautement [ˈotmɑ̃] adv (ouvertement) openly; (supérieurement) : ~ qualifié highly qualified

ˈhauteur [ˈotœʀ] nf height; (Géo) height, hill; (fig) loftiness; haughtiness; à ~ de up to (the level of); à ~ des yeux at eye level; à la ~ de (sur la même ligne) level with; by; (fig : tâche, situation) equal to; à la ~ (fig) up to it, equal to the task

ˈHaute-Volta [ˈotvɔlta] nf : la ~ Upper Volta

ˈhaut-fond [ˈofɔ̃] (pl ˈhauts-fonds) nm shallow

ˈhaut-fourneau [ˈofuʀno] (pl ˈhauts-fourneaux) nm blast ou smelting furnace

ˈhaut-le-cœur [ˈolkœʀ] nm inv retch, heave

ˈhaut-le-corps [ˈolkɔʀ] nm inv start, jump

ˈhaut-parleur [ˈopaʀlœʀ] (pl ˈhaut-parleurs) nm (loud)speaker

ˈhauturier, -ière [ˈotyʀje, -jɛʀ] adj (Navig) deep-sea

ˈhavanais, e [ˈavanɛ, -ɛz] adj of ou from Havana

ˈhavane [ˈavan] nm (cigare) Havana (cigar) ▸ nf : la H~ Havana

ˈhâve [ˈav] adj gaunt

ˈhavrais, e [ˈavʀɛ, -ɛz] adj of ou from Le Havre

ˈhavre [ˈavʀ] nm haven

ˈhavresac [ˈavʀəsak] nm haversack

Hawaï [awai] n Hawaii; les îles ~ the Hawaiian Islands

hawaïen, ne [awajɛ̃, -ɛn] adj Hawaiian ▸ nm (Ling) Hawaiian

ˈHaye [ˈɛ] n : la ~ the Hague

ˈhayon [ˈɛjɔ̃] nm tailgate

HCR sigle m (= Haut-Commissariat des Nations unies pour les réfugiés) UNHCR

hdb. abr (= heures de bureau) o.h. (= office hours)

ˈhé [ˈe] excl hey!

hebdo [ɛbdo] nm (fam) weekly

hebdomadaire [ɛbdɔmadɛʀ] adj, nm weekly

hébergement [ebɛʀʒəmɑ̃] nm accommodation, lodging; taking in

héberger [ebɛʀʒe] /3/ vt (touristes) to accommodate, lodge; (amis) to put up; (réfugiés) to take in

hébergeur [ebɛʀʒœʀ] nm (Internet) host

hébété, e [ebete] adj dazed

hébétude [ebetyd] nf stupor

hébraïque [ebʀaik] adj Hebrew, Hebraic

hébreu, x [ebʀø] adj m, nm Hebrew

Hébrides [ebʀid] nf : les ~ the Hebrides

HEC sigle fpl (= École des hautes études commerciales) grande école for management and business studies

hécatombe [ekatɔ̃b] nf slaughter

hectare [ɛktaʀ] nm hectare, 10,000 square metres

hecto... [ɛkto] préfixe hecto...

hectolitre [ɛktɔlitʀ] nm hectolitre

hectomètre [ɛktɔmɛtʀ] nm hectometre (Brit), hectometer (US)

hédonisme [edɔnism] nm (Philosophie) hedonism

hédoniste [edɔnist] adj hedonistic

hégémonie [eʒemɔni] nf hegemony

hégémonique [eʒemɔnik] *adj (politique)* hegemonic

'**hein** ['ɛ̃] *excl* eh?; *(sollicitant l'approbation)* : **tu m'approuves, ~ ?** so I did the right thing then?; **Paul est venu, ~ ?** Paul came, did he?; **que fais-tu, ~ ?** hey! what are you doing?

'**hélas** ['elas] *excl* alas! ▸ *adv* unfortunately

'**héler** ['ele] /6/ *vt* to hail

hélice [elis] *nf* propeller

hélicoïdal, e, -aux [elikɔidal, -o] *adj* helical; helicoid

hélicoptère [elikɔptɛʀ] *nm* helicopter

héliogravure [eljɔgʀavyʀ] *nf* heliogravure

héliomarin, e [eljɔmaʀɛ̃, -in] *adj* : **centre ~** *centre offering sea and sun therapy*

héliotrope [eljɔtʀɔp] *nm (Bot)* heliotrope

héliport [elipɔʀ] *nm* heliport

héliporté, e [elipɔʀte] *adj* transported by helicopter

hélitreuillage [litʀœjaʒ] *nm* winching up into a helicopter

hélitreuiller [elitʀœje] *vt* to winch up into a helicopter

hélium [eljɔm] *nm* helium

hellène [elɛn] *adj* Hellenic ▸ *nm/f* : **H~** Hellene

hellénique [elenik] *adj* Hellenic

helléniste [elenist] *nm/f* hellenist

Helsinki [ɛlzinki] *n* Helsinki

helvète [ɛlvɛt] *adj* Helvetian ▸ *nmf* : **Helvète** Helvetian

Helvétie [ɛlvesi] *nf* : **la ~** Helvetia

helvétique [ɛlvetik] *adj* Swiss

hématite [ematit] *nf (pierre)* hematite

hématologie [ematɔlɔʒi] *nf (Méd)* haematology.

hématome [ematom] *nm* haematoma

hémicycle [emisikl] *nm* semicircle; *(Pol)* : **l'~** *the benches (in French parliament)*

hémiplégie [emipleʒi] *nf* paralysis of one side, hemiplegia

hémiplégique [emipleʒik] *adj, nmf* hemiplegic

hémisphère [emisfɛʀ] *nm* : **~ nord/sud** northern/southern hemisphere

hémisphérique [emisfeʀik] *adj* hemispherical

hémistiche [emistiʃ] *nm* hemistich

hémodialyse [emodjaliz] *nf* haemodialysis (*Brit*), hemodialysis (*US*)

hémoglobine [emɔglɔbin] *nf* haemoglobin (*Brit*), hemoglobin (*US*)

hémophile [emɔfil] *adj* haemophiliac (*Brit*), hemophiliac (*US*)

hémophilie [emɔfili] *nf* haemophilia (*Brit*), hemophilia (*US*)

hémorragie [emɔʀaʒi] *nf* bleeding *no pl*, haemorrhage (*Brit*), hemorrhage (*US*); **~ cérébrale** cerebral haemorrhage; **~ interne** internal bleeding *ou* haemorrhage

hémorragique [emɔʀaʒik] *adj* haemorrhagic (*Brit*), hemorrhagic (*US*)

hémorroïdes [emɔʀɔid] *nfpl* piles, haemorrhoids (*Brit*), hemorrhoids (*US*)

hémostatique [emɔstatik] *adj* haemostatic (*Brit*), hemostatic (*US*)

'**henné** [ene] *nm* henna

'**hennir** ['eniʀ] /2/ *vi* to neigh, whinny

'**hennissement** ['enismɑ̃] *nm* neighing, whinnying

'**hep** ['ɛp] *excl* hey!

hépatique [epatik] *adj (relatif au foie)* hepatic; *(qui souffre du foie)* suffering from a liver complaint

hépatite [epatit] *nf* hepatitis, liver infection

heptathlon [ɛptatlɔ̃] *nm* heptathlon

héraldique [eʀaldik] *adj* heraldry

herbacé, e [ɛʀbase] *adj* herbaceous

herbage [ɛʀbaʒ] *nm* pasture

herbe [ɛʀb] *nf* grass; *(Culin, Méd)* herb; **herbes de Provence** mixed herbs; **en ~** unripe; *(fig)* budding; **touffe/brin d'~** clump/blade of grass

herbeux, -euse [ɛʀbø, -øz] *adj* grassy

herbicide [ɛʀbisid] *nm* weed-killer

herbier [ɛʀbje] *nm* herbarium

herbivore [ɛʀbivɔʀ] *nm* herbivore

herboriser [ɛʀbɔʀize] /1/ *vi* to collect plants

herboriste [ɛʀbɔʀist] *nmf* herbalist

herboristerie [ɛʀbɔʀistʀi] *nf (magasin)* herbalist's shop; *(commerce)* herb trade

hercule [ɛʀkyl] *nm (forain)* strongman; *(Mythologie)* : **H~** Hercules

herculéen, ne [ɛʀkyleɛ̃, -ɛn] *adj (fig)* herculean

'**hère** ['ɛʀ] *nm* : **pauvre ~** poor wretch

héréditaire [eʀeditɛʀ] *adj* hereditary

hérédité [eʀedite] *nf* heredity

hérésie [eʀezi] *nf* heresy

hérétique [eʀetik] *nmf* heretic

'**hérissé, e** ['eʀise] *adj* bristling; **~ de** spiked with; *(fig)* bristling with

'**hérisser** ['eʀise] /1/ *vt* : **~ qn** *(fig)* to ruffle sb; **se 'hérisser** *vpr* to bristle, bristle up

'**hérisson** ['eʀisɔ̃] *nm* hedgehog

héritage [eʀitaʒ] *nm* inheritance; *(fig : coutumes, système, :legs)* legacy; **faire un (petit) ~** to come into (a little) money

hériter [eʀite] /1/ *vi* : **~ de qch (de qn)** to inherit sth (from sb); **~ de qn** to inherit sb's property

héritier, -ière [eʀitje, -jɛʀ] *nm/f* heir/heiress

hermaphrodite [ɛʀmafʀɔdit] *adj (Bot, Zool)* hermaphrodite

hermétique [ɛʀmetik] *adj (à l'air)* airtight; *(à l'eau)* watertight; *(fig : écrivain, style)* abstruse; *(: visage)* impenetrable

hermétiquement [ɛʀmetikmɑ̃] *adv* hermetically

hermine [ɛʀmin] *nf* ermine

'**herniaire** ['ɛʀnjɛʀ] *adj (sac)* hernial; **bandage ~** truss

'**hernie** ['ɛʀni] *nf* hernia

héroïne [eʀɔin] *nf* heroine; *(drogue)* heroin

héroïnomane [eʀɔinɔman] *nmf* heroin addict

héroïque [eʀɔik] *adj* heroic

héroïquement [eʀɔikmɑ̃] *adv* heroically

héroïsme [eʀɔism] *nm* heroism

'**héron** ['eʀɔ̃] *nm* heron

'**héros** ['eʀo] *nm* hero

herpès [ɛʀpɛs] *nm* herpes

'**herse** ['ɛʀs] *nf* harrow; *(de château)* portcullis

hertz [ɛʀts] *nm (Élec)* hertz

hertzien, ne [ɛʀtsjɛ̃, -ɛn] *adj (Élec)* Hertzian

hésitant, e [ezitɑ̃, -ɑ̃t] *adj* hesitant

213

hésitation [ezitasjɔ̃] *nf* hesitation

hésiter [ezite] /1/ *vi* : ~ **(à faire)** to hesitate (to do); ~ **sur qch** to hesitate over sth

hétéro [eteʀo] *adj* (*hétérosexuel(le)*) hetero

hétéroclite [eteʀɔklit] *adj* heterogeneous; (*objets*) sundry

hétérogène [eteʀɔʒɛn] *adj* heterogeneous

hétérogénéité [eteʀɔʒeneite] *nf* heterogeneity

hétérosexualité [eteʀosɛksɥalite] *nf* heterosexuality

hétérosexuel, le [eteʀosɛkɥɛl] *adj* heterosexual

hétérozygote [eteʀozigɔt] *adj* heterozygote

'hêtre [ɛtʀ] *nm* beech

heure [œʀ] *nf* hour; (*Scol*) period; (*moment, moment fixé*) time; **c'est l'~** it's time; **pourriez-vous me donner l'~, s'il vous plaît ?** could you tell me the time, please?; **quelle ~ est-il ?** what time is it?; **2 heures (du matin)** 2 o'clock (in the morning); **à la bonne ~ !** (*parfois ironique*) splendid!; **être à l'~** to be on time; (*montre*) to be right; **le bus passe à l'~** the bus runs on the hour; **mettre à l'~** to set right; **100 km à l'~** ≈ 60 miles an hour per hour; **à toute ~** at any time; **24 heures sur 24** round the clock, 24 hours a day; **à l'~ qu'il est** at this time (of day); (*fig*) now; **à l'~ actuelle** at the present time; **pour l'~** at once; **pour l'~** for the time being; **d'~ en ~** from one hour to the next; (*régulièrement*) hourly; **d'une ~ à l'autre** from hour to hour; **à une ~ avancée (de la nuit)** at a late hour (of the night); **de bonne ~** early; **deux heures de marche/travail** two hours' walking/work; **une ~ d'arrêt** an hour's break *ou* stop; ~ **d'été** summer time (*Brit*), daylight saving time (*US*); ~ **de pointe** rush hour; (*téléphone*) peak period; **heures de bureau** office hours; **heures supplémentaires** overtime *sg*

heureusement [œʀøzmɑ̃] *adv* (*par bonheur*) fortunately, luckily; ~ **que ...** it's a good job that ..., fortunately ...

heureux, -euse [œʀø, -øz] *adj* happy; (*chanceux*) lucky, fortunate; (*judicieux*) felicitous, fortunate; **être ~ de qch** to be pleased *ou* happy about sth; **être ~ de faire/que** to be pleased *ou* happy to do/that; **s'estimer ~ de qch/que** to consider o.s. fortunate with sth/that; **encore ~ que ...** just as well that ...

'heurt [œʀ] *nm* (*choc*) collision; **'heurts** *nmpl* (*fig*) clashes

'heurté, e [œʀte] *adj* (*fig*) jerky, uneven; (: *couleurs*) clashing

'heurter [œʀte] /1/ *vt* (*mur*) to strike, hit; (*personne*) to collide with; (*fig*) to go against, upset; ~ **qn de front** to clash head-on with sb; **se 'heurter** *vpr* (*couleurs, tons*) to clash; **se ~ à** to collide with; (*fig*) to come up against

'heurtoir [œʀtwaʀ] *nm* door knocker

hévéa [evea] *nm* rubber tree

hexadécimal, e [egzadesimal, -o] *adj* hexadecimal

hexagonal, e, -aux [ɛgzagɔnal, -o] *adj* hexagonal; (*français*) French (*see note at hexagone*)

hexagone [ɛgzagɔn] *nm* hexagon; **l'H~** (*la France*) France (*because of its roughly hexagonal shape*)

HF *sigle f* (= *haute fréquence*) HF

'hiatal, e ['jatal, -o] *adj* : **hernie hiatale** hiatus hernia

hiatus [jatys] *nm* hiatus

hibernation [ibɛʀnasjɔ̃] *nf* hibernation

hiberner [ibɛʀne] /1/ *vi* to hibernate

hibiscus [ibiskys] *nm* hibiscus

'hibou, x ['ibu] *nm* owl

'hic ['ik] *nm* (*fam*) snag

'hideusement ['idøzmɑ̃] *adv* hideously

'hideux, -euse ['idø, -øz] *adj* hideous

hier [jɛʀ] *adv* yesterday; ~ **matin/soir/midi** yesterday morning/evening/lunchtime; **toute la journée d'~** all day yesterday; **toute la matinée d'~** all yesterday morning

'hiérarchie ['jeʀaʀʃi] *nf* hierarchy

'hiérarchique ['jeʀaʀʃik] *adj* hierarchic

'hiérarchiquement ['jeʀaʀʃikmɑ̃] *adv* hierarchically

'hiérarchiser ['jeʀaʀʃize] /1/ *vt* to organize into a hierarchy

'hiérarque ['jeʀaʀk] *nm* (*de parti, organisme*) senior figure

'hiéroglyphe ['jeʀɔglif] *nm* hieroglyphic

'hiéroglyphique ['jeʀɔglifik] *adj* hieroglyphic

'hi-fi ['ifi] *nf inv* hi-fi

hilarant, e [ilaʀɑ̃, -ɑ̃t] *adj* hilarious

hilare [ilaʀ] *adj* mirthful

hilarité [ilaʀite] *nf* hilarity, mirth

Himalaya [imalaja] *nm* : **l'~** the Himalayas *pl*

himalayen, ne [imalajɛ̃, -ɛn] *adj* Himalayan

hindou, e [ɛ̃du] *adj* Hindu ▶ *nm/f* : **Hindou, e** Hindu; (*vieilli : Indien*) Indian

hindouisme [ɛ̃duism] *nm* Hinduism

Hindoustan [ɛ̃dustɑ̃] *nm* : **l'~** Hindustan

'hippie ['ipi] *nmf* hippy

hippique [ipik] *adj* equestrian, horse *cpd*; **un club ~** a riding centre; **un concours ~** a horse show

hippisme [ipism] *nm* (horse-)riding

hippocampe [ipɔkɑ̃p] *nm* sea horse

hippodrome [ipɔdʀom] *nm* racecourse

hippophagique [ipɔfaʒik] *adj* : **boucherie ~** horse butcher's

hippopotame [ipɔpɔtam] *nm* hippopotamus

hirondelle [iʀɔ̃dɛl] *nf* swallow

hirsute [iʀsyt] *adj* (*personne*) hairy; (*barbe*) shaggy; (*tête*) tousled

hispanique [ispanik] *adj* Hispanic

hispanisant, e [ispanizɑ̃, -ɑ̃t], **hispaniste** [ispanist] *nm/f* Hispanist

hispano-américain, e [ispanoameʀikɛ̃, -ɛn] *adj* Spanish-American

hispano-arabe [ispanoaʀab] *adj* Hispano-Moresque

hispanophone [ispanɔfɔn] *adj* Spanish-speaking ▶ *nm/f* Spanish speaker

'hisser ['ise] /1/ *vt* to hoist, haul up; **se 'hisser sur** *vpr* to haul o.s. up onto

histoire [istwaʀ] *nf* (*science, événements*) history; (*anecdote, récit, mensonge*) story; (*affaire*) business *no pl*; (*chichis : gén pl*) fuss *no pl*; **l'~ de France** French history, the history of France; **l'~ sainte** biblical history; ~ **géo** (*fam*) history and geography; **une ~ de** (*fig*) a question of; **histoires** *nfpl* (*ennuis*) trouble *sg*

histologie [istɔlɔʒi] *nf* histology
historien, ne [istɔrjɛ̃, -ɛn] *nm/f* historian
historique [istɔrik] *adj* historical; (*important*) historic ▸ *nm* (*exposé, récit*) : **faire l'~ de** to give the background to
historiquement [istɔrikmɑ̃] *adv* historically
hitlérien, ne [itleʀjɛ̃, -jɛn] *adj* (*Hist*) Hitlerian
'hit-parade ['itpaʀad] *nm* : **le ~** the charts
'hittite ['itit] *adj* Hittite ▸ *nm/f* : **Hittite** Hittite
HIV *sigle m* (= *human immunodeficiency virus*) HIV
hiver [ivɛʀ] *nm* winter; **en ~** in winter
hivernal, e, -aux [ivɛʀnal, -o] *adj* (*de l'hiver*) winter *cpd*; (*comme en hiver*) wintry
hivernant, e [ivɛʀnɑ̃, -ɑ̃t] *nm/f* winter holiday-maker
hiverner [ivɛʀne] /1/ *vi* to winter
HLM *sigle mf* (= *habitations à loyer modéré*) low-rent, state-owned housing; **un(e) ~** ≈ a council flat (*ou* house) (*BRIT*), ≈ a public housing unit (*US*)
Hme *abr* (= *homme*) M
HO *abr* (= *hors œuvre*) labour not included (*on invoices*)
'hobby ['ɔbi] *nm* hobby
'hochement ['ɔʃmɑ̃] *nm* : **~ de tête** nod; shake of the head
'hocher ['ɔʃe] /1/ *vt* : **~ la tête** to nod; (*signe négatif ou dubitatif*) to shake one's head
'hochet ['ɔʃɛ] *nm* rattle
'hockey ['ɔkɛ] *nm* : **~ (sur glace/gazon)** (ice/field) hockey
'hockeyeur, -euse ['ɔkɛjœʀ, -øz] *nm/f* hockey player
'holà ['ɔla] *nm* : **mettre le ~ à qch** to put a stop to sth
'holding ['ɔldiŋ] *nm* holding company
'hold-up ['ɔldœp] *nm inv* hold-up
holistique [ɔlistik] *adj* holistic
'hollandais, e ['ɔlɑ̃dɛ, -ɛz] *adj* Dutch ▸ *nm* (*Ling*) Dutch ▸ *nm/f* : **Hollandais, e** Dutchman/woman; **les H~** the Dutch
'hollande ['ɔlɑ̃d] *nm* (*fromage*) Dutch cheese ▸ *nf* : **la H~** Holland
hollywoodien, ne ['ɔliwudjɛ̃, -jɛn] *adj* (*cinéma, film*) Hollywood *cpd*
holocauste [ɔlɔkost] *nm* holocaust
hologramme [ɔlɔɡʀam] *nm* hologram
'homard ['ɔmaʀ] *nm* lobster
homélie [ɔmeli] *nf* homily
homéopathe [ɔmeɔpat] *n* homoeopath
homéopathie [ɔmeɔpati] *nf* homoeopathy
homéopathique [ɔmeɔpatik] *adj* homoeopathic
homérique [ɔmerik] *adj* Homeric
homicide [ɔmisid] *nm* murder; **~ involontaire** manslaughter ▸ *nmf* murderer/eress
hominidé [ɔminide] *nm* hominid
hommage [ɔmaʒ] *nm* tribute; **rendre ~ à** to pay tribute *ou* homage to; **en ~ de** as a token of; **faire ~ de qch à qn** to present sb with sth; **hommages** *nmpl* : **présenter ses hommages** to pay one's respects
homme [ɔm] *nm* man; (*espèce humaine*) : **l'~** man, mankind; **~ d'affaires** businessman; **~ des cavernes** caveman; **~ d'Église** churchman, clergyman; **~ d'État** statesman; **~ de loi**

lawyer; **~ de main** hired man; **~ de paille** stooge; **~ politique** politician; **l'~ de la rue** the man in the street; **~ à tout faire** odd-job man
homme-grenouille [ɔmɡʀənuj] (*pl* **hommes-grenouilles**) *nm* frogman
homme-orchestre [ɔmɔʀkɛstʀ] (*pl* **hommes-orchestres**) *nm* one-man band
homme-sandwich [ɔmsɑ̃dwitʃ] (*pl* **hommes-sandwichs**) *nm* sandwich (board) man
homo [ɔmo] *adj, nmf* = **homosexuel**
homogène [ɔmɔʒɛn] *adj* homogeneous
homogénéisé, e [ɔmɔʒeneize] *adj* : **lait ~** homogenized milk
homogénéité [ɔmɔʒeneite] *nf* homogeneity
homographe [ɔmɔɡʀaf] *nm* homograph
homologation [ɔmɔlɔɡasjɔ̃] *nf* ratification; official recognition
homologue [ɔmɔlɔɡ] *nmf* counterpart, opposite number
homologué, e [ɔmɔlɔɡe] *adj* (*Sport*) officially recognized, ratified; (*tarif*) authorized
homologuer [ɔmɔlɔɡe] /1/ *vt* (*Jur*) to ratify; (*Sport*) to recognize officially, ratify
homonyme [ɔmɔnim] *nm* (*Ling*) homonym; (*d'une personne*) namesake
homoparental, e, -aux [ɔmɔpaʀɑ̃tal, -o] *adj* (*famille*) same-sex
homophobe [ɔmɔfɔb] *adj* (*personne, propos*) homophobic ▸ *nm/f* homophobe
homophobie [ɔmɔfɔbi] *nf* homophobia
homophone [ɔmɔfɔn] *nm* homophone
homosexualité [ɔmɔsɛksɥalite] *nf* homosexuality
homosexuel, le [ɔmɔsɛksɥɛl] *adj* homosexual
homozygote [omozigɔt] *adj* homozygote
'Honduras ['ɔ̃dyʀas] *nm* : **le ~** Honduras
'hondurien, ne ['ɔ̃dyʀjɛ̃, -ɛn] *adj* Honduran
'Hong-Kong ['ɔ̃ɡkɔ̃ɡ] *n* Hong Kong
'hongre ['ɔ̃ɡʀ] *adj* (*cheval*) gelded ▸ *nm* gelding
'Hongrie ['ɔ̃ɡʀi] *nf* : **la ~** Hungary
'hongrois, e ['ɔ̃ɡʀwa, -waz] *adj* Hungarian ▸ *nm* (*Ling*) Hungarian ▸ *nm/f* : **Hongrois, e** Hungarian
honnête [ɔnɛt] *adj* (*intègre*) honest; (*juste, satisfaisant*) fair
honnêtement [ɔnɛtmɑ̃] *adv* honestly
honnêteté [ɔnɛte] *nf* honesty
honneur [ɔnœʀ] *nm* honour; (*mérite*) : **l'~ lui revient** the credit is his; **à qui ai-je l'~ ?** to whom have I the pleasure of speaking?; « **j'ai l'~ de … »** "I have the honour of …"; **en l'~ de** (*personne*) in honour of; (*événement*) on the occasion of; **faire ~ à** (*engagements*) to honour; (*famille, professeur*) to be a credit to; (*fig* : *repas etc*) to do justice to; **être à l'~** to be in the place of honour; **être en ~** to be in favour; **membre d'~** honorary member; **table d'~** top table
Honolulu [ɔnɔlyly] *n* Honolulu
honorable [ɔnɔʀabl] *adj* worthy, honourable; (*suffisant*) decent
honorablement [ɔnɔʀabləmɑ̃] *adv* honourably, decently
honoraire [ɔnɔʀɛʀ] *adj* honorary; **professeur ~** professor emeritus; **honoraires** *nmpl* fees

h

honorer [ɔnɔʀe] /1/ vt to honour; (estimer) to hold in high regard; (faire honneur à) to do credit to; ~ **qn de** to honour sb with; **s'honorer de** vpr to pride o.s. upon

honorifique [ɔnɔʀifik] adj honorary

'honte ['ɔ̃t] nf shame; **avoir ~ de** to be ashamed of; **faire ~ à qn** to make sb (feel) ashamed

'honteusement ['ɔ̃tøzmɑ̃] adv ashamedly; shamefully

'honteux, -euse ['ɔ̃tø, -øz] adj ashamed; (conduite, acte) shameful, disgraceful

'hop ['ɔp] excl (vas-y!): « **allez ~ !** » "off you go!"; (et voilà) : **et ~ !** bingo!; **un clic de souris et ~ ! la commande est enregistrée** one click of the mouse and bingo! the order has gone in

hôpital, -aux [ɔpital, -o] nm hospital; **où est l'~ le plus proche ?** where is the nearest hospital?

> Quand le mot **hospital** désigne l'institution en général, il n'est jamais précédé de l'article défini. Ce n'est pas le cas quand il désigne plus précisément le bâtiment.
> *Ma grand-mère est à l'hôpital depuis une semaine.*
> **My grandmother has been in hospital for a week.**
> *Ce soir, je vais à l'hôpital voir ma grand-mère.*
> **Tonight I'm going to the hospital to visit my grandmother.**

'hoquet ['ɔkɛ] nm hiccup, hiccough; **avoir le ~** to have (the) hiccups ou hiccoughs

'hoqueter ['ɔkte] /4/ vi to hiccough

horaire [ɔʀɛʀ] adj hourly ▸ nm timetable, schedule; **~ flexible** ou **mobile** ou **à la carte** ou **souple** flex(i)time; **horaires** nmpl (heures de travail) hours

'horde ['ɔʀd] nf horde

'horions ['ɔʀjɔ̃] nmpl blows

horizon [ɔʀizɔ̃] nm horizon; (paysage) landscape, view; **sur l'~** on the skyline ou horizon

horizontal, e, -aux [ɔʀizɔ̃tal, -o] adj horizontal ▸ nf : **à l'horizontale** on the horizontal

horizontalement [ɔʀizɔ̃talmɑ̃] adv horizontally

horloge [ɔʀlɔʒ] nf clock; **l'~ parlante** the speaking clock; **~ normande** grandfather clock; **~ physiologique** biological clock

horloger, -ère [ɔʀlɔʒe, -ɛʀ] nm/f watchmaker; clockmaker

horlogerie [ɔʀlɔʒʀi] nf watchmaking; watchmaker's (shop); clockmaker's (shop); **pièces d'~** watch parts ou components

'hormis ['ɔʀmi] prép save

hormonal, e, -aux [ɔʀmɔnal, -o] adj hormonal

hormone [ɔʀmɔn] nf hormone

horodaté, e [ɔʀodate] adj (ticket) time- and date-stamped; (stationnement) pay and display

horodateur, -trice [ɔʀodatœʀ, -tʀis] adj (appareil) for stamping the time and date ▸ nm/f (parking) ticket machine

horoscope [ɔʀɔskɔp] nm horoscope

horreur [ɔʀœʀ] nf horror; **avoir ~ de** to loathe, detest; **quelle ~ !** how awful!; **avoir ~ de** to loathe ou detest

horrible [ɔʀibl] adj horrible

horriblement [ɔʀibləmɑ̃] adv horribly

horrifiant, e [ɔʀifjɑ̃, -ɑ̃t] adj horrifying

horrifier [ɔʀifje] /7/ vt to horrify

horrifique [ɔʀifik] adj horrific

horripilant, e [ɔʀipilɑ̃, -ɑ̃t] adj exasperating

horripiler [ɔʀipile] /1/ vt to exasperate

'hors ['ɔʀ] prép except (for); **~ de** out of; **~ ligne** (Inform) off line; **~ pair** outstanding; **~ de propos** inopportune; **~ série** (sur mesure) made-to-order; (exceptionnel) exceptional; **~ service (HS), ~ d'usage** out of service; **être ~ de soi** to be beside o.s.

'hors-bord ['ɔʀbɔʀ] nm inv outboard motor; (canot) speedboat (with outboard motor)

'hors-concours ['ɔʀkɔ̃kuʀ] adj inv ineligible to compete; (fig) in a class of one's own

'hors-d'œuvre ['ɔʀdœvʀ] nm inv hors d'œuvre

'hors-jeu ['ɔʀʒø] nm inv being offside no pl

'hors-la-loi ['ɔʀlalwa] nm inv outlaw

'hors-piste, 'hors-pistes ['ɔʀpist] nm inv (Ski) cross-country

'hors-taxe [ɔʀtaks] adj (sur une facture, prix) excluding VAT; (boutique, marchandises) duty-free

'hors-texte ['ɔʀtɛkst] nm inv plate

hortensia [ɔʀtɑ̃sja] nm hydrangea

horticole [ɔʀtikɔl] adj horticultural

horticulteur, -trice [ɔʀtikyltœʀ, -tʀis] nm/f horticulturalist (BRIT), horticulturist (US)

horticulture [ɔʀtikyltyʀ] nf horticulture

hospice [ɔspis] nm (de vieillards) home; (asile) hospice

hospitalier, -ière [ɔspitalje, -jɛʀ] adj (accueillant) hospitable; (Méd : service, centre) hospital cpd

hospitalisation [ɔspitalizasjɔ̃] nf hospitalization

hospitaliser [ɔspitalize] /1/ vt to take (ou send) to hospital, hospitalize

hospitalité [ɔspitalite] nf hospitality

hospitalo-universitaire [ɔspitaloynivɛʀsitɛʀ] adj : **centre ~ (CHU)** ≈ (teaching) hospital

hostie [ɔsti] nf host

hostile [ɔstil] adj hostile

hostilité [ɔstilite] nf hostility; **hostilités** nfpl hostilities

hosto [ɔsto] nm (fam) hospital

hôte [ot] nm (maître de maison) host; (client) patron; (fig) inhabitant, occupant ▸ nmf (invité) guest; **~ payant** paying guest

hôtel [otɛl] nm hotel; **aller à l'~** to stay in a hotel; **~ (particulier)** (private) mansion; **~ de ville** town hall; see note

> **HÔTELS**
>
> There are five categories of **hôtel** in France, from 1 star to 5 stars. Prices quoted include VAT but not breakfast. In some towns, guests pay a small additional tourist tax, the *taxe de séjour*, used to offset tourism-related costs incurred by the town.

hôtelier, -ière [otəlje, -jɛʀ] adj hotel cpd ▸ nm/f hotelier, hotel-keeper

hôtellerie [otɛlʀi] nf (profession) hotel business; (auberge) inn

hôtesse [otɛs] nf hostess; **~ de l'air** flight attendant; **~ (d'accueil)** receptionist

'hotte [ɔt] *nf (panier)* basket *(carried on the back)*; *(de cheminée)* hood; **~ aspirante** cooker hood
'houblon ['ublɔ̃] *nm (Bot)* hop; *(pour la bière)* hops *pl*
'houe ['u] *nf* hoe
'houille ['uj] *nf* coal; **~ blanche** hydroelectric power
'houiller, -ère ['uje, -ɛʀ] *adj* coal *cpd*; *(terrain)* coal-bearing ▶ *nf* coal mine
'houle ['ul] *nf* swell
'houlette ['ulɛt] *nf* : **sous la ~ de** under the guidance of
'houleux, -euse ['ulø, -øz] *adj* heavy, swelling; *(fig)* stormy, turbulent
'houppe ['up], **'houppette** ['upɛt] *nf* powder puff; *(cheveux)* tuft
'houppelande ['uplɑ̃d] *nf* cloak
'hourra ['uʀa] *nm* cheer ▶ *excl* hurrah!
'houspiller ['uspije] */1/ vt* to scold
'housse ['us] *nf* cover; *(pour protéger provisoirement)* dust cover; *(pour recouvrir à neuf)* loose *ou* stretch cover; **~ (penderie)** hanging wardrobe
'houx ['u] *nm* holly
hovercraft [ɔvœʀkʀaft] *nm* hovercraft
HS *abr* = **hors service**
HT *abr* = **'hors taxe**
'hublot ['yblo] *nm* porthole
'huche ['yʃ] *nf* : **~ à pain** bread bin
'huées ['ɥe] *nfpl* boos
'huer ['ɥe] */1/ vt* to boo; *(hibou, chouette)* to hoot
'huguenot ['yg(ə)no] *nm* Huguenot
huile [ɥil] *nf* oil; *(Art)* oil painting; *(fam)* bigwig; **mer d'~** *(très calme)* glassy sea, sea of glass; **faire tache d'~** *(fig)* to spread; **~ d'arachide** groundnut oil; **~ essentielle** essential oil; **~ de foie de morue** cod-liver oil; **~ de ricin** castor oil; **~ solaire** suntan oil; **~ de table** salad oil
huiler [ɥile] */1/ vt* to oil
huilerie [ɥilʀi] *nf (usine)* oil-works
huileux, -euse [ɥilø, -øz] *adj* oily
huilier [ɥilje] *nm* (oil and vinegar) cruet
huis [ɥi] *nm* : **à ~ clos** in camera
huissier [ɥisje] *nm* usher; *(Jur)* ≈ bailiff
'huit ['ɥi(t)] *num* eight; **samedi en ~** a week on Saturday; **dans ~ jours** in a week('s time)
'huitaine ['ɥitɛn] *nf* : **une ~ de** about eight, eight or so; **une ~ de jours** a week or so
'huitante ['ɥitɑ̃t] *num (SUISSE)* eighty
'huitième ['ɥitjɛm] *num* eighth
huître [ɥitʀ] *nf* oyster
'hululement ['ylylmɑ̃] *nm* hooting
'huluier ['ylyle] */1/ vi* to hoot
humain, e [ymɛ̃, -ɛn] *adj* human; *(compatissant)* humane ▶ *nm* human (being)
humainement [ymɛnmɑ̃] *adv* humanly; humanely
humanisation [ymanizasjɑ̃] *nf* humanization
humaniser [ymanize] */1/ vt* to humanize
humanisme [ymanism] *nm* humanism
humaniste [ymanist] *nmf* humanist
humanitaire [ymanitɛʀ] *adj* humanitarian
humanitarisme [ymanitaʀism] *nm* humanitarianism
humanité [ymanite] *nf* humanity
humanoïde [ymanɔid] *nmf* humanoid
humble [œ̃bl] *adj* humble

humblement [œ̃bləmɑ̃] *adv* humbly
humecter [ymɛkte] */1/ vt* to dampen; **s'~ les lèvres** to moisten one's lips
'humer ['yme] */1/ vt (parfum)* to inhale; *(pour sentir)* to smell
humérus [ymeʀys] *nm (Anat)* humerus
humeur [ymœʀ] *nf* mood; *(tempérament)* temper; *(irritation)* bad temper; **de bonne/mauvaise ~** in a good/bad mood; **être d'~ à faire qch** to be in the mood for doing sth
humide [ymid] *adj (linge)* damp; *(main, yeux)* moist; *(climat, chaleur)* humid; *(saison, route)* wet
humidificateur [ymidifikatœʀ] *nm* humidifier
humidifier [ymidifje] */7/ vt* to humidify
humidité [ymidite] *nf* humidity; dampness; **traces d'~** traces of moisture *ou* damp
humiliant, e [ymiljɑ̃, -ɑ̃t] *adj* humiliating
humiliation [ymiljasjɔ̃] *nf* humiliation
humilier [ymilje] */7/ vt* to humiliate; **s'~ devant qn** to humble o.s. before sb
humilité [ymilite] *nf* humility, humbleness
humoriste [ymɔʀist] *nmf* humorist
humoristique [ymɔʀistik] *adj* humorous; humoristic
humour [ymuʀ] *nm* humour; **avoir de l'~** to have a sense of humour; **~ noir** sick humour
humus [ymys] *nm* humus
'huppé, e ['ype] *adj* crested; *(fam)* posh
'hurlement ['yʀləmɑ̃] *nm* howling *no pl*, howl; yelling *no pl*, yell
'hurler ['yʀle] */1/ vi* to howl, yell; *(fig : vent)* to howl; *(: couleurs etc)* to clash; **~ à la mort** *(chien)* to bay at the moon
hurluberlu [yʀlybɛʀly] *nm (péj)* crank ▶ *adj* cranky
'husky ['œski] *nm* husky
'hutte ['yt] *nf* hut
hybridation [ibʀidasjɔ̃] *nf (Bot)* hybridization; *(Zool)* cross-breeding
hybride [ibʀid] *adj, nm* hybrid
hydratant, e [idʀatɑ̃, -ɑ̃t] *adj (crème)* moisturizing
hydratation [idʀatasjɔ̃] *nf (de personne)* hydration; *(de peau)* moisturization
hydrate [idʀat] *nm* : **hydrates de carbone** carbohydrates
hydrater [idʀate] */1/ vt* to hydrate; **s'hydrater** *vpr (personne)* to drink fluids
hydraulique [idʀolik] *adj* hydraulic
hydravion [idʀavjɔ̃] *nm* seaplane, hydroplane
hydro... [idʀɔ] *préfixe* hydro...
hydrocarbure [idʀɔkaʀbyʀ] *nm* hydrocarbon
hydrocéphale [idʀosefal] *adj* hydrocephalic, hydrocephalous
hydrocution [idʀɔkysjɔ̃] *nf* immersion syncope
hydroélectricité [idʀoelɛktʀisite] *nf* hydroelectricity
hydroélectrique, hydro-électrique [idʀoelɛktʀik] *adj* hydroelectric
hydrogène [idʀɔʒɛn] *nm* hydrogen
hydrogéné, e [idʀɔʒene] *adj (huile)* hydrogenated
hydroglisseur [idʀɔglisœʀ] *nm* hydroplane
hydrographie [idʀɔgʀafi] *nf (fleuves)* hydrography

hydrographique [idʀɔgʀafik] *adj*
hydrographic, hydrographical
hydrolyse [idʀɔliz] *nf* hydrolysis
hydromassage [idʀɔmasaʒ] *nm* hydromassage
hydrophile [idʀɔfil] *adj voir* **coton**
hydroponique [idʀɔpɔnik] *adj* : **culture ~**
hydroponics *sg*
hyène [jɛn] *nf* hyena
hygiaphone® [iʒjafɔn] *nm* grill *(for speaking through on ticket counters)*
hygiène [iʒjɛn] *nf* hygiene; **~ intime** personal hygiene
hygiénique [iʒjenik] *adj* hygienic
hyménoptère [imenɔptɛʀ] *nm* hymenopteran
hymne [imn] *nm* hymn; **~ national** national anthem
hyper... [ipɛʀ] *préfixe* hyper...
hyperactif, -ive [ipɛʀaktif, -iv] *adj* hyperactive
hyperactivité [ipɛʀaktivite] *nf* hyperactivity
hyperbole [ipɛʀbɔl] *nf (figure de style)* hyperbole; *(Math)* hyperbola
hyperinflation [ipɛʀɛ̃flasjɔ̃] *nf* hyperinflation
hyperlien [ipɛʀljɛ̃] *nm (Inform)* hyperlink
hypermarché [ipɛʀmaʀʃe] *nm* hypermarket
hypermétrope [ipɛʀmetʀɔp] *adj* long-sighted
hypernerveux, -euse [ipɛʀnɛʀvø, -øz] *adj* highly-strung
hyperréalisme [ipɛʀʀealism] *nm* hyperrealism
hyperréaliste [ipɛʀʀealist] *adj* hyperrealistic
hypersensibilité [ipɛʀsɑ̃sibilite] *nf* hypersensitivity
hypersensible [ipɛʀsɑ̃sibl] *adj* hypersensitive
hypertendu, e [ipɛʀtɑ̃dy] *adj* having high blood pressure, hypertensive
hypertension [ipɛʀtɑ̃sjɔ̃] *nf* high blood pressure, hypertension
hypertexte [ipɛʀtɛkst] *nm (Inform)* hypertext
hypertrophie [ipɛʀtʀɔfi] *nf (Méd)* hypertrophy
hypertrophié, e [ipɛʀtʀɔfje] *adj* hypertrophic
hypnose [ipnoz] *nf* hypnosis

hypnothérapie [ipnɔteʀapi] *nf* hypnotherapy
hypnotique [ipnɔtik] *adj* hypnotic
hypnotiser [ipnɔtize] /1/ *vt* to hypnotize
hypnotiseur [ipnɔtizœʀ] *nm* hypnotist
hypnotisme [ipnɔtism] *nm* hypnotism
hypoallergénique [ipoalɛʀʒik] *adj* hypoallergenic
hypocalorique [ipokalɔʀik] *adj* low-calorie
hypocondriaque [ipɔkɔ̃dʀijak] *adj* hypochondriac
hypocrisie [ipɔkʀizi] *nf* hypocrisy
hypocrite [ipɔkʀit] *adj* hypocritical ▸ *nmf* hypocrite
hypocritement [ipɔkʀitmɑ̃] *adv* hypocritically
hypodermique [ipɔdɛʀmik] *adj (seringue)* hypodermic
hypoglycémie [ipoglisemi] *nf* hypoglycaemia (Bʀɪᴛ), hypoglycemia (US)
hypokhâgne [ipɔkaɲ] *nf* first year of preparatory course for arts section of the École normale supérieure
hypotendu, e [ipɔtɑ̃dy] *adj* having low blood pressure, hypotensive
hypotension [ipɔtɑ̃sjɔ̃] *nf* low blood pressure, hypotension
hypoténuse [ipɔtenyz] *nf* hypotenuse
hypothécaire [ipɔtekɛʀ] *adj* mortgage; **garantie/prêt ~** mortgage security/loan
hypothèque [ipɔtɛk] *nf* mortgage
hypothéquer [ipɔteke] /6/ *vt* to mortgage
hypothermie [ipɔtɛʀmi] *nf* hypothermia
hypothèse [ipɔtɛz] *nf* hypothesis; **dans l'~ où** assuming that
hypothétique [ipɔtetik] *adj* hypothetical
hypothétiquement [ipɔtetikmɑ̃] *adv* hypothetically
hystérectomie [isteʀɛktɔmi] *nf* hysterectomy
hystérie [isteʀi] *nf* hysteria; **~ collective** mass hysteria
hystérique [isteʀik] *adj* hysterical
Hz *abr (= Hertz)* Hz

I i

I, i [i] *nm inv* I, i; **I comme Irma** I for Isaac (BRIT) ou Item (US)
IAC *sigle f* (= *insémination artificielle entre conjoints*) AIH
IAD *sigle f* (= *insémination artificielle par donneur extérieur*) AID
ibère [ibɛR] *adj* Iberian ▶ *nmf* : **Ibère** Iberian
ibérique [ibeRik] *adj* : **la péninsule ~** the Iberian peninsula
ibid. [ibid] *abr* (= *ibidem*) ibid., ib.
ibis [ibis] *nm* ibis
iceberg [isbɛRg] *nm* iceberg
ici [isi] *adv* here; **jusqu'~** as far as this; (*temporel*) until now; **d'~ là** by then; **d'~ demain** by tomorrow; (*en attendant*) in the meantime; **d'~ peu** before long
icône [ikon] *nf* (*aussi Inform*) icon
iconoclaste [ikɔnɔklast] *nmf* iconoclast
iconographie [ikɔnɔgRafi] *nf* iconography; (*illustrations*) (collection of) illustrations
iconographique [ikɔnɔgRafik] *adj* (*sources, ressources*) image *cpd*, picture *cpd*; **fonds ~** image bank
id. [id] *abr* (= *idem*) id.
idéal, e, -aux [ideal, -o] *adj* ideal ▶ *nm* ideal; (*système de valeurs*) ideals *pl*
idéalement [idealmɑ̃] *adv* ideally
idéalisation [idealizasjɔ̃] *nf* idealization
idéaliser [idealize] /1/ *vt* to idealize
idéalisme [idealism] *nm* idealism
idéaliste [idealist] *adj* idealistic ▶ *nmf* idealist
idée [ide] *nf* idea; (*illusion*) : **se faire des idées** to imagine things, get ideas into one's head; **avoir dans l'~ que** to have an idea that; **mon ~, c'est que ...** I suggest that ..., I think that ...; **à l'~ de/que** at the idea of/that, at the thought of/that; **je n'en ai pas la moindre ~** I haven't the faintest idea; **avoir ~ que** to have an idea that; **avoir des idées larges/étroites** to be broad-/narrow-minded; **venir à l'~ de qn** to occur to sb; **en voilà des idées !** the very idea!; **~ fixe** idée fixe, obsession; **idées noires** black *ou* dark thoughts; **idées reçues** accepted ideas *ou* wisdom
idée-force [idefɔRs] (*pl* **idées-force(s)**) *nf* main idea
identifiable [idɑ̃tifjabl] *adj* identifiable
identifiant [idɑ̃tifjɑ̃] *nm* (*Inform*) login
identification [idɑ̃tifikasjɔ̃] *nf* identification
identifier [idɑ̃tifje] /7/ *vt* to identify; **~ qch/qn à** to identify sth/sb with; **s'identifier** *vpr* : **s'~ avec** *ou* **à qn/qch** (*héros etc*) to identify with sb/sth

identique [idɑ̃tik] *adj* : **~ (à)** identical (to)
identitaire [idɑ̃titɛR] *adj* : **une crise ~** an identity crisis; **une quête ~** a search for identity
identité [idɑ̃tite] *nf* identity; **~ judiciaire** (*Police*) ≈ Criminal Records Office
idéogramme [ideogram] *nm* ideogram
idéologie [ideɔlɔʒi] *nf* ideology
idéologique [ideɔlɔʒik] *adj* ideological
idéologue [ideɔlɔg] *nmf* ideologue
idiomatique [idjɔmatik] *adj* : **expression ~** idiom, idiomatic expression
idiome [idjom] *nm* (*Ling*) idiom
idiot, e [idjo, idjɔt] *adj* idiotic ▶ *nm/f* idiot
idiotie [idjɔsi] *nf* idiocy; (*propos*) idiotic remark
idiotisme [idjɔtism] *nm* idiom, idiomatic phrase
idoine [idwan] *adj* fitting
idolâtrer [idolɑtRe] /1/ *vt* to idolize
idolâtrie [idolɑtRi] *nf* idolatry
idole [idɔl] *nf* idol
idylle [idil] *nf* idyll
idyllique [idilik] *adj* idyllic
if [if] *nm* yew
IFOP [ifɔp] *sigle m* (= *Institut français d'opinion publique*) French market research institute
IGH *sigle m* (= *immeuble de grande hauteur*) high-rise building
igloo [iglu] *nm* igloo
IGN *sigle m* (= *Institut géographique national*) French national geographical institute
ignare [iɲaR] *adj* ignorant
ignifuge [ignifyʒ] *adj* fireproofing ▶ *nm* fireproofing (substance)
ignifuger [ignifyʒe] /3/ *vt* to fireproof
ignoble [iɲɔbl] *adj* vile
ignominie [iɲɔmini] *nf* ignominy; (*acte*) ignominious *ou* base act
ignominieux, -euse [iɲɔminjø, -øz] *adj* ignominious
ignorance [iɲɔRɑ̃s] *nf* ignorance; **dans l'~ de** in ignorance of, ignorant of
ignorant, e [iɲɔRɑ̃, -ɑ̃t] *adj* ignorant; **~ de** ignorant of, not aware of; **~ en** ignorant of, knowing nothing of ▶ *nm/f* : **faire l'~** to pretend one doesn't know
ignoré, e [iɲɔRe] *adj* unknown
ignorer [iɲɔRe] /1/ *vt* (*ne pas connaître*) not to know, be unaware *ou* ignorant of; (*être sans expérience de* : *plaisir, guerre etc*) not to know about, have no experience of; (*bouder* : *personne*) to

ignore; **j'ignore comment/si** I do not know
how/if; **~ que** to be unaware that, not to know
that; **je n'ignore pas que ...** I'm not forgetting
that ..., I'm not unaware that ...; **je l'ignore** I
don't know

IGPN *sigle f* (= *Inspection générale de la police nationale*)
police disciplinary body

IGS *sigle f* (= *Inspection générale des services*) police
disciplinary body for Paris

iguane [igwan] *nm* iguana

il [il] *pron* he; (*animal, chose, en tournure impersonnelle*)
it, NB: *en anglais les navires et les pays sont en général
assimilés aux femelles, et les bébés aux choses, si le sexe
n'est pas spécifié*; **ils** they; **il neige** it's snowing;
Pierre est-il arrivé ? has Pierre arrived?; **il a
gagné** he won; *voir aussi* **avoir**

île [il] *nf* island; **les îles** the West Indies; **l'~ de
Beauté** Corsica; **l'~ Maurice** Mauritius; **les
îles anglo-normandes** the Channel Islands;
les îles Britanniques the British Isles; **les îles
Cocos ou Keeling** the Cocos ou Keeling Islands;
les îles Cook the Cook Islands; **les îles Scilly**
the Scilly Isles, the Scillies; **les îles Shetland**
the Shetland Islands, Shetland; **les îles
Sorlingues = les îles Scilly**; **les îles Vierges** the
Virgin Islands

iliaque [iljak] *adj* (*Anat*) : **os/artère ~** iliac bone/
artery

îlien, ne [iljɛ̃, -ɛn] *adj* island *cpd* ▶ *nm/f* islander

illégal, e, -aux [ilegal, -o] *adj* illegal, unlawful
(*Admin*)

illégalement [ilegalmɑ̃] *adv* illegally

illégalité [ilegalite] *nf* illegality; unlawfulness;
être dans l'~ to be outside the law

illégitime [ileʒitim] *adj* illegitimate; (*optimisme,
sévérité*) unjustified, unwarranted

illégitimement [ileʒitimmɑ̃] *adv* illegitimately

illégitimité [ileʒitimite] *nf* illegitimacy;
gouverner dans l'~ to rule illegally

illettré, e [iletʀe] *adj, nm/f* illiterate

illettrisme [iletʀism] *nm* illiteracy

illicite [ilisit] *adj* illicit

illicitement [ilisitmɑ̃] *adv* illicitly

illico [iliko] *adv* (*fam*) pronto

illimité, e [ilimite] *adj* (*immense*) boundless,
unlimited; (*congé, durée*) indefinite, unlimited

illisible [ilizibl] *adj* illegible; (*roman*) unreadable

illisiblement [ilizibləmɑ̃] *adv* illegibly

illogique [ilɔʒik] *adj* illogical

illogisme [ilɔʒism] *nm* illogicality

illumination [ilyminasjɔ̃] *nf* illumination,
floodlighting; (*inspiration*) flash of inspiration;
illuminations *nfpl* illuminations, lights

illuminé, e [ilymine] *adj* lit up; illuminated,
floodlit ▶ *nm/f* (*fig* : *péj*) crank

illuminer [ilymine] /1/ *vt* to light up; (*monument,
rue : pour une fête*) to illuminate; (: *au moyen de
projecteurs*) floodlight; **s'illuminer** *vpr* to light up

illusion [ilyzjɔ̃] *nf* illusion; **se faire des
illusions** to delude o.s.; **faire ~** to delude *ou*
fool people; **~ d'optique** optical illusion

illusionner [ilyzjɔne] /1/ *vt* to delude;
s'illusionner *vpr* : **s'~ (sur qn/qch)** to delude o.s.
(about sb/sth)

illusionnisme [ilyzjɔnism] *nm* conjuring

illusionniste [ilyzjɔnist] *nmf* conjuror

illusoire [ilyzwaʀ] *adj* illusory, illusive

illustrateur, -trice [ilystʀatœʀ, -tʀis] *nm/f*
illustrator

illustratif, -ive [ilystʀatif, -iv] *adj* illustrative

illustration [ilystʀasjɔ̃] *nf* illustration; (*d'un
ouvrage : photos*) illustrations *pl*

illustre [ilystʀ] *adj* illustrious, renowned

illustré, e [ilystʀe] *adj* illustrated ▶ *nm*
illustrated magazine; (*pour enfants*) comic

illustrer [ilystʀe] /1/ *vt* to illustrate; **s'illustrer**
vpr to become famous, win fame

îlot [ilo] *nm* small island, islet; (*de maisons*) block;
(*petite zone*) : **un ~ de verdure** an island of
greenery, a patch of green

îlotage [ilɔtaʒ] *nm* community policing

îlotier, -ière [ilɔtje, -jɛʀ] *nm* community police
officer

ils [il] *pron* they

image [imaʒ] *nf* (*gén*) picture; (*comparaison,
ressemblance, Optique*) image; **~ de** picture *ou*
image of; **~ d'Épinal** (*social*) stereotype; **~ de
marque** brand image; (*d'une personne*) (public)
image; (*d'une entreprise*) corporate image;
~ pieuse holy picture

imagé, e [imaʒe] *adj* (*texte*) full of imagery;
(*langage*) colourful

imagerie [imaʒʀi] *nf* (*Tech*) imagery; **centre d'~
médicale** medical imaging centre (*Brit*) *ou*
center (*US*)

imaginable [imaʒinabl] *adj* imaginable;
difficilement ~ hard to imagine

imaginaire [imaʒinɛʀ] *adj* imaginary

imaginatif, -ive [imaʒinatif, -iv] *adj*
imaginative

imagination [imaʒinasjɔ̃] *nf* imagination;
(*chimère*) fancy, imagining; **avoir de l'~** to be
imaginative, have a good imagination

imaginer [imaʒine] /1/ *vt* to imagine; (*croire*) :
qu'allez-vous ~ là ? what on earth are you
thinking of?; (*inventer : expédient, mesure*) to
devise, think up; **j'imagine qu'il a voulu
plaisanter** I suppose he was joking; **~ de faire**
(*se mettre dans l'idée de*) to dream up the idea of
doing; **s'imaginer** *vpr* (*se figurer : scène etc*) to
imagine, picture; **s'~ à 60 ans** to picture *ou*
imagine o.s. at 60; **s'~ que** to imagine that; **s'~
pouvoir faire qch** to think one can do sth

imam [imam] *nm* imam

imbattable [ɛ̃batabl] *adj* unbeatable

imbécile [ɛ̃besil] *adj* idiotic ▶ *nmf* idiot; (*Méd*)
imbecile

imbécillité [ɛ̃besilite] *nf* idiocy; imbecility;
idiotic action (*ou* remark *etc*)

imberbe [ɛ̃bɛʀb] *adj* beardless

imbibé, e [ɛ̃bibe] *adj* : **~ de** (*liquide*) dipped in;
~ d'eau (*chaussures, étoffe*) saturated; (*terre*)
waterlogged

imbiber [ɛ̃bibe] /1/ *vt* : **~ qch de** to moisten *ou*
wet sth with; **s'imbiber de** *vpr* to become
saturated with

imbitable, imbittable [ɛ̃bitabl] *adj* (*fam* :
incompréhensible) meaningless; **c'est ~** it's
gibberish

imbriqué, e [ɛ̃bʀike] *adj* overlapping

imbriquer [ɛ̃bʀike] /1/ : **s'imbriquer** *vpr* to overlap (each other); *(fig)* to become interlinked *ou* interwoven

imbroglio [ɛ̃bʀɔljo] *nm* imbroglio

imbu, e [ɛ̃by] *adj* : **~ de** full of; **~ de soi-même/sa supériorité** full of oneself/one's superiority

imbuvable [ɛ̃byvabl] *adj* undrinkable

imitable [imitabl] *adj* imitable; **facilement ~** easily imitated

imitateur, -trice [imitatœʀ, -tʀis] *nm/f (gén)* imitator; *(Music-Hall : d'une personnalité)* impersonator

imitation [imitasjɔ̃] *nf* imitation; *(de personnalité)* impersonation; **sac ~ cuir** bag in imitation *ou* simulated leather; **à l'~ de** in imitation of

imiter [imite] /1/ *vt* to imitate; *(personne)* to imitate, impersonate; *(contrefaire : signature, document)* to forge, copy; *(ressembler à)* to look like; **il se leva et je l'imitai** he got up and I did likewise

imm. *abr* = **immeuble**

immaculé, e [imakyle] *adj* spotless, immaculate; **l'Immaculée Conception** *(Rel)* the Immaculate Conception

immanent, e [imanɑ̃, -ɑ̃t] *adj* immanent

immangeable [ɛ̃mɑ̃ʒabl] *adj* inedible, uneatable

immanquable [ɛ̃mɑ̃kabl] *adj (cible)* impossible to miss; *(fatal, inévitable)* bound to happen, inevitable

immanquablement [ɛ̃mɑ̃kabləmɑ̃] *adv* inevitably

immatériel, le [imateʀjɛl] *adj* ethereal; *(Philosophie)* immaterial

immatriculation [imatʀikylasjɔ̃] *nf* registration

: **IMMATRICULATION**

French **plaques d'immatriculation** (licence plates) can bear the number of the *département* the vehicle is registered in, if the owner of the vehicle so wishes. For example, a car registered in Paris can display the number 75 on its licence plate.

immatriculer [imatʀikyle] /1/ *vt* to register; **faire/se faire ~** to register; **voiture immatriculée dans la Somme** car with a Somme registration (number)

immature [imatyʀ] *adj* immature

immaturité [imatyʀite] *nf* immaturity

immédiat, e [imedja, -at] *adj* immediate; **dans le voisinage ~ de** in the immediate vicinity of
▶ *nm* : **dans l'~** for the time being

immédiatement [imedjatmɑ̃] *adv* immediately

immémorial, e, -aux [imemɔʀjal, -o] *adj* ancient, age-old

immense [imɑ̃s] *adj* immense

immensément [imɑ̃semɑ̃] *adv* immensely

immensité [imɑ̃site] *nf* immensity

immergé, e [imɛʀʒe] *adj (terres, partie)* submerged

immerger [imɛʀʒe] /3/ *vt* to immerse, submerge; *(câble)* to lay under water; *(déchets)* to dump at sea; **s'immerger** *vpr (sous-marin)* to dive, submerge

immérité, e [imeʀite] *adj* undeserved

immersion [imɛʀsjɔ̃] *nf* immersion

immettable [ɛ̃mɛtabl] *adj* unwearable

immeuble [imœbl] *nm* building ▶ *adj (Jur)* immovable, real; **~ locatif** block of rented flats *(Brit)*, rental building *(US)*; **~ de rapport** investment property

immigrant, e [imigʀɑ̃, -ɑ̃t] *nm/f* immigrant

immigration [imigʀasjɔ̃] *nf* immigration

immigré, e [imigʀe] *nm/f* immigrant

immigrer [imigʀe] /1/ *vi* to immigrate

imminence [iminɑ̃s] *nf* imminence

imminent, e [iminɑ̃, -ɑ̃t] *adj* imminent, impending

immiscer [imise] /3/ : **s'immiscer** *vpr* : **s'~ dans** to interfere in *ou* with

immixtion [imiksjɔ̃] *nf* interference

immobile [imɔbil] *adj* still, motionless; *(pièce de machine)* fixed; *(fig)* unchanging; **rester/se tenir ~** to stay/keep still

immobilier, -ière [imɔbilje, -jɛʀ] *adj* property *cpd*, in real property ▶ *nm* : **l'~** the property *ou* the real estate business

immobilisation [imɔbilizasjɔ̃] *nf* immobilization; **immobilisations** *nfpl (Jur)* fixed assets

immobiliser [imɔbilize] /1/ *vt (gén)* to immobilize; *(circulation, véhicule, affaires)* to bring to a standstill; **s'immobiliser** *vpr (personne)* to stand still; *(machine, véhicule)* to come to a halt *ou* a standstill

immobilisme [imɔbilism] *nm* strong resistance *ou* opposition to change

immobilité [imɔbilite] *nf* immobility

immodéré, e [imɔdeʀe] *adj* immoderate, inordinate

immodérément [imɔdeʀemɑ̃] *adv* immoderately

immolation [imɔlasjɔ̃] *nf* immolation; **~ par le feu** immolation

immoler [imɔle] /1/ *vt* to sacrifice; **s'immoler** *vpr* to sacrifice o.s.

immonde [imɔ̃d] *adj* foul; *(sale : ruelle, taudis)* squalid

immondices [imɔ̃dis] *nfpl (ordures)* refuse *sg*; *(saletés)* filth *sg*

immoral, e, -aux [imɔʀal, -o] *adj* immoral

immoralisme [imɔʀalism] *nm* immoralism

immoralité [imɔʀalite] *nf* immorality

immortaliser [imɔʀtalize] /1/ *vt* to immortalize

immortalité [imɔʀtalite] *nf* immortality

immortel, le [imɔʀtɛl] *adj* immortal ▶ *nf (Bot)* everlasting (flower)

immuable [imɥabl] *adj (inébranlable)* immutable; *(qui ne change pas)* unchanging; *(personne)* **~ dans ses convictions** immoveable (in one's convictions)

immuablement [imɥabləmɑ̃] *adv* immutably

immunisation [imynizasjɔ̃] *nf* immunization

immunisé, e [im(m)ynize] *adj* : **~ contre** immune to

immuniser [imynize] /1/ *vt (Méd)* to immunize; **~ qn contre** to immunize sb against; *(fig)* to make sb immune to

immunitaire – implanter

immunitaire [imynitɛʀ] *adj* immune
immunité [imynite] *nf* immunity;
~ diplomatique diplomatic immunity;
~ parlementaire parliamentary privilege
immunodéficience [imynodefisjɑ̃s] *nf*
immunodeficiency
immunodéprimé, e [imynodepʀime] *adj*
immunocompromised ▶ *nm/f*
immunocompromised person
immunologie [imynɔlɔʒi] *nf* immunology
immunosuppresseur [imynosypʀesœʀ] *adj*
immunosuppressive, immunosuppressant
▶ *nm* immunosuppressive,
immunosuppressant
immutabilité [imytabilite] *nf* immutability
impact [ɛ̃pakt] *nm* impact; **point d'~** point of
impact
impair, e [ɛ̃pɛʀ] *adj* odd; **numéros impairs** odd
numbers ▶ *nm* faux pas, blunder
impalpable [ɛ̃palpabl] *adj* impalpable
impaludation [ɛ̃palydasjɔ̃] *nf* inoculation
against malaria
imparable [ɛ̃paʀabl] *adj* unstoppable
impardonnable [ɛ̃paʀdɔnabl] *adj*
unpardonable, unforgivable; **vous êtes ~
d'avoir fait cela** it's unforgivable of you to
have done that
imparfait, e [ɛ̃paʀfɛ, -ɛt] *adj* imperfect ▶ *nm*
(*Ling*) imperfect (tense)
imparfaitement [ɛ̃paʀfɛtmɑ̃] *adv* imperfectly
impartial, e, -aux [ɛ̃paʀsjal, -o] *adj* impartial,
unbiased
impartialement [ɛ̃paʀsjalmɑ̃] *adv* impartially
impartialité [ɛ̃paʀsjalite] *nf* impartiality
impartir [ɛ̃paʀtiʀ] /2/ *vt* : **~ qch à qn** to assign
sth to sb; (*dons*) to bestow sth upon sb; **dans les
délais impartis** in the time allowed
impasse [ɛ̃pɑs] *nf* dead-end, cul-de-sac; (*fig*)
deadlock; **être dans l'~** (*négociations*) to have
reached deadlock; **~ budgétaire** budget deficit
impassibilité [ɛ̃pasibilite] *nf* impassiveness
impassible [ɛ̃pasibl] *adj* impassive
impassiblement [ɛ̃pasibləmɑ̃] *adv* impassively
impatiemment [ɛ̃pasjamɑ̃] *adv* impatiently
impatience [ɛ̃pasjɑ̃s] *nf* impatience
impatient, e [ɛ̃pasjɑ̃, -ɑ̃t] *adj* impatient; **~ de
faire qch** keen *ou* impatient to do sth
impatienter [ɛ̃pasjɑ̃te] /1/ *vt* to irritate, annoy;
s'impatienter *vpr* to get impatient; **s'~ de/
contre** to lose patience at/with, grow
impatient at/with
impavide [ɛ̃pavid] *adj* unruffled
impayable [ɛ̃pejabl] *adj* (*drôle*) priceless
impayé, e [ɛ̃peje] *adj* unpaid, outstanding
impeccable [ɛ̃pekabl] *adj* faultless, impeccable;
(*propre*) spotlessly clean; (*chic*) impeccably
dressed; (*fam*) smashing
impeccablement [ɛ̃pekabləmɑ̃] *adv*
impeccably
impénétrable [ɛ̃penetʀabl] *adj* impenetrable
impénitent, e [ɛ̃penitɑ̃, -ɑ̃t] *adj* unrepentant
impensable [ɛ̃pɑ̃sabl] *adj* (*événement hypothétique*)
unthinkable; (*événement qui a eu lieu*)
unbelievable
imper [ɛ̃pɛʀ] *nm* (*imperméable*) mac

impératif, -ive [ɛ̃peʀatif, -iv] *adj* imperative;
(*Jur*) mandatory ▶ *nm* (*Ling*) imperative;
impératifs *nmpl* (*exigences : d'une fonction, d'une
charge*) requirements; (: *de la mode*) demands
impérativement [ɛ̃peʀativmɑ̃] *adv*
imperatively
impératrice [ɛ̃peʀatʀis] *nf* empress
imperceptible [ɛ̃pɛʀsɛptibl] *adj* imperceptible
imperceptiblement [ɛ̃pɛʀsɛptibləmɑ̃] *adv*
imperceptibly
imperdable [ɛ̃pɛʀdabl] *adj* that cannot be lost
imperfectible [ɛ̃pɛʀfɛktibl] *adj* which cannot
be perfected
imperfection [ɛ̃pɛʀfɛksjɔ̃] *nf* imperfection
impérial, e, -aux [ɛ̃peʀjal, -o] *adj* imperial ▶ *nf*
upper deck; **autobus à impériale** double-
decker bus
impérialisme [ɛ̃peʀjalism] *nm* imperialism
impérialiste [ɛ̃peʀjalist] *adj*, *nmf* imperialist
impérieusement [ɛ̃peʀjøzmɑ̃] *adv* : **avoir ~
besoin de qch** to have urgent need of sth
impérieux, -euse [ɛ̃peʀjø, -øz] *adj* (*caractère, ton*)
imperious; (*obligation, besoin*) pressing, urgent
impérissable [ɛ̃peʀisabl] *adj* undying,
imperishable
imperméabilisation [ɛ̃pɛʀmeabilizasjɔ̃] *nf*
waterproofing
imperméabiliser [ɛ̃pɛʀmeabilize] /1/ *vt* to
waterproof
imperméabilité [ɛ̃pɛʀmeabilite] *nf* : **pour
assurer l'~ du tissu** to make the material
waterproof
imperméable [ɛ̃pɛʀmeabl] *adj* waterproof;
(*Géo*) impermeable; (*fig*) : **~ à** impervious to; **~ à
l'air** airtight ▶ *nm* raincoat
impersonnel, le [ɛ̃pɛʀsɔnɛl] *adj* impersonal
impertinemment [ɛ̃pɛʀtinamɑ̃] *adv*
impertinently
impertinence [ɛ̃pɛʀtinɑ̃s] *nf* impertinence
impertinent, e [ɛ̃pɛʀtinɑ̃, -ɑ̃t] *adj* impertinent
imperturbable [ɛ̃pɛʀtyʀbabl] *adj* (*personne*)
imperturbable; (*sang-froid*) unshakeable;
rester ~ to remain unruffled
imperturbablement [ɛ̃pɛʀtyʀbabləmɑ̃] *adv*
imperturbably; unshakeably
impétigo [ɛ̃petigo] *nm* impetigo
impétrant, e [ɛ̃petʀɑ̃, -ɑ̃t] *nm/f* (*Jur*) applicant
impétueux, -euse [ɛ̃petɥø, -øz] *adj* fiery
impétuosité [ɛ̃petɥozite] *nf* fieriness
impie [ɛ̃pi] *adj* impious, ungodly
impiété [ɛ̃pjete] *nf* impiety
impitoyable [ɛ̃pitwajabl] *adj* pitiless, merciless
impitoyablement [ɛ̃pitwajabləmɑ̃] *adv*
mercilessly
implacable [ɛ̃plakabl] *adj* implacable
implacablement [ɛ̃plakabləmɑ̃] *adv*
implacably
implant [ɛ̃plɑ̃] *nm* (*Méd*) implant
implantation [ɛ̃plɑ̃tasjɔ̃] *nf* (*d'usine, d'usage*)
establishment; (*de colons*) settling; (*d'idée, de
préjugé*) implantation
implanter [ɛ̃plɑ̃te] /1/ *vt* (*usine, industrie, usage*) to
establish; (*colons*) to settle; (*idée, préjugé*) to
implant; **s'implanter dans** *vpr* to be established
in; to settle in; to become implanted in

222 · FRANÇAIS | ANGLAIS

implémenter [ɛ̃plemɑ̃te] /**1**/ *vt* (*aussi Inform*) to implement
implication [ɛ̃plikasjɔ̃] *nf* implication
implicite [ɛ̃plisit] *adj* implicit
implicitement [ɛ̃plisitmɑ̃] *adv* implicitly
impliquer [ɛ̃plike] /**1**/ *vt* to imply; **~ qn (dans)** to implicate sb (in)
implorant, e [ɛ̃plɔrɑ̃, -ɑ̃t] *adj* imploring
implorer [ɛ̃plɔre] /**1**/ *vt* to implore
imploser [ɛ̃plɔze] /**1**/ *vi* to implode
implosion [ɛ̃plozjɔ̃] *nf* implosion
impoli, e [ɛ̃pɔli] *adj* impolite, rude
impoliment [ɛ̃pɔlimɑ̃] *adv* impolitely
impolitesse [ɛ̃pɔlitɛs] *nf* impoliteness, rudeness; (*propos*) impolite *ou* rude remark
impondérable [ɛ̃pɔ̃derabl] *nm* imponderable
impopulaire [ɛ̃pɔpylɛr] *adj* unpopular
impopularité [ɛ̃pɔpylarite] *nf* unpopularity
importable [ɛ̃pɔrtabl] *adj* (*Comm* : *marchandise*) importable; (*vêtement* : *immettable*) unwearable
importance [ɛ̃pɔrtɑ̃s] *nf* importance; (*de somme*) size; **avoir de l' ~** to be important; **sans ~** unimportant; **d'~** important, considerable; **quelle ~ ?** what does it matter?
important, e [ɛ̃pɔrtɑ̃, -ɑ̃t] *adj* important; (*en quantité* : *somme, retard*) considerable, sizeable; (: *gamme, dégâts*) extensive; (*péj* : *airs, ton*) self-important ▶ *nm* : **l'~** the important thing
importateur, -trice [ɛ̃pɔrtatœr, -tris] *adj* importing; **pays ~ de blé** wheat-importing country ▶ *nm/f* importer
importation [ɛ̃pɔrtasjɔ̃] *nf* import; introduction; (*produit*) import
importer [ɛ̃pɔrte] /**1**/ *vt* (*Comm*) to import; (*maladies, plantes*) to introduce ▶ *vi* (*être important*) to matter; **~ à qn** to matter to sb; **il importe de** it is important to; **il importe qu'il fasse** he must do, it is important that he should do; **peu m'importe** (*je n'ai pas de préférence*) I don't mind; (*je m'en moque*) I don't care; **peu importe (que)** it doesn't matter (if); **peu importe le prix** never mind the price; *voir aussi* **n'importe**
import-export [ɛ̃pɔrɛkspɔr] (*pl* **imports-exports**) *nm* import-export business
importun, e [ɛ̃pɔrtœ̃, -yn] *adj* irksome, importunate; (*arrivée, visite*) inopportune, ill-timed ▶ *nm* intruder
importuner [ɛ̃pɔrtyne] /**1**/ *vt* to bother
imposable [ɛ̃pozabl] *adj* taxable
imposant, e [ɛ̃pozɑ̃, -ɑ̃t] *adj* imposing
imposé, e [ɛ̃poze] *adj* (*soumis à l'impôt*) taxed; (*Gym etc* : *figures*) set
imposer [ɛ̃poze] /**1**/ *vt* (*taxer*) to tax; (*Rel*) : **~ les mains** to lay on hands; **~ qch à qn** to impose sth on sb; **en ~** to be imposing; **en ~ à** to impress; **s'imposer** *vpr* (*être nécessaire*) to be imperative; (*montrer sa proéminence*) to stand out, emerge; (*artiste* : *se faire connaître*) to win recognition, come to the fore; **s'~ comme** to emerge as; **s'~ par** to win recognition through; **ça s'impose** it's essential, it's vital
imposition [ɛ̃pozisjɔ̃] *nf* (*Admin*) taxation
impossibilité [ɛ̃posibilite] *nf* impossibility; **être dans l'~ de faire** to be unable to do, find it impossible to do

impossible [ɛ̃posibl] *adj* impossible; **~ à faire** impossible to do; **il m'est ~ de le faire** it is impossible for me to do it, I can't possibly do it ▶ *nm* : **l'~** the impossible; **faire l'~ (pour que)** to do one's utmost (so that); **si, par ~ ...** if, by some miracle ...
imposteur [ɛ̃pɔstœr] *nm* impostor
imposture [ɛ̃pɔstyr] *nf* imposture, deception
impôt [ɛ̃po] *nm* tax; (*taxes*) taxation, taxes *pl*; **~ direct/indirect** direct/indirect tax; **~ sur le chiffre d'affaires** corporation (*Brit*) *ou* corporate (*US*) tax; **~ foncier** land tax; **~ sur la fortune** wealth tax; **~ sur les plus-values** capital gains tax; **~ sur le revenu** income tax; **~ sur les sociétés** tax on companies; **impôts** *nmpl* (*contributions*) (income) tax *sg*; **payer 1000 euros d'impôts** to pay 1,000 euros in tax; **impôts locaux** rates, local taxes (*US*), ≈ council tax (*Brit*)
impotence [ɛ̃potɑ̃s] *nf* disability
impotent, e [ɛ̃potɑ̃, -ɑ̃t] *adj* disabled
impraticable [ɛ̃pratikabl] *adj* (*projet*) impracticable, unworkable; (*piste*) impassable
imprécation [ɛ̃prekasjɔ̃] *nf* imprecation
imprécis, e [ɛ̃presi, -iz] *adj* (*contours, souvenir*) imprecise, vague; (*tir*) inaccurate, imprecise
imprécision [ɛ̃presizjɔ̃] *nf* imprecision
imprégnation [ɛ̃preɲasjɔ̃] *nf* impregnation
imprégner [ɛ̃preɲe] /**6**/ *vt* (*amertume, ironie*) to pervade; **~ (de)** (*tissu, tampon*) to soak *ou* impregnate (with); (*lieu, air*) to fill (with); **s'imprégner de** *vpr* to become impregnated with; to be filled with; (*fig*) to absorb
imprenable [ɛ̃prənabl] *adj* (*forteresse*) impregnable; **vue ~** unimpeded outlook
impresario [ɛ̃presarjo] *nm* manager, impresario
impression [ɛ̃presjɔ̃] *nf* impression; (*d'un ouvrage, tissu*) printing; (*Photo*) exposure; **faire bonne/mauvaise ~** to make a good/bad impression; **donner une ~ de/l'~ que** to give the impression of/that; **avoir l'~ de/que** to have the impression of/that; **faire ~** to make an impression; **impressions de voyage** impressions of one's journey
impressionnable [ɛ̃presjɔnabl] *adj* impressionable
impressionnant, e [ɛ̃presjɔnɑ̃, -ɑ̃t] *adj* (*imposant*) impressive; (*bouleversant*) upsetting
impressionner [ɛ̃presjɔne] /**1**/ *vt* (*frapper*) to impress; (*troubler*) to upset; (*Photo*) to expose
impressionnisme [ɛ̃presjɔnism] *nm* impressionism
impressionniste [ɛ̃presjɔnist] *adj, nmf* impressionist
imprévisible [ɛ̃previzibl] *adj* unforeseeable; (*réaction, personne*) unpredictable
imprévoyance [ɛ̃prevwajɑ̃s] *nf* lack of foresight
imprévoyant, e [ɛ̃prevwajɑ̃, -ɑ̃t] *adj* lacking in foresight; (*en matière d'argent*) improvident
imprévu, e [ɛ̃prevy] *adj* unforeseen, unexpected ▶ *nm* (*incident*) unexpected incident; **l'~** the unexpected; **des vacances pleines d'~** holidays full of surprises; **en cas d'~** if anything unexpected happens; **sauf ~** unless anything unexpected crops up

imprimable [ɛ̃pʀimabl] *adj (version, catalogue)* printable

imprimante [ɛ̃pʀimɑ̃t] *nf (Inform)* printer; **~ à bulle d'encre** bubble jet printer; **~ à jet d'encre** ink-jet printer; **~ à laser** laser printer; **~ (ligne par) ligne** line printer; **~ à marguerite** daisy-wheel printer

imprimé [ɛ̃pʀime] *nm (formulaire)* printed form; *(Postes)* printed matter *no pl*; *(tissu)* printed fabric; **un ~ à fleurs/pois** *(tissu)* a floral/polka-dot print

imprimer [ɛ̃pʀime] /1/ *vt* to print; *(Inform)* to print (out); *(apposer : visa, cachet)* to stamp; *(: empreinte etc)* to imprint; *(publier)* to publish; *(communiquer : mouvement, impulsion)* to impart, transmit

imprimerie [ɛ̃pʀimʀi] *nf* printing; *(établissement)* printing works *sg*; *(atelier)* printing house, printery

imprimeur [ɛ̃pʀimœʀ] *nm* printer; **~-éditeur/-libraire** printer and publisher/bookseller

improbable [ɛ̃pʀɔbabl] *adj* unlikely, improbable

improductif, -ive [ɛ̃pʀɔdyktif, -iv] *adj* unproductive

impromptu, e [ɛ̃pʀɔ̃pty] *adj* impromptu; *(départ)* sudden

imprononçable [ɛ̃pʀɔnɔ̃sabl] *adj* unpronounceable

impropre [ɛ̃pʀɔpʀ] *adj* inappropriate; **~ à** unsuitable for

improprement [ɛ̃pʀɔpʀəmɑ̃] *adv* improperly

impropriété [ɛ̃pʀɔpʀijete] *nf* : **~ (de langage)** incorrect usage *no pl*

improvisation [ɛ̃pʀɔvizasjɔ̃] *nf* improvisation

improvisé, e [ɛ̃pʀɔvize] *adj* makeshift, improvised; *(jeu etc)* scratch, improvised; **avec des moyens improvisés** using whatever comes to hand

improviser [ɛ̃pʀɔvize] /1/ *vt, vi* to improvise; **~ qn cuisinier** to get sb to act as cook; **s'improviser** *vpr (secours, réunion)* to be improvised; **s'~ cuisinier** to (decide to) act as cook

improviste [ɛ̃pʀɔvist] : **à l'~** *adv* unexpectedly, without warning

imprudemment [ɛ̃pʀydamɑ̃] *adv* carelessly; unwisely, imprudently

imprudence [ɛ̃pʀydɑ̃s] *nf (d'une personne, d'une action)* carelessness *no pl*; *(d'une remarque)* imprudence *no pl*; act of carelessness; foolish *ou* unwise action; **commettre une ~** to do something foolish

imprudent, e [ɛ̃pʀydɑ̃, -ɑ̃t] *adj (conducteur, geste, action)* careless; *(remarque)* unwise, imprudent; *(projet)* foolhardy

impubère [ɛ̃pybɛʀ] *adj* below the age of puberty

impubliable [ɛ̃pyblijabl] *adj* unpublishable

impudemment [ɛ̃pydamɑ̃] *adv* impudently

impudence [ɛ̃pydɑ̃s] *nf* impudence

impudent, e [ɛ̃pydɑ̃, -ɑ̃t] *adj* impudent

impudeur [ɛ̃pydœʀ] *nf* shamelessness

impudique [ɛ̃pydik] *adj* shameless

impuissance [ɛ̃pɥisɑ̃s] *nf* helplessness; ineffectualness; impotence

impuissant, e [ɛ̃pɥisɑ̃, -ɑ̃t] *adj* helpless; *(sans effet)* ineffectual; *(sexuellement)* impotent; **~ à faire qch** powerless to do sth ▶ *nm* impotent man

impulsif, -ive [ɛ̃pylsif, -iv] *adj* impulsive

impulsion [ɛ̃pylsjɔ̃] *nf (Élec, instinct)* impulse; *(élan, influence)* impetus

impulsivement [ɛ̃pylsivmɑ̃] *adv* impulsively

impulsivité [ɛ̃pylsivite] *nf* impulsiveness

impunément [ɛ̃pynemɑ̃] *adv* with impunity

impuni, e [ɛ̃pyni] *adj* unpunished

impunité [ɛ̃pynite] *nf* impunity

impur, e [ɛ̃pyʀ] *adj* impure

impureté [ɛ̃pyʀte] *nf* impurity

imputable [ɛ̃pytabl] *adj (attribuable)* : **~ à** imputable to, ascribable to; *(Comm : somme)* **~ sur** chargeable to

imputation [ɛ̃pytasjɔ̃] *nf* imputation, charge

imputer [ɛ̃pyte] /1/ *vt (attribuer)* : **~ qch à** to ascribe *ou* impute sth to; *(Comm)* **~ qch à** *ou* **sur** to charge sth to

imputrescible [ɛ̃pytʀesibl] *adj* rotproof

in [in] *adj inv* in, trendy

INA [ina] *sigle m* (= *Institut national de l'audiovisuel*) *library of television archives*

inabordable [inabɔʀdabl] *adj (lieu)* inaccessible; *(cher)* prohibitive

inaccentué, e [inaksɑ̃tɥe] *adj (Ling)* unstressed

inacceptable [inaksɛptabl] *adj* unacceptable

inaccessible [inaksesibl] *adj* inaccessible; *(objectif)* unattainable; *(insensible)* : **~ à** impervious to

inaccoutumé, e [inakutyme] *adj* unaccustomed

inachevé, e [inaʃ(ə)ve] *adj* unfinished

inactif, -ive [inaktif, -iv] *adj* inactive, idle; *(remède)* ineffective; *(Bourse : marché)* slack

inaction [inaksjɔ̃] *nf* inactivity

inactivité [inaktivite] *nf (Admin)* : **en ~** out of active service

inadaptation [inadaptasjɔ̃] *nf (Psych)* maladjustment

inadapté, e [inadapte] *adj (Psych : adulte, enfant)* maladjusted; **~ à** not adapted to, unsuited to ▶ *nm/f (péj : adulte : asocial)* misfit

inadéquat, e [inadekwa, -wat] *adj* inadequate

inadéquation [inadekwasjɔ̃] *nf* inadequacy

inadmissible [inadmisibl] *adj* inadmissible

inadvertance [inadvɛʀtɑ̃s] : **par ~** *adv* inadvertently

inaliénable [inaljenabl] *adj* inalienable

inaltérable [inalteʀabl] *adj (matière)* stable; *(fig)* unchanging; **~ à** unaffected by; **couleur ~ (au lavage/à la lumière)** fast colour/fade-resistant colour

inamovible [inamɔvibl] *adj* fixed; *(Jur)* irremovable

inanimé, e [inanime] *adj (matière)* inanimate; *(évanoui)* unconscious; *(sans vie)* lifeless

inanité [inanite] *nf* futility

inanition [inanisjɔ̃] *nf* : **tomber d'~** to faint with hunger (and exhaustion)

inaperçu, e [inapɛʀsy] *adj* : **passer ~** to go unnoticed

inappétence [inapetɑ̃s] *nf* lack of appetite

inapplicable [inaplikabl] *adj* inapplicable
inapplication [inaplikasjɔ̃] *nf* lack of
  application
inappliqué, e [inaplike] *adj* lacking in
  application
inappréciable [inapResjabl] *adj* (*service*)
  invaluable; (*différence, nuance*) inappreciable
inapproprié, e [inapRɔpRije] *adj* inappropriate
inapte [inapt] *adj* : **~ à** incapable of; (*Mil*) unfit
  for
inaptitude [inaptityd] *nf* inaptitude; unfitness
inarticulé, e [inaRtikyle] *adj* inarticulate
inassimilable [inasimilabl] *adj* that cannot be
  assimilated
inassouvi, e [inasuvi] *adj* unsatisfied,
  unfulfilled
inattaquable [inatakabl] *adj* (*Mil*) unassailable;
  (*texte, preuve*) irrefutable
inattendu, e [inatɑ̃dy] *adj* unexpected ▶ *nm* : **l'~**
  the unexpected
inattentif, -ive [inatɑ̃tif, -iv] *adj* inattentive;
  ~ à (*dangers, détails*) heedless of
inattention [inatɑ̃sjɔ̃] *nf* inattention;
  (*inadvertance*) : **une minute d'~** a minute of
  inattention, a minute's carelessness; **par ~**
  inadvertently; **faute d'~** careless mistake
inaudible [inodibl] *adj* inaudible
inaugural, e, -aux [inɔgyRal, -o] *adj* (*cérémonie*)
  inaugural, opening; (*vol, voyage*) maiden
inauguration [inɔgyRasjɔ̃] *nf* unveiling;
  opening; **discours/cérémonie d'~** inaugural
  speech/ceremony
inaugurer [inɔgyRe] /**1**/ *vt* (*monument*) to unveil;
  (*exposition, usine*) to open; (*fig*) to inaugurate
inauthenticité [inɔtɑ̃tisite] *nf* inauthenticity
inavouable [inavwabl] *adj* (*bénéfices*)
  undisclosable; (*honteux*) shameful
inavoué, e [inavwe] *adj* unavowed
INC *sigle m* (= *Institut national de la consommation*)
  consumer research organization
inca [ɛ̃ka] *adj* Inca ▶ *nmf* : **Inca** Inca
incalculable [ɛ̃kalkylabl] *adj* incalculable; **un
  nombre ~ de** countless numbers of
incandescence [ɛ̃kɑ̃desɑ̃s] *nf* incandescence;
  en ~ incandescent, white-hot; **porter à ~** to
  heat white-hot; **lampe/manchon à ~**
  incandescent lamp/(gas) mantle
incandescent, e [ɛ̃kɑ̃desɑ̃, -ɑ̃t] *adj*
  incandescent, white-hot
incantation [ɛ̃kɑ̃tasjɔ̃] *nf* incantation
incantatoire [ɛ̃kɑ̃tatwaR] *adj* : **formule ~**
  incantation
incapable [ɛ̃kapabl] *adj* incapable; **~ de faire**
  incapable of doing; (*empêché*) unable to do
incapacitant, e [ɛ̃kapasitɑ̃, -ɑ̃t] *adj* (*Mil*)
  incapacitating
incapacité [ɛ̃kapasite] *nf* (*incompétence*)
  incapability; (*Jur* : *impossibilité*) incapacity; **être
  dans l'~ de faire** to be unable to do;
  ~ permanente/de travail permanent/
  industrial disablement; **~ électorale**
  ineligibility to vote
incarcération [ɛ̃kaRseRasjɔ̃] *nf* incarceration
incarcérer [ɛ̃kaRseRe] /**6**/ *vt* to incarcerate,
  imprison

incarnat, e [ɛ̃kaRna, -at] *adj* (rosy) pink
incarnation [ɛ̃kaRnasjɔ̃] *nf* incarnation
incarné, e [ɛ̃kaRne] *adj* incarnate; (*ongle*)
  ingrown
incarner [ɛ̃kaRne] /**1**/ *vt* to embody, personify;
  (*Théât*) to play; (*Rel*) to incarnate; **s'incarner
  dans** *vpr* (*Rel*) to be incarnate in
incartade [ɛ̃kaRtad] *nf* prank, escapade
incassable [ɛ̃kasabl] *adj* unbreakable
incendiaire [ɛ̃sɑ̃djɛR] *adj* incendiary; (*fig* :
  discours) inflammatory ▶ *nmf* fire-raiser,
  arsonist
incendie [ɛ̃sɑ̃di] *nm* fire; **~ criminel** arson *no pl*;
  ~ de forêt forest fire
incendier [ɛ̃sɑ̃dje] /**7**/ *vt* (*mettre le feu à*) to set fire
  to, set alight; (*brûler complètement*) to burn down
incertain, e [ɛ̃sɛRtɛ̃, -ɛn] *adj* uncertain; (*temps*)
  uncertain, unsettled; (*imprécis* : *contours*)
  indistinct, blurred
incertitude [ɛ̃sɛRtityd] *nf* uncertainty
incessamment [ɛ̃sesamɑ̃] *adv* very shortly
incessant, e [ɛ̃sesɑ̃, -ɑ̃t] *adj* incessant,
  unceasing
incessible [ɛ̃sesibl] *adj* (*Jur*) non-transferable
inceste [ɛ̃sɛst] *nm* incest
incestueux, -euse [ɛ̃sɛstɥø, -øz] *adj*
  incestuous
inchangé, e [ɛ̃ʃɑ̃ʒe] *adj* unchanged, unaltered
inchantable [ɛ̃ʃɑ̃tabl] *adj* unsingable
inchauffable [ɛ̃ʃofabl] *adj* impossible to heat
incidemment [ɛ̃sidamɑ̃] *adv* in passing
incidence [ɛ̃sidɑ̃s] *nf* (*effet, influence*) effect;
  (*Physique*) incidence
incident [ɛ̃sidɑ̃] *nm* incident; **~ de frontière**
  border incident; **~ de parcours** minor hitch *ou*
  setback; **~ technique** technical difficulties *pl*,
  technical hitch
incinérateur [ɛ̃sineRatœR] *nm* incinerator
incinération [ɛ̃sineRasjɔ̃] *nf* (*d'ordures*)
  incineration; (*crémation*) cremation
incinérer [ɛ̃sineRe] /**6**/ *vt* (*ordures*) to incinerate;
  (*mort*) to cremate
incise [ɛ̃siz] *nf* (*Ling*) interpolated clause
inciser [ɛ̃size] /**1**/ *vt* to make an incision in;
  (*abcès*) to lance
incisif, -ive [ɛ̃sizif, -iv] *adj* incisive, cutting ▶ *nf*
  incisor
incision [ɛ̃sizjɔ̃] *nf* incision; (*d'un abcès*) lancing
incitatif, -ive [ɛ̃sitatif, -iv] *adj* : **mesures
  incitatives** incentives; **mesures fiscales
  incitatives** tax incentives
incitation [ɛ̃sitasjɔ̃] *nf* (*encouragement*) incentive;
  (*provocation*) incitement
inciter [ɛ̃site] /**1**/ *vt* : **~ qn à (faire) qch** to prompt
  ou encourage sb to do sth; (*à la révolte etc*) to incite
  sb to do sth
incivil, e [ɛ̃sivil] *adj* uncivil
incivilité [ɛ̃sivilite] *nf* (*grossièreté*) incivility;
  incivilités *nfpl* antisocial behaviour *sg*
inclassable [ɛ̃klasabl] *adj* unclassifiable
inclinable [ɛ̃klinabl] *adj* (*dossier etc*) tilting;
  siège à dossier ~ reclining seat
inclinaison [ɛ̃klinezɔ̃] *nf* (*déclivité* : *d'une route etc*)
  incline; (: *d'un toit*) slope; (*état penché* : *d'un mur*)
  lean; (: *de la tête*) tilt; (: *d'un navire*) list

inclination [ɛ̃klinasjɔ̃] *nf (penchant)* inclination, tendency; **montrer de l'~ pour les sciences** *etc* to show an inclination for the sciences *etc*; **inclinations égoïstes/altruistes** egoistic/ altruistic tendencies; **~ de (la) tête** nod (of the head); **~ (de buste)** bow

incliné, e [ɛ̃kline] *adj (plan)* sloping; *(tête)* to one side

incliner [ɛ̃kline] **/1/** *vt (bouteille)* to tilt; *(tête)* to incline; *(inciter)* : **~ qn à qch/à faire** to encourage sb towards sth/to do ▶ *vi* : **~ à qch/à faire** *(tendre à, pencher pour)* to incline towards sth/doing, tend towards sth/to do; **s'incliner** *vpr (route)* to slope; *(toit)* to be sloping; **s'~ (devant)** to bow (before)

inclure [ɛ̃klyʀ] **/35/** *vt* to include; *(joindre à un envoi)* to enclose; **jusqu'au 10 mars inclus** until 10th March inclusive

inclus, e [ɛ̃kly, -yz] *pp de* **inclure** ▶ *adj* included; *(joint à un envoi)* enclosed; *(compris : frais, dépense)* included; *(Math : ensemble)* : **~ dans** included in; **jusqu'au troisième chapitre ~** up to and including the third chapter; **jusqu'au 10 mars ~** until 10th March inclusive

inclusion [ɛ̃klyzjɔ̃] *nf (voir inclure)* inclusion; enclosing

inclusivement [ɛ̃klyzivmɑ̃] *adv* inclusively

inclut [ɛ̃kly] *vb voir* **inclure**

incoercible [ɛ̃kɔɛʀsibl] *adj* uncontrollable

incognito [ɛ̃kɔɲito] *adv* incognito ▶ *nm* : **garder l'~** to remain incognito

incohérence [ɛ̃kɔeʀɑ̃s] *nf* inconsistency; incoherence

incohérent, e [ɛ̃kɔeʀɑ̃, -ɑ̃t] *adj (comportement)* inconsistent; *(geste, langage, texte)* incoherent

incollable [ɛ̃kɔlabl] *adj (riz)* that does not stick; *(fam : personne)* : **il est ~** he's got all the answers

incolore [ɛ̃kɔlɔʀ] *adj* colourless

incomber [ɛ̃kɔ̃be] **/1/** : **~ à** *vt (devoirs, responsabilité)* to rest *ou* be incumbent upon (: *frais, travail)* to be the responsibility of

incombustible [ɛ̃kɔ̃bystibl] *adj* incombustible

incommensurable [ɛ̃kɔmɑ̃syʀabl] *adj* immeasurable

incommodant, e [ɛ̃kɔmɔdɑ̃, -ɑ̃t] *adj (bruit)* annoying; *(chaleur)* uncomfortable

incommode [ɛ̃kɔmɔd] *adj* inconvenient; *(posture, siège)* uncomfortable

incommodément [ɛ̃kɔmɔdemɑ̃] *adv (installé, assis)* uncomfortably; *(logé, situé)* inconveniently

incommoder [ɛ̃kɔmɔde] **/1/** *vt* : **~ qn** *(chaleur, odeur)* to bother *ou* inconvenience sb; *(embarrasser)* to make sb feel uncomfortable *ou* ill at ease

incommodité [ɛ̃kɔmɔdite] *nf* inconvenience

incommunicabilité [ɛ̃kɔmynikabilite] *nf (entre personnes)* absence of communication

incommunicable [ɛ̃kɔmynikabl] *adj (Jur : droits, privilèges)* non-transferable; (: *pensée)* incommunicable

incomparable [ɛ̃kɔ̃paʀabl] *adj* not comparable; *(inégalable)* incomparable, matchless

incomparablement [ɛ̃kɔ̃paʀabləmɑ̃] *adv* incomparably

incompatibilité [ɛ̃kɔ̃patibilite] *nf* incompatibility; **~ d'humeur** (mutual) incompatibility

incompatible [ɛ̃kɔ̃patibl] *adj* incompatible

incompétence [ɛ̃kɔ̃petɑ̃s] *nf* lack of expertise; incompetence

incompétent, e [ɛ̃kɔ̃petɑ̃, -ɑ̃t] *adj (ignorant)* inexpert; *(incapable)* incompetent, not competent

incomplet, -ète [ɛ̃kɔ̃plɛ, -ɛt] *adj* incomplete

incomplètement [ɛ̃kɔ̃plɛtmɑ̃] *adv* not completely, incompletely

incompréhensible [ɛ̃kɔ̃pʀeɑ̃sibl] *adj* incomprehensible

incompréhensif, -ive [ɛ̃kɔ̃pʀeɑ̃sif, -iv] *adj* lacking in understanding, unsympathetic

incompréhension [ɛ̃kɔ̃pʀeɑ̃sjɔ̃] *nf* lack of understanding

incompressible [ɛ̃kɔ̃pʀesibl] *adj (Physique)* incompressible; *(fig : dépenses)* that cannot be reduced; *(Jur : peine)* irreducible

incompris, e [ɛ̃kɔ̃pʀi, -iz] *adj* misunderstood

inconcevable [ɛ̃kɔ̃s(ə)vabl] *adj (conduite etc)* inconceivable; *(mystère)* incredible

inconciliable [ɛ̃kɔ̃siljabl] *adj* irreconcilable

inconditionnel, le [ɛ̃kɔ̃disjɔnɛl] *adj* unconditional; *(partisan)* unquestioning ▶ *nm/f (partisan)* unquestioning supporter

inconditionnellement [ɛ̃kɔ̃disjɔnɛlmɑ̃] *adv* unconditionally

inconduite [ɛ̃kɔ̃dɥit] *nf* bad *ou* unsuitable behaviour *no pl*

inconfort [ɛ̃kɔ̃fɔʀ] *nm* lack of comfort, discomfort

inconfortable [ɛ̃kɔ̃fɔʀtabl] *adj* uncomfortable

inconfortablement [ɛ̃kɔ̃fɔʀtabləmɑ̃] *adv* uncomfortably

incongru, e [ɛ̃kɔ̃gʀy] *adj* unseemly; *(remarque)* ill-chosen, incongruous

incongruité [ɛ̃kɔ̃gʀyite] *nf* unseemliness; incongruity; *(parole incongrue)* ill-chosen remark

inconnu, e [ɛ̃kɔny] *adj* unknown; *(sentiment, plaisir)* new, strange ▶ *nm/f* stranger; unknown person *(ou artist etc)* ▶ *nm* : **l'~** the unknown ▶ *nf (Math)* unknown; *(fig)* unknown factor

inconsciemment [ɛ̃kɔ̃sjamɑ̃] *adv* unconsciously

inconscience [ɛ̃kɔ̃sjɑ̃s] *nf* unconsciousness; recklessness

inconscient, e [ɛ̃kɔ̃sjɑ̃, -ɑ̃t] *adj* unconscious; *(irréfléchi)* thoughtless, reckless; *(sentiment)* subconscious; **~ de** unaware of ▶ *nm (Psych)* : **l'~** the unconscious

inconséquence [ɛ̃kɔ̃sekɑ̃s] *nf* inconsistency; thoughtlessness; *(action, parole)* thoughtless thing to do *(ou say)*

inconséquent, e [ɛ̃kɔ̃sekɑ̃, -ɑ̃t] *adj (illogique)* inconsistent; *(irréfléchi)* thoughtless

inconsidéré, e [ɛ̃kɔ̃sideʀe] *adj* ill-considered

inconsidérément [ɛ̃kɔ̃sideʀemɑ̃] *adv* thoughtlessly

inconsistance [ɛ̃kɔ̃sistɑ̃s] *nf (de personne)* lack of character; *(d'argument)* flimsiness

inconsistant, e [ɛ̃kɔ̃sistɑ̃, -ɑ̃t] *adj* flimsy, weak; *(crème etc)* runny

inconsolable [ɛ̃kɔ̃sɔlabl] *adj* inconsolable
inconstance [ɛ̃kɔ̃stɑ̃s] *nf* inconstancy, fickleness
inconstant, e [ɛ̃kɔ̃stɑ̃, -ɑ̃t] *adj* inconstant, fickle
inconstitutionnel, le [ɛ̃kɔ̃stitysjɔnɛl] *adj* unconstitutional
incontestable [ɛ̃kɔ̃tɛstabl] *adj* unquestionable, indisputable
incontestablement [ɛ̃kɔ̃tɛstabləmɑ̃] *adv* unquestionably, indisputably
incontesté, e [ɛ̃kɔ̃tɛste] *adj* undisputed
incontinence [ɛ̃kɔ̃tinɑ̃s] *nf* (*Méd*) incontinence
incontinent, e [ɛ̃kɔ̃tinɑ̃, -ɑ̃t] *adj* (*Méd*) incontinent ▸ *adv* (*tout de suite*) forthwith
incontournable [ɛ̃kɔ̃turnabl] *adj* unavoidable
incontrôlable [ɛ̃kɔ̃trolabl] *adj* unverifiable; (*irrépressible*) uncontrollable
incontrôlé, e [ɛ̃kɔ̃trole] *adj* uncontrolled
inconvenance [ɛ̃kɔ̃v(ə)nɑ̃s] *nf* (*parole, action*) impropriety
inconvenant, e [ɛ̃kɔ̃v(ə)nɑ̃, -ɑ̃t] *adj* unseemly, improper
inconvénient [ɛ̃kɔ̃venjɑ̃] *nm* (*d'une situation, d'un projet*) disadvantage, drawback; (*d'un remède, changement etc*) risk, inconvenience; **si vous n'y voyez pas d'~** if you have no objections; **y a-t-il un ~ à … ?** (*risque*) is there a risk in …?; (*objection*) is there any objection to …?
inconvertible [ɛ̃kɔ̃vɛrtibl] *adj* inconvertible
incorporation [ɛ̃kɔrpɔrasjɔ̃] *nf* (*Mil*) call-up
incorporé, e [ɛ̃kɔrpɔre] *adj* (*micro etc*) built-in
incorporel, le [ɛ̃kɔrpɔrɛl] *adj* (*Jur*) : **biens incorporels** intangible property
incorporer [ɛ̃kɔrpɔre] /1/ *vt* : ~ (**à**) to mix in (with); ~ (**dans**) (*paragraphe etc*) to incorporate (in); (*territoire, immigrants*) to incorporate (into); (*Mil : appeler*) to recruit (into), call up; (: *affecter*) : ~ **qn dans** to enlist sb into; **s'incorporer** *vpr* : **il a très bien su s'~ à notre groupe** he was very easily incorporated into our group
incorrect, e [ɛ̃kɔrɛkt] *adj* (*impropre, inconvenant*) improper; (*défectueux*) faulty; (*inexact*) incorrect; (*impoli*) impolite; (*déloyal*) underhand
incorrectement [ɛ̃kɔrɛktəmɑ̃] *adv* improperly; faultily; incorrectly; impolitely; in an underhand way
incorrection [ɛ̃kɔrɛksjɔ̃] *nf* impropriety; incorrectness; underhand nature; (*terme impropre*) impropriety; (*action, remarque*) improper behaviour (*ou* remark)
incorrigible [ɛ̃kɔriʒibl] *adj* incorrigible
incorruptible [ɛ̃kɔryptibl] *adj* incorruptible
incrédibilité [ɛ̃kredibilite] *nf* incredibility
incrédule [ɛ̃kredyl] *adj* incredulous; (*Rel*) unbelieving
incrédulité [ɛ̃kredylite] *nf* incredulity; **avec ~** incredulously
increvable [ɛ̃krəvabl] *adj* (*pneu*) puncture-proof; (*fam*) tireless
incriminé, e [ɛ̃krimine] *adj* (*article, livre*) offending; **l'article ~** the offending article
incriminer [ɛ̃krimine] /1/ *vt* (*personne*) to incriminate; (*action, conduite*) to bring under attack; (*bonne foi, honnêteté*) to call into question
incrochetable [ɛ̃krɔʃ(ə)tabl] *adj* (*serrure*) that can't be picked, burglarproof

incroyable [ɛ̃krwajabl] *adj* incredible, unbelievable
incroyablement [ɛ̃krwajabləmɑ̃] *adv* incredibly, unbelievably
incroyant, e [ɛ̃krwajɑ̃, -ɑ̃t] *nm/f* non-believer
incrustation [ɛ̃krystasjɔ̃] *nf* inlaying *no pl*; inlay; (*dans une chaudière etc*) fur *no pl*, scale *no pl*
incruster [ɛ̃kryste] /1/ *vt* (*radiateur etc*) to coat with scale *ou* fur; ~ **qch dans/qch de** (*Art*) to inlay sth into/sth with; **s'incruster** *vpr* (*invité*) to take root; (*radiateur etc*) to become coated with scale *ou* fur; **s'~ dans** (*corps étranger, caillou*) to become embedded in
incubateur [ɛ̃kybatœr] *nm* incubator
incubation [ɛ̃kybasjɔ̃] *nf* incubation
inculpation [ɛ̃kylpasjɔ̃] *nf* charging *no pl*; charge; **sous l'~ de** on a charge of
inculpé, e [ɛ̃kylpe] *nm/f* accused
inculper [ɛ̃kylpe] /1/ *vt* : ~ (**de**) to charge (with)
inculquer [ɛ̃kylke] /1/ *vt* : ~ **qch à** to inculcate sth in, instil sth into
inculte [ɛ̃kylt] *adj* uncultivated; (*esprit, peuple*) uncultured; (*barbe*) unkempt
incultivable [ɛ̃kyltivabl] *adj* (*terrain*) unworkable
inculture [ɛ̃kyltyr] *nf* lack of education
incunable [ɛ̃kynabl] *nm* incunabulum
incurable [ɛ̃kyrabl] *adj* incurable
incurie [ɛ̃kyri] *nf* carelessness
incursion [ɛ̃kyrsjɔ̃] *nf* incursion, foray
incurvé, e [ɛ̃kyrve] *adj* curved
incurver [ɛ̃kyrve] /1/ *vt* (*barre de fer*) to bend into a curve; **s'incurver** *vpr* (*planche, route*) to bend
Inde [ɛ̃d] *nf* : **l'~** India
indéboulonnable [ɛ̃debulɔnabl] *adj* impossible to budge
indécelable [ɛ̃des(ə)labl] *adj* undetectable
indécemment [ɛ̃desamɑ̃] *adv* indecently
indécence [ɛ̃desɑ̃s] *nf* indecency; (*propos, acte*) indecent remark (*ou* act *etc*)
indécent, e [ɛ̃desɑ̃, -ɑ̃t] *adj* indecent
indéchiffrable [ɛ̃deʃifrabl] *adj* indecipherable
indéchirable [ɛ̃deʃirabl] *adj* tear-proof
indécis, e [ɛ̃desi, -iz] *adj* (*par nature*) indecisive; (*perplexe*) undecided
indécision [ɛ̃desizjɔ̃] *nf* indecision, indecisiveness
indéclinable [ɛ̃deklinabl] *adj* (*Ling : mot*) indeclinable
indécomposable [ɛ̃dekɔ̃pozabl] *adj* that cannot be broken down
indécrottable [ɛ̃dekrɔtabl] *adj* (*fam*) hopeless
indéfectible [ɛ̃defɛktibl] *adj* (*attachement*) indestructible
indéfendable [ɛ̃defɑ̃dabl] *adj* indefensible
indéfini, e [ɛ̃defini] *adj* (*imprécis, incertain*) undefined; (*illimité, Ling*) indefinite
indéfiniment [ɛ̃definimɑ̃] *adv* indefinitely
indéfinissable [ɛ̃definisabl] *adj* indefinable
indéformable [ɛ̃defɔrmabl] *adj* that keeps its shape
indélébile [ɛ̃delebil] *adj* indelible
indélicat, e [ɛ̃delika, -at] *adj* tactless; (*malhonnête*) dishonest
indélicatesse [ɛ̃delikatɛs] *nf* tactlessness; dishonesty

indémaillable [ɛ̃demajabl] *adj* run-resist

indemne [ɛ̃dɛmn] *adj* unharmed

indemnisable [ɛ̃dɛmnizabl] *adj* entitled to compensation

indemnisation [ɛ̃dɛmnizazjɔ̃] *nf* (*somme*) indemnity, compensation

indemniser [ɛ̃dɛmnize] /1/ *vt* : **~ qn (de)** to compensate sb (for); **se faire ~** to get compensation

indemnité [ɛ̃dɛmnite] *nf* (*dédommagement*) compensation *no pl*; (*allocation*) allowance; **~ de licenciement** redundancy payment; **~ de logement** housing allowance; **~ parlementaire** ≈ MP's (BRIT) *ou* Congressman's (US) salary

indémodable [ɛ̃demɔdabl] *adj* (*vêtement, style*) classic, that won't go out of fashion

indémontable [ɛ̃demɔ̃tabl] *adj* (*meuble etc*) that cannot be dismantled, in one piece

indéniable [ɛ̃denjabl] *adj* undeniable, indisputable

indéniablement [ɛ̃denjabləmɑ̃] *adv* undeniably

indépendamment [ɛ̃depɑ̃damɑ̃] *adv* independently; **~ de** independently of; (*abstraction faite de*) irrespective of; (*en plus de*) over and above

indépendance [ɛ̃depɑ̃dɑ̃s] *nf* independence; **~ matérielle** financial independence

indépendant, e [ɛ̃depɑ̃dɑ̃, -ɑ̃t] *adj* independent; **~ de** independent of; **chambre indépendante** room with private entrance; **travailleur ~** self-employed worker

indépendantisme [ɛ̃depɑ̃dɑ̃tism] *nm* separatism

indépendantiste [ɛ̃depɑ̃dɑ̃tist] *adj, nmf* separatist

indéracinable [ɛ̃deRasinabl] *adj* (*fig* : *croyance etc*) ineradicable

indéréglable [ɛ̃deReglabl] *adj* which will not break down

indescriptible [ɛ̃dɛskRiptibl] *adj* indescribable

indésirable [ɛ̃deziRabl] *adj* undesirable

indestructible [ɛ̃dɛstRyktibl] *adj* indestructible; (*marque, impression*) indelible

indétectable [ɛ̃detɛktabl] *adj* undetectable

indéterminable [ɛ̃detɛRminabl] *adj* indeterminable

indétermination [ɛ̃detɛRminazjɔ̃] *nf* indecision, indecisiveness

indéterminé, e [ɛ̃detɛRmine] *adj* (*date, cause, nature*) unspecified; (*forme, longueur, quantité*) indeterminate; indeterminable

index [ɛ̃dɛks] *nm* (*doigt*) index finger; (*d'un livre etc*) index; **mettre à l'~** to blacklist

indexation [ɛ̃dɛksasjɔ̃] *nf* indexing

indexé, e [ɛ̃dɛkse] *adj* (*Écon*) : **~ (sur)** index-linked (to)

indexer [ɛ̃dɛkse] /1/ *vt* (*salaire, emprunt*) : **~ (sur)** to index (on)

indic [ɛ̃dik] *nmf* (*fam* : *informateur*) informer, grass (BRIT *fam*)

indicateur, -trice [ɛ̃dikatœr, -tRis] *nm/f* (*Police*) informer ▸ *nm* (*livre*) guide; (*: liste*) directory; (*Tech*) gauge; indicator; (*Écon*) indicator; **~ des chemins de fer** railway timetable; **~ de direction** (*Auto*) indicator; **~ immobilier** property gazette; **~ de niveau** level, gauge; **~ de pression** pressure gauge; **~ de rues** street directory; **~ de vitesse** speedometer ▸ *adj* : **poteau ~** signpost; **tableau ~** indicator (board)

indicatif, -ive [ɛ̃dikatif, -iv] *adj* : **à titre ~** for (your) information ▸ *nm* (*Ling*) indicative; (*d'une émission*) theme *ou* signature tune; (*Tél*) dialling code (BRIT), area code (US); **~ d'appel** (*Radio*) call sign; **quel est l'~ de …** what's the code for …?

indication [ɛ̃dikasjɔ̃] *nf* indication; (*renseignement*) information *no pl*; **~ d'origine** (*Comm*) place of origin; **indications** *nfpl* (*directives*) instructions

indice [ɛ̃dis] *nm* (*marque, signe*) indication, sign; (*Police* : *lors d'une enquête*) clue; (*Jur* : *présomption*) piece of evidence; (*Science, Écon, Tech*) index; (*Admin*) grading; rating; **~ du coût de la vie** cost-of-living index; **~ inférieur** subscript; **~ d'octane** octane rating; **~ des prix** price index; **~ de traitement** salary grading; **~ de protection** (sun protection) factor

indicible [ɛ̃disibl] *adj* inexpressible

indien, ne [ɛ̃djɛ̃, -ɛn] *adj* Indian ▸ *nm/f* : **Indien, ne** (*d'Amérique*) Native American; (*d'Inde*) Indian

indifféremment [ɛ̃difeRamɑ̃] *adv* (*sans distinction*) equally; indiscriminately

indifférence [ɛ̃difeRɑ̃s] *nf* indifference

indifférencié, e [ɛ̃difeRɑ̃sje] *adj* undifferentiated

indifférent, e [ɛ̃difeRɑ̃, -ɑ̃t] *adj* (*peu intéressé*) indifferent; **~ à** (*insensible à*) indifferent to, unconcerned about; (*peu intéressant pour*) indifferent to; immaterial to; **ça m'est ~ (que …)** it doesn't matter to me (whether …); **elle m'est indifférente** I am indifferent to her

indifférer [ɛ̃difeRe] /6/ *vt* : **cela m'indiffère** I'm indifferent about it

indigence [ɛ̃diʒɑ̃s] *nf* poverty; **être dans l'~** to be destitute

indigène [ɛ̃diʒɛn] *adj* native, indigenous; (*de la région*) local ▸ *nmf* native

indigent, e [ɛ̃diʒɑ̃, -ɑ̃t] *adj* destitute, poverty-stricken; (*fig*) poor

indigeste [ɛ̃diʒɛst] *adj* indigestible

indigestion [ɛ̃diʒɛstjɔ̃] *nf* indigestion *no pl*; **avoir une ~** to have indigestion

indignation [ɛ̃diɲasjɔ̃] *nf* indignation; **avec ~** indignantly

indigne [ɛ̃diɲ] *adj* : **~ (de)** unworthy (of)

indigné, e [ɛ̃diɲe] *adj* indignant

indignement [ɛ̃diɲmɑ̃] *adv* shamefully

indigner [ɛ̃diɲe] /1/ *vt* to make indignant; **s'indigner (de/contre)** *vpr* to be (*ou* become) indignant (at)

indignité [ɛ̃diɲite] *nf* unworthiness *no pl*; (*acte*) shameful act

indigo [ɛ̃digo] *nm* indigo

indiqué, e [ɛ̃dike] *adj* (*date, lieu*) given, appointed; (*adéquat*) appropriate, suitable; (*conseillé*) advisable; (*remède, traitement*) appropriate

indiquer [ɛ̃dike] /1/ *vt* : **~ qch/qn à qn** (*désigner*) to point sth/sb out to sb; (*faire connaître* : *médecin, lieu,*

restaurant) to tell sb of sth/sb; (suj : pendule, aiguille) to show; (: étiquette, plan) to show, indicate; (renseigner sur) to point out, tell; (déterminer : date, lieu) to give, state; (dénoter) to indicate, point to; **~ du doigt** to point out; **~ de la main** to indicate with one's hand; **~ du regard** to glance towards ou in the direction of; **pourriez-vous m'~ les toilettes/l'heure ?** could you direct me to the toilets/tell me the time?

indirect, e [ɛ̃diʀɛkt] adj indirect
indirectement [ɛ̃diʀɛktəmɑ̃] adv indirectly; (apprendre) in a roundabout way
indiscernable [ɛ̃disɛʀnabl] adj indiscernible
indiscipline [ɛ̃disiplin] nf lack of discipline
indiscipliné, e [ɛ̃disipline] adj undisciplined; (fig) unmanageable
indiscret, -ète [ɛ̃diskʀɛ, -ɛt] adj indiscreet
indiscrétion [ɛ̃diskʀesjɔ̃] nf indiscretion; **sans ~, ...** without wishing to be indiscreet, ...
indiscutable [ɛ̃diskytabl] adj indisputable
indiscutablement [ɛ̃diskytabləmɑ̃] adv indisputably
indiscuté, e [ɛ̃diskyte] adj (incontesté : droit, chef) undisputed
indispensable [ɛ̃dispɑ̃sabl] adj indispensable, essential; **~ à qn/pour faire qch** essential for sb/to do sth
indisponibilité [ɛ̃disponibilite] nf unavailability
indisponible [ɛ̃disponibl] adj unavailable
indisposé, e [ɛ̃dispoze] adj indisposed, unwell
indisposer [ɛ̃dispoze] /1/ vt (incommoder) to upset; (déplaire à) to antagonize
indisposition [ɛ̃dispozisjɔ̃] nf (slight) illness, indisposition
indissociable [ɛ̃disɔsjabl] adj indissociable
indissoluble [ɛ̃disɔlybl] adj indissoluble
indissolublement [ɛ̃disɔlybləmɑ̃] adv indissolubly
indistinct, e [ɛ̃distɛ̃, -ɛ̃kt] adj indistinct
indistinctement [ɛ̃distɛ̃ktəmɑ̃] adv (voir, prononcer) indistinctly; (sans distinction) without distinction, indiscriminately
individu [ɛ̃dividy] nm individual
individualiser [ɛ̃dividɥalize] /1/ vt to individualize; (personnaliser) to tailor to individual requirements; **s'individualiser** vpr to develop one's own identity
individualisme [ɛ̃dividɥalism] nm individualism
individualiste [ɛ̃dividɥalist] nmf individualist
individualité [ɛ̃dividɥalite] nf individuality
individuel, le [ɛ̃dividɥɛl] adj (gén) individual; (opinion, livret, contrôle, avantages) personal; **chambre individuelle** single room; **maison individuelle** detached house; **propriété individuelle** personal ou private property
individuellement [ɛ̃dividɥɛlmɑ̃] adv individually
indivis, e [ɛ̃divi, -iz] adj (Jur : bien, succession) indivisible; (: cohéritiers, propriétaires) joint
indivisible [ɛ̃divizibl] adj indivisible
Indochine [ɛ̃dɔʃin] nf : **l'~** Indochina
indochinois, e [ɛ̃dɔʃinwa, -waz] adj Indochinese

indocile [ɛ̃dɔsil] adj unruly
indo-européen, ne [ɛ̃dɔøʀɔpeɛ̃, -ɛn] adj Indo-European ▶ nm (Ling) Indo-European
indolence [ɛ̃dɔlɑ̃s] nf indolence
indolent, e [ɛ̃dɔlɑ̃, -ɑ̃t] adj indolent
indolore [ɛ̃dɔlɔʀ] adj painless
indomptable [ɛ̃dɔ̃tabl] adj untameable; (fig) invincible, indomitable
indompté, e [ɛ̃dɔ̃te] adj (cheval) unbroken
Indonésie [ɛ̃dɔnezi] nf : **l'~** Indonesia
indonésien, ne [ɛ̃dɔnezjɛ̃, -ɛn] adj Indonesian ▶ nm/f : **Indonésien, ne** Indonesian
indu, e [ɛ̃dy] adj : **à une heure indue** at some ungodly hour
indubitable [ɛ̃dybitabl] adj indubitable
indubitablement [ɛ̃dybitabləmɑ̃] adv indubitably
induction [ɛ̃dyksjɔ̃] nf induction
induire [ɛ̃dɥiʀ] /38/ vt : **~ qch de** to induce sth from; **~ qn en erreur** to lead sb astray, mislead sb
indulgence [ɛ̃dylʒɑ̃s] nf indulgence; leniency; **avec ~** indulgently; leniently
indulgent, e [ɛ̃dylʒɑ̃, -ɑ̃t] adj (parent, regard) indulgent; (juge, examinateur) lenient
indûment [ɛ̃dymɑ̃] adv without due cause; (illégitimement) wrongfully
industrialisation [ɛ̃dystʀijalizasjɔ̃] nf industrialization
industrialisé, e [ɛ̃dystʀijalize] adj industrialized
industrialiser [ɛ̃dystʀijalize] /1/ vt to industrialize; **s'industrialiser** vpr to become industrialized
industrie [ɛ̃dystʀi] nf industry; **~ automobile/textile** car/textile industry; **~ du spectacle** entertainment business
industriel, le [ɛ̃dystʀijɛl] adj industrial; (produit industriellement : pain etc) mass-produced, factory-produced ▶ nm industrialist; (fabricant) manufacturer
industriellement [ɛ̃dystʀijɛlmɑ̃] adv industrially
industrieux, -euse [ɛ̃dystʀijø, -øz] adj industrious
inébranlable [inebʀɑ̃labl] adj (masse, colonne) solid; (personne, certitude, foi) steadfast, unwavering
inédit, e [inedi, -it] adj (correspondance etc) (hitherto) unpublished; (spectacle, moyen) novel, original; (film) unreleased
ineffable [inefabl] adj inexpressible, ineffable
ineffaçable [inefasabl] adj indelible
inefficace [inefikas] adj (remède, moyen) ineffective; (machine, employé) inefficient
inefficacité [inefikasite] nf ineffectiveness; inefficiency
inégal, e, -aux [inegal, -o] adj unequal; (irrégulier) uneven
inégalable [inegalabl] adj matchless
inégalé, e [inegale] adj (record) unmatched, unequalled; (beauté) unrivalled
inégalement [inegalmɑ̃] adv unequally
inégalitaire [inegalitɛʀ] adj (société, système) unequal

inégalité [inegalite] *nf* inequality; unevenness *no pl*; ~ **de deux hauteurs** difference *ou* disparity between two heights; **inégalités de terrain** uneven ground

inélégance [inelegɑ̃s] *nf* inelegance

inélégant, e [inelegɑ̃, -ɑ̃t] *adj* inelegant; *(indélicat)* discourteous

inéligibilité [ineliʒibilite] *nf* ineligibility

inéligible [ineliʒibl] *adj* ineligible

inéluctable [inelyktabl] *adj* inescapable

inéluctablement [inelyktabləmɑ̃] *adv* inescapably

inemployable [inɑ̃plwajabl] *adj* unusable

inemployé, e [inɑ̃plwaje] *adj* unused

inénarrable [inenaʀabl] *adj* hilarious

inepte [inɛpt] *adj* inept

ineptie [inɛpsi] *nf* ineptitude; *(propos)* nonsense *no pl*

inépuisable [inepɥizabl] *adj* inexhaustible

inéquitable [inekitabl] *adj* inequitable

inerte [inɛʀt] *adj (immobile)* lifeless; *(apathique)* passive, inert; *(Physique, Chimie)* inert

inertie [inɛʀsi] *nf* inertia

inescompté, e [inɛskɔ̃te] *adj* unexpected, unhoped-for

inespéré, e [inɛspeʀe] *adj* unhoped-for, unexpected

inesthétique [inɛstetik] *adj* unsightly

inestimable [inɛstimabl] *adj* priceless; *(fig : bienfait)* invaluable

inévitable [inevitabl] *adj* unavoidable; *(fatal, habituel)* inevitable

inévitablement [inevitabləmɑ̃] *adv* inevitably

inexact, e [inɛgzakt] *adj* inaccurate, inexact; *(non ponctuel)* unpunctual

inexactement [inɛgzaktəmɑ̃] *adv* inaccurately

inexactitude [inɛgzaktityd] *nf* inaccuracy

inexcusable [inɛkskyzabl] *adj* inexcusable, unforgivable

inexécutable [inɛgzekytabl] *adj* impracticable, unworkable; *(Mus)* unplayable

inexistant, e [inɛgzistɑ̃, -ɑ̃t] *adj* non-existent

inexistence [inɛgzistɑ̃s] *nf* nonexistence

inexorable [inɛgzɔʀabl] *adj* inexorable; *(personne : dur)* : ~ **(à)** unmoved (by)

inexorablement [inɛgzɔʀabləmɑ̃] *adv* inexorably

inexpérience [inɛkspeʀjɑ̃s] *nf* inexperience, lack of experience

inexpérimenté, e [inɛkspeʀimɑ̃te] *adj* inexperienced; *(arme, procédé)* untested

inexplicable [inɛksplikabl] *adj* inexplicable

inexplicablement [inɛksplikabləmɑ̃] *adv* inexplicably

inexpliqué, e [inɛksplike] *adj* unexplained

inexploitable [inɛksplwatabl] *adj (gisement, richesse)* unexploitable; *(données, renseignements)* unusable

inexploité, e [inɛksplwate] *adj* unexploited, untapped

inexploré, e [inɛksplɔʀe] *adj* unexplored

inexpressif, -ive [inɛkspʀesif, -iv] *adj* inexpressive; *(regard etc)* expressionless

inexpressivité [inɛkspʀesivite] *nf* expressionlessness

inexprimable [inɛkspʀimabl] *adj* inexpressible

inexprimé, e [inɛkspʀime] *adj* unspoken, unexpressed

inexpugnable [inɛkspygnabl] *adj* impregnable

inextensible [inɛkstɑ̃sibl] *adj (tissu)* non-stretch

in extenso [inɛkstɛ̃so] *adv* in full

inextinguible [inɛkstɛ̃gibl] *adj (soif)* unquenchable; *(rire)* uncontrollable

in extremis [inɛkstʀemis] *adv* at the last minute ► *adj inv* last-minute; *(testament)* death bed *cpd*

inextricable [inɛkstʀikabl] *adj* inextricable

inextricablement [inɛkstʀikabləmɑ̃] *adv* inextricably

infaillibilité [ɛ̃fajibilite] *nf* infallibility

infaillible [ɛ̃fajibl] *adj* infallible; *(instinct)* infallible, unerring

infailliblement [ɛ̃fajibləmɑ̃] *adv (certainement)* without fail

infaisable [ɛ̃fəzabl] *adj (travail etc)* impossible, impractical

infalsifiable [ɛ̃falsifjabl] *adj* impossible to forge, unforgeable

infamant, e [ɛ̃famɑ̃, -ɑ̃t] *adj* libellous, defamatory

infâme [ɛ̃fam] *adj* vile

infamie [ɛ̃fami] *nf* infamy

infanterie [ɛ̃fɑ̃tʀi] *nf* infantry

infanticide [ɛ̃fɑ̃tisid] *nmf* child-murderer, murderess ► *nm (meurtre)* infanticide

infantile [ɛ̃fɑ̃til] *adj (Méd)* infantile, child *cpd*; *(péj : ton, réaction)* infantile, childish

infantilisation [ɛ̃fɑ̃tilizasjɔ̃] *nf* infantilization

infantiliser [ɛ̃fɑ̃tilize] *vt* to infantilize

infantilisme [ɛ̃fɑ̃tilism] *nm* infantilism

infarctus [ɛ̃faʀktys] *nm* : ~ **(du myocarde)** coronary (thrombosis)

infatigable [ɛ̃fatigabl] *adj* tireless, indefatigable

infatigablement [ɛ̃fatigabləmɑ̃] *adv* tirelessly, indefatigably

infatué, e [ɛ̃fatɥe] *adj* conceited; ~ **de** full of

infécond, e [ɛ̃fekɔ̃, -ɔ̃d] *adj* infertile, barren

infect, e [ɛ̃fɛkt] *adj* revolting; *(repas, vin)* revolting, foul; *(personne)* obnoxious; *(temps)* foul

infecter [ɛ̃fɛkte] /1/ *vt (atmosphère, eau)* to contaminate; *(Méd)* to infect; **s'infecter** *vpr* to become infected *ou* septic

infectieux, -euse [ɛ̃fɛksjø, -øz] *adj* infectious

infection [ɛ̃fɛksjɔ̃] *nf* infection; *(puanteur)* stench

inféodé, e [ɛ̃feɔde] *adj* : **être ~ à** to be the vassal of

inféoder [ɛ̃feɔde] /1/ : **s'inféoder à** *vpr* to pledge allegiance to

inférer [ɛ̃feʀe] /6/ *vt* : ~ **qch de** to infer sth from

inférieur, e [ɛ̃feʀjœʀ] *adj* lower; *(en qualité, intelligence)* inferior; ~ **à** *(somme, quantité)* less *ou* smaller than; *(moins bon que)* inferior to; *(tâche : pas à la hauteur de)* unequal to ► *nm/f* inferior

infériorité [ɛ̃feʀjɔʀite] *nf* inferiority; ~ **en nombre** inferiority in numbers

infernal, e, -aux [ɛ̃fɛʀnal, -o] *adj (insupportable : chaleur, rythme)* infernal; *(: enfant)* horrid; *(méchanceté, complot)* diabolical

infester [ɛ̃fɛste] /1/ vt to infest; **infesté de moustiques** infested with mosquitoes, mosquito-ridden
infichu, e [ɛ̃fiʃy] adj (fam) : **être ~ de faire qch** to be utterly incapable of doing sth
infidèle [ɛ̃fidɛl] adj unfaithful; (Rel) infidel
infidélité [ɛ̃fidelite] nf unfaithfulness no pl
infiltration [ɛ̃filtʀasjɔ̃] nf infiltration
infiltrer [ɛ̃filtʀe] /1/ : **s'infiltrer** vpr : **s'~ dans** to penetrate into; (liquide) to seep into; (fig : noyauter) to infiltrate
infime [ɛ̃fim] adj minute, tiny; (inférieur) lowly
infini, e [ɛ̃fini] adj infinite ▶ nm infinity; **à l'~** (Math) to infinity; (discourir) ad infinitum, endlessly; (agrandir, varier) infinitely; (à perte de vue) endlessly (into the distance)
infiniment [ɛ̃finimɑ̃] adv infinitely; **~ grand/petit** (Math) infinitely great/infinitesimal
infinité [ɛ̃finite] nf : **une ~ de** an infinite number of
infinitésimal, e, -aux [ɛ̃finitezimal, -o] adj infinitesimal
infinitif, -ive [ɛ̃finitif, -iv] adj, nm infinitive
infirme [ɛ̃fiʀm] adj disabled ▶ nmf disabled person; **~ de guerre** war cripple; **~ du travail** industrially disabled person
infirmer [ɛ̃fiʀme] /1/ vt to invalidate
infirmerie [ɛ̃fiʀməʀi] nf sick bay
infirmier, -ière [ɛ̃fiʀmje, -jɛʀ] nm/f nurse; **infirmière chef** sister; **infirmière diplômée** registered nurse; **infirmière visiteuse** visiting nurse, ≈ district nurse (Brit) ▶ adj : **élève ~** student nurse
infirmité [ɛ̃fiʀmite] nf disability
inflammable [ɛ̃flamabl] adj (in)flammable
inflammation [ɛ̃flamasjɔ̃] nf inflammation
inflammatoire [ɛ̃flamatwaʀ] adj (Méd) inflammatory
inflation [ɛ̃flasjɔ̃] nf inflation; **~ rampante/galopante** creeping/galloping inflation
inflationniste [ɛ̃flasjɔnist] adj inflationist
infléchir [ɛ̃fleʃiʀ] /2/ vt (fig : politique) to reorientate, redirect; **s'infléchir** vpr (poutre, tringle) to bend, sag
inflexibilité [ɛ̃flɛksibilite] nf inflexibility
inflexible [ɛ̃flɛksibl] adj inflexible
inflexion [ɛ̃flɛksjɔ̃] nf inflexion; **~ de la tête** slight nod (of the head)
infliger [ɛ̃fliʒe] /3/ vt : **~ qch (à qn)** to inflict sth (on sb); (amende, sanction) to impose sth (on sb)
influençable [ɛ̃flyɑ̃sabl] adj easily influenced
influence [ɛ̃flyɑ̃s] nf influence; (d'un médicament) effect
influencer [ɛ̃flyɑ̃se] /3/ vt to influence
influenceur [ɛ̃flyɑ̃sœʀ] nm influencer
influent, e [ɛ̃flyɑ̃, -ɑ̃t] adj influential
influer [ɛ̃flye] /1/ : **~ sur** vt to have an influence upon
influx [ɛ̃fly] nm : **~ nerveux** (nervous) impulse
info [ɛ̃fo] nf (renseignement) piece of information, info no pl; (Presse, TV : nouvelle) news item; **une ~ de dernière minute** a last-minute news item; **infos** nfpl (TV) news sg; **tu as écouté les infos ?** did you listen to the news?
infobulle [ɛ̃fobyl] nf (Inform) help bubble

infographie [ɛ̃fɔɡʀafi] nf computer graphics sg
infographiste [ɛ̃fɔɡʀafist] nmf computer graphics artist, computer graphics designer
infondé, e [ɛ̃fɔ̃de] adj (accusation, critique) unfounded
informateur, -trice [ɛ̃fɔʀmatœʀ, -tʀis] nm/f informant
informaticien, ne [ɛ̃fɔʀmatisjɛ̃, -ɛn] nm/f computer scientist
informatif, -ive [ɛ̃fɔʀmatif, -iv] adj informative
information [ɛ̃fɔʀmasjɔ̃] nf (renseignement) piece of information; (Presse, TV : nouvelle) item of news; (diffusion de renseignements, Inform) information; (Jur) inquiry, investigation; **voyage d'~** fact-finding trip; **agence d'~** news agency; **journal d'~** quality (Brit) ou serious newspaper; **informations** nfpl (TV, Radio) news sg

> **Information** est indénombrable, c'est-à-dire qu'il ne peut pas désigner un seul renseignement. Pour traduire *une information*, il faut dire **a piece of information**. Notez qu'en anglais, **information** ne prend jamais de **-s** et s'emploie avec un verbe au singulier. *Ces informations sont très intéressantes.* **This information is very interesting.** *Ils m'ont fourni une information précieuse.* **They gave me a valuable piece of information.**

informatique [ɛ̃fɔʀmatik] nf (technique) data processing; (science) computer science; **~ en nuage** cloud computing ▶ adj computer cpd
informatisation [ɛ̃fɔʀmatizasjɔ̃] nf computerization
informatiser [ɛ̃fɔʀmatize] /1/ vt to computerize
informe [ɛ̃fɔʀm] adj shapeless
informé, e [ɛ̃fɔʀme] adj : **jusqu'à plus ample ~** until further information is available
informel, le [ɛ̃fɔʀmɛl] adj informal
informer [ɛ̃fɔʀme] /1/ vt : **~ qn (de)** to inform sb (of) ▶ vi (Jur) : **~ contre qn/sur qch** to initiate inquiries about sb/sth; **s'informer (sur)** vpr to inform o.s. (about); **s'~ (de qch/si)** to inquire ou find out (about sth/whether ou if)
informulé, e [ɛ̃fɔʀmyle] adj unformulated
infortune [ɛ̃fɔʀtyn] nf misfortune
infortuné, e [ɛ̃fɔʀtyne] adj wretched, unfortunate
infos [ɛ̃fo] nfpl (= informations) news
infoutu, e [ɛ̃futy] adj (fam) : **être ~ de faire qch** to be utterly incapable of doing sth
infraction [ɛ̃fʀaksjɔ̃] nf offence; **~ à** violation ou breach of; **être en ~** to be in breach of the law
infranchissable [ɛ̃fʀɑ̃ʃisabl] adj impassable; (fig) insuperable
infrarouge [ɛ̃fʀaʀuʒ] adj, nm infrared
infrason [ɛ̃fʀasɔ̃] nm infrasonic vibration
infrastructure [ɛ̃fʀastʀyktyʀ] nf (d'une route etc) substructure; (Aviat, Mil) ground installations pl; (Écon : touristique etc) facilities pl
infréquentable [ɛ̃fʀekɑ̃tabl] adj not to be associated with
infroissable [ɛ̃fʀwasabl] adj crease-resistant
infructueux, -euse [ɛ̃fʀyktɥø, -øz] adj fruitless, unfruitful

infus – innocenter

infus, e [ɛ̃fy, -yz] *adj* : **avoir la science infuse** to have innate knowledge
infuser [ɛ̃fyze] /1/ *vt* (*aussi* : **faire infuser** : *thé*) to brew; (: *tisane*) to infuse ▶ *vi* to brew; to infuse; **laisser ~** (to leave) to brew
infusion [ɛ̃fyzjɔ̃] *nf* (*tisane*) infusion, herb tea
ingambe [ɛ̃gɑ̃b] *adj* spry, nimble
ingénier [ɛ̃ʒenje] /7/ : **s'ingénier** *vpr* : **s'~ à faire** to strive to do
ingénierie [ɛ̃ʒeniRi] *nf* engineering
ingénieur [ɛ̃ʒenjœR] *nm* engineer; **~ agronome/chimiste** agricultural/chemical engineer; **~ conseil** consulting engineer; **~ du son** sound engineer
ingénieusement [ɛ̃ʒenjøzmɑ̃] *adv* ingeniously
ingénieux, -euse [ɛ̃ʒenjø, -øz] *adj* ingenious, clever
ingéniosité [ɛ̃ʒenjozite] *nf* ingenuity
ingénu, e [ɛ̃ʒeny] *adj* ingenuous, artless ▶ *nf* (*Théât*) ingénue
ingénuité [ɛ̃ʒenɥite] *nf* ingenuousness
ingénument [ɛ̃ʒenymɑ̃] *adv* ingenuously
ingérable [ɛ̃ʒeRabl] *adj* (*situation, crise*) unmanageable
ingérence [ɛ̃ʒeRɑ̃s] *nf* interference
ingérer [ɛ̃ʒeRe] /6/ : **s'ingérer** *vpr* : **s'~ dans** to interfere in
ingestion [ɛ̃ʒɛstjɔ̃] *nf* ingestion
ingouvernable [ɛ̃guvɛRnabl] *adj* ungovernable
ingrat, e [ɛ̃gRa, -at] *adj* (*personne*) ungrateful; (*sol*) poor; (*travail, sujet*) arid, thankless; (*visage*) unprepossessing
ingratitude [ɛ̃gRatityd] *nf* ingratitude
ingrédient [ɛ̃gRedjɑ̃] *nm* ingredient
inguérissable [ɛ̃geRisabl] *adj* incurable
inguinal, e [ɛ̃gɥinal] *adj* inguinal
ingurgiter [ɛ̃gyRʒite] /1/ *vt* to swallow; **faire ~ qch à qn** to make sb swallow sth; (*fig* : *connaissances*) to force sth into sb
inhabile [inabil] *adj* clumsy; (*fig*) inept
inhabitable [inabitabl] *adj* uninhabitable
inhabité, e [inabite] *adj* (*régions*) uninhabited; (*maison*) unoccupied
inhabituel, le [inabitɥɛl] *adj* unusual
inhalateur [inalatœR] *nm* inhaler; **~ d'oxygène** oxygen mask
inhalation [inalasjɔ̃] *nf* (*Méd*) inhalation; **faire des inhalations** to use an inhalation bath
inhaler [inale] /1/ *vt* to inhale
inhérent, e [ineRɑ̃, -ɑ̃t] *adj* : **~ à** inherent in
inhibé, e [inibe] *adj* inhibited
inhiber [inibe] /1/ *vt* to inhibit
inhibiteur [inibitœR] *nm* inhibitor
inhibition [inibisjɔ̃] *nf* inhibition
inhospitalier, -ière [inɔspitalje, -jɛR] *adj* inhospitable
inhumain, e [inymɛ̃, -ɛn] *adj* inhuman
inhumation [inymasjɔ̃] *nf* interment, burial
inhumer [inyme] /1/ *vt* to inter, bury
inimaginable [inimaʒinabl] *adj* unimaginable
inimitable [inimitabl] *adj* inimitable
inimitié [inimitje] *nf* enmity
ininflammable [inɛ̃flamabl] *adj* non-flammable
inintelligent, e [inɛ̃teliʒɑ̃, -ɑ̃t] *adj* unintelligent

inintelligible [inɛ̃teliʒibl] *adj* unintelligible
inintelligiblement [inɛ̃teliʒibləmɑ̃] *adv* unintelligibly
inintéressant, e [inɛ̃teRɛsɑ̃, -ɑ̃t] *adj* uninteresting
ininterrompu, e [inɛ̃teRɔ̃py] *adj* (*file, série*) unbroken; (*flot, vacarme*) uninterrupted, non-stop; (*effort*) unremitting, continuous; (*suite, ligne*) unbroken
inique [inik] *adj* iniquitous
iniquité [inikite] *nf* iniquity
initial, e, -aux [inisjal, -o] *adj*, *nf* initial; **initiales** *nfpl* initials
initialement [inisjalmɑ̃] *adv* initially
initialisation [inisjalisasjɔ̃] *nf* initialization
initialiser [inisjalize] /1/ *vt* to initialize
initiateur, -trice [inisjatœR, -tRis] *nm/f* initiator; (*d'une mode, technique*) innovator, pioneer
initiation [inisjasjɔ̃] *nf* initiation; **~ à** introduction to
initiatique [inisjatik] *adj* (*rites, épreuves*) initiatory
initiative [inisjativ] *nf* initiative; **prendre l'~ de qch/de faire** to take the initiative for sth/of doing; **avoir de l'~** to have initiative, show enterprise; **esprit/qualités d'~** spirit/qualities of initiative; **à** *ou* **sur l'~ de qn** on sb's initiative; **de sa propre ~** on one's own initiative
initié, e [inisje] *adj* initiated ▶ *nm/f* initiate
initier [inisje] /7/ *vt* to initiate; **~ qn à** to initiate sb into; (*faire découvrir* : *art, jeu*) to introduce sb to; **s'initier à** *vpr* (*métier, profession, technique*) to become initiated into
injectable [ɛ̃ʒɛktabl] *adj* injectable
injecté, e [ɛ̃ʒɛkte] *adj* : **yeux injectés de sang** bloodshot eyes
injecter [ɛ̃ʒɛkte] /1/ *vt* to inject
injection [ɛ̃ʒɛksjɔ̃] *nf* injection; **à ~** (*Auto*) fuel injection *cpd*
injoignable [ɛ̃ʒwaɲabl] *adj* : **Il est ~.** He can't be reached., He can't be reached on the phone.
injonction [ɛ̃ʒɔ̃ksjɔ̃] *nf* injunction, order; **~ de payer** (*Jur*) order to pay
injouable [ɛ̃ʒwabl] *adj* unplayable
injure [ɛ̃ʒyR] *nf* insult, abuse *no pl*
injurier [ɛ̃ʒyRje] /7/ *vt* to insult, abuse
injurieux, -euse [ɛ̃ʒyRjø, -øz] *adj* abusive, insulting
injuste [ɛ̃ʒyst] *adj* unjust, unfair
injustement [ɛ̃ʒystəmɑ̃] *adv* unjustly, unfairly
injustice [ɛ̃ʒystis] *nf* injustice
injustifiable [ɛ̃ʒystifjabl] *adj* unjustifiable
injustifié, e [ɛ̃ʒystifje] *adj* unjustified, unwarranted
inlassable [ɛ̃lasabl] *adj* tireless, indefatigable
inlassablement [ɛ̃lasabləmɑ̃] *adv* tirelessly
inné, e [ine] *adj* innate, inborn
innocemment [inɔsamɑ̃] *adv* innocently
innocence [inɔsɑ̃s] *nf* innocence
innocent, e [inɔsɑ̃, -ɑ̃t] *adj* innocent ▶ *nm/f* innocent person; **faire l'~** to play *ou* come the innocent
innocenter [inɔsɑ̃te] /1/ *vt* to clear, prove innocent

innocuité [inɔkɥite] *nf* innocuousness
innombrable [inɔ̃bʀabl] *adj* innumerable
innommable [inɔmabl] *adj* unspeakable
innovant, e [inɔvɑ̃, -ɑ̃t] *adj (produit, technologie)* innovative
innovateur, -trice [inɔvatœʀ, -tʀis] *adj* innovatory
innovation [inɔvasjɔ̃] *nf* innovation
innover [inɔve] /**1**/ *vi* : ~ **en matière d'art** to break new ground in the field of art
inobservance [inɔpsɛʀvɑ̃s] *nf* non-observance
inobservation [inɔpsɛʀvasjɔ̃] *nf* non-observation, inobservance
inoccupé, e [inɔkype] *adj* unoccupied
inoculation [inɔkylasjɔ̃] *nf* inoculation
inoculer [inɔkyle] /**1**/ *vt* : ~ **qch à qn** *(volontairement)* to inoculate sb with sth; *(accidentellement)* to infect sb with sth; ~ **qn contre** to inoculate sb against
inodore [inɔdɔʀ] *adj (gaz)* odourless; *(fleur)* scentless
inoffensif, -ive [inɔfɑ̃sif, -iv] *adj* harmless, innocuous
inondable [inɔ̃dabl] *adj (zone)* liable to flooding
inondation [inɔ̃dasjɔ̃] *nf* flooding *no pl*; *(torrent, eau)* flood
inondé, e [inɔ̃de] *adj (terres, zone)* flooded
inonder [inɔ̃de] /**1**/ *vt* to flood; *(fig)* to inundate, overrun; ~ **de** *(fig)* to flood ou swamp with
inopérable [inɔpeʀabl] *adj* inoperable
inopérant, e [inɔpeʀɑ̃, -ɑ̃t] *adj* inoperative, ineffective
inopiné, e [inɔpine] *adj* unexpected, sudden
inopinément [inɔpinemɑ̃] *adv* unexpectedly
inopportun, e [inɔpɔʀtœ̃, -yn] *adj* ill-timed, untimely; inappropriate; *(moment)* inopportune
inopportunément [inɔpɔʀtynemɑ̃] *adv* at an inopportune moment
inorganisation [inɔʀganizasjɔ̃] *nf* lack of organization
inorganisé, e [inɔʀganize] *adj (travailleurs)* non-organized
inoubliable [inublijabl] *adj* unforgettable
inouï, e [inwi] *adj* unheard-of, extraordinary
inox [inɔks] *adj inv, nm* (= *inoxydable*) stainless (steel)
inoxydable [inɔksidabl] *adj* stainless; *(couverts)* stainless steel *cpd*
inqualifiable [ɛ̃kalifjabl] *adj* unspeakable
inquiet, -ète [ɛ̃kjɛ, -ɛt] *adj (par nature)* anxious; *(momentanément)* worried; ~ **de qch/au sujet de qn** worried about sth/sb
inquiétant, e [ɛ̃kjetɑ̃, -ɑ̃t] *adj* worrying, disturbing
inquiéter [ɛ̃kjete] /**6**/ *vt* to worry, disturb; *(harceler)* to harass; **s'inquiéter** *vpr* to worry, become anxious; **s'~ de** to worry about; *(s'enquérir de)* to inquire about
inquiétude [ɛ̃kjetyd] *nf* anxiety; **donner de l'~ ou des inquiétudes à** to worry; **avoir de l'~ ou des inquiétudes au sujet de** to feel anxious ou worried about
inquisiteur, -trice [ɛ̃kizitœʀ, -tʀis] *adj (regards, questions)* inquisitive, prying

inquisition [ɛ̃kizisjɔ̃] *nf* inquisition
INRA [inʀa] *sigle m* = **Institut national de la recherche agronomique**
inracontable [ɛ̃ʀakɔ̃tabl] *adj (trop osé)* unrepeatable; *(trop compliqué)* : **l'histoire est ~** the story is too complicated to relate
inrayable [ɛ̃ʀɛjabl] *adj (CD, DVD)* scratch-proof
insaisissable [ɛ̃sezisabl] *adj (fugitif, ennemi)* elusive; *(différence, nuance)* imperceptible
insalubre [ɛ̃salybʀ] *adj* unhealthy, insalubrious
insalubrité [ɛ̃salybʀite] *nf* unhealthiness, insalubrity
insanité [ɛ̃sanite] *nf* madness *no pl*, insanity *no pl*
insatiable [ɛ̃sasjabl] *adj* insatiable
insatisfaction [ɛ̃satisfaksjɔ̃] *nf* dissatisfaction
insatisfait, e [ɛ̃satisfɛ, -ɛt] *adj (non comblé)* unsatisfied; *(: passion, envie)* unfulfilled; *(mécontent)* dissatisfied
inscriptible [ɛ̃skʀiptibl] *adj (CD, DVD)* writable
inscription [ɛ̃skʀipsjɔ̃] *nf (sur un mur, écriteau etc)* inscription; *(à une institution : voir s'inscrire)* enrolment; registration
inscrire [ɛ̃skʀiʀ] /**39**/ *vt (marquer : sur son calepin etc)* to note ou write down; *(: sur un mur, une affiche etc)* to write; *(: dans la pierre, le métal)* to inscribe; *(mettre : sur une liste, un budget etc)* to put down; *(enrôler : soldat)* to enlist; ~ **qn à** *(club, école etc)* to enrol sb at; **s'inscrire** *vpr (pour une excursion etc)* to put one's name down; **s'~ (à)** *(club, parti)* to join; *(université)* to register ou enrol (at); *(examen, concours)* to register ou enter (for); **s'~ dans** *(se situer : négociations etc)* to come within the scope of; **s'~ en faux contre** to deny (strongly); *(Jur)* to challenge
inscrit, e [ɛ̃skʀi, -it] *pp de* **inscrire** ▶ *adj (étudiant, électeur)* registered
insécable [ɛ̃sekabl] *adj (Inform)* indivisible; **espace** ~ hard space
insecte [ɛ̃sɛkt] *nm* insect
insecticide [ɛ̃sɛktisid] *nm* insecticide
insectivore [ɛ̃sɛktivɔʀ] *nm* insectivore ▶ *adj* insectivorous
insécurité [ɛ̃sekyʀite] *nf* insecurity, lack of security
INSEE [inse] *sigle m* (= *Institut national de la statistique et des études économiques*) *national institute of statistical and economic information*
insémination [ɛ̃seminasjɔ̃] *nf* insemination
insensé, e [ɛ̃sɑ̃se] *adj* insane, mad
insensibiliser [ɛ̃sɑ̃sibilize] /**1**/ *vt* to anaesthetize; *(à une allergie)* to desensitize; ~ **à qch** *(fig)* to cause to become insensitive to sth
insensibilité [ɛ̃sɑ̃sibilite] *nf* insensitivity
insensible [ɛ̃sɑ̃sibl] *adj (nerf, membre)* numb; *(dur, indifférent)* insensitive; *(imperceptible)* imperceptible
insensiblement [ɛ̃sɑ̃sibləmɑ̃] *adv (doucement, peu à peu)* imperceptibly
inséparable [ɛ̃sepaʀabl] *adj* : ~ **(de)** inseparable (from) ▶ *nmpl* : **inséparables** *(oiseaux)* lovebirds
insérer [ɛ̃seʀe] /**6**/ *vt* to insert; **s'insérer dans** *vpr* to fit into; *(fig)* to come within
INSERM [insɛʀm] *sigle m* (= *Institut national de la santé et de la recherche médicale*) *national institute for medical research*

insert [ɛsɛʀ] nm enclosed fireplace burning solid fuel
insertion [ɛsɛʀsjɔ̃] nf (d'une personne) integration
insidieusement [ɛsidjøzmɑ̃] adv insidiously
insidieux, -euse [ɛsidjø, -øz] adj insidious
insigne [ɛsiɲ] nm (d'un parti, club) badge ▶ adj distinguished; **insignes** nmpl (d'une fonction) insignia pl
insignifiance [ɛsiɲifjɑ̃s] nf insignificance
insignifiant, e [ɛsiɲifjɑ̃, -ɑ̃t] adj insignificant; (somme, affaire, détail) trivial, insignificant
insinuant, e [ɛsinɥɑ̃, -ɑ̃t] adj ingratiating
insinuation [ɛsinɥasjɔ̃] nf innuendo, insinuation
insinuer [ɛsinɥe] /1/ vt to insinuate, imply; **s'insinuer dans** vpr to seep into; (fig) to worm one's way into, creep into
insipide [ɛsipid] adj insipid
insistance [ɛsistɑ̃s] nf insistence; **avec ~** insistently
insistant, e [ɛsistɑ̃, -ɑ̃t] adj insistent
insister [ɛsiste] /1/ vi to insist; (s'obstiner) to keep on; **~ sur** (détail, note) to stress; **~ pour qch/ pour faire qch** to be insistent about sth/about doing sth
insociable [ɛsɔsjabl] adj unsociable
insolation [ɛsɔlasjɔ̃] nf (Méd) sunstroke no pl; (ensoleillement) period of sunshine
insolence [ɛsɔlɑ̃s] nf insolence no pl; **avec ~** insolently
insolent, e [ɛsɔlɑ̃, -ɑ̃t] adj insolent
insolite [ɛsɔlit] adj strange, unusual
insoluble [ɛsɔlybl] adj insoluble
insolvabilité [ɛsɔlvabilite] nf insolvency
insolvable [ɛsɔlvabl] adj insolvent
insomniaque [ɛsɔmnjak] adj, nmf insomniac
insomnie [ɛsɔmni] nf insomnia no pl, sleeplessness no pl; **avoir des insomnies** to sleep badly, suffer from insomnia
insondable [ɛsɔ̃dabl] adj unfathomable
insonore [ɛsɔnɔʀ] adj soundproof
insonorisation [ɛsɔnɔʀizasjɔ̃] nf soundproofing
insonoriser [ɛsɔnɔʀize] /1/ vt to soundproof
insouciance [ɛsusjɑ̃s] nf carefree attitude; heedless attitude
insouciant, e [ɛsusjɑ̃, -ɑ̃t] adj carefree; (imprévoyant) heedless; **~ du danger** heedless of (the) danger
insoumis, e [ɛsumi, -iz] adj (caractère, enfant) rebellious, refractory; (contrée, tribu) unsubdued; (Mil : soldat) absent without leave ▶ nm (Mil : soldat) absentee
insoumission [ɛsumisjɔ̃] nf rebelliousness; (Mil) absence without leave
insoupçonnable [ɛsupsɔnabl] adj unsuspected; (personne) above suspicion
insoupçonné, e [ɛsupsɔne] adj unsuspected
insoutenable [ɛsut(ə)nabl] adj (argument) untenable; (chaleur) unbearable
inspecter [ɛspɛkte] /1/ vt to inspect
inspecteur, -trice [ɛspɛktœʀ, -tʀis] nm/f inspector; (des assurances) assessor; **~ d'Académie** (regional) director of education; **~ (de l'enseignement) primaire** primary school inspector; **~ des finances** ≈ tax

inspector (Brit), ≈ Internal Revenue Service agent (US); **~ (de police)** (police) inspector
inspection [ɛspɛksjɔ̃] nf inspection
inspirateur, -trice [ɛspiʀatœʀ, -tʀis] nm/f (instigateur) instigator; (animateur) inspirer
inspiration [ɛspiʀasjɔ̃] nf inspiration; breathing in no pl; (idée) flash of inspiration, brainwave; **sous l'~ de** prompted by
inspiré, e [ɛspiʀe] adj : **être bien/mal ~ de faire qch** to be well-advised/ill-advised to do sth
inspirer [ɛspiʀe] /1/ vt (gén) to inspire; **~ qch à qn** (œuvre, projet, action) to inspire sb with sth; (dégoût, crainte, horreur) to fill sb with sth; **ça ne m'inspire pas** I'm not keen on the idea ▶ vi (aspirer) to breathe in; **s'inspirer de** vpr (artiste) to draw one's inspiration from; (tableau) to be inspired by
instabilité [ɛstabilite] nf instability
instable [ɛstabl] adj (meuble, équilibre) unsteady; (population, temps) unsettled; (paix, régime, caractère) unstable
installateur [ɛstalatœʀ] nm fitter
installation [ɛstalasjɔ̃] nf (mise en place) installation; putting in ou up; fitting out; settling in; (appareils etc) fittings pl, installations pl; **l'~ électrique** wiring; **installations** nfpl installations; (industrielles) plant sg; (de sport, dans un camping) facilities
installé, e [ɛstale] adj : **bien/mal ~** well/poorly equipped; (personne) well/not very well set up ou organized
installer [ɛstale] /1/ vt (asseoir, coucher) to settle (down); (placer) to put, place; (meuble) to put in; (rideau, étagère, tente) to put up; (gaz, électricité etc) to put in, install; (appartement) to fit out; **~ qn** (loger) to get sb settled, install sb; **~ une salle de bains dans une pièce** to fit out a room with a bathroom suite; **s'installer** vpr (s'établir : artisan, dentiste etc) to set o.s. up; (emménager) to settle in; (sur un siège, à un emplacement) to settle (down); (fig : maladie, grève) to take a firm hold ou grip; **s'~ à l'hôtel/chez qn** to move into a hotel/in with sb
installeur [ɛstalœʀ] nm (Inform) installer
instamment [ɛstamɑ̃] adv urgently
instance [ɛstɑ̃s] nf (Jur : procédure) (legal) proceedings pl; (Admin : autorité) authority; **affaire en ~** matter pending; **courrier en ~** mail ready for posting; **être en ~ de divorce** to be awaiting a divorce; **train en ~ de départ** train on the point of departure; **tribunal de première ~** court of first instance; **en seconde ~** on appeal; **instances** nfpl (prières) entreaties
instant [ɛstɑ̃] nm moment, instant; **dans un ~** in a moment; **à l'~** this instant; **je l'ai vu à l'~** I've just this minute seen him, I saw him a moment ago; **à l'~ (même) où** at the (very) moment that ou when, (just) as; **à chaque ~, à tout ~** at any moment; constantly; **pour l'~** for the moment, for the time being; **par instants** at times; **de tous les instants** perpetual; **dès l'~ où ou que ...** from the moment when ..., since that moment when ...
instantané, e [ɛstɑ̃tane] adj (lait, café) instant; (explosion, mort) instantaneous ▶ nm snapshot

instantanément [ɛ̃stɑ̃tanemɑ̃] *adv* instantaneously

instar [ɛ̃staʀ] : **à l'~ de** *prép* following the example of, like

instauration [ɛ̃stɔʀasjɔ̃] *nf (de régime, démocratie)* establishment

instaurer [ɛ̃stɔʀe] /1/ *vt* to institute; *(couvre-feu)* to impose; **s'instaurer** *vpr* to set o.s. up; *(collaboration, paix)* to be established; *(doute)* to set in

instigateur, -trice [ɛ̃stigatœʀ, -tʀis] *nm/f* instigator

instigation [ɛ̃stigasjɔ̃] *nf* : **à l'~ de qn** at sb's instigation

instiller [ɛ̃stile] /1/ *vt* to instil, apply

instinct [ɛ̃stɛ̃] *nm* instinct; **d'~** *(spontanément)* instinctively; **~ grégaire** herd instinct; **~ de conservation** instinct of self-preservation

instinctif, -ive [ɛ̃stɛ̃ktif, -iv] *adj* instinctive

instinctivement [ɛ̃stɛ̃ktivmɑ̃] *adv* instinctively

instit [ɛ̃stit] *nmf (fam)* (primary school) teacher

instituer [ɛ̃stitɥe] /1/ *vt* to establish, institute; **s'instituer** *vpr* : **s'~ défenseur d'une cause** to set o.s. up as defender of a cause

institut [ɛ̃stity] *nm* institute; **~ de beauté** beauty salon; **~ médico-légal** mortuary; **I~ universitaire de technologie** ≈ Institute of technology

instituteur, -trice [ɛ̃stitytœʀ, -tʀis] *nm/f* (primary (*Brit*) *ou* grade (*US*) school) teacher

institution [ɛ̃stitysjɔ̃] *nf* institution; *(collège)* private school; **institutions** *nfpl (structures politiques et sociales)* institutions

institutionnaliser [ɛ̃stitysjɔnalize] /1/ *vt* to institutionalize

institutionnel, le [ɛ̃stitysjɔnɛl] *adj* institutional

instructeur, -trice [ɛ̃stʀyktœʀ, -tʀis] *adj (Mil)* : **sergent ~** drill sergeant; *(Jur)* : **juge ~** examining (*Brit*) *ou* committing (*US*) magistrate ▶ *nm/f* instructor

instructif, -ive [ɛ̃stʀyktif, -iv] *adj* instructive

instruction [ɛ̃stʀyksjɔ̃] *nf (enseignement, savoir)* education; *(Jur)* (preliminary) investigation and hearing; *(directive)* instruction; *(Admin : document)* directive; **~ civique** civics *sg*; **~ primaire/publique** primary/public education; **~ religieuse** religious instruction; **~ professionnelle** vocational training; **instructions** *nfpl* instructions; *(mode d'emploi)* directions, instructions

instruire [ɛ̃stʀɥiʀ] /38/ *vt (élèves)* to teach; *(recrues)* to train; *(Jur : affaire)* to conduct the investigation for; **~ qn de qch** *(informer)* to inform *ou* advise sb of sth; **s'instruire** *vpr* to educate o.s.; **s'~ auprès de qn de qch** *(s'informer)* to find sth out from sb ▶ *vi* : **~ contre qn** *(Jur)* to investigate sb

instruit, e [ɛ̃stʀɥi, -it] *pp de* **instruire** ▶ *adj* educated

instrument [ɛ̃stʀymɑ̃] *nm* instrument; **~ à cordes/vent** stringed/wind instrument; **~ de mesure** measuring instrument; **~ de musique** musical instrument; **~ de travail** (working) tool

instrumental, e, -aux [ɛ̃stʀymɑ̃tal, -o] *adj* instrumental

instrumentation [ɛ̃stʀymɑ̃tasjɔ̃] *nf* instrumentation

instrumentiste [ɛ̃stʀymɑ̃tist] *nmf* instrumentalist

insu [ɛ̃sy] *nm* : **à l'~ de qn** without sb knowing

insubmersible [ɛ̃sybmɛʀsibl] *adj* unsinkable

insubordination [ɛ̃sybɔʀdinasjɔ̃] *nf* rebelliousness; *(Mil)* insubordination

insubordonné, e [ɛ̃sybɔʀdɔne] *adj* insubordinate

insuccès [ɛ̃syksɛ] *nm* failure

insuffisamment [ɛ̃syfizamɑ̃] *adv* insufficiently

insuffisance [ɛ̃syfizɑ̃s] *nf* insufficiency; inadequacy; **~ cardiaque** cardiac insufficiency *no pl*; **~ hépatique** liver deficiency; **insuffisances** *nfpl (lacunes)* inadequacies

insuffisant, e [ɛ̃syfizɑ̃, -ɑ̃t] *adj (en quantité)* insufficient; *(en qualité : élève, travail)* inadequate; *(sur une copie)* poor

insuffler [ɛ̃syfle] /1/ *vt* : **~ qch dans** to blow sth into; **~ qch à qn** to inspire sb with sth

insulaire [ɛ̃sylɛʀ] *adj* island *cpd*; *(attitude)* insular

insularité [ɛ̃sylaʀite] *nf* insularity

insuline [ɛ̃sylin] *nf* insulin

insulinodépendant, e [ɛ̃sylinɔdepɑ̃dɑ̃, -ɑ̃t] *adj (diabète, diabétique)* insulin-dependent

insultant, e [ɛ̃syltɑ̃, -ɑ̃t] *adj* insulting

insulte [ɛ̃sylt] *nf* insult

insulter [ɛ̃sylte] /1/ *vt* to insult

insupportable [ɛ̃sypɔʀtabl] *adj* unbearable

insupporter [ɛ̃sypɔʀte] *vt* : **il m'insupporte** I find him intolerable

insurgé, e [ɛ̃syʀʒe] *adj, nm/f* insurgent, rebel

insurger [ɛ̃syʀʒe] /3/ : **s'insurger** *vpr* : **s'~ (contre)** to rise up *ou* rebel (against)

insurmontable [ɛ̃syʀmɔ̃tabl] *adj (difficulté)* insuperable; *(aversion)* unconquerable

insurpassable [ɛ̃syʀpasabl] *adj* unsurpassable, unsurpassed

insurrection [ɛ̃syʀɛksjɔ̃] *nf* insurrection, revolt

insurrectionnel, le [ɛ̃syʀɛksjɔnɛl] *adj* insurrectionary

intact, e [ɛ̃takt] *adj* intact

intangible [ɛ̃tɑ̃ʒibl] *adj* intangible; *(principe)* inviolable

intarissable [ɛ̃taʀisabl] *adj* inexhaustible

intégral, e, -aux [ɛ̃tegʀal, -o] *adj* complete; **texte ~** unabridged version; **bronzage ~** all-over suntan ▶ *nf (Math)* integral; *(œuvres complètes)* complete works

intégralement [ɛ̃tegʀalmɑ̃] *adv* in full, fully

intégralité [ɛ̃tegʀalite] *nf (d'une somme, d'un revenu)* whole (*ou* full) amount; **dans son ~** in its entirety

intégrant, e [ɛ̃tegʀɑ̃, -ɑ̃t] *adj* : **faire partie intégrante de** to be an integral part of, be part and parcel of

intégration [ɛ̃tegʀasjɔ̃] *nf* integration

intégrationniste [ɛ̃tegʀasjɔnist] *adj, nmf* integrationist

intègre [ɛ̃tɛgʀ] *adj* perfectly honest, upright

intégré, e [ɛ̃tegʀe] *adj* : **circuit ~** integrated circuit

intégrer – interdire

intégrer [ɛ̃tegʀe] /6/ vt : ~ **qch à** ou **dans** to integrate sth into; **s'intégrer** vpr : **s'~ à** ou **dans** to become integrated into; **bien s'~** to fit in
intégrisme [ɛ̃tegʀism] nm fundamentalism
intégriste [ɛ̃tegʀist] adj, nmf fundamentalist
intégrité [ɛ̃tegʀite] nf integrity
intellect [ɛ̃telɛkt] nm intellect
intellectualiser [ɛ̃telɛktɥalize] vt, vi to intellectualize
intellectualisme [ɛ̃telɛktɥalism] nm intellectualism
intellectuel, le [ɛ̃telɛktɥɛl] adj, nm/f intellectual; (péj) highbrow
intellectuellement [ɛ̃telɛktɥɛlmɑ̃] adv intellectually
intelligemment [ɛ̃teliʒamɑ̃] adv intelligently
intelligence [ɛ̃teliʒɑ̃s] nf intelligence; (compréhension) : **l'~ de** the understanding of; (complicité) : **regard d'~** glance of complicity, meaningful ou knowing look; (accord) : **vivre en bonne ~ avec qn** to be on good terms with sb; **être d'~** to have an understanding; **~ artificielle** artificial intelligence (A.I.); **intelligences** nfpl (Mil, fig) secret contacts
intelligent, e [ɛ̃teliʒɑ̃, -ɑ̃t] adj intelligent; (capable) : **~ en affaires** competent in business
intelligentsia [ɛ̃telidʒɛnsja] nf intelligentsia
intelligible [ɛ̃teliʒibl] adj intelligible
intello [ɛ̃telo] adj, nmf (fam) highbrow
intempérance [ɛ̃tɑ̃peʀɑ̃s] nf overindulgence no pl; intemperance no pl
intempérant, e [ɛ̃tɑ̃peʀɑ̃, -ɑ̃t] adj overindulgent; (moralement) intemperate
intempéries [ɛ̃tɑ̃peʀi] nfpl bad weather sg
intempestif, -ive [ɛ̃tɑ̃pɛstif, -iv] adj untimely
intemporel, le [ɛ̃tɑ̃poʀɛl] adj (élégance, vêtement) timeless
intenable [ɛ̃t(ə)nabl] adj unbearable
intendance [ɛ̃tɑ̃dɑ̃s] nf (Mil) supply corps; (: bureau) supplies office; (Scol) bursar's office
intendant, e [ɛ̃tɑ̃dɑ̃, -ɑ̃t] nm/f (Mil) quartermaster; (Scol) bursar; (d'une propriété) steward
intense [ɛ̃tɑ̃s] adj intense
intensément [ɛ̃tɑ̃semɑ̃] adv intensely
intensif, -ive [ɛ̃tɑ̃sif, -iv] adj intensive; **cours ~** crash course; **~ en main-d'œuvre** labour-intensive; **~ en capital** capital-intensive
intensification [ɛ̃tɑ̃sifikasjɔ̃] nf intensification
intensifier [ɛ̃tɑ̃sifje] /7/ : **s'intensifier** vpr to intensify
intensité [ɛ̃tɑ̃site] nf intensity
intensivement [ɛ̃tɑ̃sivmɑ̃] adv intensively
intenter [ɛ̃tɑ̃te] /1/ vt : **un procès contre** ou **à qn** to start proceedings against sb
intention [ɛ̃tɑ̃sjɔ̃] nf intention; (Jur) intent; **avoir l'~ de faire** to intend to do, have the intention of doing; **dans l'~ de faire qch** with a view to doing sth; **à l'~ de** prép for; (renseignement) for the benefit ou information of; (film, ouvrage) aimed at; **à cette ~** with this aim in view; **sans ~** unintentionally; **faire qch sans mauvaise ~** to do sth without ill intent; **agir dans une bonne ~** to act with good intentions

intentionné, e [ɛ̃tɑ̃sjɔne] adj : **bien ~** well-meaning ou -intentioned; **mal ~** ill-intentioned
intentionnel, le [ɛ̃tɑ̃sjɔnɛl] adj intentional, deliberate
intentionnellement [ɛ̃tɑ̃sjɔnɛlmɑ̃] adv intentionally, deliberately
inter [ɛ̃tɛʀ] nm (Tél : interurbain) long-distance call service; (Sport) : **~ gauche/droit** inside-left/-right
interactif, -ive [ɛ̃tɛʀaktif, -iv] adj (aussi Inform) interactive
interaction [ɛ̃tɛʀaksjɔ̃] nf interaction
interactivité [ɛ̃tɛʀaktivite] nf interactivity
interagir [ɛ̃tɛʀaʒiʀ] vi : **~ avec** to interact with
interbancaire [ɛ̃tɛʀbɑ̃kɛʀ] adj interbank
intercalaire [ɛ̃tɛʀkalɛʀ] adj, nm : (**feuillet**) ~ insert; (**fiche**) ~ divider
intercaler [ɛ̃tɛʀkale] /1/ vt to insert; **s'intercaler entre** vpr to come in between; to slip in between
intercéder [ɛ̃tɛʀsede] /6/ vi : ~ **(pour qn)** to intercede (on behalf of sb)
intercepter [ɛ̃tɛʀsɛpte] /1/ vt to intercept; (lumière, chaleur) to cut off
intercepteur [ɛ̃tɛʀsɛptœʀ] nm (Aviat) interceptor
interception [ɛ̃tɛʀsɛpsjɔ̃] nf interception; **avion d'~** interceptor
intercession [ɛ̃tɛʀsesjɔ̃] nf intercession
interchangeable [ɛ̃tɛʀʃɑ̃ʒabl] adj interchangeable
interclasse [ɛ̃tɛʀklɑs] nm (Scol) break (between classes)
interclubs [ɛ̃tɛʀklœb] adj inv interclub
intercommunal, e, -aux [ɛ̃tɛʀkɔmynal, -o] adj intervillage, intercommunity
intercommunautaire [ɛ̃tɛʀkɔmynotɛʀ] adj intercommunity
interconnecté, e [ɛ̃tɛʀkɔnɛkte] adj (réseaux, zones) interconnected
interconnexion [ɛ̃tɛʀkɔnɛksjɔ̃] nf (Inform) networking
intercontinental, e, -aux [ɛ̃tɛʀkɔ̃tinɑtal, -o] adj intercontinental
intercostal, e, -aux [ɛ̃tɛʀkɔstal, -o] adj intercostal, between the ribs
interdépartemental, e, -aux [ɛ̃tɛʀdepaʀtəmɑtal, -o] adj interdepartmental
interdépendance [ɛ̃tɛʀdepɑ̃dɑ̃s] nf interdependence
interdépendant, e [ɛ̃tɛʀdepɑ̃dɑ̃, -ɑ̃t] adj interdependent
interdiction [ɛ̃tɛʀdiksjɔ̃] nf ban; **~ de faire qch** ban on doing sth; **~ de séjour** (Jur) order banning ex-prisoner from frequenting specified places; **~ de fumer** no smoking
interdire [ɛ̃tɛʀdiʀ] /37/ vt to forbid; (Admin : stationnement, meeting, passage) to ban, prohibit; (: journal, livre) to ban; **~ qch à qn** to forbid sb sth; **~ à qn de faire** to forbid sb to do, prohibit sb from doing; (empêchement) to prevent ou preclude sb from doing; **s'interdire** vpr (éviter) : **s'~ qch** to refrain ou abstain from sth; (se refuser) : **il s'interdit d'y penser** he doesn't allow himself to think about it

interdisciplinaire [ɛ̃tɛʀdisiplinɛʀ] *adj*
interdisciplinary

interdit, e [ɛ̃tɛʀdi, -it] *pp de* **interdire** ▶ *adj*
(*défendu*) forbidden, prohibited; (*stupéfait*) taken
aback; **film ~ aux moins de 18/12 ans**
≈ 18-/12A-rated film; **sens ~** one way;
stationnement ~ no parking; **~ de chéquier**
having cheque book facilities suspended; **~ de
séjour** subject to an "interdiction de séjour"
▶ *nm* interdict, prohibition

intéressant, e [ɛ̃teʀesɑ̃, -ɑ̃t] *adj* interesting;
(*avantageux*) attractive; **faire l'~** to draw
attention to o.s.

intéressé, e [ɛ̃teʀese] *adj* (*parties*) involved,
concerned; (*amitié, motifs*) self-interested
▶ *nm/f*: **l'~(e)** the interested party; **les
intéressés** those concerned *ou* involved

intéressement [ɛ̃teʀesmɑ̃] *nm* (*Comm*)
profit-sharing

intéresser [ɛ̃teʀese] /1/ *vt* (*captiver*) to interest;
(*toucher*) to be of interest *ou* concern to; (*Admin*:
concerner) to affect, concern; (*Comm*: *travailleur*) to
give a share in the profits to; (: *partenaire*) to
interest (in the business); **~ qn à qch** to get sb
interested in sth; **s'intéresser à** *vpr* to take an
interest in, be interested in

intérêt [ɛ̃teʀe] *nm* (*aussi Comm*) interest; (*égoïsme*)
self-interest; **porter de l'~ à qn** to take an
interest in sb; **agir par ~** to act out of
self-interest; **avoir des intérêts dans** (*Comm*)
to have a financial interest *ou* a stake in;
avoir ~ à faire to do well to do; **tu as ~ à
accepter** it's in your interest to accept; **tu as ~
à te dépêcher** you'd better hurry; **il y a ~ à ...**
it would be a good thing to ...; **~ composé**
compound interest

interface [ɛ̃tɛʀfas] *nf* (*Inform*) interface

interférence [ɛ̃tɛʀfeʀɑ̃s] *nf* interference

interférer [ɛ̃tɛʀfeʀe] /6/ *vi*: **~ (avec)** to interfere
(with)

interféron [ɛ̃tɛʀfeʀɔ̃] *nm* interferon

intergalactique [ɛ̃tɛʀɡalaktik] *adj*
intergalactic

intergouvernemental, e, -aux
[ɛ̃tɛʀɡuvɛʀnəmɑ̃tal, -o] *adj* intergovernmental

intérieur, e [ɛ̃teʀjœʀ] *adj* (*mur, escalier, poche*)
inside; (*commerce, politique*) domestic; (*cour, calme,
vie*) inner; (*navigation*) inland ▶ *nm* (*d'une maison,
d'un récipient etc*) inside; (*d'un pays, aussi décor,
mobilier*) interior; (*Pol*): **l'I~** (the Department of)
the Interior, ≈ the Home Office (*BRIT*); **à l'~ (de)**
inside; (*fig*) within; **de l'~** (*fig*) from the inside;
en ~ (*Ciné*) in the studio; **vêtement d'~** indoor
garment

intérieurement [ɛ̃teʀjœʀmɑ̃] *adv* inwardly

intérim [ɛ̃teʀim] *nm* (*période*) interim period;
(*travail*) temping; **agence d'~** temping agency;
assurer l'~ (de) to deputize (for); **président
par ~** interim president; **travailler en ~, faire
de l'~** to temp

intérimaire [ɛ̃teʀimɛʀ] *adj* (*directeur, ministre*)
acting; (*secrétaire, personnel*) temporary, interim
▶ *nmf* (*secrétaire etc*) temporary, temp (*BRIT*);
(*suppléant*) deputy

intérioriser [ɛ̃teʀjɔʀize] /1/ *vt* to internalize

interjection [ɛ̃tɛʀʒɛksjɔ̃] *nf* interjection

interjeter [ɛ̃tɛʀʒəte] /4/ *vt* (*Jur*): **~ appel** to lodge
an appeal

interligne [ɛ̃tɛʀliɲ] *nm* inter-line space;
simple/double ~ single/double spacing ▶ *nf*
(*Typo*) lead, leading

interlocuteur, -trice [ɛ̃tɛʀlɔkytœʀ, -tʀis] *nm/f*
speaker; (*Pol*): **~ valable** valid representative;
son ~ the person he *ou* she was speaking to

interlope [ɛ̃tɛʀlɔp] *adj* illicit; (*milieu, bar*) shady

interloquer [ɛ̃tɛʀlɔke] /1/ *vt* to take aback

interlude [ɛ̃tɛʀlyd] *nm* interlude

intermède [ɛ̃tɛʀmɛd] *nm* interlude

intermédiaire [ɛ̃tɛʀmedjɛʀ] *adj* intermediate;
middle; half-way; (*solution*) temporary ▶ *nmf*
intermediary; (*Comm*) middleman; **sans ~**
directly; **par l'~ de** through

interminable [ɛ̃tɛʀminabl] *adj* never-ending

interminablement [ɛ̃tɛʀminabləmɑ̃] *adv*
interminably

interministériel, le [ɛ̃tɛʀministeʀjɛl] *adj*:
comité ~ interdepartmental committee

intermittence [ɛ̃tɛʀmitɑ̃s] *nf*: **par ~**
intermittently, sporadically

intermittent, e [ɛ̃tɛʀmitɑ̃, -ɑ̃t] *adj*
intermittent, sporadic

internat [ɛ̃tɛʀna] *nm* (*Scol*) boarding school

international, e, -aux [ɛ̃tɛʀnasjɔnal, -o] *adj*,
nm/f international

internationalisation [ɛ̃tɛʀnasjɔnalizasjɔ̃] *nf*
internationalization

internationaliser [ɛ̃tɛʀnasjɔnalize] /1/ *vt* to
internationalize

internationalisme [ɛ̃tɛʀnasjɔnalism] *nm*
internationalism

internaute [ɛ̃tɛʀnot] *nmf* Internet user

interne [ɛ̃tɛʀn] *adj* internal ▶ *nmf* (*Scol*) boarder;
(*Méd*) houseman (*BRIT*), intern (*US*)

internement [ɛ̃tɛʀnəmɑ̃] *nm* (*Pol*) internment;
(*Méd*) confinement

interner [ɛ̃tɛʀne] /1/ *vt* (*Pol*) to intern; (*Méd*) to
confine to a mental institution

Internet [ɛ̃tɛʀnɛt] *nm*: **l'~** the Internet

interparlementaire [ɛ̃tɛʀpaʀləmɑ̃tɛʀ] *adj*
interparliamentary

interpellation [ɛ̃tɛʀpelasjɔ̃] *nf* interpellation;
(*Pol*) question

interpeller [ɛ̃tɛʀpele] /1/ *vt* (*appeler*) to call out to;
(*apostropher*) to shout at; (*Police*) to take in for
questioning; (*Pol*) to question; (*concerner*) to
concern; **s'interpeller** *vpr* (*s'apostropher*) to shout
at each other

interphone [ɛ̃tɛʀfɔn] *nm* intercom; (*d'immeuble*)
entry phone

interplanétaire [ɛ̃tɛʀplanetɛʀ] *adj*
interplanetary

Interpol [ɛ̃tɛʀpɔl] *sigle m* Interpol

interpoler [ɛ̃tɛʀpɔle] /1/ *vt* to interpolate

interposer [ɛ̃tɛʀpoze] /1/ *vt* to interpose;
s'interposer *vpr* to intervene; **par personnes
interposées** through a third party

interprétariat [ɛ̃tɛʀpʀetaʀja] *nm* interpreting

interprétation [ɛ̃tɛʀpʀetasjɔ̃] *nf* interpretation

interprète [ɛ̃tɛʀpʀɛt] *nmf* interpreter;
(*porte-parole*) spokesman

237

interpréter [ɛ̃tɛʀpʀete] /**6**/ vt to interpret; (jouer) to play; (chanter) to sing

interprofessionnel, le [ɛ̃tɛʀpʀɔfesjɔnɛl] adj interprofessional

interrègne [ɛ̃tɛʀʀɛɲ] nm interregnum

interrogateur, -trice [ɛ̃tɛʀɔɡatœʀ, -tʀis] adj questioning, inquiring ▶ nm/f (Scol) (oral) examiner

interrogatif, -ive [ɛ̃tɛʀɔɡatif, -iv] adj (Ling) interrogative

interrogation [ɛ̃tɛʀɔɡasjɔ̃] nf question; (Scol) (written ou oral) test

interrogatoire [ɛ̃tɛʀɔɡatwaʀ] nm (Police) questioning no pl; (Jur, aussi fig) cross-examination, interrogation

interroger [ɛ̃tɛʀɔʒe] /**3**/ vt to question; (Inform) to search; (Scol : candidat) to test; ~ **qn (sur qch)** to question sb (about sth); ~ **qn du regard** to look questioningly at sb, give sb a questioning look; **s'interroger** vpr to wonder; **s'~ sur qch** to ask o.s. about sth, ponder (about) sth

interrompre [ɛ̃tɛʀɔ̃pʀ] /**41**/ vt (gén) to interrupt; (travail, voyage) to break off, interrupt; (négociations) to break off; (match) to stop; **s'interrompre** vpr to break off

interrupteur [ɛ̃tɛʀyptœʀ] nm switch

interruption [ɛ̃tɛʀypsjɔ̃] nf interruption; (pause) break; **sans** ~ without a break; ~ **de grossesse** termination of pregnancy; ~ **volontaire de grossesse** voluntary termination of pregnancy, abortion

interscolaire [ɛ̃tɛʀskɔlɛʀ] adj interschool(s)

intersection [ɛ̃tɛʀsɛksjɔ̃] nf intersection

intersidéral, e, -aux [ɛ̃tɛʀsideʀal, -o] adj interstellar

interstice [ɛ̃tɛʀstis] nm crack, slit

intersyndical, e, -aux [ɛ̃tɛʀsɛ̃dikal, -o] adj interunion

intertitre [ɛ̃tɛʀtitʀ] nm (Ciné) caption, subtitle

interurbain, e [ɛ̃tɛʀyʀbɛ̃, -ɛn] (Tél) nm long-distance call service ▶ adj long-distance

intervalle [ɛ̃tɛʀval] nm (espace) space; (de temps) interval; **dans l'~** in the meantime; **à deux jours d'~** two days apart; **à intervalles rapprochés** at close intervals; **par intervalles** at intervals

intervenant, e [ɛ̃tɛʀvənɑ̃, -ɑ̃t] vb voir **intervenir** ▶ nm/f speaker (at conference)

intervenir [ɛ̃tɛʀvəniʀ] /**22**/ vi (gén) to intervene; (survenir) to take place; (faire une conférence) to give a talk ou lecture; ~ **auprès de/en faveur de qn** to intervene with/on behalf of sb; **la police a dû ~** police had to step in ou intervene; **les médecins ont dû ~** the doctors had to operate

intervention [ɛ̃tɛʀvɑ̃sjɔ̃] nf intervention; (conférence) talk, paper; (discours) speech; ~ (**chirurgicale**) operation

interventionnisme [ɛ̃tɛʀvɑ̃sjɔnism] nm interventionism

interventionniste [ɛ̃tɛʀvɑ̃sjɔnist] adj interventionist

intervenu, e [ɛ̃tɛʀv(ə)ny] pp de **intervenir**

intervertible [ɛ̃tɛʀvɛʀtibl] adj interchangeable

intervertir [ɛ̃tɛʀvɛʀtiʀ] /**2**/ vt to invert (the order of), reverse

interviendrai [ɛ̃tɛʀvjɛ̃dʀe], **interviens** etc [ɛ̃tɛʀvjɛ̃] vb voir **intervenir**

interview [ɛ̃tɛʀvju] nf interview

interviewer [ɛ̃tɛʀvjuve] /**1**/ vt to interview ▶ nm [ɛ̃tɛʀvjuvœʀ] (journaliste) interviewer

intervins etc [ɛ̃tɛʀvɛ̃] vb voir **intervenir**

intestat [ɛ̃tɛsta] adj (Jur) : **décéder** ~ to die intestate

intestin, e [ɛ̃tɛstɛ̃, -in] adj internal ▶ nm intestine; ~ **grêle** small intestine

intestinal, e, -aux [ɛ̃tɛstinal, -o] adj intestinal

intifada [intifada] nf intifada

intime [ɛ̃tim] adj intimate; (vie, journal) private; (convictions) inmost; (dîner, cérémonie) held among friends, quiet; **un journal** ~ a diary ▶ nmf close friend

intimement [ɛ̃timmɑ̃] adv (profondément) deeply, firmly; (étroitement) intimately

intimer [ɛ̃time] /**1**/ vt (Jur) to notify; ~ **à qn l'ordre de faire** to order sb to do

intimidant, e [ɛ̃timidɑ̃, -ɑ̃t] adj intimidating

intimidation [ɛ̃timidasjɔ̃] nf intimidation; **manœuvres d'~** (action) acts of intimidation; (stratégie) intimidatory tactics

intimider [ɛ̃timide] /**1**/ vt to intimidate

intimiste [ɛ̃timist] adj (œuvre, film) intimist

intimité [ɛ̃timite] nf intimacy; (vie privée) privacy; private life; **dans l'~** in private; (sans formalités) with only a few friends, quietly

intitulé [ɛ̃tityle] nm title

intituler [ɛ̃tityle] /**1**/ vt : **comment a-t-il intitulé son livre ?** what title did he give his book?; **s'intituler** vpr to be entitled; (personne) to call o.s.

intolérable [ɛ̃tɔleʀabl] adj intolerable

intolérance [ɛ̃tɔleʀɑ̃s] nf intolerance; ~ **aux antibiotiques** intolerance to antibiotics

intolérant, e [ɛ̃tɔleʀɑ̃, -ɑ̃t] adj intolerant

intonation [ɛ̃tɔnasjɔ̃] nf intonation

intouchable [ɛ̃tuʃabl] adj (fig) above the law, sacrosanct; (Rel) untouchable

intox [ɛ̃tɔks] nf (fam) brainwashing

intoxication [ɛ̃tɔksikasjɔ̃] nf poisoning no pl; (toxicomanie) drug addiction; (fig) brainwashing; ~ **alimentaire** food poisoning

intoxiqué, e [ɛ̃tɔksike] nm/f addict

intoxiquer [ɛ̃tɔksike] /**1**/ vt to poison; (fig) to brainwash; **s'intoxiquer** vpr to poison o.s.

intradermique [ɛ̃tʀadɛʀmik] adj, nf : (**injection**) ~ intradermal ou intracutaneous injection

intraduisible [ɛ̃tʀadɥizibl] adj untranslatable; (fig) inexpressible

intraitable [ɛ̃tʀɛtabl] adj inflexible, uncompromising

intramusculaire [ɛ̃tʀamyskylɛʀ] adj, nf : (**injection**) ~ intramuscular injection

intranet [ɛ̃tʀanɛt] nm intranet

intransigeance [ɛ̃tʀɑ̃ziʒɑ̃s] nf intransigence

intransigeant, e [ɛ̃tʀɑ̃ziʒɑ̃, -ɑ̃t] adj intransigent; (morale, passion) uncompromising

intransitif, -ive [ɛ̃tʀɑ̃zitif, -iv] adj (Ling) intransitive

intransportable [ɛ̃tʀɑ̃spɔʀtabl] adj (blessé) unable to travel

intrant [ɛ̃tʀɑ̃] *nm* (*Écon, Agr*) input

intraveineux, -euse [ɛ̃tʀavɛnø, -øz] *adj*
intravenous ▶*nf* (*aussi* : **injection**
intraveineuse) intravenous injection

intrépide [ɛ̃tʀepid] *adj* dauntless, intrepid

intrépidité [ɛ̃tʀepidite] *nf* dauntlessness

intrigant, e [ɛ̃tʀigɑ̃, -ɑ̃t] *nm/f* schemer

intrigue [ɛ̃tʀig] *nf* intrigue; (*scénario*) plot

intrigué, e [ɛ̃tʀige] *adj* (*personne, air*) puzzled;
~ **par** puzzled by

intriguer [ɛ̃tʀige] /**1**/ *vi* to scheme ▶*vt* to puzzle,
intrigue

intrinsèque [ɛ̃tʀɛ̃sɛk] *adj* intrinsic

intrinsèquement [ɛ̃tʀɛ̃sɛkmɑ̃] *adv*
intrinsically

intro [ɛ̃tʀo] *nf* (*fam : de texte, chanson*) intro (*fam*)

introductif, -ive [ɛ̃tʀɔdyktif, -iv] *adj*
introductory

introduction [ɛ̃tʀɔdyksjɔ̃] *nf* introduction;
paroles/chapitre d'~ introductory words/
chapter; **lettre/mot d'~** letter/note of
introduction

introduire [ɛ̃tʀɔdɥiʀ] /**38**/ *vt* to introduce;
(*visiteur*) to show in; (*aiguille, clef*) : ~ **qch dans** to
insert sth into; (*personne*) : ~ **à qch** to introduce
to sth; (: *présenter*) : ~ **qn à qn/dans un club** to
introduce sb to sb/to a club; **s'introduire** *vpr*
(*techniques, usages*) to be introduced; **s'~ dans** to
gain entry into; (*dans un groupe*) to get o.s.
accepted into; (*eau, fumée*) to get into

⚠ **introduire** is often translated by a word
other than *to introduce*.

introduit, e [ɛ̃tʀɔdɥi, -it] *pp de* **introduire** ▶*adj* :
bien ~ (*personne*) well-received

intronisation [ɛ̃tʀɔnizasjɔ̃] *nf* (*de pape, roi*)
enthronement

introniser [ɛ̃tʀɔnize] /**1**/ *vt* to enthrone

introspectif, -ive [ɛ̃tʀɔspɛktif, -iv] *adj* (*personne,
œuvre*) introspective

introspection [ɛ̃tʀɔspɛksjɔ̃] *nf* introspection

introuvable [ɛ̃tʀuvabl] *adj* which cannot be
found; (*Comm*) unobtainable

introverti, e [ɛ̃tʀɔvɛʀti] *nm/f* introvert

intrus, e [ɛ̃tʀy, -yz] *nm/f* intruder

intrusion [ɛ̃tʀyzjɔ̃] *nf* intrusion; (*ingérence*)
interference

intubation [ɛ̃tybasjɔ̃] *nf* (*Méd*) intubation

intuber [ɛ̃tybe] *vt* (*Méd*) to intubate

intuitif, -ive [ɛ̃tɥitif, -iv] *adj* intuitive

intuition [ɛ̃tɥisjɔ̃] *nf* intuition; **avoir une ~** to
have a feeling; **avoir l'~ de qch** to have an
intuition of sth; **avoir de l'~** to have intuition

intuitivement [ɛ̃tɥitivmɑ̃] *adv* intuitively

inuit [inɥit] *adj* Inuit ▶*nmf* : **Inuit** Inuit

inusable [inyzabl] *adj* hard-wearing

inusité, e [inyzite] *adj* rarely used

inutile [inytil] *adj* useless; (*superflu*)
unnecessary

inutilement [inytilmɑ̃] *adv* needlessly

inutilisable [inytilizabl] *adj* unusable

inutilisé, e [inytilize] *adj* unused

inutilité [inytilite] *nf* uselessness

invaincu, e [ɛ̃vɛ̃ky] *adj* unbeaten; (*armée, peuple*)
unconquered

invalide [ɛ̃valid] *adj* disabled ▶*nmf* : ~ **de guerre**
disabled ex-serviceman; ~ **du travail**
industrially disabled person

invalider [ɛ̃valide] /**1**/ *vt* to invalidate

invalidité [ɛ̃validite] *nf* disability

invariable [ɛ̃vaʀjabl] *adj* invariable

invariablement [ɛ̃vaʀjabləmɑ̃] *adv* invariably

invasif, -ive [ɛ̃vazif, -iv] *adj* (*traitement*) invasive

invasion [ɛ̃vazjɔ̃] *nf* invasion

invective [ɛ̃vɛktiv] *nf* invective

invectiver [ɛ̃vɛktive] /**1**/ *vt* to hurl abuse at ▶*vi* :
~ **contre** to rail against

invendable [ɛ̃vɑ̃dabl] *adj* unsaleable,
unmarketable

invendu, e [ɛ̃vɑ̃dy] *adj* unsold ▶*nm* return;
invendus *nmpl* unsold goods

inventaire [ɛ̃vɑ̃tɛʀ] *nm* inventory; (*Comm : liste*)
stocklist; (: *opération*) stocktaking *no pl*; (*fig*)
survey; **faire un ~** to make an inventory;
(*Comm*) to take stock; **faire** *ou* **procéder à l'~** to
take stock

inventer [ɛ̃vɑ̃te] /**1**/ *vt* to invent; (*subterfuge*) to
devise, invent; (*histoire, excuse*) to make up,
invent; ~ **de faire** to hit on the idea of doing

inventeur, -trice [ɛ̃vɑ̃tœʀ, -tʀis] *nm/f* inventor

inventif, -ive [ɛ̃vɑ̃tif, -iv] *adj* inventive

invention [ɛ̃vɑ̃sjɔ̃] *nf* invention; (*imagination,
inspiration*) inventiveness

inventivité [ɛ̃vɑ̃tivite] *nf* inventiveness

inventorier [ɛ̃vɑ̃tɔʀje] /**7**/ *vt* to make an
inventory of

invérifiable [ɛ̃veʀifjabl] *adj* unverifiable

inverse [ɛ̃vɛʀs] *adj* (*ordre*) reverse; (*sens*) opposite;
(*rapport*) inverse; **dans l'ordre ~** in the reverse
order; **en proportion ~** in inverse proportion;
dans le sens ~ des aiguilles d'une montre
anti-clockwise; **en sens ~** in (*ou* from) the
opposite direction ▶*nm* reverse; inverse; **l'~**
the opposite; **à l'~** conversely

inversement [ɛ̃vɛʀsəmɑ̃] *adv* conversely

inverser [ɛ̃vɛʀse] /**1**/ *vt* to reverse, invert; (*Élec*)
to reverse

inversion [ɛ̃vɛʀsjɔ̃] *nf* reversal; inversion

invertébré, e [ɛ̃vɛʀtebʀe] *adj, nm* invertebrate

inverti, e [ɛ̃vɛʀti] *nm/f* homosexual

investigation [ɛ̃vɛstigasjɔ̃] *nf* investigation,
inquiry

investir [ɛ̃vɛstiʀ] /**2**/ *vt* to invest; ~ **qn de** (*d'une
fonction, d'un pouvoir*) to vest *ou* invest sb with;
s'investir *vpr* (*Psych*) to involve o.s.; **s'~ dans** to
put a lot into

investissement [ɛ̃vɛstismɑ̃] *nm* investment;
(*Psych*) involvement

investisseur [ɛ̃vɛstisœʀ] *nm* investor

investiture [ɛ̃vɛstityʀ] *nf* investiture; (*à une
élection*) nomination

invétéré, e [ɛ̃vetere] *adj* (*habitude*) ingrained;
(*bavard, buveur*) inveterate

invincibilité [ɛ̃vɛ̃sibilite] *nf* invincibility

invincible [ɛ̃vɛ̃sibl] *adj* invincible,
unconquerable

invinciblement [ɛ̃vɛ̃sibləmɑ̃] *adv* (*fig*)
invincibly

inviolabilité [ɛ̃vjɔlabilite] *nf* : ~ **parlementaire**
parliamentary immunity

inviolable [ɛ̃vjɔlabl] *adj* inviolable
inviolé, e [ɛ̃vjɔle] *adj* (*nature, région*) inviolate
invisibilité [ɛ̃vizibilite] *nf* invisibility
invisible [ɛ̃vizibl] *adj* invisible; (*fig : personne*) not available
invitation [ɛ̃vitasjɔ̃] *nf* invitation; **à/sur l'~ de qn** at/on sb's invitation; **carte/lettre d'~** invitation card/letter
invite [ɛ̃vit] *nf* invitation
invité, e [ɛ̃vite] *nm/f* guest
inviter [ɛ̃vite] /**1**/ *vt* to invite; **~ qn à faire qch** to invite sb to do sth; (*suj : chose*) to induce *ou* tempt sb to do sth
invivable [ɛ̃vivabl] *adj* unbearable, impossible
invocation [ɛ̃vɔkasjɔ̃] *nf* (*prière*) invocation
involontaire [ɛ̃vɔlɔ̃tɛʀ] *adj* (*mouvement*) involuntary; (*insulte*) unintentional; (*complice*) unwitting
involontairement [ɛ̃vɔlɔ̃tɛʀmɑ̃] *adv* involuntarily
invoquer [ɛ̃vɔke] /**1**/ *vt* (*Dieu, muse*) to call upon, invoke; (*prétexte*) to put forward (as an excuse); (*témoignage*) to call upon; (*loi, texte*) to refer to; **~ la clémence de qn** to beg sb *ou* appeal to sb for clemency
invraisemblable [ɛ̃vʀɛsɑ̃blabl] *adj* (*fait, nouvelle*) unlikely, improbable; (*bizarre*) incredible
invraisemblance [ɛ̃vʀɛsɑ̃blɑ̃s] *nf* unlikelihood *no pl*, improbability
invulnérabilité [ɛ̃vylneʀabilite] *nf* invulnerability
invulnérable [ɛ̃vylneʀabl] *adj* invulnerable
iode [jɔd] *nm* iodine
iodé, e [jɔde] *adj* iodized
ion [jɔ̃] *nm* ion
ionique [jɔnik] *adj* (*Archit*) Ionic; (*Science*) ionic
ionisant, e [jɔnizɑ̃, -ɑ̃t] *adj* ionizing
ionisation [jɔnizasjɔ̃] *nf* ionization
ioniseur [jɔnizœʀ] *nm* ionizer
iota [jɔta] *nm* : **sans changer un** ~ without changing one iota *ou* the tiniest bit
iPad® [aipad] *nm* iPad®
IPC *sigle m* (= *Indice des prix à la consommation*) CPI
iPhone® [aifɔn] *nm* iPhone®
IR. *abr* = **infrarouge**
IRA [iʀa] *sigle f* (= *Irish Republican Army*) IRA
irai *etc* [iʀe] *vb voir* **aller**
Irak [iʀak] *nm* : **l'~** Iraq *ou* Irak
irakien, ne [iʀakjɛ̃, -ɛn] *adj* Iraqi ▶ *nm/f* : **Irakien, ne** Iraqi
Iran [iʀɑ̃] *nm* : **l'~** Iran
iranien, ne [iʀanjɛ̃, -ɛn] *adj* Iranian ▶ *nm/f* : **Iranien, ne** Iranian
Iraq [iʀak] *nm* = **Irak**
iraquien, ne [iʀakjɛ̃, -ɛn] *adj, nm/f* = **irakien**
irascible [iʀasibl] *adj* short-tempered, irascible
iridescent, e [iʀidesɑ̃, -ɑ̃t] *adj* iridescent
irions *etc* [iʀjɔ̃] *vb voir* **aller**
iris [iʀis] *nm* iris
irisé, e [iʀize] *adj* iridescent
irlandais, e [iʀlɑ̃dɛ, -ɛz] *adj, nm* (*Ling*) Irish ▶ *nm/f* : **Irlandais, e** Irishman/woman; **les I~** the Irish
Irlande [iʀlɑ̃d] *nf* : **l'~** (*pays*) Ireland; **la République d'~** the Irish Republic, the Republic of Ireland, Eire; **~ du Nord** Northern Ireland, Ulster; **~ du Sud** Southern Ireland, Irish Republic, Eire; **la mer d'~** the Irish Sea
ironie [iʀɔni] *nf* irony
ironique [iʀɔnik] *adj* ironical
ironiquement [iʀɔnikmɑ̃] *adv* ironically
ironiser [iʀɔnize] /**1**/ *vi* to be ironical
irons *etc* [iʀɔ̃] *vb voir* **aller**
iroquois, e [iʀɔkwa, -waz] *adj* Iroquois ▶ *nm/f* : **Iroquois, e** Iroquois
IRPP *sigle m* (= *impôt sur le revenu des personnes physiques*) income tax
irradiation [iʀadjasjɔ̃] *nf* irradiation
irradier [iʀadje] /**7**/ *vi* to radiate ▶ *vt* to irradiate
irraisonné, e [iʀɛzɔne] *adj* irrational, unreasoned
irrationnel, le [iʀasjɔnɛl] *adj* irrational
irrattrapable [iʀatʀapabl] *adj* (*retard*) that cannot be made up; (*bévue*) that cannot be made good
irréalisable [iʀealizabl] *adj* unrealizable; (*projet*) impracticable
irréalisme [iʀealism] *nm* lack of realism
irréaliste [iʀealist] *adj* unrealistic
irréalité [iʀealite] *nf* unreality
irrecevable [iʀəs(ə)vabl] *adj* unacceptable
irréconciliable [iʀekɔ̃siljabl] *adj* irreconcilable
irrécouvrable [iʀekuvʀabl] *adj* irrecoverable
irrécupérable [iʀekypeʀabl] *adj* unreclaimable, beyond repair; (*personne*) beyond redemption *ou* recall
irrécusable [iʀekyzabl] *adj* (*témoignage*) unimpeachable; (*preuve*) incontestable, indisputable
irréductible [iʀedyktibl] *adj* indomitable, implacable; (*Math : fraction, équation*) irreducible
irréductiblement [iʀedyktibləmɑ̃] *adv* implacably
irréel, le [iʀeɛl] *adj* unreal
irréfléchi, e [iʀefleʃi] *adj* thoughtless
irréfutable [iʀefytabl] *adj* irrefutable
irréfutablement [iʀefytabləmɑ̃] *adv* irrefutably
irrégularité [iʀegylaʀite] *nf* irregularity; (*de travail, d'effort, de qualité*) unevenness *no pl*
irrégulier, -ière [iʀegylje, -jɛʀ] *adj* irregular; (*surface, rythme, écriture*) uneven, irregular; (*travail, effort, qualité*) uneven; (*élève, athlète*) erratic
irrégulièrement [iʀegyljɛʀmɑ̃] *adv* irregularly
irrémédiable [iʀemedjabl] *adj* irreparable
irrémédiablement [iʀemedjabləmɑ̃] *adv* irreparably
irremplaçable [iʀɑ̃plasabl] *adj* irreplaceable
irréparable [iʀepaʀabl] *adj* beyond repair, irreparable; (*fig*) irreparable
irrépréhensible [iʀepʀeɑ̃sibl] *adj* irreproachable
irrépressible [iʀepʀesibl] *adj* irrepressible
irréprochable [iʀepʀɔʃabl] *adj* irreproachable, beyond reproach; (*tenue, toilette*) impeccable
irrésistible [iʀezistibl] *adj* irresistible; (*preuve, logique*) compelling; (*amusant*) hilarious
irrésistiblement [iʀezistibləmɑ̃] *adv* irresistibly
irrésolu, e [iʀezɔly] *adj* irresolute

irrésolution [iʀezɔlysjɔ̃] *nf* irresoluteness
irrespectueux, -euse [iʀɛspɛktɥø, -øz] *adj* disrespectful
irrespirable [iʀɛspiʀabl] *adj* unbreathable; *(fig)* oppressive, stifling
irresponsabilité [iʀɛspɔ̃sabilite] *nf* irresponsibility
irresponsable [iʀɛspɔ̃sabl] *adj* irresponsible
irrévérence [iʀeveʀɑ̃s] *nf* irreverence
irrévérencieux, -euse [iʀeveʀɑ̃sjø, -øz] *adj* irreverent
irréversible [iʀevɛʀsibl] *adj* irreversible
irréversiblement [iʀevɛʀsibləmɑ̃] *adv* irreversibly
irrévocable [iʀevɔkabl] *adj* irrevocable
irrévocablement [iʀevɔkabləmɑ̃] *adv* irrevocably
irrigation [iʀigasjɔ̃] *nf* irrigation
irriguer [iʀige] /1/ *vt* to irrigate
irritabilité [iʀitabilite] *nf* irritability
irritable [iʀitabl] *adj* irritable
irritant, e [iʀitɑ̃, -ɑ̃t] *adj* irritating; *(Méd)* irritant
irritation [iʀitasjɔ̃] *nf* irritation
irrité, e [iʀite] *adj* irritated
irriter [iʀite] /1/ *vt (agacer)* to irritate, annoy; *(Méd : enflammer)* to irritate; **s'irriter** *vpr* : **s'~ contre qn/de qch** to get annoyed *ou* irritated with sb/at sth
irruption [iʀypsjɔ̃] *nf* irruption *no pl*; **faire ~ dans** to burst into; **faire ~ chez qn** to burst in on sb
isard [izaʀ] *nm* izard
ISBN *sigle m* (= *International Standard Book Number*) ISBN
ISF *sigle m* (= *impôt de solidarité sur la fortune*) wealth tax
Islam [islam] *nm* : **l'~** Islam
islamique [islamik] *adj* Islamic
islamisme [islamism] *nm* Islamism
islamiste [islamist] *adj, nmf* Islamist
islamophobie [islamafɔbi] *nf* Islamophobia
islandais, e [islɑ̃dɛ, -ɛz] *adj* Icelandic ▶ *nm (Ling)* Icelandic ▶ *nm/f* : **Islandais, e** Icelander
Islande [islɑ̃d] *nf* : **l'~** Iceland
ISMH *sigle m* = **Inventaire supplémentaire des monuments historiques**; **monument inscrit à l'~** ≈ listed building
isocèle [izɔsɛl] *adj* isoceles
isolant, e [izɔlɑ̃, -ɑ̃t] *adj* insulating; *(insonorisant)* soundproofing ▶ *nm* insulator
isolateur [izɔlatœʀ] *nm (Élec)* insulator
isolation [izɔlasjɔ̃] *nf* insulation; **~ thermique** thermal insulation; **~ acoustique** soundproofing
isolationnisme [izɔlasjɔnism] *nm* isolationism
isolationniste [izɔlasjɔnist] *adj, nmf* isolationist
isolé, e [izɔle] *adj* isolated; *(Élec : contre le froid)* insulated

isolement [izɔlmɑ̃] *nm* isolation; solitary confinement
isolément [izɔlemɑ̃] *adv* in isolation
isoler [izɔle] /1/ *vt* to isolate; *(prisonnier)* to put in solitary confinement; *(ville)* to cut off, isolate; *(Élec : contre le froid)* to insulate; **s'isoler** *vpr* to isolate o.s.
isoloir [izɔlwaʀ] *nm* polling booth
isorel® [izɔʀɛl] *nm* hardboard
isotherme [izɔtɛʀm] *adj (camion)* refrigerated
isotope [izɔtɔp] *nm* isotope
Israël [isʀaɛl] *nm* Israel
israélien, ne [isʀaeljɛ̃, -ɛn] *adj* Israeli ▶ *nm/f* : **Israélien, ne** Israeli
israélite [isʀaelit] *adj* Jewish; *(dans l'Ancien Testament)* Israelite ▶ *nmf* : **Israélite** Jew/Jewess; Israelite
issu, e [isy] *adj* : **~ de** *(né de)* descended from; *(résultant de)* stemming from ▶ *nf (ouverture, sortie)* exit; *(solution)* way out, solution; *(dénouement)* outcome; **à l'issue de** at the conclusion *ou* close of; **rue sans issue, voie sans issue** dead end, no through road *(BRIT)*, no outlet *(US)*; **issue de secours** emergency exit

> ⚠ The French word **issue** is not translated by the English word *issue*.

Istamboul, Istanbul [istãbul] *n* Istanbul
isthme [ism] *nm* isthmus
Italie [itali] *nf* : **l'~** Italy
italien, ne [italjɛ̃, -ɛn] *adj* Italian ▶ *nm (Ling)* Italian ▶ *nm/f* : **Italien, ne** Italian
italique [italik] *nm* : **en ~(s)** in italics
item [itɛm] *nm* item; *(question)* question, test
itinéraire [itineʀɛʀ] *nm* itinerary, route; **~ bis** alternative route
itinérant, e [itineʀɑ̃, -ɑ̃t] *adj* itinerant, travelling
itou [itu] *adv (fam : aussi)* too; **Le sol est crade, les murs ~.** The floor is grotty, the walls too.
ITP *sigle m* (= *ingénieur des travaux publics*) civil engineer
IUT *sigle m* = **Institut universitaire de technologie**
IVG *sigle f* (= *interruption volontaire de grossesse*) abortion
ivoire [ivwaʀ] *nm* ivory
ivoirien, ne [ivwaʀjɛ̃, -ɛn] *adj* of *ou* from the Ivory Coast
ivraie [ivʀɛ] *nf* : **séparer le bon grain de l'~** *(fig)* to separate the wheat from the chaff
ivre [ivʀ] *adj* drunk; **~ de** *(colère)* wild with; *(bonheur)* drunk *ou* intoxicated with; **~ mort** dead drunk
ivresse [ivʀɛs] *nf* drunkenness; *(euphorie)* intoxication
ivrogne [ivʀɔɲ] *nmf* drunkard
ivrognerie [ivʀɔɲʀi] *nf* drunkenness

J j

J, j [ʒi] *nm inv* J, j ▶ *abr* (= Joule) J; = **jour**; **jour J** D-day; **J comme Joseph** J for Jack (BRIT) ou Jig (US)

j' [ʒ] *pron voir* **je**

jabot [ʒabo] *nm* (Zool) crop; (*de vêtement*) jabot

jacasser [ʒakase] /**1**/ *vi* to chatter

jacasseries [ʒakasʁi] *nfpl* (*bavardages*) chitter-chatter *sg*

jachère [ʒaʃɛʁ] *nf* : (**être**) **en ~** (to lie) fallow

jacinthe [ʒasɛ̃t] *nf* hyacinth; **~ des bois** bluebell

jack [dʒak] *nm* jack plug

jackpot [(d)ʒakpɔt] *nm* jackpot; **toucher le ~** (*fig*) to hit the jackpot

jacquard [ʒakaʁ] *adj inv* Fair Isle

jacquerie [ʒakʁi] *nf* riot

jacuzzi® [ʒakuzi] *nm* Jacuzzi®

jade [ʒad] *nm* jade

jadis [ʒadis] *adv* in times past, formerly

jaguar [ʒagwaʁ] *nm* (Zool) jaguar

jaillir [ʒajiʁ] /**2**/ *vi* (*liquide*) to spurt out, gush out; (*lumière*) to flood out; (*fig*) to rear up; (*cris, réponses*) to burst out

jaillissement [ʒajismɑ̃] *nm* spurt, gush

jais [ʒɛ] *nm* jet; (**d'un noir**) **de ~** jet-black

jalon [ʒalɔ̃] *nm* range pole; (*fig*) milestone; **poser des jalons** (*fig*) to pave the way

jalonner [ʒalɔne] /**1**/ *vt* to mark out; (*fig*) to mark, punctuate

jalousement [ʒaluzmɑ̃] *adv* jealously

jalouser [ʒaluze] /**1**/ *vt* to be jealous of

jalousie [ʒaluzi] *nf* jealousy; (*store*) (venetian) blind

jaloux, -ouse [ʒalu, -uz] *adj* jealous; **être ~ de qn/qch** to be jealous of sb/sth

jamaïquain, e, jamaïcain, e [ʒamaikɛ̃, -ɛn] *adj* Jamaican ▶ *nm/f* : **Jamaïquain, e** Jamaican

Jamaïque [ʒamaik] *nf* : **la ~** Jamaica

jamais [ʒamɛ] *adv* never; (*sans négation*) ever; **ne ... ~** never; **~ de la vie!** never!; **si ~ ...** if ever ...; **à (tout) ~**, **pour ~** for ever, for ever and ever; **je ne suis ~ allé en Espagne** I've never been to Spain

> **Never** s'emploie avec un verbe à la forme affirmative ; c'est la traduction de *jamais* dans son sens le plus courant.
> *Elle ne lui pardonnera jamais.* **She will never forgive him.**
> **Ever** s'emploie pour traduire des phrases où *jamais* a un sens positif ou pour donner de la force à une déclaration.

> *C'est le plus beau tableau que j'aie jamais vu.* **It's the most beautiful painting I have ever seen.**
> *Ne refais jamais ça !* **Don't ever do that again!**

jambage [ʒɑ̃baʒ] *nm* (*de lettre*) downstroke; (*de porte*) jamb

jambe [ʒɑ̃b] *nf* leg; **à toutes jambes** as fast as one's legs can carry one

jambières [ʒɑ̃bjɛʁ] *nfpl* legwarmers; (Sport) shin pads

jambon [ʒɑ̃bɔ̃] *nm* ham; **~ fumé** (Culin) smoked ham

jambonneau, x [ʒɑ̃bɔno] *nm* knuckle of ham

jante [ʒɑ̃t] *nf* (wheel) rim

janvier [ʒɑ̃vje] *nm* January; *voir aussi* **juillet**

Japon [ʒapɔ̃] *nm* : **le ~** Japan

japonais, e [ʒapɔnɛ, -ɛz] *adj* Japanese ▶ *nm* (Ling) Japanese ▶ *nm/f* : **Japonais, e** Japanese

japonaiserie [ʒapɔnɛzʁi] *nf* (*bibelot*) Japanese curio

japonisant, e [ʒapɔnizɑ̃, -ɑ̃t] *adj* (*style, décor*) Japanese-inspired

jappement [ʒapmɑ̃] *nm* yap, yelp

japper [ʒape] /**1**/ *vi* to yap, yelp

jaquette [ʒakɛt] *nf* (*de cérémonie*) morning coat; (*de femme*) jacket; (*de livre*) dust cover, (dust) jacket

jardin [ʒaʁdɛ̃] *nm* garden; **~ d'acclimatation** zoological gardens *pl*; **~ botanique** botanical gardens *pl*; **~ d'enfants** nursery school; **~ potager** vegetable garden; **~ public** (public) park, public gardens *pl*; **jardins suspendus** hanging gardens; **~ zoologique** zoological gardens

jardinage [ʒaʁdinaʒ] *nm* gardening

jardiner [ʒaʁdine] /**1**/ *vi* to garden, do some gardening

jardinerie [ʒaʁdinʁi] *nf* garden centre (BRIT), garden center (US)

jardinet [ʒaʁdinɛ] *nm* little garden

jardinier, -ière [ʒaʁdinje, -jɛʁ] *nm/f* gardener ▶ *nf* (*de fenêtre*) window box; **jardinière d'enfants** nursery school teacher; **jardinière (de légumes)** (Culin) mixed vegetables

jargon [ʒaʁgɔ̃] *nm* (*charabia*) gibberish; (*publicitaire, scientifique etc*) jargon

jarre [ʒaʁ] *nf* (earthenware) jar

jarret [ʒaʁɛ] *nm* back of knee; (Culin) knuckle, shin

jarretelle [ʒaʁtɛl] *nf* suspender (BRIT), garter (US)

jarretière [ʒaʁtjɛʁ] *nf* garter

jars [ʒaʀ] *nm* (*Zool*) gander

jaser [ʒaze] /**1**/ *vi* to chatter, prattle; (*indiscrètement*) to gossip

jasmin [ʒasmɛ̃] *nm* jasmine

jaspe [ʒasp] *nm* jasper

jaspé, e [ʒaspe] *adj* marbled, mottled

jatte [ʒat] *nf* basin, bowl

jauge [ʒoʒ] *nf* (*capacité*) capacity, tonnage; (*instrument*) gauge; **~ (de niveau) d'huile** (*Auto*) dipstick

jauger [ʒoʒe] /**3**/ *vt* to gauge the capacity of; (*fig*) to size up; **~ 3 000 tonneaux** to measure 3,000 tons

jaunâtre [ʒonatʀ] *adj* (*couleur, teint*) yellowish

jaune [ʒon] *adj, nm* yellow; **~ d'œuf** (egg) yolk ► *nmf* (*briseur de grève*) blackleg ► *adv* (*fam*) : **rire ~** to laugh on the other side of one's face

jaunir [ʒoniʀ] /**2**/ *vi, vt* to turn yellow

jaunisse [ʒonis] *nf* jaundice

Java [ʒava] *nf* Java

java [ʒava] *nf* (*fam*) : **faire la ~** to live it up, have a real party

javanais, e [ʒavanɛ, -ɛz] *adj* Javanese

Javel [ʒavɛl] *nf voir* **eau**

javel [ʒavɛl] *nf* (*fam*) bleach; *voir* **Javel**; **de la ~** some bleach

javelliser [ʒavelize] /**1**/ *vt* (*eau*) to chlorinate

javelot [ʒavlo] *nm* javelin; (*Athlétisme*) : **faire du ~** to throw the javelin

jazz [dʒaz] *nm* jazz

jazzy [dʒazi] *adj inv* (*morceau, voix*) jazzy

J.-C. *abr* = **Jésus-Christ**

JDC *sigle f* = **journée défense et citoyenneté**

: **JDC**
:
: All 16- and 17-year-olds, both male and
: female, are required to attend a one-day
: course, the **JDC** (*Journée défense et citoyenneté*),
: which covers basic information on the
: principles and organization of defence in
: France, on citizens' duties and on career
: opportunities in the military and the
: voluntary sector. There is also an
: introduction to first aid and a French
: language test. This course is compulsory –
: without it, young people cannot take their
: driving test or any competitive examinations
: for the public sector.

je, j' [ʒə, ʒ] *pron* I

jean [dʒin] *nm* jeans *pl*

jeannette [ʒanɛt] *nf* (*planchette*) sleeve board; (*petite fille scout*) Brownie

jeep® [(d)ʒip] *nf* (*Auto*) Jeep®

jérémiades [ʒeʀemjad] *nfpl* moaning *sg*

jerrycan [ʒeʀikan] *nm* jerry can

Jersey [ʒɛʀze] *nf* Jersey

jersey [ʒɛʀzɛ] *nm* jersey; (*Tricot*) : **point de ~** stocking stitch

jersiais, e [ʒɛʀzjɛ, -ɛz] *adj* Jersey *cpd*, of *ou* from Jersey

Jérusalem [ʒeʀyzalɛm] *n* Jerusalem

jésuite [ʒezɥit] *nm* Jesuit

Jésus-Christ [ʒezykʀi(st)] *n* Jesus Christ; **600 avant/après ~** 600 B.C./A.D.

jet¹ [ʒɛ] *nm* (*lancer : action*) throwing *no pl*; (*: résultat*) throw; (*jaillissement : d'eaux*) jet; (*: de sang*) spurt; (*de tuyau*) nozzle; (*fig*) : **premier ~** (*ébauche*) rough outline; **arroser au ~** to hose; **d'un (seul) ~** (*d'un seul coup*) at (*ou* in) one go; **du premier ~** at the first attempt *ou* shot; **~ d'eau** spray; (*fontaine*) fountain

jet² [dʒɛt] *nm* (*avion*) jet

jetable [ʒ(ə)tabl] *adj* disposable

jeté [ʒ(ə)te] *nm* (*Tricot*) : **un ~** make one; **~ de table** (table) runner; **~ de lit** bedspread

jetée [ʒəte] *nf* jetty; (*grande*) pier

jeter [ʒ(ə)te] /**4**/ *vt* (*gén*) to throw; (*se défaire de*) to throw away *ou* out; (*son, lueur etc*) to give out; **~ qch à qn** to throw sth to sb; (*de façon agressive*) to throw sth at sb; **~ l'ancre** (*Navig*) to cast anchor; **~ un coup d'œil (à)** to take a look (at); **~ les bras en avant/la tête en arrière** to throw one's arms forward/one's head back(ward); **~ l'effroi parmi** to spread fear among; **~ un sort à qn** to cast a spell on sb; **~ qn dans la misère** to reduce sb to poverty; **~ qn dehors/en prison** to throw sb out/into prison; **~ l'éponge** (*fig*) to throw in the towel; **~ des fleurs à qn** (*fig*) to say lovely things to sb; **~ la pierre à qn** (*accuser, blâmer*) to accuse sb; **se jeter** *vpr* : **se ~ sur** to throw o.s. onto; **se ~ dans** (*fleuve*) to flow into; **se ~ par la fenêtre** to throw o.s. out of the window; **se ~ à l'eau** (*fig*) to take the plunge

jeton [ʒ(ə)tɔ̃] *nm* (*au jeu*) counter; (*de téléphone*) token; **jetons de présence** (director's) fees

jette *etc* [ʒɛt] *vb voir* **jeter**

jeu, x [ʒø] *nm* (*divertissement, Tech : d'une pièce*) play; (*défini par des règles, Tennis : partie, Football etc : façon de jouer*) game; (*Théât etc*) acting; (*fonctionnement*) working, interplay; (*série d'objets, jouet*) set; (*Cartes*) hand; (*au casino*) : **le ~** gambling; **cacher son ~** (*fig*) to keep one's cards hidden, conceal one's hand; **c'est un ~ d'enfant !** (*fig*) it's child's play!; **en ~** at stake; at work; (*Football*) in play; **remettre en ~** to throw in; **entrer/ mettre en ~** to come/bring into play; **par ~** (*pour s'amuser*) for fun; **d'entrée de ~** (*tout de suite, dès le début*) from the outset; **entrer dans le ~/le ~ de qn** (*fig*) to play the game/sb's game; **jouer gros ~** to play for high stakes; **se piquer/se prendre au ~** to get excited over/get caught up in the game; **~ d'arcade** video game; **~ de boules** game of bowls; (*endroit*) bowling pitch; (*boules*) set of bowls; **~ de cartes** card game; (*paquet*) pack of cards; **~ de construction** building set; **~ d'échecs** chess set; **~ d'écritures** (*Comm*) paper transaction; **~ électronique** electronic game; **~ de hasard** game of chance; **~ de mots** pun; **le ~ de l'oie** snakes and ladders *sg*; **~ d'orgue(s)** organ stop; **~ de patience** puzzle; **~ de physionomie** facial expressions *pl*; **~ de société** board game; **~ télévisé** television quiz; **~ vidéo** video game; **jeux de lumière** lighting effects; **Jeux olympiques** Olympic Games

jeu-concours [jøkɔ̃kuʀ] (*pl* **jeux-concours**) *nm* competition

jeudi [ʒødi] *nm* Thursday; **~ saint** Maundy Thursday; *voir aussi* **lundi**

jeun [ʒœ̃] : **à ~** *adv* on an empty stomach; **être à ~** to have eaten nothing; **rester à ~** not to eat anything

jeune [ʒœn] *adj* young; **~ fille** girl; **~ homme** young man; **~ loup** (*Pol, Écon*) young go-getter; **~ premier** leading man; **jeunes gens** young people; **jeunes mariés** newly weds ▸ *adv* : **faire/s'habiller ~** to look/dress young ▸ *nmf* : **les jeunes** young people, the young

jeûne [ʒøn] *nm* fast

jeûner [ʒøne] /**1**/ *vi* to fast, go without food

jeunesse [ʒœnɛs] *nf* youth; (*aspect*) youthfulness; (*jeunes*) young people *pl*, youth

jeunisme [ʒœnism] *nm* cult of youth, youthism

jeunot, te [ʒœno, -ɔt] (*fam*) *adj* young ▸ *nm* young lad

jf *sigle f* = **jeune fille**

jh *sigle m* = **jeune homme**

JI *sigle m* = **juge d'instruction**

jiu-jitsu [ʒyʒitsy] *nm* (*Sport*) jujitsu

JMF *sigle f* (= *Jeunesses musicales de France*) association to promote music among the young

JO *sigle m* = **le Journal officiel (de la République française)** ▸ *sigle mpl* = **Jeux olympiques**

joaillerie [ʒɔɑjʀi] *nf* jewel trade; jewellery (*BRIT*), jewelry (*US*)

joaillier, -ière [ʒɔɑje, -jɛʀ] *nm/f* jeweller (*BRIT*), jeweler (*US*)

job [dʒɔb] *nm* job

jobard [ʒɔbaʀ] *nm* (*péj*) sucker, mug

jockey [ʒɔkɛ] *nm* jockey

jodler [ʒɔdle] /**1**/ *vi* to yodel

joggeur, -euse [dʒɔgœʀ, -øz] *nm/f* jogger

jogging [dʒɔgiŋ] *nm* jogging; (*survêtement*) tracksuit (*BRIT*), sweatsuit (*US*); **faire du ~** to go jogging, jog

joie [ʒwa] *nf* joy

joignable [ʒwaɲabl] *adj* contactable; **le médecin de garde doit être ~ à tout moment** the duty doctor must be contactable at all times

joignais *etc* [ʒwaɲɛ] *vb voir* **joindre**

joindre [ʒwɛ̃dʀ] /**49**/ *vt* to join; (*contacter*) to contact, get in touch with; **~ qch à** (*à une lettre*) to enclose sth with; **~ un fichier à un mail** (*Inform*) to attach a file to an email; **~ les mains/talons** to put one's hands/heels together; **~ les deux bouts** (*fig*) to make ends meet; **se joindre** *vpr* (*mains etc*) to come together; **se ~ à qn** to join sb; **se ~ à qch** to join in sth

joint, e [ʒwɛ̃, -ɛ̃t] *pp de* **joindre** ▸ *adj* : **~ (à)** (*lettre, paquet*) attached (to), enclosed (with) ▸ *nm* joint; (*ligne*) join; (*de ciment etc*) pointing *no pl*; **pièce jointe** (*de lettre*) enclosure; (*de mail*) attachment; **chercher/trouver le ~** (*fig*) to look for/come up with the answer; **~ de cardan** cardan joint; **~ de culasse** cylinder head gasket; **~ de robinet** washer; **~ universel** universal joint

jointure [ʒwɛ̃tyʀ] *nf* (*Anat* : *articulation*) joint; (*Tech* : *assemblage*) joint; (: *ligne*) join

jojo [ʒɔʒo] (*fam*) *adj inv* : **pas ~** (*pas joli*) not a pretty sight ▸ *nm* : **un affreux ~** a little rascal

jojoba [ʒɔʒɔba] *nm* jojoba

joker [ʒɔkɛʀ] *nm* (*Cartes*) joker; (*Inform*) : **(caractère) ~** wild card

joli, e [ʒɔli] *adj* pretty, attractive; **une jolie somme/situation** a nice little sum/situation; **un ~ gâchis** *etc* a nice mess *etc*; **c'est du ~ !** (*ironique*) that's very nice!; **tout ça, c'est bien ~ mais ...** that's all very well but ...

joliment [ʒɔlimã] *adv* prettily, attractively; (*fam* : *très*) pretty

jonc [ʒɔ̃] *nm* (bul)rush; (*bague, bracelet*) band

joncher [ʒɔ̃ʃe] /**1**/ *vt* (*choses*) to be strewed on; **jonché de** strewn with

jonction [ʒɔ̃ksjɔ̃] *nf* junction, joining; (**point de**) **~** (*de routes*) junction; (*de fleuves*) confluence; **opérer une ~** (*Mil etc*) to rendez-vous

jongler [ʒɔ̃gle] /**1**/ *vi* to juggle; (*fig*) : **~ avec** to juggle with, play with

jongleur, -euse [ʒɔ̃glœʀ, -øz] *nm/f* juggler

jonque [ʒɔ̃k] *nf* (*bateau*) junk

jonquille [ʒɔ̃kij] *nf* daffodil

Jordanie [ʒɔʀdani] *nf* : **la ~** Jordan

jordanien, ne [ʒɔʀdanjɛ̃, -ɛn] *adj* Jordanian ▸ *nm/f* : **Jordanien, ne** Jordanian

jouabilité [ʒuabilite] *nf* (*d'un jeu*) playability

jouable [ʒwabl] *adj* playable

joual [ʒwal] *nm* joual (*working-class speech of French-speaking Canadians*)

joue [ʒu] *nf* cheek; **mettre en ~** to take aim at

jouer [ʒwe] /**1**/ *vt* (*partie, carte, coup, Mus* : *morceau*) to play; (*somme d'argent, réputation*) to stake, wager; (*pièce, rôle*) to perform; (*film*) to show; (*simuler* : *sentiment*) to affect, feign; **on joue Hamlet au théâtre X** Hamlet is on at the X theatre; **~ un tour à qn** to play a trick on sb; **~ la comédie** (*fig*) to put on an act, put it on ▸ *vi* to play; (*Théât, Ciné*) to act, perform; (*au casino*) to gamble; (*bois, porte* : *se voiler*) to warp; (*clef, pièce* : *avoir du jeu*) to be loose; (*entrer ou être en jeu*) to come into play, come into it; **~ à** (*jeu, sport, roulette*) to play; **~ avec** (*risquer*) to gamble with; **~ de** (*Mus*) to play; **~ sur** (*miser*) to gamble on; **~ au héros** to act *ou* play the hero; **~ aux courses** to back horses, bet on horses; **~ du couteau/des coudes** to use knives/one's elbows; **~ à la baisse/hausse** (*Bourse*) to play for a fall/rise; **~ serré** to play a close game; **~ de malchance** to be dogged with ill-luck; **~ sur les mots** to play with words; **à toi/nous de ~** it's your/our go *ou* turn; **bien joué !** well done!; **se jouer** *vpr* : **se ~ de** (*difficultés*) to make light of; **se ~ de qn** to deceive *ou* dupe sb

jouet [ʒwɛ] *nm* toy; **être le ~ de** (*illusion etc*) to be the victim of

joueur, -euse [ʒwœʀ, -øz] *nm/f* player; **être beau/mauvais ~** to be a good/bad loser ▸ *adj* (*enfant, chat*) playful

joufflu, e [ʒufly] *adj* chubby(-cheeked)

joug [ʒu] *nm* yoke

jouir [ʒwiʀ] /**2**/ *vi* (*sexe* : *fam*) to come ▸ *vt* : **~ de** to enjoy

jouissance [ʒwisɑ̃s] *nf* pleasure; (*Jur*) use

jouisseur, -euse [ʒwisœʀ, -øz] *nm/f* sensualist

jouissif, -ive [ʒwisif, -iv] *adj* (*fam* : *génial*) brilliant, brilliant fun (*fam*)

joujou, x [ʒuʒu] *nm* (*fam*) toy

joule [ʒul] *nm* joule

jour [ʒuʀ] *nm* day; *(opposé à la nuit)* day, daytime; *(clarté)* daylight; *(fig : aspect, ouverture)* opening; *(Couture)* openwork *no pl*; **sous un ~ favorable/ nouveau** in a favourable/new light; **de ~** *(crème, service)* day *cpd*; **travailler de ~** to work during the day; **voyager de ~** to travel by day; **au ~ le ~** from day to day; **de nos jours** these days, nowadays; **tous les jours** every day; **de ~ en ~** day by day; **d'un ~ à l'autre** from one day to the next; **du ~ au lendemain** overnight; **il fait ~** it's daylight; **en plein ~** in broad daylight; **au ~** in daylight; **au petit ~** at daybreak; **au grand ~** *(fig)* in the open; **mettre au ~** to disclose, uncover; **être à ~** to be up to date; **mettre à ~** to bring up to date, update; **mise à ~** updating; **donner le ~ à** to give birth to; **voir le ~** to be born; **se faire ~** *(fig)* to become clear; **~ férié** public holiday; **le ~ J** D-day; **~ ouvrable** working day

Jourdain [ʒuʀdɛ̃] *nm* : **le ~** the (River) Jordan

journal, -aux [ʒuʀnal, -o] *nm* (news)paper; *(personnel)* journal; *(intime)* diary; **~ de bord** log; **~ de mode** fashion magazine; **le J~ officiel** (de **la République française**) *bulletin giving details of laws and official announcements*; **~ parlé** radio news *sg*; **~ télévisé** television news *sg*

journalier, -ière [ʒuʀnalje, -jɛʀ] *adj* daily; *(banal)* everyday ▸ *nm* day labourer

journalisme [ʒuʀnalism] *nm* journalism

journaliste [ʒuʀnalist] *nmf* journalist

journalistique [ʒuʀnalistik] *adj* journalistic

journée [ʒuʀne] *nf* day; **la ~ continue** the 9 to 5 working day *(with short lunch break)*

journellement [ʒuʀnelmã] *adv (tous les jours)* daily; *(souvent)* every day

joute [ʒut] *nf (tournoi)* duel; *(verbale)* duel, battle of words

jouvence [ʒuvãs] *nf* : **bain de ~** rejuvenating experience

jouxter [ʒukste] /1/ *vt* to adjoin

jovial, e, -aux [ʒɔvjal, -o] *adj* jovial, jolly

jovialité [ʒɔvjalite] *nf* joviality

joyau, x [ʒwajo] *nm* gem, jewel

joyeusement [ʒwajøzmã] *adv* joyfully, gladly

joyeusetés [ʒwajøzte] *nfpl (ironique)* : **... et autres ~** ... and other joys

joyeux, -euse [ʒwajø, -øz] *adj* joyful, merry; **~ Noël !** Merry *ou* Happy Christmas!; **joyeuses Pâques !** Happy Easter!; **~ anniversaire !** many happy returns!

joystick [dʒɔjstik] *nm* joystick

JT *sigle m* = **journal télévisé**

jubilation [ʒybilasjɔ̃] *nf* jubilation

jubilatoire [ʒybilatwaʀ] *adj* exhilarating

jubilé [ʒybile] *nm* jubilee

jubiler [ʒybile] /1/ *vi* to be jubilant, exult

jucher [ʒyʃe] /1/ *vt* : **~ qch sur** to perch sth (up)on ▸ *vi (oiseau)* : **~ sur** to perch (up)on; **se jucher sur** *vpr* to perch o.s. (up)on

judaïque [ʒydaik] *adj (loi)* Judaic; *(religion)* Jewish

judaïsme [ʒydaism] *nm* Judaism

judas [ʒyda] *nm (trou)* spy-hole

Judée [ʒyde] *nf* : **la ~** Jud(a)ea

judéité [ʒydeite], **judaïté** [ʒydaite] *nf* Jewishness

judéo- [ʒydeɔ] *préfixe* Judeo-

judéo-allemand, e [ʒydeɔalmã, -ãd] *adj, nm* Yiddish

judéo-chrétien, ne [ʒydeɔkʀetjɛ̃, -ɛn] *adj* Judeo-Christian

judiciaire [ʒydisjɛʀ] *adj* judicial

judicieusement [ʒydisjøzmã] *adv* judiciously

judicieux, -euse [ʒydisjø, -øz] *adj* judicious

judo [ʒydo] *nm* judo

judoka [ʒydɔka] *nmf* judoka

juge [ʒyʒ] *nm* judge; **~ d'instruction** examining *(Brit) ou* committing *(US)* magistrate; **~ de paix** justice of the peace; **~ de touche** linesman

jugé [ʒyʒe] : **au ~** *adv* by guesswork

jugement [ʒyʒmã] *nm* judgment; *(Jur : au pénal)* sentence; *(: au civil)* decision; **~ de valeur** value judgment

jugeote [ʒyʒɔt] *nf (fam)* gumption

juger [ʒyʒe] /3/ *vt* to judge; *(estimer)* to consider; **~ qn/qch satisfaisant** to consider sb/sth (to be) satisfactory; **~ que** to think *ou* consider that; **~ bon de faire** to consider it a good idea to do, see fit to do; **~ de** to judge; **jugez de ma surprise** imagine my surprise ▸ *nm* : **au ~** by guesswork

jugulaire [ʒygylɛʀ] *adj* jugular ▸ *nf (Mil)* chinstrap

juguler [ʒygyle] /1/ *vt (maladie)* to halt; *(révolte)* to suppress; *(inflation etc)* to control, curb

juif, -ive [ʒɥif, -iv] *adj* Jewish ▸ *nm/f* : **Juif, -ive** Jewish man/woman *ou* Jew

juillet [ʒɥijɛ] *nm* July; **le premier ~** the first of July *(Brit)*, July first *(US)*; **le deux/onze ~** the second/eleventh of July, July second/eleventh; **il est venu le 5 ~** he came on 5th July *ou* July 5th; **en ~** in July; **début/fin ~** at the beginning/ end of July; *see note*

: **LE 14 JUILLET**
:
: **Le 14 juillet** is a national holiday in France
: and commemorates the storming of the
: Bastille during the French Revolution.
: Throughout the country there are
: celebrations, which feature parades, music,
: dancing and firework displays. In Paris a
: military parade along the Champs-Élysées
: is attended by the President.

juin [ʒɥɛ̃] *nm* June; *voir aussi* **juillet**

juive [ʒɥiv] *adj, nf voir* **juif**

jules [ʒyl] *nm (fam : mari)* hubby; *(petit ami)* boyfriend

julienne [ʒyljɛn] *nf (Culin)* julienne

jumeau, -elle, x [ʒymo, -ɛl] *adj, nm/f* twin; **maisons jumelles** semidetached houses

jumelage [ʒym(ə)laʒ] *nm* twinning

jumeler [ʒym(ə)le] /4/ *vt* to twin; **roues jumelées** double wheels; **billets de loterie jumelés** double series lottery tickets; **pari jumelé** double bet

jumelle [ʒymɛl] *adj f, nf voir* **jumeau** ▸ *vb voir* **jumeler**

jumelles [ʒymɛl] *nfpl* binoculars

jument [ʒymã] *nf* mare

jungle [ʒɔ̃gl] nf jungle
junior [ʒynjɔʀ] adj junior
junte [ʒœ̃t] nf junta
jupe [ʒyp] nf skirt
jupe-culotte [ʒypkylɔt] (pl **jupes-culottes**) nf divided skirt, culotte(s)
jupette [ʒypɛt] nf short skirt
jupon [ʒypɔ̃] nm waist slip ou petticoat
Jura [ʒyʀa] nm : **le ~** the Jura (Mountains)
jurassien, ne [ʒyʀasjɛ̃, -ɛn] adj of ou from the Jura Mountains
juré, e [ʒyʀe] nm/f juror ▸ adj : **ennemi ~** sworn ou avowed enemy
jurer [ʒyʀe] /1/ vt (obéissance etc) to swear, vow; **~ de faire/que** (s'engager) to swear ou vow to do/ that; **~ que** (affirmer) to swear ou vouch that; **~ de qch** (s'en porter garant) to swear to sth; **ils ne jurent que par lui** they swear by him ▸ vi (dire des jurons) to swear, curse; (dissoner) : **~ (avec)** to clash (with); **je vous jure !** honestly!
juridiction [ʒyʀidiksjɔ̃] nf jurisdiction; (tribunal, tribunaux) court(s) of law
juridictionnel, le [ʒyʀidiksjɔnɛl] adj jurisdictional
juridique [ʒyʀidik] adj legal
juridiquement [ʒyʀidikmɑ̃] adv (devant la justice) juridically; (du point de vue du droit) legally
jurisconsulte [ʒyʀiskɔ̃sylt] nm jurisconsult
jurisprudence [ʒyʀispʀydɑ̃s] nf (Jur : décisions) (legal) precedents; (: principes juridiques) jurisprudence; **faire ~** (faire autorité) to set a precedent
juriste [ʒyʀist] nmf jurist; lawyer
juron [ʒyʀɔ̃] nm curse, swearword
jury [ʒyʀi] nm (Jur) jury; (Art, Sport) panel of judges; (Scol) board (of examiners), jury
jus [ʒy] nm juice; (de viande) gravy, (meat) juice; **~ de fruits** fruit juice; **~ de raisin/tomates** grape/tomato juice
jusant [ʒyzɑ̃] nm ebb (tide)
jusqu'au-boutiste [ʒyskobutist] nmf extremist, hardliner
jusque [ʒysk] : **jusqu'à** prép (endroit) as far as, (up) to; (moment) until, till; (limite) up to; **~ sur/ dans** up to, as far as; (y compris) even on/in; **~ vers** until about; **jusqu'à ce que** conj until;

~-là (temps) until then; (espace) up to there; **jusqu'ici** (temps) until now; (espace) up to here; **jusqu'à présent** ou **maintenant** until now, so far; **jusqu'où** ? how far?
justaucorps [ʒystokɔʀ] nm inv (Danse, Sport) leotard
juste [ʒyst] adj (équitable) just, fair; (légitime) just, justified; (exact, vrai) right; (pertinent) apt; (étroit) tight; (insuffisant) on the short side; **le ~ milieu** the happy medium; **à ~ titre** rightfully; **c'était ~** it was a close thing ▸ adv right; tight; (chanter) in tune; (seulement) just; **~ assez/ au-dessus** just enough/above; **pouvoir tout ~ faire** to be only just able to do; **au ~** exactly, actually; **comme de ~** of course, naturally
justement [ʒystəmɑ̃] adv rightly; justly; (précisément) just, precisely; **c'est ~ ce qu'il fallait faire** that's just ou precisely what needed doing
justesse [ʒystɛs] nf (précision) accuracy; (d'une remarque) aptness; (d'une opinion) soundness; **de ~** only just, by a narrow margin
justice [ʒystis] nf (équité) fairness, justice; (Admin) justice; **rendre la ~** to dispense justice; **traduire en ~** to bring before the courts; **obtenir ~** to obtain justice; **rendre ~ à qn** to do sb justice; **se faire ~** to take the law into one's own hands; (se suicider) to take one's life
justiciable [ʒystisjabl] adj : **~ de** (Jur) answerable to
justicier, -ière [ʒystisje, -jɛʀ] nm/f judge, righter of wrongs
justifiable [ʒystifjabl] adj justifiable
justificatif, -ive [ʒystifikatif, -iv] adj (document etc) supporting; **pièce justificative** written proof ▸ nm supporting proof
justification [ʒystifikasjɔ̃] nf justification
justifié, e [ʒystifje] adj justified; (Inform) : **à droite/gauche** ranged right/left; **non ~** unjustified
justifier [ʒystifje] /7/ vt to justify; **~ de** to prove
jute [ʒyt] nm jute
juteux, -euse [ʒytø, -øz] adj juicy
juvénile [ʒyvenil] adj young, youthful
juxtaposer [ʒykstapoze] /1/ vt to juxtapose
juxtaposition [ʒykstapozisjɔ̃] nf juxtaposition

Kk

K, k [ka] *nm inv* K, k ▶ *abr* (= *kilo*) kg; **K comme Kléber** K for King

K 7 [kasɛt] *nf* cassette

Kaboul, Kabul [kabul] *n* Kabul

kabyle [kabil] *adj* Kabyle ▶ *nm* (*Ling*) Kabyle ▶ *nmf*: **Kabyle** Kabyle

Kabylie [kabili] *nf*: **la** ~ Kabylia

kafkaïen, ne [kafkajɛ̃, -ɛn] *adj* Kafkaesque

kaki [kaki] *adj inv* khaki

Kalahari [kalaari] *n*: **le (désert du)** ~ the Kalahari (Desert)

kaléidoscope [kaleidɔskɔp] *nm* kaleidoscope

Kampala [kãpala] *n* Kampala

Kampuchéa [kãputʃea] *nm*: **le ~ (démocratique)** (the People's Republic of) Kampuchea

kanak, e, canaque [kanak] *adj* Kanak; **les coutumes kanakes** Kanak customs ▶ *nm/f*: **Kanak, e** Kanak

kangourou [kãguʀu] *nm* kangaroo

kaolin [kaɔlɛ̃] *nm* kaolin

kapok [kapɔk] *nm* kapok

karaoke [kaʀaoke] *nm* karaoke

karaoké [kaʀaɔke] *nm* karaoke

karaté [kaʀate] *nm* karate

karité [kaʀite] *nm* shea; **beurre de** ~ shea butter

kart [kaʀt] *nm* go-cart

karting [kaʀtiŋ] *nm* go-carting, karting

kascher [kaʃɛʀ] *adj inv* kosher

kayak [kajak] *nm* kayak; **faire du** ~ to go kayaking

Kazakhstan [kazakstã] *nm* Kazakhstan

Kenya [kenja] *nm*: **le** ~ Kenya

kényan, e, kenyan, e [kenjã, -an] *adj* Kenyan ▶ *nm/f*: **Kényan, e** Kenyan

képi [kepi] *nm* kepi

kératine [keʀatin] *nf* keratin, ceratin

Kerguelen [kɛʀgelɛn] *nfpl*: **les (îles)** ~ Kerguelen

kermesse [kɛʀmɛs] *nf* bazaar, (charity) fête; village fair

kérosène [keʀozɛn] *nm* jet fuel; rocket fuel

ketchup [kɛtʃœp] *nm* ketchup

kg *abr* (= *kilogramme*) kg

KGB *sigle m* KGB

khâgne [kaɲ] *nf* second year of preparatory course for arts section of the École normale supérieure

khmer, -ère [kmɛʀ] *adj* Khmer ▶ *nm* (*Ling*) Khmer

khôl [kol] *nm* kohl

kibboutz [kibuts] *nm* kibbutz

kidnapper [kidnape] /1/ *vt* to kidnap

kidnappeur, -euse [kidnapœʀ, -øz] *nm/f* kidnapper

kidnapping [kidnapiŋ] *nm* kidnapping

kiffer [kife] (*fam*) *vt* to like, to be into ▶ *vi*: **ça me fait** ~ I like it

kif-kif [kifkif] *adj inv* (*fam*): **c'est** ~ it's all the same

Kilimandjaro [kilimãdʒaʀo] *nm*: **le** ~ Mount Kilimanjaro

kilo [kilo] *nm* kilo

kilogramme [kilɔgʀam] *nm* kilogramme (*Brit*), kilogram (*US*)

kilométrage [kilɔmetʀaʒ] *nm* number of kilometres travelled, ≈ mileage

kilomètre [kilɔmetʀ] *nm* kilometre (*Brit*), kilometer (*US*); **kilomètres-heure** kilometres per hour

kilométrique [kilɔmetʀik] *adj* (*distance*) in kilometres; **compteur** ~ ≈ mileage indicator

kilooctet [kilɔɔktɛ] *nm* kilobyte

kilowatt [kilɔwat] *nm* kilowatt

kilt [kilt] *nm* (*traditionnel*) kilt; (*de femme*) kilt, pleated tartan skirt

kimono [kimɔno] *nm* kimono

Kindle® [kindl] *nm* Kindle®

kiné [kine] *nmf* (*fam*: *kinésithérapeute*) physio (*Brit fam*)

kinésithérapeute [kinezite ʀapøt] *nmf* physiotherapist

kinésithérapie [kinezite ʀapi] *nf* physiotherapy

kiosque [kjɔsk] *nm* kiosk, stall; (*Tél etc*) telephone and/or videotext information service; ~ **à journaux** newspaper kiosk

kippa [kipa] *nf* kippa, skullcap

kir [kiʀ] *nm* kir (*white wine with blackcurrant liqueur*)

Kirghizistan [kiʀgizistã] *nm* Kirghizia

kirsch [kiʀʃ] *nm* kirsch

kit [kit] *nm* kit; ~ **piéton** *ou* **mains libres** hands-free kit; **en** ~ in kit form

kitchenette [kitʃ(ə)nɛt] *nf* kitchenette

kitsch [kitʃ] *adj inv* (*objet, décor*) kitsch, kitschy ▶ *nm* (*style, genre*) kitsch

kiwi [kiwi] *nm* (*Zool*) kiwi; (*Bot*) kiwi (fruit)

klaxon [klaksɔn, klaksõ] *nm* horn

klaxonner [klaksone] /1/ *vi*, *vt* to hoot (*Brit*), honk (*one's horn*) (*US*)

kleptomane [klɛptɔman] *nmf* kleptomaniac

km *abr* (= *kilomètre*) km

km/h *abr* (= *kilomètres/heure*) km/h, kph

knock-out [nɔkawt] *nm* knock-out
Ko *abr* (*Inform* : = *kilooctet*) kB
K.-O. [kao] *adj inv* (*fam*) shattered, knackered
koala [kɔala] *nm* koala (bear)
kolkhoze [kɔlkoz] *nm* kolkhoz
Kosovo [kɔsɔvo] *nm* : **le ~** Kosovo
Koweït, Koweit [kɔwɛt] *nm* : **le ~** Kuwait, Koweit
koweïtien, ne, koweitien, ne [kɔwɛtjɛ̃, -ɛn] *adj* Kuwaiti ▶ *nm/f* : **Koweïtien, ne, Koweitien, ne** Kuwaiti
krach [kʀak] *nm* (*Écon*) crash
kraft [kʀaft] *nm* brown *ou* kraft paper

Kremlin [kʀɛmlɛ̃] *nm* : **le ~** the Kremlin
Kuala Lumpur [kwalalympuʀ] *n* Kuala Lumpur
kumquat [kɔmkwat] *nm* kumquat
kurde [kyʀd] *adj* Kurdish ▶ *nm* (*Ling*) Kurdish ▶ *nmf* : **Kurde** Kurd
Kurdistan [kyʀdistɑ̃] *nm* : **le ~** Kurdistan
Kuweit [kɔwɛt] *nm* = **Koweït**
kW *abr* (= *kilowatt*) kW
K-way® [kawɛ] *nm* (lightweight nylon) cagoule
kW/h *abr* (= *kilowatt/heure*) kW/h
kyrielle [kiʀjɛl] *nf* : **une ~ de** a stream of
kyste [kist] *nm* cyst

Ll

L, l [ɛl] *nm inv* L, l ► *abr* (= *litre*) l; **L comme Louis** L for Lucy (*BRIT*) *ou* Love (*US*)

l' [l] *art déf voir* **le**

la [la] *art déf, pron voir* **le** ► *nm* (*Mus*) A; (*en chantant la gamme*) la

là [la] *adv* there; (*ici*) here; (*dans le temps*) then; **est-ce que Catherine est là ?** is Catherine there (*ou* here)?; **elle n'est pas là** she isn't here; **c'est là que** this is where; **là où** where; **de là** (*fig*) hence; **par là** (*fig*) by that; **tout est là** (*fig*) that's what it's all about; *voir aussi* **-ci**; **celui**

là-bas [laba] *adv* there

label [labɛl] *nm* stamp, seal

labelliser [labelize] *vt* (*certifier, approuver*) to give one's seal of approval to; **être labellisé** to be approved; **La Bergerie, studio labellisé Gîtes de France** La Bergerie, a Gîtes de France approved flat

labeur [labœʀ] *nm* toil *no pl*, toiling *no pl*

labial, e, -aux [labjal, -o] *adj* (*Anat, Ling*) labial ► *nf* (*Ling*) labial

labo [labo] *nm* (= *laboratoire*) lab

laborantin, e [labɔʀɑ̃tɛ̃, -in] *nm/f* laboratory assistant

laboratoire [labɔʀatwaʀ] *nm* laboratory; **~ de langues/d'analyses** language/(medical) analysis laboratory

laborieusement [labɔʀjøzmɑ̃] *adv* laboriously

laborieux, -euse [labɔʀjø, -øz] *adj* (*tâche*) laborious; **classes laborieuses** working classes

labour [labuʀ] *nm* ploughing *no pl* (*BRIT*), plowing *no pl* (*US*); **cheval de ~** plough- *ou* cart-horse; **bœuf de ~** ox; **labours** *nmpl* (*champs*) ploughed fields

labourage [labuʀaʒ] *nm* ploughing (*BRIT*), plowing (*US*)

labourer [labuʀe] /**1**/ *vt* to plough (*BRIT*), plow (*US*); (*fig*) to make deep gashes *ou* furrows in

laboureur [labuʀœʀ] *nm* ploughman (*BRIT*), plowman (*US*)

labrador [labʀadɔʀ] *nm* (*chien*) labrador; (*Géo*): **le L~** Labrador

labyrinthe [labiʀɛ̃t] *nm* labyrinth, maze

lac [lak] *nm* lake; **le ~ Léman** Lake Geneva; **les Grands Lacs** the Great Lakes; *voir aussi* **lacs**

lacer [lase] /**3**/ *vt* to lace *ou* do up

lacération [laseʀasjɔ̃] *nf* (*Méd*) laceration

lacérer [laseʀe] /**6**/ *vt* to tear to shreds

lacet [lasɛ] *nm* (*de chaussure*) lace; (*de route*) sharp bend; (*piège*) snare; **chaussures à lacets** lace-up *ou* lacing shoes

lâche [lɑʃ] *adj* (*poltron*) cowardly; (*desserré*) loose, slack; (*morale, mœurs*) lax ► *nmf* coward

lâchement [lɑʃmɑ̃] *adv* (*par peur*) like a coward; (*par bassesse*) despicably

lâcher [lɑʃe] /**1**/ *nm* (*de ballons, oiseaux*) release ► *vt* (*main*) to let go of; (*verre*) to drop; (*libérer*) to release; (*fig : mot, remarque*) to let slip, come out with; (*Sport : distancer*) to leave behind; **~ prise** to let go ► *vi* (*fil, amarres*) to break, give way; (*freins*) to fail; **se lâcher** *vpr* (*fam : se décrisper*) to let o.s. go

lâcheté [lɑʃte] *nf* cowardice; (*bassesse*) lowness

lacis [lasi] *nm* (*de ruelles*) maze

laconique [lakɔnik] *adj* laconic

laconiquement [lakɔnikmɑ̃] *adv* laconically

lacrymal, e, -aux [lakʀimal, -o] *adj* (*canal, glande*) tear *cpd*

lacrymogène [lakʀimɔʒɛn] *adj* : **grenade/gaz ~** tear gas grenade/tear gas

lacs [la] *nm* (*piège*) snare

lactation [laktasjɔ̃] *nf* lactation

lacté, e [lakte] *adj* milk *cpd*

lactique [laktik] *adj* : **acide/ferment ~** lactic acid/ferment

lactose [laktoz] *nm* lactose, milk sugar

lactosérum [laktoseʀɔm] *nm* (*petit lait*) whey

lacune [lakyn] *nf* gap

lacustre [lakystʀ] *adj* lake *cpd*, lakeside *cpd*

lad [lad] *nm* stable-lad

là-dedans [ladədɑ̃] *adv* inside (there), in it; (*fig*) in that

là-dehors [ladəɔʀ] *adv* out there

là-derrière [ladɛʀjɛʀ] *adv* behind there; (*fig*) behind that

là-dessous [ladsu] *adv* underneath, under there; (*fig*) behind that

là-dessus [ladsy] *adv* on there; (*fig : sur ces mots*) at that point; (: *à ce sujet*) about that

là-devant [ladvɑ̃] *adv* there (in front)

ladite [ladit] *adj voir* **ledit**

ladre [lɑdʀ] *adj* miserly

lagon [lagɔ̃] *nm* lagoon

lagopède [lagɔpɛd] *nm* grouse; **~ des Alpes** ptarmigan

Lagos [lagɔs] *n* Lagos

lagune [lagyn] *nf* lagoon

là-haut [lao] *adv* up there

laïc [laik] *adj m, nm* = **laïque**

laïciser [laisize] /1/ *vt* to secularize
laïcité [laisite] *nf* secularity, secularism

LAÏCITÉ

Laïcité, or secularism, is one of the main tenets of the French Republic and is enshrined in its constitution. The Revolution gave rise to the idea of a separation between church and state, with two consequences: the obligation for the state not to interfere in private individuals' beliefs, and the principle of equality before the law regardless of religious beliefs. The main expression of *laïcité* is in the educational sphere: all French state schools are secular, both in their everyday running and in the national curriculum. In recent years, the concept of *laïcité* has been challenged by the need to accommodate a significant Muslim population whilst banning ostentatious displays of religious belief in state schools, for instance the wearing of the hijab.

laid, e [lɛ, lɛd] *adj* ugly; (*fig*: *acte*) mean, cheap
laideron [lɛdʀɔ̃] *nm* ugly girl
laideur [lɛdœʀ] *nf* ugliness *no pl*; meanness *no pl*
laie [lɛ] *nf* wild sow
lainage [lɛnaʒ] *nm* (*vêtement*) woollen garment; (*étoffe*) woollen material
laine [lɛn] *nf* wool; ~ **peignée** worsted (wool); ~ **à tricoter** knitting wool; ~ **de verre** glass wool; ~ **vierge** new wool
laineux, -euse [lɛnø, -øz] *adj* woolly
lainier, -ière [lɛnje, -jɛʀ] *adj* (*industrie etc*) woollen
laïque [laik] *adj* lay, civil; (*Scol*) state *cpd* (*as opposed to Roman Catholic*) ▶ *nmf* layman(-woman)
laisse [lɛs] *nf* (*de chien*) lead, leash; **tenir en** ~ to keep on a lead *ou* leash
laissé-pour-compte, laissée-pour-compte [lesepuʀkɔ̃t] (*pl* **laissés-pour-compte**) *adj* (*Comm*) unsold; (: *refusé*) returned ▶ *nm/f* (*fig*) reject; **les laissés-pour-compte de la reprise économique** those who are left out of the economic upturn
laisser [lese] /1/ *vt* to leave ▶ *vb aux* to let; ~ **qn faire** to let sb do; ~ **qn tranquille** to let *ou* leave sb alone; **laisse-moi faire** let me do it; **rien ne laisse penser que ...** there is no reason to think that ...; **cela ne laisse pas de surprendre** nonetheless it is surprising; **se laisser** *vpr*: **se** ~ **aller** to let o.s. go; **se** ~ **exploiter** to let o.s. be exploited
laisser-aller [leseale] *nm* carelessness, slovenliness
laisser-faire [lesefɛʀ] *nm* laissez-faire
laissez-passer [lesepase] *nm inv* pass
lait [lɛ] *nm* milk; **frère/sœur de** ~ foster brother/sister; ~ **écrémé/entier/concentré/condensé** skimmed/full-fat/condensed/evaporated milk; ~ **en poudre** powdered milk, milk powder; ~ **de chèvre/vache** goat's/cow's milk; ~ **maternel** mother's milk; ~ **démaquillant/de beauté** cleansing/beauty lotion
laitage [lɛtaʒ] *nm* dairy product

laiterie [lɛtʀi] *nf* dairy
laiteux, -euse [lɛtø, -øz] *adj* milky
laitier, -ière [letje, -jɛʀ] *adj* dairy *cpd* ▶ *nm/f* milkman (dairywoman)
laiton [lɛtɔ̃] *nm* brass
laitue [lety] *nf* lettuce
laïus [lajys] *nm* (*péj*) spiel
lama [lama] *nm* llama
lamantin [lamɑ̃tɛ̃] *nm* manatee
lamaserie [lamazʀi] *nf* lamasery
lambda [lɑ̃bda] *nm* (*lettre grecque*) lambda ▶ *adj inv* (*fam*: *moyen*) average
lambeau, x [lɑ̃bo] *nm* scrap; **en lambeaux** in tatters, tattered
lambin, e [lɑ̃bɛ̃, -in] *adj* (*péj*) slow
lambiner [lɑ̃bine] /1/ *vi* (*péj*) to dawdle
lambris [lɑ̃bʀi] *nm* panelling *no pl*
lambrissé, e [lɑ̃bʀise] *adj* panelled
lame [lam] *nf* blade; (*vague*) wave; (*lamelle*) strip; ~ **de fond** ground swell *no pl*; ~ **de rasoir** razor blade
lamé [lame] *nm* lamé
lamelle [lamɛl] *nf* (*lame*) small blade; (*morceau*) sliver; (*de champignon*) gill; **couper en lamelles** to slice thinly
lamellé-collé [lamelekɔle] (*pl* **lamellés-collés**) *nm* laminated timber
lamellibranche [lamelibʀɑ̃ʃ] *nm* lamellibranch
lamentable [lamɑ̃tabl] *adj* (*déplorable*) appalling; (*pitoyable*) pitiful
lamentablement [lamɑ̃tabləmɑ̃] *adv* (*échouer*) miserably; (*se conduire*) appallingly
lamentation [lamɑ̃tasjɔ̃] *nf* wailing *no pl*, lamentation; moaning *no pl*
lamenter [lamɑ̃te] /1/: **se lamenter** *vpr*: **se** ~ **(sur)** to moan (over)
laminage [laminaʒ] *nm* lamination
laminer [lamine] /1/ *vt* to laminate; (*fig*: *écraser*) to wipe out
laminoir [laminwaʀ] *nm* rolling mill; **passer au** ~ (*fig*) to go (*ou* put) through the mill
lampadaire [lɑ̃padɛʀ] *nm* (*de salon*) standard lamp; (*dans la rue*) street lamp
lampe [lɑ̃p] *nf* lamp; (*Tech*) valve; ~ **à alcool** spirit lamp; ~ **à pétrole** oil lamp; ~ **à bronzer** sunlamp; ~ **de poche** torch (*BRIT*), flashlight (*US*); ~ **à souder** blowlamp; ~ **témoin** warning light; ~ **halogène** halogen lamp
lampée [lɑ̃pe] *nf* gulp, swig
lampe-tempête [lɑ̃ptɑ̃pɛt] (*pl* **lampes-tempête**) *nf* storm lantern
lampion [lɑ̃pjɔ̃] *nm* Chinese lantern
lampiste [lɑ̃pist] *nm* light (maintenance) man; (*fig*) underling
lamproie [lɑ̃pʀwa] *nf* lamprey
lance [lɑ̃s] *nf* spear; ~ **d'arrosage** garden hose; ~ **à eau** water hose; ~ **d'incendie** fire hose
lancée [lɑ̃se] *nf*: **être/continuer sur sa** ~ to be under way/keep going
lance-flammes [lɑ̃sflam] *nm inv* flamethrower
lance-fusées [lɑ̃sfyze] *nm inv* rocket launcher
lance-grenades [lɑ̃sɡʀənad] *nm inv* grenade launcher
lancement [lɑ̃smɑ̃] *nm* launching *no pl*, launch; **offre de** ~ introductory offer

lance-missiles [lɑ̃smisil] *nm inv* missile launcher

lance-pierres [lɑ̃spjɛʀ] *nm inv* catapult

lancer [lɑ̃se] /**3**/ *nm (Athlétisme)* throwing *no pl*, throw; **~ du javelot/du disque/du marteau** javelin/discus/hammer throw *ou* throwing; **~ du poids** shot put; *(Pêche)* rod and reel fishing ▶ *vt* to throw; *(émettre, projeter)* to throw out, send out; *(produit, fusée, bateau, artiste)* to launch; *(injure)* to hurl, fling; *(proclamation, mandat d'arrêt)* to issue; *(emprunt)* to float; *(moteur)* to send roaring away; **~ qch à qn** to throw sth to sb; *(de façon agressive)* to throw sth at sb; **~ un cri** *ou* **un appel** to shout *ou* call out; **se lancer** *vpr (prendre de l'élan)* to build up speed; *(se précipiter)* : **se ~ sur** *ou* **contre** to rush at; **se ~ dans** *(discussion)* to launch into; *(aventure)* to embark on; *(les affaires, la politique)* to go into

lance-roquettes [lɑ̃sʀɔkɛt] *nm inv* rocket launcher

lance-torpilles [lɑ̃stɔʀpij] *nm inv* torpedo tube

lanceur, -euse [lɑ̃sœʀ, -øz] *nm/f* bowler; *(Baseball)* pitcher ▶ *nm (Espace)* launcher

lancinant, e [lɑ̃sinɑ̃, -ɑ̃t] *adj (regrets etc)* haunting; *(douleur)* shooting

lanciner [lɑ̃sine] /**1**/ *vi* to throb; *(fig)* to nag

landais, e [lɑ̃dɛ, -ɛz] *adj* of *ou* from the Landes

landau [lɑ̃do] *nm* pram (BRIT), baby carriage (US)

lande [lɑ̃d] *nf* moor

Landes [lɑ̃d] *nfpl* : **les ~** the Landes

langage [lɑ̃gaʒ] *nm* language; **~ d'assemblage** *(Inform)* assembly language; **~ du corps** body language; **~ évolué/machine** *(Inform)* high-level/machine language; **~ de programmation** *(Inform)* programming language

lange [lɑ̃ʒ] *nm* flannel blanket; **langes** *nmpl* swaddling clothes

langer [lɑ̃ʒe] /**3**/ *vt* to change (the nappy (BRIT) *ou* diaper (US) of); **table à ~** changing table

langoureusement [lɑ̃guʀøzmɑ̃] *adv* languorously

langoureux, -euse [lɑ̃guʀø, -øz] *adj* languorous

langouste [lɑ̃gust] *nf* crayfish *inv*

langoustine [lɑ̃gustin] *nf* Dublin Bay prawn

langue [lɑ̃g] *nf (Anat, Culin)* tongue; *(Ling)* language; *(bande)* : **~ de terre** spit of land; **tirer la ~ (à)** to stick out one's tongue (at); **donner sa ~ au chat** to give up, give in; **de ~ française** French-speaking; **~ de bois** officialese; **~ maternelle** native language, mother tongue; **~ verte** slang; **langues vivantes** modern languages

LANGUES RÉGIONALES

For a long time, in the name of national unity, the use of French **langues régionales** was systematically discouraged or banned. As a result, speakers of Breton, Alsatian, Occitan, Catalan, Basque, Corsican and Flemish today represent a very small fraction of the population, despite efforts to teach those languages in special schools. The situation is very different overseas, where regional languages are much more widely spoken.

langue-de-chat [lɑ̃gdəʃa] *(pl* **langues-de-chat)** *nf* finger biscuit

languedocien, ne [lɑ̃gdɔsjɛ̃, -ɛn] *adj* of *ou* from the Languedoc

languette [lɑ̃gɛt] *nf* tongue

langueur [lɑ̃gœʀ] *nf* languidness

languide [lɑ̃gid] *adj* languid

languir [lɑ̃giʀ] /**2**/ *vi* to languish; *(conversation)* to flag; **faire ~ qn** to keep sb waiting; **se languir** *vpr* to be languishing

languissant, e [lɑ̃gisɑ̃, -ɑ̃t] *adj* languid

lanière [lanjɛʀ] *nf (de fouet)* lash; *(de valise, bretelle)* strap

lanoline [lanɔlin] *nf* lanolin

lanterne [lɑ̃tɛʀn] *nf (portable)* lantern; *(électrique)* light, lamp; *(de voiture)* (side)light; **~ rouge** *(fig)* tail-ender; **~ vénitienne** Chinese lantern

lanterneau, x [lɑ̃tɛʀno] *nm* skylight

lanterner [lɑ̃tɛʀne] /**1**/ *vi* : **faire ~ qn** to keep sb hanging around

Laos [laɔs] *nm* : **le ~** Laos

laotien, ne [laɔsjɛ̃, -ɛn] *adj* Laotian

lapalissade [lapalisad] *nf* statement of the obvious

laparotomie [lapaʀɔtɔmi] *nf* laparotomy

La Paz [lapaz] *n* La Paz

laper [lape] /**1**/ *vt* to lap up

lapereau, x [lapʀo] *nm* young rabbit

lapidaire [lapidɛʀ] *adj* stone *cpd*; *(fig)* terse

lapidation [lapidasjɔ̃] *nf* stoning

lapider [lapide] /**1**/ *vt* to stone

lapin [lapɛ̃] *nm* rabbit; *(peau)* rabbitskin; *(fourrure)* cony; **coup du ~** rabbit punch; **poser un ~ à qn** to stand sb up; **~ de garenne** wild rabbit

lapis [lapis], **lapis-lazuli** [lapislazyli] *nm inv* lapis lazuli

lapon, e [lapɔ̃, -ɔn] *adj* Lapp, Lappish ▶ *nm (Ling)* Lapp, Lappish ▶ *nm/f* : **Lapon, e** Lapp, Laplander

Laponie [lapɔni] *nf* : **la ~** Lapland

laps [laps] *nm* : **~ de temps** space of time, time *no pl*

lapsus [lapsys] *nm* slip

laquais [lakɛ] *nm* lackey

laque [lak] *nf (vernis)* lacquer; *(brute)* shellac; *(pour cheveux)* hair spray ▶ *nm* lacquer; piece of lacquer ware

laqué, e [lake] *adj* lacquered

laquelle [lakɛl] *pron voir* **lequel**

larbin [laʀbɛ̃] *nm (péj)* flunkey

larcin [laʀsɛ̃] *nm* theft

lard [laʀ] *nm (graisse)* fat; *(bacon)* (streaky) bacon

larder [laʀde] /**1**/ *vt (Culin)* to lard

lardon [laʀdɔ̃] *nm (Culin)* piece of chopped bacon; *(fam : enfant)* kid

largage [laʀgaʒ] *nm (de bombe, parachutistes)* dropping; *(de sonde)* release

large [laʀʒ] *adj* wide; broad; *(fig)* generous; **~ d'esprit** broad-minded ▶ *adv* : **calculer/voir ~** to allow extra/think big; **ne pas en mener ~** to have one's heart in one's boots ▶ *nm (largeur)* : **5 m de ~** 5 m wide *ou* in width; *(mer)* **le ~** the open sea; **en ~** *adv* sideways; **au ~ de** off

largement [laʀʒəmɑ̃] *adv* widely; *(de loin)* greatly; *(amplement, au minimum)* easily; *(sans compter : donner etc)* generously; **c'est ~ suffisant** that's ample

largesse [laʀʒɛs] *nf* generosity; **largesses** *nfpl (dons)* liberalities

largeur [laʀʒœʀ] *nf (qu'on mesure)* width; *(impression visuelle)* wideness, width; breadth; *(d'esprit)* broadness

larguer [laʀge] /**1**/ *vt* to drop; *(fam : se débarrasser de)* to get rid of; **~ les amarres** to cast off (the moorings)

larme [laʀm] *nf* tear; *(fig)* : **une ~ de** a drop of; **en larmes** in tears; **pleurer à chaudes larmes** to cry one's eyes out, cry bitterly

larmoyant, e [laʀmwajɑ̃, -ɑ̃t] *adj* tearful

larmoyer [laʀmwaje] /**8**/ *vi (yeux)* to water; *(se plaindre)* to whimper

larron [laʀɔ̃] *nm* thief

larvaire [laʀvɛʀ] *adj (Bio)* larval; **à l'état ~** in the larval state

larve [laʀv] *nf (Zool)* larva; *(fig)* worm

larvé, e [laʀve] *adj (fig)* latent

laryngite [laʀɛʒit] *nf* laryngitis

laryngologiste [laʀɛɡɔlɔʒist] *nmf* throat specialist

larynx [laʀɛ̃ks] *nm* larynx

las, lasse [lɑ, lɑs] *adj* weary

lasagnes [lazaɲ] *nfpl* lasagne

lascar [laskaʀ] *nm* character; *(malin)* rogue

lascif, -ive [lasif, -iv] *adj* lascivious

lascivement [lasivmɑ̃] *adv* lasciviously

lascivité [lasivite] *nf* lasciviousness

laser [lazɛʀ] *nm* : **(rayon) ~** laser (beam); **chaîne** *ou* **platine ~** compact disc (player); **disque ~** compact disc

lassant, e [lɑsɑ̃, -ɑ̃t] *adj* tiresome, wearisome

lasse [lɑs] *adj f voir* **las**

lasser [lɑse] /**1**/ *vt* to weary, tire; **se ~ de** to grow weary *ou* tired of

lassitude [lɑsityd] *nf* lassitude, weariness

lasso [laso] *nm* lasso; **prendre au ~** to lasso

latent, e [latɑ̃, -ɑ̃t] *adj* latent

latéral, e, -aux [lateʀal, -o] *adj* side *cpd*, lateral

latéralement [lateʀalmɑ̃] *adv* edgeways; *(arriver, souffler)* from the side

latex [latɛks] *nm inv* latex

latin, e [latɛ̃, -in] *adj* Latin ▶ *nm (Ling)* Latin; **j'y perds mon ~** it's all Greek to me ▶ *nm/f* : **Latin, e** Latin

latiniste [latinist] *nmf* Latin scholar *(ou* student)

latino-américain, e [latinoameʀikɛ̃, -ɛn] *adj* Latin-American

latitude [latityd] *nf* latitude; *(fig)* : **avoir la ~ de faire** to be left free *ou* be at liberty to do; **à 48° de ~ Nord** at latitude 48° North; **sous toutes les latitudes** *(fig)* world-wide, throughout the world

latrines [latʀin] *nfpl* latrines

latte [lat] *nf* lath, slat; *(de plancher)* board

lattis [lati] *nm* lathwork

laudanum [lodanɔm] *nm* laudanum

laudatif, -ive [lodatif, -iv] *adj* laudatory

lauréat, e [lɔʀea, -at] *nm/f* winner

laurier [lɔʀje] *nm (Bot)* laurel; *(Culin)* bay leaves *pl*; **lauriers** *nmpl (fig)* laurels

laurier-rose [lɔʀjeʀoz] *(pl* **lauriers-roses**) *nm* oleander

laurier-tin [lɔʀjetɛ̃] *(pl* **lauriers-tins**) *nm* laurustinus

lavable [lavabl] *adj* washable

lavabo [lavabo] *nm* washbasin; **lavabos** *nmpl* toilet *sg*

lavage [lavaʒ] *nm* washing *no pl*, wash; **~ d'estomac/d'intestin** stomach/intestinal wash; **~ de cerveau** brainwashing *no pl*

lavallière [lavaljɛʀ] *nf* floppy necktie

lavande [lavɑ̃d] *nf* lavender

lavandière [lavɑ̃djɛʀ] *nf* washerwoman

lave [lav] *nf* lava *no pl*

lave-glace [lavglas] *nm (Auto)* windscreen (Brit) *ou* windshield (US) washer

lave-linge [lavlɛ̃ʒ] *nm inv* washing machine

lavement [lavmɑ̃] *nm (Méd)* enema

laver [lave] /**1**/ *vt* to wash; *(tache)* to wash off; *(fig : affront)* to avenge; **~ la vaisselle/le linge** to wash the dishes/clothes; **~ qn de** *(accusation)* to clear sb of; **se ~ laver** *vpr* to have a wash, wash; **se ~ les mains/dents** to wash one's hands/clean one's teeth

laverie [lavʀi] *nf* : **~ (automatique)** Launderette® (Brit), Laundromat® (US)

lavette [lavɛt] *nf (chiffon)* dish cloth; *(brosse)* dish mop; *(fam : homme)* wimp, drip

laveur, -euse [lavœʀ, -øz] *nm/f* cleaner

lave-vaisselle [lavvɛsɛl] *nm inv* dishwasher

lavis [lavi] *nm (technique)* washing; *(dessin)* wash drawing

lavoir [lavwaʀ] *nm* wash house; *(bac)* washtub; *(évier)* sink

laxatif, -ive [laksatif, -iv] *adj, nm* laxative

laxisme [laksism] *nm* laxity

laxiste [laksist] *adj* lax

layette [lɛjɛt] *nf* layette

layon [lɛjɔ̃] *nm* trail

lazaret [lazaʀɛ] *nm* quarantine area

lazzi [ladzi] *nm* gibe

LCR *sigle f* (= *Ligue communiste révolutionnaire*) political party

MOT-CLÉ

le, la, l' [lə, la, l] *(pl* **les**) *art déf* **1** the; **le livre/la pomme/l'arbre** the book/the apple/the tree; **les étudiants** the students

2 *(noms abstraits)* : **le courage/l'amour/la jeunesse** courage/love/youth

3 *(indiquant la possession)* : **se casser la jambe** *etc* to break one's leg *etc*; **levez la main** put your hand up; **avoir les yeux gris/le nez rouge** to have grey eyes/a red nose

4 *(temps)* : **le matin/soir** in the morning/ evening; mornings/evenings; **le jeudi** *etc (d'habitude)* on Thursdays *etc*; *(ce jeudi-là etc)* on (the) Thursday; **nous venons le 3 décembre** *(parlé)* we're coming on the 3rd of December *ou* on December the 3rd; *(écrit)* we're coming (on) 3rd *ou* 3 December

5 *(distribution, évaluation)* a, an; **trois euros le mètre/kilo** three euros a *ou* per metre/kilo;

le tiers/quart de a third/quarter of
▶ *pron* **1** (*personne : mâle*) him; (: *femelle*) her;
(: *pluriel*) them; **je le/la/les vois** I can see him/
her/them
2 (*animal, chose : singulier*) it; (: *pluriel*) them; **je le**
(*ou* **la**) **vois** I can see it; **je les vois** I can see
them
3 (*remplaçant une phrase*) : **je ne le savais pas** I
didn't know (about it); **il était riche et ne
l'est plus** he was once rich but no longer is

lé [le] *nm* (*de tissu*) width; (*de papier peint*) strip,
length
leader [lidœʀ] *nm* leader
leadership [lidœʀʃip] *nm* (Pol) leadership
leasing [liziŋ] *nm* leasing
lèche [lɛʃ] *nf* (*fam*) : **faire de la ~ à qn** to suck up
to sb (*fam*), to lick sb's boots (*fam*)
lèche-bottes [lɛʃbɔt] *nmf inv* bootlicker
lèchefrite [lɛʃfʀit] *nf* dripping pan *ou* tray
lécher [leʃe] **/6/** *vt* to lick; (*laper : lait, eau*) to lick
ou lap up; (*finir, polir*) to over-refine; **~ les
vitrines** to go window-shopping; **se lécher** *vpr* :
se ~ les doigts/lèvres to lick one's fingers/lips
lèche-vitrines [lɛʃvitʀin] *nm inv* : **faire du ~** to
go window-shopping
lécithine [lesitin] *nf* lecithin; **~ de soja** soy
lecithin
leçon [l(ə)sɔ̃] *nf* lesson; **faire la ~** to teach; **faire
la ~ à** (*fig*) to give a lecture to; **leçons de
conduite** driving lessons; **leçons
particulières** private lessons *ou* tuition *sg*
(BRIT)
lecteur, -trice [lɛktœʀ, -tʀis] *nm/f* reader;
(*d'université*) (foreign language) assistant (BRIT),
(foreign) teaching assistant (US) ▶ *nm* (Tech) :
~ de cassettes cassette player; **~ de
disquette(s)** disk drive; **~ de CD/DVD**
(*d'ordinateur*) CD/DVD drive; (*de salon*) CD/DVD
player; **~ MP3** MP3 player
lectorat [lɛktɔʀa] *nm* (foreign language *ou*
teaching) assistantship
lecture [lɛktyʀ] *nf* reading

⚠ The French word **lecture** is not
translated by the English word *lecture*.

LED [lɛd] *sigle f* (= *light emitting diode*) LED
ledit, ladite [lədi, ladit] (*mpl* **lesdits**, *fpl* **lesdites**
[ledi, ledit]) *adj* the aforesaid
légal, e, -aux [legal, -o] *adj* legal
légalement [legalmɑ̃] *adv* legally
légalisation [legalizasjɔ̃] *nf* legalization
légaliser [legalize] **/1/** *vt* to legalize
légaliste [legalist] *adj* (*personne, approche*)
legalistic
légalité [legalite] *nf* legality, lawfulness; **être
dans/sortir de la ~** to be within/step outside
the law
légat [lega] *nm* (Rel) legate
légataire [legatɛʀ] *nm* legatee
légendaire [leʒɑ̃dɛʀ] *adj* legendary
légende [leʒɑ̃d] *nf* (*mythe*) legend; (*de carte, plan*)
key, legend; (*de dessin*) caption
légender [leʒɑ̃de] *vt* (*carte, plan*) to provide with
a key; (*dessin*) to caption, to provide with a

caption; **une carte légendée** a map with a key;
un dessin légendé a drawing with a caption
léger, -ère [leʒe, -ɛʀ] *adj* light; (*bruit, retard*)
slight; (*boisson, parfum*) weak; (*couche, étoffe*) thin;
(*superficiel*) thoughtless; (*volage*) free and easy;
flighty; (*peu sérieux*) lightweight; **blessé ~**
slightly injured person; **à la légère** *adv* (*parler,
agir*) rashly, thoughtlessly
légèrement [leʒɛʀmɑ̃] *adv* (*s'habiller, bouger*)
lightly; thoughtlessly, rashly; **~ plus grand**
slightly bigger; **manger ~** to eat a light meal
légèreté [leʒɛʀte] *nf* lightness;
thoughtlessness; (*d'une remarque*) flippancy
légiférer [leʒifeʀe] **/6/** *vi* to legislate
légion [leʒjɔ̃] *nf* legion; **la L~ étrangère** the
Foreign Legion; **la L~ d'honneur** the Legion of
Honour

ⓘ **LÉGION D'HONNEUR**

Created by Napoleon in 1802, the **Légion
d'honneur** is the highest decoration that can
be awarded in France, with recipients
admitted to the order of the *Ordre National de la Légion
d'honneur*. The award can be conferred upon
anyone (not necessarily a French citizen) the
order wishes to reward for bravery or service
to the French nation. The President of the
Republic serves as the *Grand Maître* (grand
master) of the order and members receive a
nominal tax-free payment each year.

légionellose [leʒɔneloz] *nf* legionnaire's
disease, legionnaires' disease
légionnaire [leʒjɔnɛʀ] *nm* (Mil) legionnaire; (*de
la Légion d'honneur*) holder of the Legion of
Honour
législateur [leʒislatœʀ] *nm* legislator,
lawmaker
législatif, -ive [leʒislatif, -iv] *adj* legislative;
législatives *nfpl* general election *sg*
législation [leʒislasjɔ̃] *nf* legislation
législature [leʒislatyʀ] *nf* legislature; (*période*)
term (of office)
légiste [leʒist] *nmf* jurist ▶ *adj* : **médecin ~**
forensic scientist (BRIT), medical examiner (US)
légitimation [leʒitimasjɔ̃] *nf* (Jur)
legitimization
légitime [leʒitim] *adj* (Jur) lawful, legitimate;
(*enfant*) legitimate; (*fig*) rightful, legitimate;
en état de ~ défense in self-defence
légitimement [leʒitimmɑ̃] *adv* lawfully;
legitimately; rightfully
légitimer [leʒitime] **/1/** *vt* (*enfant*) to legitimize;
(*justifier : conduite*) to justify
légitimité [leʒitimite] *nf* (Jur) legitimacy
legs [lɛg] *nm* legacy
léguer [lege] **/6/** *vt* : **~ qch à qn** (Jur) to bequeath
sth to sb; (*fig*) to hand sth down *ou* pass sth on
to sb
légume [legym] *nm* vegetable; **légumes verts**
green vegetables; **légumes secs** pulses
légumier [legymje] *nm* vegetable dish
leitmotiv [lejtmɔtiv] *nm* leitmotiv, leitmotif
Léman [lemɑ̃] *nm voir* **lac**
lémurien [lemyʀjɛ̃] *nm* lemur

lendemain [lɑ̃dmɛ̃] *nm* : **le ~** the next *ou* following day; **le ~ matin/soir** the next *ou* following morning/evening; **le ~ de** the day after; **au ~ de** in the days following; in the wake of; **penser au ~** to think of the future; **sans ~** short-lived; **de beaux lendemains** bright prospects; **des lendemains qui chantent** a rosy future

lénifiant, e [lenifjɑ̃, -ɑ̃t] *adj* soothing

léniniste [leninist] *adj, nmf* Leninist

lent, e [lɑ̃, lɑ̃t] *adj* slow

lente [lɑ̃t] *nf* nit

lentement [lɑ̃tmɑ̃] *adv* slowly

lenteur [lɑ̃tœʀ] *nf* slowness *no pl*; **lenteurs** *nfpl* (*actions, décisions lentes*) slowness *sg*

lentille [lɑ̃tij] *nf* (*Optique*) lens *sg*; (*Bot*) lentil; **~ d'eau** duckweed; **lentilles de contact** contact lenses

léonin, e [leɔnɛ̃, -in] *adj* (*fig : contrat etc*) one-sided

léopard [leɔpaʀ] *nm* leopard

LEP [lɛp] *sigle m* (= *lycée d'enseignement professionnel*) secondary school for vocational training, pre-1986

lépidoptère [lepidɔptɛʀ] *nm* lepidopteran

lèpre [lɛpʀ] *nf* leprosy

lépreux, -euse [lepʀø, -øz] *nm/f* leper ▶ *adj* (*fig*) flaking, peeling

léproserie [lepʀozʀi] *nf* leper hospital

MOT-CLÉ

lequel, laquelle [ləkɛl, lakɛl] (*mpl* **lesquels**, *fpl* **lesquelles**) (*à + lequel* = **auquel**, *de + lequel* = **duquel**) *pron* **1** (*interrogatif*) which, which one; **lequel des deux ?** which one?
2 (*relatif : personne : sujet*) who; (: *objet, après préposition*) whom; (: *possessif*) whose; (: *chose*) which; **je l'ai proposé au directeur, lequel est d'accord** I suggested it to the director, who agrees; **la femme à laquelle j'ai acheté mon chien** the woman from whom I bought my dog; **le pont sur lequel nous sommes passés** the bridge (over) which we crossed; **un homme sur la compétence duquel on peut compter** a man whose competence one can count on
▶ *adj* : **auquel cas** in which case

les [le] *art déf, pron voir* **le**

lesbienne [lɛsbjɛn] *nf* lesbian

lesdits, lesdites [ledi, ledit] *adj voir* **ledit**

lèse-majesté [lɛzmaʒɛste] *nf inv* : **crime de ~** crime of lese-majesty

léser [leze] /6/ *vt* to wrong; (*Méd*) to injure

lésiner [lezine] /1/ *vi* : **ne pas ~ sur les moyens** (*pour mariage etc*) to push the boat out

lésion [lezjɔ̃] *nf* lesion, damage *no pl*; **lésions cérébrales** brain damage

Lesotho [lezɔto] *nm* : **le ~** Lesotho

lesquels, lesquelles [lekɛl] *pron voir* **lequel**

lessivable [lesivabl] *adj* washable

lessivage [lesivaʒ] *nm* (*de murs*) washing

lessive [lesiv] *nf* (*poudre*) washing powder; (*linge*) washing *no pl*, wash; (*opération*) washing *no pl*; **faire la ~** to do the washing

lessivé, e [lesive] *adj* (*fam*) washed out

lessiver [lesive] /1/ *vt* to wash; (*fam : fatiguer*) to tire out, exhaust

lessiveuse [lesivøz] *nf* (*récipient*) washtub

lessiviel, le [lesivjɛl] *adj* detergent

lest [lɛst] *nm* ballast; **jeter** *ou* **lâcher du ~** (*fig*) to make concessions

leste [lɛst] *adj* (*personne, mouvement*) sprightly, nimble; (*désinvolte : manières*) offhand; (*osé : plaisanterie*) risqué

lestement [lɛstəmɑ̃] *adv* nimbly

lester [lɛste] /1/ *vt* to ballast

letchi [lɛtʃi] *nm* = **litchi**

léthargie [letaʀʒi] *nf* lethargy

léthargique [letaʀʒik] *adj* lethargic

letton, ne [letɔ̃, -ɔn] *adj* Latvian, Lett

Lettonie [letɔni] *nf* : **la ~** Latvia

lettre [lɛtʀ] *nf* letter; **à la ~** (*au sens propre*) literally; (*ponctuellement*) to the letter; **~ de change** bill of exchange; **~ piégée** letter bomb; **~ de voiture (aérienne)** (air) waybill, (air) bill of lading; **lettres** *nfpl* (*étude, culture*) literature *sg*; (*Scol*) arts (subjects); **en lettres majuscules** *ou* **capitales** in capital letters, in capitals; **en toutes lettres** in words, in full; **lettres de noblesse** pedigree

lettré, e [letʀe] *adj* well-read, scholarly

lettre-transfert [lɛtʀətʀɑ̃sfɛʀ] (*pl* **lettres-transferts**) *nf* (pressure) transfer

lettrine [letʀin] *nf* dropped initial capital letter

leu [lø] *nm voir* **queue**

leucémie [løsemi] *nf* leukaemia

leucocyte [løkɔsit] *nm* leucocyte, leukocyte (*US*)

MOT-CLÉ

leur [lœʀ] *adj poss* their; **leur maison** their house; **leurs amis** their friends; **à leur approche** as they came near; **à leur vue** at the sight of them
▶ *pron* **1** (*objet indirect*) (to) them; **je leur ai dit la vérité** I told them the truth; **je le leur ai donné** I gave it to them, I gave them it
2 (*possessif*) : **le (la) leur, les leurs** theirs

leurre [lœʀ] *nm* (*appât*) lure; (*fig*) delusion; (: *piège*) snare

leurrer [lœʀe] /1/ *vt* to delude, deceive

leurs [lœʀ] *adj voir* **leur**

levage [ləvaʒ] *nm* (*de charge*) lifting; **appareil de ~** lifting apparatus

levain [ləvɛ̃] *nm* leaven; **sans ~** unleavened

levant, e [ləvɑ̃, -ɑ̃t] *adj* : **soleil ~** rising sun; **au soleil ~** at sunrise ▶ *nm* : **le L~** the Levant

levantin, e [ləvɑ̃tɛ̃, -in] *adj* Levantine ▶ *nm/f* : **Levantin, e** Levantine

levé, e [ləve] *adj* : **être ~** to be up; **à mains levées** (*vote*) by a show of hands; **au pied ~** at a moment's notice ▶ *nm* : **~ de terrain** land survey

levée [ləve] *nf* (*Postes*) collection; (*Cartes*) trick; **~ de boucliers** general outcry; **~ du corps** *collection of the body from house of the deceased, before funeral*; **~ d'écrou** release from custody; **~ de terre** levee; **~ de troupes** levy

lever [l(ə)ve] /5/ *vt* (*vitre, bras etc*) to raise; (*soulever de terre, supprimer : interdiction, siège*) to lift;

(: *difficulté*) to remove; (*séance*) to close; (*impôts, armée*) to levy; (*Chasse* : *lièvre*) to start; (: *perdrix*) to flush; (*fam* : *fille*) to pick up ▶ *vi* (*Culin*) to rise ▶ *nm* : **au ~** on getting up; **~ du jour** daybreak; **~ du rideau** (*Théât*) curtain; **~ de rideau** (*pièce*) curtain raiser; **~ de soleil** sunrise; **se lever** *vpr* to get up; (*soleil*) to rise; (*jour*) to break; (*brouillard*) to lift; **levez-vous !, lève-toi !** stand up!, get up!; **ça va se ~** (*temps*) it's going to clear up

lève-tard [lɛvtaʀ] *nmf inv* late riser

lève-tôt [lɛvto] *nmf inv* early riser, early bird

levier [ləvje] *nm* lever; **faire ~ sur** to lever up (*ou* off); **~ de changement de vitesse** gear lever

lévitation [levitasjɔ̃] *nf* levitation

léviter [levite] *vi* to levitate

levraut [ləvʀo] *nm* (*Zool*) leveret

lèvre [lɛvʀ] *nf* lip; **lèvres** *nfpl* (*d'une plaie*) edges; **petites/grandes lèvres** labia minora/majora; **du bout des lèvres** half-heartedly

lévrier [levʀije] *nm* greyhound

levure [l(ə)vyʀ] *nf* yeast; **~ chimique** baking powder

lexical, e, -aux [lɛksikal, -o] *adj* lexical

lexicographe [lɛksikɔgʀaf] *nmf* lexicographer

lexicographie [lɛksikɔgʀafi] *nf* lexicography, dictionary writing

lexicologie [lɛksikɔlɔʒi] *nf* lexicology

lexicologue [lɛksikɔlɔg] *nm/f* lexicologist

lexique [lɛksik] *nm* vocabulary, lexicon; (*glossaire*) vocabulary

lézard [lezaʀ] *nm* lizard; (*peau*) lizard skin

lézarde [lezaʀd] *nf* crack

lézarder [lezaʀde] /**1**/ : **se lézarder** *vpr* to crack

LGBT *sigle pl* (= *lesbiennes, gays, bisexuels et transgenres*) LGBT

liaison [ljɛzɔ̃] *nf* (*rapport*) connection, link; (*Rail, Aviat etc*) link; (*relation* : *d'amitié*) friendship; (: *d'affaires*) relationship; (: *amoureuse*) affair; (*Culin, Phonétique*) liaison; **entrer/être en ~ avec** to get/be in contact with; **~ radio** radio contact; **~ (de transmission de données)** (*Inform*) data link

liane [ljan] *nf* creeper

liant, e [ljɑ̃, -ɑ̃t] *adj* sociable

liasse [ljas] *nf* wad, bundle

Liban [libɑ̃] *nm* : **le ~** (the) Lebanon

libanais, e [libanɛ, -ɛz] *adj* Lebanese ▶ *nm/f* : **Libanais, e** Lebanese

libations [libasjɔ̃] *nfpl* libations

libelle [libɛl] *nm* lampoon

libellé [libele] *nm* wording

libeller [libele] /**1**/ *vt* (*chèque, mandat*) : **~ (au nom de)** to make out (to); (*lettre*) to word

libellule [libelyl] *nf* dragonfly

libéral, e, -aux [libeʀal, -o] *adj, nm/f* liberal; **les professions libérales** liberal professions

libéralement [libeʀalmɑ̃] *adv* liberally

libéralisation [libeʀalizasjɔ̃] *nf* liberalization; **~ du commerce** easing of trade restrictions

libéraliser [libeʀalize] /**1**/ *vt* to liberalize

libéralisme [libeʀalism] *nm* liberalism

libéralité [libeʀalite] *nf* liberality *no pl*, generosity *no pl*

libérateur, -trice [libeʀatœʀ, -tʀis] *adj* liberating ▶ *nm/f* liberator

libération [libeʀasjɔ̃] *nf* liberation, freeing; release; discharge; **~ conditionnelle** release on parole

libéré, e [libeʀe] *adj* liberated; **~ de** freed from; **être ~ sous caution/sur parole** to be released on bail/on parole

libérer [libeʀe] /**6**/ *vt* (*délivrer*) to free, liberate; (: *moralement, Psych*) to liberate; (*relâcher* : *prisonnier*) to discharge, release; (: *soldat*) to discharge; (*dégager* : *gaz, cran d'arrêt*) to release; (*Écon* : *échanges commerciaux*) to ease restrictions on; **~ qn de** (*liens, dette*) to free sb from; (*promesse*) to release sb from; **se libérer** *vpr* (*de rendez-vous*) to get out of previous engagements, try and be free

Libéria [libeʀja] *nm* : **le ~** Liberia

libérien, ne [libeʀjɛ̃, -ɛn] *adj* Liberian ▶ *nm/f* : **Libérien, ne** Liberian

libéro [libeʀo] *nm* (*Football*) sweeper

libertaire [libeʀtɛʀ] *adj* libertarian

liberté [libeʀte] *nf* freedom; (*loisir*) free time; **mettre/être en ~** to set/be free; **en ~ provisoire/surveillée/conditionnelle** on bail/probation/parole; **~ d'association** right of association; **~ de conscience** freedom of conscience; **~ du culte** freedom of worship; **~ d'esprit** independence of mind; **~ d'opinion** freedom of thought; **~ de la presse** freedom of the press; **~ de réunion** right to hold meetings; **~ syndicale** union rights *pl*; **libertés** *nfpl* (*privautés*) liberties; **libertés individuelles** personal freedom *sg*; **libertés publiques** civil rights

liberticide [libeʀtisid] *adj* (*loi*) that destroys freedom

libertin, e [libeʀtɛ̃, -in] *adj* libertine, licentious

libertinage [libeʀtinaʒ] *nm* licentiousness

libidineux, -euse [libidinø, -øz] *adj* lustful

libido [libido] *nf* libido

libraire [libʀɛʀ] *nmf* bookseller

libraire-éditeur [libʀɛʀeditœʀ] (*pl* **libraires-éditeurs**) *nm* publisher and bookseller

librairie [libʀɛʀi] *nf* bookshop

librairie-papeterie [libʀɛʀipapetʀi] (*pl* **librairies-papeteries**) *nf* bookseller's and stationer's

libre [libʀ] *adj* free; (*route*) clear; (*place etc*) vacant, free; (*fig* : *propos, manières*) open; (*ligne*) not engaged; (*Scol*) non-state, private and Roman Catholic (*as opposed to "laïque"*); **de ~** (*place*) free; **~ de qch/de faire** free from sth/to do; **vente ~** (*Comm*) unrestricted sale; **~ arbitre** free will; **~ concurrence** free-market economy; **~ entreprise** free enterprise

libre-échange [libʀeʃɑ̃ʒ] (*pl* **libres-échanges**) *nm* free trade

librement [libʀəmɑ̃] *adv* freely

libre-penseur, -euse [libʀəpɑ̃sœʀ, -øz] *nm/f* free thinker

libre-service [libʀəsɛʀvis] *nm inv* (*magasin*) self-service store; (*restaurant*) self-service restaurant

librettiste [libʀetist] *nmf* librettist

Libye [libi] *nf* : **la** ~ Libya
libyen, ne [libjɛ̃, -ɛn] *adj* Libyan ▶ *nm/f* : **Libyen, ne** Libyan
lice [lis] *nf* : **entrer en** ~ (*fig*) to enter the lists
licence [lisɑ̃s] *nf* (*permis*) permit; (*diplôme*) (first) degree; *see note*; (*liberté*) liberty; (*poétique, orthographique*) licence (BRIT), license (US); (*des mœurs*) licentiousness; ~ **ès lettres/en droit** arts/law degree

- **LICENCE**
  The **licence générale** is a three-year university course undertaken in a mainstream subject after completing secondary education. The second and third years are more specialized than the first. The course involves at least one period of work experience. The **licence professionnelle** is a one-year course in a vocational subject open to students already in possession of a university-level technical qualification or having completed the first two years of a *licence générale*. Admission to a *licence professionnelle* course is selective and places are usually heavily oversubscribed.

licencié, e [lisɑ̃sje] *nm/f* (*Scol*) : ~ **ès lettres/en droit** ≈ Bachelor of Arts/Law, arts/law graduate; (*Sport*) permit-holder
licenciement [lisɑ̃simɑ̃] *nm* dismissal; redundancy; laying off *no pl*
licencier [lisɑ̃sje] /**7**/ *vt* (*renvoyer*) to dismiss; (*débaucher*) to make redundant; to lay off
licencieux, -euse [lisɑ̃sjø, -øz] *adj* licentious
lichen [likɛn] *nm* lichen
licite [lisit] *adj* lawful
licorne [likɔrn] *nf* unicorn
licou [liku] *nm* halter
lie [li] *nf* dregs *pl*, sediment
lié, e [lje] *adj* : **très** ~ **avec** (*fig*) very friendly with *ou* close to; ~ **par** (*serment, promesse*) bound by; **avoir partie liée (avec qn)** to be involved (with sb)
Liechtenstein [liʃtɛnʃtajn] *nm* : **le** ~ Liechtenstein
lie-de-vin [lidvɛ̃] *adj inv* wine(-coloured)
liège [ljɛʒ] *nm* cork
liégeois, e [ljeʒwa, -waz] *adj* of *ou* from Liège; **café/chocolat** ~ *coffee/chocolate ice cream topped with whipped cream* ▶ *nm/f* : **Liégeois, e** inhabitant *ou* native of Liège
lien [ljɛ̃] *nm* (*corde, fig* : *affectif, culturel*) bond; (*rapport*) link, connection; (*analogie*) link; ~ **de parenté** family tie; ~ **hypertexte** hyperlink
lier [lje] /**7**/ *vt* (*attacher*) to tie up; (*joindre*) to link up; (*fig* : *unir, engager*) to bind; (*Culin*) to thicken; ~ **qch à** (*attacher*) to tie sth to; (*associer*) to link sth to; ~ **conversation (avec)** to strike up a conversation (with); **se** ~ **avec** to make friends with; ~ **connaissance avec** to get to know
lierre [ljɛr] *nm* ivy
liesse [ljɛs] *nf* : **être en** ~ to be jubilant
lieu, x [ljø] *nm* place; **en** ~ **sûr** in a safe place; **en haut** ~ in high places; **en premier** ~ in the first place; **en dernier** ~ lastly; **avoir** ~ to take place; **avoir** ~ **de faire** to have grounds *ou* good reason for doing; **tenir** ~ **de** to take the place of; (*servir de*) to serve as; **donner** ~ **à** to give rise to, give cause for; **au** ~ **de** instead of; **au** ~ **qu'il y aille** instead of him going; ~ **commun** commonplace; ~ **géométrique** locus; ~ **de naissance** place of birth; **lieux** *nmpl* (*locaux*) premises; (*endroit* : *d'un accident etc*) scene *sg*; **vider** *ou* **quitter les lieux** to leave the premises; **arriver/être sur les lieux** to arrive/ be on the scene
lieu-dit [ljødi] (*pl* **lieux-dits**) *nm* locality
lieue [ljø] *nf* league
lieutenant [ljøt(ə)nɑ̃] *nm* lieutenant; ~ **de vaisseau** (*Navig*) lieutenant
lieutenant-colonel [ljøtnɑ̃kɔlɔnɛl] (*pl* **lieutenants-colonels**) *nm* (*armée de terre*) lieutenant colonel; (*armée de l'air*) wing commander (BRIT), lieutenant colonel (US)
lièvre [ljɛvr] *nm* hare; (*coureur*) pacemaker; **lever un** ~ (*fig*) to bring up a prickly subject
liftier, -ière [liftje, -jɛr] *nm/f* lift (BRIT) *ou* elevator (US) attendant
lifting [liftiŋ] *nm* face lift
ligament [ligamɑ̃] *nm* ligament
ligature [ligatyr] *nf* ligature
lige [liʒ] *adj* : **homme** ~ (*péj*) henchman
ligne [liɲ] *nf* (*gén*) line; (*Transports* : *liaison*) service; (: *trajet*) route; (*silhouette*) figure; **garder la** ~ to keep one's figure; **en** ~ (*Inform*) online; **en** ~ **droite** as the crow flies; « **à la** ~ » "new paragraph"; **entrer en** ~ **de compte** to be taken into account; to come into it; ~ **de but/médiane** goal/halfway line; ~ **d'arrivée/ de départ** finishing/starting line; ~ **de conduite** course of action; ~ **directrice** guiding line; ~ **fixe** (*Tél*) landline; ~ **d'horizon** skyline; ~ **de mire** line of sight; ~ **de touche** touchline
ligné, e [liɲe] *adj* : **papier** ~ ruled paper ▶ *nf* (*race, famille*) line, lineage; (*postérité*) descendants *pl*
ligneux, -euse [liɲø, -øz] *adj* ligneous, woody
lignite [liɲit] *nm* lignite
ligoter [ligɔte] /**1**/ *vt* to tie up
ligue [lig] *nf* league
liguer [lige] /**1**/ : **se liguer** *vpr* to form a league; **se** ~ **contre** (*fig*) to combine against
lilas [lila] *nm* lilac
lillois, e [lilwa, -waz] *adj* of *ou* from Lille
Lima [lima] *n* Lima
limace [limas] *nf* slug
limaille [limaj] *nf* : ~ **de fer** iron filings *pl*
limande [limɑ̃d] *nf* dab
limande-sole [limɑ̃dsɔl] (*pl* **limandes-soles**) *nf* lemon sole
limbes [lɛ̃b] *nmpl* limbo *sg*; **être dans les** ~ (*fig* : *projet etc*) to be up in the air
lime [lim] *nf* (*Tech*) file; (*Bot*) lime; ~ **à ongles** nail file
limer [lime] /**1**/ *vt* (*bois, métal*) to file (down); (*ongles*) to file; (*fig* : *prix*) to pare down
limier [limje] *nm* (*Zool*) bloodhound; (*détective*) sleuth
liminaire [liminɛr] *adj* (*propos*) introductory

limitatif, -ive [limitatif, -iv] *adj* restrictive
limitation [limitasjɔ̃] *nf* limitation, restriction; **sans ~ de temps** with no time limit; **~ des naissances** birth control; **~ de vitesse** speed limit
limite [limit] *nf* (*de terrain*) boundary; (*partie ou point extrême*) limit; **dans la ~ de** within the limits of; **à la ~** (*au pire*) if the worst comes (*ou* came) to the worst; **sans limites** (*bêtise, richesse, pouvoir*) limitless, boundless; **vitesse/charge ~** maximum speed/load; **cas ~** borderline case; **date ~** deadline; **date ~ de vente/ consommation** sell-by/best-before date; **prix ~** upper price limit; **~ d'âge** maximum age, age limit
limiter [limite] /**1**/ *vt* (*restreindre*) to limit, restrict; (*délimiter*) to border, form the boundary of; **se limiter** *vpr* : **se ~ (à qch/à faire)** (*personne*) to limit *ou* confine o.s. (to sth/to doing sth); (*chose*) to be limited to
limitrophe [limitʀɔf] *adj* border *cpd*; **~ de** bordering on
limogeage [limɔʒaʒ] *nm* dismissal
limoger [limɔʒe] /**3**/ *vt* to dismiss
limon [limɔ̃] *nm* silt
limonade [limɔnad] *nf* lemonade (*BRIT*), (lemon) soda (*US*)
limonadier, -ière [limɔnadje, -jɛʀ] *nm/f* (*commerçant*) café owner; (*fabricant de limonade*) soft drinks manufacturer
limoneux, -euse [limɔnø, -øz] *adj* muddy
limousin, e [limuzɛ̃, -in] *adj* of *ou* from Limousin ▸ *nm* (*région*) : **le L~** the Limousin ▸ *nf* limousine
limpide [lɛ̃pid] *adj* limpid
lin [lɛ̃] *nm* (*Bot*) flax; (*tissu, toile*) linen
linceul [lɛ̃sœl] *nm* shroud
linéaire [lineɛʀ] *adj* linear ▸ *nm* : **~ (de vente)** shelves *pl*
linéament [lineamɑ̃] *nm* outline
linge [lɛ̃ʒ] *nm* (*serviettes etc*) linen; (*pièce de tissu*) cloth; (*aussi* : **linge de corps**) underwear; (*aussi* : **linge de toilette**) towel; (*lessive*) washing; **~ sale** dirty linen
lingère [lɛ̃ʒɛʀ] *nf* linen maid
lingerie [lɛ̃ʒʀi] *nf* lingerie, underwear
lingette [lɛ̃ʒɛt] *nf* wipe
lingot [lɛ̃go] *nm* ingot
linguiste [lɛ̃gyist] *nmf* linguist
linguistique [lɛ̃gyistik] *adj* linguistic ▸ *nf* linguistics *sg*
lino [linɔ], **linoléum** [linɔleɔm] *nm* lino(leum)
linotte [linɔt] *nf* : **tête de ~** bird brain
linteau, x [lɛ̃to] *nm* lintel
lion, ne [ljɔ̃, ljɔn] *nm/f* lion (lioness); (*signe*) : **le L~** Leo, the Lion; **être du L~** to be Leo; **~ de mer** sea lion
lionceau, x [ljɔ̃so] *nm* lion cub
liposuccion [liposy(k)sjɔ̃] *nf* liposuction
lippu, e [lipy] *adj* thick-lipped
liquéfier [likefje] /**7**/ *vt* to liquefy; **se liquéfier** *vpr* (*gaz etc*) to liquefy; (*fig* : *personne*) to succumb
liqueur [likœʀ] *nf* liqueur
liquidateur, -trice [likidatœʀ, -tʀis] *nm/f* (*Jur*) receiver; **~ judiciaire** official liquidator

liquidation [likidasjɔ̃] *nf* (*vente*) sale, liquidation; (*Comm*) clearance (sale); **~ judiciaire** compulsory liquidation
liquide [likid] *adj* liquid ▸ *nm* liquid; (*Comm*) : **en ~** in ready money *ou* cash; **je n'ai pas de ~** I haven't got any cash
liquider [likide] /**1**/ *vt* (*société, biens, témoin gênant*) to liquidate; (*compte, problème*) to settle; (*Comm* : *articles*) to clear, sell off
liquidités [likidite] *nfpl* (*Comm*) liquid assets
liquoreux, -euse [likɔʀø, -øz] *adj* syrupy
lire [liʀ] /**43**/ *nf* (*monnaie*) lira ▸ *vt, vi* to read; **~ qch à qn** to read sth (out) to sb
lis *vb* [li] *voir* **lire** ▸ *nm* [lis] = **lys**
lisais *etc* [lize] *vb voir* **lire**
Lisbonne [lizbɔn] *n* Lisbon
lise *etc* [liz] *vb voir* **lire**
liseré [lizʀe] *nm* border, edging
liseron [lizʀɔ̃] *nm* bindweed
liseuse [lizøz] *nf* book-cover; (*veste*) bed jacket; (*Inform*) e-reader
lisible [lizibl] *adj* legible; (*digne d'être lu*) readable
lisiblement [liziblamɔ̃] *adv* legibly
lisière [lizjɛʀ] *nf* (*de forêt*) edge; (*de tissu*) selvage
lisons [lizɔ̃] *vb voir* **lire**
lisse [lis] *adj* smooth
lisser [lise] /**1**/ *vt* to smooth
lisseur [lisœʀ] *nm* straighteners *pl*
listage [listaʒ] *nm* (*Inform*) listing
liste [list] *nf* list; (*Inform*) listing; **faire la ~ de** to list, make out a list of; **~ d'attente** waiting list; **~ civile** civil list; **~ électorale** electoral roll; **~ de mariage** wedding (present) list; **~ noire** black list
lister [liste] /**1**/ *vt* to list
listéria [listeʀja] *nf* listeria
listing [listiŋ] *nm* (*Inform*) printout; **qualité ~** draft quality
lit [li] *nm* (*gén*) bed; **petit ~**, **~ à une place** single bed; **grand ~**, **~ à deux places** double bed; **faire son ~** to make one's bed; **aller/se mettre au ~** to go to/get into bed; **chambre avec un grand ~** room with a double bed; **prendre le ~** to take to one's bed; **d'un premier ~** (*Jur*) of a first marriage; **~ de camp** camp bed (*BRIT*), cot (*US*); **~ d'enfant** cot (*BRIT*), crib (*US*)
litanie [litani] *nf* litany
lit-cage [likaʒ] (*pl* **lits-cages**) *nm* folding bed
litchi [litʃi] *nm* lychee
literie [litʀi] *nf* bedding; (*linge*) bedding, bedclothes *pl*
litho [lito], **lithographie** [litɔgʀafi] *nf* litho(graphy); (*épreuve*) litho(graph)
litière [litjɛʀ] *nf* litter
litige [litiʒ] *nm* dispute; **en ~** in contention
litigieux, -euse [litiʒjø, -øz] *adj* litigious, contentious
litote [litɔt] *nf* understatement
litre [litʀ] *nm* litre; (*récipient*) litre measure
littéraire [liteʀɛʀ] *adj* literary; **elle est très ~** she's very literary ▸ *nmf* arts student
littéral, e, -aux [liteʀal, -o] *adj* literal
littéralement [liteʀalmɑ̃] *adv* literally
littérature [liteʀatyʀ] *nf* literature
littoral, e, -aux [litɔʀal, -o] *adj* coastal ▸ *nm* coast

Lituanie [litɥani] *nf* : **la ~** Lithuania
lituanien, ne [litɥanjɛ̃, -ɛn] *adj* Lithuanian
▶ *nm* (*Ling*) Lithuanian ▶ *nm/f* : **Lituanien, ne**
Lithuanian
liturgie [lityʀʒi] *nf* liturgy
liturgique [lityʀʒik] *adj* liturgical
livide [livid] *adj* livid, pallid
living [liviŋ], **living-room** [liviŋʀum] *nm*
living room
livrable [livʀabl] *adj* (*Comm*) that can be
delivered
livraison [livʀɛzɔ̃] *nf* delivery; **~ à domicile**
home delivery (service)
livre [livʀ] *nm* book; (*secteur*) : **le ~** the book
industry; **traduire qch à ~ ouvert** to translate
sth off the cuff ou at sight; **~ blanc** official
report (*on war, natural disaster etc, prepared by
independent body*); **~ de bord** (*Navig*) logbook; **~ de
comptes** account(s) book; **~ de cuisine**
cookery book; **~ de messe**
mass ou prayer book; **~ numérique** e-book;
~ d'or visitors' book; **~ de poche** paperback ▶ *nf*
(*poids, monnaie*) pound; **~ sterling** pound
sterling; **~ verte** green pound
livré, e [livʀe] *adj* : **~ à** (*l'anarchie etc*) given over to;
~ à soi-même left to oneself ou one's own
devices ▶ *nf* livery
livrer [livʀe] /**1**/ *vt* (*Comm*) to deliver; (*otage,
coupable*) to hand over; (*secret, information*) to give
away; **~ bataille** to give battle; **se livrer** *vpr* : **se
~ à** (*se confier*) to confide in; (*se rendre*) to give o.s.
up to; (*s'abandonner à : débauche etc*) to give o.s. up
ou over to; (*faire : pratiques, actes*) to indulge in
(: *travail*) to be engaged in, engage in; (: *sport*) to
practise; (: *enquête*) to carry out
livresque [livʀɛsk] *adj* (*péj*) bookish
livret [livʀɛ] *nm* booklet; (*d'opéra*) libretto; **~ de
caisse d'épargne** (*savings*) bank-book; **~ de
famille** (official) family record book;
~ scolaire (school) report book
livreur, -euse [livʀœʀ, -øz] *nm/f* delivery boy ou
man/girl ou woman
LO *sigle f* (= *Lutte ouvrière*) *political party*
lob [lɔb] *nm* lob
lobby [lɔbi] (*pl* **lobbys** ou **lobbies**) *nm* lobby
lobe [lɔb] *nm* : **~ de l'oreille** ear lobe
lobé, e [lɔbe] *adj* (*Archit*) foiled
lober [lɔbe] /**1**/ *vt* to lob
local, e, -aux [lɔkal, -o] *adj* local ▶ *nm* (*salle*)
premises *pl* ▶ *nmpl* premises
localement [lɔkalmɑ̃] *adv* locally
localisé, e [lɔkalize] *adj* localized
localiser [lɔkalize] /**1**/ *vt* (*repérer*) to locate, place;
(*limiter*) to localize, confine
localité [lɔkalite] *nf* locality
locataire [lɔkatɛʀ] *nmf* tenant; (*de chambre*)
lodger
locatif, -ive [lɔkatif, -iv] *adj* (*charges, réparations*)
incumbent upon the tenant; (*valeur*) rental;
(*immeuble*) with rented flats, used as a letting ou
rental (*US*) concern
location [lɔkasjɔ̃] *nf* (*par le locataire*) renting; (*par
l'usager : de voiture etc*) hiring (*BRIT*), renting (*US*);
(*par le propriétaire*) renting out, letting; hiring out
(*BRIT*); (*de billets, places*) booking; (*bureau*) booking

office; « **~ de voitures** » "car hire (*BRIT*) ou
rental (*US*)"; **habiter en ~** to live in rented
accommodation; **prendre une ~ (pour les
vacances)** to rent a house *etc* (for the holidays)
location-vente [lɔkasjɔ̃vɑ̃t] (*pl* **locations-
ventes**) *nf* form of hire purchase (*BRIT*) ou
installment plan (*US*)
lock-out [lɔkawt] *nm* lockout
locomoteur, -trice [lɔkɔmɔtœʀ, -tʀis] *adj*, *nf*
locomotive
locomotion [lɔkɔmosjɔ̃] *nf* locomotion
locomotive [lɔkɔmɔtiv] *nf* locomotive, engine;
(*fig*) pacesetter, pacemaker
locuteur, -trice [lɔkytœʀ, -tʀis] *nm/f* (*Ling*)
speaker
locution [lɔkysjɔ̃] *nf* phrase
loden [lɔdɛn] *nm* loden
lofer [lɔfe] /**1**/ *vi* (*Navig*) to luff
logarithme [lɔgaʀitm] *nm* logarithm
loge [lɔʒ] *nf* (*Théât : d'artiste*) dressing room; (: *de
spectateurs*) box; (*de concierge, franc-maçon*) lodge
logeable [lɔʒabl] *adj* habitable; (*spacieux*) roomy
logement [lɔʒmɑ̃] *nm* flat (*BRIT*), apartment
(*US*); accommodation *no pl* (*BRIT*),
accommodations *pl* (*US*); (*Pol, Admin*) : **le ~**
housing; **chercher un ~** to look for a flat ou an
apartment, look for accommodation(s);
construire des logements bon marché to
build cheap housing; **crise du ~** housing
shortage; **~ de fonction** (*Admin*) company flat
ou apartment, accommodation(s) provided
with one's job
loger [lɔʒe] /**3**/ *vt* to accommodate; **être logé,
nourri** to have board and lodging ▶ *vi* to live;
se loger *vpr* : **trouver à se ~** to find
accommodation; **se ~ dans** (*balle, flèche*) to lodge
itself in
logeur, -euse [lɔʒœʀ, -øz] *nm/f* landlord
(landlady)
loggia [lɔdʒja] *nf* loggia
logiciel [lɔʒisjɛl] *nm* (*Inform*) piece of software
logicien, ne [lɔʒisjɛ̃, -ɛn] *nm/f* logician
logique [lɔʒik] *adj* logical; **c'est ~** it stands to
reason ▶ *nf* logic
logiquement [lɔʒikmɑ̃] *adv* logically
logis [lɔʒi] *nm* home; abode, dwelling
logisticien, ne [lɔʒistisjɛ̃, -ɛn] *nm/f* logistician
logistique [lɔʒistik] *nf* logistics *sg* ▶ *adj* logistic
logo [lɔgo], **logotype** [lɔgɔtip] *nm* logo
loi [lwa] *nf* law; **faire la ~** to lay down the law;
les lois de la mode (*fig*) the dictates of fashion;
proposition de ~ (private member's) bill;
projet de ~ (government) bill
loi-cadre [lwakadʀ(ə)] (*pl* **lois-cadres**) *nf* (*Pol*)
blueprint law
loin [lwɛ̃] *adv* far; (*dans le temps : futur*) a long way
off; (: *passé*) a long time ago; **plus ~** further;
moins ~ (que) not as far (as); **~ de** far from;
~ d'ici a long way from here; **pas ~ de 100
euros** not far off 100 euros; **au ~** far off; **de ~**
adv from a distance; (*fig : de beaucoup*) by far; **il
vient de ~** he's come a long way; he comes
from a long way away; **de ~ en ~** here and
there; (*de temps en temps*) (every) now and then;
~ de là (*au contraire*) far from it

lointain, e [lwε̃tε̃, -εn] *adj* faraway, distant; *(dans le futur, passé)* distant, far-off; *(cause, parent)* remote, distant ▸ *nm* : **dans le ~** in the distance

loi-programme [lwapRɔgRam] *(pl* **lois-programmes)** *nf (Pol)* act providing framework for government programme

loir [lwaR] *nm* dormouse

Loire [lwaR] *nf* : **la ~** the Loire

loisible [lwazibl] *adj* : **il vous est ~ de ...** you are free to ...

loisir [lwaziR] *nm* : **heures de ~** spare time; **avoir le ~ de faire** to have the time *ou* opportunity to do; **(tout) à ~** *(en prenant son temps)* at leisure; *(autant qu'on le désire)* at one's pleasure; **loisirs** *nmpl (temps libre)* leisure *sg*; *(activités)* leisure activities

lombaire [lɔ̃bεR] *adj* lumbar

lombalgie [lɔ̃balʒi] *nf* back pain

londonien, ne [lɔ̃dɔnjε̃, -εn] *adj* London *cpd*, of London ▸ *nm/f* : **Londonien, ne** Londoner

Londres [lɔ̃dR] *n* London

long, longue [lɔ̃, lɔ̃g] *adj* long; **faire ~ feu** to fizzle out; **ne pas faire ~ feu** not to last long; **au ~ cours** *(Navig)* ocean *cpd*, ocean-going; **de longue date** *adj* long-standing; **longue durée** *adj* long-term; **de longue haleine** *adj* long-term; **être ~ à faire** to take a long time to do ▸ *adv* : **en savoir ~** to know a great deal ▸ *nm* : **de 3 m de ~** 3 m long, 3 m in length; **en ~** *adv* lengthwise, lengthways; **(tout) le ~ de** (all) along; **tout au ~ de** *(année, vie)* throughout; **de ~ en large** *(marcher)* to and fro, up and down; **en ~ et en large** *(fig)* in every detail ▸ *nf* : **à la longue** in the end

longanimité [lɔ̃ganimite] *nf* forbearance

long-courrier [lɔ̃kuRje] *nm (Aviat)* long-haul aircraft

longe [lɔ̃ʒ] *nf (corde : pour attacher)* tether; *(: pour mener)* lead; *(Culin)* loin

longer [lɔ̃ʒe] **/3/** *vt* to go *(ou* walk *ou* drive) along(side); *(mur, route)* to border

longévité [lɔ̃ʒevite] *nf* longevity

longiligne [lɔ̃ʒiliɲ] *adj* long-limbed

longitude [lɔ̃ʒityd] *nf* longitude; **à 45° de ~ ouest** at 45° longitude west

longitudinal, e, -aux [lɔ̃ʒitydinal, -o] *adj* longitudinal, lengthways; *(entaille, vallée)* running lengthways

longtemps [lɔ̃tɑ̃] *adv* (for) a long time, (for) long; **ça ne va pas durer ~** it won't last long; **avant ~** before long; **pour/pendant ~** for a long time; **je n'en ai pas pour ~** I shan't be long; **mettre ~ à faire** to take a long time to do; **il en a pour ~** he'll be a long time; **il y a ~ que je travaille** I have been working (for) a long time; **il n'y a pas ~ que je l'ai rencontré** it's not long since I met him

longuement [lɔ̃gmɑ̃] *adv (longtemps : parler, regarder)* for a long time; *(en détail : expliquer, raconter)* at length

longueur [lɔ̃gœR] *nf* length; **sur une ~ de 10 km** for *ou* over 10 km; **en ~** *adv* lengthwise, lengthways; **tirer en ~** to drag on; **à ~ de journée** all day long; **d'une ~** *(gagner)* by a

length; **~ d'onde** wavelength; **longueurs** *nfpl (fig : d'un film etc)* tedious parts

longue-vue [lɔ̃gvy] *(pl* **longues-vues)** *nf* telescope

look [luk] *nm (fam)* look, image

looping [lupiŋ] *nm (Aviat)* : **faire des loopings** to loop the loop

lopin [lɔpε̃] *nm* : **~ de terre** patch of land

loquace [lɔkas] *adj* talkative, loquacious

loque [lɔk] *nf (personne)* wreck; **loques** *nfpl (habits)* rags; **être** *ou* **tomber en loques** to be in rags

loquet [lɔkε] *nm* latch

lorgner [lɔRɲe] **/1/** *vt* to eye; *(fig : convoiter)* to have one's eye on

lorgnette [lɔRɲεt] *nf* opera glasses *pl*

lorgnon [lɔRɲɔ̃] *nm (face-à-main)* lorgnette; *(pince-nez)* pince-nez

loriot [lɔRjo] *nm* (golden) oriole

lorrain, e [lɔRε̃, -εn] *adj* of *ou* from Lorraine; **quiche lorraine** quiche

lors [lɔR] : **~ de** *prép (au moment de)* at the time of; *(pendant)* during; **~ même que** even though

lorsque [lɔRsk] *conj* when, as

losange [lɔzɑ̃ʒ] *nm* diamond; *(Géom)* lozenge; **en ~** diamond-shaped

lot [lo] *nm (part)* share; *(de loterie)* prize; *(fig : destin)* fate, lot; *(Comm, Inform)* batch; **le gros ~** the jackpot; **~ de consolation** consolation prize

loterie [lɔtRi] *nf* lottery; *(tombola)* raffle; **L~ nationale** French national lottery

loti, e [lɔti] *adj* : **bien/mal ~** well-/badly off, lucky/unlucky

lotion [losjɔ̃] *nf* lotion; **~ après rasage** after-shave (lotion); **~ capillaire** hair lotion

lotir [lɔtiR] **/2/** *vt (terrain : diviser)* to divide into plots; *(: vendre)* to sell by lots

lotissement [lɔtismɑ̃] *nm (groupe de maisons, d'immeubles)* housing development; *(parcelle)* (building) plot, lot

loto [lɔto] *nm* lotto

lotte [lɔt] *nf (Zool : de rivière)* burbot; *(: de mer)* monkfish

louable [lwabl] *adj (appartement, garage)* rentable; *(action, personne)* praiseworthy, commendable

louage [lwaʒ] *nm* : **voiture de ~** hired (BRIT) *ou* rented (US) car; *(à louer)* hire (BRIT) *ou* rental (US) car

louange [lwɑ̃ʒ] *nf* : **à la ~ de** in praise of; **louanges** *nfpl* praise *sg*

loubar(d) [lubaR] *nm (fam)* lout

louche [luʃ] *adj* shady, dubious ▸ *nf* ladle

loucher [luʃe] **/1/** *vi* to squint; *(fig)* : **~ sur** to have one's (beady) eye on

louer [lwe] **/1/** *vt (maison : propriétaire)* to let, rent (out); *(: locataire)* to rent; *(voiture etc : entreprise)* to hire out (BRIT), rent (US); *(: locataire)* to hire (BRIT), rent; *(réserver)* to book; *(faire l'éloge de)* to praise; **« à ~ »** "to let" (BRIT), "for rent" (US); **~ qn de** to praise sb for; **se louer** *vpr* : **se ~ de** to congratulate o.s. on

loueur, -euse [lwœR, -øz] *nm/f (compagnie)* : **~ de voitures** car hire (BRIT) *ou* rental (US) company; *(personne)* renter

loufoque [lufɔk] *adj (fam)* crazy, zany

loukoum – lus

loukoum [lukum] *nm* Turkish delight
loulou [lulu] *nm* (*chien*) spitz; ~ **de Poméranie** Pomeranian (dog)
loup [lu] *nm* wolf; (*poisson*) bass; (*masque*) (eye) mask; **jeune ~** young go-getter; ~ **de mer** (*marin*) old seadog
loupe [lup] *nf* magnifying glass; ~ **de noyer** burr walnut; **à la ~** (*fig*) in minute detail
louper [lupe] /1/ *vt* (*fam : manquer*) to miss; (*gâcher*) to mess up, bungle; (*examen*) to flunk
lourd, e [luʀ, luʀd] *adj* heavy; (*chaleur, temps*) sultry; (*fig : personne, style*) heavy-handed; ~ **de** (*menaces*) charged with; (*conséquences*) fraught with; **artillerie/industrie lourde** heavy artillery/industry ▶ *adv* : **peser ~** to be heavy
lourdaud, e [luʀdo, -od] *adj* clumsy
lourdement [luʀdəmɑ̃] *adv* heavily; **se tromper ~** to make a big mistake
lourdeur [luʀdœʀ] *nf* heaviness; ~ **d'estomac** indigestion *no pl*
loustic [lustik] *nm* (*fam, péj*) joker
loutre [lutʀ] *nf* otter; (*fourrure*) otter skin
louve [luv] *nf* she-wolf
louveteau, x [luv(ə)to] *nm* (*Zool*) wolf-cub; (*scout*) cub (scout)
louvoyer [luvwaje] /8/ *vi* (*Navig*) to tack; (*fig*) to hedge, evade the issue
lover [lɔve] /1/ : **se lover** *vpr* to coil up
loyal, e, -aux [lwajal, -o] *adj* (*fidèle*) loyal, faithful; (*fair-play*) fair
loyalement [lwajalmɑ̃] *adv* loyally, faithfully; fairly
loyalisme [lwajalism] *nm* loyalty
loyauté [lwajote] *nf* loyalty, faithfulness; fairness
loyer [lwaje] *nm* rent; ~ **de l'argent** interest rate
LP *sigle m* (= *lycée professionnel*) secondary school for vocational training
LPO *sigle f* (= *Ligue pour la protection des oiseaux*) bird protection society
LSD *sigle m* (= *Lyserg Säure Diäthylamid*) LSD
lu, e [ly] *pp de* lire
lubie [lybi] *nf* whim, craze
lubricité [lybʀisite] *nf* lust
lubrifiant [lybʀifjɑ̃] *nm* lubricant
lubrifier [lybʀifje] /7/ *vt* to lubricate
lubrique [lybʀik] *adj* lecherous
lucarne [lykaʀn] *nf* skylight
lucide [lysid] *adj* (*conscient*) lucid; (*accidenté*) conscious; (*perspicace*) clear-headed
lucidité [lysidite] *nf* lucidity
luciole [lysjɔl] *nf* firefly
lucratif, -ive [lykʀatif, -iv] *adj* lucrative; profitable; **à but non ~** non profit-making
ludique [lydik] *adj* play *cpd*, playing
ludothèque [lydɔtɛk] *nf* toy library
luette [lɥɛt] *nf* uvula
lueur [lɥœʀ] *nf* (*chatoyante*) glimmer *no pl*; (*métallique, mouillée*) gleam *no pl*; (*rougeoyante*) glow *no pl*; (*pâle*) (faint) light; (*fig*) spark; (: *d'espérance*) glimmer, gleam
luge [lyʒ] *nf* sledge (*BRIT*), sled (*US*); **faire de la ~** to sledge (*BRIT*), sled (*US*), toboggan
lugubre [lygybʀ] *adj* gloomy; dismal

MOT-CLÉ

lui [lɥi] *pp de* luire
▶ *pron* **1** (*objet indirect : mâle*) (to) him; (: *femelle*) (to) her; (: *chose, animal*) (to) it; **je lui ai parlé** I have spoken to him (*ou* to her); **il lui a offert un cadeau** he gave him (*ou* her) a present; **je le lui ai donné** I gave it to him (*ou* her)
2 (*après préposition, comparatif : personne*) him; (: *chose, animal*) it; **elle est contente de lui** she is pleased with him; **je la connais mieux que lui** I know her better than he does; I know her better than him; **cette voiture est à lui** this car belongs to him, this is HIS car; **c'est à lui de jouer** it's his turn *ou* go
3 (*sujet, forme emphatique*) he; **lui, il est à Paris** HE is in Paris; **c'est lui qui l'a fait** HE did it
4 (*objet, forme emphatique*) him; **c'est lui que j'attends** I'm waiting for HIM
5 : **lui-même** himself; itself

lui-même [lɥimɛm] *pron* (*personne*) himself; (*chose*) itself
luire [lɥiʀ] /38/ *vi* (*gén*) to shine, gleam; (*surface mouillée*) to glisten; (*reflets chauds, cuivrés*) to glow
luisant, e [lɥizɑ̃, -ɑ̃t] *vb voir* luire ▶ *adj* shining, gleaming
lumbago [lɔ̃bago] *nm* lumbago
lumière [lymjɛʀ] *nf* light; **à la ~ de** by the light of; (*fig : événements*) in the light of; **faire (toute) la ~ sur** (*fig*) to clarify (completely); **fais de la ~** let's have some light, give us some light; **mettre en ~** (*fig*) to highlight; ~ **du jour/soleil** day/sunlight; **lumières** *nfpl* (*d'une personne*) knowledge *sg*, wisdom *sg*
luminaire [lyminɛʀ] *nm* lamp, light
lumineux, -euse [lyminø, -øz] *adj* (*émettant de la lumière*) luminous; (*éclairé*) illuminated; (*ciel, journée, couleur*) bright; (*relatif à la lumière : rayon etc*) of light, light *cpd*; (*fig : regard*) radiant
luminosité [lyminozite] *nf* (*Tech*) luminosity
lump [lœp] *nm* : **œufs de ~** lump-fish roe
lunaire [lynɛʀ] *adj* lunar, moon *cpd*
lunatique [lynatik] *adj* whimsical, temperamental
lunch [lœntʃ] *nm* (*réception*) buffet lunch
lundi [lœdi] *nm* Monday; **on est ~** it's Monday; **le ~ 20 août** Monday 20th August; **il est venu ~** he came on Monday; **le(s) ~(s)** on Mondays; **à ~ !** see you (on) Monday!; ~ **de Pâques** Easter Monday; ~ **de Pentecôte** Whit Monday (*BRIT*)
lune [lyn] *nf* moon; **pleine/nouvelle ~** full/new moon; **être dans la ~** (*distrait*) to have one's head in the clouds; ~ **de miel** honeymoon
luné, e [lyne] *adj* : **bien/mal ~** in a good/bad mood
lunette [lynɛt] *nf* : **lunettes** glasses, spectacles; (*protectrices*) goggles; ~ **d'approche** telescope; ~ **arrière** (*Auto*) rear window; **lunettes noires** dark glasses; **lunettes de soleil** sunglasses
lurent [lyʀ] *vb voir* lire
lurette [lyʀɛt] *nf* : **il y a belle ~** ages ago
luron, ne [lyʀɔ̃, -ɔn] *nm/f* lad/lass; **joyeux ou gai ~** gay dog
lus *etc* [ly] *vb voir* lire

lustre [lystʀ] *nm* (*de plafond*) chandelier; (*fig*: *éclat*) lustre
lustrer [lystʀe] /1/ *vt* : ~ **qch** (*faire briller*) to make sth shine; (*user*) to make sth shiny
lut [ly] *vb voir* **lire**
luth [lyt] *nm* lute
luthier [lytje] *nm* (stringed-)instrument maker
lutin [lytɛ̃] *nm* imp, goblin
lutrin [lytʀɛ̃] *nm* lectern
lutte [lyt] *nf* (*conflit*) struggle; (*Sport*) : **la** ~ wrestling; **de haute** ~ after a hard-fought struggle; ~ **des classes** class struggle; ~ **libre** (*Sport*) all-in wrestling
lutter [lyte] /1/ *vi* to fight, struggle; (*Sport*) to wrestle
lutteur, -euse [lytœʀ, -øz] *nm/f* (*Sport*) wrestler; (*fig*) battler, fighter
luxation [lyksasjɔ̃] *nf* dislocation
luxe [lyks] *nm* luxury; **un** ~ **de** (*détails, précautions*) a wealth of; **de** ~ *adj* luxury *cpd*
Luxembourg [lyksɑ̃buʀ] *nm* : **le** ~ Luxembourg
luxembourgeois, e [lyksɑ̃buʀ3wa, -waz] *adj* of *ou* from Luxembourg ▶ *nm/f* : **Luxembourgeois, e** inhabitant *ou* native of Luxembourg
luxer [lykse] /1/ *vt* : **se** ~ **l'épaule** to dislocate one's shoulder
luxueusement [lyksɥøzmɑ̃] *adv* luxuriously
luxueux, -euse [lyksɥø, -øz] *adj* luxurious
luxure [lyksyʀ] *nf* lust
luxuriant, e [lyksyʀjɑ̃, -ɑ̃t] *adj* luxuriant, lush
luzerne [lyzɛʀn] *nf* lucerne, alfalfa
lycée [lise] *nm* (state) secondary (*Brit*) *ou* high (*US*) school; *see note*

LYCÉE

French pupils spend the last three years of their secondary education at a **lycée**, where they sit their *baccalauréat* before leaving school or going on to higher education. There are two types of *lycée*: *lycée d'enseignement général et technologique*, offering mainstream and technical courses, and *lycée professionnel*, offering vocational courses. Some *lycées*, particularly those with a wide catchment area or those which offer more specialized courses, have facilities for pupils to board.

lycéen, ne [liseɛ̃, -ɛn] *nm/f* secondary school pupil
Lycra® [likʀa] *nm* Lycra®
lymphatique [lɛ̃fatik] *adj* (*fig*) lethargic, sluggish
lymphe [lɛ̃f] *nf* lymph
lyncher [lɛ̃ʃe] /1/ *vt* to lynch
lynx [lɛ̃ks] *nm* lynx
Lyon [ljɔ̃] *n* Lyons
lyonnais, e [ljɔnɛ, -ɛz] *adj* of *ou* from Lyons; (*Culin*) Lyonnaise
lyophilisé, e [ljɔfilize] *adj* (*café*) freeze-dried
lyre [liʀ] *nf* lyre
lyrique [liʀik] *adj* lyrical; (*Opéra*) lyric; **artiste** ~ opera singer; **comédie** ~ comic opera; **théâtre** ~ opera house (*for light opera*)
lyrisme [liʀism] *nm* lyricism
lys [lis] *nm* lily

Mm

M, m [εm] *nm inv* M, m ► *abr* = **masculin** ;
Monsieur ; **mètre** ; (= *million*) M ; **M comme**
Marcel M for Mike

m' [m] *pron voir* **me**

MA *sigle m* = **maître auxiliaire**

ma [ma] *adj poss voir* **mon**

maboul, e [mabul] *adj (fam)* loony

macabre [makabʀ] *adj* macabre, gruesome

macadam [makadam] *nm* tarmac (*BRIT*), asphalt

Macao [makao] *n* Macao

macaque [makak] *nm (singe)* macaque

macareux [makaʀø] *nm* puffin

macaron [makaʀɔ̃] *nm (gâteau)* macaroon;
(*insigne*) (round) badge

macaroni [makaʀɔni] *nm* : **des macaronis au**
fromage, un gratin de macaronis macaroni
cheese (*BRIT*), macaroni and cheese (*US*)

macchabée [makabe] *nm (fam)* stiff *(fam)*,
corpse

macédoine [masedwan] *nf* : **~ de fruits** fruit
salad; **~ de légumes** mixed vegetables *pl*; **la**
M~ (*pays, région*) Macedonia

macédonien, ne [masedɔnjɛ̃, -jɛn] *adj*
Macedonian ► *nm/f* : **Macédonien, ne**
Macedonian

macérer [maseʀe] **/6/** *vi, vt* to macerate; (*dans du*
vinaigre) to pickle

mâche [maʃ] *nf (salade)* lamb's lettuce

mâchefer [maʃfɛʀ] *nm* clinker, cinders *pl*

mâcher [maʃe] **/1/** *vt* to chew; **ne pas ~ ses mots**
not to mince one's words; **~ le travail à qn** *(fig)*
to spoon-feed sb, do half sb's work for him

machette [maʃɛt] *nf* machete

machiavélique [makjavelik] *adj* Machiavellian

machiavélisme [makjavelism] *nm*
Machiavellianism

machin [maʃɛ̃] *nm (fam)* thingamajig, thing;
(*personne*) : **M~** what's-his-name

machinal, e, -aux [maʃinal, -o] *adj* mechanical,
automatic

machinalement [maʃinalmɑ̃] *adv*
mechanically, automatically

machination [maʃinasjɔ̃] *nf* scheming,
frame-up

machine [maʃin] *nf* machine; (*locomotive : de*
navire etc) engine; *(fig : rouages)* machinery; (*fam :*
personne) : **M~** what's-her-name; **faire ~ arrière**
(*Navig*) to go astern; *(fig)* to back-pedal; **~ à**
laver/coudre/tricoter washing/sewing/
knitting machine; **~ à écrire** typewriter; **~ à**
sous fruit machine; **~ à vapeur** steam engine

machine-outil [maʃinuti] (*pl* **machines-outils**)
nf machine tool

machinerie [maʃinʀi] *nf* machinery, plant;
(*d'un navire*) engine room

machinisme [maʃinism] *nm* mechanization

machiniste [maʃinist] *nm (Théât)* scene shifter;
(*de bus, métro*) driver

machisme [ma(t)ʃism] *nm* male chauvinism

machiste [ma(t)ʃist] *adj, nmf* male chauvinist

macho [matʃo] *(fam) adj* macho *(fam)* ► *nm* male
chauvinist

mâchoire [maʃwaʀ] *nf* jaw; **~ de frein** brake
shoe

mâchonner [maʃone] **/1/** *vt* to chew (at)

mâchouiller [maʃuje] *vt* to chew on

maçon [masɔ̃] *nm* bricklayer; (*constructeur*)
builder

mâcon [makɔ̃] *nm* Mâcon wine

maçonner [masone] **/1/** *vt (revêtir)* to face, render
(with cement); (*boucher*) to brick up

maçonnerie [masonʀi] *nf (murs : de brique)*
brickwork; (: *de pierre*) masonry, stonework;
(*activité*) bricklaying; building; **~ de béton**
concrete

maçonnique [masonik] *adj* masonic

macramé [makʀame] *nm* macramé

macro [makʀo] *nf (Inform)* macro

macrobiotique [makʀɔbjɔtik] *adj* macrobiotic

macrocéphale [makʀosefal] *adj* macrocephalic

macrocosme [makʀɔkɔsm] *nm* macrocosm

macroéconomie [makʀoekɔnɔmi] *nf*
macroeconomics *sg*

macrophotographie [makʀofɔtɔgʀafi] *nf*
macrophotography

maculer [makyle] **/1/** *vt* to stain; (*Typo*) to
mackle

Madagascar [madagaskaʀ] *nf* Madagascar

Madame [madam] (*pl* **Mesdames** [medam]) *nf* :
~ X Mrs X; **occupez-vous de ~/Monsieur/**
Mademoiselle please serve this lady/
gentleman/(young) lady; **bonjour ~/**
Monsieur/Mademoiselle good morning; (*ton*
déférent) good morning Madam/Sir/Madam; (*le*
nom est connu) good morning Mrs X/Mr X/Miss X/
Ms X; **~/Monsieur/Mademoiselle !** (*pour*
appeler) excuse me!; (*ton déférent*) Madam/Sir/
Miss!; **~/Monsieur/Mademoiselle** (*sur lettre*)
Dear Madam/Sir/Madam; **chère ~/cher**
Monsieur/chère Mademoiselle Dear Mrs X/
Mr X/Miss X/Ms X; **~ la Directrice** the director;
the manageress; the head teacher; **Mesdames**

Ladies; **mesdames, mesdemoiselles, messieurs** ladies and gentlemen

> **Ms** est un titre utilisé devant le nom de famille à la place de **Mrs** pour éviter la distinction traditionnelle entre femmes mariées et non mariées.

Madeleine [madlɛn] : **îles de la ~** nfpl Magdalen Islands

madeleine [madlɛn] nf madeleine, ≈ sponge finger cake

Mademoiselle [madmwazɛl] (pl **Mesdemoiselles** [medmwazɛl]) nf Miss; voir aussi **Madame**

madère [madɛʀ] nm Madeira (wine) ▸ nf **M~** Madeira

madone [madɔn] nf Madonna

madré, e [madʀe] adj crafty, wily

Madrid [madʀid] n Madrid

madrier [madʀije] nm beam

madrigal, -aux [madʀigal, -o] nm madrigal

madrilène [madʀilɛn] adj of ou from Madrid

maestria [maɛstʀija] nf (masterly) skill

maestro [maɛstʀo] nm maestro

mafia, maffia [mafja] nf Maf(f)ia

mafieux, -euse [mafjø, -øz] adj Mafia ▸ nm/f Mafioso

magasin [magazɛ̃] nm (boutique) shop; (entrepôt) warehouse; (d'arme) magazine; **en ~** (Comm) in stock; **faire les magasins** to go (a)round the shops, do the shops; **~ d'alimentation** grocer's (shop) (BRIT), grocery store (US)

> **MAGASINS**
>
> French **magasins** are usually open from 9am to noon and from 2pm to 7pm. Most shops are closed on Sunday and some do not open on Monday, especially in smaller towns. In bigger towns and shopping centres, most shops are open throughout the day.

magasinier [magazinje] nm warehouseman

magazine [magazin] nm magazine

mage [maʒ] nm : **les Rois Mages** the Magi, the (Three) Wise Men

magenta [maʒɛ̃ta] nm magenta

Maghreb [magʀɛb] nm : **le ~** the Maghreb, North(-West) Africa

maghrébin, e [magʀebɛ̃, -in] adj of ou from the Maghreb, North African ▸ nm/f : **Maghrébin, e** North African, Maghrebi

magicien, ne [maʒisjɛ̃, -ɛn] nm/f magician

magie [maʒi] nf magic; **~ noire** black magic

magique [maʒik] adj (occulte) magic; (fig) magical

magistral, e, -aux [maʒistʀal, -o] adj (œuvre, adresse) masterly; (ton) authoritative; (gifle etc) sound, resounding; (ex cathedra) : **enseignement ~** lecturing, lectures pl; **cours ~** lecture

magistralement [maʒistʀalmɑ̃] adv brilliantly; **~ interprété par** beautifully acted by

magistrat [maʒistʀa] nm magistrate

magistrature [maʒistʀatyʀ] nf magistracy, magistrature; **~ assise** judges pl, bench; **~ debout** state prosecutors pl

magma [magma] nm (Géo) magma; (fig) jumble

magnanerie [maɲanʀi] nf silk farm

magnanime [maɲanim] adj magnanimous

magnanimité [maɲanimite] nf magnanimity

magnat [magna] nm tycoon, magnate

magner [maɲe] /1/ : **se magner** vpr (fam) to get a move on

magnésie [maɲezi] nf magnesia

magnésium [maɲezjɔm] nm magnesium

magnétique [maɲetik] adj magnetic

magnétiser [maɲetize] /1/ vt to magnetize; (fig) to mesmerize, hypnotize

magnétiseur, -euse [maɲetizœʀ, -øz] nm/f hypnotist

magnétisme [maɲetism] nm magnetism

magnéto [maɲeto] nm (à cassette) cassette deck; (magnétophone) tape recorder

magnétocassette [maɲetokasɛt] nm cassette deck

magnétophone [maɲetɔfɔn] nm tape recorder; **~ à cassettes** cassette recorder

magnétoscope [maɲetɔskɔp] nm : **~ (à cassette)** video (recorder)

magnificence [maɲifisɑ̃s] nf (faste) magnificence, splendour (BRIT), splendor (US); (générosité) munificence, lavishness

magnifier [maɲifje] /7/ vt (glorifier) to glorify; (idéaliser) to idealize

magnifique [maɲifik] adj magnificent

magnifiquement [maɲifikmɑ̃] adv magnificently

magnitude [maɲityd] nf (de séisme) magnitude; **un séisme de ~ 4 sur l'échelle de Richter** an earthquake measuring 4 on the Richter scale

magnolia [maɲɔlja] nm magnolia

magnum [magnɔm] nm magnum

magot [mago] nm (argent) pile (of money); (économies) nest egg

magouille [maguj] nf (fam) scheming

magouiller [maguje] vi (fam) to scheme

magret [magʀɛ] nm : **~ de canard** duck breast

mahométan, e [maɔmetɑ̃, -an] adj Mohammedan, Mahometan

mai [mɛ] nm May; see note; voir aussi **juillet**

> **LE PREMIER MAI**
>
> **Le premier mai** is a public holiday in France and commemorates the trades union demonstrations in the United States in 1886 when workers demanded the right to an eight-hour working day. Sprigs of lily of the valley are traditionally exchanged. Le 8 mai is also a public holiday and commemorates the surrender of the German army to Eisenhower on 7 May 1945. It is marked by parades of ex-servicemen and ex-servicewomen in most towns. The social upheavals of May and June 1968, with their student demonstrations, workers' strikes and general rioting, are usually referred to as les événements de mai 68. De Gaulle's government survived, but reforms in education and a move towards decentralization ensued.

m

maigre [mɛgʀ] *adj* (very) thin, skinny; (*viande*) lean; (*fromage*) low-fat; (*végétation*) thin, sparse; (*fig*) poor, meagre, skimpy; **jours maigres** days of abstinence, fish days ▶ *adv* : **faire ~** not to eat meat

maigrelet, te [mɛgʀələ, -ɛt] *adj* skinny, scrawny

maigreur [mɛgʀœʀ] *nf* thinness

maigrichon, ne [mɛgʀiʃɔ̃, -ɔn] *adj* = **maigrelet**

maigrir [mɛgʀiʀ] /**2**/ *vi* to get thinner, lose weight; **~ de 2 kilos** to lose 2 kilos ▶ *vt* : **~ qn** (*vêtement*) to make sb look slim(mer)

mail [mɛl] *nm* email

mailing [mɛliŋ] *nm* direct mail *no pl*; **un ~** a mailshot

maille [mɑj] *nf* (*boucle*) stitch; (*ouverture*) hole (in the mesh); **avoir ~ à partir avec qn** to have a brush with sb; **~ à l'endroit/à l'envers** knit one/purl one; (*boucle*) plain/purl stitch

maillechort [majʃɔʀ] *nm* nickel silver

maillet [majɛ] *nm* mallet

maillon [majɔ̃] *nm* link

maillot [majo] *nm* (*aussi* : **maillot de corps**) vest; (*de danseur*) leotard; (*de sportif*) jersey; **~ de bain** swimming *ou* bathing (BRIT) costume, swimsuit; (*d'homme*) (swimming *ou* bathing (BRIT)) trunks *pl*; **~ deux pièces** two-piece swimsuit, bikini; **~ jaune** yellow jersey

main [mɛ̃] *nf* hand; **la ~ dans la ~** hand in hand; **à deux mains** with both hands; **à une ~** with one hand; **à la ~** (*tenir, avoir*) in one's hand; (*faire, tricoter etc*) by hand; **se donner la ~** to hold hands; **donner** *ou* **tendre la ~ à qn** to hold out one's hand to sb; **se serrer la ~** to shake hands; **serrer la ~ à qn** to shake hands with sb; **sous la ~** to *ou* at hand; **haut les mains !** hands up!; **à ~ levée** (*Art*) freehand; **à mains levées** (*voter*) with a show of hands; **attaque à ~ armée** armed attack; **à ~ droite/gauche** to the right/left; **à remettre en mains propres** to be delivered personally; **de première ~** (*renseignement*) first-hand; (*Comm : voiture etc*) with only one previous owner; **faire ~ basse sur** to help o.s. to; **mettre la dernière ~ à** to put the finishing touches to; **mettre la ~ à la pâte** (*fig*) to lend a hand; **avoir/passer la ~** (*Cartes*) to lead/hand over the lead; **s'en laver les mains** (*fig*) to wash one's hands of it; **se faire/perdre la ~** to get one's hand in/lose one's touch; **avoir qch bien en ~** to have got the hang of sth; **en un tour de ~** (*fig*) in the twinkling of an eye; **~ courante** handrail

mainate [mɛnat] *nm* myna(h) bird

main-d'œuvre [mɛ̃dœvʀ] (*pl* **mains-d'oeuvre**) *nf* manpower, labour (BRIT), labor (US)

main-forte [mɛ̃fɔʀt] *nf* : **prêter ~ à qn** to come to sb's assistance

mainmise [mɛ̃miz] *nf* seizure; (*fig*) : **avoir la ~ sur** to have a grip ou stranglehold on

mains-libres [mɛ̃libʀ] *adj inv* (*téléphone, kit*) hands-free

maint, e [mɛ̃, mɛ̃t] *adj* many a; **maints** many; **à maintes reprises** time and (time) again

maintenance [mɛ̃t(ə)nɑ̃s] *nf* maintenance, servicing

maintenant [mɛ̃t(ə)nɑ̃] *adv* now; (*actuellement*) nowadays

maintenir [mɛ̃t(ə)niʀ] /**22**/ *vt* (*retenir, soutenir*) to support; (*contenir : foule etc*) to keep in check, hold back; (*conserver*) to maintain, uphold; (*affirmer*) to maintain; **se maintenir** *vpr* (*paix, temps*) to hold; (*prix*) to keep steady; (*préjugé*) to persist; (*malade*) to remain stable

maintien [mɛ̃tjɛ̃] *nm* maintaining, upholding; (*attitude*) bearing; **~ de l'ordre** maintenance of law and order

maintiendrai [mɛ̃tjɛ̃dʀe], **maintiens** *etc* [mɛ̃tjɛ̃] *vb voir* **maintenir**

maire [mɛʀ] *nm* mayor

mairie [meʀi] *nf* (*bâtiment*) town hall; (*administration*) town council

mais [mɛ] *conj* but; **~ non !** of course not!; **~ enfin** but after all; (*indignation*) look here!; **~ encore ?** is that all?

maïs [mais] *nm* maize (BRIT), corn (US)

maison [mɛzɔ̃] *nf* (*bâtiment*) house; (*chez-soi*) home; (*Comm*) firm; (*famille*) : **ami de la ~** friend of the family ▶ *adj inv* (*Culin*) home-made; (: *au restaurant*) made by the chef; (*Comm*) in-house, own; (*fam*) first-rate; **à la ~** at home; (*direction*) home; **~ d'arrêt** (short-stay) prison; **~ centrale** prison; **~ close** brothel; **~ de correction** ≈ remand home (BRIT), ≈ reformatory ≈ (US); **~ de la culture** ≈ arts centre; **~ des jeunes** ≈ youth club; **~ mère** parent company; **~ de passe** = **maison close**; **~ de repos** convalescent home; **~ de retraite** old people's home; **~ de santé** mental home

Maison-Blanche [mɛzɔ̃blɑ̃ʃ] *nf* : **la ~** the White House

maisonnée [mɛzɔne] *nf* household, family

maisonnette [mɛzɔnɛt] *nf* small house

maître, -esse [mɛtʀ, mɛtʀɛs] *nm/f* master (mistress); (*Scol*) teacher, schoolmaster(-mistress) ▶ *nm* (*peintre etc*) master; (*titre*) : **M~** Maître (*term of address for lawyers etc*) ▶ *nf* (*amante*) mistress ▶ *adj* (*principal, essentiel*) main; **maison de ~** family seat; **être ~ de** (*soi-même, situation*) to be in control of; **se rendre ~ de** (*pays, ville*) to gain control of; (*situation, incendie*) to bring under control; **être passé ~ dans l'art de** to be a (past) master in the art of; **une maîtresse femme** a forceful woman; **~ d'armes** fencing master; **~ auxiliaire** (*Scol*) temporary teacher; **~ chanteur** blackmailer; **~ de chapelle** choirmaster; **~ de conférences** ≈ senior lecturer (BRIT), ≈ assistant professor (US); **~/maîtresse d'école** teacher, schoolmaster/-mistress; **~ d'hôtel** (*domestique*) butler; (*d'hôtel*) head waiter; **~ de maison** host; **~ nageur** lifeguard; **~ d'œuvre** (*Constr*) project manager; **~ d'ouvrage** (*Constr*) client; **~ queux** chef; **maîtresse de maison** hostess; (*ménagère*) housewife

maître-assistant, e [mɛtʀasistɑ̃, -ɑ̃t] (*pl* **maîtres-assistants, es**) *nm/f* ≈ lecturer

maître-autel [mɛtʀotɛl] (*pl* **maîtres-autels**) *nm* high altar

maîtrise [metʀiz] *nf* (*aussi* : **maîtrise de soi**) self-control, self-possession; (*habileté*) skill, mastery; (*suprématie*) mastery, command;

(diplôme) ≈ master's degree; *(chefs d'équipe)* supervisory staff

maîtriser [metʀize] /1/ *vt (cheval, incendie)* to (bring under) control; *(sujet)* to master; *(émotion)* to control, master; **se maîtriser** *vpr* to control o.s.

maïzena® [maizena] *nf* cornflour *(BRIT)*, cornstarch *(US)*

majesté [maʒɛste] *nf* majesty

majestueusement [maʒɛstɥøzmɑ̃] *adv* majestically

majestueux, -euse [maʒɛstɥø, -øz] *adj* majestic

majeur, e [maʒœʀ] *adj (important)* major; *(Jur)* of age; *(fig)* adult; **en majeure partie** for the most part; **la majeure partie de** most of ▶ *nm/f (Jur)* person who has come of age *ou* attained his *(ou* her) majority ▶ *nm (doigt)* middle finger

major [maʒɔʀ] *nm* adjutant; *(Scol)* : **~ de la promotion** first in one's year

majoration [maʒɔʀasjɔ̃] *nf* increase

majordome [maʒɔʀdɔm] *nm* major-domo

majorer [maʒɔʀe] /1/ *vt* to increase

majorette [maʒɔʀɛt] *nf* majorette

majoritaire [maʒɔʀitɛʀ] *adj* majority *cpd*; **système/scrutin ~** majority system/ballot

majorité [maʒɔʀite] *nf (gén)* majority; *(parti)* party in power; **en ~** *(composé etc)* mainly; **avoir la ~** to have the majority

Majorque [maʒɔʀk] *nf* Majorca

majorquin, e [maʒɔʀkɛ̃, -in] *adj* Majorcan ▶ *nm/f* : **Majorquin, e** Majorcan

majuscule [maʒyskyl] *adj, nf* : **(lettre) ~** capital (letter)

mal, maux [mal, mo] *nm (opposé au bien)* evil; *(tort, dommage)* harm; *(douleur physique)* pain, ache; *(maladie)* illness, sickness *no pl*; *(difficulté, peine)* trouble; *(souffrance morale)* pain; **dire/ penser du ~ de** to speak/think ill of; **ne vouloir du ~ à personne** to wish nobody any ill; **avoir du ~ à faire qch** to have trouble doing sth; **se donner du ~ pour faire qch** to go to a lot of trouble to do sth; **ne voir aucun ~ à** to see no harm in, see nothing wrong in; **sans penser** *ou* **songer à ~** without meaning any harm; **faire du ~ à qn** to hurt sb; to harm sb; **se faire ~** to hurt o.s.; **se faire ~ au pied** to hurt one's foot; **ça fait ~** it hurts; **j'ai ~ (ici)** it hurts (here); **j'ai ~ au dos** my back aches, I've got a pain in my back; **avoir ~ à la tête/à la gorge** to have a headache/a sore throat; **avoir ~ aux dents/à l'oreille** to have toothache/earache; **avoir le ~ de l'air** to be airsick; **avoir le ~ du pays** to be homesick; **~ de mer** seasickness; **~ de la route** carsickness; **maux de ventre** stomach ache *sg; voir aussi* **cœur** ▶ *adv* badly; **il comprend ~** he has difficulty in understanding; **il a ~ compris** he misunderstood; **se sentir** *ou* **se trouver ~** to feel ill *ou* unwell; **~ tourner** to go wrong; **être au plus ~** *(malade)* to be very bad; *(brouillé)* to be at daggers drawn; **craignant ~ faire** fearing he *etc* was doing the wrong thing; **~ en point** in a bad state; **être ~ (à l'aise)** to be uncomfortable; **être ~ avec qn** to be on bad terms with sb ▶ *adj* :

c'est ~ (de faire) it's bad *ou* wrong (to do); **il n'a rien fait de ~** he has done nothing wrong

malabar [malabaʀ] *nm (fam)* muscle man

malachite [malaʃit] *nf* malachite

malade [malad] *adj* ill, sick; *(poitrine, jambe)* bad; *(plante)* diseased; *(fig : entreprise, monde)* ailing; **tomber ~** to fall ill; **être ~ du cœur** to have heart trouble *ou* a bad heart ▶ *nmf* invalid, sick person; *(à l'hôpital etc)* patient; **grand ~** seriously ill person; **~ mental** mentally sick *ou* ill person

> Les mots **ill** et **sick** ont un sens très comparable, mais ils s'emploient de façon légèrement différente. Contrairement à **sick**, **ill** ne s'emploie pas devant le nom.
> *Elle n'est pas venue parce qu'elle se sentait malade.*
> **She didn't come because she felt ill.**
> *des enfants malades* **sick children**
> En anglais britannique, **sick** est souvent employé pour parler d'une réaction physique, notamment le fait d'avoir la nausée ou de vomir.
> *Elle a été malade dans l'avion.* **She was sick on the plane.**

maladie [maladi] *nf (spécifique)* disease, illness; *(mauvaise santé)* illness, sickness; *(fig : manie)* mania; **être rongé par la ~** to be wasting away (through illness); **~ d'Alzheimer** Alzheimer's disease; **~ de peau** skin disease

maladif, -ive [maladif, -iv] *adj* sickly; *(curiosité, besoin)* pathological

maladresse [maladʀɛs] *nf* clumsiness *no pl*; *(gaffe)* blunder

maladroit, e [maladʀwa, -wat] *adj* clumsy

maladroitement [maladʀwatmɑ̃] *adv* clumsily

mal-aimé, e [maleme] *nm/f* unpopular person; *(de la scène politique, de la société)* persona non grata

malais, e [malɛ, -ɛz] *adj* Malay, Malayan ▶ *nm (Ling)* Malay ▶ *nm/f* : **Malais, e** Malay, Malayan

malaise [malɛz] *nm (Méd)* feeling of faintness; feeling of discomfort; *(fig)* uneasiness, malaise; **avoir un ~** to feel faint *ou* dizzy

malaisé, e [maleze] *adj* difficult

Malaisie [malezi] *nf* : **la ~** Malaysia; **la péninsule de ~** the Malay Peninsula

malappris, e [malapʀi, -iz] *nm/f* ill-mannered *ou* boorish person

malaria [malaʀja] *nf* malaria

malavisé, e [malavize] *adj* ill-advised, unwise

Malawi [malawi] *nm* : **le ~** Malawi

malaxer [malakse] /1/ *vt (pétrir)* to knead; *(mêler)* to mix

malaxeur [malaksœʀ] *nm* mixer

Malaysia [malɛzja] *nf* : **la ~** Malaysia

malbouffe [malbuf] *nf (fam)* : **la ~** junk food

malchance [malʃɑ̃s] *nf* misfortune, ill luck *no pl*; **par ~** unfortunately; **quelle ~ !** what bad luck!

malchanceux, -euse [malʃɑ̃sø, -øz] *adj* unlucky

malcommode [malkɔmɔd] *adj* impractical, inconvenient

Maldives [maldiv] *nfpl* : **les ~** the Maldive Islands

maldonne [maldɔn] *nf (Cartes)* misdeal; **il y a ~** *(fig)* there's been a misunderstanding

m

mâle [mɑl] *adj (Élec, Tech)* male; *(viril : voix, traits)* manly ▸ *nm* male

malédiction [malediksjɔ̃] *nf* curse

maléfice [malefis] *nm* evil spell

maléfique [malefik] *adj* evil, baleful

malencontreusement [malɑ̃kɔ̃tʀøzmɑ̃] *adv (arriver)* at the wrong moment; *(rappeler, mentionner)* inopportunely

malencontreux, -euse [malɑ̃kɔ̃tʀø, -øz] *adj* unfortunate, untoward

malentendant, e [malɑ̃tɑ̃dɑ̃, -ɑ̃t] *nm/f* : **les malentendants** the hard of hearing

malentendu [malɑ̃tɑ̃dy] *nm* misunderstanding; **il y a eu un ~** there's been a misunderstanding

malfaçon [malfasɔ̃] *nf* fault

malfaisant, e [malfəzɑ̃, -ɑ̃t] *adj* evil, harmful

malfaiteur [malfɛtœʀ] *nm* lawbreaker, criminal; *(voleur)* burglar, thief

malfamé, e [malfame] *adj* disreputable, of ill repute

malformation [malfɔʀmasjɔ̃] *nf* malformation

malfrat [malfʀɑ] *nm* villain, crook

malgache [malgaʃ] *adj* Malagasy, Madagascan ▸ *nm (Ling)* Malagasy ▸ *nmf* : **Malgache** Malagasy, Madagascan

malgré [malgʀe] *prép* in spite of, despite; **~ tout** *adv* in spite of everything

malhabile [malabil] *adj* clumsy

malheur [malœʀ] *nm (situation)* adversity, misfortune; *(événement)* misfortune; *(: plus fort)* disaster, tragedy; **par ~** unfortunately; **quel ~ !** what a shame *ou* pity!; **faire un ~** *(fam : un éclat)* to do something desperate; *(: avoir du succès)* to be a smash hit

malheureusement [malœʀøzmɑ̃] *adv* unfortunately

malheureux, -euse [malœʀø, -øz] *adj (triste)* unhappy, miserable; *(infortuné, regrettable)* unfortunate; *(malchanceux)* unlucky; *(insignifiant)* wretched; **avoir la main malheureuse** *(au jeu)* to be unlucky; *(tout casser)* to be ham-fisted ▸ *nm/f (infortuné, misérable)* poor soul; *(indigent, miséreux)* unfortunate creature; **les ~** the destitute

malhonnête [malɔnɛt] *adj* dishonest

malhonnêtement [malɔnɛtmɑ̃] *adv* dishonestly

malhonnêteté [malɔnɛtte] *nf* dishonesty; rudeness *no pl*

Mali [mali] *nm* : **le ~** Mali

malice [malis] *nf* mischievousness; *(méchanceté)* : **par ~** out of malice *ou* spite; **sans ~** guileless

malicieusement [malisjøzmɑ̃] *adv* mischievously

malicieux, -euse [malisjø, -øz] *adj* mischievous

malien, ne [maljɛ̃, -ɛn] *adj* Malian

malignité [malinite] *nf (d'une tumeur, d'un mal)* malignancy

malin, -igne [malɛ̃, -iɲ] *adj (futé f (fam)* **maline)** smart, shrewd; *(sourire)* knowing; *(Méd, influence)* malignant; **faire le ~** to show off; **éprouver un ~ plaisir à** to take malicious pleasure in

malingre [malɛ̃gʀ] *adj* puny

malintentionné, e [malɛ̃tɑ̃sjɔne] *adj* ill-intentioned, malicious

malle [mal] *nf* trunk; *(Auto)* : **~ (arrière)** boot *(Brit)*, trunk *(US)*

malléabilité [maleabilite] *nf (de matériau)* malleability

malléable [maleabl] *adj* malleable

malle-poste [malpɔst] *(pl* **malles-poste)** *nf* mail coach

mallette [malɛt] *nf (valise)* (small) suitcase; *(aussi* : **mallette de voyage)** overnight case; *(pour documents)* attaché case

malmener [malməne] **/5/** *vt* to manhandle; *(fig)* to give a rough ride to

malnutrition [malnytʀisjɔ̃] *nf* malnutrition

malodorant, e [malɔdɔʀɑ̃, -ɑ̃t] *adj* foul-smelling

malotru [malɔtʀy] *nm* lout, boor

malouin, e [malwɛ̃, -in] *adj* from Saint Malo

Malouines [malwin] *nfpl* : **les ~** the Falklands, the Falkland Islands

malpoli, e [malpɔli] *nm/f* rude individual ▸ *adj* impolite

malpropre [malpʀɔpʀ] *adj (personne, vêtement)* dirty; *(travail)* slovenly; *(histoire, plaisanterie)* unsavoury *(Brit)*, unsavory *(US)*, smutty; *(malhonnête)* dishonest

malpropreté [malpʀɔpʀəte] *nf* dirtiness

malsain, e [malsɛ̃, -ɛn] *adj* unhealthy

malséant, e [malseɑ̃, -ɑ̃t] *adj* unseemly, unbecoming

malsonnant, e [malsɔnɑ̃, -ɑ̃t] *adj* offensive

malt [malt] *nm* malt; **pur ~** *(whisky)* malt (whisky)

maltais, e [maltɛ, -ɛz] *adj* Maltese

Malte [malt] *nf* Malta

malté, e [malte] *adj (lait etc)* malted

maltraitance [maltʀɛtɑ̃s] *nf* ill-treatment; **la ~ à enfants** ill-treatment of children, child abuse

maltraiter [maltʀete] **/1/** *vt (brutaliser)* to manhandle, ill-treat; *(critiquer, éreinter)* to slate *(Brit)*, roast

malus [malys] *nm (Assurances)* car insurance weighting, penalty

malveillance [malvejɑ̃s] *nf (animosité)* ill will; *(intention de nuire)* malevolence; *(Jur)* malicious intent *no pl*

malveillant, e [malvejɑ̃, -ɑ̃t] *adj* malevolent, malicious

malvenu, e [malvəny] *adj* : **être ~ de** *ou* **à faire qch** not to be in a position to do sth

malversation [malvɛʀsasjɔ̃] *nf* embezzlement, misappropriation (of funds)

mal-vivre [malvivʀ] *nm inv* malaise

malvoyant, e [malvwajɑ̃, -ɑ̃t] *nm/f* partially sighted person

maman [mamɑ̃] *nf* mum(my) *(Brit)*, mom *(US)*

mamelle [mamɛl] *nf* teat

mamelon [mam(ə)lɔ̃] *nm (Anat)* nipple; *(colline)* knoll, hillock

mamie [mami] *nf (fam)* granny

mammaire [mamɛʀ] *adj* mammary

mammectomie [mamɛktɔmi] *nf* mammectomy

mammifère – manipulateur

mammifère [mamifɛʀ] *nm* mammal
mammographie [mamɔgʀafi] *nf*
mammography
mammoplastie [mamɔplasti] *nf* mammoplasty
mammouth [mamut] *nm* mammoth
mamours [mamuʀ] *nmpl (fam)* : **se faire des** ~ to
bill and coo
management [manadʒmɛnt] *nm* management
manager [manadʒɛʀ] *nm (Sport)* manager;
(Comm) : ~ **commercial** commercial director
managérial, e [manaʒeʀjal] *adj* managerial
manant [manɑ̃] *nm (vilain)* villein
manceau, -elle, -aux [mɑ̃so, -sɛl] *adj* of Le
Mans
manche [mɑ̃ʃ] *nf (de vêtement)* sleeve; *(d'un jeu,
tournoi)* round; *(Géo)* : **la M~** the (English)
Channel; **faire la** ~ to pass the hat; ~ **à air**
(Aviat) wind-sock; **à manches courtes/
longues** short-/long-sleeved ▶ *nm (d'outil,
casserole)* handle; *(de pelle, pioche etc)* shaft; *(de
violon, guitare)* neck; *(fam)* clumsy oaf; ~ **à balai**
broomstick; *(Aviat)* joystick
manchette [mɑ̃ʃɛt] *nf (de chemise)* cuff; *(coup)*
forearm blow; *(titre)* headline
manchon [mɑ̃ʃɔ̃] *nm (de fourrure)* muff; ~ **à
incandescence** incandescent (gas) mantle
manchot [mɑ̃ʃo] *nm* one-armed man; armless
man; *(Zool)* penguin
mandale [mɑ̃dal] *nf (fam)* slap, clout *(Brit fam)*
mandarin [mɑ̃daʀɛ̃] *nm (haut fonctionnaire chinois)*
mandarin; *(ponte)* mandarin; *(langue)*
Mandarin, Mandarin Chinese
mandarine [mɑ̃daʀin] *nf* mandarin (orange),
tangerine
mandarinier [mɑ̃daʀinje] *nm* mandarin tree
mandat [mɑ̃da] *nm (postal)* postal *ou* money
order; *(d'un député etc)* mandate; *(procuration)*
power of attorney, proxy; *(Police)* warrant;
~ **d'amener** summons *sg*; ~ **d'arrêt** warrant for
arrest; ~ **de dépôt** committal order; ~ **de
perquisition** *(Police)* search warrant
mandataire [mɑ̃datɛʀ] *nmf (représentant, délégué)*
representative; *(Jur)* proxy
mandat-carte [mɑ̃dakaʀt] *(pl **mandats-cartes**)*
nm money order *(in postcard form)*
mandater [mɑ̃date] */1/ vt (personne)* to appoint;
(Pol : député) to elect
mandat-lettre [mɑ̃dalɛtʀ] *(pl **mandats-lettres**)*
nm money order *(with space for correspondence)*
mandchou, e [mɑ̃tʃu] *adj* Manchu, Manchurian
▶ *nm (Ling)* Manchu ▶ *nm/f* : **Mandchou, e**
Manchu
Mandchourie [mɑ̃tʃuʀi] *nf* : **la** ~ Manchuria
mander [mɑ̃de] */1/ vt* to summon
mandibule [mɑ̃dibyl] *nf* mandible
mandoline [mɑ̃dɔlin] *nf* mandolin(e)
manège [manɛʒ] *nm* riding school; *(à la foire)*
roundabout *(Brit)*, merry-go-round; *(fig)* game,
ploy; **faire un tour de** ~ to go for a ride on a *ou*
the roundabout *etc*; ~ **(de chevaux de bois)**
roundabout *(Brit)*, merry-go-round
manette [manɛt] *nf* lever, tap; ~ **de jeu** *(Inform)*
joystick
manganèse [mɑ̃ganɛz] *nm* manganese
mangeable [mɑ̃ʒabl] *adj* edible, eatable

mangeaille [mɑ̃ʒaj] *nf (péj)* grub
mangeoire [mɑ̃ʒwaʀ] *nf* trough, manger
manger [mɑ̃ʒe] */3/ vt* to eat; *(ronger : rouille etc)* to
eat into *ou* away; *(utiliser, consommer)* to eat up
▶ *vi* to eat; **donner à** ~ **à** *(enfant)* to feed
mange-tout [mɑ̃ʒtu] *nm inv* mange-tout
mangeur, -euse [mɑ̃ʒœʀ, -øz] *nm/f* eater
mangouste [mɑ̃gust] *nf* mongoose
mangrove [mɑ̃gʀɔv] *nf* mangrove
mangue [mɑ̃g] *nf* mango
maniabilité [manjabilite] *nf (d'un outil)*
handiness; *(d'un véhicule, voilier)* manoeuvrability
(Brit), maneuverability *(US)*
maniable [manjabl] *adj (outil)* handy; *(voiture,
voilier)* easy to handle; manoeuvrable *(Brit)*,
maneuverable *(US)*; *(fig : personne)* easily
influenced, manipulable
maniaque [manjak] *adj (pointilleux, méticuleux)*
finicky, fussy; *(atteint de manie)* suffering from a
mania ▶ *nmf (méticuleux)* fusspot; *(fou)* maniac
manichéen, ne [manikeɛ̃, -ɛn] *adj* Manichean,
Manichaean
manie [mani] *nf* mania; *(tic)* odd habit; **avoir la
~ de** to be obsessive about
maniement [manimɑ̃] *nm* handling;
~ **d'armes** arms drill
manier [manje] */7/ vt* to handle; **se manier** *vpr*
(fam) to get a move on
manière [manjɛʀ] *nf (façon)* way, manner; *(genre,
style)* style; **de** ~ **à** so as to; **de telle** ~ **que** in
such a way that; **de cette** ~ in this way *ou*
manner; **d'une** ~ **générale** generally speaking,
as a general rule; **de toute** ~ in any case; **d'une
certaine** ~ in a (certain) way; **employer la ~
forte** to use strong-arm tactics; **manières** *nfpl*
(attitude) manners; *(chichis)* fuss *sg*; **faire des
manières** to put on airs
maniéré, e [manjeʀe] *adj* affected
manif [manif] *nf (manifestation)* demo
manifestant, e [manifɛstɑ̃, -ɑ̃t] *nm/f*
demonstrator
manifestation [manifɛstasjɔ̃] *nf (de joie,
mécontentement)* expression, demonstration;
(symptôme) outward sign; *(fête etc)* event; *(Pol)*
demonstration
manifeste [manifɛst] *adj* obvious, evident ▶ *nm*
manifesto
manifestement [manifɛstəmɑ̃] *adv* obviously
manifester [manifɛste] */1/ vt (volonté, intentions)*
to show, indicate; *(joie, peur)* to express, show
▶ *vi (Pol)* to demonstrate; **se manifester** *vpr*
(émotion) to show *ou* express itself; *(difficultés)* to
arise; *(symptômes)* to appear; *(témoin etc)* to come
forward
manigance [manigɑ̃s] *nf* scheme
manigancer [manigɑ̃se] */3/ vt* to plot, devise
Manille [manij] *n* Manila
manioc [manjɔk] *nm* cassava, manioc
manip [manip] *nf (fam : Inform)* operation;
quelle est la ~ pour créer un fichier pdf ?
how do you go about creating a PDF file?; **faire
une fausse ~** to do sth wrong
manipulateur, -trice [manipylatœʀ, -tʀis] *nm/f*
(technicien) technician, operator; *(prestidigitateur)*
conjurer; *(péj)* manipulator

267

manipulation [manipylasjɔ̃] *nf* handling;
(*Pol, génétique*) manipulation

manipuler [manipyle] /**1**/ *vt* to handle; (*fig*) to
manipulate

manique [manik] *nf* (*pour saisir les plats chauds*)
oven glove

manitou [manitu] *nm* (*chez les Indiens d'Amérique*)
manitou; (*fam : chef*) : **grand ~** big shot (*fam*)

manivelle [manivɛl] *nf* crank

manne [man] *nf* (*Rel*) manna; (*fig*) godsend

mannequin [mankɛ̃] *nm* (*Couture*) dummy;
(*Mode*) model

manœuvrabilité [manœvʀabilite] *nf* (*de bateau,
véhicule*) handling, manoeuvrability (*Brit*),
maneuverability (*US*)

manœuvrable [manœvʀabl] *adj* (*bateau, véhicule*)
manoeuvrable (*Brit*), maneuverable (*US*)

manœuvre [manœvʀ] *nf* (*gén*) manoeuvre
(*Brit*), maneuver (*US*) ▸ *nm* (*ouvrier*) labourer
(*Brit*), laborer (*US*)

manœuvrer [manœvʀe] /**1**/ *vt* to manoeuvre
(*Brit*), maneuver (*US*); (*levier, machine*) to operate;
(*personne*) to manipulate ▸ *vi* to manoeuvre *ou*
maneuver

manoir [manwaʀ] *nm* manor *ou* country
house

manomètre [manɔmɛtʀ] *nm* gauge,
manometer

manouche [manuʃ] *nmf* gipsy

manquant, e [mɑ̃kɑ̃, -ɑ̃t] *adj* missing

manque [mɑ̃k] *nm* (*insuffisance, vide*) emptiness,
gap; (*Méd*) withdrawal; **~ de** lack of; **par ~ de**
for want of; **~ à gagner** loss of profit *ou*
earnings; **être en état de ~** to suffer
withdrawal symptoms; **manques** *nmpl* (*lacunes*)
faults, defects

manqué [mɑ̃ke] *adj* failed; **garçon ~** tomboy

manquement [mɑ̃kmɑ̃] *nm* : **~ à** (*discipline, règle*)
breach of

manquer [mɑ̃ke] /**1**/ *vi* (*faire défaut*) to be lacking;
(*être absent*) to be missing; (*échouer*) to fail;
l'argent qui leur manque the money they
need *ou* are short of; **la voix lui manqua** his
voice failed him; **~ à qn** (*absent etc*) : **il/cela me
manque** I miss him/that ▸ *vt* to miss; **~ de** *vt* to
lack; (*Comm*) to be out of (stock of); **ne pas ~ de
faire** : **je ne manquerai pas de le lui dire** I'll
be sure to tell him; **~ (de) faire** : **il a manqué
(de) se tuer** he very nearly got killed; **~ à** (*règles
etc*) to be in breach of, fail to observe; **je n'y
manquerai pas** leave it to me, I'll definitely do
it ▸ *vb impers* : **il (nous) manque encore 10
euros** we are still 10 euros short; **il manque
des pages (au livre)** there are some pages
missing *ou* some pages are missing (from the
book); **il ne manquerait plus qu'il fasse** all
we need now is for him to do

mansarde [mɑ̃saʀd] *nf* attic

mansardé, e [mɑ̃saʀde] *adj* : **chambre
mansardée** attic room

mansuétude [mɑ̃sɥetyd] *nf* leniency

mante [mɑ̃t] *nf* : **~ religieuse** praying mantis

manteau, x [mɑ̃to] *nm* coat; **~ de cheminée**
mantelpiece; **sous le ~** (*fig*) under cover

mantille [mɑ̃tij] *nf* mantilla

manucure [manykyʀ] *nf* manicurist

manucuré, e [manykyʀe] *adj* manicured

manuel, le [manɥɛl] *adj* manual ▸ *nm/f*
manually gifted pupil ▸ *nm* (*ouvrage*) manual,
handbook

manuellement [manɥɛlmɑ̃] *adv* manually

manufacture [manyfaktyʀ] *nf* (*établissement*)
factory; (*fabrication*) manufacture

manufacturé, e [manyfaktyʀe] *adj*
manufactured

manufacturier, -ière [manyfaktyʀje, -jɛʀ] *nm/f*
factory owner

manuscrit, e [manyskʀi, -it] *adj* handwritten
▸ *nm* manuscript

manutention [manytɑ̃sjɔ̃] *nf* (*Comm*) handling;
(*local*) storehouse

manutentionnaire [manytɑ̃sjɔnɛʀ] *nmf*
warehouse man(-woman), packer

manutentionner [manytɑ̃sjɔne] /**1**/ *vt* to
handle

maoïste [maɔist] *adj* Maoist ▸ *nm/f* Maoist

maori, e [maɔʀi] *adj* Maori ▸ *nm* (*Ling*) Maori
▸ *nm/f* : **Maori, e** Maori

maous, se [maus] *adj* (*fam*) massive

mappemonde [mapmɔ̃d] *nf* (*plane*) map of the
world; (*sphère*) globe

maquereau, x [makʀo] *nm* (*Zool*) mackerel *inv*;
(*fam : proxénète*) pimp

maquerelle [makʀɛl] *nf* (*fam*) madam

maquette [makɛt] *nf* (*d'un décor, bâtiment, véhicule*)
(scale) model; (*Typo*) mockup; (: *d'une page
illustrée, affiche*) paste-up; (: *prête à la reproduction*)
artwork

maquettiste [maketist] *nmf* (*Inform*) layout
artist; (*Archit*) model maker

maquignon [makiɲɔ̃] *nm* horse-dealer

maquillage [makijaʒ] *nm* making up; faking;
(*produits*) make-up

maquiller [makije] /**1**/ *vt* (*personne, visage*) to
make up; (*truquer : passeport, statistique*) to fake;
(: *voiture volée*) to do over (*respray etc*); **se maquiller**
vpr to make o.s. up

maquilleur, -euse [makijœʀ, -øz] *nm/f*
make-up artist

maquis [maki] *nm* (*Géo*) scrub; (*fig*) tangle; (*Mil*)
maquis, underground fighting *no pl*

maquisard, e [makizaʀ, -aʀd] *nm/f* maquis,
member of the Resistance

marabout [maʀabu] *nm* (*Zool*) marabou(t)

maraîcher, -ère [maʀeʃe, -ɛʀ] *adj* : **cultures
maraîchères** market gardening *sg* ▸ *nm/f*
market gardener

marais [maʀɛ] *nm* marsh, swamp; **~ salant**
saltworks

marasme [maʀasm] *nm* (*Pol, Écon*) stagnation,
sluggishness; (*accablement*) dejection,
depression

marathon [maʀatɔ̃] *nm* marathon

marathonien, ne [maʀatɔnjɛ̃, -jɛn] *nm/f*
marathon runner

marâtre [maʀatʀ] *nf* cruel mother

maraude [maʀod] *nf* pilfering, thieving (*of
poultry, crops*); (*dans un verger*) scrumping;
(*vagabondage*) prowling; **en ~** on the prowl; (*taxi*)
cruising

maraudeur, -euse [maʀodœʀ, -øz] *nm/f* marauder; prowler

marbre [maʀbʀ] *nm (pierre, statue)* marble; *(d'une table, commode)* marble top; *(Typo)* stone, bed; **rester de ~** to remain stonily indifferent

marbré, e [maʀbʀe] *adj (peau)* mottled, blotchy; *(matériau)* marbled; **un gâteau ~** a marble cake ▶ *nm (gâteau)* marble cake

marbrer [maʀbʀe] /**1**/ *vt* to mottle, blotch; *(Tech : papier)* to marble

marbrerie [maʀbʀəʀi] *nf (atelier)* marble mason's workshop; *(industrie)* marble industry

marbrier, -ière [maʀbʀije, -jɛʀ] *nm/f* monumental mason ▶ *nf* marble quarry

marbrures [maʀbʀyʀ] *nfpl* blotches *pl*; *(Tech)* marbling *sg*

marc [maʀ] *nm (de raisin, pommes)* marc; **~ de café** coffee grounds *pl ou* dregs *pl*

marcassin [maʀkasɛ̃] *nm* young wild boar

marchand, e [maʀʃɑ̃, -ɑ̃d] *nm/f* shopkeeper, tradesman(-woman); *(au marché)* stallholder; *(spécifique)* : **~ de cycles/tapis** bicycle/carpet dealer; **~ de charbon/vins** coal/wine merchant; **~ en gros/au détail** wholesaler/retailer; **~ de biens** real estate agent; **~ de canons** *(péj)* arms dealer; **~ de couleurs** ironmonger *(Brit)*, hardware dealer *(US)*; **~ de fruits** fruiterer *(Brit)*, fruit seller *(US)*; **~ de journaux** newsagent; **~ de légumes** greengrocer *(Brit)*, produce dealer *(US)*; **~ de poisson** fishmonger *(Brit)*, fish seller *(US)*; **~ de(s) quatre-saisons** costermonger *(Brit)*, street vendor (selling fresh fruit and vegetables); **~ de sable** *(fig)* sandman; **~ de tableaux** art dealer ▶ *adj* : **prix/valeur ~(e)** market price/value; **qualité marchande** standard quality

marchandage [maʀʃɑ̃daʒ] *nm* bargaining; *(péj : électoral)* bargaining, manoeuvring

marchander [maʀʃɑ̃de] /**1**/ *vt (article)* to bargain *ou* haggle over; *(éloges)* to be sparing with ▶ *vi* to bargain, haggle

marchandisage [maʀʃɑ̃dizaʒ] *nm* merchandising

marchandise [maʀʃɑ̃diz] *nf* goods *pl*, merchandise *no pl*

marche [maʀʃ] *nf (d'escalier)* step; *(activité)* walking; *(promenade, trajet, allure)* walk; *(démarche)* walk, gait; *(Mil, Mus)* march; *(fonctionnement)* running; *(progression)* progress; *(des événements)* course; **à une heure de ~** an hour's walk (away); **ouvrir/fermer la ~** to lead the way/bring up the rear; **dans le sens de la ~** *(Rail)* facing the engine; **en ~** *(monter etc)* while the vehicle is moving *ou* in motion; **mettre en ~** to start; **remettre qch en ~** to set *ou* start sth going again; **se mettre en ~** *(personne)* to get moving; *(machine)* to start; **être en état de ~** to be in working order; **~ arrière** *(Auto)* reverse (gear); **faire ~ arrière** *(Auto)* to reverse; *(fig)* to backtrack, back-pedal; **~ à suivre** (correct) procedure; *(sur notice)* (step by step) instructions *pl*

marché [maʀʃe] *nm (lieu, Comm, Écon)* market; *(ville)* trading centre; *(transaction)* bargain, deal;

par-dessus le ~ into the bargain; **faire son ~** to do one's shopping; **mettre le ~ en main à qn** to tell sb to take it or leave it; **~ au comptant** *(Bourse)* spot market; **~ aux fleurs** flower market; **~ noir** black market; **faire du ~ noir** to buy and sell on the black market; **~ aux puces** flea market; **~ à terme** *(Bourse)* forward market; **~ du travail** labour market

marchepied [maʀʃəpje] *nm (Rail)* step; *(Auto)* running board; *(fig)* stepping stone

marcher [maʀʃe] /**1**/ *vi* to walk; *(Mil)* to march; *(aller : voiture, train, affaires)* to go; *(prospérer)* to go well; *(fonctionner)* to work, run; *(fam : consentir)* to go along, agree; *(: croire naïvement)* to be taken in; **~ sur** to walk on; *(mettre le pied sur)* to step on *ou* in; *(Mil)* to march upon; **~ dans** *(herbe etc)* to walk in *ou* on; *(flaque)* to step in; **faire ~ qn** *(pour rire)* to pull sb's leg; *(pour tromper)* to lead sb up the garden path

marcheur, -euse [maʀʃœʀ, -øz] *nm/f* walker

marcotter [maʀkɔte] *vt (Jardinage)* to layer

mardi [maʀdi] *nm* Tuesday; **M~ gras** Shrove Tuesday; *voir aussi* **lundi**

mare [maʀ] *nf* pond; *(flaque)* pool; **~ de sang** pool of blood

marécage [maʀekaʒ] *nm* marsh, swamp

marécageux, -euse [maʀekaʒø, -øz] *adj* marshy, swampy

maréchal, -aux [maʀeʃal, -o] *nm* marshal; **~ des logis** *(Mil)* sergeant

maréchal-ferrant [maʀeʃalfeʀɑ̃] *(pl* **maréchaux-ferrants** [maʀeʃo-]*) nm* blacksmith

maréchaussée [maʀeʃose] *nf (humoristique : gendarmes)* constabulary *(Brit)*, police

marée [maʀe] *nf* tide; *(poissons)* fresh (sea) fish; **~ haute/basse** high/low tide; **~ montante/descendante** rising/ebb tide; **~ noire** oil slick

marelle [maʀɛl] *nf* : **(jouer à) la ~** (to play) hopscotch

marémotrice [maʀemɔtʀis] *adj f* tidal

mareyeur, -euse [maʀɛjœʀ, -øz] *nm/f* wholesale (sea) fish merchant

margarine [maʀgaʀin] *nf* margarine

marge [maʀʒ] *nf* margin; **en ~** in the margin; **en ~ de** *(fig)* on the fringe of; *(en dehors de)* cut off from; *(qui se rapporte à)* connected with; **~ bénéficiaire** profit margin, mark-up; **~ de sécurité** safety margin

margelle [maʀʒɛl] *nf* coping

margeur [maʀʒœʀ] *nm* margin stop

marginal, e, -aux [maʀʒinal, -o] *adj* marginal ▶ *nm/f (original)* eccentric; *(déshérité)* dropout

marginalisation [maʀʒinalizasjɔ̃] *nf* marginalization

marginaliser [maʀʒinalize] *vt* to marginalize

marginalité [maʀʒinalite] *nf* marginality

marguerite [maʀgəʀit] *nf* marguerite, (oxeye) daisy; *(d'imprimante)* daisy-wheel

marguillier [maʀgije] *nm* churchwarden

mari [maʀi] *nm* husband

mariage [maʀjaʒ] *nm (union, état, fig)* marriage; *(noce)* wedding; **~ civil/religieux** registry office *(Brit) ou* civil/church wedding; **un ~ de**

m

marié – marseillais

raison/d'amour a marriage of convenience/a love match; ~ **blanc** marriage of convenience, sham marriage; ~ **en blanc** white wedding; *see note*

⋮ **LE MARIAGE POUR TOUS**

⋮ Since May 2013 same-sex marriage and
⋮ adoption have been legal in France. The
⋮ passing of the **Loi sur le mariage pour tous**
⋮ led to major nationwide protests from
⋮ conservative, mostly Catholic citizens.
⋮ Ultimately, however, President François
⋮ Hollande kept his campaign promise to
⋮ allow same-sex couples to marry.

marié, e [maʀje] *adj* married ▶ *nm/f* (bride)groom/bride; **les mariés** the bride and groom; **les (jeunes) mariés** the newly-weds
marier [maʀje] /**7**/ *vt* to marry; (*fig*) to blend; **se marier** *vpr*: **se ~ (avec)** to marry, get married (to); (*fig*) to blend (with)
marijuana [maʀiʒwana] *nf* marijuana
marin, e [maʀɛ̃, -in] *adj* sea *cpd*, marine; **avoir le pied ~** (*garder son équilibre*) to have one's sea legs ▶ *nm* sailor ▶ *nf* navy; (*Art*) seascape; (*couleur*) navy (blue); **marine de guerre** navy; **marine marchande** merchant navy; **marine à voiles** sailing ships *pl*
marina [maʀina] *nf* marina
marinade [maʀinad] *nf* marinade
marine [maʀin] *adj f, nf voir* **marin** ▶ *adj inv* navy (blue) ▶ *nm* (*Mil*) marine
mariner [maʀine] /**1**/ *vi, vt* to marinate, marinade
marinier [maʀinje] *nm* bargee
marinière [maʀinjɛʀ] *nf* (*blouse*) smock ▶ *adj inv*: **moules ~** (*Culin*) mussels in white wine
marionnette [maʀjɔnɛt] *nf* puppet
marionnettiste [maʀjɔnetist] *nmf* puppeteer
marital, e, -aux [maʀital, -o] *adj*: **autorisation maritale** husband's permission
maritalement [maʀitalmã] *adv*: **vivre ~** to live together (as husband and wife)
maritime [maʀitim] *adj* sea *cpd*, maritime; (*ville*) coastal, seaside; (*droit*) shipping, maritime
marjolaine [maʀʒɔlɛn] *nf* marjoram
mark [maʀk] *nm* mark
marketing [maʀkətiŋ] *nm* (*Comm*) marketing
marmaille [maʀmaj] *nf* (*péj*) (gang of) brats *pl*
marmelade [maʀməlad] *nf* (*compote*) stewed fruit, compote; ~ **d'oranges** (orange) marmalade; **en ~** (*fig*) crushed (to a pulp)
marmite [maʀmit] *nf* (cooking-)pot
marmiton [maʀmitɔ̃] *nm* kitchen boy
marmonner [maʀmɔne] /**1**/ *vt, vi* to mumble, mutter
marmot [maʀmo] *nm* (*fam*) brat
marmotte [maʀmɔt] *nf* marmot
marmotter [maʀmɔte] /**1**/ *vt* (*prière*) to mumble, mutter
marne [maʀn] *nf* (*Géo*) marl
Maroc [maʀɔk] *nm*: **le ~** Morocco
marocain, e [maʀɔkɛ̃, -ɛn] *adj* Moroccan ▶ *nm/f*: **Marocain, e** Moroccan

maronite [maʀɔnit] *adj* Maronite ▶ *nm/f* Maronite
maroquin [maʀɔkɛ̃] *nm* (*peau*) morocco (leather); (*fig*) (minister's) portfolio
maroquinerie [maʀɔkinʀi] *nf* (*industrie*) leather craft; (*commerce*) leather shop; (*articles*) fine leather goods *pl*
maroquinier [maʀɔkinje] *nm* (*fabricant*) leather craftsman; (*marchand*) leather dealer
marotte [maʀɔt] *nf* fad
marquage [maʀkaʒ] *nm* (*Sport*) marking; (*de bétail*) branding; (*d'arbre*) marking; **une erreur de ~** a defensive error, a marking error; ~ **à la culotte** close marking
marquant, e [maʀkã, -ãt] *adj* outstanding
marque [maʀk] *nf* mark; (*Sport, Jeu*) score; (*Comm: de nourriture*) brand; (: *de voiture, produits manufacturés*) make; (*insigne: d'une fonction*) badge; (*fig*): ~ **d'affection** token of affection; ~ **de joie** sign of joy; **à vos marques !** (*Sport*) on your marks!; **de ~** *adj* (*Comm*) brand-name *cpd*; proprietary; (*fig*) high-class (: *personnage, hôte*) distinguished; **produit de ~** quality product; ~ **déposée** registered trademark; ~ **de fabrique** trademark; **une grande ~ de vin** a well-known brand of wine
marqué, e [maʀke] *adj* marked
marquer [maʀke] /**1**/ *vt* to mark; (*inscrire*) to write down; (*bétail*) to brand; (*Sport: but etc*) to score; (: *joueur*) to mark; (*accentuer: taille etc*) to emphasize; (*manifester: refus, intérêt*) to show; ~ **qn de son influence/empreinte** to have an influence/leave its impression on sb; ~ **un temps d'arrêt** to pause momentarily; ~ **le pas** (*fig*) to mark time; **un jour à ~ d'une pierre blanche** a red-letter day; ~ **les points** (*tenir la marque*) to keep the score ▶ *vi* (*événement, personnalité*) to stand out, be outstanding; (*Sport*) to score
marqueté, e [maʀkəte] *adj* inlaid
marqueterie [maʀketʀi] *nf* inlaid work, marquetry
marqueur, -euse [maʀkœʀ, -øz] *nm/f* (*Sport: de but*) scorer ▶ *nm* (*crayon feutre*) marker pen
marquis, e [maʀki, -iz] *nm/f* marquis *ou* marquess (marchioness) ▶ *nf* (*auvent*) glass canopy *ou* awning ▶ *nfpl*: **les (îles) Marquises** the Marquesas Islands
marraine [maʀɛn] *nf* godmother; (*d'un navire, d'une rose etc*) namer
Marrakech [maʀakɛʃ] *n* Marrakech *ou* Marrakesh
marrant, e [maʀã, -ãt] *adj* (*fam*) funny
marre [maʀ] *adv* (*fam*): **en avoir ~ de** to be fed up with
marrer [maʀe] /**1**/: **se marrer** *vpr* (*fam*) to have a (good) laugh
marron, ne [maʀɔ̃, -ɔn] *nm* (*fruit*) chestnut; **marrons glacés** marrons glacés ▶ *adj inv* brown ▶ *adj* (*péj*) crooked; (: *faux*) bogus
marronnier [maʀɔnje] *nm* chestnut (tree)
Mars [maʀs] *nf* Mars
mars [maʀs] *nm* March; *voir aussi* **juillet**
marseillais, e [maʀsɛje, -ɛz] *adj* of *ou* from Marseilles ▶ *nf*: **la Marseillaise** the French national anthem

Marseille – m'as-tu-vu

LA MARSEILLAISE

The **Marseillaise** has been France's national anthem since 1879. The words of the *Chant de guerre de l'armée du Rhin*, as the song was originally called, were written to an anonymous tune by an army captain called *Rouget de Lisle* in 1792. Adopted as a marching song by the Marseille battalion, it was finally popularized as the *Marseillaise*.

Marseille [maʀsɛj] *n* Marseilles

marsouin [maʀswɛ̃] *nm* porpoise

marsupial, e, -aux [maʀsypjal, -jo] *nm* marsupial ▶ *adj* : **une souris marsupiale** a marsupial mouse

marteau, x [maʀto] *nm* hammer; (*de porte*) knocker; ~ **pneumatique** pneumatic drill; **être ~** (*fam*) to be nuts

marteau-pilon [maʀtopilɔ̃] (*pl* **marteaux-pilons**) *nm* power hammer

marteau-piqueur [maʀtopikœʀ] (*pl* **marteaux-piqueurs**) *nm* pneumatic drill

martel [maʀtɛl] *nm* : **se mettre ~ en tête** to worry o.s.

martèlement [maʀtɛlmɑ̃] *nm* hammering

marteler [maʀtəle] /**5**/ *vt* to hammer; (*mots, phrases*) to rap out

martial, e, -aux [maʀsjal, -o] *adj* martial; **cour martiale** court-martial

martien, ne [maʀsjɛ̃, -ɛn] *adj* Martian, of *ou* from Mars

martinet [maʀtinɛ] *nm* (*fouet*) small whip; (*Zool*) swift

martingale [maʀtɛ̃gal] *nf* (*Couture*) half-belt; (*Jeu*) winning formula

martiniquais, e [maʀtinikɛ, -ɛz] *adj* of *ou* from Martinique

Martinique [maʀtinik] *nf* : **la ~** Martinique

martin-pêcheur [maʀtɛ̃pɛʃœʀ] (*pl* **martins-pêcheurs**) *nm* kingfisher

martre [maʀtʀ] *nf* marten; ~ **zibeline** sable

martyr, e [maʀtiʀ] *nm/f* martyr ▶ *adj* martyred; **enfants martyrs** battered children

martyre [maʀtiʀ] *nm* martyrdom; (*fig : sens affaibli*) agony, torture; **souffrir le ~** to suffer agonies

martyriser [maʀtiʀize] /**1**/ *vt* (*Rel*) to martyr; (*fig*) to bully; (*: enfant*) to batter

marxisme [maʀksism] *nm* Marxism

marxiste [maʀksist] *adj, nmf* Marxist

mas [mɑ(s)] *nm* traditional house or farm in Provence

mascara [maskaʀa] *nm* mascara

mascarade [maskaʀad] *nf* masquerade

mascotte [maskɔt] *nf* mascot

masculin, e [maskylɛ̃, -in] *adj* masculine; (*sexe, population*) male; (*équipe, vêtements*) men's; (*viril*) manly ▶ *nm* masculine

masculinité [maskylinite] *nf* masculinity

maso [mazo] (*fam*) *adj* (*masochiste*) masochistic ▶ *nmf* masochist

masochisme [mazɔfism] *nm* masochism

masochiste [mazɔfist] *adj* masochistic ▶ *nmf* masochist

masque [mask] *nm* mask; ~ **de beauté** face pack; ~ **à gaz** gas mask; ~ **de plongée** diving mask

masqué, e [maske] *adj* masked

masquer [maske] /**1**/ *vt* (*cacher : porte, goût*) to hide, conceal; (*dissimuler : vérité, projet*) to mask, obscure

massacrant, e [masakʀɑ̃, -ɑ̃t] *adj* : **humeur massacrante** foul temper

massacre [masakʀ] *nm* massacre, slaughter; **jeu de ~** (*fig*) wholesale slaughter

massacrer [masakʀe] /**1**/ *vt* to massacre, slaughter; (*fig : adversaire*) to slaughter; (*: texte etc*) to murder

massage [masaʒ] *nm* massage

masse [mas] *nf* mass; (*Élec*) earth; (*maillet*) sledgehammer; **une ~ de, des masses de** (*fam*) masses *ou* loads of; **la ~** (*péj*) the masses *pl*; **en ~** *adv* (*en bloc*) in bulk; (*en foule*) en masse; *adj* (*exécutions, production*) mass *cpd*; ~ **monétaire** (*Écon*) money supply; ~ **salariale** (*Comm*) wage(s) bill; **masses** *nfpl* masses

massepain [maspɛ̃] *nm* marzipan

masser [mase] /**1**/ *vt* (*assembler : gens*) to gather; (*pétrir*) to massage; **se masser** *vpr* (*foule*) to gather

masseur, -euse [masœʀ, -øz] *nm/f* (*personne*) masseur(-euse) ▶ *nm* (*appareil*) massager

massicot [masiko] *nm* (*Typo*) guillotine

massicotier, -ière [masikɔtje, -jɛʀ] *nm/f* (*Typo*) guillotine operator

massif, -ive [masif, -iv] *adj* (*porte*) solid, massive; (*visage*) heavy, large; (*bois, or*) solid; (*dose*) massive; (*déportations etc*) mass *cpd* ▶ *nm* (*montagneux*) massif; (*de fleurs*) clump, bank; **le M~ Central** the Massif Central

massivement [masivmɑ̃] *adv* (*répondre*) en masse; (*administrer, injecter*) in massive doses

massue [masy] *nf* club, bludgeon ▶ *adj inv* : **argument ~** sledgehammer argument

mastectomie [mastɛktɔmi] *nf* mastectomy

master [mastɛʀ] *nm* (*Scol*) Master's (degree)

MASTER

The **master** diploma is awarded to students who have completed two years of study after the *licence*. It includes classes in theoretical and applied topics, an introduction to research and sometimes a period of work experience. A *master* is required to be able to enter some professions, most notably teaching.

mastère [mastɛʀ] *nm* ≈ Master's degree (*from a business school or an institute of technology*)

mastic [mastik] *nm* (*pour vitres*) putty; (*pour fentes*) filler

masticage [mastikaʒ] *nm* (*d'une fente*) filling; (*d'une vitre*) puttying

mastication [mastikasjɔ̃] *nf* chewing, mastication

mastiquer [mastike] /**1**/ *vt* (*aliment*) to chew, masticate; (*fente*) to fill; (*vitre*) to putty

mastoc [mastɔk] *adj inv* (*fam*) hefty

mastodonte [mastodɔ̃t] *nm* monster (*fig*)

masturbation [mastyʀbasjɔ̃] *nf* masturbation

masturber [mastyʀbe] /**1**/ : **se masturber** *vpr* to masturbate

m'as-tu-vu [matyvy] *nmf inv* show-off

masure [mazyʀ] *nf* tumbledown cottage
mat, e [mat] *adj* (*couleur, métal*) mat(t); (*bruit, son*) dull ▸ *adj inv* (*Échecs*) : **être ~** to be checkmate
mât [mɑ] *nm* (*Navig*) mast; (*poteau*) pole, post
matamore [matamɔʀ] *nm* braggart, blusterer
match [matʃ] *nm* match; **~ nul** draw, tie (*US*); **faire ~ nul** to draw (*BRIT*), tie (*US*); **~ aller** first leg; **~ retour** second leg, return match
matelas [mat(ə)lɑ] *nm* mattress; **~ pneumatique** air bed *ou* mattress; **~ à ressorts** spring *ou* interior-sprung mattress
matelassé, e *adj* padded; (*tissu*) quilted
matelasser [mat(ə)lase] /1/ *vt* to pad
matelot [mat(ə)lo] *nm* sailor, seaman
mater [mate] /1/ *vt* (*personne*) to bring to heel, subdue; (*révolte*) to put down; (*fam*) to watch, look at
matérialisation [mateʀjalizasjɔ̃] *nf* materialization
matérialiser [mateʀjalize] /1/ : **se matérialiser** *vpr* to materialize
matérialisme [mateʀjalism] *nm* materialism
matérialiste [mateʀjalist] *adj* materialistic ▸ *nmf* materialist
matériau, x [mateʀjo] *nm* material; **matériaux** *nmpl* material(s); **matériaux de construction** building materials
matériel, le [mateʀjɛl] *adj* material; (*organisation, aide, obstacle*) practical; (*fig* : *péj* : *personne*) materialistic; **il n'a pas le temps ~ de le faire** he doesn't have the time (needed) to do it ▸ *nm* equipment *no pl*; (*de camping etc*) gear *no pl*; (*Inform*) hardware; **~ d'exploitation** (*Comm*) plant; **~ roulant** rolling stock
matériellement [mateʀjɛlmɑ̃] *adv* (*financièrement*) materially; **~ à l'aise** comfortably off; **je n'en ai ~ pas le temps** I simply do not have the time
maternel, le [matɛʀnɛl] *adj* (*amour, geste*) motherly, maternal; (*grand-père, oncle*) maternal ▸ *nf* (*aussi* : **école maternelle**) (state) nursery school
materner [matɛʀne] /1/ *vt* (*personne*) to mother
maternisé, e [matɛʀnize] *adj* : **lait ~** (infant) formula
maternité [matɛʀnite] *nf* (*établissement*) maternity hospital; (*état de mère*) motherhood, maternity; (*grossesse*) pregnancy; **congé de ~** maternity leave
math [mat] *nfpl* maths (*BRIT*), math (*US*)
mathématicien, ne [matematisjɛ̃, -ɛn] *nm/f* mathematician
mathématique [matematik] *adj* mathematical
mathématiques [matematik] *nfpl* mathematics *sg*
matheux, -euse [matø, -øz] *nm/f* (*fam*) maths (*BRIT*) *ou* math (*US*) student; (*fort en math*) mathematical genius
maths [mat] *nfpl* maths (*BRIT*), math (*US*)
matière [matjɛʀ] *nf* (*Physique*) matter; (*Comm, Tech*) material; matter *no pl*; (*fig* : *d'un livre etc*) subject matter, material; (*Scol*) subject; **en ~ de** as regards; **donner ~ à** to give cause to; **~ plastique** plastic; **matières fécales** faeces;

matières grasses fat (content) *sg*; **matières premières** raw materials
MATIF [matif] *sigle m* (= *Marché à terme des instruments financiers*) body which regulates the activities of the French Stock Exchange
Matignon [matiɲɔ̃] *nm* : (**l'hôtel**) **~** the French Prime Minister's residence

⋮ HÔTEL MATIGNON

⋮ The **hôtel Matignon** is the Paris office and
⋮ residence of the French Prime Minister. By
⋮ extension, the term *Matignon* is often used to
⋮ refer to the Prime Minister and his or her
⋮ staff.

matin [matɛ̃] *nm, adv* morning; **le ~** (*pendant le matin*) in the morning; **demain/hier/ dimanche ~** tomorrow/yesterday/Sunday morning; **tous les matins** every morning; **le lendemain ~** (the) next morning; **du ~ au soir** from morning till night; **une heure du ~** one o'clock in the morning; **de grand** *ou* **bon ~** early in the morning
matinal, e, -aux [matinal, -o] *adj* (*toilette, gymnastique*) morning *cpd*; (*de bonne heure*) early; **être ~** (*personne*) to be up early; (: *habituellement*) to be an early riser
mâtiné, e [mɑtine] *adj* : **qch ~ de qch** sth mixed with sth, a mixture of sth and sth
matinée [matine] *nf* morning; (*spectacle*) matinée, afternoon performance
matois, e [matwa, -waz] *adj* wily
matos [matos] *nm* (*fam*) gear, stuff
matou [matu] *nm* tom(cat)
matraquage [matʀakaʒ] *nm* beating up; **~ publicitaire** plug, plugging
matraque [matʀak] *nf* (*de malfaiteur*) cosh (*BRIT*), club; (*de policier*) truncheon (*BRIT*), billy (*US*)
matraquer [matʀake] /1/ *vt* to beat up (with a truncheon *ou* billy); to cosh (*BRIT*), club; (*fig* : *touristes etc*) to rip off; (: *disque*) to plug
matriarcal, e, -aux [matʀijaʀkal, -o] *adj* matriarchal
matrice [matʀis] *nf* (*Anat*) womb; (*Tech*) mould; (*Math etc*) matrix
matricule [matʀikyl] *nf* (*aussi* : **registre matricule**) roll, register ▸ *nm* (*aussi* : **numéro matricule** : *Mil*) regimental number; (*Admin*) reference number
matrimonial, e, -aux [matʀimɔnjal, -o] *adj* marital, marriage *cpd*
matrone [matʀɔn] *nf* matron
mâture [mɑtyʀ] *nf* masts *pl*
maturité [matyʀite] *nf* maturity; (*d'un fruit*) ripeness, maturity
maudire [modiʀ] /2/ *vt* to curse
maudit, e [modi, -it] *adj* (*fam* : *satané*) blasted, confounded
maugréer [mogʀee] /1/ *vi* to grumble
mauresque [moʀɛsk] *adj* Moorish
Maurice [moʀis] *nf* : (**l'île**) **~** Mauritius
mauricien, ne [moʀisjɛ̃, -ɛn] *adj* Mauritian ▸ *nm/f* : **Mauricien, ne** Mauritian
Mauritanie [moʀitani] *nf* : **la ~** Mauritania

mauritanien, ne [mɔʀitanjɛ̃, -ɛn] *adj*
Mauritanian ▶ *nm/f* : **Mauritanien, ne**
Mauritanian
mausolée [mozɔle] *nm* mausoleum
maussade [mosad] *adj (air, personne)* sullen; *(ciel, temps)* gloomy
mauvais, e [mɔvɛ, -ɛz] *adj* bad; *(méchant, malveillant)* malicious, spiteful; *(faux)* : **un ~ numéro** a wrong number; **la mer est mauvaise** the sea is rough; **~ coucheur** awkward customer; **~ coup** *(fig)* criminal venture; **~ garçon** tough; **~ pas** tight spot; **~ plaisant** hoaxer; **mauvaise plaisanterie** nasty trick; **~ traitements** ill treatment *sg*; **~ joueur** bad loser; **mauvaise herbe** weed; **mauvaise langue** gossip, scandalmonger (BRIT); **mauvaise passe** difficult situation; *(période)* bad patch; **mauvaise tête** rebellious *ou* headstrong customer ▶ *adv* : **il fait ~** the weather is bad; **sentir ~** to have a nasty smell, smell bad *ou* nasty
mauve [mov] *adj (couleur)* mauve ▶ *nf (Bot)* mallow
mauviette [movjɛt] *nf (péj)* weakling
maux [mo] *nmpl voir* **mal**
max. *abr (= maximum)* max
maxillaire [maksilɛʀ] *nm* jaw; **~ inférieur** lower jaw; **de puissants maxillaires** a strong jaw
maximal, e, -aux [maksimal, -o] *adj* maximal
maxime [maksim] *nf* maxim
maximiser [maksimize] *vt* to maximize; **~ ses profits** to maximize profits
maximum [maksimɔm] *adj, nm* maximum; **atteindre un/son ~** to reach a/his peak; **au ~** *adv (le plus possible)* to the full; as much as one can; *(tout au plus)* at the (very) most *ou* maximum; **faire le ~** to do one's level best
Mayence [majɑ̃s] *n* Mainz
mayonnaise [majɔnɛz] *nf* mayonnaise
Mayotte [majɔt] *nf* Mayotte
mazout [mazut] *nm (fuel)* oil; **chaudière/ poêle à ~** oil-fired boiler/stove
mazouté, e [mazute] *adj* oil-polluted
MDM *sigle mpl (= Médecins du Monde)* medical association for aid to Third-World countries
MDR *sigle abr (= mort de rire)* LOL
Me *abr* = **Maître**
me, m' [mə, m] *pron (direct : téléphoner, attendre etc)* me; *(indirect : parler, donner etc)* (to) me; *(réfléchi)* myself
mea-culpa [meakylpa] *nm inv* : **faire son ~** to admit one's guilt
méandres [meɑ̃dʀ] *nmpl* meanderings
mec [mɛk] *nm (fam)* guy, bloke (BRIT)
mécanicien, ne [mekanisjɛ̃, -ɛn] *nm/f* mechanic; *(Rail)* (train *ou* engine) driver; **~ navigant** *ou* **de bord** *(Aviat)* flight engineer
mécanique [mekanik] *adj* mechanical; **ennui ~** engine trouble *no pl* ▶ *nf (science)* mechanics *sg*; *(technologie)* mechanical engineering; *(mécanisme)* mechanism; engineering; works *pl*; **s'y connaître en ~** to be mechanically minded; **~ hydraulique** hydraulics *sg*; **~ ondulatoire** wave mechanics *sg*

mécaniquement [mekanikmɑ̃] *adv* mechanically
mécanisation [mekanizasjɔ̃] *nf* mechanization
mécaniser [mekanize] /1/ *vt* to mechanize
mécanisme [mekanism] *nm* mechanism; **~ des taux de change** exchange rate mechanism
mécano [mekano] *nm (fam)* mechanic
mécénat [mesena] *nm (appui, promotion)* patronage; *(soutien financier)* sponsorship
mécène [mesɛn] *nmf* patron
méchamment [meʃamɑ̃] *adv* nastily, maliciously; spitefully; viciously
méchanceté [meʃɑ̃ste] *nf (d'une personne, d'une parole)* nastiness, maliciousness, spitefulness; *(parole, action)* nasty *ou* spiteful *ou* malicious remark *(ou* action); **dire des méchancetés à qn** to say spiteful things to sb
méchant, e [meʃɑ̃, -ɑ̃t] *adj* nasty, malicious, spiteful; *(enfant : pas sage)* naughty; *(animal)* vicious; *(avant le nom : péj)* nasty
mèche [mɛʃ] *nf (de lampe, bougie)* wick; *(d'un explosif)* fuse; *(Méd)* pack, dressing; *(de vilebrequin, perceuse)* bit; *(de dentiste)* drill; *(de fouet)* lash; *(de cheveux)* lock; **se faire faire des mèches** *(chez le coiffeur)* to have highlights put in one's hair, have one's hair streaked; **vendre la ~** to give the game away; **de ~ avec** in league with
méchoui [meʃwi] *nm* whole sheep barbecue
mécompte [mekɔ̃t] *nm (erreur)* miscalculation; *(déception)* disappointment
méconnais *etc* [mekɔnɛ] *vb voir* **méconnaître**
méconnaissable [mekɔnɛsabl] *adj* unrecognizable
méconnaissais *etc* [mekɔnɛsɛ] *vb voir* **méconnaître**
méconnaissance [mekɔnɛsɑ̃s] *nf* ignorance
méconnaître [mekɔnɛtʀ] /57/ *vt (ignorer)* to be unaware of; *(mésestimer)* to misjudge
méconnu, e [mekɔny] *pp de* **méconnaître** ▶ *adj (génie etc)* unrecognized
mécontent, e [mekɔ̃tɑ̃, -ɑ̃t] *adj* : **~ (de)** *(insatisfait)* discontented *ou* dissatisfied *ou* displeased (with); *(contrarié)* annoyed (at) ▶ *nm/f* malcontent, dissatisfied person
mécontentement [mekɔ̃tɑ̃tmɑ̃] *nm* dissatisfaction, discontent, displeasure; *(irritation)* annoyance
mécontenter [mekɔ̃tɑ̃te] /1/ *vt* to displease
Mecque [mɛk] *nf* : **la ~** Mecca
mécréant, e [mekʀeɑ̃, -ɑ̃t] *adj (peuple)* infidel; *(personne)* atheistic
méd. *abr* = **médecin**
médaille [medaj] *nf* medal
médaillé, e [medaje] *nm/f (Sport)* medal-holder
médaillon [medajɔ̃] *nm (portrait)* medallion; *(bijou)* locket; *(Culin)* médaillon; **en ~** *adj (carte etc)* inset
médecin [med(ə)sɛ̃] *nm* doctor; **~ du bord** *(Navig)* ship's doctor; **~ généraliste** general practitioner, GP; **~ légiste** forensic scientist (BRIT), medical examiner (US); **~ traitant** family doctor, GP
médecine [med(ə)sin] *nf* medicine; **~ générale** general medicine; **~ infantile** paediatrics *sg* (BRIT), pediatrics *sg* (US); **~ légale** forensic

medicine; **~ préventive** preventive medicine;
~ du travail occupational ou industrial
medicine; **médecines parallèles** ou **douces**
alternative medicine

MEDEF [medɛf] nm (= *Mouvement des entreprises de
France*) national confederation of French employers,
≈ CBI (*Brit*)

média [medja] nm media; **les ~** the media

médian, e [medjã, -an] adj median

médiateur, -trice [medjatœr, -tris] nm/f
mediator; arbitrator

médiathèque [medjatɛk] nf media library

médiation [medjasjɔ̃] nf mediation; (*dans conflit
social etc*) arbitration

médiatique [medjatik] adj media cpd

médiatisation [medjatizasjɔ̃] nf media
coverage

médiatisé, e [medjatize] adj reported in the
media; **être ~** to get media attention; **ce
procès a été très ~** this trial got a great deal of
media attention

médiatiser [medjatize] vt to give a lot of media
coverage to; **~ un conflit** to turn a conflict into
a media event

médiator [medjatɔr] nm plectrum

médical, e, -aux [medikal, -o] adj medical;
visiteur ou **délégué ~** medical rep ou
representative; **passer une visite médicale** to
have a medical

médicalement [medikalmã] adv medically

médicalisation [medikalizasjɔ̃] nf (*traitement :
d'accouchement, vieillesse*) management; (*recours
abusif à la médecine*) medicalization

médicament [medikamã] nm medicine, drug

médicamenteux, -euse [medikamãtø, -øz] adj
medicinal

médication [medikasjɔ̃] nf medication

médicinal, e, -aux [medisinal, -o] adj medicinal

médico-légal, e, -aux [medikɔlegal, -o] adj
forensic

médico-social, e, -aux [medikɔsɔsjal, -o] adj :
assistance médico-sociale medical and social
assistance

médiéval, e, -aux [medjeval, -o] adj medieval

médiocre [medjɔkr] adj mediocre, poor

médiocrité [medjɔkrite] nf mediocrity

médire [medir] /37/ vi : **~ de** to speak ill of

médisance [medizɑ̃s] nf scandalmongering no
pl (*Brit*), mud-slinging no pl; (*propos*) piece of
scandal ou malicious gossip

médisant, e [medizɑ̃, -ɑ̃t] vb voir **médire** ▶ adj
slanderous, malicious

médit, e [medi, -it] pp de **médire**

méditatif, -ive [meditatif, -iv] adj thoughtful

méditation [meditasjɔ̃] nf meditation

méditer [medite] /1/ vt (*approfondir*) to meditate
on, ponder (over); (*combiner*) to meditate ▶ vi to
meditate; **~ de faire** to contemplate doing,
plan to do

Méditerranée [mediterane] nf : **la (mer) ~** the
Mediterranean (Sea)

méditerranéen, ne [mediteraneɛ̃, -ɛn] adj
Mediterranean ▶ nm/f : **Méditerranéen, ne**
Mediterranean

médium [medjɔm] nm medium (*spiritualist*)

médius [medjys] nm middle finger

médoc [medɔk] nm (*vin*) Médoc

méduse [medyz] nf jellyfish

méduser [medyze] /1/ vt to dumbfound

meeting [mitiŋ] nm (*Pol, Sport*) rally, meeting;
~ d'aviation air show

méfait [mefɛ] nm (*faute*) misdemeanour,
wrongdoing; **méfaits** nmpl (*ravages*) ravages,
damage sg

méfiance [mefjɑ̃s] nf mistrust, distrust

méfiant, e [mefjɑ̃, -ɑ̃t] adj mistrustful,
distrustful

méfier [mefje] /7/ : **se méfier** vpr to be wary; (*faire
attention*) to be careful; **se ~ de** vt to mistrust,
distrust, be wary of; to be careful about

mégabit [megabit] nm (*Inform*) megabit

mégahertz [megaɛrts] nm megahertz

mégalo [megalo] adj, nmf (*fam*) megalomaniac

mégalomane [megalɔman] adj, nmf
megalomaniac

mégalomanie [megalɔmani] nf megalomania

mégalopole [megalɔpɔl] nf megalopolis

méga-octet [megaɔktɛ] nm megabyte

mégarde [megard] nf : **par ~** (*accidentellement*)
accidentally; (*par erreur*) by mistake

mégatonne [megatɔn] nf megaton

mégawatt [megawat] nm megawatt

mégère [meʒɛr] nf (*péj : femme*) shrew

mégot [mego] nm cigarette end ou butt

mégoter [megote] /1/ vi to nitpick

meilleur, e [mɛjœr] adj, adv better; (*valeur
superlative*) best; **il fait ~ qu'hier** it's better
weather than yesterday; **de meilleure heure**
earlier; **~ marché** cheaper ▶ nm : **le ~** (*celui qui …*)
the best (one); (*ce qui …*) the best; **le ~ des deux**
the better of the two ▶ nf : **la meilleure** the
best (one)

méjuger [meʒyʒe] /3/ vt to misjudge

mél [mɛl] nm email

mélancolie [melɑ̃kɔli] nf melancholy, gloom

mélancolique [melɑ̃kɔlik] adj melancholy,
gloomy

mélanésien, ne [melanezjɛ̃, -jɛn] adj
Melanesian ▶ nm/f : **Mélanésien, ne**
Melanesian

mélange [melɑ̃ʒ] nm (*opération*) mixing;
blending; (*résultat*) mixture; blend; **sans ~**
unadulterated

mélanger [melɑ̃ʒe] /3/ vt (*substances*) to mix;
(*vins, couleurs*) to blend; (*mettre en désordre,
confondre*) to mix up, muddle (up); **se mélanger**
vpr (*liquides, couleurs*) to blend, mix

mélangeur [melɑ̃ʒœr] nm (*robinet*) mixer tap
(*Brit*), mixer faucet (*US*); (*machine*) mixer

mélanine [melanin] nf melanin

mélanome [melanom] nm melanoma

mélasse [melas] nf treacle, molasses sg

mêlée [mele] nf (*bataille, cohue*) mêlée, scramble;
(*lutte, conflit*) tussle, scuffle; (*Rugby*)
scrum(mage)

mêler [mele] /1/ vt (*substances, odeurs*) to mix; **~ à**
ou **avec** ou **de** to mix with; to mingle with; **~ qn
à** (*affaire*) to get sb mixed up ou involved in; **se
mêler** vpr to mix; (*se joindre, s'allier*) to mingle; **se
~ à** (*personne*) to join; (*s'associer à*) to mix with

(: *odeurs etc*) to mingle with; **se ~ de** (*personne*) to meddle with, interfere in; **mêle-toi de tes affaires !** mind your own business!

méli-mélo [melimelo] *nm inv* (*fam*) jumble

mélo [melo] *nm*, *adj* = **mélodrame** ; **mélodramatique**

mélodie [melɔdi] *nf* melody

mélodieux, -euse [melɔdjø, -øz] *adj* melodious, tuneful

mélodique [melɔdik] *adj* melodic

mélodramatique [melɔdʀamatik] *adj* melodramatic

mélodrame [melɔdʀam] *nm* melodrama

mélomane [melɔman] *nmf* music lover

melon [m(ə)lɔ̃] *nm* (*Bot*) (honeydew) melon; (*aussi* **chapeau melon**) bowler (hat); **~ d'eau** watermelon

mélopée [melɔpe] *nf* monotonous chant

membrane [mɑ̃bʀan] *nf* membrane

membre [mɑ̃bʀ] *nm* (*Anat*) limb; **~ (viril)** (male) organ ▶ *nmf* (*personne, pays, élément*) member; **être ~ de** to be a member of ▶ *adj* member *cpd*

mémé [meme] *nf* (*fam*) granny; (: *vieille femme*) old dear

[MOT-CLÉ]

même [mɛm] *adj* **1** (*avant le nom*) same; **en même temps** at the same time; **ils ont les mêmes goûts** they have the same *ou* similar tastes **2** (*après le nom : renforcement*) : **il est la loyauté même** he is loyalty itself; **ce sont ses paroles mêmes** they are his very words
▶ *pron* : **le (la) même** the same one
▶ *adv* **1** (*renforcement*) : **il n'a même pas pleuré** he didn't even cry; **même lui l'a dit** even HE said it; **ici même** at this very place; **même si** even if
2 : **à même** : **à même la bouteille** straight from the bottle; **à même la peau** next to the skin; **être à même de faire** to be in a position to do, be able to do; **mettre qn à même de faire** to enable sb to do
3 : **de même** likewise; **faire de même** to do likewise *ou* the same; **lui de même** so does (*ou* did *ou* is) he; **de même que** just as; **il en va de même pour** the same goes for

mémento [memɛ̃to] *nm* (*agenda*) appointments diary; (*ouvrage*) summary

mémère [memɛʀ] *nf* (*fam, péj*) old granny

mémo [memo] *nm* (*fam*) memo

mémoire [memwaʀ] *nf* memory; **avoir la ~ des visages/chiffres** to have a (good) memory for faces/figures; **n'avoir aucune ~** to have a terrible memory; **avoir de la ~** to have a good memory; **à la ~ de** to the *ou* in memory of; **pour ~** *adv* for the record; **de ~** *adv* from memory; **de ~ d'homme** in living memory; **mettre en ~** (*Inform*) to store; **~ morte** read-only memory, ROM; **~ vive** random access memory, RAM ▶ *nm* (*Admin, Jur*) memorandum; (*Université*) dissertation, paper ▶ *nmpl* memoirs

mémorable [memɔʀabl] *adj* memorable

mémorandum [memɔʀɑ̃dɔm] *nm* memorandum; (*carnet*) notebook

mémorial, -aux [memɔʀjal, -o] *nm* memorial

mémorisable [memɔʀizabl] *adj* : **facilement ~** easy to remember

mémoriser [memɔʀize] /**1**/ *vt* to memorize; (*Inform*) to store

menaçant, e [mənasɑ̃, -ɑ̃t] *adj* threatening, menacing

menace [mənas] *nf* threat; **~ en l'air** empty threat

menacer [mənase] /**3**/ *vt* to threaten; **~ qn de qch/de faire qch** to threaten sb with sth/to do sth

ménage [menaʒ] *nm* (*travail*) housekeeping, housework; (*couple*) (married) couple; (*famille, Admin*) household; **faire le ~** to do the housework; **faire des ménages** to work as a cleaner (*in private homes*); **monter son ~** to set up house; **se mettre en ~ (avec)** to set up house (with); **heureux en ~** happily married; **faire bon ~ avec** to get on well with; **~ de poupée** doll's kitchen set; **~ à trois** love triangle

ménagement [menaʒmɑ̃] *nm* care and attention; **ménagements** *nmpl* (*égards*) consideration *sg*, attention *sg*

ménager¹ [menaʒe] *vt* (*traiter avec mesure*) to handle with tact; to treat considerably; (*utiliser*) to use with care; (: *avec économie*) to use sparingly; (*prendre soin de*) to take (great) care of, look after; (*organiser*) to arrange; (*installer*) to put in; to make; **~ qch à qn** (*réserver*) to have sth in store for sb; **se ménager** *vpr* to look after o.s.

ménager², -ère [menaʒe, -ɛʀ] *adj* household *cpd*, domestic ▶ *nf* (*femme*) housewife; (*couverts*) canteen (of cutlery)

ménagerie [menaʒʀi] *nf* menagerie

mendiant, e [mɑ̃djɑ̃, -ɑ̃t] *nm/f* beggar

mendicité [mɑ̃disite] *nf* begging

mendier [mɑ̃dje] /**7**/ *vi* to beg ▶ *vt* to beg (for); (*fig : éloges, compliments*) to fish for

menées [məne] *nfpl* intrigues, manœuvres (*BRIT*), maneuvers (*US*); (*Comm*) activities

mener [m(ə)ne] /**5**/ *vt* to lead; (*enquête*) to conduct; (*affaires*) to manage, conduct, run; **~ qch à bonne fin** *ou* **à terme** *ou* **à bien** to see sth through (to a successful conclusion), complete sth successfully ▶ *vi* : **~ (à la marque)** to lead, be in the lead; **~ à/dans** (*emmener*) to take to/into

meneur, -euse [mənœʀ, -øz] *nm/f* leader; (*péj : agitateur*) ringleader; **~ d'hommes** born leader; **~ de jeu** host, quizmaster (*BRIT*)

menhir [menir] *nm* standing stone

méninges [menɛ̃ʒ] *nfpl* (*Anat*) meninges; (*fam*) : **se creuser les ~** to rack one's brains

méningite [menɛ̃ʒit] *nf* meningitis *no pl*

ménisque [menisk] *nm* (*Anat*) meniscus

ménopause [menopoz] *nf* menopause

ménopausée [menopoze] *adj f* post-menopausal

menotte [mənɔt] *nf* (*langage enfantin*) handie; **menottes** *nfpl* handcuffs; **passer les menottes à** to handcuff

menotter [mənɔte] *vt* to handcuff

mens [mɑ̃] *vb voir* **mentir**

mensonge [mɑ̃sɔ̃ʒ] *nm* : **le ~** lying *no pl*; **un ~** a lie

m

mensonger, -ère [mɑ̃sɔ̃ʒe, -ɛʀ] *adj* false
menstruation [mɑ̃stʀyasjɔ̃] *nf* menstruation
menstruel, le [mɑ̃stʀyɛl] *adj* menstrual
mensualisation [mɑ̃sɥalizasjɔ̃] *nf (des salaires)* monthly payment; **les paiements par ~ ou par prélèvement** payment by monthly instalments or direct debit
mensualiser [mɑ̃sɥalize] /1/ *vt* to pay monthly
mensualité [mɑ̃sɥalite] *nf (somme payée)* monthly payment; *(somme perçue)* monthly salary
mensuel, le [mɑ̃sɥɛl] *adj* monthly ▸ *nm/f (employé)* employee paid monthly ▸ *nm (Presse)* monthly
mensuellement [mɑ̃sɥɛlmɑ̃] *adv* monthly
mensurations [mɑ̃syʀasjɔ̃] *nfpl* measurements
mentais *etc* [mɑ̃tɛ] *vb voir* **mentir**
mental, e, -aux [mɑ̃tal, -o] *adj* mental
mentalement [mɑ̃talmɑ̃] *adv* in one's head, mentally
mentalité [mɑ̃talite] *nf* mentality
menteur, -euse [mɑ̃tœʀ, -øz] *nm/f* liar
menthe [mɑ̃t] *nf* mint; **~ (à l'eau)** peppermint cordial
menthol [mɑ̃tɔl] *nm* menthol
mentholé, e [mɑ̃tɔle] *adj* menthol *cpd*, mentholated
mention [mɑ̃sjɔ̃] *nf (note)* note, comment; *(Scol)* : **~ (très) bien/passable** *(very) good/satisfactory pass*; **faire ~ de** to mention; « **rayer la ~ inutile** » "delete as appropriate"
mentionner [mɑ̃sjɔne] /1/ *vt* to mention
mentir [mɑ̃tiʀ] /16/ *vi* to lie
menton [mɑ̃tɔ̃] *nm* chin
mentonnière [mɑ̃tɔnjɛʀ] *nf* chin strap
menu, e [məny] *adj (mince)* slim, slight; *(petit)* tiny; *(frais, difficulté)* minor; **menue monnaie** small change ▸ *adv (couper, hacher)* very fine ▸ *nm* menu; **par le ~** *(raconter)* in minute detail; **~ touristique** popular *ou* tourist menu
menuet [mənɥɛ] *nm* minuet
menuiserie [mənɥizʀi] *nf (travail)* joinery, carpentry; *(d'amateur)* woodwork; *(local)* joiner's workshop; *(ouvrages)* woodwork *no pl*
menuisier [mənɥizje] *nm* joiner, carpenter
méprendre [mepʀɑ̃dʀ] /58/ : **se méprendre** *vpr* : **se ~ sur** to be mistaken about
mépris, e [mepʀi, -iz] *pp de* **méprendre** ▸ *nm (dédain)* contempt, scorn; *(indifférence)* : **le ~ de** contempt *ou* disregard for; **au ~ de** regardless of, in defiance of
méprisable [mepʀizabl] *adj* contemptible, despicable
méprisant, e [mepʀizɑ̃, -ɑ̃t] *adj* contemptuous, scornful
méprise [mepʀiz] *nf* mistake, error; *(malentendu)* misunderstanding
mépriser [mepʀize] /1/ *vt* to scorn, despise; *(gloire, danger)* to scorn, spurn
mer [mɛʀ] *nf* sea; *(marée)* tide; **~ fermée** inland sea; **en ~** at sea; **prendre la ~** to put out to sea; **en haute** *ou* **pleine ~** off shore, on the open sea; **la ~ Adriatique** the Adriatic (Sea); **la ~ des Antilles** *ou* **des Caraïbes** the Caribbean (Sea); **la ~ Baltique** the Baltic (Sea); **la ~ Caspienne** the Caspian Sea; **la ~ de Corail** the Coral Sea; **la ~ Égée** the Aegean (Sea); **la ~ Ionienne** the Ionian Sea; **la ~ Morte** the Dead Sea; **la ~ Noire** the Black Sea; **la ~ du Nord** the North Sea; **la ~ Rouge** the Red Sea; **la ~ des Sargasses** the Sargasso Sea; **les mers du Sud** the South Seas; **la ~ Tyrrhénienne** the Tyrrhenian Sea
mercantile [mɛʀkɑ̃til] *adj (péj)* mercenary
mercantilisme [mɛʀkɑ̃tilism] *nm (esprit mercantile)* mercenary attitude
mercenaire [mɛʀsənɛʀ] *nm* mercenary, hired soldier
mercerie [mɛʀsəʀi] *nf (Couture)* haberdashery (BRIT), notions *pl* (US); *(boutique)* haberdasher's (shop) (BRIT), notions store (US)
merci [mɛʀsi] *excl* thank you; **~ beaucoup** thank you very much; **~ de** *ou* **pour** thank you for ▸ *nf* : **à la ~ de qn/qch** at sb's mercy/the mercy of sth; **sans ~** *adj* merciless; *adv* mercilessly
mercier, -ière [mɛʀsje, -jɛʀ] *nm/f* haberdasher
mercredi [mɛʀkʀədi] *nm* Wednesday; **~ des Cendres** Ash Wednesday; *voir aussi* **lundi**
mercure [mɛʀkyʀ] *nm* mercury
merde [mɛʀd] (!) *nf* shit (!) ▸ *excl* (bloody) hell (!)
merder [mɛʀde] *vi* (! : *personne*) to screw up *(fam)*
merdeux, -euse [mɛʀdø, -øz] *nm/f* (!) little bugger (BRIT), little devil
merdier [mɛʀdje] *nm* (! : *désordre*) bloody shambles (!); *(situation)* bloody mess (!)
merdique [mɛʀdik] *adj* (!) shitty (!)
mère [mɛʀ] *nf* mother; **~ célibataire** single mother; **~ de famille** housewife, mother ▸ *adj inv* mother *cpd*
merguez [mɛʀgɛz] *nf* spicy North African sausage
méridien [meʀidjɛ̃] *nm* meridian
méridional, e, -aux [meʀidjɔnal, -o] *adj* southern; *(du midi de la France)* Southern (French) ▸ *nm/f* Southerner
meringue [məʀɛ̃g] *nf* meringue
mérinos [meʀinos] *nm* merino
merisier [məʀizje] *nm* wild cherry (tree)
méritant, e [meʀitɑ̃, -ɑ̃t] *adj* deserving
mérite [meʀit] *nm* merit; **avoir du ~ (à faire qch)** to deserve credit (for doing sth); **le ~ (de ceci) lui revient** the credit (for this) is his
mériter [meʀite] /1/ *vt* to deserve; **~ de réussir** to deserve to succeed; **il mérite qu'on fasse ...** he deserves people to do ...
méritocratie [meʀitɔkʀasi] *nf* meritocracy
méritoire [meʀitwaʀ] *adj* praiseworthy, commendable
merlan [mɛʀlɑ̃] *nm* whiting
merle [mɛʀl] *nm* blackbird
merlu [mɛʀly] *nm* hake
mérou [meʀu] *nm* grouper *(fish)*
merveille [mɛʀvɛj] *nf* marvel, wonder; **faire ~** *ou* **des merveilles** to work wonders; **à ~** perfectly, wonderfully
merveilleusement [mɛʀvɛjøzmɑ̃] *adv* beautifully; **~ bien** wonderfully well
merveilleux, -euse [mɛʀvɛjø, -øz] *adj* marvellous, wonderful
mes [me] *adj poss voir* **mon**
mésalliance [mezaljɑ̃s] *nf* misalliance, mismatch

mésallier [mezalje] /**7**/ : **se mésallier** vpr to marry beneath (ou above) o.s.

mésange [mezɑ̃ʒ] nf tit(mouse); **~ bleue** bluetit

mésaventure [mezavɑ̃tyʀ] nf misadventure, misfortune

Mesdames [medam] nfpl voir **Madame**

Mesdemoiselles [medmwazɛl] nfpl voir **Mademoiselle**

mésentente [mezɑ̃tɑ̃t] nf dissension, disagreement

mésestimer [mezɛstime] /**1**/ vt to underestimate, underrate

Mésopotamie [mezɔpɔtami] nf : **la ~** Mesopotamia

mesquin, e [mɛskɛ̃, -in] adj mean, petty

mesquinerie [mɛskinʀi] nf meanness no pl, pettiness no pl; (procédé) mean trick

mess [mɛs] nm mess

message [mesaʒ] nm message; **~ d'erreur** (Inform) error message; **~ électronique** (Inform) email; **~ publicitaire** ad, advertisement; **~ téléphoné** telegram dictated by telephone; **~ SMS** text message; **elle m'a envoyé un ~ sur Facebook** she messaged me on Facebook; **~ instantané** instant message

messager, -ère [mesaʒe, -ɛʀ] nm/f messenger

messagerie [mesaʒʀi] nf : **messageries aériennes/maritimes** air freight/shipping service sg; (Internet) : **~ électronique** electronic mail, email; **messageries de presse** press distribution service; **~ instantanée** instant messenger, IM; **~ rose** lonely hearts and contact service on videotext; **~ vocale** voice mail

messe [mɛs] nf mass; **aller à la ~** to go to mass; **~ de minuit** midnight mass; **faire des messes basses** (fig, péj) to mutter

messie [mesi] nm : **le M~** the Messiah

Messieurs [mesjø] nmpl voir **Monsieur**

mesurable [məzyʀabl] adj measurable; **difficilement ~** difficult to quantify.

mesure [m(ə)zyʀ] nf (évaluation, dimension) measurement; (étalon, récipient, contenu) measure; (Mus : cadence) time, tempo; (: division) bar; (retenue) moderation; (disposition) measure, step; **unité/système de ~** unit/system of measurement; **sur ~** (costume) made-to-measure; (fig) personally adapted; **à la ~ de** (fig : personne) worthy of; (chambre etc) on the same scale as; **dans la ~ où** insofar as, inasmuch as; **dans une certaine ~** to some ou a certain extent; **à ~ que** as; **en ~** (Mus) in time ou tempo; **être en ~ de** to be in a position to; **dépasser la ~** (fig) to overstep the mark

mesuré, e [məzyʀe] adj (ton, effort) measured; (personne) restrained

mesurer [məzyʀe] /**1**/ vt to measure; (juger) to weigh up, assess; (limiter) to limit, ration; (modérer : ses paroles etc) to moderate; (proportionner) : **~ qch à** to match sth to, gear sth to; **il mesure 1 m 80** he's 1 m 80 tall; **se mesurer** vpr : **se ~ avec** to have a confrontation with; to tackle

met [mɛ] vb voir **mettre**

métabolisme [metabɔlism] nm metabolism

métairie [meteʀi] nf smallholding

métal, -aux [metal, -o] nm metal

métalangage [metalɑ̃gaʒ] nm metalanguage

métallique [metalik] adj metallic

métallisé, e [metalize] adj metallic

métallo [metalo] nmf (fam : métallurgiste) metal worker

métallurgie [metalyʀʒi] nf metallurgy

métallurgique [metalyʀʒik] adj steel cpd, metal cpd

métallurgiste [metalyʀʒist] nmf (ouvrier) steel ou metal worker; (industriel) metallurgist

métamorphose [metamɔʀfoz] nf metamorphosis

métamorphoser [metamɔʀfoze] /**1**/ vt to transform; **se métamorphoser** vpr (chenille, larve) to metamorphose; **se ~ en qch** to metamorphose into sth

métaphore [metafɔʀ] nf metaphor

métaphorique [metafɔʀik] adj metaphorical, figurative

métaphoriquement [metafɔʀikmɑ̃] adv metaphorically

métaphysique [metafizik] nf metaphysics sg ▶ adj metaphysical

métapsychique [metapsiʃik] adj psychic, parapsychological

métastase [metastɑz] nf (Méd) metastasis

métatarse [metataʀs] nm metatarsus

métayer, -ère [meteje, -jɛʀ] nm/f (tenant) farmer

météo [meteo] nf (bulletin) (weather) forecast; (service) ≈ Met Office (Brit); ≈ National Weather Service (US)

météore [meteɔʀ] nm meteor

météorique [meteɔʀik] adj (Astronomie) meteoric; (fig : carrière, parcours) meteoric

météorite [meteɔʀit] nm ou f meteorite

météorologie [meteɔʀɔlɔʒi] nf (étude) meteorology; (service) ≈ Meteorological Office (Brit), ≈ National Weather Service (US)

météorologique [meteɔʀɔlɔʒik] adj meteorological, weather cpd

météorologue [meteɔʀɔlɔg], **météorologiste** [meteɔʀɔlɔʒist] nmf meteorologist, weather forecaster

métèque [metɛk] nm (péj) wop (!)

méthane [metan] nm methane

méthanier [metanje] nm (bateau) (liquefied) gas carrier ou tanker

méthode [metɔd] nf method; (livre, ouvrage) manual, tutor

méthodique [metɔdik] adj methodical

méthodiquement [metɔdikmɑ̃] adv methodically

méthodiste [metɔdist] adj, nmf (Rel) Methodist

méthodologie [metɔdɔlɔʒi] nf methodology

méthodologique [metɔdɔlɔʒik] adj methodological

méthylène [metilɛn] nm : **bleu de ~** methylene blue

méticuleusement [metikyløzmɑ̃] adv meticulously

méticuleux, -euse [metikylø, -øz] adj meticulous

métier – meurtrir

métier [metje] *nm* (*profession : gén*) job; (*: manuel*) trade; (*: artisanal*) craft; (*technique, expérience*) (acquired) skill *ou* technique; (*aussi* : **métier à tisser**) (weaving) loom; **être du ~** to be in the trade *ou* profession

métis, se [metis] *adj, nm/f* half-caste, half-breed

métissage [metisaʒ] *nm* (*de cultures, populations*) mix; **le ~ de la société** the cultural mix of society

métisser [metise] /1/ *vt* to cross(breed)

métonymie [metɔnimi] *nf* metonymy; **par ~** by metonymy

métrage [metraʒ] *nm* (*de tissu*) length; (*Ciné*) footage, length; **long/moyen/court ~** feature *ou* full-length/medium-length/short film

mètre [mɛtʀ] *nm* metre (*Brit*), meter (*US*); (*règle*) metre rule, meter rule; (*ruban*) tape measure; **~ carré/cube** square/cubic metre *ou* meter

métrer [metʀe] /6/ *vt* (*Tech*) to measure (in metres *ou* meters); (*Constr*) to survey

métreur, -euse [metʀœʀ, -øz] *nm/f* : **~ (vérificateur), métreuse (vérificatrice)** (quantity) surveyor

métrique [metʀik] *adj* metric ▸ *nf* metrics *sg*

métro [metʀo] *nm* underground (*Brit*), subway (*US*)

métronome [metʀɔnɔm] *nm* metronome

métropole [metʀɔpɔl] *nf* (*capitale*) metropolis; (*pays*) home country

métropolitain, e [metʀɔpɔlitɛ̃, -ɛn] *adj* metropolitan

mets [mɛ] *nm* dish ▸ *vb voir* **mettre**

mettable [metabl] *adj* fit to be worn, decent

metteur [metœʀ] *nm* : **~ en scène** (*Théât*) producer; (*Ciné*) director; **~ en ondes** (*Radio*) producer

[MOT-CLÉ]

mettre [mɛtʀ] /56/ *vt* **1** (*placer*) to put; **mettre en bouteille/en sac** to bottle/put in bags *ou* sacks; **mettre qch à la poste** to post sth (*Brit*), mail sth (*US*); **mettre en examen (pour)** to charge (with), indict (for) (*US*); **mettre une note gaie/amusante** to inject a cheerful/an amusing note; **mettre qn debout/assis** to help sb up *ou* to their feet/help sb to sit down

2 (*vêtements : revêtir*) to put on; (*: porter*) to wear; **mets ton gilet** put your cardigan on; **je ne mets plus mon manteau** I no longer wear my coat

3 (*faire fonctionner : chauffage, électricité*) to put on; (*: réveil, minuteur*) to set; **mettre en marche** to start up

4 (*installer : gaz, eau*) to put in, lay on

5 (*consacrer*) : **mettre du temps/deux heures à faire qch** to take time/two hours to do sth; **y mettre du sien** to pull one's weight

6 (*noter, écrire*) to say, put (down); **qu'est-ce qu'il a mis sur la carte ?** what did he say *ou* write on the card?; **mettez au pluriel ...** put ... into the plural

7 (*supposer*) : **mettons que ...** let's suppose *ou* say that ...

8 (*faire + vb*) : **faire mettre le gaz/l'électricité** to have gas/electricity put in *ou* installed

se mettre *vpr* **1** (*se placer*) : **vous pouvez vous mettre là** you can sit (*ou* stand) there; **où ça se met ?** where does it go?; **se mettre au lit** to get into bed; **se mettre au piano** to sit down at the piano; **se mettre à l'eau** to get into the water; **se mettre de l'encre sur les doigts** to get ink on one's fingers

2 (*s'habiller*) : **se mettre en maillot de bain** to get into *ou* put on a swimsuit; **n'avoir rien à mettre** to have nothing to wear

3 (*dans rapports*) : **se mettre bien/mal avec qn** to get on the right/wrong side of sb; **se mettre qn à dos** to get on sb's bad side; **se mettre avec qn** (*prendre parti*) to side with sb; (*faire équipe*) to team up with sb; (*en ménage*) to move in with sb

4 : **se mettre à** to begin, start; **se mettre à faire** to begin *ou* start doing *ou* to do; **se mettre au piano** to start learning the piano; **se mettre au régime** to go on a diet; **se mettre au travail/à l'étude** to get down to work/one's studies; **il est temps de s'y mettre** it's time we got down to it *ou* got on with it

meublant, e [mœblɑ̃, -ɑ̃t] *adj* (*tissus etc*) effective (in the room)

meuble [mœbl] *nm* (*objet*) piece of furniture; (*ameublement*) furniture *no pl* ▸ *adj* (*terre*) loose, friable; (*Jur*) : **biens meubles** movables

> **Furniture** est indénombrable, c'est-à-dire qu'il ne peut pas désigner une seule armoire, un seul canapé, etc. Pour traduire *un meuble*, il faut dire **a piece of furniture**. Notez que **furniture** ne prend jamais de **-s** et s'emploie avec un verbe au singulier.
> *Tous nos meubles sont d'occasion.* **All our furniture** is **second-hand**.
> *un meuble très lourd* **a very heavy piece of furniture**

meublé [mœble] *nm* (*pièce*) furnished room; (*appartement*) furnished flat (*Brit*) *ou* apartment (*US*)

meubler [mœble] /1/ *vt* to furnish; (*fig*) : **~ qch (de)** to fill sth (with); **se meubler** *vpr* to furnish one's house

meuf [mœf] *nf* (*fam*) woman

meuglement [møɡləmɑ̃] *nm* (*de vaches*) mooing, lowing

meugler [møɡle] /1/ *vi* to low, moo

meule [møl] *nf* (*à broyer*) millstone; (*à aiguiser*) grindstone; (*à polir*) buff wheel; (*de foin, blé*) stack; (*de fromage*) round

meunerie [mønʀi] *nf* (*industrie*) flour trade; (*métier*) milling

meunier, -ière [mønje, -jɛʀ] *nm* miller ▸ *nf* miller's wife ▸ *adj f* (*Culin*) meunière

meurs *etc* [mœʀ] *vb voir* **mourir**

meurtre [mœʀtʀ] *nm* murder

meurtrier, -ière [mœʀtʀije, -jɛʀ] *adj* (*arme, épidémie, combat*) deadly; (*accident*) fatal; (*carrefour, route*) lethal; (*fureur, instincts*) murderous ▸ *nm/f* murderer(-ess) ▸ *nf* (*ouverture*) loophole

meurtrir [mœʀtʀiʀ] /2/ *vt* to bruise; (*fig*) to wound

meurtrissure [mœʀtʀisyʀ] *nf* bruise; *(fig)* scar
meus *etc* [mœ] *vb voir* **mouvoir**
Meuse [mœz] *nf* : **la ~** the Meuse
meute [møt] *nf* pack
meuve *etc* [mœv] *vb voir* **mouvoir**
mévente [mevɑ̃t] *nf* slump (in sales)
mexicain, e [mɛksikɛ̃, -ɛn] *adj* Mexican ▶ *nm/f* :
Mexicain, e Mexican
Mexico [mɛksiko] *n* Mexico City
Mexique [mɛksik] *nm* : **le ~** Mexico
mezzanine [mɛdzanin] *nf* mezzanine (floor)
MF *sigle mpl* = **millions de francs** ▶ *sigle f* (*Radio* :
= *modulation de fréquence*) FM
Mgr *abr* = **monseigneur**
mi [mi] *nm* (*Mus*) E; (*en chantant la gamme*) mi
mi- [mi] *préfixe* half, mid-; **à la ~janvier** in
mid-January; **~bureau, ~chambre** half office,
half bedroom; **à ~jambes** to the knees; **à
~corps** to the waist; **à ~hauteur** (*en montant*)
halfway up; (*en descendant*) halfway down; **à
~pente** (*en montant*) halfway up the hill; (*en
descendant*) halfway down the hill
miam-miam [mjammjam] *excl* (*fam*) yum-yum
(*fam*), yummy (*fam*)
miaou [mjau] *nm* miaow
miasmes [mjasm] *nmpl* noxious air
miaulement [mjolmɑ̃] *nm* (*cri*) miaow; (*continu*)
miaowing *no pl*
miauler [mjole] /**1**/ *vi* to miaow
mi-bas [miba] *nm inv* knee-length sock
mica [mika] *nm* mica
mi-carême [mikaʀɛm] *nf* : **la ~** the third
Thursday in Lent
miche [miʃ] *nf* round *ou* cob loaf
mi-chemin [miʃmɛ̃] : **à ~** *adv* halfway, midway
mi-clos, e [miklo, -kloz] *adj* half-closed
micmac [mikmak] *nm* (*péj*) carry-on
mi-côte [mikot] : **à ~** *adv* halfway up (*ou* down)
the hill
mi-course [mikuʀs] : **à ~** *adv* halfway through
the race
micro [mikʀo] *nm* mike, microphone; (*Inform*)
micro; **~ cravate** lapel mike
microbe [mikʀɔb] *nm* germ, microbe
microbien, ne [mikʀɔbjɛ̃, -jɛn] *adj* (*vie, infection*)
microbial
microbiologie [mikʀɔbjɔlɔʒi] *nf* microbiology
microchirurgie [mikʀɔʃiʀyʀʒi] *nf*
microsurgery
microclimat [mikʀoklima] *nm* microclimate
microcosme [mikʀokɔsm] *nm* microcosm
micro-édition [mikʀoedisjɔ̃] *nf* desktop
publishing
micro-électronique [mikʀoelɛktʀonik] *nf*
microelectronics *sg*
microfiche [mikʀofiʃ] *nf* microfiche
microfilm [mikʀofilm] *nm* microfilm
micro-onde [mikʀoɔ̃d] *nf* : **four à micro-ondes**
microwave oven
micro-ordinateur [mikʀoɔʀdinatœʀ] *nm*
microcomputer
micro-organisme [mikʀoɔʀganism] *nm*
micro-organism
microphone [mikʀɔfɔn] *nm* microphone
microplaquette [mikʀoplakɛt] *nf* microchip

microprocesseur [mikʀɔpʀɔsɛsœʀ] *nm*
microprocessor
microscope [mikʀoskɔp] *nm* microscope; **au ~**
under *ou* through the microscope
microscopique [mikʀoskɔpik] *adj* microscopic
microsillon [mikʀosijɔ̃] *nm* long-playing record
MIDEM [midɛm] *sigle m* (= *Marché international du
disque et de l'édition musicale*) music industry trade fair
midi [midi] *nm* (*milieu du jour*) midday, noon;
(*moment du déjeuner*) lunchtime; (*sud*) south; **le
M~** (*de la France*) the South (of France), the Midi;
à ~ at 12 (o'clock) *ou* midday *ou* noon; **tous les
midis** every lunchtime; **le repas de ~** lunch;
en plein ~ (right) in the middle of the day; (*sud*)
facing south
midinette [midinɛt] *nf* silly young townie
mie [mi] *nf* inside (of the loaf)
miel [mjɛl] *nm* honey; **être tout ~** (*fig*) to be all
sweetness and light
mielleux, -euse [mjɛlø, -øz] *adj* (*péj* : *personne*)
sugary, syrupy
mien, ne [mjɛ̃, mjɛn] *adj, pron* : **le (la) ~(ne), les
miens** mine; **les miens** (*ma famille*) my family
miette [mjɛt] *nf* (*de pain, gâteau*) crumb; (*fig* : *de la
conversation etc*) scrap; **en miettes** (*fig*) in pieces
ou bits

┌─────────────┐
│ MOT-CLÉ │
└─────────────┘

mieux [mjø] *adv* **1** (*d'une meilleure façon*) : **mieux
(que)** better (than); **elle travaille/mange
mieux** she works/eats better; **aimer mieux** to
prefer; **j'attendais mieux de vous** I expected
better of you; **elle va mieux** she is better;
de mieux en mieux better and better
2 (*de la meilleure façon*) best; **ce que je sais le
mieux** what I know best; **les livres les mieux
faits** the best made books
3 (*intensif*) : **vous feriez mieux de faire ...** you
would be better to do ...; **crier à qui mieux
mieux** to try to shout each other down
▶ *adj inv* **1** (*plus à l'aise, en meilleure forme*) better;
se sentir mieux to feel better
2 (*plus satisfaisant*) better; **c'est mieux ainsi** it's
better like this; **c'est le mieux des deux** it's
the better of the two; **le/la mieux, les mieux**
the best; **demandez-lui, c'est le mieux** ask
him, it's the best thing
3 (*plus joli*) better-looking; (*plus gentil*) nicer; **il est
mieux que son frère** (*plus beau*) he's better-
looking than his brother; (*plus gentil*) he's nicer
than his brother; **il est mieux sans
moustache** he looks better without a
moustache
4 : **au mieux** at best; **au mieux avec** on the best
of terms with; **pour le mieux** for the best; **qui
mieux est** even better, better still
▶ *nm* **1** (*progrès*) improvement
2 : **de mon/ton mieux** as best I/you can (*ou*
could); **faire de son mieux** to do one's best;
du mieux qu'il peut the best he can; **faute de
mieux** for lack *ou* want of anything better,
failing anything better

mieux-être [mjøzɛtʀ] *nm* greater well-being;
(*financier*) improved standard of living

mièvre [mjɛvʀ] *adj* sickly sentimental
mièvrerie [mjɛvʀəʀi] *nf* soppiness, sickly
 sentimentality
mignon, ne [miɲɔ̃, -ɔn] *adj* sweet, cute
migraine [migʀɛn] *nf* headache; (*Méd*)
 migraine
migrant, e [migʀɑ̃, -ɑ̃t] *adj, nm/f* migrant
migrateur, -trice [migʀatœʀ, -tʀis] *adj*
 migratory
migration [migʀasjɔ̃] *nf* migration
migratoire [migʀatwaʀ] *adj* migratory; **les
 flux migratoires** flow of migrants
migrer [migʀe] *vi* to migrate
mijaurée [miʒɔʀe] *nf* pretentious (young)
 madam
mijoter [miʒɔte] /**1**/ *vt* to simmer; (*préparer avec
 soin*) to cook lovingly; (*affaire, projet*) to plot, cook
 up ▸ *vi* to simmer
mil [mil] *num* = **mille**
milan [milɑ̃] *nm* (*oiseau*) kite; ~ **royal** red kite
 ▸ *n* : **M~** Milan
milanais, e [milanɛ, -ɛz] *adj* Milanese ▸ *nm/f* :
 Milanais, e Milanese
mildiou [mildju] *nm* mildew
mile [majl] *nm* mile
milice [milis] *nf* militia
milicien, ne [milisjɛ̃, -ɛn] *nm/f*
 militiaman(-woman)
milieu, x [miljø] *nm* (*centre*) middle; (*fig*) middle
 course *ou* way; (*aussi* : **juste milieu**) happy
 medium; (*Bio, Géo*) environment; (*entourage
 social*) milieu; (*familial*) background; circle;
 (*pègre*) : **le ~** the underworld; **au ~ de** in the
 middle of; **au beau** *ou* **en plein ~ (de)** right in
 the middle (of); ~ **de terrain** (*Football* : *joueur*)
 midfield player; (: *joueurs*) midfield
militaire [militɛʀ] *adj* military, army *cpd*;
 service ~ military service ▸ *nm* serviceman
militant, e [militɑ̃, -ɑ̃t] *adj, nm/f* militant
militantisme [militɑ̃tism] *nm* militancy
militarisation [militaʀizasjɔ̃] *nf* militarization
militarisé, e [militaʀize] *adj* (*zone*) militarized
militariser [militaʀize] /**1**/ *vt* to militarize
militarisme [militaʀism] *nm* (*péj*) militarism
militer [milite] /**1**/ *vi* to be a militant; ~ **pour/
 contre** to militate in favour of/against
milk-shake [milkʃɛk] *nm* milk shake
mille [mil] *num* a *ou* one thousand; **mettre
 dans le ~** to hit the bull's-eye; (*fig*) to be bang on
 (*target*) ▸ *nm* (*mesure*) : ~ **(marin)** nautical mile
millefeuille [milfœj] *nm* cream *ou* vanilla slice
millénaire [milenɛʀ] *nm* millennium ▸ *adj*
 thousand-year-old; (*fig*) ancient
millénarisme [milenaʀism] *nm*
 millenarianism
mille-pattes [milpat] *nm inv* centipede
millepertuis [milpɛʀtɥi] *nm* (*plante*) St John's
 wort
millésime [milezim] *nm* year
millésimé, e [milezime] *adj* vintage *cpd*
millet [mijɛ] *nm* millet
milliard [miljaʀ] *nm* milliard, thousand million
 (*Brit*), billion (*US*)
milliardaire [miljaʀdɛʀ] *nmf* multimillionaire
 (*Brit*), billionaire (*US*)

millième [miljɛm] *num* thousandth
millier [milje] *nm* thousand; **un ~ (de)** a
 thousand or so, about a thousand; **par
 milliers** in (their) thousands, by the thousand
milligramme [miligʀam] *nm* milligramme
 (*Brit*), milligram (*US*)
millilitre [mililitʀ] *nm* millilitre (*Brit*),
 milliliter (*US*)
millimètre [milimɛtʀ] *nm* millimetre (*Brit*),
 millimeter (*US*)
millimétré, e [milimetʀe] *adj* : **papier ~** graph
 paper
millimétrique [milimetʀik] *adj* millimetric;
 d'une précision ~ 100% accurate
million [miljɔ̃] *nm* million; **deux millions de**
 two million; **riche à millions** worth millions
millionième [miljɔnjɛm] *num* millionth
millionnaire [miljɔnɛʀ] *nmf* millionaire
mi-lourd [miluʀ] *adj m, nm* light heavyweight
mime [mim] *nmf* (*acteur*) mime(r); (*imitateur*)
 mimic ▸ *nm* (*art*) mime, miming
mimer [mime] /**1**/ *vt* to mime; (*singer*) to mimic,
 take off
mimétisme [mimetism] *nm* (*Bio*) mimicry
mimi [mimi] *adj inv* (*fam* : *mignon*) cute ▸ *nm*
 (*langage enfantin* : *baiser*) little kiss
mimique [mimik] *nf* (funny) face; (*signes*)
 gesticulations *pl*, sign language *no pl*
mimosa [mimoza] *nm* mimosa
mi-moyen [mimwajɛ̃] *adj m, nm* welterweight
MIN *sigle m* (= *Marché d'intérêt national*) *wholesale
 market for fruit, vegetables and agricultural produce*
min. *abr* (= *minimum*) min
minable [minabl] *adj* (*personne*) shabby(-
 looking); (*travail*) pathetic
minaret [minaʀɛ] *nm* minaret
minauder [minode] /**1**/ *vi* to mince, simper
minauderies [minodʀi] *nfpl* simpering *sg*
mince [mɛ̃s] *adj* thin; (*personne, taille*) slim,
 slender; (*fig* : *profit, connaissances*) slight, small;
 (: *prétexte*) weak ▸ *excl* : ~ **(alors)**! darn it!
minceur [mɛ̃sœʀ] *nf* thinness; (*d'une personne*)
 slimness, slenderness
mincir [mɛ̃siʀ] /**2**/ *vi* to get slimmer *ou* thinner
mine [min] *nf* (*physionomie*) expression, look;
 (*extérieur*) exterior, appearance; (*de crayon*) lead;
 (*gisement, exploitation, explosif*) mine; **avoir bonne
 ~** (*personne*) to look well; (*ironique*) to look an utter
 idiot; **avoir mauvaise ~** to look unwell; **faire ~
 de faire** to make a pretence of doing; **ne pas
 payer de ~** to be not much to look at; ~ **de rien**
 adv with a casual air; although you wouldn't
 think so; ~ **de charbon** coal mine; ~ **à ciel
 ouvert** opencast (*Brit*) *ou* open-air (*US*) mine;
 mines *nfpl* (*péj*) simpering airs; **les Mines**
 (*Admin*) *the national mining and geological service, the
 government vehicle testing department*
miner [mine] /**1**/ *vt* (*saper*) to undermine, erode;
 (*Mil*) to mine
minerai [minʀɛ] *nm* ore
minéral, e, -aux [mineʀal, -o] *adj* mineral;
 (*Chimie*) inorganic ▸ *nm* mineral
minéralier [mineʀalje] *nm* (*bateau*) ore tanker
minéralisé, e [mineʀalize] *adj* mineralized
minéralogie [mineʀalɔʒi] *nf* mineralogy

minéralogique [mineʀalɔʒik] *adj*
mineralogical; **plaque** ~ number (*BRIT*) *ou*
license (*US*) plate; **numéro** ~ registration (*BRIT*)
ou license (*US*) number

minet, te [minɛ, -ɛt] *nm/f* (*chat*) pussy-cat; (*péj*)
young trendy

mineur, e [minœʀ] *adj* minor ▶ *nm/f* (*Jur*) minor
▶ *nm* (*travailleur*) miner; (*Mil*) sapper; ~ **de fond**
face worker

miniature [minjatyʀ] *adj, nf* miniature

miniaturisation [minjatyʀizasjɔ̃] *nf*
miniaturization

miniaturiser [minjatyʀize] /1/ *vt* to miniaturize

minibus [minibys] *nm* minibus

minichaîne [miniʃɛn] *nf* mini system

minier, -ière [minje, -jɛʀ] *adj* mining

minigolf [minigɔlf] *nm* miniature golf

mini-jupe [miniʒyp] *nf* mini-skirt

minimal, e, -aux [minimal, -o] *adj* minimum

minimalisme [minimalism] *nm* minimalism

minimaliste [minimalist] *adj* minimalist

minime [minim] *adj* minor, minimal ▶ *nmf*
(*Sport*) junior

minimessage [minimesaʒ] *nm* text message

minimiser [minimize] /1/ *vt* to minimize; (*fig*)
to play down

minimum [minimɔm] *adj, nm* minimum; **au** ~
at the very least; ~ **vital** (*salaire*) living wage;
(*niveau de vie*) subsistence level

mini-ordinateur [miniɔʀdinatœʀ] *nm*
minicomputer

ministère [ministɛʀ] *nm* (*cabinet*) government;
(*département*) ministry (*BRIT*), department; (*Rel*)
ministry; ~ **public** (*Jur*) Prosecution, State
Prosecutor

ministériel, le [ministeʀjɛl] *adj* government
cpd; ministerial, departmental; (*partisan*)
pro-government

ministrable [ministʀabl] *adj* (*Pol*) : **il est** ~ he's a
potential minister

ministre [ministʀ] *nm* minister (*BRIT*),
secretary; (*Rel*) minister; ~ **d'État** senior
minister *ou* secretary

minium [minjɔm] *nm* red lead paint

minois [minwa] *nm* little face

minorer [minɔʀe] /1/ *vt* to cut, reduce

minoritaire [minɔʀitɛʀ] *adj* minority *cpd*

minorité [minɔʀite] *nf* minority; **être en** ~ to
be in the *ou* a minority; **mettre en** ~ (*Pol*) to
defeat

Minorque [minɔʀk] *nf* Minorca

minorquin, e [minɔʀkɛ̃, -in] *adj* Minorcan

minoterie [minɔtʀi] *nf* flour-mill

minou [minu] *nm* (*langage enfantin : chat*) pussy (*fam*)

minuit [minɥi] *nm* midnight

minus [minys] *nmf* (*fam, péj*) loser (*fam*)

minuscule [minyskyl] *adj* minute, tiny ▶ *nf* :
(lettre) ~ small letter

minutage [minytaʒ] *nm* timing

minute [minyt] *nf* minute; (*Jur : original*)
minute, draft; **à la** ~ (*présent*) (just) this instant;
(*passé*) there and then; **entrecôte** *ou* **steak** ~
minute steak ▶ *excl* just a minute!, hang on!

minuter [minyte] /1/ *vt* to time

minuterie [minytʀi] *nf* time switch

minuteur [minytœʀ] *nm* timer

minutie [minysi] *nf* meticulousness; minute
detail; **avec** ~ meticulously; in minute detail

minutieusement [minysjøzmɑ̃] *adv* (*organiser,
travailler*) meticulously; (*examiner*) minutely

minutieux, -euse [minysjø, -øz] *adj* (*personne*)
meticulous; (*inspection*) minutely detailed;
(*travail*) requiring painstaking attention to
detail

mioche [mjɔʃ] *nm* (*fam*) nipper, brat

mirabelle [miʀabɛl] *nf* (*fruit*) (cherry) plum;
(*eau-de-vie*) plum brandy

miracle [miʀakl] *nm* miracle

miraculé, e [miʀakyle] *adj* who has been
miraculously cured (*ou* rescued)

miraculeux, -euse [miʀakylø, -øz] *adj*
miraculous

mirador [miʀadɔʀ] *nm* (*Mil*) watchtower

mirage [miʀaʒ] *nm* mirage

mire [miʀ] *nf* (*d'un fusil*) sight; (*TV*) test card;
point de ~ target; (*fig*) focal point; **ligne de** ~
line of sight

mirent [miʀ] *vb voir* **mettre**

mirer [miʀe] /1/ *vt* (*œufs*) to candle; **se mirer** *vpr* :
se ~ **dans** (*personne*) to gaze at one's reflection
in; (*chose*) to be mirrored in

mirettes [miʀɛt] *nfpl* (*fam : yeux*) peepers (*fam*);
en prendre plein les ~ to be dazzled

mirifique [miʀifik] *adj* wonderful

mirobolant, e [miʀɔbɔlɑ̃, -ɑ̃t] *adj* fantastic

miroir [miʀwaʀ] *nm* mirror

miroiter [miʀwate] /1/ *vi* to sparkle, shimmer;
faire ~ **qch à qn** to paint sth in glowing
colours for sb, dangle sth in front of sb's eyes

miroiterie [miʀwatʀi] *nf* (*usine*) mirror factory;
(*magasin*) mirror dealer's (shop)

Mis *abr* = **marquis**

mis, e [mi, miz] *pp de* **mettre** ▶ *adj* (*couvert, table*)
set, laid; (*personne*) : **bien** ~ well dressed ▶ *nf*
(*argent : au jeu*) stake; (*tenue*) clothing; attire;
être de mise to be acceptable *ou* in season;
mise en bouteilles bottling; **mise en examen**
charging, indictment; **mise à feu** blast-off;
mise de fonds capital outlay; **mise à jour**
(*Inform*) update; **mise à mort** kill; **mise à pied**
(*d'un employé*) suspension; lay-off; **mise sur
pied** (*d'une affaire, entreprise*) setting up; **mise en
plis** set; **mise au point** (*Photo*) focusing; (*fig*)
clarification; **mise à prix** reserve (*BRIT*) *ou*
upset price; **mise en scène** production

misaine [mizɛn] *nf* : **mât de** ~ foremast

misanthrope [mizɑ̃tʀɔp] *nmf* misanthropist

Mise *abr* = **marquise**

mise [miz] *adj f, nf voir* **mis**

miser [mize] /1/ *vt* (*enjeu*) to stake, bet; ~ **sur** *vt*
(*cheval, numéro*) to bet on; (*fig*) to bank *ou* count on

misérable [mizeʀabl] *adj* (*lamentable, malheureux*)
pitiful, wretched; (*pauvre*) poverty-stricken;
(*insignifiant, mesquin*) miserable ▶ *nmf* wretch;
(*miséreux*) poor wretch

misère [mizɛʀ] *nf* (*pauvreté*) (extreme) poverty,
destitution; **être dans la** ~ to be destitute *ou*
poverty-stricken; **salaire de** ~ starvation wage;
~ **noire** utter destitution, abject poverty;
misères *nfpl* (*malheurs*) woes, miseries; (*ennuis*)

m

little troubles; **faire des misères à qn** to torment sb

miséreux, -euse [mizerø, -øz] *adj* poverty-stricken ▸ *nm/f* down-and-out

miséricorde [mizerikɔrd] *nf* mercy, forgiveness

miséricordieux, -euse [mizerikɔrdjø, -øz] *adj* merciful, forgiving

misogyne [mizɔʒin] *adj* misogynous ▸ *nmf* misogynist

misogynie [mizɔʒini] *nf* misogyny

missel [misɛl] *nm* missal

missile [misil] *nm* missile

mission [misjɔ̃] *nf* mission; **partir en ~** (*Admin, Pol*) to go on an assignment

missionnaire [misjɔnɛr] *nmf* missionary

missive [misiv] *nf* missive

mistral [mistral] *nm* mistral (wind)

mit [mi] *vb voir* **mettre**

mitaine [mitɛn] *nf* mitt(en)

mitaines [mitɛn] *nfpl* fingerless gloves; (*CANADA: moufles*) mittens

mitard [mitar] *nm* (*fam*) cooler (*fam*), solitary

mite [mit] *nf* clothes moth

mité, e [mite] *adj* moth-eaten

mi-temps [mitɑ̃] *nf inv* (*Sport: période*) half; (*: pause*) half-time; **à ~** *adj, adv* part-time

miteux, -euse [mitø, -øz] *adj* seedy, shabby

mitigé, e [mitiʒe] *adj* (*conviction, ardeur*) lukewarm; (*sentiments*) mixed

mitochondrie [mitɔkɔ̃dri] *nf* mitochondrion

mitonner [mitɔne] /1/ *vt* (*préparer*) to cook with loving care; (*fig*) to cook up quietly

mitoyen, ne [mitwajɛ̃, -ɛn] *adj* (*mur*) common, party *cpd*; **maisons mitoyennes** semi-detached houses; (*plus de deux*) terraced (*Brit*) *ou* row (*US*) houses

mitraillage [mitrajaʒ] *nm* (*avec une mitrailleuse*) machine-gunning; (*fig: avec un appareil photo*) clicking, snapping

mitraille [mitraj] *nf* (*balles de fonte*) grapeshot; (*décharge d'obus*) shellfire

mitrailler [mitraje] /1/ *vt* to machine-gun; (*fig: photographier*) to snap away at; **~ qn de** to pelt *ou* bombard sb with

mitraillette [mitrajɛt] *nf* submachine gun

mitrailleur [mitrajœr] *nm* machine gunner ▸ *adj m*: **fusil ~** machine gun

mitrailleuse [mitrajøz] *nf* machine gun

mitre [mitr] *nf* mitre

mitron [mitrɔ̃] *nm* baker's boy

mi-voix [mivwa]: **à ~** *adv* in a low *ou* hushed voice

mix [miks] *nm* (*aussi Mus*) mix; **~ énergétique** (*Tech*) energy mix

mixage [miksaʒ] *nm* (*Ciné*) (sound) mixing

mixer, mixeur [miksœr] *nm* (*Culin*) (food) mixer

mixité [miksite] *nf* (*Scol*) coeducation

mixte [mikst] *adj* (*gén*) mixed; (*Scol*) mixed, coeducational; **à usage ~** dual-purpose; **cuisinière ~** combined gas and electric cooker; **équipe ~** combined team

mixture [mikstyr] *nf* mixture; (*fig*) concoction

MJC *sigle f* (= *maison des jeunes et de la culture*) community arts centre and youth club

ml *abr* (= *millilitre*) ml

MLF *sigle m* (= *Mouvement de libération des femmes*) Women's Movement

Mlle (*pl* **Mlles**) *abr* = **Mademoiselle**

MM *abr* = **Messieurs**; *voir* **Monsieur**

mm *abr* (= *millimètre; millimètres*) mm

Mme (*pl* **Mmes**) *abr* = **Madame**

MMS *sigle m* (= *Multimedia messaging service*) MMS

mn *abr* (= *minute*) min

mnémotechnique [mnemɔtɛknik] *adj* mnemonic

MNS *sigle m* (= *maître nageur sauveteur*) ≈ lifeguard

MO *sigle f* (= *main-d'œuvre*) labour costs (*on invoices*)

Mo *abr* = **méga-octet**; **métro**

mobile [mɔbil] *adj* mobile; (*amovible*) loose, removable; (*pièce de machine*) moving; (*élément de meuble etc*) movable ▸ *nm* (*motif*) motive; (*œuvre d'art*) mobile; (*Physique*) moving object *ou* body; (**téléphone) ~** mobile (phone) (*Brit*), cell (phone) (*US*)

mobilier, -ière [mɔbilje, -jɛr] *adj* (*Jur*) personal; **valeurs mobilières** transferable securities; **vente mobilière** sale of personal property *ou* chattels ▸ *nm* (*meubles*) furniture

mobilisateur, -trice [mɔbilizatœr, -tris] *adj* (*projet, thème*) inspiring

mobilisation [mɔbilizasjɔ̃] *nf* mobilization

mobiliser [mɔbilize] /1/ *vt* (*Mil, gén*) to mobilize

mobilité [mɔbilite] *nf* mobility

mobylette® [mɔbilɛt] *nf* moped

mocassin [mɔkasɛ̃] *nm* moccasin

moche [mɔʃ] *adj* (*fam: laid*) ugly; (*mauvais, méprisable*) rotten

mocheté [mɔʃte] *nf* (*fam: laideur*) ugliness; (*chose laide*) eyesore; (*femme*) ugly woman

modalité [mɔdalite] *nf* form, mode; **modalités** *nfpl* (*d'un accord etc*) clauses, terms; **modalités de paiement** methods of payment

mode [mɔd] *nf* fashion; (*commerce*) fashion trade *ou* industry; **travailler dans la ~** to be in the fashion business; **à la ~** fashionable, in fashion ▸ *nm* (*manière*) form, mode, method; (*Ling*) mood; (*Inform, Mus*) mode; **~ dialogue** (*Inform*) interactive *ou* conversational mode; **~ d'emploi** directions *pl* (for use); **~ de paiement** method of payment; **~ de vie** way of life

modelage [mɔd(ə)laʒ] *nm* modelling

modelé [mɔd(ə)le] *nm* (*Géo*) relief; (*du corps etc*) contours *pl*

modèle [mɔdɛl] *adj* model ▸ *nm* model; (*qui pose: de peintre*) sitter; (*type*) type; (*gabarit, patron*) pattern; **~ courant** *ou* **de série** (*Comm*) production model; **~ déposé** registered design; **~ réduit** small-scale model

modeler [mɔd(ə)le] /5/ *vt* (*Art*) to model, mould; (*vêtement, érosion*) to mould, shape; **~ qch sur/d'après** to model sth on; **se modeler** *vpr*: **se ~ sur** to model o.s. on

modélisation [mɔdelizasjɔ̃] *nf* (*Math*) modelling

modélisme [mɔdelism] *nm* model-making

modéliste [mɔdelist] *nmf* (*Couture*) designer; (*de modèles réduits*) model maker

modem [mɔdɛm] *nm* (*Inform*) modem

modérateur, -trice [mɔdeʀatœʀ, -tʀis] *adj* moderating ▶ *nm/f* moderator

modération [mɔdeʀasjɔ̃] *nf* moderation; **à consommer avec ~** (*sur les bouteilles d'alcool*) please drink responsibly; **~ de peine** reduction of sentence

modéré, e [mɔdeʀe] *adj*, *nm/f* moderate

modérément [mɔdeʀemɑ̃] *adv* moderately, in moderation

modérer [mɔdeʀe] /6/ *vt* to moderate; **se modérer** *vpr* to restrain o.s.

moderne [mɔdɛʀn] *adj* modern ▶ *nm* (*Art*) modern style; (*ameublement*) modern furniture

modernisation [mɔdɛʀnizasjɔ̃] *nf* modernization

moderniser [mɔdɛʀnize] /1/ *vt* to modernize

modernisme [mɔdɛʀnism] *nm* modernism

moderniste [mɔdɛʀnist] *adj, nmf* modernist

modernité [mɔdɛʀnite] *nf* modernity

modeste [mɔdɛst] *adj* modest; (*origine*) humble, lowly

modestement [mɔdɛstəmɑ̃] *adv* modestly

modestie [mɔdɛsti] *nf* modesty; **fausse ~** false modesty

modicité [mɔdisite] *nf* : **la ~ des prix** *etc* the low prices *etc*

modifiable [mɔdifjabl] *adj* that can be modified; (*billet d'avion*) where the date and time can be changed; (*date*) that can be changed; (*Inform* : *champ, attribut*) modifiable

modificatif, -ive [mɔdifikatif, -iv] *adj* modifying

modification [mɔdifikasjɔ̃] *nf* modification

modifier [mɔdifje] /7/ *vt* to modify, alter; (*Ling*) to modify; **se modifier** *vpr* to alter

modique [mɔdik] *adj* (*salaire, somme*) modest

modiste [mɔdist] *nf* milliner

modulable [mɔdylabl] *adj* (*mobilier, canapé*) adjustable; (*prêt*) flexible

modulaire [mɔdylɛʀ] *adj* modular

modularité [mɔdylaʀite] *nf* (*de mobilier, habitacle*) modularity

modulation [mɔdylasjɔ̃] *nf* modulation; **~ de fréquence (FM** *ou* **MF)** frequency modulation (FM)

module [mɔdyl] *nm* module

moduler [mɔdyle] /1/ *vt* to modulate; (*air*) to warble

moelle [mwal] *nf* marrow; (*fig*) pith, core; **~ épinière** spinal chord

moelleux, -euse [mwalø, -øz] *adj* soft; (*au goût, à l'ouïe*) mellow; (*gracieux, souple*) smooth; (*gâteau*) light and moist

moellon [mwalɔ̃] *nm* rubble stone

mœurs [mœʀ(s)] *nfpl* morals; (*manières*) manners; (*pratiques sociales*) habits; (*mode de vie*) life style *sg*; (*d'une espèce animale*) behaviour *sg* (*Brit*), behavior *sg* (*US*); **femme de mauvaises ~** loose woman; **passer dans les ~** to become the custom; **contraire aux bonnes ~** contrary to proprieties

mohair [mɔɛʀ] *nm* mohair

moi [mwa] *pron* me; (*emphatique*) : **~, je ...** for my part, I ..., I myself ...; **c'est ~ qui l'ai fait** I did it, it was me who did it; **apporte-le-~** bring it to me; **à ~ mine**; (*dans un jeu*) my turn; **à ~ !** (*à l'aide*) help (me)! ▶ *nm inv* (*Psych*) ego, self

moignon [mwaɲɔ̃] *nm* stump

moi-même [mwamɛm] *pron* myself; (*emphatique*) I myself

moindre [mwɛ̃dʀ] *adj* lesser; lower; **le (la) ~, les moindres** the least; the slightest; **le (la) ~ de** the least of; **c'est la ~ des choses** it's nothing at all

moindrement [mwɛ̃dʀəmɑ̃] *adv* : **pas le ~** not in the least

moine [mwan] *nm* monk, friar

moineau, x [mwano] *nm* sparrow

(MOT-CLÉ)

moins [mwɛ̃] *adv* **1** *comparatif* : **moins (que)** less (than); **moins grand que** less tall than, not as tall as; **il a trois ans de moins que moi** he's three years younger than me; **il est moins intelligent que moi** he's not as clever as me, he's less clever than me; **moins je travaille, mieux je me porte** the less I work, the better I feel

2 *superlatif* : **le moins** (the) least; **c'est ce que j'aime le moins** it's what I like (the) least; **le (la) moins doué(e)** the least gifted; **au moins, du moins** at least; **pour le moins** at the very least

3 : **moins de** (*quantité*) less (than); (*nombre*) fewer (than); **moins de sable/d'eau** less sand/water; **moins de livres/gens** fewer books/people; **moins de deux ans** less than two years; **moins de midi** not yet midday

4 : **de moins, en moins** : **100 euros/3 jours de moins** 100 euros/3 days less; **trois livres en moins** three books fewer; three books too few; **de l'argent en moins** less money; **le soleil en moins** but for the sun, minus the sun; **moins en moins** less and less; **en moins de deux** in a flash *ou* a trice

5 : **à moins de, à moins que** unless; **à moins de faire** unless we do (*ou* he does *etc*); **à moins que tu ne fasses** unless you do; **à moins d'un accident** barring any accident

▶ *prép* : **quatre moins deux** four minus two; **dix heures moins cinq** five to ten; **il fait moins cinq** it's five (degrees) below (freezing), it's minus five; **il est moins cinq** it's five to

▶ *nm* (*signe*) minus sign

moins-value [mwɛ̃valy] *nf* (*Écon, Comm*) depreciation

moire [mwaʀ] *nf* moiré

moiré, e [mwaʀe] *adj* (*tissu, papier*) moiré, watered; (*reflets*) shimmering

mois [mwa] *nm* month; (*salaire, somme due*) (monthly) pay *ou* salary; **treizième ~, double ~** extra month's salary

moïse [mɔiz] *nm* Moses basket

moisi, e [mwazi] *adj* mouldy (*Brit*), moldy (*US*), mildewed ▶ *nm* mould, mold, mildew; **odeur de ~** musty smell

moisir [mwaziʀ] /2/ *vi* to go mouldy (*Brit*) *ou* moldy (*US*); (*fig*) to rot; (*personne*) to hang about ▶ *vt* to make mouldy *ou* moldy

moisissure [mwazisyʀ] nf mould no pl (BRIT), mold no pl (US)

moisson [mwasɔ̃] nf harvest; (époque) harvest (time); (fig) : **faire une ~ de** to gather a wealth of

moissonner [mwasɔne] /1/ vt to harvest, reap; (fig) to collect

moissonneur, -euse [mwasɔnœʀ, -øz] nm/f harvester, reaper ▸ nf (machine) harvester

moissonneuse-batteuse [mwasɔnøzbatøz] (pl **moissonneuses-batteuses**) nf combine harvester

moite [mwat] adj (peau, mains) sweaty, sticky; (atmosphère) muggy

moiteur [mwatœʀ] nf (d'air) mugginess; (de peau) sweatiness

moitié [mwatje] nf half; (épouse) : **sa ~** his better half; **la ~** half; **la ~ de** half (of), half the amount (ou number) of; **la ~ du temps/des gens** half the time/the people; **à la ~ de** halfway through; **~ moins grand** half as tall; **~ plus long** half as long again, longer by half; **à ~** half (avant le verbe), half- (avant l'adjectif); **à ~ prix** (at) half price, half-price; **de ~** by half; **~ ~** half-and-half

moka [mɔka] nm (café) mocha coffee; (gâteau) mocha cake

mol [mɔl] adj m voir **mou**

molaire [mɔlɛʀ] nf molar

moldave [mɔldav] adj Moldavian

Moldavie [mɔldavi] nf : **la ~** Moldavia

môle [mol] nm jetty

moléculaire [mɔlekylɛʀ] adj molecular

molécule [mɔlekyl] nf molecule

moleskine [mɔlɛskin] nf imitation leather

molester [mɔlɛste] /1/ vt to manhandle, maul (about)

molette [mɔlɛt] nf toothed ou cutting wheel

mollard [mɔlaʀ] nm (!) gob (of spit: fam)

mollasse [mɔlas] adj (péj : sans énergie) sluggish; (: flasque) flabby

mollasson, ne [mɔlasɔ̃, -ɔn] (fam) adj sluggish ▸ nm/f lazy lump (fam)

molle [mɔl] adj f voir **mou**

mollement [mɔlmã] adv softly; (péj : travailler) sluggishly; (protester) feebly

mollesse [mɔlɛs] nf (voir mou) softness; flabbiness; limpness; sluggishness; feebleness

mollet [mɔlɛ] nm calf ▸ adj m : **œuf ~** soft-boiled egg

molletière [mɔltjɛʀ] adj f : **bande ~** puttee

molleton [mɔltɔ̃] nm (Textiles) felt

molletonné, e [mɔltɔne] adj (gants etc) fleece-lined

mollir [mɔliʀ] /2/ vi (jambes) to give way; (substance) to go soft; (Navig : vent) to drop, die down; (fig : personne) to relent; (: courage) to fail, flag

mollo [mɔlo] adv (fam) : **y aller ~** to take it easy; **vas-y ~ !** take it easy!

mollusque [mɔlysk] nm (Zool) mollusc; (fig : personne) lazy lump

molosse [mɔlɔs] nm big ferocious dog

môme [mom] nmf (fam : enfant) brat; (: fille) bird (BRIT), chick

moment [mɔmã] nm moment; (occasion) : **profiter du ~** to take (advantage of) the opportunity; **ce n'est pas le ~** this is not the right time; **à un certain ~** at some point; **à un ~ donné** at a certain point; **à quel ~ ?** when exactly?; **au même ~** at the same time; (instant) at the same moment; **pour un bon ~** for a good while; **pour le ~** for the moment, for the time being; **au ~ de** at the time of; **au ~ où** as; at a time when; **à tout ~** at any time ou moment; (continuellement) constantly, continually; **en ce ~** at the moment; (aujourd'hui) at present; **sur le ~** at the time; **par moments** now and then, at times; **d'un ~ à l'autre** any time (now); **du ~ où** ou **que** seeing that, since; **n'avoir pas un ~ à soi** not to have a minute to oneself

momentané, e [mɔmãtane] adj temporary, momentary

momentanément [mɔmãtanemã] adv for a moment, for a while

momie [mɔmi] nf mummy

momifier [mɔmifje] vt to mummify

mon, ma (pl **mes**) [mɔ̃, ma, me] adj poss my

monacal, e, -aux [mɔnakal, -o] adj monastic

Monaco [mɔnako] n Monaco

monarchie [mɔnaʀʃi] nf monarchy

monarchique [mɔnaʀʃik] adj monarchical

monarchisme [mɔnaʀʃism] nm monarchism

monarchiste [mɔnaʀʃist] adj, nmf monarchist

monarque [mɔnaʀk] nm monarch

monastère [mɔnastɛʀ] nm monastery

monastique [mɔnastik] adj monastic

monceau, x [mɔ̃so] nm heap

mondain, e [mɔ̃dɛ̃, -ɛn] adj (soirée, vie) society cpd; (obligations) social; (peintre, écrivain) fashionable; (personne) society cpd ▸ nm/f society man/woman, socialite ▸ nf : **la Mondaine, la police mondaine** ≈ the vice squad

mondanités [mɔ̃danite] nfpl (vie mondaine) society life sg; (paroles) (society) small talk sg; (Presse) (society) gossip column sg

monde [mɔ̃d] nm world; **le ~** (personnes mondaines) (high) society; **être du même ~** to move in the same circles; **il y a du ~** (beaucoup de gens) there are a lot of people; (quelques personnes) there are some people; **y a-t-il du ~ dans le salon ?** is there anybody in the lounge?; **beaucoup/peu de ~** many/few people; **le meilleur etc du ~** the best etc in the world; **mettre au ~** to bring into the world; **pas le moins du ~** not in the least; **se faire un ~ de qch** to make a great deal of fuss about sth; **tour du ~** round-the-world trip; **homme/femme du ~** society man/woman

mondial, e, -aux [mɔ̃djal, -o] adj (population) world cpd; (influence) world-wide

mondialement [mɔ̃djalmã] adv throughout the world

mondialisation [mɔ̃djalizasjɔ̃] nf globalization; (d'une technique) global application; (d'un conflit) global spread

mondialiser [mɔ̃djalize] : **se mondialiser** vpr (économie, marché, politique) to become globalized

mondialiste [mɔ̃djalist] adj internationalist

mondovision [mɔ̃dɔvizjɔ̃] nf (world coverage by) satellite television

monégasque [mɔnegask] adj Monegasque, of ou from Monaco ▶ nmf : **Monégasque** Monegasque

monétaire [mɔnetɛʀ] adj monetary

monétarisme [mɔnetaʀism] nm monetarism

monétariste [mɔnetaʀist] adj monetarist

monétique [mɔnetik] nf electronic money

mongol, e [mɔ̃gɔl] adj Mongol, Mongolian ▶ nm (Ling) Mongolian ▶ nm/f : **Mongol, e** (de la Mongolie) Mongolian

Mongolie [mɔ̃gɔli] nf : **la ~** Mongolia

mongolien, ne [mɔ̃gɔljɛ̃, -ɛn] adj, nm/f mongol

mongolisme [mɔ̃gɔlism] nm mongolism, Down's syndrome

moniteur, -trice [mɔnitœʀ, -tʀis] nm/f (Sport) instructor (instructress); (de colonie de vacances) supervisor; **~ d'auto-école** driving instructor ▶ nm (écran) monitor; **~ cardiaque** cardiac monitor

monitorage [mɔnitɔʀaʒ] nm monitoring

monitorat [mɔnitɔʀa] nm (formation) instructor's training (course); (fonction) instructorship

monnaie [mɔnɛ] nf (pièce) coin; (Écon : moyen d'échange) currency; (petites pièces) : **avoir de la ~** to have (some) change; **faire de la ~** to get (some) change; **avoir/faire la ~ de 20 euros** to have change of/get change for 20 euros; **faire** ou **donner à qn la ~ de 20 euros** to give sb change for 20 euros, change 20 euros for sb; **rendre à qn la ~ (sur 20 euros)** to give sb the change (from ou out of 20 euros); **servir de ~ d'échange** (fig) to be used as a bargaining counter ou as bargaining counters; **payer qn en ~ de singe** to fob sb off with empty promises; **c'est ~ courante** it's a common occurrence; **~ légale** legal tender

monnayable [mɔnɛjabl] adj (vendable) convertible into cash; **mes services sont monnayables** my services are worth money

monnayer [mɔneje] /8/ vt to convert into cash; (talent) to capitalize on

monnayeur [mɔnɛjœʀ] nm voir **faux-monnayeur**

mono [mɔno] nf (monophonie) mono ▶ nm (monoski) monoski

monochrome [mɔnɔkʀom] adj monochrome

monocle [mɔnɔkl] nm monocle, eyeglass

monocoque [mɔnɔkɔk] adj (voiture) monocoque ▶ nm (voilier) monohull

monocorde [mɔnɔkɔʀd] adj monotonous

monoculture [mɔnɔkyltyʀ] nf single-crop farming, monoculture

monogame [mɔnɔgam] adj monogamous

monogamie [mɔnɔgami] nf monogamy

monogramme [mɔnɔgʀam] nm monogram

monographie [mɔnɔgʀafi] nf monograph

monokini [mɔnɔkini] nm one-piece bikini, bikini pants pl

monolingue [mɔnɔlɛ̃g] adj monolingual

monolithe [mɔnɔlit] nm monolith

monolithique [mɔnɔlitik] adj (lit, fig) monolithic

monolithisme [mɔnɔlitism] nm monolithic nature

monologue [mɔnɔlɔg] nm monologue, soliloquy; **~ intérieur** stream of consciousness

monologuer [mɔnɔlɔge] /1/ vi to soliloquize

monôme [mɔnom] nm (Math) monomial; (d'étudiants) students' rag procession

mononucléose [mɔnonykleoz] nf (Méd) : **~ infectieuse** infectious mononucleosis, glandular fever (BRIT)

monoparental, e, -aux [mɔnɔpaʀɑ̃tal, -o] adj : **famille monoparentale** single-parent ou one-parent family

monophasé, e [mɔnɔfaze] adj single-phase cpd

monophonie [mɔnɔfɔni] nf monophony

monoplace [mɔnɔplas] adj, nmf single-seater, one-seater

monoplan [mɔnɔplɑ̃] nm monoplane

monopole [mɔnɔpɔl] nm monopoly

monopolisation [mɔnɔpɔlizasjɔ̃] nf monopolization

monopoliser [mɔnɔpɔlize] /1/ vt to monopolize

monopolistique [mɔnɔpɔlistik] adj monopolistic

monorail [mɔnɔʀaj] nm monorail; monorail train

monoski [mɔnɔski] nm monoski

monosyllabe [mɔnɔsilab] nm monosyllable, word of one syllable

monosyllabique [mɔnɔsilabik] adj monosyllabic

monothéisme [mɔnɔteism] nm monotheism

monothéiste [mɔnɔteist] adj monotheist

monotone [mɔnɔtɔn] adj monotonous

monotonie [mɔnɔtɔni] nf monotony

monoxyde [mɔnɔksid] nm monoxide; **~ de carbone** carbon monoxide

monseigneur [mɔ̃sɛɲœʀ] nm (archevêque, évêque) Your (ou His) Grace; (cardinal) Your (ou His) Eminence; **M~ Thomas** Bishop Thomas; Cardinal Thomas

Monsieur [məsjø] (pl **Messieurs** [mesjø]) nm (titre) Mr; **un/le monsieur** (homme quelconque) a/the gentleman; **~, ...** (en tête de lettre) Dear Sir, ...; voir aussi **Madame**

monstre [mɔ̃stʀ] nm monster; **~ sacré** superstar ▶ adj (fam : effet, publicité) massive; **un travail ~** a fantastic amount of work; an enormous job

monstrueux, -euse [mɔ̃stʀyø, -øz] adj monstrous

monstruosité [mɔ̃stʀyozite] nf monstrosity

mont [mɔ̃] nm : **par monts et par vaux** up hill and down dale; **le M~ Blanc** Mont Blanc; **~ de Vénus** mons veneris

montage [mɔ̃taʒ] nm putting up; (d'un bijou) mounting, setting; (d'une machine etc) assembly; (Photo) photomontage; (Ciné) editing; **~ sonore** sound editing

montagnard, e [mɔ̃taɲaʀ, -aʀd] adj mountain cpd ▶ nm/f mountain-dweller

montagne [mɔ̃taɲ] nf (cime) mountain; (région) : **la ~** the mountains pl; **la haute ~** the high mountains; **les montagnes Rocheuses** the Rocky Mountains, the Rockies; **montagnes russes** big dipper sg, switchback sg

m

montagneux, -euse [mɔ̃taɲø, -øz] *adj* mountainous; *(basse montagne)* hilly

montant, e [mɔ̃tɑ̃, -ɑ̃t] *adj (mouvement, marée)* rising; *(chemin)* uphill; *(robe, corsage)* high-necked ▸ *nm (somme, total)* (sum) total, (total) amount; *(de fenêtre)* upright; *(de lit)* post

mont-de-piété [mɔ̃dpjete] *(pl* **monts-de-piété***) nm* pawnshop

monte [mɔ̃t] *nf (accouplement)* : **la ~** stud; *(d'un jockey)* seat

monté, e [mɔ̃te] *adj* : **être ~ contre qn** to be angry with sb; *(fourni, équipé)* **~ en** equipped with

monte-charge [mɔ̃tʃaʁʒ] *nm inv* goods lift, hoist

montée [mɔ̃te] *nf* rising, rise; *(escalade)* ascent, climb; *(chemin)* way up; *(côte)* hill; **au milieu de la ~** halfway up; **le moteur chauffe dans les montées** the engine overheats going uphill

Monténégro [mɔ̃tenegʁo] *nm* : **le ~** Montenegro

monte-plats [mɔ̃tpla] *nm inv* service lift

monter [mɔ̃te] /1/ *vt (escalier, côte)* to go *(ou* come) up; *(valise, paquet)* to take *(ou* bring) up; *(cheval)* to mount; *(femelle)* to cover, serve; *(étagère)* to raise; *(tente, échafaudage)* to put up; *(machine)* to assemble; *(bijou)* to mount, set; *(Couture)* to sew on; (: *manche)* to set in; *(Ciné)* to edit; *(Théât)* to put on, stage; *(société, coup etc)* to set up; *(fournir, équiper)* to equip; **~ qn contre qn** to set sb against sb; **~ la tête à qn** to give sb ideas ▸ *vi* to go *(ou* come) up; *(avion, voiture)* to climb, go up; *(chemin, niveau, température, voix, prix)* to go up, rise; *(brouillard, bruit)* to rise, come up; *(passager)* to get on; *(à cheval)* : **~ bien/mal** to ride well/badly; **~ à cheval** to get on *ou* mount a horse; *(faire du cheval)* to ride (a horse); **~ à bicyclette** to get on *ou* mount a bicycle, to (ride a) bicycle; **~ à pied/ en voiture** to walk/ drive up, go up on foot/by car; **~ dans le train/l'avion** to get into the train/plane, board the train/plane; **~ sur** to climb up onto; **~ sur** *ou* **à un arbre/une échelle** to climb (up) a tree/ladder; **~ à bord** to (get on) board; **~ à la tête de qn** to go to sb's head; **~ sur les planches** to go on the stage; **~ en grade** to be promoted; **se monter** *vpr (s'équiper)* to equip o.s., get kitted out (BRIT); **se ~ à** *(frais etc)* to add up to, come to

monteur, -euse [mɔ̃tœʁ, -øz] *nm/f (Tech)* fitter; *(Ciné)* (film) editor

montgolfière [mɔ̃ɡɔlfjɛʁ] *nf* hot-air balloon

monticule [mɔ̃tikyl] *nm* mound

montmartrois, e [mɔ̃maʁtʁwa, -waz] *adj* of *ou* from Montmartre

montre [mɔ̃tʁ] *nf* watch; *(ostentation)* : **pour la ~** for show; **~ en main** exactly, to the minute; **faire ~ de** to show, display; **contre la ~** *(Sport)* against the clock; **~ de plongée** diver's watch

Montréal [mɔ̃real] *n* Montreal

montréalais, e [mɔ̃realɛ, -ɛz] *adj* of *ou* from Montreal ▸ *nm/f* : **Montréalais, e** Montrealer

montre-bracelet [mɔ̃tʁəbʁaslɛ] *(pl* **montres-bracelets***) nf* wrist watch

montrer [mɔ̃tʁe] /1/ *vt* to show; **~ qch à qn** to show sb sth; **~ qch du doigt** to point to sth,

point one's finger at sth; **se montrer** *vpr* to appear; **se ~ intelligent** to prove (to be) intelligent

montreur, -euse [mɔ̃tʁœʁ, -øz] *nm/f* : **~ de marionnettes** puppeteer

monture [mɔ̃tyʁ] *nf (bête)* mount; *(d'une bague)* setting; *(de lunettes)* frame

monument [mɔnymɑ̃] *nm* monument; **~ aux morts** war memorial

monumental, e, -aux [mɔnymɑ̃tal, -o] *adj* monumental

moquer [mɔke] /1/ : **se moquer** *vpr* : **se ~ de** to make fun of, laugh at; *(se désintéresser de)* not to care about; **se ~ de qn** *(tromper)* to take sb for a ride

moquerie [mɔkʁi] *nf* mockery *no pl*

moquette [mɔkɛt] *nf* fitted carpet, wall-to-wall carpeting *no pl*

moquetter [mɔkete] /1/ *vt* to carpet

moqueur, -euse [mɔkœʁ, -øz] *adj* mocking

moraine [mɔʁɛn] *nf* moraine

moral, e, -aux [mɔʁal, -o] *adj* moral; **sur le plan ~** morally ▸ *nm* morale; **avoir le ~** *(fam)* to be in good spirits; **avoir le ~ à zéro** to be really down ▸ *nf (conduite)* morals *pl (règles)*, moral code, ethic; *(valeurs)* moral standards *pl*, morality; *(science)* ethics *sg*, moral philosophy; *(conclusion : d'une fable)* moral; **contraire à la morale** immoral; **faire la morale à** to lecture, preach at

moralement [mɔʁalmɑ̃] *adv* morally

moralisateur, -trice [mɔʁalizatœʁ, -tʁis] *adj* moralizing, sanctimonious ▸ *nm/f* moralizer

moraliser [mɔʁalize] /1/ *vt (sermonner)* to lecture, preach at

moraliste [mɔʁalist] *nmf* moralist ▸ *adj* moralistic

moralité [mɔʁalite] *nf (d'une action, attitude)* morality; *(conduite)* morals *pl*; *(conclusion, enseignement)* moral

moratoire [mɔʁatwaʁ] *adj m* : **intérêts moratoires** *(Écon)* interest on arrears

morbide [mɔʁbid] *adj* morbid

morbidité [mɔʁbidite] *nf (Méd)* morbidity; **taux de ~** morbidity rate

morceau, x [mɔʁso] *nm* piece, bit; *(d'une œuvre)* passage, extract; *(Mus)* piece; *(Culin : de viande)* cut; (: *de sucre)* lump; **mettre en morceaux** to pull to pieces *ou* bits; **manger un ~** to have a bite (to eat)

morceler [mɔʁsəle] /4/ *vt* to break up, divide up

morcellement [mɔʁsɛlmɑ̃] *nm* breaking up

mordant, e [mɔʁdɑ̃, -ɑ̃t] *adj (ton, remarque)* scathing, cutting; *(froid)* biting ▸ *nm (dynamisme, énergie)* spirit; *(fougue)* bite, punch

mordicus [mɔʁdikys] *adv (fam)* obstinately, stubbornly

mordiller [mɔʁdije] /1/ *vt* to nibble at, chew at

mordoré, e [mɔʁdɔʁe] *adj* lustrous bronze

mordre [mɔʁdʁ] /41/ *vt* to bite; *(lime, vis)* to bite into ▸ *vi (poisson)* to bite; **~ dans** to bite into; **~ sur** *(fig)* to go over into, overlap into; **~ à qch** *(comprendre, aimer)* to take to; **~ à l'hameçon** to bite, rise to the bait

mordu, e [mɔʀdy] *pp de* **mordre** ▸ *adj* (*amoureux*) smitten ▸ *nm/f* enthusiast; **un ~ de jazz/de voile** a jazz/sailing fanatic *ou* buff

morfal, e [mɔʀfal] *nm/f* (*fam*) greedy guts (*fam*)

morfler [mɔʀfle] *vi* (*fam*) to get it (*fam*), to catch it (*fam*)

morfondre [mɔʀfɔ̃dʀ] **/41/ : se morfondre** *vpr* to mope

morgue [mɔʀg] *nf* (*arrogance*) haughtiness; (*lieu : de la police*) morgue; (: *à l'hôpital*) mortuary

moribond, e [mɔʀibɔ̃, -ɔ̃d] *adj* dying, moribund

morille [mɔʀij] *nf* morel (*mushroom*)

mormon, e [mɔʀmɔ̃, -ɔn] *adj*, *nm/f* Mormon

morne [mɔʀn] *adj* (*personne, visage*) glum, gloomy; (*temps, vie*) dismal, dreary

morose [mɔʀoz] *adj* sullen, morose; (*marché*) sluggish

morosité [mɔʀozite] *nf* (*de personne*) sullenness; (*d'économie, marché*) sluggishness

morphine [mɔʀfin] *nf* morphine

morphinomane [mɔʀfinɔman] *nmf* morphine addict

morphologie [mɔʀfɔlɔʒi] *nf* morphology

morphologique [mɔʀfɔlɔʒik] *adj* morphological

mors [mɔʀ] *nm* bit

morse [mɔʀs] *nm* (*Zool*) walrus; (*Tél*) Morse (code)

morsure [mɔʀsyʀ] *nf* bite

mort¹ [mɔʀ] *nf* death; **se donner la ~** to take one's own life; **de ~** (*silence, pâleur*) deathly; **blessé à ~** fatally wounded *ou* injured; **à la vie, à la ~** for better, for worse; **~ clinique** brain death; **~ subite du nourrisson, ~ au berceau** cot death

mort², e [mɔʀ, mɔʀt] *pp de* **mourir** ▸ *adj* dead; **~ ou vif** dead or alive; **~ de peur/fatigue** frightened to death/dead tired ▸ *nm/f* (*défunt*) dead man/woman; (*victime*) : **il y a eu plusieurs morts** several people were killed, there were several killed; **morts et blessés** casualties ▸ *nm* (*Cartes*) dummy; **faire le ~** to play dead; (*fig*) to lie low

mortadelle [mɔʀtadɛl] *nf* mortadella

mortaise [mɔʀtɛz] *nf* mortise

mortalité [mɔʀtalite] *nf* mortality, death rate

mort-aux-rats [mɔʀ(t)oʀa] *nf inv* rat poison

mortel, le [mɔʀtɛl] *adj* (*poison etc*) deadly, lethal; (*accident, blessure*) fatal; (*silence, ennemi*) deadly; (*Rel : danger, frayeur, péché*) mortal; (*fig : froid*) deathly; (: *ennui, soirée*) deadly (boring) ▸ *nm/f* mortal

mortellement [mɔʀtɛlmɑ̃] *adv* (*blessé etc*) fatally, mortally; (*pâle etc*) deathly; (*fig : ennuyeux etc*) deadly

morte-saison [mɔʀt(ə)sɛzɔ̃] (*pl* **mortes-saisons**) *nf* slack *ou* off season

mortier [mɔʀtje] *nm* (*gén*) mortar

mortifier [mɔʀtifje] **/7/** *vt* to mortify

mort-né, e [mɔʀne] *adj* (*enfant*) stillborn; (*fig*) abortive

mortuaire [mɔʀtɥɛʀ] *adj* funeral *cpd*; **avis mortuaires** death announcements, intimations; **chapelle ~** mortuary chapel; **couronne ~** (*funeral*) wreath; **domicile ~** house of the deceased; **drap ~** pall

morue [mɔʀy] *nf* (*Zool*) cod *inv*; (*Culin : salée*) salt-cod

morvandeau, -elle, x [mɔʀvɑ̃do, -ɛl] *adj* of *ou* from the Morvan region

morve [mɔʀv] *nf* (*fam*) snot (*fam*)

morveux, -euse [mɔʀvø, -øz] *adj* (*fam*) snotty-nosed

mosaïque [mɔzaik] *nf* (*Art*) mosaic; (*fig*) patchwork

Moscou [mɔsku] *n* Moscow

moscovite [mɔskɔvit] *adj* of *ou* from Moscow, Moscow *cpd* ▸ *nmf* : **Moscovite** Muscovite

mosquée [mɔske] *nf* mosque

mot [mo] *nm* word; (*message*) line, note; (*bon mot etc*) saying; **le ~ de la fin** the last word; **~ à ~** *adj*, *adv* word for word; **~ pour ~** word for word, verbatim; **sur** *ou* **à ces mots** with these words; **en un ~** in a word; **à mots couverts** in veiled terms; **prendre qn au ~** to take sb at his word; **se donner le ~** to send the word round; **avoir son ~ à dire** to have a say; **~ d'ordre** watchword; **~ de passe** password; **mots croisés** crossword (puzzle) *sg*

motard, e [mɔtaʀ, -aʀd] *nm/f* biker; (*policier*) motorcycle cop

mot-dièse [mɔdjɛz] *nm* (*Inform : Twitter*) hashtag

motel [mɔtɛl] *nm* motel

moteur, -trice [mɔtœʀ, -tʀis] *adj* (*Anat, Physiol*) motor; (*Tech*) driving; (*Auto*) : **à 4 roues motrices** 4-wheel drive ▸ *nm* engine, motor; (*fig*) mover, mainspring; **à ~** power-driven, motor *cpd*; **~ (à) deux temps** two-stroke engine; **~ à explosion** internal combustion engine; **~ à réaction** jet engine; **~ de recherche** search engine; **~ thermique** heat engine

motif [mɔtif] *nm* (*cause*) motive; (*décoratif*) design, pattern, motif; (*d'un tableau*) subject, motif; (*Mus*) figure, motif; **sans ~** *adj* groundless; **motifs** *nmpl* (*Jur*) grounds *pl*

motion [mosjɔ̃] *nf* motion; **~ de censure** motion of censure, vote of no confidence

motivant, e [mɔtivɑ̃, -ɑ̃t] *adj* (*salaire*) attractive; (*travail*) rewarding

motivation [mɔtivasjɔ̃] *nf* motivation

motivé, e [mɔtive] *adj* (*acte*) justified; (*personne*) motivated

motiver [mɔtive] **/1/** *vt* (*justifier*) to justify, account for; (*Admin, Jur, Psych*) to motivate

moto [moto] *nf* (*motor*)bike; **~ verte** *ou* **de trial** trail (*BRIT*) *ou* dirt (*US*) bike

moto-cross [mɔtokʀɔs] *nm* motocross

motoculteur [mɔtokyltœʀ] *nm* (*motorized*) cultivator

motocyclette [mɔtosiklɛt] *nf* motorbike, motorcycle

motocyclisme [mɔtosiklism] *nm* motorcycle racing

motocycliste [mɔtosiklist] *nmf* motorcyclist

motoneige [mɔtonɛʒ] *nf* snow bike

motorisé, e [mɔtoʀize] *adj* (*troupe*) motorized; (*personne*) having one's own transport

motrice [mɔtʀis] *adj f voir* **moteur**

motricité [mɔtʀisite] *nf* motivity

motte [mɔt] *nf* : **~ de terre** lump of earth, clod (of earth); **~ de gazon** turf, sod; **~ de beurre** lump of butter

motus [mɔtys] *excl* : **~ (et bouche cousue)!** mum's the word!

mou, mol, molle [mu, mɔl] *adj* soft; (*péj : visage, traits*) flabby; (*: geste*) limp; (*: personne*) sluggish; (*: résistance, protestations*) feeble; **avoir les jambes molles** to be weak at the knees ▶ *nm* (*homme mou*) wimp; (*abats*) lights *pl*, lungs *pl*; (*de la corde*) : **avoir du ~** to be slack; **donner du ~ à qch** to slacken sth, loosen sth

moucharabieh [muʃarabje] *nm* wooden lattice, moucharaby

mouchard, e [muʃar, -ard] *nm/f* (*péj : Scol*) sneak; (*: Police*) stool pigeon, grass (*Brit*) ▶ *nm* (*appareil*) control device; (*: de camion*) tachograph

moucharder [muʃarde] *vi* (*fam*) to inform, to grass (*fam*), to squeal (*fam*)

mouche [muʃ] *nf* fly; (*Escrime*) button; (*de taffetas*) patch; **prendre la ~** to go into a huff; **faire ~** to score a bull's-eye

moucher [muʃe] /1/ *vt* (*enfant*) to blow the nose of; (*chandelle*) to snuff (out); **se moucher** *vpr* to blow one's nose

moucheron [muʃrɔ̃] *nm* midge

moucheté, e [muʃ(ə)te] *adj* (*cheval*) dappled; (*laine*) flecked; (*Escrime*) buttoned

mouchoir [muʃwar] *nm* handkerchief, hanky; **~ en papier** tissue, paper hanky

moudre [mudr] /47/ *vt* to grind

moue [mu] *nf* pout; **faire la ~** to pout; (*fig*) to pull a face

mouette [mwɛt] *nf* (sea)gull

moufette, mouffette [mufɛt] *nf* skunk

moufle [mufl] *nf* (*gant*) mitt(en); (*Tech*) pulley block

mouflet [muflɛ] *nm* (*fam*) kid (*fam*)

mouflon [muflɔ̃] *nm* mouf(f)lon

moufter [mufte] *vi* (*fam*) : **ne pas ~** to keep one's mouth shut; **il n'a pas moufté quand le principal est venu lui parler en personne** he kept his mouth shut when the headmaster came to speak to him in person; **sans ~** (*accepter, obéir*) without batting an eyelid

mouillage [muja3] *nm* (*Navig : lieu*) anchorage, moorings *pl*

mouillé, e [muje] *adj* wet

mouiller [muje] /1/ *vt* (*humecter*) to wet, moisten; (*tremper*) : **~ qn/qch** to make sb/sth wet; (*Culin : ragoût*) to add stock *ou* wine to; (*couper, diluer*) to water down; (*mine etc*) to lay; **~ l'ancre** to drop *ou* cast anchor ▶ *vi* (*Navig*) to lie *ou* be at anchor; **se mouiller** *vpr* to get wet; (*fam : prendre des risques*) to commit o.s.; to get (o.s.) involved

mouillette [mujɛt] *nf* (bread) finger

mouillure [mujyr] *nf* wet *no pl*; (*tache*) wet patch

mouise [mwiz] *nf* (*fam*) : **être dans la ~** to be up the creek (*fam*); (*financièrement*) to be stony broke (*fam*); **c'est la ~** it's a bugger (*fam*)

moulage [mula3] *nm* moulding (*Brit*), molding (*US*); casting; (*objet*) cast

moulais *etc* [mulɛ] *vb voir* **moudre**

moulant, e [mulã, -ãt] *adj* figure-hugging

moule [mul] *vb voir* **moudre** ▶ *nf* (*mollusque*) mussel ▶ *nm* (*creux, Culin*) mould (*Brit*), mold (*US*); (*modèle plein*) cast; **~ à gâteau** *nm* cake tin (*Brit*) *ou* pan (*US*); **~ à gaufre** *nm* waffle iron; **~ à tarte** *nm* pie *ou* flan dish

moulent [mul] *vb voir* **moudre** ; **mouler**

mouler [mule] /1/ *vt* (*brique*) to mould (*Brit*), mold (*US*); (*statue*) to cast; (*visage, bas-relief*) to make a cast of; (*lettre*) to shape with care; (*vêtement*) to hug, fit closely round; **~ qch sur** (*fig*) to model sth on

moulin [mulɛ̃] *nm* mill; (*fam*) engine; **~ à café** coffee mill; **~ à eau** watermill; **~ à légumes** (vegetable) shredder; **~ à paroles** (*fig*) chatterbox; **~ à poivre** pepper mill; **~ à prières** prayer wheel; **~ à vent** windmill

mouliner [muline] /1/ *vt* to shred

moulinet [mulinɛ] *nm* (*de treuil*) winch; (*de canne à pêche*) reel; (*mouvement*) : **faire des moulinets avec qch** to whirl sth around

moulinette® [mulinɛt] *nf* (vegetable) shredder

moulons *etc* [mulɔ̃] *vb voir* **moudre**

moulu, e [muly] *pp de* **moudre** ▶ *adj* (*café*) ground

moulure [mulyr] *nf* (*ornement*) moulding (*Brit*), molding (*US*)

moumoute [mumut] *nf* (*fam : perruque*) wig

mourant, e [murã, -ãt] *vb voir* **mourir** ▶ *adj* dying ▶ *nm/f* dying man/woman

mourir [murir] /1/ *vi* to die; (*civilisation*) to die out; **~ assassiné** to be murdered; **~ de froid/faim/vieillesse** to die of exposure/hunger/old age; **~ de faim/d'ennui** (*fig*) to be starving/be bored to death; **~ d'envie de faire** to be dying to do; **s'ennuyer à ~** to be bored to death

mouroir [murwar] *nm* (*péj*) place where people are left to die

mouron [murɔ̃] *nm* : **se faire du ~** (*fam*) to worry, to fret

mousquetaire [muskətɛr] *nm* musketeer

mousqueton [muskətɔ̃] *nm* (*fusil*) carbine; (*anneau*) snap-link, karabiner

moussant, e [musã, -ãt] *adj* foaming; **bain ~** foam *ou* bubble bath, bath foam

mousse [mus] *nf* (*Bot*) moss; (*de savon*) lather; (*écume : sur eau, bière*) froth, foam; (*: shampooing*) lather; (*de champagne*) bubbles *pl*; (*Culin*) mousse; (*en caoutchouc etc*) foam; **bain (de) ~** bubble bath; **bas ~** stretch stockings; **balle ~** foam ball; **~ carbonique** (fire-fighting) foam; **~ de nylon** nylon foam; (*tissu*) stretch nylon; **~ à raser** shaving foam ▶ *nm* (*Navig*) ship's boy

mousseline [muslin] *nf* (*Textiles*) muslin; chiffon; **pommes ~** (*Culin*) creamed potatoes

mousser [muse] /1/ *vi* (*bière, détergent*) to foam; (*savon*) to lather

mousseron [musrɔ̃] *nm* St. George's Mushroom

mousseux, -euse [musø, -øz] *adj* (*chocolat*) frothy; (*eau*) foamy, frothy; (*vin*) sparkling ▶ *nm* : (**vin**) **~** sparkling wine

mousson [musɔ̃] *nf* monsoon

moussu, e [musy] *adj* mossy

moustache [mustaʃ] *nf* moustache; **moustaches** *nfpl* (*d'animal*) whiskers *pl*

moustachu, e [mustaʃy] *adj* with a moustache

moustiquaire [mustikɛʀ] *nf* (*rideau*) mosquito net; (*chassis*) mosquito screen

moustique [mustik] *nm* mosquito

moût [mu] *nm* (*de vin*) must; (*de bière*) wort

moutarde [mutaʀd] *nf* mustard ▶ *adj inv* mustard(-coloured)

moutardier [mutaʀdje] *nm* mustard jar

mouton [mutɔ̃] *nm* (*Zool, péj*) sheep *inv*; (*peau*) sheepskin; (*Culin*) mutton

mouture [mutyʀ] *nf* grinding; (*péj*) rehash

mouvance [muvɑ̃s] *nf* movements *pl*

mouvant, e [muvɑ̃, -ɑ̃t] *adj* unsettled; changing; shifting

mouvement [muvmɑ̃] *nm* (*gén, aussi : mécanisme*) movement; (*ligne courbe*) contours *pl*; (*fig : tumulte, agitation*) activity, bustle; (: *impulsion*) impulse; reaction; (*geste*) gesture; (*Mus : rythme*) tempo; **en ~** in motion; on the move; **mettre qch en ~** to set sth in motion, set sth going; **~ d'humeur** fit *ou* burst of temper; **~ d'opinion** trend of (public) opinion; **le ~ perpétuel** perpetual motion

mouvementé, e [muvmɑ̃te] *adj* (*vie, poursuite*) eventful; (*réunion*) turbulent

mouvoir [muvwaʀ] **/27/** *vt* (*levier, membre*) to move; (*machine*) to drive; **se mouvoir** *vpr* to move

moyen, ne [mwajɛ̃, -ɛn] *adj* average; (*tailles, prix*) medium; (*de grandeur moyenne*) medium-sized; **très ~** (*résultats*) pretty poor; **M~ Âge** Middle Ages; **moyenne entreprise** (*Comm*) medium-sized firm ▶ *nm* (*façon*) means *sg*, way; **au ~ de** by means of; **y a-t-il ~ de ... ?** is it possible to ...?, can one ...?; **par quel ~ ?** how?, which way?, by which means?; **par tous les moyens** by every possible means, every possible way; **~ de locomotion/d'expression** means of transport/expression; **~ de transport** means of transport ▶ *nf* average; (*Statistique*) mean; (*Scol : à l'examen*) pass mark; (*Auto*) average speed; **en moyenne** on (an) average; **faire la moyenne** to work out the average; **moyenne d'âge** average age; **faire la moyenne** to work out the average; **au-dessus de la moyenne** (*résultats*) above-average; **être au-dessus de la moyenne** to be above average; **moyens** *nmpl* (*capacités*) means; **je n'en ai pas les moyens** I can't afford it; **avec les moyens du bord** (*fig*) with what's available *ou* what comes to hand; **employer les grands moyens** to resort to drastic measures; **par ses propres moyens** all by oneself

moyenâgeux, -euse [mwajɛnaʒø, -øz] *adj* medieval

moyen-courrier [mwajɛ̃kuʀje] *nm* (*Aviat*) medium-haul aircraft

moyennant [mwajɛnɑ̃] *prép* (*somme*) for; (*service, conditions*) in return for; (*travail, effort*) with

moyennement [mwajɛnmɑ̃] *adv* fairly, moderately; **il a ~ réussi** he did fairly *ou* moderately well

Moyen-Orient [mwajɛ̃nɔʀjɑ̃] *nm* : **le ~** the Middle East

moyeu, x [mwajø] *nm* hub

mozambicain, e [mɔzãbikɛ̃, -ɛn] *adj* Mozambican

Mozambique [mɔzãbik] *nm* : **le ~** Mozambique

MRAP *sigle m* (= *Mouvement contre le racisme et pour l'amitié entre les peuples*) anti-racism organization

MRG *sigle m* (= *Mouvement des radicaux de gauche*) political party

ms *abr* (= *manuscrit*) MS., ms

MSF *sigle mpl* (= *Médecins sans frontières*) medical aid charity

MST *sigle f* (= *maladie sexuellement transmissible*) STD (= *sexually transmitted disease*)

mû, mue [my] *pp de* **mouvoir**

mucosité [mykozite] *nf* mucus *no pl*

mucoviscidose [mykovisidoz] *nf* cystic fibrosis

mucus [mykys] *nm* mucus *no pl*

mue [my] *pp de* **mouvoir** ▶ *nf* moulting (*BRIT*), molting (*US*); sloughing; breaking of the voice

muer [mɥe] **/1/** *vi* (*oiseau, mammifère*) to moult (*BRIT*), molt (*US*); (*serpent*) to slough (its skin); (*jeune garçon*) : **il mue** his voice is breaking; **se muer** *vpr* : **se ~ en** to transform into

muet, te [mɥɛ, -ɛt] *adj* dumb; (*fig*) : **~ d'admiration** *etc* speechless with admiration *etc*; (*joie, douleur, Ciné*) silent; (*Ling : lettre*) silent, mute; (*carte*) blank ▶ *nm/f* mute ▶ *nm* : **le ~** (*Ciné*) the silent cinema *ou* (*esp US*) movies

mufle [myfl] *nm* muzzle; (*goujat*) boor ▶ *adj* boorish

muflerie [myfləʀi] *nf* boorishness

mugir [myʒiʀ] **/2/** *vi* (*bœuf*) to bellow; (*vache*) to low, moo; (*fig*) to howl

mugissement [myʒismɑ̃] *nm* (*voir mugir*) bellowing; lowing, mooing; howling

muguet [mygɛ] *nm* (*Bot*) lily of the valley; (*Méd*) thrush

mulâtre, -tresse [mylɑtʀ, -tʀɛs] *nm/f* mulatto

mule [myl] *nf* (*Zool*) (she-)mule

mules [myl] *nfpl* (*pantoufles*) mules

mulet [mylɛ] *nm* (*Zool*) (he-)mule; (*poisson*) mullet

muletier, -ière [myl(ə)tje, -jɛʀ] *adj* : **sentier** *ou* **chemin ~** mule track

mulot [mylo] *nm* fieldmouse

multicarte [myltikaʀt] *adj* : **VRP ~** rep acting for several firms

multicolore [myltikɔlɔʀ] *adj* multicoloured (*BRIT*), multicolored (*US*)

multicoque [myltikɔk] *nm* multihull

multiculturel, le [myltikyltyʀɛl] *adj* multicultural

multidisciplinaire [myltidisiplinɛʀ] *adj* multidisciplinary

multiforme [myltifɔʀm] *adj* many-sided

multilatéral, e, -aux [myltilateʀal, -o] *adj* multilateral

multimédia [myltimedja] *adj* (*produits, encyclopédie*) multimedia ▶ *nm* : **le ~** multimedia

multimilliardaire [myltimiljaʀdɛʀ], **multimillionnaire** [myltimiljɔnɛʀ] *adj, nmf* multimillionaire

multinational, e, -aux [myltinasjɔnal, -o] *adj, nf* multinational

multiple [myltipl] *adj* multiple, numerous; (*varié*) many, manifold ▶ *nm* (*Math*) multiple

multiplex [myltiplɛks] *nm* (*Radio*) live link-up

multiplicateur [myltiplikatœʀ] *nm* multiplier

multiplication [myltiplikasjɔ̃] nf multiplication

multiplicité [myltiplisite] nf multiplicity

multiplier [myltiplije] /7/ vt to multiply; **se multiplier** vpr to multiply; (fig : personne) to be everywhere at once

multiprogrammation [myltipʀɔgʀamasjɔ̃] nf (Inform) multiprogramming

multipropriété [myltipʀɔpʀijete] nf timesharing no pl

multirécidiviste [myltiʀesidivist] adj : **délinquant ~** persistent offender ▸ nm/f persistent offender

multirisque [myltiʀisk] adj : **assurance ~** multiple-risk insurance

multisalles [myltisal] adj inv : (**cinéma**) ~ multiplex (cinema)

multitâche [myltitaʃ] adj (aussi Inform) multitasking; **être ~** to multitask

multitraitement [myltitʀɛtmɑ̃] nm (Inform) multiprocessing

multitude [myltityd] nf multitude; mass; **une ~ de** a vast number of, a multitude of

Munich [mynik] n Munich

munichois, e [mynikwa, -waz] adj of ou from Munich

municipal, e, -aux [mynisipal, -o] adj (élections, stade) municipal; (conseil) town cpd; **piscine/ bibliothèque municipale** public swimming pool/library

municipalité [mynisipalite] nf (corps municipal) town council, corporation; (commune) town, municipality

munificence [mynifisɑ̃s] nf munificence

munir [myniʀ] /2/ vt : ~ **qn/qch de** to equip sb/sth with; **se munir** vpr : **se ~ de** to provide o.s. with

munitions [mynisjɔ̃] nfpl ammunition sg

muqueuse [mykøz] nf mucous membrane

mur [myʀ] nm wall; (fig) stone ou brick wall; **faire le ~** (interne, soldat) to jump the wall; ~ (**payant**) (Inform) paywall; ~ **du son** sound barrier

mûr, e [myʀ] adj ripe; (personne) mature ▸ nf (de la ronce) blackberry; (du mûrier) mulberry

muraille [myʀɑj] nf (high) wall

mural, e, -aux [myʀal, -o] adj wall cpd ▸ nm (Art) mural

mûre [myʀ] nf blackberry

mûrement [myʀmɑ̃] adv : **ayant ~ réfléchi** having given the matter much thought

murène [myʀɛn] nf moray (eel)

murer [myʀe] /1/ vt (enclos) to wall (in); (porte, issue) to wall up; (personne) to wall up ou in; **se murer** vpr : **se ~ dans le silence** to retreat into silence

muret [myʀɛ] nm low wall

mûrier [myʀje] nm mulberry tree; (ronce) blackberry bush

mûrir [myʀiʀ] /2/ vi (fruit, blé) to ripen; (abcès, furoncle) to come to a head; (fig : idée, personne) to mature; (projet) to develop ▸ vt (fruit, blé) to ripen; (personne) to (make) mature; (pensée, projet) to nurture

murmure [myʀmyʀ] nm murmur; **murmures** nmpl (plaintes) murmurings, mutterings

murmurer [myʀmyʀe] /1/ vi to murmur; (se plaindre) to mutter, grumble

mus etc [my] vb voir **mouvoir**

musaraigne [myzaʀɛɲ] nf shrew

musarder [myzaʀde] /1/ vi to idle (about); (en marchant) to dawdle (along)

musc [mysk] nm musk

muscade [myskad] nf (aussi : **noix (de) muscade**) nutmeg

muscat [myska] nm (raisin) muscat grape; (vin) muscatel (wine)

muscle [myskl] nm muscle

musclé, e [myskle] adj (personne, corps) muscular; (fig : politique, régime etc) strong-arm cpd

muscler [myskle] /1/ vt to develop the muscles of

musculaire [myskylɛʀ] adj muscular

musculation [myskylasjɔ̃] nf : **exercices de ~** muscle-developing exercises

musculature [myskylatyʀ] nf muscle structure, muscles pl, musculature

muse [myz] nf muse

museau, x [myzo] nm muzzle; (Culin) brawn

musée [myze] nm museum; (de peinture) art gallery

museler [myz(ə)le] /4/ vt to muzzle

muselière [myzəljɛʀ] nf muzzle

musette [myzɛt] nf (sac) lunch bag ▸ adj inv (orchestre etc) accordion cpd

muséum [myzeɔm] nm museum

musical, e, -aux [myzikal, -o] adj musical

musicalement [myzikalmɑ̃] adv musically

musicalité [myzikalite] nf (de mot, vers) musicality

music-hall [myzikol] nm (salle) variety theatre; (genre) variety

musicien, ne [myzisjɛ̃, -ɛn] adj musical ▸ nm/f musician

musicologie [myzikɔlɔʒi] nf musicology

musique [myzik] nf music; (fanfare) band; **faire de la ~** to make music; (jouer d'un instrument) to play an instrument; ~ **de chambre** chamber music; ~ **de fond** background music

musqué, e [myske] adj musky

must [mœst] nm must

musulman, e [myzylmɑ̃, -an] adj, nm/f Moslem, Muslim

mutant, e [mytɑ̃, -ɑ̃t] nm/f mutant

mutation [mytasjɔ̃] nf (Admin) transfer; (Bio) mutation

muter [myte] /1/ vt (Admin) to transfer, move

mutilation [mytilasjɔ̃] nf mutilation

mutilé, e [mytile] nm/f disabled person (through loss of limbs); ~ **de guerre** disabled ex-serviceman; **grand ~** severely disabled person

mutiler [mytile] /1/ vt to mutilate, maim; (fig) to mutilate, deface

mutin, e [mytɛ̃, -in] adj (enfant, air, ton) mischievous, impish ▸ nm/f (Mil, Navig) mutineer

mutiner [mytine] /1/ : **se mutiner** vpr to mutiny

mutinerie [mytinʀi] nf mutiny

mutisme [mytism] nm silence

mutualiste [mytɥalist] adj : **société ~** mutual benefit society, ≈ Friendly Society

mutualité [mytɥalite] *nf (assurance)* mutual (benefit) insurance scheme

mutuel, le [mytɥɛl] *adj* mutual ▸ *nf* mutual benefit society

: **MUTUELLE**

Additional insurance covers most health care costs that are not covered by basic national health insurance. It is based on the principle of solidarity. The **mutuelles**, which individuals can choose freely, are becoming proportionally more important as the amounts reimbursed by national health insurance decline.

mutuellement [mytɥɛlmɑ̃] *adv* each other, one another

Myanmar [mjanmaʀ] *nm* Myanmar

mycose [mikoz] *nf* mycosis, fungal infection

mygale [migal] *nf* tarantula

myocarde [mjɔkaʀd] *nm voir* **infarctus**

myopathe [mjɔpat] *adj (atteint de myopathie)* suffering from myopathy; *(atteint de myopathie primitive progressive)* suffering from muscular dystrophy ▸ *nm/f* person suffering from muscular dystrophy

myopathie [mjɔpati] *nf* myopathy; *(aussi :* **myopathie primitive progressive***)* muscular dystrophy

myope [mjɔp] *adj* short-sighted

myopie [mjɔpi] *nf* short-sightedness, myopia

myosotis [mjɔzɔtis] *nm* forget-me-not

myriade [miʀjad] *nf* myriad

myrtille [miʀtij] *nf* blueberry, bilberry (*BRIT*)

mystère [mistɛʀ] *nm* mystery

mystérieusement [misteʀjøzmɑ̃] *adv* mysteriously

mystérieux, -euse [misteʀjø, -øz] *adj* mysterious

mysticisme [mistisism] *nm* mysticism

mystificateur, -trice [mistifikatœʀ, -tʀis] *nm/f* hoaxer, practical joker

mystification [mistifikasjɔ̃] *nf (tromperie, mensonge)* hoax; *(mythe)* mystification

mystifier [mistifje] /**7**/ *vt* to fool, take in; *(tromper)* to mystify

mystique [mistik] *adj* mystic, mystical ▸ *nmf* mystic

mythe [mit] *nm* myth

mythifier [mitifje] /**7**/ *vt* to turn into a myth, mythologize

mythique [mitik] *adj* mythical

mythologie [mitɔlɔʒi] *nf* mythology

mythologique [mitɔlɔʒik] *adj* mythological

mythomane [mitɔman] *adj, nmf* mythomaniac

mythomanie [mitɔmani] *nf* mythomania

mytiliculture [mitilikyltyʀ] *nf* mussel farming

Nn

N, n [ɛn] *nm inv* N, n ▸ *abr* (= *nord*) N; **N comme Nicolas** N for Nelly (BRIT) *ou* Nan (US)

n' [n] *adv voir* **ne**

nabot [nabo] *nm* dwarf

nacelle [nasɛl] *nf* (*de ballon*) basket

nacre [nakʀ] *nf* mother-of-pearl

nacré, e [nakʀe] *adj* pearly

nage [naʒ] *nf* swimming; (*manière*) style of swimming, stroke; **traverser/s'éloigner à la ~** to swim across/away; **en ~** bathed in sweat; **~ indienne** sidestroke; **~ libre** freestyle; **~ papillon** butterfly

nageoire [naʒwaʀ] *nf* fin

nager [naʒe] /3/ *vi* to swim; (*fig : ne rien comprendre*) to be all at sea; **~ dans** to be swimming in; (*vêtements*) to be lost in; **~ dans le bonheur** to be overjoyed

nageur, -euse [naʒœʀ, -øz] *nm/f* swimmer

naguère [nagɛʀ] *adv* (*il y a peu de temps*) not long ago; (*autrefois*) formerly

naïade [najad] *nf* naiad

naïf, -ïve [naif, naiv] *adj* naïve

nain, e [nɛ̃, nɛn] *adj, nm/f* dwarf

Nairobi [nɛʀɔbi] *n* Nairobi

nais [nɛ], **naissais** *etc* [nɛsɛ] *vb voir* **naître**

naissance [nɛsɑ̃s] *nf* birth; **donner ~ à** to give birth to; (*fig*) to give rise to; **prendre ~** to originate; **aveugle de ~** born blind; **Français de ~** French by birth; **à la ~ des cheveux** at the roots of the hair; **lieu de ~** place of birth

naissant, e [nɛsɑ̃, -ɑ̃t] *vb voir* **naître** ▸ *adj* budding, incipient; (*jour*) dawning

naît [nɛ] *vb voir* **naître**

naître [nɛtʀ] /59/ *vi* to be born; (*conflit, complications*) : **~ de** to arise from, be born out of; **~ à** (*amour, poésie*) to awaken to; **je suis né en 1960** I was born in 1960; **il naît plus de filles que de garçons** there are more girls born than boys; **faire ~** (*fig*) to give rise to, arouse

naïvement [naivmɑ̃] *adv* naïvely

naïveté [naivte] *nf* naivety

Namibie [namibi] *nf* : **la ~** Namibia

nana [nana] *nf* (*fam : fille*) bird (BRIT), chick

nancéien, ne [nɑ̃sejɛ̃, -jɛn] *adj* from Nancy

nanisme [nanism] *nm* dwarfism

nanosciences [nanosjɑ̃s] *nfpl* nanosciences

nanotechnologies [nanotɛknɔlɔʒi] *nfpl* nanotechnologies

nantais, e [nɑ̃tɛ, -ɛz] *adj* of *ou* from Nantes

nantir [nɑ̃tiʀ] /2/ *vt* : **~ qn de** to provide sb with; **les nantis** (*péj*) the well-to-do

napalm [napalm] *nm* napalm

naphtaline [naftalin] *nf* : **boules de ~** mothballs

Naples [napl] *n* Naples

napolitain, e [napɔlitɛ̃, -ɛn] *adj* Neapolitan; **tranche napolitaine** Neapolitan ice cream

nappage [napaʒ] *nm* (*couche*) coating

nappe [nap] *nf* tablecloth; (*fig*) sheet; (*de pétrole, gaz*) layer; **~ de mazout** oil slick; **~ (phréatique)** water table

napper [nape] /1/ *vt* : **~ qch de** to coat sth with

napperon [napʀɔ̃] *nm* table-mat; **~ individuel** place mat

naquit [naki] *vb voir* **naître**

narcisse [naʀsis] *nm* narcissus

narcissique [naʀsisik] *adj* narcissistic

narcissisme [naʀsisism] *nm* narcissism

narcodollars [naʀkodɔlaʀ] *nmpl* drug money *no pl*

narcolepsie [naʀkɔlɛpsi] *nf* narcolepsy

narcotique [naʀkɔtik] *adj, nm* narcotic

narcotrafic [naʀkotʀafik] *nm* narco-trafficking

narcotrafiquant [naʀkotʀafikɑ̃] *nm* narco-trafficker

narguer [naʀge] /1/ *vt* to taunt

narine [naʀin] *nf* nostril

narquois, e [naʀkwa, -waz] *adj* derisive, mocking

narrateur, -trice [naʀatœʀ, -tʀis] *nm/f* narrator

narratif, -ive [naʀatif, -iv] *adj* narrative

narration [naʀasjɔ̃] *nf* narration, narrative; (*Scol*) essay

narrer [naʀe] /1/ *vt* to tell the story of, recount

narval [naʀval] *nm* narwhal

NASA [nasa] *sigle f* (= *National Aeronautics and Space Administration*) NASA

nasal, e, -aux [nazal, -o] *adj* nasal

nase, naze [nɑz] *adj* (*fam*) knackered (*fam*)

naseau, x [nazo] *nm* nostril

nasillard, e [nazijaʀ, -aʀd] *adj* nasal

nasiller [nazije] /1/ *vi* to speak with a (nasal) twang

nasse [nas] *nf* fish-trap

natal, e [natal] *adj* native

nataliste [natalist] *adj* supporting a rising birth rate

natalité [natalite] *nf* birth rate

natation [natasjɔ̃] *nf* swimming; **faire de la ~** to go swimming (*regularly*)

natif, -ive [natif, -iv] *adj* native

nation [nasjɔ̃] *nf* nation; **les Nations unies (NU)** the United Nations (UN)

national, e, -aux [nasjɔnal, -o] *adj* national;
obsèques nationales state funeral ▶ *nf* :
(route) nationale ≈ A road (BRIT), ≈ state
highway (US)
nationalisation [nasjɔnalizasjɔ̃] *nf*
nationalization
nationaliser [nasjɔnalize] /1/ *vt* to nationalize
nationalisme [nasjɔnalism] *nm* nationalism
nationaliste [nasjɔnalist] *adj, nmf*
nationalist
nationalité [nasjɔnalite] *nf* nationality; **de ~
française** of French nationality
nativité [nativite] *nf* (*tableau, sculpture*) nativity
scene
natte [nat] *nf* (*tapis*) mat; (*cheveux*) plait
natter [nate] /1/ *vt* (*cheveux*) to plait
naturalisation [natyralizasjɔ̃] *nf*
naturalization
naturaliser [natyralize] /1/ *vt* to naturalize;
(*empailler*) to stuff
naturalisme [natyralism] *nm* naturalism
naturaliste [natyralist] *nmf* naturalist;
(*empailleur*) taxidermist
nature [natyr] *nf* nature; **payer en ~** to pay in
kind; **peint d'après ~** painted from life; **être
de ~ à faire qch** (*propre à*) to be the sort of thing
(*ou* person) to do sth; **~ morte** still-life ▶ *adj*
(*Culin*) plain, without seasoning or sweetening;
(*café, thé : sans lait*) black; (: *sans sucre*) without
sugar; (*yaourt*) natural
naturel, le [natyrɛl] *adj* natural ▶ *nm*
naturalness; (*caractère*) disposition, nature;
(*autochtone*) native; **au ~** (*Culin*) in water; in its
own juices
naturellement [natyrɛlmɑ̃] *adv* naturally; (*bien
sûr*) of course
naturisme [natyrism] *nm* naturism
naturiste [natyrist] *nmf* naturist
naufrage [nofraʒ] *nm* (ship)wreck; (*fig*) wreck;
faire ~ to be shipwrecked
naufragé, e [nofraʒe] *nm/f* shipwreck victim,
castaway
nauséabond, e [nozeabɔ̃, -ɔ̃d] *adj* foul,
nauseous
nausée [noze] *nf* nausea; **avoir la ~** to feel sick;
avoir des nausées to have waves of nausea,
feel nauseous *ou* sick
nauséeux, -euse [noseø, øz] *adj* nauseous;
état ~ nausea
nautique [notik] *adj* nautical, water *cpd*; **sports
nautiques** water sports
nautisme [notism] *nm* water sports *pl*
naval, e [naval] *adj* naval; (*industrie*)
shipbuilding
navarin [navarɛ̃] *nm* navarin, mutton stew
navarrais, e [navarɛ, -ɛz] *adj* Navarrese
navet [navɛ] *nm* turnip; (*péj : film*) third-rate
film
navette [navɛt] *nf* shuttle; (*en car etc*) shuttle
(service); **faire la ~ (entre)** to go to and fro
(between), shuttle (between); **~ spatiale** space
shuttle
navigabilité [navigabilite] *nf* (*d'un navire*)
seaworthiness; (*d'un avion*) airworthiness
navigable [navigabl] *adj* navigable

navigant, e [navigɑ̃, -ɑ̃t] *adj* (*Aviat : personnel*)
flying ▶ *nm/f* : **les navigants** the flying staff *ou*
personnel
navigateur [navigatœr] *nm* (*Navig*) seafarer,
sailor; (*Aviat*) navigator; (*Inform*) browser
navigation [navigasjɔ̃] *nf* navigation, sailing;
(*Comm*) shipping; **compagnie de ~** shipping
company; **~ spatiale** space navigation
naviguer [navige] /1/ *vi* to navigate, sail; **~ sur
Internet** to browse the Internet
navire [navir] *nm* ship; **~ de guerre** warship;
~ marchand merchantman
navire-citerne [navirsitɛrn] (*pl* **navires-
citernes**) *nm* tanker
navire-hôpital [navirɔpital] (*pl* **navires-
hôpitaux** [-to]) *nm* hospital ship
navrant, e [navrɑ̃, -ɑ̃t] *adj* (*affligeant*) upsetting;
(*consternant*) annoying
navré, e [navre] *adj* (*désolé : personne*) sorry; **l'air ~**
(*annoncer, regarder*) unhappily; **je suis ~ de faire**
I'm so sorry for doing; **je suis ~ que** (+ *subjonctif*)
I'm so sorry that; **il était ~ de ce qu'il voyait**
he was saddened by what he saw
navrer [navre] /1/ *vt* to upset, distress
nazaréen, ne [nazareɛ̃, -ɛn] *adj* Nazarene
Nazareth [nazarɛt] *n* Nazareth
nazi, e [nazi] *adj* Nazi ▶ *nm/f* Nazi
nazisme [nazism] *nm* Nazism
NB *abr* (= *nota bene*) NB
nbr. *abr* = **nombreux**
nbses *abr* = **nombreuses**
ND *sigle f* = **Notre Dame**
NDA *sigle f* = **note de l'auteur**
NDE *sigle f* = **note de l'éditeur**
NDLR *sigle f* = **note de la rédaction**
NDT *sigle f* = **note du traducteur**
ne, n' [nə, n] *adv voir* **pas¹** ; **plus²** ; **jamais** *etc*;
(*sans valeur négative : non traduit*) : **c'est plus
loin que je ne le croyais** it's further than
I thought
né, e [ne] *pp de* **naître** ▶ *adj* : **un comédien né**
a born comedian; **né en 1960** born in 1960;
née Scott née Scott; **né(e) de ... et de ...** son/
daughter of ... and of ...; **né d'une mère
française** having a French mother; **né pour
commander** born to lead
néanmoins [neɑ̃mwɛ̃] *adv* nevertheless, yet
néant [neɑ̃] *nm* nothingness; **réduire à ~** to
bring to nought; (*espoir*) to dash
nébuleux, -euse [nebylø, -øz] *adj* (*ciel*) cloudy;
(*fig*) nebulous ▶ *nf* (*Astronomie*) nebula; (*fig*)
complex web
nébuliser [nebylize] /1/ *vt* (*liquide*) to spray
nébulosité [nebylozite] *nf* cloud cover;
~ variable cloudy in places
nécessaire [nesesɛr] *adj* necessary ▶ *nm*
necessary; (*sac*) kit; **faire le ~** to do the
necessary; **n'emporter que le strict ~** to take
only what is strictly necessary; **~ de couture**
sewing kit; **~ de toilette** toilet bag; **~ de
voyage** overnight bag
nécessairement [nesesɛrmɑ̃] *adv* necessarily
nécessité [nesesite] *nf* necessity; **se trouver
dans la ~ de faire qch** to find it necessary to do
sth; **par ~** out of necessity

n

nécessiter [nesesite] /**1**/ vt to require
nécessiteux, -euse [nesesitø, -øz] adj needy
nec plus ultra [nɛkplysyltʀa] nm : **le ~ de** the last word in
nécrologie [nekʀɔlɔʒi] nf obituary
nécrologique [nekʀɔlɔʒik] adj : **article ~** obituary; **rubrique ~** obituary column
nécromancie [nekʀɔmɑ̃si] nf necromancy
nécromancien, ne [nekʀɔmɑ̃sjɛ̃, -jɛn] nm/f necromancer
nécropole [nekʀɔpɔl] nf necropolis
nécrose [nekʀoz] nf necrosis
nécrosé, e [nekʀoze] adj necrosed
nectar [nɛktaʀ] nm nectar
nectarine [nɛktaʀin] nf nectarine
néerlandais, e [neɛʀlɑ̃dɛ, -ɛz] adj Dutch, of the Netherlands ▶ nm (Ling) Dutch ▶ nm/f : **Néerlandais, e** Dutchman/woman; **les N~** the Dutch
nef [nɛf] nf (d'église) nave
néfaste [nefast] adj (nuisible) harmful; (funeste) ill-fated
négatif, -ive [negatif, -iv] adj negative ▶ nm (Photo) negative
négation [negasjɔ̃] nf denial; (Ling) negation
négationnisme [negasjɔnism] nm Holocaust denial
négationniste [negasjɔnist] adj (auteur, ouvrage) denying the Holocaust ▶ nmf negationist
négativement [negativmɑ̃] adv : **répondre ~** to give a negative response
négligé, e [neɡliʒe] adj (en désordre) slovenly ▶ nm (tenue) negligee
négligeable [neɡliʒabl] adj insignificant, negligible
négligemment [neɡliʒamɑ̃] adv carelessly
négligence [neɡliʒɑ̃s] nf carelessness no pl; (faute) careless omission
négligent, e [neɡliʒɑ̃, -ɑ̃t] adj careless; (Jur etc) negligent
négliger [neɡliʒe] /**3**/ vt (épouse, jardin) to neglect; (tenue) to be careless about; (avis, précautions) to disregard, overlook; **~ de faire** to fail to do, not bother to do; **se négliger** vpr to neglect o.s.
négoce [neɡɔs] nm trade
négociable [neɡɔsjabl] adj negotiable
négociant, e [neɡɔsjɑ̃, -jɑ̃t] nm/f merchant
négociateur [neɡɔsjatœʀ] nm negotiator
négociation [neɡɔsjasjɔ̃] nf negotiation; **négociations collectives** collective bargaining sg
négocier [neɡɔsje] /**7**/ vi, vt to negotiate
nègre [nɛɡʀ] nm (péj) Negro; (péj : écrivain) ghost writer ▶ adj (péj) Negro
négresse [neɡʀɛs] nf (péj) Negress
négrier [neɡʀije] nm (fig) slave driver
négroïde [neɡʀɔid] adj negroid
neige [nɛʒ] nf snow; **battre les œufs en ~** (Culin) to whip ou beat the egg whites until stiff; **~ carbonique** dry ice; **~ fondue** (par terre) slush; (qui tombe) sleet; **~ poudreuse** powdery snow
neiger [neʒe] /**3**/ vi to snow
neigeux, -euse [nɛʒø, -øz] adj snowy, snow-covered

nématode [nematɔd] nm nematode
nénuphar [nenyfaʀ] nm water-lily
néo-calédonien, ne [neɔkaledɔnjɛ̃, -ɛn] adj New Caledonian ▶ nm/f : **Néo-calédonien, ne** New Caledonian
néocapitalisme [neokapitalism] nm neocapitalism
néoclassique [neoklasik] adj neoclassical, neo-classical
néocolonialisme [neokɔlɔnjalism] nm neo-colonialism
néocolonialiste [neokɔlɔnjalist] adj neo-colonial
néolithique [neɔlitik] adj, nm Neolithic
néologisme [neɔlɔʒism] nm neologism
néon [neɔ̃] nm neon
néonatal, e, néo-natal, e [neonatal] adj neonatal, neo-natal
néonazi, e [neonazi] adj, nm/f neo-Nazi
néophyte [neɔfit] nmf novice
néo-zélandais, e [neozelɑ̃dɛ, -ɛz] adj New Zealand cpd ▶ nm/f : **Néo-zélandais, e** New Zealander
Népal [nepal] nm : **le ~** Nepal
népalais, e [nepalɛ, -ɛz] adj Nepalese, Nepali ▶ nm (Ling) Nepalese, Nepali ▶ nm/f : **Népalais, e** Nepalese, Nepali
néphrétique [nefʀetik] adj (Méd : colique) nephritic
néphrite [nefʀit] nf (Méd) nephritis
népotisme [nepɔtism] nm nepotism
nerf [nɛʀ] nm nerve; (fig) spirit; (: forces) stamina; **nerfs** nmpl nerves; **être** ou **vivre sur les nerfs** to live on one's nerves; **être à bout de nerfs** to be at the end of one's tether; **passer ses nerfs sur qn** to take it out on sb
nerveusement [nɛʀvøzmɑ̃] adv nervously
nerveux, -euse [nɛʀvø, -øz] adj nervous; (cheval) highly-strung; (irritable) touchy, nervy; (voiture) nippy, responsive; (tendineux) sinewy
nervosité [nɛʀvozite] nf nervousness; (émotivité) excitability, tenseness
nervure [nɛʀvyʀ] nf (de feuille) vein; (Archit, Tech) rib
n'est-ce pas [nɛspɑ] adv isn't it?, won't you? etc (selon le verbe qui précède); **c'est bon, ~ ?** it's good, isn't it?; **il a peur, ~ ?** he's afraid, isn't he?; **~ que c'est bon ?** don't you think it's good?; **lui, ~, il peut se le permettre** he, of course, can afford to do that, can't he?
Net [nɛt] nm (Internet) : **le ~** the Net
net, nette [nɛt] adj (sans équivoque, distinct) clear; (photo) sharp; (évident) definite; (amélioration, différence) marked, distinct; (propre) neat, clean; (Comm : prix, salaire, poids) net; **faire place nette** to make a clean sweep; **~ d'impôt** tax free ▶ adv (refuser) flatly; **s'arrêter ~** to stop dead; **la lame a cassé ~** the blade snapped clean through ▶ nm : **mettre au ~** to copy out
netiquette [netiket] nf netiquette
nettement [nɛtmɑ̃] adv (distinctement) clearly; (évidemment) definitely; (incontestablement) decidedly; (avec comparatif : superlatif) : **~ mieux** definitely ou clearly better
netteté [nɛtte] nf clearness
nettoie etc [netwa] vb voir **nettoyer**

nettoiement [netwamɑ̃] *nm* (*Admin*) cleaning; **service du ~** refuse collection

nettoierai *etc* [netwaʀe] *vb voir* **nettoyer**

nettoyage [netwajaʒ] *nm* cleaning; **~ à sec** dry cleaning

nettoyant [netwajɑ̃] *nm* (*produit*) cleaning agent

nettoyer [netwaje] **/8/** *vt* to clean; (*fig*) to clean out

neuf¹ [nœf] *num* nine

neuf², **neuve** [nœf, nœv] *adj* new ▸ *nm* : **repeindre à ~** to redecorate; **remettre à ~** to do up (as good as new), refurbish; **n'acheter que du ~** to buy everything new; **quoi de ~ ?** what's new?

neurasthénie [nøʀasteni] *nf* neurasthenia

neurasthénique [nøʀastenik] *adj* neurasthenic

neurobiologie [nøʀobjɔlɔʒi] *nf* neurobiology

neurochirurgie [nøʀoʃiʀyʀʒi] *nf* neurosurgery

neurochirurgien [nøʀoʃiʀyʀʒjɛ̃] *nm* neurosurgeon

neuroleptique [nøʀɔlɛptik] *adj* neuroleptic

neurologie [nøʀɔlɔʒi] *nf* neurology

neurologique [nøʀɔlɔʒik] *adj* neurological

neurologue [nøʀɔlɔɡ] *nmf* neurologist

neurone [nøʀɔn] *nm* neuron(e)

neuropsychiatre [nøʀopsikjatʀ] *nmf* neuropsychiatrist

neuropsychiatrie [nøʀopsikjatʀi] *nf* neuropsychiatry

neurosciences [nøʀosjɑ̃s] *nfpl* neuroscience *sg*

neutralisation [nøtʀalizasjɔ̃] *nf* neutralization

neutraliser [nøtʀalize] **/1/** *vt* to neutralize

neutralisme [nøtʀalism] *nm* neutralism

neutraliste [nøtʀalist] *adj* neutralist

neutralité [nøtʀalite] *nf* neutrality

neutre [nøtʀ] *adj*, *nm* (*Ling*) neuter; **~ en carbone** carbon neutral

neutrino [nøtʀino] *nm* neutrino

neutron [nøtʀɔ̃] *nm* neutron

neuve [nœv] *adj f voir* **neuf²**

neuvième [nœvjɛm] *num* ninth

névé [neve] *nm* névé

neveu, x [n(ə)vø] *nm* nephew

névralgie [nevʀalʒi] *nf* neuralgia

névralgique [nevʀalʒik] *adj* (*fig : sensible*) sensitive; **centre ~** nerve centre

névrite [nevʀit] *nf* neuritis

névrose [nevʀoz] *nf* neurosis

névrosé, e [nevʀoze] *adj*, *nm/f* neurotic

névrotique [nevʀotik] *adj* neurotic

New York [njujɔʀk] *n* New York

new-yorkais, e [njujɔʀkɛ, -ɛz] *adj* of *ou* from New York, New York *cpd* ▸ *nm/f* : **New-Yorkais, e** New Yorker

nez [ne] *nm* nose; **rire au ~ de qn** to laugh in sb's face; **avoir du ~** to have flair; **avoir le ~ fin** to have foresight; **~ à ~ avec** face to face with; **à vue de ~** roughly

NF *sigle mpl* = **nouveaux francs** ▸ *sigle f* (*Industrie* : = *norme française*) industrial standard

ni [ni] *conj* : **ni ... ni** neither ... nor; **je n'aime ni les lentilles ni les épinards** I like neither lentils nor spinach; **il n'a dit ni oui ni non** he didn't say either yes or no; **elles ne sont venues ni l'une ni l'autre** neither of them

came; **il n'a rien vu ni entendu** he didn't see or hear anything

Niagara [njagaʀa] *nm* : **les chutes du ~** the Niagara Falls

niais, e [njɛ, njɛz] *adj* silly, thick

niaiserie [njɛzʀi] *nf* gullibility; (*action, propos, futilité*) silliness

Nicaragua [nikaʀagwa] *nm* : **le ~** Nicaragua

nicaraguayen, ne [nikaʀagwajɛ̃, -ɛn] *adj* Nicaraguan ▸ *nm/f* : **Nicaraguayen, ne** Nicaraguan

Nice [nis] *n* Nice

niche [niʃ] *nf* (*du chien*) kennel; (*de mur*) recess, niche; (*farce*) trick

nichée [niʃe] *nf* brood, nest

nicher [niʃe] **/1/** *vi* to nest; **se nicher** *vpr* : **se ~ dans** (*personne : se blottir*) to snuggle into; (: *se cacher*) to hide in; (*objet*) to lodge itself in

nichon [niʃɔ̃] *nm* (*fam*) boob, tit

nickel [nikɛl] *nm* nickel

niçois, e [niswa, -waz] *adj* of *ou* from Nice; (*Culin*) Niçoise

nicotine [nikɔtin] *nf* nicotine

nid [ni] *nm* nest; (*fig : repaire etc*) den, lair; **~ d'abeilles** (*Couture, Textiles*) honeycomb stitch; **~ de poule** pothole

nièce [njɛs] *nf* niece

nième [ɛnjɛm] *adj* : **la ~ fois** the nth *ou* umpteenth time

nier [nje] **/7/** *vt* to deny

nigaud, e [nigo, -od] *nm/f* booby, fool

Niger [niʒɛʀ] *nm* : **le ~** Niger; (*fleuve*) the Niger

Nigéria [niʒeʀja] *nm* Nigeria

nigérian, e [niʒeʀjɑ̃, -an] *adj* Nigerian ▸ *nm/f* : **Nigérian, e** Nigerian

nigérien, ne [niʒeʀjɛ̃, -ɛn] *adj* of *ou* from Niger

night-club [najtklœb] *nm* nightclub

nihilisme [niilism] *nm* nihilism

nihiliste [niilist] *adj* nihilist, nihilistic

Nil [nil] *nm* : **le ~** the Nile

n'importe [nɛ̃pɔʀt] *adv* : **~ !** no matter!; **~ qui/ quoi/où** anybody/anything/anywhere; **~ quoi !** (*fam : désapprobation*) what rubbish!; **~ quand** any time; **~ quel/quelle** any; **~ lequel/laquelle** any (one); **~ comment** (*sans soin*) carelessly; **~ comment, il part ce soir** he's leaving tonight in any case

nippes [nip] *nfpl* togs

nippon, e *ou* **ne** [nipɔ̃, -ɔn] *adj* Japanese

nique [nik] *nf* : **faire la ~ à** to thumb one's nose at (*fig*)

niquer [nike] *vt* (! : *arnaquer*) to shaft (!), to screw (!); (*baiser*) to screw (!), to shag (*Brit* !)

nitouche [nituʃ] *nf* (*péj*) : **c'est une sainte ~** she looks as if butter wouldn't melt in her mouth

nitrate [nitʀat] *nm* nitrate

nitrique [nitʀik] *adj* : **acide ~** nitric acid

nitroglycérine [nitʀɔgliseʀin] *nf* nitroglycerin(e)

niveau, x [nivo] *nm* level; (*des élèves, études*) standard; **au ~ de** at the level of; (*personne*) on a level with; **de ~ (avec)** level (with); **le ~ de la mer** sea level; **~ (à bulle)** spirit level; **~ (d'eau)** water level; **~ de vie** standard of living

niveler [niv(ə)le] **/4/** *vt* to level

n

niveleuse – non-conformité

niveleuse [niv(ə)løz] *nf* (*Tech*) grader
nivellement [nivɛlmɑ̃] *nm* levelling
nivernais, e [nivɛRnɛ, -ɛz] *adj* of *ou* from Nevers (and region) ▶ *nm/f* : **Nivernais, e** inhabitant *ou* native of Nevers (and region)
NL *sigle f* = **nouvelle lune**
NN *abr* (= *nouvelle norme*) *revised standard of hotel classification*
n° *abr* (*numéro*) no
nobiliaire [nɔbiljɛR] *adj f voir* **particule**
noble [nɔbl] *adj* noble; (*de qualité* : *métal etc*) precious ▶ *nmf* noble(man/-woman)
noblement [nɔbləmɑ̃] *adv* (*agir*) nobly
noblesse [nɔblɛs] *nf* (*classe sociale*) nobility; (*d'une action etc*) nobleness
noce [nɔs] *nf* wedding; (*gens*) wedding party (*ou* guests *pl*); **il l'a épousée en secondes noces** she was his second wife; **faire la ~** (*fam*) to go on a binge; **noces d'or/d'argent/de diamant** golden/silver/diamond wedding
noceur [nɔsœR] *nm* (*fam*) : **c'est un sacré ~** he's a real party animal
nocif, -ive [nɔsif, -iv] *adj* harmful, noxious
nocivité [nɔsivite] *nf* (*de substance*) toxicity; (*fig*) harmfulness
noctambule [nɔktɑ̃byl] *nmf* night-bird
nocturne [nɔktyRn] *adj* nocturnal ▶ *nf* (*Sport*) floodlit fixture; (*d'un magasin*) late opening
nodule [nɔdyl] *nm* (*Méd*) nodule
Noël [nɔɛl] *nm* Christmas; **la (fête de) ~** Christmas time
nœud [nø] *nm* (*de corde, du bois, Navig*) knot; (*ruban*) bow; (*fig* : *liens*) bond, tie; (: *d'une question*) crux; (: *Théât etc*) : **le ~ de l'action** the web of events; **~ coulant** noose; **~ gordien** Gordian knot; **~ papillon** bow tie
noie *etc* [nwa] *vb voir* **noyer**
noir, e [nwaR] *adj* black; (*obscur, sombre*) dark ▶ *nm/f* : **un N~/une Noire** a black man/woman ▶ *nm* : **dans le ~** in the dark; **il fait ~** it is dark; **au ~** *adv* (*acheter, vendre*) on the black market; **travail au ~** moonlighting; **travailler au ~** to work on the side ▶ *nf* (*Mus*) crotchet (*BRIT*), quarter note (*US*)
noirâtre [nwaRɑtR] *adj* (*teinte*) blackish
noirceur [nwaRsœR] *nf* blackness; darkness
noircir [nwaRsiR] /2/ *vt, vi* to blacken
noise [nwaz] *nf* : **chercher ~ à** to try and pick a quarrel with
noisetier [nwaz(ə)tje] *nm* hazel (tree)
noisette [nwazɛt] *nf* hazelnut; (*morceau* : *de beurre etc*) small knob ▶ *adj inv* (*yeux*) hazel
noix [nwa] *nf* walnut; (*fam*) twit; (*Culin*) : **une ~ de beurre** a knob of butter; **à la ~** (*fam*) worthless; **~ de cajou** cashew nut; **~ de coco** coconut; **~ (de) muscade** nutmeg; **~ de veau** (*Culin*) round fillet of veal
nom [nɔ̃] *nm* name; (*Ling*) noun; **connaître qn de ~** to know sb by name; **au ~ de** in the name of; **~ d'une pipe** *ou* **d'un chien !** (*fam*) for goodness' sake!; **~ de Dieu !** (*!*) bloody hell! (*BRIT*), my God!; **~ commun/propre** common/ proper noun; **~ composé** (*Ling*) compound noun; **~ déposé** trade name; **~ d'emprunt** assumed name; **~ de famille** surname; **~ de**

fichier file name; **~ de jeune fille** maiden name; **~ d'utilisateur** username
nomade [nɔmad] *adj* nomadic ▶ *nmf* nomad
nomadisme [nɔmadism] *nm* (*mode de vie*) nomadism; (*mode de travail*) mobile working
nombre [nɔ̃bR] *nm* number; **venir en ~** to come in large numbers; **ils sont au ~ de trois** there are three of them; **au ~ de mes amis** among my friends; **sans ~** countless; **(bon) ~ de** (*beaucoup, plusieurs*) a (large) number of; **depuis ~ d'années** for many years; **~ premier/entier** prime/whole number
nombreux, -euse [nɔ̃bRø, -øz] *adj* many, numerous; (*avec nom sg* : *foule etc*) large; **peu ~** few; small; **de ~ cas** many cases
nombril [nɔ̃bRi(l)] *nm* navel
nombrilisme [nɔ̃bRilism] *nm* navel-gazing, self-absorption
nombriliste [nɔ̃bRilist] *adj* self-absorbed
nomenclature [nɔmɑ̃klatyR] *nf* wordlist; list of items
nominal, e, -aux [nɔminal, -o] *adj* nominal; (*appel, liste*) of names
nominatif, -ive [nɔminatif, -iv] *nm* (*Ling*) nominative ▶ *adj* : **liste nominative** list of names; **carte nominative** calling card; **titre ~** registered name
nomination [nɔminasjɔ̃] *nf* nomination
nommément [nɔmemɑ̃] *adv* (*désigner*) by name
nommer [nɔme] /1/ *vt* (*baptiser*) to name, give a name to; (*qualifier*) to call; (*mentionner*) to name, give the name of; (*élire*) to appoint, nominate; **se nommer** *vpr* : **il se nomme Pascal** his name's Pascal, he's called Pascal
non [nɔ̃] *adv* (*réponse*) no; (*suivi d'un adjectif, adverbe*) not; **Paul est venu, ~ ?** Paul came, didn't he?; **répondre** *ou* **dire que ~** to say no; **~ pas que** not that; **~ plus** : **moi ~ plus** neither do I, I don't either; **je préférerais que ~** I would prefer not; **il se trouve que ~** perhaps not; **je pense que ~** I don't think so; **~ mais !** well really!; **~ mais des fois !** you must be joking!; **~ alcoolisé** non-alcoholic; **~ loin/seulement** not far/only
nonagénaire [nɔnaʒenɛR] *nmf* nonagenarian
non-agression [nɔnagRɛsjɔ̃] *nf* : **pacte de ~** non-aggression pact
non alcoolisé, e [nɔnalkɔlize] *adj* non-alcoholic
nonante [nɔnɑ̃t] *num* (*BELGIQUE, SUISSE*) ninety
non-assistance [nɔnasistɑ̃s] *nf* (*Jur*) : **~ à personne en danger** *failure to render assistance to a person in danger*
nonce [nɔ̃s] *nm* (*Rel*) nuncio
nonchalamment [nɔ̃ʃalamɑ̃] *adv* nonchalantly
nonchalance [nɔ̃ʃalɑ̃s] *nf* nonchalance, casualness
nonchalant, e [nɔ̃ʃalɑ̃, -ɑ̃t] *adj* nonchalant, casual
non-conformisme [nɔ̃kɔ̃fɔRmism(ə)] *nm* nonconformism
non-conformiste [nɔ̃kɔ̃fɔRmist] *adj, nmf* non-conformist
non-conformité [nɔ̃kɔ̃fɔRmite] *nf* nonconformity

non-croyant, e [nɔ̃kʀwajɑ̃, -ɑ̃t] *nm/f* (*Rel*) non-believer

non-engagé, e [nɔ̃ɑ̃gaʒe] *adj* non-aligned

non-fumeur, -euse [nɔ̃fymœʀ, -øz] *nm/f* non-smoker

non-ingérence [nɔ̃nɛ̃ʒeʀɑ̃s] *nf* non-interference

non-initié, e [nɔ̃ninisje] *nm/f* lay person; **les non-initiés** the uninitiated

non-inscrit, e [nɔ̃nɛ̃skʀi, -it] *nm/f* (*Pol* : *député*) independent

non-intervention [nɔ̃nɛ̃tɛʀvɑ̃sjɔ̃] *nf* non-intervention

non-lieu [nɔ̃ljø] *nm* : **il y a eu ~** the case was dismissed

nonne [nɔn] *nf* nun

nonobstant [nɔnɔpstɑ̃] *prép* notwithstanding

non-paiement [nɔ̃pemɑ̃] *nm* non-payment

non-prolifération [nɔ̃pʀɔlifeʀasjɔ̃] *nf* non-proliferation

non-résident [nɔ̃ʀesidɑ̃] *nm* (*Écon*) non-resident

non-retour [nɔ̃ʀətuʀ] *nm* : **point de ~** point of no return

non-sens [nɔ̃sɑ̃s] *nm* absurdity

non-spécialiste [nɔ̃spesjalist] *nmf* non-specialist

non-stop [nɔnstɔp] *adj inv* nonstop

non-syndiqué, e [nɔ̃sɛ̃dike] *nm/f* non-union member

non-violence [nɔ̃vjɔlɑ̃s] *nf* nonviolence

non-violent, e [nɔ̃vjɔlɑ̃, -ɑ̃t] *adj* non-violent

non-voyant, e [nɔ̃vwajɑ̃, ɑ̃t] *nm/f* blind person

nord [nɔʀ] *nm* North; **au ~** (*situation*) in the north; (*direction*) to the north; **au ~ de** north of, to the north of; **perdre le ~** to lose one's way (*fig*) ▶ *adj inv* northern; north

nord-africain, e [nɔʀafʀikɛ̃, -ɛn] *adj* North-African ▶ *nm/f* : **Nord-Africain, e** North African

nord-américain, e [nɔʀameʀikɛ̃, -ɛn] *adj* North American ▶ *nm/f* : **Nord-Américain, e** North American

nord-coréen, ne [nɔʀkɔʀeɛ̃, -ɛn] *adj* North Korean ▶ *nm/f* : **Nord-Coréen, ne** North Korean

nord-est [nɔʀɛst] *nm* North-East

nordique [nɔʀdik] *adj* (*pays*) Nordic; (*langues*) Scandinavian, Nordic ▶ *nmf* : **Nordique** Scandinavian

nord-ouest [nɔʀwɛst] *nm* North-West

nord-vietnamien, ne [nɔʀvjetnamjɛ̃, -ɛn] *adj* North Vietnamese ▶ *nm/f* : **Nord-Vietnamien, ne** North Vietnamese

noria [nɔʀja] *nf* (*machine*) noria

normal, e, -aux [nɔʀmal, -o] *adj* normal; **c'est tout à fait ~** it's perfectly natural; **vous trouvez ça ~ ?** does it seem right to you? ▶ *nf* : **la normale** the norm, the average

normalement [nɔʀmalmɑ̃] *adv* (*en général*) normally; (*comme prévu*) : **~, il le fera demain** he should be doing it tomorrow, he's supposed to do it tomorrow

normalien, ne [nɔʀmaljɛ̃, -ɛn] *nm/f* student of *École normale supérieure*

normalisation [nɔʀmalizasjɔ̃] *nf* standardization; normalization

normaliser [nɔʀmalize] /**1**/ *vt* (*Comm, Tech*) to standardize; (*Pol*) to normalize

normalité [nɔʀmalite] *nf* normality

normand, e [nɔʀmɑ̃, -ɑ̃d] *adj* (*de Normandie*) Norman ▶ *nm/f* : **Normand, e** (*de Normandie*) Norman

Normandie [nɔʀmɑ̃di] *nf* : **la ~** Normandy

norme [nɔʀm] *nf* norm; (*Tech*) standard

Norvège [nɔʀvɛʒ] *nf* : **la ~** Norway

norvégien, ne [nɔʀveʒjɛ̃, -ɛn] *adj* Norwegian ▶ *nm* (*Ling*) Norwegian ▶ *nm/f* : **Norvégien, ne** Norwegian

nos [no] *adj poss voir* **notre**

nosocomial, e, -aux [nozɔkɔmjal, -o] *adj* (*infection*) iatrogenic

nostalgie [nɔstalʒi] *nf* nostalgia

nostalgique [nɔstalʒik] *adj* nostalgic

notable [nɔtabl] *adj* notable, noteworthy; (*marqué*) noticeable, marked ▶ *nm* prominent citizen

notablement [nɔtabləmɑ̃] *adv* notably; (*sensiblement*) noticeably

notaire [nɔtɛʀ] *nm* notary; solicitor

notamment [nɔtamɑ̃] *adv* in particular, among others

notariat [nɔtaʀja] *nm* profession of notary (*ou* solicitor)

notarié, e [nɔtaʀje] *adj* : **acte ~** deed drawn up by a notary (*ou* solicitor)

notation [nɔtasjɔ̃] *nf* notation

note [nɔt] *nf* (*écrite, Mus*) note; (*Scol*) mark (*Brit*), grade; (*facture*) bill; **prendre des notes** to take notes; **prendre ~ de** to note; (*par écrit*) to note, write down; **dans la ~** exactly right; **forcer la ~** to exaggerate; **une ~ de tristesse/de gaieté** a sad/happy note; **~ de service** memorandum

noté, e [nɔte] *adj* : **être bien/mal ~** (*employé etc*) to have a good/bad record

noter [nɔte] /**1**/ *vt* (*écrire*) to write down, note; (*remarquer*) to note, notice; (*Scol, Admin* : *donner une appréciation* : *devoir*) to mark, give a grade to; **notez bien que ...** (please) note that ...

notice [nɔtis] *nf* summary, short article; (*brochure*) : **~ explicative** explanatory leaflet, instruction booklet

notification [nɔtifikasjɔ̃] *nf* notification

notifier [nɔtifje] /**7**/ *vt* : **~ qch à qn** to notify sb of sth, notify sth to sb

notion [nɔsjɔ̃] *nf* notion, idea; **notions** *nfpl* (*rudiments*) rudiments

notoire [nɔtwaʀ] *adj* widely known; (*en mal*) notorious; **le fait est ~** the fact is common knowledge

notoirement [nɔtwaʀmɑ̃] *adv* (*insuffisant*) notoriously

notoriété [nɔtɔʀjete] *nf* : **c'est de ~ publique** it's common knowledge

notre (*pl* **nos**) [nɔtʀ, no] *adj poss* our

nôtre [notʀ] *pron* : **le/la ~** ours; **les nôtres** ours; (*alliés etc*) our own people; **soyez des nôtres** join us ▶ *adj* ours

nouba [nuba] *nf* (*fam*) : **faire la ~** to live it up

noué, e [nwe] *adj* : **avoir la gorge nouée** to have a lump in one's throat; **avoir l'estomac ~** to have a knot in one's stomach

nouer [nwe] /**1**/ *vt* to tie, knot; (*fig* : *alliance etc*) to strike up; **~ la conversation** to start a conversation; **se nouer** *vpr* : **c'est là où l'intrigue se noue** it's at that point that the strands of the plot come together; **ma gorge se noua** a lump came to my throat

noueux, -euse [nwø, -øz] *adj* gnarled

nougat [nuga] *nm* nougat

nougatine [nugatin] *nf* kind of nougat

nouille [nuj] *nf* (fam) noodle (BRIT), fathead; **nouilles** *nfpl* (pâtes) noodles; pasta *sg*

nounou [nunu] *nf* nanny

nounours [nunuRS] *nm* teddy (bear)

nourri, e [nuRi] *adj* (feu etc) sustained

nourrice [nuRis] *nf* ≈ child-minder; (autrefois) wet-nurse

nourricier, -ère [nuRisje, -jER] *adj* sustaining

nourrir [nuRiR] /2/ *vt* to feed; (fig : espoir) to harbour, nurse; **logé nourri** with board and lodging; ~ **au sein** to breast-feed; **se nourrir** *vpr* : **se ~ de légumes** to live on vegetables

nourrissant, e [nuRisɑ̃, -ɑ̃t] *adj* nourishing, nutritious

nourrisson [nuRisɔ̃] *nm* (unweaned) infant

nourriture [nuRityR] *nf* food

nous [nu] *pron* (sujet) we; (objet) us

nous-mêmes [numɛm] *pron* ourselves

nouveau, nouvel, -elle, x [nuvo, -ɛl] *adj* new; (original) novel; **de ~, à ~** again; **Nouvel An** New Year; ~ **venu, nouvelle venue** newcomer; **nouveaux mariés** newly-weds; **nouvelle vague** new wave ▶ *nm/f* new pupil (ou employee) ▶ *nm* : **il y a du** ~ there's something new ▶ *nf* (piece of) news *sg*; (Littérature) short story; **nouvelles** *nfpl* (Presse, TV) news; **je suis sans nouvelles de lui** I haven't heard from him

> **News** s'emploie avec un verbe au singulier, même lorsqu'il traduit un pluriel français. *Les nouvelles sont préoccupantes.* **The news is worrying.**
> Pour traduire *une nouvelle*, il faut dire soit **a piece of news**, soit **(some) news**.
> *J'ai une nouvelle à vous annoncer.* **I have some news for you.**
> *une nouvelle étonnante* **a surprising piece of news**

nouveau-né, e [nuvone] *nm/f* newborn (baby)

nouveauté [nuvote] *nf* novelty; (chose nouvelle) innovation, something new; (Comm) new film (ou book ou creation etc)

nouvel, -elle [nuvɛl] *adj*, *nf* voir **nouveau**

Nouvelle-Angleterre [nuvɛlɑ̃glətɛR] *nf* : **la** ~ New England

Nouvelle-Calédonie [nuvɛlkaledɔni] *nf* : **la** ~ New Caledonia

Nouvelle-Écosse [nuvɛlekɔs] *nf* : **la** ~ Nova Scotia

Nouvelle-Galles du Sud [nuvɛlgaldysyd] *nf* : **la** ~ New South Wales

Nouvelle-Guinée [nuvɛlgine] *nf* : **la** ~ New Guinea

nouvellement [nuvɛlmɑ̃] *adv* (arrivé) recently, newly

Nouvelle-Orléans [nuvɛlɔRleɑ̃] *nf* : **la** ~ New Orleans

Nouvelles-Hébrides [nuvɛlzebRid] *nfpl* : **les** ~ the New Hebrides

Nouvelle-Zélande [nuvɛlzelɑ̃d] *nf* : **la** ~ New Zealand

nouvelliste [nuvelist] *nmf* editor ou writer of short stories

novateur, -trice [nɔvatœR, -tRis] *adj* innovative ▶ *nm/f* innovator

novembre [nɔvɑ̃bR] *nm* November; see note; voir aussi **juillet**

LE 11 NOVEMBRE

Le 11 novembre is a public holiday in France and commemorates those who died for France in all wars.

novice [nɔvis] *adj* inexperienced ▶ *nmf* novice

noviciat [nɔvisja] *nm* (Rel) noviciate

noyade [nwajad] *nf* drowning no pl

noyau, x [nwajo] *nm* (de fruit) stone; (Bio, Physique) nucleus; (Élec, Géo, fig : centre) core; (fig : d'artistes etc) group; (: de résistants etc) cell

noyautage [nwajotaʒ] *nm* (Pol) infiltration

noyauter [nwajote] /1/ *vt* (Pol) to infiltrate

noyé, e [nwaje] *nm/f* drowning (ou drowned) man/woman ▶ *adj* (fig : dépassé) out of one's depth

noyer [nwaje] /8/ *nm* walnut (tree); (bois) walnut ▶ *vt* to drown; (fig) to flood; to submerge; (Auto : moteur) to flood; ~ **son chagrin** to drown one's sorrows; ~ **le poisson** to duck the issue; **se noyer** *vpr* to be drowned, drown; (suicide) to drown o.s.

NSP *sigle m* (Rel) = **Notre Saint Père**; (dans les sondages) : = ne sais pas) don't know

NT *sigle m* (= Nouveau Testament) NT

NTIC *fpl* (= nouvelles technologies de l'information et de la communication) NICT (= new information and communication technologies)

nu, e [ny] *adj* naked; (membres) naked, bare; (chambre, fil, plaine) bare; **tout nu** stark naked; **se mettre nu** to strip; **mettre à nu** to bare ▶ *nm* (Art) nude; **le nu intégral** total nudity

nuage [nɥaʒ] *nm* (aussi Inform) cloud; **être dans les nuages** (distrait) to have one's head in the clouds; **informatique en** ~ cloud computing; ~ **de lait** drop of milk

nuageux, -euse [nɥaʒø, -øz] *adj* cloudy

nuance [nɥɑ̃s] *nf* (de couleur, sens) shade; **il y a une** ~ **(entre)** there's a slight difference (between); **une ~ de tristesse** a tinge of sadness

nuancé, e [nɥɑ̃se] *adj* (opinion) finely-shaded, subtly differing; **être ~ dans ses opinions** to have finely-shaded opinions

nuancer [nɥɑ̃se] /3/ *vt* (pensée, opinion) to qualify

nuancier [nɥɑ̃sje] *nm* colour chart (BRIT), color chart (US)

nubile [nybil] *adj* nubile

nucléaire [nykleɛR] *adj* nuclear ▶ *nm* : **le** ~ nuclear power

nudisme [nydism] *nm* nudism

nudiste [nydist] *adj*, *nmf* nudist

nudité [nydite] *nf* nudity, nakedness; bareness

nuée [nɥe] *nf* : **une ~ de** a cloud ou host ou swarm of

nues [ny] *nfpl* : **tomber des** ~ to be taken aback; **porter qn aux** ~ to praise sb to the skies
nui [nɥi] *pp de* **nuire**
nuire [nɥiʀ] /**38**/ *vi* to be harmful; ~ **à** to harm, do damage to
nuisance [nɥizɑ̃s] *nf* nuisance; **nuisances** *nfpl* pollution *sg*
nuisette [nɥizɛt] *nf* very short nightie
nuisible [nɥizibl] *adj* harmful; **(animal)** ~ pest
nuisis *etc* [nɥizi] *vb voir* **nuire**
nuit [nɥi] *nf* night; **payer sa** ~ to pay for one's overnight accommodation; **il fait** ~ it's dark; **cette** ~ (*hier*) last night; (*aujourd'hui*) tonight; **de** ~ (*vol, service*) night *cpd*; ~ **blanche** sleepless night; ~ **de noces** wedding night; ~ **de Noël** Christmas Eve
nuitamment [nɥitamɑ̃] *adv* by night
nuitée [nɥite] *nf* overnight stay
nul, nulle [nyl] *adj* (*aucun*) no; (*minime*) nil, non-existent; (*non valable*) null; (*péj*) useless, hopeless; **résultat** ~, **match** ~ draw; **nulle part** *adv* nowhere ▸ *pron* none, no one
nullement [nylmɑ̃] *adv* by no means
nullité [nylite] *nf* nullity; (*péj*) hopelessness; (*: personne*) hopeless individual, nonentity
numéraire [nymeʀɛʀ] *nm* cash; metal currency
numéral, e, -aux [nymeʀal, -o] *adj* numeral
numérateur [nymeʀatœʀ] *nm* numerator
numération [nymeʀasjɔ̃] *nf* : ~ **décimale/ binaire** decimal/binary notation; ~ **globulaire** blood count
numérique [nymeʀik] *adj* numerical; (*Inform, TV* : *affichage, son, télévision*) digital
numériquement [nymeʀikmɑ̃] *adv* numerically; (*Inform*) digitally
numérisation [nymeʀizasjɔ̃] *nf* (*Inform*) digitization
numériser [nymeʀize] /**1**/ *vt* (*Inform*) to digitize
numéro [nymeʀo] *nm* number; (*spectacle*) act, turn; (*Presse*) issue, number; **faire** *ou* **composer un** ~ to dial a number; ~ **d'identification personnel** personal identification number (PIN); ~ **d'immatriculation** *ou* **minéralogique** *ou* **de police** registration (*Brit*) *ou* license (*US*) number; ~ **de téléphone** (tele)phone number; ~ **vert** ≈ Freefone® number (*Brit*), ≈ toll-free number (*US*)
numérologie [nymeʀɔlɔʒi] *nf* numerology
numérotage [nymeʀɔtaʒ] *nm* numbering
numérotation [nymeʀɔtasjɔ̃] *nf* numeration
numéroter [nymeʀɔte] /**1**/ *vt* to number
numerus clausus [nymeʀysklozys] *nm inv* restriction *ou* limitation of numbers
numismate [nymismat] *nmf* numismatist, coin collector
numismatique [nymismatik] *nf* numismatics *sg*
nunuche [nynyʃ] (*fam*) *adj* silly ▸ *nf* ninny (*fam*)
nu-pieds [nypje] *nm* sandal ▸ *adj inv* barefoot
nuptial, e, -aux [nypsjal, -o] *adj* nuptial; wedding *cpd*
nuptialité [nypsjalite] *nf* : **taux de** ~ marriage rate
nuque [nyk] *nf* nape of the neck
nu-tête [nytɛt] *adj inv* bareheaded
nutriment [nytʀimɑ̃] *nm* nutriment
nutritif, -ive [nytʀitif, -iv] *adj* (*besoins, valeur*) nutritional; (*aliment*) nutritious, nourishing
nutrition [nytʀisjɔ̃] *nf* nutrition
nutritionnel, le [nytʀisjɔnɛl] *adj* nutritional
nutritionniste [nytʀisjɔnist] *nmf* nutritionist
nylon® [nilɔ̃] *nm* nylon
nymphe [nɛ̃f] *nf* (*Mythologie*) nymph
nymphéa [nɛ̃fea] *nm* Nymphaea
nymphette [nɛ̃fɛt] *nf* nymphet
nymphomane [nɛ̃fɔman] *adj*, *nf* nymphomaniac
nymphomanie [nɛ̃fɔmani] *nf* nymphomania

n

Oo

O, o [o] *nm inv* O, o ▶ *abr* (= *ouest*) W; **O comme Oscar** O for Oliver (*BRIT*) *ou* Oboe (*US*)
OAS *sigle f* (= *Organisation de l'armée secrète*) organization opposed to Algerian independence (1961–63)
oasis [ɔazis] *nm ou f* oasis
obédience [ɔbedjɑ̃s] *nf* allegiance
obéir [ɔbeiʀ] /**2**/ *vi* to obey; **~ à** to obey; (*moteur, véhicule*) to respond to
obéissance [ɔbeisɑ̃s] *nf* obedience
obéissant, e [ɔbeisɑ̃, -ɑ̃t] *adj* obedient
obélisque [ɔbelisk] *nm* obelisk
obèse [ɔbɛz] *adj* obese
obésité [ɔbezite] *nf* obesity
objecter [ɔbʒɛkte] /**1**/ *vt* (*prétexter*) to plead, put forward as an excuse; **~ qch à** (*argument*) to put forward sth against; **~ (à qn) que** to object (to sb) that
objecteur [ɔbʒɛktœʀ] *nm* : **~ de conscience** conscientious objector
objectif, -ive [ɔbʒɛktif, -iv] *adj* objective ▶ *nm* (*Optique, Photo*) lens *sg*; (*Mil, fig*) objective; **~ grand angulaire/à focale variable** wide-angle/zoom lens
objection [ɔbʒɛksjɔ̃] *nf* objection; **~ de conscience** conscientious objection
objectivement [ɔbʒɛktivmɑ̃] *adv* objectively
objectivité [ɔbʒɛktivite] *nf* objectivity
objet [ɔbʒɛ] *nm* (*chose*) object; (*d'une discussion, recherche*) subject; **être** *ou* **faire l'~ de** (*discussion*) to be the subject of; (*soins*) to be given *ou* shown; **sans ~** *adj* purposeless; (*sans fondement*) groundless; **~ d'art** objet d'art; **objets personnels** personal items; **objets de toilette** toiletries; **objets trouvés** lost property *sg* (*BRIT*), lost-and-found *sg* (*US*); **objets de valeur** valuables
obligataire [ɔbligatɛʀ] *adj* bond *cpd* ▶ *nmf* bondholder, debenture holder
obligation [ɔbligasjɔ̃] *nf* obligation; (*gén pl* : *devoir*) duty; (*Comm*) bond, debenture; **sans ~ d'achat** with no obligation (to buy); **être dans l'~ de faire** to be obliged to do; **avoir l'~ de faire** to be under an obligation to do; **obligations familiales** family obligations *ou* responsibilities; **obligations militaires** military obligations *ou* duties
obligatoire [ɔbligatwaʀ] *adj* compulsory, obligatory
obligatoirement [ɔbligatwaʀmɑ̃] *adv* compulsorily; (*fatalement*) necessarily; (*fam* : *sans aucun doute*) inevitably

obligé, e [ɔbliʒe] *adj* (*redevable*) : **être très ~ à qn** to be most obliged to sb; (*contraint*) : **je suis (bien) ~ (de le faire)** I have to (do it); (*nécessaire* : *conséquence*) necessary; **c'est ~ !** it's inevitable!
obligeamment [ɔbliʒamɑ̃] *adv* obligingly
obligeance [ɔbliʒɑ̃s] *nf* : **avoir l'~ de** to be kind *ou* good enough to
obligeant, e [ɔbliʒɑ̃, -ɑ̃t] *adj* obliging; kind
obliger [ɔbliʒe] /**3**/ *vt* (*contraindre*) : **~ qn à faire** to force *ou* oblige sb to do; (*Jur* : *engager*) to bind; (*rendre service à*) to oblige; **je suis bien obligé (de le faire)** I have to (do it)
oblique [ɔblik] *adj* oblique; **regard ~** sidelong glance; **en ~** *adv* diagonally
obliquer [ɔblike] /**1**/ *vi* : **~ vers** to turn off towards
oblitération [ɔbliteʀasjɔ̃] *nf* cancelling *no pl*, cancellation; obstruction
oblitérer [ɔbliteʀe] /**6**/ *vt* (*timbre-poste*) to cancel; (*Méd* : *canal, vaisseau*) to obstruct
oblong, oblongue [ɔblɔ̃, ɔblɔ̃g] *adj* oblong
obnubiler [ɔbnybile] /**1**/ *vt* to obsess
obole [ɔbɔl] *nf* offering
obscène [ɔpsɛn] *adj* obscene
obscénité [ɔpsenite] *nf* obscenity
obscur, e [ɔpskyʀ] *adj* (*sombre*) dark; (*fig* : *raisons*) obscure; (: *sentiment, malaise*) vague; (: *personne, vie*) humble, lowly
obscurantisme [ɔpskyʀɑ̃tism] *nm* obscurantism
obscurcir [ɔpskyʀsiʀ] /**2**/ *vt* to darken; (*fig*) to obscure; **s'obscurcir** *vpr* to grow dark
obscurément [ɔpskyʀemɑ̃] *adv* (*sentir*) vaguely
obscurité [ɔpskyʀite] *nf* darkness; **dans l'~** in the dark, in darkness; (*anonymat, médiocrité*) in obscurity
obsédant, e [ɔpsedɑ̃, -ɑ̃t] *adj* obsessive
obsédé, e [ɔpsede] *nm/f* fanatic; **~(e) sexuel(le)** sex maniac
obséder [ɔpsede] /**6**/ *vt* to obsess, haunt
obsèques [ɔpsɛk] *nfpl* funeral *sg*
obséquieux, -euse [ɔpsekjø, -øz] *adj* obsequious
observable [ɔpsɛʀvabl] *adj* (*phénomènes, critères*) observable
observance [ɔpsɛʀvɑ̃s] *nf* observance
observateur, -trice [ɔpsɛʀvatœʀ, -tʀis] *adj* observant, perceptive ▶ *nm/f* observer
observation [ɔpsɛʀvasjɔ̃] *nf* observation; (*d'un règlement etc*) observance; (*commentaire*) observation, remark; (*reproche*) reproof; **en ~** (*Méd*) under observation

observatoire [ɔpsɛʀvatwaʀ] *nm* observatory; *(lieu élevé)* observation post, vantage point

observer [ɔpsɛʀve] /**1**/ *vt (regarder)* to observe, watch; *(examiner)* to examine; *(scientifiquement, aussi: règlement, jeûne etc)* to observe; *(surveiller)* to watch; *(remarquer)* to observe, notice; **faire ~ qch à qn** *(dire)* to point out sth to sb; **s'observer** *vpr (se surveiller)* to keep a check on o.s.

obsession [ɔpsesjɔ̃] *nf* obsession; **avoir l'~ de** to have an obsession with

obsessionnel, le [ɔpsesjɔnɛl] *adj* obsessive

obsidienne [ɔpsidjen] *nf (roche)* obsidian

obsolescent, e [ɔpsɔlesɑ̃, -ɑ̃t] *adj* obsolescent

obsolète [ɔpsɔlɛt] *adj* obsolete

obstacle [ɔpstakl] *nm* obstacle; *(Équitation)* jump, hurdle; **faire ~ à** *(lumière)* to block out; *(projet)* to hinder, put obstacles in the path of; **obstacles antichars** tank defences

obstétricien, ne [ɔpstetʀisjɛ̃, -ɛn] *nm/f* obstetrician

obstétrique [ɔpstetʀik] *nf* obstetrics *sg*

obstination [ɔpstinasjɔ̃] *nf* obstinacy

obstiné, e [ɔpstine] *adj* obstinate

obstinément [ɔpstinemɑ̃] *adv* obstinately

obstiner [ɔpstine] /**1**/ **: s'obstiner** *vpr* to insist, dig one's heels in; **s'~ à faire** to persist (obstinately) in doing; **s'~ sur qch** to keep working at sth, labour away at sth

obstruction [ɔpstʀyksjɔ̃] *nf* obstruction, blockage; *(Sport)* obstruction; **faire de l'~** *(fig)* to be obstructive

obstruer [ɔpstʀye] /**1**/ *vt* to block, obstruct; **s'obstruer** *vpr* to become blocked

obtempérer [ɔptɑ̃peʀe] /**6**/ *vi* to obey; **~ à** to obey, comply with

obtenir [ɔptəniʀ] /**22**/ *vt* to obtain, get; *(total)* to arrive at, reach; *(résultat)* to achieve, obtain; **~ de pouvoir faire** to obtain permission to do; **~ qch à qn** to obtain sth for sb; **~ de qn qu'il fasse** to get sb to agree to do(ing)

obtention [ɔptɑ̃sjɔ̃] *nf* obtaining

obtenu, e [ɔpt(ə)ny] *pp de* **obtenir**

obtiendrai [ɔptjɛ̃dʀe], **obtiens** [ɔptjɛ̃], **obtint** *etc* [ɔptɛ̃] *vb voir* **obtenir**

obturateur [ɔptyʀatœʀ] *nm (Photo)* shutter; **~ à rideau** focal plane shutter

obturation [ɔptyʀasjɔ̃] *nf* closing (up); **~ (dentaire)** filling; **vitesse d'~** *(Photo)* shutter speed

obturer [ɔptyʀe] /**1**/ *vt* to close (up); *(dent)* to fill

obtus, e [ɔpty, -yz] *adj* obtuse

obus [ɔby] *nm* shell; **~ explosif** high-explosive shell; **~ incendiaire** incendiary device, fire bomb

obvier [ɔbvje] /**7**/ **: ~ à** *vt* to obviate

OC *sigle fpl (= ondes courtes)* SW

occase [ɔkaz] *nf (fam: occasion)* bargain

occasion [ɔkazjɔ̃] *nf (aubaine, possibilité)* opportunity; *(circonstance)* occasion; *(Comm: article non neuf)* secondhand buy; *(: acquisition avantageuse)* bargain; **à plusieurs occasions** on several occasions; **à la première ~** at the first *ou* earliest opportunity; **avoir l'~ de faire** to have the opportunity to do; **être l'~ de** to occasion, give rise to; **à l'~** *adv* sometimes, on

occasions; *(un jour)* some time; **à l'~ de** on the occasion of; **d'~** *adj, adv* secondhand

occasionnel, le [ɔkazjɔnɛl] *adj (fortuit)* chance *cpd*; *(non régulier)* occasional; *(: travail)* casual

occasionnellement [ɔkazjɔnɛlmɑ̃] *adv* occasionally, from time to time

occasionner [ɔkazjɔne] /**1**/ *vt* to cause, bring about; **~ qch à qn** to cause sb sth

occident [ɔksidɑ̃] *nm* **: l'O~** the West

occidental, e, -aux [ɔksidɑ̃tal, -o] *adj* western; *(Pol)* Western ▶ *nm/f* Westerner

occidentaliser [ɔksidɑ̃talize] /**1**/ *vt (coutumes, mœurs)* to westernize

occiput [ɔksipyt] *nm* back of the head, occiput

occire [ɔksiʀ] *vt* to slay

occitan, e [ɔksitɑ̃, -an] *adj* of the langue d'oc, of Provençal French

occlusion [ɔklyzjɔ̃] *nf* **: ~ intestinale** obstruction of the bowel

occulte [ɔkylt] *adj* occult, supernatural

occulter [ɔkylte] /**1**/ *vt (fig)* to overshadow

occultisme [ɔkyltism] *nm* occultism

occupant, e [ɔkypɑ̃, -ɑ̃t] *adj* occupying ▶ *nm/f (d'un appartement)* occupier, occupant; *(d'un véhicule)* occupant ▶ *nm (Mil)* occupying forces *pl*; *(Pol: d'usine etc)* occupier

occupation [ɔkypasjɔ̃] *nf* occupation; **l'O~** the Occupation (of France)

occupationnel, le [ɔkypasjɔnɛl] *adj* **: thérapie occupationnelle** occupational therapy

occupé, e [ɔkype] *adj (Mil, Pol)* occupied; *(personne: affairé, pris)* busy; *(esprit: absorbé)* occupied; *(place, sièges)* taken; *(toilettes)* engaged; **la ligne est occupée** the line's engaged *(Brit)* ou busy *(US)*

occuper [ɔkype] /**1**/ *vt* to occupy; *(poste, fonction)* to hold; *(main-d'œuvre)* to employ; **ça occupe trop de place** it takes up too much room; **s'occuper** *vpr* **: s'~ (à qch)** to occupy o.s. *ou* keep o.s. busy (with sth); **s'~ de** *(être responsable de)* to be in charge of; *(se charger de: affaire)* to take charge of, deal with; *(: clients etc)* to attend to; *(s'intéresser à, pratiquer: politique etc)* to be involved in

occurrence [ɔkyʀɑ̃s] *nf* **: en l'~** in this case

OCDE *sigle f (= Organisation de coopération et de développement économique)* OECD

océan [ɔseɑ̃] *nm* ocean; **l'~ Indien** the Indian Ocean

Océanie [ɔseani] *nf* **: l'~** Oceania, South Sea Islands

océanique [ɔseanik] *adj* oceanic

océanographe [ɔseanɔɡʀaf] *nmf* oceanographer

océanographie [ɔseanɔɡʀafi] *nf* oceanography

océanologie [ɔseanɔlɔʒi] *nf* oceanology

ocelot [ɔs(ə)lo] *nm (Zool)* ocelot; *(fourrure)* ocelot fur

ocre [ɔkʀ] *adj inv* ochre

octane [ɔktan] *nm* octane

octante [ɔktɑ̃t] *num (Belgique, Suisse)* eighty

octave [ɔktav] *nf* octave

octet [ɔktɛ] *nm* byte

octobre [ɔktɔbʀ] *nm* October; *voir aussi* **juillet**

octogénaire [ɔktɔʒenɛʀ] *adj, nmf* octogenarian

octogonal, e, -aux [ɔktɔgɔnal, -o] *adj* octagonal

octogone [ɔktɔgɔn] *nm* octagon

octroi [ɔktʀwa] *nm* granting

octroyer [ɔktʀwaje] /8/ *vt* : **~ qch à qn** to grant sth to sb, grant sb sth

oculaire [ɔkylɛʀ] *adj* ocular, eye *cpd* ▶ *nm (de microscope)* eyepiece

oculiste [ɔkylist] *nmf* eye specialist, oculist

ode [ɔd] *nf* ode

odeur [ɔdœʀ] *nf* smell

odieusement [ɔdjøzmɑ̃] *adv* odiously

odieux, -euse [ɔdjø, -øz] *adj* odious, hateful

odontologie [ɔdɔ̃tɔlɔʒi] *nf* odontology

odorant, e [ɔdɔʀɑ̃, -ɑ̃t] *adj* sweet-smelling, fragrant

odorat [ɔdɔʀa] *nm* (sense of) smell; **avoir l'~ fin** to have a keen sense of smell

odoriférant, e [ɔdɔʀiferɑ̃, -ɑ̃t] *adj* sweet-smelling, fragrant

odyssée [ɔdise] *nf* odyssey

OEA *sigle f (= Organisation des États américains)* OAS

œcuménique [ekymenik] *adj* ecumenical

œdème [edɛm] *nm* oedema *(BRIT)*, edema *(US)*

œil [œj] *(pl* **yeux** *[jø])* *nm* eye; **avoir un ~ poché** *ou* **au beurre noir** to have a black eye; **à l'~** *(fam)* for free; **à l'~ nu** with the naked eye; **tenir qn à l'~** to keep an eye *ou* a watch on sb; **avoir l'~ à** to keep an eye on; **faire de l'~ à qn** to make eyes at sb; **voir qch d'un bon/mauvais ~** to view sth in a favourable/an unfavourable light; **à l'~ vif** with a lively expression; **à mes/ses yeux** in my/his eyes; **de ses propres yeux** with his own eyes; **fermer les yeux (sur)** *(fig)* to turn a blind eye (to); **les yeux fermés** *(aussi fig)* with one's eyes shut; **ouvrir l'~** *(fig)* to keep one's eyes open *ou* an eye out; **fermer l'~** to get a moment's sleep; **~ pour ~, dent pour dent** an eye for an eye, a tooth for a tooth; **pour les beaux yeux de qn** *(fig)* for love of sb; **~ de verre** glass eye

œil-de-bœuf [œjdəbœf] *(pl* **œils-de-bœuf)** *nm* bull's-eye (window)

œillade [œjad] *nf* : **lancer une ~ à qn** to wink at sb, give sb a wink; **faire des œillades à** to make eyes at

œillères [œjɛʀ] *nfpl* blinkers *(BRIT)*, blinders *(US)*; **avoir des ~** *(fig)* to be blinkered, wear blinders

œillet [œjɛ] *nm (Bot)* carnation; *(trou)* eyelet

œnologue [enɔlɔg] *nmf* wine expert

œsophage [ezɔfaʒ] *nm* oesophagus *(BRIT)*, esophagus *(US)*

œstrogène [ɛstʀɔʒɛn] *adj* oestrogen *(BRIT)*, estrogen *(US)*

œuf [œf] *nm* egg; **étouffer dans l'~** to nip in the bud; **~ à la coque/dur/mollet** boiled/hard-boiled/soft-boiled egg; **~ au plat/poché** fried/poached egg; **œufs brouillés** scrambled eggs; **~ de Pâques** Easter egg; **~ à repriser** darning egg

œuvre [œvʀ] *nf (tâche)* task, undertaking; *(ouvrage achevé, livre, tableau etc)* work; *(ensemble de la production artistique)* works *pl*; *(organisation charitable)* charity; **être/se mettre à l'~** to be at/get (down) to work; **mettre en ~** *(moyens)* to make use of; *(plan, loi, projet etc)* to implement; **~ d'art** work of art ▶ *nm (d'un artiste)* works *pl*; *(Constr)* : **le gros ~** the shell; **œuvres** *nfpl (actes)* deeds, works; **bonnes œuvres** good works *ou* deeds; **œuvres de bienfaisance** charitable works

OFCE *sigle m (= Observatoire français des conjonctures économiques)* economic research institute

offensant, e [ɔfɑ̃sɑ̃, -ɑ̃t] *adj* offensive, insulting

offense [ɔfɑ̃s] *nf (affront)* insult; *(Rel : péché)* transgression, trespass

offenser [ɔfɑ̃se] /1/ *vt* to offend, hurt; *(principes, Dieu)* to offend against; **s'offenser de** *vpr* to take offence *(BRIT)* ou offense *(US)* at

offensif, -ive [ɔfɑ̃sif, -iv] *adj (armes, guerre)* offensive ▶ *nf* offensive; *(fig : du froid, de l'hiver)* onslaught; **passer à l'offensive** to go into the attack *ou* offensive

offert, e [ɔfɛʀ, -ɛʀt] *pp de* **offrir**

offertoire [ɔfɛʀtwaʀ] *nm* offertory

office [ɔfis] *nm (charge)* office; *(agence)* bureau, agency; *(Rel)* service; **faire ~ de** to act as; to do duty as; **d'~** *adv* automatically; **bons offices** *(Pol)* good offices; **~ du tourisme** tourist office ▶ *nm* ou *f (pièce)* pantry

officialiser [ɔfisjalize] /1/ *vt* to make official

officiel, le [ɔfisjɛl] *adj, nm/f* official

officiellement [ɔfisjɛlmɑ̃] *adv* officially

officier [ɔfisje] /7/ *nm* officer; **~ de l'état-civil** registrar; **~ ministériel** member of the legal profession; **~ de police** ≈ police officer ▶ *vi (Rel)* to officiate

officieusement [ɔfisjøzmɑ̃] *adv* unofficially

officieux, -euse [ɔfisjø, -øz] *adj* unofficial

> ⚠ **officieux** does not mean *officious*.

officinal, e, -aux [ɔfisinal, -o] *adj* : **plantes officinales** medicinal plants

officine [ɔfisin] *nf (de pharmacie)* dispensary; *(Admin : pharmacie)* pharmacy; *(gén péj : bureau)* agency, office

offrais *etc* [ɔfʀɛ] *vb voir* **offrir**

offrande [ɔfʀɑ̃d] *nf* offering

offrant [ɔfʀɑ̃] *nm* : **au plus ~** to the highest bidder

offre [ɔfʀ] *vb voir* **offrir** ▶ *nf* offer; *(aux enchères)* bid; *(Admin : soumission)* tender; *(Écon)* : **l'~ et la demande** supply and demand; **~ d'emploi** job advertised; **« offres d'emploi »** "situations vacant"; **~ publique d'achat** takeover bid; **offres de service** offer of service

offrir [ɔfʀiʀ] /18/ *vt* : **~ qch à qn** to offer sth to sb, to offer sb sth; *(faire cadeau)* to give sth to sb, to give sb sth; **~ (à qn) de faire qch** to offer to do sth (for sb); **~ à boire à qn** *(chez soi)* to offer sb a drink; **je vous offre un verre** I'll buy you a drink; **s'offrir** *vpr (se présenter : occasion, paysage)* to present itself; *(se payer : vacances, voiture)* to treat o.s. to; **s'~ à faire qch** to offer *ou* volunteer to do sth; **s'~ comme guide/en otage** to offer one's services as (a) guide/offer o.s. as (a) hostage; **s'~ aux regards** *(personne)* to expose o.s. to the public gaze

offset [ɔfsɛt] *nm* offset (printing)

offusquer [ɔfyske] /**1**/ vt to offend; **s'offusquer de** vpr to take offence (BRIT) ou offense (US) at, be offended by

ogive [ɔʒiv] nf (Archit) diagonal rib; (d'obus, de missile) nose cone; **voûte en ~** rib vault; **arc en ~** lancet arch; **~ nucléaire** nuclear warhead

OGM sigle m (= organisme génétiquement modifié) GMO; **culture ~** GM crop

ogre [ɔgʀ] nm ogre

oh [o] excl oh!; **oh là là là!** oh (dear)!; **pousser des oh! et des ah!** to gasp with admiration

oie [wa] nf (Zool) goose; **~ blanche** (fig) young innocent

oignon [ɔɲɔ̃] nm (Culin) onion; (de tulipe etc : bulbe) bulb; (Méd) bunion; **ce ne sont pas tes oignons** (fam) that's none of your business

oindre [wɛ̃dʀ] /**49**/ vt to anoint

oiseau, x [wazo] nm bird; **~ de proie** bird of prey

oiseau-mouche [wazomuʃ] (pl **oiseaux-mouches**) nm hummingbird

oiseleur [waz(ə)lœʀ] nm bird-catcher

oiselier, -ière [wazəlje, -jɛʀ] nm/f bird-seller

oisellerie [wazɛlʀi] nf bird shop

oiseux, -euse [wazø, -øz] adj pointless, idle; (sans valeur, importance) trivial

oisif, -ive [wazif, -iv] adj idle ▸ nm/f (péj) man/lady of leisure

oisillon [wazijɔ̃] nm little ou baby bird

oisiveté [wazivte] nf idleness

OIT sigle f (= Organisation internationale du travail) ILO

OK [oke] excl OK!, all right!

OL sigle fpl (= ondes longues) LW

oléagineux, -euse [ɔleaʒinø, -øz] adj oleaginous, oil-producing

oléiculture [ɔleikyltyʀ] nf olive growing

oléoduc [ɔleɔdyk] nm (oil) pipeline

olfactif, -ive [ɔlfaktif, -iv] adj olfactory

olibrius [ɔlibʀijys] nm oddball

oligarchie [ɔligaʀʃi] nf oligarchy

oligo-élément [ɔligoelemã] nm trace element

oligopole [ɔligɔpɔl] nm oligopoly

olivâtre [ɔlivɑtʀ] adj olive-greenish; (teint) sallow

olive [ɔliv] nf (Bot) olive ▸ adj inv olive-green

oliveraie [ɔlivʀɛ] nf olive grove

olivette [ɔlivɛt] nf (tomate allongée) plum tomato

olivier [ɔlivje] nm olive (tree); (bois) olive (wood)

olographe [ɔlɔgʀaf] adj : **testament ~** will written, dated and signed by the testator

OLP sigle f (= Organisation de libération de la Palestine) PLO

olympiade [ɔlɛ̃pjad] nf (période) Olympiad; **les olympiades** (jeux) the Olympiad sg

olympien, ne [ɔlɛ̃pjɛ̃, -ɛn] adj Olympian, of Olympian aloofness

olympique [ɔlɛ̃pik] adj Olympic

OM sigle fpl (= ondes moyennes) MW

Oman [ɔman] n Oman; **le sultanat d'~** the Sultanate of Oman

ombilical, e, -aux [ɔ̃bilikal, -o] adj umbilical

ombrage [ɔ̃bʀaʒ] nm (ombre) (leafy) shade; (fig) : **prendre ~ de** to take umbrage at; **faire ou porter ~ à qn** to offend sb

ombragé, e [ɔ̃bʀaʒe] adj shaded, shady

ombrageux, -euse [ɔ̃bʀaʒø, -øz] adj (cheval) skittish, nervous; (personne) touchy, easily offended

ombre [ɔ̃bʀ] nf (espace non ensoleillé) shade; (ombre portée, tache) shadow; **à l'~** in the shade; (fam : en prison) behind bars; **à l'~ de** in the shade of; (tout près de, fig) in the shadow of; **tu me fais de l'~** you're in my light; **ça nous donne de l'~** it gives us (some) shade; **il n'y a pas l'~ d'un doute** there's not the shadow of a doubt; **dans l'~** in the shade; (fig) in the dark; **vivre dans l'~** (fig) to live in obscurity; **laisser dans l'~** (fig) to leave in the dark; **~ à paupières** eye shadow; **~ portée** shadow; **ombres chinoises** (spectacle) shadow show sg

ombrelle [ɔ̃bʀɛl] nf parasol, sunshade

ombrer [ɔ̃bʀe] /**1**/ vt to shade

OMC sigle f (= organisation mondiale du commerce) WTO

omelette [ɔmlɛt] nf omelette; **~ baveuse** runny omelette; **~ au fromage/au jambon** cheese/ham omelette; **~ aux herbes** omelette with herbs; **~ norvégienne** baked Alaska

omerta [ɔmɛʀta] nf code of silence; **briser l'~** to break the code of silence

omettre [ɔmɛtʀ] /**56**/ vt to omit, leave out; **~ de faire** to fail ou omit to do

omis, e [ɔmi, -iz] pp de **omettre**

omission [ɔmisjɔ̃] nf omission

omnibus [ɔmnibys] nm slow ou stopping train

omnipotent, e [ɔmnipɔtɑ̃, -ɑ̃t] adj omnipotent

omnipraticien, ne [ɔmnipʀatisjɛ̃, -ɛn] nm/f (Méd) general practitioner

omniprésent, e [ɔmnipʀezɑ̃, -ɑ̃t] adj omnipresent

omniscient, e [ɔmnisjɑ̃, -ɑ̃t] adj omniscient

omnisports [ɔmnispɔʀ] adj inv (club) general sports cpd; (salle) multi-purpose cpd; (terrain) all-purpose cpd

omnium [ɔmnjɔm] nm (Comm) corporation; (Cyclisme) omnium; (Courses) open handicap

omnivore [ɔmnivɔʀ] adj omnivorous

omoplate [ɔmɔplat] nf shoulder blade

OMS sigle f (= Organisation mondiale de la santé) WHO

MOT-CLÉ

on [ɔ̃] pron **1** (indéterminé) you, one; **on peut le faire ainsi** you ou one can do it like this, it can be done like this; **on dit que ...** they say that ..., it is said that ..

2 (quelqu'un) : **on les a attaqués** they were attacked; **on vous demande au téléphone** there's a phone call for you, you're wanted on the phone; **on frappe à la porte** someone's knocking at the door

3 (nous) we; **on va y aller demain** we're going tomorrow

4 (les gens) they; **autrefois, on croyait ...** they used to believe ...

5 : **on ne peut plus** adv : **on ne peut plus stupide** as stupid as can be

onagre [ɔnagʀ] nf (plante) evening primrose

once [ɔ̃s] nf : **une ~ de** an ounce of

oncle [ɔ̃kl] *nm* uncle

oncologue [ɔ̃kɔlɔg] *nmf (médecin)* oncologist

onction [ɔ̃ksjɔ̃] *nf voir* **extrême-onction**

onctueux, -euse [ɔ̃ktɥø, -øz] *adj* creamy, smooth; *(fig)* smooth, unctuous

onde [ɔ̃d] *nf (Physique)* wave; **sur l'~** on the waters; **sur les ondes** on the radio; **mettre en ondes** to produce for the radio; **~ de choc** shock wave; **ondes courtes (OC)** short wave *sg*; **petites ondes (PO), ondes moyennes (OM)** medium wave *sg*; **grandes ondes (GO), ondes longues (OL)** long wave *sg*; **ondes sonores** sound waves

ondée [ɔ̃de] *nf* shower

on-dit [ɔ̃di] *nm inv* rumour

ondoyer [ɔ̃dwaje] **/8/** *vi* to ripple, wave ▶ *vt (Rel)* to baptize *(in an emergency)*

ondulant, e [ɔ̃dylɑ̃, -ɑ̃t] *adj (démarche)* swaying; *(ligne)* undulating

ondulation [ɔ̃dylasjɔ̃] *nf* undulation; wave

ondulatoire [ɔ̃dylatwaʀ] *adj (Science)* wave *cpd*; **la mécanique ~** wave mechanics

ondulé, e [ɔ̃dyle] *adj* undulating; wavy

onduler [ɔ̃dyle] **/1/** *vi* to undulate; *(cheveux)* to wave

onéreux, -euse [ɔneʀø, -øz] *adj* costly; **à titre ~** in return for payment

ONF *sigle m* (= *Office national des forêts*) ≈ Forestry Commission (BRIT), ≈ National Forest Service (US)

ONG *sigle f* (= *organisation non gouvernementale*) NGO

ongle [ɔ̃gl] *nm (Anat)* nail; **manger** *ou* **ronger ses ongles** to bite one's nails; **se faire les ongles** to do one's nails

onglet [ɔ̃glɛ] *nm (rainure)* (thumbnail) groove; *(bande de papier)* tab

onguent [ɔ̃gɑ̃] *nm* ointment

onirique [ɔniʀik] *adj* dreamlike, dream *cpd*

onirisme [ɔniʀism] *nm* dreams *pl*

onomatopée [ɔnɔmatɔpe] *nf* onomatopoeia

ont [ɔ̃] *vb voir* **avoir**

ontarien, ne [ɔ̃taʀjɛ̃, -ɛn] *adj* Ontarian

ONU [ɔny] *sigle f* (= *Organisation des Nations unies*) UN(O)

onusien, ne [ɔnyzjɛ̃, -ɛn] *adj* of the UN(O), of the United Nations (Organization)

onyx [ɔniks] *nm* onyx

onze [ɔ̃z] *num* eleven

onzième [ɔ̃zjɛm] *num* eleventh

op [ɔp] *nf (opération)* : **salle d'op** (operating) theatre

OPA *sigle f* = **offre publique d'achat**

opacité [ɔpasite] *nf* opaqueness

opale [ɔpal] *nf* opal

opalescent, e [ɔpalesɑ̃, -ɑ̃t] *adj* opalescent

opalin, e [ɔpalɛ̃, -in] *adj, nf* opaline

opaque [ɔpak] *adj (vitre, verre)* opaque; *(brouillard, nuit)* impenetrable

OPE *sigle f* (= *offre publique d'échange*) take-over bid where bidder offers shares in his company in exchange for shares in target company

OPEP [ɔpɛp] *sigle f* (= *Organisation des pays exportateurs de pétrole*) OPEC

opéra [ɔpeʀa] *nm* opera; *(édifice)* opera house

opérable [ɔpeʀabl] *adj* operable

opéra-comique [ɔpeʀakɔmik] *(pl* **opéras-comiques)** *nm* light opera, opéra comique

opérant, e [ɔpeʀɑ̃, -ɑ̃t] *adj (mesure)* effective

opérateur, -trice [ɔpeʀatœʀ, -tʀis] *nm/f* operator; **~ (de prise de vues)** cameraman

opération [ɔpeʀasjɔ̃] *nf* operation; *(Comm)* dealing; **salle/table d'~** operating theatre/table; **~ de sauvetage** rescue operation; **~ à cœur ouvert** open-heart surgery *no pl*

opérationnel, le [ɔpeʀasjɔnɛl] *adj* operational

opératoire [ɔpeʀatwaʀ] *adj (manœuvre, méthode)* operating; *(choc etc)* post-operative

opéré, e [ɔpeʀe] *nm/f* post-operative patient

opérer [ɔpeʀe] **/6/** *vt (Méd)* to operate on; *(faire, exécuter)* to carry out, make; **se faire ~** to have an operation; **se faire ~ des amygdales/du cœur** to have one's tonsils out/have a heart operation ▶ *vi (remède : faire effet)* to act, work; *(procéder)* to proceed; *(Méd)* to operate; **s'opérer** *vpr (avoir lieu)* to occur, take place

opérette [ɔpeʀɛt] *nf* operetta, light opera

ophtalmique [ɔftalmik] *adj* ophthalmic

ophtalmo [ɔftalmo] *nmf (fam : ophtalmologue)* ophthalmologist

ophtalmologie [ɔftalmɔlɔʒi] *nf* ophthalmology

ophtalmologue [ɔftalmɔlɔg] *nmf* ophthalmologist

opiacé, e [ɔpjase] *adj* opiate

opiner [ɔpine] **/1/** *vi* : **~ de la tête** to nod assent ▶ *vt* : **~ à** to consent to

opiniâtre [ɔpinjatʀ] *adj* stubborn

opiniâtreté [ɔpinjatʀəte] *nf* stubbornness

opinion [ɔpinjɔ̃] *nf* opinion; **l'~ (publique)** public opinion; **avoir bonne/mauvaise ~ de** to have a high/low opinion of

opiomane [ɔpjɔman] *nmf* opium addict

opium [ɔpjɔm] *nm* opium

OPJ *sigle m* (= *officier de police judiciaire*) ≈ DC (= *Detective Constable*)

opportun, e [ɔpɔʀtœ̃, -yn] *adj* timely, opportune; **en temps ~** at the appropriate time

opportunément [ɔpɔʀtynemɑ̃] *adv* opportunely

opportunisme [ɔpɔʀtynism] *nm* opportunism

opportuniste [ɔpɔʀtynist] *adj, nmf* opportunist

opportunité [ɔpɔʀtynite] *nf* timeliness, opportuneness

opposant, e [ɔpozɑ̃, -ɑ̃t] *adj* opposing ▶ *nm/f* opponent

opposé, e [ɔpoze] *adj (direction, rive)* opposite; *(faction)* opposing; *(couleurs)* contrasting; *(opinions, intérêts)* conflicting; *(contre)* : **~ à** opposed to, against; **être ~ à** to be opposed to ▶ *nm* : **l'~** the other *ou* opposite side *(ou* direction); *(contraire)* the opposite; **à l'~** *(fig)* on the other hand; **à l'~ de** on the other *ou* opposite side from; *(fig)* contrary to, unlike

opposer [ɔpoze] **/1/** *vt (meubles, objets)* to place opposite each other; *(personnes, armées, équipes)* to oppose; *(couleurs, termes, tons)* to contrast; *(comparer : livres, avantages)* to contrast; **~ qch à** *(comme obstacle, défense)* to set sth against; *(comme objection)* to put sth forward against; *(en contraste)* to set sth opposite; to match sth with; **s'opposer** *vpr (équipes)* to confront each other; *(opinions)* to conflict; *(couleurs, styles)* to contrast; **s'~ à** *(interdire, empêcher)* to oppose; *(tenir tête à)* to rebel against; **sa religion s'y oppose** it's against his religion; **s'~ à ce que qn fasse** to be opposed to sb's doing

opposition [ɔpozisjɔ̃] *nf* opposition; **par ~ in** contrast; **par ~ à** as opposed to, in contrast with; **entrer en ~ avec** to come into conflict with; **être en ~ avec** (*idées, conduite*) to be at variance with; **faire ~ à un chèque** to stop a cheque

oppressant, e [ɔpʀesɑ̃, -ɑ̃t] *adj* oppressive

oppresser [ɔpʀese] /**1**/ *vt* to oppress; **se sentir oppressé** to feel breathless

oppresseur [ɔpʀesœʀ] *nm* oppressor

oppressif, -ive [ɔpʀesif, -iv] *adj* oppressive

oppression [ɔpʀesjɔ̃] *nf* oppression; (*malaise*) feeling of suffocation

opprimer [ɔpʀime] /**1**/ *vt* (*asservir: peuple, faibles*) to oppress; (*étouffer: liberté, opinion*) to suppress, stifle; (*suj: chaleur etc*) to suffocate, oppress

opprobre [ɔpʀɔbʀ] *nm* disgrace

opter [ɔpte] /**1**/ *vi*: **~ pour** to opt for; **~ entre** to choose between

opticien, ne [ɔptisjɛ̃, -ɛn] *nm/f* optician

optimal, e, -aux [ɔptimal, -o] *adj* optimal

optimisation [ɔptimizasjɔ̃] *nf* optimization

optimiser [ɔptimize] /**1**/ *vt* to optimize

optimisme [ɔptimism] *nm* optimism

optimiste [ɔptimist] *adj* optimistic ▶ *nmf* optimist

optimum [ɔptimɔm] *adj, nm* optimum

option [ɔpsjɔ̃] *nf* option; (*Auto: supplément*) optional extra; **matière à ~** (*Scol*) optional subject (*BRIT*), elective (*US*); **prendre une ~ sur** to take (out) an option on; **~ par défaut** (*Inform*) default (option)

optionnel, le [ɔpsjɔnɛl] *adj* optional

optique [ɔptik] *adj* (*nerf*) optic; (*verres*) optical ▶ *nf* (*Photo: lentilles etc*) optics *pl*; (*science, industrie*) optics *sg*; (*fig: manière de voir*) perspective

opulence [ɔpylɑ̃s] *nf* wealth, opulence

opulent, e [ɔpylɑ̃, -ɑ̃t] *adj* wealthy, opulent; (*formes, poitrine*) ample, generous

opuscule [ɔpyskyl] *nm* booklet

OPV *sigle f* (= *offre publique de vente*) public offer of sale

or [ɔʀ] *nm* gold; **d'or** (*fig*) golden; **en or** gold *cpd*; (*occasion*) golden; **un mari/enfant en or** a treasure; **une affaire en or** (*achat*) a real bargain; (*commerce*) a gold mine; **plaqué or** gold-plated; **or noir** black gold ▶ *conj* now, but; **il croyait gagner or il a perdu** he was sure he would win and yet he lost

oracle [ɔʀakl] *nm* oracle

orage [ɔʀaʒ] *nm* (thunder)storm

orageux, -euse [ɔʀaʒø, -øz] *adj* stormy

oraison [ɔʀɛzɔ̃] *nf* orison, prayer; **~ funèbre** funeral oration

oral, e, -aux [ɔʀal, -o] *adj* (*déposition, promesse*) oral, verbal; (*Méd*): **par voie orale** by mouth, orally ▶ *nm* (*Scol*) oral

oralement [ɔʀalmɑ̃] *adv* orally

oralité [ɔʀalite] *nf* the spoken word, orality

orange [ɔʀɑ̃ʒ] *adj inv, nf* orange; **~ sanguine** blood orange; **~ pressée** freshly-squeezed orange juice

orangé, e [ɔʀɑ̃ʒe] *adj* orangey, orange-coloured

orangeade [ɔʀɑ̃ʒad] *nf* orangeade

oranger [ɔʀɑ̃ʒe] *nm* orange tree

orangeraie [ɔʀɑ̃ʒʀɛ] *nf* orange grove

orangerie [ɔʀɑ̃ʒʀi] *nf* orangery

orang-outan, orang-outang [ɔʀɑ̃utɑ̃] (*pl* **orangs-outans,** *pl* **orangs-outangs**) *nm* orang-utan

orateur [ɔʀatœʀ] *nm* speaker; orator

oratoire [ɔʀatwaʀ] *nm* (*lieu, chapelle*) oratory; (*au bord du chemin*) wayside shrine ▶ *adj* oratorical

oratorio [ɔʀatɔʀjo] *nm* oratorio

orbital, e, -aux [ɔʀbital, -o] *adj* orbital; **station orbitale** space station

orbite [ɔʀbit] *nf* (*Anat*) (eye-)socket; (*Astronomie*) orbit; **mettre sur ~** to put into orbit; (*fig*) to launch; **dans l'~ de** (*fig*) within the sphere of influence of

orbiter [ɔʀbite] *vi* (*Astronomie*): **~ autour de** to orbit

Orcades [ɔʀkad] *nfpl*: **les ~** the Orkneys, the Orkney Islands

orchestral, e, -aux [ɔʀkɛstʀal, -o] *adj* orchestral

orchestrateur, -trice [ɔʀkɛstʀatœʀ, -tʀis] *nm/f* orchestrator

orchestration [ɔʀkɛstʀasjɔ̃] *nf* orchestration

orchestre [ɔʀkɛstʀ] *nm* orchestra; (*de jazz, danse*) band; (*places*) stalls *pl* (*BRIT*), orchestra (*US*)

orchestrer [ɔʀkɛstʀe] /**1**/ *vt* (*Mus*) to orchestrate; (*fig*) to mount, stage-manage

orchidée [ɔʀkide] *nf* orchid

ordinaire [ɔʀdinɛʀ] *adj* ordinary; (*coutumier: maladresse etc*) usual; (*de tous les jours*) everyday; (*modèle, qualité*) standard; (*péj: commun*) common ▶ *nm* ordinary; (*menus*) everyday fare; **d'~** usually, normally; **à l'~** usually, ordinarily; **comme à l'~** as usual ▶ *nf* (*essence*) ≈ two-star (petrol) (*BRIT*), ≈ regular (gas) (*US*)

ordinairement [ɔʀdinɛʀmɑ̃] *adv* ordinarily, usually

ordinal, e, -aux [ɔʀdinal, -o] *adj* ordinal

ordinateur [ɔʀdinatœʀ] *nm* computer; **mettre sur ~** to computerize, put on computer; **~ de bureau** desktop computer; **~ individuel** *ou* **personnel** personal computer; **~ portable** laptop (computer)

ordination [ɔʀdinasjɔ̃] *nf* ordination

ordonnance [ɔʀdɔnɑ̃s] *nf* (*Méd*) prescription; (*groupement, disposition*) layout; (*Jur*) order; (*Mil*) orderly, batman (*BRIT*); (*Mil*) regulation *cpd*; **officier d'~** aide-de-camp

ordonnancement [ɔʀdɔnɑ̃smɑ̃] *nm* (*agencement*) arrangement, layout; (*Tech: de production, tâches*) scheduling; (*Inform: de paquets*) sequencing

ordonnateur, -trice [ɔʀdɔnatœʀ, -tʀis] *nm/f* (*d'une cérémonie, fête*) organizer; **~ des pompes funèbres** funeral director

ordonné, e [ɔʀdɔne] *adj* tidy, orderly; (*Math*) ordered ▶ *nf* (*Math*) Y-axis, ordinate

ordonner [ɔʀdɔne] /**1**/ *vt* (*agencer*) to organize, arrange; (*meubles, appartement*) to lay out, arrange; (*donner un ordre*): **~ à qn de faire** to order sb to do; (*Math*) to (arrange in) order; (*Rel*) to ordain; (*Méd*) to prescribe; (*Jur*) to order; **s'ordonner** *vpr* (*faits*) to organize themselves

ordre [ɔrdr] nm (gén) order; (propreté et soin) orderliness, tidiness; (association professionnelle, honorifique) association; (Comm) : **à l'~ de** payable to; (nature) : **d'~ pratique** of a practical nature; **avoir de l'~** to be tidy ou orderly; **mettre en ~** to tidy (up), put in order; **mettre bon ~ à** to put to rights, sort out; **procéder par ~** to take things one at a time; **par ~ alphabétique/d'importance** in alphabetical order/in order of importance; **rappeler qn à l'~** to call sb to order; **jusqu'à nouvel ~** until further notice; **dans le même ~ d'idées** in this connection; **par ~ d'entrée en scène** in order of appearance; **un ~ de grandeur** some idea of the size (ou amount); **de premier ~** first-rate; **~ de grève** strike call; **~ du jour** (d'une réunion) agenda; (Mil) order of the day; **à l'~ du jour** on the agenda; (fig) topical; (Mil : citer) in dispatches; **~ de mission** (Mil) orders pl; **~ public** law and order; **~ de route** marching orders pl; **ordres** nmpl (Rel) holy orders; **être aux ordres de qn/sous les ordres de qn** to be at sb's disposal/under sb's command

ordure [ɔrdyr] nf filth no pl; (propos, écrit) obscenity, (piece of) filth; **ordures** nfpl (balayures, déchets) rubbish sg, refuse sg; **ordures ménagères** household refuse

ordurier, -ière [ɔrdyrje, -jɛr] adj lewd, filthy

oreille [ɔrɛj] nf (Anat) ear; (Tech : d'un écrou) wing; **avoir de l'~** to have a good ear (for music); **avoir l'~ fine** to have good ou sharp ears; **l'~ basse** crestfallen, dejected; **se faire tirer l'~** to take a lot of persuading; **dire qch à l'~ de qn** to have a word in sb's ear (about sth)

oreiller [ɔreje] nm pillow

oreillette [ɔrɛjɛt] nf (Anat) auricle

oreillons [ɔrɛjɔ̃] nmpl mumps sg

ores [ɔr] : **d'~ et déjà** adv already

orfèvre [ɔrfɛvr] nm goldsmith; silversmith

orfèvrerie [ɔrfɛvrəri] nf (art, métier) goldsmith's (ou silversmith's) trade; (ouvrage) (silver ou gold) plate

orfraie [ɔrfrɛ] nf white-tailed eagle; **pousser des cris d'~** to yell at the top of one's voice

organe [ɔrgan] nm organ; (véhicule, instrument) instrument; (voix) voice; (porte-parole) representative, mouthpiece; **organes de commande** (Tech) controls; **organes de transmission** (Tech) transmission system sg

organigramme [ɔrganigram] nm (hiérarchique, structure) organization chart; (des opérations) flow chart

organique [ɔrganik] adj organic

organisateur, -trice [ɔrganizatœr, -tris] nm/f organizer

organisation [ɔrganizasjɔ̃] nf organization; **O~ des Nations unies (ONU)** United Nations (Organization) (UN(O)); **O~ mondiale de la santé (OMS)** World Health Organization (WHO); **O~ du traité de l'Atlantique Nord (OTAN)** North Atlantic Treaty Organization (NATO)

organisationnel, le [ɔrganizasjɔnɛl] adj organizational

organiser [ɔrganize] /1/ vt to organize; (mettre sur pied : service etc) to set up; **s'organiser** vpr to get organized

organisme [ɔrganism] nm (Bio) organism; (corps humain) body; (Admin, Pol etc) body, organism

organiste [ɔrganist] nmf organist

orgasme [ɔrgasm] nm orgasm, climax

orge [ɔrʒ] nf barley

orgeat [ɔrʒa] nm : **sirop d'~** barley water

orgelet [ɔrʒəlɛ] nm sty(e)

orgie [ɔrʒi] nf orgy

orgue [ɔrg] nm organ; **~ de Barbarie** barrel ou street organ; **orgues** nfpl organ sg

orgueil [ɔrgœj] nm pride

orgueilleux, -euse [ɔrgœjø, -øz] adj proud

Orient [ɔrjɑ̃] nm : **l'~** the East, the Orient

orientable [ɔrjɑ̃tabl] adj (phare, lampe etc) adjustable

oriental, e, -aux [ɔrjɑ̃tal, -o] adj (langue, produit) oriental, eastern; (frontière) eastern ▶ nm/f : **Oriental, e** Oriental

orientation [ɔrjɑ̃tasjɔ̃] nf positioning; adjustment; (de recherches) orientation; direction; (d'une maison etc) aspect; (d'un journal) leanings pl; **avoir le sens de l'~** to have a (good) sense of direction; **course d'~** orienteering exercise; **~ professionnelle** careers advice ou guidance; (service) careers advisory service

orienté, e [ɔrjɑ̃te] adj (fig : article, journal) slanted; **bien/mal ~** (appartement) well/badly positioned; **~ au sud** facing south, with a southern aspect

orienter [ɔrjɑ̃te] /1/ vt (situer) to position; (placer, disposer : pièce mobile) to adjust, position; (tourner : antenne) to direct, turn; (voyageur, touriste, recherches) to direct; (fig : élève) to orientate; **s'orienter** vpr (se repérer) to find one's bearings; **s'~ vers** (fig) to turn towards

orienteur, -euse [ɔrjɑ̃tœr, -øz] nm/f (Scol) careers adviser

orifice [ɔrifis] nm opening, orifice

oriflamme [ɔriflam] nf banner, standard

origan [ɔrigɑ̃] nm oregano

originaire [ɔriʒinɛr] adj original; **être ~ de** (pays, lieu) to be a native of; (provenir de) to originate from; to be native to

original, e, -aux [ɔriʒinal, -o] adj original; (bizarre) eccentric ▶ nm/f (fam : excentrique) eccentric; (: fantaisiste) joker ▶ nm (document etc, Art) original; (dactylographie) top copy

originalité [ɔriʒinalite] nf (d'un nouveau modèle) originality no pl; (excentricité, bizarrerie) eccentricity

origine [ɔriʒin] nf origin; (d'un message, appel téléphonique) source; (d'une révolution, réussite) root; **d'~** (pays) of origin; (pneus etc) original; (bureau postal) dispatching; **d'~ française** of French origin; **dès l'~** at ou from the outset; **à l'~** originally; **avoir son ~ dans** to have its origins in, originate in; **origines** nfpl (d'une personne) origins

originel, le [ɔriʒinɛl] adj original

originellement [ɔriʒinɛlmɑ̃] adv (à l'origine) originally; (dès l'origine) from the beginning

oripeaux [ɔripo] nmpl rags

ORL *sigle f* (= oto-rhino-laryngologie) ENT; **être en ~** (malade) to be in the ENT hospital *ou* department ▶ *sigle mf* (= oto-rhino-laryngologiste) ENT specialist

orme [ɔʀm] *nm* elm

orné, e [ɔʀne] *adj* ornate; **~ de** adorned *ou* decorated with

ornement [ɔʀnəmɑ̃] *nm* ornament; (fig) embellishment, adornment; **ornements sacerdotaux** vestments

ornemental, e, -aux [ɔʀnəmɑ̃tal, -o] *adj* ornamental

ornementer [ɔʀnəmɑ̃te] /1/ *vt* to ornament

orner [ɔʀne] /1/ *vt* to decorate, adorn; **~ qch de** to decorate sth with

ornière [ɔʀnjɛʀ] *nf* rut; (fig) : **sortir de l'~** (routine) to get out of the rut; (impasse) to get out of a spot

ornithologie [ɔʀnitɔlɔʒi] *nf* ornithology

ornithologue [ɔʀnitɔlɔg] *nmf* ornithologist; **~ amateur** birdwatcher

orphelin, e [ɔʀfəlɛ̃, -in] *adj* orphan(ed); **~ de père/mère** fatherless/motherless ▶ *nm/f* orphan

orphelinat [ɔʀfəlina] *nm* orphanage

ORSEC [ɔʀsɛk] *sigle f* = **Organisation des secours; le plan ~** disaster contingency plan

ORSECRAD [ɔʀsɛkʀad] *sigle m* = **ORSEC en cas d'accident nucléaire**

orteil [ɔʀtɛj] *nm* toe; **gros ~** big toe

ORTF *sigle m* (= Office de radio-diffusion télévision française) (former) French broadcasting corporation

orthodontiste [ɔʀtɔdɔ̃tist] *nmf* orthodontist

orthodoxe [ɔʀtɔdɔks] *adj* orthodox

orthodoxie [ɔʀtɔdɔksi] *nf* orthodoxy

orthogénie [ɔʀtɔʒeni] *nf* family planning

orthographe [ɔʀtɔgʀaf] *nf* spelling

orthographier [ɔʀtɔgʀafje] /7/ *vt* to spell; **mal orthographié** misspelt

orthopédie [ɔʀtɔpedi] *nf* orthopaedics *sg* (Brit), orthopedics *sg* (US)

orthopédique [ɔʀtɔpedik] *adj* orthopaedic (Brit), orthopedic (US)

orthopédiste [ɔʀtɔpedist] *nmf* orthopaedic (Brit) *ou* orthopedic (US) specialist

orthophonie [ɔʀtɔfɔni] *nf* (Méd) speech therapy; (Ling) correct pronunciation

orthophoniste [ɔʀtɔfɔnist] *nmf* speech therapist

ortie [ɔʀti] *nf* (stinging) nettle; **~ blanche** white dead-nettle

OS *sigle m* = **ouvrier spécialisé**

os [ɔs] *nm* bone; **sans os** (Boucherie) off the bone, boned; **os à moelle** marrowbone

oscillation [ɔsilasjɔ̃] *nf* oscillation; **oscillations** *nfpl* (fig) fluctuations

osciller [ɔsile] /1/ *vi* (pendule) to swing; (au vent etc) to rock; (Tech) to oscillate; (fig) : **~ entre** to waver *ou* fluctuate between

osé, e [oze] *adj* daring, bold

oseille [ozɛj] *nf* sorrel

oser [oze] /1/ *vi, vt* to dare; **~ faire** to dare (to) do

osier [ozje] *nm* (Bot) willow; **d'~, en ~** wicker(work) *cpd*

Oslo [ɔslo] *n* Oslo

osmose [ɔsmoz] *nf* osmosis

ossature [ɔsatyʀ] *nf* (Anat : squelette) frame, skeletal structure; (: du visage) bone structure; (fig) framework

osselet [ɔslɛ] *nm* (Anat) ossicle; **jouer aux osselets** to play jacks

ossements [ɔsmɑ̃] *nmpl* bones

osseux, -euse [ɔsø, -øz] *adj* bony; (tissu, maladie, greffe) bone *cpd*

ossifier [ɔsifje] /7/ : **s'ossifier** *vpr* to ossify

ossuaire [ɔsɥɛʀ] *nm* ossuary

Ostende [ɔstɑ̃d] *n* Ostend

ostensible [ɔstɑ̃sibl] *adj* conspicuous

ostensiblement [ɔstɑ̃sibləmɑ̃] *adv* conspicuously

ostensoir [ɔstɑ̃swaʀ] *nm* monstrance

ostentation [ɔstɑ̃tasjɔ̃] *nf* ostentation; **faire ~ de** to parade, make a display of

ostentatoire [ɔstɑ̃tatwaʀ] *adj* ostentatious

ostraciser [ɔstʀasize] *vt* to ostracize

ostracisme [ɔstʀasism] *nm* ostracism; **frapper d'~** to ostracize

ostréicole [ɔstʀeikɔl] *adj* oyster *cpd*

ostréiculteur, -trice [ɔstʀeikyltœʀ, -tʀis] *nm/f* oyster farmer, oyster grower

ostréiculture [ɔstʀeikyltyʀ] *nf* oyster-farming

otage [ɔtaʒ] *nm* hostage; **prendre qn en ~** to take sb hostage

OTAN [ɔtɑ̃] *sigle f* (= Organisation du traité de l'Atlantique Nord) NATO

otarie [ɔtaʀi] *nf* sea-lion

ôter [ote] /1/ *vt* to remove; (soustraire) to take away; **~ qch à qn** to take sth (away) from sb; **~ qch de** to remove sth from; **six ôté de dix égale quatre** six from ten equals *ou* is four

otite [ɔtit] *nf* ear infection

oto-rhino, oto-rhino-laryngologiste [ɔtoʀino(laʀɛ̃gɔlɔʒist)] *nmf* ear, nose and throat specialist

ottomane [ɔtɔman] *nf* ottoman

ou [u] *conj* or; **ou ... ou** either ... or; **ou bien** or (else)

(MOT-CLÉ)

où [u] *pron relatif* **1** (position, situation) where, that (souvent omis); **la chambre où il était** the room (that) he was in, the room where he was; **la ville où je l'ai rencontré** the town where I met him; **la pièce d'où il est sorti** the room he came out of; **le village d'où je viens** the village I come from; **les villes par où il est passé** the towns he went through
2 (temps, état) that (souvent omis); **le jour où il est parti** the day (that) he left; **au prix où c'est** at the price it is
▶ *adv* **1** (interrogation) where; **où est-il/va-t-il ?** where is he/is he going?; **par où ?** which way?; **d'où vient que ... ?** how come ...?
2 (position) where; **je sais où il est** I know where he is; **où que l'on aille** wherever you go

OUA *sigle f* (= Organisation de l'unité africaine) OAU (= Organization of African Unity)

ouah ['wa] *excl* woof!; (fam : admiratif) wow!

ouais [wɛ] *excl* yeah

ouate [wat] *nf* cotton wool (BRIT), cotton (US); (*bourre*) padding, wadding; ~ **(hydrophile)** cotton wool (BRIT), (absorbent) cotton (US)

ouaté, e [wate] *adj* cotton-wool; (*doublé*) padded; (*fig : atmosphère*) cocoon-like; (: *pas, bruit*) muffled

oubli [ubli] *nm* (*acte*) : **l'~ de** forgetting; (*trou de mémoire*) lapse of memory; (*étourderie*) forgetfulness *no pl*; (*négligence*) omission, oversight; (*absence de souvenirs*) oblivion; ~ **de soi** self-effacement, self-negation; **tomber dans l'~** to sink into oblivion

oublier [ublije] /**7**/ *vt* (*gén*) to forget; (*ne pas voir : erreurs etc*) to miss; (*ne pas mettre : virgule, nom*) to leave out, forget; (*laisser quelque part : chapeau etc*) to leave behind; ~ **l'heure** to forget (about) the time; **s'oublier** *vpr* to forget o.s.; (*enfant, animal*) to have an accident (*euphemism*)

oubliettes [ublijɛt] *nfpl* dungeon *sg*; **(jeter) aux ~** (*fig*) (to put) completely out of mind

oublieux, -euse [ublijø, -øz] *adj* forgetful

oued [wɛd] *nm* wadi

ouest [wɛst] *nm* west; **à l'~** in the west; (*direction*) (to the) west, westwards; **à l'~ de** (to the) west of; **vent d'~** westerly wind ▸ *adj inv* west; (*région*) western

ouest-allemand, e [wɛstalmã, -ãd] *adj* West German

ouf [uf] *excl* phew!

Ouganda [ugãda] *nm* : **l'~** Uganda

ougandais, e [ugãdɛ, -ɛz] *adj* Ugandan

oui [wi] *adv* yes; **répondre (par)** ~ to answer yes; **mais ~, bien sûr** yes, of course; **je pense que** ~ I think so; **pour un ~ ou pour un non** for no apparent reason

oui-dire ['widiʀ] : **par** ~ *adv* by hearsay

ouïe [wi] *nf* hearing; **ouïes** *nfpl* (*de poisson*) gills; (*de violon*) sound-hole *sg*

ouïr [wiʀ] /**10**/ *vt* to hear; **avoir ouï dire que** to have heard it said that

ouistiti [wistiti] *nm* marmoset

oukase [ukaz] *nm* (*Hist*) ukase; (*fig : décision arbitraire*) edict

ouragan [uʀagã] *nm* hurricane; (*fig*) storm

Oural [uʀal] *nm* : **l'~** (*fleuve*) the Ural; (*aussi* : **les monts Oural**) the Urals, the Ural Mountains

ourdir [uʀdiʀ] /**2**/ *vt* (*complot*) to hatch

ourdou, e [uʀdu] *adj* Urdu ▸ *nm* (*Ling*) Urdu

ourlé, e [uʀle] *adj* hemmed; (*fig*) rimmed

ourler [uʀle] /**1**/ *vt* to hem

ourlet [uʀlɛ] *nm* hem; (*de l'oreille*) rim; **faire un ~ à** to hem

ours [uʀs] *nm* bear; ~ **brun/blanc** brown/polar bear; ~ **marin** fur seal; ~ **mal léché** uncouth fellow; ~ **(en peluche)** teddy (bear)

ourse [uʀs] *nf* (*Zool*) she-bear; **la Grande/Petite O**~ the Great/Little Bear, Ursa Major/Minor

oursin [uʀsɛ̃] *nm* sea urchin

ourson [uʀsɔ̃] *nm* (bear-)cub

ouste [ust] *excl* hop it!

outil [uti] *nm* tool

outillage [utijaʒ] *nm* set of tools; (*d'atelier*) equipment *no pl*

outiller [utije] /**1**/ *vt* (*ouvrier, usine*) to equip

outrage [utʀaʒ] *nm* insult; **faire subir les derniers outrages à** (*femme*) to ravish; ~ **aux**

bonnes mœurs (*Jur*) outrage to public decency; ~ **à magistrat** (*Jur*) contempt of court; ~ **à la pudeur** (*Jur*) indecent behaviour *no pl*

outragé, e [utʀaʒe] *adj* offended; outraged

outrageant, e [utʀaʒã, -ãt] *adj* offensive

outrager [utʀaʒe] /**3**/ *vt* to offend gravely; (*fig : contrevenir à*) to outrage, insult

outrageusement [utʀaʒøzmã] *adv* outrageously

outrance [utʀãs] *nf* excessiveness *no pl*, excess : **à** ~ *adv* excessively, to excess

outrancier, -ière [utʀãsje, -jɛʀ] *adj* extreme

outre [utʀ] *nf* goatskin, water skin ▸ *prép* besides; **en** ~ besides, moreover; ~ **que** apart from the fact that; ~ **mesure** to excess; (*manger, boire*) immoderately ▸ *adv* : **passer** ~ to carry on regardless; **passer** ~ **à** to disregard, take no notice of

outré, e [utʀe] *adj* (*flatterie, éloge*) excessive, exaggerated; (*indigné, scandalisé*) outraged

outre-Atlantique [utʀatlãtik] *adv* across the Atlantic

outrecuidance [utʀəkɥidãs] *nf* presumptuousness *no pl*

outre-Manche [utʀəmãʃ] *adv* across the Channel

outremer [utʀəmɛʀ] *adj inv* ultramarine

outre-mer [utʀəmɛʀ] *adv* overseas; **d'~** overseas

outrepasser [utʀəpase] /**1**/ *vt* to go beyond, exceed

outrer [utʀe] /**1**/ *vt* (*pensée, attitude*) to exaggerate; (*indigner : personne*) to outrage

outre-Rhin [utʀəʀɛ̃] *adv* across the Rhine, in Germany

outsider [awtsajdœʀ] *nm* outsider

ouvert, e [uvɛʀ, -ɛʀt] *pp de* **ouvrir** ▸ *adj* open; (*robinet, gaz etc*) on; **à bras ouverts** with open arms

ouvertement [uvɛʀtəmã] *adv* openly

ouverture [uvɛʀtyʀ] *nf* opening; (*Mus*) overture; (*Pol*) : **l'~** the widening of the political spectrum; (*Photo*) : ~ **(du diaphragme)** aperture; ~ **d'esprit** open-mindedness; **heures d'~** (*Comm*) opening hours; **jours d'~** (*Comm*) days of opening; **ouvertures** *nfpl* (*propositions*) overtures

ouvrable [uvʀabl] *adj* : **jour** ~ working day, weekday; **heures ouvrables** business hours

ouvrage [uvʀaʒ] *nm* (*tâche, de tricot etc, Mil*) work *no pl*; (*objet : Couture, Art*) (piece of) work; (*texte, livre*) work; **panier** *ou* **corbeille à** ~ work basket; ~ **d'art** (*Génie Civil*) bridge or tunnel etc

ouvragé, e [uvʀaʒe] *adj* finely embroidered (*ou* worked *ou* carved)

ouvrant, e [uvʀã, -ãt] *vb voir* **ouvrir** ▸ *adj* : **toit** ~ sunroof

ouvré, e [uvʀe] *adj* finely-worked; **jour** ~ working day

ouvre-boîte(s) [uvʀəbwat] *nm inv* tin (BRIT) *ou* can opener

ouvre-bouteille(s) [uvʀəbutɛj] *nm inv* bottle-opener

ouvreuse [uvʀøz] *nf* usherette

ouvrier, -ière [uvʀije, -jɛʀ] *nm/f* worker; ~ **agricole** farmworker; ~ **qualifié** skilled worker; ~ **spécialisé** semiskilled worker;

~ d'usine factory worker ▶ *nf* (*Zool*) worker (bee) ▶ *adj* working-class; (*problèmes, conflit*) industrial; (*mouvement*) labour *cpd* (BRIT), labor *cpd* (US); (*revendications*) workers'; **classe ouvrière** working class

ouvrir [uvRiR] **/18/** *vt* (*gén*) to open; (*brèche, passage*) to open up; (*commencer l'exploitation de, créer*) to open (up); (*eau, électricité, chauffage, robinet*) to turn on; (*Méd : abcès*) to open up, cut open; **~ l'appétit à qn** to whet sb's appetite; **~ des horizons** to open up new horizons; **~ l'esprit** to broaden one's horizons; **~ une session** (*Inform*) to log in ▶ *vi* to open; to open up; (*Cartes*) : **~ à trèfle** to open in clubs; **~ sur** to open onto; **s'ouvrir** *vpr* to open; **s'~ à** (*art etc*) to open one's mind to; **s'~ à qn (de qch)** to open one's heart to sb (about sth); **s'~ les veines** to slash *ou* cut one's wrists

ouvroir [uvRwaR] *nm* workroom, sewing room
ovaire [ɔvɛR] *nm* ovary
ovale [ɔval] *adj* oval

ovation [ɔvasjɔ̃] *nf* ovation
ovationner [ɔvasjɔne] **/1/** *vt* : **~ qn** to give sb an ovation
ovin, e [ɔvɛ̃, -in] *adj* ovine
OVNI [ɔvni] *sigle m* (= *objet volant non identifié*) UFO
ovoïde [ɔvɔid] *adj* egg-shaped
ovulation [ɔvylasjɔ̃] *nf* (*Physiol*) ovulation
ovule [ɔvyl] *nm* (*Physiol*) ovum; (*Méd*) pessary
oxfordien, ne [ɔksfɔRdjɛ̃, -ɛn] *adj* Oxonian ▶ *nm/f* : **Oxfordien, ne** Oxonian
oxydable [ɔksidabl] *adj* liable to rust
oxyde [ɔksid] *nm* oxide; **~ de carbone** carbon monoxide
oxyder [ɔkside] **/1/** : **s'oxyder** *vpr* to become oxidized
oxygène [ɔksiʒɛn] *nm* oxygen
oxygéné, e [ɔksiʒene] *adj* : **eau oxygénée** hydrogen peroxide; **cheveux oxygénés** bleached hair
ozone [ozon] *nm* ozone; **trou dans la couche d'~** hole in the ozone layer

Pp

P, p [pe] *nm inv* P, p ▶ *abr* (= *Père*) Fr; (= *page*) p;
P comme Pierre P for Peter

PA *sigle fpl* = **les petites annonces**

PAC *sigle f* (= *Politique agricole commune*) CAP

PACA [paka] *sigle f* (*région* : = *Provence-Alpes-Côte d'Azur*) *administrative region in south-east France*;
en ~ in Provence-Alpes-Côte d'Azur

pacage [pakaʒ] *nm* grazing, pasture

pacemaker [pɛsmɛkœʀ] *nm* pacemaker

pachyderme [paʃidɛʀm] *nm* pachyderm;
elephant

pacificateur, -trice [pasifikatœʀ, -tʀis] *adj*
pacificatory

pacification [pasifikasjɔ̃] *nf* pacification

pacifier [pasifje] /7/ *vt* to pacify

pacifique [pasifik] *adj* (*personne*) peaceable;
(*intentions, coexistence*) peaceful ▶ *nm* : **le P~,
l'océan P~** the Pacific (Ocean)

pacifiquement [pasifikmɑ̃] *adv* peaceably;
peacefully

pacifisme [pasifism] *nm* pacifism

pacifiste [pasifist] *nmf* pacifist

pack [pak] *nm* pack

pacotille [pakɔtij] *nf* (*péj*) cheap junk *pl*; **de** ~ cheap

Pacs [paks] *sigle m* (= *pacte civil de solidarité*) ≈ civil
partnership

PACS

> The *Pacte civil de solidarité*, or **Pacs**, is a contract
> entered into by two single people of 18 or over,
> allowing them to formally and legally
> register their relationship and enter into a
> civil partnership. The parties can be a man
> and a woman or two people of the same sex.
> The contract carries with it the mutual
> obligation to take care of each other and
> provide each other with financial support.
> Although it carries rights similar to those of
> married couples, it is less advantageous in
> certain areas, for instance as far as
> inheritance is concerned.

pacsé, e [pakse] *adj* : **être ~** ≈ to have registered a
civil partnership, ≈ to have registered a civil
union ▶ *nm/f person who has registered a civil
partnership*

pacser [pakse] /1/ : **se pacser** *vpr* ≈ to form a civil
partnership

pacte [pakt] *nm* pact, treaty

pactiser [paktize] /1/ *vi* : ~ **avec** to come to terms
with

pactole [paktɔl] *nm* gold mine (*fig*)

paddock [padɔk] *nm* paddock

Padoue [padu] *n* Padua

PAF *sigle f* (= *Police de l'air et des frontières*) *police
authority responsible for civil aviation, border control
etc* ▶ *sigle m* (= *paysage audiovisuel français*) *French
broadcasting scene*

pagaie [pagɛ] *nf* paddle

pagaille [pagaj] *nf* (*fam*) mess, shambles *sg*; **il y
en a en** ~ there are loads *ou* heaps of them

paganisme [paganism] *nm* paganism

pagayer [pageje] /8/ *vi* to paddle

page [paʒ] *nf* page; (*passage : d'un roman*) passage;
mettre en pages to make up (into pages);
mise en ~ layout; **à la** ~ (*fig*) up-to-date;
~ **d'accueil** (*Inform*) home page; ~ **blanche**
blank page; ~ **de garde** endpaper; ~ **Web** web
page ▶ *nm* page (boy)

page-écran [paʒekʀɑ̃] (*pl* **pages-écrans**) *nf*
(*Inform*) screen page

pagination [paʒinasjɔ̃] *nf* pagination

paginer [paʒine] /1/ *vt* to paginate

pagne [paɲ] *nm* loincloth

pagode [pagɔd] *nf* pagoda

paie [pɛ] *nf* = **paye**

paiement [pɛmɑ̃] *nm* = **payement**

païen, ne [pajɛ̃, -ɛn] *adj, nm/f* pagan, heathen

paillard, e [pajaʀ, -aʀd] *adj* bawdy

paillasse [pajas] *nf* (*matelas*) straw mattress;
(*d'un évier*) draining board

paillasson [pajasɔ̃] *nm* doormat

paille [paj] *nf* straw; (*défaut*) flaw; **être sur la** ~
to be ruined; ~ **de fer** steel wool

paillé, e [paje] *adj* with a straw seat

pailleté, e [paj(ə)te] *adj* sequined

paillette [pajɛt] *nf* speck, flake; **paillettes** *nfpl*
(*décoratives*) sequins, spangles; **lessive en
paillettes** soapflakes *pl*

pain [pɛ̃] *nm* (*substance*) bread; (*unité*) loaf (of
bread); (*morceau*) : ~ **de cire** *etc* bar of wax *etc*;
(*Culin*) : ~ **de poisson/légumes** fish/vegetable
loaf; **petit** ~ (bread) roll; ~ **bis/complet** brown/
wholemeal (BRIT) *ou* wholewheat (US) bread;
~ **de campagne** farmhouse bread; ~ **d'épice**
≈ gingerbread; ~ **grillé** toast; ~ **de mie**
sandwich loaf; ~ **perdu** French toast; ~ **de
seigle** rye bread; ~ **de sucre** sugar loaf; ~ **au
chocolat** pain au chocolat; ~ **aux raisins**
currant pastry

pair, e [pɛʀ] *adj* (*nombre*) even ▶ *nm* peer; **aller de
~ (avec)** to go hand in hand *ou* together (with);

au ~ (*Finance*) at par; **valeur au ~** par value; **jeune fille au ~** au pair

paire [pɛʀ] *nf* pair; **une ~ de lunettes/tenailles** a pair of glasses/pincers; **les deux font la ~** they are two of a kind

pais [pɛ] *vb voir* **paître**

paisible [pezibl] *adj* peaceful, quiet

paisiblement [peziblǝmɑ̃] *adv* peacefully, quietly

paître [pɛtʀ] **/57/** *vi* to graze

paix [pɛ] *nf* peace; (*fig*) peacefulness, peace; **faire la ~ avec** to make peace with; **avoir la ~** to have peace (and quiet); **fiche-lui la ~ !** (*fam*) leave him alone!

Pakistan [pakistɑ̃] *nm* : **le ~** Pakistan

pakistanais, e [pakistanɛ, -ɛz] *adj* Pakistani

PAL *sigle m* (= *Phase Alternation Line*) PAL

palabrer [palabʀe] **/1/** *vi* to argue endlessly

palabres [palabʀ] *nfpl* endless discussions

palace [palas] *nm* luxury hotel

palais [palɛ] *nm* palace; (*Anat*) palate; **le P~ Bourbon** *the seat of the French National Assembly*; **le P~ de l'Élysée** the Élysée Palace; **~ des expositions** exhibition centre; **le P~ de Justice** the Law Courts *pl*

palan [palɑ̃] *nm* hoist

pale [pal] *nf* (*d'hélice, de rame*) blade; (*de roue*) paddle

pâle [pɑl] *adj* pale; (*fig*) : **une ~ imitation** a pale imitation; **bleu ~** pale blue; **~ de colère** white *ou* pale with anger

palefrenier [palfʀǝnje] *nm* groom (*for horses*)

paléontologie [paleɔ̃tɔlɔʒi] *nf* paleontology

paléontologiste [paleɔ̃tɔlɔʒist], **paléontologue** [paleɔ̃tɔlɔg] *nmf* paleontologist

Palerme [palɛʀm] *n* Palermo

Palestine [palɛstin] *nf* : **la ~** Palestine

palestinien, ne [palɛstinjɛ̃, -ɛn] *adj* Palestinian ▶ *nm/f* : **Palestinien, ne** Palestinian

palet [palɛ] *nm* disc; (*Hockey*) puck

paletot [palto] *nm* (short) coat

palette [palɛt] *nf* (*de peintre*) palette; (*de produits*) range

palétuvier [paletyvje] *nm* mangrove

pâleur [pɑlœʀ] *nf* paleness

palier [palje] *nm* (*d'escalier*) landing; (*fig*) level, plateau; (: *phase stable*) levelling (BRIT) *ou* leveling (US) off, new level; (*Tech*) bearing; **nos voisins de ~** our neighbo(u)rs across the landing (BRIT) *ou* the hall (US); **en ~** *adv* level; **par paliers** in stages

palière [paljɛʀ] *adj f* landing *cpd*

pâlir [paliʀ] **/2/** *vi* to turn *ou* go pale; (*couleur*) to fade; **faire ~ qn** (*de jalousie*) to make sb green (with envy)

palissade [palisad] *nf* fence

palissandre [palisɑ̃dʀ] *nm* rosewood

palliatif [paljatif] *nm* palliative; (*expédient*) stopgap measure

pallier [palje] **/7/** *vt* : **~ (à)** to offset, make up for

palmarès [palmaʀɛs] *nm* record (of achievements); (*Scol*) prize list; (*Sport*) list of winners

palme [palm] *nf* (*Bot*) palm leaf; (*symbole*) palm; (*de plongeur*) flipper; **palmes (académiques)** *decoration for services to education*

palmé, e [palme] *adj* (*pattes*) webbed

palmeraie [palmǝʀɛ] *nf* palm grove

palmier [palmje] *nm* palm tree; (*gâteau*) heart-shaped biscuit made of flaky pastry

palmipède [palmipɛd] *nm* palmiped, webfooted bird

palois, e [palwa, -waz] *adj* of *ou* from Pau ▶ *nm/f* : **Palois, e** inhabitant *ou* native of Pau

palombe [palɔ̃b] *nf* woodpigeon, ringdove

pâlot, te [pɑlo, -ɔt] *adj* pale, peaky

palourde [paluʀd] *nf* clam

palpable [palpabl] *adj* tangible, palpable

palper [palpe] **/1/** *vt* to feel, finger

palpitant, e [palpitɑ̃, -ɑ̃t] *adj* thrilling, gripping

palpitation [palpitasjɔ̃] *nf* palpitation

palpiter [palpite] **/1/** *vi* (*cœur, pouls*) to beat; (: *plus fort*) to pound, throb; (*narines, chair*) to quiver

paludisme [palydism] *nm* malaria

palustre [palystʀ] *adj* (*coquillage etc*) marsh *cpd*; (*fièvre*) malarial

pâmer [pɑme] **/1/** : **se pâmer** *vpr* to swoon; (*fig*) : **se ~ devant** to go into raptures over

pâmoison [pɑmwazɔ̃] *nf* : **tomber en ~** to swoon

pampa [pɑ̃pa] *nf* pampas *pl*

pamphlet [pɑ̃flɛ] *nm* lampoon, satirical tract

pamphlétaire [pɑ̃fletɛʀ] *nmf* lampoonist

pamplemousse [pɑ̃plǝmus] *nm* grapefruit

pan [pɑ̃] *nm* section, piece; (*côté : d'un prisme, d'une tour*) side, face; **~ de chemise** shirt tail; **~ de mur** section of wall ▶ *excl* bang!

panacée [panase] *nf* panacea

panachage [panaʃaʒ] *nm* blend, mix; (*Pol*) *voting for candidates from different parties instead of for the set list of one party*

panache [panaʃ] *nm* plume; (*fig*) spirit, panache

panaché, e [panaʃe] *adj* : **œillet ~** variegated carnation; **glace panachée** mixed ice cream; **salade panachée** mixed salad ▶ *nm* (*bière*) shandy

panais [panɛ] *nm* parsnip

Panama [panama] *nm* : **le ~** Panama

panaméen, ne [panameɛ̃, -ɛn] *adj* Panamanian ▶ *nm/f* : **Panaméen, ne** Panamanian

panaris [panaʀi] *nm* whitlow

pancarte [pɑ̃kaʀt] *nf* sign, notice; (*dans un défilé*) placard

pancréas [pɑ̃kʀeas] *nm* pancreas

panda [pɑ̃da] *nm* panda

pandémie [pɑ̃demi] *nf* pandemic

pané, e [pane] *adj* fried in breadcrumbs

panégyrique [paneʒiʀik] *nm* : **faire le ~ de qn** to extol sb's merits *ou* virtues

panier [panje] *nm* basket; (*à diapositives*) magazine; **mettre au ~** to chuck away; **~ de crabes : c'est un ~ de crabes** (*fig*) they're constantly at one another's throats; **~ percé** (*fig*) spendthrift; **~ à provisions** shopping basket; **~ à salade** (*Culin*) salad shaker; (*Police*) paddy wagon, police van

panier-repas [panjeʀ(ǝ)pɑ] (*pl* **paniers-repas**) *nm* packed lunch

panification [panifikasjɔ̃] *nf* bread-making

panique [panik] *adj* panicky ▸*nf* panic

paniquer [panike] /1/ *vi* to panic

panne [pan] *nf* (*d'un mécanisme, moteur*) breakdown; **être/tomber en** ~ to have broken down/break down; **être en** ~ **d'essence** *ou* **en** ~ **sèche** to have run out of petrol (*BRIT*) *ou* gas (*US*); **mettre en** ~ (*Navig*) to bring to; ~ **d'électricité** *ou* **de courant** power *ou* electrical failure

panneau, x [pano] *nm* (*écriteau*) sign, notice; (*de boiserie, de tapisserie etc*) panel; **tomber dans le** ~ (*fig*) to walk into the trap; ~ **d'affichage** notice (*BRIT*) *ou* bulletin (*US*) board; ~ **électoral** board for election poster; ~ **indicateur** signpost; ~ **publicitaire** hoarding (*BRIT*), billboard (*US*); ~ **de signalisation** roadsign; ~ **solaire** solar panel

panonceau, x [panɔ̃so] *nm* (*de magasin etc*) sign; (*de médecin etc*) plaque

panoplie [panɔpli] *nf* (*jouet*) outfit; (*d'armes*) display; (*fig*) array

panorama [panɔrama] *nm* (*vue*) all-round view, panorama; (*peinture*) panorama; (*fig : étude complète*) complete overview

panoramique [panɔramik] *adj* panoramic; (*carrosserie*) with panoramic windows ▸*nm* (*Ciné, TV*) panoramic shot

panse [pɑ̃s] *nf* paunch

pansement [pɑ̃smɑ̃] *nm* dressing, bandage; ~ **adhésif** sticking plaster (*BRIT*), bandaid® (*US*)

panser [pɑ̃se] /1/ *vt* (*plaie*) to dress, bandage; (*bras*) to put a dressing on, bandage; (*cheval*) to groom

pantacourt [pɑ̃takur] *nm* cropped trousers *pl*

pantalon [pɑ̃talɔ̃] *nm* trousers *pl* (*BRIT*), pants *pl* (*US*), pair of trousers *ou* pants; ~ **de ski** ski pants *pl*

pantalonnade [pɑ̃talɔnad] *nf* slapstick (comedy)

pantelant, e [pɑ̃t(ə)lɑ̃, -ɑ̃t] *adj* gasping for breath, panting

panthère [pɑ̃tɛr] *nf* panther

pantin [pɑ̃tɛ̃] *nm* (*jouet*) jumping jack; (*péj : personne*) puppet

pantois, e [pɑ̃twa, -waz] *adj m* : **rester** ~ to be flabbergasted

pantomime [pɑ̃tɔmim] *nf* mime; (*pièce*) mime show; (*péj*) fuss, carry-on

pantouflard, e [pɑ̃tuflar, -ard] *adj* (*péj*) stay-at-home

pantoufle [pɑ̃tufl] *nf* slipper

panure [panyr] *nf* breadcrumbs *pl*

PAO *sigle f* (= *publication assistée par ordinateur*) DTP

paon [pɑ̃] *nm* peacock

papa [papa] *nm* dad(dy)

papauté [papote] *nf* papacy

papaye [papaj] *nf* pawpaw

pape [pap] *nm* pope

paperasse [papras] *nf* (*péj*) bumf *no pl*, papers *pl*; forms *pl*

paperasserie [paprasri] *nf* (*péj*) red tape *no pl*; paperwork *no pl*

papeterie [papɛtri] *nf* (*fabrication du papier*) paper-making (industry); (*usine*) paper mill; (*magasin*) stationer's (shop) (*BRIT*); (*articles*) stationery

papetier, -ière [pap(ə)tje, -jɛr] *nm/f* paper-maker; stationer

papetier-libraire [pap(ə)tjɛlibrɛr] (*pl* **papetiers-libraires**) *nm* bookseller and stationer

papi [papi] *nm* (*fam*) granddad

papier [papje] *nm* paper; (*feuille*) sheet *ou* piece of paper; (*article*) article; (*écrit officiel*) document; **sur le** ~ (*théoriquement*) on paper; **noircir du** ~ to write page after page; ~ **couché/glacé** art/glazed paper; ~ **(d')aluminium** aluminium (*BRIT*) *ou* aluminum (*US*) foil, tinfoil; ~ **d'Arménie** incense paper; ~ **bible** India *ou* bible paper; ~ **de brouillon** rough *ou* scrap paper; ~ **bulle** manil(l)a paper; ~ **buvard** blotting paper; ~ **calque** tracing paper; ~ **carbone** carbon paper; ~ **collant** Sellotape® (*BRIT*), Scotch tape® (*US*), sticky tape; ~ **en continu** continuous stationery; ~ **à dessin** drawing paper; ~ **d'emballage** wrapping paper; ~ **gommé** gummed paper; ~ **hygiénique** *ou* **(de) toilette** toilet paper; ~ **journal** newsprint; (*pour emballer*) newspaper; ~ **à lettres** writing paper, notepaper; ~ **mâché** papier-mâché; ~ **machine** typing paper; ~ **peint** wallpaper; ~ **pelure** India paper; ~ **à pliage accordéon** fanfold paper; ~ **de soie** tissue paper; ~ **thermique** thermal paper; ~ **de tournesol** litmus paper; ~ **de verre** sandpaper; **papiers** *nmpl* (*aussi* : **papiers d'identité**) (identity) papers

papier-filtre [papjefiltr] (*pl* **papiers-filtres**) *nm* filter paper

papier-monnaie [papjemɔnɛ] (*pl* **papiers-monnaies**) *nm* paper money

papille [papij] *nf* : **papilles gustatives** taste buds

papillon [papijɔ̃] *nm* butterfly; (*fam* : *contravention*) (parking) ticket; (*Tech : écrou*) wing *ou* butterfly nut; ~ **de nuit** moth

papillonner [papijɔne] /1/ *vi* to flit from one thing (*ou* person) to another

papillote [papijɔt] *nf* (*pour cheveux*) curlpaper; (*de gigot*) (paper) frill; **en** ~ cooked in tinfoil

papilloter [papijɔte] /1/ *vi* (*yeux*) to blink; (*paupières*) to flutter; (*lumière*) to flicker

papotage [papotaʒ] *nm* chitchat

papoter [papote] /1/ *vi* to chatter

papou, e [papu] *adj* Papuan

Papouasie-Nouvelle-Guinée [papwazinuvɛlgine] *nf* : **la** ~ Papua-New-Guinea

paprika [paprika] *nm* paprika

papyrus [papirys] *nm* papyrus

pâque [pɑk] *nf* : **la** ~ Passover; *voir aussi* **Pâques**

paquebot [pak(ə)bo] *nm* liner

pâquerette [pakrɛt] *nf* daisy

Pâques [pɑk] *nfpl* Easter; **faire ses** ~ to do one's Easter duties; **l'île de** ~ Easter Island

> **PÂQUES**
>
> In France, Easter eggs (**œufs de Pâques**) are said to be brought by the Easter bells, or *cloches de Pâques*, which fly from Rome and drop the eggs in people's gardens.

paquet [pakɛ] *nm* packet; (*colis*) parcel; (*ballot*) bundle; (*dans négociations*) package (deal); (*fig : tas*) : ~ **de** pile *ou* heap of; **mettre le** ~ (*fam*) to give one's all; ~ **de mer** big wave; **paquets** *nmpl* (*bagages*) bags

paquetage [pak(ə)taʒ] *nm* (*Mil*) kit, pack

paquet-cadeau [pakɛkado] (*pl* **paquets-cadeaux**) *nm* gift-wrapped parcel

par [paʀ] *prép* by; **finir** *etc* ~ to end *etc* with; ~ **amour** out of love; **passer** ~ **Lyon/la côte** to go via *ou* through Lyons/along by the coast; ~ **la fenêtre** (*jeter, regarder*) out of the window; **trois** ~ **jour/personne** three a *ou* per day/head; **deux** ~ **deux** two at a time; (*marcher etc*) in twos; ~ **où ?** which way?; ~ **ici** this way; (*dans le coin*) round here; ~**-ci**, ~**-là** here and there; ~ **temps de pluie** in wet weather

para [paʀa] *nm* (*parachutiste*) para

parabole [paʀabɔl] *nf* (*Rel*) parable; (*Géom*) parabola

parabolique [paʀabɔlik] *adj* parabolic; **antenne** ~ satellite dish

parachever [paʀaʃ(ə)ve] /**5**/ *vt* to perfect

parachutage [paʀaʃytaʒ] *nm* (*de soldats, vivres*) parachuting-in; **nous sommes contre le** ~ **d'un candidat parisien dans notre circonscription** (*Pol, fig*) we are against a Parisian candidate being landed on us

parachute [paʀaʃyt] *nm* parachute

parachuter [paʀaʃyte] /**1**/ *vt* (*soldat etc*) to parachute; (*fig*) to pitchfork; **il a été parachuté à la tête de l'entreprise** he was brought in from outside as head of the company

parachutisme [paʀaʃytism] *nm* parachuting

parachutiste [paʀaʃytist] *nmf* parachutist; (*Mil*) paratrooper

parade [paʀad] *nf* (*spectacle, défilé*) parade; (*Escrime, Boxe*) parry; (*ostentation*) : **faire** ~ **de** to display, show off; (*défense, riposte*) : **trouver la** ~ **à une attaque** to find the answer to an attack; **de** ~ *adj* ceremonial

parader [paʀade] /**1**/ *vi* to swagger (around), show off

paradis [paʀadi] *nm* heaven, paradise; **P**~ **terrestre** (*Rel*) Garden of Eden; (*fig*) heaven on earth

paradisiaque [paʀadizjak] *adj* heavenly, divine

paradoxal, e, -aux [paʀadɔksal, -o] *adj* paradoxical

paradoxalement [paʀadɔksalmɑ̃] *adv* paradoxically

paradoxe [paʀadɔks] *nm* paradox

parafe [paʀaf] *nm* = **paraphe**

parafer [paʀafe] *vt* = **parapher**

paraffine [paʀafin] *nf* paraffin; paraffin wax

paraffiné, e [paʀafine] *adj* : **papier** ~ wax(ed) paper

parafoudre [paʀafudʀ] *nm* (*Élec*) lightning conductor

parages [paʀaʒ] *nmpl* (*Navig*) waters; **dans les** ~ **(de)** in the area *ou* vicinity (of)

paragraphe [paʀagʀaf] *nm* paragraph

Paraguay [paʀagwɛ] *nm* : **le** ~ Paraguay

paraguayen, ne [paʀagwajɛ̃, -ɛn] *adj*

Paraguayan ▶ *nm/f* : **Paraguayen, ne** Paraguayan

paraître [paʀɛtʀ] /**57**/ *vb copule* to seem, look, appear; **il ne paraît pas son âge** he doesn't look his age ▶ *vi* to appear; (*être visible*) to show; (*Presse, Édition*) to be published, come out, appear; (*briller*) to show off; **laisser** ~ **qch** to let (sth) show; ~ **en justice** to appear before the court(s); ~ **en scène/en public/à l'écran** to appear on stage/in public/on the screen ▶ *vb impers* : **il paraît que** it seems *ou* appears that; **il me paraît que** it seems to me that; **il paraît absurde de** it seems absurd to

parallèle [paʀalɛl] *adj* parallel; (*police, marché*) unofficial; (*société, énergie*) alternative ▶ *nm* (*comparaison*) : **faire un** ~ **entre** to draw a parallel between; (*Géo*) parallel; **mettre en** ~ (*choses opposées*) to compare; (*choses semblables*) to parallel ▶ *nf* parallel (line); **en** ~ in parallel

parallèlement [paʀalɛlmɑ̃] *adv* in parallel; (*fig : en même temps*) at the same time

parallélépipède [paʀalelepipɛd] *nm* parallelepiped

parallélisme [paʀalelism] *nm* parallelism; (*Auto*) wheel alignment

parallélogramme [paʀalelɔgʀam] *nm* parallelogram

paralyser [paʀalize] /**1**/ *vt* to paralyze

paralysie [paʀalizi] *nf* paralysis

paralytique [paʀalitik] *adj, nmf* paralytic

paramédical, e, -aux [paʀamedikal, -o] *adj* paramedical; **personnel** ~ paramedics *pl*, paramedical workers *pl*

paramétrage [paʀametʀaʒ] *nm* (*de logiciel, installation*) configuration

paramètre [paʀamɛtʀ] *nm* parameter

paramétrer [paʀametʀe] *vt* (*logiciel, installation*) to configure

paramilitaire [paʀamilitɛʀ] *adj* paramilitary

paranoïa [paʀanɔja] *nf* paranoia

paranoïaque [paʀanɔjak] *nmf* paranoiac

paranormal, e, -aux [paʀanɔʀmal, -o] *adj* paranormal

parapet [paʀapɛ] *nm* parapet

parapharmacie [paʀafaʀmasi] *nf* (*industrie, produits*) over-the-counter drugs and personal hygiene products; (*boutique*) chemist's (*Brit*), drugstore (*US*); **disponible en** ~ available in chemists, sold in chemists

paraphe [paʀaf] *nm* (*trait*) flourish; (*signature*) initials *pl*; signature

parapher [paʀafe] /**1**/ *vt* to initial; to sign

paraphrase [paʀafʀɑz] *nf* paraphrase

paraphraser [paʀafʀɑze] /**1**/ *vt* to paraphrase

paraplégie [paʀapleʒi] *nf* paraplegia

paraplégique [paʀapleʒik] *adj, nmf* paraplegic

parapluie [paʀaplɥi] *nm* umbrella; ~ **atomique** *ou* **nucléaire** nuclear umbrella; ~ **pliant** telescopic umbrella

parapsychique [paʀapsiʃik] *adj* parapsychological

parapsychologie [paʀapsikɔlɔʒi] *nf* parapsychology

parapublic, -ique [paʀapyblik] *adj partly* state-controlled

P

parascolaire [paʀaskɔlɛʀ] *adj* extracurricular

parasitaire [paʀaziteʀ] *adj* parasitic(al)

parasite [paʀazit] *nm* parasite ▸ *adj* (*Bot, Bio*) parasitic(al); **parasites** *nmpl* (*Tél*) interference *sg*

parasitisme [paʀazitism] *nm* parasitism

parasol [paʀasɔl] *nm* parasol, sunshade

paratonnerre [paʀatɔnɛʀ] *nm* lightning conductor

paravent [paʀavɑ̃] *nm* folding screen; (*fig*) screen

parc [paʀk] *nm* (*public*) park, gardens *pl*; (*de château etc*) grounds *pl*; (*pour le bétail*) pen, enclosure; (*d'enfant*) playpen; (*Mil*: *entrepôt*) depot; (*ensemble d'unités*) stock; (*de voitures etc*) fleet; **~ d'attractions** amusement park; **~ automobile** (*d'un pays*) number of cars on the roads; **~ éolien** wind farm; **~ à huîtres** oyster bed; **~ national** national park; **~ naturel** nature reserve; **~ de stationnement** car park; **~ à thème** theme park; **~ zoologique** zoological gardens *pl*

parcelle [paʀsɛl] *nf* fragment, scrap; (*de terrain*) plot, parcel

parcelliser [paʀselize] /1/ *vt* to divide *ou* split up

parce que [paʀs(ə)kə] *conj* because

parchemin [paʀʃəmɛ̃] *nm* parchment

parcheminé, e [paʀʃəmine] *adj* wrinkled; (*papier*) with a parchment finish

parcimonie [paʀsimɔni] *nf* parsimony, parsimoniousness

parcimonieux, -euse [paʀsimɔnjø, -øz] *adj* parsimonious, miserly

parc(o)mètre [paʀk(ɔ)mɛtʀ] *nm* parking meter

parcotrain [paʀkɔtʀɛ̃] *nm* station car park (*Brit*) *ou* parking lot (*US*), park-and-ride car park (*Brit*)

parcourir [paʀkuʀiʀ] /11/ *vt* (*trajet, distance*) to cover; (*article, livre*) to skim *ou* glance through; (*lieu*) to go all over, travel up and down; (*suj*: *frisson, vibration*) to run through; **~ des yeux** to run one's eye over

parcours [paʀkuʀ] *vb voir* **parcourir** ▸ *nm* (*trajet*) journey; (*itinéraire*) route; (*Sport*: *terrain*) course; (: *tour*) round; run; lap; **~ du combattant** assault course

parcouru, e [paʀkuʀy] *pp de* **parcourir**

par-delà [paʀdəla] *prép* beyond

par-dessous [paʀd(ə)su] *prép, adv* under(neath)

pardessus [paʀdəsy] *nm* overcoat

par-dessus [paʀd(ə)sy] *prép* over (the top of); **~ le marché** on top of it all; **~ tout** above all; **en avoir ~ la tête** to have had enough ▸ *adv* over (the top)

par-devant [paʀd(ə)vɑ̃] *prép* in the presence of, before; **~ notaire** in the presence of a notary ▸ *adv* (*boutonner*) at the front; (*passer*) round the front; (*entrer*) the front way

pardon [paʀdɔ̃] *nm* forgiveness *no pl*; **demander ~ à qn (de)** to apologize to sb (for); **je vous demande ~** I'm sorry; (*pour interpeller*) excuse me; (*demander de répéter*) (I beg your) pardon? (*Brit*), pardon me? (*US*) ▸ *excl* (*excuses*) (I'm) sorry; (*pour interpeller etc*) excuse me

pardonnable [paʀdɔnabl] *adj* forgivable, excusable

pardonner [paʀdɔne] /1/ *vt* to forgive; **~ qch à qn** to forgive sb for sth; **qui ne pardonne pas** (*maladie, erreur*) fatal

paré, e [paʀe] *adj* ready, prepared

pare-balles [paʀbal] *adj inv* bulletproof

pare-boue [paʀbu] *nm inv* mudflap

pare-brise [paʀbʀiz] *nm inv* windscreen (*Brit*), windshield (*US*)

pare-chocs [paʀʃɔk] *nm inv* bumper (*Brit*), fender (*US*)

pare-étincelles [paʀetɛ̃sɛl] *nm inv* fireguard

pare-feu [paʀfø] *nm inv* (*de foyer*) fireguard; (*Inform*) firewall ▸ *adj inv*: **portes ~** fire (resistant) doors

pareil, le [paʀɛj] *adj* (*identique*) the same, alike; (*similaire*) similar; (*tel*): **un courage/livre ~** such courage/a book, courage/a book like this; **de pareils livres** such books; **j'en veux un ~** I'd like one just like it; **rien de ~** no (*ou* any) such thing, nothing (*ou* anything) like it; **~ à** the same as; similar to; **en ~ cas** in such a case ▸ *adv*: **habillés ~** dressed the same (way), dressed alike; **faire ~** to do the same (thing) ▸ *nm/f*: **ne pas avoir son (sa) ~(le)** to be second to none; **sans ~** unparalleled, unequalled; **ses pareils** one's fellow men; one's peers ▸ *nm*: **c'est du ~ au même** it comes to the same thing, it's six (of one) and half-a-dozen (of the other) ▸ *nf*: **rendre la pareille à qn** to pay sb back in his own coin

pareillement [paʀɛjmɑ̃] *adv* the same, alike; in such a way; (*également*) likewise

parement [paʀmɑ̃] *nm* (*Constr, revers d'un col, d'une manche*) facing; (*Rel*): **~ d'autel** antependium

parent, e [paʀɑ̃, -ɑ̃t] *nm/f*: **un/une ~(e)** a relative *ou* relation; **~ unique** lone parent ▸ *adj*: **être ~ de** to be related to; **parents** *nmpl* (*père et mère*) parents; (*famille, proches*) relatives, relations; **parents par alliance** relatives *ou* relations by marriage; **parents en ligne directe** blood relations

parental, e, -aux [paʀɑ̃tal, -o] *adj* parental

parentalité [paʀɑ̃talite] *nf* parenthood

parenté [paʀɑ̃te] *nf* (*lien*) relationship; (*personnes*) relatives *pl*, relations *pl*

parenthèse [paʀɑ̃tɛz] *nf* (*ponctuation*) bracket, parenthesis; (*Math*) bracket; (*digression*) parenthesis, digression; **ouvrir/fermer la ~** to open/close brackets; **entre parenthèses** in brackets; (*fig*) incidentally

parer [paʀe] /1/ *vt* to adorn; (*Culin*) to dress, trim; (*éviter*) to ward off; **~ à** (*danger*) to ward off; (*inconvénient*) to deal with; **~ à toute éventualité** to be ready for every eventuality; **~ au plus pressé** to attend to what's most urgent; **se parer** *vpr*: **se ~ de** (*fig*: *qualité, titre*) to assume

pare-soleil [paʀsɔlɛj] *nm inv* sun visor

paresse [paʀɛs] *nf* laziness

paresser [paʀese] /1/ *vi* to laze around

paresseusement [paʀesøzmɑ̃] *adv* lazily; sluggishly

paresseux, -euse [paʀesø, -øz] *adj* lazy; (*fig*) slow, sluggish ▸ *nm* (*Zool*) sloth

parfaire [paʀfɛʀ] /60/ *vt* to perfect, complete

parfait, e [paʀfɛ, -ɛt] *pp de* **parfaire** ▶ *adj* perfect
▶ *nm* (*Ling*) perfect (tense); (*Culin*) parfait ▶ *excl*
fine, excellent

parfaitement [paʀfɛtmã] *adv* perfectly ▶ *excl*
(most) certainly

parfois [paʀfwa] *adv* sometimes

parfum [paʀfœ̃] *nm* (*produit*) perfume, scent;
(*odeur : de fleur*) scent, fragrance; (: *de tabac, vin*)
aroma; (*goût : de glace, milk-shake*) flavour (BRIT),
flavor (US)

parfumé, e [paʀfyme] *adj* (*fleur, fruit*) fragrant;
(*papier à lettres etc*) scented; (*femme*) wearing
perfume *ou* scent, perfumed; (*aromatisé*) : ~ **au
café** coffee-flavoured (BRIT) *ou* -flavored (US)

parfumer [paʀfyme] /**1**/ *vt* (*odeur, bouquet*) to
perfume; (*mouchoir*) to put scent *ou* perfume on;
(*crème, gâteau*) to flavour (BRIT), flavor (US); **se
parfumer** *vpr* to put on (some) perfume *ou* scent;
(*d'habitude*) to use perfume *ou* scent

parfumerie [paʀfymʀi] *nf* (*commerce*)
perfumery; (*produits*) perfumes; (*boutique*)
perfume shop (BRIT) *ou* store (US)

pari [paʀi] *nm* bet, wager; (*Sport*) bet; ~ **mutuel
urbain (PMU)** *system of betting on horses*

paria [paʀja] *nm* outcast

parier [paʀje] /**7**/ *vt* to bet; **j'aurais parié que
si/non** I'd have said he (*ou* you *etc*) would/
wouldn't

parieur [paʀjœʀ] *nm* (*turfiste etc*) punter

Paris [paʀi] *n* Paris

parisien, ne [paʀizjẽ, -ɛn] *adj* Parisian; (*Géo,
Admin*) Paris *cpd* ▶ *nm/f* : **Parisien, ne** Parisian

paritaire [paʀitɛʀ] *adj* : **commission ~** joint
commission

parité [paʀite] *nf* parity; ~ **de change** (*Écon*)
exchange parity; ~ **hommes-femmes** (*Pol*)
balanced representation of men and women

parjure [paʀʒyʀ] *nm* (*faux serment*) false oath,
perjury; (*violation de serment*) breach of oath,
perjury ▶ *nmf* perjurer

parjurer [paʀʒyʀe] /**1**/ : **se parjurer** *vpr* to
perjure o.s

parka [paʀka] *nf* parka

parking [paʀkiŋ] *nm* (*lieu*) car park (BRIT),
parking lot (US); **~-relais** park and ride

parlant, e [paʀlã, -ãt] *adj* (*fig*) graphic, vivid;
(*comparaison, preuve*) eloquent; (*Ciné*) talking
▶ *adv* : **généralement ~** generally speaking

parlé, e [paʀle] *adj* : **langue parlée** spoken
language

parlement [paʀləmã] *nm* parliament; **le P~
européen** the European Parliament

parlementaire [paʀləmãtɛʀ] *adj*
parliamentary ▶ *nmf* (*député*) ≈ Member of
Parliament (BRIT) *ou* Congress (US);
parliamentarian; (*négociateur*) negotiator,
mediator

parlementarisme [paʀləmãtaʀism] *nm*
parliamentary government

parlementer [paʀləmãte] /**1**/ *vi* (*ennemis*) to
negotiate, parley; (*s'entretenir, discuter*) to argue at
length, have lengthy talks

parler [paʀle] /**1**/ *vi* to speak, talk; (*avouer*) to talk;
~ **pour qn** (*intercéder*) to speak for sb; ~ **en l'air**
to say the first thing that comes into one's

head; ~ **en français** to speak in French; ~ **en
dormant/du nez** to talk in one's sleep/
through one's nose; **tu parles !** you must be
joking!; (*bien sûr*) you bet! ▶ *vt* : ~ **affaires** to talk
business; ~ (**le**) **français** to speak French; ~ (**à
qn**) **de** to talk *ou* speak (to sb) about; **n'en
parlons plus !** let's forget it!; **sans ~ de** not to
mention, to say nothing of; **se parler** *vpr* to
talk, to talk to each other; **on vient de se ~
téléphone** we were just talking on the phone
▶ *nm* speech; dialect

> Quand on emploie **talk**, on met l'accent sur
> le fait qu'il y a une conversation entre deux
> personnes, tandis que **speak** décrit plus
> spécifiquement le fait d'émettre des sons.
> Il est donc logique de dire **to speak French/
> English. Speak** étant d'un registre
> légèrement plus soutenu que **talk**, il
> s'emploie plus volontiers pour faire une
> demande polie.
> *Pourrais-je parler à monsieur Sylvester ?* **May I
> speak to Mr Sylvester?**

parleur [paʀlœʀ] *nm* : **beau ~** fine talker

parloir [paʀlwaʀ] *nm* (*d'une prison, d'un hôpital*)
visiting room; (*Rel*) parlour (BRIT), parlor (US)

parlote [paʀlɔt] *nf* chitchat

Parme [paʀm] *n* Parma

parme [paʀm(ə)] *adj* violet (blue)

parmesan [paʀməzã] *nm* Parmesan (cheese)

parmi [paʀmi] *prép* among(st)

parodie [paʀɔdi] *nf* parody

parodier [paʀɔdje] /**7**/ *vt* (*œuvre, auteur*) to parody

paroi [paʀwa] *nf* wall; (*cloison*) partition;
~ **rocheuse** rock face

paroisse [paʀwas] *nf* parish

paroissial, e, -aux [paʀwasjal, -o] *adj* parish *cpd*

paroissien, ne [paʀwasjẽ, -ɛn] *nm/f* parishioner
▶ *nm* prayer book

P

parole [paʀɔl] *nf* (*mot, promesse*) word; (*faculté*) :
la ~ speech; **la bonne ~** (*Rel*) the word of God;
tenir ~ to keep one's word; **avoir la ~** to have
the floor; **n'avoir qu'une ~** to be true to one's
word; **donner la ~ à qn** to hand over to sb;
prendre la ~ to speak; **demander la ~** to ask
for permission to speak; **perdre la ~** to lose the
power of speech; (*fig*) to lose one's tongue; **je le
crois sur ~** I'll take his word for it, I'll take him
at his word; **temps de ~** (*TV, Radio etc*)
discussion time; **ma ~ !** my word!, good
heavens!; ~ **d'honneur** word of honour (BRIT)
ou honor (US); **paroles** *nfpl* (*Mus*) words, lyrics

parolier, -ière [paʀɔlje, -jɛʀ] *nm/f* lyricist;
(*Opéra*) librettist

paroxysme [paʀɔksism] *nm* height, paroxysm

parpaing [paʀpẽ] *nm* bond-stone, parpen

parquer [paʀke] /**1**/ *vt* (*voiture, matériel*) to park;
(*bestiaux*) to pen (in *ou* up); (*prisonniers*) to pack in

parquet [paʀkɛ] *nm* (*parquet*) floor; (*Jur : bureau*)
public prosecutor's office; **le ~ (-général)**
(*magistrats*) ≈ the Bench

parqueter [paʀkəte] /**4**/ *vt* to lay a parquet
floor in

parrain [paʀẽ] *nm* godfather; (*d'un navire*) namer;
(*d'un nouvel adhérent*) sponsor, proposer

parrainage [paʀɛnaʒ] *nm* sponsorship
parrainer [paʀene] /**1**/ *vt* (*nouvel adhérent*) to sponsor, propose; (*entreprise*) to promote, sponsor
parricide [paʀisid] *nmf* parricide
pars [paʀ] *vb voir* **partir**
parsemer [paʀsəme] /**5**/ *vt* (*feuilles, papiers*) to be scattered over; **~ qch de** to scatter sth with
parsi, e [paʀsi] *adj* Parsee
part [paʀ] *vb voir* **partir** ▶ *nf* (*qui revient à qn*) share; (*fraction, partie*) part; (*de gâteau, fromage*) portion; (*Finance*) (non-voting) share; **prendre ~ à** (*débat etc*) to take part in; (*soucis, douleur de qn*) to share in; **faire ~ de qch à qn** to announce sth to sb, inform sb of sth; **pour ma ~** as for me, as far as I'm concerned; **à ~ entière** *adj* full; **de la ~ de** (*au nom de*) on behalf of; (*donné par*) from; **c'est de la ~ de qui ?** (*au téléphone*) who's calling *ou* speaking (please)?; **de toute(s) ~(s)** from all sides *ou* quarters; **de ~ et d'autre** on both sides, on either side; **de ~ en ~** right through; **d'une ~ ... d'autre ~** on the one hand ... on the other hand; **d'autre ~** (*de plus*) moreover; **nulle/autre/quelque ~** nowhere/elsewhere/somewhere; **à ~** *adv* separately; (*de côté*) aside; *prép* apart from, except for; *adj* exceptional, special; **pour une large** *ou* **bonne ~** to a great extent; **prendre qch en bonne/mauvaise ~** to take sth well/badly; **faire la ~ des choses** to make allowances; **faire la ~ du feu** (*fig*) to cut one's losses; **faire la ~ (trop) belle à qn** to give sb more than his (*ou* her) share
part. *abr* = **particulier**
partage [paʀtaʒ] *nm* sharing (out) *no pl*, share-out; sharing; dividing up; (*Pol : de suffrages*) share; **recevoir qch en ~** to receive sth as one's share (*ou* lot); **sans ~** undivided; **~ de fichiers** (*Inform*) file sharing
partagé, e [paʀtaʒe] *adj* (*opinions etc*) divided; (*amour*) shared; **être ~ entre** to be shared between; **être ~ sur** to be divided about
partager [paʀtaʒe] /**3**/ *vt* to share; (*distribuer, répartir*) to share (out); (*morceler, diviser*) to divide (up); **se partager** *vpr* (*héritage etc*) to share between themselves (*ou* ourselves *etc*)
partance [paʀtɑ̃s] : **en ~** *adv* outbound, due to leave; **en ~ pour** (bound) for
partant, e [paʀtɑ̃, -ɑ̃t] *vb voir* **partir** ▶ *adj* : **être ~ pour qch** (*d'accord pour*) to be quite ready for sth ▶ *nm* (*Sport*) starter; (*Hippisme*) runner
partenaire [paʀtənɛʀ] *nmf* partner; **partenaires sociaux** management and workforce
parterre [paʀtɛʀ] *nm* (*de fleurs*) (flower) bed, border; (*Théât*) stalls *pl*
parti [paʀti] *nm* (*Pol*) party; (*décision*) course of action; (*personne à marier*) match; **tirer ~ de** to take advantage of, turn to good account; **prendre le ~ de faire** to make up one's mind to do, resolve to do; **prendre le ~ de qn** to stand up for sb, side with sb; **prendre ~ (pour/contre)** to take sides *ou* a stand (for/against); **prendre son ~ de** to come to terms with; **~ pris** bias
partial, e, -aux [paʀsjal, -o] *adj* biased, partial

partialement [paʀsjalmɑ̃] *adv* in a biased way
partialité [paʀsjalite] *nf* bias, partiality
participant, e [paʀtisipɑ̃, -ɑ̃t] *nm/f* participant; (*à un concours*) entrant; (*d'une société*) member
participation [paʀtisipasjɔ̃] *nf* participation; (*financière*) contribution; sharing; (*Comm*) interest; **la ~ aux bénéfices** profit-sharing; **la ~ ouvrière** worker participation; **« avec la ~ de ... »** "featuring ..."
participe [paʀtisip] *nm* participle; **~ passé/présent** past/present participle
participer [paʀtisipe] /**1**/ : **~ à** *vt* (*course, réunion*) to take part in; (*profits etc*) to share in; (*frais etc*) to contribute to; (*entreprise : financièrement*) to cooperate in; (*chagrin, succès de qn*) to share (in); **~ de** *vt* to partake of
particulariser [paʀtikylaʀize] /**1**/ : **se particulariser** *vpr* to mark o.s. (*ou* itself) out
particularisme [paʀtikylaʀism] *nm* sense of identity
particularité [paʀtikylaʀite] *nf* particularity; (*distinctive*) characteristic, feature
particule [paʀtikyl] *nf* particle; **~ (nobiliaire)** nobiliary particle
particulier, -ière [paʀtikylje, -jɛʀ] *adj* (*personnel, privé*) private; (*étrange*) peculiar, odd; (*spécial*) special, particular; (*caractéristique*) characteristic, distinctive; (*spécifique*) particular; **~ à** peculiar to; **en ~** *adv* (*surtout*) in particular, particularly; (*à part*) separately; (*en privé*) in private ▶ *nm* (*individu : Admin*) private individual; **« ~ vend ... »** (*Comm*) "for sale privately ...", "for sale by owner ..." (*US*)
particulièrement [paʀtikyljɛʀmɑ̃] *adv* particularly
partie [paʀti] *nf* (*gén*) part; (*profession, spécialité*) field, subject; (*Jur etc : protagonistes*) party; (*de cartes, tennis etc*) game; (*fig : lutte, combat*) struggle, fight; **une ~ de campagne/de pêche** an outing in the country/a fishing party *ou* trip; **en ~** *adv* partly, in part; **faire ~ de** to belong to; (*chose*) to be part of; **prendre qn à ~** to take sb to task; (*malmener*) to set on sb; **en grande ~** largely, in the main; **ce n'est que ~ remise** it will be for another time *ou* the next time; **avoir ~ liée avec qn** to be in league with sb; **~ civile** (*Jur*) party claiming damages in a criminal case
partiel, le [paʀsjɛl] *adj* partial ▶ *nm* (*Scol*) class exam
partiellement [paʀsjɛlmɑ̃] *adv* partially, partly
partir [paʀtiʀ] /**16**/ *vi* (*gén*) to go; (*quitter*) to go, leave; (*s'éloigner*) to go (*ou* drive *etc*) away *ou* off; (*moteur*) to start; (*pétard*) to go off; (*bouchon*) to come out; (*bouton*) to come off; (*tache*) to go, come out; **~ de** (*lieu : quitter*) to leave; (*: commencer à*) to start from; (*date*) to run *ou* start from; **~ pour/à** (*lieu, pays etc*) to leave for/go off to; **à ~ de** from
partisan, e [paʀtizɑ̃, -an] *nm/f* partisan; (*d'un parti, régime etc*) supporter ▶ *adj* (*lutte, querelle*) partisan, one-sided; **être ~ de qch/faire** to be in favour (*BRIT*) *ou* favor (*US*) of sth/doing
partitif, -ive [paʀtitif, -iv] *adj* : **article ~** partitive article
partition [paʀtisjɔ̃] *nf* (*Mus*) score

partout [paʀtu] *adv* everywhere; **~ où il allait** everywhere *ou* wherever he went; **trente ~** (*Tennis*) thirty all

paru [paʀy] *pp de* **paraître**

parure [paʀyʀ] *nf* (*bijoux etc*) finery *no pl*; jewellery *no pl* (BRIT), jewelry *no pl* (US); (*assortiment*) set

parus *etc* [paʀy] *vb voir* **paraître**

parution [paʀysjɔ̃] *nf* publication, appearance

parvenir [paʀvəniʀ] /**22**/ : **~ à** *vt* (*atteindre*) to reach; (*obtenir, arriver à*) to attain; (*réussir*) **~ à faire** to manage to do, succeed in doing; **faire ~ qch à qn** to have sth sent to sb

parvenu, e [paʀvəny] *pp de* **parvenir** ▶ *nm/f* (*péj*) parvenu, upstart

parviendrai [paʀvjɛ̃dʀe], **parviens** *etc* [paʀvjɛ̃] *vb voir* **parvenir**

parvis [paʀvi] *nm* square (*in front of a church*)

[MOT-CLÉ]

pas¹ [pa] *adv* **1** (*en corrélation avec ne, non etc*) not; **il ne pleure pas** (*habituellement*) he does not *ou* doesn't cry (: *maintenant*) he's not *ou* isn't crying; **je ne mange pas de viande** I don't *ou* do not eat meat; **il n'a pas pleuré/ne pleurera pas** he did not *ou* didn't/will not *ou* won't cry; **ils n'ont pas de voiture/d'enfants** they haven't got a car/any children, they have no car/no children; **il m'a dit de ne pas le faire** he told me not to do it; **non pas que ...** not that ...

2 (*employé sans ne etc*) : **pas moi** not me, not I, I don't (*ou* can't *etc*); **elle travaille, (mais) lui pas** *ou* **pas lui** she works but he doesn't *ou* does not; **une pomme pas mûre** an apple which isn't ripe; **pas plus tard qu'hier** only yesterday; **pas du tout** not at all; **pas de sucre, merci** no sugar, thanks; **ceci est à vous ou pas ?** is this yours or not?, is this yours or isn't it?

3 : **pas mal** (*joli : personne, maison*) not bad; **pas mal fait** not badly done *ou* made; **comment ça va ? — pas mal** how are things? — not bad; **pas mal de** quite a lot of

pas² [pa] *nm* (*démarche*) tread; (*enjambée, Danse, fig : étape*) step; (*bruit*) (foot)step; (*trace*) footprint; (*allure, mesure*) pace; (*d'un cheval*) walk; (*Tech : de vis, d'écrou*) thread; **~ à ~** step by step; **au ~** at a walking pace; **de ce ~** (*à l'instant même*) straightaway, at once; **marcher à grands ~** to stride along; **mettre qn au ~** to bring sb to heel; **au ~ de gymnastique/de course** at a jog trot/at a run; **à ~ de loup** stealthily; **faire les cent ~** to pace up and down; **faire le premier ~** to make the first move; **retourner** *ou* **revenir sur ses ~** to retrace one's steps; **se tirer d'un mauvais ~** to get o.s. out of a tight spot; **sur le ~ de la porte** on the doorstep; **le ~ de Calais** (*détroit*) the Straits *pl* of Dover; **~ de porte** (*fig*) key money

pascal, e, -aux [paskal, -o] *adj* Easter *cpd*

passable [pasabl] *adj* passable, tolerable

passablement [pasabləmɑ̃] *adv* (*pas trop mal*) reasonably well; (*beaucoup*) quite a lot

passade [pasad] *nf* passing fancy, whim

passage [pasaʒ] *nm* (*fait de passer*) *voir* **passer**; (*lieu, prix de la traversée, extrait de livre etc*) passage; (*chemin*) way; (*itinéraire*) : **sur le ~ du cortège** along the route of the procession; **« laissez/n'obstruez pas le ~ »** "keep clear/do not obstruct"; **au ~** (*en passant*) as I (*ou* he *etc*) went by; **de ~** (*touristes*) passing through; (*amants etc*) casual; **~ clouté** pedestrian crossing; **« ~ interdit »** "no entry"; **~ à niveau** level (BRIT) *ou* grade (US) crossing; **« ~ protégé »** right of way over secondary road(s) on your right; **~ souterrain** subway (BRIT), underpass; **~ à tabac** beating-up; **~ à vide** (*fig*) bad patch

passager, -ère [pasaʒe, -ɛʀ] *adj* passing; (*hôte*) short-stay *cpd* ▶ *nm/f* passenger; **~ clandestin** stowaway

passagèrement [pasaʒɛʀmɑ̃] *adv* temporarily, for a short time

passant, e [pasɑ̃, -ɑ̃t] *adj* (*rue, endroit*) busy ▶ *nm/f* passer-by ▶ *nm* (*pour ceinture etc*) loop

passation [pasasjɔ̃] *nf* (*Jur : d'un acte*) signing; **~ des pouvoirs** transfer *ou* handover of power

passe [pas] *nf* (*Sport, magnétique*) pass; (*Navig*) channel; **être en ~ de faire** to be on the way to doing; **être dans une mauvaise ~** (*fig*) to be going through a bad patch; **être dans une bonne ~** (*fig*) to be in a healthy situation; **~ d'armes** (*fig*) heated exchange ▶ *nm* (*passe-partout*) master *ou* skeleton key

passé, e [pase] *adj* (*événement, temps*) past; (*dernier : semaine etc*) last; (*couleur, tapisserie*) faded; **il est midi ~** it's gone twelve; **~ de mode** out of fashion ▶ *nm* past; (*Ling*) past (tense); **~ composé** perfect (tense); **~ simple** past historic ▶ *prép* after

passe-droit [pasdʀwa] *nm* special privilege

passéiste [paseist] *adj* backward-looking

passementerie [pasmɑ̃tʀi] *nf* trimmings *pl*

passe-montagne [pasmɔ̃taɲ] *nm* balaclava

passe-partout [paspaʀtu] *nm inv* master *ou* skeleton key ▶ *adj inv* all-purpose

P

passe-passe [paspas] *nm* : **tour de ~** trick, sleight of hand *no pl*

passe-plat [paspla] *nm* serving hatch

passeport [paspɔʀ] *nm* passport

passer [pase] /**1**/ *vi* (*se rendre, aller*) to go; (*voiture, piétons : défiler*) to pass (by), go by; (*faire une halte rapide : facteur, laitier etc*) to come, call; (: *pour rendre visite*) to call *ou* drop in; (*courant, air, lumière, franchir un obstacle etc*) to get through; (*accusé, projet de loi*) : **~ devant** to come before; (*film, émission*) to be on; (*temps, jours*) to pass, go by; (*liquide, café*) to go through; (*être digéré, avalé*) to go down; (*couleur, papier*) to fade; (*mode*) to die out; (*douleur*) to pass, go away; (*Cartes*) to pass; (*Scol*) : **~ dans la classe supérieure** to go up (to the next class); (*devenir*) : **~ président** to be appointed *ou* become president; **en passant** in passing; **remarquer qch en passant** to notice sth in passing; **~ par** to go through; **passez devant/par ici** go in front/this way; **~ sur** (*faute, détail inutile*) to pass over; **~ dans les mœurs/l'usage** to become the custom/normal usage; **~ avant qch/qn** (*fig*) to come before sth/sb; **laisser ~** (*air, lumière, personne*) to let through;

(*occasion*) to let slip, miss; (*erreur*) to overlook; **faire ~ à qn le goût de qch** to cure sb of his (*ou* her) taste for sth; **~ à la radio/fouille** to be X-rayed/searched; **~ à la radio/télévision** to be on the radio/on television; **~ à table** to sit down to eat; **~ au salon** to go through to *ou* into the sitting room; **~ à l'opposition** to go over to the opposition; **~ aux aveux** to confess, make a confession; **~ à l'action** to go into action; **~ pour riche** to be taken for a rich man; **il passait pour avoir** he was said to have; **faire ~ qn/qch pour** to make sb/sth out to be; **passe encore de le penser, mais de le dire !** it's one thing to think it, but to say it!; **passons** let's say no more (about it); **et j'en passe !** and that's not all!; **~ en seconde, ~ la seconde** (*Auto*) to change into second ▶ *vt* (*frontière, rivière etc*) to cross; (*douane*) to go through; (*examen*) to sit, take; (*visite médicale etc*) to have; (*journée, temps*) to spend; (*donner*) : **~ qch à qn** (*sel etc*) to pass sth to sb; (*prêter*) to lend sb sth; (*lettre, message*) to pass sth on to sb; (*tolérer*) to let sb get away with sth; (*transmettre*) to pass sth on to sb; (*enfiler : vêtement*) to slip on; (*faire entrer, mettre*) : **(faire)~ qch dans/par** to get sth into/through; (*café*) to pour the water on; (*thé, soupe*) to strain; (*film, pièce*) to show, put on; (*disque*) to play, put on; (*commande*) to place; (*marché, accord*) to agree on; **~ un coup de fil à qn** (*fam*) to give sb a ring; **faire ~** (*message*) to get over *ou* across; **~ son tour** to miss one's turn; **~ qch en fraude** to smuggle sth in (*ou* out); **~ la main par la portière** to stick one's hand out of the door; **~ le balai/l'aspirateur** to sweep up/hoover; **~ commande/la parole à qn** to hand over to sb; **je vous passe M. Dupont** I'm putting you through to Mr Dupont; (*je lui passe l'appareil*) here is Mr Dupont, I'll hand you over to Mr Dupont; **~ prendre** to (come and) collect; **se passer** *vpr* (*avoir lieu : scène, action*) to take place; (*se dérouler : entretien etc*) to go; (*arriver*) : **que s'est-il passé ?** what happened?; (*s'écouler : semaine etc*) to pass, go by; **se ~ de** to go *ou* do without; **se ~ les mains sous l'eau/de l'eau sur le visage** to put one's hands under the tap/run water over one's face

passereau, x [pɑsʀo] *nm* sparrow

passerelle [pɑsʀɛl] *nf* footbridge; (*de navire, avion*) gangway; (*Navig*) : **~ (de commandement)** bridge

passe-temps [pɑstɑ̃] *nm inv* pastime

passette [pɑsɛt] *nf* (tea-)strainer

passeur, -euse [pɑsœʀ, -øz] *nm/f* smuggler

passible [pɑsibl] *adj* : **~ de** liable to

passif, -ive [pɑsif, -iv] *adj* passive ▶ *nm* (*Ling*) passive; (*Comm*) liabilities *pl*

passion [pɑsjɔ̃] *nf* passion; **avoir la ~ de** to have a passion for; **fruit de la ~** passion fruit

passionnant, e [pɑsjɔnɑ̃, -ɑ̃t] *adj* fascinating

passionné, e [pɑsjɔne] *adj* (*personne, tempérament*) passionate; (*description, récit*) impassioned; **être ~ de** *ou* **pour qch** to have a passion for sth ▶ *nm/f* : **c'est un ~ d'échecs** he's a chess fanatic

passionnel, le [pɑsjɔnɛl] *adj* of passion

passionnément [pɑsjɔnemɑ̃] *adv* passionately

passionner [pɑsjɔne] /1/ *vt* (*personne*) to fascinate, grip; (*débat, discussion*) to inflame; **se passionner** *vpr* : **se ~ pour** to take an avid interest in; to have a passion for

passivement [pɑsivmɑ̃] *adv* passively

passivité [pɑsivite] *nf* passivity, passiveness

passoire [pɑswaʀ] *nf* sieve; (*à légumes*) colander; (*à thé*) strainer

pastel [pɑstɛl] *nm, adj inv* (*Art*) pastel

pastèque [pɑstɛk] *nf* watermelon

pasteur [pɑstœʀ] *nm* (*protestant*) minister, pastor

pasteurisation [pɑstœʀizasjɔ̃] *nf* pasteurization

pasteurisé, e [pɑstœʀize] *adj* pasteurized

pasteuriser [pɑstœʀize] /1/ *vt* to pasteurize

pastiche [pɑstiʃ] *nm* pastiche

pastille [pɑstij] *nf* (*à sucer*) lozenge, pastille; (*de papier etc*) (small) disc; **pastilles pour la toux** cough drops *ou* lozenges

pastis [pɑstis] *nm* anise-flavoured alcoholic drink

pastoral, e, -aux [pɑstɔʀal, -o] *adj* pastoral

patagon, ne [patagɔ̃, -ɔn] *adj* Patagonian

Patagonie [patagɔni] *nf* : **la ~** Patagonia

patate [patat] *nf* spud; **~ douce** sweet potato

pataud, e [pato, -od] *adj* lumbering

patauger [patoʒe] /3/ *vi* (*pour s'amuser*) to splash about; (*avec effort*) to wade about; (*fig*) to flounder; **~ dans** (*en marchant*) to wade through

patch [patʃ] *nm* nicotine patch

patchouli [patʃuli] *nm* patchouli

patchwork [patʃwœʀk] *nm* patchwork

pâte [pɑt] *nf* (*à tarte*) pastry; (*à pain*) dough; (*à frire*) batter; (*substance molle*) paste; cream; **fromage à ~ dure/molle** hard/soft cheese; **~ d'amandes** almond paste, marzipan; **~ brisée** shortcrust (BRIT) *ou* pie crust (US) pastry; **~ à choux/feuilletée** choux/puff *ou* flaky (BRIT) pastry; **~ de fruits** crystallized fruit *no pl*; **~ à modeler** modelling clay, Plasticine® (BRIT); **~ à papier** paper pulp; **pâtes** *nfpl* (*macaronis etc*) pasta *sg*

pâté [pate] *nm* (*charcuterie, terrine*) pâté; (*tache*) ink blot; (*de sable*) sandpie; **~ (en croûte)** ≈ meat pie; **~ de foie** liver pâté; **~ de maisons** block (of houses)

pâtée [pate] *nf* mash, feed

patelin [patlɛ̃] *nm* little place

patente [patɑ̃t] *nf* (*Comm*) trading licence (BRIT) *ou* license (US)

patenté, e [patɑ̃te] *adj* (*Comm*) licensed; (*fig : attitré*) registered, (officially) recognized

patère [patɛʀ] *nf* (coat-)peg

paternalisme [patɛʀnalism] *nm* paternalism

paternaliste [patɛʀnalist] *adj* paternalistic

paternel, le [patɛʀnɛl] *adj* (*amour, soins*) fatherly; (*ligne, autorité*) paternal

paternité [patɛʀnite] *nf* paternity, fatherhood

pâteux, -euse [patø, -øz] *adj* thick; pasty; **avoir la bouche** *ou* **langue pâteuse** to have a furred (BRIT) *ou* coated tongue

pathétique [patetik] *adj* pathetic, moving

pathologie [patɔlɔʒi] *nf* pathology

pathologique [patɔlɔʒik] *adj* pathological

patibulaire [patibylɛʀ] *adj* sinister

patiemment [pasjamɑ̃] *adv* patiently

patience [pasjɑ̃s] *nf* patience; **être à bout de ~** to have run out of patience; **perdre/prendre ~** to lose (one's)/have patience

patient, e [pasjɑ̃, -ɑ̃t] *adj, nm/f* patient

patienter [pasjɑ̃te] /**1**/ *vi* to wait

patin [patɛ̃] *nm* skate; *(sport)* skating; *(de traîneau, luge)* runner; *(pièce de tissu)* cloth pad *(used as slippers to protect polished floor)*; **~ (de frein)** brake block; **patins (à glace)** (ice) skates; **patins à roulettes** roller skates

patinage [patinaʒ] *nm* skating; **~ artistique/ de vitesse** figure/speed skating

patine [patin] *nf* sheen

patiner [patine] /**1**/ *vi* to skate; *(embrayage)* to slip; *(roue, voiture)* to spin; **se patiner** *vpr (meuble, cuir)* to acquire a sheen, become polished

patineur, -euse [patinœʀ, -øz] *nm/f* skater

patinoire [patinwaʀ] *nf* skating rink, (ice) rink

patio [patjo] *nm* patio

pâtir [pɑtiʀ] /**2**/ : **~ de** *vt* to suffer because of

pâtisserie [pɑtisʀi] *nf (boutique)* cake shop; *(métier)* confectionery; *(à la maison)* pastry- *ou* cake-making, baking; **pâtisseries** *nfpl (gâteaux)* pastries, cakes

pâtissier, -ière [pɑtisje, -jɛʀ] *nm/f* pastry chef; confectioner

patois [patwa] *nm* dialect, patois

patraque [patʀak] *adj (fam)* peaky, off-colour

patriarche [patʀijaʀʃ] *nm* patriarch

patrie [patʀi] *nf* homeland

patrimoine [patʀimwan] *nm* inheritance, patrimony; *(culture)* heritage; **~ génétique** *ou* **héréditaire** genetic inheritance

patriote [patʀijɔt] *adj* patriotic ▶ *nmf* patriot

patriotique [patʀijɔtik] *adj* patriotic

patriotisme [patʀijɔtism] *nm* patriotism

patron, ne [patʀɔ̃, -ɔn] *nm/f (chef)* boss, manager(-ess); *(propriétaire)* owner, proprietor(-tress); *(employeur)* employer; *(Méd)* ≈ senior consultant; *(Rel)* patron saint; **~ de thèse** supervisor (of postgraduate thesis) ▶ *nm (Couture)* pattern

> ⚠ **patron** is not usually translated by the English word *patron*.

patronage [patʀonaʒ] *nm* patronage; *(organisation, club)* (parish) youth club; (parish) children's club

patronal, e, -aux [patʀonal, -o] *adj (syndicat, intérêts)* employers'

patronat [patʀona] *nm* employers *pl*

patronner [patʀone] /**1**/ *vt* to sponsor, support

patronnesse [patʀonɛs] *adj f* : **dame ~** patroness

patronyme [patʀonim] *nm* name

patronymique [patʀonimik] *adj* : **nom ~** patronymic (name)

patrouille [patʀuj] *nf* patrol

patrouiller [patʀuje] /**1**/ *vi* to patrol, be on patrol

patrouilleur [patʀujœʀ] *nm (Aviat)* scout (plane); *(Navig)* patrol boat

patte [pat] *nf (jambe)* leg; *(pied : de chien, chat)* paw; *(: d'oiseau)* foot; *(languette)* strap; *(: de poche)* flap; *(favoris)* : **pattes (de lapin)** (short) sideburns;

à pattes d'éléphant *adj (pantalon)* flared; **pattes de mouche** *(fig)* spidery scrawl *sg*; **pattes d'oie** *(fig)* crow's feet

pattemouille [patmuj] *nf* damp cloth *(for ironing)*

pâturage [pɑtyʀaʒ] *nm* pasture

pâture [pɑtyʀ] *nf* food

paume [pom] *nf* palm

paumé, e [pome] *nm/f (fam)* drop-out

paumer [pome] /**1**/ *vt (fam)* to lose

paupérisation [popeʀizasjɔ̃] *nf* pauperization

paupérisme [popeʀism] *nm* pauperism

paupière [popjɛʀ] *nf* eyelid

paupiette [popjɛt] *nf* : **paupiettes de veau** veal olives

pause [poz] *nf (arrêt)* break; *(en parlant, Mus)* pause; **~ de midi, ~-repas** lunch break

pause-café [pozkafe] *(pl* **pauses-café**) *nf* coffee-break

pauvre [povʀ] *adj* poor; **~ en calcium** low in calcium ▶ *nmf* poor man/woman; **les pauvres** the poor

pauvrement [povʀəmɑ̃] *adv* poorly

pauvreté [povʀəte] *nf (état)* poverty; **~ énergétique** fuel poverty

pavage [pavaʒ] *nm* paving, cobbles *pl*

pavaner [pavane] /**1**/ : **se pavaner** *vpr* to strut about

pavé, e [pave] *adj (cour)* paved; *(rue)* cobbled ▶ *nm (bloc)* paving stone; cobblestone; *(pavage)* paving; *(bifteck)* slab of steak; *(fam : livre)* hefty tome; **être sur le ~** *(sans domicile)* to be on the streets; *(sans emploi)* to be out of a job; **~ numérique** *(Inform)* keypad

pavillon [pavijɔ̃] *nm (de banlieue)* small (detached) house; *(kiosque)* lodge; pavilion; *(d'hôpital)* ward; *(Mus : de cor etc)* bell; *(Anat : de l'oreille)* pavilion, pinna; *(Navig)* flag; **~ de complaisance** flag of convenience

pavoiser [pavwaze] /**1**/ *vt* to deck with flags ▶ *vi* to put out flags; *(fig)* to rejoice, exult

pavot [pavo] *nm* poppy

payable [pejabl] *adj* payable

payant, e [pejɑ̃, -ɑ̃t] *adj (spectateurs etc)* paying; *(billet)* that you pay for, to be paid for; *(fig : entreprise)* profitable; *(effort)* which pays off; **c'est ~** you have to pay, there is a charge

paye [pɛj] *nf* pay, wages *pl*

payement [pɛjmɑ̃] *nm* payment

payer [peje] /**8**/ *vt (créancier, employé, loyer)* to pay; *(achat, réparations, fig : faute)* to pay for; **être bien/ mal payé** to be well/badly paid; **il me l'a fait ~ 10 euros** he charged me 10 euros for it; **~ qn de** *(ses efforts, peines)* to reward sb for; **~ qch à qn** to buy sth for sb, buy sb sth; **ils nous ont payé le voyage** they paid for our trip; **~ cher qch** to pay dear(ly) for sth ▶ *vi* to pay; *(métier)* to be well-paid, pay; *(effort, tactique etc)* to pay off; **~ de sa personne** to give of oneself; **~ d'audace** to act with great daring; **cela ne paie pas de mine** it doesn't look much; **se payer** *vpr* : **se ~ qch** to buy o.s. sth; **se ~ de mots** to shoot one's mouth off; **se ~ la tête de qn** to take the mickey out of sb *(Brit)*, make a fool of sb; *(duper)* to take sb for a ride

P

payeur, -euse [pɛjœʀ, -øz] *adj* (*organisme, bureau*) payments *cpd* ▶ *nm/f* payer

pays [pei] *nm* (*territoire, habitants*) country, land; (*région*) region; (*village*) village; **du ~** *adj* local; **le ~ de Galles** Wales

paysage [peizaʒ] *nm* landscape

paysager, -ère [peizaʒe, -ɛʀ] *adj* (*jardin, parc*) landscaped

paysagiste [peizaʒist] *nmf* (*de jardin*) landscape gardener; (*Art*) landscapist, landscape painter

paysan, ne [peizã, -an] *nm/f* countryman/-woman; farmer; (*péj*) peasant ▶ *adj* (*rural*) country *cpd*; (*agricole*) farming, farmers'

paysannat [peizana] *nm* peasantry

Pays-Bas [peiba] *nmpl* : **les ~** the Netherlands

PC *sigle m* (*Pol*) = **parti communiste**; (*Inform* : = *personal computer*) PC; (*Constr*) = **permis de construire**; (*Mil*) = **poste de commandement**; (= *prêt conventionné*) *type of loan for house purchase*

pcc *abr* (= *pour copie conforme*) c.c

Pce *abr* = **prince**

Pcesse *abr* = **princesse**

PCV *abr* = **percevoir**; *voir* **communication**

PDA *sigle m* (= *personal digital assistant*) PDA

p de p *abr* = **pas de porte**

PDG *sigle m* = **président directeur général**

p.-ê. *abr* = **peut-être**

PEA *sigle m* (= *plan d'épargne en actions*) building society savings plan

péage [peaʒ] *nm* toll; (*endroit*) tollgate; **pont à ~** toll bridge

peau, x [po] *nf* skin; (*cuir*) : **gants de ~** leather gloves; **être bien/mal dans sa ~** to be at ease/ ill-at-ease; **se mettre dans la ~ de qn** to put o.s. in sb's place *ou* shoes; **faire ~ neuve** (*se renouveler*) to change one's image; **~ de chamois** (*chiffon*) chamois leather, shammy; **~ d'orange** orange peel

peaufiner [pofine] /**1**/ *vt* to polish (up)

Peau-Rouge [poʀuʒ] (*pl* **Peaux-Rouges**) *nmf* Red Indian, red skin

peccadille [pekadij] *nf* trifle, peccadillo

péché [peʃe] *nm* sin; **~ mignon** weakness

pêche [pɛʃ] *nf* (*sport, activité*) fishing; (*poissons pêchés*) catch; (*fruit*) peach; **aller à la ~** to go fishing; **avoir la ~** (*fam*) to be on (top) form; **~ à la ligne** (*en rivière*) angling; **~ sous-marine** deep-sea fishing

pêche-abricot [pɛʃabʀiko] (*pl* **pêches-abricots**) *nf* yellow peach

pécher [peʃe] /**6**/ *vi* (*Rel*) to sin; (*fig* : *personne*) to err; (: *chose*) to be flawed; **~ contre la bienséance** to break the rules of good behaviour

pêcher [peʃe] /**1**/ *vi* to go fishing; (*en rivière*) to go angling; **~ au chalut** to trawl ▶ *vt* (*attraper*) to catch, land; (*chercher*) to fish for ▶ *nm* peach tree

pécheur, -eresse [peʃœʀ, peʃʀɛs] *nm/f* sinner

pêcheur [peʃœʀ] *nm* fisherman; (*à la ligne*) angler; **~ de perles** pearl diver

pectine [pɛktin] *nf* pectin

pectoral, e, -aux [pɛktɔʀal, -o] *adj* (*Anat*) pectoral; (*sirop*) throat *cpd*, cough *cpd* ▶ *nmpl* pectoral muscles

pécule [pekyl] *nm* savings *pl*, nest egg; (*d'un détenu*) earnings *pl* (*paid on release*)

pécuniaire [pekynjɛʀ] *adj* financial

pédagogie [pedagɔʒi] *nf* educational methods *pl*, pedagogy

pédagogique [pedagɔʒik] *adj* educational; **formation ~** teacher training

pédagogue [pedagɔg] *nmf* teacher, education(al)ist

pédale [pedal] *nf* pedal; **mettre la ~ douce** to soft-pedal

pédaler [pedale] /**1**/ *vi* to pedal

pédalier [pedalje] *nm* pedal and gear mechanism

pédalo [pedalo] *nm* pedalo, pedal-boat

pédant, e [pedã, -ãt] *adj* (*péj*) pedantic ▶ *nm/f* pedant

pédantisme [pedãtism] *nm* pedantry

pédéraste [pederast] *nm* homosexual, pederast

pédérastie [pederasti] *nf* homosexuality, pederasty

pédestre [pedɛstʀ] *adj* : **tourisme ~** hiking; **randonnée ~** (*activité*) rambling; (*excursion*) ramble; **sentier ~** pedestrian footpath

pédiatre [pedjatʀ] *nmf* paediatrician (*Brit*), pediatrician *ou* pediatrist (*US*), child specialist

pédiatrie [pedjatʀi] *nf* paediatrics *sg* (*Brit*), pediatrics *sg* (*US*)

pédicure [pedikyʀ] *nmf* chiropodist

pedigree [pedigʀe] *nm* pedigree

peeling [piliŋ] *nm* exfoliation treatment

PEEP *sigle f* = **Fédération des parents d'élèves de l'enseignement public**

pègre [pɛgʀ] *nf* underworld

peignais *etc* [pɛɲɛ] *vb voir* **peindre** ; **peigner**

peigne [pɛɲ] *vb voir* **peindre** ; **peigner** ▶ *nm* comb

peigné, e [peɲe] *adj* : **laine peignée** wool worsted; combed wool

peignée [peɲe] *nf* (*fam*) beating (*fam*); **flanquer une ~ à qn** to give sb a beating

peigner [peɲe] /**1**/ *vt* to comb (the hair of); **se peigner** *vpr* to comb one's hair

peignez *etc* [peɲe] *vb voir* **peindre** ; **peigner**

peignoir [peɲwaʀ] *nm* dressing gown; **~ de bain** bathrobe; **~ de plage** beach robe

peignons [peɲɔ̃] *vb voir* **peindre** ; **peigner**

peinard, e [penaʀ, -aʀd] *adj* (*emploi*) cushy (*Brit*), easy; (*personne*) : **on est ~ ici** we're left in peace here

peindre [pɛ̃dʀ] /**52**/ *vt* to paint; (*fig*) to portray, depict

peine [pɛn] *nf* (*affliction*) sorrow, sadness *no pl*; (*mal, effort*) trouble *no pl*, effort; (*difficulté*) difficulty; (*punition, châtiment*) punishment; (*Jur*) sentence; **faire de la ~ à qn** to distress *ou* upset sb; **prendre la ~ de faire** to go to the trouble of doing; **se donner de la ~** to make an effort; **ce n'est pas la ~ de faire** there's no point in doing, it's not worth doing; **ce n'est pas la ~ que vous fassiez** there's no point (in) you doing; **avoir de la ~** to be sad; **avoir de la ~ à faire** to have difficulty doing; **donnez-vous** *ou* **veuillez vous donner la ~ d'entrer** please do come in; **c'est ~ perdue** it's a waste of time (and effort); **à ~** *adv* scarcely, hardly, barely; **à ~ ... que** hardly ... than, no sooner ... than;

c'est à ~ si ... it's (ou it was) a job to ...; **sous ~** : **sous ~ d'être puni** for fear of being punished; **défense d'afficher sous ~ d'amende** billposters will be fined; **~ capitale** capital punishment; **~ de mort** death sentence ou penalty

> **Hardly** et **scarcely** s'emploient devant le verbe principal et après un auxiliaire ou un modal. **Scarcely** est moins courant que **hardly**.
> *Il pouvait à peine parler après l'accident.* **He could hardly speak after the accident.**
> **Barely** intervient le plus souvent devant un chiffre.
> *Le garçon avait à peine 10 ans.* **The boy was barely 10 years old.**

peiner [pene] /1/ *vi* to work hard; to struggle; (*moteur, voiture*) to labour (BRIT), labor (US) ▸ *vt* to grieve, sadden

peint, e [pɛ̃, pɛ̃t] *pp de* **peindre**

peintre [pɛ̃tʀ] *nm* painter; **~ en bâtiment** house painter, painter and decorator; **~ d'enseignes** signwriter

peinture [pɛ̃tyʀ] *nf* painting; (*couche de couleur, couleur*) paint; (*surfaces peintes : aussi* : **peintures**) paintwork; **je ne peux pas le voir en ~** I can't stand the sight of him; **~ mate/brillante** matt/gloss paint; « ~ **fraîche** » "wet paint"

peinturluré, e [pɛ̃tyʀlyʀe] *adj* (*visage*) garishly made-up

péjoratif, -ive [peʒɔʀatif, -iv] *adj* pejorative, derogatory

Pékin [pekɛ̃] *n* Beijing

pékinois, e [pekinwa, -waz] *adj* Pekin(g)ese ▸ *nm* (*chien*) peke, pekin(g)ese; (*Ling*) Mandarin, Pekin(g)ese ▸ *nm/f* : **Pékinois, e** Pekin(g)ese

PEL *sigle m* (= *plan d'épargne logement*) *savings scheme providing lower-interest mortgages*

pelade [pəlad] *nf* alopecia

pelage [pəlaʒ] *nm* coat, fur

pelé, e [pəle] *adj* (*chien*) hairless; (*vêtement*) threadbare; (*terrain*) bare

pêle-mêle [pɛlmɛl] *adv* higgledy-piggledy

peler [pəle] /5/ *vt, vi* to peel

pèlerin [pɛlʀɛ̃] *nm* pilgrim

pèlerinage [pɛlʀinaʒ] *nm* (*voyage*) pilgrimage; (*lieu*) place of pilgrimage, shrine

pèlerine [pɛlʀin] *nf* cape

pélican [pelikɑ̃] *nm* pelican

pelisse [pəlis] *nf* fur-lined cloak

pelle [pɛl] *nf* shovel; (*d'enfant, de terrassier*) spade; **~ à gâteau** cake slice; **~ mécanique** mechanical digger

pelletée [pɛlte] *nf* shovelful; spadeful

pelleter [pɛlte] /4/ *vt* to shovel (up)

pelleteuse [pɛltøz] *nf* mechanical digger, excavator

pelletier [pɛltje] *nm* furrier

pellicule [pelikyl] *nf* film; **pellicules** *nfpl* (*dans les cheveux*) dandruff *sg*

Péloponnèse [pelɔpɔnɛz] *nm* : **le ~** the Peloponnese

pelote [p(ə)lɔt] *nf* (*de fil, laine*) ball; (*d'épingles*) pin cushion; **~ basque** pelota

peloter [p(ə)lɔte] /1/ *vt* (*fam*) to feel (up); **se peloter** *vpr* to pet

peloton [p(ə)lɔtɔ̃] *nm* (*groupe : de personnes*) group; (: *de pompiers, gendarmes*) squad; (: *Sport*) pack; (*de laine*) ball; **~ d'exécution** firing squad

pelotonner [p(ə)lɔtɔne] /1/ : **se pelotonner** *vpr* to curl (o.s.) up

pelouse [p(ə)luz] *nf* lawn; (*Hippisme*) spectating area inside racetrack

peluche [p(ə)lyʃ] *nf* (bit of) fluff; **animal en ~** soft toy, fluffy animal; **chien/lapin en ~** fluffy dog/rabbit

pelucher [p(ə)lyʃe] /1/ *vi* to become fluffy, fluff up

pelucheux, -euse [p(ə)lyʃø, -øz] *adj* fluffy

pelure [p(ə)lyʀ] *nf* peeling, peel *no pl*; **~ d'oignon** onion skin

pénal, e, -aux [penal, -o] *adj* penal

pénalisation [penalizasjɔ̃] *nf* (*Sport*) sanction, penalty

pénaliser [penalize] /1/ *vt* to penalize

pénaliste [penalist] *nmf* criminal lawyer

pénalité [penalite] *nf* penalty

penalty, -ies [penalti, -z] *nm* (*Sport*) penalty (kick)

pénard, e [penaʀ, -aʀd] *adj* = **peinard**

pénates [penat] *nmpl* : **regagner ses ~** to return to the bosom of one's family

penchant, e [pɑ̃ʃɑ̃] *nm* : **un ~ à faire/à qch** a tendency to do/to sth; **un ~ pour qch** a liking ou fondness for sth

penché, e [pɑ̃ʃe] *adj* slanting

pencher [pɑ̃ʃe] /1/ *vi* to tilt, lean over; **~ pour** to be inclined to favour (BRIT) ou favor (US) ▸ *vt* to tilt; **se pencher** *vpr* to lean over; (*se baisser*) to bend down; **se ~ sur** to bend over; (*fig : problème*) to look into; **se ~ au dehors** to lean out

pendable [pɑ̃dabl] *adj* : **tour ~** rotten trick; **c'est un cas ~** ! he (ou she) deserves to be shot!

pendaison [pɑ̃dezɔ̃] *nf* hanging

pendant, e [pɑ̃dɑ̃, -ɑ̃t] *adj* hanging (out); (*Admin, Jur*) pending ▸ *nm* counterpart; matching piece; **faire ~ à** to match; to be the counterpart of; **pendants d'oreilles** drop ou pendant earrings ▸ *prép* (*au cours de*) during; (*indiquant la durée*) for; **~ que** while

pendeloque [pɑ̃d(ə)lɔk] *nf* pendant

pendentif [pɑ̃dɑ̃tif] *nm* pendant

penderie [pɑ̃dʀi] *nf* wardrobe; (*placard*) walk-in cupboard

pendiller [pɑ̃dije] /1/ *vi* to flap (about)

pendre [pɑ̃dʀ] /41/ *vt, vi* to hang; **~ à** to hang (down) from; **~ qch à** (*mur*) to hang sth (up) on; (*plafond*) to hang sth (up) from; **se pendre** *vpr* : **se ~ (à)** (*se suicider*) to hang o.s. (on); **se ~ à** (*se suspendre*) to hang from

> Le prétérit et le participe passé de **hang** est **hung**, sauf quand on parle d'un meurtre ou d'un suicide ; dans ce cas, le prétérit et le participe passé est **hanged**.
> *Ses longs cheveux pendaient dans son dos.* **His long hair hung down his back.**
> *Elle s'est pendue.* **She hanged herself.**

p

pendu, e [pãdy] *pp de* **pendre** ▸ *nm/f* hanged man (*ou* woman)

pendulaire [pãdylɛʀ] *adj* pendular, of a pendulum

pendule [pãdyl] *nf* clock ▸ *nm* pendulum

pendulette [pãdylɛt] *nf* small clock

pêne [pɛn] *nm* bolt

pénétrant, e [penetʀã, -ãt] *adj* (*air, froid*) biting; (*pluie*) that soaks right through you; (*fig : odeur*) noticeable; (*œil, regard*) piercing; (*clairvoyant, perspicace*) perceptive ▸ *nf* (*route*) expressway

pénétration [penetʀasjɔ̃] *nf* (*fig : d'idées etc*) penetration; (*perspicacité*) perception

pénétré, e [penetʀe] *adj* (*air, ton*) earnest; **être ~ de soi-même/son importance** to be full of oneself/one's own importance

pénétrer [penetʀe] /6/ *vi* to come *ou* get in; **~ dans** to enter; (*suj : froid, projectile*) to penetrate (*: air, eau*) to come into, get into ▸ *vt* to penetrate; (*mystère, secret*) to fathom, to penetrate; **se pénétrer** *vpr* : **se ~ de qch** to get sth firmly set in one's mind

pénible [penibl] *adj* (*astreignant*) hard; (*affligeant*) painful; (*personne, caractère*) tiresome; **il m'est ~ de ...** I'm sorry to ...

péniblement [peniblǝmã] *adv* with difficulty

péniche [peniʃ] *nf* barge; **~ de débarquement** landing craft *inv*

pénicilline [penisilin] *nf* penicillin

péninsulaire [penɛ̃sylɛʀ] *adj* peninsular

péninsule [penɛ̃syl] *nf* peninsula

pénis [penis] *nm* penis

pénitence [penitãs] *nf* (*repentir*) penitence; (*peine*) penance; (*punition, châtiment*) punishment; **mettre un enfant en ~** ≈ to make a child stand in the corner; **faire ~** to do a penance

pénitencier [penitãsje] *nm* prison, penitentiary (*US*)

pénitent, e [penitã, -ãt] *adj* penitent

pénitentiaire [penitãsjɛʀ] *adj* prison *cpd*, penitentiary (*US*)

pénombre [penɔ̃bʀ] *nf* (*faible clarté*) half-light; (*obscurité*) darkness

pensable [pãsabl] *adj* : **ce n'est pas ~** it's unthinkable

pensant, e [pãsã, -ãt] *adj* : **bien ~** right-thinking

pense-bête [pãsbɛt] *nm* aide-mémoire, mnemonic device

pensée [pãse] *nf* thought; (*démarche, doctrine*) thinking *no pl*; (*Bot*) pansy; **se représenter qch par la ~** to conjure up a mental picture of sth; **en ~** in one's mind

penser [pãse] /1/ *vi* to think; **~ à** (*prévoir*) to think of; (*songer à : ami, vacances*) to think *ou* about; **~ à faire qch** to think of doing sth; **faire ~ à** to remind one of; **n'y pensons plus** let's forget it; **vous n'y pensez pas !** don't let it bother you!; **sans ~ à mal** without meaning any harm ▸ *vt* to think; (*concevoir : problème, machine*) to think out; **~ faire qch** to be thinking of doing sth, intend to do sth; **je le pense aussi** I think so too; **je pense que oui/non** I think so/don't think so

penseur [pãsœʀ] *nm* thinker; **libre ~** free-thinker

pensif, -ive [pãsif, -iv] *adj* pensive, thoughtful

pension [pãsjɔ̃] *nf* (*allocation*) pension; (*prix du logement*) board and lodging, bed and board; (*maison particulière*) boarding house; (*hôtel*) guesthouse, hotel; (*école*) boarding school; **prendre ~ chez** to take board and lodging at; **prendre qn en ~** to take sb (in) as a lodger; **mettre en ~** to send to boarding school; **~ alimentaire** (*d'étudiant*) living allowance; (*de divorcée*) maintenance allowance; alimony; **~ complète** full board; **~ de famille** boarding house, guesthouse; **~ de guerre/d'invalidité** war/disablement pension

pensionnaire [pãsjɔnɛʀ] *nmf* (*Scol*) boarder; guest

⚠ **pensionnaire** does not mean *pensioner*.

pensionnat [pãsjɔna] *nm* boarding school

pensionné, e [pãsjɔne] *nm/f* pensioner

pensivement [pãsivmã] *adv* pensively, thoughtfully

pensum [pɛ̃sɔm] *nm* (*Scol*) punishment exercise; (*fig*) chore

pentagone [pɛ̃tagɔn] *nm* pentagon; **le P~** the Pentagon

pentathlon [pɛ̃tatlɔ̃] *nm* pentathlon

pente [pãt] *nf* slope; **en ~** *adj* sloping

Pentecôte [pãtkot] *nf* : **la ~** Whitsun (*BRIT*), Pentecost; (*dimanche*) Whitsunday (*BRIT*); **lundi de ~** Whit Monday (*BRIT*)

pénurie [penyʀi] *nf* shortage; **~ de main-d'œuvre** undermanning

PEP [pɛp] *sigle m* (= *plan d'épargne populaire*) *individual savings plan*

pépé [pepe] *nm* (*fam*) grandad

pépée [pepe] *nf* (*fam : femme*) bird (*BRIT fam*), chick (*US fam*)

pépère [pepɛʀ] *adj* (*fam*) cushy; (*fam*) quiet ▸ *nm* (*fam*) grandad

pépier [pepje] /7/ *vi* to chirp, tweet

pépin [pepɛ̃] *nm* (*Bot : graine*) pip; (*fam : ennui*) snag, hitch; (*: parapluie*) brolly (*BRIT*), umbrella

pépinière [pepinjɛʀ] *nf* nursery; (*fig*) nest, breeding-ground

pépiniériste [pepinjeʀist] *nm* nurseryman

pépite [pepit] *nf* nugget

péplum [peplɔm] *nm* (*film*) epic (*set in Roman times*)

PEPS *abr* (= *premier entré premier sorti*) first in first out

péquenaud, e [pɛkno, od] *nm/f* yokel (*BRIT*), hick (*US*)

PER [pɛʀ] *sigle m* (= *plan d'épargne retraite*) *type of personal pension plan*

perçant, e [pɛʀsã, -ãt] *adj* (*vue, regard, yeux*) sharp, keen; (*cri, voix*) piercing, shrill

percée [pɛʀse] *nf* (*trouée*) opening; (*Mil, Comm : fig*) breakthrough; (*Sport*) break

perce-neige [pɛʀsǝnɛʒ] *nm ou f inv* snowdrop

perce-oreille [pɛʀsɔʀɛj] *nm* earwig

percepteur, -trice [pɛʀsɛptœʀ, -tʀis] *nm/f* tax collector

perceptible [pɛʀsɛptibl] *adj* (*son, différence*)
perceptible; (*impôt*) payable, collectable
perception [pɛʀsɛpsjɔ̃] *nf* perception; (*d'impôts etc*) collection; (*bureau*) tax (collector's) office
percer [pɛʀse] /**3**/ *vt* to pierce; (*ouverture etc*) to make; (*mystère, énigme*) to penetrate; **~ une dent** to cut a tooth ▸ *vi* to come through; (*réussir*) to break through
perceuse [pɛʀsøz] *nf* drill; **~ à percussion** hammer drill
percevable [pɛʀsəvabl] *adj* collectable, payable
percevoir [pɛʀsəvwaʀ] /**28**/ *vt* (*distinguer*) to perceive, detect; (*taxe, impôt*) to collect; (*revenu, indemnité*) to receive
perche [pɛʀʃ] *nf* (*Zool*) perch; (*bâton*) pole; **~ à son** (*sound*) boom
percher [pɛʀʃe] /**1**/ *vt* to perch; **~ qch sur** to perch sth on; **se percher** *vpr* (*oiseau*) to perch
perchiste [pɛʀʃist] *nmf* (*Sport*) pole vaulter; (*TV etc*) boom operator
perchoir [pɛʀʃwaʀ] *nm* perch; (*fig*) presidency of the French National Assembly
perclus, e [pɛʀkly, -yz] *adj* : **~ de** (*rhumatismes*) crippled with
perçois *etc* [pɛʀswa] *vb voir* **percevoir**
percolateur [pɛʀkɔlatœʀ] *nm* percolator
perçu, e [pɛʀsy] *pp de* **percevoir**
percussion [pɛʀkysjɔ̃] *nf* percussion
percussionniste [pɛʀkysjɔnist] *nmf* percussionist
percutant, e [pɛʀkytɑ̃, -ɑ̃t] *adj* (*article etc*) resounding, forceful
percuter [pɛʀkyte] /**1**/ *vt* to strike; (*véhicule*) to crash into ▸ *vi* : **~ contre** to crash into
percuteur [pɛʀkytœʀ] *nm* firing pin, hammer
perdant, e [pɛʀdɑ̃, -ɑ̃t] *nm/f* loser ▸ *adj* losing
perdition [pɛʀdisjɔ̃] *nf* (*morale*) ruin; **en ~** (*Navig*) in distress; **lieu de ~** den of vice
perdre [pɛʀdʀ] /**41**/ *vt* to lose; (*gaspiller : temps, argent*) to waste; (*: occasion*) to waste, miss; (*personne*) to ruin; **il ne perd rien pour attendre** he's got it coming to him ▸ *vi* to lose; (*sur une vente etc*) to lose out; (*récipient*) to leak; **se perdre** *vpr* (*s'égarer*) to get lost, lose one's way; (*fig : se gâter*) to go to waste; (*disparaître*) to disappear, vanish; **je me suis perdu** (*et je le suis encore*) I'm lost; (*et je ne le suis plus*) I got lost
perdreau, x [pɛʀdʀo] *nm* (young) partridge
perdrix [pɛʀdʀi] *nf* partridge
perdu, e [pɛʀdy] *pp de* **perdre** ▸ *adj* (*enfant, cause, objet*) lost; (*isolé*) out-of-the-way; (*Comm : emballage*) non-returnable; (*récolte etc*) ruined; (*malade*) : **il est ~** there's no hope left for him; **à vos moments perdus** in your spare time
père [pɛʀ] *nm* father; **de ~ en fils** from father to son; **~ de famille** father; family man; **mon ~** (*Rel*) Father; **le ~ Noël** Father Christmas; **pères** *nmpl* (*ancêtres*) forefathers
pérégrinations [peʀegʀinasjɔ̃] *nfpl* travels
péremption [peʀɑ̃psjɔ̃] *nf* : **date de ~** expiry date
péremptoire [peʀɑ̃ptwaʀ] *adj* peremptory
pérenne [peʀɛn] *adj* (*agriculture, emplois*) sustainable

pérenniser [peʀenize] *vt* (*emplois, ressources*) to ensure the continued existence of
pérennité [peʀenite] *nf* durability, lasting quality
péréquation [peʀekwasjɔ̃] *nf* (*des salaires*) realignment; (*des prix, impôts*) equalization
perfectible [pɛʀfɛktibl] *adj* perfectible
perfection [pɛʀfɛksjɔ̃] *nf* perfection; **à la ~** *adv* to perfection
perfectionné, e [pɛʀfɛksjone] *adj* sophisticated
perfectionnement [pɛʀfɛksjonmɑ̃] *nm* improvement
perfectionner [pɛʀfɛksjone] /**1**/ *vt* to improve, perfect; **se perfectionner** *vpr* (*dans un sport, une matière*) to improve; **se ~ en anglais** to improve one's English
perfectionniste [pɛʀfɛksjonist] *nmf* perfectionist
perfide [pɛʀfid] *adj* perfidious, treacherous
perfidie [pɛʀfidi] *nf* treachery
perforant, e [pɛʀfɔʀɑ̃, -ɑ̃t] *adj* (*balle*) armour-piercing (BRIT), armor-piercing (US)
perforateur, -trice [pɛʀfɔʀatœʀ, -tʀis] *nm/f* punch-card operator ▸ *nm* (*perceuse*) borer; drill ▸ *nf* (*perceuse*) borer; drill; (*pour cartes*) card-punch; (*de bureau*) punch
perforation [pɛʀfɔʀasjɔ̃] *nf* perforation; punching; (*trou*) hole
perforatrice [pɛʀfɔʀatʀis] *nf voir* **perforateur**
perforé, e [pɛʀfɔʀe] *adj* : **bande ~** punched tape; **carte ~** punch card
perforer [pɛʀfɔʀe] /**1**/ *vt* to perforate, punch a hole ou holes in; (*ticket, bande, carte*) to punch
perforeuse [pɛʀfɔʀøz] *nf* (*machine*) (card) punch; (*personne*) card punch operator
performance [pɛʀfɔʀmɑ̃s] *nf* performance
performant, e [pɛʀfɔʀmɑ̃, -ɑ̃t] *adj* (*Écon : produit, entreprise*) high-return *cpd*; (*Tech*) : **très ~** (*appareil, machine*) high-performance *cpd*
perfusion [pɛʀfyzjɔ̃] *nf* perfusion; **faire une ~ à qn** to put sb on a drip
péricliter [peʀiklite] /**1**/ *vi* to go downhill
péridurale [peʀidyʀal] *nf* epidural
périgourdin, e [peʀiguʀdɛ̃, -in] *adj* of ou from the Perigord
péril [peʀil] *nm* peril; **au ~ de sa vie** at the risk of his life; **à ses risques et périls** at his (ou her) own risk
périlleux, -euse [peʀijø, -øz] *adj* perilous
périmé, e [peʀime] *adj* (out)dated; (*Admin*) out-of-date, expired
périmètre [peʀimɛtʀ] *nm* perimeter
périnatal, e [peʀinatal] *adj* perinatal
période [peʀjɔd] *nf* period
périodique [peʀjɔdik] *adj* (*phases*) periodic; (*publication*) periodical; (*Math : fraction*) recurring; **garniture ou serviette ~** sanitary towel (BRIT) ou napkin (US) ▸ *nm* periodical
périodiquement [peʀjɔdikmɑ̃] *adv* periodically
péripéties [peʀipesi] *nfpl* events, episodes
périphérie [peʀifeʀi] *nf* periphery; (*d'une ville*) outskirts *pl*
périphérique [peʀifeʀik] *adj* (*quartiers*) outlying; (*Anat, Tech*) peripheral; (*station de radio*) operating

from a neighbouring country ▶ *nm* (*Inform*)
peripheral; (*Auto*) : (**boulevard**) ~ ring road
(*Brit*), beltway (*US*)
périphrase [peʁifʁaz] *nf* circumlocution
périple [peʁipl] *nm* journey
périr [peʁiʁ] /2/ *vi* to die, perish
périscolaire [peʁiskɔlɛʁ] *adj* extracurricular
périscope [peʁiskɔp] *nm* periscope
périssable [peʁisabl] *adj* perishable
péristyle [peʁistil] *nm* peristyle
péritonite [peʁitɔnit] *nf* peritonitis
perle [pɛʁl] *nf* pearl; (*de plastique, métal, sueur*)
bead; (*personne, chose*) gem, treasure; (*erreur*)
gem, howler
perlé, e [pɛʁle] *adj* (*rire*) rippling, tinkling;
(*travail*) exquisite; (*orge*) pearl *cpd*; **grève perlée**
go-slow, selective strike (action)
perler [pɛʁle] /1/ *vi* to form in droplets
perlier, -ière [pɛʁlje, -jɛʁ] *adj* pearl *cpd*
permanence [pɛʁmanɑ̃s] *nf* permanence;
(*local*) (duty) office, strike headquarters; (*service
des urgences*) emergency service; (*Scol*) study
room; **assurer une ~** (*service public, bureaux*) to
operate *ou* maintain a basic service; **être de ~**
to be on call *ou* duty; **en ~** *adv* (*toujours*)
permanently; (*continûment*) continuously
permanent, e [pɛʁmanɑ̃, -ɑ̃t] *adj* permanent;
(*spectacle*) continuous; (*armée, comité*) standing
▶ *nf* perm ▶ *nm/f* (*d'un syndicat, parti*) paid official
perméable [pɛʁmeabl] *adj* (*terrain*) permeable;
~ à (*fig*) receptive *ou* open to
permettre [pɛʁmɛtʁ] /56/ *vt* to allow, permit;
~ à qn de faire/qch to allow sb to do/sth;
permettez ! excuse me!; **se permettre** *vpr* : **se ~
de faire qch** to take the liberty of doing sth
permis, e [pɛʁmi, -iz] *pp de* **permettre** ▶ *nm*
permit, licence (*Brit*), license (*US*); **~ de chasse**
hunting permit; **~ (de conduire)** (driving)
licence (*Brit*), (driver's) license (*US*); **~ de
construire** planning permission (*Brit*),
building permit (*US*); **~ d'inhumer** burial
certificate; **~ poids lourds** ≈ HGV (driving)
licence (*Brit*), ≈ class E (driver's) license (*US*);
~ de séjour residence permit; **~ de travail**
work permit
permissif, -ive [pɛʁmisif, -iv] *adj* permissive
permission [pɛʁmisjɔ̃] *nf* permission; (*Mil*)
leave; (: *papier*) pass; **en ~** on leave; **avoir la ~ de
faire** to have permission to do, be allowed to do
permissionnaire [pɛʁmisjɔnɛʁ] *nm* soldier on
leave
permutable [pɛʁmytabl] *adj* which can be
changed *ou* switched around
permuter [pɛʁmyte] /1/ *vt* to change around,
permute ▶ *vi* to change, swap
pernicieux, -euse [pɛʁnisjø, -øz] *adj* pernicious
péroné [peʁɔne] *nm* fibula
pérorer [peʁɔʁe] /1/ *vi* to hold forth
Pérou [peʁu] *nm* : **le ~** Peru
perpendiculaire [pɛʁpɑ̃dikylɛʁ] *adj, nf*
perpendicular
perpendiculairement [pɛʁpɑ̃dikylɛʁmɑ̃] *adv*
perpendicularly
perpète [pɛʁpɛt] *nf* : **à ~** (*fam* : *loin*) miles away
(: *longtemps*) forever

perpétrer [pɛʁpetʁe] /6/ *vt* to perpetrate
perpétuel, le [pɛʁpetɥɛl] *adj* perpetual; (*Admin
etc*) permanent; for life
perpétuellement [pɛʁpetɥɛlmɑ̃] *adv*
perpetually, constantly
perpétuer [pɛʁpetɥe] /1/ *vt* to perpetuate; **se
perpétuer** *vpr* (*usage, injustice*) to be perpetuated;
(*espèces*) to survive
perpétuité [pɛʁpetɥite] *nf* : **à ~** for life; **être
condamné à ~** to be sentenced to life
imprisonment, receive a life sentence
perplexe [pɛʁplɛks] *adj* perplexed, puzzled
perplexité [pɛʁplɛksite] *nf* perplexity
perquisition [pɛʁkizisjɔ̃] *nf* (police) search
perquisitionner [pɛʁkizisjɔne] /1/ *vi* to carry
out a search
perron [peʁɔ̃] *nm* steps *pl* (*in front of mansion etc*)
perroquet [peʁɔkɛ] *nm* parrot
perruche [peʁyʃ] *nf* budgerigar (*Brit*), budgie
(*Brit*), parakeet (*US*)
perruque [peʁyk] *nf* wig
persan, e [pɛʁsɑ̃, -an] *adj* Persian ▶ *nm* (*Ling*)
Persian
perse [pɛʁs] *adj* Persian ▶ *nm* (*Ling*) Persian
▶ *nmf* : **Perse** Persian ▶ *nf* : **la P~** Persia
persécuter [pɛʁsekyte] /1/ *vt* to persecute
persécution [pɛʁsekysjɔ̃] *nf* persecution
persévérance [pɛʁseveʁɑ̃s] *nf* perseverance
persévérant, e [pɛʁseveʁɑ̃, -ɑ̃t] *adj* persevering
persévérer [pɛʁseveʁe] /6/ *vi* to persevere; **~ à
croire que** to continue to believe that
persiennes [pɛʁsjɛn] *nfpl* (slatted) shutters
persiflage [pɛʁsiflaʒ] *nm* mockery *no pl*
persifleur, -euse [pɛʁsiflœʁ, -øz] *adj* mocking
persil [pɛʁsi] *nm* parsley
persillé, e [pɛʁsije] *adj* (sprinkled) with parsley;
(*fromage*) veined; (*viande*) marbled, with fat
running through
Persique [pɛʁsik] *adj* : **le golfe ~** the (Persian)
Gulf
persistance [pɛʁsistɑ̃s] *nf* persistence
persistant, e [pɛʁsistɑ̃, -ɑ̃t] *adj* persistent;
(*feuilles*) evergreen; **à feuillage ~** evergreen
persister [pɛʁsiste] /1/ *vi* to persist; **~ à faire
qch** to persist in doing sth
personnage [pɛʁsɔnaʒ] *nm* (*notable*)
personality; figure; (*individu*) character,
individual; (*Théât* : *de roman, film*) character;
(*Peinture*) figure
personnaliser [pɛʁsɔnalize] /1/ *vt* to
personalize; (*appartement*) to give a personal
touch to; (*véhicule, téléphone*) to customize
personnalité [pɛʁsɔnalite] *nf* personality;
(*personnage*) prominent figure
personne [pɛʁsɔn] *nf* person; **10 euros par ~** 10
euros per person *ou* a head; **en ~** personally, in
person; **~ âgée** elderly person; **~ à charge** (*Jur*)
dependent; **~ morale** *ou* **civile** (*Jur*) legal entity
▶ *pron* nobody, no one; (*avec négation en anglais*)
anybody, anyone; **il n'y a ~** there's nobody in *ou*
there, there isn't anybody in *ou* there;
personnes *nfpl* people *pl*
personnel, le [pɛʁsɔnɛl] *adj* personal; (*égoïste* :
personne) selfish, self-centred; (*idée, opinion*) : **j'ai
des idées personnelles à ce sujet** I have my

own ideas about that ▶ *nm* personnel, staff; **service du ~** personnel department

personnellement [pɛʀsɔnɛlmɑ̃] *adv* personally

personnification [pɛʀsɔnifikasjɔ̃] *nf* personification

personnifier [pɛʀsɔnifje] **/7/** *vt* to personify; to typify; **c'est l'honnêteté personnifiée** he (*ou* she *etc*) is honesty personified

perspective [pɛʀspɛktiv] *nf* (*Art*) perspective; (*vue, coup d'œil*) view; (*point de vue*) viewpoint, angle; (*chose escomptée, envisagée*) prospect; **en ~** in prospect

perspicace [pɛʀspikas] *adj* clear-sighted, gifted with (*ou* showing) insight

perspicacité [pɛʀspikasite] *nf* insight, perspicacity

persuader [pɛʀsɥade] **/1/** *vt* : **~ qn (de/de faire)** to persuade sb (of/to do); **j'en suis persuadé** I'm quite sure *ou* convinced (of it)

persuasif, -ive [pɛʀsɥazif, -iv] *adj* persuasive

persuasion [pɛʀsɥazjɔ̃] *nf* persuasion

perte [pɛʀt] *nf* loss; (*de temps*) waste; (*fig : morale*) ruin; **à ~** (*Comm*) at a loss; **à ~ de vue** as far as the eye can (*ou* could) see; (*fig*) interminably; **en pure ~** for absolutely nothing; **courir à sa ~** to be on the road to ruin; **être en ~ de vitesse** (*fig*) to be losing momentum; **avec ~ et fracas** forcibly; **~ de chaleur** heat loss; **~ sèche** dead loss; **pertes** *nfpl* losses; **pertes blanches** (vaginal) discharge *sg*

pertinemment [pɛʀtinamɑ̃] *adv* to the point; (*savoir*) perfectly well, full well

pertinence [pɛʀtinɑ̃s] *nf* pertinence, relevance; discernment

pertinent, e [pɛʀtinɑ̃, -ɑ̃t] *adj* (*remarque*) apt, pertinent, relevant; (*analyse*) discerning, judicious

perturbateur, -trice [pɛʀtyʀbatœʀ, -tʀis] *adj* disruptive

perturbation [pɛʀtyʀbasjɔ̃] *nf* (*dans un service public*) disruption; (*agitation, trouble*) perturbation; **~ (atmosphérique)** atmospheric disturbance

perturber [pɛʀtyʀbe] **/1/** *vt* to disrupt; (*Psych*) to perturb, disturb

péruvien, ne [peʀyvjɛ̃, -ɛn] *adj* Peruvian ▶ *nm/f* : **Péruvien, ne** Peruvian

pervenche [pɛʀvɑ̃ʃ] *nf* periwinkle; (*fam*) traffic warden (*Brit*), meter maid (*US*)

pervers, e [pɛʀvɛʀ, -ɛʀs] *adj* perverted, depraved; (*malfaisant*) perverse

perversion [pɛʀvɛʀsjɔ̃] *nf* perversion

perversité [pɛʀvɛʀsite] *nf* depravity; perversity

perverti, e [pɛʀvɛʀti] *nm/f* pervert

pervertir [pɛʀvɛʀtiʀ] **/2/** *vt* to pervert

pesage [pəzaʒ] *nm* weighing; (*Hippisme : action*) weigh-in; (*: salle*) weighing room; (*: enceinte*) enclosure

pesamment [pəzamɑ̃] *adv* heavily

pesant, e [pəzɑ̃, -ɑ̃t] *adj* heavy; (*fig : présence*) burdensome ▶ *nm* : **valoir son ~ de** to be worth one's weight in

pesanteur [pəzɑ̃tœʀ] *nf* gravity

pèse-bébé [pɛzbebe] *nm* (baby) scales *pl*

pesée [pəze] *nf* weighing; (*Boxe*) weigh-in; (*pression*) pressure

pèse-lettre [pɛzlɛtʀ] *nm* letter scales *pl*

pèse-personne [pɛzpɛʀsɔn] *nm* (bathroom) scales *pl*

peser [pəze] **/5/** *vt* to weigh; (*considérer, comparer*) to weigh up ▶ *vi* to be heavy; (*fig : avoir de l'importance*) to carry weight; **~ sur** (*levier, bouton*) to press, push; (*fig : accabler*) to lie heavy on (*: influencer*) to influence; **~ à qn** to weigh heavy on sb

pessaire [pesɛʀ] *nm* pessary

pessimisme [pesimism] *nm* pessimism

pessimiste [pesimist] *adj* pessimistic ▶ *nmf* pessimist

peste [pɛst] *nf* plague; (*fig*) pest, nuisance

pester [pɛste] **/1/** *vi* : **~ contre** to curse

pesticide [pɛstisid] *nm* pesticide

pestiféré, e [pɛstifeʀe] *nm/f* plague victim

pestilentiel, le [pɛstilɑ̃sjɛl] *adj* foul

pet [pɛ] *nm* (!) fart (!)

pétale [petal] *nm* petal

pétanque [petɑ̃k] *nf type of bowls*

pétaradant, e [petaʀadɑ̃, -ɑ̃t] *adj* spluttering

pétarade [petaʀad] *nf* backfiring *no pl*

pétarader [petaʀade] **/1/** *vi* to backfire

pétard [petaʀ] *nm* (*feu d'artifice*) banger (*Brit*), firecracker; (*de cotillon*) cracker; (*Rail*) detonator

pétasse [petas] *nf* (! : *femme*) slut (*fam*)

pétaudière [petodjɛʀ] *nf* bedlam; **être une ~** to be bedlam

pet-de-nonne [pɛd(ə)nɔn] (*pl* **pets-de-nonne**) *nm* ≈ choux bun

pété, e [pete] *adj* (*fam : cassé : objet*) bust (*fam*), knackered (*fam: Brit*); (*ivre*) : **être ~** to be out of it (*fam*), to be pissed (*fam: Brit*)

péter [pete] **/6/** *vi* (*fam : casser, sauter*) to burst; to bust; (!) to fart (!); **se péter** *vpr* (*fam : bras, jambe*) to do in (*fam*); **se ~ la gueule** (*tomber*) to take a header (*fam*)

pète-sec [pɛtsɛk] *adj inv* (*fam*) abrupt, sharp(-tongued)

pétillant, e [petijɑ̃, -ɑ̃t] *adj* (*eau*) sparkling

pétiller [petije] **/1/** *vi* (*flamme, bois*) to crackle; (*mousse, champagne*) to bubble; (*pierre, métal*) to glisten; (*yeux*) to sparkle; (*fig*) : **~ d'esprit** to sparkle with wit

petit, e [p(ə)ti, -it] *adj* (*gén*) small; (*avec nuance affective*) little; (*main, objet, colline, en âge : enfant*) small, little; (*mince, fin : personne, taille, pluie*) slight; (*voyage*) short, little; (*bruit etc*) faint, slight; (*mesquin*) mean; (*peu important*) minor; **en ~** in miniature; **~ à ~** bit by bit, gradually; **~(e) ami(e)** boyfriend/girlfriend; **les petites annonces** the small ads; **~ déjeuner** breakfast; **~ doigt** little finger; **le ~ écran** the small screen; **~ four** petit four; **~ pain** (bread) roll; **petite monnaie** small change; **petite vérole** smallpox; **petits pois** petit pois *pl*, garden peas; **petites gens** people of modest means ▶ *nm/f* (*petit enfant*) little one, child; **mon ~** son; little one; **ma petite** dear; little one; **pauvre ~(e)** poor little thing; **petits** *nmpl* (*d'un animal*) young *pl*; **faire des petits** to have kittens (*ou* puppies *etc*); **la classe des petits** the infant class; **pour petits et grands** for children and adults; **les tout-petits** toddlers

petit-beurre [pǝtibœʀ] (*pl* **petits-beurre**) *nm* sweet butter biscuit (*Brit*) ou cookie (*US*)

petit-bourgeois, petite-bourgeoise [pǝtibuʀʒwa, pǝtitbuʀʒwaz] (*pl* **petit(e)s-bourgeois(es)**) *adj* (*péj*) petit-bourgeois, middle-class

petite-fille [pǝtitfij] (*pl* **petites-filles**) *nf* granddaughter

petitement [pǝtitmã] *adv* poorly; meanly; **être logé ~** to be in cramped accommodation

petitesse [p(ǝ)tites] *nf* smallness; (*d'un salaire, de revenus*) modestness; (*mesquinerie*) meanness

petit-fils [pǝtifis] (*pl* **petits-fils**) *nm* grandson

pétition [petisjɔ̃] *nf* petition; **faire signer une ~** to get up a petition

pétitionnaire [petisjɔnɛʀ] *nmf* petitioner

pétitionner [petisjɔne] /1/ *vi* to petition

petit-lait [pǝtilɛ] (*pl* **petits-laits**) *nm* whey *no pl*

petit-nègre [pǝtinɛgʀ] *nm* (*péj*) pidgin French

petits-enfants [pǝtizɑ̃fɑ̃] *nmpl* grandchildren

petit-suisse [pǝtisɥis] (*pl* **petits-suisses**) *nm* small individual pot of cream cheese

pétoche [petɔʃ] *nf* (*fam*) : **avoir la ~** to be scared out of one's wits

pétoire [petwaʀ] *nf* (*fam* : *tromblon*) old gun

peton [pǝtɔ̃] *nm* (*fam* : *pied*) foot

pétoncle [petɔ̃kl] *nm* scallop

pétri, e [petʀi] *adj* : **~ d'orgueil** filled with pride

pétrifier [petʀifje] /7/ *vt* to petrify; (*fig*) to paralyze, transfix

pétrin [petʀɛ̃] *nm* kneading-trough; (*fig*) : **dans le ~** in a jam *ou* fix

pétrir [petʀiʀ] /2/ *vt* to knead

pétrissage [petʀisaʒ] *nm* kneading

pétrochimie [petʀoʃimi] *nf* petrochemistry

pétrochimique [petʀoʃimik] *adj* petrochemical

pétrodollar [petʀodɔlaʀ] *nm* petrodollar

pétrole [petʀɔl] *nm* oil; (*aussi* : **pétrole lampant** : *pour lampe, réchaud etc*) paraffin (*Brit*), kerosene (*US*)

pétrolette [petʀɔlɛt] *nf* (*fam* : *cyclomoteur*) moped

pétrolier, -ière [petʀɔlje, -jɛʀ] *adj* oil *cpd*; (*pays*) oil-producing ▶ *nm* (*navire*) oil tanker; (*financier*) oilman; (*technicien*) petroleum engineer

pétrolifère [petʀɔlifɛʀ] *adj* oil(-bearing)

pets-de-nonne [pɛd(ǝ)nɔn] *nm* ≈ choux bun

pétulant, e [petylɑ̃, -ɑ̃t] *adj* exuberant

pétunia [petynja] *nm* petunia

MOT-CLÉ

peu [pø] *adv* **1** (*modifiant verbe : adjectif : adverbe*) : **il boit peu** he doesn't drink (very) much; **il est peu bavard** he's not very talkative; **peu avant/après** shortly before/afterwards; **pour peu qu'il fasse** if he should do, if by any chance he does

2 (*modifiant nom*) : **peu de** : **peu de gens/d'arbres** few *ou* not (very) many people/trees; **il a peu d'espoir** he hasn't (got) much hope, he has little hope; **pour peu de temps** for (only) a short while; **à peu de frais** for very little cost; **c'est peu de chose** it's nothing

3 : **peu à peu** little by little; **à peu près** just about, more or less; **à peu près 10 kg/10 euros** approximately 10 kg/10 euros

▶ *nm* **1** : **le peu de gens qui** the few people who; **le peu de sable qui** what little sand, the little sand which

2 : **un peu** a little; **un petit peu** a little bit; **un peu d'espoir** a little hope; **elle est un peu bavarde** she's rather talkative; **un peu plus de** slightly more than; **un peu moins de** slightly less than; (*avec pluriel*) slightly fewer than; **pour un peu il …, un peu plus et il …** he very nearly *ou* all but …; **essayez un peu !** have a go!, just try it!

▶ *pron* : **peu le savent** few know (it); **avant** *ou* **sous peu** shortly, before long; **depuis peu** for a short *ou* little while; (*au passé*) a short *ou* little while ago; **de peu** (only) just; **il est de peu mon cadet** he's just a little *ou* bit younger than me

> Bien que **little** (+ nom singulier) et **few** (+ nom pluriel) soient possibles, l'anglais utilise plus volontiers une construction négative pour traduire *peu de* : **not much / not many**, mot à mot *pas beaucoup de*.
> *J'ai peu de travail en ce moment.* **I don't have much work at the moment.**
> *Peu de gens sont au courant.* **Not many people know about it.**
> Avec un adjectif ou un verbe, la construction négative est également l'option la plus courante.
> *C'est une expression peu courante.* **It isn't a very common expression.**
> *Elle a peu changé.* **She hasn't changed much.**

peuplade [pœplad] *nf* (*horde, tribu*) tribe, people

peuple [pœpl] *nm* people; (*masse*) : **un ~ de vacanciers** a crowd of holiday-makers; **il y a du ~** (*fam*) there are a lot of people

peuplé, e [pœple] *adj* : **très/peu ~** densely/sparsely populated

peuplement [pœplǝmã] *nm* (*de pays, territoire*) population, populating; **colonie de ~** settlement

peupler [pœple] /1/ *vt* (*pays, région*) to populate; (*étang*) to stock; (*hommes, poissons*) to inhabit; (*fig : imagination, rêves*) to fill; **se peupler** *vpr* (*ville, région*) to become populated; (*fig : s'animer*) to fill (up), be filled

peuplier [pøplije] *nm* poplar (tree)

peur [pœʀ] *nf* fear; **avoir ~ (de/de faire/que)** to be frightened *ou* afraid (of/of doing/that); **prendre ~** to take fright; **faire ~ à** to frighten; **de ~ de/que** for fear of/that; **j'ai ~ qu'il ne soit trop tard** I'm afraid it might be too late; **j'ai ~ qu'il (ne) vienne (pas)** I'm afraid he may (not) come

peureux, -euse [pœʀø, -øz] *adj* fearful, timorous

peut [pø] *vb voir* **pouvoir**

peut-être [pøtɛtʀ] *adv* perhaps, maybe; **~ que** perhaps, maybe; **~ bien qu'il fera/est** he may well do/be

peuvent [pœv], **peux** etc [pø] vb voir **pouvoir**
p. ex. abr (= par exemple) e.g.
pèze [pɛz] nm (fam : argent) dosh (fam : BRIT), dough (fam)
phacochère [fakɔʃɛʀ] nm warthog
phagocyter [faɡɔsite] vt (Bio) to ingest by phagocytosis; (fig : concurrent, entreprise) to swallow up
phalange [falɑ̃ʒ] nf (Anat) phalanx; (Mil : fig) phalanx
phallique [falik] adj phallic
phallocrate [falɔkʀat] nm male chauvinist
phallocratie [falɔkʀasi] nf male chauvinism
phallus [falys] nm phallus
pharaon [faʀaɔ̃] nm Pharaoh
pharaonique [faʀaɔnik] adj (Hist) Pharaonic; (fig : gigantesque) colossal; **un projet ~** a colossal project
phare [faʀ] nm (en mer) lighthouse; (d'aéroport) beacon; (de véhicule) headlight, headlamp (BRIT); **se mettre en phares, mettre ses phares** to put on one's headlights; **phares de recul** reversing (BRIT) ou back-up (US) lights ▶ adj : **produit ~** leading product
pharmaceutique [faʀmasøtik] adj pharmaceutic(al)
pharmacie [faʀmasi] nf (science) pharmacology; (magasin) chemist's (BRIT), pharmacy; (officine) dispensary; (produits) pharmaceuticals pl; (armoire) medicine chest ou cupboard, first-aid cupboard
pharmacien, ne [faʀmasjɛ̃, -ɛn] nm/f pharmacist, chemist (BRIT)
pharmacodépendance [faʀmakodepɑ̃dɑ̃s] nf dependency on medication
pharmacologie [faʀmakɔlɔʒi] nf pharmacology
pharmacopée [faʀmakɔpe] nf pharmacopoeia
pharyngite [faʀɛ̃ʒit] nf pharyngitis no pl
pharynx [faʀɛ̃ks] nm pharynx
phase [faz] nf phase
phénoménal, e, -aux [fenɔmenal, -o] adj phenomenal
phénomène [fenɔmɛn] nm phenomenon; (monstre) freak
phénoménologie [fenɔmenɔlɔʒi] nf phenomenology
phéromone [feʀɔmɔn] nf pheromone
philanthrope [filɑ̃tʀɔp] nmf philanthropist
philanthropie [filɑ̃tʀɔpi] nf philanthropy
philanthropique [filɑ̃tʀɔpik] adj philanthropic
philatélie [filateli] nf philately, stamp collecting
philatélique [filatelik] adj philatelic
philatéliste [filatelist] nmf philatelist, stamp collector
philharmonique [filaʀmɔnik] adj philharmonic
philippin, e [filipɛ̃, -in] adj Filipino
Philippines [filipin] nfpl : **les ~** the Philippines
philistin [filistɛ̃] nm philistine
philo [filo] nf (fam : philosophie) philosophy
philologie [filɔlɔʒi] nf philology
philosophal, e [filɔzɔfal] adj : **la pierre philosophale** the philosopher's stone

philosophe [filɔzɔf] nmf philosopher ▶ adj philosophical
philosopher [filɔzɔfe] /1/ vi to philosophize
philosophie [filɔzɔfi] nf philosophy
philosophique [filɔzɔfik] adj philosophical
philosophiquement [filɔzɔfikmɑ̃] adv philosophically
philtre [filtʀ] nm philtre, love potion
phlébite [flebit] nf phlebitis
phlébologue [flebɔlɔɡ] nmf vein specialist
phobie [fɔbi] nf phobia
phocéen, ne [fɔseɛ̃, -ɛn] adj (marseillais) Marseilles cpd; **la cité phocéenne** Marseilles
phonétique [fɔnetik] adj phonetic ▶ nf phonetics sg
phonétiquement [fɔnetikmɑ̃] adv phonetically
phonique [fɔnik] adj (isolation, protection) sound cpd
phonographe [fɔnɔɡʀaf] nm (wind-up) gramophone
phoque [fɔk] nm seal; (fourrure) sealskin
phosphate [fɔsfat] nm phosphate
phosphaté, e [fɔsfate] adj phosphate-enriched
phosphore [fɔsfɔʀ] nm phosphorus
phosphoré, e [fɔsfɔʀe] adj phosphorous
phosphorescent, e [fɔsfɔʀesɑ̃, -ɑ̃t] adj luminous
phosphorique [fɔsfɔʀik] adj : **acide ~** phosphoric acid
photo [fɔto] nf (photographie) photo; **en ~** in ou on a photo; **prendre en ~** to take a photo of; **aimer la/faire de la ~** to like photography/taking photos; **~ en couleurs** colour photo; **~ d'identité** passport photo ▶ adj : **appareil/pellicule ~** camera/film
photo... [fɔto] préfixe photo...
photocomposition [fɔtokɔ̃pozisjɔ̃] nf photocomposition, photosetting, phototypesetting
photocopie [fɔtokɔpi] nf (procédé) photocopying; (document) photocopy
photocopier [fɔtokɔpje] /7/ vt to photocopy
photocopieur [fɔtokɔpjœʀ] nm, **photocopieuse** [fɔtokɔpjøz] nf (photo)copier
photo-électrique [fɔtoelɛktʀik] adj photo-electric
photo-finish [fɔtofiniʃ] (pl **photos-finish**) nf (photo) photo finish picture; **il y a eu ~ pour la troisième place** there was a photo finish for third place
photogénique [fɔtoʒenik] adj photogenic
photographe [fɔtoɡʀaf] nmf photographer
photographie [fɔtoɡʀafi] nf (procédé, technique) photography; (cliché) photograph; **faire de la ~** to do photography as a hobby; (comme métier) to be a photographer
photographier [fɔtoɡʀafje] /7/ vt to photograph, take
photographique [fɔtoɡʀafik] adj photographic
photogravure [fɔtoɡʀavyʀ] nf photoengraving
photomaton® [fɔtomatɔ̃] nm photo-booth, photomat
photomontage [fɔtomɔ̃taʒ] nm photomontage
photon [fɔtɔ̃] nm photon

photophone [fɔtɔfɔn] *nm* camera phone
photophore [fɔtɔfɔʀ] *nm (pour bougie)* glass
tealight holder
photoreportage [fɔtɔʀəpɔʀtaʒ] *nm (journalisme)*
photojournalism; *(reportage)* photo report
photoreporter [fɔtɔʀəpɔʀtɛʀ] *nmf*
photojournalist
photo-robot [fɔtɔʀɔbo] *(pl* **photos-robots***) nf*
Identikit® (picture)
photosensible [fɔtɔsɑ̃sibl] *adj* photosensitive
photostat [fɔtɔsta] *nm* photostat
photosynthèse [fɔtosɛ̃tɛz] *nf* photosynthesis
photothérapie [fɔtoteʀapi] *nf* phototherapy
photovoltaïque [fɔtovɔltaik] *adj (cellule)*
photovoltaic
phrase [fʀɑz] *nf (Ling)* sentence; *(propos, Mus)*
phrase; **phrases** *nfpl (péj)* flowery language *sg*
phrasé [fʀɑze] *nm* phrasing
phraséologie [fʀazeolɔʒi] *nf* phraseology;
(rhétorique) flowery language
phraseur, -euse [fʀazœʀ, -øz] *nm/f* : **c'est un ~**
he uses such flowery language
phréatique [fʀeatik] *adj voir* **nappe**
phrygien, ne [fʀiʒjɛ̃, -ɛn] *adj* : **bonnet ~**
Phrygian cap
phtisie [ftizi] *nf* consumption
phylloxéra [filɔkseʀa] *nm* phylloxera
physicien, ne [fizisjɛ̃, -ɛn] *nm/f* physicist
physiologie [fizjɔlɔʒi] *nf* physiology
physiologique [fizjɔlɔʒik] *adj* physiological
physiologiquement [fizjɔlɔʒikmɑ̃] *adv*
physiologically
physiologiste [fizjɔlɔʒist] *nmf* physiologist
physionomie [fizjɔnɔmi] *nf* face; *(d'un paysage
etc)* physiognomy
physionomiste [fizjɔnɔmist] *nmf (de boîte de
nuit)* bouncer ▸ *adj* : **être ~** to have a good
memory for faces
physiothérapeute [fizjoteʀapøt] *nmf*
physiotherapist
physiothérapie [fizjoteʀapi] *nf* natural
medicine, alternative medicine
physique [fizik] *adj* physical ▸ *nm* physique; **au
~** physically ▸ *nf* physics *sg*
physiquement [fizikmɑ̃] *adv* physically
phytoplancton [fitoplɑ̃ktɔ̃] *nm* phytoplankton
phytothérapie [fitoteʀapi] *nf* herbal medicine
p.i. *abr* = **par intérim**; *voir* **intérim**
piaffer [pjafe] */1/ vi* to stamp
piaillement [pjajmɑ̃] *nm* squawking *no pl*
piailler [pjaje] */1/ vi* to squawk
pianiste [pjanist] *nmf* pianist
piano [pjano] *nm* piano; **~ à queue** grand piano
pianoter [pjanɔte] */1/ vi* to tinkle away (at the
piano); *(tapoter)* : **~ sur** to drum one's fingers on
piaule [pjol] *nf (fam)* pad
piauler [pjole] */1/ vi (enfant)* to whimper; *(oiseau)*
to cheep
PIB *sigle m* (= *produit intérieur brut*) GDP
pic [pik] *nm (instrument)* pick(axe); *(montagne)*
peak; *(Zool)* woodpecker; **à ~** *adv* vertically; *(fig :
tomber, arriver)* just at the right time; **couler à ~**
(bateau) to go straight down; **~ à glace** ice pick
picard, e [pikaʀ, -aʀd] *adj* of *ou* from Picardy
Picardie [pikaʀdi] *nf* : **la ~** Picardy

picaresque [pikaʀɛsk] *adj* picaresque
piccolo [pikɔlo] *nm* piccolo
pichenette [piʃnɛt] *nf* flick
pichet [piʃɛ] *nm* jug
pickpocket [pikpɔkɛt] *nm* pickpocket
pick-up [pikœp] *nm* record player
picoler [pikɔle] *(fam) vi* to drink, to booze *(fam)*;
~ dur, ~ sec to knock it back *(fam)*; **On a un peu
picolé hier soir.** We were knocking it back a
bit last night. ▸ *vt* to drink, to knock back *(fam)*
picorer [pikɔʀe] */1/ vt* to peck
picot [piko] *nm* sprocket; **entraînement par
roue à picots** sprocket feed
picotement [pikɔtmɑ̃] *nm* smarting *no pl*,
prickling *no pl*
picoter [pikɔte] */1/ vt (oiseau)* to peck ▸ *vi (irriter)*
to smart, prickle
pictogramme [piktɔgʀam] *nm* pictogram
pictural, e, -aux [piktyʀal, -o] *adj* pictorial
pie [pi] *nf* magpie; *(fig)* chatterbox ▸ *adj inv* :
cheval ~ piebald; **vache ~** black and white cow
pièce [pjɛs] *nf (d'un logement)* room; *(Théât)* play;
(de mécanisme, machine) part; *(de monnaie)* coin;
(Couture) patch; *(document)* document; *(de drap,
fragment, d'une collection)* piece; *(de bétail)* head;
mettre en pièces to smash to pieces; **deux
euros ~** two euros each; **vendre à la ~** to sell
separately *ou* individually; **travailler/payer à
la ~** to do piecework/pay piece rate; **c'est
inventé de toutes pièces** it's a complete
fabrication; **un maillot une ~** a one-piece
swimsuit; **un deux-pièces cuisine** a
two-room(ed) flat *(BRIT) ou* apartment *(US)* with
kitchen; **tout d'une ~** *(personne : franc)* blunt;
(: sans souplesse) inflexible; **~ à conviction**
exhibit; **~ d'eau** ornamental lake *ou* pond;
~ d'identité : **avez-vous une ~ d'identité ?**
have you got any (means of) identification?;
~ jointe *(Inform)* attachment; **~ montée** tiered
cake; **~ de rechange** spare (part); **~ de
résistance** pièce de résistance; *(plat)* main
dish; **pièces détachées** spares, (spare) parts;
en pièces détachées *(à monter)* in kit form;
pièces justificatives supporting documents
piécette [pjesɛt] *nf* small coin
pied [pje] *nm* foot; *(de verre)* stem; *(de table)* leg;
(de lampe) base; *(plante)* plant; **pieds nus**
barefoot; **à ~** on foot; **à ~ sec** without getting
one's feet wet; **à ~ d'œuvre** ready to start
(work); **au ~ de la lettre** literally; **au ~ levé** at a
moment's notice; **de ~ en cap** from head to
foot; **en ~** *(portrait)* full-length; **avoir ~** to be
able to touch the bottom, not to be out of one's
depth; **avoir le ~ marin** to be a good sailor;
perdre ~ to lose one's footing; *(fig)* to get out of
one's depth; **sur ~** *(Agr)* on the stalk, uncut;
(debout, rétabli) up and about; **mettre sur ~**
(entreprise) to set up; **mettre à ~** to suspend; to
lay off; **mettre qn au ~ du mur** to get sb with
his *(ou* her) back to the wall; **sur le ~ de guerre**
ready for action; **sur un ~ d'égalité** on an
equal footing; **sur ~ d'intervention** on
stand-by; **faire du ~ à qn** *(prévenir)* to give sb a
(warning) kick; *(galamment)* to play footsie with
sb; **mettre les pieds quelque part** to set foot

somewhere; **faire des pieds et des mains** (fig) to move heaven and earth, pull out all the stops; **c'est le ~ !** (fam) it's brilliant!; **mettre les pieds dans le plat** (fam) to put one's foot in it; **il se débrouille comme un ~** (fam) he's completely useless; **se lever du bon ~/du ~ gauche** to get out of bed on the right/wrong side; **~ de lit** footboard; **faire un ~ de nez à** to thumb one's nose at; **~ de vigne** vine

pied-à-terre [pjetatɛʀ] nm inv pied-à-terre

pied-bot [pjebo] (pl **pieds-bots**) nm person with a club foot

pied-de-biche [pjedbiʃ] (pl **pieds-de-biche**) nm claw; (Couture) presser foot

pied-de-poule [pjedpul] adj inv hound's-tooth

piédestal, -aux [pjedɛstal, -o] nm pedestal

pied-noir (pl **pieds-noirs**) [pjenwaʀ] nmf Algerian-born French national

piège [pjɛʒ] nm trap; **prendre au ~** to trap

piéger [pjeʒe] /3, 6/ vt (animal, fig) to trap; (avec une bombe) to booby-trap; **lettre/voiture piégée** letter-/car-bomb

piercing [pjɛʀsiŋ] nm piercing

pierraille [pjɛʀɑj] nf loose stones pl

pierre [pjɛʀ] nf stone; **première ~** (d'un édifice) foundation stone; **mur de pierres sèches** drystone wall; **faire d'une ~ deux coups** to kill two birds with one stone; **~ à briquet** flint; **~ fine** semiprecious stone; **~ ponce** pumice stone; **~ de taille** freestone no pl; **~ tombale** tombstone, gravestone; **~ de touche** touchstone

pierreries [pjɛʀʀi] nfpl gems, precious stones

pierreux, -euse [pjɛʀø, -øz] adj stony

piété [pjete] nf piety

piétinement [pjetinmɑ̃] nm stamping no pl

piétiner [pjetine] /1/ vi (trépigner) to stamp (one's foot); (marquer le pas) to stand about; (fig) to be at a standstill ▸ vt to trample on

piéton, ne [pjetɔ̃, -ɔn] nm/f pedestrian ▸ adj pedestrian cpd

piétonnier, -ière [pjetɔnje, -jɛʀ] adj pedestrian cpd

piètre [pjɛtʀ] adj poor, mediocre

pieu, x [pjø] nm (piquet) post; (pointu) stake; (fam : lit) bed

pieusement [pjøzmɑ̃] adv piously

pieuvre [pjœvʀ] nf octopus

pieux, -euse [pjø, -øz] adj pious

pif [pif] nm (fam) conk (BRIT), beak; **au ~ = pifomètre**

piffer [pife] /1/ vt (fam) : **je ne peux pas le ~** I can't stand him

pifomètre [pifɔmɛtʀ] nm (fam) : **choisir** etc **au ~** to follow one's nose when choosing etc

pige [piʒ] nf piecework rate

pigeon [piʒɔ̃] nm pigeon; **~ voyageur** homing pigeon

pigeonnant, e [piʒɔnɑ̃, -ɑ̃t] adj full, well-developed

pigeonneau, x [piʒɔno] nm young pigeon

pigeonner [piʒɔne] vt (fam : duper) : **~ qn** to take sb for a ride (fam); **se faire ~** to be taken for a ride (fam)

pigeonnier [piʒɔnje] nm pigeon loft, dovecot(e)

piger [piʒe] /3/: fam vi to get it ▸ vt to get, understand

pigiste [piʒist] nmf (typographe) typesetter on piecework; (journaliste) freelance journalist (paid by the line)

pigment [pigmɑ̃] nm pigment

pigmentation [pigmɑ̃tasjɔ̃] nf pigmentation

pignon [piɲɔ̃] nm (de mur) gable; (d'engrenage) cog(wheel), gearwheel; (graine) pine kernel; **avoir ~ sur rue** (fig) to have a prosperous business

pile [pil] nf (tas, pilier) pile; (Élec) battery ▸ adj : **le côté ~** tails; **jouer à ~ ou face** to toss up (for it); **~ ou face ?** heads or tails? ▸ adv (net, brusquement) dead; (à temps, à point nommé) just at the right time; **à deux heures ~** at two on the dot

piler [pile] /1/ vt to crush, pound

pileux, -euse [pilø, -øz] adj : **système ~** (body) hair

pilier [pilje] nm (colonne, support) pillar; (personne) mainstay; (Rugby) prop (forward)

pillage [pijaʒ] nm pillaging, plundering, looting

pillard, e [pijaʀ, -aʀd] nm/f looter; plunderer

piller [pije] /1/ vt to pillage, plunder, loot

pilleur, -euse [pijœʀ, -øz] nm/f looter

pilon [pilɔ̃] nm (instrument) pestle; (de volaille) drumstick; **mettre un livre au ~** to pulp a book

pilonnage [pilɔnaʒ] nm (bombardement) bombardment; (fig) : **~ médiatique** media hype; (de livre) pulping

pilonner [pilɔne] /1/ vt to pound

pilori [pilɔʀi] nm : **mettre** ou **clouer au ~** to pillory

pilotage [pilɔtaʒ] nm piloting; flying; **~ automatique** automatic piloting; **~ sans visibilité** blind flying

pilote [pilɔt] nmf pilot; (de char, voiture) driver; **~ de chasse/d'essai/de ligne** fighter/test/airline pilot; **~ de course** racing driver ▸ adj pilot cpd; **usine/ferme ~** experimental factory/farm

piloter [pilɔte] /1/ vt (navire) to pilot; (avion) to fly; (automobile) to drive; (fig) : **~ qn** to guide sb round

pilotis [pilɔti] nm pile; stilt

pilule [pilyl] nf pill; **prendre la ~** to be on the pill; **~ du lendemain** morning-after pill

pimbêche [pɛ̃bɛʃ] nf (péj) stuck-up girl

piment [pimɑ̃] nm (Bot) pepper, capsicum; (fig) spice, piquancy; **~ rouge** (Culin) chilli

pimenté, e [pimɑ̃te] adj (plat) hot and spicy

pimenter [pimɑ̃te] /1/ vt (plat) to season (with peppers ou chillis); (fig) to add ou give spice to

pimpant, e [pɛ̃pɑ̃, -ɑ̃t] adj spruce

pin [pɛ̃] nm pine (tree); (bois) pine(wood)

pinacle [pinakl] nm : **porter qn au ~** (fig) to praise sb to the skies

pinailler [pinaje] vi (fam) to quibble; **~ sur qch** to quibble over sth, to quibble about sth

pinailleur, euse [pinajœʀ, -øz] (fam) adj nit-picking ▸ nm/f nit-picker

pinard [pinaʀ] nm (fam) (cheap) wine, plonk (BRIT)

pince [pɛ̃s] *nf (outil)* pliers *pl*; *(de homard, crabe)* pincer, claw; *(Couture : pli)* dart; **~ à sucre/glace** sugar/ice tongs *pl*; **~ à épiler** tweezers *pl*; **~ à linge** clothes peg *(BRIT)* ou pin *(US)*; **~ universelle** *(universal)* pliers *pl*; **pinces de cycliste** bicycle clips

pincé, e [pɛ̃se] *adj (air)* stiff; *(mince : bouche)* pinched ▶ *nf (de sel, épice)* pinch; *(fig : de malice)* touch

pinceau, x [pɛ̃so] *nm* (paint)brush

pincement [pɛ̃smɑ̃] *nm* : **~ au cœur** twinge of regret

pince-monseigneur *(pl* **pinces-monseigneur)** [pɛ̃smɔ̃sɛɲœʀ] *nf* crowbar

pince-nez [pɛ̃sne] *nm inv* pince-nez

pincer [pɛ̃se] */3/ vt* to pinch; *(Mus : cordes)* to pluck; *(Couture)* to dart, put darts in; *(fam)* to nab; **se pincer** *vpr* : **se ~ le doigt** to squeeze *ou* nip one's finger; **se ~ le nez** to hold one's nose

pince-sans-rire [pɛ̃ssɑ̃ʀiʀ] *adj inv* deadpan

pincettes [pɛ̃sɛt] *nfpl* tweezers; *(pour le feu)* (fire) tongs

pinçon [pɛ̃sɔ̃] *nm* pinch mark

pinède [pined] *nf* pinewood, pine forest

pingouin [pɛ̃gwɛ̃] *nm* penguin

ping-pong [piŋpɔ̃g] *nm* table tennis

pingre [pɛ̃gʀ] *adj* niggardly

pingrerie [pɛ̃gʀəʀi] *nf* stinginess

pinson [pɛ̃sɔ̃] *nm* chaffinch

pintade [pɛ̃tad] *nf* guinea-fowl

pinte [pɛ̃t] *nf* pint

pin up [pinœp] *nf inv* pin-up (girl)

pioche [pjɔʃ] *nf* pickaxe

piocher [pjɔʃe] */1/ vt* to dig up (with a pickaxe); *(fam)* to swot *(BRIT)* ou grind *(US)* at; **~ dans** to dig into

piolet [pjɔlɛ] *nm* ice axe

pion, ne [pjɔ̃, pjɔn] *nm/f (Scol)* student paid to supervise schoolchildren ▶ *nm (Échecs)* pawn; *(Dames)* piece, draught *(BRIT)*, checker *(US)*

pioncer [pjɔ̃se] *vi (fam : dormir)* to kip *(BRIT fam)*

pionnier [pjɔnje] *nm* pioneer

pipe [pip] *nf* pipe; **fumer la** *ou* **une ~** to smoke a pipe; **~ de bruyère** briar pipe

pipeau, x [pipo] *nm* (reed-)pipe

pipe-line [piplin] *nm* pipeline

piper [pipe] */1/ vt (dé)* to load; *(carte)* to mark; **sans ~ mot** *(fam)* without a squeak; **les dés sont pipés** *(fig)* the dice are loaded

pipette [pipɛt] *nf* pipette

pipi [pipi] *nm (fam)* : **faire ~** to have a wee

piquant, e [pikɑ̃, -ɑ̃t] *adj (barbe, rosier etc)* prickly; *(saveur, sauce)* hot, pungent; *(fig : détail)* titillating; *(: mordant, caustique)* biting ▶ *nm (épine)* thorn, prickle; *(de hérisson)* quill, spine; *(fig)* spiciness, spice

pique [pik] *nf (arme)* pike; *(fig)* : **envoyer** *ou* **lancer des piques à qn** to make cutting remarks to sb ▶ *nm (Cartes : couleur)* spades *pl*; *(: carte)* spade

piqué, e [pike] *adj (Couture)* (machine-)stitched; quilted; *(livre, glace)* mildewed; *(vin)* sour; *(Mus : note)* staccato; *(fam : personne)* nuts ▶ *nm (Aviat)* dive; *(Textiles)* piqué

pique-assiette [pikasjɛt] *nmf (péj)* scrounger, sponger

pique-fleurs [pikflœʀ] *nm inv* flower holder

pique-nique [piknik] *nm* picnic

pique-niquer [piknike] */1/ vi* to (have a) picnic

pique-niqueur, -euse [piknikœʀ, -øz] *nm/f* picnicker

piquer [pike] */1/ vt (percer)* to prick; *(Méd)* to give an injection to; *(: animal blessé etc)* to put to sleep; *(insecte, fumée, ortie)* to sting; *(moustique)* to bite; *(poivre)* to burn; *(froid)* to bite; *(Couture)* to machine (stitch); *(intérêt etc)* to arouse; *(fam : prendre)* to pick up; *(: voler)* to pinch; *(: arrêter)* to nab; *(planter)* : **~ qch dans** to stick sth into; *(fixer)* : **~ qch à** *ou* **sur** to pin sth onto; **~ une tête** *(plonger)* to dive headfirst; **~ un galop/un cent mètres** to break into a gallop/put on a sprint; **~ une crise** to throw a fit; **~ au vif** *(fig)* to sting *(: saveur)* to be pungent; to be sour; **~ sur** to swoop down on; to head straight for; **~ du nez** *(avion)* to go into a nose-dive; **se piquer** *vpr (avec une aiguille)* to prick o.s.; *(se faire une piqûre)* to inject o.s.; *(se vexer)* to get annoyed; **se ~ de faire** to pride o.s. on doing

piquet [pikɛ] *nm (pieu)* post, stake; *(de tente)* peg; **mettre un élève au ~** to make a pupil stand in the corner; **~ de grève** (strike) picket; **~ d'incendie** fire-fighting squad

piqueté, e [pikte] *adj* : **~ de** dotted with

piquette [pikɛt] *nf (fam)* cheap wine, plonk *(BRIT)*

piqûre [pikyʀ] *nf (d'épingle)* prick; *(d'ortie)* sting; *(de moustique)* bite; *(Méd)* injection, shot *(US)*; *(Couture)* (straight) stitch; straight stitching; *(de ver)* hole; *(tache)* (spot of) mildew; **faire une ~ à qn** to give sb an injection

piranha [piʀana] *nm* piranha

piratage [piʀataʒ] *nm (Inform)* piracy

pirate [piʀat] *adj* pirate *cpd* ▶ *nm* pirate; *(fig : escroc)* crook, shark; *(Inform)* hacker; **~ de l'air** hijacker

pirater [piʀate] */1/ (Inform)* *vi* to hack ▶ *vt* to hack into

piraterie [piʀatʀi] *nf (act of)* piracy; **~ aérienne** hijacking

pire [piʀ] *adj (comparatif)* worse; *(superlatif)* : **le (la) ~, les ...** the worst ... ▶ *nm* : **le ~ (de)** the worst (of); **au ~** at (the very) worst

Pirée [piʀe] *n* Piraeus

pirogue [piʀɔg] *nf* dugout (canoe)

pirouette [piʀwɛt] *nf* pirouette; *(fig : volte-face)* about-turn

pis [pi] *nm (de vache)* udder; *(pire)* : **le ~** the worst ▶ *adj inv, adv* worse; **qui ~ est** what is worse; **au ~ aller** if the worst comes to the worst, at worst; **de mal en ~** from bad to worse

pis-aller [pizale] *nm inv* stopgap

pisciculture [pisikyltyʀ] *nf* fish farming

piscine [pisin] *nf* (swimming) pool; **~ couverte** indoor (swimming) pool

Pise [piz] *n* Pisa

pissaladière [pisaladjɛʀ] *nf* onion, anchovy and olive pizza

pisse [pis] *nf (!)* piss *(fam)*

pissenlit [pisɑ̃li] *nm* dandelion

pisser [pise] */1/ vi (!)* to piss *(fam)*

pissotière [pisɔtjɛʀ] *nf (fam)* public urinal

pistache [pistaʃ] *nf* pistachio (nut)
pistard [pistaʀ] *nm (Cyclisme)* track cyclist
piste [pist] *nf (d'un animal, sentier)* track, trail; *(indice)* lead; *(de stade, de magnétophone)* track; *(de cirque)* ring; *(de danse)* floor; *(de patinage)* rink; *(de ski)* run; *(Aviat)* runway; ~ **cavalière** bridle path; ~ **cyclable** cycle track, bikeway *(US)*; ~ **sonore** sound track
pister [piste] /**1**/ *vt* to track, trail
pisteur [pistœʀ] *nm (Ski)* member of the ski patrol
pistil [pistil] *nm* pistil
pistolet [pistɔlɛ] *nm (arme)* pistol, gun; *(à peinture)* spray gun; ~ **à bouchon/air comprimé** popgun/airgun; ~ **à eau** water pistol
pistolet-mitrailleur *(pl* **pistolets-mitrailleurs)** [pistɔlɛmitʀajœʀ] *nm* submachine gun
piston [pistɔ̃] *nm (Tech)* piston; *(Mus)* valve; *(fam : appui)* string-pulling; **avoir du** ~ *(fam)* to have friends in the right places
pistonner [pistɔne] /**1**/ *vt (fam : candidat)* to pull strings for
pistou [pistu] *nm* pesto
pitance [pitɑ̃s] *nf (péj)* (means of) sustenance
piteusement [pitøzmɑ̃] *adv (échouer)* miserably
piteux, -euse [pitø, -øz] *adj* pitiful, sorry *(avant le nom)*; **en** ~ **état** in a sorry state
pitié [pitje] *nf* pity; **sans** ~ *adj* pitiless, merciless; **faire** ~ to inspire pity; **il me fait** ~ I pity him, I feel sorry for him; **avoir** ~ **de** *(compassion)* to pity, feel sorry for; *(merci)* to have pity *ou* mercy on; **par** ~ ! for pity's sake!
piton [pitɔ̃] *nm (clou)* peg, bolt; ~ **rocheux** rocky outcrop
pitoyable [pitwajabl] *adj* pitiful
pitre [pitʀ] *nm* clown
pitrerie [pitʀəʀi] *nf* tomfoolery *no pl*
pittoresque [pitɔʀɛsk] *adj* picturesque; *(expression, détail)* colourful *(BRIT)*, colorful *(US)*
pivert [pivɛʀ] *nm* green woodpecker
pivoine [pivwan] *nf* peony
pivot [pivo] *nm* pivot; *(d'une dent)* post
pivoter [pivɔte] /**1**/ *vi (fauteuil)* to swivel; *(porte)* to revolve; ~ **sur ses talons** to swing round
pixel [piksɛl] *nm* pixel
pixélisation [pikselizasjɔ̃], **pixellisation** [pikselizasjɔ̃] *nf (Inform)* pixelation
pixéliser [pikselize], **pixelliser** [pikselize] *vt, vi (Inform)* to pixelate
pizza [pidza] *nf* pizza
PJ *sigle f (= police judiciaire)* ≈ CID *(BRIT)*, ≈ FBI *(US)* ▶ *sigle fpl (= pièces jointes)* encl
PL *sigle m (Auto)* = **poids lourd**
Pl. *abr* = **place**
placage [plakaʒ] *nm (bois)* veneer
placard [plakaʀ] *nm (armoire)* cupboard; *(affiche)* poster, notice; *(Typo)* galley; ~ **publicitaire** display advertisement
placarder [plakaʀde] /**1**/ *vt (affiche)* to put up; *(mur)* to stick posters on
place [plas] *nf (emplacement, situation, classement)* place; *(de ville, village)* square; *(espace libre)* room, space; *(de parking)* space; *(siège : de train, cinéma, voiture)* seat; *(prix : au cinéma etc)* price; *(: dans un bus, taxi)* fare; *(emploi)* job; ~ **financière/**

boursière money/stock market; **en** ~ *(mettre)* in its place; **de** ~ **en** ~, **par places** here and there, in places; **sur** ~ on the spot; **faire** ~ **à** to give way to; **faire de la** ~ **à** to make room for; **ça prend de la** ~ it takes up a lot of room *ou* space; **prendre** ~ to take one's place; **remettre qn à sa** ~ to put sb in his *(ou* her) place; **ne pas rester** *ou* **tenir en** ~ to be always on the go; **à la** ~ **de** in place of, instead of; **à votre** ~ ... if I were you ...; **se mettre à la** ~ **de qn** to put o.s. in sb's place *ou* in sb's shoes; **une quatre places** *(Auto)* a four-seater; **il y a 20 places assises/debout** there are 20 seats/there is standing room for 20; ~ **forte** fortified town; ~ **d'honneur** place *(ou* seat) of honour *(BRIT)* ou honor *(US)*
placé, e [plase] *adj (Hippisme)* placed; **haut** ~ *(fig)* high-ranking; **être bien/mal** ~ to be well/badly placed; *(spectateur)* to have a good/bad seat; **être bien/mal** ~ **pour faire** to be in/not to be in a position to do; **il est bien** ~ **pour le savoir** he is in a position to know
placebo [plasebo] *nm* placebo
placement [plasmɑ̃] *nm* placing; *(Finance)* investment; **agence** *ou* **bureau de** ~ employment agency
placenta [plasɛ̃ta] *nm* placenta
placer [plase] /**3**/ *vt* to place, put; *(convive, spectateur)* to seat; *(capital, argent)* to place, invest; *(dans la conversation)* to put *ou* get in; ~ **qn chez** to get sb a job at *(ou* with); **se** ~ **au premier rang** to go and stand *(ou* sit) in the first row
placide [plasid] *adj* placid
placidité [plasidite] *nf* placidity
placier, -ière [plasje, -jɛʀ] *nm/f* commercial rep(resentative), salesman/woman
Placoplâtre® [plakoplatʀ] *nm* plasterboard
plafond [plafɔ̃] *nm* ceiling
plafonnement [plafɔnmɑ̃] *nm (limite imposée)* : **un** ~ **des aides** an upper limit on aid; **instaurer un** ~ **de** to set a ceiling on
plafonner [plafɔne] /**1**/ *vt (pièce)* to put a ceiling (up) in ▶ *vi* to reach one's *(ou* a) ceiling
plafonnier [plafɔnje] *nm* ceiling light; *(Auto)* interior light
plage [plaʒ] *nf* beach; *(station)* (seaside) resort; *(fig)* band, bracket; *(de disque)* track, band; ~ **arrière** *(Auto)* parcel *ou* back shelf
plagiaire [plaʒjɛʀ] *nmf* plagiarist
plagiat [plaʒja] *nm* plagiarism
plagier [plaʒje] /**7**/ *vt* to plagiarize
plagiste [plaʒist] *nmf* beach attendant
plaid [plɛd] *nm (tartan)* car rug, lap robe *(US)*
plaidant, e [plɛdɑ̃, -ɑ̃t] *adj* litigant
plaider [plede] /**1**/ *vi (avocat)* to plead; *(plaignant)* to go to court, litigate; ~ **pour** *(fig)* to speak for ▶ *vt* to plead
plaider-coupable, plaider coupable [pledekupabl] *nm* guilty plea
plaideur, -euse [plɛdœʀ, -øz] *nm/f* litigant
plaidoirie [plɛdwaʀi] *nf (Jur)* speech for the defence *(BRIT)* ou defense *(US)*
plaidoyer [plɛdwaje] *nm (Jur)* speech for the defence *(BRIT)* ou defense *(US)*; *(fig)* plea
plaie [plɛ] *nf* wound

P

plaignant - plaque

plaignant, e [plɛɲɑ̃, -ɑ̃t] *vb voir* **plaindre** ▸ *nm/f* plaintiff
plaindre [plɛ̃dʀ] /52/ *vt* to pity, feel sorry for; **se plaindre** *vpr* (*gémir*) to moan; (*protester, rouspéter*) : **se ~ (à qn) (de)** to complain (to sb) (about); **se ~ de** (*souffrir*) to complain of
plaine [plɛn] *nf* plain
plain-pied [plɛ̃pje] *adv* : **de ~** at street-level; (*fig*) straight; **de ~ (avec)** on the same level (as)
plaint, e [plɛ̃, -ɛ̃t] *pp de* **plaindre** ▸ *nf* (*gémissement*) moan, groan; (*doléance*) complaint; **porter plainte** to lodge a complaint
plaintif, -ive [plɛ̃tif, -iv] *adj* plaintive
plaire [plɛʀ] /54/ *vi* to be a success, be successful; to please; **cela me plaît** I like it; **ça plaît beaucoup aux jeunes** it's very popular with young people; **essayer de ~ à qn** (*en étant serviable etc*) to try and please sb; **elle plaît aux hommes** she's a success with men, men like her ▸ *vb impers* : **ce qu'il vous plaira** what(ever) you like *ou* wish; **s'il vous plaît, s'il te plaît** please; **se plaire** *vpr* : **se ~ quelque part** to like being somewhere, like it somewhere; **se ~ à faire** to take pleasure in doing
plaisamment [plɛzamɑ̃] *adv* pleasantly
plaisance [plɛzɑ̃s] *nf* (*aussi* : **navigation de plaisance**) (pleasure) sailing, yachting
plaisancier [plɛzɑ̃sje] *nm* amateur sailor, yachting enthusiast
plaisant, e [plɛzɑ̃, -ɑ̃t] *adj* pleasant; (*histoire, anecdote*) amusing
plaisanter [plɛzɑ̃te] /1/ *vi* to joke; **pour ~** for a joke; **on ne plaisante pas avec cela** that's no joking matter; **tu plaisantes!** you're joking *ou* kidding! ▸ *vt* (*personne*) to tease, make fun of
plaisanterie [plɛzɑ̃tʀi] *nf* joke; joking *no pl*
plaisantin [plɛzɑ̃tɛ̃] *nm* joker; (*fumiste*) fly-by-night
plaise *etc* [plɛz] *vb voir* **plaire**
plaisir [pleziʀ] *nm* pleasure; **faire ~ à qn** (*délibérément*) to be nice to sb, please sb; **ça me fait ~** (*cadeau, nouvelle etc*) I'm delighted *ou* very pleased with this; **j'espère que ça te fera ~** I hope you'll like it; **prendre ~ à/à faire** to take pleasure in/in doing; **j'ai le ~ de ...** it is with great pleasure that I ...; **M. et Mme X ont le ~ de vous faire part de ...** M. and Mme X are pleased to announce ...; **se faire un ~ de faire qch** to be (only too) pleased to do sth; **faites-moi le ~ de ...** would you mind ..., would you be kind enough to ...; **à ~** freely; for the sake of it; **au ~ (de vous revoir)** (I hope to) see you again; **pour le** *ou* **pour son** *ou* **par ~** for pleasure
plaît [plɛ] *vb voir* **plaire**
plan, e [plɑ̃, -an] *adj* flat ▸ *nm* plan; (*Géom*) plane; (*fig*) level, plane; (*Ciné*) shot; **au premier/second ~** in the foreground/middle distance; **mettre qch au premier ~** (*fig*) to consider sth to be of primary importance; **sur le ~ sexuel** sexually, as far as sex is concerned; **laisser/rester en ~** to abandon/be abandoned; **~ d'action** plan of action; **~ directeur** (*Écon*) master plan; **~ d'eau** lake; pond; **~ de travail** work-top, work surface; **~ de vol** (*Aviat*) flight plan

planche [plɑ̃ʃ] *nf* (*pièce de bois*) plank, (wooden) board; (*illustration*) plate; (*de salades, radis, poireaux*) bed; (*d'un plongeoir*) (diving) board; **les planches** (*Théât*) the boards; **en planches** *adj* wooden; **faire la ~** (*dans l'eau*) to float on one's back; **avoir du pain sur la ~** to have one's work cut out; **~ à découper** chopping board; **~ à dessin** drawing board; **~ à pain** breadboard; **~ à repasser** ironing board; **~ (à roulettes)** (*planche*) skateboard; (*sport*) skateboarding; **~ de salut** (*fig*) sheet anchor; **~ à voile** (*planche*) windsurfer, sailboard; (*sport*) windsurfing
plancher [plɑ̃ʃe] /1/ *nm* floor; (*planches*) floorboards *pl*; (*fig*) minimum level ▸ *vi* to work hard
planchiste [plɑ̃ʃist] *nmf* windsurfer
plancton [plɑ̃ktɔ̃] *nm* plankton
planer [plane] /1/ *vi* (*oiseau, avion*) to glide; (*fumée, vapeur*) to float, hover; (*drogué*) to be (on a) high; (*fam : rêveur*) to have one's head in the clouds; **~ sur** (*danger*) to hang over; to hover above
planétaire [planetɛʀ] *adj* planetary
planétarium [planetaʀjɔm] *nm* planetarium
planète [planɛt] *nf* planet
planeur [planœʀ] *nm* glider
planification [planifikasjɔ̃] *nf* (economic) planning
planifier [planifje] /7/ *vt* to plan
planisphère [planisfɛʀ] *nm* planisphere
planning [planiŋ] *nm* programme (*BRIT*), program (*US*), schedule; **~ familial** family planning
planque [plɑ̃k] *nf* (*fam* : *combine, filon*) cushy (*BRIT*) *ou* easy number; (: *cachette*) hideout
planquer [plɑ̃ke] /1/ (*fam*) *vt* to hide (away), stash away; **se planquer** *vpr* to hide
plant [plɑ̃] *nm* seedling, young plant
plantage [plɑ̃taʒ] *nm* (*d'ordinateur*) crash
plantaire [plɑ̃tɛʀ] *adj voir* **voûte**
plantation [plɑ̃tasjɔ̃] *nf* planting; (*de fleurs, légumes*) bed; (*exploitation*) plantation
plante [plɑ̃t] *nf* plant; **~ d'appartement** house *ou* pot plant; **~ du pied** sole (of the foot); **~ verte** house plant
planter [plɑ̃te] /1/ *vt* (*plante*) to plant; (*enfoncer*) to hammer *ou* drive in; (*tente*) to put up, pitch; (*drapeau, échelle, décors*) to put up; (*fam : mettre*) to dump; (: *abandonner*) : **~ là** to ditch; **~ qch dans** to hammer *ou* drive sth into; to stick sth into; **se planter** *vpr* : **se ~ dans** to sink into; to get stuck in; **se ~ devant** to plant o.s. in front of; (*fam : se tromper*) to get it wrong
planteur [plɑ̃tœʀ] *nm* planter
plantigrade [plɑ̃tigʀad] *nm, adj* plantigrade
planton [plɑ̃tɔ̃] *nm* orderly
plantureux, -euse [plɑ̃tyʀø, -øz] *adj* (*repas*) copious, lavish; (*femme*) buxom
plaquage [plakaʒ] *nm* (*Rugby*) tackle
plaque [plak] *nf* plate; (*de verre*) sheet; (*de verglas, d'eczéma*) patch; (*dentaire*) plaque; (*avec inscription*) plaque; **~ (minéralogique** *ou* **de police** *ou* **d'immatriculation)** number (*BRIT*) *ou* license (*US*) plate; **~ de beurre** slab of butter; **~ chauffante** hotplate; **~ de chocolat** bar of

chocolate; **~ de cuisson** hob; **~ d'identité** identity disc; **~ tournante** (fig) centre (BRIT), center (US)

plaqué, e [plake] adj : **~ or/argent** gold-/silver-plated; **~ acajou** with a mahogany veneer ▶ nm : **~ or/argent** gold/silver plate

plaquer [plake] /1/ vt (bijou) to plate; (bois) to veneer; (aplatir) : **~ qch sur/contre** to make sth stick ou cling to; (Rugby) to bring down; (fam : laisser tomber) to drop, ditch; **~ qn contre** to pin sb to; **se plaquer** vpr : **se ~ contre** to flatten o.s. against

plaquette [plakɛt] nf tablet; (de chocolat) bar; (de beurre) slab, packet; (livre) small volume; (Méd : de pilules, gélules) pack, packet; **~ de frein** (Auto) brake pad

plasma [plasma] nm plasma

plastic [plastik] nm plastic explosive

plasticien, ne [plastisjɛ̃, -jɛn] nm/f (artiste) visual artist ▶ adj : **artiste ~** visual artist

plastifié, e [plastifje] adj plastic-coated

plastifier [plastifje] /7/ vt (document, photo) to laminate

plastiquage [plastika3] nm bombing, bomb attack

plastique [plastik] adj plastic ▶ nm plastic ▶ nf plastic arts pl; (d'une statue) modelling

plastiquer [plastike] /1/ vt to blow up

plastiqueur [plastikœR] nm terrorist (planting a plastic bomb)

plastron [plastrɔ̃] nm shirt front

plastronner [plastrɔne] /1/ vi to swagger

plasturgie [plastyR3i] nf plastics manufacturing

plat, e [pla, -at] adj flat; (fade : vin) flat-tasting, insipid; (personne, livre) dull; (style) flat, dull; **à ~ ventre** adv face down; (tomber) flat on one's face; **à ~** adj (pneu, batterie) flat; (fam : fatigué) dead beat, tired out ▶ nm (récipient, Culin) dish; (d'un repas) course; **le premier ~** the first course; (partie plate) : **le ~ de la main** the flat of the hand; (: d'une route) flat (part); **~ cuisiné** pre-cooked meal (ou dish); **~ du jour** dish of the day; **~ principal** ou **de résistance** main course; **plats préparés** convenience food(s)

platane [platan] nm plane tree

plateau, x [plato] nm (support) tray; (d'une table) top; (d'une balance) pan; (Géo) plateau; (de tourne-disques) turntable; (Ciné) set; (TV) : **nous avons deux journalistes sur le ~ ce soir** we have two journalists with us tonight; **~ à fromages** cheeseboard

plateau-repas (pl **plateaux-repas**) [platoRəpa] nm tray meal, TV dinner (US)

plate-bande (pl **plates-bandes**) [platbɑ̃d] nf flower bed

platée [plate] nf dish(ful)

plate-forme (pl **plates-formes**) [platfɔRm] nf platform; **~ de forage/pétrolière** drilling/oil rig

platine [platin] nm platinum ▶ nf (d'un tourne-disque) turntable; **~ disque/cassette** record/cassette deck; **~ laser** ou **compact-disc** compact disc (player)

platitude [platityd] nf platitude

platonique [platɔnik] adj platonic

plâtras [platRa] nm rubble no pl

plâtre [platR] nm (matériau) plaster; (statue) plaster statue; (Méd) (plaster) cast; **avoir un bras dans le ~** to have an arm in plaster; **plâtres** nmpl plasterwork sg

plâtrer [platRe] /1/ vt to plaster; (Méd) to set ou put in a (plaster) cast

plâtrier [platRije] nm plasterer

plausibilité [plozibilite] nf plausibility

plausible [plozibl] adj plausible

play-back [plɛbak] nm miming

play-boy [plɛbɔj] nm playboy

plébiscite [plebisit] nm plebiscite

plébisciter [plebisite] /1/ vt (approuver) to give overwhelming support to; (élire) to elect by an overwhelming majority

plectre [plɛktR] nm plectrum

pléiade [plejad] nf (groupe) host; **toute une ~ de** a whole host of

plein, e [plɛ̃, plɛn] adj full; (porte, roue) solid; (chienne, jument) big (with young); **~ de** full of; **avoir les mains pleines** to have one's hands full; **à pleines mains** (ramasser) in handfuls; (empoigner) firmly; **à ~ régime** at maximum revs; (fig) at full speed; **à ~ temps** full-time; **en ~ air** in the open air; **jeux en ~ air** outdoor games; **en pleine mer** on the open sea; **en ~ soleil** in direct sunlight; **en pleine nuit/rue** in the middle of the night/street; **en ~ milieu** right in the middle; **en ~ jour** in broad daylight ▶ nm : **faire le ~ (d'essence)** to fill up (with petrol (BRIT) ou gas (US)); **faire le ~ de voix** to get the maximum number of votes possible; **les pleins** the downstrokes (in handwriting) ▶ prép : **avoir de l'argent ~ les poches** to have loads of money; **en ~ sur** right on; **en avoir ~ le dos** (fam) to have had it up to here

pleinement [plɛnmɑ̃] adv fully; to the full

plein-emploi [plɛnɑ̃plwa] nm full employment

plénière [plenjɛR] adj f : **assemblée ~** plenary assembly

plénipotentiaire [plenipɔtɑ̃sjɛR] nm plenipotentiary

plénitude [plenityd] nf fullness

pléthore [pletɔR] nf : **~ de** overabundance ou plethora of

pléthorique [pletɔrik] adj (classes) overcrowded; (documentation) excessive

pleurer [plœRe] /1/ vi to cry; (yeux) to water; **~ sur** to lament (over), bemoan; **~ de rire** to laugh till one cries ▶ vt to mourn (for)

pleurésie [plœRezi] nf pleurisy

pleureuse [plœRøz] nf professional mourner

pleurnichard, e [plœRniʃar, -aRd] adj (personne, ton) whining

pleurnicher [plœRniʃe] /1/ vi to snivel, whine

pleurote [plœRɔt] nm (Bot) oyster mushroom

pleurs [plœR] nmpl : **en ~** in tears

pleut [plø] vb voir **pleuvoir**

pleutre [pløtR] adj cowardly

pleuvait etc [pløvɛ] vb voir **pleuvoir**

pleuviner [pløvine] /1/ vb impers to drizzle

333

pleuvoir [pløvwaʀ] **/23/** vb impers to rain; **il pleut** it's raining; **il pleut des cordes** ou **à verse** ou **à torrents** it's pouring (down), it's raining cats and dogs ▶ vi (fig : coups) to rain down; (critiques, invitations) to shower down

pleuvra etc [pløvʀa] vb voir **pleuvoir**

plexiglas® [plɛksiglɑs] nm Plexiglas® (US)

pli [pli] nm fold; (de jupe) pleat; (de pantalon) crease; (aussi : **faux pli**) crease; (enveloppe) envelope; (lettre) letter; (Cartes) trick; **prendre le ~ de faire** to get into the habit of doing; **ça ne fait pas un ~!** don't you worry!; **~ d'aisance** inverted pleat

pliable [plijabl] adj pliable, flexible

pliage [plijaʒ] nm folding; (Art) origami

pliant, e [plijɑ̃, -ɑ̃t] adj folding ▶ nm folding stool, campstool

plier [plije] **/7/** vt to fold; (pour ranger) to fold up; (table pliante) to fold down; (genou, bras) to bend ▶ vi to bend; (fig) to yield; **~ bagages** (fig) to pack up (and go); **se plier** vpr : **se ~ à** to submit to

plinthe [plɛ̃t] nf skirting board

plissé, e [plise] adj (jupe, robe) pleated; (peau) wrinkled; (Géo) folded ▶ nm (Couture) pleats pl

plissement [plismɑ̃] nm (Géo) fold

plisser [plise] **/1/** vt (chiffonner : papier, étoffe) to crease; (rider : yeux) to screw up; (: front) to furrow, wrinkle; (: bouche) to pucker; (jupe) to put pleats in; **se plisser** vpr (vêtement, étoffe) to crease

pliure [plijyʀ] nf (du bras, genou) bend; (d'un ourlet) fold

plomb [plɔ̃] nm (métal) lead; (d'une cartouche) (lead) shot; (Pêche) sinker; (sceau) (lead) seal; (Élec) fuse; **de ~** (soleil) blazing; **sans ~** (essence) unleaded; **sommeil de ~** heavy ou very deep sleep; **mettre à ~** to plumb

plombage [plɔ̃baʒ] nm (de dent) filling

plombémie [plɔ̃bemi] nf blood lead

plomber [plɔ̃be] **/1/** vt (canne, ligne) to weight (with lead); (colis, wagon) to put a lead seal on; (Tech : mur) to plumb; (: dent) to fill (BRIT), stop (US); (Inform) to protect

plomberie [plɔ̃bʀi] nf plumbing

plombier [plɔ̃bje] nm plumber

plonge [plɔ̃ʒ] nf : **faire la ~** to be a washer-up (BRIT) ou dishwasher (person)

plongeant, e [plɔ̃ʒɑ̃, -ɑ̃t] adj (vue) from above; (tir, décolleté) plunging

plongée [plɔ̃ʒe] nf (Sport) diving no pl; (: sans scaphandre) skin diving; (de sous-marin) submersion, dive; **en ~** (sous-marin) submerged; (prise de vue) high angle; **~ sous-marine** diving

plongeoir [plɔ̃ʒwaʀ] nm diving board

plongeon [plɔ̃ʒɔ̃] nm dive

plonger [plɔ̃ʒe] **/3/** vi to dive; **~ dans un sommeil profond** to sink straight into a deep sleep ▶ vt : **~ qch dans** to plunge sth into; **~ qn dans l'embarras** to throw sb into a state of confusion; **se plonger** vpr : **se ~ dans** (études, lecture) to bury ou immerse o.s. in; **se ~ dans un livre** to get absorbed in a book

plongeur, -euse [plɔ̃ʒœʀ, -øz] nm/f diver; (de café) washer-up (BRIT), dishwasher (person)

plot [plo] nm (Élec) contact

plouc [pluk] nmf (fam, péj) yokel

ploutocratie [plutɔkʀasi] nf plutocracy

ploutocratique [plutɔkʀatik] adj plutocratic

ployer [plwaje] **/8/** vt to bend ▶ vi to bend; (plancher) to sag

plu [ply] pp de **plaire** ; **pleuvoir**

pluie [plɥi] nf rain; (averse, ondée) : **une ~ brève** shower; (fig) : **~ de** shower of; **une ~ fine** fine rain; **retomber en ~** to shower down; **sous la ~** in the rain

plumage [plymaʒ] nm plumage no pl, feathers pl

plume [plym] nf feather; (pour écrire) (pen) nib; (fig) pen; **dessin à la ~** pen and ink drawing

plumeau, x [plymo] nm feather duster

plumer [plyme] **/1/** vt to pluck

plumet [plymɛ] nm plume

plumier [plymje] nm pencil box

plupart [plypaʀ] : **la ~** pron the majority, most (of them); **la ~ des** most, the majority of; **la ~ du temps/d'entre nous** most of the time/of us; **pour la ~** adv for the most part, mostly

pluralisme [plyʀalism] nm pluralism

pluraliste [plyʀalist] adj pluralist

pluralité [plyʀalite] nf plurality

pluriannuel, le [plyʀianɥɛl] adj long-term

pluridisciplinaire [plyʀidisiplinɛʀ] adj multidisciplinary

pluriel [plyʀjɛl] nm plural; **au ~** in the plural

pluriethnique [plyʀiɛtnik] adj multi-ethnic

plus¹ [ply] vb voir **plaire**

MOT-CLÉ

plus² [ply] adv **1** (forme négative) : **ne … plus** no more, no longer; **je n'ai plus d'argent** I've got no more money ou no money left; **il ne travaille plus** he's no longer working, he doesn't work any more

2 [ply, (+voyelle) plyz](comparatif) more, …+er; (superlatif) : **le plus** the most, the …+est; **plus grand/intelligent** (que) bigger/more intelligent (than); **le plus grand/intelligent** the biggest/most intelligent; **tout au plus** at the very most

3 (davantage) [plys, (+voyelle) plyz] more; **il travaille plus (que)** he works more (than); **plus il travaille, plus il est heureux** the more he works, the happier he is; **plus de pain** more bread; **plus de 10 personnes/trois heures/quatre kilos** more than ou over 10 people/three hours/four kilos; **trois heures de plus que** three hours more than; **plus de minuit** after ou past midnight; **de plus** what's more, moreover; **il a trois ans de plus que moi** he's three years older than me; **trois kilos en plus** three kilos more; **en plus de** in addition to; **de plus en plus** more and more; **en plus de cela …** what is more …; **plus ou moins** more or less; **ni plus ni moins** no more, no less; **sans plus** (but) no more than that, (but) that's all; **qui plus est** what is more ▶ prép [plys] : **quatre plus deux** four plus two

plusieurs [plyzjœʀ] adj, pron several; **ils sont ~** there are several of them

plus-que-parfait [plyskəparfɛ] *nm* pluperfect, past perfect

plus-value [plyvaly] *nf (d'un bien)* appreciation; *(bénéfice)* capital gain; *(budgétaire)* surplus

plut [ply] *vb voir* **plaire** ; **pleuvoir**

plutonium [plytɔnjɔm] *nm* plutonium

plutôt [plyto] *adv* rather; **je ferais ~ ceci** I'd rather *ou* sooner do this; **fais ~ comme ça** try this way instead; **~ que (de) faire** rather than *ou* instead of doing

pluvial, e, -aux [plyvjal, -o] *adj (eaux)* rain *cpd*

pluvieux, -euse [plyvjø, -øz] *adj* rainy, wet

pluviométrie [plyvjɔmetri] *nf* recorded rainfall

pluviosité [plyvjozite] *nf* rainfall

PM *sigle f* = **Police militaire**

p.m. *abr (= pour mémoire)* for the record

PMA [peema] *sigle nmpl (= pays les moins avancés)* LDCs ▶ *sigle f* = **procréation médicalement assistée**

PME *sigle fpl (= petites et moyennes entreprises)* small businesses

PMI *sigle fpl* = **petites et moyennes industries** ▶ *sigle f* = **protection maternelle et infantile**

PMU *sigle m (= pari mutuel urbain)* betting agency

: **PMU**
:
: The **PMU** *(pari mutuel urbain)* is a government-
: regulated network of betting counters run
: from bars displaying the *PMU* sign or online.
: Punters buy fixed-price tickets predicting
: winners or finishing positions in horse races.
: The traditional bet is the *tiercé*, a triple bet,
: although other multiple bets *(quarté* and so
: on) are becoming increasingly popular.

PNB *sigle m (= produit national brut)* GNP

pneu [pnø] *nm (de roue)* tyre *(BRIT)*, tire *(US)*; *(message)* letter sent by pneumatic tube

pneumatique [pnømatik] *adj* pneumatic; *(gonflable)* inflatable ▶ *nm* tyre *(BRIT)*, tire *(US)*

pneumonie [pnømɔni] *nf* pneumonia

pneumopathie [pnømɔpati] *nf* acute respiratory disease

PO *sigle fpl (= petites ondes)* MW

po [po] *abr voir* **science**

Pô [po] *nm* : **le Pô** the Po

p.o. *abr (= par ordre)* p.p. *(on letters etc)*

poche [pɔʃ] *nf* pocket; *(déformation)* : **faire une/des ~(s)** to bag; *(sous les yeux)* bag, pouch; *(Zool)* pouch; **de ~** pocket *cpd*; **en être de sa ~** to be out of pocket; **c'est dans la ~** it's in the bag; **argent de ~** pocket money ▶ *nm (livre de poche)* (pocket-size) paperback

poché, e [pɔʃe] *adj* : **œuf ~** poached egg; **œil ~** black eye

pocher [pɔʃe] /1/ *vt (Culin)* to poach; *(Art)* to sketch ▶ *vi (vêtement)* to bag

poche-revolver *(pl* **poches-revolver)** [pɔʃRəvɔlvɛR] *nf* hip pocket

pochette [pɔʃɛt] *nf (de timbres)* wallet, envelope; *(d'aiguilles etc)* case; *(sac : de femme)* clutch bag, purse; *(: d'homme)* bag; *(sur veston)* breast pocket; *(mouchoir)* breast pocket handkerchief; **~ d'allumettes** book of matches; **~ de disque** record sleeve; **~ surprise** lucky bag

pochoir [pɔʃwar] *nm (Art : cache)* stencil; *(: tampon)* transfer

podcast [pɔdkast] *nm (Inform)* podcast

podcaster [pɔdkaste] /1/ *vi (Inform)* to podcast

podium [pɔdjɔm] *nm* podium

podologue [pɔdɔlɔg] *nmf* podiatrist

poêle [pwal] *nm* stove ▶ *nf* : **~ (à frire)** frying pan

poêlée [pwale] *nf (Culin)* pan fry

poêler [pwale] *vt* to pan-fry

poêlon [pwalɔ̃] *nm* casserole

poème [pɔɛm] *nm* poem

poésie [pɔezi] *nf (poème)* poem; *(art)* : **la ~** poetry

poète [pɔɛt] *nm* poet; *(fig)* dreamer ▶ *adj* poetic

poétesse [pɔetɛs] *nf* poetess

poétique [pɔetik] *adj* poetic

pognon [pɔɲɔ̃] *nm (fam : argent)* dough

poids [pwa] *nm* weight; *(Sport)* shot; **vendre au ~** to sell by weight; **de ~** *adj (argument etc)* weighty; **perdre/prendre du ~** to lose/put on weight; **faire le ~** *(fig)* to measure up; **~ plume/mouche/coq/moyen** *(Boxe)* feather/fly/bantam/middleweight; **~ et haltères** weight lifting *sg*; **~ lourd** *(Boxe)* heavyweight; *(camion : aussi :* **PL)** (big) lorry *(BRIT)*, truck *(US)*; *(Admin)* large goods vehicle *(BRIT)*, truck *(US)*; **~ mort** dead weight; **~ utile** net weight

poignant, e [pwaɲɑ̃, -ɑ̃t] *adj* poignant, harrowing

poignard [pwaɲar] *nm* dagger

poignarder [pwaɲarde] /1/ *vt* to stab, knife

poigne [pwaɲ] *nf* grip; *(fig)* firm-handedness; **à ~** firm-handed; **avoir de la ~** *(fig)* to rule with a firm hand

poignée [pwaɲe] *nf (de sel etc, fig)* handful; *(de couvercle, porte)* handle; **~ de main** handshake

poignet [pwaɲɛ] *nm (Anat)* wrist; *(de chemise)* cuff

poil [pwal] *nm (Anat)* hair; *(de pinceau, brosse)* bristle; *(de tapis, tissu)* strand; *(pelage)* coat; *(ensemble des poils)* : **avoir du ~ sur la poitrine** to have hair(s) on one's chest, have a hairy chest; **à ~** *adj (fam)* starkers; **au ~** *adj (fam)* hunky-dory; **de tout ~** of all kinds; **être de bon/mauvais ~** *(fam)* to be in a good/bad mood; **~ à gratter** itching powder

poilant, e [pwalɑ̃, -ɑ̃t] *adj (fam)* uproarious

poilu, e [pwaly] *adj* hairy

poinçon [pwɛ̃sɔ̃] *nm* awl; bodkin; *(marque)* hallmark

poinçonner [pwɛ̃sɔne] /1/ *vt (marchandise)* to stamp; *(bijou etc)* to hallmark; *(billet, ticket)* to punch, clip

poinçonneuse [pwɛ̃sɔnøz] *nf (outil)* punch

poindre [pwɛ̃dR] *vi (fleur)* to come up; *(aube)* to break; *(jour)* to dawn

poing [pwɛ̃] *nm* fist; **coup de ~** punch; **dormir à poings fermés** to sleep soundly

point [pwɛ̃] *vb voir* **poindre** ▶ *nm (marque, signe)* dot; *(de ponctuation)* full stop, period *(US)*; *(moment, de score etc, fig : question)* point; *(endroit)* spot; *(Couture, Tricot)* stitch; **faire le ~** *(Navig)* to take a bearing; *(fig)* to take stock (of the situation); **faire le ~ sur** to review; **en tout ~** in every respect; **sur le ~ de faire** (just) about to do; **au ~ que, à tel ~ que** so much so that; **mettre au ~** (*mécanisme, procédé*) to develop; (*appareil photo*) to focus; (*affaire*) to settle; **à ~** (*Culin : viande*) medium; **à ~ (nommé)** just at the right time; **~ de croix/tige/chaînette** (*Couture*) cross/stem/chain stitch; **~ mousse/jersey** (*Tricot*) garter/stocking stitch; **~ de départ/d'arrivée/d'arrêt** departure/arrival/stopping point; **~ chaud** (*Mil, Pol*) hot spot; **~ de chute** landing place; (*fig*) stopping-off point; **~ (de côté)** stitch (*pain*); **~ culminant** summit; (*fig*) height, climax; **~ d'eau** spring, water point; **~ d'exclamation** exclamation mark; **~ faible** weak spot; **~ final** full stop, period (*US*); **~ d'interrogation** question mark; **~ mort** (*Finance*) break-even point; **au ~ mort** (*Auto*) in neutral; (*affaire, entreprise*) at a standstill; **~ noir** (*sur le visage*) blackhead; (*Auto*) accident black spot; **~ de non-retour** point of no return; **~ de repère** landmark; (*dans le temps*) point of reference; **~ de vente** retail outlet; **~ de vue** viewpoint; (*fig : opinion*) point of view; **du ~ de vue de** from the point of view of; **points cardinaux** points of the compass, cardinal points; **points de suspension** suspension points ▶ *adv* = **pas¹; ne ... ~** not (at all)

pointage [pwɛtaʒ] *nm* ticking off; checking in

pointe [pwɛt] *nf* point; (*de la côte*) headland; (*allusion*) dig, sally; (*clou*) tack; **pointes** *nfpl* (*Danse*) points, point shoes; **une ~ d'ail/d'accent** a touch *ou* hint of garlic/of an accent; **être à la ~ de** (*fig*) to be in the forefront of; **faire** *ou* **pousser une ~ jusqu'à ...** to press on as far as ...; **sur la ~ des pieds** on tiptoe; **en ~** *adv* (*tailler*) into a point; *adj* pointed, tapered; **de ~** *adj* (*technique, technologie etc*) leading, cutting-edge (: *vitesse*) maximum, top; **heures/ jours de ~** peak hours/days; **faire du 180 en ~** (*Auto*) to have a top *ou* maximum speed of 180; **faire des pointes** (*Danse*) to dance on points; **~ d'asperge** asparagus tip; **~ de courant** surge (of current); **~ de vitesse** burst of speed

pointer [pwɛte] /**1**/ *vt* (*cocher*) to tick off; (*diriger : canon, longue-vue, doigt*) : **~ vers qch, ~ sur qch** to point at sth; (*Mus : note*) to dot; **~ les oreilles** (*chien*) to prick up its ears ▶ *vi* (*employé*) to clock in *ou* on; (*pousses*) to come through; (*jour*) to break; **se pointer** *vpr* (*fam : arriver, apparaître*) to turn up

pointeur, -euse [pwɛtœʀ, -øz] *nm/f* time-keeper ▶ *nf* timeclock ▶ *nm* (*Inform*) cursor

pointillé [pwɛtije] *nm* (*trait*) dotted line; (*Art*) stippling *no pl*

pointilleux, -euse [pwɛtijø, -øz] *adj* particular, pernickety

pointu, e [pwɛty] *adj* pointed; (*clou*) sharp; (*voix*) shrill; (*analyse*) precise

pointure [pwɛtyʀ] *nf* size

point-virgule (*pl* **points-virgules**) [pwɛviʀgyl] *nm* semi-colon

poire [pwaʀ] *nf* pear; (*fam, péj*) mug; **~ électrique** (*pear-shaped*) switch; **~ à injections** syringe

poireau, x [pwaʀo] *nm* leek

poireauter [pwaʀote] /**1**/ *vi* (*fam*) to hang about (waiting)

poirier [pwaʀje] *nm* pear tree; (*Sport*) : **faire le ~** to do a headstand

pois [pwa] *nm* (*Bot*) pea; (*sur une étoffe*) dot, spot; **à ~** (*cravate etc*) spotted, polka-dot *cpd*; **~ chiche** chickpea; **~ de senteur** sweet pea; **~ cassés** split peas

poison [pwazɔ̃] *nm* poison

poisse [pwas] *nf* rotten luck

poisser [pwase] /**1**/ *vt* to make sticky

poisseux, -euse [pwasø, -øz] *adj* sticky

poisson [pwasɔ̃] *nm* fish *gén nм*; **les Poissons** (*Astrologie : signe*) Pisces, the Fish; **être des Poissons** to be Pisces; **pêcher** *ou* **prendre du ~** *ou* **des poissons** to fish; **~ d'avril** April fool; (*blague*) April fool's day trick; **~ rouge** goldfish

⋮ POISSON D'AVRIL

⋮ The traditional April Fools' Day prank in
⋮ France involves attaching a cut-out paper
⋮ fish, known as a **poisson d'avril**, to the
⋮ back of one's victim without being caught.
⋮ In modern-day France people often play
⋮ practical jokes on each other and say
⋮ 'Poisson d'avril!' to the victim when the joke
⋮ is revealed. Hoax news stories are often
⋮ reported on TV and in the press, and
⋮ companies may advertise fake products as
⋮ part of the joke.

poisson-chat (*pl* **poissons-chats**) [pwasɔ̃ʃa] *nm* catfish

poissonnerie [pwasɔnʀi] *nf* fishmonger's (*Brit*), fish store (*US*)

poissonneux, -euse [pwasɔnø, -øz] *adj* abounding in fish

poissonnier, -ière [pwasɔnje, -jɛʀ] *nm/f* fishmonger (*Brit*), fish merchant (*US*) ▶ *nf* (*ustensile*) fish kettle

poisson-scie (*pl* **poissons-scies**) [pwasɔ̃si] *nm* sawfish

poitevin, e [pwat(ə)vɛ̃, -in] *adj* (*région*) of *ou* from Poitou; (*ville*) of *ou* from Poitiers

poitrail [pwatʀaj] *nm* (*d'un cheval etc*) breast

poitrine [pwatʀin] *nf* (*Anat*) chest; (*seins*) bust, bosom; (*Culin*) breast; **~ de bœuf** brisket

poivre [pwavʀ] *nm* pepper; **~ en grains/ moulu** whole/ground pepper; **~ de cayenne** cayenne (pepper); **~ et sel** *adj* (*cheveux*) pepper-and-salt

poivré, e [pwavʀe] *adj* peppery

poivrer [pwavʀe] /**1**/ *vt* to pepper

poivrier [pwavʀije] *nm* (*Bot*) pepper plant

poivrière [pwavʀijɛʀ] *nf* pepperpot, pepper shaker (*US*)

poivron [pwavʀɔ̃] *nm* pepper, capsicum; **~ vert/ rouge** green/red pepper

poivrot, e [pwavʀo, -ɔt] *nm/f* (*fam : ivrogne*) wino (*fam*)

poix [pwa] *nf* pitch (*tar*)

poker [pɔkɛʀ] *nm* : **le ~** poker; **partie de ~** (*fig*) gamble; **~ d'as** four aces

polaire [pɔlɛʀ] *adj* polar

polar [pɔlaʀ] *nm* (*fam*) detective novel

polarisation [pɔlaʀizasjɔ̃] nf (Physique, Élec) polarization; (fig) focusing

polariser [pɔlaʀize] /1/ vt to polarize; (fig : attirer) to attract; (: réunir, concentrer) to focus; **être polarisé sur** (personne) to be completely bound up with ou absorbed by

pôle [pol] nm (Géo, Élec) pole; **le ~ Nord/Sud** the North/South Pole; **~ d'attraction** (fig) centre of attraction

polémique [pɔlemik] adj controversial, polemic(al) ▶ nf controversy

polémiquer [pɔlemike] /1/ vi to be involved in controversy

polémiste [pɔlemist] nmf polemist, polemicist

poli, e [pɔli] adj polite; (lisse) smooth; polished

police [pɔlis] nf police; (discipline) : **assurer la ~ de** ou **dans** to keep order in; **peine de simple ~** sentence given by a magistrates' or police court; **~ (d'assurance)** (insurance) policy; **~ (de caractères)** (Typo, Inform) font, typeface; **~ judiciaire (PJ)** ≈ Criminal Investigation Department (CID) (BRIT), ≈ Federal Bureau of Investigation (FBI) (US); **~ des mœurs** ≈ vice squad; **~ secours** ≈ emergency services pl (BRIT), ≈ paramedics pl (US)

> En anglais britannique, le mot **police** peut fonctionner comme un singulier ou un pluriel selon que l'accent est mis sur le corps en général ou sur ses membres. Le verbe qui suit peut donc être au singulier ou au pluriel.
> La police est chargée de faire régner l'ordre. **The police is responsible for maintaining law and order.**
> La police a arrêté vingt manifestants. **The police have arrested twenty demonstrators.**

policé, e [pɔlise] adj civilized

polichinelle [pɔliʃinɛl] nm Punch; (péj) buffoon; **secret de ~** open secret

policier, -ière [pɔlisje, -jɛʀ] adj police cpd ▶ nm policeman; (aussi : **roman policier**) detective novel

policlinique [pɔliklinik] nf ≈ outpatients sg (clinic)

poliment [pɔlimɑ̃] adv politely

polio [pɔljo] nf (aussi : **poliomyélite**) polio ▶ nmf (aussi : **poliomyélitique**) polio patient ou case

poliomyélite [pɔljɔmjelit] nf poliomyelitis

poliomyélitique [pɔljɔmjelitik] nmf polio patient ou case

polir [pɔliʀ] /2/ vt to polish

polisson, ne [pɔlisɔ̃, -ɔn] adj naughty

politesse [pɔlitɛs] nf politeness; **rendre la ~ à qn** to return sb's favour (BRIT) ou favor (US); **politesses** nfpl (exchange of) courtesies

politicard [pɔlitikaʀ] nm (péj) politico, political schemer

politicien, ne [pɔlitisjɛ̃, -ɛn] adj political ▶ nm/f (péj) politician

politique [pɔlitik] adj political ▶ nf (science, activité) politics sg; (principes, tactique) policy, policies pl; **~ étrangère/intérieure** foreign/ domestic policy ▶ nm (politicien) politician

politique-fiction [pɔlitikfiksjɔ̃] (pl **politiques-fictions**) nf political fiction

politiquement [pɔlitikmɑ̃] adv politically; **~ correct** politically correct

politisation [pɔlitizasjɔ̃] nf politicization

politiser [pɔlitize] /1/ vt to politicize; **se politiser** vpr (débat) to become politicized

politologue [pɔlitɔlɔg] nmf political commentator

pollen [pɔlɛn] nm pollen

polluant, e [pɔlɥɑ̃, -ɑ̃t] adj polluting; **non ~** non-polluting ▶ nm polluting agent, pollutant

polluer [pɔlɥe] /1/ vt to pollute

pollueur, -euse [pɔlɥœʀ, -øz] nm/f polluter

pollution [pɔlysjɔ̃] nf pollution

polo [pɔlo] nm (sport) polo; (tricot) polo shirt

Pologne [pɔlɔɲ] nf : **la ~** Poland

polonais, e [pɔlɔnɛ, -ɛz] adj Polish ▶ nm (Ling) Polish ▶ nm/f : **Polonais, e** Pole

poltron, ne [pɔltʀɔ̃, -ɔn] adj cowardly

poly... [pɔli] préfixe poly...

polyamide [pɔliamid] nf polyamide

polychrome [pɔlikʀom] adj polychrome, polychromatic

polyclinique [pɔliklinik] nf (private) clinic (treating different illnesses)

polycopie [pɔlikɔpi] nf (procédé) duplicating; (reproduction) duplicated copy

polycopié, e [pɔlikɔpje] adj duplicated ▶ nm handout, duplicated notes pl

polycopier [pɔlikɔpje] /7/ vt to duplicate

polyculture [pɔlikyltyʀ] nf mixed farming

polyester [pɔliɛstɛʀ] nm polyester

polyéthylène [pɔlietilɛn] nm polyethylene

polygame [pɔligam] adj polygamous

polygamie [pɔligami] nf polygamy

polyglotte [pɔliglɔt] adj polyglot

polygone [pɔligɔn] nm polygon

polymère [pɔlimɛʀ] nm polymer

polymorphe [pɔlimɔʀf] adj polymorphous

Polynésie [pɔlinezi] nf : **la ~** Polynesia; **la ~ française** French Polynesia

polynésien, ne [pɔlinezjɛ̃, -ɛn] adj Polynesian

polynôme [pɔlinom] nm polynomial

polype [pɔlip] nm polyp

polyphonie [pɔlifɔni] nf (Mus : technique) polyphony; (: chant) polyphony

polyphonique [pɔlifɔnik] adj (Mus) polyphonic

polysémie [pɔlisemi] nf polysemy

polysémique [pɔlisemik] adj polysemous

polystyrène [pɔlistiʀɛn] nm polystyrene

polytechnicien, ne [pɔlitɛknisjɛ̃, -ɛn] nm/f student or former student of the École polytechnique

Polytechnique [pɔlitɛknik] nf : (École) **~** prestigious military academy producing high-ranking officers and engineers

polyuréthane [pɔliyʀetan] nm polyurethane

polyvalent, e [pɔlivalɑ̃, -ɑ̃t] adj (vaccin) polyvalent; (personne) versatile; (rôle) varied; (salle) multi-purpose ▶ nm ≈ tax inspector

pomélo [pɔmelo] nm pomelo, grapefruit

pommade [pɔmad] nf ointment, cream

pomme [pɔm] nf (Bot) apple; (boule décorative) knob; (pomme de terre) : **steak pommes (frites)** steak and chips (BRIT) ou (French) fries (US);

P

tomber dans les pommes (*fam*) to pass out;
~ **d'Adam** Adam's apple; **pommes allumettes**
French fries (*thin-cut*); ~ **d'arrosoir** (sprinkler)
rose; ~ **de pin** pine *ou* fir cone; ~ **de terre**
potato; **pommes vapeur** boiled potatoes
pommé, e [pɔme] *adj* (*chou etc*) firm
pommeau, x [pɔmo] *nm* (*boule*) knob; (*de selle*)
pommel
pommelé, e [pɔm(ə)le] *adj* : **gris** ~ dapple grey
pommette [pɔmɛt] *nf* cheekbone
pommier [pɔmje] *nm* apple tree
pompe [pɔ̃p] *nf* pump; (*faste*) pomp (and
ceremony); ~ **à eau/essence** water/petrol
pump; ~ **à huile** oil pump; ~ **à incendie** fire
engine (*apparatus*); **pompes funèbres**
undertaker's *sg*, funeral parlour *sg* (BRIT),
mortician's *sg* (US)
Pompéi [pɔ̃pei] *n* Pompeii
pompéien, ne [pɔ̃pejɛ̃, -ɛn] *adj* Pompeiian
pomper [pɔ̃pe] /**1**/ *vt* to pump; (*évacuer*) to pump
out; (*aspirer*) to pump up; (*absorber*) to soak up
▶ *vi* to pump
pompeusement [pɔ̃pøzmɑ̃] *adv* pompously
pompeux, -euse [pɔ̃pø, -øz] *adj* pompous
pompier [pɔ̃pje] *nm* fireman ▶ *adj m* (*style*)
pretentious, pompous
pompiste [pɔ̃pist] *nmf* petrol (BRIT) *ou* gas (US)
pump attendant
pompon [pɔ̃pɔ̃] *nm* pompom, bobble
pomponner [pɔ̃pɔne] /**1**/ *vt* to titivate (BRIT),
dress up
ponçage [pɔ̃saʒ] *nm* sanding
ponce [pɔ̃s] *nf* : **pierre** ~ pumice stone
poncer [pɔ̃se] /**3**/ *vt* to sand (down)
ponceuse [pɔ̃søz] *nf* sander
poncif [pɔ̃sif] *nm* cliché
ponction [pɔ̃ksjɔ̃] *nf* (*d'argent etc*) withdrawal;
~ **lombaire** lumbar puncture
ponctionner [pɔ̃ksjɔne] *vt* (*fonds, ressources*) to
draw off; (*personne, organisme*) to tax
ponctualité [pɔ̃ktɥalite] *nf* punctuality
ponctuation [pɔ̃ktɥasjɔ̃] *nf* punctuation
ponctuel, le [pɔ̃ktɥɛl] *adj* (*à l'heure, Tech*)
punctual; (*fig* : *opération etc*) one-off, single;
(*scrupuleux*) punctilious, meticulous
ponctuellement [pɔ̃ktɥɛlmɑ̃] *adv* punctually;
punctiliously, meticulously
ponctuer [pɔ̃ktɥe] /**1**/ *vt* to punctuate; (*Mus*) to
phrase
pondéré, e [pɔ̃deʀe] *adj* level-headed,
composed
pondérer [pɔ̃deʀe] /**6**/ *vt* to balance
pondeuse [pɔ̃døz] *nf* layer, laying hen
pondre [pɔ̃dʀ] /**41**/ *vt* to lay; (*fig*) to produce ▶ *vi*
to lay
poney [pɔnɛ] *nm* pony
pongiste [pɔ̃ʒist] *nmf* table tennis player
pont [pɔ̃] *nm* bridge; (*Auto*) : ~ **arrière/avant**
rear/front axle; (*Navig*) deck; **faire le** ~ to take
an extra day off; **faire un** ~ **d'or à qn** to offer sb
a fortune to take a job; ~ **aérien** airlift;
~ **basculant** bascule bridge; ~ **d'envol** flight
deck; ~ **élévateur** hydraulic ramp; ~ **de
graissage** ramp (*in garage*); ~ **à péage** tollbridge;
~ **roulant** travelling crane; ~ **suspendu**

suspension bridge; ~ **tournant** swing bridge;
Ponts et Chaussées highways department

FAIRE LE PONT

The expression **faire le pont** refers to the
practice of taking a Monday or Friday off to
make a long weekend if a public holiday falls
on a Tuesday or Thursday. The French
commonly take an extra day off work to give
four consecutive days' holiday at *l'Ascension*,
le 14 juillet and *le 15 août*.

pontage [pɔ̃taʒ] *nm* : ~ **coronarien** coronary
bypass
ponte [pɔ̃t] *nf* laying; (*œufs pondus*) clutch ▶ *nm*
(*fam*) big shot
pontife [pɔ̃tif] *nm* pontiff
pontifiant, e [pɔ̃tifjɑ̃, -jɑ̃t] *adj* (*personne, propos*)
pontificating
pontificat [pɔ̃tifika] *nm* (*papauté*) pontificate;
(*durée*) pontificate
pontifier [pɔ̃tifje] /**7**/ *vi* to pontificate
pont-levis (*pl* **ponts-levis**) [pɔ̃lvi] *nm*
drawbridge
ponton [pɔ̃tɔ̃] *nm* pontoon (*on water*)
pop [pɔp] *adj inv* pop ▶ *nf* : **la** ~ pop (music)
pop-corn [pɔpkɔʀn] *nm* popcorn
popeline [pɔplin] *nf* poplin
populace [pɔpylas] *nf* (*péj*) rabble
populaire [pɔpylɛʀ] *adj* popular; (*manifestation*)
mass *cpd*, of the people; (*milieux, clientèle*)
working-class; (*Ling* : *mot etc*) used by the lower
classes (of society)
populariser [pɔpylaʀize] /**1**/ *vt* to popularize
popularité [pɔpylaʀite] *nf* popularity
population [pɔpylasjɔ̃] *nf* population; ~ **active/
agricole** working/farming population
populeux, -euse [pɔpylø, -øz] *adj* densely
populated
populisme [pɔpylism] *nm* populism
populiste [pɔpylist] *adj* populist
porc [pɔʀ] *nm* (*Zool*) pig; (*Culin*) pork; (*peau*)
pigskin
porcelaine [pɔʀsəlɛn] *nf* (*substance*) porcelain,
china; (*objet*) piece of china(ware)
porcelet [pɔʀsəlɛ] *nm* piglet
porc-épic (*pl* **porcs-épics**) [pɔʀkepik] *nm*
porcupine
porche [pɔʀʃ] *nm* porch
porcher, -ère [pɔʀʃe, -ɛʀ] *nm/f* pig-keeper
porcherie [pɔʀʃəʀi] *nf* pigsty
porcin, e [pɔʀsɛ̃, -in] *adj* (*race*) porcine; (*élevage*)
pig *cpd*; (*fig*) piglike
pore [pɔʀ] *nm* pore
poreux, -euse [pɔʀø, -øz] *adj* porous
porno [pɔʀno] *adj* porno ▶ *nm* porn
pornographie [pɔʀnɔgʀafi] *nf* pornography
pornographique [pɔʀnɔgʀafik] *adj*
pornographic
porosité [pɔʀozite] *nf* (*de matériau, roche*)
porosity
port [pɔʀ] *nm* (*Navig*) harbour (BRIT), harbor (US),
port; (*ville, Inform*) port; (*de l'uniforme etc*) wearing;
(*pour lettre*) postage; (*pour colis, aussi* : *posture*)
carriage; ~ **de commerce/de pêche**

commercial/fishing port; **arriver à bon ~** to arrive safe and sound; **~ d'arme** (*Jur*) carrying of a firearm; **~ d'attache** (*Navig*) port of registry; (*fig*) home base; **~ d'escale** port of call; **~ franc** free port; **~ payé** postage paid

portable [pɔʀtabl] *adj* (*vêtement*) wearable; (*portatif*) portable; (*téléphone*) mobile (*Brit*), cell (*US*) ▶ *nm* (*Inform*) laptop (computer); (*téléphone*) mobile (phone) (*Brit*), cell (phone) (*US*)

portail [pɔʀtaj] *nm* gate; (*de cathédrale*) portal

portant, e [pɔʀtɑ̃, -ɑ̃t] *adj* (*murs*) structural, supporting; (*roues*) running; **bien/mal ~** in good/poor health

portatif, -ive [pɔʀtatif, -iv] *adj* portable

porte [pɔʀt] *nf* door; (*de ville, forteresse, Ski*) gate; **mettre à la ~** to throw out; **prendre la ~** to leave, go away; **à ma/sa ~** (*tout près*) on my/his (*ou* her) doorstep; **~ (d'embarquement)** (*Aviat*) (departure) gate; **~ d'entrée** front door; **~ à ~** *nm* door-to-door selling; **~ de secours** emergency exit; **~ de service** service entrance

porté, e [pɔʀte] *adj* : **être ~ à faire qch** to be apt *ou* inclined to do sth; **être ~ sur qch** to be partial to sth

porte-à-faux [pɔʀtafo] *nm* : **en ~** cantilevered; (*fig*) in an awkward position

porte-aiguilles [pɔʀtegɥij] *nm inv* needle case

porte-avions [pɔʀtavjɔ̃] *nm inv* aircraft carrier

porte-bagages [pɔʀt(ə)bagaʒ] *nm inv* luggage rack (*ou* basket *etc*)

porte-bébé [pɔʀt(ə)bebe] *nm* baby sling *ou* carrier

porte-bonheur [pɔʀt(ə)bɔnœʀ] *nm inv* lucky charm

porte-bouteilles [pɔʀt(ə)butɛj] *nm inv* bottle carrier; (*à casiers*) wine rack

porte-cartes [pɔʀt(ə)kaʀt] *nm inv* (*de cartes d'identité*) card holder; (*de cartes géographiques*) map wallet

porte-cigarettes [pɔʀt(ə)sigaʀɛt] *nm inv* cigarette case

porte-clefs [pɔʀt(ə)kle] *nm inv* key ring

porte-conteneurs [pɔʀt(ə)kɔ̃t(ə)nœʀ] *nm inv* container ship

porte-couteau, x [pɔʀt(ə)kuto] *nm* knife rest

porte-crayon [pɔʀt(ə)kʀɛjɔ̃] *nm* pencil holder

porte-documents [pɔʀt(ə)dɔkymɑ̃] *nm inv* attaché *ou* document case

porte-drapeau, x [pɔʀt(ə)dʀapo] *nm* standard bearer

portée [pɔʀte] *nf* (*d'une arme*) range; (*fig* : *importance*) impact, import; (: *capacités*) scope, capability; (*de chatte etc*) litter; (*Mus*) stave, staff; **à/hors de ~ (de)** within/out of reach (of); **à ~ de (la) main** within (arm's) reach; **à ~ de voix** within earshot; **à la ~ de qn** (*fig*) at sb's level, within sb's capabilities; **à la ~ de toutes les bourses** to suit every pocket, within everyone's means

portefaix [pɔʀtəfɛ] *nm inv* porter

porte-fenêtre (*pl* **portes-fenêtres**) [pɔʀt(ə)fənɛtʀ] *nf* French window

portefeuille [pɔʀtəfœj] *nm* wallet; (*Pol, Bourse*) portfolio; **faire un lit en ~** to make an apple-pie bed

porte-jarretelles [pɔʀt(ə)ʒaʀtɛl] *nm inv* suspender belt (*Brit*), garter belt (*US*)

porte-jupe [pɔʀtəʒyp] *nm* skirt hanger

portemanteau, x [pɔʀt(ə)mɑ̃to] *nm* coat rack; (*cintre*) coat hanger

porte-mine [pɔʀtəmin] *nm* propelling (*Brit*) *ou* mechanical (*US*) pencil

porte-monnaie [pɔʀt(ə)mɔnɛ] *nm inv* purse

porte-parapluies [pɔʀt(ə)paʀaplɥi] *nm* umbrella stand

porte-parole [pɔʀt(ə)paʀɔl] *nm inv* spokesperson

porte-plume [pɔʀtəplym] *nm inv* penholder

porter [pɔʀte] /1/ *vt* (*charge ou sac etc, aussi* : *fœtus*) to carry; (*sur soi* : *vêtement, barbe, bague*) to wear; (*fig* : *responsabilité etc*) to bear, carry; (*inscription, marque, titre, patronyme, arbre* : *fruits, fleurs*) to bear; (*coup*) to deal; (*attention*) to turn; (*jugement*) to pass; (*apporter*) : **~ qch quelque part/à qn** to take sth somewhere/to sb; (*inscrire*) : **~ qch sur** to put sth down on; to enter sth in; **elle portait le nom de Rosalie** she was called Rosalie; **~ qn au pouvoir** to bring sb to power; **~ bonheur à qn** to bring sb luck; **~ qn à croire** to lead sb to believe; **~ son âge** to look one's age; **~ un toast** to drink a toast; **~ de l'argent au crédit d'un compte** to credit an account with some money; **se faire ~ malade** to report sick; **~ la main à son chapeau** to raise one's hand to one's hat; **~ son effort sur** to direct one's efforts towards; **~ un fait à la connaissance de qn** to bring a fact to sb's attention *ou* notice ▶ *vi* (*voix, regard, canon*) to carry; (*coup, argument*) to hit home; **~ sur** (*peser*) to rest on; (*accent*) to fall on; (*conférence etc*) to concern; (*heurter*) to strike; **se porter** *vpr* (*se sentir*) : **se ~ bien/mal** to be well/unwell; (*aller*) : **se ~ vers** to go towards; **se ~ partie civile** *to associate in a court action with the public prosecutor*; **se ~ garant de qch** to guarantee sth, vouch for sth; **se ~ candidat à la députation** ≈ to stand for Parliament (*Brit*), ≈ run for Congress (*US*)

porte-savon [pɔʀt(ə)savɔ̃] *nm* soap dish

porte-serviettes [pɔʀt(ə)sɛʀvjɛt] *nm inv* towel rail

portes-ouvertes [pɔʀtuvɛʀt] *adj inv* : **journée ~** open day

porteur, -euse [pɔʀtœʀ, -øz] *adj* (*Comm*) strong, promising; (*nouvelle, chèque etc*) : **être ~ de** to be the bearer of ▶ *nm/f* (*de messages*) bearer ▶ *nm* (*de bagages*) porter; (*Comm* : *de chèque*) bearer; (: *d'actions*) holder; **(avion) gros ~** wide-bodied aircraft, jumbo (jet)

porte-voix [pɔʀtəvwa] *nm inv* megaphone, loudhailer (*Brit*)

portier [pɔʀtje] *nm* doorman, commissionnaire (*Brit*)

portière [pɔʀtjɛʀ] *nf* door

portillon [pɔʀtijɔ̃] *nm* gate

portion [pɔʀsjɔ̃] *nf* (*part*) portion, share; (*partie*) portion, section

portique [pɔʀtik] *nm* (*Sport*) crossbar; (*Archit*) portico; (*Rail*) gantry

porto [pɔʀto] *nm* port (wine)

portoricain, e [pɔʀtɔʀikɛ̃, -ɛn] *adj* Puerto Rican

Porto Rico [pɔʀtɔʀiko] *nf* Puerto Rico
portrait [pɔʀtʀɛ] *nm* portrait; *(photographie)* photograph; *(fig)* : **elle est le ~ de sa mère** she's the image of her mother
portraitiste [pɔʀtʀetist] *nmf* portrait painter
portrait-robot [pɔʀtʀeʀɔbo] *(pl* **portraits-robots**) *nm* Identikit® *ou* Photo-fit® *(BRIT)* picture
portuaire [pɔʀtɥɛʀ] *adj* port *cpd*, harbour *cpd (BRIT)*, harbor *cpd (US)*
portugais, e [pɔʀtygɛ, -ɛz] *adj* Portuguese ▶ *nm* *(Ling)* Portuguese ▶ *nm/f* : **Portugais, e** Portuguese
Portugal [pɔʀtygal] *nm* : **le ~** Portugal
POS *sigle m* (= *plan d'occupation des sols*) zoning ordinances *ou* regulations
pose [poz] *nf (de moquette)* laying; *(de rideaux, papier peint)* hanging; *(attitude, d'un modèle)* pose; *(Photo)* exposure
posé, e [poze] *adj* calm, unruffled
posément [pozemã] *adv* calmly
posemètre [pozmɛtʀ] *nm* exposure meter
poser [poze] */1/ vt (place)* to put down, to put; *(moquette, carrelage)* to lay; *(rideaux, papier peint)* to hang; *(Math : chiffre)* to put (down); *(question)* to ask; *(principe, conditions)* to lay *ou* set down; *(problème)* to formulate; *(difficulté)* to pose; *(personne : mettre en valeur)* to give standing to; **~ qch (sur)** to put sth down (on); **~ qch sur qch/quelque part** to put sth on sth/somewhere; **~ son** *ou* **un regard sur qn/qch** to turn one's gaze on sb/sth; **~ sa candidature à un poste** to apply for a post; *(Pol)* to put o.s. up for election ▶ *vi (modèle)* to pose; to sit; **se poser** *vpr (oiseau, avion)* to land; *(question)* to arise; **se ~ en** to pass o.s. off as, pose as
poseur, -euse [pozœʀ, -øz] *nm/f (péj)* show-off, poseur; **~ de parquets/carrelages** floor/tile layer
positif, -ive [pozitif, -iv] *adj* positive
position [pozisjɔ̃] *nf* position; **prendre ~** *(fig)* to take a stand
positionnement [pozisjɔnmã] *nm (disposition, localisation)* positioning; *(Comm)* positioning; **un ~ habile sur le marché.** clever positioning in the market.; **le ~ d'un produit** the positioning of a product
positionner [pozisjɔne] */1/ vt* to position; *(compte en banque)* to calculate the balance of; **se positionner** *vpr (se placer)* to position o.s.; *(troupes)* to take up one's position; *(prendre parti)* to take one's stand; *(Comm : entreprise, produit)* to position itself
positivement [pozitivmã] *adv* positively
positiver [pozitive] *vi* to think positively
posologie [pozɔlɔʒi] *nf* directions *pl* for use, dosage
possédant, e [pɔsedã, -ãt] *adj (classe)* wealthy ▶ *nm/f* : **les possédants** the haves, the wealthy
possédé, e [pɔsede] *nm/f* person possessed
posséder [pɔsede] */6/ vt* to own, possess; *(qualité, talent)* to have, possess; *(bien connaître : métier, langue)* to have mastered, have a thorough knowledge of; *(sexuellement, aussi : suj, colère)* to possess; *(fam : duper)* to take in

possesseur [pɔsesœʀ] *nm* owner
possessif, -ive [pɔsesif, -iv] *adj*, *nm (Ling)* possessive
possession [pɔsesjɔ̃] *nf* ownership *no pl*; possession; **être en ~ de qch** to be in possession of sth; **prendre ~ de qch** to take possession of sth
possessivité [pɔsesivite] *nf* possessiveness
possibilité [pɔsibilite] *nf* possibility; **avoir la ~ de faire** to be in a position to do; to have the opportunity to do; **possibilités** *nfpl (moyens)* means; *(potentiel)* potential *sg*
possible [pɔsibl] *adj* possible; *(projet, entreprise)* feasible; **(ce n'est) pas ~ !** impossible!; **le plus/moins de livres ~** as many/few books as possible; **le plus vite ~** as quickly as possible; **dès que ~** as soon as possible ▶ *nm* : **faire son ~** to do all one can, do one's utmost; **gentil** *etc* **au ~** as nice *etc* as it is possible to be
post [pɔst] *nm (Inform)* post
postal, e, -aux [pɔstal, -o] *adj* postal, post office *cpd*; **sac ~** mailbag, postbag
postdater [pɔstdate] */1/ vt* to postdate
postdoctoral, e, -aux [pɔstdɔktɔʀal, -o] *adj* post-doctoral
postdoctorant, e [pɔstdɔktɔʀã, -ãt] *nm/f* post-doctoral student
poste¹ [pɔst] *nf (service)* post, postal service; *(administration, bureau)* post office; **mettre à la ~** to post; **~ restante** poste restante *(BRIT)*, general delivery *(US)*; **postes** *nfpl* post office *sg*; **agent** *ou* **employé des postes** post office worker
poste² [pɔst] *nm (fonction, Mil)* post; *(Tél)* extension; *(de radio etc)* set; *(de budget)* item; **~ de commandement** *(Mil etc)* headquarters; **~ de contrôle** checkpoint; **~ de douane** customs post; **~ émetteur** transmitting set; **~ d'essence** filling station; **~ d'incendie** fire point; **~ de péage** tollgate; **~ de pilotage** cockpit, flight deck; **~ (de police)** police station; **~ de radio/de télévision** radio/television set; **~ de secours** first-aid post; **~ de travail** work station
poster */1/ vt* [poste] *(Inform)* to post ▶ *nm* [pɔstɛʀ] poster; **se poster** *vpr* to position o.s.
postérieur, e [pɔsteʀjœʀ] *adj (date)* later; *(partie)* back ▶ *nm (fam)* behind
postérieurement [pɔsteʀjœʀmã] *adv* later, subsequently; **~ à** after
posteriori [pɔsteʀjɔʀi] : **a ~** *adv* with hindsight, a posteriori
postérité [pɔsteʀite] *nf* posterity
postface [pɔstfas] *nf* appendix
posthume [pɔstym] *adj* posthumous
postiche [pɔstiʃ] *adj* false ▶ *nm* hairpiece
postier, -ière [pɔstje, -jɛʀ] *nm/f* post office worker
postillon [pɔstijɔ̃] *nm* : **envoyer des postillons** to splutter
postillonner [pɔstijɔne] */1/ vi* to splutter
postmoderne [pɔstmɔdɛʀn] *adj* post-modern
postmodernisme [pɔstmɔdɛʀnism] *nm* postmodernism
postnatal, e, post-natal, e [pɔstnatal] *adj* postnatal

postopératoire [pɔstɔpeʀatwaʀ] *adj*
post-operative
postproduction [pɔstpʀɔdyksjɔ̃] *nf* postproduction
postscolaire [pɔstskɔlɛʀ] *adj* further,
continuing
post-scriptum [pɔstskʀiptɔm] *nm inv*
postscript
postsynchronisation [pɔstsɛ̃kʀɔnizasjɔ̃] *nf*
dubbing
postsynchroniser [pɔstsɛ̃kʀɔnize] /1/ *vt* to dub
postulant, e [pɔstylɑ̃, -ɑ̃t] *nm/f* (*candidat*)
applicant; (*Rel*) postulant
postulat [pɔstyla] *nm* postulate
postuler [pɔstyle] /1/ *vt* (*emploi*) to apply for,
put in for ▶ *vi* : ~ **à** *ou* **pour un emploi** to apply
for a job
posture [pɔstyʀ] *nf* posture, position; (*fig*)
position
pot [po] *nm* (*en verre*) jar; (*en terre*) pot; (*en plastique,
carton*) carton; (*en métal*) tin; (*fam : chance*) luck;
avoir du ~ (*fam*) to be lucky; **boire** *ou* **prendre
un ~** (*fam*) to have a drink; **petit ~ (pour bébé)**
(jar of) baby food; **découvrir le ~ aux roses** to
find out what's been going on; ~ **catalytique**
catalytic converter; ~ **(de chambre)**
(chamber)pot; ~ **d'échappement** exhaust
pipe; ~ **de fleurs** plant pot, flowerpot; (*plante*)
pot plant; ~ **à tabac** tobacco jar
potable [pɔtabl] *adj* (*fig : boisson*) drinkable;
(: *travail, devoir*) decent; **eau (non) ~** (not)
drinking water
potache [pɔtaʃ] *nm* schoolboy
potage [pɔtaʒ] *nm* soup
potager, -ère [pɔtaʒe, -ɛʀ] *adj* (*plante*) edible,
vegetable *cpd*; (**jardin**) ~ kitchen *ou* vegetable
garden
potasse [pɔtas] *nf* potassium hydroxide;
(*engrais*) potash
potasser [pɔtase] /1/ *vt* (*fam*) to swot up (*Brit*),
cram
potassium [pɔtasjɔm] *nm* potassium
pot-au-feu [pɔtofø] *nm inv* (beef) stew; (*viande*)
stewing beef ▶ *adj* (*fam : personne*) stay-at-home
pot-de-vin (*pl* **pots-de-vin**) [podvɛ̃] *nm* bribe
pote [pɔt] *nm* (*fam*) mate (*Brit*), pal
poteau, x [pɔto] *nm* post; ~ **de départ/d'arrivée**
starting/finishing post; ~ **(d'exécution)**
execution post, stake; ~ **indicateur** signpost;
~ **télégraphique** telegraph pole; **poteaux (de
but)** goal-posts
potée [pɔte] *nf* hotpot (*of pork and cabbage*)
potelé, e [pɔt(ə)le] *adj* plump, chubby
potence [pɔtɑ̃s] *nf* gallows *sg*; **en ~** T-shaped
potentat [pɔtɑ̃ta] *nm* potentate; (*fig : péj*)
despot
potentiel, le [pɔtɑ̃sjɛl] *adj, nm* potential
potentiellement [pɔtɑ̃sjɛlmɑ̃] *adv* potentially
potentiomètre [pɔtɑ̃sjɔmɛtʀ] *nm*
potentiometer
poterie [pɔtʀi] *nf* (*fabrication*) pottery; (*objet*)
piece of pottery
potiche [pɔtiʃ] *nf* large vase
potier, -ière [pɔtje, -jɛʀ] *nm/f* potter
potins [pɔtɛ̃] *nmpl* gossip *sg*

potion [pɔsjɔ̃] *nf* potion
potiron [pɔtiʀɔ̃] *nm* pumpkin
pot-pourri (*pl* **pots-pourris**) [popuʀi] *nm* (*Mus*)
medley
pou, x [pu] *nm* louse
pouah [pwa] *excl* ugh!, yuk!
poubelle [pubɛl] *nf* (dust)bin
pouce [pus] *nm* thumb; **se tourner** *ou* **se
rouler les pouces** (*fig*) to twiddle one's
thumbs; **manger sur le ~** to eat on the run,
snatch something to eat
poudre [pudʀ] *nf* powder; (*fard*) (face) powder;
(*explosif*) gunpowder; **en ~ : café en ~** instant
coffee; **savon en ~** soap powder; **lait en ~** dried
ou powdered milk; ~ **à canon** gunpowder; ~ **à
éternuer** sneezing powder; ~ **à récurer**
scouring powder; ~ **de riz** face powder
poudrer [pudʀe] /1/ *vt* to powder
poudreux, -euse [pudʀø, -øz] *adj* dusty; (*neige*)
powdery, powder *cpd*
poudrier [pudʀije] *nm* (powder) compact
poudrière [pudʀijɛʀ] *nf* powder magazine; (*fig*)
powder keg
pouf [puf] *nm* pouffe
pouffer [pufe] /1/ *vi* : ~ **(de rire)** to burst out
laughing
pouffiasse [pufjas] *nf* (*fam*) fat cow; (*prostituée*)
tart
pouilleux, -euse [pujø, -øz] *adj* flea-ridden; (*fig*)
seedy
poujadisme [puʒadism] *nm* (*Hist*) Poujadism
(*conservative reactionary movement founded to protect
the business interests of small traders in 1950s France*);
(*péj*) reactionary petit-bourgeois attitudes
poujadiste [puʒadist] *nmf, adj* (*Hist*) Poujadist;
(*péj*) petit-bourgeois reactionary
poulailler [pulaje] *nm* henhouse; (*Théât*) : **le ~**
the gods *sg*
poulain [pulɛ̃] *nm* foal; (*fig*) protégé
poularde [pulaʀd] *nf* fatted chicken
poule [pul] *nf* (*Zool*) hen; (*Culin*) (boiling) fowl;
(*Sport*) (round-robin) tournament; (*Rugby*)
group; (*fam*) bird (*Brit*), chick, broad (*US*);
(*fam : prostituée*) tart; ~ **d'eau** moorhen;
~ **mouillée** coward; ~ **pondeuse** laying hen,
layer; ~ **au riz** chicken and rice
poulet [pulɛ] *nm* chicken; (*fam*) cop
poulette [pulɛt] *nf* (*jeune poule*) pullet
pouliche [puliʃ] *nf* filly
poulie [puli] *nf* pulley
poulpe [pulp] *nm* octopus
pouls [pu] *nm* pulse; **prendre le ~ de qn** to take
sb's pulse
poumon [pumɔ̃] *nm* lung; ~ **d'acier** *ou*
artificiel iron *ou* artificial lung
poupe [pup] *nf* stern; **en ~** astern
poupée [pupe] *nf* doll; **jouer à la ~** to play with
one's doll (*ou* dolls); **de ~** (*très petit*) : **jardin de ~**
doll's garden, pocket-handkerchief-sized
garden
poupin, e [pupɛ̃, -in] *adj* chubby
poupon [pupɔ̃] *nm* babe-in-arms
pouponner [pupɔne] /1/ *vi* to fuss (around)
pouponnière [pupɔnjɛʀ] *nf* crèche, day
nursery

p

pour [puʀ] *prép* for; **~ faire** (so as) to do, in order to do; **~ avoir fait** for having done; **~ que** so that, in order that; **fermé ~ (cause de) travaux** closed for refurbishment *ou* alterations; **c'est ~ ça que …** that's why …; **~ quoi faire ?** what for?; **~ moi** (*à mon avis, pour ma part*), personally; **~ riche qu'il soit** rich though he may be; **~ 20 euros d'essence** 20 euros' worth of petrol; **~ cent** per cent; **~ ce qui est de** as for; **y être ~ quelque chose** to have something to do with it ▶ *nm* : **le ~ et le contre** the pros and cons

pourboire [puʀbwaʀ] *nm* tip

pourcentage [puʀsɑ̃taʒ] *nm* percentage; **travailler au ~** to work on commission

pourchasser [puʀʃase] /1/ *vt* to pursue

pourfendeur [puʀfɑ̃dœʀ] *nm* sworn opponent

pourfendre [puʀfɑ̃dʀ] /41/ *vt* to assail

pourlécher [puʀleʃe] /6/ : **se pourlécher** *vpr* to lick one's lips

pourparlers [puʀpaʀle] *nmpl* talks, negotiations; **être en ~ avec** to be having talks with

pourpre [puʀpʀ] *adj* crimson

pourquoi [puʀkwa] *adv, conj* why ▶ *nm inv* : **le ~ (de)** the reason (for)

pourrai *etc* [puʀe] *vb voir* **pouvoir**

pourri, e [puʀi] *adj* rotten; (*roche, pierre*) crumbling; (*temps, climat*) filthy, foul ▶ *nm* : **sentir le ~** to smell rotten

pourriel [puʀjɛl] *nm* (*Inform*) spam

pourrir [puʀiʀ] /2/ *vi* to rot; (*fruit*) to go rotten *ou* bad; (*fig : situation*) to deteriorate ▶ *vt* to rot; (*fig : corrompre : personne*) to corrupt; (: *gâter : enfant*) to spoil thoroughly

pourrissement [puʀismɑ̃] *nm* deterioration

pourriture [puʀityʀ] *nf* rot

pourrons *etc* [puʀɔ̃] *vb voir* **pouvoir**

poursuis *etc* [puʀsɥi] *vb voir* **poursuivre**

poursuite [puʀsɥit] *nf* pursuit, chase; (**course**) **~ track race**; (*fig*) chase; **poursuites** *nfpl* (*Jur*) legal proceedings

poursuivant, e [puʀsɥivɑ̃, -ɑ̃t] *vb voir* **poursuivre** ▶ *nm/f* pursuer; (*Jur*) plaintiff

poursuivre [puʀsɥivʀ] /40/ *vt* to pursue, chase (after); (*relancer*) to hound, harry; (*obséder*) to haunt; (*Jur*) to bring proceedings against, prosecute; (: *au civil*) to sue; (*but*) to strive towards; (*voyage, études*) to carry on with, continue ▶ *vi* to carry on, go on; **se poursuivre** *vpr* to go on, continue

pourtant [puʀtɑ̃] *adv* yet; **mais ~** but nevertheless, but even so; **c'est ~ facile** (and) yet it's easy

pourtour [puʀtuʀ] *nm* perimeter

pourvoi [puʀvwa] *nm* appeal

pourvoir [puʀvwaʀ] /25/ *vt* (*emploi*) to fill; **~ qch/qn de** to equip sth/sb with ▶ *vi* : **~ à** to provide for; **se pourvoir** *vpr* (*Jur*) : **se ~ en cassation** to take one's case to the Court of Appeal

pourvoyeur, -euse [puʀvwajœʀ, -øz] *nm/f* supplier

pourvu, e [puʀvy] *pp de* **pourvoir** ▶ *adj* : **~ de** equipped with ▶ *conj* : **~ que** (*si*) provided that, so long as; (*espérons que*) let's hope (that)

pousse [pus] *nf* growth; (*bourgeon*) shoot

poussé, e [puse] *adj* sophisticated, advanced; (*moteur*) souped-up

pousse-café [puskafe] *nm* (after-dinner) liqueur

poussée [puse] *nf* thrust; (*coup*) push; (*Méd : d'acné*) eruption; (*fig : prix*) upsurge

pousse-pousse [puspus] *nm inv* rickshaw

pousser [puse] /1/ *vt* to push; (*moteur, voiture*) to drive hard; (*émettre : cri etc*) to give; (*stimuler : élève*) to urge on; to drive hard; (*poursuivre : études, discussion*) to carry on; **~ qn à faire qch** (*inciter*) to urge *ou* press sb to do sth; (*acculer*) to drive sb to do sth; **~ le dévouement etc jusqu'à …** to take devotion *etc* as far as … ▶ *vi* to push; (*croître*) to grow; (*aller*) : **~ plus loin** to push on a bit further; **faire ~ (plante)** to grow; **se pousser** *vpr* to move over

poussette [pusɛt] *nf* (*voiture d'enfant*) pushchair (*Brit*), stroller (*US*)

poussette-canne (*pl* **poussettes-cannes**) [pusɛtkan] *nf* baby buggy (*Brit*), (folding) stroller (*US*)

poussier [pusje] *nm* coal dust

poussière [pusjɛʀ] *nf* dust; (*grain*) speck of dust; **et des poussières** (*fig*) and a bit; **~ de charbon** coal dust

poussiéreux, -euse [pusjeʀø, -øz] *adj* dusty

poussif, -ive [pusif, -iv] *adj* wheezy, wheezing

poussin [pusɛ̃] *nm* chick

poussoir [puswaʀ] *nm* button

poutre [putʀ] *nf* beam; (*en fer, ciment armé*) girder; **poutres apparentes** exposed beams

poutrelle [putʀɛl] *nf* (*petite poutre*) small beam; (*barre d'acier*) girder

---

(MOT-CLÉ)

pouvoir [puvwaʀ] /33/ *nm* power; (*dirigeants*) : **le pouvoir** those in power; **les pouvoirs publics** the authorities; **avoir pouvoir de faire** (*autorisation*) to have (the) authority to do; (*droit*) to have the right to do; **pouvoir absolu** absolute power; **pouvoir absorbant** absorbency; **pouvoir d'achat** purchasing power; **pouvoir calorifique** calorific value
▶ *vb aux* **1** (*être en état de*) can, be able to; **je ne peux pas le réparer** I can't *ou* I am not able to repair it; **déçu de ne pas pouvoir le faire** disappointed not to be able to do it
2 (*avoir la permission de*) can, may, be allowed to; **vous pouvez aller au cinéma** you can *ou* may go to the pictures
3 (*probabilité, hypothèse*) may, might, could; **il a pu avoir un accident** he may *ou* might *ou* could have had an accident; **il aurait pu le dire !** he might *ou* could have said (so)!
4 (*expressions*) : **tu ne peux pas savoir !** you have no idea!; **tu peux le dire !** you can say that again!
▶ *vb impers* may, might, could; **il peut arriver que** it may *ou* might *ou* could happen that; **il pourrait pleuvoir** it might rain
▶ *vt* **1** can, be able to; **j'ai fait tout ce que j'ai pu** I did all I could; **je n'en peux plus** (*épuisé*)

I'm exhausted; (*à bout*) I can't take any more **2** (*vb +adj ou adv comparatif*) : **je me porte on ne peut mieux** I'm absolutely fine, I couldn't be better; **elle est on ne peut plus gentille** she couldn't be nicer, she's as nice as can be **se pouvoir** *vpr* : **il se peut que** it may *ou* might be that; **cela se pourrait** that's quite possible

PP *sigle f* (= *préventive de la pellagre : vitamine*) niacin ▸ *abr* (= *pages*) pp
p.p. *abr* (= *par procuration*) p.p.
p.p.c.m. *sigle m* (*Math* : = *plus petit commun multiple*) LCM (= *lowest common multiple*)
PQ *sigle f* (CANADA : = *province de Québec*) PQ
PR *sigle f* = **poste restante**
Pr *abr* = **professeur**
pr *abr* = **pour**
pragmatique [pʀagmatik] *adj* pragmatic
pragmatisme [pʀagmatism] *nm* pragmatism
Prague [pʀag] *n* Prague
prairie [pʀeʀi] *nf* meadow
praline [pʀalin] *nf* (*bonbon*) sugared almond; (*au chocolat*) praline
praliné, e [pʀaline] *adj* (*amande*) sugared; (*chocolat, glace*) praline *cpd*
praticable [pʀatikabl] *adj* (*route etc*) passable, practicable; (*projet*) practicable
praticien, ne [pʀatisjɛ̃, -ɛn] *nm/f* practitioner
pratiquant, e [pʀatikɑ̃, -ɑ̃t] *adj* practising (*Brit*), practicing (*US*) ▸ *nm/f* (*regular*) churchgoer
pratique [pʀatik] *nf* practice; **dans la ~** in (actual) practice; **mettre en ~** to put into practice ▸ *adj* practical; (*commode : horaire etc*) convenient; (: *outil*) handy, useful
pratiquement [pʀatikmɑ̃] *adv* (*dans la pratique*) in practice; (*pour ainsi dire*) practically, virtually
pratiquer [pʀatike] /**1**/ *vt* to practise (*Brit*), practice (*US*); (*l'équitation, la pêche*) to go in for; (*le golf, le football*) to play; (*appliquer : méthode, théorie*) to apply; (*intervention, opération*) to carry out; (*ouverture, abri*) to make ▸ *vi* (*Rel*) to be a churchgoer
pré [pʀe] *nm* meadow
préado [pʀeado] *nmf* (*fam*) pre-teen
préadolescent, e [pʀeadɔlesɑ̃, -ɑ̃t] *nm/f* pre-teenager, pre-teen ▸ *adj* pre-teenage, pre-teen
préalable [pʀealabl] *adj* preliminary; **condition ~ (de)** precondition (for), prerequisite (for); **sans avis ~** without prior *ou* previous notice; **au ~** first, beforehand
préalablement [pʀealabləmɑ̃] *adv* first, beforehand
Préalpes [pʀealp] *nfpl* : **les ~** the Pre-Alps
préalpin, e [pʀealpɛ̃, -in] *adj* of the Pre-Alps
préambule [pʀeɑ̃byl] *nm* preamble; (*fig*) prelude; **sans ~** straight away
préau, x [pʀeo] *nm* (*d'une cour d'école*) covered playground; (*d'un monastère, d'une prison*) inner courtyard
préavis [pʀeavi] *nm* notice; **~ de congé** notice; **communication avec ~** (*Tél*) personal *ou* person-to-person call
prébende [pʀebɑ̃d] *nf* (*péj*) remuneration

précaire [pʀekɛʀ] *adj* (*situation*) precarious; (*Écon* : *main-d'œuvre*) lacking job security
précarisation [pʀekaʀizasjɔ̃] *nf* (*d'emploi*) casualization; **dans ce secteur la ~ tend à devenir la règle** in this industry casualized labour is becoming the norm
précarisé, e [pʀekaʀize] *adj* lacking job security
précarité [pʀekaʀite] *nf* (*de situation*) precariousness; (*Pol, Écon*) : **la ~ (de l'emploi)** job insecurity, lack of job security
précaution [pʀekosjɔ̃] *nf* precaution; **avec ~** cautiously; **prendre ses précautions** to take precautions; **par ~** as a precaution; **pour plus de ~** to be on the safe side; **précautions oratoires** carefully phrased remarks
précautionneusement [pʀekosjɔnøzmɑ̃] *adv* (*prudemment*) cautiously; (*soigneusement*) carefully
précautionneux, -euse [pʀekosjɔnø, -øz] *adj* (*prudent*) cautious; (*soigneux*) careful
précédemment [pʀesedamɑ̃] *adv* before, previously
précédent, e [pʀesedɑ̃, -ɑ̃t] *adj* previous; **le jour ~** the day before, the previous day ▸ *nm* precedent; **sans ~** unprecedented
précéder [pʀesede] /**6**/ *vt* to precede; (*marcher ou rouler devant*) to be in front of; (*arriver avant*) to get ahead of
précepte [pʀesɛpt] *nm* precept
précepteur, -trice [pʀesɛptœʀ, -tʀis] *nm/f* (*private*) tutor
préchauffage [pʀeʃofaʒ] *nm* (*de four*) preheating; (*de moteur*) warming up
préchauffer [pʀeʃofe] /**1**/ *vt* (*four*) to preheat; (*moteur*) to warm up
prêcher [pʀeʃe] /**1**/ *vt*, *vi* to preach
prêcheur, -euse [pʀeʃœʀ, -øz] *adj* moralizing ▸ *nm/f* (*Rel*) preacher; (*fig*) moralizer
précieusement [pʀesjøzmɑ̃] *adv* (*avec soin*) carefully; (*avec préciosité*) preciously
précieux, -euse [pʀesjø, -øz] *adj* precious; (*collaborateur, conseils*) invaluable; (*style, écrivain*) précieux, precious
préciosité [pʀesjozite] *nf* preciosity, preciousness
précipice [pʀesipis] *nm* drop, chasm; (*fig*) abyss; **au bord du ~** at the edge of the precipice
précipitamment [pʀesipitamɑ̃] *adv* hurriedly, hastily
précipitation [pʀesipitasjɔ̃] *nf* (*hâte*) haste; **précipitations (atmosphériques)** *nfpl* precipitation *sg*
précipité, e [pʀesipite] *adj* (*respiration*) fast; (*pas*) hurried; (*départ*) hasty
précipiter [pʀesipite] /**1**/ *vt* (*hâter : marche*) to quicken; (: *départ*) to hasten; **~ qn/qch du haut de** (*faire tomber*) to throw ou hurl sb/sth off ou from; **se précipiter** *vpr* (*événements*) to move faster; (*respiration*) to speed up; **se ~ sur/vers** to rush at/towards; **se ~ au-devant de qn** to throw o.s. before sb
précis, e [pʀesi, -iz] *adj* precise; (*tir, mesures*) accurate, precise; **à 4 heures précises** at 4 o'clock sharp ▸ *nm* handbook

P

précisément [pʀesizemɑ̃] *adv* precisely; **ma vie n'est pas ~ distrayante** my life is not exactly entertaining

préciser [pʀesize] /**1**/ *vt* (*expliquer*) to be more specific about, clarify; (*spécifier*) to state, specify; **se préciser** *vpr* to become clear(er)

précision [pʀesizjɔ̃] *nf* precision; accuracy; (*détail*) point *ou* detail (*made clear or to be clarified*)

précoce [pʀekɔs] *adj* early; (*enfant*) precocious; (*calvitie*) premature

précocité [pʀekɔsite] *nf* earliness; precociousness

préconçu, e [pʀekɔ̃sy] *adj* preconceived

préconiser [pʀekɔnize] /**1**/ *vt* to advocate

précontraint, e [pʀekɔ̃tʀɛ̃, -ɛ̃t] *adj* : **béton ~** prestressed concrete

précuit, e [pʀekɥi, -it] *adj* precooked

précurseur [pʀekyʀsœʀ] *adj m* precursory ▶ *nm* forerunner, precursor

prédateur [pʀedatœʀ] *nm* predator

prédation [pʀedasjɔ̃] *nf* (*Bio*) predation

prédécesseur [pʀedesesœʀ] *nm* predecessor

prédécoupé, e [pʀedekupe] *adj* pre-cut

prédestiné, e [pʀedɛstine] *adj* predestined; **être ~ à** to be predestined to; **au nom ~** aptly named

prédestiner [pʀedɛstine] /**1**/ *vt* : **~ qn à qch/à faire** to predestine sb for sth/to do

prédicateur [pʀedikatœʀ] *nm* preacher

prédiction [pʀediksjɔ̃] *nf* prediction

prédilection [pʀedilɛksjɔ̃] *nf* : **avoir une ~ pour** to be partial to; **de ~** favourite (*BRIT*), favorite (*US*)

prédire [pʀediʀ] /**37**/ *vt* to predict

prédisposer [pʀedispoze] /**1**/ *vt* : **~ qn à qch/à faire** to predispose sb to sth/to do

prédisposition [pʀedispozisjɔ̃] *nf* predisposition

prédit, e [pʀedi, -it] *pp de* **prédire**

prédominance [pʀedɔminɑ̃s] *nf* predominance

prédominant, e [pʀedɔminɑ̃, -ɑ̃t] *adj* predominant; prevailing

prédominer [pʀedɔmine] /**1**/ *vi* to predominate; (*avis*) to prevail

pré-électoral, e, -aux [pʀeelɛktɔʀal, -o] *adj* pre-election *cpd*

pré-emballé, e [pʀeɑ̃bale] *adj* pre-packed

prééminent, e [pʀeeminɑ̃, -ɑ̃t] *adj* pre-eminent

préempter [pʀeɑ̃pte] *vt* (*Jur* : *fig*) to pre-empt

préemption [pʀeɑ̃psjɔ̃] *nf* : **droit de ~** (*Jur*) pre-emptive right

pré-encollé, e [pʀeɑ̃kɔle] *adj* pre-pasted

préétabli, e [pʀeetabli] *adj* pre-established

préexistant, e [pʀeɛgzistɑ̃, -ɑ̃t] *adj* pre-existing

préfabriqué, e [pʀefabʀike] *adj* prefabricated; (*péj* : *sourire*) artificial ▶ *nm* prefabricated material

préface [pʀefas] *nf* preface

préfacer [pʀefase] /**3**/ *vt* to write a preface for

préfectoral, e, -aux [pʀefɛktɔʀal, -o] *adj* prefectorial

préfecture [pʀefɛktyʀ] *nf* prefecture; **~ de police** police headquarters

The **préfecture** is the administrative headquarters of the *département*. The *préfet*, a senior civil servant appointed by the government, is responsible for putting government policy into practice and for maintaining law and order and public safety. France's 27 regions, each comprising a number of *départements*, also have a *préfet de région*.

préférable [pʀefeʀabl] *adj* preferable

préféré, e [pʀefeʀe] *adj*, *nm/f* favourite (*BRIT*), favorite (*US*)

préférence [pʀefeʀɑ̃s] *nf* preference; **de ~** preferably; **de** *ou* **par ~ à** in preference to, rather than; **donner la ~ à qn** to give preference to sb; **par ordre de ~** in order of preference; **obtenir la ~ sur** to have preference over

préférentiel, le [pʀefeʀɑ̃sjɛl] *adj* preferential

préférer [pʀefeʀe] /**6**/ *vt* : **~ qn/qch (à)** to prefer sb/sth (to), like sb/sth better (than); **~ faire** to prefer to do; **je préférerais du thé** I would rather have tea, I'd prefer tea

préfet [pʀefɛ] *nm* prefect; **~ de police** ≈ Chief Constable (*BRIT*), ≈ Police Commissioner (*US*)

préfigurer [pʀefigyʀe] /**1**/ *vt* to prefigure

préfixe [pʀefiks] *nm* prefix

préhension [pʀeɑ̃sjɔ̃] *nf* prehension

préhistoire [pʀeistwaʀ] *nf* prehistory

préhistorique [pʀeistɔʀik] *adj* prehistoric

préinscription [pʀeɛ̃skʀipsjɔ̃] *nf* (*Admin*) pre-registration

préjudice [pʀeʒydis] *nm* (*matériel*) loss; (*moral*) harm *no pl*; **porter ~ à** to harm, be detrimental to; **au ~ de** at the expense of

préjudiciable [pʀeʒydisjabl] *adj* : **~ à** prejudicial *ou* harmful to

préjugé [pʀeʒyʒe] *nm* prejudice; **avoir un ~ contre** to be prejudiced against; **bénéficier d'un ~ favorable** to be viewed favourably

préjuger [pʀeʒyʒe] /**3**/ : **~ de** *vt* to prejudge

prélasser [pʀelɑse] /**1**/ : **se prélasser** *vpr* to lounge

prélat [pʀela] *nm* prelate

prélavage [pʀelavaʒ] *nm* pre-wash

prélèvement [pʀelɛvmɑ̃] *nm* (*montant*) deduction; withdrawal; **faire un ~ de sang** to take a blood sample

prélever [pʀel(ə)ve] /**5**/ *vt* (*échantillon*) to take; **~ (sur)** (*argent*) to deduct (from) (: *sur son compte*) to withdraw (from)

préliminaire [pʀeliminɛʀ] *adj* preliminary; **préliminaires** *nmpl* preliminaries; (*négociations*) preliminary talks

prélude [pʀelyd] *nm* prelude; (*avant le concert*) warm-up

préluder [pʀelyde] : **~ à qch** *vt* to be the prelude to sth

prématuré, e [pʀematyʀe] *adj* premature; (*retraite*) early ▶ *nm* premature baby

prématurément [pʀematyʀemɑ̃] *adv* prematurely

prématurité [pʀematyʀite] *nf* premature birth

préméditation [pʀemeditasjɔ̃] nf : **avec ~** adj premeditated; adv with intent
préméditer [pʀemedite] /**1**/ vt to premeditate, plan
prémices [pʀemis] nfpl beginnings
premier, -ière [pʀəmje, -jɛʀ] adj first; (rang) front; (branche, marche, grade) bottom; (fig : fondamental) basic; prime; (en importance) first, foremost; **au ~ abord** at first sight; **au ou du ~ coup** at the first attempt ou go; **de ~ ordre** first-class, first-rate; **de première qualité, de ~ choix** best ou top quality; **de première importance** of the highest importance; **de première nécessité** absolutely essential; **le ~ venu** the first person to come along; **enfant du ~ lit** child of a first marriage; **en ~ lieu** in the first place; **le ~ âge** (d'un enfant) the first three months (of life); **P~ ministre** Prime Minister ▶ nm (premier étage) first (BRIT) ou second (US) floor; **jeune ~** leading man; **le ~ de l'an** New Year's Day ▶ nf (Auto) first (gear); (Rail, Aviat etc) first class; (Scol) year 12 (BRIT), eleventh grade (US); (Théât) first night; (Ciné) première; (exploit) feat
premièrement [pʀəmjɛʀmɑ̃] adv firstly
première-née (pl **premières-nées**) [pʀəmjɛʀne] nf first-born
premier-né (pl **premiers-nés**) [pʀəmjene] nm first-born
prémisse [pʀemis] nf premise
prémolaire [pʀemɔlɛʀ] nf premolar
prémonition [pʀemɔnisjɔ̃] nf premonition
prémonitoire [pʀemɔnitwaʀ] adj premonitory
prémunir [pʀemyniʀ] /**2**/ : se prémunir vpr : **se ~ contre** to protect o.s. from, guard against
prenant, e [pʀənɑ̃, -ɑ̃t] vb voir **prendre** ▶ adj absorbing, engrossing
prénatal, e [pʀenatal] adj (Méd) antenatal; (allocation) maternity cpd
prendre [pʀɑ̃dʀ] /**58**/ vt to take; (repas) to have; (aller chercher) to get, fetch; (se procurer) to get; (réserver : place) to book; (acquérir : du poids, de la valeur) to put on, gain; (malfaiteur, poisson) to catch; (passager) to pick up; (personnel, aussi : couleur, goût) to take on; (locataire) to take in; (traiter : enfant, problème) to handle; (voix, ton) to put on; (prélever : pourcentage, argent) to take off; (ôter) : **~ qch à** to take sth from; **~ froid** to catch cold; **~ son origine ou sa source** (mot, rivière) to have its source; **~ qn pour** to take sb for; **~ qn en sympathie/horreur** to get to like/loathe sb; **à tout ~** all things considered ▶ vi (liquide, ciment) to set; (greffe, vaccin) to take; (mensonge) to be successful; (feu : foyer) to go; (: incendie) to start; (allumette) to light; (se diriger) : **~ à gauche** to turn (to the) left; **~ sur soi de faire qch** to take it upon o.s. to do sth; se prendre vpr : **se ~ pour** to think one is; **s'en ~ à** (agresser) to set about; (passer sa colère sur) to take it out on; (critiquer) to attack; (remettre en question) to challenge; **s'y ~** (procéder) to set about it; **s'y ~ à l'avance** to see to it in advance; **s'y ~ à deux fois** to try twice, make two attempts; **se ~ d'amitié/d'affection pour** to befriend/

become fond of; **se ~ les doigts dans** to get one's fingers caught in
preneur, -euse [pʀənœʀ, -øz] nm/f : **être ~** to be willing to buy; **trouver ~** to find a buyer
preniez [pʀənje] vb voir **prendre**
prenne etc [pʀɛn] vb voir **prendre**
prénom [pʀenɔ̃] nm first name
prénommer [pʀenɔme] /**1**/ : se prénommer vpr : **elle se prénomme Claude** her (first) name is Claude
prénuptial, e, -aux [pʀenypsjal, -o] adj premarital
préoccupant, e [pʀeɔkypɑ̃, -ɑ̃t] adj worrying
préoccupation [pʀeɔkypasjɔ̃] nf (souci) concern; (idée fixe) preoccupation
préoccupé, e [pʀeɔkype] adj concerned; preoccupied
préoccuper [pʀeɔkype] /**1**/ vt (tourmenter, tracasser) to concern; (absorber, obséder) to preoccupy; se préoccuper vpr : **se ~ de qch** to be concerned about sth; to show concern about sth
préparateur, -trice [pʀepaʀatœʀ, -tʀis] nm/f assistant
préparatifs [pʀepaʀatif] nmpl preparations
préparation [pʀepaʀasjɔ̃] nf preparation; (Scol) piece of homework
préparatoire [pʀepaʀatwaʀ] adj preparatory
préparer [pʀepaʀe] /**1**/ vt to prepare; (café, repas) to make; (examen) to prepare for; (voyage, entreprise) to plan; **~ qch à qn** (surprise etc) to have sth in store for sb; **~ qn à qch** (nouvelle etc) to prepare sb for sth; se préparer vpr (orage, tragédie) to brew, be in the air; **se ~ (à qch/à faire)** to prepare (o.s.) ou get ready (for sth/to do)
prépayé, e [pʀepeje] adj prepaid; **carte téléphonique prépayée** prepaid phonecard
prépondérance [pʀepɔ̃deʀɑ̃s] nf : **~ (sur)** predominance (over)
prépondérant, e [pʀepɔ̃deʀɑ̃, -ɑ̃t] adj major, dominating; **voix prépondérante** casting vote
préposé, e [pʀepoze] adj : **~ à** in charge of ▶ nm/f (gén : employé) employee; (Admin : facteur) postman/woman (BRIT), mailman/woman (US); (de la douane etc) official; (de vestiaire) attendant
préposer [pʀepoze] /**1**/ vt : **~ qn à qch** to appoint sb to sth
préposition [pʀepozisjɔ̃] nf preposition
prérentrée [pʀeʀɑ̃tʀe] nf in-service training period before start of school term
préretraite [pʀeʀ(ə)tʀɛt] nf early retirement
prérogative [pʀeʀɔgativ] nf prerogative
près [pʀɛ] adv near, close; **~ de** prép near (to), close to; (environ) nearly, almost; **~ d'ici** near here; **de ~** adv closely; **à cinq kg ~** to within about five kg; **à cela ~ que** apart from the fact that; **je ne suis pas ~ de lui pardonner** I'm nowhere near ready to forgive him; **on n'est pas à un jour ~** one day (either way) won't make any difference, we're not going to quibble over the odd day; **il n'est pas à 10 minutes ~** he can spare 10 minutes
présage [pʀezaʒ] nm omen
présager [pʀezaʒe] /**3**/ vt (prévoir) to foresee; (annoncer) to portend

pré-salé (pl **prés-salés**) [pʀesale] nm (Culin) salt-meadow lamb

presbyte [pʀɛsbit] adj long-sighted (BRIT), far-sighted (US)

presbytère [pʀɛsbitɛʀ] nm presbytery

presbytérien, ne [pʀɛsbiteʀjɛ̃, -ɛn] adj, nm/f Presbyterian

presbytie [pʀɛsbisi] nf long-sightedness (BRIT), far-sightedness (US)

prescience [pʀesjɑ̃s] nf prescience, foresight

préscolaire [pʀeskɔlɛʀ] adj preschool cpd

prescripteur, -trice [pʀɛskʀiptœʀ, -tʀis] adj (Méd) : **médecin** ~ prescribing doctor; (rôle, pouvoir) controlling ▶ nm/f (Méd) prescribing doctor

prescription [pʀɛskʀipsjɔ̃] nf (instruction) order, instruction; (Méd, Jur) prescription

prescrire [pʀɛskʀiʀ] /39/ vt to prescribe; **se prescrire** vpr (Jur) to lapse

prescrit, e [pʀɛskʀi, -it] pp de **prescrire** ▶ adj (date etc) stipulated

préséance [pʀeseɑ̃s] nf precedence no pl

présélection [pʀeselɛksjɔ̃] nf (de candidats) short-listing; **effectuer une** ~ to draw up a shortlist

présélectionner [pʀeselɛksjɔne] /1/ vt to preselect; (dispositif) to preset; (candidats) to make an initial selection from among, short-list (BRIT)

présence [pʀezɑ̃s] nf presence; (au bureau etc) attendance; **en** ~ face to face; **en ~ de** in (the) presence of; (fig) in the face of; **faire acte de** ~ to put in a token appearance; **~ d'esprit** presence of mind

présent, e [pʀezɑ̃, -ɑ̃t] adj present; **la présente lettre/loi** this letter/law ▶ nm present; **à** ~ now, at present; **dès à** ~ here and now; **jusqu'à** ~ up till now, until now; **à ~ que** now that ▶ nm/f : **les présents** (personnes) those present ▶ nf (Comm : lettre) : **la présente** this letter

présentable [pʀezɑ̃tabl] adj presentable

présentateur, -trice [pʀezɑ̃tatœʀ, -tʀis] nm/f presenter

présentation [pʀezɑ̃tasjɔ̃] nf presentation; (de nouveau venu) introduction; (allure) appearance; **faire les présentations** to do the introductions

présenter [pʀezɑ̃te] /1/ vt to present; (invité, candidat) to introduce; (félicitations, condoléances) to offer; (montrer : billet, pièce d'identité) to show, produce; (faire inscrire : candidat) to put forward; (soumettre) to submit; **~ qn à** to introduce sb to; **je vous présente Nadine** this is Nadine ▶ vi : **~ mal/bien** to have an unattractive/a pleasing appearance; **se présenter** vpr (sur convocation) to report, come; (se faire connaître) to come forward; (à une élection) to stand; (occasion) to arise; **se ~ à un examen** to sit an exam; **se ~ bien/mal** (situation) to look good/not too good

présentoir [pʀezɑ̃twaʀ] nm (étagère) display shelf; (vitrine) showcase; (étal) display stand

préservatif [pʀezɛʀvatif] nm condom, sheath

préservation [pʀezɛʀvasjɔ̃] nf protection, preservation

préserver [pʀezɛʀve] /1/ vt : ~ **de** (protéger) to protect from; (sauver) to save from

présidence [pʀezidɑ̃s] nf presidency; chairmanship

président [pʀezidɑ̃] nm (Pol) president; (d'une assemblée, Comm) chairman; **~ directeur général** chairman and managing director (BRIT), chairman and president (US); **~ du jury** (Jur) foreman of the jury; (d'examen) chief examiner

⋮ **PRÉSIDENT DE LA RÉPUBLIQUE**

⋮ The **président de la République** is the French head of state, elected for a five-year term by direct universal suffrage. He appoints the Prime Minister and, on the latter's recommendation, the members of the French government. He presides over the Conseil des ministres, enacts laws and is the commander-in-chief of the French armed forces. He has the power to dissolve the Assemblée nationale and, in an emergency, can exercise special powers.

présidente [pʀezidɑ̃t] nf president; (femme du président) president's wife; (d'une réunion) chairwoman

présidentiable [pʀezidɑ̃sjabl] adj, nmf potential president

présidentiel, le [pʀezidɑ̃sjɛl] adj presidential; **présidentielles** nfpl presidential election(s)

présider [pʀezide] /1/ vt to preside over; (dîner) to be the guest of honour (BRIT) ou honor (US) at; **~ à** vt to direct; to govern

présomption [pʀezɔ̃psjɔ̃] nf presumption

présomptueux, -euse [pʀezɔ̃ptɥø, -øz] adj presumptuous

presque [pʀɛsk] adv almost, nearly; **~ rien** hardly anything; **~ pas** hardly (at all); **~ pas de** hardly any; **personne, ou ~** next to nobody, hardly anyone; **la ~ totalité (de)** almost ou nearly all

Presque peut se traduire par **almost** ou **nearly** dans les phrases affirmatives, mais pour traduire une phrase française négative il est plus courant d'utiliser **hardly**. Hardly n'est jamais suivi d'un autre mot négatif.
Tu n'as presque rien mangé ! **You hardly ate anything!**
Il ne se trompe presque jamais. **He hardly ever makes a mistake.**

presqu'île [pʀɛskil] nf peninsula

pressage [pʀesaʒ] nm (de disque, raisin, olives) pressing

pressant, e [pʀesɑ̃, -ɑ̃t] adj urgent; (personne) insistent; **se faire** ~ to become insistent

presse [pʀɛs] nf press; (affluence) : **heures de** ~ busy times; **sous** ~ gone to press; **mettre sous** ~ to send to press; **avoir une bonne/ mauvaise** ~ to have a good/bad press; **~ féminine** women's magazines pl; **~ d'information** quality newspapers pl

pressé, e [pʀese] adj in a hurry; (air) hurried; (besogne) urgent; **être ~ de faire qch** to be in a hurry to do sth; **orange pressée** freshly squeezed orange juice ▸ *nm* : **aller au plus ~** to see to first things first

presse-agrumes [pʀɛsagʀym] *nm inv* juicer

presse-citron [pʀɛssitʀɔ̃] *nm inv* lemon squeezer

presse-fruits [pʀɛsfʀɥi] *nm* lemon squeezer

pressentiment [pʀɛsɑ̃timɑ̃] *nm* foreboding, premonition

pressentir [pʀɛsɑ̃tiʀ] /**16**/ *vt* to sense; *(prendre contact avec)* to approach

presse-papiers [pʀɛspapje] *nm inv* paperweight

presse-purée [pʀɛspyʀe] *nm inv* potato masher

presser [pʀese] /**1**/ *vt (fruit, éponge)* to squeeze; *(interrupteur, bouton)* to press, push; *(allure, affaire)* to speed up; *(débiteur etc)* to press; *(inciter)* : **~ qn de faire** to urge *ou* press sb to do; **~ le pas** to quicken one's step; **~ qn entre ses bras** to squeeze sb tight ▸ *vi* to be urgent; **rien ne presse** there's no hurry; **le temps presse** there's not much time; **se presser** *vpr (se hâter)* to hurry (up); *(se grouper)* to crowd; **se ~ contre qn** to squeeze up against sb

pressing [pʀesiŋ] *nm (repassage)* steam-pressing; *(magasin)* dry-cleaner's

pression [pʀesjɔ̃] *nf* pressure; *(bouton)* press stud (BRIT), snap fastener (US); *(fam : bière)* draught beer; **faire ~ sur** to put pressure on; **sous ~** pressurized, under pressure; *(fig)* keyed up; **~ artérielle** blood pressure

pressoir [pʀeswaʀ] *nm (wine ou oil etc)* press

pressurer [pʀesyʀe] /**1**/ *vt (fig)* to squeeze

pressurisation [pʀesyʀizasjɔ̃] *nf* pressure

pressurisé, e [pʀesyʀize] *adj* pressurized

prestance [pʀɛstɑ̃s] *nf* presence, imposing bearing

prestataire [pʀɛstatɛʀ] *nmf* person receiving benefits; *(Comm)* : **~ de services** provider of services

prestation [pʀɛstasjɔ̃] *nf (allocation)* benefit; *(d'une assurance)* cover *no pl*; *(d'une entreprise)* service provided; *(d'un joueur, artiste)* performance; **~ de serment** taking the oath; **~ de service** provision of a service; **prestations familiales** ≈ child benefit

preste [pʀɛst] *adj* nimble

prestement [pʀɛstəmɑ̃] *adv* nimbly

prestidigitateur, -trice [pʀɛstidiʒitatœʀ, -tʀis] *nm/f* conjurer

prestidigitation [pʀɛstidiʒitasjɔ̃] *nf* conjuring

prestige [pʀɛstiʒ] *nm* prestige

prestigieux, -euse [pʀɛstiʒjø, -øz] *adj* prestigious

présumer [pʀezyme] /**1**/ *vt* : **~ que** to presume *ou* assume that; **~ de** to overrate; **~ qn coupable** to presume sb guilty

présupposé [pʀesypoze] *nm* presupposition

présupposer [pʀesypoze] /**1**/ *vt* to presuppose

présupposition [pʀesypozisjɔ̃] *nf* presupposition

présure [pʀezyʀ] *nf* rennet

prêt, e [pʀɛ, pʀɛt] *adj* ready; **~ à faire** ready to do; **~ à tout** ready for anything ▸ *nm* lending *no pl*; *(somme prêtée)* loan; **~ sur gages** pawnbroking *no pl*

prêt-à-porter *(pl* **prêts-à-porter**) [pʀɛtapɔʀte] *nm* ready-to-wear *ou* off-the-peg (BRIT) clothes *pl*

prétendant [pʀetɑ̃dɑ̃] *nm* pretender; *(d'une femme)* suitor

prétendre [pʀetɑ̃dʀ] /**41**/ *vt (affirmer)* : **~ que** to claim that; **~ faire qch** *(avoir l'intention de)* to mean *ou* intend to do sth; **~ à** *(droit, titre)* to lay claim to

prétendu, e [pʀetɑ̃dy] *adj (supposé)* so-called

prétendument [pʀetɑ̃dymɑ̃] *adv* allegedly

prête-nom [pʀɛtnɔ̃] *nm (péj)* figurehead; *(Comm etc)* dummy

prétentieux, -euse [pʀetɑ̃sjø, -øz] *adj* pretentious

prétention [pʀetɑ̃sjɔ̃] *nf* pretentiousness; *(exigence, ambition)* claim; **sans ~** unpretentious

prêter [pʀete] /**1**/ *vt* : **~ qch à qn** *(livres, argent)* to lend sth to sb; *(caractère, propos)* to attribute sth to sb; **~ à** *(commentaires etc)* to be open to, give rise to; **~ assistance à** to give help to; **~ attention** to pay attention; **~ serment** to take the oath; **~ l'oreille** to listen; **se prêter** *vpr (tissu, cuir)* to give; **se ~ à** to lend o.s. *(ou* itself*)* to; *(manigances etc)* to go along with

prêteur, -euse [pʀetœʀ, -øz] *nm/f* moneylender; **~ sur gages** pawnbroker

prétexte [pʀetɛkst] *nm* pretext, excuse; **sous aucun ~** on no account; **sous (le) ~ que/de** on the pretext that/of

prétexter [pʀetɛkste] /**1**/ *vt* to give as a pretext *ou* an excuse

prétoire [pʀetwaʀ] *nm* court

prêtre [pʀɛtʀ] *nm* priest

prêtre-ouvrier *(pl* **prêtres-ouvriers**) [pʀɛtʀuvʀije] *nm* worker-priest

prêtrise [pʀetʀiz] *nf* priesthood

preuve [pʀœv] *nf* proof; *(indice)* proof, evidence *no pl*; **jusqu'à ~ du contraire** until proved otherwise; **faire ~ de** to show; **faire ses preuves** to prove o.s. *(ou* itself*)*; **~ matérielle** material evidence

prévaloir [pʀevalwaʀ] /**29**/ *vi* to prevail; **se prévaloir** *vpr* : **se ~ de** *vt* to take advantage of; *(tirer vanité de)* to pride o.s. on

prévarication [pʀevaʀikasjɔ̃] *nf* maladministration

prévaut *etc* [pʀevo] *vb voir* **prévaloir**

prévenance [pʀev(ə)nɑ̃s] *nf* thoughtfulness *sg*; **prévenances** *nfpl* consideration *sg*

prévenant, e [pʀev(ə)nɑ̃, -ɑ̃t] *adj* thoughtful, kind

prévenir [pʀev(ə)niʀ] /**22**/ *vt (éviter : catastrophe etc)* to avoid, prevent; *(anticiper : désirs, besoins)* to anticipate; **~ qn (de)** *(avertir)* to warn sb (about); *(informer)* to tell *ou* inform sb (about); **~ qn contre** *(influencer)* to prejudice sb against

préventif, -ive [pʀevɑ̃tif, -iv] *adj* preventive

prévention [pʀevɑ̃sjɔ̃] *nf* prevention; *(préjugé)* prejudice; *(Jur)* custody, detention; **~ routière** road safety

préventivement [pʀevɑ̃tivmɑ̃] *adv* preventively

prévenu, e [pʀev(ə)ny] *nm/f (Jur)* defendant, accused

prévisible [pʀevizibl] *adj* foreseeable

p

prévision [pʀevizjɔ̃] *nf* : **prévisions** predictions; forecast *sg*; **prévisions météorologiques** *ou* **du temps** weather forecast *sg*; **en ~ de** in anticipation of

prévisionnel, le [pʀevizjɔnɛl] *adj* concerned with future requirements

prévit *etc* [pʀevi] *vb voir* **prévoir**

prévoir [pʀevwaʀ] **/24/** *vt* (*deviner*) to foresee; (*s'attendre à*) to expect, reckon on; (*prévenir*) to anticipate; (*organiser : voyage*) to plan; (*préparer, réserver*) to allow

prévoyance [pʀevwajɑ̃s] *nf* foresight; **société/ caisse de ~** provident society/contingency fund

prévoyant, e [pʀevwajɑ̃, -ɑ̃t] *vb voir* **prévoir** ▸ *adj* gifted with (*ou* showing) foresight, far-sighted

prévu, e [pʀevy] *pp de* **prévoir** ▸ *adj* : **comme ~** as planned; **~ pour quatre personnes** designed for four people; **~ pour 10 h** scheduled for 10 o'clock

prier [pʀije] **/7/** *vi* to pray ▸ *vt* (*Dieu*) to pray to; (*implorer*) to beg; (*demander*) : **~ qn de faire** to ask sb to do; **~ qn à dîner** to invite sb to dinner; **se faire ~** to need coaxing *ou* persuading; **je vous en prie** (*allez-y*) please do; (*de rien*) don't mention it; **je vous prie de faire** please (would you) do

prière [pʀijɛʀ] *nf* prayer; (*demande instante*) plea, entreaty; **« ~ de faire ... »** "please do ..."

primaire [pʀimɛʀ] *adj* primary; (*péj : personne*) simple-minded; (: *idées*) simplistic ▸ *nm* (*Scol*) primary education

primauté [pʀimote] *nf* (*fig*) primacy

prime [pʀim] *nf* (*bonification*) bonus; (*subside*) allowance; (*Comm : cadeau*) free gift; (*Assurances, Bourse*) premium; **~ de risque** danger money *no pl*; **~ de transport** travel allowance ▸ *adj* : **de ~ abord** at first glance

primer [pʀime] **/1/** *vt* (*l'emporter sur*) to prevail over; (*récompenser*) to award a prize to ▸ *vi* to dominate, prevail

primesautier, -ière [pʀimsotje, -jɛʀ] *adj* impulsive

primeur [pʀimœʀ] *nf* : **avoir la ~ de** to be the first to hear (*ou* see *etc*); **primeurs** *nfpl* (*fruits, légumes*) early fruits and vegetables; **marchand de primeurs** greengrocer (*Brit*), produce dealer (*US*)

primevère [pʀimvɛʀ] *nf* primrose

primipare [pʀimipaʀ] *nf* primipara

primitif, -ive [pʀimitif, -iv] *adj* primitive; (*originel*) original ▸ *nm/f* primitive

primo [pʀimo] *adv* first (of all), firstly

primordial, e, -aux [pʀimɔʀdjal, -o] *adj* essential, primordial

prince [pʀɛ̃s] *nm* prince; **~ charmant** Prince Charming; **~ de Galles** *n inv* (*tissu*) check cloth; **~ héritier** crown prince

princesse [pʀɛ̃sɛs] *nf* princess

princier, -ière [pʀɛ̃sje, -jɛʀ] *adj* princely

principal, e, -aux [pʀɛ̃sipal, -o] *adj* principal, main ▸ *nm/f* (*Scol*) head (teacher) (*Brit*), principal (*US*) ▸ *nm* (*essentiel*) main thing ▸ *nf* (*Ling*) : **(proposition) principale** main clause

principalement [pʀɛ̃sipalmɑ̃] *adv* principally, mainly

principauté [pʀɛ̃sipote] *nf* principality

principe [pʀɛ̃sip] *nm* principle; **partir du ~ que** to work on the principle *ou* assumption that; **pour le ~** on principle, for the sake of it; **de ~** *adj* (*hostilité*) automatic; (*accord*) in principle; **par ~** on principle; **en ~** (*habituellement*) as a rule; (*théoriquement*) in principle

printanier, -ière [pʀɛ̃tanje, -jɛʀ] *adj* spring, spring-like

printemps [pʀɛ̃tɑ̃] *nm* spring; **au ~** in spring

priori [pʀijɔʀi] : **a ~** *adv* at first glance, initially; a priori

prioritaire [pʀijɔʀitɛʀ] *adj* having priority; (*Auto*) having right of way; (*Inform*) foreground

prioritairement [pʀijɔʀitɛʀmɑ̃] *adv* (*en priorité*) as a priority

priorité [pʀijɔʀite] *nf* priority; (*Auto*) : **avoir la ~ (sur)** to have right of way (over); **~ à droite** right of way to vehicles coming from the right; **en ~** as a (matter of) priority

pris, e [pʀi, pʀiz] *pp de* **prendre** ▸ *adj* (*place*) taken; (*billets*) sold; (*journée, mains*) full; (*personne*) busy; (*crème, ciment*) set; **avoir le nez/la gorge ~(e)** to have a stuffy nose/a bad throat; **être ~ de peur/de fatigue/de panique** to be stricken with fear/overcome with fatigue/panic-stricken

prise [pʀiz] *nf* (*d'une ville*) capture; (*Pêche, Chasse*) catch; (*de judo ou catch, point d'appui ou pour empoigner*) hold; (*Élec : fiche*) plug; (: *femelle*) socket; (: *au mur*) point; **en ~** (*Auto*) in gear; **être aux prises avec** to be grappling with; to be battling with; **lâcher ~** to let go; **donner ~ à** (*fig*) to give rise to; **avoir ~ sur qn** to have a hold over sb; **~ en charge** (*taxe*) pick-up charge; (*par la sécurité sociale*) undertaking to reimburse costs; **~ de contact** initial meeting, first contact; **~ de courant** power point; **~ d'eau** water (supply) point; tap; **~ multiple** adaptor; **~ d'otages** hostage-taking; **~ à partie** (*Jur*) action against a judge; **~ péritel** SCART socket; **~ de sang** blood test; **~ de son** sound recording; **~ de tabac** pinch of snuff; **~ de terre** earth; **~ de vue** (*photo*) shot; **~ de vue(s)** (*action*) filming, shooting

prisé, e [pʀize] *adj* : **très ~** greatly prized

priser [pʀize] **/1/** *vt* (*tabac, héroïne*) to take; (*estimer*) to prize, value ▸ *vi* to take snuff

prisme [pʀism] *nm* prism

prison [pʀizɔ̃] *nf* prison; **aller/être en ~** to go to/be in prison *ou* jail; **faire de la ~** to serve time; **être condamné à cinq ans de ~** to be sentenced to five years' imprisonment *ou* five years in prison

> Quand les mots **prison** et **jail** désignent l'institution en général, il ne sont jamais précédés de l'article défini. Ce n'est pas le cas quand ils désignent plus précisément le bâtiment.
> *La vie après la prison n'est pas facile.* **Life after prison isn't easy.**
> *Il travaille à la prison.* **He works at the prison.**

prisonnier, -ière [pʀizɔnje, -jɛʀ] *nm/f* prisoner ▸ *adj* captive; **faire qn ~** to take sb prisoner

prit [pʀi] *vb voir* **prendre**
privatif, -ive [pʀivatif, -iv] *adj (jardin etc)* private; *(peine)* which deprives one of one's liberties
privations [pʀivasjɔ̃] *nfpl* privations, hardships
privatisation [pʀivatizasjɔ̃] *nf* privatization
privatiser [pʀivatize] /1/ *vt* to privatize
privautés [pʀivote] *nfpl* liberties
privé, e [pʀive] *adj* private; *(en punition)* : **tu es ~ de télé !** no TV for you!; *(dépourvu)* : **~ de** without, lacking ▸ *nm (Comm)* private sector; **en ~, dans le ~** in private
priver [pʀive] /1/ *vt* : **~ qn de** to deprive sb of; **se ~ de** to go *ou* do without; **ne pas se ~ de faire** not to refrain from doing
privilège [pʀivilɛʒ] *nm* privilege
privilégié, e [pʀivileʒje] *adj* privileged
privilégier [pʀivileʒje] /7/ *vt* to favour (BRIT), favor (US)
prix [pʀi] *nm (valeur)* price; *(récompense, Scol)* prize; **mettre à ~** to set a reserve (BRIT) *ou* an upset (US) price on; **au ~ fort** at a very high price; **acheter qch à ~ d'or** to pay a (small) fortune for sth; **hors de ~** exorbitantly priced; **à aucun ~** not at any price; **à tout ~** at all costs; **grand ~** *(Sport)* Grand Prix; **~ d'achat/de vente/de revient** purchasing/selling/cost price; **~ conseillé** manufacturer's recommended price (MRP)
pro [pʀo] *nm (= professionnel)* pro
proactif, -ive [pʀoaktif, -iv] *adj* proactive
probabilité [pʀobabilite] *nf* probability; **selon toute ~** in all probability
probable [pʀobabl] *adj* likely, probable
probablement [pʀobabləmɑ̃] *adv* probably
probant, e [pʀobɑ̃, -ɑ̃t] *adj* convincing
probatoire [pʀobatwaʀ] *adj (examen, test)* preliminary; *(stage)* probationary, trial *cpd*
probité [pʀobite] *nf* integrity, probity
problématique [pʀoblematik] *adj* problematic(al) ▸ *nf* problematics *sg*; *(problème)* problem
problème [pʀoblɛm] *nm* problem
procédé [pʀosede] *nm (méthode)* process; *(comportement)* behaviour *no pl* (BRIT), behavior *no pl* (US)
procéder [pʀosede] /6/ *vi* to proceed; *(moralement)* to behave; **~ à** *vt* to carry out
procédure [pʀosedyʀ] *nf (Admin, Jur)* procedure
procédurier, -ière [pʀosedyʀje, -jɛʀ] *adj (domaine, cadre)* procedural; *(personne)* litigious; **avoir l'esprit ~** to be of a litigious temperament ▸ *nm/f (spécialiste)* procedural expert; *(péj)* litigious person
procès [pʀosɛ] *nm (Jur)* trial; *(: poursuites)* proceedings *pl*; **être en ~ avec** to be involved in a lawsuit with; **faire le ~ de qn/qch** *(fig)* to put sb/sth on trial; **sans autre forme de ~** without further ado
processeur [pʀosesœʀ] *nm* processor
procession [pʀosesjɔ̃] *nf* procession
processus [pʀosesys] *nm* process
procès-verbal, -aux [pʀosɛvɛʀbal, -o] *nm (constat)* statement; *(de réunion)* minutes *pl*; *(aussi : PV)* : **avoir un ~** to get a parking ticket, to be booked

prochain, e [pʀoʃɛ̃, -ɛn] *adj* next; *(proche : départ, arrivée)* impending; near; **la prochaine fois/semaine prochaine** next time/week; **à la prochaine !** *(fam)*, **à la prochaine fois** see you!, till the next time!; **un ~ jour** (some day) soon ▸ *nm* fellow man
prochainement [pʀoʃɛnmɑ̃] *adv* soon, shortly
proche [pʀoʃ] *adj* nearby; *(dans le temps)* imminent; close at hand; *(parent, ami)* close; **être ~ (de)** to be near, be close (to); **de ~ en ~** gradually; **proches** *nmpl (parents)* close relatives, next of kin; *(amis)* : **l'un de ses proches** one of those close to him *(ou* her*)*
Proche-Orient [pʀoʃoʀjɑ̃] *nm* : **le ~** the Near East
proclamation [pʀoklamasjɔ̃] *nf* proclamation
proclamer [pʀoklame] /1/ *vt* to proclaim; *(résultat d'un examen)* to announce
procréation [pʀokreasjɔ̃] *nf* procreation; **~ médicalement assistée, assistance médicale à la ~** assisted reproduction
procréer [pʀokree] /1/ *vt* to procreate
procuration [pʀokyʀasjɔ̃] *nf* proxy; power of attorney; **voter par ~** to vote by proxy
procurer [pʀokyʀe] /1/ *vt (fournir)* : **~ qch à qn** *(obtenir)* to get *ou* obtain sth for sb; *(plaisir etc)* to bring *ou* give sb sth; **se procurer** *vpr* to get
procureur [pʀokyʀœʀ] *nm* public prosecutor; **~ général** public prosecutor *(in appeal court)*
prodigalité [pʀodigalite] *nf (générosité)* generosity; *(extravagance)* extravagance, wastefulness
prodige [pʀodiʒ] *nm (miracle, merveille)* marvel, wonder; *(personne)* prodigy
prodigieusement [pʀodiʒjøzmɑ̃] *adv* tremendously
prodigieux, -euse [pʀodiʒjø, -øz] *adj* prodigious; phenomenal
prodigue [pʀodig] *adj (généreux)* generous; *(dépensier)* extravagant, wasteful; **fils ~** prodigal son
prodiguer [pʀodige] /1/ *vt (argent, biens)* to be lavish with; *(soins, attentions)* : **~ qch à qn** to lavish sth on sb
producteur, -trice [pʀodyktœʀ, -tʀis] *adj* : **~ de blé** *(pays, région)* wheat-producing; **société productrice** *(Ciné)* film *ou* movie company ▸ *nm/f* producer
productif, -ive [pʀodyktif, -iv] *adj* productive
production [pʀodyksjɔ̃] *nf (gén)* production; *(rendement)* output; *(produits)* products *pl*, goods *pl*; *(œuvres)* : **la ~ dramatique du XVIIe siècle** the plays of the 17th century
productiviste [pʀodyktivist] *adj* productivist
productivité [pʀodyktivite] *nf* productivity
produire [pʀoduiʀ] /38/ *vt, vi* to produce; **se produire** *vpr (acteur)* to perform, appear; *(événement)* to happen, occur
produit, e [pʀodui, -it] *pp de* **produire** ▸ *nm (gén)* product; **~ chimique** chemical; **~ d'entretien** cleaning product; **~ national brut (PNB)** gross national product (GNP); **~ net** net profit; **~ (pour la) vaisselle** washing-up (BRIT) *ou* dish-washing (US) liquid; **~ des ventes** income from sales; **produits agricoles** farm

produce *sg*; **produits alimentaires** foodstuffs; **produits de beauté** beauty products, cosmetics

proéminent, e [pʀɔeminɑ̃, -ɑ̃t] *adj* prominent

prof [pʀɔf] *nmf (fam* : = *professeur)* teacher; professor; lecturer

prof. [pʀɔf] *abr* = **professeur** ; **professionnel**

profanation [pʀɔfanasjɔ̃] *nf (de cimetière)* desecration

profane [pʀɔfan] *adj (Rel)* secular; *(ignorant, non initié)* uninitiated ▶ *nmf* layman

profaner [pʀɔfane] /1/ *vt* to desecrate; *(fig* : *sentiment)* to defile; (: *talent)* to debase

proférer [pʀɔfeʀe] /6/ *vt* to utter

professer [pʀɔfese] /1/ *vt* to profess

professeur, e [pʀɔfesœʀ] *nm/f* teacher; *(titulaire d'une chaire)* professor; ~ **(de faculté)** (university) lecturer

profession [pʀɔfesjɔ̃] *nf (libérale)* profession; *(gén)* occupation; **faire ~ de** *(opinion, religion)* to profess; **de ~** by profession; « **sans ~** » "unemployed"; *(femme mariée)* "housewife"

professionnaliser [pʀɔfesjɔnalize] *vt* to professionalize; **se professionnaliser** *vpr* to become professionalized

professionnalisme [pʀɔfesjɔnalism] *nm* professionalism

professionnel, le [pʀɔfɛsjɔnɛl] *adj* professional ▶ *nm/f* professional; *(ouvrier qualifié)* skilled worker

professoral, e, -aux [pʀɔfesɔʀal, -o] *adj* professorial; **le corps ~** the teaching profession

professorat [pʀɔfɛsɔʀa] *nm* : **le ~** the teaching profession

profil [pʀɔfil] *nm* profile; *(d'une voiture)* line, contour; **de ~** in profile

profilé, e [pʀɔfile] *adj* shaped; *(aile etc)* streamlined

profiler [pʀɔfile] /1/ *vt* to streamline; **se profiler** *vpr (arbre, tour)* to stand out, be silhouetted

profit [pʀɔfi] *nm (avantage)* benefit, advantage; *(Comm, Finance)* profit; **au ~ de** in aid of; **tirer** *ou* **retirer ~ de** to profit from; **mettre à ~** to take advantage of; to turn to good account; **profits et pertes** *(Comm)* profit and loss(es)

profitabilité [pʀɔfitabilite] *nf* profitability

profitable [pʀɔfitabl] *adj (utile)* beneficial; *(lucratif)* profitable

profiter [pʀɔfite] /1/ *vi* : ~ **de** *(situation, occasion)* to take advantage of; *(vacances, jeunesse etc)* to make the most of; ~ **de ce que ...** to take advantage of the fact that ...; ~ **à** to be of benefit to, benefit; to be profitable to

profiteur, -euse [pʀɔfitœʀ, -øz] *nm/f (péj)* profiteer

profond, e [pʀɔfɔ̃, -ɔ̃d] *adj* deep; *(méditation, mépris)* profound; **peu ~** *(eau, vallée, puits)* shallow; *(coupure)* superficial; **au plus ~ de** in the depths of, at the (very) bottom of; **la France profonde** the heartlands of France

profondément [pʀɔfɔ̃demɑ̃] *adv* deeply; profoundly; **il dort ~** he is sound asleep

profondeur [pʀɔfɔ̃dœʀ] *nf* depth; **l'eau a quelle ~ ?** how deep is the water?

profusément [pʀɔfyzemɑ̃] *adv* profusely

profusion [pʀɔfyzjɔ̃] *nf* profusion; **à ~** in plenty

progéniture [pʀɔʒenityʀ] *nf* offspring *inv*

progiciel [pʀɔʒisjɛl] *nm (Inform)* (software) package; ~ **d'application** applications package, applications software *no pl*

progouvernemental, e, -aux [pʀɔguvɛʀnəmɑ̃tal, -o] *adj* pro-government *cpd*

programmable [pʀɔgʀamabl] *adj* programmable

programmateur, -trice [pʀɔgʀamatœʀ, -tʀis] *nm/f (Ciné, TV)* programme *(Brit)* ou program *(US)* planner ▶ *nm (de machine à laver etc)* timer

programmation [pʀɔgʀamasjɔ̃] *nf* programming

programme [pʀɔgʀam] *nm* programme *(Brit)*, program *(US)*; *(TV, Radio)* program(me)s *pl*; *(Scol)* syllabus, curriculum; *(Inform)* program; **au ~ de ce soir** *(TV)* among tonight's program(me)s

programmé, e [pʀɔgʀame] *adj* : **enseignement ~** programmed learning

programmer [pʀɔgʀame] /1/ *vt (TV, Radio)* to put on, show; *(organiser, prévoir : émission)* to schedule; *(Inform)* to program

programmeur, -euse [pʀɔgʀamœʀ, -øz] *nm/f* (computer) programmer

progrès [pʀɔgʀɛ] *nm* progress *no pl*; **faire des/ être en ~** to make/be making progress

progresser [pʀɔgʀese] /1/ *vi* to progress; *(troupes etc)* to make headway *ou* progress

progressif, -ive [pʀɔgʀesif, -iv] *adj* progressive

progression [pʀɔgʀesjɔ̃] *nf* progression; *(d'une troupe etc)* advance, progress

progressiste [pʀɔgʀesist] *adj* progressive

progressivement [pʀɔgʀesivmɑ̃] *adv* progressively

prohiber [pʀɔibe] /1/ *vt* to prohibit, ban

prohibitif, -ive [pʀɔibitif, -iv] *adj* prohibitive

prohibition [pʀɔibisjɔ̃] *nf* ban, prohibition; *(Hist)* Prohibition

proie [pʀwa] *nf* prey *no pl*; **être la ~ de** to fall prey to; **être en ~ à** *(doutes, sentiment)* to be prey to; *(douleur, mal)* to be suffering

projecteur [pʀɔʒɛktœʀ] *nm* projector; *(de théâtre, cirque)* spotlight

projectile [pʀɔʒɛktil] *nm* missile; *(d'arme)* projectile, bullet *(ou* shell *etc)*

projection [pʀɔʒɛksjɔ̃] *nf* projection; *(séance)* showing; **conférence avec projections** lecture with slides *(ou* a film)

projectionniste [pʀɔʒɛksjɔnist] *nmf (Ciné)* projectionist

projet [pʀɔʒɛ] *nm* plan; *(ébauche)* draft; **faire des projets** to make plans; ~ **de loi** bill

projeter [pʀɔʒ(ə)te] /4/ *vt (envisager)* to plan; *(film, photos)* to project; *(passer)* to show; *(ombre, lueur)* to throw, cast, project; *(jeter)* to throw up *(ou* off *ou* out); ~ **de faire qch** to plan to do sth

prolétaire [pʀɔletɛʀ] *adj, nmf* proletarian

prolétariat [pʀɔletaʀja] *nm* proletariat

prolétarien, ne [pʀɔletaʀjɛ̃, -ɛn] *adj* proletarian

prolifération [pʀɔlifeʀasjɔ̃] *nf* proliferation

proliférer [pʀɔlifeʀe] /6/ *vi* to proliferate

prolifique [pʀɔlifik] *adj* prolific

prolixe [pʀɔliks] *adj* verbose

prolo [pʀɔlo] *nmf (fam* : = *prolétaire)* prole *(péj)*
prologue [pʀɔlɔg] *nm* prologue
prolongateur [pʀɔlɔ̃gatœʀ] *nm (Élec)* extension cable
prolongation [pʀɔlɔ̃gasjɔ̃] *nf* prolongation; extension; **prolongations** *nfpl* (Football) extra time *sg*
prolongement [pʀɔlɔ̃ʒmɑ̃] *nm* extension; **dans le ~ de** running on from; **prolongements** *nmpl (fig)* repercussions, effects
prolonger [pʀɔlɔ̃ʒe] */3/ vt (débat, séjour)* to prolong; *(délai, billet, rue)* to extend; *(chose)* to be a continuation *ou* an extension of; **se prolonger** *vpr* to go on
promenade [pʀɔm(ə)nad] *nf* walk *(ou* drive *ou* ride); **faire une ~** to go for a walk; **une ~ (à pied)/en voiture/à vélo** a walk/drive/(bicycle) ride
promener [pʀɔm(ə)ne] */5/ vt (personne, chien)* to take out for a walk; *(fig)* to carry around; to trail round; *(doigts, regard)* : **~ qch sur** to run sth over; **se promener** *vpr (à pied)* to go for *(ou* be out for) a walk, *(en voiture)* to go for *(ou* be out for) a drive; *(fig)* : **se ~ sur** to wander over
promeneur, -euse [pʀɔm(ə)nœʀ, -øz] *nm/f* walker, stroller
promenoir [pʀɔm(ə)nwaʀ] *nm* gallery, (covered) walkway
promesse [pʀɔmɛs] *nf* promise; **~ d'achat** commitment to buy
prometteur, -euse [pʀɔmɛtœʀ, -øz] *adj* promising
promettre [pʀɔmɛtʀ] */56/ vt* to promise; **~ à qn de faire** to promise sb that one will do ▸ *vi (récolte, arbre)* to look promising; *(enfant, musicien)* to be promising; **se promettre** *vpr* : **se ~ de faire** to resolve *ou* mean to do
promeus *etc* [pʀɔmø] *vb voir* **promouvoir**
promis, e [pʀɔmi, -iz] *pp de* **promettre** ▸ *adj* : **être ~ à qch** *(destiné)* to be destined for sth
promiscuité [pʀɔmiskɥite] *nf* crowding; lack of privacy
promit [pʀɔmi] *vb voir* **promettre**
promo [pʀɔmo] *nf (fam* : *Scol* : *promotion)* class; **~ 95** the class of 95
promontoire [pʀɔmɔ̃twaʀ] *nm* headland
promoteur, -trice [pʀɔmɔtœʀ, -tʀis] *nm/f (instigateur)* instigator, promoter; **~ (immobilier)** property developer *(BRIT)*, real estate promoter *(US)*
promotion [pʀɔmosjɔ̃] *nf (avancement)* promotion; *(Scol)* year *(BRIT)*, class; **en ~ *(Comm)*** on promotion, on (special) offer
promotionnel, le [pʀɔmɔsjɔnɛl] *adj (article)* on promotion, on (special) offer; *(vente)* promotional
promouvoir [pʀɔmuvwaʀ] */27/ vt* to promote
prompt, e [pʀɔ̃, pʀɔ̃t] *adj* swift, rapid; *(intervention, changement)* sudden; **~ à faire qch** quick to do sth
promptement [pʀɔ̃ptəmɑ̃] *adv* swiftly
prompteur® [pʀɔ̃ptœʀ] *nm* Autocue® *(BRIT)*, Teleprompter® *(US)*
promptitude [pʀɔ̃(p)tityd] *nf* swiftness, rapidity

promu, e [pʀɔmy] *pp de* **promouvoir**
promulgation [pʀɔmylgasjɔ̃] *nf (de loi)* promulgation
promulguer [pʀɔmylge] */1/ vt* to promulgate
prôner [pʀone] */1/ vt (louer)* to laud, extol; *(préconiser)* to advocate, commend
pronom [pʀɔnɔ̃] *nm* pronoun
pronominal, e, -aux [pʀɔnɔminal, -o] *adj* pronominal; *(verbe)* reflexive, pronominal
prononçable [pʀɔnɔ̃sabl] *adj* pronounceable; **difficilement ~** hard to pronounce
prononcé, e [pʀɔnɔ̃se] *adj* pronounced, marked
prononcer [pʀɔnɔ̃se] */3/ vt (son, mot, jugement)* to pronounce; *(dire)* to utter; *(discours)* to deliver ▸ *vi (Jur)* to deliver *ou* give a verdict; **~ bien/mal** to have good/poor pronunciation; **se prononcer** *vpr (mot)* to be pronounced; **se ~ (sur)** *(se décider)* to reach a decision (on *ou* about), give a verdict (on); **se ~ contre** to come down against; **ça se prononce comment ?** how do you pronounce this?
prononciation [pʀɔnɔ̃sjasjɔ̃] *nf* pronunciation
pronostic [pʀɔnɔstik] *nm (Méd)* prognosis; *(fig* : *aussi* : **pronostics)** forecast
pronostiquer [pʀɔnɔstike] */1/ vt (Méd)* to prognosticate; *(annoncer, prévoir)* to forecast, foretell
pronostiqueur, -euse [pʀɔnɔstikœʀ, -øz] *nm/f* forecaster
propagande [pʀɔpagɑ̃d] *nf* propaganda; **faire de la ~ pour qch** to plug *ou* push sth
propagandiste [pʀɔpagɑ̃dist] *nmf* propagandist
propagation [pʀɔpagasjɔ̃] *nf* propagation
propager [pʀɔpaʒe] */3/ vt* to spread; **se propager** *vpr* to spread; *(Physique)* to be propagated
propane [pʀɔpan] *nm* propane
propension [pʀɔpɑ̃sjɔ̃] *nf* : **~ à (faire) qch** propensity to (do) sth
prophète, prophétesse [pʀɔfɛt, pʀɔfetɛs] *nm/f* prophet(ess)
prophétie [pʀɔfesi] *nf* prophecy
prophétique [pʀɔfetik] *adj* prophetic
prophétiser [pʀɔfetize] */1/ vt* to prophesy
prophylactique [pʀɔfilaktik] *adj* prophylactic
prophylaxie [pʀɔfilaksi] *nf* prophylaxis
propice [pʀɔpis] *adj* favourable *(BRIT)*, favorable *(US)*
proportion [pʀɔpɔʀsjɔ̃] *nf* proportion; **il n'y a aucune ~ entre le prix demandé et le prix réel** the asking price bears no relation to the real price; **à ~ de** proportionally to, in proportion to; **en ~ (de)** in proportion (to); **hors de ~** out of proportion; **toute(s) ~(s) gardée(s)** making due allowance(s)
proportionnalité [pʀɔpɔʀsjɔnalite] *nf* proportionality; *(de système électoral)* proportional representation
proportionné, e [pʀɔpɔʀsjɔne] *adj* : **bien ~** well-proportioned; **~ à** proportionate to
proportionnel, le [pʀɔpɔʀsjɔnɛl] *adj* proportional; **~ à** proportional to ▸ *nf* proportional representation

p

proportionnellement [pʀɔpɔʀsjɔnɛlmɑ̃] *adv* proportionally, proportionately

proportionner [pʀɔpɔʀsjɔne] /1/ *vt* : ~ **qch à** to proportion *ou* adjust sth to

propos [pʀɔpo] *nm* (*paroles*) talk *no pl*, remark; (*intention, but*) intention, aim; (*sujet*) : **à quel** ~ **?** what about?; **à** ~ **de** about, regarding; **à tout** ~ for no reason at all; **à ce** ~ on that subject, in this connection; **à** ~ *adv* by the way; (*opportunément*) (just) at the right moment; **hors de** ~, **mal à** ~ *adv* at the wrong moment

proposer [pʀɔpoze] /1/ *vt* (*loi, motion*) to propose; (*candidat*) to nominate, put forward; ~ **qch (à qn)/de faire** (*suggérer*) to suggest sth (to sb)/ doing, propose sth (to sb)/to do; (*offrir*) to offer (sb) sth/to do; **se proposer** *vpr* : **se** ~ **(pour faire)** to offer one's services (to do); **se** ~ **de faire** to intend *ou* propose to do

proposition [pʀɔpozisjɔ̃] *nf* suggestion; proposal; offer; (*Ling*) clause; **sur la** ~ **de** at the suggestion of; ~ **de loi** private bill

propre [pʀɔpʀ] *adj* clean; (*net*) neat, tidy; (*qui ne salit pas : chien, chat*) house-trained; (: *enfant*) toilet-trained; (*fig : honnête*) honest; (*possessif*) own; (*sens*) literal; (*particulier*) : ~ **à** peculiar to, characteristic of; (*approprié*) : ~ **à** suitable *ou* appropriate for; (*de nature à*) : ~ **à faire** likely to do, that will do ▸ *nm* : **recopier au** ~ to make a fair copy of; (*particularité*) : **le** ~ **de** the peculiarity of, the distinctive feature of; **au** ~ (*Ling*) literally; **appartenir à qn en** ~ to belong to sb (exclusively); ~ **à rien** *nmf* (*péj*) good-for-nothing

proprement [pʀɔpʀəmɑ̃] *adv* (*avec propreté*) cleanly; neatly, tidily; **à** ~ **parler** strictly speaking; **le village** ~ **dit** the actual village, the village itself

propret, te [pʀɔpʀɛ, -ɛt] *adj* neat and tidy, spick-and-span

propreté [pʀɔpʀəte] *nf* cleanliness, cleanness; neatness, tidiness

propriétaire [pʀɔpʀijetɛʀ] *nmf* owner; (*d'hôtel etc*) proprietor(-tress), owner; (*pour le locataire*) landlord(-lady); ~ **(immobilier)** house-owner; householder; ~ **récoltant** grower; ~ **(terrien)** landowner

propriété [pʀɔpʀijete] *nf* (*droit*) ownership; (*objet, immeuble etc*) property *gén no pl*; (*villa*) residence, property; (*terres*) property *gén no pl*, land *gén no pl*; (*qualité, Chimie, Math*) property; (*correction*) appropriateness, suitability; ~ **artistique et littéraire** artistic and literary copyright; ~ **industrielle** patent rights *pl*

proprio [pʀɔpʀijo] *nmf* (*fam : propriétaire*) landlord (landlady)

propulser [pʀɔpylse] /1/ *vt* (*missile*) to propel; (*projeter*) to hurl, fling

propulseur [pʀɔpylsœʀ] *adj m* propulsive ▸ *nm* propulsion unit; ~ **d'appoint** booster; ~ **à hélice** propeller; ~ **à réaction** jet engine

propulsion [pʀɔpylsjɔ̃] *nf* propulsion

prorata [pʀɔʀata] *nm inv* : **au** ~ **de** in proportion to, on the basis of

prorogation [pʀɔʀɔgasjɔ̃] *nf* deferment; extension; adjournment

proroger [pʀɔʀɔʒe] /3/ *vt* to put back, defer; (*prolonger*) to extend; (*assemblée*) to adjourn, prorogue

prosaïque [pʀozaik] *adj* mundane, prosaic

prosaïquement [pʀozaikmɑ̃] *adv* prosaically; **plus** ~ more prosaically

proscription [pʀɔskʀipsjɔ̃] *nf* banishment; (*interdiction*) banning; prohibition

proscrire [pʀɔskʀiʀ] /39/ *vt* (*bannir*) to banish; (*interdire*) to ban, prohibit

prose [pʀoz] *nf* prose (*style*)

prosélyte [pʀozelit] *nmf* proselyte, convert

prospecter [pʀɔspɛkte] /1/ *vt* to prospect; (*Comm*) to canvass

prospecteur, -trice [pʀɔspɛktœʀ, -tʀis] *nm/f* (*d'or*) prospector; (*Comm*) canvasser

prospecteur-placier [pʀɔspɛktœʀplasje] (*f* **prospectrice-placière**, *pl* **prospecteurs-placiers**) *nm/f* placement officer

prospectif, -ive [pʀɔspɛktif, -iv] *adj* prospective

prospection [pʀɔspɛksjɔ̃] *nf* (*pétrolière, minière*) prospecting; (*de marchés*) exploration

prospectus [pʀɔspɛktys] *nm* (*feuille*) leaflet; (*dépliant*) brochure, leaflet

prospère [pʀɔspɛʀ] *adj* prosperous; (*santé, entreprise*) thriving, flourishing

prospérer [pʀɔspeʀe] /6/ *vi* to thrive

prospérité [pʀɔspeʀite] *nf* prosperity

prostate [pʀɔstat] *nf* prostate (gland)

prosterner [pʀɔstɛʀne] /1/ : **se prosterner** *vpr* to bow low, prostrate o.s.

prostitué, e [pʀɔstitɥe] *nm* male prostitute ▸ *nf* prostitute

prostituer [pʀɔstitɥe] : **se prostituer** *vpr* to work as a prostitute

prostitution [pʀɔstitysjɔ̃] *nf* prostitution

prostré, e [pʀɔstʀe] *adj* prostrate

protagoniste [pʀɔtagɔnist] *nm* protagonist

protecteur, -trice [pʀɔtɛktœʀ, -tʀis] *adj* protective; (*air, ton : péj*) patronizing ▸ *nm/f* (*défenseur*) protector; (*des arts*) patron

protection [pʀɔtɛksjɔ̃] *nf* protection; (*d'un personnage influent : aide*) patronage; **écran de** ~ protective screen; ~ **civile** *state-financed civilian rescue service*; ~ **maternelle et infantile** *social service concerned with child welfare*

protectionnisme [pʀɔtɛksjɔnism] *nm* protectionism

protectionniste [pʀɔtɛksjɔnist] *adj* protectionist

protectorat [pʀɔtɛktɔʀa] *nm* protectorate

protégé, e [pʀɔteʒe] *nm/f* protégé(e)

protège-cahier [pʀɔtɛʒkaje] *nm* exercise book cover

protéger [pʀɔteʒe] /6, 3/ *vt* to protect; (*aider, patronner : personne, arts*) to be a patron of; (: *carrière*) to further; **se protéger** *vpr* : **se** ~ **(de/ contre)** to protect o.s. (from)

protège-slip [pʀɔtɛʒslip] *nm* panty liner

protéine [pʀɔtein] *nf* protein

protestant, e [pʀɔtɛstɑ̃, -ɑ̃t] *adj, nm/f* Protestant

protestantisme [pʀɔtɛstɑ̃tism] *nm* Protestantism

protestataire [pʀɔtɛstatɛʀ] nmf protestor
protestation [pʀɔtɛstasjɔ̃] nf (plainte) protest; (déclaration) protestation, profession
protester [pʀɔtɛste] /1/ vi : ~ **(contre)** to protest (against ou about); ~ **de** (son innocence, sa loyauté) to protest
prothèse [pʀɔtɛz] nf artificial limb, prosthesis; ~ **dentaire** (appareil) denture; (science) dental engineering
protocolaire [pʀɔtɔkɔlɛʀ] adj formal; (questions, règles) of protocol
protocole [pʀɔtɔkɔl] nm protocol; (fig) etiquette; ~ **d'accord** draft treaty; ~ **opératoire** (Méd) operating procedure
proton [pʀɔtɔ̃] nm proton
prototype [pʀɔtɔtip] nm prototype
protubérance [pʀɔtybeʀɑ̃s] nf bulge, protuberance
protubérant, e [pʀɔtybeʀɑ̃, -ɑ̃t] adj protruding, bulging, protuberant
proue [pʀu] nf bow(s pl), prow
prouesse [pʀuɛs] nf feat
prouvé [pʀuve] adj : **scientifiquement ~** scientifically proven; **C'est ~.** It's a proven fact.
prouver [pʀuve] /1/ vt to prove
provenance [pʀɔv(ə)nɑ̃s] nf origin; (de mot, coutume) source; **avion en ~ de** plane (arriving) from
provençal, e, -aux [pʀɔvɑ̃sal, -o] adj Provençal ▶ nm (Ling) Provençal
Provence [pʀɔvɑ̃s] nf : **la ~** Provence
provenir [pʀɔv(ə)niʀ] /22/ : ~ **de** vt to come from; (résulter de) to be due to, be the result of
proverbe [pʀɔvɛʀb] nm proverb
proverbial, e, -aux [pʀɔvɛʀbjal, -o] adj proverbial
providence [pʀɔvidɑ̃s] nf : **la ~** providence
providentiel, le [pʀɔvidɑ̃sjɛl] adj providential
province [pʀɔvɛ̃s] nf province
provincial, e, -aux [pʀɔvɛ̃sjal, -o] adj, nm/f provincial
proviseur [pʀɔvizœʀ] nm ≈ head (teacher) (Brit), ≈ principal (US)
provision [pʀɔvizjɔ̃] nf (réserve) stock, supply; (avance : à un avocat) retainer, retaining fee; (Comm) funds pl (in account); reserve; **faire ~ de** to stock up with; **provisions** nfpl (vivres) provisions, food no pl; **placard** ou **armoire à provisions** food cupboard
provisionnel, le [pʀɔvizjɔnɛl] adj voir **tiers**
provisoire [pʀɔvizwaʀ] adj temporary; (Jur) provisional; **mise en liberté ~** release on bail
provisoirement [pʀɔvizwaʀmɑ̃] adv temporarily, for the time being
provocant, e [pʀɔvɔkɑ̃, -ɑ̃t] adj provocative
provocateur, -trice [pʀɔvɔkatœʀ, -tʀis] adj provocative ▶ nm (meneur) agitator
provocation [pʀɔvɔkasjɔ̃] nf provocation
provoquer [pʀɔvɔke] /1/ vt (défier) to provoke; (causer) to cause, bring about; (: curiosité) to arouse, give rise to; (: aveux) to prompt, elicit; (inciter) : ~ **qn à** to incite sb to
prox. abr = **proximité**
proxénète [pʀɔksenɛt] nmf procurer
proxénétisme [pʀɔksenetism] nm procuring

proximité [pʀɔksimite] nf nearness, closeness, proximity; (dans le temps) imminence, closeness; **à ~** near ou close by; **à ~ de** near (to), close to
prude [pʀyd] adj prudish
prudemment [pʀydamɑ̃] adv carefully; cautiously; prudently; wisely, sensibly
prudence [pʀydɑ̃s] nf carefulness; caution; prudence; **avec ~** carefully; cautiously; wisely; **par (mesure de) ~** as a precaution
prudent, e [pʀydɑ̃, -ɑ̃t] adj (pas téméraire) careful, cautious, prudent; (: en général) safety-conscious; (sage, conseillé) wise, sensible; (réservé) cautious; **c'est plus ~** it's wiser; **ce n'est pas ~** it's risky; it's not sensible; **soyez ~** take care, be careful
prune [pʀyn] nf plum
pruneau, x [pʀyno] nm prune
prunelle [pʀynɛl] nf pupil; (œil) eye; (Bot) sloe; (eau de vie) sloe gin
prunier [pʀynje] nm plum tree
prurit [pʀyʀit] nm (Méd) pruritus
Prusse [pʀys] nf : **la ~** Prussia
PS sigle m = **parti socialiste**; (= post-scriptum) PS
psalmodier [psalmɔdje] /7/ vt to chant; (fig) to drone out
psaume [psom] nm psalm
pseudonyme [psødɔnim] nm (gén) fictitious name; (d'écrivain) pseudonym, pen name; (de comédien) stage name
PSIG sigle m (= Peloton de surveillance et d'intervention de gendarmerie) type of police commando squad
psoriasis [psɔʀjazis] nm psoriasis
psy [psi] nmf (fam : = psychiatre, psychologue) shrink
psychanalyse [psikanaliz] nf psychoanalysis
psychanalyser [psikanalize] /1/ vt to psychoanalyze; **se faire ~** to undergo (psycho)analysis
psychanalyste [psikanalist] nmf psychoanalyst
psychanalytique [psikanalitik] adj psychoanalytical
psyché [psiʃe] nf psyche
psychédélique [psikedelik] adj psychedelic
psychiatre [psikjatʀ] nmf psychiatrist
psychiatrie [psikjatʀi] nf psychiatry
psychiatrique [psikjatʀik] adj psychiatric; (hôpital) mental, psychiatric
psychique [psiʃik] adj psychological
psychisme [psiʃism] nm psyche
psychologie [psikɔlɔʒi] nf psychology
psychologique [psikɔlɔʒik] adj psychological
psychologiquement [psikɔlɔʒikmɑ̃] adv psychologically
psychologue [psikɔlɔg] nmf psychologist; **être ~** (fig) to be a good psychologist
psychomoteur, -trice [psikɔmɔtœʀ, -tʀis] adj psychomotor
psychopathe [psikɔpat] nmf psychopath
psychopédagogie [psikɔpedagɔʒi] nf educational psychology
psychose [psikoz] nf (Méd) psychosis; (obsession, idée fixe) obsessive fear
psychosomatique [psikɔsɔmatik] adj psychosomatic

P

psychothérapie [psikɔteʀapi] *nf* psychotherapy

psychotique [psikɔtik] *adj* psychotic

Pte *abr* = **porte**

pte *abr* (= *pointe*) pt

PTMA *sigle m* (= *poids total maximum autorisé*) maximum loaded weight

PTT *sigle fpl* (= *Postes, Télégraphes et Téléphone*) formerly the French post office and telecommunications service

pu [py] *pp de* **pouvoir**

puant, e [pɥɑ̃, pɥɑ̃t] *adj* (*nauséabond*) stinking, foul; (*odieux, prétentieux*) pompous

puanteur [pɥɑ̃tœʀ] *nf* stink, stench

pub [pyb] *nf* (*fam* : = *publicité*): **la** ~ advertising; **une** ~ an ad

pubalgie [pybalʒi] *nf* groin strain

pubère [pybɛʀ] *adj* pubescent

puberté [pybɛʀte] *nf* puberty

pubis [pybis] *nm* (*bas-ventre*) pubes *pl*; (*os*) pubis

publiable [pyblijabl] *adj* publishable

public, -ique [pyblik] *adj* public; (*école, instruction*) state *cpd*; (*scrutin*) open ▶ *nm* public; (*assistance*) audience; **en** ~ in public; **le grand** ~ the general public

publication [pyblikasjɔ̃] *nf* publication

publiciste [pyblisist] *nmf* advertising executive

publicitaire [pyblisitɛʀ] *adj* advertising *cpd*; (*film, voiture*) publicity *cpd*; (*vente*) promotional; **rédacteur** ~ copywriter ▶ *nmf* advertising executive

publicité [pyblisite] *nf* (*méthode, profession*) advertising; (*annonce*) advertisement; (*révélations*) publicity

publier [pyblije] /7/ *vt* to publish; (*nouvelle*) to publicize, make public

publipostage [pyblipɔstaʒ] *nm* mailshot, (mass) mailing

publique [pyblik] *adj f voir* **public**

publiquement [pyblikmɑ̃] *adv* publicly

puce [pys] *nf* flea; (*Inform*) chip; **carte à** ~ smart card; (**marché aux) puces** flea market *sg*; **mettre la** ~ **à l'oreille de qn** to give sb something to think about

puceau, x [pyso] *adj m* (*fam*) : **être** ~ to be a virgin

pucelle [pysɛl] *adj f* (*fam*) : **être** ~ to be a virgin

puceron [pys(ə)ʀɔ̃] *nm* aphid

pudding [pudiŋ] *nm* (*à base de pain rassis*) bread pudding; (*plum-pudding*) Christmas pudding, plum pudding

pudeur [pydœʀ] *nf* modesty

pudibond, e [pydibɔ̃, -ɔ̃d] *adj* prudish

pudique [pydik] *adj* (*chaste*) modest; (*discret*) discreet

pudiquement [pydikmɑ̃] *adv* modestly

puer [pɥe] /1/ (*péj*) *vi* to stink ▶ *vt* to stink of, reek of

puériculteur, -trice [pɥeʀikyltœʀ, -tʀis] *nm/f* (*aussi* : **infirmier puériculteur, infirmière puéricultrice**) nursery nurse

puériculture [pɥeʀikyltyʀ] *nf* infant care

puéril, e [pɥeʀil] *adj* childish

puérilement [pɥeʀilmɑ̃] *adv* childishly

puérilité [pɥeʀilite] *nf* childishness; (*acte, idée*) childish thing

pugilat [pyʒila] *nm* (*fist*) fight

pugnace [pygnas] *adj* pugnacious

pugnacité [pygnasite] *nf* pugnacity

puis [pɥi] *vb voir* **pouvoir** ▶ *adv* (*ensuite*) then; (*dans une énumération*) next; (*en outre*) : **et** ~ and (then); **et** ~ **(après** *ou* **quoi)** ? so (what)?

puisard [pɥizaʀ] *nm* (*égout*) cesspool

puiser [pɥize] /1/ *vt* : ~ **(dans)** to draw (from); ~ **dans qch** to dip into sth

puisque [pɥisk] *conj* since; (*valeur intensive*) : ~ **je te le dis**!! I'm telling you!

puissamment [pɥisamɑ̃] *adv* powerfully

puissance [pɥisɑ̃s] *nf* power; **en** ~ *adj* potential; **deux (à la)** ~ **cinq** two to the power (of) five

puissant, e [pɥisɑ̃, -ɑ̃t] *adj* powerful

puisse *etc* [pɥis] *vb voir* **pouvoir**

puits [pɥi] *nm* well; ~ **artésien** artesian well; ~ **de mine** mine shaft; ~ **de science** fount of knowledge

pull(-over) [pyl(ɔvœʀ)] *nm* sweater, jumper (BRIT)

pulluler [pylyle] /1/ *vi* to swarm; (*fig* : *erreurs*) to abound, proliferate

pulmonaire [pylmɔnɛʀ] *adj* lung *cpd*; (*artère*) pulmonary

pulpe [pylp] *nf* pulp

pulpeux, -euse [pylpø, -øz] *adj* (*bouche*) fleshy; (*femme*) curvaceous

pulsation [pylsasjɔ̃] *nf* (*Méd*) beat

pulsé [pylse] *adj m* : **chauffage à air** ~ warm air heating

pulsion [pylsjɔ̃] *nf* (*Psych*) drive, urge

pulvérisateur [pylveʀizatœʀ] *nm* spray

pulvérisation [pylveʀizasjɔ̃] *nf* spraying

pulvériser [pylveʀize] /1/ *vt* (*solide*) to pulverize; (*liquide*) to spray; (*fig* : *anéantir* : *adversaire*) to pulverize; (: *record*) to smash, shatter; (: *argument*) to demolish

puma [pyma] *nm* puma, cougar

punaise [pynɛz] *nf* (*Zool*) bug; (*clou*) drawing pin (BRIT), thumb tack (US)

punaiser [pyneze] *vt* (*affiche*) to pin up, to tack up (US)

punch [pɔ̃ʃ] *nm* (*boisson*) punch; (*Boxe*) [pœnʃ] punching ability; (*fig*) punch

punching-ball [pœnʃiŋbol] *nm* punchball

punir [pyniʀ] /2/ *vt* to punish; ~ **qn de qch** to punish sb for sth

punitif, -ive [pynitif, -iv] *adj* punitive

punition [pynisjɔ̃] *nf* punishment

punk [pœk] *adj inv, nmf, nm* punk

pupille [pypij] *nf* (*Anat*) pupil ▶ *nmf* (*enfant*) ward; ~ **de l'État** child in care; ~ **de la Nation** war orphan

pupitre [pypitʀ] *nm* (*Scol*) desk; (*Rel*) lectern; (*de chef d'orchestre*) rostrum; ~ **de commande** control panel

pur, e [pyʀ] *adj* pure; (*vin*) undiluted; (*whisky*) neat; (*intentions*) honourable (BRIT), honorable (US); **en pure perte** fruitlessly, to no avail; **c'est de la folie pure** it's sheer madness ▶ *nm* (*personne*) hard-liner

purée [pyʀe] *nf* : ~ **(de pommes de terre)** = mashed potatoes *pl*; ~ **de marrons** chestnut purée; ~ **de pois** (*fig*) peasoup(er)

purement [pyʀmɑ̃] *adv* purely
pureté [pyʀte] *nf* purity
purgatif [pyʀgatif] *nm* purgative, purge
purgatoire [pyʀgatwaʀ] *nm* purgatory
purge [pyʀʒ] *nf (Pol)* purge; *(Méd)* purging *no pl*;
 purge
purger [pyʀʒe] /**3**/ *vt (radiateur)* to flush (out),
 drain; *(circuit hydraulique)* to bleed; *(Méd, Pol)* to
 purge; *(Jur : peine)* to serve
purification [pyʀifikasjɔ̃] *nf (de l'eau)*
 purification; **~ ethnique** ethnic cleansing
purifier [pyʀifje] /**7**/ *vt* to purify; *(Tech : métal)* to
 refine
purin [pyʀɛ̃] *nm* liquid manure
puriste [pyʀist] *nmf* purist
puritain, e [pyʀitɛ̃, -ɛn] *adj, nm/f* Puritan
puritanisme [pyʀitanism] *nm* Puritanism
pur-sang [pyʀsɑ̃] *nm inv* thoroughbred,
 pure-bred
purulent, e [pyʀylɑ̃, -ɑ̃t] *adj* purulent
pus [py] *vb voir* **pouvoir** ▸ *nm* pus
pusillanime [pyzilanim] *adj* fainthearted
pustule [pystyl] *nf* pustule
putain [pytɛ̃] *nf (!)* whore *(!)*; **ce/cette ~ de ...**
 this bloody *(Brit)* ou goddamn *(US)*... *(!)*
pute [pyt] *nf (!)* whore

putois [pytwa] *nm* polecat; **crier comme un ~**
 to yell one's head off
putréfaction [pytʀefaksjɔ̃] *nf* putrefaction
putréfier [pytʀefje] /**7**/ *vt*, **se putréfier** *vpr* to
 putrefy, rot
putride [pytʀid] *adj* putrid
putsch [putʃ] *nm (Pol)* putsch
puzzle [pœzl] *nm* jigsaw (puzzle)
PV *sigle m* = **procès-verbal**
PVC *sigle f (= polychlorure de vinyle)* PVC
PVD *sigle mpl (= pays en voie de développement)*
 developing countries
Px *abr* = **prix**
pygmée [pigme] *nm* pygmy
pyjama [piʒama] *nm* pyjamas *pl (Brit)*, pajamas
 pl (US)
pylône [pilon] *nm* pylon
pyramide [piʀamid] *nf* pyramid
pyrénéen, ne [piʀeneɛ̃, -ɛn] *adj* Pyrenean
Pyrénées [piʀene] *nfpl* : **les ~** the Pyrenees
pyrex® [piʀɛks] *nm* Pyrex®
pyrogravure [piʀɔgʀavyʀ] *nf* poker-work
pyromane [piʀɔman] *nmf* arsonist
pyrotechnique [piʀɔtɛknik] *adj (effets)*
 pyrotechnic; **spectacle ~** firework display
python [pitɔ̃] *nm* python

Qq

Q, q [ky] *nm inv* Q, q ▸ *abr* (= *quintal*) q; **Q comme Quintal** Q for Queen

Qatar [katar] *nm* : **le ~** Qatar

QCM *sigle m* (= *questionnaire à choix multiples*) multiple-choice test

QG *sigle m* (= *quartier général*) HQ

QHS *sigle m* (= *quartier de haute sécurité*) high-security wing *ou* prison

QI *sigle m* (= *quotient intellectuel*) IQ

qqch. *abr* (= *quelque chose*) sth

qqe *abr* = **quelque**

qqes *abr* = **quelques**

qqn *abr* (= *quelqu'un*) sb, s.o.

quad [kwad] *nm* quad bike

quadra [k(w)adra] *nmf* (*fam* : = *quadragénaire*) person in his (*ou* her) forties; **les quadras** forty somethings (*fam*)

quadragénaire [kadraʒenɛr] *nmf* (*de quarante ans*) forty-year-old; (*de quarante à cinquante ans*) man/woman in his/her forties

quadrangulaire [kwadrãgylɛr] *adj* quadrangular

quadrature [kwadratyr] *nf* : **c'est la ~ du cercle** it's like trying to square the circle

quadrichromie [kwadrikrɔmi] *nf* four-colour (*Brit*) *ou* -color (*US*) printing

quadrilatère [k(w)adrilatɛr] *nm* (*Géom, Mil*) quadrilateral; (*terrain*) four-sided area

quadrillage [kadrijaʒ] *nm* (*lignes etc*) square pattern, criss-cross pattern

quadrillé, e [kadrije] *adj* (*papier*) squared

quadriller [kadrije] */1/ vt* (*papier*) to mark out in squares; (*Police : ville, région etc*) to keep under tight control, be positioned throughout

quadrimoteur [k(w)adrimɔtœr] *nm* four-engined plane

quadripartite [kwadripartit] *adj* (*entre pays*) four-power; (*entre partis*) four-party

quadriphonie [kadrifɔni] *nf* quadraphony

quadriréacteur [k(w)adrireaktœr] *nm* four-engined jet

quadrupède [k(w)adryped] *nm* quadruped

quadruple [k(w)adrypl] *nm* : **le ~ de** four times as much as

quadrupler [k(w)adryple] */1/ vt, vi* to quadruple, increase fourfold

quadruplés, -ées [k(w)adryple] *nm/f* quadruplets, quads

quai [ke] *nm* (*de port*) quay; (*de gare*) platform; (*de cours d'eau, canal*) embankment; **être à ~** (*navire*) to be alongside; (*train*) to be in the station; **le Q~ d'Orsay** *offices of the French Ministry for Foreign Affairs*; **le Q~ des Orfèvres** *central police headquarters*

qualifiable [kalifjabl] *adj* : **ce n'est pas ~** it defies description

qualificatif, -ive [kalifikatif, -iv] *adj* (*Ling*) qualifying ▸ *nm* (*terme*) term; (*Ling*) qualifier

qualification [kalifikasjɔ̃] *nf* qualification

qualifié, e [kalifje] *adj* qualified; (*main-d'œuvre*) skilled; **être ~ pour** to be qualified for

qualifier [kalifje] */7/ vt* to qualify; (*appeler*) : **~ qch/qn de** to describe sth/sb as; **se qualifier** *vpr* (*Sport*) to qualify

qualitatif, -ive [kalitatif, -iv] *adj* qualitative

qualité [kalite] *nf* quality; (*titre, fonction*) position; **en ~ de** in one's capacity as; **ès qualités** in an official capacity; **avoir ~ pour** to have authority to; **de ~** *adj* quality *cpd*; **rapport ~-prix** value (for money)

quand [kɑ̃] *conj, adv* when; **~ je serai riche** when I'm rich; **~ même** (*cependant, pourtant*) nevertheless; (*tout de même*) all the same; **~ même, il exagère !** really, he overdoes it!; **~ bien même** even though

quant [kɑ̃] : **~ à** *prép* (*pour ce qui est de*) as for, as to; (*au sujet de*) regarding

quant-à-soi [kɑ̃taswa] *nm* : **rester sur son ~** to remain aloof

quantième [kɑ̃tjɛm] *nm* date, day (of the month)

quantifiable [kɑ̃tifjabl] *adj* quantifiable

quantifier [kɑ̃tifje] */7/ vt* to quantify

quantique [k(w)ɑ̃tik] *adj* (*mécanique, physique*) quantum

quantitatif, -ive [kɑ̃titatif, -iv] *adj* quantitative

quantitativement [kɑ̃titativmɑ̃] *adv* quantitatively

quantité [kɑ̃tite] *nf* quantity, amount; (*Science*) quantity; **une** *ou* **des ~(s) de** (*grand nombre*) a great deal of; a lot of; **en grande ~** in large quantities; **en quantités industrielles** in vast amounts; **du travail en ~** a great deal of work; **~ de** many

quarantaine [karɑ̃tɛn] *nf* (*isolement*) quarantine; **une ~ (de)** forty or so, about forty; **avoir la ~** (*âge*) to be around forty; **mettre en ~** to put into quarantine; (*fig*) to send to Coventry (*Brit*), ostracize

quarante [karɑ̃t] *num* forty

quarantième [karɑ̃tjɛm] *num* fortieth

quark [kwark] *nm* quark

quart [kaʀ] *nm* (*fraction*) quarter; (*surveillance*) watch; (*partie*) : **un ~ de poulet/fromage** a chicken quarter/a quarter of a cheese; **un ~ de beurre** a quarter kilo of butter, ≈ a half pound of butter; **un ~ de vin** a quarter litre of wine; **une livre un ~** *ou* **et ~** one and a quarter pounds; **le ~ de** a quarter of; **le ~ d'heure** quarter of an hour; **deux heures et** *ou* **un ~** (a) quarter past two, (a) quarter after two (*US*); **il est le ~** it's (a) quarter past *ou* after (*US*); **une heure moins le ~** (a) quarter to one, (a) quarter of one (*US*); **il est moins le ~** it's (a) quarter to; **être de/prendre le ~** to keep/take the watch; **~ de tour** quarter turn; **au ~ de tour** (*fig*) straight off; **quarts de finale** (*Sport*) quarter finals

quarté [kaʀte] *nm* (*Courses*) *system of forecast betting giving first four horses*

quarteron [kaʀtəʀɔ̃] *nm* (*péj*) small bunch, handful

quartette [kwaʀtɛt] *nm* quartet(te)

quartier [kaʀtje] *nm* (*de ville*) district, area; (*de bœuf, de la lune*) quarter; (*de fruit, fromage*) piece; **cinéma/salle de ~** local cinema/hall; **avoir ~ libre** to be free; (*Mil*) to have leave from barracks; **ne pas faire de ~** to spare no one, give no quarter; **~ commerçant/résidentiel** shopping/residential area; **~ général (QG)** headquarters (HQ); **quartiers** *nmpl* (*Mil*) quarters

quartier-maître [kaʀtjemɛtʀ] (*pl* **quartiers-maîtres**) *nm* ≈ leading seaman

quartz [kwaʀts] *nm* quartz

quasi [kazi] *adv* almost, nearly ▶ *préfixe* : **~-certitude** near certainty

quasiment [kazimɑ̃] *adv* almost, (very) nearly; **~ jamais** hardly ever

`MOT-CLÉ`

quaternaire [kwatɛʀnɛʀ] *adj* (*Géo*) Quaternary

quatorze [katɔʀz] *num* fourteen

quatorzième [katɔʀzjɛm] *num* fourteenth

quatrain [katʀɛ̃] *nm* quatrain

quatre [katʀ] *num* four; **à ~ pattes** on all fours; **tiré à ~ épingles** dressed up to the nines; **faire les ~ cent coups** to be a bit wild; **se mettre en ~ pour qn** to go out of one's way for sb; **~ à ~** (*monter, descendre*) four at a time; **à ~ mains** (*jouer*) four-handed

quatre-vingt-dix [katʀəvɛ̃dis] *num* ninety

quatre-vingts [katʀəvɛ̃] *num* eighty

quatre-vingt-un *num* eighty-one

quatrième [katʀijɛm] *num* fourth ▶ *nf* (*Scol*) year 9 (*Brit*), eighth grade (*US*)

quatrièmement [katʀijɛmmɑ̃] *adv* fourthly

quatuor [kwatɥɔʀ] *nm* quartet(te)

`MOT-CLÉ`

que [kə] *conj* **1** (*introduisant complétive*) that; **il sait que tu es là** he knows (that) you're here; **je veux que tu acceptes** I want you to accept; **il a dit que oui** he said he would (*ou* it was *etc*) **2** (*reprise d'autres conjonctions*) : **quand il rentrera et qu'il aura mangé** when he gets back and (when) he has eaten; **si vous y allez ou que vous** ... if you go there or if you ... **3** (*en tête de phrase : hypothèse, souhait etc*) : **qu'il le veuille ou non** whether he likes it or not; **qu'il**

fasse ce qu'il voudra ! let him do as he pleases! **4** (*but*) : **tenez-le qu'il ne tombe pas** hold it so (that) it doesn't fall **5** (*après comparatif*) than; as; *voir aussi* **plus²** ; **aussi** ; **autant** *etc* **6** (*seulement*) : **ne** ... **que** only; **il ne boit que de l'eau** he only drinks water **7** (*temps*) : **elle venait à peine de sortir qu'il se mit à pleuvoir** she had just gone out when it started to rain, no sooner had she gone out than it started to rain; **il y a quatre ans qu'il est parti** it is four years since he left, he left four years ago

▶ *adv* (*exclamation*) : **qu'il** *ou* **qu'est-ce qu'il est bête/court vite !** he's so silly!/he runs so fast!; **que de livres !** what a lot of books!

▶ *pron* **1** (*relatif : personne*) whom; (: *chose*) that, which; **l'homme que je vois** the man (whom) I see; **le livre que tu vois** the book (that *ou* which) you see; **un jour que j'étais** ... a day when I was ... **2** (*interrogatif*) what; **que fais-tu ?**, **qu'est-ce que tu fais ?** what are you doing?; **qu'est-ce que c'est ?** what is it?, what's that?; **que faire ?** what can one do?; **que préfères-tu, celui-ci ou celui-là ?** which (one) do you prefer, this one or that one?

Québec [kebɛk] *n* (*ville*) Quebec ▶ *nm* : **le ~** Quebec (Province)

québécisme [kebesism] *nm* *word used in Quebec*

québécois, e [kebekwa, -waz] *adj* Quebec *cpd* ▶ *nm* (*Ling*) Quebec French ▶ *nm/f* : **Québécois, e** Quebecois, Quebec(k)er

`MOT-CLÉ`

quel, quelle [kɛl] *adj* **1** (*interrogatif : personne*) who; (: *chose*) what; which; **quel est cet homme ?** who is this man?; **quel est ce livre ?** what is this book?; **quel livre/homme ?** what book/man?; (*parmi un certain choix*) which book/man?; **quels acteurs préférez-vous ?** which actors do you prefer?; **dans quels pays êtes-vous allé ?** which *ou* what countries did you go to? **2** (*exclamatif*) : **quelle surprise/coïncidence !** what a surprise/coincidence! **3** : **quel que soit le coupable** whoever is guilty; **quel que soit votre avis** whatever your opinion (may be)

`MOT-CLÉ`

quelconque [kɛlkɔ̃k] *adj* (*médiocre : repas*) indifferent, poor; (*sans attrait*) ordinary, plain; (*indéfini*) : **un ami/prétexte ~** some friend/pretext or other; **un livre ~ suffira** any book will do; **pour une raison ~** for some reason (or other)

`MOT-CLÉ`

quelque [kɛlk] *adj* **1** (*au singulier*) some; (*au pluriel*) a few, some; (*tournure interrogative*) any; **quelque espoir** some hope; **il a quelques amis** he has a few *ou* some friends; **a-t-il quelques amis ?** does he have any friends?; **les quelques livres qui** the few books which; **20 kg et quelque(s)** a bit over 20 kg; **il habite à quelque distance**

d'ici he lives some distance *ou* way (away) from here

2 : quelque … que whatever, whichever; **quelque livre qu'il choisisse** whatever (*ou* whichever) book he chooses; **par quelque temps qu'il fasse** whatever the weather **3 : quelque chose** something; (*tournure interrogative*) anything; **quelque chose d'autre** something else; anything else; **y être pour quelque chose** to have something to do with it; **faire quelque chose à qn** to have an effect on sb, do something to sb; **quelque part** somewhere; anywhere; **en quelque sorte** as it were

▸ *adv* **1** (*environ*) : **quelque 100 mètres** some 100 metres

2 : quelque peu rather, somewhat

quelquefois [kɛlkəfwa] *adv* sometimes
quelques-uns, -unes [kɛlkəzœ̃, -yn] *pron* some, a few; **des lecteurs** some of the readers
quelqu'un [kɛlkœ̃] *pron* someone, somebody; (*+ tournure interrogative ou négative*) anyone, anybody; **~ d'autre** someone *ou* somebody else; anybody else

> **Someone/somebody** et **anyone/anybody** sont suivis d'un verbe au singulier, mais le possessif qui s'y rapporte doit être au pluriel.
> *Quelqu'un a écrit son nom sur le mur.* **Somebody** *has* **written** *their* **name on the wall**.
> *Est-ce que quelqu'un a apporté sa carte de crédit ?* *Has* **anyone brought** *their* **credit card?**

quémander [kemãde] /1/ *vt* to beg for
qu'en-dira-t-on [kãdiratɔ̃] *nm inv* : **le ~** gossip, what people say
quenelle [kənɛl] *nf* quenelle
quenotte [kənɔt] *nf* (*fam*) toothy-peg (*fam*)
quenouille [kənuj] *nf* distaff
querelle [kərɛl] *nf* quarrel; **chercher ~ à qn** to pick a quarrel with sb
quereller [kərele] /1/ : **se quereller** *vpr* to quarrel
querelleur, -euse [kərɛlœR, -øz] *adj* quarrelsome
quérir [keRiR] *vt* (*liter*) to seek; **aller ~** to go in quest of
qu'est-ce que [kɛskə] *voir* **que**
qu'est-ce qui [kɛski] *voir* **qui**
question [kɛstjɔ̃] *nf* (*gén*) question; (*fig*) matter; issue; **il a été ~ de** we (*ou* they) spoke about; **il est ~ de les emprisonner** there's talk of them being jailed; **c'est une ~ de temps** it's a matter *ou* question of time; **de quoi est-il ~ ?** what is it about?; **il n'en est pas ~** there's no question of it; **en ~** in question; **hors de ~** out of the question; **je ne me suis jamais posé la ~** I've never thought about it; **(re)mettre en ~** (*autorité, science*) to question; **poser la ~ de confiance** (*Pol*) to ask for a vote of confidence; **~ piège** (*d'apparence facile*) trick question; (*pour nuire*) loaded question; **~ subsidiaire** tiebreaker
questionnaire [kɛstjɔnɛR] *nm* questionnaire
questionnement [kɛstjɔnmã] *nm* (*réflexion*) questioning

questionner [kɛstjɔne] /1/ *vt* to question
quête [kɛt] *nf* (*collecte*) collection; (*recherche*) quest, search; **faire la ~** (*à l'église*) to take the collection; (*artiste*) to pass the hat round; **se mettre en ~ de qch** to go in search of sth
quêter [kete] /1/ *vi* (*à l'église*) to take the collection; (*dans la rue*) to collect money (for charity) ▸ *vt* to seek
quetsche [kwɛtʃ] *nf* damson
queue [kø] *nf* tail; (*fig : du classement*) bottom; (: *de poêle*) handle; (: *de fruit, feuille*) stalk; (: *de train, colonne, file*) rear; (*file : de personnes*) queue (BRIT), line (US); **en ~ (de train)** at the rear (of the train); **faire la ~** to queue (up) (BRIT), line up (US); **se mettre à la ~** to join the queue *ou* line; **histoire sans ~ ni tête** cock and bull story; **à la ~ leu leu** in single file; (*fig*) one after the other; **~ de cheval** ponytail; **~ de poisson : faire une ~ de poisson à qn** (*Auto*) to cut in front of sb; **finir en ~ de poisson** (*film*) to come to an abrupt end
queue-de-pie [kødpi] (*pl* **queues-de-pie**) *nf* (*habit*) tails *pl*, tail coat
queux [kø] *adj m voir* **maître**

MOT-CLÉ

qui [ki] *pron* **1** (*interrogatif : personne*) who; (: *avec préposition*) whom; (: *chose, animal*) which, that; (: *interrogatif indirect : sujet*) : **je me demande qui est là** I wonder who is there; (: *objet*) : **elle ne sait à qui se plaindre** she doesn't know who to complain to *ou* to whom to complain; (: *chose*) : **qu'est-ce qui est sur la table ?** what is on the table?; **qui est-ce qui ?** who?; **qui est-ce que ?** who?; **à qui est ce sac ?** whose bag is this?; **à qui parlais-tu ?** who were you talking to?, to whom were you talking?; **chez qui allez-vous ?** whose house are you going to? **2** (*relatif : personne*) who; (*+prép*) whom; **l'ami de qui je vous ai parlé** the friend I told you about; **la dame chez qui je suis allé** the lady whose house I went to

3 (*sans antécédent*) : **amenez qui vous voulez** bring who you like; **qui que ce soit** whoever it may be

quiche [kiʃ] *nf* quiche; **~ lorraine** quiche Lorraine
quiconque [kikɔ̃k] *pron* (*celui qui*) whoever, anyone who; (*n'importe qui, personne*) anyone, anybody
quidam [k(ɥ)idam] *nm* (*humoristique*) fellow
quiétude [kjetyd] *nf* (*d'un lieu*) quiet, tranquillity; (*d'une personne*) peace (of mind), serenity; **en toute ~** in complete peace; (*mentale*) with complete peace of mind
quignon [kiɲɔ̃] *nm* : **~ de pain** (*croûton*) crust of bread; (*morceau*) hunk of bread
quille [kij] *nf* bowling, skittle (BRIT); (*Navig : d'un bateau*) keel; (*jeu de*) **quilles** skittles *sg* (BRIT), bowling (US)
quincaillerie [kɛ̃kɑjRi] *nf* (*ustensiles, métier*) hardware, ironmongery (BRIT); (*magasin*) hardware shop *ou* store (US), ironmonger's (BRIT)

quincaillier, -ière [kɛ̃kɑje, -jɛʀ] *nm/f* hardware dealer, ironmonger (BRIT)
quinconce [kɛ̃kɔ̃s] *nm* : **en ~** in staggered rows
quinine [kinin] *nf* quinine
quinqua [kɛ̃ka] *nmf* (*fam* : = *quinquagénaire*) person in his (*ou* her) fifties; **les quinquas** fifty somethings (*fam*)
quinquagénaire [kɛ̃kaʒenɛʀ] *nmf* (*de cinquante ans*) fifty-year old; (*de cinquante à soixante ans*) man/woman in his/her fifties
quinquennal, e, -aux [kɛ̃kenal, -o] *adj* five-year, quinquennial
quinquennat [kɛ̃kena] *nm* five year term of office (*of French President*)
quinquina [kɛ̃kina] *nm* cinchona
quintal, -aux [kɛ̃tal, -o] *nm* quintal (*100 kg*)
quinte [kɛ̃t] *nf* : **~ (de toux)** coughing fit
quinté [kɛ̃te] *nm* (*Courses*) system of forecast betting giving first five horses
quintessence [kɛ̃tesɑ̃s] *nf* quintessence, very essence
quintette [kɛ̃tɛt] *nm* quintet(te)
quintuple [kɛ̃typl] *nm* : **le ~ de** five times as much as
quintupler [kɛ̃typle] /**1**/ *vt, vi* to increase fivefold
quintuplés, -ées [kɛ̃typle] *nm/f* quintuplets, quins
quinzaine [kɛ̃zɛn] *nf* : **une ~ (de)** about fifteen, fifteen or so; **une ~ (de jours)** (*deux semaines*) a fortnight (BRIT), two weeks; **~ publicitaire** *ou* **commerciale** (two-week) sale
quinze [kɛ̃z] *num* fifteen; **demain en ~** a fortnight (BRIT) *ou* two weeks tomorrow; **dans ~ jours** in a fortnight('s time) (BRIT), in two weeks(' time)
quinzième [kɛ̃zjɛm] *num* fifteenth
quiproquo [kipʀɔko] *nm* (*méprise sur une personne*) mistake; (*malentendu sur un sujet*) misunderstanding; (*Théât*) (case of) mistaken identity
Quito [kito] *n* Quito
quittance [kitɑ̃s] *nf* (*reçu*) receipt; (*facture*) bill
quitte [kit] *adj* : **être ~ envers qn** to be no longer in sb's debt; (*fig*) to be quits with sb; **être ~ de** (*obligation*) to be clear of; **en être ~ à bon compte** to have got off lightly; **~ à faire** even if it means doing; **~ ou double** (*jeu*) double or quits; (*fig*) **c'est du ~ ou double** it's a big risk

quitter [kite] /**1**/ *vt* to leave; (*espoir, illusion*) to give up; (*vêtement*) to take off; **ne pas ~ qn d'une semelle** to stick to sb like glue ▸ *vi* : **ne quittez pas** (*au téléphone*) hold the line; **se quitter** *vpr* (*couples, interlocuteurs*) to part
quitus [kitys] *nm* final discharge; **donner ~ à** to discharge
qui-vive [kiviv] *nm inv* : **être sur le ~** to be on the alert

MOT-CLÉ

quoi [kwa] *pron interrog* **1** what; **quoi de neuf ?** what's new?; **quoi ?** (*qu'est-ce que tu dis ?*) what? **2** (*avec prép*) : **à quoi tu penses ?** what are you thinking about?; **de quoi parlez-vous ?** what are you talking about?; **à quoi bon ?** what's the use?
▸ *pron relatif* : **as-tu de quoi écrire ?** do you have anything to write with?; **il n'a pas de quoi se l'acheter** he can't afford it, he hasn't got the money to buy it; **il y a de quoi être fier** that's something to be proud of; **il n'y a pas de quoi** (please) don't mention it; **il n'y a pas de quoi rire** there's nothing to laugh about
▸ *pron* (*locutions*) : **quoi qu'il en arrive** whatever happens; **quoi qu'il en soit** be that as it may; **quoi que ce soit** anything at all; **en quoi puis-je vous aider ?** how can I help you?; **et puis quoi encore !** what(ever) next!; **quoi faire ?** what's to be done?; **sans quoi** (*ou sinon*) otherwise
▸ *excl* what!

quoique [kwak] *conj* (al)though
quolibet [kɔlibɛ] *nm* gibe, jeer
quorum [kɔʀɔm] *nm* quorum
quota [kwɔta] *nm* quota
quote-part [kɔtpaʀ] (*pl* **quotes-parts**) *nf* share
quotidien, ne [kɔtidjɛ̃, -ɛn] *adj* (*journalier*) daily; (*banal*) ordinary, everyday ▸ *nm* (*journal*) daily (paper); (*vie quotidienne*) daily life, day-to-day existence; **les grands quotidiens** the big (national) dailies
quotidiennement [kɔtidjɛnmɑ̃] *adv* daily, every day
quotient [kɔsjɑ̃] *nm* (*Math*) quotient; **~ intellectuel (QI)** intelligence quotient (IQ)
quotité [kɔtite] *nf* (*Finance*) quota

q

Rr

R, r [ɛʀ] *nm inv* R, r ▸ *abr* = **route**; **rue**; **R comme Raoul** R for Robert (BRIT) *ou* Roger (US)
rab [ʀab], **rabiot** [ʀabjo] *nm* (*fam : nourriture*) extra, more; **est-ce qu'il y a du ~ ?** are there any seconds?
rabâcher [ʀabɑʃe] /1/ *vi* to harp on ▸ *vt* to keep on repeating
rabais [ʀabɛ] *nm* reduction, discount; **au ~** at a reduction *ou* discount
rabaisser [ʀabese] /1/ *vt* (*rabattre : prix*) to reduce; (*dénigrer*) to belittle
rabane [ʀaban] *nf* raffia (matting)
Rabat [ʀaba(t)] *n* Rabat
rabat [ʀaba] *vb voir* **rabattre** ▸ *nm* flap
rabat-joie [ʀabaʒwa] *nmf inv* killjoy (BRIT), spoilsport
rabattable [ʀabatabl] *adj* (*banquette, siège*) folding
rabatteur, -euse [ʀabatœʀ, -øz] *nm/f* (*de gibier*) beater; (*péj*) tout
rabattre [ʀabatʀ] /41/ *vt* (*couvercle, siège*) to pull down; (*fam*) to turn down; (*couture*) to stitch down; (*gibier*) to drive; (*somme d'un prix*) to deduct, take off; (*orgueil, prétentions*) to humble; (*Tricot*) to decrease; (*déduire*) to reduce; **se rabattre** *vpr* (*bords, couvercle*) to fall shut; (*véhicule, coureur*) to cut in; **se ~ sur** (*accepter*) to fall back on
rabattu, e [ʀabaty] *pp de* **rabattre** ▸ *adj* turned down
rabbin [ʀabɛ̃] *nm* rabbi
rabique [ʀabik] *adj* rabies *cpd*
râble [ʀɑbl] *nm* back; (*Culin*) saddle
râblé, e [ʀɑble] *adj* broad-backed, stocky
rabot [ʀabo] *nm* plane
raboter [ʀabote] /1/ *vt* to plane (down)
raboteux, -euse [ʀabotø, -øz] *adj* uneven, rough
rabougri, e [ʀabugʀi] *adj* stunted
rabrouer [ʀabʀue] /1/ *vt* to snub, rebuff
racaille [ʀakaj] *nf* (*péj*) rabble, riffraff
raccommodage [ʀakɔmɔdaʒ] *nm* mending *no pl*, repairing *no pl*; darning *no pl*
raccommoder [ʀakɔmɔde] /1/ *vt* to mend, repair; (*chaussette etc*) to darn; (*fam : réconcilier : amis, ménage*) to bring together again; **se raccommoder** *vpr* : **se ~ (avec)** (*fam*) to patch it up (with)
raccompagner [ʀakɔ̃paɲe] /1/ *vt* to take *ou* see back
raccord [ʀakɔʀ] *nm* link; **~ de maçonnerie** pointing *no pl*; **~ de peinture** join; (*retouche*) touch-up

raccordement [ʀakɔʀdəmɑ̃] *nm* joining up; connection
raccorder [ʀakɔʀde] /1/ *vt* to join (up), link up; (*pont etc*) to connect, link; **~ au réseau du téléphone** to connect to the telephone service; **se raccorder à** *vpr* to join up with; (*fig : se rattacher à*) to tie in with
raccourci [ʀakuʀsi] *nm* short cut; **en ~** in brief
raccourcir [ʀakuʀsiʀ] /2/ *vt* to shorten ▸ *vi* (*vêtement*) to shrink; (*jours*) to grow shorter, draw in
raccourcissement [ʀakuʀsismɑ̃] *nm* (*de durée, longueur*) shortening
raccroc [ʀakʀo] : **par ~** *adv* by chance
raccrocher [ʀakʀoʃe] /1/ *vt* (*tableau, vêtement*) to hang back up; (*récepteur*) to put down; (*fig : affaire*) to save ▸ *vi* (*Tél*) to hang up, ring off; **ne raccrochez pas** (*Tél*) hold on, don't hang up; **se raccrocher à** *vpr* to cling to, hang on to
race [ʀas] *nf* race; (*d'animaux, fig : espèce*) breed; (*ascendance, origine*) stock, race; **de ~** *adj* purebred, pedigree
racé, e [ʀase] *adj* thoroughbred
rachat [ʀaʃa] *nm* buying; (*du même objet*) buying back; redemption; atonement
racheter [ʀaʃ(ə)te] /5/ *vt* (*article perdu*) to buy another; (*davantage*) to buy more; (*après avoir vendu*) to buy back; (*d'occasion*) to buy; (*Comm : part, firme*) to buy up; (*pension, rente*) to redeem; (*Rel : pécheur*) to redeem; (: *péché*) to atone for, expiate; (*mauvaise conduite, oubli, défaut*) to make up for; **~ du lait/trois œufs** to buy more milk/ another three eggs *ou* three more eggs; **se racheter** *vpr* (*Rel*) to redeem o.s.; (*gén*) to make amends, make up for it
rachidien, ne [ʀaʃidjɛ̃, -jɛn] *adj* (*bulbe, canal*) spinal
rachitique [ʀaʃitik] *adj* suffering from rickets; (*fig*) scraggy, scrawny
rachitisme [ʀaʃitism] *nm* rickets *sg*
racial, e, -aux [ʀasjal, -o] *adj* racial
racine [ʀasin] *nf* root; (*fig : attache*) roots *pl*; **~ carrée/cubique** square/cube root; **prendre ~** (*fig*) to take root; to put down roots
racisme [ʀasism] *nm* racism
raciste [ʀasist] *adj, nmf* racist
racket [ʀakɛt] *nm* racketeering *no pl*
racketter [ʀakete] *vt* to extort money from
racketteur, -euse [ʀakɛtœʀ, -øz] *nm/f* racketeer
raclée [ʀɑkle] *nf* (*fam*) hiding, thrashing

raclement [ʀakləmɑ̃] *nm* (*bruit*) scraping (noise)
racler [ʀakle] /**1**/ *vt* (*os, plat*) to scrape; (*tache, boue*) to scrape off; (*fig : instrument*) to scrape on; (*chose : frotter contre*) to scrape (against); **se ~ la gorge** to clear one's throat
raclette [ʀaklɛt] *nf* (*Culin*) raclette (*Swiss cheese dish*)
racloir [ʀaklwaʀ] *nm* (*outil*) scraper
racolage [ʀakɔlaʒ] *nm* soliciting; touting
racoler [ʀakɔle] /**1**/ *vt* (*attirer : prostituée*) to solicit; (*: parti, marchand*) to tout for; (*attraper*) to pick up
racoleur, -euse [ʀakɔlœʀ, -øz] *adj* (*péj*) cheap and alluring ▸ *nm* (*péj : de clients*) tout ▸ *nf* streetwalker
racontars [ʀakɔ̃taʀ] *nmpl* stories, gossip *sg*
raconter [ʀakɔ̃te] /**1**/ *vt* : **~ (à qn)** (*décrire*) to relate (to sb), tell (sb) about; (*dire*) to tell (sb); **~ une histoire** to tell a story
racorni, e [ʀakɔʀni] *adj* hard(ened)
racornir [ʀakɔʀniʀ] /**2**/ *vt* to harden
radar [ʀadaʀ] *nm* radar; **système ~** radar system; **écran ~** radar screen; **~ (automatique)** (*Auto : contrôle de vitesse*) speed camera
rade [ʀad] *nf* (natural) harbour; **en ~ de Toulon** in Toulon harbour; **rester en ~** (*fig*) to be left stranded
radeau, x [ʀado] *nm* raft; **~ de sauvetage** life raft
radial, e, -aux [ʀadjal, -o] *adj* radial
radiant, e [ʀadjɑ̃, -ɑ̃t] *adj* radiant
radiateur [ʀadjatœʀ] *nm* radiator, heater; (*Auto*) radiator; **~ électrique/à gaz** electric/gas heater *ou* fire
radiation [ʀadjasjɔ̃] *nf* (*d'un nom etc*) striking off *no pl*; (*Physique*) radiation
radical, e, -aux [ʀadikal, -o] *adj* radical ▸ *nm* (*Ling*) stem; (*Math*) root sign; (*Pol*) radical
radicalement [ʀadikalmɑ̃] *adv* radically, completely
radicalisation [ʀadikalizasjɔ̃] *nf* (*durcissement*) radicalization
radicaliser [ʀadikalize] /**1**/ *vt* (*durcir : opinions etc*) to harden; **se radicaliser** *vpr* (*mouvement etc*) to become more radical
radicalisme [ʀadikalism] *nm* (*Pol*) radicalism
radier [ʀadje] /**7**/ *vt* to strike off
radiesthésie [ʀadjɛstezi] *nf* divination (by radiation)
radiesthésiste [ʀadjɛstezist] *nmf* diviner
radieux, -euse [ʀadjø, -øz] *adj* (*visage, personne*) radiant; (*journée, soleil*) brilliant, glorious
radin, e [ʀadɛ̃, -in] *adj* (*fam*) stingy
radinerie [ʀadinʀi] *nf* (*fam*) stinginess (*fam*)
radio [ʀadjo] *nf* (*Méd*) X-ray; **à la ~** on the radio; **avoir la ~** to have a radio; **passer à la ~** to be on the radio; **se faire faire une ~/une ~ des poumons** to have an X-ray/a chest X-ray ▸ *nm* (*personne*) radio operator
radio... [ʀadjo] *préfixe* radio...
radioactif, -ive [ʀadjoaktif, -iv] *adj* radioactive
radioactivité [ʀadjoaktivite] *nf* radioactivity
radioamateur [ʀadjoamatœʀ] *nm* (radio) ham
radiobalise [ʀadjobaliz] *nf* radio beacon

radiocassette [ʀadjokasɛt] *nf* cassette radio
radiodiffuser [ʀadjodifyze] /**1**/ *vt* to broadcast
radiodiffusion [ʀadjodifyzjɔ̃] *nf* (radio) broadcasting
radioélectrique [ʀadjoelɛktʀik] *adj* radio *cpd*
radiographie [ʀadjoɡʀafi] *nf* radiography; (*photo*) X-ray photograph, radiograph
radiographier [ʀadjoɡʀafje] /**7**/ *vt* to X-ray; **se faire ~** to have an X-ray
radioguidage [ʀadjoɡidaʒ] *nm* (*Navig, Aviat*) radio control; (*Auto*) (broadcast of) traffic information
radioguider [ʀadjoɡide] /**1**/ *vt* (*Navig, Aviat*) to guide by radio, control by radio
radiologie [ʀadjolɔʒi] *nf* radiology
radiologique [ʀadjolɔʒik] *adj* radiological
radiologue [ʀadjolɔɡ] *nmf* radiologist
radiophare [ʀadjofaʀ] *nm* radio beacon
radiophonique [ʀadjofonik] *adj* radio *cpd*; **programme/émission/jeu ~** radio programme/broadcast/game
radioreportage [ʀadjoʀ(ə)pɔʀtaʒ] *nm* radio report
radio-réveil [ʀadjoʀevɛj] (*pl* **radios-réveils**) *nm* radio alarm (clock)
radioscopie [ʀadjoskɔpi] *nf* radioscopy
radio-taxi [ʀadjotaksi] *nm* radio taxi
radiotéléphone [ʀadjotelefɔn] *nm* radio telephone
radiotélescope [ʀadjoteleskɔp] *nm* radio telescope
radiotélévisé, e [ʀadjotelevize] *adj* broadcast on radio and television
radiothérapie [ʀadjoteʀapi] *nf* radiotherapy
radis [ʀadi] *nm* radish; **~ noir** horseradish *no pl*
radium [ʀadjɔm] *nm* radium
radius [ʀadjys] *nm* (*Anat*) radius
radoter [ʀadote] /**1**/ *vi* to ramble on
radoub [ʀadu] *nm* : **bassin** *ou* **cale de ~** dry dock
radouber [ʀadube] /**1**/ *vt* to repair, refit
radoucir [ʀadusiʀ] /**2**/ : **se radoucir** *vpr* (*se réchauffer*) to become milder; (*se calmer*) to calm down; to soften
radoucissement [ʀadusismɑ̃] *nm* milder period, better weather
rafale [ʀafal] *nf* (*vent*) gust (of wind); (*de balles, d'applaudissements*) burst; **~ de mitrailleuse** burst of machine-gun fire
raffermir [ʀafɛʀmiʀ] /**2**/ *vt*, **se raffermir** *vpr* (*tissus, muscle*) to firm up; (*fig*) to strengthen
raffermissement [ʀafɛʀmismɑ̃] *nm* (*fig*) strengthening
raffinage [ʀafinaʒ] *nm* refining
raffiné, e [ʀafine] *adj* refined
raffinement [ʀafinmɑ̃] *nm* refinement
raffiner [ʀafine] /**1**/ *vt* to refine
raffinerie [ʀafinʀi] *nf* refinery
raffoler [ʀafole] /**1**/ : **~ de** *vt* to be very keen on
raffut [ʀafy] *nm* (*fam*) row, racket
rafiot [ʀafjo] *nm* (*fam*)
rafistolage [ʀafistolaʒ] *nm* (*fam*) patching up, makeshift repair
rafistoler [ʀafistole] /**1**/ *vt* (*fam*) to patch up
rafle [ʀafl] *nf* (*de police*) roundup, raid
rafler [ʀafle] /**1**/ *vt* (*fam*) to swipe, nick

r

rafraîchir [ʀafʀeʃiʀ] /2/ vt (atmosphère, température) to cool (down); (boisson) to chill; (air, eau) to freshen up; (fig : rénover) to brighten up; ~ **la mémoire à qn** to refresh sb's memory ▶ vi : **mettre du vin/une boisson à** ~ to chill wine/a drink; **se rafraîchir** vpr to grow cooler; (personne : en se lavant) to freshen up; (en buvant etc) to refresh o.s.

rafraîchissant, e [ʀafʀeʃisɑ̃, -ɑ̃t] adj refreshing

rafraîchissement [ʀafʀeʃismɑ̃] nm cooling; (boisson) cool drink; **rafraîchissements** nmpl (boissons, fruits etc) refreshments

ragaillardir [ʀagajaʀdiʀ] /2/ vt (fam) to perk ou buck up

rage [ʀaʒ] nf (Méd) : **la** ~ rabies; (fureur) rage, fury; **faire** ~ to rage; ~ **de dents** (raging) toothache

rageant, e [ʀaʒɑ̃, -ɑ̃t] adj infuriating

rager [ʀaʒe] /3/ vi to fume (with rage); **faire** ~ **qn** to enrage sb, get sb mad

rageur, -euse [ʀaʒœʀ, -øz] adj snarling; ill-tempered

rageusement [ʀaʒøzmɑ̃] adv furiously

raglan [ʀaglɑ̃] adj inv raglan

ragot [ʀago] nm (fam) malicious gossip no pl

ragoût [ʀagu] nm (plat) stew

ragoûtant, e [ʀagutɑ̃, -ɑ̃t] adj : **peu** ~ unpalatable

rai [ʀɛ] nm : **un** ~ **de soleil/lumière** a shaft of sunlight/light

raï [ʀaj] nm Raï music

raid [ʀɛd] nm (Mil) raid; (attaque aérienne) air raid; (Sport) long-distance trek

raide [ʀɛd] adj (tendu) taut, tight; (escarpé) steep; (droit : cheveux) straight; (ankylosé, dur, guindé) stiff; (fam : cher) steep, stiff; (: sans argent) flat broke ▶ adv (en pente) steeply; ~ **mort** stone dead

raideur [ʀɛdœʀ] nf steepness; (rigidité) stiffness; **avec** ~ (répondre) stiffly, abruptly

raidillon [ʀedijɔ̃] nm steep path

raidir [ʀediʀ] /2/ vt (muscles) to stiffen; (câble) to pull taut, tighten; **se raidir** vpr to stiffen; to become taut; (personne : se crisper) to tense up; (: se préparer moralement) to brace o.s.; (fig : devenir intransigeant) to harden

raidissement [ʀedismɑ̃] nm stiffening; tightening; hardening

raie [ʀɛ] nf (Zool) skate, ray; (rayure) stripe; (des cheveux) parting

raifort [ʀɛfɔʀ] nm horseradish

rail [ʀaj] nm (barre d'acier) rail; (chemins de fer) railways pl (BRIT), railroads pl (US); **les rails** (la voie ferrée) the rails, the track sg; **par** ~ by rail; ~ **conducteur** live ou conductor rail

railler [ʀaje] /1/ vt to scoff at, jeer at

raillerie [ʀajʀi] nf mockery

railleur, -euse [ʀajœʀ, -øz] adj mocking

rail-route [ʀajʀut] (pl **rails-routes**) nm road-rail

rainurage [ʀenyʀaʒ] nm (Auto) uneven road surface

rainure [ʀenyʀ] nf groove; slot

rais [ʀɛ] nm inv = **rai**

raisin [ʀɛzɛ̃] nm (aussi : **raisins**) grapes pl; (variété) : ~ **blanc/noir** white (ou green)/black grape; ~ **muscat** muscat grape; **raisins secs** raisins

raison [ʀɛzɔ̃] nf reason; **avoir** ~ to be right; **donner** ~ **à qn** (personne) to agree with sb; (fait) to prove sb right; **avoir** ~ **de qn/qch** to get the better of sb/sth; **se faire une** ~ to learn to live with it; **perdre la** ~ to become insane; (fig) to take leave of one's senses; **recouvrer la** ~ to come to one's senses; **ramener qn à la** ~ to make sb see sense; **demander** ~ **à qn de** (affront etc) to demand satisfaction from sb for; **entendre** ~ to listen to reason, see reason; **plus que de** ~ too much, more than is reasonable; ~ **de plus** all the more reason; **à plus forte** ~ all the more so; **sans** ~ for no reason; **en** ~ **de** (à cause de) because of; (à proportion de) in proportion to; **à** ~ **de** at the rate of; ~ **d'État** reason of state; ~ **d'être** raison d'être; ~ **sociale** corporate name

raisonnable [ʀɛzɔnabl] adj reasonable, sensible

raisonnablement [ʀɛzɔnabləmɑ̃] adv reasonably

raisonné, e [ʀɛzɔne] adj reasoned

raisonnement [ʀɛzɔnmɑ̃] nm reasoning; arguing; argument

raisonner [ʀɛzɔne] /1/ vi (penser) to reason; (argumenter, discuter) to argue ▶ vt (personne) to reason with; (attitude : justifier) to reason out; **se raisonner** vpr to reason with oneself

raisonneur, -euse [ʀɛzɔnœʀ, -øz] adj (péj) quibbling

rajeunir [ʀaʒœniʀ] /2/ vt (cure) to rejuvenate; (fig : rafraîchir) to brighten up; (: moderniser) to give a new look to; (: en recrutant) to inject new blood into; ~ **qn** (coiffure, robe) to make sb look younger ▶ vi (personne) to become (ou look) younger; (entreprise, quartier) to be modernized

rajeunissement [ʀaʒœnismɑ̃] nm (de population, effectifs) : **des mesures gouvernementales en faveur du** ~ **des effectifs** government measures to bring down the average age of the workforce; (personne, aspect) rejuvenation; **méthodes de** ~ **de la peau** ways of rejuvenating one's skin

rajout [ʀaʒu] nm addition

rajouter [ʀaʒute] /1/ vt (commentaire) to add; ~ **du sel/un œuf** to add some more salt/another egg; ~ **que** to add that; **en** ~ to lay it on thick

rajustement [ʀaʒystəmɑ̃] nm adjustment

rajuster [ʀaʒyste] /1/ vt (vêtement) to straighten, tidy; (salaires) to adjust; (machine) to readjust; **se rajuster** vpr to tidy ou straighten o.s. up

râle [ʀɑl] nm groan; ~ **d'agonie** death rattle

ralenti [ʀalɑ̃ti] nm : **au** ~ (Ciné) in slow motion; (fig) at a slower pace; **tourner au** ~ (Auto) to tick over, idle

ralentir [ʀalɑ̃tiʀ] /2/ vt, vi, **se ralentir** vpr to slow down

ralentissement [ʀalɑ̃tismɑ̃] nm slowing down

ralentisseur [ʀalɑ̃tisœʀ] nm speed bump

râler [ʀɑle] /1/ vi to groan; (fam) to grouse, moan (and groan)

râleur, -euse [ʀɑlœʀ, -øz] (fam) nm/f moaner ▶ adj : **être** ~ to be a moaner

ralliement [ʀalimɑ̃] nm (rassemblement) rallying; (adhésion : à une cause, une opinion) winning over; **point/signe de** ~ rallying point/sign

rallier [ʀalje] /**7**/ vt (rassembler) to rally; (rejoindre) to rejoin; (gagner à sa cause) to win over; **se rallier à** vpr (avis) to come over ou round to

rallonge [ʀalɔ̃ʒ] nf (de table) (extra) leaf; (Élec) extension (cable ou flex); (fig : de crédit) extension; (argent) extra no pl

rallongement [ʀalɔ̃ʒmɑ̃] nm (de durée, piste) extension

rallonger [ʀalɔ̃ʒe] /**3**/ vt to lengthen

rallumer [ʀalyme] /**1**/ vt to light up again, relight; (fig) to revive; **se rallumer** vpr (lumière) to come on again

rallye [ʀali] nm rally; (Pol) march

ramadan [ʀamadɑ̃] nm Ramadan; **faire le ~** to observe Ramadan

ramages [ʀamaʒ] nmpl (dessin) leaf pattern sg; (chants) songs

ramassage [ʀamasaʒ] nm : **~ scolaire** school bus service

ramassé, e [ʀamase] adj (trapu) squat, stocky; (concis : expression etc) compact

ramasse-miettes [ʀamasmjɛt] nm inv table-tidy

ramasse-monnaie [ʀamasmɔnɛ] nm inv change-tray

ramasser [ʀamase] /**1**/ vt (objet tombé ou par terre) to pick up; (recueillir : copies, ordures) to collect; (récolter) to gather; (: pommes de terre) to lift; **se ramasser** vpr (sur soi-même) to huddle up; to crouch

ramasseur, -euse [ʀamasœʀ, -øz] nm/f : **~ de balles** ballboy/girl

ramassis [ʀamasi] nm (péj : de voyous) bunch; (: de choses) jumble

rambarde [ʀɑ̃baʀd] nf guardrail

rame [ʀam] nf (aviron) oar; (de métro) train; (de papier) ream; **~ de haricots** bean support; **faire force de rames** to row hard

rameau, x [ʀamo] nm (small) branch; (fig) branch; **les Rameaux** (Rel) Palm Sunday sg

ramener [ʀam(ə)ne] /**5**/ vt to bring back; (reconduire) to take back; **~ qch sur** (rabattre : couverture, visière) to pull sth back over; **~ qch à** (réduire à, Math) to reduce sth to; **~ qn à la vie/raison** to bring sb back to life/bring sb to his (ou her) senses; **se ramener** vpr (fam) to roll ou turn up; **se ~** (se réduire à) to come ou boil down to

ramequin [ʀamkɛ̃] nm ramekin

ramer [ʀame] /**1**/ vi to row

rameur, -euse [ʀamœʀ, -øz] nm/f rower

rameuter [ʀamøte] /**1**/ vt to gather together

ramier [ʀamje] nm : (**pigeon**) **~** woodpigeon

ramification [ʀamifikasjɔ̃] nf ramification

ramifié, e [ʀamifje] adj (organisation, réseau) : **un réseau d'agences fortement ~** a network of agencies with many branches; (tige) branched; **un arbre très ~** a tree with many branches

ramifier [ʀamifje] /**7**/ : **se ramifier** vpr : **se ~ (en)** (tige, secte, réseau) to branch out (into); (veines, nerfs) to ramify

ramolli, e [ʀamɔli] adj soft

ramollir [ʀamɔliʀ] /**2**/ vt to soften; **se ramollir** vpr (os, tissus) to get (ou go) soft; (beurre, asphalte) to soften

ramollissement [ʀamɔlismɑ̃] nm (d'os, beurre, asphalte) softening; (fig : de croissance) slowdown

ramonage [ʀamɔnaʒ] nm (chimney-)sweeping

ramoner [ʀamɔne] /**1**/ vt (cheminée) to sweep; (pipe) to clean

ramoneur [ʀamɔnœʀ] nm (chimney) sweep

rampe [ʀɑ̃p] nf (d'escalier) banister(s pl); (dans un garage, d'un terrain) ramp; (lampes : lumineuse, de balisage) floodlights pl; **la ~** (Théât) the footlights pl; **passer la ~** (toucher le public) to get across to the audience; **~ de lancement** launching pad

ramper [ʀɑ̃pe] /**1**/ vi (reptile, animal) to crawl; (plante) to creep

rancard [ʀɑ̃kaʀ] nm (fam) date; tip

rancarder [ʀɑ̃kaʀde] (fam) /**1**/ vt to give information to; **se rancarder** vpr to find out (about)

rancart [ʀɑ̃kaʀ] nm : **mettre au ~** (article, projet) to scrap; (personne) to put on the scrapheap

rance [ʀɑ̃s] adj rancid

rancir [ʀɑ̃siʀ] /**2**/ vi to go off, go rancid

rancœur [ʀɑ̃kœʀ] nf rancour (BRIT), rancor (US), resentment

rançon [ʀɑ̃sɔ̃] nf ransom; (fig) : **la ~ du succès** etc the price of success etc

rançonner [ʀɑ̃sɔne] /**1**/ vt to hold to ransom

rancune [ʀɑ̃kyn] nf grudge, rancour (BRIT), rancor (US); **garder ~ à qn (de qch)** to bear sb a grudge (for sth); **sans ~ !** no hard feelings!

rancunier, -ière [ʀɑ̃kynje, -jɛʀ] adj vindictive, spiteful

randonnée [ʀɑ̃dɔne] nf ride; (à pied) walk, ramble; (en montagne) hike, hiking no pl; **la ~** (activité) hiking, walking; **une ~ à cheval** a pony trek

randonneur, -euse [ʀɑ̃dɔnœʀ, -øz] nm/f hiker

rang [ʀɑ̃] nm (rangée) row; (de perles) row, string, rope; (grade, condition sociale, classement) rank; **se mettre en rangs/sur un ~** to get into ou form rows/a line; **sur trois rangs** (lined up) three deep; **se mettre en rangs par quatre** to form fours ou rows of four; **au premier ~** in the first row; (fig) ranking first; **rentrer dans le ~** to get into line; **au ~ de** (au nombre de) among (the ranks of); **avoir ~ de** to hold the rank of; **rangs** nmpl (Mil) ranks; **se mettre sur les rangs** (fig) to get into the running

rangé, e [ʀɑ̃ʒe] adj (vie) well-ordered; (personne) orderly, steady ▸ nf row

rangement [ʀɑ̃ʒmɑ̃] nm tidying-up, putting-away; **faire des rangements** to tidy up

ranger [ʀɑ̃ʒe] /**3**/ vt (classer, grouper) to order, arrange; (mettre à sa place) to put away; (voiture dans la rue) to park; (mettre de l'ordre dans) to tidy up; (arranger, disposer : en cercle etc) to arrange; **~ qn/qch parmi** (fig : classer) to rank sb/sth among; **se ranger** vpr (se placer, se disposer : autour d'une table etc) to take one's place, sit round; (véhicule, conducteur : s'écarter) to pull over ou in; (: s'arrêter) to pull in; (piéton) to step aside; (s'assagir) to settle down; **se ~ à** (avis) to come round to, fall in with

ranimer [ʀanime] /**1**/ vt (personne évanouie) to bring round; (revigorer : forces, courage) to restore; (réconforter : troupes etc) to kindle new life in; (douleur, souvenir) to revive; (feu) to rekindle

rap [ʀap] *nm* rap (music)

rapace [ʀapas] *nm* bird of prey; **~ diurne/ nocturne** diurnal/nocturnal bird of prey ▸ *adj* (*péj*) rapacious, grasping

rapacité [ʀapasite] *nf* rapacity, greed

rapatrié, e [ʀapatʀije] *nm/f* repatriate (*esp French North African settler*)

rapatriement [ʀapatʀimɑ̃] *nm* repatriation

rapatrier [ʀapatʀije] **/7/** *vt* to repatriate; (*capitaux*) to bring (back) into the country

râpe [ʀɑp] *nf* (*Culin*) grater; (*à bois*) rasp

râpé, e [ʀɑpe] *adj* (*tissu*) threadbare; (*Culin*) grated

râper [ʀɑpe] **/1/** *vt* (*Culin*) to grate; (*gratter, râcler*) to rasp

rapetasser [ʀap(ə)tase] **/1/** *vt* (*fam*) to patch up

rapetisser [ʀap(ə)tise] **/1/** *vt* : **~ qch** to shorten sth; to make sth look smaller ▸ *vi* to shrink

râpeux, -euse [ʀɑpø, -øz] *adj* rough

raphia [ʀafja] *nm* raffia

rapide [ʀapid] *adj* fast; (*prompt : intelligence, coup d'œil, mouvement*) quick ▸ *nm* express (train); (*de cours d'eau*) rapid

rapidement [ʀapidmɑ̃] *adv* fast; quickly

rapidité [ʀapidite] *nf* speed; quickness

rapiécer [ʀapjese] **/3, 6/** *vt* to patch

rapine [ʀapin] *nf* (*vol*) stealing, theft; (: *en temps de guerre*) plundering; **vivre de ~** (*vagabond, délinquant*) to steal for a living; (*bande armée*) to live by plundering

rappel [ʀapɛl] *nm* (*d'un ambassadeur, Mil*) recall; (*Théât*) curtain call; (*Méd : vaccination*) booster; (*Admin : de salaire*) back pay *no pl*; (*d'un nom*) reminder; (*de limitation de vitesse : sur écriteau*) speed limit sign (*reminder*); (*Tech*) return; (*Navig*) sitting out; (*Alpinisme : aussi :* **rappel de corde**) abseiling *no pl*, roping down *no pl*; abseil; **~ à l'ordre** call to order

rappeler [ʀap(ə)le] **/4/** *vt* (*pour faire revenir, retéléphoner*) to call back; (*ambassadeur, Mil*) to recall; (*acteur*) to call back (onto the stage); (*faire se souvenir*) : **~ qch à qn** to remind sb of sth; **~ qn à la vie** to bring sb back to life; **~ qn à la décence** to recall sb to a sense of decency; **ça rappelle la Provence** it's reminiscent of Provence, it reminds you of Provence; **se rappeler** *vpr* (*se souvenir de*) to remember, recall; **se ~ que...** to remember that...

rappelle *etc* [ʀapɛl] *vb voir* **rappeler**

rappeur, -euse [ʀapœʀ, -øz] *nm/f* rapper

rappliquer [ʀaplike] **/1/** *vi* (*fam*) to turn up

rapport [ʀapɔʀ] *nm* (*compte rendu*) report; (*profit*) yield, return; revenue; (*lien, analogie*) relationship; (*corrélation*) connection; (*proportion : Math, Tech*) ratio; **avoir ~ à** to have something to do with, concern; **être en ~ avec** (*corrélation*) to be related to; **être/se mettre en ~ avec qn** to be/get in touch with sb; **par ~ à** (*comparé à*) in relation to; (*à propos de*) with regard to; **sous le ~ de** from the point of view of; **~ qualité-prix** value (for money); **rapports** *nmpl* (*entre personnes, pays*) relations; **sous tous (les) rapports** in all respects; **rapports (sexuels)** (sexual) intercourse *sg*

rapporté, e [ʀapɔʀte] *adj* : **pièce rapportée** (*Couture*) patch

rapporter [ʀapɔʀte] **/1/** *vt* (*rendre, ramener*) to bring back; (*apporter davantage*) to bring more; (*Couture*) to sew on; (*investissement*) to yield; (: *activité*) to bring in; (*relater*) to report; (*Jur : annuler*) to revoke; **~ qch à** (*fig : rattacher*) to relate sth to ▸ *vi* (*investissement*) to give a good return *ou* yield; (*activité*) to be very profitable; (*péj : moucharder*) to tell; **se rapporter à** *vpr* (*correspondre à*) to relate to; **s'en ~ à** to rely on

rapporteur, -euse [ʀapɔʀtœʀ, -øz] *nm/f* (*de procès, commission*) reporter; (*péj*) telltale ▸ *nm* (*Géom*) protractor

rapproché, e [ʀapʀɔʃe] *adj* (*proche*) near, close at hand; **rapprochés** (*l'un de l'autre*) at close intervals

rapprochement [ʀapʀɔʃmɑ̃] *nm* (*réconciliation : de nations, familles*) reconciliation; (*analogie, rapport*) parallel

rapprocher [ʀapʀɔʃe] **/1/** *vt* (*deux objets*) to bring closer together; (*réunir : ennemis, partis etc*) to bring together; (*comparer*) to establish a parallel between; (*chaise d'une table*) : **~ qch (de)** to bring sth closer (to); **se rapprocher** *vpr* to draw closer *ou* nearer; (*fig : familles, pays*) to come together; to come closer together; **se ~ de** to come closer to; (*présenter une analogie avec*) to be close to

rapt [ʀapt] *nm* abduction

raquette [ʀakɛt] *nf* (*de tennis*) racket; (*de ping-pong*) bat; (*à neige*) snowshoe

rare [ʀɑʀ] *adj* rare; (*main-d'œuvre, denrées*) scarce; (*cheveux, herbe*) sparse; **il est ~ que** it's rare that, it's unusual that; **se faire ~** to become scarce; (*fig : personne*) to make oneself scarce

raréfaction [ʀaʀefaksjɔ̃] *nf* scarcity; (*de l'air*) rarefaction

raréfier [ʀaʀefje] **/7/** : **se raréfier** *vpr* to grow scarce; (*air*) to rarefy

rarement [ʀaʀmɑ̃] *adv* rarely, seldom

rareté [ʀaʀte] *nf voir* **rare** rarity; scarcity

rarissime [ʀaʀisim] *adj* extremely rare

RAS *abr* = **rien à signaler**

ras, e [ʀɑ, ʀɑz] *adj* (*tête, cheveux*) close-cropped; (*poil, herbe*) short; (*mesure, cuillère*) level; **faire table rase** to make a clean sweep; **en rase campagne** in open country; **à ~ bords** to the brim; **au ~ de** level with; **~ du cou** *adj* (*pull, robe*) crew-neck ▸ *adv* (*couper*) short; **en avoir ~ le bol** (*fam*) to be fed up

rasade [ʀɑzad] *nf* glassful

rasant, e [ʀɑzɑ̃, -ɑ̃t] *adj* (*Mil : balle, tir*) grazing; (*fam*) boring

rascasse [ʀaskas] *nf* (*Zool*) scorpion fish

rasé, e [ʀɑze] *adj* : **~ de frais** freshly shaven; **~ de près** close-shaven

rase-mottes [ʀɑzmɔt] *nm inv* : **faire du ~** to hedgehop; **vol en ~** hedgehopping

raser [ʀɑze] **/1/** *vt* (*barbe, cheveux*) to shave off; (*menton, personne*) to shave; (*fam : ennuyer*) to bore; (*démolir*) to raze (to the ground); (*frôler*) to graze, skim; **se raser** *vpr* to shave; (*fam*) to be bored (to tears)

rasoir [ʀazwaʀ] *nm* razor; **~ électrique** electric shaver *ou* razor; **~ mécanique** *ou* **de sûreté** safety razor

rassasié, e [ʀasazje] *adj* (*repu : personne*) full, satisfied; (*fig : curiosité, désir*) satisfied; **être ~** to be full, to have eaten one's fill ▶ *pp de* **rassasier**

rassasier [ʀasazje] **/7/** *vt* to satisfy; **se rassasier** *vpr* to eat one's fill; **se ~ de qch** to eat one's fill of sth

rassemblement [ʀasɑ̃bləmɑ̃] *nm* (*groupe*) gathering; (*Pol*) union; association; (*Mil*) : **le ~** parade

rassembler [ʀasɑ̃ble] **/1/** *vt* (*réunir*) to assemble, gather; (*regrouper, amasser : documents, notes*) to gather together, collect; **~ ses idées/ses esprits/son courage** to collect one's thoughts/ gather one's wits/screw up one's courage; **se rassembler** *vpr* to gather

rasseoir [ʀaswaʀ] **/26/** : **se rasseoir** *vpr* to sit down again

rasséréné, e [ʀaseʀene] *adj* (*personne*) calm, calmer

rasséréner [ʀaseʀene] *vt* (*personne*) to calm down; **se rasséréner** *vpr* to calm down

rassir [ʀasiʀ] **/2/** *vi* to go stale

rassis, e [ʀasi, -iz] *adj* (*pain*) stale

rassurant, e [ʀasyʀɑ̃, -ɑ̃t] *adj* (*nouvelles etc*) reassuring

rassuré, e [ʀasyʀe] *adj* : **ne pas être très ~** to be rather ill at ease

rassurer [ʀasyʀe] **/1/** *vt* to reassure; **se rassurer** *vpr* to be reassured; **rassure-toi** don't worry

rat [ʀa] *nm* rat; **~ d'hôtel** hotel thief; **~ musqué** muskrat

ratage [ʀataʒ] *nm* failure

ratatiné, e [ʀatatine] *adj* shrivelled (up), wrinkled

ratatiner [ʀatatine] **/1/** *vt* to shrivel; (*peau*) to wrinkle; **se ratatiner** *vpr* to shrivel; to become wrinkled

ratatouille [ʀatatuj] *nf* (*Culin*) ratatouille

rate [ʀat] *nf* female rat; (*Anat*) spleen

raté, e [ʀate] *adj* (*tentative*) unsuccessful, failed ▶ *nm/f* (*fam : personne*) failure ▶ *nm* misfiring *no pl*

râteau, x [ʀɑto] *nm* rake

râtelier [ʀɑtəlje] *nm* rack; (*fam*) false teeth *pl*

rater [ʀate] **/1/** *vi* (*ne pas partir : coup de feu*) to fail to go off; (*affaire, projet etc*) to go wrong, fail ▶ *vt* (*cible, train, occasion*) to miss; (*démonstration, plat*) to spoil; (*examen*) to fail; **~ son coup** to fail, not to bring it off

raticide [ʀatisid] *nm* rat poison

ratification [ʀatifikasjɔ̃] *nf* ratification

ratifier [ʀatifje] **/7/** *vt* to ratify

ratio [ʀasjo] *nm* ratio

ration [ʀasjɔ̃] *nf* ration; (*fig*) share; **~ alimentaire** food intake

rationalisation [ʀasjɔnalizasjɔ̃] *nf* rationalization

rationaliser [ʀasjɔnalize] **/1/** *vt* to rationalize

rationalité [ʀasjɔnalite] *nf* rationality

rationnel, le [ʀasjɔnɛl] *adj* rational

rationnellement [ʀasjɔnɛlmɑ̃] *adv* rationally

rationnement [ʀasjɔnmɑ̃] *nm* rationing; **ticket de ~** ration coupon

rationner [ʀasjɔne] **/1/** *vt* to ration; (*personne*) to put on rations; **se rationner** *vpr* to ration o.s.

ratisser [ʀatise] **/1/** *vt* (*allée*) to rake; (*feuilles*) to rake up; (*armée, police*) to comb; **~ large** to cast one's net wide

raton [ʀatɔ̃] *nm* : **~ laveur** raccoon

RATP *sigle f* (= *Régie autonome des transports parisiens*) *Paris transport authority*

rattachement [ʀataʃmɑ̃] *nm* (*de territoire*) incorporation; (*Admin : d'employé, personnel*) attachment

rattacher [ʀataʃe] **/1/** *vt* (*animal, cheveux*) to tie up again; **~ qch à** to join sth to, unite sth with; **~ qn à** to bind *ou* tie sb to; **se rattacher** *vpr* : **se ~ à** (*avoir un lien avec*) to be linked (*ou* connected) with

rattrapage [ʀatʀapaʒ] *nm* (*Scol*) remedial classes *pl*; (*Écon*) catching up

rattraper [ʀatʀape] **/1/** *vt* (*fugitif*) to recapture; (*retenir, empêcher de tomber*) to catch (hold of); (*atteindre, rejoindre*) to catch up with; (*réparer : erreur*) to make up for; **~ son retard/le temps perdu** to make up (for) lost time; **se rattraper** *vpr* (*regagner : du temps*) to make up for lost time; (*: de l'argent etc*) to make good one's losses; (*réparer une gaffe etc*) to make up for it; **se ~ (à)** (*se raccrocher*) to stop o.s. falling (by catching hold of)

rature [ʀatyʀ] *nf* deletion, erasure

raturer [ʀatyʀe] **/1/** *vt* to cross out, delete, erase

rauque [ʀok] *adj* raucous; (*voix*) hoarse

ravagé, e [ʀavaʒe] *adj* (*visage*) harrowed

ravager [ʀavaʒe] **/3/** *vt* to devastate, ravage

ravages [ʀavaʒ] *nmpl* ravages; **faire des ~** to wreak havoc; (*fig : séducteur*) to break hearts

ravageur, euse [ʀavaʒœʀ, -øz] *adj* (*destructeur*) destructive; (*fig : humour*) scathing; (*: sourire*) devastating

ravalement [ʀavalmɑ̃] *nm* restoration

ravaler [ʀavale] **/1/** *vt* (*mur, façade*) to restore; (*déprécier*) to lower; (*avaler de nouveau*) to swallow again; **~ sa colère/son dégoût** to stifle one's anger/swallow one's distaste

ravaudage [ʀavodaʒ] *nm* (*de chaussettes*) mending

ravauder [ʀavode] **/1/** *vt* to repair, mend

rave [ʀav] *nf* (*Bot*) rape

raveur, -euse [ʀɛvœʀ, -øz] *nm/f* raver

ravi, e [ʀavi] *adj* delighted; **être ~ de/que** to be delighted with/that

ravier [ʀavje] *nm* hors d'œuvre dish

ravigote [ʀavigɔt] *adj* : **sauce ~** *oil and vinegar dressing with shallots*

ravigoter [ʀavigɔte] **/1/** *vt* (*fam*) to buck up

ravin [ʀavɛ̃] *nm* gully, ravine

ravine [ʀavin] *nf* gully

raviner [ʀavine] **/1/** *vt* to furrow, gully

ravioli [ʀavjɔli] *nmpl* ravioli *sg*

ravir [ʀaviʀ] **/2/** *vt* (*enchanter*) to delight; (*enlever*) : **~ qch à qn** to rob sb of sth; **à ~** *adv* delightfully, beautifully; **être beau à ~** to be ravishingly beautiful

raviser [ʀavize] **/1/** : **se raviser** *vpr* to change one's mind

ravissant, e [ʀavisɑ̃, -ɑ̃t] *adj* delightful

ravissement [ʀavismɑ̃] *nm* (*enchantement, délice*) rapture

r

ravisseur, -euse [ʀavisœʀ, -øz] nm/f abductor, kidnapper

ravitaillement [ʀavitajmɑ̃] nm resupplying; refuelling; *(provisions)* supplies pl; **aller au ~** to go for fresh supplies; **~ en vol** *(Aviat)* in-flight refuelling

ravitailler [ʀavitaje] /1/ vt *(en vivres, munitions)* to provide with fresh supplies; *(véhicule)* to refuel; **se ravitailler** vpr to get fresh supplies

raviver [ʀavive] /1/ vt *(feu)* to rekindle, revive; *(douleur)* to revive; *(couleurs)* to brighten up

ravoir [ʀavwaʀ] /34/ vt to get back

rayé, e [ʀeje] adj *(à rayures)* striped; *(éraflé)* scratched

rayer [ʀeje] /8/ vt *(érafler)* to scratch; *(barrer)* to cross ou score out; *(d'une liste : radier)* to cross ou strike off

rayon [ʀɛjɔ̃] nm *(de soleil etc)* ray; *(Géom)* radius; *(de roue)* spoke; *(étagère)* shelf; *(de grand magasin)* department; *(fig : domaine)* responsibility, concern; *(de ruche)* (honey)comb; **dans un ~ de** within a radius of; **~ d'action** range; **~ de braquage** *(Auto)* turning circle; **~ laser** laser beam; **~ de soleil** sunbeam, ray of sunlight ou sunshine; **rayons** nmpl *(radiothérapie)* radiation; **rayons X** X-rays

rayonnage [ʀɛjɔnaʒ] nm set of shelves

rayonnant, e [ʀɛjɔnɑ̃, -ɑ̃t] adj radiant

rayonne [ʀɛjɔn] nf rayon

rayonnement [ʀɛjɔnmɑ̃] nm radiation; *(fig : éclat)* radiance; *(influence : d'une culture)* influence

rayonner [ʀɛjɔne] /1/ vi *(chaleur, énergie)* to radiate; *(fig : émotion)* to shine forth; *(: visage, personne)* to be radiant; *(avenues, axes)* to radiate; *(touriste)* to go touring *(from one base)*

rayure [ʀejyʀ] nf *(motif)* stripe; *(éraflure)* scratch; *(rainure, d'un fusil)* groove; **à rayures** striped

raz-de-marée [ʀɑdmaʀe] nm inv tidal wave

razzia [ʀazja] nf raid, foray

RBE sigle m (= revenu brut d'exploitation) gross profit *(of a farm)*

R-D sigle f (= Recherche-Développement) R & D

RDA sigle f (Hist : = République démocratique allemande) GDR

RDB sigle m (Statistique : = revenu disponible brut) total disposable income

rdc abr = **rez-de-chaussée**

ré [ʀe] nm *(Mus)* D; *(en chantant la gamme)* re

réabonnement [ʀeabɔnmɑ̃] nm renewal of subscription

réabonner [ʀeabɔne] /1/ vt : **~ qn à** to renew sb's subscription to; **se ~ (à)** to renew one's subscription (to)

réac [ʀeak] adj, nmf (fam : = réactionnaire) reactionary

réacteur [ʀeaktœʀ] nm jet engine; **~ nucléaire** nuclear reactor

réactif [ʀeaktif] nm reagent

réaction [ʀeaksjɔ̃] nf reaction; **par ~** jet-propelled; **avion/moteur à ~** jet (plane)/jet engine; **~ en chaîne** chain reaction

réactionnaire [ʀeaksjɔnɛʀ] adj, nmf reactionary

réactiver [ʀeaktive] vt *(relancer : marché, controverse)* to revive; *(: projet)* to restart; *(machine, compte)* to reactivate

réactivité [ʀeaktivite] nf *(Physique, Chimie : de métaux)* reactivity; *(capacité à réagir)* ability to react

réactualiser [ʀeaktɥalize] /1/ vt to update, bring up to date

réadaptation [ʀeadaptasjɔ̃] nf readjustment; rehabilitation

réadapter [ʀeadapte] /1/ vt to readjust; *(Méd)* to rehabilitate; **se réadapter (à)** vpr to readjust (to)

réaffirmation [ʀeafiʀmasjɔ̃] nf *(de principes)* reaffirmation

réaffirmer [ʀeafiʀme] /1/ vt to reaffirm, reassert

réagir [ʀeaʒiʀ] /2/ vi to react

réajuster [ʀeaʒyste] /1/ vt = **rajuster**

réalisable [ʀealizabl] adj *(projet, plan)* feasible; *(Comm : valeur)* realizable

réalisateur, -trice [ʀealizatœʀ, -tʀis] nm/f *(TV, Ciné)* director

réalisation [ʀealizasjɔ̃] nf carrying out; realization; fulfilment; achievement; *(Ciné)* production; *(œuvre)* production, work; *(création)* creation; **en cours de ~** under way

réaliser [ʀealize] /1/ vt *(projet, opération)* to carry out, realize; *(rêve, souhait)* to realize, fulfil; *(exploit)* to achieve; *(achat, vente)* to make; *(film)* to produce; *(se rendre compte de, Comm : bien, capital)* to realize; **se réaliser** vpr to be realized

réalisme [ʀealism] nm realism

réaliste [ʀealist] adj realistic; *(peintre, roman)* realist ▸ nmf realist

réalité [ʀealite] nf reality; **en ~** in (actual) fact; **dans la ~** in reality; **~ virtuelle** virtual reality

réaménager [ʀeamenaʒe] vt *(lieu)* to refurbish; *(horaires, calendrier)* to reorganize; *(règlement, texte)* to rework

réanimation [ʀeanimasjɔ̃] nf resuscitation; **service de ~** intensive care unit

réanimer [ʀeanime] /1/ vt *(Méd)* to resuscitate

réapparaître [ʀeapaʀɛtʀ] /57/ vi to reappear

réapparition [ʀeapaʀisjɔ̃] nf reappearance

réappropriation [ʀeapʀɔpʀijasjɔ̃] nf *(objet)* recovery, reappropriation; *(fig : de patrimoine)* taking back; *(: de mémoire)* recovery

réapprovisionner [ʀeapʀɔvizjɔne] /1/ vt *(magasin)* to restock; **se ~ (en)** to restock (with)

réarmement [ʀeaʀmamɑ̃] nm rearmament

réarmer [ʀeaʀme] /1/ vt *(arme)* to reload ▸ vi *(état)* to rearm

réassortiment [ʀeasɔʀtimɑ̃] nm *(Comm)* restocking

réassortir [ʀeasɔʀtiʀ] /2/ vt to match up

réassurance [ʀeasyʀɑ̃s] nf reinsurance

réassurer [ʀeasyʀe] /1/ vt to reinsure

réassureur [ʀeasyʀœʀ] nm reinsurer

rebaptiser [ʀ(ə)batize] /1/ vt *(rue)* to rename

rébarbatif, -ive [ʀebaʀbatif, -iv] adj forbidding; *(style)* off-putting *(Brit)*, crabbed

rebattre [ʀ(ə)batʀ] /41/ vt : **~ les oreilles à qn de qch** to keep harping on to sb about sth

rebattu, e [ʀ(ə)baty] pp de **rebattre** ▸ adj hackneyed

rebelle [ʀəbɛl] nmf rebel ▸ adj *(troupes)* rebel; *(enfant)* rebellious; *(mèche etc)* unruly; **~ à qch** unamenable to sth; **~ à faire** unwilling to do

rebeller [ʀ(ə)bele] /1/ : **se rebeller** vpr to rebel

rébellion [ʀebeljɔ̃] nf rebellion; (rebelles) rebel forces pl

rebiffer [ʀ(ə)bife] /1/ : **se rebiffer** vpr to fight back

reboisement [ʀ(ə)bwazmɑ̃] nm reafforestation

reboiser [ʀ(ə)bwaze] /1/ vt to replant with trees, reafforest

rebond [ʀ(ə)bɔ̃] nm (voir rebondir) bounce; rebound

rebondi, e [ʀ(ə)bɔ̃di] adj (ventre) rounded; (joues) chubby, well-rounded

rebondir [ʀ(ə)bɔ̃diʀ] /2/ vi (ballon : au sol) to bounce; (: contre un mur) to rebound; (fig : procès, action, conversation) to get moving again, be suddenly revived

rebondissement [ʀəbɔ̃dis(ə)mɑ̃] nm new development

rebonjour [ʀəbɔ̃ʒuʀ] excl hello again

rebord [ʀ(ə)bɔʀ] nm edge; **le ~ de la fenêtre** the windowsill

reboucher [ʀ(ə)buʃe] /1/ vt (flacon) to put the stopper (ou top) back on, recork; (trou) to stop up

rebours [ʀ(ə)buʀ] : **à ~** adv the wrong way

rebouteux, -euse [ʀəbutø, -øz] nm/f (péj) bonesetter

reboutonner [ʀ(ə)butɔne] /1/ vt (vêtement) to button up (again)

rebrousse-poil [ʀəbʀuspwal] : **à ~** adv the wrong way

rebrousser [ʀ(ə)bʀuse] /1/ vt (cheveux, poils) to brush back, brush up; **~ chemin** to turn back

rebuffade [ʀ(ə)byfad] nf rebuff

rébus [ʀebys] nm inv (jeu d'esprit) rebus; (fig) puzzle

rebut [ʀəby] nm : **mettre au ~** to scrap, discard

rebutant, e [ʀ(ə)bytɑ̃, -ɑ̃t] adj (travail, démarche) off-putting, disagreeable

rebuter [ʀ(ə)byte] /1/ vt to put off

recadrage [ʀ(ə)kadʀaʒ] nm (de programme, objectifs) refocusing; (Photo, Ciné) cropping

récalcitrant, e [ʀekalsitʀɑ̃, -ɑ̃t] adj refractory, recalcitrant

recaler [ʀ(ə)kale] /1/ vt (Scol) to fail

récapitulatif, -ive [ʀekapitylatif, -iv] adj (liste, tableau) summary cpd, that sums up

récapituler [ʀekapityle] /1/ vt to recapitulate; (résumer) to sum up

recel [ʀəsɛl] nm receiving (stolen goods)

receler [ʀ(ə)səle] /5/ vt (produit d'un vol) to receive; (malfaiteur) to harbour; (fig) to conceal

receleur, -euse [ʀ(ə)səlœʀ, -øz] nm/f receiver

récemment [ʀesamɑ̃] adv recently

recensement [ʀ(ə)sɑ̃smɑ̃] nm census; inventory

recenser [ʀ(ə)sɑ̃se] /1/ vt (population) to take a census of; (inventorier) to make an inventory of; (dénombrer) to list

récent, e [ʀesɑ̃, -ɑ̃t] adj recent

recentrer [ʀ(ə)sɑ̃tʀe] vt (Pol) to move towards the centre (BRIT), to move towards the center (US)

récépissé [ʀesepise] nm receipt

réceptacle [ʀesɛptakl] nm (où les choses aboutissent) recipient; (où les choses sont stockées) repository; (Bot) receptacle

récepteur, -trice [ʀesɛptœʀ, -tʀis] adj receiving ▸ nm receiver; **~ (de radio)** radio set ou receiver

réceptif, -ive [ʀesɛptif, -iv] adj : **~ (à)** receptive (to)

réception [ʀesɛpsjɔ̃] nf receiving no pl; (d'une marchandise, commande) receipt; (accueil) reception, welcome; (bureau) reception (desk); (réunion mondaine) reception, party; (pièces) reception rooms pl; (Sport : après un saut) landing; (du ballon) catching no pl; **jour/heures de ~** day/hours for receiving visitors (ou students etc)

réceptionnaire [ʀesɛpsjɔnɛʀ] nmf receiving clerk

réceptionner [ʀesɛpsjɔne] /1/ vt (Comm) to take delivery of; (Sport : ballon) to catch (and control)

réceptionniste [ʀesɛpsjɔnist] nmf receptionist

réceptivité [ʀesɛptivite] nf (à une influence) receptiveness; (à une maladie) susceptibility

récessif, -ive [ʀesesif, -iv] adj (Bio) recessive

récession [ʀesesjɔ̃] nf recession

recette [ʀ(ə)sɛt] nf (Culin) recipe; (fig) formula, recipe; (Comm) takings pl; (Admin : bureau) tax ou revenue office; **faire ~** (spectacle, exposition) to be a winner; **recettes** nfpl (Comm : rentrées) receipts

recevabilité [ʀ(ə)səvabilite] nf (Admin : de dossier, plainte) admissibility

recevable [ʀ(ə)səvabl] adj (Admin : dossier, plainte) admissible; (argument) acceptable

receveur, -euse [ʀ(ə)səvœʀ, -øz] nm/f (des contributions) tax collector; (des postes) postmaster/mistress; (d'autobus) conductor/conductress; (Méd : de sang, organe) recipient

recevoir [ʀ(ə)səvwaʀ] /28/ vt to receive; (lettre, prime) to receive, get; (client, patient, représentant) to see; (jour, soleil, pièce) to get; (Scol : candidat) to pass; **~ qn à dîner** to invite sb to dinner ▸ vi to receive visitors; to give parties; to see patients etc; **il reçoit de huit à 10** he's at home from eight to 10, he will see visitors from eight to 10; (docteur, dentiste etc) he sees patients from eight to 10; **se recevoir** vpr (athlète) to land

rechange [ʀ(ə)ʃɑ̃ʒ] : **de ~** adj (pièces, roue) spare; (fig : solution) alternative; **des vêtements de ~** a change of clothes

rechaper [ʀ(ə)ʃape] /1/ vt to remould (BRIT), remold (US), retread

réchapper [ʀeʃape] /1/ : **~ de** ou **à** vt (accident, maladie) to come through; **va-t-il en ~ ?** is he going to get over it?, is he going to come through (it)?

recharge [ʀ(ə)ʃaʀʒ] nf refill

rechargeable [ʀ(ə)ʃaʀʒabl] adj (stylo etc) refillable; rechargeable

recharger [ʀ(ə)ʃaʀʒe] /3/ vt (camion, fusil, appareil photo) to reload; (briquet, stylo) to refill; (batterie) to recharge

réchaud [ʀeʃo] nm (portable) stove, plate-warmer

réchauffé [ʀeʃofe] nm (nourriture) reheated food; (fig) stale news (ou joke etc)

réchauffement [ʀeʃofmɑ̃] nm warming (up); **le ~ de la planète** global warming

réchauffer [ʀeʃofe] /1/ vt (plat) to reheat; (mains, personne) to warm; **se réchauffer** vpr (température) to get warmer; (personne) to warm o.s. (up); **se ~ les doigts** to warm (up) one's fingers

rêche - reconnaissance

rêche [ʀɛʃ] *adj* rough
recherche [ʀ(ə)ʃɛʀʃ] *nf (action)* : **la ~ de** the
search for; *(raffinement)* affectedness, studied
elegance; *(scientifique etc)* : **la ~** research; **être/se
mettre à la ~ de** to be/go in search of;
recherches *nfpl (de la police)* investigations;
(scientifiques) research *sg*
recherché, e [ʀ(ə)ʃɛʀʃe] *adj (rare, demandé)* much
sought-after; *(entouré : acteur, femme)* in demand;
(raffiné) studied, affected; *(tenue)* elegant
rechercher [ʀ(ə)ʃɛʀʃe] */1/ vt (objet égaré, personne)*
to look for, search for; *(témoins, coupable,
main-d'œuvre)* to look for; *(causes d'un phénomène,
nouveau procédé)* to try to find; *(bonheur etc, l'amitié
de qn)* to seek; « **~ et remplacer** » *(Inform)* "find
and replace"
rechigner [ʀ(ə)ʃiɲe] */1/ vi* : **~ (à)** to balk (at)
rechute [ʀ(ə)ʃyt] *nf (Méd)* relapse; *(dans le péché, le
vice)* lapse; **faire une ~** to have a relapse
rechuter [ʀ(ə)ʃyte] */1/ vi (Méd)* to relapse
récidive [ʀesidiv] *nf (Jur)* second *(ou subsequent)*
offence; *(fig)* repetition; *(Méd)* recurrence
récidiver [ʀesidive] */1/ vi* to commit a second *(ou
subsequent)* offence; *(fig)* to do it again
récidiviste [ʀesidivist] *nmf* second *(ou habitual)*
offender, recidivist
récif [ʀesif] *nm* reef
récipiendaire [ʀesipjɑ̃dɛʀ] *nm* recipient *(of
diploma etc)*; *(d'une société)* newly elected
member
récipient [ʀesipjɑ̃] *nm* container
réciprocité [ʀesipʀɔsite] *nf* reciprocity
réciproque [ʀesipʀɔk] *adj* reciprocal ▶ *nf* : **la ~**
(l'inverse) the converse
réciproquement [ʀesipʀɔkmɑ̃] *adv*
reciprocally; **et ~** and vice versa
récit [ʀesi] *nm (action de narrer)* telling; *(conte,
histoire)* story
récital [ʀesital] *nm* recital
récitant, e [ʀesitɑ̃, -ɑ̃t] *nm/f* narrator
récitation [ʀesitasjɔ̃] *nf* recitation
réciter [ʀesite] */1/ vt* to recite
réclamation [ʀeklamasjɔ̃] *nf* complaint;
réclamations *nfpl (bureau)* complaints
department *sg*
réclame [ʀeklam] *nf* : **la ~** advertising; **une ~** an
ad(vertisement), an advert (Bʀɪᴛ); **faire de la ~
(pour qch/qn)** to advertise (sth/sb); **article en
~** special offer
réclamer [ʀeklame] */1/ vt (aide, nourriture etc)* to
ask for; *(revendiquer : dû, part, indemnité)* to claim,
demand; *(nécessiter)* to demand, require ▶ *vi* to
complain; **se réclamer de** *vpr* to give as one's
authority, to claim filiation with
reclassement [ʀ(ə)klasmɑ̃] *nm* reclassifying;
regrading; rehabilitation
reclasser [ʀ(ə)klase] */1/ vt (fiches, dossiers)* to
reclassify; *(fig : fonctionnaire etc)* to regrade;
(: ouvrier licencié) to place, rehabilitate
reclus, e [ʀəkly, -yz] *nm/f* recluse
réclusion [ʀeklyzjɔ̃] *nf* imprisonment; **~ à
perpétuité** life imprisonment
recoiffer [ʀ(ə)kwafe] */1/ vt* : **~ un enfant** to do a
child's hair again; **se recoiffer** *vpr* to do one's
hair again

recoin [ʀəkwɛ̃] *nm* nook, corner; *(fig)* hidden
recess
reçois *etc* [ʀəswa] *vb voir* **recevoir**
reçoive *etc* [ʀəswav] *vb voir* **recevoir**
recoller [ʀ(ə)kɔle] */1/ vt (enveloppe)* to stick back
down
récoltant, e [ʀekɔltɑ̃, -ɑ̃t] *nm/f* grower, farmer
▶ *adj voir* **propriétaire**
récolte [ʀekɔlt] *nf* harvesting, gathering;
(produits) harvest, crop; *(fig)* crop, collection;
(: d'observations) findings
récolter [ʀekɔlte] */1/ vt* to harvest, gather (in);
(fig) to get
recommandable [ʀ(ə)kɔmɑ̃dabl] *adj*
commendable; **peu ~** not very commendable
recommandation [ʀ(ə)kɔmɑ̃dasjɔ̃] *nf*
recommendation
recommandé [ʀ(ə)kɔmɑ̃de] *nm (méthode etc)*
recommended; *(Postes)* : **en ~** by registered mail
recommander [ʀ(ə)kɔmɑ̃de] */1/ vt* to
recommend; *(qualités etc)* to commend; *(Postes)*
to register; **~ qch à qn** to recommend sth to sb;
~ à qn de faire to recommend sb to do; **~ qn
auprès de qn** *ou* **à qn** to recommend sb to sb; **il
est recommandé de faire ...** it is
recommended that one does ...; **se ~ à qn** to
commend o.s. to sb; **se ~ de qn** to give sb's
name as a reference
recommencer [ʀ(ə)kɔmɑ̃se] */3/ vt (reprendre :
lutte, séance)* to resume, start again; *(refaire :
travail, explications)* to start afresh, start (over)
again; *(récidiver : erreur)* to make again ▶ *vi* to
start again; *(récidiver)* to do it again; **~ à faire** to
start doing again; **ne recommence pas !** don't
do that again!
récompense [ʀekɔ̃pɑ̃s] *nf* reward; *(prix)* award;
recevoir qch en ~ to get sth as a reward, be
rewarded with sth
récompenser [ʀekɔ̃pɑ̃se] */1/ vt* : **~ qn (de** *ou*
pour) to reward sb (for)
réconciliation [ʀekɔ̃siljasjɔ̃] *nf* reconciliation
réconcilier [ʀekɔ̃silje] */7/ vt* : **~ qn
avec qn** to reconcile sb with sb; **~ qn avec qch**
to reconcile sb to sth; **se réconcilier (avec)** *vpr*
to be reconciled (with)
reconductible [ʀ(ə)kɔ̃dyktibl] *adj (Jur : contrat,
bail)* renewable
reconduction [ʀ(ə)kɔ̃dyksjɔ̃] *nf* renewal; *(Pol :
d'une politique)* continuation
reconduire [ʀ(ə)kɔ̃dɥiʀ] */38/ vt (raccompagner)* to
take *ou* see back; *(: à la porte)* to show out; *(: à son
domicile)* to see home, take home; *(Jur, Pol :
renouveler)* to renew
réconfort [ʀekɔ̃fɔʀ] *nm* comfort
réconfortant, e [ʀekɔ̃fɔʀtɑ̃, -ɑ̃t] *adj (idée, paroles)*
comforting; *(boisson)* fortifying
réconforter [ʀekɔ̃fɔʀte] */1/ vt (consoler)* to
comfort; *(revigorer)* to fortify
reconnais *etc* [ʀ(ə)kɔne] *vb voir* **reconnaître**
reconnaissable [ʀ(ə)kɔnɛsabl] *adj* recognizable
reconnaissais [ʀ(ə)kɔnɛse] *vb voir* **reconnaître**
reconnaissance [ʀ(ə)kɔnɛsɑ̃s] *nf (action de
reconnaître)* recognition; acknowledgement;
(gratitude) gratitude, gratefulness; *(Mil)*
reconnaissance, recce; **en ~** *(Mil)* on

reconnaissance; ~ **de dette** acknowledgement of a debt, IOU

reconnaissant, e [ʀ(ə)kɔnɛsɑ̃, -ɑ̃t] *vb voir* **reconnaître** ▶ *adj* grateful; **je vous serais ~ de bien vouloir** I should be most grateful if you would (kindly)

reconnaître [ʀ(ə)kɔnɛtʀ] **/57/** *vt* to recognize; *(Mil : lieu)* to reconnoitre; *(Jur : enfant, dette, droit)* to acknowledge; ~ **que** to admit *ou* acknowledge that; ~ **qn/qch à** *(l'identifier grâce à)* to recognize sb/sth by; **je lui reconnais certaines qualités** I recognize certain qualities in him; **se ~ quelque part** *(s'y retrouver)* to find one's way around (a place)

reconnu, e [ʀ(ə)kɔny] *pp de* **reconnaître** ▶ *adj (indiscuté, connu)* recognized

reconquérir [ʀ(ə)kɔ̃keʀiʀ] **/21/** *vt* to reconquer, recapture; *(sa dignité etc)* to recover

reconquête [ʀ(ə)kɔ̃kɛt] *nf* recapture; recovery

reconsidérer [ʀ(ə)kɔ̃sideʀe] **/6/** *vt* to reconsider

reconstituant, e [ʀ(ə)kɔ̃stitɥɑ̃, -ɑ̃t] *adj (régime)* strength-building ▶ *nm* tonic, pick-me-up

reconstituer [ʀ(ə)kɔ̃stitɥe] **/1/** *vt (monument ancien)* to recreate, build a replica of; *(fresque, vase brisé)* to piece together, reconstitute; *(événement, accident)* to reconstruct; *(fortune, patrimoine)* to rebuild; *(Bio : tissus etc)* to regenerate

reconstitution [ʀ(ə)kɔ̃stitysjɔ̃] *nf (d'un accident etc)* reconstruction

reconstruction [ʀ(ə)kɔ̃stʀyksjɔ̃] *nf* rebuilding, reconstruction

reconstruire [ʀ(ə)kɔ̃stʀɥiʀ] **/38/** *vt* to rebuild, reconstruct

recontacter [ʀ(ə)kɔ̃takte] *vt* to contact again, to get back in touch with

reconversion [ʀ(ə)kɔ̃vɛʀsjɔ̃] *nf (du personnel)* redeployment

reconvertir [ʀ(ə)kɔ̃vɛʀtiʀ] **/2/** *vt (usine)* to reconvert; *(personnel, troupes etc)* to redeploy; **se ~ dans** *(un métier, une branche)* to move into, be redeployed into

recopier [ʀ(ə)kɔpje] **/7/** *vt (transcrire)* to copy out again, write out again; *(mettre au propre : devoir)* to make a clean *ou* fair copy of

record [ʀ(ə)kɔʀ] *nm, adj* record; ~ **du monde** world record

recoucher [ʀ(ə)kuʃe] **/1/** *vt (enfant)* to put back to bed

recoudre [ʀ(ə)kudʀ] **/48/** *vt (bouton)* to sew back on; *(plaie, incision)* to sew (back) up, stitch up

recoupement [ʀ(ə)kupmɑ̃] *nm :* **faire un ~** *ou* **des recoupements** to cross-check; **par ~** by cross-checking

recouper [ʀ(ə)kupe] **/1/** *vt (tranche)* to cut again; *(vêtement)* to recut ▶ *vi (Cartes)* to cut again; **se recouper** *vpr (témoignages)* to tie *ou* match up

recourais *etc* [ʀəkuʀɛ] *vb voir* **recourir**

recourbé, e [ʀ(ə)kuʀbe] *adj* curved; hooked; bent

recourber [ʀ(ə)kuʀbe] **/1/** *vt (branche, tige de métal)* to bend; **se recourber** *vpr* to curve (up), bend (up)

recourir [ʀ(ə)kuʀiʀ] **/11/** *vt :* ~ **à** *(ami, agence)* to turn *ou* appeal to; *(force, ruse, emprunt)* to resort to,

have recourse to ▶ *vi (courir de nouveau)* to run again; *(refaire une course)* to race again

recours [ʀ(ə)kuʀ] *vb voir* **recourir** ▶ *nm (Jur)* appeal; **avoir ~ à = recourir à; en dernier ~** as a last resort; **sans ~** final; with no way out; ~ **en grâce** plea for clemency *(ou pardon)*

recouru, e [ʀəkuʀy] *pp de* **recourir**

recousu, e [ʀəkuzy] *pp de* **recoudre**

recouvert, e [ʀəkuvɛʀ, -ɛʀt] *pp de* **recouvrir**

recouvrable [ʀ(ə)kuvʀabl] *adj (somme)* recoverable

recouvrais *etc* [ʀəkuvʀɛ] *vb voir* **recouvrer**; **recouvrir**

recouvrement [ʀ(ə)kuvʀəmɑ̃] *nm* recovery

recouvrer [ʀ(ə)kuvʀe] **/1/** *vt (vue, santé etc)* to recover, regain; *(impôts)* to collect; *(créance)* to recover

recouvrir [ʀ(ə)kuvʀiʀ] **/18/** *vt (couvrir à nouveau)* to re-cover; *(couvrir entièrement : aussi fig)* to cover; *(cacher, masquer)* to conceal, hide; **se recouvrir** *vpr (se superposer)* to overlap

recracher [ʀ(ə)kʀaʃe] **/1/** *vt* to spit out

récréatif, -ive [ʀekʀeatif, -iv] *adj* of entertainment; recreational

récréation [ʀekʀeasjɔ̃] *nf* recreation, entertainment; *(Scol)* break

recréditer [ʀ(ə)kʀedite] *vt (compte, carte)* to recredit

recréer [ʀ(ə)kʀee] **/1/** *vt* to recreate

récrier [ʀekʀije] **/7/** : **se récrier** *vpr* to exclaim

récriminations [ʀekʀiminasjɔ̃] *nfpl* remonstrations, complaints

récriminer [ʀekʀimine] **/1/** *vi :* ~ **contre qn/qch** to remonstrate against sb/sth

recroquevillé, e [ʀ(ə)kʀɔk(ə)vije] *adj (personne)* curled up; *(feuilles)* shrivelled up, curled up

recroqueviller [ʀ(ə)kʀɔk(ə)vije] **/1/** : **se recroqueviller** *vpr (feuilles)* to curl *ou* shrivel up; *(personne)* to huddle up

recru, e [ʀəkʀy] *adj :* ~ **de fatigue** exhausted ▶ *nf* recruit

recrudescence [ʀ(ə)kʀydesɑ̃s] *nf* fresh outbreak

recrue [ʀəkʀy] *nf* recruit; **une nouvelle ~** a new recruit

recrutement [ʀ(ə)kʀytmɑ̃] *nm* recruiting, recruitment

recruter [ʀ(ə)kʀyte] **/1/** *vt* to recruit

recruteur, -euse [ʀ(ə)kʀytœʀ, -øz] *nm/f* recruiter

rectal, e, -aux [ʀɛktal, -o] *adj :* **par voie rectale** rectally

rectangle [ʀɛktɑ̃gl] *nm* rectangle

rectangulaire [ʀɛktɑ̃gylɛʀ] *adj* rectangular

recteur [ʀɛktœʀ] *nm ≈* (regional) director of education *(Brit)*, ≈ state superintendent of education *(US)*

rectificatif, -ive [ʀɛktifikatif, -iv] *adj* corrected ▶ *nm* correction

rectification [ʀɛktifikasjɔ̃] *nf* correction

rectifier [ʀɛktifje] **/7/** *vt (tracé, virage)* to straighten; *(calcul, adresse)* to correct; *(erreur, faute)* to rectify, put right

rectiligne [ʀɛktiliɲ] *adj* straight; *(Géom)* rectilinear

rectitude – redite

rectitude [ʀɛktityd] *nf* rectitude, uprightness
recto [ʀɛkto] *nm* front *(of a sheet of paper)*; **~ verso** on both sides (of the page)
rectorat [ʀɛktɔʀa] *nm (fonction) position of recteur*; *(bureau) recteur's office*; *voir aussi* **recteur**
rectum [ʀɛktɔm] *nm* rectum
reçu, e [ʀ(ə)sy] *pp de* **recevoir** ▸ *adj (candidat)* successful; *(admis, consacré)* accepted; **être ~** *(à un examen)* to pass; **être bien/mal ~** to be well/badly received ▸ *nm (Comm)* receipt
recueil [ʀəkœj] *nm* collection
recueillement [ʀ(ə)kœjmɑ̃] *nm* meditation, contemplation
recueilli, e [ʀ(ə)kœji] *adj* contemplative
recueillir [ʀ(ə)kœjiʀ] **/12/** *vt* to collect; *(voix, suffrages)* to win; *(accueillir : réfugiés, chat)* to take in; **se recueillir** *vpr* to gather one's thoughts; to meditate
recuire [ʀ(ə)kɥiʀ] **/38/** *vi* : **faire ~** to recook
recul [ʀ(ə)kyl] *nm* retreat, recession; *(déclin)* decline; *(éloignement)* distance; *(d'arme à feu)* recoil, kick; **avoir un mouvement de ~** to recoil, start back; **prendre du ~** to stand back; **être en ~** to be on the decline; **avec le ~** with the passing of time, in retrospect
reculade [ʀ(ə)kylad] *nf (péj)* climb-down
reculé, e [ʀ(ə)kyle] *adj* remote
reculer [ʀ(ə)kyle] **/1/** *vi* to move back, back away; *(Auto)* to reverse, back (up); *(fig : civilisation, épidémie)* to (be on the) decline; *(: se dérober)* to shrink back; **~ devant** *(danger, difficulté)* to shrink from; **pour mieux sauter** *(fig)* to postpone the evil day ▸ *vt* to move back; *(véhicule)* to reverse, back (up); *(fig : possibilités, limites)* to extend; *(: date, décision)* to postpone
reculons [ʀ(ə)kylɔ̃] : **à ~** *adv* backwards
récupérable [ʀekypeʀabl] *adj (créance)* recoverable; *(heures)* which can be made up; *(ferraille)* salvageable
récupérateur, -trice [ʀekypeʀatœʀ, -tʀis] *nm/f (de métaux)* scrap merchant ▸ *adj (Football)* : **milieu ~** central midfielder
récupération [ʀekypeʀasjɔ̃] *nf (de métaux etc)* salvage, reprocessing; *(Pol)* hijacking *(of policies)*
récupérer [ʀekypeʀe] **/6/** *vt (rentrer en possession de)* to recover, get back; *(: forces)* to recover; *(déchets etc)* to salvage (for reprocessing); *(remplacer : journée, heures de travail)* to make up; *(délinquant etc)* to rehabilitate; *(Pol)* to hijack *(policies)* ▸ *vi* to recover
récurer [ʀekyʀe] **/1/** *vt* to scour; **poudre à ~** scouring powder
récurrence [ʀekyʀɑ̃s] *nf* recurrence
récurrent, e [ʀekyʀɑ̃, -ɑ̃t] *adj (problème)* recurrent
reçus etc [ʀəsy] *vb voir* **recevoir**
récusable [ʀekyzabl] *adj (témoin)* challengeable; *(témoignage)* impugnable
récusation [ʀekyzasjɔ̃] *nf (Jur : d'idée, principe)* challenging
récuser [ʀekyze] **/1/** *vt* to challenge; **se récuser** *vpr* to decline to give an opinion
reçut [ʀ(ə)sy] *vb voir* **recevoir**
recyclable [ʀ(ə)siklabl] *adj* recyclable

recyclage [ʀ(ə)sikla3] *nm* reorientation; retraining; recycling; **cours de ~** retraining course
recycler [ʀ(ə)sikle] **/1/** *vt (Scol)* to reorientate; *(employés)* to retrain; *(matériau)* to recycle; **se recycler** *vpr* to retrain; to go on a retraining course
rédacteur, -trice [ʀedaktœʀ, -tʀis] *nm/f (journaliste)* writer; subeditor; *(d'ouvrage de référence)* editor, compiler; **~ en chef** chief editor; **~ publicitaire** copywriter
rédaction [ʀedaksjɔ̃] *nf* writing; *(rédacteurs)* editorial staff; *(bureau)* editorial office(s); *(Scol : devoir)* essay, composition
rédactionnel, le [ʀedaksjɔnɛl] *adj (Presse : équipe, ligne)* editorial; *(capacités)* writing; **d'excellentes capacités rédactionnelles** excellent writing skills
reddition [ʀedisjɔ̃] *nf* surrender
redécoller [ʀ(ə)dekɔle] *vi (avion, ventes)* to take off again
redécouvrir [ʀ(ə)dekuvʀiʀ] *vt* to rediscover
redéfinir [ʀ(ə)definiʀ] **/2/** *vt* to redefine
redéfinition [ʀ(ə)definisjɔ̃] *nf* redefinition
redemander [ʀədmɑ̃de] **/1/** *vt (renseignement)* to ask again for; *(objet prêté)* : **~ qch** to ask for sth back; **~ de** *(nourriture)* to ask for more *(ou another)*
redémarrage [ʀ(ə)demaʀa3] *nm (de machine : aussi : Inform)* restarting; *(fig)* : **un ~ de qch** *(industrie, activité)* an upturn in sth
redémarrer [ʀ(ə)demaʀe] **/1/** *vi (véhicule)* to start again, get going again; *(ordinateur)* to restart; *(fig : industrie)* to get going again
rédemption [ʀedɑ̃psjɔ̃] *nf* redemption
redéploiement [ʀ(ə)deplwamɑ̃] *nm* redeployment
redescendre [ʀ(ə)desɑ̃dʀ] **/41/** *vi (à nouveau)* to go back down; *(après la montée)* to go down (again) ▸ *vt (pente etc)* to go down
redevable [ʀ(ə)dəvabl] *adj* : **être ~ de qch à qn** *(somme)* to owe sb sth; *(fig)* to be indebted to sb for sth
redevance [ʀ(ə)dəvɑ̃s] *nf (Tél)* rental charge; *(TV)* licence *(Brit)* ou license *(US)* fee
redevenir [ʀ(ə)dəv(ə)niʀ] **/22/** *vi* to become again
rédhibitoire [ʀedibitwaʀ] *adj* : **vice ~** *(Jur)* latent defect in merchandise that renders the sales contract void; *(fig : défaut)* crippling
rediffuser [ʀ(ə)difyze] **/1/** *vt (Radio, TV)* to repeat, broadcast again
rediffusion [ʀ(ə)difyzjɔ̃] *nf* repeat (programme)
rédiger [ʀedi3e] **/3/** *vt* to write; *(contrat)* to draw up
redire [ʀ(ə)diʀ] **/37/** *vt* to repeat; **trouver à ~ à** to find fault with
redistribuer [ʀ(ə)distʀibɥe] **/1/** *vt (cartes etc)* to deal again; *(richesses, tâches, revenus)* to redistribute
redistribution [ʀ(ə)distʀibysjɔ̃] *nf (de richesses, revenus)* redistribution; *(de tâches)* reallocation; **~ des cartes** redeal; *(fig)* new situation; *(politique)* new order
redite [ʀ(ə)dit] *nf* (needless) repetition

redondance [ʀ(ə)dɔ̃dɑ̃s] *nf* redundancy
redondant, e [ʀədɔ̃dɑ̃, ɑ̃t] *adj* redundant
redonner [ʀ(ə)dɔne] /**1**/ *vt* (*restituer*) to give back, return; (*du courage, des forces*) to restore
redorer [ʀ(ə)dɔʀe] *vt* to regild; ~ **son blason** (*fig*) to restore one's image
redoublant, e [ʀ(ə)dublɑ̃, -ɑ̃t] *nm/f* (*Scol*) student repeating a year
redoublé, e [ʀəduble] *adj*: **à coups redoublés** even harder, twice as hard
redoublement [ʀ(ə)dubləmɑ̃] *nm* (*Scol*) repeating a year; (*intensification*) : ~ **d'effort/d'attention** increased effort/ attention; (*Ling : de lettre*) doubling
redoubler [ʀ(ə)duble] /**1**/ *vi* (*tempête, violence*) to intensify, get even stronger *ou* fiercer *etc*; (*Scol*) to repeat a year; **le vent redouble de violence** the wind is blowing twice as hard; ~ **de patience/prudence** to be doubly patient/ careful ▶ *vt* (*Scol : classe*) to repeat; (*Ling : lettre*) to double
redoutable [ʀ(ə)dutabl] *adj* formidable, fearsome
redouter [ʀ(ə)dute] /**1**/ *vt* to fear; (*appréhender*) to dread; ~ **de faire** to dread doing
redoux [ʀədu] *nm* milder spell
redressement [ʀ(ə)dʀɛsmɑ̃] *nm* (*économique*) recovery; (*de l'économie etc*) putting right; **maison de** ~ reformatory; ~ **fiscal** repayment of back taxes
redresser [ʀ(ə)dʀese] /**1**/ *vt* (*arbre, mât*) to set upright, right; (*pièce tordue*) to straighten out; (*Aviat, Auto*) to straighten up; (*situation, économie*) to put right; ~ **(les roues)** (*Auto*) to straighten up; **se redresser** *vpr* (*objet penché*) to right itself; to straighten up; (*personne*) to sit (*ou* stand) up; to sit (*ou* stand) up straight; (*fig : pays, situation*) to recover
redresseur [ʀ(ə)dʀesœʀ] *nm* : ~ **de torts** righter of wrongs
réducteur, -trice [ʀedyktœʀ, -tʀis] *adj* simplistic
réduction [ʀedyksjɔ̃] *nf* reduction; **en** ~ *adv* in miniature, scaled-down
réduire [ʀedɥiʀ] /**38**/ *vt* (*gén, Culin, Math*) to reduce; (*prix, dépenses*) to cut, reduce; (*carte*) to scale down, reduce; (*Méd : fracture*) to set; ~ **qn/ qch à** to reduce sb/sth to; **se réduire à** *vpr* : **se** ~ **à** (*revenir à*) to boil down to; **se** ~ **en** (*se transformer en*) to be reduced to; **en être réduit à** to be reduced to
réduit, e [ʀedɥi, -it] *pp de* **réduire** ▶ *adj* (*prix, tarif, échelle*) reduced; (*mécanisme*) scaled-down; (*vitesse*) reduced ▶ *nm* tiny room; recess
redynamiser [ʀ(ə)dinamize] *vt* to make more dynamic
rééchelonnement [ʀeeʃ(ə)lɔnmɑ̃] *nm* (*de dette*) rescheduling
rééchelonner [ʀeeʃ(ə)lɔne] *vt* (*dette*) to reschedule
rééditer [ʀeedite] /**1**/ *vt* to republish; (*fig : exploit*) to repeat
réédition [ʀeedisjɔ̃] *nf* new edition
rééducation [ʀeedykasjɔ̃] *nf* (*d'un membre*) re-education; (*de délinquants, d'un blessé*)

rehabilitation; ~ **de la parole** speech therapy; **centre de** ~ physiotherapy *ou* physical therapy (*US*) centre
rééduquer [ʀeedyke] /**1**/ *vt* to reeducate; to rehabilitate
réel, le [ʀeel] *adj* real ▶ *nm* : **le** ~ reality
réélection [ʀeelɛksjɔ̃] *nf* re-election
rééligible [ʀeeliʒibl] *adj* re-eligible
réélire [ʀeeliʀ] /**43**/ *vt* to re-elect
réellement [ʀeelmɑ̃] *adv* really
réembaucher [ʀeɑ̃boʃe] /**1**/ *vt* to take on again
réemploi [ʀeɑ̃plwa] *nm* = **remploi**
réemployer [ʀeɑ̃plwaje] /**8**/ *vt* (*méthode, produit*) to re-use; (*argent*) to reinvest; (*personnel, employé*) to re-employ
rééquilibrer [ʀeekilibʀe] /**1**/ *vt* (*budget*) to balance (again)
réescompte [ʀeeskɔ̃t] *nm* rediscount
réessayer [ʀeeseje] /**8**/ *vt* to try on again
réévaluation [ʀeevalɥasjɔ̃] *nf* revaluation
réévaluer [ʀeevalɥe] /**1**/ *vt* to revalue
réexamen [ʀeɛgzamɛ̃] *nm* (*de dossier*) re-examination; (*de demande*) reconsideration
réexaminer [ʀeɛgzamine] /**1**/ *vt* (*dossier*) to re-examine; (*demande*) to reconsider
réexpédier [ʀeɛkspedje] /**7**/ *vt* (*à l'envoyeur*) to return, send back; (*au destinataire*) to send on, forward
réexporter [ʀeɛkspɔʀte] /**1**/ *vt* to re-export
réf. *abr* = **référence(s)**; **V/réf.** Your ref
refaire [ʀ(ə)fɛʀ] /**60**/ *vt* (*faire de nouveau, recommencer*) to do again; (*sport*) to take up again; (*réparer, restaurer*) to do up; **se refaire** *vpr* (*en argent*) to make up one's losses; **se** ~ **une santé** to recuperate; **se** ~ **à qch** (*se réhabituer à*) to get used to sth again
refasse *etc* [ʀəfas] *vb voir* **refaire**
réfection [ʀefɛksjɔ̃] *nf* repair; **en** ~ under repair
réfectoire [ʀefɛktwaʀ] *nm* refectory
referai *etc* [ʀ(ə)fʀe] *vb voir* **refaire**
référé [ʀefere] *nm* (*Jur*) emergency interim proceedings *ou* ruling
référence [ʀefeʀɑ̃s] *nf* reference; **faire** ~ **à** to refer to; **ouvrage de** ~ reference work; **ce n'est pas une** ~ (*fig*) that's no recommendation; **références** *nfpl* (*recommandations*) reference *sg*
référencement [ʀefeʀɑ̃smɑ̃] *nm* (*Internet : de site Web*) referencing
référencer [ʀefeʀɑ̃se] *vt* (*Internet : site Web, produit*) to reference
référendum [ʀefeʀɑ̃dɔm] *nm* referendum
référer [ʀefeʀe] /**6**/ : **se référer** *vpr* : **se** ~ **à** to refer to; **en** ~ **à qn** to refer the matter to sb
refermer [ʀ(ə)fɛʀme] /**1**/ *vt* to close again, shut again; **se refermer** *vpr* (*porte*) to close *ou* shut (again)
refiler [ʀ(ə)file] /**1**/ *vt* (*fam*) : ~ **qch à qn** to palm (*Brit*) *ou* fob sth off on sb; to pass sth on to sb
refit *etc* [ʀəfi] *vb voir* **refaire**
réfléchi, e [ʀefleʃi] *adj* (*caractère*) thoughtful; (*action*) well-thought-out; (*Ling*) reflexive; **c'est tout** ~ my mind's made up
réfléchir [ʀefleʃiʀ] /**2**/ *vt* to reflect ▶ *vi* to think; ~ **à** *ou* **sur** to think about
réflecteur, e [ʀeflɛktœʀ] *nm* (*Auto*) reflector

r

reflet – regarder

reflet [R(ə)flɛ] *nm* reflection; (*sur l'eau etc*) sheen *no pl*, glint; **reflets** *nmpl* gleam *sg*

refléter [R(ə)flete] /6/ *vt* to reflect; **se refléter** *vpr* to be reflected

refleurir [R(ə)flœriR] *vi* (*plante*) to flower again; (*fig*) to flourish again

réflex [Reflɛks] *adj inv* (*Photo*) reflex

réflexe [Reflɛks] *adj*, *nm* reflex; **~ conditionné** conditioned reflex

réflexion [Reflɛksjɔ̃] *nf* (*de la lumière etc*, *pensée*) reflection; (*fait de penser*) thought; (*remarque*) remark; **sans ~** without thinking; **~ faite**, **à la ~**, **après ~** on reflection; **délai de ~** cooling-off period; **groupe de ~** think tank; **réflexions** *nfpl* (*méditations*) thought *sg*, reflection *sg*

réflexologie [Reflɛksɔlɔʒi] *nf* reflexology

refluer [R(ə)flye] /1/ *vi* to flow back; (*foule*) to surge back

reflux [Rəfly] *nm* (*de la mer*) ebb; (*fig*) backward surge

refondation [R(ə)fɔ̃dasjɔ̃] *nf* (*de parti, institution*) reorganization

refondre [R(ə)fɔ̃dR] /41/ *vt* (*texte*) to recast

refont [R(ə)fɔ̃] *vb voir* **refaire**

refonte [R(ə)fɔ̃t] *nf* (*de texte*) reworking

reformater [R(ə)fɔRmate] /1/ *vt* to reformat

réformateur, -trice [RefɔRmatœR, -tRis] *nm/f* reformer ▶ *adj* (*mesures*) reforming

Réformation [RefɔRmasjɔ̃] *nf* : **la ~** the Reformation

réforme [RefɔRm] *nf* reform; (*Mil*) declaration of unfitness for service; discharge (*on health grounds*); (*Rel*) : **la R~** the Reformation

réformé, e [RefɔRme] *adj*, *nm/f* (*Rel*) Protestant

reformer [R(ə)fɔRme] /1/ *vt*, **se reformer** *vpr* to reform; **~ les rangs** (*Mil*) to fall in again

réformer [RefɔRme] /1/ *vt* to reform; (*Mil* : *recrue*) to declare unfit for service; (: *soldat*) to discharge, invalid out; (*matériel*) to scrap

réformisme [RefɔRmism] *nm* reformism, policy of reform

réformiste [RefɔRmist] *adj*, *nmf* (*Pol*) reformist

reformuler [R(ə)fɔRmyle] *vt* (*question*) to reword, to rephrase; (*redéfinir*) to reformulate

refoulé, e [R(ə)fule] *adj* (*Psych*) repressed

refoulement [R(ə)fulmɑ̃] *nm* (*d'une armée*) driving back; (*Psych*) repression

refouler [R(ə)fule] /1/ *vt* (*envahisseurs*) to drive back, repulse; (*liquide, larmes*) to force back; (*fig*) to suppress; (*Psych* : *désir, colère*) to repress

réfractaire [RefRaktɛR] *adj* (*minerai*) refractory; (*brique*) fire *cpd*; (*maladie*) which is resistant to treatment; (*prêtre*) nonjuring; **soldat ~** draft evader; **être ~ à** to resist

réfracter [Refrakte] /1/ *vt* to refract

réfraction [Refraksjɔ̃] *nf* refraction

refrain [R(ə)frɛ̃] *nm* (*Mus*) refrain, chorus; (*air, fig*) tune

refréner, réfréner [RəfRene, RefRene] /6/ *vt* to curb, check

réfrigérant, e [RefRiʒerɑ̃, -ɑ̃t] *adj* refrigerant, cooling

réfrigérateur [RefRiʒeratœR] *nm* refrigerator; **~-congélateur** fridge-freezer

réfrigération [RefRiʒerasjɔ̃] *nf* refrigeration

réfrigéré, e [RefRiʒere] *adj* (*camion, wagon*) refrigerated

réfrigérer [RefRiʒere] /6/ *vt* to refrigerate; (*fam* : *glacer* : *aussi fig*) to cool

refroidir [R(ə)fRwadiR] /2/ *vt* to cool; (*fig*) to have a cooling effect on; (: *personne*) to put off ▶ *vi* to cool (down); **se refroidir** *vpr* (*prendre froid*) to catch a chill; (*temps*) to get cooler *ou* colder; (*fig* : *ardeur*) to cool (off)

refroidissement [R(ə)fRwadismɑ̃] *nm* cooling; (*grippe etc*) chill

refuge [R(ə)fyʒ] *nm* refuge; (*pour piétons*) (traffic) island; **demander ~ à qn** to ask sb for refuge

réfugié, e [Refyʒje] *adj*, *nm/f* refugee

réfugier [Refyʒje] /7/ : **se réfugier** *vpr* to take refuge

refus [R(ə)fy] *nm* refusal; **ce n'est pas de ~** I won't say no, it's very welcome

refuser [R(ə)fyze] /1/ *vt* to refuse; (*Scol* : *candidat*) to fail; **~ qch à qn/de faire** to refuse sb sth/to do; **~ du monde** to have to turn people away ▶ *vi* to refuse; **se refuser** *vpr* : **se ~ à qch** *ou* **à faire qch** to refuse to do sth; **il ne se refuse rien** he doesn't stint himself; **se ~ à qn** to refuse sb

réfutable [Refytabl] *adj* refutable

réfuter [Refyte] /1/ *vt* to refute

regagner [R(ə)ɡaɲe] /1/ *vt* (*argent, faveur*) to win back; (*lieu*) to get back to; **~ le temps perdu** to make up for lost time; **~ du terrain** to regain ground

regain [Rəɡɛ̃] *nm* (*herbe*) second crop of hay; (*renouveau*) : **~ de qch** renewed sth

régal [Reɡal] *nm* treat; **un ~ pour les yeux** a pleasure *ou* delight to look at

régalade [Reɡalad] *adv* : **à la ~** from the bottle (held away from the lips)

régaler [Reɡale] /1/ *vt* : **~ qn** to treat sb to a delicious meal; **~ qn de** to treat sb to; **se régaler** *vpr* to have a delicious meal; (*fig*) to enjoy o.s.

régalien, ne [Reɡaljɛ̃, -jɛn] *adj* kingly

regard [R(ə)ɡaR] *nm* (*coup d'œil*) look, glance; (*expression*) look (in one's eye); **parcourir/menacer du ~** to cast an eye over/look threateningly at; **au ~ de** (*loi, morale*) from the point of view of; **en ~** (*vis à vis*) opposite; **en ~ de** in comparison with

regardant, e [R(ə)ɡaRdɑ̃, -ɑ̃t] *adj* : **très/peu ~ (sur)** quite fussy/very free (about); (*économe*) very tight-fisted/quite generous (with)

regarder [R(ə)ɡaRde] /1/ *vt* (*examiner, observer, lire*) to look at; (*film, télévision, match*) to watch; (*envisager* : *situation, avenir*) to view; (*être orienté vers*) : **~ (vers)** to face; (*concerner*) to concern; **~ (qch) dans le dictionnaire** to look (sth up) in the dictionary; **cela me regarde** it concerns me, it's my business ▶ *vi* to look; **~ par la fenêtre** to look out of the window; **~ à** (*dépense, qualité*) to be fussy with *ou* over; **dépenser sans ~** to spend freely; **ne pas ~ à la dépense** to spare no expense; **se regarder** *vpr* : **se ~ dans les yeux** to look into each other's eyes; **se ~ en chiens de faïence** to glare at each other

régate [Regat] *nf*, **régates** *fpl* regatta
régénérateur, -trice [Reʒeneratœr, -tris] *adj* regenerative
régénérer [Reʒenere] **/6/** *vt* to regenerate; (*fig*) to revive; **se régénérer** *vpr* (*cellules*) to regenerate
régent [Reʒɑ̃] *nm* regent
régenter [Reʒɑ̃te] **/1/** *vt* to rule over; to dictate to
régie [Reʒi] *nf* (*Comm, Industrie*) state-owned company; (*Théât, Ciné*) production; (*Radio, TV*) control room; **la ~ de l'État** state control
regimber [R(ə)ʒɛ̃be] **/1/** *vi* to balk, jib
régime [Reʒim] *nm* (*Pol*) régime; (*Admin : carcéral, fiscal etc*) system; (*Méd*) diet; (*Tech*) (engine) speed; (*fig*) rate, pace; (*de bananes, dattes*) bunch; **se mettre au/suivre un ~** to go on/be on a diet; **~ sans sel** salt-free diet; **à bas/haut ~** (*Auto*) at low/high revs; **à plein ~** flat out, at full speed; **~ matrimonial** marriage settlement
régiment [Reʒimɑ̃] *nm* (*Mil : unité*) regiment; (*fig : fam*) : **un ~ de** an army of; **un copain de ~** a pal from military service *ou* (one's) army days
région [Reʒjɔ̃] *nf* region; **la ~ parisienne** the Paris area
régional, e, -aux [Reʒjɔnal, -o] *adj* regional
régionalisation [Reʒjɔnalizasjɔ̃] *nf* regionalisation
régionalisme [Reʒjɔnalism] *nm* regionalism
régir [Reʒir] **/2/** *vt* to govern
régisseur [Reʒisœr] *nm* (*d'un domaine*) steward; (*Ciné, TV*) assistant director; (*Théât*) stage manager
registre [Reʒistr] *nm* (*livre*) register; logbook; ledger; (*Mus, Ling*) register; (*d'orgue*) stop; **~ de comptabilité** ledger; **~ de l'état civil** register of births, marriages and deaths
réglable [Reglabl] *adj* (*siège, flamme etc*) adjustable; (*achat*) payable
réglage [Regla3] *nm* (*d'une machine*) adjustment; (*d'un moteur*) tuning
règle [Regl] *nf* (*instrument*) ruler; (*loi, prescription*) rule; **avoir pour ~ de** to make it a rule that *ou* to; **en ~** (*papiers d'identité*) in order; **être/se mettre en ~** to be/put o.s. straight with the authorities; **en ~ générale** as a (general) rule; **être la ~** to be the rule; **être de ~** to be usual; **~ à calcul** slide rule; **~ de trois** (*Math*) rule of three; **règles** *nfpl* (*Physiol*) period *sg*
réglé, e [Regle] *adj* well-ordered; stable, steady; (*papier*) ruled; (*arrangé*) settled
règlement [Reglǝmɑ̃] *nm* settling; (*paiement*) settlement; (*arrêté*) regulation; (*règles, statuts*) regulations *pl*, rules *pl*; **~ à la commande** cash with order; **~ de compte(s)** settling of scores; **~ en espèces/par chèque** payment in cash/by cheque; **~ intérieur** (*Scol*) school rules *pl*; (*Admin*) by-laws *pl*; **~ judiciaire** compulsory liquidation
réglementaire [Reglǝmɑ̃ter] *adj* conforming to the regulations; (*tenue, uniforme*) regulation *cpd*
réglementation [Reglǝmɑ̃tasjɔ̃] *nf* regulation, control; (*règlements*) regulations *pl*
réglementer [Reglǝmɑ̃te] **/1/** *vt* to regulate, control
régler [Regle] **/6/** *vt* (*mécanisme, machine*) to regulate, adjust; (*moteur*) to tune; (*thermostat*) to

set, adjust; (*emploi du temps*) to organize, plan; (*question, conflit, facture, dette*) to settle; (*fournisseur*) to settle up with, pay; (*papier*) to rule; **~ qch sur** to model sth on; **~ son compte à qn** to sort sb out, settle sb; **~ un compte** to settle a score; **se régler** *vpr* (*mécanisme, thermostat*) to be set; **ça se règle comment ?** how do you set it?
réglisse [Reglis] *nm ou f* liquorice; **bâton de ~** liquorice stick
règne [Rɛɲ] *nm* (*d'un roi etc, fig*) reign; (*Bio*) : **le ~ végétal/animal** the vegetable/animal kingdom
régner [Reɲe] **/6/** *vi* (*roi*) to rule, reign; (*fig*) to reign
regonfler [R(ə)gɔ̃fle] **/1/** *vt* (*ballon, pneu*) to reinflate, blow up again
regorger [R(ə)gɔrʒe] **/3/** *vi* to overflow; **~ de** to overflow with, be bursting with
régresser [Regrese] **/1/** *vi* (*phénomène*) to decline; (*enfant, malade*) to regress
régressif, -ive [Regresif, -iv] *adj* regressive
régression [Regresjɔ̃] *nf* decline; regression; **être en ~** to be on the decline
regret [R(ə)gre] *nm* regret; **à ~** with regret; **avec ~** regretfully; **sans ~** with no regrets; **être au ~ de devoir/ne pas pouvoir faire** to regret to have to/that one is unable to do; **j'ai le ~ de vous informer que ...** I regret to inform you that ...
regrettable [R(ə)gretabl] *adj* regrettable
regretter [R(ə)grete] **/1/** *vt* to regret; (*personne*) to miss; **~ d'avoir fait** to regret doing; **~ que** to regret that, be sorry that; **non, je regrette** no, I'm sorry
regroupement [R(ə)grupmɑ̃] *nm* grouping together; (*groupe*) group
regrouper [R(ə)grupe] **/1/** *vt* (*grouper*) to group together; (*contenir*) to include, comprise; **se regrouper** *vpr* to gather together
régularisation [Regylarizasjɔ̃] *nf* (*de papiers, passeport*) putting in order; (*de sa situation : par le mariage*) regularization; (*d'un mécanisme*) regulation
régulariser [Regylarize] **/1/** *vt* (*fonctionnement, trafic*) to regulate; (*passeport, papiers*) to put in order; (*sa situation*) to straighten out, regularize
régularité [Regylarite] *nf* regularity
régulateur, -trice [Regylatœr, -tris] *adj* regulating ▸ *nm* (*Tech*) : **~ de vitesse/de température** speed/temperature regulator
régulation [Regylasjɔ̃] *nf* (*du trafic*) regulation; **~ des naissances** birth control
réguler [Regyle] *vt* (*marché, température*) to regulate
régulier, -ière [Regylje, -jɛr] *adj* (*gén*) regular; (*vitesse, qualité*) steady; (*répartition, pression*) even; (*Transports : ligne, service*) scheduled, regular; (*légal, réglementaire*) lawful, in order; (*fam : correct*) straight, on the level
régulièrement [Regyljɛrmɑ̃] *adv* regularly; steadily; evenly; normally
régurgiter [Regyrʒite] **/1/** *vt* to regurgitate
réhabiliter [Reabilite] **/1/** *vt* to rehabilitate; (*fig*) to restore to favour (*Brit*) *ou* favor (*US*)

r

réhabituer [ʀeabitɥe] /1/ vt : **se ~ à qch/à faire qch** to get used to sth again/to doing sth again

rehausser [ʀəose] /1/ vt (relever) to heighten, raise; (fig : souligner) to set off, enhance

réhydrater [ʀeidʀate] vt to rehydrate

réimporter [ʀeɛ̃pɔʀte] /1/ vt to reimport

réimposer [ʀeɛ̃poze] /1/ vt (Finance) to reimpose; to tax again

réimpression [ʀeɛ̃pʀesjɔ̃] nf reprinting; (ouvrage) reprint

réimprimer [ʀeɛ̃pʀime] /1/ vt to reprint

Reims [ʀɛ̃s] n Rheims

rein [ʀɛ̃] nm kidney; **~ artificiel** kidney machine; **reins** nmpl (dos) back sg; **avoir mal aux reins** to have backache

réincarnation [ʀeɛ̃kaʀnasjɔ̃] nf reincarnation

réincarner [ʀeɛ̃kaʀne] /1/ : **se réincarner** vpr to be reincarnated

reine [ʀɛn] nf queen

reine-claude [ʀɛnklod] (pl **reines-claudes**) nf greengage

reinette [ʀɛnɛt] nf rennet, pippin

réinitialisation [ʀeinisjalizasjɔ̃] nf (Inform) reset

réinitialiser [ʀeinisjalize] vt (Inform : disque dur) to reset

réinjecter [ʀeɛ̃ʒɛkte] vt (ressources, argent : aussi Méd) to reinject

réinscriptible [ʀeɛ̃skʀiptibl] adj (CD, DVD) rewritable

réinscription [ʀeɛ̃skʀipsjɔ̃] nf re-enrolment

réinscrire [ʀeɛ̃skʀiʀ] vt : **~ qn** (à l'école, à l'université) to re-enrol sb; (sur une liste, un registre) to put sb's name down again; **se réinscrire** vpr (à l'école, à l'université) to re-enrol; (sur une liste) to put one's name down again

réinsérer [ʀeɛ̃seʀe] /6/ vt (délinquant, handicapé etc) to rehabilitate

réinsertion [ʀeɛ̃sɛʀsjɔ̃] nf (de délinquant) reintegration, rehabilitation

réinstallation [ʀeɛ̃stalasjɔ̃] nf (de personnes) relocation, resettlement; (de locaux) refitting; (Inform : de système) reinstallation

réinstaller [ʀeɛ̃stale] vt (locaux) to refit; (famille) to relocate, to resettle; (direction) to reinstate; (Inform) to reinstall; **se réinstaller** vpr (personne, famille) to move back; (firme) to relocate; (doute, inquiétude) to settle in again

réintégration [ʀeɛ̃tegʀasjɔ̃] nf (de salarié, fonctionnaire) reinstatement

réintégrer [ʀeɛ̃tegʀe] /6/ vt (lieu) to return to; (fonctionnaire) to reinstate

réintroduction [ʀeɛ̃tʀɔdyksjɔ̃] nf (d'espèce, de pratique) reintroduction

réintroduire [ʀeɛ̃tʀɔdɥiʀ] vt (espèce, pratique) to reintroduce

réinventer [ʀeɛ̃vɑ̃te] vt to reinvent

réitérer [ʀeiteʀe] /6/ vt to repeat, reiterate

rejaillir [ʀ(ə)ʒajiʀ] /2/ vi to splash up; to fall upon; **~ sur** to splash up onto; (fig : scandale) to rebound on; (: gloire) to be reflected on

rejet [ʀɔʒɛ] nm (action, aussi Méd) rejection; (Poésie) enjambement, rejet; (Bot) shoot

rejeter [ʀɔʒ(ə)te] /4/ vt (relancer) to throw back; (vomir) to bring ou throw up; (écarter) to reject;

(déverser) to throw out, discharge; (reporter) : **~ un mot à la fin d'une phrase** to transpose a word to the end of a sentence; **~ la tête/les épaules en arrière** to throw one's head/pull one's shoulders back; **~ la responsabilité de qch sur qn** to lay the responsibility for sth at sb's door; **se rejeter** vpr : **se ~ en arrière** to jump back

rejeton [ʀɔʒ(ə)tɔ̃] nm offspring

rejette etc [ʀ(ə)ʒɛt] vb voir **rejeter**

rejoignais etc [ʀ(ə)ʒwaɲɛ] vb voir **rejoindre**

rejoindre [ʀ(ə)ʒwɛ̃dʀ] /49/ vt (famille, régiment) to rejoin, return to; (lieu) to get (back) to; (route etc) to meet, join; (rattraper) to catch up (with); **je te rejoins au café** I'll see ou meet you at the café; **se rejoindre** vpr to meet

réjoui, e [ʀeʒwi] adj joyous

réjouir [ʀeʒwiʀ] /2/ vt to delight; **se réjouir** vpr to be delighted; **se ~ de qch/de faire** to be delighted about sth/to do; **se ~ que** to be delighted that

réjouissances [ʀeʒwisɑ̃s] nfpl (joie) rejoicing sg; (fête) festivities, merry-making sg

réjouissant, e [ʀeʒwisɑ̃, -ɑ̃t] adj heartening, delightful

relâche [ʀəlɑʃ] : **faire ~** vi (navire) to put into port; (Ciné) to be closed; **c'est le jour de ~** (Ciné) it's closed today; **sans ~** adv without respite ou a break

relâché, e [ʀ(ə)lɑʃe] adj loose, lax

relâchement [ʀ(ə)lɑʃmɑ̃] nm (d'un prisonnier) release; (de la discipline, musculaire) relaxation

relâcher [ʀ(ə)lɑʃe] /1/ vt (ressort, prisonnier) to release; (étreinte, cordes) to loosen; (discipline) to relax ▶ vi (Navig) to put into port; **se relâcher** vpr to loosen; (discipline) to become slack ou lax; (élève etc) to slacken off

relais [ʀ(ə)lɛ] nm (Sport) : **(course de) ~** relay (race); (Radio, TV) relay; (intermédiaire) go-between; **équipe de ~** shift team; (Sport) relay team; **prendre le ~ (de)** to take over (from); **~ de poste** post house, coaching inn; **~ routier** ≈ transport café (BRIT), ≈ truck stop (US)

relance [ʀəlɑ̃s] nf boosting, revival; (Écon) reflation

relancer [ʀ(ə)lɑ̃se] /3/ vt (balle) to throw back (again); (moteur) to restart; (fig) to boost, revive; (personne) : **~ qn** to pester sb; to get on to sb again

relater [ʀ(ə)late] /1/ vt to relate, recount

relatif, -ive [ʀ(ə)latif, -iv] adj relative

relation [ʀ(ə)lasjɔ̃] nf (récit) account, report; (rapport) relation(ship); (connaissance) acquaintance; **être/entrer en ~(s) avec** to be in contact ou be dealing/get in contact with; **mettre qn en ~(s) avec** to put sb in touch with; **relations** nfpl (rapports) relations; relationship; (connaissances) connections; **relations internationales** international relations; **relations publiques** public relations; **relations (sexuelles)** sexual relations, (sexual) intercourse sg

relationnel, le [ʀ(ə)lasjɔnɛl] adj (problèmes) inter-personal

relativement [ʀ(ə)lativmɑ̃] adv relatively; **~ à** in relation to

relativiser [Rəlativize] /**1**/ *vt* to see in relation to; to put into context
relativité [R(ə)lativite] *nf* relativity
relax [Rəlaks] *adj inv*, **relaxe** [Rəlaks] *adj* relaxed, informal, casual; easy-going; **(fauteuil-)**~ *nm* reclining chair
relaxant, e [R(ə)laksɑ̃, -ɑ̃t] *adj* (*cure, médicament*) relaxant; (*ambiance*) relaxing
relaxation [R(ə)laksasjɔ̃] *nf* relaxation
relaxer [Rəlakse] /**1**/ *vt* to relax; (*Jur*) to discharge; **se relaxer** *vpr* to relax
relayer [R(ə)leje] /**8**/ *vt* (*collaborateur, coureur etc*) to relieve, take over from; (*Radio, TV*) to relay; **se relayer** *vpr* (*dans une activité*) to take it in turns
relecture [R(ə)lɛktyR] *nf* rereading
relégation [R(ə)legasjɔ̃] *nf* (*Sport*) relegation
reléguer [R(ə)lege] /**6**/ *vt* to relegate; ~ **au second plan** to push into the background
relent [Rəlɑ̃] *nm*, **relents** *nmpl* stench *sg*
relevé, e [Rəl(ə)ve] *adj* (*bord de chapeau*) turned-up; (*manches*) rolled-up; (*fig : style*) elevated; (: *sauce*) highly-seasoned ▶ *nm* (*lecture*) reading; (*de cotes*) plotting; (*liste*) statement; list; (*facture*) account; ~ **bancaire** *ou* **de compte** bank statement; ~ **d'identité bancaire** bank account details
relève [Rəlɛv] *nf* (*personne*) relief; (*équipe*) relief team (*ou* troops *pl*); **prendre la** ~ to take over
relèvement [R(ə)lɛvmɑ̃] *nm* (*d'un taux, niveau*) raising
relever [Rəl(ə)ve] /**5**/ *vt* (*statue, meuble*) to stand up again; (*personne tombée*) to help up; (*vitre, plafond, niveau de vie*) to raise; (*pays, économie, entreprise*) to put back on its feet; (*col*) to turn up; (*style, conversation*) to elevate; (*plat, sauce*) to season; (*sentinelle, équipe*) to relieve; (*souligner : fautes, points*) to pick out; (*constater : traces etc*) to find, pick up; (*répliquer à : remarque*) to react to, reply to; (: *défi*) to accept, take up; (*noter : adresse etc*) to take down, note; (: *plan*) to sketch; (: *cotes etc*) to plot; (*compteur*) to read; (*ramasser : cahiers, copies*) to collect, take in; ~ **qn de** (*vœux*) to release sb from; (*fonctions*) to relieve sb of; ~ **la tête** to look up; to hold up one's head ▶ *vi* : ~ **de** *vt* (*maladie*) to be recovering from; (*être du ressort de*) to be a matter for; (*Admin : dépendre de*) to come under; (*fig*) to pertain to; **se relever** *vpr* (*se remettre debout*) to get up; (*fig*) : **se** ~ **(de)** to recover (from)
relief [Rəljɛf] *nm* relief; (*de pneu*) tread pattern; **en** ~ in relief; (*photographie*) three-dimensional; **mettre en** ~ (*fig*) to bring out, highlight; **reliefs** *nmpl* (*restes*) remains
relier [Rəlje] /**7**/ *vt* to link up; (*livre*) to bind; ~ **qch à** to link sth to; **livre relié cuir** leather-bound book
relieur, -euse [Rəljœʀ, -øz] *nm/f* (book)binder
religieusement [R(ə)liʒjøzmɑ̃] *adv* religiously; (*enterré, mariés*) in church; **vivre** ~ to lead a religious life
religieux, -euse [R(ə)liʒjø, -øz] *adj* religious ▶ *nm* monk ▶ *nf* nun; (*gâteau*) cream bun
religion [R(ə)liʒjɔ̃] *nf* religion; (*piété, dévotion*) faith; **entrer en** ~ to take one's vows
reliquaire [RəlikɛR] *nm* reliquary

reliquat [Rəlika] *nm* (*d'une somme*) balance; (*Jur : de succession*) residue
relique [Rəlik] *nf* relic
relire [R(ə)liR] /**43**/ *vt* (*à nouveau*) to reread, read again; (*vérifier*) to read over; **se relire** *vpr* to read through what one has written
reliure [RəljyR] *nf* binding; (*art, métier*) : **la** ~ book-binding
reloger [R(ə)lɔʒe] /**3**/ *vt* (*locataires, sinistrés*) to rehouse
relooker [Rəluke] /**1**/ *vt* : ~ **qn** to give sb a makeover
relooking [R(ə)lukiŋ] *nm* (*fam : de personne, entreprise*) makeover; (: *de produit*) repackaging
relu, e [Rəly] *pp de* **relire**
reluire [R(ə)lɥiR] /**38**/ *vi* to gleam
reluisant, e [R(ə)lɥizɑ̃, -ɑ̃t] *vb voir* **reluire** ▶ *adj* gleaming; **peu** ~ (*fig*) unattractive; unsavoury (*BRIT*), unsavory (*US*)
reluquer [R(ə)lyke] /**1**/ *vt* (*fam*) to eye (up), ogle
remâcher [R(ə)mɑʃe] /**1**/ *vt* to chew *ou* ruminate over
remailler [R(ə)mɑje] /**1**/ *vt* (*tricot*) to darn; (*filet*) to mend
remake [Rimɛk] *nm* (*Ciné*) remake
remaniement [R(ə)manimɑ̃] *nm* : ~ **ministériel** Cabinet reshuffle
remanier [R(ə)manje] /**7**/ *vt* to reshape, recast; (*Pol*) to reshuffle
remariage [R(ə)maRjaʒ] *nm* second marriage
remarier [R(ə)maRje] /**7**/ : **se remarier** *vpr* to remarry, get married again
remarquable [R(ə)maRkabl] *adj* remarkable
remarquablement [R(ə)maRkabləmɑ̃] *adv* remarkably
remarque [R(ə)maRk] *nf* remark; (*écrite*) note
remarquer [R(ə)maRke] /**1**/ *vt* (*voir*) to notice; (*dire*) : ~ **que** to remark that; **se faire** ~ to draw attention to o.s.; **faire** ~ **(à qn) que** to point out (to sb) that; **faire** ~ **qch (à qn)** to point sth out (to sb); **remarquez, ...** mark you, ..., mind you, ...; **se remarquer** *vpr* to be noticeable
remastériser [R(ə)masteRize] *vt* (*album, film*) to remaster
remballer [Rɑ̃bale] /**1**/ *vt* to wrap up (again); (*dans un carton*) to pack up (again)
rembarrer [Rɑ̃baRe] /**1**/ *vt* : ~ **qn** (*repousser*) to rebuff sb; (*remettre à sa place*) to put sb in his (*ou* her) place
remblai [Rɑ̃blɛ] *nm* embankment
remblayer [Rɑ̃bleje] /**8**/ *vt* to bank up; (*fossé*) to fill in
rembobiner [Rɑ̃bɔbine] /**1**/ *vt* to rewind
rembourrage [Rɑ̃buRaʒ] *nm* stuffing; padding
rembourré, e [Rɑ̃buRe] *adj* padded
rembourrer [Rɑ̃buRe] /**1**/ *vt* to stuff; (*dossier, vêtement, souliers*) to pad
remboursable [Rɑ̃buRsabl] *adj* repayable
remboursement [Rɑ̃buRsəmɑ̃] *nm* (*de dette, d'emprunt*) repayment; (*de frais*) refund; **envoi contre** ~ cash on delivery
rembourser [Rɑ̃buRse] /**1**/ *vt* to pay back, repay; (*frais, billet etc*) to refund; **se faire** ~ to get a refund

r

rembrunir [ʀɑ̃bʀyniʀ] **/2/** : **se rembrunir** *vpr* to grow sombre (BRIT) *ou* somber (US)

remède [ʀ(ə)mɛd] *nm* (*médicament*) medicine; (*traitement, fig*) remedy, cure; **trouver un ~ à** (*Méd, fig*) to find a cure for

remédier [ʀ(ə)medje] **/7/** : **~ à** *vt* to remedy

remembrement [ʀ(ə)mɑ̃bʀəmɑ̃] *nm* (*Agr*) regrouping of lands

remémorer [ʀ(ə)memɔʀe] **/1/** : **se remémorer** *vpr* to recall, recollect

remerciements [ʀ(ə)mɛʀsimɑ̃] *nmpl* thanks; **(avec) tous mes ~** (with) grateful *ou* many thanks

remercier [ʀ(ə)mɛʀsje] **/7/** *vt* to thank; (*congédier*) to dismiss; **~ qn de/d'avoir fait** to thank sb for/for having done; **non, je vous remercie** no thank you

remettre [ʀ(ə)mɛtʀ] **/56/** *vt* (*vêtement*) : **~ qch** to put sth back on, put sth on again; (*replacer*) : **~ qch quelque part** to put sth back somewhere; (*ajouter*) : **~ du sel/un sucre** to add more salt/another lump of sugar; (*ajourner*) : **~ qch (à)** to postpone sth *ou* put sth off (until); **~ qn** (*rétablir : personne*) to set sb back on his (*ou* her) feet; **~ qch à qn** (*rendre, restituer*) to give sth back to sb, return sth to sb; (*confier : paquet, argent*) to hand sth over to sb, deliver sth to sb; (*donner : lettre, clé etc*) to hand over sth to sb; (: *prix, décoration*) to present sb with sth; **~ une pendule à l'heure** to put a clock right; **~ un moteur/une machine en marche** to set an engine/a machine going again; **~ en état/en ordre** to repair/sort out; **~ en cause/question** to challenge/question again; **~ sa démission** to hand in one's notice; **~ qch à neuf** to make sth as good as new; **~ qn à sa place** (*fig*) to put sb in his (*ou* her) place; **se remettre** *vpr* to get better, recover; **se ~ de** to recover from, get over; **s'en ~ à** to leave it (up) to; **se ~ à faire/qch** to start doing/sth again

réminiscence [ʀeminisɑ̃s] *nf* reminiscence

remis, e [ʀəmi, -iz] *pp de* **remettre**

remise [ʀ(ə)miz] *nf* (*de lettre*) delivery; (*de décoration*) presentation; (*rabais*) discount; (*local*) shed; (*locutions*) : **~ à neuf** restoration; **~ de fonds** remittance; **une ~ de 10%** a 10% discount; **~ en cause** calling into question, challenging; **~ en jeu** (*Football*) throw-in; **~ en marche** starting up again; **~ en ordre** sorting out; **~ en question** calling into question, challenging

remiser [ʀ(ə)mize] **/1/** *vt* to put away

rémission [ʀemisjɔ̃] *nf* (*Méd*) remission; **sans ~** *adj* irremediable *adv* unremittingly

remobiliser [ʀ(ə)mɔbilize] *vt* (*électorat, communauté*) to rally; **~ les troupes** (*fig*) to rally the troops

remodeler [ʀ(ə)mɔd(ə)le] **/5/** *vt* to remodel; (*fig : restructurer*) to restructure

rémois, e [ʀemwa, -waz] *adj* of *ou* from Reims ▶ *nm/f* : **Rémois, e** inhabitant *ou* native of Reims

remontant [ʀ(ə)mɔ̃tɑ̃] *nm* tonic, pick-me-up

remontée [ʀ(ə)mɔ̃te] *nf* rising; ascent; **remontées mécaniques** (*Ski*) ski lifts, ski tows

remonte-pente [ʀ(ə)mɔ̃tpɑ̃t] *nm* ski lift, (ski) tow

remonter [ʀ(ə)mɔ̃te] **/1/** *vi* (*à nouveau*) to go back up; (*à cheval*) to remount; (*après une descente*) to go up (again); (*prix, température*) to go up again; (*en voiture*) to get back in; (*jupe*) to ride up; **~ à** (*dater de*) to date *ou* go back to; **~ en voiture** to get back into the car ▶ *vt* (*pente*) to go up; (*fleuve*) to sail (*ou* swim *etc*) up; up; (*manches, pantalon*) to roll up; (*fam*) to turn up; (*niveau, limite*) to raise; (*fig : personne*) to buck up; (*moteur, meuble*) to put back together, reassemble; (*garde-robe etc*) to renew, replenish; (*montre, mécanisme*) to wind up; **~ le moral à qn** to raise sb's spirits

remontoir [ʀ(ə)mɔ̃twaʀ] *nm* winding mechanism, winder

remontrance [ʀ(ə)mɔ̃tʀɑ̃s] *nf* reproof, reprimand

remontrer [ʀ(ə)mɔ̃tʀe] **/1/** *vt* (*montrer de nouveau*) : **~ qch (à qn)** to show sth again (to sb); (*fig*) **en ~ à** to prove one's superiority over

remords [ʀ(ə)mɔʀ] *nm* remorse *no pl*; **avoir des ~** to feel remorse, be conscience-stricken

remorque [ʀ(ə)mɔʀk] *nf* trailer; **prendre/être en ~** to tow/be on tow; **être à la ~** (*fig*) to tag along (behind)

remorquer [ʀ(ə)mɔʀke] **/1/** *vt* to tow

remorqueur [ʀ(ə)mɔʀkœʀ] *nm* tug(boat)

rémoulade [ʀemulad] *nf* dressing with mustard and herbs

rémouleur [ʀemulœʀ] *nm* (knife- *ou* scissor-) grinder

remous [ʀəmu] *nm* (*d'un navire*) (back)wash *no pl*; (*de rivière*) swirl, eddy *pl*; (*fig*) stir *sg*

rempailler [ʀɑ̃paje] **/1/** *vt* to reseat (*with straw*)

rempart [ʀɑ̃paʀ] *nm* rampart; **faire à qn un ~ de son corps** to shield sb with one's (own) body

remparts [ʀɑ̃paʀ] *nmpl* walls, ramparts

rempiler [ʀɑ̃pile] **/1/** *vt* (*dossiers, livres etc*) to pile up again ▶ *vi* (*Mil : fam*) to join up again

remplaçant, e [ʀɑ̃plasɑ̃, -ɑ̃t] *nm/f* replacement, substitute, stand-in; (*Théât*) understudy; (*Scol*) supply (BRIT) *ou* substitute (US) teacher

remplacement [ʀɑ̃plasmɑ̃] *nm* replacement; (*job*) replacement work *no pl*; (*suppléance : Scol*) supply (BRIT) *ou* substitute (US) teacher; **assurer le ~ de qn** (*remplaçant*) to stand in *ou* substitute for sb; **faire des remplacements** (*professeur*) to do supply *ou* substitute teaching; (*médecin*) to do locum work; (*secrétaire*) to temp

remplacer [ʀɑ̃plase] **/3/** *vt* to replace; (*prendre temporairement la place de*) to stand in for; (*tenir lieu de*) to take the place of, act as a substitute for; **~ qch/qn par** to replace sth/sb with

rempli, e [ʀɑ̃pli] *adj* (*emploi du temps*) full, busy; **~ de** full of, filled with

remplir [ʀɑ̃pliʀ] **/2/** *vt* to fill (up); (*questionnaire*) to fill out *ou* up; (*obligations, fonction, condition*) to fulfil; **~ qch de** to fill sth with; **se remplir** *vpr* to fill up

remplissage [ʀɑ̃plisaʒ] *nm* (*fig : péj*) padding

remploi [ʀɑ̃plwa] *nm* re-use

rempocher [ʀɑ̃pɔʃe] **/1/** *vt* to put back into one's pocket

remporter [ʀɑ̃pɔʀte] **/1/** *vt* (*marchandise*) to take away; (*fig*) to win, achieve

rempoter [ʀɑ̃pɔte] /**1**/ vt to repot
remuant, e [ʀəmɥɑ̃, -ɑ̃t] adj restless
remue-ménage [ʀ(ə)mymenaʒ] nm inv commotion
remuer [ʀəmɥe] /**1**/ vt to move; (café, sauce) to stir ▶ vi to move; (fig : opposants) to show signs of unrest; **se remuer** vpr to move; (se démener) to stir o.s.; (fam : s'activer) to get a move on
rémunérateur, -trice [ʀemyneʀatœʀ, -tʀis] adj remunerative, lucrative
rémunération [ʀemyneʀasjɔ̃] nf remuneration
rémunérer [ʀemyneʀe] /**6**/ vt to remunerate, pay
renâcler [ʀ(ə)nɑkle] /**1**/ vi to snort; (fig) to grumble, balk
renaissance [ʀ(ə)nɛsɑ̃s] nf rebirth, revival; **la R~** the Renaissance
renaître [ʀ(ə)nɛtʀ] /**59**/ vi to be revived; **~ à la vie** to take on a new lease of life; **~ à l'espoir** to find fresh hope
rénal, e, -aux [ʀenal, -o] adj renal, kidney cpd
renard [ʀ(ə)naʀ] nm fox
renardeau [ʀ(ə)naʀdo] nm fox cub
rencard [ʀɑ̃kaʀ] nm = **rancard**
rencart [ʀɑ̃kaʀ] nm = **rancart**
renchérir [ʀɑ̃ʃeʀiʀ] /**2**/ vi to become more expensive; (fig) : **~ (sur)** (en paroles) to add something (to)
renchérissement [ʀɑ̃ʃeʀismɑ̃] nm increase (in the cost ou price of)
rencontre [ʀɑ̃kɔ̃tʀ] nf (de cours d'eau) confluence; (de véhicules) collision; (entrevue, congrès, match etc) meeting; (imprévue) encounter; **faire la ~ de qn** to meet sb; **aller à la ~ de qn** to go and meet sb; **amours de ~** casual love affairs
rencontrer [ʀɑ̃kɔ̃tʀe] /**1**/ vt to meet; (mot, expression) to come across; (difficultés) to meet with; **se rencontrer** vpr to meet; (véhicules) to collide
rendement [ʀɑ̃dmɑ̃] nm (d'un travailleur, d'une machine) output; (d'une culture, d'un champ) yield; (d'un investissement) return; **à plein ~** at full capacity
rendez-vous [ʀɑ̃devu] nm (rencontre) appointment; (: d'amoureux) date; (lieu) meeting place; **donner ~ à qn** to arrange to meet sb; **recevoir sur ~** to have an appointment system; **fixer un ~ à qn** to give sb an appointment; **avoir/prendre ~ (avec)** to have/make an appointment (with); **prendre ~ chez le médecin** to make an appointment with the doctor; **~ spatial** ou **orbital** docking (in space)
rendormir [ʀɑ̃dɔʀmiʀ] /**16**/ : **se rendormir** vpr to go back to sleep
rendre [ʀɑ̃dʀ] /**41**/ vt (livre, argent etc) to give back, return; (otages, visite, politesse, invitation, Jur : verdict) to return; (honneurs) to pay; (sang, aliments) to bring up; (sons, instrument) to produce, make; (exprimer, traduire) to render; (jugement) to pronounce, render; (faire devenir) : **~ qn célèbre/ qch possible** to make sb famous/sth possible; **~ la vue/la santé à qn** to restore sb's sight/ health; **~ la liberté à qn** to set sb free; **~ la monnaie** to give change; **se rendre** vpr

(capituler) to surrender, give o.s. up; (aller) : **se ~ quelque part** to go somewhere; **se ~ à** (arguments etc) to bow to; (ordres) to comply with; **se ~ compte de qch** to realize sth; **se ~ insupportable/malade** to become unbearable/make o.s. ill
rendu, e [ʀɑ̃dy] pp de **rendre** ▶ adj (fatigué) exhausted
renégat, e [ʀənega, -at] nm/f renegade
renégocier [ʀənegɔsje] /**7**/ vt to renegotiate
rênes [ʀɛn] nfpl reins
renfermé, e [ʀɑ̃fɛʀme] adj (fig) withdrawn ▶ nm : **sentir le ~** to smell stuffy
renfermer [ʀɑ̃fɛʀme] /**1**/ vt to contain; **se renfermer (sur soi-même)** vpr to withdraw into o.s.
renfiler [ʀɑ̃file] /**1**/ vt (collier) to rethread; (pull) to slip on
renflé, e [ʀɑ̃fle] adj bulging, bulbous
renflement [ʀɑ̃fləmɑ̃] nm bulge
renflouement [ʀɑ̃flumɑ̃] nm (d'épave) raising, refloating; (fig : de commerce, affaire) bailing out
renflouer [ʀɑ̃flue] /**1**/ vt (épave) to raise, refloat; (fig : commerce, affaire) to bail out; **~ les caisses** to refill the coffers
renfoncement [ʀɑ̃fɔ̃smɑ̃] nm recess
renforcer [ʀɑ̃fɔʀse] /**3**/ vt to reinforce; **~ qn dans ses opinions** to confirm sb's opinion
renfort [ʀɑ̃fɔʀ] nm : **renforts** nmpl reinforcements; **en ~** as a back-up; **à grand ~ de** with a great deal of
renfrogné, e [ʀɑ̃fʀɔɲe] adj sullen, scowling
renfrogner [ʀɑ̃fʀɔɲe] /**1**/ : **se renfrogner** vpr to scowl
rengager [ʀɑ̃gaʒe] /**3**/ vt (personnel) to take on again; **se rengager** vpr (Mil) to re-enlist
rengaine [ʀɑ̃gɛn] nf (péj) old tune
rengainer [ʀɑ̃gene] /**1**/ vt (revolver) to put back in its holster; (épée) to sheathe; (fam : compliment, discours) to save, withhold
rengorger [ʀɑ̃gɔʀʒe] /**3**/ : **se rengorger** vpr (fig) to puff o.s. up
renier [ʀənje] /**7**/ vt (parents) to disown, repudiate; (engagements) to go back on; (foi) to renounce
renifler [ʀ(ə)nifle] /**1**/ vi to sniff ▶ vt (tabac) to sniff up; (odeur) to sniff
rennais, e [ʀɛnɛ, -ɛz] adj ou from Rennes ▶ nm/f : **Rennais, e** inhabitant ou native of Rennes
renne [ʀɛn] nm reindeer inv
renom [ʀənɔ̃] nm reputation; (célébrité) renown; **vin de grand ~** celebrated ou highly renowned wine
renommé, e [ʀ(ə)nɔme] adj celebrated, renowned ▶ nf fame
renoncement [ʀ(ə)nɔ̃smɑ̃] nm abnegation, renunciation
renoncer [ʀ(ə)nɔ̃se] /**3**/ : **~ à** vt to give up; **~ à faire** to give up the idea of doing; **j'y renonce !** I give up!
renouer [ʀənwe] /**1**/ vt (cravate etc) to retie; (fig : conversation, liaison) to renew, resume; **~ avec** (tradition) to revive; (habitude) to take up again; **~ avec qn** to take up with sb again

r

renouveau – reparler

renouveau, x [ʀ(ə)nuvo] *nm* revival; **~ de succès** renewed success

renouvelable [ʀ(ə)nuv(ə)labl] *adj* (*contrat, bail, énergie*) renewable; (*expérience*) which can be renewed

renouveler [ʀ(ə)nuv(ə)le] /**4**/ *vt* to renew; (*exploit, méfait*) to repeat; **se renouveler** *vpr* (*incident*) to recur, happen again, be repeated; (*cellules etc*) to be renewed *ou* replaced; (*artiste, écrivain*) to try something new

renouvellement [ʀ(ə)nuvɛlmã] *nm* renewal; recurrence

rénovation [ʀenɔvasjɔ̃] *nf* renovation; restoration; reform(ing); redevelopment

rénover [ʀenɔve] /**1**/ *vt* (*immeuble*) to renovate, do up; (*meuble*) to restore; (*enseignement*) to reform; (*quartier*) to redevelop

renseignement [ʀɑ̃sɛɲmã] *nm* information *no pl*, piece of information; (*Mil*) intelligence *no pl*; **prendre des renseignements sur** to make inquiries about, ask for information about; **(guichet des) renseignements** information desk; **(service des) renseignements** (*Tél*) directory inquiries (*Brit*), information (*US*); **service de renseignements** (*Mil*) intelligence service; **les renseignements généraux** ≈ the secret police

renseigner [ʀɑ̃seɲe] /**1**/ *vt* : **~ qn (sur)** to give information to sb (about); **se renseigner** *vpr* to ask for information, make inquiries

rentabiliser [ʀɑ̃tabilize] /**1**/ *vt* (*capitaux, production*) to make profitable

rentabilité [ʀɑ̃tabilite] *nf* profitability; cost-effectiveness; (*d'un investissement*) return; **seuil de ~** break-even point

rentable [ʀɑ̃tabl] *adj* profitable; cost-effective

rente [ʀɑ̃t] *nf* income; (*pension*) pension; (*titre*) government stock *ou* bond; **~ viagère** life annuity

rentier, -ière [ʀɑ̃tje, -jɛʀ] *nm/f* person of private *ou* independent means

rentrée [ʀɑ̃tʀe] *nf* : **~ (d'argent)** cash *no pl* coming in; **la ~ (des classes** *ou* **scolaire)** the start of the new school year; **la ~ (parlementaire)** the reopening *ou* reassembly of parliament

⋮ **RENTRÉE**

⋮ **La rentrée** in September each year has wider
⋮ connotations than just the start of the new
⋮ school year. It is also the time when political
⋮ and social life picks up again after the long
⋮ summer break, and so is an important point
⋮ in the French calendar. The *rentrée littéraire*
⋮ marks the start of the new publishing
⋮ season, with books by leading writers
⋮ usually published in September and October.

rentrer [ʀɑ̃tʀe] /**1**/ *vi* (*entrer de nouveau*) to go (*ou* come) back in; (*entrer*) to go (*ou* come) in; (*revenir chez soi*) to go (*ou* come) (back) home; (*air, clou* : *pénétrer*) to go in; (*revenu, argent*) to come in; **~ dans** to go (*ou* come) back into; to go (*ou* come) into; (*famille, patrie*) to go back *ou* return to; (*heurter*) to crash into; (*appartenir à*) to be included

in (: *catégorie etc*) to fall into; **~ dans l'ordre** to get back to normal; **~ dans ses frais** to recover one's expenses (*ou* initial outlay) ▶ *vt* (*foins*) to bring in; (*véhicule*) to put away; (*chemise dans pantalon etc*) to tuck in; (*griffes*) to draw in; (*train d'atterrissage*) to raise; (*fig* : *larmes, colère etc*) to hold back; **~ le ventre** to pull in one's stomach

renverrai *etc* [ʀɑ̃vʀe] *vb voir* **renvoyer**

renversant, e [ʀɑ̃vɛʀsɑ̃, -ɑ̃t] *adj* amazing, astounding

renverse [ʀɑ̃vɛʀs] : **à la ~** *adv* backwards

renversé, e [ʀɑ̃vɛʀse] *adj* (*écriture*) backhand; (*image*) reversed; (*stupéfait*) staggered

renversement [ʀɑ̃vɛʀsəmã] *nm* (*d'un régime, des traditions*) overthrow; **~ de la situation** reversal of the situation

renverser [ʀɑ̃vɛʀse] /**1**/ *vt* (*faire tomber* : *chaise, verre*) to knock over, overturn; (: *piéton*) to knock down; (: *liquide, contenu*) to spill, upset; (*retourner* : *verre, image*) to turn upside down, invert; (: *ordre des mots etc*) to reverse; (*fig* : *gouvernement etc*) to overthrow; (*stupéfier*) to bowl over, stagger; **~ la tête/le corps (en arrière)** to tip one's head back/throw oneself back; **~ la vapeur** (*fig*) to change course; **se renverser** *vpr* (*verre, vase*) to fall over; to overturn; (*contenu*) to spill; **se ~ (en arrière)** to lean back

renvoi [ʀɑ̃vwa] *nm* (*d'un employé*) dismissal; return; reflection; postponement; (*d'élève*) expulsion; (*référence*) cross-reference; (*éructation*) belch

renvoyer [ʀɑ̃vwaje] /**8**/ *vt* to send back; (*congédier*) to dismiss; (*Tennis*) to return; (*élève* : *définitivement*) to expel; (*lumière*) to reflect; (*son*) to echo; (*ajourner*) : **~ qch (à)** to postpone sth (until); **~ qch à qn** (*rendre*) to return sth to sb; **~ qn à** (*fig*) to refer sb to

réorganisation [ʀeɔʀganizasjɔ̃] *nf* reorganization

réorganiser [ʀeɔʀganize] /**1**/ *vt* to reorganize

réorienter [ʀeɔʀjɑ̃te] /**1**/ *vt* to reorient(ate), redirect

réouverture [ʀeuvɛʀtyʀ] *nf* reopening

repaire [ʀ(ə)pɛʀ] *nm* den

repaître [ʀəpɛtʀ] /**57**/ *vt* to feast; to feed; **se ~ de** *vt* (*animal*) to feed on; (*fig*) to wallow *ou* revel in

répandre [ʀepɑ̃dʀ] /**41**/ *vt* (*renverser*) to spill; (*étaler, diffuser*) to spread; (*lumière*) to shed; (*chaleur, odeur*) to give off; **se répandre** *vpr* to spill; to spread; **se ~ en** (*injures etc*) to pour out

répandu, e [ʀepɑ̃dy] *pp de* **répandre** ▶ *adj* (*opinion, usage*) widespread

réparable [ʀepaʀabl] *adj* (*montre etc*) repairable; (*perte etc*) which can be made up for

reparaître [ʀ(ə)paʀɛtʀ] /**57**/ *vi* to reappear

réparateur, -trice [ʀepaʀatœʀ, -tʀis] *nm/f* repairer

réparation [ʀepaʀasjɔ̃] *nf* repairing *no pl*, repair; **en ~** (*machine etc*) under repair; **demander à qn ~ de** (*offense etc*) to ask sb to make amends for

réparer [ʀepaʀe] /**1**/ *vt* to repair; (*fig* : *offense*) to make up for, atone for; (: *oubli, erreur*) to put right

reparler [ʀ(ə)paʀle] /**1**/ *vi* : **~ de qn/qch** to talk about sb/sth again; **~ à qn** to speak to sb again

repars *etc* [ʀəpaʀ] *vb voir* **repartir**

repartie [ʀəpaʀti] *nf* retort; **avoir de la** ~ to be quick at repartee

répartie, repartie [ʀepaʀti] *nf* retort; **avoir de la** ~ to be quick at repartee, to be always ready with a reply

repartir [ʀəpaʀtiʀ] /**16**/ *vi* to set off again; (*voyageur*) to leave again; (*fig*) to get going again, pick up again; ~ **à zéro** to start from scratch (again)

répartir [ʀepaʀtiʀ] /**2**/ *vt* (*pour attribuer*) to share out; (*pour disperser, disposer*) to divide up; (*poids, chaleur*) to distribute; ~ **sur** (*étaler : dans le temps*) to spread over; (*classer, diviser*) : ~ **en** to divide into, split up into; **se répartir** *vpr* (*travail, rôles*) to share out between themselves

répartiteur, -trice [ʀepaʀtitœʀ, -tʀis] *nm* (*Auto : d'ABS*) distributor; (*Méd*) distributor; (*Tél*) main distribution frame ▶ *nm/f* (*distributeur*) distributor

répartition [ʀepaʀtisjɔ̃] *nf* sharing out; dividing up; (*des richesses etc*) distribution

reparution [ʀ(ə)paʀysjɔ̃] *nf* (*de livre*) republication

repas [ʀ(ə)pɑ] *nm* meal; **à l'heure des** ~ at mealtimes

repassable [ʀ(ə)pasabl] *adj* (*vêtement*) ironable; **non** ~ non-ironable

repassage [ʀ(ə)pɑsaʒ] *nm* ironing

repasser [ʀ(ə)pɑse] /**1**/ *vi* to come (*ou* go) back ▶ *vt* (*vêtement, tissu*) to iron; (*examen*) to retake, resit; (*film*) to show again; (*lame*) to sharpen; (*leçon, rôle : revoir*) to go over (again); (*plat, pain*) : ~ **qch à qn** to pass sth back to sb

repasseuse [ʀ(ə)pɑsøz] *nf* (*machine*) ironing machine

repayer [ʀ(ə)peje] /**8**/ *vt* to pay again

repêchage [ʀ(ə)pɛʃaʒ] *nm* (*Scol*) : **question de** ~ question to give candidates a second chance

repêcher [ʀ(ə)peʃe] /**1**/ *vt* (*noyé*) to recover the body of, fish out; (*fam : candidat*) to pass (*by inflating marks*); to give a second chance to

repeindre [ʀ(ə)pɛ̃dʀ] /**52**/ *vt* to repaint

repenser [ʀ(ə)pɑ̃se] *vt* (*question, organisation*) to rethink; (*événement*) to take a fresh look at ▶ *vi* : ~ **à qch** (*se remémorer*) to think about sth again

repentance [ʀ(ə)pɑ̃tɑ̃s] *nf* repentance; **faire acte de** ~ to show repentance

repentant, e [ʀ(ə)pɑ̃tɑ̃, -ɑ̃t] *adj, nm/f* repentant

repenti, e [ʀ(ə)pɑ̃ti] *adj* repentant ▶ *nm/f* (*ancien mafieux*) pentito, *former mafioso turned police witness*

repentir [ʀəpɑ̃tiʀ] /**16**/ *nm* repentance; **se repentir** *vpr* to repent; **se** ~ **d'avoir fait qch** (*regretter*) to regret having done sth

repérable [ʀ(ə)peʀabl] *adj* noticeable; **être** ~ **à qch** to be easy to spot because of sth

repérage [ʀ(ə)peʀaʒ] *nm* (*d'objectif, lieux*) reconnaissance

répercussions [ʀepɛʀkysjɔ̃] *nfpl* repercussions

répercuter [ʀepɛʀkyte] /**1**/ *vt* (*réfléchir, renvoyer : son, voix*) to reflect; (*faire transmettre : consignes, charges etc*) to pass on; **se répercuter** *vpr* (*bruit*) to reverberate; (*fig*) : **se** ~ **sur** to have repercussions on

repère [ʀ(ə)pɛʀ] *nm* mark; (*monument etc*) landmark; **(point de)** ~ point of reference

repérer [ʀ(ə)peʀe] /**6**/ *vt* (*erreur, connaissance*) to spot; (*abri, ennemi*) to locate; **se faire** ~ to be spotted; **se repérer** *vpr* to get one's bearings

répertoire [ʀepɛʀtwaʀ] *nm* (*liste*) (alphabetical) list; (*carnet*) index notebook; (*Inform*) directory; (*de carnet*) thumb index; (*indicateur*) directory, index; (*d'un théâtre, artiste*) repertoire

répertorier [ʀepɛʀtɔʀje] /**7**/ *vt* to itemize, list

répéter [ʀepete] /**6**/ *vt* to repeat; (*préparer : leçon*) to learn, go over; (*Théât*) to rehearse; **se répéter** *vpr* (*redire*) to repeat o.s.; (*se reproduire*) to be repeated, recur

répéteur [ʀepetœʀ] *nm* (*Tél*) repeater

répétitif, -ive [ʀepetitif, -iv] *adj* repetitive

répétition [ʀepetisjɔ̃] *nf* repetition; (*Théât*) rehearsal; **armes à** ~ repeater weapons; ~ **générale** final dress rehearsal; **répétitions** *nfpl* (*leçons*) private coaching *sg*

répétitivité [ʀepetitivite] *nf* repetitiveness

repeuplement [ʀ(ə)pœpləmɑ̃] *nm* (*de village, région*) repopulation; (*de forêt*) replanting; (*de rivière*) restocking

repeupler [ʀ(ə)pœple] /**1**/ *vt* to repopulate; (*forêt, rivière*) to restock

repiquage [ʀ(ə)pikaʒ] *nm* pricking out, planting out; re-recording

repiquer [ʀ(ə)pike] /**1**/ *vt* (*plants*) to prick out, plant out; (*enregistrement*) to re-record

répit [ʀepi] *nm* respite; **sans** ~ without letting up

replacer [ʀ(ə)plase] /**3**/ *vt* to replace, put back

replanter [ʀ(ə)plɑ̃te] /**1**/ *vt* to replant

replat [ʀəpla] *nm* ledge

replâtrer [ʀ(ə)plɑtʀe] /**1**/ *vt* (*mur*) to replaster

replet, -ète [ʀəplɛ, -et] *adj* chubby, fat

repli [ʀəpli] *nm* (*d'une étoffe*) fold; (*Mil, fig*) withdrawal

replier [ʀ(ə)plije] /**7**/ *vt* (*rabattre*) to fold down *ou* over; **se replier** *vpr* (*armée*) to withdraw, fall back; **se** ~ **sur soi-même** to withdraw into oneself

réplique [ʀeplik] *nf* (*repartie, fig*) reply; (*objection*) retort; (*Théât*) line; (*copie*) replica; **donner la** ~ **à** to play opposite; **sans** ~ *adj* no-nonsense; irrefutable

répliquer [ʀeplike] /**1**/ *vi* to reply; (*avec impertinence*) to answer back; (*riposter*) to retaliate

replonger [ʀ(ə)plɔ̃ʒe] /**3**/ *vt* : ~ **qch dans** to plunge sth back into; **se** ~ **dans** (*journal etc*) to immerse o.s. in again

répondant, e [ʀepɔ̃dɑ̃, -ɑ̃t] *nm/f* (*garant*) guarantor, surety

répondeur [ʀepɔ̃dœʀ] *nm* : ~ **(automatique)** (*Tél*) answering machine

répondre [ʀepɔ̃dʀ] /**41**/ *vi* to answer, reply; (*freins, mécanisme*) to respond; ~ **à** *vt* to reply to, answer; (*invitation, convocation*) to reply to; (*affection, salut*) to return; (*provocation, mécanisme etc*) to respond to; (*correspondre à : besoin*) to answer; (*: conditions*) to meet; (*: description*) to match; ~ **à qn** (*avec impertinence*) to answer sb back; ~ **que** to answer *ou* reply that; ~ **de** to answer for

r

réponse [Repɔ̃s] *nf* answer, reply; **avec ~ payée** (*Postes*) reply-paid, post-paid (*US*); **avoir ~ à tout** to have an answer for everything; **en ~ à** in reply to; **carte-/bulletin-~** reply card/slip

report [Rəpɔʀ] *nm* postponement; transfer; **~ d'incorporation** (*Mil*) deferment

reportage [R(ə)pɔʀtaʒ] *nm* (*bref*) report; (*écrit : documentaire*) story; article; (*en direct*) commentary; (*genre, activité*) : **le ~** reporting

reporter[1] [R(ə)pɔʀtɛʀ] *nmf* reporter

reporter[2] [R(ə)pɔʀte] *vt* (*total*) : **~ qch sur** to carry sth forward *ou* over to; (*ajourner*) : **~ qch (à)** to postpone sth (until); (*transférer*) : **~ qch sur** to transfer sth to; **se reporter à** *vpr* (*époque*) to think back to; (*document*) to refer to

repos [R(ə)po] *nm* rest; (*fig*) peace (and quiet); (*mental*) peace of mind; (*Mil*) : **~ !** (stand) at ease!; **en ~** at rest; **au ~** at rest; (*soldat*) at ease; **de tout ~** safe; **ce n'est pas de tout ~ !** it's no picnic!

reposant, e [R(ə)pozɑ̃, -ɑ̃t] *adj* restful; (*sommeil*) refreshing

repose [R(ə)poz] *nf* refitting

reposé, e [R(ə)poze] *adj* fresh, rested; **à tête reposée** in a leisurely way, taking time to think

repose-pied [Rəpozpje] *nm* footrest

reposer [R(ə)poze] /1/ *vt* (*verre, livre*) to put down; (*rideaux, carreaux*) to put back; (*délasser*) to rest; (*problème*) to reformulate ▶ *vi* (*liquide, pâte*) to settle, rest; **laisser ~** (*pâte*) to leave to stand; **ici repose ...** (*personne*) here lies ...; **~ sur** to be built on; (*fig*) to rest on; **se reposer** *vpr* to rest; **se ~ sur qn** to rely on sb

repositionnement [R(ə)pozisjɔnmɑ̃] *nm* (*stratégique, commercial*) repositioning

repositionner [R(ə)pozisjɔne] : **se repositionner** *vpr* (*firme*) to reposition itself

repoussant, e [R(ə)pusɑ̃, -ɑ̃t] *adj* repulsive

repoussé, e [R(ə)puse] *adj* (*cuir*) embossed (by hand)

repousser [R(ə)puse] /1/ *vi* to grow again ▶ *vt* to repel, repulse; (*offre*) to turn down, reject; (*tiroir, personne*) to push back; (*différer*) to put back

répréhensible [Repreɑ̃sibl] *adj* reprehensible

reprendre [R(ə)pʀɑ̃dʀ] /58/ *vt* (*prisonnier, ville*) to recapture; (*objet prêté, donné*) to take back; (*Comm : article usagé*) to take back; to take in part exchange; (: *firme, entreprise*) to take over; (*emprunter : argument, idée*) to take up, use; (*refaire : article etc*) to go over again; (*jupe etc*) to alter; (*émission, pièce*) to put on again; (*réprimander*) to tell off; (*corriger*) to correct; (*travail, promenade*) to resume; (*chercher*) : **je viendrai te ~ à 4 h** I'll come and fetch you *ou* I'll come back for you at 4; (*se resservir de*) : **~ du pain/un œuf** to take (*ou* eat) more bread/another egg; **~ des forces** to recover one's strength; **~ courage** to take new heart; **~ ses habitudes/sa liberté** to get back into one's old habits/regain one's freedom; **~ la route** to resume one's journey, set off again; **~ connaissance** to come to, regain consciousness; **~ haleine** *ou* **son souffle** to get one's breath back; **~ la parole** to speak again ▶ *vi* (*classes, pluie*) to start (up) again; (*activités,*

travaux, combats) to resume, start (up) again; (*affaires, industrie*) to pick up; (*dire*) : **reprit-il** he went on; **se reprendre** *vpr* (*se ressaisir*) to recover, pull o.s. together; **s'y ~** to make another attempt

repreneur [R(ə)pʀənœʀ] *nm* company fixer *ou* doctor

reprenne *etc* [Rəpʀɛn] *vb voir* **reprendre**

représailles [R(ə)pʀezaj] *nfpl* reprisals, retaliation *sg*

représentant, e [R(ə)pʀezɑ̃tɑ̃, -ɑ̃t] *nm/f* representative

représentatif, -ive [R(ə)pʀezɑ̃tatif, -iv] *adj* representative

représentation [R(ə)pʀezɑ̃tasjɔ̃] *nf* representation; (*symbole, image*) representation; (*spectacle*) performance; **la ~** (*Comm*) commercial travelling; sales representation; **frais de ~** (*d'un diplomate*) entertainment allowance

représenter [R(ə)pʀezɑ̃te] /1/ *vt* to represent; (*donner : pièce, opéra*) to perform; **se représenter** *vpr, vpr* (*se figurer*) to imagine; to visualize; **se ~ à** (*Pol*) to stand *ou* run again at; (*Scol*) to resit

répressif, -ive [Repʀesif, -iv] *adj* repressive

répression [Repʀesjɔ̃] *nf voir* **réprimer** suppression; repression; (*Pol*) : **la ~** repression; **mesures de ~** repressive measures

réprimande [Repʀimɑ̃d] *nf* reprimand, rebuke

réprimander [Repʀimɑ̃de] /1/ *vt* to reprimand, rebuke

réprimer [Repʀime] /1/ *vt* (*émotions*) to suppress; (*peuple etc*) to repress

repris, e [R(ə)pʀi, -iz] *pp de* **reprendre** ▶ *nm* : **~ de justice** ex-prisoner, ex-convict

reprise [R(ə)pʀiz] *nf* (*recommencement*) resumption; (*économique*) recovery; (*TV*) repeat; (*Ciné*) rerun; (*Boxe etc*) round; (*Auto*) acceleration *no pl*; (*Comm*) trade-in, part exchange; (*de location*) sum asked for any extras or improvements made to the property; (*raccommodage*) darn, mend; **la ~ des hostilités** the resumption of hostilities; **à plusieurs reprises** on several occasions, several times

repriser [R(ə)pʀize] /1/ *vt* (*chaussette, lainage*) to darn; (*tissu*) to mend; **aiguille/coton à ~** darning needle/thread

réprobateur, -trice [Repʀɔbatœʀ, -tʀis] *adj* reproving

réprobation [Repʀɔbasjɔ̃] *nf* reprobation

reproche [R(ə)pʀɔʃ] *nm* (*remontrance*) reproach; **ton/air de ~** reproachful tone/look; **faire des reproches à qn** to reproach sb; **faire ~ à qn de qch** to reproach sb for sth; **sans ~(s)** beyond *ou* above reproach

reprocher [R(ə)pʀɔʃe] /1/ *vt* : **~ qch à qn** to reproach *ou* blame sb for sth; **~ qch à** (*machine, théorie*) to have sth against; **se ~ qch/d'avoir fait qch** to blame o.s. for sth/for doing sth

reproducteur, -trice [R(ə)pʀɔdyktœʀ, -tʀis] *adj* reproductive

reproductif, -ive [R(ə)pʀɔdyktif, -iv] *adj* reproductive

reproduction [R(ə)pʀɔdyksjɔ̃] *nf* reproduction; **~ interdite** all rights (of reproduction) reserved

reproduire [ʀ(ə)pʀɔdɥiʀ] /**38**/ vt to reproduce; **se reproduire** vpr (Bio) to reproduce; (recommencer) to recur, re-occur

reprographie [ʀ(ə)pʀɔgʀafi] nf (photo)copying

réprouvé, e [ʀepʀuve] nm/f reprobate

réprouver [ʀepʀuve] /**1**/ vt to reprove

reptation [ʀɛptasjɔ̃] nf crawling

reptile [ʀɛptil] nm reptile

repu, e [ʀəpy] pp de **repaître** ▸ adj satisfied, sated

républicain, e [ʀepyblikɛ̃, -ɛn] adj, nm/f republican

république [ʀepyblik] nf republic; **R~ arabe du Yémen** Yemen Arab Republic; **R~ Centrafricaine** Central African Republic; **R~ de Corée** South Korea; **R~ dominicaine** Dominican Republic; **R~ d'Irlande** Irish Republic, Eire; **R~ populaire de Chine** People's Republic of China; **R~ populaire démocratique de Corée** Democratic People's Republic of Korea; **R~ populaire du Yémen** People's Democratic Republic of Yemen

répudiation [ʀepydjasjɔ̃] nf (de femme) repudiation; (de doctrine) renunciation

répudier [ʀepydje] /**7**/ vt (femme) to repudiate; (doctrine) to renounce

répugnance [ʀepyɲɑ̃s] nf repugnance, loathing; **avoir** ou **éprouver de la ~ pour** (médicament, comportement, travail etc) to have an aversion to; **avoir** ou **éprouver de la ~ à faire qch** to be reluctant to do sth

répugnant, e [ʀepyɲɑ̃, -ɑ̃t] adj repulsive, loathsome

répugner [ʀepyɲe] /**1**/ : **~ à** vt : **~ à qn** to repel ou disgust sb; **~ à faire** to be loath ou reluctant to do

répulsion [ʀepylsjɔ̃] nf repulsion

réputation [ʀepytasjɔ̃] nf reputation; **avoir la ~ d'être …** to have a reputation for being …; **connaître qn/qch de ~** to know sb/sth by repute; **de ~ mondiale** world-renowned

réputé, e [ʀepyte] adj renowned; **être ~ pour** to have a reputation for, be renowned for

requérir [ʀəkeʀiʀ] /**21**/ vt (nécessiter) to require, call for; (au nom de la loi) to call upon; (Jur : peine) to call for, demand

requête [ʀəkɛt] nf request, petition; (Jur) petition

requiem [ʀekɥijɛm] nm requiem

requiers etc [ʀəkjɛʀ] vb voir **requérir**

requin [ʀəkɛ̃] nm shark

requinquer [ʀ(ə)kɛ̃ke] /**1**/ vt to set up, pep up

requis, e [ʀəki, -iz] pp de **requérir** ▸ adj required

réquisition [ʀekizisjɔ̃] nf requisition

réquisitionner [ʀekizisjɔne] /**1**/ vt to requisition

réquisitoire [ʀekizitwaʀ] nm (Jur) closing speech for the prosecution; (fig) : **~ contre** indictment of

RER sigle m (= Réseau express régional) Greater Paris high-speed train service

rescapé, e [ʀɛskape] nm/f survivor

rescousse [ʀɛskus] nf : **aller à la ~ de qn** to go to sb's aid ou rescue; **appeler qn à la ~** to call on sb for help

réseau, x [ʀezo] nm network; **~ social** social network

réseautage [ʀezotaʒ] nm social networking

réséda [ʀezeda] nm (Bot) reseda, mignonette

réservation [ʀezɛʀvasjɔ̃] nf reservation; booking

réserve [ʀezɛʀv] nf (retenue) reserve; (entrepôt) storeroom; (restriction, aussi : d'Indiens) reservation; (de pêche, chasse) preserve; (restrictions) : **faire des réserves** to have reservations; **officier de ~** reserve officer; **sous toutes réserves** with all reserve; (dire) with reservations; **sous ~ de** subject to; **sans ~** adv unreservedly; **en ~** in reserve; **de ~** (provisions etc) in reserve

réservé, e [ʀezɛʀve] adj (discret) reserved; (chasse, pêche) private; **~ à** ou **pour** reserved for

réserver [ʀezɛʀve] /**1**/ vt (gén) to reserve; (chambre, billet etc) to book, reserve; (mettre de côté, garder) : **~ qch pour** ou **à** to keep ou save sth for; **~ qch à qn** to reserve (ou book) sth for sb; (fig : destiner) to have sth in store for sb; **se ~ le droit de faire** to reserve the right to do

réserviste [ʀezɛʀvist] nm reservist

réservoir [ʀezɛʀvwaʀ] nm tank

résidence [ʀezidɑ̃s] nf residence; **~ principale/ secondaire** main/second home; **~ universitaire** hall of residence (BRIT), dormitory (US); **(en) ~ surveillée** (under) house arrest

résident, e [ʀezidɑ̃, -ɑ̃t] nm/f (ressortissant) foreign resident; (d'un immeuble) resident ▸ adj (Inform) resident

résidentiel, le [ʀezidɑ̃sjɛl] adj residential

résider [ʀezide] /**1**/ vi : **~ à** ou **dans** ou **en** to reside in; **~ dans** (fig) to lie in

résidu [ʀezidy] nm residue no pl

résiduel, le [ʀeziduɛl] adj residual

résignation [ʀeziɲasjɔ̃] nf resignation

résigné, e [ʀeziɲe] adj resigned

résigner [ʀeziɲe] /**1**/ vt to relinquish, resign; **se résigner** vpr : **se ~ (à qch/à faire)** to resign o.s. (to sth/to doing)

résiliable [ʀeziljabl] adj which can be terminated

résiliation [ʀeziljasjɔ̃] nf (de contrat, abonnement) termination

résilier [ʀezilje] /**7**/ vt to terminate

résille [ʀezij] nf (hair)net

résine [ʀezin] nf resin

résiné, e [ʀezine] adj : **vin ~** retsina

résineux, -euse [ʀezinø, -øz] adj resinous ▸ nm coniferous tree

résistance [ʀezistɑ̃s] nf resistance; (de réchaud, bouilloire : fil) element

résistant, e [ʀezistɑ̃, -ɑ̃t] adj (personne) robust, tough; (matériau) strong, hard-wearing ▸ nm/f (patriote) Resistance worker ou fighter

résister [ʀeziste] /**1**/ vi to resist; **~ à** vt (assaut, tentation) to resist; (effort, souffrance) to withstand; (matériau, plante) to withstand, stand up to; (personne : désobéir à) to stand up to, oppose

résolu, e [ʀezɔly] pp de **résoudre** ▸ adj (ferme) resolute; **être ~ à qch/faire** to be set upon sth/ doing

r

381

résolument [ʀezɔlymɑ̃] *adv* resolutely, steadfastly; **~ contre qch** firmly against sth

résolution [ʀezɔlysjɔ̃] *nf* solving; *(fermeté, décision, Inform)* resolution; *(d'un problème)* solution; **prendre la ~ de** to make a resolution to

résolvais *etc* [ʀezɔlvɛ] *vb voir* **résoudre**

résonance [ʀezɔnɑ̃s] *nf* resonance

résonner [ʀezɔne] /**1**/ *vi (cloche, pas)* to reverberate, resound; *(salle)* to be resonant; **~ de** to resound with

résorber [ʀezɔʀbe] /**1**/ *vt (chômage, déficit)* to reduce; **se résorber** *vpr (Méd)* to be resorbed; *(fig : chômage, déficit)* to be brought down

résorption [ʀezɔʀpsjɔ̃] *nf (de chômage, déficit)* reduction

résoudre [ʀezudʀ] /**51**/ *vt* to solve; **~ qn à faire qch** to get sb to make up his *(ou* her) mind to do sth; **~ de faire** to resolve to do; **se ~ à faire** to bring o.s. to do

respect [ʀɛspɛ] *nm* respect; **tenir en ~** to keep at bay; **présenter ses respects à qn** to pay one's respects to sb

respectabilité [ʀɛspɛktabilite] *nf* respectability

respectable [ʀɛspɛktabl] *adj* respectable

respecter [ʀɛspɛkte] /**1**/ *vt* to respect; **faire ~** to enforce; **le lexicographe qui se respecte** *(fig)* any self-respecting lexicographer

respectif, -ive [ʀɛspɛktif, -iv] *adj* respective

respectivement [ʀɛspɛktivmɑ̃] *adv* respectively

respectueusement [ʀɛspɛktɥøzmɑ̃] *adv* respectfully

respectueux, -euse [ʀɛspɛktɥø, -øz] *adj* respectful; **~ de** respectful of

respirable [ʀɛspiʀabl] *adj* : **peu ~** unbreathable

respiration [ʀɛspiʀasjɔ̃] *nf* breathing *no pl*; **faire une ~ complète** to breathe in and out; **retenir sa ~** to hold one's breath; **~ artificielle** artificial respiration

respiratoire [ʀɛspiʀatwaʀ] *adj* respiratory

respirer [ʀɛspiʀe] /**1**/ *vi* to breathe; *(fig : se reposer)* to get one's breath, have a break; (: *être soulagé*) to breathe again ▶ *vt* to breathe (in), inhale; *(manifester : santé, calme etc)* to exude

resplendir [ʀɛsplɑ̃diʀ] /**2**/ *vi* to shine; *(fig)* : **~ (de)** to be radiant (with)

resplendissant, e [ʀɛsplɑ̃disɑ̃, -ɑ̃t] *adj* radiant

responsabiliser [ʀɛspɔ̃sabilize] *vt* to give a sense of responsibility to

responsabilité [ʀɛspɔ̃sabilite] *nf* responsibility; *(légale)* liability; **refuser la ~ de** to deny responsibility *(ou* liability) for; **prendre ses responsabilités** to assume responsibility for one's actions; **~ civile** civil liability; **~ pénale/morale/collective** criminal/moral/collective responsibility

responsable [ʀɛspɔ̃sabl] *adj* responsible; **~ de** responsible for; *(légalement : de dégâts etc)* liable for; *(chargé de)* in charge of, responsible for ▶ *nmf (personne coupable)* person responsible; *(du ravitaillement etc)* person in charge; *(de parti, syndicat)* official

resquiller [ʀɛskije] /**1**/ *vi (au cinéma, au stade)* to get in on the sly; *(dans le train)* to fiddle a free ride

resquilleur, -euse [ʀɛskijœʀ, -øz] *nm/f (qui n'est pas invité)* gatecrasher; *(qui ne paie pas)* fare dodger

ressac [ʀəsak] *nm* backwash

ressaisir [ʀ(ə)seziʀ] /**2**/ : **se ressaisir** *vpr* to regain one's self-control; *(équipe sportive)* to rally

ressasser [ʀ(ə)sase] /**1**/ *vt (remâcher)* to keep turning over; *(redire)* to keep trotting out

ressemblance [ʀ(ə)sɑ̃blɑ̃s] *nf (visuelle)* resemblance, similarity, likeness; (: *Art*) likeness; *(analogie, trait commun)* similarity

ressemblant, e [ʀ(ə)sɑ̃blɑ̃, -ɑ̃t] *adj (portrait)* lifelike, true to life

ressembler [ʀ(ə)sɑ̃ble] /**1**/ : **~ à** *vt* to be like, resemble; *(visuellement)* to look like; **se ressembler** *vpr* to be *(ou* look) alike

ressemeler [ʀ(ə)səm(ə)le] /**4**/ *vt* to (re)sole

ressens *etc* [ʀ(ə)sɑ̃] *vb voir* **ressentir**

ressentiment [ʀ(ə)sɑ̃timɑ̃] *nm* resentment

ressentir [ʀ(ə)sɑ̃tiʀ] /**16**/ *vt* to feel; **se ~ de** to feel *(ou* show) the effects of

resserre [ʀəsɛʀ] *nf* shed

resserrement [ʀ(ə)sɛʀmɑ̃] *nm* narrowing; strengthening; *(goulet)* narrow part

resserrer [ʀ(ə)sɛʀe] /**1**/ *vt (pores)* to close; *(nœud, boulon)* to tighten (up); *(fig : liens)* to strengthen; **se resserrer** *vpr (route, vallée)* to narrow; *(liens)* to strengthen; **se ~ (autour de)** to draw closer (around), to close in (on)

ressers *etc* [ʀ(ə)sɛʀ] *vb voir* **resservir**

resservir [ʀ(ə)sɛʀviʀ] /**14**/ *vi* to do *ou* serve again ▶ *vt* : **~ qch (à qn)** to serve sth up again (to sb); **~ de qch (à qn)** to give (sb) a second helping of sth; **~ qn (d'un plat)** to give sb a second helping (of a dish); **se resservir de** *vpr (plat)* to take a second helping of; *(outil etc)* to use again

ressort [ʀəsɔʀ] *vb voir* **ressortir** ▶ *nm (pièce)* spring; *(force morale)* spirit; **en dernier ~** as a last resort; **être du ~ de** to fall within the competence of

ressortir [ʀəsɔʀtiʀ] /**16**/ *vi* to go *(ou* come) out (again); *(contraster)* to stand out; **~ de** *(résulter de)* : **il ressort de ceci que** it emerges from this that; **~ à** *(Jur)* to come under the jurisdiction of; *(Admin)* to be the concern of; **faire ~** *(fig : souligner)* to bring out

ressortissant, e [ʀ(ə)sɔʀtisɑ̃, -ɑ̃t] *nm/f* national

ressouder [ʀ(ə)sude] /**1**/ *vt* to solder together again

ressource [ʀ(ə)suʀs] *nf* : **avoir la ~ de** to have the possibility of; **leur seule ~ était de** the only course open to them was to; **ressources** *nfpl* resources; *(fig)* possibilities; **ressources d'énergie** energy resources

ressourcer [ʀ(ə)suʀse] : **se ressourcer** *vpr (se régénérer)* to recharge one's batteries

ressurgir [ʀ(ə)syʀʒiʀ] *vi* = **resurgir**

ressusciter [ʀesysite] /**1**/ *vt* to resuscitate, restore to life; *(fig)* to revive, bring back ▶ *vi* to rise (from the dead); *(fig : pays)* to come back to life

restant, e [ʀɛstɑ̃, -ɑ̃t] *adj* remaining ▶ *nm* : **le ~ (de)** the remainder (of); **un ~ de** *(de trop)* some leftover; *(fig)* a remnant *ou* last trace of

restau [ʀɛsto] *nm (fam)* restaurant

restaurant [Rɛstɔrɑ̃] *nm* restaurant; **manger au ~** to eat out; **~ d'entreprise** staff canteen *ou* cafeteria (*US*); **~ universitaire** university refectory *ou* cafeteria (*US*)

restaurateur, -trice [Rɛstɔratœr, -tris] *nm/f* restaurant owner, restaurateur; (*de tableaux*) restorer

restauration [Rɛstɔrasjɔ̃] *nf* restoration; (*hôtellerie*) catering; **~ rapide** fast food

restaurer [Rɛstɔre] /1/ *vt* to restore; **se restaurer** *vpr* to have something to eat

restauroute [Rɛstɔrut] *nm* = **restoroute**

reste [Rɛst] *nm* (*Math*) remainder; (*restant*) : **le ~ (de)** the rest (of); (*de trop*) : **un ~ (de)** some leftover; (*vestige*) : **un ~ de** a remnant *ou* last trace of; **avoir du temps de ~** to have time to spare; **ne voulant pas être en ~** not wishing to be outdone; **partir sans attendre** *ou* **demander son ~** (*fig*) to leave without waiting to hear more; **du ~, au ~** *adv* besides, moreover; **pour le ~, quant au ~** *adv* as for the rest; **restes** *nmpl* leftovers; (*d'une cité etc, dépouille mortelle*) remains

rester [Rɛste] /1/ *vi* (*dans un lieu, un état, une position*) to stay, remain; (*subsister*) to remain, be left; (*durer*) to last, live on; **en ~ à** (*stade, menaces*) to go no further than, only go as far as; **restons-en là** let's leave it at that; **~ sur une impression** to retain an impression; **il a failli y ~** he nearly met his end ▸ *vb impers* : **il reste du pain/deux œufs** there's some bread/there are two eggs left (over); **il reste du temps/10 minutes** there's some time/there are 10 minutes left; **il me reste assez de temps** I have enough time left; **il ne me reste plus qu'à ...** I've just got to ...; **voilà tout ce qui (me) reste** that's all I've got left; **ce qui reste à faire** what remains to be done; **ce qui me reste à faire** what remains for me to do; **(il) reste à savoir/établir si ...** it remains to be seen/established if *ou* whether ...; **il n'en reste pas moins que ...** the fact remains that ..., it's nevertheless a fact that ...

⚠ **rester** does not mean *to rest*.

restituer [Rɛstitɥe] /1/ *vt* (*objet, somme*) : **~ qch (à qn)** to return *ou* restore sth (to sb); (*énergie*) to release; (*son*) to reproduce

restitution [Rɛstitysjɔ̃] *nf* restoration

resto [Rɛsto] *nm* (*fam*) restaurant

restoroute [Rɛstɔrut] *nm* motorway (*Brit*) *ou* highway (*US*) restaurant

restreindre [Rɛstrɛ̃dr] /52/ *vt* to restrict, limit; **se restreindre** *vpr* (*dans ses dépenses etc*) to cut down; (*champ de recherches*) to narrow

restreint, e [Rɛstrɛ̃, -ɛt] *pp de* **restreindre** ▸ *adj* restricted, limited

restrictif, -ive [Rɛstriktif, -iv] *adj* restrictive, limiting

restriction [Rɛstriksjɔ̃] *nf* restriction; (*condition*) qualification; **sans ~** *adv* unreservedly; **restrictions** *nfpl* (*rationnement*) restrictions; (*mentales*) reservations

restructuration [Rəstryktyrasjɔ̃] *nf* restructuring

restructurer [Rəstryktyre] /1/ *vt* to restructure

résultante [Rezyltɑ̃t] *nf* (*conséquence*) result, consequence

résultat [Rezylta] *nm* result; (*conséquence*) outcome *no pl*, result; (*d'élection etc*) results *pl*; **résultats** *nmpl* (*d'une enquête*) findings; **résultats sportifs** sports results

résulter [Rezylte] /1/ : **~ de** *vt* to result from, be the result of; **il résulte de ceci que ...** the result of this is that ...

résumé [Rezyme] *nm* summary, résumé; **faire le ~ de** to summarize; **en ~** *adv* in brief; (*pour conclure*) to sum up

résumer [Rezyme] /1/ *vt* (*texte*) to summarize; (*récapituler*) to sum up; (*fig*) to epitomize, typify; **se résumer** *vpr* (*personne*) to sum up (one's ideas); **se ~ à** to come down to

résurgence [Rezyrʒɑ̃s] *nf* resurgence

resurgir [R(ə)syrʒir] /2/ *vi* to reappear, re-emerge

résurrection [Rezyrɛksjɔ̃] *nf* resurrection; (*fig*) revival

rétablir [Retablir] /2/ *vt* to restore, re-establish; (*personne : traitement*) : **~ qn** to restore sb to health, help sb recover; (*Admin*) : **~ qn dans son emploi/ses droits** to reinstate sb in his post/ restore sb's rights; **se rétablir** *vpr* (*guérir*) to recover; (*silence, calme*) to return, be restored; (*Gym etc*) : **se ~ (sur)** to pull o.s. up (onto)

rétablissement [Retablismɑ̃] *nm* restoring; (*guérison*) recovery; pull-up

rétamer [Retame] /1/ *vt* to re-coat, re-tin; **se rétamer** *vpr* (*fam : tomber*) to come a cropper (*Brit fam*)

rétameur [Retamœr] *nm* tinker

retaper [R(ə)tape] /1/ *vt* (*maison, voiture etc*) to do up; (*fam : revigorer*) to buck up; (*redactylographier*) to retype

retard [R(ə)tar] *nm* (*d'une personne attendue*) lateness *no pl*; (*sur l'horaire, un programme, une échéance*) delay; (*fig : scolaire, mental etc*) backwardness; **être en ~** (*pays*) to be backward; (*dans paiement, travail*) to be behind; **en ~ (de deux heures)** (two hours) late; **désolé d'être en ~** sorry I'm late; **avoir un ~ de deux km** (*Sport*) to be two km behind; **rattraper son ~** to catch up; **avoir du ~** to be late; (*sur un programme*) to be behind (schedule); **prendre du ~** (*train, avion*) to be delayed; (*montre*) to lose (time); **sans ~** *adv* without delay; **~ à l'allumage** (*Auto*) retarded spark; **~ scolaire** backwardness at school

retardataire [R(ə)tardatɛr] *adj* late; (*enfant, idées*) backward ▸ *nmf* latecomer; backward child

retardé, e [R(ə)tarde] *adj* backward

retardement [R(ə)tardəmɑ̃] : **à ~** *adj* delayed action *cpd*; **bombe à ~** time bomb

retarder [R(ə)tarde] /1/ *vt* to delay; (*horloge*) to put back; (*sur un horaire*) : **~ qn (d'une heure)** to delay sb (an hour); (*sur un programme*) : **~ qn (de trois mois)** to set sb back *ou* delay sb (three months); (*départ, date*) : **~ qch (de deux jours)** to put sth back (two days), delay sth (for *ou* by two days) ▸ *vi* (*montre*) to be slow;

r

383

(: *habituellement*) to lose (time); **je retarde (d'une heure)** I'm (an hour) slow

retendre [ʀ(ə)tɑ̃dʀ] /**41**/ *vt* (*câble etc*) to stretch again; (*Mus* : *cordes*) to retighten

retenir [ʀət(ə)niʀ] /**22**/ *vt* (*garder, retarder*) to keep, detain; (*maintenir* : *objet qui glisse, fig* : *colère, larmes, rire*) to hold back; (: *objet suspendu*) to hold; (: *chaleur, odeur*) to retain; (*se rappeler*) to retain; (*réserver*) to reserve; (*accepter*) to accept; (*fig* : *empêcher d'agir*) : **~ qn (de faire)** to hold sb back (from doing); (*prélever*) : **~ qch (sur)** to deduct sth (from); (*mentales*) reservations; **se retenir** *vpr* (*euphémisme*) to hold on; (*se raccrocher*) : **se ~ à** to hold onto; (*se contenir*) : **se ~ de faire** to restrain o.s. from doing

rétention [ʀetɑ̃sjɔ̃] *nf* : **~ d'urine** urine retention

retentir [ʀ(ə)tɑ̃tiʀ] /**2**/ *vi* to ring out; (*salle*) : **~ de** to ring *ou* resound with; **~ sur** *vt* (*fig*) to have an effect upon

retentissant, e [ʀ(ə)tɑ̃tisɑ̃, -ɑ̃t] *adj* resounding; (*fig*) impact-making

retentissement [ʀ(ə)tɑ̃tismɑ̃] *nm* (*retombées*) repercussions *pl*; effect, impact

retenu, e [ʀət(ə)ny] *pp de* **retenir** ▶ *adj* (*place*) reserved; (*personne* : *empêché*) held up; (*propos* : *contenu, discret*) restrained ▶ *nf* (*prélèvement*) deduction; (*Math*) number to carry over; (*Scol*) detention; (*modération*) (self-)restraint; (*réserve*) reserve, reticence; (*Auto*) tailback

réticence [ʀetisɑ̃s] *nf* reticence *no pl*, reluctance *no pl*; **sans ~** without hesitation

réticent, e [ʀetisɑ̃, -ɑ̃t] *adj* reticent, reluctant

retiendrai [ʀətjɛ̃dʀe], **retiens** *etc* [ʀətjɛ̃] *vb voir* **retenir**

rétif, -ive [ʀetif, -iv] *adj* restive

rétine [ʀetin] *nf* retina

retint *etc* [ʀətɛ̃] *vb voir* **retenir**

retiré, e [ʀ(ə)tiʀe] *adj* (*solitaire*) secluded; (*éloigné*) remote

retirer [ʀ(ə)tiʀe] /**1**/ *vt* (*argent, plainte*) to withdraw; (*vêtement*) to take off, remove; (*reprendre* : *billets*) to collect, pick up; (*enlever*) : **~ qch à qn** to take sth from sb; (*extraire*) : **~ qn/qch de** to take sb away from/sth out of, remove sb/sth from; **~ des avantages de** to derive advantages from; **se retirer** *vpr* (*partir, reculer*) to withdraw; (*prendre sa retraite*) to retire; **se ~ de** to withdraw from; to retire from

retombées [ʀətɔ̃be] *nfpl* (*radioactives*) fallout *sg*; (*fig*) fallout; spin-offs

retomber [ʀ(ə)tɔ̃be] /**1**/ *vi* (*à nouveau*) to fall again; (*atterrir* : *après un saut etc*) to land; (*tomber, redescendre*) to fall back; (*pendre*) to fall, hang (down); (*rechuter*) : **~ malade/dans l'erreur** to fall ill again/fall back into error; (*échoir*) : **~ sur qn** to fall on sb

retordre [ʀ(ə)tɔʀdʀ] /**41**/ *vt* : **donner du fil à ~ à qn** to make life difficult for sb

rétorquer [ʀetɔʀke] /**1**/ *vt* : **~ (à qn) que** to retort (to sb) that

retors, e [ʀətɔʀ, -ɔʀs] *adj* wily

rétorsion [ʀetɔʀsjɔ̃] *nf* : **mesures de ~** reprisals

retouche [ʀ(ə)tuʃ] *nf* touching up *no pl*; (*sur vêtement*) alteration; **faire une ~** *ou* **des retouches à** to touch up

retoucher [ʀ(ə)tuʃe] /**1**/ *vt* (*photographie, tableau*) to touch up; (*texte, vêtement*) to alter

retour [ʀ(ə)tuʀ] *nm* return; **au ~** (*en arrivant*) when we (*ou* they *etc*) get (*ou* got) back; (*en route*) on the way back; **pendant le ~** on the way *ou* journey back; **à mon/ton ~** on my/your return; **au ~ de** on the return of; **être de ~ (de)** to be back (from); **de ~ à .../chez moi** back at .../home; **quand serons-nous de ~ ?** when do we get back?; **en ~** *adv* in return; **par ~ du courrier** by return of post; **par un juste ~ des choses** by a favourable twist of fate; **match ~** return match; **~ en arrière** (*Ciné*) flashback; (*mesure*) backward step; **~ de bâton** kickback; **~ de chariot** carriage return; **~ à l'envoyeur** (*Postes*) return to sender; **~ de flamme** backfire; **~ (automatique) à la ligne** (*Inform*) wordwrap; **~ de manivelle** (*fig*) backfire; **~ offensif** renewed attack; **~ aux sources** (*fig*) return to basics

retournement [ʀ(ə)tuʀnəmɑ̃] *nm* (*d'une personne* : *revirement*) turning (round); **~ de la situation** reversal of the situation

retourner [ʀ(ə)tuʀne] /**1**/ *vt* (*dans l'autre sens* : *matelas, crêpe*) to turn (over); (: *caisse*) to turn upside down; (: *sac, vêtement*) to turn inside out; (*fig* : *argument*) to turn back; (*en remuant* : *terre, sol, foin*) to turn over; (*émouvoir* : *personne*) to shake; (*renvoyer, restituer*) : **~ qch à qn** to return sth to sb; **~ sa veste** (*fig*) to turn one's coat ▶ *vi* (*aller, revenir*) : **~ quelque part/à** to go back *ou* return somewhere/to; **~ à** (*état, activité*) to return to, go back to; **savoir de quoi il retourne** to know what it is all about; **~ en arrière** *ou* **sur ses pas** to turn back, retrace one's steps; **~ aux sources** to go back to basics; **se retourner** *vpr* to turn over; (*tourner la tête*) to turn round; **s'en ~** to go back; **se ~ contre** (*fig*) to turn against

retracer [ʀ(ə)tʀase] /**3**/ *vt* to relate, recount

rétractable [ʀetʀaktabl] *adj* (*poignée, toit*) retractable

rétracter [ʀetʀakte] /**1**/ *vt*, **se rétracter** *vpr* to retract

retraduire [ʀ(ə)tʀaduiʀ] /**38**/ *vt* to translate again; (*dans la langue de départ*) to translate back

retrait [ʀ(ə)tʀɛ] *nm* (*d'argent*) withdrawal; collection; (*rétrécissement*) shrinkage; **en ~** *adj* set back; **écrire en ~** to indent; **~ du permis (de conduire)** disqualification from driving (*BRIT*), revocation of driver's license (*US*)

retraite [ʀ(ə)tʀɛt] *nf* (*d'une armée, Rel, refuge*) retreat; (*d'un employé*) retirement; (*revenu*) (retirement) pension; **être/mettre à la ~** to be retired/pension off *ou* retire; **prendre sa ~** to retire; **~ anticipée** early retirement; **~ aux flambeaux** torchlight tattoo

retraité, e [ʀ(ə)tʀete] *adj* retired ▶ *nm/f* (old age) pensioner

retraitement [ʀ(ə)tʀɛtmɑ̃] *nm* reprocessing

retraiter [ʀ(ə)tʀete] /**1**/ *vt* to reprocess

retranchement [ʀ(ə)tʀɑ̃ʃmɑ̃] *nm* entrenchment; **pousser qn dans ses derniers retranchements** to drive sb into a corner

retrancher [ʀ(ə)tʀɑ̃ʃe] /**1**/ *vt* (*passage, détails*) to take out, remove; (*couper*) to cut off; **~ qch de**

(*nombre, somme*) to take *ou* deduct sth from; **se ~ derrière/dans** to entrench o.s. behind/in; (*fig*) to take refuge behind/in

retranscription [ʀ(ə)tʀɑ̃skʀipsjɔ̃] *nf* (*d'entretien, débat*) retranscription

retranscrire [ʀ(ə)tʀɑ̃skʀiʀ] **/39/** *vt* to retranscribe

retransmettre [ʀ(ə)tʀɑ̃smɛtʀ] **/56/** *vt* (*Radio*) to broadcast, relay; (*TV*) to show

retransmission [ʀ(ə)tʀɑ̃smisjɔ̃] *nf* broadcast; showing

retravailler [ʀ(ə)tʀavaje] **/1/** *vi* to start work again ▶ *vt* to work on again

retraverser [ʀ(ə)tʀavɛʀse] **/1/** *vt* (*dans l'autre sens*) to cross back over

rétréci, e [ʀetʀesi] *adj* (*idées, esprit*) narrow

rétrécir [ʀetʀesiʀ] **/2/** *vt* (*vêtement*) to take in ▶ *vi* to shrink; **se rétrécir** *vpr* (*route, vallée*) to narrow

rétrécissement [ʀetʀesismɑ̃] *nm* narrowing

retremper [ʀ(ə)tʀɑ̃pe] **/1/** *vt* : **se ~ dans** (*fig*) to reimmerse o.s. in

rétribuer [ʀetʀibɥe] **/1/** *vt* (*travail*) to pay for; (*personne*) to pay

rétribution [ʀetʀibysjɔ̃] *nf* payment

rétro [ʀetʀo] *adj* old-style; **la mode ~** the nostalgia vogue ▶ *nm* (*rétroviseur*) (rear-view) mirror

rétroactif, -ive [ʀetʀoaktif, -iv] *adj* retroactive

rétroactivement [ʀetʀoaktivmɑ̃] *adv* retroactively

rétroactivité [ʀetʀoaktivite] *nf* retroactivity

rétrocéder [ʀetʀosede] **/6/** *vt* to retrocede

rétrocession [ʀetʀosesjɔ̃] *nf* retrocession

rétroéclairage [ʀetʀoeklɛʀaʒ] *nm* (*Tech*) backlighting

rétrofusée [ʀetʀofyze] *nf* retrorocket

rétrogradation [ʀetʀɔɡʀadasjɔ̃] *nf* (*aussi Sport*) demotion

rétrograde [ʀetʀɔɡʀad] *adj* reactionary, backward-looking

rétrograder [ʀetʀɔɡʀade] **/1/** *vi* (*Auto*) to change down; (*au classement*) : **~ à la cinquième place** to slip back to fifth place

rétroprojecteur [ʀetʀopʀɔʒɛktœʀ] *nm* overhead projector

rétrospectif, -ive [ʀetʀɔspɛktif, -iv] *adj* retrospective ▶ *nf* (*Art*) retrospective; (*Ciné*) season, retrospective

rétrospectivement [ʀetʀɔspɛktivmɑ̃] *adv* in retrospect

retroussé, e [ʀ(ə)tʀuse] *adj* : **nez ~** turned-up nose

retrousser [ʀ(ə)tʀuse] **/1/** *vt* to roll up; (*fig : nez*) to wrinkle; (: *lèvres*) to curl; **se retrousser** *vpr* : **se ~ les manches** (*fig*) to roll up one's sleeves

retrouvailles [ʀ(ə)tʀuvaj] *nfpl* reunion *sg*

retrouver [ʀ(ə)tʀuve] **/1/** *vt* (*fugitif, objet perdu*) to find; (*occasion*) to find again; (*calme, santé*) to regain; (*reconnaître : expression, style*) to recognize; (*revoir*) to see again; (*rejoindre*) to meet (again), join; **se retrouver** *vpr* to meet; (*s'orienter*) to find one's way; **se ~ quelque part** to find o.s. somewhere; to end up somewhere; **se ~ seul/ sans argent** to find o.s. alone/with no money; **se ~ dans** (*calculs, dossiers, désordre*) to make sense

of; **s'y ~** (*y voir clair*) to make sense of it; (*rentrer dans ses frais*) to break even

rétroviral, e, -aux [ʀetʀoviʀal, -o] *adj* retroviral

rétrovirus [ʀetʀoviʀys] *nm* retrovirus

rétroviseur [ʀetʀovizœʀ] *nm* (rear-view) mirror

retweeter [ʀətwite] **/1/** *vt* (*Inform : Twitter*) to retweet

réunifier [ʀeynifje] **/7/** *vt* to reunify

Réunion [ʀeynjɔ̃] *nf* : **la ~, l'île de la ~** Réunion

réunion [ʀeynjɔ̃] *nf* bringing together; joining; (*séance*) meeting

réunionite, réunionnite [ʀeynjɔnit] *nf* meeting mania, meetingitis (*fam*)

réunionnais, e [ʀeynjɔnɛ, -ɛz] *adj* of *ou* from Réunion

réunir [ʀeyniʀ] **/2/** *vt* (*convoquer*) to call together; (*rassembler*) to gather together; (*inviter : amis, famille*) to have round, have in; (*cumuler : qualités etc*) to combine; (*rapprocher : ennemis*) to bring together (again), reunite; (*rattacher : parties*) to join (together); **se réunir** *vpr* (*se rencontrer*) to meet; (*s'allier*) to unite

réussi, e [ʀeysi] *adj* successful

réussir [ʀeysiʀ] **/2/** *vi* to succeed, be successful; (*à un examen*) to pass; (*plante, culture*) to thrive, do well; **~ à faire** to succeed in doing; **~ à qn** to go right for sb; (*être bénéfique à*) to agree with sb; **le travail/le mariage lui réussit** work/married life agrees with him ▶ *vt* to make a success of; to bring off

réussite [ʀeysit] *nf* success; (*Cartes*) patience

réutilisable [ʀeytilizabl] *adj* reusable

réutilisation [ʀeytilizasjɔ̃] *nf* reuse

réutiliser [ʀeytilize] **/1/** *vt* to re-use

revaloir [ʀ(ə)valwaʀ] **/29/** *vt* : **je vous revaudrai cela** I'll repay you some day; (*en mal*) I'll pay you back for this

revalorisation [ʀ(ə)valɔʀizasjɔ̃] *nf* revaluation; raising

revaloriser [ʀ(ə)valɔʀize] **/1/** *vt* (*monnaie*) to revalue; (*salaires, pensions*) to raise the level of; (*institution, tradition*) to reassert the value of

revanchard, e [ʀ(ə)vɑ̃ʃaʀ, -aʀd] *adj* vengeful

revanche [ʀ(ə)vɑ̃ʃ] *nf* revenge; (*sport*) revenge match; **prendre sa ~ (sur)** to take one's revenge (on); **en ~** (*par contre*) on the other hand; (*en compensation*) in return

rêvasser [ʀɛvase] **/1/** *vi* to daydream

rêve [ʀɛv] *nm* dream; (*activité psychique*) : **le ~** dreaming; **de ~** dream *cpd*; **faire un ~** to have a dream; **~ éveillé** daydreaming *no pl*, daydream

rêvé, e [ʀeve] *adj* (*endroit, mari etc*) ideal

revêche [ʀəvɛʃ] *adj* surly, sour-tempered

réveil [ʀevɛj] *nm* (*d'un dormeur*) waking up *no pl*; (*fig*) awakening; (*pendule*) alarm (clock); **au ~** when I (*ou* you *etc*) wake (*ou* woke) up, on waking (up); **sonner le ~** (*Mil*) to sound the reveille

réveille-matin [ʀevɛjmatɛ̃] *nm inv* alarm clock

réveiller [ʀeveje] **/1/** *vt* (*personne*) to wake up; (*fig*) to awaken, revive; **se réveiller** *vpr* to wake up; (*fig*) to be revived, reawaken

réveillon [ʀevɛjɔ̃] *nm* Christmas Eve; (*de la Saint-Sylvestre*) New Year's Eve; Christmas Eve (*ou* New Year's Eve) party *ou* dinner

r

réveillonner [ʀevɛjɔne] /**1**/ vi to celebrate
Christmas Eve (ou New Year's Eve)
révélateur, -trice [ʀevelatœʀ, -tʀis] adj : ~ **(de
qch)** revealing (sth) ▶ nm (Photo) developer
révélation [ʀevelasjɔ̃] nf revelation
révéler [ʀevele] /**6**/ vt (gén) to reveal; (divulguer) to
disclose, reveal; (dénoter) to reveal, show; (faire
connaître au public) : ~ **qn/qch** to make sb/sth
widely known, bring sb/sth to the public's
notice; **se révéler** vpr to be revealed, reveal
itself; **se ~ facile/faux** to prove (to be) easy/
false; **se ~ cruel/un allié sûr** to show o.s. to be
cruel/a trustworthy ally
revenant, e [ʀəvnɑ̃, -ɑ̃t] nm/f ghost
revendeur, -euse [ʀ(ə)vɑ̃dœʀ, -øz] nm/f
(détaillant) retailer; (d'occasions) secondhand
dealer; (de drogue) (drug-)dealer
revendicatif, -ive [ʀ(ə)vɑ̃dikatif, -iv] adj
(mouvement) protest cpd
revendication [ʀ(ə)vɑ̃dikasjɔ̃] nf claim,
demand; **journée de ~** day of action (in
support of one's claims)
revendiquer [ʀ(ə)vɑ̃dike] /**1**/ vt to claim,
demand; (responsabilité) to claim ▶ vi to agitate
in favour of one's claims
revendre [ʀ(ə)vɑ̃dʀ] /**41**/ vt (d'occasion) to resell;
(détailler) to sell; (vendre davantage de) : ~ **du sucre/
un foulard/deux bagues** to sell more sugar/
another scarf/another two rings; **à ~** adv (en
abondance) to spare
revenir [ʀəv(ə)niʀ] /**22**/ vi to come back; **faire ~**
(Culin) to brown; (être) : ~ **cher/à 100 euros (à qn)**
to cost (sb) a lot/100 euros; ~ **à** (reprendre : études,
projet) to return to, go back to; (équivaloir à) to
amount to; ~ **à qn** (rumeur, nouvelle) to get back to
sb, reach sb's ears; (part, honneur) to go to sb, be
sb's; (souvenir, nom) to come back to sb; ~ **de** (fig :
maladie, étonnement) to recover from; ~ **sur**
(question, sujet) to go back over; (engagement) to go
back on; ~ **à la charge** to return to the attack;
~ **à soi** to come round; **je n'en reviens pas** I
can't get over it; ~ **sur ses pas** to retrace one's
steps; **cela revient à dire que/au même** it
amounts to saying that/to the same thing;
~ **de loin** (fig) to have been at death's door
revente [ʀ(ə)vɑ̃t] nf resale
revenu, e [ʀəv(ə)ny] pp de **revenir** ▶ nm income;
(de l'État) revenue; (d'un capital) yield; ~ **national
brut** gross national income; **revenus** nmpl
income sg
rêver [ʀeve] /**1**/ vi, vt to dream; (rêvasser) to
(day)dream; ~ **de** (voir en rêve) to dream of ou
about; ~ **de qch/de faire** to dream of sth/of
doing; ~ **à** to dream of
réverbération [ʀevɛʀbeʀasjɔ̃] nf reflection
réverbère [ʀevɛʀbɛʀ] nm street lamp ou light
réverbérer [ʀevɛʀbeʀe] /**6**/ vt to reflect
reverdir [ʀ(ə)vɛʀdiʀ] /**2**/ vi (arbre etc) to turn
green again
révérence [ʀeveʀɑ̃s] nf (vénération) reverence;
(salut : d'homme) bow; (: de femme) curtsey
révérencieux, -euse [ʀeveʀɑ̃sjø, -øz] adj
reverent
révérend, e [ʀeveʀɑ̃, -ɑ̃d] adj : **le ~ père Pascal**
the Reverend Father Pascal

révérer [ʀeveʀe] /**6**/ vt to revere
rêverie [ʀɛvʀi] nf daydreaming no pl, daydream
reverrai etc [ʀəvɛʀe] vb voir **revoir**
revers [ʀ(ə)vɛʀ] nm (de feuille, main) back; (d'étoffe)
wrong side; (de pièce, médaille) back, reverse;
(Tennis, Ping-Pong) backhand; (de veston) lapel; (de
pantalon) turn-up; (fig : échec) setback; ~ **de
fortune** reverse of fortune; **d'un ~ de main**
with the back of one's hand; **le ~ de la
médaille** (fig) the other side of the coin;
prendre à ~ (Mil) to take from the rear
reverser [ʀ(ə)vɛʀse] /**1**/ vt (reporter : somme etc) :
~ **sur** to put back into; (liquide) ~ **(dans)** to pour
some more (into)
réversibilité [ʀevɛʀsibilite] nf reversibility
réversible [ʀevɛʀsibl] adj reversible
revêtement [ʀ(ə)vɛtmɑ̃] nm (de paroi) facing;
(des sols) flooring; (de chaussée) surface; (de tuyau
etc : enduit) coating
revêtir [ʀ(ə)vetiʀ] /**20**/ vt (habit) to don, put on;
(prendre : importance, apparence) to take on; ~ **qn de**
to dress sb in; (fig) to endow ou invest sb with;
~ **qch de** to cover sth with; (fig) to cloak sth in;
~ **d'un visa** to append a visa to
rêveur, -euse [ʀɛvœʀ, -øz] adj dreamy ▶ nm/f
dreamer
rêveusement [ʀɛvøzmɑ̃] adv dreamily
reviendrai etc [ʀəvjɛ̃dʀe] vb voir **revenir**
revienne etc [ʀəvjɛn] vb voir **revenir**
revient [ʀəvjɛ̃] vb voir **revenir** ▶ nm : **prix de ~**
cost price
revigorant, e [ʀ(ə)vigɔʀɑ̃, -ɑ̃t] adj (climat, bain)
invigorating; (intellectuellement) refreshing
revigorer [ʀ(ə)vigɔʀe] /**1**/ vt (air frais) to
invigorate, brace up; (repas, boisson) to revive,
buck up
revint etc [ʀəvɛ̃] vb voir **revenir**
revirement [ʀ(ə)viʀmɑ̃] nm change of mind;
(d'une situation) reversal
revis etc [ʀəvi] vb voir **revoir**
révisable [ʀevizabl] adj (procès, taux etc)
reviewable, subject to review
réviser [ʀevize] /**1**/ vt (texte, Scol : matière) to revise;
(comptes) to audit; (machine, installation, moteur) to
overhaul, service; (Jur : procès) to review
révision [ʀevizjɔ̃] nf revision; auditing no pl; (de
voiture) overhaul, servicing no pl; review;
conseil de ~ (Mil) recruiting board; **faire ses
révisions** (Scol) to do one's revision (BRIT),
revise (BRIT), review (US); **la ~ des 10 000 km**
(Auto) the 10,000 km service
révisionnisme [ʀevizjɔnism] nm revisionism
révisionniste [ʀevizjɔnist] adj, nmf revisionist
revisiter [ʀ(ə)vizite] vt (œuvre, auteur) to revisit
revisser [ʀ(ə)vise] /**1**/ vt to screw back again
revit [ʀəvi] vb voir **revoir**
revitalisant, e [ʀ(ə)vitalizɑ̃, -ɑ̃t] adj (effet, crème)
revitalizing ▶ nm (cosmétique) revitalizer
revitalisation [ʀ(ə)vitalizasjɔ̃] nf revitalization
revitaliser [ʀ(ə)vitalize] /**1**/ vt to revitalize
revivifier [ʀ(ə)vivifje] /**7**/ vt to revitalize
revivre [ʀ(ə)vivʀ] /**46**/ vi (reprendre des forces) to
come alive again; (traditions) to be revived;
faire ~ (mode, institution, usage) to bring back to
life ▶ vt (épreuve, moment) to relive

révocable [ʀevɔkabl] *adj* (*délégué*) dismissible; (*contrat*) revocable

révocation [ʀevɔkasjɔ̃] *nf* dismissal; revocation

revoir [ʀ(ə)vwaʀ] /30/ *vt* to see again; (*réviser*) to revise (*BRIT*), review (*US*) ▶ *nm* : **au ~** goodbye; **dire au ~ à qn** to say goodbye to sb; **se revoir** *vpr* (*amis*) to meet (again), see each other again

révoltant, e [ʀevɔltɑ̃, -ɑ̃t] *adj* revolting, appalling

révolte [ʀevɔlt] *nf* rebellion, revolt

révolter [ʀevɔlte] /1/ *vt* to revolt, outrage; **se révolter** *vpr* : **se ~ (contre)** to rebel (against); **se ~ (à)** to be outraged (by)

révolu, e [ʀevɔly] *adj* past; (*Admin*) : **âgé de 18 ans révolus** over 18 years of age; **après trois ans révolus** when three full years have passed

révolution [ʀevɔlysjɔ̃] *nf* revolution; **être en ~** (*pays etc*) to be in revolt; **la ~ industrielle** the industrial revolution

révolutionnaire [ʀevɔlysjɔnɛʀ] *adj*, *nmf* revolutionary

révolutionner [ʀevɔlysjɔne] /1/ *vt* to revolutionize; (*fig*) to stir up

revolver [ʀevɔlvɛʀ] *nm* gun; (*à barillet*) revolver

révoquer [ʀevɔke] /1/ *vt* (*fonctionnaire*) to dismiss, remove from office; (*arrêt, contrat*) to revoke

revoyais *etc* [ʀəvwajɛ] *vb voir* **revoir**

revu, e [ʀəvy] *pp de* **revoir** ▶ *nf* (*périodique*) magazine; (*inventaire*) review; (*Mil* : *défilé*) review, march past; (*inspection*) inspection, review; (*de music-hall*) variety show; (*pièce satirique*) revue; **passer en revue** (*troupes*) to review, inspect; (*fig* : *mentalement*) to review, to go through; (*Sport* : *défense*) to get past, to beat; **revue de presse** press review

révulsé, e [ʀevylse] *adj* (*yeux*) rolled upwards; (*visage*) contorted

Reykjavik [ʀekjavik] *n* Reykjavik

rez-de-chaussée [ʀed(ə)ʃose] *nm inv* ground floor

rez-de-jardin [ʀed(ə)ʒaʀdɛ̃] *nm inv* garden level

RF *sigle f* = **République française**

RFA *sigle f* (= *République fédérale d'Allemagne*) FRG

RFO *sigle f* (= *Radio-Télévision Française d'Outre-mer*) French overseas broadcasting service

RG *sigle mpl* (= *renseignements généraux*) security section of the police force

rhabiller [ʀabije] /1/ : **se rhabiller** *vpr* to get dressed again, put one's clothes on again

rhapsodie [ʀapsɔdi] *nf* rhapsody

rhéostat [ʀeɔsta] *nm* rheostat

rhésus [ʀezys] *adj inv*, *nm* rhesus; **~ positif/négatif** rhesus positive/negative

rhétorique [ʀetɔʀik] *nf* rhetoric ▶ *adj* rhetorical

Rhin [ʀɛ̃] *nm* : **le ~** the Rhine

rhinite [ʀinit] *nf* rhinitis

rhinocéros [ʀinɔseʀɔs] *nm* rhinoceros

rhinopharyngite [ʀinɔfaʀɛ̃ʒit] *nf* throat infection

rhodanien, ne [ʀɔdanjɛ̃, -ɛn] *adj* Rhône *cpd*, of the Rhône

Rhodes [ʀɔd] *n* : **(l'île de) ~** (the island of) Rhodes

Rhodésie [ʀɔdezi] *nf* (*Hist*) : **la ~** Rhodesia

rhodésien, ne [ʀɔdezjɛ̃, -ɛn] *adj* (*Hist*) Rhodesian

rhododendron [ʀɔdɔdɛ̃dʀɔ̃] *nm* rhododendron

Rhône [ʀon] *nm* : **le ~** the Rhone

rhubarbe [ʀybaʀb] *nf* rhubarb

rhum [ʀɔm] *nm* rum

rhumatisant, e [ʀymatizɑ̃, -ɑ̃t] *adj*, *nm/f* rheumatic

rhumatismal, e, -aux [ʀymatismal, -o] *adj* rheumatic

rhumatisme [ʀymatism] *nm* rheumatism *no pl*

rhumatologie [ʀymatɔlɔʒi] *nf* rheumatology

rhumatologue [ʀymatɔlɔg] *nmf* rheumatologist

rhume [ʀym] *nm* cold; **~ de cerveau** head cold; **le ~ des foins** hay fever

rhumerie [ʀɔmʀi] *nf* (*distillerie*) rum distillery

RI *sigle m* (*Mil*) = **régiment d'infanterie**

ri [ʀi] *pp de* **rire**

riant, e [ʀjɑ̃, -ɑ̃t] *vb voir* **rire** ▶ *adj* smiling, cheerful; (*campagne, paysage*) pleasant

RIB *sigle m* = **relevé d'identité bancaire**

ribambelle [ʀibɑ̃bɛl] *nf* : **une ~ de** a herd *ou* swarm of

ricain, e [ʀikɛ̃, -ɛn] *adj* (*fam*) Yank, Yankee

ricanement [ʀikanmɑ̃] *nm* snigger; giggle

ricaner [ʀikane] /1/ *vi* (*avec méchanceté*) to snigger; (*bêtement, avec gêne*) to giggle

riche [ʀiʃ] *adj* (*gén*) rich; (*personne, pays*) rich, wealthy; **~ en** rich in; **~ de** full of; rich in

richement [ʀiʃmɑ̃] *adv* richly

richesse [ʀiʃɛs] *nf* wealth; (*fig* : *de sol, musée etc*) richness; **~ en vitamines** high vitamin content; **richesses** *nfpl* (*ressources, argent*) wealth *sg*; (*fig* : *trésors*) treasures

richissime [ʀiʃisim] *adj* extremely rich *ou* wealthy

ricin [ʀisɛ̃] *nm* : **huile de ~** castor oil

ricocher [ʀikɔʃe] /1/ *vi* : **~ (sur)** to rebound (off); (*sur l'eau*) to bounce (on *ou* off); **faire ~ (galet)** to skim

ricochet [ʀikɔʃɛ] *nm* rebound; bounce; **faire ~** to rebound, bounce; (*fig*) to rebound; **faire des ricochets** to skip stones; **par ~** *adv* on the rebound; (*fig*) as an indirect result

rictus [ʀiktys] *nm* grin, (snarling) grimace

ride [ʀid] *nf* wrinkle; (*fig*) ripple

ridé, e [ʀide] *adj* wrinkled

rideau, x [ʀido] *nm* curtain; **tirer/ouvrir les rideaux** to draw/open the curtains; **~ de fer** (*lit*) metal shutter; **le ~ de fer** (*Pol*) the Iron Curtain

ridelle [ʀidɛl] *nf* slatted side (*of truck*)

rider [ʀide] /1/ *vt* to wrinkle; (*fig*) to ripple, ruffle the surface of; **se rider** *vpr* to become wrinkled

ridicule [ʀidikyl] *adj* ridiculous ▶ *nm* ridiculousness *no pl*; (*travers* : *gén pl*) absurdities *pl*; **le ~** ridicule; **tourner en ~** to ridicule

ridiculement [ʀidikylmɑ̃] *adv* ridiculously

ridiculiser [ʀidikylize] /1/ *vt* to ridicule; **se ridiculiser** *vpr* to make a fool of o.s.

ridule [ʀidyl] *nf* (*euph* : *ride*) little wrinkle

rie *etc* [ʀi] *vb voir* **rire**

(MOT-CLÉ)

rien [ʀjɛ̃] *pron* **1** : **(ne) ... rien** nothing; (*tournure négative*) anything; **qu'est-ce que vous avez ? — rien** what have you got? — nothing; **il n'a rien dit/fait** he said/did nothing, he hasn't

387

said/done anything; **n'avoir peur de rien** to be afraid *ou* frightened of nothing, not to be afraid *ou* frightened of anything; **il n'a rien** (*n'est pas blessé*) he's all right; **ça ne fait rien** it doesn't matter; **il n'y est pour rien** he's got nothing to do with it

2 (*quelque chose*) : **a-t-il jamais rien fait pour nous** ? has he ever done anything for us?

3 : **rien de** : **rien d'intéressant** nothing interesting; **rien d'autre** nothing else; **rien du tout** nothing at all; **il n'a rien d'un champion** he's no champion, there's nothing of the champion about him

4 : **rien que** just, only; nothing but; **rien que pour lui faire plaisir** only *ou* just to please him; **rien que la vérité** nothing but the truth; **rien que cela** that alone

▸ *excl* : **de rien** ! not at all!, don't mention it!; **il n'en est rien** ! nothing of the sort!; **rien à faire** ! it's no good!, it's no use!

▸ *nm* : **un petit rien** (*cadeau*) a little something; **des riens** trivia *pl*; **un rien de** a hint of; **en un rien de temps** in no time at all; **avoir peur d'un rien** to be frightened of the slightest thing

rieur, -euse [ʀjœʀ, -øz] *adj* cheerful

rigide [ʀiʒid] *adj* stiff; (*fig*) rigid; (*moralement*) strict

rigidifier [ʀiʒidifje] *vt* (*matériau, pièce*) to stiffen; (*péj* : *système, organisation*) to make more rigid; (*rendre plus strict* : *règlement*) to make more strict; **se rigidifier** *vpr* (*matériau*) to stiffen

rigidité [ʀiʒidite] *nf* stiffness; **la ~ cadavérique** rigor mortis

rigolade [ʀigɔlad] *nf* : **la ~** fun; (*fig*) : **c'est de la ~** it's a big farce; (*c'est facile*) it's a cinch

rigolard, e [ʀigɔlaʀ, -aʀd] *adj* (*personne*) fun-loving; (*air, ton*) jokey

rigole [ʀigɔl] *nf* (*conduit*) channel; (*filet d'eau*) rivulet

rigoler [ʀigɔle] /**1**/ *vi* (*rire*) to laugh; (*s'amuser*) to have (some) fun; (*plaisanter*) to be joking *ou* kidding

rigolo, rigolote [ʀigɔlo, -ɔt] *adj* (*fam*) funny ▸ *nm/f* comic; (*péj*) fraud, phoney

rigorisme [ʀigɔʀism] *nm* (moral) rigorism

rigoriste [ʀigɔʀist] *adj* rigorist

rigoureusement [ʀiguʀøzmɑ̃] *adv* rigorously; **~ vrai/interdit** strictly true/forbidden

rigoureux, -euse [ʀiguʀø, -øz] *adj* (*morale*) rigorous, strict; (*personne*) stern, strict; (*climat, châtiment*) rigorous, harsh, severe; (*interdiction, neutralité*) strict; (*preuves, analyse, méthode*) rigorous

rigueur [ʀigœʀ] *nf* rigour (*BRIT*), rigor (*US*); strictness; harshness; **« tenue de soirée de ~ »** "evening dress (to be worn)"; **être de ~** to be the usual thing, be the rule; **à la ~** at a pinch; possibly; **tenir ~ à qn de qch** to hold sth against sb

riions *etc* [ʀijɔ̃] *vb voir* **rire**

rillettes [ʀijɛt] *nfpl* ≈ potted meat *sg* (made from pork or goose)

rime [ʀim] *nf* rhyme; **n'avoir ni ~ ni raison** to have neither rhyme nor reason

rimer [ʀime] /**1**/ *vi* : **~ (avec)** to rhyme (with); **ne ~ à rien** not to make sense

Rimmel® [ʀimɛl] *nm* mascara

rinçage [ʀɛ̃saʒ] *nm* rinsing (out); (*opération*) rinse

rince-doigts [ʀɛ̃sdwa] *nm inv* finger-bowl

rincer [ʀɛ̃se] /**3**/ *vt* to rinse; (*récipient*) to rinse out; **se ~ la bouche** to rinse one's mouth out

ring [ʀiŋ] *nm* (boxing) ring; **monter sur le ~** (*aussi fig*) to enter the ring; (*faire carrière de boxeur*) to take up boxing

ringard, e [ʀɛ̃gaʀ, -aʀd] *adj* (*fam, péj*) square (*fam*)

ringardisation [ʀɛ̃gaʀdizasjɔ̃] *nf* (*fam, péj*) : **être en voie de ~** (*personne*) to become square (*fam*); (*chose*) to become passé

ringardise [ʀɛ̃gaʀdiz] *nf* (*fam, péj* : *de personne*) squareness (*fam*)

Rio de Janeiro [ʀiodʒanɛʀo] *n* Rio de Janeiro

rions [ʀiɔ̃] *vb voir* **rire**

ripaille [ʀipaj] *nf* : **faire ~** to feast

riper [ʀipe] /**1**/ *vi* to slip, slide

ripoliné, e [ʀipɔline] *adj* enamel-painted

ripoliner [ʀipɔline] *vt* (*peindre*) to paint; (*remettre à neuf*) to give a face-lift to

riposte [ʀipɔst] *nf* retort, riposte; (*fig*) counter-attack, reprisal

riposter [ʀipɔste] /**1**/ *vi* to retaliate; **~ à** to counter; to reply to ▸ *vt* : **~ que** to retort that

ripper [ʀipe] /**1**/ *vt* (*Inform*) to rip

rire [ʀiʀ] /**36**/ *vi* to laugh; (*se divertir*) to have fun; (*plaisanter*) to joke; **~ de** to laugh at; **tu veux ~ !** you must be joking!; **~ aux éclats/aux larmes** to roar with laughter/laugh until one cries; **~ jaune** to force oneself to laugh; **~ sous cape** to laugh up one's sleeve; **~ au nez de qn** to laugh in sb's face; **pour ~** (*pas sérieusement*) for a joke *ou* a laugh ▸ *nm* laugh; **le ~** laughter; **se rire de** *vpr* to make light of

ris [ʀi] *vb voir* **rire** ▸ *nm* : **~ de veau** (calf) sweetbread

risée [ʀize] *nf* : **être la ~ de** to be the laughing stock of

risette [ʀizɛt] *nf* : **faire ~ (à)** to give a nice little smile (to)

risible [ʀizibl] *adj* laughable, ridiculous

risque [ʀisk] *nm* risk; **le ~** danger; **l'attrait du ~** the lure of danger; **prendre des risques** to take risks; **à ses risques et périls** at his own risk; **au ~ de** at the risk of; **~ d'incendie** fire risk; **~ calculé** calculated risk

risqué, e [ʀiske] *adj* risky; (*plaisanterie*) risqué, daring

risquer [ʀiske] /**1**/ *vt* to risk; (*allusion, question*) to venture, hazard; **tu risques qu'on te renvoie** you risk being dismissed; **ça ne risque rien** it's quite safe; **il risque de se tuer** he could get *ou* risks getting himself killed; **il a risqué de se tuer** he almost got himself killed; **ce qui risque de se produire** what might *ou* could well happen; **il ne risque pas de recommencer** there's no chance of him doing that again; **~ le tout pour le tout** to risk the lot; **se risquer** *vpr* : **se ~ dans** (*s'aventurer*) to venture into; **se ~ à faire** (*tenter*) to dare to do

risque-tout [ʀiskətu] *nmf inv* daredevil

rissoler [ʀisɔle] /1/ *vi, vt* : (**faire**) ~ to brown
ristourne [ʀistuʀn] *nf* rebate; discount
rit *etc* [ʀi] *vb voir* **rire**
rite [ʀit] *nm* rite; (*fig*) ritual
ritournelle [ʀituʀnɛl] *nf* (*fig*) tune; **c'est
  toujours la même** ~ (*fam*) it's always the same
  old story
rituel, le [ʀitɥɛl] *adj, nm* ritual
rituellement [ʀitɥɛlmɑ̃] *adv* religiously
riv. *abr* (= *rivière*) R
rivage [ʀivaʒ] *nm* shore
rival, e, -aux [ʀival, -o] *adj, nm/f* rival; **sans** ~ *adj*
  unrivalled
rivaliser [ʀivalize] /1/ *vi* : ~ **avec** to rival, vie
  with; (*être comparable*) to hold its own against,
  compare with; ~ **avec qn de** (*élégance etc*) to vie
  with *ou* rival sb in
rivalité [ʀivalite] *nf* rivalry
rive [ʀiv] *nf* shore; (*de fleuve*) bank
river [ʀive] /1/ *vt* (*clou, pointe*) to clinch; (*plaques*)
  to rivet together; **être rivé sur/à** to be riveted
  on/to
riverain, e [ʀiv(ə)ʀɛ̃, -ɛn] *adj* riverside *cpd*;
  lakeside *cpd*; roadside *cpd* ▶ *nm/f* riverside (*ou*
  lakeside) resident; (*d'une route*) local *ou* roadside
  resident
rivet [ʀivɛ] *nm* rivet
riveter [ʀiv(ə)te] /4/ *vt* to rivet (together)
Riviera [ʀivjeʀa] *nf* : **la ~ (italienne)** the Italian
  Riviera
rixe [ʀiks] *nf* brawl, scuffle
Riyad [ʀijad] *n* Riyadh
riz [ʀi] *nm* rice; ~ **au lait** ≈ rice pudding
rizicole [ʀizikɔl] *adj* (*région*) rice-growing;
  (*production*) rice *cpd*
riziculture [ʀizikyltyʀ] *nf* rice growing
rizière [ʀizjɛʀ] *nf* paddy field
RMC *sigle f* = **Radio Monte Carlo**
RMI *sigle m* (= *revenu minimum d'insertion*) ≈ income
  support (*BRIT*), ≈ welfare (*US*)
RN *sigle f* = **route nationale**
robe [ʀɔb] *nf* dress; (*de juge, d'ecclésiastique*) robe;
  (*de professeur*) gown; (*pelage*) coat; ~ **de soirée/de
  mariée** evening/wedding dress; ~ **de baptême**
  christening robe; ~ **de chambre** dressing
  gown; ~ **de grossesse** maternity dress
robinet [ʀɔbinɛ] *nm* tap (*BRIT*), faucet (*US*); ~ **du
  gaz** gas tap; ~ **mélangeur** mixer tap
robinetterie [ʀɔbinɛtʀi] *nf* taps *pl*, plumbing
roboratif, -ive [ʀɔbɔʀatif, -iv] *adj* bracing,
  invigorating
robot [ʀɔbo] *nm* robot; ~ **de cuisine** food
  processor
robotique [ʀɔbɔtik] *nf* robotics *sg*
robotiser [ʀɔbɔtize] /1/ *vt* (*personne, travailleur*) to
  turn into a robot; (*monde, vie*) to automate
robuste [ʀɔbyst] *adj* robust, sturdy
robustesse [ʀɔbystɛs] *nf* robustness, sturdiness
roc [ʀɔk] *nm* rock
rocade [ʀɔkad] *nf* (*Auto*) bypass
rocaille [ʀɔkaj] *nf* (*pierres*) loose stones *pl*; (*terrain*)
  rocky *ou* stony ground; (*jardin*) rockery, rock
  garden ▶ *adj* (*style*) rocaille

rocailleux, -euse [ʀɔkajø, -øz] *adj* rocky, stony;
  (*voix*) harsh
rocambolesque [ʀɔkɑ̃bɔlɛsk] *adj* fantastic,
  incredible
roche [ʀɔʃ] *nf* rock
rocher [ʀɔʃe] *nm* rock; (*Anat*) petrosal bone
rochet [ʀɔʃɛ] *nm* : **roue à** ~ ratchet wheel
rocheux, -euse [ʀɔʃø, -øz] *adj* rocky; **les
  (montagnes) Rocheuses** the Rockies, the
  Rocky Mountains
rock [ʀɔk], **rock and roll** [ʀɔkɛnʀɔl] *nm*
  (*musique*) rock(-'n'-roll); (*danse*) rock
rocker [ʀɔkœʀ] *nm* (*chanteur*) rock musician;
  (*adepte*) rock fan
rocking-chair [ʀɔkiŋ(t)ʃɛʀ] *nm* rocking chair
rococo [ʀɔkɔko] *nm* rococo ▶ *adj inv* rococo
rodage [ʀɔdaʒ] *nm* running in (*BRIT*), breaking
  in (*US*); **en** ~ (*Auto*) running *ou* breaking in
rodé, e [ʀɔde] *adj* run in (*BRIT*), broken in (*US*);
  (*personne*) : ~ **à qch** having got the hang of sth
rodéo [ʀɔdeo] *nm* rodeo
roder [ʀɔde] /1/ *vt* (*moteur, voiture*) to run in (*BRIT*),
  break in (*US*); ~ **un spectacle** to iron out the
  initial problems of a show
rôder [ʀɔde] /1/ *vi* to roam *ou* wander about;
  (*de façon suspecte*) to lurk (about *ou* around)
rôdeur, -euse [ʀɔdœʀ, -øz] *nm/f* prowler
rodomontades [ʀɔdɔmɔ̃tad] *nfpl* bragging *sg*;
  sabre rattling *sg*
rogatoire [ʀɔgatwaʀ] *adj* : **commission** ~
  letters rogatory
rogne [ʀɔɲ] *nf* : **être en** ~ to be mad *ou* in a
  temper; **se mettre en** ~ to get mad *ou* in a
  temper
rogner [ʀɔɲe] /1/ *vt* to trim; (*fig*) to whittle
  down; ~ **sur** (*fig*) to cut down *ou* back on
rognons [ʀɔɲɔ̃] *nmpl* kidneys
rognures [ʀɔɲyʀ] *nfpl* trimmings
rogue [ʀɔg] *adj* arrogant
roi [ʀwa] *nm* king; **les Rois mages** the Three
  Wise Men, the Magi; **le jour** *ou* **la fête des
  Rois, les Rois** Twelfth Night

: **FÊTE DES ROIS**
:
: The **fête des Rois** is celebrated on Twelfth
: Night (6 January), the date on which many
: Christians commemorate Jesus being visited
: by the Three Wise Men. People eat *galette des Rois*,
: a puff-pastry and almond cake in which a
: porcelain charm (*la fève*) is hidden. Whoever
: finds the charm is king or queen for the day
: and gets to wear the golden paper crown that
: French bakeries usually provide with each cake.

roitelet [ʀwat(ə)lɛ] *nm* wren; (*péj*) kinglet
rôle [ʀol] *nm* role; (*contribution*) part
rollers [ʀɔlœʀ] *nmpl* Rollerblades®
rollmops [ʀɔlmɔps] *nm* rollmop
romain, e [ʀɔmɛ̃, -ɛn] *adj* Roman ▶ *nm/f* :
  Romain, e Roman ▶ *nf* (*laitue*) cos (lettuce)
roman, e [ʀɔmɑ̃, -an] *adj* (*Archit*) Romanesque;
  (*Ling*) Romance *cpd*, Romanic ▶ *nm* novel;
  ~ **d'amour** love story; ~ **d'espionnage** spy
  novel *ou* story; ~ **noir** thriller; ~ **policier**
  detective novel

romance [ʀɔmɑ̃s] *nf* ballad
romancer [ʀɔmɑ̃se] /3/ *vt* to romanticize
romanche [ʀɔmɑ̃ʃ] *adj, nm* Romansh
romancier, -ière [ʀɔmɑ̃sje, -jɛʀ] *nm/f* novelist
romand, e [ʀɔmɑ̃, -ɑ̃d] *adj* of *ou* from French-speaking Switzerland ▶ *nm/f*: **Romand, e** French-speaking Swiss
romanesque [ʀɔmanɛsk] *adj* (*fantastique*) fantastic; (*amours, aventures*) storybook *cpd*; (*sentimental : personne*) romantic; (*Littérature*) novelistic
roman-feuilleton [ʀɔmɑ̃fœjtɔ̃] (*pl* **romans-feuilletons**) *nm* serialized novel
roman-fleuve [ʀɔmɑ̃flœv] (*pl* **romans-fleuves**) *nm* saga, roman-fleuve
romanichel, le [ʀɔmaniʃɛl] *nm/f* gipsy
roman-photo [ʀɔmɑ̃fɔto] (*pl* **romans-photos**) *nm* (*romantic*) picture story
romantique [ʀɔmɑ̃tik] *adj* romantic
romantisme [ʀɔmɑ̃tism] *nm* romanticism
romarin [ʀɔmaʀɛ̃] *nm* rosemary
rombière [ʀɔ̃bjɛʀ] *nf* (*péj*) old bag
Rome [ʀɔm] *n* Rome
rompre [ʀɔ̃pʀ] /41/ *vt* to break; (*entretien, fiançailles*) to break off; **à tout ~** *adv* wildly; **applaudir à tout ~** to bring down the house, applaud wildly; **rompez (les rangs)!** (*Mil*) dismiss!, fall out! ▶ *vi* (*fiancés*) to break it off; **~ avec** to break with; **se rompre** *vpr* to break; (*Méd*) to burst, rupture; **se ~ les os** *ou* **le cou** to break one's neck
rompu, e [ʀɔ̃py] *pp de* **rompre** ▶ *adj* (*fourbu*) exhausted, worn out; **~ à** with wide experience of; inured to
romsteck [ʀɔ̃mstɛk] *nm* rump steak *no pl*
ronce [ʀɔ̃s] *nf* (*Bot*) bramble branch; (*Menuiserie*): **~ de noyer** burr walnut; **ronces** *nfpl* brambles, thorns
ronchon [ʀɔ̃ʃɔ̃] *adj inv* (*fam*) grumpy
ronchonner [ʀɔ̃ʃɔne] /1/ *vi* (*fam*) to grouse, grouch
rond, e [ʀɔ̃, ʀɔ̃d] *adj* round; (*joues, mollets*) well-rounded; (*fam : ivre*) tight; (*sincère, décidé*): **être ~ en affaires** to be on the level in business, do an honest deal; **pour faire un compte ~** to make (it) a round figure, to round (it) off; **avoir le dos ~** to be round-shouldered ▶ *nm* (*cercle*) ring; (*fam : sou*): **je n'ai plus un ~** I haven't a penny left; **en ~** (*s'asseoir, danser*) in a ring; **faire des ronds de jambe** to bow and scrape; **~ de serviette** napkin ring ▶ *nf* (*gén : de surveillance*) rounds *pl*, patrol; (*danse*) round (dance); (*Mus*) semibreve (*Brit*), whole note (*US*); **à la ronde** (*alentour*): **à 10 km à la ronde** for 10 km round; **passer qch à la ronde** to pass sth (a)round ▶ *adv* : **tourner ~** (*moteur*) to run smoothly; **ça ne tourne pas ~** (*fig*) there's something not quite right about it
rond-de-cuir [ʀɔ̃dkɥiʀ] (*pl* **ronds-de-cuir**) *nm* (*péj*) penpusher
rondelet, te [ʀɔ̃dlɛ, -ɛt] *adj* plump; (*fig : somme*) tidy; (*: bourse*) well-lined, fat
rondelle [ʀɔ̃dɛl] *nf* (*Tech*) washer; (*tranche*) slice, round
rondement [ʀɔ̃dmɑ̃] *adv* (*avec décision*) briskly; (*loyalement*) frankly

rondeur [ʀɔ̃dœʀ] *nf* (*d'un bras, des formes*) plumpness; (*bonhomie*) friendly straightforwardness; **rondeurs** *nfpl* (*d'une femme*) curves
rondin [ʀɔ̃dɛ̃] *nm* log
rondouillard, e [ʀɔ̃dujaʀ, aʀd] *adj* (*fam*) tubby
rond-point [ʀɔ̃pwɛ̃] (*pl* **ronds-points**) *nm* roundabout (*Brit*), traffic circle (*US*)
ronéotyper [ʀɔneɔtipe] *vt* to roneo
ronflant, e [ʀɔ̃flɑ̃, -ɑ̃t] *adj* (*péj*) high-flown, grand
ronflement [ʀɔ̃fləmɑ̃] *nm* snore, snoring *no pl*
ronfler [ʀɔ̃fle] /1/ *vi* to snore; (*moteur, poêle*) to hum; (*: plus fort*) to roar
ronger [ʀɔ̃ʒe] /3/ *vt* to gnaw (at); (*vers, rouille*) to eat into; **~ son frein** to champ (at) the bit; **se ~ de souci, se ~ les sangs** to worry o.s. sick, fret; **se ~ les ongles** to bite one's nails
rongeur, -euse [ʀɔ̃ʒœʀ, -øz] *nm/f* rodent
ronronnement [ʀɔ̃ʀɔnmɑ̃] *nm* purring; (*bruit*) purr
ronronner [ʀɔ̃ʀɔne] /1/ *vi* to purr
roque [ʀɔk] *nm* (*Échecs*) castling
roquefort [ʀɔkfɔʀ] *nm* Roquefort
roquer [ʀɔke] /1/ *vi* to castle
roquet [ʀɔkɛ] *nm* nasty little lap-dog
roquette [ʀɔkɛt] *nf* rocket; **~ antichar** antitank rocket
rosace [ʀozas] *nf* (*vitrail*) rose window, rosace; (*motif : de plafond etc*) rose
rosaire [ʀozɛʀ] *nm* rosary
rosbif [ʀɔsbif] *nm* : **du ~** roasting beef; (*cuit*) roast beef; **un ~** a joint of (roasting) beef
rose [ʀoz] *nf* rose; (*vitrail*) rose window; **~ des vents** compass card ▶ *adj* pink; **~ bonbon** *adj inv* candy pink
rosé, e [ʀoze] *adj* pinkish; (*vin*) **~** rosé (wine)
roseau, x [ʀozo] *nm* reed
rosée [ʀoze] *adj f voir* **rosé** ▶ *nf* dew; **goutte de ~** dewdrop
roseraie [ʀozʀɛ] *nf* rose garden; (*plantation*) rose nursery
rosette [ʀozɛt] *nf* rosette (*gen of the Légion d'honneur*)
rosier [ʀozje] *nm* rosebush, rose tree
rosir [ʀoziʀ] /2/ *vi* to go pink
rosse [ʀɔs] *nf* (*péj : cheval*) nag ▶ *adj* nasty, vicious
rosser [ʀɔse] /1/ *vt* (*fam*) to thrash
rossignol [ʀɔsiɲɔl] *nm* (*Zool*) nightingale; (*crochet*) picklock
rot [ʀo] *nm* belch; (*de bébé*) burp
rotatif, -ive [ʀɔtatif, -iv] *adj* rotary ▶ *nf* rotary press
rotation [ʀɔtasjɔ̃] *nf* rotation; (*fig*) rotation, swap-around; (*renouvellement*) turnover; **par ~** on a rota (*Brit*) *ou* rotation (*US*) basis; **~ des cultures** crop rotation; **~ des stocks** stock turnover
rotatoire [ʀɔtatwaʀ] *adj* : **mouvement ~** rotary movement
roter [ʀɔte] /1/ *vi* (*fam*) to burp, belch
rôti [ʀoti] *nm* : **du ~** roasting meat; (*cuit*) roast meat; **un ~ de bœuf/porc** a joint of beef/pork
rotin [ʀɔtɛ̃] *nm* rattan (cane); **fauteuil en ~** cane (arm)chair

rôtir [ʀɔtiʀ] /**2**/ *vt* (*aussi* : **faire rôtir**) to roast ▸ *vi* to roast; **se rôtir au soleil** *vpr* to bask in the sun

rôtisserie [ʀɔtisʀi] *nf* (*restaurant*) steakhouse; (*comptoir, magasin*) roast meat counter (*ou* shop); (*traiteur*) roast meat shop

rôtissoire [ʀɔtiswaʀ] *nf* (*roasting*) spit

rotonde [ʀɔtɔ̃d] *nf* (*Archit*) rotunda; (*Rail*) engine shed

rotondité [ʀɔtɔ̃dite] *nf* roundness

rotor [ʀɔtɔʀ] *nm* rotor

Rotterdam [ʀɔtɛʀdam] *n* Rotterdam

rotule [ʀɔtyl] *nf* kneecap, patella

roturier, -ière [ʀɔtyʀje, -jɛʀ] *nm/f* commoner

rouage [ʀwaʒ] *nm* cog(wheel), gearwheel; (*de montre*) part; (*fig*) cog; **rouages** *nmpl* (*fig*) internal structure *sg*; **les rouages de l'État** the wheels of State

Rouanda [ʀwɑ̃da] *nm* : **le ~** Rwanda

roubaisien, ne [ʀubezjɛ̃, -ɛn] *adj* of *ou* from Roubaix

roublard, e [ʀublaʀ, -aʀd] *adj* (*péj*) crafty, wily

roublardise [ʀublaʀdiz] *nf* (*péj*) craftiness

rouble [ʀubl] *nm* rouble

roucoulement [ʀukulmɑ̃] *nm* (*de pigeons, fig*) coo, cooing

roucouler [ʀukule] /**1**/ *vi* to coo; (*fig : péj*) to warble; (: *amoureux*) to bill and coo

roue [ʀu] *nf* wheel; **faire la ~** (*paon*) to spread *ou* fan its tail; (*Gym*) to do a cartwheel; **descendre en ~ libre** to freewheel *ou* coast down; **pousser à la ~** to put one's shoulder to the wheel; **grande ~** (*à la foire*) big wheel; **~ à aubes** paddle wheel; **~ dentée** cogwheel; **~ de secours** spare wheel

roué, e [ʀwe] *adj* wily

rouelle [ʀwɛl] *nf* (*viande*) round steak (*cut across the leg*)

rouennais, e [ʀwanɛ, -ɛz] *adj* of *ou* from Rouen

rouer [ʀwe] /**1**/ *vt* : **~ qn de coups** to give sb a thrashing

rouet [ʀwɛ] *nm* spinning wheel

rouge [ʀuʒ] *adj* red; **sur la liste ~** (*Tél*) ex-directory (*Brit*), unlisted (*US*); **~ de honte/ colère** red with shame/anger ▸ *nm* red; (*fard*) rouge; (**vin**) ~ red wine; **passer au ~** (*signal*) to go red; (*automobiliste*) to go through a red light; **porter au ~** (*métal*) to bring to red heat; **~ à joue** blusher; (**à lèvres**) lipstick ▸ *adv* : **se fâcher tout/voir ~** to blow one's top/see red ▸ *nmf* red

rougeâtre [ʀuʒɑtʀ] *adj* reddish

rougeaud, e [ʀuʒo, -od] *adj* (*teint*) red; (*personne*) red-faced

rouge-gorge [ʀuʒgɔʀʒ] (*pl* **rouges-gorges**) *nm* robin (redbreast)

rougeoiement [ʀuʒwamɑ̃] *nm* reddish glow

rougeole [ʀuʒɔl] *nf* measles *sg*

rougeoyant, e [ʀuʒwajɑ̃, -ɑt] *adj* (*ciel, braises*) glowing; (*aube, reflets*) glowing red

rougeoyer [ʀuʒwaje] /**8**/ *vi* to glow red

rouget [ʀuʒɛ] *nm* mullet

rougeur [ʀuʒœʀ] *nf* redness; (*du visage*) red face; **rougeurs** *nfpl* (*Méd*) red blotches

rougir [ʀuʒiʀ] /**2**/ *vi* to turn red; (*de honte, timidité*) to blush, flush; (*de plaisir, colère*) to flush; (*fraise, tomate*) to go *ou* turn red; (*ciel*) to redden

rouille [ʀuj] *adj inv* rust-coloured, rusty ▸ *nf* rust; (*Culin*) spicy (*Provençal*) *sauce served with fish dishes*

rouillé, e [ʀuje] *adj* rusty

rouiller [ʀuje] /**1**/ *vt* to rust ▸ *vi* to rust, go rusty; **se rouiller** *vpr* to rust; (*fig : mentalement*) to become rusty; (: *physiquement*) to grow stiff

roulade [ʀulad] *nf* (*Gym*) roll; (*Culin*) rolled meat *no pl*; (*Mus*) roulade, run

roulage [ʀulaʒ] *nm* (*transport*) haulage

roulant, e [ʀulɑ̃, -ɑt] *adj* (*meuble*) on wheels; (*surface, trottoir, tapis*) moving; **matériel ~** (*Rail*) rolling stock; **escalier ~** escalator; **personnel ~** (*Rail*) train crews *pl*

roulé, e [ʀule] *adj* : **bien roulée** (*fam : femme*) shapely, curvy

rouleau, x [ʀulo] *nm* (*de papier, tissu, pièces de monnaie, Sport*) roll; (*de machine à écrire*) roller, platen; (*à mise en plis, à peinture, vague*) roller; **être au bout du ~** (*fig*) to be at the end of the line; **~ compresseur** steamroller; **~ à pâtisserie** rolling pin; **~ de pellicule** roll of film

roulé-boulé [ʀulebule] (*pl* **roulés-boulés**) *n* (*Sport*) roll

roulement [ʀulmɑ̃] *nm* (*bruit*) rumbling *no pl*, rumble; (*rotation*) rotation; turnover; (*de capitaux*) circulation; **par ~** on a rota (*Brit*) *ou* rotation (*US*) basis; **~ (à billes)** ball bearings *pl*; **~ de tambour** drum roll; **~ d'yeux** roll(ing) of the eyes

rouler [ʀule] /**1**/ *vt* to roll; (*papier, tapis*) to roll up; (*Culin : pâte*) to roll out; (*fam : duper*) to do, con; **~ sa bosse** (*fam*) to go places; **~ qn dans la farine** (*fam*) to con sb; **~ les épaules/hanches** to sway one's shoulders/wiggle one's hips; **~ les « r »** to roll one's r's ▸ *vi* (*bille, boule*) to roll; (*voiture, train*) to go, run; (*automobiliste*) to drive; (*cycliste*) to ride; (*bateau*) to roll; (*tonnerre*) to rumble, roll; (*dégringoler*) : **~ en bas de** to roll down; **~ sur** (*conversation*) to turn on; **~ sur l'or** to be rolling in money, be rolling in it; **se rouler dans** *vpr* (*boue*) to roll in; (*couverture*) to roll o.s. (up) in

roulette [ʀulɛt] *nf* (*de table, fauteuil*) castor; (*de dentiste*) drill; (*de pâtissier*) pastry wheel; (*jeu*) : **la ~** roulette; **à roulettes** on castors; **la ~ russe** Russian roulette; **ça a marché comme sur des roulettes** (*fam*) it went off very smoothly

roulis [ʀuli] *nm* roll(ing)

roulotte [ʀulɔt] *nf* caravan

roumain, e [ʀumɛ̃, -ɛn] *adj* Rumanian, Romanian ▸ *nm* (*Ling*) Rumanian, Romanian ▸ *nm/f* : **Roumain, e** Rumanian, Romanian

Roumanie [ʀumani] *nf* : **la ~** Rumania, Romania

round [ʀaund] *nm* (*de combat, négociations*) round

roupiller [ʀupije] /**1**/ *vi* (*fam*) to sleep

rouquin, e [ʀukɛ̃, -in] *nm/f* (*péj*) redhead

rouspéter [ʀuspete] /**6**/ *vi* (*fam*) to moan, grouse

rousse [ʀus] *adj f voir* **roux**

roussette [ʀusɛt] *nf* (*poisson*) spotted dogfish; (*chauve-souris*) flying fox; (*grenouille*) common frog

rousseur [ʀusœʀ] *nf* : **tache de ~** freckle

roussi [ʀusi] *nm* : **ça sent le** ~ there's a smell of burning; *(fig)* I can smell trouble

roussir [ʀusiʀ] **/2/** *vt* to scorch ▸ *vi (feuilles)* to go *ou* turn brown; *(Culin)* : **faire** ~ to brown

routage [ʀutaʒ] *nm* (collective) mailing

routard, e [ʀutaʀ, -aʀd] *nm/f* traveller

route [ʀut] *nf* road; *(fig : chemin)* way; *(itinéraire, parcours)* route; *(fig : voie)* road, path; **par (la)** ~ by road; **il y a trois heures de** ~ it's a three-hour ride *ou* journey; **en** ~ *adv* on the way; **en** ~! let's go!; **en cours de** ~ en route; **mettre en** ~ to start up; **se mettre en** ~ to set off; **faire** ~ **vers** to head towards; **faire fausse** ~ *(fig)* to be on the wrong track; ~ **nationale** ≈ A-road (*Brit*), ≈ state highway (*US*)

routeur [ʀutœʀ] *nm (Inform)* router; *(Navig)* route planner

routier, -ière [ʀutje, -jɛʀ] *adj* road *cpd*; **carte routière** road map ▸ *nm (camionneur)* (long-distance) lorry (*Brit*) *ou* truck (*US*) driver; *(restaurant)* ≈ transport café (*Brit*), ≈ truck stop (*US*); *(scout)* ≈ rover; *(cycliste)* road racer; **vieux** ~ old stager ▸ *nf (voiture)* touring car

routine [ʀutin] *nf* routine; **visite/contrôle de** ~ routine visit/check

routinier, -ière [ʀutinje, -jɛʀ] *adj (péj : travail)* humdrum, routine; *(: personne)* addicted to routine

rouvert, e [ʀuvɛʀ, -ɛʀt] *pp de* **rouvrir**

rouvrir [ʀuvʀiʀ] **/18/** *vt*, *vi* to reopen, open again; **se rouvrir** *vpr* to open up again

roux, rousse [ʀu, ʀus] *adj* red; *(personne)* red-haired ▸ *nm/f* redhead ▸ *nm (Culin)* roux

royal, e, -aux [ʀwajal, -o] *adj* royal; *(fig)* fit for a king, princely; blissful; thorough

royalement [ʀwajalmɑ̃] *adv* royally

royaliste [ʀwajalist] *adj, nmf* royalist

royaume [ʀwajom] *nm* kingdom; *(fig)* realm; **le** ~ **des cieux** the kingdom of heaven

Royaume-Uni [ʀwajomyni] *nm* : **le** ~ the United Kingdom

royauté [ʀwajote] *nf (dignité)* kingship; *(régime)* monarchy

RP *sigle f* (= *recette principale*) ≈ main post office; = **la région parisienne** ▸ *sigle fpl* (= *relations publiques*) PR

R.S.V.P. *abr* (= *répondez s'il vous plaît*) R.S.V.P

RTB *sigle f* = **Radio-Télévision belge**

Rte *abr* = **route**

RTL *sigle f* = **Radio-Télévision Luxembourg**

RTT *sigle f* = **réduction du temps de travail**

> **⋮ RTT**
>
> The **RTT** (*Réduction du temps de travail*) is a system designed to ensure that French employees do not work more than 35 hours a week. If companies cannot simply reduce their staff's number of hours from the 39 hours that used to be the norm, they can, under this system, either grant days in lieu (*jours de RTT*) or pay the extra hours as overtime.

RU [ʀy] *sigle m* = **restaurant universitaire**

ruade [ʀɥad] *nf* kick

Ruanda [ʀwɑ̃da] *nm* : **le** ~ Rwanda

ruban [ʀybɑ̃] *nm (gén)* ribbon; *(pour ourlet, couture)* binding; *(de téléscripteur etc)* tape; *(d'acier)* strip; ~ **adhésif** adhesive tape; ~ **carbone** carbon ribbon

rubéole [ʀybeɔl] *nf* German measles *sg*, rubella

rubicond, e [ʀybikɔ̃, -ɔ̃d] *adj* rubicund, ruddy

rubis [ʀybi] *nm* ruby; *(Horlogerie)* jewel; **payer** ~ **sur l'ongle** to pay cash on the nail

rubrique [ʀybʀik] *nf (titre, catégorie)* heading, rubric; *(Presse : article)* column

ruche [ʀyʃ] *nf* hive

rucher [ʀyʃe] *nm* apiary

rude [ʀyd] *adj (barbe, toile)* rough; *(métier, tâche)* hard, tough; *(climat)* severe, harsh; *(bourru)* harsh, rough; *(fruste : manières)* rugged, tough; *(fam : fameux)* jolly good; **être mis à** ~ **épreuve** to be put through the mill

rudement [ʀydmɑ̃] *adv (tomber, frapper)* hard; *(traiter, reprocher)* harshly; *(fam : très)* terribly; *(: beaucoup)* terribly hard

rudesse [ʀydɛs] *nf* roughness; toughness; severity; harshness

rudimentaire [ʀydimɑ̃tɛʀ] *adj* rudimentary, basic

rudiments [ʀydimɑ̃] *nmpl* rudiments; basic knowledge *sg*; basic principles; **avoir des** ~ **d'anglais** to have a smattering of English

rudoyer [ʀydwaje] **/8/** *vt* to treat harshly

rue [ʀy] *nf* street; **être/jeter qn à la** ~ to be on the streets/throw sb out onto the street

ruée [ʀɥe] *nf* rush; **la** ~ **vers l'or** the gold rush

ruelle [ʀɥɛl] *nf* alley(way)

ruer [ʀɥe] **/1/** *vi (cheval)* to kick out; ~ **dans les brancards** to become rebellious; **se ruer** *vpr* : **se** ~ **sur** to pounce on; **se** ~ **vers/dans/hors de** to rush *ou* dash towards/into/out of

rugby [ʀygbi] *nm* rugby (football); ~ **à treize/quinze** rugby league/union

rugbyman, rugbywoman [ʀygbiman, ʀygbiwuman] *nm* rugby player

rugir [ʀyʒiʀ] **/2/** *vi* to roar

rugissement [ʀyʒismɑ̃] *nm* roar, roaring *no pl*

rugosité [ʀygozite] *nf* roughness; *(aspérité)* rough patch

rugueux, -euse [ʀygø, -øz] *adj* rough

ruine [ʀɥin] *nf* ruin; **tomber en** ~ to fall into ruin(s); **ruines** *nfpl* ruins

ruiner [ʀɥine] **/1/** *vt* to ruin

ruineux, -euse [ʀɥinø, -øz] *adj* terribly expensive to buy (*ou* run), ruinous; extravagant

ruisseau, x [ʀɥiso] *nm* stream, brook; *(caniveau)* gutter; *(fig)* : **ruisseaux de larmes/sang** floods of tears/streams of blood

ruisselant, e [ʀɥis(ə)lɑ̃, -ɑ̃t] *adj* streaming

ruisseler [ʀɥis(ə)le] **/4/** *vi* to stream; ~ **(d'eau)** to be streaming (with water); ~ **de lumière** to stream with light

ruissellement [ʀɥisɛlmɑ̃] *nm* streaming; ~ **de lumière** stream of light

rumeur [ʀymœʀ] *nf (bruit confus)* rumbling; hubbub *no pl*; *(protestation)* murmur(ing); *(nouvelle)* rumour (*Brit*), rumor (*US*)

ruminant [ʀyminɑ̃] *nm (Zool)* ruminant

ruminer [ʀymine] /1/ vt (herbe) to ruminate; (fig) to ruminate on ou over, chew over ▸ vi (vache) to chew the cud, ruminate
rumsteck [ʀɔmstɛk] nm = **romsteck**
rupestre [ʀypɛstʀ] adj (plante) rock cpd; (art) wall cpd
rupin, e [ʀypɛ̃, -in] (fam, péj) adj (personne) filthy rich (fam); (quartier, appartement) posh (BRIT fam), swanky (fam) ▸ nm/f (personne) rich person; **les rupins** the rich folk
rupture [ʀyptyʀ] nf (de câble, digue) breaking; (de tendon) rupture, tearing; (de négociations etc) breakdown; (de contrat) breach; (dans continuité) break; (séparation, désunion) break-up, split; **en ~ de ban** at odds with authority; **en ~ de stock** (Comm) out of stock
rural, e, -aux [ʀyʀal, -o] adj rural, country cpd ▸ nmpl : **les ruraux** country people
ruralité [ʀyʀalite] nf rurality
ruse [ʀyz] nf : **la ~** cunning, craftiness; (pour tromper) trickery; **une ~** a trick, a ruse; **par ~** by trickery
rusé, e [ʀyze] adj cunning, crafty
ruser [ʀyze] vi to use cunning; **~ avec** (personne, loi, autorité) to get round

rush [ʀœʃ] nm (précipitation, ruée) rush; (Sport) final burst; **rushes** nmpl (Ciné) rushes
russe [ʀys] adj Russian ▸ nm (Ling) Russian ▸ nmf : **Russe** Russian
Russie [ʀysi] nf : **la ~** Russia; **la ~ blanche** White Russia; **la ~ soviétique** Soviet Russia
rustine [ʀystin] nf repair patch (for bicycle inner tube)
rustique [ʀystik] adj rustic; (plante) hardy
rustre [ʀystʀ] nm boor
rut [ʀyt] nm : **être en ~** (animal domestique) to be in ou on heat; (animal sauvage) to be rutting
rutabaga [ʀytabaga] nm swede
rutilant, e [ʀytilɑ̃, -ɑ̃t] adj gleaming
RV sigle m = **rendez-vous**
Rwanda [ʀwɑ̃da] nm : **le ~** Rwanda
rwandais, e [ʀwɑ̃dɛ, -ɛz] adj Rwandan ▸ nm/f : **Rwandais, e** Rwandan
rythme [ʀitm] nm rhythm; (vitesse) rate; (: de la vie) pace, tempo; **au ~ de 10 par jour** at the rate of 10 a day
rythmé, e [ʀitme] adj rhythmic(al)
rythmer [ʀitme] /1/ vt to give rhythm to
rythmique [ʀitmik] adj rhythmic(al) ▸ nf rhythmics sg

r

Ss

S, s [ɛs] *nm inv* S, s ▶ *abr* (= *sud*) S; (= *seconde*) sec; (= *siècle*) c., century; **S comme Suzanne** S for Sugar

s/ *abr* = **sur¹**

s' [s] *pron voir* **se**

SA *sigle f* = **société anonyme**; (= *Son Altesse*) HH

sa [sa] *adj poss voir* **son¹**

sabbatique [sabatik] *adj* : **année ~** sabbatical year

sable [sabl] *nm* sand; **sables mouvants** quicksand(s)

sablé [sable] *adj* (*allée*) sandy; **pâte sablée** (*Culin*) shortbread dough ▶ *nm* shortbread biscuit

sabler [sable] /1/ *vt* to sand; (*contre le verglas*) to grit; **~ le champagne** to drink champagne

sableux, -euse [sablø, -øz] *adj* sandy

sablier [sablije] *nm* hourglass; (*de cuisine*) egg timer

sablière [sablijɛʀ] *nf* sand quarry

sablonneux, -euse [sablɔnø, -øz] *adj* sandy

saborder [sabɔʀde] /1/ *vt* (*navire*) to scuttle; (*fig*) to wind up, shut down

sabot [sabo] *nm* clog; (*de cheval, bœuf*) hoof; **~ (de Denver)** (wheel) clamp; **~ de frein** brake shoe

sabotage [sabɔtaʒ] *nm* sabotage

saboter [sabɔte] /1/ *vt* (*travail, morceau de musique*) to botch, make a mess of; (*machine, installation, négociation etc*) to sabotage

saboteur, -euse [sabɔtœʀ, -øz] *nm/f* saboteur

sabre [sabʀ] *nm* sabre; **le ~** (*fig*) the sword, the army

sabrer [sabʀe] /1/ *vt* to cut down

sac [sak] *nm* bag; (*à charbon etc*) sack; (*pillage*) sack(ing); **mettre à ~** to sack; **~ à provisions/ de voyage** shopping/travelling bag; **~ de couchage** sleeping bag; **~ à dos** rucksack; **~ à main** handbag; **~ de plage** beach bag

saccade [sakad] *nf* jerk; **par saccades** jerkily; haltingly

saccadé, e [sakade] *adj* jerky; (*respiration*) spasmodic

saccage [sakaʒ] *nm* havoc

saccager [sakaʒe] /3/ *vt* (*piller*) to sack, lay waste; (*dévaster*) to create havoc in, wreck

saccharine [sakaʀin] *nf* saccharin(e)

saccharose [sakaʀoz] *nm* sucrose

SACEM [sasɛm] *sigle f* (= *Société des auteurs, compositeurs et éditeurs de musique*) body responsible for collecting and distributing royalties

sacerdoce [sasɛʀdɔs] *nm* priesthood; (*fig*) calling, vocation

sacerdotal, e, -aux [sasɛʀdɔtal, -o] *adj* priestly, sacerdotal

sachant *etc* [saʃɑ̃] *vb voir* **savoir**

sache *etc* [saʃ] *vb voir* **savoir**

sachet [saʃɛ] *nm* (small) bag; (*de lavande, poudre, shampooing*) sachet; **thé en sachets** tea bags; **~ de thé** tea bag; **du potage en ~** packet soup

sacoche [sakɔʃ] *nf* (*gén*) bag; (*de bicyclette*) saddlebag; (*du facteur*) (post)bag; (*d'outils*) toolbag

sacquer [sake] /1/ *vt* (*fam : candidat, employé*) to sack; (: *réprimander, mal noter*) to plough

sacraliser [sakʀalize] /1/ *vt* to make sacred

sacre [sakʀ] *nm* coronation; consecration

sacré, e [sakʀe] *adj* sacred; (*fam : satané*) blasted; (: *fameux*) : **un ~ ...** a heck of a ...; (*Anat*) sacral

sacrement [sakʀəmɑ̃] *nm* sacrament; **les derniers sacrements** the last rites

sacrer [sakʀe] /1/ *vt* (*roi*) to crown; (*évêque*) to consecrate ▶ *vi* to curse, swear

sacrifice [sakʀifis] *nm* sacrifice; **faire le ~ de** to sacrifice

sacrificiel, le [sakʀifisjɛl] *adj* sacrificial

sacrifier [sakʀifje] /7/ *vt* to sacrifice; **~ à** to conform to; **articles sacrifiés** (*Comm*) items sold at rock-bottom *ou* give-away prices; **se sacrifier** *vpr* to sacrifice o.s.

sacrilège [sakʀilɛʒ] *nm* sacrilege ▶ *adj* sacrilegious

sacristain [sakʀistɛ̃] *nm* sexton; sacristan

sacristie [sakʀisti] *nf* sacristy; (*culte protestant*) vestry

sacro-saint, e [sakʀosɛ̃, -ɛ̃t] *adj* sacrosanct

sadique [sadik] *adj* sadistic ▶ *nmf* sadist

sadisme [sadism] *nm* sadism

sadomasochisme [sadomazoʃism] *nm* sadomasochism

sadomasochiste [sadomazoʃist] *nmf* sadomasochist

safari [safaʀi] *nm* safari; **faire un ~** to go on safari

safari-photo [safaʀifoto] (*pl* **safaris-photos**) *nm* photographic safari

SAFER [safɛʀ] *sigle f* (= *Société d'aménagement foncier et d'établissement rural*) organization with the right to buy land in order to retain it for agricultural use

safran [safʀɑ̃] *nm* saffron

saga [saga] *nf* saga

sagace [sagas] *adj* sagacious, shrewd

sagacité [sagasite] *nf* sagacity, shrewdness

sagaie [sagɛ] *nf* assegai

sage [saʒ] *adj* wise; *(enfant)* good ▶ *nm* wise man; sage

sage-femme [saʒfam] *(pl* **sages-femmes)** *nf* midwife

sagement [saʒmɑ̃] *adv (raisonnablement)* wisely, sensibly; *(tranquillement)* quietly

sagesse [saʒɛs] *nf* wisdom

Sagittaire [saʒitɛR] *nm :* **le ~** Sagittarius, the Archer; **être du ~** to be Sagittarius

Sahara [saaRa] *nm :* **le ~** the Sahara (Desert); **le ~ occidental** *(pays)* Western Sahara

saharien, ne [saaRjɛ̃, -ɛn] *adj* Saharan ▶ *nf* safari jacket

Sahel [saɛl] *nm :* **le ~** the Sahel

sahélien, ne [saeljɛ̃, -ɛn] *adj* Sahelian

saignant, e [sɛɲɑ̃, -ɑ̃t] *adj (viande)* rare; *(blessure, plaie)* bleeding

saignée [seɲe] *nf (Méd)* bleeding *no pl,* bloodletting *no pl; (fig : Mil)* heavy losses *pl;* *(: prélèvement)* savage cut; **la ~ du bras** the bend of the arm

saignement [sɛɲmɑ̃] *nm* bleeding; **~ de nez** nosebleed

saigner [seɲe] **/1/** *vi* to bleed; **~ du nez** to have a nosebleed ▶ *vt* to bleed; *(animal)* to bleed to death; **~ qn à blanc** *(fig)* to bleed sb white

Saigon [sajgɔ̃] *n* Saigon

saillant, e [sajɑ̃, -ɑ̃t] *adj (pommettes, menton)* prominent; *(corniche etc)* projecting; *(fig)* salient, outstanding

saillie [saji] *nf (sur un mur etc)* projection; *(trait d'esprit)* witticism; *(accouplement)* covering, serving; **faire ~** to project, stick out; **en ~, formant ~** projecting, overhanging

saillir [sajiR] **/13/** *vi* to project, stick out; *(veine, muscle)* to bulge ▶ *vt (Agr)* to cover, serve

sain, e [sɛ̃, sɛn] *adj* healthy; *(dents, constitution)* healthy, sound; *(lectures)* wholesome; **~ et sauf** safe and sound, unharmed; **~ d'esprit** sound in mind, sane

saindoux [sɛ̃du] *nm* lard

sainement [sɛnmɑ̃] *adv (vivre)* healthily; *(raisonner)* soundly

saint, e [sɛ̃, sɛt] *adj* holy; *(fig)* saintly; **la Sainte Vierge** the Blessed Virgin ▶ *nm/f* saint

saint-bernard [sɛ̃bɛRnaR] *nm (chien)* St Bernard

Sainte-Hélène [sɛ̃telɛn] *nf* St Helena

Sainte-Lucie [sɛ̃tlysi] *nf* Saint Lucia

Saint-Esprit [sɛ̃tɛspRi] *nm :* **le ~** the Holy Spirit *ou* Ghost

sainteté [sɛ̃te] *nf* holiness; saintliness

Saint-Laurent [sɛ̃loRɑ̃] *nm :* **le ~** the St Lawrence

Saint-Marin [sɛ̃maRɛ̃] *nm :* **le ~** San Marino

Saint-Père [sɛ̃pɛR] *(pl* **Saints-Pères)** *nm :* **le ~** the Holy Father, the Pontiff

Saint-Pierre [sɛ̃pjɛR] *nm* Saint Peter; *(église)* Saint Peter's

Saint-Pierre-et-Miquelon [sɛ̃pjɛRemiklɔ̃] *n* Saint Pierre and Miquelon

Saint-Siège [sɛ̃sjɛʒ] *nm :* **le ~** the Holy See

Saint-Sylvestre [sɛ̃silvɛstR] *nf :* **la ~** New Year's Eve

Saint-Thomas [sɛ̃tɔma] *nf* Saint Thomas

Saint-Vincent et les Grenadines [sɛ̃vɛ̃sɑ̃elegRənadin] *nm* St Vincent and the Grenadines

sais *etc* [sɛ] *vb voir* **savoir**

saisie [sezi] *nf* seizure; **à la ~** *(texte)* being keyed; **~ (de données)** (data) capture

saisine [sezin] *nf (Jur)* submission of a case to the court

saisir [seziR] **/2/** *vt* to take hold of, grab; *(fig : occasion)* to seize; *(comprendre)* to grasp; *(entendre)* to get, catch; *(émotions)* to take hold of, come over; *(Inform)* to capture, keyboard; *(Culin)* to fry quickly; *(Jur : biens, publication)* to seize; *(: juridiction)* : **~ un tribunal d'une affaire** to submit *ou* refer a case to a court; **se ~ de** *vt* to seize; **être saisi** *(frappé de)* to be overcome

saisissant, e [sezisɑ̃, -ɑ̃t] *adj* startling, striking; *(froid)* biting

saisissement [sezisMɑ̃] *nm :* **muet/figé de ~** speechless/frozen with emotion

saison [sɛzɔ̃] *nf* season; **la belle/mauvaise ~** the summer/winter months; **être de ~** to be in season; **en/hors ~** in/out of season; **haute/basse/morte ~** high/low/slack season; **la ~ des pluies/des amours** the rainy/mating season

saisonnier, -ière [sɛzɔnje, -jɛR] *adj* seasonal ▶ *nm (travailleur)* seasonal worker; *(vacancier)* seasonal holidaymaker

sait [sɛ] *vb voir* **savoir**

salace [salas] *adj* salacious

salade [salad] *nf (Bot)* lettuce *etc (generic term);* *(Culin)* (green) salad; *(fam : confusion)* tangle, muddle; **haricots en ~** bean salad; **~ composée** mixed salad; **~ de concombres** cucumber salad; **~ de fruits** fruit salad; **~ niçoise** salade niçoise; **~ russe** Russian salad; **~ de tomates** tomato salad; **~ verte** green salad; **salades** *nfpl (fam) :* **raconter des salades** to tell tales *(fam)*

saladier [saladje] *nm* (salad) bowl

salaire [salɛR] *nm (annuel, mensuel)* salary; *(hebdomadaire, journalier)* pay, wages *pl; (fig)* reward; **~ de base** basic salary *(ou* wage); **~ de misère** starvation wage; **~ minimum interprofessionnel de croissance** index-linked guaranteed minimum wage

salaison [salɛzɔ̃] *nf* salting; **salaisons** *nfpl* salt meat *sg*

salamandre [salamɑ̃dR] *nf* salamander

salami [salami] *nm* salami *no pl,* salami sausage

salant [salɑ̃] *adj m :* **marais ~** salt pan

salarial, e, -aux [salaRjal, -o] *adj* salary *cpd,* wage(s) *cpd*

salariat [salaRja] *nm* salaried staff

salarié, e [salaRje] *adj* salaried; wage-earning ▶ *nm/f* salaried employee; wage-earner

salaud [salo] *nm (!)* sod *(!),* bastard *(!)*

sale [sal] *adj* dirty, filthy

salé, e [sale] *adj (liquide, saveur, mer, goût)* salty; *(Culin : amandes, beurre etc)* salted; *(: gâteaux)* savoury; *(fig : grivois)* spicy, juicy; *(: note, facture)* steep, stiff ▶ *nm (porc salé)* salt pork; **petit ~** ≈ boiling bacon

S

salement [salmɑ̃] *adv (manger etc)* dirtily, messily

saler [sale] /**1**/ *vt* to salt

saleté [salte] *nf (état)* dirtiness; *(crasse)* dirt, filth; *(tache etc)* dirt *no pl*, something dirty, dirty mark; *(fig : tour)* filthy trick; *(: chose sans valeur)* rubbish *no pl*; *(: obscénité)* filth *no pl*; *(: microbe etc)* bug; **vivre dans la ~** to live in squalor

salière [saljɛʀ] *nf* saltcellar

saligaud [saligo] *nm (!)* bastard *(!)*, sod *(!)*

salin, e [salɛ̃, -in] *adj* saline ▸ *nf* saltworks *sg*

salinité [salinite] *nf* salinity, salt-content

salir [saliʀ] /**2**/ *vt* to (make) dirty; *(fig)* to soil the reputation of; **se salir** *vpr* to get dirty

salissant, e [salisɑ̃, -ɑ̃t] *adj (tissu)* which shows the dirt; *(métier)* dirty, messy

salissure [salisyʀ] *nf* dirt *no pl*; *(tache)* dirty mark

salive [saliv] *nf* saliva

saliver [salive] /**1**/ *vi* to salivate

salle [sal] *nf* room; *(d'hôpital)* ward; *(de restaurant)* dining room; *(d'un cinéma)* auditorium; *(: public)* audience; **faire ~ comble** to have a full house; **~ d'armes** *(pour l'escrime)* arms room; **~ d'attente** waiting room; **~ de bain(s)** bathroom; **~ de bal** ballroom; **~ de cinéma** cinema; **~ de classe** classroom; **~ commune** *(d'hôpital)* ward; **~ de concert** concert hall; **~ de consultation** consulting room *(BRIT)*, office *(US)*; **~ de danse** dance hall; **~ de douches** shower-room; **~ d'eau** shower-room; **~ d'embarquement** *(à l'aéroport)* departure lounge; **~ d'exposition** showroom; **~ de jeux** games room; *(pour enfants)* playroom; **~ des machines** engine room; **~ à manger** dining room; *(mobilier)* dining room suite; **~ obscure** cinema *(BRIT)*, movie theater *(US)*; **~ d'opération** *(d'hôpital)* operating theatre; **~ des professeurs** staffroom; **~ de projection** film theatre; **~ de séjour** living room; **~ de spectacle** theatre; cinema; **~ des ventes** saleroom

salmonellose [salmɔneloz] *nf (Méd)* salmonella poisoning

Salomon [salɔmɔ̃] : **les îles ~** the Solomon Islands

salon [salɔ̃] *nm* lounge, sitting room; *(mobilier)* lounge suite; *(exposition)* exhibition, show; *(mondain, littéraire)* salon; **~ de coiffure** hairdressing salon; **~ de discussion** *(Inform)* chatroom; **~ de thé** tearoom

salopard [salɔpaʀ] *nm (!)* bastard *(!)*

salope [salɔp] *nf (!)* bitch *(!)*

saloper [salɔpe] /**1**/ *vt (!)* to muck up, mess up

saloperie [salɔpʀi] *nf (!)* filth *no pl*; *(: action)* dirty trick; *(: chose sans valeur)* rubbish *no pl*

salopette [salɔpɛt] *nf* dungarees *pl*; *(d'ouvrier)* overall(s)

salpêtre [salpɛtʀ] *nm* saltpetre

salsifis [salsifi] *nm* salsify, oyster plant

SALT [salt] *abr (= Strategic Arms Limitation Talks ou Treaty)* SALT

saltimbanque [saltɛ̃bɑ̃k] *nmf (travelling)* acrobat

salubre [salybʀ] *adj* healthy, salubrious

salubrité [salybʀite] *nf* healthiness, salubrity; **~ publique** public health

saluer [salɥe] /**1**/ *vt (pour dire bonjour, fig)* to greet; *(pour dire au revoir)* to take one's leave; *(Mil)* to salute

salut [saly] *nm (sauvegarde)* safety; *(Rel)* salvation; *(geste)* wave; *(parole)* greeting; *(Mil)* salute ▸ *excl (fam : pour dire bonjour)* hi (there); *(: pour dire au revoir)* see you!, bye!

salutaire [salytɛʀ] *adj (remède)* beneficial; *(conseils)* salutary

salutations [salytasjɔ̃] *nfpl* greetings; **recevez mes ~ distinguées** *ou* **respectueuses** yours faithfully

salutiste [salytist] *nmf* Salvationist

Salvador [salvadɔʀ] *nm* : **le ~** El Salvador

salve [salv] *nf* salvo; volley of shots; **~ d'applaudissements** burst of applause

Samarie [samaʀi] *nf* : **la ~** Samaria

samaritain [samaʀitɛ̃] *nm* : **le bon S~** the Good Samaritan

samedi [samdi] *nm* Saturday; *voir aussi* **lundi**

Samoa [samɔa] *nfpl* : **les (îles) ~** Samoa, the Samoa Islands

SAMU [samy] *sigle m (= service d'assistance médicale d'urgence)* ≈ ambulance (service) *(BRIT)*, ≈ paramedics *(US)*

sanatorium [sanatɔʀjɔm] *nm* sanatorium

sanctifier [sɑ̃ktifje] /**7**/ *vt* to sanctify

sanction [sɑ̃ksjɔ̃] *nf* sanction; *(fig)* penalty; **prendre des sanctions contre** to impose sanctions on

sanctionner [sɑ̃ksjɔne] /**1**/ *vt (loi, usage)* to sanction; *(punir)* to punish

sanctuaire [sɑ̃ktɥɛʀ] *nm* sanctuary

sandale [sɑ̃dal] *nf* sandal; **sandales à lanières** strappy sandals

sandalette [sɑ̃dalɛt] *nf* sandal

sandow® [sɑ̃do] *nm* luggage elastic

sandwich [sɑ̃dwitʃ] *nm* sandwich; **pris en ~** sandwiched

sandwicherie [sɑ̃dwitʃʀi] *nf* sandwich bar

sang [sɑ̃] *nm* blood; **en ~** covered in blood; **jusqu'au ~** *(mordre, pincer)* till the blood comes; **se faire du mauvais ~** to fret, get in a state

sang-froid [sɑ̃fʀwa] *nm* calm, sangfroid; **garder/perdre/reprendre son ~** to keep/lose/regain one's cool; **de ~** in cold blood

sanglant, e [sɑ̃glɑ̃, -ɑ̃t] *adj* bloody, covered in blood; *(combat)* bloody; *(fig : reproche, affront)* cruel

sangle [sɑ̃gl] *nf* strap; **sangles** *nfpl (pour lit etc)* webbing

sangler [sɑ̃gle] /**1**/ *vt* to strap up; *(animal)* to girth

sanglier [sɑ̃glije] *nm* (wild) boar

sanglot [sɑ̃glo] *nm* sob

sangloter [sɑ̃glɔte] /**1**/ *vi* to sob

sangsue [sɑ̃sy] *nf* leech

sanguin, e [sɑ̃gɛ̃, -in] *adj* blood *cpd*; *(fig)* fiery ▸ *nf* blood orange; *(Art)* red pencil drawing

sanguinaire [sɑ̃ginɛʀ] *adj (animal, personne)* bloodthirsty; *(lutte)* bloody

sanguinolent, e [sɑ̃ginɔlɑ̃, -ɑ̃t] *adj* streaked with blood

Sanisette® [sanizɛt] *nf* coin-operated public lavatory

sanitaire [sanitɛʀ] *adj* health *cpd*; **installation/ appareil** ~ bathroom plumbing/appliance; **sanitaires** *nmpl* (*salle de bain et w.-c.*) bathroom *sg*

sans [sɑ̃] *prép* without; ~ **qu'il s'en aperçoive** without him *ou* his noticing; ~ **scrupules** unscrupulous; ~ **manches** sleeveless; **un pull** ~ **manches** a sleeveless jumper; ~ **arrêt** without fail; ~ **arrêt** without a break; ~ **ça** (*fam*) otherwise

sans-abri [sɑ̃zabʀi] *nmpl* homeless

sans-emploi [sɑ̃zɑ̃plwa] *nmf inv* unemployed person; **les** ~ the unemployed

sans-façon [sɑ̃fasɔ̃] *adj inv* fuss-free; free and easy

sans-gêne [sɑ̃ʒɛn] *adj inv* inconsiderate ▶ *nm inv* (*attitude*) lack of consideration

sans-logis [sɑ̃lɔʒi] *nmpl* homeless

sans-papiers [sɑ̃papje] *nmf* illegal immigrant

sans-souci [sɑ̃susi] *adj inv* carefree

sans-travail [sɑ̃tʀavaj] *nmpl* unemployed, jobless

santal [sɑ̃tal] *nm* sandal(wood)

santé [sɑ̃te] *nf* health; **avoir une** ~ **de fer** to be bursting with health; **être en bonne** ~ to be in good health, be healthy; **boire à la** ~ **de qn** to drink (to) sb's health; **« à la** ~ **de »** "here's to"; **à ta** *ou* **votre** ~ **!** cheers!; **service de** ~ (*dans un port etc*) quarantine service; **la** ~ **publique** public health

Santiago [sɑ̃tjago], **Santiago du Chili** [sɑ̃tjagodyʃili] *n* Santiago (de Chile)

santon [sɑ̃tɔ̃] *nm ornamental figure at a Christmas crib*

saoudien, ne [saudjɛ̃, -ɛn] *adj* Saudi (Arabian) ▶ *nm/f* : **Saoudien, ne** Saudi (Arabian)

saoul, e [su, sul] *adj* = **soûl**

sape [sap] *nf* : **travail de** ~ (*Mil*) sap; (*fig*) insidious undermining process *ou* work; **sapes** *nfpl* (*fam*) gear *sg*, togs

saper [sape] /1/ *vt* to undermine, sap; **se saper** *vpr* (*fam*) to dress

sapeur [sapœʀ] *nm* sapper

sapeur-pompier [sapœʀpɔ̃pje] (*pl* **sapeurs-pompiers**) *nm* fireman

saphir [safiʀ] *nm* sapphire; (*d'électrophone*) needle, sapphire

sapin [sapɛ̃] *nm* fir (tree); (*bois*) fir; ~ **de Noël** Christmas tree

sapinière [sapinjɛʀ] *nf* fir plantation *ou* forest

saquer [sake] *vt* (*fam : renvoyer*) to sack (*BʀIT*), to can (*US*); (: *supporter*) : **je ne peux pas le** ~ I can't stand him

SAR *sigle f* (= *Son Altesse Royale*) HRH

sarabande [saʀabɑ̃d] *nf* saraband; (*fig*) hullabaloo; whirl

sarbacane [saʀbakan] *nf* blowpipe, blowgun; (*jouet*) peashooter

sarcasme [saʀkasm] *nm* sarcasm *no pl*; (*propos*) piece of sarcasm

sarcastique [saʀkastik] *adj* sarcastic

sarcastiquement [saʀkastikmɑ̃] *adv* sarcastically

sarclage [saʀklaʒ] *nm* weeding

sarcler [saʀkle] /1/ *vt* to weed

sarcloir [saʀklwaʀ] *nm* (weeding) hoe, spud

sarcophage [saʀkɔfaʒ] *nm* sarcophagus

Sardaigne [saʀdɛɲ] *nf* : **la** ~ Sardinia

sarde [saʀd] *adj* Sardinian

sardine [saʀdin] *nf* sardine; **sardines à l'huile** sardines in oil

sardinerie [saʀdinʀi] *nf* sardine cannery

sardinier, -ière [saʀdinje, -jɛʀ] *adj* (*pêche, industrie*) sardine *cpd* ▶ *nm* (*bateau*) sardine boat

sardonique [saʀdɔnik] *adj* sardonic

sari [saʀi] *nm* sari

SARL [saʀl] *sigle f* (= *société à responsabilité limitée*) ≈ plc (*BʀIT*), ≈ Inc. (*US*)

sarment [saʀmɑ̃] *nm* : ~ (**de vigne**) vine shoot

sarrasin [saʀazɛ̃] *nm* buckwheat

sarrau [saʀo] *nm* smock

Sarre [saʀ] *nf* : **la** ~ the Saar

sarriette [saʀjɛt] *nf* savory

sarrois, e [saʀwa, -waz] *adj* Saar *cpd* ▶ *nm/f* : **Sarrois, e** inhabitant *ou* native of the Saar

sas [sas] *nm* (*de sous-marin, d'engin spatial*) airlock; (*d'écluse*) lock

satané, e [satane] *adj* (*fam*) confounded

satanique [satanik] *adj* satanic, fiendish

sataniste [satanist] *adj, nmf* Satanist

satelliser [satelize] /1/ *vt* (*fusée*) to put into orbit; (*fig : pays*) to make into a satellite

satellite [satelit] *nm* satellite; **pays** ~ satellite country

satellite-espion [satelitɛspjɔ̃] (*pl* **satellites-espions**) *nm* spy satellite

satellite-observatoire [satelitɔpsɛʀvatwaʀ] (*pl* **satellites-observatoires**) *nm* observation satellite

satellite-relais [satelitʀəlɛ] (*pl* **satellites-relais**) *nm* (*TV*) relay satellite

satiété [sasjete] *nf* : **à** ~ *adv* to satiety *ou* satiation; (*répéter*) ad nauseam

satin [satɛ̃] *nm* satin

satiné, e [satine] *adj* satiny; (*peau*) satin-smooth

satinette [satinɛt] *nf* satinet, sateen

satire [satiʀ] *nf* satire; **faire la** ~ to satirize

satirique [satiʀik] *adj* satirical

satiriser [satiʀize] /1/ *vt* to satirize

satiriste [satiʀist] *nmf* satirist

satisfaction [satisfaksjɔ̃] *nf* satisfaction; **à ma grande** ~ to my great satisfaction; **obtenir** ~ to obtain *ou* get satisfaction; **donner** ~ (**à**) to give satisfaction (to)

satisfaire [satisfɛʀ] /60/ *vt* to satisfy; ~ **à** (*engagement*) to fulfil; (*revendications, conditions*) to meet, satisfy; **se satisfaire de** *vpr* to be satisfied *ou* content with

satisfaisant, e [satisfəzɑ̃, -ɑ̃t] *vb voir* **satisfaire** ▶ *adj* (*acceptable*) satisfactory; (*qui fait plaisir*) satisfying

satisfait, e [satisfɛ, -ɛt] *pp de* **satisfaire** ▶ *adj* satisfied; ~ **de** happy *ou* satisfied with

satisfasse [satisfas], **satisferai** *etc* [satisfʀe] *vb voir* **satisfaire**

saturation [satyʀasjɔ̃] *nf* saturation; **arriver à** ~ to reach saturation point

saturer [satyʀe] /1/ *vt* to saturate; ~ **qn/qch de** to saturate sb/sth with

saturnisme [satyʀnism] *nm* (*Méd*) lead poisoning

S

satyre [satiʀ] *nm* satyr; (*péj*) lecher
sauce [sos] *nf* sauce; (*avec un rôti*) gravy; **en ~** in a sauce; **~ blanche** white sauce; **~ chasseur** sauce chasseur; **~ tomate** tomato sauce
saucer [sose] /**3**/ *vt* (*assiette*) to soak up the sauce from
saucière [sosjɛʀ] *nf* sauce boat; gravy boat
saucisse [sosis] *nf* sausage
saucisson [sosisɔ̃] *nm* (slicing) sausage; **~ à l'ail** garlic sausage
saucissonner [sosisɔne] /**1**/ *vt* to cut up, slice ▸ *vi* to picnic
sauf¹ [sof] *prép* except; **~ si** (*à moins que*) unless; **~ avis contraire** unless you hear to the contrary; **~ empêchement** barring (any) problems; **~ erreur** if I'm not mistaken; **~ imprévu** unless anything unforeseen arises, barring accidents
sauf², sauve [sof, sov] *adj* unharmed, unhurt; (*fig : honneur*) intact, saved; **laisser la vie sauve à qn** to spare sb's life
sauf-conduit [sofkɔ̃dɥi] *nm* safe-conduct
sauge [soʒ] *nf* sage
saugrenu, e [sogʀəny] *adj* preposterous, ludicrous
saule [sol] *nm* willow (tree); **~ pleureur** weeping willow
saumâtre [somɑtʀ] *adj* briny; (*désagréable : plaisanterie*) unsavoury (BRIT), unsavory (US)
saumon [somɔ̃] *nm* salmon *inv*; **~ fumé** (*Culin*) smoked salmon ▸ *adj inv* salmon (pink)
saumoné, e [somɔne] *adj* : **truite saumonée** salmon trout
saumure [somyʀ] *nf* brine
sauna [sona] *nm* sauna
saupoudrer [supudʀe] /**1**/ *vt* : **~ qch de** to sprinkle sth with
saupoudreuse [supudʀøz] *nf* dredger
saur [sɔʀ] *adj m* : **hareng ~** smoked *ou* red herring, kipper
saurai *etc* [sɔʀe] *vb voir* **savoir**
saut [so] *nm* jump; (*discipline sportive*) jumping; **faire un ~** to (make a) jump *ou* leap; **faire un ~ chez qn** to pop over to sb's (place); **au ~ du lit** on getting out of bed; **~ en hauteur/longueur** high/long jump; **~ à la corde** skipping; **~ de page/ligne** (*Inform*) page/line break; **~ en parachute** parachuting *no pl*; **~ à la perche** pole vaulting; **~ à l'élastique** bungee jumping; **~ périlleux** somersault
saute [sot] *nf* : **~ de vent/température** sudden change of wind direction/in the temperature; **avoir des sautes d'humeur** to have sudden changes of mood
sauté, e [sote] *adj* (*Culin*) sauté ▸ *nm* : **~ de veau** sauté of veal
saute-mouton [sotmutɔ̃] *nm* : **jouer à ~** to play leapfrog
sauter [sote] /**1**/ *vi* to jump, leap; (*exploser*) to blow up, explode; (*: fusibles*) to blow; (*se rompre*) to snap, burst; (*se détacher*) to pop out (*ou* off); **faire ~** to blow up; to burst open; (*Culin*) to sauté; **~ à pieds joints/à cloche-pied** to make a standing jump/to hop; **~ en parachute** to make a parachute jump; **~ à la corde** to skip;

~ de joie to jump for joy; **~ de colère** to be hopping with rage *ou* hopping mad; **~ au cou de qn** to fly into sb's arms; **~ sur une occasion** to jump at an opportunity; **~ aux yeux** to be quite obvious; **~ au plafond** (*fig*) to hit the roof ▸ *vt* to jump (over), leap (over); (*fig : omettre*) to skip, miss (out)
sauterelle [sotʀɛl] *nf* grasshopper
sauterie [sotʀi] *nf* party, hop
sauternes [sotɛʀn] *nm* Sauternes
sauteur, -euse [sotœʀ, -øz] *nm/f* (*athlète*) jumper; **~ à la perche** pole vaulter; **~ à skis** ski jumper ▸ *nf* (*poêle*) shallow pan
sautillement [sotijmɑ̃] *nm* hopping; skipping
sautiller [sotije] /**1**/ *vi* (*oiseau*) to hop; (*enfant*) to skip
sautoir [sotwaʀ] *nm* chain; (*Sport : emplacement*) jumping pit; **~ (de perles)** string of pearls
sauvage [sovaʒ] *adj* (*gén*) wild; (*peuplade*) savage; (*farouche*) unsociable; (*barbare*) wild, savage; (*non officiel*) unauthorized, unofficial; **faire du camping ~** to camp in the wild ▸ *nmf* savage; (*timide*) unsociable type, recluse
sauvagement [sovaʒmɑ̃] *adv* savagely
sauvageon, ne [sovaʒɔ̃, -ɔn] *nm/f* little savage
sauvagerie [sovaʒʀi] *nf* wildness; savagery; unsociability
sauve [sov] *adj f voir* **sauf²**
sauvegarde [sovgaʀd] *nf* safeguard; **sous la ~ de** under the protection of; **fichier de ~** (*Inform*) backup file
sauvegarder [sovgaʀde] /**1**/ *vt* to safeguard; (*Inform : enregistrer*) to save; (*: copier*) to back up
sauve-qui-peut [sovkipø] *nm inv* stampede, mad rush ▸ *excl* run for your life!
sauver [sove] /**1**/ *vt* to save; (*porter secours à*) to rescue; (*récupérer*) to salvage, rescue; **~ qn de** to save sb from; **~ la vie à qn** to save sb's life; **~ les apparences** to keep up appearances; **se sauver** *vpr* (*s'enfuir*) to run away; (*fam : partir*) to be off
sauvetage [sov(ə)taʒ] *nm* rescue; (*de banque, d'entreprise*) bailout; **~ en montagne** mountain rescue; **ceinture de ~** lifebelt (BRIT), life preserver (US); **brassière** *ou* **gilet de ~** life jacket (BRIT), life preserver (US)
sauveteur [sov(ə)tœʀ] *nm* rescuer
sauvette [sovɛt] : **à la ~** *adv* (*vendre*) without authorization; (*se marier etc*) hastily, hurriedly; **vente à la ~** (unauthorized) street trading, (street) peddling
sauveur [sovœʀ] *nm* saviour (BRIT), savior (US)
SAV *sigle m* = **service après-vente**
savais *etc* [save] *vb voir* **savoir**
savamment [savamɑ̃] *adv* (*avec érudition*) learnedly; (*habilement*) skilfully, cleverly
savane [savan] *nf* savannah
savant, e [savɑ̃, -ɑ̃t] *adj* scholarly, learned; (*calé*) clever; **animal ~** performing animal ▸ *nm/f* scientist
savate [savat] *nf* worn-out shoe; (*Sport*) French boxing
saveur [savœʀ] *nf* flavour (BRIT), flavor (US); (*fig*) savour (BRIT), savor (US)
Savoie [savwa] *nf* : **la ~** Savoy

savoir [savwaʀ] **/32/** *vt* to know; (*être capable de*) :
il sait nager he knows how to swim, he can
swim; **il est petit : tu ne peux pas ~ !** you
won't believe how small he is!; **vous n'êtes
pas sans ~ que** you are not *ou* will not be
unaware of the fact that; **je crois ~ que ...**
I believe that ..., I think I know that ...; **je n'en
sais rien** I (really) don't know; **à ~ (que)** that
is, namely; **faire ~ qch à qn** to let sb know sth,
inform sb about sth; **pas que je sache** not as
far as I know; **sans le ~** *adv* unknowingly,
unwittingly; **en ~ long** to know a lot ▸ *nm*
knowledge; **se savoir** *vpr* (*être connu*) to be
known; **se ~ malade/incurable** to know that
one is ill/incurably ill
savoir-faire [savwaʀfɛʀ] *nm inv* know-how

⚠ **savoir-faire** is not translated by
savoir-faire as used in English.

savoir-vivre [savwaʀvivʀ] *nm inv* : **le ~**
savoir-faire, good manners *pl*
savon [savɔ̃] *nm* (*produit*) soap; (*morceau*) bar *ou*
tablet of soap; (*fam*) : **passer un ~ à qn** to give
sb a good dressing-down
savonner [savɔne] **/1/** *vt* to soap
savonnerie [savɔnʀi] *nf* soap factory
savonnette [savɔnɛt] *nf* bar of soap
savonneux, -euse [savɔnø, -øz] *adj* soapy
savons [savɔ̃] *vb voir* **savoir**
savourer [savuʀe] **/1/** *vt* to savour (*BRIT*), savor (*US*)
savoureux, -euse [savuʀø, -øz] *adj* tasty; (*fig* :
anecdote) spicy, juicy
savoyard, e [savwajaʀ, -aʀd] *adj* Savoyard
Saxe [saks] *nf* : **la ~** Saxony
saxo(phone) [saksɔ(fɔn)] *nm* sax(ophone)
saxophoniste [saksɔfɔnist] *nmf* saxophonist,
sax(ophone) player
saynète [sɛnɛt] *nf* playlet
SBB *sigle f* (= *Schweizerische Bundesbahn*) *Swiss federal
railways*
sbire [sbiʀ] *nm* (*péj*) henchman
sc. *abr* = **scène**
s/c *abr* (= *sous couvert de*) ≈ c/o
scabreux, -euse [skabʀø, -øz] *adj* risky;
(*indécent*) improper, shocking
scalp [skalp] *nm* (*trophée*) scalp
scalpel [skalpɛl] *nm* scalpel
scalper [skalpe] **/1/** *vt* to scalp
scampi [skãpi] *nmpl* scampi
scandale [skãdal] *nm* scandal; **faire un ~** (*scène*)
to make a scene; (*Jur*) create a disturbance;
faire ~ to scandalize people; **au grand ~ de ...**
to the great indignation of ...
scandaleusement [skãdaløzmã] *adv*
scandalously, outrageously
scandaleux, -euse [skãdalø, -øz] *adj*
scandalous, outrageous
scandaliser [skãdalize] **/1/** *vt* to scandalize; **se ~
(de)** to be scandalized (by)
scander [skãde] **/1/** *vt* (*vers*) to scan; (*mots, syllabes*)
to stress separately; (*slogans*) to chant
scandinave [skãdinav] *adj* Scandinavian
▸ *nmf* : **Scandinave** Scandinavian
Scandinavie [skãdinavi] *nf* : **la ~** Scandinavia
scanner [skanɛʀ] *nm* (*Méd*) scanner

scanographie [skanɔgʀafi] *nf* (*Méd*) scanning;
(*image*) scan
scansion [skãsjɔ̃] *nf* scansion
scaphandre [skafãdʀ] *nm* (*de plongeur*) diving
suit; (*de cosmonaute*) spacesuit; **~ autonome**
aqualung
scaphandrier [skafãdʀije] *nm* diver
scarabée [skaʀabe] *nm* beetle
scarification [skaʀifikasjɔ̃] *nf* scarification
scarlatine [skaʀlatin] *nf* scarlet fever
scarole [skaʀɔl] *nf* endive
scatologique [skatɔlɔʒik] *adj* scatological,
lavatorial
sceau, x [so] *nm* seal; (*fig*) stamp, mark; **sous le
~ du secret** under the seal of secrecy
scélérat, e [seleʀa, -at] *nm/f* villain, blackguard
▸ *adj* villainous, blackguardly
sceller [sele] **/1/** *vt* to seal
scellés [sele] *nmpl* seals
scénario [senaʀjo] *nm* (*Ciné*) screenplay, script;
(: *idée, plan*) scenario; (*fig*) pattern; scenario
scénariste [senaʀist] *nmf* scriptwriter
scène [sɛn] *nf* (*gén*) scene; (*estrade, fig* : *théâtre*)
stage; **entrer en ~** to come on stage; **mettre
en ~** (*Théât*) to stage; (*Ciné*) to direct; (*fig*) to
present, introduce; **sur le devant de la ~** (*en
pleine actualité*) in the forefront; **porter à la ~** to
adapt for the stage; **faire une ~ (à qn)** to make
a scene (with sb); **~ de ménage** domestic fight
ou scene
scénique [senik] *adj* (*effets*) theatrical; (*art*)
scenic
scénographie [senɔgʀafi] *nf* (*Théât*) stage
design
scepticisme [sɛptisism] *nm* scepticism
sceptique [sɛptik] *adj* sceptical ▸ *nmf* sceptic
sceptre [sɛptʀ] *nm* sceptre
schéma [ʃema] *nm* (*diagramme*) diagram, sketch;
(*fig*) outline
schématique [ʃematik] *adj* diagrammatic(al),
schematic; (*fig*) oversimplified
schématiquement [ʃematikmã] *adv*
schematically, diagrammatically
schématisation [ʃematizasjɔ̃] *nf*
schematization; oversimplification
schématiser [ʃematize] **/1/** *vt* to schematize; to
(over)simplify
schismatique [ʃismatik] *adj* schismatic
schisme [ʃism] *nm* schism; rift, split
schiste [ʃist] *nm* schist
schizophrène [skizɔfʀɛn] *nmf* schizophrenic
schizophrénie [skizɔfʀeni] *nf* schizophrenia
sciatique [sjatik] *adj* : **nerf ~** sciatic nerve ▸ *nf*
sciatica
scie [si] *nf* saw; (*fam* : *rengaine*) catch-tune;
(: *personne*) bore; **~ à bois** wood saw; **~ circulaire**
circular saw; **~ à découper** fretsaw; **~ à
métaux** hacksaw; **~ sauteuse** jigsaw
sciemment [sjamã] *adv* knowingly, wittingly
science [sjãs] *nf* science; (*savoir*) knowledge;
(*savoir-faire*) art, skill; **sciences économiques**
economics; **sciences humaines/sociales**
social sciences; **sciences naturelles** (*Scol*)
natural science *sg*, biology *sg*; **sciences po**
political science *ou* studies *pl*

S

science-fiction – sec

science-fiction [sjɑ̃sfiksjɔ̃] (pl **sciences-fictions**) nf science fiction
scientifique [sjɑ̃tifik] adj scientific ▸ nmf (savant) scientist; (étudiant) science student
scientifiquement [sjɑ̃tifikmɑ̃] adv scientifically
Scientologie® [sjɑ̃tɔlɔʒi] nf (secte) Scientology®
scientologue [sjɑ̃tɔlɔg] nmf (adepte de la Scientologie) Scientologist
scier [sje] /7/ vt to saw; (retrancher) to saw off
scierie [siʀi] nf sawmill
scieur [sjœʀ] nm : ~ **de long** pit sawyer
Scilly [sili] : **les îles ~** the Scilly Isles, the Scillies, the Isles of Scilly
scinder [sɛ̃de] /1/ vt, **se scinder** vpr to split (up)
scintillant, e [sɛ̃tijɑ̃, -ɑ̃t] adj sparkling
scintillement [sɛ̃tijmɑ̃] nm sparkling no pl
scintiller [sɛ̃tije] /1/ vi to sparkle; (étoile) to twinkle
scission [sisjɔ̃] nf split
sciure [sjyʀ] nf : ~ **(de bois)** sawdust
sclérose [skleʀoz] nf sclerosis; (fig) ossification; ~ **en plaques (SEP)** multiple sclerosis (MS)
sclérosé, e [skleʀoze] adj sclerosed, sclerotic; ossified
scléroser [skleʀoze] /1/ : **se scléroser** vpr to become sclerosed; (fig) to become ossified
scolaire [skɔlɛʀ] adj school cpd; (péj) schoolish; **l'année ~** the school year; (à l'université) the academic year; **en âge ~** of school age
scolarisation [skɔlaʀizasjɔ̃] nf (d'un enfant) schooling; **la ~ d'une région** the provision of schooling in a region; **le taux de ~** the proportion of children in full-time education
scolariser [skɔlaʀize] /1/ vt to provide with schooling (ou schools)
scolarité [skɔlaʀite] nf schooling; **frais de ~** school fees (BRIT), tuition (US)
scolastique [skɔlastik] adj (péj) scholastic
scoliose [skɔljoz] nf curvature of the spine, scoliosis
scolopendre [skɔlɔpɑ̃dʀ] nf (Zool) centipede; (Bot) hart's-tongue
scoop [skup] nm (Presse) scoop, exclusive
scooter [skutœʀ] nm (motor) scooter
scorbut [skɔʀbyt] nm scurvy
score [skɔʀ] nm score; (électoral etc) result
scories [skɔʀi] nfpl scoria pl
scorpion [skɔʀpjɔ̃] nm (signe) : **le S~** Scorpio, the Scorpion; **être du S~** to be Scorpio
scotch [skɔtʃ] nm (whisky) scotch, whisky; **Scotch®** (adhésif) Sellotape® (BRIT), Scotch tape® (US)
scotcher [skɔtʃe] /1/ vt to sellotape® (BRIT), scotchtape® (US)
scoubidou [skubidu] nm a plait woven from multi-coloured plastic threads
scoumoune [skumun] nf (fam) tough luck; **avoir la ~** to be jinxed
scout, e [skut] adj, nm scout
scoutisme [skutism] nm (boy) scout movement; (activités) scouting
scribe [skʀib] nm scribe; (péj) penpusher

scribouillard [skʀibujaʀ] nm penpusher
script [skʀipt] nm (écriture) printing; (Ciné) (shooting) script
scripte [skʀipt] nf continuity girl
script-girl [skʀiptgœʀl] nf continuity girl
scriptural, e, -aux [skʀiptyʀal, -o] adj : **monnaie scripturale** bank money
scrotum [skʀɔtɔm] nm scrotum
scrupule [skʀypyl] nm scruple; **être sans scrupules** to be unscrupulous; **se faire un ~ de qch** to have scruples ou qualms about doing sth
scrupuleusement [skʀypyløzmɑ̃] adv scrupulously
scrupuleux, -euse [skʀypylø, -øz] adj scrupulous
scrutateur, -trice [skʀytatœʀ, -tʀis] adj searching ▸ nm/f scrutineer
scruter [skʀyte] /1/ vt to scrutinize, search; (l'obscurité) to peer into; (motifs, comportement) to examine, scrutinize
scrutin [skʀytɛ̃] nm (vote) ballot; (ensemble des opérations) poll; ~ **proportionnel/majoritaire** election on a proportional/majority basis; ~ **à deux tours** poll with two ballots ou rounds; ~ **de liste** list system
sculpter [skylte] /1/ vt to sculpt; (érosion) to carve
sculpteur [skyltœʀ] nm sculptor
sculptural, e, -aux [skyltyʀal, -o] adj sculptural; (fig) statuesque
sculpture [skyltyʀ] nf sculpture; ~ **sur bois** wood carving
sdb. abr = **salle de bain**
SDF sigle m (= sans domicile fixe) homeless person; **les ~** the homeless
SDN sigle f (= Société des Nations) League of Nations
SE sigle f (= Son Excellence) HE

MOT-CLÉ

se, s' [sə, s] pron **1** (emploi réfléchi) oneself; (: masc) himself; (: fém) herself; (: sujet non humain) itself; (: pl) themselves; **se voir comme l'on est** to see o.s. as one is; **se savonner** to soap o.s.
2 (réciproque) one another, each other; **ils s'aiment** they love one another ou each other
3 (passif) : **cela se répare facilement** it is easily repaired
4 (possessif) : **se casser la jambe/se laver les mains** to break one's leg/wash one's hands

séance [seɑ̃s] nf (d'assemblée, récréative) meeting, session; (de tribunal) sitting, session; (musicale, Ciné, Théât) performance; **ouvrir/lever la ~** to open/close the meeting; ~ **tenante** forthwith
séant, e [seɑ̃, -ɑ̃t] adj seemly, fitting ▸ nm posterior
seau, x [so] nm bucket, pail; ~ **à glace** ice bucket
sébum [sebɔm] nm sebum
sec, sèche [sɛk, sɛʃ] adj dry; (raisins, figues) dried; (insensible : cœur, personne) hard, cold; (maigre, décharné) spare, lean; (réponse, ton) sharp, curt;

(*démarrage*) sharp, sudden; **à pied** ~ without getting one's feet wet ▶ *nm* : **tenir au** ~ to keep in a dry place; **à** ~ *adj* (*puits*) dried up; (*à court d'argent*) broke ▶ *adv* hard; (*démarrer*) sharply; **boire** ~ to be a heavy drinker; **je le bois** ~ I drink it straight *ou* neat

SECAM [sekam] *sigle m* (= *procédé séquentiel à mémoire*) SECAM

sécante [sekãt] *nf* secant

sécateur [sekatœR] *nm* secateurs *pl* (BRIT), shears *pl*, pair of secateurs *ou* shears

sécession [sesesjõ] *nf* : **faire** ~ to secede; **la guerre de S~** the American Civil War

séchage [seʃaʒ] *nm* drying; (*de bois*) seasoning

sèche [sɛʃ] *adj f voir* **sec** ▶ *nf* (*fam*) cigarette, fag (BRIT)

sèche-cheveux [sɛʃʃəvø] *nm inv* hair-drier

sèche-linge [sɛʃlɛ̃ʒ] *nm inv* tumble dryer

sèche-mains [sɛʃmɛ̃] *nm inv* hand drier

sèchement [sɛʃmã] *adv* (*frapper etc*) sharply; (*répliquer etc*) drily, sharply

sécher [seʃe] /6/ *vt* to dry; (*dessécher : peau, blé*) to dry (out); (: *étang*) to dry up; (*bois*) to season; (*fam : classe, cours*) to skip, miss ▶ *vi* to dry; to dry out; to dry up; (*fam : candidat*) to be stumped; **se sécher** *vpr* (*après le bain*) to dry o.s.

sécheresse [seʃRɛs] *nf* dryness; (*absence de pluie*) drought

séchoir [seʃwaR] *nm* drier

second, e [s(ə)gõ, -õd] *adj* second; **en** ~ in second place; **doué de seconde vue** having (the gift of) second sight; **trouver son** ~ **souffle** (*Sport, fig*) to get one's second wind; **être dans un état** ~ to be in a daze (*ou* trance); **de seconde main** second-hand ▶ *nm* (*assistant*) second in command; (*étage*) second floor (BRIT), third floor (US); (*Navig*) first mate ▶ *nf* (*unité de temps*) second; (*Scol*) ≈ year 11 (BRIT), ≈ tenth grade (US); (*Rail*) second class; **voyager en seconde** to travel second-class

secondaire [s(ə)gõdɛR] *adj* secondary

seconder [s(ə)gõde] /1/ *vt* to assist; (*favoriser*) to back

secouer [s(ə)kwe] /1/ *vt* to shake; (*passagers*) to rock; (*traumatiser*) to shake (up); ~ **la tête** to shake one's head; ~ **la poussière d'un tapis** to shake the dust off a carpet; **se secouer** *vpr* (*chien*) to shake itself; (*fam : se démener*) to shake o.s. up

secourable [s(ə)kuRabl] *adj* helpful

secourir [s(ə)kuRiR] /11/ *vt* (*aller sauver*) to (go and) rescue; (*prodiguer des soins à*) to help, assist; (*venir en aide à*) to assist, aid

secourisme [s(ə)kuRism] *nm* (*premiers soins*) first aid; (*sauvetage*) life saving

secouriste [s(ə)kuRist] *nmf* first-aid worker

secourons *etc* [səkuRõ] *vb voir* **secourir**

secours [s(ə)kuR] *vb voir* **secourir** ▶ *nm* help, aid, assistance; **cela lui a été d'un grand** ~ this was a great help to him; **au** ~ ! help!; **appeler au** ~ to shout *ou* call for help; **appeler qn à son** ~ to call sb to one's assistance; **porter** ~ **à qn** to give sb assistance, help sb ▶ *nmpl* aid *sg*; **les premiers** ~ first aid *sg*; **le** ~ **en montagne** mountain rescue; *see note*

ÉQUIPES DE SECOURS

Emergency phone numbers can be dialled free from public phones. For the police (*la police*) dial 17; for medical services (*le SAMU*) dial 15; for the fire brigade (*les sapeurs-pompiers*), dial 18.

secouru, e [səkuRy] *pp de* **secourir**

secousse [s(ə)kus] *nf* jolt, bump; (*électrique*) shock; (*fig : psychologique*) jolt, shock; ~ **sismique** *ou* **tellurique** earth tremor

secret, -ète [səkRɛ, -ɛt] *adj* secret; (*fig : renfermé*) reticent, reserved ▶ *nm* secret; (*discrétion absolue*) : **le** ~ secrecy; **en** ~ in secret, secretly; **au** ~ in solitary confinement; ~ **de fabrication** trade secret; ~ **professionnel** professional secrecy

secrétaire [s(ə)kRetɛR] *nmf* secretary; ~ **d'ambassade** embassy secretary; ~ **de direction** private *ou* personal secretary; ~ **d'État** ≈ junior minister; ~ **général(e)** Secretary-General; (*Comm*) company secretary; ~ **de mairie** town clerk; ~ **médical(e)** medical secretary; ~ **de rédaction** sub-editor ▶ *nm* (*meuble*) writing desk, secretaire

secrétariat [s(ə)kRetaRja] *nm* (*profession*) secretarial work; (*bureau : d'entreprise, d'école*) (secretary's) office; (: *d'organisation internationale*) secretariat; (*Pol etc : fonction*) secretaryship, office of Secretary

secrètement [səkRɛtmã] *adv* secretly

sécréter [sekRete] /6/ *vt* to secrete

sécrétion [sekResjõ] *nf* secretion

sectaire [sɛktɛR] *adj* sectarian, bigoted

sectarisme [sɛktaRism] *nm* sectarianism

secte [sɛkt] *nf* sect

secteur [sɛktœR] *nm* sector; (*Admin*) district; (*Élec*) : **branché sur le** ~ plugged into the mains (supply); **fonctionne sur pile et** ~ battery or mains operated; **le** ~ **privé/public** (*Écon*) the private/public sector; **le** ~ **primaire/tertiaire** the primary/tertiary sector

section [sɛksjõ] *nf* section; (*de parcours d'autobus*) fare stage; (*Mil : unité*) platoon; ~ **rythmique** rhythm section

sectionner [sɛksjɔne] /1/ *vt* to sever; **se sectionner** *vpr* to be severed

sectionneur [sɛksjɔnœR] *nm* (*Élec*) isolation switch

sectoriel, le [sɛktɔRjɛl] *adj* sector-based

sectorisation [sɛktɔRizasjõ] *nf* division into sectors

sectoriser [sɛktɔRize] /1/ *vt* to divide into sectors

sécu [seky] *nf* (*fam* : = *sécurité sociale*) ≈ dole (BRIT), ≈ Welfare (US)

séculaire [sekylɛR] *adj* secular; (*très vieux*) age-old

séculariser [sekylaRize] /1/ *vt* to secularize

séculier, -ière [sekylje, -jɛR] *adj* secular

sécurisant, e [sekyRizã, -ãt] *adj* secure, giving a sense of security

sécuriser [sekyRize] /1/ *vt* to give a sense of security to

S

401

sécurité [sekyʀite] nf (absence de troubles) security; (absence de danger) safety; **impression de ~** sense of security; **la ~ internationale** international security; **système de ~** security (ou safety) system; **être en ~** to be safe; **la ~ de l'emploi** job security; **la ~ routière** road safety; **la ~ sociale** ≈ (the) Social Security (BRIT), ≈ (the) Welfare (US)

sédatif, -ive [sedatif, -iv] adj, nm sedative

sédentaire [sedãtɛʀ] adj sedentary

sédentarisation [sedãtaʀizasjɔ̃] nf settlement

sédentariser [sedãtaʀize] vt (Bédouins) to settle (forcibly); **se sédentariser** vpr to settle

sédiment [sedimã] nm sediment; **sédiments** nmpl (alluvions) sediment sg

sédimentaire [sedimãtɛʀ] adj sedimentary

sédimentation [sedimãtasjɔ̃] nf sedimentation

séditieux, -euse [sedisjø, -øz] adj insurgent; seditious

sédition [sedisjɔ̃] nf insurrection; sedition

séducteur, -trice [sedyktœʀ, -tʀis] adj seductive ▶ nm/f seducer (seductress)

séduction [sedyksjɔ̃] nf seduction; (charme, attrait) appeal, charm

séduire [sedɥiʀ] /38/ vt to charm; (femme : abuser de) to seduce; (chose) to appeal to

séduisant, e [sedɥizã, -ãt] vb voir **séduire** ▶ adj (femme) seductive; (homme, offre) very attractive

séduit, e [sedɥi, -it] pp de **séduire**

séfarade, sépharade [sefaʀad] adj Sephardic ▶ nmf Sephardi, Sephardic Jew

segment [sɛgmã] nm segment; (Auto) : **~ (de piston)** piston ring; **~ de frein** brake shoe

segmenter [sɛgmãte] /1/ vt, **se segmenter** vpr to segment

ségrégation [segʀegasjɔ̃] nf segregation

ségrégationnisme [segʀegasjɔnism] nm segregationism

ségrégationniste [segʀegasjɔnist] adj segregationist

seiche [sɛʃ] nf cuttlefish

séide [seid] nm (péj) henchman

seigle [sɛgl] nm rye

seigneur [sɛɲœʀ] nm lord; **le S~** the Lord

seigneurial, e, -aux [sɛɲœʀjal, -o] adj lordly, stately

sein [sɛ̃] nm breast; (entrailles) womb; **au ~ de** prép (équipe, institution) within; (flots, bonheur) in the midst of; **donner le ~ à** (bébé) to feed (at the breast); to breast-feed; **nourrir au ~ to** breast-feed

Seine [sɛn] nf : **la ~** the Seine

séisme [seism] nm earthquake

séismique etc [seismik] adj voir **sismique** etc

seize [sɛz] num sixteen

seizième [sɛzjɛm] num sixteenth

séjour [seʒuʀ] nm stay; (pièce) living room

séjourner [seʒuʀne] /1/ vi to stay

sel [sɛl] nm salt; (fig) wit; (: piquant) spice; **~ de cuisine/de table** cooking/table salt; **~ gemme** rock salt; **sels de bain** bath salts

sélect, e [selɛkt] adj select

sélectif, -ive [selɛktif, -iv] adj selective

sélection [selɛksjɔ̃] nf selection; **faire/opérer une ~ parmi** to make a selection from among; **épreuve de ~** (Sport) trial (for selection); **~ naturelle** natural selection; **~ professionnelle** professional recruitment

sélectionné, e [selɛksjɔne] adj (joueur) selected; (produit) specially selected

sélectionner [selɛksjɔne] /1/ vt to select

sélectionneur, -euse [selɛksjɔnœʀ, -øz] nm/f selector

sélectivement [selɛktivmã] adv selectively

sélectivité [selɛktivite] nf selectivity

self [sɛlf] nm (fam) self-service

self-service [sɛlfsɛʀvis] adj self-service ▶ nm self-service (restaurant); (magasin) self-service shop

selle [sɛl] nf saddle; **aller à la ~** (Méd) to have a bowel movement; **se mettre en ~** to mount, get into the saddle; **selles** nfpl (Méd) stools

seller [sele] /1/ vt to saddle

sellette [sɛlɛt] nf : **être sur la ~** to be on the carpet (fig)

sellier [selje] nm saddler

selon [s(ə)lɔ̃] prép according to; (en se conformant à) in accordance with; **~ moi** as I see it; **~ que** according to, depending on whether

SEm sigle f (= Son Éminence) HE

semailles [s(ə)maj] nfpl sowing sg

semaine [s(ə)mɛn] nf week; (salaire) week's wages ou pay, weekly wages ou pay; **en ~** during the week, on weekdays; **à la petite ~** from day to day; **la ~ sainte** Holy Week

semainier [s(ə)menje] nm (bracelet) bracelet made up of seven bands; (calendrier) desk diary; (meuble) chest of (seven) drawers

sémantique [semãtik] adj semantic ▶ nf semantics sg

sémaphore [semafɔʀ] nm (Rail) semaphore signal

semblable [sãblabl] adj similar; (de ce genre) : **de semblables mésaventures** such mishaps; **~ à** similar to, like ▶ nm fellow creature ou man

semblant [sãblã] nm : **un ~ de vérité** a semblance of truth; **faire ~ (de faire)** to pretend (to do)

sembler [sãble] /1/ vb copule to seem; **~ être** to seem to be ▶ vb impers : **il semble (bien) que/ inutile de** it (really) seems ou appears that/ useless to; **il me semble (bien) que** it (really) seems to me that, I (really) think that; **il me semble le connaître** I think ou I've a feeling I know him; **comme bon lui semble** as he sees fit; **me semble-t-il, à ce qu'il me semble** it seems to me, to my mind

semelle [s(ə)mɛl] nf sole; (intérieure) insole, inner sole; **battre la ~** to stamp one's feet (to keep them warm); (fig) to hang around (waiting); **semelles compensées** platform soles

semence [s(ə)mãs] nf (graine) seed; (clou) tack

semer [s(ə)me] /5/ vt to sow; (fig : éparpiller) to scatter; (: confusion) to spread; (fam : poursuivants) to lose, shake off; **~ la discorde parmi** to sow discord among; **semé de** (difficultés) riddled with

semestre [s(ə)mɛstʀ] *nm* half-year; *(Scol)* semester

semestriel, le [s(ə)mɛstʀijɛl] *adj* half-yearly; semestral

semeur, -euse [s(ə)mœʀ, -øz] *nm/f* sower

semi-automatique [səmiɔtɔmatik] *adj* semiautomatic

semiconducteur [səmikɔ̃dyktœʀ] *nm (Inform)* semiconductor

semi-conserve [səmikɔ̃sɛʀv(ə)] *nf* semi-perishable foodstuff

semi-fini [səmifini] *adj m (produit)* semi-finished

semi-liberté [səmilibɛʀte] *nf (Jur)* partial release from prison *(in order to follow a profession or undergo medical treatment)*

sémillant, e [semijɑ̃, -ɑ̃t] *adj* vivacious; dashing

séminaire [seminɛʀ] *nm* seminar; *(Rel)* seminary; **~ en ligne** webinar

séminariste [seminaʀist] *nm* seminarist

sémiologie [semjɔlɔʒi] *nf* semiology

semi-public, -ique [səmipyblik] *adj (Jur)* semipublic

semi-remorque [səmiʀəmɔʀk] *nf* trailer ▸ *nm* articulated lorry (BRIT), semi(trailer) (US)

semis [s(ə)mi] *nm (terrain)* seedbed, seed plot; *(plante)* seedling

sémite [semit] *adj* Semitic

sémitique [semitik] *adj* Semitic

semoir [səmwaʀ] *nm* seed-bag; seeder

semonce [səmɔ̃s] *nf* : **un coup de ~** a shot across the bows

semoule [s(ə)mul] *nf* semolina; **~ de riz** ground rice

sempiternel, le [sɛ̃pitɛʀnɛl] *adj* eternal, never-ending

sénat [sena] *nm* senate

: **SÉNAT**
:
: The **Sénat** is the upper house of the French
: parliament and is housed in the *Palais du*
: *Luxembourg* in Paris. Every three years one
: half of its members, called *sénateurs*, are
: elected for a six-year term by an electoral
: college consisting of the *députés* and other
: elected representatives. The *Sénat* has a wide
: range of powers but can be overridden by the
: lower house, the *Assemblée nationale*, in the
: event of dispute.

sénateur, -trice [senatœʀ, -tʀis] *nm/f* senator

sénatorial, e, -aux [senatɔʀjal, -o] *adj* senatorial, Senate *cpd*

Sénégal [senegal] *nm* : **le ~** Senegal

sénégalais, e [senegalɛ, -ɛz] *adj* Senegalese

sénevé [sɛnve] *nm (Bot)* mustard; *(graine)* mustard seed

sénile [senil] *adj* senile

sénilité [senilite] *nf* senility

senior [senjɔʀ] *nmf (Sport)* senior

sens [sɑ̃s] *vb voir* **sentir** ▸ *nm (Physiol : instinct)* sense; *(signification)* meaning, sense; *(direction)* direction, way ▸ *nmpl (sensualité)* senses; **reprendre ses ~** to regain consciousness; **avoir le ~ des affaires/de la mesure** to have business sense/a sense of moderation; **ça n'a**

pas de ~ that doesn't make (any) sense; **en dépit du bon ~** contrary to all good sense; **tomber sous le ~** to stand to reason, be perfectly obvious; **en un ~, dans un ~** in a way; **en ce ~ que** in the sense that; **à mon ~** to my mind; **dans le ~ des aiguilles d'une montre** clockwise; **dans le ~ contraire des aiguilles d'une montre** anticlockwise; **dans le ~ de la longueur/largeur** lengthways/widthways; **dans le mauvais ~** the wrong way; in the wrong direction; **bon ~** good sense; **~ commun** common sense; **~ dessus dessous** upside down; **~ interdit, ~ unique** one-way street

sensass [sɑ̃sas] *adj inv (fam)* fantastic

sensation [sɑ̃sasjɔ̃] *nf* sensation; **faire ~** to cause a sensation, create a stir; **à ~** *(péj)* sensational

sensationnalisme [sɑ̃sasjɔnalism] *nm* sensationalism

sensationnel, le [sɑ̃sasjɔnɛl] *adj* sensational, fantastic

sensé, e [sɑ̃se] *adj* sensible

sensibilisation [sɑ̃sibilizasjɔ̃] *nf* consciousness-raising; **une campagne de ~ de l'opinion** a campaign to raise public awareness

sensibiliser [sɑ̃sibilize] /1/ *vt* to make aware of; **être sensibilisé(e) à** to have been made aware of; **~ qn (à)** to make sb sensitive (to), to make sb aware (of)

sensibilité [sɑ̃sibilite] *nf* sensitivity; *(affectivité, émotivité)* sensitivity, sensibility

sensible [sɑ̃sibl] *adj* sensitive; *(aux sens)* perceptible; *(appréciable : différence, progrès)* appreciable, noticeable; *(quartier)* problem *cpd*; **~ à** sensitive to

sensiblement [sɑ̃sibləmɑ̃] *adv (notablement)* appreciably, noticeably; *(à peu près)* : **ils ont ~ le même poids** they weigh approximately the same

sensiblerie [sɑ̃sibləʀi] *nf* sentimentality; squeamishness

sensitif, -ive [sɑ̃sitif, -iv] *adj (nerf)* sensory; *(personne)* oversensitive

sensoriel, le [sɑ̃sɔʀjɛl] *adj* sensory, sensorial

sensualité [sɑ̃sɥalite] *nf* sensuality, sensuousness

sensuel, le [sɑ̃sɥɛl] *adj (personne)* sensual; *(musique)* sensuous

sent [sɑ̃] *vb voir* **sentir**

sente [sɑ̃t] *nf* path

sentence [sɑ̃tɑ̃s] *nf (Jur : jugement)* sentence; *(adage)* maxim

sentencieusement [sɑ̃tɑ̃sjøzmɑ̃] *adv* sententiously

sentencieux, -euse [sɑ̃tɑ̃sjø, -øz] *adj* sententious

senteur [sɑ̃tœʀ] *nf* scent, perfume

senti, e [sɑ̃ti] *adj* : **bien ~** *(mots etc)* well-chosen

sentier [sɑ̃tje] *nm* path

sentiment [sɑ̃timɑ̃] *nm* feeling; *(conscience, impression)* : **avoir le ~ de/que** to be aware of/have the feeling that; **recevez mes sentiments respectueux** *(personne nommée)* yours sincerely; *(personne non nommée)* yours faithfully; **faire du ~** (péj) to be sentimental; **si vous me prenez par les sentiments** if you appeal to my feelings

sentimental, e, -aux [sɑ̃timɑ̃tal, -o] adj sentimental; (vie, aventure) love cpd

sentimentalisme [sɑ̃timɑ̃talism] nm sentimentalism

sentimentalité [sɑ̃timɑ̃talite] nf sentimentality

sentinelle [sɑ̃tinɛl] nf sentry; **en ~** standing guard; (soldat : en faction) on sentry duty

sentir [sɑ̃tiʀ] /16/ vt (par l'odorat) to smell; (par le goût) to taste; (au toucher, fig) to feel; (répandre une odeur de) to smell of; (: ressemblance) to smell like; (avoir la saveur de) to taste of; to taste like; (fig : dénoter, annoncer) to be indicative of; to smack of; to foreshadow; **il ne peut pas le ~** (fam) he can't stand him ▸ vi to smell; **~ mauvais** to smell bad; **se sentir** vpr : **se ~ bien** to feel good; **se ~ mal** (être indisposé) to feel unwell ou ill; **je ne me sens pas bien** I don't feel well; **se ~ le courage/la force de faire** to feel brave/strong enough to do; **ne plus se ~ de joie** to be beside o.s. with joy

seoir [swaʀ] /26/ : **~ à** vt to become, befit; **comme il (leur) sied** as it is fitting (to them)

Séoul [seul] n Seoul

SEP sigle f (= sclérose en plaques) MS

séparation [separasjɔ̃] nf separation; (cloison) division, partition; **~ de biens** division of property (in marriage settlement); **~ de corps** legal separation

séparatisme [separatism] nm separatism

séparatiste [separatist] adj, nmf (Pol) separatist

séparé, e [separe] adj (appartements, pouvoirs) separate; (époux) separated; **~ de** separate from; separated from

séparément [separemɑ̃] adv separately

séparer [separe] /1/ vt (gén) to separate; (désunir : divergences etc) to divide; to drive apart; (: différences, obstacles) to stand between; (détacher) : **~ qch de** to pull sth (off) from; (dissocier) to distinguish between; (diviser) : **~ qch par** to divide sth (up) with; **~ une pièce en deux** to divide a room into two; **se séparer** vpr (époux) to separate, part; (prendre congé : amis etc) to part, leave each other; (: adversaires) to separate; (se diviser : route, tige etc) to divide; (se détacher) : **se ~ (de)** to split off (from); to come off; **se ~ de** (époux) to separate ou part from; (employé, objet personnel) to part with

sépharade, séfarade [sefarad] adj Sephardic ▸ nmf Sephardi, Sephardic Jew

sépia [sepja] nf sepia

sept [sɛt] num seven

septante [sɛptɑ̃t] num (BELGIQUE, SUISSE) seventy

septembre [sɛptɑ̃bʀ] nm September; voir aussi **juillet**

septennal, e, -aux [septenal, -o] adj seven-year; (festival) seven-year, septennial

septennat [septena] nm seven-year term (of office)

septentrional, e, -aux [sɛptɑ̃tʀijɔnal, -o] adj northern

septicémie [sɛptisemi] nf blood poisoning, septicaemia

septième [sɛtjɛm] num seventh; **être au ~ ciel** to be on cloud nine

septique [sɛptik] adj : **fosse ~** septic tank

septuagénaire [sɛptɥaʒenɛʀ] adj, nmf septuagenarian

sépulcral, e, -aux [sepylkʀal, -o] adj (voix) sepulchral

sépulcre [sepylkʀ] nm sepulchre

sépulture [sepyltyʀ] nf burial; (tombeau) burial place, grave

séquelles [sekɛl] nfpl after-effects; (fig) aftermath sg; consequences

séquençage [sekɑ̃saʒ] nm (de génome) sequencing

séquence [sekɑ̃s] nf sequence

séquencer [sekɑ̃se] vt (génome, production) to sequence

séquentiel, le [sekɑ̃sjɛl] adj sequential

séquestration [sekɛstʀasjɔ̃] nf illegal confinement; impounding

séquestre [sekɛstʀ] nm impoundment; **mettre sous ~** to impound

séquestrer [sekɛstʀe] /1/ vt (personne) to confine illegally; (biens) to impound

séquoia [sekɔja] nm sequoia

serai etc [səʀe] vb voir **être**

sérail [seʀaj] nm seraglio; harem; **rentrer au ~** to return to the fold

serbe [sɛʀb] adj Serbian ▸ nm (Ling) Serbian ▸ nmf : **Serbe** Serb

Serbie [sɛʀbi] nf : **la ~** Serbia

serbo-croate [sɛʀbɔkʀɔat] adj Serbo-Croat, Serbo-Croatian ▸ nm (Ling) Serbo-Croat

serein, e [səʀɛ̃, -ɛn] adj serene; (jugement) dispassionate

sereinement [səʀɛnmɑ̃] adv serenely

sérénade [seʀenad] nf serenade; (fam) hullabaloo

sérénité [seʀenite] nf serenity

serez [səʀe] vb voir **être**

serf, serve [sɛʀ, sɛʀv] nm/f serf

serfouette [sɛʀfwɛt] nf weeding hoe

serge [sɛʀʒ] nf serge

sergent [sɛʀʒɑ̃] nm sergeant

sergent-chef [sɛʀʒɑ̃ʃɛf] (pl **sergents-chefs**) nm staff sergeant

sergent-major [sɛʀʒɑ̃maʒɔʀ] (pl **sergents-majors**) nm ≈ quartermaster sergeant

sériciculture [seʀisikyltyʀ] nf silkworm breeding, sericulture

série [seʀi] nf (de questions, d'accidents, TV) series inv; (de clés, casseroles, outils) set; (catégorie : Sport) rank; class; **en ~** in quick succession; (Comm) mass cpd; **de ~** adj (voiture) standard; **hors ~** (Comm) custom-built; (fig) outstanding; **imprimante ~** (Inform) serial printer; **soldes de fin de séries** end of line special offers; **~ noire** nm (crime) thriller; nf (suite de malheurs) run of bad luck

sérier [seʀje] /7/ vt to classify, sort out

sérieusement [seʀjøzmɑ̃] adv seriously; reliably; responsibly; **il parle ~** he's serious, he means it; **~ ?** are you serious?, do you mean it?

sérieux, -euse [seRjø, -øz] *adj* serious; (*élève, employé*) reliable, responsible; (*client, maison*) reliable, dependable; (*offre, proposition*) genuine, serious; (*grave, sévère*) serious, solemn; (*maladie, situation*) serious, grave; (*important*) considerable; **ce n'est pas ~** (*raisonnable*) that's not on ▶ *nm* seriousness; (*d'une entreprise etc*) reliability; **garder son ~** to keep a straight face; **manquer de ~** not to be very responsible (*ou* reliable); **prendre qch/qn au ~** to take sth/sb seriously

sérigraphie [seRigRafi] *nf* silk screen printing

serin [s(ə)Rɛ̃] *nm* canary

seriner [s(ə)Rine] /**1**/ *vt* : **~ qch à qn** to drum sth into sb

seringue [s(ə)Rɛ̃g] *nf* syringe

serions *etc* [səRjɔ̃] *vb voir* **être**

serment [sɛRmɑ̃] *nm* (*juré*) oath; (*promesse*) pledge, vow; **prêter ~** to take the *ou* an oath; **faire le ~ de** to take a vow to, swear to; **sous ~** on *ou* under oath

sermon [sɛRmɔ̃] *nm* sermon; (*péj*) sermon, lecture

sermonner [sɛRmɔne] /**1**/ *vt* to lecture

sérologie [seRɔlɔʒi] *nf* serology

séronégatif, -ive [seRonegatif, -iv] *adj* HIV negative

séropositif, -ive [seRopozitif, -iv] *adj* HIV positive

séropositivité [seRopozitivite] *nf* HIV positivity, seropositivity

sérotonine [seRɔtɔnin] *nf* serotonin

serpe [sɛRp] *nf* billhook

serpent [sɛRpɑ̃] *nm* snake; **~ à sonnettes** rattlesnake; **~ monétaire (européen)** (European) monetary snake

serpenter [sɛRpɑ̃te] /**1**/ *vi* to wind

serpentin [sɛRpɑ̃tɛ̃] *nm* (*tube*) coil; (*ruban*) streamer

serpillière [sɛRpijɛR] *nf* floorcloth

serpolet [sɛRpɔlɛ] *nm* wild thyme

serrage [sɛRaʒ] *nm* tightening; **collier de ~** clamp

serre [sɛR] *nf* (*Agr*) greenhouse; **~ chaude** hothouse; **~ froide** unheated greenhouse; **serres** *nfpl* (*griffes*) claws, talons

serré, e [seRe] *adj* (*tissu*) closely woven; (*réseau*) dense; (*écriture*) close; (*habits*) tight; (*fig : lutte, match*) tight, close-fought; (*passagers etc*) (tightly) packed; (*café*) strong; **avoir la gorge serrée** to have a lump in one's throat; **avoir le cœur ~** to have a heavy heart ▶ *adv* : **jouer ~** to play it close, play a close game; **écrire ~** to write a cramped hand

serre-livres [sɛRlivR] *nm inv* book ends *pl*

serrement [sɛRmɑ̃] *nm* : **~ de main** handshake; **~ de cœur** pang of anguish

serrer [seRe] /**1**/ *vt* (*tenir*) to grip *ou* hold tight; (*comprimer, coincer*) to squeeze; (*poings, mâchoires*) to clench; (*vêtement*) to be too tight for; to fit tightly; (*rapprocher*) to close up, move closer together; (*ceinture, nœud, frein, vis*) to tighten; **~ la main à qn** to shake sb's hand; **~ qn dans ses bras** to hug sb, clasp sb in one's arms; **~ la**

gorge à qn (*chagrin*) to bring a lump to sb's throat; **~ les dents** to clench *ou* grit one's teeth; **~ qn de près** to follow close behind sb; **~ le trottoir** to hug the kerb; **~ sa droite** to keep well to the right; **~ la vis à qn** to crack down harder on sb; **~ les rangs** to close ranks ▶ *vi* : **~ à droite** to keep to the right; to move into the right-hand lane; **se serrer** *vpr* (*se rapprocher*) to squeeze up; **se ~ contre qn** to huddle up to sb; **se ~ les coudes** to stick together, back one another up; **se ~ la ceinture** to tighten one's belt

serre-tête [sɛRtɛt] *nm* (*bandeau*) headband; (*bonnet*) skullcap

serrure [seRyR] *nf* lock

serrurerie [seRyRRi] *nf* (*métier*) locksmith's trade; (*ferronnerie*) ironwork; **~ d'art** ornamental ironwork

serrurier [seRyRje] *nm* locksmith

sers, sert [sɛR] *vb voir* **servir**

sertir [sɛRtiR] /**2**/ *vt* (*pierre*) to set; (*pièces métalliques*) to crimp

sérum [seRɔm] *nm* serum; **~ antivenimeux** snakebite serum; **~ sanguin** (blood) serum

servage [sɛRvaʒ] *nm* serfdom

servant [sɛRvɑ̃] *nm* server

servante [sɛRvɑ̃t] *nf* (*maid*)servant

serve [sɛRv] *nf voir* **serf** ▶ *vb voir* **servir**

serveur, -euse [sɛRvœR, -øz] *nm/f* waiter (waitress) ▶ *nm* (*Inform*) server ▶ *adj* : **centre ~** (*Inform*) service centre

servi, e [sɛRvi] *adj* : **être bien ~** to get a large helping (*ou* helpings); **vous êtes ~ ?** are you being served?

serviable [sɛRvjabl] *adj* obliging, willing to help

service [sɛRvis] *nm* (*gén*) service; (*série de repas*) : **premier ~** first sitting; (*pourboire*) service (charge); (*assortiment de vaisselle*) set, service; (*linge de table*) set; (*bureau : de la vente etc*) department, section; (*travail*) : **pendant le ~** on duty; **faire le ~** to serve; **être en ~ chez qn** (*domestique*) to be in sb's service; **être au ~ de** (*patron, patrie*) to be in the service of; **être au ~ de qn** (*collaborateur, voiture*) to be at sb's service; **porte de ~** tradesman's entrance; **rendre ~ à qn** to help sb; (*objet : s'avérer utile*) to come in useful *ou* handy for sb; **il aime rendre ~** he likes to help; **rendre un ~ à qn** to do sb a favour; **heures de ~** hours of duty; **être de ~** to be on duty; **reprendre du ~** to get back into action; **avoir 25 ans de ~** to have completed 25 years' service; **être/mettre en ~** to be in/put into service *ou* operation; **~ compris/non compris** service included/not included, inclusive/exclusive of service; **hors ~** not in use; out of order; **~ à thé/café** tea/coffee set *ou* service; **~ après-vente** after-sales service; **en ~ commandé** on an official assignment; **~ funèbre** funeral service; **~ militaire** military service; **~ d'ordre** police (*ou* stewards) in charge of maintaining order; **services** *nmpl* (*travail, Écon*) services; **services publics** public services, (public) utilities; **services secrets** secret service *sg*; **services sociaux** social services

serviette [sɛʀvjɛt] *nf* (*de table*) (table) napkin, serviette; (*de toilette*) towel; (*porte-documents*) briefcase; **~ éponge** terry towel; **~ hygiénique** sanitary towel
servile [sɛʀvil] *adj* servile
servilement [sɛʀvilmɑ̃] *adv* slavishly
servir [sɛʀviʀ] /**14**/ *vt* (*gén*) to serve; (*dîneur : au restaurant*) to wait on; (*client : au magasin*) to serve, attend to; (*fig : aider*) : **~ qn** to aid sb; to serve sb's interests; to stand sb in good stead; (*Comm : rente*) to pay; (*s'approvisionner*) **vous êtes servi ?** are you being served?; **sers-toi !** help yourself!; **~ qch à qn** to serve sb with sth, help sb to sth; **qu'est-ce que je vous sers ?** what can I get you?; **~ à qn** (*diplôme, livre*) to be of use to sb; **~ à qch/à faire** (*outil etc*) to be used for sth/for doing; **ça peut ~** it may come in handy; **à quoi cela sert-il (de faire) ?** what's the use (of doing)?; **ça ne sert à rien** it's no use; **~ (à qn) de ...** to serve as ... (for sb); **~ à dîner (à qn)** to serve dinner (to sb); **ça m'a servi pour faire** it was useful to me when I did; I used it to do ▸ *vi* (*Tennis*) to serve; (*Cartes*) to deal; (*être militaire*) to serve; **se servir** *vpr* (*prendre d'un plat*) to help o.s.; **se ~ chez** to shop at; **se ~ de** (*plat*) to help o.s. to; (*voiture, outil, relations*) to use
serviteur [sɛʀvitœʀ] *nm* servant
servitude [sɛʀvityd] *nf* servitude; (*fig*) constraint; (*Jur*) easement
servofrein [sɛʀvɔfʀɛ̃] *nm* servo(-assisted) brake
servomécanisme [sɛʀvɔmekanism] *nm* servo system
ses [se] *adj poss voir* **son¹**
sésame [sezam] *nm* (*Bot*) sesame; (*graine*) sesame seed
session [sesjɔ̃] *nf* session
set [sɛt] *nm* set; (*napperon*) placemat; **~ de table** set of placemats
seuil [sœj] *nm* doorstep; (*fig*) threshold; **sur le ~ de la maison** in the doorway of his house, on his doorstep; **au ~ de** (*fig*) on the threshold ou brink ou edge of; **~ de rentabilité** (*Comm*) breakeven point
seul, e [sœl] *adj* (*sans compagnie*) alone; (*avec nuance affective : isolé*) lonely; (*unique*) : **un ~ livre** only one book, a single book; **le ~ livre** the only book; **d'un ~ coup** (*soudainement*) all at once; (*à la fois*) at one blow; (*vivre*) alone, on one's own; **faire qch (tout) ~** to do sth (all) on one's own ou (all) by oneself; **~ ce livre, ce livre ~** this book alone, only this book; **à lui (tout) ~** single-handed, on his own; **se sentir ~** to feel lonely; **parler tout ~** to talk to oneself ▸ *nm/f* : **il en reste un(e) ~(e)** there's only one left; **pas un(e) ~(e)** not a single; **~ à ~** in private
seulement [sœlmɑ̃] *adv* only; **~ cinq, cinq ~** only five; **~ eux** only them, them alone; **~ hier/à 10h** only yesterday/at 10 o'clock; **il consent, ~ il demande des garanties** he agrees, only he wants guarantees; **non ~ ... mais aussi** ou **encore** not only ... but also
sève [sɛv] *nf* sap
sévère [seveʀ] *adj* severe
sévèrement [seveʀmɑ̃] *adv* severely
sévérité [seveʀite] *nf* severity

sévices [sevis] *nmpl* (physical) cruelty *sg*, ill treatment *sg*
Séville [sevil] *n* Seville
sévir [seviʀ] /**2**/ *vi* (*punir*) to use harsh measures, crack down; (*fléau*) to rage, be rampant; **~ contre** (*abus*) to deal ruthlessly with, crack down on
sevrage [səvʀaʒ] *nm* weaning; deprivation; (*d'un toxicomane*) withdrawal
sevrer [səvʀe] /**5**/ *vt* to wean; (*fig*) : **~ qn de** to deprive sb of
sexagénaire [sɛgzaʒenɛʀ] *adj, nmf* sexagenarian
SExc *sigle f* (= *Son Excellence*) HE
sexe [sɛks] *nm* sex; (*organe mâle*) member
sexisme [sɛksism] *nm* sexism
sexiste [sɛksist] *adj, nm* sexist
sexologie [sɛksɔlɔʒi] *nf* sexology
sexologue [sɛksɔlɔg] *nmf* sexologist, sex specialist
sextant [sɛkstɑ̃] *nm* sextant
sexualité [sɛksɥalite] *nf* sexuality
sexué, e [sɛksɥe] *adj* sexual
sexuel, le [sɛksɥɛl] *adj* sexual; **acte ~** sex act
sexuellement [sɛksɥɛlmɑ̃] *adv* sexually
sexy [sɛksi] *adj* sexy ▸ *adv* : **s'habiller ~** to dress sexily
seyait [sɛjɛ] *vb voir* **seoir**
seyant, e [sɛjɑ̃, -ɑ̃t] *vb voir* **seoir** ▸ *adj* becoming
Seychelles [seʃɛl] *nfpl* : **les ~** the Seychelles
SG *sigle m* = **secrétaire général(e)**
SGEN *sigle m* (= *Syndicat général de l'éducation nationale*) teachers' trade union
shaker [ʃɛkœʀ] *nm* (cocktail) shaker
shampooiner [ʃɑ̃pwine] /**1**/ *vt* to shampoo
shampooineur, -euse [ʃɑ̃pwinœʀ, -øz] *nm/f* (*personne*) junior (*who does the shampooing*)
shampooing [ʃɑ̃pwɛ̃] *nm* shampoo; **se faire un ~** to shampoo one's hair; **~ colorant** (colour) rinse; **~ traitant** medicated shampoo
Shetland [ʃɛtlɑ̃] *n* : **les îles ~** the Shetland Islands, Shetland
shetland [ʃɛtlɑ̃] *nm* (*laine*) Shetland wool; (*aussi* : **pull shetland**) Shetland jumper; (*poney*) Shetland pony
shiite [ʃiit] *adj, nmf* Shiite
shit [ʃit] *nm* (*fam*) hash (*fam*)
shoot [ʃut] *nm* (Football) shot
shooter [ʃute] /**1**/ *vi* (Football) to shoot; **se shooter** *vpr* (*drogué*) to mainline
shopping [ʃɔpiŋ] *nm* : **faire du ~** to go shopping
short [ʃɔʀt] *nm* (pair of) shorts *pl*
SI *sigle m* = **syndicat d'initiative**

MOT-CLÉ

si [si] *adv* **1** (*oui*) yes; « **Paul n'est pas venu** » — « **si !** » "Paul hasn't come" — "Yes he has!"; **je vous assure que si** I assure you he did/she is *etc*
2 (*tellement*) so; **si gentil/rapidement** so kind/fast; **(tant et) si bien que** so much so that; **si rapide qu'il soit** however fast he may be ▸ *conj* if; **si tu veux** if you want; **je me demande si** I wonder if ou whether; **si j'étais toi** if I were you; **si seulement** if only; **si ce**

n'est que apart from; **une des plus belles, si ce n'est la plus belle** one of the most beautiful, if not THE most beautiful; **s'il est aimable, eux par contre ...** while *ou* whereas he's nice, they (on the other hand) ...
▶ *nm* (*Mus*) B; (: *en chantant la gamme*) ti

siamois, e [sjamwa, -waz] *adj* Siamese; **frères/sœurs ~(es)** Siamese twins
Sibérie [siberi] *nf* : **la ~** Siberia
sibérien, ne [siberjɛ̃, -ɛn] *adj* Siberian ▶ *nm/f* : **Sibérien, ne** Siberian
sibyllin, e [sibilɛ̃, -in] *adj* sibylline
SICAV [sikav] *sigle f* (= *société d'investissement à capital variable*) open-ended investment trust, share in such a trust
Sicile [sisil] *nf* : **la ~** Sicily
sicilien, ne [sisiljɛ̃, -ɛn] *adj* Sicilian
sida [sida] *nm* (= *syndrome immuno-déficitaire acquis*) AIDS *sg*
sidéral, e, -aux [sideral, -o] *adj* sideral
sidérant, e [siderɑ̃, -ɑ̃t] *adj* staggering
sidéré, e [sidere] *adj* staggered
sidérurgie [sideryrʒi] *nf* steel industry
sidérurgique [sideryrʒik] *adj* steel *cpd*
sidérurgiste [sideryrʒist] *nmf* steel worker
siècle [sjɛkl] *nm* century; (*époque*) : **le ~ des lumières/de l'atome** the age of enlightenment/atomic age; (*Rel*) : **le ~** the world
sied [sje] *vb voir* **seoir**
siège [sjɛʒ] *nm* seat; (*d'entreprise*) head office; (*d'organisation*) headquarters *pl*; (*Mil*) siege; **lever le ~** to raise the siege; **mettre le ~ devant** to besiege; **présentation par le ~** (*Méd*) breech presentation; **~ avant/arrière** (*Auto*) front/back seat; **~ baquet** bucket seat; **~ social** registered office
siéger [sjeʒe] /**3, 6**/ *vi* (*assemblée, tribunal*) to sit; (*résider, se trouver*) to lie, be located
sien, ne [sjɛ̃, sjɛn] *pron* : **le (la) ~(ne), les ~(ne)s** (*d'un homme*) his; (*d'une femme*) hers; (*d'une chose*) its; **y mettre du ~** to pull one's weight; **faire des siennes** (*fam*) to be up to one's (usual) tricks; **les siens** (*sa famille*) one's family
siérait *etc* [sjere] *vb voir* **seoir**
Sierra Leone [sjɛraleɔne] *nf* : **la ~** Sierra Leone
sieste [sjɛst] *nf* (afternoon) snooze *ou* nap, siesta; **faire la ~** to have a snooze *ou* nap
sieur [sjœr] *nm* : **le ~ Thomas** Mr Thomas; (*en plaisantant*) Master Thomas
sifflant, e [siflɑ̃, -ɑ̃t] *adj* (*bruit*) whistling; (*toux*) wheezing; (**consonne**) **sifflante** sibilant
sifflement [sifləmɑ̃] *nm* whistle, whistling *no pl*; wheezing *no pl*; hissing *no pl*
siffler [sifle] /**1**/ *vi* (*gén*) to whistle; (*avec un sifflet*) to blow (on) one's whistle; (*en respirant*) to wheeze; (*serpent, vapeur*) to hiss ▶ *vt* (*chanson*) to whistle; (*chien etc*) to whistle for; (*fille*) to whistle at; (*pièce, orateur*) to hiss, boo; (*faute*) to blow one's whistle at; (*fin du match, départ*) to blow one's whistle for; (*fam : verre, bouteille*) to guzzle, knock back (BRIT)
sifflet [siflɛ] *nm* whistle; **coup de ~** whistle; **sifflets** *nmpl* (*de mécontentement*) whistles, boos

siffloter [sifləte] /**1**/ *vi, vt* to whistle
sigle [sigl] *nm* acronym, (set of) initials *pl*
signal, -aux [siɲal, -o] *nm* (*signe convenu, appareil*) signal; (*indice, écriteau*) sign; **donner le ~ de** to give the signal for; **~ d'alarme** alarm signal; **~ d'alerte/de détresse** warning/distress signal; **~ horaire** time signal; **~ optique/sonore** warning light/sound; visual/acoustic signal; **signaux (lumineux)** (*Auto*) traffic signals; **signaux routiers** road signs; (*lumineux*) traffic lights
signalement [siɲalmɑ̃] *nm* description, particulars *pl*
signaler [siɲale] /**1**/ *vt* to indicate; to announce; (*vol, perte*) to report; (*personne : faire un signe*) to signal; (*être l'indice de*) to indicate; **~ qch à qn/à qn que** to point out sth to sb/to sb that; **~ qn à la police** to bring sb to the notice of the police; **se ~ par** to distinguish o.s. by; **se ~ à l'attention de qn** to attract sb's attention
signalétique [siɲaletik] *adj* : **fiche ~** identification sheet
signalisation [siɲalizasjɔ̃] *nf* signalling, signposting; signals *pl*; roadsigns *pl*; **panneau de ~** roadsign
signaliser [siɲalize] /**1**/ *vt* to put up roadsigns on; to put signals on
signataire [siɲatɛr] *nmf* signatory
signature [siɲatyr] *nf* signature; (*action*) signing
signe [siɲ] *nm* sign; (*Typo*) mark; **ne pas donner ~ de vie** to give no sign of life; **c'est bon ~** it's a good sign; **c'est ~ que** it's a sign that; **faire un ~ de la main/tête** to give a sign with one's hand/shake one's head; **faire ~ à qn** (*fig : contacter*) to get in touch with sb; **faire ~ à qn d'entrer** to motion (to) sb to come in; **en ~ de** as a sign *ou* mark of; **le ~ de la croix** the sign of the Cross; **~ de ponctuation** punctuation mark; **~ du zodiaque** sign of the zodiac; **signes particuliers** distinguishing marks
signer [siɲe] /**1**/ *vt* to sign; **se signer** *vpr* to cross o.s.
signet [siɲɛ] *nm* bookmark
significatif, -ive [siɲifikatif, -iv] *adj* significant
signification [siɲifikasjɔ̃] *nf* meaning
signifier [siɲifje] /**7**/ *vt* (*vouloir dire*) to mean, signify; (*faire connaître*) : **~ qch (à qn)** to make sth known (to sb); (*Jur*) : **~ qch à qn** to serve notice of sth on sb
silence [silɑ̃s] *nm* silence; (*Mus*) rest; **garder le ~ (sur qch)** to keep silent (about sth), say nothing (about sth); **passer sous ~** to pass over (in silence); **réduire au ~** to silence
silencieusement [silɑ̃sjøzmɑ̃] *adv* silently
silencieux, -euse [silɑ̃sjø, -øz] *adj* quiet, silent ▶ *nm* silencer (BRIT), muffler (US)
silex [silɛks] *nm* flint
silhouette [silwɛt] *nf* outline, silhouette; (*lignes, contour*) outline; (*figure*) figure
silice [silis] *nf* silica
siliceux, -euse [silisø, -øz] *adj* (*terrain*) chalky
silicium [silisjɔm] *nm* silicon; **plaquette de ~** silicon chip
silicone [silikon] *nf* silicone

S

silicose [silikoz] *nf* silicosis, dust disease
sillage [sijaʒ] *nm* wake; *(fig)* trail; **dans le ~ de** *(fig)* in the wake of
sillon [sijɔ̃] *nm (d'un champ)* furrow; *(de disque)* groove
sillonner [sijɔne] /**1**/ *vt (creuser)* to furrow; *(traverser)* to criss-cross, cross
silo [silo] *nm* silo
silure [silyʀ] *nm* catfish
simagrées [simagʀe] *nfpl* fuss *sg*; airs and graces
simiesque [simjɛsk] *adj* monkey-like, ape-like
similaire [similɛʀ] *adj* similar
similarité [similaʀite] *nf* similarity
simili [simili] *nm* imitation; *(Typo)* half-tone ▶ *nf* half-tone engraving
simili... [simili] *préfixe* imitation *cpd*, artificial
similicuir [similikɥiʀ] *nm* imitation leather
similigravure [similigʀavyʀ] *nf* half-tone engraving
similitude [similityd] *nf* similarity
simple [sɛ̃pl] *adj (gén)* simple; *(non multiple)* single; **~ soldat** private; **un ~ particulier** an ordinary citizen; **une ~ formalité** a mere formality; **dans le plus ~ appareil** in one's birthday suit ▶ *nm* : **cela varie du ~ au double** it can double, it can double the price *etc*; **~ messieurs/dames** *nm (Tennis)* men's/ladies' singles *sg* ▶ *nmf* : **~ d'esprit** simpleton; **simples** *nmpl (Méd)* medicinal plants
simplement [sɛ̃pləmɑ̃] *adv* simply
simplet, te [sɛ̃plɛ, -ɛt] *adj (personne)* simple-minded
simplicité [sɛ̃plisite] *nf* simplicity; **en toute ~** quite simply
simplification [sɛ̃plifikasjɔ̃] *nf* simplification
simplifier [sɛ̃plifje] /**7**/ *vt* to simplify
simpliste [sɛ̃plist] *adj* simplistic
simulacre [simylakʀ] *nm* enactment; *(péj)* : **un ~ de** a pretence of, a sham
simulateur, -trice [simylatœʀ, -tʀis] *nm/f* shammer, pretender; *(qui se prétend malade)* malingerer ▶ *nm* : **~ de vol** flight simulator
simulation [simylasjɔ̃] *nf* shamming, simulation; malingering
simuler [simyle] /**1**/ *vt* to sham, simulate
simultané, e [simyltane] *adj* simultaneous
simultanéité [simyltaneite] *nf* simultaneity
simultanément [simyltanemɑ̃] *adv* simultaneously
Sinaï [sinai] *nm* : **le ~** Sinai
sinapisme [sinapism] *nm (Méd)* mustard poultice
sincère [sɛ̃sɛʀ] *adj* sincere; genuine; heartfelt; **mes sincères condoléances** my deepest sympathy
sincèrement [sɛ̃sɛʀmɑ̃] *adv* sincerely; genuinely
sincérité [sɛ̃seʀite] *nf* sincerity; **en toute ~** in all sincerity
sinécure [sinekyʀ] *nf* sinecure
sine die [sinedje] *adv* sine die, indefinitely
sine qua non [sinekwanɔn] *adj* : **condition ~** indispensable condition
Singapour [sɛ̃gapuʀ] *nm* : **le ~** Singapore

singe [sɛ̃ʒ] *nm* monkey; *(de grande taille)* ape
singer [sɛ̃ʒe] /**3**/ *vt* to ape, mimic
singeries [sɛ̃ʒʀi] *nfpl* antics; *(simagrées)* airs and graces
singulariser [sɛ̃gylaʀize] /**1**/ *vt* to mark out; **se singulariser** *vpr* to call attention to o.s.
singularité [sɛ̃gylaʀite] *nf* peculiarity
singulier, -ière [sɛ̃gylje, -jɛʀ] *adj* remarkable, singular; *(Ling)* singular ▶ *nm* singular
singulièrement [sɛ̃gyljɛʀmɑ̃] *adv* singularly, remarkably
sinistre [sinistʀ] *adj* sinister; *(intensif)* : **un ~ imbécile** an absolute idiot ▶ *nm (incendie)* blaze; *(catastrophe)* disaster; *(Assurances)* damage *(giving rise to a claim)*
sinistré, e [sinistʀe] *adj* disaster-stricken ▶ *nm/f* disaster victim
sinistrose [sinistʀoz] *nf* pessimism
sino... [sino] *préfixe* : **sino-indien** Sino-Indian, Chinese-Indian
sinon [sinɔ̃] *conj (autrement, sans quoi)* otherwise, or else; *(sauf)* except, other than; *(si ce n'est)* if not
sinueux, -euse [sinɥø, -øz] *adj* winding; *(fig)* tortuous
sinuosité [sinɥozite] *nf (de route)* twists and turns *pl*; **sinuosités** *nfpl (de route, cours d'eau)* winding *sg*, curves; *(fig)* : **les sinuosités de son raisonnement** his tortuous train of thought
sinus [sinys] *nm (Anat)* sinus; *(Géom)* sine
sinusite [sinyzit] *nf* sinusitis, sinus infection
sinusoïdal, e, -aux [sinyzɔidal, -o] *adj* sinusoidal
sinusoïde [sinyzɔid] *nf* sinusoid
sionisme [sjɔnism] *nm* Zionism
sioniste [sjɔnist] *adj, nmf* Zionist
siphon [sifɔ̃] *nm (tube, d'eau gazeuse)* siphon; *(d'évier etc)* U-bend
siphonnage [sifɔnaʒ] *nm (de bac)* draining; *(d'eau, essence : aussi fig : de fonds, ressources)* siphoning off
siphonner [sifɔne] /**1**/ *vt (bac)* to drain; *(eau, essence : aussi fig : fonds, ressources)* to siphon off; **~ un réservoir d'essence** to siphon off the petrol from a tank
sire [siʀ] *nm (titre)* : **S~** Sire; **un triste ~** an unsavoury individual
sirène [siʀɛn] *nf* siren; **~ d'alarme** fire alarm; *(pendant la guerre)* air-raid siren
sirop [siʀo] *nm (à diluer : de fruit etc)* syrup, cordial *(Brit)*; *(boisson)* fruit drink; *(pharmaceutique)* syrup, mixture; **~ de menthe** mint syrup *ou* cordial; **~ contre la toux** cough syrup *ou* mixture
siroter [siʀɔte] /**1**/ *vt* to sip
sirupeux, -euse [siʀypø, -øz] *adj* syrupy
sis, e [si, siz] *adj* : **~ rue de la Paix** located in the rue de la Paix
sisal [sizal] *nm (Bot)* sisal
sismique [sismik] *adj* seismic
sismographe [sismɔgʀaf] *nm* seismograph
sismologie [sismɔlɔʒi] *nf* seismology
sitar [sitaʀ] *nm* sitar
site [sit] *nm (paysage, environnement)* setting; *(d'une ville etc : emplacement)* site; **~ (pittoresque)**

beauty spot; **sites touristiques** places of interest; **sites naturels/historiques** natural/historic sites; **~ web** (*Inform*) website

sitôt [sito] *adv* : **~ parti** as soon as he *etc* had left; **~ après** straight after; **pas de ~** not for a long time; **~ (après) que** as soon as

situation [situasjɔ̃] *nf* (*gén*) situation; (*d'un édifice, d'une ville*) situation, position; (*emplacement*) location; **être en ~ de faire qch** to be in a position to do sth; **~ de famille** marital status

situé, e [situe] *adj* : **bien ~** well situated, in a good location; **~ à/près de** situated at/near

situer [situe] **/1/** *vt* to site, situate; (*en pensée*) to set, place; **se situer** *vpr* : **se ~ à/près de** to be situated at/near

SIVOM [sivɔm] *sigle m* (= *Syndicat intercommunal à vocation multiple*) *association of "communes"*

six [sis] *num* six

sixième [sizjɛm] *num* sixth ▶ *nf* (*Scol* : *classe*) year 7 (*Brit*), sixth grade (*US*); **en ~** in year 7 (*Brit*), in sixth grade (*US*)

skaï® [skaj] *nm* ≈ Leatherette®

skate [sket], **skate-board** [sketbɔrd] *nm* (*sport*) skateboarding; (*planche*) skateboard

skateur, -euse [sketœr, øz] *nm/f*, **skater** [skɛtɛr] *nmf* skateboarder

sketch [skɛtʃ] *nm* (*variety*) sketch

ski [ski] *nm* (*objet*) ski; (*sport*) skiing; **faire du ~** to ski; **~ alpin** Alpine skiing; **~ court** short ski; **~ évolutif** short ski method; **~ de fond** cross-country skiing; **~ nautique** water-skiing; **~ de piste** downhill skiing; **~ de randonnée** cross-country skiing

skiable [skjabl] *adj* (*neige, pente*) skiable; *voir aussi* **domaine**

ski-bob [skibɔb] *nm* skibob

skier [skje] **/7/** *vi* to ski

skieur, -euse [skjœr, -øz] *nm/f* skier

skif, skiff [skif] *nm* skiff

slalom [slalɔm] *nm* slalom; **faire du ~ entre** to slalom between

slalomer [slalɔme] **/1/** *vi* (*entre des obstacles*) to weave in and out; (*Ski*) to slalom

slalomeur, -euse [slalɔmœr, -øz] *nm/f* (*Ski*) slalom skier

slam [slam] *nm* slam poetry

slave [slav] *adj* Slav(onic), Slavic ▶ *nm* (*Ling*) Slavonic ▶ *nmf* : **Slave** Slav

slip [slip] *nm* (*sous-vêtement*) underpants *pl*, pants *pl* (*Brit*), briefs *pl*; (*de bain* : *d'homme*) trunks *pl*; (: *du bikini*) (bikini) briefs *pl*

slogan [slɔgã] *nm* slogan

slovaque [slɔvak] *adj* Slovak ▶ *nm* (*Ling*) Slovak ▶ *nmf* : **Slovaque** Slovak

Slovaquie [slɔvaki] *nf* : **la ~** Slovakia

slovène [slɔvɛn] *adj* Slovene ▶ *nm* (*Ling*) Slovene ▶ *nmf* : **Slovène** Slovene

Slovénie [slɔveni] *nf* : **la ~** Slovenia

slow [slo] *nm* (*danse*) slow number

SM *sigle f* (= *Sa Majesté*) HM

smartphone [smartfɔn] *nm* (*Inform*) smartphone

smash [smaʃ] *nm* (*Tennis, Volley-ball*) smash

smasher [smaʃe] **/1/** *vi* to smash the ball ▶ *vt* (*balle*) to smash

SMIC [smik] *sigle m* = **salaire minimum interprofessionnel de croissance**

⋮ **SMIC**
⋮
⋮ In France, the **SMIC** (*salaire minimum*
⋮ *interprofessionnel de croissance*) is the minimum
⋮ hourly rate which workers over the age of 18
⋮ must legally be paid. It is index-linked and
⋮ is raised on 1 January of every year as well
⋮ as whenever the cost-of-living index goes
⋮ above 2%.

smicard, e [smikar, -ard] *nm/f* minimum wage earner

smocks [smɔk] *nmpl* (*Couture*) smocking *no pl*

smoking [smɔkiŋ] *nm* dinner *ou* evening suit

SMS *sigle m* (*service* : = *short message service*) SMS; (: *message*) text (message)

SMUR [smyr] *sigle m* (= *service médical d'urgence et de réanimation*) specialist mobile emergency unit

snack [snak] *nm* snack bar

SNC *abr* = **service non compris**

SNCB *sigle f* (= *Société nationale des chemins de fer belges*) *Belgian railways*

SNCF *sigle f* (= *Société nationale des chemins de fer français*) *French railways*

SNES [snɛs] *sigle m* (= *Syndicat national de l'enseignement secondaire*) *secondary teachers' union*

SNE-sup [ɛsɛnəsyp] *sigle m* (= *Syndicat national de l'enseignement supérieur*) *university teachers' union*

SNJ *sigle m* (= *Syndicat national des journalistes*) *journalists' union*

snob [snɔb] *adj* snobbish ▶ *nmf* snob

snober [snɔbe] **/1/** *vt* : **~ qn** to give sb the cold shoulder, treat sb with disdain

snobinard, e [snɔbinar, -ard] *nm/f* snooty *ou* stuck-up person

snobisme [snɔbism] *nm* snobbery, snobbishness

snowboard [snobɔrd] *nm* (*sport*) snowboarding; (*planche*) snowboard

snowboarder [snobɔrdœr] *nmf* = **snowboardeur**

snowboardeur, -euse [snobɔrdœr, -øz] *nm/f* snowboarder

SNSM *sigle f* (= *Société nationale de sauvetage en mer*) *national sea-rescue association*

s.o. *abr* (= *sans objet*) no longer applicable

sobre [sɔbr] *adj* (*personne*) temperate, abstemious; (*élégance, style*) restrained, sober; **~ de** (*gestes, compliments*) sparing of

sobrement [sɔbrəmã] *adv* in moderation, abstemiously; soberly

sobriété [sɔbrijete] *nf* temperance, abstemiousness; sobriety

sobriquet [sɔbrikɛ] *nm* nickname

soc [sɔk] *nm* ploughshare

sociabilité [sɔsjabilite] *nf* sociability

sociable [sɔsjabl] *adj* sociable

social, e, -aux [sɔsjal, -o] *adj* social

socialement [sɔsjalmã] *adv* socially

socialisant, e [sɔsjalizã, -ãt] *adj* with socialist tendencies

S

socialisation [sɔsjalizasjɔ̃] *nf* socialisation
socialiser [sɔsjalize] /1/ *vt* to socialize
socialisme [sɔsjalism] *nm* socialism
socialiste [sɔsjalist] *adj, nmf* socialist
sociétaire [sɔsjetɛʀ] *nmf* member
société [sɔsjete] *nf* society; (*d'abeilles, de fourmis*) colony; (*sportive*) club; (*Comm*) company; **la bonne ~** polite society; **se plaire dans la ~ de** to enjoy the society of; **l'archipel de la S~** the Society Islands; **la ~ d'abondance/de consommation** the affluent/consumer society; **~ par actions** joint stock company; **~ anonyme** ≈ limited company (BRIT), ≈ incorporated company (US); **~ d'investissement à capital variable** ≈ investment trust (BRIT), ≈ mutual fund (US); **~ à responsabilité limitée** *type of limited liability company (with non-negotiable shares)*; **~ savante** learned society; **~ de services** service company
socioculturel, le [sɔsjokyltyʀɛl] *adj* sociocultural
socio-économique [sɔsjoekɔnɔmik] *adj* socioeconomic
socio-éducatif, -ive [sɔsjoedykatif, -iv] *adj* socio-educational
sociolinguistique [sɔsjolɛ̃ɡɥistik] *adj* sociolinguistic
sociologie [sɔsjɔlɔʒi] *nf* sociology
sociologique [sɔsjɔlɔʒik] *adj* sociological
sociologue [sɔsjɔlɔɡ] *nmf* sociologist
socio-professionnel, le [sɔsjopʀɔfɛsjɔnɛl] *adj* socio professional
socle [sɔkl] *nm* (*de colonne, statue*) plinth, pedestal; (*de lampe*) base
socquette [sɔkɛt] *nf* ankle sock
socratique [sɔkʀatik] *adj* (*tradition*) Socratic
soda [sɔda] *nm* (*boisson*) fizzy drink, soda (US)
sodium [sɔdjɔm] *nm* sodium
sodomie [sɔdɔmi] *nf* sodomy; buggery
sodomiser [sɔdɔmize] /1/ *vt* to sodomize; to bugger
sœur [sœʀ] *nf* sister; (*religieuse*) nun, sister; **~ Élisabeth** (*Rel*) Sister Elizabeth; **~ de lait** foster sister
sofa [sɔfa] *nm* sofa
Sofia [sɔfja] *n* Sofia
SOFRES [sɔfʀɛs] *sigle f* (= *Société française d'enquête par sondage*) *company which conducts opinion polls*
soi [swa] *pron* oneself; **en ~** (*intrinsèquement*) in itself; **cela va de ~** that *ou* it goes without saying, it stands to reason
soi-disant [swadizɑ̃] *adj inv* so-called ▶ *adv* supposedly
soie [swa] *nf* silk; (*de porc, sanglier : poil*) bristle
soient [swa] *vb voir* **être**
soierie [swaʀi] *nf* (*industrie*) silk trade; (*tissu*) silk
soif [swaf] *nf* thirst; (*fig*) : **~ de** thirst *ou* craving for; **avoir ~** to be thirsty; **donner ~ à qn** to make sb thirsty
soignant, e [swaɲɑ̃, -ɑ̃t] *adj* : **le personnel ~** the nursing staff; *voir aussi* **aide-soignant**
soigné, e [swaɲe] *adj* (*tenue*) well-groomed, neat; (*travail*) careful, meticulous; (*fam*) whopping; stiff

soigner [swaɲe] /1/ *vt* (*malade, maladie : docteur*) to treat; (: *infirmière, mère*) to nurse, look after; (*blessé*) to tend; (*travail, détails*) to take care over; (*jardin, chevelure, invités*) to look after; **se soigner** *vpr* : **soigne-toi bien !** take good care of yourself!
soigneur [swaɲœʀ] *nm* (*Cyclisme, Football*) trainer; (*Boxe*) second
soigneusement [swaɲøzmɑ̃] *adv* carefully
soigneux, -euse [swaɲø, -øz] *adj* (*propre*) tidy, neat; (*méticuleux*) painstaking, careful; **~ de** careful with
soi-même [swamɛm] *pron* oneself
soin [swɛ̃] *nm* (*application*) care; (*propreté, ordre*) tidiness, neatness; (*responsabilité*) : **le ~ de qch** the care of sth; **avoir** *ou* **prendre ~ de** to take care of, look after; **avoir** *ou* **prendre ~ de faire** to take care to do; **faire qch avec (grand) ~** to do sth (very) carefully; **sans ~** *adj* careless; untidy; **soins** *nmpl* (*à un malade, blessé*) treatment *sg*, medical attention *sg*; (*attentions, prévenance*) care and attention *sg*; (*hygiène*) care *sg*; **soins de la chevelure/de beauté** hair/beauty care; **soins du corps/ménage** care of one's body/the home; **les premiers soins** first aid *sg*; **aux bons soins de** c/o, care of; **être aux petits soins pour qn** to wait on sb hand and foot, see to sb's every need; **confier qn aux soins de qn** to hand sb over to sb's care
soir [swaʀ] *nm, adv* evening; **le ~** in the evening(s); **ce ~** this evening, tonight; **à ce ~ !** see you this evening (*ou* tonight)!; **la veille au ~** the previous evening; **sept/dix heures du ~** seven in the evening/ten at night; **le repas/ journal du ~** the evening meal/newspaper; **dimanche ~** Sunday evening; **hier ~** yesterday evening; **demain ~** tomorrow evening, tomorrow night
soirée [swaʀe] *nf* evening; (*réception*) party; **donner en ~** (*film, pièce*) to give an evening performance of
soit [swa] *vb voir* **être** ▶ *conj* (*à savoir*) namely, to wit; (*ou*) : **~ ... ~** either ... or; **~ que ... ~ que** *ou* **ou que** whether ... or whether ▶ *adv* so be it, very well; **~ un triangle ABC** let ABC be a triangle
soixantaine [swasɑ̃tɛn] *nf* : **une ~ (de)** sixty or so, about sixty; **avoir la ~** (*âge*) to be around sixty
soixante [swasɑ̃t] *num* sixty
soixante-dix [swasɑ̃tdis] *num* seventy
soixante-dixième [swasɑ̃tdizjɛm] *num* seventieth
soixante-huitard, e [swazɑ̃tɥitaʀ, -aʀd] *adj* relating to the demonstrations of May 1968 ▶ *nm/f* participant in the demonstrations of May 1968
soixantième [swasɑ̃tjɛm] *num* sixtieth
soja [sɔʒa] *nm* soya; (*graines*) soya beans *pl*; **germes de ~** beansprouts
sol [sɔl] *nm* ground; (*de logement*) floor; (*revêtement*) flooring *no pl*; (*territoire, Agr, Géo*) soil; (*Mus*) G; (: *en chantant la gamme*) so(h)
solaire [sɔlɛʀ] *adj* (*énergie etc*) solar; (*crème etc*) sun *cpd*
solarium [sɔlaʀjɔm] *nm* solarium

soldat [sɔlda] *nm* soldier; **S~ inconnu** Unknown Warrior *ou* Soldier; **~ de plomb** tin *ou* toy soldier

soldatesque [sɔldatɛsk] *nf* rabble of soldiers

solde [sɔld] *nf* pay; **à la ~ de qn** (*péj*) in sb's pay ▶ *nm* (*Comm*) balance; **~ créditeur/débiteur** credit/debit balance; **~ à payer** balance outstanding; **en ~** at sale price; **soldes** *nmpl* (*Comm*) sales; (*articles*) sale goods

solder [sɔlde] /**1**/ *vt* (*compte*) to settle; (*marchandise*) to sell at sale price, sell off; **se ~ par** (*fig*) to end in; **article soldé (à) 10 euros** item reduced to 10 euros

soldeur, -euse [sɔldœʀ, -øz] *nm/f* (*Comm*) discounter

sole [sɔl] *nf* sole *inv* (*fish*)

soleil [sɔlɛj] *nm* sun; (*lumière*) sun(light); (*temps ensoleillé*) sun(shine); (*feu d'artifice*) Catherine wheel; (*d'acrobate*) grand circle; (*Bot*) sunflower; **il y a** *ou* **il fait du ~** it's sunny; **au ~** in the sun; **en plein ~** in full sun; **le ~ levant/couchant** the rising/setting sun; **le ~ de minuit** the midnight sun

solennel, le [sɔlanɛl] *adj* solemn; ceremonial

solennellement [sɔlanɛlmɑ̃] *adv* solemnly

solennité [sɔlanite] *nf* (*d'une fête*) solemnity; **solennités** *nfpl* (*formalités*) formalities

solénoïde [sɔlenɔid] *nm* (*Élec*) solenoid

solfège [sɔlfɛʒ] *nm* rudiments *pl* of music; (*exercices*) ear training *no pl*

solfier [sɔlfje] /**7**/ *vt*: **~ un morceau** to sing a piece using the sol-fa

soli [sɔli] *nmpl de* **solo**

solidaire [sɔlidɛʀ] *adj* : **être solidaires** (*personnes*) to show solidarity, stand *ou* stick together; (*pièces mécaniques*) interdependent; (*Jur : engagement*) binding on all parties; (*: débiteurs*) jointly liable; **être ~ de** (*collègues*) to stand by; (*mécanisme*) to be bound up with, be dependent on

solidairement [sɔlidɛʀmɑ̃] *adv* jointly

solidariser [sɔlidaʀize] /**1**/ : **se solidariser avec** *vpr* to show solidarity with

solidarité [sɔlidaʀite] *nf* (*entre personnes*) solidarity; (*de mécanisme, phénomènes*) interdependence; **par ~ (avec)** (*cesser le travail etc*) in sympathy (with)

solide [sɔlid] *adj* solid; (*mur, maison, meuble*) solid, sturdy; (*connaissances, argument*) sound; (*personne*) robust, sturdy; (*estomac*) strong; **avoir les reins solides** (*fig*) to be in a good financial position; to have sound financial backing ▶ *nm* solid

solidement [sɔlidmɑ̃] *adv* solidly; (*fermement*) firmly

solidification [sɔlidifikasjɔ̃] *nf* solidification

solidifier [sɔlidifje] /**7**/ *vt*, **se solidifier** *vpr* to solidify

solidité [sɔlidite] *nf* solidity; sturdiness

soliloque [sɔlilɔk] *nm* soliloquy

soliste [sɔlist] *nmf* soloist

solitaire [sɔlitɛʀ] *adj* (*sans compagnie*) solitary, lonely; (*isolé*) solitary, isolated, lone; (*lieu*) lonely ▶ *nmf* (*ermite*) recluse; (*fig : ours*) loner ▶ *nm* (*diamant, jeu*) solitaire

solitude [sɔlityd] *nf* loneliness; (*paix*) solitude

solive [sɔliv] *nf* joist

sollicitations [sɔlisitasjɔ̃] *nfpl* (*requêtes*) entreaties, appeals; (*attractions*) enticements; (*Tech*) stress *sg*

solliciter [sɔlisite] /**1**/ *vt* (*personne*) to appeal to; (*emploi, faveur*) to seek; (*moteur*) to prompt; (*occupations, attractions etc*) : **~ qn** to appeal to sb's curiosity *etc*; to entice sb; to make demands on sb's time; **~ qn de faire** to appeal to sb *ou* request sb to do

sollicitude [sɔlisityd] *nf* concern

solo [sɔlo] *nm* (*pl* **soli** [sɔli]) (*Mus*) solo

sol-sol [sɔlsɔl] *adj inv* surface-to-surface

solstice [sɔlstis] *nm* solstice; **~ d'hiver/d'été** winter/summer solstice

solubilisé, e [sɔlybilize] *adj* soluble

solubilité [sɔlybilite] *nf* solubility

soluble [sɔlybl] *adj* (*sucre, cachet*) soluble; (*problème etc*) soluble, solvable

soluté [sɔlyte] *nm* solution

solution [sɔlysjɔ̃] *nf* solution; **~ de continuité** gap, break; **~ de facilité** easy way out

solutionner [sɔlysjɔne] /**1**/ *vt* to solve, find a solution for

solvabilité [sɔlvabilite] *nf* solvency

solvable [sɔlvabl] *adj* solvent

solvant [sɔlvɑ̃] *nm* solvent

Somalie [sɔmali] *nf* : **la ~** Somalia

somalien, ne [sɔmaljɛ̃, -ɛn] *adj* Somalian

somatique [sɔmatik] *adj* somatic

sombre [sɔ̃bʀ] *adj* dark; (*fig*) sombre, gloomy; (*sinistre*) awful, dreadful

sombrer [sɔ̃bʀe] /**1**/ *vi* (*bateau*) to sink, go down; **~ corps et biens** to go down with all hands; **~ dans** (*misère, désespoir*) to sink into

sommaire [sɔmɛʀ] *adj* (*simple*) basic; (*expéditif*) summary; **exécution ~** summary execution ▶ *nm* summary; **faire le ~ de** to make a summary of, summarize

sommairement [sɔmɛʀmɑ̃] *adv* basically; summarily

sommation [sɔmasjɔ̃] *nf* (*Jur*) summons *sg*; (*avant de faire feu*) warning

somme [sɔm] *nf* (*Math*) sum; (*fig*) amount; (*argent*) sum, amount; **faire la ~ de** to add up; **en ~, ~ toute** *adv* all in all ▶ *nm* : **faire un ~** to have a (short) nap

sommeil [sɔmɛj] *nm* sleep; **avoir ~** to be sleepy; **avoir le ~ léger** to be a light sleeper; **en ~** (*fig*) dormant

sommeiller [sɔmeje] /**1**/ *vi* to doze; (*fig*) to lie dormant

sommelier [sɔməlje] *nm* wine waiter

sommer [sɔme] /**1**/ *vt* : **~ qn de faire** to command *ou* order sb to do; (*Jur*) to summon sb to do

sommes [sɔm] *vb voir* **être**; *voir aussi* **somme**

sommet [sɔmɛ] *nm* top; (*d'une montagne*) summit, top; (*fig : de la perfection, gloire*) height; (*Géom : d'angle*) vertex; (*conférence*) summit (conference)

sommier [sɔmje] *nm* bed base, bedspring (*US*); (*Admin : registre*) register; **~ à ressorts** (interior sprung) divan base (*BRIT*), box spring (*US*); **~ à lattes** slatted bed base

S

sommité [sɔmite] *nf* prominent person, leading light

somnambule [sɔmnɑ̃byl] *nmf* sleepwalker

somnambulisme [sɔmnɑ̃bylism] *nm* sleepwalking

somnifère [sɔmnifɛR] *nm* sleeping drug; (*comprimé*) sleeping pill *ou* tablet

somnolence [sɔmnɔlɑ̃s] *nf* drowsiness

somnolent, e [sɔmnɔlɑ̃, -ɑ̃t] *adj* sleepy, drowsy

somnoler [sɔmnɔle] /1/ *vi* to doze

somptuaire [sɔ̃ptɥɛR] *adj*: **lois somptuaires** sumptuary laws; **dépenses somptuaires** extravagant expenditure *sg*

somptueusement [sɔ̃ptɥøzmɑ̃] *adv* sumptuously

somptueux, -euse [sɔ̃ptɥø, -øz] *adj* sumptuous; (*cadeau*) lavish

somptuosité [sɔ̃ptɥozite] *nf* sumptuousness; (*d'un cadeau*) lavishness

son¹, sa [sɔ̃, sa] (*pl* **ses** [se]) *adj poss* (*antécédent humain*: *masculin*) his; (: *féminin*) her; (: *valeur indéfinie*) one's, his (her); (: *non humain*) its; *voir* **il**

son² [sɔ̃] *nm* sound; (*de blé etc*) bran; **~ et lumière** *adj inv* son et lumière

sonar [sɔnaR] *nm* (*Navig*) sonar

sonate [sɔnat] *nf* sonata

sondage [sɔ̃daʒ] *nm* (*de terrain*) boring, drilling; (*de mer, atmosphère*) sounding; probe; (*enquête*) survey, sounding out of opinion; **~ (d'opinion)** (opinion) poll

sonde [sɔ̃d] *nf* (*Navig*) lead *ou* sounding line; (*Météorologie*) sonde; (*Méd*) probe; catheter; (: *d'alimentation*) feeding tube; (*Tech*) borer, driller; (: *de forage, sondage*) drill; (*pour fouiller etc*) probe; **~ à avalanche** pole (*for probing snow and locating victims*); **~ spatiale** probe

sonder [sɔ̃de] /1/ *vt* (*Navig*) to sound; (*atmosphère, plaie, bagages etc*) to probe; (*Tech*) to bore, drill; (*fig*: *personne*) to sound out; (: *opinion*) to probe; **~ le terrain** (*fig*) to see how the land lies

songe [sɔ̃ʒ] *nm* dream

songer [sɔ̃ʒe] /3/ *vi* to dream; **~ à** (*rêver à*) to think over, muse over; (*penser à*) to think of; (*envisager*) to contemplate, think of, consider; **~ que** to consider that; to think that

songerie [sɔ̃ʒRi] *nf* reverie

songeur, -euse [sɔ̃ʒœR, -øz] *adj* pensive; **ça me laisse ~** that makes me wonder

sonnailles [sɔnɑj] *nfpl* jingle of bells

sonnant, e [sɔnɑ̃, -ɑ̃t] *adj*: **en espèces sonnantes et trébuchantes** in coin of the realm; **à huit heures sonnantes** on the stroke of eight

sonné, e [sɔne] *adj* (*fam*) cracked; (*passé*): **il est midi ~** it's gone twelve; **il a quarante ans bien sonnés** he's well into his forties

sonner [sɔne] /1/ *vi* (*retentir*) to ring; (*donner une impression*) to sound; **~ bien/mal/creux** to sound good/bad/hollow; **~ faux** (*instrument*) to sound out of tune; (*rire*) to ring false; **minuit vient de ~** midnight has just struck; **~ chez qn** to ring sb's doorbell, ring at sb's door ▶ *vt* (*cloche*) to ring; (*glas, tocsin*) to sound; (*portier, infirmière*) to ring for; (*messe*) to ring the bell for; (*fam*: *choc, coup*) to knock out; **~ du clairon** to sound the bugle; **~ les heures** to strike the hours

sonnerie [sɔnRi] *nf* (*son*) ringing; (*sonnette*) bell; (*mécanisme d'horloge*) striking mechanism; (*de portable*) ringtone; **~ d'alarme** alarm bell; **~ de clairon** bugle call

sonnet [sɔnɛ] *nm* sonnet

sonnette [sɔnɛt] *nf* bell; **~ d'alarme** alarm bell; **~ de nuit** night-bell

sono [sɔno] *nf* (= *sonorisation*) PA (system); (*d'une discothèque*) sound system

sonore [sɔnɔR] *adj* (*voix*) sonorous, ringing; (*salle, métal*) resonant; (*ondes, film, signal*) sound *cpd*; (*Ling*) voiced; **effets sonores** sound effects

sonorisation [sɔnɔRizasjɔ̃] *nf* (*équipement*: *de salle de conférences*) public address system, PA system; (: *de discothèque*) sound system

sonoriser [sɔnɔRize] /1/ *vt* (*film, spectacle*) to add the sound track to; (*salle*) to fit with a public address system

sonorité [sɔnɔRite] *nf* (*de piano, violon*) tone; (*de voix, mot*) sonority; (*d'une salle*) resonance, acoustics *pl*

sonothèque [sɔnɔtɛk] *nf* sound library

sont [sɔ̃] *vb voir* **être**

sophisme [sɔfism] *nm* sophism

sophiste [sɔfist] *nmf* sophist

sophistication [sɔfistikasjɔ̃] *nf* sophistication

sophistiqué, e [sɔfistike] *adj* sophisticated

sophrologie [sɔfRɔlɔʒi] *nf* sophrology

soporifique [sɔpɔRifik] *adj* soporific

soprano [sɔpRano] *nmf* soprano

sorbet [sɔRbɛ] *nm* water ice, sorbet

sorbetière [sɔRbətjɛR] *nf* ice-cream maker

sorbier [sɔRbje] *nm* service tree

sorcellerie [sɔRsɛlRi] *nf* witchcraft *no pl*, sorcery *no pl*

sorcier, -ière [sɔRsje, -jɛR] *nm/f* sorcerer (witch *ou* sorceress) ▶ *adj*: **ce n'est pas ~** (*fam*) it's as easy as pie

sordide [sɔRdid] *adj* (*lieu*) squalid; (*action*) sordid

sorgho [sɔRgo] *nm* sorghum

Sorlingues [sɔRlɛ̃g] *nfpl*: **les (îles) ~** the Scilly Isles, the Isles of Scilly, the Scillies

sornettes [sɔRnɛt] *nfpl* twaddle *sg*

sort [sɔR] *vb voir* **sortir** ▶ *nm* (*fortune, destinée*) fate; (*condition, situation*) lot; (*magique*) spell; **jeter un ~** to cast a spell; **un coup du ~** a blow dealt by fate; **le ~ en est jeté** the die is cast; **tirer au ~** to draw lots; **tirer qch au ~** to draw lots for sth

sortable [sɔRtabl] *adj*: **il n'est pas ~** you can't take him anywhere

sortant, e [sɔRtɑ̃, -ɑ̃t] *vb voir* **sortir** ▶ *adj* (*numéro*) which comes up (*in a draw etc*); (*député, président*) outgoing

sorte [sɔRt] *vb voir* **sortir** ▶ *nf* sort, kind; **une ~ de** a sort of; **de la ~** *adv* in that way; **en quelque ~** in a way; **de ~ à** so as to, in order to; **de (telle) ~ que, en ~ que** (*de manière que*) so that; (*si bien que*) so much so that; **faire en ~ que** to see to it that

sortie [sɔRti] *nf* (*issue*) way out, exit; (*Mil*) sortie; (*fig*: *verbale*) outburst; sally; (: *parole incongrue*) odd remark; (*d'un gaz, de l'eau*) outlet; (*promenade*) outing; (*le soir*: *au restaurant etc*) night out; (*de produits*) export; (*de capitaux*) outflow; (*Inform*) output; (*d'imprimante*) printout; (*Comm*: *d'un* *disque*) release; (: *d'un livre*) publication; (: *d'un modèle*) launching; **à sa** ~ as he went out *ou* left; **à la** ~ **de ce nouveau modèle** when this new model comes (*ou* came) out, when they bring (*ou* brought) out this new model; **à la** ~ **de l'école/l'usine** (*moment*) after school/work; when school/the factory comes out; (*lieu*) at the school/factory gates; ~ **de bain** (*vêtement*) bathrobe; « ~ **de camions** » "vehicle exit"; ~ **papier** hard copy; ~ **de secours** emergency exit; **sorties** *nfpl* (*Comm* : *somme*) items of expenditure; outgoings

sortilège [sɔʀtilɛʒ] *nm* (magic) spell

sortir [sɔʀtiʀ] /**16**/ *vi* (*gén*) to come out; (*partir, se promener, aller au spectacle etc*) to go out; (*bourgeon, plante, numéro gagnant*) to come up; ~ **avec qn** to be going out with sb; ~ **de** (*gén*) to leave; (*endroit*) to go (*ou* come) out of, leave; (*rainure etc*) to come out of; (*maladie*) to get over; (*époque*) to get through; (*cadre, compétence*) to be outside; (*provenir de* : *famille etc*) to come from; ~ **de table** to leave the table; ~ **du système** (*Inform*) to log out; ~ **de ses gonds** (*fig*) to fly off the handle ▶ *vt* (*gén*) to take out; (*produit, ouvrage, modèle*) to bring out; (*fam* : *dire* : *boniments, incongruités*) to come out with; (*Inform*) to output; (: *sur papier*) to print out; (*fam* : *expulser*) to throw out; ~ **qch de** to take sth out of; ~ **qn d'embarras** to get sb out of trouble ▶ *nm* : **au** ~ **de l'hiver/l'enfance** as winter/childhood nears its end; **se sortir de** *vpr* (*affaire, situation*) to get out of; **s'en** ~ (*malade*) to pull through; (*d'une difficulté etc*) to come through all right; to get through, be able to manage

SOS *sigle m* mayday, SOS

sosie [sɔzi] *nm* double

sot, sotte [so, sɔt] *adj* silly, foolish ▶ *nm/f* fool

sottement [sɔtmɑ̃] *adv* foolishly

sottise [sɔtiz] *nf* silliness *no pl*, foolishness *no pl*; (*propos, acte*) silly *ou* foolish thing (to do *ou* say)

sou [su] *nm* : **près de ses sous** tight-fisted; **sans le** ~ penniless; ~ **à** ~ penny by penny; **pas un** ~ **de bon sens** not a scrap *ou* an ounce of good sense; **de quatre sous** worthless

souahéli [swaeli] *nm* (*Ling*) Swahili

soubassement [subɑsmɑ̃] *nm* base

soubresaut [subʀəso] *nm* (*de peur etc*) start; (*cahot* : *d'un véhicule*) jolt

soubrette [subʀɛt] *nf* soubrette, maidservant

souche [suʃ] *nf* (*d'arbre*) stump; (*de carnet*) counterfoil (BRIT), stub; **dormir comme une** ~ to sleep like a log; **de vieille** ~ of old stock

souci [susi] *nm* (*inquiétude*) worry; (*préoccupation*) concern; (*Bot*) marigold; **se faire du** ~ to worry; **avoir (le)** ~ **de** to have concern for; **par** ~ **de** for the sake of, out of concern for

soucier [susje] /**7**/ : **se soucier de** *vpr* to care about

soucieux, -euse [susjø, -øz] *adj* concerned, worried; ~ **de** concerned about; **peu** ~ **de/que** caring little about/whether

soucoupe [sukup] *nf* saucer; ~ **volante** flying saucer

soudain, e [sudɛ̃, -ɛn] *adj* (*douleur, mort*) sudden ▶ *adv* suddenly, all of a sudden

soudainement [sudɛnmɑ̃] *adv* suddenly

soudaineté [sudɛnte] *nf* suddenness

Soudan [sudɑ̃] *nm* : **le** ~ Sudan

soudanais, e [sudanɛ, -ɛz] *adj* Sudanese

soude [sud] *nf* soda

soudé, e [sude] *adj* (*fig* : *pétales, organes*) joined (together)

souder [sude] /**1**/ *vt* (*avec fil à souder*) to solder; (*par soudure autogène*) to weld; (*fig*) to bind *ou* knit together; to fuse (together); **se souder** *vpr* (*os*) to knit (together)

soudeur, -euse [sudœʀ, -øz] *nm/f* (*ouvrier*) welder

soudoyer [sudwaje] /**8**/ *vt* (*péj*) to bribe, buy over

soudure [sudyʀ] *nf* soldering; welding; (*joint*) soldered joint; weld; **faire la** ~ (*Comm*) to fill a gap; (*fig* : *assurer une transition*) to bridge the gap

souffert, e [sufɛʀ, -ɛʀt] *pp de* **souffrir**

soufflage [suflaʒ] *nm* (*du verre*) glass-blowing

souffle [sufl] *nm* (*en expirant*) breath; (*en soufflant*) puff, blow; (*respiration*) breathing; (*d'explosion, de ventilateur*) blast; (*du vent*) blowing; (*fig*) inspiration; **retenir son** ~ to hold one's breath; **avoir du/manquer de** ~ to have a lot of puff/be short of breath; **être à bout de** ~ to be out of breath; **avoir le** ~ **court** to be short-winded; **un** ~ **d'air** *ou* **de vent** a breath of air, a puff of wind; ~ **au cœur** (*Méd*) heart murmur

soufflé, e [sufle] *adj* (*Culin*) soufflé; (*fam* : *ahuri, stupéfié*) staggered ▶ *nm* (*Culin*) soufflé

souffler [sufle] /**1**/ *vi* (*gén*) to blow; (*haleter*) to puff (and blow); **laisser** ~ **qn** (*fig*) to give sb a breather ▶ *vt* (*feu, bougie*) to blow out; (*chasser* : *poussière etc*) to blow away; (*Tech* : *verre*) to blow; (*explosion*) to destroy (with its blast); (*dire*) : ~ **qch à qn** to whisper sth to sb; (*fam* : *voler*) : ~ **qch à qn** to pinch sth from sb; ~ **son rôle à qn** to prompt sb; **ne pas** ~ **mot** not to breathe a word

soufflerie [sufləʀi] *nf* (*Tech, Science*) wind tunnel; (*d'orgue*) bellows *pl*; **essai en** ~ wind tunnel tests

soufflet [suflɛ] *nm* (*pour attiser*) bellows *pl*; (*entre wagons*) vestibule; (*Couture*) gusset; (*gifle* : *liter*) slap (in the face)

souffleur, -euse [suflœʀ, -øz] *nm/f* (*Théât*) prompter; (*Tech*) glass-blower

souffrance [sufʀɑ̃s] *nf* suffering; **en** ~ (*marchandise*) awaiting delivery; (*affaire*) pending

souffrant, e [sufʀɑ̃, -ɑ̃t] *adj* unwell

souffre-douleur [sufʀədulœʀ] *nm inv* whipping boy (BRIT), butt, underdog

souffreteux, -euse [sufʀətø, -øz] *adj* sickly

souffrir [sufʀiʀ] /**18**/ *vi* to suffer; (*éprouver des douleurs*) to be in pain; ~ **de** (*maladie, froid*) to suffer from; ~ **des dents** to have trouble with one's teeth; **faire** ~ **qn** (*personne*) to make sb suffer (: *dents, blessure etc*) to hurt sb ▶ *vt* to suffer, endure; (*supporter*) to bear, stand; (*admettre* : *exception etc*) to allow *ou* admit of; **ne pas pouvoir** ~ **qch/que** ... not to be able to endure *ou* bear sth/that ...; **elle ne peut pas le** ~ she can't stand *ou* bear him

soufisme [sufism] *nm* Sufism

soufre [sufʀ] *nm* sulphur (BRIT), sulfur (US)

soufrer [sufʀe] /**1**/ *vt* (*vignes*) to treat with sulphur *ou* sulfur

413

souhait [swɛ] nm wish; **tous nos souhaits de** good wishes ou our best wishes for; **tous nos souhaits pour la nouvelle année** (our) best wishes for the New Year; **riche** etc **à ~** as rich etc as one could wish; **à vos souhaits!** bless you!

souhaitable [swɛtabl] adj desirable

souhaiter [swete] /1/ vt to wish for; **~ le bonjour à qn** to bid sb good day; **~ la bonne année à qn** to wish sb a happy New Year; **~ que** to hope that; **il est à ~ que** it is to be hoped that

souiller [suje] /1/ vt to dirty, soil; (fig) to sully, tarnish

souillure [sujyʀ] nf stain

soûl, e [su, sul] adj drunk; (fig) : **~ de musique/plaisirs** drunk with music/pleasure ▶ nm : **tout son ~** to one's heart's content

soulagement [sulaʒmã] nm relief

soulager [sulaʒe] /3/ vt to relieve; **~ qn de** to relieve sb of

soûler [sule] /1/ vt : **~ qn** to get sb drunk; (boisson) to make sb drunk; (fig) to make sb's head spin ou reel; **se soûler** vpr to get drunk; **se ~ de** (fig) to intoxicate o.s. with

soûlerie [sulʀi] nf (péj) drunken binge

soulèvement [sulɛvmã] nm uprising; (Géo) upthrust

soulever [sul(ə)ve] /5/ vt to lift; (vagues, poussière) to send up; (peuple) to stir up (to revolt); (enthousiasme) to arouse; (question, débat, protestations, difficultés) to raise; **cela me soulève le cœur** it makes me feel sick; **se soulever** vpr (peuple) to rise up; (personne couchée) to lift o.s. up; (couvercle etc) to lift

soulier [sulje] nm shoe; **souliers bas** low-heeled shoes; **souliers plats/à talons** flat/heeled shoes

souligner [suliɲe] /1/ vt to underline; (fig) to emphasize, stress

soumettre [sumɛtʀ] /56/ vt (pays) to subject, subjugate; (rebelles) to put down, subdue; **~ qn/qch à** to subject sb/sth to; **~ qch à qn** (projet etc) to submit sth to sb; **se ~ (à)** (se rendre, obéir) to submit (to); **se ~ à** (formalités etc) to submit to; (régime etc) to submit o.s. to

soumis, e [sumi, -iz] pp de **soumettre** ▶ adj submissive; **revenus ~ à l'impôt** taxable income

soumission [sumisjɔ̃] nf (voir se soumettre) submission; (docilité) submissiveness; (Comm) tender

soumissionner [sumisjɔne] /1/ vt (Comm : travaux) to bid for, tender for

soupape [supap] nf valve; **~ de sûreté** safety valve

soupçon [supsɔ̃] nm suspicion; (petite quantité) : **un ~ de** a hint ou touch of; **avoir ~ de** to suspect; **au dessus de tout ~** above (all) suspicion

soupçonner [supsɔne] /1/ vt to suspect; **~ qn de qch/d'être** to suspect sb of sth/of being

soupçonneux, -euse [supsɔnø, -øz] adj suspicious

soupe [sup] nf soup; **~ au lait** adj inv quick-tempered; **~ à l'oignon/de poisson** onion/fish soup; **~ populaire** soup kitchen

soupente [supãt] nf (mansarde) attic; (placard) cupboard (BRIT) ou closet (US) under the stairs

souper [supe] /1/ vi to have supper; **avoir soupé de** (fam) to be sick and tired of ▶ nm supper

soupeser [supəze] /5/ vt to weigh in one's hand(s), feel the weight of; (fig) to weigh up

soupière [supjɛʀ] nf (soup) tureen

soupir [supiʀ] nm sigh; (Mus) crotchet rest (BRIT), quarter note rest (US); **rendre le dernier ~** to breathe one's last; **pousser un ~ de soulagement** to heave a sigh of relief

soupirail, -aux [supiʀaj, -o] nm (small) basement window

soupirant [supiʀã] nm (péj) suitor, wooer

soupirer [supiʀe] /1/ vi to sigh; **~ après qch** to yearn for sth

souple [supl] adj supple; (fam) soft; (fig : règlement, caractère) flexible; (: démarche, taille) lithe, supple

souplesse [suplɛs] nf suppleness; (de caractère) flexibility

souquer [suke] vi to pull hard at the oars

sourate [suʀat] nf (de Coran) sura

source [suʀs] nf (point d'eau) spring; (d'un cours d'eau, fig) source; **prendre sa ~ à/dans** (cours d'eau) to have its source at/in; **tenir qch de bonne ~/de ~ sûre** to have sth on good authority/from a reliable source; **~ thermale/d'eau minérale** hot ou thermal/mineral spring

sourcier, -ière [suʀsje, -jɛʀ] nm water diviner

sourcil [suʀsij] nm (eye)brow

sourcilière [suʀsiljɛʀ] adj f voir **arcade**

sourciller [suʀsije] /1/ vi : **sans ~** without turning a hair ou batting an eyelid

sourcilleux, -euse [suʀsijø, -øz] adj (hautain, sévère) haughty, supercilious; (pointilleux) finicky, pernickety

sourd, e [suʀ, suʀd] adj deaf; (bruit, voix) muffled; (couleur) muted; (douleur) dull; (lutte) silent, hidden; (Ling) voiceless; **être ~ à** to be deaf to; **faire la sourde oreille** to turn a deaf ear ▶ nm/f deaf person

sourdement [suʀdəmã] adv (avec un bruit sourd) dully; (secrètement) silently

sourdine [suʀdin] nf (Mus) mute; **en ~** adv softly, quietly; **mettre une ~ à** (fig) to tone down

sourd-muet, sourde-muette [suʀmyɛ, suʀdmyɛt] adj deaf-and-dumb ▶ nm/f deaf-mute

sourdre [suʀdʀ] vi (eau) to spring up; (fig) to rise

souriant, e [suʀjã, -ãt] vb voir **sourire** ▶ adj cheerful

souricière [suʀisjɛʀ] nf mousetrap; (fig) trap

sourie etc [suʀi] vb voir **sourire**

sourire [suʀiʀ] /36/ nm smile; **faire un ~ à qn** to give sb a smile; **garder le ~** to keep smiling ▶ vi to smile; **~ à qn** to smile at sb; (fig : plaire à) to appeal to sb (: chance) to smile on sb

souris [suʀi] nf (aussi Inform) mouse

sournois, e [suʀnwa, -waz] adj deceitful, underhand

sournoisement [suʀnwazmã] adv deceitfully

sournoiserie [suʀnwazʀi] nf deceitfulness, underhandedness

sous [su] *prép (gén)* under; **~ la pluie/le soleil** in the rain/sunshine; **~ mes yeux** before my eyes; **~ terre** *adj, adv* underground; **~ l'influence/l'action de** under the influence of/by the action of; **~ antibiotiques/perfusion** on antibiotics/a drip; **~ cet angle/ce rapport** from this angle/in this respect; **~ vide** *adj, adv* vacuum-packed; **~ peu** *adv* shortly, before long

sous... [su, (+*vowel*) suz] *préfixe* sub-; under...

sous-alimentation [suzalimãtasjɔ̃] *nf* undernourishment

sous-alimenté, e [suzalimãte] *adj* undernourished

sous-bois [subwa] *nm inv* undergrowth

sous-catégorie [sukategɔri] *nf* subcategory

sous-chef [suʃɛf] *nm* deputy chief, second in command; **~ de bureau** deputy head clerk

sous-comité [sukɔmite] *nm* subcommittee

sous-commission [sukɔmisjɔ̃] *nf* subcommittee

sous-continent [sukɔ̃tinã] *nm* subcontinent

sous-couche [sukuʃ] *nf (de peinture)* undercoat

souscripteur, -trice [suskriptœr, -tris] *nm/f* subscriber

souscription [suskripsjɔ̃] *nf* subscription; **offert en ~** available on subscription

souscrire [suskrir] /**39**/ : **~ à** *vt* to subscribe to

sous-cutané, e [sukytane] *adj* subcutaneous

sous-développé, e [sudevlɔpe] *adj* underdeveloped

sous-développement [sudevlɔpmã] *nm* underdevelopment

sous-directeur, -trice [sudirɛktœr, -tris] *nm/f* assistant manager/manageress, submanager/manageress

sous-effectif [suzefɛktif] *nm* understaffing; **être en ~** to be understaffed

sous-emploi [suzãplwa] *nm* underemployment

sous-employé, e [suzãplwaje] *adj* underemployed

sous-ensemble [suzãsãbl] *nm* subset

sous-entendre [suzãtãdr] /**41**/ *vt* to imply, infer

sous-entendu, e [suzãtãdy] *adj* implied; *(Ling)* understood ▶ *nm* innuendo, insinuation

sous-équipé, e [suzekipe] *adj* under-equipped; **~ en infrastructures industrielles** *(Écon : pays, région)* with an insufficient industrial infrastructure

sous-estimer [suzɛstime] /**1**/ *vt* to underestimate

sous-exploiter [suzɛksplwate] /**1**/ *vt* to underexploit

sous-exposer [suzɛkspoze] /**1**/ *vt* to underexpose

sous-fifre [sufifr] *nm (péj)* underling

sous-gonflage [sugɔ̃flaʒ] *nm (de pneu)* under-inflation

sous-groupe [sugrup] *nm* subgroup

sous-homme [suzɔm] *nm* sub-human

sous-investissement [suzɛ̃vɛstismã] *nm* under-investment

sous-jacent, e [suʒasã, -ãt] *adj* underlying

sous-lieutenant [suljøtnã] *nm* sub-lieutenant

sous-locataire [sulɔkatɛr] *nmf* subtenant

sous-location [sulɔkasjɔ̃] *nf* subletting

sous-louer [sulwe] /**1**/ *vt* to sublet

sous-main [sumɛ̃] *nm* desk blotter; **en ~** *adv* secretly

sous-marin, e [sumarɛ̃, -in] *adj (flore, volcan)* submarine; *(navigation, pêche, explosif)* underwater ▶ *nm* submarine

sous-médicalisé, e [sumedikalize] *adj* lacking adequate medical care

sous-nappe [sunap] *nf* undercloth

sous-officier [suzɔfisje] *nm* ≈ non-commissioned officer (NCO)

sous-ordre [suzɔrdr] *nm* subordinate; **créancier en ~** creditor's creditor

sous-payé, e [supeje] *adj* underpaid

sous-préfecture [suprefɛktyr] *nf* sub-prefecture

sous-préfet [suprefɛ] *nm* sub-prefect

sous-production [suprɔdyksjɔ̃] *nf* underproduction

sous-produit [suprɔdɥi] *nm* by-product; *(fig : péj)* pale imitation

sous-programme [suprɔgram] *nm (Inform)* subroutine

sous-pull [supul] *nm* thin polo-neck sweater

sous-secrétaire [susəkretɛr] *nm* : **~ d'État** Under-Secretary of State

soussigné, e [susiɲe] *adj* : **je ~** I the undersigned

sous-sol [susɔl] *nm* basement; *(Géo)* subsoil

sous-tasse [sutas] *nf* saucer

sous-tendre [sutãdr] /**41**/ *vt* to underlie

sous-titre [sutitr] *nm* subtitle

sous-titré, e [sutitre] *adj* with subtitles

soustraction [sustraksjɔ̃] *nf* subtraction

soustraire [sustrɛr] /**50**/ *vt* to subtract, take away; *(dérober)* : **~ qch à qn** to remove sth from sb; **~ qn à** *(danger)* to shield sb from; **se ~ à** *(autorité, obligation, devoir)* to elude, escape from

sous-traitance [sutrɛtãs] *nf* subcontracting

sous-traitant [sutrɛtã] *nm* subcontractor

sous-traiter [sutrɛte] /**1**/ *vt, vi* to subcontract

soustrayais *etc* [sustrɛjɛ] *vb voir* **soustraire**

sous-verre [suvɛr] *nm inv* glass mount

sous-vêtement [suvɛtmã] *nm* undergarment, item of underwear; **sous-vêtements** *nmpl* underwear *sg*

soutane [sutan] *nf* cassock, soutane

soute [sut] *nf* hold; **~ à bagages** baggage hold

soutenable [sut(ə)nabl] *adj (opinion)* tenable, defensible

soutenance [sut(ə)nãs] *nf* : **~ de thèse** ≈ viva (voce)

soutènement [sutɛnmã] *nm* : **mur de ~** retaining wall

souteneur [sut(ə)nœr] *nm* procurer

soutenir [sut(ə)nir] /**22**/ *vt* to support; *(assaut, choc, regard)* to stand up to, withstand; *(intérêt, effort)* to keep up; *(assurer)* : **~ que** to maintain that; **~ la comparaison avec** to bear *ou* stand comparison with; **~ le regard de qn** to be able to look sb in the face; **se soutenir** *vpr (dans l'eau etc)* to hold *ou* s. up; *(être soutenable : point de vue)* to be tenable; *(s'aider mutuellement)* to stand by each other

soutenu, e [sut(ə)ny] *pp de* **soutenir** ▶ *adj (efforts)* sustained, unflagging; *(style)* elevated; *(couleur)* strong

S

souterrain, e [suteʀɛ̃, -ɛn] *adj* underground; *(fig)* subterranean ▶ *nm* underground passage

soutien [sutjɛ̃] *nm* support; **apporter son ~ à** to lend one's support to; **~ de famille** breadwinner

soutiendrai *etc* [sutjɛ̃dʀe] *vb voir* **soutenir**

soutien-gorge [sutjɛ̃gɔʀʒ] *(pl* **soutiens-gorge)** *nm* bra; *(de maillot de bain)* top

soutiens [sutjɛ̃], **soutint** *etc* [sutɛ̃] *vb voir* **soutenir**

soutif [sutif] *nm (fam : soutien-gorge)* bra

soutirer [sutiʀe] /**1**/ *vt* : **~ qch à qn** to squeeze *ou* get sth out of sb

souvenance [suv(ə)nɑ̃s] *nf* : **avoir ~ de** to recollect

souvenir [suv(ə)niʀ] /**22**/ *nm (réminiscence)* memory; *(cadeau)* souvenir, keepsake; *(de voyage)* souvenir; **garder le ~ de** to retain the memory of; **en ~ de** in memory *ou* remembrance of; **avec mes affectueux/meilleurs souvenirs, ...** with love from, .../regards, ...; **se souvenir** *vpr* : **se ~ de** to remember; **se ~ que** to remember that

souvent [suvɑ̃] *adv* often; **peu ~** seldom, infrequently; **le plus ~** more often than not, most often

souvenu, e [suvəny] *pp* = **se souvenir**

souverain, e [suv(ə)ʀɛ̃, -ɛn] *adj* sovereign; *(fig : mépris)* supreme ▶ *nm/f* sovereign, monarch

souverainement [suv(ə)ʀɛnmɑ̃] *adv (sans appel)* with sovereign power; *(extrêmement)* supremely, intensely

souveraineté [suv(ə)ʀɛnte] *nf* sovereignty

souverainiste [suv(ə)ʀɛnist] *nmf (Pol)* partisan of sovereignty; *(au Québec)* partisan of Quebec sovereignty

souviendrai [suvjɛ̃dʀe], **souviens** [suvjɛ̃], **souvint** *etc* [suvɛ̃] *vb voir* **souvenir**

soviétique [sɔvjetik] *(Hist) adj* Soviet ▶ *nmf* : **Soviétique** Soviet citizen

soviétologue [sɔvjetɔlɔg] *nmf* Kremlinologist

soyeux, -euse [swajø, -øz] *adj* silky

soyez *etc* [swaje] *vb voir* **être**

soyons *etc* [swajɔ̃] *vb voir* **être**

SPA *sigle f (= Société protectrice des animaux)* ≈ RSPCA *(Brit)*, ≈ SPCA *(US)*

spacieux, -euse [spasjø, -øz] *adj* spacious; roomy

spaciosité [spasjozite] *nf* spaciousness

spaghettis [spageti] *nmpl* spaghetti *sg*

spammer [spame] *vt, vi (Inform)* to spam

sparadrap [spaʀadʀa] *nm* adhesive *ou* sticking *(Brit)* plaster, bandaid® *(US)*

Sparte [spaʀt] *nf* Sparta

spartiate [spaʀsjat] *adj* Spartan; **spartiates** *nfpl (sandales)* Roman sandals

spasme [spazm] *nm* spasm

spasmodique [spazmɔdik] *adj* spasmodic

spasmophilie [spasmɔfili] *nf* spasmophilia

spatial, e, -aux [spasjal, -o] *adj (Aviat)* space *cpd*; *(Psych)* spatial

spationaute [spasjonot] *nmf* astronaut

spatule [spatyl] *nf (ustensile)* slice; spatula; *(bout)* tip

speaker, ine [spikœʀ, -kʀin] *nm/f* announcer

spécial, e, -aux [spesjal, -o] *adj* special; *(bizarre)* peculiar

spécialement [spesjalmɑ̃] *adv* especially, particularly; *(tout exprès)* specially; **pas ~** not particularly

spécialisation [spesjalizasjɔ̃] *nf* specialization

spécialisé, e [spesjalize] *adj* specialised; **ordinateur ~** dedicated computer

spécialiser [spesjalize] /**1**/ : **se spécialiser** *vpr* to specialize

spécialiste [spesjalist] *nmf* specialist

spécialité [spesjalite] *nf* speciality; *(Scol)* special field; **~ pharmaceutique** patent medicine

spécieux, -euse [spesjø, -øz] *adj* specious

spécification [spesifikasjɔ̃] *nf* specification

spécificité [spesifisite] *nf* specificity

spécifier [spesifje] /**7**/ *vt* to specify, state

spécifique [spesifik] *adj* specific

spécifiquement [spesifikmɑ̃] *adv (typiquement)* typically; *(tout exprès)* specifically

spécimen [spesimɛn] *nm* specimen; *(revue etc)* specimen *ou* sample copy

spectacle [spɛktakl] *nm (tableau, scène)* sight; *(représentation)* show; *(industrie)* show business, entertainment; **se donner en ~** *(péj)* to make a spectacle *ou* an exhibition of o.s.; **pièce/revue à grand ~** spectacular (play/revue); **au ~ de ...** at the sight of ...

spectaculaire [spɛktakylɛʀ] *adj* spectacular

spectateur, -trice [spɛktatœʀ, -tʀis] *nm/f (Ciné etc)* member of the audience; *(Sport)* spectator; *(d'un événement)* onlooker, witness

spectre [spɛktʀ] *nm (fantôme, fig)* spectre; *(Physique)* spectrum; **~ solaire** solar spectrum

spéculateur, -trice [spekylatœʀ, -tʀis] *nm/f* speculator

spéculatif, -ive [spekylatif, -iv] *adj* speculative

spéculation [spekylasjɔ̃] *nf* speculation

spéculer [spekyle] /**1**/ *vi* to speculate; **~ sur** *(Comm)* to speculate in; *(réfléchir)* to speculate on; *(tabler sur)* to bank *ou* rely on

speedé, e [spide] *adj (fam : personne : agité)* hyper *(fam)*; *(rapide, accéléré)* speeded up

spéléologie [speleɔlɔʒi] *nf (étude)* speleology; *(activité)* potholing

spéléologue [speleɔlɔg] *nmf* speleologist; potholer

spermatozoïde [spɛʀmatozɔid] *nm* sperm, spermatozoon

sperme [spɛʀm] *nm* semen, sperm

spermicide [spɛʀmisid] *adj, nm* spermicide

sphère [sfɛʀ] *nf* sphere

sphérique [sferik] *adj* spherical

sphincter [sfɛ̃ktɛʀ] *nm* sphincter

sphinx [sfɛ̃ks] *nm inv* sphinx; *(Zool)* hawkmoth

spiral, -aux [spiʀal, -o] *nm* hairspring

spirale [spiʀal] *nf* spiral; **en ~** in a spiral

spire [spiʀ] *nf (d'une spirale)* turn; *(d'une coquille)* whorl

spiritisme [spiʀitism] *nm* spiritualism, spiritism

spiritualité [spiʀitɥalite] *nf* spirituality

spirituel, le [spiʀitɥɛl] *adj* spiritual; *(fin, piquant)* witty; **musique spirituelle** sacred music; **concert ~** concert of sacred music

spirituellement [spiʁitɥɛlmɑ̃] *adv* spiritually; wittily

spiritueux [spiʁitɥø] *nm* spirit

splendeur [splɑ̃dœʀ] *nf* splendour (BRIT), splendor (US)

splendide [splɑ̃did] *adj* splendid, magnificent

spoliation [spɔljasjɔ̃] *nf* (*de bien, droit*) despoliation

spolier [spɔlje] /**7**/ *vt* : **~ qn (de)** to despoil sb (of)

spongieux, -euse [spɔ̃ʒjø, -øz] *adj* spongy

sponsor [spɔ̃sɔʀ] *nm* sponsor

sponsoriser [spɔ̃sɔʀize] /**1**/ *vt* to sponsor

spontané, e [spɔ̃tane] *adj* spontaneous

spontanéité [spɔ̃taneite] *nf* spontaneity

spontanément [spɔ̃tanemɑ̃] *adv* spontaneously

sporadique [spɔʀadik] *adj* sporadic

sporadiquement [spɔʀadikmɑ̃] *adv* sporadically

sport [spɔʀ] *nm* sport; **faire du ~** to do sport; **~ individuel/d'équipe** individual/team sport; **~ de combat** combative sport; **sports d'hiver** winter sports ▶ *adj inv* (*vêtement*) casual; (*fair-play*) sporting

sportif, -ive [spɔʀtif, -iv] *adj* (*journal, association, épreuve*) sports *cpd*; (*allure, démarche*) athletic; (*attitude, esprit*) sporting; **les résultats sportifs** the sports results

sportivement [spɔʀtivmɑ̃] *adv* sportingly

sportivité [spɔʀtivite] *nf* sportsmanship

spot [spɔt] *nm* (*lampe*) spot(light); (*annonce*) : **~ (publicitaire)** commercial (break)

spray [spʀɛ] *nm* spray, aerosol

sprint [spʀint] *nm* sprint; **piquer un ~** to put on a (final) spurt

sprinter¹ [spʀintœʀ] *nmf*, **sprinteur, -euse** [spʀintœʀ, øz] *nm/f* sprinter

sprinter² /**1**/ *vi* [spʀinte] to sprint

squale [skwal] *nm* (*type of*) shark

square [skwaʀ] *nm* public garden(s)

squash [skwaʃ] *nm* squash

squat [skwat] *nm* (*lieu*) squat

squatter¹ [skwatœʀ] *nmf*, **squatteur, -euse** [skwatœʀ, øz] *nm/f* squatter

squatter² /**1**/ *vt* [skwate] to squat

squelette [skəlɛt] *nm* skeleton

squelettique [skəletik] *adj* scrawny; (*fig*) skimpy

SRAS [sʀas] *sigle m* (= *syndrome respiratoire aigu sévère*) SARS

Sri Lanka [sʀilɑ̃ka] *nm* : **le ~** Sri Lanka

sri-lankais, e, sri lankais, e [sʀilɑ̃kɛ, -ɛz] *adj* Sri-Lankan ▶ *nm/f* : **Sri-Lankais, e** Sri-Lankan

SS *sigle f* = **la sécurité sociale**; (= *Sa Sainteté*) HH
ss *abr* = **sous**

SSR *sigle f* (= *Société suisse romande*) the Swiss French-language broadcasting company

St, Ste *abr* (= *Saint(e)*) St

stabilisateur, -trice [stabilizatœʀ, -tʀis] *adj* stabilizing ▶ *nm* stabilizer; (*d'un véhicule*) anti-roll device; (*d'un avion*) tailplane

stabiliser [stabilize] /**1**/ *vt* to stabilize; (*terrain*) to consolidate

stabilité [stabilite] *nf* stability

stable [stabl] *adj* stable, steady

stade [stad] *nm* (*Sport*) stadium; (*phase, niveau*) stage

stadier [stadje] *nm* steward (*working in a stadium*), stage

stage [staʒ] *nm* training period; (*cours*) training course; (*d'avocat stagiaire*) articles *pl*; **~ en entreprise** work experience placement; **~ de formation (professionnelle)** vocational (training) course; **~ de perfectionnement** advanced training course

stagiaire [staʒjɛʀ] *nmf, adj* trainee

stagnant, e [stagnɑ̃, -ɑ̃t] *adj* stagnant

stagnation [stagnasjɔ̃] *nf* stagnation

stagner [stagne] /**1**/ *vi* to stagnate

stalactite [stalaktit] *nf* stalactite

stalagmite [stalagmit] *nf* stalagmite

stalle [stal] *nf* stall, box

stambouliote [stɑ̃buljɔt] *adj* from Istanbul ▶ *nmf* : **Stambouliote** person from Istanbul

stand [stɑ̃d] *nm* (*d'exposition*) stand; (*de foire*) stall; **~ de tir** (*à la foire, Sport*) shooting range; **~ de ravitaillement** pit

standard [stɑ̃daʀ] *adj inv* standard ▶ *nm* (*type, norme*) standard; (*téléphonique*) switchboard

standardisation [stɑ̃daʀdizasjɔ̃] *nf* standardization

standardiser [stɑ̃daʀdize] /**1**/ *vt* to standardize

standardiste [stɑ̃daʀdist] *nmf* switchboard operator

standing [stɑ̃diŋ] *nm* standing; **de grand ~** luxury; **immeuble de grand ~** block of luxury flats (BRIT), condo(minium) (US)

star [staʀ] *nf* star

starlette [staʀlɛt] *nf* starlet

starter [staʀtɛʀ] *nm* (*Auto*) choke; (*Sport : personne*) starter; **mettre le ~** to pull out the choke

station [stasjɔ̃] *nf* station; (*de bus*) stop; (*de villégiature*) resort; (*posture*) : **la ~ debout** standing, an upright posture; **~ balnéaire** seaside resort; **~ de graissage** lubrication bay; **~ de lavage** carwash; **~ de ski** ski resort; **~ de sports d'hiver** winter sports resort; **~ de taxis** taxi rank (BRIT) *ou* stand (US); **~ thermale** thermal spa; **~ de travail** workstation

stationnaire [stasjɔnɛʀ] *adj* stationary

stationnement [stasjɔnmɑ̃] *nm* parking; **zone de ~ interdit** no parking area; **~ alterné** parking on alternate sides

stationner [stasjɔne] /**1**/ *vi* to park

station-service [stasjɔ̃sɛʀvis] (*pl* **stations-service**) *nf* service station

statique [statik] *adj* static

statisticien, ne [statistisjɛ̃, -ɛn] *nm/f* statistician

statistique [statistik] *nf* (*science*) statistics *sg*; (*rapport, étude*) statistic ▶ *adj* statistical; **statistiques** *nfpl* (*données*) statistics *pl*

statistiquement [statistikmɑ̃] *adv* statistically

statuaire [statɥɛʀ] *nf, adj* statuary

statue [staty] *nf* statue

statuer [statɥe] /**1**/ *vi* : **~ sur** to rule on, give a ruling on

statuette [statɥɛt] *nf* statuette

statu quo [statykwo] *nm* status quo

S

stature [statyʀ] *nf* stature; **de haute ~** of great stature
statut [staty] *nm* status; **statuts** *nmpl* (*Jur, Admin*) statutes
statutaire [statytɛʀ] *adj* statutory
statutairement [statytɛʀmɑ̃] *adv* statutorily
Sté *abr* (= *société*) soc
steak [stɛk] *nm* steak; **~ haché** hamburger
stèle [stɛl] *nf* stela, stele
stellaire [stelɛʀ] *adj* stellar
stencil [stɛnsil] *nm* stencil
sténo [steno] *nmf* (*aussi* : **sténographe**) shorthand typist (*Bʀɪt*), stenographer (*US*) ▶ *nf* (*aussi* : **sténographie**) shorthand; **prendre en ~** to take down in shorthand
sténodactylo [stenodaktilo] *nmf* shorthand typist (*Bʀɪt*), stenographer (*US*)
sténodactylographie [stenodaktilɔgʀafi] *nf* shorthand typing (*Bʀɪt*), stenography (*US*)
sténographe [stenɔgʀaf] *nmf* shorthand typist (*Bʀɪt*), stenographer (*US*)
sténographie [stenɔgʀafi] *nf* shorthand
sténographier [stenɔgʀafje] */7/ vt* to take down in shorthand
sténographique [stenɔgʀafik] *adj* shorthand *cpd*
stentor [stɑ̃tɔʀ] *nm* : **voix de ~** stentorian voice
step® [stɛp] *nm* step aerobics® *sg*, step Reebok®
stéphanois, e [stefanwa, -waz] *adj of ou* from Saint-Étienne
steppe [stɛp] *nf* steppe
stère [stɛʀ] *nm* stere
stéréo *nf* (*aussi* : **stéréophonie**) stereo; **émission en ~** stereo broadcast ▶ *adj* (*aussi* : **stéréophonique**) stereo
stéréophonie [steʀeɔfɔni] *nf* stereo(phony)
stéréophonique [steʀeɔfɔnik] *adj* stereo(phonic)
stéréoscope [steʀeɔskɔp] *nm* stereoscope
stéréoscopique [steʀeɔskɔpik] *adj* stereoscopic
stéréotype [steʀeɔtip] *nm* stereotype
stéréotypé, e [steʀeɔtipe] *adj* stereotyped
stérile [steʀil] *adj* sterile; (*terre*) barren; (*fig*) fruitless, futile
stérilement [steʀilmɑ̃] *adv* fruitlessly
stérilet [steʀilɛ] *nm* coil, loop
stérilisateur [steʀilizatœʀ] *nm* sterilizer
stérilisation [steʀilizasjɔ̃] *nf* sterilization
stériliser [steʀilize] */1/ vt* to sterilize
stérilité [steʀilite] *nf* sterility
sterne [stɛʀn] *nf* (*oiseau*) tern
sternum [stɛʀnɔm] *nm* breastbone, sternum
stéroïde [steʀɔid] *nm* steroid
stéthoscope [stetɔskɔp] *nm* stethoscope
steward [stiwaʀt] *nm* air steward
stick [stik] *nm* stick
stigmates [stigmat] *nmpl* scars, marks; (*Rel*) stigmata *pl*
stigmatisation [stigmatizasjɔ̃] *nm/f* stigmatization
stigmatiser [stigmatize] */1/ vt* to denounce, stigmatize
stimulant, e [stimylɑ̃, -ɑ̃t] *adj* stimulating ▶ *nm* (*Méd*) stimulant; (*fig*) stimulus, incentive
stimulateur [stimylatœʀ] *nm* : **~ cardiaque** pacemaker

stimulation [stimylasjɔ̃] *nf* stimulation
stimuler [stimyle] */1/ vt* to stimulate
stimulus [stimylys] *nm* (*pl* **stimuli** [stimyli]) stimulus
stipulation [stipylasjɔ̃] *nf* stipulation
stipuler [stipyle] */1/ vt* to stipulate, specify
stock [stɔk] *nm* stock; **en ~** in stock
stockage [stɔkaʒ] *nm* stocking; storage
stocker [stɔke] */1/ vt* to stock; (*déchets*) to store
Stockholm [stɔkɔlm] *n* Stockholm
stockiste [stɔkist] *nm* stockist
stoïcien, ne [stɔisjɛ̃, -jɛn] *nm/f, adj* Stoic
stoïcisme [stɔisism] *nm* stoicism
stoïque [stɔik] *adj* stoic, stoical
stoïquement [stɔikmɑ̃] *adv* stoically
stomacal, e, -aux [stɔmakal, -o] *adj* gastric, stomach *cpd*
stomatologie [stɔmatɔlɔʒi] *nf* stomatology
stomatologue [stɔmatɔlɔg] *nmf* stomatologist
stop [stɔp] *nm* (*Auto* : *écriteau*) stop sign; (: *signal*) brake-light; (*dans un télégramme*) stop; **faire du ~** (*fam*) to hitch(hike) ▶ *excl* stop!
stoppage [stɔpaʒ] *nm* invisible mending
stopper [stɔpe] */1/ vt* to stop, halt; (*Couture*) to mend ▶ *vi* to stop, halt
store [stɔʀ] *nm* blind; (*de magasin*) shade, awning
strabisme [stʀabism] *nm* squint(ing)
strangulation [stʀɑ̃gylasjɔ̃] *nf* strangulation
strapontin [stʀapɔ̃tɛ̃] *nm* jump *ou* foldaway seat
Strasbourg [stʀazbuʀ] *n* Strasbourg
strasbourgeois, e [stʀazbuʀʒwa, -waz] *adj* from Strasbourg ▶ *nm/f* : **Strasbourgeois, e** person from Strasbourg
strass [stʀas] *nm* paste, strass
stratagème [stʀataʒɛm] *nm* stratagem
strate [stʀat] *nf* (*Géo*) stratum, layer
stratège [stʀatɛʒ] *nm* strategist
stratégie [stʀateʒi] *nf* strategy
stratégique [stʀateʒik] *adj* strategic
stratégiquement [stʀateʒikmɑ̃] *adv* strategically
stratification [stʀatifikasjɔ̃] *nf* (*Géol, Statistique*) stratification
stratifié, e [stʀatifje] *adj* (*Géo*) stratified; (*Tech*) laminated
stratosphère [stʀatɔsfɛʀ] *nf* stratosphere
streptocoque [stʀeptɔkɔk] *nm* streptococcus
stress [stʀɛs] *nm inv* stress
stressant, e [stʀɛsɑ̃, -ɑ̃t] *adj* stressful
stressé, e [stʀɛse] *adj* (*personne*) stressed
stresser [stʀɛse] */1/ vt* to stress, cause stress in
stretching [stʀetʃiŋ] *nm* (*Sport*) stretching
strict, e [stʀikt] *adj* strict; (*tenue, décor*) severe, plain; **son droit le plus ~** his most basic right; **dans la plus stricte intimité** strictly in private; **le ~ nécessaire/minimum** the bare essentials/minimum
strictement [stʀiktəmɑ̃] *adv* strictly; plainly
strident, e [stʀidɑ̃, -ɑ̃t] *adj* shrill, strident
stridulations [stʀidylasjɔ̃] *nfpl* stridulations, chirrings
strie [stʀi] *nf* streak; (*Anat, Géo*) stria
strier [stʀije] */7/ vt* to streak; to striate

string [stʀiŋ] *nm* thong, G-string
strip-tease [stʀiptiz] *nm* striptease
strip-teaseuse [stʀiptizøz] *nf* stripper, striptease artist
striures [stʀijyʀ] *nfpl* streaking *sg*
strophe [stʀɔf] *nf* verse, stanza
structure [stʀyktyʀ] *nf* structure; **structures d'accueil/touristiques** reception/tourist facilities
structurel, le [stʀyktyʀɛl] *adj* (*réforme, problème*) structural
structurer [stʀyktyʀe] /**1**/ *vt* to structure
strychnine [stʀiknin] *nf* strychnine
stuc [styk] *nm* stucco
studette [stydɛt] *nf* small studio flat (*Bʀɪт*), small studio apartment (*Bʀɪт*)
studieusement [stydjøzmɑ̃] *adv* studiously
studieux, -euse [stydjø, -øz] *adj* (*élève*) studious; (*vacances*) study *cpd*
studio [stydjo] *nm* (*logement*) studio flat (*Bʀɪт*) *ou* apartment (*US*); (*d'artiste, TV etc*) studio
stupéfaction [stypefaksjɔ̃] *nf* stupefaction, astonishment
stupéfait, e [stypefɛ, -ɛt] *adj* astonished
stupéfiant, e [stypefjɑ̃, -ɑ̃t] *adj* (*étonnant*) stunning, astonishing ▶ *nm* (*Méd*) drug, narcotic
stupéfier [stypefje] /**7**/ *vt* to stupefy; (*étonner*) to stun, astonish
stupeur [stypœʀ] *nf* (*inertie, insensibilité*) stupor; (*étonnement*) astonishment, amazement
stupide [stypid] *adj* stupid; (*hébété*) stunned
stupidement [stypidmɑ̃] *adv* stupidly
stupidité [stypidite] *nf* stupidity *no pl*; (*parole, acte*) stupid thing (*to say ou do*)
stups [styp] *nmpl* = **stupéfiants**; **brigade des ~** narcotics bureau *ou* squad
style [stil] *nm* style; **meuble/robe de ~** piece of period furniture/period dress; **~ de vie** lifestyle
stylé, e [stile] *adj* well-trained
stylet [stilɛ] *nm* (*poignard*) stiletto; (*Chirurgie*) stylet
stylisé, e [stilize] *adj* stylized
stylisme [stilism] *nm* (*Mode*) fashion design; (*Industrie*) design
styliste [stilist] *nmf* stylist; designer
stylistique [stilistik] *nf* stylistics *sg* ▶ *adj* stylistic
stylo [stilo] *nm* : **~ (à encre)** (fountain) pen; **~ (à) bille** ballpoint pen
stylo-feutre [stiloføtʀ] (*pl* **stylos-feutres**) *nm* felt-tip pen
su, e [sy] *pp de* **savoir** ▶ *nm* : **au su de** with the knowledge of
suaire [sɥɛʀ] *nm* shroud
suant, e [sɥɑ̃, -ɑ̃t] *adj* sweaty
suave [sɥav] *adj* (*odeur*) sweet; (*voix*) suave, smooth; (*coloris*) soft, mellow
subalterne [sybaltɛʀn] *adj* (*employé, officier*) junior; (*rôle*) subordinate, subsidiary ▶ *nmf* subordinate, inferior
subaquatique [sybakwatik] *adj* subaquatic
subconscient [sypkɔ̃sjɑ̃] *nm* subconscious
subculture [sybkyltyʀ] *adj* subculture
subdiviser [sybdivize] /**1**/ *vt* to subdivide

subdivision [sybdivizjɔ̃] *nf* subdivision
subir [sybiʀ] /**2**/ *vt* (*affront, dégâts, mauvais traitements*) to suffer; (*influence, charme*) to be under, be subjected to; (*traitement, opération, châtiment*) to undergo; (*personne*) to suffer, be subjected to
subit, e [sybi, -it] *adj* sudden
subitement [sybitmɑ̃] *adv* suddenly, all of a sudden
subjectif, -ive [sybʒɛktif, -iv] *adj* subjective
subjectivement [sybʒɛktivmɑ̃] *adv* subjectively
subjectivité [sybʒɛktivite] *nf* subjectivity
subjonctif [sybʒɔ̃ktif] *nm* subjunctive
subjuguer [sybʒyge] /**1**/ *vt* to subjugate
sublime [syblim] *adj* sublime
sublimer [syblime] /**1**/ *vt* to sublimate
subliminal, e, -aux [sybliminal, -o] *adj* (*message*) subliminal
submergé, e [sybmɛʀʒe] *adj* submerged; **~ de** (*fig*) snowed under with; overwhelmed with
submerger [sybmɛʀʒe] /**3**/ *vt* to submerge; (*foule*) to engulf; (*fig*) to overwhelm
submersible [sybmɛʀsibl] *nm* submarine
subodorer [sybɔdɔʀe] *vt* to detect, to sense
subordination [sybɔʀdinasjɔ̃] *nf* subordination
subordonné, e [sybɔʀdɔne] *adj, nm/f* subordinate; **~ à** (*personne*) subordinate to; (*résultats etc*) subject to, depending on
subordonner [sybɔʀdɔne] /**1**/ *vt* : **~ qn/qch à** to subordinate sb/sth to
subornation [sybɔʀnasjɔ̃] *nf* bribing
suborner [sybɔʀne] /**1**/ *vt* to bribe
subrepticement [sybʀɛptismɑ̃] *adv* surreptitiously
subroger [sybʀɔʒe] /**3**/ *vt* (*Jur*) to subrogate
subside [sypsid] *nm* grant
subsidiaire [sypsidjɛʀ] *adj* subsidiary; **question ~** deciding question
subsistance [sybzistɑ̃s] *nf* subsistence; **pourvoir à la ~ de qn** to keep sb, provide for sb's subsistence *ou* keep
subsister [sybziste] /**1**/ *vi* (*rester*) to remain, subsist; (*vivre*) to live; (*survivre*) to live on
subsonique [sybsɔnik] *adj* subsonic
substance [sypstɑ̃s] *nf* substance; **en ~** in substance
substantiel, le [sypstɑ̃sjɛl] *adj* substantial
substantif [sypstɑ̃tif] *nm* noun, substantive
substantiver [sypstɑ̃tive] /**1**/ *vt* to nominalize
substituer [sypstitɥe] /**1**/ *vt* : **~ qn/qch à** to substitute sb/sth for; **se ~ à qn** (*représenter*) to substitute for sb; (*évincer*) to substitute o.s. for sb
substitut [sypstity] *nm* (*Jur*) deputy public prosecutor; (*succédané*) substitute
substitution [sypstitysjɔ̃] *nf* substitution
substrat [sypstʀatɔm] *nm* (*Géol*) substratum; (*Chimie*) substrate
subterfuge [sybtɛʀfyʒ] *nm* subterfuge
subtil, e [sybtil] *adj* subtle
subtilement [sybtilmɑ̃] *adv* subtly
subtiliser [sybtilize] /**1**/ *vt* : **~ qch (à qn)** to spirit sth away (from sb)
subtilité [sybtilite] *nf* subtlety

S

subtropical, e, -aux [sybtʀɔpikal, -o] *adj* subtropical

suburbain, e [sybyʀbɛ̃, -ɛn] *adj* suburban

subvenir [sybvəniʀ] /22/ : ~ **à** *vt* to meet

subvention [sybvɑ̃sjɔ̃] *nf* subsidy, grant

subventionner [sybvɑ̃sjɔne] /1/ *vt* to subsidize

subversif, -ive [sybvɛʀsif, -iv] *adj* subversive

subversion [sybvɛʀsjɔ̃] *nf* subversion

suc [syk] *nm* (*Bot*) sap; (*de viande, fruit*) juice; **sucs gastriques** gastric juices

succédané [syksedane] *nm* substitute

succéder [syksede] /6/ : ~ **à** *vt* (*directeur, roi etc*) to succeed; (*venir après : dans une série*) to follow, succeed; **se succéder** *vpr* (*accidents, années*) to follow one another

succès [syksɛ] *nm* success; **avec ~** successfully; **sans ~** unsuccessfully; **avoir du ~** to be a success, be successful; **à ~** successful; **livre à ~** bestseller; ~ **de librairie** bestseller; ~ (**féminins**) conquests

successeur [syksesœʀ] *nm* successor

successif, -ive [syksesif, -iv] *adj* successive

succession [syksesjɔ̃] *nf* (*série, Pol*) succession; (*Jur : patrimoine*) estate, inheritance; **prendre la ~ de** (*directeur*) to succeed, take over from; (*entreprise*) to take over

successivement [syksesivmɑ̃] *adv* successively

succinct, e [syksɛ̃, -ɛ̃t] *adj* succinct

succinctement [syksɛ̃tmɑ̃] *adv* succinctly

succion [syksjɔ̃] *nf* : **bruit de ~** sucking noise

succomber [sykɔ̃be] /1/ *vi* to die, succumb; (*fig*) : ~ **à** to succumb to, give way to

succulent, e [sykylɑ̃, -ɑ̃t] *adj* delicious

succursale [sykyʀsal] *nf* branch; **magasin à succursales multiples** chain *ou* multiple store

sucer [syse] /3/ *vt* to suck

sucette [sysɛt] *nf* (*bonbon*) lollipop; (*de bébé*) dummy (*BRIT*), comforter, pacifier (*US*)

suçoter [sysɔte] /1/ *vt* to suck

sucre [sykʀ] *nm* (*substance*) sugar; (*morceau*) lump of sugar, sugar lump *ou* cube; ~ **de canne/betterave** cane/beet sugar; ~ **en morceaux/cristallisé/en poudre** lump *ou* cube/granulated/caster sugar; ~ **glace** icing sugar (*BRIT*), confectioner's sugar (*US*); ~ **d'orge** barley sugar

sucré, e [sykʀe] *adj* (*produit alimentaire*) sweetened; (*au goût*) sweet; (*péj*) sugary, honeyed

sucrer [sykʀe] /1/ *vt* (*thé, café*) to sweeten, put sugar in; **se sucrer** *vpr* (*fam*) to line one's pocket(s)

sucrerie [sykʀəʀi] *nf* (*usine*) sugar refinery; **sucreries** *nfpl* (*bonbons*) sweets, sweet things

sucrette [sykʀɛt] *nf* sweetener

sucrier, -ière [sykʀije, -jɛʀ] *adj* (*industrie*) sugar *cpd*; (*région*) sugar-producing ▸ *nm* (*fabricant*) sugar producer; (*récipient*) sugar bowl *ou* basin

sud [syd] *nm* : **le ~** the south; **au ~** (*situation*) in the south; (*direction*) to the south; **au ~ de** (to the) south of ▸ *adj inv* south; (*côte*) south, southern

sud-africain, e [sydafʀikɛ̃, -ɛn] *adj* South African ▸ *nm/f* : **Sud-Africain, e** South African

sud-américain, e [sydameʀikɛ̃, -ɛn] *adj* South American ▸ *nm/f* : **Sud-Américain, e** South American

sudation [sydasjɔ̃] *nf* sweating, sudation

sud-coréen, ne [sydkɔʀeɛ̃, -ɛn] *adj* South Korean ▸ *nm/f* : **Sud-Coréen, ne** South Korean

sud-est [sydɛst] *nm, adj inv* south-east

sud-ouest [sydwɛst] *nm, adj inv* south-west

sud-vietnamien, ne [sydvjɛtnamjɛ̃, -ɛn] *adj* South Vietnamese ▸ *nm/f* : **Sud-Vietnamien, ne** South Vietnamese

Suède [sɥɛd] *nf* : **la ~** Sweden

suédois, e [sɥedwa, -waz] *adj* Swedish ▸ *nm* (*Ling*) Swedish ▸ *nm/f* : **Suédois, e** Swede

suer [sɥe] /1/ *vi* to sweat; (*suinter*) to ooze; ~ **à grosses gouttes** to sweat profusely ▸ *vt* (*fig*) to exude

sueur [sɥœʀ] *nf* sweat; **en ~** sweating, in a sweat; **avoir des sueurs froides** to be in a cold sweat

suffire [syfiʀ] /37/ *vi* (*être assez*) : ~ (**à qn/pour qch/pour faire**) to be enough *ou* sufficient (for sb/for sth/to do); **cela lui suffit** he's content with this, this is enough for him; **cela suffit pour les irriter/qu'ils se fâchent** it's enough to annoy them/for them to get angry; **ça suffit !** that's enough!, that'll do!; **se suffire** *vpr* to be self-sufficient ▸ *vb impers* : **il suffit d'une négligence/qu'on oublie pour que …** it only takes one act of carelessness/one only needs to forget for …

suffisamment [syfizamɑ̃] *adv* sufficiently, enough; ~ **de** sufficient, enough

suffisance [syfizɑ̃s] *nf* (*vanité*) self-importance, bumptiousness; (*quantité*) : **en ~** in plenty

suffisant, e [syfizɑ̃, -ɑ̃t] *adj* (*temps, ressources*) sufficient; (*résultats*) satisfactory; (*vaniteux*) self-important, bumptious

suffisons *etc* [syfizɔ̃] *vb voir* **suffire**

suffixe [syfiks] *nm* suffix

suffocant, e [syfɔkɑ̃, -ɑ̃t] *adj* (*étouffant*) suffocating; (*stupéfiant*) staggering

suffocation [syfɔkasjɔ̃] *nf* suffocation

suffoquer [syfɔke] /1/ *vt* to choke, suffocate; (*stupéfier*) to stagger, astound ▸ *vi* to choke, suffocate; ~ **de colère/d'indignation** to choke with anger/indignation

suffrage [syfʀaʒ] *nm* (*Pol : voix*) vote; (*du public etc*) approval *no pl*; ~ **universel/direct/indirect** universal/direct/indirect suffrage; **suffrages exprimés** valid votes

suggérer [syɡʒeʀe] /6/ *vt* to suggest; ~ **que/de faire** to suggest that/doing

suggestif, -ive [syɡʒɛstif, -iv] *adj* suggestive

suggestion [syɡʒɛstjɔ̃] *nf* suggestion

suggestivité [syɡʒɛstivite] *nf* suggestiveness, suggestive nature

suicidaire [sɥisidɛʀ] *adj* suicidal

suicide [sɥisid] *nm* suicide ▸ *adj* : **opération ~** suicide mission

suicidé, e [sɥiside] *nm/f* suicide

suicider [sɥiside] /1/ : **se suicider** *vpr* to commit suicide

suie [sɥi] *nf* soot

suif [sɥif] *nm* tallow

suintement [sɥɛ̃tmɑ̃] *nm* (*de plaie*) oozing; (*d'eau*) seepage

suinter [sɥɛ̃te] /1/ *vi* (*plaie*) to ooze

suis [sɥi] *vb voir* **être** ; **suivre**
suisse [sɥis] *adj* Swiss; ~ **romand** Swiss French
▶ *nm* (*bedeau*) ≈ verger ▶ *nmf* : **Suisse** Swiss *inv*
▶ *nf* : **la S~** Switzerland; **la S~ romande/**
allemande French-speaking/German-
speaking Switzerland
suisse-allemand, e [sɥisalmã, -ãd] *adj, nm/f*
Swiss German
Suissesse [sɥisɛs] *nf* Swiss (woman *ou* girl)
suit [sɥi] *vb voir* **suivre**
suite [sɥit] *nf* (*continuation : d'énumération etc*) rest,
remainder; (: *de feuilleton*) continuation; (: *second*
film etc sur le même thème) sequel; (*série*) series,
succession; (*Math*) series *sg*; (*conséquence*) result;
(*ordre, liaison logique*) coherence; (*appartement, Mus*)
suite; (*escorte*) retinue, suite; **une ~ de** (*de*
maisons, succès) a series *ou* succession of;
prendre la ~ de (*directeur etc*) to succeed, take
over from; **donner ~ à** (*requête, projet*) to follow
up; **faire ~ à** to follow; **~ à votre lettre du**
further to your letter of the; **sans ~** *adj*
incoherent, disjointed; *adv* incoherently,
disjointedly; **de ~** *adv* (*d'affilée*) in succession;
(*immédiatement*) at once; **par la ~** afterwards,
subsequently; **à la ~** *adv* one after the other;
à la ~ de (*derrière*) behind; (*en conséquence de*)
following; **par ~ de** owing to, as a result of;
avoir de la ~ dans les idées to show great
singleness of purpose; **attendre la ~ des**
événements to (wait and see) what happens;
suites *nfpl* (*d'une maladie etc*) effects
suivant, e [sɥivã, -ãt] *vb voir* **suivre** ▶ *adj* next,
following; (*ci-après*) : **l'exercice ~** the following
exercise ▶ *prép* (*selon*) according to; **~ que**
according to whether ▶ *nm* : **au ~ !** next!
suive *etc* [sɥiv] *vb voir* **suivre**
suiveur [sɥivœʀ] *nm* (*Cyclisme*) (official)
follower; (*péj*) (camp) follower
suivi, e [sɥivi] *pp de* **suivre** ▶ *adj* (*régulier*) regular;
(*Comm : article*) in general production; (*effort,*
qualité) consistent; (*cohérent*) coherent; **très/**
peu ~ (*cours*) well-/poorly-attended; (*mode*)
widely/not widely adopted; (*feuilleton etc*)
widely/not widely followed ▶ *nm* follow-up
suivisme [sɥivism] *nm* tendency to follow the
herd
suiviste [sɥivist] *adj* that follows the herd ▶ *nmf*
person who follows the herd
suivre [sɥivʀ] **/40/** *vt* (*gén*) to follow; (*Scol : cours*)
to attend; (: *leçon*) to follow, attend to;
(: *programme*) to keep up with; (*Comm : article*) to
continue to stock ▶ *vi* to follow; (*élève : écouter*) to
attend, pay attention; (: *assimiler le programme*) to
keep up, follow; **se suivre** *vpr* (*accidents, personnes,*
voitures etc) to follow one after the other;
(*raisonnement*) to be coherent; **~ des yeux** to
follow with one's eyes; **faire ~** (*lettre*) to
forward; **~ son cours** (*enquête etc*) to run *ou* take
its course; **« à ~ »** "to be continued"
sujet, te [syʒɛ, -ɛt] *adj* : **être ~ à** (*accidents*) to be
prone to; (*vertige etc*) to be liable *ou* subject to; **~ à**
caution questionable ▶ *nm/f* (*d'un souverain*)
subject ▶ *nm* subject; **un ~ de dispute/**
discorde/mécontentement a cause for
argument/dissension/dissatisfaction; **c'est à**

quel ~ ? what is it about?; **avoir ~ de se**
plaindre to have cause for complaint; **au ~ de**
prép about; **~ de conversation** topic *ou* subject
of conversation; **~ d'examen** (*Scol*)
examination question; examination paper;
~ d'expérience (*Bio etc*) experimental subject
sujétion [syʒesjɔ̃] *nf* subjection; (*fig*) constraint
sulfater [sylfate] **/1/** *vt* to spray with copper
sulphate
sulfureux, -euse [sylfyʀø, -øz] *adj* sulphurous
(*BRIT*), sulfurous (*US*)
sulfurique [sylfyʀik] *adj* : **acide ~** sulphuric
(*BRIT*) *ou* sulfuric (*US*) acid
sulfurisé, e [sylfyʀize] *adj* : **papier ~** greaseproof
(*BRIT*) *ou* wax (*US*) paper
sultan [syltã] *nm* sultan
sultanat [syltana] *nm* sultanate
Sumatra [symatʀa] *nf* Sumatra
summum [sɔmɔm] *nm* : **le ~ de** the height of
sunnite [synit] *adj* Sunni ▶ *nmf* Sunnite
super [sypɛʀ] *adj inv* great, fantastic ▶ *nm*
(= *supercarburant*) ≈ 4-star (*BRIT*), ≈ premium (*US*)
superbe [sypɛʀb] *adj* magnificent, superb ▶ *nf*
arrogance
superbement [sypɛʀbəmã] *adv* superbly
supercarburant [sypɛʀkaʀbyʀã] *nm* ≈ 4-star
petrol (*BRIT*), ≈ premium gas (*US*)
supercherie [sypɛʀʃəʀi] *nf* trick, trickery *no pl*;
(*fraude*) fraud
supérette [sypeʀɛt] *nf* minimarket
superfétatoire [sypɛʀfetatwaʀ] *adj*
superfluous
superficialité [sypɛʀfisjalite] *nf* superficiality
superficie [sypɛʀfisi] *nf* (*surface*) area; (*fig*)
surface
superficiel, le [sypɛʀfisjɛl] *adj* superficial
superficiellement [sypɛʀfisjɛlmã] *adv*
superficially
superflu, e [sypɛʀfly] *adj* superfluous ▶ *nm* : **le ~**
the superfluous
superforme [sypɛʀfɔʀm] *nf* (*fam*) top form,
excellent shape
super-grand [sypɛʀgʀã] *nm* superpower
super-huit [sypɛʀɥit] *adj inv* : **camera/film ~**
super-eight camera/film
supérieur, e [sypeʀjœʀ] *adj* (*lèvre, étages, classes*)
upper; **~ (à)** (*plus élevé : température, niveau*)
higher (than); (*meilleur : qualité, produit*) superior
(to); (*excellent, hautain*) superior; **Mère**
supérieure Mother Superior; **à l'étage ~** on
the next floor up; **~ en nombre** superior in
number ▶ *nm/f* superior
supérieurement [sypeʀjœʀmã] *adv*
exceptionally well; (*avec adjectif*) exceptionally
supériorité [sypeʀjɔʀite] *nf* superiority
superlatif [sypɛʀlatif] *nm* superlative
supermarché [sypɛʀmaʀʃe] *nm* supermarket
supernova [sypɛʀnɔva] *nf* supernova
superposable [sypɛʀpozabl] *adj* (*figures*) that
may be superimposed; (*lits*) stackable
superposer [sypɛʀpoze] **/1/** *vt* to superpose;
(*meubles, caisses*) to stack; (*faire chevaucher*) to
superimpose; **lits superposés** bunk beds;
se superposer *vpr* (*images, souvenirs*) to be
superimposed

S

superposition [sypɛʀpozisjɔ̃] nf superposition; superimposition

superpréfet [sypɛʀpʀefɛ] nm prefect in charge of a region

superproduction [sypɛʀpʀɔdyksjɔ̃] nf (film) spectacular

superpuissance [sypɛʀpɥisɑ̃s] nf superpower

supersonique [sypɛʀsɔnik] adj supersonic

superstitieux, -euse [sypɛʀstisjø, -øz] adj superstitious

superstition [sypɛʀstisjɔ̃] nf superstition

superstructure [sypɛʀstʀyktyʀ] nf superstructure

supertanker [sypɛʀtɑ̃kœʀ] nm supertanker

superviser [sypɛʀvize] /1/ vt to supervise

supervision [sypɛʀvizjɔ̃] nf supervision

suppl. abr = **supplément**

supplanter [syplɑ̃te] /1/ vt to supplant

suppléance [sypleɑ̃s] nf (poste) supply post (BRIT), substitute teacher's post (US)

suppléant, e [sypleɑ̃, -ɑ̃t] adj (juge, fonctionnaire) deputy cpd; (professeur) supply cpd (BRIT), substitute cpd (US); **médecin ~** locum ▶ nm/f deputy; (professeur) supply ou substitute teacher

suppléer [syplee] /1/ vt (ajouter : mot manquant etc) to supply, provide; (compenser : lacune) to fill in; (: défaut) to make up for; (remplacer : professeur) to stand in for; (: juge) to deputize for; **~ à** vt to make up for; to substitute for

supplément [syplemɑ̃] nm supplement; **un ~ de travail** extra ou additional work; **un ~ de frites** etc an extra portion of chips etc; **un ~ de 10 euros** a supplement of 10 euros, an extra ou additional 10 euros; **ceci est en ~** (au menu etc) this is extra, there is an extra charge for this; **le vin est en ~** wine is extra; **payer un ~** to pay an additional charge; **~ d'information** additional information

supplémentaire [syplemɑ̃tɛʀ] adj additional, further; (train, bus) relief cpd, extra

supplémentation [syplemɑ̃tasjɔ̃] nf : **la ~ nutritionnelle** food supplements

supplétif, -ive [sypletif, -iv] adj (Mil) auxiliary

suppliant, e [syplijɑ̃, -ɑ̃t] adj imploring

supplication [syplikasjɔ̃] nf (Rel) supplication; **supplications** nfpl (adjurations) pleas, entreaties

supplice [syplis] nm (peine corporelle) torture no pl; form of torture; (douleur physique, morale) torture, agony; **être au ~** to be in agony

supplicier [syplisje] vt to torture

supplier [syplije] /7/ vt to implore, beseech

supplique [syplik] nf petition

support [sypɔʀ] nm support; (pour livre, outils) stand; **~ audiovisuel** audio-visual aid; **~ publicitaire** advertising medium

supportable [sypɔʀtabl] adj (douleur, température) bearable; (procédé, conduite) tolerable

supporter¹ [sypɔʀtœʀ] nmf, **supporteur, -trice** [sypɔʀtœʀ, tʀis] nm/f (Sport, Pol) supporter, fan

supporter² [sypɔʀte] vt (poids, poussée, Sport : concurrent, équipe) to support; (conséquences, épreuve) to bear, endure; (défauts, personne) to tolerate, put up with; (chose : chaleur etc) to withstand; (personne : chaleur, vin) to take

supposé, e [sypoze] adj (nombre) estimated; (auteur) supposed

supposément [sypozemɑ̃] adv supposedly

supposer [sypoze] /1/ vt to suppose; (impliquer) to presuppose; **en supposant** ou **à ~ que** supposing (that)

supposition [sypozisjɔ̃] nf supposition

suppositoire [sypozitwaʀ] nm suppository

suppôt [sypo] nm (péj) henchman

suppression [sypʀesjɔ̃] nf (voir supprimer) removal; deletion; cancellation; suppression

supprimer [sypʀime] /1/ vt (cloison, cause, anxiété) to remove; (clause, mot) to delete; (congés, service d'autobus etc) to cancel; (publication, article) to suppress; (emplois, privilèges, témoin gênant) to do away with; **~ qch à qn** to deprive sb of sth

suppurer [sypyʀe] /1/ vi to suppurate

supputations [sypytasjɔ̃] nfpl calculations, reckonings

supputer [sypyte] /1/ vt to calculate, reckon

supraconducteur, -trice [sypʀakɔ̃dyktœʀ, -tʀis] adj (matériau) superconductive ▶ nm superconductor

supranational, e, -aux [sypʀanasjɔnal, -o] adj supranational

suprématie [sypʀemasi] nf supremacy

suprême [sypʀɛm] adj supreme

suprêmement [sypʀɛmmɑ̃] adv supremely

(MOT-CLÉ)

sur¹ [syʀ] prép **1** (position) on; (: par-dessus) over; (: au-dessus) above; **pose-le sur la table** put it on the table; **je n'ai pas d'argent sur moi** I haven't any money on me

2 (direction) towards; **en allant sur Paris** going towards Paris; **sur votre droite** on ou to your right

3 (à propos de) on, about; **un livre/une conférence sur Balzac** a book/lecture on ou about Balzac

4 (proportion, mesures) out of; by; **un sur 10** one in 10; (Scol) one out of 10; **sur 20, deux sont venus** out of 20, two came; **4 m sur 2** 4 m by 2; **avoir accident sur accident** to have one accident after another

5 (cause) : **sur sa recommandation** on ou at his recommendation; **sur son invitation** at his invitation

6 : **sur ce** adv whereupon; **sur ce, il faut que je vous quitte** and now I must leave you

sur²,e [syʀ] adj sour

sûr, e [syʀ] adj sure, certain; (digne de confiance) reliable; (sans danger) safe; **peu ~** unreliable; **~ de qch** sure ou certain of sth; **être ~ de qn** to be sure of sb; **~ et certain** absolutely certain; **~ de soi** self-assured, self-confident; **le plus ~ est de** the safest thing is to

surabondance [syʀabɔ̃dɑ̃s] nf overabundance

surabondant, e [syʀabɔ̃dɑ̃, -ɑ̃t] adj overabundant

surabonder [syʀabɔ̃de] /1/ vi to be overabundant; **~ de** to abound with, have an overabundance of

suractivité [syʀaktivite] nf hyperactivity

suraigu, ë [syʀegy] *adj* very shrill

surajouter [syʀaʒute] /**1**/ *vt* : **~ qch à** to add sth to

suralimentation [syʀalimɑ̃tasjɔ̃] *nf* overfeeding; (*Tech* : *d'un moteur*) supercharging

suralimenté, e [syʀalimɑ̃te] *adj* (*personne*) overfed; (*moteur*) supercharged

suranné, e [syʀane] *adj* outdated, outmoded

surarmement [syʀaʀməmɑ̃] *nm* (excess) stockpiling of arms (*ou* weapons)

surbaissé, e [syʀbese] *adj* lowered, low

surbooké, e [syʀbuke] *adj* (*fam* : *personne*) : **être ~** to have too many calls on one's time; (*vol*) overbooked

surcapacité [syʀkapasite] *nf* overcapacity

surcharge [syʀʃaʀʒ] *nf* (*de passagers, marchandises*) excess load; (*de détails, d'ornements*) overabundance, excess; (*correction*) alteration; (*Postes*) surcharge; **prendre des passagers en ~** to take on excess *ou* extra passengers; **~ de bagages** excess luggage; **~ de travail** extra work

surchargé, e [syʀʃaʀʒe] *adj* (*décoration, style*) over-elaborate, overfussy; (*voiture, emploi du temps*) overloaded

surcharger [syʀʃaʀʒe] /**3**/ *vt* to overload; (*timbre-poste*) to surcharge; (*décoration*) to overdo

surchauffe [syʀʃof] *nf* overheating; **en ~** (*moteur, économie*) overheating

surchauffé, e [syʀʃofe] *adj* (*salle*) overheated; (*fig* : *imagination*) overactive; (: *ambiance*) frenetic; (: *économie*) overheated

surchauffer [syʀʃofe] *vi, vt* to overheat

surchoix [syʀʃwa] *adj inv* top-quality

surclasser [syʀklase] /**1**/ *vt* to outclass

surconsommation [syʀkɔ̃sɔmasjɔ̃] *nf* (*Écon*) overconsumption

surcoté, e [syʀkɔte] *adj* overpriced

surcouper [syʀkupe] /**1**/ *vt* to overtrump

surcoût [syʀku] *nm* additional cost

surcroît [syʀkʀwa] *nm* : **~ de qch** additional sth; **par** *ou* **de ~** moreover; **en ~** in addition

surdimensionné, e [syʀdimɑ̃sjɔne] *adj* outsize; **un ego ~** an outsize ego

surdi-mutité, surdimutité [syʀdimytite] *nf* deaf-dumbness

surdité [syʀdite] *nf* deafness; **atteint de ~ totale** profoundly deaf

surdose [syʀdoz] *nf* (*lit, fig*) overdose

surdoué, e [syʀdwe] *adj* gifted

sureau, x [syʀo] *nm* elder (tree)

sureffectif [syʀefɛktif] *nm* overmanning

surélever [syʀel(ə)ve] /**5**/ *vt* to raise, heighten

sûrement [syʀmɑ̃] *adv* reliably; (*sans risques*) safely, securely; (*certainement*) certainly; **~ pas** certainly not

suremploi [syʀɑ̃plwa] *nm* (*Écon*) overemployment

surenchère [syʀɑ̃ʃɛʀ] *nf* (*aux enchères*) higher bid; (*sur prix fixe*) overbid; (*fig*) overstatement; outbidding tactics *pl*; **~ de violence** build-up of violence; **~ électorale** political (*ou* electoral) one-upmanship

surenchérir [syʀɑ̃ʃeʀiʀ] /**2**/ *vi* to bid higher; to raise one's bid; (*fig*) to try and outbid each other

surendetté, e [syʀɑ̃dete] *adj* (*personne, entreprise, pays*) over-indebted, overindebted

surendettement [syʀɑ̃dɛtmɑ̃] *nm* over-indebtedness, overindebtedness

surent [syʀ] *vb voir* **savoir**

surentraîné, e [syʀɑ̃tʀene] *adj* overtrained

suréquipé, e [syʀekipe] *adj* overequipped

surestimer [syʀɛstime] /**1**/ *vt* (*tableau*) to overvalue; (*possibilité, personne*) to overestimate

sûreté [syʀte] *nf* (*voir sûr* : *exactitude* : *de renseignements etc*) reliability; (*sécurité*) safety; (*d'un geste*) steadiness; (*Jur*) guaranty; surety; **mettre en ~** to put in a safe place; **pour plus de ~** as an extra precaution; to be on the safe side; **la ~ de l'État** State security; **la S~ (nationale)** division of the *Ministère de l'Intérieur* heading all police forces except the gendarmerie and the *Paris préfecture de police*

surévaluation [syʀevalɥasjɔ̃] *nf* (*de monnaie*) overvaluation; (*de recettes, marché*) overvaluing

surévaluer [syʀevalɥe] *vt* (*importance, capacité*) to overestimate; (*monnaie, recettes, marché*) to overvalue

surexcité, e [syʀɛksite] *adj* overexcited

surexciter [syʀɛksite] /**1**/ *vt* (*personne*) to overexcite

surexploitation [syʀɛksplwatasjɔ̃] *nf* (*de ressources*) over-exploitation; (*d'idée, thème*) overuse, excessive use; (*de main d'œuvre*) exploitation

surexploiter [syʀɛksplwate] /**1**/ *vt* to overexploit

surexposer [syʀɛkspoze] /**1**/ *vt* to overexpose

surf [sœʀf] *nm* surfing; **faire du ~** to go surfing

surface [syʀfas] *nf* surface; (*superficie*) surface area; **une grande ~** a supermarket; **faire ~** to surface; **en ~** *adv* near the surface; (*fig*) superficially; **la pièce fait 100 m² de ~** the room has a surface area of 100m²; **~ de réparation** (*Sport*) penalty area; **~ porteuse** *ou* **de sustentation** (*Aviat*) aerofoil

surfacturation [syʀfaktyʀasjɔ̃] *nf* overbilling

surfait, e [syʀfe, -ɛt] *adj* overrated

surfer [sœʀfe] /**1**/ *vi* to surf; **~ sur Internet** to surf *ou* browse the Internet

surfeur, -euse [sœʀfœʀ, -øz] *nm/f* surfer

surfiler [syʀfile] /**1**/ *vt* (*Couture*) to oversew

surfin, e [syʀfɛ̃, -in] *adj* superfine

surgélateur [syʀʒelatœʀ] *nm* deep freeze

surgélation [syʀʒelasjɔ̃] *nf* deep-freezing

surgelé, e [syʀʒəle] *adj* (deep-)frozen ▶ *nm* : **les surgelés** (deep-)frozen food

surgeler [syʀʒəle] /**5**/ *vt* to (deep-)freeze

surgir [syʀʒiʀ] /**2**/ *vi* (*personne, véhicule*) to appear suddenly; (*jaillir*) to shoot up; (*montagne etc*) to rise up, loom up; (*fig* : *problème, conflit*) to arise

surhomme [syʀɔm] *nm* superman

surhumain, e [syʀymɛ̃, -ɛn] *adj* superhuman

surimposer [syʀɛ̃poze] /**1**/ *vt* to overtax

surimpression [syʀɛ̃pʀesjɔ̃] *nf* (*Photo*) double exposure; **en ~** superimposed

surimprimer [syʀɛ̃pʀime] /**1**/ *vt* to overstrike, overprint

Surinam [syʀinam] *nm* : **le ~** Surinam

S

423

surinfection [syʀɛ̃fɛksjɔ̃] nf (Méd) secondary infection

surjet [syʀʒɛ] nm (Couture) overcast seam

surjouer [syʀʒwe] vt (rôle, émotion) to overact ▶ vi to overact

sur-le-champ [syʀ ləʃɑ̃] adv immediately

surlendemain [syʀlɑ̃d(ə)mɛ̃] nm : **le ~ (soir)** two days later (in the evening); **le ~ de** two days after

surligner [syʀliɲe] vt to highlight

surligneur [syʀliɲœʀ] nm (feutre) highlighter (pen)

surmenage [syʀmənaʒ] nm overwork; **le ~ intellectuel** mental fatigue

surmené, e [syʀməne] adj overworked

surmener [syʀməne] /5/ vt to overwork; **se surmener** vpr to overwork

surmonter [syʀmɔ̃te] /1/ vt (coupole etc) to surmount, top; (vaincre) to overcome, surmount; (être au-dessus de) to top

surmortalité [syʀmɔʀtalite] nf excess death rate

surmultiplié, e [syʀmyltiplije] adj, nf : **(vitesse) surmultipliée** overdrive

surnager [syʀnaʒe] /3/ vi to float

surnaturel, le [syʀnatyʀɛl] adj, nm supernatural

surnom [syʀnɔ̃] nm nickname

surnombre [syʀnɔ̃bʀ] nm : **être en ~** to be too many (ou one too many)

surnommer [syʀnɔme] /1/ vt to nickname

surnuméraire [syʀnymeʀɛʀ] nmf supernumerary

suroît [syʀwa] nm sou'wester

surpasser [syʀpase] /1/ vt to surpass; **se surpasser** vpr to surpass o.s., excel o.s.

surpayer [syʀpeje] /8/ vt (personne) to overpay; (article etc) to pay too much for

surpeuplé, e [syʀpœple] adj overpopulated

surpeuplement [syʀpœpləmɑ̃] nm overpopulation

surpiquer [syʀpike] /1/ vt (Couture) to overstitch

surpiqûre [syʀpikyʀ] nf (Couture) overstitching

surplace [syʀplas] nm : **faire du ~** to mark time

surplis [syʀpli] nm surplice

surplomb [syʀplɔ̃] nm overhang; **en ~** overhanging

surplomber [syʀplɔ̃be] /1/ vi to be overhanging ▶ vt to overhang; (dominer) to tower above

surplus [syʀply] nm (Comm) surplus; (reste) : **~ de bois** wood left over; **au ~** moreover; **~ américains** American army surplus sg

surpoids [syʀpwa] nm excess weight; **être en ~** to be overweight

surpopulation [syʀpɔpylasjɔ̃] nf overpopulation

surprenant, e [syʀpʀənɑ̃, -ɑ̃t] vb voir **surprendre** ▶ adj amazing

surprendre [syʀpʀɑ̃dʀ] /58/ vt (étonner, prendre à l'improviste) to amaze, surprise; (secret) to discover; (tomber sur : intrus etc) to catch; (fig) to detect; to chance ou happen upon; (clin d'œil) to intercept; (conversation) to overhear; (orage, nuit etc) to catch out, take by surprise; **~ la vigilance/bonne foi de qn** to catch sb out/ betray sb's good faith; **se ~ à faire** to catch ou find o.s. doing

surprime [syʀpʀim] nf additional premium

surpris, e [syʀpʀi, -iz] pp de **surprendre** ▶ adj : **~ (de/que)** amazed ou surprised (at/that)

surprise [syʀpʀiz] nf surprise; **faire une ~ à qn** to give sb a surprise; **voyage sans surprises** uneventful journey; **par ~** adv by surprise

surprise-partie [syʀpʀizpaʀti] (pl **surprises-parties**) nf party

surprit [syʀpʀi] vb voir **surprendre**

surproduction [syʀpʀɔdyksjɔ̃] nf overproduction

surpuissant, e [syʀpɥisɑ̃, -ɑ̃t] adj ultra-powerful

surréaliste [syʀʀealist] adj, nmf surrealist

surrégime [syʀʀeʒim] nm (moteur) over-revving; **tourner en ~** to over-rev; (fig) to go into overdrive

surréservation [syʀʀezɛʀvasjɔ̃] nf overbooking

sursaut [syʀso] nm start, jump; **~ de** (énergie, indignation) sudden fit ou burst of; **en ~** adv with a start

sursauter [syʀsote] /1/ vi to (give a) start, jump

surseoir [syʀswaʀ] /26/ : **~ à** vt to defer; (Jur) to stay

sursis [syʀsi] nm (Jur : gén) suspended sentence; (: à l'exécution capitale : aussi fig) reprieve; (Mil) : **~ (d'appel ou d'incorporation)** deferment; **condamné à cinq mois (de prison) avec ~** given a five-month suspended (prison) sentence

sursitaire [syʀsitɛʀ] nm (Mil) deferred conscript

sursois [syʀswa], **sursoyais** etc [syʀswaje] vb voir **surseoir**

surtaxe [syʀtaks] nf surcharge

surtaxé, e [syʀtakse] adj (Tél : appel, numéro) premium-rate

surtaxer [syʀtakse] vt to put a surcharge on

surtension [syʀtɑ̃sjɔ̃] nf (Élec) overvoltage

surtout [syʀtu] adv (avant tout, d'abord) above all; (spécialement, particulièrement) especially; **il aime le sport, ~ le football** he likes sport, especially football; **cet été, il a ~ fait de la pêche** this summer he went fishing more than anything (else); **~ pas d'histoires !** no fuss now!; **~, ne dites rien !** whatever you do, don't say anything!; **~ pas !** certainly ou definitely not!; **~ que ...** especially as ...

survécu, e [syʀveky] pp de **survivre**

surveillance [syʀvejɑ̃s] nf watch; (Police, Mil) surveillance; **sous ~ médicale** under medical supervision; **la ~ du territoire** internal security; voir aussi DST

surveillant, e [syʀvejɑ̃, -ɑ̃t] nm/f (de prison) warder; (Scol) monitor; (de travaux) supervisor, overseer

surveiller [syʀveje] /1/ vt (enfant, élèves, bagages) to watch, keep an eye on; (malade) to watch over; (prisonnier, suspect) to keep (a) watch on; (territoire, bâtiment) to (keep) watch over; (travaux, cuisson) to supervise; (Scol : examen) to invigilate; **~ son langage/sa ligne** to watch one's language/ figure; **se surveiller** vpr to keep a check ou watch on o.s.

survenir [syʀvəniʀ] /22/ vi (incident, retards) to occur, arise; (événement) to take place; (personne) to appear, arrive

survenu, e [syʀv(ə)ny] pp de **survenir**

survêt [syʀvɛt], **survêtement** [syʀvɛtmɑ̃] nm tracksuit (BRIT), sweat suit (US)

survie [syʀvi] nf survival; (Rel) afterlife; **équipement de ~** survival equipment; **une ~ de quelques mois** a few more months of life

surviens [syʀvjɛ̃], **survint** etc [syʀvɛ̃] vb voir **survenir**

survit etc [syʀvi] vb voir **survivre**

survitaminé, e [syʀvitamine] adj (fam) supercharged

survitrage [syʀvitraʒ] nm double-glazing

survivance [syʀvivɑ̃s] nf relic

survivant, e [syʀvivɑ̃, -ɑ̃t] vb voir **survivre** ▶ nm/f survivor

survivre [syʀvivʀ] /46/ vi to survive; **~ à** vt (accident etc) to survive; (personne) to outlive; **la victime a peu de chance de ~** the victim has little hope of survival

survol [syʀvɔl] nm flying over

survoler [syʀvɔle] /1/ vt to fly over; (fig : livre) to skim through; (: question, problèmes) to skim over

survolté, e [syʀvɔlte] adj (Élec) stepped up, boosted; (fig) worked up

sus [sy(s)] : **en ~ de** prép in addition to, over and above; **~** adv in addition; **~ à** excl : **~ au tyran !** at the tyrant!; voir **savoir**

susceptibilité [syseptibilite] nf sensitivity no pl

susceptible [syseptibl] adj touchy, sensitive; **~ de faire** (capacité) able to do; (probabilité) liable to do; **~ d'amélioration** ou **d'être amélioré** that can be improved, open to improvement

susciter [sysite] /1/ vt (admiration) to arouse; (obstacles, ennuis) : **~ (à qn)** to create (for sb)

susdit, e [sysdi, -dit] adj foresaid

susmentionné, e [sysmɑ̃sjɔne] adj above-mentioned

susnommé, e [sysnɔme] adj above-named

suspect, e [syspɛ(kt), -ɛkt] adj suspicious; (témoignage, opinions, vin etc) suspect; **peu ~ de** most unlikely to be suspected of ▶ nm/f suspect

suspecter [syspɛkte] /1/ vt to suspect; (honnêteté de qn) to question, have one's suspicions about; **~ qn d'être/d'avoir fait qch** to suspect sb of being/having done sth

suspendre [syspɑ̃dʀ] /41/ vt (interrompre, démettre) to suspend; (remettre) to defer; (accrocher : vêtement) : **~ qch (à)** to hang sth up (on); (fixer : lustre etc) : **~ qch à** to hang sth from; **se suspendre** vpr : **se ~ à** to hang from

suspendu, e [syspɑ̃dy] pp de **suspendre** ▶ adj (accroché) : **~ à** hanging on (ou from); (perché) **~ au-dessus de** suspended over; (Auto) **bien/mal ~** with good/poor suspension; **être ~ aux lèvres de qn** to hang upon sb's every word

suspens [syspɑ̃] : **en ~** adv (affaire) in abeyance; **tenir en ~** to keep in suspense

suspense [syspɑ̃s] nm suspense

suspension [syspɑ̃sjɔ̃] nf suspension; deferment; (Auto) suspension; (lustre) pendant light fitting; **en ~** in suspension, suspended; **~ d'audience** adjournment

suspicieux, -euse [syspisjø, -øz] adj suspicious

suspicion [syspisjɔ̃] nf suspicion

sustentation [systɑ̃tasjɔ̃] nf (Aviat) lift; **base** ou **polygone de ~** support polygon

sustenter [systɑ̃te] /1/ : **se sustenter** vpr to take sustenance

susurrer [sysyʀe] /1/ vt to whisper

sut [sy] vb voir **savoir**

suture [sytyʀ] nf : **point de ~** stitch

suturer [sytyʀe] /1/ vt to stitch up, suture

suzeraineté [syz(ə)ʀɛnte] nf suzerainty

svelte [svɛlt] adj slender, svelte

SVP abr (= s'il vous plaît) please

SVT sigle nf (Scol : = Sciences de la vie et de la Terre) natural sciences

swahili [swaili] nm (Ling) Swahili

Swaziland [swazilɑ̃d] nm : **le ~** Swaziland

sweat [swit] nm (fam) sweatshirt

sweat-shirt [switʃœʀt] (pl **sweat-shirts**) nm sweatshirt

syllabe [silab] nf syllable

sylphide [silfid] nf (fig) : **sa taille de ~** her sylph-like figure

sylvestre [silvɛstʀ] adj : **pin ~** Scots pine, Scotch fir

sylvicole [silvikɔl] adj forestry cpd

sylviculteur [silvikyltœʀ] nm forester

sylviculture [silvikyltyʀ] nf forestry, sylviculture

symbiose [sɛ̃bjoz] nf symbiosis; **en ~ avec qch** in symbiosis with sth

symbole [sɛ̃bɔl] nm symbol

symbolique [sɛ̃bɔlik] adj symbolic; (geste, offrande) token cpd; (salaire, dommages-intérêts) nominal

symboliquement [sɛ̃bɔlikmɑ̃] adv symbolically

symboliser [sɛ̃bɔlize] /1/ vt to symbolize

symétrie [simetʀi] nf symmetry

symétrique [simetʀik] adj symmetrical

symétriquement [simetʀikmɑ̃] adv symmetrically

sympa [sɛ̃pa] adj inv (fam) = **sympathique** nice; friendly; good; **sois ~, prête-le moi** be a pal and lend it to me

sympathie [sɛ̃pati] nf (inclination) liking; (affinité) fellow feeling; (condoléances) sympathy; **accueillir avec ~** (projet) to receive favourably; **avoir de la ~ pour qn** to like sb, have a liking for sb; **témoignages de ~** expressions of sympathy; **croyez à toute ma ~** you have my deepest sympathy

sympathique [sɛ̃patik] adj (personne, figure) nice, friendly, likeable; (geste) friendly; (livre) good; (déjeuner) nice; (réunion, endroit) pleasant, nice

⚠ **sympathique** does not mean sympathetic.

sympathisant, e [sɛ̃patizɑ̃, -ɑ̃t] nm/f sympathizer

sympathiser [sɛ̃patize] /1/ vi (voisins etc : s'entendre) to get on (BRIT) ou along (US) (well); (: se fréquenter) to socialize, see each other; **~ avec** to get on ou along (well) with, to see, socialize with

symphonie [sɛ̃fɔni] nf symphony

symphonique [sɛ̃fɔnik] adj (orchestre, concert) symphony cpd; (musique) symphonic

symposium [sɛ̃pozjɔm] nm symposium

symptomatique [sɛ̃ptɔmatik] adj symptomatic

S

symptôme [sɛ̃ptom] *nm* symptom

synagogue [sinagɔg] *nf* synagogue

synchrone [sɛ̃kʀɔn] *adj* synchronous

synchronique [sɛ̃kʀɔnik] *adj* : **tableau ~** synchronic table of events

synchronisation [sɛ̃kʀɔnizasjɔ̃] *nf* synchronization; (*Auto*) : **~ des vitesses** synchromesh

synchronisé, e [sɛ̃kʀɔnize] *adj* synchronized

synchroniser [sɛ̃kʀɔnize] /**1**/ *vt* to synchronize

syncope [sɛ̃kɔp] *nf* (*Méd*) blackout; (*Mus*) syncopation; **tomber en ~** to faint, pass out

syncopé, e [sɛ̃kɔpe] *adj* syncopated

syndic [sɛ̃dik] *nm* managing agent

syndical, e, -aux [sɛ̃dikal, -o] *adj* (trade-)union *cpd*; **centrale syndicale** group of affiliated trade unions

syndicalisme [sɛ̃dikalism] *nm* (*mouvement*) trade unionism; (*activités*) union(ist) activities *pl*

syndicaliste [sɛ̃dikalist] *nmf* trade unionist

syndicat [sɛ̃dika] *nm* (*d'ouvriers, employés*) (trade(s)) union; (*autre association d'intérêts*) union, association; **~ d'initiative** tourist office *ou* bureau; **~ patronal** employers' syndicate, federation of employers; **~ de propriétaires** association of property owners

syndiqué, e [sɛ̃dike] *adj* belonging to a (trade) union; **non ~** non-union

syndiquer [sɛ̃dike] /**1**/ : **se syndiquer** *vpr* to form a trade union; (*adhérer*) to join a trade union

syndrome [sɛ̃dʀom] *nm* syndrome;
~ **prémenstruel** premenstrual syndrome (PMS)

synergie [sinɛʀʒi] *nf* synergy

synode [sinɔd] *nm* synod

synonyme [sinɔnim] *adj* synonymous; **~ de** synonymous with ▶ *nm* synonym

synopsis [sinɔpsis] *nmf* synopsis

synoptique [sinɔptik] *adj* : **tableau ~** synoptic table

synovie [sinɔvi] *nf* synovia; **épanchement de ~** water on the knee

syntaxe [sɛ̃taks] *nf* syntax

synthèse [sɛ̃tɛz] *nf* synthesis; **faire la ~ de** to synthesize

synthétique [sɛ̃tetik] *adj* synthetic

synthétiser [sɛ̃tetize] /**1**/ *vt* to synthesize

synthétiseur [sɛ̃tetizœʀ] *nm* (*Mus*) synthesizer

syphilis [sifilis] *nf* syphilis

Syrie [siʀi] *nf* : **la ~** Syria

syrien, ne [siʀjɛ̃, -ɛn] *adj* Syrian ▶ *nm/f* : **Syrien, ne** Syrian

systématique [sistematik] *adj* systematic

systématiquement [sistematikmã] *adv* systematically

systématisation [sistematizasjɔ̃] *nf* systematization

systématiser [sistematize] /**1**/ *vt* to systematize

système [sistɛm] *nm* system; **le ~ D** resourcefulness; **~ décimal** decimal system; **~ expert** expert system; **~ d'exploitation** (*Inform*) operating system; **~ immunitaire** immune system; **~ métrique** metric system; **~ solaire** solar system

systémique [sistemik] *adj* systemic

Tt

T, t [te] *nm inv* T, t; **T comme Thérèse** T for Tommy ▸ *abr* (= *tonne*) t

t' [t] *pron voir* **te**

ta [ta] *adj poss voir* **ton¹**

tabac [taba] *nm* tobacco; (*aussi* : **débit** *ou* **bureau de tabac**) tobacconist's (shop); **passer qn à ~** (*fam*) to beat sb up; **faire un ~** (*fam*) to be a big hit; **~ blond/brun** light/dark tobacco; **~ gris** shag; **~ à priser** snuff ▸ *adj inv* : (**couleur**) **~** buff, tobacco *cpd*

tabagie [tabaʒi] *nf* smoke den

tabagique [tabaʒik] *adj* (*dépendance*) nicotine, tobacco *cpd*; (*consommation*) tobacco *cpd*

tabagisme [tabaʒism] *nm* nicotine addiction; **~ passif** passive smoking

tabassage [tabasaʒ] *nm* (*fam*) beating up

tabasser [tabase] /1/ *vt* (*fam*) to beat up

tabatière [tabatjɛʀ] *nf* snuffbox

tabernacle [tabɛʀnakl] *nm* tabernacle

table [tabl] *nf* table; **avoir une bonne ~** to keep a good table; **à ~ !** dinner *etc* is ready!; **se mettre à ~** to sit down to eat; (*fig* : *fam*) to come clean; **mettre** *ou* **dresser/desservir la ~** to lay *ou* set/clear the table; **faire ~ rase de** to make a clean sweep of; **~ à repasser** ironing board; **~ basse** coffee table; **~ de cuisson** (*à l'électricité*) hob, hotplate; (*au gaz*) hob, gas ring; **~ d'écoute** wire-tapping set; **~ d'harmonie** sounding board; **~ d'hôte** set menu; **~ de lecture** turntable; **~ des matières** (table of) contents *pl*; **~ de multiplication** multiplication table; **~ des négociations** negotiating table; **~ de nuit** *ou* **de chevet** bedside table; **~ d'orientation** viewpoint indicator; **~ ronde** (*débat*) round table; **~ roulante** (tea) trolley (BRIT), tea wagon (US); **~ de toilette** washstand; **~ traçante** (*Inform*) plotter

tableau, x [tablo] *nm* (*Art*) painting; (*reproduction, fig*) picture; (*panneau*) board; (*schéma*) table, chart; **~ blanc** whiteboard; **~ blanc interactif** interactive whiteboard; **~ d'affichage** notice board; **~ de bord** dashboard; (*Aviat*) instrument panel; **~ de chasse** tally; **~ de contrôle** console, control panel; **~ de maître** masterpiece; **~ noir** blackboard

tablée [table] *nf* (*personnes*) table

tabler [table] /1/ *vi* : **~ sur** to count *ou* bank on

tablette [tablɛt] *nf* (*planche*) shelf; **~ de chocolat** bar of chocolate; **~ tactile** (*Inform*) tablet

tableur [tablœʀ] *nm* (*Inform*) spreadsheet

tablier [tablije] *nm* apron; (*de pont*) roadway; (*de cheminée*) (flue-)shutter

tabou, e [tabu] *adj, nm* taboo

taboulé [tabule] *nm* tabbouleh

tabouret [tabuʀɛ] *nm* stool

tabulateur [tabylatœʀ] *nm* (*Tech*) tabulator

tac [tak] *nm* : **du ~ au ~** tit for tat

tache [taʃ] *nf* (*saleté*) stain, mark; (*Art, de couleur, lumière*) spot; splash, patch; **faire ~ d'huile** to spread, gain ground; **~ de rousseur** *ou* **de son** freckle; **~ de vin** (*sur la peau*) strawberry mark

tâche [taʃ] *nf* task; **travailler à la ~** to do piecework

tacher [taʃe] /1/ *vt* to stain, mark; (*fig*) to sully, stain; **se tacher** *vpr* (*fruits*) to become marked

tâcher [taʃe] /1/ *vi* : **~ de faire** to try to do, endeavour (BRIT) *ou* endeavor (US) to do

tâcheron [taʃ(ə)ʀɔ̃] *nm* (*fig*) drudge

tacheté, e [taʃte] *adj* : **~ de** speckled *ou* spotted with

tachisme [taʃism] *nm* (*Peinture*) tachisme

tachycardie [takikaʀdi] *nf* tachycardia

tachygraphe [takigʀaf] *nm* tachograph

tachymètre [takimɛtʀ] *nm* tachometer

tacite [tasit] *adj* tacit

tacitement [tasitmɑ̃] *adv* tacitly

taciturne [tasityʀn] *adj* taciturn

tacle [takl] *nm* (*Football*) tackle; **~ par derrière** tackle from behind

tacler [takle] *vt* (*Football*) to tackle

tacot [tako] *nm* (*péj* : *voiture*) banger (BRIT), clunker (US)

tact [takt] *nm* tact; **avoir du ~** to be tactful, have tact

tacticien, ne [taktisjɛ̃, -ɛn] *nm/f* tactician

tactile [taktil] *adj* tactile

tactique [taktik] *adj* tactical ▸ *nf* (*technique*) tactics *sg*; (*plan*) tactic

Tadjikistan [tadʒikistɑ̃] *nm* Tajikistan

taffetas [tafta] *nm* taffeta

Tage [taʒ] *nm* : **le ~** the (river) Tagus

taguer [tage] *vt* to graffiti, to put graffiti on

tagueur, -euse [tagœʀ, -øz] *nm/f* graffiti artist, graffitist

Tahiti [taiti] *nf* Tahiti

tahitien, ne [taisjɛ̃, -ɛn] *adj* Tahitian

taie [tɛ] *nf* : **~ (d'oreiller)** pillowslip, pillowcase

taïga [tajga] *nf* taiga

taillader [tajade] /1/ *vt* to gash

taille [taj] *nf* cutting; (*d'arbre*) pruning; (*milieu du corps*) waist; (*hauteur*) height; (*grandeur*) size; **de ~ à faire** capable of doing; **de ~** *adj* sizeable; **quelle ~ faites-vous ?** what size are you?

taillé, e [tɑje] *adj (moustache, ongles, arbre)* trimmed; ~ **pour** *(fait pour, apte à)* cut out for; tailor-made for; ~ **en pointe** sharpened to a point

taille-crayon(s) [tɑjkʀɛjɔ̃] *nm inv* pencil sharpener

tailler [tɑje] /**1**/ *vt (pierre, diamant)* to cut; *(arbre, plante)* to prune; *(vêtement)* to cut out; *(crayon)* to sharpen ▸ *vi* : ~ **dans** *(chair, bois)* to cut into; ~ **grand/petit** to be on the large/small side; **se tailler** *vpr (ongles, barbe)* to trim, cut; *(fig : réputation)* to gain, win; *(fam : s'enfuir)* to beat it

tailleur, -euse [tɑjœʀ, -øz] *nm/f* : ~ **de diamants** diamond-cutter ▸ *nm (couturier)* tailor; *(vêtement)* suit, costume; **en** ~ *(assis)* cross-legged

tailleur-pantalon [tɑjœʀpɑ̃talɔ̃] *(pl* **tailleurs-pantalons***) nm* trouser suit *(BRIT)*, pantsuit *(US)*

taillis [tɑji] *nm* copse

tain [tɛ̃] *nm* silvering; **glace sans** ~ two-way mirror

taire [tɛʀ] /**54**/ *vt* to keep to o.s., conceal ▸ *vi* : **faire** ~ **qn** to make sb be quiet; *(fig)* to silence sb; **se taire** *vpr (s'arrêter de parler)* to fall silent, stop talking; *(ne pas parler)* to be silent ou quiet; *(s'abstenir de s'exprimer)* to keep quiet; *(bruit, voix)* to disappear; **tais-toi !, taisez-vous !** be quiet!

Taiwan [tajwan] *nf* Taiwan

tajine [taʒin] *nm* tagine, tajine

talc [talk] *nm* talc, talcum powder

talé, e [tale] *adj (fruit)* bruised

talent [talɑ̃] *nm* talent; **avoir du** ~ to be talented, have talent

talentueux, -euse [talɑ̃tɥø, -øz] *adj* talented

talion [taljɔ̃] *nm* : **la loi du** ~ an eye for an eye

talisman [talismɑ̃] *nm* talisman

talkie-walkie [tɔkiwɔki] *(pl* **talkies-walkies***) nm* walkie-talkie

taloche [talɔʃ] *nf (fam : claque)* slap; *(Tech)* plaster float

talon [talɔ̃] *nm* heel; *(de chèque, billet)* stub, counterfoil *(BRIT)*; **talons plats/aiguilles** flat/stiletto heels; **être sur les talons de qn** to be on sb's heels; **tourner les talons** to turn on one's heel; **montrer les talons** *(fig)* to show a clean pair of heels

talonnade [talɔnad] *nf (Football)* back heel

talonner [talɔne] /**1**/ *vt* to follow hard behind; *(fig)* to hound; *(Rugby)* to heel

talonnette [talɔnɛt] *nf (de chaussure)* heelpiece; *(de pantalon)* stirrup

talonneur [talɔnœʀ] *nm (Rugby)* hooker

talquer [talke] /**1**/ *vt* to put talc(um powder) on

talus [taly] *nm* embankment; ~ **de remblai/déblai** embankment/excavation slope

tamarin [tamaʀɛ̃] *nm (Bot)* tamarind

tambour [tɑ̃buʀ] *nm (Mus, Tech)* drum; *(musicien)* drummer; *(porte)* revolving door(s pl); **sans** ~ **ni trompette** unobtrusively

tambourin [tɑ̃buʀɛ̃] *nm* tambourine

tambouriner [tɑ̃buʀine] /**1**/ *vi* : ~ **contre** to drum against ou on

tambour-major [tɑ̃buʀmaʒɔʀ] *(pl* **tambours-majors***) nm* drum major

tamis [tami] *nm* sieve

Tamise [tamiz] *nf* : **la** ~ the Thames

tamisé, e [tamize] *adj (fig)* subdued, soft

tamiser [tamize] /**1**/ *vt* to sieve, sift

tampon [tɑ̃pɔ̃] *nm (de coton, d'ouate)* pad; *(aussi :* **tampon hygiénique** *ou* **périodique***)* tampon; *(amortisseur, Inform : aussi :* **mémoire tampon***)* buffer; *(bouchon)* plug, stopper; *(cachet, timbre)* stamp; *(Chimie)* buffer; ~ **buvard** blotter; ~ **encreur** inking pad; ~ **(à récurer)** scouring pad

tamponné, e [tɑ̃pɔne] *adj* : **solution tamponnée** buffer solution

tamponner [tɑ̃pɔne] /**1**/ *vt (timbres)* to stamp; *(heurter)* to crash ou ram into; *(essuyer)* to mop up; **se tamponner** *vpr (voitures)* to crash (into each other)

tamponneuse [tɑ̃pɔnøz] *adj f* : **autos tamponneuses** dodgems, bumper cars

tam-tam [tamtam] *nm* tomtom

tancer [tɑ̃se] /**3**/ *vt* to scold

tanche [tɑ̃ʃ] *nf* tench

tandem [tɑ̃dɛm] *nm* tandem; *(fig)* duo, pair

tandis [tɑ̃di] : ~ **que** *conj* while

tangage [tɑ̃gaʒ] *nm* pitching (and tossing)

tangent, e [tɑ̃ʒɑ̃, -ɑ̃t] *adj (Math)* : ~ **(à)** tangential (to); *(de justesse : fam)* close ▸ *nf (Math)* tangent

Tanger [tɑ̃ʒe] *n* Tangier

tango [tɑ̃go] *nm (Mus)* tango ▸ *adj inv (couleur)* dark orange

tanguer [tɑ̃ge] /**1**/ *vi* to pitch (and toss)

tanière [tanjɛʀ] *nf* lair, den

tanin [tanɛ̃] *nm* tannin

tank [tɑ̃k] *nm* tank

tanker [tɑ̃kɛʀ] *nm* tanker

tankini [tɑ̃kini] *nm* tankini

tanné, e [tane] *adj* weather-beaten

tanner [tane] /**1**/ *vt* to tan

tannerie [tanʀi] *nf* tannery

tanneur [tanœʀ] *nm* tanner

tant [tɑ̃] *adv* so much; ~ **de** *(sable, eau)* so much; *(gens, livres)* so many; ~ **que** *conj* as long as; ~ **que** *(comparatif)* as much as; ~ **mieux** that's great; *(avec une certaine réserve)* so much the better; ~ **mieux pour lui** good for him; ~ **pis** too bad; *(conciliant)* never mind; **un** ~ **soit peu** *(un peu)* a little bit; *(même un peu)* (even) remotely; ~ **bien que mal** as well as can be expected; ~ **s'en faut** far from it, not by a long way

tante [tɑ̃t] *nf* aunt

tantinet [tɑ̃tinɛ] : **un** ~ *adv* a tiny bit

tantôt [tɑ̃to] *adv (parfois)* : **tantôt ... tantôt** now ... now; *(cet après-midi)* this afternoon

Tanzanie [tɑ̃zani] *nf* : **la** ~ Tanzania

tanzanien, ne [tɑ̃zanjɛ̃, -ɛn] *adj* Tanzanian

TAO *sigle f (= traduction assistée par ordinateur)* MAT *(= machine-aided translation)*

taon [tɑ̃] *nm* horsefly, gadfly

tapage [tapaʒ] *nm* uproar, din; *(fig)* fuss, row; ~ **nocturne** *(Jur)* disturbance of the peace *(at night)*

tapageur, -euse [tapaʒœʀ, -øz] *adj (bruyant : enfants etc)* noisy; *(voyant : toilette)* loud, flashy; *(publicité)* obtrusive

tape [tap] *nf* slap

tape-à-l'œil [tapalœj] *adj inv* flashy, showy

tapenade [tap(ə)nad] *nf (Culin)* tapenade

taper [tape] /**1**/ vt (personne) to clout; (porte) to bang, slam; (enfant) to slap; (dactylographier) to type (out); (Inform) to key(board); (fam : emprunter) : **~ qn de 10 euros** ▶ to touch sb for 10 euros, cadge 10 euros off sb ▶ vi (soleil) to beat down; **~ sur qn** to thump sb; (fig) to run sb down; **~ sur qch** (clou etc) to hit sth; (table etc) to bang on sth; **~ à** (porte etc) to knock on; **~ dans** (se servir) to dig into; **~ des mains/pieds** to clap one's hands/stamp one's feet; **~ (à la machine)** to type; **se taper** vpr (fam : travail) to get landed with; (: boire, manger) to down

tapette [tapɛt] nf : **~ à souris** mousetrap; (pour insectes) fly swatter; (fam : homosexuel) fairy (fam), poofter (fam); (petite tape) little tap

tapi, e [tapi] adj : **~ dans/derrière** (blotti) crouching ou cowering in/behind; (caché) hidden away in/behind

tapinois [tapinwa] : **en ~** adv stealthily

tapioca [tapjɔka] nm tapioca

tapir [tapiʀ] /**2**/ : **se tapir** vpr to hide away

tapis [tapi] nm carpet; (petit) rug; (de table) cloth; **mettre sur le ~** (fig) to bring up for discussion; **aller au ~** (Boxe) to go down; **envoyer au ~** (Boxe) to floor; **~ roulant** conveyor belt; (pour piétons) moving walkway; (pour bagages) carousel; **~ de sol** (de tente) groundsheet; **~ de souris** (Inform) mouse mat

tapis-brosse [tapibʀɔs] nm doormat

tapisser [tapise] /**1**/ vt (avec du papier peint) to paper; (recouvrir) : **~ qch (de)** to cover sth (with)

tapisserie [tapisʀi] nf (tenture, broderie) tapestry; (: travail) tapestry-making; (: ouvrage) tapestry work; (papier peint) wallpaper; (fig) : **faire ~** to sit out, be a wallflower

tapissier, -ière [tapisje, -jɛʀ] nm/f : **~-décorateur** interior decorator

tapoter [tapɔte] /**1**/ vt (joue, main) to pat; (objet) to tap

taquet [takɛ] nm (cale) wedge; (cheville) peg

taquin, e [takɛ̃, -in] adj teasing

taquiner [takine] /**1**/ vt to tease

taquinerie [takinʀi] nf teasing no pl

tarabiscoté, e [taʀabiskɔte] adj over-ornate, fussy

tarabuster [taʀabyste] /**1**/ vt to bother, worry

tarama [taʀama] nm (Culin) taramasalata

tarauder [taʀode] /**1**/ vt (Tech) to tap; to thread; (fig) to pierce

tard [taʀ] adv late; **plus ~** later (on); **au plus ~** at the latest; **il est trop ~** it's too late ▶ nm : **sur le ~** (à une heure avancée) late in the day; (vers la fin de la vie) late in life

tarder [taʀde] /**1**/ vi (chose) to be a long time coming; (personne) : **~ à faire** to delay doing; **il me tarde d'être** I am longing to be; **sans (plus) ~** without (further) delay

tardif, -ive [taʀdif, -iv] adj (heure, repas, fruit) late; (talent, goût) late in developing

tardivement [taʀdivmɑ̃] adv late

tare [taʀ] nf (Comm) tare; (fig) defect; blemish

taré, e [taʀe] nm/f cretin

targette [taʀʒɛt] nf (verrou) bolt

targuer [taʀge] /**1**/ : **se targuer de** vpr to boast about

tarif [taʀif] nm : **~ des consommations** price list; **tarifs postaux/douaniers** postal/customs rates; **~ des taxis** taxi fares; **~ plein/réduit** full/reduced fare; (téléphone) peak/off-peak rate; **voyager à plein ~/à ~ réduit** to travel at full/reduced fare

tarifaire [taʀifɛʀ] adj (voir tarif) relating to price lists etc

tarifé, e [taʀife] adj : **~ 10 euros** priced at 10 euros

tarifer [taʀife] /**1**/ vt to fix the price ou rate for

tarification [taʀifikasjɔ̃] nf fixing of a price scale

tarir [taʀiʀ] /**2**/ vi to dry up, run dry ▶ vt to dry up; **se tarir** vpr (source) to dry up, to run dry; (ressources) to dry up

tarmac [taʀmak] nm tarmac

tarot [taʀo] nm, **tarots** nmpl tarot cards

tartan [taʀtɑ̃] nm tartan; **en ~** tartan cpd

tartare [taʀtaʀ] adj (Culin) tartar(e)

tarte [taʀt] nf tart; **~ aux pommes/à la crème** apple/custard tart; **~ Tatin** ≃ apple upside-down tart

tartelette [taʀtəlɛt] nf tartlet

tartine [taʀtin] nf slice of bread (and butter (ou jam)); **~ de miel** slice of bread and honey; **~ beurrée** slice of bread and butter

tartiner [taʀtine] /**1**/ vt to spread; **fromage à ~** cheese spread

tartre [taʀtʀ] nm (des dents) tartar; (de chaudière) fur, scale

tas [ta] nm heap, pile; **un ~ de** (fig) heaps of, lots of; **en ~** in a heap ou pile; **dans le ~** (fig) in the crowd; among them; **formé sur le ~** trained on the job

Tasmanie [tasmani] nf : **la ~** Tasmania

tasmanien, ne [tasmanjɛ̃, -ɛn] adj Tasmanian

tasse [tas] nf cup; **boire la ~** (en se baignant) to swallow a mouthful; **~ à café/thé** coffee/teacup

tassé, e [tase] adj : **bien ~** (café etc) strong

tasseau, x [taso] nm length of wood

tassement [tasmɑ̃] nm (de vertèbres) compression; (Écon, Pol : ralentissement) fall-off, slowdown; (Bourse) dullness

tasser [tase] /**1**/ vt (terre, neige) to pack down; (entasser) : **~ qch dans** to cram sth into; **se tasser** vpr (se serrer) to squeeze up; (s'affaisser) to settle; (personne : avec l'âge) to shrink; (fig) to sort itself out, settle down

tata [tata] nf aunt

tâter [tate] /**1**/ vt to feel; (fig) to try out; **~ de** (prison etc) to have a taste of; **~ le terrain** (fig) to test the ground; **se tâter** vpr (hésiter) to be in two minds

tatillon, ne [tatijɔ̃, -ɔn] adj pernickety

tâtonnement [tatɔnmɑ̃] nm : **par tâtonnements** (fig) by trial and error

tâtonner [tatɔne] /**1**/ vi to grope one's way along; (fig) to grope around (in the dark)

tâtons [tatɔ̃] : **à ~** adv : **chercher/avancer à ~** to grope around for/grope one's way forward

tatouage [tatwaʒ] nm tattooing; (dessin) tattoo

tatouer [tatwe] /**1**/ vt to tattoo

taudis [todi] nm hovel, slum

t

taulard, e, tôlard, e [tolaʀ, -aʀd] *nm/f (fam)* ex con *(fam)*, jailbird *(fam)*

taule [tol] *nf (fam)* nick *(Brit)*, jail

taupe [top] *nf* mole; *(peau)* moleskin

taupinière [topinjɛʀ] *nf* molehill

taureau, x [toʀo] *nm* bull; *(signe)* : **le T~** Taurus, the Bull; **être du T~** to be Taurus

taurillon [toʀijõ] *nm* bull-calf

tauromachie [toʀomaʃi] *nf* bullfighting

tautologie [totoloʒi] *nf* tautology

tautologique [totoloʒik] *adj* tautological

taux [to] *nm* rate; *(d'alcool)* level; **~ d'escompte** discount rate; **~ d'intérêt** interest rate; **~ de mortalité** mortality rate

tavelé, e [tav(ə)le] *adj* marked

taverne [tavɛʀn] *nf* inn, tavern

taxable [taksabl] *adj* taxable

taxation [taksasjõ] *nf* taxation; *(Tél)* charges *pl*

taxe [taks] *nf* tax; *(douanière)* duty; **toutes taxes comprises** inclusive of tax; **la boutique hors taxes** the duty-free shop; **~ de base** *(Tél)* unit charge; **~ de séjour** tourist tax; **~ à ou sur la valeur ajoutée** value added tax

taxer [takse] /1/ *vt (personne)* to tax; *(produit)* to put a tax on, tax; **~ qn de qch** *(qualifier)* to call sb sth; *(accuser)* to accuse sb of sth, tax sb with sth

taxi [taksi] *nm* taxi; *(chauffeur : fam)* taxi driver

taxidermie [taksidɛʀmi] *nf* taxidermy

taxidermiste [taksidɛʀmist] *nmf* taxidermist

taximètre [taksimɛtʀ] *nm* (taxi)meter

taxiphone [taksifon] *nm* pay phone

TB *abr* = **très bien; très bon**

tbe *abr (= très bon état)* VGC, vgc

Tchad [tʃad] *nm* : **le ~** Chad

tchadien, ne [tʃadjɛ̃, -ɛn] *adj* Chad(ian), of ou from Chad

tchao [tʃao] *excl (fam)* bye(-bye)!

tchécoslovaque [tʃekoslovak] *(Hist)* adj Czechoslovak(ian) ▶ *nmf* : **Tchécoslovaque** Czechoslovak(ian)

Tchécoslovaquie [tʃekoslovaki] *nf (Hist)* : **la ~** Czechoslovakia

tchèque [tʃɛk] *adj* Czech; **la République ~** the Czech Republic ▶ *nm (Ling)* Czech ▶ *nmf* : **Tchèque** Czech

tchétchène [tʃetʃɛn] *adj* Chechen ▶ *nm (langue)* Chechen ▶ *nmf* : **Tchétchène** Chechen

Tchétchénie [tʃetʃeni] *nf* : **la ~** Chechnya

TCS *sigle m (= Touring Club de Suisse)* ≈ AA *ou* RAC *(Brit)*, ≈ AAA *(US)*

TD *sigle mpl* = **travaux dirigés**

te, t' [tə, t] *pron* you; *(réfléchi)* yourself

té [te] *nm* T-square

technicien, ne [tɛknisjɛ̃, -ɛn] *nm/f* technician

technicisation [tɛknisizasjõ] *nf* increasing technicality

technicité [tɛknisite] *nf* technical nature

technico-commercial, e, -aux [tɛknikokomɛʀsjal, -o] *adj* : **agent ~** sales technician

technique [tɛknik] *adj* technical ▶ *nf* technique

techniquement [tɛknikmã] *adv* technically

techno [tɛkno] *nf (fam : Mus)* : **la (musique) ~** techno (music); = **technologie**

technocrate [tɛknokʀat] *nmf* technocrat

technocratie [tɛknokʀasi] *nf* technocracy

technocratique [tɛknokʀatik] *adj* technocratic

technologie [tɛknoloʒi] *nf* technology

technologique [tɛknoloʒik] *adj* technological

technologue [tɛknolog] *nmf* technologist

teck [tɛk] *nm* teak

teckel [tekɛl] *nm* dachshund

tectonique [tɛktonik] *nf (Géol)* tectonics *sg* ▶ *adj* tectonic

tee [ti] *nm* tee

tee-shirt [tiʃœʀt] *nm* T-shirt, tee-shirt

Téhéran [teeʀã] *n* Teheran

teigne [tɛɲ] *vb voir* **teindre** ▶ *nf (Zool)* moth; *(Méd)* ringworm

teigneux, -euse [tɛɲø, -øz] *adj (péj)* nasty, scabby

teindre [tɛ̃dʀ] /52/ *vt* to dye; **se teindre** *vpr* : **se ~ (les cheveux)** to dye one's hair

teint, e [tɛ̃, tɛ̃t] *pp de* **teindre** ▶ *adj* dyed ▶ *nm (du visage : permanent)* complexion, colouring *(Brit)*, coloring *(US)*; *(: momentané)* colour *(Brit)*, color *(US)*; **bon ~** *adj inv (couleur)* fast; *(tissu)* colourfast; *(fig : personne)* staunch; **grand ~** *adj inv* colourfast ▶ *nf (nuance)* shade; *(couleur)* colour *(Brit)*, color *(US)*; **une très jolie teinte** a very pretty colour; **une teinte dans les bleus** a bluey shade; *(fig)* : **une teinte de** a hint of

teinté, e [tɛ̃te] *adj (verres)* tinted; *(bois)* stained; **~ acajou** mahogany-stained; **~ de** *(fig)* tinged with

teinter [tɛ̃te] /1/ *vt (verre)* to tint; *(bois)* to stain; **~ qch de** *(fig)* to tinge sth with

teinture [tɛ̃tyʀ] *nf* dyeing; *(substance)* dye; *(Méd)* : **~ d'iode** tincture of iodine

teinturerie [tɛ̃tyʀʀi] *nf* dry cleaner's

teinturier, -ière [tɛ̃tyʀje, -jɛʀ] *nm/f* dry cleaner

tel, telle [tɛl] *adj (pareil)* such; *(comme)* : **~ un/ des ...** like a/like ...; *(indéfini)* such-and-such a, a given; *(intensif)* : **un ~/de tels ...** such (a)/ such ...; **venez ~** jour come on such-and-such a day; **rien de ~** nothing like it, no such thing; **~ que** *conj* like, such as; **~ quel** as it is *ou* stands *(ou* was *etc)*

tél. *abr* = **téléphone**

Tel Aviv [tɛlaviv] *n* Tel Aviv

télé [tele] *nf (fam : télévision)* TV, telly *(Brit)*; **à la ~** on TV *ou* telly

téléachat [teleaʃa] *nm* teleshopping

télébenne [telebɛn] *nmf* telecabine, gondola

télécabine [telekabin] *nmf (benne)* cable car

télécarte [telekaʀt] *nf* phonecard

téléchargeable [teleʃaʀʒabl] *adj* downloadable

téléchargement [teleʃaʀʒemã] *nm (action)* downloading; *(fichier)* download

télécharger [teleʃaʀʒe] /3/ *vt (Inform : recevoir)* to download; *(: transmettre)* to upload

TELECOM [telekom] *abr (= Télécommunications)* ≈ Telecom.

télécommande [telekomãd] *nf* remote control

télécommander [telekomãde] /1/ *vt* to operate by remote control, radio-control

télécommunications [telekɔmynikasjɔ̃] *nfpl* telecommunications

téléconférence [telekɔ̃feʀɑ̃s] *nf* teleconference

télécopie [telekɔpi] *nf* fax, telefax

télécopieur [telekɔpjœʀ] *nm* fax (machine)

télédéclaration [teledeklaʀasjɔ̃] *nf* online tax filing

télédétection [teledetɛksjɔ̃] *nf* remote sensing

télédiffuser [teledifyze] /1/ *vt* to broadcast (on television)

télédiffusion [teledifyzjɔ̃] *nf* television broadcasting

télédistribution [teledistʀibysjɔ̃] *nf* cable TV

téléenseignement [teleɑ̃sɛɲmɑ̃] *nm* distance teaching (*ou* learning)

téléférique [telefeʀik] *nm* = **téléphérique**

téléfilm [telefilm] *nm* film made for TV, TV film

télégénique [teleʒenik] *adj* telegenic

télégramme [telegʀam] *nm* telegram

télégraphe [telegʀaf] *nm* telegraph

télégraphie [telegʀafi] *nf* telegraphy

télégraphier [telegʀafje] /7/ *vt* to telegraph, cable

télégraphique [telegʀafik] *adj* telegraph *cpd*, telegraphic; (*fig*) telegraphic

télégraphiste [telegʀafist] *nmf* telegraphist

téléguider [telegide] /1/ *vt* to operate by remote control, radio-control

téléinformatique [teleɛ̃fɔʀmatik] *nf* remote access computing

téléjournal, -aux [teleʒuʀnal, -o] *nm* television news magazine programme

télémarketing [telemaʀketiŋ] *nm* telemarketing

télématique [telematik] *nf* telematics *sg* ▸ *adj* telematic

téléobjectif [teleɔbʒɛktif] *nm* telephoto lens *sg*

téléopérateur, -trice [teleɔpeʀatœʀ, -tʀis] *nm/f* call-centre operator

télépaiement [telepɛmɑ̃] *nm* online payment

télépathie [telepati] *nf* telepathy

télépéage [telepeaʒ] *nm* electronic toll system

téléphérique [teleferik] *nm* cable-car

téléphone [telefɔn] *nm* telephone; **avoir le ~** to be on the (tele)phone; **au ~** on the phone; **~ arabe** bush telegraph; **~ à carte** cardphone; **~ avec appareil photo** camera phone; **~ mobile** *ou* **portable** mobile (phone) (*BRIT*), cell (phone) (*US*); **~ rouge** hotline; **~ sans fil** cordless (tele)phone

téléphoner [telefɔne] /1/ *vi* to telephone; to make a phone call ▸ *vt* to telephone; **~ à** to phone, ring up, call up

téléphonie [telefɔni] *nf* telephony

téléphonique [telefɔnik] *adj* (tele)phone *cpd*, phone *cpd*; **cabine ~** call box (*BRIT*), (tele)phone box (*BRIT*) *ou* booth; **conversation/appel ~** (tele)phone conversation/call

téléphoniste [telefɔnist] *nmf* telephonist, telephone operator; (*d'entreprise*) switchboard operator

téléport [telepɔʀ] *nm* teleport

téléprompteur [telepʀɔ̃ptœʀ] *nm* Autocue®, teleprompter

téléprospection [telepʀɔspɛksjɔ̃] *nf* telesales

téléréalité [teleʀealite] *nf* reality TV

télescopage [telɛskɔpaʒ] *nm* crash

télescope [telɛskɔp] *nm* telescope

télescoper [telɛskɔpe] /1/ *vt* to smash up; **se télescoper** *vpr* (*véhicules*) to concertina, crash into each other

télescopique [telɛskɔpik] *adj* telescopic

téléscripteur [teleskʀiptœʀ] *nm* teleprinter

télésiège [telesjɛʒ] *nm* chairlift

téléski [teleski] *nm* ski-tow; **~ à archets** T-bar tow; **~ à perche** button lift

téléspectateur, -trice [telespɛktatœʀ, -tʀis] *nm/f* (television) viewer

télésurveillance [telesyʀvɛjɑ̃s] *nf* TV surveillance

télétexte® [teletɛkst] *nm* Teletext®

téléthon [teletɔ̃] *nm* telethon

télétraitement [teletʀɛtmɑ̃] *nm* remote processing

télétransmission [teletʀɑ̃smisjɔ̃] *nf* remote transmission

télétravail [teletʀavaj] *nm* teleworking, telecommuting

télétravailleur, -euse [teletʀavajœʀ, -øz] *nm/f* teleworker, telecommuter

télétype [teletip] *nm* teleprinter

télévente [televɑ̃t] *nf* telesales

télévisé [televize] *adj* (*droits, journal*) television *cpd*, TV *cpd*; (*débat*) televised

téléviser [televize] /1/ *vt* to televise

téléviseur [televizœʀ] *nm* television set

télévision [televizjɔ̃] *nf* television; (**poste de**) **~** television (set); **avoir la ~** to have a television; **à la ~** on television; **~ numérique** digital TV; **~ par câble/satellite** cable/satellite television

télévisuel, le [televizɥɛl] *adj* (*droits, publicité*) television *cpd*, TV *cpd*

télex [telɛks] *nm* telex

télexer [telɛkse] /1/ *vt* to telex

télexiste [telɛksist] *nmf* telex operator

telle [tɛl] *adj f voir* **tel**

tellement [tɛlmɑ̃] *adv* (*tant*) so much; (*si*) so; **~ plus grand (que)** so much bigger (than); **~ de** (*sable, eau*) so much; (*gens, livres*) so many; **il s'est endormi ~ il était fatigué** he was so tired (that) he fell asleep; **pas ~** not really; **pas ~ fort/lentement** not (all) that strong/slowly; **il ne mange pas ~** he doesn't eat (all that) much

tellurique [telyʀik] *adj* : **secousse ~** earth tremor

téloche [telɔʃ] *nf* (*fam*) TV, telly (*BRIT fam*)

téméraire [temeʀɛʀ] *adj* reckless, rash

témérité [temeʀite] *nf* recklessness, rashness

témoignage [temwaɲaʒ] *nm* (*Jur : déclaration*) testimony *no pl*, evidence *no pl*; (*: faits*) evidence *no pl*; (*gén : rapport, récit*) account; (*fig : d'affection etc*) token, mark; (*geste*) expression

témoigner [temwaɲe] /1/ *vt* (*manifester : intérêt, gratitude*) to show; **~ que** to testify that; (*fig : démontrer*) to reveal that, testify to the fact that; **~ de** (*confirmer*) to bear witness to, testify to ▸ *vi* (*Jur*) to testify, give evidence

témoin [temwɛ̃] *nm* witness; (*fig*) testimony; (*Sport*) baton; (*Constr*) telltale; **~ le fait que ...** (as) witness the fact that ...; **être ~ de** (*voir*) to witness; **prendre à** ~ to call to witness; ~ **à charge** witness for the prosecution; ~ **de connexion** (*Internet*) cookie; **T~ de Jehovah** Jehovah's Witness; ~ **de moralité** character reference; ~ **oculaire** eyewitness ▶ *adj* control *cpd*, test *cpd*; **appartement-~** show flat (BRIT), model apartment (US)

tempe [tɑ̃p] *nf* (*Anat*) temple

tempérament [tɑ̃peʀamɑ̃] *nm* temperament, disposition; (*santé*) constitution; **à ~** (*vente*) on deferred (payment) terms; (*achat*) by instalments, hire purchase *cpd*; **avoir du ~** to be hot-blooded

tempérance [tɑ̃peʀɑ̃s] *nf* temperance; **société de ~** temperance society

tempérant, e [tɑ̃peʀɑ̃, -ɑ̃t] *adj* temperate

température [tɑ̃peʀatyʀ] *nf* temperature; **prendre la ~ de** to take the temperature of; (*fig*) to gauge the feeling of; **avoir** *ou* **faire de la ~** to be running *ou* have a temperature

tempéré, e [tɑ̃peʀe] *adj* temperate

tempérer [tɑ̃peʀe] /**6**/ *vt* to temper

tempête [tɑ̃pɛt] *nf* storm; ~ **de sable/neige** sand/snowstorm; **vent de ~** gale

tempêter [tɑ̃pete] /**1**/ *vi* to rant and rave

temple [tɑ̃pl] *nm* temple; (*protestant*) church

tempo [tɛmpo] *nm* tempo

temporaire [tɑ̃pɔʀɛʀ] *adj* temporary

temporairement [tɑ̃pɔʀɛʀmɑ̃] *adv* temporarily

temporel, le [tɑ̃pɔʀɛl] *adj* temporal

temporisateur, -trice [tɑ̃pɔʀizatœʀ, -tʀis] *adj* temporizing, delaying

temporisation [tɑ̃pɔʀizasjɔ̃] *nf* temporizing, playing for time

temporiser [tɑ̃pɔʀize] /**1**/ *vi* to temporize, play for time

temps [tɑ̃] *nm* (*atmosphérique*) weather; (*durée*) time; (*époque*) time, times *pl*; (*Ling*) tense; (*Mus*) beat; (*Tech*) stroke; **un ~ de chien** (*fam*) rotten weather; **quel ~ fait-il ?** what's the weather like?; **il fait beau/mauvais ~** the weather is fine/bad; **avoir le ~/tout le ~/juste le ~** to have time/plenty of time/just enough time; **les ~ changent/sont durs** times are changing/ hard; **avoir fait son ~** (*fig*) to have had its (*ou* his *etc*) day; **en ~ de paix/guerre** in peacetime/ wartime; **en ~ utile** *ou* **voulu** in due time *ou* course; **ces derniers ~** lately; **dans quelque ~** in a (little) while; **de ~ en ~, de ~ à autre** from time to time, now and again; **en même ~** at the same time; **à ~** (*partir, arriver*) in time; **à ~ complet, à plein ~** *adv, adj* full-time; **à ~ partiel, à mi-~** *adv, adj* part-time; **dans le ~** at one time; **de tout ~** always; **du ~ que** at the time when, in the days when; **dans le** *ou* **du** *ou* **au ~ où** at the time when; **pendant ce ~** in the meantime; ~ **d'accès** (*Inform*) access time; ~ **d'arrêt** pause, halt; ~ **libre** free *ou* spare time; ~ **mort** (*Sport*) stoppage (time); (*Comm*) slack period; ~ **partagé** (*Inform*) time-sharing; ~ **réel** (*Inform*) real time

tenable [t(ə)nabl] *adj* bearable

tenace [tənas] *adj* tenacious, persistent

ténacité [tenasite] *nf* tenacity, persistence

tenailler [tənaje] /**1**/ *vt* (*fig*) to torment, torture

tenailles [tənaj] *nfpl* pincers

tenais *etc* [t(ə)nɛ] *vb voir* **tenir**

tenancier, -ière [tənɑ̃sje, -jɛʀ] *nm/f* (*d'hôtel, de bistro*) manager (manageress)

tenant, e [tənɑ̃, -ɑ̃t] *adj f voir* **séance** ▶ *nm/f* (*Sport*) : ~ **du titre** title-holder ▶ *nm* : **d'un seul ~** in one piece; **les tenants et les aboutissants** (*fig*) the ins and outs

tendance [tɑ̃dɑ̃s] *nf* (*opinions*) leanings *pl*, sympathies *pl*; (*inclination*) tendency; (*évolution*) trend; ~ **à la hausse/baisse** upward/ downward trend; **avoir ~ à** to have a tendency to, tend to ▶ *adj inv* (*fam*) trendy

tendanciel, le [tɑ̃dɑ̃sjɛl] *adj* (*baisse, évolution*) underlying

tendancieux, -euse [tɑ̃dɑ̃sjø, -øz] *adj* tendentious

tendeur [tɑ̃dœʀ] *nm* (*de vélo*) chain-adjuster; (*de câble*) wire-strainer; (*de tente*) runner; (*attache*) elastic strap

tendinite [tɑ̃dinit] *nf* tendinitis, tendonitis

tendon [tɑ̃dɔ̃] *nm* tendon, sinew; ~ **d'Achille** Achilles' tendon

tendre [tɑ̃dʀ] /**41**/ *adj* (*viande, légumes*) tender; (*bois, roche, couleur*) soft; (*affectueux*) tender, loving ▶ *vt* (*élastique, peau*) to stretch, draw tight; (*corde*) to tighten; (*muscle*) to tense; (*donner*) : ~ **qch à qn** to hold sth out to sb; (*offrir*) to offer sb sth; (*fig : piège*) to set, lay; ~ **l'oreille** to prick up one's ears; ~ **la main/le bras** to hold out one's hand/ stretch out one's arm; ~ **la perche à qn** (*fig*) to throw sb a line; ~ **à qch/à faire** to tend towards sth/to do; **se tendre** *vpr* (*corde*) to tighten; (*relations*) to become strained

tendrement [tɑ̃dʀəmɑ̃] *adv* tenderly, lovingly

tendresse [tɑ̃dʀɛs] *nf* tenderness; **tendresses** *nfpl* (*caresses etc*) tenderness *no pl*, caresses

tendu, e [tɑ̃dy] *pp de* **tendre** ▶ *adj* (*corde*) tight; (*muscles*) tensed; (*relations*) strained; ~ **de soie** hung with silk, with silk hangings

ténèbres [tenebʀ] *nfpl* darkness *sg*

ténébreux, -euse [tenebʀø, -øz] *adj* obscure, mysterious; (*personne*) saturnine

Ténérife [tenerif] *nf* Tenerife

teneur [tənœʀ] *nf* content, substance; (*d'une lettre*) terms *pl*, content; ~ **en cuivre** copper content

ténia [tenja] *nm* tapeworm

tenir [t(ə)niʀ] /**22**/ *vt* to hold; (*magasin, hôtel*) to run; (*promesse*) to keep; ~ **à** *vt* (*personne, objet*) to be attached to, care about (*ou* for); (*réputation*) to care about; (*avoir pour cause*) to be due to, stem from; ~ **à faire** to want to do, be keen to do; ~ **à ce que qn fasse qch** to be anxious that sb should do sth; ~ **de** to partake of; (*ressembler à*) to take after; **ça ne tient qu'à lui** it is entirely up to him; ~ **qn pour** to take sb for; ~ **qch de qn** (*histoire*) to have heard *ou* learnt sth from sb; (*qualité, défaut*) to have inherited *ou* got sth from sb; ~ **compte de qch** to take sth into account; ~ **les comptes** to keep the books; ~ **un rôle** to play a part; ~ **de la place** to take up space *ou* room; ~ **l'alcool** to be able to hold a drink; ~ **le coup** to hold out; **un manteau qui tient chaud** a warm coat; ~ **prêt** to have ready;

~ **sa langue** *(fig)* to hold one's tongue; ~ **au chaud/à l'abri** to keep hot/under shelter *ou* cover; **tiens** (*ou* **tenez**), **voilà le stylo** there's the pen!; **tiens, voilà Alain !** look, here's Alain!; **tiens ?** *(surprise)* really? ▶ *vi* to hold; *(neige, gel)* to last; *(survivre)* to survive; ~ **dans** to fit into; ~ **bon** to stand *ou* hold fast; ~ **trois jours/deux mois** *(résister)* to hold out *ou* last three days/two months; **se tenir** *vpr (avoir lieu)* to be held, take place; *(être : personne)* to stand; **se ~ droit** to stand up *(ou* sit up) straight; **bien se ~** to behave well; **se ~ à qch** to hold on to sth; **s'en ~ à qch** to confine o.s. to sth; to stick to sth; **tiens-toi bien !** *(pour informer)* brace yourself!, take a deep breath!

tennis [tenis] *nm* tennis; *(aussi :* **court de tennis**) tennis court; ~ **de table** table tennis ▶ *nmpl ou fpl (aussi :* **chaussures de tennis**) tennis *ou* gym shoes

tennisman [tenisman] *nm* tennis player

ténor [tenɔʀ] *nm* tenor

tension [tɑ̃sjɔ̃] *nf* tension; *(fig : des relations, de la situation)* tension; *(: concentration, effort)* strain; *(Méd)* blood pressure; **faire** *ou* **avoir de la ~** to have high blood pressure; ~ **nerveuse/raciale** nervous/racial tension

tentaculaire [tɑ̃takylɛʀ] *adj (fig)* sprawling

tentacule [tɑ̃takyl] *nm* tentacle

tentant, e [tɑ̃tɑ̃, -ɑ̃t] *adj* tempting

tentateur, -trice [tɑ̃tatœʀ, -tʀis] *adj* tempting ▶ *nm (Rel)* tempter

tentation [tɑ̃tasjɔ̃] *nf* temptation

tentative [tɑ̃tativ] *nf* attempt, bid; ~ **d'évasion** escape bid; ~ **de suicide** suicide attempt

tente [tɑ̃t] *nf* tent; ~ **à oxygène** oxygen tent

tenter [tɑ̃te] /**1**/ *vt (éprouver, attirer)* to tempt; *(essayer) :* ~ **qch/de faire** to attempt *ou* try sth/to do; **être tenté de** to be tempted to; ~ **sa chance** to try one's luck

tenture [tɑ̃tyʀ] *nf* hanging

tenu, e [t(ə)ny] *pp de* **tenir** ▶ *adj :* **bien ~** *(maison, comptes)* well-kept; **être de faire** to be under an obligation to do ▶ *nf (action de tenir : de commerce)* running; *(: de registre, comptes)* keeping; *(: de réunion)* holding; *(vêtements)* outfit; **elle portait une tenue très élégante** she was very elegantly dressed, she was wearing a very elegant outfit; *(allure vestimentaire)* dress *no pl*, appearance; **sa tenue laissait à désirer** his appearance left a lot to be desired; **une tenue correcte est exigée** appropriate clothing must be worn; *(comportement)* manners *pl*, behaviour *(Brit)*, behavior *(US)*; *(d'une maison)* upkeep; **être en tenue** to be dressed (up); **se mettre en tenue** to dress (up); **en grande tenue** in full dress; **en petite tenue** scantily dressed *ou* clad; **avoir de la tenue** to have good manners; *(journal)* to have a high standard; **tenue de combat** combat gear *ou* dress; **tenue de pompier** fireman's uniform; **tenue de route** *(Auto)* road-holding; **tenue de soirée** evening dress; **tenue de sport/voyage** sports/ travelling clothes *pl ou* gear *no pl*

ténu, e [teny] *adj (indice, nuance)* tenuous, subtle; *(fil, objet)* fine; *(voix)* thin

TER *sigle m* (= *Train Express Régional*) local train

ter [tɛʀ] *adv :* **16** ~ 16b *ou* B

térébenthine [teʀebɑ̃tin] *nf :* **(essence de)** ~ (oil of) turpentine

tergal® [tɛʀgal] *nm* Terylene®

tergiversations [tɛʀʒivɛʀsasjɔ̃] *nfpl* shilly-shallying *no pl*

tergiverser [tɛʀʒivɛʀse] /**1**/ *vi* to shilly-shally

terme [tɛʀm] *nm* term; *(fin)* end; **être en bons/ mauvais termes avec qn** to be on good/bad terms with sb; **vente/achat à** ~ *(Comm)* forward sale/purchase; **au ~ de** at the end of; **en d'autres termes** in other words; **moyen** ~ *(solution intermédiaire)* middle course; **à court/ long** ~ *adj* short-/long-term *ou* -range; *adv* in the short/long term; **à** ~ *(Méd) adj* full-term; *adv* sooner or later, eventually; *(Méd)* at term; **avant** ~ *(Méd) adj* premature; *adv* prematurely; **mettre un** ~ **à** to put an end *ou* a stop to; **toucher à son** ~ to be nearing its end

terminaison [tɛʀminɛzɔ̃] *nf (Ling)* ending

terminal, e, -aux [tɛʀminal, -o] *adj (partie, phase)* final; *(Méd)* terminal ▶ *nm* terminal ▶ *nf (Scol)* ≈ year 13 *(Brit)*, ≈ twelfth grade *(US)*

terminer [tɛʀmine] /**1**/ *vt* to end; *(travail, repas)* to finish; **se terminer** *vpr* to end; **se ~ par** to end with

terminologie [tɛʀminɔlɔʒi] *nf* terminology

terminologique [tɛʀminɔlɔʒik] *adj* terminological

terminologue [tɛʀminɔlɔg] *nmf* terminologist

terminus [tɛʀminys] *nm* terminus; ~ **!** all change!

termite [tɛʀmit] *nm* termite, white ant

termitière [tɛʀmitjɛʀ] *nf* ant-hill

ternaire [tɛʀnɛʀ] *adj* compound

terne [tɛʀn] *adj* dull

ternir [tɛʀniʀ] /**2**/ *vt* to dull; *(fig)* to sully, tarnish; **se ternir** *vpr* to become dull

terrain [teʀɛ̃] *nm (sol, fig)* ground; *(Comm : étendue de terre)* land *no pl*; *(: parcelle)* plot (of land); *(: à bâtir)* site; **sur le** ~ *(fig)* on the field; ~ **de football/rugby** football/rugby pitch *(Brit) ou* field *(US)*; ~ **d'atterrissage** landing strip; ~ **d'aviation** airfield; ~ **de camping** campsite; **un** ~ **d'entente** an area of agreement; ~ **de golf** golf course; ~ **de jeu** *(pour les petits)* playground; *(Sport)* games field; ~ **de sport** sports ground; ~ **vague** waste ground *no pl*

terrarium [teʀaʀjɔm] *nm* terrarium

terrasse [teʀas] *nf* terrace; *(de café)* pavement area, terrasse; **à la** ~ *(café)* outside

terrassement [teʀasmɑ̃] *nm* earth-moving, earthworks *pl*; embankment

terrasser [teʀase] /**1**/ *vt (adversaire)* to floor, bring down; *(maladie etc)* to lay low

terrassier [teʀasje] *nm* navvy, roadworker

terre [tɛʀ] *nf (gén, aussi Élec)* earth; *(Astronomie) :* **la T~** the Earth; *(substance)* soil, earth; *(opposé à mer)* land *no pl*; *(contrée)* land; **travail de la** ~ work on the land; **en** ~ *(pipe, poterie)* clay *cpd*; **mettre en** ~ *(plante etc)* to plant; *(personne : enterrer)* to bury; **à** *ou* **par** ~ *(mettre, être, s'asseoir)* on the ground *(ou* floor); *(jeter, tomber)* to the ground, down; ~ **à** ~ *adj inv* down-to-earth,

t

433

matter-of-fact; **la T~ Adélie** Adélie Coast *ou* Land; **~ de bruyère** (heath-)peat; **~ cuite** earthenware; terracotta; **la ~ ferme** dry land, terra firma; **la T~ de Feu** Tierra del Fuego; **~ glaise** clay; **la T~ promise** the Promised Land; **la T~ Sainte** the Holy Land; **terres** *nfpl* *(terrains)* lands, land *sg*

terreau [tɛʀo] *nm* compost

terre-neuve [tɛʀnœv] *nm inv* *(chien)* Newfoundland dog ▶ *nf* : **Terre-Neuve** Newfoundland

terre-neuvien, ne [tɛʀnœvjɛ̃, -jɛn] *adj* from Newfoundland ▶ *nm/f* : **Terre-Neuvien, ne** Newfoundlander

terre-plein [tɛʀplɛ̃] *nm* platform; *(sur chaussée)* central reservation

terrer [tɛʀe] /**1**/ : **se terrer** *vpr* to hide away; to go to ground

terrestre [tɛʀɛstʀ] *adj* *(surface)* earth's, of the earth; *(Bot, Zool, Mil)* land *cpd*; *(Rel)* earthly, worldly

terreur [tɛʀœʀ] *nf* terror *no pl*, fear

terreux, -euse [tɛʀø, -øz] *adj* muddy; *(goût)* earthy

terrible [tɛʀibl] *adj* terrible, dreadful; *(fam : fantastique)* terrific; **pas ~** nothing special

terriblement [tɛʀibləmɑ̃] *adv* *(très)* terribly, awfully

terrien, ne [tɛʀjɛ̃, -ɛn] *adj* : **propriétaire ~** landowner ▶ *nm/f* countryman/woman, man/ woman of the soil; *(non martien etc)* earthling; *(non marin)* landsman

terrier [tɛʀje] *nm* burrow, hole; *(chien)* terrier

terrifiant, e [tɛʀifjɑ̃, -ɑ̃t] *adj* *(effrayant)* terrifying; *(extraordinaire)* terrible, awful

terrifier [tɛʀifje] /**7**/ *vt* to terrify

terril [tɛʀil] *nm* slag heap

terrine [tɛʀin] *nf* *(récipient)* terrine; *(Culin)* pâté

territoire [tɛʀitwaʀ] *nm* territory; **T~ des Afars et des Issas** French Territory of Afars and Issas

territorial, e, -aux [tɛʀitɔʀjal, -o] *adj* territorial; **eaux territoriales** territorial waters; **armée territoriale** regional defence force, ≈ Territorial Army (BRIT); **collectivités territoriales** local and regional authorities

terroir [tɛʀwaʀ] *nm* *(Agr)* soil; *(région)* region; **accent du ~** country *ou* rural accent

terroriser [tɛʀɔʀize] /**1**/ *vt* to terrorize

terrorisme [tɛʀɔʀism] *nm* terrorism

terroriste [tɛʀɔʀist] *nmf* terrorist

tertiaire [tɛʀsjɛʀ] *adj* tertiary ▶ *nm* *(Écon)* tertiary sector, service industries *pl*

tertiarisation [tɛʀsjaʀizasjɔ̃] *nf* expansion or development of the service sector

tertiariser [tɛʀsjeʀize] : **se tertiariser** *vpr* to have expand the service industries

tertio [tɛʀsjo] *adv* thirdly

tertre [tɛʀtʀ] *nm* hillock, mound

tes [te] *adj poss voir* **ton¹**

tessiture [tesityʀ] *nf* (Mus) range

tesson [tesɔ̃] *nm* : **~ de bouteille** piece of broken bottle

test [tɛst] *nm* test; **~ de grossesse** pregnancy test

testament [tɛstamɑ̃] *nm* *(Jur)* will; *(fig)* legacy; *(Rel)* : **T~** Testament; **faire son ~** to make one's will

testamentaire [tɛstamɑ̃tɛʀ] *adj* of a will

tester [tɛste] /**1**/ *vt* to test

testeur [tɛstœʀ] *nm* *(personne)* tester; *(instrument)* tester

testicule [tɛstikyl] *nm* testicle

testostérone [tɛstosteʀɔn] *nf* testosterone

tétanie [tetani] *nf* tetany

tétaniser [tetanize] *vt* to tetanize; **se tétaniser** *vpr* to become tetanized

tétanos [tetanos] *nm* tetanus

têtard [tɛtaʀ] *nm* tadpole

tête [tɛt] *nf* head; *(cheveux)* hair *no pl*; *(visage)* face; *(longueur)* : **gagner d'une (courte) ~** to win by a (short) head; *(Football)* header; **de ~** *adj* *(wagon etc)* front *cpd*; *(concurrent)* leading; *adv* *(calculer)* in one's head, mentally; **par ~** *(par personne)* per head; **se mettre en ~ que** to get it into one's head that; **se mettre en ~ de faire** to take it into one's head to do; **prendre la ~ de qch** to take the lead in sth; **perdre la ~** *(fig : s'affoler)* to lose one's head; *(: devenir fou)* to go off one's head; **ça ne va pas, la ~ ?** *(fam)* are you crazy?; **tenir ~ à qn** to stand up to *ou* defy sb; **la ~ en bas** with one's head down; **la ~ la première** *(tomber)* head-first; **la ~ basse** hanging one's head; **avoir la ~ dure** *(fig)* to be thickheaded; **faire une ~** *(Football)* to head the ball; **faire la ~** *(fig)* to sulk; **en ~** *(Sport)* in the lead; at the front *ou* head; **à la ~ de** at the head of; **à ~ reposée** in a more leisurely moment; **n'en faire qu'à sa ~** to do as one pleases; **en avoir par-dessus la ~** to be fed up; **en ~ à ~** in private, alone together; **de la ~ aux pieds** from head to toe; **~ d'affiche** *(Théât etc)* top of the bill; **~ de bétail** head *inv* of cattle; **~ brûlée** desperado; **~ chercheuse** homing device; **~ d'enregistrement** recording head; **~ d'impression** printhead; **~ de lecture** (playback) head; **~ de ligne** *(Transports)* start of the line; **~ de liste** *(Pol)* chief candidate; **~ de mort** skull and crossbones; **~ de pont** *(Mil)* bridge- *ou* beachhead; **~ de série** *(Tennis)* seeded player, seed; **~ de Turc** *(fig)* whipping boy *(BRIT)*, butt; **~ de veau** *(Culin)* calf's head

tête-à-queue [tɛtakø] *nm inv* : **faire un ~** to spin round

tête-à-tête [tɛtatɛt] *nm inv* tête-à-tête; *(service)* breakfast set for two; **en ~** in private, alone together

tête-bêche [tɛtbɛʃ] *adv* head to tail

tétée [tete] *nf* *(action)* sucking; *(repas)* feed

téter [tete] /**6**/ *vt* : **~ (sa mère)** to suck at one's mother's breast, feed

tétine [tetin] *nf* teat; *(sucette)* dummy *(BRIT)*, pacifier *(US)*

téton [tetɔ̃] *nm* breast

tétralogie [tetʀalɔʒi] *nf* tetralogy

têtu, e [tety] *adj* stubborn, pigheaded

texte [tɛkst] *nm* text; *(morceau choisi)* passage; *(Scol : d'un devoir)* subject, topic; **apprendre son ~** *(Théât)* to learn one's lines; **un ~ de loi** the wording of a law

texter [tɛkste] /**1**/ vi, vt to text
textile [tɛkstil] adj textile cpd ▶ nm textile;
(industrie) textile industry
Texto® [tɛksto] nm text (message)
texto [tɛksto] adv (fam) word for word
textoter [tɛkstɔte] /**1**/ vi, vt to text
textuel, le [tɛkstɥɛl] adj literal, word for word
textuellement [tɛkstɥɛlmɑ̃] adv literally
texture [tɛkstyʀ] nf texture; (fig : d'un texte, livre)
feel
texturé [tɛkstyʀe] adj (matériau, vin) textured
TF1 sigle f (= Télévision française 1) TV channel
TG sigle f = **trésorerie générale**
TGI sigle m = **tribunal de grande instance**
TGV sigle m = **train à grande vitesse**
thaï, e [tai] adj Thai ▶ nm (Ling) Thai
thaïlandais, e [tailɑ̃dɛ, -ɛz] adj Thai ▶ nm/f :
Thaïlandais, e Thai
Thaïlande [tailɑ̃d] nf : **la ~** Thailand
thalasso [talaso] nf (fam) = **thalassothérapie**
thalassothérapie [talasoterapi] nf sea-water
therapy
thé [te] nm tea; (réunion) tea party; **prendre le ~**
to have tea; **~ au lait/citron** tea with milk/
lemon; **faire le ~** to make the tea
théâtral, e, -aux [teɑtʀal, -o] adj theatrical
théâtre [teɑtʀ] nm theatre; (techniques, genre)
drama, theatre; (activité) stage, theatre; (œuvres)
plays pl, dramatic works pl; (péj) histrionics pl,
playacting; (fig : lieu) : **le ~ de** the scene of; **faire**
du ~ (en professionnel) to be on the stage; (en
amateur) to act; **~ filmé** filmed stage
productions pl
thébain, e [tebɛ̃, -ɛn] adj Theban
Thèbes [tɛb] n Thebes
théière [tejɛʀ] nf teapot
théine [tein] nf theine
théisme [teism] nm theism
thématique [tematik] adj thematic
thème [tɛm] nm theme; (Scol : traduction) prose
(composition); **~ astral** birth chart
théocratie [teɔkʀasi] nf theocracy
théologie [teɔlɔʒi] nf theology
théologien, ne [teɔlɔʒjɛ̃, -ɛn] nm theologian
théologique [teɔlɔʒik] adj theological
théorème [teɔʀɛm] nm theorem
théoricien, ne [teɔʀisjɛ̃, -ɛn] nm/f theoretician,
theorist
théorie [teɔʀi] nf theory; **en ~** in theory
théorique [teɔʀik] adj theoretical
théoriquement [teɔʀikmɑ̃] adv theoretically
théorisation [teɔʀizasjɔ̃] nf theorization
théoriser [teɔʀize] /**1**/ vi to theorize
thérapeutique [teʀapøtik] adj therapeutic ▶ nf
(Méd : branche) therapeutics sg; (: traitement)
therapy
thérapie [teʀapi] nf therapy; **~ de groupe**
group therapy
thermal, e, -aux [tɛʀmal, -o] adj thermal;
station thermale spa; **cure thermale** water
cure
thermes [tɛʀm] nmpl thermal baths; (romains)
thermae pl
thermique [tɛʀmik] adj (énergie) thermic; (unité)
thermal

thermodynamique [tɛʀmɔdinamik] nf
thermodynamics sg
thermoélectrique [tɛʀmoelɛktʀik] adj
thermoelectric
thermomètre [tɛʀmɔmɛtʀ] nm thermometer
thermonucléaire [tɛʀmɔnykleɛʀ] adj
thermonuclear
thermorégulateur, -trice [tɛʀmoʀegylatœʀ,
-tʀis] adj thermotaxic
thermos® [tɛʀmos] nm ou f : (**bouteille**) **~**
vacuum ou Thermos® flask (BRIT) ou bottle (US)
thermostat [tɛʀmɔsta] nm thermostat
thermostatique [tɛʀmɔstatik] adj
thermostatic
thésard, e [tezaʀ, -aʀd] nm/f person preparing
a thesis
thésauriser [tezoʀize] /**1**/ vi to hoard money
thèse [tɛz] nf thesis
Thessalie [tesali] nf : **la ~** Thessaly
thibaude [tibod] nf carpet underlay
thon [tɔ̃] nm tuna (fish)
thonier [tɔnje] nm tuna boat
thoracique [tɔʀasik] adj thoracic
thorax [tɔʀaks] nm thorax
thriller [sʀilœʀ] nm thriller
thrombose [tʀɔ̃boz] nf thrombosis
thune [tyn] nf (fam) money, dough (fam)
thym [tɛ̃] nm thyme
thyroïde [tiʀɔid] nf thyroid (gland)
thyroïdien, -ienne [tiʀɔidjɛ̃, -jɛn] adj thyroid cpd
TI sigle m = **tribunal d'instance**
tiare [tjaʀ] nf tiara
Tibet [tibɛ] nm : **le ~** Tibet
tibétain, e [tibetɛ̃, -ɛn] adj Tibetan
tibia [tibja] nm shin; (os) shinbone, tibia
Tibre [tibʀ] nm : **le ~** the Tiber
TIC sigle fpl (= technologies de l'information et de la
communication) ICT sg
tic [tik] nm tic, (nervous) twitch; (de langage etc)
mannerism
ticket [tikɛ] nm ticket; **~ de caisse** till receipt;
~ modérateur patient's contribution towards
medical costs; **~ de quai** platform ticket; **~ repas**
luncheon voucher
tic-tac [tiktak] nm inv tick-tock
tictaquer [tiktake] /**1**/ vi to tick (away)
tiède [tjɛd] adj (bière etc) lukewarm; (thé, café etc)
tepid; (bain, accueil, sentiment) lukewarm; (vent,
air) mild, warm ▶ adv : **boire ~** to drink things
lukewarm
tièdement [tjɛdmɑ̃] adv coolly, half-heartedly
tiédeur [tjedœʀ] nf lukewarmness; (du vent, de
l'air) mildness
tiédir [tjediʀ] /**2**/ vi (se réchauffer) to grow warmer;
(refroidir) to cool
tien, tienne [tjɛ̃, tjɛn] pron : **le (la) ~(ne)** yours;
les ~(ne)s yours; **à la tienne !** cheers!
tiendrai etc [tjɛ̃dʀe] vb voir **tenir**
tienne [tjɛn] vb voir **tenir** ▶ pron voir **tien**
tiens [tjɛ̃] vb, excl voir **tenir**
tierce [tjɛʀs] adj f, nf voir **tiers**
tiercé [tjɛʀse] nm system of forecast betting giving
first three horses
tiers, tierce [tjɛʀ, tjɛʀs] adj third; **une tierce**
personne a third party; **le ~ monde** the third

world ▶ *nm* (*Jur*) third party; (*fraction*) third; ~ **payant** *direct payment by insurers of medical expenses*; ~ **provisionnel** *interim payment of tax*; **assurance au** ~ third-party insurance ▶ *nf* (*Mus*) third; (*Cartes*) tierce

tifs [tif] *nmpl* (*fam*) hair

TIG *sigle m* = **travail d'intérêt général**

tige [tiʒ] *nf* stem; (*baguette*) rod

tignasse [tiɲas] *nf* (*péj*) shock *ou* mop of hair

Tigre [tigʀ] *nm* : **le** ~ the Tigris

tigre [tigʀ] *nm* tiger

tigré, e [tigʀe] *adj* (*rayé*) striped; (*tacheté*) spotted; (*chat*) tabby

tigresse [tigʀɛs] *nf* tigress

tilde [tild(e)] *nf* tilde

tilleul [tijœl] *nm* lime (tree), linden (tree); (*boisson*) lime(-blossom) tea

tilt [tilt] *nm* : **faire** ~ (*fig* : *inspirer*) to ring a bell

timbale [tɛ̃bal] *nf* (*metal*) tumbler; **timbales** *nfpl* (*Mus*) timpani, kettledrums

timbrage [tɛ̃bʀaʒ] *nm* : **dispensé de** ~ post(age) paid

timbre [tɛ̃bʀ] *nm* (*tampon*) stamp; (*aussi* : **timbre-poste**) (postage) stamp; (*cachet de la poste*) postmark; (*sonnette*) bell; (*Mus* : *de voix, instrument*) timbre, tone; ~ **anti-tabac** nicotine patch; ~ **dateur** date stamp

timbré, e [tɛ̃bʀe] *adj* (*enveloppe*) stamped; (*voix*) resonant; (*fam* : *fou*) cracked, nuts

timbrer [tɛ̃bʀe] */1/ vt* to stamp

timide [timid] *adj* (*emprunté*) shy, timid; (*timoré*) timid, timorous

timidement [timidmɑ̃] *adv* shyly; timidly

timidité [timidite] *nf* shyness; timidity

timing [tajmiɲ] *nm* timing

timonerie [timɔnʀi] *nf* wheelhouse

timonier [timɔnje] *nm* helmsman

timoré, e [timɔʀe] *adj* timorous

tint *etc* [tɛ̃] *vb voir* **tenir**

tintamarre [tɛ̃tamaʀ] *nm* din, uproar

tintement [tɛ̃tmɑ̃] *nm* ringing, chiming; **tintements d'oreilles** ringing in the ears

tinter [tɛ̃te] */1/ vi* to ring, chime; (*argent, clés*) to jingle

tipi [tipi] *nm* teepee, tipi

Tipp-Ex® [tipɛks] *nm* Tipp-Ex®

tique [tik] *nf* tick (*insect*)

tiquer [tike] */1/ vi* (*personne*) to make a face

TIR *sigle mpl* (= *Transports internationaux routiers*) TIR

tir [tiʀ] *nm* (*sport*) shooting; (*fait ou manière de tirer*) firing *no pl*; (*Football*) shot; (*rafale*) fire; (*stand*) shooting gallery; ~ **d'obus/de mitraillette** shell/machine gun fire; ~ **à l'arc** archery; ~ **de barrage** barrage fire; ~ **au fusil** (*rifle*) shooting; ~ **au pigeon** (*d'argile*) clay pigeon shooting

tirade [tiʀad] *nf* tirade

tirage [tiʀaʒ] *nm* (*action*) printing; (*Photo*) print; (*Inform*) printout; (*de journal*) circulation; (*de livre*) (print-)run; edition; (*de cheminée*) draught (*BRIT*), draft (*US*); (*de loterie*) draw; (*fig* : *désaccord*) friction; ~ **au sort** drawing lots

tiraillement [tiʀajmɑ̃] *nm* (*douleur*) sharp pain; (*fig* : *doutes*) agony *no pl* of indecision; (*conflits*) friction *no pl*

tirailler [tiʀaje] */1/ vt* to pull at, tug at; (*fig*) to gnaw at ▶ *vi* to fire at random

tirailleur [tiʀajœʀ] *nm* skirmisher

tirant [tiʀɑ̃] *nm* : ~ **d'eau** draught (*BRIT*), draft (*US*)

tire [tiʀ] *nf* : **vol à la** ~ pickpocketing

tiré, e [tiʀe] *adj* (*visage, traits*) drawn; ~ **par les cheveux** far-fetched ▶ *nm* (*Comm*) drawee; ~ **à part** off-print

tire-au-flanc [tiʀoflɑ̃] *nm inv* (*péj*) skiver

tire-bouchon [tiʀbuʃɔ̃] *nm* corkscrew

tire-bouchonner [tiʀbuʃɔne] */1/ vt* to twirl

tire-d'aile [tiʀdɛl] : **à** ~ *adv* swiftly

tire-fesses [tiʀfɛs] *nm inv* ski-tow

tire-lait [tiʀlɛ] *nm inv* breast-pump

tire-larigot [tiʀlaʀigo] : **à** ~ *adv* as much as one likes, to one's heart's content

tirelire [tiʀliʀ] *nf* moneybox

tirer [tiʀe] */1/ vt* (*gén*) to pull; (*tracer* : *ligne, trait*) to draw, trace; (*fermer* : *volet, porte, trappe*) to pull to, close; (: *rideau*) to draw; (*choisir* : *carte, conclusion* : *Comm* : *chèque*) to draw; (*en faisant feu* : *balle, coup*) to fire; (: *animal*) to shoot; (*journal, livre, photo*) to print; (*Football* : *corner etc*) to take; ~ **qch de** to get sth out of; (*extraire*) to extract sth from; ~ **son nom de** to take *ou* get its name from; ~ **la langue** to stick out one's tongue; ~ **qn de** (*embarras etc*) to help *ou* get sb out of; ~ **qch au clair** to clear sth up; ~ **parti de** to take advantage of; ~ **profit de** to profit from; ~ **les cartes** to read *ou* tell the cards ▶ *vi* (*faire feu*) to fire; (*faire du tir, Football*) to shoot; (*cheminée*) to draw; ~ **sur** (*corde, poignée*) to pull on *ou* at; (*faire feu sur*) to shoot *ou* fire at; (*pipe*) to draw on; (*fig* : *avoisiner*) to verge *ou* border on; ~ **six mètres** (*Navig*) to draw six metres of water; ~ **à l'arc/ la carabine** to shoot with a bow and arrow/ with a rifle; ~ **en longueur** to drag on; ~ **à sa fin** to be drawing to an end; ~ **au sort** to draw lots; **se tirer** *vpr* (*fam*) to push off; **s'en** ~ (*éviter le pire*) to get off; (*survivre*) to pull through; (*se débrouiller*) to manage

tiret [tiʀɛ] *nm* dash; (*en fin de ligne*) hyphen

tireur [tiʀœʀ] *nm* gunman; (*Comm*) drawer; **bon** ~ good shot; ~ **d'élite** marksman; ~ **de cartes** fortuneteller

tiroir [tiʀwaʀ] *nm* drawer

tiroir-caisse [tiʀwaʀkɛs] (*pl* **tiroirs-caisses**) *nm* till

tisane [tizan] *nf* herb tea

tison [tizɔ̃] *nm* brand

tisonner [tizɔne] */1/ vt* to poke

tisonnier [tizɔnje] *nm* poker

tissage [tisaʒ] *nm* weaving *no pl*

tisser [tise] */1/ vt* to weave

tisserand, e [tisʀɑ̃, -ɑ̃d] *nm/f* weaver

tissu¹ [tisy] *nm* fabric, material, cloth *no pl*; (*fig*) fabric; (*Anat, Bio*) tissue; ~ **de mensonges** web of lies

tissu², e [tisy] *adj* (*liter*) : ~ **de** woven through with

tissu-éponge [tisyepɔ̃ʒ] (*pl* **tissus-éponges**) *nm* (terry) towelling *no pl*

titan [titɑ̃] *nm* (*géant*) titan; **travail de** ~ Herculean task

titane [titan] *nm* titanium

titanesque [titanɛsk] *adj* titanic
titiller [titije] /1/ *vt* to titillate
titrage [titraʒ] *nm* (*d'un film*) titling; (*d'un alcool*) determination of alcohol content
titraille [titraj] *nf* (*Typo*) headlines
titre [titʀ] *nm* (*gén*) title; (*de journal*) headline; (*diplôme*) qualification; (*Comm*) security; (*Chimie*) titre; **en ~** (*champion, responsable*) official, recognized; **à juste ~** with just cause, rightly; **à quel ~?** on what grounds?; **à aucun ~** on no account; **au même ~ (que)** in the same way (as); **au ~ de la coopération** *etc* in the name of cooperation *etc*; **à ~ d'exemple** as an *ou* by way of an example; **à ~ exceptionnel** exceptionally; **à ~ d'information** for (your) information; **à ~ gracieux** free of charge; **à ~ d'essai** on a trial basis; **à ~ privé** in a private capacity; **~ courant** running head; **~ de propriété** title deed; **~ de transport** ticket
titré, e [titʀe] *adj* (*livre, film*) entitled; (*personne*) titled
titrer [titʀe] /1/ *vt* (*Chimie*) to titrate; to assay; (*Presse*) to run as a headline; (*vin*) : **~ 10°** to be 10° proof
titubant, e [titybɑ̃, -ɑ̃t] *adj* staggering, reeling
tituber [titybe] /1/ *vi* to stagger *ou* reel (along)
titulaire [titylɛʀ] *adj* (*Admin*) appointed, with tenure ▸ *nmf* (*Admin*) incumbent; (*de permis*) holder; **être ~ de** (*diplôme, permis*) to hold
titularisation [titylaʀizasjɔ̃] *nf* granting of tenure
titulariser [titylaʀize] /1/ *vt* to give tenure to
TNP *sigle m* = **Théâtre national populaire**
TNT *sigle m* (= *Trinitrotoluène*) TNT ▸ *sigle f* (= *Télévision numérique terrestre*) digital television
toast [tost] *nm* slice *ou* piece of toast; (*de bienvenue*) (welcoming) toast; **porter un ~ à qn** to propose *ou* drink a toast to sb
toboggan [tɔbɔgɑ̃] *nm* toboggan; (*jeu*) slide; (*Auto*) flyover (*BRIT*), overpass (*US*); **~ de secours** (*Aviat*) escape chute
toc [tɔk] *nm* : **en ~** imitation *cpd* ▸ *excl* : **toc, toc** knock knock
tocsin [tɔksɛ̃] *nm* alarm (bell)
toge [tɔʒ] *nf* toga; (*de juge*) gown
Togo [tɔgo] *nm* : **le ~** Togo
togolais, e [tɔgɔlɛ, -ɛz] *adj* Togolese
tohu-bohu [tɔybɔy] *nm* (*désordre*) confusion; (*tumulte*) commotion
toi [twa] *pron* you; **~, tu l'as fait?** did YOU do it?
toile [twal] *nf* (*matériau*) cloth *no pl*; (*bâche*) piece of canvas; (*tableau*) canvas; **grosse ~** canvas; **de ou en ~** (*pantalon*) cotton; (*sac*) canvas; **tisser sa ~** (*araignée*) to spin its web; **~ d'araignée** spider's web; (*au plafond etc : à enlever*) cobweb; **la T~** (*Internet*) the Web; **~ cirée** oilcloth; **~ émeri** emery cloth; **~ de fond** (*fig*) backdrop; **~ de jute** hessian; **~ de lin** linen; **~ de tente** canvas
toilettage [twalɛtaʒ] *nm* grooming *no pl*; (*d'un texte*) tidying up
toilette [twalɛt] *nf* wash; (*s'habiller et se préparer*) getting ready, washing and dressing; (*habits*) outfit; dress *no pl*; **faire sa ~** to have a wash, get washed; **faire la ~ de** (*animal*) to groom; (*voiture etc*) to clean, wash; (*texte*) to tidy up;

articles de ~ toiletries; **~ intime** personal hygiene; **toilettes** *nfpl* toilet *sg*; **les toilettes des dames/messieurs** the ladies'/gents' (toilets) (*BRIT*), the ladies'/men's (rest)room (*US*)
toiletter [twalete] *vt* (*animal*) to groom; (*texte, loi*) to tidy up
toi-même [twamɛm] *pron* yourself
toise [twaz] *nf* : **passer à la ~** to have one's height measured
toiser [twaze] /1/ *vt* to eye up and down
toison [twazɔ̃] *nf* (*de mouton*) fleece; (*cheveux*) mane
toit [twa] *nm* roof; **~ ouvrant** sun roof
toiture [twatyʀ] *nf* roof
Tokyo [tɔkjo] *n* Tokyo
tôle [tol] *nf* sheet metal *no pl*; (*plaque*) steel (*ou* iron) sheet; **~ d'acier** sheet steel *no pl*; **~ ondulée** corrugated iron; **tôles** *nfpl* (*carrosserie*) bodywork *sg* (*BRIT*), body *sg*; panels
Tolède [tɔlɛd] *n* Toledo
tolérable [tɔleʀabl] *adj* tolerable, bearable
tolérance [tɔleʀɑ̃s] *nf* tolerance; (*hors taxe*) allowance
tolérant, e [tɔleʀɑ̃, -ɑ̃t] *adj* tolerant
tolérer [tɔleʀe] /6/ *vt* to tolerate; (*Admin : hors taxe etc*) to allow
tôlerie [tolʀi] *nf* sheet metal manufacture; (*atelier*) sheet metal workshop; (*ensemble des tôles*) panels *pl*
tollé [tɔle] *nm* : **un ~ (de protestations)** a general outcry
TOM [tɔm] *sigle nm(pl)* = **territoire(s) d'outre-mer**
tomate [tɔmat] *nf* tomato; **tomates farcies** stuffed tomatoes
tombal, e [tɔ̃bal] *adj* : **pierre tombale** tombstone, gravestone
tombant, e [tɔ̃bɑ̃, -ɑ̃t] *adj* (*fig*) drooping, sloping
tombe [tɔ̃b] *nf* (*sépulture*) grave; (*avec monument*) tomb
tombeau, x [tɔ̃bo] *nm* tomb; **à ~ ouvert** at breakneck speed
tombée [tɔ̃be] *nf* : **à la ~ du jour** *ou* **de la nuit** at the close of day, at nightfall
tomber [tɔ̃be] /1/ *vi* to fall; (*fièvre, vent*) to drop; **laisser ~** (*objet*) to drop; (*personne*) to let down; (*activité*) to give up; **laisse ~!** forget it!; **faire ~** to knock over; **~ sur** (*rencontrer*) to come across; (*attaquer*) to set about; **~ de fatigue/sommeil** to drop from exhaustion/be falling asleep on one's feet; **~ à l'eau** (*fig : projet etc*) to fall through; **~ en panne** to break down; **~ juste** (*opération, calcul*) to come out right; **~ en ruine** to fall into ruins; **ça tombe bien/mal** (*fig*) that's come at the right/wrong time; **il est bien/mal tombé** (*fig*) he's been lucky/unlucky ▸ *vt* : **la veste** to slip off one's jacket
tombereau, x [tɔ̃bʀo] *nm* tipcart
tombeur [tɔ̃bœʀ] *nm* (*péj*) Casanova
tombola [tɔ̃bɔla] *nf* raffle
Tombouctou [tɔ̃buktu] *n* Timbuktu
tome [tɔm] *nm* volume
tomette, tommette [tɔmɛt] *nf* hexagonal floor tile
tomographie [tɔmɔgʀafi] *nf* tomography

ton – tort

ton¹, ta [tɔ̃, ta] (*pl* **tes** [te]) *adj poss* your

ton² [tɔ̃] *nm* (*gén*) tone; (*Mus*) key; (*couleur*) shade, tone; (*de la voix : hauteur*) pitch; **donner le ~ to** set the tone; **élever** *ou* **hausser le ~ to** raise one's voice; **de bon ~ in** good taste; **si vous le prenez sur ce ~ if** you're going to take it like that; **~ sur ~ in** matching shades

tonal, e [tɔnal] *adj* tonal

tonalité [tɔnalite] *nf* (*au téléphone*) dialling tone; (*Mus*) tonality; (: *ton*) key; (*fig*) tone

tondeuse [tɔ̃døz] *nf* (*à gazon*) (lawn)mower; (*du coiffeur*) clippers *pl*; (*pour la tonte*) shears *pl*

tondre [tɔ̃dʀ] /41/ *vt* (*pelouse, herbe*) to mow; (*haie*) to cut, clip; (*mouton, toison*) to shear; (*cheveux*) to crop

tondu, e [tɔ̃dy] *pp de* **tondre** ▸ *adj* (*cheveux*) cropped; (*mouton, crâne*) shorn

Tonga [tɔ̃ga] *nm* : **les îles ~** Tonga

tongs [tɔ̃g] *nfpl* flip-flops (BRIT), thongs (US)

tonicité [tɔnisite] *nf* (*Méd* : *des tissus*) tone; (*fig* : *de l'air, la mer*) invigorating quality

tonifiant, e [tɔnifjɑ̃, -ɑ̃t] *adj* invigorating, revivifying

tonifier [tɔnifje] /7/ *vt* (*air, eau*) to invigorate; (*peau, organisme*) to tone up

tonique [tɔnik] *adj* fortifying; (*personne*) dynamic ▸ *nmf* tonic

tonitruant, e [tɔnitʀyɑ̃, -ɑ̃t] *adj* : **voix tonitruante** thundering voice

Tonkin [tɔ̃kɛ̃] *nm* : **le ~** Tonkin, Tongking

tonkinois, e [tɔ̃kinwa, -waz] *adj* Tonkinese

tonnage [tɔnaʒ] *nm* tonnage

tonnant, e [tɔnɑ̃, -ɑ̃t] *adj* thunderous

tonne [tɔn] *nf* metric ton, tonne

tonneau, x [tɔno] *nm* (*à vin, cidre*) barrel; (*Navig*) ton; **faire des tonneaux** (*voiture, avion*) to roll over

tonnelet [tɔnlɛ] *nm* keg

tonnelier [tɔnəlje] *nm* cooper

tonnelle [tɔnɛl] *nf* bower, arbour (BRIT), arbor (US)

tonnellerie [tɔnɛlʀi] *nf* (*secteur, activité*) cooperage, barrel-making; (*entreprise*) cooper, barrel-maker

tonner [tɔne] /1/ *vi* to thunder; (*parler avec véhémence*) : **~ contre qn/qch** to inveigh against sb/sth; **il tonne** it is thundering, there's some thunder

tonnerre [tɔnɛʀ] *nm* thunder; **coup de ~** (*fig*) thunderbolt, bolt from the blue; **un ~ d'applaudissements** thunderous applause; **du ~** *adj* (*fam*) terrific

tonsure [tɔ̃syʀ] *nf* bald patch; (*de moine*) tonsure

tonte [tɔ̃t] *nf* shearing

tonton [tɔ̃tɔ̃] *nm* uncle

tonus [tɔnys] *nm* energy; (*des muscles*) tone; (*d'une personne*) dynamism

top [tɔp] *nm* : **au troisième ~** at the third stroke ▸ *adj inv* : **~ secret** top secret ▸ *excl* go!

topaze [tɔpaz] *nf* topaz

toper [tɔpe] /1/ *vi* : **tope-/topez-là** it's a deal!, you're on!

topinambour [tɔpinɑ̃buʀ] *nm* Jerusalem artichoke

topo [tɔpo] *nm* (*discours, exposé*) talk; (*fam*) spiel

topographie [tɔpɔgʀafi] *nf* topography

topographique [tɔpɔgʀafik] *adj* topographical

topologie [tɔpɔlɔʒi] *nf* topology

toponyme [tɔpɔnim] *nm* place name, toponym

toponymie [tɔpɔnimi] *nf* study of place names, toponymy

toquade [tɔkad] *nf* fad, craze

toque [tɔk] *nf* (*de fourrure*) fur hat; **~ de jockey/juge** jockey's/judge's cap; **~ de cuisinier** chef's hat

toqué, e [tɔke] *adj* (*fam*) touched, cracked

torche [tɔʀʃ] *nf* torch; **se mettre en ~** (*parachute*) to candle

torcher [tɔʀʃe] /1/ *vt* (*fam*) to wipe; **se torcher** *vpr* : **se ~ le cul** (!) to wipe one's arse (!: BRIT), to wipe one's ass (!: US)

torchère [tɔʀʃɛʀ] *nf* flare

torchis [tɔʀʃi] *nm* cob (*building material*)

torchon [tɔʀʃɔ̃] *nm* cloth, duster; (*à vaisselle*) tea towel *ou* cloth

tordre [tɔʀdʀ] /41/ *vt* (*chiffon*) to wring; (*barre, fig* : *visage*) to twist; **se tordre** *vpr* (*barre*) to bend; (*roue*) to twist, buckle; (*ver, serpent*) to writhe; **se ~ le poignet/la cheville** to twist one's wrist/ankle; **se ~ de douleur/rire** to writhe in pain/be doubled up with laughter

tordu, e [tɔʀdy] *pp de* **tordre** ▸ *adj* (*fig*) warped, twisted; (*fig*) crazy

torero [tɔʀeʀo] *nm* bullfighter

tornade [tɔʀnad] *nf* tornado

toron [tɔʀɔ̃] *nm* strand (of rope)

Toronto [tɔʀɔ̃to] *n* Toronto

torontois, e [tɔʀɔ̃twa, -waz] *adj* Torontonian ▸ *nm/f* : **Torontois, e** Torontonian

torpeur [tɔʀpœʀ] *nf* torpor, drowsiness

torpillage [tɔʀpijaʒ] *nm* (*de bateau, projet*) torpedoing

torpille [tɔʀpij] *nf* torpedo

torpiller [tɔʀpije] /1/ *vt* to torpedo

torpilleur [tɔʀpijœʀ] *nm* torpedo boat

torréfacteur [tɔʀefaktœʀ] *nm* (*entreprise*) coffee merchant

torréfaction [tɔʀefaksjɔ̃] *nf* roasting

torréfier [tɔʀefje] /7/ *vt* to roast

torrent [tɔʀɑ̃] *nm* torrent, mountain stream; (*fig*) : **un ~ de** a torrent *ou* flood of; **il pleut à torrents** the rain is lashing down

torrentiel, le [tɔʀɑ̃sjɛl] *adj* torrential

torride [tɔʀid] *adj* torrid

tors, e [tɔʀ, tɔʀs(ə)] *adj* twisted

torsade [tɔʀsad] *nf* twist; (*Archit*) cable moulding (BRIT) *ou* molding (US); **un pull à torsades** a cable sweater

torsadé [tɔʀsade] *adj* twisted

torsader [tɔʀsade] /1/ *vt* to twist

torse [tɔʀs] *nm* chest; (*Anat, Sculpture*) torso; (*poitrine*) chest; **~ nu** stripped to the waist

torsion [tɔʀsjɔ̃] *nf* (*action*) twisting; (*Tech, Physique*) torsion

tort [tɔʀ] *nm* (*défaut*) fault; (*préjudice*) wrong *no pl*; **avoir ~** to be wrong; **être dans son ~** to be in the wrong; **donner ~ à qn** to lay the blame on sb; (*fig*) to prove sb wrong; **causer du ~ à** to harm; to be harmful *ou* detrimental to; **en ~** in the wrong, at fault; **à ~** wrongly; **à ~ ou à raison** rightly or wrongly; **à ~ et à travers** wildly; **torts** *nmpl* (*Jur*) fault *sg*

torte [tɔʀt] *adj f voir* **tors**

torticolis [tɔʀtikɔli] *nm* stiff neck

tortiller [tɔʀtije] **/1/** *vt* (*corde, mouchoir*) to twist; (*doigts*) to twiddle; (*moustache*) to twirl; **se tortiller** *vpr* to wriggle, squirm; (*en dansant*) to wiggle

tortionnaire [tɔʀsjɔnɛʀ] *nm* torturer

tortue [tɔʀty] *nf* tortoise; (*fig*) slowcoach (BRIT), slowpoke (US); (*d'eau douce*) terrapin; (*d'eau de mer*) turtle

tortueux, -euse [tɔʀtɥø, -øz] *adj* (*rue*) twisting; (*fig*) tortuous

torture [tɔʀtyʀ] *nf* torture

torturer [tɔʀtyʀe] **/1/** *vt* to torture; (*fig*) to torment

torve [tɔʀv] *adj* : **regard** ~ menacing *ou* grim look

toscan, e [tɔskɑ̃, -an] *adj* Tuscan

Toscane [tɔskan] *nf* : **la** ~ Tuscany

tôt [to] *adv* early; ~ **ou tard** sooner or later; **si** ~ so early; (*déjà*) so soon; **au plus** ~ at the earliest, as soon as possible; **plus** ~ earlier; **il eut** ~ **fait de faire ...** he soon did ...

total, e, -aux [tɔtal, -o] *adj, nm* total; **au** ~ in total *ou* all; (*fig*) all in all, on the whole; **faire le** ~ to work out the total

totalement [tɔtalmɑ̃] *adv* totally, completely

totalisateur [tɔtalizatœʀ] *nm* adding machine

totaliser [tɔtalize] **/1/** *vt* to total (up)

totalitaire [tɔtalitɛʀ] *adj* totalitarian

totalitarisme [tɔtalitaʀism] *nm* totalitarianism

totalité [tɔtalite] *nf* : **la** ~ **de** : **la** ~ **des élèves** all (of) the pupils; **la** ~ **de la population/classe** the whole population/class; **en** ~ entirely

totem [tɔtɛm] *nm* totem

touareg [twaʀɛg] *adj* Tuareg, Touareg ▶ *nm* (*Ling*) Tuareg, Touareg ▶ *nmf, nmf inv* : **T**~ Tuareg, Touareg

toubib [tubib] *nm* (*fam*) doctor

toucan [tukɑ̃] *nm* toucan

touchant, e [tuʃɑ̃, -ɑ̃t] *adj* touching

touche [tuʃ] *nf* (*de piano, de machine à écrire*) key; (*de violon*) fingerboard; (*de télécommande etc*) key, button; (*de téléphone*) button; (*Peinture etc*) stroke, touch; (*fig : de couleur, nostalgie*) touch, hint; (*Rugby*) line-out; (*Football : aussi* : **remise en touche**) throw-in; (*aussi* : **ligne de touche**) touch-line; (*Escrime*) hit; **en** ~ in (*ou* into) touch; **avoir une drôle de** ~ to look a sight; ~ **de commande/de fonction/de retour** (*Inform*) control/function/return key; ~ **dièse** (*de téléphone, clavier*) hash key; ~ **à effleurement** *ou* **sensitive** touch-sensitive control *ou* key

touche-à-tout [tuʃatu] *nm inv* (*péj : gén : enfant*) meddler; (: *fig : inventeur etc*) dabbler

toucher [tuʃe] **/1/** *nm* touch; **au** ~ to the touch; by the feel ▶ *vt* to touch; (*palper*) to feel; (*atteindre : d'un coup de feu etc*) to hit; (*affecter*) to touch, affect; (*concerner*) to concern, affect; (*contacter*) to reach, contact; (*recevoir : récompense*) to receive, get; (: *salaire*) to draw, get; (*chèque*) to cash; (*aborder : problème, sujet*) to touch on; ~ **à** to touch; (*modifier*) to touch, tamper *ou* meddle with; (*traiter de, concerner*) to have to do with,

concern; **je vais lui en** ~ **un mot** I'll have a word with him about it; ~ **au but** (*fig*) to near one's goal; ~ **à sa fin** to be drawing to a close; **se toucher** *vpr* (*être en contact*) to touch

touffe [tuf] *nf* tuft

touffu, e [tufy] *adj* thick, dense; (*fig*) complex, involved

toujours [tuʒuʀ] *adv* always; (*encore*) still; (*constamment*) forever; **depuis** ~ always; **essaie** ~ (you can) try anyway; **pour** ~ forever; ~ **est-il que** the fact remains that; ~ **plus** more and more

toulonnais, e [tulɔnɛ, -ɛz] *adj* of *ou* from Toulon

toulousain, e [tuluzɛ̃, -ɛn] *adj* of *ou* from Toulouse

toundra [tundʀa] *nf* tundra

toupet [tupɛ] *nm* quiff (BRIT), tuft; (*fam*) nerve, cheek (BRIT)

toupie [tupi] *nf* (spinning) top

tour [tuʀ] *nf* tower; (*immeuble*) high-rise block (BRIT) *ou* building (US), tower block (BRIT); (*Échecs*) castle, rook; ~ **de contrôle** control tower; **la** ~ **Eiffel** the Eiffel Tower ▶ *nm* (*excursion : à pied*) stroll, walk; (: *en voiture etc*) run, ride; (*Sport : aussi* : **tour de piste**) lap; (*d'être servi ou de jouer etc, tournure, de vis ou clef*) turn; (*de roue etc*) revolution; (*Pol : aussi* : **tour de scrutin**) ballot; (*ruse, de prestidigitation, de cartes*) trick; (*de potier*) wheel; (*à bois, métaux*) lathe; (*circonférence*) : **de 3 m de** ~ 3 m round, with a circumference *ou* girth of 3 m; **faire le** ~ **de** to go (a)round; (*à pied*) to walk (a)round; (*fig*) to review; **faire le** ~ **de l'Europe** to tour Europe; **faire un** ~ to go for a walk; (*en voiture etc*) to go for a ride; **faire 2 tours** to go (a)round twice; (*hélice etc*) to turn *ou* revolve twice; **fermer à double** ~ *vi* to double-lock the door; **c'est au** ~ **de Renée** it's Renée's turn; **à** ~ **de rôle, à** ~ **in turn; à** ~ **de bras** with all one's strength; (*fig*) non-stop, relentlessly; ~ **de taille/tête** waist/head measurement; ~ **de chant** song recital; **le T**~ **de France** the Tour de France; ~ **de force** tour de force; ~ **de garde** spell of duty; **un 33 tours** an LP; **un 45 tours** a single; ~ **d'horizon** (*fig*) general survey; ~ **de lit** valance; ~ **de main** dexterity, knack; **en un** ~ **de main** (as) quick as a flash; ~ **de passe-passe** trick, sleight of hand; ~ **de reins** sprained back

TOUR DE FRANCE

The **Tour de France** is an annual road race for professional cyclists. It takes about three weeks to complete and is divided into daily stages, or *étapes*, that vary in length from around 55km to more than 200km and which are over terrain of varying levels of difficulty. The leading cyclist wears a yellow jersey, the *maillot jaune*. The route varies; it is not usually confined to France but always ends in Paris. In addition, there are a number of time trials.

tourangeau, -elle, x [tuʀɑ̃ʒo, -ɛl] *adj* (*de la région*) of *ou* from Touraine; (*de la ville*) of *ou* from Tours

tourbe [tuʀb] *nf* peat

tourbeux, -euse [tuʀbø, -øz] *adj* peaty

tourbière [tuʀbjɛʀ] *nf* peat-bog

tourbillon [tuʀbijɔ̃] *nm* whirlwind; *(d'eau)* whirlpool; *(fig)* whirl, swirl

tourbillonner [tuʀbijɔne] /**1**/ *vi* to whirl, swirl; *(objet, personne)* to whirl *ou* twirl round

tourelle [tuʀɛl] *nf* turret

tourisme [tuʀism] *nm* tourism; **agence de ~** tourist agency; **avion/voiture de ~** private plane/car; **faire du ~** to go touring; *(en ville)* to go sightseeing

tourista [tuʀista] *nf (fam)* = **turista**

touriste [tuʀist] *nmf* tourist

touristique [tuʀistik] *adj* tourist *cpd*; *(région)* touristic *(péj)*, with tourist appeal

tourment [tuʀmã] *nm* torment

tourmente [tuʀmãt] *nf* storm

tourmenté, e [tuʀmãte] *adj* tormented, tortured; *(mer, période)* turbulent

tourmenter [tuʀmãte] /**1**/ *vt* to torment; **se tourmenter** *vpr* to fret, worry o.s.

tournage [tuʀnaʒ] *nm (d'un film)* shooting

tournant, e [tuʀnã, -ãt] *adj (feu, scène)* revolving; *(chemin)* winding; *(escalier)* spiral *cpd*; *(mouvement)* circling ▶ *nm (de route)* bend *(BRIT)*, curve *(US)*; *(fig)* turning point; *voir* **plaque**; **grève**

tourné, e [tuʀne] *adj (lait, vin)* sour, off; *(Menuiserie : bois)* turned; **bien ~** *(compliment)* well-phrased; *(femme)* shapely; **mal ~** *(lettre)* badly expressed; **avoir l'esprit mal ~** to have a dirty mind

tournebroche [tuʀnəbʀɔʃ] *nm* roasting spit

tourne-disque [tuʀnədisk] *nm* record player

tournedos [tuʀnədo] *nm* tournedos

tournée [tuʀne] *nf (du facteur etc)* round; *(d'artiste, politicien)* tour; *(au café)* round (of drinks); **faire la ~ de** to go (a)round

tournemain [tuʀnəmɛ̃] : **en un ~** *adv* in a flash

tourner [tuʀne] /**1**/ *vt* to turn; *(sauce, mélange)* to stir; *(contourner)* to get (a)round; *(Ciné : faire les prises de vues)* to shoot; *(: produire)* to make; **~ le dos à** *(mouvement)* to turn one's back on; *(position)* to have one's back to; **~ la tête** to look away; **~ la tête à qn** *(fig)* to go to sb's head; **~ la page** *(fig)* to turn the page ▶ *vi* to turn; *(moteur)* to run; *(compteur)* to tick away; *(lait etc)* to turn (sour); *(fig : chance, vie)* to turn out; **bien ~** to turn out well; **mal ~** to go wrong; **~ autour de** to go (a)round; *(planète)* to revolve (a)round; *(péj)* to hang (a)round; **~ autour du pot** *(fig)* to go (a)round in circles; **~ à/en** to turn into; **~ à la pluie/au rouge** to turn rainy/red; **~ en ridicule** to ridicule; **~ court** to come to a sudden end; **~ de l'œil** to pass out; **se tourner** *vpr* to turn (a)round; **se ~ vers** to turn towards; **se ~ les pouces** to twiddle one's thumbs

tournesol [tuʀnəsɔl] *nm* sunflower

tourneur [tuʀnœʀ] *nm* turner; lathe-operator

tournevis [tuʀnəvis] *nm* screwdriver

tourniquer [tuʀnike] /**1**/ *vi* to go (a)round in circles

tourniquet [tuʀnike] *nm (pour arroser)* sprinkler; *(portillon)* turnstile; *(présentoir)* revolving stand, spinner; *(Chirurgie)* tourniquet

tournis [tuʀni] *nm* : **avoir/donner le ~** to feel/make dizzy

tournoi [tuʀnwa] *nm* tournament

tournoyer [tuʀnwaje] /**8**/ *vi (oiseau)* to wheel (a)round; *(fumée)* to swirl (a)round

tournure [tuʀnyʀ] *nf (Ling : syntaxe)* turn of phrase; form; *(d'une phrase)* phrasing; **la ~ de qch** *(évolution)* the way sth is developing; *(aspect)* the look of sth; **la ~ des événements** the turn of events; **prendre ~** to take shape; **~ d'esprit** turn *ou* cast of mind

tour-opérateur [tuʀɔpeʀatœʀ] *nm* tour operator

tourte [tuʀt] *nf* pie

tourteau, x [tuʀto] *nm (Agr)* oilcake, cattle-cake; *(Zool)* edible crab

tourtereau, x [tuʀtəʀo] *nm* baby turtledove; **des tourtereaux** *(fig : un couple d'amoureux)* lovebirds

tourterelle [tuʀtəʀɛl] *nf* turtledove

tourtière [tuʀtjɛʀ] *nf* pie dish *ou* plate

tous [tu, tus] *adj, pron voir* **tout**

Toussaint [tusɛ̃] *nf* : **la ~** All Saints' Day

• **TOUSSAINT**
•
• **La Toussaint**, or All Saints' Day, which falls
• on 1 November, is a public holiday in France.
• People traditionally visit the graves of friends
• and relatives to lay chrysanthemums on
• them.

tousser [tuse] /**1**/ *vi* to cough

toussotement [tusɔtmã] *nm* slight cough

toussoter [tusɔte] /**1**/ *vi* to have a slight cough; *(pour avertir)* to give a slight cough

---

MOT-CLÉ

tout, e [tu, tut] *(mpl* **tous***, fpl* **toutes** [tus, tut]*) adj*
1 *(avec article singulier)* all; **tout le lait** all the milk; **toute la nuit** all night, the whole night; **tout le livre** the whole book; **tout un pain** a whole loaf; **tout le temps** all the time, the whole time; **c'est tout le contraire** it's quite the opposite; **c'est toute une affaire** *ou* **histoire** it's quite a business, it's a whole rigmarole
2 *(avec article pluriel)* every, all; **tous les livres** all the books; **toutes les nuits** every night; **toutes les fois** every time; **toutes les trois/deux semaines** every third/other *ou* second week, every three/two weeks; **tous les deux** both *ou* each of us *(ou* them *ou* you); **toutes les trois** all three of us *(ou* them *ou* you)
3 *(sans article)* : **à tout âge** at any age; **pour toute nourriture, il avait ...** his only food was ...; **de tous côtés, de toutes parts** from everywhere, from every side
▶ *pron* everything, all; **il a tout fait** he's done everything; **je les vois tous** I can see them all *ou* all of them; **nous y sommes tous allés** all of us went, we all went; **c'est tout** that's all; **en tout** in all; **en tout et pour tout** all in all; **tout ce qu'il sait** all he knows; **c'était tout ce qu'il y a de chic** it was the last word *ou* the ultimate in chic
▶ *nm* whole; **le tout** all of it *(ou* them); **le tout est de ...** the main thing is to ...; **pas du tout**

not at all; **elle a tout d'une mère/d'une intrigante** she's a real *ou* true mother/ schemer; **du tout au tout** utterly
▸ *adv* **1** (*très, complètement*) very; **tout près** *ou* **à côté** very near; **le tout premier** the very first; **tout seul** all alone; **il était tout rouge** he was really *ou* all red; **parler tout bas** to speak very quietly; **le livre tout entier** the whole book; **tout en haut** right at the top; **tout droit** straight ahead
2 : **tout en** while; **tout en travaillant** while working, as he *etc* works
3 : **tout d'abord** first of all; **tout à coup** suddenly; **tout à fait** absolutely; **tout à fait !** exactly!; **tout à l'heure** a short while ago; (*futur*) in a short while, shortly; **à tout à l'heure !** see you later!; **il répondit tout court que non** he just answered no (and that was all); **tout de même** all the same; **tout le monde** everybody, everyone; **tout ou rien** all or nothing; **tout simplement** quite simply; **tout de suite** immediately, straight away

> **Everyone** et **everybody** sont suivis d'un verbe au singulier, mais le possessif qui s'y rapporte doit être au pluriel.
> *Est-ce que tout le monde a fini ses devoirs ?* Has **everybody** finished *their* **homework?**

tout-à-l'égout [tutalegu] *nm inv* mains drainage
toutefois [tutfwa] *adv* however
toutes [tut] *adj, pron voir* **tout**
toutou [tutu] *nm (fam)* doggie
tout-petit [tup(ə)ti] *nm* toddler
tout-puissant, toute-puissante [tupɥisɑ̃, tutpɥisɑ̃t] *adj* all-powerful, omnipotent
tout-terrain [tuterɛ̃] *adj inv* : **vélo ~** mountain bike; **véhicule ~** four-wheel drive
tout-venant [tuv(ə)nɑ̃] *nm* : **le ~** everyday stuff
toux [tu] *nf* cough
toxémie [tɔksemi] *nf* toxaemia (BRIT), toxemia (US)
toxicité [tɔksisite] *nf* toxicity
toxico [tɔksiko] *nmf (fam : toxicomane)* junkie (*fam*), addict
toxicologie [tɔksikɔlɔʒi] *nf* toxicology
toxicologique [tɔksikɔlɔʒik] *adj (analyse, résultat)* toxicology *cpd*, toxicological; (*laboratoire*) toxicology *cpd*
toxicomane [tɔksikɔman] *nmf* drug addict
toxicomanie [tɔksikɔmani] *nf* drug addiction
toxine [tɔksin] *nf* toxin
toxique [tɔksik] *adj* toxic, poisonous
toxoplasmose [tɔksoplasmoz] *nf* toxoplasmosis
TP *sigle mpl* = **travaux pratiques** ; **travaux publics**
▸ *sigle m* = **trésor (public)**
TPG *sigle m* = **Trésorier-payeur général**
tps *abr* = **temps**
trac [tʀak] *nm (aux examens)* nerves *pl*; (*Théât*) stage fright; **avoir le ~** (*aux examens*) to get an attack of nerves; (*Théât*) to have stage fright; **tout à ~** all of a sudden
traçabilité [tʀasabilite] *nf* traceability
traçable [tʀasabl] *adj* traceable

traçant, e [tʀasɑ̃, -ɑ̃t] *adj* : **table traçante** (*Inform*) (*graph*) plotter
tracas [tʀaka] *nm* bother *no pl*, worry *no pl*
tracasser [tʀakase] /**1**/ *vt* to worry, bother; (*harceler*) to harass; **se tracasser** *vpr* to worry (o.s.), fret
tracasserie [tʀakasʀi] *nf* annoyance *no pl*; harassment *no pl*
tracassier, -ière [tʀakasje, -jɛʀ] *adj* irksome
trace [tʀas] *nf (empreintes)* tracks *pl*; (*marques : fig*) mark; (*restes, vestige*) trace; (*indice*) sign; (*aussi :* **suivre à la trace**) to track; **traces de pas** footprints
tracé [tʀase] *nm (contour)* line; (*plan*) layout
tracer [tʀase] /**3**/ *vt* to draw; (*mot*) to trace; (*piste*) to open up; (*fig : chemin*) to show
traceur [tʀasœʀ] *nm (Inform)* plotter
trachée [tʀaʃe], **trachée-artère** [tʀaʃeaʀtɛʀ] *nf* windpipe, trachea
trachéite [tʀakeit] *nf* tracheitis
trachéotomie [tʀakeɔtɔmi] *nf* tracheotomy
tract [tʀakt] *nm* tract, pamphlet; (*publicitaire*) handout
tractations [tʀaktasjɔ̃] *nfpl* dealings, bargaining *sg*
tracter [tʀakte] /**1**/ *vt* to tow
tracteur [tʀaktœʀ] *nm* tractor
traction [tʀaksjɔ̃] *nf* traction; (*Gym*) pull-up; **~ avant/arrière** front-wheel/rear-wheel drive; **~ électrique** electric(al) traction *ou* haulage
tractopelle [tʀaktɔpɛl] *nm* digger
trad. *abr* (= *traduit*) translated; (= *traduction*) translation; (= *traducteur*) translator
trader [tʀɛdœʀ] *nm*, **tradeur, -euse** [tʀɛdœʀ, -øz] *nm/f* (*entreprise*) broker; (*personne*) trader
tradition [tʀadisjɔ̃] *nf* tradition
traditionalisme [tʀadisjɔnalism] *nm* traditionalism
traditionaliste [tʀadisjɔnalist] *adj, nmf* traditionalist
traditionnel, le [tʀadisjɔnɛl] *adj* traditional
traditionnellement [tʀadisjɔnɛlmɑ̃] *adv* traditionally
traducteur, -trice [tʀadyktœʀ, -tʀis] *nm/f* translator
traduction [tʀadyksjɔ̃] *nf* translation
traduire [tʀadɥiʀ] /**38**/ *vt* to translate; (*exprimer*) to convey, render; **se ~ par** to find expression in; **~ en français** to translate into French; **~ en justice** to bring before the courts
traduis *etc* [tʀadɥi] *vb voir* **traduire**
traduisible [tʀadɥizibl] *adj* translatable
traduit, e [tʀadɥi, -it] *pp de* **traduire**
trafic [tʀafik] *nm* traffic; **~ d'armes** arms dealing; **~ de drogue** drug peddling
trafiquant, e [tʀafikɑ̃, -ɑ̃t] *nm/f* trafficker; (*d'armes*) dealer
trafiquer [tʀafike] /**1**/ *vt (péj : vin)* to doctor; (: *moteur, document*) to tamper with ▸ *vi* to traffic, be engaged in trafficking
tragédie [tʀaʒedi] *nf* tragedy
tragédien, ne [tʀaʒedjɛ̃, -ɛn] *nm/f* tragedian/ tragedienne
tragi-comique [tʀaʒikɔmik] *adj* tragi-comic

t

tragique [tʀaʒik] *adj* tragic ▸ *nm* : **prendre qch au ~** to make a tragedy out of sth
tragiquement [tʀaʒikmã] *adv* tragically
trahir [tʀaiʀ] /2/ *vt* to betray; *(fig)* to give away, reveal; **se trahir** *vpr* to betray o.s., give o.s. away
trahison [tʀaizɔ̃] *nf* betrayal; *(Jur)* treason
traie *etc* *vb voir* **traire**
train [tʀɛ̃] *nm (Rail)* train; *(allure)* pace; *(fig : ensemble)* set; **être en ~ de faire qch** to be doing sth; **mettre qch en ~** to get sth under way; **mettre qn en ~** to put sb in good spirits; **se mettre en ~** *(commencer)* to get started; *(faire de la gymnastique)* to warm up; **se sentir en ~** to feel in good form; **aller bon ~** to make good progress; **~ avant/arrière** front-wheel/rear-wheel axle unit; **~ à grande vitesse** high-speed train; **~ d'atterrissage** undercarriage; **~ autos-couchettes** car-sleeper train; **~ électrique** *(jouet)* (electric) train set; **~ de pneus** set of tyres *ou* tires; **~ de vie** style of living
traînailler [tʀɛnaje] /1/ *vi* = **traînasser**
traînant, e [tʀɛnã, -ãt] *adj (voix, ton)* drawling
traînard, e [tʀɛnaʀ, -aʀd] *nm/f (péj)* slowcoach *(BRIT)*, slowpoke *(US)*
traînasser [tʀɛnase] /1/ *vi* to dawdle
traîne [tʀɛn] *nf (de robe)* train; **être à la ~** to be in tow; *(en arrière)* to lag behind; *(en désordre)* to be lying around
traîneau, x [tʀɛno] *nm* sleigh, sledge
traînée [tʀɛne] *nf* streak, trail; *(péj)* slut
traîner [tʀɛne] /1/ *vt (remorque)* to pull; *(enfant, chien)* to drag *ou* trail along; *(maladie)* : **il traîne un rhume depuis l'hiver** he has a cold which has been dragging on since winter; **~ qn au cinéma** to drag sb to the cinema; **~ les pieds** to drag one's feet ▸ *vi (robe, manteau)* to trail; *(être en désordre)* to lie around; *(marcher lentement)* to dawdle (along); *(vagabonder)* to hang about; *(agir lentement)* to idle about; *(durer)* to drag on; **~ par terre** to trail on the ground; **~ en longueur** to drag out; **se traîner** *vpr (ramper)* to crawl along; *(marcher avec difficulté)* to drag o.s. along; *(durer)* to drag on; **se ~ par terre** to crawl (on the ground)
training [tʀɛniŋ] *nm (pull)* tracksuit top; *(chaussure)* trainer *(BRIT)*, sneaker *(US)*
train-train [tʀɛ̃tʀɛ̃] *nm* humdrum routine
traire [tʀɛʀ] /50/ *vt* to milk
trait, e [tʀɛ, -ɛt] *pp de* **traire** ▸ *nm (ligne)* line; *(de dessin)* stroke; *(caractéristique)* feature, trait; *(flèche : vieilli)* dart, arrow; shaft; **d'un ~** *(boire)* in one gulp; **de ~** *adj (animal)* draught *(BRIT)*, draft *(US)*; **avoir ~ à** to concern; **~ pour** ~ line for line; **~ de caractère** characteristic, trait; **~ d'esprit** flash of wit; **~ de génie** brainwave; **~ d'union** hyphen; *(fig)* link; **traits** *nmpl (du visage)* features
traitable [tʀɛtabl] *adj (personne)* accommodating; *(sujet)* manageable
traitant, e [tʀɛtã, -ãt] *adj* : **votre médecin ~** your usual *ou* family doctor; **shampooing ~** medicated shampoo; **crème traitante** conditioning cream, conditioner
traite [tʀɛt] *nf (Comm)* draft; *(Agr)* milking; *(trajet)* stretch; **d'une (seule) ~** without stopping (once); **la ~ des noirs** the slave trade; **la ~ des blanches** the white slave trade
traité [tʀete] *nm* treaty
traitement [tʀɛtmã] *nm* treatment; processing; *(salaire)* salary; **suivre un ~** to undergo treatment; **mauvais ~** ill-treatment; **~ de données** *ou* **de l'information** *(Inform)* data processing; **~ hormono-supplétif** hormone replacement therapy; **~ par lots** *(Inform)* batch processing; **~ de texte** *(Inform)* word processing; *(logiciel)* word processing package
traiter [tʀete] /1/ *vt (gén)* to treat; *(Tech : matériaux)* to process, treat; *(Inform)* to process; *(affaire)* to deal with, handle; *(qualifier)* : **~ qn d'idiot** to call sb a fool; **bien/mal ~** to treat well/ill-treat ▸ *vi* to deal; **~ de** to deal with
traiteur [tʀɛtœʀ] *nm* caterer
traître, -esse [tʀɛtʀ, -tʀɛs] *adj (dangereux)* treacherous ▸ *nm/f* traitor (traitress); **prendre qn en ~** to make an insidious attack on sb
traîtrise [tʀɛtʀiz] *nf* treachery
trajectoire [tʀaʒɛktwaʀ] *nf* trajectory, path
trajet [tʀaʒɛ] *nm (parcours, voyage)* journey; *(itinéraire)* route; *(fig)* path, course; *(distance à parcourir)* distance; **il y a une heure de ~** the journey takes one hour
tralala [tʀalala] *nm (péj)* fuss
tram [tʀam] *nm* tram *(BRIT)*, streetcar *(US)*
trame [tʀam] *nf (de tissu)* weft; *(fig)* framework; texture; *(Typo)* screen
tramer [tʀame] /1/ *vt* to plot, hatch
traminot [tʀamino] *nm* tramway worker
tramontane [tʀamɔ̃tan] *nf* tramontane *(cold, dry south-southwesterly wind)*
trampoline [tʀãpolin], **trampolino** [tʀãpolino] *nm* trampoline; *(Sport)* trampolining
tramway [tʀamwɛ] *nm* tram(way); *(voiture)* tram(car) *(BRIT)*, streetcar *(US)*
tranchant, e [tʀãʃã, -ãt] *adj* sharp; *(fig : personne)* peremptory; *(: couleurs)* striking ▸ *nm (d'un couteau)* cutting edge; *(de la main)* edge; **à double ~** *(argument, procédé)* double-edged
tranche [tʀãʃ] *nf (morceau)* slice; *(arête)* edge; *(partie)* section; *(série)* block; *(d'impôts, revenus etc)* bracket; *(loterie)* issue; **~ d'âge/de salaires** age/wage bracket; **~ (de silicium)** wafer
tranché, e [tʀãʃe] *adj (couleurs)* distinct, sharply contrasted; *(opinions)* clear-cut, definite ▸ *nf* trench
trancher [tʀãʃe] /1/ *vt* to cut, sever; *(fig : résoudre)* to settle ▸ *vi* to be decisive; *(entre deux choses)* to settle the argument; **~ avec** to contrast sharply with
tranchet [tʀãʃɛ] *nm* knife
tranchoir [tʀãʃwaʀ] *nm* chopper
tranquille [tʀãkil] *adj* calm, quiet; *(enfant, élève)* quiet; *(rassuré)* easy in one's mind, with one's mind at rest; **se tenir ~** *(enfant)* to be quiet; **avoir la conscience ~** to have an easy conscience; **laisse-moi/laisse-ça ~** leave me/it alone
tranquillement [tʀãkilmã] *adv* calmly
tranquillisant, e [tʀãkilizã, -ãt] *adj (nouvelle)* reassuring ▸ *nm* tranquillizer

tranquilliser [tʀɑ̃kilize] /**1**/ *vt* to reassure; **se tranquilliser** *vpr* to calm (o.s.) down

tranquillité [tʀɑ̃kilite] *nf* quietness, peace (and quiet); **en toute ~** with complete peace of mind; **~ d'esprit** peace of mind

transaction [tʀɑ̃zaksjɔ̃] *nf* (*Comm*) transaction, deal

transactionnel, le [tʀɑ̃zaksjɔnɛl] *adj* (*Jur* : *indemnité*) compromise *cpd*; (*Inform, Psych*) transactional

transafricain, e [tʀɑ̃safʀikɛ̃, -ɛn] *adj* transafrican

transalpin, e [tʀɑ̃zalpɛ̃, -in] *adj* transalpine

transaméricain, e [tʀɑ̃zameʀikɛ̃, -ɛn] *adj* transamerican

transat [tʀɑ̃zat] *nm* deckchair ▶ *nf* = **course transatlantique**

transatlantique [tʀɑ̃zatlɑ̃tik] *adj* transatlantic ▶ *nm* transatlantic liner

transbahuter [tʀɑ̃sbayte] *vt* (*fam*) to cart (*fam*)

transborder [tʀɑ̃sbɔʀde] /**1**/ *vt* to tran(s)ship

transbordeur [tʀɑ̃sbɔʀdœʀ] *nm* (*aussi* : **navire transbordeur**) ferry

transcendant, e [tʀɑ̃sɑ̃dɑ̃, -ɑ̃t] *adj* (*Philosophie, Math*) transcendental; (*supérieur*) transcendent

transcodeur [tʀɑ̃skɔdœʀ] *nm* compiler

transcontinental, e, -aux [tʀɑ̃skɔ̃tinɑ̃tal, -o] *adj* transcontinental

transcription [tʀɑ̃skʀipsjɔ̃] *nf* transcription

transcrire [tʀɑ̃skʀiʀ] /**39**/ *vt* to transcribe

transe [tʀɑ̃s] *nf* : **entrer en ~** to go into a trance; **transes** *nfpl* agony *sg*

transept [tʀɑ̃sɛpt] *nm* (*Archit*) transept

transférable [tʀɑ̃sfeʀabl] *adj* transferable

transfèrement [tʀɑ̃sfɛʀmɑ̃] *nm* transfer

transférer [tʀɑ̃sfeʀe] /**6**/ *vt* to transfer

transfert [tʀɑ̃sfɛʀ] *nm* transfer

transfiguration [tʀɑ̃sfigyʀasjɔ̃] *nf* transformation, transfiguration

transfigurer [tʀɑ̃sfigyʀe] /**1**/ *vt* to transform

transfo [tʀɑ̃sfo] *nm* (= *transformateur*) transformer

transformable [tʀɑ̃sfɔʀmabl] *adj* convertible

transformateur [tʀɑ̃sfɔʀmatœʀ] *nm* transformer

transformation [tʀɑ̃sfɔʀmasjɔ̃] *nf* change, alteration; (*radicale*) transformation; (*Rugby*) conversion; **industries de ~** processing industries; **transformations** *nfpl* (*travaux*) alterations

transformer [tʀɑ̃sfɔʀme] /**1**/ *vt* to change; (*radicalement*) to transform, alter (*« alter » implique un changement moins radical*); (*vêtement*) alter; (*matière première, appartement, Rugby*) to convert; **~ en** to transform into; to turn into; to convert into; **se transformer** *vpr* to be transformed; to alter

⚠ **transformer** is not often translated by *to transform*.

transfrontalier, -ière [tʀɑ̃sfʀɔ̃talje, -jɛʀ] *adj* cross-border

transfuge [tʀɑ̃sfyʒ] *nm* renegade

transfuser [tʀɑ̃sfyze] /**1**/ *vt* to transfuse

transfusion [tʀɑ̃sfyzjɔ̃] *nf* : **~ sanguine** blood transfusion

transgénérationnel, le [tʀɑ̃sʒeneʀasjɔnɛl] *adj* transgenerational

transgénique [tʀɑ̃sʒenik] *adj* transgenic

transgresser [tʀɑ̃sgʀese] /**1**/ *vt* to contravene, disobey

transgression [tʀɑ̃sgʀesjɔ̃] *nf* (*de loi*) breaking, contravention; (*de tabou*) breaking

transhumance [tʀɑ̃zymɑ̃s] *nf* transhumance, seasonal move to new pastures

transi, e [tʀɑ̃zi] *adj* numb (with cold), chilled to the bone

transiger [tʀɑ̃ziʒe] /**3**/ *vi* to compromise, come to an agreement; **~ sur** *ou* **avec qch** to compromise on sth

transistor [tʀɑ̃zistɔʀ] *nm* transistor

transistorisé, e [tʀɑ̃zistɔʀize] *adj* transistorized

transit [tʀɑ̃zit] *nm* transit; **de ~** transit *cpd*; **en ~** in transit

transitaire [tʀɑ̃zitɛʀ] *nmf* forwarding agent

transiter [tʀɑ̃zite] /**1**/ *vi* to pass in transit

transitif, -ive [tʀɑ̃zitif, -iv] *adj* transitive

transition [tʀɑ̃zisjɔ̃] *nf* transition; **de ~** transitional

transitoire [tʀɑ̃zitwaʀ] *adj* (*mesure, gouvernement*) transitional, provisional; (*fugitif*) transient

translucide [tʀɑ̃slysid] *adj* translucent

transmet *etc* [tʀɑ̃smɛ] *vb voir* **transmettre**

transmettais *etc* [tʀɑ̃smɛtɛ] *vb voir* **transmettre**

transmetteur [tʀɑ̃smɛtœʀ] *nm* transmitter

transmettre [tʀɑ̃smɛtʀ] /**56**/ *vt* (*passer*) : **~ qch à qn** to pass sth on to sb; (*Tech, Tél, Méd*) to transmit; (*TV, Radio* : *retransmettre*) to broadcast

transmis, e [tʀɑ̃smi, -iz] *pp de* **transmettre**

transmissible [tʀɑ̃smisibl] *adj* transmissible

transmission [tʀɑ̃smisjɔ̃] *nf* transmission, passing on; (*Auto*) transmission; **~ de données** (*Inform*) data transmission; **~ de pensée** thought transmission; **transmissions** *nfpl* (*Mil*) ≈ signals corps *sg*

transnational, e, -aux [tʀɑ̃snasjɔnal, -o] *adj* transnational

transocéanien, ne [tʀɑ̃zɔseanjɛ̃, -ɛn], **transocéanique** [tʀɑ̃zɔseanik] *adj* transoceanic

transparaître [tʀɑ̃spaʀɛtʀ] /**57**/ *vi* to show (through)

transparence [tʀɑ̃spaʀɑ̃s] *nf* transparency; **par ~** (*regarder*) against the light; (*voir*) showing through

transparent, e [tʀɑ̃spaʀɑ̃, -ɑ̃t] *adj* transparent

transpercer [tʀɑ̃spɛʀse] /**3**/ *vt* (*froid, pluie*) to go through, pierce; (*balle*) to go through

transpiration [tʀɑ̃spiʀasjɔ̃] *nf* perspiration

transpirer [tʀɑ̃spiʀe] /**1**/ *vi* to perspire; (*information, nouvelle*) to come to light

transplant [tʀɑ̃splɑ̃] *nm* transplant

transplantation [tʀɑ̃splɑ̃tasjɔ̃] *nf* transplant

transplanter [tʀɑ̃splɑ̃te] /**1**/ *vt* (*Méd, Bot*) to transplant; (*personne*) to uproot, move

transport [tʀɑ̃spɔʀ] *nm* transport; (*émotions*) : **~ de colère** fit of rage; **~ de joie** transport of delight; **~ de voyageurs/marchandises** passenger/goods transportation; **transports en commun** public transport *sg*; **transports routiers** haulage (*Brit*), trucking (*US*)

transportable – tremblé

transportable [tʀɑ̃spɔʀtabl] *adj* (*marchandises*) transportable; (*malade*) fit (enough) to be moved

transporter [tʀɑ̃spɔʀte] /**1**/ *vt* to carry, move; (*Comm*) to transport, convey; (*fig*) : **~ qn (de joie)** to send sb into raptures; **se ~ quelque part** (*fig*) to let one's imagination carry one away (somewhere)

transporteur [tʀɑ̃spɔʀtœʀ] *nm* haulage contractor (*Brit*), trucker (*US*)

transposer [tʀɑ̃spoze] /**1**/ *vt* to transpose

transposition [tʀɑ̃spozisjɔ̃] *nf* transposition

transrhénan, e [tʀɑ̃sʀenɑ̃, -an] *adj* transrhenane

transsaharien, ne [tʀɑ̃ssaaʀjɛ̃, -ɛn] *adj* trans-Saharan

transsexuel, le [tʀɑ̃ssɛksɥɛl] *adj, nm/f* transsexual

transsibérien, ne [tʀɑ̃ssibeʀjɛ̃, -ɛn] *adj* trans-Siberian

transvaser [tʀɑ̃svaze] /**1**/ *vt* to decant

transversal, e, -aux [tʀɑ̃svɛʀsal, -o] *adj* transverse, cross(-); (*route etc*) cross-country; (*mur, chemin, rue*) running at right angles; (*Auto*) : **axe ~** main cross-country road (*Brit*) ou highway (*US*); **coupe transversale** cross section

transversalement [tʀɑ̃svɛʀsalmɑ̃] *adv* crosswise

trapèze [tʀapɛz] *nm* (*Géom*) trapezium; (*au cirque*) trapeze

trapéziste [tʀapezist] *nmf* trapeze artist

trapézoïdal, e [tʀapezɔidal] *adj* trapezoid

trappe [tʀap] *nf* (*de cave, grenier*) trap door; (*piège*) trap

trappeur [tʀapœʀ] *nm* trapper, fur trader

trapu, e [tʀapy] *adj* squat, stocky

traquenard [tʀaknaʀ] *nm* trap

traquer [tʀake] /**1**/ *vt* to track down; (*harceler*) to hound

traumatisant, e [tʀomatizɑ̃, -ɑ̃t] *adj* traumatic

traumatiser [tʀomatize] /**1**/ *vt* to traumatize

traumatisme [tʀomatism] *nm* traumatism

traumatologie [tʀomatɔlɔʒi] *nf* branch of medicine concerned with accidents

travail, -aux [tʀavaj, -o] *nm* (*gén*) work; (*tâche, métier*) work *no pl*, job; (*Écon, Méd*) labour (*Brit*), labor (*US*); (*Inform*) job; **être/entrer en ~** (*Méd*) to be in/go into labour; **être sans ~** (*employé*) to be out of work, be unemployed; **~ d'intérêt général** = community service; **~ au noir** moonlighting; **~ posté** shiftwork; **travaux** *nmpl* (*de réparation, agricoles etc*) work *sg*; (*sur route*) roadworks; (*de construction*) building (work) *sg*; **travaux des champs** farm work *sg*; **travaux dirigés** (*Scol*) supervised practical work *sg*; **travaux forcés** hard labour *sg*; **travaux manuels** (*Scol*) handicrafts; **travaux ménagers** housework *sg*; **travaux pratiques** (*gén*) practical work *pl*; (*en laboratoire*) lab work *pl* (*Brit*), lab (*US*); **travaux publics** = public works *sg*

travaillé, e [tʀavaje] *adj* (*style*) polished

travailler [tʀavaje] /**1**/ *vi* to work; (*bois*) to warp ▶ *vt* (*bois, métal*) to work; (*pâte*) to knead; (*objet d'art, discipline, fig : influencer*) to work on; **cela le**

travaille it is on his mind; **~ la terre** to work the land; **~ son piano** to do one's piano practice; **~ à** to work on; (*fig : contribuer à*) to work towards; **~ à faire** to endeavour (*Brit*) ou endeavor (*US*) to do

travailleur, -euse [tʀavajœʀ, -øz] *adj* hard-working ▶ *nm/f* worker; **~ de force** labourer (*Brit*), laborer (*US*); **~ intellectuel** non-manual worker; **~ social** social worker; **travailleuse familiale** home help

travailliste [tʀavajist] *adj* = Labour *cpd* ▶ *nmf* member of the Labour party

travaux [tʀavo] *nmpl voir* **travail**

travée [tʀave] *nf* row; (*Archit*) bay; span

traveller's [tʀavlœʀs], **traveller's chèque** [tʀavlœʀsʃɛk] *nm* traveller's cheque

travelling [tʀavliŋ] *nm* (*chariot*) dolly; (*technique*) tracking; **~ optique** zoom shots *pl*

travelo [tʀavlo] *nm* (*fam*) (drag) queen

travers [tʀavɛʀ] *nm* fault, failing; **à ~** *adv* through; **au ~ (de)** through; **en ~ (de)** across; **de ~** *adj* (*nez, bouche*) crooked; (*chapeau*) askew; **regarder de ~** (*fig*) to look askance at; **comprendre de ~** to misunderstand

traverse [tʀavɛʀs] *nf* (*de voie ferrée*) sleeper; **chemin de ~** shortcut

traversée [tʀavɛʀse] *nf* crossing

traverser [tʀavɛʀse] /**1**/ *vt* (*gén*) to cross; (*ville, tunnel : aussi : percer, fig*) to go through; (*ligne, trait*) to run across

traversin [tʀavɛʀsɛ̃] *nm* bolster

travesti [tʀavɛsti] *nm* (*comme mode de vie*) transvestite; (*artiste de cabaret*) female impersonator, drag artist; (*costume*) fancy dress

travestir [tʀavɛstiʀ] /**2**/ *vt* (*vérité*) to misrepresent; **se travestir** *vpr* (*se costumer*) to dress up; (*artiste*) to put on drag; (*Psych*) to dress as a woman

trayais *etc* [tʀɛje] *vb voir* **traire**

trayeuse [tʀɛjøz] *nf* milking machine

trébucher [tʀebyʃe] /**1**/ *vi* : **~ (sur)** to stumble (over), trip (over)

trèfle [tʀɛfl] *nm* (*Bot*) clover; (*Cartes : couleur*) clubs *pl*; (*: carte*) club; **~ à quatre feuilles** four-leaf clover

treillage [tʀɛjaʒ] *nm* lattice work

treille [tʀɛj] *nf* (*tonnelle*) vine arbour (*Brit*) ou arbor (*US*); (*vigne*) climbing vine

treillis [tʀɛji] *nm* (*métallique*) wire-mesh; (*toile*) canvas; (*Mil : tenue*) combat uniform; (*: pantalon*) combat trousers *pl*

treize [tʀɛz] *num* thirteen

treizième [tʀɛzjɛm] *num* thirteenth; *see note*

TREIZIÈME MOIS

The **treizième mois** is an end-of-year bonus roughly corresponding to one month's salary. For many employees it is a standard part of their salary package.

tréma [tʀema] *nm* diaeresis

tremblant, e [tʀɑ̃blɑ̃, -ɑ̃t] *adj* trembling, shaking

tremble [tʀɑ̃bl] *nm* (*Bot*) aspen

tremblé, e [tʀɑ̃ble] *adj* shaky

tremblement [tʀɑ̃bləmɑ̃] nm trembling no pl, shaking no pl, shivering no pl; ~ **de terre** earthquake

trembler [tʀɑ̃ble] /1/ vi to tremble, shake; ~ **de** (froid, fièvre) to shiver ou tremble with; (peur) to shake ou tremble with; ~ **pour qn** to fear for sb

tremblotant, e [tʀɑ̃blɔtɑ̃, -ɑ̃t] adj trembling

trembloter [tʀɑ̃blɔte] /1/ vi to tremble ou shake slightly

trémolo [tʀemɔlo] nm (d'un instrument) tremolo; (de la voix) quaver

trémousser [tʀemuse] /1/ : **se trémousser** vpr to jig about, wriggle about

trempe [tʀɑ̃p] nf (fig) : **de cette/sa** ~ of this/his calibre (BRIT) ou caliber (US)

trempé, e [tʀɑ̃pe] adj soaking (wet), drenched; (Tech) : **acier** ~ tempered steel

tremper [tʀɑ̃pe] /1/ vt to soak, drench; (aussi : **faire tremper, mettre à tremper**) to soak; **se faire** ~ to get soaked ou drenched ▶ vi to soak; (fig) : ~ **dans** to be involved ou have a hand in; **se tremper** vpr to have a quick dip

trempette [tʀɑ̃pɛt] nf : **faire** ~ to go paddling

tremplin [tʀɑ̃plɛ̃] nm springboard; (Ski) ski jump

trentaine [tʀɑ̃tɛn] nf (âge) : **avoir la** ~ to be around thirty; **une** ~ **(de)** thirty or so, about thirty

trente [tʀɑ̃t] num thirty; **voir ~-six chandelles** (fig) to see stars; **être/se mettre sur son** ~ **et un** to be wearing/put on one's Sunday best; **~-trois tours** nm long-playing record, LP

trentième [tʀɑ̃tjɛm] num thirtieth

trépanation [tʀepanasjɔ̃] nf trepan

trépaner [tʀepane] /1/ vt to trepan, trephine

trépasser [tʀepase] /1/ vi to pass away

trépidant, e [tʀepidɑ̃, -ɑ̃t] adj (fig : rythme) pulsating; (: vie) hectic

trépidation [tʀepidasjɔ̃] nf (d'une machine, d'un moteur) vibration; (fig : de la vie) whirl

trépider [tʀepide] /1/ vi to vibrate

trépied [tʀepje] nm (d'appareil) tripod; (meuble) trivet

trépignement [tʀepiɲmɑ̃] nm stamping (of feet)

trépigner [tʀepiɲe] /1/ vi to stamp (one's feet)

très [tʀɛ] adv very; ~ **beau/bien** very beautiful/well; ~ **critiqué** much criticized; ~ **industrialisé** highly industrialized; **j'ai** ~ **faim** I'm very hungry

trésor [tʀezɔʀ] nm treasure; (Admin) finances pl; (d'une organisation) funds pl; ~ **(public)** public revenue; (service) public revenue office

trésorerie [tʀezɔʀʀi] nf (fonds) funds pl; (gestion) accounts pl; (bureaux) accounts department; (poste) treasurership; **difficultés de** ~ cash problems, shortage of cash ou funds; ~ **générale** local government finance office

trésorier, -ière [tʀezɔʀje, -jɛʀ] nm/f treasurer

Trésorier-payeur [tʀezɔʀjepejœʀ] (pl **Trésoriers-payeurs**) nm : ~ **général** paymaster

tressaillement [tʀesajmɑ̃] nm shiver, shudder; quiver

tressaillir [tʀesajiʀ] /13/ vi (de peur etc) to shiver, shudder; (de joie) to quiver

tressauter [tʀesote] /1/ vi to start, jump

tresse [tʀɛs] nf (de cheveux) braid, plait; (cordon, galon) braid

tresser [tʀese] /1/ vt (cheveux) to braid, plait; (fil, jonc) to plait; (corbeille) to weave; (corde) to twist

tréteau, x [tʀeto] nm trestle; **les tréteaux** (fig : Théât) the boards

treuil [tʀœj] nm winch

trêve [tʀɛv] nf (Mil, Pol) truce; (fig) respite; **sans** ~ unremittingly; ~ **de ...** enough of this ...; **les États de la T~** the Trucial States

tri [tʀi] nm (voir trier) sorting (out) no pl; selection; screening; (Inform) sort; (Postes : action) sorting; **faire le** ~ **(de)** to sort out; **le (bureau de)** ~ (Postes) the sorting office

triade [tʀijad] nf (groupe, gang) triad

triage [tʀijaʒ] nm (Rail) shunting; (gare) marshalling yard

trial [tʀijal] nm (Sport) scrambling

triangle [tʀijɑ̃gl] nm triangle; ~ **isocèle/équilatéral** isosceles/equilateral triangle; ~ **rectangle** right-angled triangle

triangulaire [tʀijɑ̃gylɛʀ] adj triangular

triathlon [tʀi(j)atlɔ̃] nm triathlon

tribal, e, -aux [tʀibal, -o] adj tribal

tribord [tʀibɔʀ] nm : **à** ~ to starboard, on the starboard side

tribu [tʀiby] nf tribe

tribulations [tʀibylasjɔ̃] nfpl tribulations, trials

tribunal, -aux [tʀibynal, -o] nm (Jur) court; (Mil) tribunal; ~ **de police/pour enfants** police/juvenile court; ~ **d'instance** ≈ magistrates' court (BRIT), ≈ district court (US); ~ **de grande instance** ≈ High Court (BRIT), ≈ Supreme Court (US)

tribune [tʀibyn] nf (estrade) platform, rostrum; (débat) forum; (d'église, de tribunal) gallery; (de stade) stand; ~ **libre** (Presse) opinion column

tribut [tʀiby] nm tribute

tributaire [tʀibytɛʀ] adj : **être** ~ **de** to be dependent on; (Géo) to be a tributary of

tricentenaire [tʀisɑ̃t(ə)nɛʀ] nm tercentenary, tricentennial

triche [tʀiʃ] nf (fam) : **la** ~ cheating

tricher [tʀiʃe] /1/ vi to cheat

tricherie [tʀiʃʀi] nf cheating no pl

tricheur, -euse [tʀiʃœʀ, -øz] nm/f cheat

trichromie [tʀikʀɔmi] nf three-colour (BRIT) ou -color (US) printing

tricolore [tʀikɔlɔʀ] adj three-coloured (BRIT), three-colored (US); (français : drapeau) red, white and blue; (: équipe etc) French

tricot [tʀiko] nm (technique, ouvrage) knitting no pl; (tissu) knitted fabric; (vêtement) jersey, sweater; ~ **de corps**, ~ **de peau** vest (BRIT), undershirt (US)

tricoté, e [tʀikɔte] adj knitted

tricoter [tʀikɔte] /1/ vt to knit; **machine/aiguille à** ~ knitting machine/needle (BRIT) ou pin (US)

trictrac [tʀiktʀak] nm backgammon

tricycle [tʀisikl] nm tricycle

tridimensionnel, le [tʀidimɑ̃sjɔnɛl] adj three-dimensional

triennal, e, -aux [tʀiɛnal, -o] *adj* (*prix, foire, élection*) three-yearly; (*charge, mandat, plan*) three-year

trier [tʀije] /**7**/ *vt* (*classer*) to sort (out); (*choisir*) to select; (*visiteurs*) to screen; (*Postes, Inform, fruits*) to sort

trieur, -euse [tʀijœʀ, -øz] *nm/f* sorter

triglycéride [tʀigliseʀid] *nm* triglyceride; **taux de triglycérides** triglyceride levels

trigonométrie [tʀigɔnɔmetʀi] *nf* trigonometry

trigonométrique [tʀigɔnɔmetʀik] *adj* trigonometric

trilingue [tʀilɛ̃g] *adj* trilingual

trilogie [tʀilɔʒi] *nf* trilogy

trimaran [tʀimaʀɑ̃] *nm* trimaran

trimbaler [tʀɛ̃bale] /**1**/ *vt* to cart around, trail along

trimer [tʀime] /**1**/ *vi* to slave away

trimestre [tʀimɛstʀ] *nm* (*Scol*) term; (*Comm*) quarter

trimestriel, le [tʀimɛstʀijɛl] *adj* quarterly; (*Scol*) end-of-term

trimoteur [tʀimɔtœʀ] *nm* three-engined aircraft

tringle [tʀɛ̃gl] *nf* rod

Trinité [tʀinite] *nf* Trinity

Trinité et Tobago [tʀiniteetɔbago] *nf* Trinidad and Tobago

trinquer [tʀɛ̃ke] /**1**/ *vi* to clink glasses; (*fam*) to cop it; **~ à qch/la santé de qn** to drink to sth/sb

trio [tʀijo] *nm* trio

triolet [tʀijɔlɛ] *nm* (*Mus*) triplet

triolisme [tʀi(j)ɔlizm] *nm* troilism, threesomes *pl*

triomphal, e, -aux [tʀijɔ̃fal, -o] *adj* triumphant, triumphal

triomphalement [tʀijɔ̃falmɑ̃] *adv* triumphantly

triomphalisme [tʀijɔ̃falism] *nm* triumphalism

triomphaliste [tʀijɔ̃falist] *adj* triumphalist

triomphant, e [tʀijɔ̃fɑ̃, -ɑ̃t] *adj* triumphant

triomphateur, -trice [tʀijɔ̃fatœʀ, -tʀis] *nm/f* (triumphant) victor

triomphe [tʀijɔ̃f] *nm* triumph; **être reçu/ porté en ~** to be given a triumphant welcome/ be carried shoulder-high in triumph

triompher [tʀijɔ̃fe] /**1**/ *vi* to triumph, win; **~ de** to triumph over, overcome

tripartite [tʀipaʀtit], **triparti, e** [tʀipaʀti] *adj* (*accord, assemblée*) tripartite, three-party

triperie [tʀipʀi] *nf* tripe shop

tripes [tʀip] *nfpl* (*Culin*) tripe *sg*; (*fam*) guts

triphasé, e [tʀifɑze] *adj* three-phase

triplace [tʀiplas] *adj* three-seater *cpd*

triple [tʀipl] *adj* (*à trois éléments*) triple; (*trois fois plus grand*) treble; **en ~ exemplaire** in triplicate; **~ saut** (*Sport*) triple jump ▸ *nm* : **le ~ (de)** (*comparaison*) three times as much (as)

triplé [tʀiple] *nm* hat-trick (*BRIT*), triple success

triplement [tʀipləmɑ̃] *adv* (*à un degré triple*) three times over; (*de trois façons*) in three ways; (*pour trois raisons*) on three counts ▸ *nm* trebling, threefold increase

tripler [tʀiple] /**1**/ *vi, vt* to triple, treble, increase threefold

triplés, -ées [tʀiple] *nm/f* triplets

triplex [tʀiplɛks] *nm* (*appartement*) three-floor apartment; (*verre*) Triplex® (*BRIT*), safety glass

tripode [tʀipɔd] *adj* with three legs ▸ *nm* (*Tech*) tripod; (*fig*) triumvirate

Tripoli [tʀipoli] *n* Tripoli

triporteur [tʀipɔʀtœʀ] *nm* delivery tricycle

tripot [tʀipo] *nm* (*péj*) dive

tripotage [tʀipɔtaʒ] *nm* (*fam, péj*) jiggery-pokery

tripotée [tʀipote] *nf* (*fam : grand nombre*) hordes *pl*

tripoter [tʀipote] /**1**/ *vt* (*fam : manipuler*) to fiddle with, finger; (: *personne*) to feel up (*fam*), grope (*fam*)

tripous, tripoux [tʀipu] *nmpl* braised sheep's tripe *with herbs and vegetable flavourings*

triptyque [tʀiptik] *nm* triptych

trique [tʀik] *nf* cudgel

trisannuel, le [tʀizanɥɛl] *adj* triennial

trisomie [tʀizɔmi] *nf* Down's syndrome

trisomique [tʀizɔmik] *adj* with Down's Syndrome; **être ~** to have Down's Syndrome ▸ *nmf* Down's Syndrome child

triste [tʀist] *adj* sad; (*couleur, temps, journée*) dreary; (*péj*) : **~ personnage/affaire** sorry individual/affair; **c'est pas ~ !** (*fam*) it's something else!

tristement [tʀistəmɑ̃] *adv* sadly

tristesse [tʀistɛs] *nf* sadness

trithérapie [tʀiteʀapi] *nf* triple therapy, triple combination therapy

triton [tʀitɔ̃] *nm* triton

triturateur [tʀityʀatœʀ] *nm* (*machine*) grinder, grinding machine

triturer [tʀityʀe] /**1**/ *vt* (*pâte*) to knead; (*objets*) to manipulate

triumvirat [tʀijɔmviʀa] *nm* triumvirate

trivial, e, -aux [tʀivjal, -o] *adj* coarse, crude; (*commun*) mundane

trivialité [tʀivjalite] *nf* coarseness, crudeness; mundaneness

troc [tʀɔk] *nm* (*Écon*) barter; (*transaction*) exchange, swap

troène [tʀɔɛn] *nm* privet

troglodyte [tʀɔglɔdit] *nmf* cave dweller, troglodyte

trognon [tʀɔɲɔ̃] *nm* (*de fruit*) core; (*de légume*) stalk

trois [tʀwa] *num* three

trois-huit [tʀwaɥit] *nmpl* : **faire les ~** to work eight-hour shifts (round the clock)

troisième [tʀwazjɛm] *num* third; **le ~ âge** (*période de vie*) one's retirement years; (*personnes âgées*) senior citizens *pl* ▸ *nf* (*Scol*) year 10 (*BRIT*), ninth grade (*US*)

troisièmement [tʀwazjɛmmɑ̃] *adv* thirdly

trois quarts [tʀwakaʀ] *nmpl* : **les ~ de** three-quarters of

trois-quarts [tʀwakaʀ] *nmpl* (*Rugby : joueur*) three-quarter; (*aussi* : **manteau trois quarts**) three-quarter-length coat

troll [tʀɔl] *nm*, **trolleur, -euse** [tʀɔlœʀ, -øz] *nm/f* (*Inform*) troll

trolleybus [tʀɔlɛbys] *nm* trolley bus

trombe [tʀɔ̃b] *nf* waterspout; **des trombes d'eau** a downpour; **en ~** (*arriver, passer*) like a whirlwind

trombine [tʀɔbin] *nf* (*fam : tête*) face, mug (*fam*)
trombinoscope [tʀɔbinɔskɔp] *nm* (*fam*) group photo
trombone [tʀɔbɔn] *nm* (*Mus*) trombone; (*de bureau*) paper clip; ~ **à coulisse** slide trombone
tromboniste [tʀɔbɔnist] *nmf* trombonist
trompe [tʀɔp] *nf* (*d'éléphant*) trunk; (*Mus*) trumpet, horn; ~ **d'Eustache** Eustachian tube; **trompes utérines** Fallopian tubes
trompe-l'œil [tʀɔplœj] *nm* : **en** ~ in trompe-l'œil style
tromper [tʀɔpe] /**1**/ *vt* to deceive; (*fig : espoir, attente*) to disappoint; (*vigilance, poursuivants*) to elude; **se tromper** *vpr* to make a mistake, be mistaken; **se ~ de voiture/jour** to take the wrong car/get the day wrong; **se ~ de 3 cm/ 20 euros** to be out by 3 cm/20 euros
tromperie [tʀɔpʀi] *nf* deception, trickery *no pl*
trompette [tʀɔpɛt] *nf* trumpet; **en** ~ (*nez*) turned-up
trompettiste [tʀɔpetist] *nmf* trumpet player
trompeur, -euse [tʀɔpœʀ, -øz] *adj* deceptive, misleading
tronc [tʀɔ] *nm* (*Bot, Anat*) trunk; (*d'église*) collection box; ~ **d'arbre** tree trunk; ~ **commun** (*Scol*) common-core syllabus; ~ **de cône** truncated cone
tronche [tʀɔʃ] *nf* (*fam*) mug, face
tronçon [tʀɔsɔ] *nm* section
tronçonner [tʀɔsɔne] /**1**/ *vt* (*arbre*) to saw up; (*pierre*) to cut up
tronçonneuse [tʀɔsɔnøz] *nf* chainsaw
trône [tʀon] *nm* throne; **monter sur le** ~ to ascend the throne
trôner [tʀone] /**1**/ *vi* (*fig*) to have (*ou* take) pride of place (*Brit*), have the place of honour (*Brit*) *ou* honor (*US*)
tronqué, e [tʀɔke] *adj* (*Science : forme, séquence*) truncated; (*citation*) shortened
tronquer [tʀɔke] /**1**/ *vt* to truncate; (*fig*) to curtail
trop [tʀo] *adv* too; (*avec verbe*) too much; (*aussi :* **trop nombreux**) too many; (*aussi :* **trop souvent**) too often; ~ **peu (nombreux)** too few; ~ **longtemps** (for) too long; ~ **de** (*nombre*) too many; (*quantité*) too much; **de** ~, **en** ~ : **des livres en** ~ a few books too many, a few extra books; **du lait en** ~ too much milk; **trois livres/cinq euros de** ~ three books too many/ five euros too much; **ça coûte** ~ **cher** it's too expensive
trophée [tʀofe] *nm* trophy
tropical, e, -aux [tʀɔpikal, -o] *adj* tropical
tropique [tʀɔpik] *nm* tropic; ~ **du Cancer/ Capricorne** Tropic of Cancer/Capricorn; **tropiques** *nmpl* tropics
trop-plein [tʀɔplɛ] *nm* (*tuyau*) overflow *ou* outlet (pipe); (*liquide*) overflow
troquer [tʀɔke] /**1**/ *vt* : ~ **qch contre** to barter *ou* trade sth for; (*fig*) to swap sth for
troquet [tʀɔke] *nm* (*fam*) bar
trot [tʀo] *nm* trot; **aller au** ~ to trot along; **partir au** ~ to set off at a trot
trotskiste, trotskyste [tʀɔtskist] *adj, nmf* Trotskyite, Trotskyist

trotter [tʀɔte] /**1**/ *vi* to trot; (*fig*) to scamper along (*ou* about)
trotteuse [tʀɔtøz] *nf* (*de montre*) second hand
trottiner [tʀɔtine] /**1**/ *vi* (*fig*) to scamper along (*ou* about)
trottinette [tʀɔtinɛt] *nf* (child's) scooter
trottoir [tʀɔtwaʀ] *nm* pavement (*Brit*), sidewalk (*US*); **faire le** ~ (*péj*) to walk the streets; ~ **roulant** moving walkway, travelator
trou [tʀu] *nm* hole; (*fig*) gap; (*Comm*) deficit; ~ **d'aération** (air) vent; ~ **d'air** air pocket; ~ **de mémoire** blank, lapse of memory; ~ **noir** black hole; ~ **de la serrure** keyhole
troubadour [tʀubaduʀ] *nm* (*Hist*) troubadour; (*fig : bohème*) bohemian
troublant, e [tʀublɑ, -ɑt] *adj* disturbing
trouble [tʀubl] *adj* (*liquide*) cloudy; (*image, photo*) blurred; (*mémoire*) indistinct, hazy; (*affaire*) shady, murky ▶ *adv* indistinctly; **voir** ~ to have blurred vision ▶ *nm* (*désarroi*) distress, agitation; (*émoi sensuel*) turmoil, agitation; (*embarras*) confusion; (*zizanie*) unrest, discord; **troubles** *nmpl* (*Pol*) disturbances, troubles, unrest *sg*; (*Méd*) trouble *sg*, disorders; **troubles de la personnalité** personality problems; **troubles de la vision** eye trouble
trouble-fête [tʀubləfɛt] *nmf inv* spoilsport
troubler [tʀuble] /**1**/ *vt* (*embarrasser*) to confuse, disconcert; (*émouvoir*) to agitate; to disturb; to perturb; (*perturber : ordre etc*) to disrupt, disturb; (*: liquide*) to make cloudy; (*intriguer*) to bother; ~ **l'ordre public** to cause a breach of the peace; **se troubler** *vpr* (*personne*) to become flustered *ou* confused
troué, e [tʀue] *adj* with a hole (*ou* holes) in it ▶ *nf* gap; (*Mil*) breach
trouée [tʀue] *nf* (*dans une masse*) gap; (*Mil*) breach
trouer [tʀue] /**1**/ *vt* to make a hole (*ou* holes) in; (*fig*) to pierce
troufion [tʀufjɔ] *nm* (*fam*) soldier, squaddie (*Brit*), GI (*US*)
trouillard, e [tʀujaʀ, -aʀd] (*fam*) *nm/f* coward, chicken (*fam*) ▶ *adj* cowardly, chicken (*fam*)
trouille [tʀuj] *nf* (*fam*) : **avoir la** ~ to be scared stiff, be scared out of one's wits
trouillomètre [tʀujɔmɛtʀ] *nm* (*fam*) : **avoir le** ~ **à zéro** to be scared stiff
troupe [tʀup] *nf* (*Mil*) troop; (*groupe*) troop, group; **la** ~ (*Mil : l'armée*) the army; (*: les simples soldats*) the troops *pl*; ~ (**de théâtre**) (theatrical) company; **troupes de choc** shock troops
troupeau, x [tʀupo] *nm* (*de moutons*) flock; (*de vaches*) herd
trousse [tʀus] *nf* case, kit; (*d'écolier*) pencil case; (*de docteur*) instrument case; **aux trousses de** (*fig*) on the heels *ou* tail of; ~ **à outils** toolkit; ~ **de toilette** toilet bag
trousseau, x [tʀuso] *nm* (*de mariée*) trousseau; ~ **de clefs** bunch of keys
trouvaille [tʀuvaj] *nf* find; (*fig : idée, expression etc*) brainwave
trouvé, e [tʀuve] *adj* : **tout** ~ ready-made
trouver [tʀuve] /**1**/ *vt* to find; (*rendre visite*) : **aller/ venir** ~ **qn** to go/come and see sb; **se trouver** *vpr* (*être*) to be; (*être soudain*) to find o.s.; **je trouve**

que I find *ou* think that; **~ à boire/critiquer** to find something to drink/criticize; **~ asile/ refuge** to find refuge/shelter; **se ~ être/avoir** to happen to be/have; **il se trouve que** it happens that, it turns out that; **se ~ bien** to feel well; **se ~ mal** to pass out

truand [tʀyɑ̃] *nm* villain, crook

truander [tʀyɑ̃de] /1/: *fam* vi to cheat, do ▸ *vt*: **se faire ~** to be swindled

trublion [tʀyblijɔ̃] *nm* troublemaker

truc [tʀyk] *nm (astuce)* way, device; *(de cinéma, prestidigitateur)* trick effect; *(chose)* thing; *(machin)* thingumajig, whatsit (BRIT); **avoir le ~** to have the knack; **c'est pas son** *(ou* **mon** *etc)* **~** *(fam)* it's not really his *(ou* my *etc)* thing

trucage [tʀykaʒ] *nm* = **truquage**

truchement [tʀyʃmɑ̃] *nm*: **par le ~ de qn** through (the intervention of) sb

trucider [tʀyside] /1/ *vt (fam)* to do in, bump off

truculence [tʀykylɑ̃s] *nf* colourfulness (BRIT), colorfulness (US)

truculent, e [tʀykylɑ̃, -ɑ̃t] *adj* colourful (BRIT), colorful (US)

truelle [tʀyɛl] *nf* trowel

truffe [tʀyf] *nf* truffle; *(nez)* nose

truffé, e [tʀyfe] *adj (Culin)* garnished with truffles; *voir aussi* **truffer**

truffer [tʀyfe] /1/ *vt (Culin)* to garnish with truffles; **truffé de** *(citations)* peppered with; *(fautes)* riddled with; *(pièges)* bristling with

truie [tʀɥi] *nf* sow

truisme [tʀyism] *nm* truism

truite [tʀɥit] *nf* trout *inv*

truquage [tʀykaʒ] *nm* fixing; *(Ciné)* special effects *pl*

truquer [tʀyke] /1/ *vt (élections, serrure, dés)* to fix; *(Ciné)* to use special effects in

trust [tʀœst] *nm (Comm)* trust

truster [tʀœste] /1/ *vt (Comm)* to monopolize

ts *abr* = **tous**

tsar [dzaʀ] *nm* tsar

tsé-tsé [tsetse] *(pl* **tsétsés,**, *pl* **~)** *nf*: **mouche ~** tsetse fly

TSF *sigle f (= télégraphie sans fil)* wireless

t-shirt [tiʃœʀt] *(pl* **t-shirts)** *nm* T-shirt

tsigane [tsigan] *adj, nmf* = **tzigane**

TSVP *abr (= tournez s'il vous plaît)* PTO

TT, TTA *sigle m (= transit temporaire (autorisé))* vehicle registration for cars etc bought in France for export tax-free by non-residents

tt *abr* = **tout**

TTC *abr (= toutes taxes comprises)* inclusive of tax

ttes *abr* = **toutes**

TU *sigle m* = **temps universel**

tu¹ [ty] *pron* you ▸ *nm*: **employer le tu** to use the "tu" form

tu², e [ty] *pp de* **taire**

tuant, e [tɥɑ̃, -ɑ̃t] *adj (épuisant)* killing; *(énervant)* infuriating

tuba [tyba] *nm (Mus)* tuba; *(Sport)* snorkel

tubage [tybaʒ] *nm (Méd)* intubation

tube [tyb] *nm* tube; *(de canalisation, métallique etc)* pipe; *(chanson, disque)* hit song *ou* record; **~ digestif** alimentary canal, digestive tract; **~ à essai** test tube

tuberculeux, -euse [tybɛʀkylø, -øz] *adj* tubercular ▸ *nm/f* tuberculosis *ou* TB patient

tuberculose [tybɛʀkyloz] *nf* tuberculosis, TB

tubulaire [tybylɛʀ] *adj* tubular

tubulure [tybylyʀ] *nf* pipe; piping *no pl*; *(Auto)*: **~ d'échappement/d'admission** exhaust/inlet manifold

tué, e [tɥe] *nm/f*: **cinq tués** five killed *ou* dead

tue-mouche [tymuʃ] *adj*: **papier ~(s)** flypaper

tuer [tɥe] /1/ *vt* to kill; **se tuer** *vpr (se suicider)* to kill o.s.; *(dans un accident)* to be killed; **se ~ au travail** *(fig)* to work o.s. to death

tuerie [tyʀi] *nf* slaughter *no pl*, massacre

tue-tête [tytɛt] : **à ~** *adv* at the top of one's voice

tueur [tɥœʀ] *nm* killer; **~ à gages** hired killer

tuile [tɥil] *nf* tile; *(fam)* spot of bad luck, blow

tulipe [tylip] *nf* tulip

tulle [tyl] *nm* tulle

tuméfié, e [tymefje] *adj* puffy, swollen

tumeur [tymœʀ] *nf* growth, tumour (BRIT), tumor (US)

tumulte [tymylt] *nm* commotion, hubbub

tumultueux, -euse [tymyltɥø, -øz] *adj* stormy, turbulent

tumulus [tymylys] *nm* burial mound, tumulus

tuner [tynɛʀ] *nm* tuner

tungstène [tœ̃kstɛn] *nm* tungsten

tunique [tynik] *nf* tunic; *(de femme)* smock, tunic

Tunis [tynis] *n* Tunis

Tunisie [tynizi] *nf*: **la ~** Tunisia

tunisien, ne [tynizjɛ̃, -ɛn] *adj* Tunisian ▸ *nm/f*: **Tunisien, ne** Tunisian

tunisois, e [tynizwa, -waz] *adj* of *ou* from Tunis

tunnel [tynɛl] *nm* tunnel; **le ~ sous la Manche** the Channel Tunnel

TUP *sigle m (= titre universel de paiement)* ≈ payment slip

turban [tyʀbɑ̃] *nm* turban

turbin [tyʀbɛ̃] *nm (fam)* work *no pl*

turbine [tyʀbin] *nf* turbine

turbo [tyʀbo] *nm* turbo; **un moteur ~** a turbo(-charged) engine

turbomoteur [tyʀbomɔtœʀ] *nm* turbo(-boosted) engine

turbopropulseur [tyʀbopʀɔpylsœʀ] *nm* turboprop

turboréacteur [tyʀboʀeaktœʀ] *nm* turbojet

turbot [tyʀbo] *nm* turbot

turbotrain [tyʀbotʀɛ̃] *nm* turbotrain

turbulences [tyʀbylɑ̃s] *nfpl (Aviat)* turbulence *sg*

turbulent, e [tyʀbylɑ̃, -ɑ̃t] *adj* boisterous, unruly

turc, turque [tyʀk] *adj* Turkish; *(w.-c.)* seatless ▸ *nm (Ling)* Turkish ▸ *nm/f*: **Turc, Turque** Turk/ Turkish woman ▸ *nf*: **à la turque** *adv (assis)* cross-legged; *adj (toilettes, w.-c.)* seatless

turf [tyʀf] *nm* racing

turfiste [tyʀfist] *nmf* racegoer

turista [tuʀista] *nf (fam)* Montezuma's revenge, Delhi belly

Turks et Caïques [tyʀkekaik], **Turks et Caicos** [tyʀkekaikɔs] *nfpl* Turks and Caicos Islands

turpitude [tyʀpityd] *nf* base act, baseness *no pl*

turque [tyʀk] *adj f, nf voir* **turc**

Turquie [tyʀki] *nf*: **la ~** Turkey

turquoise [tyʀkwaz] *nf, adj inv* turquoise
tus *etc* [ty] *vb voir* **taire**
tut *etc* [ty] *vb voir* **taire**
tutélaire [tytelɛʀ] *adj (puissance)* protecting
tutelle [tytɛl] *nf (Jur)* guardianship; *(Pol)* trusteeship; **sous la ~ de** *(fig)* under the supervision of
tuteur, -trice [tytœʀ, -tʀis] *nm/f (Jur)* guardian; *(de plante)* stake, support
tutoiement [tytwamɑ̃] *nm* use of familiar "tu" form
tutoyer [tytwaje] **/8/** *vt* : **~ qn** to address sb as "tu"
tutti quanti [tutikwɑ̃ti] *nmpl* : **et ~** and all the rest (of them)
tutu [tyty] *nm (Danse)* tutu
tuyau, x [tɥijo] *nm* pipe; *(flexible)* tube; *(fam : conseil)* tip; *(: mise au courant)* gen *no pl*; **~ d'arrosage** hosepipe; **~ d'échappement** exhaust pipe; **~ d'incendie** fire hose
tuyauté, e [tɥijote] *adj* fluted
tuyauter [tɥijote] *vt (fam)* to give a tip to
tuyauterie [tɥijotʀi] *nf* piping *no pl*
tuyère [tɥijɛʀ] *nf* nozzle
TV [teve] *nf* TV, telly (BʀIT)
TVA *sigle f* (= *taxe à ou sur la valeur ajoutée*) VAT
TVHD *sigle f* (= *télévision haute définition*) HDTV
tweed [twid] *nm* tweed

tweet [twit] *nm (aussi Internet)* tweet
tweeter [twite] **/1/** *vi (Inform : Twitter)* to tweet
tympan [tɛ̃pɑ̃] *nm (Anat)* eardrum
type [tip] *nm* type; *(personne, chose, représentant)* classic example, epitome; *(fam)* chap, guy; **avoir le ~ nordique** to be Nordic-looking ▸ *adj* typical, standard
typé, e [tipe] *adj* ethnic *(euphémisme)*
typhoïde [tifɔid] *nf* typhoid (fever)
typhon [tifɔ̃] *nm* typhoon
typhus [tifys] *nm* typhus (fever)
typique [tipik] *adj* typical
typiquement [tipikmɑ̃] *adv* typically
typographe [tipɔgʀaf] *nmf* typographer
typographie [tipɔgʀafi] *nf* typography; *(procédé)* letterpress (printing)
typographique [tipɔgʀafik] *adj* typographical; letterpress *cpd*
typologie [tipɔlɔʒi] *nf* typology
tyran [tiʀɑ̃] *nm* tyrant
tyrannie [tiʀani] *nf* tyranny
tyrannique [tiʀanik] *adj* tyrannical
tyranniser [tiʀanize] **/1/** *vt* to tyrannize
Tyrol [tiʀɔl] *nm* : **le ~** the Tyrol
tyrolien, ne [tiʀɔljɛ̃, -ɛn] *adj* Tyrolean
tzar [dzaʀ] *nm* = **tsar**
tzigane [dzigan] *adj* gipsy, tzigane ▸ *nmf* (Hungarian) gipsy, Tzigane

t

Uu

U, u [y] *nm inv* U, u; **U comme Ursule** U for Uncle

ubiquité [ybikɥite] *nf*: **avoir le don d'~** to be everywhere at once, be ubiquitous

ubuesque [ybyɛsk] *adj* (*situation, projet, idée*) ludicrous; (*personne*) Ubuesque

UDF *sigle f* (= *Union pour la démocratie française*) *political party*

UE *sigle f* (= *Union européenne*) EU

UEFA [yefa] *sigle f* (= *Union of European Football Associations*) UEFA

UEM *sigle f* (= *Union économique et monétaire*) EMU

UER *sigle f* (= *unité d'enseignement et de recherche*) *old title of* UFR; (= *Union européenne de radio-télévision*) EBU

UFC *sigle f* (= *Union fédérale des consommateurs*) *national consumer group*

UFR *sigle f* (= *unité de formation et de recherche*) ≈ *university department*

UHF *sigle f* (= *ultra-haute fréquence*) UHF

UHT *abr* (= *ultra-haute température*) UHT

UIT *sigle f* (= *Union internationale des télécommunications*) ITU (= *International Telecommunications Union*)

Ukraine [ykrɛn] *nf*: **l'~** the Ukraine

ukrainien, ne [ykrɛnjɛ̃, -ɛn] *adj* Ukrainian ▶ *nm* (*Ling*) Ukrainian ▶ *nm/f*: **Ukrainien, ne** Ukrainian

ukulélé [jukulele] *nm* ukelele

ulcère [ylsɛʀ] *nm* ulcer; **~ à l'estomac** stomach ulcer

ulcéré, e [ylsere] *adj* (*excédé*) sickened

ulcérer [ylsere] **/6/** *vt* (*Méd*) to ulcerate; (*fig*) to sicken, appal

ulcéreux, -euse [ylserø, -øz] *adj* (*plaie, lésion*) ulcerous; (*membre*) ulcerated

uléma [ylema] *nm* (*Rel*) ulema

ULM *sigle m* (= *ultra léger motorisé*) microlight

ultérieur, e [ylterjœr] *adj* later, subsequent; **remis à une date ultérieure** postponed to a later date

ultérieurement [ylterjœrmɑ̃] *adv* later, subsequently

ultimatum [yltimatɔm] *nm* ultimatum

ultime [yltim] *adj* final

ultra [yltʀa] *préfixe* ultra ▶ *nmf* ultra

ultramoderne [yltʀamɔdɛʀn] *adj* ultra-modern

ultra-rapide [yltʀaʀapid] *adj* ultra-fast

ultra-sensible [yltʀasɑ̃sibl] *adj* (*Photo*) high-speed

ultrason, ultra-son [yltʀasɔ̃] *nm* ultrasound *no pl*; **ultra(-)sons** *nmpl* ultrasonics

ultraviolet, ultra-violet, te [yltʀavjɔlɛ, -ɛt] *adj* ultraviolet ▶ *nm*: **les ultra(-)violets** ultraviolet rays

ululer [ylyle] **/1/** *vi* = **hululer**

UME *sigle f* (= *Union monétaire européenne*) EMU

UMP *sigle f* (= *Union pour un mouvement populaire*) *political party*

(MOT-CLÉ)

un, une [œ̃, yn] *art indéf* a; (*devant voyelle*) an; **un garçon/vieillard** a boy/an old man; **une fille** a girl
▶ *pron* one; **l'un des meilleurs** one of the best; **l'un ..., l'autre** (the) one ..., the other; **les uns ..., les autres** some ..., others; **l'un et l'autre** both (of them); **l'un ou l'autre** either (of them); **l'un l'autre, les uns les autres** each other, one another; **pas un seul** not a single one; **un par un** one by one
▶ *num* one; **une pomme seulement** one apple only, just one apple
▶ *nf*: **la une** (*Presse*) the front page

unanime [ynanim] *adj* unanimous; **ils sont unanimes (à penser que)** they are unanimous (in thinking that)

unanimement [ynanimmɑ̃] *adv* (*par tous*) unanimously; (*d'un commun accord*) with one accord

unanimité [ynanimite] *nf* unanimity; **à l'~** unanimously; **faire l'~** to be approved unanimously

underground [œndœʀgʀawnd] *adj, nm* underground

UNEDIC [ynedik] *sigle f* = **Union Nationale pour l'Emploi dans l'Industrie et le Commerce**

UNEF [ynɛf] *sigle f* = **Union nationale des étudiants de France**

UNESCO [ynɛsko] *sigle f* (= *United Nations Educational, Scientific and Cultural Organization*) UNESCO

Unetelle [yntɛl] *nf voir* **Untel**

UNI *sigle f* = **Union nationale inter-universitaire**

uni, e [yni] *adj* (*ton, tissu*) plain; (*surface*) smooth, even; (*famille*) close(-knit); (*pays*) united

UNICEF [ynisɛf] *sigle mf* (= *United Nations International Children's Emergency Fund*) UNICEF

unicellulaire [yniselylɛʀ] *adj* (*Bio : organisme, algue*) unicellular

unidirectionnel, le [ynidiʀɛksjɔnɛl] *adj*
unidirectional, one-way
unième [ynjɛm] *num* : **vingt/trente et ~**
twenty-/thirty-first; **cent ~** (one) hundred and
first
unificateur, -trice [ynifikatœʀ, -tʀis] *adj*
unifying
unification [ynifikasjɔ̃] *nf* uniting;
unification; standardization
unifier [ynifje] /**7**/ *vt* to unite, unify; (*systèmes*) to
standardize, unify; **s'unifier** *vpr* to become
united
uniforme [ynifɔʀm] *adj* (*mouvement*) regular,
uniform; (*surface, ton*) even; (*objets, maisons*)
uniform; (*fig : vie, conduite*) unchanging ▶ *nm*
uniform; **être sous l'~** (*Mil*) to be serving
uniformément [ynifɔʀmemɑ̃] *adv* uniformly
uniformisation [ynifɔʀmizasjɔ̃] *nf*
standardization
uniformiser [ynifɔʀmize] /**1**/ *vt* to make
uniform; (*systèmes*) to standardize
uniformité [ynifɔʀmite] *nf* regularity;
uniformity; evenness
unijambiste [yniʒɑ̃bist] *nmf* one-legged man/
woman
unilatéral, e, -aux [ynilateʀal, -o] *adj*
unilateral; **stationnement ~** parking on one
side only
unilatéralement [ynilateʀalmɑ̃] *adv*
unilaterally
uninominal, e, -aux [yninɔminal, -o] *adj*
uncontested
union [ynjɔ̃] *nf* union; **~ conjugale** union of
marriage; **~ de consommateurs** consumers'
association; **~ libre** free love; **vivre en ~ libre**
(*en concubinage*) to cohabit; **l'U~ européenne** the
European Union; **l'U~ des Républiques
socialistes soviétiques (URSS)** the Union of
Soviet Socialist Republics (USSR); **l'U~
soviétique** the Soviet Union
unique [ynik] *adj* (*seul*) only; (*exceptionnel*)
unique; **un prix/système ~** a single price/
system; **ménage à salaire ~** one-salary family;
route à voie ~ single-lane road; **fils/fille ~**
only son/daughter, only child; **sens ~** one-way
street; **~ en France** the only one of its kind in
France
uniquement [ynikmɑ̃] *adv* only, solely; (*juste*)
only, merely
unir [yniʀ] /**2**/ *vt* (*nations*) to unite; (*éléments,
couleurs*) to combine; (*en mariage*) to unite, join
together; **~ qch à** to unite sth with; to combine
sth with; **s'unir** *vpr* to unite; (*en mariage*) to be
joined together; **s'~ à** *ou* **avec** to unite with
unisexe [ynisɛks] *adj* unisex
unisson [ynisɔ̃] : **à l'~** *adv* in unison
unitaire [yniteʀ] *adj* unitary; (*Pol*) unitarian;
prix ~ unit price
unité [ynite] *nf* (*harmonie, cohésion*) unity; (*Comm,
Mil, de mesure, Math*) unit; **~ centrale de
traitement** central processing unit; **~ de
valeur** (university) course, credit
univers [yniveʀ] *nm* universe
universalisation [yniveʀsalizasjɔ̃] *nf*
universalization

universaliser [yniveʀsalize] /**1**/ *vt* to
universalize
universaliste [yniveʀsalist] *adj* (*Philosophie*)
universalist
universalité [yniveʀsalite] *nf* universality
universel, le [yniveʀsɛl] *adj* universal; (*esprit*)
all-embracing
universellement [yniveʀsɛlmɑ̃] *adv*
universally
universitaire [yniveʀsiteʀ] *adj* university *cpd*;
(*diplôme, études*) academic, university *cpd* ▶ *nmf*
academic
université [yniveʀsite] *nf* university
univoque [ynivɔk] *adj* unambiguous; (*Math*)
one-to-one
UNR *sigle f* (= *Union pour la nouvelle république*) *former
political party*
UNSS *sigle f* = **Union nationale de sport scolaire**
Untel, Unetelle [œ̃tɛl, yntɛl] *nm/f* : **Monsieur ~**
Mr so-and-so
uppercut [ypɛʀkyt] *nm* (*Boxe*) uppercut; (*fig*)
blow
uranium [yʀanjɔm] *nm* uranium
urbain, e [yʀbɛ̃, -ɛn] *adj* urban, city *cpd*, town
cpd; (*poli*) urbane
urbanisation [yʀbanizasjɔ̃] *nf* urbanization
urbaniser [yʀbanize] /**1**/ *vt* to urbanize
urbanisme [yʀbanism] *nm* town planning
urbaniste [yʀbanist] *nmf* town planner
urbanité [yʀbanite] *nf* urbanity
urée [yʀe] *nf* urea
urémie [yʀemi] *nf* uraemia (*BRIT*), uremia (*US*)
urgence [yʀʒɑ̃s] *nf* urgency; (*Méd etc*) emergency;
d'~ *adj* emergency *cpd*; *adv* as a matter of urgency;
en cas d'~ in case of emergency; **service des
urgences** emergency service
urgent, e [yʀʒɑ̃, -ɑ̃t] *adj* urgent
urgentiste [yʀʒɑ̃tist] *nmf* A&E doctor(*BRIT*),
emergency physician(*US*)
urinaire [yʀineʀ] *adj* urinary
urinal, -aux [yʀinal, -o] *nm* (bed) urinal
urine [yʀin] *nf* urine
uriner [yʀine] /**1**/ *vi* to urinate
urinoir [yʀinwaʀ] *nm* (public) urinal
URL *sigle f* (*Inform* : = *Uniform Resource Locator*) URL;
adresse ~ URL
urne [yʀn] *nf* (*électorale*) ballot box; (*vase*) urn;
aller aux urnes (*voter*) to go to the polls
urologie [yʀɔlɔʒi] *nf* urology
URSS [yʀs] *sigle f* (*Hist* : = *Union des Républiques
Socialistes Soviétiques*) USSR
URSSAF [yʀsaf] *sigle f* (= *Union pour le recouvrement
de la sécurité sociale et des allocations familiales*)
*administrative body responsible for social security
funds and payments*
urticaire [yʀtikeʀ] *nf* nettle rash, urticaria
Uruguay [yʀygwe] *nm* : **l'~** Uruguay
uruguayen, ne [yʀygwajɛ̃, -ɛn] *adj* Uruguayan
▶ *nm/f* : **Uruguayen, ne** Uruguayan
us [ys] *nmpl* : **us et coutumes** (habits and)
customs
USA *sigle mpl* (= *United States of America*) USA
usage [yzaʒ] *nm* (*emploi, utilisation*) use; (*coutume*)
custom; (*éducation*) (good) manners *pl*, (good)
breeding; (*Ling*) : **l'~** usage; **faire ~ de** (*pouvoir,*

droit) to exercise; **avoir l'~ de** to have the use of; **à l'~** *adv* with use; **à l'~ de** (*pour*) for (use of); **en ~** in use; **hors d'~** out of service; **à ~ interne** (*Méd*) to be taken (internally); **à ~ externe** (*Méd*) for external use only

usagé, e [yzaʒe] *adj* (*usé*) worn; (*d'occasion*) used

usager, -ère [yzaʒe, -ɛʀ] *nm/f* user

usant, e [yzɑ̃, -ɑ̃t] *adj* (*fatigant*) wearing

USB *sigle m* (*Inform* : = *Universal Serial Bus*) USB; **clé ~** USB stick; **port ~** USB port

usé, e [yze] *adj* worn (down *ou* out *ou* away); ruined; (*banal : argument etc*) hackneyed

user [yze] /1/ *vt* (*outil*) to wear down; (*vêtement*) to wear out; (*matière*) to wear away; (*consommer : charbon etc*) to use; (*fig : santé*) to ruin; (: *personne*) to wear out; **~ de** (*moyen, procédé*) to use, employ; (*droit*) to exercise; **s'user** *vpr* to wear; (*tissu, vêtement*) to wear out; (*fig*) to decline; **s'~ à la tâche** to wear o.s. out with work

usinage [yzinaʒ] *nm* (*de pièce, bois, métal*) machining; (*fabrication*) manufacture

usine [yzin] *nf* factory; **~ atomique** nuclear power plant; **~ à gaz** gasworks *sg*; **~ marémotrice** tidal power station

usiner [yzine] /1/ *vt* (*Tech*) to machine; (*fabriquer*) to manufacture

usité, e [yzite] *adj* in common use, common; **peu ~** rarely used

ustensile [ystɑ̃sil] *nm* implement; **~ de cuisine** kitchen utensil

usuel, le [yzɥɛl] *adj* everyday, common

usufruit [yzyfʀɥi] *nm* usufruct

usufruitier, -ière [yzyfʀɥitje, -jɛʀ] *nm/f, adj* usufructuary

usuraire [yzyʀɛʀ] *adj* usurious

usure [yzyʀ] *nf* wear; worn state; (*de l'usurier*) usury; **avoir qn à l'~** to wear sb down; **~ normale** fair wear and tear

usurier, -ière [yzyʀje, -jɛʀ] *nm/f* usurer

usurpateur, -trice [yzyʀpatœʀ, -tʀis] *nm/f* usurper

usurpation [yzyʀpasjɔ̃] *nf* usurpation

usurper [yzyʀpe] /1/ *vt* to usurp

ut [yt] *nm* (*Mus*) C

UTA *sigle f* = **Union des transporteurs aériens**

utérin, e [yteʀɛ̃, -in] *adj* uterine

utérus [yteʀys] *nm* uterus, womb

utile [ytil] *adj* useful; **~ à qn/qch** of use to sb/sth

utilement [ytilmɑ̃] *adv* usefully

utilisable [ytilizabl] *adj* usable

utilisateur, -trice [ytilizatœʀ, -tʀis] *nm/f* user

utilisation [ytilizasjɔ̃] *nf* use

utiliser [ytilize] /1/ *vt* to use

utilitaire [ytilitɛʀ] *adj* utilitarian; (*objets*) practical ▶ *nm* (*Inform*) utility

utilité [ytilite] *nf* usefulness *no pl*; use; **jouer les utilités** (*Théât*) to play bit parts; **reconnu d'~ publique** state-approved; **c'est d'une grande ~** it's extremely useful; **il n'y a aucune ~ à ...** there's no use in ...; **de peu d'~** of little use *ou* help

utopie [ytɔpi] *nf* (*idée, conception*) utopian idea *ou* view; (*société etc idéale*) utopia

utopique [ytɔpik] *adj* utopian

utopiste [ytɔpist] *nmf* utopian

UV *sigle f* (*Scol*) = **unité de valeur** ▶ *sigle mpl* (= *ultra-violets*) UV

uvule [yvyl] *nf* uvula

V, v [ve] *nm inv* V, v; **V comme Victor** V for
Victor; **en V** V-shaped; **encolure en V** V-neck;
décolleté en V V(-)neckline ▶ *abr* (= *voir, verset*)
v; (= *vers nm*) l.; (= *vers prép*) toward(s)
va [va] *vb voir* **aller**
vacance [vakɑ̃s] *nf* (*Admin*) vacancy; **vacances**
nfpl holiday(s) *pl* (BRIT), vacation *sg* (US); **les
grandes vacances** the summer holidays *ou*
vacation; **prendre des/ses vacances** to take a
holiday *ou* vacation/one's holiday(s) *ou*
vacation; **aller en vacances** to go on holiday *ou*
vacation
vacancier, -ière [vakɑ̃sje, -jɛʀ] *nm/f*
holidaymaker (BRIT), vacationer (US)
vacant, e [vakɑ̃, -ɑ̃t] *adj* vacant
vacarme [vakaʀm] *nm* row, din
vacataire [vakatɛʀ] *nmf* temporary (employee);
(*enseignement*) supply (BRIT) *ou* substitute (US)
teacher; (*Université*) part-time temporary
lecturer
vaccin [vaksɛ̃] *nm* vaccine; (*opération*)
vaccination
vaccination [vaksinasjɔ̃] *nf* vaccination
vacciner [vaksine] /**1**/ *vt* to vaccinate; (*fig*) to
make immune; **être vacciné** (*fig*) to be
immune
vache [vaʃ] *nf* (*Zool*) cow; (*cuir*) cowhide; **~ à eau**
(canvas) water bag; **(manger de la) ~ enragée**
(to go through) hard times; **~ à lait** (*péj*) mug,
sucker; **~ laitière** dairy cow; **période de
vaches maigres** lean times *pl*, lean period ▶ *adj*
(*fam*) rotten, mean
vachement [vaʃmɑ̃] *adv* (*fam*) damned, really
vacher, -ère [vaʃe, -ɛʀ] *nm/f* cowherd
vacherie [vaʃʀi] *nf* (*fam*) meanness *no pl*; (: *action*)
dirty trick; (: *propos*) nasty remark
vacherin [vaʃʀɛ̃] *nm* (*fromage*) vacherin cheese;
(*gâteau*) : **~ glacé** vacherin (*type of cream gâteau*)
vachette [vaʃɛt] *nf* calfskin
vacillant, e [vasijɑ̃, -ɑ̃t] *adj* (*jambes*) wobbly;
(*lumière*) flickering; (*pouvoir*) faltering; (*santé*)
failing
vacillement [vasijmɑ̃] *nm* (*de pouvoir*) faltering;
(*de lumière, flamme*) flickering
vaciller [vasije] /**1**/ *vi* (*personne, jambes*) to sway,
wobble; (*bougie, lumière*) to flicker; (*fig* : *pouvoir*)
falter; (: *santé*) to fail; **~ dans ses réponses** to
falter in one's replies; **~ dans ses résolutions**
to waver in one's resolutions
vacuité [vakɥite] *nf* emptiness, vacuity
vade-mecum [vademekɔm] *nm inv* pocketbook

vadrouille [vadʀuj] *nf* : **être/partir en ~** to be
on/go for a wander
vadrouiller [vadʀuje] /**1**/ *vi* to wander around *ou*
about
VAE *sigle f* (= *Validation des acquis de l'expérience*)
accreditation for work experience, that can count
towards a qualification ▶ *sigle m* (= *vélo (à assistance)
électrique*) e-bike
va-et-vient [vaevjɛ̃] *nm inv* (*de pièce mobile*) to and
fro (*ou* up and down) movement; (*de personnes,
véhicules*) comings and goings *pl*, to-ings and
fro-ings *pl*; (*Élec*) two-way switch
vagabond, e [vagabɔ̃, -ɔ̃d] *adj* wandering;
(*imagination*) roaming, roving ▶ *nm* (*rôdeur*)
tramp, vagrant; (*voyageur*) wanderer
vagabondage [vagabɔ̃daʒ] *nm* roaming,
wandering; (*Jur*) vagrancy
vagabonder [vagabɔ̃de] /**1**/ *vi* to roam, wander
vagin [vaʒɛ̃] *nm* vagina
vaginal, e, -aux [vaʒinal, -o] *adj* vaginal
vagissement [vaʒismɑ̃] *nm* cry (*of newborn baby*)
vague [vag] *nf* wave; **~ d'assaut** (*Mil*) wave of
assault; **~ de chaleur** heatwave; **~ de fond**
ground swell; **~ de froid** cold spell ▶ *adj* vague;
(*regard*) faraway; (*manteau, robe*) loose(-fitting);
(*quelconque*) : **un ~ bureau/cousin** some office/
cousin or other ▶ *nm* : **être dans le ~** to be
rather in the dark; **rester dans le ~** to keep
things rather vague; **regarder dans le ~** to
gaze into space; **~ à l'âme** vague melancholy
vaguelette [vaglɛt] *nf* ripple
vaguement [vagmɑ̃] *adv* vaguely
vahiné [vaine] *nf* Tahitian woman, wahine
vaillamment [vajamɑ̃] *adv* bravely, gallantly
vaillance [vajɑ̃s] *nf* courage, bravery
vaillant, e [vajɑ̃, -ɑ̃t] *adj* (*courageux*) brave,
gallant; (*robuste*) vigorous, hale and hearty;
n'avoir plus un sou ~ to be penniless
vaille [vaj] *vb voir* **valoir**
vain, e [vɛ̃, vɛn] *adj* vain; **en ~** *adv* in vain
vaincre [vɛ̃kʀ] /**42**/ *vt* to defeat; (*fig*) to conquer,
overcome
vaincu, e [vɛ̃ky] *pp de* **vaincre** ▶ *nm/f* defeated
party
vainement [vɛnmɑ̃] *adv* vainly
vainquais *etc* [vɛ̃kɛ] *vb voir* **vaincre**
vainqueur [vɛ̃kœʀ] *nm* victor; (*Sport*) winner
▶ *adj m* victorious
vais [vɛ] *vb voir* **aller**
vaisseau, x [veso] *nm* (*Anat*) vessel; (*Navig*) ship,
vessel; **~ spatial** spaceship

V

vaisselier [vɛsəlje] *nm* dresser

vaisselle [vɛsɛl] *nf (service)* crockery; *(plats etc à laver)* (dirty) dishes *pl*; **faire la ~** to do the washing-up *(BRIT) ou* the dishes

val [val] *(pl* **vaux** *ou* **vals)** *nm* valley

valable [valabl] *adj* valid; *(acceptable)* decent, worthwhile

valablement [valabləmã] *adv* legitimately; *(de façon satisfaisante)* satisfactorily

Valence [valãs] *n (en Espagne)* Valencia; *(en France)* Valence

valent *etc* [val] *vb voir* **valoir**

valériane [valerjan] *nf (Bot)* valerian

valet [valɛ] *nm* valet; *(péj)* lackey; *(Cartes)* jack, knave *(BRIT)*; **~ de chambre** manservant, valet; **~ de ferme** farmhand; **~ de pied** footman

valeur [valœʀ] *nf (gén)* value; *(mérite)* worth, merit; *(Comm : titre)* security; **mettre en ~** *(bien)* to exploit; *(terrain, région)* to develop; *(fig)* to highlight; to show off to advantage; **avoir de la ~** to be valuable; **prendre de la ~** to go up *ou* gain in value; **sans ~** worthless; **~ absolue** absolute value; **~ d'échange** exchange value; **~ nominale** face value; **valeurs** *nfpl (morales)* values; **valeurs mobilières** transferable securities

valeureux, -euse [valœʀø, -øz] *adj* valorous

validation [validasjɔ̃] *nf* validation

valide [valid] *adj (en bonne santé)* fit, well; *(indemne)* able-bodied, fit; *(valable)* valid

valider [valide] */1/ vt* to validate

validité [validite] *nf* validity

valions *etc* [valjɔ̃] *vb voir* **valoir**

valise [valiz] *nf* (suit)case; **faire sa ~** to pack one's (suit)case; **la ~ (diplomatique)** the diplomatic bag

vallée [vale] *nf* valley

vallon [valɔ̃] *nm* small valley

vallonné, e [valɔne] *adj* undulating

vallonnement [valɔnmã] *nm* undulation

valoir [valwaʀ] **/29/** *vi (être valable)* to hold, apply; **faire ~** *(droits, prérogatives)* to assert; *(domaine, capitaux)* to exploit; **faire ~ que** to point out that; **se faire ~** to make the most of o.s.; **à ~ on** account; **à ~ sur** to be deducted from; **vaille que vaille** somehow or other; **cela ne me dit rien qui vaille** I don't like the look of it at all ▸ *vt (prix, valeur, effort)* to be worth; *(causer)* : **~ qch à qn** to earn sb sth; **~ la peine** to be worth the trouble, be worth it; **ce climat ne me vaut rien** this climate doesn't suit me; **ça ne vaut rien** it's worthless; **que vaut ce candidat ?** how good is this applicant? ▸ *vb impers* : **il vaut mieux se taire** it's better to say nothing; **il vaut mieux que je fasse comme ceci** it's better if I do like this; **se valoir** *vpr* to be of equal merit; *(péj)* to be two of a kind

valorisable [valɔʀizabl] *adj (Écologie : déchet)* reusable; *(Écon : produit, ressource)* that can be made use of; *(Finance)* that can be put to work

valorisant, e [valɔʀizã, -ãt] *adj (image, rôle)* positive; *(travail, emploi)* worthwhile

valorisation [valɔʀizasjɔ̃] *nf* (economic) development; increased standing; *(Écologie)* : **la ~ des déchets** waste valorisation *or* valorization

valoriser [valɔʀize] */1/ vt (Écon)* to develop (the economy of); *(produit)* to increase the value of; *(Psych)* to increase the standing of; *(fig)* to highlight, bring out

valse [vals] *nf* waltz; **c'est la ~ des étiquettes** the prices don't stay the same from one moment to the next

valser [valse] */1/ vi* to waltz; *(fig)* : **aller ~** to go flying

valu, e [valy] *pp de* **valoir**

valve [valv] *nf* valve

vamp [vãp] *nf* vamp

vampire [vãpiʀ] *nm* vampire

vampiriser [vãpiʀize] *vt* to suck the blood out of *(fig)*

vampirisme [vãpiʀism] *nm* vampirism

van [vã] *nm* horse box *(BRIT) ou* trailer *(US)*

vandale [vãdal] *nmf* vandal

vandaliser [vãdalize] *vt* to vandalize

vandalisme [vãdalism] *nm* vandalism

vanille [vanij] *nf* vanilla; **glace à la ~** vanilla ice cream

vanillé, e [vanije] *adj* vanilla *cpd*

vanité [vanite] *nf* vanity

vaniteux, -euse [vanitø, -øz] *adj* vain, conceited

vanity-case [vanitikɛz] *nm* vanity case

vanne [van] *nf* gate; *(fam : remarque)* dig, (nasty) crack; **lancer une ~ à qn** to have a go at sb *(BRIT)*, knock sb

vanné [vane] *adj (fam : fatigué)* worn out, knackered *(BRIT fam)*

vanneau, x [vano] *nm* lapwing

vanner [vane] */1/ vt* to winnow

vannerie [vanʀi] *nf* basketwork

vantail, -aux [vãtaj, -o] *nm* door, leaf

vantard, e [vãtaʀ, -aʀd] *adj* boastful

vantardise [vãtaʀdiz] *nf* boastfulness *no pl*; boast

vanter [vãte] */1/ vt* to speak highly of, praise; **se vanter** *vpr* to boast, brag; **se ~ de** to pride o.s. on; *(péj)* to boast of

Vanuatu [vanwatu] *nm* : **le ~** Vanuatu

va-nu-pieds [vanypje] *nmf inv* tramp, beggar

vapeur [vapœʀ] *nf* steam; *(émanation)* vapour *(BRIT)*, vapor *(US)*, fumes *pl*; *(brouillard, buée)* haze; **à ~** steam-powered, steam *cpd*; **à toute ~** full steam ahead; *(fig)* at full tilt; **renverser la ~** to reverse engines; *(fig)* to backtrack, backpedal; **cuit à la ~** steamed; **vapeurs** *nfpl (bouffées)* vapours, vapors

vapocuiseur [vapɔkyizœʀ] *nm* pressure cooker

vaporeux, -euse [vapɔʀø, -øz] *adj (flou)* hazy, misty; *(léger)* filmy, gossamer *cpd*

vaporisateur [vapɔʀizatœʀ] *nm* spray

vaporisation [vapɔʀizasjɔ̃] *nf (de parfum, liquide)* spray; *(Chimie)* vaporization

vaporiser [vapɔʀize] */1/ vt (Chimie)* to vaporize; *(parfum etc)* to spray

vapoter [vapɔte] */1/ vi* to smoke an e-cigarette

vaquer [vake] */1/ vi (Admin)* to be on vacation; **~ à ses occupations** to attend to one's affairs, go about one's business

varappe [vaʀap] *nf* rock climbing

varappeur, -euse [vaʀapœʀ, -øz] *nm/f* (rock) climber

varech [vaʀɛk] *nm* wrack, varec
vareuse [vaʀøz] *nf* (*blouson*) pea jacket; (*d'uniforme*) tunic
variabilité [vaʀjabilite] *nf* variability
variable [vaʀjabl] *adj* variable; (*temps, humeur*) changeable; (*Tech* : *à plusieurs positions etc*) adaptable; (*Ling*) inflectional; (*divers* : *résultats*) varied, various ▸ *nf* (*Inform, Math*) variable
variante [vaʀjɑ̃t] *nf* variant
variation [vaʀjasjɔ̃] *nf* variation; changing *no pl*, change; (*Mus*) variation
varice [vaʀis] *nf* varicose vein
varicelle [vaʀisɛl] *nf* chickenpox
varié, e [vaʀje] *adj* varied; (*divers*) various; **hors-d'œuvre variés** selection of hors d'œuvres
varier [vaʀje] /**7**/ *vi* to vary; (*temps, humeur*) to change ▸ *vt* to vary
variété [vaʀjete] *nf* variety; **spectacle de variétés** variety show
variole [vaʀjɔl] *nf* smallpox
variqueux, -euse [vaʀikø, -øz] *adj* varicose
Varsovie [vaʀsɔvi] *n* Warsaw
vas [va] *vb voir* **aller**; **~-y!** go on!
vasculaire [vaskylɛʀ] *adj* vascular
vase [vɑz] *nm* vase; **en ~ clos** in isolation; **~ de nuit** chamberpot; **vases communicants** communicating vessels ▸ *nf* silt, mud
vasectomie [vazɛktɔmi] *nf* vasectomy
vaseline [vaz(ə)lin] *nf* Vaseline®
vaseux, -euse [vɑzø, -øz] *adj* silty, muddy; (*fig* : *confus*) woolly, hazy; (: *fatigué*) peaky; (: *étourdi*) woozy
vasistas [vazistas] *nm* fanlight
vasodilatateur, -trice [vazodilatatœʀ, -tʀis] *nm, adj* vasodilator
vasque [vask] *nf* (*bassin*) basin; (*coupe*) bowl
vassal, e, -aux [vasal, -o] *nm/f* vassal
vassaliser [vasalize] *vt* (*soumettre*) to subjugate
vaste [vast] *adj* vast, immense
Vatican [vatikɑ̃] *nm* : **le ~** the Vatican
vaticiner [vatisine] /**1**/ *vi* (*péj*) to make pompous predictions
va-tout [vatu] *nm* : **jouer son ~** to stake one's all
vaudeville [vod(ə)vil] *nm* vaudeville, light comedy
vaudrai *etc* [vodʀe] *vb voir* **valoir**
vau-l'eau [volo] : **à ~** *adv* with the current; **s'en aller à ~** (*fig* : *projets*) to be adrift
vaurien, ne [voʀjɛ̃, -ɛn] *nm/f* good-for-nothing, guttersnipe
vaut [vo] *vb voir* **valoir**
vautour [votuʀ] *nm* vulture
vautrer [votʀe] /**1**/ : **se vautrer** *vpr* : **se ~ dans** to wallow in; **se ~ sur** to sprawl on
vaux [vo] *pl de* **val** ▸ *vb voir* **valoir**
va-vite [vavit] : **à la ~** *adv* in a rush
vd *abr* = **vend**
VDQS *sigle m* (= *vin délimité de qualité supérieure*) label guaranteeing quality of wine
vds *abr* = **vends**
veau, x [vo] *nm* (*Zool*) calf; (*Culin*) veal; (*peau*) calfskin; **tuer le ~ gras** to kill the fatted calf
vecteur [vɛktœʀ] *nm* vector; (*Mil, Bio*) carrier
vécu, e [veky] *pp de* **vivre** ▸ *adj* real(-life)

vedettariat [vədɛtaʀja] *nm* stardom; (*attitude*) acting like a star
vedette [vədɛt] *nf* (*artiste etc*) star; (*canot*) patrol boat; (*police*) launch; **avoir la ~** to top the bill, get star billing; **mettre qn en ~** (*Ciné etc*) to give sb the starring role; (*fig*) to push sb into the limelight; **voler la ~ à qn** to steal the show from sb
végétal, e, -aux [veʒetal, -o] *adj* vegetable ▸ *nm* vegetable, plant
végétalien, ne [veʒetaljɛ̃, -ɛn] *adj, nm/f* vegan
végétalisme [veʒetalism] *nm* veganism
végétarien, ne [veʒetaʀjɛ̃, -ɛn] *adj, nm/f* vegetarian
végétarisme [veʒetaʀism] *nm* vegetarianism
végétatif, -ive [veʒetatif, -iv] *adj* : **une vie végétative** a vegetable existence
végétation [veʒetasjɔ̃] *nf* vegetation; **végétations** *nfpl* (*Méd*) adenoids
végéter [veʒete] /**6**/ *vi* (*fig*) to vegetate
véhémence [veemɑ̃s] *nf* vehemence
véhément, e [veemɑ̃, -ɑ̃t] *adj* vehement
véhicule [veikyl] *nm* vehicle; **~ utilitaire** commercial vehicle
véhiculer [veikyle] /**1**/ *vt* (*personnes, marchandises*) to transport, convey; (*fig* : *idées, substances*) to convey, serve as a vehicle for
veille [vɛj] *nf* (*garde*) watch; (*Psych*) wakefulness; (*jour*) : **la ~** the day before, the previous day; **la ~ au soir** the previous evening; **la ~ de** the day before; **la ~ de Noël** Christmas Eve; **la ~ du jour de l'An** New Year's Eve; **à la ~ de** on the eve of; **l'état de ~** the waking state
veillée [veje] *nf* (*soirée*) evening; (*réunion*) evening gathering; **~ d'armes** night before combat; (*fig*) vigil; **~ (funèbre)** wake; **~ (mortuaire)** watch
veiller [veje] /**1**/ *vi* (*rester debout*) to stay ou sit up; (*ne pas dormir*) to be awake; (*être de garde*) to be on watch; (*être vigilant*) to be watchful; **~ sur** to keep a watch ou an eye on ▸ *vt* (*malade, mort*) to watch over, sit up with; **~ à** to attend to, see to; **~ à ce que** to make sure that, see to it that
veilleur [vejœʀ] *nm* : **~ de nuit** night watchman
veilleuse [vejøz] *nf* (*lampe*) night light; (*Auto*) sidelight; (*flamme*) pilot light; **en ~** *adj* (*lampe*) dimmed; (*fig* : *affaire*) shelved, set aside
veinard, e [vɛnaʀ, -aʀd] *nm/f* (*fam*) lucky devil
veine [vɛn] *nf* (*Anat, du bois etc*) vein; (*filon*) vein, seam; (*inspiration*) inspiration; **avoir de la ~** (*fam* : *chance*) to be lucky
veiné, e [vene] *adj* veined; (*bois*) grained
veineux, -euse [venø, -øz] *adj* venous
Velcro® [vɛlkʀo] *nm* Velcro®
vêler [vele] /**1**/ *vi* to calve
vélin [velɛ̃] *nm* : **(papier) ~** vellum (paper)
véliplanchiste [veliplɑ̃ʃist] *nmf* windsurfer
velléitaire [veleitɛʀ] *adj* irresolute, indecisive
velléités [veleite] *nfpl* vague impulses
vélo [velo] *nm* bike, cycle; **faire du ~** to go cycling
véloce [velɔs] *adj* swift
vélocité [velɔsite] *nf* (*Mus*) nimbleness, swiftness; (*vitesse*) velocity
vélodrome [velodʀom] *nm* velodrome
vélomoteur [velomotœʀ] *nm* moped

V

véloski [veloski] *nm* skibob
velours [v(ə)luʀ] *nm* velvet; ~ **côtelé** corduroy
velouté, e [vəlute] *adj (au toucher)* velvety; *(à la vue)* soft, mellow; *(au goût)* smooth, mellow
▶ *nm* : ~ **d'asperges/de tomates** cream of asparagus/tomato soup
velouteux, -euse [vəlutø, -øz] *adj* velvety
velu, e [vəly] *adj* hairy
venais *etc* [vənɛ] *vb voir* **venir**
venaison [vənɛzɔ̃] *nf* venison
vénal, e, -aux [venal, -o] *adj* venal
vénalité [venalite] *nf* venality
venant [v(ə)nã] : **à tout** ~ *adv* to all and sundry
vendable [vãdabl] *adj* saleable, marketable
vendange [vãdãʒ] *nf (opération, période : aussi :* **vendanges***)* grape harvest; *(raisins)* grape crop, grapes *pl*
vendanger [vãdãʒe] /**3**/ *vi* to harvest the grapes
vendangeur, -euse [vãdãʒœʀ, -øz] *nm/f* grape-picker
vendéen, ne [vãdeɛ̃, -ɛn] *adj* of *ou* from the Vendée
vendetta [vãdeta] *nf* vendetta
vendeur, -euse [vãdœʀ, -øz] *nm/f (de magasin)* shop *ou* sales assistant (BRIT), sales clerk (US); *(Comm)* salesman/woman; ~ **de journaux** newspaper seller ▶ *nm (Jur)* vendor, seller
vendre [vãdʀ] /**41**/ *vt* to sell; ~ **qch à qn** to sell sb sth; **cela se vend à la douzaine** these are sold by the dozen; **« à ~ »** "for sale"
vendredi [vãdʀədi] *nm* Friday; **V~ saint** Good Friday; *voir aussi* **lundi**
vendu, e [vãdy] *pp de* **vendre** ▶ *adj (péj)* corrupt
venelle [vənɛl] *nf* alley
vénéneux, -euse [venenø, -øz] *adj* poisonous
vénérable [veneʀabl] *adj* venerable
vénération [veneʀasjɔ̃] *nf* veneration
vénérer [veneʀe] /**6**/ *vt* to venerate
vénerie [vɛnʀi] *nf* hunting
vénérien, ne [veneʀjɛ̃, -ɛn] *adj* venereal
Venezuela [venezɥela] *nm* Venezuela
vénézuélien, ne [venezɥeljɛ̃, -ɛn] *adj* Venezuelan ▶ *nm/f* : **Vénézuélien, ne** Venezuelan
vengeance [vãʒãs] *nf* vengeance *no pl*, revenge *no pl*; *(acte)* act of vengeance *ou* revenge
venger [vãʒe] /**3**/ *vt* to avenge; **se venger** *vpr* to avenge o.s.; *(par rancune)* to take revenge; **se ~ de qch** to avenge o.s. for sth; to take one's revenge for sth; **se ~ de qn** to take revenge on sb; **se ~ sur** to wreak vengeance upon; to take revenge on; to take it out on
vengeur, -eresse [ʒ(ə)ʀɛs, -ʒʀɛs] *adj* vengeful ▶ *nm/f* avenger
véniel, le [venjɛl] *adj* venial
venimeux, -euse [vənimø, -øz] *adj* poisonous, venomous; *(fig : haineux)* venomous, vicious
venin [vənɛ̃] *nm* venom, poison; *(fig)* venom
venir [v(ə)niʀ] /**22**/ *vi* to come; ~ **de** to come from; ~ **de faire : je viens d'y aller/de le voir** I've just been there/seen him; **s'il vient à pleuvoir** if it should rain, if it happens to rain; **j'en viens à croire que** I am coming to believe that; **où veux-tu en ~ ?** what are you getting at?; **il en est venu à mendier** he has been

reduced to begging; **en ~ aux mains** to come to blows; **les années/générations à ~** the years/ generations to come; **il me vient une idée** an idea has just occurred to me; **il me vient des soupçons** I'm beginning to be suspicious; **je te vois ~** I know what you're after; **faire ~** *(docteur, plombier)* to call (out); **d'où vient que ... ?** how is it that ...?; ~ **au monde** to come into the world
Venise [vəniz] *n* Venice
vénitien, ne [venisjɛ̃, -ɛn] *adj* Venetian
vent [vã] *nm* wind; **il y a du ~** it's windy; **c'est du ~** it's all hot air; **au ~** to windward; **sous le ~** to leeward; **avoir le ~ debout/arrière** to head into the wind/have the wind astern; **dans le ~** *(fam)* trendy; **prendre le ~** *(fig)* to see which way the wind blows; **avoir ~ de** to get wind of; **contre vents et marées** come hell or high water
vente [vãt] *nf* sale; **la ~** *(activité)* selling; *(secteur)* sales *pl*; **mettre en ~** to put on sale; *(objets personnels)* to put up for sale; ~ **aux enchères** auction sale; ~ **de charité** jumble (BRIT) *ou* rummage (US) sale; ~ **par correspondance (VPC)** mail-order selling
venté, e [vãte] *adj* windswept, windy
venter [vãte] /**1**/ *vb impers* : **il vente** the wind is blowing
venteux, -euse [vãtø, -øz] *adj* windswept, windy
ventilateur [vãtilatœʀ] *nm* fan
ventilation [vãtilasjɔ̃] *nf* ventilation
ventiler [vãtile] /**1**/ *vt* to ventilate; *(total, statistiques)* to break down
ventouse [vãtuz] *nf (ampoule)* cupping glass; *(de caoutchouc)* suction pad; *(Zool)* sucker
ventre [vãtʀ] *nm (Anat)* stomach; *(fig)* belly; **prendre du ~** to be getting a paunch; **avoir mal au ~** to have (a) stomach ache
ventricule [vãtʀikyl] *nm* ventricle
ventriloque [vãtʀilɔk] *nmf* ventriloquist
ventripotent, e [vãtʀipotã, -ãt] *adj* potbellied
ventru, e [vãtʀy] *adj* potbellied
venu, e [v(ə)ny] *pp de* **venir** ▶ *adj* : **être mal ~ à** *ou* **de faire** to have no grounds for doing, be in no position to do; **mal ~** ill-timed, unwelcome; **bien ~** timely, welcome ▶ *nf* coming
vêpres [vɛpʀ] *nfpl* vespers
ver [vɛʀ] *nm* worm; *(des fruits etc)* maggot; *(du bois)* woodworm *no pl*; ~ **blanc** May beetle grub; ~ **luisant** glow-worm; ~ **à soie** silkworm; ~ **solitaire** tapeworm; ~ **de terre** earthworm
véracité [veʀasite] *nf* veracity
véranda [veʀãda] *nf* veranda(h)
verbal, e, -aux [vɛʀbal, -o] *adj* verbal
verbalement [vɛʀbalmã] *adv* verbally
verbalisation [vɛʀbalizasjɔ̃] *nf (par la police)* booking, reporting, *of minor offences*; *(Psych)* verbalization; **la ~ des contrevenants** the booking of offenders
verbaliser [vɛʀbalize] /**1**/ *vi (Police)* to book *ou* report an offender; *(Psych)* to verbalize
verbe [vɛʀb] *nm (Ling)* verb; *(voix)* : **avoir le ~ sonore** to have a sonorous tone (of voice); **la magie du ~** the magic of language *ou* the word; **le V~** *(Rel)* the Word

verbeux, -euse [vɛrbø, -øz] *adj* verbose, wordy
verbiage [vɛrbjaʒ] *nm* verbiage
verbosité [vɛrbozite] *nf* verbosity
verdâtre [vɛrdɑtr] *adj* greenish
verdeur [vɛrdœr] *nf (vigueur)* vigour (BRIT), vigor (US), vitality; *(crudité)* forthrightness; *(défaut de maturité)* tartness, sharpness
verdict [vɛrdik(t)] *nm* verdict
verdir [vɛrdir] **/2/** *vi, vt* to turn green
verdoyant, e [vɛrdwajɑ̃, -ɑ̃t] *adj* green, verdant
verdure [vɛrdyr] *nf (arbres, feuillages)* greenery; *(légumes verts)* green vegetables *pl*, greens *pl*
véreux, -euse [verø, -øz] *adj* worm-eaten; *(malhonnête)* shady, corrupt
verge [vɛrʒ] *nf (Anat)* penis; *(baguette)* stick, cane
verger [vɛrʒe] *nm* orchard
vergetures [vɛrʒətyr] *nfpl* stretch marks
verglacé, e [vɛrglase] *adj* icy, iced-over
verglas [vɛrglɑ] *nm (black)* ice
vergogne [vɛrgɔɲ] : **sans ~** *adv* shamelessly
véridique [veridik] *adj* truthful
vérifiable [verifjabl] *adj (faits, chiffres)* verifiable
vérificateur, -trice [verifikatœr, -tris] *nm/f* controller, checker; **~ des comptes** *(Finance)* auditor ▶ *nf (machine)* verifier
vérification [verifikasjɔ̃] *nf* checking *no pl*, check; **~ d'identité** identity check
vérifier [verifje] **/7/** *vt* to check; *(corroborer)* to confirm, bear out; **se vérifier** *vpr* to be confirmed *ou* verified
vérin [verɛ̃] *nm* jack
véritable [veritabl] *adj* real; *(ami, amour)* true; **un ~ désastre** an absolute disaster
véritablement [veritabləmɑ̃] *adv (effectivement)* really; *(absolument)* absolutely
vérité [verite] *nf* truth; *(d'un portrait)* lifelikeness; *(sincérité)* truthfulness, sincerity; **en ~, à la ~** to tell the truth
verjus [vɛrʒy] *nm (Culin)* verjuice *(juice of unripe grapes)*
verlan [vɛrlɑ̃] *nm (back)* slang

VERLAN

Verlan is a form of slang first popularized in the 1950s. It consists of inverting a word's syllables, the term *verlan* itself coming from *l'envers* (*à l'envers* = back to front). Typical examples are *féca* (*café*), *ripou* (*pourri*), *meuf* (*femme*), and *beur* (*Arabe*). Verlan has enjoyed new mainstream popularity since the 1990s as it is frequently used in French rap and hip-hop, with many musicians coming from the Paris *banlieues* where *verlan* is commonly used.

vermeil, le [vɛrmɛj] *adj* bright red, ruby red ▶ *nm (substance)* vermeil
vermicelles [vɛrmisɛl] *nmpl* vermicelli *sg*
vermifuge [vɛrmifyʒ] *nm* : **poudre ~** worm powder
vermillon [vɛrmijɔ̃] *adj inv* vermilion, scarlet
vermine [vɛrmin] *nf* vermin *pl*
vermoulu, e [vɛrmuly] *adj* worm-eaten, with woodworm
vermout, vermouth [vɛrmut] *nm* vermouth

vernaculaire [vɛrnakylɛr] *adj (tradition, savoir, texte)* popular; *(Bio)* vernacular, common; **langue ~** vernacular
verni, e [vɛrni] *adj* varnished; glazed; *(fam)* lucky; **cuir ~** patent leather; **souliers vernis** patent (leather) shoes
vernir [vɛrnir] **/2/** *vt (bois, tableau, ongles)* to varnish; *(poterie)* to glaze
vernis [vɛrni] *nm (enduit)* varnish; glaze; *(fig)* veneer; **~ à ongles** nail varnish (BRIT) *ou* polish
vernissage [vɛrnisaʒ] *nm* varnishing; glazing; *(d'une exposition)* preview
vernisser [vɛrnise] **/1/** *vt* to glaze
vérole [verɔl] *nf (variole)* smallpox; *(fam : syphilis)* pox
Vérone [verɔn] *n* Verona
verrai *etc* [vɛre] *vb voir* **voir**
verre [vɛr] *nm* glass; *(de lunettes)* lens *sg*; **boire** *ou* **prendre un ~** to have a drink; **~ à vin/à liqueur** wine/liqueur glass; **~ à dents** tooth mug; **~ dépoli** frosted glass; **~ de lampe** lamp glass *ou* chimney; **~ de montre** watch glass; **~ à pied** stemmed glass; **verres** *nmpl (lunettes)* glasses; **verres de contact** contact lenses; **verres fumés** tinted lenses
verrerie [vɛrri] *nf (fabrique)* glassworks *sg*; *(activité)* glass-making, glass-working; *(objets)* glassware
verrier [vɛrje] *nm* glass-blower
verrière [vɛrjɛr] *nf (grand vitrage)* window; *(toit vitré)* glass roof
verrons *etc* [vɛrɔ̃] *vb voir* **voir**
verroterie [vɛrɔtri] *nf* glass beads *pl*, glass jewellery (BRIT) *ou* jewelry (US)
verrou [vɛru] *nm (targette)* bolt; *(fig)* constriction; **mettre le ~** to bolt the door; **mettre qn sous les verrous** to put sb behind bars
verrouillage [vɛrujaʒ] *nm (dispositif)* locking mechanism; *(Auto)* : **~ central** *ou* **centralisé** central locking
verrouiller [vɛruje] **/1/** *vt* to bolt; to lock; *(Mil : brèche)* to close
verrue [vɛry] *nf* wart; *(plantaire)* verruca; *(fig)* eyesore
vers [vɛr] *nm* line ▶ *nmpl (poésie)* verse *sg* ▶ *prép (en direction de)* toward(s); *(près de)* around (about); *(temporel)* about, around
versant [vɛrsɑ̃] *nm* slopes *pl*, side
versatile [vɛrsatil] *adj* fickle, changeable
versatilité [vɛrsatilite] *nf (inconstance)* fickleness
verse [vɛrs] : **à ~** *adv* : **il pleut à ~** it's pouring (with rain)
versé, e [vɛrse] *adj* : **être ~ dans** *(science)* to be (well-)versed in
Verseau [vɛrso] *nm* : **le ~** Aquarius, the water-carrier; **être du ~** to be Aquarius
versement [vɛrsəmɑ̃] *nm* payment; *(sur un compte)* deposit, remittance; **en trois versements** in three instalments
verser [vɛrse] **/1/** *vt (liquide, grains)* to pour; *(larmes, sang)* to shed; *(argent)* to pay; *(soldat : affecter)* : **~ qn dans** to assign sb to; **~ sur un compte** to pay into an account ▶ *vi (véhicule)* to overturn; *(fig)* : **~ dans** to lapse into

verset [vɛRsɛ] nm verse; versicle

verseur [vɛRsœR] adj m voir **bec** ; **bouchon**

versification [vɛRsifikasjɔ̃] nf versification

versifier [vɛRsifje] /7/ vt to put into verse ▶ vi to versify, write verse

version [vɛRsjɔ̃] nf version; (Scol) translation (into the mother tongue); **film en ~ originale** film in the original language

verso [vɛRso] nm back; **voir au ~** see over(leaf)

vert, e [vɛR, vɛRt] adj green; (vin) young; (vigoureux) sprightly; (cru) forthright; **~ bouteille** adj inv bottle-green; **~ d'eau** adj inv sea-green; **~ pomme** adj inv apple-green ▶ nm green; **les Verts** (Pol) the Greens ▶ nfpl : **en dire des vertes (et des pas mûres)** to say some pretty spicy things; **il en a vu des vertes** he's seen a thing or two

vert-de-gris [vɛRdəgRi] nm verdigris ▶ adj inv grey(ish)-green

vertébral, e, -aux [vɛRtebRal, -o] adj back cpd; voir **colonne**

vertèbre [vɛRtɛbR] nf vertebra

vertébré, e [vɛRtebRe] adj, nm vertebrate

vertement [vɛRtəmã] adv (réprimander) sharply

vertical, e, -aux [vɛRtikal, -o] adj vertical

verticale [vɛRtikal] nf vertical; **à la ~** adv vertically

verticalement [vɛRtikalmã] adv vertically

verticalité [vɛRtikalite] nf verticalness, verticality

vertige [vɛRtiʒ] nm (peur du vide) vertigo; (étourdissement) dizzy spell; (fig) fever; **ça me donne le ~** it makes me dizzy; (fig) it makes my head spin ou reel

vertigineux, -euse [vɛRtiʒinø, -øz] adj (hausse, vitesse) breathtaking; (altitude, gorge) breathtakingly high (ou deep)

vertu [vɛRty] nf virtue; **une ~** a saint, a paragon of virtue; **avoir la ~ de faire** to have the virtue of doing; **en ~ de** prép in accordance with

vertueusement [vɛRtyøzmã] adv virtuously

vertueux, -euse [vɛRtyø, -øz] adj virtuous

verve [vɛRv] nf witty eloquence; **être en ~** to be in brilliant form

verveine [vɛRvɛn] nf (Bot) verbena, vervain; (infusion) verbena tea

vésicule [vezikyl] nf vesicle; **~ biliaire** gall-bladder

vespasienne [vɛspazjɛn] nf urinal

vespéral, e, -aux [vɛspeRal, -o] adj vespertine, evening cpd

vessie [vesi] nf bladder

veste [vɛst] nf jacket; **~ droite/croisée** single-/double-breasted jacket; **retourner sa ~** (fig) to change one's colours

vestiaire [vɛstjɛR] nm (au théâtre etc) cloakroom; (de stade etc) changing-room (BRIT), locker-room (US); (métallique) : (**armoire**) **~** locker

vestibule [vɛstibyl] nm hall

vestige [vɛstiʒ] nm (objet) relic; (fragment) trace; (fig) remnant, vestige; **vestiges** nmpl (d'une ville) remains; (d'une civilisation, du passé) remnants, relics

vestimentaire [vɛstimãtɛR] adj (dépenses) clothing; (détail) of dress; (élégance) sartorial; **dépenses vestimentaires** clothing expenditure

veston [vɛstɔ̃] nm jacket

Vésuve [vezyv] nm : **le ~** Vesuvius

vêtais etc [vɛte] vb voir **vêtir**

vêtement [vɛtmã] nm garment, item of clothing; (Comm) : **le ~** the clothing industry; **vêtements** nmpl clothes; **vêtements de sport** sportswear sg, sports clothes

vétéran [veteRã] nm veteran

vétérinaire [veteRinɛR] adj veterinary ▶ nmf vet, veterinary surgeon (BRIT), veterinarian (US)

vétille [vetij] nf trifle, triviality

vétilleux, -euse [vetijø, -øz] adj punctilious

vêtir [vetiR] /20/ vt to clothe, dress; **se vêtir** vpr to dress (o.s.)

vêtit etc [veti] vb voir **vêtir**

vétiver [vetivɛR] nm (Bot) vetiver

veto [veto] nm veto; **droit de ~** right of veto; **mettre** ou **opposer un ~ à** to veto

vêtu, e [vety] pp de **vêtir** ▶ adj : **~ de** dressed in, wearing; **chaudement ~** warmly dressed

vétuste [vetyst] adj ancient, timeworn

vétusté [vetyste] nf age, dilapidation

veuf, veuve [vœf, vœv] adj widowed ▶ nm widower ▶ nf widow

veuille [vœj], **veuillez** etc [vœje] vb voir **vouloir**

veule [vøl] adj spineless

veulent etc [vœl] vb voir **vouloir**

veulerie [vølRi] nf spinelessness

veut [vø] vb voir **vouloir**

veuvage [vœvaʒ] nm widowhood

veuve [vœv] adj f, nf voir **veuf**

veux [vø] vb voir **vouloir**

vexant, e [vɛksã, -ãt] adj (contrariant) annoying; (blessant) upsetting

vexation [vɛksasjɔ̃] nf humiliation

vexations [vɛksasjɔ̃] nfpl humiliations

vexatoire [vɛksatwaR] adj : **mesures vexatoires** harassment sg

vexé [vɛkse] adj (offensé) offended, hurt; (contrarié) annoyed

vexer [vɛkse] /1/ vt to hurt, upset; **se vexer** vpr to be offended, get upset

VF sigle f (Ciné) = **version française**

VHF sigle f (= Very High Frequency) VHF

via [vja] prép via

viabiliser [vjabilize] /1/ vt to provide with services (water etc)

viabilité [vjabilite] nf viability; (d'un chemin) practicability

viable [vjabl] adj viable; (économie, industrie etc) sustainable

viaduc [vjadyk] nm viaduct

viager, -ère [vjaʒe, -ɛR] adj : **rente viagère** life annuity ▶ nm : **mettre en ~** to sell in return for a life annuity

viande [vjãd] nf meat; **je ne mange pas de ~** I don't eat meat

viatique [vjatik] nm (Rel) viaticum; (fig) provisions pl ou money for the journey

vibrant, e [vibRã, -ãt] adj vibrating; (voix) vibrant; (émouvant) emotive

vibraphone [vibRafɔn] nm vibraphone, vibes pl

vibraphoniste [vibRafɔnist] nmf vibraphone player

vibration [vibRasjɔ̃] nf vibration

vibratoire [vibʀatwaʀ] *adj* vibratory
vibrer [vibʀe] /**1**/ *vi* to vibrate; *(son, voix)* to be vibrant; *(fig)* to be stirred; **faire ~** to (cause to) vibrate; to stir, thrill
vibreur [vibʀœʀ] *nm (de téléphone portable)* vibrate facility ▸ *adj* : **mettre son téléphone en mode ~** to put one's phone on vibrate mode
vibromasseur [vibʀɔmasœʀ] *nm* vibrator
vicaire [vikɛʀ] *nm* curate
vice [vis] *nm* vice; *(défaut)* fault; **~ caché** *(Comm)* latent *ou* inherent defect; **~ de forme** legal flaw *ou* irregularity
vice... [vis] *préfixe* vice-
vice-consul [viskɔsyl] *nm* vice-consul
vice-présidence [vispʀezidɑ̃s] *nf (d'un pays)* vice-presidency; *(d'une société)* vice-presidency, vice-chairmanship *(BRIT)*
vice-président, e [vispʀezidɑ̃, -ɑ̃t] *nm/f* vice-president; vice-chairman
vice-roi [visʀwa] *nm* viceroy
vice-versa [visevɛʀsa] *adv* vice versa
vichy [viʃi] *nm (toile)* gingham; *(eau)* Vichy water; **carottes V~** boiled carrots
vichyssois, e [viʃiswa, -waz] *adj* of *ou* from Vichy, Vichy *cpd* ▸ *nm/f* : **Vichyssois, e** native *ou* inhabitant of Vichy
vichyssoise [viʃiswaz] *nf (Culin : soupe)* vichyssoise, *cream of leek and potato soup*
vicié, e [visje] *adj (air)* polluted, tainted; *(Jur)* invalidated
vicier [visje] /**7**/ *vt (Jur)* to invalidate
vicieux, -euse [visjø, -øz] *adj (pervers)* dirty(-minded); *(méchant)* nasty; *(fautif)* incorrect, wrong ▸ *nm/f* lecher
vicinal, e, -aux [visinal, -o] *adj* : **chemin ~** byroad, byway
vicissitudes [visisityd] *nfpl* (trials and) tribulations
vicomte [vikɔ̃t] *nm* viscount
vicomtesse [vikɔ̃tɛs] *nf* viscountess
victime [viktim] *nf* victim; *(d'accident)* casualty; **être (la) ~ de** to be the victim of; **être ~ d'une attaque/d'un accident** to suffer a stroke/be involved in an accident
victimisation [viktimizasɔ̃] *nf* victimization
victimiser [viktimize] *vt* to victimize
victoire [viktwaʀ] *nf* victory
victorieusement [viktɔʀjøzmɑ̃] *adv* triumphantly, victoriously
victorieux, -euse [viktɔʀjø, -øz] *adj* victorious; *(sourire, attitude)* triumphant
victuailles [viktɥaj] *nfpl* provisions
vidange [vidɑ̃ʒ] *nf (d'un fossé, réservoir)* emptying; *(Auto)* oil change; *(de lavabo : bonde)* waste outlet; **faire la ~** *(Auto)* to change the oil, do an oil change; **tuyau de ~** drainage pipe; **vidanges** *nfpl (matières)* sewage *sg*
vidanger [vidɑ̃ʒe] /**3**/ *vt* to empty; **faire ~ la voiture** to have the oil changed in one's car
vide [vid] *adj* empty; **~ de** empty of; *(de sens etc)* devoid of ▸ *nm (Physique)* vacuum; *(espace)* (empty) space, gap; *(sous soi)* drop; *(futilité, néant)* void; **sous ~** in a vacuum; **emballé sous ~** vacuum-packed; **regarder dans le ~** to stare into space; **avoir peur du ~** to be afraid of

heights; **parler dans le ~** to waste one's breath; **faire le ~** *(dans son esprit)* to make one's mind go blank; **faire le ~ autour de qn** to isolate sb; **à ~** *(sans occupants)* empty; *(sans charge)* unladen; *(Tech)* without gripping *ou* being in gear
vidé, e [vide] *adj (épuisé)* done in, all in
vidéaste [videast] *nmf* video maker
vidéo [video] *nf, adj inv* video; **cassette ~** video cassette; **~ inverse** reverse video
vidéocassette [videokasɛt] *nf* video cassette
vidéoclip [videoklip] *nm* music video
vidéoclub [videoklœb] *nm* video club
vidéoconférence [videokɔ̃feʀɑ̃s] *nf* video conference
vidéodisque [videodisk] *nm* videodisc
vidéoprojecteur [videopʀɔʒɛktœʀ] *nm* video projector
vidéoprotection [videopʀɔtɛksjɔ̃] *nf* video surveillance
vide-ordures [vidɔʀdyʀ] *nm inv* (rubbish) chute
vidéosurveillance [videosyʀvɛjɑ̃s] *nf* video surveillance
vidéotex® [videotɛks] *nm* teletext
vidéothèque [videotɛk] *nf* video library
vide-poches [vidpɔʃ] *nm* tidy; *(Auto)* glove compartment
vide-pomme [vidpɔm] *nm* apple-corer
vider [vide] /**1**/ *vt* to empty; *(Culin : volaille, poisson)* to gut, clean out; *(régler : querelle)* to settle; *(fatiguer)* to wear out; *(fam : expulser)* to throw out, chuck out; **~ les lieux** to quit *ou* vacate the premises; **se vider** *vpr* to empty
videur [vidœʀ] *nm (de boîte de nuit)* bouncer
vie [vi] *nf* life; **être en ~** to be alive; **sans ~** lifeless; **à ~** for life; **membre à ~** life member; **dans la ~ courante** in everyday life; **avoir la ~ dure** to have nine lives; to die hard; **mener la ~ dure à qn** to make life a misery for sb; **que faites-vous dans la ~ ?** what do you do?
vieil [vjɛj] *adj m voir* **vieux**
vieillard [vjɛjaʀ] *nm* old man; **les vieillards** old people, the elderly
vieille [vjɛj] *adj f, nf voir* **vieux**
vieilleries [vjɛjʀi] *nfpl* old things *ou* stuff *sg*
vieillesse [vjɛjɛs] *nf* old age; *(vieillards)* : **la ~** the old *pl*, the elderly *pl*
vieilli, e [vjeji] *adj (marqué par l'âge)* aged; *(suranné)* dated
vieillir [vjejiʀ] /**2**/ *vi (prendre de l'âge)* to grow old; *(population, vin)* to age; *(doctrine, auteur)* to become dated; **il a beaucoup vieilli** he has aged a lot ▸ *vt* to age; **se vieillir** *vpr* to make o.s. older
vieillissement [vjejismɑ̃] *nm* growing old; ageing
vieillot, te [vjejo, -ɔt] *adj* antiquated, quaint
vielle [vjɛl] *nf* hurdy-gurdy
viendrai *etc* [vjɛ̃dʀe] *vb voir* **venir**
Vienne [vjɛn] *n (en Autriche)* Vienna
vienne [vjɛn], **viens** *etc* [vjɛ̃] *vb voir* **venir**
viennois, e [vjɛnwa, -waz] *adj* Viennese ▸ *nm/f* : **Viennois, e** Viennese
viennoiseries [vjɛnwazʀi] *nfpl* pastries
viens [vjɛ̃] *vb voir* **venir**

V

459

vierge [vjɛʀʒ] *adj* virgin; *(film)* blank; *(page)* clean, blank; *(jeune fille)* : **être** ~ to be a virgin; **~ de** *(sans)* free from, unsullied by ▶ *nf* virgin; *(signe)* : **la V~** Virgo, the Virgin; **être de la V~** to be Virgo

Viêtnam, Vietnam [vjɛtnam] *nm* : **le** ~ Vietnam

vietnamien, ne [vjɛtnamjɛ̃, -ɛn] *adj* Vietnamese ▶ *nm (Ling)* Vietnamese ▶ *nm/f* : **Vietnamien, ne** Vietnamese

vieux, vieil, vieille [vjø, vjɛj] *adj* old; **vieille fille** spinster; **~ garçon** bachelor; **~ jeu** *adj inv* old-fashioned; **vieil or** *adj inv* old gold; **~ rose** *adj inv* old rose; **se faire** ~ to be old, to be getting on ▶ *nm/f* old man/woman; **un petit** ~ a little old man; **mon ~/ma vieille** *(fam)* old man/girl; **pauvre** ~ poor old soul ▶ *nmpl* : **les** ~ the old, old people; *(fam : parents)* the old folk *ou* ones ▶ *nm* : **prendre un coup de** ~ to put years on; **un ~ de la vieille** one of the old brigade

vif, vive [vif, viv] *adj (animé)* lively; *(alerte)* sharp, quick; *(brusque)* sharp, brusque; *(aigu)* sharp; *(lumière, couleur)* brilliant; *(air)* crisp; *(vent, émotion)* keen; *(froid)* bitter; *(fort : regret, déception)* great, deep; *(vivant)* : **brûlé** ~ burnt alive; **eau vive** running water; **de vive voix** personally; **avoir l'esprit** ~ to be quick-witted; **piquer qn au** ~ to cut sb to the quick; **tailler dans le** ~ to cut into the living flesh; **à** ~ *(plaie)* open; **avoir les nerfs à** ~ to be on edge; **sur le** ~ *(Art)* from life; **entrer dans le ~ du sujet** to get to the very heart of the matter

vif-argent [vifaʀʒɑ̃] *nm inv* quicksilver

vigie [viʒi] *nf (matelot)* look-out; *(poste)* look-out post, crow's nest

vigilance [viʒilɑ̃s] *nf* vigilance

vigilant, e [viʒilɑ̃, -ɑ̃t] *adj* vigilant

vigile [viʒil] *nm (veilleur de nuit)* (night) watchman; *(police privée)* vigilante

vigne [viɲ] *nf (plante)* vine; *(plantation)* vineyard; **~ vierge** Virginia creeper

vigneron [viɲ(ə)ʀɔ̃] *nm* wine grower

vignette [viɲɛt] *nf (motif)* vignette; *(de marque)* manufacturer's label *ou* seal; *(petite illustration)* (small) illustration; *(pour voiture)* ≈ (road) tax disc *(Brit)*, ≈ license plate sticker *(US)*; *(sur médicament)* price label *(on medicines for reimbursement by Social Security)*

vignoble [viɲɔbl] *nm (plantation)* vineyard; *(vignes d'une région)* vineyards *pl*

vigoureusement [viguʀøzmɑ̃] *adv* vigorously

vigoureux, -euse [viguʀø, -øz] *adj* vigorous, robust

vigueur [vigœʀ] *nf* vigour *(Brit)*, vigor *(US)*; **être/entrer en** ~ to be in/come into force; **en** ~ current

vil, e [vil] *adj* vile, base; **à** ~ **prix** at a very low price

vilain, e [vilɛ̃, -ɛn] *adj (laid)* ugly; *(affaire, blessure)* nasty; *(pas sage : enfant)* naughty; **~ mot** bad word ▶ *nm (paysan)* villein, villain; **ça va tourner au** ~ things are going to turn nasty

vilainement [vilɛnmɑ̃] *adv* badly

vilebrequin [vilbʀəkɛ̃] *nm (outil)* (bit-)brace; *(Auto)* crankshaft

vilenie [vil(ə)ni] *nf* vileness *no pl*, baseness *no pl*

vilipender [vilipɑ̃de] /1/ *vt* to revile, vilify

villa [vila] *nf (détachée)* house; **~ en multipropriété** time-share villa

village [vilaʒ] *nm* village; **~ de toile** tent village; **~ de vacances** holiday village

villageois, e [vilaʒwa, -waz] *adj* village *cpd* ▶ *nm/f* villager

ville [vil] *nf* town; *(importante)* city; *(administration)* : **la** ~ ≈ the Corporation, ≈ the (town) council; **aller en** ~ to go to town; **habiter en** ~ to live in town; **~ jumelée** twin town; **~ d'eaux** spa; **~ nouvelle** new town

ville-champignon [vilʃɑ̃piɲɔ̃] *(pl* **villes-champignons**) *nf* boom town

ville-dortoir [vildɔʀtwaʀ] *(pl* **villes-dortoirs**) *nf* dormitory town

villégiature [vileʒjatyʀ] *nf (séjour)* holiday; *(lieu)* (holiday) resort

vin [vɛ̃] *nm* wine; **avoir le ~ gai/triste** to get happy/miserable after a few drinks; **~ blanc/rosé/rouge** white/rosé/red wine; **~ d'honneur** reception *(with wine and snacks)*; **~ de messe** altar wine; **~ ordinaire** *ou* **de table** table wine; **~ de pays** local wine; *voir aussi* **AOC** ; **VDQS**

vinaigre [vinɛgʀ] *nm* vinegar; **tourner au** ~ *(fig)* to turn sour; **~ de vin/d'alcool** wine/spirit vinegar

vinaigrette [vinɛgʀɛt] *nf* vinaigrette, French dressing

vinaigrier [vinɛgʀije] *nm (fabricant)* vinegar-maker; *(flacon)* vinegar cruet *ou* bottle

vinasse [vinas] *nf (péj)* cheap wine, plonk *(Brit)*

vindicatif, -ive [vɛ̃dikatif, -iv] *adj* vindictive

vindicte [vɛ̃dikt] *nf* : **désigner qn à la ~ publique** to expose sb to public condemnation

vineux, -euse [vinø, -øz] *adj* win(e)y

vingt [vɛ̃, vɛ̃t] *(2nd pron used when followed by a vowel)* *num* twenty; **~-quatre heures sur ~-quatre** twenty-four hours a day, round the clock

vingtaine [vɛ̃tɛn] *nf* : **une ~ (de)** around twenty, twenty or so

vingtième [vɛ̃tjɛm] *num* twentieth

vinicole [vinikɔl] *adj (production)* wine *cpd*; *(région)* wine-growing

vinification [vinifikasjɔ̃] *nf* wine-making, wine production; *(des sucres)* vinification

vinifier [vinifje] *vt (raisin, cépage)* to vinify

vins *etc* [vɛ̃] *vb voir* **venir**

vinyle [vinil] *nm* vinyl

viol [vjɔl] *nm (d'une femme)* rape; *(d'un lieu sacré)* violation

violacé, e [vjɔlase] *adj* purplish, mauvish

violation [vjɔlasjɔ̃] *nf* desecration; violation; *(d'un droit)* breach

violemment [vjɔlamɑ̃] *adv* violently

violence [vjɔlɑ̃s] *nf* violence; **faire ~ à qn** to do violence to sb; **se faire** ~ to force o.s.; **violences** *nfpl* acts of violence

violent, e [vjɔlɑ̃, -ɑ̃t] *adj* violent; *(remède)* drastic; *(besoin, désir)* intense, urgent

violenter [vjɔlɑ̃te] /1/ *vt* to assault (sexually)

violer [vjɔle] /1/ *vt (femme)* to rape; *(sépulture)* to desecrate, violate; *(loi, traité)* to violate

violet, te [vjɔlɛ, -ɛt] *adj, nm* purple, mauve ▶ *nf (fleur)* violet

violeur [vjɔlœʀ] *nm* rapist
violine [vjɔlin] *nf* deep purple
violon [vjɔlɔ̃] *nm* violin; *(dans la musique folklorique etc)* fiddle; *(fam : prison)* lock-up; **premier ~** first violin; **~ d'Ingres** (artistic) hobby
violoncelle [vjɔlɔ̃sɛl] *nm* cello
violoncelliste [vjɔlɔ̃selist] *nmf* cellist
violoniste [vjɔlɔnist] *nmf* violinist, violin-player; *(folklorique etc)* fiddler
VIP *sigle m* (= Very Important Person) VIP
vipère [vipɛʀ] *nf* viper, adder
virage [viʀaʒ] *nm (d'un véhicule)* turn; *(d'une route, piste)* bend; *(Chimie)* change in colour (BRIT) ou color (US); *(de cuti-réaction)* positive reaction; *(Photo)* toning; *(fig : Pol)* about-turn; **prendre un ~** to go into a bend, take a bend; **~ sans visibilité** blind bend
viral, e, -aux [viʀal, -o] *adj (aussi Inform)* viral
virée [viʀe] *nf (courte)* run; (: *à pied)* walk; *(longue)* hike, trip, walking tour
virelangue [viʀlɑ̃g] *nm* tongue twister
virement [viʀmɑ̃] *nm (Comm)* transfer; **~ bancaire** (bank) credit transfer, ≈ (bank) giro transfer (BRIT); **~ postal** Post office credit transfer, ≈ Girobank® transfer (BRIT)
virent [viʀ] *vb voir* **voir**
virer [viʀe] /1/ *vt (Comm)* to transfer; *(Photo)* to tone; *(fam : renvoyer)* to sack, boot out ▶ *vi* to turn; *(Chimie)* to change colour (BRIT) ou color (US); *(cuti-réaction)* to come up positive; *(Photo)* to tone; **~ au bleu** to turn blue; **~ de bord** to tack; *(fig)* to change tack; **~ sur l'aile** to bank
virevolte [viʀvɔlt] *nf* twirl; *(d'avis, d'opinion)* about-turn
virevolter [viʀvɔlte] /1/ *vi* to twirl around
virginal, e, -aux [viʀʒinal, -o] *adj* virginal
virginité [viʀʒinite] *nf* virginity; *(fig)* purity
virgule [viʀgyl] *nf* comma; *(Math)* point; **quatre ~ deux** four point two; **~ flottante** floating decimal
viril, e [viʀil] *adj (propre à l'homme)* masculine; *(énergique, courageux)* manly, virile
viriliser [viʀilize] /1/ *vt* to make (more) manly ou masculine
virilité [viʀilite] *nf (attributs masculins)* masculinity; *(fermeté, courage)* manliness; *(sexuelle)* virility
virologie [viʀɔlɔʒi] *nf* virology
virtualité [viʀtɥalite] *nf* virtuality; potentiality
virtuel, le [viʀtɥɛl] *adj* potential; *(théorique)* virtual
virtuellement [viʀtɥɛlmɑ̃] *adv* potentially; *(presque)* virtually
virtuose [viʀtɥoz] *nmf (Mus)* virtuoso; *(gén)* master
virtuosité [viʀtɥozite] *nf* virtuosity; masterliness, masterful skills *pl*
virulence [viʀylɑ̃s] *nf* virulence
virulent, e [viʀylɑ̃, -ɑ̃t] *adj* virulent
virus [viʀys] *nm* virus
vis *vb* [vi] *voir* **voir** ; **vivre** ▶ *nf* [vis] screw; **~ à tête plate/ronde** flat-headed/round-headed screw; **~ platinées** *(Auto)* (contact) points; **~ sans fin** worm, endless screw

visa [viza] *nm (sceau)* stamp; *(validation de passeport)* visa; **~ de censure** (censor's) certificate
visage [vizaʒ] *nm* face; **à ~ découvert** *(franchement)* openly
visagiste [vizaʒist] *nmf* beautician
vis-à-vis [vizavi] *adv* face to face; **~ de** *prép* opposite; *(fig)* towards, vis-à-vis ▶ *nm* person opposite; house *etc* opposite; **en ~** facing ou opposite each other; **sans ~** *(immeuble)* with an open outlook
viscéral, e, -aux [viseʀal, -o] *adj (fig)* deep-seated, deep-rooted
viscéralement [viseʀalmɑ̃] *adv (attaché)* deeply; *(opposé)* virulently
viscères [visɛʀ] *nmpl* intestines, entrails
viscose [viskoz] *nf* viscose
viscosité [viskozite] *nf* viscosity
visée [vize] *nf (avec une arme)* aiming; *(Arpentage)* sighting; **visées** *nfpl (intentions)* designs; **avoir des visées sur qn/qch** to have designs on sb/sth
viser [vize] /1/ *vi* to aim ▶ *vt* to aim at; *(concerner)* to be aimed ou directed at; *(apposer un visa sur)* to stamp, visa; **~ à qch/faire** to aim at sth/at doing ou to do
viseur [vizœʀ] *nm (d'arme)* sights *pl*; *(Photo)* viewfinder
visibilité [vizibilite] *nf* visibility; **sans ~** *(pilotage, virage)* blind *cpd*
visible [vizibl] *adj* visible; *(disponible)* : **est-il ~ ?** can he see me?, will he see visitors?
visiblement [vizibləmɑ̃] *adv* visibly, obviously
visière [vizjɛʀ] *nf (de casquette)* peak; *(qui s'attache)* eyeshade
visioconférence [vizjokɔ̃feʀɑ̃s] *nf* video conference
vision [vizjɔ̃] *nf* vision; *(sens)* (eye)sight, vision; *(fait de voir)* : **la ~ de** the sight of; **première ~** *(Ciné)* first showing
visionnage [vizjɔnaʒ] *nm* viewing
visionnaire [vizjɔnɛʀ] *adj, nmf* visionary
visionner [vizjɔne] /1/ *vt* to view
visionneuse [vizjɔnøz] *nf* viewer
visiophone [vizjɔfɔn] *nm* videophone
visite [vizit] *nf* visit; *(visiteur)* visitor; *(touristique : d'un musée etc)* tour; *(Comm : de représentant)* call; *(expertise, d'inspection)* inspection; *(médicale, à domicile)* visit, call; **~ médicale** medical examination *(Mil : d'entrée)* medicals *pl*; (: *quotidienne)* sick parade; **~ accompagnée** ou **guidée** guided tour; **faire une ~ à qn** to call on sb, pay sb a visit; **rendre ~ à qn** to visit sb, pay sb a visit; **être en ~ (chez qn)** to be visiting (sb); **avoir de la ~** to have visitors; **heures de ~** *(hôpital, prison)* visiting hours; **le droit de ~** *(Jur : aux enfants)* right of access, access; **~ de douane** customs inspection ou examination; **~ guidée** guided tour
visiter [vizite] /1/ *vt* to visit; *(musée, ville)* to visit, go round
visiteur, -euse [vizitœʀ, -øz] *nm/f* visitor; **~ des douanes** customs inspector; **~ médical** medical rep(resentative); **~ de prison** prison visitor

vison [vizɔ̃] nm mink

visqueux, -euse [viskø, -øz] adj viscous; (péj) gooey; (: manières) slimy

vissage [visaʒ] nm screwing

visser [vise] /1/ vt : ~ qch (fixer, serrer) to screw sth on

visu [vizy] : de ~ adv with one's own eyes

visualisation [vizɥalizasjɔ̃] nf (Inform) display; **écran de** ~ visual display unit (VDU)

visualiser [vizɥalize] /1/ vt to visualize; (Inform) to display, bring up on screen

visuel, le [vizɥɛl] adj visual

visuellement [vizɥɛlmɑ̃] adv visually

vit [vi] vb voir **vivre ; voir**

vital, e, -aux [vital, -o] adj vital

vitalité [vitalite] nf vitality

vitamine [vitamin] nf vitamin

vitaminé, e [vitamine] adj with (added) vitamins

vitaminique [vitaminik] adj vitamin cpd

vite [vit] adv (rapidement) quickly, fast; (sans délai) quickly; soon; ~ ! quick!; **faire** ~ (agir rapidement) to act fast; (se dépêcher) to be quick; **ce sera** ~ **fini** this will soon be finished; **viens** ~ come quick(ly)

vitesse [vitɛs] nf speed; (Auto : dispositif) gear; **faire de la** ~ to drive fast ou at speed; **prendre qn de** ~ to outstrip sb, get ahead of sb; **prendre de la** ~ to pick up ou gather speed; **à toute** ~ at full ou top speed; **en perte de** ~ (avion) losing lift; (fig) losing momentum; **changer de** ~ (Auto) to change gear; ~ **acquise** momentum; ~ **de croisière** cruising speed; ~ **de pointe** top speed; ~ **du son** speed of sound; **en** ~ quickly; see note

⋮ **LIMITATION DE VITESSE**
⋮
⋮ The **limitation de vitesse**, or speed limit,
⋮ in France is 50 km/h in built-up areas,
⋮ 90 km/h on main roads (80 km/h when it
⋮ is raining), 110 km/h on 4-lane roads with
⋮ central reservations, and 130 km/h on
⋮ motorways (110 km/h when it is raining).

viticole [vitikɔl] adj (industrie) wine cpd; (région) wine-growing

viticulteur [vitikyltœʀ] nm wine grower

viticulture [vitikyltyʀ] nf wine growing

vitrage [vitʀaʒ] nm (cloison) glass partition; (toit) glass roof; (rideau) net curtain; **double** ~ double glazing

vitrail, -aux [vitʀaj, -o] nm stained-glass window

vitre [vitʀ] nf (window) pane; (de portière, voiture) window

vitré, e [vitʀe] adj glass cpd

vitrer [vitʀe] /1/ vt to glaze

vitreux, -euse [vitʀø, -øz] adj vitreous; (terne) glassy

vitrier [vitʀije] nm glazier

vitrification [vitʀifikasjɔ̃] nf (de parquet) varnishing; (de sable) vitrification

vitrifier [vitʀifje] /7/ vt to vitrify; (parquet) to glaze

vitrine [vitʀin] nf (devanture) (shop) window; (étalage) display; (petite armoire) display cabinet;

en ~ in the window, on display; ~ **publicitaire** display case, showcase

vitriol [vitʀijɔl] nm vitriol; **au** ~ (fig) vitriolic

vitupérations [vityperasjɔ̃] nfpl invective sg

vitupérer [vitypeʀe] /6/ vi to rant and rave; ~ **contre** to rail against

vivable [vivabl] adj (personne) livable-with; (maison) fit to live in

vivace [vivas] adj (arbre, plante) hardy; (fig) enduring ▸ adv [vivatʃe] (Mus) vivace

vivacité [vivasite] nf (voir vif) liveliness, vivacity; sharpness; brilliance

vivant, e [vivɑ̃, -ɑ̃t] vb voir **vivre** ▸ adj (qui vit) living, alive; (animé) lively; (preuve, exemple) living; (langue) modern ▸ nm : **du** ~ **de qn** in sb's lifetime; **les vivants et les morts** the living and the dead

vivarium [vivaʀjɔm] nm vivarium

vivats [viva] nmpl cheers

vive [viv] adj f voir **vif** ▸ vb voir **vivre** ▸ excl : ~ **le roi !** long live the king!; ~ **les vacances !** hurrah for the holidays!

vivement [vivmɑ̃] adv vivaciously; sharply ▸ excl : ~ **les vacances !** I can't wait for the holidays!, roll on the holidays!

viveur [vivœʀ] nm (péj) high liver, pleasure-seeker

vivier [vivje] nm (au restaurant etc) fish tank; (étang) fishpond

vivifiant, e [vivifjɑ̃, -ɑ̃t] adj invigorating

vivifier [vivifje] /7/ vt to invigorate; (fig : souvenirs, sentiments) to liven up, enliven

vivions [vivjɔ̃] vb voir **vivre**

vivipare [vivipaʀ] adj viviparous

vivisection [vivisɛksjɔ̃] nf vivisection

vivoter [vivɔte] /1/ vi (personne) to scrape a living, get by; (fig : affaire etc) to struggle along

vivre [vivʀ] /46/ vi to live; **il vit encore** he is still alive; **se laisser** ~ to take life as it comes; **ne plus** ~ (être anxieux) to live on one's nerves; **il a vécu** (eu une vie aventureuse) he has seen life; **ce régime a vécu** this regime has had its day; **être facile à** ~ to be easy to get on with; **faire** ~ **qn** (pourvoir à sa subsistance) to provide (a living) for sb; ~ **mal** (chichement) to have a meagre existence; ~ **de** (salaire etc) to live on ▸ vt to live; **vivres** nmpl provisions, food supplies

vivrier, -ière [vivʀije, -jɛʀ] adj food-producing cpd

vlan [vlɑ̃] excl wham!, bang!

VO sigle f (Ciné) = **version originale; voir un film en VO** to see a film in its original language

v° abr = **verso**

vocable [vɔkabl] nm term

vocabulaire [vɔkabylɛʀ] nm vocabulary

vocal, e, -aux [vɔkal, -o] adj vocal

vocalique [vɔkalik] adj vocalic, vowel cpd

vocalise [vɔkaliz] nf singing exercise

vocaliser [vɔkalize] /1/ vi (Ling) to vocalize; (Mus) to do one's singing exercises

vocaliste [vɔkalist] nmf vocalist

vocation [vɔkasjɔ̃] nf vocation, calling; **avoir la** ~ to have a vocation

vociférations [vɔsifeʀasjɔ̃] nfpl cries of rage, screams

vociférer [vɔsifeʀe] /6/ *vi, vt* to scream
vodka [vɔdka] *nf* vodka
vœu, x [vø] *nm* wish; *(à Dieu)* vow; **faire ~ de** to take a vow of; **avec tous nos vœux** with every good wish *ou* our best wishes; **meilleurs vœux** best wishes; *(sur une carte)* "Season's Greetings"; **vœux de bonheur** best wishes for your future happiness; **vœux de bonne année** best wishes for the New Year
vogue [vɔg] *nf* fashion, vogue; **en ~** in fashion, in vogue
voguer [vɔge] /1/ *vi* to sail
voici [vwasi] *prép (pour introduire, désigner)* here is (+ *sg*); here are (+ *pl*); **et ~ que …** and now it *(ou* he) …; **il est parti ~ trois ans** he left three years ago; **~ une semaine que je l'ai vue** it's a week since I've seen her; **me ~** here I am; *voir aussi* **voilà**
voie [vwa] *vb voir* **voir** ▸ *nf* way; *(Rail)* track, line; *(Auto)* lane; **par ~ buccale** *ou* **orale** orally; **par ~ rectale** rectally; **suivre la ~ hiérarchique** to go through official channels; **ouvrir/montrer la ~** to open up/show the way; **être en bonne ~** to be shaping *ou* going well; **mettre qn sur la ~** to put sb on the right track; **être en ~ d'achèvement/de rénovation** to be nearing completion/in the process of renovation; **à ~ étroite** narrow-gauge; **à ~ unique** single-track; **route à deux/trois voies** two-/three-lane road; **par la ~ aérienne/maritime** by air/sea; **~ d'eau** *(Navig)* leak; **~ express** expressway; **~ de fait** *(Jur)* assault (and battery); **~ ferrée** track; railway line *(BRIT)*, railroad *(US)*; **par ~ ferrée** by rail, by railroad; **~ de garage** *(Rail)* siding; **la ~ lactée** the Milky Way; **~ navigable** waterway; **~ prioritaire** *(Auto)* road with right of way; **~ privée** private road; **la ~ publique** the public highway
voilà [vwala] *prép (en désignant)* there is (+ *sg*); there are (+ *pl*); **les ~** *ou* **voici** here *ou* there they are; **en ~** *ou* **voici un** here's one, there's one; **voici mon frère et ~ ma sœur** this is my brother and that's my sister; **~** *ou* **voici deux ans** two years ago; **~** *ou* **voici deux ans que** it's two years since; **~ !** there we are!; **~ tout** that's all; **« ~** *ou* **voici »** *(en offrant etc)* "there *ou* here you are"; **tiens ! ~ Paul** look! there's Paul
voilage [vwalaʒ] *nm (rideau)* net curtain; *(tissu)* net
voile [vwal] *nm* veil; *(tissu léger)* net; **prendre le ~** to take the veil; **~ du palais** soft palate, velum; **~ au poumon** shadow on the lung ▸ *nf* sail; *(sport)* sailing; **mettre à la ~** to make way under sail
voiler [vwale] /1/ *vt* to veil; *(Photo)* to fog; *(fausser : roue)* to buckle; (*: bois)* to warp; **se voiler** *vpr (lune, regard)* to mist over; *(ciel)* to grow hazy; *(voix)* to become husky; *(roue, disque)* to buckle; *(planche)* to warp; **se ~ la face** to hide one's face
voilette [vwalɛt] *nf (hat)* veil
voilier [vwalje] *nm* sailing ship; *(de plaisance)* sailing boat
voilure [vwalyʀ] *nf (de voilier)* sails *pl*; *(d'avion)* aerofoils *pl (BRIT)*, airfoils *pl (US)*; *(de parachute)* canopy

voir [vwaʀ] /30/ *vt* to see; **~ à faire qch** to see to it that sth is done; **~ venir** *(fig)* to wait and see; **faire ~ qch à qn** to show sb sth; **en faire ~ à qn** *(fig)* to give sb a hard time; **ne pas pouvoir ~ qn** *(fig)* not to be able to stand sb; **regardez ~** just look; **montrez ~** show (me); **dites ~** tell me; **voyons !** let's see now; *(indignation etc)* come (along) now!; **c'est à ~ !** we'll see!; **c'est ce qu'on va ~ !** we'll see about that!; **avoir quelque chose à ~ avec** to have something to do with; **ça n'a rien à ~ avec lui** that has nothing to do with him ▸ *vi* to see; **~ loin** *(fig)* to be far-sighted; **se voir** *vpr*: **cela se voit** *(c'est visible)* that's obvious, it shows; *(cela arrive)* it happens; **se ~ critiquer/transformer** to be criticized/transformed
voire [vwaʀ] *adv* indeed; nay; or even
voirie [vwaʀi] *nf* highway maintenance; *(administration)* highways department; *(enlèvement des ordures)* refuse *(BRIT)* *ou* garbage *(US)* collection
vois [vwa] *vb voir* **voir**
voisin, e [vwazɛ̃, -in] *adj (proche)* neighbouring *(BRIT)*, neighboring *(US)*; *(contigu)* next; *(ressemblant)* connected ▸ *nm/f* neighbour *(BRIT)*, neighbor *(US)*; *(de table, de dortoir etc)* person next to me *(ou* him *etc)*; **~ de palier** neighbo(u)r across the landing *(BRIT)* *ou* hall *(US)*
voisinage [vwazinaʒ] *nm (proximité)* proximity; *(environs)* vicinity; *(quartier, voisins)* neighbourhood *(BRIT)*, neighborhood *(US)*; **relations de bon ~** neighbo(u)rly terms
voisiner [vwazine] /1/ *vi* : **~ avec** to be side by side with
voit [vwa] *vb voir* **voir**
voiture [vwatyʀ] *nf* car; *(wagon)* coach, carriage; **en ~ !** all aboard!; **~ à bras** handcart; **~ d'enfant** pram *(BRIT)*, baby carriage *(US)*; **~ d'infirme** invalid carriage; **~ de course** racing car; **~ de sport** sports car
voiture-lit [vwatyʀli] *(pl* **voitures-lits**) *nf* sleeper
voiture-restaurant [vwatyʀʀɛstɔʀɑ̃] *(pl* **voitures-restaurants**) *nf* dining car
voix [vwa] *nf* voice; *(Pol)* vote; **la ~ de la conscience/raison** the voice of conscience/reason; **à haute ~** aloud; **à ~ basse** in a low voice; **faire la grosse ~** to speak gruffly; **avoir de la ~** to have a good voice; **rester sans ~** to be speechless; **~ de basse/ténor** *etc* bass/tenor *etc* voice; **à deux/quatre ~** *(Mus)* in two/four parts; **avoir ~ au chapitre** to have a say in the matter; **mettre aux ~** to put to the vote; **~ off** voice-over
vol [vɔl] *nm (mode de locomotion)* flying; *(trajet, voyage, groupe d'oiseaux)* flight; *(mode d'appropriation)* theft, stealing; *(larcin)* theft; **à ~ d'oiseau** as the crow flies; **au ~** : **attraper qch au ~** to catch sth as it flies past; **saisir une remarque au ~** to pick up a passing remark; **prendre son ~** to take flight; **de haut ~** *(fig)* of the highest order; **en ~** in flight; **~ avec effraction** breaking and entering *no pl*, break-in; **~ à l'étalage** shoplifting *no pl*; **~ libre** hang-gliding; **~ à main armée** armed robbery; **~ de nuit** night

V

flight; **~ régulier** scheduled flight; **~ plané** (*Aviat*) glide, gliding *no pl*; **~ à la tire** pickpocketing *no pl*; **~ à voile** gliding

vol. *abr* (= *volume*) vol

volage [vɔlaʒ] *adj* fickle

volaille [vɔlaj] *nf* (*oiseaux*) poultry *pl*; (*viande*) poultry *no pl*; (*oiseau*) fowl

volailler [vɔlaje] *nm* poulterer

volant, e [vɔlɑ̃, -ɑ̃t] *adj* flying; *voir* **feuille** *etc*; **le personnel ~** (*Aviat*) the flight staff ▶ *nm* (*d'automobile*) (steering) wheel; (*de commande*) wheel; (*objet lancé*) shuttlecock; (*jeu*) battledore and shuttlecock; (*bande de tissu*) flounce; (*feuillet détachable*) tear-off portion; **~ de sécurité** (*fig*) reserve, margin, safeguard

volatil, e [vɔlatil] *adj* volatile

volatile [vɔlatil] *nm* (*volaille*) bird; (*tout oiseau*) winged creature

volatiliser [vɔlatilize] /1/ : **se volatiliser** *vpr* (*Chimie*) to volatilize; (*fig*) to vanish into thin air

volatilité [vɔlatilite] *nf* (*Physique*, *Écon*) volatility

vol-au-vent [vɔlovɑ̃] *nm inv* vol-au-vent

volcan [vɔlkɑ̃] *nm* volcano; (*fig : personne*) hothead

volcanique [vɔlkanik] *adj* volcanic; (*fig : tempérament*) volatile

volcanologie [vɔlkanɔlɔʒi] *nf* vulcanology

volcanologue [vɔlkanɔlɔg] *nmf* vulcanologist

volée [vɔle] *nf* (*groupe d'oiseaux*) flight, flock; (*Tennis*) volley; **~ de coups/de flèches** volley of blows/arrows; **à la ~ : rattraper à la ~** to catch in midair; **lancer à la ~** to fling about; **semer à la ~** to (sow) broadcast; **à toute ~** (*sonner les cloches*) vigorously; (*lancer un projectile*) with full force; **de haute ~** (*fig*) of the highest order

voler [vɔle] /1/ *vi* (*avion, oiseau, fig*) to fly; (*voleur*) to steal; **~ en éclats** to smash to smithereens; **~ de ses propres ailes** (*fig*) to stand on one's own two feet; **~ au vent** to fly in the wind ▶ *vt* (*objet*) to steal; (*personne*) to rob; **~ qch à qn** to steal sth from sb; **on m'a volé mon portefeuille** my wallet (*Brit*) *ou* billfold (*US*) has been stolen; **il ne l'a pas volé !** he asked for it!

volet [vɔlɛ] *nm* (*de fenêtre*) shutter; (*Aviat*) flap; (*de feuillet, document*) section; (*fig : d'un plan*) facet; **trié sur le ~** hand-picked

voleter [vɔl(ə)te] /4/ *vi* to flutter (about)

voleur, -euse [vɔlœʀ, -øz] *nm/f* thief; « **au ~ !** » "stop thief!" ▶ *adj* thieving

volière [vɔljɛʀ] *nf* aviary

volley [vɔlɛ], **volley-ball** [vɔlɛbol] *nm* volleyball

volleyer [vɔleje] *vt* (*Tennis : balle*) to volley

volleyeur, -euse [vɔlɛjœʀ, -øz] *nm/f* volleyball player

volontaire [vɔlɔ̃tɛʀ] *adj* (*acte, activité*) voluntary; (*délibéré*) deliberate; (*caractère, personne : décidé*) self-willed ▶ *nmf* volunteer

volontairement [vɔlɔ̃tɛʀmɑ̃] *adv* voluntarily; deliberately

volontariat [vɔlɔ̃taʀja] *nm* voluntary service

volontarisme [vɔlɔ̃taʀism] *nm* voluntarism

volontariste [vɔlɔ̃taʀist] *adj, nmf* voluntarist

volonté [vɔlɔ̃te] *nf* (*faculté de vouloir*) will; (*énergie, fermeté*) will(power); (*souhait, désir*) wish; **se**

servir/boire à ~ to take/drink as much as one likes; **bonne ~** goodwill, willingness; **mauvaise ~** lack of goodwill, unwillingness

volontiers [vɔlɔ̃tje] *adv* (*de bonne grâce*) willingly; (*avec plaisir*) willingly, gladly; (*habituellement, souvent*) readily, willingly; « **~ »** "with pleasure", "I'd be glad to"

volt [vɔlt] *nm* volt

voltage [vɔltaʒ] *nm* voltage

volte-face [vɔltəfas] *nf inv* about-turn; (*fig*) about-turn, U-turn; **faire ~** to do an about-turn; to do a U-turn

voltige [vɔltiʒ] *nf* (*Équitation*) trick riding; (*au cirque*) acrobatics *sg*; (*Aviat*) (aerial) acrobatics *sg*; **numéro de haute ~** acrobatic act

voltiger [vɔltiʒe] /3/ *vi* to flutter (about)

voltigeur [vɔltiʒœʀ] *nm* (*au cirque*) acrobat; (*Mil*) light infantryman

voltmètre [vɔltmɛtʀ] *nm* voltmeter

volubile [vɔlybil] *adj* voluble

volubilis [vɔlybilis] *nm* convolvulus

volubilité [vɔlybilite] *nf* volubility

volume [vɔlym] *nm* volume; (*Géom : solide*) solid

volumétrique [vɔlymetʀik] *adj* volumetric

volumineux, -euse [vɔlyminø, -øz] *adj* voluminous, bulky

volumique [vɔlymik] *adj* (*Physique*) : **masse ~** density

volupté [vɔlypte] *nf* sensual delight *ou* pleasure

voluptueusement [vɔlyptɥøzmɑ̃] *adv* voluptuously

voluptueux, -euse [vɔlyptɥø, -øz] *adj* voluptuous

volute [vɔlyt] *nf* (*Archit*) volute; **~ de fumée** curl of smoke

vomi [vɔmi] *nm* vomit

vomir [vɔmiʀ] /2/ *vi* to vomit, be sick ▶ *vt* to vomit, bring up; (*fig*) to belch out, spew out; (*exécrer*) to loathe, abhor

vomissements [vɔmismɑ̃] *nmpl* (*action*) vomiting *no pl*; **des ~** vomit *sg*

vomissure [vɔmisyʀ] *nf* vomit *no pl*

vomitif [vɔmitif] *nm* emetic

vont [vɔ̃] *vb voir* **aller**

vorace [vɔʀas] *adj* voracious

voracement [vɔʀasmɑ̃] *adv* voraciously

voracité [vɔʀasite] *nf* voracity

vos [vo] *adj poss voir* **votre**

Vosges [voʒ] *nfpl* : **les ~** the Vosges

vosgien, ne [voʒjɛ̃, -ɛn] *adj* of *ou* from the Vosges ▶ *nm/f* inhabitant *ou* native of the Vosges

VOST *sigle f* (*Ciné* : = *version originale sous-titrée*) sub-titled version

votant, e [vɔtɑ̃, -ɑ̃t] *nm/f* voter

vote [vɔt] *nm* vote; **~ par correspondance/ procuration** postal/proxy vote; **~ à main levée** vote by show of hands; **~ secret**, **~ à bulletins secrets** secret ballot

voter [vɔte] /1/ *vi* to vote ▶ *vt* (*loi, décision*) to vote for

votif, -ive [vɔtif, -iv] *adj* votive

votre [vɔtʀ] (*pl* **vos** [vo]) *adj poss* your

vôtre [votʀ] *pron* : **le ~**, **la ~**, **les vôtres** yours; **les vôtres** (*fig*) your family *ou* folks; **à la ~** (*toast*) your (good) health!

voudrai etc [vudʀe] vb voir **vouloir**

voué, e [vwe] adj : ~ **à** doomed to, destined for

vouer [vwe] /1/ vt : ~ **qch à** (Dieu/un saint) to dedicate sth to; ~ **sa vie/son temps à** (étude, cause etc) to devote one's life/time to; ~ **une haine/amitié éternelle à qn** to vow undying hatred/friendship to sb

(M O T - C L É)

vouloir [vulwaʀ] /31/ vt **1** (exiger, désirer) to want; **vouloir faire/que qn fasse** to want to do/sb to do; **voulez-vous du thé ?** would you like ou do you want some tea?; **vouloir qch à qn** to wish sth for sb; **que me veut-il ?** what does he want with me?; **que veux-tu que je te dise ?** what do you want me to say?; **sans le vouloir** (involontairement) without meaning to, unintentionally; **je voudrais ceci/faire** I would ou I'd like this/to do; **le hasard a voulu que ...** as fate would have it, ...; **la tradition veut que ...** tradition demands that ...

2 (consentir) : **je veux bien** (bonne volonté) I'll be happy to; (concession) fair enough, that's fine; **oui, si on veut** (en quelque sorte) yes, if you like; **comme tu veux** as you wish; (en quelque sorte) if you like; **veuillez attendre** please wait; **veuillez agréer ...** (formule épistolaire) yours faithfully

3 : **en vouloir** (être ambitieux) to be out to win; **en vouloir à qn** to bear sb a grudge; **je lui en veux d'avoir fait ça** I resent his having done that; **s'en vouloir (de)** to be annoyed with o.s. (for); **il en veut à mon argent** he's after my money

4 : **vouloir de** to want; **l'entreprise ne veut plus de lui** the firm doesn't want him any more; **elle ne veut pas de son aide** she doesn't want his help

5 : **vouloir dire** to mean

▸ nm : **le bon vouloir de qn** sb's goodwill; sb's pleasure

se vouloir vpr **1** (avec attribut) : **il se veut dynamique** he likes to think he's dynamic; ... **qui se veut moderne** ... which purports to be modern

2 : **s'en vouloir** to be cross with o.s.; **s'en vouloir de qch** to be cross with o.s. for sth; **il s'en veut d'avoir laissé passer cette occasion** he's cross with himself for letting this opportunity slip by

voulu, e [vuly] pp de **vouloir** ▸ adj (requis) required, requisite; (délibéré) deliberate, intentional

voulus etc [vuly] vb voir **vouloir**

vous [vu] pron you; (objet indirect) (to) you; (réfléchi : sg) yourself; (: pl) yourselves; (réciproque) each other; ▸--**même** yourself; ~--**mêmes** yourselves ▸ nm : **employer le ~** (vouvoyer) to use the "vous" form

voûte [vut] nf vault; **la ~ céleste** the vault of heaven; ~ **du palais** (Anat) roof of the mouth; ~ **plantaire** arch (of the foot)

voûté, e [vute] adj vaulted, arched; (dos, personne) bent, stooped

voûter [vute] /1/ vt (Archit) to arch, vault; **se voûter** vpr (dos, personne) to become stooped

vouvoiement [vuvwamɑ̃] nm use of formal "vous" form

vouvoyer [vuvwaje] /8/ vt : ~ **qn** to address sb as "vous"

voyage [vwajaʒ] nm journey, trip; (fait de voyager) : **le ~, les voyages** travel(ling); **partir/ être en** ~ to go off/be away on a journey ou trip; **faire un** ~ to go on ou make a trip ou journey; **faire bon** ~ to have a good journey; **les gens du** ~ travelling people; ~ **d'agrément/ d'affaires** pleasure/business trip; ~ **de noces** honeymoon; ~ **organisé** package tour

> Ne confondez pas **journey**, **trip** et **travel**. **Journey** désigne le déplacement lui-même, qui est souvent long : un voyage de plus de 3 000 kilomètres **a journey of over 2,000 miles Trip**, en revanche, comprend le déplacement, le séjour (généralement court) et le retour au point de départ. Il s'emploie plus couramment en anglais américain qu'en anglais britannique : un voyage d'affaires à Milan **a business trip to Milan Travel** est réservé aux voyages en général. Il n'est jamais précédé d'un article. Les voyages forment la jeunesse. **Travel broadens the mind.**

voyager [vwajaʒe] /3/ vi to travel

voyageur, -euse [vwajaʒœʀ, -øz] nm/f traveller; (passager) passenger ▸ adj (tempérament) nomadic, wayfaring; ~ **(de commerce)** commercial traveller

voyagiste [vwajaʒist] nm tour operator

voyais etc [vwaje] vb voir **voir**

voyance [vwajɑ̃s] nf clairvoyance

voyant, e [vwajɑ̃, -ɑ̃t] adj (couleur) loud, gaudy ▸ nm/f (personne qui voit) sighted person ▸ nm (signal) (warning) light ▸ nf clairvoyant

voyelle [vwajɛl] nf vowel

voyeur, -euse [vwajœʀ, -øz] nm/f voyeur; peeping Tom

voyeurisme [vwajœʀism] nm voyeurism

voyeuriste [vwajœʀist] adj (fig) voyeuristic

voyons etc [vwajɔ̃] vb voir **voir**

voyou [vwaju] nm lout, hoodlum; (enfant) guttersnipe

voyoucratie [vwajukʀasi] nf yob rule

VPC sigle f (= vente par correspondance) mail order selling

vrac [vʀak] : **en** ~ adv loose; (Comm) in bulk

vrai, e [vʀe] adj (véridique : récit, faits) true; (non factice, authentique) real; **à** ~ **dire** to tell the truth; **il est** ~ **que** it is true that ▸ nm : **le** ~ the truth; **être dans le** ~ to be right

vraiment [vʀemɑ̃] adv really

vraisemblable [vʀesɑ̃blabl] adj (plausible) likely; (excuse) plausible; (probable) likely, probable

vraisemblablement [vʀesɑ̃blabləmɑ̃] adv in all likelihood, very likely

vraisemblance [vʀesɑ̃blɑ̃s] nf likelihood, plausibility; (romanesque) verisimilitude; **selon toute** ~ in all likelihood

vraquier [vʀakje] nm freighter

vrille [vʀij] *nf* (*de plante*) tendril; (*outil*) gimlet; (*spirale*) spiral; (*Aviat*) spin
vriller [vʀije] /**1**/ *vt* to bore into, pierce
vrombir [vʀɔ̃biʀ] /**2**/ *vi* to hum
vrombissant, e [vʀɔ̃bisɑ̃, -ɑ̃t] *adj* humming
vrombissement [vʀɔ̃bismɑ̃] *nm* hum(ming)
VRP *sigle m* (= *voyageur, représentant, placier*) (sales) rep (*fam*)
VTT *sigle m* (= *vélo tout-terrain*) mountain bike
vu¹ [vy] *prép* (*en raison de*) in view of; **vu que** in view of the fact that
vu², e [vy] *pp de* **voir** ▸ *adj* : **bien/mal vu** (*personne*) well/poorly thought of; (*conduite*) good/bad form; **ni vu ni connu** what the eye doesn't see ...!, no one will be any the wiser; **c'est tout vu** it's a foregone conclusion ▸ *nm* : **au vu et au su de tous** openly and publicly
vue [vy] *nf* (*sens, faculté*) (eye)sight; (*panorama, image, photo*) view; (*spectacle*) sight; **la ~ de** (*spectacle*) the sight of; **perdre la ~** to lose one's (eye)sight; **perdre de ~** to lose sight of; **à la ~ de tous** in full view of everybody; **hors de ~** out of sight; **à première ~** at first sight; **connaître de ~** to know by sight; **à ~** (*Comm*) at sight; **tirer à ~** to shoot on sight; **à ~ d'œil** *adv* visibly; (*à première vue*) at a quick glance; **avoir ~ sur** to have a view of; **en ~** (*visible*) in sight; (*Comm : célèbre*) in the public eye; **avoir qch en ~** (*intentions*) to have one's sights on sth; **en ~ de faire** with the intention of doing, with a view to doing; **~ d'ensemble** overall view; **~ de l'esprit** theoretical view; **vues** *nfpl* (*idées*) views; (*dessein*) designs

vulcanisation [vylkanizasjɔ̃] *nf* vulcanization
vulcaniser [vylkanize] /**1**/ *vt* to vulcanize
vulcanologie [vylkanɔlɔʒi] *nf* = **volcanologie**
vulcanologue [vylkanɔlɔg] *nmf* = **volcanologue**
vulgaire [vylgɛʀ] *adj* (*grossier*) vulgar, coarse; (*trivial*) commonplace, mundane; (*péj* : *quelconque*) : **de vulgaires touristes/chaises de cuisine** common tourists/kitchen chairs; (*Bot, Zool* : *non latin*) common
vulgairement [vylgɛʀmɑ̃] *adv* vulgarly, coarsely; (*communément*) commonly
vulgarisation [vylgaʀizasjɔ̃] *nf* : **ouvrage de ~** popularizing work, popularization
vulgariser [vylgaʀize] /**1**/ *vt* to popularize
vulgarité [vylgaʀite] *nf* vulgarity, coarseness
vulgate [vylgat] *nf* (*Rel*) : **la V~** the Vulgate; (*fig*) orthodoxy
vulnérabilité [vylneʀabilite] *nf* vulnerability
vulnérable [vylneʀabl] *adj* vulnerable
vulve [vylv] *nf* vulva
vumètre [vymɛtʀ] *nm* recording level gauge
Vve *abr* = **veuve**
VVF *sigle m* (= *village vacances famille*) state-subsidized holiday village
vx *abr* = **vieux**

Ww

W, w [dubləve] *nm inv* W, w ▸ *abr* (= *watt*) W;
W comme William W for William

wagon [vagɔ̃] *nm* (*de voyageurs*) carriage; (*de marchandises*) truck, wagon

wagon-citerne [vagɔ̃sitɛʀn] (*pl* **wagons-citernes**) *nm* tanker

wagon-lit [vagɔ̃li] (*pl* **wagons-lits**) *nm* sleeper, sleeping car

wagonnet [vagɔnɛ] *nm* small truck

wagon-poste [vagɔ̃pɔst] (*pl* **wagons-postes**) *nm* mail van

wagon-restaurant [vagɔ̃ʀɛstɔʀɑ̃] (*pl* **wagons-restaurants**) *nm* restaurant *ou* dining car

Walkman® [wɔkman] *nm* Walkman®, personal stereo

Wallis et Futuna [walisefytyna] *n* : **les îles ~** the Wallis and Futuna Islands

wallon, ne [walɔ̃, -ɔn] *adj* Walloon ▸ *nm* (*Ling*) Walloon ▸ *nm/f* : **Wallon, ne** Walloon

Wallonie [walɔni] *nf* : **la ~** French-speaking (part of) Belgium

water-polo [watɛʀpɔlo] *nm* water polo

waters [watɛʀ] *nmpl* toilet *sg*, loo *sg* (BRIT)

watt [wat] *nm* watt

WC [vese] *nmpl* toilet *sg*, lavatory *sg*

Web [wɛb] *nm inv* : **le ~** the (World Wide) Web

webcam [wɛbkam] *nf* webcam

webdesign [wɛbdizajn] *nm* web design

webdesigner [wɛbdizajnœʀ] *nmf* web designer

webmaster [wɛbmastœʀ], **webmestre** [wɛbmɛstʀ] *nmf* webmaster

webzine [wɛbzin] *nm* webzine

week-end [wikɛnd] *nm* weekend

western [wɛstɛʀn] *nm* western

Westphalie [vɛsfali] *nf* : **la ~** Westphalia

whisky [wiski] (*pl* **whiskies**) *nm* whisky

white-spirit [wajtspiʀit] *nm* white spirit

widget [widʒɛt] *nm* (*Inform*) widget

wifi, Wi-Fi [wifi] *nm inv* (= *wireless fidelity*) wifi, Wi-Fi

wishbone [wiʃbon] *nm* (*Navig*) wishbone

wok [wɔk] *nm* wok

WWW *sigle m* (= *World Wide Web*) WWW

W

Xx

X, x [iks] *nm inv* X, x; **plainte contre X** (*Jur*)
action against person or persons unknown; **X
comme Xavier** X for Xmas ▸ *sigle m* : **l'X** *the École
polytechnique (prestigious engineering college in France)*
xénogreffe [gzenogʀɛf] *nf* heterograft, xenograft
xénophobe [gzenɔfɔb] *adj* xenophobic

▸ *nmf* xenophobe
xénophobie [gzenɔfɔbi] *nf* xenophobia
xérès [gzeʀɛs] *nm* sherry
xylographie [gzilɔgʀafi] *nf* xylography; (*image*)
xylograph
xylophone [gzilɔfɔn] *nm* xylophone

Yy

Y, y [igRɛk] *nm inv* Y, y; **Y comme Yvonne** Y for Yellow (*BRIT*) *ou* Yoke (*US*)

y [i] *adv* (*à cet endroit*) there; (*dessus*) on it (*ou* them); (*dedans*) in it (*ou* them) ▶ *pron* (about *ou* on *ou* of) it (*vérifier la syntaxe du verbe employé*); **j'y pense** I'm thinking about it; **ça y est!** that's it!; *voir aussi* **aller; avoir**

yacht [jɔt] *nm* yacht

yack ['jak] *nm* yak

yaourt [jauRt] *nm* yogurt; **~ nature/aux fruits** plain/fruit yogurt

yaourtière [jauRtjɛR] *nf* yoghurt-maker

Yémen [jemɛn] *nm* : **le ~** Yemen

yéménite [jemenit] *adj* Yemeni

yeux [jø] *nmpl de* **œil**

yoga [jɔga] *nm* yoga

yoghourt [jɔguRt] *nm* = **yaourt**

yogi ['jɔgi] *nm* yogi

yole [jɔl] *nf* skiff

yorkshire ['jɔRkʃœR] *nm* (*Zool*) Yorkshire terrier

yougoslave [jugɔslav] (*Hist*) *adj* Yugoslav(ian) ▶ *nmf* : **Yougoslave** Yugoslav(ian)

Yougoslavie [jugɔslavi] *nf* : **la ~** Yugoslavia; **l'ex-~** the former Yugoslavia

yourte ['juRt] *nf* yurt

youyou [juju] *nm* dinghy

yo-yo [jojo] *nm inv* yo-yo

yucca [juka] *nm* yucca (tree *ou* plant)

yuppie ['jupi] *nmf* yuppie

Zz

Z, z [zɛd] *nm inv* Z, z; **Z comme Zoé** Z for Zebra
ZAC [zak] *sigle f* (= *zone d'aménagement concerté*) urban development zone
ZAD [zad] *sigle f* (= *zone d'aménagement différé*) future development zone
Zaïre [zaiʀ] (*Hist*) *nm* : **le ~** Zaïre
zaïrois, e (*Hist*) [zaiʀwa, -waz] *adj* Zairian ▸ *nm/f* : **Zaïrois, e** Zairian
Zambèze [zɑ̃bɛz] *nm* : **le ~** the Zambezi
Zambie [zɑ̃bi] *nf* : **la ~** Zambia
zambien, ne [zɑ̃bjɛ̃, -ɛn] *adj* Zambian ▸ *nm/f* : **Zambien, ne** Zambian
zapette, zappette [zapɛt] *nf* zapper (*fam*), remote control
zapper [zape] /1/ *vi* to zap
zapping [zapiŋ] *nm* : **faire du ~** to flick through the channels
zèbre [zɛbʀ(ə)] *nm* (*Zool*) zebra
zébré, e [zebʀe] *adj* striped, streaked
zébrure [zebʀyʀ] *nf* stripe, streak
zélateur, -trice [zelatœʀ, -tʀis] *nm/f* partisan, zealot
zèle [zɛl] *nm* zeal, diligence, assiduousness; **faire du ~** (*péj*) to be over-zealous
zélé, e [zele] *adj* zealous
zen [zɛn] *nm* (*Rel*) Zen ▸ *adj* (*Rel*) Zen; (*calme : personne*) who has a Zen-like calm
zénith [zenit] *nm* zenith
ZEP [zɛp] *sigle f* (= *zone d'éducation prioritaire*) area targeted for special help in education
zéro [zeʀo] *nm* zero, nought (*Brit*); **au-dessous de ~** below zero (Centigrade), below freezing; **partir de ~** to start from scratch; **réduire à ~** to reduce to nothing; **trois (buts) à ~** three (goals) to) nil

> En anglais britannique parlé, **nought** est plus courant que **zero** : *zéro virgule cinq* **nought point five**.
> Dans les numéros de téléphone, *zéro* se dit soit **zero**, soit **o** [əu].

zeste [zɛst] *nm* peel, zest; **un ~ de citron** a piece of lemon peel
zézaiement [zezɛmɑ̃] *nm* lisp
zézayer [zezeje] /8/ *vi* to have a lisp
ZI *sigle f* = **zone industrielle**
zibeline [ziblin] *nf* sable

ZIF [zif] *sigle f* (= *zone d'intervention foncière*) intervention zone
zigouiller [ziguje] /1/ *vt* (*fam*) to do in
zigzag [zigzag] *nm* zigzag
zigzaguer [zigzage] /1/ *vi* to zigzag (along)
Zimbabwe [zimbabwe] *nm* : **le ~** Zimbabwe
zimbabwéen, ne [zimbabweɛ̃, -ɛn] *adj* Zimbabwean
zinc [zɛ̃g] *nm* (*Chimie*) zinc; (*comptoir*) bar, counter
zinguer [zɛ̃ge] /1/ *vt* to cover with zinc
zingueur [zɛ̃gœʀ] *nm* zinc worker
zip [zip] *nm* (*de vêtement*) zip (*Brit*), zipper (*US*) ▸ *adj* (*Inform*) : **fichier ~** zip file
zippé, e [zipe] *adj* (*vêtement*) zip-up; (*Inform* : *fichier*) zipped
zipper [zipe] /1/ *vt* (*Inform*) to zip
zircon [zirkɔ̃] *nm* zircon
zizanie [zizani] *nf* : **semer la ~** to stir up ill-feeling
zizi [zizi] *nm* (*fam*) willy (*Brit*), peter (*US*)
zodiacal, e, -aux [zɔdjakal, -o] *adj* (*signe*) of the zodiac
zodiaque [zɔdjak] *nm* zodiac
zona [zona] *nm* shingles *sg*
zonage [zonaʒ] *nm* (*Admin*) zoning
zonard, e [zonar, -ard] *nm/f* (*fam*) (young) hooligan *ou* thug
zone [zon] *nf* zone, area; (*quartiers pauvres*) : **la ~** the slums; **de seconde ~** (*fig*) second-rate; **~ d'action** (*Mil*) sphere of activity; **~ bleue** ≈ restricted parking area; **~ d'extension** *ou* **d'urbanisation** urban development area; **~ franche** free zone; **~ industrielle** industrial estate; **~ piétonne** pedestrian precinct; **~ résidentielle** residential area; **~ tampon** buffer zone
zoner [zone] /1/ *vi* (*fam*) to hang around
zoo [zoo] *nm* zoo
zoologie [zɔɔlɔʒi] *nf* zoology
zoologique [zɔɔlɔʒik] *adj* zoological
zoologiste [zɔɔlɔʒist] *nmf* zoologist
zoom [zum] *nm* (*Photo*) zoom (lens)
zoomer [zume] *vi* : **~ sur qch** to zoom in on sth
zozoter [zɔzɔte] *vi* to lisp
ZUP [zyp] *sigle f* (= *zone à urbaniser en priorité*) = **ZAC**
Zurich [zyʀik] *n* Zürich
ZUS [zys] *sigle f* = **zone urbaine sensible**
zut [zyt] *excl* dash (it)! (*Brit*), nuts! (*US*)

Aa

A, a¹ [eɪ] *n* (*letter*) A, a *m* ; (*Scol: mark*) A ; (*Mus*):
A la *m* ; **A for Andrew, A for Able** (*US*) A
comme Anatole ; **A shares** *npl* (*BRIT Stock
Exchange*) actions *fpl* prioritaires

KEYWORD

a² [eɪ, ə] (*before vowel and silent h* **an**) *indef art*
1 un(e) ; **a book** un livre ; **an apple** une
pomme ; **she's a doctor** elle est médecin
2 (*instead of the number "one"*) un(e) ; **a year ago** il y
a un an ; **a hundred/thousand** *etc* **pounds**
cent/mille *etc* livres
3 (*in expressing ratios, prices etc*): **three a day/week**
trois par jour/semaine ; **10 km an hour** 10 km
à l'heure ; **£5 a person** 5 livres par personne ;
30p a kilo 30p le kilo

a. *abbr* = **acre**
A2 *n* (*BRIT Scol*) deuxième partie de l'examen équivalent
au baccalauréat
A.A. *n abbr* (*BRIT*: = *Automobile Association*) ≈ ACF *m* ;
(*US*: = *Associate in/of Arts*) diplôme universitaire ;
(= *Alcoholics Anonymous*) AA ; (= *anti-aircraft*) AA
A.A.A. *n abbr* (= *American Automobile Association*)
≈ ACF *m* ; (*BRIT*) = **Amateur Athletics
Association**
A & E *n abbr* (*BRIT*: = *accident and emergency (department)*)
service *m* des urgences, urgences *fpl*
A & R *n abbr* (*Mus*) = **artists and repertoire** ;
~ man découvreur *m* de talent
AAUP *n abbr* (= *American Association of University
Professors*) syndicat universitaire
AB *abbr* (*BRIT*) = **able-bodied seaman** ; (*CANADA*)
= **Alberta**
aback [ə'bæk] *adv*: **to be taken ~** être
décontenancé(e)
abacus ['æbəkəs] (*pl* **abaci** [-saɪ]) *n* boulier *m*
abalone [æbə'ləʊnɪ] *n* (*shellfish*) ormeau *m*
abandon [ə'bændən] *vt* abandonner ; **to ~ ship**
évacuer le navire ▶ *n* abandon *m*
abandoned [ə'bændənd] *adj* (*child, house etc*)
abandonné(e) ; (*unrestrained*) sans retenue
abase [ə'beɪs] *vt*: **to ~ o.s. (so far as to do)**
s'abaisser (à faire)
abashed [ə'bæʃt] *adj* confus(e), embarrassé(e)
abate [ə'beɪt] *vi* s'apaiser, se calmer
abatement [ə'beɪtmənt] *n*: **noise ~** lutte *f*
contre le bruit
abattoir ['æbətwɑːʳ] *n* (*BRIT*) abattoir *m*
abbey ['æbɪ] *n* abbaye *f*
abbot ['æbət] *n* père supérieur

abbreviate [ə'briːvɪeɪt] *vt* abréger
abbreviation [əbriːvɪ'eɪʃən] *n* abréviation *f*
ABC *n abbr* (= *American Broadcasting Company*) chaîne
de télévision
abdicate ['æbdɪkeɪt] *vt, vi* abdiquer
abdication [æbdɪ'keɪʃən] *n* abdication *f*
abdomen ['æbdəmən] *n* abdomen *m*
abdominal [æb'dɔmɪnl] *adj* abdominal(e)
abduct [æb'dʌkt] *vt* enlever
abduction [æb'dʌkʃən] *n* enlèvement *m*
abductor [æb'dʌktəʳ] *n* ravisseur(-euse) ;
child ~ kidnappeur *m* (d'enfants)
Aberdonian [æbə'dəʊnɪən] *adj* d'Aberdeen ▶ *n*
habitant(e) d'Aberdeen, natif(-ive) d'Aberdeen
aberration [æbə'reɪʃən] *n* anomalie *f* ; **in a
moment of mental ~** dans un moment
d'égarement
abet [ə'bɛt] *vt see* **aid**
abeyance [ə'beɪəns] *n*: **in ~** (*law*) en désuétude ;
(*matter*) en suspens
abhor [əb'hɔːʳ] *vt* abhorrer, exécrer
abhorrent [əb'hɔrənt] *adj* odieux(-euse),
exécrable
abide [ə'baɪd] *vt* souffrir, supporter ; **I can't ~ it/
him** je ne le supporte pas
▶ **abide by** *vt fus* observer, respecter
abiding [ə'baɪdɪŋ] *adj* (*memory etc*) durable
ability [ə'bɪlɪtɪ] *n* compétence *f* ; capacité *f* ;
(*skill*) talent *m* ; **to the best of my ~** de mon
mieux
abject ['æbdʒɛkt] *adj* (*poverty*) sordide ; (*coward*)
méprisable ; **an ~ apology** les excuses les plus
plates
ablaze [ə'bleɪz] *adj* en feu, en flammes ; **~ with
light** resplendissant de lumière
able ['eɪbl] *adj* compétent(e) ; **to be ~ to do sth**
pouvoir faire qch, être capable de faire qch
able-bodied ['eɪbl'bɔdɪd] *adj* robuste ; **~ seaman**
(*BRIT*) matelot breveté
ably ['eɪblɪ] *adv* avec compétence *or* talent,
habilement
ABM *n abbr* = **anti-ballistic missile**
abnormal [æb'nɔːməl] *adj* anormal(e)
abnormality [æbnɔː'mælɪtɪ] *n* (*condition*)
caractère anormal ; (*instance*) anomalie *f*
aboard [ə'bɔːd] *adv* à bord ▶ *prep* à bord de ;
(*train*) dans
abode [ə'bəʊd] *n* (*old*) demeure *f* ; (*Law*): **of no
fixed ~** sans domicile fixe
abolish [ə'bɔlɪʃ] *vt* abolir
abolition [æbə'lɪʃən] *n* abolition *f*

abominable [ə'bɒmɪnəbl] *adj* abominable

Aboriginal [æbə'rɪdʒɪnəl] (*in Australia*) *n* aborigène *mf* (d'Australie) ▶ *adj* (*art, people*) aborigène

aboriginal [æbə'rɪdʒɪnəl] *adj* (*native, indigenous*) autochtone

Aborigine [æbə'rɪdʒɪnɪ] *n* (*in Australia*) aborigène *mf* (d'Australie)

aborigine [æbə'rɪdʒɪnɪ] *n* aborigène *mf*

abort [ə'bɔːt] *vt* (*Med*) faire avorter ; (*Comput, fig*) abandonner

abortion [ə'bɔːʃən] *n* avortement *m* ; **to have an ~** se faire avorter

abortionist [ə'bɔːʃənɪst] *n* avorteur(-euse)

abortive [ə'bɔːtɪv] *adj* manqué(e)

abound [ə'baund] *vi* abonder ; **to ~ in** abonder en, regorger de

KEYWORD

about [ə'baut] *adv* **1** (*approximately*) environ, à peu près ; **about a hundred/thousand** *etc* environ cent/mille *etc*, une centaine (de)/un millier (de) *etc* ; **it takes about 10 hours** ça prend environ or à peu près 10 heures ; **at about 2 o'clock** vers 2 heures ; **I've just about finished** j'ai presque fini

2 (*referring to place*) çà et là, de-ci de-là ; **to run about** courir çà et là ; **to walk about** se promener, aller et venir ; **is Paul about?** (*Brit*) est-ce que Paul est là ? ; **it's about here** c'est par ici, c'est dans les parages ? ; **they left all their things lying about** ils ont laissé traîner toutes leurs affaires

3 : **to be about to do sth** être sur le point de faire qch ; **I'm not about to do all that for nothing** (*inf*) je ne vais quand même pas faire tout ça pour rien

4 (*opposite*): **it's the other way about** (*Brit*) c'est l'inverse

▶ *prep* **1** (*relating to*) au sujet de, à propos de ; **a book about London** un livre sur Londres ; **what is it about?** de quoi s'agit-il ? ; **we talked about it** nous en avons parlé ; **do something about it!** faites quelque chose ! ; **what** or **how about doing this?** et si nous faisions ceci ?

2 (*referring to place*) dans ; **to walk about the town** se promener dans la ville

about-turn [əbaut'təːn], **about-face** [əbaut'feɪs] *n* (*U-turn*) volte-face *f* ; (*Mil*) demi-tour *m* ; **to do an ~** (*U-turn*) faire volte-face ; (*Mil*) faire un demi-tour

above [ə'bʌv] *adv* au-dessus ; **mentioned ~** mentionné ci-dessus ▶ *prep* au-dessus de ; (*more than*) plus de ; **costing ~ £10** coûtant plus de 10 livres ; **~ all** par-dessus tout, surtout

aboveboard [ə'bʌv'bɔːd] *adj* franc (franche), loyal(e) ; honnête

abrasion [ə'breɪʒən] *n* frottement *m* ; (*on skin*) écorchure *f*

abrasive [ə'breɪzɪv] *adj* abrasif(-ive) ; (*fig*) caustique, agressif(-ive)

abreast [ə'brest] *adv* de front ; **to keep ~ of** se tenir au courant de

abridge [ə'brɪdʒ] *vt* abréger

abroad [ə'brɔːd] *adv* à l'étranger ; **there is a rumour ~ that …** (*fig*) le bruit court que …

abrupt [ə'brʌpt] *adj* (*steep, blunt*) abrupt(e) ; (*sudden, gruff*) brusque

abruptly [ə'brʌptlɪ] *adv* (*speak, end*) brusquement

abs ['æbz] *npl* (*inf: abdominal muscles*) abdos *mpl*

abscess ['æbsɪs] *n* abcès *m*

abscond [əb'skɒnd] *vi* disparaître, s'enfuir

abseil ['æbseɪl] (*Brit*) *vi* descendre en rappel ; **to ~ down a cliff** descendre en rappel une falaise

absence ['æbsəns] *n* absence *f* ; **in the ~ of** (*person*) en l'absence de ; (*thing*) faute de

absent ['æbsənt] *adj* absent(e) ; **~ without leave (AWOL)** (*Mil*) en absence irrégulière

absentee [æbsən'tiː] *n* absent(e)

absenteeism [æbsən'tiːɪzəm] *n* absentéisme *m*

absent-minded ['æbsənt'maɪndɪd] *adj* distrait(e)

absent-mindedness ['æbsənt'maɪndɪdnɪs] *n* distraction *f*

absolute ['æbsəluːt] *adj* absolu(e)

absolutely [æbsə'luːtlɪ] *adv* absolument

absolve [əb'zɒlv] *vt*: **to ~ sb (from)** (*sin etc*) absoudre qn (de) ; **to ~ sb from** (*oath*) délier qn de

absorb [əb'zɔːb] *vt* absorber ; **to be absorbed in a book** être plongé(e) dans un livre

absorbent [əb'zɔːbənt] *adj* absorbant(e)

absorbent cotton *n* (*US*) coton *m* hydrophile

absorbing [əb'zɔːbɪŋ] *adj* absorbant(e) ; (*book, film etc*) captivant(e)

absorption [əb'sɔːpʃən] *n* absorption *f*

abstain [əb'steɪn] *vi*: **to ~ (from)** s'abstenir (de)

abstemious [əb'stiːmɪəs] *adj* sobre, frugal(e)

abstention [əb'stɛnʃən] *n* abstention *f*

abstinence ['æbstɪnəns] *n* abstinence *f*

abstract ['æbstrækt] *adj* abstrait(e) ▶ *n* (*summary*) résumé *m* ▶ *vt* [æb'strækt] extraire

abstruse [æb'struːs] *adj* abstrus(e)

absurd [əb'səːd] *adj* absurde

absurdity [əb'səːdɪtɪ] *n* absurdité *f*

ABTA ['æbtə] *n abbr* = **Association of British Travel Agents**

Abu Dhabi ['æbuː'dɑːbɪ] *n* Ab(o)u Dhabi *m*

abundance [ə'bʌndəns] *n* abondance *f*

abundant [ə'bʌndənt] *adj* abondant(e)

abuse *n* [ə'bjuːs] (*insults*) insultes *fpl*, injures *fpl* ; (*ill-treatment*) mauvais traitements *mpl* ; (*of power etc*) abus *m* ; **to be open to ~** se prêter à des abus ▶ *vt* [ə'bjuːz] (*insult*) insulter ; (*ill-treat*) malmener ; (*power etc*) abuser de

abuser [ə'bjuːzəʳ] *n* (*of victim, child*) auteur *m* de sévices, auteur *m* de maltraitances ; (*of drugs*) toxicomane *mf* ; (*of alcohol*) ivrogne *mf*

abusive [ə'bjuːsɪv] *adj* grossier(-ière), injurieux(-euse)

abysmal [ə'bɪzməl] *adj* exécrable ; (*ignorance etc*) sans bornes

abyss [ə'bɪs] *n* abîme *m*, gouffre *m*

AC *n abbr* (*US*) = **athletic club**

a/c *abbr* (*Banking etc*) = **account**; **account current**

acacia [ə'keɪʃə] *n* (*also*: **acacia tree**) acacia *m*

academic [ækə'dɛmɪk] *adj* universitaire ; (*person: scholarly*) intellectuel(le) ; (*pej: issue*) oiseux(-euse), purement théorique ;

~ freedom liberté f académique ▶ n
universitaire mf
academic year n (University) année f
universitaire ; (Scol) année scolaire
academy [ə'kædəmɪ] n (learned body) académie f ;
(school) collège m ; **military/naval ~** école
militaire/navale ; **~ of music** conservatoire m
ACAS ['eɪkæs] n abbr (BRIT: = Advisory, Conciliation
and Arbitration Service) organisme de conciliation et
d'arbitrage des conflits du travail
accede [æk'siːd] vi: **to ~ to** (request, throne)
accéder à
accelerate [æk'sɛləreɪt] vt, vi accélérer
acceleration [æksɛlə'reɪʃən] n accélération f
accelerator [æk'sɛləreɪtəʳ] n (BRIT)
accélérateur m
accent ['æksɛnt] n accent m
accentuate [æk'sɛntjueɪt] vt (syllable)
accentuer ; (need, difference etc) souligner
accept [ək'sɛpt] vt accepter
acceptable [ək'sɛptəbl] adj acceptable
acceptance [ək'sɛptəns] n acceptation f ; **to
meet with general ~** être favorablement
accueilli par tous
access ['æksɛs] n accès m ; **to have ~ to**
(information, library etc) avoir accès à, pouvoir
utiliser or consulter ; (person) avoir accès auprès
de ; **the burglars gained ~ through a window**
les cambrioleurs sont entrés par une fenêtre
▶ vt (Comput) accéder à
accessibility [əksɛsə'bɪlɪtɪ] n accessibilité f
accessible [æk'sɛsəbl] adj accessible
accession [æk'sɛʃən] n accession f ; (of king)
avènement m ; (to library) acquisition f
accessorize [æk'sɛsəraɪz] vt (clothes, furniture)
accessoiriser
accessory [æk'sɛsərɪ] n accessoire m ; **toilet
accessories** (BRIT) articles mpl de toilette ; **~ to**
(Law) accessoire à
access road n voie f d'accès ; (to motorway)
bretelle f de raccordement
access time n (Comput) temps m d'accès
accident ['æksɪdənt] n accident m ; (chance)
hasard m ; **to meet with** or **to have an ~** avoir
un accident ; **I've had an ~** j'ai eu un accident ;
accidents at work accidents du travail ; **by ~**
(by chance) par hasard ; (not deliberately)
accidentellement
accidental [æksɪ'dɛntl] adj accidentel(le)
accidentally [æksɪ'dɛntəlɪ] adv
accidentellement
Accident and Emergency Department n
(BRIT) service m des urgences
accident insurance n assurance f accident
accident-prone ['æksɪdənt'prəun] adj sujet(te)
aux accidents
acclaim [ə'kleɪm] vt acclamer ▶ n
acclamations fpl
acclamation [æklə'meɪʃən] n (approval)
acclamation f ; (applause) ovation f
acclimatize [ə'klaɪmətaɪz], (US) **acclimate**
[ə'klaɪmət] vt: **to become acclimatized**
s'acclimater
accolade ['ækəleɪd] n accolade f ; (fig) marque f
d'honneur

accommodate [ə'kɔmədeɪt] vt loger, recevoir ;
(oblige, help) obliger ; (car etc) contenir ; (adapt):
to ~ one's plans to adapter ses projets à
accommodating [ə'kɔmədeɪtɪŋ] adj
obligeant(e), arrangeant(e)
accommodation n, (US) **accommodations** npl
[əkɔmə'deɪʃən(z)] logement m ; **he's found ~** il a
trouvé à se loger ; **"~ to let"** (BRIT)
« appartement or studio etc à louer » ; **they have
~ for 500** ils peuvent recevoir 500 personnes, il
y a de la place pour 500 personnes ; **the hall
has seating ~ for 600** (BRIT) la salle contient
600 places assises
accompaniment [ə'kʌmpənɪmənt] n
accompagnement m
accompanist [ə'kʌmpənɪst] n
accompagnateur(-trice)
accompany [ə'kʌmpənɪ] vt accompagner
accomplice [ə'kʌmplɪs] n complice mf
accomplish [ə'kʌmplɪʃ] vt accomplir
accomplished [ə'kʌmplɪʃt] adj accompli(e)
accomplishment [ə'kʌmplɪʃmənt] n (skill: gen
pl) talent m ; (completion) accomplissement m ;
(achievement) réussite f
accord [ə'kɔːd] n accord m ; **of his own ~** de son
plein gré ; **with one ~** d'un commun accord
▶ vt accorder
accordance [ə'kɔːdəns] n: **in ~ with**
conformément à
according [ə'kɔːdɪŋ]: **~ to** prep selon ; **~ to plan**
comme prévu
accordingly [ə'kɔːdɪŋlɪ] adv (appropriately) en
conséquence ; (as a result) par conséquent
accordion [ə'kɔːdɪən] n accordéon m
accost [ə'kɔst] vt accoster, aborder
account [ə'kaunt] n (Comm) compte m ; (report)
compte rendu, récit m ; **"~ payee only"** (BRIT)
« chèque non endossable » ; **to keep an ~ of**
noter ; **to bring sb to ~ for sth/for having
done sth** amener qn à rendre compte de
qch/d'avoir fait qch ; **by all accounts** au dire
de tous ; **of little ~** de peu d'importance ; **of no
~** sans importance ; **on ~** en acompte ; **to buy
sth on ~** acheter qch à crédit ; **on no ~** en aucun
cas ; **on ~ of** à cause de ; **to take into ~, take ~
of** tenir compte de ; **accounts** npl (Comm: records)
comptabilité f, comptes
▶ **account for** vt fus (explain) expliquer, rendre
compte de ; (represent) représenter ; **all the
children were accounted for** aucun enfant ne
manquait ; **four people are still not
accounted for** on n'a toujours pas retrouvé
quatre personnes
accountability [əkauntə'bɪlɪtɪ] n
responsabilité f ; (financial, political)
transparence f
accountable [ə'kauntəbl] adj: **~ (for/to)**
responsable (de/devant)
accountancy [ə'kauntənsɪ] n comptabilité f
accountant [ə'kauntənt] n comptable mf
accounting [ə'kauntɪŋ] n comptabilité f
accounting period n exercice financier,
période f comptable
account number n numéro m de compte
account payable n compte m fournisseurs

473

account receivable n compte m clients
accreditation [əkrɛdɪˈteɪʃən] n (of qualification, institution) habilitation f ; (of diplomat, journalist, representative) accréditation f
accredited [əˈkrɛdɪtɪd] adj (person) accrédité(e)
accretion [əˈkriːʃən] n accroissement m
accrual [əˈkruːəl] n accumulation f
accrue [əˈkruː] vi s'accroître ; (mount up) s'accumuler ; **to ~ to** s'ajouter à ; **accrued interest** intérêt couru
accumulate [əˈkjuːmjuleɪt] vt accumuler, amasser ▸ vi s'accumuler, s'amasser
accumulation [əkjuːmjuˈleɪʃən] n accumulation f
accuracy [ˈækjʊrəsɪ] n exactitude f, précision f
accurate [ˈækjʊrɪt] adj exact(e), précis(e) ; (device) précis
accurately [ˈækjʊrɪtlɪ] adv avec précision
accusation [ækjuːˈzeɪʃən] n accusation f
accusative [əˈkjuːzətɪv] n (Ling) accusatif m
accusatory [əˈkjuːzətərɪ, ækjuˈzeɪtərɪ] adj accusateur(-trice)
accuse [əˈkjuːz] vt: **to ~ sb (of sth)** accuser qn (de qch)
accused [əˈkjuːzd] n (Law) accusé(e)
accuser [əˈkjuːzəʳ] n accusateur(-trice)
accusing [əˈkjuːzɪŋ] adj accusateur(-trice)
accusingly [əˈkjuːzɪŋlɪ] adv (say, ask) d'un ton accusateur ; (look, point) d'un air accusateur
accustom [əˈkʌstəm] vt accoutumer, habituer ; **to ~ o.s. to sth** s'habituer à qch
accustomed [əˈkʌstəmd] adj (usual) habituel(le) ; **~ to** habitué(e) or accoutumé(e) à
AC/DC abbr = **alternating current/direct current**
ACE [eɪs] n abbr = **American Council on Education**
ace [eɪs] n as m ; **within an ~ of** (Brit) à deux doigts or un cheveu de
acerbic [əˈsəːbɪk] adj (also fig) acerbe
acetate [ˈæsɪteɪt] n acétate m
ache [eɪk] n mal m, douleur f ; **I've got stomach ~** or (US) **a stomach ~** j'ai mal à l'estomac ▸ vi (be sore) faire mal, être douloureux(-euse) ; (yearn): **to ~ to do sth** mourir d'envie de faire qch ; **my head aches** j'ai mal à la tête ; **I'm aching all over** j'ai mal partout
achieve [əˈtʃiːv] vt (aim) atteindre ; (victory, success) remporter, obtenir ; (task) accomplir
achievement [əˈtʃiːvmənt] n exploit m, réussite f ; (of aims) réalisation f
achiever [əˈtʃiːvəʳ] n: **to be a high ~** être très doué(e) ; **a way to keep low achievers from dropping out** un moyen de maintenir les moins doués dans le système
Achilles heel [əˈkɪliːz-] n talon m d'Achille
acid [ˈæsɪd] adj, n acide m
acidic [əˈsɪdɪk] adj (not alkaline: substance) acide ; (sour: taste) acide
acidity [əˈsɪdɪtɪ] n acidité f
acid rain n pluies fpl acides
acid test n (fig) épreuve décisive
acknowledge [əkˈnɒlɪdʒ] vt (also: **acknowledge receipt of**) accuser réception de ; (fact) reconnaître

acknowledgement [əkˈnɒlɪdʒmənt] n (of letter) accusé m de réception ; **acknowledgements** npl (in book) remerciements mpl
ACLU n abbr (= American Civil Liberties Union) ligue des droits de l'homme
acme [ˈækmɪ] n point culminant
acne [ˈæknɪ] n acné m
acorn [ˈeɪkɔːn] n gland m
acoustic [əˈkuːstɪk] adj acoustique
acoustics [əˈkuːstɪks] n, npl acoustique f
acquaint [əˈkweɪnt] vt: **to ~ sb with sth** mettre qn au courant de qch ; **to be acquainted with** (person) connaître ; (fact) savoir
acquaintance [əˈkweɪntəns] n connaissance f ; **to make sb's ~** faire la connaissance de qn
acquiesce [ækwɪˈɛs] vi (agree): **to ~ (in)** acquiescer (à)
acquiescent [ækwiˈɛsənt] adj consentant(e)
acquire [əˈkwaɪəʳ] vt acquérir
acquired [əˈkwaɪəd] adj acquis(e) ; **an ~ taste** un goût acquis
acquisition [ækwɪˈzɪʃən] n acquisition f
acquisitive [əˈkwɪzɪtɪv] adj qui a l'instinct de possession or le goût de la propriété
acquit [əˈkwɪt] vt acquitter ; **to ~ o.s. well** s'en tirer très honorablement
acquittal [əˈkwɪtl] n acquittement m
acre [ˈeɪkəʳ] n acre f (= 4 047 m²)
acreage [ˈeɪkərɪdʒ] n superficie f
acrid [ˈækrɪd] adj (smell) âcre ; (fig) mordant(e)
acrimonious [ækrɪˈməʊnɪəs] adj acrimonieux(-euse), aigre
acrimoniously [ækrɪˈməʊnɪəslɪ] adv (end, break up) avec acrimonie
acrimony [ˈækrɪmənɪ] n acrimonie f
acrobat [ˈækrəbæt] n acrobate mf
acrobatic [ækrəˈbætɪk] adj acrobatique
acrobatics [ækrəˈbætɪks] n, npl acrobatie f
acronym [ˈækrənɪm] n acronyme m
Acropolis [əˈkrɒpəlɪs] n: **the ~** l'Acropole f
acrosport [ˈækrəspɔːt] n acrosport m
across [əˈkrɒs] prep (on the other side) de l'autre côté de ; (crosswise) en travers de ; **to walk ~ the road** traverser la route ; **to take sb ~ the road** faire traverser la route à qn ; **a road ~ the wood** une route qui traverse le bois ▸ adv de l'autre côté ; en travers ; **to run/swim ~** traverser en courant/à la nage ; **to walk ~ to the window** aller à la fenêtre ; **the lake is 12 km ~** le lac fait 12 km de large ; **~ from** en face de ; **to get sth ~ (to sb)** faire comprendre qch (à qn)
acrylic [əˈkrɪlɪk] adj, n acrylique m
ACT n abbr (= American College Test) examen de fin d'études secondaires
act [ækt] n acte m, action f ; (Theat: part of play) acte ; (: of performer) numéro m ; (Law) loi f ; **to catch sb in the ~** prendre qn sur le fait or en flagrant délit ; **it's only an ~** c'est du cinéma ; **~ of God** (Law) catastrophe naturelle ▸ vi agir ; (Theat) jouer ; (pretend) jouer la comédie ; **to ~ as** servir de ; **it acts as a deterrent** cela a un effet dissuasif ; **acting in my capacity as chairman, I ...** en ma qualité de président, je ... ▸ vt (role) jouer, tenir ; **to ~ Hamlet** (Brit) tenir or jouer le rôle d'Hamlet ; **to ~ the fool** (Brit) faire l'idiot

a

▸ **act on** *vt fus*: **to ~ on sth** agir sur la base de qch
▸ **act out** *vt (event)* raconter en mimant ; *(fantasies)* réaliser
▸ **act up** *vi (inf: person)* se conduire mal ; (: *knee, back, injury)* jouer des tours ; (: *machine)* être capricieux(-euse)
acting ['æktɪŋ] *adj* suppléant(e), par intérim ; **he is the ~ manager** il remplace (provisoirement) le directeur ▸ *n (of actor)* jeu *m* ; *(activity)*: **to do some ~** faire du théâtre *(or* du cinéma)
action ['ækʃən] *n* action *f* ; *(Mil)* combat(s) *m(pl)* ; *(Law)* procès *m*, action en justice ; **to bring an ~ against sb** *(Law)* poursuivre qn en justice, intenter un procès contre qn ; **killed in ~** *(Mil)* tué au champ d'honneur ; **out of ~** hors de combat ; *(machine etc)* hors d'usage ; **to take ~** agir, prendre des mesures ; **to put a plan into ~** mettre un projet à exécution ▸ *vt (Comm)* mettre en œuvre
action plan *n (also:* **plan of action)** plan *m* d'action
action replay *n (BRIT TV)* ralenti *m*
activate ['æktɪveɪt] *vt (mechanism)* actionner, faire fonctionner ; *(Chem, Physics)* activer
activation [æktɪ'veɪʃən] *n (of mechanism, also Chem)* activation *f*
active ['æktɪv] *adj* actif(-ive) ; *(volcano)* en activité ; **to play an ~ part in** jouer un rôle actif dans
active duty *n (US Mil)* campagne *f*
actively ['æktɪvlɪ] *adv* activement ; *(discourage)* vivement
active partner *n (Comm)* associé(e)
active service *n (BRIT Mil)* campagne *f*
activism ['æktɪvɪzəm] *n* activisme *m* ; **political ~** activisme politique ; **environmental ~** militantisme *m* écologique
activist ['æktɪvɪst] *n* activiste *mf*
activity [æk'tɪvɪtɪ] *n* activité *f*
activity holiday *n* vacances actives
actor ['æktə'] *n* acteur *m*
actress ['æktrɪs] *n* actrice *f*
actual ['æktjuəl] *adj* réel(le), véritable ; *(emphatic use)* lui-même (elle-même)

⚠ **actual** ne veut pas dire *actuel*.

actuality [ˌæktʃu'ælɪtɪ] *n (reality)* réalité *f* ; *(formal: fact)* fait *m* ; (: *condition)* situation *f* réelle ; **in ~** en réalité
actually ['æktjuəlɪ] *adv* réellement, véritablement ; *(in fact)* en fait

⚠ **actually** ne veut pas dire *actuellement*.

actuarial [ˌæktju'ɛərɪəl] *adj* actuariel(le)
actuary ['æktjuərɪ] *n* actuaire *m*
actuate ['æktjueɪt] *vt* déclencher, actionner
acuity [ə'kju:ɪtɪ] *n* acuité *f*
acumen ['ækjumən] *n* perspicacité *f* ; **business ~** sens *m* des affaires
acupressure ['ækjupreʃə'] *n* acupressing *m*
acupuncture ['ækjupʌŋktʃə'] *n* acuponcture *f*
acute [ə'kju:t] *adj (severe: crisis, shortage)* grave ; (: *embarrassment)* profond(e) ; *(illness, accent)* aigu(ë) ; *(mind, observer)* pénétrant(e)

acutely [ə'kju:tlɪ] *adv (keenly: aware)* profondément ; (: *feel)* vivement ; *(intensely: embarrassing)* extrêmement
ad [æd] *n abbr* = **advertisement**
A.D. *adv abbr* (= *Anno Domini)* ap. J.-C. ▸ *n abbr (US Mil)* = **active duty**
adage ['ædɪdʒ] *n* adage *m* ; **the old ~ that ...** le vieil adage selon lequel ...
adamant ['ædəmənt] *adj* inflexible
Adam's apple ['ædəmz-] *n* pomme *f* d'Adam
adapt [ə'dæpt] *vt* adapter ▸ *vi*: **to ~ (to)** s'adapter (à)
adaptability [ədæptə'bɪlɪtɪ] *n* faculté *f* d'adaptation
adaptable [ə'dæptəbl] *adj (device)* adaptable ; *(person)* qui s'adapte facilement
adaptation [ædæp'teɪʃən] *n* adaptation *f*
adapter, adaptor [ə'dæptə'] *n (Elec)* adaptateur *m* ; *(for several plugs)* prise *f* multiple
adaptive [ə'dæptɪv] *adj (adaptable)* qui a une grande capacité d'adaptation
ADC *n abbr (Mil)* = **aide-de-camp**; *(US:* = *Aid to Dependent Children)* aide pour enfants assistés
ADD *n abbr* (= *attention deficit disorder)* TDA *m*
add [æd] *vt* ajouter ; *(figures: also:* **to add up)** additionner ▸ *vi*: **to ~ to** *(increase)* ajouter à, accroître ; **it doesn't ~ up** *(fig)* cela ne rime à rien
▸ **add on** *vt* ajouter
▸ **add up to** *vt fus (Math)* s'élever à ; *(fig: mean)* signifier ; **it doesn't ~ up to much** ça n'est pas grand-chose
added ['ædɪd] *adj (extra: advantage, benefit)* supplémentaire ; *(sugar, vitamins)* ajouté(e)
adder ['ædə'] *n* vipère *f*
addict ['ædɪkt] *n* toxicomane *mf* ; *(fig)* fanatique *mf* ; **heroin ~** héroïnomane *mf* ; **drug ~** drogué(e)
addicted [ə'dɪktɪd] *adj*: **to be ~ to** *(drink, drugs)* être adonné(e) à ; *(fig: football etc)* être un(e) fanatique de
addiction [ə'dɪkʃən] *n (Med)* dépendance *f*
addictive [ə'dɪktɪv] *adj* qui crée une dépendance
adding machine ['ædɪŋ-] *n* machine *f* à calculer
Addis Ababa ['ædɪs'æbəbə] *n* Addis Abeba, Addis Ababa
addition [ə'dɪʃən] *n (adding up)* addition *f* ; *(thing added)* ajout *m* ; **in ~** de plus, de surcroît ; **in ~ to** en plus de
additional [ə'dɪʃənl] *adj* supplémentaire
additionally [ə'dɪʃənəlɪ] *adv (moreover, to a greater extent)* de plus, en outre
additive ['ædɪtɪv] *n* additif *m*
address [ə'drɛs] *n* adresse *f* ; *(talk)* discours *m*, allocution *f* ; **my ~ is ...** mon adresse, c'est ... ; **form of ~** titre *m* ; **what form of ~ do you use for ...?** comment s'adresse-t-on à ... ? ; **absolute/relative ~** *(Comput)* adresse absolue/relative ▸ *vt* adresser ; *(speak to)* s'adresser à ; **to ~ (o.s. to) sth** *(problem, issue)* aborder qch
address book *n* carnet *m* d'adresses
addressee [ædrɛ'si:] *n* destinataire *mf*
Aden ['eɪdən] *n*: **Gulf of ~** Golfe *m* d'Aden
adenoids ['ædɪnɔɪdz] *npl* végétations *fpl*

adept [ə'dɛpt] *adj*: ~ **at** expert(e) à *or* en
adequate ['ædɪkwɪt] *adj* (*enough*) suffisant(e) ; (*satisfactory*) satisfaisant(e) ; **to feel ~ to the task** se sentir à la hauteur de la tâche
adequately ['ædɪkwɪtlɪ] *adv* de façon adéquate
ADHD *n abbr* (= *attention deficit hyperactivity disorder*) TDAH *m*
adhere [əd'hɪə ʳ] *vi*: **to ~ to** adhérer à ; (*fig: rule, decision*) se tenir à
adherence [əd'hɪərəns] *n* (*to rule, agreement, belief*) adhésion *f* ; ~ **to sth** adhésion à qch
adhesion [əd'hi:ʒən] *n* adhésion *f*
adhesive [əd'hi:zɪv] *adj* adhésif(-ive) ▶ *n* adhésif *m*
adhesive tape *n* (BRIT) ruban *m* adhésif ; (US Med) sparadrap *m*
ad hoc [æd'hɔk] *adj* (*decision*) de circonstance ; (*committee*) ad hoc
ad infinitum ['ædɪnfɪ'naɪtəm] *adv* à l'infini
adjacent [ə'dʒeɪsənt] *adj* adjacent(e), contigu(ë) ; ~ **to** adjacent à
adjective ['ædʒɛktɪv] *n* adjectif *m*
adjoin [ə'dʒɔɪn] *vt* jouxter
adjoining [ə'dʒɔɪnɪŋ] *adj* voisin(e), adjacent(e), attenant(e) ▶ *prep* voisin de, adjacent à
adjourn [ə'dʒəːn] *vt* ajourner ; **to ~ a meeting till the following week** reporter une réunion à la semaine suivante ▶ *vi* suspendre la séance ; lever la séance ; clore la session ; (*go*) se retirer ; **they adjourned to the pub** (BRIT inf) ils ont filé au pub
adjournment [ə'dʒəːnmənt] *n* (*period*) ajournement *m*
Adjt *abbr* (Mil: = *adjutant*) Adj
adjudicate [ə'dʒuːdɪkeɪt] *vt* (*contest*) juger ; (*claim*) statuer (sur) ▶ *vi* se prononcer
adjudication [ədʒuːdɪ'keɪʃən] *n* (Law) jugement *m*
adjudicator [ə'dʒuːdɪkeɪtə ʳ] *n* juge *mf*
adjust [ə'dʒʌst] *vt* (*machine*) ajuster, régler ; (*prices, wages*) rajuster ▶ *vi*: **to ~ (to)** s'adapter (à)
adjustable [ə'dʒʌstəbl] *adj* réglable
adjuster [ə'dʒʌstə ʳ] *n see* **loss**
adjustment [ə'dʒʌstmənt] *n* (*of machine*) ajustage *m*, réglage *m* ; (*of prices, wages*) rajustement *m* ; (*of person*) adaptation *f*
adjutant ['ædʒətənt] *n* adjudant *m*
ad-lib [æd'lɪb] *vt, vi* improviser ▶ *n* improvisation *f* ▶ *adv*: **ad lib** à volonté, à discrétion
adman ['ædmæn] *n* (*irreg*) (*inf*) publicitaire *m*
admin ['ædmɪn] *n abbr* (*inf*) = **administration**
administer [əd'mɪnɪstə ʳ] *vt* administrer ; (*justice*) rendre
administration [ədmɪnɪs'treɪʃən] *n* (*management*) administration *f* ; (*government*) gouvernement *m*
administrative [əd'mɪnɪstrətɪv] *adj* administratif(-ive)
administrator [əd'mɪnɪstreɪtə ʳ] *n* administrateur(-trice)
admirable ['ædmərəbl] *adj* admirable
admirably ['ædmɪrəblɪ] *adv* admirablement
admiral ['ædmərəl] *n* amiral *m*
Admiralty ['ædmərəltɪ] *n* (BRIT: *also*: **Admiralty Board**) ministère *m* de la Marine

admiration [ædmə'reɪʃən] *n* admiration *f*
admire [əd'maɪə ʳ] *vt* admirer
admirer [əd'maɪərə ʳ] *n* (*fan*) admirateur(-trice)
admiring [əd'maɪərɪŋ] *adj* admiratif(-ive)
admiringly [əd'maɪərɪŋlɪ] *adv* (*say, look*) avec admiration
admissible [əd'mɪsəbl] *adj* acceptable, admissible ; (*evidence*) recevable
admission [əd'mɪʃən] *n* admission *f* ; (*to exhibition, night club etc*) entrée *f* ; (*confession*) aveu *m* ; **"~ free"**, **"free ~"** « entrée libre » ; **by his own ~** de son propre aveu
admission charge *n* droits *mpl* d'admission
admit [əd'mɪt] *vt* laisser entrer ; admettre ; (*agree*) reconnaître, admettre ; (*crime*) reconnaître avoir commis ; **"children not admitted"** « entrée interdite aux enfants » ; **this ticket admits two** ce billet est valable pour deux personnes ; **I must ~ that ...** je dois admettre *or* reconnaître que ...
▶ **admit of** *vt fus* admettre, permettre
▶ **admit to** *vt fus* reconnaître, avouer
admittance [əd'mɪtəns] *n* admission *f*, (droit *m* d')entrée *f* ; **"no ~"** « défense d'entrer »
admittedly [əd'mɪtɪdlɪ] *adv* il faut en convenir
admonish [əd'mɔnɪʃ] *vt* donner un avertissement à ; réprimander
admonishment [əd'mɔnɪʃmənt] *n* réprimande *f*
ad nauseam [æd'nɔːsɪæm] *adv* à satiété
ado [ə'duː] *n*: **without (any) more ~** sans plus de cérémonies
adolescence [ædəʊ'lɛsns] *n* adolescence *f*
adolescent [ædəʊ'lɛsnt] *adj, n* adolescent(e)
adopt [ə'dɔpt] *vt* adopter
adopted [ə'dɔptɪd] *adj* adoptif(-ive), adopté(e)
adoption [ə'dɔpʃən] *n* adoption *f*
adoptive [ə'dɔptɪv] *adj* (*child, parents, family*) adoptif(-ive) ; (*country, home*) d'adoption, adoptif(-ive)
adorable [ə'dɔːrəbl] *adj* adorable
adoration [ædɔː'reɪʃən] *n* adoration *f*
adore [ə'dɔː ʳ] *vt* adorer
adoring [ə'dɔːrɪŋ] *adj*: **his ~ wife** sa femme qui est en adoration devant lui
adoringly [ə'dɔːrɪŋlɪ] *adv* avec adoration
adorn [ə'dɔːn] *vt* orner
adornment [ə'dɔːnmənt] *n* ornement *m*
ADP *n abbr* = **automatic data processing**
adrenalin, adrenaline [ə'drɛnəlɪn] *n* adrénaline *f* ; **to get the ~ going** faire monter le taux d'adrénaline
Adriatic [eɪdrɪ'ætɪk], **Adriatic Sea** *n*: **the ~ (Sea)** la mer Adriatique, l'Adriatique *f*
adrift [ə'drɪft] *adv* à la dérive ; **to come ~** (*boat*) aller à la dérive ; (*wire, rope, fastening etc*) se défaire
adroit [ə'drɔɪt] *adj* adroit(e), habile
ADSL *n abbr* (= *asymmetric digital subscriber line*) ADSL *m*
ADT *abbr* (US: = *Atlantic Daylight Time*) heure d'été de New York
adulation [ˌædjʊ'leɪʃən] *n* adulation *f*
adult ['ædʌlt] *n* adulte *mf* ▶ *adj* (*grown-up*) adulte ; (*for adults*) pour adultes

adult education *n* éducation *f* des adultes
adulterate [ə'dʌltəreɪt] *vt* frelater, falsifier
adulterer [ə'dʌltərəʳ] *n* homme *m* adultère
adulteress [ə'dʌltərɪs] *n* femme *f* adultère
adulterous [ə'dʌltərəs] *adj* adultère
adultery [ə'dʌltərɪ] *n* adultère *m*
adulthood ['ædʌlthud] *n* âge *m* adulte
advance [əd'vɑːns] *n* avance *f*; **in ~** (*prepare,
notify, decide*) à l'avance; (*pay*) d'avance; **do I
need to book in ~?** est-ce qu'il faut réserver à
l'avance?; **to make advances to sb** (*gen*) faire
des propositions à qn; (*amorously*) faire des
avances à qn ▶ *vt* avancer ▶ *vi* s'avancer ▶ *cpd*:
~ booking location *f*; **~ notice, ~ warning**
préavis *m*; (*verbal*) avertissement *m*
advanced [əd'vɑːnst] *adj* avancé(e); (*Scol: studies*)
supérieur(e); **~ in years** d'un âge avancé
advancement [əd'vɑːnsmənt] *n*
avancement *m*
advantage [əd'vɑːntɪdʒ] *n* (*also Tennis*) avantage
m; **to take ~ of** (*person*) exploiter; (*opportunity*)
profiter de; **it's to our ~** c'est notre intérêt;
it's to our ~ to ... nous avons intérêt à ...
advantaged [əd'vɑːntɪdʒd] *adj* avantagé(e)
advantageous [ædvən'teɪdʒəs] *adj*
avantageux(-euse)
advent ['ædvənt] *n* avènement *m*, venue *f*; **A~**
(*Rel*) Avent *m*
Advent calendar *n* calendrier *m* de l'Avent
adventure [əd'vɛntʃəʳ] *n* aventure *f*
adventure playground *n* aire *f* de jeux
adventurer [əd'vɛntʃərəʳ] *n* aventurier(-ière)
adventuresome [əd'vɛntʃəsəm] (*US*) *adj*
aventureux(-euse)
adventurous [əd'vɛntʃərəs] *adj*
aventureux(-euse)
adverb ['ædvəːb] *n* adverbe *m*
adversarial [ædvə'sɛərɪəl] *adj* antagonique
adversary ['ædvəsərɪ] *n* adversaire *mf*
adverse ['ædvəːs] *adj* adverse; (*effect*)
négatif(-ive); (*weather, publicity*) mauvais(e);
(*wind*) contraire; **~ to** hostile à; **in ~
circumstances** dans l'adversité
adversely ['ædvəːslɪ] *adv*: **to affect sth ~** avoir
un effet négatif sur qch
adversity [əd'vəːsɪtɪ] *n* adversité *f*
advert ['ædvəːt] *n abbr* (*BRIT*) = **advertisement**
advertise ['ædvətaɪz] *vi* faire de la publicité *or*
de la réclame; (*in classified ads etc*) mettre une
annonce; **to ~ for** (*staff*) recruter par (voie
d')annonce ▶ *vt* faire de la publicité *or* de la
réclame pour; (*in classified ads etc*) mettre une
annonce pour vendre
advertisement [əd'vəːtɪsmənt] *n* publicité *f*,
réclame *f*; (*in classified ads etc*) annonce *f*
advertiser ['ædvətaɪzəʳ] *n* annonceur *m*
advertising ['ædvətaɪzɪŋ] *n* publicité *f*
advertising agency *n* agence *f* de publicité
advertising campaign *n* campagne *f* de
publicité
advice [əd'vaɪs] *n* conseils *mpl*; (*notification*)
avis *m*; **a piece of ~** un conseil; **to ask (sb)
for ~** demander conseil (à qn); **to take legal ~**
consulter un avocat
advice note *n* (*BRIT*) avis *m* d'expédition

advisable [əd'vaɪzəbl] *adj* recommandable,
indiqué(e)
advise [əd'vaɪz] *vt* conseiller; **to ~ sb of sth**
aviser *or* informer qn de qch; **to ~ against
sth/doing sth** déconseiller qch/conseiller de
ne pas faire qch; **you would be well/ill
advised to go** vous feriez mieux d'y aller/de ne
pas y aller, vous auriez intérêt à y aller/à ne pas
y aller
advisedly [əd'vaɪzɪdlɪ] *adv* (*deliberately*)
délibérément
adviser, advisor [əd'vaɪzəʳ] *n* conseiller(-ère)
advisory [əd'vaɪzərɪ] *adj* consultatif(-ive); **in
an ~ capacity** à titre consultatif
advocacy ['ædvəkəsɪ] *n* plaidoyer *m*; **sb's ~ of
sth** le plaidoyer de qn en faveur de qch
advocate *n* ['ædvəkɪt] (*lawyer*) avocat (plaidant);
(*upholder*) défenseur *m*, avocat(e); **to be an ~ of**
être partisan(e) de ▶ *vt* ['ædvəkeɪt]
recommander, prôner
advt. *abbr* = **advertisement**
AEA *n abbr* (*BRIT*: = *Atomic Energy Authority*) ≈ AEN *f*
(= *Agence pour l'énergie nucléaire*)
AEC *n abbr* (*US*: = *Atomic Energy Commission*) CEA *m*
(= *Commissariat à l'énergie atomique*)
AEEU *n abbr* (*BRIT*: = *Amalgamated Engineering and
Electrical Union*) syndicat de techniciens et
d'électriciens
Aegean [iː'dʒiːən] *n, adj*: **the ~ (Sea)** la mer Égée,
l'Égée *f*
aegis ['iːdʒɪs] *n*: **under the ~ of** sous l'égide de
aeon ['iːən] *n* éternité *f*
aerial ['ɛərɪəl] *n* antenne *f* ▶ *adj* aérien(ne)
aerobatics ['ɛərəu'bætɪks] *npl* acrobaties
aériennes
aerobic [ɛə'rəubɪk] *adj* aérobie
aerobics [ɛə'rəubɪks] *n* aérobic *m*
aerodrome ['ɛərədrəum] *n* (*BRIT*) aérodrome *m*
aerodynamic ['ɛərəudaɪ'næmɪk] *adj*
aérodynamique
aerodynamics [ɛərəudaɪ'næmɪks] *n*
aérodynamique *f*
aeronautical [ɛərə'nɔːtɪkl] *adj* (*engineer, research*)
aéronautique; **~ engineering** aéronautique *f*
aeronautics [ɛərə'nɔːtɪks] *n* aéronautique *f*
aeroplane ['ɛərəpleɪn] *n* (*BRIT*) avion *m*
aerosol ['ɛərəsɔl] *n* aérosol *m*
aerospace industry ['ɛərəuspeɪs-] *n* (industrie)
aérospatiale *f*
aesthete ['iːsθiːt] *n* esthète *mf*
aesthetic [ɪs'θɛtɪk] *adj* esthétique
aesthetics [iːs'θɛtɪks] *n* esthétique *f*
afar [ə'fɑːʳ] *adv*: **from ~** de loin
AFB *n abbr* (*US*) = **Air Force Base**
AFDC *n abbr* (*US*: = *Aid to Families with Dependent
Children*) aide pour enfants assistés
affable ['æfəbl] *adj* affable
affair [ə'fɛəʳ] *n* affaire *f*; (*also:* **love affair**)
liaison *f*; aventure *f*; **affairs** *npl* (*business*)
affaires
affect [ə'fɛkt] *vt* affecter; (*subj: disease*) atteindre
affectation [æfɛk'teɪʃən] *n* affectation *f*
affected [ə'fɛktɪd] *adj* affecté(e)
affecting [ə'fɛktɪŋ] *adj* (*story, music*) touchant(e),
émouvant(e)

affection [əˈfɛkʃən] n affection f
affectionate [əˈfɛkʃənɪt] adj affectueux(-euse)
affectionately [əˈfɛkʃənɪtlɪ] adv affectueusement
affidavit [æfɪˈdeɪvɪt] n (Law) déclaration écrite sous serment
affiliated [əˈfɪlɪeɪtɪd] adj affilié(e) ; **~ company** filiale f
affiliation [əfɪlɪˈeɪʃən] n affiliation f ; **~ with sth, ~ to sth** affiliation à qch ; **political affiliations** attaches fpl politiques
affinity [əˈfɪnɪtɪ] n affinité f
affirm [əˈfəːm] vt affirmer
affirmation [æfəˈmeɪʃən] n affirmation f, assertion f
affirmative [əˈfəːmətɪv] adj affirmatif(-ive) ▸ n: **in the ~** dans or par l'affirmative
affix [əˈfɪks] vt apposer, ajouter
afflict [əˈflɪkt] vt affliger
affliction [əˈflɪkʃən] n affliction f
affluence [ˈæfluəns] n aisance f, opulence f
affluent [ˈæfluənt] adj opulent(e) ; (person, family, surroundings) aisé(e), riche ; **the ~ society** la société d'abondance
afford [əˈfɔːd] vt (goods etc) avoir les moyens d'acheter or d'entretenir ; (behaviour) se permettre ; (provide) fournir, procurer ; **can we ~ a car?** avons-nous de quoi acheter or les moyens d'acheter une voiture ? ; **I can't ~ the time** je n'ai vraiment pas le temps
affordability [əfɔːdəˈbɪlɪtɪ] n accessibilité m des prix
affordable [əˈfɔːdəbl] adj abordable
affray [əˈfreɪ] n (Brit Law) échauffourée f, rixe f
affront [əˈfrʌnt] n affront m
affronted [əˈfrʌntɪd] adj insulté(e)
Afghan [ˈæfgæn] adj afghan(e) ▸ n Afghan(e)
Afghanistan [æfˈgænɪstæn] n Afghanistan m
aficionado [əˌfɪʃɪəˈnaːdəu] n passionné(e) ; **an ~ of sth** un(e) passionné(e) de qch
afield [əˈfiːld] adv: **far ~** loin
aflame [əˈfleɪm] adj (grass, forest) en flammes ; (with colour) flamboyant(e) ; (with emotion: heart) embrasé(e) ; (: face) en feu
AFL-CIO n abbr (= American Federation of Labor and Congress of Industrial Organizations) confédération syndicale
afloat [əˈfləut] adj à flot ▸ adv: **to stay ~** surnager ; **to keep/get a business ~** maintenir à flot/lancer une affaire
afoot [əˈfut] adv: **there is something ~** il se prépare quelque chose
aforementioned [əˈfɔːmɛnʃənd], **aforesaid** [əˈfɔːsɛd] adj susdit(e), susmentionné(e)
afraid [əˈfreɪd] adj effrayé(e) ; **to be ~ of** or **to** avoir peur de ; **I am ~ that** je crains que + sub ; **I'm ~ so/not** oui/non, malheureusement
afresh [əˈfrɛʃ] adv de nouveau
Africa [ˈæfrɪkə] n Afrique f
African [ˈæfrɪkən] adj africain(e) ▸ n Africain(e)
African-American [ˈæfrɪkənəˈmɛrɪkən] adj afro-américain(e) ▸ n Afro-Américain(e)
Afrikaans [æfrɪˈkaːns] n afrikaans m
Afrikaner [æfrɪˈkaːnər] n Afrikaner mf
Afro [ˈæfrəu] adj (hair, wig) afro ▸ n (hairstyle) coiffure f afro

Afro-American [ˈæfrəuəˈmɛrɪkən] adj afro-américain(e)
AFT n abbr (= American Federation of Teachers) syndicat enseignant
aft [aːft] adv à l'arrière, vers l'arrière
after [ˈaːftər] prep, adv après ; **~ dinner** après (le) dîner ; **the day ~ tomorrow** après-demain ; **it's quarter ~ two** (US) il est deux heures et quart ; **to name sb ~ sb** donner à qn le nom de qn ; **to ask ~ sb** demander des nouvelles de qn ; **what/who are you ~?** que/qui cherchez-vous ? ; **the police are ~ him** la police est à ses trousses ; **~ you!** après vous ! ; **~ all** après tout ▸ conj après que, après avoir or être + pp ; **~ having done/~ he left** après avoir fait/ après son départ

> Rephrase phrases such as after finishing, or after I'd finished as after having finished before translating them into French: after finishing **après avoir fini**.

afterbirth [ˈaːftəbəːθ] n placenta m
aftercare [ˈaːftəkɛər] n (Brit Med) post-cure f
after-effects [ˈaːftərɪfɛkts] npl (of disaster, radiation, drink etc) répercussions fpl ; (of illness) séquelles fpl, suites fpl
afterlife [ˈaːftəlaɪf] n vie f après la mort
aftermarket [ˈaːftəmaːkɪt] n (for cars) marché m des accessoires ; (Stock Exchange) marché m secondaire
aftermath [ˈaːftəmaːθ] n conséquences fpl ; **in the ~ of** dans les mois or années etc qui suivirent, au lendemain de
afternoon [ˈaːftəˈnuːn] n après-midi mf ; **good ~!** bonjour ! ; (goodbye) au revoir ! ; voir article

AFTERNOON TEA

L'**afternoon tea** est une sorte de goûter assez consistant dont l'apparition date du XIXᵉ siècle, parmi les Anglaises de la haute société qui se réunissaient chez l'une ou l'autre pour prendre le thé. L'afternoon tea est toujours répandu, même si de nos jours on se retrouve plutôt entre amies dans un hôtel ou un café, le plus souvent pour une occasion particulière. Au menu de l'afternoon tea classique : petits sandwiches au pain de mie, scones avec crème et confiture, assortiment de pâtisseries, thé ou café.

afterparty [ˈaːftəpaːtɪ] n after m
afters [ˈaːftəz] n (Brit inf: dessert) dessert m
after-sales service [aːftəˈseɪlz-] n service m après-vente, SAV m
after-shave [ˈaːftəʃeɪv], **after-shave lotion** n lotion f après-rasage
aftershock [ˈaːftəʃɔk] n réplique f (sismique)
aftersun (cream/lotion) [ˈaːftəsʌn-] n après-soleil m inv
aftertaste [ˈaːftəteɪst] n arrière-goût m
afterthought [ˈaːftəθɔːt] n: **I had an ~** il m'est venu une idée après coup
afterwards [ˈaːftəwədz], (US) **afterward** [ˈaːftəwəd] adv après
afterword [ˈaːftəwəːd] n postface f

again [ə'gɛn] *adv* de nouveau, encore (une fois) ; **to do sth ~** refaire qch ; **not ... ~** ne ... plus ; **~ and ~** à plusieurs reprises ; **he's opened it ~** il l'a rouvert, il l'a de nouveau *or* il l'a encore ouvert ; **now and ~** de temps à autre

against [ə'gɛnst] *prep* contre ; *(compared to)* par rapport à ; **~ a blue background** sur un fond bleu ; **(as) ~** *(BRIT)* contre

agape [ə'geɪp] *adj*: **with her mouth ~** bouche bée

age [eɪdʒ] *n* âge *m* ; **what ~ is he?** quel âge a-t-il ? ; **he is 20 years of ~** il a 20 ans ; **under ~** mineur(e) ; **to come of ~** atteindre sa majorité ; **it's been ages since I saw you** ça fait une éternité que je ne t'ai pas vu ▶ *vt, vi* vieillir

aged *adj* ['eɪdʒd] âgé(e) ; **~ 10** âgé de 10 ans ▶ *npl* ['eɪdʒɪd]: **the ~** les personnes âgées

age group *n* tranche *f* d'âge ; **the 40 to 50 ~** la tranche d'âge des 40 à 50 ans

ageing ['eɪdʒɪŋ] *adj* vieillissant(e)

ageism ['eɪdʒɪzəm] *n* âgisme *m*

ageless ['eɪdʒlɪs] *adj* sans âge

age limit *n* limite *f* d'âge

agency ['eɪdʒənsɪ] *n* agence *f* ; **through** *or* **by the ~ of** par l'entremise *or* l'action de

agenda [ə'dʒɛndə] *n* ordre *m* du jour ; **on the ~** à l'ordre du jour

⚠️ Le mot anglais **agenda** ne veut pas dire *agenda*.

agent ['eɪdʒənt] *n* agent *m* ; *(firm)* concessionnaire *m*

agglomeration [əglɒmə'reɪʃən] *n* agglomérat *m*

aggravate ['ægrəveɪt] *vt (situation)* aggraver ; *(annoy)* exaspérer, agacer

aggravating ['ægrəveɪtɪŋ] *adj (annoying)* exaspérant(e)

aggravation [ægrə'veɪʃən] *n* agacements *mpl*

aggregate ['ægrɪgɪt] *n* ensemble *m*, total *m* ; **on ~** *(Sport)* au total des points

aggregator ['ægrɪgeɪtəʳ] *n* agrégateur *m*

aggression [ə'grɛʃən] *n* agression *f*

aggressive [ə'grɛsɪv] *adj* agressif(-ive)

aggressiveness [ə'grɛsɪvnɪs] *n* agressivité *f*

aggressor [ə'grɛsəʳ] *n* agresseur *m*

aggrieved [ə'gri:vd] *adj* chagriné(e), affligé(e)

aggro ['ægrəʊ] *n (BRIT inf: physical)* grabuge *m* ; (: *hassle)* embêtements *mpl*

aghast [ə'gɑːst] *adj* consterné(e), atterré(e)

agile ['ædʒaɪl] *adj* agile

agility [ə'dʒɪlɪtɪ] *n* agilité *f*, souplesse *f*

agitate ['ædʒɪteɪt] *vt (person)* perturber ▶ *vi* faire de l'agitation (politique) ; **to ~ for** faire campagne pour

agitated ['ædʒɪteɪtɪd] *adj* perturbé(e)

agitation [ædʒɪ'teɪʃən] *n (distress)* agitation *f* ; *(political)* campagne *f* ; **in a state of ~** dans tous ses états

agitator ['ædʒɪteɪtəʳ] *n* agitateur(-trice) (politique)

AGM *n abbr (= annual general meeting)* AG *f*

agnostic [æg'nɒstɪk] *adj, n* agnostique *mf*

agnosticism [æg'nɒstɪsɪzm] *n* agnosticisme *m*

ago [ə'gəʊ] *adv*: **two days ~** il y a deux jours ; **not long ~** il n'y a pas longtemps ; **as long ~ as 1960**

déjà en 1960 ; **how long ~?** il y a combien de temps (de cela) ?

agog [ə'gɒg] *adj*: **(all) ~** en émoi

agonize ['ægənaɪz] *vi*: **he agonized over the problem** ce problème lui a causé bien du tourment

agonizing ['ægənaɪzɪŋ] *adj* angoissant(e) ; *(cry)* déchirant(e)

agony ['ægənɪ] *n (pain)* douleur *f* atroce ; *(distress)* angoisse *f* ; **to be in ~** souffrir le martyre

agony aunt *n (BRIT inf)* journaliste qui tient la rubrique du courrier du cœur

agony column *n* courrier *m* du cœur

agoraphobia [ægərə'fəʊbɪə] *n* agoraphobie *f*

agoraphobic [ægərə'fəʊbɪk] *adj, n* agoraphobe *mf*

agrarian [ə'grɛərɪən] *adj* agraire

agree [ə'gri:] *vt (price)* convenir de ; **to ~ that** *(admit)* convenir *or* reconnaître que ; **it was agreed that ...** il a été convenu que ... ; **to ~ to do** accepter de *or* consentir à faire ▶ *vi*: **to ~ with** *(person)* être d'accord avec ; *(statements etc)* concorder avec ; *(Ling)* s'accorder avec ; **to ~ on sth** consentir à qch ; **they ~ on this** ils sont d'accord sur ce point ; **they agreed on going/a price** ils se mirent d'accord pour y aller/sur un prix ; **garlic doesn't ~ with me** je ne supporte pas l'ail

agreeable [ə'gri:əbl] *adj (pleasant)* agréable ; *(willing)* consentant(e), d'accord ; **are you ~ to this?** est-ce que vous êtes d'accord ?

agreeably [ə'gri:əblɪ] *adv* agréablement ; **to be ~ surprised** être agréablement surpris(e)

agreed [ə'gri:d] *adj (time, place)* convenu(e) ; **to be ~** être d'accord

agreement [ə'gri:mənt] *n* accord *m* ; **in ~** d'accord ; **by mutual ~** d'un commun accord

agribusiness ['ægrɪbɪznɪs] *n* agro-industrie *f*, agribusiness *m*

agricultural [ægrɪ'kʌltʃərəl] *adj* agricole

agriculture ['ægrɪkʌltʃəʳ] *n* agriculture *f*

agritourism [ægrɪ'tuərɪzm] *n* tourisme *m* vert, agritourisme *m*

agroforestry [ægrəʊ'fɒrɪstrɪ] *n* agroforesterie *f*

agrofuel ['ægrəʊ'fjuːəl] *n* agrocarburant *m*

agronomist [ə'grɒnəmɪst] *n* agronome *mf*

aground [ə'graund] *adv*: **to run ~** s'échouer

ahead [ə'hɛd] *adv* en avant ; devant ; **go right** *or* **straight ~** *(direction)* allez tout droit ; **go ~!** *(permission)* allez-y ! ; **~ of** devant ; *(fig: schedule etc)* en avance sur ; **~ of time** en avance ; **they were (right) ~ of us** ils nous précédaient (de peu), ils étaient (juste) devant nous

ahoy [ə'hɔɪ] *excl* ohé ! ; **ship ~!** ohé du navire !

AI *n abbr* = **Amnesty International**; *(Comput)* = **artificial intelligence**

AIB *n abbr (BRIT: = Accident Investigation Bureau)* commission d'enquête sur les accidents

AID *n abbr (= artificial insemination by donor)* IAD *f* ; *(US: = Agency for International Development)* agence pour le développement international

aid [eɪd] *n* aide *f* ; *(device)* appareil *m* ; **with the ~ of** avec l'aide de ; **in ~ of** en faveur de ▶ *vt* aider ; **to ~ and abet** *(Law)* se faire le complice de

aide [eɪd] *n (person)* assistant(e)

aide-de-camp ['eɪddə'kɔm] *n* aide *m* de camp
aide-memoire [eɪdmɛm'wɑːʳ] *n* aide-mémoire *m inv*
AIDS [eɪdz] *n abbr* (= *acquired immune (or immuno-)deficiency syndrome*) SIDA *m*
AIH *n abbr* (= *artificial insemination by husband*) IAC *f*
ailing ['eɪlɪŋ] *adj* (*person*) souffreteux(euse); (*economy*) malade
ailment ['eɪlmənt] *n* affection *f*
aim [eɪm] *n* (*objective*) but *m*; (*skill*): **his ~ is bad** il vise mal ▸ *vi* (*also*: **to take aim**) viser; **to ~ at** viser; (*fig*) viser (à); avoir pour but *or* ambition; **to ~ to do** avoir l'intention de faire ▸ *vt*: **to ~ sth (at)** (*gun, camera*) braquer *or* pointer qch (sur); (*missile*) lancer qch (à *or* contre *or* en direction de); (*remark, blow*) destiner *or* adresser qch (à)
aimless ['eɪmlɪs] *adj* sans but
aimlessly ['eɪmlɪslɪ] *adv* sans but
ain't [eɪnt] (*inf*) = **am not; aren't; isn't**
air [εəʳ] *n* air *m*; **to throw sth into the ~** (*ball etc*) jeter qch en l'air; **by ~** par avion; **to be on the ~** (*Radio, TV: programme*) être diffusé(e); (: *station*) émettre ▸ *vt* aérer; (*idea, grievance, views*) mettre sur le tapis; (*knowledge*) faire étalage de ▸ *cpd* (*currents, attack etc*) aérien(ne)
airbag ['εəbæg] *n* airbag *m*
air base *n* base aérienne
airbed ['εəbεd] *n* (BRIT) matelas *m* pneumatique
airborne ['εəbɔːn] *adj* (*plane*) en vol; (*troops*) aéroporté(e); (*particles*) dans l'air; **as soon as the plane was ~** dès que l'avion eut décollé
airbrush ['εəbrʌʃ] *vt* (*photograph, picture*) retoucher à l'aérographe
▸ **airbrush out** *vt* (*from picture*) effacer à l'aérographe; (*fig*) balayer
air cargo *n* fret aérien
air-conditioned ['εəkən'dɪʃənd] *adj* climatisé(e), à air conditionné
air conditioning [-kən'dɪʃnɪŋ] *n* climatisation *f*
air-cooled ['εəkuːld] *adj* à refroidissement à air
aircraft ['εəkrɑːft] *n inv* avion *m*
aircraft carrier *n* porte-avions *m inv*
aircrew ['εəkruː] *n* équipage *m* (*d'un avion*)
air cushion *n* coussin *m* d'air
airdrome ['εədrəum] *n* (US) aérodrome *m*
air-drop ['εədrɔp] *n* (*of supplies*) parachutage *m*
▸ *vt* (*food, supplies*) parachuter; **the US air-dropped supplies into Bosnia** les États-Unis ont parachuté des vivres en Bosnie
airfare ['εəfεəʳ] *n* prix *m* du billet d'avion
airfield ['εəfiːld] *n* terrain *m* d'aviation
air force *n* armée *f* de l'air
air freight *n* fret aérien
air freshener [-'frεʃnəʳ] *n* désodorisant *m*
airgun ['εəɡʌn] *n* fusil *m* à air comprimé
air hostess *n* (BRIT) hôtesse *f* de l'air
airily ['εərɪlɪ] *adv* d'un air dégagé
airing ['εərɪŋ] *n*: **to give an ~ to** aérer; (*fig: ideas, views etc*) mettre sur le tapis
airing cupboard *n* (BRIT) placard qui contient la chaudière et dans lequel on met le linge à sécher
airless ['εələs] *adj* (*room*) sans air; (*day, afternoon*) étouffant(e)
air letter *n* (BRIT) aérogramme *m*

airlift ['εəlɪft] *n* pont aérien
▸ **airlift in** *vt* (*food, supplies*) acheminer par pont aérien
▸ **airlift out** *vt* (*person, refugees*) évacuer par pont aérien
airline ['εəlaɪn] *n* ligne aérienne, compagnie aérienne
airliner ['εəlaɪnəʳ] *n* avion *m* de ligne
airlock ['εəlɔk] *n* sas *m*
airmail ['εəmeɪl] *n*: **by ~** par avion
airman ['εəmən] *n* (*irreg*) aviateur *m*
air mattress *n* matelas *m* pneumatique
air mile *n* air mile *m*
airplane ['εəpleɪn] *n* (US) avion *m*
airplay ['εəpleɪ] *n* temps *m* de diffusion à la radio; **our first single got a lot of ~** notre premier single est beaucoup passé à la radio
air pocket *n* trou *m* d'air
airport ['εəpɔːt] *n* aéroport *m*
air raid *n* attaque aérienne
air rifle *n* carabine *f* à air comprimé
airship ['εəʃɪp] *n* dirigeable *m*
air show ['εəʃəu] *n* (*display*) meeting *m* aérien; (*trade exhibition*) salon *m* de l'aéronautique
airsick ['εəsɪk] *adj*: **to be ~** avoir le mal de l'air
airspace ['εəspeɪs] *n* espace *m* aérien
airspeed ['εəspiːd] *n* vitesse relative
air strike *n* attaque *f* aérienne
airstrip ['εəstrɪp] *n* terrain *m* d'atterrissage
air terminal *n* aérogare *f*
airtight ['εətaɪt] *adj* hermétique
air time *n* (*Radio, TV*) temps *m* d'antenne
air-traffic control ['εətræfɪk-] *n* contrôle *m* de la navigation aérienne
air-traffic controller *n* aiguilleur *m* du ciel
airwaves ['εəweɪvz] *npl* ondes *fpl*; **on the ~** sur les ondes
airway ['εəweɪ] *n* (*Aviat*) voie aérienne; **airways** *npl* (*Anat*) voies aériennes
airworthy ['εəwə:ðɪ] *adj* en état de navigation
airy ['εərɪ] *adj* bien aéré(e); (*manners*) dégagé(e)
aisle [aɪl] *n* (*of church: central*) allée *f* centrale; (: *side*) nef *f* latérale, bas-côté *m*; (*in theatre, supermarket*) allée; (*on plane*) couloir *m*
aisle seat *n* place *f* côté couloir
ajar [ə'dʒɑːʳ] *adj* entrouvert(e)
AK *abbr* (US) = **Alaska**
aka *abbr* (= *also known as*) alias
akimbo [ə'kɪmbəu] *adj*: **with arms ~** les poings sur les hanches, les mains sur les hanches
akin [ə'kɪn] *adj*: **~ to** semblable à, du même ordre que
AL *abbr* (US) = **Alabama**
ALA *n abbr* = **American Library Association**
Ala. *abbr* (US) = **Alabama**
alabaster ['æləbɑːstəʳ] *n* albâtre *m* ▸ *cpd* (*figure, vase*) en albâtre; (*skin, neck*) d'albâtre
à la carte [ælæ'kɑːt] *adv* à la carte
alacrity [ə'lækrɪtɪ] *n*: **with ~** avec empressement, promptement
alarm [ə'lɑːm] *n* alarme *f* ▸ *vt* alarmer
alarm call *n* coup *m* de fil pour réveiller; **could I have an ~ at 7 am, please?** pouvez-vous me réveiller à 7 heures, s'il vous plaît?
alarm clock *n* réveille-matin *m inv*, réveil *m*

alarmed [ə'lɑːmd] adj (frightened) alarmé(e) ;
(protected by an alarm) protégé(e) par un système
d'alarme ; **to become ~** prendre peur
alarming [ə'lɑːmɪŋ] adj alarmant(e)
alarmingly [ə'lɑːmɪŋlɪ] adv d'une manière
alarmante ; **~ close** dangereusement proche ;
~ quickly à une vitesse inquiétante
alarmist [ə'lɑːmɪst] n alarmiste mf
alas [ə'læs] excl hélas
Alas. abbr (US) = **Alaska**
Alaska [ə'læskə] n Alaska m
Albania [æl'beɪnɪə] n Albanie f
Albanian [æl'beɪnɪən] adj albanais(e) ▶ n
Albanais(e) ; (Ling) albanais m
albatross ['ælbətrɔs] n albatros m
albeit [ɔːl'biːɪt] conj bien que + sub, encore que + sub
albino [æl'biːnəu] adj, n albinos mf
album ['ælbəm] n album m
albumen ['ælbjumɪn] n albumine f ; (of egg)
albumen m
alchemist ['ælkəmɪst] n alchimiste mf
alchemy ['ælkɪmɪ] n alchimie f
alcohol ['ælkəhɔl] n alcool m
alcohol-free ['ælkəhɔlfriː] adj sans alcool
alcoholic [ælkə'hɔlɪk] adj, n alcoolique mf
alcoholism ['ælkəhɔlɪzəm] n alcoolisme m
alcopop ['ælkəupɒp] n alcopop m
alcove ['ælkəuv] n alcôve f
Ald. abbr = **alderman**
alder ['ɔːldəʳ] n aulne m
alderman ['ɔːldəmən] n (irreg) conseiller
municipal (en Angleterre)
ale [eɪl] n bière f
alert [ə'lɜːt] adj alerte, vif (vive) ; (watchful)
vigilant(e) ▶ n alerte f ; **on the ~** sur le qui-vive ;
(Mil) en état d'alerte ▶ vt alerter ; **to ~ sb (to
sth)** attirer l'attention de qn (sur qch) ; **to ~ sb
to the dangers of sth** avertir qn des dangers
de qch
alertness [ə'lɜːtnɪs] n vivacité f
Aleutian Islands [ə'luːʃən-] npl îles
Aléoutiennes
A level n abbr (BRIT: = Advanced level)
≈ baccalauréat m

: **A LEVEL**
:
: Les **A levels** (Advanced levels) sont les épreuves
: de fin d'études secondaires en Angleterre,
: au pays de Galles et en Irlande du Nord.
: La préparation se fait en deux ans, la
: première année étant elle-même
: sanctionnée par une série d'examens,
: les AS (Advanced Subsidiary exams). Les A levels
: sont beaucoup plus spécialisés que le
: baccalauréat puisqu'ils ne comportent en
: général que trois matières. La note obtenue
: dans chacune d'entre elles détermine si oui
: ou non le candidat pourra entreprendre des
: études supérieures.

Alexandria [ælɪg'zɑːndrɪə] n Alexandrie f
alfalfa [æl'fælfə] n luzerne f
alfresco [æl'freskəu] adj, adv en plein air
algae ['ældʒiː] n algues fpl
algebra ['ældʒɪbrə] n algèbre m

Algeria [æl'dʒɪərɪə] n Algérie f
Algerian [æl'dʒɪərɪən] adj algérien(ne) ▶ n
Algérien(ne)
Algiers [æl'dʒɪəz] n Alger m
algorithm ['ælgərɪðəm] n algorithme m
alias ['eɪlɪəs] adv alias ▶ n faux nom, nom
d'emprunt
alibi ['ælɪbaɪ] n alibi m
alien ['eɪlɪən] n (from abroad) étranger(-ère) ;
(from outer space) extraterrestre mf ▶ adj: **~ (to)**
étranger(-ère) (à)
alienate ['eɪlɪəneɪt] vt aliéner ; (subj: person)
s'aliéner
alienated ['eɪlɪəneɪtɪd] adj aliéné(e) ; **to
feel ~ (from sb/sth)** se sentir étranger(-ère)
(à qn/qch)
alienation [eɪlɪə'neɪʃən] n aliénation f
alight [ə'laɪt] adj, adv en feu ▶ vi mettre pied à
terre ; (passenger) descendre ; (bird) se poser
align [ə'laɪn] vt aligner
alignment [ə'laɪnmənt] n alignement m ; **it's
out of ~ (with)** ce n'est pas aligné (avec)
alike [ə'laɪk] adj semblable, pareil(le) ; **to look ~**
se ressembler ▶ adv de même
alimony ['ælɪmənɪ] n (payment) pension f
alimentaire
alive [ə'laɪv] adj vivant(e) ; (active) plein(e) de
vie ; **~ with** grouillant(e) de ; **~ to** sensible à
alkali ['ælkəlaɪ] n alcali m
alkaline ['ælkəlaɪn] adj alcalin(e)

(KEYWORD)

all [ɔːl] adj (singular) tout(e) ; (plural) tous (toutes) ;
all day toute la journée ; **all night** toute la
nuit ; **all men** tous les hommes ; **all five** tous
les cinq ; **all the food** toute la nourriture ; **all
the books** tous les livres ; **all the time** tout le
temps ; **all his life** toute sa vie
▶ pron **1** tout ; **I ate it all, I ate all of it** j'ai tout
mangé ; **all of us went** nous y sommes tous
allés ; **all of the boys went** tous les garçons y
sont allés ; **is that all?** c'est tout ? ; (in shop) ce
sera tout ?
2 (in phrases): **above all** surtout, par-dessus tout ;
after all après tout ; **at all**: **not at all** (in answer
to question) pas du tout ; (in answer to thanks) je
vous en prie ! ; **I'm not at all tired** je ne suis
pas du tout fatigué(e) ; **anything at all will do**
n'importe quoi fera l'affaire ; **all in all** tout
bien considéré, en fin de compte
▶ adv: **all alone** tout(e) seul(e) ; **it's not as hard
as all that** ce n'est pas si difficile que ça ; **all
the more/the better** d'autant plus/mieux ;
all but presque, pratiquement ; **to be all in**
(BRIT inf) être complètement à plat ; **the score
is 2 all** le score est de 2 partout

Allah ['ælə] n Allah m
all-around [ɔːlə'raund] adj (US) = **all-round**
allay [ə'leɪ] vt (fears) apaiser, calmer
all clear n (also fig) fin f d'alerte
allegation [ælɪ'geɪʃən] n allégation f
allege [ə'ledʒ] vt alléguer, prétendre ; **he is
alleged to have said** il aurait dit
alleged [ə'ledʒd] adj prétendu(e)

allegedly [ə'lɛdʒɪdlɪ] *adv* à ce que l'on prétend, paraît-il
allegiance [ə'li:dʒəns] *n* fidélité *f*, obéissance *f*
allegorical [ælɪ'gɒrɪkl] *adj* allégorique
allegory ['ælɪgərɪ] *n* allégorie *f*
alleluia [ælɪ'lu:jə] *excl* = **hallelujah**
all-embracing ['ɔːlɪm'breɪsɪŋ] *adj* universel(le)
allergen ['ælədʒen] *n* allergène *m*
allergic [ə'lə:dʒɪk] *adj*: **~ to** allergique à ; **I'm ~ to penicillin** je suis allergique à la pénicilline
allergy ['ælədʒɪ] *n* allergie *f*
alleviate [ə'li:vɪeɪt] *vt* (*suffering*) soulager, adoucir ; (*symptoms*) atténuer ; (*poverty*) réduire
alleviation [əli:vi'eɪʃən] *n* (*of pain, suffering*) soulagement *m* ; (*of symptoms*) atténuation *f* ; (*of poverty*) réduction *f*
alley ['ælɪ] *n* ruelle *f* ; (*in garden*) allée *f*
alleyway ['ælɪweɪ] *n* ruelle *f*
alliance [ə'laɪəns] *n* alliance *f*
allied ['ælaɪd] *adj* allié(e)
alligator ['ælɪgeɪtər] *n* alligator *m*
all-important ['ɔːlɪm'pɔːtənt] *adj* capital(e), crucial(e)
all-in ['ɔːlɪn] *adj, adv* (*BRIT: charge*) tout compris
all-in wrestling *n* (*BRIT*) catch *m*
alliteration [əlɪtə'reɪʃən] *n* allitération *f*
all-night ['ɔːlnaɪt] *adj* ouvert(e) *or* qui dure toute la nuit
allocate ['æləkeɪt] *vt* (*share out*) répartir, distribuer ; **to ~ sth to** (*duties*) assigner *or* attribuer qch à ; (*sum, time*) allouer qch à ; **to ~ sth for** affecter qch à
allocation [æləʊ'keɪʃən] *n* répartition *f* ; attribution *f* ; allocation *f* ; affectation *f* ; (*money*) crédit(s) *m(pl)*, somme(s) allouée(s)
allot [ə'lɒt] *vt* (*share out*) répartir, distribuer ; **to ~ sth to** (*time*) allouer qch à ; (*duties*) assigner qch à ; **in the allotted time** dans le temps imparti
allotment [ə'lɒtmənt] *n* (*share*) part *f* ; (*garden*) lopin *m* de terre (*loué à la municipalité*)
all-out ['ɔːlaut] *adj* (*effort etc*) total(e)
allow [ə'laʊ] *vt* (*practice, behaviour*) permettre, autoriser ; (*sum to spend etc*) accorder, allouer ; (*sum, time estimated*) compter, prévoir ; (*claim, goal*) admettre ; (*concede*): **to ~ that** convenir que ; **to ~ sb to do** permettre à qn de faire, autoriser qn à faire ; **he is allowed to ...** on lui permet de ... ; **smoking is not allowed** il est interdit de fumer ; **we must ~ three days for the journey** il faut compter trois jours pour le voyage
▶ **allow for** *vt fus* tenir compte de
allowable [ə'laʊəbl] *adj* (*permissible*) admissible ; (*non-taxed: costs, expenses*) déductible
allowance [ə'laʊəns] *n* (*money received*) allocation *f* ; (*: from parent etc*) subside *m* ; (*: for expenses*) indemnité *f* ; (*US: pocket money*) argent *m* de poche ; (*Tax*) somme *f* déductible du revenu imposable, abattement *m* ; **to make allowances for** (*person*) essayer de comprendre ; (*thing*) tenir compte de
alloy ['ælɔɪ] *n* alliage *m*
all right *adv* (*feel, work*) bien ; (*as answer*) d'accord
all-round ['ɔːl'raund] *adj* compétent(e) dans tous les domaines ; (*athlete etc*) complet(-ète)

all-rounder [ɔːl'raundər] *n* (*BRIT*): **to be a good ~** être doué(e) en tout
allspice ['ɔːlspaɪs] *n* poivre *m* de la Jamaïque
all-time ['ɔːl'taɪm] *adj* (*record*) sans précédent, absolu(e)
allude [ə'lu:d] *vi*: **to ~ to** faire allusion à
allure [ə'luər] *n* (*attraction: of place, event*) attrait *m* ; (*: of person*) charme *m* ; **sexual ~** pouvoir *m* de séduction
alluring [ə'ljuərɪŋ] *adj* séduisant(e), alléchant(e)
allusion [ə'lu:ʒən] *n* allusion *f*
alluvial [ə'lu:vɪəl] *adj* (*soil, plane*) alluvial(e) ; (*deposits*) alluvionnaire
alluvium [ə'lu:vɪəm] *n* alluvions *fpl*
ally *n* ['ælaɪ] allié *m* ▶ *vt* [ə'laɪ]: **to ~ o.s. with** s'allier avec
alma mater ['ælmə'mɑːtər] *n* (*formal: school, university*) alma mater *f inv* ; (*US: official song*) hymne *m*
almanac, almanack ['ɔːlmənæk] *n* almanach *m*
almighty [ɔːl'maɪtɪ] *adj* tout(e)-puissant(e) ; (*tremendous*) énorme
almond ['ɑːmənd] *n* amande *f*
almost ['ɔːlməust] *adv* presque ; **he ~ fell** il a failli tomber
alms [ɑːmz] *n* aumône(s) *f(pl)*
aloft [ə'lɒft] *adv* en haut, en l'air ; (*Naut*) dans la mâture
alone [ə'ləun] *adj, adv* seul(e) ; **to leave sb ~** laisser qn tranquille ; **to leave sth ~** ne pas toucher à qch ; **let ~ ...** sans parler de ... ; encore moins ...
along [ə'lɒŋ] *prep* le long de ▶ *adv*: **is he coming ~ with us?** vient-il avec nous ? ; **he was hopping/limping ~** il venait *or* avançait en sautillant/boitant ; **~ with** avec, en plus de ; (*person*) en compagnie de ; **all ~** (*all the time*) depuis le début
alongside [ə'lɒŋ'saɪd] *prep* (*along*) le long de ; (*beside*) à côté de ▶ *adv* bord à bord ; côte à côte ; **we brought our boat ~** (*of a pier, shore etc*) nous avons accosté
aloof [ə'lu:f] *adj* distant(e) ▶ *adv* à distance, à l'écart ; **to stand ~** se tenir à l'écart *or* à distance
aloofness [ə'lu:fnɪs] *n* réserve (hautaine), attitude distante
aloud [ə'laud] *adv* à haute voix
alphabet ['ælfəbet] *n* alphabet *m*
alphabetical [ælfə'betɪkl] *adj* alphabétique ; **in ~ order** par ordre alphabétique
alphabetically [ælfə'betɪklɪ] *adv* par ordre alphabétique
alphanumeric [ælfənju:'merɪk] *adj* alphanumérique
alpine ['ælpaɪn] *adj* alpin(e), alpestre ; **~ hut** cabane *f* or refuge *m* de montagne ; **~ pasture** pâturage *m* (de montagne) ; **~ skiing** ski alpin
Alps [ælps] *npl*: **the ~** les Alpes *fpl*
already [ɔːl'redɪ] *adv* déjà
alright ['ɔːl'raɪt] *adv* (*BRIT*) = **all right**
Alsace [æl'sæs] *n* Alsace *f*
Alsatian [æl'seɪʃən] *adj* alsacien(ne), d'Alsace ▶ *n* Alsacien(ne) ; (*BRIT: dog*) berger allemand
also ['ɔːlsəu] *adv* aussi

Alta. *abbr* (CANADA) = **Alberta**
altar ['ɔltə'] *n* autel *m*
alter ['ɔltə'] *vt, vi* changer
alteration [ɔltə'reɪʃən] *n* changement *m*,
modification *f* ; **timetable subject to ~** horaires
sujets à modifications ; **alterations** *npl* (Sewing)
retouches *fpl* ; (Archit) modifications *fpl*
altercation [ɔltə'keɪʃən] *n* altercation *f*
alternate *adj* [ɔl'tə:nɪt] alterné(e), alternant(e),
alternatif(-ive) ; (US) = **alternative**; **on ~ days**
un jour sur deux, tous les deux jours ▸ *vi*
['ɔltə:neɪt] alterner ; **to ~ with** alterner avec
alternately [ɔl'tə:nɪtlɪ] *adv* alternativement, en
alternant
alternating ['ɔltə:neɪtɪŋ] *adj* (current)
alternatif(-ive)
alternative [ɔl'tə:nətɪv] *adj* (solution, plan) autre,
de remplacement ; (energy) doux (douce) ;
(lifestyle) parallèle ▸ *n* (choice) alternative *f* ; (other
possibility) autre possibilité *f*
alternatively [ɔl'tə:nətɪvlɪ] *adv*: **~ one could ...**
une autre *or* l'autre solution serait de ...
alternative medicine *n* médecines *fpl*
parallèles *or* douces
alternator ['ɔltə:neɪtə'] *n* (Aut) alternateur *m*
although [ɔ:l'ðəu] *conj* bien que + *sub*
altitude ['æltɪtju:d] *n* altitude *f*
alto ['æltəu] *n* (female) contralto *m* ; (male)
haute-contre *f*
altogether [ɔ:ltə'gɛðə'] *adv* entièrement, tout à
fait ; (on the whole) tout compte fait ; (in all) en
tout ; **how much is that ~?** ça fait combien en
tout ?
altruism ['æltruɪzəm] *n* altruisme *m*
altruistic [æltru'ɪstɪk] *adj* altruiste
aluminium [ælju'mɪnɪəm], (US) **aluminum**
[ə'lu:mɪnəm] *n* aluminium *m*
alumna [ə'lʌmnə] (pl **alumnae** [-ni:]) *n* (US Scol)
ancienne élève ; (University) ancienne étudiante
alumnus [ə'lʌmnəs] (pl **alumni** [-naɪ]) *n* (US Scol)
ancien élève ; (University) ancien étudiant
always ['ɔ:lweɪz] *adv* toujours
Alzheimer's ['æltshaɪməz], **Alzheimer's
disease** *n* maladie *f* d'Alzheimer
AM *abbr* = **amplitude modulation** ▸ *n abbr*
(= Assembly Member) député *m* au Parlement
gallois
am [æm] *vb see* **be**
a.m. *adv abbr* (= ante meridiem) du matin
AMA *n abbr* = **American Medical Association**
amalgam [ə'mælgəm] *n* amalgame *m*
amalgamate [ə'mælgəmeɪt] *vt, vi* fusionner
amalgamation [əmælgə'meɪʃən] *n* fusion *f* ;
(Comm) fusionnement *m*
amass [ə'mæs] *vt* amasser
amateur ['æmətə'] *n* amateur(-trice) ▸ *adj*
(Sport) amateur *inv* ; **~ dramatics** le théâtre
amateur
amateurish ['æmətərɪʃ] *adj* (pej) d'amateur, un
peu amateur
amaze [ə'meɪz] *vt* stupéfier ; **to be amazed (at)**
être stupéfait(e) (de)
amazed [ə'meɪzd] *adj* stupéfait(e)
amazement [ə'meɪzmənt] *n* surprise *f*,
étonnement *m*

amazing [ə'meɪzɪŋ] *adj* étonnant(e),
incroyable ; (bargain, offer) exceptionnel(le)
amazingly [ə'meɪzɪŋlɪ] *adv* incroyablement
Amazon ['æməzən] *n* (Geo, Mythology) Amazone *f*
▸ *cpd* amazonien(ne), de l'Amazone ; **the ~
basin** le bassin de l'Amazone ; **the ~ jungle**
la forêt amazonienne
Amazonian [æmə'zəunɪən] *adj* amazonien(ne)
ambassador [æm'bæsədə'] *n* ambassadeur *m*
amber ['æmbə'] *n* ambre *m* ; **at ~** (BRIT Aut) à
l'orange
ambidextrous [æmbɪ'dɛkstrəs] *adj* ambidextre
ambience ['æmbɪəns] *n* ambiance *f*
ambient ['æmbɪənt] *adj* ambiant(e)
ambiguity [æmbɪ'gjuɪtɪ] *n* ambiguïté *f*
ambiguous [æm'bɪgjuəs] *adj* ambigu(ë)
ambit ['æmbɪt] *n* (formal) étendue *f* ; **to be** *or*
fall within the ~ of sth relever de qch ; **to be**
or **fall outside the ~ of sth** ne pas être du
ressort de qch
ambition [æm'bɪʃən] *n* ambition *f*
ambitious [æm'bɪʃəs] *adj* ambitieux(-euse)
ambivalence [æm'bɪvələns] *n* ambivalence *f*
ambivalent [æm'bɪvələnt] *adj* (attitude)
ambivalent(e)
amble ['æmbl] *vi* (also: **to amble along**) aller
d'un pas tranquille
ambulance ['æmbjuləns] *n* ambulance *f* ; **call
an ~!** appelez une ambulance !
ambush ['æmbuʃ] *n* embuscade *f* ▸ *vt* tendre
une embuscade à
ameba [ə'mi:bə] *n* (US) = **amoeba**
ameliorate [ə'mi:lɪəreɪt] *vt* améliorer
amen ['ɑ:'mɛn] *excl* amen
amenable [ə'mi:nəbl] *adj*: **~ to** (advice etc)
disposé(e) à écouter *or* suivre ; **~ to the law**
responsable devant la loi
amend [ə'mɛnd] *vt* (law) amender ; (text)
corriger ; (habits) réformer ▸ *vi* s'amender, se
corriger ; **to make amends** réparer ses torts,
faire amende honorable
amendment [ə'mɛndmənt] *n* (to law)
amendement *m* ; (to text) correction *f*
amenities [ə'mi:nɪtɪz] *npl* aménagements *mpl*,
équipements *mpl*
amenity [ə'mi:nɪtɪ] *n* charme *m*, agrément *m*
America [ə'mɛrɪkə] *n* Amérique *f*
American [ə'mɛrɪkən] *adj* américain(e) ▸ *n*
Américain(e)
American football *n* (BRIT) football *m*
américain
Americanize [ə'mɛrɪkənaɪz] *vt* américaniser
amethyst ['æmɪθɪst] *n* améthyste *f*
Amex ['æmɛks] *n abbr* = **American Stock
Exchange**
amiable ['eɪmɪəbl] *adj* aimable, affable
amicable ['æmɪkəbl] *adj* amical(e) ; (Law) à
l'amiable
amicably ['æmɪkəblɪ] *adv* amicalement
amid [ə'mɪd], **amidst** [ə'mɪdst] *prep* parmi, au
milieu de
amiss [ə'mɪs] *adj, adv*: **there's something ~** il y
a quelque chose qui ne va pas *or* qui cloche ;
to take sth ~ prendre qch mal *or* de travers
ammo ['æməu] *n abbr* (inf) = **ammunition**

ammonia [ə'məunɪə] *n* (*gas*) ammoniac *m* ; (*liquid*) ammoniaque *f*

ammunition [æmju'nɪʃən] *n* munitions *fpl* ; (*fig*) arguments *mpl*

ammunition dump *n* dépôt *m* de munitions

amnesia [æm'niːzɪə] *n* amnésie *f*

amnesty ['æmnɪstɪ] *n* amnistie *f* ; **to grant an - to** accorder une amnistie à

Amnesty International *n* Amnesty International

amoeba, (*US*) **ameba** [ə'miːbə] *n* amibe *f*

amok [ə'mɔk] *adv* : **to run -** être pris(e) d'un accès de folie furieuse

among [ə'mʌŋ], **amongst** [ə'mʌŋst] *prep* parmi, entre

amoral [æ'mɔrəl] *adj* amoral(e)

amorous ['æmərəs] *adj* amoureux(-euse)

amorphous [ə'mɔːfəs] *adj* amorphe

amortization [əmɔːtaɪ'zeɪʃən] *n* (*Comm*) amortissement *m*

amount [ə'maunt] *n* (*sum of money*) somme *f* ; (*total*) montant *m* ; (*quantity*) quantité *f* ; nombre *m* ; **the total -** (*of money*) le montant total ▶ *vi* : **to - to** (*total*) s'élever à ; (*be same as*) équivaloir à, revenir à ; **this amounts to a refusal** cela équivaut à un refus

amp [æmp], **ampère** ['æmpɛəʳ] *n* ampère *m* ; **a 13 - plug** une fiche de 13 A

ampersand ['æmpəsænd] *n* signe &, « et » commercial

amphetamine [æm'fɛtəmiːn] *n* amphétamine *f*

amphibian [æm'fɪbɪən] *n* batracien *m*

amphibious [æm'fɪbɪəs] *adj* amphibie

amphitheatre, (*US*) **amphitheater** ['æmfɪθɪətəʳ] *n* amphithéâtre *m*

ample ['æmpl] *adj* ample, spacieux(-euse) ; (*enough*) : **this is -** c'est largement suffisant ; **to have - time/room** avoir bien assez de temps/place, avoir largement le temps/la place

amplifier ['æmplɪfaɪəʳ] *n* amplificateur *m*

amplify ['æmplɪfaɪ] *vt* amplifier

amply ['æmplɪ] *adv* amplement, largement

ampoule, (*US*) **ampule** ['æmpuːl] *n* (*Med*) ampoule *f*

amputate ['æmpjuteɪt] *vt* amputer

amputation [æmpju'teɪʃən] *n* amputation *f*

amputee [æmpju'tiː] *n* amputé(e)

Amsterdam ['æmstədæm] *n* Amsterdam

amt *abbr* = **amount**

Amtrak ['æmtræk] (*US*) *n société mixte de transports ferroviaires interurbains pour voyageurs*

amuck [ə'mʌk] *adv* = **amok**

amulet ['æmjulət] *n* amulette *f*

amuse [ə'mjuːz] *vt* amuser ; **to - o.s. with sth/ by doing sth** se divertir avec qch/à faire qch ; **to be amused at** être amusé par ; **he was not amused** il n'a pas apprécié

amusement [ə'mjuːzmənt] *n* amusement *m* ; (*pastime*) distraction *f*

amusement arcade *n* salle *f* de jeu

amusement park *n* parc *m* d'attractions

amusing [ə'mjuːzɪŋ] *adj* amusant(e), divertissant(e)

an [æn, ən, n] *indef art see* **a**

ANA *n abbr* = **American Newspaper Association; American Nurses Association**

anachronism [ə'nækrənɪzəm] *n* anachronisme *m*

anachronistic [ənækrə'nɪstɪk] *adj* anachronique

anaemia, (*US*) **anemia** [ə'niːmɪə] *n* anémie *f*

anaemic, (*US*) **anemic** [ə'niːmɪk] *adj* anémique

anaerobic [ænɛə'rəubɪk] *adj* (*animal, process*) anaérobie ; (*exercise*) d'anaérobie

anaesthetic, (*US*) **anesthetic** [ænɪs'θɛtɪk] *adj, n* anesthésique *m* ; **under the -** sous anesthésie ; **local/general -** anesthésie locale/ générale

anaesthetist, (*US*) **anesthetist** [æ'niːsθɪtɪst] *n* anesthésiste *mf*

anaesthetize, (*US*) **anesthetize** [ə'niːsθətaɪz] *vt* anesthésier

anagram ['ænəgræm] *n* anagramme *m*

anal ['eɪnl] *adj* anal(e)

analgesic [ænæl'dʒiːsɪk] *adj, n* analgésique *m*

analog, analogue ['ænəlɔg] *adj* (*watch, computer*) analogique

analogous [ə'næləgəs] *adj* : **- (to or with)** analogue (à)

analogy [ə'nælədʒɪ] *n* analogie *f* ; **to draw an - between** établir une analogie entre

analyse, (*US*) **analyze** ['ænəlaɪz] *vt* analyser

analysis [ə'nælisɪs] (*pl* **analyses** [-siːz]) *n* analyse *f* ; **in the last -** en dernière analyse

analyst ['ænəlɪst] *n* (*political analyst etc*) analyste *mf* ; (*US*) psychanalyste *mf*

analytic [ænə'lɪtɪk], **analytical** [ænə'lɪtɪkəl] *adj* analytique

analyze ['ænəlaɪz] *vt* (*US*) = **analyse**

anarchic [æ'nɑːkɪk] *adj* anarchique

anarchist ['ænəkɪst] *adj, n* anarchiste *mf*

anarchy ['ænəkɪ] *n* anarchie *f*

anathema [ə'næθɪmə] *n* : **it is - to him** il a cela en abomination

anatomical [ænə'tɔmɪkəl] *adj* anatomique

anatomy [ə'nætəmɪ] *n* anatomie *f*

ANC *n abbr* (= *African National Congress*) ANC *m*

ancestor ['ænsɪstəʳ] *n* ancêtre *m*, aïeul *m*

ancestral [æn'sɛstrəl] *adj* ancestral(e)

ancestry ['ænsɪstrɪ] *n* ancêtres *mpl* ; ascendance *f*

anchor ['æŋkəʳ] *n* ancre *f* ; **to weigh -** lever l'ancre ▶ *vi* (*also* : **to drop anchor**) jeter l'ancre, mouiller ▶ *vt* mettre à l'ancre ; (*fig*) : **to - sth to** fixer qch à

anchorage ['æŋkərɪdʒ] *n* mouillage *m*, ancrage *m*

anchor man, anchor woman *n* (*irreg*) (TV, *Radio*) présentateur(-trice)

anchovy ['æntʃəvɪ] *n* anchois *m*

ancient ['eɪnʃənt] *adj* ancien(ne), antique ; (*person*) d'un âge vénérable ; (*car*) antédiluvien(ne) ; **- monument** monument *m* historique

ancillary [æn'sɪlərɪ] *adj* auxiliaire

and [ænd] *conj* et ; **- so on** et ainsi de suite ; **try - come** tâchez de venir ; **come - sit here** venez vous asseoir ici ; **he talked - talked** il a parlé pendant des heures ; **better - better** de mieux en mieux ; **more - more** de plus en plus

Andes ['ændi:z] npl: **the ~** les Andes fpl
Andorra [æn'dɔ:rə] n (principauté f d')Andorre f
androgynous [æn'drɔdʒɪnəs] adj androgyne
android ['ændrɔɪd] n androïde m
anecdotal [ænɪk'dəutl] adj (account)
anecdotique ; **~ evidence** témoignages mpl
anecdote ['ænɪkdəut] n anecdote f
anemia [ə'ni:mɪə] n (US) = **anaemia** etc
anemic [ə'ni:mɪk] adj = **anaemic**
anemone [ə'nɛmənɪ] n (Bot) anémone f ; **sea ~**
anémone de mer
anesthesiologist [ænɪsθi:zɪ'ɔlədʒɪst] n (US)
anesthésiste mf
anesthetic [ænɪs'θɛtɪk] n, adj (US) = **anaesthetic**
anesthetist [æ'ni:sθɪtɪst] n = **anaesthetist**
anesthetize [ə'ni:sθətaɪz] vt (US) = **anaesthetize**
anew [ə'nju:] adv à nouveau
angel ['eɪndʒəl] n ange m
angel dust n poussière f d'ange
angelic [æn'dʒɛlɪk] adj angélique
anger ['æŋgər] n colère f ▶ vt mettre en colère,
irriter
angina [æn'dʒaɪnə] n angine f de poitrine
angle ['æŋgl] n angle m ; **from their ~** de leur
point de vue ▶ vi: **to ~ for** (trout) pêcher ;
(compliments) chercher
angler ['æŋglər] n pêcheur(-euse) à la ligne
Anglican ['æŋglɪkən] adj, n anglican(e)
anglicize ['æŋglɪsaɪz] vt angliciser
angling ['æŋglɪŋ] n pêche f à la ligne
Anglo- ['æŋgləu] prefix anglo(-)
Anglo-French ['æŋgləu'frɛntʃ] adj anglo-
français(e)
Anglo-Saxon ['æŋgləu'sæksən] adj, n
anglo-saxon(ne)
Angola [æn'gəulə] n Angola m
Angolan [æn'gəulən] adj angolais(e) ▶ n
Angolais(e)
angrily ['æŋgrɪlɪ] adv avec colère
angry ['æŋgrɪ] adj en colère, furieux(-euse) ;
(wound) enflammé(e) ; **to be ~ with sb/at sth**
être furieux contre qn/de qch ; **to get ~** se
fâcher, se mettre en colère ; **to make sb ~**
mettre qn en colère
angst [æŋst] n angoisse f
anguish ['æŋgwɪʃ] n angoisse f
anguished ['æŋgwɪʃt] adj (mentally) angoissé(e) ;
(physically) plein(e) de souffrance
angular ['æŋgjulər] adj anguleux(-euse)
animal ['ænɪməl] n animal m ▶ adj animal(e)
animal rights npl droits mpl de l'animal
animate vt ['ænɪmeɪt] animer ▶ adj ['ænɪmɪt]
animé(e), vivant(e)
animated ['ænɪmeɪtɪd] adj animé(e)
animation [ænɪ'meɪʃən] n (of person) entrain m ;
(of street, Cine) animation f
animator ['ænɪmeɪtər] n (for films, cartoons)
animateur(-trice)
animosity [ænɪ'mɔsɪtɪ] n animosité f
aniseed ['ænɪsi:d] n anis m
Ankara ['æŋkərə] n Ankara
ankle ['æŋkl] n cheville f
ankle socks npl socquettes fpl
annals ['ænəlz] npl annales fpl ; **in the ~ of sth**
dans les annales de qch

annex n ['ænɛks] (BRIT: also: **annexe**) annexe f
▶ vt [ə'nɛks] annexer
annexation [ænɛks'eɪʃən] n annexion f
annihilate [ə'naɪəleɪt] vt annihiler, anéantir
annihilation [ənaɪə'leɪʃən] n anéantissement m
anniversary [ænɪ'və:sərɪ] n anniversaire m
anniversary dinner n dîner commémoratif or
anniversaire
annotate ['ænəuteɪt] vt annoter
annotation [ænə'teɪʃən] n annotation f
announce [ə'nauns] vt annoncer ; (birth, death)
faire part de ; **he announced that he wasn't
going** il a déclaré qu'il n'irait pas
announcement [ə'naunsmənt] n annonce f ;
(for births etc: in newspaper) avis m de faire-part ;
(: letter, card) faire-part m ; **I'd like to make an ~**
j'ai une communication à faire
announcer [ə'naunsər] n (Radio, TV: between
programmes) speaker(ine) ; (: in a programme)
présentateur(-trice)
annoy [ə'nɔɪ] vt agacer, ennuyer, contrarier ;
to be annoyed (at sth/with sb) être en colère
or irrité (contre qch/qn) ; **don't get annoyed!**
ne vous fâchez pas !
annoyance [ə'nɔɪəns] n mécontentement m,
contrariété f
annoying [ə'nɔɪɪŋ] adj agaçant(e),
contrariant(e)
annual ['ænjuəl] adj annuel(le) ▶ n (Bot) plante
annuelle ; (book) album m
annual general meeting n (BRIT) assemblée
générale annuelle
annually ['ænjuəlɪ] adv annuellement
annual report n rapport annuel
annuity [ə'nju:ɪtɪ] n rente f ; **life ~** rente viagère
annul [ə'nʌl] vt annuler ; (law) abroger
annulment [ə'nʌlmənt] n annulation f ;
abrogation f
annum ['ænəm] n see **per**
Annunciation [ənʌnsɪ'eɪʃən] n Annonciation f
anode ['ænəud] n anode f
anodyne ['ænədaɪn] adj anodin(e)
anoint [ə'nɔɪnt] vt oindre
anomalous [ə'nɔmələs] adj anormal(e)
anomaly [ə'nɔmælɪ] n anomalie f
anon [ə'nɔn] adv (literary) sous peu
anon. [ə'nɔn] abbr = **anonymous**
anonymity [ænə'nɪmɪtɪ] n anonymat m
anonymous [ə'nɔnɪməs] adj anonyme ; **to
remain ~** garder l'anonymat
anonymously [ə'nɔnɪməslɪ] adv
anonymement
anorak ['ænəræk] n anorak m
anorexia [ænə'rɛksɪə] n (also: **anorexia
nervosa**) anorexie f
anorexic [ænə'rɛksɪk] adj, n anorexique mf
another [ə'nʌðər] adj: **~ book** (one more) un
autre livre, encore un livre, un livre de plus ;
(a different one) un autre livre ; **~ drink?** encore
un verre ? ; **in ~ five years** dans cinq ans
▶ pron un(e) autre, encore un(e), un(e) de plus ;
see also **one**
ANSI ['ænsɪ] n abbr (= American National Standards
Institution) ANSI m (= Institut américain de
normalisation)

485

answer ['ɑːnsəʳ] n réponse f; (to problem) solution f; **in ~ to your letter** suite à or en réponse à votre lettre ▸ vi répondre ▸ vt (reply to) répondre à; (problem) résoudre; (prayer) exaucer; **to ~ the phone** répondre (au téléphone); **to ~ the bell** or **the door** aller or venir ouvrir (la porte)
▸ **answer back** vi répondre, répliquer
▸ **answer for** vt fus répondre de, se porter garant de; (crime, one's actions) répondre de
▸ **answer to** vt fus (description) répondre or correspondre à

answerable ['ɑːnsərəbl] adj: ~ **(to sb/for sth)** responsable (devant qn/de qch); **I am ~ to no-one** je n'ai de comptes à rendre à personne

answering machine ['ɑːnsərɪŋ-] n répondeur m

answerphone ['ɑːnsəfəun] n (esp BRIT) répondeur m (téléphonique)

ant [ænt] n fourmi f

ANTA n abbr = **American National Theater and Academy**

antacid [ænt'æsɪd] n alcalin m ▸ cpd (tablet, medication) antiacide

antagonism [æn'tægənɪzəm] n antagonisme m

antagonist [æn'tægənɪst] n antagoniste mf, adversaire mf

antagonistic [æntægə'nɪstɪk] adj (attitude, feelings) hostile

antagonize [æn'tægənaɪz] vt éveiller l'hostilité de, contrarier

Antarctic [ænt'ɑːktɪk] adj antarctique, austral(e) ▸ n: **the ~** l'Antarctique m

Antarctica [ænt'ɑːktɪkə] n Antarctique m, Terres Australes

Antarctic Circle n cercle m Antarctique

Antarctic Ocean n océan m Antarctique or Austral

ante [ænti] n: **to up the ~** faire monter les enjeux

ante... ['ænti] prefix anté..., anti..., pré...

anteater ['ænti:təʳ] n fourmilier m, tamanoir m

antecedent [æntɪ'si:dənt] n antécédent m

antechamber ['æntɪtʃeɪmbəʳ] n antichambre f

antelope ['æntɪləup] n antilope f

antenatal ['æntɪ'neɪtl] adj prénatal(e)

antenatal clinic n service m de consultation prénatale

antenna [æn'tɛnə] (pl **antennae** [-ni:]) n antenne f

anteroom ['æntiru:m] n antichambre f

anthem ['ænθəm] n motet m; **national ~** hymne national

ant-hill ['ænthɪl] n fourmilière f

anthology [æn'θɔlədʒɪ] n anthologie f

anthrax ['ænθræks] n anthrax m

anthropologist [ænθrə'pɔlədʒɪst] n anthropologue mf

anthropology [ænθrə'pɔlədʒɪ] n anthropologie f

anthropomorphic [ænθrəpə'mɔːfɪk] adj anthropomorphique

anthropomorphism [ænθrəpə'mɔːfɪzəm] n anthropomorphisme m

anti ['ænti] prefix anti-

anti-aircraft ['ænti'ɛəkrɑːft] adj antiaérien(ne)

anti-aircraft defence n défense f contre avions, DCA f

antiballistic ['æntibə'lɪstɪk] adj antibalistique

antibiotic ['æntibaɪ'ɔtɪk] adj, n antibiotique m

antibody ['æntibɔdɪ] n anticorps m

anticipate [æn'tɪsɪpeɪt] vt s'attendre à, prévoir; (wishes, request) aller au devant de, devancer; **this is worse than I anticipated** c'est pire que je ne pensais; **as anticipated** comme prévu

anticipation [æntɪsɪ'peɪʃən] n attente f; **thanking you in ~** en vous remerciant d'avance, avec mes remerciements anticipés

anticlimax ['æntɪ'klaɪmæks] n déception f

anticlockwise ['ænti'klɔkwaɪz] (BRIT) adv dans le sens inverse des aiguilles d'une montre

antics ['æntɪks] npl singeries fpl

anticyclone ['ænti'saɪkləun] n anticyclone m

antidepressant ['æntɪdi'presnt] n antidépresseur m

antidote ['æntɪdəut] n antidote m, contrepoison m

antifreeze ['æntifri:z] n antigel m

antigen ['æntɪdʒən] n antigène m

anti-globalization [æntɪgləubəlaɪ'zeɪʃən] n antimondialisation f

anti-hero ['æntihɪərəu] n antihéros m

antihistamine [ænti'hɪstəmɪn] n antihistaminique m

Antilles [æn'tɪliːz] npl: **the ~** les Antilles fpl

antimatter ['æntimætəʳ] n antimatière f

antioxidant [ænti'ɔksɪdənt] n antioxidant(e)

antipathy [æn'tɪpəθɪ] n antipathie f

antiperspirant [ænti'pə:spɪrənt] n déodorant m

Antipodean [æntɪpə'diːən] adj australien(ne) et néo-zélandais(e), d'Australie et de Nouvelle-Zélande

Antipodes [æn'tɪpədi:z] npl: **the ~** l'Australie f et la Nouvelle-Zélande

antiquarian [æntɪ'kwɛərɪən] adj: ~ **bookshop** librairie f d'ouvrages anciens ▸ n expert m en objets or livres anciens; amateur m d'antiquités

antiquated ['æntɪkweɪtɪd] adj vieilli(e), suranné(e), vieillot(te)

antique [æn'ti:k] n (ornament) objet m d'art ancien; (furniture) meuble ancien ▸ adj ancien(ne); (pre-mediaeval) antique

antique dealer n antiquaire mf

antique shop n magasin m d'antiquités

antiquity [æn'tɪkwɪtɪ] n antiquité f

anti-retroviral [æntɪretrəu'vaɪərəl] (Med) n antirétroviral m ▸ adj antirétroviral(e)

anti-Semitic ['æntɪsɪ'mɪtɪk] adj antisémite

anti-Semitism ['æntɪ'semɪtɪzəm] n antisémitisme m

antiseptic [æntɪ'septɪk] adj, n antiseptique m

antisocial ['æntɪ'səuʃəl] adj (unfriendly) peu liant(e), insociable; (against society) antisocial(e)

antitank [æntɪ'tæŋk] adj antichar

antithesis [æn'tɪθɪsɪs] (pl **antitheses** [-si:z]) n antithèse f

antitrust [æntɪ'trʌst] adj: ~ **legislation** loi f antitrust

antiviral [æntɪ'vaɪərəl] adj (Med) antiviral

antivirus [æntɪ'vaɪrəs] adj (Comput) antivirus inv; ~ **software** (logiciel m) antivirus m inv

anti-war [ænti'wɔːʳ] adj antiguerre

antlers ['æntləz] *npl* bois *mpl*, ramure *f*
antonym ['æntənɪm] *n* antonyme *m*
Antwerp ['æntwə:p] *n* Anvers
anus ['eɪnəs] *n* anus *m*
anvil ['ænvɪl] *n* enclume *f*
anxiety [æŋ'zaɪətɪ] *n* anxiété *f* ; (*keenness*): ~ **to
do** grand désir *or* impatience *f* de faire
anxious ['æŋkʃəs] *adj* (très) inquiet(-ète) ;
(*always worried*) anxieux(-euse) ; (*worrying*)
angoissant(e) ; ~ **to do/that** (*keen*) qui tient
beaucoup à faire/à ce que + *sub* ; impatient(e) de
faire/que + *sub* ; **I'm very ~ about you** je me fais
beaucoup de souci pour toi
anxiously ['æŋkʃəslɪ] *adv* anxieusement

[KEYWORD]

any ['enɪ] *adj* **1** (*in questions etc: singular*) du, de l',
de la ; (*: plural*) des ; **do you have any butter/
children/ink?** avez-vous du beurre/des
enfants/de l'encre ?
2 (*with negative*) de, d' ; **I don't have any money/
books** je n'ai pas d'argent/de livres ; **without
any difficulty** sans aucune difficulté
3 (*no matter which*) n'importe quel(le) ; (*each and
every*) tout(e), chaque ; **choose any book you
like** vous pouvez choisir n'importe quel livre ;
any teacher you ask will tell you n'importe
quel professeur vous le dira
4 (*in phrases*): **in any case** de toute façon ; **any
day now** d'un jour à l'autre ; **at any moment** à
tout moment, d'un instant à l'autre ; **at any
rate** en tout cas ; **any time** n'importe quand ;
he might come (at) any time il pourrait venir
n'importe quand ; **come (at) any time** venez
quand vous voulez
▶ *pron* **1** (*in questions etc*) en ; **have you got any?**
est-ce que vous en avez ? ; **can any of you sing?**
est-ce que parmi vous il y en a qui savent
chanter ?
2 (*with negative*) en ; **I don't have any (of them)**
je n'en ai pas, je n'en ai aucun
3 (*no matter which one(s)*) n'importe lequel (*or*
laquelle) ; (*anybody*) n'importe qui ; **take any of
those books (you like)** vous pouvez prendre
n'importe lequel de ces livres
▶ *adv* **1** (*in questions etc*): **do you want any more
soup/sandwiches?** voulez-vous encore de la
soupe/des sandwichs ? ; **are you feeling any
better?** est-ce que vous vous sentez mieux ?
2 (*with negative*): **I can't hear him any more** je
ne l'entends plus ; **don't wait any longer**
n'attendez pas plus longtemps

anybody ['enɪbɔdɪ] *pron* n'importe qui ; (*in
interrogative sentences*) quelqu'un ; (*in negative
sentences*): **I don't see** ~ je ne vois personne ; **if ~
should phone ...** si quelqu'un téléphone ...
anyhow ['enɪhau] *adv* quoi qu'il en soit ;
(*haphazardly*) n'importe comment ; **do it ~ you
like** faites-le comme vous voulez ; **she leaves
things just ~** elle laisse tout traîner ; **I shall
go ~** j'irai de toute façon
anymore [ˌenɪ'mɔ:ʳ] *adv* ne ... plus
anyone ['enɪwʌn] *pron* = **anybody**
anyplace ['enɪpleɪs] *adv* (*US*) = **anywhere**

anything ['enɪθɪŋ] *pron* (*no matter what*)
n'importe quoi ; (*in questions*) quelque chose ;
(*with negative*) ne ... rien ; **I don't want** ~ je ne
veux rien ; **can you see ~?** tu vois quelque
chose ? ; **if ~ happens to me ...** s'il m'arrive
quoi que ce soit ... ; **you can say ~ you like** vous
pouvez dire ce que vous voulez ; ~ **will do**
n'importe quoi fera l'affaire ; **he'll eat ~** il
mange de tout ; ~ **else?** (*in shop*) avec ceci ? ; **it
can cost ~ between £15 and £20** (*BRIT*) ça peut
coûter dans les 15 à 20 livres
anytime ['enɪtaɪm] *adv* (*at any moment*) d'un
moment à l'autre ; (*whenever*) n'importe quand
anyway ['enɪweɪ] *adv* de toute façon ; ~, **I
couldn't come even if I wanted to** de toute
façon, je ne pourrais pas venir même si je le
voulais ; **I shall go ~** j'irai quand même ; **why
are you phoning, ~?** au fait, pourquoi tu me
téléphones ?
anywhere ['enɪwɛəʳ] *adv* n'importe où ; (*in
interrogative sentences*) quelque part ; (*in negative
sentences*): **I can't see him ~** je ne le vois nulle
part ; **can you see him ~?** tu le vois quelque
part ? ; **put the books down ~** pose les livres
n'importe où ; ~ **in the world** (*no matter where*)
n'importe où dans le monde
Anzac ['ænzæk] *n abbr* (= *Australia-New Zealand
Army Corps*) soldat du corps ANZAC
Anzac Day *n voir article*

• **ANZAC DAY**
•
• **Anzac Day** est le 25 avril, jour férié en
• Australie et en Nouvelle-Zélande
• commémorant le débarquement des soldats
• du corps ANZAC (*Australia and New Zealand Army
• Corps*) à Gallipoli en 1915, pendant la Première
• Guerre mondiale. Ce fut la plus célèbre des
• campagnes du corps ANZAC.

aorta [eɪ'ɔ:tə] *n* aorte *f*
apart [ə'pɑ:t] *adv* (*to one side*) à part ; de côté ; à
l'écart ; (*separately*) séparément ; **to take/pull** ~
démonter ; **10 miles/a long way** ~ à 10 miles/
très éloignés l'un de l'autre ; **they are living** ~
ils sont séparés ; ~ **from** *prep* à part, excepté
apartheid [ə'pɑ:teɪt] *n* apartheid *m*
apartment [ə'pɑ:tmənt] *n* (*US*) appartement *m*,
logement *m* ; (*room*) chambre *f*
apartment block, (*US*) **apartment building** *n*
immeuble *m*, maison *f* divisée en appartements
apathetic [æpə'θetɪk] *adj* apathique,
indifférent(e)
apathy ['æpəθɪ] *n* apathie *f*, indifférence *f*
APB *n abbr* (*US*: = *all points bulletin*) expression de la
police signifiant « découvrir et appréhender le suspect »
ape [eɪp] *n* (grand) singe ▶ *vt* singer
Apennines ['æpənaɪnz] *npl*: **the** ~ les
Apennins *mpl*
aperitif [ə'perɪtɪf] *n* apéritif *m*
aperture ['æpətʃjuəʳ] *n* orifice *m*, ouverture *f* ;
(*Phot*) ouverture (du diaphragme)
APEX ['eɪpeks] *n abbr* (*Aviat*: = *advance purchase
excursion*) APEX *m*
apex ['eɪpeks] *n* sommet *m*
aphid ['eɪfɪd] *n* puceron *m*

487

aphorism ['æfərızəm] n aphorisme m
aphrodisiac [æfrəu'dızıæk] adj, n
aphrodisiaque m
API n abbr = **American Press Institute**
apiece [ə'piːs] adv (for each person) chacun(e), par
tête ; (for each item) chacun(e), la pièce
aplenty [ə'plɛntı] adv en abondance
aplomb [ə'plɔm] n sang-froid m, assurance f
APO n abbr (US: = Army Post Office) service postal de
l'armée
apocalypse [ə'pɔkəlıps] n apocalypse f
apocalyptic [əpɔkə'lıptık] adj apocalyptique
apocryphal [ə'pɔkrıfl] adj apocryphe
apolitical [eɪpə'lıtıkl] adj apolitique
apologetic [əpɔlə'dʒɛtık] adj (tone, letter) d'excuse ;
to be very ~ about s'excuser vivement de
apologetically [əpɔlə'dʒɛtıkəlı] adv (say) en
s'excusant
apologist [ə'pɔlədʒıst] n apologiste mf ; **an ~ for
sb** un apologiste de qn
apologize [ə'pɔlədʒaız] vi: **to ~ (for sth to sb)**
s'excuser (de qch auprès de qn), présenter des
excuses (à qn pour qch)
apology [ə'pɔlədʒı] n excuses fpl ; **to send one's
apologies** envoyer une lettre or un mot
d'excuse, s'excuser (de ne pas pouvoir venir) ;
please accept my apologies vous voudrez bien
m'excuser

⚠ **apology** ne veut pas dire apologie.

apoplectic [æpə'plɛktık] adj (Med)
apoplectique ; (inf): **~ with rage** fou (folle) de
rage
apoplexy ['æpəplɛksı] n apoplexie f
apostle [ə'pɔsl] n apôtre m
apostrophe [ə'pɔstrəfı] n apostrophe f
apotheosis [əpɔθı'əusıs] (formal) n (epitome)
quintessence f ; (high point) apothéose f ; **the ~ of
sth** l'exemple même de qch
app n abbr (inf: Comput: = application) appli f
appal, (US) **appall** [ə'pɔːl] vt consterner,
atterrer ; horrifier
Appalachian Mountains [æpə'leıʃən-] npl:
the ~ les (monts mpl) Appalaches mpl
appalling [ə'pɔːlıŋ] adj épouvantable ; (stupidity)
consternant(e) ; **she's an ~ cook** c'est une très
mauvaise cuisinière
apparatus [æpə'reıtəs] n appareil m, dispositif
m ; (in gymnasium) agrès mpl
apparel [ə'pærl] n (US) habillement m,
confection f
apparent [ə'pærənt] adj apparent(e) ; **it is ~
that** il est évident que
apparently [ə'pærəntlı] adv apparemment
apparition [æpə'rıʃən] n apparition f
appeal [ə'piːl] vi (Law) faire or interjeter appel ;
to ~ for demander (instamment) ; implorer ;
to ~ to (beg) faire appel à ; (be attractive) plaire à ;
to ~ to sb for mercy implorer la pitié de qn,
prier or adjurer qn d'avoir pitié ; **it doesn't ~ to
me** cela ne m'attire pas ► n (Law) appel m ;
(request) appel ; prière f ; (charm) attrait m,
charme m ; **right of ~** droit m de recours
appealing [ə'piːlıŋ] adj (attractive) attrayant(e) ;
(touching) attendrissant(e)

appear [ə'pıər] vi apparaître, se montrer ; (Law)
comparaître ; (publication) paraître, sortir, être
publié(e) ; (seem) paraître, sembler ; **it would ~
that** il semble que ; **to ~ in Hamlet** jouer dans
Hamlet ; **to ~ on TV** passer à la télé
appearance [ə'pıərəns] n apparition f ;
parution f ; (look, aspect) apparence f, aspect m ;
to put in or **make an ~** faire acte de présence ;
by order of ~ (Theat) par ordre d'entrée en
scène ; **to keep up appearances** sauver les
apparences ; **to all appearances** selon toute
apparence
appease [ə'piːz] vt apaiser, calmer
appeasement [ə'piːzmənt] n (Pol)
apaisement m
appellant [ə'pɛlənt] n appelant(e)
append [ə'pɛnd] vt (Comput) ajouter (à la fin
d'un fichier)
appendage [ə'pɛndıdʒ] n appendice m
appendices [ə'pɛndısiːz] npl of **appendix**
appendicitis [əpɛndı'saıtıs] n appendicite f
appendix [ə'pɛndıks] (pl **appendices** [-siːz]) n
appendice m ; **to have one's ~ out** se faire
opérer de l'appendicite
appetite ['æpıtaıt] n appétit m ; **that walk has
given me an ~** cette promenade m'a ouvert
l'appétit
appetizer ['æpıtaızər] n (food) amuse-gueule m ;
(drink) apéritif m
appetizing ['æpıtaızıŋ] adj appétissant(e)
applaud [ə'plɔːd] vt, vi applaudir
applause [ə'plɔːz] n applaudissements mpl
apple ['æpl] n pomme f ; (also: **apple tree**)
pommier m ; **it's the ~ of my eye** j'y tiens
comme à la prunelle de mes yeux
applecart ['æplkɑːt] n: **to upset the ~** tout
chambouler
apple pie n tarte f aux pommes
applet ['æplıt] n (Comput) appliquette f,
microprogramme m
apple turnover n chausson m aux pommes
appliance [ə'plaıəns] n appareil m ; **electrical
appliances** l'électroménager m
applicable [ə'plıkəbl] adj applicable ; **the law is
~ from January** la loi entre en vigueur au mois
de janvier ; **to be ~ to** (relevant) valoir pour
applicant ['æplıkənt] n: **~ (for)** (Admin: for benefit
etc) demandeur(-euse) (de) ; (: for post)
candidat(e) (à)
application [æplı'keıʃən] n application f ; (for a
job, a grant etc) demande f ; candidature f ;
(Comput) application f, (logiciel m) applicatif m ;
on ~ sur demande
application form n formulaire m de demande
application program n (Comput) (logiciel m)
applicatif m
applications package n (Comput) progiciel m
d'application
applicator ['æplıkeıtər] n applicateur m
applied [ə'plaıd] adj appliqué(e) ; **~ arts** arts
décoratifs
appliquéd, appliquéd [ə'pliːkeıd] adj (design,
cushion,) en appliqué
apply [ə'plaı] vt: **to ~ (to)** (paint, ointment) appliquer
(sur) ; (rule, theory, technique) appliquer (à) ; **to ~**

the brakes actionner les freins, freiner ; **to ~ o.s. to** s'appliquer à ▸ *vi*: **to ~ to** *(ask)* s'adresser à ; *(be suitable for, relevant to)* s'appliquer à, être valable pour ; **to ~ (for)** *(permit, grant)* faire une demande (en vue d'obtenir) ; *(job)* poser sa candidature (pour), faire une demande d'emploi (concernant)

appoint [əˈpɔɪnt] *vt (to post)* nommer, engager ; *(date, place)* fixer, désigner

appointed [əˈpɔɪntɪd] *adj*: **at the ~ time** *or* **hour** à l'heure convenue

appointee [əpɔɪnˈtiː] *n* personne nommée ; candidat retenu

appointment [əˈpɔɪntmənt] *n (to post)* nomination *f* ; *(job)* poste *m* ; *(arrangement to meet)* rendez-vous *m* ; **to have an ~** avoir un rendez-vous ; **to make an ~ (with)** prendre rendez-vous (avec) ; **I'd like to make an ~** je voudrais prendre rendez-vous ; **"appointments (vacant)"** *(Press)* « offres d'emploi » ; **by ~** sur rendez-vous

apportion [əˈpɔːʃən] *vt (share out)* répartir, distribuer ; **to ~ sth to sb** attribuer *or* assigner *or* allouer qch à qn

apposite [ˈæpəzɪt] *adj (formal)* pertinent(e)

appraisal [əˈpreɪzl] *n* évaluation *f*

appraise [əˈpreɪz] *vt (value)* estimer ; *(situation etc)* évaluer

appreciable [əˈpriːʃəbl] *adj* appréciable

appreciably [əˈpriːʃəblɪ] *adv* sensiblement, de façon appréciable

appreciate [əˈpriːʃɪeɪt] *vt (like)* apprécier, faire cas de ; *(be grateful for)* être reconnaissant(e) de ; *(assess)* évaluer ; *(be aware of)* comprendre, se rendre compte de ; **I ~ your help** je vous remercie pour votre aide ▸ *vi (Finance)* prendre de la valeur

appreciation [əpriːʃɪˈeɪʃən] *n* appréciation *f* ; *(gratitude)* reconnaissance *f* ; *(Finance)* hausse *f*, valorisation *f*

appreciative [əˈpriːʃɪətɪv] *adj (person)* sensible ; *(comment)* élogieux(-euse)

apprehend [æprɪˈhɛnd] *vt* appréhender, arrêter ; *(understand)* comprendre

apprehension [æprɪˈhɛnʃən] *n* appréhension *f*, inquiétude *f*

apprehensive [æprɪˈhɛnsɪv] *adj* inquiet(-ète), appréhensif(-ive)

apprentice [əˈprɛntɪs] *n* apprenti *m* ▸ *vt*: **to be apprenticed to** être en apprentissage chez

apprenticeship [əˈprɛntɪsʃɪp] *n* apprentissage *m* ; **to serve one's ~** faire son apprentissage

apprise [əˈpraɪz] *vt (formal)* informer ; **to ~ sb of sth** informer qn de qch

appro. [ˈæprəʊ] *abbr (BRIT Comm: inf)* = **approval**

approach [əˈprəʊtʃ] *vi* approcher ▸ *vt (come near)* approcher de ; *(ask, apply to)* s'adresser à ; *(subject, passer-by)* aborder ; **to ~ sb about sth** aller *or* venir voir qn pour qch ▸ *n* approche *f* ; accès *m*, abord *m* ; démarche *f (auprès de qn)* ; *(intellectual)* démarche *f*

approachable [əˈprəʊtʃəbl] *adj* accessible

approach road *n* voie *f* d'accès

approbation [æprəˈbeɪʃən] *n* approbation *f*

appropriate *adj* [əˈprəʊprɪɪt] *(tool etc)* qui convient, approprié(e) ; *(moment, remark)* opportun(e) ; **~ for** *or* **to** approprié à ; **it would not be ~ for me to comment** il ne me serait pas approprié de commenter ▸ *vt* [əˈprəʊprɪeɪt] *(take)* s'approprier ; *(allot)*: **to ~ sth for** affecter qch à

appropriately [əˈprəʊprɪtlɪ] *adv* pertinemment, avec à-propos

appropriation [əprəʊprɪˈeɪʃən] *n* dotation *f*, affectation *f*

approval [əˈpruːvəl] *n* approbation *f* ; **to meet with sb's ~** *(proposal etc)* recueillir l'assentiment de qn ; **on ~** *(Comm)* à l'examen

approve [əˈpruːv] *vt* approuver ▸ **approve of** *vt fus (thing)* approuver ; *(person)*: **they don't ~ of her** ils n'ont pas bonne opinion d'elle

approved school [əˈpruːvd-] *n (BRIT)* centre *m* d'éducation surveillée

approvingly [əˈpruːvɪŋlɪ] *adv* d'un air approbateur

approx. *abbr (= approximately)* env

approximate *adj* [əˈprɔksɪmɪt] approximatif(-ive) ▸ *vt* [əˈprɔksɪmeɪt] se rapprocher de ; être proche de

approximately [əˈprɔksɪmətlɪ] *adv* approximativement

approximation [əˈprɔksɪˈmeɪʃən] *n* approximation *f*

APR *n abbr (= Annual Percentage Rate)* taux (d'intérêt) annuel

Apr. *abbr* = **April**

apres-ski, après-ski [æpreɪˈskiː] *n* après-ski *m*

apricot [ˈeɪprɪkɔt] *n* abricot *m*

April [ˈeɪprəl] *n* avril *m* ; **~ fool!** poisson d'avril ! ; *see also* **July**

April Fools' Day *n* le premier avril ; *voir article*

APRIL FOOLS' DAY

April Fools' Day est le 1er avril, à l'occasion duquel on fait des farces de toutes sortes. Les victimes de ces farces sont les *April fools*. Traditionnellement, on n'est censé faire des farces que jusqu'à midi.

apron [ˈeɪprən] *n* tablier *m* ; *(Aviat)* aire *f* de stationnement

apropos [æprəˈpəʊ] *prep (also:* **apropos of**) à propos de ▸ *adj (appropriate)* approprié(e)

apse [æps] *n (Archit)* abside *f*

APT *n abbr (BRIT: = advanced passenger train)* ≈ TGV *m*

apt [æpt] *adj (suitable)* approprié(e) ; **~ (at)** *(able)* doué(e) (pour) ; apte (à) ; **~ to do** *(likely)* susceptible de faire ; ayant tendance à faire

Apt. *abbr (= apartment)* appt

aptitude [ˈæptɪtjuːd] *n* aptitude *f*

aptitude test *n* test *m* d'aptitude

aptly [ˈæptlɪ] *adv* (fort) à propos

aqualung [ˈækwəlʌŋ] *n* scaphandre *m* autonome

aquamarine [ækwəməˈriːn] *n (stone)* aigue-marine *f* ; *(colour)* bleu-vert *m inv* ▸ *adj (in colour)* bleu-vert *inv*

aquarium [əˈkwɛərɪəm] *n* aquarium *m*

Aquarius [əˈkwɛərɪəs] *n* le Verseau ; **to be ~** être du Verseau

aquatic [əˈkwætɪk] *adj* aquatique ; (*sport*) nautique

aqueduct [ˈækwɪdʌkt] *n* aqueduc *m*

aqueous [ˈeɪkwɪəs] *adj* (*solution, cream*) aqueux(-euse)

aquifer [ˈækwɪfəʳ] *n* aquifère *m*

aquiline [ˈækwɪlaɪn] *adj* (*nose, profile*) aquilin(e)

AR *abbr* (*US*) = **Arkansas**

ARA *n abbr* (*BRIT*) = **Associate of the Royal Academy**

Arab [ˈærəb] *n* Arabe *mf* ▶ *adj* arabe

Arabia [əˈreɪbɪə] *n* Arabie *f*

Arabian [əˈreɪbɪən] *adj* arabe

Arabian Desert *n* désert *m* d'Arabie

Arabian Sea *n* mer *f* d'Arabie

Arabic [ˈærəbɪk] *adj*, *n* arabe *m*

Arabic numerals *npl* chiffres *mpl* arabes

arable [ˈærəbl] *adj* arable

ARAM *n abbr* (*BRIT*) = **Associate of the Royal Academy of Music**

arbiter [ˈɑːbɪtəʳ] *n* arbitre *m*

arbitrage [ˈɑːbɪtrɑːʒ] *n* (*Finance*) arbitrage *m*

arbitrary [ˈɑːbɪtrərɪ] *adj* arbitraire

arbitrate [ˈɑːbɪtreɪt] *vi* arbitrer ; trancher

arbitration [ɑːbɪˈtreɪʃən] *n* arbitrage *m* ; **the dispute went to ~** le litige a été soumis à arbitrage

arbitrator [ˈɑːbɪtreɪtəʳ] *n* arbitre *m*, médiateur(-trice)

arboretum [ɑːbəˈriːtəm] *n* arboretum *m*

arbour [ˈɑːbəʳ] *n* tonnelle *f*

ARC *n abbr* = **American Red Cross**

arc [ɑːk] *n* arc *m*

arcade [ɑːˈkeɪd] *n* arcade *f* ; (*passage with shops*) passage *m*, galerie *f* ; (*with games*) salle *f* de jeu

arcane [ɑːˈkeɪn] *adj* (*formal: world*) obscur(e) ; (*: knowledge*) ésotérique

arch [ɑːtʃ] *n* arche *f* ; (*of foot*) cambrure *f*, voûte *f* plantaire ; **pointed ~** ogive *f* ▶ *vt* arquer, cambrer ▶ *adj* malicieux(-euse) ▶ *prefix*: **~(-)** achevé(e) ; par excellence

archaeological [ɑːkɪəˈlɔdʒɪkl] *adj* archéologique

archaeologist [ɑːkɪˈɔlədʒɪst] *n* archéologue *mf*

archaeology, (*US*) **archeology** [ɑːkɪˈɔlədʒɪ] *n* archéologie *f*

archaic [ɑːˈkeɪɪk] *adj* archaïque

archangel [ˈɑːkeɪndʒəl] *n* archange *m*

archbishop [ɑːtʃˈbɪʃəp] *n* archevêque *m*

archdeacon [ɑːtʃˈdiːkən] *n* archidiacre *m*

archdiocese [ɑːtʃˈdaɪəsɪs] *n* archidiocèse *m*

archenemy [ɑːtʃˈɛnɪmɪ] *n* ennemi *m* de toujours *or* par excellence

archeology *etc* [ɑːkɪˈɔlədʒɪ] *n* (*US*) = **archaeology**

archer [ˈɑːtʃəʳ] *n* archer *m*

archery [ˈɑːtʃərɪ] *n* tir *m* à l'arc

archetypal [ˈɑːkɪtaɪpəl] *adj* archétype

archetype [ˈɑːkɪtaɪp] *n* prototype *m*, archétype *m*

archipelago [ɑːkɪˈpɛlɪgəu] *n* archipel *m*

architect [ˈɑːkɪtɛkt] *n* architecte *m*

architectural [ɑːkɪˈtɛktʃərəl] *adj* architectural(e)

architecturally [ɑːkɪˈtɛktʃərəlɪ] *adv* du point de vue de l'architecture

architecture [ˈɑːkɪtɛktʃəʳ] *n* architecture *f*

archive [ˈɑːkaɪv] *n* (*often pl*) archives *fpl*

archive file *n* (*Comput*) fichier *m* d'archives

archives [ˈɑːkaɪvz] *npl* archives *fpl*

archivist [ˈɑːkɪvɪst] *n* archiviste *mf*

archway [ˈɑːtʃweɪ] *n* voûte *f*, porche voûté *or* cintré

ARCM *n abbr* (*BRIT*) = **Associate of the Royal College of Music**

Arctic [ˈɑːktɪk] *adj* arctique ▶ *n*: **the ~** l'Arctique *m*

Arctic Circle *n* cercle *m* Arctique

Arctic Ocean *n* océan *m* Arctique

ARD *n abbr* (*US Med*) = **acute respiratory disease**

ardent [ˈɑːdənt] *adj* fervent(e)

ardour, (*US*) **ardor** [ˈɑːdəʳ] *n* ardeur *f*

arduous [ˈɑːdjuəs] *adj* ardu(e)

are [ɑːʳ] *vb see* **be**

area [ˈɛərɪə] *n* (*Geom*) superficie *f* ; (*zone*) région *f* ; (*: smaller*) secteur *m* ; (*in room*) coin *m* ; (*knowledge, research*) domaine *m* ; **the London ~** la région Londonienne

area code (*US*) *n* (*Tel*) indicatif *m* de zone

arena [əˈriːnə] *n* arène *f*

aren't [ɑːnt] = **are not**

Argentina [ɑːdʒən'tiːnə] *n* Argentine *f*

Argentinian [ɑːdʒən'tɪnɪən] *adj* argentin(e) ▶ *n* Argentin(e)

argon [ˈɑːgɔn] *n* argon *m*

arguable [ˈɑːgjuəbl] *adj* discutable, contestable ; **it is ~ whether** on peut se demander si

arguably [ˈɑːgjuəblɪ] *adv*: **it is ~ ...** on peut soutenir que c'est ...

argue [ˈɑːgjuː] *vi* (*quarrel*) se disputer ; (*reason*) argumenter ; **to ~ about sth (with sb)** se disputer (avec qn) au sujet de qch ; **to ~ that** objecter *or* alléguer que, donner comme argument que ▶ *vt* (*debate: case, matter*) débattre

argument [ˈɑːgjumənt] *n* (*quarrel*) dispute *f*, discussion *f* ; (*reasons*) argument *m* ; (*debate*) discussion, controverse *f* ; **~ for/against** argument pour/contre

argumentative [ɑːgjuˈmɛntətɪv] *adj* ergoteur(-euse), raisonneur(-euse)

aria [ˈɑːrɪə] *n* aria *f*

ARIBA [əˈriːbə] *n abbr* (*BRIT*) = **Associate of the Royal Institute of British Architects**

arid [ˈærɪd] *adj* aride

aridity [əˈrɪdɪtɪ] *n* aridité *f*

Aries [ˈɛərɪz] *n* le Bélier ; **to be ~** être du Bélier

arise [əˈraɪz] (*pt* **arose** [əˈrəuz], *pp* **arisen** [əˈrɪzn]) *vi* survenir, se présenter ; **to ~ from** résulter de ; **should the need ~** en cas de besoin

aristocracy [ærɪsˈtɔkrəsɪ] *n* aristocratie *f*

aristocrat [ˈærɪstəkræt] *n* aristocrate *mf*

aristocratic [ærɪstəˈkrætɪk] *adj* aristocratique

arithmetic [əˈrɪθmətɪk] *n* arithmétique *f*

arithmetical [ærɪθˈmɛtɪkl] *adj* arithmétique

Ariz. *abbr* (*US*) = **Arizona**

ark [ɑːk] *n*: **Noah's A~** l'Arche *f* de Noé

Ark. *abbr* (*US*) = **Arkansas**

arm [ɑːm] *n* bras *m* ; **~ in ~** bras dessus bras dessous ▶ *vt* armer ; **arms** *npl* (*weapons, Heraldry*) armes *fpl*

Armageddon [ɑːməˈgɛdən] *n* Armaggedon *m*
armaments [ˈɑːməmənts] *npl (weapons)* armement *m*
armband [ˈɑːmbænd] *n* brassard *m*
armchair [ˈɑːmtʃɛəʳ] *n* fauteuil *m*
armed [ɑːmd] *adj* armé(e)
armed forces *npl*: **the ~** les forces armées
armed robbery *n* vol *m* à main armée
Armenia [ɑːˈmiːnɪə] *n* Arménie *f*
Armenian [ɑːˈmiːnɪən] *adj* arménien(ne) ▶ *n* Arménien(ne) ; *(Ling)* arménien *m*
armful [ˈɑːmful] *n* brassée *f*
armistice [ˈɑːmɪstɪs] *n* armistice *m*
armour, *(US)* **armor** [ˈɑːməʳ] *n* armure *f* ; *(also:* **armour-plating)** blindage *m* ; *(Mil: tanks)* blindés *mpl*
armoured car, *(US)* **armored car** [ˈɑːməd-] *n* véhicule blindé
armoury, *(US)* **armory** [ˈɑːmərɪ] *n* arsenal *m*
armpit [ˈɑːmpɪt] *n* aisselle *f*
armrest [ˈɑːmrɛst] *n* accoudoir *m*
arms control *n* contrôle *m* des armements
arms race *n* course *f* aux armements
army [ˈɑːmɪ] *n* armée *f*
A road *n (BRIT)* ≈ route nationale
aroma [əˈrəumə] *n* arôme *m*
aromatherapist [ərəuməˈθɛrəpɪst] *n* aromathérapeute *mf*
aromatherapy [ərəuməˈθɛrəpɪ] *n* aromathérapie *f*
aromatic [ærəˈmætɪk] *adj* aromatique
arose [əˈrəuz] *pt of* **arise**
around [əˈraund] *adv* (tout) autour ; *(nearby)* dans les parages ; **is he ~?** est-il dans les parages *or* là ? ▶ *prep* autour de ; *(near)* près de ; *(fig: about)* environ ; *(: date, time)* vers
arousal [əˈrauzəl] *n (sexual)* excitation sexuelle, éveil *m*
arouse [əˈrauz] *vt (sleeper)* éveiller ; *(curiosity, passions)* éveiller, susciter ; *(anger)* exciter
aroused [əˈrauzd] *adj (sexually)* excité(e)
arraign [əˈreɪn] *vt (Law)* traduire en justice ; **to be arraigned on charges of sth** être inculpé(e) de qch
arrange [əˈreɪndʒ] *vt* arranger ; *(programme)* arrêter, convenir de ; **to ~ to do sth** prévoir de faire qch ; **it was arranged that ...** il a été convenu que ..., il a été décidé que ... ▶ *vi*: **we have arranged for a car to pick you up** nous avons prévu qu'une voiture vienne vous prendre
arrangement [əˈreɪndʒmənt] *n* arrangement *m* ; **to come to an ~ (with sb)** se mettre d'accord (avec qn) ; **home deliveries by ~** livraison à domicile sur demande ; **arrangements** *npl (plans etc)* arrangements *mpl*, dispositions *fpl* ; **I'll make arrangements for you to be met** je vous enverrai chercher
arrant [ˈærənt] *adj*: **he's talking ~ nonsense** il raconte vraiment n'importe quoi
array [əˈreɪ] *n (of objects)* déploiement *m*, étalage *m* ; *(Math, Comput)* tableau *m*
arrayed [əˈreɪd] *adj (arranged: objects)* disposé(e) ; *(Mil)*: **to be ~ against sb** être déployé(e) contre qn ; *(literary: dressed)*: **~ in sth** paré(e) de qch

arrears [əˈrɪəz] *npl* arriéré *m* ; **to be in ~ with one's rent** devoir un arriéré de loyer, être en retard pour le paiement de son loyer
arrest [əˈrɛst] *vt* arrêter ; *(sb's attention)* retenir, attirer ▶ *n* arrestation *f* ; **under ~** en état d'arrestation
arresting [əˈrɛstɪŋ] *adj (fig: beauty)* saisissant(e) ; *(: charm, candour)* désarmant(e)
arrival [əˈraɪvl] *n* arrivée *f* ; *(Comm)* arrivage *m* ; *(person)* arrivant(e) ; **new ~** nouveau venu/ nouvelle venue ; *(baby)* nouveau-né(e)
arrive [əˈraɪv] *vi* arriver
▶ **arrive at** *vt fus (decision, solution)* parvenir à
arrogance [ˈærəgəns] *n* arrogance *f*
arrogant [ˈærəgənt] *adj* arrogant(e)
arrogantly [ˈærəgəntlɪ] *adv (claim)* avec arrogance
arrow [ˈærəu] *n* flèche *f*
arrowhead [ˈærəuhɛd] *n* pointe *f* de flèche
arse [ɑːs] *n (BRIT inf!)* cul *m* (!)
arsehole [ˈɑːshəul] *n (BRIT inf!)* connard *m* (!)
arsenal [ˈɑːsɪnl] *n* arsenal *m*
arsenic [ˈɑːsnɪk] *n* arsenic *m*
arson [ˈɑːsn] *n* incendie criminel
arsonist [ˈɑːsənɪst] *n* incendiaire *mf*
art [ɑːt] *n* art *m* ; *(craft)* métier *m* ; **work of ~** œuvre *f* d'art ; **Arts** *npl (Scol)* les lettres *fpl*
art college *n* école *f* des beaux-arts
Art Deco [ɑːtˈdɛkəu] *n* art *m* déco
artefact [ˈɑːtɪfækt] *n* objet fabriqué
arterial [ɑːˈtɪərɪəl] *adj (Anat)* artériel(le) ; *(road etc)* à grande circulation
arteriosclerosis [ɑːtɪərɪəusklɛˈrəusɪs] *n* artériosclérose *f*
artery [ˈɑːtərɪ] *n* artère *f*
artful [ˈɑːtful] *adj* rusé(e)
art gallery *n* musée *m* d'art ; *(saleroom)* galerie *f* de peinture
art-house [ˈɑːthaus] *adj (film, classic)* d'art et d'essai
arthritic [ɑːˈθrɪtɪk] *adj* arthritique
arthritis [ɑːˈθraɪtɪs] *n* arthrite *f*
artichoke [ˈɑːtɪtʃəuk] *n* artichaut *m* ; **Jerusalem ~** topinambour *m*
article [ˈɑːtɪkl] *n* article *m* ; **articles of clothing** vêtements *mpl* ; **articles** *npl (training)* ≈ stage *m*
articled [ˈɑːtɪkəld] *adj (clerk)* stagiaire ; **to be ~ to sb** être stagiaire chez qn
articles of association *npl (Comm)* statuts *mpl* d'une société
articulacy [ɑːˈtɪkjuləsɪ] *n (of person)* éloquence *f* ; *(of speech)* articulation *f*
articulate *adj* [ɑːˈtɪkjulɪt] *(person)* qui s'exprime clairement et aisément ; *(speech)* bien articulé(e), prononcé(e) clairement ▶ *vi* [ɑːˈtɪkjuleɪt] articuler, parler distinctement ▶ *vt* articuler
articulated lorry [ɑːˈtɪkjuleɪtɪd-] *n (BRIT)* (camion *m*) semi-remorque *m*
artifact [ˈɑːtɪfækt] *n (US)* objet fabriqué
artifice [ˈɑːtɪfɪs] *n* ruse *f*
artificial [ɑːtɪˈfɪʃəl] *adj* artificiel(le)
artificial insemination [-ɪnsɛmɪˈneɪʃən] *n* insémination artificielle

artificial intelligence n intelligence artificielle

artificial respiration n respiration artificielle

artillery [ɑːˈtɪlərɪ] n artillerie f

artisan [ˈɑːtɪzæn] n artisan(e)

artist [ˈɑːtɪst] n artiste mf

artiste [ɑːˈtiːst] (esp BRIT) n artiste mf ; **a cabaret ~** un artiste de cabaret

artistic [ɑːˈtɪstɪk] adj artistique

artistry [ˈɑːtɪstrɪ] n art m, talent m

artless [ˈɑːtlɪs] adj naïf (naïve), simple, ingénu(e)

Art Nouveau [ɑːtnuːˈvəʊ] n art m inv nouveau
▸ cpd (work, building) art nouveau inv

arts [ɑːts] npl (Scol) lettres fpl

art school n ≈ école f des beaux-arts

artsy [ˈɑːtsɪ] adj (inf: person) qui se donne le genre artiste ; (: film, photograph) de style artiste prétentieux

artwork [ˈɑːtwəːk] n maquette f (prête pour la photogravure)

ARV n abbr (= American Revised Version) traduction américaine de la Bible

AS n abbr (US Scol: = Associate in/of Science) diplôme universitaire ▸ abbr (US) = **American Samoa**

(KEYWORD)

as [æz] conj **1** (time: moment) comme, alors que ; à mesure que ; (: duration) tandis que ; **he came in as I was leaving** il est arrivé comme je partais ; **as the years went by** à mesure que les années passaient ; **as from tomorrow** à partir de demain
2 (because) comme, puisque ; **he left early as he had to be home by 10** comme il or puisqu'il devait être de retour avant 10h, il est parti de bonne heure
3 (referring to manner, way) comme ; **do as you wish** faites comme vous voudrez ; **as she said** comme elle disait
▸ adv **1** (in comparisons): **as big as** aussi grand que ; **twice as big as** deux fois plus grand que ; **big as it is** si grand que ce soit ; **much as I like them, I …** je les aime bien, mais je … ; **as much** or **many as** autant que ; **as much money/many books as** autant d'argent/de livres que ; **as soon as** dès que
2 (concerning): **as for** or **to that** quant à cela, pour ce qui est de cela
3: **as if** or **though** comme si ; **he looked as if he was ill** il avait l'air d'être malade ; see also **long**; **such**; **well**
▸ prep (in the capacity of) en tant que, en qualité de ; **he works as a driver** il travaille comme chauffeur ; **as chairman of the company, he …** en tant que président de la société, il … ; **dressed up as a cowboy** déguisé en cow-boy ; **he gave me it as a present** il me l'a offert, il m'en a fait cadeau

ASA n abbr (= American Standards Association) association de normalisation

a.s.a.p. abbr = **as soon as possible**

asbestos [æzˈbɛstəs] n asbeste m, amiante m

ASBO [ˈæzbəʊ] n abbr (BRIT: = Antisocial Behaviour Order) décision de justice visant à empêcher une personne reconnue coupable d'incivilités de récidiver en restreignant sa liberté de mouvement ou d'action

ascend [əˈsɛnd] vt gravir

ascendancy [əˈsɛndənsɪ] n ascendant m

ascendant [əˈsɛndənt] n: **to be in the ~** monter

ascending [əˈsɛndɪŋ] adj (spiral, scale) croissant(e) ; **in ~ order** par ordre croissant

ascension [əˈsɛnʃən] n: **the A~** (Rel) l'Ascension f

Ascension Island n île f de l'Ascension

ascent [əˈsɛnt] n (climb) ascension f

ascertain [æsəˈteɪn] vt s'assurer de, vérifier ; établir

ascetic [əˈsɛtɪk] adj ascétique

asceticism [əˈsɛtɪsɪzəm] n ascétisme m

ASCII [ˈæskiː] n abbr (= American Standard Code for Information Interchange) ASCII

ascribe [əˈskraɪb] vt: **to ~ sth to** attribuer qch à ; (blame) imputer qch à

ASCU n abbr (US) = **Association of State Colleges and Universities**

ASE n abbr = **American Stock Exchange**

asexual [eɪˈsɛkʃəl] adj (reproduction) asexuel(le), asexué(e) ; (relationship) platonique ; (creature, plant) asexué(e)

ASH [æʃ] n abbr (BRIT: = Action on Smoking and Health) ligue anti-tabac

ash [æʃ] n (dust) cendre f ; (also: **ash tree**) frêne m

ashamed [əˈfeɪmd] adj honteux(-euse), confus(e) ; **to be ~ of** avoir honte de ; **to be ~ (of o.s.) for having done** avoir honte d'avoir fait

ash blond, ash blonde adj blond cendré

ashen [ˈæʃən] adj (pale) cendreux(-euse), blême

ashore [əˈʃɔːr] adv à terre ; **to go ~** aller à terre, débarquer

ashtray [ˈæʃtreɪ] n cendrier m

Ash Wednesday n mercredi m des Cendres

Asia [ˈeɪʃə] n Asie f

Asia Minor n Asie Mineure

Asian [ˈeɪʃən] n (from Asia) Asiatique mf ; (BRIT: from Indian subcontinent) Indo-Pakistanais(e) ▸ adj asiatique ; indo-pakistanais(e)

Asiatic [eɪsɪˈætɪk] adj asiatique

aside [əˈsaɪd] adv de côté ; à l'écart ; **~ from** prep à part, excepté ▸ n aparté m

ask [ɑːsk] vt demander ; (invite) inviter ; **to ~ sb sth/to do sth** demander à qn qch/de faire qch ; **to ~ sb the time** demander l'heure à qn ; **to ~ sb about sth** questionner qn au sujet de qch ; se renseigner auprès de qn au sujet de qch ; **to ~ (sb) a question** poser une question (à qn) ; **to ~ sb out to dinner** inviter qn au restaurant ▸ vi demander ; **to ~ about the price** s'informer du prix, se renseigner au sujet du prix
▸ **ask after** vt fus demander des nouvelles de
▸ **ask for** vt fus demander ; **it's just asking for trouble** or **for it** ce serait chercher des ennuis

askance [əˈskɑːns] adv: **to look ~ at sb** regarder qn de travers or d'un œil désapprobateur

askew [əˈskjuː] adv de travers, de guingois

asking price [ˈɑːskɪŋ-] n prix demandé

asleep [əˈsliːp] adj endormi(e) ; **to be ~** dormir, être endormi ; **to fall ~** s'endormir

ASLEF [ˈæzlɛf] n abbr (BRIT: = Associated Society of Locomotive Engineers and Firemen) syndicat de cheminots

AS level *n abbr* (= *Advanced Subsidiary level*) *première partie de l'examen équivalent au baccalauréat*

asp [æsp] *n* aspic *m*

asparagus [əs'pærəgəs] *n* asperges *fpl*

asparagus tips *npl* pointes *fpl* d'asperges

ASPCA *n abbr* (= *American Society for the Prevention of Cruelty to Animals*) ≈ SPA *f*

aspect ['æspɛkt] *n* aspect *m*; (*direction in which a building etc faces*) orientation *f*, exposition *f*

aspen ['æspən] *n* (*tree*) tremble *m*

aspersions [əs'pə:ʃənz] *npl*: **to cast ~ on** dénigrer

asphalt ['æsfælt] *n* asphalte *m*

asphyxia [æs'fɪksɪə] *n* asphyxie *f*

asphyxiate [æs'fɪksɪeɪt] *vt* asphyxier

asphyxiation [æsfɪksɪ'eɪʃən] *n* asphyxie *f*

aspiration [æspə'reɪʃən] *n* aspiration *f*

aspirations [æspə'reɪʃənz] *npl* (*hopes, ambition*) aspirations *fpl*

aspire [əs'paɪəʳ] *vi*: **to ~ to** aspirer à

aspirin ['æsprɪn] *n* aspirine *f*

aspiring [əs'paɪərɪŋ] *adj* (*artist, writer*) en herbe; (*manager*) potentiel(le)

ass [æs] *n* âne *m*; (*inf*) imbécile *mf*; (*US inf!*) cul *m* (*!*)

assail [ə'seɪl] *vt* assaillir

assailant [ə'seɪlənt] *n* agresseur *m*; assaillant *m*

assassin [ə'sæsɪn] *n* assassin *m*

assassinate [ə'sæsɪneɪt] *vt* assassiner

assassination [əsæsɪ'neɪʃən] *n* assassinat *m*

assault [ə'sɔ:lt] *n* (*Mil*) assaut *m*; (*gen*: *attack*) agression *f*; (*Law*): **~ (and battery)** voies *fpl* de fait, coups *mpl* et blessures *fpl* ▶ *vt* attaquer; (*sexually*) violenter

assemble [ə'sɛmbl] *vt* assembler ▶ *vi* s'assembler, se rassembler

assembly [ə'sɛmblɪ] *n* (*meeting*) rassemblement *m*; (*parliament*) assemblée *f*; (*construction*) assemblage *m*

assembly language *n* (*Comput*) langage *m* d'assemblage

assembly line *n* chaîne *f* de montage

assemblyman [ə'sɛmblɪmən] *n* (*irreg*) membre *m* d'une assemblée législative

assemblywoman [ə'sɛmblɪwumən] *n* (*irreg*) membre *m* d'une assemblée législative

assent [ə'sɛnt] *n* assentiment *m*, consentement *m* ▶ *vi*: **to ~ (to sth)** donner son assentiment (à qch), consentir (à qch)

assert [ə'sə:t] *vt* affirmer, déclarer; établir; (*authority*) faire valoir; (*innocence*) protester de; **to ~ o.s.** s'imposer

assertion [ə'sə:ʃən] *n* assertion *f*, affirmation *f*

assertive [ə'sə:tɪv] *adj* assuré(e); péremptoire

assertiveness [ə'sə:tɪvnɪs] *n* assurance *f* ▶ *cpd* (*class, training*) d'affirmation de la personnalité

assess [ə'sɛs] *vt* évaluer, estimer; (*tax, damages*) établir *or* fixer le montant de; (*property etc*: *for tax*) calculer la valeur imposable de; (*person*) juger la valeur de

assessment [ə'sɛsmənt] *n* évaluation *f*, estimation *f*; (*of tax*) fixation *f*; (*of property*) calcul *m* de la valeur imposable; (*judgment*): **~ (of)** jugement *m or* opinion *f* (sur)

assessor [ə'sɛsəʳ] *n* expert *m* (*en matière d'impôt et d'assurance*)

asset ['æsɛt] *n* avantage *m*, atout *m*; (*person*) atout; **assets** *npl* (*Comm*) capital *m*; avoir(s) *m(pl)*; actif *m*

asset-stripping ['æsɛt'strɪpɪŋ] *n* (*Comm*) récupération *f* (et démantèlement *m*) d'une entreprise en difficulté

asshole ['æʃəul] *n* (*US inf!*) con(ne) (*!*), connard(e) (*!*)

assiduous [ə'sɪdjuəs] *adj* assidu(e)

assign [ə'saɪn] *vt* (*date*) fixer, arrêter; **to ~ sth to** (*task*) assigner qch à; (*resources*) affecter qch à; (*cause, meaning*) attribuer qch à

assignation [æsɪg'neɪʃən] *n* (*formal, hum*) rendez-vous *m*

assignment [ə'saɪnmənt] *n* (*task*) mission *f*; (*homework*) devoir *m*

assimilate [ə'sɪmɪleɪt] *vt* assimiler

assimilation [əsɪmɪ'leɪʃən] *n* assimilation *f*

assist [ə'sɪst] *vt* aider, assister; (*injured person etc*) secourir

assistance [ə'sɪstəns] *n* aide *f*, assistance *f*; secours *mpl*

assistant [ə'sɪstənt] *n* assistant(e), adjoint(e); (*Brit*: *also*: **shop assistant**) vendeur(-euse)

assistant manager *n* sous-directeur *m*

assizes [ə'saɪzɪz] *npl* assises *fpl*

associate *adj, n* [ə'səuʃɪɪt] associé(e); **~ director** directeur adjoint ▶ *vt* [ə'səuʃɪeɪt] associer; **associated company** société affiliée ▶ *vi* [ə'səuʃɪeɪt]: **to ~ with sb** fréquenter qn

association [əsəusɪ'eɪʃən] *n* association *f*; **in ~ with** en collaboration avec

association football *n* (*Brit*) football *m*

assorted [ə'sɔ:tɪd] *adj* assorti(e); **in ~ sizes** en plusieurs tailles

assortment [ə'sɔ:tmənt] *n* assortiment *m*; (*of people*) mélange *m*

Asst. *abbr* = **assistant**

assuage [ə'sweɪdʒ] *vt* (*grief, pain*) soulager; (*thirst, appetite*) assouvir

assume [ə'sju:m] *vt* supposer; (*responsibilities etc*) assumer; (*attitude, name*) prendre, adopter

assumed name [ə'sju:md-] *n* nom *m* d'emprunt

assumption [ə'sʌmpʃən] *n* supposition *f*, hypothèse *f*; (*of power*) assomption *f*, prise *f*; **on the ~ that** dans l'hypothèse où; (*on condition that*) à condition que

assurance [ə'ʃuərəns] *n* assurance *f*; **I can give you no assurances** je ne peux rien vous garantir

assure [ə'ʃuəʳ] *vt* assurer

assured [ə'ʃuəd] *adj* assuré(e)

assuredly [ə'ʃuərɪdlɪ] *adv* assurément

AST *abbr* (*US*: = *Atlantic Standard Time*) *heure d'hiver de New York*

asterisk ['æstərɪsk] *n* astérisque *m*

astern [ə'stə:n] *adv* à l'arrière

asteroid ['æstərɔɪd] *n* astéroïde *m*

asthma ['æsmə] *n* asthme *m*

asthmatic [æs'mætɪk] *adj, n* asthmatique *mf*

astigmatism [ə'stɪgmətɪzəm] *n* astigmatisme *m*

astir [ə'stə:ʳ] *adv* en émoi

astonish [ə'stɔnɪʃ] *vt* étonner, stupéfier

493

astonished [ə'stɒnɪʃd] *adj* étonné(e) ; **to be ~ at** être étonné(e) de

astonishing [ə'stɒnɪʃɪŋ] *adj* étonnant(e), stupéfiant(e) ; **I find it ~ that ...** je trouve incroyable que ... + *sub*

astonishingly [ə'stɒnɪʃɪŋlɪ] *adv* incroyablement

astonishment [ə'stɒnɪʃmənt] *n* (grand) étonnement, stupéfaction *f*

astound [ə'staund] *vt* stupéfier, sidérer

astounded [ə'staundɪd] *adj* abasourdi(e), stupéfait(e) ; **to be ~ at sth** être abasourdi(e) par qch, être stupéfait(e) par qch

astounding [ə'staundɪŋ] *adj* stupéfiant(e), étonnant(e)

astray [ə'streɪ] *adv*: **to go ~** s'égarer ; *(fig)* quitter le droit chemin ; **to lead ~** *(morally)* détourner du droit chemin ; **to go ~ in one's calculations** faire fausse route dans ses calculs

astride [ə'straɪd] *adv* à cheval ▸ *prep* à cheval sur

astringent [əs'trɪndʒənt] *adj* astringent(e) ▸ *n* astringent *m*

astrologer [əs'trɒlədʒəʳ] *n* astrologue *mf*

astrological [æstrə'lɒdʒɪkəl] *adj* astrologique

astrology [əs'trɒlədʒɪ] *n* astrologie *f*

astronaut ['æstrənɔːt] *n* astronaute *mf*

astronomer [əs'trɒnəməʳ] *n* astronome *mf*

astronomical [æstrə'nɒmɪkl] *adj* astronomique

astronomy [əs'trɒnəmɪ] *n* astronomie *f*

astrophysicist [æstrəu'fɪzɪsɪst] *n* astrophysicien(-ienne)

astrophysics ['æstrəu'fɪzɪks] *n* astrophysique *f*

astute [əs'tjuːt] *adj* astucieux(-euse), malin(-igne)

asunder [ə'sʌndəʳ] *adv*: **to tear ~** déchirer

ASV *n abbr* (= *American Standard Version*) *traduction de la Bible*

asylum [ə'saɪləm] *n* asile *m* ; **to seek political ~** demander l'asile politique

asylum seeker [-siːkəʳ] *n* demandeur(-euse) d'asile

asymmetric [eɪsɪ'mɛtrɪk], **asymmetrical** [eɪsɪ'mɛtrɪkl] *adj* asymétrique

asymmetry [eɪ'sɪmətrɪ] *n* asymétrie *f*

(KEYWORD)

at [æt] *prep* **1** *(referring to position, direction)* à ; **at the top** au sommet ; **at home/school** à la maison *or* chez soi/à l'école ; **at the baker's** à la boulangerie, chez le boulanger ; **to look at sth** regarder qch

2 *(referring to time)*: **at 4 o'clock** à 4 heures ; **at Christmas** à Noël ; **at night** la nuit ; **at times** par moments, parfois

3 *(referring to rates, speed etc)* à ; **at £1 a kilo** une livre le kilo ; **two at a time** deux à la fois ; **at 50 km/h** à 50 km/h ; **at full speed** à toute vitesse

4 *(referring to manner)*: **at a stroke** d'un seul coup ; **at peace** en paix

5 *(referring to activity)*: **to be at work** *(in the office etc)* être au travail ; *(working)* travailler ; **to play at cowboys** jouer aux cow-boys ; **to be good at sth** être bon en qch

6 *(referring to cause)*: **shocked/surprised/annoyed at sth** choqué par/étonné de/agacé par qch ; **I went at his suggestion** j'y suis allé sur son conseil

▸ *n* (@ *symbol*) arobase *f*

atavistic [ætə'vɪstɪk] *adj* *(formal)* atavique

ate [eɪt] *pt of* **eat**

atheism ['eɪθɪɪzəm] *n* athéisme *m*

atheist ['eɪθɪɪst] *n* athée *mf*

Athenian [ə'θiːnɪən] *adj* athénien(ne) ▸ *n* Athénien(ne)

Athens ['æθɪnz] *n* Athènes *f*

athlete ['æθliːt] *n* athlète *mf*

athletic [æθ'lɛtɪk] *adj* athlétique

athletics [æθ'lɛtɪks] *n* athlétisme *m*

atishoo [ə'tɪʃuː] *excl* atchoum !

Atlantic [ət'læntɪk] *adj* atlantique ▸ *n*: **the ~ (Ocean)** l'(océan *m*) Atlantique *m*

atlas ['ætləs] *n* atlas *m*

Atlas Mountains *npl*: **the ~** les monts *mpl* de l'Atlas, l'Atlas *m*

ATM *n abbr* (= *Automated Telling Machine*) guichet *m* automatique

atmosphere ['ætməsfɪəʳ] *n* (*air*) atmosphère *f* ; *(fig: of place etc)* atmosphère, ambiance *f*

atmospheric [ætməs'fɛrɪk] *adj* atmosphérique

atmospherics [ætməs'fɛrɪks] *n* (*Radio*) parasites *mpl*

atoll ['ætɒl] *n* atoll *m*

atom ['ætəm] *n* atome *m*

atom bomb, atomic bomb *n* bombe *f* atomique

atomic [ə'tɒmɪk] *adj* atomique

atomizer ['ætəmaɪzəʳ] *n* atomiseur *m*

atonal [eɪ'təunl] *adj* atonal(e)

atone [ə'təun] *vi*: **to ~ for** expier, racheter

atonement [ə'təunmənt] *n* expiation *f*

atop [ə'tɒp] *prep* (*literary*) au sommet de, sur

ATP *n abbr* (= *Association of Tennis Professionals*) ATP *f* (= *Association des joueurs de tennis professionnels*)

atrium ['eɪtrɪəm] *n* atrium *m*

atrocious [ə'trəuʃəs] *adj* (*very bad*) atroce, exécrable

atrocity [ə'trɒsɪtɪ] *n* atrocité *f*

atrophy ['ætrəfɪ] *n* atrophie *f* ▸ *vt* atrophier ▸ *vi* s'atrophier

attach [ə'tætʃ] *vt* (*gen*) attacher ; (*document, letter*) joindre ; (*employee, troops*) affecter ; **to be attached to sb/sth** (*to like*) être attaché à qn/qch ; **to ~ a file to an email** joindre un fichier à un e-mail ; **the attached letter** la lettre ci-jointe

attaché [ə'tæʃeɪ] *n* attaché *m*

attaché case [ə'tæʃeɪ-] *n* mallette *f*, attaché-case *m*

attachment [ə'tætʃmənt] *n* (*tool*) accessoire *m* ; (*Comput*) fichier *m* joint ; (*love*): ~ (**to**) affection *f* (pour), attachement *m* (à)

attack [ə'tæk] *vt* attaquer ; (*task etc*) s'attaquer à ▸ *n* attaque *f* ; **heart ~** crise *f* cardiaque

attacker [ə'tækəʳ] *n* attaquant *m* ; agresseur *m*

attain [ə'teɪn] *vt* (*also*: **to attain to**) parvenir à, atteindre ; (*knowledge*) acquérir

attainable [ə'teɪnəbl] *adj* (*goal*) accessible

attainment [ə'teɪnmənt] n (achievement: of aim) réalisation f, obtention f ; (skill) connaissance f ; (of school pupil) résultat m

attempt [ə'tɛmpt] n tentative f ; **to make an ~ on sb's life** attenter à la vie de qn ; **he made no ~ to help** il n'a rien fait pour m'aider or l'aider etc ▸ vt essayer, tenter ; **attempted theft** etc (Law) tentative de vol etc

attempted [ə'tɛmptɪd] adj: **~ murder/suicide** tentative f de meurtre/suicide

attend [ə'tɛnd] vt (course) suivre ; (meeting, talk) assister à ; (school, church) aller à, fréquenter ; (patient) soigner, s'occuper de
▸ **attend on, attend upon** vt fus (person) servir, être au service de
▸ **attend to** vt fus (needs, affairs etc) s'occuper de ; (customer) s'occuper de, servir

attendance [ə'tɛndəns] n (being present) présence f ; (people present) assistance f

attendant [ə'tɛndənt] n employé(e) ; gardien(ne) ▸ adj concomitant(e), qui accompagne or s'ensuit

attendee [ætɛn'diː] (esp US) n participant(e)

attention [ə'tɛnʃən] n attention f ; (Mil): **at ~** au garde-à-vous ; **for the ~ of** (Admin) à l'attention de ; **it has come to my ~ that ...** je constate que ... ▸ excl (Mil) garde-à-vous ! ; **attentions** npl attentions fpl, prévenances fpl

attentive [ə'tɛntɪv] adj attentif(-ive) ; (kind) prévenant(e)

attentively [ə'tɛntɪvlɪ] adv attentivement, avec attention

attenuate [ə'tɛnjueɪt] vt atténuer ▸ vi s'atténuer

attest [ə'tɛst] vi: **to ~ to** témoigner de, attester de

attic ['ætɪk] n grenier m, combles mpl

attire [ə'taɪər] n habit m, atours mpl

attired [ə'taɪəd] adj (formal) vêtu(e) (formal) ; **~ in** vêtu(e) de

attitude ['ætɪtjuːd] n (behaviour) attitude f, manière f ; (posture) pose f, attitude ; (view): **~ (to)** attitude (envers)

attorney [ə'təːnɪ] n (US: lawyer) avocat m ; (having proxy) mandataire m ; **power of ~** procuration f

Attorney General n (BRIT) ≈ procureur général ; (US) ≈ garde m des Sceaux, ministre m de la Justice

attract [ə'trækt] vt attirer

attracted [ə'træktɪd] adj: **to be ~ to sb/sth** être attiré(e) par qn/qch

attraction [ə'trækʃən] n (gen pl: pleasant things) attraction f, attrait m ; (Physics) attraction ; (fig: towards sb, sth) attirance f

attractive [ə'træktɪv] adj séduisant(e), attrayant(e)

attractiveness [ə'træktɪvnɪs] n (of place, region) charme m ; (of person) beauté f, charme m ; (of scheme, price) attrait m

attribute n ['ætrɪbjuːt] attribut m ▸ vt [ə'trɪbjuːt]: **to ~ sth to** attribuer qch à

attribution [ætrɪ'bjuːʃən] n attribution f

attrition [ə'trɪʃən] n: **war of ~** guerre f d'usure

attuned [ə'tjuːnd] adj: **~ to** (feeling, needs) à l'écoute de ; (sound) accoutumé(e) à

Atty. Gen. abbr = **Attorney General**

ATV n abbr (= all terrain vehicle) véhicule m tout-terrain

atypical [eɪ'tɪpɪkl] adj atypique

aubergine ['əubəʒiːn] n aubergine f

auburn ['ɔːbən] adj auburn inv, châtain roux inv

auction ['ɔːkʃən] n (also: **sale by auction**) vente f aux enchères ▸ vt (also: **to sell by auction**) vendre aux enchères ; (also: **to put up for auction**) mettre aux enchères

auctioneer [ɔːkʃə'nɪər] n commissaire-priseur m

auction room n salle f des ventes

audacious [ɔː'deɪʃəs] adj impudent(e) ; audacieux(-euse), intrépide

audacity [ɔː'dæsɪtɪ] n impudence f ; audace f

audible ['ɔːdɪbl] adj audible

audience ['ɔːdɪəns] n (people) assistance f, public m ; (on radio) auditeurs mpl ; (at theatre) spectateurs mpl ; (interview) audience f

audio ['ɔːdɪəu] adj (equipment) audio inv

audiotape ['ɔːdɪəuteɪp] n (magnetic tape) bande f audio inv ; (US: cassette) cassette f ▸ vt (US) enregistrer sur cassette

audiovisual [ɔːdɪəu'vɪzjuəl] adj audiovisuel(le) ; **~ aids** supports or moyens audiovisuels

audit ['ɔːdɪt] n vérification f des comptes, apurement m ▸ vt vérifier, apurer

audition [ɔː'dɪʃən] n audition f ▸ vi auditionner

auditor ['ɔːdɪtər] n vérificateur(-trice) des comptes

auditorium [ɔːdɪ'tɔːrɪəm] n auditorium m, salle f de concert or de spectacle

auditory ['ɔːdɪtrɪ] adj auditif(-ive)

Aug. abbr = **August**

augment [ɔːg'mɛnt] vt, vi augmenter

augur ['ɔːgər] vt (be a sign of) présager, annoncer ▸ vi: **it augurs well** c'est bon signe or de bon augure, cela s'annonce bien

August ['ɔːgəst] n août m ; see also **July**

august [ɔː'gʌst] adj majestueux(-euse), imposant(e)

aunt [ɑːnt] n tante f

auntie, aunty ['ɑːntɪ] n diminutive of **aunt**

au pair ['əu'pɛər] n (also: **au pair girl**) jeune fille f au pair

aura ['ɔːrə] n atmosphère f ; (of person) aura f

aural ['ɔːrəl] adj (at school: comprehension, test) oral(e)

auspices ['ɔːspɪsɪz] npl: **under the ~ of** sous les auspices de

auspicious [ɔːs'pɪʃəs] adj de bon augure, propice

Aussie ['ɔzɪ] adj, n (inf) Aussie mf

austere [ɔs'tɪər] adj austère

austerity [ɔs'tɛrɪtɪ] n austérité f

Australasia [ɔːstrə'leɪzɪə] n Australasie f

Australia [ɔs'treɪlɪə] n Australie f

Australian [ɔs'treɪlɪən] adj australien(ne) ▸ n Australien(ne)

Austria ['ɔstrɪə] n Autriche f

Austrian ['ɔstrɪən] adj autrichien(ne) ▸ n Autrichien(ne)

AUT n abbr (BRIT: = Association of University Teachers) syndicat universitaire

auteur [ɔː'təːʳ] n (film director) grand(e) réalisateur(-trice)
authentic [ɔː'θɛntɪk] adj authentique
authenticate [ɔː'θɛntɪkeɪt] vt établir l'authenticité de
authentication [ɔːθɛntɪ'keɪʃən] n authentification f
authenticity [ɔːθɛn'tɪsɪtɪ] n authenticité f
author ['ɔːθəʳ] n auteur(e)
authorial [ɔː'θɔːrɪəl] adj (voice, intention) de l'auteur
authoritarian [ɔːθɔrɪ'tɛərɪən] adj autoritaire
authoritarianism [ɔːθɔrɪ'tɛərɪənɪzəm] n autoritarisme m
authoritative [ɔː'θɔrɪtətɪv] adj (account) digne de foi ; (study, treatise) qui fait autorité ; (manner) autoritaire
authority [ɔː'θɔrɪtɪ] n autorité f ; (permission) autorisation (formelle) ; **the authorities** les autorités fpl, l'administration f ; **to have ~ to do sth** être habilité à faire qch
authorization [ɔːθəraɪ'zeɪʃən] n autorisation f
authorize ['ɔːθəraɪz] vt autoriser
authorized capital ['ɔːθəraɪzd-] n (Comm) capital social
authorship ['ɔːθəʃɪp] n paternité f (littéraire etc)
autism ['ɔːtɪzəm] n autisme m
autistic [ɔː'tɪstɪk] adj autiste, autistique
auto ['ɔːtəu] n (US) auto f
autobiographical [ˌɔːtəubaɪə'græfɪkəl] adj autobiographique
autobiography [ɔːtəbaɪ'ɔgrəfɪ] n autobiographie f
autocracy [ɔː'tɔkrəsɪ] n autocratie f
autocrat ['ɔːtəkræt] n autocrate mf
autocratic [ɔːtə'krætɪk] adj autocratique
Autocue® ['ɔːtəukjuː] (Brit) n prompteur m
autograph ['ɔːtəgrɑːf] n autographe m ▶ vt signer, dédicacer
autoimmune [ɔːtəuɪ'mjuːn] adj auto-immune
automaker ['ɔːtəumeɪkəʳ] n (US) constructeur m automobile
automat ['ɔːtəmæt] n (vending machine) distributeur m (automatique) ; (US: place) cafétéria f avec distributeurs automatiques
automate ['ɔːtəmeɪt] vt automatiser
automated ['ɔːtəmeɪtɪd] adj automatisé(e)
automatic [ɔːtə'mætɪk] adj automatique ▶ n (gun) automatique m ; (washing machine) lave-linge m automatique ; (car) voiture f à transmission automatique
automatically [ɔːtə'mætɪklɪ] adv automatiquement
automatic data processing n traitement m automatique des données
automation [ɔːtə'meɪʃən] n automatisation f
automaton [ɔː'tɔmətən] (pl **automata** [-tə]) n automate m
automobile ['ɔːtəməbiːl] n (US) automobile f
automotive [ɔːtə'məutɪv] adj (industry, parts) automobile
autonomous [ɔː'tɔnəməs] adj autonome
autonomy [ɔː'tɔnəmɪ] n autonomie f
autopilot ['ɔːtəupaɪlət] n pilote m automatique ; **to be on ~** (plane) être sur pilote automatique ; (fig) marcher au radar

autopsy ['ɔːtɔpsɪ] n autopsie f
autumn ['ɔːtəm] n automne m
autumnal [ɔː'tʌmnəl] adj (colour) automnal(e) ; (weather) d'automne
auxiliary [ɔːg'zɪlɪərɪ] adj, n auxiliaire mf
AV n abbr (= Authorized Version) traduction anglaise de la Bible ▶ abbr = **audiovisual**
Av. abbr (= avenue) Av
avail [ə'veɪl] vt: **to ~ o.s. of** user de ; profiter de ▶ n: **to no ~** sans résultat, en vain, en pure perte
availability [əveɪlə'bɪlɪtɪ] n disponibilité f
available [ə'veɪləbl] adj disponible ; **every ~ means** tous les moyens possibles or à sa (or notre etc) disposition ; **is the manager ~?** est-ce que le directeur peut (me) recevoir ? ; (on phone) pourrais-je parler au directeur ? ; **to make sth ~ to sb** mettre qch à la disposition de qn
avalanche ['ævəlɑːnʃ] n avalanche f
avant-garde ['ævɔŋ'gɑːd] adj d'avant-garde
avarice ['ævərɪs] n avarice f
avaricious [ævə'rɪʃəs] adj âpre au gain
avdp. abbr = **avoirdupois**
Ave. abbr (= avenue) Av
avenge [ə'vɛndʒ] vt venger
avenger [ə'vɛndʒəʳ] n vengeur(-eresse)
avenue ['ævənjuː] n avenue f ; (fig) moyen m
aver [ə'vəːʳ] vt (formal) affirmer
average ['ævərɪdʒ] n moyenne f ; **on ~** en moyenne ; **above/below (the) ~** au-dessus/en-dessous de la moyenne ▶ adj moyen(ne) ▶ vt (a certain figure) atteindre or faire etc en moyenne ▶ **average out** vi: **to ~ out at** représenter en moyenne, donner une moyenne de
averse [ə'vəːs] adj: **to be ~ to sth/doing** éprouver une forte répugnance envers qch/à faire ; **I wouldn't be ~ to a drink** un petit verre ne serait pas de refus, je ne dirais pas non à un petit verre
aversion [ə'vəːʃən] n aversion f, répugnance f
avert [ə'vəːt] vt (danger) prévenir, écarter ; (one's eyes) détourner
aviary ['eɪvɪərɪ] n volière f
aviation [eɪvɪ'eɪʃən] n aviation f
aviator ['eɪvɪeɪtəʳ] n aviateur(-trice)
avid ['ævɪd] adj avide
avidly ['ævɪdlɪ] adv avidement, avec avidité
avionics [eɪvɪ'ɔnɪks] n avionique f
avocado [ævə'kɑːdəu] n (Brit: also: **avocado pear**) avocat m
avoid [ə'vɔɪd] vt éviter
avoidable [ə'vɔɪdəbl] adj évitable
avoidance [ə'vɔɪdəns] n le fait d'éviter
avowed [ə'vaud] adj déclaré(e)
AVP n abbr (US) = **assistant vice-president**
AWACS ['eɪwæks] n abbr (= airborne warning and control system) AWACS (système aéroporté d'alerte et de contrôle)
await [ə'weɪt] vt attendre ; **awaiting attention/delivery** (Comm) en souffrance ; **long awaited** tant attendu(e)
awake [ə'weɪk] (pt **awoke** [ə'wəuk], pp **awoken** [ə'wəukən]) adj éveillé(e) ; (fig) en éveil ; **to be ~** être réveillé(e) ; **he was still ~** il ne dormait pas encore ; **~ to** conscient de ▶ vt éveiller ▶ vi s'éveiller

awaken [ə'weɪkən] (*literary*) *vi*: **to ~ to sth** (*become aware of*) prendre conscience de qch ; (*wake up*) s'éveiller ▸ *vt* (*wake up*: *person*) réveiller ; (*interest*) éveiller

awakening [ə'weɪknɪŋ] *n* réveil *m*

award [ə'wɔːd] *n* (*for bravery*) récompense *f* ; (*prize*) prix *m* ; (*Law*: *damages*) dommages-intérêts *mpl* ▸ *vt* (*prize*) décerner ; (*Law*: *damages*) accorder

award ceremony *n* cérémonie *f* de remise des prix

aware [ə'wɛəʳ] *adj*: **~ of** (*conscious*) conscient(e) de ; (*informed*) au courant de ; **to become ~ of/ that** prendre conscience de/que ; se rendre compte de/que ; **politically/socially ~** sensibilisé(e) aux *or* ayant pris conscience des problèmes politiques/sociaux ; **I am fully ~ that** je me rends parfaitement compte que

awareness [ə'wɛənɪs] *n* conscience *f*, connaissance *f* ; **to develop people's ~ (of)** sensibiliser le public (à)

awash [ə'wɔʃ] *adj* recouvert(e) (d'eau) ; **~ with** inondé(e) de

away [ə'weɪ] *adv* (au) loin ; (*movement*): **she went ~** elle est partie ; **far ~** (au) loin ; **two kilometres ~** à (une distance de) deux kilomètres, à deux kilomètres de distance ; **two hours ~ by car** à deux heures de voiture *or* de route ; **the holiday was two weeks ~** il restait deux semaines jusqu'aux vacances ; **~ from** loin de ; **to take sth ~ from sth** (*subtract*) ôter qch de qch ; **to take sth ~ from sb** prendre qch à qn ; **to work/pedal ~** travailler/ pédaler à cœur joie ; **to fade ~** (*colour*) s'estomper ; (*sound*) s'affaiblir ▸ *adj* (*not in, not here*) absent(e) ; **he's ~ for a week** il est parti (pour) une semaine ; **he's ~ in Milan** il est (parti) à Milan

away game, away match *n* (*Sport*) match *m* à l'extérieur

awe [ɔː] *n* respect mêlé de crainte, effroi mêlé d'admiration

awe-inspiring ['ɔːɪnspaɪərɪŋ], **awesome** ['ɔːsəm] *adj* impressionnant(e)

awesome ['ɔːsəm] (*US*) *adj* (*inf*: *excellent*) génial(e)

awestruck ['ɔːstrʌk] *adj* frappé(e) d'effroi

awful ['ɔːfəl] *adj* affreux(-euse) ; **an ~ lot of** énormément de

awfully ['ɔːfəlɪ] *adv* (*very*) terriblement, vraiment

awhile [ə'waɪl] *adv* un moment, quelque temps

awkward ['ɔːkwəd] *adj* (*clumsy*) gauche, maladroit(e) ; (*inconvenient*) peu pratique ; (*embarrassing*) gênant ; **I can't talk just now, it's a bit ~** je ne peux pas parler tout de suite, c'est un peu difficile

awkwardness ['ɔːkwədnɪs] *n* (*embarrassment*) gêne *f*

awl [ɔːl] *n* alêne *f*

awning ['ɔːnɪŋ] *n* (*of tent*) auvent *m* ; (*of shop*) store *m* ; (*of hotel etc*) marquise *f* (de toile)

awoke [ə'wəuk] *pt of* **awake**

awoken [ə'wəukən] *pp of* **awake**

AWOL ['eɪwɔl] *abbr* (*Mil*) = **absent without leave**

awry [ə'raɪ] *adv*, *adj* de travers ; **to go ~** mal tourner

axe, (*US*) **ax** [æks] *n* hache *f* ; **to have an ~ to grind** (*fig*) prêcher pour son saint ▸ *vt* (*employee*) renvoyer ; (*project etc*) abandonner ; (*jobs*) supprimer

axes ['æksiːz] *npl of* **axis**

axiom ['æksɪəm] *n* axiome *m*

axiomatic [æksɪəu'mætɪk] *adj* axiomatique

axis ['æksɪs] (*pl* **axes** [-siːz]) *n* axe *m*

axle ['æksl] *n* (*also*: **axle-tree**) essieu *m*

ay, aye [aɪ] *excl* (*yes*) oui ▸ *n*: **the ay(e)s** les oui

ayatollah [aɪə'tɔlə] *n* ayatollah *m*

AYH *n abbr* = **American Youth Hostels**

AZ *abbr* (*US*) = **Arizona**

azalea [ə'zeɪlɪə] *n* azalée *f*

Azerbaijan [æzəbaɪ'dʒɑːn] *n* Azerbaïdjan *m*

Azerbaijani [æzəbaɪ'dʒɑːnɪ], **Azeri** [ə'zɛərɪ] *adj* azerbaïdjanais(e) ▸ *n* Azerbaïdjanais(e)

Azores [ə'zɔːz] *npl*: **the ~** les Açores *fpl*

AZT *n abbr* (= *azidothymidine*) AZT *f*

Aztec ['æztɛk] *adj* aztèque ▸ *n* Aztèque *mf*

azure ['eɪʒəʳ] *adj* azuré(e)

Bb

B, b [biː] n (letter) B, b m ; (Scol: mark) B ; (Mus): **B** si m ; **B for Benjamin,** (US) **B for Baker** B comme Berthe ; **B road** n (BRIT Aut) route départementale

b. abbr = **born**

B2B [ˌbiːtəˈbiː] adj abbr, n abbr (= business to business) b2b m

B2C [ˌbiːtəˈsiː] adj abbr, n abbr (= business to consumer) b2c m

B4 [biːˈfɔːʳ] abbr (in text message, e-mail: = before) avant

B.A. abbr = **British Academy**; (Scol) = **Bachelor of Arts**

babble [ˈbæbl] vi babiller ▶ n babillage m

babe [beɪb] n (esp US inf: term of address) ma poule ; (woman) canon m (inf), super nana f (inf) ; (old: baby) bébé m

baboon [bəˈbuːn] n babouin m

baby [ˈbeɪbɪ] n bébé m

baby boomer [ˈbeɪbibuːməʳ] n enfant mf du baby-boom

baby carriage n (US) voiture f d'enfant

baby food n aliments mpl pour bébé(s)

baby grand n (also: **baby grand piano**) (piano m) demi-queue m

babyish [ˈbeɪbiɪʃ] adj enfantin(e), de bébé

baby-minder [ˈbeɪbɪmaɪndəʳ] n (BRIT) gardienne f (d'enfants)

baby-sit [ˈbeɪbɪsɪt] vi garder les enfants

baby-sitter [ˈbeɪbɪsɪtəʳ] n baby-sitter mf

baby talk n langage m bébé

baby wipe n lingette f (pour bébé)

baccalaureate [ˌbækəˈlɔːriət] n baccalauréat m ; **international ~** baccalauréat international

bachelor [ˈbætʃələʳ] n célibataire m ; **B~ of Arts/ Science (BA/BSc)** ≈ licencié(e) ès or en lettres/ sciences ; **B~ of Arts/Science degree (BA/BSc)** n ≈ licence f ès or en lettres/sciences ; voir article

: **BACHELOR'S DEGREE**
:
: Un **Bachelor's degree** est un diplôme accordé
: après trois ou quatre années d'université. Les
: Bachelor's degrees les plus courants sont le BA
: (Bachelor of Arts), le BSc (Bachelor of Science) ou BS
: aux États-Unis, le BEd (Bachelor of Education) et
: le LLB (Bachelor of Laws).

bachelor party n (US) enterrement m de vie de garçon

bacillus [bəˈsɪləs] n bacille m

back [bæk] n (of person, horse) dos m ; (of hand) dos, revers m ; (of house, car, train) arrière m ; (of chair) dossier m ; (of page) verso m ; (Football) arrière m ; **can the people at the ~ hear me properly?** est-ce que les gens du fond m'entendent ? ; **to have one's ~ to the wall** (fig) être au pied du mur ; **to break the ~ of a job** (BRIT) faire le gros d'un travail ; **~ to front** à l'envers ▶ vt (financially) soutenir (financièrement) ; (candidate: also: **back up**) soutenir, appuyer ; (horse: at races) parier or miser sur ; (car) (faire) reculer ▶ vi reculer ; (car etc) faire marche arrière ▶ adj (in compounds) de derrière, à l'arrière ; **~ seat/wheel** (Aut) siège m/roue f arrière inv ; **~ payments/rent** arriéré m de paiements/loyer ; **~ garden/room** jardin/pièce sur l'arrière ; **to take a ~ seat** (fig) se contenter d'un second rôle, être relégué(e) au second plan ▶ adv (not forward) en arrière ; (returned): **he's ~** est rentré, il est de retour ; **when will you be ~?** quand seras-tu de retour ? ; **he ran ~** il est revenu en courant ; **throw the ball ~** renvoie la balle ; **can I have it ~?** puis-je le ravoir ?, peux-tu me le rendre ? ; **he called ~** (again) il a rappelé

▶ **back down** vi rabattre de ses prétentions

▶ **back on to** vt fus: **the house backs on to the golf course** la maison donne derrière sur le terrain de golf

▶ **back out** vi (of promise) se dédire

▶ **back up** vt (person) soutenir ; (Comput) faire une copie de sauvegarde de

backache [ˈbækeɪk] n mal m au dos

backbencher [bækˈbentʃəʳ] n (BRIT) membre du parlement sans portefeuille

back benches npl (BRIT) voir article

: **BACK BENCHES**
:
: Le terme **back benches** désigne les bancs les
: plus éloignés de l'allée centrale de la
: Chambre des communes. Les députés qui
: occupent ces bancs sont les backbenchers et ils
: n'ont pas de portefeuille ministériel.

backbiting [ˈbækbaɪtɪŋ] n médisance(s) f(pl)

backbone [ˈbækbəun] n colonne vertébrale, épine dorsale ; **he's the ~ of the organization** c'est sur lui que repose l'organisation

back-breaking [ˈbækbreɪkɪŋ] adj (work, labour) éreintant(e)

back burner [bækˈbəːnəʳ] n: **on the ~** en veilleuse

backchat ['bæktʃæt] *n* (*BRIT inf*) impertinences *fpl*

backcloth ['bækklɔθ] *n* (*BRIT*) toile *f* de fond

backcomb ['bækkəʊm] *vt* (*BRIT*) crêper

back country (*US*) *n*: **the ~** la campagne *f* profonde

backdate [bæk'deɪt] *vt* (*letter*) antidater ; **backdated pay rise** augmentation *f* avec effet rétroactif

back door *n* porte *f* de derrière

backdrop ['bækdrɔp] *n* = **backcloth**

backer ['bækəʳ] *n* partisan *m* ; (*Comm*) commanditaire *m*

backfire [bæk'faɪəʳ] *vi* (*Aut*) pétarader ; (*plans*) mal tourner

backgammon ['bækgæmən] *n* trictrac *m*

background ['bækgraʊnd] *n* arrière-plan *m* ; (*of events*) situation *f*, conjoncture *f* ; (*basic knowledge*) éléments *mpl* de base ; (*experience*) formation *f* ; **family ~** milieu familial ▶ *cpd* (*noise, music*) de fond ; **~ reading** lecture(s) générale(s) (sur un sujet)

backhand ['bækhænd] *n* (*Tennis: also*: **backhand stroke**) revers *m*

backhanded ['bæk'hændɪd] *adj* (*fig*) déloyal(e) ; équivoque

backhander ['bæk'hændəʳ] *n* (*BRIT*: *bribe*) pot-de-vin *m*

backing ['bækɪŋ] *n* (*fig*) soutien *m*, appui *m* ; (*Comm*) soutien (financier) ; (*Mus*) accompagnement *m*

backlash ['bæklæʃ] *n* contre-coup *m*, répercussion *f*

backless ['bæklɪs] *adj* (*dress, top*) dos nu *inv*

backlog ['bæklɔg] *n*: **~ of work** travail *m* en retard

back number *n* (*of magazine etc*) vieux numéro

backpack ['bækpæk] *n* sac *m* à dos

backpacker ['bækpækəʳ] *n* randonneur(-euse)

back pain *n* mal *m* de dos

back pay *n* rappel *m* de salaire

backpedal ['bækpedl] *vi* (*fig*) faire marche arrière

backrest ['bækrest] *n* dossier *m*

backroom ['bækrum] *n* (*place: lit*) pièce *f* du fond ; (*: fig*) coulisses *fpl* ▶ *cpd* (*pej: deal, negotiations*) dans les coulisses ; **~ team** équipe qui travaille dans les coulisses

backseat driver ['bæksi:t-] *n* passager qui donne des conseils au conducteur

backside ['bæksaɪd] *n* (*inf*) derrière *m*, postérieur *m*

back-slapping ['bækslæpɪŋ] *n* (*cordiality*) cordialité *f* ; (*congratulating*) félicitations *fpl*

backslash ['bækslæʃ] *n* barre oblique inversée

backslide ['bækslaɪd] *vi* retomber dans l'erreur

backspace ['bækspeɪs] *vi* (*in typing*) appuyer sur la touche retour

backstage [bæk'steɪdʒ] *adv* dans les coulisses

back-street ['bækstriːt] *adj* (*abortion*) clandestin(e) ; **~ abortionist** avorteur(-euse) (*clandestin*)

backstroke ['bækstrəʊk] *n* dos crawlé

backtrack ['bæktræk] *vi* (*fig*) = **backpedal**

backup ['bækʌp] *adj* (*train, plane*) supplémentaire, de réserve ; (*Comput*) de sauvegarde ▶ *n* (*support*) appui *m*, soutien *m* ; (*Comput: also*: **backup file**) sauvegarde *f*

backward ['bækwəd] *adj* (*movement*) en arrière ; (*measure*) rétrograde ; (*person, country*) arriéré(e), attardé(e) ; (*shy*) hésitant(e) ; **~ and forward movement** mouvement de va-et-vient

backward-looking ['bækwədlukɪŋ] *adj* rétrograde

backwards ['bækwədz] *adv* (*move, go*) en arrière ; (*read a list*) à l'envers, à rebours ; (*fall*) à la renverse ; (*walk*) à reculons ; (*in time*) en arrière, vers le passé ; **to know sth ~** *or* (*US*) **~ and forwards** (*inf*) connaître qch sur le bout des doigts

backwash ['bækwɔʃ] *n* (*repercussions*) contrecoup *m* ; **in the ~ of sth** à la suite de qch

backwater ['bækwɔːtəʳ] *n* (*fig*) coin reculé ; bled perdu

backwoods ['bækwudz] *npl* coin *m* reculé ; **the ~ of** le fin fond de ▶ *cpd* (*town, area*) reculé(e)

backyard [bæk'jɑːd] *n* arrière-cour *f*

bacon ['beɪkən] *n* bacon *m*, lard *m*

bacteria [bæk'tɪərɪə] *npl* bactéries *fpl*

bacterial [bæk'tɪərɪəl] *adj* bactérien(ne)

bacteriology [bæktɪərɪ'ɔlədʒɪ] *n* bactériologie *f*

bacterium [bæk'tɪərɪəm] *n* of **bacteria**

bad [bæd] *adj* mauvais(e) ; (*child*) vilain(e) ; (*mistake, accident*) grave ; (*meat, food*) gâté(e), avarié(e) ; **his ~ leg** sa jambe malade ; **to go ~** (*meat, food*) se gâter ; (*milk*) tourner ; **to have a ~ time of it** traverser une mauvaise passe ; **I feel ~ about it** (*guilty*) j'ai un peu mauvaise conscience ; **~ debt** créance douteuse ; **in ~ faith** de mauvaise foi

bad cheque, (*US*) **bad check** *n* chèque *m* en bois

baddie, baddy ['bædɪ] *n* (*inf: Cine etc*) méchant *m*

bade [bæd] *pt* of **bid**

badge [bædʒ] *n* insigne *m* ; (*of policeman*) plaque *f* ; (*stick-on, sew-on*) badge *m*

badger ['bædʒəʳ] *n* blaireau *m* ▶ *vt* harceler

badinage ['bædɪnɑːʒ] *n* (*literary*) badinage *m*

badly ['bædlɪ] *adv* (*work, dress etc*) mal ; **to reflect ~ on sb** donner une mauvaise image de qn ; **~ wounded** grièvement blessé ; **he needs it ~** il en a absolument besoin ; **things are going ~** les choses vont mal ; **~ off** *adj, adv* dans la gêne

bad-mannered ['bæd'mænəd] *adj* mal élevé(e)

badminton ['bædmɪntən] *n* badminton *m*

bad-mouth ['bæd'maʊθ] *vt* (*inf*) débiner

bad-tempered ['bæd'tempəd] *adj* (*by nature*) ayant mauvais caractère ; (*on one occasion*) de mauvaise humeur

baffle ['bæfl] *vt* (*puzzle*) laisser perplexe

baffled ['bæfld] *adj* perplexe ; **to be ~ by sth** être dérouté(e) par qch

baffling ['bæflɪŋ] *adj* déroutant(e), déconcertant(e)

bag [bæg] *n* sac *m* ; (*of hunter*) gibecière *f*, chasse *f* ; **bags of** (*inf*: *lots of*) des tas de ; **to pack one's bags** faire ses valises *or* bagages ; **bags under the eyes** poches *fpl* sous les yeux ▶ *vt* (*inf*: *take*) empocher ; s'approprier ; (*Tech*) mettre en sacs

bagful ['bægful] *n* plein sac

baggage ['bægɪdʒ] *n* bagages *mpl*

baggage allowance n franchise f de bagages
baggage reclaim n (at airport) livraison f des bagages
baggy ['bægɪ] adj avachi(e), qui fait des poches
Baghdad [bæg'dæd] n Bagdad
bag lady n (inf) clocharde f
bagpipes ['bægpaɪps] npl cornemuse f
bag-snatcher ['bægsnætʃəʳ] n (BRIT) voleur(-euse) à l'arraché
bag-snatching ['bægsnætʃɪŋ] n (BRIT) vol m à l'arraché
baguette [bæ'gɛt] n baguette f
Bahamas [bə'hɑːməz] npl: **the ~** les Bahamas fpl
Bahrain [bɑː'reɪn] n Bahreïn m
bail [beɪl] n caution f; **to be released on ~** être libéré(e) sous caution ▶ vt (prisoner: also: **grant bail to**) mettre en liberté sous caution; (boat: also: **bail out**) écoper; see **bale**
  ▶ **bail out** vt (prisoner) payer la caution de
bailiff ['beɪlɪf] n huissier m
bailout ['beɪlaʊt] n sauvetage m (de banque, d'entreprise)
bait [beɪt] n appât m ▶ vt appâter; (fig: tease) tourmenter
bake [beɪk] vt (faire) cuire au four ▶ vi (bread etc) cuire (au four); (make cakes etc) faire de la pâtisserie
baked beans [beɪkt-] npl haricots blancs à la sauce tomate
baked potato n pomme f de terre en robe des champs
baker ['beɪkəʳ] n boulanger(-ère)
bakery ['beɪkərɪ] n boulangerie f; boulangerie industrielle
baking ['beɪkɪŋ] n (process) cuisson f
baking powder n levure f (chimique)
baking tin n (for cake) moule m à gâteaux; (for meat) plat m pour le four
baking tray n plaque f à gâteaux
balaclava [bælə'klɑːvə] n (also: **balaclava helmet**) passe-montagne m
balance ['bæləns] n équilibre m; (Comm: sum) solde m; (remainder) reste m; (scales) balance f; **~ of trade/payments** balance commerciale/des comptes or paiements; **~ carried forward** solde m à reporter; **~ brought forward** solde reporté ▶ vt mettre or faire tenir en équilibre; (pros and cons) peser; (budget) équilibrer; (account) balancer; (compensate) compenser, contrebalancer; **to ~ the books** arrêter les comptes, dresser le bilan
balanced ['bælənst] adj (personality, diet) équilibré(e); (report) objectif(-ive)
balance sheet n bilan m
balcony ['bælkənɪ] n balcon m; **do you have a room with a ~?** avez-vous une chambre avec balcon?
bald [bɔːld] adj chauve; (tyre) lisse
balding ['bɔːldɪŋ] adj aux cheveux clairsemés
baldness ['bɔːldnɪs] n calvitie f
bale [beɪl] n balle f, ballot m
  ▶ **bale out** vi (of a plane) sauter en parachute ▶ vt (Naut: water, boat) écoper
Balearic Islands [bælɪ'ærɪk-] npl: **the ~** les (îles fpl) Baléares fpl

baleful ['beɪlful] adj funeste, maléfique
balk [bɔːk] vi: **to ~ (at)** (person) regimber (contre); (horse) se dérober (devant)
Balkan ['bɔːlkən] adj balkanique ▶ n: **the Balkans** les Balkans mpl
ball [bɔːl] n boule f; (football) ballon m; (for tennis, golf) balle f; (dance) bal m; **to play ~** jouer au ballon (or à la balle); (fig) coopérer; **to be on the ~** (fig: competent) être à la hauteur; (: alert) être éveillé(e), être vif (vive); **to start the ~ rolling** (fig) commencer; **the ~ is in their court** (fig) la balle est dans leur camp
ballad ['bæləd] n ballade f
ballast ['bæləst] n lest m
ball bearings n roulement m à billes
ball cock n robinet m à flotteur
ballerina [bælə'riːnə] n ballerine f
ballet ['bæleɪ] n ballet m; (art) danse f (classique)
ballet dancer n danseur(-euse) de ballet
ballet shoe n chausson m de danse
ball game n (tennis, baseball) jeu m de balle; (football, basketball) jeu m de ballon; (US: baseball match) match m de base-ball; (fig: situation) course f; **a (whole) different ~** une (tout) autre histoire
ballgown ['bɔːlgaun] n robe f de bal
ballistic [bə'lɪstɪk] adj balistique
ballistics [bə'lɪstɪks] n balistique f
balloon [bə'luːn] n ballon m; (in comic strip) bulle f ▶ vi gonfler
balloonist [bə'luːnɪst] n aéronaute mf
ballot ['bælət] n scrutin m
ballot box n urne (électorale)
ballot paper n bulletin m de vote
ballot rigging ['bælətrɪgɪŋ] n fraude f électorale
ballpark ['bɔːlpɑːk] n (US) stade m de base-ball
ballpark figure n (inf) chiffre approximatif
ballplayer ['bɔːlpleɪəʳ] (US) n joueur(-euse) de base-ball
ballpoint ['bɔːlpɔɪnt], **ballpoint pen** n stylo m à bille
ballroom ['bɔːlrum] n salle f de bal
balls [bɔːlz] npl (inf!) couilles fpl (!)
ballsy ['bɔːlzɪ] adj (inf: person, behaviour) gonflé(e)
ballyhoo [ˌbælɪ'huː] n bruit m
balm [bɑːm] n baume m
balmy ['bɑːmɪ] adj (breeze, air) doux (douce); (BRIT inf) = **barmy**
baloney [bə'ləunɪ] n (inf: US esp) balivernes fpl
BALPA ['bælpə] n abbr (= British Airline Pilots' Association) syndicat des pilotes de ligne
balsa ['bɔːlsə], **balsa wood** n balsa m
balsam ['bɔːlsəm] n baume m
balsamic [bɔːl'sæmɪk] n (also: **balsamic vinegar**) vinaigre m balsamique
Baltic ['bɔːltɪk] adj, n: **the ~ (Sea)** la (mer) Baltique
balustrade [bæləs'treɪd] n balustrade f
bamboo [bæm'buː] n bambou m
bamboozle [bæm'buːzl] vt (inf) embobiner
ban [bæn] n interdiction f ▶ vt interdire; **he was banned from driving** (BRIT) on lui a retiré le permis (de conduire)
banal [bə'nɑːl] adj banal(e)

banality [bə'nælɪtɪ] *n* banalité *f*
banana [bə'nɑːnə] *n* banane *f*
band [bænd] *n* bande *f* ; *(at a dance)* orchestre *m* ; *(Mil)* musique *f*, fanfare *f*
▶ **band together** *vi* se liguer
bandage ['bændɪdʒ] *n* bandage *m*, pansement *m* ▶ *vt (wound, leg)* mettre un pansement *or* un bandage sur ; *(person)* mettre un pansement *or* un bandage à
Band-Aid® ['bændeɪd] *n (US)* pansement adhésif
bandanna, bandana [bæn'dænə] *n* bandana *m*
B. & B. *n abbr* = **bed and breakfast**
bandit ['bændɪt] *n* bandit *m*
band leader ['bændliːdəʳ] *n* chef *m* d'orchestre
bandstand ['bændstænd] *n* kiosque *m* (à musique)
bandwagon ['bændwægən] *n*: **to jump on the ~** *(fig)* monter dans *or* prendre le train en marche
bandwidth ['bændwɪdθ] *n* largeur *f* de bande
bandy ['bændɪ] *vt (jokes, insults)* échanger
▶ **bandy about** *vt* employer à tout bout de champ *or* à tort et à travers
bandy-legged ['bændɪ'lɛgɪd] *adj* aux jambes arquées
bane [beɪn] *n*: **it (or he etc) is the ~ of my life** c'est (or il est etc) le drame de ma vie
bang [bæŋ] *n* détonation *f* ; *(of door)* claquement *m* ; *(blow)* coup (violent) ▶ *vt* frapper (violemment) ; *(door)* claquer ▶ *vi* détoner ; claquer ; **to ~ at the door** cogner à la porte ; **to ~ into sth** se cogner contre qch ▶ *adv*: **to be ~ on time** *(BRIT inf)* être à l'heure pile
▶ **bang on about** *vt fus (BRIT inf)* radoter sur
▶ **bang up** *vt (BRIT inf: in prison)* coffrer *(inf)* ; **to be banged up in a cell** être coincé(e) *(inf)* dans une cellule
banger ['bæŋəʳ] *n (BRIT inf: car: also: **old banger**)* (vieux) tacot *m* ; *(inf: sausage)* saucisse *f* ; *(firework)* pétard *m*
Bangkok [bæŋ'kɔk] *n* Bangkok
Bangladesh [bæŋglə'dɛʃ] *n* Bangladesh *m*
Bangladeshi [bæŋglə'dɛʃi] *adj* du Bangladesh
▶ *n* habitant(e) du Bangladesh
bangle ['bæŋgl] *n* bracelet *m*
bang-on [,bæŋ'ɔn] *adj (BRIT inf)* au poil *(inf)* ; **to be ~ with sth** être au poil *(inf)* avec qch
bangs [bæŋz] *npl (US: fringe)* frange *f*
banish ['bænɪʃ] *vt* bannir
banishment ['bænɪʃmənt] *n* bannissement *m*
banister ['bænɪstəʳ] *n*, **banisters** ['bænɪstəz] *npl* rampe *f* (d'escalier)
banjo ['bændʒəu] *(pl **banjoes** or **banjos**) *n* banjo *m*
bank [bæŋk] *n* banque *f* ; *(of river, lake)* bord *m*, rive *f* ; *(of earth)* talus *m*, remblai *m* ▶ *vi (Aviat)* virer sur l'aile ; *(Comm)*: **they ~ with Pitt's** leur banque *or* banquier est Pitt's
▶ **bank on** *vt fus* miser *or* tabler sur
bank account *n* compte *m* en banque
bank balance *n* solde *m* bancaire
bank card *(BRIT)* *n* carte *f* d'identité bancaire
bank charges *npl (BRIT)* frais *mpl* de banque
bank draft *n* traite *f* bancaire

banker ['bæŋkəʳ] *n* banquier(-ère) ; **~'s card** *(BRIT)* carte *f* d'identité bancaire ; **~'s order** *(BRIT)* ordre *m* de virement
bank giro *n* paiement *m* par virement
bank holiday *n (BRIT)* jour férié *(où les banques sont fermées)*

BANK HOLIDAY

Le terme **bank holiday** s'applique au Royaume-Uni aux jours fériés pendant lesquels les banques (et généralement les petits commerces) sont fermés. Les principaux *bank holidays* à part Noël et Pâques se situent au mois de mai et fin août, et contrairement aux pays de tradition catholique, ne coïncident pas nécessairement avec une fête religieuse.

banking ['bæŋkɪŋ] *n* opérations *fpl* bancaires ; profession *f* de banquier
banking hours *npl* heures *fpl* d'ouverture des banques
bank loan *n* prêt *m* bancaire
bank manager *n* directeur *m* d'agence (bancaire)
banknote ['bæŋknəut] *n* billet *m* de banque
bank rate *n* taux *m* de l'escompte
bankroll ['bæŋkrəul] *vt* financer
bankrupt ['bæŋkrʌpt] *n* failli(e) ▶ *adj* en faillite ; **to go ~** faire faillite
bankruptcy ['bæŋkrʌptsɪ] *n* faillite *f*
bank statement *n* relevé *m* de compte
banner ['bænəʳ] *n* bannière *f*
bannister ['bænɪstəʳ] *n*, **bannisters** ['bænɪstəz] *npl* = **banister**
banns [bænz] *npl* bans *mpl* (de mariage)
banquet ['bæŋkwɪt] *n* banquet *m*, festin *m*
bantam-weight ['bæntəmweɪt] *n* poids *m* coq *inv*
banter ['bæntəʳ] *n* badinage *m*
baobab ['beɪəu,bæb] *n* baobab *m*
bap [bæp] *n (BRIT: roll)* petit pain *m*
baptism ['bæptɪzəm] *n* baptême *m*
baptismal [bæp'tɪzməl] *adj* de baptême
Baptist ['bæptɪst] *n* baptiste *mf*
baptize [bæp'taɪz] *vt* baptiser
bar [bɑːʳ] *n (pub)* bar *m* ; *(counter)* comptoir *m*, bar ; *(rod: of metal etc)* barre *f* ; *(: of window etc)* barreau *m* ; *(of chocolate)* tablette *f*, plaque *f* ; *(fig: obstacle)* obstacle *m* ; *(prohibition)* mesure *f* d'exclusion ; *(Mus)* mesure *f* ; **~ of soap** savonnette *f* ; **behind bars** *(prisoner)* derrière les barreaux ; **the B~** *(Law)* le barreau ▶ *vt (road)* barrer ; *(window)* munir de barreaux ; *(person)* exclure ; *(activity)* interdire ▶ *prep*: **~ none** sans exception
Barbados [bɑː'beɪdɔs] *n* Barbade *f*
barbarian [bɑː'bɛərɪən] *adj*, *n* barbare *mf*
barbaric [bɑː'bærɪk] *adj* barbare
barbarism ['bɑːbərɪzəm] *n* barbarie *f*
barbarity [bɑː'bærɪtɪ] *n* barbarie *f*
barbarous ['bɑːbərəs] *adj* barbare, cruel(le)
barbecue ['bɑːbɪkjuː] *n* barbecue *m*
barbed [bɑːbd] *adj (comment, criticism)* acéré(e)
barbed wire ['bɑːbd-] *n* fil *m* de fer barbelé
barber ['bɑːbəʳ] *n* coiffeur *m* (pour hommes)

barber's (shop) [ˈbɑːbəz-], (US) **barber shop** n salon m de coiffure (pour hommes) ; **to go to the barber's** aller chez le coiffeur

barbie [ˈbɑːbɪ] n (BRIT, AUSTRALIA inf: barbecue) barbecue m

barbiturate [bɑːˈbɪtjurɪt] n barbiturique m

Barcelona [bɑːsəˈləunə] n Barcelone

bar chart n diagramme m en bâtons

bar code n code m à barres, code-barre m

bard [bɑːd] n (literary) poète m

bare [bɛəʳ] adj nu(e) ; **the ~ essentials** le strict nécessaire ▶ vt mettre à nu, dénuder ; (teeth) montrer

bareback [ˈbɛəbæk] adv à cru, sans selle

barefaced [ˈbɛəfeɪst] adj impudent(e), effronté(e)

barefoot [ˈbɛəfut] adj, adv nu-pieds, (les) pieds nus

bareheaded [bɛəˈhɛdɪd] adj, adv nu-tête, (la) tête nue

barely [ˈbɛəlɪ] adv à peine

Barents Sea [ˈbærənts-] n: **the ~** la mer de Barents

bargain [ˈbɑːgɪn] n (transaction) marché m ; (good buy) affaire f, occasion f ; **into the ~** par-dessus le marché ▶ vi (haggle) marchander ; (negotiate) négocier, traiter
▶ **bargain for** vt fus (inf): **he got more than he bargained for!** il en a eu pour son argent !
▶ **bargain on** vt fus (expect) s'attendre à ; **to ~ on sth happening** s'attendre à ce que qch arrive

bargain-basement cpd (prices, rates) de bazar

bargain hunter n personne f à l'affût des bonnes occasions

bargaining [ˈbɑːgənɪŋ] n marchandage m ; négociations fpl

bargaining position n: **to be in a weak/ strong ~** être en mauvaise/bonne position pour négocier

barge [bɑːdʒ] n péniche f
▶ **barge in** vi (walk in) faire irruption ; (interrupt talk) intervenir mal à propos
▶ **barge into** vt fus rentrer dans
▶ **barge past** vt fus bousculer en passant ▶ vi foncer

baritone [ˈbærɪtəun] n baryton m

barium meal [ˈbɛərɪəm-] n (bouillie f de) sulfate m de baryum

bark [bɑːk] n (of tree) écorce f ; (of dog) aboiement m ▶ vi aboyer

barking mad, barking [ˈbɑːkɪŋ] adj (BRIT inf) complètement cinglé(e) (inf)

barley [ˈbɑːlɪ] n orge f

barley sugar n sucre m d'orge

barmaid [ˈbɑːmeɪd] n serveuse f (de bar), barmaid f

barman [ˈbɑːmən] n (irreg) serveur m (de bar), barman m

bar meal n repas m de bistrot ; **to go for a ~** aller manger au bistrot

barmy [ˈbɑːmɪ] adj (BRIT inf) timbré(e), cinglé(e)

barn [bɑːn] n grange f

barnacle [ˈbɑːnəkl] n anatife m, bernache f

barn owl n chouette-effraie f, chat-huant m

barnyard [ˈbɑːnjɑːd] n basse-cour f ▶ cpd (animal) de basse-cour

barometer [bəˈrɔmɪtəʳ] n baromètre m

baron [ˈbærən] n baron m ; **the press/oil barons** les magnats mpl or barons mpl de la presse/du pétrole

baroness [ˈbærənɪs] n baronne f

baronet [ˈbærənət] (BRIT) n baronnet m

baronial [bəˈrəunɪəl] adj seigneurial(e)

baroque [bəˈrɔk] adj baroque ▶ n: **the ~** le baroque

barrack [ˈbærək] vt (BRIT) chahuter

barracking [ˈbærəkɪŋ] n (BRIT): **to give sb a ~** chahuter qn

barracks [ˈbærəks] npl caserne f

barrage [ˈbærɑːʒ] n (Mil) tir m de barrage ; (dam) barrage m ; (of criticism) feu m

barrel [ˈbærəl] n tonneau m ; (of gun) canon m

barrel organ n orgue m de Barbarie

barren [ˈbærən] adj stérile ; (hills) aride

barrette [bəˈrɛt] (US) n barrette f

barricade [bærɪˈkeɪd] n barricade f ▶ vt barricader

barrier [ˈbærɪəʳ] n barrière f ; (BRIT: also: **crash barrier**) rail m de sécurité

barrier cream n (BRIT) crème protectrice

barring [ˈbɑːrɪŋ] prep sauf

barrister [ˈbærɪstəʳ] n (BRIT) avocat (plaidant)

⋮ **BARRISTER**
⋮
⋮ En Angleterre, un **barrister**, que l'on appelle
⋮ également barrister-at-law, est un avocat qui
⋮ représente ses clients devant la cour et plaide
⋮ pour eux. Le client doit d'abord passer par
⋮ l'intermédiaire d'un solicitor. On obtient le
⋮ diplôme de barrister après avoir fait des études
⋮ dans l'une des Inns of Court, les quatre écoles de
⋮ droit londoniennes.

barrow [ˈbærəu] n (cart) charrette f à bras

barstool [ˈbɑːstuːl] n tabouret m de bar

Bart. abbr (BRIT) = **baronet**

bartender [ˈbɑːtɛndəʳ] n (US) serveur m (de bar), barman m

barter [ˈbɑːtəʳ] n échange m, troc m ▶ vt: **to ~ sth for** échanger qch contre

base [beɪs] n base f ▶ vt (troops): **to be based at** être basé(e) à ; (opinion, belief): **to ~ sth on** baser or fonder qch sur ; **I'm based in London** je suis basé(e) à Londres ; **coffee-based** à base de café ; **a Paris-based firm** une maison opérant de Paris or dont le siège est à Paris ▶ adj vil(e), bas(se)

baseball [ˈbeɪsbɔːl] n base-ball m

baseball cap n casquette f de base-ball

baseboard [ˈbeɪsbɔːd] n (US) plinthe f

base camp n camp m de base

Basel [ˈbɑːl] n = **Basle**

baseless [ˈbeɪslɪs] adj (accusation, rumour) sans fondement

baseline [ˈbeɪslaɪn] n (Tennis) ligne f de fond

basement [ˈbeɪsmənt] n sous-sol m

base rate n taux m de base

bases npl [ˈbeɪsiːz] of **basis** ; [ˈbeɪsɪz] of **base**

bash [bæʃ] vt (inf) frapper, cogner ; **bashed in** adj enfoncé(e), défoncé(e) ▶ n: **I'll have a ~ (at it)** (BRIT inf) je vais essayer un coup

▶ **bash up** *vt* (*inf: car*) bousiller ; (: *BRIT: person*) tabasser

bashful ['bæʃful] *adj* timide ; modeste

bashing ['bæʃɪŋ] *n* (*inf*) raclée *f* ; **Paki-~** ≈ ratonnade *f* ; **queer-~** chasse *f* aux pédés

BASIC ['beɪsɪk] *n* (*Comput*) BASIC *m*

basic ['beɪsɪk] *adj* (*precautions, rules*) élémentaire ; (*principles, research*) fondamental(e) ; (*vocabulary, salary*) de base ; (*minimal*) réduit(e) au minimum, rudimentaire

basically ['beɪsɪklɪ] *adv* (*in fact*) en fait ; (*essentially*) fondamentalement

basic rate *n* (*of tax*) première tranche d'imposition

basics ['beɪsɪks] *npl* : **the ~** l'essentiel *m*

basil ['bæzl] *n* basilic *m*

basilica [bə'zɪlɪkə] *n* basilique *f*

basin ['beɪsn] *n* (*vessel, also Geo*) cuvette *f*, bassin *m* ; (*BRIT: for food*) bol *m* ; (: *bigger*) saladier *m* ; (*also*: **washbasin**) lavabo *m*

basis ['beɪsɪs] (*pl* **bases** [-si:z]) *n* base *f* ; **on a part-time/trial ~** à temps partiel/à l'essai ; **on the ~ of what you've said** d'après *or* compte tenu de ce que vous dites

bask [bɑ:sk] *vi* : **to ~ in the sun** se chauffer au soleil

basket ['bɑ:skɪt] *n* corbeille *f* ; (*with handle*) panier *m*

basketball ['bɑ:skɪtbɔ:l] *n* basket-ball *m*

basketball player *n* basketteur(-euse)

Basle [bɑ:l] *n* Bâle

basmati rice [bəz'mætɪ-] *n* riz *m* basmati

Basque [bæsk] *adj* basque ; **the ~ Country** le Pays basque ▶ *n* Basque *mf*

bass [beɪs] *n* (*Mus*) basse *f*

bass clef *n* clé *f* de fa

bass drum *n* grosse caisse *f*

bassoon [bə'su:n] *n* basson *m*

bastard ['bɑ:stəd] *n* enfant naturel(le), bâtard(e) ; (*inf!*) salaud *m* (!)

bastardized ['bɑ:stədaɪzd] *adj* bâtard(e)

baste [beɪst] *vt* (*Culin*) arroser ; (*Sewing*) bâtir, faufiler

bastion ['bæstɪən] *n* bastion *m* ; **a ~ of sth** un bastion de qch

bat [bæt] *n* (*animal*) chauve-souris *f* ; (*for baseball etc*) batte *f* ; (*BRIT: for table tennis*) raquette *f* ; **off one's own ~** de sa propre initiative ▶ *vt* : **he didn't ~ an eyelid** il n'a pas sourcillé *or* bronché

batch [bætʃ] *n* (*of bread*) fournée *f* ; (*of papers, letters*) liasse *f* ; (*of applicants, letters*) paquet *m* ; (*of work*) monceau *m* ; (*of goods*) lot *m*

bated ['beɪtɪd] *adj* : **with ~ breath** en retenant son souffle

bath [bɑ:θ] (*pl* **baths** [bɑ:ðz]) *n* bain *m* ; (*bathtub*) baignoire *f* ; **to have a ~** prendre un bain ; *see also* **baths** ▶ *vt* baigner, donner un bain à

bathe [beɪð] *vi* se baigner ▶ *vt* baigner ; (*wound etc*) laver

bather ['beɪðər] *n* baigneur(-euse)

bathing ['beɪðɪŋ] *n* baignade *f*

bathing cap *n* bonnet *m* de bain

bathing costume, (*US*) **bathing suit** *n* maillot *m* (de bain)

bathmat ['bɑ:θmæt] *n* tapis *m* de bain

bathrobe ['bɑ:θrəub] *n* peignoir *m* de bain

bathroom ['bɑ:θrum] *n* salle *f* de bains

baths [bɑ:ðz] *npl* (*BRIT: also*: **swimming baths**) piscine *f*

bath towel *n* serviette *f* de bain

bathtub ['bɑ:θtʌb] *n* baignoire *f*

bath water *n* eau *f* du bain

batik [bə'ti:k] *n* batik *m* ▶ *cpd* (*scarf, skirt*) en batik

batman ['bætmən] *n* (*irreg*) (*BRIT Mil*) ordonnance *f*

baton ['bætən] *n* bâton *m* ; (*Mus*) baguette *f* ; (*club*) matraque *f*

batsman ['bætsmən] *n* (*irreg*) batteur *m*

battalion [bə'tælɪən] *n* bataillon *m*

batten ['bætn] *n* (*Carpentry*) latte *f* ; (*Naut: on sail*) latte de voile

▶ **batten down** *vt* (*Naut*): **to ~ down the hatches** fermer les écoutilles

batter ['bætər] *vt* battre ▶ *n* pâte *f* à frire

battered ['bætəd] *adj* (*hat, pan*) cabossé(e) ; (*wife, child*) battu(e) ; **a refuge for ~ wives** un centre d'accueil pour femmes battues

battering ['bætərɪŋ] *n* (*violence*) violences *fpl* physiques ; **to take a ~** souffrir

battering ram ['bætərɪŋ-] *n* bélier *m* (*fig*)

battery ['bætrɪ] *n* (*for torch, radio*) pile *f* ; (*Aut, Mil*) batterie *f*

battery charger *n* chargeur *m*

battery farming *n* élevage *m* en batterie

battery-operated [bætərɪ'ɔpəreɪtɪd], **battery-powered** [bætərɪ'pauəd] *adj* à piles, à pile

battle ['bætl] *n* bataille *f*, combat *m* ; **that's half the ~** (*fig*) c'est déjà bien ; **it's a** *or* **we're fighting a losing ~** (*fig*) c'est perdu d'avance, c'est peine perdue ▶ *vi* se battre, lutter

battle dress *n* tenue *f* de campagne *or* d'assaut

battlefield ['bætlfi:ld] *n* champ *m* de bataille

battleground ['bætlgraund] *n* champ *m* de bataille

battlements ['bætlmənts] *npl* remparts *mpl*

battleship ['bætlʃɪp] *n* cuirassé *m*

batty ['bætɪ] *adj* (*inf: person*) toqué(e) ; (: *idea, behaviour*) loufoque

bauble ['bɔ:bl] *n* babiole *f*

baulk [bɔ:lk] *vi* = **balk**

bauxite ['bɔ:ksaɪt] *n* bauxite *f*

Bavaria [bə'vɛərɪə] *n* Bavière *f*

Bavarian [bə'vɛərɪən] *adj* bavarois(e) ▶ *n* Bavarois(e)

bawdy ['bɔ:dɪ] *adj* paillard(e)

bawl [bɔ:l] *vi* hurler, brailler

bay [beɪ] *n* (*of sea*) baie *f* ; (*BRIT: for parking*) place *f* de stationnement ; (: *for loading*) aire *f* de chargement ; (*horse*) bai(e) ; **B~ of Biscay** golfe *m* de Gascogne ; **to hold sb at ~** tenir qn à distance *or* en échec

bay leaf *n* laurier *m*

bayonet ['beɪənɪt] *n* baïonnette *f*

bay tree *n* laurier *m*

bay window *n* baie vitrée

bazaar [bə'zɑ:ʳ] *n* (*shop, market*) bazar *m* ; (*sale*) vente *f* de charité

bazooka [bə'zu:kə] *n* bazooka *m*

BB *n abbr* (BRIT: = *Boys' Brigade*) *mouvement de garçons*
BBB *n abbr* (US: = *Better Business Bureau*) *organisme de défense du consommateur*
BBC *n abbr* (= *British Broadcasting Corporation*) *office de la radiodiffusion et télévision britannique*

: BBC

La **BBC** est un organisme centralisé dont les membres, nommés par l'État, gèrent les chaînes de télévision publiques (BBC1, qui présente des émissions d'intérêt général, et BBC2 plutôt orientée vers les émissions plus culturelles, ainsi que les chaînes numériques et en ligne) et les stations de radio publiques. Bien que sa programmation ne soit pas contrôlée par l'État, la BBC est responsable devant le parlement quant au contenu des émissions qu'elle diffuse. Par ailleurs, la BBC offre un service mondial de diffusion d'émissions, en anglais et dans 28 autres langues, appelé BBC World Service. La BBC ne diffuse pas de publicité car elle est financée par la redevance télévision et par l'exportation d'émissions.

BBQ *n abbr* (= *barbecue*) barbecue *m*
B.C. *adv abbr* (= *before Christ*) av. J.-C. ▶ *abbr* (CANADA) = **British Columbia**
BCG *n abbr* (= *Bacillus Calmette-Guérin*) BCG *m*
BD *n abbr* (= *Bachelor of Divinity*) diplôme universitaire
B/D *abbr* = **bank draft**
BDS *n abbr* (= *Bachelor of Dental Surgery*) diplôme universitaire

(KEYWORD)

be [biː] (*pt* was [wɔz], were [wəːʳ], *pp* been [biːn]) *aux vb* **1** (*with present participle: forming continuous tenses*): **what are you doing?** que faites-vous ? ; **they're coming tomorrow** ils viennent demain ; **I've been waiting for you for 2 hours** je t'attends depuis 2 heures **2** (*with pp: forming passives*) être ; **to be killed** être tué(e) ; **the box had been opened** la boîte avait été ouverte ; **he was nowhere to be seen** on ne le voyait nulle part **3** (*in tag questions*): **it was fun, wasn't it?** c'était drôle, n'est-ce pas ? ; **he's good-looking, isn't he?** il est beau, n'est-ce pas ? ; **she's back, is she?** elle est rentrée, n'est-ce pas or alors ? **4** (*+to +infinitive*): **the house is to be sold** (*necessity*) la maison doit être vendue ; (*future*) la maison va être vendue ; **he's not to open it** il ne doit pas l'ouvrir ; **am I to understand that …?** dois-je comprendre que … ? ; **he was to have come yesterday** il devait venir hier **5** (*possibility: supposition*): **if I were you, I …** à votre place, je …, si j'étais vous, je …
▶ *vb + complement* **1** (*gen*) être ; **I'm English** je suis anglais(e) ; **I'm tired** je suis fatigué(e) ; **I'm hot/cold** j'ai chaud/froid ; **he's a doctor** il est médecin ; **be careful/good/quiet!** faites attention/soyez sages/taisez-vous ! ; **2 and 2 are 4** 2 et 2 font 4 **2** (*of health*) aller ; **how are you?** comment allez-vous ? ; **I'm better now** je vais mieux

maintenant ; **he's fine now** il va bien maintenant ; **he's very ill** il est très malade **3** (*of age*) avoir ; **how old are you?** quel âge avez-vous ? ; **I'm sixteen (years old)** j'ai seize ans **4** (*cost*) coûter ; **how much was the meal?** combien a coûté le repas ? ; **that'll be £5, please** ça fera 5 livres, s'il vous plaît ; **this shirt is £17** cette chemise coûte 17 livres
▶ *vi* **1** (*exist, occur etc*) être, exister ; **the prettiest girl that ever was** la fille la plus jolie qui ait jamais existé ; **is there a God?** y a-t-il un dieu ? ; **be that as it may** quoi qu'il en soit ; **so be it** soit **2** (*referring to place*) être, se trouver ; **I won't be here tomorrow** je ne serai pas là demain ; **Edinburgh is in Scotland** Édimbourg est or se trouve en Écosse **3** (*referring to movement*) aller ; **where have you been?** où êtes-vous allé(s) ?
▶ *impers vb* **1** (*referring to time*) être ; **it's 5 o'clock** il est 5 heures ; **it's the 28th of April** c'est le 28 avril **2** (*referring to distance*): **it's 10 km to the village** le village est à 10 km **3** (*referring to the weather*) faire ; **it's too hot/cold** il fait trop chaud/froid ; **it's windy today** il y a du vent aujourd'hui **4** (*emphatic*): **it's me/the postman** c'est moi/le facteur ; **it was Maria who paid the bill** c'est Maria qui a payé la note

B/E *abbr* = **bill of exchange**
beach [biːtʃ] *n* plage *f* ▶ *vt* échouer
beachcomber ['biːtʃkəʊməʳ] *n* ramasseur(-euse) d'épaves ; (*fig*) bon(ne) à rien
beachfront ['biːtʃfrʌnt] *cpd* (*café, hotel*) en front de mer
beachwear ['biːtʃwɛəʳ] *n* tenues *fpl* de plage
beacon ['biːkən] *n* (*lighthouse*) fanal *m* ; (*marker*) balise *f* ; (*also*: **radio beacon**) radiophare *m*
bead [biːd] *n* perle *f* ; (*of dew, sweat*) goutte *f* ; **beads** *npl* (*necklace*) collier *m*
beaded ['biːdɪd] *adj* (*dress, cushion*) orné(e) de perles ; **his forehead was ~ with sweat** la sueur perlait sur son front
beady ['biːdɪ] *adj*: **~ eyes** yeux *mpl* de fouine
beagle ['biːgl] *n* beagle *m*
beak [biːk] *n* bec *m*
beaker ['biːkəʳ] *n* gobelet *m*
beam [biːm] *n* (*Archit*) poutre *f* ; (*of light*) rayon *m* ; (*Radio*) faisceau *m* radio ; **to drive on full or main** *or* (US) **high ~** rouler en pleins phares ▶ *vi* rayonner
beaming ['biːmɪŋ] *adj* (*sun, smile*) radieux(-euse)
bean [biːn] *n* haricot *m* ; (*of coffee*) grain *m*
beanbag ['biːnbæg] *n* fauteuil *m* poire
bean counter *n* (*pej*) comptable *mf*
beanpole ['biːnpəʊl] *n* (*inf*) perche *f*
beansprouts ['biːnsprauts] *npl* pousses *fpl* or germes *mpl* de soja
bear [bɛəʳ] (*pt* bore [bɔːʳ], *pp* borne [bɔːn]) *n* ours *m* ; (*Stock Exchange*) baissier *m* ▶ *vt* porter ; (*endure*) supporter ; (*traces, signs*) porter ; (*Comm: interest*) rapporter ; **to ~ the**

responsibility of assumer la responsabilité de ; **to ~ comparison with** soutenir la comparaison avec ; **I can't ~ him** je ne peux pas le supporter *or* souffrir ▶ *vi*: **to ~ right/left** obliquer à droite/gauche, se diriger vers la droite/gauche ; **to bring pressure to ~ on sb** faire pression sur qn
▶ **bear down** *vi (rush towards)*: **to ~ down on sb/ sth** se ruer sur qn/qch
▶ **bear out** *vt (theory, suspicion)* confirmer
▶ **bear up** *vi* supporter, tenir le coup ; **he bore up well** il a tenu le coup
▶ **bear with** *vt fus (sb's moods, temper)* supporter ; **~ with me a minute** un moment, s'il vous plaît
bearable ['bɛərəbl] *adj* supportable
beard [bɪəd] *n* barbe f
bearded ['bɪədɪd] *adj* barbu(e)
bearer ['bɛərər] *n* porteur m ; *(of passport etc)* titulaire mf
bearing ['bɛərɪŋ] *n* maintien m, allure f ; *(connection)* rapport m ; **to take a ~** faire le point ; **to find one's bearings** s'orienter ; **(ball) bearings** npl *(Tech)* roulement m (à billes)
bearskin ['bɛəskɪn] *n (hat)* bonnet m à poil ; *(skin)* peau f d'ours
beast [bi:st] *n* bête f ; *(inf: person)* brute f
beastly ['bi:stlɪ] *adj* infect(e)
beat [bi:t] *(pt ~, pp* **beaten** [bi:tn]) *n* battement m ; *(Mus)* temps m, mesure f ; *(of policeman)* ronde f ▶ *vt, vi* battre ; **to ~ it** *(inf)* ficher le camp ; **that beats everything!** c'est le comble ! ; **to ~ about the bush** tourner autour du pot
▶ **beat down** *vt (door)* enfoncer ; *(price)* faire baisser ; *(seller)* faire descendre ▶ *vi (rain)* tambouriner ; *(sun)* taper
▶ **beat off** *vt* repousser
▶ **beat up** *vt (eggs)* battre ; *(inf: person)* tabasser
beaten ['bi:tən] *pp* **beat** ▶ *adj (trampled)* battu(e) ; **off the ~ track** hors des chemins *or* sentiers battus
beater ['bi:tər] *n (for eggs, cream)* fouet m, batteur m
beatific [bi:ə'tɪfɪk] *adj (literary: smile)* béat(e)
beatification [bɪætɪfɪ'keɪʃən] *n* béatification f
beating ['bi:tɪŋ] *n* raclée f
beat-up ['bi:t'ʌp] *adj (inf)* déglingué(e)
beautician [bju:'tɪʃən] *n* esthéticien(ne)
beautiful ['bju:tɪful] *adj* beau (belle)
beautifully ['bju:tɪflɪ] *adv* admirablement
beautify ['bju:tɪfaɪ] *vt* embellir
beauty ['bju:tɪ] *n* beauté f ; **the ~ of it is that ...** le plus beau, c'est que ...
beauty contest *n* concours m de beauté
beauty parlour, (US) **beauty parlor** *n* institut m de beauté
beauty queen *n* reine f de beauté
beauty salon *n* institut m de beauté
beauty sleep *n*: **I need my ~** j'ai besoin de faire un gros dodo
beauty spot *n (on skin)* grain m de beauté ; *(BRIT Tourism)* site naturel (d'une grande beauté)
beaver ['bi:vər] *n* castor m
▶ **beaver away** *vi* travailler d'arrache-pied
becalmed [bɪ'ka:md] *adj* immobilisé(e) par le calme plat

became [bɪ'keɪm] *pt of* **become**
because [bɪ'kɔz] *conj* parce que ; **~ of** *prep* à cause de
beck [bɛk] *n*: **to be at sb's ~ and call** être à l'entière disposition de qn
beckon ['bɛkən] *vt (also*: **beckon to**) faire signe (de venir) à
become [bɪ'kʌm] *vi (irreg: like* **come**) devenir ; **to ~ fat/thin** grossir/maigrir ; **to ~ angry** se mettre en colère ; **it became known that** on apprit que ; **what has ~ of him?** qu'est-il devenu ?
becoming [bɪ'kʌmɪŋ] *adj (behaviour)* convenable, bienséant(e) ; *(clothes)* seyant(e)
BECTU ['bɛktu] *n abbr (BRIT)* = **Broadcasting, Entertainment, Cinematographic and Theatre Union**
BEd *n abbr (= Bachelor of Education)* diplôme d'aptitude à l'enseignement
bed [bɛd] *n* lit m ; *(of flowers)* parterre m ; *(of coal, clay)* couche f ; *(of sea, lake)* fond m ; **to go to ~** aller se coucher
▶ **bed down** *vi* se coucher
bed and breakfast *n (terms)* chambre et petit déjeuner ; *(place)* ≈ chambre f d'hôte ; *voir article*

⦙ **BED AND BREAKFAST**
⦙
⦙ Un **bed and breakfast** est une petite
⦙ pension dans une maison particulière ou
⦙ une ferme où l'on peut louer une chambre
⦙ avec petit déjeuner compris pour un prix
⦙ modique par rapport à ce que l'on paierait
⦙ dans un hôtel. Ces établissements sont
⦙ communément appelés B&B, et sont
⦙ signalés par une pancarte dans le jardin ou
⦙ au-dessus de la porte.

bedbug ['bɛdbʌg] *n* punaise f
bedclothes ['bɛdkləʊðz] *npl* couvertures fpl et draps mpl
bedcover ['bɛdkʌvər] *n* couvre-lit m, dessus-de-lit m
bedding ['bɛdɪŋ] *n* literie f
bedevil [bɪ'dɛvl] *vt (harass)* harceler ; **to be bedevilled by** être victime de
bedfellow ['bɛdfɛləʊ] *n*: **they are strange bedfellows** *(fig)* ça fait un drôle de mélange
bedlam ['bɛdləm] *n* chahut m, cirque m
bed linen *n* draps mpl de lit (et taies fpl d'oreillers), literie f
Bedouin ['bɛduɪn] *n* Bédouin(e) ▶ *adj* bédouin(e)
bedpan ['bɛdpæn] *n* bassin m (hygiénique)
bedpost ['bɛdpəʊst] *n* colonne f de lit
bedraggled [bɪ'drægld] *adj* dépenaillé(e), les vêtements en désordre
bedridden ['bɛdrɪdn] *adj* cloué(e) au lit
bedrock ['bɛdrɔk] *n (fig)* principes essentiels *or* de base, essentiel m ; *(Geo)* roche f en place, socle m
bedroll ['bɛdrəʊl] *n* couchage m
bedroom ['bɛdrum] *n* chambre f (à coucher)
Beds *abbr (BRIT)* = **Bedfordshire**
bed settee *n* canapé-lit m
bedside ['bɛdsaɪd] *n*: **at sb's ~** au chevet de qn
▶ *cpd (book, lamp)* de chevet

bedside lamp *n* lampe *f* de chevet
bedside table *n* table *f* de chevet
bedsit ['bɛdsɪt], **bedsitter** ['bɛdsɪtəʳ] *n* (BRIT) chambre meublée, studio *m*
bedsore ['bɛdsɔːʳ] *n* escarre *f*
bedspread ['bɛdsprɛd] *n* couvre-lit *m*, dessus-de-lit *m*
bedstead ['bɛdstɛd] *n* châlit *m*
bedtime ['bɛdtaɪm] *n*: **it's ~** c'est l'heure de se coucher
bedwetting ['bɛdwɛtɪŋ] *n* incontinence *f* nocturne
bee [biː] *n* abeille *f*; **to have a ~ in one's bonnet (about sth)** être obnubilé(e) (par qch)
Beeb [biːb] *n* (BRIT inf): **the ~** la BBC
beech [biːtʃ] *n* hêtre *m*
beef [biːf] *n* bœuf *m*; **roast ~** rosbif *m*
▶ **beef up** *vt* (inf: support) renforcer; (: essay) étoffer
beefburger ['biːfbəːgəʳ] *n* hamburger *m*
beefcake ['biːfkeɪk] *n* (inf) armoire *f* à glace (inf), malabar *m* (inf)
Beefeater ['biːfiːtəʳ] *n* hallebardier *m* (de la tour de Londres)
beefsteak ['biːfsteɪk] *n* bifteck *m*, steak *m*
beefy ['biːfɪ] *adj* (person) costaud(e)
beehive ['biːhaɪv] *n* ruche *f*
beekeeper ['biːkiːpəʳ] *n* apiculteur(-trice)
bee-keeping ['biːkiːpɪŋ] *n* apiculture *f*
beeline ['biːlaɪn] *n*: **to make a ~ for** se diriger tout droit vers
been [biːn] *pp of* **be**
beep [biːp] *n* bip *m*
beeper ['biːpəʳ] *n* (pager) bip *m*
beer [bɪəʳ] *n* bière *f*
beer belly *n* (inf) bedaine *f* (de buveur de bière)
beer can *n* canette *f* de bière
beer garden *n* (BRIT) jardin *m* d'un pub (où l'on peut emmener ses consommations)
beermat ['bɪəmæt] *n* dessous *m* de verre
beeswax ['biːzwæks] *n* cire *f* d'abeille
beet [biːt] *n* (vegetable) betterave *f*; (US: also: **red beet**) betterave (potagère)
beetle ['biːtl] *n* scarabée *m*, coléoptère *m*
beetroot ['biːtruːt] *n* (BRIT) betterave *f*
befall [bɪ'fɔːl] *vi, vt* (irreg: like **fall**) advenir (à)
befit [bɪ'fɪt] *vt* seoir à
before [bɪ'fɔːʳ] *prep* (of time) avant; (of space) devant ▶ *conj* avant que + sub; avant de; **~ she goes** avant qu'elle (ne) parte; **~ going** avant de partir ▶ *adv* avant; **the week ~** la semaine précédente *or* d'avant; **I've seen it ~** je l'ai déjà vu; **I've never seen it ~** c'est la première fois que je le vois
beforehand [bɪ'fɔːhænd] *adv* au préalable, à l'avance
befriend [bɪ'frɛnd] *vt* venir en aide à; traiter en ami
befuddled [bɪ'fʌdld] *adj*: **to be ~** avoir les idées brouillées
beg [bɛg] *vi* mendier ▶ *vt* mendier; (favour) quémander, solliciter; (forgiveness, mercy etc) demander; (entreat) supplier; **to ~ sb to do sth** supplier qn de faire qch; **I ~ your pardon** (apologizing) excusez-moi (: not hearing) pardon?;

that begs the question of ... cela soulève la question de ..., cela suppose réglée la question de ...; *see also* **pardon**
began [bɪ'gæn] *pt of* **begin**
beget [bɪ'gɛt] (*pt* **begot** [bɪ'gɔt], *pp* **begotten** [bɪ'gɔtn]) *vt* engendrer
beggar ['bɛgəʳ] *n* (also: **beggarman**, **beggarwoman**) mendiant(e)
begin [bɪ'gɪn] (*pt* **began** [bɪ'gæn], *pp* **begun** [bɪ'gʌn]) *vt, vi* commencer; **to ~ doing** *or* **to do sth** commencer à faire qch; **beginning (from) Monday** à partir de lundi; **I can't ~ to thank you** je ne saurais vous remercier; **to ~ with** d'abord, pour commencer
beginner [bɪ'gɪnəʳ] *n* débutant(e)
beginning [bɪ'gɪnɪŋ] *n* commencement *m*, début *m*; **right from the ~** dès le début
begonia [bɪ'gəunɪə] *n* bégonia *m*
begot [bɪ'gɔt] *pt of* **beget**
begotten [bɪ'gɔtn] *pp of* **beget**
begrudge [bɪ'grʌdʒ] *vt*: **to ~ sb sth** envier qch à qn; donner qch à contrecœur *or* à regret à qn
beguile [bɪ'gaɪl] *vt* (enchant) enjôler
beguiling [bɪ'gaɪlɪŋ] *adj* (charming) séduisant(e), enchanteur(-eresse)
begun [bɪ'gʌn] *pp of* **begin**
behalf [bɪ'hɑːf] *n*: **on ~ of**, (US) **in ~ of** (representing) de la part de; au nom de; (for benefit of) pour le compte de; **on my/his ~** de ma/sa part
behave [bɪ'heɪv] *vi* se conduire, se comporter; (well: also: **behave o.s.**) se conduire bien *or* comme il faut
behaviour, (US) **behavior** [bɪ'heɪvjəʳ] *n* comportement *m*, conduite *f*
behavioural, (US) **behavioral** [bɪ'heɪvjərəl] *adj* de comportement, comportemental(e)
behead [bɪ'hɛd] *vt* décapiter
beheld [bɪ'hɛld] *pt, pp of* **behold**
behest [bɪ'hɛst] *n*: **at sb's ~**, **at the ~ of sb** sur l'ordre de qn
behind [bɪ'haɪnd] *prep* derrière; (time) en retard sur; (supporting): **to be ~ sb** soutenir qn; **~ the scenes** dans les coulisses ▶ *adv* derrière; en retard; **to leave sth ~** (forget) oublier de prendre qch; **to be ~ with sth** être en retard dans qch ▶ *n* derrière *m*
behold [bɪ'həuld] *vt* (irreg: like **hold**) apercevoir, voir
beholden [bɪ'həuldən] *adj*: **~ to** redevable à
behove [bɪ'həuv], (US) **behoove** [bɪ'huːv] *vt* incomber; **it behoves us to ...** il nous incombe de ...
beige [beɪʒ] *adj* beige
Beijing ['beɪ'dʒɪŋ] *n* Pékin
being ['biːɪŋ] *n* être *m*; **to come into ~** prendre naissance
Beirut [beɪ'ruːt] *n* Beyrouth
bejewelled, (US) **bejeweled** [bɪ'dʒuːəld] *adj* (woman) paré(e) de bijoux; (crown, tiara) incrusté(e) de joyaux
Belarus [bɛlə'rus] *n* Biélorussie *f*, Bélarus *m*
Belarussian [bɛlə'rʌʃən] *adj* biélorusse ▶ *n* Biélorusse *mf*; (Ling) biélorusse *m*
belated [bɪ'leɪtɪd] *adj* tardif(-ive)

belatedly [bɪ'leɪtɪdlɪ] *adv* tardivement, avec retard

belch [bɛltʃ] *vi* avoir un renvoi, roter ▸ *vt* (*smoke etc: also:* **belch out**) vomir, cracher

beleaguered [bɪ'li:ɡɪd] *adj* (*city*) assiégé(e) ; (*army*) cerné(e) ; (*fig*) sollicité(e) de toutes parts

Belfast ['bɛlfaːst] *n* Belfast

belfry ['bɛlfrɪ] *n* beffroi *m*

Belgian ['bɛldʒən] *adj* belge, de Belgique ▸ *n* Belge *mf*

Belgium ['bɛldʒəm] *n* Belgique *f*

Belgrade [bɛl'ɡreɪd] *n* Belgrade

belie [bɪ'laɪ] *vt* démentir ; (*give false impression of*) occulter

belief [bɪ'li:f] *n* (*opinion*) conviction *f* ; (*trust, faith*) foi *f* ; (*acceptance as true*) croyance *f* ; **it's beyond ~** c'est incroyable ; **in the ~ that** dans l'idée que

believable [bɪ'li:vəbl] *adj* croyable

believe [bɪ'li:v] *vt, vi* croire, estimer ; **to ~ in** (*God*) croire en ; (*ghosts, method*) croire à ; **I don't ~ in corporal punishment** je ne suis pas partisan des châtiments corporels ; **he is believed to be abroad** il serait à l'étranger

believer [bɪ'li:vəʳ] *n* (*in idea, activity*) partisan(e) ; **~ in** partisan(e) de ; (*Rel*) croyant(e)

belittle [bɪ'lɪtl] *vt* déprécier, rabaisser

Belize [bɛ'li:z] *n* Bélize *m*

bell [bɛl] *n* cloche *f* ; (*small*) clochette *f*, grelot *m* ; (*on door*) sonnette *f* ; (*electric*) sonnerie *f* ; **that rings a ~** (*fig*) cela me rappelle qch

bell-bottoms ['bɛlbɔtəmz] *npl* pantalon *m* à pattes d'éléphant

bellboy ['bɛlbɔɪ], (*US*) **bellhop** ['bɛlhɔp] *n* groom *m*, chasseur *m*

bellicose ['bɛlɪkəus] *adj* (*literary*) belliqueux(-euse)

belligerence [bɪ'lɪdʒərəns] *n* belligérance *f*

belligerent [bɪ'lɪdʒərənt] *adj* (*person*) agressif(-ive) ; (*nation*) belligérant(e)

bellow ['bɛləu] *vi* (*bull*) meugler ; (*person*) brailler ▸ *vt* (*orders*) hurler

bellows ['bɛləuz] *npl* soufflet *m*

bell pepper *n* (*esp US*) poivron *m*

bell push *n* (*BRIT*) bouton *m* de sonnette

belly ['bɛlɪ] *n* ventre *m*

bellyache ['bɛlɪeɪk] (*inf*) *n* colique *f* ▸ *vi* ronchonner

belly button *n* (*inf*) nombril *m*

bellyful ['bɛlɪful] *n* (*inf*): **I've had a ~** j'en ai ras le bol

belong [bɪ'lɔŋ] *vi*: **to ~ to** appartenir à ; (*club etc*) faire partie de ; **this book belongs here** ce livre va ici, la place de ce livre est ici

belonging [bɪ'lɔŋɪŋ] *n*: **sense of ~** sentiment *m* d'appartenance

belongings [bɪ'lɔŋɪŋz] *npl* affaires *fpl*, possessions *fpl* ; **personal ~** effets personnels

Belorussia [bɛlə'rʌʃə] *n* Biélorussie *f*

Belorussian [bɛlə'rʌʃən] *adj, n* = **Belarussian**

beloved [bɪ'lʌvɪd] *adj* (bien-)aimé(e), chéri(e) ▸ *n* bien-aimé(e)

below [bɪ'ləu] *prep* sous, au-dessous de ; **temperatures ~ normal** températures inférieures à la normale ▸ *adv* en dessous ; en contre-bas ; **see ~** voir plus bas *or* plus loin *or* ci-dessous

belt [bɛlt] *n* ceinture *f* ; (*Tech*) courroie *f* ; **industrial ~** zone industrielle ▸ *vt* (*thrash*) donner une raclée à ▸ *vi* (*BRIT inf*) filer (à toutes jambes)
  ▸ **belt out** *vt* (*song*) chanter à tue-tête *or* à pleins poumons
  ▸ **belt up** *vi* (*BRIT inf*) la boucler

beltway ['bɛltweɪ] *n* (*US Aut*) route *f* de ceinture ; (: *motorway*) périphérique *m*

bemoan [bɪ'məun] *vt* se lamenter sur

bemused [bɪ'mju:zd] *adj* perplexe, médusé(e)

bemusement [bɪ'mju:zmənt] *n* perplexité *f*

bench [bɛntʃ] *n* banc *m* ; (*in workshop*) établi *m* ; **the B~** (*Law: judges*) la magistrature, la Cour

bench mark *n* repère *m*

bend [bɛnd] (*pt, pp* **bent** [bɛnt]) *vt* courber ; (*leg, arm*) plier ▸ *vi* se courber ▸ *n* (*in road*) virage *m*, tournant *m* ; (*in pipe, river*) coude *m*
  ▸ **bend down** *vi* se baisser
  ▸ **bend over** *vi* se pencher

bends [bɛndz] *npl* (*Med*) maladie *f* des caissons

bendy ['bɛndɪ] *adj* (*toy, wire*) flexible ; (*river*) sinueux(-euse)

beneath [bɪ'ni:θ] *prep* sous, au-dessous de ; (*unworthy of*) indigne de ▸ *adv* dessous, au-dessous, en bas

benefactor ['bɛnɪfæktəʳ] *n* bienfaiteur *m*

benefactress ['bɛnɪfæktrɪs] *n* bienfaitrice *f*

beneficial [bɛnɪ'fɪʃəl] *adj*: **~ (to)** salutaire (pour), bénéfique (à)

beneficiary [bɛnɪ'fɪʃərɪ] *n* (*Law*) bénéficiaire *mf*

benefit ['bɛnɪfɪt] *n* avantage *m*, profit *m* ; (*allowance of money*) allocation *f* ▸ *vt* faire du bien à, profiter à ▸ *vi*: **he'll ~ from it** cela lui fera du bien, il y gagnera *or* s'en trouvera bien

benefit performance *n* représentation *f or* gala *m* de bienfaisance

Benelux ['bɛnɪlʌks] *n* Bénélux *m*

benevolence [bɪ'nɛvələns] *n* bienveillance *f*

benevolent [bɪ'nɛvələnt] *adj* bienveillant(e)

BEng *n abbr* (= *Bachelor of Engineering*) diplôme universitaire

Bengali [bɛn'ɡɔ:lɪ] *adj* bengali *f inv* ▸ *n* (*person*) Bengali *mf* ; (*language*) bengali *m*

benighted [bɪ'naɪtɪd] *adj* (*literary: ignorant*) ignorant(e) ; (*unfortunate*) maudit(e)

benign [bɪ'naɪn] *adj* (*person, smile*) bienveillant(e), affable ; (*Med*) bénin(-igne)

bent [bɛnt] *pt, pp of* **bend** ▸ *n* inclination *f*, penchant *m* ▸ *adj* (*wire, pipe*) coudé(e) ; (*inf: dishonest*) véreux(-euse) ; **to be ~ on** être résolu(e) à

benzene ['bɛnzi:n] *n* benzène *m*

bequeath [bɪ'kwi:ð] *vt* léguer

bequest [bɪ'kwɛst] *n* legs *m*

berate [bɪ'reɪt] *vt* réprimander ; **to ~ sb for sth** réprimander qn pour qch

bereaved [bɪ'ri:vd] *n*: **the ~** la famille du disparu ▸ *adj* endeuillé(e)

bereavement [bɪ'ri:vmənt] *n* deuil *m*

bereft [bɪ'rɛft] *adj* (*lonely*) perdu(e) ; **to be ~ of sth** être dépourvu(e) de qch

beret ['bɛreɪ] *n* béret *m*

Bering Sea ['beɪrɪŋ-] *n*: **the ~** la mer de Béring

berk [bə:k] *n* (*BRIT inf*) andouille *f*

Berks *abbr* (BRIT) = **Berkshire**

Berlin [bəːˈlɪn] *n* Berlin ; **East/West ~** Berlin Est/Ouest

berm [bəːm] *n* (US Aut) accotement *m*

Bermuda [bəːˈmjuːdə] *n* Bermudes *fpl*

Bermuda shorts *npl* bermuda *m*

Bern [bəːn] *n* Berne

berry [ˈbɛrɪ] *n* baie *f*

berserk [bəˈsəːk] *adj*: **to go ~** être pris(e) d'une rage incontrôlable ; se déchaîner

berth [bəːθ] *n* (bed) couchette *f* ; (for ship) poste *m* d'amarrage, mouillage *m* ; **to give sb a wide ~** (fig) éviter qn ▶ *vi* (in harbour) venir à quai ; (at anchor) mouiller

beseech [bɪˈsiːtʃ] (*pt, pp* **besought** [-ˈsɔːt]) *vt* implorer, supplier

beseeching [bɪˈsiːtʃɪŋ] *adj* (expression, tone) suppliant(e)

beset [bɪˈsɛt] (*pt, pp* **~**) *vt* assaillir ▶ *adj*: **~ with** semé(e) de

besetting [bɪˈsɛtɪŋ] *adj*: **his ~ sin** son vice, son gros défaut

beside [bɪˈsaɪd] *prep* à côté de ; (compared with) par rapport à ; **that's ~ the point** ça n'a rien à voir ; **to be ~ o.s. (with anger)** être hors de soi

besides [bɪˈsaɪdz] *adv* en outre, de plus ▶ *prep* en plus de ; (except) excepté

besiege [bɪˈsiːdʒ] *vt* (town) assiéger ; (fig) assaillir

besmirch [bɪˈsməːtʃ] *vt* (reputation) ternir, entacher ; **to ~ sb** diffamer qn

besotted [bɪˈsɔtɪd] *adj* (BRIT): **~ with** entiché(e) de

besought [bɪˈsɔːt] *pt, pp of* **beseech**

bespectacled [bɪˈspɛktɪkld] *adj* à lunettes

bespoke [bɪˈspəuk] *adj* (BRIT: garment) fait(e) sur mesure ; **~ tailor** tailleur *m* à façon

best [bɛst] *adj* meilleur(e) ; **the ~ thing to do is ...** le mieux, c'est de ... ; **the ~ part of** (quantity) le plus clair de, la plus grande partie de ▶ *adv* le mieux ▶ *n*: **at ~** au mieux ; **to do one's ~** faire de son mieux ; **to make the ~ of sth** s'accommoder de qch (du mieux que l'on peut) ; **to the ~ of my knowledge** pour autant que je sache ; **to the ~ of my ability** du mieux que je pourrai ; **he's not exactly patient at the ~ of times** il n'est jamais spécialement patient

best-before date [bɛstbɪˈfɔː-] *n* date *f* de limite d'utilisation or de consommation

best man *n* (irreg) garçon *m* d'honneur

bestow [bɪˈstəu] *vt* accorder ; (title) conférer

bestseller [ˈbɛstˈsɛləʳ] *n* best-seller *m*, succès *m* de librairie

bet [bɛt] (*pt, pp* **~** or **betted** [ˈbɛtɪd]) *n* pari *m* ; **it's a safe ~** (fig) il y a de fortes chances ▶ *vt, vi* parier ; **to ~ sb sth** parier qch à qn

beta [ˈbiːtə] *adj, n* bêta *adj, m inv*

Bethlehem [ˈbɛθlɪhɛm] *n* Bethléem

betide [bɪˈtaɪd] *vt*: **woe ~** malheur à

betray [bɪˈtreɪ] *vt* trahir

betrayal [bɪˈtreɪəl] *n* trahison *f*

betrothed [bɪˈtrəuðd] *adj, n* (old) fiancé(e)

better [ˈbɛtəʳ] *adj* meilleur(e) ; **that's ~!** c'est mieux ! ; **to get ~** (Med) aller mieux ; (improve) s'améliorer ▶ *adv* mieux ; **I had ~ go** il faut que

je m'en aille ; **you had ~ do it** vous feriez mieux de le faire ; **he thought ~ of it** il s'est ravisé ; **~ off** *adj* plus à l'aise financièrement ; (fig) **you'd be ~ off this way** vous vous en trouveriez mieux ainsi, ce serait mieux or plus pratique ainsi ▶ *vt* améliorer ▶ *n*: **to get the ~ of** triompher de, l'emporter sur ; **a change for the ~** une amélioration

betterment [ˈbɛtəmənt] *n* amélioration *f*

betting [ˈbɛtɪŋ] *n* paris *mpl*

betting shop *n* (BRIT) bureau *m* de paris

between [bɪˈtwiːn] *prep* entre ; **the road ~ here and London** la route d'ici à Londres ; **we only had 5 ~ us** nous n'en avions que 5 en tout ▶ *adv* au milieu, dans l'intervalle

bevel [ˈbɛvəl] *n* (also: **bevel edge**) biseau *m*

beverage [ˈbɛvərɪdʒ] *n* boisson *f* (gén sans alcool)

bevy [ˈbɛvɪ] *n*: **a ~ of** un essaim or une volée de

bewail [bɪˈweɪl] *vt* se lamenter sur

beware [bɪˈwɛəʳ] *vt, vi*: **to ~ (of)** prendre garde (à) ; **"~ of the dog"** « (attention) chien méchant »

bewildered [bɪˈwɪldəd] *adj* dérouté(e), ahuri(e)

bewildering [bɪˈwɪldrɪŋ] *adj* déroutant(e), ahurissant(e)

bewitch [bɪˈwɪtʃ] *vt* ensorceler ; **to be bewitched by sth/sb** être captivé(e) par qch/qn

bewitching [bɪˈwɪtʃɪŋ] *adj* enchanteur(-eresse)

beyond [bɪˈjɔnd] *prep* (in space, time) au-delà de ; (exceeding) au-dessus de ; **~ doubt** hors de doute ; **~ repair** irréparable ▶ *adv* au-delà

b/f *abbr* = **brought forward**

BFPO *n abbr* (= British Forces Post Office) service postal de l'armée

bhaji [ˈbɑːdʒi] *n* bhaji *m* (beignet indien aux légumes)

bhp *n abbr* (Aut: = brake horsepower) puissance *f* aux freins

bi... [baɪ] *prefix* bi...

biannual [baɪˈænjuəl] *adj* semestriel(le)

bias [ˈbaɪəs] *n* (prejudice) préjugé *m*, parti pris ; (preference) prévention *f*

biased, biassed [ˈbaɪəst] *adj* partial(e), montrant un parti pris ; **to be bias(s)ed against** avoir un préjugé contre

biathlon [baɪˈæθlən] *n* biathlon *m*

bib [bɪb] *n* bavoir *m*, bavette *f*

Bible [ˈbaɪbl] *n* Bible *f*

Bible Belt *n* (in the US): **the ~** la ceinture de la Bible (région du Sud profond où le protestantisme évangélique est prédominant)

biblical [ˈbɪblɪkl] *adj* biblique

bibliography [bɪblɪˈɔgrəfɪ] *n* bibliographie *f*

bicarbonate of soda [baɪˈkɑːbənɪt-] *n* bicarbonate *m* de soude

bicentenary [baɪsɛnˈtiːnərɪ], **bicentennial** [baɪsɛnˈtɛnɪəl] *n* bicentenaire *m*

biceps [ˈbaɪsɛps] *n* biceps *m*

bicker [ˈbɪkəʳ] *vi* se chamailler

bickering [ˈbɪkərɪŋ] *n* (political) querelles *fpl* ; (of neighbours, family) chamailleries *fpl*

bicycle [ˈbaɪsɪkl] *n* bicyclette *f*

bicycle path, bicycle track *n* piste *f* cyclable

bicycle pump *n* pompe *f* à vélo

bid [bɪd] *n* offre *f* ; (at auction) enchère *f* ; (attempt) tentative *f* ▶ *vi* (*pt, pp* **~**) faire une enchère or offre ▸ vt (pt **bade** [bæd], pp **bidden** ['bɪdn]) faire une enchère or offre de ; **to ~ sb good day** souhaiter le bonjour à qn

bidden ['bɪdn] pp of **bid**

bidder ['bɪdər] n: **the highest ~** le plus offrant

bidding ['bɪdɪŋ] n enchères fpl

bide [baɪd] vt: **to ~ one's time** attendre son heure

bidet ['biːdeɪ] n bidet m

bidirectional ['baɪdɪ'rɛkʃənl] adj bidirectionnel(le)

biennial [baɪ'ɛnɪəl] adj biennal(e), bisannuel(le) ▸ n biennale f ; (plant) plante bisannuelle

bier [bɪər] n bière f (cercueil)

bifocals [baɪ'fəuklz] npl lunettes fpl à double foyer

big [bɪg] adj (in height: person, building, tree) grand(e) ; (in bulk, amount: person, parcel, book) gros(se) ; **to do things in a ~ way** faire les choses en grand

bigamist ['bɪgəmɪst] n bigame mf

bigamy ['bɪgəmɪ] n bigamie f

Big Apple n voir article

BIG APPLE

Si l'on sait que **the Big Apple** désigne la ville de New York (apple est en réalité un terme d'argot signifiant grande ville), on connaît moins les surnoms donnés aux autres grandes villes américaines. Chicago est surnommée Windy City, peut-être à cause des rafales soufflant du lac Michigan, La Nouvelle-Orléans doit son sobriquet de Big Easy à son style de vie décontracté, et l'industrie automobile a donné à Detroit son surnom de Motown.

big bang theory n théorie f du big bang

big dipper [-'dɪpər] n montagnes fpl russes

big end n (Aut) tête f de bielle

biggish ['bɪgɪʃ] adj (see big) assez grand(e), assez gros(se)

bigheaded ['bɪg'hɛdɪd] adj prétentieux(-euse)

big-hearted ['bɪg'hɑːtɪd] adj au grand cœur

bigot ['bɪgət] n fanatique mf, sectaire mf

bigoted ['bɪgətɪd] adj fanatique, sectaire

bigotry ['bɪgətrɪ] n fanatisme m, sectarisme m

big time, big-time (inf) adj (football, investment) de première catégorie f ▸ n: **to hit the ~** percer ▸ adv (US) de manière spectaculaire

big toe n gros orteil

big top n grand chapiteau

big wheel n (at fair) grande roue

bigwig ['bɪgwɪg] n (inf) grosse légume, huile f

bike [baɪk] n (bicycle) vélo m ; (motorbike) moto f, bécane f

bike lane n piste f cyclable

biker ['baɪkər] n (motorcyclist) motard(e) ; (US: cyclist) cycliste mf

bikini [bɪ'kiːnɪ] n bikini m

bilateral [baɪ'lætərl] adj bilatéral(e)

bilberry ['bɪlbərɪ] n myrtille f

bile [baɪl] n bile f

bilingual [baɪ'lɪŋgwəl] adj bilingue

bilious ['bɪlɪəs] adj bilieux(-euse) ; (fig) maussade, irritable

bill [bɪl] n note f, facture f ; (in restaurant) addition f, note f ; (Pol) projet m de loi ; (US: banknote) billet m (de banque) ; (notice) affiche f ; (of bird) bec m ; (Theat): **on the ~** à l'affiche ; **may I have the ~ please?** (est-ce que je peux avoir) l'addition, s'il vous plaît ? ; **put it on my ~** mettez-le sur mon compte ; **"post no bills"** « défense d'afficher » ; **to fit or fill the ~** (fig) faire l'affaire ; **~ of exchange** lettre f de change ; **~ of lading** connaissement m ; **~ of sale** contrat m de vente ▸ vt (item) facturer ; (customer) remettre la facture à

billboard ['bɪlbɔːd] n (US) panneau m d'affichage

billet ['bɪlɪt] n cantonnement m (chez l'habitant) ▸ vt (troops) cantonner

billfold ['bɪlfəuld] n (US) portefeuille m

billiards ['bɪljədz] n billard m

billing ['bɪlɪŋ] n (of performer) affiche f

billion ['bɪljən] n (BRIT) billion m (million de millions) ; (US) milliard m

billionaire [bɪljə'nɛər] n milliardaire mf

billow ['bɪləu] n nuage m ▸ vi (smoke) s'élever en nuage ; (sail) se gonfler

billy goat ['bɪlɪgəut] n bouc m

bimbo ['bɪmbəu] n (inf) bimbo f, ravissante idiote f

bimonthly [baɪ'mʌnθlɪ] (BRIT) adj bimestriel(le)

bin [bɪn] n boîte f ; (BRIT: also: **dustbin**, **litter bin**) poubelle f ; (for coal) coffre m

binary ['baɪnərɪ] adj binaire

bind [baɪnd] (pt, pp **bound** [baund]) vt attacher ; (book) relier ; (oblige) obliger, contraindre ▸ n (inf: nuisance) scie f
▸ **bind over** vt (Law) mettre en liberté conditionnelle
▸ **bind up** vt (wound) panser ; **to be bound up in** (work, research etc) être complètement absorbé par, être accroché par ; **to be bound up with** (person) être accroché à

binder ['baɪndər] n (file) classeur m

binding ['baɪndɪŋ] n (of book) reliure f ▸ adj (contract) qui constitue une obligation

bindweed ['baɪndwiːd] n liseron m

binge [bɪndʒ] n (inf): **to go on a ~** faire la bringue

bingo ['bɪŋgəu] n sorte de jeu de loto pratiqué dans des établissements publics

bin liner n sac m poubelle

binoculars [bɪ'nɔkjuləz] npl jumelles fpl

biochemical [baɪəu'kɛmɪkl] adj biochimique

biochemist [baɪəu'kɛmɪst] n biochimiste mf

biochemistry [baɪə'kɛmɪstrɪ] n biochimie f

biodegradable ['baɪəudɪ'greɪdəbl] adj biodégradable

biodiesel ['baɪəudiːzl] n biodiesel m ; biogazole m

biodiversity ['baɪəudaɪ'vəːsɪtɪ] n biodiversité f

bioengineering [baɪəuɛndʒɪ'nɪərɪŋ] n (genetic engineering) génie m génétique ; (Med) bioingénierie f

biofuel ['baɪəufjuəl] n biocarburant m

biographer [baɪ'ɔgrəfər] n biographe mf

biographic [baɪə'græfɪk], **biographical** [baɪə'græfɪkl] adj biographique

biography [baɪ'ɔgrəfɪ] n biographie f

bioinformatics [baɪəʊɪnfəˈmætɪks] *n* bioinformatique *f*
biological [baɪəˈlɔdʒɪkl] *adj* biologique
biological clock *n* horloge *f* physiologique
biologist [baɪˈɔlədʒɪst] *n* biologiste *mf*
biology [baɪˈɔlədʒɪ] *n* biologie *f*
biomedical [baɪəʊˈmɛdɪkl] *adj* biomédical(e)
biometric [baɪəˈmɛtrɪk] *adj* biométrique
bionic [baɪˈɔnɪk] *adj* bionique
biophysics [ˈbaɪəʊˈfɪzɪks] *n* biophysique *f*
biopic [ˈbaɪəʊpɪk] *n* film *m* biographique
biopsy [ˈbaɪɔpsɪ] *n* biopsie *f*
biosphere [ˈbaɪəsfɪəʳ] *n* biosphère *f*
biotech [ˈbaɪəʊtɛk] *n* biotechnologie *f* ▸ *cpd*
   (*industry, shares*) biotechnologique ; (*company*) de
   biotechnologie
biotechnology [ˈbaɪəʊtɛkˈnɔlədʒɪ] *n*
   biotechnologie *f*
bioterrorism [baɪəʊˈtɛrərɪzəm] *n*
   bioterrorisme *m*
bioterrorist [baɪəʊˈtɛrərɪst] *n* bioterroriste *mf*
   ▸ *cpd* (*attack*) bioterroriste
bipartisan [ˌbaɪpɑːtɪˈzæn] *adj* biparti(e),
   bipartite
biped [ˈbaɪpɛd] *n* bipède *m*
bipolar [baɪˈpəʊləʳ] *adj* bipolaire
birch [bəːtʃ] *n* bouleau *m*
bird [bəːd] *n* oiseau *m* ; (*BRIT inf: girl*) nana *f*
birdcage [ˈbəːdkeɪdʒ] *n* cage *f* à oiseaux
bird flu *n* grippe *f* aviaire
birdie [ˈbəːdɪ] (*Golf*) *n* birdie *m* ; **to get a ~** faire
   un birdie ▸ *vt:* **to ~ a hole** faire un birdie
bird of prey *n* oiseau *m* de proie
bird's-eye view [ˈbəːdzaɪ-] *n* vue *f* à vol
   d'oiseau ; (*fig*) vue d'ensemble *or* générale
birdsong [ˈbəːdsɔŋ] *n* chant *m* des oiseaux
bird watcher [-wɔtʃəʳ] *n* ornithologue *mf*
   amateur(-trice)
birdwatching [ˈbəːdwɔtʃɪŋ] *n* ornithologie *f*
   (*d'amateur*)
Biro® [ˈbaɪərəʊ] *n* stylo *m* à bille
birth [bəːθ] *n* naissance *f* ; **to give ~ to** donner
   naissance à, mettre au monde ; (*animal*) mettre
   bas
birth certificate *n* acte *m* de naissance
birth control *n* (*policy*) limitation *f* des
   naissances ; (*methods*) méthode(s)
   contraceptive(s)
birthdate [ˈbəːθdeɪt] *n* date *f* de naissance
birthday [ˈbəːθdeɪ] *n* anniversaire *m* ▸ *cpd* (*cake,
   card etc*) d'anniversaire
birthmark [ˈbəːθmɑːk] *n* envie *f*, tache *f* de vin
birthplace [ˈbəːθpleɪs] *n* lieu *m* de naissance
birth rate *n* (taux *m* de) natalité *f*
birthright [ˈbəːθraɪt] *n* droit *m* de naissance
Biscay [ˈbɪskeɪ] *n*: **the Bay of ~** le golfe de
   Gascogne
biscuit [ˈbɪskɪt] *n* (*BRIT*) biscuit *m* ; (*US*) petit
   pain au lait
bisect [baɪˈsɛkt] *vt* couper *or* diviser en deux
bisexual [ˈbaɪˈsɛksjuəl] *adj, n* bisexuel(le)
bishop [ˈbɪʃəp] *n* évêque *m* ; (*Chess*) fou *m*
bison [ˈbaɪsən] *n pl inv* (*esp BRIT*) bison *m*
bistro [ˈbiːstrəʊ] *n* petit restaurant *m*,
   bistrot *m*

bit [bɪt] *pt of* **bite** ▸ *n* morceau *m* ; (*Comput*) bit *m*,
   élément *m* binaire ; (*of tool*) mèche *f* ; (*of horse*)
   mors *m* ; **a ~ of** un peu de ; **a ~ mad/dangerous**
   un peu fou/risqué ; **~ by ~** petit à petit ; **to
   come to bits** (*break*) tomber en morceaux, se
   déglinguer ; **bring all your bits and pieces**
   apporte toutes tes affaires ; **to do one's ~** y
   mettre du sien
bitch [bɪtʃ] *n* (*dog*) chienne *f* ; (*inf!*) salope *f* (*!*),
   garce *f*
bitchy [ˈbɪtʃɪ] *adj* (*inf*) vache
bite [baɪt] (*pt* **bit** [bɪt], *pp* **bitten** [ˈbɪtn]) *vt, vi*
   mordre ; (*insect*) piquer ; **to ~ one's nails** se
   ronger les ongles ▸ *n* morsure *f* ; (*insect bite*)
   piqûre *f* ; (*mouthful*) bouchée *f* ; **let's have a ~
   (to eat)** mangeons un morceau
biting [ˈbaɪtɪŋ] *adj* mordant(e)
bit-map [ˈbɪtmæp] *n* (*Comput*) mode point *m* ;
   (*also:* **bit-map image**) image *f* en mode point
bit part *n* (*Theat*) petit rôle
bitten [ˈbɪtn] *pp of* **bite**
bitter [ˈbɪtəʳ] *adj* amer(-ère) ; (*criticism*)
   cinglant(e) ; (*icy: weather, wind*) glacial(e) ; **to the
   ~ end** jusqu'au bout ▸ *n* (*BRIT: beer*) bière *f* (*à forte
   teneur en houblon*)
bitterly [ˈbɪtəlɪ] *adv* (*complain, weep*) amèrement ;
   (*oppose, criticise*) durement, âprement ; (*jealous,
   disappointed*) horriblement ; **it's ~ cold** il fait un
   froid de loup
bitterness [ˈbɪtənɪs] *n* amertume *f* ; goût amer
bittersweet [ˈbɪtəswiːt] *adj* aigre-doux (douce)
bitty [ˈbɪtɪ] *adj* (*BRIT inf*) décousu(e)
bitumen [ˈbɪtjumɪn] *n* bitume *m*
bivouac [ˈbɪvuæk] *n* bivouac *m*
bizarre [bɪˈzɑːʳ] *adj* bizarre
bk *abbr* = **bank; book**
BL *n abbr* (= *Bachelor of Law(s), Bachelor of Letters*)
   diplôme universitaire ; (*US:* = *Bachelor of Literature*)
   diplôme universitaire
bl *abbr* = **bill of lading**
blab [blæb] *vi* jaser, trop parler ▸ *vt* (*also:* **blab
   out**) laisser échapper, aller raconter
black [blæk] *adj* noir(e) ; **to give sb a ~ eye**
   pocher l'œil à qn, faire un œil au beurre noir à
   qn ; **~ and blue** (*bruised*) couvert(e) de bleus ▸ *n*
   (*colour*) noir *m* ; (*person*): **B~** noir(e) ; **to be in
   the ~** (*in credit*) avoir un compte créditeur ;
   there it is in ~ and white (*fig*) c'est écrit noir
   sur blanc ▸ *vt* (*shoes*) cirer ; (*BRIT Industry*)
   boycotter
   ▸ **black out** *vi* (*faint*) s'évanouir
black belt *n* (*Judo etc*) ceinture noire ; **he's a ~** il
   est ceinture noire
blackberry [ˈblækbərɪ] *n* mûre *f*
blackbird [ˈblækbəːd] *n* merle *m*
blackboard [ˈblækbɔːd] *n* tableau noir
black box *n* (*Aviat*) boîte noire
black coffee *n* café noir
Black Country *n* (*BRIT*): **the ~** le Pays Noir (*dans
   les Midlands*)
blackcurrant [ˈblækˈkʌrənt] *n* cassis *m*
black economy *n* (*BRIT*) travail *m* au noir
blacken [ˈblækn] *vt* noircir
Black Forest *n*: **the ~** la Forêt Noire
blackhead [ˈblækhɛd] *n* point noir

black hole n (Astronomy) trou noir
black humour, (US) **black humor** n humour m noir
black ice n verglas m
blackjack ['blækdʒæk] n (Cards) vingt-et-un m ; (US: truncheon) matraque f
blackleg ['blækleg] n (BRIT) briseur(-euse) de grève, jaune mf
blacklist ['blæklɪst] n liste noire ▶ vt mettre sur la liste noire
blackmail ['blækmeɪl] n chantage m ▶ vt faire chanter, soumettre au chantage
blackmailer ['blækmeɪləʳ] n maître chanteur m
black market n marché noir
blackout ['blækaut] n panne f d'électricité ; (in wartime) black-out m ; (TV) interruption f d'émission ; (fainting) syncope f
black pepper n poivre noir
black pudding n boudin (noir)
Black Sea n: **the ~** la mer Noire
black sheep n brebis galeuse
blacksmith ['blæksmɪθ] n forgeron m
black spot n (Aut) point noir
black-tie adj (dinner, function) en tenue de soirée, habillé(e)
bladder ['blædəʳ] n vessie f
blade [bleɪd] n lame f ; (of oar) plat m ; (of propeller) pale f ; **a ~ of grass** un brin d'herbe
blag [blæg] vt (BRIT inf) obtenir à l'esbroufe
blame [bleɪm] n faute f, blâme m ▶ vt: **to ~ sb/ sth for sth** attribuer à qn/qch la responsabilité de qch ; reprocher qch à qn/qch ; **who's to ~?** qui est le fautif or coupable or responsable ? ; **I'm not to ~** ce n'est pas ma faute
blameless ['bleɪmlɪs] adj irréprochable
blanch [blɑːntʃ] vi (person, face) blêmir ▶ vt (Culin) blanchir
bland [blænd] adj affable ; (taste, food) doux (douce), fade
blank [blæŋk] adj blanc (blanche) ; (look) sans expression, dénué(e) d'expression ▶ n espace m vide, blanc m ; (cartridge) cartouche f à blanc ; **his mind was a ~** il avait la tête vide ; **we drew a ~** (fig) nous n'avons abouti à rien
blank cheque, (US) **blank check** n chèque m en blanc ; **to give sb a ~ to do ...** (fig) donner carte blanche à qn pour faire ...
blanket ['blæŋkɪt] n couverture f ; (of snow, cloud) couche f ▶ adj (statement, agreement) global(e), de portée générale ; **to give ~ cover** (insurance policy) couvrir tous les risques
blare [blɛəʳ] vi (brass band, horns, radio) beugler
blarney ['blɑːnɪ] n boniment m
blasé ['blɑːzeɪ] adj blasé(e)
blasphemous ['blæsfɪməs] adj (words) blasphématoire ; (person) blasphémateur(-trice)
blasphemy ['blæsfɪmɪ] n blasphème m
blast [blɑːst] n explosion f ; (shock wave) souffle m ; (of air, steam) bouffée f ; **(at) full ~** (play music etc) à plein volume ▶ vt faire sauter or exploser ▶ excl (BRIT inf) zut !
▶ **blast off** vi (Space) décoller
blasted ['blɑːstɪd] adj (inf: damned) fichu(e)
blast-off ['blɑːstɔf] n (Space) lancement m
blatant ['bleɪtənt] adj flagrant(e), criant(e)

blatantly ['bleɪtəntlɪ] adv (lie) ouvertement ; **it's ~ obvious** c'est l'évidence même
blaze [bleɪz] n (fire) incendie m ; (flames: of fire, sun etc) embrasement m ; (: in hearth) flamme f, flambée f ; (fig) flamboiement m ; **in a ~ of publicity** à grand renfort de publicité ▶ vi (fire) flamber ; (fig) flamboyer, resplendir ▶ vt: **to ~ a trail** (fig) montrer la voie
blazer ['bleɪzəʳ] n blazer m
bleach [bliːtʃ] n (also: **household bleach**) eau f de Javel ▶ vt (linen) blanchir
bleached [bliːtʃt] adj (hair) oxygéné(e), décoloré(e)
bleachers ['bliːtʃəz] npl (US Sport) gradins mpl (en plein soleil)
bleak [bliːk] adj morne, désolé(e) ; (weather) triste, maussade ; (smile) lugubre ; (prospect, future) morose
bleary-eyed ['blɪərɪaɪd] adj aux yeux pleins de sommeil
bleat [bliːt] n bêlement m ▶ vi bêler
bled [blɛd] pt, pp of **bleed**
bleed [bliːd] (pt, pp bled [blɛd]) vt saigner ; (brakes, radiator) purger ▶ vi saigner ; **my nose is bleeding** je saigne du nez
bleep [bliːp] n (Radio, TV) top m ; (of pocket device) bip m ▶ vi émettre des signaux ▶ vt (doctor etc) appeler (au moyen d'un bip)
bleeper ['bliːpəʳ] n (of doctor etc) bip m
blemish ['blɛmɪʃ] n défaut m ; (on reputation) tache f
blend [blɛnd] n mélange m ▶ vt mélanger ▶ vi (colours etc: also: **blend in**) se mélanger, se fondre, s'allier
blender ['blɛndəʳ] n (Culin) mixeur m
bless [blɛs] (pt, pp blessed or blest [blɛst]) vt bénir ; **to be blessed with** avoir le bonheur de jouir de or d'avoir ; **~ you!** (after sneeze) à tes souhaits !
blessed ['blɛsɪd] adj (Rel: holy) béni(e) ; (: happy) bienheureux(-euse) ; **it rains every ~ day** il ne se passe pas de jour sans qu'il ne pleuve
blessing ['blɛsɪŋ] n bénédiction f ; (godsend) bienfait m ; **to count one's blessings** s'estimer heureux ; **it was a ~ in disguise** c'est un bien pour un mal
blew [bluː] pt of **blow**
blight [blaɪt] n (of plants) rouille f ▶ vt (hopes etc) anéantir, briser
blimey ['blaɪmɪ] excl (BRIT inf) mince alors !
blind [blaɪnd] adj aveugle ; **to turn a ~ eye (on or to)** fermer les yeux (sur) ▶ n (for window) store m ▶ vt aveugler ; **the blind** npl les aveugles mpl
blind alley n impasse f
blind corner n (BRIT) virage m sans visibilité
blind date n rendez-vous galant (avec un(e) inconnu(e))
blinders ['blaɪndəz] (US) npl œillères fpl
blindfold ['blaɪndfəuld] n bandeau m ▶ adj, adv les yeux bandés ▶ vt bander les yeux à
blinding ['blaɪndɪŋ] adj (light, flash) aveuglant(e) ; (pain) fulgurant(e)
blindly ['blaɪndlɪ] adv aveuglément
blindness ['blaɪndnɪs] n cécité f ; (fig) aveuglement m

blind spot n (Aut etc) angle m aveugle ; (fig) angle mort

bling ['blɪŋ], **bling bling** n (inf: also: **bling-bling jewellery**) quincaillerie f (inf)

blink [blɪŋk] vi cligner des yeux ; (light) clignoter ▶ n: **the TV's the ~** (inf) la télé ne va pas tarder à nous lâcher

blinkered ['blɪŋkəd] adj (BRIT: person) qui a l'esprit borné ; (: approach) borné(e) ; (: view) étroit(e)

blinkers ['blɪŋkəz] npl œillères fpl

blinking ['blɪŋkɪŋ] adj (BRIT inf): **this ~ ...** ce fichu or sacré ...

blip [blɪp] n (on radar etc) spot m ; (on graph) petite aberration ; (fig) petite anomalie (passagère)

bliss [blɪs] n félicité f, bonheur m sans mélange

blissful ['blɪsful] adj (event, day) merveilleux(-euse) ; (smile) de bonheur ; **a ~ sigh** un soupir d'aise ; **in ~ ignorance** dans une ignorance béate

blissfully ['blɪsfulɪ] adv (smile) béatement ; (happy) merveilleusement

blister ['blɪstə[r]] n (on skin) ampoule f, cloque f ; (on paintwork) boursouflure f ▶ vi (paint) se boursoufler, se cloquer

blistering ['blɪstərɪŋ] adj (hot: heat, day) torride ; (: sun) brûlant(e) ; (angry: attack) cinglant(e) ; (fast: pace) foudroyant(e)

BLit, BLitt n abbr (= Bachelor of Literature) diplôme universitaire

blithely ['blaɪðlɪ] adv (unconcernedly) tranquillement ; (joyfully) gaiement

blithering ['blɪðərɪŋ] adj (inf): **this ~ idiot** cet espèce d'idiot

blitz [blɪts] n bombardement (aérien) ; **to have a ~ on sth** (fig) s'attaquer à qch

blizzard ['blɪzəd] n blizzard m, tempête f de neige

BLM n abbr (US: = Bureau of Land Management) ≈ les domaines

bloated ['bləutɪd] adj (face) bouffi(e) ; (stomach, person) gonflé(e)

blob [blɔb] n (drop) goutte f ; (stain, spot) tache f

bloc [blɔk] n (Pol) bloc m

block [blɔk] n bloc m ; (in pipes) obstruction f ; (toy) cube m ; (of buildings) pâté m (de maisons) ; **~ of flats** (BRIT) immeuble (locatif) ; **3 blocks from here** à trois rues d'ici ; **mental ~** blocage m ; **~ and tackle** (Tech) palan m ▶ vt bloquer ; (fig) faire obstacle à ; (Comput) grouper ; **the sink is blocked** l'évier est bouché
▶ **block off** vt boucher, condamner
▶ **block out** vt (memories) refouler
▶ **block up** vt boucher

blockade [blɔ'keɪd] n blocus m ▶ vt faire le blocus de

blockage ['blɔkɪdʒ] n obstruction f

block booking n réservation f en bloc

blockbuster ['blɔkbʌstə[r]] n (film, book) grand succès

block capitals npl majuscules fpl d'imprimerie

blockhead ['blɔkhɛd] n imbécile mf

block letters npl majuscules fpl

block release n (BRIT) congé m de formation

block vote n (BRIT) vote m de délégation

blog [blɔg] n blog m, blogue m ▶ vi bloguer

blogger ['blɔgə[r]] n blogueur(-euse)

blogging ['blɔgɪn] n blogging m

blogosphere ['blɔgəsfɪə[r]] n blogosphère f

bloke [bləuk] n (BRIT inf) type m

blond, blonde [blɔnd] adj, n blond(e)

blood [blʌd] n sang m

blood bank n banque f du sang

blood count n numération f globulaire

bloodcurdling ['blʌdkə:dlɪŋ] adj à vous glacer le sang

blood donor n donneur(-euse) de sang

blood group n groupe sanguin

bloodhound ['blʌdhaund] n limier m

bloodless ['blʌdlɪs] adj (victory) sans effusion de sang ; (pale) anémié(e)

bloodletting ['blʌdlɛtɪŋ] n (Med) saignée f ; (fig) effusion f de sang, représailles fpl

bloodline ['blʌdlaɪn] n lignée f

blood poisoning n empoisonnement m du sang

blood pressure n tension (artérielle) ; **to have high/low ~** faire de l'hypertension/ l'hypotension

blood relation, blood relative n parent(e) (par le sang)

bloodshed ['blʌdʃɛd] n effusion f de sang, carnage m

bloodshot ['blʌdʃɔt] adj: **~ eyes** yeux injectés de sang

blood sports npl sports mpl sanguinaires

bloodstain ['blʌdsteɪn] n tache f de sang

bloodstained ['blʌdsteɪnd] adj taché(e) de sang

bloodstream ['blʌdstri:m] n sang m, système sanguin

blood test n analyse f de sang

bloodthirsty ['blʌdθə:stɪ] adj sanguinaire

blood transfusion n transfusion f de sang

blood type n groupe sanguin

blood vessel n vaisseau sanguin

bloody ['blʌdɪ] adj sanglant(e) ; (BRIT inf!): **this ~ ...** ce foutu ..., ce putain de ... (!) ▶ adv: **~ strong/good** (BRIT inf!) vachement or sacrément fort/bon

bloody-minded ['blʌdɪ'maɪndɪd] adj (BRIT inf) contrariant(e), obstiné(e)

bloom [blu:m] n fleur f ; (fig) épanouissement m ▶ vi être en fleur ; (fig) s'épanouir ; être florissant(e)

blooming ['blu:mɪŋ] adj (inf): **this ~ ...** ce fichu or sacré ...

blooper ['blu:pə[r]] n (inf: esp US) gaffe f

blossom ['blɔsəm] n fleur(s) f(pl) ▶ vi être en fleurs ; (fig) s'épanouir ; **to ~ into** (fig) devenir

blot [blɔt] n tache f ; **to be a ~ on the landscape** gâcher le paysage ; (ink) sécher ; **to ~ one's copy book** (fig) faire un impair
▶ **blot out** vt (memories) effacer ; (view) cacher, masquer ; (nation, city) annihiler

blotch [blɔtʃ] n tache f

blotchy ['blɔtʃɪ] adj (complexion) couvert(e) de marbrures

blotting paper ['blɔtɪŋ-] n buvard m

blotto ['blɔtəu] adj (inf) bourré(e)

blouse [blauz] n (feminine garment) chemisier m, corsage m

blow [bləʊ] (*pt* **blew** [bluː], *pp* **blown** [bləʊn]) *n* coup *m* ; **to come to blows** en venir aux coups ▶ *vi* souffler ▶ *vt* (*glass*) souffler ; (*instrument*) jouer de ; (*fuse*) faire sauter ; **to ~ one's nose** se moucher ; **to ~ a whistle** siffler
▶ **blow away** *vi* s'envoler ▶ *vt* chasser, faire s'envoler
▶ **blow down** *vt* faire tomber, renverser
▶ **blow off** *vi* s'envoler ▶ *vt* (*hat*) emporter ; (*ship*): **to ~ off course** faire dévier
▶ **blow out** *vi* (*fire, flame*) s'éteindre ; (*tyre*) éclater ; (*fuse*) sauter
▶ **blow over** *vi* s'apaiser
▶ **blow up** *vi* exploser, sauter ▶ *vt* faire sauter ; (*tyre*) gonfler ; (*Phot*) agrandir
blow-dry ['bləʊdraɪ] *n* (*hairstyle*) brushing *m* ▶ *vt* faire un brushing à
blowlamp ['bləʊlæmp] *n* (BRIT) chalumeau *m*
blown [bləʊn] *pp* of **blow**
blow-out ['bləʊaʊt] *n* (*of tyre*) éclatement *m* ; (BRIT *inf: big meal*) gueuleton *m*
blowtorch ['bləʊtɔːtʃ] *n* chalumeau *m*
blowzy ['blaʊzi] *adj* (BRIT) peu soigné(e)
BLS *n abbr* (US) = **Bureau of Labor Statistics**
blubber ['blʌbəʳ] *n* blanc *m* de baleine ▶ *vi* (*pej*) pleurer comme un veau
bludgeon ['blʌdʒən] *n* gourdin *m*, trique *f*
blue [bluː] *adj* bleu(e) ; (*depressed*) triste ; **~ film/joke** film *m*/histoire *f* pornographique ; **(only) once in a ~ moon** tous les trente-six du mois ; **out of the ~** (*fig*) à l'improviste, sans qu'on s'y attende
blue baby *n* enfant bleu(e)
bluebell ['bluːbɛl] *n* jacinthe *f* des bois
blueberry ['bluːbərɪ] *n* myrtille *f*, airelle *f*
bluebottle ['bluːbɒtl] *n* mouche *f* à viande
blue cheese *n* (*fromage*) bleu *m*
blue-chip ['bluːtʃɪp] *adj*: **~ investment** investissement *m* de premier ordre
blue-collar worker ['bluːkɒləʳ-] *n* ouvrier(-ère) col bleu
blue jeans *npl* blue-jeans *mpl*
blueprint ['bluːprɪnt] *n* bleu *m* ; (*fig*) projet *m*, plan directeur
blues [bluːz] *npl*: **the ~** (*Mus*) le blues ; **to have the ~** (*inf: feeling*) avoir le cafard
bluff [blʌf] *vi* bluffer ▶ *n* bluff *m* ; (*cliff*) promontoire *m*, falaise *f* ; **to call sb's ~** mettre qn au défi d'exécuter ses menaces ▶ *adj* (*person*) bourru(e), brusque
blunder ['blʌndəʳ] *n* gaffe *f*, bévue *f* ▶ *vi* faire une gaffe *or* une bévue ; **to ~ into sb/sth** buter contre qn/qch
blunt [blʌnt] *adj* (*knife*) émoussé(e), peu tranchant(e) ; (*pencil*) mal taillé(e) ; (*person*) brusque, ne mâchant pas ses mots ; **~ instrument** (*Law*) instrument contondant ▶ *vt* émousser
bluntly ['blʌntlɪ] *adv* carrément, sans prendre de gants
bluntness ['blʌntnɪs] *n* (*of person*) brusquerie *f*, franchise brutale
blur [bləːʳ] *n* (*shape*): **to become a ~** devenir flou ▶ *vt* brouiller, rendre flou(e)
blurb [bləːb] *n* (*for book*) texte *m* de présentation ; (*pej*) baratin *m*

blurred [bləːd] *adj* flou(e)
blurt [bləːt]: **to ~ out** *vt* (*reveal*) lâcher ; (*say*) balbutier, dire d'une voix entrecoupée
blush [blʌʃ] *vi* rougir ▶ *n* rougeur *f*
blusher ['blʌʃəʳ] *n* rouge *m* à joues
bluster ['blʌstəʳ] *n* paroles *fpl* en l'air ; (*boasting*) fanfaronnades *fpl* ; (*threats*) menaces *fpl* en l'air ▶ *vi* parler en l'air ; fanfaronner
blustering ['blʌstərɪŋ] *adj* fanfaron(ne)
blustery ['blʌstərɪ] *adj* (*weather*) à bourrasques
Blvd *abbr* (= *boulevard*) Bd
BM *n abbr* = **British Museum**; (Scol: = *Bachelor of Medicine*) diplôme universitaire
BMA *n abbr* = **British Medical Association**
BMI *n abbr* (= *body mass index*) IMC *m*
BMJ *n abbr* = **British Medical Journal**
BMus *n abbr* (= *Bachelor of Music*) diplôme universitaire
BMX *n abbr* (= *bicycle motocross*) BMX *m*
BO *n abbr* (*inf*: = *body odour*) odeurs corporelles ; (US) = **box office**
boar [bɔːʳ] *n* sanglier *m*
board [bɔːd] *n* (*wooden*) planche *f* ; (*on wall*) panneau *m* ; (*for chess etc*) plateau *m* ; (*cardboard*) carton *m* ; (*committee*) conseil *m*, comité *m* ; (*in firm*) conseil d'administration ; (*Naut, Aviat*): **on ~** à bord ; **full ~** (BRIT) pension complète ; **half ~** (BRIT) demi-pension ; **with ~ and lodging** logé nourri ; **~ and lodging** *n* chambre *f* avec pension ; **above ~** (*fig*) régulier(-ère) ; **across the ~** (*fig: adj*) systématiquement (: *adj*) de portée générale ; **to go by the ~** (*hopes, principles*) être abandonné(e) ; (*be unimportant*) compter pour rien, n'avoir aucune importance ▶ *vt* (*ship*) monter à bord de ; (*train*) monter dans
▶ **board up** *vt* (*door*) condamner (*au moyen de planches, de tôle*)
boarder ['bɔːdəʳ] *n* pensionnaire *mf* ; (Scol) interne *mf*, pensionnaire
board game *n* jeu *m* de société
boarding card ['bɔːdɪŋ-] *n* (*Aviat, Naut*) carte *f* d'embarquement
boarding house ['bɔːdɪŋ-] *n* pension *f*
boarding party ['bɔːdɪŋ-] *n* section *f* d'abordage
boarding pass ['bɔːdɪŋ-] *n* (BRIT) = **boarding card**
boarding school ['bɔːdɪŋ-] *n* internat *m*, pensionnat *m*
board meeting *n* réunion *f* du conseil d'administration
board room *n* salle *f* du conseil d'administration
boardwalk ['bɔːdwɔːk] *n* (US) cheminement *m* en planches
boast [bəʊst] *vi*: **to ~ (about** *or* **of)** se vanter (de) ▶ *vt* s'enorgueillir de ▶ *n* vantardise *f* ; sujet *m* d'orgueil *or* de fierté
boastful ['bəʊstful] *adj* vantard(e)
boastfulness ['bəʊstfulnɪs] *n* vantardise *f*
boat [bəʊt] *n* bateau *m* ; (*small*) canot *m* ; barque *f* ; **to go by ~** aller en bateau ; **to be in the same ~** (*fig*) être logé à la même enseigne
boater ['bəʊtəʳ] *n* (*hat*) canotier *m*
boathouse ['bəʊthaʊs] *n* hangar *m* à bateau
boating ['bəʊtɪŋ] *n* canotage *m*

boat people *npl* boat people *mpl*
boatswain ['bəusn] *n* maître *m* d'équipage
boatyard ['bəutjɑːd] *n* chantier *m* naval
bob [bɒb] *vi (boat, cork on water: also:* **bob up and down**) danser, se balancer ▸ *n (BRIT inf)* = **shilling** ▸ **bob up** *or* surgir *or* apparaître brusquement
bobbed [bɒbd] *adj (hair)* coupé(e) au carré
bobbin ['bɒbɪn] *n* bobine *f*; *(of sewing machine)* navette *f*
bobble ['bɒbl] *n (BRIT: of hat)* pompon *m*; *(for hair)* élastique *m* à cheveux
bobby ['bɒbɪ] *n (BRIT inf)* ≈ agent *m* (de police)
bobby pin ['bɒbɪ-] *n (US)* pince *f* à cheveux
bobsled ['bɒbslɛd] *n (esp US: sledge)* bob *m*; *(sport)* bobsleigh *m*
bobsleigh ['bɒbsleɪ] *n* bob *m*
bode [bəud] *vi:* **to ~ well/ill (for)** être de bon/ mauvais augure (pour)
bodice ['bɒdɪs] *n* corsage *m*
bodily ['bɒdɪlɪ] *adj* corporel(le); *(pain, comfort)* physique; *(needs)* matériel(le) ▸ *adv (carry, lift)* dans ses bras
body ['bɒdɪ] *n* corps *m*; *(of car)* carrosserie *f*; *(of plane)* fuselage *m*; *(fig: society)* organe *m*, organisme *m*; *(: quantity)* ensemble *m*, masse *f*; *(of wine)* corps *m*; *(also:* **body stocking**) body *m*, justaucorps *m*; **ruling ~** organe directeur; **in a ~** en masse, ensemble; *(speak)* comme un seul et même homme
body blow *n (fig)* coup dur, choc *m*
bodybuilder ['bɒdɪbɪldə'] *n* culturiste *mf*
body-building ['bɒdɪbɪldɪŋ] *n* body-building *m*, culturisme *m*
bodyguard ['bɒdɪgɑːd] *n* garde *mf* du corps
body language *n* langage *m* du corps
body odour, *(US)* **body odor** *n* odeur *f* corporelle
body repairs *npl* travaux *mpl* de carrosserie
body search *n* fouille *f* (corporelle); **to carry out a ~ on sb** fouiller qn; **to submit to** *or* **undergo a ~** se faire fouiller
bodywork ['bɒdɪwəːk] *n* carrosserie *f*
boffin ['bɒfɪn] *n (BRIT)* savant *m*
bog [bɒg] *n* tourbière *f* ▸ *vt:* **to get bogged down (in)** *(fig)* s'enliser (dans)
boggle ['bɒgl] *vi:* **the mind boggles** c'est incroyable, on en reste sidéré
boggy ['bɒgɪ] *adj* marécageux(-euse)
bogie ['bəugɪ] *n* bogie *m*
Bogotá [bəugə'tɑː] *n* Bogotá
bogus ['bəugəs] *adj* bidon *inv*; fantôme
Bohemia [bəu'hiːmɪə] *n* Bohême *f*
Bohemian [bəu'hiːmɪən] *adj* bohémien(ne) ▸ *n* Bohémien(ne); *(gipsy: also:* **bohemian**) bohémien(ne)
boil [bɔɪl] *vt* (faire) bouillir ▸ *vi* bouillir ▸ *n (Med)* furoncle *m*; **to come to the** *or (US)* **a ~** bouillir; **to bring to the** *or (US)* **a ~** porter à ébullition ▸ **boil down** *vi (fig):* **to ~ down to** se réduire *or* ramener à
▸ **boil over** *vi* déborder
boiled egg *n* œuf *m* à la coque
boiler ['bɔɪlə'] *n* chaudière *f*
boiler suit *n (BRIT)* bleu *m* de travail, combinaison *f*

boiling ['bɔɪlɪŋ] *adj:* **I'm ~ (hot)** *(inf)* je crève de chaud
boiling point *n* point *m* d'ébullition
boil-in-the-bag [bɔɪlɪnðə'bæg] *adj (rice etc)* en sachet cuisson
boisterous ['bɔɪstərəs] *adj* bruyant(e), tapageur(-euse)
bold [bəuld] *adj (fearless: person)* hardi(e), intrépide; *(move, reform)* audacieux(-euse); *(pej: impudent)* effronté(e); *(striking: colour)* vif (vive); *(: pattern)* voyant(e)
boldly ['bəuldlɪ] *adv (fearlessly)* audacieusement, hardiment; *(look, announce, say)* avec assurance; *(patterned, coloured)* de façon voyante, de manière voyante
boldness ['bəuldnɪs] *n* hardiesse *f*, audace *f*; aplomb *m*, effronterie *f*
bold type *n (Typ)* caractères *mpl* gras
Bolivia [bə'lɪvɪə] *n* Bolivie *f*
Bolivian [bə'lɪvɪən] *adj* bolivien(ne) ▸ *n* Bolivien(ne)
bollard ['bɒləd] *n (Naut)* bitte *f* d'amarrage; *(BRIT Aut)* borne lumineuse *or* de signalisation
bollocks ['bɒləks] *(BRIT inf!)* *excl* quelles conneries *fpl*! ▸ *npl* couilles *fpl* (!)
Bollywood ['bɒlɪwud] *n* Bollywood *m*
bolshy ['bɒlʃɪ] *adj* râleur(-euse); **to be in a ~ mood** être peu coopératif(-ive)
bolster ['bəulstə'] *n* traversin *m*
▸ **bolster up** *vt* soutenir
bolt [bəult] *n* verrou *m*; *(with nut)* boulon *m*; **a ~ from the blue** *(fig)* un coup de tonnerre dans un ciel bleu ▸ *adv:* **~ upright** droit(e) comme un piquet ▸ *vt (door)* verrouiller; *(food)* engloutir ▸ *vi* se sauver, filer (comme une flèche); *(horse)* s'emballer
bomb [bɒm] *n* bombe *f* ▸ *vt* bombarder
bombard [bɒm'bɑːd] *vt* bombarder
bombardment [bɒm'bɑːdmənt] *n* bombardement *m*
bombastic [bɒm'bæstɪk] *adj* grandiloquent(e), pompeux(-euse)
bomb disposal *n:* **~ unit** section *f* de déminage; **~ expert** artificier *m*
bomber ['bɒmə'] *n* caporal *m* d'artillerie; *(Aviat)* bombardier *m*; *(terrorist)* poseur *m* de bombes
bombing ['bɒmɪŋ] *n* bombardement *m*
bomb scare *n* alerte *f* à la bombe
bombshell ['bɒmʃɛl] *n* obus *m*; *(fig)* bombe *f*
bomb site *n* zone *f* de bombardement
bona fide ['bəunə'faɪdɪ] *adj* de bonne foi; *(offer)* sérieux(-euse)
bonanza [bə'nænzə] *n* filon *m*
bond [bɒnd] *n* lien *m*; *(binding promise)* engagement *m*, obligation *f*; *(Finance)* obligation; **in ~** *(of goods)* en entrepôt; **bonds** *npl (chains)* chaînes *fpl*
bondage ['bɒndɪdʒ] *n* esclavage *m*
bonded warehouse ['bɒndɪd-] *n* entrepôt *m* sous douanes
bonding ['bɒndɪŋ] *n* (formation *f* de) liens *mpl* affectifs
bone [bəun] *n* os *m*; *(of fish)* arête *f* ▸ *vt* désosser, ôter les arêtes de
bone china *n* porcelaine *f* tendre

bone-dry ['bəun'draɪ] *adj* absolument sec
(sèche)
bone idle *adj* fainéant(e)
bone marrow *n* moelle osseuse
boner ['bəunəʳ] *n* (US) gaffe *f*, bourde *f*
bonfire ['bɒnfaɪəʳ] *n* feu *m* (de joie) ; (for rubbish)
feu
bonk [bɒŋk] (inf!) *vt* s'envoyer (!), sauter (!) ▸ *vi*
s'envoyer en l'air (!)
bonkers ['bɒŋkəz] *adj* (BRIT inf) cinglé(e), dingue
Bonn [bɒn] *n* Bonn
bonnet ['bɒnɪt] *n* bonnet *m* ; (BRIT: of car) capot *m*
bonny [bɒnɪ] *adj* (SCOTTISH) joli(e)
bonsai ['bɒnsaɪ] *adj* (tree) bonsaï ▸ *n* (tree)
bonsaï *m* ; (art) l'art *m* du bonsaï
bonus ['bəunəs] *n* (money) prime *f* ; (advantage)
avantage *m*
bony ['bəunɪ] *adj* (arm, face: Med: tissue)
osseux(-euse) ; (thin: person) squelettique ; (meat)
plein(e) d'os ; (fish) plein d'arêtes
boo [bu:] *excl* hou !, peuh ! ▸ *vt* huer ▸ *n* huée *f*
boob [bu:b] *n* (inf: breast) nichon *m* ; (: BRIT:
mistake) gaffe *f*
booby prize ['bu:bɪ-] *n* timbale *f* (ironic)
booby trap ['bu:bɪ-] *n* guet-apens *m*
booby-trapped ['bu:bɪtræpt] *adj* piégé(e)
booing ['bu:ɪŋ] *n* huées *fpl*
book [buk] *n* livre *m* ; (of stamps, tickets etc) carnet
m ; **by the ~** à la lettre, selon les règles ; **to
throw the ~ at sb** passer un savon à qn ▸ *vt*
(ticket) prendre ; (seat, room) réserver ; (football
player) prendre le nom de, donner un carton à ;
(driver) dresser un procès-verbal à ; **I booked a
table in the name of …** j'ai réservé une table
au nom de … ; **books** *npl* (Comm) comptes *mpl*,
comptabilité *f* ; **to keep the books** tenir la
comptabilité
▸ **book in** *vi* (BRIT: at hotel) prendre sa chambre
▸ **book up** *vt* réserver ; **all seats are booked up**
tout est pris, c'est complet ; **the hotel is
booked up** l'hôtel est complet
bookable ['bukəbl] *adj* : **seats are ~** on peut
réserver ses places
bookcase ['bukkeɪs] *n* bibliothèque *f* (meuble)
book ends *npl* serre-livres *m inv*
bookie ['bukɪ] *n* (inf) book *m*, bookmaker *m*
booking ['bukɪŋ] *n* (BRIT) réservation *f* ;
I confirmed my ~ by fax/email j'ai confirmé
ma réservation par fax/e-mail
booking office *n* (BRIT) bureau *m* de location
bookish ['bukɪʃ] *adj* (studious) studieux(-euse) ;
(book-loving) qui aime lire
book-keeping ['buk'ki:pɪŋ] *n* comptabilité *f*
booklet ['buklɪt] *n* brochure *f*
bookmaker ['bukmeɪkəʳ] *n* bookmaker *m*
bookmark ['bukmɑ:k] *n* (for book) marque-page
m ; (Comput) signet *m*
bookseller ['buksɛləʳ] *n* libraire *mf*
bookshelf ['bukʃɛlf] *n* (single) étagère *f* (à livres) ;
(bookcase) bibliothèque *f* ; **bookshelves** rayons
mpl (de bibliothèque)
bookshop ['bukʃɒp], **bookstore** ['bukstɔːʳ] *n*
librairie *f*
bookstall ['bukstɔ:l] *n* kiosque *m* à journaux
book store *n* = **bookshop**

book token *n* bon-cadeau *m* (pour un livre)
book value *n* valeur *f* comptable
bookworm ['bukwə:m] *n* dévoreur(-euse) de
livres
boom [bu:m] *n* (noise) grondement *m* ; (in prices,
population) forte augmentation ; (busy period)
boom *m*, vague *f* de prospérité ▸ *vi* gronder ;
prospérer
▸ **boom out** *vi* résonner ▸ *vt* hurler
boomerang ['bu:məræŋ] *n* boomerang *m*
boom town *n* ville *f* en plein essor
boon [bu:n] *n* bénédiction *f*, grand avantage
boorish ['buərɪʃ] *adj* grossier(-ère), rustre
boost [bu:st] *n* stimulant *m*, remontant *m* ;
to give a ~ to sb's spirits or **to sb** remonter le
moral à qn ▸ *vt* stimuler
booster ['bu:stəʳ] *n* (TV) amplificateur *m* (de
signal) ; (Elec) survolteur *m* ; (Med: vaccine)
rappel *m* ; (also: **booster rocket**) booster *m*
booster seat *n* (Aut: for children) siège *m*
rehausseur
boot [bu:t] *n* botte *f* ; (for hiking) chaussure *f* (de
marche) ; (ankle boot) bottine *f* ; (BRIT: of car)
coffre *m* ; **to give sb the ~** (inf!) flanquer qn
dehors, virer qn ; **to ~** (in addition) par-dessus le
marché, en plus
▸ **boot up** *vt fus* faire démarrer, mettre en route
▸ *vi* (computer) démarrer
booth [bu:ð] *n* (at fair) baraque (foraine) ; (of
telephone etc) cabine *f* ; (also: **voting booth**)
isoloir *m*
bootlace ['bu:tleɪs] *n* lacet *m* (de chaussure)
bootleg ['bu:tlɛg] *adj* de contrebande ; **~ record**
enregistrement *m* pirate
bootlegger ['bu:tlɛgəʳ] *n* pirate *m* (qui se livre à
l'enregistrement et à la vente de contenue audiovisuel)
booty ['bu:tɪ] *n* butin *m*
booze [bu:z] (inf) *n* boissons *fpl* alcooliques,
alcool *m* ▸ *vi* boire, picoler
boozer ['bu:zəʳ] *n* (inf: person): **he's a ~** il picole
pas mal ; (: BRIT: pub) pub *m*
borax ['bɔ:ræks] *n* borax *m*
border ['bɔ:dəʳ] *n* bordure *f*; bord *m* ; (of a country)
frontière *f* ; **the Borders** la région frontière entre
l'Écosse et l'Angleterre
▸ **border on** *vt fus* être voisin(e) de, toucher à
borderline ['bɔ:dəlaɪn] *n* (fig) ligne *f* de
démarcation ▸ *adj*: **~ case** cas *m* limite
bore [bɔːʳ] *pt of* **bear** ▸ *vt* (person) ennuyer, raser ;
(hole) percer ; (well, tunnel) creuser ▸ *n* (person)
raseur(-euse) ; (boring thing) barbe *f* ; (of gun)
calibre *m*
bored ['bɔ:d] *adj*: **to be ~** s'ennuyer ; **he's ~ to
tears** or **to death** or **stiff** il s'ennuie à mourir
boredom ['bɔ:dəm] *n* ennui *m*
borehole ['bɔ:həul] *n* trou *m* de sonde
boring ['bɔ:rɪŋ] *adj* ennuyeux(-euse)
born [bɔ:n] *adj*: **to be ~** naître ; **I was ~ in 1960**
je suis né en 1960 ; **~ blind** aveugle de
naissance ; **a ~ comedian** un comédien-né
born-again [bɔ:nə'gɛn] *adj*: **~ Christian**
≈ évangéliste *mf*
borne [bɔ:n] *pp of* **bear**
Borneo ['bɔ:nɪəu] *n* Bornéo *f*
borough ['bʌrə] *n* municipalité *f*

borrow ['bɒrəʊ] *vt*: **to ~ sth (from sb)** emprunter qch (à qn) ; **may I ~ your car?** est-ce que je peux vous emprunter votre voiture ?
borrower ['bɒrəʊə^r] *n* emprunteur(-euse)
borrowing ['bɒrəʊɪŋ] *n* emprunt(s) *mpl*
borstal ['bɔːstl] *n* (BRIT) ≈ maison *f* de correction
Bosnia ['bɒznɪə] *n* Bosnie *f*
Bosnia-Herzegovina, Bosnia-Hercegovina ['bɒznɪəhɜːtsə'gəʊvɪːnə] *n* Bosnie-Herzégovine *f*
Bosnian ['bɒznɪən] *adj* bosniaque, bosnien(ne)
▶ *n* Bosniaque *mf*, Bosnien(ne)
bosom ['bʊzəm] *n* poitrine *f* ; *(fig)* sein *m*
bosom friend *n* ami(e) intime
boss [bɒs] *n* patron(ne) ▶ *vt* (*also*: **boss about, boss around**) mener à la baguette
bossy ['bɒsɪ] *adj* autoritaire
bosun ['bəʊsn] *n* maître *m* d'équipage
bot [bɒt] *n* bot *m*
botanical [bə'tænɪkl] *adj* botanique
botanist ['bɒtənɪst] *n* botaniste *mf*
botany ['bɒtənɪ] *n* botanique *f*
botch [bɒtʃ] *vt* (*also*: **botch up**) saboter, bâcler
both [bəʊθ] *adj* les deux, l'un(e) et l'autre ▶ *pron*: **~ (of them)** les deux, tous (toutes) (les) deux, l'un(e) et l'autre ; **~ of us went, we ~ went** nous y sommes allés tous les deux ▶ *adv*: **~ A and B** A et B ; **they sell ~ the fabric and the finished curtains** ils vendent (et) le tissu et les rideaux (finis), ils vendent à la fois le tissu et les rideaux (finis)
bother ['bɒðə^r] *vt* (*worry*) tracasser ; (*needle, bait*) importuner, ennuyer ; (*disturb*) déranger ; **to ~ doing** prendre la peine de faire ; **I'm sorry to ~ you** excusez-moi de vous déranger ▶ *vi* (*also*: **bother o.s.**) se tracasser, se faire du souci ; **please don't ~** ne vous dérangez pas ; **don't ~** ce n'est pas la peine ▶ *n* (*trouble*) ennuis *mpl* ; **it is a ~ to have to do** c'est vraiment ennuyeux d'avoir à faire ; **it's no ~** aucun problème ▶ *excl* zut !
bothered ['bɒðəd] *adj* inquiet(-ète) ; **I'm not ~** ça m'est égal
bothersome ['bɒðəsəm] *adj* (*old*) ennuyeux(-euse)
Botox® ['bəʊtɒks] *n* Botox *m* ; **~ injections** injections *fpl* de Botox
Botswana [bɒt'swaːnə] *n* Botswana *m*
bottle ['bɒtl] *n* bouteille *f* ; (*baby's*) biberon *m* ; (*of perfume, medicine*) flacon *m* ; **~ of wine/milk** bouteille de vin/lait ; **wine/milk ~** bouteille à vin/lait ▶ *vt* mettre en bouteille(s)
▶ **bottle up** *vt* refouler, contenir
bottle bank *n* conteneur *m* (de bouteilles)
bottleneck ['bɒtlnɛk] *n* (*in traffic*) bouchon *m* ; (*in production*) goulet *m* d'étranglement
bottle-opener ['bɒtləʊpnə^r] *n* ouvre-bouteille *m*
bottom ['bɒtəm] *n* (*of container, sea etc*) fond *m* ; (*buttocks*) derrière *m* ; (*of page, list*) bas *m* ; (*of chair*) siège *m* ; (*of mountain, tree, hill*) pied *m* ; **to get to the ~ of sth** (*fig*) découvrir le fin fond de qch ▶ *adj* (*shelf, step*) du bas
▶ **bottom out** *vi* (*recession, price*) atteindre son point le plus bas

bottomless ['bɒtəmlɪs] *adj* sans fond, insondable
bottom line *n*: **the ~ is that ...** l'essentiel, c'est que ...
botulism ['bɒtjulɪzəm] *n* botulisme *m*
bougainvillea, bougainvillaea [buːgən'vɪlɪə] *n* bougainvillée *f*, bougainvillier *m*
bough [baʊ] *n* branche *f*, rameau *m*
bought [bɔːt] *pt, pp of* **buy**
boulder ['bəʊldə^r] *n* gros rocher (*gén lisse, arrondi*)
boulevard ['buːləvaːd] *n* boulevard *m*
bounce [baʊns] *vi* (*ball*) rebondir ; (*cheque*) être refusé (*étant sans provision*) ; (*also*: **to bounce forward/out**) bondir, s'élancer ▶ *vt* faire rebondir ▶ *n* (*rebound*) rebond *m* ; **he's got plenty of ~** (*fig*) il est plein d'entrain *or* d'allant
▶ **bounce back** *vi* (*team, competitor*) faire un retour en force
bouncer ['baʊnsə^r] *n* (*inf: at dance, club*) videur *m*
bouncing ['baʊnsɪŋ] *adj* (*baby*) plein(e) de santé
bouncy ['baʊnsɪ] *adj* (*lively: person*) dynamique ; (*ball, toy*) élastique
bound [baʊnd] *pt, pp of* **bind** ▶ *n* (*gen pl*) limite *f* ; (*leap*) bond *m* ; **out of bounds** dont l'accès est interdit ▶ *vi* (*leap*) bondir ▶ *vt* (*limit*) borner ▶ *adj*: **to be ~ to do sth** (*obliged*) être obligé(e) *or* avoir obligation de faire qch ; **he's ~ to fail** (*likely*) il est sûr d'échouer, son échec est inévitable *or* assuré ; **~ by** (*law, regulation*) engagé(e) par ; **~ for** à destination de
boundary ['baʊndrɪ] *n* frontière *f*
boundless ['baʊndlɪs] *adj* illimité(e), sans bornes
bountiful ['baʊntɪful] *adj* (*person*) généreux(-euse) ; (*God*) bienfaiteur(-trice) ; (*supply*) ample
bounty ['baʊntɪ] *n* (*generosity*) générosité *f*
bouquet ['buːkeɪ] *n* bouquet *m*
bourbon ['bʊəbən] *n* (US: *also*: **bourbon whiskey**) bourbon *m*
bourgeois ['bʊəʒwaː] *adj, n* bourgeois(e)
bourgeoisie [ˌbʊəʒwaː'ziː] *n* bourgeoisie *f*
bout [baʊt] *n* période *f* ; (*of malaria etc*) accès *m*, crise *f*, attaque *f* ; (*Boxing etc*) combat *m*, match *m*
boutique [buː'tiːk] *n* boutique *f*
bovine ['bəʊvaɪn] *adj* bovin(e)
bow¹ [bəʊ] *n* nœud *m* ; (*weapon*) arc *m* ; (*Mus*) archet *m*
bow² [baʊ] *n* (*with body*) révérence *f*, inclination *f* (du buste *or* corps) ; (*Naut: also*: **bows**) proue *f* ▶ *vi* faire une révérence, s'incliner ; (*yield*): **to ~ to** *or* **before** s'incliner devant, se soumettre à ; **to ~ to the inevitable** accepter l'inévitable *or* l'inéluctable
▶ **bow out** *vi* tirer sa révérence ; **to ~ out of sth** se retirer de qch
bowels [baʊəlz] *npl* intestins *mpl* ; (*fig*) entrailles *fpl*
bower ['baʊə^r] *n* (*literary: in garden*) tonnelle *f*
bowl [bəʊl] *n* (*for eating*) bol *m* ; (*for washing*) cuvette *f* ; (*ball*) boule *f* ; (*of pipe*) fourneau *m* ▶ *vi* (*Cricket*) lancer (la balle)
▶ **bowl out** *vt* (*Cricket*) éliminer par lancer direct
▶ **bowl over** *vt fus* (*fig*) renverser
bow-legged ['bəʊ'lɛgɪd] *adj* aux jambes arquées

bowler ['bəʊləʳ] n joueur m de boules ; (Cricket) lanceur m (de la balle) ; (BRIT: also: **bowler hat**) (chapeau m) melon m

bowlful ['bəʊlful] n bol m

bowling ['bəʊlɪŋ] n (game) jeu m de boules, jeu de quilles

bowling alley n bowling m

bowling green n terrain m de boules (gazonné et carré)

bowls [bəʊlz] n (jeu m de) boules fpl

bow tie [bəʊ-] n nœud m papillon

box [bɒks] n boîte f ; (also: **cardboard box**) carton m ; (crate) caisse f ; (Theat) loge f ▶ vt mettre en boîte ; (Sport) boxer avec ▶ vi boxer, faire de la boxe
▶ **box in** vt fus coincer

boxer ['bɒksəʳ] n (person) boxeur(-euse) ; (dog) boxer m

boxer shorts npl caleçon m

boxing ['bɒksɪŋ] n (sport) boxe f

Boxing Day n (BRIT) le lendemain de Noël

BOXING DAY

Boxing Day est le lendemain de Noël, férié en Grande-Bretagne. Ce nom vient d'une coutume du XIXe siècle qui consistait à donner des cadeaux de Noël (dans des boîtes) à ses employés, etc le 26 décembre.

boxing gloves npl gants mpl de boxe

boxing ring n ring m

box number n (for advertisements) numéro m d'annonce

box office n bureau m de location

box room n débarras m ; chambrette f

boy [bɔɪ] n garçon m

boy band n boys band m

boycott ['bɔɪkɔt] n boycottage m ▶ vt boycotter

boyfriend ['bɔɪfrɛnd] n (petit) ami

boyhood ['bɔɪhud] n enfance f

boyish ['bɔɪɪʃ] adj d'enfant, de garçon ; **to look ~** (man: appear youthful) faire jeune

bozo ['bəʊzəʊ] n (inf) andouille f (inf)

Bp abbr = **bishop**

bps n abbr (= bits per second) bits mpl par seconde

BR abbr = **British Rail**

Br. abbr (Rel) = **brother**

bra [brɑ:] n soutien-gorge m

brace [breɪs] n (support) attache f, agrafe f ; (BRIT: also: **braces**: on teeth) appareil m (dentaire) ; (tool) vilebrequin m ; (Typ: also: **brace bracket**) accolade f ▶ vt (support) consolider, soutenir ; **to ~ o.s.** (fig) se préparer mentalement ; **braces** npl (BRIT: for trousers) bretelles fpl

bracelet ['breɪslɪt] n bracelet m

bracing ['breɪsɪŋ] adj tonifiant(e), tonique

bracken ['brækən] n fougère f

bracket ['brækɪt] n (Tech) tasseau m, support m ; (group) classe f, tranche f ; (also: **round bracket**) parenthèse f ; (also: **square bracket**) crochet m ; **income ~** tranche f des revenus ; **in brackets** entre parenthèses or crochets ▶ vt mettre entre parenthèses ; (fig: also: **bracket together**) regrouper

brackish ['brækɪʃ] adj (water) saumâtre

brag [bræg] vi se vanter

braid [breɪd] n (trimming) galon m ; (of hair) tresse f, natte f ▶ vt (hair) tresser

Braille [breɪl] n braille m

brain [breɪn] n cerveau m ; **brains** npl (intellect, food) cervelle f ; **he's got brains** il est intelligent

brainchild ['breɪntʃaɪld] n trouvaille (personnelle), invention f

braindead ['breɪndɛd] adj (Med) dans un coma dépassé ; (inf) demeuré(e)

brain haemorrhage, (US) brain hemorrhage n hémorragie f cérébrale

brainless ['breɪnlɪs] adj sans cervelle, stupide

brainpower ['breɪnpauəʳ] n intelligence f

brainstorm ['breɪnstɔ:m] n (fig) moment m d'égarement ; (US: brainwave) idée f de génie

brainstorming ['breɪnstɔ:mɪŋ] n brainstorming m, remue-méninges m

brainwash ['breɪnwɔʃ] vt faire subir un lavage de cerveau à

brainwave ['breɪnweɪv] n idée f de génie

brainy ['breɪnɪ] adj intelligent(e), doué(e)

braise [breɪz] vt braiser

brake [breɪk] n frein m ▶ vt, vi freiner

brake light n feu m de stop

brake pedal n pédale f de frein

bramble ['bræmbl] n ronces fpl ; (fruit) mûre f

bran [bræn] n son m

branch [brɑ:ntʃ] n branche f ; (Comm) succursale f ; (: of bank) agence f ; (of association) section locale ▶ vi bifurquer
▶ **branch off** vi (road) bifurquer
▶ **branch out** vi diversifier ses activités ; **to ~ out into** étendre ses activités à

branch line n (Rail) bifurcation f, embranchement m

branch manager n directeur(-trice) de succursale (or d'agence)

brand [brænd] n marque (commerciale) ▶ vt (cattle) marquer (au fer rouge) ; (fig: pej): **to ~ sb a communist** etc traiter or qualifier qn de communiste etc

branded ['brændɪd] adj (BRIT: product) de marque

branding ['brændɪŋ] n branding m, marquage m

brandish ['brændɪʃ] vt brandir

brand name n nom m de marque

brand-new ['brænd'nju:] adj tout(e) neuf (neuve), flambant neuf (neuve)

brandy ['brændɪ] n cognac m, fine f

brash [bræʃ] adj effronté(e)

Brasilia [brə'zɪlɪə] n Brasilia

brass [brɑ:s] n cuivre m (jaune), laiton m ; **the ~** (Mus) les cuivres

brass band n fanfare f

brassiere ['bræsɪəʳ] n soutien-gorge m

brass tacks npl: **to get down to ~** en venir au fait

brat [bræt] n (pej) mioche mf, môme mf

bravado [brə'vɑ:dəʊ] n bravade f

brave [breɪv] adj courageux(-euse), brave ▶ n guerrier indien ▶ vt braver, affronter

bravery ['breɪvərɪ] n bravoure f, courage m

bravo [brɑ:'vəʊ] excl (old) bravo

brawl [brɔːl] n rixe f, bagarre f ▶ vi se bagarrer

brawn [brɔːn] n muscle m ; (meat) fromage m de tête

brawny ['brɔːnɪ] adj musclé(e), costaud(e)

bray [breɪ] n braiement m ▶ vi braire

brazen ['breɪzn] adj impudent(e), effronté(e)
▶ vt: **to ~ it out** payer d'effronterie, crâner

brazenly ['breɪzənlɪ] adv impudemment, effrontément

brazier ['breɪzɪəʳ] n brasero m

Brazil [brə'zɪl] n Brésil m

Brazilian [brə'zɪljən] adj brésilien(ne) ▶ n Brésilien(ne)

Brazil nut n noix f du Brésil

breach [briːtʃ] vt ouvrir une brèche dans ▶ n (gap) brèche f ; (estrangement) brouille f ; (breaking): **~ of contract** rupture f de contrat ; **~ of the peace** attentat m à l'ordre public ; **~ of trust** abus m de confiance

bread [brɛd] n pain m ; (inf: money) fric m ; **~ and butter** n tartines (beurrées) ; (fig) subsistance f ; **to earn one's daily ~** gagner son pain ; **to know which side one's ~ is buttered (on)** savoir où est son avantage or intérêt

breadbin ['brɛdbɪn] n (BRIT) boîte f or huche f à pain

breadboard ['brɛdbɔːd] n planche f à pain ; (Comput) montage expérimental

breadbox ['brɛdbɔks] n (US) boîte f or huche f à pain

breadcrumbs ['brɛdkrʌmz] npl miettes fpl de pain ; (Culin) chapelure f, panure f

breaded ['brɛdɪd] adj pané(e)

breadfruit ['brɛdfruːt] n fruit m de l'arbre à pain

breadline ['brɛdlaɪn] n: **to be on the ~** être sans le sou or dans l'indigence

breadth [brɛtθ] n largeur f

breadwinner ['brɛdwɪnəʳ] n soutien m de famille

break [breɪk] (pt **broke** [brəuk], pp **broken** ['brəukən]) vt casser, briser ; (promise) rompre ; (law) violer ; **to ~ one's leg** etc se casser la jambe etc ; **to ~ a record** battre un record ; **to ~ the news to sb** annoncer la nouvelle à qn ▶ vi se casser, se briser ; (weather) tourner ; (storm) éclater ; (day) se lever ; **to ~ with sb** rompre avec qn ; **to ~ even** rentrer dans ses frais ; **to ~ free** or **loose** se dégager, s'échapper ▶ n (gap) brèche f ; (fracture) cassure f ; (rest) interruption f, arrêt m ; (: short) pause f ; (: at school) récréation f ; (chance) chance f, occasion f favorable ; **to take a ~** (few minutes) faire une pause, s'arrêter cinq minutes ; (holiday) prendre un peu de repos ; **without a ~** sans interruption, sans arrêt

▶ **break away** vi (from other people) se détacher ; **to ~ away from sth** (idea, tradition) rompre avec qch

▶ **break down** vt (door etc) enfoncer ; (resistance) venir à bout de ; (figures, data) décomposer, analyser ▶ vi s'effondrer ; (Med) faire une dépression (nerveuse) ; (Aut) tomber en panne ; **my car has broken down** ma voiture est en panne

▶ **break in** vt (horse etc) dresser ▶ vi (burglar) entrer par effraction ; (interrupt) interrompre

▶ **break into** vt fus (house) s'introduire or pénétrer par effraction dans

▶ **break off** vi (speaker) s'interrompre ; (branch) se rompre ▶ vt (talks, engagement) rompre

▶ **break open** vt (door etc) forcer, fracturer

▶ **break out** vi éclater, se déclarer ; (prisoner) s'évader ; **to ~ out in spots** se couvrir de boutons

▶ **break through** vi: **the sun broke through** le soleil a fait son apparition ▶ vt fus (defences, barrier) franchir ; (crowd) se frayer un passage à travers

▶ **break up** vi (partnership) cesser, prendre fin ; (marriage) se briser ; (crowd, meeting) se séparer ; (ship) se disloquer ; (Scol: pupils) être en vacances ; (line) couper ; **the line's** or **you're breaking up** ça coupe ▶ vt fracasser, casser ; (fight etc) interrompre, faire cesser ; (marriage) désunir

breakable ['breɪkəbl] adj cassable, fragile ▶ n: **breakables** objets mpl fragiles

breakage ['breɪkɪdʒ] n casse f ; **to pay for breakages** payer la casse

breakaway ['breɪkəweɪ] adj (group etc) dissident(e)

breakdown ['breɪkdaun] n (Aut) panne f ; (in communications, marriage) rupture f ; (Med: also: **nervous breakdown**) dépression (nerveuse) ; (of figures) ventilation f, répartition f

breakdown service n (BRIT) service m de dépannage

breakdown van, (US) **breakdown truck** n dépanneuse f

breaker ['breɪkəʳ] n brisant m

breakeven ['breɪk'iːvn] cpd: **~ chart** graphique m de rentabilité ; **~ point** seuil m de rentabilité

breakfast ['brɛkfəst] n petit déjeuner m ; **what time is ~?** le petit déjeuner est à quelle heure ?

breakfast cereal n céréales fpl

break-in ['breɪkɪn] n cambriolage m

breaking and entering n (Law) effraction f

breaking point ['breɪkɪŋ-] n limites fpl

breakneck ['breɪknɛk] adj: **at ~ speed** (develop, happen) à la vitesse grand V ; **to drive at ~ speed** rouler à tombeau ouvert

breakout ['breɪkaut] n évasion f

breakthrough ['breɪkθruː] n percée f

break-up ['breɪkʌp] n (of partnership, marriage) rupture f

break-up value n (Comm) valeur f de liquidation

breakwater ['breɪkwɔːtəʳ] n brise-lames m inv, digue f

breast [brɛst] n (of woman) sein m ; (chest) poitrine f ; (of chicken, turkey) blanc m

breastbone ['brɛstbəun] n sternum m

breast-feed ['brɛstfiːd] vt, vi (irreg: like **feed**) allaiter

breast milk n lait m maternel

breast pocket n poche f (de) poitrine

breast-stroke ['brɛststrəuk] n brasse f

breath [brɛθ] n haleine f, souffle m ; **to go out for a ~ of air** sortir prendre l'air ; **to take a deep ~** respirer à fond ; **out of ~** à bout de souffle, essoufflé(e)

breathable ['briːðəbl] adj (fabric) aéré(e)

breathalyse ['brɛəlaɪz] vt faire subir un alcootest à

Breathalyser® ['brɛθəlaɪzəʳ] (BRIT) n alcootest m
breathe [bri:ð] vt, vi respirer ; **I won't ~ a word about it** je n'en soufflerai pas mot, je n'en dirai rien à personne
▶ **breathe in** vi inspirer ▶ vt aspirer
▶ **breathe out** vt, vi expirer
breather ['bri:ðəʳ] n moment m de repos or de répit
breathing ['bri:ðɪŋ] n respiration f
breathing space n (fig) (moment m de) répit m
breathless ['brɛθlɪs] adj essoufflé(e), haletant(e), oppressé(e) ; **~ with excitement** le souffle coupé par l'émotion
breathtaking ['brɛθteɪkɪŋ] adj stupéfiant(e), à vous couper le souffle
breath test n alcootest m
bred [brɛd] pt, pp of **breed**
-bred [brɛd] suffix: **well/ill~** bien/mal élevé(e)
breeches ['brɪtʃɪz, 'bri:tʃɪz] npl (old) culotte f
breed [bri:d] (pt, pp **bred** [brɛd]) vt élever, faire l'élevage de ; (fig: hate, suspicion) engendrer ▶ vi se reproduire ▶ n race f, variété f
breeder ['bri:dəʳ] n (person) éleveur m ; (Physics: also: **breeder reactor**) (réacteur m) surrégénérateur m
breeding ['bri:dɪŋ] n reproduction f ; élevage m ; (upbringing) éducation f
breeze [bri:z] n brise f
▶ **breeze in** vi entrer d'un air dégagé
breeze-block ['bri:zblɔk] n (BRIT) parpaing m
breezy ['bri:zɪ] adj (day, weather) venteux(-euse) ; (manner) désinvolte ; (person) jovial(e)
brethren ['brɛðrɪn] npl (old) frères mpl
Breton ['brɛtən] adj breton(ne) ▶ n Breton(ne) ; (Ling) breton m
brevity ['brɛvɪtɪ] n brièveté f
brew [bru:] vt (tea) faire infuser ; (beer) brasser ; (plot) tramer, préparer ▶ vi (tea) infuser ; (beer) fermenter ; (fig) se préparer, couver
brewer ['bru:əʳ] n brasseur m
brewery ['bru:ərɪ] n brasserie f (fabrique)
brewing ['bru:ɪŋ] n brassage m
briar ['braɪəʳ] n (thorny bush) ronces fpl ; (wild rose) églantine f
bribe [braɪb] n pot-de-vin m ▶ vt acheter ; soudoyer ; **to ~ sb to do sth** soudoyer qn pour qu'il fasse qch
bribery ['braɪbərɪ] n corruption f
bric-a-brac ['brɪkəbræk] n bric-à-brac m
brick [brɪk] n brique f
brickbat ['brɪkbæt] n violente critique f
bricklayer ['brɪkleɪəʳ] n maçon m
brickwork ['brɪkwə:k] n briquetage m, maçonnerie f
brickworks ['brɪkwə:ks] n briqueterie f
bridal ['braɪdl] adj nuptial(e) ; **~ party** noce f
bride [braɪd] n mariée f, épouse f
bridegroom ['braɪdgru:m] n marié m, époux m
bridesmaid ['braɪdzmeɪd] n demoiselle f d'honneur
bridge [brɪdʒ] n pont m ; (Naut) passerelle f (de commandement) ; (of nose) arête f ; (Cards, Dentistry) bridge m ▶ vt (river) construire un pont sur ; (gap) combler
bridging loan ['brɪdʒɪŋ-] n (BRIT) prêt m relais

bridle ['braɪdl] n bride f ▶ vt refréner, mettre la bride à ; (horse) brider
bridle path n piste or allée cavalière
brief [bri:f] adj bref (brève) ▶ n (Law) dossier m, cause f ; (gen) tâche f ; **in ~ ...** (en) bref ... ▶ vt mettre au courant ; (Mil) donner des instructions à ; **briefs** npl slip m
briefcase ['bri:fkeɪs] n serviette f ; porte-documents m inv
briefing ['bri:fɪŋ] n instructions fpl ; (Press) briefing m
briefly ['bri:flɪ] adv brièvement ; (visit) en coup de vent ; **to glimpse ~** entrevoir
briefness ['bri:fnɪs] n brièveté f
Brig. abbr = **brigadier**
brigade [brɪ'geɪd] n (Mil) brigade f
brigadier [brɪgə'dɪəʳ] n brigadier général
bright [braɪt] adj brillant(e) ; (room, weather) clair(e) ; (person: clever) intelligent(e), doué(e) ; (: cheerful) gai(e) ; (idea) génial(e) ; (colour) vif (vive) ; **to look on the ~ side** regarder le bon côté des choses
brighten ['braɪtn], **brighten up** vt (room) éclaircir ; égayer ▶ vi s'éclaircir ; (person) retrouver un peu de sa gaieté
brightly ['braɪtlɪ] adv brillamment
brill [brɪl] adj (BRIT inf) super inv
brilliance ['brɪljəns] n éclat m ; (fig: of person) brio m
brilliant ['brɪljənt] adj brillant(e) ; (light, sunshine) éclatant(e) ; (inf: great) super
brim [brɪm] n bord m
brimful ['brɪm'ful] adj plein(e) à ras bord ; (fig) débordant(e)
brine [braɪn] n eau salée ; (Culin) saumure f
bring [brɪŋ] (pt, pp **brought** [brɔ:t]) vt (thing) apporter ; (person) amener ; **to ~ sth to an end** mettre fin à qch ; **I can't ~ myself to fire him** je ne peux me résoudre à le mettre à la porte
▶ **bring about** vt provoquer, entraîner
▶ **bring along** vt (thing) apporter ; (person) amener
▶ **bring back** vt rapporter ; (person) ramener
▶ **bring down** vt (lower) abaisser ; (shoot down) abattre ; (government) faire s'effondrer
▶ **bring forward** vt avancer ; (Book-keeping) reporter
▶ **bring in** vt (person) faire entrer ; (object) rentrer ; (Pol: legislation) introduire ; (Law: verdict) rendre ; (produce: income) rapporter
▶ **bring off** vt (task, plan) réussir, mener à bien ; (deal) mener à bien
▶ **bring on** vt (illness, attack) provoquer ; (player, substitute) amener
▶ **bring out** vt sortir ; (meaning) faire ressortir, mettre en relief ; (new product, book) sortir
▶ **bring round, bring to** vt (unconscious person) ranimer
▶ **bring up** vt élever ; (carry up) monter ; (question) soulever ; (food: vomit) vomir, rendre
brink [brɪŋk] n bord m ; **on the ~ of doing** sur le point de faire, à deux doigts de faire ; **she was on the ~ of tears** elle était au bord des larmes
brinkmanship ['brɪŋkmənʃɪp] n politique f de la corde raide

brisk [brɪsk] *adj* vif (vive) ; (*abrupt*) brusque ; (*trade etc*) actif(-ive) ; **to go for a ~ walk** se promener d'un bon pas ; **business is ~** les affaires marchent (bien)

bristle ['brɪsl] *n* poil *m* ▶ *vi* se hérisser ; **bristling with** hérissé(e) de

bristly ['brɪslɪ] *adj* (*beard, hair*) hérissé(e) ; **your chin's all ~** ton menton gratte

Brit [brɪt] *n abbr* (*inf*: = *British person*) Britannique *mf*

Britain ['brɪtən] *n* (*also*: **Great Britain**) la Grande-Bretagne ; **in ~** en Grande-Bretagne

British ['brɪtɪʃ] *adj* britannique ▶ *npl*: **the ~** les Britanniques *mpl*

British Isles *npl*: **the ~** les îles *fpl* Britanniques

British Rail *n compagnie ferroviaire britannique*, ≈ SNCF *f*

British Summer Time *n* heure *f* d'été britannique

Briton ['brɪtən] *n* Britannique *mf*

Brittany ['brɪtənɪ] *n* Bretagne *f*

brittle ['brɪtl] *adj* cassant(e), fragile

Bro. *abbr* (*Rel*) = **brother**

broach [brəʊtʃ] *vt* (*subject*) aborder

broad [brɔːd] *adj* large ; (*distinction*) général(e) ; (*accent*) prononcé(e) ; **~ hint** allusion transparente ; **in ~ daylight** en plein jour ; **the ~ outlines** les grandes lignes ▶ *n* (*US inf*) nana *f*

B road *n* (*BRIT*) ≈ route départementale

broadband ['brɔːdbænd] *n* (*internet m à*) haut débit *m*

broad bean *n* fève *f*

broadcast ['brɔːdkɑːst] (*pt, pp* **~**) *n* émission *f* ▶ *vt* (*Radio*) radiodiffuser ; (*TV*) téléviser ▶ *vi* émettre

broadcaster ['brɔːdkɑːstər] *n* personnalité *f* de la radio *or* de la télévision

broadcasting ['brɔːdkɑːstɪŋ] *n* radiodiffusion *f* ; télévision *f*

broadcasting station *n* station *f* de radio (*or* de télévision)

broaden ['brɔːdn] *vt* élargir ; **to ~ one's mind** élargir ses horizons ▶ *vi* s'élargir

broadly ['brɔːdlɪ] *adv* en gros, généralement

broad-minded ['brɔːd'maɪndɪd] *adj* large d'esprit

broadsheet ['brɔːdʃiːt] *n* (*BRIT*) journal *m* grand format

broadside ['brɔːdsaɪd] *n* (*attack*) attaque *f* violente *or* virulente ; **~ on** *adv* par le travers

brocade [brə'keɪd] *n* brocart *m*

broccoli ['brɔkəlɪ] *n* brocoli *m*

brochure ['brəʊʃjʊər] *n* prospectus *m*, dépliant *m*

brogue ['brəʊg] *n* (*accent*) accent régional ; (*shoe*) (*sorte de*) chaussure basse de cuir épais

broil [brɔɪl] *vt* (*US*) rôtir

broiler ['brɔɪlər] *n* (*US: fowl*) poulet *m* (à rôtir) ; (*grill*) gril *m*

broke [brəʊk] *pt of* **break** ▶ *adj* (*inf*) fauché(e) ; **to go ~** (*business*) faire faillite

broken ['brəʊkn] *pp of* **break** ▶ *adj* (*stick, leg etc*) cassé(e) ; (*machine: also*: **broken down**) fichu(e) ; (*promise, vow*) rompu(e) ; **a ~ marriage** un couple

dissocié ; **a ~ home** un foyer désuni ; **in ~ French/English** dans un français/anglais approximatif *or* hésitant

broken-down ['brəʊkn'daʊn] *adj* (*car*) en panne ; (*machine*) fichu(e) ; (*house*) en ruines

broken-hearted ['brəʊkn'hɑːtɪd] *adj* (ayant) le cœur brisé

broker ['brəʊkər] *n* courtier *m*

brokerage ['brəʊkrɪdʒ] *n* courtage *m*

brolly ['brɔlɪ] *n* (*BRIT inf*) pépin *m*, parapluie *m*

bronchitis [brɔŋ'kaɪtɪs] *n* bronchite *f*

bronze [brɔnz] *n* bronze *m*

bronzed ['brɔnzd] *adj* bronzé(e), hâlé(e)

brooch [brəʊtʃ] *n* broche *f*

brood [bruːd] *n* couvée *f* ▶ *vi* (*hen, storm*) couver ; (*person*) méditer (sombrement), ruminer

broody ['bruːdɪ] *adj* (*fig*) taciturne, mélancolique

brook [brʊk] *n* ruisseau *m*

broom [brʊm] *n* balai *m* ; (*Bot*) genêt *m*

broomstick ['brʊmstɪk] *n* manche *m* à balai

Bros. *abbr* (*Comm*: = *brothers*) Frères

broth [brɔθ] *n* bouillon *m* de viande et de légumes

brothel ['brɔθl] *n* maison close, bordel *m*

brother ['brʌðər] *n* frère *m*

brotherhood ['brʌðəhʊd] *n* fraternité *f*

brother-in-law ['brʌðərɪn'lɔːr] *n* beau-frère *m*

brotherly ['brʌðəlɪ] *adj* fraternel(le)

brought [brɔːt] *pt, pp of* **bring**

brouhaha ['bruːhɑːhɑː] *n* brouhaha *m*

brow [braʊ] *n* front *m* ; (*rare: eyebrow*) sourcil *m* ; (*of hill*) sommet *m*

browbeat ['braʊbiːt] *vt* (*irreg: like* **beat**) intimider, brusquer

brown [braʊn] *adj* brun(e), marron *inv* ; (*hair*) châtain *inv* ; (*tanned*) bronzé(e) ; (*rice, bread, flour*) complet(-ète) ; **to go ~** (*person*) bronzer ; (*leaves*) jaunir ▶ *n* (*colour*) brun *m*, marron *m* ▶ *vt* brunir ; (*Culin*) faire dorer, faire roussir

brown bread *n* pain *m* bis

Brownie ['braʊnɪ] *n* jeannette *f* éclaireuse (cadette)

brown paper *n* papier *m* d'emballage, papier kraft

brown rice *n* riz *m* complet

brown sugar *n* cassonade *f*

browse [braʊz] *vi* (*in shop*) regarder (*sans acheter*) ; (*among books*) bouquiner, feuilleter les livres ; (*animal*) paître ; **to ~ through a book** feuilleter un livre

browser ['braʊzər] *n* (*Comput*) navigateur *m*

bruise [bruːz] *n* bleu *m*, ecchymose *f*, contusion *f* ▶ *vt* contusionner, meurtrir ; **to ~ one's arm** se faire un bleu au bras ▶ *vi* (*fruit*) se taler, se meurtrir

bruised ['bruːzd] *adj* contusionné(e)

bruiser ['bruːzər] *n* (*inf*) cogneur(-euse)

bruising ['bruːzɪŋ] *adj* (*experience*) douloureux(-euse) ; (*campaign, encounter*) éprouvant(e) ▶ *n* bleus *mpl*, contusions *fpl*

Brum [brʌm] *n abbr*, **Brummagem** ['brʌmədʒəm] *n* (*inf*) Birmingham

Brummie ['brʌmɪ] *n* (*inf*) habitant(e) de Birmingham ; natif(-ive) de Birmingham

brunch [brʌntʃ] n brunch m
brunette [bru:'nɛt] n (femme) brune
brunt [brʌnt] n: **the ~ of** (attack, criticism etc) le plus gros de
brush [brʌʃ] n brosse f ; (for painting) pinceau m ; (for shaving) blaireau m ; (quarrel) accrochage m, prise f de bec ; **to have a ~ with sb** s'accrocher avec qn ; **to have a ~ with the police** avoir maille à partir avec la police ▶ vt brosser ; (also: **brush past, brush against**) effleurer, frôler
  ▶ **brush aside** vt écarter, balayer
  ▶ **brush off** vt (remove: thing) enlever ; (person) envoyer balader
  ▶ **brush up** vt (knowledge) rafraîchir, réviser
brushed [brʌʃt] adj (Tech: steel, chrome etc) brossé(e) ; (: nylon, denim etc) gratté(e)
brush-off ['brʌʃɔf] n (inf): **to give sb the ~** envoyer qn promener
brushwood ['brʌʃwud] n broussailles fpl, taillis m
brusque [bru:sk] adj (person, manner) brusque, cassant(e) ; (tone) sec (sèche), cassant(e)
Brussels ['brʌslz] n Bruxelles
Brussels sprout n chou m de Bruxelles
brutal ['bru:tl] adj brutal(e)
brutality [bru:'tælɪtɪ] n brutalité f
brutalize ['bru:təlaɪz] vt (harden) rendre brutal(e) ; (ill-treat) brutaliser
brute [bru:t] n brute f ▶ adj: **by ~ force** par la force
brutish ['bru:tɪʃ] adj grossier(-ère), brutal(e)
BS n abbr (US: = Bachelor of Science) diplôme universitaire
bs abbr = **bill of sale**
BSA n abbr = **Boy Scouts of America**
B.Sc. n abbr = **Bachelor of Science**
BSE n abbr (= bovine spongiform encephalopathy) ESB f, BSE f
BSI n abbr (= British Standards Institution) association de normalisation
BST abbr (= British Summer Time) heure f d'été
Bt. abbr (BRIT) = **baronet**
btu n abbr (= British thermal unit) btu (= 1054,2 joules)
btw, BTW abbr (= by the way) au fait, à propos
bubble ['bʌbl] n bulle f ▶ vi bouillonner, faire des bulles ; (sparkle, fig) pétiller
bubble bath n bain moussant
bubble gum n chewing-gum m
bubble jet printer ['bʌbldʒɛt-] n imprimante f à bulle d'encre
bubbly ['bʌblɪ] adj (drink) pétillant(e) ; (person) plein(e) de vitalité ▶ n (inf) champ m
Bucharest [bu:kə'rɛst] n Bucarest
buck [bʌk] n mâle m (d'un lapin, lièvre, daim etc) ; (US inf) dollar m ; **to pass the ~ (to sb)** se décharger de la responsabilité (sur qn) ▶ vi ruer, lancer une ruade
  ▶ **buck up** vi (cheer up) reprendre du poil de la bête, se remonter ▶ vt: **to ~ one's ideas up** se reprendre
bucket ['bʌkɪt] n seau m ▶ vi (BRIT inf): **the rain is bucketing (down)** il pleut à verse
bucketful ['bʌkɪtful] n plein seau m
Buckingham Palace ['bʌkɪŋhəm-] n le palais de Buckingham

BUCKINGHAM PALACE

Buckingham Palace est la résidence officielle londonienne du souverain britannique depuis 1762. Construit en 1703, il fut à l'origine le palais du duc de Buckingham. Il a été partiellement reconstruit au début du XXᵉ siècle.

buckle ['bʌkl] n boucle f ▶ vt (belt etc) boucler, attacher ▶ vi (warp) tordre, gauchir ; (: wheel) se voiler
  ▶ **buckle down** vi s'y mettre
Bucks [bʌks] abbr (BRIT) = **Buckinghamshire**
buckskin ['bʌkskɪn] n peau f de daim
buckwheat ['bʌkwi:t] n (grain) sarrasin m ; (flour) farine f de blé noir
bucolic [bju:'kɔlɪk] adj (setting, scene) pastoral ; (poetry, poet) bucolique
bud [bʌd] n bourgeon m ; (of flower) bouton m ▶ vi bourgeonner ; (flower) éclore
Buddha ['budə] n Bouddha m
Buddhism ['budɪzəm] n bouddhisme m
Buddhist ['budɪst] adj, n bouddhiste mf
budding ['bʌdɪŋ] adj (flower) en bouton ; (poet etc) en herbe ; (passion etc) naissant(e)
buddy ['bʌdɪ] n (US) copain m
budge [bʌdʒ] vt faire bouger ▶ vi bouger
budgerigar ['bʌdʒərɪgɑ:'] n perruche f
budget ['bʌdʒɪt] n budget m ; **I'm on a tight ~** je dois faire attention à mon budget ▶ vi: **to ~ for sth** inscrire qch au budget
budget airline n compagnie f aérienne low cost
budgetary ['bʌdʒɪtrɪ] adj budgétaire
budgeting ['bʌdʒɪtɪŋ] n prévisions fpl budgétaires
budgie ['bʌdʒɪ] n = **budgerigar**
Buenos Aires ['bweɪnɔs'aɪrɪz] n Buenos Aires
buff [bʌf] adj (couleur f) chamois m ▶ n (inf: enthusiast) mordu(e)
buffalo ['bʌfələu] (pl ~ or **buffaloes**) n (BRIT) buffle m ; (US) bison m
buffer ['bʌfə'] n tampon m ; (Comput) mémoire f tampon ▶ vt, vi (Comput) mettre en mémoire tampon
buffering ['bʌfərɪŋ] n (Comput) mise f en mémoire tampon
buffer state n état m tampon
buffer zone n zone f tampon
buffet n ['bufeɪ] (food: BRIT: bar) buffet m ▶ vt ['bʌfɪt] (wind, storm) secouer ; (government, economy) secouer, ébranler
buffet car n (BRIT Rail) voiture-bar f
buffeting ['bʌfɪtɪŋ] n (of wind, seas) assaut m ; (attack) rebuffade f ; **to take a ~** essuyer une rebuffade
buffet lunch n lunch m
buffoon [bə'fu:n] n bouffon m, pitre m
bug [bʌg] n (bedbug etc) punaise f ; (esp US: any insect) insecte m, bestiole f ; (fig: germ) virus m, microbe m ; (spy device) dispositif m d'écoute (électronique), micro clandestin ; (Comput: of program) erreur f ; (: of equipment) défaut m ; **I've got the travel ~** (fig) j'ai le virus du voyage ▶ vt (room) poser des micros dans ; (inf: annoy) embêter

bugbear – bumptious

bugbear ['bʌgbɛəʳ] n cauchemar m, bête noire
bugger ['bʌgəʳ] (inf!) n salaud m (!), connard m (!)
▶ vi: ~ **off!** tire-toi ! (!) ▶ excl: ~! (also: **bugger it!**)
merde ! (!)
buggered ['bʌgəd] adj (BRIT inf!: broken) foutu(e) ;
I'll be ~ if … je préfère plutôt crever
bugging ['bʌgɪŋ] n (surveillance) utilisation f
d'appareils d'écoute ▶ cpd (device, equipment)
d'écoute (clandestine)
buggy ['bʌgɪ] n poussette f
bugle ['bju:gl] n clairon m
bugler ['bju:gləʳ] n (joueur m de) clairon m
build [bɪld] (pt, pp **built** [bɪlt]) n (of person) carrure
f, charpente f ▶ vt construire, bâtir
▶ **build on** vt fus (fig) tirer parti de, partir de
▶ **build up** vt accumuler, amasser ; (business)
développer ; (reputation) bâtir
builder ['bɪldəʳ] n entrepreneur m
building ['bɪldɪŋ] n (trade) construction f ;
(structure) bâtiment m, construction ; (: residential,
offices) immeuble m
building contractor n entrepreneur m (en
bâtiment)
building industry n (industrie f du) bâtiment m
building site n chantier m (de construction)
building society n (BRIT) société f de crédit
immobilier

: **BUILDING SOCIETY**
:
: Une **building society** est une mutuelle dont
: les épargnants et emprunteurs sont les
: propriétaires. Ces mutuelles offrent deux
: services principaux : on peut y avoir un
: compte d'épargne duquel on peut retirer son
: argent sur demande ou moyennant un court
: préavis et on peut également y faire des
: emprunts à long terme, par exemple pour
: acheter une maison. Les building societies ont eu
: jusqu'en 1985 le quasi-monopole des comptes
: d'épargne et des prêts immobiliers, mais les
: banques ont maintenant une part
: importante de ce marché.

building trade n = **building industry**
build-up ['bɪldʌp] n (of gas etc) accumulation f ;
(publicity): **to give sb/sth a good ~** faire de la pub
pour qn/qch
built [bɪlt] pt, pp of **build**
built-in ['bɪlt'ɪn] adj (cupboard) encastré(e) ;
(device) incorporé(e) ; intégré(e)
built-up ['bɪlt'ʌp] adj: **~ area** agglomération
(urbaine) ; zone urbanisée
bulb [bʌlb] n (Bot) bulbe m, oignon m ; (Elec)
ampoule f
bulbous ['bʌlbəs] adj bulbeux(-euse)
Bulgaria [bʌl'gɛərɪə] n Bulgarie f
Bulgarian [bʌl'gɛərɪən] adj bulgare ▶ n Bulgare
mf ; (Ling) bulgare m
bulge [bʌldʒ] n renflement m, gonflement m ;
(in birth rate, sales) brusque augmentation f
▶ vi faire saillie ; présenter un renflement ;
(pocket, file): **to be bulging with** être plein(e) à
craquer de
bulimia [bə'lɪmɪə] n boulimie f
bulimic [bju:'lɪmɪk] adj, n boulimique mf

bulk [bʌlk] n masse f, volume m ; **in ~** (Comm) en
gros, en vrac ; **the ~ of** la plus grande or grosse
partie de
▶ **bulk up** vt épaissir ▶ vi prendre de l'épaisseur
bulk buying [-'baɪɪŋ] n achat m en gros
bulk carrier n cargo m
bulkhead ['bʌlkhɛd] n cloison f (étanche)
bulky ['bʌlkɪ] adj volumineux(-euse),
encombrant(e)
bull [bul] n taureau m ; (male elephant, whale) mâle
m ; (Stock Exchange) haussier m ; (Rel) bulle f
bulldog ['buldɔg] n bouledogue m
bulldoze ['buldəuz] vt passer or raser au
bulldozer ; **I was bulldozed into doing it** (fig:
inf) on m'a forcé la main
bulldozer ['buldəuzəʳ] n bulldozer m
bullet ['bulɪt] n balle f (de fusil etc)
bulletin ['bulɪtɪn] n bulletin m, communiqué m ;
(also: **news bulletin**) (bulletin d')informations
fpl
bulletin board n (Comput) messagerie f
(électronique)
bulletproof ['bulɪtpru:f] adj à l'épreuve des
balles ; **~ vest** gilet m pare-balles
bullfight ['bulfaɪt] n corrida f, course f de
taureaux
bullfighter ['bulfaɪtəʳ] n torero m
bullfighting ['bulfaɪtɪŋ] n tauromachie f
bullfinch ['bulfɪntʃ] n bouvreuil m
bullion ['buljən] n or m or argent m en lingots
bullish ['bulɪʃ] adj (on stock market: mood)
haussier(-ière) ; (optimistic): **to be ~ about sth**
être optimiste au sujet de qch
bullock ['bulək] n bœuf m
bullring ['bulrɪŋ] n arène f
bull's-eye ['bulzaɪ] n centre m (de la cible)
bullshit ['bulʃɪt] (inf!) n connerie(s) f(pl) (!) ▶ vt
raconter des conneries à (!) ▶ vi déconner (!)
bully ['bulɪ] n brute f, tyran m ▶ vt tyranniser,
rudoyer ; (frighten) intimider
bullying ['bulɪɪŋ] n brimades fpl
bulwark ['bulwək] n rempart m
bum [bʌm] n (inf: BRIT: backside) derrière m ; (esp
US: tramp) vagabond(e), traîne-savates mf ;
(: idler) glandeur m
▶ **bum around** vi (inf) vagabonder
bumblebee ['bʌmblbi:] n bourdon m
bumbling ['bʌmblɪŋ] adj empoté(e)
bumf [bʌmf] n (inf: forms etc) paperasses fpl
bummer ['bʌməʳ] n (inf): **what a ~!** quelle
poisse ! ; **a ~ of a day** une journée pourrie
bump [bʌmp] n (blow) coup m, choc m ; (jolt)
cahot m ; (on road etc, on head) bosse f ▶ vt heurter,
cogner ; (car) emboutir
▶ **bump along** vi avancer en cahotant
▶ **bump into** vt fus rentrer dans, tamponner ;
(inf: meet) tomber sur
▶ **bump up** vt (inf: amount, price) faire grimper
bumper ['bʌmpəʳ] n pare-chocs m inv ▶ adj:
~ crop/harvest récolte/moisson
exceptionnelle
bumper cars npl (US) autos tamponneuses
bumph [bʌmf] n = **bumf**
bumptious ['bʌmpʃəs] adj suffisant(e),
prétentieux(-euse)

bumpy ['bʌmpɪ] *adj (road)* cahoteux(-euse) ; **it was a ~ flight/ride** on a été secoués dans l'avion/la voiture
bun [bʌn] *n (cake)* petit gâteau ; *(bread)* petit pain au lait ; *(of hair)* chignon *m*
bunch [bʌntʃ] *n (of flowers)* bouquet *m* ; *(of keys)* trousseau *m* ; *(of bananas)* régime *m* ; *(of people)* groupe *m* ; **~ of grapes** grappe *f* de raisin ;
bunches *npl (in hair)* couettes *fpl*
bundle ['bʌndl] *n* paquet *m* ▶ *vt (also:* **bundle up**) faire un paquet de ; *(put):* **to ~ sth/sb into** fourrer *or* enfourner qch/qn dans
▶ **bundle off** *vt (person)* faire sortir (en toute hâte) ; expédier
▶ **bundle out** *vt* éjecter, sortir (sans ménagements)
bun fight *n (Brit inf)* réception *f* ; *(tea party)* thé *m*
bung [bʌŋ] *n* bonde *f*, bouchon *m* ▶ *vt (Brit: throw: also:* **bung into**) flanquer ; *(also:* **bung up:** *pipe, hole)* boucher ; **my nose is bunged up** j'ai le nez bouché
bungalow ['bʌŋgələu] *n* bungalow *m*
bungee jumping ['bʌndʒiː'dʒʌmpɪŋ] *n* saut *m* à l'élastique
bungle ['bʌŋgl] *vt* bâcler, gâcher
bungling ['bʌŋglɪŋ] *adj* maladroit(e)
bunion ['bʌnjən] *n* oignon *m (au pied)*
bunk [bʌŋk] *n* couchette *f* ; *(Brit inf):* **to do a ~** mettre les bouts *or* les voiles
▶ **bunk off** *vi (Brit inf: Scol)* sécher (les cours) ; **I'll ~ off at 3 o'clock this afternoon** je vais mettre les bouts *or* les voiles à 3 heures cet après-midi
bunk beds *npl* lits superposés
bunker ['bʌŋkəʳ] *n (coal store)* soute *f* à charbon ; *(Mil, Golf)* bunker *m*
bunkum ['bʌŋkəm] *n (inf)* foutaises *fpl (inf)*, foutaise *f (inf)*
bunny ['bʌnɪ] *n (also:* **bunny rabbit**) lapin *m*
bunny girl *n (Brit)* hôtesse de cabaret
bunny hill *n (US Ski)* piste *f* pour débutants
bunting ['bʌntɪŋ] *n* pavoisement *m*, drapeaux *mpl*
buoy [bɔɪ] *n* bouée *f*
▶ **buoy up** *vt* faire flotter ; *(fig)* soutenir, épauler
buoyancy ['bɔɪənsɪ] *n (of ship)* flottabilité *f*
buoyant ['bɔɪənt] *adj (ship)* flottable ; *(carefree)* gai(e), plein(e) d'entrain ; *(Comm: market, economy)* actif(-ive) ; *(: prices, currency)* soutenu(e)
burble ['bəːbl] *vi (water, river)* murmurer ; *(person)* marmonner ; **to ~ on about sth** radoter sur (le thème de) qch ▶ *vt (say)* marmonner
burden ['bəːdn] *n* fardeau *m*, charge *f* ; **to be a ~ to sb** être un fardeau pour qn ▶ *vt* charger ; *(oppress)* accabler, surcharger
burdened ['bəːdənd] *adj:* **~ with** *(loaded with)* chargé(e) de qch ; *(debt, guilt)* accablé(e) de
burdensome ['bəːdənsəm] *adj* lourd(e)
bureau ['bjuərəu] *n (pl* **bureaux** [-z]) *n (Brit: writing desk)* bureau *m*, secrétaire *m* ; *(US: chest of drawers)* commode *f* ; *(office)* bureau, office *m*
bureaucracy [bjuəʹrɔkrəsɪ] *n* bureaucratie *f*
bureaucrat ['bjuərəkræt] *n* bureaucrate *mf*, rond-de-cuir *m*
bureaucratic [bjuərəʹkrætɪk] *adj* bureaucratique

bureau de change [-dəʹʃɔnʒ] *(pl* **bureaux de change**) *n* bureau *m* de change
bureaux ['bjuərəuz] *npl of* **bureau**
burgeon ['bəːdʒən] *vi (fig)* être en expansion rapide
burger ['bəːgəʳ] *n* hamburger *m*
burglar ['bəːgləʳ] *n* cambrioleur(-euse)
burglar alarm *n* sonnerie *f* d'alarme
burglarize ['bəːgləraɪz] *vt (US)* cambrioler
burglary ['bəːglərɪ] *n* cambriolage *m*
burgle ['bəːgl] *vt* cambrioler
Burgundy ['bəːgəndɪ] *n* Bourgogne *f*
burgundy ['bəːgəndɪ] *adj (wine-coloured)* bordeaux *inv* ▶ *n (colour)* bordeaux *m* ; *(wine)* bourgogne *m*
burial ['bɛrɪəl] *n* enterrement *m*
burial ground *n* cimetière *m*
burlesque [bəːʹlɛsk] *n* parodie *f*
burly ['bəːlɪ] *adj* de forte carrure, costaud(e)
Burma ['bəːmə] *n* Birmanie *f* ; *see also* **Myanmar**
Burmese [bəːʹmiːz] *adj* birman(e), de Birmanie ▶ *n (pl inv)* Birman(e) ; *(Ling)* birman *m*
burn [bəːn] *(pt, pp* **burned** [bəːnd] *or* **burnt** [bəːnt]) *vt, vi* brûler ; **the cigarette burnt a hole in her dress** la cigarette a fait un trou dans sa robe ; **I've burnt myself!** je me suis brûlé(e) ! ▶ *n* brûlure *f*
▶ **burn down** *vt* incendier, détruire par le feu
▶ **burn out** *vt (writer etc):* **to ~ o.s. out** s'user (à force de travailler)
▶ **burn up** *vi (satellite)* se désintégrer ▶ *vt (calories)* brûler
burner ['bəːnəʳ] *n* brûleur *m*
burning ['bəːnɪŋ] *adj (building, forest)* en flammes ; *(issue, question)* brûlant(e) ; *(ambition)* dévorant(e)
burnish ['bəːnɪʃ] *vt* polir
burnished ['bəːnɪʃt] *adj (literary)* aux reflets dorés
burnout ['bəːnaut] *n (inf)* épuisement *f*
Burns' Night [bəːnz-] *n fête écossaise à la mémoire du poète Robert Burns*

Burns' Night

Burns' Night est une fête qui a lieu le 25 janvier, à la mémoire du poète écossais Robert Burns (1759–1796), à l'occasion de laquelle les Écossais partout dans le monde organisent un souper, en général arrosé de whisky. Le plat principal est toujours le *haggis*, servi avec de la purée de pommes de terre et de la purée de rutabagas. On apporte le *haggis* au son des cornemuses et au cours du repas on lit des poèmes de Burns et on chante ses chansons.

burnt [bəːnt] *pt, pp of* **burn**
burnt sugar *n (Brit)* caramel *m*
burp [bəːp] *(inf) n* rot *m* ▶ *vi* roter
burqa ['bəːkə] *n* burqa *f*
burrow ['bʌrəu] *n* terrier *m* ▶ *vt* creuser ▶ *vi (rabbit)* creuser un terrier ; *(rummage)* fouiller
bursar ['bəːsəʳ] *n* économe *mf* ; *(Brit: student)* boursier(-ère)
bursary ['bəːsərɪ] *n (Brit)* bourse *f* (d'études)
burst [bəːst] *(pt, pp ~)* *vt* faire éclater ; **to ~ its banks** *(river)* sortir de son lit ; **the river has ~**

its banks le cours d'eau est sorti de son lit ▶ *vi* éclater ; *(tyre)* crever ; **to ~ into flames** s'enflammer soudainement ; **to ~ out laughing** éclater de rire ; **to ~ into tears** fondre en larmes ; **to ~ open** s'ouvrir violemment *or* soudainement ; **to be bursting with** *(container)* être plein(e) (à craquer) de, regorger de ; *(fig)* être débordant(e) de ▶ *n* explosion *f* ; *(also: ***burst pipe***)* fuite *f (due à une rupture)* ; **a ~ of enthusiasm/energy** un accès d'enthousiasme/d'énergie ; **~ of laughter** éclat *m* de rire ; **a ~ of applause** une salve d'applaudissements ; **a ~ of gunfire** une rafale de tir ; **a ~ of speed** une pointe de vitesse ▶ *adj*: **~ blood vessel** rupture *f* de vaisseau sanguin
▶ **burst into** *vt fus (room etc)* faire irruption dans
▶ **burst out of** *vt fus* sortir précipitamment de

bury ['bɛrɪ] *vt* enterrer ; **to ~ one's face in one's hands** se couvrir le visage de ses mains ; **to ~ one's head in the sand** *(fig)* pratiquer la politique de l'autruche ; **to ~ the hatchet** *(fig)* enterrer la hache de guerre

bus [bʌs] *(pl* **buses** ['bʌsɪz]*)* *n* (auto)bus *m*

busboy ['bʌsbɔɪ] *n (US)* aide-serveur *m*

bus conductor *n* receveur(-euse) de bus

bush [bʊʃ] *n* buisson *m* ; *(scrub land)* brousse *f* ; **to beat about the ~** tourner autour du pot

bushed [bʊʃt] *adj (inf)* crevé(e), claqué(e)

bushel ['bʊʃl] *n* boisseau *m*

bushfire ['bʊʃfaɪəʳ] *n* feu *m* de brousse

bushy ['bʊʃɪ] *adj* broussailleux(-euse), touffu(e)

busily ['bɪzɪlɪ] *adv*: **to be ~ doing sth** s'affairer à faire qch

business ['bɪznɪs] *n (matter, firm)* affaire *f* ; *(trading)* affaires *fpl* ; *(job, duty)* travail *m* ; **to be away on ~** être en déplacement d'affaires ; **I'm here on ~** je suis là pour affaires ; **he's in the insurance ~** il est dans les assurances ; **to do ~ with sb** traiter avec qn ; **it's none of my ~** cela ne me regarde pas, ce ne sont pas mes affaires ; **he means ~** il ne plaisante pas, il est sérieux

business address *n* adresse professionnelle *or* au bureau

business card *n* carte *f* de visite (professionnelle)

business class *n (on plane)* classe *f* affaires

businesslike ['bɪznɪslaɪk] *adj* sérieux(-euse), efficace

businessman ['bɪznɪsmən] *n (irreg)* homme *m* d'affaires

business trip *n* voyage *m* d'affaires

businesswoman ['bɪznɪswʊmən] *n (irreg)* femme *f* d'affaires

busk ['bʌsk] *vi (BRIT: play)* jouer dans la rue ; *(: sing)* chanter dans la rue

busker ['bʌskəʳ] *n (BRIT)* artiste ambulant(e)

bus lane *n (BRIT)* voie réservée aux autobus

bus pass *n* carte *f* de bus

bus shelter *n* abribus *m*

bus station *n* gare routière

bus stop *n* arrêt *m* d'autobus

bust [bʌst] *n* buste *m* ; *(measurement)* tour *m* de poitrine ▶ *adj (inf: broken)* fichu(e), fini(e) ; **to go ~** *(inf)* faire faillite ▶ *vt (inf: Police: arrest)* pincer

bustier ['bʌstiəʳ] *n* bustier *m*

bustle ['bʌsl] *n* remue-ménage *m*, affairement *m* ▶ *vi* s'affairer, se démener

bustling ['bʌslɪŋ] *adj (person)* affairé(e) ; *(town)* très animé(e)

bust-up ['bʌstʌp] *n (BRIT inf)* engueulade *f*

busty ['bʌstɪ] *adj (inf)* à la poitrine plantureuse

busy ['bɪzɪ] *adj* occupé(e) ; *(shop, street)* très fréquenté(e) ; *(US: telephone, line)* occupé ; **he's a ~ man** *(normally)* c'est un homme très pris ; *(temporarily)* il est très pris ▶ *vt*: **to ~ o.s.** s'occuper

busybody ['bɪzɪbɔdɪ] *n* mouche *f* du coche, âme *f* charitable

busy signal *n (US)* tonalité *f* occupé *inv*

(KEYWORD)

but [bʌt] *conj* mais ; **I'd love to come, but I'm busy** j'aimerais venir mais je suis occupé ; **he's not English but French** il n'est pas anglais mais français ; **but that's far too expensive!** mais c'est bien trop cher !
▶ *prep (apart from, except)* sauf, excepté ; **nothing but** rien d'autre que ; **we've had nothing but trouble** nous n'avons eu que des ennuis ; **no-one but him can do it** lui seul peut le faire ; **who but a lunatic would do such a thing?** qui sinon un fou ferait une chose pareille ? ; **but for you/your help** sans toi/ton aide ; **anything but that** tout sauf *or* excepté ça, tout mais pas ça ; **the last but one** *(BRIT)* l'avant-dernier(-ère)
▶ *adv (just, only)* ne ... que ; **she's but a child** elle n'est qu'une enfant ; **had I but known** si seulement j'avais su ; **I can but try** je peux toujours essayer ; **all but finished** pratiquement terminé ; **anything but finished** tout sauf fini, très loin d'être fini

butane ['bju:teɪn] *n (also: ***butane gas***)* butane *m*

butch [bʊtʃ] *adj (inf: man)* costaud, viril ; *(: woman)* costaude, masculine

butcher ['bʊtʃəʳ] *n* boucher *m* ▶ *vt* massacrer ; *(cattle etc for meat)* tuer

butcher's ['bʊtʃəz], **butcher's shop** *n* boucherie *f*

butler ['bʌtləʳ] *n* maître *m* d'hôtel

butt [bʌt] *n (cask)* gros tonneau ; *(thick end)* (gros) bout ; *(of gun)* crosse *f* ; *(of cigarette)* mégot *m* ; *(BRIT fig: target)* cible *f* ▶ *vt* donner un coup de tête à
▶ **butt in** *vi (interrupt)* interrompre

butter ['bʌtəʳ] *n* beurre *m* ▶ *vt* beurrer

buttercup ['bʌtəkʌp] *n* bouton *m* d'or

butter dish *n* beurrier *m*

butterfingers ['bʌtəfɪŋgəz] *n (inf)* maladroit(e)

butterfly ['bʌtəflaɪ] *n* papillon *m* ; *(Swimming: also: ***butterfly stroke***)* brasse *f* papillon

buttermilk ['bʌtəmɪlk] *n* babeurre *m*

butterscotch ['bʌtəskɔtʃ] *n* caramel *m* dur (au beurre) ▶ *cpd (sauce)* au caramel

buttocks ['bʌtəks] *npl* fesses *fpl*

button ['bʌtn] *n* bouton *m* ; *(US: badge)* pin *m* ▶ *vt (also: ***button up***)* boutonner ▶ *vi* se boutonner

buttonhole ['bʌtnhəul] *n* boutonnière *f* ▶ *vt* accrocher, arrêter, retenir

buttress ['bʌtrɪs] *n* contrefort *m*
buxom ['bʌksəm] *adj* aux formes avantageuses *or* épanouies, bien galbé(e)
buy [baɪ] (*pt, pp* **bought** [bɔːt]) *vt* acheter ; (*Comm: company*) (r)acheter ; **where can I ~ some postcards?** où est-ce que je peux acheter des cartes postales ? ; **to ~ sb sth/sth from sb** acheter qch à qn ; **to ~ sb a drink** offrir un verre *or* à boire à qn ; **can I ~ you a drink?** je vous offre un verre ? ▶ *n* achat *m* ; **that was a good/bad ~** c'était un bon/mauvais achat
▶ **buy back** *vt* racheter
▶ **buy in** *vt* (*BRIT: goods*) acheter, faire venir
▶ **buy into** *vt fus* (*BRIT Comm*) acheter des actions de
▶ **buy off** *vt* (*bribe*) acheter
▶ **buy out** *vt* (*partner*) désintéresser ; (*business*) racheter
▶ **buy up** *vt* acheter en bloc, rafler
buyer ['baɪər] *n* acheteur(-euse) ; **~'s market** marché *m* favorable aux acheteurs
buy-out ['baɪaut] *n* (*Comm*) rachat *m* (*d'entreprise*)
buzz [bʌz] *n* bourdonnement *m* ; (*inf: phone call*): **to give sb a ~** passer un coup de fil à qn ▶ *vi* bourdonner ; **my head is buzzing** j'ai la tête qui bourdonne ▶ *vt* (*call on intercom*) appeler ; (*with buzzer*) sonner ; (*Aviat: plane, building*) raser
▶ **buzz off** *vi* (*inf*) s'en aller, ficher le camp
buzzard ['bʌzəd] *n* buse *f*
buzzer ['bʌzər] *n* timbre *m* électrique
buzz word *n* (*inf*) mot *m* à la mode *or* dans le vent

(KEYWORD)

by [baɪ] *prep* **1** (*referring to cause, agent*) par, de ; **killed by lightning** tué par la foudre ; **surrounded by a fence** entouré d'une barrière ; **a painting by Picasso** un tableau de Picasso
2 (*referring to method: manner: means*): **by bus/car** en autobus/voiture ; **by train** par le *or* en train ; **to pay by cheque** payer par chèque ; **by moonlight/candlelight** à la lueur de la lune/d'une bougie ; **by saving hard, he ...** à force d'économiser, il ...
3 (*via, through*) par ; **we came by Dover** nous sommes venus par Douvres
4 (*close to, past*) à côté de ; **the house by the school** la maison à côté de l'école ; **a holiday by the sea** des vacances au bord de la mer ; **she sat by his bed** elle était assise à son chevet ; **she went by me** elle est passée à côté de moi ;

I go by the post office every day je passe devant la poste tous les jours
5 (*with time: not later than*) avant ; (*: during*): **by daylight** à la lumière du jour ; **by night** la nuit, de nuit ; **by 4 o'clock** avant 4 heures ; **by this time tomorrow** d'ici demain à la même heure ; **by the time I got here it was too late** lorsque je suis arrivé il était déjà trop tard
6 (*amount*) à ; **by the kilo/metre** au kilo/au mètre ; **paid by the hour** payé à l'heure ; **to increase etc by the hour** augmenter *etc* d'heure en heure
7 (*Math: measure*): **to divide/multiply by 3** diviser/multiplier par 3 ; **a room 3 metres by 4** une pièce de 3 mètres sur 4 ; **it's broader by a metre** c'est plus large d'un mètre ; **the bullet missed him by inches** la balle est passée à quelques centimètres de lui ; **one by one** un à un ; **little by little** petit à petit, peu à peu
8 (*according to*) d'après, selon ; **it's 3 o'clock by my watch** il est 3 heures à ma montre ; **it's all right by me** je n'ai rien contre
9: (*all*) **by oneself** *etc* tout(e) seul(e)
▶ *adv* **1** *see* **go**; **pass** *etc*
2: **by and by** un peu plus tard, bientôt ; **by and large** dans l'ensemble

bye ['baɪ], **bye-bye** ['baɪ'baɪ] *excl* au revoir !, salut !
bye-law ['baɪlɔː] *n* = **by-law**
by-election ['baɪɪlɛkʃən] *n* (*BRIT*) élection (législative) partielle
Byelorussia [bjɛləu'rʌʃə] *n* Biélorussie *f*
Byelorussian [bjɛləu'rʌʃən] *adj, n* = **Belorussian**
bygone ['baɪgɔn] *adj* passé(e) ▶ *n*: **let bygones be bygones** passons l'éponge, oublions le passé
by-law ['baɪlɔː] *n* arrêté municipal
bypass ['baɪpɑːs] *n* rocade *f* ; (*Med*) pontage *m* ▶ *vt* éviter
by-product ['baɪprɔdʌkt] *n* sous-produit *m*, dérivé *m* ; (*fig*) conséquence *f* secondaire, retombée *f*
byre ['baɪər] *n* (*BRIT*) étable *f* (à vaches)
bystander ['baɪstændər] *n* spectateur(-trice), badaud(e)
byte [baɪt] *n* (*Comput*) octet *m*
byway ['baɪweɪ] *n* chemin détourné
byword ['baɪwəːd] *n*: **to be a ~ for** être synonyme de (*fig*)
by-your-leave ['baɪjɔː'liːv] *n*: **without so much as a ~** sans même demander la permission

Cc

C¹, c¹ [siː] *n* (*letter*) C, c *m* ; (*Scol*: *mark*) C ; (*Mus*): C do *m* ; **C for Charlie** C comme Célestin

C² *abbr* (= *Celsius*, *centigrade*) C

c² *abbr* (= *century*) s. ; (*US etc*) = **cent**; (= *circa*) v.

CA *n abbr* = **Central America**; (*BRIT*) = **chartered accountant** ▸ *abbr* (*US*) = **California**

ca. *abbr* (= *circa*) v

c/a *abbr* = **capital account**; **credit account**; **current account**

CAA *n abbr* (*BRIT*) = **Civil Aviation Authority**; (*US*: = *Civil Aeronautics Authority*) direction de l'aviation civile

CAB *n abbr* (*BRIT*) = **Citizens' Advice Bureau**

cab [kæb] *n* taxi *m* ; (*of train, truck*) cabine *f* ; (*horse-drawn*) fiacre *m*

cabaret ['kæbəreɪ] *n* attractions *fpl* ; (*show*) spectacle *m* de cabaret

cabbage ['kæbɪdʒ] *n* chou *m*

cabbie, cabby ['kæbɪ], **cab driver** *n* (*inf*) taxi *m*, chauffeur *m* de taxi

cabin ['kæbɪn] *n* (*house*) cabane *f*, hutte *f* ; (*on ship*) cabine *f* ; (*on plane*) compartiment *m*

cabin crew *n* (*Aviat*) équipage *m*

cabin cruiser *n* yacht *m* (à moteur)

cabinet ['kæbɪnɪt] *n* (*Pol*) cabinet *m* ; (*furniture*) petit meuble à tiroirs et rayons ; (*also*: **display cabinet**) vitrine *f*, petite armoire vitrée

cabinet-maker ['kæbɪnɪt'meɪkə'] *n* ébéniste *mf*

cabinet minister *n* ministre *mf* (*membre du cabinet*)

cable ['keɪbl] *n* câble *m* ▸ *vt* câbler, télégraphier

cable car ['keɪblkɑːʳ] *n* téléphérique *m*

cablegram ['keɪblgræm] *n* câblogramme *m*

cable railway *n* (*BRIT*) funiculaire *m*

cable television *n* télévision *f* par câble

cache [kæʃ] *n* cachette *f* ; **a ~ of food** *etc* un dépôt secret de provisions *etc*, une cachette contenant des provisions *etc*

cachet ['kæʃeɪ] *n* (*of position, place*) prestige *m* ; (*of thing*) cachet *m*

cackle ['kækl] *vi* caqueter

cacophony [kə'kɔfənɪ] *n* cacophonie *f*

cactus ['kæktəs] (*pl* **cacti** [-taɪ]) *n* cactus *m*

CAD *n abbr* (= *computer-aided design*) CAO *f*

cad [kæd] *n* (*old*) mufle *m*, goujat *m*

cadaver [kə'dævəʳ] *n* cadavre *m*

caddie ['kædɪ] *n* caddie *m*

cadet [kə'dɛt] *n* (*Mil*) élève *mf* officier ; **police ~** élève agent de police

cadge [kædʒ] *vt* (*inf*) se faire donner ; **to ~ a meal (off sb)** se faire inviter à manger (par qn)

cadmium ['kædmɪəm] *n* cadmium *m*

cadre ['kædrɪ] *n* cadre *m*

Caesarean, (*US*) **Cesarean** [siː'zɛərɪən] *adj*: **~ (section)** césarienne *f*

Caesar salad [siːzə'sæləd] *n* salade *f* césar

CAF *abbr* (*BRIT*: = *cost and freight*) C et F

café ['kæfeɪ] *n* ≈ café(-restaurant) *m* (*sans alcool*)

cafeteria [kæfɪ'tɪərɪə] *n* cafétéria *f*

caffeine ['kæfiːn] *n* caféine *f*

cage [keɪdʒ] *n* cage *f* ▸ *vt* mettre en cage

caged [keɪdʒd] *adj* en cage

cagey ['keɪdʒɪ] *adj* (*inf*) réticent(e), méfiant(e)

cagoule [kə'guːl] *n* K-way® *m*

cahoots [kə'huːts] *n*: **to be in ~ (with)** être de mèche (avec)

CAI *n abbr* (= *computer-aided instruction*) EAO *m*

cairn [kɛən] *n* cairn *m*

Cairo ['kaɪərəu] *n* Le Caire

cajole [kə'dʒəul] *vt* couvrir de flatteries *or* de gentillesses

Cajun ['keɪdʒən] *adj* cajun *inv* ▸ *n* (*person*) Cajun *mf* ; (*language*) cajun *m*

cake [keɪk] *n* gâteau *m* ; **~ of soap** savonnette *f* ; **it's a piece of ~** (*inf*) c'est un jeu d'enfant ; **he wants to have his ~ and eat it (too)** (*fig*) il veut tout avoir

caked [keɪkt] *adj*: **~ with** raidi(e) par, couvert(e) d'une croûte de

cake shop *n* pâtisserie *f*

cakewalk ['keɪkwɔːk] *n* (*dance*) cake-walk ; (*fig*) promenade *f* de santé

Cal. *abbr* (*US*) = **California**

calamitous [kə'læmɪtəs] *adj* catastrophique, désastreux(-euse)

calamity [kə'læmɪtɪ] *n* calamité *f*, désastre *m*

calcium ['kælsɪəm] *n* calcium *m*

calculate ['kælkjuleɪt] *vt* calculer ; (*estimate*: *chances, effect*) évaluer

▸ **calculate on** *vt fus*: **to ~ on sth/on doing sth** compter sur qch/faire qch

calculated ['kælkjuleɪtɪd] *adj* (*insult, action*) délibéré(e) ; **a ~ risk** un risque pris en toute connaissance de cause

calculating ['kælkjuleɪtɪŋ] *adj* calculateur(-trice)

calculation [kælkju'leɪʃən] *n* calcul *m*

calculator ['kælkjuleɪtəʳ] *n* machine *f* à calculer, calculatrice *f*

calculus ['kælkjuləs] *n* analyse *f* (mathématique), calcul infinitésimal ; **integral/differential ~** calcul intégral/différentiel

calendar ['kæləndə^r] *n* calendrier *m*
calendar year *n* année civile
calf [kɑːf] (*pl* **calves** [kɑːvz]) *n* (*of cow*) veau *m* ; (*of other animals*) petit *m* ; (*also*: **calfskin**) veau *m*, vachette *f* ; (*Anat*) mollet *m*
calfskin ['kɑːfskɪn] *n* (cuir *m* de) veau *m* ▸ *cpd* en veau
caliber ['kælɪbə^r] *n* (*US*) = **calibre**
calibrate ['kælɪbreɪt] *vt* (*gun etc*) calibrer ; (*scale of measuring instrument*) étalonner
calibre, (*US*) **caliber** ['kælɪbə^r] *n* calibre *m*
calico ['kælɪkəu] *n* (*BRIT*) calicot *m* ; (*US*) indienne *f*
Calif. *abbr* (*US*) = **California**
California [kælɪ'fɔːnɪə] *n* Californie *f*
calipers ['kælɪpəz] *npl* (*US*) = **callipers**
calisthenics [kælɪs'θenɪks] *npl* = **callisthenics**
call [kɔːl] *vt* (*gen, also Tel*) appeler ; (*announce: flight*) annoncer ; (: *meeting*) convoquer ; (: *strike*) lancer ; **to be called** s'appeler ; **she's called Suzanne** elle s'appelle Suzanne ▸ *vi* appeler ; (*visit: also*: **call in, call round**) passer ; **who is calling?** (*Tel*) qui est à l'appareil ? ; **London calling** (*Radio*) ici Londres ▸ *n* (*shout*) appel *m*, cri *m* ; (*summons: for flight etc, fig: lure*) appel ; (*visit*) visite *f* ; (*also*: **telephone call**) coup *m* de téléphone ; communication *f* ; **please give me a ~ at 7** appelez-moi à 7 heures ; **to make a ~** téléphoner, passer un coup de fil ; **can I make a ~ from here?** est-ce que je peux téléphoner d'ici ? ; **to pay a ~ on sb** rendre visite à qn, passer voir qn ; **to be on ~** être de permanence ; **there's not much ~ for these items** ces articles ne sont pas très demandés
▸ **call at** *vt fus* (*ship*) faire escale à ; (*train*) s'arrêter à
▸ **call back** *vi* (*return*) repasser ; (*Tel*) rappeler ; **can you ~ back later?** pouvez-vous rappeler plus tard ? ▸ *vt* (*Tel*) rappeler
▸ **call for** *vt fus* (*demand*) demander ; (*fetch*) passer prendre
▸ **call in** *vt* (*doctor, expert, police*) appeler, faire venir
▸ **call off** *vt* annuler ; **the strike was called off** l'ordre de grève a été levé
▸ **call on** *vt fus* (*visit*) rendre visite à, passer voir ; (*request*): **to ~ on sb to do** inviter qn à faire
▸ **call out** *vi* pousser un cri *or* des cris ▸ *vt* (*doctor, police, troops*) appeler
▸ **call up** *vt* (*Mil*) appeler, mobiliser ; (*Tel*) appeler
call box ['kɔːlbɔks] *n* (*BRIT*) cabine *f* téléphonique
call centre, (*US*) **call center** *n* centre *m* d'appels
caller ['kɔːlə^r] *n* (*Tel*) personne *f* qui appelle ; (*visitor*) visiteur *m* ; **hold the line, ~!** (*Tel*) ne quittez pas, Monsieur (*or* Madame) !
call girl *n* call-girl *f*
calligraphy [kə'lɪgrəfɪ] *n* calligraphie *f*
call-in ['kɔːlɪn] *n* (*US Radio, TV*) programme *m* à ligne ouverte
calling ['kɔːlɪŋ] *n* vocation *f* ; (*trade, occupation*) état *m*
calling card *n* (*US*) carte *f* de visite
callipers, (*US*) **calipers** ['kælɪpəz] *npl* (*Math*) compas *m* ; (*Med*) appareil *m* orthopédique ; gouttière *f* ; étrier *m*

callisthenics, calisthenics [kælɪs'θenɪks] *npl* gymnastique *f* suédoise, gymnastique *f* rythmique
callous ['kæləs] *adj* dur(e), insensible
calloused, callused ['kæləst] *adj* calleux(-euse)
callousness ['kæləsnɪs] *n* dureté *f*, manque *m* de cœur, insensibilité *f*
call-out charge, call-out fee ['kɔːlaut-] *n* frais *mpl* de déplacement
callow ['kæləu] *adj* sans expérience (de la vie)
calm [kɑːm] *adj* calme ▸ *n* calme *m* ▸ *vt* calmer, apaiser
▸ **calm down** *vi* se calmer, s'apaiser ▸ *vt* calmer, apaiser
calmly ['kɑːmlɪ] *adv* calmement, avec calme
calmness ['kɑːmnɪs] *n* calme *m*
Calor gas® ['kælə^r-] *n* (*BRIT*) butane *m*, butagaz® *m*
calorie ['kælərɪ] *n* calorie *f* ; **low ~ product** produit *m* pauvre en calories
calve [kɑːv] *vi* vêler, mettre bas
calves [kɑːvz] *npl of* **calf**
CAM *n abbr* (= *computer-aided manufacturing*) FAO *f*
camber ['kæmbə^r] *n* (*of road*) bombement *m*
Cambodia [kæm'bəudɪə] *n* Cambodge *m*
Cambodian [kæm'bəudɪən] *adj* cambodgien(ne) ▸ *n* Cambodgien(ne)
Cambs *abbr* (*BRIT*) = **Cambridgeshire**
camcorder ['kæmkɔːdə^r] *n* caméscope *m*
came [keɪm] *pt of* **come**
camel ['kæməl] *n* chameau *m*
camellia [kə'miːlɪə] *n* camélia *m*
cameo ['kæmɪəu] *n* camée *m*
camera ['kæmərə] *n* appareil photo *m* ; (*Cine, TV*) caméra *f* ; **digital ~** appareil numérique ; **in ~** à huis clos, en privé
cameraman ['kæmərəmæn] *n* (*irreg*) caméraman *m*
camera phone *n* téléphone *m* avec appareil photo
Cameroon, Cameroun [kæmə'ruːn] *n* Cameroun *m*
camisole ['kæmɪsəul] *n* caraco *m*
camomile ['kæməmaɪl] *n* camomille *f*
camouflage ['kæməflɑːʒ] *n* camouflage *m* ▸ *vt* camoufler
camp [kæmp] *n* camp *m* ▸ *vi* camper ▸ *adj* (*man*) efféminé(e)
campaign [kæm'peɪn] *n* (*Mil, Pol*) campagne *f* ▸ *vi* (*also fig*) faire campagne ; **to ~ for/against** militer pour/contre
campaigner [kæm'peɪnə^r] *n*: **~ for** partisan(e) de ; **~ against** opposant(e) à
camp bed ['kæmp'bed] *n* (*BRIT*) lit *m* de camp
camper ['kæmpə^r] *n* campeur(-euse) ; (*vehicle*) camping-car *m*
camping ['kæmpɪŋ] *n* camping *m* ; **to go ~** faire du camping
camping gas® *n* butane *m*
campsite ['kæmpsaɪt] *n* (terrain *m* de) camping *m*
campus ['kæmpəs] *n* campus *m*
camshaft ['kæmʃɑːft] *n* arbre *m* à came
can¹ [kæn] *n* (*of milk, oil, water*) bidon *m* ; (*tin*) boîte *f* (de conserve) ▸ *vt* mettre en conserve ; **a ~ of**

beer une canette de bière ; **he had to carry the ~** (*BRIT inf*) on lui a fait porter le chapeau

KEYWORD

can² [kæn] (*negative* **cannot** [ˈkænɔt], **can't** [kɑ:nt], *conditional, pt* **could** [kud]) *aux vb* **1** (*be able to*) pouvoir ; **you can do it if you try** vous pouvez le faire si vous essayez ; **I can't hear you** je ne t'entends pas
2 (*know how to*) savoir ; **I can swim/play tennis/drive** je sais nager/jouer au tennis/conduire ; **can you speak French?** parlez-vous français ?
3 (*may*) pouvoir ; **can I use your phone?** puis-je me servir de votre téléphone ?
4 (*expressing disbelief, puzzlement etc*): **it can't be true!** ce n'est pas possible ! ; **what CAN he want?** qu'est-ce qu'il peut bien vouloir ?
5 (*expressing possibility, suggestion etc*): **he could be in the library** il est peut-être dans la bibliothèque ; **she could have been delayed** il se peut qu'elle ait été retardée ; **they could have forgotten** ils ont pu oublier

> *can* is not translated with French verbs such
> as **voir**, **entendre**, **comprendre** and **se**
> **souvenir de**.
> *I can see her!* **Je la vois !**
> *I can't understand him.* **Je ne le comprends pas.**

Canada [ˈkænədə] *n* Canada *m*
Canadian [kəˈneɪdɪən] *adj* canadien(ne) ▶ *n* Canadien(ne)
canal [kəˈnæl] *n* canal *m*
canary [kəˈnɛərɪ] *n* canari *m*, serin *m*
Canary Islands, Canaries [kəˈnɛərɪz] *npl*: **the ~** les (îles *fpl*) Canaries *fpl*
Canberra [ˈkænbərə] *n* Canberra
cancel [ˈkænsəl] *vt* annuler ; (*train*) supprimer ; (*party, appointment*) décommander ; (*cross out*) barrer, rayer ; (*stamp*) oblitérer ; (*cheque*) faire opposition à ; **I would like to ~ my booking** je voudrais annuler ma réservation
▶ **cancel out** *vt* annuler ; **they ~ each other out** ils s'annulent
cancellation [kænsəˈleɪʃən] *n* annulation *f* ; suppression *f* ; oblitération *f* ; (*Tourism*) réservation annulée, client *etc* qui s'est décommandé
Cancer [ˈkænsəʳ] *n* (*Astrology*) le Cancer ; **to be ~** être du Cancer
cancer [ˈkænsəʳ] *n* cancer *m*
cancerous [ˈkænsrəs] *adj* cancéreux(-euse)
cancer patient *n* cancéreux(-euse)
cancer research *n* recherche *f* contre le cancer
C and F *abbr* (*BRIT*: = *cost and freight*) C et F
candid [ˈkændɪd] *adj* (très) franc (franche), sincère
candidacy [ˈkændɪdəsɪ] *n* candidature *f*
candidate [ˈkændɪdeɪt] *n* candidat(e)
candidature [ˈkændɪdətʃəʳ] *n* (*BRIT*) = **candidacy**
candied [ˈkændɪd] *adj* confit(e) ; **~ apple** (*US*) pomme caramélisée
candle [ˈkændl] *n* bougie *f* ; (*of tallow*) chandelle *f* ; (*in church*) cierge *m*
candlelight [ˈkændllaɪt] *n*: **by ~** à la lumière d'une bougie ; (*dinner*) aux chandelles

candlelit [ˈkændllɪt] *adj* (*room, table*) éclairé(e) à la bougie (*or* aux chandelles)
candlestick [ˈkændlstɪk] *n* (*also*: **candle holder**) bougeoir *m* ; (*: bigger, ornate*) chandelier *m*
candour, (*US*) **candor** [ˈkændəʳ] *n* (grande) franchise *or* sincérité
C & W *n abbr* = **country and western**
candy [ˈkændɪ] *n* sucre candi ; (*US*) bonbon *m*
candy bar (*US*) *n* barre *f* chocolatée
candyfloss [ˈkændɪflɔs] *n* (*BRIT*) barbe *f* à papa
candy store *n* (*US*) confiserie *f*
cane [keɪn] *n* canne *f* ; (*for baskets, chairs etc*) rotin *m* ▶ *vt* (*BRIT Scol*) administrer des coups de bâton à
canine [ˈkænaɪn] *adj* canin(e)
canister [ˈkænɪstəʳ] *n* boîte *f* (*gén en métal*) ; (*of gas*) bombe *f*
cannabis [ˈkænəbɪs] *n* (*drug*) cannabis *m* ; (*cannabis plant*) chanvre indien
canned [ˈkænd] *adj* (*food*) en boîte, en conserve ; (*inf: music*) enregistré(e) ; (*BRIT inf: drunk*) bourré(e) ; (*US inf: worker*) mis(e) à la porte
cannibal [ˈkænɪbəl] *n* cannibale *mf*, anthropophage *mf*
cannibalism [ˈkænɪbəlɪzəm] *n* cannibalisme *m*, anthropophagie *f*
cannon [ˈkænən] (*pl ~ or* **cannons**) *n* (*gun*) canon *m*
cannonball [ˈkænənbɔːl] *n* boulet *m* de canon
cannon fodder *n* chair *f* à canon
cannot [ˈkænɔt] = **can not**
canny [ˈkænɪ] *adj* madré(e), finaud(e)
canoe [kəˈnuː] *n* pirogue *f* ; (*Sport*) canoë *m*
canoeing [kəˈnuːɪŋ] *n* (*sport*) canoë *m*
canoeist [kəˈnuːɪst] *n* canoéiste *mf*
canon [ˈkænən] *n* (*clergyman*) chanoine *m* ; (*standard*) canon *m*
canonize [ˈkænənaɪz] *vt* canoniser
can-opener [-ˈəupnəʳ] *n* ouvre-boîte *m*
canopy [ˈkænəpɪ] *n* baldaquin *m* ; dais *m*
cant [kænt] *n* jargon *m* ▶ *vt, vi* pencher
can't [kɑ:nt] = **can not**
Cantab. *abbr* (*BRIT*: = *cantabrigiensis*) *of* Cambridge
cantankerous [kænˈtæŋkərəs] *adj* querelleur(-euse), acariâtre
canteen [kænˈtiːn] *n* (*eating place*) cantine *f* ; (*BRIT: of cutlery*) ménagère *f*
canter [ˈkæntəʳ] *n* petit galop ▶ *vi* aller au petit galop
cantilever [ˈkæntɪliːvəʳ] *n* porte-à-faux *m inv*
Cantonese [kæntəˈniːz] *adj* cantonais(e) ▶ *n* (*person*) Cantonais(e) ; (*language*) cantonais *m*
canvas [ˈkænvəs] *n* (*gen*) toile *f* ; **under ~** (*camping*) sous la tente ; (*Naut*) toutes voiles dehors
canvass [ˈkænvəs] *vi* (*Pol*): **to ~ for** faire campagne pour ▶ *vt* (*Pol: district*) faire la tournée électorale dans ; (*: person*) solliciter le suffrage de ; (*Comm: district*) prospecter ; (*: citizens, opinions*) sonder
canvasser [ˈkænvəsəʳ] *n* (*Pol*) agent électoral ; (*Comm*) démarcheur *m*
canvassing [ˈkænvəsɪŋ] *n* (*Pol*) prospection électorale, démarchage électoral ; (*Comm*) démarchage, prospection

canyon ['kænjən] n cañon m, gorge (profonde)
CAP n abbr (= Common Agricultural Policy) PAC f
cap [kæp] n casquette f ; (for swimming) bonnet m de bain ; (of pen) capuchon m ; (of bottle) capsule f ; (BRIT: contraceptive: also: **Dutch cap**) diaphragme m ; (Football) sélection f pour l'équipe nationale ▶ vt capsuler ; (outdo) surpasser ; (put limit on) plafonner ; **capped with** coiffé(e) de ; **and to ~ it all, he ...** (BRIT) pour couronner le tout, il ...
capability [keɪpə'bɪlɪtɪ] n aptitude f, capacité f
capable ['keɪpəbl] adj capable ; **~ of** (interpretation etc) susceptible de
capably ['keɪpəblɪ] adv avec compétence
capacious [kə'peɪʃəs] adj vaste
capacity [kə'pæsɪtɪ] n (of container) capacité f, contenance f ; (ability) aptitude f ; **filled to ~** plein(e) ; **in his ~ as** en sa qualité de ; **in an advisory ~** à titre consultatif ; **to work at full ~** travailler à plein rendement
cape [keɪp] n (garment) cape f ; (Geo) cap m
Cape of Good Hope n cap m de Bonne Espérance
caper ['keɪpər] n (Culin: gen pl) câpre f ; (prank) farce f
Cape Town n Le Cap
capita ['kæpɪtə] n see **per capita**
capital ['kæpɪtl] n (also: **capital city**) capitale f ; (money) capital m ; (also: **capital letter**) majuscule f
capital account n balance f des capitaux ; (of country) compte capital
capital allowance n provision f pour amortissement
capital assets npl immobilisations fpl
capital expenditure n dépenses fpl d'équipement
capital gains tax n impôt m sur les plus-values
capital goods n biens mpl d'équipement
capital-intensive ['kæpɪtlɪn'tɛnsɪv] adj à forte proportion de capitaux
capitalism ['kæpɪtəlɪzəm] n capitalisme m
capitalist ['kæpɪtəlɪst] adj, n capitaliste mf
capitalize ['kæpɪtəlaɪz] vt (provide with capital) financer
▶ **capitalize on** vt fus (fig) profiter de
capital punishment n peine capitale
capital transfer tax n (BRIT) impôt m sur le transfert de propriété
Capitol ['kæpɪtl] n: **the ~** le Capitole

⋮ **CAPITOL**
⋮
⋮ Le **Capitol** est le siège du Congress, à
⋮ Washington. Il est situé sur Capitol Hill, dont
⋮ le nom désigne par métonymie le Congress
⋮ lui-même.

capitulate [kə'pɪtjuleɪt] vi capituler
capitulation [kəpɪtju'leɪʃən] n capitulation f
cappuccino [kæpə'tʃiːnəu] n cappuccino m
capricious [kə'prɪʃəs] adj capricieux(-euse), fantasque
Capricorn ['kæprɪkɔːn] n le Capricorne ; **to be ~** être du Capricorne
caps [kæps] abbr = **capital letters**

capsize [kæp'saɪz] vt faire chavirer ▶ vi chavirer
capstan ['kæpstən] n cabestan m
capsule ['kæpsjuːl] n capsule f
Capt. abbr (= captain) Cne
captain ['kæptɪn] n capitaine m ▶ vt commander, être le capitaine de
caption ['kæpʃən] n légende f
captivate ['kæptɪveɪt] vt captiver, fasciner
captive ['kæptɪv] adj, n captif(-ive)
captivity [kæp'tɪvɪtɪ] n captivité f
captor ['kæptər] n (unlawful) ravisseur m ; (lawful): **his captors** les gens (or ceux etc) qui l'ont arrêté
capture ['kæptʃər] vt (prisoner, animal) capturer ; (town) prendre ; (attention) capter ; (Comput) saisir ▶ n capture f ; (of data) saisie f de données
car [kɑːr] n voiture f, auto f ; (US Rail) wagon m, voiture ; **by ~** en voiture
carafe [kə'ræf] n carafe f
carafe wine n (in restaurant) ≈ vin ouvert
caramel ['kærəməl] n caramel m
carat ['kærət] n carat m ; **18 ~ gold** or m à 18 carats
caravan ['kærəvæn] n caravane f
caravan site n (BRIT) camping m pour caravanes
caraway ['kærəweɪ] n: **~ seed** graine f de cumin, cumin m
carb [kɑːb] n (inf: carbohydrate) glucide m ; **a low-~ diet** un régime pauvre en glucides
carbohydrate [kɑːbəu'haɪdreɪt] n (Chem) glucide m, hydrate m de carbone ; **carbohydrates** npl (food) farineux mpl, féculents mpl
carbolic acid [kɑː'bɒlɪk-] n phénol m
car bomb n voiture piégée
carbon ['kɑːbən] n carbone m
carbonated ['kɑːbəneɪtɪd] adj (drink) gazeux(-euse)
carbon copy n carbone m
carbon credit n crédit m carbone
carbon dioxide [-daɪ'ɒksaɪd] n gaz m carbonique, dioxyde m de carbone
carbon footprint n empreinte f carbone
carbon monoxide [-mɒ'nɒksaɪd] n oxyde m de carbone
carbon-neutral [kɑːbn'njuːtrəl] adj neutre en carbone
carbon offset n compensation f carbone ; **~ credit** crédit m de compensation carbone
carbon paper n papier m carbone
carbon ribbon n ruban m carbone
car boot sale n (BRIT) vide-grenier m
carburettor, (US) **carburetor** [kɑːbju'rɛtər] n carburateur m
carcass ['kɑːkəs] n carcasse f
carcinogen [kɑː'sɪnədʒən] n substance f cancérigène
carcinogenic [kɑːsɪnə'dʒɛnɪk] adj cancérigène
card [kɑːd] n carte f ; (material) carton m ; (membership card) carte d'adhérent ; **to play cards** jouer aux cartes
cardamom ['kɑːdəməm] n cardamome f
cardboard ['kɑːdbɔːd] n carton m
cardboard box n (boîte f en) carton m
cardboard city n endroit de la ville où dorment les SDF dans des boîtes en carton

card-carrying member ['kɑːdkærɪɪŋ-] n membre encarté

card game n jeu m de cartes

cardiac ['kɑːdɪæk] adj cardiaque

cardigan ['kɑːdɪgən] n cardigan m

cardinal ['kɑːdɪnl] adj cardinal(e) ; (importance) capital(e) ▶ n cardinal m

card index n fichier m (alphabétique)

cardiologist [kɑːdɪ'ɔlədʒɪst] n cardiologue mf

cardiology [kɑːdɪ'ɔlədʒɪ] n cardiologie f

cardphone ['kɑːdfəun] n téléphone m à carte (magnétique)

cardsharp ['kɑːdʃɑːp] n tricheur(-euse) professionnel(le)

card vote n (BRIT) vote m de délégués

CARE [kɛəʳ] n abbr (= Cooperative for American Relief Everywhere) association charitable

care [kɛəʳ] n soin m, attention f ; (worry) souci m ; **in sb's ~** à la garde de qn, confié à qn ; **~ of** (on letter) chez ; **"with ~"** « fragile » ; **to take ~ (to do)** faire attention (à faire) ; **to take ~ of** s'occuper de ; **the child has been taken into ~** l'enfant a été placé en institution ▶ vi: **to ~ about** (feel interest for) se soucier de, s'intéresser à ; (person: love) être attaché(e) à ; **would you ~ to/for ...?** voulez-vous ... ? ; **I wouldn't ~ to do it** je n'aimerais pas le faire ; **I don't ~** ça m'est bien égal, peu m'importe ; **I couldn't ~ less** cela m'est complètement égal, je m'en fiche complètement
▶ **care for** vt fus s'occuper de ; (like) aimer

careen [kə'riːn] vi (ship) donner de la bande ▶ vt caréner, mettre en carène

career [kə'rɪəʳ] n carrière f ▶ vi (also: **career along**) aller à toute allure

career girl n jeune fille f or femme f qui veut faire carrière

careers officer n conseiller(-ère) d'orientation (professionnelle)

career woman n (irreg) femme ambitieuse

carefree ['kɛəfriː] adj sans souci, insouciant(e)

careful ['kɛəful] adj soigneux(-euse) ; (cautious) prudent(e) ; **(be) ~!** (fais) attention ! ; **to be ~ with one's money** regarder à la dépense

carefully ['kɛəfəlɪ] adv avec soin, soigneusement ; prudemment

caregiver ['kɛəgɪvəʳ] n (US: professional) travailleur social ; (unpaid) personne qui s'occupe d'un proche qui est malade

careless ['kɛəlɪs] adj négligent(e) ; (heedless) insouciant(e)

carelessly ['kɛəlɪslɪ] adv négligemment ; avec insouciance

carelessness ['kɛəlɪsnɪs] n manque m de soin, négligence f ; insouciance f

carer ['kɛərəʳ] n (professional) travailleur social ; (unpaid) personne qui s'occupe d'un proche qui est malade

caress [kə'rɛs] n caresse f ▶ vt caresser

caretaker ['kɛəteɪkəʳ] n gardien(ne), concierge mf

caretaker government n (BRIT) gouvernement m intérimaire

car-ferry ['kɑːfɛrɪ] n (on sea) ferry(-boat) m ; (on river) bac m

cargo ['kɑːgəu] (pl **cargoes**) n cargaison f, chargement m

cargo boat n cargo m

cargo plane n avion-cargo m

car hire n (BRIT) location f de voitures

Caribbean [kærɪ'biːən] adj, n: **the ~ (Sea)** la mer des Antilles or des Caraïbes

caricature ['kærɪkətjuəʳ] n caricature f

caring ['kɛərɪŋ] adj (person) bienveillant(e) ; (society, organization) humanitaire

car maker n constructeur m automobile

carnage ['kɑːnɪdʒ] n carnage m

carnal ['kɑːnl] adj charnel(le)

carnation [kɑː'neɪʃən] n œillet m

carnival ['kɑːnɪvl] n (public celebration) carnaval m ; (US: funfair) fête foraine

carnivore ['kɑːnɪvɔːʳ] n (animal) carnivore m ; (person) carnivore mf

carnivorous [kɑː'nɪvərəs] adj carnivore, carnassier(-ière)

carol ['kærəl] n: **(Christmas) ~** chant m de Noël

carouse [kə'rauz] vi faire la bringue

carousel [kærə'sɛl] n (for luggage) carrousel m ; (US) manège m

carp [kɑːp] n (fish) carpe f
▶ **carp at** vt fus critiquer

car park (BRIT) n parking m, parc m de stationnement

carpenter ['kɑːpɪntəʳ] n charpentier m ; (joiner) menuisier m

carpentry ['kɑːpɪntrɪ] n charpenterie f, métier m de charpentier ; (woodwork: at school etc) menuiserie f

carpet ['kɑːpɪt] n tapis m ; **fitted ~** (BRIT) moquette f ▶ vt recouvrir (d'un tapis)

carpet bombing n bombardement intensif

carpet slippers npl pantoufles fpl

carpet sweeper [-'swiːpəʳ] n balai m mécanique

car phone n téléphone m de voiture

car pool n (arrangement) covoiturage m ; (stock of cars) parc m de voitures de fonction ▶ vi (esp US, AUSTRALIA) pratiquer le covoiturage

carport ['kɑːpɔːt] n auvent m pour voitures

car rental n (US) location f de voitures

carriage ['kærɪdʒ] n (BRIT Rail) wagon m ; (horse-drawn) voiture f ; (of goods) transport m ; (: cost) port m ; (of typewriter) chariot m ; (bearing) maintien m, port m ; **~ forward** port dû ; **~ free** franco de port ; **~ paid** (en) port payé

carriage return n retour m à la ligne

carriageway ['kærɪdʒweɪ] n (BRIT: part of road) chaussée f

carrier ['kærɪəʳ] n transporteur m, camionneur m ; (company) entreprise f de transport ; (Med) porteur(-euse) ; (Naut) porte-avions m inv

carrier bag n (BRIT) sac m en papier or en plastique

carrier pigeon n pigeon voyageur

carrion ['kærɪən] n charogne f

carrot ['kærət] n carotte f

carry ['kærɪ] vt (subj: person) porter ; (: vehicle) transporter ; (a motion, bill) voter, adopter ; (Math: figure) retenir ; (Comm: interest) rapporter ; (involve: responsibilities etc) comporter, impliquer ; (Med: disease) être porteur de ; **to get carried**

carrycot – castigate

away (*fig*) s'emballer, s'enthousiasmer ; **this loan carries 10% interest** ce prêt est à 10% (d'intérêt) ▶ *vi* (*sound*) porter
▶ **carry forward** *vt* (*gen*, *Book-keeping*) reporter
▶ **carry on** *vi* (*continue*) continuer ; (*inf: make a fuss*) faire des histoires ; **to ~ on with sth/doing** continuer qch/à faire ▶ *vt* (*conduct: business*) diriger ; (: *conversation*) entretenir ; (*continue: business, conversation*) continuer
▶ **carry out** *vt* (*orders*) exécuter ; (*investigation*) effectuer ; (*idea, threat*) mettre à exécution
carrycot ['kærɪkɔt] *n* (*BRIT*) porte-bébé *m*
carry-on ['kærɪ'ɔn] *n* (*inf: fuss*) histoires *fpl* ; (: *annoying behaviour*) cirque *m*, cinéma *m*
cart [kɑːt] *n* charrette *f* ▶ *vt* (*inf*) transporter
carte blanche ['kɑːt'blɔ̃ʃ] *n*: **to give sb ~** donner carte blanche à qn
cartel [kɑː'tɛl] *n* (*Comm*) cartel *m*
cartilage ['kɑːtɪlɪdʒ] *n* cartilage *m*
cartographer [kɑː'tɔgrəfəʳ] *n* cartographe *mf*
cartography [kɑː'tɔgrəfɪ] *n* cartographie *f*
carton ['kɑːtən] *n* (*box*) carton *m* ; (*of yogurt*) pot *m* (en carton) ; (*of cigarettes*) cartouche *f*
cartoon [kɑː'tuːn] *n* (*Press*) dessin *m* (humoristique) ; (*satirical*) caricature *f* ; (*comic strip*) bande dessinée ; (*Cine*) dessin animé
cartoonist [kɑː'tuːnɪst] *n* dessinateur(-trice) humoristique ; caricaturiste *mf* ; auteur *m* de dessins animés ; auteur de bandes dessinées
cartridge ['kɑːtrɪdʒ] *n* (*for gun, pen*) cartouche *f* ; (*for camera*) chargeur *m* ; (*music tape*) cassette *f* ; (*of record player*) cellule *f*
cartwheel ['kɑːtwiːl] *n* roue *f* ; **to turn a ~** faire la roue
carve [kɑːv] *vt* (*meat: also*: **carve up**) découper ; (*wood, stone*) tailler, sculpter
carving ['kɑːvɪŋ] *n* (*in wood etc*) sculpture *f*
carving knife *n* couteau *m* à découper
car wash *n* station *f* de lavage (de voitures)
Casablanca [kæsə'blæŋkə] *n* Casablanca
cascade [kæs'keɪd] *n* cascade *f* ▶ *vi* tomber en cascade
case [keɪs] *n* cas *m* ; (*Law*) affaire *f*, procès *m* ; (*box*) caisse *f*, boîte *f* ; (*for glasses*) étui *m* ; (*BRIT*: *also*: **suitcase**) valise *f* ; (*Typ*): **lower/upper ~** minuscule *f*/majuscule *f* ; **to have a good ~** avoir de bons arguments ; **there's a strong ~ for reform** il y aurait lieu d'engager une réforme ; **in ~ of** en cas de ; **in ~ he** au cas où il ; **just in ~** à tout hasard ; **in any ~** en tout cas, de toute façon
case history *n* (*Med*) dossier médical, antécédents médicaux
caseload ['keɪsləud] *n* (*of doctor, social worker*) nombre *m* de dossiers
case study *n* étude *f* de cas
caseworker ['keɪswə:kəʳ] *n* assistant(e) social(e)
cash [kæʃ] *n* argent *m* ; (*Comm*) (argent *m*) liquide *m*, numéraire *m* ; liquidités *fpl* ; (*in payment*) argent comptant, espèces *fpl* ; **to pay (in) ~** payer (en argent) comptant *or* en espèces ; **~ with order/on delivery** (*Comm*) payable or paiement à la commande/livraison ; **to be short of ~** être à court d'argent ; **I haven't got**

any ~ je n'ai pas de liquide ▶ *vt* encaisser
▶ **cash in** *vt* (*insurance policy etc*) toucher
▶ **cash in on** *vt fus* profiter de
cash account *n* compte *m* caisse
cash and carry *n* libre-service *m* de gros, cash and carry *m inv*
cashback ['kæʃbæk] *n* (*discount*) remise *f* ; (*at supermarket etc*) retrait *m* (à la caisse)
cashbook ['kæʃbuk] *n* livre *m* de caisse
cash box *n* caisse *f*
cash card *n* carte *f* de retrait
cash desk *n* (*BRIT*) caisse *f*
cash discount *n* escompte *m* de caisse (pour paiement au comptant), remise *f* au comptant
cash dispenser *n* distributeur *m* automatique de billets
cashew [kæ'ʃuː] *n* (*also*: **cashew nut**) noix *f* de cajou
cash flow *n* cash-flow *m*, marge brute d'autofinancement
cashier [kæ'ʃɪəʳ] *n* caissier(-ère) ▶ *vt* (*Mil*) destituer, casser
cashmere ['kæʃmɪəʳ] *n* cachemire *m*
cash payment *n* paiement comptant, versement *m* en espèces
cash point *n* distributeur *m* automatique de billets
cash price *n* prix comptant
cash register *n* caisse enregistreuse
cash sale *n* vente *f* au comptant
casing ['keɪsɪŋ] *n* revêtement (protecteur), enveloppe (protectrice)
casino [kə'siːnəu] *n* casino *m*
cask [kɑːsk] *n* tonneau *m*
casket ['kɑːskɪt] *n* coffret *m* ; (*US: coffin*) cercueil *m*
Caspian Sea ['kæspɪən-] *n*: **the ~** la mer Caspienne
cassava [kə'sɑːvə] *n* manioc *m*
casserole ['kæsərəul] *n* (*pot*) cocotte *f* ; (*food*) ragoût *m* (en cocotte)
cassette [kæ'sɛt] *n* cassette *f*
cassette deck *n* platine *f* cassette
cassette player *n* lecteur *m* de cassettes
cassette recorder *n* magnétophone *m* à cassettes
cassock ['kæsək] *n* soutane *f*
cast [kɑːst] (*vb: pt, pp ~*) *vt* (*throw*) jeter ; (*shadow: lit*) projeter ; (: *fig*) jeter ; (*glance*) jeter ; (*metal*) couler, fondre ; **to ~ sb as Hamlet** attribuer à qn le rôle d'Hamlet ; **to ~ one's vote** voter, exprimer son suffrage ; **to ~ doubt on** jeter un doute sur ▶ *n* (*Theat*) distribution *f* ; (*mould*) moule *m* ; (*also*: **plaster cast**) plâtre *m*
▶ **cast aside** *vt* (*reject*) rejeter
▶ **cast off** *vi* (*Naut*) larguer les amarres ; (*Knitting*) arrêter les mailles ▶ *vt* (*Knitting*) arrêter
▶ **cast on** (*Knitting*) *vt* monter ▶ *vi* monter les mailles
castanets [kæstə'nɛts] *npl* castagnettes *fpl*
castaway ['kɑːstəweɪ] *n* naufragé(e)
caste [kɑːst] *n* caste *f*, classe sociale
caster sugar ['kɑːstə-] *n* (*BRIT*) sucre *m* semoule
castigate ['kæstɪgeɪt] *vt* (*formal*) fustiger

casting ['kɑːstɪŋ] *n* (*of actor*) casting *m*
casting vote ['kɑːstɪŋ-] *n* (*BRIT*) voix prépondérante (*pour départager*)
cast iron *n* fonte *f*
cast-iron ['kɑːstaɪən] *adj* (*lit*) de *or* en fonte ; (*fig: will*) de fer ; (*alibi*) en béton
castle ['kɑːsl] *n* château *m* ; (*fortress*) château-fort *m* ; (*Chess*) tour *f*
cast-offs ['kɑːstɔfs] *npl* vêtements *mpl* dont on ne veut plus
castor ['kɑːstəʳ] *n* (*wheel*) roulette *f*
castor oil *n* huile *f* de ricin
castrate [kæs'treɪt] *vt* châtrer
casual ['kæʒjul] *adj* (*by chance*) de hasard, fait(e) au hasard, fortuit(e) ; (*irregular: work etc*) temporaire ; (*unconcerned*) désinvolte ; **~ wear** vêtements *mpl* sport *inv*
casual labour *n* main-d'œuvre *f* temporaire
casually ['kæʒjulɪ] *adv* avec désinvolture, négligemment ; (*by chance*) fortuitement
casualty ['kæʒjultɪ] *n* accidenté(e), blessé(e) ; (*dead*) victime *f*, mort(e) ; (*BRIT Med: department*) urgences *fpl* ; **heavy casualties** lourdes pertes
casualty ward *n* (*BRIT*) service *m* des urgences
cat [kæt] *n* chat *m*
cataclysmic [kætə'klɪzmɪk] *adj* cataclysmique
catacombs ['kætəkuːmz] *npl* catacombes *fpl*
Catalan ['kætələn] *adj* catalan(e) ▶ *n* Catalan(e)
catalogue, (*US*) **catalog** ['kætəlɔg] *n* catalogue *m* ▶ *vt* cataloguer
catalyst ['kætəlɪst] *n* catalyseur *m*
catalytic converter [kætə'lɪtɪkkən'vɜːtəʳ] *n* pot *m* catalytique
catamaran [kætəmə'ræn] *n* catamaran *m*
catapult ['kætəpʌlt] *n* lance-pierres *m inv*, fronde *f* ; (*Hist*) catapulte *f*
cataract ['kætərækt] *n* (*also Med*) cataracte *f*
catarrh [kə'tɑːʳ] *n* rhume *m* chronique, catarrhe *f*
catastrophe [kə'tæstrəfɪ] *n* catastrophe *f*
catastrophic [kætə'strɔfɪk] *adj* catastrophique
catcall ['kætkɔːl] *n* (*at meeting etc*) sifflet *m*
catch [kætʃ] (*pt, pp* **caught** [kɔːt]) *vt* (*ball, train, thief, cold*) attraper ; (*person: by surprise*) prendre, surprendre ; (*understand*) saisir ; (*get entangled*) accrocher ; **to ~ sb's attention** *or* **eye** attirer l'attention de qn ; **to ~ fire** prendre feu ; **to ~ sight of** apercevoir ▶ *vi* (*fire*) prendre ; (*get entangled*) s'accrocher ▶ *n* (*fish etc*) prise *f* ; (*thief etc*) capture *f* ; (*hidden problem*) attrape *f* ; (*Tech*) loquet *m* ; cliquet *m* ; **to play ~** jouer à chat ; (*with ball*) jouer à attraper le ballon
▶ **catch on** *vi* (*become popular*) prendre ; (*understand*): **to ~ on** (**to sth**) saisir (qch)
▶ **catch out** *vt* (*BRIT fig: with trick question*) prendre en défaut
▶ **catch up** *vi* (*with work*) se rattraper, combler son retard ▶ *vt* (*also:* **catch up with**) rattraper
▶ **catch up on** *vt* (*news*) se remettre au courant de ; (*sleep*) rattraper son retard de
catch-22 ['kætʃtwentɪ'tuː] *n*: **it's a ~ situation** c'est (une situation) sans issue
catching ['kætʃɪŋ] *adj* (*Med*) contagieux(-euse)
catchment area ['kætʃmənt-] *n* (*BRIT Scol*) aire *f* de recrutement ; (*Geo*) bassin *m* hydrographique

catch phrase *n* slogan *m*, expression toute faite
catchy ['kætʃɪ] *adj* (*tune*) facile à retenir
catechism ['kætɪkɪzəm] *n* catéchisme *m*
categoric [kætɪ'gɔrɪk], **categorical** [kætɪ'gɔrɪkl] *adj* catégorique
categorically [kætɪ'gɔrɪklɪ] *adv* catégoriquement
categorize ['kætɪgəraɪz] *vt* classer par catégories
category ['kætɪgərɪ] *n* catégorie *f*
cater ['keɪtəʳ] *vi*: **to ~ for** (*BRIT: needs*) satisfaire, pourvoir à ; (*: readers, consumers*) s'adresser à, pourvoir aux besoins de ; (*: Comm: parties etc*) préparer des repas pour
caterer ['keɪtərəʳ] *n* traiteur *m* ; fournisseur *m*
catering ['keɪtərɪŋ] *n* restauration *f* ; approvisionnement *m*, ravitaillement *m*
caterpillar ['kætəpɪləʳ] *n* chenille *f* ▶ *cpd* (*vehicle*) à chenille ; **~ track** *n* chenille *f*
catfight ['kætfaɪt] *n* (*between women*) crêpage *m* de chignon
cat flap *n* chatière *f*
cathartic [kə'θɑːtɪk] *adj* cathartique
cathedral [kə'θiːdrəl] *n* cathédrale *f*
Catherine wheel ['kæθrɪnwiːl] *n* soleil *m*
catheter ['kæθɪtəʳ] *n* cathéter *m*
cathode ['kæθəud] *n* cathode *f*
cathode ray tube *n* tube *m* cathodique
Catholic ['kæθəlɪk] (*Rel*) *adj*, *n* catholique *mf*
catholic ['kæθəlɪk] *adj* (*wide-ranging*) éclectique ; universel(le) ; libéral(e)
Catholicism [kə'θɔlɪsɪzəm] *n* catholicisme *m*
catnap ['kætnæp] *n* (*inf*) (*petit*) somme *m*
catsup ['kætsəp] *n* (*US*) ketchup *m*
cattery ['kætərɪ] *n* (*BRIT*) pension *f* pour chats
cattle ['kætl] *npl* bétail *m*, bestiaux *mpl*
catty ['kætɪ] *adj* méchant(e)
catwalk ['kætwɔːk] *n* passerelle *f* ; (*for models*) podium *m* (*de défilé de mode*)
Caucasian [kɔː'keɪzɪən] *adj*, *n* caucasien(ne)
Caucasus ['kɔːkəsəs] *n* Caucase *m*
caucus ['kɔːkəs] *n* (*US Pol*) comité électoral (*pour désigner des candidats*) ; (*BRIT Pol: group*) comité local (*d'un parti politique*)
caught [kɔːt] *pt, pp of* **catch**
cauldron ['kɔːldrən] *n* chaudron *m*
cauliflower ['kɔlɪflauəʳ] *n* chou-fleur *m*
causal ['kɔːzəl] *adj* causal(e)
cause [kɔːz] *n* cause *f* ; **there is no ~ for concern** il n'y a pas lieu de s'inquiéter ▶ *vt* causer ; **to ~ sth to be done** faire faire qch ; **to ~ sb to do sth** faire faire qch à qn
causeway ['kɔːzweɪ] *n* chaussée (surélevée)
caustic ['kɔːstɪk] *adj* caustique
caution ['kɔːʃən] *n* prudence *f* ; (*warning*) avertissement *m* ▶ *vt* avertir, donner un avertissement à
cautious ['kɔːʃəs] *adj* prudent(e)
cautiously ['kɔːʃəslɪ] *adv* prudemment, avec prudence
cautiousness ['kɔːʃəsnɪs] *n* prudence *f*
cavalcade [kævəl'keɪd] *n* cortège *m*
cavalier [kævə'lɪəʳ] *adj* cavalier(-ère), désinvolte ▶ *n* (*knight*) cavalier *m*
cavalry ['kævəlrɪ] *n* cavalerie *f*

cave [keɪv] n caverne f, grotte f ▶ vi: **to go caving** faire de la spéléo(logie) ▶ **cave in** vi (roof etc) s'effondrer

⚠ Le mot anglais **cave** ne veut pas dire cave.

caveat ['kæviæt] n mise f en garde
caveman ['keɪvmæn] n (irreg) homme m des cavernes
cavern ['kævən] n caverne f
cavernous ['kævənəs] adj immense
caviar, caviare ['kævɪɑːr] n caviar m
cavity ['kævɪtɪ] n cavité f; (Med) carie f
cavity wall insulation n isolation f des murs creux
cavort [kə'vɔːt] vi cabrioler, faire des cabrioles
cayenne [keɪ'ɛn] n (also: **cayenne pepper**) poivre m de cayenne
CB n abbr (= Citizens' Band (Radio)) CB f; (BRIT: = Companion of (the Order of) the Bath) titre honorifique
CBC n abbr (= Canadian Broadcasting Corporation) organisme de radiodiffusion
CBE n abbr (= Companion of (the Order of) the British Empire) titre honorifique
CBI n abbr (= Confederation of British Industry) ≈ MEDEF m (= Mouvement des entreprises de France)
CBS n abbr (US: = Columbia Broadcasting System) chaîne de télévision
CC abbr (BRIT) = **county council**
cc abbr (= cubic centimetre) cm³; (on letter etc: = carbon copy) cc
CCA n abbr (US: = Circuit Court of Appeals) cour d'appel itinérante
CCTV n abbr = **closed-circuit television**
CCTV camera n caméra f de vidéosurveillance
CCU n abbr (US: = coronary care unit) unité f de soins cardiologiques
CD n abbr (= compact disc) CD m; (Mil: BRIT) = **Civil Defence (Corps)**; (: US) = **Civil Defense** ▶ abbr (BRIT: = Corps Diplomatique) CD
CD burner n graveur m de CD
CDC n abbr (US) = **center for disease control**
CD player n platine f laser
Cdr. abbr (= commander) Cdt
CD-ROM [siːdiː'rɔm] n abbr (= compact disc read-only memory) CD-ROM m inv
CDT abbr (US: = Central Daylight Time) heure d'été du centre
CDW n abbr = **collision damage waiver**
CD writer n graveur m de CD
cease [siːs] vt, vi cesser
ceasefire ['siːsfaɪər] n cessez-le-feu m
ceaseless ['siːslɪs] adj incessant(e), continuel(le)
ceaselessly ['siːslɪslɪ] adv (work, campaign) sans cesse; (complain) continuellement
CED n abbr (US) = **Committee for Economic Development**
cedar ['siːdər] n cèdre m
cede [siːd] vt céder
cedilla [sɪ'dɪlə] n cédille f
CEEB n abbr (US: = College Entrance Examination Board) commission d'admission dans l'enseignement supérieur

ceilidh ['keɪlɪ] n bal m folklorique écossais or irlandais
ceiling ['siːlɪŋ] n (also fig) plafond m
celeb [sɪ'lɛb] n (inf: celebrity) célébrité f
celebrate ['sɛlɪbreɪt] vt, vi célébrer
celebrated ['sɛlɪbreɪtɪd] adj célèbre
celebration [sɛlɪ'breɪʃən] n célébration f
celebratory ['sɛləbreɪtərɪ] adj (meal) de fête; **let's have a ~ drink!** prenons un verre pour fêter ça!
celebrity [sɪ'lɛbrɪtɪ] n célébrité f
celeriac [sə'lɛrɪæk] n céleri(-rave) m
celery ['sɛlərɪ] n céleri m (en branches)
celestial [sɪ'lɛstɪəl] adj céleste
celibacy ['sɛlɪbəsɪ] n célibat m
celibate ['sɛlɪbət] adj (life, priest) célibataire; (lay person) chaste
cell [sɛl] n (gen) cellule f; (Elec) élément m (de pile)
cellar ['sɛlər] n cave f
cellist ['tʃɛlɪst] n violoncelliste mf
cellmate ['sɛlmeɪt] n compagnon (compagne) de cellule
cello ['tʃɛləu] n violoncelle m
Cellophane® ['sɛləfeɪn] n cellophane® f
cellphone ['sɛlfəun] n (téléphone m) portable m, mobile m
cell tower n (US Tel) antenne-relais f
cellular ['sɛljulər] adj cellulaire
cellular phone (esp US) n (téléphone m) portable m, mobile m
cellulite ['sɛljulaɪt] n cellulite f
cellulose ['sɛljuləus] n cellulose f
Celsius ['sɛlsɪəs] adj Celsius inv
Celt [kɛlt, sɛlt] n Celte mf
Celtic ['kɛltɪk, 'sɛltɪk] adj celte, celtique ▶ n (Ling) celtique m
cement [sə'mɛnt] n ciment m ▶ vt cimenter
cement mixer n bétonnière f
cemetery ['sɛmɪtrɪ] n cimetière m
cenotaph ['sɛnətɑːf] n cénotaphe m
censor ['sɛnsər] n censeur m ▶ vt censurer
censorious [sɛn'sɔːrɪəs] adj (formal) sévère
censorship ['sɛnsəʃɪp] n censure f
censure ['sɛnʃər] vt blâmer, critiquer
census ['sɛnsəs] n recensement m
cent [sɛnt] n (unit of dollar, euro) cent m (= un centième du dollar, de l'euro); see also **per cent**
centenarian [sɛntɪ'nɛərɪən] n centenaire mf
centenary [sɛn'tiːnərɪ], (US) **centennial** [sɛn'tɛnɪəl] n centenaire m
center etc ['sɛntər] n, vt (US) = **centre** etc
centigrade ['sɛntɪɡreɪd] adj centigrade
centilitre, (US) **centiliter** ['sɛntɪliːtər] n centilitre m
centimetre, (US) **centimeter** ['sɛntɪmiːtər] n centimètre m
centipede ['sɛntɪpiːd] n mille-pattes m inv
central ['sɛntrəl] adj central(e)
Central African Republic n République Centrafricaine
Central America n Amérique centrale
central heating n chauffage central
centralize ['sɛntrəlaɪz] vt centraliser
centrally ['sɛntrəlɪ] adv (placed) au centre; (located) dans le centre

central processing unit n (*Comput*) unité centrale (de traitement)

central reservation n (*BRIT Aut*) terre-plein central

centre, (*US*) **center** ['sɛntəʳ] n centre m ▸ vt centrer ; (*Phot*) cadrer ; (*concentrate*): **to ~ (on)** centrer (sur)

centrefold, (*US*) **centerfold** ['sɛntəfəʊld] n (*Press*) pages centrales détachables (*avec photo de pin up*)

centre-forward ['sɛntə'fɔːwəd] n (*Sport*) avant-centre m

centre-half ['sɛntə'hɑːf] n (*Sport*) demi-centre m

centrepiece, (*US*) **centerpiece** ['sɛntəpiːs] n milieu m de table ; (*fig*) pièce maîtresse

centre spread n (*BRIT*) publicité f en double page

centre-stage [sɛntə'steɪdʒ] n: **to take ~** occuper le centre de la scène

centrifugal [sɛn'trɪfjʊgl] adj centrifuge

centrifuge ['sɛntrɪfjuːʒ] n centrifugeuse f

centrist ['sɛntrɪst] adj, n centriste mf

century ['sɛntjʊrɪ] n siècle m ; **in the twentieth ~** au vingtième siècle

CEO n abbr = **chief executive officer**

ceramic [sɪ'ræmɪk] adj céramique

ceramics [sɪ'ræmɪks] n céramique f

cereal ['siːrɪəl] n céréale f

cerebral ['sɛrɪbrəl] adj cérébral(e)

ceremonial [sɛrɪ'məʊnɪəl] n cérémonial m ; (*rite*) rituel m

ceremony ['sɛrɪmənɪ] n cérémonie f ; **to stand on ~** faire des façons

cerise [sə'riːz, sə'riːs] adj (*couleur*) cerise inv ▸ n rouge m cerise

cert [səːt] n (*BRIT inf*): **it's a dead ~** ça ne fait pas un pli

certain ['səːtən] adj certain(e) ; **to make ~ of** s'assurer de ; **for ~** certainement, sûrement

certainly ['səːtənlɪ] adv certainement

certainty ['səːtəntɪ] n certitude f

certificate [sə'tɪfɪkɪt] n certificat m

certified letter ['səːtɪfaɪd-] n (*US*) lettre recommandée

certified public accountant ['səːtɪfaɪd-] n (*US*) expert-comptable m

certify ['səːtɪfaɪ] vt certifier ; (*award diploma to*) conférer un diplôme etc à ; (*declare insane*) déclarer malade mental(e) ▸ vi: **to ~ to** attester

cervical ['səːvɪkl] adj: **~ cancer** cancer m du col de l'utérus ; **~ smear** frottis vaginal

cervix ['səːvɪks] n col m de l'utérus

Cesarean [siːˈzɛərɪən] adj, n (*US*) = **Caesarean**

cessation [sə'seɪʃən] n cessation f, arrêt m

cesspit ['sɛspɪt] n fosse f d'aisance

CET abbr (= *Central European Time*) heure d'Europe centrale

Ceylon [sɪ'lɔn] n Ceylan m

cf. abbr (= *compare*) cf., voir

c/f abbr (*Comm*) = **carried forward**

CFC n abbr (= *chlorofluorocarbon*) CFC m

CG n abbr (*US*) = **coastguard**

cg abbr (= *centigram*) cg

CGI n abbr (= *computer-generated imagery*) images fpl de synthèse

CH n abbr (*BRIT*: = *Companion of Honour*) titre honorifique

ch abbr (*BRIT*: = *central heating*) cc

ch. abbr (= *chapter*) chap

Chad [tʃæd] n Tchad m

chafe [tʃeɪf] vt irriter, frotter contre ▸ vi (*fig*): **to ~ against** se rebiffer contre, regimber contre

chaffinch ['tʃæfɪntʃ] n pinson m

chagrin ['ʃægrɪn] n contrariété f, déception f

chain [tʃeɪn] n (*gen*) chaîne f ▸ vt (*also*: **chain up**) enchaîner, attacher (avec une chaîne)

chain reaction n réaction f en chaîne

chain-smoke ['tʃeɪnsməʊk] vi fumer cigarette sur cigarette

chain store n magasin m à succursales multiples

chair [tʃɛəʳ] n chaise f ; (*armchair*) fauteuil m ; (*of university*) chaire f ; (*of meeting*) présidence f ; **the ~** (*US: electric chair*) la chaise électrique ▸ vt (*meeting*) présider

chairlift ['tʃɛəlɪft] n télésiège m

chairman ['tʃɛəmən] n (*irreg*) président m

chairmanship ['tʃɛəmənʃɪp] n présidence f

chairperson ['tʃɛəpəːsn] n président(e)

chairwoman ['tʃɛəwʊmən] n (*irreg*) présidente f

chalet ['ʃæleɪ] n chalet m

chalice ['tʃælɪs] n calice m

chalk [tʃɔːk] n craie f
▸ **chalk up** vt écrire à la craie ; (*fig: success etc*) remporter

challenge ['tʃælɪndʒ] n défi m ▸ vt défier ; (*statement, right*) mettre en question, contester ; **to ~ sb to a fight/game** inviter qn à se battre/à jouer (*sous forme d'un défi*) ; **to ~ sb to do** mettre qn au défi de faire

challenger ['tʃælɪndʒəʳ] n (*Sport*) challenger m

challenging ['tʃælɪndʒɪŋ] adj (*task, career*) qui représente un défi or une gageure ; (*tone, look*) de défi, provocateur(-trice)

chamber ['tʃeɪmbəʳ] n chambre f ; (*BRIT Law: gen pl*) cabinet m ; **~ of commerce** chambre de commerce

chambermaid ['tʃeɪmbəmeɪd] n femme f de chambre

chamber music n musique f de chambre

chamberpot ['tʃeɪmbəpɔt] n pot m de chambre

chameleon [kə'miːlɪən] n caméléon m

chamois ['ʃæmwɑː] n chamois m

chamois leather ['ʃæmɪ-] n peau f de chamois

champ ['tʃæmp] n (*inf: champion*) champion(ne)

champagne [ʃæm'peɪn] n champagne m

champers ['ʃæmpəz] n (*inf*) champ m

champion ['tʃæmpɪən] n (*also of cause*) champion(ne) ▸ vt défendre

championship ['tʃæmpɪənʃɪp] n championnat m

chance [tʃɑːns] n (*luck*) hasard m ; (*opportunity*) occasion f, possibilité f ; (*hope, likelihood*) chance f ; (*risk*) risque m ; **there is little ~ of his coming** il est peu probable or il y a peu de chances qu'il vienne ; **to take a ~** prendre un risque ; **it's the ~ of a lifetime** c'est une occasion unique ; **by ~** par hasard ▸ vt (*risk*) risquer ; (*happen*): **to ~ to do** faire par hasard ; **to ~ doing sth** se risquer à faire qch ; **to ~ it** risquer le coup, essayer ▸ adj fortuit(e), de hasard

▶ **chance on, chance upon** vt fus (person) tomber sur, rencontrer par hasard ; (thing) trouver par hasard

chancel ['tʃɑːnsəl] n chœur m

chancellor ['tʃɑːnsələʳ] n chancelier m

Chancellor of the Exchequer [-ɪks'tʃɛkəʳ] (BRIT) n chancelier m de l'Échiquier

chandelier [ʃændə'lɪəʳ] n lustre m

change [tʃeɪndʒ] vt (alter, replace: Comm: money) changer ; (switch, substitute: hands, trains, clothes, one's name etc) changer de ; (transform): **to ~ sb into** changer or transformer qn en ; **where can I ~ some money?** où est-ce que je peux changer de l'argent ? ; **to ~ gear** (Aut) changer de vitesse ; **to ~ one's mind** changer d'avis ▶ vi (gen) changer ; (change clothes) se changer ; (be transformed): **to ~ into** se changer or transformer en ; **she changed into an old skirt** elle (s'est changée et) a enfilé une vieille jupe ▶ n changement m ; (money) monnaie f ; **a ~ of clothes** des vêtements de rechange ; **for a ~** pour changer ; **small ~** petite monnaie ; **to give sb ~ for** or **of £10** faire à qn la monnaie de 10 livres ; **do you have ~ for £10?** vous avez la monnaie de 10 livres ? ; **keep the ~!** gardez la monnaie !
▶ **change over** vi (swap) échanger ; (change: drivers etc) changer ; (change sides: players etc) changer de côté ; **to ~ over from sth to sth** passer de qch à qch

> Use **changement** to refer to a change in something: *a change of plan* **un changement de programme**. The French word **change** is a financial term meaning *exchange*.

changeable ['tʃeɪndʒəbl] adj (weather) variable ; (person) d'humeur changeante

change machine n distributeur m de monnaie

changeover ['tʃeɪndʒəʊvəʳ] n (to new system) changement m, passage m

changing ['tʃeɪndʒɪŋ] adj changeant(e)

changing room n (BRIT: in shop) salon m d'essayage ; (: Sport) vestiaire m

channel ['tʃænl] n (TV) chaîne f ; (waveband, groove, fig: medium) canal m ; (of river, sea) chenal m ; **through the usual channels** en suivant la filière habituelle ; **green/red ~** (Customs) couloir m or sortie f « rien à déclarer »/« marchandises à déclarer » ; **the (English) C~** la Manche ▶ vt canaliser ; (fig: interest, energies): **to ~ into** diriger vers

channel-hopping ['tʃænl'hɒpɪŋ] n (TV) zapping m

Channel Islands npl: **the ~** les îles fpl Anglo-Normandes

channel-surf ['tʃænlsəːf] vi (esp US) zapper

Channel Tunnel n: **the ~** le tunnel sous la Manche

chant [tʃɑːnt] n chant m ; mélopée f ; (Rel) psalmodie f ▶ vt chanter, scander ; psalmodier

Chanukah ['hɑːnəkə] n = **Hanukkah**

chaos ['keɪɒs] n chaos m

chaos theory n théorie f du chaos

chaotic [keɪ'ɒtɪk] adj chaotique

chap [tʃæp] n (BRIT inf: man) type m ; (term of address): **old ~** mon vieux ▶ vt (skin) gercer, crevasser

chapel ['tʃæpl] n chapelle f

chaperone, chaperon ['ʃæpərəʊn] n chaperon m ▶ vt chaperonner

chaplain ['tʃæplɪn] n aumônier m

chapped [tʃæpt] adj (skin, lips) gercé(e)

chapter ['tʃæptəʳ] n chapitre m

char [tʃɑːʳ] vt (burn) carboniser ▶ vi (BRIT: cleaner) faire des ménages ▶ n (BRIT) = **charlady**

character ['kærɪktəʳ] n caractère m ; (in novel, film) personnage m ; (eccentric person) numéro m, phénomène m ; **a person of good ~** une personne bien

character code n (Comput) code m de caractère

characteristic ['kærɪktə'rɪstɪk] adj, n caractéristique (f)

characterize ['kærɪktəraɪz] vt caractériser ; **to ~ (as)** définir (comme)

charade [ʃə'rɑːd] n charade f

charcoal ['tʃɑːkəʊl] n charbon m de bois ; (Art) charbon

charge [tʃɑːdʒ] n (accusation) accusation f ; (Law) inculpation f ; (cost) prix (demandé) ; (of gun, battery, Mil: attack) charge f ; **is there a ~?** doit-on payer ? ; **there's no ~** c'est gratuit, on ne fait pas payer ; **extra ~** supplément m ; **to be in ~ of** être responsable de, s'occuper de ; **to take ~ of** se charger de ; **to have ~ of** avoir la charge de qn ▶ vt (gun, battery, Mil: enemy) charger ; (customer, sum) faire payer ; (Law): **to ~ sb (with)** inculper qn (de) ; **how much do you ~ for this repair?** combien demandez-vous pour cette réparation ? ; **they charged us £10 for the meal** ils nous ont fait payer le repas 10 livres, ils nous ont compté 10 livres pour le repas ; **to ~ an expense (up) to sb** mettre une dépense sur le compte de qn ; **~ it to my account** facturez-le sur mon compte ▶ vi (gen with: up, along etc) foncer ; **to ~ in/out** entrer/sortir en trombe ; **to ~ down/up** dévaler/grimper à toute allure ; **charges** npl (costs) frais mpl ; **to reverse the charges** (BRIT Tel) téléphoner en PCV ; **bank/labour charges** frais mpl de banque/main-d'œuvre
▶ **charge up** vt (battery) charger, recharger

charge account n compte m client

charge card n carte f de client (émise par un grand magasin)

chargehand ['tʃɑːdʒhænd] n (BRIT) chef m d'équipe

charger ['tʃɑːdʒəʳ] n (also: **battery charger**) chargeur m ; (old: warhorse) cheval m de bataille

char-grilled [tʃɑː'grɪld] adj (BRIT) grillé(e) au feu de bois

chariot ['tʃærɪət] n char m

charisma [kə'rɪzmə] n charisme m

charismatic [kærɪz'mætɪk] adj charismatique

charitable ['tʃærɪtəbl] adj charitable

charity ['tʃærɪtɪ] n charité f ; (organization) institution f charitable or de bienfaisance, œuvre f (de charité)

charity shop n (BRIT) boutique vendant des articles d'occasion au profit d'une organisation caritative

charlady ['tʃɑːleɪdɪ] n (BRIT) femme f de ménage

charlatan ['ʃɑːlətən] n charlatan m

charm [tʃɑːm] n charme m ; (on bracelet) breloque f ▶ vt charmer, enchanter

535

charm bracelet – cheerfully

charm bracelet n bracelet m à breloques
charming ['tʃɑːmɪŋ] adj charmant(e)
chart [tʃɑːt] n tableau m, diagramme m ; graphique m ; (map) carte marine ; (weather chart) carte f du temps ▸ vt dresser or établir la carte de ; (sales, progress) établir la courbe de ; **charts** npl (Mus) hit-parade m ; **to be in the charts** (record, pop group) figurer au hit-parade
charter ['tʃɑːtəʳ] vt (plane) affréter ▸ n (document) charte f ; **on ~** (plane) affrété(e)
chartered accountant ['tʃɑːtəd-] n (BRIT) expert-comptable (experte-comptable)
charter flight n charter m
charwoman ['tʃɑːwumən] n (irreg) = **charlady**
chase [tʃeɪs] vt poursuivre, pourchasser ; (also: **chase away**) chasser ▸ n poursuite f, chasse f
  ▸ **chase down** vt (US) = **chase up**
  ▸ **chase up** vt (BRIT: person) relancer ; (: information) rechercher
chasm ['kæzəm] n gouffre m, abîme m
chassis ['ʃæsɪ] n châssis m
chaste ['tʃeɪst] adj (old: person, kiss) chaste
chastened ['tʃeɪsnd] adj assagi(e), rappelé(e) à la raison
chastening ['tʃeɪsnɪŋ] adj qui fait réfléchir
chastise [tʃæs'taɪz] vt punir, châtier ; corriger
chastity ['tʃæstɪtɪ] n chasteté f
chat [tʃæt] vi (also: **have a chat**) bavarder, causer ; (: on Internet) chatter ▸ n conversation f ; (on Internet) chat m
  ▸ **chat up** vt (BRIT inf: girl) baratiner
chatline ['tʃætlaɪn] n numéro téléphonique qui permet de bavarder avec plusieurs personnes en même temps
chat room n (Internet) salon m de discussion
chat show n (BRIT) talk-show m
chattel ['tʃætl] n see **good**
chatter ['tʃætəʳ] vi (person) bavarder, papoter ; **my teeth are chattering** je claque des dents ▸ n bavardage m, papotage m
chatterbox ['tʃætəbɔks] n moulin m à paroles, babillard(e)
chattering classes ['tʃætərɪŋ-] npl: **the ~** (inf, pej) les intellos mpl
chatty ['tʃætɪ] adj (style) familier(-ière) ; (person) enclin(e) à bavarder or au papotage
chauffeur ['ʃəufəʳ] n chauffeur m (de maître)
chauvinism ['ʃəuvɪnɪzəm] n (also: **male chauvinism**) phallocratie f, machisme m ; (nationalism) chauvinisme m
chauvinist ['ʃəuvɪnɪst] n (also: **male chauvinist**) phallocrate m, macho m ; (nationalist) chauvin(e)
chauvinistic [ʃəuvɪ'nɪstɪk] adj (sexist) machiste ; (nationalistic) chauvin(e)
chav [tʃæv] n (inf) ≈ caillera m (!)
ChE abbr = **chemical engineer**
cheap [tʃiːp] adj bon marché inv, pas cher (chère) ; (reduced: ticket) à prix réduit ; (: fare) réduit(e) ; (joke) facile, d'un goût douteux ; (poor quality) à bon marché, de qualité médiocre ; **can you recommend a ~ hotel/restaurant, please?** pourriez-vous m'indiquer un hôtel/restaurant bon marché ? ; **cheaper** adj moins cher (chère) ▸ adv à bon marché, pour pas cher
cheap day return n billet m d'aller et retour réduit (valable pour la journée)

cheapen ['tʃiːpn] vt rabaisser, déprécier
cheaply ['tʃiːplɪ] adv à bon marché, à bon compte
cheapskate ['tʃiːpskeɪt] adj, n radin(e)
cheat [tʃiːt] vi tricher ; (in exam) copier ▸ vt tromper, duper ; (rob): **to ~ sb out of sth** escroquer qch à qn ▸ n tricheur(-euse) ; escroc m ; (trick) duperie f, tromperie f
  ▸ **cheat on** vt fus tromper
cheating ['tʃiːtɪŋ] n tricherie f
cheat sheet n (US: in exam) antisèche f
Chechen ['tʃetʃɛn] adj tchétchène ▸ n (person) Tchétchène mf ; (language) tchétchène m
Chechnya [tʃɪtʃ'njaː] n Tchétchénie f
check [tʃɛk] vt vérifier ; (passport, ticket) contrôler ; (halt) enrayer ; (restrain) maîtriser ▸ vi (official etc) se renseigner ; **to ~ with sb** demander à qn ▸ n vérification f ; contrôle m ; (curb) frein m ; (BRIT: bill) addition f ; (US) = **cheque**; (pattern: gen pl) carreaux mpl ; **to keep a ~ on sb/sth** surveiller qn/qch ▸ adj (also: **checked**: pattern, cloth) à carreaux
  ▸ **check in** vi (in hotel) remplir sa fiche (d'hôtel) ; (at airport) se présenter à l'enregistrement ▸ vt (luggage) (faire) enregistrer
  ▸ **check off** vt (tick off) cocher
  ▸ **check out** vi (in hotel) régler sa note ▸ vt (luggage) retirer ; (investigate: story) vérifier ; (: person) prendre des renseignements sur
  ▸ **check up** vi: **to ~ up (on sth)** vérifier (qch) ; **to ~ up on sb** se renseigner sur le compte de qn
checkbook ['tʃɛkbuk] n (US) = **chequebook**
checked ['tʃɛkt] adj (pattern, cloth) à carreaux
checkered ['tʃɛkəd] adj (US) = **chequered**
checkers ['tʃɛkəz] n (US) jeu m de dames
check guarantee card n (US) carte f (d'identité) bancaire
check-in ['tʃɛkin] n (at airport: also: **check-in desk**) enregistrement m
checking account ['tʃɛkɪŋ-] n (US) compte courant
checklist ['tʃɛklɪst] n liste f de contrôle
checkmate ['tʃɛkmeɪt] n échec et mat m
checkout ['tʃɛkaut] n (in supermarket) caisse f
checkpoint ['tʃɛkpɔɪnt] n contrôle m
checkroom ['tʃɛkruːm] (US) n consigne f
checkup ['tʃɛkʌp] n (Med) examen médical, check-up m
cheddar ['tʃɛdəʳ] n (also: **cheddar cheese**) cheddar m
cheek [tʃiːk] n joue f ; (impudence) toupet m, culot m ; **what a ~!** quel toupet !
cheekbone ['tʃiːkbəun] n pommette f
cheeky ['tʃiːkɪ] adj effronté(e), culotté(e)
cheep [tʃiːp] n (of bird) piaulement m ▸ vi piauler
cheer [tʃɪəʳ] vt acclamer, applaudir ; (gladden) réjouir, réconforter ▸ vi applaudir ▸ n (gen pl) acclamations fpl, applaudissements mpl ; bravos mpl, hourras mpl ; **cheers!** à la vôtre !
  ▸ **cheer on** vt encourager (par des cris etc)
  ▸ **cheer up** vi se dérider, reprendre courage ▸ vt remonter le moral à or de, dérider, égayer
cheerful ['tʃɪəful] adj gai(e), joyeux(-euse)
cheerfully ['tʃɪəfulɪ] adv (say, greet) gaiement ; (blithely: ignore, admit) allégrement ; (without hesitation) sans la moindre hésitation

cheerfulness ['tʃɪəfulnɪs] n gaieté f, bonne
humeur

cheerio [tʃɪərɪ'əu] excl (BRIT) salut !, au revoir !

cheerleader ['tʃɪəliːdə'] n membre d'un groupe de
majorettes qui chantent et dansent pour soutenir leur
équipe pendant les matchs de football américain

cheerless ['tʃɪəlɪs] adj sombre, triste

cheery ['tʃɪərɪ] adj (wave, smile) gai(e) ; (person)
joyeux(-euse)

cheese [tʃiːz] n fromage m

cheeseboard ['tʃiːzbɔːd] n plateau m à
fromages ; (with cheese on it) plateau m de
fromages

cheeseburger ['tʃiːzbəːgə'] n cheeseburger m

cheesecake ['tʃiːzkeɪk] n cheesecake m

cheesy ['tʃiːzɪ] adj (biscuit, sauce) au fromage ; (inf:
naff) ringard(e)

cheetah ['tʃiːtə] n guépard m

chef [ʃɛf] n chef (cuisinier)

chemical ['kɛmɪkl] adj chimique ▶ n produit m
chimique

chemist ['kɛmɪst] n (BRIT: pharmacist)
pharmacien(ne) ; (scientist) chimiste mf

chemistry ['kɛmɪstrɪ] n chimie f

chemist's ['kɛmɪsts], **chemist's shop** n (BRIT)
pharmacie f

chemo ['kiːməu] n (chemotherapy) chimio f

chemotherapy [kiːməu'θɛrəpɪ] n
chimiothérapie f

cheque, (US) **check** [tʃɛk] n chèque m ; **to pay
by ~** payer par chèque

chequebook, (US) **checkbook** ['tʃɛkbuk] n
chéquier m, carnet m de chèques

cheque card n (BRIT) carte f (d'identité)
bancaire

chequered, (US) **checkered** ['tʃɛkəd] adj (fig)
varié(e)

cherish ['tʃɛrɪʃ] vt (person, memory) chérir ; (hope)
caresser ; (right, value) entretenir

cherished ['tʃɛrɪʃt] adj (dream, belief, memory) cher
(chère) ; (possession) précieux(-euse)

cheroot [ʃə'ruːt] n cigare m de Manille

cherry ['tʃɛrɪ] n cerise f ; (also: **cherry tree**)
cerisier m

cherub ['tʃɛrəb] n chérubin m

Ches abbr (BRIT) = **Cheshire**

chess [tʃɛs] n échecs mpl

chessboard ['tʃɛsbɔːd] n échiquier m

chessman ['tʃɛsmən] n (irreg) pièce f (de jeu
d'échecs)

chessplayer ['tʃɛspleɪə'] n joueur(-euse)
d'échecs

chest [tʃɛst] n poitrine f ; (box) coffre m, caisse f ;
to get sth off one's ~ (inf) vider son sac

chest measurement n tour m de poitrine

chestnut ['tʃɛsnʌt] n châtaigne f ; (also:
chestnut tree) châtaignier m ; (colour) châtain
m ▶ adj (hair) châtain inv ; (horse) alezan

chest of drawers n commode f

chesty ['tʃɛstɪ] adj (cough) de poitrine

chevron ['ʃɛvrən] n (on sign) flèche f ; (stripe: of
officer) chevron m

chew [tʃuː] vt mâcher

chewing gum ['tʃuːɪŋ-] n chewing-gum m

chewy ['tʃuːɪ] adj (meat, bread) difficile à mâcher

chic [ʃiːk] adj chic inv, élégant(e)

chicanery [ʃɪ'keɪnərɪ] n (formal: political, financial)
chicane f

chick [tʃɪk] n poussin m ; (inf) fille f

chicken ['tʃɪkɪn] n poulet m ; (inf: coward) poule
mouillée
  ▶ **chicken out** vi (inf) se dégonfler

chicken feed n (fig) broutilles fpl, bagatelle f

chickenpox ['tʃɪkɪnpɔks] n varicelle f

chickpea ['tʃɪkpiː] n pois m chiche

chicory ['tʃɪkərɪ] n chicorée f ; (salad) endive f

chide [tʃaɪd] vt réprimander, gronder

chief [tʃiːf] n chef m ; **C~ of Staff** (Mil) chef
d'État-major ▶ adj principal(e)

chief constable n (BRIT) ≈ préfet m de police

chief executive, (US) **chief executive officer**
n directeur(-trice) général(e)

chiefly ['tʃiːflɪ] adv principalement, surtout

chiffon ['ʃɪfɔn] n mousseline f de soie

chihuahua [tʃɪ'wɑːwə] n chihuahua m

chilblain ['tʃɪlbleɪn] n engelure f

child [tʃaɪld] (pl **children** ['tʃɪldrən]) n enfant mf

child abuse n maltraitance f d'enfants ; (sexual)
abus mpl sexuels sur des enfants

childbearing ['tʃaɪldbɛərɪŋ] adj: **of ~ age** en âge
d'avoir des enfants

child benefit n (BRIT) ≈ allocations familiales

childbirth ['tʃaɪldbəːθ] n accouchement m

childcare ['tʃaɪldkɛə'] n (for working parents) garde f
des enfants (pour les parents qui travaillent)

childhood ['tʃaɪldhud] n enfance f

childish ['tʃaɪldɪʃ] adj puéril(e), enfantin(e)

childishly ['tʃaɪldɪʃlɪ] adv (pej: behave) d'une
manière puérile ; (excited, pleased) comme un
enfant

child labour, (US) **child labor** n (practice) travail
m des enfants ; (workers) main-d'œuvre f
enfantine

childless ['tʃaɪldlɪs] adj sans enfants

childlike ['tʃaɪldlaɪk] adj innocent(e), pur(e)

child minder n (BRIT) garde f d'enfants

child prodigy n enfant mf prodige

children ['tʃɪldrən] npl of **child**

children's home ['tʃɪldrənz-] n ≈ foyer m
d'accueil (pour enfants)

Chile ['tʃɪlɪ] n Chili m

Chilean ['tʃɪlɪən] adj chilien(ne) ▶ n Chilien(ne)

chili, chilli ['tʃɪlɪ] n piment m (rouge)

chill [tʃɪl] n (of water) froid m ; (of air) fraîcheur f ;
(Med) refroidissement m, coup m de froid ▶ adj
froid(e), glacial(e) ▶ vt (person) faire frissonner ;
refroidir ; (Culin) mettre au frais, rafraîchir ;
"serve chilled" « à servir frais »
  ▶ **chill out** vi (inf: esp US) se relaxer

chilling ['tʃɪlɪŋ] adj (wind) frais (fraîche), froid(e) ;
(look, smile) glacé(e) ; (thought) qui donne le
frisson

chillingly ['tʃɪlɪŋlɪ] adv (similiar, familiar) qui fait
froid dans le dos

chilly ['tʃɪlɪ] adj froid(e), glacé(e) ; (sensitive to cold)
frileux(-euse) ; **to feel ~** avoir froid

chime [tʃaɪm] n carillon m ▶ vi carillonner,
sonner

chimera [kaɪ'mɪərə] n chimère f

chimney ['tʃɪmnɪ] n cheminée f

chimney sweep *n* ramoneur *m*
chimp [tʃɪmp] *n* (*inf: chimpanzee*) chimpanzé *m*
chimpanzee [tʃɪmpænˈziː] *n* chimpanzé *m*
chin [tʃɪn] *n* menton *m*
China [ˈtʃaɪnə] *n* Chine *f*
china [ˈtʃaɪnə] *n* (*material*) porcelaine *f*; (*crockery*) (vaisselle *f* en) porcelaine
Chinese [tʃaɪˈniːz] *adj* chinois(e) ▶ *n* (*pl inv*) Chinois(e); (*Ling*) chinois *m*
chink [tʃɪŋk] *n* (*opening*) fente *f*, fissure *f*; (*noise*) tintement *m*
chintz [tʃɪnts] *n* chintz *m*; ~ **curtains** rideaux *mpl* de chintz
chinwag [ˈtʃɪnwæg] *n* (*BRIT inf*): **to have a ~** tailler une bavette
chip [tʃɪp] *n* (*gen pl*: Culin: *BRIT*) frites *fpl* (: *US*: *also*: **potato chip**) chip *f*; (*of wood*) copeau *m*; (*of glass, stone*) éclat *m*; (*also*: **microchip**) puce *f*; (*in gambling*) fiche *f*; **when the chips are down** (*fig*) au moment critique ▶ *vt* (*cup, plate*) ébrécher ▶ **chip in** *vi* (*inf*) mettre son grain de sel
chip and PIN *n* carte *f* à puce ; ~ **machine** machine *f* à carte (à puce)
chipboard [ˈtʃɪpbɔːd] *n* aggloméré *m*, panneau *m* de particules
chipmunk [ˈtʃɪpmʌŋk] *n* suisse *m* (*animal*)
chippings [ˈtʃɪpɪŋz] *npl*: **loose ~** gravillons *mpl*
chippy, chippie [ˈtʃɪpɪ] *n* (*BRIT inf*) friterie *f*
chip shop *n* (*BRIT*) friterie *f*

⋮ **CHIP SHOP**
⋮
⋮ Un **chip shop**, que l'on appelle également un
⋮ *fish-and-chip shop*, est un magasin où l'on vend
⋮ des plats à emporter. Les *chip shops* sont
⋮ d'ailleurs à l'origine des *takeaways*. On y
⋮ achète en particulier du poisson frit et des
⋮ frites, mais on y trouve également des plats
⋮ traditionnels britanniques (*steak pies*,
⋮ saucisses, etc). Tous les plats étaient à
⋮ l'origine emballés dans du papier journal.
⋮ Dans certains de ces magasins, on peut
⋮ s'asseoir pour consommer sur place.

chiropodist [kɪˈrɔpədɪst] *n* (*BRIT*) pédicure *mf*
chiropractor [ˈkaɪərəpræktər] *n* chiropracteur(-trice)
chirp [tʃəːp] *n* pépiement *m*, gazouillis *m*; (*of crickets*) stridulation *f* ▶ *vi* pépier, gazouiller ; chanter, striduler
chirpy [ˈtʃəːpɪ] *adj* (*inf*) plein(e) d'entrain, tout guilleret(te)
chisel [ˈtʃɪzl] *n* ciseau *m*
chit [tʃɪt] *n* mot *m*, note *f*
chitchat [ˈtʃɪttʃæt] *n* bavardage *m*, papotage *m*
chivalrous [ˈʃɪvəlrəs] *adj* chevaleresque
chivalry [ˈʃɪvəlrɪ] *n* chevalerie *f*; esprit *m* chevaleresque
chives [tʃaɪvz] *npl* ciboulette *f*, civette *f*
chloride [ˈklɔːraɪd] *n* chlorure *m*
chlorinate [ˈklɔrɪneɪt] *vt* chlorer
chlorine [ˈklɔːriːn] *n* chlore *m*
chloroform [ˈklɔrəfɔːm] *n* chloroforme *m*
chlorophyll [ˈklɔrəfɪl] *n* chlorophylle *f*
choc-ice [ˈtʃɔkaɪs] *n* (*BRIT*) esquimau® *m*
chock [tʃɔk] *n* cale *f*

chock-a-block [ˈtʃɔkəˈblɔk], **chock-full** [tʃɔkˈful] *adj* plein(e) à craquer
chocolate [ˈtʃɔklɪt] *n* chocolat *m*
choice [tʃɔɪs] *n* choix *m*; **by** *or* **from** ~ par choix ; **a wide** ~ un grand choix ▶ *adj* de choix
choir [ˈkwaɪər] *n* chœur *m*, chorale *f*
choirboy [ˈkwaɪəˈbɔɪ] *n* jeune choriste *m*, petit chanteur
choke [tʃəuk] *vi* étouffer ▶ *vt* étrangler ; étouffer ; (*block*) boucher, obstruer ▶ *n* (*Aut*) starter *m*
cholera [ˈkɔlərə] *n* choléra *m*
cholesterol [kəˈlɛstərɔl] *n* cholestérol *m*
chook [tʃuk] *n* (*AUSTRALIA, NEW ZEALAND inf*) poule *f*
choose [tʃuːz] (*pt* **chose** [tʃəuz], *pp* **chosen** [ˈtʃəuzn]) *vt* choisir ; **to ~ to do** décider de faire, juger bon de faire ▶ *vi*: **to ~ between** choisir entre ; **to ~ from** choisir parmi
choosy [ˈtʃuːzɪ] *adj*: **(to be)** ~ (faire le) difficile
chop [tʃɔp] *vt* (*wood*) couper (à la hache) ; (*Culin: also*: **chop up**) couper (fin), émincer, hacher (en morceaux) ▶ *n* coup *m* (*de hache, du tranchant de la main*) ; (*Culin*) côtelette *f*; **to get the ~** (*BRIT inf: project*) tomber à l'eau ; (: *person: be sacked*) se faire renvoyer ▶ **chop down** *vt* (*tree*) abattre ▶ **chop off** *vt* trancher
chopper [ˈtʃɔpər] *n* (*helicopter*) hélicoptère *m*, hélico *m*
choppy [ˈtʃɔpɪ] *adj* (*sea*) un peu agité(e)
chops [tʃɔps] *npl* (*jaws*) mâchoires *fpl*; babines *fpl*
chopsticks [ˈtʃɔpstɪks] *npl* baguettes *fpl*
choral [ˈkɔːrəl] *adj* choral(e), chanté(e) en chœur
chord [kɔːd] *n* (*Mus*) accord *m*
chore [tʃɔːʳ] *n* travail *m* de routine ; **household chores** taches *fpl* ménagères
choreograph [ˈkɔriəgrɑːf] *vt*, *vi* chorégraphier
choreographer [kɔriˈɔgrəfəʳ] *n* chorégraphe *mf*
choreography [kɔriˈɔgrəfɪ] *n* chorégraphie *f*
chorister [ˈkɔristəʳ] *n* choriste *mf*
chortle [ˈtʃɔːtl] *vi* glousser
chorus [ˈkɔːrəs] *n* chœur *m*; (*repeated part of song, also fig*) refrain *m*
chose [tʃəuz] *pt of* **choose**
chosen [ˈtʃəuzn] *pp of* **choose**
chow [tʃau] *n* (*dog*) chow-chow *m*
chowder [ˈtʃaudəʳ] *n* soupe *f* de poisson
Christ [kraɪst] *n* Christ *m*
christen [ˈkrɪsn] *vt* baptiser
christening [ˈkrɪsnɪŋ] *n* baptême *m*
Christian [ˈkrɪstɪən] *adj*, *n* chrétien(ne)
Christianity [krɪstɪˈænɪtɪ] *n* christianisme *m*
Christian name *n* prénom *m*
Christmas [ˈkrɪsməs] *n* Noël *mf*; **happy** *or* **merry ~!** joyeux Noël !
Christmas card *n* carte *f* de Noël
Christmas carol *n* chant *m* de Noël
Christmas Day *n* le jour de Noël
Christmas Eve *n* la veille de Noël ; la nuit de Noël
Christmas Island *n* île *f* Christmas
Christmas pudding *n* (*esp BRIT*) Christmas *m* pudding
Christmas tree *n* arbre *m* de Noël

chrome [krəum] n chrome m
chromium ['krəumɪəm] n chrome m ; (also: **chromium plating**) chromage m
chromosome ['krəuməsəum] n chromosome m
chronic ['krɒnɪk] adj chronique ; (fig: liar, smoker) invétéré(e)
chronicle ['krɒnɪkl] n chronique f
chronological [krɒnə'lɒdʒɪkl] adj chronologique
chronologically [krɒnə'lɒdʒɪklɪ] adv chronologiquement, par ordre chronologique
chronology [krə'nɒlədʒɪ] n chronologie f
chronometer [krə'nɒmɪtər] n chronomètre m
chrysanthemum [krɪ'sænθəməm] n chrysanthème m
chubby ['tʃʌbɪ] adj potelé(e), rondelet(te)
chuck [tʃʌk] vt (inf) lancer, jeter ; (job) lâcher ; (person) plaquer
▶ **chuck out** vt (inf: person) flanquer dehors or à la porte ; (: rubbish etc) jeter
chuckle ['tʃʌkl] vi glousser
chuffed [tʃʌft] adj (BRIT inf): **to be ~ about sth** être content(e) de qch
chug [tʃʌg] vi faire teuf-teuf ; souffler
chum [tʃʌm] n copain (copine)
chump ['tʃʌmp] n (inf) imbécile mf, crétin(e)
chunk [tʃʌŋk] n gros morceau ; (of bread) quignon m
chunky ['tʃʌŋkɪ] adj (furniture etc) massif(-ive) ; (person) trapu(e) ; (knitwear) en grosse laine
Chunnel ['tʃʌnəl] n = **Channel Tunnel**
church [tʃəːtʃ] n église f ; **the C~ of England** l'Église anglicane
churchgoer ['tʃəːtʃgəuər] n pratiquant(e)
churchyard ['tʃəːtʃjaːd] n cimetière m
churlish ['tʃəːlɪʃ] adj grossier(-ère) ; hargneux(-euse)
churn [tʃəːn] n (for butter) baratte f ; (also: **milk churn**) (grand) bidon à lait
▶ **churn out** vt débiter
chute [ʃuːt] n goulotte f ; (also: **rubbish chute**) vide-ordures m inv ; (BRIT: children's slide) toboggan m
chutney ['tʃʌtnɪ] n chutney m
CIA n abbr (= Central Intelligence Agency) CIA f
CID n abbr (= Criminal Investigation Department) ≈ P.J. f
cider ['saɪdər] n cidre m
CIF abbr (= cost, insurance and freight) CAF
cigar [sɪ'gaːr] n cigare m
cigarette [sɪgə'rɛt] n cigarette f
cigarette case n étui m à cigarettes
cigarette end n mégot m
cigarette holder n fume-cigarettes m inv
cigarette lighter n briquet m
C-in-C abbr = **commander-in-chief**
cinch [sɪntʃ] n (inf): **it's a ~** c'est du gâteau, c'est l'enfance de l'art
Cinderella [sɪndə'rɛlə] n Cendrillon
cine-camera ['sɪnɪ'kæmərə] n (BRIT) caméra f
cine-film ['sɪnɪfɪlm] n (BRIT) film m
cinema ['sɪnəmə] n cinéma m
cinematic [sɪnə'mætɪk] adj cinématographique
cine-projector ['sɪnɪprə'dʒɛktər] n (BRIT) projecteur m de cinéma

cipher ['saɪfər] n code secret ; (fig: faceless employee etc) numéro m ; **in ~** codé(e)
circa ['səːkə] prep circa, environ
circle ['səːkl] n cercle m ; (in cinema) balcon m ▶ vi faire ou décrire des cercles ▶ vt (surround) entourer, encercler ; (move round) faire le tour de, tourner autour de
circuit ['səːkɪt] n circuit m ; (lap) tour m
circuit board n plaquette f
circuitous [səː'kjuɪtəs] adj indirect(e), qui fait un détour
circular ['səːkjulər] adj circulaire ▶ n circulaire f ; (as advertisement) prospectus m
circulate ['səːkjuleɪt] vi circuler ▶ vt faire circuler
circulation [səːkju'leɪʃən] n circulation f ; (of newspaper) tirage m
circulatory [səːkju'leɪtərɪ] adj circulatoire
circumcise ['səːkəmsaɪz] vt (male) circoncire ; (female) exciser
circumcision [səːkəm'sɪʒən] n (of male) circoncision f ; (of female) excision f
circumference [sə'kʌmfərəns] n circonférence f
circumflex ['səːkəmflɛks] n (also: **circumflex accent**) accent m circonflexe
circumnavigate [səːkəm'nævɪgeɪt] vt (island) contourner ; **to ~ the world** faire le tour du monde en bateau
circumscribe ['səːkəmskraɪb] vt circonscrire
circumspect ['səːkəmspɛkt] adj circonspect(e)
circumstances ['səːkəmstənsɪz] npl circonstances fpl ; (financial condition) moyens mpl, situation financière ; **in** or **under the ~** dans ces conditions ; **under no ~** en aucun cas, sous aucun prétexte
circumstantial [səːkəm'stænʃl] adj (report, statement) circonstancié(e) ; **~ evidence** preuve indirecte
circumvent [səːkəm'vɛnt] vt (rule etc) tourner
circus ['səːkəs] n cirque m ; (also: **Circus**: in place names) place f
cirrhosis [sɪ'rəusɪs] n (also: **cirrhosis of the liver**) cirrhose f (du foie)
CIS n abbr (= Commonwealth of Independent States) CEI f
cissy ['sɪsɪ] n = **sissy**
cistern ['sɪstən] n réservoir m (d'eau) ; (in toilet) réservoir de la chasse d'eau
citadel ['sɪtədəl, 'sɪtədɛl] n citadelle f
citation [saɪ'teɪʃən] n citation f ; (US) P.-V. m
cite [saɪt] vt citer
citizen ['sɪtɪzn] n (Pol) citoyen(ne) ; (resident): **the citizens of this town** les habitants de cette ville
Citizens' Advice Bureau n ['sɪtɪznz-] (BRIT) ≈ Bureau m d'aide sociale
citizenship ['sɪtɪznʃɪp] n citoyenneté f ; (BRIT Scol) ≈ éducation f civique
citric ['sɪtrɪk] adj: **~ acid** acide m citrique
citrus fruits ['sɪtrəs-] npl agrumes mpl
city ['sɪtɪ] n (grande) ville f ; **the C~** la Cité de Londres (centre des affaires)
city centre n centre-ville m
City Hall n (US) ≈ hôtel m de ville
city technology college n (BRIT) établissement m d'enseignement technologique (situé dans un quartier défavorisé)

civic – cleaner

civic ['sɪvɪk] *adj* civique ; (*authorities*) municipal(e)
civic centre *n* (*BRIT*) centre administratif (municipal)
civil ['sɪvɪl] *adj* civil(e) ; (*polite*) poli(e), civil(e)
civil engineer *n* ingénieur civil
civil engineering *n* génie civil, travaux publics
civilian [sɪ'vɪlɪən] *adj, n* civil(e)
civility [sɪ'vɪlɪtɪ] *n* courtoisie *f*
civilization [sɪvɪlaɪ'zeɪʃən] *n* civilisation *f*
civilized ['sɪvɪlaɪzd] *adj* civilisé(e) ; (*fig*) où règnent les bonnes manières, empreint(e) d'une courtoisie de bon ton
civil law *n* code civil ; (*study*) droit civil
civil liberties *npl* libertés *fpl* civiques
civil partnership *n* ≈ PACS *m*
civil rights *npl* droits *mpl* civiques
civil servant *n* fonctionnaire *mf*
Civil Service *n* fonction publique, administration *f*
civil war *n* guerre civile
civvies ['sɪvɪz] *npl* (*inf*): **in ~** en civil
CJD *n abbr* (= *Creutzfeldt-Jakob disease*) MCJ *f*
cl *abbr* (= *centilitre*) cl
clad [klæd] *adj*: **~ (in)** habillé(e) de, vêtu(e) de
cladding ['klædɪŋ] *n* (*of building*) revêtement *m*
claim [kleɪm] *vt* (*rights etc*) revendiquer ; (*compensation*) réclamer ; (*assert*) déclarer, prétendre ▶ *vi* (*for insurance*) faire une déclaration de sinistre ▶ *n* revendication *f* ; prétention *f* ; (*right*) droit *m* ; (*for expenses*) note *f* de frais ; (**insurance**) **~** demande *f* d'indemnisation, déclaration *f* de sinistre ; **to put in a ~ for** (*pay rise etc*) demander
claimant ['kleɪmənt] *n* (*Admin, Law*) requérant(e)
claim form *n* (*gen*) formulaire *m* de demande
clairvoyant [klɛə'vɔɪənt] *n* voyant(e), extralucide *mf*
clam [klæm] *n* palourde *f*
▶ **clam up** *vi* (*inf*) la boucler
clamber ['klæmbər] *vi* grimper, se hisser
clammy ['klæmɪ] *adj* humide et froid(e) (au toucher), moite
clamour, (*US*) **clamor** ['klæmər] *n* (*noise*) clameurs *fpl* ; (*protest*) protestations bruyantes ▶ *vi*: **to ~ for sth** réclamer qch à grands cris
clamp [klæmp] *n* crampon *m* ; (*on workbench*) valet *m* ; (*on car*) sabot *m* de Denver ▶ *vt* attacher ; (*car*) mettre un sabot à
▶ **clamp down on** *vt fus* sévir contre, prendre des mesures draconiennes à l'égard de
clampdown ['klæmpdaun] *n*: **there has been a ~ on ...** des mesures énergiques ont été prises contre ...
clan [klæn] *n* clan *m*
clandestine [klæn'dɛstɪn] *adj* clandestin(e)
clang [klæŋ] *n* bruit *m or* fracas *m* métallique ▶ *vi* émettre un bruit *or* fracas métallique
clanger ['klæŋər] *n* (*BRIT inf*): **to drop a ~** faire une boulette
clank ['klæŋk] *vi* cliqueter ▶ *n* cliquetis *m*
clansman ['klænzmən] *n* (*irreg*) membre *m* d'un clan (écossais)
clap [klæp] *vi* applaudir ▶ *vt*: **to ~ (one's hands)** battre des mains ▶ *n* claquement *m* ; tape *f* ; **a ~ of thunder** un coup de tonnerre

clapboard ['klæpbɔːd] *n* (*wooden*) planche *f* à clin ▶ *cpd* (*building, wall*) à clins
clapping ['klæpɪŋ] *n* applaudissements *mpl*
claptrap ['klæptræp] *n* (*inf*) baratin *m*
claret ['klærət] *n* (*vin m de*) bordeaux *m* (rouge)
clarification [klærɪfɪ'keɪʃən] *n* (*fig*) clarification *f*, éclaircissement *m*
clarify ['klærɪfaɪ] *vt* clarifier
clarinet [klærɪ'nɛt] *n* clarinette *f*
clarity ['klærɪtɪ] *n* clarté *f*
clash [klæʃ] *n* (*sound*) choc *m*, fracas *m* ; (*with police*) affrontement *m* ; (*fig*) conflit *m* ▶ *vi* se heurter ; être *or* entrer en conflit ; (*inf*) clasher ; (*colours*) jurer ; (*dates, events*) tomber en même temps
clasp [klɑːsp] *n* (*of necklace, bag*) fermoir *m* ▶ *vt* serrer, étreindre
class [klɑːs] *n* (*gen*) classe *f* ; (*group, category*) catégorie *f* ▶ *vt* classer, classifier
class-conscious ['klɑːs'kɔnʃəs] *adj* conscient(e) de son appartenance sociale
class consciousness *n* conscience *f* de classe
classic ['klæsɪk] *adj* classique ▶ *n* (*author, work*) classique *m* ; (*race etc*) classique *f*
classical ['klæsɪkl] *adj* classique
classics ['klæsɪks] *npl* (*Scol*) lettres *fpl* classiques
classification [klæsɪfɪ'keɪʃən] *n* classification *f*
classified ['klæsɪfaɪd] *adj* (*information*) secret(-ète) ; **~ ads** petites annonces
classify ['klæsɪfaɪ] *vt* classifier, classer
classless society ['klɑːslɪs-] *n* société *f* sans classes
classmate ['klɑːsmeɪt] *n* camarade *mf* de classe
classroom ['klɑːsrum] *n* (*salle f de*) classe *f*
classroom assistant *n* assistant(e) d'éducation
classy ['klɑːsɪ] *adj* (*inf*) classe (*inf*)
clatter ['klætər] *n* cliquetis *m* ▶ *vi* cliqueter
clause [klɔːz] *n* clause *f* ; (*Ling*) proposition *f*
claustrophobia [klɔːstrə'fəubɪə] *n* claustrophobie *f*
claustrophobic [klɔːstrə'fəubɪk] *adj* (*person*) claustrophobe ; (*place*) où l'on se sent claustrophobe
claw [klɔː] *n* griffe *f* ; (*of bird of prey*) serre *f* ; (*of lobster*) pince *f* ▶ *vt* griffer ; déchirer
▶ **claw back** *vt* récupérer
clay [kleɪ] *n* argile *f*
clean [kliːn] *adj* propre ; (*clear, smooth*) net(te) ; (*record, reputation*) sans tache ; (*joke, story*) correct(e) ; **~ driving licence** *or* (*US*) **record** permis où n'est portée aucune indication de contravention ▶ *vt* nettoyer ; **to ~ one's teeth** se laver les dents ▶ *adv*: **he ~ forgot** il a complètement oublié ; **to come ~** (*inf: admit guilt*) se mettre à table
▶ **clean off** *vt* enlever
▶ **clean out** *vt* nettoyer (à fond)
▶ **clean up** *vt* nettoyer ; (*fig*) remettre de l'ordre dans ▶ *vi* (*fig: make profit*): **to ~ up on** faire son beurre avec
clean-cut ['kliːn'kʌt] *adj* (*man*) soigné ; (*situation etc*) bien délimité(e), net(te), clair(e)
cleaner ['kliːnər] *n* (*person*) nettoyeur(-euse), femme *f* de ménage ; (*also*: **dry cleaner**) teinturier(-ière) ; (*product*) détachant *m*

cleaner's ['kli:nə^rz] n (also: **dry cleaner's**) teinturier m
cleaning ['kli:nɪŋ] n nettoyage m
cleaning lady n femme f de ménage
cleanliness ['klɛnlɪnɪs] n propreté f
cleanly ['kli:nlɪ] adv proprement ; nettement
cleanse [klɛnz] vt nettoyer ; purifier
cleanser ['klɛnzə^r] n détergent m ; (for face) démaquillant m
clean-shaven ['kli:n'ʃeɪvn] adj rasé(e) de près
cleansing department ['klɛnzɪŋ-] n (BRIT) service m de voirie
clean sweep n: **to make a ~** (Sport) rafler tous les prix
clean technology n technologie f propre
clean-up ['kli:nʌp] n nettoyage m
clear [klɪə^r] adj clair(e) ; (glass, plastic) transparent(e) ; (road, way) libre, dégagé(e) ; (profit, majority) net(te) ; (conscience) tranquille ; (skin) frais (fraîche) ; (sky) dégagé(e) ; **to make o.s. ~** se faire bien comprendre ; **to make it ~ to sb that ...** bien faire comprendre à qn que ... ; **I have a ~ day tomorrow** je n'ai rien de prévu demain ▶ vt (road) dégager, déblayer ; (table) débarrasser ; (room etc: of people) faire évacuer ; (woodland) défricher ; (cheque) compenser ; (Comm: goods) liquider ; (Law: suspect) innocenter ; (obstacle) franchir or sauter sans heurter ; **to ~ the table** débarrasser la table, desservir ; **to ~ one's throat** s'éclaircir la gorge ; **to ~ a profit** faire un bénéfice net ▶ vi (weather) s'éclaircir ; (fog) se dissiper ▶ adv: **~ of** à distance de, à l'écart de ; **to keep ~ of sb/sth** éviter qn/qch ▶ n: **to be in the ~** (out of debt) être dégagé(e) de toute dette ; (out of suspicion) être lavé(e) de tout soupçon ; (out of danger) être hors de danger
▶ **clear away** vt (things, clothes etc) enlever, retirer ; **to ~ away the dishes** débarrasser la table
▶ **clear off** vi (inf: leave) dégager
▶ **clear up** vi s'éclaircir, se dissiper ▶ vt ranger, mettre en ordre ; (mystery) éclaircir, résoudre
clearance ['klɪərəns] n (removal) déblayage m ; (free space) dégagement m ; (permission) autorisation f
clearance sale n (Comm) liquidation f
clear-cut ['klɪə'kʌt] adj précis(e), nettement défini(e)
clearing ['klɪərɪŋ] n (in forest) clairière f ; (BRIT Banking) compensation f, clearing m
clearing bank n (BRIT) banque f qui appartient à une chambre de compensation
clearly ['klɪəlɪ] adv clairement ; (obviously) de toute évidence
clearway ['klɪəweɪ] n (BRIT) route f à stationnement interdit
cleavage ['kli:vɪdʒ] n (of dress) décolleté m
cleaver ['kli:və^r] n fendoir m, couperet m
clef [klɛf] n (Mus) clé f
cleft [klɛft] n (in rock) crevasse f, fissure f
clemency ['klɛmənsɪ] n clémence f
clement ['klɛmənt] adj (weather) clément(e)
clementine ['klɛməntaɪn] n clémentine f
clench [klɛntʃ] vt serrer

clergy ['klə:dʒɪ] n clergé m
clergyman ['klə:dʒɪmən] n (irreg) ecclésiastique m
cleric ['klɛrɪk] n ecclésiastique m
clerical ['klɛrɪkl] adj de bureau, d'employé de bureau ; (Rel) clérical(e), du clergé
clerk [klɑ:k, (US) klə:rk] n (BRIT) employé(e) de bureau ; (US: salesman/woman) vendeur(-euse) ; **C~ of Court** (Law) greffier(-ière) (du tribunal)
clever ['klɛvə^r] adj (intelligent) intelligent(e) ; (skilful) habile, adroit(e) ; (device, arrangement) ingénieux(-euse), astucieux(-euse)
cleverly ['klɛvəlɪ] adv (skilfully) habilement ; (craftily) astucieusement
clew [klu:] n (US) = **clue**
cliché ['kli:ʃeɪ] n cliché m
click [klɪk] n (Comput) click m ▶ vi faire un bruit sec or un déclic ; (Comput) cliquer ; **to ~ on an icon** cliquer sur une icône ▶ vt: **to ~ one's tongue** faire claquer sa langue ; **to ~ one's heels** claquer des talons
clickable ['klɪkəbl] (Comput) adj cliquable
client ['klaɪənt] n client(e)
clientele [kli:ɔn'tɛl] n clientèle f
cliff [klɪf] n falaise f
cliffhanger ['klɪfhæŋə^r] n (TV, fig) histoire pleine de suspense
clifftop ['klɪftɔp] n sommet m d'une falaise
climactic [klaɪ'mæktɪk] adj à son point culminant, culminant(e)
climate ['klaɪmɪt] n climat m
climate change n changement m climatique
climatic [klaɪ'mætɪk] adj climatique
climatologist [klaɪmə'tɔlədʒɪst] n climatologue mf
climax ['klaɪmæks] n apogée m, point culminant ; (sexual) orgasme m
climb [klaɪm] vi grimper, monter ; (plane) prendre de l'altitude ; **to ~ over a wall** passer par-dessus un mur ▶ vt (stairs) monter ; (mountain) escalader ; (tree) grimper à ▶ n montée f, escalade f
▶ **climb down** vi (re)descendre ; (BRIT fig) rabattre de ses prétentions
climb-down ['klaɪmdaun] n (BRIT) reculade f
climber ['klaɪmə^r] n (also: **rock climber**) grimpeur(-euse), varappeur(-euse) ; (plant) plante grimpante
climbing ['klaɪmɪŋ] n (also: **rock climbing**) escalade f, varappe f
clinch [klɪntʃ] vt (deal) conclure, sceller
clincher ['klɪntʃə^r] n: **that was the ~** c'est ce qui a fait pencher la balance
cling [klɪŋ] (pt, pp **clung** [klʌŋ]) vi: **to ~ (to)** se cramponner (à), s'accrocher (à) ; (clothes) coller (à)
clingfilm® ['klɪŋfɪlm] n film m alimentaire
clingy ['klɪŋɪ] adj (child) dépendant(e) ; (adult) collant(e) ; (clothes) moulant(e)
clinic ['klɪnɪk] n clinique f ; centre médical ; (session: Med) consultation(s) f(pl), séance(s) f(pl) ; (: Sport) séance(s) de perfectionnement
clinical ['klɪnɪkl] adj clinique ; (fig) froid(e)
clinician [klɪ'nɪʃən] n clinicien(ne)
clink [klɪŋk] vi tinter, cliqueter

clip [klɪp] *n* (*for hair*) barrette *f* ; (*also*: **paper clip**) trombone *m* ; (BRIT: *also*: **bulldog clip**) pince *f* de bureau ; (*holding hose etc*) collier *m* or bague *f* (métallique) de serrage ; (*TV, Cine*) clip *m* ▶ *vt* (*papers*: *also*: **clip together**) attacher ; (*hair, nails*) couper ; (*hedge*) tailler

clipboard ['klɪpbɔːd] *n* (*board*) écritoire *m* à pince ; (*Comput*) bloc-notes *m*

clippers ['klɪpəz] *npl* tondeuse *f* ; (*also*: **nail clippers**) coupe-ongles *m inv*

clipping ['klɪpɪŋ] *n* (*from newspaper*) coupure *f* de journal

clique [kliːk] *n* clique *f*, coterie *f*

cloak [kləuk] *n* grande cape ▶ *vt* (*fig*) masquer, cacher

cloakroom ['kləukrum] *n* (*for coats etc*) vestiaire *m* ; (BRIT: W.C.) toilettes *fpl*

clobber ['klɔbəʳ] (*inf*) *n* (BRIT) barda *m* (*inf*) ▶ *vt* (*hit*) frapper ; (*affect*): **to be clobbered by sth** être mis(e) à mal par qch

clock [klɔk] *n* (*large*) horloge *f* ; (*small*) pendule *f* ; **round the ~** (*work etc*) vingt-quatre heures sur vingt-quatre ; **to sleep round the ~** *or* **the ~ round** faire le tour du cadran ; **30,000 on the ~** (BRIT *Aut*) 30 000 milles au compteur ; **to work against the ~** faire la course contre la montre ▶ **clock in, clock on** (BRIT) *vi* (*with card*) pointer (en arrivant) ; (*start work*) commencer à travailler ▶ **clock off, clock out** (BRIT) *vi* (*with card*) pointer (en partant) ; (*leave work*) quitter le travail ▶ **clock up** *vt* (*miles, hours etc*) faire

clock tower *n* clocher *m*

clockwise ['klɔkwaɪz] *adv* dans le sens des aiguilles d'une montre

clockwork ['klɔkwəːk] *n* rouages *mpl*, mécanisme *m* ; (*of clock*) mouvement *m* (d'horlogerie) ▶ *adj* (*toy, train*) mécanique

clog [klɔg] *n* sabot *m* ▶ *vt* boucher, encrasser ▶ *vi* (*also*: **clog up**) se boucher, s'encrasser

cloister ['klɔɪstəʳ] *n* cloître *m*

clone [kləun] *n* clone *m* ▶ *vt* cloner

close¹ [kləus] *adj* (*writing, texture*) serré(e) ; (*contact, link, watch*) étroit(e) ; (*examination*) attentif(-ive), minutieux(-euse) ; (*contest*) très serré(e) ; (*weather*) lourd(e), étouffant(e) ; (*room*) mal aéré(e) ; (*near*): **~ (to)** près (de), proche (de) ; **how ~ is Edinburgh to Glasgow?** combien de kilomètres y a-t-il entre Édimbourg et Glasgow ? ; **a ~ friend** un ami intime ; **to have a ~ shave** (*fig*) l'échapper belle ; **at ~ quarters** tout près, à côté ▶ *adv* près, à proximité ; **~ to** *prep* près de ; **~ by, ~ at hand** *adj, adv* tout(e) près

close² [kləuz] *vt* fermer ; (*bargain, deal*) conclure ▶ *vi* (*shop etc*) fermer ; (*lid, door etc*) se fermer ; (*end*) se terminer, se conclure ; **what time do you ~?** à quelle heure fermez-vous ? ▶ *n* (*end*) conclusion *f* ; **to bring sth to a ~** mettre fin à qch ▶ **close down** *vt, vi* fermer (*définitivement*) ▶ **close in** *vi* (*hunters*) approcher ; (*night, fog*) tomber ; **the nights are closing in** les jours raccourcissent ; **to ~ in on sb** cerner qn ▶ **close off** *vt* (*area*) boucler

closed [kləuzd] *adj* (*shop etc*) fermé(e) ; (*road*) fermé à la circulation

closed-circuit ['kləuzd'səːkɪt] *adj*: **~ television** (système *m* de) vidéosurveillance *f*

closed shop *n* organisation *f* qui n'admet que des travailleurs syndiqués

close-knit ['kləus'nɪt] *adj* (*family, community*) très uni(e)

closely ['kləuslɪ] *adv* (*examine, watch*) de près ; **we are ~ related** nous sommes proches parents ; **a ~ guarded secret** un secret bien gardé

close season [kləus-] *n* (BRIT: *Hunting*) fermeture *f* de la chasse/pêche ; (: *Football*) trêve *f*

closet ['klɔzɪt] *n* (*cupboard*) placard *m*, réduit *m*

close-up ['kləusʌp] *n* gros plan

closing ['kləuzɪŋ] *adj* (*stages, remarks*) final(e) ; **~ price** (*Stock Exchange*) cours *m* de clôture

closing time *n* heure *f* de fermeture

closure ['kləuʒəʳ] *n* fermeture *f*

clot [klɔt] *n* (*of blood, milk*) caillot *m* ; (*inf: person*) ballot *m* ▶ *vi* (*blood*) former des caillots ; (: *external bleeding*) se coaguler

cloth [klɔθ] *n* (*material*) tissu *m*, étoffe *f* ; (BRIT: *also*: **tea cloth**) torchon *m* ; lavette *f* ; (*also*: **tablecloth**) nappe *f*

clothe [kləuð] *vt* habiller, vêtir

clothed [kləuðd] *adj* habillé(e) ; **~ in sth** (*dressed*) vêtu(e) de qch

clothes [kləuðz] *npl* vêtements *mpl*, habits *mpl* ; **to put one's ~ on** s'habiller ; **to take one's ~ off** enlever ses vêtements

clothes brush *n* brosse *f* à habits

clothes line *n* corde *f* (à linge)

clothes peg, (US) **clothes pin** *n* pince *f* à linge

clothing ['kləuðɪŋ] *n* = **clothes**

clotted cream ['klɔtɪd-] *n* (BRIT) crème caillée

cloud [klaud] *n* (*also Comput*) nuage *m* ; **every ~ has a silver lining** (*proverb*) à quelque chose malheur est bon (*proverbe*) ▶ *vt* (*liquid*) troubler ; **to ~ the issue** brouiller les cartes ▶ **cloud over** *vi* se couvrir ; (*fig*) s'assombrir

cloudburst ['klaudbəːst] *n* violente averse

cloud computing *n* (*Comput*) cloud computing *m* ; informatique *f* en nuage

cloud-cuckoo-land ['klaud'kuku:'lænd] *n* (BRIT) monde *m* imaginaire

cloudless ['klaudlɪs] *adj* sans nuages

cloudy ['klaudɪ] *adj* nuageux(-euse), couvert(e) ; (*liquid*) trouble

clout [klaut] *n* (*blow*) taloche *f* ; (*fig*) pouvoir *m* ▶ *vt* flanquer une taloche à

clove [kləuv] *n* clou *m* de girofle ; **a ~ of garlic** une gousse d'ail

clover ['kləuvəʳ] *n* trèfle *m*

cloverleaf ['kləuvəli:f] *n* feuille *f* de trèfle ; (*Aut*) croisement *m* en trèfle

clown [klaun] *n* clown *m* ▶ *vi* (*also*: **clown about**, **clown around**) faire le clown

cloying ['klɔɪɪŋ] *adj* (*taste, smell*) écœurant(e)

club [klʌb] *n* (*society*) club *m* ; (*weapon*) massue *f*, matraque *f* ; (*also*: **golf club**) club ▶ *vt* matraquer ▶ *vi*: **to ~ together** s'associer ; **clubs** *npl* (*Cards*) trèfle *m*

clubbing ['klʌbɪŋ] *n* sorties *fpl* en boîte (*inf*) ; **to go ~** sortir en boîte

club car *n* (US *Rail*) wagon-restaurant *m*

club class n (Aviat) classe f club
clubhouse ['klʌbhaus] n pavillon m
club soda n (US) eau f de seltz
cluck [klʌk] vi glousser
clue [klu:] n indice m ; (in crosswords) définition f ;
   I haven't a ~ je n'en ai pas la moindre idée
clued up, (US) **clued in** [klu:d-] adj (inf)
   (vachement) calé(e)
clueless ['klu:lɪs] adj (inf): **to be ~ about sth** ne
   rien connaître à qch ; **I'm ~ about computers**
   je ne connais rien aux ordinateurs
clump [klʌmp] n: **~ of trees** bouquet m d'arbres
clumsy ['klʌmzɪ] adj (person) gauche,
   maladroit(e) ; (object) malcommode, peu
   maniable
clung [klʌŋ] pt, pp of **cling**
cluster ['klʌstər] n (petit) groupe ; (of flowers)
   grappe f ▶ vi se rassembler
clutch [klʌtʃ] n (Aut) embrayage m ; (grasp):
   clutches étreinte f, prise f ▶ vt (grasp) agripper ;
   (hold tightly) serrer fort ; (hold on to) se
   cramponner à
clutter ['klʌtər] vt (also: **clutter up**) encombrer
   ▶ n désordre m, fouillis m
cm abbr (= centimetre) cm
CNAA n abbr (BRIT: = Council for National Academic
   Awards) organisme non universitaire délivrant des
   diplômes
CND n abbr = **Campaign for Nuclear
   Disarmament**
CO n abbr (= commanding officer) Cdt ; (BRIT)
   = **Commonwealth Office** ▶ abbr (US) = **Colorado**
Co. abbr = **company, county**
c/o abbr (= care of) c/o, aux bons soins de
coach [kəutʃ] n (bus) autocar m ; (horse-drawn)
   diligence f ; (of train) voiture f, wagon m ; (Sport:
   trainer) entraîneur(-euse) ; (school: tutor)
   répétiteur(-trice) ▶ vt (Sport) entraîner ; (student)
   donner des leçons particulières à
coachload ['kəutʃləud] n (BRIT: party) bus m ;
   coachloads of (hordes of) des hordes fpl de
coach station (BRIT) n gare routière
coach trip n excursion f en car
coagulate [kəu'ægjuleɪt] vt coaguler ▶ vi se
   coaguler
coal [kəul] n charbon m
coal face n front m de taille
coalfield ['kəulfi:ld] n bassin houiller
coalition [kəuə'lɪʃən] n coalition f
coalman ['kəulmən] n (irreg) charbonnier m,
   marchand m de charbon
coal mine n mine f de charbon
coarse [kɔ:s] adj grossier(-ère), rude ; (vulgar)
   vulgaire
coast [kəust] n côte f ▶ vi (car, cycle) descendre en
   roue libre
coastal ['kəustl] adj côtier(-ère)
coaster ['kəustər] n (Naut) caboteur m ; (for glass)
   dessous m de verre
coastguard ['kəustgɑ:d] n garde-côte m
coastline ['kəustlaɪn] n côte f, littoral m
coat [kəut] n (garment) manteau m ; (of animal)
   pelage m, poil m ; (of paint) couche f ; **~ of arms** n
   blason m, armoiries fpl ▶ vt (with dirt, plastic) couvrir ;
   (with varnish, sealant) enduire ; (with metal) revêtir

coated ['kəutɪd] adj recouvert(e) ; **to be ~ with
   sth** être recouvert(e) de qch
coat hanger n cintre m
coating ['kəutɪŋ] n couche f, enduit m
co-author ['kəu'ɔ:θər] n co-auteur m
coax [kəuks] vt persuader par des cajoleries
cob [kɔb] n see **corn**
cobbled ['kɔbld] adj pavé(e)
cobbler ['kɔblər] n cordonnier m
cobbles, cobblestones ['kɔblz, 'kɔblstəunz] npl
   pavés (ronds)
cobble together vt bricoler
COBOL ['kəubɔl] n COBOL m
cobra ['kəubrə] n cobra m
cobweb ['kɔbwɛb] n toile f d'araignée
cocaine [kə'keɪn] n cocaïne f
cock [kɔk] n (rooster) coq m ; (male bird) mâle m ▶ vt
   (gun) armer ; **to ~ one's ears** (fig) dresser l'oreille
cock-a-hoop ['kɔkə'hu:p] adj jubilant(e)
cockatoo [kɔkə'tu:] n cacatoès m
cockerel ['kɔkərl] n jeune coq m
cock-eyed ['kɔkaɪd] adj (fig) de travers ; qui
   louche ; qui ne tient pas debout (fig)
cockle ['kɔkl] n coque f
cockney ['kɔknɪ] n cockney mf (habitant des
   quartiers populaires de l'East End de Londres),
   ≈ faubourien(ne)
cockpit ['kɔkpɪt] n (in aircraft) poste m de
   pilotage, cockpit m
cockroach ['kɔkrəutʃ] n cafard m, cancrelat m
cocktail ['kɔkteɪl] n cocktail m ; **prawn ~,** (US)
   shrimp ~ cocktail de crevettes
cocktail cabinet n (meuble-)bar m
cocktail party n cocktail m
cocktail shaker [-'ʃeɪkər] n shaker m
cocky ['kɔkɪ] adj trop sûr(e) de soi
cocoa ['kəukəu] n cacao m
coconut ['kəukənʌt] n noix f de coco
cocoon [kə'ku:n] n cocon m
cod [kɔd] n morue fraîche, cabillaud m
C.O.D. abbr = **cash on delivery**; (US) = **collect on
   delivery**
code [kəud] n code m ; (Tel: area code) indicatif m ;
   ~ of behaviour règles fpl de conduite ; **~ of
   practice** déontologie f
coded ['kəudɪd] adj (lit: information, signal) codé(e) ;
   (fig: language) voilé(e)
codeine ['kəudi:n] n codéine f
code word ['kəudwə:d] n mot m de passe
codger ['kɔdʒər] n: **an old ~** (BRIT inf) un drôle de
   vieux bonhomme
codicil ['kɔdɪsɪl] n codicille m
codify ['kəudɪfaɪ] vt codifier
cod-liver oil ['kɔdlɪvər-] n huile f de foie de
   morue
co-driver ['kəu'draɪvər] n (in race) copilote mf ; (of
   lorry) deuxième chauffeur m
co-ed ['kəu'ɛd] adj abbr = **coeducational** ▶ n abbr
   (US: female student) étudiante d'une université mixte ;
   (BRIT: school) école f mixte
coeducational ['kəuedju'keɪʃənl] adj mixte
coerce [kəu'ə:s] vt contraindre
coercion [kəu'ə:ʃən] n contrainte f
coercive [kəu'ə:sɪv] adj coercitif(-ive)
coexist [kəuɪg'zɪst] vi coexister

C

coexistence ['kəuɪg'zɪstəns] *n* coexistence *f*

C. of C. *n abbr* = **chamber of commerce**

C of E *n abbr* = **Church of England**

coffee ['kɒfɪ] *n* café *m* ; **white ~**, (*US*) **~ with cream** (café-)crème *m*

coffee bar *n* (BRIT) café *m*

coffee bean *n* grain *m* de café

coffee break *n* pause-café *f*

coffee cake ['kɒfɪkeɪk] *n* (*US*) ≈ petit pain aux raisins

coffee cup *n* tasse *f* à café

coffee maker *n* cafetière *f*

coffeepot ['kɒfɪpɒt] *n* cafetière *f*

coffee shop *n* café *m*

coffee table *n* (petite) table basse

coffin ['kɒfɪn] *n* cercueil *m*

C of I *n abbr* = **Church of Ireland**

C of S *n abbr* = **Church of Scotland**

cog [kɒg] *n* (*wheel*) roue dentée ; (*tooth*) dent *f* (d'engrenage)

cogent ['kəudʒənt] *adj* puissant(e), convaincant(e)

cognac ['kɒnjæk] *n* cognac *m*

cognitive ['kɒgnɪtɪv] *adj* cognitif(-ive)

cognizance ['kɒgnɪzəns] *n* (*formal*) connaissance *f* ; **to take ~ of sth** prendre connaissance de qch

cognizant ['kɒgnɪzənt] *adj* (*formal*) conscient(e)

cogwheel ['kɒgwi:l] *n* roue dentée

cohabit [kəu'hæbɪt] *vi* (*formal*): **to ~ (with sb)** cohabiter (avec qn)

cohabitation [kəuhæbɪ'teɪʃən] *n* concubinage *m*, vie *f* maritale

coherence [kəu'hɪərəns] *n* cohérence *f*

coherent [kəu'hɪərənt] *adj* cohérent(e)

cohesion [kəu'hi:ʒən] *n* cohésion *f*

cohesive [kəu'hi:sɪv] *adj* (*fig*) cohésif(-ive)

cohort ['kəuhɔ:t] *n* (*group*) groupe *m* ; (*supporter*) acolyte *m*

COI *n abbr* (BRIT: = *Central Office of Information*) service d'information gouvernemental

coil [kɔɪl] *n* rouleau *m*, bobine *f* ; (*one loop*) anneau *m*, spire *f* ; (*of smoke*) volute *f* ; (*contraceptive*) stérilet *m* ▶ *vt* enrouler

coin [kɔɪn] *n* pièce *f* (de monnaie) ▶ *vt* (*word*) inventer

coinage ['kɔɪnɪdʒ] *n* monnaie *f*, système *m* monétaire

coinbox ['kɔɪnbɒks] *n* (BRIT) cabine *f* téléphonique

coincide [kəuɪn'saɪd] *vi* coïncider

coincidence [kəu'ɪnsɪdəns] *n* coïncidence *f*

coincidental [kəuɪnsɪ'dɛntəl] *adj* (*resemblance, event*) fortuit(e) ; **it is ~ that …** c'est une coïncidence si *or* que...

coincidentally [kəuɪnsɪ'dɛntəlɪ] *adv* par coïncidence

coin-operated ['kɔɪn'ɒpəreɪtɪd] *adj* (*machine, launderette*) automatique

coir ['kɔɪə^r] *n* coco *m*

Coke® [kəuk] *n* coca *m*

coke [kəuk] *n* (*coal*) coke *m*

Col. *abbr* (= *colonel*) Col ; (*US*) = **Colorado**

COLA *n abbr* (US: = *cost-of-living adjustment*) réajustement (des salaires, indemnités etc) en fonction du coût de la vie

colander ['kɒləndə^r] *n* passoire *f* (à légumes)

cold [kəuld] *adj* froid(e) ; **it's ~** il fait froid ; **to be ~** (*person*) avoir froid ; **in ~ blood** de sang-froid ; **to have ~ feet** avoir froid aux pieds ; (*fig*) avoir la frousse *or* la trouille ; **to give sb the ~ shoulder** battre froid à qn ▶ *n* froid *m* ; (*Med*) rhume *m* ; **to catch a ~**, **to catch ~** s'enrhumer, attraper un rhume

cold-blooded ['kəuld'blʌdɪd] *adj* (*Zool*) à sang froid

cold cream *n* crème *f* de soins

coldly ['kəuldlɪ] *adv* froidement

coldness ['kəuldnɪs] *n* froideur *f*

cold sore *n* bouton *m* de fièvre

cold sweat *n*: **to be in a ~ (about sth)** avoir des sueurs froides (au sujet de qch)

cold turkey *n* (*inf*) manque *m* ; **to go ~** être en manque

Cold War *n*: **the ~** la guerre froide

coleslaw ['kəulslɔ:] *n* sorte de salade de chou cru

colic ['kɒlɪk] *n* colique(s) *f(pl)*

colicky ['kɒlɪkɪ] *adj* qui souffre de coliques

collaborate [kə'læbəreɪt] *vi* collaborer

collaboration [kəlæbə'reɪʃən] *n* collaboration *f*

collaborative [kə'læbərətɪv] *adj* (*project*) en collaboration

collaborator [kə'læbəreɪtə^r] *n* collaborateur(-trice)

collage [kɔ'lɑ:ʒ] *n* (*Art*) collage *m*

collagen ['kɒlədʒən] *n* collagène *m*

collapse [kə'læps] *vi* s'effondrer, s'écrouler ; (*Med*) avoir un malaise ▶ *n* effondrement *m*, écroulement *m* ; (*of government*) chute *f*

collapsible [kə'læpsəbl] *adj* pliant(e), télescopique

collar ['kɒlə^r] *n* (*of coat, shirt*) col *m* ; (*for dog*) collier *m* ; (*Tech*) collier, bague *f* ▶ *vt* (*inf: person*) pincer

collarbone ['kɒləbəun] *n* clavicule *f*

collate [kɔ'leɪt] *vt* collationner

collateral [kə'lætərl] *n* nantissement *m*

collation [kə'leɪʃən] *n* collation *f*

colleague ['kɒli:g] *n* collègue *mf*

collect [kə'lɛkt] *vt* rassembler ; (*pick up*) ramasser ; (*as a hobby*) collectionner ; (BRIT: *call for*) (passer) prendre ; (*mail*) faire la levée de, ramasser ; (*money owed*) encaisser ; (*donations, subscriptions*) recueillir ; **to ~ one's thoughts** réfléchir, réunir ses idées ▶ *vi* (*people*) se rassembler ; (*dust, dirt*) s'amasser ; **~ on delivery (COD)** (*US Comm*) payable *or* paiement à la livraison ▶ *adv*: **to call ~** (*US Tel*) téléphoner en PCV

collected [kə'lɛktɪd] *adj*: **~ works** œuvres complètes

collection [kə'lɛkʃən] *n* collection *f* ; (*of mail*) levée *f* ; (*for money*) collecte *f*, quête *f*

collective [kə'lɛktɪv] *adj* collectif(-ive) ▶ *n* collectif *m*

collective bargaining *n* convention collective

collector [kə'lɛktə^r] *n* collectionneur(-euse) ; (*of taxes*) percepteur(-trice) ; (*of rent, cash*) encaisseur(-euse) ; **~'s item** *or* **piece** pièce *f* de collection

college ['kɒlɪdʒ] *n* collège *m* ; (*of technology, agriculture etc*) institut *m* ; **to go to ~** faire des études supérieures ; **~ of education** ≈ école normale

collide [kə'laɪd] *vi*: **to ~ (with)** entrer en collision (avec)

collie ['kɔlɪ] *n* (*dog*) colley *m*

colliery ['kɔlɪərɪ] *n* (BRIT) mine *f* de charbon, houillère *f*

collision [kə'lɪʒən] *n* collision *f*, heurt *m*; **to be on a ~ course** aller droit à la collision; (*fig*) aller vers l'affrontement

collision damage waiver *n* (*Insurance*) rachat *m* de franchise

colloquial [kə'ləukwɪəl] *adj* familier(-ère)

collude [kə'lu:d] *vi* (*pej*) s'associer; **to ~ to do sth** s'associer pour faire qch; **to ~ in sth** être de mèche dans qch

collusion [kə'lu:ʒən] *n* collusion *f*; **in ~ with** en complicité avec

Colo. *abbr* (US) = **Colorado**

cologne [kə'ləun] *n* (*also:* **eau de Cologne**) eau *f* de cologne

Colombia [kə'lɔmbɪə] *n* Colombie *f*

Colombian [kə'lɔmbɪən] *adj* colombien(ne) ► *n* Colombien(ne)

colon ['kəulən] *n* (*sign*) deux-points *m*; (*Med*) côlon *m*

colonel ['kə:nl] *n* colonel *m*

colonial [kə'ləunɪəl] *adj* colonial(e)

colonialism [kə'ləunɪəlɪzəm] *n* colonialisme *m*

colonize ['kɔlənaɪz] *vt* coloniser

colonnade [kɔlə'neɪd] *n* colonnade *f*

colony ['kɔlənɪ] *n* colonie *f*

color *etc* ['kʌlər] *n* (US) = **colour** *etc*

colossal [kə'lɔsl] *adj* colossal(e)

colostomy [kə'lɔstəmɪ] *n* colostomie *f*

colour, (US) **color** ['kʌlər] *n* couleur *f*; **I'd like a different ~** je le voudrais dans un autre coloris ► *vt* colorer; (*dye*) teindre; (*paint*) peindre; (*with crayons*) colorier; (*news*) fausser, exagérer ► *vi* (*blush*) rougir ► *cpd* (*film, photograph, television*) en couleur; **colours** *npl* (*of party, club*) couleurs *fpl* ► **colour in** *vt* colorier

colour bar, (US) **color bar** *n* discrimination raciale (*dans un établissement etc*)

colour-blind, (US) **color-blind** ['kʌləblaɪnd] *adj* daltonien(ne)

coloured, (US) **colored** ['kʌləd] *adj* coloré(e); (*photo*) en couleur

colour film, (US) **color film** *n* (*for camera*) pellicule *f* (en) couleur

colourful, (US) **colorful** ['kʌləful] *adj* coloré(e), vif (vive); (*personality*) pittoresque, haut(e) en couleurs

colourfully, (US) **colorfully** ['kʌləfulɪ] *adv* (*dressed, painted*) en couleurs vives; (*described*) de façon pittoresque

colouring, (US) **coloring** ['kʌlərɪŋ] *n* colorant *m*; (*complexion*) teint *m*

colouring book, (US) **coloring book** *n* album *m* à colorier

colour scheme, (US) **color scheme** *n* combinaison *f* de(s) couleur(s)

colour supplement *n* (BRIT Press) supplément *m* magazine

colour television, (US) **color television** *n* télévision *f* (en) couleur

colt [kəult] *n* poulain *m*

column ['kɔləm] *n* colonne *f*; (*fashion column, sports column etc*) rubrique *f*; **the editorial ~** l'éditorial *m*

columnist ['kɔləmnɪst] *n* rédacteur(-trice) d'une rubrique

coma ['kəumə] *n* coma *m*

comatose ['kəumətəus, 'kəumətəuz] *adj* (*in a coma*) comateux(-euse); (*inf: asleep*) comateux(-euse)

comb [kəum] *n* peigne *m* ► *vt* (*hair*) peigner; (*area*) ratisser, passer au peigne fin

combat ['kɔmbæt] *n* combat *m* ► *vt* combattre, lutter contre

combat fatigues *npl* treillis *m*

combative ['kɔmbətɪv] *adj* combatif(-ive)

combination [kɔmbɪ'neɪʃən] *n* (*gen*) combinaison *f*

combination lock *n* serrure *f* à combinaison

combine *vt* [kəm'baɪn] combiner; **to ~ sth with sth** (*one quality with another*) joindre *or* allier qch à qch; **a combined effort** un effort conjugué ► *vi* s'associer; (*Chem*) se combiner ► *n* ['kɔmbaɪn] association *f*; (*Econ*) trust *m*; (*also:* **combine harvester**) moissonneuse-batteuse(-lieuse) *f*

combine harvester *n* moissonneuse-batteuse(-lieuse) *f*

combo ['kɔmbəu] *n* (*Jazz etc*) groupe *m* de musiciens

combustible [kəm'bʌstɪbl] *adj* combustible

combustion [kəm'bʌstʃən] *n* combustion *f*

(KEYWORD)

come [kʌm] (*pt* **came** [keɪm], *pp* **come** [kʌm]) *vi*
1 (*movement towards*) venir; **to come running** arriver en courant; **he's come here to work** il est venu ici pour travailler; **come with me** suivez-moi; **to come into sight** *or* **view** apparaître
2 (*arrive*) arriver; **to come home** rentrer (chez soi *or* à la maison); **we've just come from Paris** nous venons de Paris; **coming!** j'arrive!
3 (*reach*): **to come to** (*decision etc*) parvenir à, arriver à; **the bill came to £40** la note s'est élevée à 40 livres; **if it comes to it** s'il le faut, dans le pire des cas
4 (*occur*): **an idea came to me** il m'est venu une idée; **what might come of it** ce qui pourrait en résulter, ce qui pourrait advenir *or* se produire
5 (*be, become*): **to come loose/undone** se défaire/desserrer; **I've come to like him** j'ai fini par bien l'aimer
6 (*inf: sexually*) jouir
► **come about** *vi* se produire, arriver
► **come across** *vt fus* rencontrer par hasard, tomber sur ► *vi*: **to come across well/badly** faire une bonne/mauvaise impression
► **come along** *vi* (BRIT: *pupil, work*) faire des progrès, avancer; **come along!** viens!; allons!, allez!
► **come apart** *vi* s'en aller en morceaux; se détacher
► **come away** *vi* partir, s'en aller; (*become detached*) se détacher

▶ **come back** vi revenir ; (reply): **can I come back to you on that one?** est-ce qu'on peut revenir là-dessus plus tard ?
▶ **come by** vt fus (acquire) obtenir, se procurer
▶ **come down** vi descendre ; (prices) baisser ; (buildings) s'écrouler ; (: be demolished) être démoli(e)
▶ **come forward** vi s'avancer ; (make o.s. known) se présenter, s'annoncer
▶ **come from** vt fus (source) venir de ; (place) venir de, être originaire de
▶ **come in** vi entrer ; (train) arriver ; (fashion) entrer en vogue ; (on deal etc) participer
▶ **come in for** vt fus (criticism etc) être l'objet de
▶ **come into** vt fus (money) hériter de
▶ **come off** vi (button) se détacher ; (attempt) réussir
▶ **come on** vi (lights, electricity) s'allumer ; (central heating) se mettre en marche ; (pupil, work, project) faire des progrès, avancer ; **come on!** viens ! ; allons !, allez !
▶ **come out** vi sortir ; (sun) se montrer ; (book) paraître ; (stain) s'enlever ; (strike) cesser le travail, se mettre en grève
▶ **come over** vt fus: **I don't know what's come over him!** je ne sais pas ce qui lui a pris !
▶ **come round** vi (after faint, operation) revenir à soi, reprendre connaissance
▶ **come through** vi (survive) s'en sortir ; (telephone call): **the call came through** l'appel est bien parvenu
▶ **come to** vi revenir à soi ▶ vt (add up to: amount): **how much does it come to?** ça fait combien ?
▶ **come under** vt fus (heading) se trouver sous ; (influence) subir
▶ **come up** vi monter ; (sun) se lever ; (problem) se poser ; (event) survenir ; (in conversation) être soulevé
▶ **come up against** vt fus (resistance, difficulties) rencontrer
▶ **come upon** vt fus tomber sur
▶ **come up to** vt fus arriver à ; **the film didn't come up to our expectations** le film nous a déçus
▶ **come up with** vt fus (money) fournir ; **he came up with an idea** il a eu une idée, il a proposé quelque chose

comeback ['kʌmbæk] n (Theat) rentrée f ; (reaction) réaction f ; (response) réponse f
Comecon ['kɔmɪkɔn] n abbr (= Council for Mutual Economic Aid) COMECON m
comedian [kə'miːdɪən] n (comic) comique m ; (Theat) comédien(ne)
comedic [kə'miːdɪk] adj (formal) comique
comedienne [kəmiːdɪ'ɛn] n comique f
comedown ['kʌmdaun] n déchéance f
comedy ['kɔmɪdɪ] n comédie f ; (humour) comique m
comet ['kɔmɪt] n comète f
comeuppance [kʌm'ʌpəns] n: **to get one's ~** recevoir ce qu'on mérite
comfort ['kʌmfət] n confort m, bien-être m ; (solace) consolation f, réconfort m ▶ vt consoler, réconforter

comfortable ['kʌmfətəbl] adj confortable ; (person) à l'aise ; (financially) aisé(e) ; (patient) dont l'état est stationnaire ; **I don't feel very ~ about it** cela m'inquiète un peu
comfortably ['kʌmfətəblɪ] adv (sit) confortablement ; (live) à l'aise
comforter ['kʌmfətəʳ] n (US) édredon m
comforting ['kʌmfətɪŋ] adj (thought, words) réconfortant(e)
comforts ['kʌmfəts] npl aises fpl
comfort station n (US) toilettes fpl
comfy ['kʌmfɪ] adj (inf: clothes, chair) confortable ; **to be ~** (person) être à l'aise
comic ['kɔmɪk] adj (also: **comical**) comique ▶ n (person) comique m ; (Brit: magazine: for children) magazine m de bandes dessinées or de BD ; (: for adults) illustré m
comical ['kɔmɪkl] adj amusant(e)
comic book n (US: for children) magazine m de bandes dessinées or de BD ; (: for adults) illustré m
comic strip n bande dessinée
coming ['kʌmɪŋ] n arrivée f ▶ adj (next) prochain(e) ; (future) à venir ; **in the ~ weeks** dans les prochaines semaines
Comintern ['kɔmɪntəːn] n Comintern m
comma ['kɔmə] n virgule f
command [kə'mɑːnd] n ordre m, commandement m ; (Mil: authority) commandement ; (mastery) maîtrise f ; (Comput) commande f ; **to have/take ~ of** avoir/prendre le commandement de ; **to have at one's ~** (money, resources etc) disposer de ▶ vt (troops) commander ; (be able to get) (pouvoir) disposer de, avoir à sa disposition ; (deserve) avoir droit à ; **to ~ sb to do** donner l'ordre or commander à qn de faire
command economy n économie planifiée
commandeer [kɔmən'dɪəʳ] vt réquisitionner (par la force)
commander [kə'mɑːndəʳ] n chef m ; (Mil) commandant m
commander-in-chief [kə'mɑːndərɪn'tʃiːf] n (Mil) commandant m en chef
commanding [kə'mɑːndɪŋ] adj (appearance) imposant(e) ; (voice, tone) autoritaire ; (lead, position) dominant(e)
commanding officer n commandant m
commandment [kə'mɑːndmənt] n (Rel) commandement m
command module n (Space) module m de commande
commando [kə'mɑːndəu] n commando m ; membre m d'un commando
commemorate [kə'mɛməreɪt] vt commémorer
commemoration [kəmɛmə'reɪʃən] n commémoration f
commemorative [kə'mɛmərətɪv] adj commémoratif(-ive)
commence [kə'mɛns] vt, vi commencer
commencement [kə'mɛnsmənt] n (start) commencement m ; (US: graduation) remise f des diplômes
commend [kə'mɛnd] vt louer ; (recommend) recommander
commendable [kə'mɛndəbl] adj louable

commendation [kɔmɛn'deɪʃən] n éloge m ; recommandation f

commensurate [kə'mɛnʃərɪt] adj : ~ **with/to** en rapport avec/selon

comment ['kɔmɛnt] n commentaire m ; **"no ~"** « je n'ai rien à déclarer » ▶ vi faire des remarques or commentaires ; **to ~ on** faire des remarques sur ▶ vt : **to ~ that** faire remarquer que

commentary ['kɔməntərɪ] n commentaire m ; (Sport) reportage m (en direct)

commentate ['kɔmənteɪt] vi faire le commentaire ; **to ~ on sth** (match, one-off event) faire le commentaire de qch ; (series of events) couvrir qch, faire un reportage sur qch

commentator ['kɔmənteɪtəʳ] n commentateur(-trice) ; (Sport) reporter m

commerce ['kɔmə:s] n commerce m

commercial [kə'mə:ʃəl] adj commercial(e) ▶ n (Radio, TV) annonce f publicitaire, spot m (publicitaire)

commercial bank n banque f d'affaires

commercial break n (Radio, TV) spot m (publicitaire)

commercial college n école f de commerce

commercialism [kə'mə:ʃəlɪzəm] n mercantilisme m

commercialization [kə,mə:ʃəlaɪ'zeɪʃən] n commercialisation f

commercialize [kə'mə:ʃəlaɪz] vt commercialiser

commercially [kə'mə:ʃəlɪ] adv (viable) commercialement ; (available) dans le commerce ; (produce) à échelle commerciale

commercial television n publicité f à la télévision, chaînes privées (financées par la publicité)

commercial traveller n voyageur(-euse) de commerce

commercial vehicle n véhicule m utilitaire

commiserate [kə'mɪzəreɪt] vi : **to ~ with sb** témoigner de la sympathie pour qn

commission [kə'mɪʃən] n (committee, fee) commission f ; (order for work of art etc) commande f ; **out of ~** (Naut) hors de service ; (machine) hors service ; **I get 10% ~** je reçois une commission de 10% ; **~ of inquiry** (Brit) commission d'enquête ▶ vt (Mil) nommer (à un commandement) ; (work of art) commander, charger un artiste de l'exécution de

commissionaire [kəmɪʃə'nɛəʳ] n (Brit: at shop, cinema etc) portier m (en uniforme)

commissioner [kə'mɪʃənəʳ] n membre m d'une commission ; (Police) préfet m (de police)

commit [kə'mɪt] vt (act) commettre ; (resources) consacrer ; (to sb's care) confier (à) ; **to ~ o.s. (to do)** s'engager (à faire) ; **to ~ suicide** se suicider ; **to ~ to writing** coucher par écrit ; **to ~ sb for trial** traduire qn en justice

commitment [kə'mɪtmənt] n engagement m ; (obligation) responsabilité(s) fpl

committed [kə'mɪtɪd] adj (writer, politician etc) engagé(e)

committee [kə'mɪtɪ] n comité m ; commission f ; **to be on a ~** siéger dans un comité or une commission)

committee meeting n réunion f de comité or commission

commodity [kə'mɔdɪtɪ] n produit m, marchandise f, article m ; (food) denrée f

commodity exchange n bourse f de marchandises

common ['kɔmən] adj (gen) commun(e) ; (usual) courant(e) ; **in ~ use** d'un usage courant ; **it's ~ knowledge that** il est bien connu or notoire que ; **to the ~ good** pour le bien de tous, dans l'intérêt général ▶ n terrain communal ; **in ~** en commun

common cold n : **the ~** le rhume

common denominator n dénominateur commun

commoner ['kɔmənəʳ] n roturier(-ière)

common ground n (fig) terrain m d'entente

common land n terrain communal

common law n droit coutumier

common-law ['kɔmənlɔ:] adj : ~ **wife** épouse f de facto

commonly ['kɔmənlɪ] adv communément, généralement ; couramment

Common Market n Marché commun

commonplace ['kɔmənpleɪs] adj banal(e), ordinaire

common room n salle commune ; (Scol) salle des professeurs

Commons ['kɔmənz] npl (Brit Pol) : **the (House of)** ~ la chambre des Communes

common sense n bon sens

Commonwealth ['kɔmənwɛlθ] n : **the ~** le Commonwealth

COMMONWEALTH

Le **Commonwealth** regroupe 53 États indépendants et plusieurs territoires qui reconnaissent tous le souverain britannique comme chef de cette association. Il fut formé en 1949 dans un souci de cohésion après le démantèlement de l'Empire britannique. Depuis 1930, les Jeux du Commonwealth ont lieu tous les quatre ans dans l'un des pays de l'organisation.

commotion [kə'məuʃən] n désordre m, tumulte m

communal ['kɔmju:nl] adj (life) communautaire ; (for common use) commun(e)

commune n ['kɔmju:n] (group) communauté f ▶ vi [kə'mju:n] : **to ~ with** converser intimement avec ; (nature) communier avec

communicable [kə'mju:nɪkəbl] adj (disease) transmissible

communicate [kə'mju:nɪkeɪt] vt communiquer, transmettre ▶ vi : **to ~ (with)** communiquer (avec)

communication [kəmju:nɪ'keɪʃən] n communication f

communication cord n (Brit) sonnette f d'alarme

communications network n réseau m de communications

communications satellite n satellite m de télécommunications

547

communicative [kə'mju:nɪkətɪv] *adj* communicatif(-ive)

communicator [kə'mju:nɪkeɪtəʳ] *n* communicateur(-trice)

communion [kə'mju:nɪən] *n* (*also:* **Holy Communion**) communion *f*

communism ['kɔmjunɪzəm] *n* communisme *m*

communist ['kɔmjunɪst] *adj, n* communiste *mf*

community [kə'mju:nɪtɪ] *n* communauté *f*

community centre, (*US*) **community center** *n* foyer socio-éducatif, centre *m* de loisirs

community chest *n* (*US*) fonds commun

community health centre *n* centre médico-social

community service *n* ≈ travail *m* d'intérêt général, TIG *m*

community spirit *n* solidarité *f*

commutation ticket [kɔmju'teɪʃən-] *n* (*US*) carte *f* d'abonnement

commute [kə'mju:t] *vi* faire le trajet journalier (*de son domicile à un lieu de travail assez éloigné*) ▸ *vt* (*Law*) commuer ; (*Math: terms etc*) opérer la commutation de

commuter [kə'mju:təʳ] *n* banlieusard(e) (*qui fait un trajet journalier pour se rendre à son travail*)

compact *adj* [kəm'pækt] compact(e) ▸ *n* ['kɔmpækt] contrat *m*, entente *f* ; (*also:* **powder compact**) poudrier *m*

compact disc *n* disque compact

compact disc player *n* lecteur *m* de disques compacts

companion [kəm'pænjən] *n* compagnon (compagne)

companionship [kəm'pænjənʃɪp] *n* camaraderie *f*

companionway [kəm'pænjənweɪ] *n* (*Naut*) escalier *m* des cabines

company ['kʌmpənɪ] *n* (*also Comm, Mil, Theat*) compagnie *f* ; **he's good** ~ il est d'une compagnie agréable ; **we have** ~ nous avons de la visite ; **to keep sb** ~ tenir compagnie à qn ; **to part** ~ **with** se séparer de ; **Smith and C~** Smith et Compagnie

company car *n* voiture *f* de fonction

company director *n* administrateur(-trice)

company secretary *n* (*BRIT Comm*) secrétaire général (*d'une société*)

comparable ['kɔmpərəbl] *adj* comparable

comparative [kəm'pærətɪv] *adj* (*study*) comparatif(-ive) ; (*relative*) relatif(-ive)

comparatively [kəm'pærətɪvlɪ] *adv* (*relatively*) relativement

compare [kəm'pɛəʳ] *vt*: **to** ~ **sth/sb with** *or* **to** comparer qch/qn avec *or* à ; **compared with** *or* **to** par rapport à ▸ *vi*: **to** ~ (**with**) se comparer (à) ; être comparable (à) ; **how do the prices** ~? comment sont les prix ?, est-ce que les prix sont comparables ?

comparison [kəm'pærɪsn] *n* comparaison *f* ; **in** ~ (**with**) en comparaison (de)

compartment [kəm'pɑ:tmənt] *n* (*also Rail*) compartiment *m* ; **a non-smoking** ~ un compartiment non-fumeurs

compass ['kʌmpəs] *n* boussole *f* ; **within the** ~ **of** dans les limites de ; **compasses** *npl* (*Math*) compas *m*

compassion [kəm'pæʃən] *n* compassion *f*, humanité *f*

compassionate [kəm'pæʃənɪt] *adj* accessible à la compassion, au cœur charitable et bienveillant ; **on** ~ **grounds** pour raisons personnelles *or* de famille

compassionate leave *n* congé exceptionnel (*pour raisons de famille*)

compassionately [kəm'pæʃənətlɪ] *adv* avec compassion

compatibility [kəmpætɪ'bɪlɪtɪ] *n* compatibilité *f*

compatible [kəm'pætɪbl] *adj* compatible

compatriot [kəm'pætrɪət] *n* compatriote *mf*

compel [kəm'pɛl] *vt* contraindre, obliger

compelling [kəm'pɛlɪŋ] *adj* (*fig: argument*) irrésistible

compendium [kəm'pɛndɪəm] *n* (*summary*) abrégé *m*

compensate ['kɔmpənseɪt] *vt* indemniser, dédommager ▸ *vi*: **to** ~ **for** compenser

compensation [kɔmpən'seɪʃən] *n* compensation *f* ; (*money*) dédommagement *m*, indemnité *f*

compensatory [kɔmpən'seɪtərɪ] *adj* (*damages, payments*) compensateur(-trice) ; (*measures, programme*) compensatoire

compere ['kɔmpɛəʳ] *n* présentateur(-trice), animateur(-trice)

compete [kəm'pi:t] *vi* (*take part*) concourir ; (*vie*): **to** ~ (**with**) rivaliser (avec), faire concurrence (à)

competence ['kɔmpɪtəns] *n* compétence *f*

competency ['kɔmpɪtənsɪ] *n* compétence *f*

competent ['kɔmpɪtənt] *adj* compétent(e), capable

competing [kəm'pi:tɪŋ] *adj* (*ideas, theories*) opposé(e) ; (*companies*) concurrent(e)

competition [kɔmpɪ'tɪʃən] *n* (*contest*) compétition *f*, concours *m* ; (*Econ*) concurrence *f* ; **in** ~ **with** en concurrence avec

competitive [kəm'pɛtɪtɪv] *adj* (*price, product*) concurrentiel(le), compétitif(-ive) ; (*sports, tennis*) de compétition ; **to be** ~ (*person*) avoir l'esprit de compétition

competitive examination *n* concours *m*

competitiveness [kəm'pɛtɪtɪvnɪs] *n* (*ambition*) esprit *m* de compétition ; (*of price, product*) compétitivité *f*

competitor [kəm'pɛtɪtəʳ] *n* concurrent(e)

compile [kəm'paɪl] *vt* compiler

complacency [kəm'pleɪsnsɪ] *n* contentement *m* de soi, autosatisfaction *f*

complacent [kəm'pleɪsnt] *adj* (trop) content(e) de soi

complain [kəm'pleɪn] *vi*: **to** ~ (**about**) se plaindre (de) ; (*in shop etc*) réclamer (au sujet de) ▸ **complain of** *vt fus* (*Med*) se plaindre de

complainant [kəm'pleɪnənt] *n* (*Law*) plaignant(e)

complaint [kəm'pleɪnt] *n* plainte *f* ; (*in shop etc*) réclamation *f* ; (*Med*) affection *f*

complement *n* ['kɔmplɪmənt] *n* complément *m* ; (*esp of ship's crew etc*) effectif complet ▸ *vt* (*enhance*) compléter

complementary [kɒmplɪ'mɛntərɪ] *adj* complémentaire

complete [kəm'pliːt] *adj* complet(-ète) ; *(finished)* achevé(e) ▸ *vt* achever, parachever ; *(set, group)* compléter ; *(a form)* remplir

completely [kəm'pliːtlɪ] *adv* complètement

completion [kəm'pliːʃən] *n* achèvement *m* ; *(of contract)* exécution *f* ; **to be nearing ~** être presque terminé

complex [ˈkɒmplɛks] *adj* complexe ▸ *n (Psych, buildings etc)* complexe *m*

complexion [kəm'plɛkʃən] *n (of face)* teint *m* ; *(of event etc)* aspect *m*, caractère *m*

complexity [kəm'plɛksɪtɪ] *n* complexité *f*

compliance [kəm'plaɪəns] *n (submission)* docilité *f* ; *(agreement)*: **~ with** le fait de se conformer à ; **in ~ with** en conformité avec, conformément à

compliant [kəm'plaɪənt] *adj* docile, très accommodant(e)

complicate [ˈkɒmplɪkeɪt] *vt* compliquer

complicated [ˈkɒmplɪkeɪtɪd] *adj* compliqué(e)

complication [kɒmplɪ'keɪʃən] *n* complication *f*

complicit [kəm'plɪsɪt] *adj* complice ; **to be ~ in sth** être complice de qch

complicity [kəm'plɪsɪtɪ] *n* complicité *f*

compliment *n* [ˈkɒmplɪmənt] compliment *m* ; **to pay sb a ~** faire *or* adresser un compliment à qn ▸ *vt* [ˈkɒmplɪmɛnt] complimenter ; **to ~ sb (on sth/on doing sth)** féliciter qn (pour qch/de faire qch) ; **compliments** *npl* compliments *mpl*, hommages *mpl* ; vœux *mpl*

complimentary [kɒmplɪ'mɛntərɪ] *adj* flatteur(-euse) ; *(free)* à titre gracieux

complimentary ticket *n* billet *m* de faveur

compliments slip *n* fiche *f* de transmission

comply [kəm'plaɪ] *vi*: **to ~ with** se soumettre à, se conformer à

component [kəm'pəʊnənt] *adj* composant(e), constituant(e) ▸ *n* composant *m*, élément *m*

compose [kəm'pəʊz] *vt* composer ; *(form)*: **to be composed of** se composer de ; **to ~ o.s.** se calmer, se maîtriser ; **to ~ one's features** prendre une contenance

composed [kəm'pəʊzd] *adj* calme, posé(e)

composer [kəm'pəʊzə^r] *n (Mus)* compositeur(-trice)

composite [ˈkɒmpəzɪt] *adj* composite ; *(Bot, Math)* composé(e)

composition [kɒmpə'zɪʃən] *n* composition *f*

compost [ˈkɒmpɒst] *n* compost *m*

composure [kəm'pəʊʒə^r] *n* calme *m*, maîtrise *f* de soi

compound *n* [ˈkɒmpaʊnd] *(Chem, Ling)* composé *m* ; *(enclosure)* enclos *m*, enceinte *f* ▸ *adj* [ˈkɒmpaʊnd] composé(e) ; *(fracture)* compliqué(e) ▸ *vt* [kəm'paʊnd] *(fig: problem etc)* aggraver

compound fracture *n* fracture compliquée

compound interest *n* intérêt composé

comprehend [kɒmprɪ'hɛnd] *vt* comprendre

comprehensible [kɒmprɪ'hɛnsɪbl] *adj* compréhensible

comprehension [kɒmprɪ'hɛnʃən] *n* compréhension *f*

comprehensive [kɒmprɪ'hɛnsɪv] *adj (très)* complet(-ète) ; **~ policy** *(Insurance)* assurance *f* tous risques

> Be careful not to translate *comprehensive* by the French word *compréhensif*.

comprehensive [kɒmprɪ'hɛnsɪv], **comprehensive school** *n (BRIT) école secondaire non sélective avec libre circulation d'une section à l'autre*, ≈ CES *m*

comprehensively [kɒmprɪ'hɛnsɪvlɪ] *adv (reject, destroy, rebuild)* complètement ; *(beat, defeat)* à plate couture

compress *vt* [kəm'prɛs] comprimer ; *(text, information)* condenser ▸ *n* [ˈkɒmprɛs] *(Med)* compresse *f*

compression [kəm'prɛʃən] *n* compression *f*

compressor [kəm'prɛsə^r] *n* compresseur *m*

comprise [kəm'praɪz] *vt (also:* **be comprised of***)* comprendre ; *(constitute)* constituer, représenter

compromise [ˈkɒmprəmaɪz] *n* compromis *m* ▸ *vt* compromettre ▸ *vi* transiger, accepter un compromis ▸ *cpd (decision, solution)* de compromis

compromising [ˈkɒmprəmaɪzɪŋ] *adj* compromettant(e)

compulsion [kəm'pʌlʃən] *n* contrainte *f*, force *f* ; **under ~** sous la contrainte

compulsive [kəm'pʌlsɪv] *adj (Psych)* compulsif(-ive) ; *(book, film etc)* captivant(e) ; **he's a ~ smoker** c'est un fumeur invétéré

compulsory [kəm'pʌlsərɪ] *adj* obligatoire

compulsory purchase *n* expropriation *f*

compunction [kəm'pʌŋkʃən] *n* scrupule *m* ; **to have no ~ about doing sth** n'avoir aucun scrupule à faire qch

computation [kɒmpju'teɪʃən] *n* calcul *m*

computational [kɒmpju'teɪʃənəl] *adj (methods)* informatique

compute [kəm'pjuːt] *vt* calculer

computer [kəm'pjuːtə^r] *n* ordinateur *m* ; *(mechanical)* calculatrice *f*

computer game *n* jeu *m* vidéo

computer-generated [kəm'pjuːtə'dʒɛnəreɪtɪd] *adj* de synthèse

computerize [kəm'pjuːtəraɪz] *vt (data)* traiter par ordinateur ; *(system, office)* informatiser

computer language *n* langage *m* machine *or* informatique

computer literate *adj* initié(e) à l'informatique

computer peripheral *n* périphérique *m*

computer program *n* programme *m* informatique

computer programmer *n* programmeur(-euse)

computer programming *n* programmation *f*

computer science *n* informatique *f*

computer scientist *n* informaticien(ne)

computer studies *npl* informatique *f*

computing [kəm'pjuːtɪŋ] *n* informatique *f*

comrade [ˈkɒmrɪd] *n* camarade *mf*

comradeship [ˈkɒmrɪdʃɪp] *n* camaraderie *f*

Comsat [ˈkɒmsæt] *n abbr* = **communications satellite**

con [kɔn] *vt* duper ; *(cheat)* escroquer ; **to ~ sb into doing sth** tromper qn pour lui faire faire qch ▸ *n* escroquerie *f*
concave ['kɔn'keɪv] *adj* concave
conceal [kən'siːl] *vt* cacher, dissimuler
concealment [kən'siːlmənt] *n (of person, stolen goods)* recel *m* ; *(of information, documents)* dissimulation *f*
concede [kən'siːd] *vt* concéder ▸ *vi* céder
conceit [kən'siːt] *n* vanité *f*, suffisance *f*, prétention *f*
conceited [kən'siːtɪd] *adj* vaniteux(-euse), suffisant(e)
conceivable [kən'siːvəbl] *adj* concevable, imaginable ; **it is ~ that** il est concevable que
conceivably [kən'siːvəblɪ] *adv*: **he may ~ be right** il n'est pas impossible qu'il ait raison
conceive [kən'siːv] *vt, vi* concevoir ; **to ~ of sth/ of doing sth** imaginer qch/de faire qch
concentrate ['kɔnsəntreɪt] *vi* se concentrer ▸ *vt* concentrer
concentration [kɔnsən'treɪʃən] *n* concentration *f*
concentration camp *n* camp *m* de concentration
concentric [kɔn'sentrɪk] *adj* concentrique
concept ['kɔnsept] *n* concept *m*
conception [kən'sepʃən] *n* conception *f* ; *(idea)* idée *f*
conceptual [kən'septʃuəl] *adj* conceptuel(le)
conceptualize [kən'septʃuəlaɪz] *vt* concevoir, conceptualiser
concern [kən'sɜːn] *n* affaire *f* ; *(Comm)* entreprise *f*, firme *f* ; *(anxiety)* inquiétude *f*, souci *m* ▸ *vt* inquiéter ; *(involve)* concerner ; *(relate to)* se rapporter à ; **to be concerned (about)** s'inquiéter (de), être inquiet(-ète) (au sujet de) ; **"to whom it may ~"** « à qui de droit » ; **as far as I am concerned** en ce qui me concerne ; **to be concerned with** *(person: involved with)* s'occuper de ; **the department concerned** *(under discussion)* le service en question ; *(involved)* le service concerné
concerning [kən'sɜːnɪŋ] *prep* en ce qui concerne, à propos de
concert ['kɔnsət] *n* concert *m* ; **in ~** à l'unisson, en chœur ; ensemble
concerted [kən'sɜːtɪd] *adj* concerté(e)
concertgoer ['kɔnsətgəʊəʳ] *n (regular)* amateur(-trice) de concerts
concert hall *n* salle *f* de concert
concertina [kɔnsə'tiːnə] *n* concertina *m* ▸ *vi* se télescoper, se caramboler
concerto [kən'tʃəːtəu] *n* concerto *m*
concession [kən'seʃən] *n (compromise)* concession *f* ; *(reduced price)* réduction *f* ; **tax ~** dégrèvement fiscal ; **"concessions"** tarif réduit
concessionaire [kənseʃə'nɛəʳ] *n* concessionnaire *mf*
concessionary [kən'seʃənrɪ] *adj (ticket, fare)* à tarif réduit
conciliate [kən'sɪlɪeɪt] *vt* apaiser ▸ *vi* concilier
conciliation [kənsɪlɪ'eɪʃən] *n* conciliation *f*, apaisement *m*
conciliator [kən'sɪlɪeɪtəʳ] *n* conciliateur(-trice)

conciliatory [kən'sɪlɪətrɪ] *adj* conciliateur(-trice) ; conciliant(e)
concise [kən'saɪs] *adj* concis(e)
conclave ['kɔnkleɪv] *n* assemblée secrète ; *(Rel)* conclave *m*
conclude [kən'kluːd] *vt* conclure ▸ *vi (speaker)* conclure ; *(events)*: **to ~ (with)** se terminer (par)
concluding [kən'kluːdɪŋ] *adj (remarks etc)* final(e)
conclusion [kən'kluːʒən] *n* conclusion *f* ; **to come to the ~ that** (en) conclure que
conclusive [kən'kluːsɪv] *adj* concluant(e), définitif(-ive)
conclusively [kən'kluːsɪvlɪ] *adv* de façon concluante ; **to prove sth ~** prouver qch de façon probante
concoct [kən'kɔkt] *vt* confectionner, composer
concoction [kən'kɔkʃən] *n (food, drink)* mélange *m*
concord ['kɔŋkɔːd] *n (harmony)* harmonie *f* ; *(treaty)* accord *m*
concourse ['kɔŋkɔːs] *n (hall)* hall *m*, salle *f* des pas perdus ; *(crowd)* affluence *f* ; multitude *f*
concrete ['kɔŋkriːt] *n* béton *m* ▸ *adj* concret(-ète) ; *(Constr)* en béton
concretely ['kɔŋkriːtlɪ] *adv* concrètement
concrete mixer *n* bétonnière *f*
concur [kən'kɜːʳ] *vi* être d'accord
concurrently [kən'kʌrntlɪ] *adv* simultanément
concussed [kən'kʌst] *adj (Med)* commotionné(e)
concussion [kən'kʌʃən] *n (Med)* commotion (cérébrale)
condemn [kən'dɛm] *vt* condamner
condemnation [kɔndɛm'neɪʃən] *n* condamnation *f*
condensation [kɔndɛn'seɪʃən] *n* condensation *f*
condense [kən'dɛns] *vi* se condenser ▸ *vt* condenser
condensed milk [kən'dɛnst-] *n* lait concentré (sucré)
condescend [kɔndɪ'sɛnd] *vi* condescendre, s'abaisser ; **to ~ to do sth** daigner faire qch
condescending [kɔndɪ'sɛndɪŋ] *adj* condescendant(e)
condiment ['kɔndɪmənt] *n* condiment *m*
condition [kən'dɪʃən] *n* condition *f* ; *(disease)* maladie *f* ; **in good/poor ~** en bon/mauvais état ; **a heart ~** une maladie cardiaque ; **weather conditions** conditions *fpl* météorologiques ; **on ~ that** à condition que + *sub*, à condition de ▸ *vt* déterminer, conditionner
conditional [kən'dɪʃənl] *adj* conditionnel(le) ; **to be ~ upon** dépendre de
conditioner [kən'dɪʃənəʳ] *n (for hair)* baume démêlant ; *(for fabrics)* assouplissant *m*
conditioning [kən'dɪʃənɪŋ] *n (of person)* conditionnement *m* ; *(of hair)* traitement *m*
condo ['kɔndəu] *n (US inf)* = **condominium**
condolences [kən'dəulənsɪz] *npl* condoléances *fpl*
condom ['kɔndəm] *n* préservatif *m*
condominium [kɔndə'mɪnɪəm] *n (US: building)* immeuble *m* (en copropriété) ; *(: rooms)* appartement *m* (dans un immeuble en copropriété)

condone [kən'dəʊn] vt fermer les yeux sur, approuver (tacitement)

conducive [kən'dju:sɪv] adj: ~ **to** favorable à, qui contribue à

conduct n ['kɒndʌkt] conduite f ▶ vt [kən'dʌkt] conduire ; (manage) mener, diriger ; (Mus) diriger ; **to ~ o.s.** se conduire, se comporter

conductivity [kɒndʌk'tɪvɪtɪ] n (Elec) conductivité f

conductor [kən'dʌktə^r] n (of orchestra) chef m d'orchestre ; (on bus) receveur m ; (US: on train) chef m de train ; (Elec) conducteur m

conductress [kən'dʌktrɪs] n (on bus) receveuse f

conduit ['kɒndɪt] n conduit m, tuyau m ; tube m

cone [kəʊn] n cône m ; (for ice-cream) cornet m ; (Bot) pomme f de pin, cône

confectioner [kən'fɛkʃənə^r] n (of cakes) pâtissier(-ière) ; (of sweets) confiseur(-euse) ; **~'s (shop)** confiserie(-pâtisserie) f

confectionery [kən'fɛkʃənrɪ] n (sweets) confiserie f ; (cakes) pâtisserie f

confederate [kən'fɛdrɪt] adj confédéré(e) ▶ n (pej) acolyte m ; (US Hist) confédéré(e)

confederation [kənfɛdə'reɪʃən] n confédération f

confer [kən'fə:^r] vt: **to ~ sth on** conférer qch à ▶ vi conférer, s'entretenir ; **to ~ (with sb about sth)** s'entretenir (de qch avec qn)

conference ['kɒnfərns] n conférence f ; **to be in ~** être en réunion or en conférence

conference room n salle f de conférence

confess [kən'fɛs] vt confesser, avouer ▶ vi (admit sth) avouer ; (Rel) se confesser

confession [kən'fɛʃən] n confession f

confessional [kən'fɛʃənl] n confessional m

confessor [kən'fɛsə^r] n confesseur m

confetti [kən'fɛtɪ] n confettis mpl

confidant [kɒnfɪ'dænt] n confident m

confidante [kɒnfɪ'dænt] n confidente f

confide [kən'faɪd] vi: **to ~ in** s'ouvrir à, se confier à

confidence ['kɒnfɪdns] n confiance f ; (also: **self-confidence**) assurance f, confiance en soi ; (secret) confidence f ; **to have (every) ~ that** être certain que ; **motion of no ~** motion f de censure ; **in ~** (speak, write) en confidence, confidentiellement ; **to tell sb sth in strict ~** dire qch à qn en toute confidence

confidence trick n escroquerie f

confident ['kɒnfɪdənt] adj (self-assured) sûr(e) de soi ; (sure) sûr

confidential [kɒnfɪ'dɛnʃəl] adj confidentiel(le)

confidentiality ['kɒnfɪdɛnʃɪ'ælɪtɪ] n confidentialité f

confidentially [kɒnfɪ'dɛnʃəlɪ] adv (secretly) confidentiellement ; (quietly: say, speak) sur un ton confidentiel

configuration [kənfɪgju'reɪʃən] n (also Comput) configuration f

configure [kən'fɪgə^r] vt (Comput) configurer

confine [kən'faɪn] vt limiter, borner ; (shut up) confiner, enfermer ; **to ~ o.s. to doing sth/to sth** se contenter de faire qch/se limiter à qch

confined [kən'faɪnd] adj (space) restreint(e), réduit(e)

confinement [kən'faɪnmənt] n emprisonnement m, détention f ; (Mil) consigne f (au quartier) ; (Med) accouchement m

confines ['kɒnfaɪnz] npl confins mpl, bornes fpl

confirm [kən'fə:m] vt (report, Rel) confirmer ; (appointment) ratifier

confirmation [kɒnfə'meɪʃən] n confirmation f ; ratification f

confirmed [kən'fə:md] adj invétéré(e), incorrigible

confiscate ['kɒnfɪskeɪt] vt confisquer

confiscation [kɒnfɪs'keɪʃən] n confiscation f

conflagration [kɒnflə'greɪʃən] n incendie m ; (fig) conflagration f

conflict n ['kɒnflɪkt] conflit m, lutte f ▶ vi [kən'flɪkt] être or entrer en conflit ; (opinions) s'opposer, se heurter

conflicting [kən'flɪktɪŋ] adj contradictoire

confluence ['kɒnfluəns] n confluence f

conform [kən'fɔ:m] vi: **to ~ (to)** se conformer (à)

conformist [kən'fɔ:mɪst] n (gen, Rel) conformiste mf

conformity [kən'fɔ:mɪtɪ] n conformisme m ; **in ~ with** conformément à

confound [kən'faʊnd] vt confondre ; (amaze) rendre perplexe

confounded [kən'faʊndɪd] adj maudit(e), sacré(e)

confront [kən'frʌnt] vt (two people) confronter ; (enemy, danger) affronter, faire face à ; (problem) faire face à

confrontation [kɒnfrən'teɪʃən] n confrontation f

confrontational [kɒnfrən'teɪʃənl] adj conflictuel(le)

confuse [kən'fju:z] vt (person) troubler ; (situation) embrouiller ; (one thing with another) confondre

confused [kən'fju:zd] adj (person) dérouté(e), désorienté(e) ; (situation) embrouillé(e)

confusing [kən'fju:zɪŋ] adj peu clair(e), déroutant(e)

confusion [kən'fju:ʒən] n confusion f

congeal [kən'dʒi:l] vi (oil) se figer ; (blood) se coaguler

congenial [kən'dʒi:nɪəl] adj sympathique, agréable

congenital [kən'dʒɛnɪtl] adj congénital(e)

conger eel ['kɒŋgər-] n congre m, anguille f de roche

congested [kən'dʒɛstɪd] adj (Med) congestionné(e) ; (fig) surpeuplé(e) ; congestionné ; bloqué(e) ; (telephone lines) encombré(e)

congestion [kən'dʒɛstʃən] n (Med) congestion f ; (fig: traffic) encombrement m

conglomerate [kən'glɒmərɪt] n (Comm) conglomérat m

conglomeration [kənglɒmə'reɪʃən] n groupement m ; agglomération f

Congo ['kɒŋgəʊ] n (state) (république f du) Congo

congratulate [kən'grætjuleɪt] vt: **to ~ sb (on)** féliciter qn (de)

congratulations [kəngrætju'leɪʃənz] npl: ~ **(on)** félicitations fpl (pour) ▶ excl: ~**!** (toutes mes) félicitations !

congratulatory [kəngrætʃu'leɪtərɪ] *adj (message, letter)* de félicitations

congregate ['kɔŋgrɪgeɪt] *vi* se rassembler, se réunir

congregation [kɔŋgrɪ'geɪʃən] *n* assemblée *f* (des fidèles)

congress ['kɔŋgrɛs] *n* congrès *m* ; *(Pol):* **C~** Congrès *m* ; *voir article*

: **CONGRESS**
:
: Le **Congress** est le parlement des États-Unis.
: Il comprend la *House of Representatives* et le
: *Senate*. Représentants et sénateurs sont élus
: au suffrage universel direct. Le Congrès se
: réunit au *Capitol*, à Washington.

congressional [kən'grɛʃənəl] *adj (US Pol: policy, action, leader)* du Congrès

congressman ['kɔŋgrɛsmən] *n (irreg)* membre *m* du Congrès

congresswoman ['kɔŋgrɛswumən] *n (irreg)* membre *m* du Congrès

conical ['kɔnɪkl] *adj (de forme)* conique

conifer ['kɔnɪfər] *n* conifère *m*

coniferous [kə'nɪfərəs] *adj (forest)* de conifères

conjecture [kən'dʒɛktʃər] *n* conjecture *f* ▸ *vt, vi* conjecturer

conjugal ['kɔndʒugl] *adj* conjugal(e)

conjugate ['kɔndʒugeɪt] *vt* conjuguer

conjugation [kɔndʒə'geɪʃən] *n* conjugaison *f*

conjunction [kən'dʒʌŋkʃən] *n* conjonction *f* ; **in ~ with** *(conjointement)* avec

conjunctivitis [kəndʒʌŋktɪ'vaɪtɪs] *n* conjonctivite *f*

conjure ['kʌndʒər] *vt (by magic)* faire apparaître (par la prestidigitation) ; [kən'dʒuər] conjurer, supplier ▸ *vi* faire des tours de passe-passe ▸ **conjure up** *vt (ghost, spirit)* faire apparaître ; *(memories)* évoquer

conjurer ['kʌndʒərər] *n* prestidigitateur(-trice), illusionniste *mf*

conjuring trick ['kʌndʒərɪŋ-] *n* tour *m* de prestidigitation

conker ['kɔŋkər] *n (BRIT)* marron *m* (d'Inde)

conk out [kɔŋk-] *vi (inf)* tomber *or* rester en panne

conman ['kɔnmæn] *n (irreg)* escroc *m*

Conn. *abbr (US)* = **Connecticut**

connect [kə'nɛkt] *vt* joindre, relier ; *(Elec)* connecter ; *(Tel: caller)* mettre en connexion ; *(: subscriber)* brancher ; *(fig)* établir un rapport entre, faire un rapprochement entre ; **I am trying to ~ you** *(Tel)* j'essaie d'obtenir votre communication ▸ *vi (train):* **to ~ with** assurer la correspondance avec

connected [kə'nɛktɪd] *adj (electrical devices)* relié(e) ; *(associated: people, events)* associé(e) ; *(causally linked)* lié(e) ; **to be ~ with sth** *(person)* être associé(e) à qch ; *(problem, condition)* être lié(e) à qch

connecting flight *n* (vol *m* de) correspondance *f*

connection [kə'nɛkʃən] *n* relation *f*, lien *m* ; *(Elec)* connexion *f* ; *(Tel)* communication *f* ; *(train etc)* correspondance *f* ; **in ~ with** à propos de ; **what is the ~ between them?** quel est le lien entre eux ? ; **business connections** relations

d'affaires ; **to miss/get one's ~** *(train etc)* rater/ avoir sa correspondance

connection charge, connection fee *n* frais *mpl* de raccordement

connectivity [kɔnɛk'tɪvətɪ] *n (Comput)* connectivité *f*

connexion [kə'nɛkʃən] *n (BRIT)* = **connection**

conning tower ['kɔnɪŋ-] *n* kiosque *m (de sous-marin)*

connivance [kə'naɪvəns] *n* connivence *f* ; **with the ~ of sb** avec l'accord tacite de qn, avec la connivence de qn

connive [kə'naɪv] *vi:* **to ~ with sb to do sth** être de connivence avec qn pour faire qch ; **to ~ at** se faire le complice de

conniving [kə'naɪvɪŋ] *adj* intrigant(e)

connoisseur [kɔnɪ'səːr] *n* connaisseur(-euse)

connotation [kɔnə'teɪʃən] *n* connotation *f*, implication *f*

connubial [kə'njuːbɪəl] *adj* conjugal(e)

conquer ['kɔŋkər] *vt* conquérir ; *(feelings)* vaincre, surmonter

conqueror ['kɔŋkərər] *n* conquérant(e), vainqueur *m*

conquest ['kɔŋkwɛst] *n* conquête *f*

cons [kɔnz] *npl see* **convenience**; **pro**

conscience ['kɔnʃəns] *n* conscience *f* ; **in all ~** en conscience

conscientious [kɔnʃɪ'ɛnʃəs] *adj* consciencieux(-euse) ; *(scruple, objection)* de conscience

conscientiously [kɔnʃɪ'ɛnʃəslɪ] *adv* consciencieusement

conscientious objector *n* objecteur *m* de conscience

conscious ['kɔnʃəs] *adj* conscient(e) ; *(deliberate: insult, error)* délibéré(e) ; **to become ~ of sth/ that** prendre conscience de qch/que

consciousness ['kɔnʃəsnɪs] *n* conscience *f* ; *(Med)* connaissance *f* ; **to lose/regain ~** perdre/ reprendre connaissance

conscript ['kɔnskrɪpt] *n* conscrit *m*

conscription [kən'skrɪpʃən] *n* conscription *f*

consecrate ['kɔnsɪkreɪt] *vt* consacrer

consecutive [kən'sɛkjutɪv] *adj* consécutif(-ive) ; **on three ~ occasions** trois fois de suite

consecutively [kən'sɛkjutɪvlɪ] *adv* consécutivement

consensual [kən'sɛnʃuəl] *adj (approach, decision)* consensuel(le) ; *(sex)* consenti(e)

consensus [kən'sɛnsəs] *n* consensus *m* ; **the ~ (of opinion)** le consensus (d'opinion)

consent [kən'sɛnt] *n* consentement *m* ; **age of ~** âge nubile (légal) ; **by common ~** d'un commun accord ▸ *vi:* **to ~ (to)** consentir (à)

consenting adults [kən'sɛntɪŋ-] *npl* personnes consentantes

consequence ['kɔnsɪkwəns] *n* suites *fpl*, conséquence *f* ; *(significance)* importance *f* ; **in ~** en conséquence, par conséquent

consequent ['kɔnsɪkwənt] *adj* résultant(e)

consequently ['kɔnsɪkwəntlɪ] *adv* par conséquent, donc

conservation [kɔnsə'veɪʃən] *n* préservation *f*, protection *f* ; *(also:* **nature conservation***)* défense f de l'environnement ; **energy ~** économies fpl d'énergie

conservationist [kɔnsə'veɪʃnɪst] n protecteur(-trice) de la nature

Conservative [kən'sə:vətɪv] adj, n (BRIT Pol) conservateur(-trice) ; **the ~ Party** le parti conservateur

conservative [kən'sə:vətɪv] adj conservateur(-trice) ; (cautious) prudent(e)

conservatory [kən'sə:vətrɪ] n (room) jardin m d'hiver ; (Mus) conservatoire m

conserve [kən'sə:v] vt conserver, préserver ; (supplies, energy) économiser ▶ n confiture f, conserve f (de fruits)

consider [kən'sɪdər] vt (study) considérer, réfléchir à ; (take into account) penser à, prendre en considération ; (regard, judge) considérer, estimer ; **to ~ doing sth** envisager de faire qch ; **~ yourself lucky** estimez-vous heureux ; **all things considered** (toute) réflexion faite

considerable [kən'sɪdərəbl] adj considérable

considerably [kən'sɪdərəblɪ] adv nettement

considerate [kən'sɪdərɪt] adj prévenant(e), plein(e) d'égards

consideration [kənsɪdə'reɪʃən] n considération f ; (reward) rétribution f, rémunération f ; **out of ~ for** par égard pour ; **under ~** à l'étude ; **my first ~ is my family** ma famille passe avant tout le reste

considered [kən'sɪdəd] adj: **it is my ~ opinion that …** après avoir mûrement réfléchi, je pense que …

considering [kən'sɪdərɪŋ] prep: **~ (that)** étant donné (que)

consign [kən'saɪn] vt expédier, livrer

consignee [kɔnsaɪ'ni:] n destinataire mf

consignment [kən'saɪnmənt] n arrivage m, envoi m

consignment note n (Comm) bordereau m d'expédition

consignor [kən'saɪnər] n expéditeur(-trice)

consist [kən'sɪst] vi: **to ~ of** consister en, se composer de

consistency [kən'sɪstənsɪ] n (thickness) consistance f ; (fig) cohérence f

consistent [kən'sɪstənt] adj logique, cohérent(e) ; **~ with** compatible avec, en accord avec

consistently [kən'sɪstəntlɪ] adv (always) toujours

consolation [kɔnsə'leɪʃən] n consolation f

console¹ [kən'səul] vt consoler

console² ['kɔnsəul] n console f

consolidate [kən'sɔlɪdeɪt] vt consolider

consolidation [kənsɔlɪ'deɪʃən] n (of power, position) consolidation f ; (amalgamation: of groups, firms) fusion f

consols ['kɔnsɔlz] npl (BRIT Stock Exchange) rente f d'État

consommé [kən'sɔmeɪ] n consommé m

consonant ['kɔnsənənt] n consonne f

consort n ['kɔnsɔ:t] époux (épouse) ; **prince ~** prince m consort ▶ vi [kən'sɔ:t] (often pej): **to ~ with sb** frayer avec qn

consortium [kən'sɔ:tɪəm] n consortium m, comptoir m

conspicuous [kən'spɪkjuəs] adj voyant(e), qui attire l'attention ; **to make o.s. ~** se faire remarquer

conspiracy [kən'spɪrəsɪ] n conspiration f, complot m

conspirator [kən'spɪrətər] n conspirateur(-trice)

conspiratorial [kən'spɪrə'tɔ:rɪəl] adj (behaviour) de conspirateur ; (glance) conspirateur(-trice)

conspire [kən'spaɪər] vi conspirer, comploter

constable ['kʌnstəbl] n (BRIT) ≈ agent m de police, gendarme m ; **chief ~** ≈ préfet m de police

constabulary [kən'stæbjulərɪ] n ≈ police f, gendarmerie f

constant ['kɔnstənt] adj constant(e) ; incessant(e)

constantly ['kɔnstəntlɪ] adv constamment, sans cesse

constellation [kɔnstə'leɪʃən] n constellation f

consternation [kɔnstə'neɪʃən] n consternation f

constipated ['kɔnstɪpeɪtɪd] adj constipé(e)

constipation [kɔnstɪ'peɪʃən] n constipation f

constituency [kən'stɪtjuənsɪ] n (Pol: area) circonscription électorale ; (: electors) électorat m

constituency party n section locale (d'un parti)

constituent [kən'stɪtjuənt] n électeur(-trice) ; (part) élément constitutif, composant m

constitute ['kɔnstɪtju:t] vt constituer

constitution [kɔnstɪ'tju:ʃən] n constitution f

constitutional [kɔnstɪ'tju:ʃənl] adj constitutionnel(le)

constitutional monarchy n monarchie constitutionnelle

constrain [kən'streɪn] vt contraindre, forcer

constrained [kən'streɪnd] adj contraint(e), gêné(e)

constraint [kən'streɪnt] n contrainte f ; (embarrassment) gêne f

constrict [kən'strɪkt] vt rétrécir, resserrer ; gêner, limiter

construct [kən'strʌkt] vt construire

construction [kən'strʌkʃən] n construction f ; (fig: interpretation) interprétation f ; **under ~** (building etc) en construction

construction industry n (industrie f du) bâtiment

constructive [kən'strʌktɪv] adj constructif(-ive)

construe [kən'stru:] vt analyser, expliquer

consul ['kɔnsl] n consul m

consular ['kɔnsjulər] adj consulaire

consulate ['kɔnsjulɪt] n consulat m

consult [kən'sʌlt] vt consulter ; **to ~ sb (about sth)** consulter qn (à propos de qch)

consultancy [kən'sʌltənsɪ] n service m de conseils

consultancy fee n honoraires mpl d'expert

consultant [kən'sʌltənt] n (Med) médecin consultant ; (other specialist) consultant m, (expert-)conseil m ; **legal/management ~** conseiller m juridique/en gestion ▶ cpd: **~ engineer** n ingénieur-conseil mf ; **~ paediatrician** n pédiatre mf

consultation [kɔnsəl'teɪʃən] n consultation f ; **in ~ with** en consultation avec
consultative [kən'sʌltətɪv] adj consultatif(-ive)
consulting room [kən'sʌltɪŋ-] n (BRIT) cabinet m de consultation
consume [kən'sju:m] vt consommer ; (subj: flames, hatred, desire) consumer ; **to be consumed with hatred** être dévoré par la haine ; **to be consumed with desire** brûler de désir
consumer [kən'sju:mər] n consommateur(-trice) ; (of electricity, gas etc) usager m
consumer credit n crédit m aux consommateurs
consumer durables npl biens mpl de consommation durables
consumer goods npl biens mpl de consommation
consumerism [kən'sju:mərɪzəm] n (consumer protection) défense f du consommateur ; (Econ) consumérisme m
consumerist [kən'sju:mərɪst] adj (pej: society) consumériste
consumer society n société f de consommation
consumer watchdog n organisme m pour la défense des consommateurs
consummate ['kɔnsəmeɪt] vt consommer
consummation [kɔnsə'meɪʃən] n consommation f
consumption [kən'sʌmpʃən] n consommation f ; **not fit for human ~** non comestible
cont. abbr (= continued) suite
contact ['kɔntækt] n contact m ; (person) connaissance f, relation f ; **to be in ~ with sb/sth** être en contact avec qn/qch ; **business contacts** relations fpl d'affaires, contacts mpl ▶ cpd: **~ number** numéro m de téléphone ▶ vt se mettre en contact ou en rapport avec
contact lenses npl verres mpl de contact
contagion [kən'teɪdʒən] n contagion f
contagious [kən'teɪdʒəs] adj contagieux(-euse)
contain [kən'teɪn] vt contenir ; **to ~ o.s.** se contenir, se maîtriser
container [kən'teɪnər] n récipient m ; (for shipping etc) conteneur m
containerize [kən'teɪnəraɪz] vt conteneuriser
container ship n porte-conteneurs m inv
containment [kən'teɪnmənt] n (policy) endiguement m ; (of fire, disease) maîtrise f
contaminate [kən'tæmɪneɪt] vt contaminer
contamination [kəntæmɪ'neɪʃən] n contamination f
cont'd abbr (= continued) suite
contemplate ['kɔntəmpleɪt] vt contempler ; (consider) envisager
contemplation [kɔntəm'pleɪʃən] n contemplation f
contemporaneous [kəntɛmpə'reɪnɪəs] adj contemporain(e)
contemporary [kən'tɛmpərərɪ] adj contemporain(e) ; (design, wallpaper) moderne ▶ n contemporain(e)
contempt [kən'tɛmpt] n mépris m, dédain m ; **~ of court** (Law) outrage m à l'autorité de la justice

contemptible [kən'tɛmptəbl] adj méprisable, vil(e)
contemptuous [kən'tɛmptjuəs] adj dédaigneux(-euse), méprisant(e)
contemptuously [kən'tɛmptjuəslɪ] adv (say) avec mépris
contend [kən'tɛnd] vt: **to ~ that** soutenir or prétendre que ▶ vi: **to ~ with** (compete) rivaliser avec ; (struggle) lutter avec ; **to have to ~ with** (be faced with) avoir affaire à, être aux prises avec
contender [kən'tɛndər] n prétendant(e) ; candidat(e)
content adj [kən'tɛnt] content(e), satisfait(e) ; **to be ~ with** se contenter de ▶ vt [kən'tɛnt] contenter, satisfaire ; **to ~ o.s. with sth/with doing sth** se contenter de qch/de faire qch ▶ n ['kɔntɛnt] (also Comput) contenu m ; (of fat, moisture) teneur f ; **contents** npl (of container etc) contenu m ; **(table of) contents** table f des matières
contented [kən'tɛntɪd] adj content(e), satisfait(e)
contentedly [kən'tɛntɪdlɪ] adv avec un sentiment de (profonde) satisfaction
contention [kən'tɛnʃən] n dispute f, contestation f ; (argument) assertion f, affirmation f ; **bone of ~** sujet m de discorde
contentious [kən'tɛnʃəs] adj querelleur(-euse) ; litigieux(-euse)
contentment [kən'tɛntmənt] n contentement m, satisfaction f
contest n ['kɔntɛst] combat m, lutte f ; (competition) concours m ▶ vt [kən'tɛst] contester, discuter ; (compete for) disputer ; (Law) attaquer
contestant [kən'tɛstənt] n concurrent(e) ; (in fight) adversaire mf
context ['kɔntɛkst] n contexte m ; **in/out of ~** dans le/hors contexte
contiguous [kən'tɪgjuəs] adj (formal) contigu(-guë) ; **to be ~ with sth** être contigu(-guë) à qch, être attenant(e) à qch
continent ['kɔntɪnənt] n continent m ; **the C~** (BRIT) l'Europe continentale ; **on the C~** en Europe (continentale)
continental [kɔntɪ'nɛntl] adj continental(e) ▶ n (BRIT) Européen(ne) (continental(e))
continental breakfast n café (or thé) complet
continental quilt n (BRIT) couette f
contingency [kən'tɪndʒənsɪ] n éventualité f, événement imprévu
contingency plan n plan m d'urgence
contingent [kən'tɪndʒənt] adj contingent(e) ; **to be ~ upon** dépendre de ▶ n contingent m
continual [kən'tɪnjuəl] adj continuel(le)
continually [kən'tɪnjuəlɪ] adv continuellement, sans cesse
continuance [kən'tɪnjuəns] n (of situation) continuation f ; (of species) continuité f
continuation [kəntɪnju'eɪʃən] n continuation f ; (after interruption) reprise f ; (of story) suite f
continue [kən'tɪnju:] vi continuer ▶ vt continuer ; (start again) reprendre ; **to be continued** (story) à suivre ; **continued on page 10** suite page 10

continuing education [kən'tɪnjuɪŋ-] n formation permanente or continue

continuity [kɒntɪ'njuːɪtɪ] n continuité f ; (TV) enchaînement m ; (Cine) script m

continuity girl n (Cine) script-girl f

continuous [kən'tɪnjuəs] adj continu(e), permanent(e) ; (Ling) progressif(-ive) ; **~ performance** (Cine) séance permanente ; **~ stationery** (Comput) papier m en continu

continuous assessment (BRIT) n contrôle continu

continuously [kən'tɪnjuəslɪ] adv (repeatedly) continuellement ; (uninterruptedly) sans interruption

contort [kən'tɔːt] vt tordre, crisper

contortion [kən'tɔːʃən] n crispation f, torsion f ; (of acrobat) contorsion f

contortionist [kən'tɔːʃənɪst] n contorsionniste mf

contour ['kɒntuəʳ] n contour m, profil m ; (also: **contour line**) courbe f de niveau

contraband ['kɒntrəbænd] n contrebande f ▶ adj de contrebande

contraception [kɒntrə'sɛpʃən] n contraception f

contraceptive [kɒntrə'sɛptɪv] adj contraceptif(-ive), anticonceptionnel(le) ▶ n contraceptif m

contract n ['kɒntrækt] contrat m ; **~ of employment/service** contrat de travail/de service ▶ cpd (price, date) contractuel(le) ; (work) à forfait ▶ vi [kən'trækt] (become smaller) se contracter, se resserrer ; (Comm): **to ~ to do sth** s'engager (par contrat) à faire qch ▶ vt contracter
▶ **contract in** vi s'engager (par contrat) ; (BRIT Admin) s'affilier au régime de retraite complémentaire
▶ **contract out** vi se dégager ; (BRIT Admin) opter pour la non-affiliation au régime de retraite complémentaire

contraction [kən'trækʃən] n contraction f ; (Ling) forme contractée

contractor [kən'træktəʳ] n entrepreneur(-euse)

contractual [kən'træktʃuəl] adj contractuel(le)

contractually [kən'træktʃuəlɪ] adv contractuellement

contradict [kɒntrə'dɪkt] vt contredire ; (be contrary to) démentir, être en contradiction avec

contradiction [kɒntrə'dɪkʃən] n contradiction f ; **to be in ~ with** contredire, être en contradiction avec

contradictory [kɒntrə'dɪktərɪ] adj contradictoire

contraflow ['kɒntrəfləu] n (Aut): **~ lane** voie f à contresens ; **there's a ~ system in operation on ...** une voie a été mise en sens inverse sur ...

contraindication [kɒntrəɪndɪ'keɪʃən] n (Med) contre-indication f

contralto [kən'træltəu] n contralto m

contraption [kən'træpʃən] n (pej) machin m, truc m

contrary¹ ['kɒntrərɪ] adj contraire, opposé(e) ▶ n contraire m ; **on the ~** au contraire ; **unless you hear to the ~** sauf avis contraire ▶ adv: **~ to**

what we thought contrairement à ce que nous pensions

contrary² [kən'trɛərɪ] adj (perverse) contrariant(e), entêté(e)

contrast n ['kɒntrɑːst] contraste m ; **in ~ to or with** contrairement à, par opposition à ▶ vt [kən'trɑːst] mettre en contraste, contraster

contrasting [kən'trɑːstɪŋ] adj opposé(e), contrasté(e)

contravene [kɒntrə'viːn] vt enfreindre, violer, contrevenir à

contravention [kɒntrə'vɛnʃən] n: **~ (of)** infraction f (à)

contribute [kən'trɪbjuːt] vi contribuer ; **to ~ to** (gen) contribuer à ; (newspaper) collaborer à ; (discussion) prendre part à ▶ vt: **to ~ £10/an article to** donner 10 livres/un article à

contribution [kɒntrɪ'bjuːʃən] n contribution f ; (BRIT: for social security) cotisation f ; (to publication) article m

contributor [kən'trɪbjutəʳ] n (to newspaper) collaborateur(-trice) ; (of money, goods) donateur(-trice)

contributory [kən'trɪbjutərɪ] adj (cause) annexe ; **it was a ~ factor in ...** ce facteur a contribué à ...

contributory pension scheme n (BRIT) régime m de retraite salariale

contrite ['kɒntraɪt] adj contrit(e)

contrition [kən'trɪʃən] n remords m

contrivance [kən'traɪvəns] n (scheme) machination f, combinaison f ; (device) appareil m, dispositif m

contrive [kən'traɪv] vt combiner, inventer ▶ vi: **to ~ to do** s'arranger pour faire, trouver le moyen de faire

contrived [kən'traɪvd] adj (pej: not spontaneous) forcé(e) ; (unconvincing: plot) tiré(e) par les cheveux

control [kən'trəul] vt (process, machinery) commander ; (temper) maîtriser ; (disease) enrayer ; (check) contrôler ; **to ~ o.s.** se contrôler ▶ n maîtrise f ; (power) autorité f ; **to take ~ of** se rendre maître de ; (Comm) acquérir une participation majoritaire dans ; **to be in ~ of** être maître de, maîtriser ; (in charge of) être responsable de ; **everything is under ~** j'ai (or il a etc) la situation en main ; **the car went out of ~** j'ai (or il a etc) perdu le contrôle du véhicule ; **beyond our ~** indépendant(e) de notre volonté ; **controls** npl (of machine etc) commandes fpl ; (on radio) boutons mpl de réglage

control key n (Comput) touche f contrôle

controlled drug, controlled substance n substance f inscrite au tableau

controller [kən'trəuləʳ] n contrôleur(-euse)

controlling interest [kən'trəulɪŋ-] n (Comm) participation f majoritaire

control panel n (on aircraft, ship, TV etc) tableau m de commandes

control point n (poste m de) contrôle m

control room n (Naut, Mil) salle f des commandes ; (Radio, TV) régie f

control tower n (Aviat) tour f de contrôle

control unit n (Comput) unité f de contrôle
controversial [kɔntrə'vəːʃl] adj discutable, controversé(e)
controversy ['kɔntrəvəːsɪ] n controverse f, polémique f
conundrum [kə'nʌndrəm] n énigme f
conurbation [kɔnə'beɪʃən] n conurbation f
convalesce [kɔnvə'lɛs] vi relever de maladie, se remettre (d'une maladie)
convalescence [kɔnvə'lɛsns] n convalescence f
convalescent [kɔnvə'lɛsnt] adj, n convalescent(e)
convector [kən'vɛktəʳ] n radiateur m à convection, appareil m de chauffage par convection
convene [kən'viːn] vt convoquer, assembler ▶ vi se réunir, s'assembler
convener, convenor [kən'viːnəʳ] n responsable mf des convocations
convenience [kən'viːnɪəns] n commodité f; **at your** ~ quand or comme cela vous convient; **at your earliest** ~ (Comm) dans les meilleurs délais, le plus tôt possible; **all modern conveniences, all mod cons** (BRIT) avec tout le confort moderne, tout confort
convenience foods npl plats cuisinés
convenient [kən'viːnɪənt] adj commode; **if it is** ~ **to you** si cela vous convient, si cela ne vous dérange pas
conveniently [kən'viːnɪəntlɪ] adv (happen) à pic; (situated) commodément
convent ['kɔnvənt] n couvent m
convention [kən'vɛnʃən] n convention f; (custom) usage m
conventional [kən'vɛnʃənl] adj conventionnel(le)
conventionally [kən'vɛnʃənlɪ] adv (dress, produce) de manière conventionnelle; (beautiful, handsome) classiquement
convent school n couvent m
converge [kən'vəːdʒ] vi converger
convergence [kən'vəːdʒəns] n convergence f
conversant [kən'vəːsnt] adj: **to be** ~ **with** s'y connaître en; être au courant de
conversation [kɔnvə'seɪʃən] n conversation f
conversational [kɔnvə'seɪʃənl] adj de la conversation; (Comput) conversationnel(le)
conversationalist [kɔnvə'seɪʃnəlɪst] n brillant(e) causeur(-euse)
converse n ['kɔnvəːs] contraire m, inverse m ▶ vi [kən'vəːs]: **to** ~ **(with sb about sth)** s'entretenir (avec qn de qch)
conversely [kɔn'vəːslɪ] adv inversement, réciproquement
conversion [kən'vəːʃən] n conversion f; (BRIT: of house) transformation f, aménagement m; (Rugby) transformation f
conversion table n table f de conversion
convert vt [kən'vəːt] (Rel, Comm) convertir; (alter) transformer; (house) aménager; (Rugby) transformer ▶ n ['kɔnvəːt] converti(e)
converter [kən'vəːtəʳ] n convertisseur m
convertible [kən'vəːtəbl] adj convertible ▶ n (voiture f) décapotable f
convex ['kɔnvɛks] adj convexe

convey [kən'veɪ] vt transporter; (thanks) transmettre; (idea) communiquer
conveyance [kən'veɪəns] n (of goods) transport m de marchandises; (vehicle) moyen m de transport
conveyancing [kən'veɪənsɪŋ] n (Law) rédaction f des actes de cession de propriété
conveyor belt [kən'veɪəʳ-] n convoyeur m tapis roulant
convict vt [kən'vɪkt] déclarer (or reconnaître) coupable ▶ n ['kɔnvɪkt] forçat m, convict m
conviction [kən'vɪkʃən] n (Law) condamnation f; (belief) conviction f
convince [kən'vɪns] vt convaincre, persuader; **to** ~ **sb (of sth/that)** persuader qn (de qch/que)
convinced [kən'vɪnst] adj: ~ **of/that** convaincu(e) de/que
convincing [kən'vɪnsɪŋ] adj persuasif(-ive), convaincant(e)
convincingly [kən'vɪnsɪŋlɪ] adv de façon convaincante
convivial [kən'vɪvɪəl] adj joyeux(-euse), plein(e) d'entrain
convoluted ['kɔnvəluːtɪd] adj (shape) tarabiscoté(e); (argument) compliqué(e)
convoy ['kɔnvɔɪ] n convoi m
convulse [kən'vʌls] vt ébranler; **to be convulsed with laughter** se tordre de rire
convulsion [kən'vʌlʃən] n convulsion f
COO n abbr (= chief operating officer) président(e)
coo [kuː] vi roucouler
cook [kuk] vt (faire) cuire ▶ vi cuire; (person) faire la cuisine ▶ n cuisinier(-ière)
▶ **cook up** vt (inf: excuse, story) inventer
cookbook ['kukbuk] n livre m de cuisine
cooker ['kukəʳ] n cuisinière f
cookery ['kukərɪ] n cuisine f
cookery book n (BRIT) = **cookbook**
cookie ['kukɪ] n (US) biscuit m, petit gâteau sec; (Comput) cookie m, témoin m de connexion
cooking ['kukɪŋ] n cuisine f ▶ cpd (apples, chocolate) à cuire; (utensils, salt) de cuisine
cookout ['kukaut] n (US) barbecue m
cookware ['kukwɛəʳ] n batterie f de cuisine
cool [kuːl] adj frais (fraîche); (not afraid) calme; (unfriendly) froid(e); (impertinent) effronté(e); (inf: trendy) cool inv (inf); (: great) super inv (inf); **it's** ~ (weather) il fait frais; **to keep sth** ~ or **in a** ~ **place** garder or conserver qch au frais ▶ vt, vi rafraîchir, refroidir
▶ **cool down** vi refroidir; (fig: person, situation) se calmer
▶ **cool off** vi (become calmer) se calmer; (lose enthusiasm) perdre son enthousiasme
coolant ['kuːlənt] n liquide m de refroidissement
cool box, (US) **cooler** ['kuːləʳ] n boîte f isotherme
cooling ['kuːlɪŋ] adj (breeze) rafraîchissant(e)
cooling tower n refroidisseur m
coolly ['kuːlɪ] adv (calmly) calmement; (audaciously) sans se gêner; (unenthusiastically) froidement
coolness ['kuːlnɪs] n fraîcheur f; sang-froid m, calme m; froideur f

coop [ku:p] *n* poulailler *m* ▶ *vt*: **to ~ up** (*fig*) cloîtrer, enfermer

co-op ['kəʊɔp] *n abbr* (= *cooperative (society)*) coop *f*

cooperate [kəʊ'ɔpəreɪt] *vi* coopérer, collaborer

cooperation [kəʊɔpə'reɪʃən] *n* coopération *f*, collaboration *f*

cooperative [kəʊ'ɔpərətɪv] *adj* coopératif(-ive) ▶ *n* coopérative *f*

coopt [kəʊ'ɔpt] *vt*: **to ~ sb onto a committee** coopter qn pour faire partie d'un comité

coordinate *vt* [kəʊ'ɔ:dɪneɪt] coordonner ▶ *n* [kəʊ'ɔdɪnət] (*Math*) coordonnée *f*; **coordinates** *npl* (*clothes*) ensemble *m*, coordonnés *mpl*

coordination [kəʊɔ:dɪ'neɪʃən] *n* coordination *f*

coordinator [kəʊ'ɔ:dɪneɪtə'] *n* coordinateur(-trice)

coot [ku:t] *n* foulque *f*

co-ownership ['kəʊ'əʊnəʃɪp] *n* copropriété *f*

cop [kɔp] *n* (*inf*) flic *m*

cope [kəʊp] *vi* s'en sortir, tenir le coup; **to ~ with** (*problem*) faire face à; (*take care of*) s'occuper de

Copenhagen ['kəʊpn'heɪgən] *n* Copenhague

copier ['kɔpɪə'] *n* (*also*: **photocopier**) copieur *m*

co-pilot ['kəʊ'paɪlət] *n* copilote *mf*

copious ['kəʊpɪəs] *adj* copieux(-euse), abondant(e)

copper ['kɔpə'] *n* cuivre *m*; (*Brit inf: policeman*) flic *m*; **coppers** *npl* petite monnaie

coppice ['kɔpɪs], **copse** [kɔps] *n* taillis *m*

copulate ['kɔpjuleɪt] *vi* copuler

copy ['kɔpɪ] *n* copie *f*; (*book etc*) exemplaire *m*; (*material: for printing*) copie; **rough ~** (*gen*) premier jet; (*Scol*) brouillon *m*; **fair ~** version définitive; propre *m*; **to make good ~** (*Press*) faire un bon sujet d'article ▶ *vt* copier; (*imitate*) imiter
▶ **copy out** *vt* copier

copycat ['kɔpɪkæt] *n* (*pej*) copieur(-euse)

copyright ['kɔpɪraɪt] *n* droit *m* d'auteur, copyright *m*; **~ reserved** tous droits (de reproduction) réservés

copy typist *n* dactylo *mf*

copywriter ['kɔpɪraɪtə'] *n* rédacteur(-trice) publicitaire

coracle ['kɔrəkl] *n* coracle *m*

coral ['kɔrəl] *n* corail *m*

coral reef *n* récif *m* de corail

Coral Sea *n*: **the ~** la mer de Corail

cord [kɔ:d] *n* corde *f*; (*fabric*) velours côtelé; whipcord *m*; corde *f*; (*Elec*) cordon *m* (d'alimentation), fil *m* (électrique); **cords** *npl* (*trousers*) pantalon *m* de velours côtelé

cordial ['kɔ:dɪəl] *adj* cordial(e), chaleureux(-euse) ▶ *n* sirop *m*; cordial *m*

cordially ['kɔ:dɪəlɪ] *adv* chaleureusement

cordless ['kɔ:dlɪs] *adj* sans fil

cordon ['kɔ:dn] *n* cordon *m*
▶ **cordon off** *vt* (*area*) interdire l'accès à; (*crowd*) tenir à l'écart

corduroy ['kɔ:dərɔɪ] *n* velours côtelé

CORE [kɔ:'] *n abbr* (*US*) = **Congress of Racial Equality**

core [kɔ:'] *n* (*of fruit*) trognon *m*, cœur *m*; (*Tech: also of earth*) noyau *m*; (: *of nuclear reactor*) cœur; (*fig: of problem etc*) cœur; **rotten to the ~** complètement pourri ▶ *vt* enlever le trognon *or* le cœur de

Corfu [kɔ:'fu:] *n* Corfou

coriander [kɔrɪ'ændə'] *n* coriandre *f*

cork [kɔ:k] *n* (*material*) liège *m*; (*of bottle*) bouchon *m*

corkage ['kɔ:kɪdʒ] *n* droit payé par le client qui apporte sa propre bouteille de vin

corked [kɔ:kt], (*US*) **corky** ['kɔ:kɪ] *adj* (*wine*) qui sent le bouchon

corkscrew ['kɔ:kskru:] *n* tire-bouchon *m*

cormorant ['kɔ:mərnt] *n* cormoran *m*

corn [kɔ:n] *n* (*Brit*: *wheat*) blé *m*; (*US*: *maize*) maïs *m*; (*on foot*) cor *m*; **~ on the cob** (*Culin*) épi *m* de maïs au naturel

cornea ['kɔ:nɪə] *n* cornée *f*

corned beef ['kɔ:nd-] *n* corned-beef *m*

corner ['kɔ:nə'] *n* coin *m*; (*in road*) tournant *m*, virage *m*; (*Football: also*: **corner kick**) corner *m*; **to cut corners** (*fig*) prendre des raccourcis ▶ *vt* (*trap: prey*) acculer; (*fig*) coincer; (*Comm: market*) accaparer ▶ *vi* prendre un virage

corner flag *n* (*Football*) piquet *m* de coin

corner kick *n* corner *m*

corner shop (*Brit*) *n* magasin *m* du coin

cornerstone ['kɔ:nəstəʊn] *n* pierre *f* angulaire

cornet ['kɔ:nɪt] *n* (*Mus*) cornet *m* à pistons; (*Brit: of ice-cream*) cornet (de glace)

cornfield ['kɔ:nfi:ld] *n* (*Brit*: *field of wheat*) champ *m* de blé; (*US*: *field of maize*) champ *m* de maïs

cornflakes ['kɔ:nfleɪks] *npl* cornflakes *mpl*

cornflour ['kɔ:nflaʊə'] *n* (*Brit*) farine *f* de maïs, maïzena® *f*

cornflower ['kɔ:nflaʊə'] *n* bleuet *m*, barbeau *m*

cornice ['kɔ:nɪs] *n* corniche *f*

Cornish ['kɔ:nɪʃ] *adj* de Cornouailles, cornouaillais(e)

corn oil *n* huile *f* de maïs

cornstarch ['kɔ:nstɑ:tʃ] *n* (*US*) farine *f* de maïs, maïzena® *f*

cornucopia [kɔ:nju'kəʊpɪə] *n* corne *f* d'abondance

Cornwall ['kɔ:nwəl] *n* Cornouailles *f*

corny ['kɔ:nɪ] *adj* (*inf*) rebattu(e), galvaudé(e)

corollary [kə'rɔlərɪ] *n* corollaire *m*

coronary ['kɔrənərɪ] *n*: **~ (thrombosis)** infarctus *m* (du myocarde), thrombose *f* coronaire

coronation [kɔrə'neɪʃən] *n* couronnement *m*

coroner ['kɔrənə'] *n* coroner *m*, *officier de police judiciaire chargé de déterminer les causes d'un décès*

coronet ['kɔrənɪt] *n* couronne *f*

Corp. *abbr* = **corporation**

corporal ['kɔ:pərl] *n* caporal *m*, brigadier *m* ▶ *adj*: **~ punishment** châtiment corporel

corporate ['kɔ:pərɪt] *adj* (*action, ownership*) en commun; (*Comm*) de la société

corporate hospitality *n arrangement selon lequel une société offre des places de théâtre, concert etc à ses clients*

corporate identity, corporate image *n* (*of organization*) image *f* de la société

corporation [kɔ:pə'reɪʃən] *n* (*of town*) municipalité *f*, conseil municipal; (*Comm*) société *f*

557

corporation tax *n* ≈ impôt *m* sur les bénéfices
corps [kɔːʳ] (*pl* ~ [kɔːz]) *n* corps *m* ; **the diplomatic** ~ le corps diplomatique ; **the press** ~ la presse
corpse [kɔːps] *n* cadavre *m*
corpulent ['kɔːpjulənt] *adj* (*literary*) corpulent(e)
corpuscle ['kɔːpʌsl] *n* corpuscule *m*
corral [kəˈrɑːl] *n* corral *m*
correct [kəˈrɛkt] *adj* (*accurate*) correct(e), exact(e) ; (*proper*) correct, convenable ; **you are** ~ vous avez raison ▸ *vt* corriger
correction [kəˈrɛkʃən] *n* correction *f*
correctional [kəˈrɛkʃənəl] *adj* (*esp US*) correctionnel(le)
correctly [kəˈrɛktlɪ] *adv* (*right*) correctement ; **quite** ~, **she** ... à fort juste titre, elle ...
correlate ['kɔrɪleɪt] *vt* mettre en corrélation ▸ *vi*: **to** ~ **with** correspondre à
correlation [kɔrɪˈleɪʃən] *n* corrélation *f*
correspond [kɔrɪsˈpɔnd] *vi* correspondre ; **to** ~ **to sth** (*be equivalent to*) correspondre à qch
correspondence [kɔrɪsˈpɔndəns] *n* correspondance *f*
correspondence course *n* cours *m* par correspondance
correspondent [kɔrɪsˈpɔndənt] *n* correspondant(e)
corresponding [kɔrɪsˈpɔndɪŋ] *adj* correspondant(e)
correspondingly [kɔrɪˈspɔndɪŋlɪ] *adv* (*proportionately*) proportionnellement
corridor ['kɔrɪdɔːʳ] *n* couloir *m*, corridor *m*
corroborate [kəˈrɔbəreɪt] *vt* corroborer, confirmer
corroboration [kərɔbəˈreɪʃən] *n* confirmation *f*
corrode [kəˈrəud] *vt* corroder, ronger ▸ *vi* se corroder
corrosion [kəˈrəuʒən] *n* corrosion *f*
corrosive [kəˈrəuzɪv] *adj* corrosif(-ive)
corrugated ['kɔrəgeɪtɪd] *adj* plissé(e) ; ondulé(e)
corrugated iron *n* tôle ondulée
corrupt [kəˈrʌpt] *adj* corrompu(e) ; (*Comput*) altéré(e) ; ~ **practices** (*dishonesty, bribery*) malversation *f* ▸ *vt* corrompre ; (*Comput*) altérer
corruption [kəˈrʌpʃən] *n* corruption *f* ; (*Comput*) altération *f* (de données)
corset ['kɔːsɪt] *n* corset *m*
Corsica ['kɔːsɪkə] *n* Corse *f*
Corsican ['kɔːsɪkən] *adj* corse ▸ *n* Corse *mf*
cortège [kɔːˈteɪʒ] *n* cortège *m* (*gén funèbre*)
cortex ['kɔːtɛks] (*pl* **cortices** ['kɔːtɪsiːz]) *n* (*of brain*) cortex *m*
cortisone ['kɔːtɪzəun] *n* cortisone *f*
coruscating ['kɔrəskeɪtɪŋ] *adj* scintillant(e)
cosh [kɔʃ] *n* (*BRIT*) matraque *f*
cosignatory ['kəuˈsɪgnətərɪ] *n* cosignataire *mf*
cosiness ['kəuzɪnɪs] *n* atmosphère douillette, confort *m*
cos lettuce ['kɔs-] *n* (laitue *f*) romaine *f*
cosmetic [kɔzˈmɛtɪk] *n* produit *m* de beauté, cosmétique *m* ▸ *adj* (*preparation*) cosmétique ; (*fig: reforms*) symbolique, superficiel(le)
cosmetic surgery *n* chirurgie *f* esthétique
cosmic ['kɔzmɪk] *adj* cosmique
cosmonaut ['kɔzmənɔːt] *n* cosmonaute *mf*

cosmopolitan [kɔzməˈpɔlɪtn] *adj* cosmopolite
cosmos ['kɔzmɔs] *n* cosmos *m*
cosset ['kɔsɪt] *vt* choyer, dorloter
cost [kɔst] *n* coût *m* ; **at all costs** coûte que coûte, à tout prix ▸ *vt* (*pt, pp* ~: *money*) coûter ; (*pt, pp* **costed**: *estimate cost of*) établir *or* calculer le prix de revient de ; **how much does it** ~? combien ça coûte ? ; **it costs £5/too much** cela coûte 5 livres/trop cher ; **what will it** ~ **to have it repaired?** combien cela coûtera de le faire réparer ? ; **to** ~ **sb time/effort** demander du temps/un effort à qn ; **it** ~ **him his life/job** ça lui a coûté la vie/son emploi ; **costs** *npl* (*Comm*) frais *mpl* ; (*Law*) dépens *mpl*
cost accountant *n* analyste *mf* de coûts
co-star ['kəustɑːʳ] *n* partenaire *mf*
Costa Rica ['kɔstəˈriːkə] *n* Costa Rica *m*
cost centre *n* centre *m* de coût
cost control *n* contrôle *m* des coûts
cost-effective ['kɔstɪˈfɛktɪv] *adj* rentable
cost-effectiveness ['kɔstɪˈfɛktɪvnɪs] *n* rentabilité *f*
costing ['kɔstɪŋ] *n* calcul *m* du prix de revient
costly ['kɔstlɪ] *adj* coûteux(-euse)
cost of living ['kɔstəvˈlɪvɪŋ] *n* coût *m* de la vie ▸ *cpd*: ~ **allowance** indemnité *f* de vie chère ; ~ **index** indice *m* du coût de la vie
cost price *n* (*BRIT*) prix coûtant *or* de revient
costume ['kɔstjuːm] *n* costume *m* ; (*lady's suit*) tailleur *m* ; (*BRIT: also:* **swimming costume**) maillot *m* (de bain)
costume jewellery *n* bijoux *mpl* de fantaisie
cosy, (*US*) **cozy** ['kəuzɪ] *adj* (*room, bed*) douillet(te) ; (*scarf, gloves*) bien chaud(e) ; (*atmosphere*) chaleureux(-euse) ; **to be** ~ (*person*) être bien (au chaud)
cot [kɔt] *n* (*BRIT: child's*) lit *m* d'enfant, petit lit *m* ; (*US: campbed*) lit de camp
cot death *n* mort subite du nourrisson
Cotswolds ['kɔtswəuldz] *npl*: **the** ~ *région de collines du Gloucestershire*
cottage ['kɔtɪdʒ] *n* petite maison (à la campagne), cottage *m*
cottage cheese *n* fromage blanc (*maigre*)
cottage industry *n* industrie familiale *or* artisanale
cottage pie *n* ≈ hachis *m* Parmentier
cotton ['kɔtn] *n* coton *m* ; (*thread*) fil *m* (de coton) ▸ *cpd* (*dress, sheet*) de coton ; **a** ~ **shirt** une chemise de coton ▸ **cotton on** *vi* (*inf*): **to** ~ **on (to sth)** piger (qch)
cotton bud *n* (*BRIT*) coton-tige® *m*
cotton candy *n* (*US*) barbe *f* à papa
cotton wool *n* (*BRIT*) ouate *f*, coton *m* hydrophile
couch [kautʃ] *n* canapé *m* ; divan *m* ; (*doctor's*) table *f* d'examen ; (*psychiatrist's*) divan ▸ *vt* formuler, exprimer
couchette [kuːˈʃɛt] *n* couchette *f*
couch potato *n* (*inf*) mollasson(ne) (*qui passe son temps devant la télé*)
cough [kɔf] *vi* tousser ▸ *n* toux *f* ; **I've got a** ~ j'ai la toux, je tousse ▸ **cough up** (*inf*) *vt fus* (*money*) raquer (*inf*), cracher (*inf*) ▸ *vi* (*pay money*) raquer (*inf*)
cough drop *n* pastille *f* pour *or* contre la toux

cough mixture, cough syrup n sirop m pour la
toux
cough sweet n pastille f pour or contre la toux
could [kud] pt of **can²**
couldn't = **could not**
council ['kaunsl] n conseil m ; **city** or **town** ~
conseil municipal ; **C~ of Europe** Conseil de
l'Europe
council estate n (BRIT) (quartier m or zone f de)
logements loués à/par la municipalité
council house n (BRIT) maison f (à loyer modéré)
louée par la municipalité
councillor, (US) **councilor** ['kaunslə'] n
conseiller(-ère)
council tax n (BRIT) impôts locaux
counsel ['kaunsl] n conseil m ; (lawyer) avocat(e) ;
~ **for the defence/the prosecution** (avocat de
la) défense/avocat du ministère public ▶ vt: **to ~
(sb to do sth)** conseiller (à qn de faire qch)
counselling, (US) **counseling** ['kaunslɪŋ] n
(Psych) aide psychosociale
counsellor, (US) **counselor** ['kaunslə'] n
conseiller(-ère) ; (US Law) avocat m
count [kaunt] vt compter ; **not counting the
children** sans compter les enfants ; **10
counting him** 10 avec lui, 10 en le comptant ;
to ~ the cost of établir le coût de ; **~ yourself
lucky** estimez-vous heureux ▶ vi compter ; **to ~
(up) to 10** compter jusqu'à 10 ; **it counts for
very little** cela n'a pas beaucoup d'importance
▶ n compte m ; (nobleman) comte m ; **to keep ~ of
sth** tenir le compte de qch
▶ **count in** vt (inf): **to ~ sb in on sth** inclure qn
dans qch
▶ **count on** vt fus compter sur ; **to ~ on doing
sth** compter faire qch
▶ **count up** vt compter, additionner
countdown ['kauntdaun] n compte m à rebours
countenance ['kauntɪnəns] n expression f ▶ vt
approuver
counter ['kauntə'] n comptoir m ; (in post office,
bank) guichet m ; (in game) jeton m ; **to buy
under the ~** (fig) acheter sous le manteau or en
sous-main ▶ vt aller à l'encontre de, opposer ;
(blow) parer ; **to ~ sth with sth/by doing sth**
contrer or riposter à qch par qch/en faisant qch
▶ adv: ~ **to** à l'encontre de ; contrairement à
counteract ['kauntər'ækt] vt neutraliser,
contrebalancer
counterattack ['kauntərə'tæk] n contre-
attaque f ▶ vi contre-attaquer
counterbalance ['kauntə'bæləns] vt
contrebalancer, faire contrepoids à
counterclockwise ['kauntə'klɔkwaɪz] adv (US)
en sens inverse des aiguilles d'une montre
counter-espionage ['kauntər'ɛspɪənɑ:ʒ] n
contre-espionnage m
counterfeit ['kauntəfɪt] n faux m, contrefaçon f
▶ vt contrefaire ▶ adj faux (fausse)
counterfoil ['kauntəfɔɪl] n talon m, souche f
counterintelligence ['kauntərɪn'tɛlɪdʒəns] n
contre-espionnage m
countermand ['kauntəmɑ:nd] vt annuler
countermeasure ['kauntəmɛʒə'] n contre-
mesure f

counteroffensive ['kauntərə'fɛnsɪv] n
contre-offensive f
counterpane ['kauntəpeɪn] n dessus-de-lit m
counterpart ['kauntəpɑ:t] n (of document etc)
double m ; (of person) homologue mf
counterproductive ['kauntəprə'dʌktɪv] adj
contre-productif(-ive)
counterproposal ['kauntəprə'pəuzl] n
contre-proposition f
counter-revolutionary [kauntərɛvə'lu:ʃənrɪ]
adj, n contre-révolutionnaire mf
countersign ['kauntəsaɪn] vt contresigner
countersink ['kauntəsɪŋk] vt (hole) fraiser
countertenor ['kauntətɛnə'] n haute-contre m
counterterrorism [kauntə'tɛrərɪzəm] n
contre-terrorisme m
countertop ['kauntətɔp] n (US: worktop) plan m
de travail
counterweight ['kauntəweɪt] n contrepoids m
▶ vt contrebalancer
countess ['kauntɪs] n comtesse f
countless ['kauntlɪs] adj innombrable
countrified ['kʌntrɪfaɪd] adj rustique, à l'air
campagnard
country ['kʌntrɪ] n pays m ; (native land) patrie f ;
(as opposed to town) campagne f ; (region) région f,
pays ; **in the ~** à la campagne ; **mountainous ~**
pays de montagne, région montagneuse
**country and western, country and western
music** n musique f country
country dancing n (BRIT) danse f folklorique
country house n manoir m, (petit) château
countryman ['kʌntrɪmən] n (irreg) (compatriot)
compatriote m ; (country dweller) habitant m de la
campagne, campagnard m
countryside ['kʌntrɪsaɪd] n campagne f
countrywide ['kʌntrɪ'waɪd] adj s'étendant à
l'ensemble du pays ; (problem) à l'échelle
nationale ▶ adv à travers or dans tout le pays
countrywoman ['kʌntrɪwumən] n (irreg)
(compatriot) compatriote f ; (country dweller)
habitante f de la campagne, campagnarde f
county ['kauntɪ] n comté m
county council n (BRIT) ≈ conseil régional
county town n (BRIT) chef-lieu m
coup [ku:] (pl **coups** [ku:z]) n (achievement) beau
coup ; (also: **coup d'état**) coup d'État
coupé [ku:'peɪ] n (Aut) coupé m
couple ['kʌpl] n couple m ; **a ~ of** (two) deux ; (a
few) deux ou trois ▶ vt (carriages) atteler ; (Tech)
coupler ; (ideas, names) associer
couplet ['kʌplɪt] n distique m
coupling ['kʌplɪŋ] n (Rail) attelage m
coupon ['ku:pɔn] n (voucher) bon m de réduction ;
(detachable form) coupon m détachable,
coupon-réponse m ; (Finance) coupon
courage ['kʌrɪdʒ] n courage m
courageous [kə'reɪdʒəs] adj courageux(-euse)
courgette [kuə'ʒɛt] n (BRIT) courgette f
courier ['kurɪə'] n messager m, courrier m ; (for
tourists) accompagnateur(-trice)
course [kɔ:s] n cours m ; (of ship) route f ; (for golf)
terrain m ; (part of meal) plat m ; **first ~** entrée f ;
of ~ adv bien sûr ; **(no,) of ~ not!** bien sûr que
non !, évidemment que non ! ; **in the ~ of** au

cours de ; **in the ~ of the next few days** au cours des prochains jours ; **in due ~** en temps utile *or* voulu ; **~ (of action)** parti *m*, ligne *f* de conduite ; **the best ~ would be to ...** le mieux serait de ... ; **we have no other ~ but to ...** nous n'avons pas d'autre solution que de ... ; **~ of lectures** série *f* de conférences ; **~ of treatment** (*Med*) traitement *m*

coursework ['kɔːswəːk] *n* (*students' work*) devoirs *mpl* ; (*continuous assessment*) contrôle *m* continu

court [kɔːt] *n* cour *f* ; (*Law*) cour, tribunal *m* ; (*Tennis*) court *m* ; **out of ~** (*Law: settle*) à l'amiable ; **to take to ~** actionner *or* poursuivre en justice ; **~ of appeal** cour d'appel ▶ *vt* (*woman*) courtiser, faire la cour à ; (*fig: favour, popularity*) rechercher ; (: *death, disaster*) courir après, flirter avec

courteous ['kəːtɪəs] *adj* courtois(e), poli(e)

courtesan [kɔːtɪ'zæn] *n* courtisane *f*

courtesy ['kəːtəsɪ] *n* courtoisie *f*, politesse *f* ; **(by) ~ of** avec l'aimable autorisation de

courtesy bus, courtesy coach *n* navette gratuite

courtesy light *n* (*Aut*) plafonnier *m*

court-house ['kɔːthaus] *n* (*US*) palais *m* de justice

courtier ['kɔːtɪəʳ] *n* courtisan *m*, dame *f* de cour

court martial (*pl* **courts martial**) *n* cour martiale, conseil *m* de guerre

courtroom ['kɔːtrum] *n* salle *f* de tribunal

court shoe *n* escarpin *m*

courtyard ['kɔːtjɑːd] *n* cour *f*

cousin ['kʌzn] *n* cousin(e) ; **first ~** cousin(e) germain(e)

couturier [ku'tjuərieɪ] *n* grand couturier *m*

cove [kəuv] *n* petite baie, anse *f*

covenant ['kʌvənənt] *n* contrat *m*, engagement *m* ▶ *vt*: **to ~ £200 per year to a charity** s'engager à verser 200 livres par an à une œuvre de bienfaisance

Coventry ['kɔvəntrɪ] *n*: **to send sb to ~** (*fig*) mettre qn en quarantaine

cover ['kʌvəʳ] *vt* couvrir ; (*Press: report on*) faire un reportage sur ; (*feelings, mistake*) cacher ; (*include*) englober ; (*discuss*) traiter ; **£10 will ~ everything** 10 livres suffiront (pour tout payer) ▶ *n* (*of book, Comm*) couverture *f* ; (*of pan*) couvercle *m* ; (*over furniture*) housse *f* ; (*shelter*) abri *m* ; **to take ~** se mettre à l'abri ; **under ~** à l'abri ; **under ~ of darkness** à la faveur de la nuit ; **under separate ~** (*Comm*) sous pli séparé ; **covers** *npl* (*on bed*) couvertures ▶ **cover up** *vt* (*truth, facts*) occulter ; (*person, object*): **to ~ up (with)** couvrir (de) ▶ *vi*: **to ~ up for sb** (*fig*) couvrir qn

coverage ['kʌvərɪdʒ] *n* (*in media*) reportage *m* ; (*Insurance*) couverture *f*

cover charge *n* couvert *m* (*supplément à payer*)

covered ['kʌvəd] *adj* couvert(e) ; **to be ~ in** *or* **with sth** être couvert(e) de qch

covering ['kʌvərɪŋ] *n* couverture *f*, enveloppe *f*

covering letter, (*US*) **cover letter** *n* lettre explicative

cover note *n* (*Insurance*) police *f* provisoire

cover price *n* prix *m* de l'exemplaire

covert ['kʌvət] *adj* (*threat*) voilé(e), caché(e) ; (*attack*) indirect(e) ; (*glance*) furtif(-ive)

covertly ['kʌvətlɪ] *adv* (*work, operate*) secrètement ; (*watch*) à la dérobée ; **to film sb ~** filmer qn à son insu

cover-up ['kʌvərʌp] *n* tentative *f* pour étouffer une affaire

covet ['kʌvɪt] *vt* convoiter

cow [kau] *n* vache *f* ▶ *cpd* femelle ▶ *vt* effrayer, intimider

coward ['kauəd] *n* lâche *mf*

cowardice ['kauədɪs] *n* lâcheté *f*

cowardly ['kauədlɪ] *adj* lâche

cowboy ['kaubɔɪ] *n* cow-boy *m*

cower ['kauəʳ] *vi* se recroqueviller ; trembler

cowhide ['kauhaɪd] *n* cuir *m* de vache ▶ *cpd* (*boots, bag, chair*) en cuir de vache

cowl [kaul] *n* (*hood*) capuchon *m*

cowpat ['kaupæt] *n* bouse *f* de vache

cowshed ['kauʃed] *n* étable *f*

cowslip ['kauslɪp] *n* (*Bot*) (fleur *f* de) coucou *m*

cox [kɔks] *n* (*of rowing boat*) barreur(-euse)

coxswain ['kɔksən] *n* (*of lifeboat*) timonier *m*

coy [kɔɪ] *adj* (*shy*) faussement effarouché(e) *or* timide ; (*coquettish: smile*) séducteur(-trice) ; (*evasive*) évasif(-ive)

coyly ['kɔɪlɪ] *adv* (*coquettishly*) avec coquetterie ; (*euphemistically*) euphémiquement ; (*evasively*) évasivement

coyote [kɔɪ'əutɪ] *n* coyote *m*

cozy ['kəuzɪ] *adj* (*US*) = **cosy**

CP *n abbr* (= *Communist Party*) PC *m*

cp. *abbr* (= *compare*) cf

CPA *n abbr* (*US*) = **certified public accountant**

CPI *n abbr* (= *Consumer Price Index*) IPC *m*

Cpl. *abbr* (= *corporal*) C/C

CP/M *n abbr* (= *Central Program for Microprocessors*) CP/M *m*

CPR *n abbr* (= *cardiopulmonary resuscitation*) RCP *f*

c.p.s. *abbr* (= *characters per second*) caractères/seconde

CPSA *n abbr* (*BRIT:* = *Civil and Public Services Association*) *syndicat de la fonction publique*

CPU *n abbr* = **central processing unit**

cr. *abbr* = **credit; creditor**

crab [kræb] *n* crabe *m*

crab apple *n* pomme *f* sauvage

crack [kræk] *n* (*split*) fente, fissure *f* ; (*in cup, bone*) fêlure *f* ; (*in wall*) lézarde *f* ; (*noise*) craquement *m*, coup (sec) ; (*joke*) plaisanterie *f* ; (*inf: attempt*): **to have a ~ (at sth)** essayer (qch) ; (*also:* **crack cocaine**) crack *m* ; (*IRISH inf: craic*) ambiance *f* ▶ *vt* fendre, fissurer ; fêler ; lézarder ; (*whip*) faire claquer ; (*nut*) casser ; (*problem*) résoudre, trouver la clef de ; (*code*) déchiffrer ; **to ~ jokes** (*inf*) raconter des blagues ▶ *vi*: **to get cracking** (*inf*) s'y mettre, se magner ▶ *cpd* (*athlete*) de première classe, d'élite ▶ **crack down on** *vt fus* (*crime*) sévir contre, réprimer ; (*spending*) mettre un frein à ▶ **crack up** *vi* être au bout du rouleau, flancher

crack cocaine *n* crack *m*

crackdown ['krækdaun] *n*: **~ (on)** (*on crime*) répression *f* (de) ; (*on spending*) restrictions *fpl* (de)

cracked [krækt] adj (cup, bone) fêlé(e) ; (broken) cassé(e) ; (wall) lézardé(e) ; (surface) craquelé(e) ; (inf) toqué(e), timbré(e)

cracker ['krækəʳ] n (also: **Christmas cracker**) pétard m ; (biscuit) biscuit (salé), craquelin m ; **a ~ of a ...** (BRIT inf) un(e) ... formidable ; **he's crackers** (BRIT inf) il est cinglé

crackle ['krækl] vi crépiter, grésiller

crackling ['kræklɪŋ] n crépitement m, grésillement m ; (on radio, telephone) grésillement m, friture f ; (of pork) couenne f

crackpot ['krækpɔt] n (inf) tordu(e)

cradle ['kreɪdl] n berceau m ▸ vt (child) bercer ; (object) tenir dans ses bras

craft [krɑːft] n métier (artisanal) ; (cunning) ruse f, astuce f ; (boat: pl inv) embarcation f, barque f ; (plane: pl inv) appareil m

craftsman ['krɑːftsmən] n (irreg) artisan m

craftsmanship ['krɑːftsmənʃɪp] n métier m, habileté f

craftswoman ['krɑːftswumən] n (irreg) artisane f

crafty ['krɑːftɪ] adj rusé(e), malin(-igne), astucieux(-euse)

crag [kræg] n rocher escarpé

craggy ['krægɪ] adj (cliff) escarpé(e) ; (face) anguleux(-euse)

craic [kræk] n (IRISH inf) ambiance f

cram [kræm] vt: **to ~ sth with** (fill) bourrer qch de ; **to ~ sth into** (put) fourrer qch dans ▸ vi (for exams) bachoter

crammed [kræmd] adj: **to be ~ with sth** être bourré(e) de qch ; **to be ~ into sth** être entassé(e) dans qch

cramming ['kræmɪŋ] n (for exams) bachotage m

cramp [kræmp] n crampe f ; **I've got ~ in my leg** j'ai une crampe à la jambe ▸ vt gêner, entraver

cramped [kræmpt] adj à l'étroit, très serré(e)

crampon ['kræmpən] n crampon m

cranberry ['krænbərɪ] n canneberge f

crane [kreɪn] n grue f ▸ vi, vt: **to ~ forward, to ~ one's neck** allonger le cou

cranefly ['kreɪnflaɪ] n tipule f

cranium ['kreɪnɪəm] (pl **crania** ['kreɪnɪə]) n boîte crânienne

crank [kræŋk] n manivelle f ; (person) excentrique mf

crankshaft ['kræŋkʃɑːft] n vilebrequin m

cranky ['kræŋkɪ] adj excentrique, loufoque ; (bad-tempered) grincheux(-euse), revêche

cranny ['krænɪ] n see **nook**

crap [kræp] n (inf!: nonsense) conneries fpl (!) ; (: excrement) merde f (!) ; **the party was ~** la fête était merdique (!) ; **to have a ~** chier (!)

crappy ['kræpɪ] adj (inf) merdique (!)

crash [kræʃ] n (noise) fracas m ; (of car, plane) collision f ; (of business) faillite f ; (Stock Exchange) krach m ▸ vt (plane) écraser ; **he crashed the car into a wall** il s'est écrasé contre un mur avec sa voiture ▸ vi (plane) s'écraser ; (two cars) se percuter, s'emboutir ; (business) s'effondrer ; **to ~ into** se jeter or se fracasser contre

crash barrier n (BRIT Aut) rail m de sécurité

crash course n cours intensif

crash helmet n casque (protecteur)

crash landing n atterrissage forcé or en catastrophe

crass [kræs] adj grossier(-ière), crasse

crate [kreɪt] n cageot m ; (for bottles) caisse f

crater ['kreɪtəʳ] n cratère m

cravat [krə'væt] n foulard (noué autour du cou)

crave [kreɪv] vt, vi: **to ~ (for)** désirer violemment, avoir un besoin physiologique de, avoir une envie irrésistible de

craving ['kreɪvɪŋ] n: **~ (for)** (for food, cigarettes etc) envie f irrésistible (de)

crawl [krɔːl] vi ramper ; (vehicle) avancer au pas ; **to ~ on one's hands and knees** aller à quatre pattes ; **to ~ to sb** (inf) faire de la lèche à qn ▸ n (Swimming) crawl m

crawler lane ['krɔːlə-] n (BRIT Aut) file f or voie f pour véhicules lents

crawling ['krɔːlɪŋ] adj: **to be ~ with** (pej) grouiller de

crayfish ['kreɪfɪʃ] n (pl inv: freshwater) écrevisse f ; (: saltwater) langoustine f

crayon ['kreɪən] n crayon m (de couleur)

craze [kreɪz] n engouement m

crazed [kreɪzd] adj (look, person) affolé(e) ; (pottery, glaze) craquelé(e)

craziness ['kreɪzɪnɪs] n folie f

crazy ['kreɪzɪ] adj fou (folle) ; **to go ~** devenir fou ; **to be ~ about sb/sth** (inf) être fou de qn/qch

crazy paving n (BRIT) dallage irrégulier (en pierres plates)

CRB n abbr (BRIT) = **Criminal Records Bureau**

creak [kriːk] vi (hinge) grincer ; (floor, shoes) craquer

creaky ['kriːkɪ] adj (door) grinçant(e) ; (floorboard) qui craque ; (old-fashioned) vieillot(te)

cream [kriːm] n crème f ; **whipped ~** crème fouettée ▸ adj (colour) crème inv
▸ **cream off** vt (fig) prélever

cream cake n (petit) gâteau à la crème

cream cheese n fromage m à la crème, fromage blanc

creamery ['kriːmərɪ] n (shop) crémerie f ; (factory) laiterie f

creamy ['kriːmɪ] adj crémeux(-euse)

crease [kriːs] n pli m ▸ vt froisser, chiffonner ▸ vi se froisser, se chiffonner

crease-resistant ['kriːsrɪzɪstənt] adj infroissable

create [kriː'eɪt] vt créer ; (impression, fuss) faire

creation [kriː'eɪʃən] n création f

creationism [kriː'eɪʃənɪzəm] n créationnisme m

creative [kriː'eɪtɪv] adj créatif(-ive)

creatively [kriː'eɪtɪvlɪ] adv de façon créative

creativity [kriːeɪ'tɪvɪtɪ] n créativité f

creator [kriː'eɪtəʳ] n créateur(-trice)

creature ['kriːtʃəʳ] n créature f

creature comforts npl petit confort

crèche [krɛʃ] n garderie f, crèche f

credence ['kriːdns] n croyance f, foi f

credentials [krɪ'dɛnʃlz] npl (references) références fpl ; (identity papers) pièce f d'identité ; (letters of reference) pièces justificatives

credibility [krɛdɪ'bɪlɪtɪ] n crédibilité f

561

credible ['krɛdɪbl] *adj* digne de foi, crédible

credit ['krɛdɪt] *n* crédit *m* ; (*recognition*) honneur *m* ; (*Scol*) unité *f* de valeur ; **to be in ~** (*person, bank account*) être créditeur(-trice) ; **on ~** à crédit ; **to one's ~** à son honneur ; à son actif ; **to take the ~ for** s'attribuer le mérite de ; **it does him ~** cela lui fait honneur ▶ *vt* (*Comm*) créditer ; (*believe: also:* **give credit to**) ajouter foi à, croire ; **to ~ sb with** (*fig*) prêter *or* attribuer à qn ; **to ~ £5 to sb** créditer (le compte de) qn de 5 livres ; **credits** *npl* (*Cine*) générique *m*

creditable ['krɛdɪtəbl] *adj* honorable, estimable

credit account *n* compte *m* client

credit agency *n* (BRIT) agence *f* de renseignements commerciaux

credit balance *n* solde créditeur

credit bureau *n* (US) agence *f* de renseignements commerciaux

credit card *n* carte *f* de crédit ; **do you take credit cards?** acceptez-vous les cartes de crédit ?

credit control *n* suivi *m* des factures

credit crunch *n* crise *f* du crédit

credit facilities *npl* facilités *fpl* de paiement

credit limit *n* limite *mf* de crédit

credit note *n* (BRIT) avoir *m*

creditor ['krɛdɪtər] *n* créancier(-ière)

credit transfer *n* virement *m*

creditworthiness ['krɛdɪtwə:ðɪnɪs] *n* solvabilité *f*

creditworthy ['krɛdɪtwə:ðɪ] *adj* solvable

credulity [krɪ'dju:lɪtɪ] *n* crédulité *f*

credulous ['krɛdʒuləs] *adj* crédule

creed [kri:d] *n* croyance *f* ; credo *m*, principes *mpl*

creek [kri:k] *n* (*inlet*) crique *f*, anse *f* ; (US: *stream*) ruisseau *m*, petit cours d'eau

creel ['kri:l] *n* panier *m* de pêche ; (*also:* **lobster creel**) panier à homards

creep [kri:p] (*pt, pp* **crept** [krɛpt]) *vi* ramper ; (*silently*) se faufiler, se glisser ; (*plant*) grimper ; **to ~ up on sb** s'approcher furtivement de qn ▶ *n* (*inf: flatterer*) lèche-botte *m* ; **he's a ~** c'est un type puant ; **it gives me the creeps** cela me fait froid dans le dos

creeper ['kri:pər] *n* plante grimpante

creepers ['kri:pəz] *npl* (US: *for baby*) barboteuse *f*

creepy ['kri:pɪ] *adj* (*frightening*) qui fait frissonner, qui donne la chair de poule

creepy-crawly ['kri:pɪ'krɔ:lɪ] *n* (*inf*) bestiole *f*

cremate [krɪ'meɪt] *vt* incinérer

cremation [krɪ'meɪʃən] *n* incinération *f*

crematorium [krɛmə'tɔ:rɪəm] (*pl* **crematoria** [-'tɔ:rɪə]) *n* four *m* crématoire

creosote ['krɪəsəut] *n* créosote *f*

crepe [kreɪp] *n* crêpe *m*

crepe bandage *n* (BRIT) bande *f* Velpeau®

crepe paper *n* papier *m* crépon

crept [krɛpt] *pt, pp of* **creep**

crescendo [krɪ'ʃɛndəu] *n* crescendo *m*

crescent ['krɛsnt] *n* croissant *m* ; (*street*) rue *f* (*en arc de cercle*)

cress [krɛs] *n* cresson *m*

crest [krɛst] *n* crête *f* ; (*of helmet*) cimier *m* ; (*of coat of arms*) timbre *m*

crestfallen ['krɛstfɔ:lən] *adj* déconfit(e), découragé(e)

Crete ['kri:t] *n* Crète *f*

crevasse [krɪ'væs] *n* crevasse *f*

crevice ['krɛvɪs] *n* fissure *f*, lézarde *f*, fente *f*

crew [kru:] *n* équipage *m* ; (*Cine*) équipe *f* (de tournage) ; (*gang*) bande *f*

crew-cut [kru:kʌt] *n*: **to have a ~** avoir les cheveux en brosse

crewman ['kru:mən] *n* (*irreg*) membre *m* de l'équipage

crew-neck ['kru:nɛk] *n* col ras

crib [krɪb] *n* lit *m* d'enfant ; (*for baby*) berceau *m* ▶ *vt* (*inf*) copier

cribbage ['krɪbɪdʒ] *n* sorte de jeu de cartes

crib sheet *n* (BRIT: *in exam*) antisèche *f*

crick [krɪk] *n* crampe *f* ; **~ in the neck** torticolis *m*

cricket ['krɪkɪt] *n* (*insect*) grillon *m*, cri-cri *m inv* ; (*game*) cricket *m*

cricketer ['krɪkɪtər] *n* joueur *m* de cricket

crime [kraɪm] *n* crime *m* ; **minor ~** délit mineur, infraction mineure

crime wave *n* poussée *f* de la criminalité

crime writer *n* auteur *mf* de romans policiers

criminal ['krɪmɪnl] *adj, n* criminel(le)

criminality [krɪmɪ'nælɪtɪ] *n* criminalité *f*

criminalize ['krɪmɪnəlaɪz] *vt* criminaliser

criminally ['krɪmɪnəlɪ] *adv* (*responsible, liable*) pénalement ; (*fig: expensive, underpaid*) scandaleusement ; **~ irresponsible** d'une irresponsabilité criminelle

criminology [krɪmɪ'nɔlədʒɪ] *n* criminologie *f*

crimp [krɪmp] *vt* friser, frisotter

crimson ['krɪmzn] *adj* cramoisi(e)

cringe [krɪndʒ] *vi* avoir un mouvement de recul ; (*fig*) s'humilier, ramper

crinkle ['krɪŋkl] *vt* froisser, chiffonner

cripple ['krɪpl] *n* boiteux(-euse), infirme *mf* ▶ *vt* (*person*) estropier, paralyser ; (*ship, plane*) immobiliser ; (*production, exports*) paralyser ; **crippled with rheumatism** perclus(e) de rhumatismes

crippling ['krɪplɪŋ] *adj* (*disease*) handicapant(e) ; (*taxation, debts*) écrasant(e)

crisis ['kraɪsɪs] (*pl* **crises** [-si:z]) *n* crise *f*

crisp [krɪsp] *adj* croquant(e) ; (*weather*) vif (vive) ; (*manner etc*) brusque

crisps [krɪsps] (BRIT) *npl* (pommes *fpl*) chips *fpl*

crispy ['krɪspɪ] *adj* croustillant(e)

crisscross ['krɪskrɔs] *adj* entrecroisé(e), en croisillons ; **~ pattern** croisillons *mpl* ▶ *vt* sillonner

criterion [kraɪ'tɪərɪən] (*pl* **criteria** [-'tɪərɪə]) *n* critère *m*

critic ['krɪtɪk] *n* critique *mf*

critical ['krɪtɪkl] *adj* critique ; **to be ~ of sb/sth** critiquer qn/qch

critically ['krɪtɪklɪ] *adv* (*examine*) d'un œil critique ; (*speak*) sévèrement ; **~ ill** gravement malade

criticism ['krɪtɪsɪzəm] *n* critique *f*

criticize ['krɪtɪsaɪz] *vt* critiquer

critique [krɪ'ti:k] *n* critique *f*

croak [krəuk] *vi* (*frog*) coasser ; (*raven*) croasser

Croat ['krəʊæt] *adj, n* = **Croatian**
Croatia [krəʊ'eɪʃə] *n* Croatie *f*
Croatian [krəʊ'eɪʃən] *adj* croate ▶ *n* Croate *mf*;
(*Ling*) croate *m*
crochet ['krəʊʃeɪ] *n* travail *m* au crochet
crock [krɔk] *n* cruche *f*; (*inf: also:* **old crock**)
épave *f*
crockery ['krɔkərɪ] *n* vaisselle *f*
crocodile ['krɔkədaɪl] *n* crocodile *m*
crocus ['krəʊkəs] *n* crocus *m*
croft [krɔft] *n* (*BRIT*) petite ferme
crofter ['krɔftə'] *n* (*BRIT*) fermier *m*
croissant ['krwasɒŋ] *n* croissant *m*
crone [krəʊn] *n* vieille bique, (vieille) sorcière
crony ['krəʊnɪ] *n* copain (copine)
cronyism ['krəʊnɪɪzəm] *n* copinage *m*;
political ~ copinage *m* politique
crook [kruk] *n* (*inf*) escroc *m*; (*of shepherd*)
houlette *f*
crooked ['krukɪd] *adj* courbé(e), tordu(e);
(*action*) malhonnête
crop [krɔp] *n* (*produce*) culture *f*; (*amount produced*)
récolte *f*; (*riding crop*) cravache *f*; (*of bird*) jabot *m*
▶ *vt* (*hair*) tondre; (*animals: grass*) brouter
▶ **crop up** *vi* surgir, se présenter, survenir
cropped [krɔpt] *adj* (*hair*) coupé(e) court; (*top*)
petit(e); (*trousers*) court(e)
cropper ['krɔpə'] *n*: **to come a ~** (*inf*) faire la
culbute, s'étaler
crop spraying [-spreɪɪŋ] *n* pulvérisation *f* des
cultures
croquet ['krəʊkeɪ] *n* croquet *m*
cross [krɔs] *n* croix *f*; (*Biol*) croisement *m* ▶ *vt*
(*street etc*) traverser; (*arms, legs, Biol*) croiser;
(*cheque*) barrer; (*thwart: person, plan*) contrarier;
to ~ o.s. se signer, faire le signe de (la) croix;
we have a crossed line (*BRIT: on telephone*) il y a
des interférences; **they've got their lines
crossed** (*fig*) il y a un malentendu entre eux
▶ *vi*: **the boat crosses from … to …** le bateau
fait la traversée de … à … ▶ *adj* en colère,
fâché(e); **to be/get ~ with sb (about sth)** être
en colère/(se) fâcher contre qn (à propos de qch)
▶ **cross off, cross out** *vt* barrer, rayer
▶ **cross over** *vi* traverser
crossbar ['krɔsbɑ:'] *n* barre transversale
crossbow ['krɔsbəʊ] *n* arbalète *f*
crossbreed ['krɔsbri:d] *n* hybride *m*, métis(se)
cross-Channel ferry ['krɔs'tʃænl-] *n* ferry *m* qui
fait la traversée de la Manche
cross-check ['krɔstʃɛk] *n* recoupement *m* ▶ *vi*
vérifier par recoupement
cross-country ['krɔs'kʌntrɪ], **cross-country
race** *n* cross(-country) *m*
cross-dressing [krɔs'drɛsɪŋ] *n* travestisme *m*
cross-examination ['krɔsɪgzæmɪ'neɪʃən] *n*
(*Law*) examen *m* contradictoire (*d'un témoin*)
cross-examine ['krɔsɪg'zæmɪn] *vt* (*Law*) faire
subir un examen contradictoire à
cross-eyed ['krɔsaɪd] *adj* qui louche
crossfire ['krɔsfaɪə'] *n* feux croisés
crossing ['krɔsɪŋ] *n* croisement *m*, carrefour *m*;
(*sea passage*) traversée *f*; (*also:* **pedestrian
crossing**) passage clouté; **how long does the ~
take?** combien de temps dure la traversée?

crossing guard *n* (*US*) contractuel qui fait traverser
la rue aux enfants
crossing point *n* poste frontalier
crossover ['krɔsəʊvə'] *n* (*hybrid mix*) hybride *m*
cross-purposes ['krɔs'pə:pəsɪz] *npl*: **to be at ~
with sb** comprendre qn de travers; **we're
(talking) at ~** on ne parle pas de la même chose
cross-question ['krɔs'kwɛstʃən] *vt* faire subir
un interrogatoire à
cross-reference ['krɔs'rɛfrəns] *n* renvoi *m*,
référence *f*
crossroads ['krɔsrəʊdz] *n* carrefour *m*
cross section *n* (*Biol*) coupe transversale; (*in
population*) échantillon *m*
cross-stitch ['krɔsstɪtʃ] *n* point *m* de croix
crosswalk ['krɔswɔ:k] *n* (*US*) passage clouté
crosswind ['krɔswɪnd] *n* vent *m* de travers
crosswise ['krɔswaɪz] *adv* en travers
crossword ['krɔswə:d] *n* mots *mpl* croisés
crotch [krɔtʃ] *n* (*of garment*) entrejambe *m*; (*Anat*)
entrecuisse *m*
crotchet ['krɔtʃɪt] *n* (*Mus*) noire *f*
crotchety ['krɔtʃɪtɪ] *adj* (*person*) grognon(ne),
grincheux(-euse)
crouch [krautʃ] *vi* s'accroupir; (*hide*) se tapir;
(*before springing*) se ramasser
croup [kru:p] *n* (*Med*) croup *m*
crouton ['kru:tɔn] *n* croûton *m*
crow [krəʊ] *n* (*bird*) corneille *f*; (*of cock*) chant *m*
du coq, cocorico *m* ▶ *vi* (*cock*) chanter; (*fig*)
pavoiser, chanter victoire
crowbar ['krəʊbɑ:'] *n* levier *m*
crowd [kraud] *n* foule *f*; **crowds of people** une
foule de gens ▶ *vt* (*streets*) se presser dans;
(*pavements*) se presser sur ▶ *vi* affluer,
s'attrouper, s'entasser
▶ **crowd into** *vt fus* (*room, building, bus*) s'entasser
dans; (*square*) s'attrouper sur
crowded ['kraudɪd] *adj* bondé(e), plein(e);
~ with plein de
crowd scene *n* (*Cine, Theat*) scène *f* de foule
crowdsource ['kraudsɔ:s] *vt* crowdsourcer
crowdsourcing ['kraudsɔ:sɪŋ] *n* crowdsourcing
m; externalisation ouverte
crown [kraun] *n* couronne *f*; (*of head*) sommet *m*
de la tête, calotte crânienne; (*of hat*) fond *m*; (*of
hill*) sommet *m* ▶ *vt* (*also tooth*) couronner
crown court *n* (*BRIT*) ≈ Cour *f* d'assises

CROWN COURT

En Angleterre et au pays de Galles, une **crown
court** est une cour de justice où sont jugées
les affaires plus graves, telles que le meurtre,
l'homicide, le viol et le vol, en présence d'un
jury. Tous les crimes et délits, quel que soit
leur degré de gravité, doivent d'abord passer
devant une *magistrates' court*. Il existe environ
90 *crown courts*.

crowning ['kraunɪŋ] *adj* (*achievement, glory*) suprême
crown jewels *npl* joyaux *mpl* de la Couronne
crown prince *n* prince héritier
crow's-feet ['krəʊzfi:t] *npl* pattes *fpl* d'oie (*fig*)
crow's-nest ['krəʊznɛst] *n* (*on sailing-ship*) nid *m*
de pie

crucial ['kru:ʃl] *adj* crucial(e), décisif(-ive) ; *(also:* **crucial to**) essentiel(le) à

crucifix ['kru:sıfıks] *n* crucifix *m*

crucifixion [kru:sı'fıkʃən] *n* crucifiement *m*, crucifixion *f*

crucify ['kru:sıfaı] *vt* crucifier, mettre en croix ; *(fig)* crucifier

crude [kru:d] *adj (materials)* brut(e) ; non raffiné(e) ; *(basic)* rudimentaire, sommaire ; *(vulgar)* cru(e), grossier(-ière) ▸ *n (also:* **crude oil**) (pétrole *m*) brut *m*

cruel ['kruəl] *adj* cruel(le)

cruelly ['kru:əlı] *adv* cruellement

cruelty ['kruəltı] *n* cruauté *f*

cruet ['kru:ıt] *n* huilier *m* ; vinaigrier *m*

cruise [kru:z] *n* croisière *f* ▸ *vi (ship)* croiser ; *(car)* rouler ; *(aircraft)* voler ; *(taxi)* être en maraude

cruise missile *n* missile *m* de croisière

cruiser ['kru:zə'] *n* croiseur *m*

cruising speed ['kru:zıŋ-] *n* vitesse *f* de croisière

crumb [krʌm] *n* miette *f*

crumble ['krʌmbl] *vt* émietter ▸ *vi* s'émietter ; *(plaster etc)* s'effriter ; *(land, earth)* s'ébouler ; *(building)* s'écrouler, crouler ; *(fig)* s'effondrer

crumbly ['krʌmblı] *adj* friable

crummy ['krʌmı] *adj (inf)* minable ; *(: unwell)* mal fichu(e), patraque

crumpet ['krʌmpıt] *n* petite crêpe (épaisse)

crumple ['krʌmpl] *vt* froisser, friper

crunch [krʌntʃ] *vt* croquer ; *(underfoot)* faire craquer, écraser ; faire crisser ▸ *n (fig)* instant *m* or moment *m* critique, moment de vérité

crunchy ['krʌntʃı] *adj* croquant(e), croustillant(e)

crusade [kru:'seıd] *n* croisade *f* ▸ *vi (fig)*: **to ~ for/ against** partir en croisade pour/contre

crusader [kru:'seıdə'] *n* croisé *m* ; *(fig)*: **~ (for)** champion *m* (de)

crush [krʌʃ] *n (crowd)* foule *f*, cohue *f* ; *(love)*: **to have a ~ on sb** avoir le béguin pour qn ; *(drink)*: **lemon ~** citron pressé ▸ *vt* écraser ; *(crumple)* froisser ; *(grind, break up: garlic, ice)* piler ; *(: grapes)* presser ; *(hopes)* anéantir

crush barrier *n (Brit)* barrière *f* de sécurité

crushing ['krʌʃıŋ] *adj* écrasant(e)

crust [krʌst] *n* croûte *f*

crustacean [krʌs'teıʃən] *n* crustacé *m*

crusty ['krʌstı] *adj (bread)* croustillant(e) ; *(inf: person)* revêche, bourru(e) ; *(: remark)* irrité(e)

crutch [krʌtʃ] *n* béquille *f* ; *(Tech)* support *m* ; *(of garment)* entrejambe *m* ; *(Anat)* entrecuisse *m*

crux [krʌks] *n* point crucial

cry [kraı] *vi* pleurer ; *(shout: also:* **cry out**) crier ; **why are you crying?** pourquoi pleures-tu ? ; **to ~ for help** appeler à l'aide ▸ *n* cri *m* ; **she had a good ~** elle a pleuré un bon coup ; **it's a far ~ from …** *(fig)* on est loin de …
  ▸ **cry off** *vi* se dédire ; se décommander
  ▸ **cry out** *vi (call out, shout)* pousser un cri ▸ *vt* crier

crybaby ['kraıbeıbı] *n (inf)* pleurnichard(e)

crying ['kraııŋ] *adj (fig)* criant(e), flagrant(e)

cryogenics [kraıəu'dʒenıks] *n* cryogénie *f*

crypt [krıpt] *n* crypte *f*

cryptic ['krıptık] *adj* énigmatique

crystal ['krıstl] *n* cristal *m*

crystal-clear ['krıstl'klıə'] *adj* clair(e) comme de l'eau de roche

crystallize ['krıstəlaız] *vt* cristalliser ;
  crystallized fruits *(Brit)* fruits confits ▸ *vi* (se) cristalliser

CSA *n abbr* = **Confederate States of America**; *(Brit: = Child Support Agency)* organisme pour la protection des enfants de parents séparés, qui contrôle le versement des pensions alimentaires.

CSC *n abbr (= Civil Service Commission)* commission de recrutement des fonctionnaires

CS gas *n (Brit)* gaz *m* C.S.

CST *abbr (US: = Central Standard Time)* fuseau horaire

CT *abbr (US)* = **Connecticut**

ct *abbr* = **carat**

CTC *n abbr (Brit)* = **city technology college**

CT scanner *n abbr (Med: = computerized tomography scanner)* scanner *m*, tomodensitomètre *m*

cu. *abbr* = **cubic**

cub [kʌb] *n* petit *m (d'un animal)* ; *(also:* **cub scout**) louveteau *m*

Cuba ['kju:bə] *n* Cuba *m*

Cuban ['kju:bən] *adj* cubain(e) ▸ *n* Cubain(e)

cubbyhole ['kʌbıhəul] *n* cagibi *m*

cube [kju:b] *n* cube *m* ▸ *vt (Math)* élever au cube

cube root *n* racine *f* cubique

cubic ['kju:bık] *adj* cubique ; **~ metre** *etc* mètre *m etc* cube ; **~ capacity** *(Aut)* cylindrée *f*

cubicle ['kju:bıkl] *n (in hospital)* box *m* ; *(at pool)* cabine *f*

cuckoo ['kuku:] *n* coucou *m*

cuckoo clock *n (pendule* à) coucou *m*

cucumber ['kju:kʌmbə'] *n* concombre *m*

cud [kʌd] *n*: **to chew the ~** ruminer

cuddle ['kʌdl] *vt* câliner, caresser ▸ *vi* se blottir l'un contre l'autre ▸ *n* câlin ; **to give sb a ~** faire un câlin à qn
  ▸ **cuddle up** *vi*: **to ~ up with** *or* **to sb** se blottir contre qn

cuddly ['kʌdlı] *adj* câlin(e)

cudgel ['kʌdʒl] *n* gourdin *m* ▸ *vt*: **to ~ one's brains** se creuser la tête

cue [kju:] *n* queue *f* de billard ; *(Theat etc)* signal *m*

cuff [kʌf] *n (Brit: of shirt, coat etc)* poignet *m*, manchette *f* ; *(US: on trousers)* revers *m* ; *(blow)* gifle *f* ; **off the ~** *adv* à l'improviste ▸ *vt* gifler

cufflinks ['kʌflıŋks] *n* boutons *m* de manchette

cu. in. *abbr* = **cubic inches**

cuisine [kwı'zi:n] *n* cuisine *f*, art *m* culinaire

cul-de-sac ['kʌldəsæk] *n* cul-de-sac *m*, impasse *f*

culinary ['kʌlınərı] *adj* culinaire

cull [kʌl] *vt* sélectionner ; *(kill selectively)* pratiquer l'abattage sélectif de ▸ *n (of animals)* abattage sélectif

culminate ['kʌlmıneıt] *vi*: **to ~ in** finir *or* se terminer par ; *(lead to)* mener à

culmination [kʌlmı'neıʃən] *n* point culminant

culottes [kju:'lɔts] *npl* jupe-culotte *f*

culpability [kʌlpə'bılıtı] *n* culpabilité *f*

culpable ['kʌlpəbl] *adj* coupable

culprit ['kʌlprıt] *n* coupable *mf*

cult [kʌlt] *n* culte *m*

cult figure n idole f
cultivate ['kʌltɪveɪt] vt (also fig) cultiver
cultivation [kʌltɪ'veɪʃən] n culture f
cultural ['kʌltʃərəl] adj culturel(le)
culture ['kʌltʃər] n (also fig) culture f
cultured ['kʌltʃəd] adj cultivé(e) (fig)
culvert ['kʌlvət] n caniveau m
cumbersome ['kʌmbəsəm] adj encombrant(e), embarrassant(e)
cumin ['kʌmɪn] n (spice) cumin m
cumulative ['kjuːmjulətɪv] adj cumulatif(-ive)
cunning ['kʌnɪŋ] n ruse f, astuce f ▶ adj rusé(e), malin(-igne) ; (clever: device, idea) astucieux(-euse)
cunt [kʌnt] n (inf!) chatte f (!) ; (insult) salaud m (!), salope f (!)
cup [kʌp] n tasse f ; (prize, event) coupe f ; (of bra) bonnet m ; **a ~ of tea** une tasse de thé
cupboard ['kʌbəd] n placard m
cupcake ['kʌpkeɪk] n petit gâteau m
cup final n (BRIT Football) finale f de la coupe
cupful ['kʌpful] n tasse f
Cupid ['kjuːpɪd] n Cupidon m ; (figurine) amour m
cupidity [kjuː'pɪdɪtɪ] n cupidité f
cupola ['kjuːpələ] n coupole f
cuppa ['kʌpə] n (BRIT inf) tasse f de thé
cup tie ['kʌptaɪ] n (BRIT Football) match m de coupe
curable ['kjuərəbl] adj guérissable, curable
curate ['kjuərɪt] n vicaire m
curator [kjuə'reɪtər] n conservateur(-trice) (d'un musée etc)
curb [kəːb] vt refréner, mettre un frein à ; (expenditure) limiter, juguler ▶ n (fig) frein m ; (US) bord m du trottoir
curd cheese n ≈ fromage blanc
curdle ['kəːdl] vi (se) cailler
curds [kəːdz] npl lait caillé
cure [kjuər] vt guérir ; (Culin: salt) saler ; (: smoke) fumer ; (: dry) sécher ; **to be cured of sth** être guéri de qch ▶ n remède m
cure-all ['kjuərɔːl] n (also fig) panacée f
curfew ['kəːfjuː] n couvre-feu m
curio ['kjuərɪəu] n bibelot m, curiosité f
curiosity [kjuərɪ'ɔsɪtɪ] n curiosité f
curious ['kjuərɪəs] adj curieux(-euse) ; **I'm ~ about him** il m'intrigue
curiously ['kjuərɪəslɪ] adv curieusement ; (inquisitively) avec curiosité ; **~ enough, ...** bizarrement, ...
curl [kəːl] n boucle f (de cheveux) ; (of smoke etc) volute f ▶ vt, vi boucler ; (tightly) friser ▶ **curl up** vi s'enrouler ; (person) se pelotonner
curler ['kəːlər] n bigoudi m, rouleau m ; (Sport) joueur(-euse) de curling
curlew ['kəːluː] n courlis m
curling ['kəːlɪŋ] n (sport) curling m
curling tongs, (US) **curling irons** npl fer m à friser
curly ['kəːlɪ] adj bouclé(e) ; (tightly curled) frisé(e)
currant ['kʌrnt] n raisin m de Corinthe, raisin sec ; (fruit) groseille f
currency ['kʌrnsɪ] n monnaie f ; **foreign ~** devises étrangères, monnaie étrangère ; **to gain ~** (fig) s'accréditer

current ['kʌrnt] n courant m ; **direct/ alternating ~** (Elec) courant continu/alternatif ▶ adj (common) courant(e) ; (tendency, price, event) actuel(le) ; **the ~ issue of a magazine** le dernier numéro d'un magazine ; **in ~ use** d'usage courant
current account n (BRIT) compte courant
current affairs npl (questions fpl d')actualité f
current assets npl (Comm) actif m disponible
current liabilities npl (Comm) passif m exigible
currently ['kʌrntlɪ] adv actuellement
curriculum [kə'rɪkjuləm] (pl **curriculums** or **curricula** [-lə]) n programme m d'études
curriculum vitae [-'viːtaɪ] n curriculum vitae (CV) m
curry ['kʌrɪ] n curry m ; **chicken ~** curry de poulet, poulet m au curry ▶ vt: **to ~ favour with** chercher à gagner la faveur or à s'attirer les bonnes grâces de
curry powder n poudre f de curry
curse [kəːs] vi jurer, blasphémer ▶ vt maudire ▶ n (spell) malédiction f ; (problem, scourge) fléau m ; (swearword) juron m
cursor ['kəːsər] n (Comput) curseur m
cursory ['kəːsərɪ] adj superficiel(le), hâtif(-ive)
curt [kəːt] adj brusque, sec (sèche)
curtail [kəː'teɪl] vt (visit etc) écourter ; (expenses etc) réduire
curtain ['kəːtn] n rideau m ; **to draw the curtains** (together) fermer or tirer les rideaux ; (apart) ouvrir les rideaux
curtain call n (Theat) rappel m
curtsey, curtsy ['kəːtsɪ] n révérence f ▶ vi faire une révérence
curvaceous [kəː'veɪʃəs] adj plantureux(-euse)
curvature ['kəːvətʃər] n courbure f
curve [kəːv] n courbe f ; (in the road) tournant m, virage m ▶ vt courber ▶ vi se courber ; (road) faire une courbe
curved [kəːvd] adj courbe
cushion ['kuʃən] n coussin m ▶ vt (seat) rembourrer ; (fall, shock) amortir
cushy ['kuʃɪ] adj (inf): **a ~ job** un boulot de tout repos ; **to have a ~ time** se la couler douce
cusp [kʌsp] n: **to be on the ~ of sth** être à l'orée de qch
custard ['kʌstəd] n (for pouring) crème anglaise
custard powder n (BRIT) ≈ crème pâtissière instantanée
custodial sentence [kʌs'təudɪəl-] n peine f de prison
custodian [kʌs'təudɪən] n gardien(ne) ; (of collection etc) conservateur(-trice)
custody ['kʌstədɪ] n (of child) garde f ; (for offenders) détention préventive ; **to take sb into ~** placer qn en détention préventive ; **in the ~ of** sous la garde de
custom ['kʌstəm] n coutume f, usage m ; (Law) droit coutumier, coutume ; (Comm) clientèle f
customary ['kʌstəmərɪ] adj habituel(le) ; **it is ~ to do it** l'usage veut qu'on le fasse
custom-built ['kʌstəm'bɪlt] adj see **custom-made**
customer ['kʌstəmər] n client(e) ; **he's an awkward ~** (inf) ce n'est pas quelqu'un de facile

C

customer profile n profil m du client
customize ['kʌstəmaɪz] vt personnaliser; customiser
customized ['kʌstəmaɪzd] adj personnalisé(e); (car etc) construit(e) sur commande
custom-made ['kʌstəm'meɪd] adj (clothes) fait(e) sur mesure; (other goods: also: **custom-built**) hors série, fait(e) sur commande
customs ['kʌstəmz] npl douane f; **to go through (the)** ~ passer la douane
Customs and Excise n (BRIT) administration f des douanes
customs officer n douanier(-ière)
cut [kʌt] (pt, pp ~) vt couper; (meat) découper; (shape, make) tailler; couper; creuser; graver; (reduce) réduire; (inf: lecture, appointment) manquer; **to** ~ **teeth** (baby) faire ses dents; **to** ~ **a tooth** percer une dent; **to** ~ **one's finger** se couper le doigt; **to get one's hair** ~ se faire couper les cheveux; **I've** ~ **myself** je me suis coupé; **to** ~ **sth short** couper court à qch; **to** ~ **sb dead** ignorer (complètement) qn ▶ vi couper; (intersect) se couper ▶ n (gen) coupure f; (of clothes) coupe f; (of jewel) taille f; (in salary etc) réduction f; (of meat) morceau m
▶ **cut back** vt (plants) tailler; (production, expenditure) réduire
▶ **cut down** vt (tree) abattre; (reduce) réduire; **to** ~ **sb down to size** (fig) remettre qn à sa place
▶ **cut down on** vt fus réduire
▶ **cut in** vi (interrupt: conversation): **to** ~ **in (on)** couper la parole (à); (Aut) faire une queue de poisson
▶ **cut off** vt couper; (fig) isoler; **we've been** ~ **off** (Tel) nous avons été coupés
▶ **cut out** vt (picture etc) découper; (remove) supprimer
▶ **cut up** vt découper
cut-and-dried ['kʌtən'draɪd] adj (also: **cut-and-dry**) tout(e) fait(e), tout(e) décidé(e)
cutaway ['kʌtəweɪ] adj, n: ~ **(drawing)** écorché m
cutback ['kʌtbæk] n réduction f
cute [kjuːt] adj mignon(ne), adorable; (clever) rusé(e), astucieux(-euse)
cut glass n cristal taillé
cuticle ['kjuːtɪkl] n (on nail): ~ **remover** repousse-peaux m inv
cutlery ['kʌtlərɪ] n couverts mpl; (trade) coutellerie f
cutlet ['kʌtlɪt] n côtelette f
cutoff ['kʌtɔf] n (also: **cutoff point**) seuil-limite m
cutoff switch n interrupteur m
cutout ['kʌtaʊt] n coupe-circuit m inv; (paper figure) découpage m
cut-price ['kʌt'praɪs], (US) **cut-rate** ['kʌt'reɪt] adj au rabais, à prix réduit
cut-throat ['kʌtθrəʊt] n assassin m ▶ adj: ~ **competition** concurrence f sauvage
cutting ['kʌtɪŋ] adj tranchant(e), coupant(e); (fig) cinglant(e) ▶ n (BRIT: from newspaper) coupure

f (de journal); (from plant) bouture f; (Rail) tranchée f; (Cine) montage m
cutting edge n (of knife) tranchant m; **on** or **at the** ~ **of** à la pointe de
cutting-edge [kʌtɪŋ'edʒ] adj (technology, research) de pointe
cuttlefish ['kʌtlfɪʃ] n seiche f
cut-up ['kʌtʌp] adj affecté(e), démoralisé(e)
CV n abbr = **curriculum vitae**
cwo abbr (Comm) = **cash with order**
cwt abbr = **hundredweight**
cyanide ['saɪənaɪd] n cyanure m
cyberattack ['saɪbərətæk] n cyber-attaque f
cyberbullying ['saɪbəbuliɪŋ] n harcèlement m virtuel
cybercafé ['saɪbəkæfeɪ] n cybercafé m
cybercrime ['saɪbəkraɪm] n cybercriminalité f
cybernetics [saɪbə'nɛtɪks] n cybernétique f
cybersecurity [saɪbəsɪ'kjʊrɪtɪ] n cyber-sécurité f
cyberspace ['saɪbəspeɪs] n cyberespace m
cybersquatting ['saɪbəskwɔtɪŋ] n cybersquatting m
cyberterrorism [saɪbə'tɛrərɪzəm] n cyberterrorisme m
cyborg ['saɪbɔːg] n cyborg m
cyclamen ['sɪkləmən] n cyclamen m
cycle ['saɪkl] n cycle m; (bicycle) bicyclette f, vélo m ▶ vi faire de la bicyclette
cycle hire n location f de vélos
cycle lane, cycle path n piste f cyclable
cycle race n course f cycliste
cycle rack n râtelier m à bicyclette
cyclical ['sɪklɪkl, 'saɪklɪkl] adj cyclique
cycling ['saɪklɪŋ] n cyclisme m; **to go on a** ~ **holiday** (BRIT) faire du cyclotourisme
cyclist ['saɪklɪst] n cycliste mf
cyclone ['saɪkləʊn] n cyclone m
cygnet ['sɪgnɪt] n jeune cygne m
cylinder ['sɪlɪndəʳ] n cylindre m
cylinder capacity n cylindrée f
cylinder head n culasse f
cymbals ['sɪmblz] npl cymbales fpl
cynic ['sɪnɪk] n cynique mf
cynical ['sɪnɪkl] adj cynique
cynicism ['sɪnɪsɪzəm] n cynisme m
CYO n abbr (US: = Catholic Youth Organization) ≈ JC f
cypress ['saɪprɪs] n cyprès m
Cypriot ['sɪprɪət] adj cypriote, chypriote ▶ n Cypriote mf, Chypriote mf
Cyprus ['saɪprəs] n Chypre f
cyst [sɪst] n kyste m
cystitis [sɪs'taɪtɪs] n cystite f
CZ n abbr (US: = Central Zone) zone du canal de Panama
czar [zɑːʳ] n tsar m
Czech [tʃɛk] adj tchèque ▶ n Tchèque mf; (Ling) tchèque m
Czechoslovak [tʃɛkə'sləʊvæk] adj, n (Hist) = **Czechoslovakian**
Czechoslovakia [tʃɛkəslə'vækɪə] n (Hist) Tchécoslovaquie f
Czechoslovakian [tʃɛkəslə'vækɪən] (Hist) adj tchécoslovaque ▶ n Tchécoslovaque mf
Czech Republic n: **the** ~ la République tchèque

Dd

D¹, d¹ [di:] n (letter) D, d m ; (Mus): **D** ré m ; **D for David**, (US) **D for Dog** D comme Désirée

D² abbr (US Pol) = **democrat; democratic**

d² abbr (BRIT old) = **penny**

d. abbr = **died**

DA n abbr (US) = **district attorney**

DAB n abbr (= digital audio broadcasting) DAB m

dab [dæb] vt (eyes, wound) tamponner ; (paint, cream) appliquer (par petites touches or rapidement) ; **a ~ of paint** un petit coup de peinture

dabble ['dæbl] vi: **to ~ in** faire or se mêler or s'occuper un peu de

Dacca ['dækə] n Dacca

dachshund ['dækshund] n teckel m

dad, daddy [dæd, 'dædɪ] n papa m

daddy-long-legs [dædɪ'lɔŋlegz] n tipule f ; faucheux m

daffodil ['dæfədɪl] n jonquille f

daft [dɑːft] adj (inf) idiot(e), stupide ; **to be ~ about** être toqué(e) or mordu(e) de

dagger ['dægə'] n poignard m ; **to be at daggers drawn with sb** être à couteaux tirés avec qn ; **to look daggers at sb** foudroyer qn du regard

dahlia ['deɪljə] n dahlia m

daily ['deɪlɪ] adj quotidien(ne), journalier(-ière) ▶ n quotidien m ; (BRIT: servant) femme f de ménage (à la journée) ▶ adv tous les jours ; **twice ~** deux fois par jour

dainty ['deɪntɪ] adj délicat(e), mignon(ne)

dairy ['dɛərɪ] n (shop) crémerie f, laiterie f ; (on farm) laiterie ▶ adj laitier(-ière)

dairy cow n vache laitière

dairy farm n exploitation f pratiquant l'élevage laitier

dairy produce n produits laitiers

dairy products npl produits laitier

dais ['deɪs] n estrade f

daisy ['deɪzɪ] n pâquerette f

Dakar ['dækə] n Dakar

dale [deɪl] n vallon m

dalliance ['dælɪəns] n (with person) badinage m amoureux ; (with idea, thing) flirt m

dally ['dælɪ] vi musarder, flâner

dalmatian [dæl'meɪʃən] n (dog) dalmatien(ne)

dam [dæm] n (wall) barrage m ; (water) réservoir m, lac m de retenue ▶ vt endiguer

damage ['dæmɪdʒ] n dégâts mpl, dommages mpl ; (fig) tort m ; **~ to property** dégâts matériels ▶ vt endommager, abîmer ; (fig) faire du tort à ; **damages** npl (Law) dommages-intérêts mpl ; **to pay £5000 in damages** payer 5000 livres de dommages-intérêts

damage limitation n: **an exercise in ~** une opération visant à limiter les dégâts

damaging ['dæmɪdʒɪŋ] adj: **~ (to)** préjudiciable (à), nuisible (à)

Damascus [də'mɑːskəs] n Damas

dame [deɪm] n (title) titre porté par une femme décorée de l'ordre de l'Empire britannique ou d'un ordre de chevalerie, titre porté par la femme ou la veuve d'un chevalier ou baronnet ; (US inf) nana f ; (Theat) vieille dame (rôle comique joué par un homme)

damn [dæm] vt condamner ; (curse) maudire ▶ n (inf): **I don't give a ~** je m'en fous ▶ adj (inf: also: **damned**): **this ~ ...** ce sacré or foutu ... ▶ excl: **~!** (also: **damn it!**) zut !

damnable ['dæmnəbl] adj (inf: behaviour) odieux(-euse), détestable ; (: weather) épouvantable, abominable

damnation [dæm'neɪʃən] n (Rel) damnation f ▶ excl (inf) malédiction !, merde !

damning ['dæmɪŋ] adj (evidence) accablant(e)

damp [dæmp] adj humide ▶ n humidité f ▶ vt (also: **dampen**: cloth, rag) humecter ; (: enthusiasm etc) refroidir

dampcourse ['dæmpkɔːs] n couche isolante (contre l'humidité)

dampener ['dæmpnə'] n: **to put a ~ on sth** gâcher qch

damper ['dæmpə'] n (Mus) étouffoir m ; (of fire) registre m ; **to put a ~ on sth** (fig) gâcher qch

dampness ['dæmpnɪs] n humidité f

damson ['dæmzən] n prune f de Damas

dance [dɑːns] n danse f ; (ball) bal m ▶ vi danser ; **to ~ about** sautiller, gambader

dance floor n piste f de danse

dance hall n salle f de bal, dancing m

dancer ['dɑːnsə'] n danseur(-euse)

dancing ['dɑːnsɪŋ] n danse f

D and C n abbr (Med: = dilation and curettage) curetage m

dandelion ['dændɪlaɪən] n pissenlit m

dandruff ['dændrəf] n pellicules fpl

D & T n abbr (BRIT Scol) = **design and technology**

dandy ['dændɪ] n dandy m, élégant m ▶ adj (US inf) fantastique, super

Dane [deɪn] n Danois(e)

danger ['deɪndʒə'] n danger m ; **~!** (on sign) danger ! ; **there is a ~ of fire** il y a (un) risque d'incendie ; **in ~** en danger ; **he was in ~ of falling** il risquait de tomber ; **out of ~** hors de danger

danger list *n* (*Med*): **on the ~** dans un état critique

danger money *n* (*Brit*) prime *f* de risque

dangerous ['deɪndʒrəs] *adj* dangereux(-euse)

dangerously ['deɪndʒrəslɪ] *adv* dangereusement ; **~ ill** très gravement malade, en danger de mort

danger zone *n* zone dangereuse

dangle ['dæŋgl] *vt* balancer ; (*fig*) faire miroiter ▶ *vi* pendre, se balancer

Danish ['deɪnɪʃ] *adj* danois(e) ▶ *n* (*Ling*) danois *m*

Danish pastry *n* feuilleté *m* (*recouvert d'un glaçage et fourré aux fruits etc*)

dank [dæŋk] *adj* froid(e) et humide

Danube ['dænjuːb] *n*: **the ~** le Danube

dapper ['dæpə'] *adj* pimpant(e)

dappled ['dæpəld] *adj* (*horse*) pommelé(e) ; **to be ~ with sunlight** être tacheté(e) de lumière

Dardanelles [dɑːdə'nɛlz] *npl* Dardanelles *fpl*

dare [dɛə'] *vt*: **to ~ sb to do** défier qn *or* mettre qn au défi de faire ▶ *aux vb*: **to ~ (to) do sth** oser faire qch ; **I daren't tell him** (*Brit*) je n'ose pas le lui dire ; **I ~ say he'll turn up** il est probable qu'il viendra

daredevil ['dɛədɛvl] *n* casse-cou *m inv*

Dar-es-Salaam ['dɑːrɛssə'lɑːm] *n* Dar-es-Salaam, Dar-es-Salam

daring ['dɛərɪŋ] *adj* hardi(e), audacieux(-euse) ▶ *n* audace *f*, hardiesse *f*

dark [dɑːk] *adj* (*night, room*) obscur(e), sombre ; (*colour, complexion*) foncé(e), sombre ; (*fig*) sombre ; **it is/is getting ~** il fait nuit/commence à faire nuit ▶ *n*: **in the ~** dans le noir ; **to be in the ~ about** (*fig*) ignorer tout de ; **after ~** après la tombée de la nuit

darken ['dɑːkn] *vt* obscurcir, assombrir ▶ *vi* s'obscurcir, s'assombrir

darkened ['dɑːkənd] *adj* (*house, room*) plongé(e) dans l'obscurité

dark glasses *npl* lunettes noires

dark horse *n* (*fig*): **he's a ~** on ne sait pas grand-chose de lui

darkly ['dɑːklɪ] *adv* (*gloomily*) mélancoliquement ; (*in a sinister way*) lugubrement

darkness ['dɑːknɪs] *n* obscurité *f*

darkroom ['dɑːkrum] *n* chambre noire

darling ['dɑːlɪŋ] *adj*, *n* chéri(e)

darn [dɑːn] *vt* repriser

dart [dɑːt] *n* fléchette *f* ; (*in sewing*) pince *f* ▶ *vi*: **to ~ towards** (*also*: **make a dart towards**) se précipiter *or* s'élancer vers ; **to ~ away/along** partir/passer comme une flèche

dartboard ['dɑːtbɔːd] *n* cible *f* (de jeu de fléchettes)

darts [dɑːts] *n* jeu *m* de fléchettes

dash [dæʃ] *n* (*sign*) tiret *m* ; (*small quantity*) goutte *f*, larme *f* ; **a ~ of soda** un peu d'eau gazeuse ▶ *vt* (*throw*) jeter *or* lancer violemment ; (*hopes*) anéantir ▶ *vi*: **to ~ towards** (*also*: **make a dash towards**) se précipiter *or* se ruer vers
▶ **dash away** *vi* partir à toute allure
▶ **dash off** *vi* = **dash away**

dashboard ['dæʃbɔːd] *n* (*Aut*) tableau *m* de bord

dashing ['dæʃɪŋ] *adj* fringant(e)

dastardly ['dæstədlɪ] *adj* lâche

DAT *n abbr* (= *digital audio tape*) cassette *f* audio digitale

data ['deɪtə] *npl* données *fpl*

database ['deɪtəbeɪs] *n* base *f* de données

data capture *n* saisie *f* de données

data processing *n* traitement *m* des données

data transmission *n* transmission *f* de données

date [deɪt] *n* date *f* ; (*with sb*) rendez-vous *m* ; (*fruit*) datte *f* ; **what's the ~ today?** quelle date sommes-nous aujourd'hui ? ; **~ of birth** date de naissance ; **closing ~** date de clôture ; **to ~** *adv* à ce jour ; **out of ~** périmé(e) ; **up to ~** à la page, mis(e) à jour, moderne ; **to bring up to ~** (*correspondence, information*) mettre à jour ; (*method*) moderniser ; (*person*) mettre au courant ▶ *vt* dater ; (*person*) sortir avec ; **letter dated 5th July** *or* (*US*) **July 5th** lettre (datée) du 5 juillet
▶ **date back to** *vt fus* dater de
▶ **date from** *vt fus* dater de

dated ['deɪtɪd] *adj* démodé(e)

dateline ['deɪtlaɪn] *n* ligne *f* de changement de date

date rape *n* viol *m* (à l'issue d'un rendez-vous galant)

date stamp *n* timbre-dateur *m*

dating ['deɪtɪŋ] *adj* (*service*) de rencontres

daub [dɔːb] *vt* barbouiller

daughter ['dɔːtə'] *n* fille *f*

daughter-in-law ['dɔːtərɪnlɔː] *n* belle-fille *f*, bru *f*

daunt [dɔːnt] *vt* intimider, décourager

daunting ['dɔːntɪŋ] *adj* décourageant(e), intimidant(e)

dauntless ['dɔːntlɪs] *adj* intrépide

dawdle ['dɔːdl] *vi* traîner, lambiner ; **to ~ over one's work** traînasser *or* lambiner sur son travail

dawn [dɔːn] *n* aube *f*, aurore *f* ; **at ~** à l'aube ; **from ~ to dusk** du matin au soir ▶ *vi* (*day*) se lever, poindre ; (*fig*) naître, se faire jour ; **it dawned on him that ...** il lui vint à l'esprit que ...

dawn chorus *n* (*Brit*) chant *m* des oiseaux à l'aube

day [deɪ] *n* jour *m* ; (*as duration*) journée *f* ; (*period of time, age*) époque *f*, temps *m* ; **the ~ before** la veille, le jour précédent ; **the ~ after, the following ~** le lendemain, le jour suivant ; **the ~ before yesterday** avant-hier ; **the ~ after tomorrow** après-demain ; (**on**) **the ~ that ...** le jour où ... ; **~ by ~** jour après jour ; **by ~** de jour ; **paid by the ~** payé(e) à la journée ; **these days, in the present ~** de nos jours, à l'heure actuelle

> Use **jour** to mean the whole 24-hour period: *We stayed there for three days.* **Nous y sommes restés trois jours.** The word **la journée** refers to the time while you are awake.

daybook ['deɪbuk] *n* (*Brit*) main courante, brouillard *m*, journal *m*

day boy *n* (*Scol*) externe *m*

daybreak ['deɪbreɪk] *n* point *m* du jour

day-care centre ['deɪkɛə-] *n* (*for elderly etc*) centre *m* d'accueil de jour ; (*for children*) garderie *f*

daydream ['deɪdri:m] *n* rêverie *f* ▶ *vi* rêver (tout éveillé)

day girl *n* (*Scol*) externe *f*

daylight ['deɪlaɪt] *n* (lumière *f* du) jour *m*

daylight robbery *n*: **it's ~** (*fig: inf*) c'est du vol caractérisé *or* manifeste

daylight saving time *n* (*US*) heure *f* d'été

day release *n*: **to be on ~** avoir une journée de congé pour formation professionnelle

day return *n* (*BRIT*) billet *m* d'aller-retour (*valable pour la journée*)

day shift *n* équipe *f* de jour

daytime ['deɪtaɪm] *n* jour *m*, journée *f*

day-to-day ['deɪtə'deɪ] *adj* (*routine, expenses*) journalier(-ière) ; **on a ~ basis** au jour le jour

day trip *n* excursion *f* (d'une journée)

day tripper *n* excursionniste *mf*

daze [deɪz] *vt* (*drug*) hébéter ; (*blow*) étourdir ▶ *n*: **in a ~** hébété(e), étourdi(e)

dazed [deɪzd] *adj* abruti(e)

dazzle ['dæzl] *vt* éblouir, aveugler

dazzling ['dæzlɪŋ] *adj* (*light*) aveuglant(e), éblouissant(e) ; (*fig*) éblouissant(e)

DC *abbr* (*Elec*) = **direct current**; (*US*) = **District of Columbia**

DD *n abbr* (= *Doctor of Divinity*) *titre universitaire*

dd. *abbr* (*Comm*) = **delivered**

D/D *abbr* = **direct debit**

D-day ['di:deɪ] *n* le jour J

DDS *n abbr* (*US*) = **Doctor of Dental Science**; (*BRIT*: = *Doctor of Dental Surgery*) *titres universitaires*

DDT *n abbr* (= *dichlorodiphenyl trichloroethane*) DDT *m*

DE *abbr* (*US*) = **Delaware**

DEA *n abbr* (*US*: = *Drug Enforcement Administration*) ≈ brigade *f* des stupéfiants

deacon ['di:kən] *n* diacre *m*

dead [dɛd] *adj* mort(e) ; (*numb*) engourdi(e), insensible ; (*battery*) à plat ; **he was shot ~** il a été tué d'un coup de revolver ; **the line is ~** (*Tel*) la ligne est coupée ▶ *adv* (*completely*) absolument, complètement ; (*exactly*) juste ; **~ on time** à l'heure pile ; **~ tired** éreinté(e), complètement fourbu(e) ; **to stop ~** s'arrêter pile *or* net ; **the dead** *npl* les morts

deadbeat ['dɛdbi:t] *n* (*esp US inf*) bon(ne) à rien

dead beat *adj* (*inf*) claqué(e), crevé(e)

deaden [dɛdn] *vt* (*blow, sound*) amortir ; (*make numb*) endormir, rendre insensible

dead end *n* impasse *f*

dead-end ['dɛdɛnd] *adj*: **a ~ job** un emploi *or* poste sans avenir

dead heat *n* (*Sport*): **to finish in a ~** terminer ex aequo

dead-letter office [dɛd'lɛtər-] *n* ≈ centre *m* de recherche du courrier

deadline ['dɛdlaɪn] *n* date *f or* heure *f* limite ; **to work to a ~** avoir des délais stricts à respecter

deadlock ['dɛdlɔk] *n* impasse *f*

deadlocked ['dɛdlɔkt] *adj*: **to be ~** (*negotiations*) être au point mort ; (*people*) être dans l'impasse

dead loss *n* (*inf*): **to be a ~** (*person*) n'être bon(ne) à rien ; (*thing*) ne rien valoir

deadly ['dɛdlɪ] *adj* mortel(le) ; (*weapon*) meurtrier(-ière) ; **~ dull** ennuyeux(-euse) à mourir, mortellement ennuyeux

deadpan ['dɛdpæn] *adj* impassible ; (*humour*) pince-sans-rire *inv*

Dead Sea *n*: **the ~** la mer Morte

deaf [dɛf] *adj* sourd(e) ; **to turn a ~ ear to sth** faire la sourde oreille à qch

deaf-aid ['dɛfeɪd] *n* (*BRIT*) appareil auditif

deaf-and-dumb ['dɛfən'dʌm] *adj* sourd(e)-muet(te) ; **~ alphabet** alphabet *m* des sourds-muets

deafen ['dɛfn] *vt* rendre sourd(e) ; (*fig*) assourdir

deafening ['dɛfnɪŋ] *adj* assourdissant(e)

deaf-mute ['dɛfmju:t] *n* sourd(e)-muet(te)

deafness ['dɛfnɪs] *n* surdité *f*

deal [di:l] (*pt, pp* **dealt** [dɛlt]) *n* affaire *f*, marché *m* ; **to strike a ~ with sb** faire *or* conclure un marché avec qn ; **it's a ~!** (*inf*) marché conclu !, tope là !, topez là ! ; **he got a bad ~ from them** ils ont mal agi envers lui ; **he got a fair ~ from them** ils ont agi loyalement envers lui ; **a good ~** (*a lot*) beaucoup ; **a good ~ of, a great ~ of** beaucoup de, énormément de ▶ *vt* (*blow*) porter ; (*cards*) distribuer ▶ *vi* (*deal cards*) donner ; **it's your turn to ~** c'est à toi de donner

▶ **deal in** *vt fus* (*Comm*) faire le commerce de, être dans le commerce de

▶ **deal out** *vt* (*cards*) distribuer ; (*punishment*) donner

▶ **deal with** *vt fus* (*Comm*) traiter avec ; (*handle*) s'occuper *or* se charger de ; (*be about: book etc*) traiter de

dealer ['di:lər] *n* (*Comm*) marchand *m* ; (*Cards*) donneur *m*

dealership ['di:ləʃɪp] *n* concession *f*

dealings ['di:lɪŋz] *npl* (*in goods, shares*) opérations *fpl*, transactions *fpl* ; (*relations*) relations *fpl*, rapports *mpl*

dealt [dɛlt] *pt, pp of* **deal**

dean [di:n] *n* (*Rel, BRIT Scol*) doyen *m* ; (*US Scol*) conseiller principal (conseillère principale) d'éducation

dear [dɪər] *adj* cher (chère) ; (*expensive*) cher, coûteux(-euse) ; **D~ Sir/Madam** (*in letter*) Monsieur/Madame ; **D~ Mr/Mrs X** Cher Monsieur/Chère Madame X ▶ *n*: **my ~** mon cher (ma chère) ▶ *excl*: **~ me!** mon Dieu !

dearest ['dɪərɪst] *n* chéri (chérie) ▶ *adj*: **D~ Paul/Maria** Mon cher Paul/Ma chère Maria ; **my ~ hope** mon plus grand espoir ; **my ~ wish** mon vœu le plus cher

dearly ['dɪəlɪ] *adv* (*love*) tendrement ; (*pay*) cher

dearth [də:θ] *n* disette *f*, pénurie *f*

death [dɛθ] *n* mort *f* ; (*Admin*) décès *m*

deathbed ['dɛθbɛd] *n* lit *m* de mort

death certificate *n* acte *m* de décès

death knell *n* mort *f* ; **to sound the ~ of sth** sonner le glas pour qch

deathly ['dɛθlɪ] *adj* de mort ▶ *adv* comme la mort

death penalty *n* peine *f* de mort

death rate *n* taux *m* de mortalité

death row [-'rəu] *n* (*US*) quartier *m* des condamnés à mort ; **to be on ~** être condamné à la peine de mort

death sentence *n* condamnation *f* à mort

death squad *n* escadron *m* de la mort

death throes *npl* agonie *f*; **a society in its ~** une société agonisante
death toll *n* nombre *m* de morts
death trap *n* endroit *or* véhicule *etc* dangereux
deb [dɛb] *n abbr* (*inf*) = **debutante**
debacle [deɪˈbɑːkl] *n* (*Brit*: *fiasco*) fiasco *m*; (*military*) débâcle *f*
debar [dɪˈbɑːʳ] *vt*: **to ~ sb from a club** *etc* exclure qn d'un club *etc*; **to ~ sb from doing** interdire à qn de faire
debase [dɪˈbeɪs] *vt* (*currency*) déprécier, dévaloriser; (*person*) abaisser, avilir
debatable [dɪˈbeɪtəbl] *adj* discutable, contestable; **it is ~ whether ...** il est douteux que ...
debate [dɪˈbeɪt] *n* discussion *f*, débat *m* ▶ *vt* discuter, débattre ▶ *vi* (*consider*): **to ~ whether** se demander si
debauched [dɪˈbɔːtʃt] *adj* (*old: society*) de débauchés, dépravé(e); **a ~ lifestyle** une vie de débauché(e)
debauchery [dɪˈbɔːtʃərɪ] *n* débauche *f*
debenture [dɪˈbɛntʃəʳ] *n* (*Comm*) obligation *f*
debilitate [dɪˈbɪlɪteɪt] *vt* débiliter
debilitating [dɪˈbɪlɪteɪtɪŋ] *adj* débilitant(e)
debit [ˈdɛbɪt] *n* débit *m* ▶ *vt*: **to ~ a sum to sb** *or* **to sb's account** porter une somme au débit de qn, débiter qn d'une somme
debit balance *n* solde débiteur
debit card *n* carte *f* de paiement
debit note *n* note *f* de débit
debrief [diːˈbriːf] *vt* demander un compte rendu de fin de mission à
debriefing [diːˈbriːfɪŋ] *n* compte rendu *m*
debris [ˈdɛbriː] *n* débris *mpl*, décombres *mpl*
debt [dɛt] *n* dette *f*; **to be in ~** avoir des dettes, être endetté(e); **bad ~** créance *f* irrécouvrable
debt collector *n* agent *m* de recouvrements
debtor [ˈdɛtəʳ] *n* débiteur(-trice)
debug [diːˈbʌg] *vt* (*Comput*) déboguer
debunk [diːˈbʌŋk] *vt* (*inf*: *theory, claim*) montrer le ridicule de
debut [ˈdeɪbjuː] *n* début(s) *m(pl)*
debutante [ˈdɛbjutænt] *n* débutante *f*
Dec. *abbr* (= *December*) déc
decade [ˈdɛkeɪd] *n* décennie *f*, décade *f*
decadence [ˈdɛkədəns] *n* décadence *f*
decadent [ˈdɛkədənt] *adj* décadent(e)
decaf [ˈdiːkæf] *n* (*inf*) déca *m*
decaffeinated [dɪˈkæfɪneɪtɪd] *adj* décaféiné(e)
decamp [dɪˈkæmp] *vi* (*inf*) décamper, filer
decant [dɪˈkænt] *vt* (*wine*) décanter
decanter [dɪˈkæntəʳ] *n* carafe *f*
decapitate [dɪˈkæpɪteɪt] *vt* décapiter
decarbonize [diːˈkɑːbənaɪz] *vt* (*Aut*) décalaminer
decathlon [dɪˈkæθlən] *n* décathlon *m*
decay [dɪˈkeɪ] *n* (*of food, wood etc*) décomposition *f*, pourriture *f*; (*of building*) délabrement *m*; (*fig*) déclin *m*; (*also*: **tooth decay**) carie *f* (dentaire) ▶ *vi* (*rot*) se décomposer, pourrir; (*teeth*) se carier; (*fig: city, district, building*) se délabrer; (: *civilization*) décliner; (: *system*) tomber en ruine
decease [dɪˈsiːs] *n* décès *m*
deceased [dɪˈsiːst] *n*: **the ~** le (la) défunt(e)

deceit [dɪˈsiːt] *n* tromperie *f*, supercherie *f*
deceitful [dɪˈsiːtful] *adj* trompeur(-euse)
deceive [dɪˈsiːv] *vt* tromper; **to ~ o.s.** s'abuser

⚠ **to deceive** ne veut pas dire *décevoir*.

decelerate [diːˈsɛləreɪt] *vt, vi* ralentir
December [dɪˈsɛmbəʳ] *n* décembre *m*; *see also* **July**
decency [ˈdiːsənsɪ] *n* décence *f*
decent [ˈdiːsənt] *adj* (*proper*) décent(e), convenable; **they were very ~ about it** ils se sont montrés très chics
decently [ˈdiːsəntlɪ] *adv* (*respectably*) décemment, convenablement; (*kindly*) décemment
decentralization [diːsɛntrəlaɪˈzeɪʃən] *n* décentralisation *f*
decentralize [diːˈsɛntrəlaɪz] *vt* décentraliser
deception [dɪˈsɛpʃən] *n* tromperie *f*

⚠ Le mot anglais **deception** ne veut pas dire *déception*.

deceptive [dɪˈsɛptɪv] *adj* trompeur(-euse)
decibel [ˈdɛsɪbɛl] *n* décibel *m*
decide [dɪˈsaɪd] *vt* (*subj: person*) décider; (*question, argument*) trancher, régler; **to ~ to do/that** décider de faire/que ▶ *vi* se décider, décider; **to ~ on** décider, se décider pour; **to ~ on doing** décider de faire; **to ~ against doing** décider de ne pas faire
decided [dɪˈsaɪdɪd] *adj* (*resolute*) résolu(e), décidé(e); (*clear, definite*) net(te), marqué(e)
decidedly [dɪˈsaɪdɪdlɪ] *adv* résolument; incontestablement, nettement
deciding [dɪˈsaɪdɪŋ] *adj* décisif(-ive)
deciduous [dɪˈsɪdjuəs] *adj* à feuilles caduques
decimal [ˈdɛsɪməl] *adj* décimal(e); **to three ~ places** (jusqu')à la troisième décimale ▶ *n* décimale *f*
decimalize [ˈdɛsɪməlaɪz] *vt* (*Brit*) décimaliser
decimal point *n* = virgule *f*
decimate [ˈdɛsɪmeɪt] *vt* décimer
decimation [dɛsɪˈmeɪʃən] *n* (*reduction*) décimation *f*; (*destruction*) destruction *f*
decipher [dɪˈsaɪfəʳ] *vt* déchiffrer
decision [dɪˈsɪʒən] *n* décision *f*; **to make a ~** prendre une décision
decisive [dɪˈsaɪsɪv] *adj* décisif(-ive); (*influence*) décisif, déterminant(e); (*manner, person*) décidé(e), catégorique; (*reply*) ferme, catégorique
decisiveness [dɪˈsaɪsɪvnɪs] *n* (*of person*) esprit *m* de décision
deck [dɛk] *n* (*Naut*) pont *m*; (*of cards*) jeu *m*; (*record deck*) platine *f*; (*of bus*): **top ~** impériale *f*; **to go up on ~** monter sur le pont; **below ~** dans l'entrepont
deckchair [ˈdɛktʃɛəʳ] *n* chaise longue
deck hand *n* matelot *m*
declaration [dɛkləˈreɪʃən] *n* déclaration *f*
declare [dɪˈklɛəʳ] *vt* déclarer
declassify [diːˈklæsɪfaɪ] *vt* rendre accessible au public *or* à tous
decline [dɪˈklaɪn] *n* (*decay*) déclin *m*; (*lessening*) baisse *f*; **~ in living standards** baisse du niveau de vie ▶ *vt* refuser, décliner; **to ~ to do**

sth refuser (poliment) de faire qch ▶ *vi*
décliner ; (*business*) baisser
declutch [ˈdiːˈklʌtʃ] *vi* (BRIT) débrayer
decode [ˈdiːˈkəʊd] *vt* décoder
decoder [diːˈkəʊdə^r] *n* (*Comput, TV*) décodeur *m*
decommission [diːkəˈmɪʃən] *vt* mettre hors
service
decompose [diːkəmˈpəʊz] *vi* se décomposer
decomposition [diːkɒmpəˈzɪʃən] *n*
décomposition *f*
decompression [diːkəmˈprɛʃən] *n*
décompression *f*
decompression chamber *n* caisson *m* de
décompression
decongestant [diːkənˈdʒɛstənt] *n*
décongestif *m*
deconstruct [diːkənˈstrʌkt] *vt* déconstruire
decontaminate [diːkənˈtæmɪneɪt] *vt*
décontaminer
decontrol [diːkənˈtrəʊl] *vt* (*prices etc*) libérer
décor [ˈdeɪkɔː^r] *n* décor *m*
decorate [ˈdɛkəreɪt] *vt* (*adorn, give a medal to*)
décorer ; (*paint and paper*) peindre et tapisser
decorating [ˈdɛkəreɪtɪŋ] *n* (*painting and papering*)
peinture *f* et tapisserie *f*
decoration [dɛkəˈreɪʃən] *n* (*medal etc, adornment*)
décoration *f*
decorative [ˈdɛkərətɪv] *adj* décoratif(-ive)
decorator [ˈdɛkəreɪtə^r] *n* peintre *m* en bâtiment
decorum [dɪˈkɔːrəm] *n* décorum *m*, bienséance *f*
decoy [ˈdiːkɔɪ] *n* piège *m* ; **they used him as a ~
for the enemy** ils se sont servis de lui pour
attirer l'ennemi
decrease *n* [ˈdiːkriːs] diminution *f* ; **to be on
the ~** diminuer, être en diminution ▶ *vt, vi*
[diːˈkriːs] diminuer
decreasing [diːˈkriːsɪŋ] *adj* en voie de
diminution
decree [dɪˈkriː] *n* (*Pol, Rel*) décret *m* ; (*Law*) arrêt
m, jugement *m* ; **~ absolute** jugement définitif
(de divorce) ; **~ nisi** jugement provisoire de
divorce ▶ *vt*: **to ~ (that)** décréter (que),
ordonner (que)
decrepit [dɪˈkrɛpɪt] *adj* (*person*) décrépit(e) ;
(*building*) délabré(e)
decriminalization [diːkrɪmɪnəlaɪˈzeɪʃən] *n*
dépénalisation *f*
decriminalize [diːˈkrɪmɪnəlaɪz] *vt* dépénaliser
decry [dɪˈkraɪ] *vt* condamner ouvertement,
déplorer ; (*disparage*) dénigrer, décrier
decrypt [diːˈkrɪpt] *vt* (*Comput, Tel*) décrypter
dedicate [ˈdɛdɪkeɪt] *vt* consacrer ; (*book etc*)
dédier
dedicated [ˈdɛdɪkeɪtɪd] *adj* (*person*) dévoué(e) ;
(*Comput*) spécialisé(e), dédié(e) ; **~ word
processor** station *f* de traitement de texte
dedication [dɛdɪˈkeɪʃən] *n* (*devotion*)
dévouement *m* ; (*in book*) dédicace *f*
deduce [dɪˈdjuːs] *vt* déduire, conclure
deduct [dɪˈdʌkt] *vt*: **to ~ sth (from)** déduire qch
(de), retrancher qch (de) ; (*from wage etc*) prélever
qch (sur), retenir qch (sur)
deduction [dɪˈdʌkʃən] *n* (*deducting, deducing*)
déduction *f* ; (*from wage etc*) prélèvement *m*,
retenue *f*

deductive [dɪˈdʌktɪv] *adj* déductif(-ive)
deed [diːd] *n* action *f*, acte *m* ; (*Law*) acte notarié,
contrat *m* ; **~ of covenant** (acte *m* de) donation *f*
deem [diːm] *vt* (*formal*) juger, estimer ; **to ~ it
wise to do** juger bon de faire
deep [diːp] *adj* (*water, sigh, sorrow, thoughts*)
profond(e) ; (*voice*) grave ; **how ~ is the water?**
l'eau a quelle profondeur ? ; **he took a ~ breath**
il inspira profondément, il prit son souffle
▶ *adv*: **in snow** recouvert(e) d'une épaisse
couche de neige ; **spectators stood 20 ~** il y
avait 20 rangs de spectateurs ; **knee-~ in water**
dans l'eau jusqu'aux genoux ; **4 metres ~** de 4
mètres de profondeur
deepen [ˈdiːpn] *vt* (*hole*) approfondir ▶ *vi*
s'approfondir ; (*darkness*) s'épaissir
deepfreeze [ˈdiːpˈfriːz] *n* congélateur *m* ▶ *vt*
surgeler
deep-fry [ˈdiːpˈfraɪ] *vt* faire frire (dans une
friteuse)
deeply [ˈdiːplɪ] *adv* profondément ; (*dig*) en
profondeur ; (*regret, interested*) vivement
deep-rooted [ˈdiːpˈruːtɪd] *adj* (*prejudice*)
profondément enraciné(e) ; (*affection*)
profond(e) ; (*habit*) invétéré(e)
deep-sea [ˈdiːpˈsiː] *adj*: **~ diver** plongeur
sous-marin ; **~ diving** plongée sous-marine ;
~ fishing pêche hauturière
deep-seated [ˈdiːpˈsiːtɪd] *adj* (*belief*)
profondément enraciné(e)
deep-set [ˈdiːpset] *adj* (*eyes*) enfoncé(e)
deep vein thrombosis *n* thrombose *f* veineuse
profonde
deer [dɪə^r] *n pl inv*: **the ~** les cervidés *mpl* ; **(red) ~**
cerf *m* ; **(fallow) ~** daim *m* ; **(roe) ~** chevreuil *m*
deerskin [ˈdɪəskɪn] *n* peau *f* de daim
deerstalker [ˈdɪəstɔːkə^r] *n* (*person*) chasseur *m* de
cerf ; (*hat*) casquette *f* à la Sherlock Holmes
deface [dɪˈfeɪs] *vt* dégrader ; barbouiller rendre
illisible
de facto [deɪˈfæktəʊ] *adj* de fait ▶ *adv* de facto
defamation [dɛfəˈmeɪʃən] *n* diffamation *f*
defamatory [dɪˈfæmətrɪ] *adj* diffamatoire,
diffamant(e)
default [dɪˈfɔːlt] *vi* (*Law*) faire défaut ; (*gen*)
manquer à ses engagements ; **to ~ on a debt** ne
pas s'acquitter d'une dette ▶ *n* (*Comput: also*:
default value) valeur *f* par défaut ; **by ~** (*Law*)
par défaut, par contumace ; (*Sport*) par forfait
defaulter [dɪˈfɔːltə^r] *n* (*on debt*) débiteur
défaillant
default option *n* (*Comput*) option *f* par défaut
defeat [dɪˈfiːt] *n* défaite *f* ▶ *vt* (*team, opponents*)
battre ; (*fig: plans, efforts*) faire échouer
defeatism [dɪˈfiːtɪzəm] *n* défaitisme *m*
defeatist [dɪˈfiːtɪst] *adj, n* défaitiste *mf*
defecate [ˈdɛfəkeɪt] *vi* déféquer
defect *n* [ˈdiːfɛkt] défaut *m* ; **physical ~**
malformation *f*, vice *m* de conformation ;
mental ~ anomalie *or* déficience mentale ▶ *vi*
[dɪˈfɛkt]: **to ~ to the enemy/the West** passer à
l'ennemi/l'Ouest
defection [dɪˈfɛkʃən] *n* défection *f*
defective [dɪˈfɛktɪv] *adj* défectueux(-euse)
defector [dɪˈfɛktə^r] *n* transfuge *mf*

defence, (US) **defense** [dɪ'fɛns] n défense f ; **in ~ of** pour défendre ; **witness for the ~** témoin m à décharge ; **the Ministry of D~**, (US) **the Department of Defense** le ministère de la Défense nationale

defenceless [dɪ'fɛnslɪs] adj sans défense

defend [dɪ'fɛnd] vt défendre ; (decision, action, opinion) justifier, défendre

defendant [dɪ'fɛndənt] n défendeur(-eresse) ; (in criminal case) accusé(e), prévenu(e)

defender [dɪ'fɛndəʳ] n défenseur m

defending champion [dɪ'fɛndɪŋ-] n (Sport) champion(ne) en titre

defending counsel [dɪ'fɛndɪŋ-] n (Law) avocat m de la défense

defense [dɪ'fɛns] n (US) = **defence**

defensible [dɪ'fɛnsɪbl] adj défendable ; **morally ~** moralement défendable

defensive [dɪ'fɛnsɪv] adj défensif(-ive) ▸ n défensive f ; **on the ~** sur la défensive

defensively [dɪ'fɛnsɪvlɪ] adv (play) défensivement ; (say) sur la défensive

defer [dɪ'fəːʳ] vt (postpone) différer, ajourner ▸ vi (submit): **to ~ to sb/sth** déférer à qn/qch, s'en remettre à qn/qch

deference ['dɛfərəns] n déférence f, égards mpl ; **out of** or **in ~ to** par déférence or égards pour

deferential [dɛfə'rɛnʃl] adj déférent(e)

defiance [dɪ'faɪəns] n défi m ; **in ~ of** au mépris de

defiant [dɪ'faɪənt] adj provocant(e), de défi ; (person) rebelle, intraitable

defiantly [dɪ'faɪəntlɪ] adv d'un air (or d'un ton) de défi

defibrillator [diː'fɪbrɪleɪtəʳ] n défibrillateur m

deficiency [dɪ'fɪʃənsɪ] n (lack) insuffisance f ; (: Med) carence f ; (flaw) faiblesse f ; (Comm) déficit m, découvert m

deficiency disease n maladie f de carence

deficient [dɪ'fɪʃənt] adj (inadequate) insuffisant(e) ; (defective) défectueux(-euse) ; **to be ~ in** manquer de

deficit ['dɛfɪsɪt] n déficit m

defile [dɪ'faɪl] vt souiller ▸ vi défiler

define [dɪ'faɪn] vt définir

definite ['dɛfɪnɪt] adj (fixed) défini(e), (bien) déterminé(e) ; (clear, obvious) net(te), manifeste ; (Ling) défini(e) ; (certain) sûr(e) ; **he was ~ about it** il a été catégorique ; il était sûr de son fait

definitely ['dɛfɪnɪtlɪ] adv sans aucun doute

definition [dɛfɪ'nɪʃən] n définition f ; (clearness) netteté f

definitive [dɪ'fɪnɪtɪv] adj définitif(-ive)

definitively [dɪ'fɪnɪtɪvlɪ] adv de façon absolue

deflate [diː'fleɪt] vt dégonfler ; (pompous person) rabattre le caquet à ; (Econ) provoquer la déflation de ; (: prices) faire tomber or baisser

deflated [dɪ'fleɪtɪd] adj (person) découragé(e)

deflation [diː'fleɪʃən] n (Econ) déflation f

deflationary [diː'fleɪʃənrɪ] adj (Econ) déflationniste

deflect [dɪ'flɛkt] vt détourner, faire dévier

defog ['diː'fɒg] vt (US Aut) désembuer

defogger ['diː'fɒgəʳ] n (US Aut) dispositif m anti-buée inv

deforest [diː'fɒrɪst] vt déforester

deforestation [diːfɒrɪ'steɪʃən] n déforestation f

deform [dɪ'fɔːm] vt déformer

deformed [dɪ'fɔːmd] adj difforme

deformity [dɪ'fɔːmɪtɪ] n difformité f

DEFRA ['dɛfrə] n abbr (Brit: = Department for Environment, Food and Rural Affairs) ≈ ministère m de l'agriculture

defraud [dɪ'frɔːd] vt frauder ; **to ~ sb of sth** soutirer qch malhonnêtement à qn ; escroquer qch à qn ; frustrer qn de qch

defray [dɪ'freɪ] vt: **to ~ sb's expenses** défrayer qn (de ses frais), rembourser or payer à qn ses frais

defriend [diː'frɛnd] vt (Internet) supprimer de sa liste d'amis

defrost [diː'frɒst] vt (fridge) dégivrer ; (frozen food) décongeler

deft [dɛft] adj adroit(e), preste

deftly ['dɛftlɪ] adv adroitement

defunct [dɪ'fʌŋkt] adj défunt(e)

defuse [diː'fjuːz] vt désamorcer

defy [dɪ'faɪ] vt défier ; (efforts etc) résister à ; **it defies description** cela défie toute description

degenerate vi [dɪ'dʒɛnəreɪt] dégénérer ▸ adj [dɪ'dʒɛnərɪt] dégénéré(e)

degenerative [dɪ'dʒɛnərətɪv] adj dégénératif(-ive)

degradation [dɛgrə'deɪʃən] n dégradation f

degrade [dɪ'greɪd] vt dégrader

degrading [dɪ'greɪdɪŋ] adj dégradant(e)

degree [dɪ'griː] n degré m ; (Scol) diplôme m (universitaire) ; **10 degrees below (zero)** 10 degrés au-dessous de zéro ; **a (first) ~ in maths** (Brit) une licence en maths ; **a considerable ~ of risk** un facteur or élément considérable de risque ; **by degrees** (gradually) par degrés ; **to some ~, to a certain ~** jusqu'à un certain point, dans une certaine mesure

dehumanize [diː'hjuːmənaɪz] vt déshumaniser

dehumanizing [diː'hjuːmənaɪzɪŋ] adj déshumanisant(e)

dehumidifier [diːhjuː'mɪdɪfaɪəʳ] n déshumidificateur m

dehydrated [diːhaɪ'dreɪtɪd] adj déshydraté(e) ; (milk, eggs) en poudre

dehydration [diːhaɪ'dreɪʃən] n déshydratation f

de-ice ['diː'aɪs] vt (windscreen) dégivrer

de-icer ['diː'aɪsəʳ] n dégivreur m

deign [deɪn] vi: **to ~ to do** daigner faire

deity ['diːɪtɪ] n divinité f ; dieu m, déesse f

déjà vu [deɪʒaː'vuː] n: **I had a sense of ~** j'ai eu une impression de déjà-vu

dejected [dɪ'dʒɛktɪd] adj abattu(e), déprimé(e)

dejection [dɪ'dʒɛkʃən] n abattement m, découragement m

de jure [deɪ'dʒuəreɪ] adj, adv (Law) de jure

Del. abbr (US) = **Delaware**

del. abbr = **delete**

delay [dɪ'leɪ] vt (journey, operation) retarder, différer ; (traveller, train) retarder ; (payment) différer ; **to be delayed** être en retard ▸ vi s'attarder ▸ n délai m, retard m ; **without ~** sans délai, sans tarder

delayed-action [dɪˈleɪdˈækʃən] *adj* à retardement

delectable [dɪˈlɛktəbl] *adj* délicieux(-euse)

delegate *n* [ˈdɛlɪɡɪt] délégué(e) ; ▸ *vt* [ˈdɛlɪɡeɪt] déléguer ; **to ~ sth to sb/sb to do sth** déléguer qch à qn/qn pour faire qch

delegation [dɛlɪˈɡeɪʃən] *n* délégation *f*

delete [dɪˈliːt] *vt* (*word*) rayer, supprimer ; (*Comput: file*) effacer ; (: *message*) supprimer

deletion [dɪˈliːʃən] *n* (*in written text*) rature *f* ; (*in electronic text*) suppression *f*

Delhi [ˈdɛlɪ] *n* Delhi

deli [ˈdɛlɪ] *n* épicerie fine

deliberate *adj* [dɪˈlɪbərɪt] (*intentional*) délibéré(e) ; (*slow*) mesuré(e) ▸ *vi* [dɪˈlɪbəreɪt] délibérer, réfléchir

deliberately [dɪˈlɪbərɪtlɪ] *adv* (*on purpose*) exprès, délibérément

deliberation [dɪlɪbəˈreɪʃən] *n* délibération *f*, réflexion *f* ; (*gen pl: discussion*) délibérations, débats *mpl*

deliberative [dɪˈlɪbərətɪv] *adj* délibérant(e)

delicacy [ˈdɛlɪkəsɪ] *n* délicatesse *f* ; (*choice food*) mets fin *or* délicat, friandise *f*

delicate [ˈdɛlɪkɪt] *adj* délicat(e)

delicately [ˈdɛlɪkɪtlɪ] *adv* délicatement ; (*act, express*) avec délicatesse, avec tact

delicatessen [dɛlɪkəˈtɛsn] *n* épicerie fine

delicious [dɪˈlɪʃəs] *adj* délicieux(-euse), exquis(e)

deliciously [dɪˈlɪʃəslɪ] *adv* délicieusement

delight [dɪˈlaɪt] *n* (grande) joie, grand plaisir ; **she's a ~ to work with** c'est un plaisir de travailler avec elle ; **a ~ to the eyes** un régal *or* plaisir pour les yeux ; **to take ~ in** prendre grand plaisir à ; **to be the ~ of** faire les délices *or* la joie de ▸ *vt* enchanter

delighted [dɪˈlaɪtɪd] *adj* : **~ (at** *or* **with sth)** ravi(e) (de qch) ; **to be ~ to do sth/that** être enchanté(e) *or* ravi(e) de faire qch/que ; **I'd be ~** j'en serais enchanté *or* ravi

delightful [dɪˈlaɪtful] *adj* (*person*) charmant(e), adorable ; (*place, meal, evening*) merveilleux(-euse)

delightfully [dɪˈlaɪtfulɪ] *adv* délicieusement

delimit [diːˈlɪmɪt] *vt* délimiter

delineate [dɪˈlɪnɪeɪt] *vt* tracer, esquisser ; (*fig*) dépeindre, décrire

delinquency [dɪˈlɪŋkwənsɪ] *n* délinquance *f*

delinquent [dɪˈlɪŋkwənt] *adj*, *n* délinquant(e)

delirious [dɪˈlɪrɪəs] *adj* (*Med: fig*) délirant(e) ; **to be ~** délirer

deliriously [dɪˈlɪrɪəslɪ] *adv* : **~ happy** fou (folle) de joie

delirium [dɪˈlɪrɪəm] *n* délire *m*

deliver [dɪˈlɪvər] *vt* (*mail*) distribuer ; (*goods*) livrer ; (*message*) remettre ; (*speech*) prononcer ; (*warning, ultimatum*) lancer ; (*free*) délivrer ; (*Med: baby*) mettre au monde ; (: *woman*) accoucher ; **to ~ the goods** (*fig*) tenir ses promesses

deliverance [dɪˈlɪvrəns] *n* délivrance *f*, libération *f*

delivery [dɪˈlɪvərɪ] *n* (*of mail*) distribution *f* ; (*of goods*) livraison *f* ; (*of speaker*) élocution *f* ; (*Med*) accouchement *m* ; **to take ~ of** prendre livraison de

delivery note *n* bon *m* de livraison

delivery van, (*US*) **delivery truck** *n* fourgonnette *f or* camionnette *f* de livraison

delta [ˈdɛltə] *n* delta *m*

delude [dɪˈluːd] *vt* tromper, leurrer ; **to ~ o.s.** se leurrer, se faire des illusions

deluge [ˈdɛljuːdʒ] *n* déluge *m* ▸ *vt* (*fig*): **to ~ (with)** inonder (de)

delusion [dɪˈluːʒən] *n* illusion *f* ; **to have delusions of grandeur** être un peu mégalomane

de luxe [dəˈlʌks] *adj* de luxe

delve [dɛlv] *vi*: **to ~ into** fouiller dans

Dem. *abbr* (*US Pol*) = **democrat; democratic**

demagogue [ˈdɛməɡɒɡ] *n* démagogue *mf*

demand [dɪˈmɑːnd] *vt* réclamer, exiger ; (*need*) exiger, requérir ; **to ~ sth (from** *or* **of sb)** exiger qch (de qn), réclamer qch (à qn) ▸ *n* exigence *f* ; (*claim*) revendication *f* ; (*Econ*) demande *f* ; **in ~** demandé(e), recherché(e) ; **on ~** sur demande

⚠ **to demand** ne veut pas dire **demander**.

demanding [dɪˈmɑːndɪŋ] *adj* (*person*) exigeant(e) ; (*work*) astreignant(e)

demarcation [diːmɑːˈkeɪʃən] *n* démarcation *f*

demarcation dispute *n* (*Industry*) conflit *m* d'attributions

demean [dɪˈmiːn] *vt*: **to ~ o.s.** s'abaisser

demeaning [dɪˈmiːnɪŋ] *adj* dégradant(e)

demeanour, (*US*) **demeanor** [dɪˈmiːnər] *n* comportement *m* ; maintien *m*

demented [dɪˈmɛntɪd] *adj* dément(e), fou (folle)

dementia [dɪˈmɛnʃə] *n* démence *f*

demerger [diːˈdʒər] (*BRIT*) *n* scission *f*

demilitarized zone [diːˈmɪlɪtəraɪzd-] *n* zone démilitarisée

demise [dɪˈmaɪz] *n* décès *m*

demist [diːˈmɪst] *vt* (*BRIT Aut*) désembuer

demister [diːˈmɪstər] *n* (*BRIT Aut*) dispositif *m* anti-buée interne

demo [ˈdɛməʊ] *n abbr* (*inf*) = **demonstration**; (*protest*) manif *f* ; (*Comput*) démonstration *f*

demobilize [diːˈməʊbɪlaɪz] *vt* démobiliser

democracy [dɪˈmɒkrəsɪ] *n* démocratie *f*

democrat [ˈdɛməkræt] *n* démocrate *mf*

democratic [dɛməˈkrætɪk] *adj* démocratique ; **the D~ Party** (*US*) le parti démocrate

democratically [dɛməˈkrætɪkəlɪ] *adv* démocratiquement

democratization [dɪˌmɒkrətaɪˈzeɪʃən] *n* démocratisation *f*

democratize [dɪˈmɒkrətaɪz] *vt* démocratiser

demographic [dɛməˈɡræfɪk] *adj* démographique ▸ *n* (*group*) tranche *f* de population ; **demographics** *npl* données *fpl* démographiques

demography [dɪˈmɒɡrəfɪ] *n* démographie *f*

demolish [dɪˈmɒlɪʃ] *vt* démolir

demolition [dɛməˈlɪʃən] *n* démolition *f*

demon [ˈdiːmən] *n* démon *m* ▸ *cpd*: **a ~ squash player** un crack en squash ; **a ~ driver** un fou du volant

demonic [dɪˈmɒnɪk] *adj* (*forces, grin*) démoniaque ; (*energy, drive, ability*) redoutable

demonize [ˈdiːmənaɪz] *vt* diaboliser

demonstrably ['dɛmənstrəblɪ, dɪ'mɔnstrəblɪ] *adv* (*true, false*) manifestement

demonstrate ['dɛmənstreɪt] *vt* démontrer, prouver ; (*show*) faire une démonstration de ▸ *vi*: **to ~ (for/against)** manifester (en faveur de/contre)

demonstration [dɛmən'streɪʃən] *n* démonstration *f* ; (*Pol etc*) manifestation *f* ; **to hold a ~** (*Pol etc*) organiser une manifestation, manifester

demonstrative [dɪ'mɔnstrətɪv] *adj* démonstratif(-ive)

demonstrator ['dɛmənstreɪtəʳ] *n* (*Pol etc*) manifestant(e) ; (*Comm: sales person*) vendeur(-euse) ; (: *car, computer etc*) modèle *m* de démonstration

demoralize [dɪ'mɔrəlaɪz] *vt* démoraliser

demote [dɪ'məut] *vt* rétrograder

demotion [dɪ'məuʃən] *n* rétrogradation *f*

demur [dɪ'mə:ʳ] *vi*: **to ~ (at sth)** hésiter (devant qch) ; (*object*) élever des objections (contre qch) ▸ *n*: **without ~** sans hésiter ; sans faire de difficultés

demure [dɪ'mjuəʳ] *adj* sage, réservé(e), d'une modestie affectée

demurrage [dɪ'mʌrɪdʒ] *n* droits *mpl* de magasinage ; surestarie *f*

demutualize [di:'mju:tʃuəlaɪz] *vi* (*Brit*) se démutualiser

demystify [di:'mɪstɪfaɪ] *vt* démystifier

den [dɛn] *n* (*of lion*) tanière *f* ; (*room*) repaire *m*

denationalization [di:næʃnəlaɪ'zeɪʃən] *n* dénationalisation *f*

denationalize [di:'næʃnəlaɪz] *vt* dénationaliser

denial [dɪ'naɪəl] *n* (*of accusation*) démenti *m* ; (*of rights, guilt, truth*) dénégation *f*

denier [dɛnɪəʳ] *n* denier *m* ; **15 ~ stockings** bas de 15 deniers

denigrate ['dɛnɪgreɪt] *vt* dénigrer

denim ['dɛnɪm] *n* jean *m* ; **denims** *npl* (blue-)jeans *mpl*

denim jacket *n* veste *f* en jean

denizen ['dɛnɪzn] *n* (*inhabitant*) habitant(e) ; (*foreigner*) étranger(-ère)

Denmark ['dɛnmɑ:k] *n* Danemark *m*

denomination [dɪnɔmɪ'neɪʃən] *n* (*money*) valeur *f* ; (*Rel*) confession *f* ; culte *m*

denominator [dɪ'nɔmɪneɪtəʳ] *n* dénominateur *m*

denote [dɪ'nəut] *vt* dénoter

denouement, dénouement [deɪ'nu:mɔn] *n* dénouement *m*

denounce [dɪ'nauns] *vt* dénoncer

dense [dɛns] *adj* dense ; (*inf: stupid*) obtus(e), dur(e) *or* lent(e) à la comprendre

densely ['dɛnslɪ] *adv*: **~ wooded** couvert(e) d'épaisses forêts ; **~ populated** à forte densité (de population), très peuplé(e)

density ['dɛnsɪtɪ] *n* densité *f*

dent [dɛnt] *n* bosse *f* ; **to make a ~ in sth** (*car*) faire une bosse dans qch ; **to make a ~ in one's savings** entamer ses économies ▸ *vt* (*make a dent in*) cabosser

dental ['dɛntl] *adj* dentaire

dental floss [-flɔs] *n* fil *m* dentaire

dental surgeon *n* (chirurgien(ne))-dentiste

dental surgery *n* cabinet *m* de dentiste

dented ['dɛntɪd] *adj* cabossé(e)

dentist ['dɛntɪst] *n* dentiste *mf* ; **~'s surgery** (*Brit*) cabinet *m* de dentiste

dentistry ['dɛntɪstrɪ] *n* art *m* dentaire

dentures ['dɛntʃəz] *npl* dentier *msg*

denunciation [dɪnʌnsɪ'eɪʃən] *n* dénonciation *f*

deny [dɪ'naɪ] *vt* nier ; (*refuse*) refuser ; (*disown*) renier ; **he denies having said it** il nie l'avoir dit

deodorant [di:'əudərənt] *n* désodorisant *m*, déodorant *m*

depart [dɪ'pɑ:t] *vi* partir ; **to ~ from** (*leave*) quitter, partir de ; (*fig: differ from*) s'écarter de

departed [dɪ'pɑ:tɪd] *adj* (*dead*) défunt(e) ; **the (dear) ~** le défunt/la défunte/les défunts

department [dɪ'pɑ:tmənt] *n* (*Comm*) rayon *m* ; (*Scol*) section *f* ; (*Pol*) ministère *m*, département *m* ; **that's not my ~** (*fig*) ce n'est pas mon domaine *or* ma compétence, ce n'est pas mon rayon ; **D~ of State** (*US*) Département d'État

departmental [di:pɑ:t'mɛntl] *adj* d'une *or* de la section ; d'un *or* du ministère, d'un *or* du département ; **~ manager** chef *m* de service ; (*in shop*) chef de rayon

department store *n* grand magasin

departure [dɪ'pɑ:tʃəʳ] *n* départ *m* ; (*fig*): **~ from** écart *m* par rapport à ; **a new ~** une nouvelle voie

departure lounge *n* salle *f* de départ

depend [dɪ'pɛnd] *vi*: **to ~ (up)on** dépendre de ; (*rely on*) compter sur ; (*financially*) dépendre (financièrement) de, être à la charge de ; **it depends** cela dépend ; **depending on the result ...** selon le résultat ...

dependable [dɪ'pɛndəbl] *adj* sûr(e), digne de confiance

dependant [dɪ'pɛndənt] *n* personne *f* à charge

dependence [dɪ'pɛndəns] *n* dépendance *f*

dependency [dɪ'pɛndənsɪ] *n* (*country*) colonie *f* ; (*on person, thing*) dépendance *f* ; **drug ~** dépendance à la drogue *f*

dependent [dɪ'pɛndənt] *adj*: **to be ~ (on)** dépendre (de) ▸ *n* = **dependant**

depict [dɪ'pɪkt] *vt* (*in picture*) représenter ; (*in words*) (dé)peindre, décrire

depiction [dɪ'pɪkʃən] *n* (*in picture*) représentation *f* ; (*in words*) description *f*

depilatory [dɪ'pɪlətrɪ] *n* (*also*: **depilatory cream**) dépilatoire *m*, crème *f* à épiler

deplete [dɪ'pli:t] *vt* réduire

depleted [dɪ'pli:tɪd] *adj* (considérablement) réduit(e) *or* diminué(e)

depletion [dɪ'pli:ʃən] *n* diminution *f* ; **ozone ~** diminution de la couche d'ozone

deplorable [dɪ'plɔ:rəbl] *adj* déplorable, lamentable

deplore [dɪ'plɔ:ʳ] *vt* déplorer

deploy [dɪ'plɔɪ] *vt* déployer

deployment [dɪ'plɔɪmənt] *n* déploiement *m*

depopulate [di:'pɔpjuleɪt] *vt* dépeupler

depopulation ['di:pɔpju'leɪʃən] *n* dépopulation *f*, dépeuplement *m*

deport [dɪ'pɔ:t] *vt* déporter, expulser

deportation [di:pɔː'teɪʃən] n déportation f, expulsion f
deportation order n arrêté m d'expulsion
deportee [di:pɔː'ti:] n déporté(e)
deportment [dɪ'pɔːtmənt] n maintien m, tenue f
depose [dɪ'pəuz] vt déposer
deposit [dɪ'pɔzɪt] n (Chem, Comm, Geo) dépôt m ; (of ore, oil) gisement m ; (part payment) arrhes fpl, acompte m ; (on bottle etc) consigne f ; (for hired goods etc) cautionnement m, garantie f ; **to put down a ~ of £50** verser 50 livres d'arrhes or d'acompte ; laisser 50 livres en garantie ▸ vt déposer ; (valuables) mettre or laisser en dépôt
deposit account n compte m sur livret
depositor [dɪ'pɔzɪtəʳ] n déposant(e)
depository [dɪ'pɔzɪtərɪ] n (person) dépositaire mf ; (place) dépôt m
depot ['dεpəu] n dépôt m ; (US Rail) gare f
depraved [dɪ'preɪvd] adj dépravé(e), perverti(e)
depravity [dɪ'prævɪtɪ] n dépravation f
deprecate ['dεprɪkeɪt] vt désapprouver
deprecating ['dεprɪkeɪtɪŋ] adj (disapproving) désapprobateur(-trice) ; (apologetic): **a ~ smile** un sourire d'excuse
depreciate [dɪ'priːʃɪeɪt] vt déprécier ▸ vi se déprécier, se dévaloriser
depreciation [dɪpriːʃɪ'eɪʃən] n dépréciation f
depress [dɪ'prεs] vt déprimer ; (press down) appuyer sur, abaisser ; (wages etc) faire baisser
depressant [dɪ'prεsnt] n (Med) dépresseur m
depressed [dɪ'prεst] adj (person) déprimé(e), abattu(e) ; (area) en déclin, touché(e) par le sous-emploi ; (Comm: market, trade) maussade ; **to get ~** se démoraliser, se laisser abattre
depressing [dɪ'prεsɪŋ] adj déprimant(e)
depression [dɪ'prεʃən] n (Econ) dépression f
depressive [dɪ'prεsɪv] adj, n (Med) dépressif(-ive)
deprivation [dεprɪ'veɪʃən] n privation f ; (loss) perte f
deprive [dɪ'praɪv] vt: **to ~ sb of** priver qn de
deprived [dɪ'praɪvd] adj déshérité(e)
dept. abbr (= department) dép, dépt
depth [dεpθ] n profondeur f ; **in the depths of** au fond de ; au cœur de ; au plus profond de ; **to be in the depths of despair** être au plus profond du désespoir ; **at a ~ of 3 metres** à 3 mètres de profondeur ; **to be out of one's ~** (Brit: swimmer) ne plus avoir pied ; (fig) être dépassé(e), nager ; **to study sth in ~** étudier qch en profondeur
depth charge n grenade sous-marine
deputation [dεpju'teɪʃən] n députation f, délégation f
deputize ['dεpjutaɪz] vi: **to ~ for** assurer l'intérim de
deputy ['dεpjutɪ] n (replacement) suppléant(e), intérimaire mf ; (second in command) adjoint(e) ; (Pol) député m ; (US: also: **deputy sheriff**) shérif adjoint ▸ adj: **~ chairman** vice-président m ; **~ head** (Scol) directeur(-trice) adjoint(e), sous-directeur(-trice) adjoint(e) ; **~ leader** (Brit Pol) vice-président(e), secrétaire adjoint(e)
derail [dɪ'reɪl] vt faire dérailler ; **to be derailed** dérailler

derailment [dɪ'reɪlmənt] n déraillement m
deranged [dɪ'reɪndʒd] adj: **to be (mentally) ~** avoir le cerveau dérangé
derby ['dəːrbɪ] n (US) (chapeau m) melon m
deregulate [dɪ'rεgjuleɪt] vt libérer, dérégler, déréguler
deregulation [dɪrεgju'leɪʃən] n libération f, dérèglement m
derelict ['dεrɪlɪkt] adj abandonné(e), à l'abandon
deride [dɪ'raɪd] vt railler
derision [dɪ'rɪʒən] n dérision f
derisive [dɪ'raɪsɪv] adj moqueur(-euse), railleur(-euse)
derisory [dɪ'raɪsərɪ] adj (sum) dérisoire ; (smile, person) moqueur(-euse), railleur(-euse)
derivation [dεrɪ'veɪʃən] n dérivation f
derivative [dɪ'rɪvətɪv] n dérivé m ▸ adj dérivé(e)
derive [dɪ'raɪv] vt: **to ~ sth from** tirer qch de ; trouver qch dans ▸ vi: **to ~ from** provenir de, dériver de
dermatitis [dəːmə'taɪtɪs] n dermatite f
dermatologist [dəːmə'tɔlədʒɪst] n dermatologue mf
dermatology [dəːmə'tɔlədʒɪ] n dermatologie f
derogatory [dɪ'rɔgətərɪ] adj désobligeant(e), péjoratif(-ive)
derrick ['dεrɪk] n mât m de charge, derrick m
derv [dəːv] n (Brit) gas-oil m, diesel m
DES n abbr (Brit: = Department of Education and Science) ministère de l'éducation nationale et des sciences
desalination [di:sælɪ'neɪʃən] n dessalement m, dessalage m
descend [dɪ'sεnd] vt, vi descendre ; **to ~ from** descendre de, être issu(e) de ; **to ~ to** s'abaisser à ; **in descending order of importance** par ordre d'importance décroissante
▸ **descend on** vt fus (enemy, angry person) tomber or sauter sur ; (misfortune) s'abattre sur ; (gloom, silence) envahir ; **visitors descended (up)on us** des gens sont arrivés chez nous à l'improviste
descendant [dɪ'sεndənt] n descendant(e)
descended [dɪ'sεndɪd] adj: **to be ~ from sb** descendre de qn
descending [dɪ'sεndɪŋ] adj: **in ~ order** par ordre décroissant
descent [dɪ'sεnt] n descente f ; (origin) origine f
describe [dɪs'kraɪb] vt décrire
description [dɪs'krɪpʃən] n description f ; (sort) sorte f, espèce f ; **of every ~** de toutes sortes
descriptive [dɪs'krɪptɪv] adj descriptif(-ive)
desecrate ['dεsɪkreɪt] vt profaner
desecration [dεsɪ'kreɪʃən] n profanation f
desegregation [di:sεgrɪ'geɪʃən] n déségrégation f
desert n [dεzət] désert m ▸ vt [dɪ'zəːt] déserter, abandonner ▸ vi (Mil) déserter
deserted [dɪ'zəːtɪd] adj désert(e)
deserter [dɪ'zəːtəʳ] n déserteur m
desertification [dɪzəːtɪfɪ'keɪʃən] n désertification f
desertion [dɪ'zəːʃən] n désertion f
desert island n île déserte

deserts [dɪ'zəːts] *npl*: **to get one's just ~** n'avoir que ce qu'on mérite

deserve [dɪ'zəːv] *vt* mériter

deservedly [dɪ'zəːvɪdlɪ] *adv* à juste titre, à bon droit

deserving [dɪ'zəːvɪŋ] *adj (person)* méritant(e) ; *(action, cause)* méritoire

desiccated ['dɛsɪkeɪtɪd] *adj* séché(e)

design [dɪ'zaɪn] *n (sketch)* plan *m*, dessin *m* ; *(layout, shape)* conception *f*, ligne *f* ; *(pattern)* dessin, motif(s) *m(pl)* ; *(of dress, car)* modèle *m* ; *(art)* design *m*, stylisme *m* ; *(intention)* dessein *m* ; **to have designs on** avoir des visées sur ; **industrial ~** esthétique industrielle ▸ *vt* dessiner ; *(plan)* concevoir ; **well-designed** *adj* bien conçu(e)

design and technology *n (Brit Scol)* technologie *f*

designate *vt* ['dɛzɪgneɪt] désigner ▸ *adj* ['dɛzɪgnɪt] désigné(e)

designation [dɛzɪg'neɪʃən] *n* désignation *f*

designer [dɪ'zaɪnər] *n (Archit, Art)* dessinateur(-trice) ; *(Industry)* concepteur(-trice), designer *mf* ; *(Fashion)* styliste *mf*

desirability [dɪzaɪərə'bɪlɪtɪ] *n* avantage *m* ; attrait *m*

desirable [dɪ'zaɪərəbl] *adj (property, location, purchase)* attrayant(e) ; **it is ~ that** il est souhaitable que

desire [dɪ'zaɪər] *n* désir *m* ▸ *vt* désirer, vouloir ; **to ~ to do sth/that** désirer faire qch/que

desirous [dɪ'zaɪərəs] *adj*: **~ of** désireux(-euse) de

desist [dɪ'zɪst, dɪ'sɪst] *vi* cesser ; **to ~ from** cesser qch ; **to ~ from doing sth** cesser de faire qch

desk [dɛsk] *n (in office)* bureau *m* ; *(for pupil)* pupitre *m* ; *(Brit: in shop, restaurant)* caisse *f* ; *(in hotel, at airport)* réception *f*

desktop *n* bureau *m* ▸ *adj* de bureau ; **~ computer** ordinateur de bureau

desk-top publishing ['dɛsktɔp-] *n* publication assistée par ordinateur, PAO *f*

desolate ['dɛsəlɪt] *adj* désolé(e)

desolation [dɛsə'leɪʃən] *n* désolation *f*

despair [dɪs'pɛər] *n* désespoir *m* ; **to be in ~** être au désespoir ▸ *vi*: **to ~ of** désespérer de

despatch [dɪs'pætʃ] *n*, *vt* = **dispatch**

desperate ['dɛspərɪt] *adj* désespéré(e) ; *(fugitive)* prêt(e) à tout ; *(measures)* désespéré, extrême ; **to be ~ for sth/to do sth** avoir désespérément besoin de qch/de faire qch ; **we are getting ~** nous commençons à désespérer

desperately ['dɛspərɪtlɪ] *adv* désespérément ; *(very)* terriblement, extrêmement ; **~ ill** très gravement malade

desperation [dɛspə'reɪʃən] *n* désespoir *m* ; **in (sheer) ~** en désespoir de cause

despicable [dɪs'pɪkəbl] *adj* méprisable

despise [dɪs'paɪz] *vt* mépriser, dédaigner

despite [dɪs'paɪt] *prep* malgré, en dépit de

despondent [dɪs'pɔndənt] *adj* découragé(e), abattu(e)

despot ['dɛspɔt] *n* despote *mf*

despotic [dɪ'spɔtɪk] *adj* despotique

dessert [dɪ'zəːt] *n* dessert *m*

dessertspoon [dɪ'zəːtspuːn] *n* cuiller *f* à dessert

destabilize [diː'steɪbɪlaɪz] *vt* déstabiliser

destination [dɛstɪ'neɪʃən] *n* destination *f*

destine ['dɛstɪn] *vt* destiner

destined ['dɛstɪnd] *adj*: **to be ~ to do sth** être destiné(e) à faire qch ; **~ for London** à destination de Londres

destiny ['dɛstɪnɪ] *n* destinée *f*, destin *m*

destitute ['dɛstɪtjuːt] *adj* misérable, dans la misère ; **to be left ~** être plongé(e) dans la misère ; **the ~** les indigents

destitution [dɛstɪ'tjuːʃən] *n* dénuement *m*, indigence *f*

de-stress [diː'strɛs] *vi*, *vt* déstresser *(inf)*

destroy [dɪs'trɔɪ] *vt* détruire ; *(injured horse)* abattre ; *(dog)* faire piquer

destroyer [dɪs'trɔɪər] *n (Naut)* contre-torpilleur *m*

destruction [dɪs'trʌkʃən] *n* destruction *f*

destructive [dɪs'trʌktɪv] *adj* destructeur(-trice)

desultory ['dɛsəltərɪ] *adj (reading, conversation)* décousu(e) ; *(contact)* irrégulier(-ière)

detach [dɪ'tætʃ] *vt* détacher

detachable [dɪ'tætʃəbl] *adj* amovible, détachable

detached [dɪ'tætʃt] *adj (attitude)* détaché(e)

detached house *n* pavillon *m* maison(nette) (individuelle)

detachment [dɪ'tætʃmənt] *n (Mil)* détachement *m* ; *(fig)* détachement, indifférence *f*

detail ['diːteɪl] *n* détail *m* ; *(Mil)* détachement *m* ; **in ~** en détail ; **to go into ~(s)** entrer dans les détails ▸ *vt* raconter en détail, énumérer ; *(Mil)*: **to ~ sb (for)** affecter qn (à), détacher qn (pour)

detailed ['diːteɪld] *adj* détaillé(e)

detain [dɪ'teɪn] *vt* retenir ; *(in captivity)* détenir ; *(in hospital)* hospitaliser

detainee [diːteɪ'niː] *n* détenu(e)

detect [dɪ'tɛkt] *vt* déceler, percevoir ; *(Med, Police)* dépister ; *(Mil, Radar, Tech)* détecter

detection [dɪ'tɛkʃən] *n* découverte *f* ; *(Med, Police)* dépistage *m* ; *(Mil, Radar, Tech)* détection *f* ; **to escape ~** échapper aux recherches, éviter d'être découvert(e) ; *(mistake)* passer inaperçu(e) ; **crime ~** le dépistage des criminels

detective [dɪ'tɛktɪv] *n* agent *m* de la sûreté, policier *m* ; **private ~** détective privé

detective story *n* roman policier

detector [dɪ'tɛktər] *n* détecteur *m*

détente [deɪ'tɑːnt] *n* détente *f*

detention [dɪ'tɛnʃən] *n* détention *f* ; *(Scol)* retenue *f*, consigne *f*

deter [dɪ'təːr] *vt* dissuader

detergent [dɪ'təːdʒənt] *n* détersif *m*, détergent *m*

deteriorate [dɪ'tɪərɪəreɪt] *vi* se détériorer, se dégrader

deterioration [dɪtɪərɪə'reɪʃən] *n* détérioration *f*

determinant [dɪ'təːmɪnənt] *n* déterminant *m*

determination [dɪtəːmɪ'neɪʃən] *n* détermination *f*

determine [dɪ'təːmɪn] *vt* déterminer ; **to ~ to do** résoudre de faire, se déterminer à faire

determined [dɪ'təːmɪnd] *adj* (*person*) déterminé(e), décidé(e) ; (*quantity*) déterminé, établi(e) ; (*effort*) très gros(se) ; ~ **to do** bien décidé à faire

determinism [dɪ'təːmɪnɪzəm] *n* déterminisme *m*

deterrence [dɪ'tɛrns] *n* dissuasion *f*

deterrent [dɪ'tɛrənt] *n* effet *m* de dissuasion ; force *f* de dissuasion ; **to act as a** ~ avoir un effet dissuasif

detest [dɪ'tɛst] *vt* détester, avoir horreur de

detestable [dɪ'tɛstəbl] *adj* détestable odieux(-euse)

detonate ['dɛtəneɪt] *vi* exploser ▸ *vt* faire exploser *or* détoner

detonator ['dɛtəneɪtər] *n* détonateur *m*

detour ['diːtuər] *n* détour *m* ; (*US Aut: diversion*) déviation *f*

detox ['diːtɔks] *vi* se détoxifier ; (*body*) détoxifier ▸ *n* détox *f*

detoxification [diːtɔksɪfɪ'keɪʃən] *n* détox *f*

detoxify [diː'tɔksɪfaɪ] *vi* se détoxifier ; (*body*) détoxifier

detract [dɪ'trækt] *vt*: **to ~ from** (*quality, pleasure*) diminuer ; (*reputation*) porter atteinte à

detractor [dɪ'træktər] *n* détracteur(-trice)

detriment ['dɛtrɪmənt] *n*: **to the ~ of** au détriment de, au préjudice de ; **without ~ to** sans porter atteinte *or* préjudice à, sans conséquences fâcheuses pour

detrimental [dɛtrɪ'mɛntl] *adj*: ~ **to** préjudiciable *or* nuisible à

deuce [djuːs] *n* (*Tennis*) égalité *f*

devaluation [diːvæljuˈeɪʃən] *n* dévaluation *f*

devalue ['diːvæljuː] *vt* dévaluer

devastate ['dɛvəsteɪt] *vt* dévaster ; **he was devastated by the news** cette nouvelle lui a porté un coup terrible

devastating ['dɛvəsteɪtɪŋ] *adj* dévastateur(-trice) ; (*news*) accablant(e)

devastation [dɛvəs'teɪʃən] *n* dévastation *f*

develop [dɪ'vɛləp] *vt* (*gen*) développer ; (*disease*) commencer à souffrir de ; (*habit*) contracter ; (*resources*) mettre en valeur, exploiter ; (*land*) aménager ; **can you ~ this film?** pouvez-vous développer cette pellicule ? ; **to ~ a taste for sth** prendre goût à qch ▸ *vi* se développer ; (*situation, disease: evolve*) évoluer ; (*facts, symptoms: appear*) se manifester, se produire ; **to ~ into** devenir

developer [dɪ'vɛləpər] *n* (*Phot*) révélateur *m* ; (*of land*) promoteur *m* ; (*also:* **property developer**) promoteur immobilier

developing [dɪ'vɛləpɪŋ] *adj* (*world*) en voie de développement

developing country *n* pays *m* en voie de développement

development [dɪ'vɛləpmənt] *n* développement *m* ; (*of land*) exploitation *f* ; (*new fact, event*) rebondissement *m*, fait(s) nouveau(x)

development area *n* zone *f* à urbaniser

deviate ['diːvɪeɪt] *vi*: **to ~ (from)** dévier (de)

deviation [diːvɪ'eɪʃən] *n* déviation *f*

device [dɪ'vaɪs] *n* (*scheme*) moyen *m*, expédient *m* ; (*apparatus*) appareil *m*, dispositif *m* ;

explosive ~ engin explosif ; **improvised explosive** ~ engin explosif improvisé

devil ['dɛvl] *n* diable *m* ; démon *m*

devilish ['dɛvlɪʃ] *adj* diabolique

devil-may-care ['dɛvlmeɪ'kɛər] *adj* je-m'en-foutiste

devil's advocate *n*: **to play** ~ se faire avocat du diable

devious ['diːvɪəs] *adj* (*means*) détourné(e) ; (*person*) sournois(e), dissimulé(e)

devise [dɪ'vaɪz] *vt* imaginer, concevoir

devoid [dɪ'vɔɪd] *adj*: ~ **of** dépourvu(e) de, dénué(e) de

devolution [diːvə'luːʃən] *n* (*Pol*) décentralisation *f*

devolve [dɪ'vɔlv] *vi*: **to ~ (up)on** retomber sur

devote [dɪ'vəut] *vt*: **to ~ sth to** consacrer qch à

devoted [dɪ'vəutɪd] *adj* dévoué(e) ; **to be ~ to** être dévoué(e) *or* très attaché(e) à ; (*book etc*) être consacré(e) à

devotee [dɛvəu'tiː] *n* (*Rel*) adepte *mf* ; (*Mus, Sport*) fervent(e)

devotion [dɪ'vəuʃən] *n* dévouement *m*, attachement *m* ; (*Rel*) dévotion *f*, piété *f*

devour [dɪ'vauər] *vt* dévorer

devout [dɪ'vaut] *adj* pieux(-euse), dévot(e)

dew [djuː] *n* rosée *f*

dexterity [dɛks'tɛrɪtɪ] *n* dextérité *f*, adresse *f*

DfEE *n abbr* (BRIT: = *Department for Education and Employment*) Ministère de l'éducation et de l'emploi

dg *abbr* (= *decigram*) dg

DHSS *n abbr* (BRIT) = **Department of Health and Social Security**

diabetes [daɪə'biːtiːz] *n* diabète *m*

diabetic [daɪə'bɛtɪk] *n* diabétique *mf* ▸ *adj* (*person*) diabétique ; (*chocolate, jam*) pour diabétiques

diabolical [daɪə'bɔlɪkl] *adj* diabolique ; (*inf: dreadful*) infernal(e), atroce

diagnose [daɪəg'nəuz] *vt* diagnostiquer

diagnosis [daɪəg'nəusɪs] (*pl* **diagnoses** [-siːz]) *n* diagnostic *m*

diagnostic [daɪəg'nɔstɪk] *adj* diagnostique

diagonal [daɪ'ægənl] *adj* diagonal(e) ▸ *n* diagonale *f*

diagram ['daɪəgræm] *n* diagramme *m*, schéma *m*

dial ['daɪəl] *n* cadran *m* ▸ *vt* (*number*) faire, composer ; **to ~ a wrong number** faire un faux numéro ; **can I ~ London direct?** puis-je *or* est-ce que je peux avoir Londres par l'automatique ?

dial. *abbr* = **dialect**

dialect ['daɪəlɛkt] *n* dialecte *m*

dialling code ['daɪəlɪŋ-], (*US*) **dial code** *n* indicatif *m* (téléphonique) ; **what's the ~ for Paris?** quel est l'indicatif de Paris ?

dialling tone ['daɪəlɪŋ-], (*US*) **dial tone** *n* tonalité *f*

dialogue, (*US*) **dialog** ['daɪəlɔg] *n* dialogue *m*

dialogue box, dialog box *n* (*Comput*) boîte *f* de dialogue

dialysis [daɪ'ælɪsɪs] *n* dialyse *f*

diameter [daɪ'æmɪtər] *n* diamètre *m*

diametrically [daɪə'mɛtrɪklɪ] adv: **~ opposed (to)** diamétralement opposé(e) (à)

diamond ['daɪəmənd] n diamant m ; (shape) losange m ; **diamonds** npl (Cards) carreau m

diamond ring n bague f de diamant(s)

diaper ['daɪəpə'] n (US) couche f

diaphanous [daɪ'æfənəs] adj diaphane

diaphragm ['daɪəfræm] n diaphragme m

diarrhoea, (US) **diarrhea** [daɪə'riːə] n diarrhée f

diary ['daɪərɪ] n (daily account) journal m ; (book) agenda m ; **to keep a ~** tenir un journal

diaspora [daɪ'æspərə] n diaspora f; **the Irish ~** la diaspora irlandaise

diatribe ['daɪətraɪb] n diatribe f

dice [daɪs] n (pl inv) dé m ▸ vt (Culin) couper en dés or en cubes

dicey ['daɪsɪ] adj (inf): **it's a bit ~** c'est un peu risqué

dichotomy [daɪ'kɒtəmɪ] n dichotomie f

dickhead ['dɪkhɛd] n (Brit inf!) tête f de nœud (!)

Dictaphone® ['dɪktəfəun] n Dictaphone® m

dictate vt [dɪk'teɪt] dicter ▸ vi: **to ~ to** (person) imposer sa volonté à, régenter ; **I won't be dictated to** je n'ai d'ordres à recevoir de personne ▸ n ['dɪkteɪt] injonction f

dictation [dɪk'teɪʃən] n dictée f; **at ~ speed** à une vitesse de dictée

dictator [dɪk'teɪtə'] n dictateur m

dictatorial [dɪktə'tɔːrɪəl] adj dictatorial(e)

dictatorship [dɪk'teɪtəʃɪp] n dictature f

diction ['dɪkʃən] n diction f, élocution f

dictionary ['dɪkʃənrɪ] n dictionnaire m

did [dɪd] pt of **do**

didactic [daɪ'dæktɪk] adj didactique

diddle ['dɪdl] vt (esp Brit inf: con) rouler ▸ vi (US inf): **to ~ with sth** (fiddle) tripatouiller qch ; **to ~ around** (waste time) traînasser

didn't [dɪdnt] = **did not**

die [daɪ] (pl **dice**) n dé m ; (pl **dies**) coin m ; matrice f; étampe f ▸ vi mourir ; **to ~ of or from** mourir de ; **to be dying** être mourant(e) ; **to be dying for sth** avoir une envie folle de qch ; **to be dying to do sth** mourir d'envie de faire qch
▸ **die away** vi s'éteindre
▸ **die down** vi se calmer, s'apaiser
▸ **die out** vi disparaître, s'éteindre

diehard ['daɪhɑːd] n réactionnaire mf, jusqu'au-boutiste mf

diesel ['diːzl] n (vehicle) diesel m ; (also: **diesel oil**) carburant m diesel, gas-oil m

diesel engine n moteur m diesel

diesel fuel, diesel oil n carburant m diesel

diet ['daɪət] n alimentation f ; (restricted food) régime m ; **to live on a ~ of** se nourrir de ▸ vi (also: **be on a diet**) suivre un régime

dietary ['daɪətrɪ] adj (habits, advice) diététique ; (fat, fibre) alimentaire

dietician [daɪə'tɪʃən] n diététicien(ne)

differ ['dɪfə'] vi: **to ~ from sth** (be different) être différent(e) de qch, différer de qch ; **to ~ from sb over sth** ne pas être d'accord avec qn au sujet de qch

difference ['dɪfrəns] n différence f ; (quarrel) différend m, désaccord m ; **it makes no ~ to me** cela m'est égal, cela m'est indifférent ; **to settle one's differences** résoudre la situation

different ['dɪfrənt] adj différent(e)

differential [dɪfə'rɛnʃəl] n (Aut, wages) différentiel m

differentiate [dɪfə'rɛnʃɪeɪt] vt différencier ▸ vi se différencier ; **to ~ between** faire une différence entre

differentiation [dɪfərɛnʃɪ'eɪʃən] n différenciation f

differently ['dɪfrəntlɪ] adv différemment

difficult ['dɪfɪkəlt] adj difficile ; **~ to understand** difficile à comprendre

difficulty ['dɪfɪkəltɪ] n difficulté f; **to have difficulties** avoir des ennuis or problèmes avec ; **to be in ~** avoir des difficultés, avoir des problèmes

diffidence ['dɪfɪdəns] n manque m de confiance en soi, manque d'assurance

diffident ['dɪfɪdənt] adj qui manque de confiance or d'assurance, peu sûr(e) de soi

diffuse adj [dɪ'fjuːs] diffus(e) ▸ vt [dɪ'fjuːz] diffuser, répandre

diffusion [dɪ'fjuːʒən] n diffusion f

dig [dɪg] (pt, pp **dug** [dʌg]) vt (hole) creuser ; (garden) bêcher ; **to ~ one's nails into** enfoncer ses ongles dans ▸ vi: **to ~ into** (snow, soil) creuser ; **to ~ into one's pockets for sth** fouiller dans ses poches pour chercher or prendre qch ▸ n (prod) coup m de coude ; (fig: remark) coup de griffe or de patte ; (Archaeology) fouille f
▸ **dig in** vi (Mil) se retrancher ; (fig) tenir bon, se braquer ; (inf: eat) attaquer (un repas or un plat etc) ▸ vt (compost) bien mélanger à la bêche ; (knife, claw) enfoncer ; **to ~ in one's heels** (fig) se braquer, se buter
▸ **dig out** vt (survivors, car from snow) sortir or dégager (à coups de pelles or pioches)
▸ **dig up** vt déterrer

digest vt [daɪ'dʒɛst] digérer ▸ n ['daɪdʒɛst] sommaire m, résumé m

digestible [dɪ'dʒɛstəbl] adj digestible

digestion [dɪ'dʒɛstʃən] n digestion f

digestive [dɪ'dʒɛstɪv] adj digestif(-ive)

digger ['dɪgə'] n (machine) excavateur m, excavatrice f

digit ['dɪdʒɪt] n (number) chiffre m (de o à 9) ; (finger) doigt m

digital ['dɪdʒɪtl] adj (system, recording, radio) numérique, digital(e) ; (watch) à affichage numérique or digital

digital camera n appareil m photo numérique

digital compact cassette n cassette f numérique

digitally ['dɪdʒɪtəlɪ] adv numériquement

digital TV n télévision f numérique

digitize ['dɪdʒɪtaɪz] vt numériser

dignified ['dɪgnɪfaɪd] adj digne

dignitary ['dɪgnɪtərɪ] n dignitaire m

dignity ['dɪgnɪtɪ] n dignité f

digress [daɪ'grɛs] vi: **to ~ from** s'écarter de, s'éloigner de

digression [daɪ'grɛʃən] n digression f

digs [dɪgz] npl (Brit inf) piaule f, chambre meublée

diktat ['dɪktæt] n diktat m

dilapidated [dɪˈlæpɪdeɪtɪd] *adj* délabré(e)
dilate [daɪˈleɪt] *vt* dilater ▶ *vi* se dilater
dilatory [ˈdɪlətərɪ] *adj* dilatoire
dilemma [daɪˈlɛmə] *n* dilemme *m* ; **to be in a ~** être pris dans un dilemme
diligence [ˈdɪlɪdʒəns] *n* assiduité *f*, application *f* ; **with ~** avec assiduité
diligent [ˈdɪlɪdʒənt] *adj* (*worker, student*) appliqué(e), assidu(e) ; (*work*) assidu(e)
dill [dɪl] *n* aneth *m*
dilly-dally [ˈdɪlɪˈdælɪ] *vi* hésiter, tergiverser ; traînasser, lambiner
dilute [daɪˈluːt] *vt* diluer ▶ *adj* dilué(e)
dilution [daɪˈluːʃən] *n* (*of solution, substance*) dilution *f* ; (*of quality, value*) affaiblissement *m*
dim [dɪm] *adj* (*light, eyesight*) faible ; (*memory, outline*) vague, indécis(e) ; (*room*) sombre ; (*inf: stupid*) borné(e), obtus(e) ; **to take a ~ view of sth** voir qch d'un mauvais œil ▶ *vt* (*light*) réduire, baisser ; (*US Aut*) mettre en code, baisser
dime [daɪm] *n* (*US*) pièce *f* de 10 cents
dimension [daɪˈmɛnʃən] *n* dimension *f*
-dimensional [dɪˈmɛnʃənl] *adj suffix*: **two~** à deux dimensions
diminish [dɪˈmɪnɪʃ] *vt, vi* diminuer
diminished [dɪˈmɪnɪʃt] *adj*: **~ responsibility** (*Law*) responsabilité atténuée
diminutive [dɪˈmɪnjutɪv] *adj* minuscule, tout(e) petit(e) ▶ *n* (*Ling*) diminutif *m*
dimly [ˈdɪmlɪ] *adv* faiblement ; vaguement
dimmer [ˈdɪmər] *n* (*also*: **dimmer switch**) variateur *m* ; **dimmers** *npl* (*US Aut: dipped headlights*) phares *mpl* code *inv*, codes *mpl* ; (*parking lights*) feux *mpl* de position
dimple [ˈdɪmpl] *n* fossette *f*
dim-witted [ˈdɪmˈwɪtɪd] *adj* (*inf*) stupide, borné(e)
din [dɪn] *n* vacarme *m* ▶ *vt*: **to ~ sth into sb** (*inf*) enfoncer qch dans la tête *or* la caboche de qn
dine [daɪn] *vi* dîner
▶ **dine out** *vi* (*at restaurant*) aller au restaurant
diner [ˈdaɪnər] *n* (*person*) dîneur(-euse) ; (*Rail*) = **dining car**; (*US: eating place*) petit restaurant
dinghy [ˈdɪŋɡɪ] *n* youyou *m* ; (*inflatable*) canot *m* pneumatique ; (*also*: **sailing dinghy**) voilier *m*, dériveur *m*
dingo [ˈdɪŋɡəʊ] *n* dingo *m*
dingy [ˈdɪndʒɪ] *adj* miteux(-euse), minable
dining car [ˈdaɪnɪŋ-] *n* (*Brit*) voiture-restaurant *f*, wagon-restaurant *m*
dining room [ˈdaɪnɪŋ-] *n* salle *f* à manger
dining table [ˈdaɪnɪŋ-] *n* table *f* de (la) salle à manger
dinkum [ˈdɪŋkʌm] *adj* (*Australia, New Zealand inf*) vrai(e) ; **fair ~** vrai(e)
dinner [ˈdɪnər] *n* (*evening meal*) dîner *m* ; (*lunch*) déjeuner *m* ; (*public*) banquet *m* ; **~'s ready!** à table !
dinner jacket *n* smoking *m*
dinner party *n* dîner *m*
dinner time *n* (*evening*) heure *f* du dîner ; (*midday*) heure du déjeuner
dinosaur [ˈdaɪnəsɔːʳ] *n* dinosaure *m*
dint [dɪnt] *n*: **by ~ of (doing) sth** à force de (faire) qch

diocese [ˈdaɪəsɪs] *n* diocèse *m*
dioxide [daɪˈɔksaɪd] *n* dioxyde *m*
dip [dɪp] *n* (*slope*) déclivité *f* ; (*in sea*) baignade *f*, bain *m* ; (*Culin*) = sauce *f* ▶ *vt* tremper, plonger ; (*Brit Aut: lights*) mettre en code, baisser ▶ *vi* plonger
▶ **dip into** *vt fus* (*book*) parcourir ; (*savings*) puiser dans
Dip. *abbr* (*Brit*) = **diploma**
diphtheria [dɪfˈθɪərɪə] *n* diphtérie *f*
diphthong [ˈdɪfθɔŋ] *n* diphtongue *f*
diploma [dɪˈpləumə] *n* diplôme *m*
diplomacy [dɪˈpləuməsɪ] *n* diplomatie *f*
diplomat [ˈdɪpləmæt] *n* diplomate *mf*
diplomatic [dɪpləˈmætɪk] *adj* diplomatique ; **to break off ~ relations (with)** rompre les relations diplomatiques (avec)
diplomatic corps *n* corps *m* diplomatique
diplomatic immunity *n* immunité *f* diplomatique
dipstick [ˈdɪpstɪk] *n* (*Brit Aut*) jauge *f* de niveau d'huile
dipswitch [ˈdɪpswɪtʃ] *n* (*Brit Aut*) commutateur *m* de code
dire [daɪəʳ] *adj* (*poverty*) extrême ; (*awful*) affreux(-euse)
direct [daɪˈrɛkt] *adj* direct(e) ; (*manner, person*) direct, franc (franche) ▶ *vt* (*tell way*) diriger, orienter ; (*letter, remark*) adresser ; (*Cine, TV*) réaliser ; (*Theat*) mettre en scène ; (*order*): **to ~ sb to do sth** ordonner à qn de faire qch ; **can you ~ me to ...?** pouvez-vous m'indiquer le chemin de ... ? ▶ *adv* directement
direct cost *n* (*Comm*) coût *m* variable
direct current *n* (*Elec*) courant continu
direct debit *n* (*Brit Banking*) prélèvement *m* automatique
direct dialling *n* (*Tel*) automatique *m*
direct hit *n* (*Mil*) coup *m* au but, touché *m*
direction [dɪˈrɛkʃən] *n* direction *f* ; (*Theat*) mise *f* en scène ; (*Cine, TV*) réalisation *f* ; **sense of ~** sens *m* de l'orientation ; **in the ~ of** dans la direction de, vers ; **directions** *npl* (*to a place*) indications *fpl* ; **directions for use** mode *m* d'emploi ; **to ask for directions** demander sa route *or* son chemin
directive [dɪˈrɛktɪv] *n* directive *f* ; **a government ~** une directive du gouvernement
direct labour *n* main-d'œuvre directe ; employés municipaux
directly [dɪˈrɛktlɪ] *adv* (*in straight line*) directement, tout droit ; (*at once*) tout de suite, immédiatement
direct mail *n* vente *f* par publicité directe
direct mailshot *n* (*Brit*) publicité postale
directness [daɪˈrɛktnɪs] *n* (*of person, speech*) franchise *f*
director [dɪˈrɛktəʳ] *n* directeur *m* ; (*board member*) administrateur *m* ; (*Theat*) metteur *m* en scène ; (*Cine, TV*) réalisateur(-trice) ; **D~ of Public Prosecutions** (*Brit*) = procureur général
directorship [dɪˈrɛktəʃɪp, daɪˈrɛktəʃɪp] *n* poste *m* de directeur, fonction *f* de directeur
directory [dɪˈrɛktərɪ] *n* annuaire *m* ; (*also*: **street directory**) indicateur *m* de rues ; (*also*: **trade**

d

directory enquiries – discomfort

directory) annuaire du commerce ; (*Comput*) répertoire *m*

directory enquiries, (*US*) **directory assistance** *n* (*Tel: service*) renseignements *mpl*

dirt [dɜːt] *n* saleté *f* ; (*mud*) boue *f* ; **to treat sb like** ~ traiter qn comme un chien

dirt-cheap ['dɜːt'tʃiːp] *adj* (ne) coûtant presque rien

dirt road *n* chemin non macadamisé *or* non revêtu

dirty ['dɜːtɪ] *adj* sale ; (*joke*) cochon(ne) ; ~ **story** histoire cochonne ; ~ **trick** coup tordu ▶ *vt* salir

disability [dɪsə'bɪlɪtɪ] *n* invalidité *f*, infirmité *f*

disability allowance *n* allocation *f* d'invalidité *or* d'infirmité

disable [dɪs'eɪbl] *vt* (*illness, accident*) rendre *or* laisser infirme ; (*tank, gun*) mettre hors d'action

disabled [dɪs'eɪbld] *adj* handicapé(e) ; (*maimed*) mutilé(e) ; (*through illness, old age*) impotent(e)

disabling [dɪ'seɪblɪŋ] *adj* handicapant(e)

disabuse [dɪsə'bjuːz] *vt* détromper ; **to ~ sb of sth** détromper qn de qch

disadvantage [dɪsəd'vɑːntɪdʒ] *n* désavantage *m*, inconvénient *m*

disadvantaged [dɪsəd'vɑːntɪdʒd] *adj* (*person*) désavantagé(e)

disadvantageous [dɪsædvɑːn'teɪdʒəs] *adj* désavantageux(-euse)

disaffected [dɪsə'fɛktɪd] *adj:* ~ **(to** *or* **towards)** mécontent(e) (de)

disaffection [dɪsə'fɛkʃən] *n* désaffection *f*, mécontentement *m*

disagree [dɪsə'griː] *vi* (*differ*) ne pas concorder ; (*be against, think otherwise*): **to ~ (with)** ne pas être d'accord (avec) ; **garlic disagrees with me** l'ail ne me convient pas, je ne supporte pas l'ail

disagreeable [dɪsə'griːəbl] *adj* désagréable

disagreement [dɪsə'griːmənt] *n* désaccord *m*, différend *m*

disallow ['dɪsə'laʊ] *vt* rejeter, désavouer ; (*BRIT Football: goal*) refuser

disappear [dɪsə'pɪər] *vi* disparaître

disappearance [dɪsə'pɪərəns] *n* disparition *f*

disappoint [dɪsə'pɔɪnt] *vt* décevoir

disappointed [dɪsə'pɔɪntɪd] *adj* déçu(e)

disappointing [dɪsə'pɔɪntɪŋ] *adj* décevant(e)

disappointingly [dɪsə'pɔɪntɪŋlɪ] *adv:* ~ **slow** d'une lenteur décevante ; ~, ... à ma (*or* notre *etc*) grande déception, ..., à la grande déception de tous, ...

disappointment [dɪsə'pɔɪntmənt] *n* déception *f*

disapproval [dɪsə'pruːvəl] *n* désapprobation *f*

disapprove [dɪsə'pruːv] *vi:* **to ~ of** désapprouver

disapproving [dɪsə'pruːvɪŋ] *adj* désapprobateur(-trice), de désapprobation

disarm [dɪs'ɑːm] *vt* désarmer

disarmament [dɪs'ɑːməmənt] *n* désarmement *m*

disarming [dɪs'ɑːmɪŋ] *adj* (*smile*) désarmant(e)

disarray [dɪsə'reɪ] *n* désordre *m*, confusion *f* ; **in** ~ (*troops*) en déroute ; (*thoughts*) embrouillé(e) ; (*clothes*) en désordre ; **to throw into** ~ semer la confusion *or* le désordre dans (*or* parmi)

disassemble [dɪsə'sɛmbl] *vt* (*formal: machine, weapon*) démonter

disassociate [dɪsə'səʊʃɪeɪt] *vt* dissocier ; **to ~ o.s. from sth/sb** se dissocier de qch/qn

disaster [dɪ'zɑːstər] *n* catastrophe *f*, désastre *m*

disastrous [dɪ'zɑːstrəs] *adj* désastreux(-euse)

disastrously [dɪ'zɑːstrəslɪ, dɪ'zæstrəslɪ] *adv* (*high, low, late*) terriblement ; **to go ~ wrong** tourner au désastre

disband [dɪs'bænd] *vt* démobiliser ; disperser ▶ *vi* se séparer ; se disperser

disbelief ['dɪsbə'liːf] *n* incrédulité *f* ; **in ~** avec incrédulité

disbelieve ['dɪsbə'liːv] *vt* (*person*) ne pas croire ; (*story*) mettre en doute ; **I don't ~ you** je veux bien vous croire

disbursement [dɪs'bɜːsmənt] *n* (*formal: act*) déboursement *m* ; (*sum paid*) débours *m*

disc [dɪsk] *n* disque *m* ; (*Comput*) = **disk**

disc. *abbr* (*Comm*) = **discount**

discard [dɪs'kɑːd] *vt* (*old things*) se débarrasser de, mettre au rencart *ou* au rebut ; (*fig*) écarter, renoncer à

disc brake *n* frein *m* à disque

discern [dɪ'sɜːn] *vt* discerner, distinguer

discernible [dɪ'sɜːnəbl] *adj* discernable, perceptible ; (*object*) visible

discerning [dɪ'sɜːnɪŋ] *adj* judicieux(-euse), perspicace

discharge *vt* [dɪs'tʃɑːdʒ] (*duties*) s'acquitter de ; (*settle: debt*) s'acquitter de, régler ; (*waste etc*) déverser ; décharger ; (*Elec, Med*) émettre ; (*patient*) renvoyer (chez lui) ; (*employee, soldier*) congédier, licencier ; (*defendant*) relaxer, élargir ; **to ~ one's gun** faire feu ; **discharged bankrupt** failli(e), réhabilité(e) ▶ *n* ['dɪstʃɑːdʒ] (*Elec, Med*) émission *f* ; (*also:* **vaginal discharge**) pertes blanches ; (*dismissal*) renvoi *m*, licenciement *m*, élargissement *m*

disciple [dɪ'saɪpl] *n* disciple *mf*

disciplinarian [dɪsɪplɪ'nɛərɪən] *n:* **to be a ~** être strict(e) en matière de discipline

disciplinary ['dɪsɪplɪnərɪ] *adj* disciplinaire ; **to take ~ action against sb** prendre des mesures disciplinaires à l'encontre de qn

discipline ['dɪsɪplɪn] *n* discipline *f* ▶ *vt* discipliner ; (*punish*) punir ; **to ~ o.s. to do sth** s'imposer *or* s'astreindre à une discipline pour faire qch

disc jockey *n* disque-jockey *m* (DJ)

disclaim [dɪs'kleɪm] *vt* désavouer, dénier

disclaimer [dɪs'kleɪmər] *n* démenti *m*, dénégation *f* ; **to issue a ~** publier un démenti

disclose [dɪs'kləʊz] *vt* révéler, divulguer

disclosure [dɪs'kləʊʒər] *n* révélation *f*, divulgation *f*

disco ['dɪskəʊ] *n abbr* discothèque *f*

discolour, (*US*) **discolor** [dɪs'kʌlər] *vt* décolorer ; (*sth white*) jaunir ▶ *vi* se décolorer ; jaunir

discolouration, (*US*) **discoloration** [dɪskʌlə'reɪʃən] *n* décoloration *f* ; jaunissement *m*

discoloured, (*US*) **discolored** [dɪs'kʌləd] *adj* décoloré(e), jauni(e)

discomfiture [dɪs'kʌmfɪtʃər] *n* embarras *m*

discomfort [dɪs'kʌmfət] *n* malaise *m*, gêne *f* ; (*lack of comfort*) manque *m* de confort

disconcert [dɪskən'sə:t] *vt* déconcerter, décontenancer

disconcerting [dɪskən'sə:tɪŋ] *adj* déconcertant(e)

disconnect [dɪskə'nɛkt] *vt* détacher ; *(Elec, Radio)* débrancher ; *(gas, water)* couper

disconnected [dɪskə'nɛktɪd] *adj (speech, thoughts)* décousu(e), peu cohérent(e)

disconnection [dɪskə'nɛkʃən] *n (of water, electricity, telephone)* coupure *f* ; *(between people, organizations)* séparation *f*

disconsolate [dɪs'kɔnsəlɪt] *adj* inconsolable

discontent [dɪskən'tɛnt] *n* mécontentement *m*

discontented [dɪskən'tɛntɪd] *adj* mécontent(e)

discontinue [dɪskən'tɪnjuː] *vt* cesser, interrompre ; **"discontinued"** *(Comm)* « fin de série »

discord ['dɪskɔːd] *n* discorde *f*, dissension *f* ; *(Mus)* dissonance *f*

discordant [dɪs'kɔːdənt] *adj* discordant(e), dissonant(e)

discount *n* ['dɪskaunt] remise *f*, rabais *m* ; **to give sb a ~ on sth** faire une remise *or* un rabais à qn sur qch ; **~ for cash** escompte *f* au comptant ; **at a ~** avec une remise *or* réduction, au rabais ▶ *vt* [dɪs'kaunt] *(report etc)* ne pas tenir compte de

discount house *n (Finance)* banque *f* d'escompte ; *(Comm: also:* **discount store)** magasin *m* de discount

discount rate *n* taux *m* de remise

discourage [dɪs'kʌrɪdʒ] *vt (dishearten)* décourager ; *(dissuade, deter)* dissuader, décourager

discouraged [dɪs'kʌrɪdʒd] *adj* découragé(e) ; **don't be ~** ne te décourage pas

discouragement [dɪs'kʌrɪdʒmənt] *n (depression)* découragement *m* ; **to act as a ~ to sb** dissuader qn

discouraging [dɪs'kʌrɪdʒɪŋ] *adj* décourageant(e)

discourse *n* ['dɪskɔːs] *(communication)* conversation *n* ; *(speech)* discours *m* ; *(written piece)* dissertation *f* ▶ *vi* [dɪs'kɔːs] *(formal)* discourir ; **to ~ on sth** discourir sur qch

discourteous [dɪs'kə:tɪəs] *adj* incivil(e), discourtois(e)

discover [dɪs'kʌvər] *vt* découvrir

discovery [dɪs'kʌvərɪ] *n* découverte *f*

discredit [dɪs'krɛdɪt] *vt (idea)* mettre en doute ; *(person)* discréditer ▶ *n* discrédit *m*

discreet [dɪ'skriːt] *adj* discret(-ète)

discreetly [dɪ'skriːtlɪ] *adv* discrètement

discrepancy [dɪ'skrɛpənsɪ] *n* divergence *f*, contradiction *f*

discrete [dɪs'kriːt] *adj* distinct(e), séparé(e)

discretion [dɪ'skrɛʃən] *n* discrétion *f* ; **at the ~ of** à la discrétion de ; **use your own ~** à vous de juger

discretionary [dɪ'skrɛʃənrɪ] *adj (powers)* discrétionnaire

discriminate [dɪ'skrɪmɪneɪt] *vi:* **to ~ between** établir une distinction entre, faire la différence entre ; **to ~ against** pratiquer une discrimination contre

discriminating [dɪ'skrɪmɪneɪtɪŋ] *adj* qui a du discernement

discrimination [dɪskrɪmɪ'neɪʃən] *n* discrimination *f* ; *(judgment)* discernement *m* ; **racial/sexual ~** discrimination raciale/sexuelle

discriminatory [dɪ'skrɪmɪnətərɪ] *adj* discriminatoire

discus ['dɪskəs] *n* disque *m*

discuss [dɪ'skʌs] *vt* discuter de ; *(debate)* discuter

discussion [dɪ'skʌʃən] *n* discussion *f* ; **under ~** en discussion

disdain [dɪs'deɪn] *n* dédain *m*

disdainful [dɪs'deɪnful] *adj* dédaigneux(-euse) ; **to be ~ of sb/sth** dédaigner qn/qch

disease [dɪ'ziːz] *n* maladie *f*

diseased [dɪ'ziːzd] *adj* malade

disembark [dɪsɪm'bɑːk] *vt, vi* débarquer

disembarkation [dɪsɛmbɑː'keɪʃən] *n* débarquement *m*

disembodied ['dɪsɪm'bɔdɪd] *adj* désincarné(e)

disembowel ['dɪsɪm'bauəl] *vt* éviscérer, étriper

disempower ['dɪsɪm'pauər] *vt (person, group)* priver de son autonomie

disenchanted [dɪsɪn'tʃɑːntɪd] *adj:* **~** désenchanté(e), désabusé(e) ; **to be ~ with sb/sth** être déçu(e) par qn/qch

disenchantment [dɪsɪn'tʃɑːntmənt] *n* désillusion *f* ; **there's growing ~ with the government** de plus en plus de gens sont déçus par le gouvernement

disenfranchise ['dɪsɪn'fræntʃaɪz] *vt* priver du droit de vote ; *(Comm)* retirer la franchise à

disengage [dɪsɪn'geɪdʒ] *vt* dégager ; *(Tech)* déclencher ; **to ~ the clutch** *(Aut)* débrayer

disentangle [dɪsɪn'tæŋgl] *vt* démêler

disfavour, *(US)* **disfavor** [dɪs'feɪvər] *n* défaveur *f* ; disgrâce *f*

disfigure [dɪs'fɪgər] *vt* défigurer

disgorge [dɪs'gɔːdʒ] *vt* déverser

disgrace [dɪs'greɪs] *n* honte *f* ; *(disfavour)* disgrâce *f* ▶ *vt* déshonorer, couvrir de honte

disgraced [dɪs'greɪst] *adj)* disgracié(e)

disgraceful [dɪs'greɪsful] *adj* scandaleux(-euse), honteux(-euse)

disgruntled [dɪs'grʌntld] *adj* mécontent(e)

disguise [dɪs'gaɪz] *n* déguisement *m* ; **in ~** déguisé(e) ▶ *vt* déguiser ; *(voice)* déguiser, contrefaire ; *(feelings etc)* masquer, dissimuler ; **to ~ o.s. as** se déguiser en ; **there's no disguising the fact that ...** on ne peut pas se dissimuler que ...

disguised [dɪs'gaɪzd] *adj (in disguise)* déguisé(e) ; *(veiled: criticism, anger)* dissimulé(e) ; **to be ~ as sb/sth** être déguisé(e) en qn/qch

disgust [dɪs'gʌst] *n* dégoût *m*, aversion *f* ▶ *vt* dégoûter, écœurer

disgusted [dɪs'gʌstɪd] *adj* dégoûté(e), écœuré(e)

disgusting [dɪs'gʌstɪŋ] *adj* dégoûtant(e), révoltant(e)

dish [dɪʃ] *n* plat *m* ; **to do** *or* **wash the dishes** faire la vaisselle
▶ **dish out** *vt* distribuer
▶ **dish up** *vt* servir ; *(facts, statistics)* sortir, débiter

dishcloth ['dɪʃklɔθ] *n (for drying)* torchon *m* ; *(for washing)* lavette *f*

dishearten [dɪs'hɑːtn] *vt* décourager

disheartening [dɪsˈhɑːtnɪŋ] *adj* décourageant(e)

dishevelled, (US) **disheveled** [dɪˈʃevəld] *adj* ébouriffé(e), décoiffé(e), débraillé(e)

dishonest [dɪsˈɔnɪst] *adj* malhonnête

dishonesty [dɪsˈɔnɪstɪ] *n* malhonnêteté *f*

dishonour, (US) **dishonor** [dɪsˈɔnəʳ] *n* déshonneur *m*

dishonourable, (US) **dishonorable** [dɪsˈɔnərəbl] *adj* déshonorant(e)

dish soap *n* (US) produit *m* pour la vaisselle

dishtowel [ˈdɪʃtauəl] *n* (US) torchon *m* (à vaisselle)

dishwasher [ˈdɪʃwɔʃəʳ] *n* lave-vaisselle *m* ; (*person*) plongeur(-euse)

dishwater [ˈdɪʃwɔːtəʳ] *n* eau *f* de vaisselle ; **as dull as ~** ennuyeux(-euse) comme la pluie

dishy [ˈdɪʃɪ] *adj* (BRIT *inf*) séduisant(e), sexy *inv*

disillusion [dɪsɪˈluːʒən] *vt* désabuser, désenchanter ▶ *n* désenchantement *m*

disillusioned [dɪsɪˈluːʒənd] *adj* désabusé(e), désenchanté(e) ; **to become ~ (with sth/sb)** perdre ses illusions (sur qch/qn)

disillusionment [dɪsɪˈluːʒənmənt] *n* désillusion *f* ; **~ with sth/sb** désillusion envers qch/qn

disincentive [dɪsɪnˈsentɪv] *n*: **it's a ~** c'est démotivant ; **to be a ~ to sb** démotiver qn

disinclined [ˈdɪsɪnˈklaɪnd] *adj*: **to be ~ to do sth** être peu disposé(e) *or* peu enclin(e) à faire qch

disinfect [dɪsɪnˈfɛkt] *vt* désinfecter

disinfectant [dɪsɪnˈfɛktənt] *n* désinfectant *m*

disinflation [dɪsɪnˈfleɪʃən] *n* désinflation *f*

disinformation [dɪsɪnfəˈmeɪʃən] *n* désinformation *f*

disingenuous [dɪsɪnˈdʒenjuəs] *adj* peu sincère ; **it is ~ to do …** ce n'est pas sincère de faire …

disingenuously [dɪsɪnˈdʒenjuəslɪ] *adv* de manière peu sincère

disinherit [dɪsɪnˈhɛrɪt] *vt* déshériter

disintegrate [dɪsˈɪntɪgreɪt] *vi* se désintégrer

disintegration [dɪsɪntɪˈɡreɪʃən] *n* (*of object*) désintégration *f* ; (*of substance, relationship, nation*) désagrégation *f*

disinterested [dɪsˈɪntrəstɪd] *adj* désintéressé(e)

disjointed [dɪsˈdʒɔɪntɪd] *adj* décousu(e), incohérent(e)

disk [dɪsk] *n* (Comput) disquette *f* ; **single-/double-sided ~** disquette une face/double face

disk drive *n* lecteur *m* de disquette

diskette [dɪsˈkɛt] *n* (Comput) disquette *f*

disk operating system *n* système *m* d'exploitation à disques

dislike [dɪsˈlaɪk] *n* aversion *f*, antipathie *f* ; **to take a ~ to sb/sth** prendre qn/qch en grippe ▶ *vt* ne pas aimer ; **I ~ the idea** l'idée me déplaît

dislocate [ˈdɪsləkeɪt] *vt* (*shoulder, ankle*) disloquer, déboîter ; (*service*) désorganiser ; (*system, process*) bouleverser ; **he has dislocated his shoulder** il s'est disloqué l'épaule

dislocation [dɪsləˈkeɪʃən] *n* (*of shoulder, ankle*) dislocation *f*, déboîtement *m* ; (*of system, process, service*) bouleversement *m*

dislodge [dɪsˈlɔdʒ] *vt* déplacer, faire bouger ; (*enemy*) déloger

disloyal [dɪsˈlɔɪəl] *adj* déloyal(e)

dismal [ˈdɪzml] *adj* (*gloomy*) lugubre, maussade ; (*very bad*) lamentable

dismally [ˈdɪzməlɪ] *adv* (*fail, perform*) lamentablement

dismantle [dɪsˈmæntl] *vt* démonter ; (*fort, warship*) démanteler

dismast [dɪsˈmɑːst] *vt* démâter

dismay [dɪsˈmeɪ] *n* consternation *f* ; **much to my ~** à ma grande consternation, à ma grande inquiétude ▶ *vt* consterner

dismiss [dɪsˈmɪs] *vt* congédier, renvoyer ; (*idea*) écarter ; (*Law*) rejeter ▶ *vi* (*Mil*) rompre les rangs

dismissal [dɪsˈmɪsl] *n* renvoi *m*

dismissive [dɪsˈmɪsɪv] *adj* dédaigneux(-euse) ; **to be ~ of sth** faire peu de cas de qch

dismount [dɪsˈmaunt] *vi* mettre pied à terre

disobedience [dɪsəˈbiːdɪəns] *n* désobéissance *f*

disobedient [dɪsəˈbiːdɪənt] *adj* désobéissant(e), indiscipliné(e)

disobey [dɪsəˈbeɪ] *vt* désobéir à ; (*rule*) transgresser, enfreindre

disorder [dɪsˈɔːdəʳ] *n* (Med) troubles *mpl* ; (*mess*) désordre *m* ; (*rioting*) désordres *mpl* ; **a kidney ~** une maladie des reins ; **in ~** en désordre ; **civil ~** désordre *m* public

disordered [dɪsˈɔːdəd] *adj* (*messy*) en désordre ; (*mind, behaviour*) dérangé(e), déséquilibré(e)

disorderly [dɪsˈɔːdəlɪ] *adj* (*room*) en désordre ; (*behaviour, retreat, crowd*) désordonné(e)

disorderly conduct *n* (Law) conduite *f* contraire aux bonnes mœurs

disorganized [dɪsˈɔːɡənaɪzd] *adj* désorganisé(e)

disorientated [dɪsˈɔːrɪenteɪtɪd] *adj* désorienté(e)

disown [dɪsˈəun] *vt* renier

disparaging [dɪsˈpærɪdʒɪŋ] *adj* désobligeant(e) ; **to be ~ about sb/sth** faire des remarques désobligeantes sur qn/qch

disparate [ˈdɪspərɪt] *adj* disparate

disparity [dɪsˈpærɪtɪ] *n* disparité *f*

dispassionate [dɪsˈpæʃənət] *adj* calme, froid(e), impartial(e), objectif(-ive)

dispatch [dɪsˈpætʃ] *vt* expédier, envoyer ; (*deal with: business*) régler, en finir avec ▶ *n* envoi *m*, expédition *f* ; (*Mil, Press*) dépêche *f*

dispatch department *n* service *m* des expéditions

dispatch rider *n* (Mil) estafette *f*

dispel [dɪsˈpɛl] *vt* dissiper, chasser

dispensary [dɪsˈpɛnsərɪ] *n* pharmacie *f* ; (*in chemist's*) officine *f*

dispense [dɪsˈpɛns] *vt* distribuer, administrer ; (*medicine*) préparer (et vendre) ; **to ~ sb from** dispenser qn de ▶ *dispense with* *vt fus* se passer de ; (*make unnecessary*) rendre superflu(e)

dispenser [dɪsˈpɛnsəʳ] *n* (*device*) distributeur *m*

dispensing chemist [dɪsˈpɛnsɪŋ-] *n* (BRIT) pharmacie *f*

dispersal [dɪsˈpəːsl] *n* dispersion *f* ; (Admin) déconcentration *f*

disperse [dɪsˈpəːs] *vt* disperser ; (*knowledge*) disséminer ▶ *vi* se disperser

dispirited [dɪsˈpɪrɪtɪd] *adj* découragé(e), déprimé(e)

dispiriting [dɪˈspɪrɪtɪŋ] *adj* décourageant(e)

displace [dɪsˈpleɪs] *vt* déplacer

displaced person [dɪsˈpleɪst-] *n* (*Pol*) personne déplacée

displacement [dɪsˈpleɪsmənt] *n* déplacement *m*

display [dɪsˈpleɪ] *n* (*of goods*) étalage *m* ; affichage *m* ; (*Comput: information*) visualisation *f* ; (: *device*) visuel *m* ; (*of feeling*) manifestation *f* ; (*pej*) ostentation *f* ; (*show, spectacle*) spectacle *m* ; (*military display*) parade *f* militaire ; **on ~** (*exhibits*) exposé(e), exhibé(e) ; (*goods*) à l'étalage ▶ *vt* montrer ; (*goods*) mettre à l'étalage, exposer ; (*results, departure times*) afficher ; (*pej*) faire étalage de

display advertising *n* publicité rédactionnelle

displease [dɪsˈpliːz] *vt* mécontenter, contrarier ; **displeased with** mécontent(e) de

displeasure [dɪsˈplɛʒəʳ] *n* mécontentement *m*

disposable [dɪsˈpəʊzəbl] *adj* (*pack etc*) jetable ; (*income*) disponible ; **~ nappy** (*Brit*) couche *f* à jeter, couche-culotte *f*

disposal [dɪsˈpəʊzl] *n* (*of rubbish*) évacuation *f*, destruction *f* ; (*of property etc: by selling*) vente *f* ; (: *by giving away*) cession *f* ; (*availability, arrangement*) disposition *f* ; **at one's ~** à sa disposition ; **to put sth at sb's ~** mettre qch à la disposition de qn

dispose [dɪsˈpəʊz] *vt* disposer ▶ *vi*: **to ~ of** (*time, money*) disposer de ; (*unwanted goods*) se débarrasser de, se défaire de ; (*Comm: stock*) écouler, vendre ; (*problem*) expédier

disposed [dɪsˈpəʊzd] *adj*: **~ to do** disposé(e) à faire

disposition [dɪspəˈzɪʃən] *n* disposition *f* ; (*temperament*) naturel *m*

dispossess [ˈdɪspəˈzɛs] *vt*: **to ~ sb (of)** déposséder qn (de)

disproportion [dɪsprəˈpɔːʃən] *n* disproportion *f*

disproportionate [dɪsprəˈpɔːʃənət] *adj* disproportionné(e)

disproportionately [dɪsprəˈpɔːʃənətlɪ] *adv*: **~ high** disproportionné(e)

disprove [dɪsˈpruːv] *vt* réfuter

dispute [dɪsˈpjuːt] *n* discussion *f* ; (*also*: **industrial dispute**) conflit *m* ; **to be in** or **under ~** (*matter*) être en discussion ; (*territory*) être contesté(e) ▶ *vt* (*question*) contester ; (*matter*) discuter ; (*victory*) disputer

disputed [dɪˈspjuːtɪd] *adj* (*territory, region, border*) contesté(e)

disqualification [dɪskwɔlɪfɪˈkeɪʃən] *n* disqualification *f* ; **~ (from driving)** (*Brit*) retrait *m* du permis (de conduire)

disqualify [dɪsˈkwɔlɪfaɪ] *vt* (*Sport*) disqualifier ; **to ~ sb for sth/from doing** (*status, situation*) rendre qn inapte à qch/à faire ; (*authority*) signifier à qn l'interdiction de qch/de faire ; **to ~ sb (from driving)** (*Brit*) retirer à qn son permis (de conduire)

disquiet [dɪsˈkwaɪət] *n* inquiétude *f*, trouble *m*

disquieting [dɪsˈkwaɪətɪŋ] *adj* inquiétant(e), alarmant(e)

disregard [dɪsrɪˈgɑːd] *vt* ne pas tenir compte de ▶ *n*: **~ (for)** (*feelings*) indifférence *f* (pour), insensibilité *f* (à) ; (*danger, money*) mépris *m* (pour)

disrepair [ˈdɪsrɪˈpɛəʳ] *n* mauvais état ; **to fall into ~** (*building*) tomber en ruine ; (*street*) se dégrader

disreputable [dɪsˈrɛpjutəbl] *adj* (*person*) de mauvaise réputation, peu recommandable ; (*behaviour*) déshonorant(e) ; (*area*) mal famé(e), louche

disrepute [ˈdɪsrɪˈpjuːt] *n* déshonneur *m*, discrédit *m* ; **to bring into ~** faire tomber dans le discrédit

disrespect [dɪsrɪˈspɛkt] *n* manque *m* de respect ; **~ for sb/sth** manque de respect envers qn/qch

disrespectful [dɪsrɪˈspɛktful] *adj* irrespectueux(-euse) ; **to be ~ to sb** (*person*) manquer de respect à qn

disrupt [dɪsˈrʌpt] *vt* (*plans, meeting, lesson*) perturber, déranger

disruption [dɪsˈrʌpʃən] *n* perturbation *f*, dérangement *m*

disruptive [dɪsˈrʌptɪv] *adj* perturbateur(-trice)

diss [dɪs] *vt* (*inf*) débiner (*inf*)

dissatisfaction [dɪssætɪsˈfækʃən] *n* mécontentement *m*, insatisfaction *f*

dissatisfied [dɪsˈsætɪsfaɪd] *adj*: **~ (with)** insatisfait(e) (de)

dissect [dɪˈsɛkt] *vt* (*body, issue, theory*) disséquer ; (*account, book, report*) éplucher

dissection [dɪˈsɛkʃən] *n* (*of body, issue, theory*) dissection *f* ; (*of account, book, report*) épluchage *m*

disseminate [dɪˈsɛmɪneɪt] *vt* (*information, facts*) disséminer, propager ; (*knowledge*) diffuser

dissemination [dɪsɛmɪˈneɪʃən] *n* (*of information, facts, ideas*) dissémination *f*, propagation *f* ; (*of knowledge*) diffusion *f*

dissent [dɪˈsɛnt] *n* dissentiment *m*, différence *f* d'opinion

dissenter [dɪˈsɛntəʳ] *n* (*Rel, Pol etc*) dissident(e)

dissenting [dɪˈsɛntɪŋ] *adj* contestataire

dissertation [dɪsəˈteɪʃən] *n* (*Scol*) mémoire *m*

disservice [dɪsˈsəːvɪs] *n*: **to do sb a ~** rendre un mauvais service à qn ; desservir qn

dissident [ˈdɪsɪdnt] *adj, n* dissident(e)

dissimilar [dɪˈsɪmɪləʳ] *adj*: **~ (to)** dissemblable (à), différent(e) (de)

dissipate [ˈdɪsɪpeɪt] *vt* dissiper ; (*energy, efforts*) disperser

dissipated [ˈdɪsɪpeɪtɪd] *adj* dissolu(e), débauché(e)

dissociate [dɪˈsəʊʃɪeɪt] *vt* dissocier ; **to ~ o.s. from sb/sth** se dissocier de qn/qch

dissolute [ˈdɪsəluːt] *adj* débauché(e), dissolu(e)

dissolution [dɪsəˈluːʃən] *n* dissolution *f*

dissolve [dɪˈzɔlv] *vt* dissoudre ▶ *vi* se dissoudre, fondre ; (*fig*) disparaître ; **to ~ in(to) tears** fondre en larmes

dissuade [dɪˈsweɪd] *vt*: **to ~ sb (from)** dissuader qn (de)

distance [ˈdɪstns] *n* distance *f* ; **what's the ~ to London?** à quelle distance se trouve Londres ? ; **it's within walking ~** on peut y aller à pied ; **in the ~** au loin

distant [ˈdɪstnt] *adj* lointain(e), éloigné(e) ; (*manner*) distant(e), froid(e)

distaste [dɪsˈteɪst] *n* dégoût *m*

583

distasteful [dɪs'teɪstful] *adj* déplaisant(e), désagréable

Dist. Atty. *abbr (US)* = **district attorney**

distemper [dɪs'tɛmpəʳ] *n (paint)* détrempe *f*, badigeon *m* ; *(of dogs)* maladie *f* de Carré

distended [dɪs'tɛndɪd] *adj (stomach)* dilaté(e)

distil, *(US)* **distill** [dɪs'tɪl] *vt (whisky, water)* distiller ; *(thoughts, ideas)* condenser

distillation [dɪstɪ'leɪʃən] *n (of whisky, water)* distillation *f* ; *(of thoughts, ideas)* condensé *m*

distillery [dɪs'tɪlərɪ] *n* distillerie *f*

distinct [dɪs'tɪŋkt] *adj* distinct(e) ; *(clear)* marqué(e) ; **as ~ from** par opposition à, en contraste avec

distinction [dɪs'tɪŋkʃən] *n* distinction *f* ; *(in exam)* mention *f* très bien ; **to draw a ~ between** faire une distinction entre ; **a writer of ~** un écrivain réputé

distinctive [dɪs'tɪŋktɪv] *adj (style, feature, character)* distinctif(-ive) ; *(taste, smell)* caractéristique

distinctively [dɪ'stɪŋktɪvlɪ] *adv (typically: American, British)* typiquement ; *(decorated)* de façon particulière

distinctly [dɪs'tɪŋktlɪ] *adv* distinctement ; *(specify)* expressément

distinguish [dɪs'tɪŋgwɪʃ] *vt* distinguer ; **to ~ o.s.** se distinguer ▸ *vi:* **to ~ between** *(concepts)* distinguer entre, faire une distinction entre

distinguishable [dɪ'stɪŋgwɪʃəbl] *adj (recognizable)* reconnaissable ; *(discernible: sound)* perceptible ; *(: shape)* visible ; **to be ~ by sth** être reconnaissable par qch, se distinguer par qch

distinguished [dɪs'tɪŋgwɪʃt] *adj (eminent, refined)* distingué(e) ; *(career)* remarquable, brillant(e)

distinguishing [dɪs'tɪŋgwɪʃɪŋ] *adj (feature)* distinctif(-ive), caractéristique

distort [dɪs'tɔːt] *vt* déformer

distorted [dɪ'stɔːtɪd] *adj (picture, image, sound)* déformé(e) ; *(view, idea)* faussé(e)

distortion [dɪs'tɔːʃən] *n* déformation *f*

distract [dɪs'trækt] *vt* distraire, déranger

distracted [dɪs'træktɪd] *adj (not concentrating)* distrait(e) ; *(worried)* affolé(e)

distractedly [dɪ'stræktɪdlɪ] *adv* distraitement

distraction [dɪs'trækʃən] *n* distraction *f*, dérangement *m* ; **to drive sb to ~** rendre qn fou (folle)

distraught [dɪs'trɔːt] *adj* éperdu(e)

distress [dɪs'trɛs] *n* détresse *f* ; *(pain)* douleur *f* ; **in ~** *(ship)* en perdition ; *(plane)* en détresse ▸ *vt* bouleverser

distressed [dɪ'strɛst] *adj (upset)* bouleversé(e) ; *(poor)* dans le besoin ; *(artificially aged: denim)* vieilli(e) ; **to be ~ about sth** être bouleversé(e) par qch ; **~ area** *(BRIT)* zone sinistrée

distressing [dɪs'trɛsɪŋ] *adj* douloureux(-euse), pénible, affligeant(e)

distress signal *n* signal *m* de détresse

distribute [dɪs'trɪbjuːt] *vt* distribuer

distribution [dɪstrɪ'bjuːʃən] *n* distribution *f*

distribution cost *n* coût *m* de distribution

distributor [dɪs'trɪbjutəʳ] *n (gen: Tech)* distributeur *m* ; *(Comm)* concessionnaire *mf*

district ['dɪstrɪkt] *n (of country)* région *f* ; *(of town)* quartier *m* ; *(Admin)* district *m*

district attorney *n (US)* ≈ procureur *mf* de la République

district council *n (BRIT)* ≈ conseil municipal

district nurse *n (BRIT)* infirmière visiteuse

distrust [dɪs'trʌst] *n* méfiance *f*, doute *m* ▸ *vt* se méfier de

distrustful [dɪs'trʌstful] *adj* méfiant(e)

disturb [dɪs'təːb] *vt* troubler ; *(inconvenience)* déranger ; **sorry to ~ you** excusez-moi de vous déranger

disturbance [dɪs'təːbəns] *n* dérangement *m* ; *(political etc)* troubles *mpl* ; *(by drunks etc)* tapage *m* ; **to cause a ~** troubler l'ordre public ; **~ of the peace** *(Law)* tapage injurieux or nocturne

disturbed [dɪs'təːbd] *adj (worried, upset)* agité(e), troublé(e) ; **to be emotionally ~** avoir des problèmes affectifs

disturbing [dɪs'təːbɪŋ] *adj* troublant(e), inquiétant(e)

disunited [dɪsju'naɪtɪd] *adj* désuni(e)

disunity [dɪs'juːnɪtɪ] *n* désunion *f*

disuse [dɪs'juːs] *n:* **to fall into ~** tomber en désuétude

disused [dɪs'juːzd] *adj* désaffecté(e)

ditch [dɪtʃ] *n* fossé *m* ; *(for irrigation)* rigole *f* ▸ *vt (inf)* abandonner ; *(person)* plaquer

dither ['dɪðəʳ] *vi* hésiter

ditto ['dɪtəu] *adv* idem

ditty ['dɪtɪ] *n* chansonnette *f*

diuretic [daɪjuə'rɛtɪk] *adj, n* diurétique *m*

diva ['diːvə] *n* diva *f*

divan [dɪ'væn] *n* divan *m*

divan bed *n* divan-lit *m*

dive [daɪv] *n* plongeon *m* ; *(of submarine)* plongée *f* ; *(Aviat)* piqué *m* ; *(pej: café, bar etc)* bouge *m* ▸ *vi* plonger ; **to ~ into** *(bag etc)* plonger la main dans ; *(place)* se précipiter dans

diver ['daɪvəʳ] *n* plongeur(-euse)

diverge [daɪ'vəːdʒ] *vi* diverger

divergence [daɪ'vəːdʒəns] *n* divergence *f* ; **a ~ of opinion** une divergence d'opinions

divergent [daɪ'vəːdʒənt] *adj* divergent(e)

diverse [daɪ'vəːs] *adj* divers(e)

diversification [daɪvə:sɪfɪ'keɪʃən] *n* diversification *f*

diversify [daɪ'vəːsɪfaɪ] *vt* diversifier

diversion [daɪ'vəːʃən] *n (BRIT Aut)* déviation *f* ; *(distraction, Mil)* diversion *f*

diversionary [daɪ'vəːʃənrɪ] *adj (activity, attack)* de diversion ; **~ tactic** manœuvre *f* de diversion

diversity [daɪ'vəːsɪtɪ] *n* diversité *f*, variété *f*

divert [daɪ'vəːt] *vt (BRIT: traffic)* dévier ; *(plane)* dérouter ; *(train, river)* détourner ; *(amuse)* divertir

divest [daɪ'vɛst] *vt:* **to ~ sb of** dépouiller qn de

divide [dɪ'vaɪd] *vt (quantity, number)* diviser ; *(separate)* séparer ; **40 divided by 5** 40 divisé par 5 ; **to ~ people into groups** diviser or répartir des personnes en groupes ; **to ~ sth among** partager or répartir entre ▸ *vi* se diviser ▸ **divide out** *vt:* **to ~ out (between** or **among)** distribuer or répartir (entre)

▶ **divide up** vt (group, country) diviser ; (share: money, possessions) partager ; **to ~ sth up into** diviser qch en

divided [dɪ'vaɪdɪd] adj (fig: country, couple) désuni(e) ; (opinions) partagé(e)

divided highway n (US) route f à quatre voies

divided skirt n jupe-culotte f

dividend ['dɪvɪdend] n dividende m

dividend cover n rapport m dividendes-résultat

dividers [dɪ'vaɪdəz] npl compas m à pointes sèches ; (between pages) feuillets mpl intercalaires

divine [dɪ'vaɪn] adj divin(e) ▶ vt (future) prédire ; (truth) deviner, entrevoir ; (water, metal) détecter la présence de (par l'intermédiaire de la radiesthésie)

diving ['daɪvɪŋ] n plongée (sous-marine)

diving board n plongeoir m

diving suit n scaphandre m

divinity [dɪ'vɪnɪtɪ] n divinité f ; (as study) théologie f

division [dɪ'vɪʒən] n division f ; (BRIT Football) division f ; (separation) séparation f ; (Comm) service m ; (BRIT Pol) vote m ; (also: **division of labour**) division du travail

divisive [dɪ'vaɪsɪv] adj qui entraîne la division, clivant(e)

divorce [dɪ'vɔːs] n divorce m ▶ vt divorcer d'avec

divorced [dɪ'vɔːst] adj divorcé(e)

divorcee [dɪvɔː'siː] n divorcé(e)

divot ['dɪvət] n (Golf) motte f de gazon

divulge [daɪ'vʌldʒ] vt divulguer, révéler

Diwali [dɪ'wɑːli], **Divali** [dɪ'vɑːli] n Dipavali m

DIY adj, n abbr (BRIT) = **do-it-yourself**

dizziness ['dɪzɪnɪs] n vertige m, étourdissement m

dizzy ['dɪzɪ] adj (height) vertigineux(-euse) ; **to make sb ~** donner le vertige à qn ; **I feel ~** la tête me tourne, j'ai la tête qui tourne

dizzying ['dɪzɪɪŋ] adj (height, speed) vertigineux(-euse)

DJ n abbr = **disc jockey**

d.j. n abbr = **dinner jacket**

Djakarta [dʒə'kɑːtə] n Djakarta

DJIA n abbr (US Stock Exchange) = **Dow-Jones Industrial Average**

dl abbr (= decilitre) dl

DLit, DLitt n abbr (= Doctor of Literature, Doctor of Letters) titre universitaire

DMus n abbr (= Doctor of Music) titre universitaire

DMZ n abbr = **demilitarized zone**

DNA n abbr (= deoxyribonucleic acid) ADN m

DNA fingerprinting [-'fɪŋgəprɪntɪŋ] n technique f des empreintes génétiques

(KEYWORD)

do [duː] (pt **did** [dɪd], pp **done** [dʌn]) n (inf: party etc) soirée f, fête f ; (: formal gathering) réception f
▶ aux vb **1** (in negative constructions) non traduit ; **I don't understand** je ne comprends pas

2 (to form questions) non traduit ; **didn't you know?** vous ne le saviez pas ? ; **what do you think?** qu'en pensez-vous ? ; **why didn't you come?** pourquoi n'êtes-vous pas venu ?

3 (for emphasis: in polite expressions): **people do make mistakes sometimes** on peut toujours se tromper ; **she does seem rather late** je

trouve qu'elle est bien en retard ; **do sit down/ help yourself** asseyez-vous/servez-vous je vous en prie ; **do take care!** faites bien attention à vous ! ; **I DO wish I could go** j'aimerais tant y aller ; **but I DO like it!** mais si, je l'aime !

4 (used to avoid repeating vb): **she swims better than I do** elle nage mieux que moi ; **do you agree? — yes, I do/no I don't** vous êtes d'accord ? — oui/non ; **she lives in Glasgow — so do I** elle habite Glasgow — moi aussi ; **he didn't like it and neither did we** il n'a pas aimé ça, et nous non plus ; **who broke it? — I did** qui l'a cassé ? — c'est moi ; **he asked me to help him and I did** il m'a demandé de l'aider, et c'est ce que j'ai fait

5 (in question tags): **you like him, don't you?** vous l'aimez bien, n'est-ce pas ? ; **he laughed, didn't he?** il a ri, n'est-ce pas ? ; **I don't know him, do I?** je ne crois pas le connaître

▶ vt **1** (gen: carry out, perform etc) faire ; (: visit: city, museum) faire, visiter ; **what are you doing tonight?** qu'est-ce que vous faites ce soir ? ; **what do you do?** (job) que faites-vous dans la vie ? ; **what did he do with the cat?** qu'a-t-il fait du chat ? ; **what can I do for you?** que puis-je faire pour vous ? ; **to do the cooking/ washing-up** faire la cuisine/la vaisselle ; **to do one's teeth/hair/nails** se brosser les dents/se coiffer/se faire les ongles

2 (Aut etc: distance) faire ; (: speed) faire du ; **we've done 200 km already** nous avons déjà fait 200 km ; **the car was doing 100** la voiture faisait du 100 (à l'heure) ; **he can do 100 in that car** il peut faire du 100 (à l'heure) dans cette voiture-là

▶ vi **1** (act, behave) faire ; **do as I do** faites comme moi

2 (get on, fare) marcher ; **the firm is doing well** l'entreprise marche bien ; **he's doing well/ badly at school** ça marche bien/mal pour lui à l'école ; **how do you do?** comment allez-vous ? ; (on being introduced) enchanté(e) !

3 (suit) aller ; **will it do?** est-ce que ça ira ?

4 (be sufficient) suffire, aller ; **will £10 do?** est-ce que 10 livres suffiront ? ; **that'll do** ça suffit, ça ira ; **that'll do!** (in annoyance) ça va or suffit comme ça ! ; **to make do (with)** se contenter (de)

▶ **do away with** vt fus abolir ; (inf: kill) supprimer

▶ **do for** vt fus (BRIT inf: clean for) faire le ménage chez

▶ **do up** vt (laces, dress) attacher ; (buttons) boutonner ; (zip) fermer ; (renovate: room) refaire ; (: house) remettre à neuf ; **to do o.s. up** se faire beau/belle

▶ **do with** vt fus (need): **I could do with a drink/ some help** quelque chose à boire/un peu d'aide ne serait pas de refus ; **it could do with a wash** ça ne lui ferait pas de mal d'être lavé ; (be connected with): **that has nothing to do with you** cela ne vous concerne pas ; **I won't have anything to do with it** je ne veux pas m'en mêler ; **what has that got to do with it?** quel est le rapport ?, qu'est-ce que cela vient faire là-dedans ?

do. – domestic

▶ **do without** *vi* s'en passer ; **if you're late for tea then you'll do without** si vous êtes en retard pour le dîner il faudra vous en passer ▶ *vt fus* se passer de ; **I can do without a car** je peux me passer de voiture

do. *abbr* (= *ditto*) d
DOA *abbr* (= *dead on arrival*) décédé(e) à l'admission
doable ['duːəbl] *adj* faisable
d.o.b. *abbr* = **date of birth**
doc [dɔk] *n* (*inf*) toubib *m*
docile ['dəʊsaɪl] *adj* docile
dock [dɔk] *n* dock *m* ; (*wharf*) quai *m* ; (*Law*) banc *m* des accusés ▶ *vi* se mettre à quai ; (*Space*) s'arrimer ▶ *vt*: **they docked a third of his wages** ils lui ont retenu *or* décompté un tiers de son salaire ; **docks** *npl* (*Naut*) docks
dock dues *npl* droits *mpl* de bassin
docker ['dɔkəʳ] *n* docker *m*
docket ['dɔkɪt] *n* bordereau *m* ; (*on parcel etc*) étiquette *f or* fiche *f* (*décrivant le contenu d'un paquet etc*)
dockside ['dɔksaɪd] *n* docks *mpl*
dockyard ['dɔkjɑːd] *n* chantier *m* de construction navale
doctor ['dɔktəʳ] *n* médecin *m*, docteur *m* ; (*PhD etc*) docteur ; **call a ~!** appelez un docteur *or* un médecin ! ; **~'s office** (*US*) cabinet *m* de consultation ▶ *vt* (*cat*) couper ; (*interfere with: food*) altérer ; (*: drink*) frelater ; (*: text, document*) arranger
doctoral ['dɔktərəl] *adj* (*thesis, research*) doctoral(e) ; (*student, degree*) de doctorat
doctorate ['dɔktərɪt] *n* doctorat *m*

⋮ **DOCTORATE**
⋮
⋮ Le **doctorate** est le diplôme universitaire le
⋮ plus prestigieux. Il est le résultat d'au
⋮ minimum trois années de recherche et est
⋮ accordé après soutenance d'une thèse devant
⋮ un jury. Le *doctorate* le plus courant est le *PhD*
⋮ (*Doctor of Philosophy*), accordé en lettres, en
⋮ sciences et en ingénierie, bien qu'il existe
⋮ également d'autres doctorats spécialisés en
⋮ musique, en droit, etc) ; voir *Bachelor's degree,*
⋮ *Master's degree*

Doctor of Philosophy *n* (*degree*) doctorat *m* ; (*person*) titulaire *mf* d'un doctorat
doctrine ['dɔktrɪn] *n* (*belief*) doctrine *f* ; (*US: government policy*) politique *f* ; **the ~ that ...** la doctrine selon laquelle ...
docudrama ['dɔkjudrɑːmə] *n* docudrame *m*
document *n* ['dɔkjumənt] document *m* ▶ *vt* ['dɔkjument] documenter
documentary [dɔkju'mentərɪ] *adj, n* documentaire (*m*)
documentation [dɔkjumən'teɪʃən] *n* documentation *f*
docusoap ['dɔkjusəʊp] *n* feuilleton-documentaire *m*
DOD *n abbr* (*US*) = **Department of Defense**
doddering ['dɔdərɪŋ] *adj* (*senile*) gâteux(-euse)
doddery ['dɔdərɪ] *adj* branlant(e)

doddle ['dɔdl] *n*: **it's a ~** (*inf*) c'est simple comme bonjour, c'est du gâteau
Dodecanese [dəʊdɪkə'niːz] *n*, **Dodecanese Islands** *npl* Dodécanèse *m*
dodge [dɔdʒ] *n* truc *m* ; combine *f* ▶ *vt* esquiver, éviter ▶ *vi* faire un saut de côté ; (*Sport*) faire une esquive ; **to ~ out of the way** s'esquiver ; **to ~ through the traffic** se faufiler *or* faire de savantes manœuvres entre les voitures
Dodgems® ['dɔdʒəmz] *npl* (*BRIT*) autos tamponneuses
dodgy ['dɔdʒɪ] *adj* (*BRIT inf: uncertain*) douteux(-euse) ; (*: shady*) louche
DOE *n abbr* (*BRIT*) = **Department of the Environment** ; (*US*) = **Department of Energy**
doe [dəʊ] *n* (*deer*) biche *f* ; (*rabbit*) lapine *f*
does [dʌz] *vb see* **do**
doesn't ['dʌznt] = **does not**
dog [dɔg] *n* chien(ne) ; **to go to the dogs** (*nation etc*) aller à vau-l'eau ▶ *vt* (*follow closely*) suivre de près, ne pas lâcher d'une semelle ; (*fig: memory etc*) poursuivre, harceler
dog biscuits *npl* biscuits *mpl* pour chien
dog collar *n* collier *m* de chien ; (*fig*) faux-col *m* d'ecclésiastique
dog-eared ['dɔgɪəd] *adj* corné(e)
dogfight ['dɔgfaɪt] *n* (*between competitors*) bagarre *f* ; (*between planes*) combat *m* tournoyant
dog food *n* nourriture *f* pour les chiens *or* le chien
dogged ['dɔgɪd] *adj* obstiné(e), opiniâtre
doggy ['dɔgɪ] *n* (*inf*) toutou *m*
doggy bag ['dɔgɪ-] *n* petit sac pour emporter les restes
doghouse ['dɔghaʊs] *n* (*US*) niche *f*, chenil *m* ; **to be in the ~** (*inf*) ne pas être en odeur de sainteté
dogma ['dɔgmə] *n* dogme *m*
dogmatic [dɔg'mætɪk] *adj* dogmatique
do-gooder [du:'gudəʳ] *n* (*pej*) faiseur(-euse) de bonnes œuvres
dogsbody ['dɔgzbɔdɪ] *n* (*BRIT*) bonne *f* à tout faire, tâcheron *m*
doily ['dɔɪlɪ] *n* dessus *m* d'assiette
doing ['duːɪŋ] *n*: **this is your ~** c'est votre travail, c'est vous qui avez fait ça
doings ['duːɪŋz] *npl* activités *fpl*
do-it-yourself ['duːɪtjɔː'self] *n* bricolage *m*
doldrums ['dɔldrəmz] *npl*: **to be in the ~** avoir le cafard ; être dans le marasme
dole [dəʊl] *n* (*BRIT: payment*) allocation *f* de chômage ; **on the ~** au chômage
▶ **dole out** *vt* donner au compte-goutte
doleful ['dəʊlful] *adj* triste, lugubre
doll [dɔl] *n* poupée *f*
▶ **doll up** *vt*: **to ~ o.s. up** se faire beau (belle)
dollar ['dɔləʳ] *n* dollar *m*
dollop ['dɔləp] *n* (*of butter, cheese*) bon morceau ; (*of cream*) bonne cuillerée
dolly ['dɔlɪ] *n* poupée *f*
dolphin ['dɔlfɪn] *n* dauphin *m*
domain [də'meɪn] *n* (*also fig*) domaine *m*
dome [dəʊm] *n* dôme *m*
domestic [də'mestɪk] *adj* (*duty, happiness*) familial(e) ; (*policy, affairs, flight*) intérieur(e) ; (*news*) national(e) ; (*animal*) domestique

domesticated [dəˈmɛstɪkeɪtɪd] *adj* domestiqué(e) ; *(pej)* d'intérieur ; **he's very ~** il participe volontiers aux tâches ménagères ; question ménage, il est très organisé

domesticity [dəʊmɛsˈtɪsɪtɪ] *n* vie *f* de famille

domestic servant *n* domestique *mf*

domicile [ˈdɒmɪsaɪl] *n* domicile *m*

dominance [ˈdɒmɪnəns] *n* domination *f* ; **~ over sb** domination sur qn

dominant [ˈdɒmɪnənt] *adj* dominant(e)

dominate [ˈdɒmɪneɪt] *vt* dominer

domination [dɒmɪˈneɪʃən] *n* domination *f*

domineering [dɒmɪˈnɪərɪŋ] *adj* dominateur(-trice), autoritaire

Dominican Republic [dəˈmɪnɪkən-] *n* République dominicaine

dominion [dəˈmɪnɪən] *n* domination *f* ; territoire *m* ; dominion *m*

domino [ˈdɒmɪnəʊ] *(pl* **dominoes***) n* domino *m*

dominoes [ˈdɒmɪnəʊz] *n (game)* dominos *mpl*

don [dɒn] *n (BRIT)* professeur *m* d'université ▶ *vt* revêtir

donate [dəˈneɪt] *vt* faire don de, donner

donation [dəˈneɪʃən] *n* donation *f*, don *m*

done [dʌn] *pp of* **do**

dongle [ˈdɒŋgl] *n (Comput)* dongle *m*

donkey [ˈdɒŋkɪ] *n* âne *m*

donkey-work [ˈdɒŋkɪwəːk] *n (BRIT inf)* le gros du travail, le plus dur (du travail)

donor [ˈdəʊnəʳ] *n (of blood etc)* donneur(-euse) ; *(to charity)* donateur(-trice)

donor card *n* carte *f* de don d'organes

don't [dəʊnt] = **do not**

donut [ˈdəʊnʌt] *n (US)* = **doughnut**

doodle [ˈduːdl] *n* griffonnage *m*, gribouillage *m* ▶ *vi* griffonner, gribouiller

doom [duːm] *n (fate)* destin *m* ; *(ruin)* ruine *f* ▶ *vt*: **to be doomed to failure** être voué(e) à l'échec

doomsday [ˈduːmzdeɪ] *n* le Jugement dernier

door [dɔːʳ] *n* porte *f* ; *(Rail, car)* portière *f* ; **to go from ~ to ~** aller de porte en porte

doorbell [ˈdɔːbɛl] *n* sonnette *f*

door handle *n* poignée *f* de porte ; *(of car)* poignée de portière

doorknob [ˈdɔːnɒb] *n* poignée *f* or bouton *m* de porte

doorman [ˈdɔːmən] *n (irreg) (in hotel)* portier *m* ; *(in block of flats)* concierge *m*

doormat [ˈdɔːmæt] *n* paillasson *m*

doorpost [ˈdɔːpəʊst] *n* montant *m* de porte

doorstep [ˈdɔːstɛp] *n* pas *m* de (la) porte, seuil *m*

door-to-door [ˈdɔːtəˈdɔːʳ] *adj*: **~ selling** vente *f* à domicile

doorway [ˈdɔːweɪ] *n (embrasure f de)* porte *f*

dope [dəʊp] *n (inf: drug)* drogue *f* ; *(: person)* andouille *f* ; *(: information)* tuyaux *mpl*, rancards *mpl* ▶ *vt (horse etc)* doper

dopey [ˈdəʊpɪ] *adj (inf)* à moitié endormi(e)

doping [ˈdəʊpɪŋ] *(Sport) n* dopage *m* ▶ *cpd (offence, allegation, test)* de dopage

dormant [ˈdɔːmənt] *adj* assoupi(e), en veilleuse ; *(rule, law)* inappliqué(e)

dormer [ˈdɔːməʳ] *n (also:* **dormer window***)* lucarne *f*

dormice [ˈdɔːmaɪs] *npl of* **dormouse**

dormitory [ˈdɔːmɪtrɪ] *n (BRIT)* dortoir *m* ; *(US: hall of residence)* résidence *f* universitaire

dormouse [ˈdɔːmaʊs] *(pl* **dormice** [-maɪs]*) n* loir *m*

DOS [dɒs] *n abbr (= disk operating system)* DOS *m*

dosage [ˈdəʊsɪdʒ] *n* dose *f* ; dosage *m* ; *(on label)* posologie *f*

dose [dəʊs] *n* dose *f* ; *(BRIT: bout)* attaque *f* ; **a ~ of flu** une belle *or* bonne grippe ▶ *vt*: **to ~ o.s.** se bourrer de médicaments

dosh [dɒʃ] *n (inf)* fric *m*

dosser [ˈdɒsəʳ] *n (BRIT inf)* clochard(e)

doss house [ˈdɒs-] *n (BRIT)* asile *m* de nuit

dossier [ˈdɒsɪeɪ] *n* dossier *m*

DOT *n abbr (US)* = **Department of Transportation**

dot [dɒt] *n* point *m* ; *(on material)* pois *m* ; **on the ~** à l'heure tapante ▶ *vt*: **dotted with** parsemé(e) de

dotcom *n* point com *m*, pointcom *m*

dot command *n (Comput)* commande précédée d'un point

dote [dəʊt]: **to ~ on** *vt fus* être fou (folle) de

dot-matrix printer [dɒtˈmeɪtrɪks-] *n* imprimante matricielle

dotted line [ˈdɒtɪd-] *n* ligne pointillée ; *(Aut)* ligne discontinue ; **to sign on the ~** signer à l'endroit indiqué *or* sur la ligne pointillée ; *(fig)* donner son consentement

dotty [ˈdɒtɪ] *adj (inf)* loufoque, farfelu(e)

double [ˈdʌbl] *adj* double ; **~ five two six (5526)** *(BRIT Tel)* cinquante-cinq – vingt-six ; **it's spelt with a ~ "l"** ça s'écrit avec deux « l » ▶ *adv (fold)* en deux ; *(twice)*: **to cost ~ (sth)** coûter le double (de qch) *or* deux fois plus (que qch) ▶ *n* double *m* ; *(Cine)* doublure *f* ; **on the ~**, **at the ~** au pas de course ▶ *vt* doubler ; *(fold)* plier en deux ▶ *vi* doubler ; *(have two uses)*: **to ~ as** servir aussi de ▶ **double back** *vi (person)* revenir sur ses pas ▶ **double up** *vi (bend over)* se courber, se plier ; *(share room)* partager la chambre

double bass *n* contrebasse *f*

double bed *n* grand lit

double-breasted [ˈdʌblˈbrɛstɪd] *adj* croisé(e)

double-check [ˈdʌblˈtʃɛk] *vt*, *vi* revérifier

double-click [ˈdʌblˈklɪk] *vi (Comput)* double-cliquer

double-clutch [ˈdʌblˈklʌtʃ] *vi (US)* faire un double débrayage

double cream *n (BRIT)* crème fraîche épaisse

double-cross [ˈdʌblˈkrɒs] *vt* doubler, trahir

double-decker [ˈdʌblˈdɛkəʳ] *n* autobus *m* à impériale

double declutch *vi (BRIT)* faire un double débrayage

double exposure *n (Phot)* surimpression *f*

double glazing *n (BRIT)* double vitrage *m*

double-page [ˈdʌblpeɪd] *adj*: **~ spread** publicité *f* en double page

double parking *n* stationnement *m* en double file

double room *n* chambre *f* pour deux

doubles [ˈdʌblz] *n (Tennis)* double *m*

double whammy [-ˈwæmɪ] *n (inf)* double contretemps *m*

double yellow lines *npl (BRIT Aut)* double bande jaune marquant l'interdiction de stationner

587

doubly ['dʌblɪ] *adv* doublement, deux fois plus
doubt [daut] *n* doute *m* ; **no ~** sans doute ;
without (a) ~ sans aucun doute ; **beyond ~** *adv*
indubitablement ; *adj* indubitable ▸ *vt* douter
de ; **I ~ it very much** j'en doute fort ; **to ~ that**
douter que+*sub*
doubtful ['dautful] *adj* douteux(-euse) ; *(person)*
incertain(e) ; **to be ~ about sth** avoir des
doutes sur qch, ne pas être convaincu de qch ;
I'm a bit ~ je n'en suis pas certain *or* sûr
doubtless ['dautlɪs] *adv* sans doute, sûrement
dough [dəu] *n* pâte *f* ; *(inf: money)* fric *m*,
pognon *m*
doughnut, *(US)* **donut** ['dəunʌt] *n* beignet *m*
dour [duəʳ] *adj* austère
douse [dauz] *vt (with water)* tremper, inonder ;
(flames) éteindre
dove [dʌv] *n* colombe *f*
dovecote ['dʌvkɔt] *n* pigeonnier *m*
Dover ['dəuvəʳ] *n* Douvres
dovetail ['dʌvteɪl] *n*: **~ joint** assemblage *m* à
queue d'aronde ▸ *vi (fig)* concorder
dowager ['dauədʒəʳ] *n* douairière *f*
dowdy ['daudɪ] *adj* démodé(e), mal fagoté(e)
Dow-Jones average ['dau'dʒəunz-] *n (US)*
indice *m* Dow-Jones
down [daun] *n (fluff)* duvet *m* ; *(hill)* colline
(dénudée) ▸ *adv* en bas, vers le bas ; *(on the
ground)* par terre ; **to fall ~** tomber ; **she's going
~ to Bristol** elle descend à Bristol ; **to write
sth ~** écrire qch ; **~ there** là-bas (en bas), là au
fond ; **~ here** ici en bas ; **the price of meat is ~**
le prix de la viande a baissé ; **I've got it ~ in my
diary** c'est inscrit dans mon agenda ; **to pay
£2 ~** verser 2 livres d'arrhes *or* en acompte ;
England is two goals ~ l'Angleterre a deux
buts de retard ; **~ with X!** à bas X ! ▸ *prep* en bas
de ; *(along)* le long de ; **to walk ~ a hill**
descendre une colline ; **to run ~ the street**
descendre la rue en courant ▸ *vt (enemy)*
abattre ; *(inf: drink)* siffler ; **to ~ tools** *(BRIT)*
cesser le travail
down-and-out ['daunəndaut] *n (tramp)*
clochard(e)
down-at-heel ['daunət'hi:l] *adj (fig)*
miteux(-euse)
downbeat ['daunbi:t] *n (Mus)* temps frappé
▸ *adj* sombre, négatif(-ive)
downcast ['daunka:st] *adj* démoralisé(e)
downer ['daunəʳ] *n (inf: drug)* tranquillisant *m* ;
to be on a ~ *(depressed)* flipper
downfall ['daunfɔ:l] *n* chute *f* ; ruine *f*
downgrade ['daungreɪd] *vt* déclasser
downhearted ['daun'hɑ:tɪd] *adj* découragé(e)
downhill ['daun'hɪl] *adv (face, look)* en aval, vers
l'aval ; *(roll, go)* vers le bas, en bas ; **to go ~**
descendre ; *(business)* péricliter, aller à vau-l'eau
▸ *n (Ski: also:* **downhill race***)* descente *f*
Downing Street ['daunɪŋ-] *n (BRIT)*: **10 ~**
résidence du Premier ministre

⋮ **DOWNING STREET**

⋮ **Downing Street** est une rue de Westminster
⋮ (à Londres) où se trouvent la résidence
⋮ officielle du Premier ministre et celle du
⋮ ministre des Finances. Le nom *Downing Street*
⋮ est souvent utilisé pour désigner le
⋮ gouvernement britannique.

download ['daunləud] *n* téléchargement *m* ▸ *vt*
(Comput) télécharger
downloadable [daun'ləudəbl] *adj (Comput)*
téléchargeable
down-market ['daun'mɑ:kɪt] *adj (product)* bas de
gamme *inv*
down payment *n* acompte *m*
downplay ['daunpleɪ] *vt (US)* minimiser
(l'importance de)
downpour ['daunpɔ:ʳ] *n* pluie torrentielle,
déluge *m*
downright ['daunraɪt] *adj (lie etc)* effronté(e) ;
(refusal) catégorique
Downs [daunz] *npl (BRIT)*: **the ~** *collines crayeuses
du sud-est de l'Angleterre*
downside ['daunsaɪd] *n* inconvénient *m* ; **the ~
of sth** l'inconvénient de qch
downsize ['daunsaɪz] *vt (company, industry)*
dégraisser
downsizing ['daunsaɪzɪŋ] *n (of company, industry)*
dégraissage *m*
Down's syndrome [daunz-] *n* mongolisme *m*,
trisomie *f* ; **a ~ baby** un bébé mongolien *or*
trisomique
downstairs ['daun'stɛəz] *adv (on or to ground floor)*
au rez-de-chaussée ; *(on or to floor below)* à l'étage
inférieur ; **to come ~**, **to go ~** descendre
(l'escalier)
downstream ['daunstri:m] *adv* en aval
downtime ['dauntaɪm] *n (of machine etc)* temps
mort ; *(of person)* temps d'arrêt
down-to-earth ['dauntu'ə:θ] *adj* terre à terre *inv*
downtown ['daun'taun] *adv* en ville ▸ *adj (US)*:
~ Chicago le centre commerçant de Chicago
downtrodden ['dauntrɔdn] *adj* opprimé(e)
downturn ['dauntə:n] *n (slump)* récession *f*
down under *adv* en Australie *or* Nouvelle-
Zélande
downward ['daunwəd] *adj, adv* vers le bas ; **a ~
trend** une tendance à la baisse, une
diminution progressive
downwards ['daunwədz] *adv* vers le bas
dowry ['daurɪ] *n* dot *f*
doyen ['dɔɪən] *n* doyen *m*
doyenne [dɔɪ'ɛn] *n* doyenne *f*
doz. *abbr* = **dozen**
doze [dauz] *vi* sommeiller
▸ **doze off** *vi* s'assoupir
dozen ['dʌzn] *n* douzaine *f* ; **a ~ books** une
douzaine de livres ; **80p a ~** 80p la douzaine ;
dozens of des centaines de
DPh, DPhil *n abbr (= Doctor of Philosophy)* titre
universitaire
DPP *n abbr (BRIT)* = **Director of Public
Prosecutions**
DPT *n abbr (Med: = diphtheria, pertussis, tetanus)*
DCT *m*
DPW *n abbr (US)* = **Department of Public Works**
dr *abbr (Comm)* = **debtor**
Dr. *abbr (= doctor)* Dr ; *(in street names)* = **drive**
drab [dræb] *adj* terne, morne

draconian [drə'kəuniən] *adj* draconien(ne)

draft [drɑːft] *n* (*of letter, school work*) brouillon *m* ; (*of literary work*) ébauche *f* ; (*of contract, document*) version *f* préliminaire ; (*Comm*) traite *f* ; (*US Mil*) contingent *m* ; (: *call-up*) conscription *f* ▶ *vt* faire le brouillon de ; (*document, report*) rédiger une version préliminaire de ; (*Mil: send*) détacher ; *see also* **draught**

▶ **draft in** *vt* (*worker, player*) affecter

draftsman *etc* ['drɑːftsmən] (*US*) *n* = **draughtsman** *etc*

drafty *etc* ['drɑːftɪ] (*US*) *n* = **draughty** *etc*

drag [dræg] *vt* traîner ; (*river*) draguer ; **to ~ and drop** (*Comput*) glisser-déposer ▶ *vi* traîner ▶ *n* (*Aviat, Naut*) résistance *f* ; (*inf*) casse-pieds *mf* ; (: *women's clothing*): **in ~** (en) travesti

▶ **drag away** *vt*: **to ~ away (from)** arracher *or* emmener de force (de)

▶ **drag on** *vi* s'éterniser

▶ **drag out** *vt* (*process*) faire traîner ; **to ~ sth out of sb** soutirer qch à qn

dragnet ['drægnɛt] *n* drège *f* ; (*fig*) piège *m*, filets *mpl*

dragon ['drægn] *n* dragon *m*

dragonfly ['drægənflaɪ] *n* libellule *f*

dragoon [drə'guːn] *n* (*cavalryman*) dragon *m* ▶ *vt*: **to ~ sb into doing sth** (*BRIT*) forcer qn à faire qch

drain [dreɪn] *n* égout *m* ; (*on resources*) saignée *f* ▶ *vt* (*land, marshes*) drainer, assécher ; (*vegetables*) égoutter ; (*reservoir etc*) vider ; **to feel drained** (*of energy, emotion*) être épuisé(e) ▶ *vi* (*water*) s'écouler

drainage ['dreɪnɪdʒ] *n* (*system*) système *m* d'égouts ; (*act*) drainage *m*

draining ['dreɪnɪŋ] *adj* épuisant(e) ; **emotionally ~** épuisant(e) moralement

draining board ['dreɪnɪŋ-], (*US*) **drainboard** ['dreɪnbɔːd] *n* égouttoir *m*

drainpipe ['dreɪnpaɪp] *n* tuyau *m* d'écoulement

drake [dreɪk] *n* canard *m* (mâle)

dram [dræm] *n* petit verre

drama ['drɑːmə] *n* (*art*) théâtre *m*, art *m* dramatique ; (*play*) pièce *f* ; (*event*) drame *m*

dramatic [drə'mætɪk] *adj* (*Theat*) dramatique ; (*impressive*) spectaculaire

dramatically [drə'mætɪklɪ] *adv* de façon spectaculaire

dramatist ['dræmətɪst] *n* auteur *m* dramatique

dramatization [dræmətaɪ'zeɪʃən] *n* (*of book, story*) adaptation *f* pour la scène/télévision/radio

dramatize ['dræmətaɪz] *vt* (*events etc*) dramatiser ; (*adapt*) adapter pour la télévision (*or* pour l'écran)

drank [dræŋk] *pt of* **drink**

drape [dreɪp] *vt* draper ; **drapes** *npl* (*US*) rideaux *mpl*

draper ['dreɪpər] *n* (*BRIT*) marchand(e) de nouveautés

drastic ['dræstɪk] *adj* (*measures*) d'urgence, énergique ; (*change*) radical(e)

drastically ['dræstɪklɪ] *adv* radicalement

draught, (*US*) **draft** [drɑːft] *n* courant *m* d'air ; (*of chimney*) tirage *m* ; (*Naut*) tirant *m* d'eau ; **on ~** (*beer*) à la pression

draught beer *n* bière *f* (à la) pression

draughtboard ['drɑːftbɔːd] *n* (*BRIT*) damier *m*

draughts [drɑːfts] *n* (*BRIT: game*) (jeu *m* de) dames *fpl*

draughtsman, (*US*) **draftsman** ['drɑːftsmən] *n* (*irreg*) dessinateur(-trice) (industriel(le))

draughtsmanship, (*US*) **draftsmanship** ['drɑːftsmənʃɪp] *n* (*technique*) dessin industriel ; (*art*) graphisme *m*

draughty (*US*) **drafty** ['drɑːftɪ] *adj* plein(e) de courants d'air

draw [drɔː] (*vb*: *pt* **drew** [druː], *pp* **drawn** [drɔːn]) *vt* tirer ; (*picture*) dessiner ; (*attract*) attirer ; (*line, circle*) tracer ; (*money*) retirer ; (*wages*) toucher ; (*comparison, distinction*): **to ~ (between)** faire (entre) ▶ *vi* (*Sport*) faire match nul ; (*move, come*): **to ~ to a close** toucher à *or* tirer à sa fin ; **to ~ near** s'approcher ; approcher ▶ *n* match nul ; (*lottery*) loterie *f* ; (*picking of ticket*) tirage *m* au sort

▶ **draw back** *vi* (*move back*): **to ~ back (from)** reculer (de)

▶ **draw in** *vi* (*BRIT: car*) s'arrêter le long du trottoir ; (*train*) entrer en gare *or* dans la station

▶ **draw on** *vt* (*resources*) faire appel à ; (*imagination, person*) avoir recours à, faire appel à

▶ **draw out** *vi* (*lengthen*) s'allonger ▶ *vt* (*money*) retirer

▶ **draw up** *vi* (*stop*) s'arrêter ▶ *vt* (*document*) établir, dresser ; (*plan*) formuler, dessiner ; (*chair*) approcher

drawback ['drɔːbæk] *n* inconvénient *m*, désavantage *m*

drawbridge ['drɔːbrɪdʒ] *n* pont-levis *m*

drawee [drɔː'iː] *n* tiré *m*

drawer *n* [drɔːr] tiroir *m* ; (*of cheque*) ['drɔːər] tireur *m*

drawing ['drɔːɪŋ] *n* dessin *m*

drawing board *n* planche *f* à dessin

drawing pin *n* (*BRIT*) punaise *f*

drawing room *n* salon *m*

drawl [drɔːl] *n* accent traînant

drawn [drɔːn] *pp of* **draw** ▶ *adj* (*haggard*) tiré(e), crispé(e)

drawstring ['drɔːstrɪŋ] *n* cordon *m*

dread [drɛd] *n* épouvante *f*, effroi *m* ▶ *vt* redouter, appréhender

dreadful ['drɛdful] *adj* épouvantable, affreux(-euse)

dreadfully ['drɛdfulɪ] *adv* (*very badly: behave, treat*) très mal ; (*very: ill, worried*) affreusement ; (*very much: miss*) terriblement

dreadlocks ['drɛdlɔks] *npl* dreadlocks *fpl*

dream [driːm] (*pt, pp* **dreamed** [driːmd] *or* **dreamt** [drɛmt]) *n* rêve *m* ; **to have a ~ about sb/sth** rêver à qn/qch ; **sweet dreams!** faites de beaux rêves ! ▶ *vt, vi* rêver

▶ **dream up** *vt* inventer

dreamer ['driːmər] *n* rêveur(-euse)

dreamt [drɛmt] *pt, pp of* **dream**

dreamy ['driːmɪ] *adj* (*absent-minded*) rêveur(-euse)

dreary ['drɪərɪ] *adj* triste ; monotone

dredge [drɛdʒ] *vt* draguer

▶ **dredge up** *vt* draguer ; (*fig: unpleasant facts*) (faire) ressortir

d

589

dredger ['drɛdʒəʳ] n (ship) dragueur m ; (machine) drague f ; (BRIT: also: **sugar dredger**) saupoudreuse f

dregs [drɛgz] npl lie f

drench [drɛntʃ] vt tremper ; **drenched to the skin** trempé(e) jusqu'aux os

dress [drɛs] n robe f ; (clothing) habillement m, tenue f ▸ vt habiller ; (wound) panser ; (food) préparer ; **to ~ o.s., to get dressed** s'habiller ; **to ~ a shop window** faire l'étalage or la vitrine ▸ vi: **she dresses very well** elle s'habille très bien

▸ **dress up** vi s'habiller ; (in fancy dress) se déguiser

dressage ['drɛsɑːʒ] n dressage m

dress circle n (BRIT) premier balcon

dress designer n modéliste mf, dessinateur(-trice) de mode

dresser ['drɛsəʳ] n (Theat) habilleur(-euse) ; (also: **window dresser**) étalagiste mf ; (furniture) vaisselier m ; (: US) coiffeuse f, commode f

dressing ['drɛsɪŋ] n (Med) pansement m ; (Culin) sauce f, assaisonnement m

dressing gown n (BRIT) robe f de chambre

dressing room n (Theat) loge f ; (Sport) vestiaire m

dressing table n coiffeuse f

dressmaker ['drɛsmeɪkəʳ] n couturière f

dressmaking ['drɛsmeɪkɪŋ] n couture f ; travaux mpl de couture

dress rehearsal n (répétition f) générale f

dress shirt n chemise f à plastron

dressy ['drɛsɪ] adj (inf: clothes) (qui fait) habillé(e)

drew [druː] pt of **draw**

dribble ['drɪbl] vi tomber goutte à goutte ; (baby) baver ▸ vt (ball) dribbler

dried [draɪd] adj (fruit, beans) sec (sèche) ; (eggs, milk) en poudre

drier ['draɪəʳ] n = **dryer**

drift [drɪft] n (of current etc) force f ; direction f ; (of sand etc) amoncellement m ; (of snow) rafale f ; coulée f ; (on ground) congère f ; (general meaning) sens général ; **I get** or **catch your ~** je vois en gros ce que vous voulez dire ▸ vi (boat) aller à la dérive, dériver ; (sand, snow) s'amonceler, s'entasser ; **to let things ~** laisser les choses aller à la dérive ; **to ~ apart** (friends, lovers) s'éloigner l'un de l'autre

drifter ['drɪftəʳ] n personne f sans but dans la vie

driftwood ['drɪftwud] n bois flotté

drill [drɪl] n perceuse f ; (bit) foret m ; (of dentist) roulette f, fraise f ; (Mil) exercice m ▸ vt percer ; (troops) entraîner ; (pupils: in grammar) faire faire des exercices à ▸ vi (for oil) faire un or des forage(s)

drilling ['drɪlɪŋ] n (for oil) forage m

drilling rig n (on land) tour f (de forage), derrick m ; (at sea) plate-forme f de forage

drily ['draɪlɪ] adv = **dryly**

drink [drɪŋk] (pt **drank** [dræŋk], pp **drunk** [drʌŋk]) n boisson f ; (alcoholic) verre m ; **to have a ~** boire quelque chose, boire un verre ; **a ~ of water** un verre d'eau ; **would you like a ~?** tu veux boire quelque chose ? ; **we had drinks before lunch** on a pris l'apéritif ▸ vt, vi boire

▸ **drink in** vt (fresh air) inspirer profondément ; (story) avaler, ne pas perdre une miette de ; (sight) se remplir la vue de

▸ **drink to** vt fus (success, sb's memory) boire à

▸ **drink up** vi finir or vider son verre ▸ vt finir

drinkable ['drɪŋkəbl] adj (not dangerous) potable ; (palatable) buvable

drink-driving ['drɪŋk'draɪvɪŋ] n conduite f en état d'ivresse

drinker ['drɪŋkəʳ] n buveur(-euse)

drinking ['drɪŋkɪŋ] n (drunkenness) boisson f, alcoolisme m

drinking fountain n (in park etc) fontaine publique ; (in building) jet m d'eau potable

drinking water n eau f potable

drink problem n: **to have a ~** trop boire

drip [drɪp] n (drop) goutte f ; (sound: of water etc) bruit m de l'eau qui tombe goutte à goutte ; (Med: device) goutte-à-goutte m inv ; (: liquid) perfusion f ; (inf: person) lavette f, nouille f ▸ vi tomber goutte à goutte ; (tap) goutter ; (washing) s'égoutter ; (wall) suinter

drip-dry ['drɪp'draɪ] adj (shirt) sans repassage

drip-feed ['drɪpfiːd] vt alimenter au goutte-à-goutte or par perfusion

dripping ['drɪpɪŋ] n graisse f de rôti ▸ adj: **~ wet** trempé(e)

drive [draɪv] (pt **drove** [drəuv], pp **driven** ['drɪvn]) n promenade f or trajet m en voiture ; (also: **driveway**) allée f ; (energy) dynamisme m, énergie f ; (Psych) besoin m, pulsion f ; (push) effort (concerté), campagne f ; (Sport) drive m ; (Tech) entraînement m ; traction f ; transmission f ; (Comput: also: **disk drive**) lecteur m de disques ; **to go for a ~** aller faire une promenade en voiture ; **it's 3 hours' ~ from London** Londres est à 3 heures de route ; **left-/right-hand ~** (Aut) conduite f à gauche/droite ; **front-/rear-wheel ~** (Aut) traction f avant/arrière ▸ vt conduire ; (nail) enfoncer ; (push) chasser, pousser ; (Tech: motor) actionner ; entraîner ; **to ~ sb to (do) sth** pousser or conduire qn à (faire) qch ; **to ~ sb mad** rendre qn fou (folle) ▸ vi (be at the wheel) conduire ; (travel by car) aller en voiture

▸ **drive at** vt fus (fig: intend, mean) vouloir dire, en venir à

▸ **drive on** vi poursuivre sa route, continuer ; (after stopping) reprendre sa route, repartir ▸ vt (incite, encourage) inciter

▸ **drive out** vt (force out) chasser

▸ **drive away** vt (customers, friends) faire fuir

▸ **drive-by** ['draɪvbaɪ] n (also: **drive-by shooting**) tentative d'assassinat par coups de feu tirés d'une voiture

drive-in ['draɪvɪn] adj, n (esp US) drive-in m

drive-in window n (US) guichet-auto m

drivel ['drɪvl] n (inf) idioties fpl, imbécillités fpl

driven ['drɪvn] pp of **drive**

driver ['draɪvəʳ] n conducteur(-trice) ; (of taxi, bus) chauffeur m

driver's license n (US) permis m de conduire

driveway ['draɪvweɪ] n allée f

driving ['draɪvɪŋ] adj: **~ rain** pluie battante ▸ n conduite f

driving force n locomotive f, élément m dynamique

driving instructor n moniteur(-trice) d'auto-école

driving lesson n leçon f de conduite

driving licence n (BRIT) permis m de conduire

driving school n auto-école f

driving test n examen m du permis de conduire

drizzle ['drɪzl] n bruine f, crachin m ▸ vi bruiner

drizzly ['drɪzlɪ] adj (weather, day) de crachin

droll [drəul] adj drôle

dromedary ['drɔmədərɪ] n dromadaire m

drone [drəun] vi (bee) bourdonner ; (engine etc) ronronner ; (also: **drone on**) parler d'une voix monocorde ▸ n bourdonnement m ; ronronnement m ; (male bee) faux-bourdon m

drool [druːl] vi baver ; **to ~ over sb/sth** (fig) baver d'admiration or être en extase devant qn/qch

droop [druːp] vi (flower) commencer à se faner ; (shoulders, head) tomber

drop [drɔp] n (of liquid) goutte f ; (fall) baisse f ; (: in salary) réduction f ; (also: **parachute drop**) saut m ; (of cliff) dénivellation f ; à-pic m ; **a ~ of 10%** une baisse (or réduction) de 10% ▸ vt laisser tomber ; (voice, eyes, price) baisser ; (passenger) déposer ; **to ~ anchor** jeter l'ancre ; **to ~ sb a line** mettre un mot à qn ▸ vi (wind, temperature, price, voice) tomber ; (numbers, attendance) diminuer ; **drops** npl (Med) gouttes ; **cough drops** pastilles fpl pour la toux
▸ **drop by** vi (call in) passer
▸ **drop in** vi (inf: visit): **to ~ in (on)** faire un saut (chez), passer (chez)
▸ **drop off** vi (sleep) s'assoupir ▸ vt (passenger) déposer ; **to ~ sb off** déposer qn
▸ **drop out** vi (withdraw) se retirer ; (student etc) abandonner, décrocher

droplet ['drɔplɪt] n gouttelette f

dropout ['drɔpaut] n (from society) marginal(e) ; (from university) (étudiant(e)) décrocheur(-euse)

dropper ['drɔpər] n (Med etc) compte-gouttes m inv

droppings ['drɔpɪŋz] npl crottes fpl

dross [drɔs] n déchets mpl ; rebut m

drought [draut] n sécheresse f

drove [drəuv] pt of **drive** ▸ n: **droves of people** une foule de gens

drown [draun] vt noyer ; (also: **drown out**: sound) couvrir, étouffer ▸ vi se noyer

drowse [drauz] vi somnoler

drowsiness ['drauzɪnɪs] n somnolence f

drowsy ['drauzɪ] adj somnolent(e)

drudge [drʌdʒ] n bête f de somme (fig)

drudgery ['drʌdʒərɪ] n corvée f

drug [drʌg] n médicament m ; (narcotic) drogue f ; **to be on drugs** se droguer ; **he's on drugs** il se drogue ; (Med) il est sous médication ▸ vt droguer

drug addict n toxicomane mf

drug dealer n revendeur(-euse) de drogue

drug-driving [drʌg'draɪvɪŋ] n conduite f sous l'emprise de stupéfiants

druggist ['drʌgɪst] n (US) pharmacien(ne)-droguiste

drug peddler n revendeur(-euse) de drogue

drugs test, drug test n contrôle m antidopage

drugstore ['drʌgstɔːr] n (US) pharmacie-droguerie f, drugstore m

Druid ['druːɪd] n druide mf

drum [drʌm] n tambour m ; (for oil, petrol) bidon m
▸ vt: **to ~ one's fingers on the table** pianoter or tambouriner sur la table ; **drums** npl (Mus) batterie f
▸ **drum up** vt (enthusiasm, support) susciter, rallier

drummer ['drʌmər] n (joueur m de) tambour m ; (in rock band, in jazz band) batteur m

drum roll n roulement m de tambour

drumstick ['drʌmstɪk] n (Mus) baguette f de tambour ; (of chicken) pilon m

drunk [drʌŋk] pp of **drink** ▸ adj ivre, soûl(e) ; **to get ~** s'enivrer, se soûler ▸ n (also: **drunkard**) ivrogne mf

drunkard ['drʌŋkəd] n ivrogne mf

drunken ['drʌŋkən] adj ivre, soûl(e) ; (rage, stupor) ivrogne, d'ivrogne ; **~ driving** conduite f en état d'ivresse

drunkenness ['drʌŋkənnɪs] n ivresse f ; ivrognerie f

dry [draɪ] adj sec (sèche) ; (day) sans pluie ; (humour) pince-sans-rire ; (uninteresting) aride, rébarbatif(-ive) ; **on ~ land** sur la terre ferme ▸ vt sécher ; (clothes) faire sécher ; **to ~ one's hands/hair/eyes** se sécher les mains/les cheveux/les yeux ▸ vi sécher
▸ **dry off** vi, vt sécher
▸ **dry up** vi (river, supplies) se tarir ; (speaker) sécher, rester sec

dry-clean ['draɪ'kliːn] vt nettoyer à sec

dry-cleaner ['draɪ'kliːnər] n teinturier m

dry-cleaner's ['draɪ'kliːnəz] n teinturerie f

dry-cleaning ['draɪ'kliːnɪŋ] n (process) nettoyage m à sec

dry dock n (Naut) cale sèche, bassin m de radoub

dryer ['draɪər] n (tumble-dryer) sèche-linge m inv ; (for hair) sèche-cheveux m inv

dry goods npl (Comm) textiles mpl, mercerie f

dry goods store n (US) magasin m de nouveautés

dry ice n neige f carbonique

dryly ['draɪlɪ] adv sèchement, d'un ton sec

dryness ['draɪnɪs] n sécheresse f

dry rot n pourriture sèche (du bois)

dry run n (fig) essai m

dry ski slope n piste (de ski) artificielle

DSc n abbr (= Doctor of Science) titre universitaire

DSS n abbr (BRIT) = **Department of Social Security**

DST abbr (US: = Daylight Saving Time) heure d'été

DT n abbr (Comput) = **data transmission**

DTI n abbr (BRIT) = **Department of Trade and Industry**

DTP n abbr (= desktop publishing) PAO f

DT's [diː'tiːz] n abbr (inf: = delirium tremens) delirium tremens m

dual ['djuəl] adj double

dual carriageway n (BRIT) quatre voie f, voie express

dual-control ['djuəlkən'trəul] adj à doubles commandes

dual nationality n double nationalité f

dual-purpose – dustman

dual-purpose ['djuəl'pə:pəs] *adj* à double emploi

dubbed [dʌbd] *adj* (Cine) doublé(e) ; (nicknamed) surnommé(e)

dubious ['dju:bɪəs] *adj* hésitant(e), incertain(e) ; (reputation, company) douteux(-euse) ; **I'm very ~ about it** j'ai des doutes sur la question, je n'en suis pas sûr du tout

Dublin ['dʌblɪn] *n* Dublin

Dubliner ['dʌblɪnəʳ] *n* habitant(e) de Dublin, originaire *mf* de Dublin

duchess ['dʌtʃɪs] *n* duchesse *f*

duchy ['dʌtʃɪ] *n* duché *m*

duck [dʌk] *n* canard *m* ▶ *vi* se baisser vivement, baisser subitement la tête ▶ *vt* plonger dans l'eau

duckling ['dʌklɪŋ] *n* caneton *m*

duct [dʌkt] *n* conduite *f*, canalisation *f* ; (Anat) conduit *m*

dud [dʌd] *n* (shell) obus non éclaté ; (object, tool): **it's a ~** c'est de la camelote, ça ne marche pas ▶ *adj* (Brit: cheque) sans provision ; (: note, coin) faux (fausse)

dude [du:d] *n* (US inf) mec *m* (inf)

due [dju:] *adj* (money, payment) dû (due) ; (expected) attendu(e) ; (fitting) qui convient ; **~ to** (because of) en raison de ; (caused by) dû à ; **in ~ course** en temps utile or voulu ; (in the end) finalement ; **the rent is ~ on the 30th** il faut payer le loyer le 30 ; **the train is ~ at 8 a.m.** le train est attendu à 8 h ; **she is ~ back tomorrow** elle doit rentrer demain ; **he is ~ £10** on lui doit 10 livres ; **I am ~ 6 days' leave** j'ai droit à 6 jours de congé ▶ *n* dû *m* ; **to give sb his or her ~** être juste envers qn ▶ *adv*: **~ north** droit vers le nord ; **dues** *npl* (for club, union) cotisation *f* ; (in harbour) droits *mpl* (de port)

due date *n* date *f* d'échéance

duel ['djuəl] *n* duel *m*

duet [dju:'ɛt] *n* duo *m*

duff [dʌf] *adj* (Brit inf) nullard(e), nul(le)

duffel bag, duffle bag ['dʌfl-] *n* sac marin

duffel coat, duffle coat ['dʌfl-] *n* duffel-coat *m*

duffer ['dʌfəʳ] *n* (inf) nullard(e)

dug [dʌg] *pt, pp of* **dig**

dugout ['dʌgaut] *n* (Sport) banc *m* de touche

DUI *n abbr* (US: = driving under (the) influence (of alcohol)) CEI (= conduite en état d'ivresse)

duke [dju:k] *n* duc *m*

dukedom ['dju:kdəm] *n* (title) titre *m* de duc ; (land) duché *m*

dull [dʌl] *adj* (boring) ennuyeux(-euse) ; (slow) borné(e) ; (not bright) morne, terne ; (sound, pain) sourd(e) ; (weather, day) gris(e), maussade ; (blade) émoussé(e) ▶ *vt* (pain, grief) atténuer ; (mind, senses) engourdir

duly ['dju:lɪ] *adv* (on time) en temps voulu ; (as expected) comme il se doit

dumb [dʌm] *adj* muet(te) ; (stupid) bête ; **to be struck ~** (fig) rester abasourdi(e), être sidéré(e) ▶ **dumb down** *vt* niveler par le bas

dumbbell ['dʌmbel] *n* (Sport) haltère *m*

dumbfounded [dʌm'faundɪd] *adj* sidéré(e)

dumbstruck ['dʌmstrʌk] *adj* sans voix ; **to be ~** rester sans voix

dummy ['dʌmɪ] *n* (tailor's model) mannequin *m* ; (mock-up) factice *m*, maquette *f* ; (Sport) feinte *f* ; (Brit: for baby) tétine *f* ▶ *adj* faux (fausse), factice

dummy run *n* essai *m*

dump [dʌmp] *n* tas *m* d'ordures ; (also: **rubbish dump**) décharge (publique) ; (Mil) dépôt *m* ; (Comput) listage *m* (de la mémoire) ; (inf: place) trou *m* ; **to be (down) in the dumps** (inf) avoir le cafard, broyer du noir ▶ *vt* (put down) déposer ; déverser ; (get rid of) se débarrasser de ; (Comput) lister ; (Comm: goods) vendre à perte (sur le marché extérieur)

dumping ['dʌmpɪŋ] *n* (Econ) dumping *m* ; (of rubbish): **"no ~"** « décharge interdite »

dumpling ['dʌmplɪŋ] *n* boulette *f* (de pâte)

Dumpster® ['dʌmpstəʳ] *n* (US) benne *f* (à ordures)

dumpy ['dʌmpɪ] *adj* courtaud(e), boulot(te)

dunce [dʌns] *n* âne *m*, cancre *m*

dune [dju:n] *n* dune *f*

dung [dʌŋ] *n* fumier *m*

dungarees [dʌŋgə'ri:z] *npl* bleu(s) *m(pl)* ; (for child, woman) salopette *f*

dungeon ['dʌndʒən] *n* cachot *m*

dunk [dʌŋk] *vt* tremper

Dunkirk [dʌn'kə:k] *n* Dunkerque

duo ['dju:əu] *n* (gen, Mus) duo *m*

duodenal [dju:əu'di:nl] *adj* duodénal(e) ; **~ ulcer** ulcère *m* du duodénum

dupe [dju:p] *n* dupe *f* ▶ *vt* duper, tromper

duplex ['dju:pleks] *n* (US: also: **duplex apartment**) duplex *m*

duplicate *n* ['dju:plɪkət] double *m*, copie exacte ; (copy of letter etc) duplicata *m* ; **in ~** en deux exemplaires, en double ▶ *adj* (copy) en double ; **~ key** double *m* de la (or d'une) clé ▶ *vt* ['dju:plɪkeɪt] faire un double de ; (on machine) polycopier

duplicating machine ['dju:plɪkeɪtɪŋ-], **duplicator** ['dju:plɪkeɪtəʳ] *n* duplicateur *m*

duplication [dju:plɪ'keɪʃən] *n* (of effort) répétition *f*

duplicity [dju:'plɪsɪtɪ] *n* duplicité *f*, fausseté *f*

durability [djuərə'bɪlɪtɪ] *n* solidité *f* ; durabilité *f*

durable ['djuərəbl] *adj* durable ; (clothes, metal) résistant(e), solide

duration [djuə'reɪʃən] *n* durée *f*

duress [djuə'rɛs] *n*: **under ~** sous la contrainte

Durex® ['djuərɛks] *n* (Brit) préservatif (masculin)

during ['djuərɪŋ] *prep* pendant, au cours de

dusk [dʌsk] *n* crépuscule *m*

dusky ['dʌskɪ] *adj* sombre

dust [dʌst] *n* poussière *f* ▶ *vt* (furniture) essuyer, épousseter ; (cake etc): **to ~ with** saupoudrer de ▶ **dust off** *vt* (also fig) dépoussiérer

dustbin ['dʌstbɪn] *n* (Brit) poubelle *f*

duster ['dʌstəʳ] *n* chiffon *m*

dusting ['dʌstɪŋ] *n*: **to do the ~** faire les poussières ; **I hate ~!** je déteste faire les poussières !

dust jacket *n* jacquette *f*

dustman ['dʌstmən] *n* (irreg) (Brit) boueux *m*, éboueur *m*

dustpan ['dʌstpæn] n pelle f à poussière
dusty ['dʌstɪ] adj poussiéreux(-euse)
Dutch [dʌtʃ] adj hollandais(e), néerlandais(e)
▸ n (Ling) hollandais m, néerlandais m ▸ adv: **to
go ~** or **dutch** (inf) partager les frais ; **the Dutch**
npl les Hollandais, les Néerlandais
Dutch auction n enchères fpl à la baisse
Dutchman ['dʌtʃmən] n (irreg) Hollandais m
Dutchwoman ['dʌtʃwumən] n (irreg)
Hollandaise f
dutiable ['dju:tɪəbl] adj taxable, soumis(e) à des
droits de douane
dutiful ['dju:tɪful] adj (child) respectueux(-euse) ;
(husband, wife) plein(e) d'égards, prévenant(e) ;
(employee) consciencieux(-euse)
duty ['dju:tɪ] n devoir m ; (tax) droit m, taxe f ; **to
make it one's ~ to do sth** se faire un devoir de
faire qch ; **to pay ~ on sth** payer un droit or une
taxe sur qch ; **on ~** de service ; (at night etc) de
garde ; **off ~** libre, pas de service or de garde ;
duties npl fonctions fpl
duty-free ['dju:tɪ'fri:] adj exempté(e) de douane,
hors-taxe ; **~ shop** boutique f hors-taxe
duty officer n (Mil etc) officier m de permanence
duvet ['du:veɪ] n (BRIT) couette f
DV abbr (= Deo volente) si Dieu le veut
DVD n abbr (= digital versatile or video disc) DVD m
DVD burner n graveur m de DVD
DVD player n lecteur m de DVD
DVD writer n graveur m de DVD
DVLA n abbr (BRIT: = Driver and Vehicle Licensing
Agency) service qui délivre les cartes grises et les permis
de conduire
DVM n abbr (US: = Doctor of Veterinary Medicine) titre
universitaire

DVT n abbr = **deep vein thrombosis**
dwarf [dwɔ:f] (pl **dwarves** [dwɔ:vz]) n nain(e)
▸ vt écraser
dwell [dwɛl] (pt, pp **dwelt** [dwɛlt]) vi demeurer
▸ **dwell on** vt fus s'étendre sur
dweller ['dwelə^r] n habitant(e)
dwelling ['dwelɪŋ] n habitation f, demeure f
dwelt [dwɛlt] pt, pp of **dwell**
dwindle ['dwɪndl] vi diminuer, décroître
dwindling ['dwɪndlɪŋ] adj décroissant(e), en
diminution
DWP n abbr (BRIT) = **Department of Work and
Pensions**
dye [daɪ] n teinture f ; **hair ~** teinture pour les
cheveux ▸ vt teindre
dyestuffs ['daɪstʌfs] npl colorants mpl
dying ['daɪɪŋ] adj mourant(e), agonisant(e)
dyke [daɪk] n (embankment) digue f
dynamic [daɪ'næmɪk] adj dynamique
dynamics [daɪ'næmɪks] n, npl dynamique f
dynamism ['daɪnəmɪzəm] n dynamisme m
dynamite ['daɪnəmaɪt] n dynamite f ▸ vt
dynamiter, faire sauter à la dynamite
dynamo ['daɪnəməu] n dynamo f
dynastic [dɪ'næstɪk, daɪ'næstɪk] adj
dynastique
dynasty ['dɪnəstɪ] n dynastie f
dysentery ['dɪsntrɪ] n dysenterie f
dysfunctional [dɪs'fʌŋkʃənl] adj
dysfonctionnel(le)
dyslexia [dɪs'lɛksɪə] n dyslexie f
dyslexic [dɪs'lɛksɪk] adj, n dyslexique mf
dyspepsia [dɪs'pɛpsɪə] n dyspepsie f
dystrophy ['dɪstrəfɪ] n dystrophie f ;
muscular ~ dystrophie musculaire

Ee

E, e [i:] n (letter) E, e m ; (Mus): **E** mi m ; **E for Edward**, (US) **E for Easy** E comme Eugène ▶ abbr (= east) E ▶ n abbr (Drugs) = **ecstasy**

ea. abbr = **each**

E.A. n abbr (US: = educational age) niveau scolaire

each [i:tʃ] adj chaque ; ~ **day** chaque jour, tous les jours ; ~ **one** chacun(e) ; ~ **other** l'un l'autre ; **they hate ~ other** ils se détestent (mutuellement) ; **you are jealous of ~ other** vous êtes jaloux l'un de l'autre ▶ pron chacun(e) ; **they have 2 books** ~ ils ont 2 livres chacun ; **they cost £5** ~ ils coûtent 5 livres (la) pièce ; ~ **of us** chacun(e) de nous

eager ['i:gər] adj (person, buyer) empressé(e) ; (lover) ardent(e), passionné(e) ; (keen: pupil, worker) enthousiaste ; **to be ~ to do sth** (impatient) brûler de faire qch ; (keen) désirer vivement faire qch ; **to be ~ for** (event) désirer vivement ; (vengeance, affection, information) être avide de

eagerly ['i:gəlɪ] adv (ask) avec impatience ; ~ **awaited** tant attendu(e)

eagle ['i:gl] n aigle m

E and OE abbr = **errors and omissions excepted**

ear [ɪər] n oreille f ; (of corn) épi m ; **up to one's ears in debt** endetté(e) jusqu'au cou

earache ['ɪəreɪk] n mal m aux oreilles

eardrum ['ɪədrʌm] n tympan m

earful ['ɪəful] n (inf): **to give sb an** ~ passer un savon à qn

earl [ə:l] n comte m

earlier ['ə:lɪər] adj (date etc) plus rapproché(e) ; (edition etc) plus ancien(ne), antérieur(e) ▶ adv plus tôt

early ['ə:lɪ] adv tôt, de bonne heure ; (ahead of time) en avance ; (near the beginning) au début ; ~ **in the morning** tôt le matin ; **- in the spring/19th century** au début or commencement du printemps/19ème siècle ▶ adj précoce, qui se manifeste (or se fait) tôt or de bonne heure ; (Christians, settlers) premier(-ière) ; (reply) rapide ; (death) prématuré(e), (work) de jeunesse ; **you're ~!** tu es en avance ! ; **to have an ~ night/start** se coucher/partir tôt or de bonne heure ; **take the ~ train** prenez le premier train ; **in the ~ spring/19th century** au début or commencement du printemps/19ème siècle ; **she's in her ~ forties** elle a un peu plus de quarante ans or de la quarantaine ; **at your earliest convenience** (Comm) dans les meilleurs délais

early retirement n retraite anticipée

early warning system n système m de première alerte

earmark ['ɪəma:k] vt: **to ~ sth for** réserver or destiner qch à

earn [ə:n] vt gagner ; (Comm: yield) rapporter ; **to ~ one's living** gagner sa vie ; **this earned him much praise, he earned much praise for this** ceci lui a valu de nombreux éloges ; **he's earned his rest/reward** il mérite or a bien mérité or a bien gagné son repos/sa récompense

earned income [ə:nd-] n revenu m du travail

earner ['ə:nər] n (person): **a high ~** un(e) salarié(e) aux revenus élevés ; (product) source f de revenus ; **to be a nice little ~** (BRIT inf) bien rapporter

earnest ['ə:nɪst] adj sérieux(-euse) ▶ n (also: **earnest money**) acompte m, arrhes fpl ; **in ~** adv sérieusement, pour de bon

earnestly ['ə:nɪstlɪ] adv (seriously: say) avec le plus grand sérieux ; (sincerely: hope, wish) sincèrement

earnings ['ə:nɪŋz] npl salaire m ; gains mpl ; (of company etc) profits mpl, bénéfices mpl

ear, nose and throat specialist n oto-rhino-laryngologiste mf

earphones ['ɪəfəunz] npl écouteurs mpl

earplugs ['ɪəplʌgz] npl boules fpl Quiès® ; (to keep out water) protège-tympans mpl

earring ['ɪərɪŋ] n boucle f d'oreille

earshot ['ɪəʃɔt] n: **out of/within ~** hors de portée/à portée de voix

earth [ə:θ] n (gen, also BRIT Elec) terre f ; (of fox etc) terrier m ▶ vt (BRIT Elec) relier à la terre

earthenware ['ə:θnwɛər] n poterie f ; faïence f ▶ adj de or en faïence

earthly ['ə:θlɪ] adj terrestre ; (also: **earthly paradise**) paradis m terrestre ; **there is no ~ reason to think that ...** il n'y a absolument aucune raison or pas la moindre raison de penser que ...

earthquake ['ə:θkweɪk] n tremblement m de terre, séisme m

earth-shattering ['ə:θʃætərɪŋ] adj stupéfiant(e)

earth tremor n secousse f sismique

earthworks ['ə:θwə:ks] npl travaux mpl de terrassement

earthy ['ə:θɪ] adj (fig) terre à terre inv, truculent(e)

earwax ['ɪəwæks] n cérumen m

earwig ['ɪəwɪg] *n* perce-oreille *m*
ease [i:z] *n* facilité *f*, aisance *f* ; *(comfort)*
bien-être *m* ; **with** ~ sans difficulté, aisément ;
life of ~ vie oisive ; **at** ~ à l'aise ; *(Mil)* au repos
▸ *vt (soothe: mind)* tranquilliser ; *(reduce: pain,*
problem) atténuer ; *(: tension)* réduire ; *(loosen)*
relâcher, détendre ; *(help pass)*: **to** ~ **sth in/out**
faire pénétrer/sortir qch délicatement *or* avec
douceur, faciliter la pénétration/la sortie de
qch ▸ *vi (situation)* se détendre
▸ **ease off, ease up** *vi* diminuer ; *(slow down)*
ralentir ; *(relax)* se détendre
easel ['i:zl] *n* chevalet *m*
easily ['i:zɪlɪ] *adv* facilement ; *(by far)* de loin
easiness ['i:sɪnɪs] *n* facilité *f* ; *(of manner)* aisance
f ; nonchalance *f*
east [i:st] *n* est *m* ; **the E**~ l'Orient *m* ; *(Pol)* les
pays *mpl* de l'Est ▸ *adj (wind)* d'est ; *(side)* est *inv*
▸ *adv* à l'est, vers l'est
eastbound ['i:stbaund] *adj* en direction de l'est ;
(carriageway) est *inv*
Easter ['i:stəʳ] *n* Pâques *fpl* ▸ *adj (holidays)* de
Pâques, pascal(e)
Easter egg *n* œuf *m* de Pâques
Easter Island *n* île *f* de Pâques
easterly ['i:stəlɪ] *adj* d'est
Easter Monday *n* le lundi de Pâques
eastern ['i:stən] *adj* de l'est, oriental(e) ; **E**~
Europe l'Europe de l'Est ; **the E**~ **bloc** *(Pol)* les
pays *mpl* de l'est
Easter Sunday *n* le dimanche de Pâques
East Germany *n (formerly)* Allemagne *f* de
l'Est
eastward ['i:stwəd], **eastwards** ['i:stwədz] *adv*
vers l'est, à l'est
easy ['i:zɪ] *adj* facile ; *(manner)* aisé(e) ; **to have**
an ~ **life** avoir la vie facile ; **payment on** ~
terms *(Comm)* facilités *fpl* de paiement ; **I'm** ~
(inf) ça m'est égal ▸ *adv*: **to take it** *or* **things** ~
(rest) ne pas se fatiguer ; *(not worry)* ne pas (trop)
s'en faire ; **that's easier said than done** c'est
plus facile à dire qu'à faire, c'est vite dit
easy chair *n* fauteuil *m*
easy-going ['i:zɪ'gəuɪŋ] *adj* accommodant(e),
facile à vivre
easy touch *n (inf)*: **he's an** ~ c'est une bonne
poire
eat [i:t] *(pt* **ate** [eɪt], *pp* **eaten** ['i:tn]) *vt*, *vi*
manger ; **can we have something to** ~? est-ce
qu'on peut manger quelque chose ?
▸ **eat away** *vt (sea)* saper, éroder ; *(acid)* ronger,
corroder
▸ **eat away at, eat into** *vt fus* ronger, attaquer
▸ **eat out** *vi* manger au restaurant
▸ **eat up** *vt (food)* finir (de manger) ; **it eats up**
electricity ça bouffe du courant, ça consomme
beaucoup d'électricité
eatable ['i:təbl] *adj* mangeable ; *(safe to eat)*
comestible
eaten ['i:tn] *pp of* **eat**
eau de Cologne ['əudəkə'ləun] *n* eau *f* de
Cologne
eaves [i:vz] *npl* avant-toit *m*
eavesdrop ['i:vzdrɔp] *vi*: **to** ~ **(on)** écouter de
façon indiscrète

ebb [ɛb] *n* reflux *m* ; **the** ~ **and flow** le flux et le
reflux ; **to be at a low** ~ *(fig)* être bien bas(se),
ne pas aller bien fort ▸ *vi* refluer ; *(fig: also:* **ebb**
away) décliner
ebb tide *n* marée descendante, reflux *m*
e-bike ['i:baɪk] *n* VAE *m*
ebony ['ɛbənɪ] *n* ébène *f*
e-book ['i:buk] *n* livre *m* électronique
ebullient [ɪ'bʌlɪənt] *adj* exubérant(e)
e-business ['i:bɪznɪs] *n (company)* entreprise *f*
électronique ; *(commerce)* commerce *m*
électronique
e-card ['i:ka:d] *n* carte *f* virtuelle
ECB *n abbr (= European Central Bank)* BCE *f*
(= Banque centrale européenne)
eccentric [ɪk'sɛntrɪk] *adj*, *n* excentrique *mf*
ecclesiastic [ɪkli:zɪ'æstɪk], **ecclesiastical**
[ɪkli:zɪ'æstɪkl] *adj* ecclésiastique
ECG *n abbr* = **electrocardiogram**
echelon ['ɛʃəlɔn] *n* échelon *m* ; **the upper**
echelons of les plus hauts échelons de
echo ['ɛkəu] *(pl* **echoes)** *n* écho *m* ▸ *vt* répéter ;
faire chorus avec ▸ *vi* résonner ; faire écho
e-cigarette ['i:sɪgərɛt] *n* cigarette *f*
électronique
éclair ['eɪkleaʳ] *n* éclair *m (Culin)*
eclectic [ɪ'klɛktɪk] *adj (collection)* hétéroclite ;
(tastes) éclectique
eclipse [ɪ'klɪps] *n* éclipse *f* ▸ *vt* éclipser
eco- ['i:kəu] *prefix* éco-
eco-friendly [i:kəu'frɛndlɪ] *adj* non nuisible à
l'environnement
ecological [i:kə'lɔdʒɪkəl] *adj* écologique
ecologist [ɪ'kɔlədʒɪst] *n* écologiste *mf*
ecology [ɪ'kɔlədʒɪ] *n* écologie *f*
e-commerce ['i:kɔmə:s] *n* commerce *m*
électronique
economic [i:kə'nɔmɪk] *adj* économique ;
(profitable) rentable
economical [i:kə'nɔmɪkl] *adj* économique ;
(person) économe
economically [i:kə'nɔmɪklɪ] *adv*
économiquement
economics [i:kə'nɔmɪks] *n (Scol)* économie *f*
politique ▸ *npl (of project etc)* côté *m or* aspect *m*
économique
economist [ɪ'kɔnəmɪst] *n* économiste *mf*
economize [ɪ'kɔnəmaɪz] *vi* économiser, faire
des économies
economy [ɪ'kɔnəmɪ] *n* économie *f* ; **economies**
of scale économies d'échelle
economy class *n (Aviat)* classe *f* touriste
economy class syndrome *n* syndrome *m* de la
classe économique
economy size *n* taille *f* économique
ecosystem ['i:kəusɪstəm] *n* écosystème *m*
eco-tourism [i:kəu'tuərɪzəm] *n* écotourisme *m*
ECSC *n abbr (= European Coal & Steel Community)*
CECA *f (= Communauté européenne du charbon et de*
l'acier)
ecstasy ['ɛkstəsɪ] *n* extase *f* ; *(Drugs)* ecstasy *m* ;
to go into ecstasies over s'extasier sur
ecstatic [ɛks'tætɪk] *adj* extatique, en extase
ECT *n abbr* = **electroconvulsive therapy**
Ecuador ['ɛkwədɔ:ʳ] *n* Équateur *m*

595

ecumenical [i:kju'mɛnɪkl] adj œcuménique

eczema ['ɛksɪmə] n eczéma m

eddy ['ɛdɪ] n tourbillon m

edge [ɛdʒ] n bord m ; (of knife etc) tranchant m, fil m ; **on** ~ (fig) crispé(e), tendu(e) ; **to have the** ~ **on** (fig) l'emporter (de justesse) sur, être légèrement meilleur que ▶ vt border ▶ vi: **to** ~ **forward** avancer petit à petit ; **to** ~ **away from** s'éloigner furtivement de

edged [ɛdʒd] adj: ~ **with** bordé(e) de

edgeways ['ɛdʒweɪz] adv latéralement ; **he couldn't get a word in** ~ il ne pouvait pas placer un mot

edging ['ɛdʒɪŋ] n bordure f

edgy ['ɛdʒɪ] adj crispé(e), tendu(e)

edible ['ɛdɪbl] adj comestible ; (meal) mangeable

edict ['i:dɪkt] n décret m

edifice ['ɛdɪfɪs] n édifice m

edifying ['ɛdɪfaɪɪŋ] adj édifiant(e)

Edinburgh ['ɛdɪnbərə] n Édimbourg ; voir article

- **EDINBURGH FESTIVAL**

  Le Festival d'Édimbourg (**Edinburgh Festival**), qui se tient chaque année durant trois semaines au mois d'août, est l'un des grands festivals européens. Il est réputé pour son programme officiel mais aussi pour son festival off (the Fringe) qui propose des spectacles de théâtre, de musique, de comédie et de danse aussi bien traditionnels que résolument d'avant-garde. Pendant la durée du Festival se tient par ailleurs, sur l'esplanade du château, un grand spectacle de musique militaire, le Military Tattoo.

edit ['ɛdɪt] vt (report, essay) préparer ; (sb else's text, computer file) éditer ; (editor: magazine, newspaper) être le rédacteur or la rédactrice en chef de ; (film) monter
  ▶ **edit out** vt couper

editing ['ɛdɪtɪŋ] n (of own article, manuscript) préparation f ; (of sb else's text) édition f ; (of film, programme) montage m ▶ cpd (Comput: package, software, tools) d'édition

edition [ɪ'dɪʃən] n édition f

editor ['ɛdɪtər] n (of newspaper) rédacteur(-trice), rédacteur(-trice) en chef ; (of sb's work) éditeur(-trice) ; (also: **film editor**) monteur(-euse) ; **political/ foreign** ~ rédacteur politique/au service étranger

editorial [ɛdɪ'tɔ:rɪəl] adj de la rédaction, éditorial(e) ; **the** ~ **staff** la rédaction ▶ n éditorial m

EDP n abbr = **electronic data processing**

EDT abbr (US: = Eastern Daylight Time) heure d'été de New York

educate ['ɛdjukeɪt] vt (teach) instruire ; (bring up) éduquer ; **educated at ...** qui a fait ses études à ...

educated ['ɛdjukeɪtɪd] adj (person) cultivé(e)

educated guess n supposition éclairée

education [ɛdju'keɪʃən] n éducation f ; (studies) études fpl ; (teaching) enseignement m,

instruction f ; (at university: subject etc) pédagogie f ; **primary** or (US) **elementary/secondary** ~ instruction f primaire/secondaire

educational [ɛdʒu'keɪʃənl] adj (toy, system) éducatif(-ive) ; (theory, method) pédagogique ; (institution) d'enseignement ; (attainments, background) scolaire ; (useful) instructif(-ive) ; ~ **technology** technologie f de l'enseignement

educationally [ɛdʒu'keɪʃənlɪ] adv (subnormal, disadvantaged) sur le plan éducatif ; (sound, valuable) du point de vue pédagogique

edutainment [ɛdʒu'teɪnmənt] n jeux mpl éducatifs

Edwardian [ɛd'wɔ:dɪən] adj de l'époque du roi Édouard VII, des années 1900

EE abbr = **electrical engineer**

EEG n abbr = **electroencephalogram**

eel [i:l] n anguille f

EENT n abbr (US Med) = **eye, ear, nose and throat**

EEOC n abbr (US) = **Equal Employment Opportunity Commission**

eerie ['ɪərɪ] adj inquiétant(e), spectral(e), surnaturel(le)

EET abbr (= Eastern European Time) HEO (= heure d'Europe orientale)

effect [ɪ'fɛkt] n effet m ; **to have an** ~ **on sb/sth** avoir or produire un effet sur qn/qch ; **to take** ~ (Law) entrer en vigueur, prendre effet ; (drug) agir, faire son effet ; **to put into** ~ (plan) mettre en application or à exécution ; **in** ~ en fait ; **his letter is to the** ~ **that ...** sa lettre nous apprend que ... ▶ vt effectuer ; **effects** npl (Theat) effets mpl ; (property) effets, affaires fpl

effective [ɪ'fɛktɪv] adj efficace ; (striking: display, outfit) frappant(e), qui produit or fait de l'effet ; (actual) véritable ; **to become** ~ (Law) entrer en vigueur, prendre effet ; ~ **date** date f d'effet or d'entrée en vigueur

effectively [ɪ'fɛktɪvlɪ] adv efficacement ; (strikingly) d'une manière frappante, avec beaucoup d'effet ; (in reality) effectivement, en fait

effectiveness [ɪ'fɛktɪvnɪs] n efficacité f

effeminate [ɪ'fɛmɪnɪt] adj efféminé(e)

effervescent [ɛfə'vɛsnt] adj effervescent(e)

efficacious [ɛfɪ'keɪʃəs] adj efficace

efficacy ['ɛfɪkəsɪ] n efficacité f

efficiency [ɪ'fɪʃənsɪ] n efficacité f ; (of machine, car) rendement m

efficiency apartment n (US) studio m avec coin cuisine

efficient [ɪ'fɪʃənt] adj efficace ; (machine, car) d'un bon rendement

efficiently [ɪ'fɪʃəntlɪ] adv efficacement

effigy ['ɛfɪdʒɪ] n effigie f

effluent ['ɛfluənt] n effluent m

effort ['ɛfət] n effort m ; **to make an** ~ **to do sth** faire or fournir un effort pour faire qch

effortless ['ɛfətlɪs] adj sans effort, aisé(e) ; (achievement) facile

effrontery [ɪ'frʌntərɪ] n effronterie f

effusive [ɪ'fju:sɪv] adj (person) expansif(-ive) ; (welcome) chaleureux(-euse)

EFL *n abbr (Scol)* = **English as a Foreign Language**
EFTA ['ɛftə] *n abbr* (= *European Free Trade Association*)
AELE *f* (= *Association européenne de libre-échange*)
e.g. *adv abbr* (= *exempli gratia*) par exemple, p. ex.
egalitarian [ɪgælɪ'tɛərɪən] *adj* égalitaire
egg [ɛg] *n* œuf *m* ; **hard-boiled/soft-boiled ~**
œuf dur/à la coque
▶ **egg on** *vt* pousser
eggcup ['ɛgkʌp] *n* coquetier *m*
egghead ['ɛghɛd] *n* (*inf*) intello *mf* (*inf*)
eggnog ['ɛgnɔg] *n* lait *m* de poule
egg plant ['ɛgplɑ:nt] *n* (*US*) aubergine *f*
eggshell ['ɛgʃɛl] *n* coquille *f* d'œuf ▶ *adj* (*colour*)
blanc cassé *inv*
egg-timer ['ɛgtaɪmə'] *n* sablier *m*
egg white *n* blanc *m* d'œuf
egg yolk *n* jaune *m* d'œuf
ego ['i:gəu] *n* (*self-esteem*) amour-propre *m* ;
(*Psych*) moi *m*
egocentric [i:gəu'sɛntrɪk, ɛgəu'sɛntrɪk] *adj*
égocentrique
egoism ['ɛgəuɪzəm] *n* égoïsme *m*
egoist ['ɛgəuɪst] *n* égoïste *mf*
egoistic [i:gəu'ɪstɪk, ɛgəu'ɪstɪk] *adj* égoïste
egotism ['ɛgəutɪzəm] *n* égotisme *m*
egotist ['ɛgəutɪst] *n* égocentrique *mf*
egotistic [i:gə'tɪstɪk, ɛgə'tɪstɪk], **egotistical**
[i:gə'tɪstɪkəl, ɛgə'tɪstɪkəl] *adj* égotiste
ego trip *n*: **to be on an ~** être en plein délire
d'autosatisfaction
Egypt ['i:dʒɪpt] *n* Égypte *f*
Egyptian [ɪ'dʒɪpʃən] *adj* égyptien(ne) ▶ *n*
Égyptien(ne)
EHIC *n abbr* (= *European Health Insurance Card*)
CEAM *f*
Eid ['i:d] *n* (*also*: **Eid-al-Fitr, Eid-ul-Fitr**) Aïd *m*
eiderdown ['aɪdədaun] *n* édredon *m*
Eiffel Tower ['aɪfəl-] *n* tour *f* Eiffel
eight [eɪt] *num* huit
eighteen [eɪ'ti:n] *num* dix-huit
eighteenth [eɪ'ti:nθ] *num* dix-huitième
eighth [eɪtθ] *num* huitième
eightieth ['eɪtɪɪθ] *num* quatre-vingtième
eighty ['eɪtɪ] *num* quatre-vingt(s)
Eire ['ɛərə] *n* République *f* d'Irlande
EIS *n abbr* (= *Educational Institute of Scotland*) syndicat
enseignant
eisteddfod [aɪ'stɛdvəd] *n* au Pays de Galles, fête lors
de laquelle on dispute des concours de musique et de
poésie en gallois
either ['aɪðə'] *adj* l'un ou l'autre ; (*both, each*)
chaque ; **on ~ side** de chaque côté ▶ *pron*: **~ (of
them)** l'un ou l'autre ; **I don't like ~** je n'aime
ni l'un ni l'autre ; **which bike do you want?**
— ~ will do quel vélo voulez-vous ? — n'importe
lequel ▶ *adv* non plus ; **no, I don't ~** moi non
plus ▶ *conj*: **~ good or bad** ou bon ou mauvais,
soit bon soit mauvais ; **answer with ~ yes or
no** répondez par oui ou par non ; **I haven't
seen ~ one or the other** je n'ai vu ni l'un ni
l'autre
ejaculate [ɪ'dʒækjuleɪt] *vi* (*Physiol*) éjaculer ▶ *vt*
(*literary: exclaim*) s'exclamer, s'écrier
ejaculation [ɪdʒækju'leɪʃən] *n* (*Physiol*)
éjaculation *f*

eject [ɪ'dʒɛkt] *vt* (*tenant etc*) expulser ; (*object*)
éjecter ▶ *vi* (*pilot*) s'éjecter
ejector seat [ɪ'dʒɛktə-] *n* siège *m* éjectable
eke [i:k]: **to ~ out** *vt* faire durer ; augmenter
EKG *n abbr* (*US*) = **electrocardiogram**
el [ɛl] *n abbr* (*US inf*) = **elevated railroad**
elaborate *adj* [ɪ'læbərɪt] (*system, procedure*)
compliqué(e) ; (*dinner, scheme*) élaboré(e) ;
(*costume, jewellery*) recherché(e) ▶ *vt* [ɪ'læbəreɪt]
élaborer ▶ *vi* entrer dans les détails
elaborately [ɪ'læbərɪtlɪ] *adv* (*in detail: planned*)
avec minutie ; (*richly: decorated, costumed*) avec
recherche
élan, elan [eɪ'lɑ:n] *n* (*literary*): **to do sth with
elan** faire qch avec entrain
elapse [ɪ'læps] *vi* s'écouler, passer
elastic [ɪ'læstɪk] *adj, n* élastique *m*
elasticated [ɪ'læstɪkeɪtɪd] *adj* (*BRIT*) à
élastique
elastic band *n* (*BRIT*) élastique *m*
elasticity [ɪlæs'tɪsɪtɪ] *n* élasticité *f*
elated [ɪ'leɪtɪd] *adj* transporté(e) de joie
elation [ɪ'leɪʃən] *n* (*grande*) joie, allégresse *f*
elbow ['ɛlbəu] *n* coude *m* ▶ *vt*: **to ~ one's way
through the crowd** se frayer un passage à
travers la foule (en jouant des coudes)
elbow grease *n*: **to use a bit of ~** mettre de
l'huile de coude
elder ['ɛldə'] *adj* aîné(e) ▶ *n* (*tree*) sureau *m* ;
one's elders ses aînés
elderberry ['ɛldəbɛrɪ] *n* (*berry*) baie *f* de sureau ;
(*tree*) sureau *m*
elderly ['ɛldəlɪ] *adj* âgé(e) ▶ *npl*: **the ~** les
personnes âgées
elder statesman *n* (*irreg*) vétéran *m* de la
politique
eldest ['ɛldɪst] *adj, n*: **the ~ (child)** l'aîné(e) (des
enfants)
elect [ɪ'lɛkt] *vt* élire ; (*choose*): **to ~ to do** choisir
de faire ▶ *adj*: **the president ~** le président
désigné
election [ɪ'lɛkʃən] *n* élection *f* ; **to hold an ~**
procéder à une élection
election campaign *n* campagne électorale
electioneering [ɪlɛkʃə'nɪərɪŋ] *n* propagande
électorale, manœuvres électorales
elective [ɪ'lɛktɪv] *adj* électif(-ive) ▶ *n* (*US*) cours
m facultatif
elector [ɪ'lɛktə'] *n* électeur(-trice)
electoral [ɪ'lɛktərəl] *adj* électoral(e)
electoral college *n* collège électoral
electoral roll *n* (*BRIT*) liste électorale
electorate [ɪ'lɛktərɪt] *n* électorat *m*
electric [ɪ'lɛktrɪk] *adj* électrique
electrical [ɪ'lɛktrɪkl] *adj* électrique
electrical engineer *n* ingénieur électricien
electrical failure *n* panne d'électricité *or* de
courant
electric blanket *n* couverture chauffante
electric blue *adj, n* bleu électrique *m inv*
electric chair *n* chaise *f* électrique
electric cooker *n* cuisinière *f* électrique
electric current *n* courant *m* électrique
electric fire *n* (*BRIT*) radiateur *m* électrique
electrician [ɪlɛk'trɪʃən] *n* électricien *m*

e

electricity [ɪlɛk'trɪsɪtɪ] *n* électricité *f*; **to switch on/off the** ~ rétablir/couper le courant
electricity board *n* (*BRIT*) ≈ agence régionale de l'E.D.F.
electric light *n* lumière *f* électrique
electrics [ɪ'lɛktrɪks] *npl* (*BRIT*) installation *f* électrique
electric shock *n* choc *m* or décharge *f* électrique
electrify [ɪ'lɛktrɪfaɪ] *vt* (*Rail*) électrifier; (*audience*) électriser
electro... [ɪ'lɛktrəu] *prefix* électro...
electrocardiogram [ɪlɛktrəu'ka:dɪ əgræm] *n* électrocardiogramme *m*
electro-convulsive therapy [ɪlɛktrəukən'vʌlsɪv-] *n* électrochocs *mpl*
electrocute [ɪ'lɛktrəkju:t] *vt* électrocuter
electrode [ɪ'lɛktrəud] *n* électrode *f*
electroencephalogram [ɪlɛktrəuɛn'sɛfələgræm] *n* électroencéphalogramme *m*
electrolysis [ɪlɛk'trɔlɪsɪs] *n* électrolyse *f*
electromagnetic [ɪ'lɛktrəmæg'nɛtɪk] *adj* électromagnétique
electron [ɪ'lɛktrɔn] *n* électron *m*
electronic [ɪlɛk'trɔnɪk] *adj* électronique
electronically [ɪlɛk'trɔnɪklɪ] *adv* électroniquement
electronic data processing *n* traitement *m* électronique des données
electronic mail *n* courrier *m* électronique
electronics [ɪlɛk'trɔnɪks] *n* électronique *f*
electron microscope *n* microscope *m* électronique
electroplated [ɪ'lɛktrə'pleɪtɪd] *adj* plaqué(e) or doré(e) or argenté(e) par galvanoplastie
electrotherapy [ɪ'lɛktrə'θɛrəpɪ] *n* électrothérapie *f*
elegance ['ɛlɪgəns] *n* élégance *f*
elegant ['ɛlɪgənt] *adj* élégant(e)
elegantly ['ɛlɪgəntlɪ] *adv* (*dressed, furnished*) avec élégance; (*designed, shaped*) élégamment; **~ simple** d'une élégante simplicité
elegy ['ɛlɪdʒɪ] *n* élégie *f*
element ['ɛlɪmənt] *n* (*gen*) élément *m*; (*of heater, kettle etc*) résistance *f*
elementary [ɛlɪ'mɛntərɪ] *adj* élémentaire; (*school, education*) primaire
elementary school *n* (*US*) école *f* primaire

⋮ **ELEMENTARY SCHOOL**
⋮
⋮ Aux États-Unis et au Canada, une
⋮ **elementary school** (également appelée *grade*
⋮ *school* ou *grammar school* aux États-Unis) est
⋮ une école publique où les enfants passent les
⋮ six à huit premières années de leur scolarité.

elephant ['ɛlɪfənt] *n* éléphant *m*
elevate ['ɛlɪveɪt] *vt* élever
elevated railroad ['ɛlɪveɪtɪd-] *n* (*US*) métro *m* aérien
elevation [ɛlɪ'veɪʃən] *n* élévation *f*; (*height*) altitude *f*
elevator ['ɛlɪveɪtər] *n* (*in warehouse etc*) élévateur *m*, monte-charge *m inv*; (*US: lift*) ascenseur *m*

eleven [ɪ'lɛvn] *num* onze
elevenses [ɪ'lɛvnzɪz] *npl* (*BRIT*) ≈ pause-café *f*
eleventh [ɪ'lɛvnθ] *num* onzième; **at the ~ hour** (*fig*) à la dernière minute
elf [ɛlf] (*pl* **elves** [ɛlvz]) *n* lutin *m*
elfin ['ɛlfɪn] *adj* (*face*) délicat(e)
elicit [ɪ'lɪsɪt] *vt*: **to ~ (from)** obtenir (de); tirer (de)
eligibility [ɛlɪdʒɪ'bɪlɪtɪ] *n*: ~ **(for sth)** (*membership, job*) admissibilité *f* (à qch); (*benefits*) droit *m* (à qch); ~ **to do sth** droit de faire qch
eligible ['ɛlɪdʒəbl] *adj* (*for compensation, benefits*) éligible; (*for membership*) admissible; **an ~ young man** un beau parti; **to be ~ for sth** remplir les conditions requises pour qch; ~ **for a pension** ayant droit à la retraite
eliminate [ɪ'lɪmɪneɪt] *vt* éliminer
elimination [ɪlɪmɪ'neɪʃən] *n* élimination *f*; **by process of** ~ par élimination
elite, élite [ɪ'li:t] *adj* (*group, athlete*) d'élite; (*institution*) prestigieux(-euse) ▶ *n*: **the ~** l'élite *f*
elitist [ɛ'li:tɪst] *adj* (*pej*) élitiste
elixir [ɪ'lɪksər] *n* (*literary*) élixir *m*
Elizabethan [ɪlɪzə'bi:θən] *adj* élisabéthain(e)
ellipse [ɪ'lɪps] *n* ellipse *f*
elliptical [ɪ'lɪptɪkl] *adj* elliptique
elm [ɛlm] *n* orme *m*
elocution [ɛlə'kju:ʃən] *n* élocution *f*
elongated ['i:lɔŋgeɪtɪd] *adj* étiré(e), allongé(e)
elope [ɪ'ləup] *vi* (*lovers*) s'enfuir (ensemble)
elopement [ɪ'ləupmənt] *n* fugue amoureuse
eloquence ['ɛləkwəns] *n* éloquence *f*
eloquent ['ɛləkwənt] *adj* éloquent(e)
eloquently ['ɛləkwəntlɪ] *adv* (*speak, write*) avec éloquence
else [ɛls] *adv* d'autre; **something ~** quelque chose d'autre, autre chose; **somewhere ~** ailleurs, autre part; **everywhere ~** partout ailleurs; **everyone ~** tous les autres; **nothing ~** rien d'autre; **is there anything ~ I can do?** est-ce que je peux faire quelque chose d'autre?; **where ~?** à quel autre endroit?; **little ~** pas grand-chose d'autre
elsewhere [ɛls'wɛər] *adv* ailleurs, autre part
ELT *n abbr* (*Scol*) = **English Language Teaching**
elucidate [ɪ'lu:sɪdeɪt] *vt* élucider
elude [ɪ'lu:d] *vt* échapper à; (*question*) éluder
elusive [ɪ'lu:sɪv] *adj* insaisissable; (*answer*) évasif(-ive)
elves [ɛlvz] *npl of* **elf**
emaciated [ɪ'meɪsɪeɪtɪd] *adj* émacié(e), décharné(e)
email ['i:meɪl] *n abbr* (= *electronic mail*) (e-)mail *m*, courriel *m* ▶ *vt*: **to ~ sb** envoyer un (e-)mail or un courriel à qn
email account *n* compte *m* (e-)mail
email address *n* adresse *f* (e-)mail or électronique
emanate ['ɛməneɪt] *vi*: **to ~ from** émaner de
emancipate [ɪ'mænsɪpeɪt] *vt* émanciper
emancipation [ɪmænsɪ'peɪʃən] *n* émancipation *f*
emasculate [ɪ'mæskjuleɪt] *vt* émasculer

embalm [ɪm'bɑːm] vt embaumer
embankment [ɪm'bæŋkmənt] n (of road, railway) remblai m, talus m ; (of river) berge f, quai m ; (dyke) digue f
embargo [ɪm'bɑːɡəu] (pl **embargoes**) n (Comm, Naut) embargo m ; (prohibition) interdiction f ; **to put an ~ on sth** mettre l'embargo sur qch ▶ vt frapper d'embargo, mettre l'embargo sur
embark [ɪm'bɑːk] vi embarquer ; **to ~ on** (ship) (s')embarquer à bord de or sur ; (journey etc) commencer, entreprendre ; (fig) se lancer or s'embarquer dans ▶ vt embarquer
embarkation [ɛmbɑː'keɪʃən] n embarquement m
embarkation card n carte f d'embarquement
embarrass [ɪm'bærəs] vt embarrasser, gêner
embarrassed [ɪm'bærəst] adj gêné(e) ; **to be ~** être gêné(e)
embarrassing [ɪm'bærəsɪŋ] adj gênant(e), embarrassant(e)
embarrassment [ɪm'bærəsmənt] n embarras m, gêne f ; (embarrassing thing, person) source f d'embarras
embassy [ɛmbəsɪ] n ambassade f ; **the French E~** l'ambassade de France
embed [ɪm'bɛd] vt (object) enfoncer ; (values, attitudes) ancrer ; **to ~ itself in sth** (object) s'enfoncer dans qch ; (bullet) se loger dans qch
embedded [ɪm'bɛdɪd] adj (object) enfoncé(e) ; **to be ~ in sth** (thorn) être enfoncé(e) dans qch ; (bullet) être logé(e) dans qch ; (value, attitude) être ancré(e) dans qch
embellish [ɪm'bɛlɪʃ] vt embellir ; enjoliver
embers ['ɛmbəz] npl braise f
embezzle [ɪm'bɛzl] vt détourner
embezzlement [ɪm'bɛzlmənt] n détournement m (de fonds)
embezzler [ɪm'bɛzlər] n escroc m
embitter [ɪm'bɪtər] vt aigrir ; envenimer
emblazoned [ɪm'bleɪzənd] adj: **to be ~ with sth** être armorié(e) de qch ; **to be ~ on sth** être inscrit(e) sur qch
emblem ['ɛmbləm] n emblème m
emblematic [ɛmblə'mætɪk] adj emblématique
embodiment [ɪm'bɔdɪmənt] n personnification f, incarnation f
embody [ɪm'bɔdɪ] vt (features) réunir, comprendre ; (ideas) formuler, exprimer
embolden [ɪm'bəuldn] vt enhardir
embolism ['ɛmbəlɪzəm] n embolie f
embossed [ɪm'bɔst] adj repoussé(e), gaufré(e) ; **~ with** où figure(nt) en relief
embrace [ɪm'breɪs] vt embrasser, étreindre ; (include) embrasser, couvrir, comprendre ▶ vi s'embrasser, s'étreindre ▶ n étreinte f
embroider [ɪm'brɔɪdər] vt broder ; (fig: story) enjoliver
embroidery [ɪm'brɔɪdərɪ] n broderie f
embroil [ɪm'brɔɪl] vt: **to become embroiled (in sth)** se retrouver mêlé(e) (à qch), se laisser entraîner (dans qch)
embryo ['ɛmbrɪəu] n (also fig) embryon m
embryonic [ɛmbrɪ'ɔnɪk] adj (idea, organization) à l'état embryonnaire, embryonnaire ; (Biol) embryonnaire

emcee [ɛm'siː] n maître m de cérémonie
emend [ɪ'mɛnd] vt (text) corriger
emerald ['ɛmərəld] n émeraude f
emerge [ɪ'məːdʒ] vi apparaître ; (from room, car) surgir ; (from sleep, imprisonment) sortir ; **it emerges that** (BRIT) il ressort que
emergence [ɪ'məːdʒəns] n apparition f ; (of nation) naissance f
emergency [ɪ'məːdʒənsɪ] n (crisis) cas m d'urgence ; (Med) urgence f ; **in an ~** en cas d'urgence ; **state of ~** état m d'urgence
emergency brake (US) n frein m à main
emergency exit n sortie f de secours
emergency landing n atterrissage forcé
emergency lane n (US Aut) accotement stabilisé
emergency road service n (US) service m de dépannage
emergency room n (US Med) urgences fpl
emergency services npl: **the ~** (fire, police, ambulance) les services mpl d'urgence
emergency stop n (BRIT Aut) arrêt m d'urgence
emergent [ɪ'məːdʒənt] adj: **~ nation** pays m en voie de développement
emeritus [ɪ'mɛrɪtəs] adj émérite
emery board ['ɛmərɪ-] n lime f à ongles (en carton émerisé)
emery paper ['ɛmərɪ-] n papier m (d')émeri
emetic [ɪ'mɛtɪk] n vomitif m, émétique m
emigrant ['ɛmɪɡrənt] n émigrant(e)
emigrate ['ɛmɪɡreɪt] vi émigrer
emigration [ɛmɪ'ɡreɪʃən] n émigration f
émigré ['ɛmɪɡreɪ] n émigré(e)
eminence ['ɛmɪnəns] n éminence f
eminent ['ɛmɪnənt] adj éminent(e)
eminently ['ɛmɪnəntlɪ] adv éminemment, admirablement
emir [ɛ'mɪər] n émir m
emissary ['ɛmɪsərɪ] n émissaire m
emissions [ɪ'mɪʃənz] npl émissions fpl
emit [ɪ'mɪt] vt émettre
emolument [ɪ'mɔljumənt] n (often pl: formal) émoluments mpl ; (fee) honoraires mpl ; (salary) traitement m
emoticon [ɪ'məutɪkən] n (Comput) émoticone m
emotion [ɪ'məuʃən] n sentiment m ; (as opposed to reason) émotion f, sentiments
emotional [ɪ'məuʃnl] adj (person) émotif(-ive), très sensible ; (needs) affectif(-ive) ; (scene) émouvant(e) ; (tone, speech) qui fait appel aux sentiments
emotionally [ɪ'məuʃnəlɪ] adv (behave) émotivement ; (be involved) affectivement ; (speak) avec émotion ; **~ disturbed** qui souffre de troubles de l'affectivité
emotive [ɪ'məutɪv] adj émotif(-ive) ; **~ power** capacité f d'émouvoir or de toucher
empathize ['ɛmpəθaɪz] vi se montrer compréhensif(-ive) ; **to ~ with sb** comprendre ce que ressent qn
empathy ['ɛmpəθɪ] n communion f d'idées or de sentiments, empathie f ; **to feel ~ with sb** se mettre à la place de qn

e

599

emperor ['ɛmpərəʳ] n empereur m
emphasis ['ɛmfəsɪs] (pl **emphases** [-siːz]) n accent m ; **to lay** or **place ~ on sth** (fig) mettre l'accent sur, insister sur ; **the ~ is on reading** la lecture tient une place primordiale, on accorde une importance particulière à la lecture
emphasize ['ɛmfəsaɪz] vt (syllable, word, point) appuyer or insister sur ; (feature) souligner, accentuer
emphatic [ɛmˈfætɪk] adj (strong) énergique, vigoureux(-euse) ; (unambiguous, clear) catégorique
emphatically [ɛmˈfætɪklɪ] adv avec vigueur or énergie ; catégoriquement
emphysema [ɛmfɪˈsiːmə] n emphysème m
empire ['ɛmpaɪəʳ] n empire m
empirical [ɛmˈpɪrɪkl] adj empirique
empirically [ɪmˈpɪrɪkəlɪ] adv de manière empirique, empiriquement ; **~ based** fondé(e) sur l'expérience
employ [ɪmˈplɔɪ] vt employer ; **he's employed in a bank** il est employé de banque, il travaille dans une banque
employee [ɪmplɔɪˈiː] n employé(e)
employer [ɪmˈplɔɪəʳ] n employeur(-euse)
employment [ɪmˈplɔɪmənt] n emploi m ; **to find ~** trouver un emploi or du travail ; **without ~** au chômage, sans emploi ; **place of ~** lieu m de travail
employment agency n agence f or bureau m de placement
employment exchange n (BRIT) agence f pour l'emploi
emporium [ɛmˈpɔːrɪəm] (pl **emporia** [ɛmˈpɔːrɪə]) n grand magasin m ; **food ~** grand magasin d'alimentation
empower [ɪmˈpauəʳ] vt (strengthen: person, group) responsabiliser ; **to ~ sb to do** autoriser or habiliter qn à faire
empowerment [ɪmˈpauəmənt] n responsabilisation f
empress ['ɛmprɪs] n impératrice f
emptiness ['ɛmptɪnɪs] n vide m ; (of area) aspect m désertique
empty ['ɛmptɪ] adj vide ; (street, area) désert(e) ; (threat, promise) en l'air, vain(e) ; **on an ~ stomach** à jeun ▶ n (bottle) bouteille f vide ▶ vt vider ▶ vi se vider ; (liquid) s'écouler ; **to ~ into** (river) se jeter dans, se déverser dans
empty-handed ['ɛmptɪˈhændɪd] adj les mains vides
empty-headed ['ɛmptɪˈhɛdɪd] adj écervelé(e), qui n'a rien dans la tête
EMS n abbr (= European Monetary System) SME m
EMT n abbr = **emergency medical technician**
EMU n abbr (= European Monetary Union) UME f
emu ['iːmjuː] (pl ~ or **emus**) n émeu m
emulate ['ɛmjuleɪt] vt rivaliser avec, imiter
emulsion [ɪˈmʌlʃən] n émulsion f ; (also: **emulsion paint**) peinture mate
enable [ɪˈneɪbl] vt : **to ~ sb to do** permettre à qn de faire, donner à qn la possibilité de faire
enact [ɪˈnækt] vt (Law) promulguer ; (play, scene) jouer, représenter

enactment [ɪnˈæktmənt] n (Law) promulgation f ; (of play, story) représentation f
enamel [ɪˈnæməl] n émail m ; (also: **enamel paint**) (peinture f) laque f
enamelled, (US) **enameled** [ɪˈnæməld] adj (steel, gold) émaillé(e) ; (bath, bowl) en émail
enamoured [ɪˈnæməd] adj : **~ of** amoureux(-euse) de ; (idea) enchanté(e) par
encampment [ɪnˈkæmpmənt] n campement m
encapsulate [ɪnˈkæpsjuleɪt] vt (mood, spirit) incarner ; (views, ideas) résumer
encased [ɪnˈkeɪst] adj : **~ in** enfermé(e) dans, recouvert(e) de
enchant [ɪnˈtʃɑːnt] vt enchanter
enchanting [ɪnˈtʃɑːntɪŋ] adj ravissant(e), enchanteur(-eresse)
encircle [ɪnˈsəːkl] vt entourer, encercler
encl. abbr (on letters etc: = enclosed) ci-joint(e) ; (= enclosure) PJ f
enclave ['ɛŋkleɪv] n enclave f
enclose [ɪnˈkləuz] vt (land) clôturer ; (space, object) entourer ; (letter etc): **to ~ (with)** joindre (à) ; **please find enclosed** veuillez trouver ci-joint
enclosure [ɪnˈkləuʒəʳ] n enceinte f ; (in letter etc) annexe f
encode [ɪnˈkəud] vt coder
encoder [ɪnˈkəudəʳ] n (Comput) encodeur m
encompass [ɪnˈkʌmpəs] vt encercler, entourer ; (include) contenir, inclure
encore [ɔŋˈkɔːʳ] excl, n bis m
encounter [ɪnˈkauntəʳ] n rencontre f ▶ vt rencontrer
encourage [ɪnˈkʌrɪdʒ] vt encourager ; (industry, growth) favoriser ; **to ~ sb to do sth** encourager qn à faire qch
encouragement [ɪnˈkʌrɪdʒmənt] n encouragement m
encouraging [ɪnˈkʌrɪdʒɪŋ] adj encourageant(e)
encroach [ɪnˈkrəutʃ] vi : **to ~ (up)on** empiéter sur
encroachment [ɪnˈkrəutʃmənt] n empiètement m
encrusted [ɪnˈkrʌstɪd] adj : **~ (with)** incrusté(e) (de)
encrypt [ɪnˈkrɪpt] vt crypter
encryption [ɪnˈkrɪpʃən] n cryptage m ▶ cpd (technology, code) de cryptage
encumbered [ɪnˈkʌmbəd] adj encombré(e) ; **to be ~ with** (luggage) être encombré(e) de ; (debts) être criblé(e) de ; (rules, regulations) être surchargé(e) de
encyclopaedia, encyclopedia [ɛnsaɪkləuˈpiːdɪə] n encyclopédie f
encyclopaedic, encyclopedic [ɪnsaɪkləˈpiːdɪk] adj encyclopédique
end [ɛnd] n fin f ; (of table, street, rope etc) bout m, extrémité f ; (of pointed object) pointe f ; (of town) bout ; (Sport) côté m ; **from ~ to ~** d'un bout à l'autre ; **to come to an ~** prendre fin ; **to be at an ~** être fini(e), être terminé(e) ; **in the ~** finalement ; **on ~** (object) debout, dressé(e) ; **to stand on ~** (hair) se dresser sur la tête ; **for 5**

hours on ~ durant 5 heures d'affilée or de suite ; **for hours on ~** pendant des heures (et des heures) ; **at the ~ of the day** (BRIT fig) en fin de compte ; **to this ~, with this ~ in view** à cette fin, dans ce but ▸ vt terminer ; (also: **bring to an end, put an end to**) mettre fin à ▸ vi se terminer, finir
▸ **end up** vi: **to ~ up in** (condition) finir or se terminer par ; (place) finir or aboutir à
endanger [ɪnˈdeɪndʒəʳ] vt mettre en danger ; **an endangered species** une espèce en voie de disparition
endear [ɪnˈdɪəʳ] vt: **to ~ o.s. to sb** se faire aimer de qn
endearing [ɪnˈdɪərɪŋ] adj attachant(e)
endearment [ɪnˈdɪəmənt] n: **to whisper endearments** murmurer des mots or choses tendres ; **term of ~** terme m d'affection
endeavour, (US) endeavor [ɪnˈdevəʳ] n effort m ; (attempt) tentative f ▸ vt: **to ~ to do** tenter or s'efforcer de faire
endemic [ɛnˈdɛmɪk] adj endémique
endgame [ˈɛndɡeɪm] n (Chess, fig) fin f de partie
ending [ˈɛndɪŋ] n dénouement m, conclusion f ; (Ling) terminaison f
endive [ˈɛndaɪv] n (curly) chicorée f ; (smooth, flat) endive f
endless [ˈɛndlɪs] adj (interminable: journey, war) sans fin, interminable ; (unlimited: patience, resources) inépuisable, sans limites ; (: possibilities) illimité(e)
endlessly [ˈɛndləslɪ] adv (talk, repeat) continuellement ; (infinitely): **to be ~ patient** être d'une patience infinie ; **it's ~ fascinating** cela ne cesse pas de me fasciner
endorse [ɪnˈdɔːs] vt (cheque) endosser ; (approve) appuyer, approuver, sanctionner
endorsee [ɪndɔːˈsiː] n bénéficiaire mf, endossataire mf
endorsement [ɪnˈdɔːsmənt] n (approval) appui m, aval m ; (signature) endossement m ; (BRIT: on driving licence) contravention f (portée au permis de conduire)
endorser [ɪnˈdɔːsəʳ] n avaliste m, endosseur m
endow [ɪnˈdau] vt (provide with money) faire une donation à, doter ; (equip): **to ~ with** gratifier de, doter de
endowment [ɪnˈdaumənt] n dotation f
endowment mortgage n hypothèque liée à une assurance-vie
endowment policy n assurance f à capital différé
end product n (Industry) produit fini ; (fig) résultat m, aboutissement m
end result n résultat final
endurable [ɪnˈdjuərəbl] adj supportable
endurance [ɪnˈdjuərəns] n endurance f
endurance test n test m d'endurance
endure [ɪnˈdjuəʳ] vt (bear) supporter, endurer ▸ vi (last) durer
enduring [ɪnˈdjuərɪŋ] adj (appeal, influence) constant(e) ; (legacy, love) durable ; (image, memory) tenace

end user n (Comput) utilisateur final
enema [ˈɛnɪmə] n (Med) lavement m
enemy [ˈɛnəmɪ] adj, n ennemi(e) ; **to make an ~ of sb** se faire un(e) ennemi(e) de qn, se mettre qn à dos
energetic [ɛnəˈdʒɛtɪk] adj énergique ; (activity) très actif(-ive), qui fait se dépenser (physiquement)
energize [ˈɛnədʒaɪz] vt stimuler, motiver ; **to be energized** être plein(e) d'énergie
energizing [ˈɛnədʒaɪzɪŋ] adj stimulant(e)
energy [ˈɛnədʒɪ] n énergie f ; **Department of E~** ministère m de l'Énergie
energy crisis n crise f de l'énergie
energy drink n boisson f énergisante
energy-efficient [ˈɛnədʒɪˈfɪʃənt] adj économe en énergie
energy-saving [ˈɛnədʒɪˈseɪvɪŋ] adj (policy) d'économie d'énergie ; (device) qui permet de réaliser des économies d'énergie
enervating [ˈɛnəveɪtɪŋ] adj débilitant(e), affaiblissant(e)
enforce [ɪnˈfɔːs] vt (law) appliquer, faire respecter
enforced [ɪnˈfɔːst] adj forcé(e)
enforcement [ɪnˈfɔːsmənt] n (of law, rule) application f
enfranchise [ɪnˈfræntʃaɪz] vt accorder le droit de vote à ; (set free) affranchir
engage [ɪnˈɡeɪdʒ] vt engager ; (Mil) engager le combat avec ; (lawyer) prendre ; **to ~ sb in conversation** engager la conversation avec qn ▸ vi (Tech) s'enclencher, s'engrener ; **to ~ in** se lancer dans
engaged [ɪnˈɡeɪdʒd] adj (BRIT: busy, in use) occupé(e) ; (betrothed) fiancé(e) ; **to get ~** se fiancer ; **the line's ~** la ligne est occupée ; **he is ~ in research/a survey** il fait de la recherche/une enquête
engaged tone n (BRIT Tel) tonalité f occupé inv
engagement [ɪnˈɡeɪdʒmənt] n (undertaking) obligation f, engagement m ; (appointment) rendez-vous m inv ; (to marry) fiançailles fpl ; (Mil) combat m ; **I have a previous ~** j'ai déjà un rendez-vous, je suis déjà pris(e)
engagement ring n bague f de fiançailles
engaging [ɪnˈɡeɪdʒɪŋ] adj engageant(e), attirant(e)
engender [ɪnˈdʒɛndəʳ] vt produire, causer
engine [ˈɛndʒɪn] n (Aut) moteur m ; (Rail) locomotive f
engine driver n (BRIT: of train) mécanicien m
engineer [ɛndʒɪˈnɪəʳ] n ingénieur m ; (BRIT: repairer) dépanneur m ; (Navy, US Rail) mécanicien m ; **civil/mechanical ~** ingénieur des Travaux Publics or des Ponts et Chaussées/mécanicien
engineering [ɛndʒɪˈnɪərɪŋ] n engineering m, ingénierie f ; (of bridges, ships) génie m ; (of machine) mécanique f ▸ cpd: **~ works** or **factory** atelier m de construction mécanique
engine failure n panne f
engine trouble n ennuis mpl mécaniques
England [ˈɪŋɡlənd] n Angleterre f

601

English [ˈɪŋglɪʃ] *adj* anglais(e) ▶ *n* (*Ling*) anglais *m* ; **an ~ speaker** un anglophone ▶ *npl*: **the ~** les Anglais *mpl*

English Channel *n*: **the ~** la Manche

Englishman [ˈɪŋglɪʃmən] *n* (*irreg*) Anglais *m*

English-speaking [ˈɪŋglɪʃˈspiːkɪŋ] *adj* qui parle anglais ; anglophone

Englishwoman [ˈɪŋglɪʃwumən] *n* (*irreg*) Anglaise *f*

engrave [ɪnˈgreɪv] *vt* graver

engraving [ɪnˈgreɪvɪŋ] *n* gravure *f*

engrossed [ɪnˈgrəust] *adj*: **~ in** absorbé(e) par, plongé(e) dans

engulf [ɪnˈgʌlf] *vt* engloutir

enhance [ɪnˈhɑːns] *vt* rehausser, mettre en valeur ; (*position*) améliorer ; (*reputation*) accroître

enhancement [ɪnˈhɑːnsmənt] *n* (*of quality, appearance, condition*) amélioration *f* ; (*to pension, salary*) majoration *f* ; **image ~** retouche *f* d'images ; **breast ~** augmentation *f* mammaire

enigma [ɪˈnɪgmə] *n* énigme *f*

enigmatic [ɛnɪgˈmætɪk] *adj* énigmatique

enjoy [ɪnˈdʒɔɪ] *vt* aimer, prendre plaisir à ; (*have benefit of: health, fortune*) jouir de ; (: *success*) connaître ; **to ~ o.s.** s'amuser

enjoyable [ɪnˈdʒɔɪəbl] *adj* agréable

enjoyment [ɪnˈdʒɔɪmənt] *n* plaisir *m*

enlarge [ɪnˈlɑːdʒ] *vt* accroître ; (*Phot*) agrandir ▶ *vi*: **to ~ on** s'étendre sur

enlarged [ɪnˈlɑːdʒd] *adj* (*edition*) augmenté(e) ; (*Med: organ, gland*) anormalement gros(se), hypertrophié(e)

enlargement [ɪnˈlɑːdʒmənt] *n* (*Phot*) agrandissement *m*

enlighten [ɪnˈlaɪtn] *vt* éclairer

enlightened [ɪnˈlaɪtnd] *adj* éclairé(e)

enlightening [ɪnˈlaɪtnɪŋ] *adj* instructif(-ive), révélateur(-trice)

enlightenment [ɪnˈlaɪtnmənt] *n* édification *f* ; éclaircissements *mpl* ; (*Hist*): **the E~** ≈ le Siècle des lumières

enlist [ɪnˈlɪst] *vt* recruter ; (*support*) s'assurer ; **enlisted man** (*US Mil*) simple soldat *m* ▶ *vi* s'engager

enliven [ɪnˈlaɪvn] *vt* animer, égayer

en masse [ɒnˈmæs] *adv* en masse

enmity [ˈɛnmɪtɪ] *n* inimitié *f*

ennoble [ɪˈnəubl] *vt* (*with title*) anoblir

enormity [ɪˈnɔːmɪtɪ] *n* énormité *f*

enormous [ɪˈnɔːməs] *adj* énorme

enormously [ɪˈnɔːməslɪ] *adv* (*increase*) dans des proportions énormes ; (*rich*) extrêmement

enough [ɪˈnʌf] *adj*: **~ time/books** assez *or* suffisamment de temps/livres ▶ *adv*: **big ~** assez *or* suffisamment grand ; **he has not worked ~** il n'a pas assez *or* suffisamment travaillé, il n'a pas travaillé assez *or* suffisamment ; **it's hot ~ (as it is)!** il fait assez chaud comme ça ! ; **he was kind ~ to lend me the money** il a eu la gentillesse de me prêter l'argent ; **... which, funnily** *or* **oddly** *or* **strangely ~ ...** qui, chose curieuse, ...

▶ *pron*: **have you got ~?** (en) avez-vous assez ? ; **~ to eat** assez à manger ; **will five be ~?** est-ce que cinq suffiront ?, est-ce qu'il y en aura assez avec cinq ? ; **(that's) ~!** ça suffit !, assez ! ; **that's ~, thanks** cela suffit *or* c'est assez, merci ; **I've had ~!** je n'en peux plus ! ; **I've had ~ of him** j'en ai assez de lui

enquire [ɪnˈkwaɪər] *vt, vi* = **inquire**

enquiry [ɪnˈkwaɪərɪ] *n* = **inquiry**

enrage [ɪnˈreɪdʒ] *vt* mettre en fureur *or* en rage, rendre furieux(-euse)

enraged [ɪnˈreɪdʒd] *adj* furieux(-euse) ; **to be ~ at sb/by sth** être furieux(-euse) contre qn/à cause de qch

enrich [ɪnˈrɪtʃ] *vt* enrichir

enrichment [ɪnˈrɪtʃmənt] *n* enrichissement *m*

enrol, (*US*) **enroll** [ɪnˈrəul] *vt* inscrire ▶ *vi* s'inscrire

enrolment, (*US*) **enrollment** [ɪnˈrəulmənt] *n* inscription *f*

en route [ɒnˈruːt] *adv* en route, en chemin ; **~ for** *or* **to** en route vers, à destination de

ensconced [ɪnˈskɔnst] *adj*: **~ in** bien calé(e) dans

enshrine [ɪnˈʃraɪn] *vt* (*fig*) préserver

ensign *n* (*Naut*) [ˈɛnsən] enseigne *f*, pavillon *m* ; (*Mil*) [ˈɛnsaɪn] porte-étendard *m*

enslave [ɪnˈsleɪv] *vt* asservir

ensue [ɪnˈsjuː] *vi* s'ensuivre, résulter

en suite [ˈɔnswiːt] *adj*: **with ~ bathroom** avec salle de bains en attenante

ensure [ɪnˈʃuər] *vt* assurer, garantir ; **to ~ that** s'assurer que

ENT *n abbr* (= *Ear, Nose and Throat*) ORL *f*

entail [ɪnˈteɪl] *vt* entraîner, nécessiter

entangle [ɪnˈtæŋgl] *vt* emmêler, embrouiller ; **to become entangled in sth** (*fig*) se laisser entraîner *or* empêtrer dans qch

enter [ˈɛntər] *vt* (*room*) entrer dans, pénétrer dans ; (*club, army*) entrer à ; (*profession*) embrasser ; (*competition*) s'inscrire à *or* pour ; (*sb for a competition*) (faire) inscrire ; (*write down*) inscrire, noter ; (*Comput*) entrer, introduire ▶ *vi* entrer

▶ **enter for** *vt fus* s'inscrire à, se présenter pour *or* à

▶ **enter into** *vt fus* (*explanation*) se lancer dans ; (*negotiations*) entamer ; (*debate*) prendre part à ; (*agreement*) conclure

▶ **enter on** *vt fus* commencer

▶ **enter up** *vt* inscrire

▶ **enter upon** *vt fus* = **enter on**

enteritis [ɛntəˈraɪtɪs] *n* entérite *f*

enterprise [ˈɛntəpraɪz] *n* (*company, undertaking*) entreprise *f* ; (*initiative*) (esprit *m* d')initiative *f* ; **free ~** libre entreprise ; **private ~** entreprise privée

enterprising [ˈɛntəpraɪzɪŋ] *adj* entreprenant(e), dynamique ; (*scheme*) audacieux(-euse)

entertain [ɛntəˈteɪn] *vt* amuser, distraire ; (*invite*) recevoir (à dîner) ; (*idea, plan*) envisager

entertainer [ɛntəˈteɪnər] *n* artiste *mf* de variétés

entertaining [ɛntə'teɪnɪŋ] *adj* amusant(e), distrayant(e) ▸ *n*: **to do a lot of ~** beaucoup recevoir

entertainment [ɛntə'teɪnmənt] *n* (*amusement*) distraction *f*, divertissement *m*, amusement *m* ; (*show*) spectacle *m*

entertainment allowance *n* frais *mpl* de représentation

enthralled [ɪn'θrɔːld] *adj* captivé(e)

enthralling [ɪn'θrɔːlɪŋ] *adj* captivant(e), enchanteur(-eresse)

enthuse [ɪn'θuːz] *vi*: **to ~ about** *or* **over** parler avec enthousiasme de

enthusiasm [ɪn'θuːzɪæzəm] *n* enthousiasme *m*

enthusiast [ɪn'θuːzɪæst] *n* enthousiaste *mf* ; **a jazz** *etc* **~** un fervent *or* passionné du jazz *etc*

enthusiastic [ɪnθuːzɪ'æstɪk] *adj* enthousiaste ; **to be ~ about** être enthousiasmé(e) par

enthusiastically [ɪnθjuːzi'æstɪklɪ] *adv* avec enthousiasme

entice [ɪn'taɪs] *vt* attirer, séduire

enticing [ɪn'taɪsɪŋ] *adj* (*person, offer*) séduisant(e) ; (*food*) alléchant(e)

entire [ɪn'taɪər] *adj* (tout) entier(-ère)

entirely [ɪn'taɪəlɪ] *adv* entièrement, complètement

entirety [ɪn'taɪərətɪ] *n*: **in its ~** dans sa totalité

entitle [ɪn'taɪtl] *vt* (*allow*): **to ~ sb to do** donner (le) droit à qn de faire ; **to ~ sb to sth** donner droit à qch à qn

entitled [ɪn'taɪtld] *adj* (*book*) intitulé(e) ; **to be ~ to do** avoir le droit de faire

entitlement [ɪn'taɪtlmənt] *n* droit *m* ; **~ to** (*benefit, leave*) droit à

entity ['ɛntɪtɪ] *n* entité *f*

entourage ['ɔntʊrɑːʒ] *n* entourage *m*

entrails ['ɛntreɪlz] *npl* entrailles *fpl*

entrance *n* ['ɛntrns] entrée *f* ; **where's the ~?** où est l'entrée ? ; **to gain ~ to** (*university etc*) être admis à ▸ *vt* [ɪn'trɑːns] enchanter, ravir

entrance examination *n* examen *m* d'entrée *or* d'admission

entrance fee *n* (*to museum etc*) prix *m* d'entrée ; (*to join club etc*) droit *m* d'inscription

entrance ramp *n* (*US Aut*) bretelle *f* d'accès

entrancing [ɪn'trɑːnsɪŋ] *adj* enchanteur(-eresse), ravissant(e)

entrant ['ɛntrnt] *n* (*in race etc*) participant(e), concurrent(e) ; (*Brit: in exam*) candidat(e)

entreat [ɛn'triːt] *vt* supplier

entreaty [ɛn'triːtɪ] *n* supplication *f*, prière *f*

entrée ['ɔntreɪ] *n* (*Culin*) entrée *f*

entrenched [ɛn'trɛntʃt] *adj* retranché(e)

entrepreneur ['ɔntrəprə'nəːr] *n* entrepreneur *m*

entrepreneurial ['ɔntrəprə'nəːrɪəl] *adj* animé(e) d'un esprit d'entreprise

entrepreneurship [ɔntrəprə'nəːʃɪp] *n* esprit *m* d'entreprise

entrust [ɪn'trʌst] *vt*: **to ~ sth to** confier qch à

entry ['ɛntrɪ] *n* entrée *f* ; (*in register, diary*) inscription *f* ; (*in ledger*) écriture *f* ; **"no ~"** « défense d'entrer », « entrée interdite » ;

(*Aut*) « sens interdit » ; **single/double ~ book-keeping** comptabilité *f* en partie simple/double

entry form *n* feuille *f* d'inscription

entry phone *n* (*Brit*) interphone *m* (*à l'entrée d'un immeuble*)

entwine [ɪn'twaɪn] *vt* entrelacer

E-number ['iːnʌmbər] *n* additif *m* (alimentaire)

enumerate [ɪ'njuːməreɪt] *vt* énumérer

enunciate [ɪ'nʌnsɪeɪt] *vt* énoncer ; prononcer

envelop [ɪn'vɛləp] *vt* envelopper

envelope ['ɛnvələup] *n* enveloppe *f*

enviable ['ɛnvɪəbl] *adj* enviable

envious ['ɛnvɪəs] *adj* envieux(-euse)

environment [ɪn'vaɪərnmənt] *n* (*social, moral*) milieu *m* ; (*natural world*): **the ~** l'environnement *m* ; **Department of the E~** (*Brit*) ministère de l'Équipement et de l'Aménagement du territoire

environmental [ɪnvaɪərn'mɛntl] *adj* (*of surroundings*) du milieu ; (*issue, disaster*) écologique ; **~ studies** (*in school etc*) écologie *f*

environmentalist [ɪnvaɪərn'mɛntlɪst] *n* écologiste *mf*

environmentally [ɪnvaɪərn'mɛntlɪ] *adv*: **~ sound/friendly** qui ne nuit pas à l'environnement

Environmental Protection Agency *n* (*US*) ≈ ministère *m* de l'Environnement

envisage [ɪn'vɪzɪdʒ] *vt* (*imagine*) envisager ; (*foresee*) prévoir

envision [ɪn'vɪʒən] *vt* envisager, concevoir

envoy ['ɛnvɔɪ] *n* envoyé(e) ; (*diplomat*) ministre *m* plénipotentiaire

envy ['ɛnvɪ] *n* envie *f* ▸ *vt* envier ; **to ~ sb sth** envier qch à qn

enzyme ['ɛnzaɪm] *n* enzyme *m*

EPA *n abbr* (*US*) = **Environmental Protection Agency**

ephemeral [ɪ'fɛmərl] *adj* éphémère

epic ['ɛpɪk] *n* épopée *f* ▸ *adj* épique

epicentre, (*US*) **epicenter** ['ɛpɪsɛntər] *n* épicentre *m*

epidemic [ɛpɪ'dɛmɪk] *n* épidémie *f*

epidural [ɛpɪ'djuərəl] *n* péridurale *f*

epilepsy ['ɛpɪlɛpsɪ] *n* épilepsie *f*

epileptic [ɛpɪ'lɛptɪk] *adj, n* épileptique *mf*

epileptic fit *n* crise *f* d'épilepsie

epilogue ['ɛpɪlɔg] *n* épilogue *m*

Epiphany [ɪ'pɪfənɪ] *n* Épiphanie *f*

episcopal [ɪ'pɪskəpl] *adj* épiscopal(e)

episode ['ɛpɪsəud] *n* épisode *m*

episodic [ɛpɪ'sɔdɪk] *adj* épisodique

epistle [ɪ'pɪsl] *n* épître *f*

epitaph ['ɛpɪtɑːf] *n* épitaphe *f*

epithet ['ɛpɪθɛt] *n* épithète *f*

epitome [ɪ'pɪtəmɪ] *n* (*fig*) quintessence *f*, type *m*

epitomize [ɪ'pɪtəmaɪz] *vt* (*fig*) illustrer, incarner

epoch ['iːpɔk] *n* époque *f*, ère *f*

epoch-making ['iːpɔkmeɪkɪŋ] *adj* qui fait époque

eponymous [ɪ'pɒnɪməs] *adj* de ce *or* du même nom, éponyme

equable ['ɛkwəbl] *adj* égal(e), de tempérament égal

equal ['iːkwl] *adj* égal(e) ; ~ **to** (*task*) à la hauteur de ; ~ **to doing** de taille à *or* capable de faire ▶ *n* égal(e) ▶ *vt* égaler

equality [iːˈkwɒlɪtɪ] *n* égalité *f*

Equality and Human Rights Commission, (*US*) **Equal Employment Opportunity Commission** *n* commission pour la non discrimination dans l'emploi

equalize ['iːkwəlaɪz] *vt, vi* (*Sport*) égaliser

equalizer ['iːkwəlaɪzəʳ] *n* but égalisateur

equally ['iːkwəlɪ] *adv* également ; (*share*) en parts égales ; (*treat*) de la même façon ; (*pay*) autant ; (*just as*) tout aussi ; **they are ~ clever** ils sont tout aussi intelligents

equal sign, equals sign *n* signe *m* d'égalité

equanimity [ɛkwəˈnɪmɪtɪ] *n* égalité *f* d'humeur

equate [ɪˈkweɪt] *vt*: **to ~ sth with** comparer qch à ; assimiler qch à ; **to ~ sth to** mettre qch en équation avec ; égaler qch à
▶ **equate to** *vt fus* (*equal*) être égal à ; (*mean*) signifier

equation [ɪˈkweɪʃən] *n* (*Math*) équation *f*

equator [ɪˈkweɪtəʳ] *n* équateur *m*

Equatorial Guinea [ˌɛkwəˈtɔːrɪəl-] *n* Guinée équatoriale

equestrian [ɪˈkwɛstrɪən] *adj* équestre ▶ *n* écuyer(-ère), cavalier(-ère)

equilibrium [iːkwɪˈlɪbrɪəm] *n* équilibre *m*

equine ['ɛkwaɪn] *adj* équin(e)

equinox ['iːkwɪnɒks] *n* équinoxe *m*

equip [ɪˈkwɪp] *vt* équiper ; **to ~ sb/sth with** équiper *or* munir qn/qch de ; **he is well equipped for the job** il a les compétences *or* les qualités requises pour ce travail

equipment [ɪˈkwɪpmənt] *n* équipement *m* ; (*electrical etc*) appareillage *m*, installation *f*

equitable ['ɛkwɪtəbl] *adj* équitable

equities ['ɛkwɪtɪz] *npl* (*Brit Comm*) actions cotées en Bourse

equity ['ɛkwɪtɪ] *n* équité *f*

equity capital *n* capitaux *mpl* propres

equivalent [ɪˈkwɪvəlnt] *adj* équivalent(e) ; **to be ~ to** équivaloir à, être équivalent(e) à ▶ *n* équivalent *m*

equivocal [ɪˈkwɪvəkl] *adj* équivoque ; (*open to suspicion*) douteux(-euse)

equivocate [ɪˈkwɪvəkeɪt] *vi* user de faux-fuyants ; éviter de répondre

equivocation [ɪkwɪvəˈkeɪʃən] *n* équivoque *f*

ER *abbr* (*Brit*: = *Elizabeth Regina*) la reine Élisabeth ; (*US Med*: = *emergency room*) urgences *fpl*

ERA *n abbr* (*US Pol*: = *Equal Rights Amendment*) amendement sur l'égalité des droits des femmes

era ['ɪərə] *n* ère *f*, époque *f*

eradicate [ɪˈrædɪkeɪt] *vt* éliminer

eradication [ɪrædɪˈkeɪʃən] *n* éradication *f*

erase [ɪˈreɪz] *vt* effacer

eraser [ɪˈreɪzəʳ] *n* gomme *f*

e-reader, eReader ['iːriːdəʳ] *n* liseuse *f*

erect [ɪˈrɛkt] *adj* droit(e) ▶ *vt* construire ; (*monument*) ériger, élever ; (*tent etc*) dresser

erection [ɪˈrɛkʃən] *n* (*Physiol*) érection *f* ; (*of building*) construction *f* ; (*of machinery etc*) installation *f*

ergonomics [əːɡəˈnɒmɪks] *n* ergonomie *f*

ERISA *n abbr* (*US*: = *Employee Retirement Income Security Act*) loi sur les pensions de retraite

Eritrea [ɛrɪˈtreɪə] *n* Érythrée *f*

ERM *n abbr* (= *Exchange Rate Mechanism*) mécanisme *m* des taux de change

ermine ['əːmɪn] *n* hermine *f*

ERNIE ['əːnɪ] *n abbr* (*Brit*: = *Electronic Random Number Indicator Equipment*) ordinateur servant au tirage des bons à lots gagnants

erode [ɪˈrəud] *vt* éroder ; (*metal*) ronger

erogenous zone [ɪˈrɔdʒənəs-] *n* zone *f* érogène

erosion [ɪˈrəuʒən] *n* érosion *f*

erotic [ɪˈrɒtɪk] *adj* érotique

erotica [ɪˈrɒtɪkə] *npl* art *m* érotique

eroticism [ɪˈrɒtɪsɪzəm] *n* érotisme *m*

err [əːː] *vi* se tromper ; (*Rel*) pécher

errand ['ɛrnd] *n* course *f*, commission *f* ; **to run errands** faire des courses ; ~ **of mercy** mission *f* de charité, acte *m* charitable

errand boy *n* garçon *m* de courses

errant ['ɛrənt] *adj* (*unfaithful: husband*) infidèle ; (*son, child*) délinquant(e)

erratic [ɪˈrætɪk] *adj* irrégulier(-ière), inconstant(e)

erroneous [ɪˈrəunɪəs] *adj* erroné(e)

erroneously [ɪˈrəunɪəslɪ] *adv* erronément

error ['ɛrəʳ] *n* erreur *f* ; **typing/spelling ~** faute *f* de frappe/d'orthographe ; **in ~** par erreur, par méprise ; **errors and omissions excepted** sauf erreur ou omission

error message *n* (*Comput*) message *m* d'erreur

erstwhile ['əːstwaɪl] *adj* précédent(e), d'autrefois

erudite ['ɛrjudaɪt] *adj* savant(e)

erupt [ɪˈrʌpt] *vi* entrer en éruption ; (*fig*) éclater, exploser

eruption [ɪˈrʌpʃən] *n* éruption *f* ; (*of anger, violence*) explosion *f*

ESA *n abbr* (= *European Space Agency*) ASE *f* (= *Agence spatiale européenne*)

escalate ['ɛskəleɪt] *vi* s'intensifier ; (*costs*) monter en flèche

escalation [ɛskəˈleɪʃən] *n* escalade *f*

escalation clause *n* clause *f* d'indexation

escalator ['ɛskəleɪtəʳ] *n* escalier roulant

escapade [ɛskəˈpeɪd] *n* fredaine *f* ; équipée *f*

escape [ɪˈskeɪp] *n* évasion *f*, fuite *f* ; (*of gas etc*) fuite, (*Tech*) échappement *m* ▶ *vi* s'échapper, fuir ; (*from jail*) s'évader ; (*fig*) s'en tirer, en réchapper ; (*leak*) fuir, s'échapper ; **to ~ from** (*person*) échapper à ; (*place*) s'échapper de ; (*fig*) fuir ; **to ~ to** (*another place*) fuir à, s'enfuir à ; **to ~ to safety** se réfugier dans *or* gagner un endroit sûr ▶ *vt* échapper à ; **to ~ notice** passer inaperçu(e) ; **his name escapes me** son nom m'échappe

escape artist *n* virtuose *mf* de l'évasion

escape clause *n* clause *f* dérogatoire

escapee [ɪskeɪ'piː] *n* évadé(e) *f*

escape key *n* (*Comput*) touche *f* d'échappement

escape route *n* (*from fire*) issue *f* de secours ; (*of prisoners etc*) voie empruntée pour s'échapper
escapism [ɪ'skeɪpɪzəm] *n* évasion *f* (*fig*)
escapist [ɪ'skeɪpɪst] *adj* (*literature*) d'évasion ▶ *n* personne *f* qui se réfugie hors de la réalité
escapologist [ɛskə'pɔlədʒɪst] *n* (*BRIT*) = **escape artist**
escarpment [ɪs'kɑːpmənt] *n* escarpement *m*
eschew [ɪs'tʃuː] *vt* éviter
escort *vt* [ɪ'skɔːt] escorter ▶ *n* ['ɛskɔːt] (*Mil*) escorte *f* ; (*to dance etc*): **her** ~ son compagnon *or* cavalier ; **his** ~ sa compagne
escort agency *n* bureau *m* d'hôtesses
Eskimo ['ɛskɪməu] *adj* esquimau(de), eskimo ▶ *n* Esquimau(de) ; (*Ling*) esquimau *m*
ESL *n abbr* (*Scol*) = **English as a Second Language**
esophagus [iː'sɔfəgəs] *n* (*US*) = **oesophagus**
esoteric [ɛsə'tɛrɪk] *adj* ésotérique
ESP *n abbr* = **extrasensory perception**; (*Scol*) = **English for Special Purposes**
esp. *abbr* = **especially**
especially [ɪ'spɛʃlɪ] *adv* (*particularly*) particulièrement ; (*above all*) surtout
espionage ['ɛspɪənɑːʒ] *n* espionnage *m*
esplanade [ɛsplə'neɪd] *n* esplanade *f*
espouse [ɪ'spauz] *vt* épouser, embrasser
espresso [ɛ'sprɛsəu] *n* expresso *m*
Esquire [ɪ'skwaɪəʳ] *n* (*BRIT*: *abbr* **Esq.**): **J. Brown,** ~ Monsieur J. Brown
essay ['ɛseɪ] *n* (*Scol*) dissertation *f* ; (*Literature*) essai *m* ; (*attempt*) tentative *f*
essence ['ɛsns] *n* essence *f* ; (*Culin*) extrait *m* ; **in** ~ en substance ; **speed is of the** ~ l'essentiel, c'est la rapidité
essential [ɪ'sɛnʃl] *adj* essentiel(le) ; (*basic*) fondamental(e) ; **it is** ~ **that** il est essentiel *or* primordial que ; **essentials** *npl* éléments essentiels
essentially [ɪ'sɛnʃlɪ] *adv* essentiellement
EST *abbr* (*US*: = *Eastern Standard Time*) heure d'hiver de New York
est. *abbr* = **established**; **estimate(d)**
establish [ɪ'stæblɪʃ] *vt* établir ; (*business*) fonder, créer ; (*one's power etc*) asseoir, affermir
established [ɪ'stæblɪʃt] *adj* bien établi(e)
establishment [ɪ'stæblɪʃmənt] *n* établissement *m* ; (*founding*) création *f* ; (*institution*) établissement ; **the E~** les pouvoirs établis ; l'ordre établi
estate [ɪ'steɪt] *n* (*land*) domaine *m*, propriété *f* ; (*Law*) biens *mpl*, succession *f* ; (*BRIT*: *also*: **housing estate**) lotissement *m*
estate agency *n* (*BRIT*) agence immobilière
estate agent *n* (*BRIT*) agent immobilier
estate car *n* (*BRIT*) break *m*
esteem [ɪ'stiːm] *n* estime *f* ; **to hold sb in high** ~ tenir qn en haute estime ▶ *vt* estimer ; apprécier
esthetic [ɪs'θɛtɪk] *adj* (*US*) = **aesthetic**
estimate *n* ['ɛstɪmət] estimation *f* ; (*Comm*) devis *m* ; **to give sb an** ~ **of** faire *or* donner un devis à qn pour ; **at a rough** ~ approximativement ▶ *vt* ['ɛstɪmeɪt] estimer ▶ *vi* (*BRIT Comm*): **to** ~ **for** estimer, faire une estimation de ; (*bid for*) faire un devis pour

estimated ['ɛstɪmeɪtɪd] *adj* (*quantity, value*) estimé(e) ; **there are an** ~ **90,000 gangsters in the country** on estime à 90'000 le nombre de malfaiteurs dans le pays
estimation [ɛstɪ'meɪʃən] *n* opinion *f* ; estime *f* ; **in my** ~ à mon avis, selon moi
Estonia [ɛ'stəunɪə] *n* Estonie *f*
Estonian [ɛ'stəunɪən] *adj* estonien(ne) ▶ *n* Estonien(ne) ; (*Ling*) estonien *m*
estranged [ɪs'treɪndʒd] *adj* (*couple*) séparé(e) ; (*husband, wife*) dont on s'est séparé(e)
estrangement [ɪs'treɪndʒmənt] *n* (*from wife, family*) séparation *f*
estrogen ['iːstrəudʒən] *n* (*US*) = **oestrogen**
estuary ['ɛstjuərɪ] *n* estuaire *m*
ET *n abbr* (*BRIT*: = *Employment Training*) formation professionnelle pour les demandeurs d'emploi ▶ *abbr* (*US*: = *Eastern Time*) heure de New York
ETA *n abbr* (= *estimated time of arrival*) HPA *f* (= heure probable d'arrivée)
e-tailer [iː'teɪləʳ] *n* détaillant(e) électronique
et al. *abbr* (= *et alii: and others*) et coll
etc *abbr* (= *et cetera*) etc
etch [ɛtʃ] *vt* graver à l'eau forte
etching ['ɛtʃɪŋ] *n* eau-forte *f*
ETD *n abbr* (= *estimated time of departure*) HPD *f* (= heure probable de départ)
eternal [ɪ'təːnl] *adj* éternel(le)
eternity [ɪ'təːnɪtɪ] *n* éternité *f*
ethanol ['ɛθənɔl] *n* alcool *m* éthylique
ether ['iːθəʳ] *n* éther *m*
ethereal [ɪ'θɪərɪəl] *adj* éthéré(e)
Ethernet® ['iːθənɛt] *n* Ethernet® *m*
ethical ['ɛθɪkl] *adj* (*moral: aspect, consideration*) moral(e) ; (*morally acceptable*) éthique ; ~ **investment** placements *mpl* éthiques
ethically ['ɛθɪklɪ] *adv* (*dubious, satisfactory*) d'un point de vue éthique ; (*behave, invest*) conformément à l'éthique
ethics ['ɛθɪks] *n* éthique *f* ▶ *npl* moralité *f*
Ethiopia [iːθɪ'əupɪə] *n* Éthiopie *f*
Ethiopian [iːθɪ'əupɪən] *adj* éthiopien(ne) ▶ *n* Éthiopien(ne)
ethnic ['ɛθnɪk] *adj* ethnique ; (*clothes, food*) folklorique, exotique, *propre aux minorités ethniques non-occidentales*
ethnic cleansing [-'klɛnzɪŋ] *n* purification *f* ethnique
ethnicity [ɛθ'nɪsɪtɪ] *n* ethnicité *f*
ethnic minority *n* minorité *f* ethnique
ethnology [ɛθ'nɔlədʒɪ] *n* ethnologie *f*
ethos ['iːθɔs] *n* (*système m de*) valeurs *fpl*
e-ticket ['iːtɪkɪt] *n* billet *m* électronique
etiquette ['ɛtɪkɛt] *n* convenances *fpl*, étiquette *f*
ETV *n abbr* (*US*: = *Educational Television*) télévision *f* scolaire
etymology [ɛtɪ'mɔlədʒɪ] *n* étymologie *f*
EU *n abbr* (= *European Union*) UE *f*
eucalyptus [juːkə'lɪptəs] *n* eucalyptus *m*
eugenics [juː'dʒɛnɪks] *n* eugénisme *m*
eulogy ['juːlədʒɪ] *n* éloge *m*
euphemism ['juːfəmɪzəm] *n* euphémisme *m*
euphemistic [juːfə'mɪstɪk] *adj* euphémique

euphoria [juːˈfɔːrɪə] *n* euphorie *f*
euphoric [juːˈfɔrɪk] *adj* euphorique
Eurasia [juəˈreɪʒə] *n* Eurasie *f*
Eurasian [juəˈreɪʒən] *adj* eurasien(ne) ;
  (*continent*) eurasiatique ▶ *n* Eurasien(ne)
Euratom [juəˈrætəm] *n abbr* (= *European Atomic Energy Community*) EURATOM *f*
eureka [juˈriːkə] *excl* eurêka
euro [ˈjuərəu] *n* (*currency*) euro *m*
Euro- [ˈjuərəu] *prefix* euro-
Eurocrat [ˈjuərəukræt] *n* eurocrate *mf*
Euroland [ˈjuərəulænd] *n* Euroland *m*
Europe [ˈjuərəp] *n* Europe *f*
European [juərəˈpiːən] *adj* européen(ne) ▶ *n* Européen(ne)
European Community *n* Communauté européenne
European Court of Justice *n* Cour *f* de Justice de la CEE
European Union *n* Union européenne
Euro-sceptic [ˈjuərəuskɛptɪk] *n* eurosceptique *mf*
Eurostar® [ˈjuərəustɑːr] *n* Eurostar® *m*
eurozone [ˈjuərəuzəun] *n* zone *f* euro
euthanasia [juːθəˈneɪzɪə] *n* euthanasie *f*
evacuate [ɪˈvækjueɪt] *vt* évacuer
evacuation [ɪvækjuˈeɪʃən] *n* évacuation *f*
evacuee [ɪvækjuˈiː] *n* évacué(e)
evade [ɪˈveɪd] *vt* échapper à ; (*question etc*) éluder ; (*duties*) se dérober à
evaluate [ɪˈvæljueɪt] *vt* évaluer
evaluation [ɪvæljuˈeɪʃən] *n* évaluation *f*
evangelical [iːvænˈdʒɛlɪkəl] *adj* (*Christian, group*) évangélique ; (*zeal, fervour*) fanatique
evangelist [ɪˈvændʒəlɪst] *n* évangéliste *m*
evangelize [ɪˈvændʒəlaɪz] *vt* évangéliser, prêcher l'Évangile à
evaporate [ɪˈvæpəreɪt] *vi* s'évaporer ; (*fig: hopes, fear*) s'envoler ; (: *anger*) se dissiper ▶ *vt* faire évaporer
evaporated milk [ɪˈvæpəreɪtɪd-] *n* lait condensé (non sucré)
evaporation [ɪvæpəˈreɪʃən] *n* évaporation *f*
evasion [ɪˈveɪʒən] *n* dérobade *f* ; (*excuse*) faux-fuyant *m*
evasive [ɪˈveɪsɪv] *adj* évasif(-ive)
eve [iːv] *n*: **on the ~ of** à la veille de
even [ˈiːvn] *adj* (*level, smooth*) régulier(-ière) ; (*equal*) égal(e) ; (*number*) pair(e) ; **to break ~** s'y retrouver, équilibrer ses comptes ; **to get ~ with sb** prendre sa revanche sur qn ▶ *adv* même ; ~ **if** même si + *indic* ; ~ **though** quand (bien) même + *cond*, alors même que + *cond* ; ~ **more** encore plus ; ~ **faster** encore plus vite ; ~ **so** quand même ; **not** ~ pas même ; ~ **he was there** même lui était là ; ~ **on Sundays** même le dimanche
  ▶ **even out** *vi* s'égaliser
even-handed [iːvnˈhændɪd] *adj* équitable
evening [ˈiːvnɪŋ] *n* soir *m* ; (*as duration, event*) soirée *f* ; **in the ~** le soir ; **this ~** ce soir ; **tomorrow/yesterday ~** demain/hier soir
evening class *n* cours *m* du soir
evening dress *n* (*man's*) tenue *f* de soirée, smoking *m* ; (*woman's*) robe *f* de soirée

evenly [ˈiːvnlɪ] *adv* uniformément, également ; (*space*) régulièrement
evensong [ˈiːvnsɔŋ] *n* office *m* du soir
event [ɪˈvɛnt] *n* événement *m* ; (*Sport*) épreuve *f* ; **in the course of events** par la suite ; **in the ~ of** en cas de ; **in the ~** en réalité, en fait ; **at all events**, (*Brit*) **in any ~** en tout cas, de toute manière
eventful [ɪˈvɛntful] *adj* mouvementé(e)
eventing [ɪˈvɛntɪŋ] *n* (*Horse-Riding*) concours complet (*équitation*)
eventual [ɪˈvɛntʃuəl] *adj* final(e)
eventuality [ɪvɛntʃuˈælɪtɪ] *n* possibilité *f*, éventualité *f*
eventually [ɪˈvɛntʃuəlɪ] *adv* finalement
ever [ˈɛvəʳ] *adv* jamais ; (*at all times*) toujours ; **why ~ not?** mais enfin, pourquoi pas ? ; **the best ~** le meilleur qu'on ait jamais vu ; **have you ~ seen it?** l'as-tu déjà vu ?, as-tu eu l'occasion *or* t'est-il arrivé de le voir ? ; **did you ~ meet him?** est-ce qu'il vous est arrivé de le rencontrer ? ; **have you ~ been there?** y êtes-vous déjà allé ? ; **for ~** pour toujours ; **hardly ~** ne … presque jamais ; ~ **since** (*as adv*) depuis ; (*as conj*) depuis que ; ~ **so pretty** si joli ; **thank you ~ so much** merci mille fois
Everest [ˈɛvərɪst] *n* (*also*: **Mount Everest**) le mont Everest, l'Everest *m*
evergreen [ˈɛvəgriːn] *n* arbre *m* à feuilles persistantes
everlasting [ɛvəˈlɑːstɪŋ] *adj* éternel(le)

(KEYWORD)

every [ˈɛvrɪ] *adj* **1** (*each*) chaque ; **every one of them** tous (sans exception) ; **every shop in town was closed** tous les magasins en ville étaient fermés
  2 (*all possible*) tous (toutes) les ; **I gave you every assistance** j'ai fait tout mon possible pour vous aider ; **I have every confidence in him** j'ai entièrement *or* pleinement confiance en lui ; **we wish you every success** nous vous souhaitons beaucoup de succès
  3 (*showing recurrence*) tous les ; **every day** tous les jours, chaque jour ; **every other car** une voiture sur deux ; **every other/third day** tous les deux/trois jours ; **every now and then** de temps en temps

everybody *pron* = **everyone**
everyday [ˈɛvrɪdeɪ] *adj* (*expression*) courant(e), d'usage courant ; (*use*) courant ; (*clothes, life*) de tous les jours ; (*occurrence, problem*) quotidien(ne)
everyone [ˈɛvrɪwʌn] *pron* tout le monde, tous *pl* ; ~ **knows about it** tout le monde le sait ; ~ **else** tous les autres
everything [ˈɛvrɪθɪŋ] *pron* tout ; ~ **is ready** tout est prêt ; **he did ~ possible** il a fait tout son possible
everywhere [ˈɛvrɪwɛəʳ] *adv* partout ; ~ **you go you meet …** où qu'on aille on rencontre …
evict [ɪˈvɪkt] *vt* expulser
eviction [ɪˈvɪkʃən] *n* expulsion *f*

eviction notice n préavis m d'expulsion
evidence ['ɛvɪdns] n (proof) preuve(s) f(pl) ; (of witness) témoignage m ; (sign): **to show ~ of** donner des signes de ; **to give** ~ témoigner, déposer ; **in** ~ (obvious) en évidence ; en vue

⚠ **evidence** se traduit rarement par évidence.

evident ['ɛvɪdnt] adj évident(e)
evidently ['ɛvɪdntlɪ] adv de toute évidence ; (apparently) apparemment
evil ['iːvl] adj mauvais(e) ▶ n mal m
evince [ɪ'vɪns] vt manifester
evocation [iːvəu'keɪʃən] n évocation f
evocative [ɪ'vɔkətɪv] adj évocateur(-trice)
evoke [ɪ'vəuk] vt évoquer ; (admiration) susciter
evolution [iːvə'luːʃən] n évolution f
evolutionary [iːvə'luːʃənrɪ] adj (process) d'évolution ; (theory) de l'évolution ; **~ change** évolution f
evolve [ɪ'vɔlv] vt élaborer ▶ vi évoluer, se transformer
ewe [juː] n brebis f
ex [ɛks] n (inf): **my ex** mon ex
ex- [ɛks] prefix (former: husband, president etc) ex- ; (out of): **the price ~works** le prix départ usine
exacerbate [ɪg'zæsəbeɪt] vt (pain) exacerber, accentuer ; (fig) aggraver
exact [ɪg'zækt] adj exact(e) ▶ vt: **to ~ sth (from)** (signature, confession) extorquer qch (à) ; (apology) exiger qch (de)
exacting [ɪg'zæktɪŋ] adj exigeant(e) ; (work) fatigant(e)
exactitude [ɪg'zæktɪtjuːd] n exactitude f, précision f
exactly [ɪg'zæktlɪ] adv exactement ; **~!** parfaitement !, précisément !
exaggerate [ɪg'zædʒəreɪt] vt, vi exagérer
exaggeration [ɪgzædʒə'reɪʃən] n exagération f
exalted [ɪg'zɔːltɪd] adj (rank) élevé(e) ; (person) haut placé(e) ; (elated) exalté(e)
exam [ɪg'zæm] n abbr (Scol) = **examination**
examination [ɪgzæmɪ'neɪʃən] n (Scol, Med) examen m ; **to take** or **sit an ~** (Brit) passer un examen ; **the matter is under ~** la question est à l'examen
examine [ɪg'zæmɪn] vt (gen) examiner ; (Scol, Law: person) interroger ; (inspect: machine, premises) inspecter ; (: passport) contrôler ; (: luggage) fouiller
examiner [ɪg'zæmɪnəʳ] n examinateur(-trice)
example [ɪg'zɑːmpl] n exemple m ; **for ~** par exemple ; **to set a good/bad ~** donner le bon/ mauvais exemple
exasperate [ɪg'zɑːspəreɪt] vt exaspérer, agacer
exasperated [ɪg'zɑːspəreɪtɪd] adj exaspéré(e)
exasperating [ɪg'zɑːspəreɪtɪŋ] adj exaspérant(e)
exasperation [ɪgzɑːspə'reɪʃən] n exaspération f, irritation f
excavate ['ɛkskəveɪt] vt (site) fouiller, excaver ; (object) mettre au jour
excavation [ɛkskə'veɪʃən] n excavation f
excavator ['ɛkskəveɪtəʳ] n excavateur m, excavatrice f

exceed [ɪk'siːd] vt dépasser ; (one's powers) outrepasser
exceedingly [ɪk'siːdɪŋlɪ] adv extrêmement
excel [ɪk'sɛl] vi exceller ▶ vt surpasser ; **to ~ o.s.** se surpasser
excellence ['ɛksələns] n excellence f
Excellency ['ɛksələnsɪ] n: **His ~** son Excellence f
excellent ['ɛksələnt] adj excellent(e)
except [ɪk'sɛpt] prep (also: **except for**, **excepting**) sauf, excepté, à l'exception de ; **~ if/when** sauf si/quand ; **~ that** excepté que, si ce n'est que ▶ vt excepter
exception [ɪk'sɛpʃən] n exception f ; **to take ~ to** s'offusquer de ; **with the ~ of** à l'exception de
exceptional [ɪk'sɛpʃənl] adj exceptionnel(le)
exceptionally [ɪk'sɛpʃənəlɪ] adv exceptionnellement
excerpt ['ɛksəːpt] n extrait m
excess [ɪk'sɛs] n excès m ; **in ~ of** plus de
excess baggage n excédent m de bagages
excess fare n supplément m
excessive [ɪk'sɛsɪv] adj excessif(-ive)
excessively [ɪk'sɛsɪvlɪ] adv (long, large) excessivement ; (drink) avec excès
excess supply n suroffre f, offre f excédentaire
exchange [ɪks'tʃeɪndʒ] n échange m ; (also: **telephone exchange**) central m ; **in ~ for** en échange de ; **foreign ~** (Comm) change m ▶ vt: **to ~ (for)** échanger (contre) ; **could I ~ this, please?** est-ce que je peux échanger ceci, s'il vous plaît ?
exchange control n contrôle m des changes
exchange market n marché m des changes
exchange rate n taux m de change
Exchequer [ɪks'tʃɛkəʳ] n (Brit): **the ~** l'Échiquier m, ≈ le ministère m des Finances
excisable [ɪk'saɪzəbl] adj taxable
excise n ['ɛksaɪz] taxe f ▶ vt [ɛk'saɪz] exciser
excise duties npl impôts indirects
excitable [ɪk'saɪtəbl] adj excitable, nerveux(-euse)
excite [ɪk'saɪt] vt exciter
excited [ɪk'saɪtəd] adj (tout (toute)) excité(e) ; **to get ~** s'exciter
excitement [ɪk'saɪtmənt] n excitation f
exciting [ɪk'saɪtɪŋ] adj passionnant(e)
excl. abbr = **excluding; exclusive (of)**
exclaim [ɪk'skleɪm] vi s'exclamer
exclamation [ɛksklə'meɪʃən] n exclamation f
exclamation mark, (US) **exclamation point** n point m d'exclamation
exclude [ɪk'skluːd] vt exclure
excluding [ɪk'skluːdɪŋ] prep: **~ VAT** la TVA non comprise
exclusion [ɪk'skluːʒən] n exclusion f ; **to the ~ of** à l'exclusion de
exclusion clause n clause f d'exclusion
exclusion zone n zone interdite
exclusive [ɪk'skluːsɪv] adj exclusif(-ive) ; (club, district) sélect(e) ; (item of news) en exclusivité ; **~ rights** (Comm) exclusivité f ▶ adv (Comm) exclusivement, non inclus ; **~ of VAT** TVA non

comprise ; ~ **of postage** (les) frais de poste non compris ; **from 1st to 15th March** ~ du 1er au 15 mars exclusivement *or* exclu

exclusively [ɪk'sklu:sɪvlɪ] *adv* exclusivement
excommunicate [ɛkskə'mju:nɪkeɪt] *vt* excommunier
excrement ['ɛkskrəmənt] *n* excrément *m*
excruciating [ɪk'skru:ʃɪeɪtɪŋ] *adj* (*pain*) atroce, déchirant(e) ; (*embarrassing*) pénible
excursion [ɪk'skə:ʃən] *n* excursion *f*
excursion ticket *n* billet *m* tarif excursion
excusable [ɪk'skju:zəbl] *adj* excusable
excuse *n* [ɪk'skju:s] excuse *f* ; **to make excuses for sb** trouver des excuses à qn ▶ *vt* [ɪk'skju:z] (*forgive*) excuser ; (*justify*) excuser, justifier ; **to ~ sb from** (*activity*) dispenser qn de ; **~ me!** excusez-moi !, pardon ! ; **now if you will ~ me, ...** maintenant, si vous (le) permettez ... ; **to ~ o.s. for sth/for doing sth** s'excuser de/d'avoir fait qch
ex-directory ['ɛksdɪ'rɛktərɪ] *adj* (*BRIT*) sur la liste rouge
execute ['ɛksɪkju:t] *vt* exécuter
execution [ɛksɪ'kju:ʃən] *n* exécution *f*
executioner [ɛksɪ'kju:ʃnəʳ] *n* bourreau *m*
executive [ɪg'zɛkjutɪv] *n* (*person*) cadre *m* ; (*managing group*) bureau *m* ; (*Pol*) exécutif *m* ▶ *adj* exécutif(-ive) ; (*position, job*) de cadre ; (*secretary*) de direction ; (*offices*) de la direction ; (*car, plane*) de fonction
executive director *n* administrateur(-trice)
executor [ɪg'zɛkjutəʳ] *n* exécuteur(-trice) testamentaire
exemplary [ɪg'zɛmplərɪ] *adj* exemplaire
exemplify [ɪg'zɛmplɪfaɪ] *vt* illustrer
exempt [ɪg'zɛmpt] *adj* : **~ from** exempté(e) *or* dispensé(e) de ▶ *vt* : **to ~ sb from** exempter *or* dispenser qn de
exemption [ɪg'zɛmpʃən] *n* exemption *f*, dispense *f*
exercise ['ɛksəsaɪz] *n* exercice *m* ▶ *vt* exercer ; (*patience etc*) faire preuve de ; (*dog*) promener ▶ *vi* (*also*: **to take exercise**) prendre de l'exercice
exercise bike *n* vélo *m* d'appartement
exercise book *n* cahier *m*
exert [ɪg'zə:t] *vt* exercer, employer ; (*strength, force*) employer ; **to ~ o.s.** se dépenser
exertion [ɪg'zə:ʃən] *n* effort *m*
exfoliate [ɛks'fəʊliənt] *vt* exfolier
ex gratia ['ɛks'greɪʃə] *adj* : **~ payment** gratification *f*
exhale [ɛks'heɪl] *vt* (*breathe out*) expirer ; exhaler ▶ *vi* expirer
exhaust [ɪg'zɔ:st] *n* (*also*: **exhaust fumes**) gaz *mpl* d'échappement ; (*also*: **exhaust pipe**) tuyau *m* d'échappement ▶ *vt* épuiser ; **to ~ o.s.** s'épuiser
exhausted [ɪg'zɔ:stɪd] *adj* épuisé(e)
exhausting [ɪg'zɔ:stɪŋ] *adj* épuisant(e)
exhaustion [ɪg'zɔ:stʃən] *n* épuisement *m* ; **nervous ~** fatigue nerveuse
exhaustive [ɪg'zɔ:stɪv] *adj* très complet(-ète)
exhibit [ɪg'zɪbɪt] *n* (*Art*) objet exposé, pièce exposée ; (*Law*) pièce à conviction ▶ *vt* (*Art*) exposer ; (*courage, skill*) faire preuve de

exhibition [ɛksɪ'bɪʃən] *n* exposition *f* ; **~ of temper** manifestation *f* de colère
exhibitionist [ɛksɪ'bɪʃənɪst] *n* exhibitionniste *mf*
exhibitor [ɪg'zɪbɪtəʳ] *n* exposant(e)
exhilarated [ɪg'zɪləreɪtɪd] *adj* euphorique
exhilarating [ɪg'zɪləreɪtɪŋ] *adj* grisant(e), stimulant(e)
exhilaration [ɪgzɪlə'reɪʃən] *n* euphorie *f*, ivresse *f*
exhort [ɪg'zɔ:t] *vt* exhorter
exhumation [ɛgzju:'meɪʃən] *n* exhumation *f*
exhume [ɛks'hju:m, ɪg'zju:m] *vt* exhumer
ex-husband [ɛks'hʌzbənd] *n* ex-mari *m*
exile ['ɛksaɪl] *n* exil *m* ; (*person*) exilé(e) ; **in ~** en exil ▶ *vt* exiler
exist [ɪg'zɪst] *vi* exister
existence [ɪg'zɪstəns] *n* existence *f* ; **to be in ~** exister
existentialism [ɛgzɪs'tɛnʃlɪzəm] *n* existentialisme *m*
existing [ɪg'zɪstɪŋ] *adj* (*laws*) existant(e) ; (*system, regime*) actuel(le)
exit ['ɛksɪt] *n* sortie *f* ; **where's the ~?** où est la sortie ? ▶ *vi* (*Comput, Theat*) sortir
exit poll *n* sondage *m* (fait à la sortie de l'isoloir)
exit ramp *n* (*US Aut*) bretelle *f* d'accès
exit visa *n* visa *m* de sortie
exodus ['ɛksədəs] *n* exode *m*
ex officio ['ɛksə'fɪʃɪəu] *adj, adv* d'office, de droit
exonerate [ɪg'zɔnəreɪt] *vt* : **to ~ from** disculper de
exorbitant [ɪg'zɔ:bɪtnt] *adj* (*price*) exorbitant(e), excessif(-ive) ; (*demands*) exorbitant, démesuré(e)
exorcize ['ɛksɔ:saɪz] *vt* exorciser
exotic [ɪg'zɔtɪk] *adj* exotique
expand [ɪk'spænd] *vt* (*area*) agrandir ; (*quantity*) accroître ; (*influence etc*) étendre ▶ *vi* (*population, production*) s'accroître ; (*trade, etc*) se développer, s'accroître ; (*gas, metal*) se dilater, dilater ; **to ~ on** (*notes, story etc*) développer
expanse [ɪk'spæns] *n* étendue *f*
expansion [ɪk'spænʃən] *n* (*territorial, economic*) expansion *f* ; (*of trade, influence etc*) développement *m* ; (*of production*) accroissement *m* ; (*of population*) croissance *f* ; (*of gas, metal*) expansion, dilatation *f*
expansionism [ɪk'spænʃənɪzəm] *n* expansionnisme *m*
expansionist [ɪk'spænʃənɪst] *adj* expansionniste
expansive [ɪk'spænsɪv] *adj* (*area*) étendu(e) ; (*person, also Econ*) expansif(-ive) ; **to be in ~ mood** être d'humeur joviale
expat [ɛks'pæt] *n* (*BRIT inf*) expatrié(e)
expatriate *n* [ɛks'pætrɪət] expatrié(e) ▶ *vt* [ɛks'pætrieɪt] expatrier, exiler
expect [ɪk'spɛkt] *vt* (*anticipate*) s'attendre à, s'attendre à ce que + *sub* ; (*count on*) compter sur, escompter ; (*hope for*) espérer ; (*require*) demander, exiger ; (*suppose*) supposer ; (*await; also baby*) attendre ; **to ~ sb to do** (*anticipate*) s'attendre à ce que qn fasse ; (*demand*) attendre de qn qu'il fasse ; **to ~ to do sth** penser *or*

compter faire qch, s'attendre à faire qch ; **as expected** comme prévu ▶ *vi*: **to be expecting** (*pregnant woman*) être enceinte ; **I ~ so** je crois que oui, je crois bien

expectancy [ɪk'spɛktənsɪ] *n* attente *f* ; **life ~** espérance *f* de vie

expectant [ɪk'spɛktənt] *adj* qui attend (quelque chose) ; **~ mother** future maman

expectantly [ɪk'spɛktəntlɪ] *adv* (*look, listen*) avec l'air d'attendre quelque chose

expectation [ɛkspɛk'teɪʃən] *n* (*hope*) attente *f*, espérance(s) *f(pl)* ; (*belief*) attente ; **in ~ of** dans l'attente de, en prévision de ; **against** *or* **contrary to all ~(s)** contre toute attente, contrairement à ce qu'on attendait ; **to come** *or* **live up to sb's expectations** répondre à l'attente *or* aux espérances de qn

expedience [ek'spi:dɪəns], **expediency** [ek'spi:dɪənsɪ] *n* opportunité *f* ; convenance *f* (du moment) ; **for the sake of ~** parce que c'est (*or* c'était) plus simple *or* plus commode

expedient [ek'spi:dɪənt] *adj* indiqué(e), opportun(e), commode ▶ *n* expédient *m*

expedite ['ɛkspədaɪt] *vt* hâter ; expédier

expedition [ɛkspə'dɪʃən] *n* expédition *f*

expeditionary force [ɛkspə'dɪʃənrɪ-] *n* corps *m* expéditionnaire

expeditious [ɛkspə'dɪʃəs] *adj* expéditif(-ive), prompt(e)

expel [ɪk'spɛl] *vt* chasser, expulser ; (*Scol*) renvoyer, exclure

expend [ɪk'spɛnd] *vt* consacrer ; (*use up*) dépenser

expendable [ɪk'spɛndəbl] *adj* remplaçable

expenditure [ɪk'spɛndɪtʃəʳ] *n* (*act of spending*) dépense *f* ; (*money spent*) dépenses *fpl*

expense [ɪk'spɛns] *n* (*high cost*) coût *m* ; (*spending*) dépense *f*, frais *mpl* ; **to go to the ~ of** faire la dépense de ; **at great/little ~** à grands/peu de frais ; **at the ~ of** aux frais de ; (*fig*) aux dépens de ; **expenses** *npl* frais *mpl* ; dépenses

expense account *n* (note *f* de) frais *mpl*

expensive [ɪk'spɛnsɪv] *adj* cher (chère), coûteux(-euse) ; **to be ~** coûter cher ; **it's too ~** ça coûte trop cher ; **~ tastes** goûts *mpl* de luxe

experience [ɪk'spɪərɪəns] *n* expérience *f* ; **to know by ~** savoir par expérience ▶ *vt* connaître ; (*feeling*) éprouver

experienced [ɪk'spɪərɪənst] *adj* expérimenté(e)

experiment [ɪk'spɛrɪmənt] *n* expérience *f* ; **to perform** *or* **carry out an ~** faire une expérience ; **as an ~** à titre d'expérience ▶ *vi* faire une expérience ; **to ~ with** expérimenter

experimental [ɪkspɛrɪ'mɛntl] *adj* expérimental(e)

experimentation [ɪkspɛrɪmɛn'teɪʃən] *n* expérimentation *f*

expert ['ɛkspə:t] *adj* expert(e) ; **to be ~ in** *or* **at doing sth** être spécialiste de qch ; **~ witness** (*Law*) expert *m* ▶ *n* expert *m* ; **an ~ on sth** un spécialiste de qch

expertise [ɛkspə:'ti:z] *n* (grande) compétence

expertly ['ɛkspə:tlɪ] *adv* habilement

expire [ɪk'spaɪəʳ] *vi* expirer

expiry [ɪk'spaɪərɪ] *n* expiration *f*

expiry date *n* date *f* d'expiration ; (*on label*) à utiliser avant …

explain [ɪk'spleɪn] *vt* expliquer
▶ **explain away** *vt* justifier, excuser

explanation [ɛksplə'neɪʃən] *n* explication *f* ; **to find an ~ for sth** trouver une explication à qch

explanatory [ɪk'splænətrɪ] *adj* explicatif(-ive)

expletive [ɪk'spli:tɪv] *n* juron *m*

explicit [ɪk'splɪsɪt] *adj* explicite ; (*definite*) formel(le)

explode [ɪk'spləud] *vi* exploser ▶ *vt* faire exploser ; (*fig: theory*) démolir ; **to ~ a myth** détruire un mythe

exploit *n* ['ɛksplɔɪt] exploit *m* ▶ *vt* [ɪk'splɔɪt] exploiter

exploitation [ɛksplɔɪ'teɪʃən] *n* exploitation *f*

exploitative [ɪk'splɔɪtətɪv] *adj* (*pej: relationship, behaviour*) fondé(e) sur l'exploitation d'autrui

exploration [ɛksplə'reɪʃən] *n* exploration *f*

exploratory [ɪk'splɔrətrɪ] *adj* (*fig: talks*) préliminaire ; **~ operation** (*Med*) intervention *f* (à visée) exploratrice

explore [ɪk'splɔ:ʳ] *vt* explorer ; (*possibilities*) étudier, examiner

explorer [ɪk'splɔ:rəʳ] *n* explorateur(-trice)

explosion [ɪk'spləuʒən] *n* explosion *f*

explosive [ɪk'spləusɪv] *adj* explosif(-ive) ▶ *n* explosif *m*

exponent [ɪk'spəunənt] *n* (*of school of thought etc*) interprète *m*, représentant *m* ; (*Math*) exposant *m*

exponential [ɛkspə'nɛnʃəl] *adj* exponentiel(le)

exponentially [ɛkspə'nɛnʃəlɪ] *adv* de manière exponentielle

export *vt* [ɛk'spɔ:t] exporter ▶ *n* ['ɛkspɔ:t] exportation *f* ▶ *cpd* ['ɛkspɔ:t] d'exportation

exportation [ɛkspɔ:'teɪʃən] *n* exportation *f*

exporter [ɛk'spɔ:təʳ] *n* exportateur *m*

export licence *n* licence *f* d'exportation

expose [ɪk'spəuz] *vt* exposer ; (*unmask*) démasquer, dévoiler ; **to ~ o.s.** (*Law*) commettre un outrage à la pudeur

exposed [ɪk'spəuzd] *adj* (*land, house*) exposé(e) ; (*Elec: wire*) à nu ; (*pipe, beam*) apparent(e)

exposition [ɛkspə'zɪʃən] *n* exposition *f*

exposure [ɪk'spəuʒəʳ] *n* exposition *f* ; (*publicity*) couverture *f* ; (*Phot: speed*) (temps *m* de) pose *f* ; (*: shot*) pose ; **suffering from ~** (*Med*) souffrant des effets du froid et de l'épuisement ; **to die of ~** (*Med*) mourir de froid

exposure meter *n* posemètre *m*

expound [ɪk'spaund] *vt* exposer, expliquer

express [ɪk'sprɛs] *adj* (*definite*) formel(le), exprès(-esse) ; (*Brit: letter etc*) exprès *inv* ▶ *n* (*train*) rapide *m* ▶ *adv* (*send*) exprès ▶ *vt* exprimer ; **to ~ o.s.** s'exprimer

expression [ɪk'sprɛʃən] *n* expression *f*

expressionism [ɪk'sprɛʃənɪzəm] *n* expressionnisme *m*

expressive [ɪk'sprɛsɪv] *adj* expressif(-ive)

expressly [ɪk'sprɛslɪ] *adv* expressément, formellement

expressway [ɪk'sprɛsweɪ] *n* (*US*) voie *f* express (à plusieurs files)

expropriate [ɛks'prəuprɪeɪt] *vt* exproprier

expulsion [ɪk'spʌlʃən] n expulsion f ; renvoi m
exquisite [ɛk'skwɪzɪt] adj exquis(e)
ex-serviceman ['ɛks'sə:vɪsmən] n (irreg) ancien combattant
ext. abbr (Tel) = **extension**
extemporize [ɪk'stɛmpəraɪz] vi improviser
extend [ɪk'stɛnd] vt (visit, street) prolonger ; (deadline) reporter, remettre ; (building) agrandir ; (offer) présenter, offrir ; (Comm: credit) accorder ; (hand, arm) tendre ▶ vi (land) s'étendre
extension [ɪk'stɛnʃən] n (of visit, street) prolongation f ; (of building) agrandissement m ; (building) annexe f ; (to wire, table) rallonge f ; (telephone: in offices) poste m ; (: in private house) téléphone m supplémentaire ; **~ 3718** (Tel) poste 3718
extension cable, extension lead n (Elec) rallonge f
extensive [ɪk'stɛnsɪv] adj étendu(e), vaste ; (damage, alterations) considérable ; (inquiries) approfondi(e) ; (use) largement répandu(e)
extensively [ɪk'stɛnsɪvlɪ] adv (altered, damaged etc) considérablement ; **he's travelled ~** il a beaucoup voyagé
extent [ɪk'stɛnt] n étendue f ; (degree: of damage, loss) importance f ; **to some ~** dans une certaine mesure ; **to a certain ~** dans une certaine mesure, jusqu'à un certain point ; **to a large ~** en grande partie ; **to the ~ of ...** au point de ... ; **to what ~?** dans quelle mesure ?, jusqu'à quel point ? ; **to such an ~ that ...** à tel point que ...
extenuating [ɪk'stɛnjueɪtɪŋ] adj: **~ circumstances** circonstances atténuantes
exterior [ɛk'stɪərɪər] adj extérieur(e) ▶ n extérieur m
exterminate [ɪk'stə:mɪneɪt] vt exterminer
extermination [ɪkstə:mɪ'neɪʃən] n extermination f
external [ɛk'stə:nl] adj externe ; **for ~ use only** (Med) à usage externe ▶ n: **the externals** les apparences fpl
externally [ɛk'stə:nəlɪ] adv extérieurement
extinct [ɪk'stɪŋkt] adj (volcano) éteint(e) ; (species) disparu(e)
extinction [ɪk'stɪŋkʃən] n extinction f
extinguish [ɪk'stɪŋgwɪʃ] vt éteindre
extinguisher [ɪk'stɪŋgwɪʃər] n extincteur m
extol, (US) extoll [ɪk'stəul] vt (merits) chanter, prôner ; (person) chanter les louanges de
extort [ɪk'stɔ:t] vt: **to ~ sth (from)** extorquer qch (à)
extortion [ɪk'stɔ:ʃən] n extorsion f
extortionate [ɪk'stɔ:ʃnɪt] adj exorbitant(e)
extortionist [ɪk'stɔ:ʃənɪst] n extorqueur(-euse)
extra ['ɛkstrə] adj supplémentaire, de plus ; **breakfast is ~** il y a un supplément pour le petit déjeuner ▶ adv (in addition) en plus ; **wine will cost ~** le vin sera en supplément ; **~ large sizes** très grandes tailles ▶ n supplément m ; (perk) à-coté m ; (Cine, Theat) figurant(e)
extra... ['ɛkstrə] prefix extra...
extract vt [ɪk'strækt] extraire ; (tooth) arracher ; (money, promise) soutirer ▶ n ['ɛkstrækt] extrait m
extraction [ɪk'strækʃən] n extraction f

extractor fan [ɪk'stræktə-] n exhausteur m, ventilateur m extracteur
extracurricular ['ɛkstrəkə'rɪkjulər] adj (Scol) parascolaire
extradite ['ɛkstrədaɪt] vt extrader
extradition [ɛkstrə'dɪʃən] n extradition f
extramarital ['ɛkstrə'mærɪtl] adj extraconjugal(e)
extramural ['ɛkstrə'mjuərl] adj hors-faculté inv
extraneous [ɛk'streɪnɪəs] adj: **~ to** étranger(-ère) à
extraordinarily [ɪk'strɔ:dənrɪlɪ] adv (exceptionally) extraordinairement
extraordinary [ɪk'strɔ:dnrɪ] adj extraordinaire ; **the ~ thing is that ...** le plus étrange or étonnant c'est que ...
extraordinary general meeting n assemblée f générale extraordinaire
extrapolate [ɪk'stræpəleɪt] vt, vi extrapoler ; **to ~ from sth** extrapoler à partir de qch
extrapolation [ɛkstræpə'leɪʃən] n extrapolation f
extrasensory perception ['ɛkstrə'sɛnsərɪ-] n perception f extrasensorielle
extraterrestrial [ɛkstrətɪ'rɛstrɪəl] adj extraterrestre
extra time n (Football) prolongations fpl
extravagance [ɪk'strævəgəns] n (excessive spending) prodigalités fpl ; (thing bought) folie f, dépense excessive
extravagant [ɪk'strævəgənt] adj extravagant(e) ; (in spending: person) prodigue, dépensier(-ière) ; (: tastes) dispendieux(-euse)
extravaganza [ɪkstrævə'gænzə] n spectacle m somptueux
extreme [ɪk'stri:m] adj, n extrême m ; **the ~ left/right** (Pol) l'extrême gauche f/droite f ; **extremes of temperature** différences fpl extrêmes de température
extremely [ɪk'stri:mlɪ] adv extrêmement
extremism [ɪk'stri:mɪzəm] n extrémisme m
extremist [ɪk'stri:mɪst] adj, n extrémiste mf
extremity [ɪk'strɛmɪtɪ] n extrémité f
extricate ['ɛkstrɪkeɪt] vt: **to ~ sth (from)** dégager qch (de)
extrovert ['ɛkstrəvə:t] n extraverti(e)
exuberance [ɪg'zju:bərns] n exubérance f
exuberant [ɪg'zju:bərnt] adj exubérant(e)
exude [ɪg'zju:d] vt exsuder ; (fig) respirer ; **the charm etc he exudes** le charme etc qui émane de lui
exult [ɪg'zʌlt] vi exulter, jubiler
exultant [ɪg'zʌltənt] adj (shout, expression) de triomphe ; **to be ~** jubiler, triompher
exultation [ɛgzʌl'teɪʃən] n exultation f, jubilation f
ex-wife ['ɛkswaɪf] n ex-femme f
eye [aɪ] n œil m ; (of needle) trou m, chas m ; **as far as the ~ can see** à perte de vue ; **to keep an ~ on** surveiller ; **to have an ~ for sth** avoir l'œil pour qch ; **in the public ~** en vue ; **with an ~ to doing sth** (BRIT) en vue de faire qch ; **there's more to this than meets the ~** ce n'est pas aussi simple que cela paraît ▶ vt examiner
eyeball ['aɪbɔ:l] n globe m oculaire

eyebath ['aɪbɑːθ] *n* (*BRIT*) œillère *f* (*pour bains d'œil*)

eyebrow ['aɪbrau] *n* sourcil *m*

eyebrow pencil *n* crayon *m* à sourcils

eye-catching ['aɪkætʃɪŋ] *adj* voyant(e), accrocheur(-euse)

eye cup *n* (*US*) = **eyebath**

eye drops *npl* gouttes *fpl* pour les yeux

eyeful ['aɪful] *n*: **to get an ~ (of sth)** se rincer l'œil (en voyant qch)

eyeglass ['aɪglɑːs] *n* monocle *m*

eyelash ['aɪlæʃ] *n* cil *m*

eyelet ['aɪlɪt] *n* œillet *m*

eye-level ['aɪlɛvl] *adj* en hauteur

eyelid ['aɪlɪd] *n* paupière *f*

eyeliner ['aɪlaɪnəʳ] *n* eye-liner *m*

eye-opener ['aɪəupnəʳ] *n* révélation *f*

eye shadow *n* ombre *f* à paupières

eyesight ['aɪsaɪt] *n* vue *f*

eyesore ['aɪsɔːʳ] *n* horreur *f*, chose *f* qui dépare *or* enlaidit

eyestrain ['aɪstreɪn] *adj*: **to get ~** se fatiguer la vue *or* les yeux

eyewash ['aɪwɔʃ] *n* bain *m* d'œil ; (*fig*) frime *f*

eye witness *n* témoin *m* oculaire

eyrie ['ɪərɪ] *n* aire *f*

e

F¹, f¹ [ɛf] *n* (*letter*) F, f *m* ; (*Mus*): **F** fa *m* ; **F for Frederick**, (*US*) **F for Fox** F comme François
F² *abbr* (= Fahrenheit) F
FA *n abbr* (BRIT: = Football Association) fédération de football
FAA *n abbr* (US) = **Federal Aviation Administration**
fable ['feɪbl] *n* fable *f*
fabric ['fæbrɪk] *n* tissu *m* ▶ *cpd*: ~ **ribbon** (*for typewriter*) ruban *m* (en) tissu

⚠ **fabric** ne veut pas dire *fabrique*.

fabricate ['fæbrɪkeɪt] *vt* fabriquer, inventer
fabrication [fæbrɪ'keɪʃən] *n* fabrication *f*, invention *f*
fabulous ['fæbjuləs] *adj* (*inf: wonderful: food, prize*) formidable, sensationnel(le) ; (: *figure*) sensationnel(le) ; (*wealth*) fabuleux(-euse)
fabulously ['fæbjuləslɪ] *adv* (*rich, wealthy*) fabuleusement ; (*successful, beautiful*) incroyablement
façade [fə'sɑːd] *n* façade *f*
face [feɪs] *n* visage *m*, figure *f* ; (*expression*) air *m* ; grimace *f* ; (*of clock*) cadran *m* ; (*of cliff*) paroi *f* ; (*of mountain*) face *f* ; (*of building*) façade *f* ; (*side, surface*) face ; ~ **down** (*person*) à plat ventre ; (*card*) face en dessous ; **to lose/save** ~ perdre/sauver la face ; **to pull a** ~ faire une grimace ; **in the** ~ **of** (*difficulties etc*) face à, devant ; **on the** ~ **of it** à première vue ; ~ **to** ~ face à face ▶ *vt* faire face à ; (*facts etc*) accepter
▶ **face up to** *vt fus* faire face à, affronter
Facebook® ['feɪsbuk] *n* Facebook® *m* ▶ *vt*: **to facebook sb** envoyer un message sur Facebook à qn
face cloth *n* (BRIT) gant *m* de toilette
face cream *n* crème *f* pour le visage
faceless ['feɪslɪs] *adj* anonyme
face lift *n* lifting *m* ; (*of façade etc*) ravalement *m*, retapage *m*
face pack *n* (BRIT) masque *m* (de beauté)
face powder *n* poudre *f* (pour le visage)
face-saving ['feɪsseɪvɪŋ] *adj* qui sauve la face
facet ['fæsɪt] *n* facette *f*
facetious [fə'siːʃəs] *adj* facétieux(-euse)
face-to-face ['feɪstə'feɪs] *adv* face à face
face value *n* (*of coin*) valeur nominale ; **to take sth at** ~ (*fig*) prendre qch pour argent comptant
facia ['feɪʃə] *n* = **fascia**
facial ['feɪʃl] *adj* facial(e) ▶ *n* soin complet du visage

facile ['fæsaɪl] *adj* facile
facilitate [fə'sɪlɪteɪt] *vt* faciliter
facilitator [fə'sɪlɪteɪtəʳ] *n* (*in negotiations*) facilitateur(-trice) ; (*educational*) animateur(-trice)
facilities [fə'sɪlɪtɪz] *npl* installations *fpl*, équipement *m* ; **credit** ~ facilités *fpl* de paiement
facility [fə'sɪlɪtɪ] *n* facilité *f*
facing ['feɪsɪŋ] *prep* face à, en face de ▶ *n* (*of wall etc*) revêtement *m* ; (*Sewing*) revers *m*
facsimile [fæk'sɪmɪlɪ] *n* (*exact replica*) facsimilé *m* ; (*also*: **facsimile machine**) télécopieur *m* ; (*transmitted document*) télécopie *f*
fact [fækt] *n* fait *m* ; **in** ~ en fait ; **to know for a** ~ **that ...** savoir pertinemment que ...
fact-finding ['fæktfaɪndɪŋ] *adj*: **a** ~ **tour** *or* **mission** une mission d'enquête
faction ['fækʃən] *n* faction *f*
factional ['fækʃənl] *adj* de factions
factor ['fæktəʳ] *n* facteur *m* ; (*of sun cream*) indice *m* (de protection) ; (*Comm*) factor *m*, société *f* d'affacturage ; (: *agent*) dépositaire *mf* ; **safety** ~ facteur de sécurité ; **I'd like a** ~ **15 suntan lotion** je voudrais une crème solaire d'indice 15 ▶ *vi* faire du factoring
▶ **factor in** *vt* prendre en compte ; **to** ~ **sth in to** prendre qch en compte dans
factory ['fæktərɪ] *n* usine *f*, fabrique *f*
factory farming *n* (BRIT) élevage industriel
factory floor *n*: **the** ~ (*workers*) les ouvriers *mpl* ; (*workshop*) l'usine *f* ; **on the** ~ dans les ateliers
factory ship *n* navire-usine *m*
factual ['fæktjuəl] *adj* basé(e) sur les faits
faculty ['fækəltɪ] *n* faculté *f* ; (*US: teaching staff*) corps enseignant
fad [fæd] *n* (*personal*) manie *f* ; (*craze*) engouement *m*
fade [feɪd] *vi* (*fabric, wallpaper*) se décolorer, passer ; (*colour*) passer, pâlir ; (*light, sound*) s'affaiblir, disparaître ; (*flower*) se faner
▶ **fade away** *vi* (*sound*) s'affaiblir
▶ **fade in** *vt* (*picture*) ouvrir en fondu ; (*sound*) monter progressivement
▶ **fade out** *vt* (*picture*) fermer en fondu ; (*sound*) baisser progressivement
faded ['feɪdɪd] *adj* (*blue, green*) passé(e) ; (*fabric, object*) décoloré(e) ; (*jeans*) délavé(e) ; (*photograph*) jauni(e)
faeces, (US) **feces** ['fiːsiːz] *npl* fèces *fpl*
fag [fæg] *n* (BRIT *inf: cigarette*) clope *f* ; (: *chore*): **what a** ~! quelle corvée ! ; (US !: *homosexual*) pédé *m*

fag end n (BRIT inf) mégot m
fagged out [fægd-] adj (BRIT inf) crevé(e)
Fahrenheit ['fɑ:rənhaɪt] n Fahrenheit m inv
fail [feɪl] vt (exam) échouer à ; (candidate) recaler ; (subj: courage, memory) faire défaut à ; **to ~ to do sth** (neglect) négliger de or ne pas faire qch ; (be unable) ne pas arriver or parvenir à faire qch ▶ vi échouer ; (supplies) manquer ; (eyesight, health, light: also: **be failing**) baisser, s'affaiblir ; (brakes) lâcher ▶ n: **without ~** à coup sûr ; sans faute
failed ['feɪld] adj (attempt, marriage) raté(e)
failing ['feɪlɪŋ] n défaut m ▶ prep faute de ; **~ that** à défaut, sinon
failsafe ['feɪlseɪf] adj (device etc) à sûreté intégrée
failure ['feɪljə'] n échec m ; (person) raté(e) ; (mechanical etc) défaillance f ; **his ~ to turn up** le fait de n'être pas venu or qu'il ne soit pas venu
faint [feɪnt] adj faible ; (recollection) vague ; (mark) à peine visible ; (smell, breeze, trace) léger(-ère) ; **to feel ~** défaillir ▶ n évanouissement m ▶ vi s'évanouir
faintest ['feɪntɪst] adj: **I haven't the ~ idea** je n'en ai pas la moindre idée
faint-hearted [feɪnt'hɑ:tɪd] adj pusillanime
faintly ['feɪntlɪ] adv (vaguely) vaguement
faintness ['feɪntnɪs] n faiblesse f
fair [fɛə'] adj équitable, juste ; (reasonable) correct(e), honnête ; (hair) blond(e) ; (skin, complexion) pâle, blanc (blanche) ; (weather) beau (belle) ; (good enough) assez bon(ne) ; (sizeable) considérable ; **it's not ~!** ce n'est pas juste ! ; **a ~ amount of** une quantité considérable de ▶ adv: **to play ~** jouer franc jeu ▶ n foire f ; (BRIT: funfair) fête (foraine) ; (also: **trade fair**) foire(-exposition) commerciale
fair copy n copie f au propre, corrigé m
fair game n: **to be ~ (for)** être une cible légitime (pour)
fairground ['fɛəgraʊnd] n champ m de foire
fair-haired [fɛə'hɛəd] adj (person) aux cheveux clairs, blond(e)
fairly ['fɛəlɪ] adv (justly) équitablement ; (quite) assez ; **I'm ~ sure** j'en suis quasiment or presque sûr
fairness ['fɛənɪs] n (of trial etc) justice f, équité f ; (of person) sens m de la justice ; **in all ~** en toute justice
fair play n fair play m
fair trade n commerce m équitable
fairway ['fɛəweɪ] n (Golf) fairway m
fairy ['fɛərɪ] n fée f
fairy godmother n bonne fée
fairy lights npl (BRIT) guirlande f électrique
fairy tale n conte m de fées
faith [feɪθ] n foi f ; (trust) confiance f ; (sect) culte m, religion f ; **to have ~ in sb/sth** avoir confiance en qn/qch
faithful ['feɪθful] adj fidèle
faithfully ['feɪθfəlɪ] adv fidèlement ; **yours ~** (BRIT: in letters) veuillez agréer l'expression de mes salutations les plus distinguées
faith healer n guérisseur(-euse)
fake [feɪk] n (painting etc) faux m ; (photo) trucage m ; (person) imposteur m ; **his illness is a ~** sa

maladie est une comédie or de la simulation ▶ adj faux (fausse) ▶ vt (emotions) simuler ; (painting) faire un faux de ; (photo) truquer ; (story) fabriquer
falcon ['fɔ:lkən] n faucon m
Falkland Islands ['fɔ:lklənd-] npl: **the ~** les Malouines fpl, les îles fpl Falkland
fall [fɔ:l] (pt **fell** [fɛl], pp **fallen** ['fɔ:lən]) n chute f ; (decrease) baisse f ; (US: autumn) automne m ; **a ~ of snow** (BRIT) une chute de neige ▶ vi tomber ; (price, temperature, dollar) baisser ; **to ~ flat** (on one's face) tomber de tout son long, s'étaler ; (joke) tomber à plat ; (plan) échouer ; **to ~ short of** (sb's expectations) ne pas répondre à ; **falls** npl (waterfall) chute f d'eau, cascade f
▶ **fall apart** vi (object) tomber en morceaux ; (inf: emotionally) craquer
▶ **fall back** vi reculer, se retirer
▶ **fall back on** vt fus se rabattre sur ; **to have something to ~ back on** (money etc) avoir quelque chose en réserve ; (job etc) avoir une solution de rechange
▶ **fall behind** vi prendre du retard
▶ **fall down** vi (person) tomber ; (building) s'effondrer, s'écrouler
▶ **fall for** vt fus (trick) se laisser prendre à ; (person) tomber amoureux(-euse) de
▶ **fall in** vi s'effondrer ; (Mil) se mettre en rangs
▶ **fall in with** vt fus (sb's plans etc) accepter
▶ **fall off** vi tomber ; (diminish) baisser, diminuer
▶ **fall out** vi (friends etc) se brouiller ; (hair, teeth) tomber
▶ **fall over** vi tomber (par terre)
▶ **fall through** vi (plan, project) tomber à l'eau
fallacious [fə'leɪʃəs] adj (formal) fallacieux(-euse)
fallacy ['fæləsɪ] n erreur f, illusion f
fallback ['fɔ:lbæk] adj: **~ position** position f de repli
fallen ['fɔ:lən] pp of **fall**
fallible ['fæləbl] adj faillible
fallopian tube [fə'ləʊpɪən-] n (Anat) trompe f de Fallope
fallout ['fɔ:laʊt] n retombées (radioactives)
fallout shelter n abri m anti-atomique
fallow ['fæləʊ] adj en jachère ; en friche
false [fɔ:ls] adj faux (fausse) ; **under ~ pretences** sous un faux prétexte
false alarm n fausse alerte
falsehood ['fɔ:lshʊd] n mensonge m
falsely ['fɔ:lslɪ] adv (accuse) à tort
false teeth npl (BRIT) fausses dents, dentier m
falsify ['fɔ:lsɪfaɪ] vt falsifier ; (accounts) maquiller
falter ['fɔ:ltə'] vi (when speaking) hésiter ; (when walking) chanceler, vaciller
faltering ['fɔ:ltərɪŋ] adj (voice, speech, steps) hésitant(e) ; (economy, process) chancelant(e)
fame [feɪm] n renommée f, renom m
famed [feɪmd] adj célèbre ; **to be ~ for sth** être célèbre pour qch
familial [fə'mɪlɪəl] adj familial(e)
familiar [fə'mɪlɪə'] adj familier(-ière) ; **to be ~ with sth** connaître qch ; **to make o.s. ~ with sth** se familiariser avec qch ; **to be on ~ terms with sb** bien connaître qn

familiarity [fəmɪlɪˈærɪtɪ] n familiarité f
familiarize [fəˈmɪlɪəraɪz] vt familiariser ; **to ~ o.s. with** se familiariser avec
family [ˈfæmɪlɪ] n famille f
family allowance n (BRIT) allocations familiales
family business n entreprise familiale
family credit n (BRIT) complément familial
family doctor n médecin m de famille
family life n vie f de famille
family man n (irreg) père m de famille
family planning n planning familial
family planning clinic n centre m de planning familial
family tree n arbre m généalogique
famine [ˈfæmɪn] n famine f
famished [ˈfæmɪʃt] adj affamé(e) ; **I'm ~!** (inf) je meurs de faim !
famous [ˈfeɪməs] adj célèbre
famously [ˈfeɪməslɪ] adv (get on) fameusement, à merveille
fan [fæn] n (folding) éventail m ; (Elec) ventilateur m ; (person) fan m, admirateur(-trice) ; (Sport) supporter mf ▶ vt éventer ; (fire, quarrel) attiser ▶ **fan out** vi se déployer (en éventail)
fanatic [fəˈnætɪk] n fanatique mf
fanatical [fəˈnætɪkl] adj fanatique
fanaticism [fəˈnætɪsɪzəm] n fanatisme m ; **religious ~** le fanatisme religieux
fan belt n courroie f de ventilateur
fancied [ˈfænsɪd] adj imaginaire
fanciful [ˈfænsɪful] adj fantaisiste
fan club n fan-club m
fancy [ˈfænsɪ] n (whim) fantaisie f, envie f ; (imagination) imagination f ; **to take a ~ to** se prendre d'affection pour ; s'enticher de ; **it took** or **caught my ~** ça m'a plu ; **when the ~ takes him** quand ça lui prend ▶ adj (luxury) de luxe ; (elaborate: jewellery, packaging) fantaisie inv ; (showy) tape-à-l'œil inv ; (pretentious: words) recherché(e) ▶ vt (feel like, want) avoir envie de ; (imagine) imaginer ; **to ~ that ...** se figurer or s'imaginer que ... ; **he fancies her** elle lui plaît
fancy dress n déguisement m, travesti m
fancy-dress ball [fænsɪˈdrɛs-] n bal masqué or costumé
fancy goods npl articles mpl (de) fantaisie
fanfare [ˈfænfeəʳ] n fanfare f (musique)
fanfold paper [ˈfænfəuld-] n papier m à pliage accordéon
fang [fæŋ] n croc m ; (of snake) crochet m
fan heater n (BRIT) radiateur soufflant
fanlight [ˈfænlaɪt] n imposte f
fanny [ˈfænɪ] n (BRIT inf!) chatte f (!) ; (US inf) cul m (!)
fantasize [ˈfæntəsaɪz] vi fantasmer
fantastic [fænˈtæstɪk] adj fantastique
fantasy [ˈfæntəsɪ] n imagination f, fantaisie f ; (unreality) fantasme m
fanzine [ˈfænziːn] n fanzine m
FAO n abbr (= Food and Agriculture Organization) FAO f
FAQ n abbr (= frequently asked question) FAQ f inv, faq f inv ▶ abbr (= free alongside quay) FLQ
far [fɑːʳ] adj (distant) lointain(e), éloigné(e) ; **the ~ side/end** l'autre côté/bout ; **the ~ left/right** (Pol) l'extrême gauche f/droite f ▶ adv loin ; **is it ~ to London?** est-ce qu'on est loin de Londres ? ; **it's not ~ (from here)** ce n'est pas loin (d'ici) ; **~ away, ~ off** au loin, dans le lointain ; **~ better** beaucoup mieux ; **~ from** loin de ; **by ~** de loin, de beaucoup ; **as ~ back as the 13th century** dès le 13e siècle ; **go as ~ as the bridge** allez jusqu'au pont ; **as ~ as I know** pour autant que je sache ; **how ~ is it to ...?** combien y a-t-il jusqu'à ... ? ; **as ~ as possible** dans la mesure du possible ; **how ~ have you got with your work?** où en êtes-vous dans votre travail ?
faraway [ˈfɑːrəweɪ] adj lointain(e) ; (look) absent(e)
farce [fɑːs] n farce f
farcical [ˈfɑːsɪkl] adj grotesque
fare [fɛəʳ] n (on trains, buses) prix m du billet ; (in taxi) prix la course ; (passenger in taxi) client m ; (food) table f, chère f ; **half ~** demi-tarif ; **full ~** plein tarif ▶ vi se débrouiller
Far East n: **the ~** l'Extrême-Orient m
farewell [fɛəˈwɛl] excl, n adieu m ▶ cpd (party etc) d'adieux
far-fetched [ˈfɑːˈfɛtʃt] adj exagéré(e), poussé(e)
farm [fɑːm] n ferme f ▶ vt cultiver ▶ **farm out** vt (work etc) distribuer
farmer [ˈfɑːməʳ] n fermier(-ière), cultivateur(-trice)
farmers' market n marché m fermier
farmhand [ˈfɑːmhænd] n ouvrier(-ière) agricole
farmhouse [ˈfɑːmhaus] n (maison f de) ferme f
farming [ˈfɑːmɪŋ] n agriculture f ; (of animals) élevage m ; **intensive ~** culture intensive ; **sheep ~** élevage du mouton
farm labourer n = **farmhand**
farmland [ˈfɑːmlænd] n terres cultivées or arables
farm produce n produits mpl agricoles
farm worker n = **farmhand**
farmyard [ˈfɑːmjɑːd] n cour f de ferme
Faroe Islands [ˈfɛərəu-], **Faroes** [ˈfɛərəuz] npl: **the ~** les îles fpl Féroé or Faeroe
far-reaching [ˈfɑːˈriːtʃɪŋ] adj d'une grande portée
farrier [ˈfærɪəʳ] n maréchal-ferrant m
far-sighted [ˈfɑːˈsaɪtɪd] adj presbyte ; (fig) prévoyant(e), qui voit loin
fart [fɑːt] (inf!) n pet m ▶ vi péter
farther [ˈfɑːðəʳ] adv plus loin ▶ adj plus éloigné(e), plus lointain(e)
farthest [ˈfɑːðɪst] superlative of **far**
FAS abbr (BRIT: = free alongside ship) FLB
fascia [ˈfeɪʃə] n (Aut) (garniture f du) tableau m de bord
fascinate [ˈfæsɪneɪt] vt fasciner, captiver
fascinated [ˈfæsɪneɪtəd] adj fasciné(e)
fascinating [ˈfæsɪneɪtɪŋ] adj fascinant(e)
fascination [fæsɪˈneɪʃən] n fascination f
fascism [ˈfæʃɪzəm] n fascisme m
fascist [ˈfæʃɪst] adj, n fasciste mf
fashion [ˈfæʃən] n mode f ; (manner) façon f, manière f ; **in ~** à la mode ; **out of ~** démodé(e) ; **in the Greek ~** à la grecque ; **after a ~** (finish, manage etc) tant bien que mal ▶ vt façonner
fashionable [ˈfæʃnəbl] adj à la mode

fashion designer n (grand(e)) couturier(-ière)
fashionista [fæʃəˈnɪstə] n fashionista mf
fashion show n défilé m de mannequins or de mode
fast [fɑːst] adj rapide ; (clock): **to be ~** avancer ; (dye, colour) grand or bon teint inv ; **my watch is 5 minutes ~** ma montre avance de 5 minutes ; **to make a boat ~** (BRIT) amarrer un bateau ▶ adv vite, rapidement ; (stuck, held) solidement ; **~ asleep** profondément endormi ; **as ~ as I can** aussi vite que je peux ▶ n jeûne m ▶ vi jeûner
fasten [ˈfɑːsn] vt attacher, fixer ; (coat) attacher, fermer ▶ vi se fermer, s'attacher
▶ **fasten on, fasten upon** vt fus (idea) se cramponner à
fastener [ˈfɑːsnəʳ], **fastening** [ˈfɑːsnɪŋ] n fermeture f, attache f ; (BRIT: zip fastener) fermeture éclair® inv or à glissière
fast food n fast food m, restauration f rapide
fastidious [fæsˈtɪdɪəs] adj exigeant(e), difficile
fast lane n (Aut: in Britain) voie f de droite
fast-track [ˈfɑːstræk] vt (student, employee) faire suivre un programme accéléré à ; (bring forward: event) avancer ▶ cpd (promotion, scheme) accéléré(e)
fat [fæt] adj gros(se) ▶ n graisse f ; (on meat) gras m ; (for cooking) matière grasse ; **to live off the ~ of the land** vivre grassement
fatal [ˈfeɪtl] adj (mistake) fatal(e) ; (injury) mortel(le)
fatalism [ˈfeɪtlɪzəm] n fatalisme m
fatalistic [feɪtəˈlɪstɪk] adj fataliste ; **to be ~ about sth** être fataliste quant à qch
fatality [fəˈtælɪtɪ] n (road death etc) victime f, décès m
fatally [ˈfeɪtəlɪ] adv fatalement ; (injured) mortellement
fate [feɪt] n destin m ; (of person) sort m ; **to meet one's ~** trouver la mort
fated [ˈfeɪtɪd] adj (person) condamné(e) ; (project) voué(e) à l'échec
fateful [ˈfeɪtful] adj fatidique
fat-free [ˈfætˈfriː] adj sans matières grasses
father [ˈfɑːðəʳ] n père m
Father Christmas n le Père Noël
fatherhood [ˈfɑːðəhud] n paternité f
father-in-law [ˈfɑːðərənlɔː] n beau-père m
fatherland [ˈfɑːðəlænd] n (mère f) patrie f
fatherly [ˈfɑːðəlɪ] adj paternel(le)
fathom [ˈfæðəm] n brasse f (= 1828 mm) ▶ vt (mystery) sonder, pénétrer
fatigue [fəˈtiːg] n fatigue f ; (Mil) corvée f ; **metal ~** fatigue du métal
fatness [ˈfætnɪs] n corpulence f, grosseur f
fatten [ˈfætn] vt, vi engraisser
fattening [ˈfætnɪŋ] adj (food) qui fait grossir ; **chocolate is ~** le chocolat fait grossir
fatty [ˈfætɪ] adj (food) gras(se) ▶ n (inf) gros (grosse)
fatuous [ˈfætjuəs] adj stupide
fatwa, fatwah [ˈfætwɑː] n fatwa f
faucet [ˈfɔːsɪt] n (US) robinet m
fault [fɔːlt] n faute f ; (defect) défaut m ; (Geo) faille f ; **it's my ~** c'est de ma faute ; **to find ~ with** trouver à redire or à critiquer à ; **at ~** fautif(-ive), coupable ; **to a ~** à l'excès ▶ vt trouver des défauts à, prendre en défaut

faultless [ˈfɔːltlɪs] adj impeccable ; irréprochable
faulty [ˈfɔːltɪ] adj défectueux(-euse)
fauna [ˈfɔːnə] n faune f
faux pas [ˈfəuˈpɑː] n impair m, bévue f, gaffe f
favour, (US) **favor** [ˈfeɪvəʳ] n faveur f ; (help) service m ; **to do sb a ~** rendre un service à qn ; **in ~ of** en faveur de ; **to be in ~ of sth/of doing sth** être partisan de qch/de faire qch ; **to find ~ with sb** trouver grâce aux yeux de qn ▶ vt (proposition) être en faveur de ; (pupil etc) favoriser ; (team, horse) donner gagnant
favourable, (US) **favorable** [ˈfeɪvrəbl] adj favorable ; (price) avantageux(-euse)
favourably, (US) **favorably** [ˈfeɪvrəblɪ] adv favorablement
favourite, (US) **favorite** [ˈfeɪvrɪt] adj, n favori(te)
favouritism, (US) **favoritism** [ˈfeɪvrɪtɪzəm] n favoritisme m
fawn [fɔːn] n (deer) faon m ▶ adj (also: **fawn-coloured**) fauve ▶ vi: **to ~ (up)on** flatter servilement
fax [fæks] n (document) télécopie f ; (machine) télécopieur m ▶ vt envoyer par télécopie
FBI n abbr (US: = Federal Bureau of Investigation) FBI m
FCC n abbr (US) = **Federal Communications Commission**
FCO n abbr (BRIT: = Foreign and Commonwealth Office) ministère des Affaires étrangères et du Commonwealth
FD n abbr (US) = **fire department**
FDA n abbr (US: = Food and Drug Administration) office de contrôle des produits pharmaceutiques et alimentaires
FE n abbr = **further education**
fear [fɪəʳ] n crainte f, peur f ; **~ of heights** vertige m ; **for ~ of** de peur que + sub or de + infinitive ▶ vt craindre ; **to ~ that** craindre que ▶ vi: **to ~ for** craindre pour
fearful [ˈfɪəful] adj craintif(-ive) ; (sight, noise) affreux(-euse), épouvantable ; **to be ~ of** avoir peur de, craindre
fearfully [ˈfɪəfəlɪ] adv (timidly) craintivement ; (inf: very) affreusement
fearless [ˈfɪəlɪs] adj intrépide, sans peur
fearsome [ˈfɪəsəm] adj (opponent) redoutable ; (sight) épouvantable
feasibility [fiːzəˈbɪlɪtɪ] n (of plan) possibilité f de réalisation, faisabilité f
feasibility study n étude f de faisabilité
feasible [ˈfiːzəbl] adj faisable, réalisable
feast [fiːst] n festin m, banquet m ; (Rel: also: **feast day**) fête f ▶ vi festoyer ; **to ~ on** se régaler de
feat [fiːt] n exploit m, prouesse f
feather [ˈfɛðəʳ] n plume f ▶ vt: **to ~ one's nest** (fig) faire sa pelote ▶ cpd (bed etc) de plumes
feather-weight [ˈfɛðəweɪt] n poids m plume inv
feature [ˈfiːtʃəʳ] n caractéristique f ; (article) chronique f, rubrique f ; **a (special) ~ on sth/sb** un reportage sur qch/qn ▶ vt (film) avoir pour vedette(s) ▶ vi figurer (en bonne place) ; **it featured prominently in ...** cela a figuré en bonne place sur or dans ... ; **features** npl (of face) traits mpl

feature film n long métrage
featureless ['fi:tʃəlɪs] adj anonyme, sans traits distinctifs
Feb. abbr (= February) fév
February ['fɛbruərɪ] n février m ; see also **July**
feces ['fi:si:z] npl (US) = **faeces**
feckless ['fɛklɪs] adj inepte
Fed abbr (US) = **federal; federation**
fed [fɛd] pt, pp of **feed**
Fed. [fɛd] n abbr (US) = **Federal Reserve Board**
federal ['fɛdərəl] adj fédéral(e)
federalism ['fɛdərəlɪzəm] n fédéralisme m
federalist ['fɛdərəlɪst] adj, n fédéraliste mf
Federal Reserve Board n (US) organe de contrôle de la banque centrale américaine
Federal Trade Commission n (US) organisme de protection contre les pratiques commerciales abusives
federation [fɛdə'reɪʃən] n fédération f
fed up adj: **to be ~ (with)** en avoir marre or plein le dos (de)
fee [fi:] n rémunération f ; (of doctor, lawyer) honoraires mpl ; (of school, college etc) frais mpl de scolarité ; (for examination) droits mpl ; **entrance/ membership ~** droit d'entrée/d'inscription ; **for a small ~** pour une somme modique
feeble ['fi:bl] adj faible ; (attempt, excuse) pauvre ; (joke) piteux(-euse)
feeble-minded ['fi:bl'maɪndɪd] adj faible d'esprit
feed [fi:d] (pt, pp **fed** [fɛd]) n (of baby) tétée f ; (of animal) nourriture f, pâture f ; (on printer) mécanisme m d'alimentation ▶ vt (person) nourrir ; (BRIT: baby: breastfeed) allaiter ; (: with bottle) donner le biberon à ; (horse etc) donner à manger à ; (machine) alimenter ; (data etc): **to ~ sth into** enregistrer qch dans
▶ **feed back** vt (results) donner en retour
▶ **feed on** vt fus se nourrir de
▶ **feed through** vi (be felt) se faire ressentir ; **to ~ through to sb/sth** (impact on) se répercuter sur qn/qch
feedback ['fi:dbæk] n (Elec) effet m Larsen ; (from person) réactions fpl
feeder ['fi:dəʳ] n (bib) bavette f
feeding bottle ['fi:dɪŋ-] n (BRIT) biberon m
feel [fi:l] (pt, pp **felt** [fɛlt]) n (sensation) sensation f ; (impression) impression f ; **to get the ~ of sth** (fig) s'habituer à qch ▶ vt (touch) toucher ; (explore) tâter, palper ; (cold, pain) sentir ; (grief, anger) ressentir, éprouver ; (think, believe): **to ~ (that)** trouver que ; **I ~ that you ought to do it** il me semble que vous devriez le faire ▶ vi: **to ~ hungry/cold** avoir faim/froid ; **to ~ lonely/ better** se sentir seul/mieux ; **I don't ~ well** je ne me sens pas bien ; **to ~ sorry for** avoir pitié de ; **it feels soft** c'est doux au toucher ; **it feels colder here** je trouve qu'il fait plus froid ici ; **it feels like velvet** on dirait du velours, ça ressemble au velours ; **to ~ like** (want) avoir envie de ; **to ~ about** or **around** fouiller, tâtonner
▶ **feel for** vt fus (feel sorry for) plaindre ; (grope for) chercher à tâtons
feeler ['fi:ləʳ] n (of insect) antenne f ; (fig): **to put out a ~** or **feelers** tâter le terrain

feel-good ['fi:lgud] adj (film) qui réchauffe le cœur
feeling ['fi:lɪŋ] n (physical) sensation f ; (emotion, impression) sentiment m ; **to hurt sb's feelings** froisser qn ; **feelings ran high about it** cela a déchaîné les passions ; **what are your feelings about the matter?** quel est votre sentiment sur cette question ? ; **my ~ is that ...** j'estime que ... ; **I have a ~ that ...** j'ai l'impression que ...
fee-paying school ['fi:peɪɪŋ-] n établissement (d'enseignement) privé
feet [fi:t] npl of **foot**
feign [feɪn] vt feindre, simuler
feisty ['faɪstɪ] adj fougueux(-euse)
felicitous [fɪ'lɪsɪtəs] adj heureux(-euse)
fell [fɛl] pt of **fall** ▶ vt (tree) abattre ▶ n (BRIT: mountain) montagne f ; (: moorland): **the fells** la lande ▶ adj: **with one ~ blow** d'un seul coup
fellow ['fɛləu] n type m ; (comrade) compagnon m ; (of learned society) membre m ; (of university) universitaire mf (membre du conseil) ▶ cpd: **their ~ prisoners/students** leurs camarades prisonniers/étudiants ; **his ~ workers** ses collègues mpl (de travail)
fellow citizen n concitoyen(ne)
fellow countryman n (irreg) compatriote m
fellow feeling n sympathie f
fellow men npl semblables mpl
fellowship ['fɛləuʃɪp] n (society) association f ; (comradeship) amitié f, camaraderie f ; (Scol) sorte de bourse universitaire
fellow traveller n compagnon (compagne) de route ; (Pol) communisant(e)
fell-walking ['fɛlwɔ:kɪŋ] n (BRIT) randonnée f en montagne
felon ['fɛlən] n (Law) criminel(le)
felony ['fɛlənɪ] n crime m, forfait m
felt [fɛlt] pt, pp of **feel** ▶ n feutre m
felt-tip ['fɛlttɪp] n (also: **felt-tip pen**) stylo-feutre m
female ['fi:meɪl] n (Zool) femelle f ; (pej: woman) bonne femme ▶ adj (Biol, Elec) femelle ; (sex, character) féminin(e) ; (vote etc) des femmes ; (child etc) du sexe féminin ; **male and ~ students** étudiants et étudiantes
female impersonator n (Theat) travesti m
feminine ['fɛmɪnɪn] adj féminin(e) ▶ n féminin m
femininity [fɛmɪ'nɪnɪtɪ] n féminité f
feminism ['fɛmɪnɪzəm] n féminisme m
feminist ['fɛmɪnɪst] n féministe mf
fen [fɛn] n (BRIT): **the Fens** les plaines fpl du Norfolk (anciennement marécageuses)
fence [fɛns] n barrière f ; (Sport) obstacle m ; (inf: person) receleur(-euse) ; **to sit on the ~** (fig) ne pas se mouiller ▶ vt (also: **fence in**) clôturer ▶ vi faire de l'escrime
fencing ['fɛnsɪŋ] n (sport) escrime m
fend [fɛnd] vi: **to ~ for o.s.** se débrouiller (tout seul)
▶ **fend off** vt (attack etc) parer ; (questions) éluder
fender ['fɛndəʳ] n garde-feu m inv ; (on boat) défense f ; (US: of car) aile f
feng shui [fʌŋ'ʃweɪ] n feng shui m inv

fennel ['fɛnl] n fenouil m
feral ['fɛrəl] adj sauvage
ferment vi [fə'mɛnt] fermenter ▸ n ['fə:mɛnt]
  (fig) agitation f, effervescence f
fermentation [fə:mɛn'teɪʃən] n fermentation f
fern [fə:n] n fougère f
ferocious [fə'rəuʃəs] adj féroce
ferociously [fə'rəuʃəslɪ] adv violemment
ferocity [fə'rɔsɪtɪ] n férocité f
ferret ['fɛrɪt] n furet m
  ▸ **ferret about, ferret around** vi fureter
  ▸ **ferret out** vt dénicher
Ferris wheel ['fɛrɪs-] n (US) grande roue f
ferry ['fɛrɪ] n (small) bac m ; (large: also: **ferryboat**)
  ferry(-boat m) m ▸ vt transporter ; **to ~ sth/sb**
  across or **over** faire traverser qch/qn
ferryman ['fɛrɪmən] n (irreg) passeur m
fertile ['fə:taɪl] adj fertile ; (Biol) fécond(e) ;
  ~ period période f de fécondité
fertility [fə'tɪlɪtɪ] n fertilité f ; fécondité f
fertility drug n médicament m contre la
  stérilité
fertilize ['fə:tɪlaɪz] vt fertiliser ; (Biol) féconder
fertilizer ['fə:tɪlaɪzər] n engrais m
fervent ['fə:vənt] adj fervent(e), ardent(e)
fervently ['fə:vəntlɪ] adv ardemment
fervour, (US) **fervor** ['fə:vər] n ferveur f
fester ['fɛstər] vi suppurer
festival ['fɛstɪvəl] n (Rel) fête f ; (Art, Mus)
  festival m
festive ['fɛstɪv] adj de fête ; **the ~ season** (BRIT:
  Christmas) la période des fêtes
festivities [fɛs'tɪvɪtɪz] npl réjouissances fpl
festoon [fɛs'tu:n] vt: **to ~ with** orner de
fetal ['fi:təl] adj (US) = **foetal**
fetch [fɛtʃ] vt aller chercher ; (BRIT: sell for)
  rapporter ; **how much did it ~?** ça a atteint
  quel prix ?
  ▸ **fetch up** vi (BRIT) se retrouver
fetching ['fɛtʃɪŋ] adj charmant(e)
fête [feɪt] n fête f, kermesse f
fetid ['fɛtɪd] adj fétide
fetish ['fɛtɪʃ] n fétiche m
fetter ['fɛtər] vt entraver
fetters ['fɛtəz] npl chaînes fpl
fettle ['fɛtl] n (BRIT): **in fine ~** en bonne forme
fetus ['fi:təs] n (US) = **foetus**
feud [fju:d] n querelle f, dispute f ; **a family ~**
  une querelle de famille ▸ vi se quereller, se
  disputer
feudal ['fju:dl] adj féodal(e)
feudalism ['fju:dlɪzəm] n féodalité f
fever ['fi:vər] n fièvre f ; **he has a ~** il a de la
  fièvre
fevered ['fi:vəd] adj (activity, anticipation) fébrile ;
  (excitement) frénétique ; (brow) brûlant(e) de
  fièvre
feverish ['fi:vərɪʃ] adj (Med) fiévreux(-euse),
  fébrile ; (frantic: activity) fébrile ; (: excitement)
  frénétique
few [fju:] adj (not many) peu de ; **a ~** (+ noun)
  quelques ; **quite a ~ ...** (+ noun) un certain
  nombre de ..., pas mal de ... ; **in the next ~ days**
  dans les jours qui viennent ; **in the past ~ days**
  ces derniers jours ; **every ~ days/months** tous

les deux ou trois jours/mois ; **a ~ more ...**
  encore quelques ..., quelques ... de plus ▸ pron
  peu ; **a ~** quelques-uns(-unes) ; **~ succeed** il y
  en a peu qui réussissent, (bien) peu
  réussissent ; **they were ~** ils étaient peu
  (nombreux), il y en avait peu ; **I know a ~** j'en
  connais quelques-uns ; **a ~ of the teachers**
  quelques-uns des professeurs ; **a ~ of us**
  quelques-uns d'entre nous
fewer ['fju:ər] adj moins de ; **there are ~ buses**
  on Sundays il y a moins de bus le dimanche ;
  they are ~ now il y en a moins maintenant, ils
  sont moins (nombreux) maintenant ▸ pron
  moins ; **no ~ than** pas moins de
fewest ['fju:ɪst] adj le moins nombreux
FFA n abbr = **Future Farmers of America**
FH abbr (BRIT) = **fire hydrant**
FHA n abbr (US: = Federal Housing Administration)
  office fédéral du logement
fiancé [fɪ'ɔnseɪ] n fiancé m
fiancée [fɪ'ɔnseɪ] n fiancée f
fiasco [fɪ'æskəu] n fiasco m
fib [fɪb] n bobard m
fibre, (US) **fiber** ['faɪbər] n fibre f
fibreboard, (US) **fiberboard** ['faɪbəbɔ:d] n
  panneau m de fibres
fibreglass, (US) **Fiberglass**® ['faɪbəglɑ:s] n fibre
  f de verre
fibre optic, (US) **fiber optic** cpd (cable) en fibre f
  optique
fibrositis [faɪbrə'saɪtɪs] n aponévrosite f
FICA n abbr (US) = **Federal Insurance**
  Contributions Act
fickle ['fɪkl] adj inconstant(e), volage,
  capricieux(-euse)
fiction ['fɪkʃən] n romans mpl, littérature f
  romanesque ; (invention) fiction f
fictional ['fɪkʃənl] adj fictif(-ive)
fictionalize ['fɪkʃnəlaɪz] vt romancer
fictitious [fɪk'tɪʃəs] adj fictif(-ive), imaginaire
fiddle ['fɪdl] n (Mus) violon m ; (cheating) combine
  f ; escroquerie f ; **tax ~** fraude fiscale, combine f
  pour échapper au fisc ; **to work a ~** traficoter
  ▸ vt (BRIT: accounts) falsifier, maquiller
  ▸ **fiddle with** vt fus tripoter
fiddler ['fɪdlər] n violoniste mf
fiddly ['fɪdlɪ] adj (task) minutieux(-euse)
fidelity [fɪ'dɛlɪtɪ] n fidélité f
fidget ['fɪdʒɪt] vi se trémousser, remuer
fidgety ['fɪdʒɪtɪ] adj agité(e), qui a la bougeotte
fiduciary [fɪ'dju:ʃɪərɪ] n agent m fiduciaire
field [fi:ld] n champ m ; (fig) domaine m, champ ;
  (Sport: ground) terrain m ; (Comput) champ, zone f ;
  to lead the ~ (Sport, Comm) dominer ; **the**
  children had a ~ day (fig) c'était un grand jour
  pour les enfants
fielder ['fi:ldər] n joueur(-euse) de champ
field glasses npl jumelles fpl
field hospital n antenne chirurgicale
field marshal n maréchal m
fieldwork ['fi:ldwə:k] n travaux mpl pratiques (or
  recherches fpl) sur le terrain
fiend [fi:nd] n démon m
fiendish ['fi:ndɪʃ] adj diabolique ; (problem, task)
  infernal(e)

fiendishly ['fi:ndɪʃlɪ] adv (clever) extrêmement ; (difficult, complicated) abominablement

fierce [fɪəs] adj (look, animal) féroce, sauvage ; (wind, attack, person) (très) violent(e) ; (fighting, enemy) acharné(e)

fiercely ['fɪəslɪ] adv (say) d'un ton féroce ; (fight, compete) avec acharnement ; (loyal, proud) profondément ; (ambitious) redoutablement

fiery ['faɪərɪ] adj ardent(e), brûlant(e), fougueux(-euse)

FIFA ['fi:fə] n abbr (= Fédération Internationale de Football Association) FIFA f

fifteen [fɪf'ti:n] num quinze

fifteenth [fɪf'ti:nθ] num quinzième

fifth [fɪfθ] num cinquième

fiftieth ['fɪftɪɪθ] num cinquantième

fifty ['fɪftɪ] num cinquante

fifty-fifty ['fɪftɪ'fɪftɪ] adv moitié-moitié ; **to share ~ with sb** partager moitié-moitié avec qn ▸ adj: **to have a ~ chance (of success)** avoir une chance sur deux (de réussir)

fig [fɪg] n figue f

fight [faɪt] (pt, pp **fought** [fɔːt]) n (between persons) bagarre f ; (argument) dispute f ; (Mil) combat m ; (against cancer etc) lutte f ▸ vt se battre contre ; (cancer, alcoholism, emotion) combattre, lutter contre ; (election) se présenter à ; (Law: case) défendre ▸ vi se battre ; (argue) se disputer ; (fig): **to ~ (for/against)** lutter (pour/contre)
▸ **fight back** vi rendre les coups ; (after illness) reprendre le dessus ▸ vt (tears) réprimer
▸ **fight off** vt repousser ; (disease, sleep, urge) lutter contre

fighter ['faɪtər] n lutteur m ; (fig: plane) chasseur m

fighter pilot n pilote m de chasse

fighting ['faɪtɪŋ] n combats mpl ; (brawls) bagarres fpl

figment ['fɪgmənt] n: **a ~ of the imagination** une invention

figurative ['fɪgjurətɪv] adj figuré(e)

figuratively ['fɪgərətɪvlɪ] adv au sens figuré

figure ['fɪgər] n (Drawing, Geom) figure f ; (number) chiffre m ; (body, outline) silhouette f ; (person's shape) ligne f, formes fpl ; (person) personnage m ; **public ~** personnalité f ; **~ of speech** figure f de rhétorique ▸ vt (US: think) supposer ▸ vi (appear) figurer ; (US: make sense) s'expliquer
▸ **figure on** vt fus (US): **to ~ on doing** compter faire
▸ **figure out** vt (understand) arriver à comprendre ; (plan) calculer

figurehead ['fɪgəhɛd] n (Naut) figure f de proue ; (pej) prête-nom m

figure skating n figures imposées (en patinage), patinage m artistique

Fiji ['fi:dʒi:] n, **Fiji Islands** npl (îles fpl) Fi(d)ji fpl

filament ['fɪləmənt] n filament m

filch [fɪltʃ] vt (inf: steal) voler, chiper

file [faɪl] n (tool) lime f ; (dossier) dossier m ; (folder) dossier, chemise f ; (: binder) classeur m ; (Comput) fichier m ; (row) file f ▸ vt (nails, wood) limer ; (papers) classer ; (Law: claim) faire enregistrer ; déposer ; **to ~ a suit against sb** (Law) intenter un procès à qn ▸ vi: **to ~ in/out**

entrer/sortir l'un derrière l'autre ; **to ~ past** défiler devant

file name n (Comput) nom m de fichier

file sharing [-ʃɛərɪŋ] n (Comput) partage m de fichiers

filibuster ['fɪlɪbʌstər] (esp US Pol) n (also: **filibusterer**) obstructionniste mf ▸ vi faire de l'obstructionnisme

filing ['faɪlɪŋ] n (travaux mpl de) classement m ; **filings** npl limaille f

filing cabinet n classeur m (meuble)

filing clerk n documentaliste mf

Filipino [fɪlɪ'pi:nəu] adj philippin(e) ▸ n (person) Philippin(e) ; (Ling) tagalog m

fill [fɪl] vt remplir ; (vacancy) pourvoir à ; **to ~ with** remplir de ▸ n: **to eat one's ~** manger à sa faim
▸ **fill in** vt (hole) boucher ; (form) remplir ; (details, report) compléter
▸ **fill out** vt (form, receipt) remplir
▸ **fill up** vt remplir ; **~ it up, please** (Aut) le plein, s'il vous plaît ▸ vi (Aut) faire le plein

filled [fɪld] adj: **~ with** (full of) rempli(e) de

fillet [fɪlɪt] n filet m ▸ vt préparer en filets

fillet steak n filet m de bœuf, tournedos m

filling ['fɪlɪŋ] n (Culin) garniture f, farce f ; (for tooth) plombage m

filling station n station-service f, station f d'essence

fillip ['fɪlɪp] n coup m de fouet (fig)

filly ['fɪlɪ] n pouliche f

film [fɪlm] n film m ; (Phot) pellicule f, film ; (of powder, liquid) couche f, pellicule ; **I'd like a 36-exposure ~** je voudrais une pellicule de 36 poses ▸ vt (scene) filmer ▸ vi tourner

filming ['fɪlmɪŋ] n tournage m

film-maker ['fɪlmmeɪkər] n (esp BRIT) cinéaste mf

film star n vedette f de cinéma

filmstrip ['fɪlmstrɪp] n (film m pour) projection f fixe

film studio n studio m (de cinéma)

Filofax® ['faɪləufæks] n Filofax® m

filter ['fɪltər] n filtre m ▸ vt filtrer
▸ **filter through** vi filtrer ; **to ~ through to sb** filtrer jusqu'à qn

filter coffee n café m filtre

filter lane n (BRIT Aut: at traffic lights) voie f de dégagement ; (: on motorway) voie f de sortie

filter tip n bout m filtre

filth [fɪlθ] n saleté f

filthy ['fɪlθɪ] adj sale, dégoûtant(e) ; (language) ordurier(-ière), grossier(-ière)

fin [fɪn] n (of fish) nageoire f ; (of shark) aileron m ; (of diver) palme f

final ['faɪnl] adj final(e), dernier(-ière) ; (decision, answer) définitif(-ive) ; **~ demand** (on invoice etc) dernier rappel ▸ n (BRIT Sport) finale f ; **finals** npl (US Scol) examens mpl de dernière année ; (Sport) finale f

finale [fɪ'nɑːlɪ] n finale m

finalist ['faɪnəlɪst] n (Sport) finaliste mf

finalize ['faɪnəlaɪz] vt mettre au point

finally ['faɪnəlɪ] adv (eventually) enfin, finalement ; (lastly) en dernier lieu ; (irrevocably) définitivement

finance [faɪˈnæns] n finance f ▸ vt financer ;
finances npl finances fpl
financial [faɪˈnænʃəl] adj financier(-ière) ;
~ statement bilan m, exercice financier
financially [faɪˈnænʃəlɪ] adv financièrement
financial year n année f budgétaire
financier [faɪˈnænsɪəʳ] n financier m
find [faɪnd] (pt, pp **found** [faund]) vt trouver ; (lost
object) retrouver ; **to ~ sb guilty** (Law) déclarer
qn coupable ; **to ~ (some) difficulty in doing
sth** avoir du mal à faire qch ▸ n trouvaille f,
découverte f
  ▸ **find out** vt se renseigner sur ; (truth, secret)
découvrir ; (person) démasquer ▸ vi: **to ~ out
about** (make enquiries) se renseigner sur ; (by
chance) apprendre
findings [ˈfaɪndɪŋz] npl (Law) conclusions fpl,
verdict m ; (of report) constatations fpl
fine [faɪn] adj (weather) beau (belle) ; (excellent)
excellent(e) ; (thin, subtle, not coarse) fin(e) ;
(acceptable) bien inv ; **he's ~** il va bien ; **the
weather is ~** il fait beau ▸ adv (well) très bien ;
(small) fin, finement ; **you're doing ~** c'est bien,
vous vous débrouillez bien ; **to cut it ~** calculer
un peu juste ▸ n (Law) amende f ; contravention
f ▸ vt (Law) condamner à une amende ; donner
une contravention à
fine arts npl beaux-arts mpl
finely [ˈfaɪnlɪ] adv (slice, grate) finement ; (well:
observed, drawn) bien
fine print n: **the ~** ce qui est imprimé en tout petit
finery [ˈfaɪnərɪ] n parure f
finesse [fɪˈnɛs] n finesse f, élégance f
fine-tooth comb [ˈfaɪntuːθ-] n: **to go through
sth with a ~** (fig) passer qch au peigne fin or au
crible
finger [ˈfɪŋgəʳ] n doigt m ; **index ~** index m ▸ vt
palper, toucher
fingernail [ˈfɪŋgəneɪl] n ongle m (de la main)
fingerprint [ˈfɪŋgəprɪnt] n empreinte digitale
  ▸ vt (person) prendre les empreintes digitales de
fingerstall [ˈfɪŋgəstɔːl] n doigtier m
fingertip [ˈfɪŋgətɪp] n bout m du doigt ; (fig): **to
have sth at one's fingertips** avoir qch à sa
disposition ; (knowledge) savoir qch sur le bout
du doigt
finicky [ˈfɪnɪkɪ] adj tatillon(ne),
méticuleux(-euse), minutieux(-euse)
finish [ˈfɪnɪʃ] n fin f ; (Sport) arrivée f ; (polish etc)
finition f ▸ vt finir, terminer ; **to ~ doing sth**
finir de faire qch ▸ vi finir, se terminer ; (session)
s'achever ; **to ~ third** arriver or terminer
troisième ; **when does the show ~?** quand
est-ce que le spectacle se termine ?
  ▸ **finish off** vt finir, terminer ; (kill) achever
  ▸ **finish up** vi, vt finir
  ▸ **finish with** vt fus (girlfriend, boyfriend) quitter
finishing line [ˈfɪnɪʃɪŋ-] n ligne f d'arrivée
finishing school [ˈfɪnɪʃɪŋ-] n institution privée
(pour jeunes filles)
finite [ˈfaɪnaɪt] adj fini(e) ; (verb) conjugué(e)
Finland [ˈfɪnlənd] n Finlande f
Finn [fɪn] n Finnois(e), Finlandais(e)
Finnish [ˈfɪnɪʃ] adj finnois(e), finlandais(e) ▸ n
(Ling) finnois m

fiord [fjɔːd] n fjord m
fir [fəːʳ] n sapin m
fire [ˈfaɪəʳ] n feu m ; (accidental) incendie m ;
(heater) radiateur m ; **~!** au feu ! ; **on ~** en feu ;
to set ~ to sth, set sth on ~ mettre le feu à qch ;
insured against ~ assuré contre l'incendie ▸ vt
(discharge): **to ~ a gun** tirer un coup de feu ; (fig:
interest) enflammer, animer ; (inf: dismiss) mettre
à la porte, renvoyer ▸ vi (shoot) tirer, faire feu
  ▸ cpd: **~ hazard, ~ risk: that's a ~ risk** or **hazard**
cela présente un risque d'incendie
fire alarm n avertisseur m d'incendie
firearm [ˈfaɪərɑːm] n arme f à feu
fireball [ˈfaɪəbɔːl] n boule f de feu
fire brigade n (régiment m de
sapeurs-)pompiers mpl
fire chief n (US) = **fire master**
fire department n (US) = **fire brigade**
fire door n porte f coupe-feu
fire engine n (BRIT) pompe f à incendie
fire escape n escalier m de secours
fire exit n issue f or sortie f de secours
fire extinguisher n extincteur m
firefighting [ˈfaɪəfaɪtɪŋ] n (lit) lutte f contre les
incendies ; (fig) gestion f de crise
fireguard [ˈfaɪəgɑːd] n (BRIT) garde-feu m inv
fire insurance n assurance f incendie
fireman [ˈfaɪəmən] n (irreg) pompier m
fire master n (BRIT) capitaine m des pompiers
fireplace [ˈfaɪəpleɪs] n cheminée f
firepower [ˈfaɪəpauəʳ] n puissance f de feu
fireproof [ˈfaɪəpruːf] adj ignifuge
fire regulations npl consignes fpl en cas
d'incendie
fire screen n (decorative) écran m de cheminée ;
(for protection) garde-feu m inv
fireside [ˈfaɪəsaɪd] n foyer m, coin m du feu
fire station n caserne f de pompiers
fire truck n (US) = **fire engine**
firewall [ˈfaɪəwɔːl] n (Internet) pare-feu m
firewood [ˈfaɪəwud] n bois m de chauffage
fireworks [ˈfaɪəwəːks] npl (display) feu(x) m(pl)
d'artifice
firing [ˈfaɪərɪŋ] n (Mil) feu m, tir m
firing line n ligne f de tir ; **to be in the ~** (lit) être
dans la ligne de tir ; (fig) être sous le feu des
attaques
firing squad n peloton m d'exécution
firm [fəːm] adj ferme ; **it is my ~ belief that ...**
je crois fermement que ... ▸ n compagnie f,
firme f
firmly [ˈfəːmlɪ] adv fermement
firmness [ˈfəːmnɪs] n fermeté f
first [fəːst] adj premier(-ière) ; **in the ~ instance**
en premier lieu ; **I'll do it ~ thing tomorrow** je
le ferai tout de suite demain matin ▸ adv (before
other people) le premier, la première ; (before other
things) en premier, d'abord ; (when listing reasons
etc) en premier lieu, premièrement ; (in the
beginning) au début ; **~ of all** tout d'abord, pour
commencer ▸ n (person: in race) premier(-ière) ;
(BRIT Scol) mention f très bien ; (Aut) première f ;
the ~ of January le premier janvier ; **at ~** au
commencement, au début
first aid n premiers secours or soins

first-aid kit [fəːstˈeɪd-] *n* trousse *f* à pharmacie

first-class [ˈfəːstˈklɑːs] *adj (ticket etc)* de première classe ; *(excellent)* excellent(e), exceptionnel(le) ; *(post)* en tarif prioritaire

first-class mail *n* courrier *m* rapide

first-hand [ˈfəːstˈhænd] *adj* de première main

first lady *n (US)* femme *f* du président

firstly [ˈfəːstlɪ] *adv* premièrement, en premier lieu

first minister *n (in Scotland)* chef *du* parlement écossais

first name *n* prénom *m*

first night *n (Theat)* première *f*

first-rate [ˈfəːstˈreɪt] *adj* excellent(e)

first-time buyer [ˈfəːsttaɪm-] *n* personne achetant une maison ou un appartement pour la première fois

fir tree *n* sapin *m*

fiscal [ˈfɪskl] *adj* fiscal(e)

fiscal year *n* exercice financier

fish [fɪʃ] *n (pl inv)* poisson *m* ; poissons *mpl* ; **~ and chips** poisson frit et frites ▶ *vt, vi* pêcher ; **to ~ a river** pêcher dans une rivière
▶ **fish out** *vt (inf: take out)* sortir ; **to ~ sth out of sth** sortir qch de qch

fisherman [ˈfɪʃmən] *n (irreg)* pêcheur *m*

> The word for *fisherman* has a circumflex accent: *he's a fisherman* il est **pêcheur**. The word **pécheur** means *sinner*.

fishery [ˈfɪʃərɪ] *n* pêcherie *f*

fish factory *n (Brit)* conserverie *f* de poissons

fish farm *n* établissement *m* piscicole

fish fingers *npl (Brit)* bâtonnets *mpl* de poisson (congelés)

fish hook *n* hameçon *m*

fishing [ˈfɪʃɪŋ] *n* pêche *f* ; **to go ~** aller à la pêche

fishing boat *n* barque *f* de pêche

fishing industry *n* industrie *f* de la pêche

fishing line *n* ligne *f* (de pêche)

fishing rod *n* canne *f* à pêche

fishing tackle *n* attirail *m* de pêche

fish market *n* marché *m* au poisson

fishmonger [ˈfɪʃmʌŋgəʳ] *n (Brit)* marchand *m* de poisson

fishmonger's [ˈfɪʃmʌŋgəz], **fishmonger's shop** *n (Brit)* poissonnerie *f*

fishnet stockings [ˈfɪʃnɛt-] *npl* bas *mpl* résille

fish slice *n (Brit)* pelle *f* à poisson

fish sticks *npl (US)* = **fish fingers**

fishy [ˈfɪʃɪ] *adj (inf)* suspect(e), louche

fission [ˈfɪʃən] *n* fission *f* ; **atomic** *or* **nuclear ~** fission nucléaire

fissure [ˈfɪʃəʳ] *n* fissure *f*

fist [fɪst] *n* poing *m*

fistfight [ˈfɪstfaɪt] *n* pugilat *m*, bagarre *f* (à coups de poing)

fit [fɪt] *adj (Med, Sport)* en (bonne) forme ; *(proper)* convenable ; approprié(e) ; **~ to** *(ready to)* en état de ; **~ for** *(worthy)* digne de ; *(capable)* apte à ; **to keep ~** se maintenir en forme ▶ *vt (subj: clothes)* aller à ; *(adjust)* ajuster ; *(put in, attach)* installer, poser ; *(adapt)* adapter ; *(equip)* équiper, garnir, munir ; *(suit)* convenir à ▶ *vi (clothes)* aller ; *(parts)* s'adapter ; *(in space, gap)* entrer, s'adapter ▶ *n (Med)* accès *m*, crise *f* ; *(of anger)* accès ; *(of hysterics,*

jealousy) crise ; **this dress is a tight/good ~** cette robe est un peu juste/(me) va très bien ; **a ~ of coughing** une quinte de toux ; **to have a ~** *(Med)* faire *or* avoir une crise ; *(inf)* piquer une crise ; **by fits and starts** par à-coups
▶ **fit in** *vi (add up)* cadrer ; *(integrate)* s'intégrer ; *(to new situation)* s'adapter
▶ **fit into** *vt fus (group, team)* s'intégrer à ; *(space, container)* tenir dans ; *(slot)* entrer
▶ **fit out** *vt (Brit: also:* **fit up**) équiper

fitful [ˈfɪtful] *adj* intermittent(e)

fitment [ˈfɪtmənt] *n* meuble encastré, élément *m*

fitness [ˈfɪtnɪs] *n (Med)* forme *f* physique ; *(of remark)* à-propos *m*, justesse *f*

fitness instructor *n* professeur *mf* de fitness

fitted [ˈfɪtɪd] *adj (jacket, shirt)* ajusté(e)

fitted carpet *n* moquette *f*

fitted kitchen *n (Brit)* cuisine équipée

fitted sheet *n* drap-housse *m*

fitter [ˈfɪtəʳ] *n* monteur *m* ; *(Dress)* essayeur(-euse)

fitting [ˈfɪtɪŋ] *adj* approprié(e) ▶ *n (of dress)* essayage *m* ; *(of piece of equipment)* pose *f*, installation *f*

fitting room *n (in shop)* cabine *f* d'essayage

fittings [ˈfɪtɪŋz] *npl* installations *fpl*

five [faɪv] *num* cinq

five-day week [ˈfaɪvdeɪ-] *n* semaine *f* de cinq jours

fiver [ˈfaɪvəʳ] *n (inf: US)* billet de cinq dollars ; *(: Brit)* billet *m* de cinq livres

fix [fɪks] *vt (date, amount etc)* fixer ; *(sort out)* arranger ; *(mend)* réparer ; *(make ready: meal, drink)* préparer ; *(inf: game etc)* truquer ▶ *n*: **to be in a ~** être dans le pétrin
▶ **fix up** *vt (meeting)* arranger ; **to ~ sb up with sth** faire avoir qch à qn

fixation [fɪkˈseɪʃən] *n (Psych)* fixation *f* ; *(fig)* obsession *f*

fixed [fɪkst] *adj (prices etc)* fixe ; **there's a ~ charge** il y a un prix forfaitaire ; **how are you ~ for money?** *(inf)* question fric, ça va ?

fixed assets *npl* immobilisations *fpl*

fixture [ˈfɪkstʃəʳ] *n* installation *f* (fixe) ; *(Sport)* rencontre *f* (au programme)

fizz [fɪz] *vi* pétiller

fizzle [ˈfɪzl] *vi* pétiller
▶ **fizzle out** *vi* rater

fizzy [ˈfɪzɪ] *adj* pétillant(e), gazeux(-euse)

fjord [fjɔːd] *n* = **fiord**

FL, Fla. *abbr (US)* = **Florida**

flabbergasted [ˈflæbəgɑːstɪd] *adj* sidéré(e), ahuri(e)

flabby [ˈflæbɪ] *adj* mou (molle)

flag [flæg] *n* drapeau *m* ; *(also:* **flagstone**) dalle *f* ; **~ of convenience** pavillon *m* de complaisance
▶ *vi* faiblir ; fléchir
▶ **flag down** *vt* héler, faire signe (de s'arrêter) à
▶ **flag up** *vt* signaler

flagon [ˈflægən] *n* bonbonne *f*

flagpole [ˈflægpəul] *n* mât *m*

flagrant [ˈfleɪgrənt] *adj* flagrant(e)

flagship [ˈflægʃɪp] *n* vaisseau *m* amiral ; *(fig)* produit *m* vedette

flag stop n (US: for bus) arrêt facultatif
flair [flɛəʳ] n flair m
flak [flæk] n (Mil) tir antiaérien ; (inf: criticism) critiques fpl
flake [fleɪk] n (of rust, paint) écaille f ; (of snow, soap powder) flocon m ▶ vi (also: **flake off**) s'écailler
flaky ['fleɪkɪ] adj (paintwork) écaillé(e) ; (skin) desquamé(e) ; (pastry) feuilleté(e)
flamboyant [flæm'bɔɪənt] adj flamboyant(e), éclatant(e) ; (person) haut(e) en couleur
flame [fleɪm] n flamme f
flamingo [flə'mɪŋɡəu] n flamant m (rose)
flammable ['flæməbl] adj inflammable
flan [flæn] n (BRIT) tarte f
Flanders ['flɑːndəz] n Flandre(s) f(pl)
flange [flændʒ] n boudin m ; collerette f
flank [flæŋk] n flanc m ▶ vt flanquer
flannel ['flænl] n (BRIT: also: **face flannel**) gant m de toilette ; (fabric) flanelle f ; (BRIT inf) baratin m ; **flannels** npl pantalon m de flanelle
flap [flæp] n (of pocket, envelope) rabat m ▶ vt (wings) battre (de) ▶ vi (sail, flag) claquer ; (inf: also: **be in a flap**) paniquer
flapjack ['flæpdʒæk] n (US: pancake) ≈ crêpe f ; (BRIT: biscuit) galette f
flare [flɛəʳ] n (signal) signal lumineux ; (Mil) fusée éclairante ; (in skirt etc) évasement m ; **flares** npl (trousers) pantalon m à pattes d'éléphant
▶ **flare up** vi s'embraser ; (fig: person) se mettre en colère, s'emporter ; (: revolt) éclater
flared ['flɛəd] adj (trousers) à jambes évasées ; (skirt) évasé(e)
flash [flæʃ] n éclair m ; (also: **news flash**) flash m (d'information) ; (Phot) flash ; **a ~ of lightning** un éclair ; **in a ~** en un clin d'œil ▶ vt (switch on) allumer (brièvement) ; (direct): **to ~ sth at** braquer qch sur ; (flaunt) étaler, exhiber ; (send: message) câbler ; (smile) lancer ; **to ~ one's headlights** faire un appel de phares ▶ vi briller ; jeter des éclairs ; (light on ambulance etc) clignoter ; **he flashed by** or **past** il passa (devant nous) comme un éclair
flashback ['flæʃbæk] n flashback m, retour m en arrière
flashbulb ['flæʃbʌlb] n ampoule f de flash
flash card n (Scol) carte f (support visuel)
flashcube ['flæʃkjuːb] n cube-flash m
flash drive n (Comput) clé f USB
flasher ['flæʃəʳ] n (Aut) clignotant m
flashlight ['flæʃlaɪt] n lampe f de poche
flashpoint ['flæʃpɔɪnt] n point m d'ignition ; (fig): **to be at ~** être sur le point d'exploser
flashy ['flæʃɪ] adj (pej) tape-à-l'œil inv, tapageur(-euse)
flask [flɑːsk] n flacon m, bouteille f ; (Chem) ballon m ; (also: **vacuum flask**) bouteille f thermos®
flat [flæt] adj plat(e) ; (tyre) dégonflé(e), à plat ; (beer) éventé(e) ; (battery) à plat ; (denial) catégorique ; (Mus) bémol inv ; (: voice) faux (fausse) ; **~ rate of pay** (Comm) salaire m fixe ▶ n (BRIT: apartment) appartement m ; (Aut) crevaison f, pneu crevé ; (Mus) bémol m ▶ adv: **~ out** (work) sans relâche ; (race) à fond

flat-footed ['flæt'futid] adj: **to be ~** avoir les pieds plats
flatly ['flætlɪ] adv catégoriquement
flatmate ['flætmeɪt] n (BRIT): **he's my ~** il partage l'appartement avec moi
flatness ['flætnɪs] n (of land) absence f de relief, aspect plat
flat pack n (BRIT) meuble m en kit
flat-screen ['flætskriːn] adj à écran plat
flatten ['flætn] vt (also: **flatten out**) aplatir ; (crop) coucher ; (house, city) raser
flatter ['flætəʳ] vt flatter
flatterer ['flætərəʳ] n flatteur m
flattering ['flætərɪŋ] adj flatteur(-euse) ; (clothes etc) seyant(e)
flattery ['flætərɪ] n flatterie f
flatulence ['flætjuləns] n flatulence f
flaunt [flɔːnt] vt faire étalage de
flavour, (US) **flavor** ['fleɪvəʳ] n goût m, saveur f ; (of ice cream etc) parfum m ; **what flavours do you have?** quels parfums avez-vous ? ; **to give** or **add ~ to** donner du goût à, relever ▶ vt parfumer, aromatiser ; **vanilla-flavoured** à l'arôme de vanille, vanillé(e)
flavouring, (US) **flavoring** ['fleɪvərɪŋ] n arôme m (synthétique)
flavoursome, (US) **flavorsome** ['fleɪvəsəm] adj goûteux(-euse)
flaw [flɔː] n défaut m
flawed [flɔːd] adj défectueux(-euse) ; **to be seriously ~** comporter de sérieux défauts ; **to be fundamentally ~** être foncièrement défectueux(-euse)
flawless ['flɔːlɪs] adj sans défaut
flawlessly ['flɔːlɪslɪ] adv parfaitement
flax [flæks] n lin m
flaxen ['flæksən] adj blond(e)
flea [fliː] n puce f
flea market n marché m aux puces
fleck [flɛk] n (of dust) particule f ; (of mud, paint, colour) tacheture f, moucheture f ▶ vt tacher, éclabousser ; **brown flecked with white** brun moucheté de blanc
fled [flɛd] pt, pp of **flee**
fledgeling, fledgling ['flɛdʒlɪŋ] n oisillon m
flee [fliː] (pt, pp **fled** [flɛd]) vt fuir, s'enfuir de ▶ vi fuir, s'enfuir
fleece [fliːs] n (of sheep) toison f ; (top) (laine f) polaire f ▶ vt (inf) voler, filouter
fleecy ['fliːsɪ] adj (blanket) moelleux(-euse) ; (cloud) floconneux(-euse)
fleet [fliːt] n flotte f ; (of lorries, cars etc) parc m ; convoi m
fleeting ['fliːtɪŋ] adj fugace, fugitif(-ive) ; (visit) très bref (brève)
Fleet Street n terme désignant la presse nationale britannique et ses journalistes
Flemish ['flɛmɪʃ] adj flamand(e) ▶ n (Ling) flamand m ; **the ~** npl les Flamands
flesh [flɛʃ] n chair f
▶ **flesh out** vt (story, plan) développer
flesh wound [-wuːnd] n blessure superficielle
fleshy ['flɛʃɪ] adj (person) grassouillet(te) ; (part of body) rebondi(e) ; (plant, fruit) charnu(e)
flew [fluː] pt of **fly**

flex [flɛks] n fil m or câble m électrique (souple) ▶ vt (knee) fléchir ; (muscles) bander

flexibility [flɛksɪ'bɪlɪtɪ] n flexibilité f

flexible ['flɛksəbl] adj flexible ; (person, schedule) souple

flexitime ['flɛksɪtaɪm], (US) **flextime** ['flɛkstaɪm] n horaire m variable or à la carte

flick [flɪk] n petit coup ; (with finger) chiquenaude f ▶ vt donner un petit coup à ; (switch) appuyer sur ▶ **flick through** vt fus feuilleter

flicker ['flɪkər] vi (light, flame) vaciller ▶ n vacillement m ; **a ~ of light** une brève lueur

flick knife n (BRIT) couteau m à cran d'arrêt

flicks [flɪks] npl (inf) ciné m

flier n = **flyer**

flies [flaɪz] npl of **fly**

flight [flaɪt] n vol m ; (escape) fuite f ; (also: **flight of steps**) escalier m ; **to take ~** prendre la fuite ; **to put to ~** mettre en fuite

flight attendant n steward m, hôtesse f de l'air

flight crew n équipage m

flight deck n (Aviat) poste m de pilotage ; (Naut) pont m d'envol

flight path n trajectoire f (de vol)

flight recorder n enregistreur m de vol

flimsy ['flɪmzɪ] adj peu solide ; (clothes) trop léger(-ère) ; (excuse) pauvre, mince

flinch [flɪntʃ] vi tressaillir ; **to ~ from** se dérober à, reculer devant

fling [flɪŋ] (pt, pp **flung** [flʌŋ]) vt jeter, lancer ▶ n (love affair) brève liaison, passade f

flint [flɪnt] n silex m ; (in lighter) pierre f (à briquet)

flip [flɪp] n chiquenaude f ▶ vt (throw) donner une chiquenaude à ; (switch) appuyer sur ; (US: pancake) faire sauter ; **to ~ sth over** retourner qch ▶ vi: **to ~ for sth** (US) jouer qch à pile ou face ▶ **flip through** vt fus feuilleter

flip chart n tableau m de conférence

flip-flops ['flɪpflɒps] npl (esp BRIT) tongs fpl

flippant ['flɪpənt] adj désinvolte, irrévérencieux(-euse)

flipper ['flɪpər] n (of animal) nageoire f ; (for swimmer) palme f

flip side n (of record) deuxième face f

flirt [flə:t] vi flirter ▶ n flirteur(-euse)

flirtation [flə:'teɪʃən] n flirt m

flirtatious [flə:'teɪʃəs] adj dragueur(-euse)

flit [flɪt] vi voleter

float [fləut] n flotteur m ; (in procession) char m ; (sum of money) réserve f ▶ vi flotter ; (bather) flotter, faire la planche ▶ vt faire flotter ; (loan, business, idea) lancer

floating ['fləutɪŋ] adj flottant(e) ; **~ vote** voix flottante ; **~ voter** électeur indécis

flock [flɒk] n (of sheep) troupeau m ; (of birds) vol m ; (of people) foule f

floe [fləu] n (also: **ice floe**) iceberg m

flog [flɒg] vt fouetter

flood [flʌd] n inondation f ; (of letters, refugees etc) flot m ; **in ~** en crue ▶ vt inonder ; (Aut: carburettor) noyer ; **to ~ the market** (Comm) inonder le marché ▶ vi (place) être inondé ; (people): **to ~ into** envahir
▶ **flood in** vi affluer

floodgates ['flʌdgeɪts] npl: **to open the ~ to sth** être la porte ouverte à qch

flooding ['flʌdɪŋ] n inondation f

floodlight ['flʌdlaɪt] n projecteur m ▶ vt (irreg: like **light**) éclairer aux projecteurs, illuminer

floodlit ['flʌdlɪt] pt, pp of **floodlight** ▶ adj illuminé(e)

flood tide n marée montante

floodwater ['flʌdwɔ:tər] n eau f de la crue

floor [flɔ:ʳ] n sol m ; (storey) étage m ; (of sea, valley) fond m ; (fig: at meeting): **the ~** l'assemblée f, les membres mpl de l'assemblée ; **on the ~** par terre ; **ground ~**, (US) **first ~** rez-de-chaussée m ; **first ~**, (US) **second ~** premier étage ; **top ~** dernier étage ; **what ~ is it on?** c'est à quel étage ? ; **to have the ~** (speaker) avoir la parole ▶ vt (knock down) terrasser ; (baffle) désorienter

floorboard ['flɔ:bɔ:d] n planche f (du plancher)

flooring ['flɔ:rɪŋ] n sol m ; (wooden) plancher m ; (material to make floor) matériau(x) m(pl) pour planchers ; (covering) revêtement m de sol

floor lamp n (US) lampadaire m

floor show n spectacle m de variétés

floorwalker ['flɔ:wɔ:kəʳ] n (esp US) surveillant m (de grand magasin)

flop [flɒp] n fiasco m ▶ vi (fail) faire fiasco ; (fall) s'affaler, s'effondrer

floppy ['flɒpɪ] adj lâche, flottant(e) ; **~ hat** chapeau m à bords flottants ▶ n (Comput: also: **floppy disk**) disquette f

floppy disk n disquette f, disque m souple

flora ['flɔ:rə] n flore f

floral ['flɔ:rl] adj floral(e) ; (dress) à fleurs

Florence ['flɔrəns] n Florence

florid ['flɔrɪd] adj (complexion) fleuri(e) ; (style) plein(e) de fioritures

florist ['flɔrɪst] n fleuriste mf

florist's ['flɔrɪsts], **florist's shop** n magasin m or boutique f de fleuriste

flotation [fləu'teɪʃən] n (of shares) émission f ; (of company) lancement m (en Bourse)

flotilla [flə'tɪlə] n flottille f

flounce [flauns] n volant m
▶ **flounce out** vi sortir dans un mouvement d'humeur

flounder ['flaundəʳ] n (Zool) flet m ▶ vi patauger

flour ['flauəʳ] n farine f

flourish ['flʌrɪʃ] vi prospérer ▶ vt brandir ▶ n (gesture) moulinet m ; (decoration) fioriture f ; (of trumpets) fanfare f

flourishing ['flʌrɪʃɪŋ] adj prospère, florissant(e)

flout [flaut] vt se moquer de, faire fi de

flow [fləu] n (of water, traffic etc) écoulement m ; (tide, influx) flux m ; (of orders, letters etc) flot m ; (of blood, Elec) circulation f ; (of river) courant m ▶ vi couler ; (traffic) s'écouler ; (robes, hair) flotter

flow chart, flow diagram n organigramme m

flower ['flauəʳ] n fleur f ; **in ~** en fleur ▶ vi fleurir

flower bed n plate-bande f

flowerpot ['flauəpɒt] n pot m (à fleurs)

flowery ['flauərɪ] adj fleuri(e)

flown [fləun] pp of **fly**

fl. oz. abbr = **fluid ounce**

flu [flu:] n grippe f

fluctuate ['flʌktjueɪt] vi varier, fluctuer
fluctuation [flʌktju'eɪʃən] n fluctuation f,
variation f
flue [flu:] n conduit m
fluency ['flu:ənsɪ] n facilité f, aisance f
fluent ['flu:ənt] adj (speech, style) coulant(e),
aisé(e) ; **he's a ~ speaker/reader** il s'exprime/
lit avec aisance or facilité ; **he speaks ~ French,
he's ~ in French** il parle couramment français
fluently ['flu:əntlɪ] adv couramment ; avec
aisance or facilité
fluff [flʌf] n duvet m ; (on jacket, carpet) peluche f
fluffy ['flʌfɪ] adj duveteux(-euse) ; (jacket, carpet)
pelucheux(-euse) ; (toy) en peluche
fluid ['flu:ɪd] n fluide m ; (in diet) liquide m ▶ adj
fluide
fluid ounce n (BRIT) = 0.028 l ; 0.05 pints
fluke [flu:k] n coup m de veine
flummox ['flʌməks] vt dérouter, déconcerter
flung [flʌŋ] pt, pp of **fling**
flunky ['flʌŋkɪ] n larbin m
fluorescent [fluə'rɛsnt] adj fluorescent(e)
fluoridation [fluərɪ'deɪʃən] n fluoration f
fluoride ['fluəraɪd] n fluor m
fluorine ['fluəri:n] n fluor m
flurry ['flʌrɪ] n (of snow) rafale f, bourrasque f ; **a ~
of activity** un affairement soudain ; **a ~ of
excitement** une excitation soudaine
flush [flʌʃ] n (on face) rougeur f ; (fig: of youth etc)
éclat m ; (of blood) afflux m ; **hot flushes** (Med)
bouffées fpl de chaleur ▶ vt nettoyer à grande
eau ; (also: **flush out**) débusquer ; **to ~ the
toilet** tirer la chasse (d'eau) ▶ vi rougir ▶ adj
(inf) en fonds ; (level): **~ with** au ras de, de
niveau avec
flushed ['flʌʃt] adj (tout(e)) rouge
fluster ['flʌstə'] n agitation f, trouble m
flustered ['flʌstəd] adj énervé(e)
flute [flu:t] n flûte f
flutter ['flʌtə'] n (of panic, excitement) agitation f ;
(of wings) battement m ▶ vi (bird) battre des ailes,
voleter ; (person) aller et venir dans une grande
agitation
flux [flʌks] n: **in a state of ~** fluctuant sans
cesse
fly [flaɪ] (pt **flew** [flu:], pp **flown** [fləun]) n (insect)
mouche f ; (on trousers: also: **flies**) braguette f ▶ vt
(plane) piloter ; (passengers, cargo) transporter (par
avion) ; (distance) parcourir ▶ vi voler ;
(passengers) aller en avion ; (escape) s'enfuir, fuir ;
(flag) se déployer ; **to ~ open** s'ouvrir
brusquement ; **to ~ off the handle** s'énerver,
s'emporter
▶ **fly away, fly off** vi s'envoler
▶ **fly in** vi (plane) atterrir ; **he flew in yesterday**
il est arrivé hier (par avion)
▶ **fly into** vt fus: **to ~ into a rage** se mettre en
rage
▶ **fly out** vi partir (par avion)
fly-drive ['flaɪdraɪv] n formule f avion plus
voiture
flyer ['flaɪə'] n (pilot) aviateur(-trice) ; (passenger)
passager(-ère) (d'un avion) ; (handbill)
prospectus m
fly-fishing ['flaɪfɪʃɪŋ] n pêche f à la mouche

flying ['flaɪɪŋ] n (activity) aviation f ; (action) vol
m ; **he doesn't like ~** il n'aime pas voyager en
avion ▶ adj: **~ visit** visite f éclair inv ; **with ~
colours** haut la main
flying buttress n arc-boutant m
flying picket n piquet m de grève volant
flying saucer n soucoupe volante
flying squad n (Police) brigade volante
flying start n: **to get off to a ~** faire un
excellent départ
flyleaf ['flaɪli:f] n page f de garde
flyover ['flaɪəuvə'] n (BRIT: overpass) pont routier
flypast ['flaɪpɑ:st] n défilé aérien
flysheet ['flaɪʃi:t] n (for tent) double toit m
flyweight ['flaɪweɪt] n (Sport) poids m mouche
flywheel ['flaɪwi:l] n volant m (de commande)
FM abbr (BRIT Mil) = **field marshal**; (Radio:
= frequency modulation) FM
FMB n abbr (US) = **Federal Maritime Board**
FMCS n abbr (US: = Federal Mediation and Conciliation
Services) organisme de conciliation en cas de conflits du
travail
FO n abbr (BRIT) = **Foreign Office**
foal [fəul] n poulain m
foam [fəum] n écume f ; (on beer) mousse f ; (also:
foam rubber) caoutchouc m mousse ; (also:
plastic foam) mousse cellulaire or de plastique
▶ vi (liquid) écumer ; (soapy water) mousser
foam rubber n caoutchouc m mousse
FOB abbr (= free on board) fob
fob [fɔb] n (also: **watch fob**) chaîne f, ruban m
▶ vt: **to ~ sb off with sth** refiler qch à qn
foc abbr (BRIT) = **free of charge**
focal ['fəukl] adj (also fig) focal(e)
focal point n foyer m ; (fig) centre m de
l'attention, point focal
focus ['fəukəs] (pl **focuses**) n foyer m ; (of interest)
centre m ; **out of/in ~** (picture) flou(e)/net(te) ;
(camera) pas au point/au point ▶ vt (field glasses
etc) mettre au point ; (light rays) faire converger
▶ vi: **to ~ (on)** (with camera) régler la mise au
point (sur) ; (with eyes) fixer son regard (sur) ;
(fig: concentrate) se concentrer (sur)
fodder ['fɔdə'] n fourrage m
FOE n abbr (= Friends of the Earth) AT mpl (= Amis de la
Terre) ; (US: = Fraternal Order of Eagles) organisation
charitable
foe [fəu] n ennemi m
foetal, (US) **fetal** ['fi:təl] adj fœtal(e)
foetus, (US) **fetus** ['fi:təs] n fœtus m
fog [fɔg] n brouillard m
fogbound ['fɔgbaund] adj bloqué(e) par le
brouillard
foggy ['fɔgɪ] adj: **it's ~** il y a du brouillard
fog lamp, (US) **fog light** n (Aut) phare m
anti-brouillard
foible ['fɔɪbl] n faiblesse f
foil [fɔɪl] vt déjouer, contrecarrer ▶ n feuille f de
métal ; (kitchen foil) papier m d'alu(minium) ;
(Fencing) fleuret m ; **to act as a ~ to** (fig) servir de
repoussoir à
foist [fɔɪst] vt: **to ~ sth on sb** imposer qch à qn
fold [fəuld] n (bend, crease) pli m ; (Agr) parc m à
moutons ; (fig) bercail m ▶ vt plier ; **to ~ one's
arms** croiser les bras

623

▶ **fold up** *vi (map etc)* se plier, se replier ; *(business)* fermer boutique ▶ *vt (map etc)* plier, replier

folder ['fəʊldəʳ] *n (for papers)* chemise *f* ; *(: binder)* classeur *m* ; *(brochure)* dépliant *m* ; *(Comput)* dossier *m*

folding ['fəʊldɪŋ] *adj (chair, bed)* pliant(e)

foliage ['fəʊlɪɪdʒ] *n* feuillage *m*

folk [fəʊk] *npl* gens *mpl* ▶ *cpd* folklorique ; **folks** *npl (inf: parents)* famille *f*, parents *mpl*

folklore ['fəʊklɔːʳ] *n* folklore *m*

folk music *n* musique *f* folklorique ; *(contemporary)* musique folk, folk *m*

folk song ['fəʊksɒŋ] *n* chanson *f* folklorique ; *(contemporary)* chanson folk *inv*

folksy ['fəʊksɪ] *adj* rustique

follow ['fɒləʊ] *vt* suivre ; *(on Twitter)* s'abonner aux tweets de ; **to ~ sb's advice** suivre les conseils de qn ; **I don't quite ~ you** je ne vous suis plus ; **to ~ suit** *(fig)* faire de même ▶ *vi* suivre ; *(result)* s'ensuivre ; **to ~ in sb's footsteps** emboîter le pas à qn ; *(fig)* suivre les traces de qn ; **it follows that …** de ce fait, il s'ensuit que …

▶ **follow out** *vt (idea, plan)* poursuivre, mener à terme

▶ **follow through** *vt* = **follow out**

▶ **follow up** *vt (victory)* tirer parti de ; *(letter, offer)* donner suite à ; *(case)* suivre

follower ['fɒləʊəʳ] *n* disciple *mf*, partisan(e)

following ['fɒləʊɪŋ] *adj* suivant(e) ▶ *n* partisans *mpl*, disciples *mpl*

follow-up ['fɒləʊʌp] *n* suite *f* ; *(on file, case)* suivi *m*

folly ['fɒlɪ] *n* inconscience *f* ; sottise *f* ; *(building)* folie *f*

foment [fə'mɛnt] *vt* fomenter

fond [fɒnd] *adj (memory, look)* tendre, affectueux(-euse) ; *(hopes, dreams)* un peu fou (folle) ; **to be ~ of** aimer beaucoup

fondle ['fɒndl] *vt* caresser

fondly ['fɒndlɪ] *adv (lovingly)* tendrement ; *(naïvely)* naïvement

fondness ['fɒndnɪs] *n (for things)* attachement *m* ; *(for people)* sentiments affectueux ; **a special ~ for** une prédilection pour

font [fɒnt] *n (Rel)* fonts baptismaux ; *(Typ)* police *f* de caractères

food [fuːd] *n* nourriture *f*

food chain *n* chaîne *f* alimentaire

foodie ['fuːdɪ] *n (inf)* gourmet *m*

food mixer *n* mixeur *m*

food poisoning *n* intoxication *f* alimentaire

food processor *n* robot *m* de cuisine

food stamp *n (US)* bon *m* de nourriture *(pour indigents)*

foodstuffs ['fuːdstʌfs] *npl* denrées *fpl* alimentaires

fool [fuːl] *n* idiot(e) ; *(Hist: of king)* bouffon *m*, fou *m* ; *(Culin)* mousse *f* de fruits ; **to make a ~ of sb** *(ridicule)* ridiculiser qn ; *(trick)* avoir *or* duper qn ; **to make a ~ of o.s.** se couvrir de ridicule ▶ *vt* berner, duper ; **you can't ~ me** vous (ne) me la ferez pas, on (ne) me la fait pas ▶ *vi (also:* **fool around)** faire l'idiot *or* l'imbécile

▶ **fool about, fool around** *vi (pej: waste time)*

traînailler, glandouiller ; *(: behave foolishly)* faire l'idiot *or* l'imbécile

foolhardy ['fuːlhɑːdɪ] *adj* téméraire, imprudent(e)

foolish ['fuːlɪʃ] *adj* idiot(e), stupide ; *(rash)* imprudent(e)

foolishly ['fuːlɪʃlɪ] *adv* stupidement

foolishness ['fuːlɪʃnɪs] *n* idiotie *f*, stupidité *f*

foolproof ['fuːlpruːf] *adj (plan etc)* infaillible

foolscap ['fuːlskæp] *n* ≈ papier *m* ministre

foot [fʊt] *(pl* **feet** [fiːt]) *n* pied *m* ; *(of animal)* patte *f* ; *(measure)* pied *(= 30.48 cm ; 12 inches)* ; **on ~** à pied ; **to find one's ~ feet** *(fig)* s'acclimater ; **to put one's ~ down** *(Aut)* appuyer sur le champignon ; *(say no)* s'imposer ▶ *vt (bill)* casquer, payer

footage ['fʊtɪdʒ] *n (Cine: length)* ≈ métrage *m* ; *(: material)* séquences *fpl*

foot-and-mouth [fʊtənd'maʊθ], **foot-and-mouth disease** *n* fièvre aphteuse

football ['fʊtbɔːl] *n (ball)* ballon *m* (de football) ; *(sport: BRIT)* football *m* ; *(: US)* football américain

footballer ['fʊtbɔːləʳ] *n (BRIT)* = **football player**

football ground *n* terrain *m* de football

football match *n (BRIT)* match *m* de foot(ball)

football player *n* footballeur(-euse), joueur(-euse) de football ; *(US)* joueur(-euse) de football américain

football pools *npl (US)* ≈ loto *m* sportif, ≈ pronostics *mpl* (sur les matchs de football)

footbrake ['fʊtbreɪk] *n* frein *m* à pédale

footbridge ['fʊtbrɪdʒ] *n* passerelle *f*

foothills ['fʊthɪlz] *npl* contreforts *mpl*

foothold ['fʊthəʊld] *n* prise *f* (de pied)

footie, footy ['fʊtɪ] *n (BRIT inf)* foot *m (inf)* ▶ *cpd (season, fan)* de foot *(inf)*

footing ['fʊtɪŋ] *n (fig)* position *f* ; **to lose one's ~** perdre pied ; **on an equal ~** sur pied d'égalité

footlights ['fʊtlaɪts] *npl* rampe *f*

footloose ['fʊtluːs] *adj* libre ; **to be ~ and fancy-free** être libre comme l'air

footman ['fʊtmən] *n (irreg)* laquais *m*

footnote ['fʊtnəʊt] *n* note *f* (en bas de page)

footpath ['fʊtpɑːθ] *n* sentier *m* ; *(in street)* trottoir *m*

footprint ['fʊtprɪnt] *n* trace *f* (de pied)

footrest ['fʊtrɛst] *n* marchepied *m*

footsie ['fʊtsɪ] *n (inf)*: **to play ~ with sb** faire du pied à qn

footsore ['fʊtsɔːʳ] *adj*: **to be ~** avoir mal aux pieds

footstep ['fʊtstɛp] *n* pas *m*

footstool ['fʊtstuːl] *n* repose-pied *m*

footwear ['fʊtwɛəʳ] *n* chaussures *fpl*

footwork ['fʊtwɜːk] *n (of boxer, footballer)* jeu *m* de jambes ; *(fig)* manœuvre *f*

footy ['fʊtɪ] *n (BRIT inf)* = **footie**

FOR *abbr (= free on rail)* franco wagon

(KEYWORD)

for [fɔːʳ] *prep* **1** *(indicating destination, intention, purpose)* pour ; **the train for London** le train pour *(or* à destination de) Londres ; **he left for Rome** il est parti pour Rome ; **he went for the paper** il est allé chercher le journal ; **is this for**

me? c'est pour moi ? ; **it's time for lunch** c'est l'heure du déjeuner ; **what's it for?** ça sert à quoi ? ; **what for?** *(why?)* pourquoi ? ; *(to what end?)* pour quoi faire ?, à quoi bon ? ; **for sale** à vendre ; **to pray for peace** prier pour la paix **2** *(on behalf of, representing)* pour ; **the MP for Hove** le député de Hove ; **to work for sb/sth** travailler pour qn/qch ; **I'll ask him for you** je vais lui demander pour toi ; **G for George** G comme Georges
3 *(because of)* pour ; **for this reason** pour cette raison ; **for fear of being criticized** de peur d'être critiqué
4 *(with regard to)* pour ; **it's cold for July** il fait froid pour juillet ; **a gift for languages** un don pour les langues
5 *(in exchange for)*: **I sold it for £5** je l'ai vendu 5 livres ; **to pay 50 pence for a ticket** payer un billet 50 pence
6 *(in favour of)* pour ; **are you for or against us?** êtes-vous pour ou contre nous ? ; **I'm all for it** je suis tout à fait pour ; **vote for X** votez pour X
7 *(referring to distance)* pendant, sur ; **there are roadworks for 5 km** il y a des travaux sur *or* pendant 5 km ; **we walked for miles** nous avons marché pendant des kilomètres
8 *(referring to time)* pendant ; depuis ; pour ; **he was away for 2 years** il a été absent pendant 2 ans ; **she will be away for a month** elle sera absente (pendant) un mois ; **it hasn't rained for 3 weeks** ça fait 3 semaines qu'il ne pleut pas, il ne pleut pas depuis 3 semaines ; **I have known her for years** je la connais depuis des années ; **can you do it for tomorrow?** est-ce que tu peux le faire pour demain ?
9 *(with infinitive clauses)*: **it is not for me to decide** ce n'est pas à moi de décider ; **it would be best for you to leave** le mieux serait que vous partiez ; **there is still time for you to do it** vous avez encore le temps de le faire ; **for this to be possible ...** pour que cela soit possible ...
10 *(in spite of)*: **for all that** malgré cela, néanmoins ; **for all his work/efforts** malgré tout son travail/tous ses efforts ; **for all his complaints, he's very fond of her** il a beau se plaindre, il l'aime beaucoup
▶ *conj (since, as: formal)* car

When talking about how long something has been happening use **depuis** and the present tense.
I've been learning French for two years. **J'apprends le français depuis deux ans.**
If the action has finished, use **pendant** and the past tense.
I learned French for two years. **J'ai appris le français pendant deux ans.**

forage ['fɔrɪdʒ] *n* fourrage *m* ▶ *vi* fourrager, fouiller
forage cap *n* calot *m*
foray ['fɔreɪ] *n* incursion *f*
forbad, forbade [fə'bæd] *pt of* **forbid**
forbearing [fɔː'bɛərɪŋ] *adj* patient(e), tolérant(e)

forbid [fə'bɪd] *(pt* **forbad** *or* **forbade** [-'bæd], *pp* **forbidden** [-'bɪdn]) *vt* défendre, interdire ; **to ~ sb to do** défendre *or* interdire à qn de faire
forbidden [fə'bɪdn] *adj* défendu(e)
forbidding [fə'bɪdɪŋ] *adj* d'aspect *or* d'allure sévère *or* sombre
force [fɔːs] *n* force *f* ; **in ~** *(rule, law, prices)* en vigueur ; *(in large numbers)* en force ; **to come into ~** entrer en vigueur ; **a ~ 5 wind** un vent de force 5 ; **the sales ~** *(Comm)* la force de vente ; **to join forces** unir ses forces ▶ *vt* forcer ; *(push)* pousser (de force) ; **to ~ o.s. to do** se forcer à faire ; **to ~ sb to do sth** forcer qn à faire qch ; **Forces** *npl*: **the Forces** *(Brit Mil)* les forces armées
▶ **force back** *vt (crowd, enemy)* repousser ; *(tears)* refouler
▶ **force down** *vt (food)* se forcer à manger
forced [fɔːst] *adj* forcé(e)
force-feed ['fɔːsfiːd] *vt* nourrir de force
forceful ['fɔːsful] *adj* énergique
forcemeat ['fɔːsmiːt] *n (Brit Culin)* farce *f*
forceps ['fɔːsɛps] *npl* forceps *m*
forcibly ['fɔːsəblɪ] *adv* par la force, de force ; *(vigorously)* énergiquement
ford [fɔːd] *n* gué *m* ▶ *vt* passer à gué
fore [fɔːʳ] *n*: **to the ~** en évidence ; **to come to the ~** se faire remarquer
forearm ['fɔːrɑːm] *n* avant-bras *m inv*
forebear ['fɔːbɛəʳ] *n* ancêtre *m*
foreboding [fɔː'bəudɪŋ] *n* pressentiment *m* (néfaste)
forecast ['fɔːkɑːst] *n* prévision *f* ; *(also:* **weather forecast**) prévisions *fpl* météorologiques, météo *f* ▶ *vt (irreg: like* **cast**) prévoir
forecaster ['fɔːkɑːstəʳ] *n (also:* **weather forecaster**) météorologiste *mf* ; *(economic)* prévisionniste *mf*
foreclose [fɔː'kləuz] *vt (Law: also:* **foreclose on**) saisir
foreclosure [fɔː'kləuʒəʳ] *n* saisie *f* du bien hypothéqué
forecourt ['fɔːkɔːt] *n (of garage)* devant *m*
foredeck ['fɔːdɛk] *n* pont *m* avant
forefathers ['fɔːfɑːðəz] *npl* ancêtres *mpl*
forefinger ['fɔːfɪŋgəʳ] *n* index *m*
forefront ['fɔːfrʌnt] *n*: **in the ~ of** au premier rang *or* plan de
forego [fɔː'gəu] *vt (irreg: like* **go**) renoncer à
foregoing ['fɔːgəuɪŋ] *adj* susmentionné(e) ▶ *n*: **the ~** ce qui précède
foregone ['fɔːgɔn] *adj*: **it's a ~ conclusion** c'est à prévoir, c'est couru d'avance
foreground ['fɔːgraund] *n* premier plan ▶ *cpd (Comput)* prioritaire
forehand ['fɔːhænd] *n (Tennis)* coup droit
forehead ['fɔrɪd] *n* front *m*
foreign ['fɔrɪn] *adj* étranger(-ère) ; *(trade)* extérieur(e) ; *(travel)* à l'étranger
foreign body *n* corps étranger
foreign currency *n* devises étrangères
foreigner ['fɔrɪnəʳ] *n* étranger(-ère)
foreign exchange *n (system)* change *m* ; *(money)* devises *fpl*
foreign exchange market *n* marché *m* des devises

625

foreign exchange rate n cours m des devises
foreign investment n investissement m à l'étranger
Foreign Office n (Brit) ministère m des Affaires étrangères
Foreign Secretary n (Brit) ministre m des Affaires étrangères
foreknowledge [fɔː'nɒlɪdʒ] n: **to have ~ of sth** savoir qch à l'avance
foreleg ['fɔːleg] n patte f de devant, jambe antérieure
foreman ['fɔːmən] n (irreg) (in construction) contremaître m ; (Law: of jury) président m (du jury)
foremost ['fɔːməust] adj le (la) plus en vue, premier(-ière) ▶ adv: **first and ~** avant tout, tout d'abord
forename ['fɔːneɪm] n prénom m
forensic [fə'rɛnsɪk] adj: **~ medicine** médecine légale ; **~ expert** expert m de la police, expert légiste
foreplay ['fɔːpleɪ] n stimulation f érotique, prélude m
forerunner ['fɔːrʌnər] n précurseur m
foresee [fɔː'siː] vt (irreg: like **see**) prévoir
foreseeable [fɔː'siːəbl] adj prévisible
foreseen [fɔː'siːn] pp of **foresee**
foreshadow [fɔː'ʃædəu] vt présager, annoncer, laisser prévoir
foreshore [fɔː'ʃɔːr] n laisse f de mer
foreshorten [fɔː'ʃɔːtn] vt (figure, scene) réduire, faire en raccourci
foresight ['fɔːsaɪt] n prévoyance f
foreskin ['fɔːskɪn] n (Anat) prépuce m
forest ['fɒrɪst] n forêt f
forestall [fɔː'stɔːl] vt devancer
forested ['fɒrɪstɪd] adj boisé(e) ; **thickly ~** très boisé
forestry ['fɒrɪstrɪ] n sylviculture f
foretaste ['fɔːteɪst] n avant-goût m
foretell [fɔː'tɛl] vt (irreg: like **tell**) prédire
forethought ['fɔːθɔːt] n prévoyance f
foretold [fɔː'təuld] pt, pp of **foretell**
forever [fə'rɛvər] adv pour toujours ; (fig: endlessly) continuellement
forewarn [fɔː'wɔːn] vt avertir
forewent [fɔː'wɛnt] pt of **forego**
foreword ['fɔːwəːd] n avant-propos m inv
forfeit ['fɔːfɪt] n prix m, rançon f ▶ vt perdre ; (one's life, health) payer de
forgave [fə'geɪv] pt of **forgive**
forge [fɔːdʒ] n forge f ▶ vt (signature) contrefaire ; (wrought iron) forger ; **to ~ documents/a will** fabriquer de faux papiers/un faux testament ; **to ~ money** (Brit) fabriquer de la fausse monnaie
▶ **forge ahead** vi pousser de l'avant, prendre de l'avance
forged [fɔːdʒd] adj faux (fausse)
forger ['fɔːdʒər] n faussaire m
forgery ['fɔːdʒərɪ] n faux m, contrefaçon f
forget [fə'gɛt] (pt **forgot** [-'gɒt], pp **forgotten** [-'gɒtn]) vt, vi oublier ; **to ~ to do sth** oublier de faire qch ; **to ~ about sth** (accidentally) oublier qch ; (on purpose) ne plus penser à qch ; **I've**

forgotten my key/passport j'ai oublié ma clé/mon passeport
forgetful [fə'gɛtful] adj distrait(e), étourdi(e) ; **~ of** oublieux(-euse) de
forgetfulness [fə'gɛtfulnɪs] n tendance f aux oublis ; (oblivion) oubli m
forget-me-not [fə'gɛtmɪnɒt] n myosotis m
forgettable [fə'gɛtəbl] adj (film, year) peu mémorable ; (person, face) ordinaire
forgivable [fə'gɪvəbl] adj pardonnable
forgive [fə'gɪv] vt (irreg: like **give**) pardonner ; **to ~ sb for sth/for doing sth** pardonner qch à qn/à qn de faire qch
forgiveness [fə'gɪvnɪs] n pardon m
forgiving [fə'gɪvɪŋ] adj indulgent(e)
forgo [fɔː'gəu] (pt **forwent** [-'wɛnt], pp **forgone** [-'gɒn]) vt = **forego**
forgot [fə'gɒt] pt of **forget**
forgotten [fə'gɒtn] pp of **forget**
fork [fɔːk] n (for eating) fourchette f ; (for gardening) fourche f ; (of roads) bifurcation f ; (of railways) embranchement m ▶ vi (road) bifurquer
▶ **fork out** (inf) vt (pay) allonger, se fendre de ▶ vi casquer
forked [fɔːkt] adj (lightning) en zigzags, ramifié(e)
fork-lift truck [fɔːk'lɪft-] n chariot élévateur
forlorn [fə'lɔːn] adj (person) délaissé(e) ; (deserted) abandonné(e) ; (hope, attempt) désespéré(e)
form [fɔːm] n forme f ; (Scol) classe f ; (questionnaire) formulaire m ; **in the ~ of** sous forme de ; **to be on good ~** (Sport, fig) être en forme ; **on top ~** en pleine forme ▶ vt former ; (habit) contracter ; **to ~ part of sth** faire partie de qch
formal ['fɔːməl] adj (offer, receipt) en bonne et due forme ; (person) cérémonieux(-euse), à cheval sur les convenances ; (occasion, dinner) officiel(le) ; (garden) à la française ; (Art, Philosophy) formel(le) ; (clothes) de soirée
formaldehyde [fɔː'mældɪhaɪd] n formaldéhyde m
formality [fɔː'mælɪtɪ] n formalité f, cérémonie(s) f(pl)
formalize ['fɔːməlaɪz] vt officialiser
formally ['fɔːməlɪ] adv officiellement ; formellement ; cérémonieusement
format ['fɔːmæt] n format m ▶ vt (Comput) formater
formation [fɔː'meɪʃən] n formation f
formative ['fɔːmətɪv] adj: **~ years** années fpl d'apprentissage (fig) or de formation (d'un enfant, d'un adolescent)
former ['fɔːmər] adj ancien(ne) ; (before n) précédent(e) ; **the ~ ... the latter** le premier ... le second, celui-là ... celui-ci ; **the ~ president** l'ex-président ; **the ~ Yugoslavia/Soviet Union** l'ex Yougoslavie/Union Soviétique
formerly ['fɔːməlɪ] adv autrefois
form feed n (on printer) alimentation f en feuilles
Formica® [fɔː'maɪkə] n formica® m
formidable ['fɔːmɪdəbl] adj redoutable
formula ['fɔːmjulə] n formule f ; **F~ One** (Aut) Formule un
formulaic [fɔːmju'leɪɪk] adj convenu(e)
formulate ['fɔːmjuleɪt] vt formuler

fornicate ['fɔːnɪkeɪt] *vi* forniquer

forsake [fə'seɪk] (*pt* **forsook** [-'suk], *pp* **forsaken** [-'seɪkən]) *vt* abandonner

fort [fɔːt] *n* fort *m*; **to hold the ~** (*fig*) assurer la permanence

forte ['fɔːtɪ] *n* (point) fort *m*

forth [fɔːθ] *adv* en avant; **to go back and ~** aller et venir; **and so ~** et ainsi de suite

forthcoming [fɔːθ'kʌmɪŋ] *adj* qui va paraître *or* avoir lieu prochainement; (*character*) ouvert(e), communicatif(-ive); (*available*) disponible

forthright ['fɔːθraɪt] *adj* franc (franche), direct(e)

forthwith ['fɔːθ'wɪθ] *adv* sur le champ

fortieth ['fɔːtɪəθ] *num* quarantième

fortification [fɔːtɪfɪ'keɪʃən] *n* fortification *f*

fortified wine ['fɔːtɪfaɪd-] *n* vin liquoreux *or* de liqueur

fortify ['fɔːtɪfaɪ] *vt* (*city*) fortifier; (*person*) remonter

fortitude ['fɔːtɪtjuːd] *n* courage *m*, force *f* d'âme

fortnight ['fɔːtnaɪt] *n* (BRIT) quinzaine *f*, quinze jours *mpl*; **it's a ~ since ...** il y a quinze jours que ...

fortnightly ['fɔːtnaɪtlɪ] *adj* bimensuel(le) ▶ *adv* tous les quinze jours

FORTRAN ['fɔːtræn] *n* FORTRAN *m*

fortress ['fɔːtrɪs] *n* forteresse *f*

fortuitous [fɔː'tjuːɪtəs] *adj* fortuit(e)

fortunate ['fɔːtʃənɪt] *adj* heureux(-euse); (*person*) chanceux(-euse); **to be ~** avoir de la chance; **it is ~ that** c'est une chance que, il est heureux que

fortunately ['fɔːtʃənɪtlɪ] *adv* heureusement, par bonheur

fortune ['fɔːtʃən] *n* chance *f*; (*wealth*) fortune *f*; **to make a ~** faire fortune

fortune-teller ['fɔːtʃəntɛlər] *n* diseuse *f* de bonne aventure

forty ['fɔːtɪ] *num* quarante

forum ['fɔːrəm] *n* forum *m*, tribune *f*

forward ['fɔːwəd] *adj* (*movement, position*) en avant, vers l'avant; (*not shy*) effronté(e); (*in time*) en avance; (*Comm: delivery, sales, exchange*) à terme; **~ planning** planification *f* à long terme ▶ *adv* (*also:* **forwards**) en avant; **to look ~ to sth** attendre qch avec impatience; **to move ~** avancer ▶ *n* (*Sport*) avant *m* ▶ *vt* (*letter*) faire suivre; (*parcel, goods*) expédier; (*fig*) promouvoir, favoriser; **"please ~"** « prière de faire suivre »

forwarding address ['fɔːwədɪŋ-] *n* adresse *f* de réexpédition

forward slash *n* barre *f* oblique

forwent [fɔː'wɛnt] *pt of* **forgo**

fossick ['fɔsɪk] *vi* (AUSTRALIA, NEW ZEALAND *inf*) chercher; **to ~ around for** fouiner (*inf*) pour trouver

fossil ['fɔsl] *adj, n* fossile *m*; **~ fuel** combustible *m* fossile

fossilized ['fɔsəlaɪzd] *adj* (*bones*) fossilisé(e)

foster ['fɔstər] *vt* (*encourage*) encourager, favoriser; (*child*) élever (*sans adopter*)

foster brother *n* frère adoptif; frère de lait

foster child *n* (*irreg*) enfant élevé dans une famille d'accueil

foster mother *n* mère adoptive; mère nourricière

foster parent *n* parent qui élève un enfant sans l'adopter

foster sister *n* sœur *f* de lait

fought [fɔːt] *pt, pp of* **fight**

foul [faul] *adj* (*weather, smell, food*) infect(e); (*language*) ordurier(-ière); (*deed*) infâme; **he's got a ~ temper** il a un caractère de chien ▶ *n* (*Football*) faute *f* ▶ *vt* (*dirty*) salir, encrasser; (*football player*) commettre une faute sur; (*entangle: anchor, propeller*) emmêler

foul play *n* (*Sport*) jeu déloyal; (*Law*) acte criminel; **~ is not suspected** la mort (*or* l'incendie *etc*) n'a pas de causes suspectes, on écarte l'hypothèse d'un meurtre (*or* d'un acte criminel)

found [faund] *pt, pp of* **find** ▶ *vt* (*establish*) fonder

foundation [faun'deɪʃən] *n* (*act*) fondation *f*; (*base*) fondement *m*; (*also:* **foundation cream**) fond *m* de teint; **foundations** *fpl* (*of building*) fondations *fpl*; **to lay the foundations** (*fig*) poser les fondements

foundation stone *n* première pierre

founder ['faundər] *n* fondateur *m* ▶ *vi* couler, sombrer

founding ['faundɪŋ] *adj*: **~ fathers** (*esp US*) pères *mpl* fondateurs; **~ member** membre *m* fondateur

foundry ['faundrɪ] *n* fonderie *f*

fount [faunt] *n* source *f*; (*Typ*) fonte *f*

fountain ['fauntɪn] *n* fontaine *f*

fountain pen *n* stylo *m* (à encre)

four [fɔːr] *num* quatre; **on all fours** à quatre pattes

four-by-four [fɔːbaɪ'fɔːr] *n* (*Aut*) 4x4 *m*

four-letter word ['fɔːlɛtə-] *n* obscénité *f*, gros mot

four-poster ['fɔː'pəustər] *n* (*also:* **four-poster bed**) lit *m* à baldaquin

foursome ['fɔːsəm] *n* partie *f* à quatre; sortie *f* à quatre

fourteen ['fɔː'tiːn] *num* quatorze

fourteenth ['fɔː'tiːnθ] *num* quatorzième

fourth ['fɔːθ] *num* quatrième ▶ *n* (*Aut: also:* **fourth gear**) quatrième *f*

four-wheel drive ['fɔːwiːl-] *n* (*Aut: car*) voiture *f* à quatre roues motrices; **with ~** à quatre roues motrices

fowl [faul] *n* volaille *f*

fox [fɔks] *n* renard *m* ▶ *vt* mystifier

fox fur *n* renard *m*

foxglove ['fɔksglʌv] *n* (*Bot*) digitale *f*

fox-hunting ['fɔkshʌntɪŋ] *n* chasse *f* au renard

foyer ['fɔɪeɪ] *n* (*in hotel*) vestibule *m*; (*Theat*) foyer *m*

FP *n abbr* (BRIT) = **former pupil**; (US) = **fireplug**

FPA *n abbr* (BRIT) = **Family Planning Association**

Fr. *abbr* (*Rel*: = *father*) P; (= *friar*) F

fr. *abbr* (= *franc*) F

fracas ['frækɑː] *n* bagarre *f*

fracking ['frækɪŋ] *n* fracturation *f* hydraulique

fractal ['fræktəl] *n* fractale *f*

fraction ['frækʃən] *n* fraction *f*

fractional ['frækʃənəl] *adj* infime

fractionally ['frækʃnəlɪ] adv: ~ **smaller** etc un poil plus petit etc
fractious ['frækʃəs] adj grincheux(-euse)
fracture ['fræktʃər] n fracture f ▸ vt fracturer
fragile ['frædʒaɪl] adj fragile
fragility [frə'dʒɪlɪtɪ] n fragilité f
fragment ['frægmənt] n fragment m
fragmentary ['frægməntərɪ] adj fragmentaire
fragmented [fræg'mɛntɪd] adj (divided) divisé(e)
fragrance ['freɪgrəns] n parfum m
fragrant ['freɪgrənt] adj parfumé(e), odorant(e)
frail [freɪl] adj fragile, délicat(e) ; (person) frêle
frailty ['freɪltɪ] n (weakness) faiblesse f ; (poor health) fragilité f
frame [freɪm] n (of building) charpente f ; (of human, animal) charpente, ossature f ; (of picture) cadre m ; (of door, window) encadrement m, chambranle m ; (of spectacles: also: **frames**) monture f ; ~ **of mind** disposition f d'esprit ▸ vt (picture) encadrer ; (theory, plan) construire, élaborer ; **to** ~ **sb** (inf) monter un coup contre qn
framework ['freɪmwəːk] n structure f
France [frɑːns] n la France ; **in** ~ en France
franchise ['fræntʃaɪz] n (Pol) droit m de vote ; (Comm) franchise f
franchisee [fræntʃaɪ'ziː] n franchisé m
franchiser ['fræntʃaɪzər] n franchiseur m
Francophone ['fræŋkəʊfəʊn] n francophone mf
frank [fræŋk] adj franc (franche) ▸ vt (letter) affranchir
Frankfurt ['fræŋkfəːt] n Francfort
franking machine ['fræŋkɪŋ-] n machine f à affranchir
frankly ['fræŋklɪ] adv franchement
frankness ['fræŋknɪs] n franchise f
frantic ['fræntɪk] adj (hectic) frénétique ; (need, desire) effréné(e) ; (distraught) hors de soi
frantically ['fræntɪklɪ] adv frénétiquement
fraternal [frə'təːnl] adj fraternel(le)
fraternity [frə'təːnɪtɪ] n (club) communauté f, confrérie f ; (spirit) fraternité f
fraternize ['frætənaɪz] vi fraterniser
fraud [frɔːd] n supercherie f, fraude f, tromperie f ; (person) imposteur m
fraud squad n service m de la répression des fraudes
fraudster ['frɔːdstər] n (esp Brit) fraudeur(-euse)
fraudulent ['frɔːdjulənt] adj frauduleux(-euse)
fraudulently ['frɔːdʒuləntlɪ] adv frauduleusement
fraught [frɔːt] adj (tense: person) très tendu(e) ; (: situation) pénible ; ~ **with** (difficulties etc) chargé(e) de, plein(e) de
fray [freɪ] n bagarre f ; (Mil) combat m ▸ vt effilocher ▸ vi s'effilocher ; **tempers were frayed** les gens commençaient à s'énerver ; **her nerves were frayed** elle était à bout de nerfs
FRB n abbr (US) = **Federal Reserve Board**
FRCM n abbr (Brit) = **Fellow of the Royal College of Music**
FRCO n abbr (Brit) = **Fellow of the Royal College of Organists**
FRCP n abbr (Brit) = **Fellow of the Royal College of Physicians**

FRCS n abbr (Brit) = **Fellow of the Royal College of Surgeons**
freak [friːk] n (eccentric person) phénomène m ; (unusual event) hasard m extraordinaire ; (pej: fanatic): **health food** ~ fana mf or obsédé(e) de l'alimentation saine ▸ adj (storm) exceptionnel(le) ; (accident) bizarre ▸ **freak out** vi (inf: drop out) se marginaliser ; (: on drugs) se défoncer
freakish ['friːkɪʃ] adj insolite, anormal(e)
freckle ['frɛkl] n tache f de rousseur
freckled ['frɛkəld] adj plein(e) de taches de rousseur
free [friː] adj libre ; (gratis) gratuit(e) ; (liberal) généreux(-euse), large ; **is this seat ~?** la place est libre ? ; **to give sb a ~ hand** donner carte blanche à qn ; ~ **and easy** sans façon, décontracté(e) ; **admission ~** entrée libre ▸ vt (prisoner etc) libérer ; (jammed object or person) dégager ▸ adv: ~ **(of charge)** gratuitement ▸ **free up** vt dégager
freebie ['friːbɪ] n (inf): **it's a ~** c'est gratuit
freedom ['friːdəm] n liberté f
freedom fighter n combattant m de la liberté
free enterprise n libre entreprise f
Freefone® ['friːfəʊn] n numéro vert
free-for-all ['friːfərɔːl] n mêlée générale
free gift n prime f
freehold ['friːhəʊld] n propriété foncière libre
free kick n (Sport) coup franc
freelance ['friːlɑːns] adj (journalist etc) indépendant(e), free-lance inv ; (work) en free-lance ▸ adv en free-lance
freelancer ['friːlɑːnsər] n travailleur(-euse) indépendant(e), free-lance mf
freeloader ['friːləʊdər] n (pej) parasite m
freely ['friːlɪ] adv librement ; (liberally) libéralement
free-market economy [friː'mɑːkɪt-] n économie f de marché
freemason ['friːmeɪsn] n franc-maçon m
freemasonry ['friːmeɪsnrɪ] n franc-maçonnerie f
Freepost® ['friːpəʊst] n (Brit) port payé
free-range ['friː'reɪndʒ] adj (egg) de ferme ; (chicken) fermier
free sample n échantillon gratuit
free speech n liberté f d'expression
freestyle ['friːstaɪl] adj (swimming, wrestling) libre ; ~ **skiing** ski acrobatique ; ~ **event** (in swimming) épreuve f libre ; (in skiing) épreuve f acrobatique
free trade n libre-échange m
freeware ['friːwɛər] n (Comput) freeware m, graticiel m
freeway ['friːweɪ] n (US) autoroute f
freewheel [friː'wiːl] vi descendre en roue libre
freewheeling [friː'wiːlɪŋ] adj indépendant(e), libre
free will n libre arbitre m ; **of one's own ~** de son plein gré
freeze [friːz] (pt **froze** [frəʊz], pp **frozen** ['frəʊzn]) vi geler ▸ vt geler ; (food) congeler ; (prices, salaries) bloquer, geler ▸ n gel m ; (of prices, salaries) blocage m ▸ **freeze over** vi (river) geler ; (windscreen) se couvrir de givre or de glace ▸ **freeze up** vi geler

freeze-dried ['friːzdraɪd] *adj* lyophilisé(e)
freezer ['friːzəʳ] *n* congélateur *m*
freezing ['friːzɪŋ] *adj*: **~ (cold)** (*room etc*)
glacial(e) ; (*person, hands*) gelé(e), glacé(e) ; **it's ~**
il fait un froid glacial ▸ *n*: **3 degrees below ~**
3 degrés au-dessous de zéro
freezing point *n* point *m* de congélation
freight [freɪt] *n* (*goods*) fret *m*, cargaison *f* ;
(*money charged*) fret, prix *m* du transport ;
~ forward port dû ; **~ inward** port payé par le
destinataire
freighter ['freɪtəʳ] *n* (*Naut*) cargo *m*
freight forwarder [-fɔːwədəʳ] *n* transitaire *m*
freight train *n* (*US*) train *m* de marchandises
French [frɛntʃ] *adj* français(e) ▸ *n* (*Ling*) français
m ; **what's the ~ for ...?** comment dit-on ... en
français ? ; **the ~** *npl* les Français
French bean *n* (*BRIT*) haricot vert
French bread *n* pain *m* français
French Canadian *adj* canadien(ne) français(e)
▸ *n* Canadien(ne) français(e)
French dressing *n* (*Culin*) vinaigrette *f*
French fried potatoes, (*US*) **French fries** *npl*
(pommes de terre *fpl*) frites *fpl*
French Guiana [-gaɪˈænə] *n* Guyane française
French horn *n* (*Mus*) cor *m* (d'harmonie)
French kiss *n* baiser profond
French loaf *n* ≈ pain *m*, ≈ parisien *m*
Frenchman ['frɛntʃmən] *n* (*irreg*) Français *m*
French Riviera *n*: **the ~** la Côte d'Azur
French stick *n* ≈ baguette *f*
French window *n* porte-fenêtre *f*
Frenchwoman ['frɛntʃwumən] *n* (*irreg*)
Française *f*
frenetic [frəˈnɛtɪk] *adj* frénétique
frenzied ['frɛnzɪd] *adj* (*activity*) frénétique ;
(*attack*) déchaîné(e)
frenzy ['frɛnzɪ] *n* frénésie *f*
frequency ['friːkwənsɪ] *n* fréquence *f*
frequency modulation *n* modulation *f* de
fréquence
frequent *adj* ['friːkwənt] fréquent(e) ▸ *vt*
[frɪˈkwɛnt] fréquenter
frequently ['friːkwəntlɪ] *adv* fréquemment
fresco ['frɛskəu] *n* fresque *f*
fresh [frɛʃ] *adj* frais (fraîche) ; (*new*) nouveau
(nouvelle) ; (*cheeky*) familier(-ière), culotté(e) ;
to make a ~ start prendre un nouveau départ
freshen ['frɛʃən] *vi* (*wind, air*) fraîchir
▸ **freshen up** *vi* faire un brin de toilette
freshener ['frɛʃnəʳ] *n*: **skin ~** astringent *m* ; **air ~**
désodorisant *m*
fresher ['frɛʃəʳ] *n* (*BRIT University: inf*) bizuth *m*,
étudiant(e) de première année
freshly ['frɛʃlɪ] *adv* nouvellement, récemment
freshman ['frɛʃmən] *n* (*irreg*) (*US*) = **fresher**
freshness ['frɛʃnɪs] *n* fraîcheur *f*
freshwater ['frɛʃwɔːtəʳ] *adj* (*fish*) d'eau douce
fret [frɛt] *vi* s'agiter, se tracasser
fretful ['frɛtful] *adj* (*child*) grincheux(-euse)
Freudian ['frɔɪdɪən] *adj* freudien(ne) ; **~ slip**
lapsus *m*
FRG *n abbr* (= *Federal Republic of Germany*) RFA *f*
Fri. *abbr* (= *Friday*) ve.
friar ['fraɪəʳ] *n* moine *m*, frère *m*

friction ['frɪkʃən] *n* friction *f*, frottement *m*
friction feed *n* (*on printer*) entraînement *m* par
friction
Friday ['fraɪdɪ] *n* vendredi *m* ; *see also* **Tuesday**
fridge [frɪdʒ] *n* (*BRIT*) frigo *m*, frigidaire® *m*
fridge-freezer ['frɪdʒˈfriːzəʳ] *n* réfrigérateur-
congélateur *m*
fried [fraɪd] *pt, pp of* **fry** ▸ *adj* frit(e) ; **~ egg** œuf *m*
sur le plat
friend [frɛnd] *n* ami(e) ; **to make friends with**
se lier (d'amitié) avec ▸ *vt* (*Internet*) ajouter
comme ami(e)
friendliness ['frɛndlɪnɪs] *n* attitude amicale
friendly ['frɛndlɪ] *adj* amical(e) ; (*kind*)
sympathique, gentil(le) ; (*place*) accueillant(e) ;
(*Pol: country*) ami(e) ; **to be ~ with** être ami(e)
avec ; **to be ~ to** être bien disposé(e) à l'égard de
▸ *n* (*also*: **friendly match**) match amical
friendly fire *n*: **they were killed by ~** ils sont
morts sous les tirs de leur propre camp
friendly society *n* société *f* mutualiste
friendship ['frɛndʃɪp] *n* amitié *f*
fries [fraɪz] *n* (*esp US*) = **chips**
frieze [friːz] *n* frise *f*, bordure *f*
frigate ['frɪgɪt] *n* (*Naut: modern*) frégate *f*
fright [fraɪt] *n* peur *f*, effroi *m* ; **to give sb a ~**
faire peur à qn ; **to take ~** prendre peur,
s'effrayer ; **she looks a ~** elle a l'air d'un
épouvantail
frighten ['fraɪtn] *vt* effrayer, faire peur à
▸ **frighten away, frighten off** *vt* (*birds, children etc*)
faire fuir, effaroucher
frightened ['fraɪtnd] *adj*: **to be ~ (of)** avoir peur
(de)
frightening ['fraɪtnɪŋ] *adj* effrayant(e)
frightful ['fraɪtful] *adj* affreux(-euse)
frightfully ['fraɪtfəlɪ] *adv* affreusement
frigid ['frɪdʒɪd] *adj* frigide
frigidity [frɪˈdʒɪdɪtɪ] *n* frigidité *f*
frill [frɪl] *n* (*of dress*) volant *m* ; (*of shirt*) jabot *m* ;
without frills (*fig*) sans manières
frilly ['frɪlɪ] *adj* à fanfreluches
fringe [frɪndʒ] *n* (*BRIT: of hair*) frange *f* ; (*edge: of
forest etc*) bordure *f* ; (*fig*): **on the ~** en marge
fringe benefits *npl* avantages sociaux *or* en
nature
fringe theatre *n* théâtre *m* d'avant-garde
Frisbee® ['frɪzbɪ] *n* Frisbee® *m*
frisk [frɪsk] *vt* fouiller
frisky ['frɪskɪ] *adj* vif (vive), sémillant(e)
frisson ['friːsɔn] *n* (*literary*) frisson *m*
fritter ['frɪtəʳ] *n* beignet *m*
▸ **fritter away** *vt* gaspiller
frivolity [frɪˈvɔlɪtɪ] *n* frivolité *f*
frivolous ['frɪvələs] *adj* frivole
frizzy ['frɪzɪ] *adj* crépu(e)
fro [frəu] *adv see* **to**
frock [frɔk] *n* robe *f*
frog [frɔg] *n* grenouille *f* ; **to have a ~ in one's
throat** avoir un chat dans la gorge
frogman ['frɔgmən] *n* (*irreg*) homme-
grenouille *m*
frogmarch ['frɔgmɑːtʃ] *vt* (*BRIT*): **to ~ sb in/out**
faire entrer/sortir qn de force
frolic ['frɔlɪk] *n* ébats *mpl* ▸ *vi* folâtrer, batifoler

f

KEYWORD

from [frɔm] *prep* **1** (*indicating starting place, origin etc*) de ; **where do you come from?, where are you from?** d'où venez-vous ? ; **where has he come from?** d'où arrive-t-il ? ; **from London to Paris** de Londres à Paris ; **to escape from sb/sth** échapper à qn/qch ; **a letter/telephone call from my sister** une lettre/un appel de ma sœur ; **to drink from the bottle** boire à (même) la bouteille ; **tell him from me that ...** dites-lui de ma part que ...
2 (*indicating time*) (à partir) de ; **from one o'clock to** *or* **until** *or* **till two** d'une heure à deux heures ; **from January (on)** à partir de janvier
3 (*indicating distance*) de ; **the hotel is one kilometre from the beach** l'hôtel est à un kilomètre de la plage
4 (*indicating price, number etc*) de ; **prices range from £10 to £50** les prix varient entre 10 livres et 50 livres ; **the interest rate was increased from 9% to 10%** le taux d'intérêt est passé de 9% à 10%
5 (*indicating difference*) de ; **he can't tell red from green** il ne peut pas distinguer le rouge du vert ; **to be different from sb/sth** être différent de qn/qch
6 (*because of, on the basis of*): **from what he says** d'après ce qu'il dit ; **weak from hunger** affaibli par la faim

frond [frɔnd] *n* fronde *f*
front [frʌnt] *n* (*of house, dress*) devant *m* ; (*of coach, train*) avant *m* ; (*of book*) couverture *f* ; (*promenade: also:* **sea front**) bord *m* de mer ; (*Mil, Pol, Meteorology*) front *m* ; (*fig: appearances*) contenance *f*, façade *f* ; **in ~ (of)** devant ▶ *adj* de devant ; (*page, row*) premier(-ière) ; (*seat, wheel*) avant *inv* ▶ *vi*: **to ~ onto sth** donner sur qch
frontage ['frʌntɪdʒ] *n* façade *f* ; (*of shop*) devanture *f*
frontal ['frʌntl] *adj* frontal(e)
front bench *n* (BRIT *Pol*) *voir article*

FRONT BENCH

Le **front bench** est le banc du gouvernement, placé à la droite du *Speaker*, ou celui du cabinet fantôme, placé à sa gauche. Ils se font face dans l'enceinte de la Chambre des communes. Par extension, *front bench* désigne les dirigeants des groupes parlementaires de la majorité et de l'opposition, qui sont appelés *frontbenchers* par opposition aux autres députés qui sont appelés *backbenchers*.

frontbencher [frʌnt'bɛntʃə^r] *n* (BRIT: *government minister*) ministre *m* ; (: *shadow minister*) membre *m* du cabinet fantôme
front desk *n* (US: *in hotel, at doctor's*) réception *f*
front door *n* porte *f* d'entrée ; (*of car*) portière *f* avant
frontier ['frʌntɪə^r] *n* frontière *f*
frontispiece ['frʌntɪspiːs] *n* frontispice *m*
front page *n* première page
front room *n* (BRIT) pièce *f* de devant, salon *m*

front runner *n* (*fig*) favori(te)
front-wheel drive ['frʌntwiːl-] *n* traction *f* avant
frost [frɔst] *n* gel *m*, gelée *f* ; (*also:* **hoarfrost**) givre *m*
frostbite ['frɔstbaɪt] *n* gelures *fpl*
frostbitten ['frɔstbɪtən] *adj* gelé(e)
frosted ['frɔstɪd] *adj* (*glass*) dépoli(e) ; (*esp US: cake*) glacé(e)
frosting ['frɔstɪŋ] *n* (*esp US: on cake*) glaçage *m*
frosty ['frɔstɪ] *adj* (*window*) couvert(e) de givre ; (*weather, welcome*) glacial(e)
froth [frɔθ] *n* mousse *f* ; écume *f*
frothy ['frɔθɪ] *adj* mousseux(-euse)
frown [fraun] *n* froncement *m* de sourcils ▶ *vi* froncer les sourcils
  ▶ **frown on** *vt* (*fig*) désapprouver
froze [frəuz] *pt of* **freeze**
frozen ['frəuzn] *pp of* **freeze** ▶ *adj* (*food*) congelé(e) ; (*person, also assets*) gelé(e)
FRS *n abbr* (BRIT: = *Fellow of the Royal Society*) membre *m* de l'Académie des sciences ; (US: = *Federal Reserve System*) banque centrale américaine
fructose ['fruktəuz] *n* fructose *m*
frugal ['fruːgl] *adj* frugal(e)
fruit [fruːt] *n* (*pl inv*) fruit *m*
fruiterer ['fruːtərə^r] *n* fruitier *m*, marchand(e) de fruits ; **~'s (shop)** fruiterie *f*
fruit fly *n* mouche *f* du vinaigre, drosophile *f*
fruitful ['fruːtful] *adj* fructueux(-euse) ; (*plant, soil*) fécond(e)
fruition [fruː'ɪʃən] *n*: **to come to ~** se réaliser
fruit juice *n* jus *m* de fruit
fruitless ['fruːtlɪs] *adj* (*fig*) vain(e), infructueux(-euse)
fruit machine *n* (BRIT) machine *f* à sous
fruit salad *n* salade *f* de fruits
frump [frʌmp] *n* mocheté *f*
frustrate [frʌs'treɪt] *vt* frustrer ; (*plot, plans*) faire échouer
frustrated [frʌs'treɪtɪd] *adj* frustré(e)
frustrating [frʌs'treɪtɪŋ] *adj* (*job*) frustrant(e) ; (*day*) démoralisant(e)
frustration [frʌs'treɪʃən] *n* frustration *f*
fry [fraɪ] (*pt, pp* **fried** [-d]) *vt* (faire) frire ▶ *n*: **small ~** le menu fretin
frying pan ['fraɪɪŋ-] *n* poêle *f* (à frire)
FT *n abbr* (BRIT: = *Financial Times*) *journal financier*
ft. *abbr* = **foot; feet**
FTC *n abbr* (US) = **Federal Trade Commission**
FTSE 100 (Share) Index ['futsi-] *n abbr* (= *Financial Times Stock Exchange 100 (Share) Index*) indice *m* Footsie des cent grandes valeurs
fuchsia ['fjuːʃə] *n* fuchsia *m*
fuck [fʌk] *vt, vi* (*inf!*) baiser (!) ; **~ off!** fous le camp ! (!)
  ▶ **fuck up** *vt* (*inf!*) foutre la merde dans (*inf*)
fucking ['fʌkɪŋ] (*inf!*) *adj* putain de (*inf*) ▶ *adv* (*stupid, expensive*) carrément (*inf*)
fuddled ['fʌdld] *adj* (*muddled*) embrouillé(e), confus(e)
fuddy-duddy ['fʌdɪdʌdɪ] *adj* (*pej*) vieux jeu *inv*, ringard(e)
fudge [fʌdʒ] *n* (*Culin*) sorte de confiserie à base de sucre, de beurre et de lait ▶ *vt* (*issue, problem*) esquiver

fuel [fjuəl] n (for heating) combustible m ; (for
engine) carburant m
fuel oil n mazout m
fuel poverty n pauvreté f énergétique
fuel pump n (Aut) pompe f d'alimentation
fuel tank n cuve f à mazout, citerne f ; (in vehicle)
réservoir m de or à carburant
fug [fʌg] n (BRIT) puanteur f, odeur f de renfermé
fugitive ['fjuːdʒɪtɪv] n fugitif(-ive)
fulfil, (US) fulfill [ful'fɪl] vt (function, condition)
remplir ; (order) exécuter ; (wish, desire) satisfaire,
réaliser
fulfilled [ful'fɪld] adj (person) comblé(e),
épanoui(e)
fulfilling [ful'fɪlɪŋ] adj profondément
satisfaisant(e)
fulfilment, (US) fulfillment [ful'fɪlmənt] n (of
wishes) réalisation f
full [ful] adj plein(e) ; (details, hotel, bus)
complet(-ète) ; (price) fort(e), normal(e) ; (busy:
day) chargé(e) ; (skirt) ample, large ; ~ (up) (hotel
etc) complet(-ète) ; I'm ~ (up) j'ai bien mangé ;
~ employment/fare plein emploi/tarif ; a ~
two hours deux bonnes heures ; at ~ speed à
toute vitesse ▸ adv: to know ~ well that savoir
fort bien que ▸ n: in ~ (reproduce, quote, pay)
intégralement ; (write name etc) en toutes lettres
fullback ['fulbæk] n (Rugby, Football) arrière m
full-blooded ['ful'blʌdɪd] adj (vigorous)
vigoureux(-euse)
full board n (esp BRIT) pension f complète
full-cream ['ful'kriːm] adj: ~ milk (BRIT) lait
entier
full-grown ['ful'grəun] adj arrivé(e) à maturité,
adulte
full-length ['ful'lɛŋθ] adj (portrait) en pied ; (coat)
long(ue) ; ~ film long métrage
full moon n pleine lune
fullness ['fulnɪs] n (of garment) ampleur f ; (after
eating) rassasiement m ; in the ~ of time avec le
temps
full-scale ['fulskeɪl] adj (model) grandeur nature
inv ; (search, retreat) complet(-ète), total(e)
full-sized ['ful'saɪzd] adj (portrait etc) grandeur
nature inv
full stop n point m
full-time ['ful'taɪm] adj, adv (work) à plein temps
▸ n (Sport) fin f du match
fully ['fulɪ] adv entièrement, complètement ;
(at least): ~ as big au moins aussi grand
fully-fledged ['fulɪ'flɛdʒd] adj (teacher, barrister)
diplômé(e) ; (citizen, member) à part entière
fulsome ['fulsəm] adj (pej: praise) excessif(-ive) ;
(: manner) exagéré(e)
fumble ['fʌmbl] vi fouiller, tâtonner ▸ vt (ball)
mal réceptionner, cafouiller
▸ fumble for vt fouiller pour trouver
▸ fumble with vt fus tripoter
fume [fjuːm] vi (rage) rager
fumes [fjuːmz] npl vapeurs fpl, émanations fpl,
gaz mpl
fumigate ['fjuːmɪgeɪt] vt désinfecter (par
fumigation)
fun [fʌn] n amusement m, divertissement m ; to
have ~ s'amuser ; for ~ pour rire ; it's not

much ~ ce n'est pas très drôle or amusant ; to
make ~ of se moquer de
function ['fʌŋkʃən] n fonction f ; (reception, dinner)
cérémonie f, soirée officielle ▸ vi fonctionner ;
to ~ as faire office de
functional ['fʌŋkʃənl] adj fonctionnel(le)
functionality [fʌŋkʃə'nælɪtɪ] n fonctionnalité f
function key n (Comput) touche f de fonction
fund [fʌnd] n caisse f, fonds m ; (source, store)
source f, mine f ; funds npl (money) fonds mpl
fundamental [fʌndə'mɛntl] adj
fondamental(e) ; fundamentals npl principes
mpl de base
fundamentalism [fʌndə'mɛntəlɪzəm] n
intégrisme m
fundamentalist [fʌndə'mɛntəlɪst] n
intégriste mf
fundamentally [fʌndə'mɛntəlɪ] adv
fondamentalement
funding ['fʌndɪŋ] n financement m
fund-raising ['fʌndreɪzɪŋ] n collecte f de fonds
funeral ['fjuːnərəl] n enterrement m ; (more
formal occasion) obsèques fpl
funeral director n entrepreneur m des pompes
funèbres
funeral parlour n (BRIT) dépôt m mortuaire
funeral service n service m funèbre
funereal [fjuː'nɪərɪəl] adj lugubre, funèbre
funfair ['fʌnfɛəʳ] n (BRIT) fête (foraine)
fungal ['fʌŋgəl] adj fongique
fungus ['fʌŋgəs] (pl fungi [-gaɪ]) n champignon
m ; (mould) moisissure f
funicular [fjuː'nɪkjuləʳ] n (also: funicular
railway) funiculaire m
funky ['fʌŋkɪ] adj (music) funky inv ; (inf: excellent)
super inv
funnel ['fʌnl] n entonnoir m ; (of ship) cheminée f
funnily ['fʌnɪlɪ] adv drôlement ; (strangely)
curieusement
funny ['fʌnɪ] adj amusant(e), drôle ; (strange)
curieux(-euse), bizarre
funny bone n endroit sensible du coude
fun run n course f de fond (pour amateurs)
fur [fəːʳ] n fourrure f ; (BRIT: in kettle etc) (dépôt m
de) tartre m
fur coat n manteau m de fourrure
furious ['fjuərɪəs] adj furieux(-euse) ; (effort)
acharné(e) ; to be ~ with sb être dans une
fureur noire contre qn
furiously ['fjuərɪəslɪ] adv furieusement ; avec
acharnement
furl [fəːl] vt rouler ; (Naut) ferler
furlong ['fəːlɔŋ] n = 201.17 m (terme d'hippisme)
furlough ['fəːləu] n permission f, congé m
furnace ['fəːnɪs] n fourneau m
furnish ['fəːnɪʃ] vt meubler ; (supply) fournir ;
furnished flat or (US) apartment meublé m
furnishings ['fəːnɪʃɪŋz] npl mobilier m, articles
mpl d'ameublement
furniture ['fəːnɪtʃəʳ] n meubles mpl, mobilier m ;
piece of ~ meuble m
furniture polish n encaustique f
furore [fjuə'rɔːrɪ] n (protests) protestations fpl
furrier ['fʌrɪəʳ] n fourreur m
furrow ['fʌrəu] n sillon m

furry ['fə:rɪ] *adj (animal)* à fourrure ; *(toy)* en peluche

further ['fə:ðəʳ] *adj* supplémentaire, autre ; nouveau (nouvelle) ; **how much ~ is it?** quelle distance *or* combien reste-t-il à parcourir ? ; **until ~ notice** jusqu'à nouvel ordre *or* avis ▸ *adv* plus loin ; *(more)* davantage ; *(moreover)* de plus ; **~ to your letter of ...** *(Comm)* suite à votre lettre du ... ‚ ▸ *vt* faire avancer *or* progresser, promouvoir

further education *n* enseignement *m* postscolaire *(recyclage, formation professionnelle)*

furthermore [fə:ðəˈmɔːʳ] *adv* de plus, en outre

furthermost ['fə:ðəməust] *adj* le (la) plus éloigné(e)

furthest ['fə:ðɪst] *superlative of* **far**

furtive ['fə:tɪv] *adj* furtif(-ive)

fury ['fjuərɪ] *n* fureur *f*

fuse, *(US)* **fuze** [fju:z] *n* fusible *m* ; *(for bomb etc)* amorce *f*, détonateur *m* ; **a ~ has blown** un fusible a sauté ▸ *vt, vi (metal)* fondre ; *(fig)* fusionner ; *(Brit Elec)* **to ~ the lights** faire sauter les fusibles *or* les plombs

fuse box *n* boîte *f* à fusibles

fuselage ['fju:zəlɑ:ʒ] *n* fuselage *m*

fuse wire *n* fusible *m*

fusillade [fju:zɪˈleɪd] *n* fusillade *f* ; *(fig)* feu roulant

fusion ['fju:ʒən] *n* fusion *f*

fuss [fʌs] *n (anxiety, excitement)* chichis *mpl*, façons *fpl* ; *(commotion)* tapage *m* ; *(complaining, trouble)* histoire(s) *f(pl)* ; **to make a ~** faire des façons *(or* des histoires*)* ; **to make a ~ of sb** dorloter qn ▸ *vi* faire des histoires ▸ *vt (person)* embêter ▸ **fuss over** *vt fus (person)* dorloter

fusspot ['fʌspɒt] *n (inf)*: **don't be such a ~!** ne fais pas tant d'histoires !

fussy ['fʌsɪ] *adj (person)* tatillon(ne), difficile, chichiteux(-euse) ; *(dress, style)* tarabiscoté(e) ; **I'm not ~** *(inf)* ça m'est égal

fusty ['fʌstɪ] *adj (old-fashioned)* vieillot(te) ; *(smell)* de renfermé *or* moisi

futile ['fju:taɪl] *adj* futile

futility [fju:'tɪlɪtɪ] *n* futilité *f*

futon ['fu:tɒn] *n* futon *m*

future ['fju:tʃəʳ] *adj* futur(e) ▸ *n* avenir *m* ; *(Ling)* futur *m* ; **in (the) ~** à l'avenir ; **in the near/immediate ~** dans un avenir proche/immédiat ; **futures** *npl (Comm)* opérations *fpl* à terme

futuristic [fju:tʃəˈrɪstɪk] *adj* futuriste

fuze [fju:z] *n, vt, vi (US)* = **fuse**

fuzz [fʌz] *n (on body, face)* duvet *m* ▸ *npl*: **the ~** *(inf)* les flics *(inf)*

fuzzy ['fʌzɪ] *adj (Phot)* flou(e) ; *(hair)* crépu(e)

fwd. *abbr* = **forward**

fwy *abbr (US)* = **freeway**

FY *abbr* = **fiscal year**

FYI *abbr* = **for your information**

Gg

G¹, g [dʒi:] n (letter) G, g m ; (Mus): **G** sol m ; **G for George** G comme Gaston

G² n abbr (BRIT Scol: = good) b (= bien) ; (US Cine: = general (audience)) ≈ tous publics

g. abbr (= gram) g ; (= gravity) g

G8 n abbr (Pol: = Group of Eight) G8 m

G20 n abbr (Pol: = Group of Twenty) G20 m

GA abbr (US) = **Georgia**

gab [gæb] n (inf): **to have the gift of the ~** avoir la langue bien pendue

gabble ['gæbl] vi bredouiller ; jacasser

gaberdine [gæbə'di:n] n gabardine f

gable ['geɪbl] n pignon m

Gabon [gə'bɒn] n Gabon m

gad about [gæd-] vi (inf) se balader

gadget ['gædʒɪt] n gadget m

Gaelic ['geɪlɪk] adj, n (Ling) gaélique m

gaffe [gæf] n gaffe f

gaffer ['gæfə'] n (BRIT: foreman) contremaître m ; (: inf: boss) patron m

gag [gæg] n (on mouth) bâillon m ; (joke) gag m ▸ vt (prisoner etc) bâillonner ▸ vi (choke) étouffer

gaga ['gɑ:gɑ:] adj: **to go ~** devenir gaga or gâteux(-euse)

gaggle ['gægl] n troupeau m

gaiety ['geɪtɪ] n gaieté f

gaily ['geɪlɪ] adv gaiement

gain [geɪn] n (improvement) gain m ; (profit) gain, profit m ▸ vt gagner ; **to ~ 3lbs (in weight)** prendre 3 livres ; **to ~ ground** gagner du terrain ▸ vi (watch) avancer ; **to ~ from/by** gagner de/à ; **to ~ on sb** (catch up) rattraper qn

gainful ['geɪnful] adj profitable, lucratif(-ive)

gainfully ['geɪnfəlɪ] adv: **to be ~ employed** avoir un emploi rémunéré

gainsay [geɪn'seɪ] vt (irreg: like **say**) contredire ; nier

gait [geɪt] n démarche f

gal. abbr = **gallon**

gala ['gɑ:lə] n gala m ; **swimming ~** grand concours de natation

galactic [gə'læktɪk] adj galactique

Galápagos [gə'læpəgəs] npl: **the ~ (Islands)** les (îles fpl) Galapagos fpl

galaxy ['gæləksɪ] n galaxie f

gale [geɪl] n coup m de vent ; **~ force 10** vent m de force 10

gall [gɔ:l] n (Anat) bile f ; (fig) effronterie f ▸ vt ulcérer, irriter

gall. abbr = **gallon**

gallant ['gælənt] adj vaillant(e), brave ; (towards ladies) empressé(e), galant(e)

gallantly ['gæləntlɪ] adv (bravely) courageusement ; (valiantly) vaillamment ; (chivalrously) galamment

gallantry ['gæləntrɪ] n bravoure f, vaillance f ; empressement m, galanterie f

gall bladder n vésicule f biliaire

galleon ['gælɪən] n galion m

gallery ['gælərɪ] n galerie f ; (also: **art gallery**) musée m ; (: private) galerie ; (for spectators) tribune f ; (: in theatre) dernier balcon

galley ['gælɪ] n (ship's kitchen) cambuse f ; (ship) galère f ; (also: **galley proof**) placard m, galée f

Gallic ['gælɪk] adj (of Gaul) gaulois(e) ; (French) français(e)

galling ['gɔ:lɪŋ] adj irritant(e)

gallon ['gæln] n gallon m (Brit = 4.543 l ; US = 3.785 l)

gallop ['gæləp] n galop m ▸ vi galoper ; **galloping inflation** inflation galopante

gallows ['gæləuz] n potence f

gallstone ['gɔ:lstəun] n calcul m (biliaire)

Gallup Poll ['gæləp-] n sondage m Gallup

galore [gə'lɔ:'] adv en abondance, à gogo

galvanize ['gælvənaɪz] vt galvaniser ; (fig): **to ~ sb into action** galvaniser qn

Gambia ['gæmbɪə] n Gambie f

gambit ['gæmbɪt] n (fig): (**opening**) **~** manœuvre f stratégique

gamble ['gæmbl] n pari m, risque calculé ▸ vt, vi jouer ; **to ~ on the Stock Exchange** jouer en or à la Bourse ; **to ~ on** (fig) miser sur ▸ **gamble away** vt perdre au jeu

gambler ['gæmblə'] n joueur m

gambling ['gæmblɪŋ] n jeu m

gambol ['gæmbl] vi gambader

game [geɪm] n jeu m ; (event) match m ; (of tennis, chess, cards) partie f ; (Hunting) gibier m ; **a ~ of football/tennis** une partie de football/tennis ; **big ~** gros gibier ▸ adj brave ; (willing): **to be ~ (for)** être prêt(e) (à or pour) ; **games** npl (Scol) sport m ; (sport event) jeux

game bird n gibier m à plume

gamekeeper ['geɪmki:pə'] n garde-chasse m

gamely ['geɪmlɪ] adv vaillamment

gamer ['geɪmə'] n joueur(-euse) de jeux vidéos

game reserve n réserve animalière

games console n console f de jeux vidéo

game show n jeu télévisé

gamesmanship ['geɪmzmənʃɪp] n roublardise f

gaming ['geɪmɪŋ] n jeu m, jeux mpl d'argent ; (video games) jeux mpl vidéos

gammon ['gæmən] n (bacon) quartier m de lard fumé ; (ham) jambon fumé or salé
gamut ['gæmət] n gamme f
G&T n abbr gin m inv tonic m
gang [gæŋ] n bande f, groupe m ; (of workmen) équipe f
▶ **gang up** vi: **to ~ up on sb** se liguer contre qn
Ganges ['gændʒi:z] n: **the ~** le Gange
gangland ['gæŋlænd] adj: **~ killer** tueur professionnel du milieu ; **~ boss** chef m de gang
gangling ['gæŋglɪŋ], **gangly** ['gæŋglɪ] adj dégingandé(e)
gangplank ['gæŋplæŋk] n passerelle f
gangrene ['gæŋgri:n] n gangrène f
gangster ['gæŋstər] n gangster m, bandit m
gangway ['gæŋweɪ] n passerelle f ; (BRIT: of bus) couloir central
gantry ['gæntrɪ] n portique m ; (for rocket) tour f de lancement
GAO n abbr (US: = General Accounting Office) ≈ Cour f des comptes
gaol [dʒeɪl] n, vt (BRIT) = **jail**
gap [gæp] n trou m ; (in time) intervalle m ; (fig) lacune f ; vide m ; (difference): **~ (between)** écart m (entre)
gape [geɪp] vi (person) être or rester bouche bée ; (hole, shirt) être ouvert(e)
gaping ['geɪpɪŋ] adj (hole) béant(e)
gap year n année que certains étudiants prennent pour voyager ou pour travailler avant d'entrer à l'université
garage ['gærɑ:ʒ] n garage m
garage sale n vide-grenier m
garb [gɑ:b] n tenue f, costume m
garbage ['gɑ:bɪdʒ] n (US: rubbish) ordures fpl, détritus mpl ; (inf: nonsense) âneries fpl
garbage can n (US) poubelle f, boîte f à ordures
garbage collector n (US) éboueur m
garbage disposal, garbage disposal unit n broyeur m d'ordures
garbage truck n (US) camion m (de ramassage des ordures), benne f à ordures
garbled ['gɑ:bld] adj déformé(e), faussé(e)
garden ['gɑ:dn] n jardin m ▶ vi jardiner ; **gardens** npl (public) jardin public ; (private) parc m
garden centre (BRIT) n pépinière f, jardinerie f
garden city n (BRIT) cité-jardin f
gardener ['gɑ:dnər] n jardinier m
gardening ['gɑ:dnɪŋ] n jardinage m
gargantuan [gɑ:'gæntʃuən] adj gargantuesque
gargle ['gɑ:gl] vi se gargariser ▶ n gargarisme m
gargoyle ['gɑ:gɔɪl] n gargouille f
garish ['gɛərɪʃ] adj criard(e), voyant(e)
garland ['gɑ:lənd] n guirlande f ; couronne f
garlic ['gɑ:lɪk] n ail m
garment ['gɑ:mənt] n vêtement m
garner ['gɑ:nər] vt engranger, amasser
garnish ['gɑ:nɪʃ] (Culin) vt garnir ▶ n décoration f
garret ['gærɪt] n mansarde f
garrison ['gærɪsn] n garnison f ▶ vt mettre en garnison, stationner
garrulous ['gærjuləs] adj volubile, loquace
garter ['gɑ:tər] n jarretière f ; (US: suspender) jarretelle f

garter belt n (US) porte-jarretelles m inv
gas [gæs] n gaz m ; (US: gasoline) essence f ; **I can smell ~** ça sent le gaz ; **to be given ~** (as anaesthetic) se faire endormir ▶ vt asphyxier ; (Mil) gazer
Gascony ['gæskənɪ] n Gascogne f
gas cooker n (BRIT) cuisinière f à gaz
gas cylinder n bouteille f de gaz
gaseous ['gæsɪəs] adj gazeux(-euse)
gas fire n (BRIT) radiateur m à gaz
gas-fired ['gæsfaɪəd] adj au gaz
gash [gæʃ] n entaille f ; (on face) balafre f ▶ vt tailler ; balafrer
gasket ['gæskɪt] n (Aut) joint m de culasse
gas mask n masque m à gaz
gas meter n compteur m à gaz
gasoline ['gæsəli:n] n (US) essence f
gasp [gɑ:sp] n halètement m ; (of shock etc): **she gave a small ~ of pain** la douleur lui coupa le souffle ▶ vi haleter ; (fig) avoir le souffle coupé
▶ **gasp out** vt (say) dire dans un souffle or d'une voix entrecoupée
gas pedal n (US) accélérateur m
gas ring n brûleur m
gas station n (US) station-service f
gas stove n réchaud m à gaz ; (cooker) cuisinière f à gaz
gassy ['gæsɪ] adj gazeux(-euse)
gas tank n (US Aut) réservoir m d'essence
gas tap n bouton m (de cuisinière à gaz) ; (on pipe) robinet m à gaz
gastric ['gæstrɪk] adj gastrique
gastric band n (Med) anneau m gastrique
gastric ulcer n ulcère m de l'estomac
gastroenteritis ['gæstrəuɛntə'raɪtɪs] n gastroentérite f
gastrointestinal [gæstrəuɪn'tɛstɪnəl] adj gastro-intestinal(e)
gastronomic [gæstrə'nɔmɪk] adj gastronomique
gastronomy [gæs'trɔnəmɪ] n gastronomie f
gasworks ['gæswə:ks] n, npl usine f à gaz
gate [geɪt] n (of garden) portail m ; (of field, at level crossing) barrière f ; (of building, town, at airport) porte f ; (of lock) vanne f
gateau ['gætəu] (pl **gateaux** [-z]) n gros gâteau à la crème
gatecrash ['geɪtkræʃ] vt s'introduire sans invitation dans
gatecrasher ['geɪtkræʃər] n intrus(e)
gated community ['geɪtɪd-] n quartier enclos dont l'entrée est gardée ; ≈ quartier m sécurisé
gatehouse ['geɪthaus] n loge f
gatekeeper ['geɪtki:pər] n gardien(-ienne)
gateway ['geɪtweɪ] n porte f
gather ['gæðər] vt (flowers, fruit) cueillir ; (pick up) ramasser ; (assemble: objects) rassembler ; (: people) réunir ; (: information) recueillir ; (understand) comprendre ; (Sewing) froncer ; **to ~ (from/that)** conclure or déduire (de/que) ; **to ~ speed** prendre de la vitesse ▶ vi (assemble) se rassembler ; (dust) s'amasser ; (clouds) s'amonceler ; **as far as I can ~** d'après ce que je comprends
gathering ['gæðərɪŋ] n rassemblement m

GATT [gæt] *n abbr* (= *General Agreement on Tariffs and Trade*) GATT *m*
gauche [gəʊʃ] *adj* gauche, maladroit(e)
gaudy ['gɔːdɪ] *adj* voyant(e)
gauge [geɪdʒ] *n* (*standard measure*) calibre *m* ; (*Rail*) écartement *m* ; (*instrument*) jauge *f* ; **petrol ~**, (*US*) **gas ~** jauge d'essence ▸ *vt* jauger ; (*fig: sb's capabilities, character*) juger de ; **to ~ the right moment** calculer le moment propice
Gaul [gɔːl] *n* (*country*) Gaule *f* ; (*person*) Gaulois(e)
gaunt [gɔːnt] *adj* décharné(e) ; (*grim, desolate*) désolé(e)
gauntlet ['gɔːntlɪt] *n* (*fig*): **to throw down the ~** jeter le gant ; **to run the ~ through an angry crowd** se frayer un passage à travers une foule hostile *or* entre deux haies de manifestants *etc* hostiles
gauze [gɔːz] *n* gaze *f*
gave [geɪv] *pt of* **give**
gavel ['gævəl] *n* marteau *m* (*de commissaire-priseur, de magistrat, etc*)
gawk [gɔːk] *vi* (*inf*) rester bouche bée ; **to ~ at sb/sth** regarder qn/qch bouche bée
gawky ['gɔːkɪ] *adj* dégingandé(e), godiche
gawp [gɔːp] *vi*: **to ~ at** regarder bouche bée
gay [geɪ] *adj* (*homosexual*) homosexuel(le) ; (*old: cheerful*) gai(e), réjoui(e) ; (*colour*) gai, vif (vive) ; **~ marriage** mariage homosexuel
gaze [geɪz] *n* regard *m* fixe ▸ *vi*: **to ~ at** fixer du regard
gazebo [gə'ziːbəʊ] *n* belvédère *m*
gazelle [gə'zɛl] *n* gazelle *f*
gazette [gə'zɛt] *n* (*newspaper*) gazette *f* ; (*official publication*) journal officiel
gazetteer [gæzə'tɪər] *n* dictionnaire *m* géographique
gazump [gə'zʌmp] *vi* (*BRIT*) *revenir sur une promesse de vente pour accepter un prix plus élevé*
GB *abbr* = **Great Britain**
GBH *n abbr* (*BRIT Law: inf*) = **grievous bodily harm**
GC *n abbr* (*BRIT*) (= *George Cross*) *distinction honorifique*
GCE *n abbr* (*BRIT*) = **General Certificate of Education**
GCHQ *n abbr* (*BRIT*: = *Government Communications Headquarters*) *centre d'interception des télécommunications étrangères*
GCSE *n abbr* (*BRIT*: = *General Certificate of Secondary Education*) *examen passé à l'âge de 16 ans sanctionnant les connaissances de l'élève* ; **she's got eight GCSEs** elle a réussi dans huit matières aux épreuves du GCSE

- **GCSE**
- Les **GCSE** (*General Certificate of Secondary Education*) sont des épreuves passées dans plusieurs matières par les jeunes Anglais, Gallois et Irlandais du Nord âgés de 14 à 16 ans. La réussite à ces épreuves est une condition à remplir pour ceux qui souhaitent continuer leurs études et passer les *A levels* dans les matières en question (voir *A level*). Le nombre de matières est généralement compris entre 8 et 11, certaines, comme l'anglais, les maths et les sciences, étant obligatoires pour tous les étudiants.

Gdns. *abbr* = **gardens**
GDP *n abbr* = **gross domestic product**
GDR *n abbr* (*old*: = *German Democratic Republic*) RDA *f*
gear [gɪər] *n* matériel *m*, équipement *m* ; (*Tech*) engrenage *m* ; (*Aut*) vitesse *f* ; **top** *or* (*US*) **high/low ~** quatrième (*or* cinquième)/première vitesse ; **in ~** en prise ; **out of ~** au point mort ▸ *vt* (*fig: adapt*) adapter ; **our service is geared to meet the needs of the disabled** notre service répond de façon spécifique aux besoins des handicapés
 ▸ **gear up** *vi*: **to ~ up (to do)** se préparer (à faire)
 ▸ **gear up for** *vt* se préparer pour
gear box *n* boîte *f* de vitesse
gear lever *n* levier *m* de vitesse
gear shift *n* (*US*) = **gear lever**
gear stick (*BRIT*) *n* = **gear lever**
GED *n abbr* (*US Scol*) = **general educational development**
gee [dʒiː] *excl* (*US inf*) ça alors
geek [giːk] *n* (*inf: nerd*) allumé(e) (*inf*) ; (*also*: **computer geek**) crack *m* (*inf*) en informatique
geese [giːs] *npl of* **goose**
geezer ['giːzər] *n* (*BRIT inf*) mec *m*
Geiger counter ['gaɪgə-] *n* compteur *m* Geiger
gel [dʒɛl] *n* gelée *f* ; (*Chem*) colloïde *m*
gelatin, gelatine ['dʒɛlətiːn] *n* gélatine *f*
gelding ['gɛldɪŋ] *n* hongre *m*
gelignite ['dʒɛlɪgnaɪt] *n* plastic *m*
gem [dʒɛm] *n* pierre précieuse
Gemini ['dʒɛmɪnaɪ] *n* les Gémeaux *mpl* ; **to be ~** être des Gémeaux
gemstone ['dʒɛmstəʊn] *n* pierre *f* précieuse
gen [dʒɛn] *n* (*BRIT inf*): **to give sb the ~ on sth** mettre qn au courant de qch
Gen. *abbr* (*Mil*: = *general*) Gal
gen. *abbr* (= *general, generally*) gén
gender ['dʒɛndər] *n* genre *m* ; (*person's sex*) sexe *m*
gene [dʒiːn] *n* (*Biol*) gène *m*
genealogy [dʒiːnɪ'ælədʒɪ] *n* généalogie *f*
general ['dʒɛnərl] *n* général *m* ; **in ~** en général ▸ *adj* général(e) ; **the ~ public** le grand public ; **~ audit** (*Comm*) vérification annuelle
general anaesthetic, (*US*) **general anesthetic** *n* anesthésie générale
general delivery *n* poste restante
general election *n* élection(s) législative(s)
generalization ['dʒɛnrəlaɪ'zeɪʃən] *n* généralisation *f*
generalize ['dʒɛnrəlaɪz] *vi* généraliser
general knowledge *n* connaissances générales
generally ['dʒɛnrəlɪ] *adv* généralement
general manager *n* directeur général
general practitioner *n* généraliste *mf*
general store *n* épicerie *f*
general strike *n* grève générale
generate ['dʒɛnəreɪt] *vt* engendrer ; (*electricity*) produire
generation [dʒɛnə'reɪʃən] *n* génération *f* ; (*of electricity etc*) production *f*
generator ['dʒɛnəreɪtər] *n* générateur *m*
generic [dʒɪ'nɛrɪk] *adj* générique
generosity [dʒɛnə'rɔsɪtɪ] *n* générosité *f*
generous ['dʒɛnərəs] *adj* généreux(-euse) ; (*copious*) copieux(-euse)

generously ['dʒɛnərəslɪ] adv généreusement ; (plentifully) abondamment

genesis ['dʒɛnɪsɪs] n genèse f

genetic [dʒɪ'nɛtɪk] adj génétique ;
~ **engineering** ingénierie m génétique ;
~ **fingerprinting** système m d'empreinte génétique

genetically modified adj (food etc) génétiquement modifié(e)

geneticist [dʒɪ'nɛtɪsɪst] n généticien(-ienne)

genetics [dʒɪ'nɛtɪks] n génétique f

Geneva [dʒɪ'ni:və] n Genève ; **Lake ~** le lac Léman

genial ['dʒi:nɪəl] adj cordial(e), chaleureux(-euse) ; (climate) clément(e)

genie ['dʒi:nɪ] n génie m, djinn m

genitals ['dʒɛnɪtlz] npl organes génitaux

genitive ['dʒɛnɪtɪv] n génitif m

genius ['dʒi:nɪəs] n génie m

Genoa ['dʒɛnəuə] n Gênes

genocidal [dʒɛnə'saɪdl] adj génocide

genocide ['dʒɛnəusaɪd] n génocide m

genome ['dʒi:nəum] n génome m

genre ['ʒɔnrə] n genre m

gent [dʒɛnt] n abbr (BRIT inf) = **gentleman**

genteel [dʒɛn'ti:l] adj de bon ton, distingué(e)

Gentile ['dʒɛntaɪl] n gentil(le)

gentle ['dʒɛntl] adj doux (douce) ; (breeze, touch) léger(-ère)

gentleman ['dʒɛntlmən] n (irreg) monsieur m ; (well-bred man) gentleman m ; **~'s agreement** gentleman's agreement m

gentlemanly ['dʒɛntlmənlɪ] adj bien élevé(e)

gentleness ['dʒɛntlnɪs] n douceur f

gently ['dʒɛntlɪ] adv doucement

gentry ['dʒɛntrɪ] n petite noblesse

gents [dʒɛnts] n W.-C. mpl (pour hommes)

genuine ['dʒɛnjuɪn] adj véritable, authentique ; (person, emotion) sincère

genuinely ['dʒɛnjuɪnlɪ] adv sincèrement, vraiment

genus ['dʒi:nəs] (pl **genera** ['dʒɛnərə]) n genre m

geographer [dʒɪ'ɔgrəfəʳ] n géographe mf

geographic [dʒɪə'græfɪk], **geographical** [dʒɪə'græfɪkl] adj géographique

geographically [dʒɪə'græfɪklɪ] adv géographiquement

geography [dʒɪ'ɔgrəfɪ] n géographie f

geolocate [dʒi:ələu'keɪt] vt géolocaliser

geolocation [dʒi:ələu'keɪʃən] n géolocalisation f

geological [dʒɪə'lɔdʒɪkl] adj géologique

geologist [dʒɪ'ɔlədʒɪst] n géologue mf

geology [dʒɪ'ɔlədʒɪ] n géologie f

geometric [dʒɪə'mɛtrɪk], **geometrical** [dʒɪə'mɛtrɪkl] adj géométrique

geometry [dʒɪ'ɔmətrɪ] n géométrie f

geophysicist [dʒi:əu'fɪzɪsɪst] n géophysicien(-ienne)

geopolitical [dʒi:əupə'lɪtɪkl] adj géopolitique

Geordie ['dʒɔ:dɪ] n (inf) habitant(e) de Tyneside, originaire mf de Tyneside.

Georgia ['dʒɔ:dʒə] n Géorgie f

Georgian ['dʒɔ:dʒən] adj (Geo) géorgien(ne) ▶ n Géorgien(ne) ; (Ling) géorgien m

geranium [dʒɪ'reɪnɪəm] n géranium m

gerbil ['dʒə:bɪl] n gerbille f

geriatric [dʒɛrɪ'ætrɪk] adj gériatrique ▶ n patient(e) gériatrique

germ [dʒə:m] n (Med) microbe m ; (Biol, fig) germe m

German ['dʒə:mən] adj allemand(e) ▶ n Allemand(e) ; (Ling) allemand m

germane [dʒə:'meɪn] adj (formal) : ~ **(to)** se rapportant (à)

German measles n rubéole f

Germany ['dʒə:mənɪ] n Allemagne f

germinate ['dʒə:mɪneɪt] vi germer ▶ vt faire germer

germination [dʒə:mɪ'neɪʃən] n germination f

germ warfare n guerre f bactériologique

gerrymandering ['dʒɛrɪmændərɪŋ] n tripotage m du découpage électoral

gestation [dʒɛs'teɪʃən] n gestation f

gesticulate [dʒɛs'tɪkjuleɪt] vi gesticuler

gesture ['dʒɛstjəʳ] n geste m ; **as a ~ of friendship** en témoignage d'amitié

[KEYWORD]

get [gɛt] (pt, pp **got** [gɔt], US pp **gotten** ['gɔtn]) vi
1 (become, be) devenir ; **to get old/tired** devenir vieux/fatigué, vieillir/se fatiguer ; **to get drunk** s'enivrer ; **to get ready/washed/shaved** etc se préparer/laver/raser etc ; **to get killed** se faire tuer ; **to get dirty** se salir ; **to get married** se marier ; **when do I get paid?** quand est-ce que je serai payé ? ; **it's getting late** il se fait tard
2 (go) : **to get to/from** aller à/de ; **to get home** rentrer chez soi ; **how did you get here?** comment es-tu arrivé ici ? ; **he got across the bridge/under the fence** il a traversé le pont/est passé au-dessous de la barrière
3 (begin) commencer or se mettre à ; **to get to know sb** apprendre à connaître qn ; **I'm getting to like him** je commence à l'apprécier ; **let's get going** or **started** allons-y
4 (modal aux vb) : **you've got to do it** il faut que vous le fassiez ; **I've got to tell the police** je dois le dire à la police
▶ vt **1** : **to get sth done** (do) faire qch ; (have done) faire faire qch ; **to get sth/sb ready** préparer qch/qn ; **to get one's hair cut** se faire couper les cheveux ; **to get the car going** or **to go** (faire) démarrer la voiture ; **to get sb to do sth** faire faire qch à qn ; **to get sb drunk** enivrer qn
2 (obtain : money, permission, results) obtenir, avoir ; (buy) acheter ; (find : job, flat) trouver ; (fetch : person, doctor, object) aller chercher ; **to get sth for sb** procurer qch à qn ; **get me Mr Jones, please** (on phone) passez-moi Mr Jones, s'il vous plaît ; **can I get you a drink?** est-ce que je peux vous servir à boire ?
3 (receive : present, letter) recevoir, avoir ; (acquire : reputation) avoir ; (: prize) obtenir ; **what did you get for your birthday?** qu'est-ce que tu as eu pour ton anniversaire ? ; **how much did you get for the painting?** combien avez-vous vendu le tableau ?
4 (catch) prendre, saisir, attraper ; (hit : target etc) atteindre ; **to get sb by the arm/throat**

prendre or saisir or attraper qn par le bras/à la gorge ; **get him!** arrête-le ! ; **the bullet got him in the leg** il a pris la balle dans la jambe ; **he really gets me!** il me porte sur les nerfs !
5 (take, move): **to get sth to sb** faire parvenir qch à qn ; **do you think we'll get it through the door?** on arrivera à le faire passer par la porte ? ; **I'll get you there somehow** je me débrouillerai pour t'y emmener
6 (catch, take: plane, bus etc) prendre ; **where do I get the train for Birmingham?** où prend-on le train pour Birmingham ?
7 (understand) comprendre, saisir ; (hear) entendre ; **I've got it!** j'ai compris ! ; **I don't get your meaning** je ne vois or comprends pas ce que vous voulez dire ; **I didn't get your name** je n'ai pas entendu votre nom
8 (have, possess): **to have got** avoir ; **how many have you got?** vous en avez combien ?
9 (illness) avoir ; **I've got a cold** j'ai le rhume ; **she got pneumonia and died** elle a fait une pneumonie et elle en est morte
▶ **get about** vi se déplacer ; (news) se répandre
▶ **get across** vt: **to get across (to)** (message, meaning) faire passer (à) ▶ vi: **to get across (to)** (speaker) se faire comprendre (par)
▶ **get ahead** vi (succeed) réussir
▶ **get along** vi (agree) s'entendre ; (depart) s'en aller ; (manage) = **get by**
▶ **get around** vi (news) circuler ; (person) se déplacer ; **to get around to sth** avoir le temps de faire qch ▶ vt (problem, rule) contourner
▶ **get at** vt fus (attack) s'en prendre à ; (reach) attraper, atteindre ; **what are you getting at?** à quoi voulez-vous en venir ?
▶ **get away** vi partir, s'en aller ; (escape) s'échapper
▶ **get away with** vt fus (punishment) en être quitte pour ; (crime etc) se faire pardonner
▶ **get back** vi (return) rentrer ; **to get back to** (start again) retourner or revenir à ▶ vt récupérer, recouvrer ; (contact again) recontacter ; **when do we get back?** quand serons-nous de retour ?
▶ **get back at** vt fus (inf): **to get back at sb** rendre la monnaie de sa pièce à qn
▶ **get by** vi (pass) passer ; (manage) se débrouiller ; **I can get by in Dutch** je me débrouille en hollandais
▶ **get down** vi, vt fus descendre ▶ vt descendre ; (depress) déprimer
▶ **get down to** vt fus (work) se mettre à (faire) ; **to get down to business** passer aux choses sérieuses
▶ **get in** vi entrer ; (arrive home) rentrer ; (train) arriver ▶ vt (bring in: harvest) rentrer ; (: coal) faire rentrer ; (: supplies) faire des provisions de
▶ **get into** vt fus entrer dans ; (car, train etc) monter dans ; (clothes) mettre, enfiler, endosser ; **to get into bed/a rage** se mettre au lit/en colère
▶ **get off** vi (from train etc) descendre ; (depart: person, car) s'en aller ; (escape) s'en tirer ▶ vt (remove: clothes, stain) enlever ; (send off) expédier ; (have as leave: day, time): **we got 2 days off** nous avons eu 2 jours de congé ▶ vt fus (train, bus)

descendre de ; **where do I get off?** où est-ce que je dois descendre ? ; **to get off to a good start** (fig) prendre un bon départ
▶ **get on** vi (at exam etc) se débrouiller ; (agree): **to get on (with)** s'entendre (avec) ; **how are you getting on?** comment ça va ? ▶ vt fus monter dans ; (horse) monter sur
▶ **get on to** vt fus (Brit: deal with: problem) s'occuper de ; (: contact: person) contacter
▶ **get out** vi sortir ; (of vehicle) descendre ; (news etc) s'ébruiter ▶ vt sortir
▶ **get out of** vt fus sortir de ; (duty etc) échapper à, se soustraire à
▶ **get over** vt fus (illness) se remettre de ▶ vt (communicate: idea etc) communiquer ; (finish): **let's get it over (with)** finissons-en
▶ **get round** vi: **to get round to doing sth** se mettre (finalement) à faire qch ▶ vt fus contourner ; (fig: person) entortiller
▶ **get through** vi (Tel) avoir la communication ; **to get through to sb** atteindre qn ▶ vt fus (finish: work, book) finir, terminer
▶ **get together** vi se réunir ▶ vt rassembler
▶ **get up** vi (rise) se lever ▶ vt fus monter
▶ **get up to** vt fus (reach) arriver à ; (prank etc) faire

getaway ['gɛtəweɪ] n fuite f
getaway car n voiture prévue pour prendre la fuite
get-together ['gɛttəgɛðəʳ] n petite réunion, petite fête
get-up ['gɛtʌp] n (inf: outfit) accoutrement m
get-well card [gɛt'wɛl-] n carte f de vœux de bon rétablissement
geyser ['giːzəʳ] n chauffe-eau m inv ; (Geo) geyser m
Ghana ['gɑːnə] n Ghana m
Ghanaian [gɑːˈneɪən] adj ghanéen(ne) ▶ n Ghanéen(ne)
ghastly ['gɑːstlɪ] adj atroce, horrible ; (pale) livide, blême
ghee [giː] n beurre m clarifié
gherkin ['gəːkɪn] n cornichon m
ghetto ['gɛtəu] n ghetto m
ghetto blaster [-blɑːstəʳ] n (inf) gros radiocassette
ghost [gəust] n fantôme m, revenant m ▶ vt (sb else's book) écrire
ghostly ['gəustlɪ] adj fantomatique
ghostwriter ['gəustraɪtəʳ] n nègre m (fig)
ghoul [guːl] n (ghost) vampire m
ghoulish ['guːlɪʃ] adj (tastes etc) morbide
GHQ n abbr (Mil: = general headquarters) GQG m
GI n abbr (US inf: = government issue) soldat de l'armée américaine, GI m
giant ['dʒaɪənt] n géant(e) ▶ adj géant(e), énorme ; ~ **(size) packet** paquet géant
giant killer n (Sport) équipe inconnue qui remporte un match contre une équipe renommée
gibber ['dʒɪbəʳ] vi émettre des sons inintelligibles
gibberish ['dʒɪbərɪʃ] n charabia m
gibbon ['gɪbən] n gibbon m
gibe [dʒaɪb] n sarcasme m ▶ vi: **to ~ at** railler
giblets ['dʒɪblɪts] npl abats mpl

Gibraltar [dʒɪˈbrɔːltəʳ] n Gibraltar m
giddiness [ˈɡɪdɪnɪs] n vertige m
giddy [ˈɡɪdɪ] adj (dizzy): **to be** (or **feel**) **~** avoir le vertige ; (height) vertigineux(-euse) ; (thoughtless) sot(te), étourdi(e)
gift [ɡɪft] n cadeau m, présent m ; (donation, talent) don m ; (Comm: also: **free gift**) cadeau(-réclame) m ; **to have a ~ for sth** avoir des dons pour or le don de qch
gifted [ˈɡɪftɪd] adj doué(e)
gift shop, (US) **gift store** n boutique f de cadeaux
gift token, gift voucher n chèque-cadeau m
gig [ɡɪɡ] n (inf: concert) concert m
gigabyte [ˈɡɪɡəbaɪt] n gigaoctet m
gigantic [dʒaɪˈɡæntɪk] adj gigantesque
giggle [ˈɡɪɡl] vi glousser, ricaner sottement ▶ n petit rire m bête
giggly [ˈɡɪɡlɪ] adj: **~ teenage girls** des adolescentes qui gloussent sans arrêt
GIGO [ˈɡaɪɡəu] abbr (Comput: = garbage in, garbage out) qualité d'entrée = qualité de sortie
gild [ɡɪld] vt dorer
gill [dʒɪl] n (measure) = 0.25 pints (Brit = 0.148 l ; US = 0.118 l)
gills [ɡɪlz] npl (of fish) ouïes fpl, branchies fpl
gilt [ɡɪlt] n dorure f ▶ adj doré(e)
gilt-edged [ˈɡɪltedʒd] adj (stocks, securities) de premier ordre
gimlet [ˈɡɪmlɪt] n vrille f
gimmick [ˈɡɪmɪk] n truc m ; **sales ~** astuce f pour faire vendre
gimmicky [ˈɡɪmɪkɪ] adj (inf) fantaisiste
gin [dʒɪn] n gin m
ginger [ˈdʒɪndʒəʳ] n gingembre m
▶ **ginger up** vt secouer ; animer
ginger ale, ginger beer n boisson gazeuse au gingembre
gingerbread [ˈdʒɪndʒəbred] n pain m d'épices
ginger group n (BRIT) groupe m de pression
ginger-haired [ˈdʒɪndʒəˈhɛəd] adj roux (rousse)
gingerly [ˈdʒɪndʒəlɪ] adv avec précaution
gingham [ˈɡɪŋəm] n vichy m
ginseng [ˈdʒɪnsɛŋ] n ginseng m
gipsy [ˈdʒɪpsɪ] n = **gypsy**
giraffe [dʒɪˈrɑːf] n girafe f
girder [ˈɡəːdəʳ] n poutrelle f
girdle [ˈɡəːdl] n (corset) gaine f ▶ vt ceindre
girl [ɡəːl] n fille f, fillette f ; (young unmarried woman) jeune fille ; (daughter) fille ; **an English ~** une jeune Anglaise ; **a little English ~** une petite Anglaise
girl band n girls band m
girlfriend [ˈɡəːlfrɛnd] n (of girl) amie f ; (of boy) petite amie
Girl Guide n (BRIT) éclaireuse f ; (Roman Catholic) guide f
girlish [ˈɡəːlɪʃ] adj de jeune fille
Girl Scout n (US) = **Girl Guide**
Giro [ˈdʒaɪrəu] n: **the National ~** (BRIT) ≈ les comptes chèques postaux
giro [ˈdʒaɪrəu] n (bank giro) virement m bancaire ; (post office giro) mandat m
girth [ɡəːθ] n circonférence f ; (of horse) sangle f
gist [dʒɪst] n essentiel m

give [ɡɪv] (pt **gave** [ɡeɪv], pp **given** [ˈɡɪvn]) n (of fabric) élasticité f ▶ vt donner ; **to ~ sb sth, ~ sth to sb** donner qch à qn ; (gift) offrir qch à qn ; (message) transmettre qch à qn ; **to ~ sb a call/kiss** appeler/embrasser qn ; **to ~ a cry/sigh** pousser un cri/un soupir ; **how much did you ~ for it?** combien (l')avez-vous payé ? ; **12 o'clock, ~ or take a few minutes** midi, à quelques minutes près ; **to ~ way** céder ; (BRIT Aut) donner la priorité ▶ vi (break) céder ; (stretch: fabric) se prêter
▶ **give away** vt donner ; (give free) faire cadeau de ; (betray) donner, trahir ; (disclose) révéler ; (bride) conduire à l'autel
▶ **give back** vt rendre
▶ **give in** vi céder ▶ vt donner
▶ **give off** vt dégager
▶ **give out** vt (food etc) distribuer ; (news) annoncer ▶ vi (be exhausted: supplies) s'épuiser ; (fail) lâcher
▶ **give up** vi renoncer ▶ vt renoncer à ; **to ~ up smoking** arrêter de fumer ; **to ~ o.s. up** se rendre
give-and-take [ˈɡɪvəndˈteɪk] n concessions mutuelles
giveaway [ˈɡɪvəweɪ] n (inf): **her expression was a ~** son expression la trahissait ; **the exam was a ~!** cet examen, c'était du gâteau ! ▶ cpd: **~ prices** prix sacrifiés
given [ˈɡɪvn] pp of **give** ▶ adj (fixed: time, amount) donné(e), déterminé(e) ▶ conj: **~ the circumstances ...** étant donné les circonstances ..., vu les circonstances ... ; **~ that ...** étant donné que ...
giver [ˈɡɪvəʳ] n (of aid) donateur(-trice)
gizmo [ˈɡɪzməu] n (inf) truc m
glacial [ˈɡleɪsɪəl] adj (Geo) glaciaire ; (wind, weather) glacial(e)
glacier [ˈɡlæsɪəʳ] n glacier m
glad [ɡlæd] adj content(e) ; **to be ~ about sth/that** être heureux(-euse) or bien content de qch/que ; **I was ~ of his help** j'étais bien content de (pouvoir compter sur) son aide or qu'il m'aide
gladden [ˈɡlædn] vt réjouir
glade [ɡleɪd] n clairière f
gladioli [ɡlædɪˈəulaɪ] npl glaïeuls mpl
gladly [ˈɡlædlɪ] adv volontiers
glamorous [ˈɡlæmərəs] adj (person) séduisant(e) ; (job) prestigieux(-euse)
glamour, (US) **glamor** [ˈɡlæməʳ] n éclat m, prestige m
glance [ɡlɑːns] n coup m d'œil ▶ vi: **to ~ at** jeter un coup d'œil à
▶ **glance off** vt fus (bullet) ricocher sur
glancing [ˈɡlɑːnsɪŋ] adj (blow) oblique
gland [ɡlænd] n glande f
glandular [ˈɡlændjuləʳ] adj: **~ fever** (BRIT) mononucléose infectieuse
glare [ɡlɛəʳ] n (of anger) regard furieux ; (of light) lumière éblouissante ; (of publicity) feux mpl ▶ vi briller d'un éclat aveuglant ; **to ~ at** lancer un regard or des regards furieux à
glaring [ˈɡlɛərɪŋ] adj (mistake) criant(e), qui saute aux yeux

glasnost ['glæznɒst] n glasnost f
glass [glɑːs] n verre m ; (also: **looking glass**)
miroir m ; **glasses** npl (spectacles) lunettes fpl
glass-blowing ['glɑːsbləʊɪŋ] n soufflage m
(du verre)
glass ceiling n (fig) plafond dans l'échelle
hiérarchique au-dessus duquel les femmes ou les
membres d'une minorité ethnique ne semblent pouvoir
s'élever
glass fibre n fibre f de verre
glasshouse ['glɑːshaʊs] n serre f
glassware ['glɑːswɛəʳ] n verrerie f
glassy ['glɑːsɪ] adj (eyes) vitreux(-euse)
Glaswegian [glæs'wiːdʒən] adj de Glasgow ▶ n
habitant(e) de Glasgow, natif(-ive) de Glasgow
glaucoma [glɔːˈkəʊmə] n glaucome m
glaze [gleɪz] vt (door) vitrer ; (pottery) vernir ;
(Culin) glacer ▶ n vernis m ; (Culin) glaçage m
glazed [gleɪzd] adj (eye) vitreux(-euse) ; (pottery)
verni(e) ; (tiles) vitrifié(e)
glazier ['gleɪzɪəʳ] n vitrier m
gleam [gliːm] n lueur f ; **a ~ of hope** une lueur
d'espoir ▶ vi luire, briller
gleaming ['gliːmɪŋ] adj luisant(e)
glean [gliːn] vt (information) recueillir
glee [gliː] n joie f
gleeful ['gliːful] adj joyeux(-euse)
glen [glɛn] n vallée f
glib [glɪb] adj qui a du bagou ; facile
glide [glaɪd] vi glisser ; (Aviat, bird) planer ▶ n
glissement m ; vol plané
glider ['glaɪdəʳ] n (Aviat) planeur m
gliding ['glaɪdɪŋ] n (Aviat) vol m à voile
glimmer ['glɪməʳ] vi luire ▶ n lueur f
glimpse [glɪmps] n vision passagère, aperçu m ;
to catch a ~ of entrevoir ▶ vt entrevoir,
apercevoir
glint [glɪnt] n éclair m ▶ vi étinceler
glisten ['glɪsn] vi briller, luire
glitch [glɪtʃ] n (inf) pépin m ; **a technical ~** un
pépin technique
glitter ['glɪtəʳ] vi (metal, light) scintiller, briller ;
(eyes) briller ▶ n scintillement m ; (on decorations,
cards) paillettes fpl
glittering ['glɪtərɪŋ] adj (sparkling) étincelant(e) ;
(eyes, career) brillant(e) ; (occasion)
somptueux(-euse)
glitz [glɪts] n (inf) faste m
glitzy ['glɪtsɪ] adj (inf) fastueux(-euse)
gloat [gləʊt] vi: **to ~ (over)** jubiler (à propos de)
global ['gləʊbl] adj (world-wide) mondial(e) ;
(overall) global(e)
globalization [gləʊblaɪˈzeɪʃən] n
mondialisation f
globally ['gləʊbəlɪ] adv mondialement
global warming [-ˈwɔːmɪŋ] n réchauffement m
de la planète
globe [gləʊb] n globe m
globe-trotter ['gləʊbtrɒtəʳ] n globe-trotter m
globule ['glɒbjuːl] n (Anat) globule m ; (of water
etc) gouttelette f
gloom [gluːm] n obscurité f ; (sadness) tristesse f,
mélancolie f
gloomily ['gluːmɪlɪ] adv (say, speak) d'un air
sombre

gloomy ['gluːmɪ] adj (person) morose, sombre ;
(place, outlook) sombre ; **to feel ~** se sentir
morose
glorification [glɔːrɪfɪˈkeɪʃən] n glorification f
glorified ['glɔːrɪfaɪd] adj: **I'm just a ~ secretary**
je ne suis guère mieux qu'une simple
secrétaire
glorify ['glɔːrɪfaɪ] vt glorifier
glorious ['glɔːrɪəs] adj glorieux(-euse) ;
(beautiful) splendide
glory ['glɔːrɪ] n gloire f ; splendeur f ▶ vi: **to ~ in**
se glorifier de
glory hole n (inf) capharnaüm m
Glos abbr (BRIT) = **Gloucestershire**
gloss [glɒs] n (shine) brillant m, vernis m ; (also:
gloss paint) peinture brillante
▶ **gloss over** vt fus glisser sur
glossary ['glɒsərɪ] n glossaire m, lexique m
glossy ['glɒsɪ] adj brillant(e), luisant(e) ▶ n
(also: **glossy magazine**) revue f de luxe
glove [glʌv] n gant m
glove compartment n (Aut) boîte f à gants,
vide-poches m inv
gloved [glʌvd] adj ganté(e)
glow [gləʊ] vi rougeoyer ; (face) rayonner ; (eyes)
briller ▶ n rougeoiement m
glower ['glaʊəʳ] vi lancer des regards mauvais
glowing ['gləʊɪŋ] adj (fire) rougeoyant(e) ;
(complexion) éclatant(e) ; (report, description etc)
dithyrambique
glow-worm ['gləʊwəːm] n ver luisant
glucose ['gluːkəʊs] n glucose m
glue [gluː] n colle f ▶ vt coller
glue-sniffing ['gluːsnɪfɪŋ] n inhalation f de
colle
glum [glʌm] adj sombre, morose
glumly ['glʌmlɪ] adv (say) d'un air sombre
glut [glʌt] n surabondance f ▶ vt rassasier ;
(market) encombrer
gluten ['gluːtən] n gluten m
glutinous ['gluːtɪnəs] adj visqueux(-euse)
glutton ['glʌtn] n glouton(ne) ; **a ~ for work** un
bourreau de travail
gluttonous ['glʌtənəs] adj glouton(ne)
gluttony ['glʌtənɪ] n gloutonnerie f ; (sin)
gourmandise f
glycerin, glycerine ['glɪsəriːn] n glycérine f
GM abbr (= genetically modified) génétiquement
modifié(e)
gm abbr (= gram) g
GMAT ['dʒiːmæt] n abbr (US: = Graduate
Management Admissions Test) examen d'admission
dans le 2e cycle de l'enseignement supérieur
GM crop n culture f OGM
GM foods n aliments mpl génétiquement
modifiés
GMO n abbr (= genetically modified organism) OGM m
GMT abbr (= Greenwich Mean Time) GMT
gnarled [nɑːld] adj noueux(-euse)
gnash [næʃ] vt: **to ~ one's teeth** grincer des
dents
gnat [næt] n moucheron m
gnaw [nɔː] vt ronger
gnome [nəʊm] n gnome m, lutin m
GNP n abbr = **gross national product**

go – godchild

go [ɡəu] vi (pt **went** [wɛnt], pp **gone** [ɡɔn]) aller ; (depart) partir, s'en aller ; (work) marcher ; (break) céder ; (time) passer ; (be sold): **to go for £10** se vendre 10 livres ; (become): **to go pale/mouldy** pâlir/moisir ; **to go by car/on foot** aller en voiture/à pied ; **he's going to do it** il va le faire, il est sur le point de le faire ; **to go for a walk** aller se promener ; **to go dancing/shopping** aller danser/faire les courses ; **to go looking for sb/sth** aller or partir à la recherche de qn/ qch ; **to go to sleep** s'endormir ; **to go and see sb, go to see sb** aller voir qn ; **how is it going?** comment ça marche ? ; **how did it go?** comment est-ce que ça s'est passé ? ; **to go round the back/by the shop** passer par derrière/devant le magasin ; **my voice has gone** j'ai une extinction de voix ; **the cake is all gone** il n'y a plus de gâteau ; **I'll take whatever is going** (BRIT) je prendrai ce qu'il y a (or ce que vous avez) ; ... **to go** (US: food) ... à emporter ▶ n (pl **goes**): **to have a go (at)** essayer (de faire) ; **to be on the go** être en mouvement ; **whose go is it?** à qui est-ce de jouer ?
▶ **go about** vi (also: **go around**) aller çà et là ; (: rumour) se répandre ▶ vt fus: **how do I go about this?** comment dois-je m'y prendre (pour faire ceci) ? ; **to go about one's business** s'occuper de ses affaires
▶ **go after** vt fus (pursue) poursuivre, courir après ; (job, record etc) essayer d'obtenir
▶ **go against** vt fus (be unfavourable to) être défavorable à ; (be contrary to) être contraire à
▶ **go ahead** vi (make progress) avancer ; (take place) avoir lieu ; (get going) y aller
▶ **go along** vi aller, avancer ; **as you go along** (with your work) au fur et à mesure (de votre travail) ; **to go along with** (accompany) accompagner ; (agree with: idea) être d'accord sur ; (: person) suivre ▶ vt fus (street) parcourir
▶ **go away** vi partir, s'en aller
▶ **go back** vi rentrer ; revenir ; (go again) retourner
▶ **go back on** vt fus (promise) revenir sur
▶ **go back to** vt fus (task, activity) reprendre ; **to go back to work** reprendre le travail
▶ **go by** vi (years, time) passer, s'écouler ▶ vt fus s'en tenir à ; (believe) en croire
▶ **go down** vi descendre ; (number, price, amount) baisser ; (ship) couler ; (sun) se coucher ; **that should go down well with him** (fig) ça devrait lui plaire ▶ vt fus descendre
▶ **go for** vt fus (fetch) aller chercher ; (like) aimer ; (attack) s'en prendre à ; attaquer
▶ **go in** vi entrer
▶ **go in for** vt fus (competition) se présenter à ; (like) aimer
▶ **go into** vt fus entrer dans ; (investigate) étudier, examiner ; (embark on) se lancer dans
▶ **go off** vi partir, s'en aller ; (food) se gâter ; (milk) tourner ; (bomb) sauter ; (alarm clock) sonner ; (alarm) se déclencher ; (lights etc) s'éteindre ; (event) se dérouler ; **the gun went off** le coup est parti ; **to go off to sleep** s'endormir ; **the party went off well** la fête

s'est bien passée or était très réussie ▶ vt fus ne plus aimer, ne plus avoir envie de
▶ **go on** vi continuer ; (happen) se passer ; (lights) s'allumer ; **to go on doing** continuer à faire ; **what's going on here?** qu'est-ce qui se passe ici ? ▶ vt fus (be guided by: evidence etc) se fonder sur
▶ **go on at** vt fus (nag) tomber sur le dos de
▶ **go on with** vt fus poursuivre, continuer
▶ **go out** vi sortir ; (fire, light) s'éteindre ; (tide) descendre ; **to go out with sb** sortir avec qn
▶ **go over** vi (ship) chavirer ▶ vt fus (check) revoir, vérifier ; **to go over sth in one's mind** repasser qch dans son esprit
▶ **go past** vt fus: **to go past sth** passer devant qch
▶ **go round** vi (circulate: news, rumour) circuler ; (revolve) tourner ; (suffice) suffire (pour tout le monde) ; (visit): **to go round to sb's** passer chez qn ; aller chez qn ; (make a detour): **to go round (by)** faire un détour (par)
▶ **go through** vt fus (town etc) traverser ; (search through) fouiller ; (suffer) subir ; (examine: list, book) lire or regarder en détail, éplucher ; (perform: lesson) réciter ; (: formalities) remplir ; (: programme) exécuter
▶ **go through with** vt fus (plan, crime) aller jusqu'au bout de
▶ **go under** vi (sink, also fig) couler ; (: person) succomber
▶ **go up** vi monter ; (price) augmenter ; (also: **go up in flames**) flamber, s'enflammer brusquement ▶ vt fus monter, gravir
▶ **go with** vt fus aller avec
▶ **go without** vt fus se passer de
goad [ɡəud] vt aiguillonner
go-ahead ['ɡəuəhɛd] adj dynamique, entreprenant(e) ▶ n feu vert
goal [ɡəul] n but m
goal difference n différence f de buts
goalie ['ɡəulɪ] n (inf) goal m
goalkeeper ['ɡəulkiːpəʳ] n gardien m de but
goalkeeping ['ɡəulkiːpɪŋ] n jeu m du gardien de but
goal kick n coup m de pied de renvoi (aux six mètres)
goalless ['ɡəullɪs] adj (draw) sans but marqué
goal-post [ɡəulpəust] n poteau m de but
goat [ɡəut] n chèvre f
goatee [ɡəuˈtiː] n bouc m
gob [ɡɔb] n (BRIT inf) gueule f (inf)
gobble ['ɡɔbl] vt (also: **gobble down, gobble up**) engloutir
gobbledygook, gobbledegook ['ɡɔbldiɡuːk] n (inf) charabia m
go-between ['ɡəubɪtwiːn] n médiateur m
Gobi Desert ['ɡəubɪ-] n désert m de Gobi
goblet ['ɡɔblɪt] n coupe f
goblin ['ɡɔblɪn] n lutin m
gobsmacked ['ɡɔbsmækt] adj (BRIT inf) estomaqué(e) (inf)
go-cart ['ɡəukɑːt] n kart m ▶ cpd: **~ racing** karting m
god [ɡɔd] n dieu m ; **God** Dieu
god-awful [ɡɔdˈɔːfəl] adj (inf) franchement atroce
godchild ['ɡɔdtʃaɪld] n (irreg) filleul(e)

goddamn, goddam ['gɔddæm] *excl* (*esp US inf*): ~ (**it**)! nom de Dieu ! ▶ *adj* (*also*: **goddamned**) fichu(e) ▶ *adv* sacrément
goddaughter ['gɔddɔːtəʳ] *n* filleule *f*
goddess ['gɔdɪs] *n* déesse *f*
godfather ['gɔdfɑːðəʳ] *n* parrain *m*
god-fearing ['gɔdfɪərɪŋ] *adj* croyant(e)
god-forsaken ['gɔdfəseɪkən] *adj* maudit(e)
godless ['gɔdlɪs] *adj* impie
godmother ['gɔdmʌðəʳ] *n* marraine *f*
godparents ['gɔdpɛərənts] *npl*: **the ~** le parrain et la marraine
godsend ['gɔdsɛnd] *n* aubaine *f*
godson ['gɔdsʌn] *n* filleul *m*
goes [gəuz] *vb see* **go**
gofer ['gəufəʳ] *n* coursier(-ière)
go-getter ['gəugɛtəʳ] *n* arriviste *mf*
goggle ['gɔgl] *vi*: **to ~ at** regarder avec des yeux ronds
goggles ['gɔglz] *npl* (*for skiing etc*) lunettes (protectrices) ; (*for swimming*) lunettes de piscine
going ['gəuɪŋ] *n* (*conditions*) état *m* du terrain ; **it was slow ~** les progrès étaient lents, ça n'avançait pas vite ▶ *adj*: **the ~ rate** le tarif (en vigueur) ; **a ~ concern** une affaire prospère
going-over [gəuɪŋ'əuvəʳ] *n* (*inf*) vérification *f*, révision *f* ; (*beating*) passage *m* à tabac
goings-on ['gəuɪŋz'ɔn] *npl* (*inf*) manigances *fpl*
go-kart ['gəukɑːt] *n* = **go-cart**
gold [gəuld] *n* or *m* ▶ *adj* en or ; (*reserves*) d'or
golden ['gəuldən] *adj* (*made of gold*) en or ; (*gold in colour*) doré(e)
golden age *n* âge *m* d'or
golden handshake *n* (BRIT) prime *f* de départ
golden rule *n* règle *f* d'or
goldfish ['gəuldfɪʃ] *n* poisson *m* rouge
gold leaf *n* or *m* en feuille
gold medal *n* (*Sport*) médaille *f* d'or
goldmine ['gəuldmaɪn] *n* mine *f* d'or
gold-plated ['gəuld'pleɪtɪd] *adj* plaqué(e) or *inv*
goldsmith ['gəuldsmɪθ] *n* orfèvre *m*
gold standard *n* étalon-or *m*
golf [gɔlf] *n* golf *m*
golf ball *n* balle *f* de golf ; (*on typewriter*) boule *f*
golf club *n* club *m* de golf ; (*stick*) club *m*, crosse *f* de golf
golf course *n* terrain *m* de golf
golfer ['gɔlfəʳ] *n* joueur(-euse) de golf
golfing ['gɔlfɪŋ] *n* golf *m*
gondola ['gɔndələ] *n* gondole *f*
gondolier [gɔndə'lɪəʳ] *n* gondolier *m*
gone [gɔn] *pp of* **go** ▶ *adj* parti(e)
goner ['gɔnəʳ] *n* (*inf*): **to be a ~** être fichu(e) *or* foutu(e)
gong [gɔŋ] *n* gong *m*
gonna ['gɔnə] = **going to**
gonorrhoea, (*US*) **gonorrhea** [gɔnə'rɪə] *n* blennorragie *f*
goo [gu:] *n* (*inf*) pâte *f* visqueuse
good [gud] *adj* bon(ne) ; (*kind*) gentil(le) ; (*child*) sage ; (*weather*) beau (belle) ; **~!** bon !, très bien ! ; **to be ~ at** être bon en ; **to be ~ for** être bon pour ; **it's ~ for you** c'est bon pour vous ; **she is ~ with children/her hands** elle sait bien s'occuper des enfants/sait se servir de ses

mains ; **to feel ~** se sentir bien ; **it's a ~ thing you were there** heureusement que vous étiez là ; **it's ~ to see you** ça me fait plaisir de vous voir, je suis content de vous voir ; **~ morning/afternoon!** bonjour ! ; (*on going to bed*) bonne nuit ! ; **would you be ~ enough to ...?** auriez-vous la bonté *or* l'amabilité de ... ? ; **that's very ~ of you** c'est très gentil de votre part ; **to make ~** (*deficit*) combler ; (*losses*) compenser ; **a ~ deal (of)** beaucoup (de) ; **a ~ many** beaucoup (de) ▶ *n* bien *m* ; **he's up to no ~** il prépare quelque mauvais coup ; **it's no ~ complaining** cela ne sert à rien de se plaindre ; **is this any ~?** (*will it do?*) est-ce que ceci fera l'affaire ?, est-ce que cela peut vous rendre service ? ; (*what's it like?*) qu'est-ce que ça vaut ? ; **for the common ~** dans l'intérêt commun ; **for ~** (*for ever*) pour de bon, une fois pour toutes ; **goods** *npl* marchandise *f*, articles *mpl* ; (*Comm etc*) marchandises ; **goods and chattels** biens *mpl* et effets *mpl*
goodbye [gud'baɪ] *excl* au revoir ! ; **to say ~ to sb** dire au revoir à qn
good faith *n* bonne foi
good-for-nothing ['gudfənʌθɪŋ] *adj* bon(ne) *or* propre à rien
Good Friday *n* Vendredi saint
good-humoured ['gud'hju:məd] *adj* (*person*) jovial(e) ; (*remark, joke*) sans malice
goodies ['gudɪz] *npl* (*inf*): **a little bag of ~** un sachet de petits cadeaux
good-looking ['gud'lukɪŋ] *adj* beau (belle), bien *inv*
good-natured ['gud'neɪtʃəd] *adj* (*person*) qui a un bon naturel ; (*discussion*) enjoué(e)
goodness ['gudnɪs] *n* (*of person*) bonté *f* ; **for ~ sake!** je vous en prie ! ; **~ gracious!** mon Dieu !
goods train *n* (BRIT) train *m* de marchandises
goodwill [gud'wɪl] *n* bonne volonté *f* ; (*Comm*) réputation *f* (auprès de la clientèle)
goody-goody ['gudɪgudɪ] *n* (*pej*) petit saint, sainte nitouche
gooey ['gu:ɪ] *adj* (*inf*) gluant(e)
Google® ['gugl] *n* Google® *m* ▶ *vt*: **to google** (*word, name*) chercher sur Google
goose [gu:s] *n* (*pl* **geese** [gi:s]) *n* oie *f*
gooseberry ['guzbərɪ] *n* groseille *f* à maquereau ; **to play ~** (BRIT) tenir la chandelle
goose bumps *npl* chair *f* de poule
gooseflesh ['gu:sflɛʃ] *n*, **goose pimples** *npl* chair *f* de poule
goose step *n* (*Mil*) pas *m* de l'oie
GOP *n abbr* (*US Pol*: *inf*: = *Grand Old Party*) parti républicain
gopher ['gəufəʳ] *n* = **gofer**
gore [gɔːʳ] *vt* encorner ▶ *n* sang *m*
gorge [gɔːdʒ] *n* gorge *f* ▶ *vt*: **to ~ o.s. (on)** se gorger (de)
gorgeous ['gɔːdʒəs] *adj* splendide, superbe
gorilla [gə'rɪlə] *n* gorille *m*
gormless ['gɔːmlɪs] *adj* (BRIT *inf*) lourdaud(e)
gorse [gɔːs] *n* ajoncs *mpl*
gory ['gɔːrɪ] *adj* sanglant(e)
gosh [gɔʃ] *excl* (*inf*) mince alors !

go-slow ['gəʊ'sləʊ] *n* (BRIT) grève perlée
gospel ['gɔspl] *n* évangile *m*
gossamer ['gɔsəmər] *n* (*cobweb*) fils *mpl* de la
vierge ; (*light fabric*) étoffe très légère
gossip ['gɔsɪp] *n* (*chat*) bavardages *mpl* ;
(*malicious*) commérage *m*, cancans *mpl* ; (*person*)
commère *f* ; **a piece of ~** un ragot, un racontar
▸ *vi* bavarder ; cancaner, faire des commérages
gossip column *n* (*Press*) échos *mpl*
got [gɔt] *pt, pp of* **get**
Gothic ['gɔθɪk] *adj* gothique
gotta ['gɔtə] = **has got to**; = **have got to**
gotten ['gɔtn] (US) *pp of* **get**
gouge [gaudʒ] *vt* (*also:* **gouge out**: *hole etc*)
évider ; (*initials*) tailler ; **to ~ sb's eyes out**
crever les yeux à qn
gourd [ɡuəd] *n* calebasse *f*, gourde *f*
gourmet ['guəmeɪ] *n* gourmet *m*, gastronome *mf*
gout [gaut] *n* goutte *f*
govern ['ɡʌvən] *vt* (*gen, Ling*) gouverner ;
(*influence*) déterminer
governance ['ɡʌvənəns] *n* (*formal: of country*)
gouvernement *m* ; (*: of company, organization*)
gestion *f*
governess ['ɡʌvənɪs] *n* gouvernante *f*
governing ['ɡʌvənɪŋ] *adj* (Pol) au pouvoir, au
gouvernement ; **~ body** conseil *m*
d'administration
government ['ɡʌvnmənt] *n* gouvernement *m* ;
(BRIT: *ministers*) ministère *m* ▸ *cpd* de l'État
governmental [ɡʌvn'mɛntl] *adj*
gouvernemental(e)
government housing *n* (US) logements sociaux
government stock *n* titres *mpl* d'État
governor ['ɡʌvənər] *n* (*of colony, state, bank*)
gouverneur *m* ; (*of school, hospital etc*)
administrateur(-trice) ; (BRIT: *of prison*)
directeur(-trice)
Govt *abbr* (= *government*) gvt
gown [gaun] *n* robe *f* ; (*of teacher*, BRIT: *of judge*) toge *f*
GP *n abbr* (Med) = **general practitioner**; **who's
your GP?** qui est votre médecin traitant ?
GPMU *n abbr* (BRIT) = **Graphical, Paper and
Media Union**
GPO *n abbr* (BRIT *old*) = **General Post Office**; (US)
= **Government Printing Office**
GPS *n abbr* (= *global positioning system*) GPS *m*
gr. *abbr* (Comm) = **gross**
grab [ɡræb] *vt* saisir, empoigner ; (*property, power*)
se saisir de ▸ *vi*: **to ~ at** essayer de saisir
grace [ɡreɪs] *n* grâce *f* ; **5 days'** ~ un répit de 5
jours ; **to say ~** dire le bénédicité ; (*after meal*)
dire les grâces ; **with a good/bad ~** de bonne/
mauvaise grâce ; **his sense of humour is his
saving ~** il se rachète par son sens de l'humour
▸ *vt* (*honour*) honorer ; (*adorn*) orner
graceful ['ɡreɪsful] *adj* (*person, movement*)
gracieux(-euse), élégant(e) ; (*polite*) élégant(e)
gracefully ['ɡreɪsfulɪ] *adv* (*move*)
gracieusement ; (*politely*) élégamment
gracious ['ɡreɪʃəs] *adj* (*kind*) charmant(e),
bienveillant(e) ; (*polite*) courtois(e) ; (*elegant*)
plein(e) d'élégance, d'une grande élégance ;
(*formal: pardon etc*) miséricordieux(-euse) ▸ *excl*:
(good) ~! mon Dieu !

graciously ['ɡreɪʃəslɪ] *adv* (*politely*) courtoisement
gradation [ɡrə'deɪʃən] *n* gradation *f*
grade [ɡreɪd] *n* (Comm: *quality*) qualité *f* ; (: *size*)
calibre *m* ; (: *type*) catégorie *f* ; (*in hierarchy*) grade
m, échelon *m* ; (Scol) note *f* ; (US: *school class*)
classe *f* ; (: *gradient*) pente *f* ; **to make the ~** (*fig*)
réussir ▸ *vt* classer ; (*by size*) calibrer ; graduer
grade crossing *n* (US) passage *m* à niveau
grade school *n* (US) école *f* primaire
gradient ['ɡreɪdɪənt] *n* inclinaison *f*, pente *f* ;
(Geom) gradient *m*
gradual ['ɡrædjuəl] *adj* graduel(le),
progressif(-ive)
gradually ['ɡrædjuəlɪ] *adv* peu à peu,
graduellement
graduate *n* ['ɡrædjuɪt] diplômé(e) d'université ;
(US: *of high school*) diplômé(e) de fin d'études ▸ *vi*
['ɡrædjueɪt] obtenir un diplôme d'université (*or*
de fin d'études)
graduated pension ['ɡrædjueɪtɪd-] *n* retraite
calculée en fonction des derniers salaires
graduation [ɡrædju'eɪʃən] *n* cérémonie *f* de
remise des diplômes
graffiti [ɡrə'fi:tɪ] *npl* graffiti *mpl* ; **~ artist**
graffeur(-euse)
graft [ɡrɑ:ft] *n* (Agr, Med) greffe *f* ; (*bribery*)
corruption *f* ; **hard ~** (BRIT *inf*) boulot acharné
▸ *vt* greffer
Grail [ɡreɪl] *n*: **the ~** le Graal
grain [ɡreɪn] *n* (*single piece*) grain *m* ; (*no pl: cereals*)
céréales *fpl* ; (US: *corn*) blé *m* ; (*of wood*) fibre *f* ;
it goes against the ~ cela va à l'encontre de sa
(*or ma etc*) nature
grainy ['ɡreɪnɪ] *adj* (*film, photograph*) qui a du
grain ; (*surface*) granuleux(-euse)
gram [ɡræm] *n* gramme *m*
grammar ['ɡræmər] *n* grammaire *f*
grammar school *n* (BRIT) ≈ lycée *m*
grammatical [ɡrə'mætɪkl] *adj* grammatical(e)
gramme [ɡræm] *n* = **gram**
gramophone ['ɡræməfəʊn] *n* (BRIT)
gramophone *m*
gran [ɡræn] *n* (BRIT *inf*) mamie *f* (*inf*), mémé *f*
(*inf*) ; **my ~** (*young child speaking*) ma mamie *or*
mémé ; (*older child or adult speaking*) ma
grand-mère
granary ['ɡrænərɪ] *n* grenier *m*
grand [ɡrænd] *adj* magnifique, splendide ;
(*terrific*) magnifique, formidable ; (*gesture etc*)
noble ▸ *n* (*inf: thousand*) mille livres *fpl* (*or*
dollars *mpl*)
grandad ['ɡrændæd] *n* (*inf*) = **granddad**
grandchild ['ɡræntʃaɪld] (*pl* **grandchildren**
['ɡræntʃɪldrən]) *n* petit-fils *m*, petite-fille *f* ;
grandchildren *npl* petits-enfants
granddad ['ɡrændæd] *n* (*inf*) papy *m* (*inf*), papi *m*
(*inf*), pépé *m* (*inf*) ; **my ~** (*young child speaking*) mon
papy *or* papi *or* pépé ; (*older child or adult speaking*)
mon grand-père
granddaughter ['ɡrændɔ:tər] *n* petite-fille *f*
grandeur ['ɡrændjər] *n* magnificence *f*,
splendeur *f* ; (*of position etc*) éminence *f*
grandfather ['ɡrændfɑ:ðər] *n* grand-père *m*
grandiose ['ɡrændɪəʊs] *adj* grandiose ; (*pej*)
pompeux(-euse)

grand jury n (US) jury m d'accusation (formé de 12 à 23 jurés)
grandma ['grænmɑ:] n (inf) = **gran**
grandmother ['grænmʌðəʳ] n grand-mère f
grandpa ['grænpɑ:] n (inf) = **granddad**
grandparents ['grændpɛərənts] npl grands-parents mpl
grand piano n piano m à queue
Grand Prix ['grɔŋ'pri:] n (Aut) grand prix automobile
grand slam n grand chelem m
grandson ['grænsʌn] n petit-fils m
grandstand ['grændstænd] n (Sport) tribune f
grandstanding ['grændstændɪŋ] n (pej) démagogie f
grand total n total général
granite ['grænɪt] n granit m
granny ['grænɪ] n (inf) = **gran**
grant [grɑ:nt] vt accorder ; (a request) accéder à ; (admit) concéder ; **to take sth for granted** considérer qch comme acquis ; **to take sb for granted** considérer qn comme faisant partie du décor ; **to ~ that** admettre que ▶ n (Scol) bourse f ; (Admin) subside m, subvention f
granulated ['grænjuleɪtɪd] adj: **~ sugar** sucre m en poudre
granule ['grænju:l] n granule m
grape [greɪp] n raisin m ; **a bunch of grapes** une grappe de raisin
grapefruit ['greɪpfru:t] n pamplemousse m
grapevine ['greɪpvaɪn] n vigne f ; **I heard it on the ~** (fig) je l'ai appris par le téléphone arabe
graph [grɑ:f] n graphique m, courbe f
graphic ['græfɪk] adj graphique ; (vivid) vivant(e)
graphic designer n graphiste mf
graphic equalizer n égaliseur m graphique
graphics ['græfɪks] n (art) arts mpl graphiques ; (process) graphisme m ▶ npl (drawings) illustrations fpl
graphite ['græfaɪt] n graphite m
graph paper n papier millimétré
grapple ['græpl] vi: **to ~ with** être aux prises avec
grappling iron ['græplɪŋ-] n (Naut) grappin m
grasp [grɑ:sp] vt saisir, empoigner ; (understand) saisir, comprendre ▶ n (grip) prise f ; (fig) compréhension f, connaissance f ; **to have sth within one's ~** avoir qch a sa portée ; **to have a good ~ of sth** (fig) bien comprendre qch ▶ **grasp at** vt fus (rope etc) essayer de saisir ; (fig: opportunity) sauter sur
grasping ['grɑ:spɪŋ] adj avide
grass [grɑ:s] n herbe f ; (lawn) gazon m ; (Brit inf: informer) mouchard(e) ; (: ex-terrorist) balanceur(-euse)
grasshopper ['grɑ:shɔpəʳ] n sauterelle f
grassland ['grɑ:slænd] n prairie f
grass roots npl (fig) base f
grass snake n couleuvre f
grassy ['grɑ:sɪ] adj herbeux(-euse)
grate [greɪt] n grille f de cheminée ▶ vi grincer ▶ vt (Culin) râper
grateful ['greɪtful] adj reconnaissant(e)
gratefully ['greɪtfəlɪ] adv avec reconnaissance
grater ['greɪtəʳ] n râpe f
gratification [grætɪfɪ'keɪʃən] n satisfaction f

gratify ['grætɪfaɪ] vt faire plaisir à ; (whim) satisfaire
gratifying ['grætɪfaɪɪŋ] adj agréable, satisfaisant(e)
grating ['greɪtɪŋ] n (iron bars) grille f ▶ adj (noise) grinçant(e)
gratitude ['grætɪtju:d] n gratitude f
gratuitous [grə'tju:ɪtəs] adj gratuit(e)
gratuity [grə'tju:ɪtɪ] n pourboire m
grave [greɪv] n tombe f ▶ adj grave, sérieux(-euse)
gravedigger ['greɪvdɪgəʳ] n fossoyeur m
gravel ['grævl] n gravier m
gravely ['greɪvlɪ] adv gravement, sérieusement ; **~ ill** gravement malade
gravestone ['greɪvstəun] n pierre tombale
graveyard ['greɪvjɑ:d] n cimetière m
gravitas ['grævɪtæs] n sérieux m
gravitate ['grævɪteɪt] vi graviter
gravitational [grævɪ'teɪʃənəl] n (Physics: field, force) de gravitation
gravity ['grævɪtɪ] n (Physics) gravité f ; pesanteur f ; (seriousness) gravité, sérieux m
gravy ['greɪvɪ] n jus m (de viande), sauce f (au jus de viande)
gravy boat n saucière f
gravy train n (inf): **to ride the ~** avoir une bonne planque
gray etc [greɪ] adj (US) = **grey** etc
graze [greɪz] vi paître, brouter ▶ vt (touch lightly) frôler, effleurer ; (scrape) écorcher ▶ n écorchure f
grazed [greɪzd] adj (arm, knee) écorché(e)
grazing ['greɪzɪŋ] n (pasture) pâturage m
grease [gri:s] n (fat) graisse f ; (lubricant) lubrifiant m ▶ vt graisser ; lubrifier ; **to ~ the skids** (US fig) huiler les rouages
grease gun n graisseur m
greasepaint ['gri:speɪnt] n produits mpl de maquillage
greaseproof paper ['gri:spru:f-] n (Brit) papier sulfurisé
greasy ['gri:sɪ] adj gras(se), graisseux(-euse) ; (hands, clothes) graisseux ; (Brit: road, surface) glissant(e)
great [greɪt] adj grand(e) ; (heat, pain etc) très fort(e), intense ; (inf) formidable ; **they're ~ friends** ils sont très amis, ce sont de grands amis ; **we had a ~ time** nous nous sommes bien amusés ; **it was ~!** c'était fantastique or super ! ; **the ~ thing is that ...** ce qu'il y a de vraiment bien c'est que ...
Great Barrier Reef n: **the ~** la Grande Barrière
Great Britain n Grande-Bretagne f

GREAT BRITAIN

Bien qu'il soit courant d'utiliser indifféremment **Great Britain** (Grande-Bretagne) et United Kingdom (Royaume-Uni), ces deux termes ne recouvrent pas les mêmes réalités. Great Britain désigne l'ensemble composé de l'Angleterre, du pays de Galles et de l'Écosse, né en 1707 de l'union de deux royaumes. Le Royaume-Uni, quant à lui, comprend la Grande-Bretagne plus l'Irlande du Nord.

great-grandchild [greɪt'grænt∫aɪld] (pl **-children** [-t∫ɪldrən]) n arrière-petit(e)-enfant

great-grandfather [greɪt'grænfɑ:ðəʳ] n arrière-grand-père m

great-grandmother [greɪt'grænmʌðəʳ] n arrière-grand-mère f

Great Lakes npl: **the ~** les Grands Lacs

greatly ['greɪtlɪ] adv très, grandement ; (with verbs) beaucoup

greatness ['greɪtnɪs] n grandeur f

Grecian ['gri:∫ən] adj grec (grecque)

Greece [gri:s] n Grèce f

greed [gri:d] n (also: **greediness**) avidité f ; (for food) gourmandise f

greedily ['gri:dɪlɪ] adv avidement ; avec gourmandise

greedy ['gri:dɪ] adj avide ; (for food) gourmand(e)

Greek [gri:k] adj grec (grecque) ▶ n Grec (Grecque) ; (Ling) grec m ; **ancient/modern ~** grec classique/moderne

green [gri:n] adj vert(e) ; (inexperienced) (bien) jeune, naïf(-ïve) ; (ecological: product etc) écologique ; **to have ~ fingers** or (US) **a ~ thumb** (fig) avoir le pouce vert ; **G~** (Pol) écologiste mf ; **the G~ Party** le parti écologiste ▶ n (colour) vert m ; (on golf course) green m ; (stretch of grass) pelouse f ; ≈ **village green** ≈ place f du village ; **greens** npl (vegetables) légumes verts

green belt n (round town) ceinture verte

green card n (Aut) carte verte ; (US: work permit) permis m de travail

greenery ['gri:nərɪ] n verdure f

greenfly ['gri:nflaɪ] n (BRIT) puceron m

greengage ['gri:ngeɪdʒ] n reine-claude f

greengrocer ['gri:ngrəʊsəʳ] n (BRIT) marchand m de fruits et légumes

greengrocer's ['gri:ngrəʊsəz], **greengrocer's shop** n magasin m de fruits et légumes

greenhouse ['gri:nhaʊs] n serre f

greenhouse effect n: **the ~** l'effet m de serre

greenhouse gas n gaz m contribuant à l'effet de serre

greenish ['gri:nɪ∫] adj verdâtre

Greenland ['gri:nlənd] n Groenland m

Greenlander ['gri:nləndəʳ] n Groenlandais(e)

green light n: **to give sb/sth the ~** donner le feu vert à qn/qch

green pepper n poivron (vert)

green pound n (Econ) livre verte

green salad n salade verte

green tax n écotaxe f

greet [gri:t] vt accueillir

greeting ['gri:tɪŋ] n salutation f ; **Christmas/ birthday greetings** souhaits mpl de Noël/de bon anniversaire

greetings card n carte f de vœux

gregarious [grə'gɛərɪəs] adj grégaire ; sociable

grenade [grə'neɪd] n (also: **hand grenade**) grenade f

grew [gru:] pt of **grow**

grey, (US) **gray** [greɪ] adj gris(e) ; (dismal) sombre ; **to go ~** (commencer à) grisonner

grey area, (US) **gray area** n zone f floue

grey-haired, (US) **gray-haired** [greɪ'hɛəd] adj aux cheveux gris

greyhound ['greɪhaʊnd] n lévrier m

greying, (US) **graying** ['greɪɪŋ] adj (hair, person) grisonnant(e)

grey matter, (US) **gray matter** n (inf) matière f grise

grey squirrel, (US) **gray squirrel** n écureuil m gris, petit-gris m

grey vote, (US) **gray vote** n vote m des seniors

grid [grɪd] n grille f ; (Elec) réseau m ; (US Aut) intersection f (matérialisée par des marques au sol) ; **off-~** hors-réseau

griddle ['grɪdl] n (on cooker) plaque chauffante

gridiron ['grɪdaɪən] n gril m

gridlock ['grɪdlɔk] n (traffic jam) embouteillage m

gridlocked ['grɪdlɔkt] adj: **to be ~** (roads) être bloqué par un embouteillage ; (talks etc) être suspendu

grief [gri:f] n chagrin m, douleur f ; **to come to ~** (plan) échouer ; (person) avoir un malheur

grievance ['gri:vəns] n doléance f, grief m ; (cause for complaint) grief

grieve [gri:v] vi avoir du chagrin ; se désoler ; **to ~ for sb** pleurer qn ; **to ~ at** se désoler de ; pleurer ▶ vt faire de la peine à, affliger

grievous ['gri:vəs] adj grave, cruel(le) ; **~ bodily harm** (Law) coups mpl et blessures fpl

grill [grɪl] n (on cooker) gril m ; (also: **mixed grill**) grillade(s) f(pl) ; (also: **grillroom**) rôtisserie f ▶ vt (Culin) griller ; (inf: question) interroger longuement, cuisiner

grille [grɪl] n grillage m ; (Aut) calandre f

grillroom ['grɪlrum] n rôtisserie f

grim [grɪm] adj sinistre, lugubre ; (serious, stern) sévère

grimace [grɪ'meɪs] n grimace f ▶ vi grimacer, faire une grimace

grime [graɪm] n crasse f

grimly ['grɪmlɪ] adv (say) d'un air sévère

grimy ['graɪmɪ] adj crasseux(-euse)

grin [grɪn] n large sourire m ▶ vi sourire ; **to ~ (at)** faire un grand sourire (à)

grind [graɪnd] (pt, pp **ground** [graʊnd]) vt écraser ; (coffee, pepper etc) moudre ; (US: meat) hacher ; (make sharp) aiguiser ; (polish: gem, lens) polir ; **to ~ one's teeth** grincer des dents ▶ vi (car gears) grincer ; **to ~ to a halt** (vehicle) s'arrêter dans un grincement de freins ; (fig) s'arrêter, s'immobiliser ▶ n (work) corvée f ; **the daily ~** (inf) le train-train quotidien

grinder ['graɪndəʳ] n (machine: for coffee) moulin m (à café) ; (: for waste disposal etc) broyeur m

grinding ['graɪndɪŋ] adj (poverty, difficulty) écrasant(e) ; **to come to a ~ halt** s'arrêter net

grindstone ['graɪndstəʊn] n: **to keep one's nose to the ~** travailler sans relâche

grip [grɪp] n (handclasp) poigne f ; (control) prise f ; (handle) poignée f ; (holdall) sac m de voyage ; **to lose one's ~** lâcher prise ; (fig) perdre les pédales, être dépassé(e) ; **to come to grips with** se colleter avec, en venir aux prises avec ▶ vt saisir, empoigner ; (viewer, reader) captiver ; **to ~ the road** (Aut) adhérer à la route

gripe [graɪp] n (Med) coliques fpl ; (inf: complaint) ronchonnement m, rouspétance f ▶ vi (inf) râler

gripping ['grɪpɪŋ] adj prenant(e), palpitant(e)

grisly ['grɪzlɪ] *adj* sinistre, macabre

grist [grɪst] *n* (*fig*): **it's (all) ~ to his mill** ça l'arrange, ça apporte de l'eau à son moulin

gristle ['grɪsl] *n* cartilage *m* (*de poulet etc*)

grit [grɪt] *n* gravillon *m* ; (*courage*) cran *m* ; **to have a piece of ~ in one's eye** avoir une poussière *or* saleté dans l'œil ▶ *vt* (*road*) sabler ; **to ~ one's teeth** serrer les dents

grits [grɪts] *npl* (*US*) gruau *m* de maïs

gritty ['grɪtɪ] *adj* (*surface*) recouvert(e) de gravier ; (*texture*) graveleux(-euse) ; (*realistic: description*) réaliste

grizzle ['grɪzl] *vi* (*BRIT*) pleurnicher

grizzly ['grɪzlɪ] *n* (*also*: **grizzly bear**) grizzli *m*, ours gris

groan [grəʊn] *n* (*of pain*) gémissement *m* ; (*of disapproval, dismay*) grognement *m* ▶ *vi* gémir ; grogner

grocer ['grəʊsər] *n* épicier *m*

groceries ['grəʊsərɪz] *npl* provisions *fpl*

grocer's (shop) ['grəʊsəz-], **grocery** ['grəʊsərɪ] *n* épicerie *f*

grog [grɒg] *n* grog *m*

groggy ['grɒgɪ] *adj* groggy *inv*

groin [grɔɪn] *n* aine *f*

groom [gruːm] *n* (*for horses*) palefrenier *m* ; (*also*: **bridegroom**) marié *m* ▶ *vt* (*horse*) panser ; (*fig*): **to ~ sb for** former qn pour

grooming ['gruːmɪŋ] *n* (*personal care*) toilette *f* ; (*between monkeys*) épouillage *m* ; (*on Internet*) utilisation de services de rencontres en ligne par des adultes cherchant à séduire des mineurs

groove [gruːv] *n* sillon *m*, rainure *f*

grope [grəʊp] *vi* tâtonner ; **to ~ for** chercher à tâtons

gross [grəʊs] *adj* grossier(-ière) ; (*Comm*) brut(e) ▶ *n* (*pl inv*: *twelve dozen*) grosse *f* ▶ *vt* (*Comm*): **to ~ £500,000** gagner 500 000 livres avant impôt

gross domestic product *n* produit brut intérieur

grossly ['grəʊslɪ] *adv* (*greatly*) très, grandement

gross national product *n* produit national brut

grotesque [grə'tɛsk] *adj* grotesque

grotto ['grɒtəʊ] *n* grotte *f*

grotty ['grɒtɪ] *adj* (*BRIT inf*) minable

grouch [graʊtʃ] (*inf*) *vi* rouspéter ▶ *n* (*person*) rouspéteur(-euse)

ground [graʊnd] *pt, pp of* **grind** ▶ *n* sol *m*, terre *f* ; (*land*) terrain *m*, terres *fpl* ; (*Sport*) terrain ; (*reason: gen pl*) raison *f* ; (*US: also*: **ground wire**) terre *f* ; **on the ~, to the ~** par terre ; **below ~** sous terre ; **to gain/lose ~** gagner/perdre du terrain ; **common ~** terrain d'entente ; **he covered a lot of ~ in his lecture** sa conférence a traité un grand nombre de questions *or* la question en profondeur ▶ *vt* (*plane*) empêcher de décoller, retenir au sol ; (*US Elec*) équiper d'une prise de terre, mettre à la terre ▶ *vi* (*ship*) s'échouer ▶ *adj* (*coffee etc*) moulu(e) ; (*US: meat*) haché(e) ; **grounds** *npl* (*gardens etc*) parc *m*, domaine *m* ; (*of coffee*) marc *m*

groundbreaking ['graʊndbreɪkɪŋ] *adj* révolutionnaire

ground cloth *n* (*US*) = **groundsheet**

ground control *n* (*Aviat, Space*) centre *m* de contrôle (au sol)

ground floor *n* (*BRIT*) rez-de-chaussée *m*

groundhog ['graʊndhɒg] *n* marmotte *f* commune

grounding ['graʊndɪŋ] *n* (*in education*) connaissances *fpl* de base

groundless ['graʊndlɪs] *adj* sans fondement

groundnut ['graʊndnʌt] *n* arachide *f*

ground rent *n* (*BRIT*) fermage *m*

ground rules *npl*: **the ~** les principes *mpl* de base

groundsheet ['graʊndʃiːt] *n* (*BRIT*) tapis *m* de sol

groundsman ['graʊndzmən] (*irreg*), (*US*) **groundskeeper** ['graʊndzkiːpər] *n* (*Sport*) gardien *m* de stade

ground staff *n* équipage *m* au sol

groundswell ['graʊndswɛl] *n* lame *f* or vague *f* de fond

ground-to-air ['graʊntu'ɛər] *adj* (*Mil*) sol-air *inv*

ground-to-ground ['graʊntə'graʊnd] *adj* (*Mil*) sol-sol *inv*

groundwater ['graʊndwɔːtər] *n* nappe *f* phréatique

groundwork ['graʊndwəːk] *n* préparation *f*

group [gruːp] *n* groupe *m* ▶ *vt* (*also*: **group together**) grouper ▶ *vi* (*also*: **group together**) se grouper

groupie ['gruːpɪ] *n* groupie *f*

grouping ['gruːpɪŋ] *n* groupement *m*

group therapy *n* thérapie *f* de groupe

grouse [graʊs] *n* (*pl inv*: *bird*) grouse *f* (*sorte de coq de bruyère*) ▶ *vi* (*complain*) rouspéter, râler

grove [grəʊv] *n* bosquet *m*

grovel ['grɒvl] *vi* (*fig*): **to ~ (before)** ramper (devant)

grow [grəʊ] (*pt* **grew** [gruː], *pp* **grown** [grəʊn]) *vi* (*plant*) pousser, croître ; (*person*) grandir ; (*increase*) augmenter, se développer ; (*become*) devenir ; **to ~ rich/weak** s'enrichir/s'affaiblir ▶ *vt* cultiver, faire pousser ; (*hair, beard*) laisser pousser

▶ **grow apart** *vi* (*fig*) se détacher (l'un de l'autre)

▶ **grow away from** *vt fus* (*fig*) s'éloigner de

▶ **grow into** *vi* (*become*) se transformer en ▶ *vt fus* (*clothes*) devenir assez grand pour mettre

▶ **grow on** *vt fus*: **that painting is growing on me** je finirai par aimer ce tableau

▶ **grow out of** *vt fus* (*clothes*) devenir trop grand pour ; (*habit*) perdre (avec le temps) ; **he'll ~ out of it** ça lui passera

▶ **grow up** *vi* grandir

grower ['grəʊər] *n* producteur *m* ; (*Agr*) cultivateur(-trice)

growing ['grəʊɪŋ] *adj* (*fear, amount*) croissant(e), grandissant(e) ; **~ pains** (*Med*) fièvre *f* de croissance ; (*fig*) difficultés *fpl* de croissance

growl [graʊl] *vi* grogner

grown [grəʊn] *pp of* **grow** ▶ *adj* adulte

grown-up [grəʊn'ʌp] *n* adulte *mf*, grande personne

growth [grəʊθ] *n* croissance *f*, développement *m* ; (*what has grown*) pousse *f* ; poussée *f* ; (*Med*) grosseur *f*, tumeur *f*

growth rate *n* taux *m* de croissance

GRSM *n abbr* (*BRIT*) = **Graduate of the Royal Schools of Music**

grub [grʌb] n larve f ; (inf: food) bouffe f
grubby ['grʌbɪ] adj crasseux(-euse)
grudge [grʌdʒ] n rancune f ; **to bear sb a ~ (for)** garder rancune or en vouloir à qn (de) ▶ vt : **to ~ sb sth** (in giving) donner qch à qn à contre-cœur ; (resent) reprocher qch à qn ; **he grudges spending** il rechigne à dépenser
grudging ['grʌdʒɪŋ] adj (respect, admiration) accordé(e) à contre-cœur
grudgingly ['grʌdʒɪŋlɪ] adv à contre-cœur, de mauvaise grâce
gruelling, (US) **grueling** ['gruəlɪŋ] adj exténuant(e)
gruesome ['gru:səm] adj horrible
gruff [grʌf] adj bourru(e)
grumble ['grʌmbl] vi rouspéter, ronchonner
grumpy ['grʌmpɪ] adj grincheux(-euse)
grunge [grʌndʒ] n (Mus: style) grunge m
grunt [grʌnt] vi grogner ▶ n grognement m
G-string ['dʒi:strɪŋ] n (garment) cache-sexe m inv
GSUSA n abbr = **Girl Scouts of the United States of America**
GU abbr (US) = **Guam**
guarantee [gærən'ti:] n garantie f ▶ vt garantir ; **he can't ~ (that) he'll come** il n'est pas absolument certain de pouvoir venir
guaranteed [gærən'ti:d] adj (income, success) garanti(e) ; **articles of this kind are ~ to cause anxiety** des articles de ce genre vont à coup sûr provoquer des inquiétudes
guarantor [gærən'tɔ:ʳ] n garant(e)
guard [ga:d] n garde f, surveillance f ; (squad: Boxing, Fencing) garde ; (one man) garde m ; (BRIT Rail) chef m de train ; (safety device: on machine) dispositif m de sûreté ; (also: **fireguard**) garde-feu m inv ; **to be on one's ~** (fig) être sur ses gardes ▶ vt garder, surveiller ; (protect): **to ~ sb/sth (against** or **from)** protéger qn/qch (contre)
▶ **guard against** vi : **to ~ against doing sth** se garder de faire qch
guard dog n chien m de garde
guarded ['ga:dɪd] adj (fig) prudent(e)
guardian ['ga:dɪən] n gardien(ne) ; (of minor) tuteur(-trice)
guard's van ['ga:dz-] n (BRIT Rail) fourgon m
Guatemala [gwa:tɪ'ma:lə] n Guatémala m
Guernsey ['gə:nzɪ] n Guernesey mf
guerrilla [gə'rɪlə] n guérillero m
guerrilla warfare n guérilla f
guess [gɛs] vi deviner ; **to keep sb guessing** laisser qn dans le doute or l'incertitude, tenir qn en haleine ▶ vt deviner ; (estimate) évaluer ; (US) croire, penser ▶ n supposition f, hypothèse f ; **to take** or **have a ~** essayer de deviner
guesstimate ['gɛstɪmɪt] n (inf) estimation f
guesswork ['gɛswə:k] n hypothèse f ; **I got the answer by ~** j'ai deviné la réponse
guest [gɛst] n invité(e) ; (in hotel) client(e) ; **be my ~** faites comme chez vous
guest house n pension f
guest of honour, (US) **guest of honor** n invité(e) d'honneur
guest room n chambre f d'amis

guff [gʌf] n (inf) bêtises fpl
guffaw [gʌ'fɔ:] n gros rire ▶ vi pouffer de rire
guidance ['gaɪdəns] n (advice) conseils mpl ; **under the ~ of** conseillé(e) or encadré(e) par, sous la conduite de ; **vocational ~** orientation professionnelle ; **marriage ~** conseils conjugaux
guide [gaɪd] n (person) guide mf ; (book) guide m ; (also: **Girl Guide**) éclaireuse f ; (: Roman Catholic) guide f ; **is there an English-speaking ~?** est-ce que l'un des guides parle anglais ? ▶ vt guider ; **to be guided by sb/sth** se laisser guider par qn/qch
guidebook ['gaɪdbuk] n guide m ; **do you have a ~ in English?** est-ce que vous avez un guide en anglais ?
guided missile ['gaɪdɪd-] n missile téléguidé
guide dog n chien m d'aveugle
guided tour ['gaɪdɪd-] n visite guidée ; **what time does the ~ start?** la visite guidée commence à quelle heure ?
guidelines ['gaɪdlaɪnz] npl (advice) instructions générales, conseils mpl
guild [gɪld] n (Hist) corporation f ; (sharing interests) cercle m, association f
guildhall ['gɪldhɔ:l] n (BRIT) hôtel m de ville
guile [gaɪl] n astuce f
guileless ['gaɪllɪs] adj candide
guillotine ['gɪləti:n] n guillotine f ; (for paper) massicot m
guilt [gɪlt] n culpabilité f
guilty ['gɪltɪ] adj coupable ; **to plead ~/not ~** plaider coupable/non coupable ; **to feel ~ about doing sth** avoir mauvaise conscience à faire qch
Guinea ['gɪnɪ] n: **Republic of ~** (République f de) Guinée f
guinea ['gɪnɪ] n (BRIT: formerly) guinée f (= 21 shillings)
guinea pig n cobaye m
guise [gaɪz] n aspect m, apparence f
guitar [gɪ'ta:ʳ] n guitare f
guitarist [gɪ'ta:rɪst] n guitariste mf
gulch [gʌltʃ] n (US) ravin m
gulf [gʌlf] n golfe m ; (abyss) gouffre m ; **the (Persian) G~** le golfe Persique
Gulf States npl: **the ~** (in Middle East) les pays mpl du Golfe
Gulf Stream n: **the ~** le Gulf Stream
gull [gʌl] n mouette f
gullet ['gʌlɪt] n gosier m
gullibility [gʌlɪ'bɪlɪtɪ] n crédulité f
gullible ['gʌlɪbl] adj crédule
gully ['gʌlɪ] n ravin m ; ravine f ; couloir m
gulp [gʌlp] vi avaler sa salive ; (from emotion) avoir la gorge serrée, s'étrangler ▶ vt (also: **gulp down**) avaler ▶ n (of drink) gorgée f ; **at one ~** d'un seul coup
gum [gʌm] n (Anat) gencive f ; (glue) colle f ; (sweet) boule f de gomme ; (also: **chewing-gum**) chewing-gum m ▶ vt coller
gumboil ['gʌmbɔɪl] n abcès m dentaire
gumboots ['gʌmbu:ts] npl (BRIT) bottes fpl en caoutchouc
gumption ['gʌmpʃən] n bon sens, jugeote f

gun [gʌn] n (small) revolver m, pistolet m ; (rifle) fusil m, carabine f ; (cannon) canon m ; **to stick to one's guns** (fig) ne pas en démordre ▸ vt (also: **gun down**) abattre
▸ **gun for** vt fus: **to be gunning for sb** essayer d'avoir qn
gunboat ['gʌnbəut] n canonnière f
gun dog n chien m de chasse
gunfight ['gʌnfaɪt] n échange m de coups de feu
gunfire ['gʌnfaɪər] n fusillade f
gung-ho [gʌŋ'həu] adj (inf) enthousiaste
gunk [gʌŋk] n (inf) saleté f
gunman ['gʌnmən] n (irreg) bandit armé
gunner ['gʌnər] n artilleur m
gunpoint ['gʌnpɔɪnt] n: **at ~** sous la menace du pistolet (or fusil)
gunpowder ['gʌnpaudər] n poudre f à canon
gunrunner ['gʌnrʌnər] n trafiquant m d'armes
gunrunning ['gʌnrʌnɪŋ] n trafic m d'armes
gunshot ['gʌnʃɔt] n coup m de feu ; **within ~** à portée de fusil
gunsmith ['gʌnsmɪθ] n armurier m
gurgle ['gəːgl] n gargouillis m ▸ vi gargouiller
gurney ['gəːnɪ] n (US) lit m roulant
guru ['guruː] n gourou m
gush [gʌʃ] n jaillissement m, jet m ▸ vi jaillir ; (fig) se répandre en effusions
gushing ['gʌʃɪŋ] adj (person) trop exubérant(e) or expansif(-ive) ; (compliments) exagéré(e)
gusset ['gʌsɪt] n gousset m, soufflet m ; (in tights, pants) entre-jambes m
gust [gʌst] n (of wind) rafale f ; (of smoke) bouffée f
gusto ['gʌstəu] n enthousiasme m
gusty ['gʌstɪ] adj venteux(-euse) ; **~ winds** des rafales de vent
gut [gʌt] n intestin m, boyau m ; (Mus etc) boyau
▸ vt (poultry, fish) vider ; (building) ne laisser que les murs de ; **guts** npl (inf: Anat) boyaux mpl ; (: courage) cran m ; **to hate sb's guts** ne pas pouvoir voir qn en peinture or sentir qn
gut reaction n réaction instinctive
gutsy ['gʌtsɪ] adj (person) qui a du cran ; (style) qui a du punch
gutted ['gʌtɪd] adj: **I was ~** (inf: disappointed)

j'étais carrément dégoûté
gutter ['gʌtər] n (of roof) gouttière f ; (in street) caniveau m ; (fig) ruisseau m
gutter press n: **the ~** la presse de bas étage or à scandale
guttural ['gʌtərl] adj guttural(e)
guy [gaɪ] n (inf: man) type m ; (also: **guyrope**) corde f ; (figure) effigie de Guy Fawkes
Guyana [gaɪ'ænə] n Guyane f
Guy Fawkes' Night [gaɪ'fɔːks-] n voir article

⋮ **GUY FAWKES' NIGHT**

⋮ **Guy Fawkes' Night**, ou Bonfire Night,
⋮ commémore l'échec du complot (le
⋮ Gunpowder Plot) contre James Iᵉʳ et son
⋮ parlement le 5 novembre 1605. L'un des
⋮ conspirateurs, Guy Fawkes, avait été surpris
⋮ dans les caves du parlement alors qu'il
⋮ s'apprêtait à y mettre le feu. Chaque année
⋮ pour le 5 novembre, beaucoup de gens font
⋮ un feu de joie et un feu d'artifice dans leur
⋮ jardin. La plupart des municipalités font de
⋮ même, mais dans un parc et de façon plus
⋮ officielle.

guzzle ['gʌzl] vi s'empiffrer ▸ vt avaler gloutonnement
gym [dʒɪm] n (also: **gymnasium**) gymnase m ; (also: **gymnastics**) gym f
gymkhana [dʒɪm'kɑːnə] n gymkhana m
gymnasium [dʒɪm'neɪzɪəm] n gymnase m
gymnast ['dʒɪmnæst] n gymnaste mf
gymnastics [dʒɪm'næstɪks] n, npl gymnastique f
gym shoes npl chaussures fpl de gym(nastique)
gynaecological, (US) **gynecological** [gaɪnɪkə'lɔdʒɪkl] adj gynécologique
gynaecologist, (US) **gynecologist** [gaɪnɪ'kɔlədʒɪst] n gynécologue mf
gynaecology, (US) **gynecology** [gaɪnə'kɔlədʒɪ] n gynécologie f
gypsy ['dʒɪpsɪ] n gitan(e), bohémien(ne) ▸ cpd: **~ caravan** n roulotte f
gyrate [dʒaɪ'reɪt] vi tournoyer

g

Hh

H, h [eɪtʃ] *n (letter)* H, h *m* ; **H for Harry**, *(US)* **H for How** H comme Henri

habeas corpus ['heɪbɪəs'kɔːpəs] *n (Law)* habeas corpus *m*

haberdashery [hæbə'dæʃərɪ] *n (BRIT)* mercerie *f*

habit ['hæbɪt] *n* habitude *f* ; *(costume: Rel)* habit *m* ; *(for riding)* tenue *f* d'équitation ; **to get out of/into the ~ of doing sth** perdre/prendre l'habitude de faire qch

habitable ['hæbɪtəbl] *adj* habitable

habitat ['hæbɪtæt] *n* habitat *m*

habitation [hæbɪ'teɪʃən] *n* habitation *f*

habitual [hə'bɪtjuəl] *adj* habituel(le) ; *(drinker, liar)* invétéré(e)

habitually [hə'bɪtjuəlɪ] *adv* habituellement, d'habitude

hack [hæk] *vt* hacher, tailler ▸ *n (cut)* entaille *f* ; *(blow)* coup *m* ; *(pej: writer)* nègre *m* ; *(old horse)* canasson *m*
▸ **hack into** *vt fus (computer system, network)* s'introduire dans

hacker ['hækəʳ] *n (Comput)* pirate *m* (informatique) ; *(: enthusiast)* passionné(e) des ordinateurs

hackles ['hæklz] *npl* : **to make sb's ~ rise** *(fig)* mettre qn hors de soi

hackney cab ['hæknɪ-] *n* fiacre *m*

hackneyed ['hæknɪd] *adj* usé(e), rebattu(e)

hacksaw ['hæksɔ:] *n* scie *f* à métaux

had [hæd] *pt, pp of* **have**

haddock ['hædək] *(pl ~ or* **haddocks***) n* églefin *m* ; **smoked ~** haddock *m*

hadn't ['hædnt] = **had not**

haematology, *(US)* **hematology** ['hi:mə'tɔlədʒɪ] *n* hématologie *f*

haemoglobin, *(US)* **hemoglobin** ['hi:mə'gləubɪn] *n* hémoglobine *f*

haemophilia, *(US)* **hemophilia** ['hi:mə'fɪlɪə] *n* hémophilie *f*

haemorrhage, *(US)* **hemorrhage** ['hɛmərɪdʒ] *n* hémorragie *f*

haemorrhoids, *(US)* **hemorrhoids** ['hɛmərɔɪdz] *npl* hémorroïdes *fpl*

hag [hæg] *n (ugly)* vieille sorcière ; *(nasty)* chameau *m*, harpie *f* ; *(witch)* sorcière

haggard ['hægəd] *adj* hagard(e), égaré(e)

haggis ['hægɪs] *n plat à base d'abats de mouton, d'avoine et d'épices dont on farcit l'estomac de l'animal et que l'on fait bouillir*

haggle ['hægl] *vi* marchander ; **to ~ over** chicaner sur

haggling ['hæglɪŋ] *n* marchandage *m*

Hague [heɪg] *n* : **The ~** La Haye

hail [heɪl] *n* grêle *f* ▸ *vt (call)* héler ; *(greet)* acclamer ▸ *vi* grêler ; *(originate)* : **he hails from Scotland** il est originaire d'Écosse

hailstone ['heɪlstəun] *n* grêlon *m*

hailstorm ['heɪlstɔ:m] *n* averse *f* de grêle

hair [hɛəʳ] *n* cheveux *mpl* ; *(on body)* poils *mpl*, pilosité *f* ; *(of animal)* pelage *m* ; *(single hair: on head)* cheveu *m* ; *(: on body, of animal)* poil *m* ; **to do one's ~** se coiffer

hairband ['hɛəbænd] *n (elasticated)* bandeau *m* ; *(plastic)* serre-tête *m*

hairbrush ['hɛəbrʌʃ] *n* brosse *f* à cheveux

haircare ['hɛəkɛəʳ] *n* soins *mpl* capillaires ▸ *cpd (product)* capillaire, pour les cheveux

haircut ['hɛəkʌt] *n* coupe *f* (de cheveux)

hairdo ['hɛədu:] *n* coiffure *f*

hairdresser ['hɛədrɛsəʳ] *n* coiffeur(-euse)

> **Un coiffeur** is a hairdresser; *une coiffure* is a hairdo.

hairdresser's ['hɛədrɛsəz] *n* salon *m* de coiffure, coiffeur *m*

hairdressing ['hɛədrɛsɪŋ] *n* coiffure *f*

hair dryer *n* sèche-cheveux *m*, séchoir *m*

-haired [hɛəd] *suffix* : **fair/long~** aux cheveux blonds/longs

hair gel *n* gel *m* pour cheveux

hairgrip ['hɛəgrɪp] *n* pince *f* à cheveux

hairline ['hɛəlaɪn] *n* naissance *f* des cheveux

hairline fracture *n* fêlure *f*

hairnet ['hɛənɛt] *n* résille *f*

hair oil *n* huile *f* capillaire

hairpiece ['hɛəpi:s] *n* postiche *m*

hairpin ['hɛəpɪn] *n* épingle *f* à cheveux

hairpin bend, *(US)* **hairpin curve** *n* virage *m* en épingle à cheveux

hair-raising ['hɛəreɪzɪŋ] *adj* à (vous) faire dresser les cheveux sur la tête

hair remover *n* dépilateur *m*

hair removing cream [-rɪ'mu:vɪŋ-] *n* crème *f* dépilatoire

hair spray *n* laque *f* (pour les cheveux)

hairstyle ['hɛəstaɪl] *n* coiffure *f*

hairy ['hɛərɪ] *adj* poilu(e), chevelu(e) ; *(inf: frightening)* effrayant(e)

Haiti ['heɪtɪ] *n* Haïti *m*

haka ['hɑ:kə] *n (NEW ZEALAND)* haka *m*

hake [heɪk] *(pl ~ or* **hakes***) n* colin *m*, merlu *m*

halal [hə'lɑːl] *n (also:* **halal meat**) viande *f* halal
or hallal ▸ *adj* halal, hallal
halcyon ['hælsɪən] *adj* merveilleux(-euse)
hale [heɪl] *adj:* ~ **and hearty** robuste, en pleine
santé
half [hɑːf] (*pl* **halves** [hɑːvz]) *n* moitié *f*; (*of beer:
also:* **half pint**) ≈ demi *m*; (*Rail, bus: also:* **half fare**)
demi-tarif *m*; (*Sport: of match*) mi-temps *f*; (: *of
ground*) moitié (du terrain); **two and a** ~ deux et
demi; **a week and a** ~ une semaine et demie;
~ **(of it)** la moitié; ~ **(of)** la moitié de; **to cut
sth in** ~ couper qch en deux; **to go halves
(with sb)** se mettre de moitié avec qn; ~ **past
three** trois heures et demie ▸ *adj* demi(e); ~ **an
hour** une demi-heure; ~ **a dozen** une
demi-douzaine; ~ **a dozen eggs** une
demi-douzaine d'œufs; ~ **a pound** une
demi-livre, ≈ 250 g; ~ **the amount of** la moitié
de ▸ *adv* (à) moitié, à demi; ~ **empty/closed** à
moitié vide/fermé(e)
half-back ['hɑːfbæk] *n (Sport)* demi *m*
half-baked ['hɑːf'beɪkt] *adj (inf: idea, scheme)* qui
ne tient pas debout
half board *n (Brit: in hotel)* demi-pension *f*
half-breed ['hɑːfbriːd] *n (pej)* = **half-caste**
half-brother ['hɑːfbrʌðəʳ] *n* demi-frère *m*
half-caste ['hɑːfkɑːst] *n (pej)* métis(se)
half day *n* demi-journée *f*
half-dead *adj* à moitié mort(e)
half fare *n* demi-tarif *m*
half-hearted ['hɑːf'hɑːtɪd] *adj* tiède, sans
enthousiasme
half-hour [hɑːf'auəʳ] *n* demi-heure *f*
half-life ['hɑːflaɪf] *n (Physics)* demi-vie *f*
half-mast ['hɑːf'mɑːst] *n:* **at** ~ *(flag)* en berne, à
mi-mât
halfpenny ['heɪpnɪ] *n* demi-penny *m*
half-price ['hɑːf'praɪs] *adj* à moitié prix ▸ *adv
(also:* **at half-price**) à moitié prix
half term *n (Brit Scol)* vacances *fpl (de demi-trimestre)*
half-time [hɑːf'taɪm] *n* mi-temps *f*
halfway ['hɑːf'weɪ] *adv* à mi-chemin; **to meet
sb** ~ *(fig)* parvenir à un compromis avec qn;
~ **through sth** au milieu de qch
halfway house *n (hostel)* centre *m* de
réadaptation *(pour anciens prisonniers, malades
mentaux etc)*; *(fig):* **a** ~ **(between)** une étape
intermédiaire (entre)
half-wit ['hɑːfwɪt] *n (inf)* idiot(e), imbécile *mf*
half-yearly [hɑːf'jɪəlɪ] *adv* deux fois par an ▸ *adj*
semestriel(le)
halibut ['hælɪbət] *n (pl inv)* flétan *m*
halitosis [hælɪ'təusɪs] *n* mauvaise haleine
hall [hɔːl] *n* salle *f*; *(entrance way: big)* hall *m*;
(: *small*) entrée *f*; *(US: corridor)* couloir *m*;
(mansion) château *m*, manoir *m*
hallelujah [hælɪ'luːjə] *excl (also:* **alleluia**)
alléluia *m*
hallmark ['hɔːlmɑːk] *n* poinçon *m*; *(fig)*
marque *f*
hallo [hə'ləu] *excl* = **hello**
hall of residence *n (Brit)* pavillon *m or* résidence
f universitaire
hallowed ['hæləud] *adj (respected)* vénérable;
(holy) béni(e)

Hallowe'en, Halloween ['hæləu'iːn] *n* veille *f*
de la Toussaint

HALLOWE'EN

Fête d'origine païenne, **Hallowe'en** est
célébré au Royaume-Uni et aux États-Unis
le 31 octobre, veille de la Toussaint. De
nombreuses coutumes américaines ont été
adoptées par les Britanniques. Ainsi, il est
courant de confectionner des lanternes à
partir d'une citrouille évidée dans laquelle
on a découpé un visage menaçant. Les
enfants se déguisent en sorcières, fantômes,
etc, et vont de porte en porte quémander des
sucreries en menaçant les réfractaires de
leur jouer un mauvais tour.

hallucination [həluːsɪ'neɪʃən] *n* hallucination *f*
hallucinogenic [həluːsɪnəu'dʒɛnɪk] *adj*
hallucinogène
hallway ['hɔːlweɪ] *n (entrance)* vestibule *m*;
(corridor) couloir *m*
halo ['heɪləu] *n (of saint etc)* auréole *f*; *(of sun)*
halo *m*
halt [hɔːlt] *n* halte *f*, arrêt *m*; **to call a** ~ **to sth**
(fig) mettre fin à qch ▸ *vt* faire arrêter; *(progress
etc)* interrompre ▸ *vi* faire halte, s'arrêter
halter ['hɔːltəʳ] *n (for horse)* licou *m*
halterneck ['hɔːltənɛk] *adj (dress)* (avec) dos
nu *inv*
halting ['hɔːltɪŋ] *adj* hésitant(e)
halve [hɑːv] *vt (apple etc)* partager *or* diviser en
deux; *(reduce by half)* réduire de moitié
halves [hɑːvz] *npl of* **half**
ham [hæm] *n* jambon *m*; *(inf: also:* **radio ham**)
radio-amateur *m*; *(also:* **ham actor**) cabotin(e)
Hamburg ['hæmbəːg] *n* Hambourg
hamburger ['hæmbəːgəʳ] *n* hamburger *m*
ham-fisted ['hæm'fɪstɪd], *(US)* **ham-handed**
['hæm'hændɪd] *adj* maladroit(e)
hamlet ['hæmlɪt] *n* hameau *m*
hammer ['hæməʳ] *n* marteau *m* ▸ *vt (nail)*
enfoncer; *(fig)* éreinter, démolir; **to** ~ **a point
home to sb** faire rentrer qch dans la tête de qn
▸ *vi (at door)* frapper à coups redoublés
▸ **hammer out** *vt (metal)* étendre au marteau;
(fig: solution) élaborer
hammering ['hæmərɪŋ] *n (inf: criticism)* volée *f*
(inf); (: *defeat*) raclée *f (inf)*; *(knocking)*
martèlement *m*
hammock ['hæmək] *n* hamac *m*
hamper ['hæmpəʳ] *vt* gêner ▸ *n* panier *m*
(d'osier)
hamster ['hæmstəʳ] *n* hamster *m*
hamstring ['hæmstrɪŋ] *n (Anat)* tendon *m* du
jarret
hand [hænd] *n* main *f*; *(of clock)* aiguille *f*;
(handwriting) écriture *f*; *(at cards)* jeu *m*;
(measurement: of horse) paume *f*; *(worker)*
ouvrier(-ière); **to give sb a** ~ donner un coup de
main à qn; **at** ~ à portée de la main; **in** ~
(situation) en main; *(work)* en cours; **we have
the situation in** ~ nous avons la situation bien
en main; **to be on** ~ *(person)* être disponible;
(emergency services) se tenir prêt(e) (à intervenir);

h

to ~ (*information etc*) sous la main, à portée de la main ; **to force sb's ~** forcer la main à qn ; **to have a free ~** avoir carte blanche ; **to have sth in one's ~** tenir qch à la main ; **on the one ~ ...,** **on the other ~** d'une part ..., d'autre part ▶ *vt* passer, donner
▶ **hand back** *vt* : **to ~ sth back (to sb)** (*object, property, land*) rendre qch (à qn) ; (*power, control*) restituer qch (à qn)
▶ **hand down** *vt* passer ; (*tradition, heirloom*) transmettre ; (*US: sentence, verdict*) prononcer
▶ **hand in** *vt* remettre
▶ **hand out** *vt* distribuer
▶ **hand over** *vt* remettre ; (*powers etc*) transmettre
▶ **hand round** *vt* (BRIT: *information*) faire circuler ; (: *chocolates etc*) faire passer
handbag ['hændbæg] *n* sac *m* à main
hand baggage *n* = **hand luggage**
handball ['hændbɔ:l] *n* handball *m*
handbasin ['hændbeɪsn] *n* lavabo *m*
handbook ['hændbʊk] *n* manuel *m*
handbrake ['hændbreɪk] *n* frein *m* à main
h & c *abbr* (BRIT) = **hot and cold (water)**
hand cream *n* crème *f* pour les mains
handcuffs ['hændkʌfs] *npl* menottes *fpl*
handful ['hændfʊl] *n* poignée *f*
handgun ['hændgʌn] *n* arme *f* de poing
handheld ['hænd'held] *adj* (*device*) portatif(-ive) ; (*computer*) de poche ; (*camera*) de reportage
handicap ['hændɪkæp] *n* handicap *m* ▶ *vt* handicaper ; **mentally/physically handicapped** handicapé(e) mentalement/physiquement
handicraft ['hændɪkrɑ:ft] *n* travail *m* d'artisanat, technique artisanale
handiwork ['hændɪwə:k] *n* ouvrage *m* ; **this looks like his ~** (*pej*) ça a tout l'air d'être son œuvre
handkerchief ['hæŋkətʃɪf] *n* mouchoir *m*
handle ['hændl] *n* (*of door etc*) poignée *f* ; (*of cup etc*) anse *f* ; (*of knife etc*) manche *m* ; (*of saucepan*) queue *f* ; (*for winding*) manivelle *f* ; **to fly off the ~** s'énerver ▶ *vt* toucher, manier ; (*deal with*) s'occuper de ; (*treat: people*) prendre ▶ *vi* : **"~ with care"** « fragile »
handlebar ['hændlbɑ:ʳ] *n*, **handlebars** ['hændlbɑ:z] *npl* guidon *m*
handler ['hændləʳ] *n* (*of animal*) dresseur(-euse) ; **food ~** personne *f* qui manipule des aliments
handling ['hændlɪŋ] *n* (*Aut*) maniement *m* ; (*treatment*): **his ~ of the matter** la façon dont il a traité l'affaire
handling charges *npl* frais *mpl* de manutention ; (*Banking*) agios *mpl*
hand luggage *n* bagages *mpl* à main ; **one item of ~** un bagage à main
handmade ['hænd'meɪd] *adj* fait(e) à la main
handout ['hændaʊt] *n* (*money*) aide *f*, don *m* ; (*leaflet*) prospectus *m* ; (*press handout*) communiqué *m* de presse ; (*at lecture*) polycopié *m*
handover ['hændəʊvəʳ] *n* (*of place, country*) transfert *m* ; (*of company, business*) cession *f* ; (*of power*) passation *f*

handpick ['hænd'pɪk] *vt* (*staff, successor*) trier sur le volet
handpicked ['hænd'pɪkt] *adj* (*produce*) cueilli(e) à la main ; (*staff, successor*) trié(e) sur le volet
handrail ['hændreɪl] *n* (*on staircase etc*) rampe *f*, main courante
handset ['hændset] *n* (*Tel*) combiné *m*
hands-free [hændz'fri] *adj* mains libres *inv* ▶ *n* (*also*: **hands-free kit**) kit *m* mains libres *inv*
handshake ['hændʃeɪk] *n* poignée *f* de main ; (*Comput*) établissement *m* de la liaison
handsome ['hænsəm] *adj* beau (belle) ; (*gift*) généreux(-euse) ; (*profit*) considérable

> **beau** changes to **bel** before a vowel or an 'h': *a handsome man* **un bel homme** .

hands-on [hændz'ɔn] *adj* (*training, experience*) sur le tas ; **she has a very ~ approach** sa politique est de mettre la main à la pâte
handstand ['hændstænd] *n*: **to do a ~** faire l'arbre droit
hand-to-hand ['hændtə'hænd] *adj* (*fighting*) corps à corps
hand-to-mouth ['hændtə'maʊθ] *adj* (*existence*) au jour le jour
hand-wash ['hændwɔʃ] *vt* laver à la main
handwriting ['hændraɪtɪŋ] *n* écriture *f*
handwritten ['hændrɪtn] *adj* manuscrit(e), écrit(e) à la main
handy ['hændɪ] *adj* (*person*) adroit(e) ; (*close at hand*) sous la main ; (*convenient*) pratique ; **to come in ~** être (*or* s'avérer) utile
handyman ['hændɪmæn] *n* (*irreg*) bricoleur *m* ; (*servant*) homme *m* à tout faire
hang [hæŋ] (*pt, pp* **hung** [hʌŋ]) *vt* accrocher ; (*pt, pp* **hanged**: *criminal*) pendre ▶ *vi* pendre ; (*hair, drapery*) tomber ▶ *n*: **to get the ~ of (doing) sth** (*inf*) attraper le coup pour faire qch
▶ **hang about, hang around** *vi* flâner, traîner
▶ **hang back** *vi* (*hesitate*): **to ~ back (from doing)** être réticent(e) (pour faire)
▶ **hang down** *vi* pendre
▶ **hang on** *vi* (*wait*) attendre ; **to ~ on to** (*keep hold of*) ne pas lâcher ; (*keep*) garder ▶ *vt fus* (*depend on*) dépendre de
▶ **hang out** *vt* (*washing*) étendre (dehors) ▶ *vi* pendre ; (*inf: live*) habiter, percher ; (: *spend time*) traîner
▶ **hang round** *vi* = **hang about**
▶ **hang together** *vi* (*argument etc*) se tenir, être cohérent(e)
▶ **hang up** *vi* (*Tel*) raccrocher ; **to ~ up on sb** (*Tel*) raccrocher au nez de qn ▶ *vt* (*coat, painting etc*) accrocher, suspendre
hangar ['hæŋəʳ] *n* hangar *m*
hangdog ['hæŋdɔg] *adj* (*look, expression*) de chien battu
hanger ['hæŋəʳ] *n* cintre *m*, portemanteau *m*
hanger-on [hæŋər'ɔn] *n* parasite *m*
hang-glider ['hæŋglaɪdəʳ] *n* deltaplane *m*
hang-gliding ['hæŋglaɪdɪŋ] *n* vol *m* libre *or* sur aile delta
hanging ['hæŋɪŋ] *n* (*execution*) pendaison *f*
hangman ['hæŋmən] *n* (*irreg*) bourreau *m*

hangover ['hæŋəʊvə^r] n (after drinking) gueule f de bois

hang-up ['hæŋʌp] n complexe m

hank [hæŋk] n écheveau m

hanker ['hæŋkə^r] vi: **to ~ after** avoir envie de

hankering ['hæŋkərɪŋ] n: **to have a ~ for/to do sth** avoir une grande envie de/de faire qch

hankie, hanky ['hæŋkɪ] n abbr = **handkerchief**

hanky-panky [hæŋki'pæŋki] n (inf: sexual) galipettes fpl (inf) ; (: dishonest) entourloupes fpl (inf)

Hants abbr (BRIT) = **Hampshire**

Hanukkah, Hanukah ['hɑːnəkə] n Hanoukka f

haphazard [hæp'hæzəd] adj fait(e) au hasard, fait(e) au petit bonheur

hapless ['hæplɪs] adj malheureux(-euse)

happen ['hæpən] vi arriver, se passer, se produire ; **what's happening?** que se passe-t-il ? ; **she happened to be free** il s'est trouvé (or se trouvait) qu'elle était libre ; **if anything happened to him** s'il lui arrivait quoi que ce soit ; **as it happens** justement ▸ **happen on, happen upon** vt fus tomber sur

happening ['hæpnɪŋ] n événement m

happily ['hæpɪlɪ] adv heureusement ; (cheerfully) joyeusement

happiness ['hæpɪnɪs] n bonheur m

happy ['hæpɪ] adj heureux(-euse) ; **~ with** (arrangements etc) satisfait(e) de ; **to be ~ to do** faire volontiers ; **yes, I'd be ~ to** oui, avec plaisir or (bien) volontiers ; **~ birthday!** bon anniversaire ! ; **~ Christmas/New Year!** joyeux Noël/bonne année !

happy-go-lucky ['hæpɪgəʊ'lʌkɪ] adj insouciant(e)

happy hour n l'heure f de l'apéritif, heure pendant laquelle les consommations sont à prix réduit

harangue [hə'ræŋ] vt haranguer

harass ['hærəs] vt accabler, tourmenter

harassed ['hærəst] adj tracassé(e)

harassment ['hærəsmənt] n tracasseries fpl ; **sexual ~** harcèlement sexuel

harbinger ['hɑːbɪndʒə^r] n (literary) signe m avant-coureur

harbour, (US) **harbor** ['hɑːbə^r] n port m ▸ vt héberger, abriter ; (hopes, suspicions) entretenir ; **to ~ a grudge against sb** en vouloir à qn

harbour dues, (US) **harbor dues** npl droits mpl de port

harbour master, (US) **harbor master** n capitaine m du port

hard [hɑːd] adj dur(e) ; (question, problem) difficile ; (facts, evidence) concret(-ète) ; **~ luck!** pas de veine ! ; **no ~ feelings!** sans rancune ! ; **to be ~ of hearing** être dur(e) d'oreille ; **to be ~ on sb** être dur(e) avec qn ; **I find it ~ to believe that ...** je n'arrive pas à croire que ... ▸ adv (work) dur ; (think, try) sérieusement ; **to look ~ at** regarder fixement ; (thing) regarder de près ; **to drink ~** boire sec ; **to be ~ done by** être traité(e) injustement

hard-and-fast ['hɑːdən'fɑːst] adj strict(e), absolu(e)

hardback ['hɑːdbæk] n livre relié

hardball ['hɑːdbɔːl] n: **to play ~** (fig) employer les grands moyens

hardboard ['hɑːdbɔːd] n Isorel® m

hard-boiled egg ['hɑːd'bɔɪld-] n œuf dur

hard cash n espèces fpl

hard copy n (Comput) sortie f or copie f papier

hard-core ['hɑːd'kɔː^r] adj (pornography) (dit(e)) dur(e) ; (supporters) inconditionnel(le)

hard court n (Tennis) court m en dur

hard disk n (Comput) disque dur

hard drive n (Comput) disque dur

harden ['hɑːdn] vt durcir ; (steel) tremper ; (fig) endurcir ▸ vi (substance) durcir

hardened ['hɑːdnd] adj (criminal) endurci(e) ; **to be ~ to sth** s'être endurci(e) à qch, être (devenu(e)) insensible à qch

hardening ['hɑːdənɪŋ] n (of attitude, position) durcissement m

hard-headed ['hɑːd'hɛdɪd] adj réaliste ; décidé(e)

hard-hearted ['hɑːd'hɑːtɪd] adj dur(e), impitoyable

hard-hitting ['hɑːd'hɪtɪŋ] adj (speech, article) sans complaisances

hard labour n travaux forcés

hardline [hɑːd'laɪn] adj (communist, republican) pur(e) et dur(e) ; (policy, stance) jusqu'au-boutiste, intransigeant(e)

hardliner [hɑːd'laɪnə^r] n intransigeant(e), dur(e)

hard-luck story [hɑːd'lʌk-] n histoire larmoyante

hardly ['hɑːdlɪ] adv (scarcely) à peine ; (harshly) durement ; **it's ~ the case** ce n'est guère le cas ; **~ anywhere/ever** presque nulle part/jamais ; **I can ~ believe it** j'ai du mal à le croire

hardness ['hɑːdnɪs] n dureté f

hard-nosed ['hɑːd'nəʊzd] adj impitoyable, dur(e)

hard-pressed ['hɑːd'prɛst] adj sous pression

hard sell n vente agressive

hardship ['hɑːdʃɪp] n (difficulties) épreuves fpl ; (deprivation) privations fpl

hard shoulder n (BRIT Aut) accotement stabilisé

hard-up [hɑːd'ʌp] adj (inf) fauché(e)

hardware ['hɑːdwɛə^r] n quincaillerie f ; (Comput, Mil) matériel m

hardware shop, (US) **hardware store** n quincaillerie f

hard-wearing [hɑːd'wɛərɪŋ] adj solide

hard-wired [hɑːd'waɪəd] adj (Comput) câblé(e) ; (into the brain) programmé(e)

hard-won ['hɑːd'wʌn] adj (si) durement gagné(e)

hardwood ['hɑːdwud] n bois m dur ▸ cpd (floor, flooring) en bois dur ; (tree) feuillu(e)

hard-working [hɑːd'wəːkɪŋ] adj travailleur(-euse), consciencieux(-euse)

hardy ['hɑːdɪ] adj robuste ; (plant) résistant(e) au gel

hare [hɛə^r] n lièvre m

hare-brained ['hɛəbreɪnd] adj farfelu(e), écervelé(e)

harelip ['hɛəlɪp] n (Med) bec-de-lièvre m

harem [hɑː'riːm] n harem m

hark back [hɑːk-] vi: **to ~ to** (en) revenir toujours à

harm [hɑːm] *n* mal *m* ; *(wrong)* tort *m* ; **to mean no ~** ne pas avoir de mauvaises intentions ; **there's no ~ in trying** on peut toujours essayer ; **out of ~'s way** à l'abri du danger, en lieu sûr ▸ *vt (person)* faire du mal *or* du tort à ; *(thing)* endommager
harmful ['hɑːmful] *adj* nuisible
harmless ['hɑːmlɪs] *adj* inoffensif(-ive)
harmonic [hɑːˈmɔnɪk] *adj* harmonique
harmonica [hɑːˈmɔnɪkə] *n* harmonica *m*
harmonics [hɑːˈmɔnɪks] *npl* harmoniques *mpl or fpl*
harmonious [hɑːˈməunɪəs] *adj* harmonieux(-euse)
harmonium [hɑːˈməunɪəm] *n* harmonium *m*
harmonization [hɑːmənaɪˈzeɪʃən] *n* harmonisation *f*
harmonize ['hɑːmənaɪz] *vt* harmoniser ▸ *vi* s'harmoniser
harmony ['hɑːmənɪ] *n* harmonie *f*
harness ['hɑːnɪs] *n* harnais *m* ▸ *vt (horse)* harnacher ; *(resources)* exploiter
harp [hɑːp] *n* harpe *f* ▸ *vi*: **to ~ on about** revenir toujours sur
harpist ['hɑːpɪst] *n* harpiste *mf*
harpoon [hɑːˈpuːn] *n* harpon *m*
harpsichord ['hɑːpsɪkɔːd] *n* clavecin *m*
harrowing ['hærəuɪŋ] *adj* déchirant(e)
harsh [hɑːʃ] *adj (hard)* dur(e) ; *(severe)* sévère ; *(rough: surface)* rugueux(-euse) ; *(unpleasant: sound)* discordant(e) ; *(: light)* cru(e) ; *(: taste)* âpre
harshly ['hɑːʃlɪ] *adv* durement, sévèrement
harshness ['hɑːʃnɪs] *n* dureté *f*, sévérité *f*
harvest ['hɑːvɪst] *n (of corn)* moisson *f* ; *(of fruit)* récolte *f* ; *(of grapes)* vendange *f* ▸ *vi, vt* moissonner ; récolter ; vendanger
harvester ['hɑːvɪstəʳ] *n (machine)* moissonneuse *f* ; *(also:* **combine harvester**) moissonneuse-batteuse(-lieuse) *f*
has [hæz] *vb see* **have**
has-been ['hæzbiːn] *n (inf: person)*: **he/she's a ~** il/elle a fait son temps *or* est fini(e)
hash [hæʃ] *n (Culin)* hachis *m* ; *(fig: mess)* gâchis *m* ▸ *n abbr (inf)* = **hashish**
hashish ['hæʃɪʃ] *n* haschisch *m*
hashtag ['hæʃtæg] *n (on Twitter)* mot-dièse *m*, hashtag *m*
hasn't ['hæznt] = **has not**
hassle ['hæsl] *n (inf: fuss)* histoire(s) *f(pl)*
haste [heɪst] *n* hâte *f*, précipitation *f* ; **in ~** à la hâte, précipitamment
hasten ['heɪsn] *vt* hâter, accélérer ▸ *vi* se hâter, s'empresser ; **I ~ to add that ...** je m'empresse d'ajouter que ...
hastily ['heɪstɪlɪ] *adv* à la hâte ; *(leave)* précipitamment
hasty ['heɪstɪ] *adj (decision, action)* hâtif(-ive) ; *(departure, escape)* précipité(e)
hat [hæt] *n* chapeau *m*
hatbox ['hætbɔks] *n* carton *m* à chapeau
hatch [hætʃ] *n (Naut: also:* **hatchway**) écoutille *f* ; *(Brit: also:* **service hatch**) passe-plats *m inv* ▸ *vi* éclore ▸ *vt* faire éclore ; *(fig: scheme)* tramer, ourdir
hatchback ['hætʃbæk] *n (Aut)* modèle *m* avec hayon arrière

hatchet ['hætʃɪt] *n* hachette *f*
hatchet job *n (inf)* démolissage *m*
hatchet man *n (irreg) (inf)* homme *m* de main
hate [heɪt] *vt* haïr, détester ; **to ~ to do** *or* **doing** détester faire ; **I ~ to trouble you, but ...** désolé de vous déranger, mais ... ▸ *n* haine *f*
hateful ['heɪtful] *adj* odieux(-euse), détestable
hater ['heɪtəʳ] *n*: **cop-~** anti-flic *mf* ; **woman-~** misogyne *mf* (haineux(-euse))
hatred ['heɪtrɪd] *n* haine *f*
hat trick *n (Brit Sport, also fig)*: **to get a ~** réussir trois coups (*or* gagner trois matchs *etc*) consécutifs
haughty ['hɔːtɪ] *adj* hautain(e), arrogant(e)
haul [hɔːl] *vt* traîner, tirer ; *(by lorry)* camionner ; *(Naut)* haler ▸ *n (of fish)* prise *f* ; *(of stolen goods etc)* butin *m*
haulage ['hɔːlɪdʒ] *n* transport routier
haulage contractor *n (Brit: firm)* entreprise *f* de transport (routier) ; *(: person)* transporteur routier
haulier ['hɔːlɪəʳ], *(US)* **hauler** ['hɔːləʳ] *n* transporteur (routier), camionneur *m*
haunch [hɔːntʃ] *n* hanche *f* ; **~ of venison** cuissot *m* de chevreuil
haunt [hɔːnt] *vt (subj: ghost, fear)* hanter ; *(: person)* fréquenter ▸ *n* repaire *m*
haunted ['hɔːntɪd] *adj (castle etc)* hanté(e) ; *(look)* égaré(e), hagard(e)
haunting ['hɔːntɪŋ] *adj (sight, music)* obsédant(e)
Havana [həˈvænə] *n* La Havane

(KEYWORD)

have [hæv] *(pt, pp* **had** [hæd]) *aux vb* **1** *(gen)* avoir ; être ; **to have eaten/slept** avoir mangé/dormi ; **to have arrived/gone** être arrivé(e)/allé(e) ; **he has been promoted** il a eu une promotion ; **having finished** *or* **when he had finished**, **he left** quand il a eu fini, il est parti ; **we'd already eaten** nous avions déjà mangé
2 *(in tag questions)*: **you've done it, haven't you?** vous l'avez fait, n'est-ce pas ?
3 *(in short answers and questions)*: **no I haven't!/yes we have!** mais non !/mais si ! ; **so I have!** ah oui !, oui c'est vrai ! ; **I've been there before, have you?** j'y suis déjà allé, et vous ?
▸ *modal aux vb (be obliged)*: **to have (got) to do sth** devoir faire qch, être obligé(e) de faire qch ; **she has (got) to do it** elle doit le faire, il faut qu'elle le fasse ; **you haven't to tell her** vous n'êtes pas obligé de le lui dire ; *(must not)* ne le lui dites surtout pas ; **do you have to book?** il faut réserver ?
▸ *vt* **1** *(possess)* avoir ; **he has (got) blue eyes/dark hair** il a les yeux bleus/les cheveux bruns
2 *(referring to meals etc)*: **to have breakfast** prendre le petit déjeuner ; **to have dinner/lunch** dîner/déjeuner ; **to have a drink** prendre un verre ; **to have a cigarette** fumer une cigarette
3 *(receive)* avoir, recevoir ; *(obtain)* avoir ; **may I have your address?** puis-je avoir votre adresse ? ; **you can have it for £5** vous pouvez l'avoir pour 5 livres ; **I must have it for**

tomorrow il me le faut pour demain ; **to have a baby** avoir un bébé
4 (*maintain, allow*): **I won't have it!** ça ne se passera pas comme ça ! ; **we can't have that** nous ne tolérerons pas ça
5 (*by sb else*): **to have sth done** faire faire qch ; **to have one's hair cut** se faire couper les cheveux ; **to have sb do sth** faire faire qch à qn
6 (*experience, suffer*) avoir ; **to have a cold/flu** avoir un rhume/la grippe ; **to have an operation** se faire opérer ; **she had her bag stolen** elle s'est fait voler son sac
7 (*+noun*): **to have a swim/walk** nager/se promener ; **to have a bath/shower** prendre un bain/une douche ; **let's have a look** regardons ; **to have a meeting** se réunir ; **to have a party** organiser une fête ; **let me have a try** laissez-moi essayer
8 (*inf: dupe*) avoir ; **he's been had** il s'est fait avoir *or* rouler
▶ **have on** *vt*: **to be having sb on** (BRIT *inf*) faire marcher qn
▶ **have out** *vt*: **to have it out with sb** (*settle a problem etc*) s'expliquer (franchement) avec qn

haven ['heɪvn] *n* port *m* ; (*fig*) havre *m*
haven't ['hævnt] = **have not**
haversack ['hævəsæk] *n* sac *m* à dos
haves [hævz] *npl* (*inf*): **the ~ and have-nots** les riches et les pauvres
havoc ['hævək] *n* ravages *mpl*, dégâts *mpl* ; **to play ~ with** (*fig*) désorganiser complètement ; détraquer
Hawaii [hə'waɪɪ] *n* (îles *fpl*) Hawaï *m*
Hawaiian [hə'waɪən] *adj* hawaïen(ne) ▶ *n* Hawaïen(ne) ; (*Ling*) hawaïen *m*
hawk [hɔːk] *n* faucon *m* ▶ *vt* (*goods for sale*) colporter
hawker ['hɔːkəʳ] *n* colporteur *m*
hawkish ['hɔːkɪʃ] *adj* belliciste
hawthorn ['hɔːθɔːn] *n* aubépine *f*
hay [heɪ] *n* foin *m*
hay fever *n* rhume *m* des foins
haystack ['heɪstæk] *n* meule *f* de foin
haywire ['heɪwaɪəʳ] *adj* (*inf*): **to go ~** perdre la tête ; mal tourner
hazard ['hæzəd] *n* (*risk*) danger *m*, risque *m* ; (*chance*) hasard *m*, chance *f* ; **to be a health/fire ~** présenter un risque pour la santé/d'incendie ▶ *vt* risquer, hasarder ; **to ~ a guess** émettre *or* hasarder une hypothèse
hazardous ['hæzədəs] *adj* hasardeux(-euse), risqué(e)
hazard pay *n* (US) prime *f* de risque
hazard warning lights *npl* (Aut) feux *mpl* de détresse
haze [heɪz] *n* brume *f*
hazel [heɪzl] *n* (*tree*) noisetier *m* ▶ *adj* (*eyes*) noisette *inv*
hazelnut ['heɪzlnʌt] *n* noisette *f*
hazy ['heɪzɪ] *adj* brumeux(-euse) ; (*idea*) vague ; (*photograph*) flou(e)
H-bomb ['eɪtʃbɔm] *n* bombe *f* H
HD *abbr* (= *high definition*) HD (= *haute définition*)
HDTV *n abbr* (= *high definition television*) TVHD *f* (= *télévision haute-définition*)

HE *abbr* = **high explosive**; (Rel, Diplomacy) = **His Excellency**; **Her Excellency**
he [hiː] *pron* il ; **it is he who ...** c'est lui qui ... ; **here he is** le voici ; **he-bear** *etc* ours *etc* mâle
head [hɛd] *n* tête *f* ; (*leader*) chef *m* ; (*of school*) directeur(-trice) ; (*of secondary school*) proviseur *m* ; **~ first** la tête la première ; **~ over heels in love** follement *or* éperdument amoureux(-euse) ; **10 euros a** *or* **per ~** 10 euros par personne ; **to sit at the ~ of the table** présider la tablée ; **to have a ~ for business** avoir des dispositions pour les affaires ; **to have no ~ for heights** être sujet(te) au vertige ; **to come to a ~** (*fig: situation etc*) devenir critique ▶ *vt* (*list*) être en tête de ; (*group, company*) être à la tête de ; **to ~ the ball** faire une tête ; **heads** *npl* (*on coin*) (le côté) face ; **heads or tails** pile ou face
▶ **head back** *vi* retourner
▶ **head for** *vt fus* se diriger vers ; (*disaster*) aller à
▶ **head off** *vt* (*threat, danger*) détourner
▶ **head out** *vi* (*person*) sortir ; **a fishing boat heading out to sea** un bateau de pêcheurs prenant le large
▶ **head up** *vt* (*department, division*) diriger ; **to ~ up an investigation** mener une enquête
headache ['hɛdeɪk] *n* mal *m* de tête ; **to have a ~** avoir mal à la tête
headband ['hɛdbænd] *n* bandeau *m*
headboard ['hɛdbɔːd] *n* dosseret *m*
head-butt ['hɛdbʌt] *vt* donner un coup de tête à
head cold *n* rhume *m* de cerveau
headcount ['hɛdkaunt] *n* (*number present*) nombre *m* de personnes présentes ; (*number of staff*) effectifs *mpl* ; **to do a ~** compter combien il y a de personnes
headdress ['hɛddrɛs] *n* coiffure *f*
headed notepaper ['hɛdɪd-] *n* papier *m* à lettres à en-tête
header ['hɛdəʳ] *n* (Football) (coup *m* de) tête *f* ; (*inf: fall*) chute *f* (*or* plongeon *m*) la tête la première
head-first ['hɛd'fəːst] *adv* (*lit*) la tête la première
headgear ['hɛdgɪəʳ] *n* (*hat*) chapeau *m* ; **protective ~** (*helmets*) casques *m*
headhunt ['hɛdhʌnt] *vt*: **she was headhunted** elle a été recrutée par un chasseur de têtes
headhunter ['hɛdhʌntəʳ] *n* chasseur *m* de têtes
heading ['hɛdɪŋ] *n* titre *m* ; (*subject title*) rubrique *f*
headlamp ['hɛdlæmp] *n* (BRIT) = **headlight**
headland ['hɛdlənd] *n* promontoire *m*, cap *m*
headlight ['hɛdlaɪt] *n* phare *m*
headline ['hɛdlaɪn] *n* titre *m*
headlong ['hɛdlɔŋ] *adv* (*fall*) la tête la première ; (*rush*) tête baissée
headmaster [hɛd'mɑːstəʳ] *n* directeur *m*, proviseur *m*
headmistress [hɛd'mɪstrɪs] *n* directrice *f*
head office *n* siège *m*, bureau *m* central
head-on [hɛd'ɔn] *adj* (*collision*) de plein fouet
headphones ['hɛdfəunz] *npl* casque *m* (à écouteurs)
headquartered [hɛd'kwɔːtəd] *adj*: **to be ~** (*business*) avoir son siège

h

headquarters – heat-seeking

headquarters ['hɛdkwɔːtəz] *npl* (*of business*) bureau *or* siège central ; (*Mil*) quartier général

headrest ['hɛdrɛst] *n* appui-tête *m*

headroom ['hɛdrʊm] *n* (*in car*) hauteur *f* de plafond ; (*under bridge*) hauteur limite ; dégagement *m*

headscarf ['hɛdskɑːf] (*pl* **headscarves** [-skɑːvz]) *n* foulard *m*

headset ['hɛdsɛt] *n* = **headphones**

headship ['hɛdʃɪp] *n* (*of school, department*) poste *m* de directeur

head start *n* (*in career, competition*): **to have a ~** être avantagé(e) dès le départ ; **to give sb a ~** donner à qn une longueur d'avance

headstone ['hɛdstəʊn] *n* pierre tombale

headstrong ['hɛdstrɒŋ] *adj* têtu(e), entêté(e)

headteacher [hɛd'tiːtʃəʳ] *n* directeur(-trice) ; (*of secondary school*) proviseur *m*

head waiter *n* maître *m* d'hôtel

headway ['hɛdweɪ] *n*: **to make ~** avancer, faire des progrès

headwind ['hɛdwɪnd] *n* vent *m* contraire

heady ['hɛdɪ] *adj* capiteux(-euse), enivrant(e)

heal [hiːl] *vt, vi* guérir

healer ['hiːləʳ] *n* guérisseur(-euse)

health [hɛlθ] *n* santé *f* ; **Department of H~** (*BRIT, US*) ≈ ministère *m* de la Santé

health care *n* services médicaux

health centre *n* (*BRIT*) centre *m* de santé

health food *n* aliment(s) naturel(s)

health food shop *n* magasin *m* diététique

healthful ['hɛlθfʊl] *adj* sain(e)

health hazard *n* risque *m* pour la santé

Health Service *n*: **the ~** (*BRIT*) ≈ la Sécurité Sociale

healthy ['hɛlθɪ] *adj* (*person*) en bonne santé ; (*climate, food, attitude etc*) sain(e)

heap [hiːp] *n* tas *m*, monceau *m* ; **heaps (of)** (*inf: lots*) des tas (de) ▸ *vt* (*also*: **heap up**) entasser, amonceler ; **she heaped her plate with cakes** elle a chargé son assiette de gâteaux ; **to ~ favours/praise/gifts** *etc* **on sb** combler qn de faveurs/d'éloges/de cadeaux *etc*

heaped ['hiːpt] *adj*: **~ with sth** (*surface*) recouvert(e) d'une montagne de qch ; (*dish, bowl*) rempli(e) d'une montagne de qch ; **add one ~ tablespoon of salt** ajouter une grosse cuillerée à soupe de sel

hear [hɪəʳ] (*pt, pp* **heard** [hɜːd]) *vt* entendre ; (*news*) apprendre ; (*lecture*) assister à, écouter ▸ *vi* entendre ; **to ~ about** entendre parler de ; (*have news of*) avoir des nouvelles de ; **did you ~ about the move?** tu es au courant du déménagement ? ; **to ~ from sb** recevoir des nouvelles de qn ; **I've never heard of that book** je n'ai jamais entendu parler de ce livre ▸ **hear out** *vt* écouter jusqu'au bout

heard [hɜːd] *pt, pp of* **hear**

hearing ['hɪərɪŋ] *n* (*sense*) ouïe *f* ; (*of witnesses*) audition *f* ; (*of a case*) audience *f* ; (*of committee*) séance *f* ; **to give sb a ~** (*BRIT*) écouter ce que qn a à dire

hearing aid *n* appareil *m* acoustique

hearing impaired [-ɪm'pɛəd] *adj* malentendant(e) ▸ *npl*: **the ~** les malentendants *mpl*

hearsay ['hɪəseɪ] *n* on-dit *mpl*, rumeurs *fpl* ; **by ~** *adv* par ouï-dire

hearse [hɜːs] *n* corbillard *m*

heart [hɑːt] *n* cœur *m* ; **at ~** au fond ; **by ~** (*learn, know*) par cœur ; **to have a weak ~** avoir le cœur malade, avoir des problèmes de cœur ; **to lose/take ~** perdre/prendre courage ; **to set one's ~ on sth/on doing sth** vouloir absolument qch/faire qch ; **the ~ of the matter** le fond du problème ; **hearts** *npl* (*Cards*) cœur

heartache ['hɑːteɪk] *n* chagrin *m*, douleur *f*

heart attack *n* crise *f* cardiaque

heartbeat ['hɑːtbiːt] *n* battement *m* de cœur

heartbreak ['hɑːtbreɪk] *n* immense chagrin *m*

heartbreaking ['hɑːtbreɪkɪŋ] *adj* navrant(e), déchirant(e)

heartbroken ['hɑːtbrəʊkən] *adj*: **to be ~** avoir beaucoup de chagrin

heartburn ['hɑːtbəːn] *n* brûlures *fpl* d'estomac

heart disease *n* maladie *f* cardiaque

-hearted ['hɑːtɪd] *suffix*: **kind~** généreux(-euse), qui a bon cœur

heartening ['hɑːtnɪŋ] *adj* encourageant(e), réconfortant(e)

heart failure *n* (*Med*) arrêt *m* du cœur

heartfelt ['hɑːtfɛlt] *adj* sincère

hearth [hɑːθ] *n* foyer *m*, cheminée *f*

heartily ['hɑːtɪlɪ] *adv* chaleureusement ; (*laugh*) de bon cœur ; (*eat*) de bon appétit ; **to agree ~** être entièrement d'accord ; **to be ~ sick of** (*BRIT*) en avoir ras le bol de

heartland ['hɑːtlænd] *n* centre *m*, cœur *m* ; **France's heartlands** la France profonde

heartless ['hɑːtlɪs] *adj* (*person*) sans cœur, insensible ; (*treatment*) cruel(le)

heart rate *n* rythme *m* cardiaque

heart-rending ['hɑːtrɛndɪŋ] *adj* déchirant(e)

heartstrings ['hɑːtstrɪŋz] *npl*: **to tug (at) sb's ~** toucher *or* faire vibrer les cordes sensibles de qn

heartthrob ['hɑːtθrɒb] *n* idole *f*

heart-to-heart ['hɑːt'tə'hɑːt] *adj, adv* à cœur ouvert

heart transplant *n* greffe *f* du cœur

heartwarming ['hɑːtwɔːmɪŋ] *adj* réconfortant(e)

hearty ['hɑːtɪ] *adj* chaleureux(-euse) ; (*appetite*) solide ; (*dislike*) cordial(e) ; (*meal*) copieux(-euse)

heat [hiːt] *n* chaleur *f* ; (*fig*) ardeur *f* ; feu *m* ; (*Sport: also*: **qualifying heat**) éliminatoire *f* ▸ *vt* chauffer ▸ **heat up** *vi* (*liquid*) chauffer ; (*room*) se réchauffer ▸ *vt* réchauffer

heated ['hiːtɪd] *adj* chauffé(e) ; (*fig*) passionné(e), échauffé(e), excité(e)

heater ['hiːtəʳ] *n* appareil *m* de chauffage ; radiateur *m* ; (*in car*) chauffage *m* ; (*water heater*) chauffe-eau *m*

heath [hiːθ] *n* (*BRIT*) lande *f*

heathen ['hiːðn] *adj, n* païen(ne)

heather ['hɛðəʳ] *n* bruyère *f*

heating ['hiːtɪŋ] *n* chauffage *m*

heat-resistant ['hiːtrɪzɪstənt] *adj* résistant(e) à la chaleur

heat-seeking ['hiːtsiːkɪŋ] *adj* guidé(e) par infrarouge

heatstroke ['hi:tstrəuk] n coup m de chaleur
heatwave ['hi:tweıv] n vague f de chaleur
heave [hi:v] vt soulever (avec effort) ; **to ~ a sigh**
pousser un gros soupir ▶ vi se soulever ; (retch)
avoir des haut-le-cœur ▶ n (push) poussée f
heaven ['hɛvn] n ciel m, paradis m ; (fig) paradis ;
~ forbid! surtout pas ! ; **thank ~!** Dieu merci ! ;
for ~'s sake! (pleading) je vous en prie ! ;
(protesting) mince alors !
heavenly ['hɛvnlı] adj céleste, divin(e)
heavily ['hɛvılı] adv lourdement ; (drink, smoke)
beaucoup ; (sleep, sigh) profondément
heavy ['hɛvı] adj lourd(e) ; (work, rain, user, eater)
gros(se) ; (drinker, smoker) grand(e) ; (schedule,
week) chargé(e) ; **it's too ~** c'est trop lourd ; **it's
~ going** ça ne va pas tout seul, c'est pénible
heavy cream n (US) crème fraîche épaisse
heavy-duty ['hɛvı'dju:tı] adj à usage intensif
heavy goods vehicle n (BRIT) poids lourd m
heavy-handed ['hɛvı'hændıd] adj (fig)
maladroit(e), qui manque de tact
heavy metal n (Mus) heavy metal m
heavy-set ['hɛvı'sɛt] adj (esp US) costaud(e)
heavyweight ['hɛvıweıt] n (Sport) poids lourd
Hebrew ['hi:bru:] adj hébraïque ▶ n (Ling)
hébreu m
Hebrides ['hɛbrıdi:z] npl: **the ~** les Hébrides fpl
heck [hɛk] n (inf): **why the ~ ...?** pourquoi
diable ... ? ; **a ~ of a lot** une sacrée quantité ; **he
has done a ~ of a lot for us** il a vraiment
beaucoup fait pour nous
heckle ['hɛkl] vt, vi chahuter
heckler ['hɛklər] n interrupteur m ; élément
perturbateur
heckling ['hɛklıŋ] n chahut m
hectare ['hɛktɑ:r] n (BRIT) hectare m
hectic ['hɛktık] adj (schedule) très chargé(e) ; (day)
mouvementé(e) ; (activity) fiévreux(-euse) ;
(lifestyle) trépidant(e)
hectoring ['hɛktərıŋ] adj (tone) autoritaire
he'd [hi:d] = **he would; he had**
hedge [hɛdʒ] n haie f ; **as a ~ against inflation**
pour se prémunir contre l'inflation ▶ vi se
dérober ▶ vt: **to ~ one's bets** (fig) se couvrir
▶ **hedge in** vt entourer d'une haie
hedgehog ['hɛdʒhɔg] n hérisson m
hedgerow ['hɛdʒrəu] n haie(s) f(pl)
hedonism ['hi:dənızəm] n hédonisme m
hedonistic [hi:də'nıstık] adj hédoniste
heed [hi:d] vt (also: **take heed of**) tenir compte
de, prendre garde à
heedless ['hi:dlıs] adj insouciant(e)
heel [hi:l] n talon m ; **to bring to ~** (dog) faire
venir à ses pieds ; (fig: person) rappeler à l'ordre ;
to take to one's heels prendre ses jambes à
son cou ▶ vt (shoe) retalonner
hefty ['hɛftı] adj (person) costaud(e) ; (parcel)
lourd(e) ; (piece, price) gros(se)
hegemony [hı'gɛmənı] n hégémonie f
heifer ['hɛfər] n génisse f
height [haıt] n (of person) taille f, grandeur f ; (of
object) hauteur f ; (of plane, mountain) altitude f ;
(high ground) hauteur, éminence f ; (fig: of glory,
fame, power) sommet m ; (: of luxury, stupidity)
comble m ; **at the ~ of summer** au cœur de

l'été ; **what ~ are you?** combien mesurez-
vous ?, quelle est votre taille ? ; **of average ~** de
taille moyenne ; **to be afraid of heights** être
sujet(te) au vertige ; **it's the ~ of fashion** c'est
le dernier cri
heighten ['haıtn] vt hausser, surélever ; (fig)
augmenter
heinous ['heınəs] adj odieux(-euse), atroce
heir [ɛər] n héritier m
heir apparent n héritier présomptif
heiress ['ɛərɛs] n héritière f
heirloom ['ɛəlu:m] n meuble m (or bijou m or
tableau m) de famille
heist [haıst] n (US inf: hold-up) casse m
held [hɛld] pt, pp of **hold**
helicopter ['hɛlıkɔptər] n hélicoptère m
helipad ['hɛlıpæd] n hélistation f
heliport ['hɛlıpɔ:t] n (Aviat) héliport m
helium ['hi:lıəm] n hélium m
hell [hɛl] n enfer m ; **a ~ of a ...** (inf) un(e)
sacré(e) ... ; **oh ~!** (inf) merde !
he'll [hi:l] = **he will; he shall**
hell-bent [hɛl'bɛnt] adj (inf): **to be ~ on doing
sth** vouloir à tout prix faire qch
hellish ['hɛlıʃ] adj infernal(e)
hello [hə'ləu] excl bonjour ! ; (to attract attention)
hé ! ; (surprise) tiens !
helm [hɛlm] n (Naut) barre f
helmet ['hɛlmıt] n casque m
helmsman ['hɛlmzmən] n (irreg) timonier m
help [hɛlp] n aide f ; (cleaner etc) femme f de
ménage ; (assistant etc) employé(e) ; **with the ~
of** (person) avec l'aide de ; (tool etc) à l'aide de ; **to
be of ~ to sb** être utile à qn ▶ vt, vi aider ; **can
you ~ me?** pouvez-vous m'aider ? ; **can I ~ you?**
(in shop) vous désirez ? ; **~ yourself** servez-vous ;
to ~ sb (to) do sth aider qn à faire qch ; **I can't
~ saying** je ne peux pas m'empêcher de dire ;
he can't ~ it il n'y peut rien ▶ excl au secours !
▶ **help out** vi aider ▶ vt: **to ~ sb out** aider qn
help desk n (esp Comput) centre m d'assistance
helper ['hɛlpər] n aide mf, assistant(e)
helpful ['hɛlpful] adj (person) serviable, aimable ;
(useful) utile
helpfully ['hɛlpfulı] adv aimablement
helping ['hɛlpıŋ] n portion f
helping hand n coup m de main ; **to give sb a ~**
prêter main-forte à qn
helpless ['hɛlplıs] adj impuissant(e) ; (baby)
sans défense
helplessly ['hɛlplıslı] adv (watch) sans pouvoir
rien faire
helplessness ['hɛlplısnıs] n impuissance f
helpline ['hɛlplaın] n service m d'assistance
téléphonique ; (free) ≈ numéro vert
Helsinki ['hɛlsıŋkı] n Helsinki f
helter-skelter ['hɛltə'skɛltər] n (BRIT: at
amusement park) toboggan m
hem [hɛm] n ourlet m ▶ vt ourler
▶ **hem in** vt cerner ; **to feel hemmed in** (fig)
avoir l'impression d'étouffer, se sentir
oppressé(e) or écrasé(e)
he-man ['hi:mæn] n (irreg) (inf) macho m
hematology ['hi:mə'tɔlədʒı] n (US)
= **haematology**

hemisphere ['hɛmɪsfɪə'] n hémisphère m
hemlock ['hɛmlɒk] n ciguë f
hemoglobin ['hi:mə'gləubɪn] n (US)
= **haemoglobin**
hemophilia ['hi:mə'fɪlɪə] n (US) = **haemophilia**
hemorrhage ['hɛmərɪdʒ] n (US) = **haemorrhage**
hemorrhoids ['hɛmərɔɪdz] npl (US)
= **haemorrhoids**
hemp [hɛmp] n chanvre m
hen [hɛn] n poule f ; (female bird) femelle f
hence [hɛns] adv (therefore) d'où, de là ; **2 years ~**
d'ici 2 ans
henceforth [hɛns'fɔ:θ] adv dorénavant
henchman ['hɛntʃmən] n (irreg) (pej) acolyte m,
séide m
henna ['hɛnə] n henné m
hen night, hen party n soirée f entre filles
(avant le mariage de l'une d'elles)
henpecked ['hɛnpɛkt] adj dominé par sa
femme
hepatitis [hɛpə'taɪtɪs] n hépatite f
heptathlon [hɛp'tæθlɒn] n heptathlon m
her [hə:'] pron (direct) la, l' + vowel or h mute ;
(indirect) lui ; (stressed, after prep) elle ; **I see ~** je la
vois ; **give ~ a book** donne-lui un livre ; **after ~**
après elle ▶ adj son (sa), ses pl ; see also **me**; **my**
herald ['hɛrəld] n héraut m ▶ vt annoncer
heraldic [hɛ'rældɪk] adj héraldique
heraldry ['hɛrəldrɪ] n héraldique f ; (coat of arms)
blason m
herb [hə:b] n herbe f ; **herbs** npl fines herbes
herbaceous [hə:'beɪʃəs] adj herbacé(e)
herbal ['hə:bl] adj à base de plantes
herbalist ['hə:bəlɪst] n herboriste mf
herbal tea n tisane f
herbicide ['hə:bɪsaɪd] n herbicide m
Herculean [hə:kju'li:ən] adj (literary)
herculéen(ne)
herd [hə:d] n troupeau m ; (of wild animals, swine)
troupeau, troupe f ▶ vt (drive: animals, people)
mener, conduire ; (gather) rassembler ; **herded
together** parqués (comme du bétail)
here [hɪə'] adv ici ; (time) alors ; **~ is, ~ are** voici ;
~'s my sister voici ma sœur ; **~ he/she is** le (la)
voici ; **~ she comes** la voici qui vient ; **come ~!**
viens ici ! ; **~ and there** ici et là ▶ excl tiens !,
tenez ! ; (present) présent !
hereabouts ['hɪərə'bauts] adv par ici, dans les
parages
hereafter [hɪər'ɑ:ftə'] adv après, plus tard ;
ci-après ▶ n: **the ~** l'au-delà m
hereby [hɪə'baɪ] adv (in letter) par la présente
hereditary [hɪ'rɛdɪtrɪ] adj héréditaire
heredity [hɪ'rɛdɪtɪ] n hérédité f
herein [hɪər'ɪn] adv (in this text) dans le présent
texte ; **~ lies the problem** de là vient tout le
problème
heresy ['hɛrəsɪ] n hérésie f
heretic ['hɛrətɪk] n hérétique mf
heretical [hɪ'rɛtɪkl] adj hérétique
herewith [hɪə'wɪð] adv avec ceci, ci-joint
heritage ['hɛrɪtɪdʒ] n héritage m, patrimoine m ;
our national ~ notre patrimoine national
hermetically [hə:'mɛtɪklɪ] adv hermétique
hermit ['hə:mɪt] n ermite m

hernia ['hə:nɪə] n hernie f
hero ['hɪərəu] (pl **heroes**) n héros m
heroic [hɪ'rəuɪk] adj héroïque
heroin ['hɛrəuɪn] n héroïne f (drogue)
heroin addict n héroïnomane mf
heroine ['hɛrəuɪn] n héroïne f (femme)
heroism ['hɛrəuɪzəm] n héroïsme m
heron ['hɛrən] n héron m
hero worship n culte m (du héros)
herpes ['hə:pi:z] n herpès m
herring ['hɛrɪŋ] n hareng m
hers [hə:z] pron le (la) sien(ne), les siens
(siennes) ; **a friend of ~** un(e) ami(e) à elle,
un(e) de ses ami(e)s ; see also **mine**[1]
herself [hə:'sɛlf] pron (reflexive) se ; (emphatic)
elle-même ; (after prep) elle ; see also **oneself**
Herts [hɑ:ts] abbr (BRIT) = **Hertfordshire**
he's [hi:z] = **he is; he has**
hesitant ['hɛzɪtənt] adj hésitant(e), indécis(e) ;
to be ~ about doing sth hésiter à faire qch
hesitate ['hɛzɪteɪt] vi: **to ~ (about/to do)**
hésiter (sur/à faire)
hesitation [hɛzɪ'teɪʃən] n hésitation f ; **I have
no ~ in saying (that)** ... je n'hésiterais pas à
dire (que) ...
hessian ['hɛsɪən] n (toile f de) jute m
heterogeneous ['hɛtərə'dʒi:nɪəs] adj
hétérogène
heterosexual ['hɛtərəu'sɛksjuəl] adj, n
hétérosexuel(le)
het up [hɛt-] adj (inf) agité(e), excité(e)
HEW n abbr (US: = Department of Health, Education
and Welfare) ministère de la santé publique, de
l'enseignement et du bien-être
hew [hju:] vt tailler (à la hache)
hex [hɛks] (US) n sort m ▶ vt jeter un sort sur
hexagon ['hɛksəgən] n hexagone m
hexagonal [hɛk'sægənl] adj hexagonal(e)
hey [heɪ] excl hé !
heyday ['heɪdeɪ] n: **the ~ of** l'âge m d'or de, les
beaux jours de
HF n abbr (= high frequency) HF f
HGV n abbr = **heavy goods vehicle**
HI abbr (US) = **Hawaii**
hi [haɪ] excl salut ! ; (to attract attention) hé !
hiatus [haɪ'eɪtəs] n trou m, lacune f ; (Ling)
hiatus m
hibernate ['haɪbəneɪt] vi hiberner
hibernation [haɪbə'neɪʃən] n hibernation f
hibiscus [hɪ'bɪskəs] n hibiscus m
hiccough, hiccup ['hɪkʌp] vi hoqueter ▶ n
hoquet m ; **to have (the) hiccoughs** avoir le
hoquet
hick [hɪk] n (US inf) plouc m, péquenaud(e)
hid [hɪd] pt of **hide**
hidden ['hɪdn] pp of **hide** ▶ adj: **there are no ~
extras** absolument tout est compris dans le
prix ; **~ agenda** intentions non déclarées
hide [haɪd] (pt **hid** [hɪd], pp **hidden** ['hɪdn]) n
(skin) peau f ▶ vt cacher ; (feelings, truth)
dissimuler ; **to ~ sth from sb** cacher qch à qn
▶ vi: **to ~ (from sb)** se cacher (de qn)
hide-and-seek ['haɪdən'si:k] n cache-cache m
hideaway ['haɪdəweɪ] n cachette f
hideous ['hɪdɪəs] adj hideux(-euse), atroce

hide-out ['haɪdaut] n cachette f
hiding ['haɪdɪŋ] n (beating) correction f, volée f de coups ; **to be in ~** (concealed) se tenir caché(e)
hiding place n cachette f
hierarchy ['haɪərɑːkɪ] n hiérarchie f
hieroglyphic [haɪərə'glɪfɪk] adj hiéroglyphique ; **hieroglyphics** npl hiéroglyphes mpl
hi-fi ['haɪfaɪ] adj, n abbr (= high fidelity) hi-fi f inv
higgledy-piggledy ['hɪgldɪ'pɪgldɪ] adv pêle-mêle, dans le plus grand désordre
high [haɪ] adj haut(e) ; (speed, respect, number) grand(e) ; (price) élevé(e) ; (wind) fort(e), violent(e) ; (voice) aigu(ë) ; (inf: person: on drugs) défoncé(e), fait(e) ; (: on drink) soûl(e), bourré(e) ; (BRIT Culin: meat, game) faisandé(e) ; (: spoilt) avarié(e) ; **20 m** ~ haut(e) de 20 m ; **to pay a ~ price for sth** payer cher pour qch ▶ adv haut, en haut ; **~ in the air** haut dans le ciel ▶ n (weather) zone f de haute pression ; **exports have reached a new ~** les exportations ont atteint un nouveau record
highball ['haɪbɔːl] n (US) whisky m à l'eau avec des glaçons
highboy ['haɪbɔɪ] n (US) grande commode
highbrow ['haɪbrau] adj, n intellectuel(le)
highchair ['haɪtʃɛəʳ] n (child's) chaise haute
high-class ['haɪ'klɑːs] adj (neighbourhood, hotel) chic inv, de grand standing ; (performance etc) de haut niveau
High Court n (Law) cour f suprême

: **HIGH COURT**
:
: Dans le système juridique anglais et gallois,
: la **High Court** est une cour de droit civil
: chargée des affaires plus importantes et
: complexes que celles traitées par les county
: courts. En Écosse en revanche, la High Court (of
: Justiciary) est la plus haute cour de justice à
: laquelle les affaires les plus graves telles que
: le meurtre et le viol sont soumises et où elles
: sont jugées devant un jury.

higher ['haɪəʳ] adj (form of life, study etc) supérieur(e) ▶ adv plus haut
higher education n études supérieures
highfalutin [haɪfə'luːtɪn] adj (inf) affecté(e)
high finance n la haute finance
high five n high five m ; **to give sb a ~** faire or échanger un high five avec qn, taper dans les mains de qn
high-flier, high-flyer [haɪ'flaɪəʳ] n (ambitious) ambitieux(-euse) ; (gifted) personne particulièrement douée et promise à un avenir brillant
high-flying [haɪ'flaɪɪŋ] adj (fig) ambitieux(-euse), de haut niveau
high-handed [haɪ'hændɪd] adj très autoritaire ; très cavalier(-ière)
high-heeled [haɪ'hiːld] adj à hauts talons
high heels npl talons hauts, hauts talons
high jump n (Sport) saut m en hauteur
highlands ['haɪləndz] npl région montagneuse ; **the H~** (in Scotland) les Highlands mpl
high-level ['haɪlevl] adj (talks etc) à un haut niveau ; **~ language** (Comput) langage évolué

highlight ['haɪlaɪt] n (fig: of event) point culminant ▶ vt (emphasize) faire ressortir, souligner ; **highlights** npl (in hair) reflets mpl
highlighter ['haɪlaɪtəʳ] n (pen) surligneur (lumineux)
highly ['haɪlɪ] adv extrêmement, très ; (unlikely) fort ; (recommended, skilled, qualified) hautement ; **~ paid** très bien payé(e) ; **to speak ~ of** dire beaucoup de bien de
highly strung adj nerveux(-euse), toujours tendu(e)
High Mass n grand-messe f
highness ['haɪnɪs] n hauteur f ; **His/Her H~** son Altesse f
high-pitched [haɪ'pɪtʃt] adj aigu(ë)
high point n: **the ~ (of)** le clou (de), le point culminant (de)
high-powered ['haɪ'pauəd] adj (engine) performant(e) ; (fig: person) dynamique ; (: job, businessman) très important(e)
high-pressure ['haɪprɛʃəʳ] adj à haute pression
high-profile [haɪ'prəufaɪl] cpd (visible: person, position) très en vue ; (influential: role) très influent(e) ; (talked about: issue) très discuté(e) ; (of media interest: event) médiatisé(e)
high-rise ['haɪraɪz] n (also: **high-rise block, high-rise building**) tour f (d'habitation)
high school n lycée m ; (US) établissement m d'enseignement supérieur

: **HIGH SCHOOL**
:
: Une **high school** est un établissement
: d'enseignement secondaire. Aux États-Unis,
: il y a la Junior High School, qui correspond au
: collège, et la Senior High School, qui correspond
: au lycée. En Grande-Bretagne, c'est un nom
: que l'on donne parfois aux écoles
: secondaires; voir elementary school.

high season n (BRIT) haute saison
high spirits npl pétulance f ; **to be in ~** être plein(e) d'entrain
high street n (BRIT) grand-rue f
high-tech ['haɪ'tɛk] adj (inf) de pointe
highway ['haɪweɪ] n (BRIT) route f ; (US) route nationale ; **the information ~** l'autoroute f de l'information
Highway Code n (BRIT) code m de la route
highwayman ['haɪweɪmən] n (irreg) voleur m de grand chemin
hijack ['haɪdʒæk] vt détourner (par la force) ▶ n (also: **hijacking**) détournement m (d'avion)
hijacker ['haɪdʒækəʳ] n auteur m d'un détournement d'avion, pirate m de l'air
hike [haɪk] vi faire des excursions à pied ▶ n excursion f à pied, randonnée f ; (inf: in prices etc) augmentation f ▶ vt (inf) augmenter
hiker ['haɪkəʳ] n promeneur(-euse), excursionniste mf
hiking ['haɪkɪŋ] n excursions fpl à pied, randonnée f
hilarious [hɪ'lɛərɪəs] adj (behaviour, event) désopilant(e)
hilarity [hɪ'lærɪtɪ] n hilarité f

hill – HIV

hill [hɪl] n colline f ; *(fairly high)* montagne f ; *(on road)* côte f

hillbilly ['hɪlbɪlɪ] n *(US)* montagnard(e) du sud des USA ; *(pej)* péquenaud m

hillock ['hɪlək] n petite colline, butte f

hillside ['hɪlsaɪd] n *(flanc m de)* coteau m

hill start n *(Aut)* démarrage m en côte

hilltop ['hɪltɔp] n sommet m de la/d'une colline ▸ cpd *(village, building)* perché(e) sur une colline

hill walking n randonnée f de basse montagne

hilly ['hɪlɪ] adj vallonné(e), montagneux(-euse) ; *(road)* à fortes côtes

hilt [hɪlt] n *(of sword)* garde f ; **to the ~** *(fig: support)* à fond

him [hɪm] pron *(direct)* le, l' + *vowel or h mute* ; *(stressed, indirect, after prep)* lui ; **I see ~** je le vois ; **give ~ a book** donne-lui un livre ; **after ~** après lui ; *see also* **me**

Himalayas [hɪmə'leɪəz] npl: **the ~** l'Himalaya m

himself [hɪm'sɛlf] pron *(reflexive)* se ; *(emphatic)* lui-même ; *(after prep)* lui ; *see also* **oneself**

hind [haɪnd] adj de derrière ▸ n biche f

hinder ['hɪndər] vt gêner ; *(delay)* retarder ; *(prevent)*: **to ~ sb from doing** empêcher qn de faire

Hindi ['hɪndi] n hindi m ; **to speak ~** parler hindi or l'hindi

hindquarters ['haɪnd'kwɔːtəz] npl *(Zool)* arrière-train m

hindrance ['hɪndrəns] n gêne f, obstacle m

hindsight ['haɪndsaɪt] n bon sens après coup ; **with (the benefit of) ~** avec du recul, rétrospectivement

Hindu ['hɪndu:] n Hindou(e)

Hinduism ['hɪnduɪzəm] n *(Rel)* hindouisme m

hinge [hɪndʒ] n charnière f ▸ vi *(fig)*: **to ~ on** dépendre de

hint [hɪnt] n allusion f ; *(advice)* conseil m ; *(clue)* indication f ; **to drop a ~** faire une allusion or insinuation ; **give me a ~** *(clue)* mettez-moi sur la voie, donnez-moi une indication ▸ vt: **to ~ that** insinuer que ▸ vi: **to ~ at** faire une allusion à

hinterland ['hɪntəlænd] n arrière-pays m

hip [hɪp] n hanche f ; *(Bot)* fruit m de l'églantier or du rosier

hip flask n flacon m *(pour la poche)*

hip-hop ['hɪphɔp] n hip hop m

hippie, hippy ['hɪpɪ] n hippie mf

hippo ['hɪpəu] *(pl* **hippos***)* n hippopotame m

hippopotamus [hɪpə'pɔtəməs] *(pl* **hippopotamuses** *or* **hippopotami** [hɪpə'pɔtəmaɪ]*)* n hippopotame m

hippy ['hɪpɪ] n = **hippie**

hire ['haɪər] vt *(BRIT: car, equipment)* louer ; *(worker)* embaucher, engager ; **I'd like to ~ a car** je voudrais louer une voiture ▸ n location f ; **for ~** à louer ; *(taxi)* libre ; **on ~** en location ▸ **hire out** vt louer

hire car, hired car ['haɪəd-] n *(BRIT)* voiture f de location

hire purchase n *(BRIT)* achat m *(or* vente f*)* à tempérament or crédit ; **to buy sth on ~** acheter qch en location-vente

his [hɪz] pron le (la) sien(ne), les siens (siennes) ; **this is ~** c'est à lui, c'est le sien ; **a friend of ~**

un(e) de ses ami(e)s, un(e) ami(e) à lui ▸ adj son (sa), ses pl ; *see also* **mine¹**; **my**

> The adjectives **son, sa** and **ses** agree with the noun they go with. They do not indicate whether the owner in question is male or female: *his father* **son père**; *his car* **sa voiture**; *his friends* **ses amis**.

Hispanic [hɪs'pænɪk] adj *(in US)* hispano-américain(e) ▸ n Hispano-Américain(e)

hiss [hɪs] vi siffler ▸ n sifflement m

histogram ['hɪstəgræm] n histogramme m

historian [hɪ'stɔːrɪən] n historien(ne)

historic [hɪ'stɔrɪk], **historical** [hɪ'stɔrɪkl] adj historique

historically [hɪ'stɔrɪklɪ] adv historiquement

history ['hɪstərɪ] n histoire f ; **medical ~** *(of patient)* passé médical

histrionics [hɪstrɪ'ɔnɪks] n gestes mpl dramatiques, cinéma m *(fig)*

hit [hɪt] *(pt, pp* ~*)* vt frapper ; *(knock against)* cogner ; *(reach: target)* atteindre, toucher ; *(collide with: car)* entrer en collision avec, heurter ; *(fig: affect)* toucher ; *(fig)* tomber sur ; **to ~ it off with sb** bien s'entendre avec qn ; **to ~ the headlines** être à la une des journaux ; **to ~ the road** *(inf)* se mettre en route ▸ n coup m ; *(success)* coup réussi, succès m ; *(song)* chanson f à succès, tube m ; *(to website)* visite f ; *(on search engine)* résultat m de recherche

▸ **hit back** vi: **to ~ back at sb** prendre sa revanche sur qn

▸ **hit on** vt fus *(answer)* trouver *(par hasard)* ; *(solution)* tomber sur *(par hasard)*

▸ **hit out at** vt fus envoyer un coup à ; *(fig)* attaquer

▸ **hit upon** vt fus = **hit on**

hit-and-miss ['hɪtænd'mɪs] adj au petit bonheur *(la chance)*

hit-and-run driver ['hɪtænd'rʌn-] n chauffard m

hitch [hɪtʃ] vt *(fasten)* accrocher, attacher ; *(also:* **hitch up***)* remonter d'une saccade ; **to ~ a lift** faire du stop ▸ vi faire de l'autostop ▸ n *(knot)* nœud m ; *(difficulty)* anicroche f, contretemps m ; **technical ~** = incident m technique

▸ **hitch up** vt *(horse, cart)* atteler ; *see also* **hitch**

hitch-hike ['hɪtʃhaɪk] vi faire de l'auto-stop

hitch-hiker ['hɪtʃhaɪkər] n auto-stoppeur(-euse)

hitch-hiking ['hɪtʃhaɪkɪŋ] n auto-stop m, stop m *(inf)*

hi-tech ['haɪtɛk] adj de pointe ▸ n high-tech m

hitherto [hɪðə'tu:] adv jusqu'ici, jusqu'à présent

hit list n liste noire

hitman ['hɪtmæn] n *(irreg)* *(inf)* tueur m à gages

hit-or-miss ['hɪtə'mɪs] adj au petit bonheur *(la chance)* ; **it's ~ whether ...** il est loin d'être certain que ... + *sub*

hit parade n hit parade m

hitter ['hɪtər] n *(in tennis, baseball)* frappeur(-euse) ; **a big** or **heavy ~** *(fig)* un poids lourd

HIV n abbr *(= human immunodeficiency virus)* HIV m, VIH m ; **~-negative** séronégatif(-ive) ; **~-positive** séropositif(-ive)

hive [haɪv] *n* ruche *f*; **the shop was a ~ of activity** (*fig*) le magasin était une véritable ruche
▸ **hive off** *vt* (*inf*) mettre à part, séparer
hl *abbr* (= *hectolitre*) hl
HM *abbr* (= *His* (*or*) *Her Majesty*) SM
HMG *abbr* (BRIT) = **Her Majesty's Government**; **His Majesty's Government**
HMI *n abbr* (BRIT Scol) = **His Majesty's Inspector**; **Her Majesty's Inspector**
HMO *n abbr* (US: = *health maintenance organization*) organisme médical assurant un forfait entretien de santé
HMS *abbr* (BRIT) = **His Majesty's Ship**; **Her Majesty's Ship**
HMSO *n abbr* (BRIT: = *His* (*or*) *Her Majesty's Stationery Office*) ≈ Imprimerie nationale
HNC *n abbr* (BRIT: = *Higher National Certificate*) ≈ DUT *m*
HND *n abbr* (BRIT: = *Higher National Diploma*) ≈ licence *f* de sciences et techniques
hoard [hɔ:d] *n* (*of food*) provisions *fpl*, réserves *fpl*; (*of money*) trésor *m* ▸ *vt* amasser
hoarding ['hɔ:dɪŋ] *n* (BRIT) panneau *m* d'affichage *or* publicitaire
hoarfrost ['hɔ:frɔst] *n* givre *m*
hoarse [hɔ:s] *adj* enroué(e)
hoax [həʊks] *n* canular *m*
hob [hɔb] *n* plaque chauffante
hobble ['hɔbl] *vi* boitiller
hobby ['hɔbɪ] *n* passe-temps favori
hobby-horse ['hɔbɪhɔ:s] *n* cheval *m* à bascule; (*fig*) dada *m*
hobnob ['hɔbnɔb] *vi*: **to ~ with** frayer avec, fréquenter
hobo ['həʊbəʊ] *n* (US) vagabond *m*
hock [hɔk] *n* (BRIT: *wine*) vin *m* du Rhin; (*of animal*: Culin) jarret *m*
hockey ['hɔkɪ] *n* hockey *m*
hockey stick *n* crosse *f* de hockey
hocus-pocus ['həʊkəs'pəʊkəs] *n* (*trickery*) supercherie *f*; (*words: of magician*) formules *fpl* magiques; (: *jargon*) galimatias *m*
hod [hɔd] *n* oiseau *m*, hotte *f*
hodgepodge ['hɔdʒpɔdʒ] *n* = **hotchpotch**
hoe [həʊ] *n* houe *f*, binette *f* ▸ *vt* (*ground*) biner; (*plants etc*) sarcler
hog [hɔg] *n* porc (châtré); **to go the whole ~** aller jusqu'au bout ▸ *vt* (*fig*) accaparer
Hogmanay [hɔgmə'neɪ] *n* réveillon *m* du jour de l'An, Saint-Sylvestre *f*

: **HOGMANAY**

La Saint-Sylvestre, ou *New Year's Eve*, se nomme **Hogmanay** en Écosse, où traditionnellement elle faisait l'objet de célébrations plus importantes que Noël. À cette occasion, la famille et les amis se réunissent pour entendre sonner les douze coups de minuit et fêter le *first-footing*, une coutume qui veut qu'on se rende chez ses amis et voisins en apportant quelque chose à boire (du whisky en général) et un morceau de charbon en gage de prospérité pour la nouvelle année.

hogwash ['hɔgwɔʃ] *n* (*inf*) foutaises *fpl*
hoist [hɔɪst] *n* palan *m* ▸ *vt* hisser
hoity-toity [hɔɪtɪ'tɔɪtɪ] *adj* (*inf*) prétentieux(-euse), qui se donne
hold [həʊld] (*pt, pp* **held** [hɛld]) *vt* tenir; (*contain*) contenir; (*meeting*) tenir; (*keep back*) retenir; (*believe*) maintenir, considérer; (*possess*) avoir; détenir; **~ the line!** (*Tel*) ne quittez pas!; **to ~ one's own** (*fig*) (bien) se défendre; **to ~ office** (*Pol*) avoir un portefeuille; **he holds the view that ...** il pense *or* estime que ..., d'après lui ...; **to ~ sb responsible for sth** tenir qn pour responsable de qch ▸ *vi* (*withstand pressure*) tenir (bon); (*be valid*) valoir; (*on telephone*) attendre; **to ~ firm** *or* **fast** tenir bon ▸ *n* prise *f*; (*find*) influence *f*; (*Naut*) cale *f*; **to catch** *or* **get (a) ~ of** saisir; **to get ~ of** (*find*) trouver; **to get ~ of o.s.** se contrôler
▸ **hold back** *vt* retenir; (*secret*) cacher; **to ~ sb back from doing sth** empêcher qn de faire qch
▸ **hold down** *vt* (*person*) maintenir à terre; (*job*) occuper
▸ **hold forth** *vi* pérorer
▸ **hold off** *vt* tenir à distance ▸ *vi*: **if the rain holds off** s'il ne pleut pas, s'il ne se met pas à pleuvoir
▸ **hold on** *vi* tenir bon; (*wait*) attendre; **~ on!** (*Tel*) ne quittez pas!; **to ~ on to sth** (*grasp*) se cramponner à qch; (*keep*) conserver *or* garder qch
▸ **hold out** *vt* offrir ▸ *vi* (*resist*): **to ~ out (against)** résister (devant), tenir bon (devant)
▸ **hold over** *vt* (*meeting etc*) ajourner, reporter
▸ **hold up** *vt* (*raise*) lever; (*support*) soutenir; (*delay*) retarder; (: *traffic*) ralentir; (*rob*) braquer
▸ **hold with** *vt fus* apprécier
holdall ['həʊldɔ:l] *n* (BRIT) fourre-tout *m inv*
holder ['həʊldəʳ] *n* (*container*) support *m*; (*of ticket, record*) détenteur(-trice); (*of office, title, passport etc*) titulaire *mf*
holding ['həʊldɪŋ] *n* (*share*) intérêts *mpl*; (*farm*) ferme *f*
holding company *n* holding *m*
hold-up ['həʊldʌp] *n* (*robbery*) hold-up *m*; (*delay*) retard *m*; (BRIT: *in traffic*) embouteillage *m*
hole [həʊl] *n* trou *m*; **~ in the heart** (*Med*) communication *f* interventriculaire; **to pick holes (in)** (*fig*) chercher des poux (dans) ▸ *vt* trouer, faire un trou dans
▸ **hole up** *vi* se terrer
holiday ['hɔlɪdɪ] *n* (BRIT: *vacation*) vacances *fpl*; (*day off*) jour *m* de congé; (*public*) jour férié; **to be on ~** être en vacances; **I'm here on ~** je suis ici en vacances; **tomorrow is a ~** demain c'est fête, on a congé demain
holiday camp *n* (BRIT: *for children*) colonie *f* de vacances; (*also*: **holiday centre**) camp *m* de vacances
holiday home *n* (*rented*) location *f* de vacances; (*owned*) résidence *f* secondaire
holiday job *n* (BRIT) boulot *m* (*inf*) de vacances
holiday-maker ['hɔlədɪmeɪkəʳ] *n* (BRIT) vacancier(-ière)
holiday pay *n* paie *f* des vacances
holiday resort *n* centre *m* de villégiature *or* de vacances

holiday season n période f des vacances
holiness ['həulɪnɪs] n sainteté f
holistic [həu'lɪstɪk] adj holiste, holistique
Holland ['hɔlənd] n Hollande f
holler ['hɔləʳ] vi (inf) brailler
hollow ['hɔləu] adj creux(-euse) ; (fig) faux
(fausse) ▸ n creux m ; (in land) dépression f (de
terrain), cuvette f ▸ vt: **to ~ out** creuser, évider
holly ['hɔlɪ] n houx m
hollyhock ['hɔlɪhɔk] n rose trémière
Hollywood ['hɔlɪwud] n Hollywood m
holocaust ['hɔləkɔːst] n holocauste m
hologram ['hɔləgræm] n hologramme m
hols [hɔlz] npl (inf) vacances fpl
holster ['həulstəʳ] n étui m de revolver
holy ['həulɪ] adj saint(e) ; (bread, water) bénit(e) ;
(ground) sacré(e)
Holy Communion n la (sainte) communion
Holy Ghost, Holy Spirit n Saint-Esprit m
Holy Land n: **the ~** la Terre Sainte
holy orders npl ordres (majeurs)
homage ['hɔmɪdʒ] n hommage m ; **to pay ~ to**
rendre hommage à
home [həum] n foyer m, maison f ; (country) pays
natal, patrie f ; (institution) maison ; **at ~** chez
soi, à la maison ; **make yourself at ~** faites
comme chez vous ; **near my ~** près de chez moi
▸ adj de famille ; (Econ, Pol) national(e),
intérieur(e) ; (Sport: team) qui reçoit ; (: match,
win) sur leur (or notre) terrain ▸ adv chez soi, à la
maison ; au pays natal ; (right in: nail etc) à fond ;
to go (or **come**) **~** rentrer (chez soi), rentrer à la
maison (or au pays) ; **I'm going ~ on Tuesday** je
rentre mardi
▸ **home in on** vt fus (missile) se diriger
automatiquement vers or sur
home address n domicile permanent
home-brew [həum'bruː] n vin m (or bière f)
maison
homecoming ['həumkʌmɪŋ] n retour m (au
bercail)
home computer n ordinateur m domestique
Home Counties npl les comtés autour de Londres
home economics n économie f domestique
home ground n: **to be on ~** être sur son terrain
home-grown ['həumgrəun] adj (not foreign) du
pays ; (from garden) du jardin
home help n (BRIT) aide-ménagère f
homeland ['həumlænd] n patrie f
homeless ['həumlɪs] adj sans logis, sans abri ;
a ~ person un sans-abri ; **to be made ~** perdre
son logement, devenir sans-abri ; **the
homeless** npl les sans-abri mpl
homelessness ['həumlɪsnɪs] n problème m des
sans-abri
home loan n prêt m sur hypothèque
homely ['həumlɪ] adj (plain) simple, sans
prétention ; (welcoming) accueillant(e)
home-made [həum'meɪd] adj fait(e) à la
maison
home match n match m à domicile
Home Office n (BRIT) ministère m de l'Intérieur
homeopathy etc ['həumɪ'ɔpəθɪ] n (US)
= **homoeopathy** etc
home owner n propriétaire occupant

home page n (Comput) page f d'accueil
home rule n autonomie f
Home Secretary n (BRIT) ministre m de
l'Intérieur
homesick ['həumsɪk] adj: **to be ~** avoir le mal du
pays ; (missing one's family) s'ennuyer de sa
famille
homesickness ['həumsɪknɪs] n mal m du pays
homestead ['həumstɛd] n propriété f ; (farm)
ferme f
home town n ville natale
home truth n: **to tell sb a few home truths**
dire ses quatre vérités à qn
homeward ['həumwəd] adj (journey) du retour
▸ adv = **homewards**
homewards ['həumwədz] adv vers la maison
homework ['həumwəːk] n devoirs mpl
homey ['həumɪ] adj (esp US: cosy) simple et
accueillant(e)
homicidal [hɔmɪ'saɪdl] adj homicide
homicide ['hɔmɪsaɪd] n (US) homicide m
homily ['hɔmɪlɪ] n homélie f
homing ['həumɪŋ] adj (device, missile) à tête
chercheuse ; **~ pigeon** pigeon voyageur
homoeopath, (US) **homeopath**
['həumɪəupæθ] n homéopathe mf
homoeopathic, (US) **homeopathic**
[həumɪəu'pæθɪk] adj (medicine) homéopathique ;
(doctor) homéopathe
homoeopathy, (US) **homeopathy**
[həumɪ'ɔpəθɪ] n homéopathie f
homogeneous [hɔməu'dʒiːnɪəs] adj homogène
homogenize [hə'mɔdʒənaɪz] vt homogénéiser
homophobia [hɔmə'fəubɪə] n homophobie f
homophobic [hɔmə'fəubɪk] adj homophobe
homosexual [hɔməu'sɛksjuəl] adj, n
homosexuel(le)
homosexuality [hɔməusɛksju'ælɪtɪ] n
homosexualité f
Hon. abbr (= honourable, honorary) dans un titre
Honduras [hɔn'djuərəs] n Honduras m
hone [həun] n pierre f à aiguiser ▸ vt affûter,
aiguiser
honest ['ɔnɪst] adj honnête ; (sincere) franc
(franche) ; **to be quite ~ with you ...** à dire vrai ...
honestly ['ɔnɪstlɪ] adv honnêtement ;
franchement
honesty ['ɔnɪstɪ] n honnêteté f
honey ['hʌnɪ] n miel m ; (inf: darling) chéri(e)
honeycomb ['hʌnɪkəum] n rayon m de miel ;
(pattern) nid m d'abeilles, motif alvéolé ▸ vt (fig):
to ~ with cribler de
honeymoon ['hʌnɪmuːn] n lune f de miel,
voyage m de noces ; **we're on ~** nous sommes
en voyage de noces
honeysuckle ['hʌnɪsʌkl] n chèvrefeuille m
Hong Kong ['hɔŋ'kɔŋ] n Hong Kong
honk [hɔŋk] n (Aut) coup m de klaxon ▸ vi
klaxonner
Honolulu [hɔnə'luːluː] n Honolulu
honorary ['ɔnərərɪ] adj honoraire ; (duty, title)
honorifique ; **~ degree** diplôme m honoris
causa
honour, (US) **honor** ['ɔnəʳ] vt honorer ▸ n
honneur m ; **in ~ of** en l'honneur de ; **to**

graduate with honours obtenir sa licence avec mention

honourable, (US) **honorable** [ˈɔnərəbl] *adj* honorable

honour-bound, (US) **honor-bound** [ˈɔnəˈbaund] *adj*: **to be ~ to do** se devoir de faire

honours degree *n* (*University*) ≈ licence *f* avec mention

: **HONOURS DEGREE**

Un **honours degree** est un diplôme universitaire que l'on reçoit après trois années d'études en Angleterre et quatre années en Écosse. Les mentions qui l'accompagnent sont, par ordre décroissant: *first class* (très bien/bien), *upper second class* (assez bien), *lower second class* (passable), et *third class* (diplôme sans mention). Le titulaire d'un *honours degree* a un titre qu'il peut mettre à la suite de son nom, par exemple: *Peter Jones BA Hons*; voir *ordinary degree*.

honours list *n* (BRIT): **the ~** voir article

: **HONOURS LIST**

L' **honours list** est la liste des citoyens du Royaume-Uni et du Commonwealth auxquels le souverain confère un titre ou une décoration. Cette liste est préparée par le Premier ministre et paraît deux fois par an, au Nouvel An et lors de l'anniversaire officiel du règne du souverain. Des personnes qui se sont distinguées dans le monde des affaires, des sports et des médias, ainsi que dans les forces armées, mais également des citoyens « ordinaires » qui se consacrent à des œuvres de charité sont ainsi récompensées.

Hons. *abbr* (*Scol*) = **honours degree**

hood [hud] *n* capuchon *m* ; (*of cooker*) hotte *f* ; (BRIT Aut) capote *f* ; (US Aut) capot *m* ; (*inf*) truand *m*

hooded [ˈhudɪd] *adj* (*jacket, coat*) à capuche ; (*gunman*) cagoulé(e) ; (*eyes*) aux paupières tombantes

hoodie [ˈhudɪ] *n* (*top*) sweat *m* à capuche ; (*youth*) jeune *m* à capuche

hoodlum [ˈhuːdləm] *n* truand *m*

hoodwink [ˈhudwɪŋk] *vt* tromper

hoof [huːf] (*pl* **hoofs** *or* **hooves** [huːvz]) *n* sabot *m*

hook [huk] *n* crochet *m* ; (*on dress*) agrafe *f* ; (*for fishing*) hameçon *m* ; **off the ~** (*Tel*) décroché ; **~ and eye** agrafe ; **by ~ or by crook** de gré ou de force, coûte que coûte ▶ *vt* accrocher ; (*dress*) agrafer ; **to be hooked (on)** (*inf*) être accroché(e) (par) ; (*person*) être dingue (de) ▶ **hook up** *vt* (*Radio, TV etc*) faire un duplex entre

hooker [ˈhukər] *n* (*esp US inf*) pute (*inf*) *f*

hooligan [ˈhuːlɪgən] *n* hooligan *m*

hooliganism [ˈhuːlɪgənɪzəm] *n* hooliganisme *m* ; **football ~** le hooliganisme dans le football

hoop [huːp] *n* cerceau *m* ; (*of barrel*) cercle *m*

hooray [həˈreɪ, huˈreɪ] *excl* hourra

hoot [huːt] *vi* (BRIT Aut) klaxonner ; (*siren*) mugir ; (*owl*) hululer ; **to ~ with laughter** rire aux éclats ▶ *vt* (*jeer at*) huer ▶ *n* huée *f* ; coup *m* de klaxon ; mugissement *m* ; hululement *m*

hooter [ˈhuːtər] *n* (BRIT Aut) klaxon *m* ; (*Naut, factory*) sirène *f*

Hoover® [ˈhuːvər] (BRIT) *n* aspirateur *m* ▶ *vt*: **to hoover** (*room*) passer l'aspirateur dans ; (*carpet*) passer l'aspirateur sur

hooves [huːvz] *npl of* **hoof**

hop [hɔp] *vi* sauter ; (*on one foot*) sauter à cloche-pied ; (*bird*) sautiller ▶ *n* saut *m*

hope [həup] *vt, vi* espérer ; **I ~ so** je l'espère ; **I ~ not** j'espère que non ▶ *n* espoir *m*

hopeful [ˈhəupful] *adj* (*person*) plein(e) d'espoir ; (*situation*) prometteur(-euse), encourageant(e) ; **I'm ~ that she'll manage to come** j'ai bon espoir qu'elle pourra venir

hopefully [ˈhəupfulɪ] *adv* (*expectantly*) avec espoir, avec optimisme ; (*one hopes*) avec un peu de chance ; **~, they'll come back** espérons bien qu'ils reviendront

hopeless [ˈhəuplɪs] *adj* désespéré(e), sans espoir ; (*useless*) nul(le)

hopelessly [ˈhəuplɪslɪ] *adv* (*live etc*) sans espoir ; **~ confused** *etc* complètement désorienté *etc*

hops [hɔps] *npl* houblon *m*

horde [hɔːd] *n* horde *f*

horizon [həˈraɪzn] *n* horizon *m*

horizontal [hɔrɪˈzɔntl] *adj* horizontal(e)

hormonal [hɔːˈməunl] *adj* hormonal(e)

hormone [ˈhɔːməun] *n* hormone *f*

hormone replacement therapy *n* hormonothérapie substitutive, traitement hormono-supplétif

horn [hɔːn] *n* corne *f* ; (*Mus*) cor *m* ; (*Aut*) klaxon *m*

horned [hɔːnd] *adj* (*animal*) à cornes

hornet [ˈhɔːnɪt] *n* frelon *m*

horny [ˈhɔːnɪ] *adj* corné(e) ; (*hands*) calleux(-euse) ; (*inf: aroused*) excité(e)

horoscope [ˈhɔrəskəup] *n* horoscope *m*

horrendous [həˈrɛndəs] *adj* horrible, affreux(-euse)

horrible [ˈhɔrɪbl] *adj* horrible, affreux(-euse)

horrid [ˈhɔrɪd] *adj* (*person*) détestable ; (*weather, place, smell*) épouvantable

horrific [hɔˈrɪfɪk] *adj* horrible

horrified [ˈhɔrɪfaɪd] *adj* horrifié(e) ; **to be ~ by/ at sth** être horrifié(e) par qch

horrify [ˈhɔrɪfaɪ] *vt* horrifier

horrifying [ˈhɔrɪfaɪɪŋ] *adj* horrifiant(e)

horror [ˈhɔrər] *n* horreur *f*

horror film, (US) **horror movie** *n* film *m* d'épouvante

horror-struck [ˈhɔrəstrʌk], **horror-stricken** [ˈhɔrəstrɪkn] *adj* horrifié(e)

hors d'œuvre [ɔːˈdəːvrə] *n* hors d'œuvre *m*

horse [hɔːs] *n* cheval *m*

horseback [ˈhɔːsbæk]: **on ~** *adj, adv* à cheval

horsebox [ˈhɔːsbɔks] *n* van *m*

horse chestnut *n* (*nut*) marron *m* (d'Inde) ; (*tree*) marronnier *m* (d'Inde)

horse-drawn [ˈhɔːsdrɔːn] *adj* tiré(e) par des chevaux

horsefly [ˈhɔːsflaɪ] *n* taon *m*

horseman [ˈhɔːsmən] *n* (*irreg*) cavalier *m*

h

horsemanship ['hɔːsmənʃɪp] n talents mpl de cavalier

horseplay ['hɔːspleɪ] n chahut m (blagues etc)

horsepower ['hɔːspauəʳ] n puissance f (en chevaux) ; (unit) cheval-vapeur m (CV)

horse-racing ['hɔːsreɪsɪŋ] n courses fpl de chevaux

horseradish ['hɔːsrædɪʃ] n raifort m

horse riding n (BRIT) équitation f

horseshoe ['hɔːsʃuː] n fer m à cheval

horse show n concours m hippique

horse-trading ['hɔːstreɪdɪŋ] n maquignonnage m

horse trials npl = **horse show**

horsewhip ['hɔːswɪp] vt cravacher

horsewoman ['hɔːswumən] n (irreg) cavalière f

horsey ['hɔːsɪ] adj (inf) féru(e) d'équitation or de cheval ; (appearance) chevalin(e)

horticultural [hɔːtɪˈkʌltʃərəl] adj horticole

horticulture ['hɔːtɪkʌltʃəʳ] n horticulture f

hose [həuz] n (also: **hosepipe**) tuyau m ; (also: **garden hose**) tuyau d'arrosage
  ▸ **hose down** vt laver au jet

hosepipe ['həuzpaɪp] n tuyau m ; (in garden) tuyau d'arrosage ; (for fire) tuyau d'incendie

hosiery ['həuziərɪ] n (rayon m des) bas mpl

hospice ['hɔspɪs] n hospice m

hospitable ['hɔspɪtəbl] adj hospitalier(-ière)

hospital ['hɔspɪtl] n hôpital m ; **in ~**, (US) **in the ~** à l'hôpital ; **where's the nearest ~?** où est l'hôpital le plus proche ?

hospitality [hɔspɪˈtælɪtɪ] n hospitalité f

hospitalize ['hɔspɪtəlaɪz] vt hospitaliser

host [həust] n hôte m ; (in hotel etc) patron m ; (TV, Radio) présentateur(-trice), animateur(-trice) ; (large number): **a ~ of** une foule de ; (Rel) hostie f ▸ vt (TV programme) présenter, animer

hostage ['hɔstɪdʒ] n otage m

host country n pays m d'accueil, pays-hôte m

hostel ['hɔstl] n foyer m ; (also: **youth hostel**) auberge f de jeunesse

hostelling ['hɔstlɪŋ] n: **to go (youth) ~** faire une virée or randonnée en séjournant dans des auberges de jeunesse

hostess ['həustɪs] n hôtesse f ; (BRIT: also: **air hostess**) hôtesse de l'air ; (TV, Radio) présentatrice f ; (in nightclub) entraîneuse f

hostile ['hɔstaɪl] adj hostile

hostile bid n (also: **hostile takeover bid**) OPA f hostile

hostility [hɔˈstɪlɪtɪ] n hostilité f

hot [hɔt] adj chaud(e) ; (as opposed to only warm) très chaud ; (spicy) fort(e) ; (fig: contest) acharné(e) ; (topic) brûlant(e) ; (temper) violent(e), passionné(e) ; **to be ~** (person) avoir chaud ; (thing) être (très) chaud ; **it's ~** (weather) il fait chaud
  ▸ **hot up** (BRIT inf) vi (situation) devenir tendu(e) ; (party) s'animer ▸ vt (pace) accélérer, forcer ; (engine) gonfler

hot-air balloon [hɔtˈɛə-] n montgolfière f, ballon m

hotbed ['hɔtbɛd] n (fig) foyer m, pépinière f

hotchpotch ['hɔtʃpɔtʃ] n (BRIT) mélange m hétéroclite

hot dog n hot-dog m

hotel [həuˈtɛl] n hôtel m

hotelier [həuˈtɛlɪəʳ] n hôtelier(-ière)

hotel industry n industrie hôtelière

hotel room n chambre f d'hôtel

hot flush n (BRIT) bouffée f de chaleur

hotfoot ['hɔtfut] adv à toute vitesse

hothead ['hɔthɛd] n (fig) tête brûlée

hotheaded [hɔtˈhɛdɪd] adj impétueux(-euse)

hothouse ['hɔthaus] n serre chaude

hotline ['hɔtlaɪn] n (Pol) téléphone m rouge, ligne directe

hotly ['hɔtlɪ] adv passionnément, violemment

hotplate ['hɔtpleɪt] n (on cooker) plaque chauffante

hotpot ['hɔtpɔt] n (BRIT Culin) ragoût m

hot potato n (BRIT inf) sujet brûlant ; **to drop sb/sth like a ~** laisser tomber qn/qch brusquement

hot seat n (fig) poste chaud

hotspot ['hɔtspɔt] n (Comput: also: **wireless hotspot**) borne f wifi, hotspot m

hot spot n point chaud

hot spring n source thermale

hot-tempered ['hɔtˈtɛmpəd] adj emporté(e)

hot-water bottle [hɔtˈwɔːtə-] n bouillotte f

hot-wire ['hɔtwaɪəʳ] vt (inf: car) démarrer en faisant se toucher les fils de contact

hound [haund] vt poursuivre avec acharnement
  ▸ n chien courant ; **the hounds** la meute

hour ['auəʳ] n heure f ; **at 30 miles an ~ ≈** à 50 km à l'heure ; **lunch ~** chez moi ; **on the ~** payer qn à l'heure ; **to pay sb by the ~** payer qn à l'heure

hourglass ['auəglɑːs] n sablier m ; **to have an ~ figure** avoir des formes fpl généreuses

hourly ['auəlɪ] adj toutes les heures ; (rate) horaire ; **~ paid** adj payé(e) à l'heure

house [haus] (pl **houses** ['hauzɪz]) n maison f ; (Pol) chambre f ; (Theat) salle f ; auditoire m ; **at** (or **to**) **my ~** chez moi ; **on the ~** (fig) aux frais de la maison ; **the H~ of Commons/of Lords** (BRIT) la Chambre des communes/des lords ; **the H~ (of Representatives)** (US) la Chambre des représentants ▸ vt [hauz] (person) loger, héberger

· HOUSE OF COMMONS/OF LORDS

Le parlement en Grande-Bretagne est constitué de deux assemblées: la **House of Commons**, présidée par le Speaker et composée de plus de 600 députés (les MPs) élus au suffrage universel direct. Ceux-ci reçoivent tous un salaire. La Chambre des communes siège environ 175 jours par an. La **House of Lords**, présidée par le Lord Chancellor est composée de lords dont le titre est attribué par le souverain à vie; elle peut amender certains projets de loi votés par la House of Commons, mais elle n'est pas habilitée à débattre des projets de lois de finances. La House of Lords fait également office de juridiction suprême en Angleterre et au pays de Galles.

HOUSE OF REPRESENTATIVES

Aux États-Unis, le parlement, appelé le *Congress*, est constitué de la *Senate* et de la **House of Representatives**. Cette dernière comprend 435 membres, le nombre de ces représentants par État étant proportionnel à la densité de population de cet État. Ils sont élus pour deux ans au suffrage universel direct et siègent au *Capitol*, à Washington D.C.

house arrest *n* assignation *f* à domicile
houseboat ['hausbəut] *n* bateau (aménagé en habitation)
housebound ['hausbaund] *adj* confiné(e) chez soi
housebreaking ['hausbreɪkɪŋ] *n* cambriolage *m* (avec effraction)
house-broken ['hausbrəukn] *adj* (*US*) = **house-trained**
housecoat ['hauskəut] *n* peignoir *m*
household ['haushəuld] *n* (*Admin etc*) ménage *m*; (*people*) famille *f*, maisonnée *f*; ~ **name** nom connu de tout le monde
householder ['haushəuldər] *n* propriétaire *mf*; (*head of house*) chef *m* de famille
househunting ['haushʌntɪŋ] *n*: **to go** ~ se mettre en quête d'une maison (*or* d'un appartement)
housekeeper ['hauskiːpər] *n* gouvernante *f*
housekeeping ['hauskiːpɪŋ] *n* (*work*) ménage *m*; (*also*: **housekeeping money**) argent *m* du ménage; (*Comput*) gestion *f* (des disques)
houseman ['hausmən] *n* (*irreg*) (*BRIT Med*) ≈ interne *m*
housemate ['hausmeɪt] *n* colocataire *mf*
house-owner ['hausəunər] *n* propriétaire *mf* (*de maison ou d'appartement*)
house-proud ['hauspraud] *adj* qui tient à avoir une maison impeccable
house-to-house ['haustə'haus] *adj* (*enquiries etc*) chez tous les habitants (du quartier *etc*)
house-train ['haustreɪn] *vt* (*pet*) apprendre à être propre à
house-trained ['haustreɪnd] *adj* (*pet*) propre
house-warming ['hauswɔːmɪŋ] *n* (*also*: **house-warming party**) pendaison *f* de crémaillère
housewife ['hauswaɪf] *n* (*irreg*) ménagère *f*; femme *f* au foyer
house wine *n* cuvée *f* maison *or* du patron
housework ['hauswɜːk] *n* (travaux *mpl* du) ménage *m*
housing ['hauzɪŋ] *n* logement *m* ▶ *cpd* (*problem, shortage*) de *or* du logement
housing association *n* fondation *f* charitable fournissant des logements
housing benefit *n* (*BRIT*) ≈ allocations *fpl* logement
housing development, (*BRIT*) **housing estate** *n* (*blocks of flats*) cité *f*; (*houses*) lotissement *m*
hovel ['hɔvl] *n* taudis *m*
hover ['hɔvər] *vi* planer; **to** ~ **round sb** rôder *or* tourner autour de qn
hovercraft ['hɔvəkrɑːft] *n* aéroglisseur *m*, hovercraft *m*

hoverport ['hɔvəpɔːt] *n* hoverport *m*
how [hau] *adv* comment; ~ **are you?** comment allez-vous?; ~ **do you do?** (*on being introduced*) enchanté(e); ~ **far is it to …?** combien y a-t-il jusqu'à …?; ~ **long have you been here?** depuis combien de temps êtes-vous là?; ~ **lovely/awful!** que *or* comme c'est joli/affreux!; ~ **many/much?** combien?; ~ **much time/many people?** combien de temps/gens?; ~ **much does it cost?** ça coûte combien?; ~ **old are you?** quel âge avez-vous?; ~ **tall is he?** combien mesure-t-il?; ~ **is school?** ça va à l'école?; ~ **was the film?** comment était le film? (*inf*) comment ça va?; ~ **about a drink?** si on buvait quelque chose?; ~ **is it that …?** comment se fait-il que … + *sub*?
however [hau'evər] *conj* pourtant, cependant ▶ *adv* de quelque façon *or* manière que + *sub*; (+ *adjective*) quelque *or* si … que + *sub*; (*in questions*) comment; ~ **I do it** de quelque manière que je m'y prenne; ~ **cold it is** même s'il fait très froid; ~ **did you do it?** comment y êtes-vous donc arrivé?
howitzer ['hauɪtsər] *n* (*Mil*) obusier *m*
howl [haul] *n* hurlement *m* ▶ *vi* hurler; (*wind*) mugir
howler ['haulər] *n* gaffe *f*, bourde *f*
howling ['haulɪŋ] *adj*: **a** ~ **wind** *or* **gale** un vent à décorner les bœufs
H.P. *n abbr* (*BRIT*) = **hire purchase**
h.p. *abbr* (*Aut*) = **horsepower**
HQ *n abbr* (= headquarters) QG *m*
HR *n abbr* (*US*) = **House of Representatives**
hr *abbr* (= hour) h
HRH *abbr* (= His (or Her) Royal Highness) SAR
hrs *abbr* (= hours) h
HRT *n abbr* = **hormone replacement therapy**
HS *abbr* (*US*) = **high school**
HST *abbr* (*US*: = Hawaiian Standard Time) heure de Hawaii
HTML *n abbr* (= hypertext markup language) HTML *m*
hub [hʌb] *n* (*of wheel*) moyeu *m*; (*fig*) centre *m*, foyer *m*
hubbub ['hʌbʌb] *n* brouhaha *m*
hubby ['hʌbɪ] *n* (*inf*) mari *m*
hubcap ['hʌbkæp] *n* (*Aut*) enjoliveur *m*
hubris ['hjuːbrɪs] *n* arrogance *f*
HUD *n abbr* (*US*: = Department of Housing and Urban Development*) ministère de l'urbanisme et du logement
huddle ['hʌdl] *vi*: **to** ~ **together** se blottir les uns contre les autres
hue [hjuː] *n* teinte *f*, nuance *f*; ~ **and cry** *n* tollé (général), clameur *f*
huff [hʌf] *n*: **in a** ~ fâché(e); **to take the** ~ prendre la mouche
huffy ['hʌfɪ] *adj* (*inf*) froissé(e)
hug [hʌg] *vt* serrer dans ses bras; (*shore, kerb*) serrer ▶ *n* étreinte *f*; **to give sb a** ~ serrer qn dans ses bras
huge [hjuːdʒ] *adj* énorme, immense
hugely ['hjuːdʒlɪ] *adv* (*popular, successful*) extrêmement; (*enjoy*) énormément
hulk [hʌlk] *n* (*ship*) vieux rafiot; (*car, building*) carcasse *f*; (*person*) mastodonte *m*, malabar *m*
hulking ['hʌlkɪŋ] *adj* balourd(e)

hull [hʌl] n (of ship) coque f; (of nuts) coque; (of peas) cosse f

hullabaloo ['hʌləbə'luː] n (inf: noise) tapage m, raffut m

hullo [hə'ləu] excl = **hello**

hum [hʌm] vt (tune) fredonner ▶ vi fredonner; (insect) bourdonner; (plane, tool) vrombir ▶ n fredonnement m; bourdonnement m; vrombissement m

human ['hjuːmən] adj humain(e) ▶ n (also: **human being**) être humain

humane [hjuː'meɪn] adj humain(e), humanitaire

humanely [hjuː'meɪnlɪ] adv (treat) humainement; **to be ~ destroyed** être abattu(e) sans cruauté

humanism ['hjuːmənɪzəm] n humanisme m

humanist ['hjuːmənɪst] n humaniste mf

humanitarian [hjuːmænɪ'tɛərɪən] adj humanitaire

humanity [hjuː'mænɪtɪ] n humanité f

humankind [hjuːmən'kaɪnd] n l'humanité f

humanly ['hjuːmənlɪ] adv humainement

humanoid ['hjuːmənɔɪd] adj, n humanoïde mf

human rights npl droits mpl de l'homme

humble ['hʌmbl] adj humble, modeste ▶ vt humilier

humbled ['hʌmbəld] adj empli(e) d'humilité

humbling ['hʌmblɪŋ] adj: **to be a ~ experience** être une leçon d'humilité

humbly ['hʌmblɪ] adv humblement, modestement

humbug ['hʌmbʌg] n fumisterie f; (Brit: sweet) bonbon m à la menthe

humdrum ['hʌmdrʌm] adj monotone, routinier(-ière)

humid ['hjuːmɪd] adj humide

humidifier [hjuː'mɪdɪfaɪəʳ] n humidificateur m

humidity [hjuː'mɪdɪtɪ] n humidité f

humiliate [hjuː'mɪlɪeɪt] vt humilier

humiliating [hjuː'mɪlɪeɪtɪŋ] adj humiliant(e)

humiliation [hjuːmɪlɪ'eɪʃən] n humiliation f

humility [hjuː'mɪlɪtɪ] n humilité f

hummus ['huməs] n houm(m)ous m

humorist ['hjuːmərɪst] n humoriste mf

humorous ['hjuːmərəs] adj humoristique; (person) plein(e) d'humour

humour, (US) **humor** ['hjuːməʳ] n humour m; (mood) humeur f; **sense of ~** sens m de l'humour; **to be in a good/bad ~** être de bonne/mauvaise humeur ▶ vt (person) faire plaisir à; se prêter aux caprices de

humourless, (US) **humorless** ['huːmələs] adj dépourvu(e) d'humour

hump [hʌmp] n bosse f

humpback ['hʌmpbæk] n bossu(e); (Brit: also: **humpback bridge**) dos-d'âne m

humus ['hjuːməs] n humus m

hunch [hʌntʃ] n bosse f; (premonition) intuition f; **I have a ~ that** j'ai (comme une vague) idée que

hunchback ['hʌntʃbæk] n bossu(e)

hunched [hʌntʃt] adj arrondi(e), voûté(e)

hundred ['hʌndrəd] num cent; **about a ~ people** une centaine de personnes; **hundreds of** des centaines de; **I'm a ~ per cent sure** j'en suis absolument certain

hundredth ['hʌndrədθ] num centième

hundredweight ['hʌndrɪdweɪt] n (Brit) = 50.8 kg; (US) = 45.3 kg

hung [hʌŋ] pt, pp of **hang**

Hungarian [hʌŋ'gɛərɪən] adj hongrois(e) ▶ n Hongrois(e); (Ling) hongrois m

Hungary ['hʌŋgərɪ] n Hongrie f

hunger ['hʌŋgəʳ] n faim f ▶ vi: **to ~ for** avoir faim de, désirer ardemment

hunger strike n grève f de la faim

hungover [hʌŋ'əuvəʳ] adj (inf): **to be ~** avoir la gueule de bois

hungrily ['hʌŋgrəlɪ] adv voracement; (fig) avidement

hungry ['hʌŋgrɪ] adj affamé(e); **to be ~** avoir faim; **~ for** (fig) avide de

hung up adj (inf) complexé(e), bourré(e) de complexes

hunk [hʌŋk] n gros morceau; (inf: man) beau mec

hunker down ['hʌŋkə-] vi (US: squat) s'accroupir; (: settle low) adopter un profil bas

hunt [hʌnt] vt (seek) chercher; (criminal) pourchasser; (Sport) chasser ▶ vi (search): **to ~ for** chercher (partout); (Sport) chasser ▶ n (Sport) chasse f
▶ **hunt down** vt pourchasser

hunter ['hʌntəʳ] n chasseur m; (Brit: horse) cheval m de chasse

hunting ['hʌntɪŋ] n chasse f

hurdle ['həːdl] n (for fences) claie f; (Sport) haie f; (fig) obstacle m

hurdler ['həːdləʳ] n coureur(-euse) de haies

hurl [həːl] vt lancer (avec violence); (abuse, insults) lancer

hurling ['həːlɪŋ] n (Sport) genre de hockey joué en Irlande

hurly-burly ['həːlɪ'bəːlɪ] n tohu-bohu m inv; brouhaha m

hurrah, hurray [hu'rɑː, hu'reɪ] excl hourra!

hurricane ['hʌrɪkən] n ouragan m

hurried ['hʌrɪd] adj pressé(e), précipité(e); (work) fait(e) à la hâte

hurriedly ['hʌrɪdlɪ] adv précipitamment, à la hâte

hurry ['hʌrɪ] n hâte f, précipitation f; **to be in a ~** être pressé(e); **to do sth in a ~** faire qch en vitesse ▶ vi se presser, se dépêcher; **to ~ in/out** entrer/sortir précipitamment; **to ~ home** se dépêcher de rentrer ▶ vt (person) faire presser, faire se dépêcher; (work) presser
▶ **hurry along** vi marcher d'un pas pressé
▶ **hurry away, hurry off** vi partir précipitamment
▶ **hurry up** vi se dépêcher

hurt [həːt] (pt, pp ~) vt (cause pain to) faire mal à; (injure, fig) blesser; (damage: business, interests etc) nuire à; faire du tort à; **I ~ my arm** je me suis fait mal au bras; **to ~ o.s.** se faire mal ▶ vi faire mal; **my arm hurts** j'ai mal au bras; **where does it ~?** où avez-vous mal?, où est-ce que ça vous fait mal? ▶ adj blessé(e)

hurtful ['həːtful] adj (remark) blessant(e)

hurtle ['həːtl] vt lancer (de toutes ses forces)
▶ vi: **to ~ past** passer en trombe; **to ~ down** dégringoler

husband ['hʌzbənd] *n* mari *m*
hush [hʌʃ] *n* calme *m*, silence *m* ▸ *vt* faire taire
▸ *excl*: **~!** chut !
▸ **hush up** *vt (fact)* étouffer
hushed ['hʌʃt] *adj (tone, voice)* étouffé(e)
hush-hush [hʌʃ'hʌʃ] *adj (inf)* ultra-secret(-ète)
husk [hʌsk] *n (of wheat)* balle *f*; *(of rice, maize)*
enveloppe *f*; *(of peas)* cosse *f*
husky ['hʌskɪ] *adj (voice)* rauque ; *(burly)*
costaud(e) ▸ *n* chien *m* esquimau *or* de traîneau
hustings ['hʌstɪŋz] *npl (BRIT Pol)* plate-forme
électorale
hustle ['hʌsl] *vt* pousser, bousculer ▸ *n*
bousculade *f*; **~ and bustle** *n* tourbillon *m*
(d'activité)
hustler ['hʌslər] *n (inf: sex worker)* prostitué(e)*m, f*
hut [hʌt] *n* hutte *f*; *(shed)* cabane *f*
hutch [hʌtʃ] *n* clapier *m*
hyacinth ['haɪəsɪnθ] *n* jacinthe *f*
hybrid ['haɪbrɪd] *adj, n* hybride *m*
hydrant ['haɪdrənt] *n* prise *f* d'eau ; *(also:* **fire**
hydrant) bouche *f* d'incendie
hydraulic [haɪ'drɔːlɪk] *adj* hydraulique
hydraulics [haɪ'drɔːlɪks] *n* hydraulique *f*
hydrocarbon [haɪdrəu'kɑːbən] *n*
hydrocarbure *m*
hydrochloric ['haɪdrəu'klɔrɪk] *adj*: **~ acid** acide
m chlorhydrique
hydroelectric ['haɪdrəuɪ'lɛktrɪk] *adj* hydro-
électrique
hydrofoil ['haɪdrəfɔɪl] *n* hydrofoil *m*
hydrogen ['haɪdrədʒən] *n* hydrogène *m*
hydrogen bomb *n* bombe *f* à hydrogène
hydrophobia ['haɪdrə'fəubɪə] *n* hydrophobie *f*
hydroplane ['haɪdrəpleɪn] *n (seaplane)*
hydravion *m*; *(jetfoil)* hydroglisseur *m*
hydrotherapy [haɪdrəu'θɛrəpɪ] *n*
hydrothérapie *f*
hyena [haɪ'iːnə] *n* hyène *f*
hygiene ['haɪdʒiːn] *n* hygiène *f*
hygienic [haɪ'dʒiːnɪk] *adj* hygiénique
hygienist [haɪ'dʒiːnɪst] *n (also:* **dental**
hygienist) hygiéniste *mf* dentaire
hymn [hɪm] *n* hymne *m*; cantique *m*
hype [haɪp] *n (inf)* matraquage *m* publicitaire *or*
médiatique
hyperactive ['haɪpər'æktɪv] *adj* hyperactif(-ive)
hyperactivity [haɪpəræk'tɪvɪtɪ] *n*
hyperactivité *f*

hyperbole [haɪ'pəːbəlɪ] *n* hyperbole *f*
hyperinflation [haɪpərɪn'fleɪʃən] *n*
hyperinflation *f*
hyperlink ['haɪpəlɪŋk] *n* hyperlien *m*
hypermarket ['haɪpəmɑːkɪt] *n (BRIT)*
hypermarché *m*
hypertension ['haɪpə'tɛnʃən] *n (Med)*
hypertension *f*
hypertext ['haɪpətɛkst] *n (Comput)* hypertexte *m*
hyperventilate [haɪpə'vɛntɪleɪt] *vi* faire de
l'hyperventilation
hyphen ['haɪfn] *n* trait *m* d'union
hypnosis [hɪp'nəusɪs] *n* hypnose *f*
hypnotherapist [hɪpnəu'θɛrəpɪst] *n*
hypnothérapeute *mf*
hypnotherapy [hɪpnəu'θɛrəpɪ] *n*
hypnothérapie *f*
hypnotic [hɪp'nɔtɪk] *adj* hypnotique
hypnotism ['hɪpnətɪzəm] *n* hypnotisme *m*
hypnotist ['hɪpnətɪst] *n* hypnotiseur(-euse)
hypnotize ['hɪpnətaɪz] *vt* hypnotiser
hypoallergenic ['haɪpəuælə'dʒɛnɪk] *adj*
hypoallergénique
hypochondriac [haɪpə'kɔndrɪæk] *n*
hypocondriaque *mf*
hypocrisy [hɪ'pɔkrɪsɪ] *n* hypocrisie *f*
hypocrite ['hɪpəkrɪt] *n* hypocrite *mf*
hypocritical [hɪpə'krɪtɪkl] *adj* hypocrite
hypodermic [haɪpə'dəːmɪk] *adj* hypodermique
▸ *n (syringe)* seringue *f* hypodermique
hypotenuse [haɪ'pɔtɪnjuːz] *n* hypoténuse *f*
hypothermia [haɪpə'θəːmɪə] *n* hypothermie *f*
hypothesis [haɪ'pɔθɪsɪs] *(pl* **hypotheses** [-siːz])
n hypothèse *f*
hypothesize [haɪ'pɔθɪsaɪz] *vt* faire l'hypothèse
de ; **to ~ that ...** faire l'hypothèse que ...
hypothetical [haɪpə'θɛtɪkəl] *adj* hypothétique
▸ *n* hypothèse *f*
hysterectomy [hɪstə'rɛktəmɪ] *n*
hystérectomie *f*
hysteria [hɪ'stɪərɪə] *n* hystérie *f*
hysterical [hɪ'stɛrɪkl] *adj* hystérique ; *(funny)*
hilarant(e) ; **to become ~** avoir une crise de
nerfs
hysterics [hɪ'stɛrɪks] *npl* (violente) crise de
nerfs ; *(laughter)* crise de rire ; **to be in/have ~**
(anger, panic) avoir une crise de nerfs ; *(laughter)*
attraper un fou rire
Hz *abbr* (= hertz) Hz

I¹, i¹ [aɪ] *n (letter)* I, i *m* ; **I for Isaac,** (*US*) **I for Item** I comme Irma

I² [aɪ] *pron* je ; *(before vowel)* j' ; *(stressed)* moi ▸ *abbr* (= *island, isle*) I

IA, Ia. *abbr (US)* = **Iowa**

IAEA *n abbr* = **International Atomic Energy Agency**

IBA *n abbr* (*BRIT*: = *Independent Broadcasting Authority*) = CNCL *f* (= *Commission nationale de la communication audio-visuelle*)

Iberian [aɪˈbɪərɪən] *adj* ibérique, ibérien(ne)

Iberian Peninsula *n*: **the ~** la péninsule Ibérique

IBEW *n abbr* (*US*: = *International Brotherhood of Electrical Workers*) syndicat international des électriciens

i/c *abbr* (*BRIT*) = **in charge**

ICBM *n abbr* (= *intercontinental ballistic missile*) ICBM *m*, engin *m* balistique à portée intercontinentale

ICC *n abbr* (= *International Chamber of Commerce*) CCI *f* ; (*US*) = **Interstate Commerce Commission**

ice [aɪs] *n* glace *f* ; *(on road)* verglas *m* ; **to put sth on ~** (*fig*) mettre qch en attente ▸ *vt (cake)* glacer ; *(drink)* faire rafraîchir ▸ *vi (also: ice over)* geler ; *(also: ice up)* se givrer

Ice Age *n* ère *f* glaciaire

ice axe, (*US*) **ice ax** *n* piolet *m*

iceberg [ˈaɪsbɜːɡ] *n* iceberg *m* ; **the tip of the ~** (*also fig*) la partie émergée de l'iceberg

icebox [ˈaɪsbɒks] *n* (*US*) réfrigérateur *m* ; (*BRIT*) compartiment *m* à glace ; *(insulated box)* glacière *f*

icebreaker [ˈaɪsbreɪkəʳ] *n* brise-glace *m*

ice bucket *n* seau *m* à glace

ice-cap [ˈaɪskæp] *n* calotte *f* glaciaire

ice-cold [aɪsˈkəʊld] *adj* glacé(e)

ice cream *n* glace *f*

ice cube *n* glaçon *m*

iced [aɪst] *adj (drink)* frappé(e) ; *(coffee, tea, also cake)* glacé(e)

ice hockey *n* hockey *m* sur glace

Iceland [ˈaɪslənd] *n* Islande *f*

Icelander [ˈaɪsləndəʳ] *n* Islandais(e)

Icelandic [aɪsˈlændɪk] *adj* islandais(e) ▸ *n (Ling)* islandais *m*

ice lolly *n* (*BRIT*) esquimau *m*

ice pick *n* pic *m* à glace

ice rink *n* patinoire *f*

ice-skate [ˈaɪsskeɪt] *n* patin *m* à glace ▸ *vi* faire du patin à glace

ice skating *n* patinage *m* (sur glace)

icicle [ˈaɪsɪkl] *n* glaçon *m (naturel)*

icing [ˈaɪsɪŋ] *n (Aviat etc)* givrage *m* ; (*Culin*) glaçage *m*

icing sugar *n* (*BRIT*) sucre *m* glace

ICJ *n abbr* = **International Court of Justice**

icon [ˈaɪkɒn] *n* icône *f*

iconic [aɪˈkɒnɪk] *adj (status, figure)* d'icône, emblématique

iconoclastic [aɪkɒnəˈklæstɪk] *adj* iconoclaste

iconography [aɪkəˈnɒɡrəfɪ] *n* iconographie *f*

ICR *n abbr* (*US*) = **Institute for Cancer Research**

ICRC *n abbr* (= *International Committee of the Red Cross*) CICR *m*

ICT *n abbr* (*BRIT Scol*: = *information and communications technology*) TIC *fpl*

ICU *n abbr* = **intensive care unit**

icy [ˈaɪsɪ] *adj* glacé(e) ; *(road)* verglacé(e) ; *(weather, temperature)* glacial(e)

ID *abbr* (*US*) = **Idaho**

I'd [aɪd] = **I would; I had**

Ida. *abbr* (*US*) = **Idaho**

ID card *n* carte *f* d'identité

IDD *n abbr* (*BRIT Tel*: = *international direct dialling*) automatique international

idea [aɪˈdɪə] *n* idée *f* ; **good ~!** bonne idée ! ; **to have an ~ that ...** avoir idée que ... ; **I have no ~** je n'ai pas la moindre idée

ideal [aɪˈdɪəl] *n* idéal *m* ▸ *adj* idéal(e)

idealist [aɪˈdɪəlɪst] *n* idéaliste *mf*

idealize [aɪˈdɪəlaɪz] *vt* idéaliser

ideally [aɪˈdɪəlɪ] *adv (preferably)* dans l'idéal ; *(perfectly)*: **he is ~ suited to the job** il est parfait pour ce poste ; **~ the book should have ...** l'idéal serait que le livre ait ...

identical [aɪˈdɛntɪkl] *adj* identique

identifiable [aɪdɛntɪˈfaɪəbl] *adj* identifiable

identification [aɪdɛntɪfɪˈkeɪʃən] *n* identification *f* ; **means of ~** pièce *f* d'identité

identify [aɪˈdɛntɪfaɪ] *vt* identifier ▸ *vi*: **to ~ with** s'identifier à

Identikit® [aɪˈdɛntɪkɪt] *n*: **~ (picture)** portrait-robot *m*

identity [aɪˈdɛntɪtɪ] *n* identité *f*

identity card *n* carte *f* d'identité

identity parade *n* (*BRIT*) parade *f* d'identification

identity theft *n* usurpation *f* d'identité

ideological [aɪdɪəˈlɒdʒɪkl] *adj* idéologique

ideology [aɪdɪˈɒlədʒɪ] *n* idéologie *f*

idiocy [ˈɪdɪəsɪ] *n* idiotie *f*, stupidité *f*

idiom ['ɪdɪəm] *n* (*language*) langue *f*, idiome *m* ; (*phrase*) expression *f* idiomatique ; (*style*) style *m*
idiomatic [ɪdɪə'mætɪk] *adj* idiomatique
idiosyncrasy [ɪdɪəu'sɪŋkrəsɪ] *n* singularité *f*
idiosyncratic [ɪdɪəusɪŋ'krætɪk] *adj* singulier(-ière) ; **a highly ~ personality** un personnage des plus singuliers
idiot ['ɪdɪət] *n* idiot(e), imbécile *mf*
idiotic [ɪdɪ'ɔtɪk] *adj* idiot(e), bête, stupide
idle ['aɪdl] *adj* (*doing nothing*) sans occupation, désœuvré(e) ; (*lazy*) oisif(-ive), paresseux(-euse) ; (*unemployed*) au chômage ; (*machinery*) au repos ; (*question, pleasures*) vain(e), futile ; **to lie ~** être arrêté, ne pas fonctionner ▸ *vi* (*engine*) tourner au ralenti
▸ **idle away** *vt*: **to ~ away one's time** passer son temps à ne rien faire
idleness ['aɪdlnɪs] *n* désœuvrement *m* ; oisiveté *f*
idler ['aɪdlə'] *n* désœuvré(e), oisif(-ive)
idle time *n* (*Comm*) temps mort
idol ['aɪdl] *n* idole *f*
idolatry [aɪ'dɔlətrɪ] *n* idolâtrie *f*
idolize ['aɪdəlaɪz] *vt* idolâtrer, adorer
idyll, (*US*) **idyl** ['ɪdəl] *n* idylle *f* ; **a rural ~** une idylle bucolique
idyllic [ɪ'dɪlɪk] *adj* idyllique
i.e. *abbr* (= *id est: that is*) c. à d., c'est-à-dire
IED [aɪiː'diː] *abbr* (= *Improvised Explosive Device*) EEI *m*
if [ɪf] *conj* si ; **I'd be pleased if you could do it** je serais très heureux si vous pouviez le faire ; **if necessary** si nécessaire, le cas échéant ; **if so** c'est le cas ; **if not** sinon ; **if only I could!** si seulement je pouvais ! ; **if only he were here** si seulement il était là ; **if only to show him my gratitude** ne serait-ce que pour lui témoigner ma gratitude ; *see also* **as; even** ▸ *n*: **there are a lot of ifs and buts** il y a beaucoup de si *mpl* et de mais *mpl*
iffy ['ɪfɪ] *adj* (*inf*) douteux(-euse)
igloo ['ɪgluː] *n* igloo *m*
ignite [ɪg'naɪt] *vt* mettre le feu à, enflammer ▸ *vi* s'enflammer
ignition [ɪg'nɪʃən] *n* (*Aut*) allumage *m* ; **to switch on/off the ~** mettre/couper le contact
ignition key *n* (*Aut*) clé *f* de contact
ignoble [ɪg'nəubl] *adj* ignoble, indigne
ignominious [ɪgnə'mɪnɪəs] *adj* honteux(-euse), ignominieux(-euse)
ignominy ['ɪgnəmɪnɪ] *n* ignominie *f*
ignoramus [ɪgnə'reɪməs] *n* personne *f* ignare
ignorance ['ɪgnərəns] *n* ignorance *f* ; **to keep sb in ~ of sth** tenir qn dans l'ignorance de qch
ignorant ['ɪgnərənt] *adj* ignorant(e) ; **to be ~ of** (*subject*) ne rien connaître en ; (*events*) ne pas être au courant de
ignore [ɪg'nɔː'] *vt* ne tenir aucun compte de ; (*mistake*) ne pas relever ; (*person: pretend to not see*) faire semblant de ne pas reconnaître ; (: *pay no attention to*) ignorer
ikon ['aɪkɔn] *n* = **icon**
IL *abbr* (*US*) = **Illinois**
ILA *n abbr* (*US: = International Longshoremen's Association*) syndicat international des dockers

ilk ['ɪlk] *n*: **of that ~** (*of that type*) de cette eau ; **and their ~** et consorts
ill [ɪl] *adj* (*sick*) malade ; (*bad*) mauvais(e) ; **to be taken ~** tomber malade ▸ *n* mal *m* ▸ *adv*: **to speak/think ~ of sb** dire/penser du mal de qn
Ill. *abbr* (*US*) = **Illinois**
I'll [aɪl] = **I will; I shall**
ill-advised [ɪləd'vaɪzd] *adj* (*decision*) peu judicieux(-euse) ; (*person*) malavisé(e)
ill-at-ease [ɪlət'iːz] *adj* mal à l'aise
ill-considered [ɪlkən'sɪdəd] *adj* (*plan*) inconsidéré(e), irréfléchi(e)
ill-disposed [ɪldɪs'pəuzd] *adj*: **to be ~ towards sb/sth** être mal disposé(e) envers qn/qch
ill effects *npl* effets *mpl* adverses
illegal [ɪ'liːgl] *adj* illégal(e)
illegally [ɪ'liːgəlɪ] *adv* illégalement
illegible [ɪ'lɛdʒɪbl] *adj* illisible
illegitimate [ɪlɪ'dʒɪtɪmət] *adj* illégitime
ill-fated [ɪl'feɪtɪd] *adj* malheureux(-euse) ; (*day*) néfaste
ill-favoured, (*US*) **ill-favored** [ɪl'feɪvəd] *adj* déplaisant(e)
ill feeling *n* ressentiment *m*, rancune *f*
ill-gotten ['ɪlgɔtn] *adj* (*gains etc*) mal acquis(e)
ill health *n* mauvaise santé
illicit [ɪ'lɪsɪt] *adj* illicite
ill-informed [ɪlɪn'fɔːmd] *adj* (*judgment*) erroné(e) ; (*person*) mal renseigné(e)
illiterate [ɪ'lɪtərət] *adj* illettré(e) ; (*letter*) plein(e) de fautes
ill-mannered [ɪl'mænəd] *adj* impoli(e), grossier(-ière)
illness ['ɪlnɪs] *n* maladie *f*
illogical [ɪ'lɔdʒɪkl] *adj* illogique
ill-suited [ɪl'suːtɪd] *adj* (*couple*) mal assorti(e) ; **he is ~ to the job** il n'est pas vraiment fait pour ce travail
ill-timed [ɪl'taɪmd] *adj* inopportun(e)
ill-treat [ɪl'triːt] *vt* maltraiter
ill-treatment [ɪl'triːtmənt] *n* mauvais traitement
illuminate [ɪ'luːmɪneɪt] *vt* (*room, street*) éclairer ; (*for special effect*) illuminer ; **illuminated sign** enseigne lumineuse
illuminating [ɪ'luːmɪneɪtɪŋ] *adj* éclairant(e)
illumination [ɪluːmɪ'neɪʃən] *n* éclairage *m* ; illumination *f*
illusion [ɪ'luːʒən] *n* illusion *f* ; **to be under the ~ that** avoir l'illusion que
illusive [ɪ'luːsɪv], **illusory** [ɪ'luːsərɪ] *adj* illusoire
illustrate ['ɪləstreɪt] *vt* illustrer
illustration [ɪlə'streɪʃən] *n* illustration *f*
illustrator ['ɪləstreɪtə'] *n* illustrateur(-trice)
illustrious [ɪ'lʌstrɪəs] *adj* illustre
ill will *n* malveillance *f*
ILO *n abbr* (= *International Labour Organization*) OIT *f*
ILWU *n abbr* (*US: = International Longshoremen's and Warehousemen's Union*) syndicat international des dockers et des magasiniers
IM *n abbr* (= *instant messaging*) messagerie *f* instantanée ▸ *vt* envoyer un message instantané à
I'm [aɪm] = **I am**
image ['ɪmɪdʒ] *n* image *f* ; (*public face*) image de marque

i

imagery ['ɪmɪdʒərɪ] n images fpl
imaginable [ɪ'mædʒɪnəbl] adj imaginable
imaginary [ɪ'mædʒɪnərɪ] adj imaginaire
imagination [ɪmædʒɪ'neɪʃən] n imagination f
imaginative [ɪ'mædʒɪnətɪv] adj
  imaginatif(-ive) ; (person) plein(e)
  d'imagination
imagine [ɪ'mædʒɪn] vt s'imaginer ; (suppose)
  imaginer, supposer
imam [ɪ'mɑːm] n imam m
imbalance [ɪm'bæləns] n déséquilibre m
imbecile ['ɪmbəsiːl] n imbécile mf
imbue [ɪm'bjuː] vt: **to ~ sth with** imprégner
  qch de
IMF n abbr = **International Monetary Fund**
imitate ['ɪmɪteɪt] vt imiter
imitation [ɪmɪ'teɪʃən] n imitation f
imitator ['ɪmɪteɪtər] n imitateur(-trice)
immaculate [ɪ'mækjulət] adj impeccable ; (Rel)
  immaculé(e)
immaculately [ɪ'mækjulətlɪ] adv
  impeccablement
immaterial [ɪmə'tɪərɪəl] adj sans importance,
  insignifiant(e)
immature [ɪmə'tjuər] adj (fruit) qui n'est pas
  mûr(e) ; (person) qui manque de maturité
immaturity [ɪmə'tjuərɪtɪ] n immaturité f
immeasurable [ɪ'mɛʒrəbl] adj
  incommensurable
immediacy [ɪ'miːdɪəsɪ] n (of events etc) caractère
  or rapport immédiat ; (of needs) urgence f
immediate [ɪ'miːdɪət] adj immédiat(e)
immediately [ɪ'miːdɪətlɪ] adv (at once)
  immédiatement ; **~ next to** juste à côté de
immemorial [ɪmɪ'mɔːrɪəl] adj (literary)
  immémorial(e) ; **since time ~** depuis des
  temps immémoriaux
immense [ɪ'mɛns] adj immense, énorme
immensely [ɪ'mɛnslɪ] adv (+adj) extrêmement ;
  (+vb) énormément
immensity [ɪ'mɛnsɪtɪ] n immensité f
immerse [ɪ'məːs] vt immerger, plonger ; **to ~
  sth in** plonger qch dans
immersed [ɪ'məːst] adj: **to be ~ in sth** (in subject,
  activity) être plongé(e) dans qch, être absorbé(e)
  par qch
immersion heater [ɪ'məːʃən-] n (BRIT)
  chauffe-eau m électrique
immigrant ['ɪmɪɡrənt] n immigrant(e) ; (already
  established) immigré(e)
immigration [ɪmɪ'ɡreɪʃən] n immigration f
immigration authorities npl service m de
  l'immigration
immigration laws npl lois fpl sur l'immigration
imminent ['ɪmɪnənt] adj imminent(e)
immobile [ɪ'məubaɪl] adj immobile
immobility [ɪməu'bɪlɪtɪ] n immobilité f
immobilize [ɪ'məubɪlaɪz] vt immobiliser
immoderate [ɪ'mɔdərət] adj immodéré(e),
  démesuré(e)
immodest [ɪ'mɔdɪst] adj (indecent) indécent(e) ;
  (boasting) pas modeste, présomptueux(-euse)
immoral [ɪ'mɔrl] adj immoral(e)
immorality [ɪmɔ'rælɪtɪ] n immoralité f
immortal [ɪ'mɔːtl] adj, n immortel(le)

immortality [ɪmɔː'tælɪtɪ] n immortalité f ; **to
  achieve ~** passer à la postérité
immortalize [ɪ'mɔːtlaɪz] vt immortaliser
immovable [ɪ'muːvəbl] adj (object) fixe ;
  immobilier(-ière) ; (person) inflexible ; (opinion)
  immuable
immune [ɪ'mjuːn] adj: **~ (to)** immunisé(e)
  (contre)
immune system n système m immunitaire
immunity [ɪ'mjuːnɪtɪ] n immunité f ;
  diplomatic ~ immunité diplomatique
immunization [ɪmjunaɪ'zeɪʃən] n
  immunisation f
immunize ['ɪmjunaɪz] vt immuniser
immutable [ɪ'mjuːtəbl] adj immuable
imp [ɪmp] n (small devil) lutin m ; (child) petit diable
impact n ['ɪmpækt] choc m, impact m ; (fig)
  impact
  ▸ **impact on** vt fus [ɪm'pækt] avoir un réel
  impact sur
impair [ɪm'pɛər] vt détériorer, diminuer
impaired [ɪm'pɛəd] adj (organ, vision) abîmé(e),
  détérioré(e) ; **his memory/circulation is ~** il a
  des problèmes de mémoire/circulation ;
  visually ~ malvoyant(e) ; **hearing ~**
  malentendant(e) ; **mentally/physically ~**
  intellectuellement/physiquement diminué(e)
impairment [ɪm'pɛəmənt] n handicap m ; **a
  visual ~** un handicap visuel
impale [ɪm'peɪl] vt empaler
impart [ɪm'pɑːt] vt (make known) communiquer,
  transmettre ; (bestow) confier, donner
impartial [ɪm'pɑːʃl] adj impartial(e)
impartiality [ɪmpɑːʃɪ'ælɪtɪ] n impartialité f
impassable [ɪm'pɑːsəbl] adj infranchissable ;
  (road) impraticable
impasse [æm'pɑːs] n (fig) impasse f
impassioned [ɪm'pæʃənd] adj passionné(e)
impassive [ɪm'pæsɪv] adj impassible
impatience [ɪm'peɪʃəns] n impatience f
impatient [ɪm'peɪʃənt] adj impatient(e) ; **to get**
  or **grow ~** s'impatienter
impatiently [ɪm'peɪʃəntlɪ] adv avec impatience
impeach [ɪm'piːtʃ] vt accuser, attaquer ; (public
  official) mettre en accusation
impeachment [ɪm'piːtʃmənt] n (Law) (mise f
  en) accusation f
impeccable [ɪm'pɛkəbl] adj impeccable,
  parfait(e)
impeccably [ɪm'pɛkəblɪ] adv impeccablement
impecunious [ɪmpɪ'kjuːnɪəs] adj sans
  ressources
impede [ɪm'piːd] vt gêner
impediment [ɪm'pɛdɪmənt] n obstacle m ; (also:
  speech impediment) défaut m d'élocution
impel [ɪm'pɛl] vt (force): **to ~ sb (to do sth)** forcer
  qn (à faire qch)
impending [ɪm'pɛndɪŋ] adj imminent(e)
impenetrable [ɪm'pɛnɪtrəbl] adj impénétrable
imperative [ɪm'pɛrətɪv] adj nécessaire ; (need)
  urgent(e), pressant(e) ; (tone) impérieux(-euse)
  ▸ n (Ling) impératif m
imperceptible [ɪmpə'sɛptɪbl] adj imperceptible
imperceptibly [ɪmpə'sɛptɪblɪ] adv
  imperceptiblement

imperfect [ɪm'pə:fɪkt] *adj* imparfait(e) ; *(goods etc)* défectueux(-euse) ▶ *n* (*Ling: also:* **imperfect tense**) imparfait *m*

imperfection [ɪmpə:'fɛkʃən] *n* imperfection *f* ; défectuosité *f*

imperial [ɪm'pɪərɪəl] *adj* impérial(e) ; (*BRIT: measure*) légal(e)

imperialism [ɪm'pɪərɪəlɪzəm] *n* impérialisme *m*

imperil [ɪm'pɛrɪl] *vt* mettre en péril

imperious [ɪm'pɪərɪəs] *adj* impérieux(-euse)

impersonal [ɪm'pə:sənl] *adj* impersonnel(le)

impersonate [ɪm'pə:səneɪt] *vt* se faire passer pour ; (*Theat*) imiter

impersonation [ɪmpə:sə'neɪʃən] *n* (*Law*) usurpation *f* d'identité ; (*Theat*) imitation *f*

impersonator [ɪm'pə:səneɪtəʳ] *n* imposteur *m* ; (*Theat*) imitateur(-trice)

impertinence [ɪm'pə:tɪnəns] *n* impertinence *f*, insolence *f*

impertinent [ɪm'pə:tɪnənt] *adj* impertinent(e), insolent(e)

imperturbable [ɪmpə'tə:bəbl] *adj* imperturbable

impervious [ɪm'pə:vɪəs] *adj* imperméable ; ~ **to** (*fig*) insensible à ; inaccessible à

impetuous [ɪm'pɛtjuəs] *adj* impétueux(-euse), fougueux(-euse)

impetus ['ɪmpətəs] *n* impulsion *f* ; (*of runner*) élan *m*

impinge [ɪm'pɪndʒ]: **to ~ on** *vt fus* (*person*) affecter, toucher ; (*rights*) empiéter sur

impish ['ɪmpɪʃ] *adj* espiègle

implacable [ɪm'plækəbl] *adj* implacable

implant [ɪm'plɑ:nt] *vt* (*Med*) implanter ; (*fig: idea, principle*) inculquer

implausible [ɪm'plɔ:zɪbl] *adj* peu plausible

implement *n* ['ɪmplɪmənt] outil *m*, instrument *m* ; (*for cooking*) ustensile *m* ▶ *vt* ['ɪmplɪmɛnt] mettre en œuvre, implémenter

implementation [ɪmplɪmɛn'teɪʃən] *n* mise *f* en œuvre, implémentation *f*

implicate ['ɪmplɪkeɪt] *vt* impliquer, compromettre

implication [ɪmplɪ'keɪʃən] *n* implication *f* ; **by ~** indirectement

implicit [ɪm'plɪsɪt] *adj* implicite ; (*complete*) absolu(e), sans réserve

implicitly [ɪm'plɪsɪtlɪ] *adv* implicitement ; absolument, sans réserve

implode [ɪm'pləud] *vi* imploser

implore [ɪm'plɔ:ʳ] *vt* implorer, supplier

imply [ɪm'plaɪ] *vt* (*hint*) suggérer, laisser entendre ; (*mean*) indiquer, supposer

impolite [ɪmpə'laɪt] *adj* impoli(e)

imponderable [ɪm'pɔndərəbl] *adj* impondérable

import *vt* [ɪm'pɔ:t] importer ▶ *n* ['ɪmpɔ:t] (*Comm*) importation *f* ; (*meaning*) portée *f*, signification *f* ▶ *cpd* ['ɪmpɔ:t] (*duty, licence etc*) d'importation

importance [ɪm'pɔ:tns] *n* importance *f* ; **to be of great/little ~** avoir beaucoup/peu d'importance

important [ɪm'pɔ:tnt] *adj* important(e) ; **it is ~ that** il importe que, il est important que ; **it's not ~** c'est sans importance, ce n'est pas important

importantly [ɪm'pɔ:tntlɪ] *adv* (*with an air of importance*) d'un air important ; (*essentially*): **but, more ~ ...** mais, (ce qui est) plus important encore ...

importation [ɪmpɔ:'teɪʃən] *n* importation *f*

imported [ɪm'pɔ:tɪd] *adj* importé(e), d'importation

importer [ɪm'pɔ:təʳ] *n* importateur(-trice)

impose [ɪm'pəuz] *vt* imposer ▶ *vi*: **to ~ on sb** abuser de la gentillesse de qn

imposing [ɪm'pəuzɪŋ] *adj* imposant(e), impressionnant(e)

imposition [ɪmpə'zɪʃən] *n* (*of tax etc*) imposition *f* ; **to be an ~ on** (*person*) abuser de la gentillesse ou la bonté de

impossibility [ɪmpɔsə'bɪlɪtɪ] *n* impossibilité *f*

impossible [ɪm'pɔsɪbl] *adj* impossible ; **it is ~ for me to leave** il m'est impossible de partir

impostor [ɪm'pɔstəʳ] *n* imposteur *m*

impotence ['ɪmpətns] *n* impuissance *f*

impotent ['ɪmpətnt] *adj* impuissant(e)

impound [ɪm'paund] *vt* confisquer, saisir

impoverished [ɪm'pɔvərɪʃt] *adj* pauvre, appauvri(e)

impracticable [ɪm'præktɪkəbl] *adj* impraticable

impractical [ɪm'præktɪkl] *adj* pas pratique ; (*person*) qui manque d'esprit pratique

imprecise [ɪmprɪ'saɪs] *adj* imprécis(e)

impregnable [ɪm'prɛgnəbl] *adj* (*fortress*) imprenable ; (*fig*) inattaquable, irréfutable

impregnate ['ɪmprɛgneɪt] *adj* imprégner ; (*fertilize*) féconder

impresario [ɪmprɪ'sɑ:rɪəu] *n* impresario *m*

impress [ɪm'prɛs] *vt* impressionner, faire impression sur ; (*mark*) imprimer, marquer ; **to ~ sth on sb** faire bien comprendre qch à qn

impressed [ɪm'prɛst] *adj* impressionné(e)

impression [ɪm'prɛʃən] *n* impression *f* ; (*of stamp, seal*) empreinte *f* ; (*imitation*) imitation *f* ; **to make a good/bad ~ on sb** faire bonne/mauvaise impression sur qn ; **to be under the ~ that** avoir l'impression que

impressionable [ɪm'prɛʃnəbl] *adj* impressionnable, sensible

impressionist [ɪm'prɛʃənɪst] *n* impressionniste *mf*

impressionistic [ɪmprɛʃə'nɪstɪk] *adj* impressionniste

impressive [ɪm'prɛsɪv] *adj* impressionnant(e)

imprint ['ɪmprɪnt] *n* empreinte *f* ; (*Publishing*) notice *f* ; (: *label*) nom *m* (de collection *or* d'éditeur)

imprinted [ɪm'prɪntɪd] *adj*: ~ **on** imprimé(e) sur ; (*fig*) imprimé(e) *or* gravé(e) dans

imprison [ɪm'prɪzn] *vt* emprisonner, mettre en prison

imprisonment [ɪm'prɪznmənt] *n* emprisonnement *m* ; (*period*): **to sentence sb to 10 years' ~** condamner qn à 10 ans de prison

improbable [ɪm'prɔbəbl] *adj* improbable ; (*excuse*) peu plausible

impromptu [ɪm'prɔmptju:] *adj* impromptu(e) ▶ *adv* impromptu

improper [ɪm'prɔpər] *adj* (*wrong*) incorrect(e) ; (*unsuitable*) déplacé(e), de mauvais goût ; (*indecent*) indécent(e) ; (*dishonest*) malhonnête

impropriety [ɪmprə'praɪətɪ] *n* inconvenance *f* ; (*of expression*) impropriété *f*

improve [ɪm'pruːv] *vt* améliorer ▶ *vi* s'améliorer ; (*pupil etc*) faire des progrès ▶ **improve on, improve upon** *vt fus* (*offer*) enchérir sur

improvement [ɪm'pruːvmənt] *n* amélioration *f* ; (*of pupil etc*) progrès *m* ; **to make improvements to** apporter des améliorations à

improvisation [ɪmprəvaɪ'zeɪʃən] *n* improvisation *f*

improvise ['ɪmprəvaɪz] *vt, vi* improviser

imprudence [ɪm'pruːdns] *n* imprudence *f*

imprudent [ɪm'pruːdnt] *adj* imprudent(e)

impudent ['ɪmpjudnt] *adj* impudent(e)

impugn [ɪm'pjuːn] *vt* contester, attaquer

impulse ['ɪmpʌls] *n* impulsion *f* ; **on ~** impulsivement, sur un coup de tête

impulse buy *n* achat *m* d'impulsion

impulsive [ɪm'pʌlsɪv] *adj* impulsif(-ive)

impunity [ɪm'pjuːnɪtɪ] *n* : **with ~** impunément

impure [ɪm'pjuər] *adj* impur(e)

impurity [ɪm'pjuərɪtɪ] *n* impureté *f*

IN *abbr* (*US*) = **Indiana**

[KEYWORD]

in [ɪn] *prep* **1** (*indicating place, position*) dans ; **in the house/the fridge** dans la maison/le frigo ; **in the garden** dans le ou au jardin ; **in town** en ville ; **in the country** à la campagne ; **in school** à l'école ; **in here/there** ici/là

2 (*with place names: of town, region, country*) : **in London** à Londres ; **in England** en Angleterre ; **in Japan** au Japon ; **in the United States** aux États-Unis

3 (*indicating time: during*) : **in spring** au printemps ; **in summer** en été ; **in May/2005** en mai/2005 ; **in the afternoon** (dans) l'après-midi ; **at 4 o'clock in the afternoon** à 4 heures de l'après-midi

4 (*indicating time: in the space of*) en ; (: *future*) dans ; **I did it in 3 hours/days** je l'ai fait en 3 heures/jours ; **I'll see you in 2 weeks** *or* **in 2 weeks' time** je te verrai dans 2 semaines ; **once in a hundred years** une fois tous les cent ans

5 (*indicating manner etc*) à ; **in a loud/soft voice** à voix haute/basse ; **in pencil** au crayon ; **in writing** par écrit ; **in French** en français ; **to pay in dollars** payer en dollars ; **the boy in the blue shirt** le garçon à ou avec la chemise bleue

6 (*indicating circumstances*) : **in the sun** au soleil ; **in the shade** à l'ombre ; **in the rain** sous la pluie ; **a change in policy** un changement de politique

7 (*indicating mood, state*) : **in tears** en larmes ; **in anger** sous le coup de la colère ; **in despair** au désespoir ; **in good condition** en bon état ; **to live in luxury** vivre dans le luxe

8 (*with ratios, numbers*) : **1 in 10 households, 1 household in 10** 1 ménage sur 10 ; **20 pence in the pound** 20 pence par livre sterling ; **they**

lined up in twos ils se mirent en rangs (deux) par deux ; **in hundreds** par centaines

9 (*referring to people, works*) chez ; **the disease is common in children** c'est une maladie courante chez les enfants ; **in (the works of) Dickens** chez Dickens, dans (l'œuvre de) Dickens

10 (*indicating profession etc*) dans ; **to be in teaching** être dans l'enseignement

11 (*after superlative*) de ; **the best pupil in the class** le meilleur élève de la classe

12 (*with present participle*) : **in saying this** en disant ceci

▶ *adv* : **to be in** (*person: at home, work*) être là ; (*train, ship, plane*) être arrivé(e) ; (*in fashion*) être à la mode ; **to ask sb in** inviter qn à entrer ; **to run/limp** *etc* **in** entrer en courant/boitant *etc* ; **their party is in** leur parti est au pouvoir

▶ *n* : **the ins and outs (of)** (*of proposal, situation etc*) les tenants et aboutissants (de)

in. *abbr* = **inch**; **inches**

inability [ɪnə'bɪlɪtɪ] *n* incapacité *f* ; **~ to pay** incapacité de payer

inaccessible [ɪnək'sɛsɪbl] *adj* inaccessible

inaccuracy [ɪn'ækjurəsɪ] *n* inexactitude *f* ; manque *m* de précision

inaccurate [ɪn'ækjurət] *adj* inexact(e) ; (*person*) qui manque de précision

inaction [ɪn'ækʃən] *n* inaction *f*, inactivité *f*

inactivity [ɪnæk'tɪvɪtɪ] *n* inactivité *f*

inadequacy [ɪn'ædɪkwəsɪ] *n* insuffisance *f*

inadequate [ɪn'ædɪkwət] *adj* (*supply, resources*) insuffisant(e), inadéquat(e) ; (*person*) qui n'est pas à la hauteur

inadequately [ɪn'ædɪkwətlɪ] *adv* (*funded, trained, protected*) insuffisamment

inadmissible [ɪnəd'mɪsəbl] *adj* (*behaviour*) inadmissible ; (*Law: evidence*) irrecevable

inadvertent [ɪnəd'vəːtnt] *adj* (*mistake*) commis(e) par inadvertance

inadvertently [ɪnəd'vəːtntlɪ] *adv* par mégarde

inadvisable [ɪnəd'vaɪzəbl] *adj* à déconseiller ; **it is ~ to** il est déconseillé de

inane [ɪ'neɪn] *adj* inepte, stupide

inanimate [ɪn'ænɪmət] *adj* inanimé(e)

inapplicable [ɪn'æplɪkəbl] *adj* inapplicable

inappropriate [ɪnə'prəuprɪət] *adj* inopportun(e), mal à propos ; (*word, expression*) impropre

inapt [ɪn'æpt] *adj* inapte ; peu approprié(e)

inaptitude [ɪn'æptɪtjuːd] *n* inaptitude *f*

inarticulate [ɪnɑː'tɪkjulət] *adj* (*person*) qui s'exprime mal ; (*speech*) indistinct(e)

inasmuch [ɪnəz'mʌtʃ] *adv* : **~ as** vu que, en ce sens que

inattention [ɪnə'tɛnʃən] *n* manque *m* d'attention

inattentive [ɪnə'tɛntɪv] *adj* inattentif(-ive), distrait(e) ; négligent(e)

inaudible [ɪn'ɔːdɪbl] *adj* inaudible

inaugural [ɪ'nɔːgjurəl] *adj* inaugural(e)

inaugurate [ɪ'nɔːgjureɪt] *vt* inaugurer ; (*president, official*) investir de ses fonctions

inauguration [ɪnɔːgju'reɪʃən] *n* inauguration *f* ; investiture *f*

inauspicious [ɪnɔːsˈpɪʃəs] *adj* peu propice
in-between [ɪnbɪˈtwiːn] *adj* entre les deux
inborn [ɪnˈbɔːn] *adj (feeling)* inné(e) ; *(defect)* congénital(e)
inbox [ˈɪnbɔks] *n (Comput)* boîte *f* de réception ; *(US: intray)* corbeille *f* du courrier reçu
inbred [ɪnˈbrɛd] *adj* inné(e), naturel(le) ; *(family)* consanguin(e)
inbreeding [ɪnˈbriːdɪŋ] *n* croisement *m* d'animaux de même souche ; unions consanguines
in-built [ɪnˈbɪlt] *adj (innate: tendency, feeling)* inné(e) ; *(integral: feature, device)* intégré(e)
Inc. *abbr* = **incorporated**
Inca [ˈɪŋkə] *adj (also: **Incan**)* inca *inv* ▸ *n* Inca *mf*
incalculable [ɪnˈkælkjuləbl] *adj* incalculable
incandescent [ɪnkænˈdɛsənt] *adj (substance, device)* incandescent(e) ; **to be ~ with rage** être vert(e) de rage
incapability [ɪnkeɪpəˈbɪlɪtɪ] *n* incapacité *f*
incapable [ɪnˈkeɪpəbl] *adj*: **~ (of)** incapable (de)
incapacitate [ɪnkəˈpæsɪteɪt] *vt*: **to ~ sb from doing** rendre qn incapable de faire
incapacitated [ɪnkəˈpæsɪteɪtɪd] *adj (Law)* frappé(e) d'incapacité
incapacity [ɪnkəˈpæsɪtɪ] *n* incapacité *f*
incarcerate [ɪnˈkɑːsəreɪt] *vt* incarcérer
incarceration [ɪnkɑːsəˈreɪʃən] *n* incarcération *f*
incarnate *adj* [ɪnˈkɑːnɪt] incarné(e) ▸ *vt* [ˈɪnkɑːneɪt] incarner
incarnation [ɪnkɑːˈneɪʃən] *n* incarnation *f*
incendiary [ɪnˈsɛndɪərɪ] *adj* incendiaire ▸ *n (bomb)* bombe *f* incendiaire
incense *n* [ˈɪnsɛns] encens *m* ▸ *vt* [ɪnˈsɛns] *(anger)* mettre en colère
incense burner *n* encensoir *m*
incentive [ɪnˈsɛntɪv] *n* encouragement *m*, raison *f* de se donner de la peine
incentive scheme *n* système *m* de primes d'encouragement
inception [ɪnˈsɛpʃən] *n* commencement *m*, début *m*
incessant [ɪnˈsɛsnt] *adj* incessant(e)
incessantly [ɪnˈsɛsntlɪ] *adv* sans cesse, constamment
incest [ˈɪnsɛst] *n* inceste *m*
incestuous [ɪnˈsɛstjuəs] *adj (lit: relationship)* incestueux(-euse) ; *(fig: group, place)* fermé(e)
inch [ɪntʃ] *n* pouce *m* (= 25 mm ; 12 in a foot) ; **within an ~ of** à deux doigts de ; **he wouldn't give an ~** *(fig)* il n'a pas voulu céder d'un pouce ▸ **inch forward** *vi* avancer petit à petit
inch tape *n (Brit)* centimètre *m* (de couturière)
incidence [ˈɪnsɪdns] *n (of crime, disease)* fréquence *f*
incident [ˈɪnsɪdnt] *n* incident *m* ; *(in book)* péripétie *f*
incidental [ɪnsɪˈdɛntl] *adj* accessoire ; *(unplanned)* accidentel(le) ; **~ to** qui accompagne ; **~ expenses** faux frais *mpl*
incidentally [ɪnsɪˈdɛntəlɪ] *adv (by the way)* à propos
incidental music *n* musique *f* de fond
incident room *n (Police)* salle *f* d'opérations
incinerate [ɪnˈsɪnəreɪt] *vt* incinérer
incinerator [ɪnˈsɪnəreɪtəʳ] *n* incinérateur *m*

incipient [ɪnˈsɪpɪənt] *adj* naissant(e)
incision [ɪnˈsɪʒən] *n* incision *f*
incisive [ɪnˈsaɪsɪv] *adj* incisif(-ive), mordant(e)
incisor [ɪnˈsaɪzəʳ] *n* incisive *f*
incite [ɪnˈsaɪt] *vt* inciter, pousser
incitement [ɪnˈsaɪtmənt] *n* incitation *f* ; **~ to murder** incitation au meurtre
incl. *abbr* = **including; inclusive (of)**
inclement [ɪnˈklɛmənt] *adj* inclément(e), rigoureux(-euse)
inclination [ɪnklɪˈneɪʃən] *n* inclination *f* ; *(desire)* envie *f*
incline *n* [ˈɪnklaɪn] pente *f*, plan incliné ▸ *vt* [ɪnˈklaɪn] incliner ; **to be inclined to do** *(want to)* être enclin(e) à faire ; *(have a tendency to do)* avoir tendance à faire ; **to be well inclined towards sb** être bien disposé(e) à l'égard de qn ▸ *vi (surface)* s'incliner ; **I ~ to the view that ...** j'ai tendance à penser que ...
include [ɪnˈkluːd] *vt* inclure, comprendre ; **service is/is not included** le service est compris/n'est pas compris
including [ɪnˈkluːdɪŋ] *prep* y compris ; **~ service** service compris
inclusion [ɪnˈkluːʒən] *n* inclusion *f*
inclusive [ɪnˈkluːsɪv] *adj* inclus(e), compris(e) ; **~ of tax** taxes comprises ; **£50 ~ of all surcharges** 50 livres tous frais compris
inclusive terms *npl (Brit)* prix tout compris
incognito [ɪnkɔgˈniːtəu] *adv* incognito
incoherent [ɪnkəuˈhɪərənt] *adj* incohérent(e)
income [ˈɪnkʌm] *n* revenu *m* ; *(from property etc)* rentes *fpl* ; **gross/net ~** revenu brut/net ; **~ and expenditure account** compte *m* de recettes et de dépenses
income support *n (Brit)* ≈ revenu *m* minimum d'insertion, RMI *m*
income tax *n* impôt *m* sur le revenu
income tax inspector *n* inspecteur *m* des contributions directes
income tax return *n* déclaration *f* des revenus
incoming [ˈɪnkʌmɪŋ] *adj (passengers, mail)* à l'arrivée ; *(government, tenant)* nouveau (nouvelle) ; **~ tide** marée montante
incommunicado [ˈɪnkəmjunɪˈkɑːdəu] *adj*: **to hold sb ~** tenir qn au secret
incomparable [ɪnˈkɔmpərəbl] *adj* incomparable
incompatible [ɪnkəmˈpætɪbl] *adj* incompatible
incompetence [ɪnˈkɔmpɪtns] *n* incompétence *f*, incapacité *f*
incompetent [ɪnˈkɔmpɪtnt] *adj* incompétent(e), incapable
incomplete [ɪnkəmˈpliːt] *adj* incomplet(-ète)
incomprehensible [ɪnkɔmprɪˈhɛnsɪbl] *adj* incompréhensible
incomprehension [ɪnkɔmprɪˈhɛnʃən] *n* incompréhension *f*
inconceivable [ɪnkənˈsiːvəbl] *adj* inconcevable
inconclusive [ɪnkənˈkluːsɪv] *adj* peu concluant(e) ; *(argument)* peu convaincant(e)
incongruity [ɪnkɔŋˈgruːɪtɪ] *n* incongruité *f*
incongruous [ɪnˈkɔŋgruəs] *adj* peu approprié(e) ; *(remark, act)* incongru(e), déplacé(e)

inconsequential [ɪnkɔnsɪ'kwɛnʃl] *adj* sans importance

inconsiderable [ɪnkən'sɪdərəbl] *adj*: **not** ~ non négligeable

inconsiderate [ɪnkən'sɪdərət] *adj* (*action*) inconsidéré(e) ; (*person*) qui manque d'égards

inconsistency [ɪnkən'sɪstənsɪ] *n* (*of actions etc*) inconséquence *f* ; (*of work*) irrégularité *f* ; (*of statement etc*) incohérence *f*

inconsistent [ɪnkən'sɪstnt] *adj* qui manque de constance ; (*work*) irrégulier(-ière) ; (*statement*) peu cohérent(e) ; ~ **with** en contradiction avec

inconsolable [ɪnkən'səuləbl] *adj* inconsolable

inconspicuous [ɪnkən'spɪkjuəs] *adj* qui passe inaperçu(e) ; (*colour, dress*) discret(-ète) ; **to make o.s.** ~ ne pas se faire remarquer

inconstant [ɪn'kɔnstnt] *adj* inconstant(e), variable

incontinence [ɪn'kɔntɪnəns] *n* incontinence *f*

incontinent [ɪn'kɔntɪnənt] *adj* incontinent(e)

incontrovertible [ɪnkɔntrə'vəːtəbl] *adj* irréfutable

inconvenience [ɪnkən'viːnjəns] *n* inconvénient *m* ; (*trouble*) dérangement *m* ▸ *vt* déranger ; **don't** ~ **yourself** ne vous dérangez pas

inconvenient [ɪnkən'viːnjənt] *adj* malcommode ; (*time, place*) mal choisi(e), qui ne convient pas ; (*visitor*) importun(e) ; **that time is very** ~ **for me** c'est un moment qui ne me convient pas du tout

incorporate [ɪn'kɔːpəreɪt] *vt* incorporer ; (*contain*) contenir ▸ *vi* fusionner ; (*two firms*) se constituer en société

incorporated [ɪn'kɔːpəreɪtɪd] *adj*: ~ **company** (*US*) ≈ société *f* anonyme

incorrect [ɪnkə'rekt] *adj* incorrect(e) ; (*opinion, statement*) inexact(e)

incorrigible [ɪn'kɔrɪdʒɪbl] *adj* incorrigible

incorruptible [ɪnkə'rʌptɪbl] *adj* incorruptible

increase *n* ['ɪnkriːs] augmentation *f* ; **an** ~ **of 5%** une augmentation de 5% ; **to be on the** ~ être en augmentation ▸ *vi, vt* [ɪn'kriːs] augmenter

increasing [ɪn'kriːsɪŋ] *adj* croissant(e)

increasingly [ɪn'kriːsɪŋlɪ] *adv* de plus en plus

incredible [ɪn'krɛdɪbl] *adj* incroyable

incredibly [ɪn'krɛdɪblɪ] *adv* incroyablement

incredulity [ɪnkrə'djuːlɪtɪ] *n* incrédulité *f*

incredulous [ɪn'krɛdjuləs] *adj* incrédule

increment ['ɪnkrɪmənt] *n* augmentation *f*

incremental [ɪnkrɪ'mɛntl] *adj* (*rise, increase*) progressif(-ive) ; (*cost*) marginal

incriminate [ɪn'krɪmɪneɪt] *vt* incriminer, compromettre

incriminating [ɪn'krɪmɪneɪtɪŋ] *adj* compromettant(e)

incubate ['ɪnkjubeɪt] *vt* (*egg*) couver, incuber ▸ *vi* (*eggs*) couver ; (*disease*) couver

incubation [ɪnkju'beɪʃən] *n* incubation *f*

incubation period *n* période *f* d'incubation

incubator ['ɪnkjubeɪtər] *n* incubateur *m* ; (*for babies*) couveuse *f*

inculcate ['ɪnkʌlkeɪt] *vt*: **to** ~ **sth in sb** inculquer qch à qn

incumbent [ɪn'kʌmbənt] *adj*: **it is** ~ **on him to** ... il lui appartient de ... ▸ *n* titulaire *mf*

incur [ɪn'kəːr] *vt* (*expenses*) encourir ; (*anger, risk*) s'exposer à ; (*debt*) contracter ; (*loss*) subir

incurable [ɪn'kjuərəbl] *adj* incurable

incursion [ɪn'kəːʃən] *n* incursion *f*

Ind. *abbr* (*US*) = **Indiana**

indebted [ɪn'detɪd] *adj*: **to be** ~ **to sb (for)** être redevable à qn (de)

indebtedness [ɪn'detɪdnɪs] *n* dette *f*

indecency [ɪn'diːsnsɪ] *n* indécence *f*

indecent [ɪn'diːsnt] *adj* indécent(e), inconvenant(e)

indecent assault *n* (BRIT) attentat *m* à la pudeur

indecent exposure *n* outrage *m* public à la pudeur

indecipherable [ɪndɪ'saɪfərəbl] *adj* indéchiffrable

indecision [ɪndɪ'sɪʒən] *n* indécision *f*

indecisive [ɪndɪ'saɪsɪv] *adj* indécis(e) ; (*discussion*) peu concluant(e)

indeed [ɪn'diːd] *adv* (*confirming, agreeing*) en effet, effectivement ; (*for emphasis*) vraiment ; (*furthermore*) d'ailleurs ; **yes** ~! certainement !

indefatigable [ɪndɪ'fætɪgəbl] *adj* infatigable

indefensible [ɪndɪ'fensɪbl] *adj* (*conduct*) indéfendable

indefinable [ɪndɪ'faɪnəbl] *adj* indéfinissable

indefinite [ɪn'defɪnɪt] *adj* indéfini(e) ; (*answer*) vague ; (*period, number*) indéterminé(e)

indefinitely [ɪn'defɪnɪtlɪ] *adv* (*wait*) indéfiniment ; (*speak*) vaguement, avec imprécision

indelible [ɪn'delɪbl] *adj* indélébile

indelicate [ɪn'delɪkɪt] *adj* (*tactless*) indélicat(e), grossier(-ière) ; (*not polite*) inconvenant(e), malséant(e)

indemnify [ɪn'demnɪfaɪ] *vt* indemniser, dédommager

indemnity [ɪn'demnɪtɪ] *n* (*insurance*) assurance *f*, garantie *f* ; (*compensation*) indemnité *f*

indent [ɪn'dent] *vt* (*text*) commencer en retrait

indentation [ɪnden'teɪʃən] *n* découpure *f* ; (*Typ*) alinéa *m* ; (*on metal*) bosse *f*

indenture [ɪn'dentʃər] *n* contrat *m* d'emploiformation

independence [ɪndɪ'pendns] *n* indépendance *f*

Independence Day *n* (*US*) *fête de l'Indépendance américaine*

> **INDEPENDENCE DAY**
>
> L'**Independence Day** est la fête nationale aux États-Unis, le 4 juillet. Il commémore l'adoption de la déclaration d'Indépendance, en 1776, écrite par Thomas Jefferson et proclamant la séparation des 13 colonies américaines de la Grande-Bretagne.

independent [ɪndɪ'pendnt] *adj* indépendant(e) ; (*radio*) libre ; **to become** ~ s'affranchir

independently [ɪndɪ'pendntlɪ] *adv* de façon indépendante ; ~ **of** indépendamment de

independent school *n* (BRIT) école privée

in-depth ['ɪndɛpθ] *adj* approfondi(e)

indescribable [ɪndɪ'skraɪbəbl] *adj* indescriptible

indestructible [ɪndɪ'strʌktɪbl] *adj* indestructible
indeterminate [ɪndɪ'tə:mɪnɪt] *adj* indéterminé(e)
index ['ɪndɛks] *n* (*pl* **indexes**: *in book*) index *m* ; (*in library etc*) catalogue *m* ; (*pl* **indices** ['ɪndɪsi:z]: *ratio, sign*) indice *m*
index card *n* fiche *f*
index finger *n* index *m*
index-linked ['ɪndɛks'lɪŋkt], (US) **indexed** ['ɪndɛkst] *adj* indexé(e) (sur le coût de la vie *etc*)
India ['ɪndɪə] *n* Inde *f*
Indian ['ɪndɪən] *adj* indien(ne) ▸ *n* Indien(ne) ; **(American)** ~ Indien(ne) (d'Amérique)
Indian ink *n* encre *f* de Chine
Indian Ocean *n*: **the** ~ l'océan Indien
Indian summer *n* (*fig*) été indien, beaux jours en automne
India paper *n* papier *m* bible
India rubber *n* gomme *f*
indicate ['ɪndɪkeɪt] *vt* indiquer ▸ *vi* (*BRIT Aut*): **to ~ left/right** mettre son clignotant à gauche/à droite
indication [ɪndɪ'keɪʃən] *n* indication *f*, signe *m*
indicative [ɪn'dɪkətɪv] *adj* indicatif(-ive) ; **to be ~ of sth** être symptomatique de qch ▸ *n* (*Ling*) indicatif *m*
indicator ['ɪndɪkeɪtər] *n* (*sign*) indicateur *m* ; (*Aut*) clignotant *m*
indices ['ɪndɪsi:z] *npl* of **index**
indict [ɪn'daɪt] *vt* accuser
indictable [ɪn'daɪtəbl] *adj* (*person*) passible de poursuites ; ~ **offence** délit *m* tombant sous le coup de la loi
indictment [ɪn'daɪtmənt] *n* accusation *f*
indifference [ɪn'dɪfrəns] *n* indifférence *f*
indifferent [ɪn'dɪfrənt] *adj* indifférent(e) ; (*poor*) médiocre, quelconque
indigenous [ɪn'dɪdʒɪnəs] *adj* indigène
indigestible [ɪndɪ'dʒɛstɪbl] *adj* indigeste
indigestion [ɪndɪ'dʒɛstʃən] *n* indigestion *f*, mauvaise digestion
indignant [ɪn'dɪgnənt] *adj*: ~ **(at sth/with sb)** indigné(e) (de qch/contre qn)
indignation [ɪndɪg'neɪʃən] *n* indignation *f*
indignity [ɪn'dɪgnɪtɪ] *n* indignité *f*, affront *m*
indigo ['ɪndɪgəu] *adj* indigo *inv* ▸ *n* indigo *m*
indirect [ɪndɪ'rɛkt] *adj* indirect(e)
indirectly [ɪndɪ'rɛktlɪ] *adv* indirectement
indiscreet [ɪndɪ'skri:t] *adj* indiscret(-ète) ; (*rash*) imprudent(e)
indiscretion [ɪndɪ'skrɛʃən] *n* indiscrétion *f* ; (*rashness*) imprudence *f*
indiscriminate [ɪndɪ'skrɪmɪnət] *adj* (*person*) qui manque de discernement ; (*admiration*) aveugle ; (*killings*) commis(e) au hasard
indispensable [ɪndɪ'spɛnsəbl] *adj* indispensable
indisposed [ɪndɪ'spəuzd] *adj* (*unwell*) indisposé(e), souffrant(e)
indisposition [ɪndɪspə'zɪʃən] *n* (*illness*) indisposition *f*, malaise *m*
indisputable [ɪndɪ'spju:təbl] *adj* incontestable, indiscutable
indistinct [ɪndɪ'stɪŋkt] *adj* indistinct(e) ; (*memory, noise*) vague

indistinguishable [ɪndɪ'stɪŋgwɪʃəbl] *adj* impossible à distinguer
individual [ɪndɪ'vɪdjuəl] *n* individu *m* ▸ *adj* individuel(le) ; (*characteristic*) particulier(-ière), original(e)
individualism [ɪndɪ'vɪdjuəlɪzəm] *n* individualisme *m*
individualist [ɪndɪ'vɪdjuəlɪst] *n* individualiste *mf*
individualistic [ɪndɪvɪdjuə'lɪstɪk] *adj* individualiste
individuality [ɪndɪvɪdju'ælɪtɪ] *n* individualité *f*
individually [ɪndɪ'vɪdjuəlɪ] *adv* individuellement
indivisible [ɪndɪ'vɪzɪbl] *adj* indivisible ; (*Math*) insécable
Indo-China ['ɪndəu'tʃaɪnə] *n* Indochine *f*
indoctrinate [ɪn'dɔktrɪneɪt] *vt* endoctriner
indoctrination [ɪndɔktrɪ'neɪʃən] *n* endoctrinement *m*
indolent ['ɪndələnt] *adj* indolent(e), nonchalant(e)
indomitable [ɪn'dɔmɪtəbl] *adj* indomptable
Indonesia [ɪndə'ni:zɪə] *n* Indonésie *f*
Indonesian [ɪndə'ni:zɪən] *adj* indonésien(ne) ▸ *n* Indonésien(ne) ; (*Ling*) indonésien *m*
indoor ['ɪndɔːr] *adj* d'intérieur ; (*plant*) d'appartement ; (*swimming pool*) couvert(e) ; (*sport, games*) pratiqué(e) en salle
indoors [ɪn'dɔːz] *adv* à l'intérieur ; (*at home*) à la maison
indubitable [ɪn'dju:bɪtəbl] *adj* indubitable, incontestable
induce [ɪn'dju:s] *vt* (*persuade*) persuader ; (*bring about*) provoquer ; (*labour*) déclencher ; **to ~ sb to do sth** inciter *or* pousser qn à faire qch
inducement [ɪn'dju:smənt] *n* incitation *f* ; (*incentive*) but *m* ; (*pej: bribe*) pot-de-vin *m*
induct [ɪn'dʌkt] *vt* établir dans ses fonctions ; (*fig*) initier
induction [ɪn'dʌkʃən] *n* (*Med: of birth*) accouchement provoqué
induction course *n* (*BRIT*) stage *m* de mise au courant
indulge [ɪn'dʌldʒ] *vt* (*whim*) céder à, satisfaire ; (*child*) gâter ▸ *vi*: **to ~ in sth** (*luxury*) s'offrir qch, se permettre qch ; (*fantasies etc*) se livrer à qch
indulgence [ɪn'dʌldʒəns] *n* fantaisie *f* (que l'on s'offre) ; (*leniency*) indulgence *f*
indulgent [ɪn'dʌldʒənt] *adj* indulgent(e)
industrial [ɪn'dʌstrɪəl] *adj* industriel(le) ; (*injury*) du travail ; (*dispute*) ouvrier(-ière)
industrial action *n* action revendicative
industrial estate *n* (*BRIT*) zone industrielle
industrialist [ɪn'dʌstrɪəlɪst] *n* industriel *m*
industrialization [ɪndʌstrɪələ'zeɪʃən] *n* industrialisation *f*
industrialize [ɪn'dʌstrɪəlaɪz] *vt* industrialiser
industrial park *n* (US) zone industrielle
industrial relations *npl* relations *fpl* dans l'entreprise
industrial tribunal *n* (*BRIT*) ≈ conseil *m* de prud'hommes
industrious [ɪn'dʌstrɪəs] *adj* travailleur(-euse)
industry ['ɪndəstrɪ] *n* industrie *f* ; (*diligence*) zèle *m*, application *f*

inebriated – influx

inebriated [ɪˈniːbrɪeɪtɪd] *adj* ivre
inedible [ɪnˈɛdɪbl] *adj* immangeable ; (*plant etc*) non comestible
ineffective [ɪnɪˈfɛktɪv], **ineffectual** [ɪnɪˈfɛktʃuəl] *adj* inefficace ; incompétent(e)
inefficiency [ɪnɪˈfɪʃənsɪ] *n* inefficacité *f*
inefficient [ɪnɪˈfɪʃənt] *adj* inefficace
inelegant [ɪnˈɛlɪgənt] *adj* peu élégant(e), inélégant(e)
ineligible [ɪnˈɛlɪdʒɪbl] *adj* (*candidate*) inéligible ; **to be ~ for sth** ne pas avoir droit à qch
inept [ɪˈnɛpt] *adj* inepte
ineptitude [ɪˈnɛptɪtjuːd] *n* ineptie *f*
inequality [ɪnɪˈkwɔlɪtɪ] *n* inégalité *f*
inequitable [ɪnˈɛkwɪtəbl] *adj* inéquitable, inique
ineradicable [ɪnɪˈrædɪkəbl] *adj* indéracinable, tenace
inert [ɪˈnəːt] *adj* inerte
inertia [ɪˈnəːʃə] *n* inertie *f*
inertia-reel seat belt [ɪˈnəːʃəˈriːl-] *n* ceinture *f* de sécurité à enrouleur
inescapable [ɪnɪˈskeɪpəbl] *adj* inéluctable, inévitable
inessential [ɪnɪˈsɛnʃl] *adj* superflu(e)
inestimable [ɪnˈɛstɪməbl] *adj* inestimable, incalculable
inevitability [ɪnɛvɪtəˈbɪlɪtɪ] *n* caractère *m* inévitable
inevitable [ɪnˈɛvɪtəbl] *adj* inévitable
inevitably [ɪnˈɛvɪtəblɪ] *adv* inévitablement, fatalement
inexact [ɪnɪgˈzækt] *adj* inexact(e)
inexcusable [ɪnɪkˈskjuːzəbl] *adj* inexcusable
inexhaustible [ɪnɪgˈzɔːstɪbl] *adj* inépuisable
inexorable [ɪnˈɛksərəbl] *adj* inexorable
inexpensive [ɪnɪkˈspɛnsɪv] *adj* bon marché *inv*
inexperience [ɪnɪkˈspɪərɪəns] *n* inexpérience *f*, manque *m* d'expérience
inexperienced [ɪnɪkˈspɪərɪənst] *adj* inexpérimenté(e) ; **to be ~ in sth** manquer d'expérience dans qch
inexplicable [ɪnɪkˈsplɪkəbl] *adj* inexplicable
inexpressible [ɪnɪkˈsprɛsɪbl] *adj* inexprimable ; indicible
inextricable [ɪnɪkˈstrɪkəbl] *adj* inextricable
infallibility [ɪnfælɪˈbɪlɪtɪ] *n* infaillibilité *f*
infallible [ɪnˈfælɪbl] *adj* infaillible
infamous [ˈɪnfəməs] *adj* infâme, abominable
infamy [ˈɪnfəmɪ] *n* infamie *f*
infancy [ˈɪnfənsɪ] *n* petite enfance, bas âge ; (*fig*) enfance, débuts *mpl*
infant [ˈɪnfənt] *n* (*baby*) nourrisson *m* ; (*young child*) petit(e) enfant
infantile [ˈɪnfəntaɪl] *adj* infantile
infant mortality *n* mortalité *f* infantile
infantry [ˈɪnfəntrɪ] *n* infanterie *f*
infantryman [ˈɪnfəntrɪmən] *n* (*irreg*) fantassin *m*
infant school *n* (*BRIT*) classes *fpl* préparatoires (*entre 5 et 7 ans*)
infatuated [ɪnˈfætjueɪtɪd] *adj*: **~ with** entiché(e) de ; **to become ~ (with sb)** s'enticher (de qn)
infatuation [ɪnfætjuˈeɪʃən] *n* toquade *f* ; engouement *m*

infect [ɪnˈfɛkt] *vt* (*wound*) infecter ; (*person, blood*) contaminer ; (*fig, pej*) corrompre ; **infected with** (*illness*) atteint(e) de ; **to become infected** (*wound*) s'infecter
infection [ɪnˈfɛkʃən] *n* infection *f* ; (*contagion*) contagion *f*
infectious [ɪnˈfɛkʃəs] *adj* infectieux(-euse) ; (*also fig*) contagieux(-euse)
infer [ɪnˈfəːʳ] *vt*: **to ~ (from)** conclure (de), déduire (de)
inference [ˈɪnfərəns] *n* conclusion *f*, déduction *f*
inferior [ɪnˈfɪərɪəʳ] *adj* inférieur(e) ; (*goods*) de qualité inférieure ; **to feel ~** avoir un sentiment d'infériorité ▶ *n* inférieur(e) ; (*in rank*) subalterne *mf*
inferiority [ɪnfɪərɪˈɔrətɪ] *n* infériorité *f*
inferiority complex *n* complexe *m* d'infériorité
infernal [ɪnˈfəːnl] *adj* infernal(e)
inferno [ɪnˈfəːnəʊ] *n* enfer *m* ; brasier *m*
infertile [ɪnˈfəːtaɪl] *adj* stérile
infertility [ɪnfəːˈtɪlɪtɪ] *n* infertilité *f*, stérilité *f*
infestation [ɪnfɛˈsteɪʃən] *n* infestation *f*
infested [ɪnˈfɛstɪd] *adj*: **~ (with)** infesté(e) (de)
infidelity [ɪnfɪˈdɛlɪtɪ] *n* infidélité *f*
in-fighting [ˈɪnfaɪtɪŋ] *n* querelles *fpl* internes
infiltrate [ˈɪnfɪltreɪt] *vt* (*troops etc*) s'infiltrer ; (*enemy line etc*) s'infiltrer dans ▶ *vi* s'infiltrer
infinite [ˈɪnfɪnɪt] *adj* infini(e) ; (*time, money*) illimité(e)
infinitely [ˈɪnfɪnɪtlɪ] *adv* infiniment
infinitesimal [ɪnfɪnɪˈtɛsɪməl] *adj* infinitésimal(e)
infinitive [ɪnˈfɪnɪtɪv] *n* infinitif *m*
infinity [ɪnˈfɪnɪtɪ] *n* infinité *f* ; (*also Math*) infini *m*
infirm [ɪnˈfəːm] *adj* infirme
infirmary [ɪnˈfəːmərɪ] *n* hôpital *m* ; (*in school, factory*) infirmerie *f*
infirmity [ɪnˈfəːmɪtɪ] *n* infirmité *f*
inflamed [ɪnˈfleɪmd] *adj* enflammé(e)
inflammable [ɪnˈflæməbl] *adj* (*BRIT*) inflammable
inflammation [ɪnfləˈmeɪʃən] *n* inflammation *f*
inflammatory [ɪnˈflæmətərɪ] *adj* (*speech*) incendiaire
inflatable [ɪnˈfleɪtəbl] *adj* gonflable
inflate [ɪnˈfleɪt] *vt* (*tyre, balloon*) gonfler ; (*fig: exaggerate*) grossir, gonfler ; (*: increase*) gonfler
inflated [ɪnˈfleɪtɪd] *adj* (*style*) enflé(e) ; (*value*) exagéré(e)
inflation [ɪnˈfleɪʃən] *n* (*Econ*) inflation *f*
inflationary [ɪnˈfleɪʃənərɪ] *adj* inflationniste
inflexible [ɪnˈflɛksɪbl] *adj* inflexible, rigide
inflict [ɪnˈflɪkt] *vt*: **to ~ on** infliger à
infliction [ɪnˈflɪkʃən] *n*: **without the ~ of pain** sans infliger de douleurs
in-flight [ˈɪnflaɪt] *adj* (*refuelling*) en vol ; (*service etc*) à bord
inflow [ˈɪnfləʊ] *n* afflux *m*
influence [ˈɪnfluəns] *n* influence *f* ; **under the ~ of** sous l'effet de ; **under the ~ of alcohol** en état d'ébriété ▶ *vt* influencer
influential [ɪnfluˈɛnʃl] *adj* influent(e)
influenza [ɪnfluˈɛnzə] *n* grippe *f*
influx [ˈɪnflʌks] *n* afflux *m*

info ['ɪnfəʊ] *n* (*inf*: = *information*) renseignements *mpl*
infomercial ['ɪnfəʊmə:ʃl] (*US*) *n* (*for product*)
publi-information *f*; (*Pol*) *émission où un candidat présente son programme électoral*
inform [ɪn'fɔ:m] *vt*: **to ~ sb (of)** informer *or* avertir qn (de); **to ~ sb about** renseigner qn sur, mettre qn au courant de ▸ *vi*: **to ~ on sb** dénoncer qn, informer contre qn
informal [ɪn'fɔ:ml] *adj* (*person, manner, party*) simple, sans cérémonie; (*visit, discussion*) dénué(e) de formalités; (*announcement, invitation*) non officiel(le); (*colloquial*) familier(-ère); **"dress ~"** « tenue de ville »
informality [ɪnfɔ:'mælɪtɪ] *n* simplicité *f*, absence *f* de cérémonie; caractère non officiel
informally [ɪn'fɔ:məlɪ] *adv* sans cérémonie, en toute simplicité; non officiellement
informant [ɪn'fɔ:mənt] *n* informateur(-trice)
information [ɪnfə'meɪʃən] *n* information(s) *f(pl)*; renseignements *mpl*; (*knowledge*) connaissances *fpl*; **to get ~ on** se renseigner sur; **a piece of ~** un renseignement; **for your ~** à titre d'information
information bureau *n* bureau *m* de renseignements
information desk *n* accueil *m*
information office *n* bureau *m* de renseignements
information processing *n* traitement *m* de l'information
information technology *n* informatique *f*
informative [ɪn'fɔ:mətɪv] *adj* instructif(-ive)
informed [ɪn'fɔ:md] *adj* (bien) informé(e); **an ~ guess** une hypothèse fondée sur la connaissance des faits
informer [ɪn'fɔ:mər] *n* dénonciateur(-trice); (*also*: **police informer**) indicateur(-trice)
infra dig ['ɪnfrə'dɪg] *adj abbr* (*inf*: = *infra dignitatem*) au-dessous de ma (*or* sa *etc*) dignité
infra-red [ɪnfrə'red] *adj* infrarouge
infrastructure ['ɪnfrəstrʌktʃər] *n* infrastructure *f*
infrequent [ɪn'fri:kwənt] *adj* peu fréquent(e), rare
infringe [ɪn'frɪndʒ] *vt* enfreindre ▸ *vi*: **to ~ on** empiéter sur
infringement [ɪn'frɪndʒmənt] *n*: **~ (of)** infraction *f* (à)
infuriate [ɪn'fjʊərɪeɪt] *vt* mettre en fureur
infuriating [ɪn'fjʊərɪeɪtɪŋ] *adj* exaspérant(e)
infuse [ɪn'fju:z] *vt*: **to ~ sb with sth** (*fig*) insuffler qch à qn
infusion [ɪn'fju:ʒən] *n* (*tea etc*) infusion *f*
ingenious [ɪn'dʒi:njəs] *adj* ingénieux(-euse)
ingenuity [ɪndʒɪ'nju:ɪtɪ] *n* ingéniosité *f*
ingenuous [ɪn'dʒenjuəs] *adj* franc (franche), ouvert(e)
ingot ['ɪŋgət] *n* lingot *m*
ingrained [ɪn'greɪnd] *adj* enraciné(e)
ingratiate [ɪn'greɪʃɪeɪt] *vt*: **to ~ o.s. with** s'insinuer dans les bonnes grâces de, se faire bien voir de
ingratiating [ɪn'greɪʃɪeɪtɪŋ] *adj* (*smile, speech*) insinuant(e); (*person*) patelin(e)
ingratitude [ɪn'grætɪtju:d] *n* ingratitude *f*

ingredient [ɪn'gri:dɪənt] *n* ingrédient *m*; (*fig*) élément *m*
ingrowing ['ɪngrəʊɪŋ], **ingrown** ['ɪngrəʊn] *adj*: **~ toenail** ongle incarné
inhabit [ɪn'hæbɪt] *vt* habiter
inhabitable [ɪn'hæbɪtəbl] *adj* habitable
inhabitant [ɪn'hæbɪtnt] *n* habitant(e)
inhale [ɪn'heɪl] *vt* inhaler; (*perfume*) respirer; (*smoke*) avaler ▸ *vi* (*breathe in*) aspirer; (*in smoking*) avaler la fumée
inhaler [ɪn'heɪlər] *n* inhalateur *m*
inherent [ɪn'hɪərənt] *adj*: **~ (in *or* to)** inhérent(e) (à)
inherently [ɪn'hɪərəntlɪ] *adv* (*easy, difficult*) en soi; (*lazy*) fondamentalement
inherit [ɪn'herɪt] *vt* hériter (de)
inheritance [ɪn'herɪtəns] *n* héritage *m*; (*fig*): **the situation that was his ~ as president** la situation dont il a hérité en tant que président; **law of ~** droit *m* de la succession
inhibit [ɪn'hɪbɪt] *vt* (*Psych*) inhiber; (*growth*) freiner; **to ~ sb from doing** empêcher *or* retenir qn de faire
inhibited [ɪn'hɪbɪtɪd] *adj* (*person*) inhibé(e)
inhibiting [ɪn'hɪbɪtɪŋ] *adj* gênant(e)
inhibition [ɪnhɪ'bɪʃən] *n* inhibition *f*
inhospitable [ɪnhɔs'pɪtəbl] *adj* inhospitalier(-ière)
in-house ['ɪn'haʊs] *adj* (*system*) interne; (*training*) effectué(e) sur place *or* dans le cadre de la compagnie ▸ *adv* (*train, produce*) sur place
inhuman [ɪn'hju:mən] *adj* inhumain(e)
inhumane [ɪnhju:'meɪn] *adj* inhumain(e)
inhumanity [ɪnhju:'mænɪtɪ] *n* inhumanité *f*
inimical [ɪ'nɪmɪkl] *adj*: **to be ~ to sth** être antagonique à qch
inimitable [ɪ'nɪmɪtəbl] *adj* inimitable
iniquity [ɪ'nɪkwɪtɪ] *n* iniquité *f*
initial [ɪ'nɪʃl] *adj* initial(e) ▸ *n* initiale *f* ▸ *vt* parafer; **initials** *npl* initiales *fpl*; (*as signature*) parafe *m*
initialize [ɪ'nɪʃəlaɪz] *vt* (*Comput*) initialiser
initially [ɪ'nɪʃəlɪ] *adv* initialement, au début
initiate [ɪ'nɪʃɪeɪt] *vt* (*start*) entreprendre; amorcer; (*enterprise*) lancer; (*person*) initier; **to ~ sb into a secret** initier qn à un secret; **to ~ proceedings against sb** (*Law*) intenter une action à qn, engager des poursuites contre qn
initiation [ɪnɪʃɪ'eɪʃən] *n* (*into secret etc*) initiation *f*
initiative [ɪ'nɪʃətɪv] *n* initiative *f*; **to take the ~** prendre l'initiative
inject [ɪn'dʒekt] *vt* (*liquid, fig: money*) injecter; (*person*): **to ~ sb with sth** faire une piqûre de qch à qn
injection [ɪn'dʒekʃən] *n* injection *f*, piqûre *f*; **to have an ~** se faire faire une piqûre
injudicious [ɪndʒu'dɪʃəs] *adj* peu judicieux(-euse)
injunction [ɪn'dʒʌŋkʃən] *n* (*Law*) injonction *f*, ordre *m*
injure ['ɪndʒər] *vt* blesser; (*wrong*) faire du tort à; (*damage: reputation etc*) compromettre; (*: feelings*) heurter; **to ~ o.s.** se blesser

⚠ **to injure** ne veut pas dire *injurier*.

injured ['ɪndʒəd] *adj (person, leg etc)* blessé(e) ; *(tone, feelings)* offensé(e) ; **~ party** *(Law)* partie lésée

injurious [ɪn'dʒuərɪəs] *adj:* **~ (to)** préjudiciable (à)

injury ['ɪndʒərɪ] *n* blessure *f* ; *(wrong)* tort *m* ; **to escape without ~** s'en sortir sain et sauf

⚠ **injury** ne veut pas dire *injure*.

injury time *n (Sport)* arrêts *mpl* de jeu

injustice [ɪn'dʒʌstɪs] *n* injustice *f* ; **you do me an ~** vous êtes injuste envers moi

ink [ɪŋk] *n* encre *f*

ink-jet printer ['ɪŋkdʒɛt-] *n* imprimante *f* à jet d'encre

inkling ['ɪŋklɪŋ] *n* soupçon *m*, vague idée *f*

inkpad ['ɪŋkpæd] *n* tampon *m* encreur

inky ['ɪŋkɪ] *adj* taché(e) d'encre

inlaid ['ɪnleɪd] *adj* incrusté(e) ; *(table etc)* marqueté(e)

inland *adj* ['ɪnlənd] intérieur(e) ; **~ waterways** canaux *mpl* et rivières *fpl* ▸ *adv* [ɪn'lænd] à l'intérieur, dans les terres

Inland Revenue *n (BRIT)* fisc *m*

in-laws ['ɪnlɔːz] *npl* beaux-parents *mpl* ; belle famille

inlet ['ɪnlɛt] *n (Geo)* crique *f*

inlet pipe *n (Tech)* tuyau *m* d'arrivée

inmate ['ɪnmeɪt] *n (in prison)* détenu(e) ; *(in asylum)* interné(e)

inmost ['ɪnməʊst] *adj* le (la) plus profond(e)

inn [ɪn] *n* auberge *f*

innards ['ɪnədz] *npl (inf)* entrailles *fpl*

innate [ɪ'neɪt] *adj* inné(e)

inner ['ɪnər] *adj* intérieur(e)

inner city *n* centre *m* urbain *(souffrant souvent de délabrement, d'embouteillages etc)*

inner-city ['ɪnə'sɪtɪ] *adj (schools, problems)* de quartiers déshérités

innermost ['ɪnəməʊst] *adj* le (la) plus profond(e)

inner tube *n (of tyre)* chambre *f* à air

inning ['ɪnɪŋ] *n (US Baseball)* tour *m* de batte ; **innings** *n (Cricket)* tour de batte ; **he has had a good innings** *(BRIT fig)* il (en) a bien profité

innocence ['ɪnəsns] *n* innocence *f*

innocent ['ɪnəsnt] *adj* innocent(e)

innocuous [ɪ'nɔkjuəs] *adj* inoffensif(-ive)

innovate ['ɪnəveɪt] *vi* innover

innovation [ɪnəʊ'veɪʃən] *n* innovation *f*

innovative ['ɪnəvətɪv] *adj (product, idea)* innovant(e) ; *(person)* novateur(-trice)

innovator ['ɪnəveɪtər] *n* novateur(-trice)

innuendo [ɪnjuˈɛndəʊ] *(pl* **innuendoes)** *n* insinuation *f*, allusion (malveillante)

innumerable [ɪ'njuːmrəbl] *adj* innombrable

inoculate [ɪ'nɔkjuleɪt] *vt:* **to ~ sb with sth** inoculer qch à qn ; **to ~ sb against sth** vacciner qn contre qch

inoculation [ɪnɔkju'leɪʃən] *n* inoculation *f*

inoffensive [ɪnə'fɛnsɪv] *adj* inoffensif(-ive)

inoperable [ɪn'ɔprəbl] *adj* inopérable

inopportune [ɪn'ɔpətjuːn] *adj* inopportun(e)

inordinate [ɪn'ɔːdɪnət] *adj* démesuré(e)

inordinately [ɪn'ɔːdɪnətlɪ] *adv* démesurément

inorganic [ɪnɔː'gænɪk] *adj* inorganique

in-patient ['ɪnpeɪʃənt] *n* malade hospitalisé(e)

input ['ɪnpʊt] *n (contribution)* contribution *f* ; *(resources)* ressources *fpl* ; *(Elec)* énergie *f*, puissance *f* ; *(of machine)* consommation *f* ; *(Comput)* entrée *f* (de données) ; *(: data)* données *fpl* ▸ *vt (Comput)* introduire, entrer

inquest ['ɪnkwɛst] *n* enquête (criminelle) ; *(coroner's)* enquête judiciaire

inquire [ɪn'kwaɪər] *vi* demander ; **to ~ about** s'informer de, se renseigner sur ▸ *vt* demander, s'informer de ; **to ~ when/where/whether** demander quand/où/si
▸ **inquire after** *vt fus* demander des nouvelles de
▸ **inquire into** *vt fus* faire une enquête sur

inquiring [ɪn'kwaɪərɪŋ] *adj (mind)* curieux(-euse), investigateur(-trice)

inquiry [ɪn'kwaɪərɪ] *n* demande *f* de renseignements ; *(Law)* enquête *f*, investigation *f* ; **"inquiries"** « renseignements » ; **to hold an ~ into sth** enquêter sur qch

inquiry desk *n (BRIT)* guichet *m* de renseignements

inquiry office *n (BRIT)* bureau *m* de renseignements

inquisition [ɪnkwɪ'zɪʃən] *n* enquête *f*, investigation *f* ; *(Rel):* **the I~** l'Inquisition *f*

inquisitive [ɪn'kwɪzɪtɪv] *adj* curieux(-euse)

inroads ['ɪnrəʊdz] *npl:* **to make ~ into** *(savings, supplies)* entamer

ins. *abbr* = **inches**

insane [ɪn'seɪn] *adj* fou (folle) ; *(Med)* aliéné(e)

insanitary [ɪn'sænɪtərɪ] *adj* insalubre

insanity [ɪn'sænɪtɪ] *n* folie *f* ; *(Med)* aliénation (mentale)

insatiable [ɪn'seɪʃəbl] *adj* insatiable

inscribe [ɪn'skraɪb] *vt* inscrire ; *(book etc):* **to ~ (to sb)** dédicacer (à qn)

inscription [ɪn'skrɪpʃən] *n* inscription *f* ; *(in book)* dédicace *f*

inscrutable [ɪn'skruːtəbl] *adj* impénétrable

inseam ['ɪnsiːm] *n (US):* **~ measurement** hauteur *f* d'entre-jambe

insect ['ɪnsɛkt] *n* insecte *m*

insect bite *n* piqûre *f* d'insecte

insecticide [ɪn'sɛktɪsaɪd] *n* insecticide *m*

insect repellent *n* crème *f* anti-insectes

insecure [ɪnsɪ'kjuər] *adj (person)* anxieux(-euse) ; *(job)* précaire ; *(building etc)* peu sûr(e)

insecurity [ɪnsɪ'kjuərɪtɪ] *n* insécurité *f*

insemination [ɪnsɛmɪ'neɪʃən] *n* insémination *f*

insensible [ɪn'sɛnsɪbl] *adj* insensible ; *(unconscious)* sans connaissance

insensitive [ɪn'sɛnsɪtɪv] *adj* insensible

insensitivity [ɪnsɛnsɪ'tɪvɪtɪ] *n* insensibilité *f*

inseparable [ɪn'sɛprəbl] *adj* inséparable

insert *vt* [ɪn'səːt] insérer ▸ *n* ['ɪnsəːt] insertion *f*

insertion [ɪn'səːʃən] *n* insertion *f*

in-service [ɪn'səːvɪs] *adj (training)* continu(e) ; *(course)* d'initiation ; de perfectionnement ; de recyclage

inshore *adj* ['ɪnʃɔːr] côtier(-ière) ▸ *adv* [ɪn'ʃɔːr] près de la côte ; vers la côte

inside ['ɪn'saɪd] n intérieur m ; (of road: BRIT) côté m gauche (de la route) ; (: US, Europe etc) côté droit (de la route) ▶ adj intérieur(e) ; ~ **information** renseignements mpl à la source ; ~ **story** histoire racontée par un témoin ▶ adv à l'intérieur, dedans ; **to go** ~ rentrer ▶ prep à l'intérieur de ; (of time): ~ **10 minutes** en moins de 10 minutes ; **insides** npl (inf) intestins mpl

inside forward n (Sport) intérieur m

inside lane n (Aut: in Britain) voie f de gauche ; (: in US, Europe) voie f de droite

inside leg measurement n (BRIT) hauteur f d'entre-jambe

inside out adv à l'envers ; (know) à fond ; **to turn sth** ~ retourner qch

insider [ɪn'saɪdər] n initié(e)

insider dealing, insider trading n (Stock Exchange) délit m d'initiés

insidious [ɪn'sɪdɪəs] adj insidieux(-euse)

insight ['ɪnsaɪt] n perspicacité f ; (glimpse, idea) aperçu m ; **to gain an** ~ **into sth** avoir un aperçu de qch ; **to give sb an** ~ **into sth** donner à qn un aperçu de qch

insightful ['ɪnsaɪtful] adj sagace

insignia [ɪn'sɪgnɪə] npl insignes mpl

insignificant [ɪnsɪg'nɪfɪknt] adj insignifiant(e)

insincere [ɪnsɪn'sɪər] adj hypocrite

insincerity [ɪnsɪn'sɛrɪtɪ] n manque m de sincérité, hypocrisie f

insinuate [ɪn'sɪnjueɪt] vt insinuer

insinuation [ɪnsɪnju'eɪʃən] n insinuation f

insipid [ɪn'sɪpɪd] adj insipide, fade

insist [ɪn'sɪst] vi insister ; **to** ~ **on doing** insister pour faire ; **to** ~ **on sth** exiger qch ; **to** ~ **that** insister pour que + sub ; (claim) maintenir or soutenir que

insistence [ɪn'sɪstəns] n insistance f

insistent [ɪn'sɪstənt] adj insistant(e), pressant(e) ; (noise, action) ininterrompu(e)

insistently [ɪn'sɪstəntlɪ] adv avec insistance

insofar [ɪnsəu'fɑːr]: ~ **as** conj dans la mesure où

insole ['ɪnsəul] n semelle intérieure ; (fixed part of shoe) première f

insolence ['ɪnsələns] n insolence f

insolent ['ɪnsələnt] adj insolent(e)

insoluble [ɪn'sɔljubl] adj insoluble

insolvency [ɪn'sɔlvənsɪ] n insolvabilité f ; faillite f

insolvent [ɪn'sɔlvənt] adj insolvable ; (bankrupt) en faillite

insomnia [ɪn'sɔmnɪə] n insomnie f

insomniac [ɪn'sɔmnɪæk] n insomniaque mf

insouciance [ɪn'suːsɪəns] n (formal) insouciance f

inspect [ɪn'spɛkt] vt inspecter ; (BRIT: ticket) contrôler

inspection [ɪn'spɛkʃən] n inspection f ; (BRIT: of tickets) contrôle m

inspector [ɪn'spɛktər] n inspecteur(-trice) ; (BRIT: on buses, trains) contrôleur(-euse)

inspiration [ɪnspə'reɪʃən] n inspiration f

inspirational [ɪnspɪ'reɪʃənl] adj (person, leader) charismatique

inspire [ɪn'spaɪər] vt inspirer

inspired [ɪn'spaɪəd] adj (writer, book etc) inspiré(e) ; **in an** ~ **moment** dans un moment d'inspiration

inspiring [ɪn'spaɪərɪŋ] adj inspirant(e)

inst. abbr (BRIT Comm) = **instant**; **of the 16th inst.** du 16 courant

instability [ɪnstə'bɪlɪtɪ] n instabilité f

install, (US) instal [ɪn'stɔːl] vt installer

installation [ɪnstə'leɪʃən] n installation f

installer [ɪn'stɔːlə] n (Comput) installeur m

installment plan n (US) achat m (or vente f) à tempérament or crédit

instalment, (US) installment [ɪn'stɔːlmənt] n (payment) acompte m, versement partiel ; (of TV serial etc) épisode m ; **in instalments** (pay) à tempérament ; (receive) en plusieurs fois

instance ['ɪnstəns] n exemple m ; **for** ~ par exemple ; **in many instances** dans bien des cas ; **in that** ~ dans ce cas ; **in the first** ~ tout d'abord, en premier lieu

instant ['ɪnstənt] n instant m ; **the 10th** ~ le 10 courant ▶ adj immédiat(e), urgent(e) ; (coffee, food) instantané(e), en poudre

instantaneous [ɪnstən'teɪnɪəs] adj instantané(e)

instantly ['ɪnstəntlɪ] adv immédiatement, tout de suite

instant message n message m instantané

instant messaging n messagerie f instantanée

instant replay n (US TV) retour m sur une séquence

instead [ɪn'stɛd] adv au lieu de cela ; ~ **of** au lieu de ; ~ **of sb** à la place de qn

instep ['ɪnstɛp] n cou-de-pied m ; (of shoe) cambrure f

instigate ['ɪnstɪgeɪt] vt (rebellion, strike, crime) inciter à ; (new ideas etc) susciter

instigation [ɪnstɪ'geɪʃən] n instigation f ; **at sb's** ~ à l'instigation de qn

instigator [ɪnstɪ'geɪtər] n instigateur(-trice)

instil [ɪn'stɪl] vt: **to** ~ **(into)** inculquer (à) ; (courage) insuffler (à)

instinct ['ɪnstɪŋkt] n instinct m

instinctive [ɪn'stɪŋktɪv] adj instinctif(-ive)

instinctively [ɪn'stɪŋktɪvlɪ] adv instinctivement

institute ['ɪnstɪtjuːt] n institut m ▶ vt instituer, établir ; (inquiry) ouvrir ; (proceedings) entamer

institution [ɪnstɪ'tjuːʃən] n institution f ; (school) établissement m (scolaire) ; (for care) établissement (psychiatrique etc)

institutional [ɪnstɪ'tjuːʃənl] adj institutionnel(le) ; ~ **care** soins fournis par un établissement médico-social

institutionalized [ɪnstɪ'tjuːʃənlaɪzd] adj (racism, corruption) institutionnalisé(e) ; **to become** ~ (person) devenir un(e) perpétuel(le) assisté(e)

instruct [ɪn'strʌkt] vt enseigner, former ; **to** ~ **sb in sth** enseigner qch à qn ; **to** ~ **sb to do** charger qn or ordonner à qn de faire

instruction [ɪn'strʌkʃən] n instruction f ; **instructions** npl (orders) directives fpl ; **instructions for use** mode m d'emploi

instruction book n manuel m d'instructions

instructive [ɪn'strʌktɪv] adj instructif(-ive)

instructor [ɪn'strʌktəʳ] n professeur m ; (for skiing, driving) moniteur m
instrument ['ɪnstrumənt] n instrument m
instrumental [ɪnstru'mɛntl] adj (Mus) instrumental(e) ; **to be ~ in sth/in doing sth** contribuer à qch/à faire qch
instrumentalist [ɪnstru'mɛntəlɪst] n instrumentiste mf
instrument panel n tableau m de bord
insubordinate [ɪnsə'bɔːdənɪt] adj insubordonné(e)
insubordination [ɪnsəbɔːdə'neɪʃən] n insubordination f
insufferable [ɪn'sʌfrəbl] adj insupportable
insufficient [ɪnsə'fɪʃənt] adj insuffisant(e)
insufficiently [ɪnsə'fɪʃəntlɪ] adv insuffisamment
insular ['ɪnsjuləʳ] adj insulaire ; (outlook) étroit(e) ; (person) aux vues étroites
insulate ['ɪnsjuleɪt] vt isoler ; (against sound) insonoriser
insulating tape ['ɪnsjuleɪtɪŋ-] n ruban isolant
insulation [ɪnsju'leɪʃən] n isolation f ; (against sound) insonorisation f
insulin ['ɪnsjulɪn] n insuline f
insult n ['ɪnsʌlt] insulte f, affront m ▶ vt [ɪn'sʌlt] insulter, faire un affront à
insulting [ɪn'sʌltɪŋ] adj insultant(e), injurieux(-euse)
insuperable [ɪn'sjuːprəbl] adj insurmontable
insurance [ɪn'ʃuərəns] n assurance f ; **fire/life ~** assurance-incendie/-vie ; **to take out ~ (against)** s'assurer (contre)
insurance agent n agent m d'assurances
insurance broker n courtier m en assurances
insurance company n compagnie f or société f d'assurances
insurance policy n police f d'assurance
insurance premium n prime f d'assurance
insure [ɪn'ʃuəʳ] vt assurer ; **to ~ (o.s.) against** (fig) parer à ; **to ~ sb/sb's life** assurer qn/la vie de qn ; **to be insured for £5000** être assuré(e) pour 5000 livres
insured [ɪn'ʃuəd] n: **the ~** l'assuré(e)
insurer [ɪn'ʃuərəʳ] n assureur m
insurgency [ɪn'sɜːdʒənsɪ] n insurrection f
insurgent [ɪn'sɜːdʒənt] adj, n insurgé(e)
insurmountable [ɪnsə'maʊntəbl] adj insurmontable
insurrection [ɪnsə'rɛkʃən] n insurrection f
intact [ɪn'tækt] adj intact(e)
intake ['ɪnteɪk] n (Tech) admission f ; (consumption) consommation f ; (Brit Scol): **an ~ of 200 a year** 200 admissions par an
intangible [ɪn'tændʒɪbl] adj intangible ; (assets) immatériel(le)
integral ['ɪntɪgrəl] adj (whole) intégral(e) ; (part) intégrant(e)
integrate ['ɪntɪgreɪt] vt intégrer ▶ vi s'intégrer
integrated circuit ['ɪntɪgreɪtɪd-] n (Comput) circuit intégré
integration [ɪntɪ'greɪʃən] n intégration f ; **racial ~** intégration raciale
integrity [ɪn'tɛgrɪtɪ] n intégrité f
intellect ['ɪntəlɛkt] n intelligence f

intellectual [ɪntə'lɛktjuəl] adj, n intellectuel(le)
intellectually [ɪntə'lɛktjuəlɪ] adv intellectuellement
intelligence [ɪn'tɛlɪdʒəns] n intelligence f ; (Mil) informations fpl, renseignements mpl
intelligence quotient n quotient intellectuel
Intelligence Service n services mpl de renseignements
intelligence test n test m d'intelligence
intelligent [ɪn'tɛlɪdʒənt] adj intelligent(e)
intelligently [ɪn'tɛlɪdʒəntlɪ] adv intelligemment
intelligentsia [ɪntɛlɪ'dʒɛntsɪə] n: **the ~** l'intelligentsia f
intelligible [ɪn'tɛlɪdʒɪbl] adj intelligible
intemperate [ɪn'tɛmpərət] adj immodéré(e) ; (drinking too much) adonné(e) à la boisson
intend [ɪn'tɛnd] vt (gift etc): **to ~ sth for** destiner qch à ; **to ~ to do** avoir l'intention de faire
intended [ɪn'tɛndɪd] adj (insult) intentionnel(le) ; (journey) projeté(e) ; (effect) voulu(e)
intense [ɪn'tɛns] adj intense ; (person) véhément(e)
intensely [ɪn'tɛnslɪ] adv intensément ; (moving) profondément
intensify [ɪn'tɛnsɪfaɪ] vt intensifier
intensity [ɪn'tɛnsɪtɪ] n intensité f
intensive [ɪn'tɛnsɪv] adj intensif(-ive)
intensive care n: **to be in ~** être en réanimation
intensive care unit n service m de réanimation
intent [ɪn'tɛnt] n intention f ; **to all intents and purposes** en fait, pratiquement ▶ adj attentif(-ive), absorbé(e) ; **to be ~ on doing sth** être (bien) décidé à faire qch
intention [ɪn'tɛnʃən] n intention f
intentional [ɪn'tɛnʃənl] adj intentionnel(le), délibéré(e)
intentionally [ɪn'tɛnʃənlɪ] adv intentionnellement
intently [ɪn'tɛntlɪ] adv attentivement
inter [ɪn'təːʳ] vt enterrer
interact [ɪntər'ækt] vi avoir une action réciproque ; (people) communiquer
interaction [ɪntər'ækʃən] n interaction f
interactive [ɪntər'æktɪv] adj (group) interactif(-ive) ; (Comput) interactif, conversationnel(le)
interactivity [ɪntəræk'tɪvɪtɪ] n (Comput) interactivité f
intercede [ɪntə'siːd] vi: **to ~ with sb/on behalf of sb** intercéder auprès de qn/en faveur de qn
intercept [ɪntə'sɛpt] vt intercepter ; (person) arrêter au passage
interception [ɪntə'sɛpʃən] n interception f
interchange n ['ɪntətʃeɪndʒ] (exchange) échange m ; (on motorway) échangeur m ▶ vt [ɪntə'tʃeɪndʒ] échanger ; mettre à la place l'un(e) de l'autre
interchangeable [ɪntə'tʃeɪndʒəbl] adj interchangeable
intercity [ɪntə'sɪtɪ] adj: **~ (train)** train m rapide
intercom ['ɪntəkɔm] n interphone m
interconnect [ɪntəkə'nɛkt] vi (rooms) communiquer

intercontinental ['ɪntəkɒntɪ'nɛntl] *adj* intercontinental(e)

intercourse ['ɪntəkɔːs] *n* rapports *mpl* ; **sexual ~** rapports sexuels

interdependent [ɪntədɪ'pɛndənt] *adj* interdépendant(e)

interest ['ɪntrɪst] *n* intérêt *m* ; (*Comm: stake, share*) participation *f*, intérêts *mpl* ; **compound/simple ~** intérêt composé/simple ; **British interests in the Middle East** les intérêts britanniques au Moyen-Orient ; **his main ~ is ...** ce qui l'intéresse le plus est ... ▶ *vt* intéresser

interested ['ɪntrɪstɪd] *adj* intéressé(e) ; **to be ~ in sth** s'intéresser à qch ; **I'm ~ in going** ça m'intéresse d'y aller

interest-free ['ɪntrɪst'friː] *adj* sans intérêt

interesting ['ɪntrɪstɪŋ] *adj* intéressant(e)

interestingly ['ɪntrɪstɪŋlɪ] *adv* (*it is of interest that*) il est intéressant de noter que ; (*curiously*) curieusement ; **~ enough, he soon remarried** il est intéressant de noter qu'il s'est remarié peu après

interest rate *n* taux *m* d'intérêt

interface ['ɪntəfeɪs] *n* (*Comput*) interface *f*

interfaith [ɪntə'feɪθ] *adj* (*relations, dialogue*) interreligieux(-euse)

interfere [ɪntə'fɪəʳ] *vi*: **to ~ in** (*quarrel*) s'immiscer dans ; (*other people's business*) se mêler de ; **to ~ with** (*object*) tripoter, toucher à ; (*plans*) contrecarrer ; (*duty*) être en conflit avec ; **don't ~** mêlez-vous de vos affaires

interference [ɪntə'fɪərəns] *n* (*gen*) ingérence *f* ; (*Physics*) interférence *f* ; (*Radio, TV*) parasites *mpl*

interfering [ɪntə'fɪərɪŋ] *adj* importun(e)

interim ['ɪntərɪm] *adj* provisoire ; (*post*) intérimaire ▶ *n*: **in the ~** dans l'intérim

interior [ɪn'tɪərɪəʳ] *n* intérieur *m* ▶ *adj* intérieur(e) ; (*minister, department*) de l'intérieur

interior decorator, interior designer *n* décorateur(-trice) d'intérieur

interior design *n* architecture *f* d'intérieur

interjection [ɪntə'dʒɛkʃən] *n* interjection *f*

interlock [ɪntə'lɒk] *vi* s'enclencher ▶ *vt* enclencher

interloper ['ɪntələupəʳ] *n* intrus(e)

interlude ['ɪntəluːd] *n* intervalle *m* ; (*Theat*) intermède *m*

intermarry [ɪntə'mærɪ] *vi* former des alliances entre familles (*or* tribus) ; former des unions consanguines

intermediary [ɪntə'miːdɪərɪ] *n* intermédiaire *mf*

intermediate [ɪntə'miːdɪət] *adj* intermédiaire ; (*Scol: course, level*) moyen(ne)

interment [ɪn'tə:mənt] *n* inhumation *f*, enterrement *m*

interminable [ɪn'tə:mɪnəbl] *adj* sans fin, interminable

intermission [ɪntə'mɪʃən] *n* pause *f* ; (*Theat, Cine*) entracte *m*

intermittent [ɪntə'mɪtnt] *adj* intermittent(e)

intermittently [ɪntə'mɪtntlɪ] *adv* par intermittence, par intervalles

intern *vt* [ɪn'tə:n] interner ▶ *n* ['ɪntə:n] (*in company*) stagiaire *mf* ; (*US Med*) ≈ interne *mf*

internal [ɪn'tə:nl] *adj* interne ; (*dispute, reform etc*) intérieur(e) ; **~ injuries** lésions *fpl* internes

internalize [ɪn'tə:nlaɪz] *vt* (*belief, values*) intérioriser

internally [ɪn'tə:nəlɪ] *adv* intérieurement ; **"not to be taken ~"** « pour usage externe »

Internal Revenue Service *n* (*US*) fisc *m*

international [ɪntə'næʃənl] *adj* international(e) ▶ *n* (*Brit Sport*) international *m*

International Atomic Energy Agency *n* Agence Internationale de l'Énergie Atomique

International Court of Justice *n* Cour internationale de justice

international date line *n* ligne *f* de changement de date

internationalist [ɪntə'næʃnəlɪst] *adj* internationaliste

internationally [ɪntə'næʃnəlɪ] *adv* dans le monde entier

International Monetary Fund *n* Fonds monétaire international

international relations *npl* relations internationales

internecine [ɪntə'niːsaɪn] *adj* mutuellement destructeur(-trice)

internee [ɪntə:'niː] *n* interné(e)

Internet [ɪntə'nɛt] *n*: **the ~** l'Internet *m*

Internet café *n* cybercafé *m*

Internet connection *n* connexion *f* Internet

Internet service provider *n* fournisseur *m* d'accès à Internet

Internet user *n* internaute *mf*

internment [ɪn'tə:nmənt] *n* internement *m*

internship ['ɪntə:nʃɪp] *n* (*in company*) stage *m* de formation en entreprise ; (*US Med*) ≈ internat *m* (*aux États-Unis, première année de formation clinique avant le passage de l'examen d'État permettant d'exercer*)

interpersonal [ɪntəpə:snl] *adj* interpersonnel(le)

interplay ['ɪntəpleɪ] *n* effet *m* réciproque, jeu *m*

Interpol ['ɪntəpɒl] *n* Interpol *m*

interpret [ɪn'tə:prɪt] *vt* interpréter ▶ *vi* servir d'interprète

interpretation [ɪntə:prɪ'teɪʃən] *n* interprétation *f*

interpreter [ɪn'tə:prɪtəʳ] *n* interprète *mf* ; **could you act as an ~ for us?** pourriez-vous nous servir d'interprète ?

interpreting [ɪn'tə:prɪtɪŋ] *n* (*profession*) interprétariat *m*

interpretive [ɪn'tə:prɪtɪv] *adj* interprétatif(-ive)

interrelated [ɪntərɪ'leɪtɪd] *adj* en corrélation, en rapport étroit

interrogate [ɪn'tɛrəugeɪt] *vt* interroger ; (*suspect etc*) soumettre à un interrogatoire

interrogation [ɪntərəu'geɪʃən] *n* interrogation *f* ; (*by police*) interrogatoire *m*

interrogative [ɪntə'rɒgətɪv] *adj* interrogateur(-trice) ▶ *n* (*Ling*) interrogatif *m*

interrogator [ɪn'tɛrəgeɪtəʳ] *n* interrogateur(-trice)

interrupt [ɪntə'rʌpt] *vt, vi* interrompre

interruption [ɪntə'rʌpʃən] *n* interruption *f*

intersect [ɪntə'sɛkt] *vt* couper, croiser ; (*Math*) intersecter ▶ *vi* se croiser, se couper ; s'intersecter

intersection [ɪntə'sɛkʃən] n intersection f ; *(of roads)* croisement m

intersperse [ɪntə'spəːs] vt : **to ~ with** parsemer de

interspersed [ɪntə'spəːst] adj : **~ with** *(in time)* entrecoupé de ; *(in space)* alternant avec

interstate ['ɪntərsteɪt] n *(US)* autoroute f (qui relie plusieurs États)

intertwine [ɪntə'twaɪn] vt entrelacer ▸ vi s'entrelacer

interval ['ɪntəvl] n intervalle m ; *(BRIT: Theat)* entracte m ; *(: Sport)* mi-temps f ; **bright intervals** *(in weather)* éclaircies fpl ; **at intervals** par intervalles

intervene [ɪntə'viːn] vi *(time)* s'écouler (entre-temps) ; *(event)* survenir ; *(person)* intervenir

intervention [ɪntə'vɛnʃən] n intervention f

interventionist [ɪntə'vɛnʃənɪst] adj, n interventionniste mf

interview ['ɪntəvjuː] n *(Radio, TV)* interview f ; *(for job)* entrevue f ▸ vt interviewer, avoir une entrevue avec

interviewee [ɪntəvjuː'iː] n *(for job)* candidat m (qui passe un entretien) ; *(TV etc)* invité(e), personne interviewée

interviewer ['ɪntəvjuəʳ] n *(Radio, TV)* interviewer m

intestate [ɪn'tɛsteɪt] adj intestat f inv

intestinal [ɪn'tɛstɪnl] adj intestinal(e)

intestine [ɪn'tɛstɪn] n intestin m ; **large ~** gros intestin ; **small ~** intestin grêle

intimacy ['ɪntɪməsɪ] n intimité f

intimate adj ['ɪntɪmət] intime ; *(friendship)* profond(e) ; *(knowledge)* approfondi(e) ▸ vt ['ɪntɪmeɪt] suggérer, laisser entendre ; *(announce)* faire savoir

intimately ['ɪntɪmətlɪ] adv intimement

intimation [ɪntɪ'meɪʃən] n annonce f

intimidate [ɪn'tɪmɪdeɪt] vt intimider

intimidating [ɪn'tɪmɪdeɪtɪŋ] adj intimidant(e)

intimidation [ɪntɪmɪ'deɪʃən] n intimidation f

into ['ɪntu] prep dans ; **~ pieces/French** en morceaux/français ; **to change pounds ~ dollars** changer des livres en dollars ; **3 ~ 9 goes 3** 9 divisé par 3 donne 3 ; **she's ~ opera** c'est une passionnée d'opéra

intolerable [ɪn'tɔlərəbl] adj intolérable

intolerance [ɪn'tɔlərns] n intolérance f

intolerant [ɪn'tɔlərnt] adj : **~ (of)** intolérant(e) (de) ; *(Med)* intolérant (à)

intonation [ɪntəu'neɪʃən] n intonation f

intoxicate [ɪn'tɔksɪkeɪt] vt enivrer

intoxicated [ɪn'tɔksɪkeɪtɪd] adj ivre

intoxicating [ɪn'tɔksɪkeɪtɪŋ] adj *(atmosphere, fragrance)* enivrant(e) ; *(drink)* alcoolisé(e)

intoxication [ɪntɔksɪ'keɪʃən] n ivresse f

intractable [ɪn'træktəbl] adj *(child, temper)* indocile, insoumis(e) ; *(problem)* insoluble ; *(illness)* incurable

intranet [ɪn'trənɛt] n intranet m

intransigence [ɪn'trænsɪdʒəns] n intransigeance f

intransigent [ɪn'trænsɪdʒənt] adj intransigeant(e)

intransitive [ɪn'trænsɪtɪv] adj intransitif(-ive)

intra-uterine device ['ɪntrə'juːtəraɪn-] n dispositif intra-utérin, stérilet m

intravenous [ɪntrə'viːnəs] adj intraveineux(-euse)

intravenously [ɪntrə'viːnəslɪ] adv par intraveineuse

in-tray ['ɪntreɪ] n courrier m « arrivée »

intrepid [ɪn'trɛpɪd] adj intrépide

intricacy ['ɪntrɪkəsɪ] n complexité f

intricate ['ɪntrɪkət] adj complexe, compliqué(e)

intrigue [ɪn'triːg] n intrigue f ▸ vt intriguer ▸ vi intriguer, comploter

intriguing [ɪn'triːgɪŋ] adj fascinant(e)

intrinsic [ɪn'trɪnsɪk] adj intrinsèque

introduce [ɪntrə'djuːs] vt introduire ; *(TV show etc)* présenter ; **to ~ sb (to sb)** présenter qn (à qn) ; **to ~ sb to** *(pastime, technique)* initier qn à ; **may I ~ ...?** je vous présente ...

introduction [ɪntrə'dʌkʃən] n introduction f ; *(of person)* présentation f ; *(to new experience)* initiation f ; **a letter of ~** une lettre de recommandation

introductory [ɪntrə'dʌktərɪ] adj préliminaire, introductif(-ive) ; **~ remarks** remarques fpl liminaires ; **an ~ offer** une offre de lancement

introspection [ɪntrəu'spɛkʃən] n introspection f

introspective [ɪntrəu'spɛktɪv] adj introspectif(-ive)

introvert ['ɪntrəuvəːt] adj, n introverti(e)

intrude [ɪn'truːd] vi *(person)* être importun(e) ; **to ~ on** or **into** *(conversation etc)* s'immiscer dans ; **am I intruding?** est-ce que je vous dérange ?

intruder [ɪn'truːdəʳ] n intrus(e)

intrusion [ɪn'truːʒən] n intrusion f

intrusive [ɪn'truːsɪv] adj importun(e), gênant(e)

intuition [ɪntjuː'ɪʃən] n intuition f

intuitive [ɪn'tjuːɪtɪv] adj intuitif(-ive)

inundate ['ɪnʌndeɪt] vt : **to ~ with** inonder de

inure [ɪn'juəʳ] vt : **to ~ (to)** habituer (à)

invade [ɪn'veɪd] vt envahir

invader [ɪn'veɪdəʳ] n envahisseur m

invalid n ['ɪnvəlɪd] malade mf ; *(with disability)* invalide mf ▸ adj [ɪn'vælɪd] *(not valid)* invalide, non valide

invalidate [ɪn'vælɪdeɪt] vt invalider, annuler

invalid chair ['ɪnvəlɪd-] n *(BRIT)* fauteuil m d'infirme

invaluable [ɪn'væljuəbl] adj inestimable, inappréciable

invariable [ɪn'vɛərɪəbl] adj invariable ; *(fig)* immanquable

invariably [ɪn'vɛərɪəblɪ] adv invariablement ; **she is ~ late** elle est toujours en retard

invasion [ɪn'veɪʒən] n invasion f

invective [ɪn'vɛktɪv] n invective f

inveigle [ɪn'viːgl] vt : **to ~ sb into (doing) sth** amener qn à (faire) qch (par la ruse or la flatterie)

invent [ɪn'vɛnt] vt inventer

invention [ɪn'vɛnʃən] n invention f

inventive [ɪn'vɛntɪv] adj inventif(-ive)

inventiveness [ɪn'vɛntɪvnɪs] n esprit inventif or d'invention

inventor [ɪn'vɛntəʳ] *n* inventeur(-trice)
inventory ['ɪnvəntrɪ] *n* inventaire *m*
inventory control *n* (*Comm*) contrôle *m* des
stocks
inverse [ɪn'və:s] *adj* inverse ; **in ~ proportion**
(to) inversement proportionnel(le) (à) ▶ *n*
inverse *m*, contraire *m*
inversely [ɪn'və:slɪ] *adv* inversement
invert [ɪn'və:t] *vt* intervertir ; (*cup, object*)
retourner
invertebrate [ɪn'və:tɪbrət] *n* invertébré *m*
inverted commas [ɪn'və:tɪd-] *npl* (*BRIT*)
guillemets *mpl*
invest [ɪn'vɛst] *vt* investir ; (*endow*):**to ~ sb**
with sth conférer qch à qn ▶ *vi* faire un
investissement, investir ; **to ~ in** placer de
l'argent *or* investir dans ; (*fig: acquire*) s'offrir,
faire l'acquisition de
investigate [ɪn'vɛstɪgeɪt] *vt* étudier, examiner ;
(*crime*) faire une enquête sur
investigation [ɪnvɛstɪ'geɪʃən] *n* examen *m* ; (*of*
crime) enquête *f*, investigation *f*
investigative [ɪn'vɛstɪgeɪtɪv] *adj*: **~ journalism**
enquête-reportage *f*, journalisme *m* d'enquête
investigator [ɪn'vɛstɪgeɪtəʳ] *n*
investigateur(-trice) ; **private ~** détective privé
investiture [ɪn'vɛstɪtʃəʳ] *n* investiture *f*
investment [ɪn'vɛstmənt] *n* investissement *m*,
placement *m*
investment income *n* revenu *m* de placement
investment trust *n* société *f* d'investissements
investor [ɪn'vɛstəʳ] *n* épargnant(e) ; (*shareholder*)
actionnaire *mf*
inveterate [ɪn'vɛtərət] *adj* invétéré(e)
invidious [ɪn'vɪdɪəs] *adj* injuste ; (*task*)
déplaisant(e)
invigilate [ɪn'vɪdʒɪleɪt] (*BRIT*) *vt* surveiller ▶ *vi*
être de surveillance
invigilator [ɪn'vɪdʒɪleɪtəʳ] *n* (*BRIT*) surveillant *m*
(d'examen)
invigorating [ɪn'vɪgəreɪtɪŋ] *adj* vivifiant(e),
stimulant(e)
invincibility [ɪnvɪnsɪ'bɪlɪtɪ] *n* invincibilité *f*
invincible [ɪn'vɪnsɪbl] *adj* invincible
inviolate [ɪn'vaɪələt] *adj* inviolé(e)
invisible [ɪn'vɪzɪbl] *adj* invisible
invisible assets *npl* (*BRIT*) actif incorporel
invisible ink *n* encre *f* sympathique
invisible mending *n* stoppage *m*
invitation [ɪnvɪ'teɪʃən] *n* invitation *f* ; **by ~ only**
sur invitation ; **at sb's ~** à la demande de qn
invite [ɪn'vaɪt] *vt* inviter ; (*opinions etc*)
demander ; (*trouble*) chercher ; **to ~ sb (to do)**
inviter qn (à faire) ; **to ~ sb to dinner** inviter
qn à dîner
▶ **invite out** *vt* inviter (à sortir)
▶ **invite over** *vt* inviter (chez soi)
inviting [ɪn'vaɪtɪŋ] *adj* engageant(e),
attrayant(e) ; (*gesture*) encourageant(e)
invoice ['ɪnvɔɪs] *n* facture *f* ▶ *vt* facturer ; **to ~ sb**
for goods facturer des marchandises à qn
invoke [ɪn'vəuk] *vt* invoquer
involuntarily ['ɪnvɔləntrɪlɪ] *adv*
involontairement
involuntary [ɪn'vɔləntrɪ] *adj* involontaire

involve [ɪn'vɔlv] *vt* (*entail*) impliquer ; (*concern*)
concerner ; (*require*) nécessiter ; **to ~ sb in** (*theft*
etc) impliquer qn dans ; (*activity, meeting*) faire
participer qn à
involved [ɪn'vɔlvd] *adj* (*complicated*) complexe ;
to be ~ in (*take part*) participer à ; (*be engrossed*)
être plongé(e) dans ; **to feel ~** se sentir
concerné(e) ; **to become ~** (*in love etc*) s'engager
involvement [ɪn'vɔlvmənt] *n* (*personal role*) rôle
m ; (*participation*) participation *f* ; (*enthusiasm*)
enthousiasme *m* ; (*of resources, funds*) mise *f* en
jeu
invulnerable [ɪn'vʌlnərəbl] *adj* invulnérable
inward ['ɪnwəd] *adj* (*movement*) vers l'intérieur ;
(*thought, feeling*) profond(e), intime ▶ *adv*
= **inwards**
inwardly ['ɪnwədlɪ] *adv* (*feel, think etc*)
secrètement, en son for intérieur
inwards ['ɪnwədz] *adv* vers l'intérieur
I/O *abbr* (*Comput*: = input/output) E/S
IOC *n abbr* (= *International Olympic Committee*) CIO *m*
(= *Comité international olympique*)
iodine ['aɪəudi:n] *n* iode *m*
IOM *abbr* = **Isle of Man**
ion ['aɪən] *n* ion *m*
Ionian Sea [aɪ'əunɪən-] *n*: **the ~** la mer Ionienne
ioniser ['aɪənaɪzəʳ] *n* ioniseur *m*
iota [aɪ'əutə] *n* (*fig*) brin *m*, grain *m*
IOU *n abbr* (= *I owe you*) reconnaissance *f* de dette
IOW *abbr* (*BRIT*) = **Isle of Wight**
IPA *n abbr* (= *International Phonetic Alphabet*) API *m*
iPad® ['aɪpæd] *n* iPad® *m*
iPhone® ['aɪfəun] *n* iPhone® *m*
IPO *n abbr* (*Stock Exchange*: = *initial public offering*) OPI
f (= *offre publique initiale*)
iPod® ['aɪpɔd] *n* iPod® *m*
IQ *n abbr* (= *intelligence quotient*) Q.I. *m*
IRA *n abbr* (= *Irish Republican Army*) IRA *f* ; (*US*)
= **individual retirement account**
Iran [ɪ'rɑ:n] *n* Iran *m*
Iranian [ɪ'reɪnɪən] *adj* iranien(ne) ▶ *n*
Iranien(ne) ; (*Ling*) iranien *m*
Iraq [ɪ'rɑ:k] *n* Irak *m*
Iraqi [ɪ'rɑ:kɪ] *adj* irakien(ne) ▶ *n* Irakien(ne)
irascible [ɪ'ræsɪbl] *adj* irascible
irate [aɪ'reɪt] *adj* courroucé(e)
ire ['aɪəʳ] *n* ire *f*
Ireland ['aɪələnd] *n* Irlande *f* ; **Republic of ~**
République *f* d'Irlande
iridescent [ɪrɪ'dɛsnt] *adj* (*literary*) iridescent(e)
iris ['aɪrɪs] (*pl* **irises** [-ɪz]) *n* iris *m*
Irish ['aɪrɪʃ] *adj* irlandais(e) ▶ *npl*: **the ~** les
Irlandais ▶ *n* (*Ling*) irlandais *m*
Irishman ['aɪrɪʃmən] *n* (*irreg*) Irlandais *m*
Irish Sea *n*: **the ~** la mer d'Irlande
Irishwoman ['aɪrɪʃwumən] *n* (*irreg*) Irlandaise *f*
irk [ə:k] *vt* ennuyer
irksome ['ə:ksəm] *adj* ennuyeux(-euse)
IRN *n abbr* (= *Independent Radio News*) *agence de*
presse radiophonique
IRO *n abbr* (*US*) = **International Refugee**
Organization
iron ['aɪən] *n* fer *m* ; (*for clothes*) fer *m* à repasser
▶ *adj* de *or* en fer ▶ *vt* (*clothes*) repasser ; **irons** *npl*
(*chains*) fers *mpl*, chaînes *fpl*

▶ **iron out** vt (crease) faire disparaître au fer ; (fig) aplanir ; faire disparaître
Iron Curtain n: **the ~** le rideau de fer
iron foundry n fonderie f de fonte
ironic [aɪˈrɒnɪk], **ironical** [aɪˈrɒnɪkl] adj ironique
ironically [aɪˈrɒnɪklɪ] adv ironiquement
ironing [ˈaɪənɪŋ] n (activity) repassage m ; (clothes: ironed) linge repassé ; (: to be ironed) linge à repasser
ironing board n planche f à repasser
ironmonger [ˈaɪənmʌŋɡəʳ] n (BRIT) quincaillier m ; **~'s (shop)** quincaillerie f
iron ore n minerai m de fer
ironworks [ˈaɪənwɜːks] n usine f sidérurgique
irony [ˈaɪrənɪ] n ironie f
irradiate [ɪˈreɪdɪeɪt] vt irradier
irrational [ɪˈræʃənl] adj irrationnel(le) ; (person) qui n'est pas rationnel
irreconcilable [ɪrekənˈsaɪləbl] adj irréconciliable ; (opinion): **~ with** inconciliable avec
irredeemable [ɪrɪˈdiːməbl] adj (Comm) non remboursable
irrefutable [ɪrɪˈfjuːtəbl] adj irréfutable
irregular [ɪˈreɡjuləʳ] adj irrégulier(-ière)
irregularity [ɪreɡjuˈlærɪtɪ] n irrégularité f
irregularly [ɪˈreɡjuləlɪ] adv (occur, eat) sporadiquement ; **~ spaced** à intervalles irréguliers ; **~ shaped/sized** de forme/taille irrégulière
irrelevance [ɪˈreləvəns] n manque m de rapport or d'à-propos
irrelevant [ɪˈreləvənt] adj sans rapport, hors de propos
irreligious [ɪrɪˈlɪdʒəs] adj irréligieux(-euse)
irreparable [ɪˈreprəbl] adj irréparable
irreplaceable [ɪrɪˈpleɪsəbl] adj irremplaçable
irrepressible [ɪrɪˈpresəbl] adj irrépressible
irreproachable [ɪrɪˈprəʊtʃəbl] adj irréprochable
irresistible [ɪrɪˈzɪstɪbl] adj irrésistible
irresolute [ɪˈrezəluːt] adj irrésolu(e), indécis(e)
irrespective [ɪrɪˈspektɪv]: **~ of** prep sans tenir compte de
irresponsibility [ɪrɪspɒnsɪˈbɪlɪtɪ] n irresponsabilité f
irresponsible [ɪrɪˈspɒnsɪbl] adj irresponsable
irresponsibly [ɪrɪˈspɒnsɪblɪ] adv de manière irresponsable
irretrievable [ɪrɪˈtriːvəbl] adj irréparable, irrémédiable ; (object) introuvable
irreverent [ɪˈrevərnt] adj irrévérencieux(-euse)
irreversible [ɪrɪˈvɜːsɪbl] adj irréversible
irrevocable [ɪˈrevəkəbl] adj irrévocable
irrevocably [ɪˈrevəkəblɪ] adv irrévocablement
irrigate [ˈɪrɪɡeɪt] vt irriguer
irrigation [ɪrɪˈɡeɪʃən] n irrigation f
irritable [ˈɪrɪtəbl] adj irritable
irritant [ˈɪrɪtənt] n (substance) irritant m ; (annoyance) source f d'irritation
irritate [ˈɪrɪteɪt] vt irriter
irritating [ˈɪrɪteɪtɪŋ] adj irritant(e)
irritation [ɪrɪˈteɪʃən] n irritation f
IRS n abbr (US) = **Internal Revenue Service**
is [ɪz] vb see **be**
ISA [ˈaɪsə] n abbr (BRIT: = Individual Savings Account) plan m d'épargne défiscalisé

ISBN n abbr (= International Standard Book Number) ISBN m
ISDN n abbr (= Integrated Services Digital Network) RNIS m
Islam [ˈɪzlɑːm] n Islam m
Islamic [ɪzˈlɑːmɪk] adj islamique ; **~ fundamentalists** intégristes mpl musulmans
Islamist [ˈɪzləmɪst] n islamiste mf
island [ˈaɪlənd] n île f ; (also: **traffic island**) refuge m (pour piétons)
islander [ˈaɪləndəʳ] n habitant(e) d'une île, insulaire mf
isle [aɪl] n île f
isn't [ˈɪznt] = **is not**
isolate [ˈaɪsəleɪt] vt isoler
isolated [ˈaɪsəleɪtɪd] adj isolé(e)
isolation [aɪsəˈleɪʃən] n isolement m
isotope [ˈaɪsətəup] n isotope m
ISP n abbr = **Internet Service Provider**
Israel [ˈɪzreɪl] n Israël m
Israeli [ɪzˈreɪlɪ] adj israélien(ne) ▶ n Israélien(ne)
issue [ˈɪʃuː] n question f, problème m ; (outcome) résultat m, issue f ; (of banknotes) émission f ; (of newspaper) numéro m ; (of book) publication f, parution f ; (offspring) descendance f ; **at ~** en jeu, en cause ; **to avoid the ~** éluder le problème ; **to take ~ with sb (over sth)** exprimer son désaccord avec qn (sur qch) ; **to make an ~ of sth** faire de qch un problème ; **to confuse** or **obscure the ~** embrouiller la question ▶ vt (rations, equipment) distribuer ; (orders) donner ; (statement) publier, faire ; (certificate, passport) délivrer ; (book) faire paraître ; publier ; (banknotes, cheques, stamps) émettre, mettre en circulation ▶ vi: **to ~ from** provenir de

⚠ Le mot anglais **issue** ne veut pas dire *issue*.

Istanbul [ɪstænˈbuːl] n Istamboul, Istanbul
isthmus [ˈɪsməs] n isthme m
IT n abbr = **information technology**

(KEYWORD)

it [ɪt] pron **1** (specific: subject) il (elle) ; (: direct object) le, la, l' ; (: indirect object) lui ; **it's on the table** c'est or il (or elle) est sur la table ; **I can't find it** je n'arrive pas à le trouver ; **give it to me** donne-le-moi
2 (after prep): **about/from/of it** en ; **I spoke to him about it** je lui en ai parlé ; **what did you learn from it?** qu'est-ce que vous en avez retiré ? ; **I'm proud of it** j'en suis fier ; **I've come from it** j'en viens ; **in/to it** y ; **put the book in it** mettez-y le livre ; **it's on it** c'est dessus ; **he agreed to it** il y a consenti ; **did you go to it?** (party, concert etc) est-ce que vous y êtes allé(s) ? ; **above it, over it** (au-)dessus ; **below it, under it** (en-)dessous ; **in front of/behind it** devant/derrière
3 (impersonal) il ; ce, cela, ça ; **it's Friday tomorrow** demain, c'est vendredi or nous sommes vendredi ; **it's 6 o'clock** il est 6

heures ; **how far is it? — it's 10 miles** c'est
loin ? — c'est à 10 miles ; **it's 2 hours by train**
c'est à 2 heures de train ; **who is it? — it's me**
qui est-ce ? — c'est moi ; **it's raining** il pleut

---

il est is used to translate *it is* or *it's* when *it*
refers to a noun.
The bank? It's closed. **La banque ? Elle est
fermée.**
c'est is used with pronouns, names, adverbs
and conjunctions.
It's him. **C'est lui.**
It's here. **C'est ici.**
*It's because…***C'est parce que …**

ITA *n abbr* (BRIT: = *initial teaching alphabet*) alphabet
en partie phonétique utilisé pour l'enseignement de la
lecture
Italian [ɪ'tæljən] *adj* italien(ne) ▶ *n* Italien(ne) ;
(*Ling*) italien *m*
italic [ɪ'tælɪk] *adj* italique
italics [ɪ'tælɪks] *npl* italique *m*
Italy ['ɪtəlɪ] *n* Italie *f*
itch [ɪtʃ] *n* démangeaison *f* ▶ *vi* (*person*) éprouver
des démangeaisons ; (*part of body*) démanger ;
I'm itching to do l'envie me démange de faire
itchy ['ɪtʃɪ] *adj* qui démange ; **my back is ~** j'ai le
dos qui me démange
it'd ['ɪtd] = **it would**; **it had**
item ['aɪtəm] *n* (*gen*) article *m* ; (*on agenda*)
question *f*, point *m* ; (*in programme*) numéro *m* ;
(*also:* **news item**) nouvelle *f* ; **items of clothing**
articles vestimentaires
itemize ['aɪtəmaɪz] *vt* détailler, spécifier
itemized bill ['aɪtəmaɪzd-] *n* facture détaillée
itinerant [ɪ'tɪnərənt] *adj* itinérant(e) ; (*musician*)
ambulant(e)
itinerary [aɪ'tɪnərərɪ] *n* itinéraire *m*
it'll ['ɪtl] = **it will**; **it shall**

ITN *n abbr* (BRIT: = *Independent Television News*) chaîne
de télévision commerciale
its [ɪts] *adj* son (sa), ses *pl* ▶ *pron* le (la) sien(ne),
les siens (siennes)
it's [ɪts] = **it is**; **it has**
itself [ɪt'sɛlf] *pron* (*reflexive*) se ; (*emphatic*)
lui-même (elle-même)
ITV *n abbr* (BRIT: = *Independent Television*) chaîne de
télévision commerciale
IUD *n abbr* = **intra-uterine device**
I've [aɪv] = **I have**
IVF *n abbr* (= *in vitro fertilization*) FIV *f* (= *fécondation
in vitro*)
ivory ['aɪvərɪ] *n* ivoire *m*
Ivory Coast *n* Côte *f* d'Ivoire
ivory tower *n* tour *f* d'ivoire
ivy ['aɪvɪ] *n* lierre *m*
Ivy League *n* (US) *voir article*

- **IVY LEAGUE**

L'**Ivy League** regroupe huit universités
privées du nord-est des États-Unis, qui
comptent parmi les plus anciennes du pays
et les plus prestigieuses du monde en raison
de l'excellence de leur enseignement. Elles
sélectionnent très strictement les candidats
à l'entrée et demandent des frais
d'inscription très élevés. De nombreuses
personnalités du monde politique et culturel
américain ont fait leurs études dans les
universités de l'*Ivy League*. Bien que le terme
désigne à l'origine une compétition sportive
entre les équipes des huit établissements, il a
acquis une connotation beaucoup plus large
en raison de la rivalité non seulement
sportive mais aussi intellectuelle qui les
oppose. Il est aujourd'hui synonyme
d'excellence et d'élitisme.

Jj

J, j [dʒeɪ] *n (letter)* J, j *m* ; **J for Jack**, *(US)* **J for Jig** J comme Joseph

JA *n abbr* = **judge advocate**

J/A *n abbr* = **joint account**

jab [dʒæb] *vt*: **to ~ sth into** enfoncer *or* planter qch dans ▸ *n* coup *m* ; *(Med, inf)* piqûre *f*

jabber ['dʒæbər] *vt, vi* bredouiller, baragouiner

jack [dʒæk] *n (Aut)* cric *m* ; *(Bowls)* cochonnet *m* ; *(Cards)* valet *m*
▸ **jack in** *vt (inf)* laisser tomber
▸ **jack up** *vt* soulever (au cric)

jackal ['dʒækl] *n* chacal *m*

jackass ['dʒækæs] *n (also fig)* âne *m*

jackdaw ['dʒækdɔː] *n* choucas *m*

jacket ['dʒækɪt] *n* veste *f*, veston *m* ; *(of boiler etc)* enveloppe *f* ; *(of book)* couverture *f*, jaquette *f*

jacket potato *n* pomme *f* de terre en robe des champs

jack-in-the-box ['dʒækɪnðəbɒks] *n* diable *m* à ressort

jackknife ['dʒæknaɪf] *n* couteau *m* de poche ▸ *vi*: **the lorry jackknifed** la remorque (du camion) s'est mise en travers

jack-of-all-trades ['dʒækəv'ɔːltreɪdz] *n* bricoleur *m*

jack plug *n (Brit)* jack *m*

jackpot ['dʒækpɒt] *n* gros lot

Jacuzzi® [dʒə'kuːzɪ] *n* jacuzzi® *m*

jade [dʒeɪd] *n* jade *m* ▸ *cpd (earrings, brooch)* de jade

jaded ['dʒeɪdɪd] *adj* éreinté(e), fatigué(e)

JAG *n abbr* = **Judge Advocate General**

jagged ['dʒægɪd] *adj* dentelé(e)

jaguar ['dʒægjuər] *n* jaguar *m*

jail [dʒeɪl] *n* prison *f* ▸ *vt* emprisonner, mettre en prison

jailbird ['dʒeɪlbəːd] *n* récidiviste *mf*

jailbreak ['dʒeɪlbreɪk] *n* évasion *f*

jailer ['dʒeɪlər] *n* geôlier(-ière)

jail sentence *n* peine *f* de prison

jalopy [dʒə'lɒpɪ] *n (inf)* vieux clou

jam [dʒæm] *n* confiture *f* ; *(of shoppers etc)* cohue *f* ; *(also:* **traffic jam***)* embouteillage *m* ; **to be in a ~** *(inf)* être dans le pétrin ; **to get sb out of a ~** *(inf)* sortir qn du pétrin ▸ *vt (passage etc)* encombrer, obstruer ; *(mechanism, drawer etc)* bloquer, coincer ; *(Radio)* brouiller ; **to ~ sth into** *(stuff)* entasser *or* comprimer qch dans ; *(thrust)* enfoncer qch dans ; **the telephone lines are jammed** les lignes (téléphoniques) sont encombrées ▸ *vi (mechanism, sliding part)* se coincer, se bloquer ; *(gun)* s'enrayer

Jamaica [dʒə'meɪkə] *n* Jamaïque *f*

Jamaican [dʒə'meɪkən] *adj* jamaïquain(e) ▸ *n* Jamaïquain(e)

jamb ['dʒæm] *n* jambage *m*

jam jar *n* pot *m* à confiture

jammed [dʒæmd] *adj (window etc)* coincé(e)

jam-packed [dʒæm'pækt] *adj*: **~ (with)** bourré(e) (de)

jam session *n* jam session *f*

jangle ['dʒæŋgl] *vi* cliqueter

janitor ['dʒænɪtər] *n (caretaker)* concierge *m*

January ['dʒænjuərɪ] *n* janvier *m* ; *see also* **July**

Japan [dʒə'pæn] *n* Japon *m*

Japanese [dʒæpə'niːz] *adj* japonais(e) ▸ *n (pl inv)* Japonais(e) ; *(Ling)* japonais *m*

jar [dʒɑːr] *n (stone, earthenware)* pot *m* ; *(glass)* bocal *m* ▸ *vi (sound)* produire un son grinçant *or* discordant ; *(colours etc)* détonner, jurer ▸ *vt (shake)* ébranler, secouer

jargon ['dʒɑːgən] *n* jargon *m*

jarring ['dʒɑːrɪŋ] *adj (sound, colour)* discordant(e)

Jas. *abbr* = **James**

jasmin, jasmine ['dʒæzmɪn] *n* jasmin *m*

jaundice ['dʒɔːndɪs] *n* jaunisse *f*

jaundiced ['dʒɔːndɪst] *adj (fig)* envieux(-euse), désapprobateur(-trice)

jaunt [dʒɔːnt] *n* balade *f*

jaunty ['dʒɔːntɪ] *adj* enjoué(e), désinvolte

Java ['dʒɑːvə] *n* Java *f*

javelin ['dʒævlɪn] *n* javelot *m*

jaw [dʒɔː] *n* mâchoire *f*

jawbone ['dʒɔːbəun] *n* maxillaire *m*

jay [dʒeɪ] *n* geai *m*

jaywalker ['dʒeɪwɔːkər] *n* piéton indiscipliné

jazz [dʒæz] *n* jazz *m*
▸ **jazz up** *vt* animer, égayer

jazz band *n* orchestre *m or* groupe *m* de jazz

jazzy ['dʒæzɪ] *adj* bariolé(e), tapageur(-euse) ; *(beat)* de jazz

JCB® *n* excavatrice *f*

JCS *n abbr (US)* = **Joint Chiefs of Staff**

JD *n abbr (US: = Doctor of Laws)* titre universitaire ; *(: = Justice Department)* ministère de la Justice

jealous ['dʒeləs] *adj* jaloux(-ouse)

jealously ['dʒeləslɪ] *adv* jalousement

jealousy ['dʒeləsɪ] *n* jalousie *f*

jeans [dʒiːnz] *npl* jean *m*

Jeep® [dʒiːp] *n* jeep *f*

jeer [dʒɪər] *vi*: **to ~ (at)** huer ; se moquer cruellement (de), railler

jeering ['dʒɪərɪŋ] *adj* railleur(-euse), moqueur(-euse) ▸ *n* huées *fpl*

jeers [dʒɪəz] *npl* huées *fpl* ; sarcasmes *mpl*
Jehovah's Witness [dʒɪˈhəʊvəz-] *n* témoin *m* de Jéhovah
Jell-O® [ˈdʒɛləu] *n* (US) gelée *f*
jelly [ˈdʒɛlɪ] *n* (*dessert*) gelée *f* ; (US: *jam*) confiture *f*
jellyfish [ˈdʒɛlɪfɪʃ] *n* méduse *f*
jeopardize [ˈdʒɛpədaɪz] *vt* mettre en danger *or* péril
jeopardy [ˈdʒɛpədɪ] *n*: **in ~** en danger *or* péril
jerk [dʒəːk] *n* secousse *f*, saccade *f* ; (*of muscle*) spasme *m* ; (*inf*) pauvre type *m* ▶ *vt* (*shake*) donner une secousse à ; (*pull*) tirer brusquement ▶ *vi* (*vehicles*) cahoter
jerkin [ˈdʒəːkɪn] *n* blouson *m*
jerky [ˈdʒəːkɪ] *adj* saccadé(e), cahotant(e)
jerry-built [ˈdʒɛrɪbɪlt] *adj* de mauvaise qualité
jerry can [ˈdʒɛrɪ-] *n* bidon *m*
Jersey [ˈdʒəːzɪ] *n* Jersey *f*
jersey [ˈdʒəːzɪ] *n* tricot *m* ; (*fabric*) jersey *m*
Jerusalem [dʒəˈruːsləm] *n* Jérusalem *f*
jest [dʒɛst] *n* plaisanterie *f* ; **in ~** en plaisantant
jester [ˈdʒɛstər] *n* (*Hist*) plaisantin *m*
Jesus [ˈdʒiːzəs] *n* Jésus *m* ; **~ Christ** Jésus-Christ
jet [dʒɛt] *n* (*of gas, liquid*) jet *m* ; (*Aut*) gicleur *m* ; (*Aviat*) avion *m* à réaction, jet *m*
jet-black [ˈdʒɛtˈblæk] *adj* (d'un noir) de jais
jet engine *n* moteur *m* à réaction
jet lag *n* décalage *m* horaire
jetsam [ˈdʒɛtsəm] *n* objets jetés à la mer (et rejetés sur la côte)
jet-setter [ˈdʒɛtsɛtər] *n* membre *m* du *or* de la jet set
jet-ski *vi* faire du jet-ski *or* scooter des mers
jettison [ˈdʒɛtɪsn] *vt* jeter par-dessus bord
jetty [ˈdʒɛtɪ] *n* jetée *f*, digue *f*
Jew [dʒuː] *n* Juif *m*
jewel [ˈdʒuːəl] *n* bijou *m*, joyau *m* ; (*in watch*) rubis *m*
jewelled, (US) **jeweled** [ˈdʒuːəld] *adj* orné(e) de pierreries
jeweller, (US) **jeweler** [ˈdʒuːələr] *n* bijoutier(-ière), joaillier *m*
jeweller's, jeweller's shop *n* (*BRIT*) bijouterie *f*, joaillerie *f*
jewellery, (US) **jewelry** [ˈdʒuːəlrɪ] *n* bijoux *mpl*
Jewess [ˈdʒuːɪs] *n* Juive *f*
Jewish [ˈdʒuːɪʃ] *adj* juif (juive)
JFK *n abbr* (US) = **John Fitzgerald Kennedy International Airport**
jib [dʒɪb] *n* (*Naut*) foc *m* ; (*of crane*) flèche *f* ▶ *vi* (*horse*) regimber ; **to ~ at doing sth** rechigner à faire qch
jibe [dʒaɪb] *n* sarcasme *m*
jiffy [ˈdʒɪfɪ] *n* (*inf*): **in a ~** en un clin d'œil
jig [dʒɪɡ] *n* (*dance, tune*) gigue *f*
jiggle [ˈdʒɪɡəl] *vt* (*from side to side*) remuer
jigsaw [ˈdʒɪɡsɔː] *n* (*also*: **jigsaw puzzle**) puzzle *m* ; (*tool*) scie sauteuse
jihad [dʒiˈhæd] *n* djihad *m*, jihad *m*
jilt [dʒɪlt] *vt* laisser tomber, plaquer
jingle [ˈdʒɪŋɡl] *n* (*advertising jingle*) couplet *m* publicitaire ▶ *vi* cliqueter, tinter
jingoism [ˈdʒɪŋɡəʊɪzəm] *n* chauvinisme *m*
jinx [dʒɪŋks] *n* (*inf*) (mauvais) sort *m*
jinxed [dʒɪŋkst] *adj* maudit(e)

jitters [ˈdʒɪtəz] *npl* (*inf*): **to get the ~** avoir la trouille *or* la frousse
jittery [ˈdʒɪtərɪ] *adj* (*inf*) nerveux(-euse) ; **to be ~** avoir les nerfs en pelote
jiujitsu [dʒuːˈdʒɪtsuː] *n* jiu-jitsu *m*
jive [dʒaɪv] *vi* danser le rock, danser le swing ▶ *n* rock *m*, swing *m*
Jnr *adj* (*BRIT*: = Junior) jr.
job [dʒɔb] *n* (*chore, task*) travail *m*, tâche *f* ; (*employment*) emploi *m*, poste *m*, place *f* ; **a part-time/full-time ~** un emploi à temps partiel/à plein temps ; **he's only doing his ~** il fait son boulot ; **it's a good ~ that ...** c'est heureux *or* c'est une chance que ... + *sub* ; **just the ~!** (c'est) juste *or* exactement ce qu'il faut !
jobber [ˈdʒɔbər] *n* (*BRIT Stock Exchange*) négociant *m* en titres
jobbing [ˈdʒɔbɪŋ] *adj* (*BRIT*: *workman*) à la tâche, à la journée
job centre [ˈdʒɔbsɛntər] *n* (*BRIT*) ≈ ANPE *f*, ≈ Agence nationale pour l'emploi
job creation scheme *n* plan *m* pour la création d'emplois
job description *n* description *f* du poste
jobless [ˈdʒɔblɪs] *adj* sans travail, au chômage ▶ *npl*: **the ~** les sans-emploi *m inv*, les chômeurs *mpl*
job lot *n* lot *m* (d'articles divers)
job satisfaction *n* satisfaction professionnelle
job security *n* sécurité *f* de l'emploi
job-share [ˈdʒɔbʃɛər] (*BRIT*) *n* (*also*: **job share**) partage *m* de poste ▶ *vi* partager un poste
job specification *n* caractéristiques *fpl* du poste
Jock [dʒɔk] *n* (*inf: Scotsman*) Écossais *m*
jockey [ˈdʒɔkɪ] *n* jockey *m* ▶ *vi*: **to ~ for position** manœuvrer pour être bien placé
jockey box *n* (*US Aut*) boîte *f* à gants, vide-poches *m inv*
jockstrap [ˈdʒɔkstræp] *n* slip *m* de sport
jocular [ˈdʒɔkjulər] *adj* jovial(e), enjoué(e) ; facétieux(-euse)
jodhpurs [ˈdʒɔdpəz] *npl* jodhpur *m*, jodhpurs *mpl*
jog [dʒɔɡ] *vt* secouer ; **to ~ sb's memory** rafraîchir la mémoire de qn ▶ *vi* (*Sport*) faire du jogging ; **to ~ along** cahoter ; trotter
jogger [ˈdʒɔɡər] *n* jogger *mf*
jogging [ˈdʒɔɡɪŋ] *n* jogging *m*
john [dʒɔn] *n* (*US inf*): **the ~** (*toilet*) les cabinets *mpl*
join [dʒɔɪn] *vt* (*put together*) unir, assembler ; (*become member of*) s'inscrire à ; (*meet*) rejoindre, retrouver ; (*queue*) se joindre à ; **will you ~ us for dinner?** vous dînerez bien avec nous ? ; **I'll ~ you later** je vous rejoindrai plus tard ; **to ~ forces (with)** s'associer (à) ▶ *vi* (*roads, rivers*) se rejoindre, se rencontrer ▶ *n* raccord *m*
▶ **join in** *vi* se mettre de la partie ▶ *vt fus* se mêler à
▶ **join up** *vi* (*meet*) se rejoindre ; (*Mil*) s'engager
joiner [ˈdʒɔɪnər] *n* (*BRIT*) menuisier *m*
joinery [ˈdʒɔɪnərɪ] *n* menuiserie *f*
joint [dʒɔɪnt] *n* (*Tech*) jointure *f* ; joint *m* ; (*Anat*) articulation *f*, jointure ; (*BRIT Culin*) rôti *m* ; (*inf*:

place) boîte *f* ; *(of cannabis)* joint ▸ *adj* commun(e) ; *(committee)* mixte, paritaire ; *(winner)* ex aequo ; **~ responsibility** coresponsabilité *f*

joint account *n* compte joint

jointly ['dʒɔɪntlɪ] *adv* ensemble, en commun

joint ownership *n* copropriété *f*

joint-stock company ['dʒɔɪntstɔk-] *n* société *f* par actions

joint venture *n* entreprise commune

joist [dʒɔɪst] *n* solive *f*

joke [dʒəʊk] *n* plaisanterie *f* ; *(also:* **practical joke)** farce *f* ; **to play a ~ on** jouer un tour à, faire une farce à ▸ *vi* plaisanter

joker ['dʒəʊkəʳ] *n* plaisantin *m*, blagueur(-euse) ; *(Cards)* joker *m*

joking ['dʒəʊkɪŋ] *n* plaisanterie *f*

jokingly ['dʒəʊkɪŋlɪ] *adv* pour plaisanter ; **half-~** en plaisantant à moitié

jollity ['dʒɔlɪtɪ] *n* réjouissances *fpl*, gaieté *f*

jolly ['dʒɔlɪ] *adj* gai(e), enjoué(e) ; *(enjoyable)* amusant(e), plaisant(e) ▸ *adv* (BRIT inf) rudement, drôlement ; **~ good!** (BRIT) formidable ! ▸ *vt* (BRIT): **to ~ sb along** amadouer qn, convaincre *or* entraîner qn à force d'encouragements

jolt [dʒəʊlt] *n* cahot *m*, secousse *f* ; *(shock)* choc *m* ▸ *vt* cahoter, secouer

Jordan ['dʒɔːdən] *n (country)* Jordanie *f* ; *(river)* Jourdain *m*

Jordanian [dʒɔː'deɪnɪən] *adj* jordanien(ne) ▸ *n* Jordanien(ne)

joss stick ['dʒɔs-] *n* bâton *m* d'encens

jostle ['dʒɔsl] *vt* bousculer, pousser ▸ *vi* jouer des coudes

jot [dʒɔt] *n*: **not one ~** pas un brin ▸ **jot down** *vt* inscrire rapidement, noter

jotter ['dʒɔtəʳ] *n (BRIT: exercise book)* cahier *m* (de brouillon) ; *(: pad)* bloc-notes *m*

joule [dʒuːl] *n* joule *m*

journal ['dʒəːnl] *n* journal *m*

journalese [dʒəːnə'liːz] *n (pej)* style *m* journalistique

journalism ['dʒəːnəlɪzəm] *n* journalisme *m*

journalist ['dʒəːnəlɪst] *n* journaliste *mf*

journalistic [dʒəːnə'lɪstɪk] *adj* journalistique

journey ['dʒəːnɪ] *n* voyage *m* ; *(distance covered)* trajet *m* ; **the ~ takes two hours** le trajet dure deux heures ; **a 5-hour ~** un voyage de 5 heures ; **how was your ~?** votre voyage s'est bien passé ? ▸ *vi* voyager

⚠ **journey** ne veut pas dire *journée*.

jovial ['dʒəʊvɪəl] *adj* jovial(e)

jowl [dʒaʊl] *n* mâchoire *f (inférieure)* ; bajoue *f*

joy [dʒɔɪ] *n* joie *f*

joyful ['dʒɔɪful], **joyous** ['dʒɔɪəs] *adj* joyeux(-euse)

joyride ['dʒɔɪraɪd] *vi*: **to go joyriding** faire une virée dans une voiture volée

joyrider ['dʒɔɪraɪdəʳ] *n* voleur(-euse) de voiture *(qui fait une virée dans le véhicule volé)*

joy stick *n (Aviat)* manche *m* à balai ; *(Comput)* manche *m* à balai, manette *f* (de jeu)

JP *n abbr* = **Justice of the Peace**

JPEG ['dʒeɪpeg] *n* JPEG *m* ▸ *cpd*: **~ image** image *f* en format JPEG

Jr *abbr* = **junior**

JTPA *n abbr* (US: = Job Training Partnership Act) *programme gouvernemental de formation*

jubilant ['dʒuːbɪlnt] *adj* triomphant(e), réjoui(e)

jubilation [dʒuːbɪ'leɪʃən] *n* jubilation *f*

jubilee ['dʒuːbɪliː] *n* jubilé *m* ; **silver ~** (jubilé du) vingt-cinquième anniversaire

Judaism ['dʒuːdeɪɪzəm] *n* judaïsme *m*

judge [dʒʌdʒ] *n* juge *m* ▸ *vt* juger ; *(estimate: weight, size etc)* apprécier ; *(consider)* estimer ▸ *vi*: **judging** *or* **to ~ by his expression** d'après son expression ; **as far as I can ~** autant que je puisse en juger

judge advocate *n (Mil)* magistrat *m* militaire

judgment, judgement ['dʒʌdʒmənt] *n* jugement *m* ; *(punishment)* châtiment *m* ; **in my ~** à mon avis ; **to pass ~ on** *(Law)* prononcer un jugement (sur)

judgmental, judgemental [dʒʌdʒ'mentəl] *adj*: **to be ~** être catégorique dans ses jugements ; **to be judgemental about sb** s'ériger en juge à propos de qn

judicial [dʒuː'dɪʃl] *adj* judiciaire ; *(fair)* impartial(e)

judiciary [dʒuː'dɪʃɪərɪ] *n* (pouvoir *m*) judiciaire *m*

judicious [dʒuː'dɪʃəs] *adj* judicieux(-euse)

judo ['dʒuːdəʊ] *n* judo *m*

jug [dʒʌg] *n* pot *m*, cruche *f*

jugged hare ['dʒʌgd-] *n (BRIT)* civet *m* de lièvre

juggernaut ['dʒʌgənɔːt] *n (BRIT: huge truck)* mastodonte *m*

juggle ['dʒʌgl] *vi* jongler

juggler ['dʒʌgləʳ] *n* jongleur *m*

Jugoslav ['juːgəʊslɑːv] *adj*, *n* = **Yugoslav**

jugular ['dʒʌgjuləʳ] *adj*: **~ (vein)** veine *f* jugulaire

juice [dʒuːs] *n* jus *m* ; *(inf: petrol)*: **we've run out of ~** c'est la panne sèche

juicy ['dʒuːsɪ] *adj* juteux(-euse)

jukebox ['dʒuːkbɔks] *n* juke-box *m*

Jul. *abbr* (= July) juil.

July [dʒuː'laɪ] *n* juillet *m* ; **the first of ~** le premier juillet ; **(on) the eleventh of ~** le onze juillet ; **in the month of ~** au mois de juillet ; **at the beginning/end of ~** au début/à la fin (du mois) de juillet, début/fin juillet ; **in the middle of ~** au milieu (du mois) de juillet, à la mi-juillet ; **during ~** pendant le mois de juillet ; **in ~ of next year** en juillet de l'année prochaine ; **each** *or* **every ~** tous les ans *or* chaque année en juillet ; **~ was wet this year** il a beaucoup plu cette année en juillet

jumble ['dʒʌmbl] *n* fouillis *m* ▸ *vt (also:* **jumble up, jumble together)** mélanger, brouiller

jumble sale *n (BRIT)* vente *f* de charité

jumbo ['dʒʌmbəʊ] *adj (also:* **jumbo jet)** *(avion)* gros porteur (à réaction) ; **~ size** format maxi *or* extra-grand

jump [dʒʌmp] *vi* sauter, bondir ; *(with fear etc)* sursauter ; *(increase)* monter en flèche ▸ *vt* sauter, franchir ; **to ~ the queue** (BRIT) passer avant son tour ▸ *n* saut *m*, bond *m* ; *(with fear etc)* sursaut *m* ; *(fence)* obstacle *m* ▸ **jump about** *vi* sautiller

▶**jump at** vt fus (fig) sauter sur ; **he jumped at the offer** il s'est empressé d'accepter la proposition
▶**jump down** vi sauter (pour descendre)
▶**jump up** vi se lever (d'un bond)
jumped-up ['dʒʌmptʌp] adj (BRIT pej) parvenu(e)
jumper ['dʒʌmpər] n (BRIT: pullover) pull-over m ; (US: pinafore dress) robe-chasuble f ; (Sport) sauteur(-euse)
jump leads, (US) **jumper cables** npl câbles mpl de démarrage
jump-start ['dʒʌmpstɑːt] vt (car: push) démarrer en poussant ; (: with jump leads) démarrer avec des câbles (de démarrage) ; (fig: project, situation) faire redémarrer promptement
jumpy ['dʒʌmpɪ] adj nerveux(-euse), agité(e)
Jun. abbr = **June; junior**
junction ['dʒʌŋkʃən] n (BRIT: of roads) carrefour m ; (: of rails) embranchement m
juncture ['dʒʌŋktʃər] n: **at this ~** à ce moment-là, sur ces entrefaites
June [dʒuːn] n juin m ; see also **July**
jungle ['dʒʌŋgl] n jungle f
junior ['dʒuːnɪər] adj, n: **he's ~ to me (by two years), he's my ~ (by two years)** il est mon cadet (de deux ans), il est plus jeune que moi (de deux ans) ; **he's ~ to me** (seniority) il est en dessous de moi (dans la hiérarchie), j'ai plus d'ancienneté que lui
junior executive n cadre moyen
junior high school n (US) ≈ collège m d'enseignement secondaire ; see also **high school**
junior minister n (BRIT) ministre m sous tutelle
junior partner n associé(-adjoint) m
junior school n (BRIT) école f primaire
junior sizes npl (Comm) tailles fpl fillettes/garçonnets
juniper ['dʒuːnɪpər] n: **~ berry** baie f de genièvre
junk [dʒʌŋk] n (rubbish) camelote f ; (cheap goods) bric-à-brac m inv ; (ship) jonque f ▶ vt (inf) abandonner, mettre au rancart
junk bond n (Comm) obligation hautement spéculative utilisée dans les OPA agressives
junk dealer n brocanteur(-euse)
junket ['dʒʌŋkɪt] n (Culin) lait caillé ; (BRIT inf): **to go on a ~, go junketing** voyager aux frais de la princesse
junk food n snacks vite prêts (sans valeur nutritive)
junkie ['dʒʌŋkɪ] n (inf) junkie m, drogué(e)
junk mail n prospectus mpl ; (Comput) messages mpl publicitaires
junk room n (US) débarras m
junk shop n (boutique f de) brocanteur m

Junr abbr = **junior**
junta ['dʒʌntə] n junte f
Jupiter ['dʒuːpɪtər] n (planet) Jupiter f
jurisdiction [dʒuərɪs'dɪkʃən] n juridiction f ; **it falls** or **comes within/outside our ~** cela est/n'est pas de notre compétence or ressort
jurisprudence [dʒuərɪs'pruːdəns] n jurisprudence f
juror ['dʒuərər] n juré m
jury ['dʒuərɪ] n jury m
jury box n banc m des jurés
juryman ['dʒuərɪmən] n (irreg) = **juror**
just [dʒʌst] adj juste ▶ adv: **he's ~ done it/left it** vient de le faire/partir ; **~ as I expected** exactement or précisément comme je m'y attendais ; **~ right/two o'clock** exactement or juste ce qu'il faut/deux heures ; **we were ~ going** nous partions ; **I was ~ about to phone** j'allais téléphoner ; **~ as he was leaving** au moment or à l'instant précis où il partait ; **~ before/enough/here** juste avant/assez/là ; **it's ~ me/a mistake** ce n'est que moi/(rien) qu'une erreur ; **~ missed/caught** manqué/attrapé de justesse ; **~ listen to this!** écoutez un peu ça ! ; **~ ask someone the way** vous n'avez qu'à demander votre chemin à quelqu'un ; **it's ~ as good** c'est (vraiment) aussi bon ; **she's ~ as clever as you** elle est tout aussi intelligente que vous ; **it's ~ as well that you ...** heureusement que vous ... ; **not ~ now** pas tout de suite ; **~ a minute!, ~ one moment!** un instant (s'il vous plaît) !
justice ['dʒʌstɪs] n justice f ; (US: judge) juge m de la Cour suprême ; **Lord Chief J~** (BRIT) premier président de la cour d'appel ; **this photo doesn't do you ~** cette photo ne vous avantage pas
Justice of the Peace n juge m de paix
justifiable [dʒʌstɪ'faɪəbl] adj justifiable
justifiably [dʒʌstɪ'faɪəblɪ] adv légitimement, à juste titre
justification [dʒʌstɪfɪ'keɪʃən] n justification f
justify ['dʒʌstɪfaɪ] vt justifier ; **to be justified in doing sth** être en droit de faire qch
justly ['dʒʌstlɪ] adv avec raison, justement
justness ['dʒʌstnɪs] n justesse f
jut [dʒʌt] vi (also: **jut out**) dépasser, faire saillie
jute [dʒuːt] n jute m
juvenile ['dʒuːvənaɪl] adj juvénile ; (court, books) pour enfants ▶ n adolescent(e)
juvenile delinquency n délinquance f juvénile
juxtapose ['dʒʌkstəpəuz] vt juxtaposer
juxtaposition ['dʒʌkstəpə'zɪʃən] n juxtaposition f

j

Kk

K, k [keɪ] *n (letter)* K, k *m* ; **K for King** K comme Kléber ▶ *abbr (= one thousand)* K ; *(Brit: = Knight)* titre honorifique

kaftan ['kæftæn] *n* cafetan *m*

Kalahari Desert [kælə'hɑːrɪ-] *n* désert *m* de Kalahari

kale [keɪl] *n* chou frisé

kaleidoscope [kə'laɪdəskəup] *n* kaléidoscope *m*

kamikaze [kæmɪ'kɑːzɪ] *adj* kamikaze

Kampala [kæm'pɑːlə] *n* Kampala

Kampuchea [kæmpu'tʃɪə] *n* Kampuchéa *m*

kangaroo [kæŋgə'ruː] *n* kangourou *m*

Kans. *abbr (US)* = **Kansas**

kaput [kə'put] *adj (inf)* kaput

karaoke [kɑːrə'əukɪ] *n* karaoké *m*

karate [kə'rɑːtɪ] *n* karaté *m*

karma ['kɑːmə] *n* karma *m*

Kashmir [kæʃ'mɪəʳ] *n* Cachemire *m*

kayak ['kaɪæk] *n* kayak *m*

Kazakhstan [kɑːzɑːk'stæn] *n* Kazakhstan *m*

kB *n abbr (= kilobyte)* Ko *m*

KC *n abbr (Brit Law: = King's Counsel)* titre donné à certains avocats ; *see also* **QC**

kd *abbr (US: = knocked down)* en pièces détachées

kebab [kə'bæb] *n* kebab *m*

keel [kiːl] *n* quille *f* ; **on an even ~** *(fig)* à flot
▶ **keel over** *vi (Naut)* chavirer, dessaler ; *(person)* tomber dans les pommes

keen [kiːn] *adj (eager)* plein(e) d'enthousiasme ; *(interest, desire, competition)* vif (vive) ; *(eye, intelligence)* pénétrant(e) ; *(edge)* effilé(e) ; **to be ~ to do** *or* **on doing sth** désirer vivement faire qch, tenir beaucoup à faire qch ; **to be ~ on sth/sb** aimer beaucoup qch/qn ; **I'm not ~ on going** je ne suis pas chaud pour y aller, je n'ai pas très envie d'y aller

keenly ['kiːnlɪ] *adv (enthusiastically)* avec enthousiasme ; *(feel)* vivement, profondément ; *(look)* intensément

keenness ['kiːnnɪs] *n (eagerness)* enthousiasme *m* ; **~ to do** vif désir de faire

keep [kiːp] *(pt, pp* **kept** [kɛpt]*)* *vt (retain, preserve)* garder ; *(hold back)* retenir ; *(shop, accounts, promise, diary)* tenir ; *(support)* entretenir, assurer la subsistance de ; *(a promise)* tenir ; *(chickens, bees, pigs etc)* élever ; **to ~ sb from doing/sth from happening** empêcher qn de faire *or* que qch (ne) fasse/que qch (n')arrive ; **to ~ sb happy/a place tidy** faire que qn soit content/qu'un endroit reste propre ; **to ~ sb waiting** faire attendre qn ; **to ~ an appointment** ne pas manquer un rendez-vous ; **to ~ a record of sth** prendre note de qch ; **to ~ sth to o.s.** garder qch pour soi, tenir qch secret ; **to ~ sth from sb** cacher qch à qn ; **to ~ time** *(clock)* être à l'heure, ne pas retarder ▶ *vi (food)* se conserver ; *(remain: in a certain state or place)* rester ; **to ~ doing sth** *(continue)* continuer à faire qch ; *(repeatedly)* ne pas arrêter de faire qch ▶ *n (of castle)* donjon *m* ; *(food etc)*: **enough for his ~** assez pour (assurer) sa subsistance ; **for keeps** *(inf)* pour de bon, pour toujours
▶ **keep at** *vt fus*: **to ~ at it** persévérer
▶ **keep away** *vt*: **to ~ sth/sb away from sb** tenir qch/qn éloigné de qn ▶ *vi*: **to ~ away (from)** ne pas s'approcher (de)
▶ **keep back** *vt (crowds, tears, money)* retenir ; *(conceal: information)*: **to ~ sth back from sb** cacher qch à qn ▶ *vi* rester en arrière
▶ **keep down** *vt (control: prices, spending)* empêcher d'augmenter, limiter ; *(retain: food)* garder ▶ *vi (person)* rester assis(e) ; rester par terre
▶ **keep in** *vt (invalid, child)* garder à la maison ; *(Scol)* consigner ▶ *vi (inf)*: **to ~ in with sb** rester en bons termes avec qn
▶ **keep off** *vt (dog, person)* éloigner ; **~ your hands off!** pas touche ! *(inf)* ▶ *vt fus*: **"~ off the grass"** « pelouse interdite » ▶ *vi* ne pas s'approcher ; **if the rain keeps off** s'il ne pleut pas
▶ **keep on** *vi* continuer ; **to ~ on doing** continuer à faire ; **don't ~ on about it!** arrête (d'en parler) !
▶ **keep out** *vt* empêcher d'entrer ▶ *vi (stay out)* rester en dehors ; **"~ out"** « défense d'entrer »
▶ **keep to** *vt fus (plan, speed limit)* respecter ; *(path, road)* rester sur
▶ **keep up** *vi (fig: in comprehension)* suivre ; **to ~ up with sb** *(in work etc)* se maintenir au même niveau que qn ; *(in race etc)* aller aussi vite que qn ▶ *vt* continuer, maintenir

keeper ['kiːpəʳ] *n* gardien(ne)

keep-fit [kiːp'fɪt] *n* gymnastique *f* (d'entretien)

keeping ['kiːpɪŋ] *n (care)* garde *f* ; **in ~ with** en harmonie avec

keeps [kiːps] *n*: **for ~** *(inf)* pour de bon, pour toujours

keepsake ['kiːpseɪk] *n* souvenir *m*

keg [kɛg] *n* barrique *f*, tonnelet *m*

Ken. *abbr (US)* = **Kentucky**

kennel ['kɛnl] *n* niche *f* ; **kennels** *npl (for boarding)* chenil *m*

Kenya ['kɛnjə] n Kenya m
Kenyan ['kɛnjən] adj kényan(ne) ▸ n Kényan(ne)
kept [kɛpt] pt, pp of **keep**
kerb [kəːb] n (BRIT) bordure f du trottoir
kerb crawler [-krɔːləʳ] n personne qui accoste les prostitué(e)s en voiture
kernel ['kəːnl] n amande f ; (fig) noyau m
kerosene ['kɛrəsiːn] n kérosène m
kestrel ['kɛstrəl] n faucon m crécerelle
ketchup ['kɛtʃəp] n ketchup m
kettle ['kɛtl] n bouilloire f
kettling ['kɛtəlɪŋ] n = tactique f de l'encerclement ; tactique policière consistant à encercler des manifestants pour les confiner dans un lieu de façon prolongée
key [kiː] n (gen, Mus) clé f ; (of piano, typewriter) touche f ; (on map) légende f ; **can I have my ~?** je peux avoir ma clé ? ▸ adj (factor, role, area) clé inv ; **a ~ issue** un problème fondamental ▸ cpd (-)clé ▸ vt (word) taper
▸ **key in** vt (text) rentrer, taper
keyboard ['kiːbɔːd] n clavier m ▸ vt (text) saisir
keyboarder ['kiːbɔːdəʳ] n claviste mf
keyed up [kiːd-] adj: **to be (all) ~** être surexcité(e)
keyhole ['kiːhəul] n trou m de la serrure
keyhole surgery n chirurgie très minutieuse où l'incision est minimale
keynote ['kiːnəut] n (Mus) tonique f ; (fig) note dominante
keypad ['kiːpæd] n pavé m numérique
keyring ['kiːrɪŋ] n porte-clés m
keystroke ['kiːstrəuk] n frappe f
kg abbr (= kilogram) K
KGB n abbr KGB m
khaki ['kɑːkɪ] adj, n kaki m
kibbutz [kɪ'buts] n kibboutz m
kick [kɪk] vt donner un coup de pied à ; **to ~ the habit** (inf) arrêter ▸ vi (horse) ruer ▸ n coup m de pied ; (of rifle) recul m ; (inf: thrill): **he does it for kicks** il le fait parce que ça l'excite, il le fait pour le plaisir
▸ **kick around** vi (inf) traîner
▸ **kick in** vi (start working) se mettre en marche
▸ **kick off** vi (Sport) donner le coup d'envoi
▸ **kick out** vt (inf) virer (inf) ; **to ~ sb out of sth** virer qn de qch
▸ **kick up** vt: **to ~ up a fuss (about sth)** faire du foin (à propos de qch) ; **to ~ up a rumpus** faire du scandale
kickback ['kɪkbæk] n (bribe) pot m de vin
kick-off ['kɪkɔf] n (Sport) coup m d'envoi
kick-start ['kɪkstɑːt] n (also: **kick-starter**) lanceur m au pied
kid [kɪd] n (inf: child) gamin(e), gosse mf ; (animal, leather) chevreau m ▸ vi (inf) plaisanter, blaguer
kid gloves npl: **to treat sb with ~** traiter qn avec ménagement
kidnap ['kɪdnæp] vt enlever, kidnapper
kidnapper ['kɪdnæpəʳ] n ravisseur(-euse)
kidnapping ['kɪdnæpɪŋ] n enlèvement m
kidney ['kɪdnɪ] n (Anat) rein m ; (Culin) rognon m
kidney bean n haricot m rouge
kidney machine n (Med) rein artificiel

Kilimanjaro [kɪlɪmən'dʒɑːrəu] n: **Mount ~** Kilimandjaro m
kill [kɪl] vt tuer ; (fig) faire échouer ; détruire ; supprimer ; **to ~ time** tuer le temps ▸ n mise f à mort
▸ **kill off** vt exterminer ; (fig) éliminer
killer ['kɪləʳ] n tueur(-euse) ; (murderer) meurtrier(-ière)
killer instinct n combativité f ; **to have the ~** avoir un tempérament de battant
killing ['kɪlɪŋ] n meurtre m ; (of group of people) tuerie f, massacre m ; (inf): **to make a ~** se remplir les poches, réussir un beau coup ▸ adj (inf) tordant(e)
killjoy ['kɪldʒɔɪ] n rabat-joie m inv
kiln [kɪln] n four m
kilo ['kiːləu] n kilo m
kilobyte ['kiːləubaɪt] n (Comput) kilo-octet m
kilogram, kilogramme ['kɪləugræm] n kilogramme m
kilometre, (US) **kilometer** ['kɪləmiːtəʳ] n kilomètre m

> When saying how far away something is, the distance is preceded by à.
> It's ten kilometres from here. **C'est à dix kilomètres d'ici.**

kilowatt ['kɪləuwɔt] n kilowatt m
kilt [kɪlt] n kilt m
kilter ['kɪltəʳ] n: **out of ~** déréglé(e), détraqué(e)
kimono [kɪ'məunəu] n kimono m
kin [kɪn] n see **next-of-kin**; **kith**
kind [kaɪnd] adj gentil(le), aimable ; **would you be ~ enough to …?**, **would you be so ~ as to …?** auriez-vous la gentillesse or l'obligeance de … ? ; **it's very ~ of you (to do)** c'est très aimable à vous (de faire) ▸ n sorte f, espèce f ; (species) genre m ; **to be two of a ~** se ressembler ; **in ~** (Comm) en nature ; (fig) **to repay sb in ~** rendre la pareille à qn ; **~ of** (inf: rather) plutôt ; **a ~ of** une sorte de ; **what ~ of …?** quelle sorte de … ?
kindergarten ['kɪndəgɑːtn] n jardin m d'enfants
kind-hearted [kaɪnd'hɑːtɪd] adj bon(ne)
Kindle® ['kɪndl] n Kindle® m
kindle ['kɪndl] vt allumer, enflammer
kindling ['kɪndlɪŋ] n petit bois
kindly ['kaɪndlɪ] adj bienveillant(e), plein(e) de gentillesse ▸ adv avec bonté ; **will you ~ …** auriez-vous la bonté or l'obligeance de … ; **he didn't take it ~** il l'a mal pris
kindness ['kaɪndnɪs] n (quality) bonté f, gentillesse f
kindred ['kɪndrɪd] adj apparenté(e) ; **~ spirit** âme f sœur
kinetic [kɪ'nɛtɪk] adj cinétique
king [kɪŋ] n roi m
kingdom ['kɪŋdəm] n royaume m
kingfisher ['kɪŋfɪʃəʳ] n martin-pêcheur m
kingpin ['kɪŋpɪn] n (Tech) pivot m ; (fig) cheville ouvrière
king-size ['kɪŋsaɪz], **king-sized** ['kɪŋsaɪzd] adj (cigarette) (format) extra-long (longue)
king-size bed, king-sized bed n grand lit (de 1,95 m de large)

k

kink [kɪŋk] n (of rope) entortillement m ; (in hair) ondulation f ; (inf: fig) aberration f

kinky ['kɪŋkɪ] adj (fig) excentrique ; (pej) aux goûts spéciaux

kinship ['kɪnʃɪp] n parenté f

kinsman ['kɪnzmən] n (irreg) parent m

kinswoman ['kɪnzwumən] n (irreg) parente f

kiosk ['kiːɔsk] n kiosque m ; (BRIT: also: **telephone kiosk**) cabine f (téléphonique) ; (also: **newspaper kiosk**) kiosque à journaux

kipper ['kɪpəʳ] n hareng fumé et salé

Kirghizia [kəːˈgɪzɪə] n Kirghizistan m

kiss [kɪs] n baiser m ▶ vt embrasser ; **to ~ (each other)** s'embrasser ; **to ~ sb goodbye** dire au revoir à qn en l'embrassant

kissagram ['kɪsəgræm] n baiser envoyé à l'occasion d'une célébration par l'intermédiaire d'une personne employée à cet effet

kiss of life n (BRIT) bouche à bouche m

kit [kɪt] n équipement m, matériel m ; (set of tools etc) trousse f ; (for assembly) kit m ; **tool ~** nécessaire m à outils
▶ **kit out** vt (BRIT) équiper

kitbag ['kɪtbæg] n sac m de voyage or de marin

kitchen ['kɪtʃɪn] n cuisine f

kitchen garden n jardin m potager

kitchen sink n évier m

kitchen unit n (BRIT) élément m de cuisine

kitchenware ['kɪtʃɪnwɛəʳ] n vaisselle f ; ustensiles mpl de cuisine

kite [kaɪt] n (toy) cerf-volant m ; (Zool) milan m

kith [kɪθ] n: **~ and kin** parents et amis mpl

kitten ['kɪtn] n petit chat, chaton m

kitty ['kɪtɪ] n (money) cagnotte f

kiwi ['kiːwiː] n (also: **kiwi fruit**) kiwi m

KKK n abbr (US) = **Ku Klux Klan**

Kleenex® ['kliːnɛks] n Kleenex® m

kleptomaniac [klɛptəuˈmeɪnɪæk] n kleptomane mf

km abbr (= kilometre) km

km/h abbr (= kilometres per hour) km/h

knack [næk] n: **to have the ~ (of doing)** avoir le coup (pour faire) ; **there's a ~** il y a un coup à prendre or une combine

knackered ['nækəd] adj (inf) crevé(e), nase

knapsack ['næpsæk] n musette f

knave [neɪv] n (Cards) valet m

knead [niːd] vt pétrir

knee [niː] n genou m

kneecap ['niːkæp] n rotule f ▶ vt tirer un coup de feu dans la rotule de

knee-deep ['niːˈdiːp] adj: **the water was ~** l'eau arrivait aux genoux

kneel [niːl] (pt, pp knelt [nɛlt]) vi (also: **kneel down**) s'agenouiller

kneepad ['niːpæd] n genouillère f

knell [nɛl] n glas m

knelt [nɛlt] pt, pp of **kneel**

knew [njuː] pt of **know**

knickers ['nɪkəz] npl (BRIT) culotte f (de femme)

knick-knack ['nɪknæk] n colifichet m

knife [naɪf] (pl knives [naɪvz]) n couteau m ; **~, fork and spoon** couvert m ▶ vt poignarder, frapper d'un coup de couteau

knife-edge ['naɪfɛdʒ] n: **to be on a ~** être sur le fil du rasoir

knifepoint ['naɪfpɔɪnt] n: **at ~** (rape, rob) sous la menace d'un couteau ; **to hold sb at ~** tenir qn en respect avec son couteau

knight [naɪt] n chevalier m ; (Chess) cavalier m

knighthood ['naɪthud] n chevalerie f ; (title): **to get a ~** être fait chevalier

knit [nɪt] vt tricoter ; (fig): **to ~ together** unir ; **to ~ one's brows** froncer les sourcils ▶ vi tricoter ; (broken bones) se ressouder

knitted ['nɪtɪd] adj en tricot

knitting ['nɪtɪŋ] n tricot m

knitting machine n machine f à tricoter

knitting needle n aiguille f à tricoter

knitting pattern n modèle m (pour tricot)

knitwear ['nɪtwɛəʳ] n tricots mpl, lainages mpl

knives [naɪvz] npl of **knife**

knob [nɔb] n bouton m ; (BRIT): **a ~ of butter** une noix de beurre

knobbly ['nɔblɪ], (US) **knobby** ['nɔbɪ] adj (wood, surface) noueux(-euse) ; (knees) noueux

knock [nɔk] vt frapper ; (bump into) heurter ; (force: nail etc): **to ~ a nail into** enfoncer un clou dans ; (inf, fig) dénigrer ; (make: hole etc): **to ~ a hole in** faire un trou dans, trouer ▶ vi (engine) cogner ; (at door etc): **to ~ at/on** frapper à/sur ; **he knocked at the door** il frappa à la porte ▶ n coup m
▶ **knock down** vt renverser ; (price) réduire
▶ **knock off** vi (inf: finish) s'arrêter (de travailler) ▶ vt (vase, object) faire tomber ; (inf: steal) piquer ; (fig: from price etc): **to ~ off £10** faire une remise de 10 livres
▶ **knock out** vt assommer ; (Boxing) mettre k.-o. ; (in competition) éliminer
▶ **knock over** vt (object) faire tomber ; (pedestrian) renverser

knockdown ['nɔkdaun] adj (price) sacrifié(e)

knocker ['nɔkəʳ] n (on door) heurtoir m

knocking ['nɔkɪŋ] n coups mpl

knock-kneed [nɔkˈniːd] adj aux genoux cagneux

knockout ['nɔkaut] n (Boxing) knock-out m, K.-O. m ; **~ competition** (BRIT) compétition f avec épreuves éliminatoires

knock-up ['nɔkʌp] n (Tennis): **to have a ~** faire des balles

knot [nɔt] n (gen) nœud m ; **to tie a ~** faire un nœud ▶ vt nouer

knotty ['nɔtɪ] adj (fig) épineux(-euse)

know [nəu] (pt knew [njuː], pp known [nəun]) vt savoir ; (person, place) connaître ; **to ~ that** savoir que ; **to ~ how to do** savoir faire ; **to ~ how to swim** savoir nager ; **to get to ~ sth** (fact) apprendre qch ; (place) apprendre à connaître qch ; **I don't ~ him** je ne le connais pas ; **do you ~ where I can ...?** savez-vous où je peux ...? ; **to ~ right from wrong** savoir distinguer le bon du mauvais ▶ vi savoir ; **I don't ~** je ne sais pas ; **as far as I ~ ...** à ma connaissance ..., autant que je sache ...
▶ **know about** vt fus (news, event) être au courant de ; (subject) s'y connaître en ; **to ~ a lot about sth** bien s'y connaître en qch ; **I don't ~ much**

about computers je ne m'y connais pas bien en informatique
▸ **know of** vt fus (have heard of) connaître ; **no, not that I ~ of** non, pas autant que je sache
know-all ['nəuɔːl] n (BRIT pej) je-sais-tout mf
know-how ['nəuhau] n savoir-faire m, technique f, compétence f
knowing ['nəuɪŋ] adj (look etc) entendu(e)
knowingly ['nəuɪŋlɪ] adv (on purpose) sciemment ; (smile, look) d'un air entendu
know-it-all ['nəuɪtɔːl] n (US) = **know-all**
knowledge ['nɔlɪdʒ] n connaissance f ; (learning) connaissances, savoir m ; **to have no ~ of** ignorer ; **not to my ~** pas à ma connaissance ; **without my ~** à mon insu ; **to have a working ~ of French** se débrouiller en français ; **it is common ~ that ...** chacun sait que ... ; **it has come to my ~ that ...** j'ai appris que ...
knowledgeable ['nɔlɪdʒəbl] adj bien informé(e)
known [nəun] pp of **know** ▸ adj (thief, facts) notoire ; (expert) célèbre
knuckle ['nʌkl] n articulation f (des phalanges), jointure f
▸ **knuckle down** vi (inf) s'y mettre
▸ **knuckle under** vi (inf) céder
knuckleduster ['nʌkldʌstər] n coup-de-poing américain

KO abbr = **knock out** ▸ n K.-O. m ▸ vt mettre K.-O.
koala [kəu'ɑːlə] n (also: **koala bear**) koala m
kook [kuːk] n (US inf) loufoque mf
Koran [kɔ'rɑːn] n Coran m
Korea [kə'rɪə] n Corée f ; **North/South ~** Corée du Nord/Sud
Korean [kə'rɪən] adj coréen(ne) ▸ n Coréen(ne)
kosher ['kəuʃər] adj kascher inv
Kosovar, Kosovan ['kɔsəvɑːr, 'kɔsəvæn] adj kosovar(e)
Kosovo ['kɔsɔvəu] n Kosovo m
kowtow ['kau'tau] vi: **to ~ to sb** s'aplatir devant qn
Kremlin ['kremlɪn] n: **the ~** le Kremlin
KS abbr (US) = **Kansas**
Kt abbr (BRIT: = Knight) titre honorifique
Kuala Lumpur ['kwɑːlə'lumpuər] n Kuala Lumpur
kudos ['kjuːdɔs] n gloire f, lauriers mpl
Kurd [kəːd] n Kurde mf
Kurdish ['kəːdɪʃ] adj kurde ▸ n (language) kurde m
Kuwait [ku'weɪt] n Koweït m
Kuwaiti [ku'weɪtɪ] adj koweïtien(ne) ▸ n Koweïtien(ne)
kW abbr (= kilowatt) kW
KY, Ky. abbr (US) = **Kentucky**

L¹, l¹ [ɛl] *n* (*letter*) L, l *m* ; **L for Lucy,** (*US*) **L for Love** L comme Louis

L² *abbr* (= *lake, large*) L ; (*BRIT Aut*: = *learner*) *signale un conducteur débutant* ; (= *left*) g

l. *abbr* (= *litre*) l

LA *n abbr* (*US*) = **Los Angeles** ▶ *abbr* (*US*) = **Louisiana**

La. *abbr* (*US*) = **Louisiana**

lab [læb] *n abbr* (= *laboratory*) labo *m*

Lab. *abbr* (*CANADA*) = **Labrador**

label ['leɪbl] *n* étiquette *f* ; (*brand: of record*) marque *f* ▶ *vt* étiqueter ; **to ~ sb a …** qualifier qn de …

labor *etc* ['leɪbə^r] *n* (*US*) = **labour** *etc*

laboratory [lə'bɔrətərɪ] *n* laboratoire *m*

Labor Day *n* (*US, CANADA*) fête *f* du travail (*le premier lundi de septembre*)

⋮ **LABOR DAY**
⋮
⋮ **Labor Day** aux États-Unis et au Canada est
⋮ fixée au premier lundi de septembre.
⋮ Instituée par le Congrès en 1894 après avoir
⋮ été réclamée par les mouvements ouvriers
⋮ pendant douze ans, elle a perdu une grande
⋮ partie de son caractère politique pour
⋮ devenir un jour férié assez ordinaire et
⋮ l'occasion de partir pour un long week-end
⋮ avant la rentrée des classes.

laborious [lə'bɔːrɪəs] *adj* laborieux(-euse)

labor union *n* (*US*) syndicat *m*

Labour ['leɪbə^r] *n* (*BRIT Pol*: *also*: **the Labour Party**) le parti travailliste, les travaillistes *mpl*

labour, (*US*) **labor** ['leɪbə^r] *n* (*work*) travail *m* ; (*workforce*) main-d'œuvre *f* ; (*Med*) travail, accouchement *m* ; **in ~** (*Med*) en travail ▶ *vi*: **to ~ (at)** travailler dur (à), peiner (sur) ▶ *vt*: **to ~ a point** insister sur un point

labour camp, (*US*) **labor camp** *n* camp *m* de travaux forcés

labour cost, (*US*) **labor cost** *n* coût *m* de la main-d'œuvre ; coût de la façon

laboured, (*US*) **labored** ['leɪbəd] *adj* lourd(e), laborieux(-euse) ; (*breathing*) difficile, pénible ; (*style*) lourd, embarrassé(e)

labourer, (*US*) **laborer** ['leɪbərə^r] *n* manœuvre *m* ; **farm ~** ouvrier *m* agricole

labour force, (*US*) **labor force** *n* main-d'œuvre *f*

labour-intensive, (*US*) **labor-intensive** [leɪbərɪn'tensɪv] *adj* intensif(-ive) en main-d'œuvre

labour market, (*US*) **labor market** *n* marché *m* du travail

labour pains, (*US*) **labor pains** *npl* douleurs *fpl* de l'accouchement

labour relations, (*US*) **labor relations** *npl* relations *fpl* dans l'entreprise

labour-saving, (*US*) **labor-saving** ['leɪbəseɪvɪŋ] *adj* qui simplifie le travail

labour unrest, (*US*) **labor unrest** *n* agitation sociale

labyrinth ['læbɪrɪnθ] *n* labyrinthe *m*, dédale *m*

lace [leɪs] *n* dentelle *f* ; (*of shoe etc*) lacet *m* ▶ *vt* (*shoe: also*: **lace up**) lacer ; (*drink*) arroser, corser

lacemaking ['leɪsmeɪkɪŋ] *n* fabrication *f* de dentelle

laceration [læsə'reɪʃən] *n* lacération *f*

lace-up ['leɪsʌp] *adj* (*shoes etc*) à lacets

lack [læk] *n* manque *m* ; **through** *or* **for ~ of** faute de, par manque de ▶ *vt* manquer de ▶ *vi*: **to be lacking** manquer, faire défaut ; **to be lacking in** manquer de

lackadaisical [lækə'deɪzɪkl] *adj* nonchalant(e), indolent(e)

lackey ['lækɪ] *n* (*also fig*) laquais *m*

lacklustre ['læklʌstə^r] *adj* terne

laconic [lə'kɔnɪk] *adj* laconique

lacquer ['lækə^r] *n* laque *f*

lacquered ['lækəd] *adj* laqué(e)

lacrosse [lə'krɔs] *n* la crosse *f*, jeu *m* de la crosse

lacy ['leɪsɪ] *adj* (*made of lace*) en dentelle ; (*like lace*) comme de la dentelle, qui ressemble à de la dentelle

lad [læd] *n* garçon *m*, gars *m* ; (*BRIT: in stable etc*) lad *m*

ladder ['lædə^r] *n* échelle *f* ; (*BRIT: in tights*) maille filée *f* ▶ *vt, vi* (*BRIT: tights*) filer

laden ['leɪdn] *adj*: **~ (with)** chargé(e) (de) ; **fully ~** (*truck, ship*) en pleine charge

ladle ['leɪdl] *n* louche *f*

lady ['leɪdɪ] *n* dame *f* ; **"ladies and gentlemen …"** « Mesdames (et) Messieurs … » ; **young ~** jeune fille *f* ; (*married*) jeune femme *f* ; **L~ Smith** lady Smith ; **the ladies' (room)** les toilettes *fpl* des dames ; **a ~ doctor** une doctoresse, une femme médecin

ladybird ['leɪdɪbəːd], (*US*) **ladybug** ['leɪdɪbʌg] *n* coccinelle *f*

lady-in-waiting ['leɪdɪɪn'weɪtɪŋ] *n* dame *f* d'honneur

lady-killer ['leɪdɪkɪlə^r] *n* don Juan *m*

ladylike ['leɪdɪlaɪk] *adj* distingué(e)

ladyship ['leɪdɪʃɪp] *n*: **your L~** Madame la comtesse (*or* la baronne *etc*)
lag [læg] *n* retard *m* ▶ *vi* (*also*: **lag behind**) rester en arrière, traîner ; (: *fig*) rester à la traîne ▶ *vt* (*pipes*) calorifuger
lager ['lɑːgəʳ] *n* bière blonde
lager lout *n* (*BRIT inf*) jeune voyou *m* (*porté sur la boisson*)
lagging ['lægɪŋ] *n* enveloppe isolante, calorifuge *m*
lagoon [lə'guːn] *n* lagune *f*
Lagos ['leɪgɔs] *n* Lagos
laid [leɪd] *pt, pp of* **lay**
laid back *adj* (*inf*) relaxe, décontracté(e)
laid up *adj* alité(e)
lain [leɪn] *pp of* **lie**
lair [lɛəʳ] *n* tanière *f*, gîte *m*
laissez-faire [lɛseɪ'fɛəʳ] *n* libéralisme *m*
laity ['leɪətɪ] *n* laïques *mpl*
lake [leɪk] *n* lac *m*
Lake District *n*: **the ~** (*BRIT*) la région des lacs
lamb [læm] *n* agneau *m*
lambast [læm'bæst], (*US*) **lambaste** [læm'beɪst] *vt* étriller
lamb chop *n* côtelette *f* d'agneau
lambing ['læmɪŋ] *n* agnelage *m*
lambskin ['læmskɪn] *n* (peau *f* d')agneau *m*
lambswool ['læmzwul] *n* laine *f* d'agneau
lame [leɪm] *adj* (*also fig*) boiteux(-euse) ; **~ duck** (*fig*) canard boiteux
lamely ['leɪmlɪ] *adv* (*fig*) sans conviction
lament [lə'mɛnt] *n* lamentation *f* ▶ *vt* pleurer, se lamenter sur
lamentable ['læməntəbl] *adj* déplorable, lamentable
laminated ['læmɪneɪtɪd] *adj* laminé(e) ; (*windscreen*) (en verre) feuilleté
lamp [læmp] *n* lampe *f*
lamplight ['læmplaɪt] *n*: **by ~** à la lumière de la (*or* d'une) lampe
lampoon [læm'puːn] *n* pamphlet *m*
lamppost ['læmppəust] *n* (*BRIT*) réverbère *m*
lampshade ['læmpʃeɪd] *n* abat-jour *m inv*
lance [lɑːns] *n* lance *f* ▶ *vt* (*Med*) inciser
lance corporal *n* (*BRIT*) (soldat *m* de) première classe *m*
lancet ['lɑːnsɪt] *n* (*Med*) bistouri *m*
Lancs [læŋks] *abbr* (*BRIT*) = **Lancashire**
land [lænd] *n* (*as opposed to sea*) terre *f* (ferme) ; (*country*) pays *m* ; (*soil*) terre ; (*piece of land*) terrain *m* ; (*estate*) terre(s), domaine(s) *m(pl)* ; **to go/ travel by ~** se déplacer par voie de terre ; **to own ~** être propriétaire foncier ▶ *vi* (*from ship*) débarquer ; (*Aviat*) atterrir ; (*fig: fall*) (re)tomber ; **to ~ on one's feet** (*also fig*) retomber sur ses pieds ▶ *vt* (*passengers, goods*) débarquer ; (*obtain*) décrocher ; **to ~ sb with sth** (*inf*) coller qch à qn ▶ **land up** *vi* atterrir, (finir par) se retrouver
landed gentry ['lændɪd-] *n* (*BRIT*) propriétaires terriens *or* fonciers
landfill site ['lændfɪl-] *n* centre *m* d'enfouissement des déchets
landing ['lændɪŋ] *n* (*from ship*) débarquement *m* ; (*Aviat*) atterrissage *m* ; (*of staircase*) palier *m*
landing card *n* carte *f* de débarquement

landing craft *n* péniche *f* de débarquement
landing gear *n* train *m* d'atterrissage
landing stage *n* (*BRIT*) débarcadère *m*, embarcadère *m*
landing strip *n* piste *f* d'atterrissage
landlady ['lændleɪdɪ] *n* propriétaire *f*, logeuse *f* ; (*of pub*) patronne *f*
landline ['lændlaɪn] *n* ligne *f* fixe
landlocked ['lændlɔkt] *adj* entouré(e) de terre(s), sans accès à la mer
landlord ['lændlɔːd] *n* propriétaire *m*, logeur *m* ; (*of pub etc*) patron *m*
landlubber ['lændlʌbəʳ] *n* terrien(ne)
landmark ['lændmɑːk] *n* (point *m* de) repère *m* ; **to be a ~** (*fig*) faire date *or* époque
landmine ['lændmaɪn] *n* mine *f* terrestre
landowner ['lændəunəʳ] *n* propriétaire foncier *or* terrien
landscape ['lænskeɪp] *n* paysage *m*
landscape architect, landscape gardener *n* paysagiste *mf*
landscaped ['lændskeɪpt] *adj* paysagé(e), paysager *inv*
landscape painting *n* (*Art*) paysage *m*
landslide ['lændslaɪd] *n* (*Geo*) glissement *m* (de terrain) ; (*fig: Pol*) raz-de-marée (électoral)
lane [leɪn] *n* (*in country*) chemin *m* ; (*in town*) ruelle *f* ; (*Aut: of road*) voie *f* ; (: *line of traffic*) file *f* ; (*in race*) couloir *m* ; **shipping ~** route *f* maritime *or* de navigation
language ['læŋgwɪdʒ] *n* langue *f* ; (*way one speaks*) langage *m* ; **what languages do you speak?** quelles langues parlez-vous ? ; **bad ~** grossièretés *fpl*, langage grossier

> Use **langue** to refer to a language such as French or English, use **langage** for a way of communicating: *everyday language* **le langage courant**.

language laboratory *n* laboratoire *m* de langues
language school *n* école *f* de langue
languid ['læŋgwɪd] *adj* languissant(e), langoureux(-euse)
languish ['læŋgwɪʃ] *vi* languir
lank [læŋk] *adj* (*hair*) raide et terne
lanky ['læŋkɪ] *adj* grand(e) et maigre, efflanqué(e)
lanolin, lanoline ['lænəlɪn] *n* lanoline *f*
lantern ['læntn] *n* lanterne *f*
Laos [laus] *n* Laos *m*
lap [læp] *n* (*of track*) tour *m* (de piste) ; (*of body*): **in** *or* **on one's ~** sur les genoux ▶ *vt* (*also*: **lap up**) laper ▶ *vi* (*waves*) clapoter ▶ **lap up** *vt* (*fig*) boire comme du petit-lait, se gargariser de ; (: *lies etc*) gober
La Paz [læ'pæz] *n* La Paz
lap dancing *n* strip-tease où la danseuse s'assoit sur les genoux des clients
lapdog ['læpdɔg] *n* chien *m* d'appartement
lapel [lə'pɛl] *n* revers *m*
Lapland ['læplænd] *n* Laponie *f*
lapse [læps] *n* défaillance *f* ; (*in behaviour*) écart *m* (de conduite) ; **~ of time** laps *m* de temps, intervalle *m* ; **a ~ of memory** un trou de

mémoire ▸ vi (*Law*) cesser d'être en vigueur ; (*contract*) expirer ; (*pass*) être périmé ; (*subscription*) prendre fin ; **to ~ into bad habits** prendre de mauvaises habitudes

laptop ['læptɔp], **laptop computer** *n* (ordinateur *m*) portable *m*

larceny ['lɑːsənɪ] *n* vol *m*

larch [lɑːtʃ] *n* mélèze *m*

lard [lɑːd] *n* saindoux *m*

larder ['lɑːdər] *n* garde-manger *m inv*

large [lɑːdʒ] *adj* grand(e) ; (*person, animal*) gros (grosse) ; **to make larger** agrandir ; **a ~ number of people** beaucoup de gens ; **by and ~** en général ; **on a ~ scale** sur une grande échelle ; **at ~** (*free*) en liberté ; (*generally*) en général ; pour la plupart ; *see also* **by**

⚠ Le mot anglais **large** ne veut pas dire *large*.

largely ['lɑːdʒlɪ] *adv* en grande partie ; (*principally*) surtout

large-scale ['lɑːdʒ'skeɪl] *adj* (*map, drawing etc*) à grande échelle ; (*fig*) important(e)

largesse, (*US*) **largess** [lɑː'ʒɛs] *n* largesses *fpl*

lark [lɑːk] *n* (*bird*) alouette *f* ; (*joke*) blague *f*, farce *f* ▸ **lark about** *vi* faire l'idiot, rigoler

larrikin ['lærɪkɪn] *n* (*AUSTRALIA, NEW ZEALAND inf*) fripon *m* (*inf*)

larva ['lɑːvə] (*pl* **larvae** [-iː]) *n* larve *f*

laryngitis [lærɪn'dʒaɪtɪs] *n* laryngite *f*

larynx ['lærɪŋks] *n* larynx *m*

lasagne [lə'zænjə] *n* lasagne *f*

lascivious [lə'sɪvɪəs] *adj* lascif(-ive)

laser ['leɪzər] *n* laser *m*

laser beam *n* rayon *m* laser

laser printer *n* imprimante *f* laser

lash [læʃ] *n* coup *m* de fouet ; (*also*: **eyelash**) cil *m* ▸ *vt* fouetter ; (*tie*) attacher
▸ **lash down** *vt* attacher ; amarrer ; arrimer ▸ *vi* (*rain*) tomber avec violence
▸ **lash out** *vi*: **to ~ out (at** *or* **against sb/sth)** attaquer violemment (qn/qch) ; **to ~ out (on sth)** (*inf: spend*) se fendre (de qch)

lashing ['læʃɪŋ] *n*: **lashings of** (*BRIT inf: cream etc*) des masses de

lass [læs] *n* (*BRIT*) (jeune) fille *f*

lasso [læ'suː] *n* lasso *m* ▸ *vt* prendre au lasso

last [lɑːst] *adj* dernier(-ière) ; **~ week** la semaine dernière ; **~ night** (*evening*) hier soir ; (*night*) la nuit dernière ; **the ~ time** la dernière fois ; **the ~ but one** *adj* l'avant-dernier(-ière) (*before noun*) ▸ *adv* en dernier ; (*most recently*) la dernière fois ; (*finally*) finalement ▸ *vi* durer ; **it lasts (for) 2 hours** ça dure 2 heures ▸ *n*: **at ~** enfin ▸ *pron*: **the ~** (*the last one*) le dernier (la dernière) ; (*the last ones*) les derniers ; **the ~ but one** l'avant-dernier(-ière)

last-ditch ['lɑːst'dɪtʃ] *adj* ultime, désespéré(e)

lasting ['lɑːstɪŋ] *adj* durable

lastly ['lɑːstlɪ] *adv* en dernier lieu, pour finir

last-minute ['lɑːstmɪnɪt] *adj* de dernière minute

latch [lætʃ] *n* loquet *m*
▸ **latch onto** *vt fus* (*cling to: person, group*) s'accrocher à ; (*: idea*) se mettre en tête

latchkey ['lætʃkiː] *n* clé *f* (de la porte d'entrée)

late [leɪt] *adj* (*not on time*) en retard ; (*far on in day etc*) tardif(-ive) ; (*: edition, delivery*) dernier(-ière) ; (*recent*) récent(e), dernier ; (*former*) ancien(ne) ; (*dead*) défunt(e) ; **to be ~** avoir du retard ; **10 minutes ~** avoir 10 minutes de retard ; **sorry I'm ~** désolé d'être en retard ; **it's too ~** il est trop tard ; **in ~ May** vers la fin (du mois) de mai, fin mai ; **the ~ Mr X** feu M. X ▸ *adv* tard ; (*behind time, schedule*) en retard ; **to work ~** travailler tard ; **~ in life** sur le tard, à un âge avancé ▸ *n*: **of ~** (*lately*) dernièrement

latecomer ['leɪtkʌmər] *n* retardataire *mf*

lately ['leɪtlɪ] *adv* récemment

lateness ['leɪtnɪs] *n* (*of person*) retard *m* ; (*of event*) heure tardive

latent ['leɪtnt] *adj* latent(e) ; **~ defect** vice caché

later ['leɪtər] *adj* (*date etc*) ultérieur(e) ; (*version etc*) plus récent(e) ▸ *adv* plus tard ; **~ on today** plus tard dans la journée

lateral ['lætərl] *adj* latéral(e)

latest ['leɪtɪst] *adj* tout(e) dernier(-ière) ; **the ~ news** les dernières nouvelles ; **at the ~** au plus tard

latex ['leɪtɛks] *n* latex *m*

lath [læθ] (*pl* **laths** [læðz]) *n* latte *f*

lathe [leɪð] *n* tour *m*

lather ['lɑːðər] *n* mousse *f* (de savon) ▸ *vt* savonner ▸ *vi* mousser

Latin ['lætɪn] *n* latin *m* ▸ *adj* latin(e)

Latin America *n* Amérique latine

Latin American *adj* latino-américain(e), d'Amérique latine ▸ *n* Latino-Américain(e)

latitude ['lætɪtjuːd] *n* (*also fig*) latitude *f*

latrine [lə'triːn] *n* latrines *fpl*

latte ['lɑːteɪ] *n* crème *m*

latter ['lætər] *adj* deuxième, dernier(-ière) ▸ *n*: **the ~** ce dernier, celui-ci

latterly ['lætəlɪ] *adv* dernièrement, récemment

lattice ['lætɪs] *n* treillis *m* ; treillage *m*

lattice window *n* fenêtre treillissée, fenêtre à croisillons

Latvia ['lætvɪə] *n* Lettonie *f*

Latvian ['lætvɪən] *adj* letton(ne) ▸ *n* Letton(ne) ; (*Ling*) letton *m*

laud [lɔːd] *vt* louer

laudable ['lɔːdəbl] *adj* louable

laudatory ['lɔːdətrɪ] *adj* élogieux(-euse)

laugh [lɑːf] *n* rire *m* ; **(to do sth) for a ~** (faire qch) pour rire ▸ *vi* rire
▸ **laugh at** *vt fus* se moquer de ; (*joke*) rire de
▸ **laugh off** *vt* écarter *or* rejeter par une plaisanterie *or* par une boutade

laughable ['lɑːfəbl] *adj* risible, ridicule

laughing ['lɑːfɪŋ] *adj* rieur(-euse) ; **this is no ~ matter** il n'y a pas de quoi rire, ça n'a rien d'amusant

laughing gas *n* gaz hilarant

laughing stock *n*: **the ~ of** la risée de

laughter ['lɑːftər] *n* rire *m* ; (*of several people*) rires *mpl*

launch [lɔːntʃ] *n* lancement *m* ; (*boat*) chaloupe *f* ; (*also*: **motor launch**) vedette *f* ▸ *vt* (*ship, rocket, plan*) lancer
▸ **launch into** *vt fus* se lancer dans
▸ **launch out** *vi*: **to ~ out (into)** se lancer (dans)

launching ['lɔ:ntʃɪŋ] n lancement m
launder ['lɔ:ndər] vt laver ; (fig: money) blanchir
Launderette® [lɔ:n'dret], (US) **Laundromat®** ['lɔ:ndrəmæt] n laverie f (automatique)
laundry ['lɔ:ndrɪ] n (clothes) linge m ; (business) blanchisserie f ; (room) buanderie f ; **to do the ~** faire la lessive
laureate ['lɔ:rɪət] adj see **poet laureate**
laurel ['lɔrl] n laurier m ; **to rest on one's laurels** se reposer sur ses lauriers
lava ['lɑ:və] n lave f
lavatory ['lævətərɪ] n toilettes fpl
lavatory paper n (BRIT) papier m hygiénique
lavender ['lævəndər] n lavande f
lavish ['lævɪʃ] adj (amount) copieux(-euse) ; (meal) somptueux(-euse) ; (hospitality) généreux(-euse) ; (person: giving freely): **~ with** prodigue de ▶ vt: **to ~ sth on sb** prodiguer qch à qn ; (money) dépenser qch sans compter pour qn
lavishly ['lævɪʃlɪ] adv (give, spend) sans compter ; (furnished) luxueusement
law [lɔ:] n loi f ; (field of study, profession) droit m ; **against the ~** contraire à la loi ; **to study ~** faire du droit ; **to go to ~** (BRIT) avoir recours à la justice ; **~ and order** n l'ordre public
law-abiding ['lɔ:əbaɪdɪŋ] adj respectueux(-euse) des lois
lawbreaker ['lɔ:breɪkər] n personne f qui transgresse la loi
law court n tribunal m, cour f de justice
law enforcement cpd (agency, officer) chargé(e) de faire appliquer la loi
lawful ['lɔ:ful] adj légal(e), permis(e)
lawfully ['lɔ:fəlɪ] adv légalement
lawless ['lɔ:lɪs] adj (action) illégal(e) ; (place) sans loi ; **~ behaviour** le non-respect des lois
lawlessness ['lɔ:lɪsnɪs] n non-respect m des lois, non-droit m
Law Lord n (BRIT) juge siégant à la Chambre des Lords
lawmaker ['lɔ:meɪkər] n législateur(-trice)
lawn [lɔ:n] n pelouse f
lawnmower ['lɔ:nməuər] n tondeuse f à gazon
lawn tennis n tennis m
law school n faculté f de droit
law student n étudiant(e) en droit
lawsuit ['lɔ:su:t] n procès m ; **to bring a ~ against** engager des poursuites contre
lawyer ['lɔ:jər] n (consultant, with company) juriste m ; (for sales, wills etc) ≈ notaire m ; (partner, in court) ≈ avocat m
lax [læks] adj relâché(e)
laxative ['læksətɪv] n laxatif m
laxity ['læksɪtɪ] n relâchement m
lay [leɪ] pt of **lie** ▶ adj laïque ; (not expert) profane ▶ vt (pt, pp **laid** [leɪd]) poser, mettre ; (eggs) pondre ; (trap) tendre ; (plans) élaborer ; **to ~ the table** mettre la table ; **to ~ the facts/one's proposals before sb** présenter les faits/ses propositions à qn ; **to get laid** (inf!) baiser (!), se faire baiser (!)
▶ **lay aside, lay by** vt mettre de côté
▶ **lay down** vt poser ; (rules etc) établir ; **to ~ down the law** (fig) faire la loi
▶ **lay in** vt accumuler, s'approvisionner en

▶ **lay into** vi (inf: attack) tomber sur ; (: scold) passer une engueulade à
▶ **lay off** vt (workers) licencier
▶ **lay on** vt (water, gas) mettre, installer ; (provide: meal etc) fournir ; (paint) étaler
▶ **lay out** vt (design) dessiner, concevoir ; (display) disposer ; (spend) dépenser
▶ **lay up** vt (store) amasser ; (car) remiser ; (ship) désarmer ; (illness) forcer à s'aliter
layabout ['leɪəbaut] n fainéant(e)
lay-by ['leɪbaɪ] n (BRIT) aire f de stationnement (sur le bas-côté)
lay days npl (Naut) estarie f
layer ['leɪər] n couche f ▶ vt disposer en couches
layette [leɪ'ɛt] n layette f
layman ['leɪmən] n (irreg) (Rel) laïque m ; (non-expert) profane m
lay-off ['leɪɔf] n licenciement m
layout ['leɪaut] n disposition f, plan m, agencement m ; (Press) mise f en page
laze [leɪz] vi paresser
laziness ['leɪzɪnɪs] n paresse f
lazy ['leɪzɪ] adj paresseux(-euse)
LB abbr (CANADA) = **Labrador**
lb. abbr (weight) = **pound**
lbw abbr (Cricket: = leg before wicket) faute dans laquelle le joueur a la jambe devant le guichet
LC n abbr (US) = **Library of Congress**
lc abbr (Typ: = lower case) b.d.c.
L/C abbr = **letter of credit**
LCD n abbr = **liquid crystal display**
Ld abbr (BRIT: = lord) titre honorifique
LDS n abbr (= Licentiate in Dental Surgery) diplôme universitaire ; (= Latter-day Saints) Église de Jésus-Christ des Saints du dernier jour
LEA n abbr (BRIT: = local education authority) services locaux de l'enseignement
lead¹ [li:d] (pt, pp **led** [lɛd]) n (front position) tête f ; (distance, time ahead) avance f ; (clue) piste f ; (to battery) raccord m ; (Elec) fil m ; (for dog) laisse f ; (Theat) rôle principal ; **to be in the ~** (Sport: in race) mener, être en tête ; (: in match) mener (à la marque) ; **to take the ~** (Sport) passer en tête, prendre la tête ; mener ; (fig) prendre l'initiative ▶ vt (guide) mener, conduire ; (induce) amener ; (be leader of) être à la tête de ; (Sport) être en tête de ; (orchestra: BRIT) être le premier violon de ; (: US) diriger ; **to ~ sb astray** détourner qn du droit chemin ; **to ~ sb to believe that ...** amener qn à croire que ... ; **to ~ sb to do sth** amener qn à faire qch ; **to ~ the way** montrer le chemin ▶ vi (Sport) mener, être en tête ; **to ~ to** (road, pipe) mener à, conduire à ; (result in) conduire à ; aboutir à
▶ **lead away** vt emmener
▶ **lead back** vt ramener
▶ **lead off** vi (in game etc) commencer
▶ **lead on** vt (tease) faire marcher ; **to ~ sb on to** (induce) amener qn à
▶ **lead up to** vt conduire à ; (in conversation) en venir à
lead² [lɛd] n (metal) plomb m ; (in pencil) mine f
leaded ['lɛdɪd] adj (windows) à petits carreaux
leaded petrol n essence f au plomb
leaden ['lɛdn] adj de or en plomb

695

leader ['li:dəʳ] n (of team) chef m ; (of party etc)
dirigeant(e), leader m ; (Sport: in league) leader ;
(: in race) coureur m de tête ; (in newspaper)
éditorial m ; **they are leaders in their field**
(fig) ils sont à la pointe du progrès dans leur
domaine ; **the L~ of the House** (BRIT) le chef de
la majorité ministérielle

leadership ['li:dəʃɪp] n (position) direction f ;
under the ~ of ... sous la direction de ... ;
qualities of ~ qualités fpl de chef or de meneur

lead-free ['lɛdfri:] adj sans plomb

leading ['li:dɪŋ] adj de premier plan ; (main)
principal(e) ; (in race) de tête ; **a ~ question** une
question tendancieuse ; **~ role** rôle
prépondérant or de premier plan

leading lady n (Theat) vedette (féminine)

leading light n (person) sommité f, personnalité f
de premier plan

leading man n (irreg) (Theat) vedette
(masculine)

lead pencil [lɛd-] n crayon noir or à papier

lead poisoning [lɛd-] n saturnisme m

lead singer [li:d-] n (in pop group) (chanteur m)
vedette f

lead time [li:d-] n (Comm) délai m de livraison

lead weight [lɛd-] n plomb m

leaf [li:f] (pl **leaves** [li:vz]) n feuille f ; (of table)
rallonge f ; **to turn over a new ~** (fig) changer
de conduite or d'existence ; **to take a ~ out of
sb's book** (fig) prendre exemple sur qn
▸ **leaf through** vt (book) feuilleter

leaflet ['li:flɪt] n prospectus m, brochure f ; (Pol,
Rel) tract m

leafy ['li:fi] adj feuillu(e)

league [li:g] n ligue f ; (Football) championnat
m ; (measure) lieue f ; **to be in ~ with** avoir partie
liée avec qn, être de mèche avec

league table n classement m

leak [li:k] n (lit, fig) fuite f ; (in) infiltration f ▸ vi
(pipe, liquid etc) fuir ; (shoes) prendre l'eau ; (ship)
faire eau ▸ vt (liquid) répandre ; (information)
divulguer
▸ **leak out** vi fuir ; (information) être divulgué(e)

leakage ['li:kɪdʒ] n (also fig) fuite f

leaky ['li:kɪ] adj (pipe, bucket) qui fuit, percé(e) ;
(roof) qui coule ; (shoe) qui prend l'eau ; (boat) qui
fait eau

lean [li:n] (pt, pp **leaned** [li:nd] or **leant** [lɛnt]) adj
maigre ▸ n (of meat) maigre m ▸ vt: **to ~ sth on**
appuyer qch sur ▸ vi (slope) pencher ; (rest): **to ~
against** s'appuyer contre ; être appuyé(e)
contre ; **to ~ on** s'appuyer sur
▸ **lean back** vi se pencher en arrière
▸ **lean forward** vi se pencher en avant
▸ **lean out** vi: **to ~ out (of)** se pencher au
dehors (de)
▸ **lean over** vi se pencher

leaning ['li:nɪŋ] adj penché(e) ; **the L~ Tower of
Pisa** la tour penchée de Pise ▸ n: **~ (towards)**
penchant m (pour)

leant [lɛnt] pt, pp of **lean**

lean-to ['li:ntu:] n appentis m

leap [li:p] (pt, pp **leaped** [li:pt] or **leapt** [lɛpt]) n
bond m, saut m ▸ vi bondir, sauter ; **to ~ at an
offer** saisir une offre

▸ **leap up** vi (person) faire un bond ; se lever d'un
bond

leapfrog ['li:pfrɔg] n jeu m de saute-mouton

leapt [lɛpt] pt, pp of **leap**

leap year n année f bissextile

learn [lə:n] (pt, pp **learned** [lə:nd] or **learnt**
[lə:nt]) vt, vi apprendre ; **to ~ (how) to do sth**
apprendre à faire qch ; **we were sorry to ~
that ...** nous avons appris avec regret que ... ;
to ~ about sth (Scol) étudier qch ; (hear, read)
apprendre qch

learned ['lə:nɪd] adj érudit(e), savant(e)

learner ['lə:nəʳ] n débutant(e) ; (BRIT: also:
learner driver) (conducteur(-trice)) débutant(e)

learning ['lə:nɪŋ] n savoir m

learning difficulties, learning disabilities npl
(in adults) difficultés fpl d'apprentissage ; (in
children) difficultés fpl scolaires

learnt [lə:nt] pp of **learn**

lease [li:s] n bail m ; **on ~** en location ▸ vt louer
à bail
▸ **lease back** vt vendre en cession-bail

leaseback ['li:sbæk] n cession-bail f

leasehold ['li:shəuld] n (contract) bail m ▸ adj
loué(e) à bail

leaseholder ['li:shəuldəʳ] n preneur m

leash [li:ʃ] n laisse f

least [li:st] adj: **the ~** (+noun) le (la) plus petit(e),
le (la) moindre ; (smallest amount of) le moins de ;
the ~ money le moins d'argent ▸ n: **(the) ~**
moins ; **at ~** au moins ; (or rather) du moins ;
you could at ~ have written tu aurais au
moins pu écrire ; **not in the ~** pas le moins du
monde ▸ adv (+verb) le moins ; (+adj): **the ~** le
(la) moins ; **the ~ expensive** le (la) moins cher
(chère) ; **the ~ possible effort** le moins d'effort
possible

leather ['lɛðəʳ] n cuir m ▸ cpd en or de cuir ;
~ goods maroquinerie f

leave [li:v] (pt, pp **left** [lɛft]) vt laisser ; (go away
from) quitter ; (forget) oublier ; **to ~ sth to sb**
(money etc) laisser qch à qn ; **to be left** rester ;
there's some milk left over il reste du lait ; **to
~ school** quitter l'école, terminer sa scolarité ;
~ it to me! laissez-moi faire !, je m'en occupe !
▸ vi partir, s'en aller ; **what time does the
train/bus ~?** le train/le bus part à quelle
heure ? ▸ n (time off) congé m ; (Mil, also consent)
permission f ; **on ~** en permission ; **to take
one's ~ of** prendre congé de ; **~ of absence** n
congé exceptionnel ; (Mil) permission spéciale
▸ **leave behind** vt (also fig) laisser ; (opponent in
race) distancer ; (forget) laisser, oublier
▸ **leave off** vt (cover, lid, heating) ne pas
(re)mettre ; (light) ne pas (r)allumer, laisser
éteint(e) ▸ vi (BRIT inf: stop): **to ~ off (doing sth)**
s'arrêter (de faire qch)
▸ **leave on** vt (coat etc) garder, ne pas enlever ;
(lid) laisser dessus ; (light, fire, cooker) laisser
allumé(e)
▸ **leave out** vt oublier, omettre

leaves [li:vz] npl of **leaf**

leavetaking ['li:vteɪkɪŋ] n adieux mpl

Lebanese [lɛbə'ni:z] adj libanais(e) ▸ n (pl inv)
Libanais(e)

Lebanon ['lɛbənən] n Liban m
lecherous ['lɛtʃərəs] adj lubrique
lectern ['lɛktə:n] n lutrin m, pupitre m
lecture ['lɛktʃəʳ] n conférence f ; (Scol) cours
(magistral) ; **to give a ~ (on)** faire une
conférence (sur), faire un cours (sur) ▶ vi
donner des cours ; enseigner ; **to ~ on** faire un
cours (or son cours) sur ▶ vt (scold) sermonner,
réprimander

⚠ Le mot anglais **lecture** ne veut pas dire
lecture.

lecture hall n amphithéâtre m
lecturer ['lɛktʃərəʳ] n (speaker)
conférencier(-ière) ; (BRIT: at university)
professeur m (d'université), prof mf de fac (inf) ;
assistant ~ (BRIT) ≈ assistant(e) ; **senior ~** (BRIT)
≈ chargé(e) d'enseignement
lecture theatre n = **lecture hall**
LED n abbr (= light-emitting diode) LED f, diode
électroluminescente
led [lɛd] pt, pp of **lead¹**
ledge [lɛdʒ] n (of window, on wall) rebord m ; (of
mountain) saillie f, corniche f
ledger ['lɛdʒəʳ] n registre m, grand livre
lee [li:] n côté m sous le vent ; **in the ~ of** à l'abri
de
leech [li:tʃ] n sangsue f
leek [li:k] n poireau m
leer [lɪəʳ] vi: **to ~ at sb** regarder qn d'un air
mauvais or concupiscent, lorgner qn
leeward ['li:wəd] adj, adv sous le vent ▶ n côté m
sous le vent ; **to ~** sous le vent
leeway ['li:weɪ] n (fig): **to make up ~** rattraper
son retard ; **to have some ~** avoir une certaine
liberté d'action
left [lɛft] pt, pp of **leave** ▶ adj (not right) gauche ;
(remaining): **there are two ~** il en reste deux
▶ adv à gauche ▶ n gauche f ; **on the ~, to the ~**
à gauche ; **the L~** (Pol) la gauche
left-hand ['lɛfthænd] adj: **the ~ side** la gauche,
le côté gauche
left-hand drive ['lɛfthænd-] n conduite f à
gauche ; (vehicle) véhicule m avec la conduite à
gauche
left-handed [lɛft'hændɪd] adj gaucher(-ère) ;
(scissors etc) pour gauchers
leftie ['lɛftɪ] n (inf) gaucho mf, gauchiste mf
leftist ['lɛftɪst] adj (Pol) gauchiste, de gauche
left-luggage [lɛft'lʌɡɪdʒ], **left-luggage office**
n (BRIT) consigne f
left-luggage locker n (BRIT) (casier m à)
consigne f automatique
left-overs ['lɛftəuvəz] npl restes mpl
left wing n (Mil, Sport) aile f gauche ; (Pol) gauche f
left-wing ['lɛft'wɪŋ] adj (Pol) de gauche
left-winger ['lɛft'wɪŋɡəʳ] n (Pol) membre m de la
gauche ; (Sport) ailier m gauche
lefty ['lɛftɪ] n (inf) = **leftie**
leg [lɛɡ] n jambe f ; (of animal) patte f ; (of furniture)
pied m ; (Culin: of chicken) cuisse f ; (of journey)
étape f ; **1st/2nd ~** (Sport) match m aller/retour ;
(of journey) 1ère/2ème étape ; **~ of lamb** (Culin)
gigot m d'agneau ; **to stretch one's legs** se
dégourdir les jambes

legacy ['lɛɡəsɪ] n (also fig) héritage m, legs m
legal ['li:ɡl] adj (permitted by law) légal(e) ; (relating
to law) juridique ; **to take ~ action** or
proceedings against sb poursuivre qn en
justice
legal adviser n conseiller(-ère) juridique
legal holiday n (US) jour férié
legality [lɪ'ɡælɪtɪ] n légalité f
legalization [li:ɡəlaɪ'zeɪʃən] n légalisation f
legalize ['li:ɡəlaɪz] vt légaliser
legally ['li:ɡəlɪ] adv légalement ; **~ binding**
juridiquement contraignant(e)
legal tender n monnaie légale
legation [lɪ'ɡeɪʃən] n légation f
legend ['lɛdʒənd] n légende f
legendary ['lɛdʒəndərɪ] adj légendaire
-legged ['lɛɡɪd] suffix: **two-** à deux pattes (or
jambes or pieds)
leggings ['lɛɡɪŋz] npl caleçon m
leggy ['lɛɡɪ] adj aux longues jambes
legibility [lɛdʒɪ'bɪlɪtɪ] n lisibilité f
legible ['lɛdʒəbl] adj lisible
legibly ['lɛdʒəblɪ] adv lisiblement
legion ['li:dʒən] n légion f
legionnaire [li:dʒə'nɛəʳ] n légionnaire m ; **~'s
disease** maladie f du légionnaire
legislate ['lɛdʒɪsleɪt] vi légiférer
legislation [lɛdʒɪs'leɪʃən] n législation f ; **a
piece of ~** un texte de loi
legislative ['lɛdʒɪslətɪv] adj législatif(-ive)
legislator ['lɛdʒɪsleɪtəʳ] n législateur(-trice)
legislature ['lɛdʒɪslətʃəʳ] n corps législatif
legitimacy [lɪ'dʒɪtɪməsɪ] n légitimité f
legitimate [lɪ'dʒɪtɪmət] adj légitime
legitimately [lɪ'dʒɪtɪmətlɪ] adv légitimement
legitimize [lɪ'dʒɪtɪmaɪz] vt légitimer
legless ['lɛɡlɪs] adj (BRIT inf) bourré(e)
leg-room ['lɛɡru:m] n place f pour les jambes
legume ['lɛɡju:m] n légumineuse f
legwork ['lɛɡwə:k] n travail m sur le terrain
Leics abbr (BRIT) = **Leicestershire**
leisure ['lɛʒəʳ] n (free time) temps m libre, loisirs
mpl ; **at ~** (tout) à loisir ; **at your ~** (later) à tête
reposée
leisure centre n (BRIT) centre m de loisirs
leisurely ['lɛʒəlɪ] adj tranquille, fait(e) sans se
presser
leisure suit n (BRIT) survêtement m (mode)
leisurewear ['lɛʒəwɛəʳ] n vêtements mpl de
loisirs, vêtements mpl de loisir
lemon ['lɛmən] n citron m
lemonade [lɛmə'neɪd] n (fizzy) limonade f
lemon cheese, lemon curd n crème f de
citron
lemon juice n jus m de citron
lemon squeezer [-skwi:zəʳ] n presse-citron
m inv
lemon tea n thé m au citron
lend [lɛnd] (pt, pp **lent** [lɛnt]) vt: **to ~ sth (to sb)**
prêter qch (à qn) ; **could you ~ me some
money?** pourriez-vous me prêter de l'argent ? ;
to ~ a hand donner un coup de main
lender ['lɛndəʳ] n prêteur(-euse)
lending ['lɛndɪŋ] n prêt m
lending library n bibliothèque f de prêt

length [lɛŋθ] *n* longueur *f* ; (*section: of road, pipe etc*) morceau *m*, bout *m* ; **~ of time** durée *f* ; **what ~ is it?** quelle longueur fait-il ? ; **it is 2 metres in ~** cela fait 2 mètres de long ; **to fall full ~** tomber de tout son long ; **at ~** (*at last*) enfin, à la fin ; (*lengthily*) longuement ; **to go to any ~(s) to do sth** faire n'importe quoi pour faire qch, ne reculer devant rien pour faire qch

lengthen [ˈlɛŋθən] *vt* allonger, prolonger ▸ *vi* s'allonger

lengthways [ˈlɛŋθweɪz] *adv* dans le sens de la longueur, en long

lengthy [ˈlɛŋθɪ] *adj* (très) long (longue)

leniency [ˈliːnɪənsɪ] *n* indulgence *f*, clémence *f*

lenient [ˈliːnɪənt] *adj* indulgent(e), clément(e)

leniently [ˈliːnɪəntlɪ] *adv* avec indulgence *or* clémence

lens [lɛnz] *n* lentille *f* ; (*of spectacles*) verre *m* ; (*of camera*) objectif *m*

Lent [lɛnt] *n* carême *m*

lent [lɛnt] *pt, pp of* **lend**

lentil [ˈlɛntl] *n* lentille *f*

Leo [ˈliːəu] *n* le Lion ; **to be ~** être du Lion

leopard [ˈlɛpəd] *n* léopard *m*

leotard [ˈliːətɑːd] *n* justaucorps *m*

leper [ˈlɛpəʳ] *n* lépreux(-euse)

leper colony *n* léproserie *f*

leprosy [ˈlɛprəsɪ] *n* lèpre *f*

lesbian [ˈlɛzbɪən] *n* lesbienne *f* ▸ *adj* lesbien(ne)

lesion [ˈliːʒən] *n* (*Med*) lésion *f*

Lesotho [lɪˈsuːtuː] *n* Lesotho *m*

less [lɛs] *adj* moins de ▸ *pron, adv* moins ; **~ than that/you** moins que cela/vous ; **~ than half** moins de la moitié ; **~ than one/a kilo/3 metres** moins de un/d'un kilo/de 3 mètres ; **~ than ever** moins que jamais ; **~ and ~** de moins en moins ; **the ~ he works ...** moins il travaille ... ▸ *prep*: **~ tax/10% discount** avant impôt/moins 10 % de remise

lessee [lɛˈsiː] *n* locataire *mf* (à bail), preneur(-euse) du bail

lessen [ˈlɛsn] *vi* diminuer, s'amoindrir, s'atténuer ▸ *vt* diminuer, réduire, atténuer

lesser [ˈlɛsəʳ] *adj* moindre ; **to a ~ extent** *or* **degree** à un degré moindre

lesson [ˈlɛsn] *n* leçon *f* ; **a maths ~** une leçon *or* un cours de maths ; **to give lessons in** donner des cours de ; **to teach sb a ~** (*fig*) donner une bonne leçon à qn ; **it taught him a ~** (*fig*) cela lui a servi de leçon

lessor [ˈlɛsɔːʳ, lɛˈsɔːʳ] *n* bailleur(-eresse)

lest [lɛst] *conj* de peur de + *infinitive*, de peur que + *sub*

let [lɛt] (*pt, pp* **~**) *vt* laisser ; (*Brit: lease*) louer ; **to ~ sb do sth** laisser qn faire qch ; **to ~ sb know sth** faire savoir qch à qn, prévenir qn de qch ; **he ~ me go** il m'a laissé partir ; **~ the water boil and ...** faites bouillir l'eau et ... ; **~'s go** allons-y ; **~ him come** qu'il vienne ; **"to ~"** (*Brit*) « à louer »
▸ **let down** *vt* (*lower*) baisser ; (*dress*) rallonger ; (*hair*) défaire ; (*Brit: tyre*) dégonfler ; (*disappoint*) décevoir
▸ **let go** *vi* lâcher prise ; **to ~ go of sth, to ~ go go** lâcher qch ▸ *vt* (*release hold on*) lâcher
▸ **let in** *vt* laisser entrer ; (*visitor etc*) faire entrer ; **what have you ~ yourself in for?** à quoi t'es-tu engagé ?
▸ **let off** *vt* (*allow to leave*) laisser partir ; (*not punish*) ne pas punir ; (*taxi driver, bus driver*) déposer ; (*firework etc*) faire partir ; (*bomb*) faire exploser ; (*smell etc*) dégager ; **to ~ off steam** (*fig, inf*) se défouler, décharger sa rate *or* bile
▸ **let on** *vi* (*inf*): **to ~ on that ....** révéler que ..., dire que ...
▸ **let out** *vt* laisser sortir ; (*dress*) élargir ; (*scream*) laisser échapper ; (*Brit: rent out*) louer
▸ **let up** *vi* diminuer, s'arrêter

let-down [ˈlɛtdaun] *n* (*disappointment*) déception *f*

lethal [ˈliːθl] *adj* mortel(le), fatal(e) ; (*weapon*) meurtrier(-ère)

lethargic [lɛˈθɑːdʒɪk] *adj* léthargique

lethargy [ˈlɛθədʒɪ] *n* léthargie *f*

letter [ˈlɛtəʳ] *n* lettre *f* ; **small/capital ~** minuscule *f*/majuscule *f* ; **~ of credit** lettre *f* de crédit ; **letters** *npl* (*Literature*) lettres

letter bomb *n* lettre piégée

letterbox [ˈlɛtəbɔks] *n* (*Brit*) boîte *f* aux *or* à lettres

letterhead [ˈlɛtəhɛd] *n* en-tête *m*

lettering [ˈlɛtərɪŋ] *n* lettres *fpl* ; caractères *mpl*

letter opener *n* coupe-papier *m*

letterpress [ˈlɛtəprɛs] *n* (*method*) typographie *f*

letter quality *n* qualité *f* « courrier »

letters patent *npl* brevet *m* d'invention

lettuce [ˈlɛtɪs] *n* laitue *f*, salade *f*

let-up [ˈlɛtʌp] *n* répit *m*, détente *f*

leukaemia, (*US*) **leukemia** [luːˈkiːmɪə] *n* leucémie *f*

level [ˈlɛvl] *n* niveau *m* ; (*flat place*) terrain plat ; (*also:* **spirit level**) niveau à bulle ; **on the ~** à l'horizontale ; (*fig: honest*) régulier(-ière) ; **A levels** *npl* (*Brit*) ≈ baccalauréat *m* ; **O levels** *npl* (*Brit: formerly*) examens passés à l'âge de 16 ans sanctionnant les connaissances de l'élève, ≈ brevet *m* des collèges ▸ *adj* (*flat*) plat(e), plan(e), uni(e) ; (*horizontal*) horizontal(e) ; **a ~ spoonful** (*Culin*) une cuillerée rase ; **to be ~ with** être au même niveau que ▸ *adv*: **to draw ~ with** (*team*) arriver à égalité de points avec, égaliser avec ; arriver au même classement que ; (*runner, car*) arriver à la hauteur de, rattraper ▸ *vt* niveler, aplanir ; (*gun*) pointer, braquer ; (*accusation*): **to ~ (against)** lancer *or* porter (contre) ▸ *vi* (*inf*): **to ~ with sb** être franc (franche) avec qn
▸ **level off, level out** *vi* (*prices etc*) se stabiliser
▸ *vt* (*ground*) aplanir, niveler

level crossing *n* (*Brit*) passage *m* à niveau

level-headed [lɛvlˈhɛdɪd] *adj* équilibré(e)

levelling, (*US*) **leveling** [ˈlɛvlɪŋ] *adj* (*process, effect*) de nivellement

level playing field *n*: **to compete on a ~** jouer sur un terrain d'égalité

lever [ˈliːvəʳ] *n* levier *m* ▸ *vt*: **to ~ up/out** soulever/extraire au moyen d'un levier

leverage [ˈliːvərɪdʒ] *n* (*influence*): **~ (on** *or* **with)** prise *f* (sur)

levity [ˈlɛvɪtɪ] *n* manque *m* de sérieux, légèreté *f*

levy [ˈlɛvɪ] *n* taxe *f*, impôt *m* ▸ *vt* (*tax*) lever ; (*fine*) infliger

lewd [luːd] *adj* obscène, lubrique
lexicographer [lɛksɪˈkɔgrəfəʳ] *n*
lexicographe *mf*
lexicography [lɛksɪˈkɔgrəfɪ] *n* lexicographie *f*
lexicon [ˈlɛksɪkən] *n* lexique *m*
LGBT *n abbr* LGBT (= *lesbiennes, gays, bisexuels et transgenres*)
LGV *n abbr* (= *Large Goods Vehicle*) poids lourd
LI *abbr* (*US*) = **Long Island**
liabilities [laɪəˈbɪlətɪz] *npl* (*Comm*) obligations *fpl*, engagements *mpl* ; (*on balance sheet*) passif *m*
liability [laɪəˈbɪlətɪ] *n* responsabilité *f* ; (*handicap*) handicap *m*
liable [ˈlaɪəbl] *adj* (*subject*):~ **to** sujet(te) à, passible de ; (*responsible*):~ **(for)** responsable (de) ; (*likely*):~ **to do** susceptible de faire ; **to be ~ to a fine** être passible d'une amende
liaise [liːˈeɪz] *vi*: **to ~ with** assurer la liaison avec
liaison [liːˈeɪzɔn] *n* liaison *f*
liar [ˈlaɪəʳ] *n* menteur(-euse)
libel [ˈlaɪbl] *n* diffamation *f* ; (*document*) écrit *m* diffamatoire ▶ *vt* diffamer
libellous [ˈlaɪbləs] *adj* diffamatoire
liberal [ˈlɪbrl] *adj* libéral(e) ; (*generous*):~ **with** prodigue de, généreux(-euse) avec ▶ *n*: **L~** (*Pol*) libéral(e)
Liberal Democrat *n* (*Brit*) libéral(e)-démocrate
liberalism [ˈlɪbrəlɪzəm] *n* libéralisme *m*
liberality [lɪbəˈrælɪtɪ] *n* (*generosity*) générosité *f*, libéralité *f*
liberalization [lɪbrəlaɪˈzeɪʃən] *n* libéralisation *f*
liberalize [ˈlɪbrəlaɪz] *vt* libéraliser
liberally [ˈlɪbrəlɪ] *adv* généreusement
liberal-minded [ˈlɪbərlˈmaɪndɪd] *adj* libéral(e), tolérant(e)
liberate [ˈlɪbəreɪt] *vt* libérer
liberating [ˈlɪbəreɪtɪŋ] *adj* libérateur(-trice)
liberation [lɪbəˈreɪʃən] *n* libération *f*
liberation theology *n* théologie *f* de libération
Liberia [laɪˈbɪərɪə] *n* Libéria *m*, Liberia *m*
Liberian [laɪˈbɪərɪən] *adj* libérien(ne) ▶ *n* Libérien(ne)
liberty [ˈlɪbətɪ] *n* liberté *f* ; **to be at ~** (*criminal*) être en liberté ; **at ~ to do** libre de faire ; **to take the ~ of** prendre la liberté de, se permettre de
libido [lɪˈbiːdəu] *n* libido *f*
Libra [ˈliːbrə] *n* la Balance ; **to be ~** être de la Balance
librarian [laɪˈbrɛərɪən] *n* bibliothécaire *mf*
library [ˈlaɪbrərɪ] *n* bibliothèque *f*
library book *n* livre *m* de bibliothèque
libretto [lɪˈbretəu] *n* livret *m*
Libya [ˈlɪbɪə] *n* Libye *f*
Libyan [ˈlɪbɪən] *adj* libyen(ne), de Libye ▶ *n* Libyen(ne)
lice [laɪs] *npl of* **louse**
licence, (*US*) **license** [ˈlaɪsns] *n* autorisation *f*, permis *m* ; (*Comm*) licence *f* ; (*Radio, TV*) redevance *f* ; (*excessive freedom*) licence ; **driving ~**, (*US*) **driver's license** permis *m* (de conduire) ; **import ~** licence d'importation ; **produced under ~** fabriqué(e) sous licence
licence number *n* (*Brit Aut*) numéro *m* d'immatriculation

license [ˈlaɪsns] *n* (*US*) = **licence** ▶ *vt* donner une licence à ; (*car*) acheter la vignette de ; délivrer la vignette de
licensed [ˈlaɪsnst] *adj* (*for alcohol*) patenté(e) pour la vente des spiritueux, qui a une patente de débit de boissons ; (*car*) muni(e) de la vignette
licensee [laɪsənˈsiː] *n* (*Brit: of pub*) patron(ne), gérant(e)
license plate *n* (*US Aut*) plaque *f* minéralogique
licensing hours (*Brit*) *npl* heures *fpl* d'ouvertures (*des pubs*)
licentious [laɪˈsenʃəs] *adj* licencieux(-euse)
lichen [ˈlaɪkən] *n* lichen *m*
lick [lɪk] *vt* lécher ; (*inf: defeat*) écraser, flanquer une piquette or raclée à ; **to ~ one's lips** (*fig*) se frotter les mains ▶ *n* coup *m* de langue ; **a ~ of paint** un petit coup de peinture
licorice [ˈlɪkərɪʃ] *n* = **liquorice**
lid [lɪd] *n* couvercle *m* ; (*eyelid*) paupière *f* ; **to take the ~ off sth** (*fig*) exposer or étaler qch au grand jour
lido [ˈlaɪdəu] *n* piscine *f* en plein air, complexe *m* balnéaire
lie [laɪ] *n* mensonge *m* ; **to tell lies** mentir ▶ *vi* (*pt, pp* **lied**: *tell lies*) mentir ; (*pt* **lay** [leɪ], *pp* **lain** [leɪn]: *rest*) être étendu(e) or allongé(e) or couché(e) ; (*in grave*) être enterré(e), reposer ; (*object: be situated*) se trouver, être ; **to ~ low** (*fig*) se cacher, rester caché(e)
  ▶ **lie about, lie around** *vi* (*things*) traîner ; (*Brit: person*) traînasser, flemmarder
  ▶ **lie ahead** *vi* être à venir
  ▶ **lie back** *vi* se renverser en arrière
  ▶ **lie down** *vi* se coucher, s'étendre
  ▶ **lie up** *vi* (*hide*) se cacher
Liechtenstein [ˈlɪktənstaɪn] *n* Liechtenstein *m*
lie detector *n* détecteur *m* de mensonges
lie-down [ˈlaɪdaun] *n* (*Brit*): **to have a ~** s'allonger, se reposer
lie-in [ˈlaɪɪn] *n* (*Brit*): **to have a ~** faire la grasse matinée
lieu [luː]: **in ~ of** *prep* au lieu de, à la place de
Lieut. *abbr* (= *lieutenant*) Lt
lieutenant [lɛfˈtɛnənt, (*US*) luːˈtɛnənt] *n* lieutenant *m*
lieutenant-colonel [lɛfˈtɛnəntˈkəːnl, (*US*) luːˈtɛnəntˈkəːnl] *n* lieutenant-colonel *m*
life [laɪf] (*pl* **lives** [laɪvz]) *n* vie *f* ; **to come to ~** (*fig*) s'animer ; **true to ~** réaliste, fidèle à la réalité ; **to paint from ~** peindre d'après nature ; **to be sent to prison for ~** être condamné(e) (à la réclusion criminelle) à perpétuité ; **country/city ~** la vie à la campagne/à la ville ▶ *cpd* de vie ; de la vie ; à vie
life annuity *n* pension *f*, rente viagère
life assurance *n* (*Brit*) = **life insurance**
lifebelt [ˈlaɪfbɛlt] *n* (*Brit*) bouée *f* de sauvetage
lifeblood [ˈlaɪfblʌd] *n* (*fig*) élément moteur
lifeboat [ˈlaɪfbəut] *n* canot *m* or chaloupe *f* de sauvetage
lifebuoy [ˈlaɪfbɔɪ] *n* bouée *f* de sauvetage
life expectancy *n* espérance *f* de vie
life force *n* force *f* vitale
lifeguard [ˈlaɪfgaːd] *n* surveillant *m* de baignade

life imprisonment n prison f à vie ; (Law) réclusion f à perpétuité

life insurance n assurance-vie f

life jacket n gilet m or ceinture f de sauvetage

lifeless ['laɪflɪs] adj sans vie, inanimé(e) ; (dull) qui manque de vie or de vigueur

lifelike ['laɪflaɪk] adj qui semble vrai(e) or vivant(e), ressemblant(e) ; (painting) réaliste

lifeline ['laɪflaɪn] n corde f de sauvetage

lifelong ['laɪflɔŋ] adj de toute une vie, de toujours

life preserver [-prɪ'zəːvəʳ] n (US) gilet m or ceinture f de sauvetage

lifer ['laɪfəʳ] n (inf) condamné(e) à perpète

life-raft ['laɪfrɑːft] n radeau m de sauvetage

life-saver ['laɪfseɪvəʳ] n surveillant m de baignade

life-saving ['laɪfseɪvɪŋ] n sauvetage m

life sentence n condamnation f à vie or à perpétuité

life-size ['laɪfsaɪz], **life-sized** ['laɪfsaɪzd] adj grandeur nature inv

life span n (durée f de) vie f

lifestyle ['laɪfstaɪl] n style m de vie

life-support system ['laɪfsəpɔːt-] n (Med) respirateur artificiel

lifetime ['laɪftaɪm] n: **in his ~** de son vivant ; **the chance of a ~** la chance de ma (or sa etc) vie, une occasion unique

lift [lɪft] vt soulever, lever ; (end) supprimer, lever ; (steal) prendre, voler ▸ vi (fog) se lever ▸ n (BRIT: elevator) ascenseur m ; **to give sb a ~** (BRIT) emmener or prendre qn en voiture ; **can you give me a ~ to the station?** pouvez-vous m'emmener à la gare ?
▸ **lift off** vi (rocket, helicopter) décoller
▸ **lift out** vt sortir ; (troops, evacuees etc) évacuer par avion or hélicoptère
▸ **lift up** vt soulever

lift-off ['lɪftɔf] n décollage m

ligament ['lɪgəmənt] n ligament m

light [laɪt] (pt, pp **lighted** ['laɪtɪd] or **lit** [lɪt]) n lumière f ; (daylight) lumière, jour m ; (lamp) lampe f ; (Aut: rear light) feu m ; (: headlamp) phare m ; (for cigarette etc): **have you got a ~?** avez-vous du feu ? ; **to turn the ~ on/off** allumer/éteindre ; **to cast** or **shed** or **throw ~ on** éclaircir ; **to come to ~** être dévoilé(e) or découvert(e) ; **in the ~ of** à la lumière de ; étant donné ▸ vt (candle, cigarette, fire) allumer ; (room) éclairer ▸ adj (room, colour) clair(e) ; (not heavy, also fig) léger(-ère) ; (not strenuous) peu fatigant(e) ; **to make ~ of sth** (fig) prendre qch à la légère, faire peu de cas de qch ▸ adv (travel) avec peu de bagages ; **lights** npl (traffic lights) feux mpl
▸ **light up** vi s'allumer ; (face) s'éclairer ; (smoke) allumer une cigarette ou une pipe etc ▸ vt (illuminate) éclairer, illuminer

light bulb n ampoule f

lighten ['laɪtn] vi s'éclairer ▸ vt (light up) éclairer ; (make lighter) éclaircir ; (make less heavy) alléger

lighter ['laɪtəʳ] n (also: **cigarette lighter**) briquet m ; (: in car) allume-cigare m inv ; (boat) péniche f

light-fingered [laɪt'fɪŋgəd] adj chapardeur(-euse)

light-headed [laɪt'hɛdɪd] adj étourdi(e), écervelé(e)

light-hearted [laɪt'hɑːtɪd] adj gai(e), joyeux(-euse), enjoué(e)

lighthouse ['laɪthaus] n phare m

lighting ['laɪtɪŋ] n éclairage m ; (in theatre) éclairages

lighting-up time [laɪtɪŋ'ʌp-] n (BRIT) heure officielle de la tombée du jour

lightly ['laɪtlɪ] adv légèrement ; **to get off ~** s'en tirer à bon compte

light meter n (Phot) photomètre m, cellule f

lightness ['laɪtnɪs] n clarté f ; (in weight) légèreté f

lightning ['laɪtnɪŋ] n foudre f ; (flash) éclair m

lightning conductor, (US) **lightning rod** n paratonnerre m

lightning strike n (BRIT) grève f surprise

light pen n crayon m optique

lightship ['laɪtʃɪp] n bateau-phare m

lightweight ['laɪtweɪt] adj (suit) léger(-ère) ▸ n (Boxing) poids léger

light year n année-lumière f

like [laɪk] vt aimer (bien) ; **I would ~, I'd ~** je voudrais, j'aimerais ; **would you ~ a coffee?** voulez-vous du café ? ; **if you ~** si vous voulez ▸ prep comme ; **to be/look ~ sb/sth** ressembler à qn/qch ; **what's he ~?** comment est-il ? ; **what's the weather ~?** quel temps fait-il ? ; **what does it look ~?** de quoi est-ce que ça a l'air ? ; **what does it taste ~?** quel goût est-ce que ça a ? ; **that's just ~ him** c'est bien de lui, ça lui ressemble ; **something ~ that** quelque chose comme ça ; **do it ~ this** fais-le comme ceci ; **I feel ~ a drink** je boirais bien quelque chose ; **it's nothing ~ ...** ce n'est pas du tout comme ... ; **there's nothing ~ ...** il n'y a rien de tel que ... ▸ adj semblable, pareil(le) ▸ n: **the ~** un(e) pareil(le) or semblable ; **le (la) pareil(le)** ; (pej) (d')autres du même genre or acabit ; **his likes and dislikes** ses goûts mpl or préférences fpl

> **aimer** can mean to like or to love. **aimer bien** indicates liking rather than love.
> I like him but I don't want to go out with him. **Je l'aime bien mais je ne veux pas sortir avec lui.**

likeable ['laɪkəbl] adj sympathique, agréable

likelihood ['laɪklɪhud] n probabilité f ; **in all ~** selon toute vraisemblance

likely ['laɪklɪ] adj (result, outcome) probable ; (excuse) plausible ; **he's ~ to leave** il va sûrement partir, il risque fort de partir ; **not ~!** (inf) pas de danger !

like-minded ['laɪk'maɪndɪd] adj de même opinion

liken ['laɪkən] vt: **to ~ sth to** comparer qch à

likeness ['laɪknɪs] n ressemblance f

likewise ['laɪkwaɪz] adv de même, pareillement

liking ['laɪkɪŋ] n (for person) affection f ; (for thing) penchant m, goût m ; **to take a ~ to sb** se prendre d'amitié pour qn ; **to be to sb's ~** être au goût de qn, plaire à qn

lilac ['laɪlək] n lilas m ▸ adj lilas inv

Lilo® ['laɪləu] n matelas m pneumatique

lilt [lɪlt] n rythme m, cadence f

lilting ['lɪltɪŋ] adj aux cadences mélodieuses ; chantant(e)

lily ['lɪlɪ] n lis m ; **~ of the valley** muguet m

Lima ['liːmə] n Lima

limb [lɪm] n membre m ; **to be out on a ~** (fig) être isolé(e)

limber ['lɪmbəʳ]: **to ~ up** vi se dégourdir, se mettre en train

limbo ['lɪmbəu] n: **to be in ~** (fig) être tombé(e) dans l'oubli

lime [laɪm] n (tree) tilleul m ; (fruit) citron vert, lime f ; (Geo) chaux f

lime green n citron m vert ▶ adj (also: **lime-green**) couleur citron vert inv

lime juice n jus m de citron vert

limelight ['laɪmlaɪt] n: **in the ~** (fig) en vedette, au premier plan

limerick ['lɪmərɪk] n petit poème humoristique

limestone ['laɪmstəun] n pierre f à chaux ; (Geo) calcaire m

limit ['lɪmɪt] n limite f ; **weight/speed ~** limite de poids/de vitesse ▶ vt limiter

limitation [lɪmɪ'teɪʃən] n limitation f, restriction f

limited ['lɪmɪtɪd] adj limité(e), restreint(e) ; **~ edition** édition f à tirage limité ; **to be ~ to** se limiter à, ne concerner que

limited company, limited liability company n (Brit) ≈ société f anonyme

limitless ['lɪmɪtlɪs] adj illimité(e)

limo ['lɪməu] n (inf) limousine f

limousine ['lɪməziːn] n limousine f

limp [lɪmp] n: **to have a ~** boiter ▶ vi boiter ▶ adj mou (molle)

limpet ['lɪmpɪt] n patelle f ; **like a ~** (fig) comme une ventouse

limpid ['lɪmpɪd] adj limpide

linchpin ['lɪntʃpɪn] n esse f ; (fig) pivot m

Lincs [lɪŋks] abbr (Brit) = **Lincolnshire**

line [laɪn] n (gen) ligne f ; (stroke) trait m ; (wrinkle) ride f ; (rope) corde f ; (wire) fil m ; (of poem) vers m ; (row, series) rangée f ; (of people) file f, queue f ; (railway track) voie f ; (Comm: series of goods) article(s) m(pl), ligne de produits ; (work) métier m ; **to stand in ~** (US) faire la queue ; **to cut in ~** (US) passer avant son tour ; **in his ~ of business** dans sa partie, dans son rayon ; **on the right lines** sur la bonne voie ; **a new ~ in cosmetics** une nouvelle ligne de produits de beauté ; **hold the ~ please** (Brit Tel) ne quittez pas ; **to be in ~ for sth** (fig) être en lice pour qch ; **in ~ with** en accord avec, en conformité avec ; **in a ~** aligné(e) ; **to bring sth into ~ with sth** aligner qch sur qch ; **to draw the ~ at (doing) sth** (fig) se refuser à (faire) qch ; ne pas tolérer or admettre (qu'on fasse) qch ; **to take the ~ that …** être d'avis or de l'opinion que … ▶ vt (subj: trees, crowd) border ; **to ~ (with)** (clothes) doubler (de) ; (box) garnir or tapisser (de) ▶ **line up** vi s'aligner, se mettre en rang(s) ; (in queue) faire la queue ▶ vt aligner ; (event) prévoir ; (find) trouver ; **to have sb/sth lined up** avoir qn/qch en vue or de prévu(e)

linear ['lɪnɪəʳ] adj linéaire

lined [laɪnd] adj (paper) réglé(e) ; (face) marqué(e), ridé(e) ; (clothes) doublé(e)

lineman ['laɪnmən] n (irreg) (US): Rail: poseur m de rails ; (: Tel) ouvrier m de ligne ; (: Football) avant m

linen ['lɪnɪn] n linge m (de corps or de maison) ; (cloth) lin m

line printer n imprimante f (ligne par) ligne

liner ['laɪnəʳ] n (ship) paquebot m de ligne ; (for bin) sac-poubelle m

linesman ['laɪnzmən] n (irreg) (Tennis) juge m de ligne ; (Football) juge de touche

line-up ['laɪnʌp] n (US: queue) file f ; (also: **police line-up**) parade f d'identification ; (Sport) (composition f de l')équipe f

linger ['lɪŋgəʳ] vi s'attarder ; traîner ; (smell, tradition) persister

lingerie ['lænʒəriː] n lingerie f

lingering ['lɪŋgərɪŋ] adj persistant(e) ; qui subsiste ; (death) lent(e)

lingo ['lɪŋgəu] (pl **lingoes**) n (pej) jargon m

linguist ['lɪŋgwɪst] n linguiste mf ; **to be a good ~** être doué(e) pour les langues

linguistic [lɪŋ'gwɪstɪk] adj linguistique

linguistics [lɪŋ'gwɪstɪks] n linguistique f

lining ['laɪnɪŋ] n doublure f ; (Tech) revêtement m ; (: of brakes) garniture f

link [lɪŋk] n (connection) lien m, rapport m ; (Internet) lien ; (of a chain) maillon m ; **rail ~** liaison f ferroviaire ▶ vt relier, lier, unir ; **links** npl (Golf) (terrain m de) golf m ▶ **link up** vt relier ▶ vi (people) se rejoindre ; (companies etc) s'associer

link-up ['lɪŋkʌp] n lien m, rapport m ; (of roads) jonction f, raccordement m ; (of spaceships) arrimage m ; (Radio, TV) liaison f ; (: programme) duplex m

lino ['laɪnəu] n = **linoleum**

linoleum [lɪ'nəuliəm] n linoléum m

linseed oil ['lɪnsiːd-] n huile f de lin

lint [lɪnt] n tissu ouaté (pour pansements)

lintel ['lɪntl] n linteau m

lion ['laɪən] n lion m

lion cub n lionceau m

lioness ['laɪənɪs] n lionne f

lip [lɪp] n lèvre f ; (of cup etc) rebord m ; (insolence) insolences fpl

liposuction ['lɪpəusʌkʃən] n liposuccion f

lip-read ['lɪpriːd] vi (irreg: like **read**) lire sur les lèvres

lip salve [-sælv] n pommade f pour les lèvres, pommade rosat

lip service n: **to pay ~ to sth** ne reconnaître le mérite de qch que pour la forme or qu'en paroles

lipstick ['lɪpstɪk] n rouge m à lèvres

liquefy ['lɪkwɪfaɪ] vt liquéfier ▶ vi se liquéfier

liqueur [lɪ'kjuəʳ] n liqueur f

liquid ['lɪkwɪd] n liquide m ▶ adj liquide

liquid assets npl liquidités fpl, disponibilités fpl

liquidate ['lɪkwɪdeɪt] vt liquider

liquidation [lɪkwɪ'deɪʃən] n liquidation f ; **to go into ~** déposer son bilan

liquidator ['lɪkwɪdeɪtəʳ] n liquidateur m

liquid crystal display n affichage m à cristaux liquides
liquidity [lɪˈkwɪdɪtɪ] n liquidité f
liquidize [ˈlɪkwɪdaɪz] vt (BRIT Culin) passer au mixer
liquidizer [ˈlɪkwɪdaɪzəʳ] n (BRIT Culin) mixer m
liquor [ˈlɪkəʳ] n spiritueux m, alcool m
liquorice [ˈlɪkərɪs] n (BRIT) réglisse m
liquor store n (US) magasin m de vins et spiritueux
Lisbon [ˈlɪzbən] n Lisbonne
lisp [lɪsp] n zézaiement m ▸ vi zézayer
lissom [ˈlɪsəm] adj souple, agile
list [lɪst] n liste f ; (of ship) inclinaison f ;
  shopping ~ liste des courses ▸ vt (write down) inscrire ; (make list of) faire la liste de ; (enumerate) énumérer ; (Comput) lister ▸ vi (ship) gîter, donner de la bande
listed building [ˈlɪstɪd-] n (Archit) monument classé
listed company [ˈlɪstɪd-] n société cotée en Bourse
listen [ˈlɪsn] vi écouter ; **to ~ to** écouter
listener [ˈlɪsnəʳ] n auditeur(-trice)
listeria [lɪsˈtɪərɪə] n listéria f
listing [ˈlɪstɪŋ] n (Comput) listage m ; (: hard copy) liste f, listing m
listless [ˈlɪstlɪs] adj indolent(e), apathique
listlessly [ˈlɪstlɪslɪ] adv avec indolence or apathie
list price n prix m de catalogue
lit [lɪt] pt, pp of **light**
litany [ˈlɪtənɪ] n litanie f
liter [ˈliːtəʳ] n (US) = **litre**
literacy [ˈlɪtərəsɪ] n degré m d'alphabétisation, fait m de savoir lire et écrire ; (BRIT Scol) enseignement m de la lecture et de l'écriture ; **basic ~ and numeracy** des notions élémentaires de lecture, d'écriture et de calcul
literal [ˈlɪtərl] adj littéral(e)
literally [ˈlɪtrəlɪ] adv littéralement ; (really) réellement
literary [ˈlɪtərərɪ] adj littéraire
literate [ˈlɪtərət] adj qui sait lire et écrire ; (educated) instruit(e)
literature [ˈlɪtrɪtʃəʳ] n littérature f ; (brochures etc) copie f publicitaire, prospectus mpl
lithe [laɪð] adj agile, souple
lithography [lɪˈθɔɡrəfɪ] n lithographie f
Lithuania [lɪθjuˈeɪnɪə] n Lituanie f
Lithuanian [lɪθjuˈeɪnɪən] adj lituanien(ne) ▸ n Lituanien(ne) ; (Ling) lituanien m
litigate [ˈlɪtɪɡeɪt] vt mettre en litige ▸ vi plaider
litigation [lɪtɪˈɡeɪʃən] n litige m ; contentieux m
litmus [ˈlɪtməs] n: **~ paper** papier m de tournesol
litre, (US) **liter** [ˈliːtəʳ] n litre m
litter [ˈlɪtəʳ] n (rubbish) détritus mpl ; (dirtier) ordures fpl ; (young animals) portée f ▸ vt éparpiller ; laisser des détritus dans ; **littered with** jonché(e) de, couvert(e) de
litter bin n (BRIT) poubelle f
litter lout, (US) **litterbug** [ˈlɪtəbʌɡ] n personne qui jette des détritus par terre
little [ˈlɪtl] adj (small) petit(e) ; (not much): **~ milk** peu de lait ; (some): **a ~** (+noun) un peu de ; **with ~ difficulty** sans trop de difficulté ; **a ~ milk** un

peu de lait ; **a ~ bit** un peu ; **for a ~ while** pendant un petit moment ▸ adv peu ; **as ~ as possible** le moins possible ; **~ by ~** petit à petit, peu à peu ▸ pron (not much) peu de choses ; (a bit): **a ~** un peu ; **to make ~ of** faire peu de cas de ; **~ is known about his childhood** on sait peu de choses sur son enfance
little finger n auriculaire m, petit doigt
little-known [ˈlɪtlˈnəun] adj peu connu(e)
liturgy [ˈlɪtədʒɪ] n liturgie f
live¹ [laɪv] adj (animal) vivant(e), en vie ; (wire) sous tension ; (broadcast) (transmis(e)) en direct ; (issue) d'actualité, brûlant(e) ; (unexploded) non explosé(e) ; **~ ammunition** munitions fpl de combat
live² [lɪv] vi vivre ; (reside) vivre, habiter ; **to ~ in London** habiter (à) Londres ; **where do you ~?** où habitez-vous ?
  ▸ **live down** vt faire oublier (avec le temps)
  ▸ **live in** vi être logé(e) et nourri(e) ; être interne
  ▸ **live off** vt fus (land, fish etc) vivre de ; (pej: parents etc) vivre aux crochets de
  ▸ **live on** vt fus (food) vivre de ; **to ~ on £50 a week** vivre avec 50 livres par semaine ▸ vi survivre
  ▸ **live out** vi (BRIT: students) être externe ▸ vt: **to ~ out one's days** or **life** passer sa vie
  ▸ **live together** vi vivre ensemble, cohabiter
  ▸ **live up** vt: **to ~ it up** (inf) faire la fête ; mener la grande vie
  ▸ **live up to** vt fus se montrer à la hauteur de
live-in [ˈlɪvɪn] adj (nanny) à demeure ; **~ partner** concubin(e)
livelihood [ˈlaɪvlɪhud] n moyens mpl d'existence
liveliness [ˈlaɪvlɪnəs] n vivacité f, entrain m
lively [ˈlaɪvlɪ] adj vif (vive), plein(e) d'entrain ; (place, book) vivant(e)
liven up [ˈlaɪvn-] vt (room etc) égayer ; (discussion, evening) animer ▸ vi s'animer
liver [ˈlɪvəʳ] n foie m
liverish [ˈlɪvərɪʃ] adj qui a mal au foie ; (fig) grincheux(-euse)
Liverpudlian [lɪvəˈpʌdlɪən] adj de Liverpool ▸ n habitant(e) de Liverpool, natif(-ive) de Liverpool
livery [ˈlɪvərɪ] n livrée f
lives [laɪvz] npl of **life**
livestock [ˈlaɪvstɔk] n cheptel m, bétail m
live wire [laɪv-] n (lit) fil m sous tension ; (inf, fig): **to be a (real) ~** péter le feu
livid [ˈlɪvɪd] adj livide, blafard(e) ; (furious) furieux(-euse), furibond(e)
living [ˈlɪvɪŋ] adj vivant(e), en vie ; **within ~ memory** de mémoire d'homme ▸ n: **to earn** or **make a ~** gagner sa vie
living conditions npl conditions fpl de vie
living expenses npl dépenses courantes
living room n salle f de séjour
living standards npl niveau m de vie
living wage n salaire m permettant de vivre (décemment)
living will n directives fpl anticipées
lizard [ˈlɪzəd] n lézard m
llama [ˈlɑːmə] n lama m
LLB n abbr (= Bachelor of Laws) titre universitaire

LLD *n abbr* (= *Doctor of Laws*) titre universitaire

LMT *abbr* (*US*: = *Local Mean Time*) heure locale

load [ləʊd] *n* (*weight*) poids *m* ; (*thing carried*) chargement *m*, charge *f* ; (*Elec, Tech*) charge ; **a ~ of, loads of** (*fig*) un *or* des tas de, des masses de ; **to talk a ~ of rubbish** (*inf*) dire des bêtises ▶ *vt* charger ; (*also*: **load up**): **to ~ (with)** (*lorry, ship*) charger (de) ; (*gun, camera*) charger (avec)

loaded ['ləʊdɪd] *adj* (*dice*) pipé(e) ; (*question*) insidieux(-euse) ; (*inf: rich*) bourré(e) de fric ; (*: drunk*) bourré

loading bay ['ləʊdɪŋ-] *n* aire *f* de chargement

loaf [ləʊf] (*pl* **loaves** [ləʊvz]) *n* pain *m*, miche *f* ▶ *vi* (*also*: **loaf about, loaf around**) fainéanter, traîner

loam [ləʊm] *n* terreau *m*

loan [ləʊn] *n* prêt *m* ; **on ~** prêté(e), en prêt ; **public ~** emprunt public ▶ *vt* prêter

loan account *n* compte *m* de prêt

loan capital *n* capital *m* d'emprunt

loan shark *n* (*inf, pej*) usurier *m*

loath [ləʊθ] *adj*: **to be ~ to do** répugner à faire

loathe [ləʊð] *vt* détester, avoir en horreur

loathing ['ləʊðɪŋ] *n* dégoût *m*, répugnance *f*

loathsome ['ləʊðsəm] *adj* répugnant(e), détestable

loaves [ləʊvz] *npl of* **loaf**

lob [lɔb] *vt* (*ball*) lober

lobby ['lɔbɪ] *n* hall *m*, entrée *f* ; (*Pol*) lobby *m*, groupe *m* de pression ▶ *vt* faire du lobbying auprès de, faire pression sur ▶ *vi*: **to ~ for sth** faire du lobbying pour qch

lobbying ['lɔbɪɪŋ] *n* lobbying *m*

lobbyist ['lɔbɪɪst] *n* lobbyiste *mf*, membre *mf* d'un groupe de pression

lobe [ləʊb] *n* lobe *m*

lobster ['lɔbstəʳ] *n* homard *m*

lobster pot *n* casier *m* à homards

local ['ləʊkl] *adj* local(e) ▶ *n* (*Brit: pub*) pub *m* or café *m* du coin ; **the locals** *npl* les gens *mpl* du pays *or* du coin

local anaesthetic, (*US*) **local anesthetic** *n* anesthésie locale

local authority *n* collectivité locale, municipalité *f*

local call *n* (*Tel*) communication urbaine

local government *n* administration locale *or* municipale

locality [ləʊ'kælɪtɪ] *n* région *f*, environs *mpl* ; (*position*) lieu *m*

localize ['ləʊkəlaɪz] *vt* localiser

locally ['ləʊkəlɪ] *adv* localement ; dans les environs *or* la région

locate [ləʊ'keɪt] *vt* (*find*) trouver, repérer ; (*situate*) situer ; **to be located in** être situé à *or* en

location [ləʊ'keɪʃən] *n* emplacement *m* ; **on ~** (*Cine*) en extérieur

loch [lɔx] *n* lac *m*, loch *m*

lock [lɔk] *n* (*of door, box*) serrure *f* ; (*of canal*) écluse *f* ; (*of hair*) mèche *f*, boucle *f* ; **~ stock and barrel** (*fig*) en bloc ; **on full ~** (*Brit Aut*) le volant tourné à fond ▶ *vt* (*with key*) fermer à clé ; (*immobilize*) bloquer ▶ *vi* (*door etc*) fermer à clé ; (*wheels*) se bloquer

▶ **lock away** *vt* (*valuables*) mettre sous clé ; (*criminal*) mettre sous les verrous, enfermer

▶ **lock in** *vt* enfermer

▶ **lock out** *vt* enfermer dehors ; (*on purpose*) mettre à la porte ; (*: workers*) lock-outer

▶ **lock up** *vt* (*person*) enfermer ; (*house*) fermer à clé ▶ *vi* tout fermer (à clé)

lockdown ['lɔkdaun] *n*: **to be in** *or* **under ~** (*place*) faire l'objet de mesures de confinement ; **to be on ~** (*prisoner*) être confiné(e) en *or* en cellule

locker ['lɔkəʳ] *n* casier *m* ; (*in station*) consigne *f* automatique

locker-room ['lɔkəru:m] *n* (*US Sport*) vestiaire *m*

locket ['lɔkɪt] *n* médaillon *m*

lockjaw ['lɔkdʒɔ:] *n* tétanos *m*

lockout ['lɔkaut] *n* (*Industry*) lock-out *m*, grève patronale

locksmith ['lɔksmɪθ] *n* serrurier *m*

lock-up ['lɔkʌp] *n* (*prison*) prison *f* ; (*cell*) cellule *f* provisoire ; (*also*: **lock-up garage**) box *m*

locomotive [ləʊkə'məʊtɪv] *n* locomotive *f*

locum ['ləʊkəm] *n* (*Med*) suppléant(e) de médecin *etc*

locust ['ləʊkəst] *n* locuste *f*, sauterelle *f*

lodge [lɔdʒ] *n* pavillon *m* (de gardien) ; (*also*: **hunting lodge**) pavillon de chasse ; (*Freemasonry*) loge *f* ▶ *vi* (*person*): **to ~ with** être logé(e) chez, être en pension chez ; (*bullet*) se loger ; **to ~ in/between** se loger dans/entre ▶ *vt* (*appeal etc*) présenter ; déposer ; **to ~ a complaint** porter plainte ; **to ~ itself in/ between** se loger dans/entre

lodger ['lɔdʒəʳ] *n* locataire *mf* ; (*with room and meals*) pensionnaire *mf*

lodging ['lɔdʒɪŋ] *n* logement *m* ; *see also* **board**

lodging house *n* (*Brit*) pension *f* de famille

lodgings ['lɔdʒɪŋz] *npl* chambre *f*, meublé *m*

loft [lɔft] *n* grenier *m* ; (*apartment*) grenier aménagé en appartement (*gén dans ancien entrepôt ou fabrique*)

lofty ['lɔftɪ] *adj* élevé(e) ; (*haughty*) hautain(e) ; (*sentiments, aims*) noble

log [lɔg] *n* (*of wood*) bûche *f* ; (*Naut*) livre *m* or journal *m* de bord ; (*of car*) ≈ carte grise ▶ *n abbr* (= *logarithm*) log *m* ▶ *vt* enregistrer

▶ **log in, log on** *vi* (*Comput*) ouvrir une session, entrer dans le système

▶ **log off, log out** *vi* (*Comput*) clore une session, sortir du système

logarithm ['lɔgərɪðm] *n* logarithme *m*

logbook ['lɔgbuk] *n* (*Naut*) livre *m* or journal *m* de bord ; (*Aviat*) carnet *m* de vol ; (*of lorry driver*) carnet de route ; (*of movement of goods etc*) registre *m* ; (*of car*) ≈ carte grise

log cabin *n* cabane *f* en rondins

log fire *n* feu *m* de bois

logger ['lɔgəʳ] *n* bûcheron *m*

loggerheads ['lɔgəhɛdz] *npl*: **at ~ (with)** à couteaux tirés (avec)

logging ['lɔgɪŋ] *n* exploitation *f* forestière ▶ *cpd* (*company*) d'exploitation *f* forestière

logic ['lɔdʒɪk] *n* logique *f*

logical ['lɔdʒɪkl] *adj* logique

logically ['lɔdʒɪkəlɪ] *adv* logiquement

login ['lɔgɪn] n (*Comput*) identifiant m
logistic [lɔ'dʒɪstɪk], **logistical** [lɔ'dʒɪstɪkl] adj
logistique
logistics [lɔ'dʒɪstɪks] n logistique f
logjam ['lɔgdʒæm] n: **to break the** ~ créer une
ouverture dans l'impasse
logo ['ləugəu] n logo m
loin [lɔɪn] n (*Culin*) filet m, longe f ; **loins** npl
reins mpl
loin cloth n pagne m
Loire [lwa:] n: **the (River)** ~ la Loire
loiter ['lɔɪtəʳ] vi s'attarder ; **to** ~ **(about)** traîner,
musarder ; (*pej*) rôder
LOL, lol abbr (*inf*: = *laugh out loud*) MDR (= *mort(e)*
de rire)
loll [lɔl] vi (*also*: **loll about**) se prélasser,
fainéanter
lollipop ['lɔlɪpɔp] n sucette f
lollipop man/lady (*Brit*) n (*irreg*) contractuel(le)
qui fait traverser la rue aux enfants

: **LOLLIPOP MEN/LADIES**
:
: Les **lollipop men/ladies** sont employés
: pour aider les enfants à traverser la rue à
: proximité des écoles à l'heure où ils entrent
: en classe et à la sortie. On les repère
: facilement à cause de leur long ciré jaune et
: ils portent une pancarte ronde pour faire
: signe aux automobilistes de s'arrêter. On les
: appelle ainsi car la forme circulaire de cette
: pancarte rappelle une sucette.

lollop ['lɔləp] vi (*Brit*) avancer (*or* courir)
maladroitement
lolly ['lɔlɪ] n (*inf*: *ice*) esquimau m ; (: *lollipop*)
sucette f ; (: *money*) fric m
Lombardy ['lɔmbədɪ] n Lombardie f
London ['lʌndən] n Londres
Londoner ['lʌndənəʳ] n Londonien(ne)
lone [ləun] adj solitaire
loneliness ['ləunlɪnɪs] n solitude f, isolement m
lonely ['ləunlɪ] adj seul(e) ; (*childhood etc*)
solitaire ; (*place*) solitaire, isolé(e)
lonely hearts adj: ~ **ad** petite annonce
(personnelle) ; ~ **club** club m de rencontres
(*pour personnes seules*)
lone parent n parent m unique
loner ['ləunəʳ] n solitaire mf
lonesome ['ləunsəm] adj seul(e), solitaire
long [lɔŋ] adj long (longue) ; **how ~ is this**
river/course? quelle est la longueur de ce
fleuve/la durée de ce cours ? ; **6 metres ~** (long)
de 6 mètres ; **6 months ~** qui dure 6 mois, de
6 mois ; **at ~ last** enfin ; **in the ~ run** à la
longue ; finalement ▸ adv longtemps ; **he had**
~ **understood that ...** il avait compris depuis
longtemps que ... ; **all night** ~ toute la nuit ;
he no longer comes il ne vient plus ; **I can't**
stand it any longer je ne peux plus le
supporter ; **before** ~ **before** longtemps avant ;
before ~ (+*future*) avant peu, dans peu de temps ;
(+*past*) peu de temps après ; ~ **ago** il y a
longtemps ; **don't be ~!** fais vite !, dépêche-
toi ! ; **I shan't be** ~ je n'en ai pas pour
longtemps ; **so** *or* **as ~ as** à condition que +*sub*

▸ n: **the ~ and the short of it is that ...** (*fig*) le
fin mot de l'histoire c'est que ... ▸ vi: **to ~ for**
sth/to do sth avoir très envie de qch/de faire
qch, attendre qch avec impatience/attendre
avec impatience de faire qch
long-distance [lɔŋ'dɪstəns] adj (*race*) de fond ;
(*call*) interurbain(e)
longer adv see **long**
longevity [lɔn'dʒɛvɪtɪ] n (*of person*) longévité f ;
(*of event, situation*) longue durée f
long-haired [lɔŋ'hɛəd] adj (*person*) aux cheveux
longs ; (*animal*) aux longs poils
longhand ['lɔŋhænd] n écriture normale *or*
courante
long-haul ['lɔŋhɔ:l] adj (*flight*) long-courrier
longing ['lɔŋɪŋ] n désir m, envie f ; (*nostalgia*)
nostalgie f ▸ adj plein(e) d'envie *or* de nostalgie
longingly ['lɔŋɪŋlɪ] adv avec désir *or* nostalgie
longitude ['lɔŋgɪtju:d] n longitude f
long johns npl caleçons longs
long jump n saut m en longueur
long-life [lɔŋ'laɪf] adj (*batteries etc*) longue durée
inv ; (*milk*) longue conservation
long-lost ['lɔŋlɔst] adj perdu(e) depuis
longtemps
long-playing ['lɔŋpleɪɪŋ] adj: ~ **record (LP)**
(*disque m*) 33 tours m inv
long-range ['lɔŋ'reɪndʒ] adj à longue portée ;
(*weather forecast*) à long terme
longshoreman ['lɔŋʃɔ:mən] n (*irreg*) (*US*)
docker m, débardeur m
long-sighted [lɔŋ'saɪtɪd] adj (*Brit*) presbyte ;
(*fig*) prévoyant(e)
long-standing ['lɔŋ'stændɪŋ] adj de longue
date
long-suffering [lɔŋ'sʌfərɪŋ] adj empreint(e)
d'une patience résignée ; extrêmement
patient(e)
long-term ['lɔŋtə:m] adj à long terme
longtime ['lɔŋtaɪm] adj de longue date
long wave n (*Radio*) grandes ondes, ondes
longues
long-winded [lɔŋ'wɪndɪd] adj intarissable,
interminable
loo [lu:] n (*Brit inf*) w.-c. mpl, petit coin
loofah ['lu:fə] n sorte d'éponge végétale
look [luk] vi regarder ; (*seem*) sembler, paraître,
avoir l'air ; (*building etc*): **to ~ south/on to the**
sea donner au sud/sur la mer ; **to ~ like**
ressembler à ; **it looks like him** on dirait que
c'est lui ; **it looks about 4 metres long** je
dirais que ça fait 4 mètres de long ; **it looks all**
right to me ça me paraît bien ; ~ **(here)!**
(*annoyance*) écoutez ! ▸ n regard m ; (*appearance*)
air m, allure f, aspect m ; **to have a ~** regarder ;
to have a ~ at sth jeter un coup d'œil à qch ;
to have a ~ for sth chercher qch ; **looks** npl
(*good looks*) physique m, beauté f
▸ **look after** vt fus s'occuper de, prendre soin de ;
(*luggage etc*: *watch over*) garder, surveiller
▸ **look ahead** vi (*lit*) regarder devant soi ; (*fig*)
penser à l'avenir ; **to ~ ahead to sth** envisager
qch
▸ **look around** vi regarder autour de soi
▸ **look at** vt fus regarder ; (*problem etc*) examiner

▶ **look back** vi: **to ~ back at sth/sb** se retourner pour regarder qch/qn ; **to ~ back on** (event, period) évoquer, repenser à

▶ **look down on** vt fus (fig) regarder de haut, dédaigner

▶ **look for** vt fus chercher ; **we're looking for a hotel/restaurant** nous cherchons un hôtel/restaurant

▶ **look forward to** vt fus attendre avec impatience ; **I'm not looking forward to it** cette perspective ne me réjouit guère ; **looking forward to hearing from you** (in letter) dans l'attente de vous lire

▶ **look in** vi: **to ~ in on sb** passer voir qn

▶ **look into** vt fus (matter, possibility) examiner, étudier

▶ **look on** vi regarder (en spectateur)

▶ **look out** vi (beware): **to ~ out (for)** prendre garde (à), faire attention (à) ; **~ out!** attention !

▶ **look out for** vt fus (seek) être à la recherche de ; (try to spot) guetter

▶ **look over** vt (essay) jeter un coup d'œil à ; (town, building) visiter (rapidement) ; (person) jeter un coup d'œil à ; examiner de la tête aux pieds

▶ **look round** vt fus (house, shop) faire le tour de ▶ vi (turn) regarder derrière soi, se retourner ; **to ~ round for sth** chercher qch

▶ **look through** vt fus (papers, book) examiner ; (: briefly) parcourir ; (telescope) regarder à travers

▶ **look to** vt fus veiller à ; (rely on) compter sur

▶ **look up** vi lever les yeux ; (improve) s'améliorer ▶ vt (word) chercher ; (friend) passer voir

▶ **look up to** vt fus avoir du respect pour

lookalike ['lʊkəlaɪk] n sosie m ; **a Marilyn Monroe ~** un sosie de Marilyn Monroe

looking glass ['lʊkɪŋ-] n miroir m

lookout ['lʊkaʊt] n (tower etc) poste m de guet ; (person) guetteur m ; **to be on the ~ (for)** guetter

look-up table ['lʊkʌp-] n (Comput) table f à consulter

loom [luːm] n métier m à tisser ▶ vi (also: **loom up**) surgir ; (: event) paraître imminent(e) ; (: threaten) menacer

loony ['luːnɪ] adj, n (inf) timbré(e), cinglé(e)

loop [luːp] n boucle f ; (contraceptive) stérilet m ▶ vt: **to ~ sth round sth** passer qch autour de qch

loophole ['luːphəʊl] n (fig) porte f de sortie ; échappatoire f

loose [luːs] adj (knot, screw) desserré(e) ; (stone) branlant(e) ; (clothes) vague, ample, lâche ; (hair) dénoué(e), épars(e) ; (not firmly fixed) pas solide ; (animal) en liberté, échappé(e) ; (life) dissolu(e) ; (morals, discipline) relâché(e) ; (thinking) peu rigoureux(-euse), vague ; (translation) approximatif(-ive) ; **~ connection** (Elec) mauvais contact ; **to be at a ~ end** or (US) **at ~ ends** (fig) ne pas trop savoir quoi faire ; **to tie up ~ ends** (fig) mettre au point or régler les derniers détails ▶ n: **to be on the ~** être en liberté ▶ vt (free: animal) lâcher ; (: prisoner) relâcher, libérer ; (slacken) détendre, relâcher ; desserrer ; défaire ; donner du mou à ; donner du ballant à ; (Brit: arrow) tirer

loose change n petite monnaie

loose chippings [-'tʃɪpɪŋz] npl (on road) gravillons mpl

loose-fitting ['luːsfɪtɪŋ] adj (clothes) ample

loose-leaf ['luːsliːf] adj: **~ binder** or **folder** classeur m à feuilles or feuillets mobiles

loose-limbed [luːs'lɪmd] adj agile, souple

loosely ['luːslɪ] adv sans serrer ; (imprecisely) approximativement

loosely-knit ['luːslɪ'nɪt] adj élastique

loosen ['luːsn] vt desserrer, relâcher, défaire
▶ **loosen up** vi (before game) s'échauffer ; (inf: relax) se détendre, se laisser aller

loot [luːt] n butin m ▶ vt piller

looter ['luːtər] n pillard m, casseur m

looting ['luːtɪŋ] n pillage m

lop [lɔp] n: **to ~ off** vt couper, trancher

lop-sided ['lɔp'saɪdɪd] adj de travers, asymétrique

loquacious [lə'kweɪʃəs] adj (formal) loquace

lord [lɔːd] n seigneur m ; **L~ Smith** lord Smith ; **the L~** (Rel) le Seigneur ; **my L~** (to noble) Monsieur le comte/le baron ; (to judge) Monsieur le juge ; (to bishop) Monseigneur ; **good L~!** mon Dieu !

lordly ['lɔːdlɪ] adj noble, majestueux(-euse) ; (arrogant) hautain(e)

Lords [lɔːdz] npl (Brit Pol): **the (House of) ~** la Chambre des Lords

lordship ['lɔːdʃɪp] n (Brit): **your L~** Monsieur le comte (or le baron or le juge)

lore [lɔːr] n tradition(s) f(pl)

lorry ['lɔrɪ] n (Brit) camion m

lorry driver n (Brit) camionneur m, routier m

lose [luːz] (pt, pp **lost**) vt perdre ; (opportunity) manquer, perdre ; (pursuers) distancer, semer ; **I've lost my wallet/passport** j'ai perdu mon portefeuille/passeport ; **to ~ time** (clock) retarder ; **to ~ no time (in doing sth)** ne pas perdre de temps (à faire qch) ; see also **lost** ▶ vi perdre ; (clock) retarder
▶ **lose out** vi être perdant(e)

loser ['luːzər] n perdant(e) ; **to be a good/bad ~** être beau/mauvais joueur

loss [lɔs] n perte f ; **to cut one's losses** limiter les dégâts ; **to make a ~** enregistrer une perte ; **to sell sth at a ~** vendre qch à perte ; **to be at a ~** être perplexe or embarrassé(e) ; **to be at a ~ to do** se trouver incapable de faire

loss adjuster n (Insurance) responsable mf de l'évaluation des dommages

loss leader n (Comm) article sacrifié

lost [lɔst] pt, pp of **lose** ▶ adj perdu(e) ; **to get ~** vi (person) se perdre ; **my watch has got ~** ma montre m'est perdue ; **I'm ~** je me suis perdu ; **~ in thought** perdu dans ses pensées ; **~ and found property** (US) objets trouvés ; **~ and found** (US) (bureau m des) objets trouvés

lost property n (Brit) objets trouvés ; **~ office** or **department** (bureau m des) objets trouvés

lot [lɔt] n (at auctions, set) lot m ; (destiny) sort m, destinée f ; **the ~** (everything) le tout ; (everyone) tous mpl, toutes fpl ; **a ~** beaucoup ; **a ~ of** beaucoup de ; **lots of** des tas de ; **to draw lots (for sth)** tirer (qch) au sort

lotion ['ləʊʃən] n lotion f

lottery ['lɒtərɪ] n loterie f

loud [laʊd] adj bruyant(e), sonore ; (voice) fort(e) ; (condemnation etc) vigoureux(-euse) ; (gaudy) voyant(e), tapageur(-euse) ► adv (speak etc) **out ~** tout haut

loud-hailer [laʊd'heɪləʳ] n porte-voix m inv

loudly ['laʊdlɪ] adv fort, bruyamment

loudspeaker [laʊd'spiːkəʳ] n haut-parleur m

lounge [laʊndʒ] n salon m ; (of airport) salle f ; (BRIT: also: **lounge bar**) (salle de) café m or bar m ► vi (also: **lounge about, lounge around**) se prélasser, paresser

lounge bar n (salle f de) bar m

lounge suit n (BRIT) complet m ; (: on invitation) « tenue de ville »

louse [laʊs] (pl **lice** [laɪs]) n pou m ► **louse up** [lauz-] vt (inf) gâcher

lousy ['laʊzɪ] adj (inf: bad quality) infect(e), moche ; **I feel ~** je suis mal fichu(e)

lout [laʊt] n rustre m, butor m

louvre, (US) louver ['luːvəʳ] adj (door, window) à claire-voie

lovable ['lʌvəbl] adj très sympathique ; adorable

love [lʌv] n amour m ; **to be/fall in ~ with** être/tomber amoureux(-euse) de ; **to make ~** faire l'amour ; **~ at first sight** le coup de foudre ; **to send one's ~ to sb** adresser ses amitiés à qn ; **~ from Anne, ~, Anne** affectueusement, Anne ; **"15 ~"** (Tennis) « 15 à rien or zéro » ► vt aimer ; (caringly, kindly) aimer beaucoup ; **I ~ you** je t'aime ; **I ~ chocolate** j'adore le chocolat ; **to ~ to do** aimer beaucoup or adorer faire ; **I'd ~ to come** cela me ferait très plaisir (de venir)

love affair n liaison (amoureuse)

love child n (irreg) enfant m f de l'amour

loved ones ['lʌvdwʌnz] npl proches mpl et amis chers

love-hate relationship [lʌv'heɪt-] n rapport ambigu ; **they have a ~** ils s'aiment et se détestent à la fois

love life n vie sentimentale

lovelorn ['lʌvlɔːn] adj qui se languit d'amour

lovely ['lʌvlɪ] adj (pretty) ravissant(e) ; (friend, wife) charmant(e) ; (holiday, surprise) très agréable, merveilleux(-euse) ; **we had a ~ time** c'était vraiment très bien, nous avons eu beaucoup de plaisir

lovemaking ['lʌvmeɪkɪŋ] n ébats mpl (amoureux)

lover ['lʌvəʳ] n amant m ; (person in love) amoureux(-euse) ; (amateur): **a ~ of** un(e) ami(e) de, un(e) amoureux(-euse) de

lovesick ['lʌvsɪk] adj qui se languit d'amour

love song n chanson f d'amour

loving ['lʌvɪŋ] adj affectueux(-euse), tendre, aimant(e)

low [ləʊ] adj bas(se) ; (quality) mauvais(e), inférieur(e) ; **to feel ~** se sentir déprimé(e) ; **he's very ~** (ill) il est bien bas or très affaibli ; **to be ~ on** (supplies etc) être à court de ► adv bas ; **to turn (down) ~** vt baisser ► n (Meteorology) dépression f ; **to reach a new** or **an all-time ~** tomber au niveau le plus bas ► vi (cow) mugir

low-alcohol [ləʊ'ælkəhɒl] adj à faible teneur en alcool, peu alcoolisé(e)

lowbrow ['ləʊbraʊ] adj sans prétentions intellectuelles

low-calorie ['ləʊ'kælərɪ] adj hypocalorique

low-carb [ləʊ'kɑːb] adj (inf) pauvre en glucides

low-cut ['ləʊkʌt] adj (dress) décolleté(e)

low-down ['ləʊdaʊn] n (inf): **he gave me the ~ (on it)** il m'a mis au courant ► adj (mean) méprisable

lower adj ['ləʊəʳ] inférieur(e) ► vt ['ləʊəʳ] baisser ; (resistance) diminuer ; **to ~ o.s. to** s'abaisser à ► vi ['laʊəʳ] (person, sky, clouds) être menaçant ; **to ~ at sb** jeter un regard mauvais or noir à qn

lower sixth (BRIT) n (Scol) première f

low-fat ['ləʊ'fæt] adj maigre

low-key ['ləʊ'kiː] adj modéré(e), discret(-ète)

lowland n, **lowlands** npl ['ləʊlənd(z)] plaine(s) f(pl)

low-level ['ləʊlɛvl] adj bas(se) ; (flying) à basse altitude

low-loader ['ləʊləʊdəʳ] n semi-remorque f à plate-forme surbaissée

lowly ['ləʊlɪ] adj humble, modeste

low-lying [ləʊ'laɪɪŋ] adj à faible altitude

low-paid [ləʊ'peɪd] adj mal payé(e), aux salaires bas

low-rise ['ləʊraɪz] adj bas(se), de faible hauteur

low-tech ['ləʊtɛk] adj sommaire

loyal ['lɔɪəl] adj loyal(e), fidèle

loyalist ['lɔɪəlɪst] n loyaliste mf

loyalty ['lɔɪəltɪ] n loyauté f, fidélité f

loyalty card n carte f de fidélité

lozenge ['lɒzɪndʒ] n (Med) pastille f ; (Geom) losange m

LP n abbr = **long-playing record**

LPG n abbr (= liquid petroleum gas) GPL m

L-plates ['ɛlpleɪts] npl (BRIT) plaques fpl (obligatoires) d'apprenti conducteur

LPN n abbr (US: = Licensed Practical Nurse) infirmier(-ière) diplômé(e)

LRAM n abbr (BRIT) = **Licentiate of the Royal Academy of Music**

LSAT n abbr (US) = **Law School Admissions Test**

LSD n abbr (= lysergic acid diethylamide) LSD m ; (BRIT: = pounds, shillings and pence) système monétaire en usage en GB jusqu'en 1971

LSE n abbr = **London School of Economics**

LT abbr (Elec: = low tension) BT

Lt abbr (= lieutenant) Lt.

Ltd abbr (Comm: = limited) ≈ SA

lubricant ['luːbrɪkənt] n lubrifiant m

lubricate ['luːbrɪkeɪt] vt lubrifier, graisser

lucid ['luːsɪd] adj lucide

lucidity [luːˈsɪdɪtɪ] n lucidité f

luck [lʌk] n chance f ; **bad ~** malchance f, malheur m ; **to be in ~** avoir de la chance ; **to be out of ~** ne pas avoir de chance ; **good ~!** bonne chance ! ; **bad** or **hard** or **tough ~!** pas de chance !

luckily ['lʌkɪlɪ] adv heureusement, par bonheur

luckless ['lʌklɪs] adj (person) malchanceux(-euse) ; (trip) marqué(e) par la malchance

lucky ['lʌkɪ] *adj* (*person*) qui a de la chance ; (*coincidence*) heureux(-euse) ; (*number etc*) qui porte bonheur
lucrative ['lu:krətɪv] *adj* lucratif(-ive), rentable, qui rapporte
ludicrous ['lu:dɪkrəs] *adj* ridicule, absurde
ludo ['lu:dəu] *n* jeu *m* des petits chevaux
lug [lʌg] *vt* traîner, tirer
luggage ['lʌgɪdʒ] *n* bagages *mpl* ; **our ~ hasn't arrived** nos bagages ne sont pas arrivés ; **could you send someone to collect our ~?** pourriez-vous envoyer quelqu'un chercher nos bagages ?
luggage lockers *npl* consigne *f* automatique
luggage rack *n* (*in train*) porte-bagages *m inv* ; (: *made of string*) filet *m* à bagages ; (*on car*) galerie *f*
luggage van, (*US*) **luggage car** *n* (*Rail*) fourgon *m* (à bagages)
lugubrious [lu'gu:brɪəs] *adj* lugubre
lukewarm ['lu:kwɔ:m] *adj* tiède
lull [lʌl] *n* accalmie *f* ; (*in conversation*) pause *f* ▶ *vt*: **to ~ sb to sleep** bercer qn pour qu'il s'endorme ; **to be lulled into a false sense of security** s'endormir dans une fausse sécurité
lullaby ['lʌləbaɪ] *n* berceuse *f*
lumbago [lʌm'beɪgəu] *n* lumbago *m*
lumber ['lʌmbər] *n* (*wood*) bois *m* de charpente ; (*junk*) bric-à-brac *m inv* ▶ *vt* (*BRIT inf*): **to ~ sb with sth/sb** coller *or* refiler qch/qn à qn ▶ *vi* (*also*: **lumber about, lumber along**) marcher pesamment
lumberjack ['lʌmbədʒæk] *n* bûcheron *m*
lumber room *n* (*BRIT*) débarras *m*
lumber yard *n* entrepôt *m* de bois
luminous ['lu:mɪnəs] *adj* lumineux(-euse)
lump [lʌmp] *n* morceau *m* ; (*in sauce*) grumeau *m* ; (*swelling*) grosseur *f* ▶ *vt* (*also*: **lump together**) réunir, mettre en tas
lump sum *n* somme globale *or* forfaitaire
lumpy ['lʌmpɪ] *adj* (*sauce*) qui a des grumeaux ; (*bed*) défoncé(e), peu confortable
lunacy ['lu:nəsɪ] *n* démence *f*, folie *f*
lunar ['lu:nər] *adj* lunaire
lunatic ['lu:nətɪk] *n* fou (folle), dément(e) ▶ *adj* fou (folle), dément(e)
lunatic asylum *n* asile *m* d'aliénés
lunch [lʌntʃ] *n* déjeuner *m* ; **to invite sb to** *or* **for ~** inviter qn à déjeuner ; **it is his ~ hour** c'est l'heure où il déjeune ▶ *vi* déjeuner
lunch box *n* (*lit*) boîte dans laquelle on transporte son déjeuner ; (*BRIT inf, fig*) engin *m* (*inf*)

lunch break, lunch hour *n* pause *f* de midi, heure *f* du déjeuner
luncheon ['lʌntʃən] *n* déjeuner *m*
luncheon meat *n* sorte de saucisson
luncheon voucher *n* chèque-repas *m*, ticket-repas *m*
lunchtime ['lʌntʃtaɪm] *n*: **it's ~** c'est l'heure du déjeuner
lung [lʌŋ] *n* poumon *m*
lung cancer *n* cancer *m* du poumon
lunge [lʌndʒ] *vi* (*also*: **lunge forward**) faire un mouvement brusque en avant ; **to ~ at sb** envoyer *or* assener un coup à qn
lupin ['lu:pɪn] *n* lupin *m*
lurch [lə:tʃ] *vi* vaciller, tituber ▶ *n* écart *m* brusque, embardée *f* ; **to leave sb in the ~** laisser qn se débrouiller *or* se dépêtrer tout(e) seul(e)
lure [luər] *n* (*attraction*) attrait *m*, charme *m* ; (*in hunting*) appât *m*, leurre *m* ▶ *vt* attirer *or* persuader par la ruse
lurid ['luərɪd] *adj* affreux(-euse), atroce
lurk [lə:k] *vi* se tapir, se cacher
luscious ['lʌʃəs] *adj* succulent(e), appétissant(e)
lush [lʌʃ] *adj* luxuriant(e)
lust [lʌst] *n* (*sexual*) désir (sexuel) ; (*Rel*) luxure *f* ; (*fig*): **~ for** soif *f* de
▶ **lust after** *vt fus* convoiter, désirer
luster ['lʌstər] *n* (*US*) = **lustre**
lustful ['lʌstful] *adj* lascif(-ive)
lustre, (*US*) **luster** ['lʌstər] *n* lustre *m*, brillant *m*
lusty ['lʌstɪ] *adj* vigoureux(-euse), robuste
lute [lu:t] *n* luth *m*
Luxembourg ['lʌksəmbə:g] *n* Luxembourg *m*
luxuriant [lʌg'zjuərɪənt] *adj* luxuriant(e)
luxurious [lʌg'zjuərɪəs] *adj* luxueux(-euse)
luxury ['lʌkʃərɪ] *n* luxe *m* ▶ *cpd* de luxe
LV *n abbr* (*BRIT*) = **luncheon voucher**
LW *abbr* (*Radio*: = *long wave*) GO
Lycra® ['laɪkrə] *n* Lycra® *m*
lying ['laɪɪŋ] *n* mensonge(s) *m*(*pl*) ▶ *adj* (*statement, story*) mensonger(-ère), faux (fausse) ; (*person*) menteur(-euse)
lynch [lɪntʃ] *vt* lyncher
lynx [lɪŋks] *n* lynx *m inv*
Lyons ['ljɔn] *n* Lyon
lyre ['laɪər] *n* lyre *f*
lyric ['lɪrɪk] *adj* lyrique
lyrical ['lɪrɪkl] *adj* lyrique
lyricism ['lɪrɪsɪzəm] *n* lyrisme *m*
lyrics ['lɪrɪks] *npl* (*of song*) paroles *fpl*

Mm

M¹, m [ɛm] n (letter) M, m m ; **M for Mary**, (US) **M for Mike** M comme Marcel

M² n abbr (BRIT) = **motorway; the M8** ≈ l'A8 ▶ abbr (= medium) M

m. abbr (= metre) m ; (= million) M ; (= mile) mi

ma [mɑː] n (inf) maman f

M.A. n abbr (Scol) = **Master of Arts** ▶ abbr (US) = **military academy; Massachusetts**

ma'am ['mæm] n (esp US: madam) Madame f

mac [mæk] n (BRIT) imper(méable m) m

macabre [mə'kɑːbrə] adj macabre

macaroni [mækə'rəunɪ] n macaronis mpl

macaroon [mækə'ruːn] n macaron m

mace [meɪs] n masse f ; (spice) macis m

Macedonia [mæsɪ'dəunɪə] n Macédoine f

Macedonian [mæsɪ'dəunɪən] adj macédonien(ne) ▶ n Macédonien(ne) ; (Ling) macédonien m

machete [mə'ʃɛtɪ] n machette f

Machiavellian [mækɪə'vɛlɪən] adj machiavélique

machinations [mækɪ'neɪʃənz] npl machinations fpl, intrigues fpl

machine [mə'ʃiːn] n machine f ▶ vt (dress etc) coudre à la machine ; (Tech) usiner

machine code n (Comput) code m machine

machine gun n mitrailleuse f

machine language n (Comput) langage m machine

machine-readable [mə'ʃiːnriːdəbl] adj (Comput) exploitable par une machine

machinery [mə'ʃiːnərɪ] n machinerie f, machines fpl ; (fig) mécanisme(s) m(pl)

machine shop n atelier m d'usinage

machine tool n machine-outil f

machine washable adj (garment) lavable en machine

machinist [mə'ʃiːnɪst] n machiniste mf

machismo [mæ'kɪzməu, mæ'tʃɪzməu] n machisme m

macho ['mætʃəu] adj macho inv

mackerel ['mækrl] n (pl inv) maquereau m

mackintosh ['mækɪntɔʃ] n (BRIT) imperméable m

macro... ['mækrəu] prefix macro...

macroeconomic [mækrəui:kə'nɔmɪk] adj macro-économique

macroeconomics [mækrəui:kə'nɔmɪks] n macro-économie f

mad [mæd] adj fou (folle) ; (foolish) insensé(e) ; (angry) furieux(-euse) ; **to go ~** devenir fou ;

to be ~ (keen) about or **on sth** (inf) être follement passionné de qch, être fou de qch

Madagascar [mædə'gæskəʳ] n Madagascar m

madam ['mædəm] n madame f ; **yes ~** oui Madame ; **M~ Chairman** Madame la Présidente

madcap ['mædkæp] adj (inf) écervelé(e)

mad cow disease n maladie f de la vache folle

madden ['mædn] vt exaspérer

maddening ['mædnɪŋ] adj exaspérant(e)

made [meɪd] pt, pp of **make**

Madeira [mə'dɪərə] n (Geo) Madère f ; (wine) madère m

made-to-measure ['meɪdtə'mɛʒəʳ] adj (BRIT) fait(e) sur mesure

made-up ['meɪdʌp] adj (story) inventé(e), fabriqué(e)

madhouse ['mædhaus] n (also fig) maison f de fous

madly ['mædlɪ] adv follement ; **~ in love** éperdument amoureux(-euse)

madman ['mædmən] n (irreg) fou m, aliéné m

madness ['mædnɪs] n folie f

Madonna [mə'dɔnə] n (Rel) Madone f

Madrid [mə'drɪd] n Madrid

maelstrom ['meɪlstrɔm] n maelström m, tourbillon m

Mafia ['mæfɪə] n maf(f)ia f

mag [mæg] n abbr (BRIT inf: = magazine) magazine m

magazine [mægə'ziːn] n (Press) magazine m, revue f ; (Radio, TV) magazine ; (Mil: store) dépôt m, arsenal m ; (of firearm) magasin m

magenta [mə'dʒɛntə] adj magenta inv ▶ n magenta m

maggot ['mægət] n ver m, asticot m

magic ['mædʒɪk] n magie f ▶ adj magique

magical ['mædʒɪkl] adj magique ; (experience, evening) merveilleux(-euse)

magician [mə'dʒɪʃən] n magicien(ne)

magistrate ['mædʒɪstreɪt] n magistrat m ; juge m ; **magistrates' court** (BRIT) ≈ tribunal m d'instance

magnanimous [mæg'nænɪməs] adj magnanime

magnate ['mægneɪt] n magnat m

magnesium [mæg'niːzɪəm] n magnésium m

magnet ['mægnɪt] n aimant m

magnetic [mæg'nɛtɪk] adj magnétique

magnetic disk n (Comput) disque m magnétique

magnetic tape n bande f magnétique

magnetism ['mægnɪtɪzəm] n magnétisme m
magnification [mægnɪfɪ'keɪʃən] n
  grossissement m
magnificence [mæg'nɪfɪsns] n magnificence f
magnificent [mæg'nɪfɪsnt] adj superbe,
  magnifique ; (splendid: robe, building)
  somptueux(-euse), magnifique
magnificently [mæg'nɪfɪsntlɪ] adv
  magnifiquement, brillamment
magnify ['mægnɪfaɪ] vt grossir ; (sound)
  amplifier
magnifying glass ['mægnɪfaɪɪŋ-] n loupe f
magnitude ['mægnɪtjuːd] n ampleur f
magnolia [mæg'nəʊlɪə] n magnolia m
magpie ['mægpaɪ] n pie f
mahogany [mə'hɒɡənɪ] n acajou m ▶ cpd en
  (bois d')acajou
maid [meɪd] n bonne f ; (in hotel) femme f de
  chambre ; **old ~** (pej) vieille fille
maiden ['meɪdn] n jeune fille f ▶ adj (aunt etc)
  non mariée ; (speech, voyage) inaugural(e)
maiden name n nom m de jeune fille
mail [meɪl] n poste f ; (letters) courrier m ; **by ~**
  par la poste ▶ vt envoyer (par la poste)
mailbag ['meɪlbæg] n (sack) sac postal ;
  (postman's) sacoche f
mailbox ['meɪlbɒks] n (US, also Comput) boîte f
  aux lettres
mailing list ['meɪlɪŋ-] n liste f d'adresses
mailman ['meɪlmæn] n (irreg) (US) facteur m
mail-order ['meɪlɔːdəʳ] n vente f or achat m par
  correspondance ▶ cpd : **~ firm** or **house** maison f
  de vente par correspondance
mailshot ['meɪlʃɒt] n (BRIT) mailing m
mail train n train postal
mail truck n (US Aut) = **mail van**
mail van (BRIT) n (Aut) voiture f or fourgonnette f
  des postes ; (Rail) wagon-poste m
maim [meɪm] vt mutiler
main [meɪn] adj principal(e) ; **the ~ thing**
  l'essentiel m ▶ n (pipe) conduite principale,
  canalisation f ; **the mains** (Elec) le secteur ; **in
  the ~** dans l'ensemble
main course n (Culin) plat m principal
mainframe ['meɪnfreɪm] n (also: **mainframe
  computer**) (gros) ordinateur, unité centrale
mainland ['meɪnlənd] n continent m
mainline ['meɪnlaɪn] adj (Rail) de grande ligne
  ▶ vt (drugs slang) se shooter à ▶ vi (drugs slang) se
  shooter
main line n (Rail) grande ligne
mainly ['meɪnlɪ] adv principalement, surtout
main road n grand axe, route nationale
mainstay ['meɪnsteɪ] n (fig) pilier m
mainstream ['meɪnstriːm] n (fig) courant
  principal
main street n rue f principale
maintain [meɪn'teɪn] vt entretenir ; (continue)
  maintenir, préserver ; (affirm) soutenir ; **to ~
  that ...** soutenir que ...
maintenance ['meɪntənəns] n entretien m ;
  (Law: alimony) pension f alimentaire
maintenance contract n contrat m d'entretien
maintenance order n (Law) obligation f
  alimentaire

maisonette [meɪzə'nɛt] n (BRIT) appartement m
  en duplex
maize [meɪz] n (BRIT) maïs m
Maj. abbr (Mil) = **major**
majestic [mə'dʒɛstɪk] adj majestueux(-euse)
majesty ['mædʒɪstɪ] n majesté f ; (title): **Your
  M~** Votre Majesté
major ['meɪdʒəʳ] n (Mil) commandant m ▶ adj
  (important) important(e) ; (most important)
  principal(e) ; (Mus) majeur(e) ; **a ~ operation**
  (Med) une grosse opération ▶ vi (US Scol): **to ~
  (in)** se spécialiser (en)
Majorca [mə'jɔːkə] n Majorque f
major general n (Mil) général m de division
majority [mə'dʒɒrɪtɪ] n majorité f ▶ cpd (verdict,
  holding) majoritaire
make [meɪk] (pt, pp **made** [meɪd]) vt faire ;
  (manufacture) faire, fabriquer ; (earn) gagner ;
  (decision) prendre ; (friend) se faire ; (speech) faire,
  prononcer ; (cause to be): **to ~ sb sad** etc rendre qn
  triste etc ; (force): **to ~ sb do sth** obliger qn à
  faire qch, faire faire qch à qn ; (equal): **2 and 2 ~
  4** 2 et 2 font 4 ; **to ~ the bed** faire le lit ; **to ~ a
  fool of sb** (ridicule) ridiculiser qn ; (trick) avoir or
  duper qn ; **to ~ a profit** faire un or des
  bénéfice(s) ; **to ~ a loss** essuyer une perte ; **to ~
  it** (in time etc) y arriver ; (succeed) réussir ; **what
  time do you ~ it?** quelle heure avez-vous ? ;
  I ~ it £249 d'après mes calculs ça fait 249 livres ;
  to be made of être en ; **to ~ do with** se
  contenter de ; se débrouiller avec ; **to ~ good** vi
  (succeed) faire son chemin, réussir ; vt (deficit)
  combler ; (losses) compenser ▶ n (manufacture)
  fabrication f ; (brand) marque f
  ▶ **make for** vt fus (place) se diriger vers
  ▶ **make off** vi filer
  ▶ **make out** vt (write out: cheque) faire ; (decipher)
  déchiffrer ; (understand) comprendre ; (see)
  distinguer ; (claim, imply) prétendre, vouloir
  faire croire ; **to ~ out a case for sth** présenter
  des arguments solides en faveur de qch
  ▶ **make over** vt (assign): **to ~ over (to)** céder (à),
  transférer (au nom de)
  ▶ **make up** vt (invent) inventer, imaginer ;
  (constitute) constituer ; (parcel, bed) faire ; **to be
  made up of** se composer de ▶ vi se réconcilier ;
  (with cosmetics) se maquiller, se farder
  ▶ **make up for** vt fus compenser ; (lost time)
  rattraper
make-believe ['meɪkbɪliːv] n: **a world of ~** un
  monde de chimères or d'illusions ; **it's just ~**
  c'est de la fantaisie ; c'est une illusion
make-or-break [meɪkɔː'breɪk] adj (issue, game,
  meeting) décisif(-ive) ; **it's ~ time** c'est le
  moment décisif
makeover ['meɪkəʊvəʳ] n (by beautician) soins mpl
  de maquillage ; (change of image) changement m
  d'image ; **to give sb a ~** relooker qn
maker ['meɪkəʳ] n fabricant m ; (of film,
  programme) réalisateur(-trice)
makeshift ['meɪkʃɪft] adj provisoire,
  improvisé(e)
make-up ['meɪkʌp] n maquillage m
make-up bag n trousse f de maquillage
make-up remover n démaquillant m

m

making ['meɪkɪŋ] n (fig): **in the ~** en formation or gestation ; **to have the makings of** (actor, athlete) avoir l'étoffe de

maladjusted [mælə'dʒʌstɪd] adj inadapté(e)

maladministration [mælədmɪnɪ'streɪʃən] n mauvaise gestion f

malaise [mæ'leɪz] n malaise m

malaria [mə'lɛərɪə] n malaria f, paludisme m

Malawi [mə'lɑːwɪ] n Malawi m

Malay [mə'leɪ] adj malais(e) ▶ n (person) Malais(e) ; (language) malais m

Malaya [mə'leɪə] n Malaisie f

Malayan [mə'leɪən] adj, n = **Malay**

Malaysia [mə'leɪzɪə] n Malaisie f

Malaysian [mə'leɪzɪən] adj malaisien(ne) ▶ n Malaisien(ne)

Maldives ['mɔːldaɪvz] npl: **the ~** les Maldives fpl

male [meɪl] n (Biol, Elec) mâle m ▶ adj (sex, attitude) masculin(e) ; (animal) mâle ; (child etc) du sexe masculin ; **~ and female students** étudiants et étudiantes

male chauvinist n phallocrate m

male nurse n infirmier m

malevolence [mə'lɛvələns] n malveillance f

malevolent [mə'lɛvələnt] adj malveillant(e)

malfunction [mæl'fʌŋkʃən] n fonctionnement défectueux

malice ['mælɪs] n méchanceté f, malveillance f

malicious [mə'lɪʃəs] adj méchant(e), malveillant(e) ; (Law) avec intention criminelle

maliciously [mə'lɪʃəslɪ] adv avec malveillance

malign [mə'laɪn] vt diffamer, calomnier

malignant [mə'lɪgnənt] adj (Med) malin(-igne)

malinger [mə'lɪŋgər] vi faire semblant d'être malade

malingerer [mə'lɪŋgərər] n faux (fausse) malade

mall [mɔːl] n (also: **shopping mall**) centre commercial

mallard ['mælɑːd] n colvert m

malleable ['mælɪəbl] adj malléable

mallet ['mælɪt] n maillet m

malnourished [mæl'nʌrɪʃt] adj mal nourri(e)

malnutrition [mælnju:'trɪʃən] n malnutrition f

malpractice [mæl'præktɪs] n faute professionnelle ; négligence f

malt [mɔːlt] n malt m ▶ cpd (whisky) pur malt

Malta ['mɔːltə] n Malte f

Maltese [mɔːl'tiːz] adj maltais(e) ▶ n (pl inv) Maltais(e) ; (Ling) maltais m

maltreat [mæl'triːt] vt maltraiter

malware ['mælwɛər] n (Comput) logiciel m malveillant

mammal ['mæml] n mammifère m

mammogram ['mæməgræm] n mammographie f

mammoth ['mæməθ] n mammouth m ▶ adj géant(e), monstre

man [mæn] (pl **men** [mɛn]) n homme m ; (Sport) joueur m ; (Chess) pièce f ; (Draughts) pion m ; **an old ~** un vieillard ; **~ and wife** mari et femme ▶ vt (Naut: ship) garnir d'hommes ; (machine) assurer le fonctionnement de ; (Mil: gun) servir ; (: post) être de service à

Man. abbr (CANADA) = **Manitoba**

manacles ['mænəklz] npl menottes fpl

manage ['mænɪdʒ] vi se débrouiller ; (succeed) y arriver, réussir ▶ vt (business) gérer ; (team, operation) diriger ; (control: ship) manier, manœuvrer ; (: person) savoir s'y prendre avec ; (device, things to do, carry etc) arriver à se débrouiller avec, s'en tirer avec ; **to ~ to do** se débrouiller pour faire ; (succeed) réussir à faire

manageable ['mænɪdʒəbl] adj maniable ; (task etc) faisable ; (number) raisonnable

management ['mænɪdʒmənt] n (running) administration f, direction f ; (people in charge: of business, firm) dirigeants mpl, cadres mpl ; (: of hotel, shop, theatre) direction ; **"under new ~"** « changement de gérant », « changement de propriétaire »

management accounting n comptabilité f de gestion

management consultant n conseiller(-ère) de direction

manager ['mænɪdʒər] n (of business) directeur m ; (of institution etc) administrateur m ; (of department, unit) responsable mf, chef m ; (of hotel etc) gérant m ; (Sport) manager m ; (of artist) impresario m ; **sales ~** responsable or chef des ventes

manageress [mænɪdʒə'rɛs] n directrice f ; (of hotel etc) gérante f

managerial [mænɪ'dʒɪərɪəl] adj directorial(e) ; (skills) de cadre, de gestion ; **~ staff** cadres mpl

managing director ['mænɪdʒɪŋ-] n directeur général

Mancunian [mæŋ'kjuːnɪən] adj de Manchester ▶ n habitant(e) de Manchester ; natif(-ive) de Manchester

Mandarin ['mændərɪn] n (language) mandarin m

mandarin ['mændərɪn] n (also: **mandarin orange**) mandarine f ; (person) mandarin m

mandate ['mændeɪt] n mandat m

mandatory ['mændətərɪ] adj obligatoire ; (powers etc) mandataire

mandolin, mandoline ['mændəlɪn] n mandoline f

mane [meɪn] n crinière f

maneuver etc [mə'nuːvər] n (US) = **manoeuvre** etc

manfully ['mænfəlɪ] adv vaillamment

manganese [mæŋgə'niːz] n manganèse m

manger ['meɪndʒər] n mangeoire f

mangetout ['mɔnʒ'tuː] n mange-tout m inv

mangle ['mæŋgl] vt déchiqueter ; mutiler ▶ n essoreuse f ; calandre f

mango ['mæŋgəu] (pl **mangoes**) n mangue f

mangrove ['mæŋgrəuv] n palétuvier m

mangy ['meɪndʒɪ] adj galeux(-euse)

manhandle ['mænhændl] vt (mistreat) maltraiter, malmener ; (move by hand) manutentionner

manhole ['mænhəul] n trou m d'homme

manhood ['mænhud] n (age) âge m d'homme ; (manliness) virilité f

man-hour ['mænauər] n heure-homme f, heure f de main-d'œuvre

manhunt ['mænhʌnt] n chasse f à l'homme

mania ['meɪnɪə] n manie f

maniac ['meɪnɪæk] n maniaque mf ; (fig) fou (folle)
manic ['mænɪk] adj maniaque
manic-depressive ['mænɪkdɪ'prɛsɪv] adj, n (Psych) maniaco-dépressif(-ive)
manicure ['mænɪkjuəʳ] n manucure f ▶ vt (person) faire les mains à
manicure set n trousse f à ongles
manifest ['mænɪfɛst] vt manifester ▶ adj manifeste, évident(e) ▶ n (Aviat, Naut) manifeste m
manifestation [mænɪfɛs'teɪʃən] n manifestation f
manifesto [mænɪ'fɛstəu] n (Pol) manifeste m
manifold ['mænɪfəuld] adj multiple, varié(e) ▶ n (Aut etc): **exhaust** ~ collecteur m d'échappement
Manila [mə'nɪlə] n Manille, Manila
manila [mə'nɪlə] adj: ~ **paper** papier m bulle
manipulate [mə'nɪpjuleɪt] vt manipuler ; (system, situation) exploiter
manipulation [mənɪpju'leɪʃən] n manipulation f
manipulative [mə'nɪpjulətɪv] adj manipulateur(-trice)
mankind [mæn'kaɪnd] n humanité f, genre humain
manliness ['mænlɪnɪs] n virilité f
manly ['mænlɪ] adj viril(e)
man-made ['mæn'meɪd] adj artificiel(le) ; (fibre) synthétique
manna ['mænə] n manne f
manned [mænd] adj (spacecraft, flight) habité(e)
mannequin ['mænɪkɪn] n mannequin m
manner ['mænəʳ] n manière f, façon f ; (behaviour) attitude f, comportement m ; **all ~ of** toutes sortes de ; **manners** npl: **(good) manners** (bonnes) manières ; **bad manners** mauvaises manières
mannerism ['mænərɪzəm] n particularité f de langage (or de comportement), tic m
mannerly ['mænəlɪ] adj poli(e), courtois(e)
manoeuvrable, (US) **maneuverable** [mə'nu:vrəbl] adj facile à manœuvrer
manoeuvre, (US) **maneuver** [mə'nu:vəʳ] vt (move) manœuvrer ; (manipulate: person) manipuler ; (: situation) exploiter ; **to ~ sb into doing sth** manipuler qn pour lui faire faire qch ▶ n manœuvre f
manor ['mænəʳ] n (also: **manor house**) manoir m
manpower ['mænpauəʳ] n main-d'œuvre f
manservant ['mænsə:vənt] n (pl **menservants** ['mɛn-]) domestique m
mansion ['mænʃən] n château m, manoir m
manslaughter ['mænslɔ:təʳ] n homicide m involontaire
mantelpiece ['mæntlpi:s] n cheminée f
mantle ['mæntl] n cape f ; (fig) manteau m
man-to-man ['mæntə'mæn] adj, adv d'homme à homme
mantra ['mæntrə] n mantra m
manual ['mænjuəl] adj manuel(le) ▶ n manuel m
manually ['mænjuəlɪ] adv manuellement
manual worker n travailleur manuel

manufacture [mænju'fæktʃəʳ] vt fabriquer ▶ n fabrication f
manufactured goods [mænju'fæktʃəd-] npl produits manufacturés
manufacturer [mænju'fæktʃərəʳ] n fabricant m
manufacturing [mænju'fæktʃərɪŋ] n industrie f ▶ cpd (sector, output) industriel(le)
manufacturing industries npl industries fpl de transformation
manure [mə'njuəʳ] n fumier m ; (artificial) engrais m
manuscript ['mænjuskrɪpt] n manuscrit m
Manx [mæŋks] adj mannois(e), de l'île de Man
many ['mɛnɪ] adj beaucoup de, de nombreux(-euses) ; **how ~ ...?** combien de ...? ; **a great ~...** un grand nombre de ... ; **too ~ difficulties** trop de difficultés ; **twice as ~ ...** deux fois plus de ... ; **~ a ...** bien des ..., plus d'un(e) ... ▶ pron beaucoup, un grand nombre ; **how ~?** combien ? ; **a great ~** un grand nombre ; **twice as ~** deux fois plus
Maori ['maurɪ] n Maori(e) ▶ adj maori(e)
map [mæp] n carte f ; (of town) plan m ; **can you show it to me on the ~?** pouvez-vous me l'indiquer sur la carte ? ▶ vt dresser la carte de ▶ **map out** vt tracer ; (fig: task) planifier ; (: career, holiday) organiser, préparer (à l'avance) ; (: essay) faire le plan de
maple ['meɪpl] n érable m
mar [mɑ:ʳ] vt gâcher, gâter
Mar. abbr = **March**
marathon ['mærəθən] n marathon m ▶ adj: **a ~ session** une séance-marathon
marathon runner n coureur(-euse) de marathon, marathonien(ne)
marauder [mə'rɔ:dəʳ] n maraudeur(-euse)
marble ['mɑ:bl] n marbre m ; (toy) bille f ; **marbles** npl (game) billes
March [mɑ:tʃ] n mars m ; see also **July**
march [mɑ:tʃ] vi marcher au pas ; (demonstrators) défiler ; **to ~ out of/into** etc sortir de/entrer dans etc (de manière décidée ou impulsive) ▶ n marche f ; (demonstration) manifestation f
marcher ['mɑ:tʃəʳ] n (demonstrator) manifestant(e), marcheur(-euse)
marching ['mɑ:tʃɪŋ] n: **to give sb his ~ orders** (fig) renvoyer qn ; envoyer promener qn
march-past ['mɑ:tʃpɑ:st] n défilé m
mare [mɛəʳ] n jument f
marg. [mɑ:dʒ] n abbr (inf) = **margarine**
margarine [mɑ:dʒə'ri:n] n margarine f
margin ['mɑ:dʒɪn] n marge f
marginal ['mɑ:dʒɪnl] adj marginal(e) ; ~ **seat** (Pol) siège disputé
marginalize ['mɑ:dʒɪnəlaɪz] vt marginaliser
marginally ['mɑ:dʒɪnəlɪ] adv très légèrement, sensiblement
marigold ['mærɪgəuld] n souci m
marijuana [mærɪ'wɑ:nə] n marijuana f
marina [mə'ri:nə] n marina f
marinade n [mærɪ'neɪd] marinade f ▶ vt ['mærɪneɪd] = **marinate**
marinate ['mærɪneɪt] vt (faire) mariner
marine [mə'ri:n] adj marin(e) ▶ n fusilier marin ; (US) marine m

marine insurance – mass

marine insurance n assurance f maritime
marital ['mærɪtl] adj matrimonial(e)
marital status n situation f de famille
maritime ['mærɪtaɪm] adj maritime
maritime law n droit m maritime
marjoram ['mɑːdʒərəm] n marjolaine f
mark [mɑːk] n marque f ; (of skid etc) trace f ; (BRIT
  Scol) note f ; (Sport) cible f ; (currency) mark m ;
  (BRIT Tech): **M~ 2/3** 2ème/3ème série f or version f ;
  (oven temperature): **(gas) ~ 4** thermostat m 4 ; **to
  be quick off the ~ (in doing)** (fig) ne pas perdre
  de temps (pour faire) ; **up to the ~** (in efficiency) à
  la hauteur ; **punctuation marks** signes mpl de
  ponctuation ▶ vt (Sport: player) marquer ; (stain)
  tacher ; (BRIT Scol) corriger, noter ; **to ~ time**
  marquer le pas
  ▶ **mark down** vt (prices, goods) démarquer,
  réduire le prix de
  ▶ **mark off** vt (tick off) cocher, pointer
  ▶ **mark out** vt désigner
  ▶ **mark up** vt (price) majorer
marked [mɑːkt] adj (obvious) marqué(e), net(te)
markedly ['mɑːkɪdlɪ] adv visiblement,
  manifestement
marker ['mɑːkəʳ] n (sign) jalon m ; (bookmark)
  signet m
market ['mɑːkɪt] n marché m ; **to be on the ~**
  être sur le marché ; **on the open ~** en vente
  libre ; **to play the ~** jouer à la or spéculer en
  Bourse ▶ vt (Comm) commercialiser
marketable ['mɑːkɪtəbl] adj commercialisable
market analysis n analyse f de marché
market day n jour m de marché
market demand n besoins mpl du marché
market economy n économie f de marché
market forces npl tendances fpl du marché
market garden n (BRIT) jardin maraîcher
marketing ['mɑːkɪtɪŋ] n marketing m
marketplace ['mɑːkɪtpleɪs] n place f du
  marché ; (Comm) marché m
market price n prix marchand
market research n étude f de marché
market value n valeur marchande ; valeur du
  marché
marking ['mɑːkɪŋ] n (on animal) marque f, tache
  f ; (on road) signalisation f
marksman ['mɑːksmən] n (irreg) tireur m d'élite
marksmanship ['mɑːksmənʃɪp] n adresse f au tir
mark-up ['mɑːkʌp] n (Comm: margin) marge f
  (bénéficiaire) ; (: increase) majoration f
marmalade ['mɑːməleɪd] n confiture f
  d'oranges
maroon [mə'ruːn] vt: **to be marooned** être
  abandonné(e) ; (fig) être bloqué(e) ▶ adj (colour)
  bordeaux inv
marquee [mɑː'kiː] n chapiteau m
marquess, marquis ['mɑːkwɪs] n marquis m
Marrakech, Marrakesh [mærə'keʃ] n
  Marrakech
marriage ['mærɪdʒ] n mariage m
marriage bureau n agence matrimoniale
marriage certificate n extrait m d'acte de
  mariage
marriage guidance, (US) **marriage
  counseling** n conseils conjugaux

marriage guidance counsellor, (US) **marriage
  counselor** n conseiller(-ère) conjugal(e)
marriage of convenience n mariage m de
  convenance
married ['mærɪd] adj marié(e) ; (life, love)
  conjugal(e)
marrow ['mærəu] n (of bone) moelle f ; (vegetable)
  courge f
marry ['mærɪ] vt épouser, se marier avec ; (subj:
  father, priest etc) marier ▶ vi (also: **get married**) se
  marier
Mars [mɑːz] n (planet) Mars f
Marseilles [mɑː'seɪ] n Marseille
marsh [mɑːʃ] n marais m, marécage m
marshal ['mɑːʃl] n maréchal m ; (US: fire, police)
  ≈ capitaine m ; (for demonstration, meeting)
  membre m du service d'ordre ▶ vt rassembler
marshalling yard ['mɑːʃlɪŋ-] n (Rail) gare f de
  triage
marshmallow [mɑːʃ'mæləu] n (Bot) guimauve
  f ; (sweet) (pâte f de) guimauve
marshy ['mɑːʃɪ] adj marécageux(-euse)
marsupial [mɑː'suːpɪəl] adj marsupial(e) ▶ n
  marsupial m
martial ['mɑːʃl] adj martial(e)
martial arts npl arts martiaux
martial law n loi martiale
Martian ['mɑːʃən] n Martien(ne)
martin ['mɑːtɪn] n (also: **house martin**)
  martinet m
martyr ['mɑːtəʳ] n martyr(e) ▶ vt martyriser
martyrdom ['mɑːtədəm] n martyre m
marvel ['mɑːvl] n merveille f ▶ vi: **to ~ (at)**
  s'émerveiller (de)
marvellous, (US) **marvelous** ['mɑːvləs] adj
  merveilleux(-euse)
Marxism ['mɑːksɪzəm] n marxisme m
Marxist ['mɑːksɪst] adj, n marxiste mf
marzipan ['mɑːzɪpæn] n pâte f d'amandes
mascara [mæs'kɑːrə] n mascara m
mascot ['mæskət] n mascotte f
masculine ['mæskjulɪn] adj masculin(e) ▶ n
  masculin m
masculinity [mæskju'lɪnɪtɪ] n masculinité f
MASH [mæʃ] n abbr (US Mil) = **mobile army
  surgical hospital**
mash [mæʃ] vt (Culin) faire une purée de
mashed potato n, **mashed potatoes** npl
  [mæʃt-] purée f de pommes de terre
mask [mɑːsk] n masque m ▶ vt masquer
masked [mɑːskt] adj masqué(e)
masochism ['mæsəkɪzəm] n masochisme m
masochist ['mæsəkɪst] n masochiste mf
masochistic [mæsə'kɪstɪk] adj masochiste
mason ['meɪsn] n (also: **stonemason**) maçon m ;
  (also: **freemason**) franc-maçon m
masonic [mə'sɒnɪk] adj maçonnique
masonry ['meɪsnrɪ] n maçonnerie f
masquerade [mæskə'reɪd] n bal masqué ; (fig)
  mascarade f ▶ vi: **to ~ as** se faire passer pour
mass [mæs] n multitude f, masse f ; (Physics)
  masse ; (Rel) messe f ; **to go to ~** aller à la messe
  ▶ cpd (communication) de masse ; (unemployment)
  massif(-ive) ▶ vi se masser ; **masses** npl: **the
  masses** les masses ; **masses of** (inf) des tas de

Mass. *abbr* (*US*) = **Massachusetts**
massacre ['mæsəkəʳ] *n* massacre *m* ▶ *vt* massacrer
massage ['mæsɑːʒ] *n* massage *m* ▶ *vt* masser
massage parlour, (*US*) **massage parlor** *n* salon *m* de massage
massive ['mæsɪv] *adj* énorme, massif(-ive)
massively ['mæsɪvlɪ] *adv* (*rise, increase*) massivement ; (*popular, important*) immensément ; **to be ~ successful** remporter un succès immense
mass market *n* marché *m* grand public
mass media *npl* mass-media *mpl*
mass meeting *n* rassemblement *m* de masse
mass-produce ['mæsprə'djuːs] *vt* fabriquer en série
mass production *n* fabrication *f* en série
mast [mɑːst] *n* mât *m* ; (*Radio, TV*) pylône *m*
mastectomy [mæs'tɛktəmɪ] *n* mastectomie *f*
master ['mɑːstəʳ] *n* maître *m* ; (*in secondary school*) professeur *m* ; (*in primary school*) instituteur *m* ; (*title for boys*): **M~ X** Monsieur X ; **~ of ceremonies (MC)** *n* maître des cérémonies ; **M~ of Arts/Science (MA/MSc)** *n* ≈ titulaire *mf* d'une maîtrise (en lettres/science) ; **M~ of Arts/Science degree (MA/MSc)** *n* ≈ maîtrise *f* ; **M~'s degree** *n* ≈ maîtrise ; *voir article* ▶ *vt* maîtriser ; (*learn*) apprendre à fond ; (*understand*) posséder parfaitement *or* à fond

: **MASTER'S DEGREE**
:
: Le **Master's degree** est un diplôme que l'on
: prépare en général après le *Bachelor's degree*,
: bien que certaines universités décernent un
: *Master's* au lieu d'un *Bachelor's*. Il consiste soit
: à suivre des cours, soit à rédiger un mémoire
: à partir d'une recherche personnelle, soit
: encore les deux. Les principaux masters sont
: le *MA* (*Master of Arts*), et le *MSc* (*Master of*
: *Science*), qui comprennent cours et mémoire,
: et le *MLitt* (*Master of Letters*) et le *MPhil* (*Master*
: *of Philosophy*), qui reposent uniquement sur le
: mémoire; *voir doctorate*.

master disk *n* (*Comput*) disque original
masterful ['mɑːstəful] *adj* autoritaire, impérieux(-euse)
master key *n* passe-partout *m inv*
masterly ['mɑːstəlɪ] *adj* magistral(e)
mastermind ['mɑːstəmaɪnd] *n* esprit supérieur ▶ *vt* diriger, être le cerveau de
masterpiece ['mɑːstəpiːs] *n* chef-d'œuvre *m*
master plan *n* stratégie *f* d'ensemble
master stroke *n* coup *m* de maître
mastery ['mɑːstərɪ] *n* maîtrise *f* ; connaissance parfaite
mastiff ['mæstɪf] *n* mastiff *m*
masturbate ['mæstəbeɪt] *vi* se masturber
masturbation [mæstə'beɪʃən] *n* masturbation *f*
mat [mæt] *n* petit tapis ; (*also:* **doormat**) paillasson *m* ; (*also:* **tablemat**) set *m* de table ▶ *adj* = **matt**
match [mætʃ] *n* allumette *f* ; (*game*) match *m*, partie *f* ; (*fig*) égal(e) ; mariage *m* ; parti *m* ; **to be a good ~** être bien assorti(e) ▶ *vt* (*also:*

match up) assortir ; (*go well with*) aller bien avec, s'assortir à ; (*equal*) égaler, valoir ▶ *vi* être assorti(e)
▶ **match up** *vt* assortir
matchbox ['mætʃbɔks] *n* boîte *f* d'allumettes
matching ['mætʃɪŋ] *adj* assorti(e)
matchless ['mætʃlɪs] *adj* sans égal
mate [meɪt] *n* camarade *mf* de travail ; (*inf*) copain (copine) ; (*animal*) partenaire *mf*, mâle (femelle) ; (*in merchant navy*) second *m* ▶ *vi* s'accoupler ▶ *vt* accoupler
material [mə'tɪərɪəl] *n* (*substance*) matière *f*, matériau *m* ; (*cloth*) tissu *m*, étoffe *f* ; (*information, data*) données *fpl* ; **reading ~** de quoi lire, de la lecture ▶ *adj* matériel(le) ; (*relevant: evidence*) pertinent(e) ; (*important*) essentiel(le) ; **materials** *npl* (*equipment*) matériaux *mpl*
materialism [mə'tɪərɪəlɪzəm] *n* matérialisme *m*
materialist [mə'tɪərɪəlɪst] *adj*, *n* matérialiste *mf*
materialistic [mətɪərɪə'lɪstɪk] *adj* matérialiste
materialize [mə'tɪərɪəlaɪz] *vi* se matérialiser, se réaliser
materially [mə'tɪərɪəlɪ] *adv* matériellement ; essentiellement
maternal [mə'təːnl] *adj* maternel(le)
maternity [mə'təːnɪtɪ] *n* maternité *f* ▶ *cpd* de maternité, de grossesse
maternity benefit *n* prestation *f* de maternité
maternity dress *n* robe *f* de grossesse
maternity hospital *n* maternité *f*
maternity leave *n* congé *m* de maternité
matey ['meɪtɪ] *adj* (*BRIT inf*) copain-copain *inv*
math [mæθ] *n* (*US:* = **mathematics**) maths *fpl*
mathematical [mæθə'mætɪkl] *adj* mathématique
mathematician [mæθəmə'tɪʃən] *n* mathématicien(ne)
mathematics [mæθə'mætɪks] *n* mathématiques *fpl*
maths [mæθs] *n abbr* (*BRIT:* = **mathematics**) maths *fpl*
matinée ['mætɪneɪ] *n* matinée *f*
mating ['meɪtɪŋ] *n* accouplement *m*
mating call *n* appel *m* du mâle
mating season *n* saison *f* des amours
matriarchal [meɪtrɪ'ɑːkl] *adj* matriarcal(e)
matrices ['meɪtrɪsiːz] *npl of* **matrix**
matriculation [mətrɪkju'leɪʃən] *n* inscription *f*
matrimonial [mætrɪ'məunɪəl] *adj* matrimonial(e), conjugal(e)
matrimony ['mætrɪmənɪ] *n* mariage *m*
matrix ['meɪtrɪks] (*pl* **matrices** ['meɪtrɪsiːz]) *n* matrice *f*
matron ['meɪtrən] *n* (*in hospital*) infirmière-chef *f* ; (*in school*) infirmière *f*
matronly ['meɪtrənlɪ] *adj* de matrone ; imposant(e)
matt [mæt] *adj* mat(e)
matted ['mætɪd] *adj* emmêlé(e)
matter ['mætəʳ] *n* question *f* ; (*Physics*) matière *f*, substance *f* ; (*content*) contenu *m*, fond *m* ; (*Med: pus*) pus *m* ; **what's the ~?** qu'est-ce qu'il y a ?, qu'est-ce qui ne va pas ? ; **no ~ what** quoi qu'il arrive ; **that's another ~** c'est une autre affaire ; **as a ~ of course** tout naturellement ;

m

713

as a ~ of fact en fait ; **it's a ~ of habit** c'est une question d'habitude ; **printed ~** imprimés *mpl* ; **reading ~** (BRIT) de quoi lire, de la lecture ▸ *vi* importer ; **it doesn't ~** cela n'a pas d'importance ; (*I don't mind*) cela ne fait rien ; **matters** *npl* (*affairs, situation*) la situation

matter-of-fact ['mætərəv'fækt] *adj* terre à terre, neutre

matting ['mætɪŋ] *n* natte *f*

mattress ['mætrɪs] *n* matelas *m*

mature [mə'tjuəʳ] *adj* mûr(e) ; (*cheese*) fait(e) ; (*wine*) arrivé(e) à maturité ▸ *vi* mûrir ; (*cheese, wine*) se faire

mature student *n* étudiant(e) plus âgé(e) que la moyenne

maturity [mə'tjuərɪtɪ] *n* maturité *f*

maudlin ['mɔːdlɪn] *adj* larmoyant(e)

maul [mɔːl] *vt* lacérer

Mauritania [mɔːrɪ'teɪnɪə] *n* Mauritanie *f*

Mauritius [mə'rɪʃəs] *n* l'île *f* Maurice

mausoleum [mɔːsə'lɪəm] *n* mausolée *m*

mauve [məuv] *adj* mauve

maverick ['mævrɪk] *n* (*fig*) franc-tireur *m*, non-conformiste *mf*

mawkish ['mɔːkɪʃ] *adj* mièvre ; fade

max *abbr* = **maximum**

maxim ['mæksɪm] *n* maxime *f*

maxima ['mæksɪmə] *npl of* **maximum**

maximize ['mæksɪmaɪz] *vt* (*profits etc, chances*) maximiser

maximum ['mæksɪməm] (*pl* **maxima** [-mə]) *adj* maximum ▸ *n* maximum *m*

May [meɪ] *n* mai *m* ; *see also* **July**

may [meɪ] (*conditional* **might** [maɪt]) *vi* (*indicating possibility*): **he ~ come** il se peut qu'il vienne ; (*be allowed to*) **~ I smoke?** puis-je fumer ? ; (*wishes*) **~ God bless you!** (que) Dieu vous bénisse ! ; **~ I sit here?** vous permettez que je m'assoie ici ? ; **he might be there** il pourrait bien y être, il se pourrait qu'il y soit ; **you ~ as well go** vous feriez aussi bien d'y aller ; **I might as well go** je ferais aussi bien d'y aller, autant y aller ; **you might like to try** vous pourriez (peut-être) essayer

maybe ['meɪbiː] *adv* peut-être ; **~ he'll ...** peut-être qu'il ... ; **~ not** peut-être pas

mayday ['meɪdeɪ] *n* S.O.S. *m*

May Day *n* le Premier mai

mayhem ['meɪhɛm] *n* grabuge *m*

mayonnaise [meɪə'neɪz] *n* mayonnaise *f*

mayor [mɛəʳ] *n* maire *m*

mayoress ['mɛərɛs] *n* (*female mayor*) maire *m* ; (*wife of mayor*) épouse *f* du maire

maypole ['meɪpəul] *n* mât enrubanné (*autour duquel on danse*)

maze [meɪz] *n* labyrinthe *m*, dédale *m*

MB *abbr* (*Comput*) = **megabyte** ; (CANADA) = **Manitoba**

MBA *n abbr* (= *Master of Business Administration*) titre universitaire

MBBS, MBChB *n abbr* (BRIT: = *Bachelor of Medicine and Surgery*) titre universitaire

MBE *n abbr* (BRIT: = *Member of the Order of the British Empire*) titre honorifique

MBO *n abbr* (BRIT) = **management buyout**

MC *n abbr* = **master of ceremonies**

MCAT ['ɛmkæt] *n abbr* (US) = **Medical College Admissions Test**

MD *n abbr* (= *Doctor of Medicine*) titre universitaire ; (*Comm*) = **managing director** ▸ *abbr* (US) = **Maryland**

Md. *abbr* (US) = **Maryland**

MDF *n abbr* (= *medium-density fibreboard*) panneau *m* MDF, panneau *m* de fibre de moyenne densité

MDT *abbr* (US: = *Mountain Daylight Time*) heure d'été des Montagnes Rocheuses

ME *n abbr* (US: = *medical examiner*) médecin légiste *mf* ; (*Med*: = *myalgic encephalomyelitis*) encéphalomyélite *f* myalgique ▸ *abbr* (US) = **Maine**

me [miː] *pron* me, m' + *vowel or* h *mute* ; (*stressed, after prep*) moi ; **it's me** c'est moi ; **he heard me** il m'a entendu ; **give me a book** donnez-moi un livre ; **it's for me** c'est pour moi

meadow ['mɛdəu] *n* prairie *f*, pré *m*

meagre, (US) **meager** ['miːgəʳ] *adj* maigre

meal [miːl] *n* repas *m* ; (*flour*) farine *f* ; **to go out for a ~** sortir manger

meals on wheels *npl* (BRIT) repas livrés à domicile aux personnes âgées ou handicapées

mealtime ['miːltaɪm] *n* heure *f* du repas

mealy-mouthed ['miːlɪmauðd] *adj* mielleux(-euse)

mean [miːn] (*pt, pp* **meant** [mɛnt]) *adj* (*with money*) avare, radin(e) ; (*unkind*) mesquin(e), méchant(e) ; (*shabby*) misérable ; (*US inf: animal*) méchant, vicieux(-euse) ; (: *person*) vache ; (*average*) moyen(ne) ▸ *vt* (*signify*) signifier, vouloir dire ; (*refer to*) faire allusion à, parler de ; (*intend*): **to ~ to do** avoir l'intention de faire ; **to be meant for** être destiné(e) à ; **do you ~ it?** vous êtes sérieux ? ; **what do you ~?** que voulez-vous dire ? ▸ *n* moyenne *f* ; **means** *npl* (*way, money*) moyens *mpl* ; **by means of** (*instrument*) au moyen de ; **by all means** je vous en prie

meander [mɪ'ændəʳ] *vi* faire des méandres ; (*fig*) flâner

meaning ['miːnɪŋ] *n* signification *f*, sens *m*

meaningful ['miːnɪŋful] *adj* significatif(-ive) ; (*relationship*) valable

meaningfully ['miːnɪŋfulɪ] *adv* (*say, add*) sur un ton qui en dit long ; **to glance ~ at sb** jeter un regard éloquent à qn

meaningless ['miːnɪŋlɪs] *adj* dénué(e) de sens

meanness ['miːnnɪs] *n* avarice *f* ; mesquinerie *f*

means test *n* (*Admin*) contrôle *m* des conditions de ressources

meant [mɛnt] *pt, pp of* **mean**

meantime ['miːntaɪm] *adv* (*also*: **in the meantime**) pendant ce temps

meanwhile ['miːnwaɪl] *adv* = **meantime**

measles ['miːzlz] *n* rougeole *f*

measly ['miːzlɪ] *adj* (*inf*) minable

measurable ['mɛʒərəbl] *adj* mesurable

measure ['mɛʒəʳ] *vt, vi* mesurer ▸ *n* mesure *f* ; (*ruler*) règle (graduée) ; **a litre ~** un litre ; **some ~ of success** un certain succès ; **to take measures to do sth** prendre des mesures pour faire qch

▶ **measure up** vi: **to ~ up (to)** être à la hauteur (de)

measured ['mɛʒəd] adj mesuré(e)

measurements ['mɛʒəməntz] npl mesures fpl ; **chest/hip ~** tour m de poitrine/hanches ; **to take sb's ~** prendre les mesures de qn

meat [mi:t] n viande f ; **I don't eat ~** je ne mange pas de viande ; **cold meats** (BRIT) viandes froides ; **crab ~** crabe f

meatball ['mi:tbɔ:l] n boulette f de viande

meat pie n pâté m en croûte

meaty ['mi:tɪ] adj (flavour) de viande ; (fig: argument, book) étoffé(e), substantiel(le)

Mecca ['mɛkə] n la Mecque ; (fig): **a ~ (for)** la Mecque (de)

mechanic [mɪ'kænɪk] n mécanicien m ; **can you send a ~?** pouvez-vous nous envoyer un mécanicien ?

mechanical [mɪ'kænɪkl] adj mécanique

mechanical engineering n (science) mécanique f ; (industry) construction f mécanique

mechanically [mɪ'kænɪklɪ] adv (react, say) mécaniquement ; **~ sound** en bon état mécanique

mechanics [mə'kænɪks] n mécanique f ▶ npl mécanisme m

mechanism ['mɛkənɪzəm] n mécanisme m

mechanization [mɛkənaɪ'zeɪʃən] n mécanisation f

MEd n abbr (= Master of Education) titre universitaire

medal ['mɛdl] n médaille f

medallion [mɪ'dælɪən] n médaillon m

medallist, (US) **medalist** ['mɛdlɪst] n (Sport) médaillé(e)

meddle ['mɛdl] vi: **to ~ in** se mêler de, s'occuper de ; **to ~ with** toucher à

meddlesome ['mɛdlsəm], **meddling** ['mɛdlɪŋ] adj indiscret(-ète), qui se mêle de ce qui ne le (or la) regarde pas ; touche-à-tout inv

media ['mi:dɪə] npl media mpl ▶ npl of **medium**

media circus n (event) battage m médiatique ; (group of journalists) cortège m médiatique

mediaeval [mɛdɪ'i:vl] adj = **medieval**

median ['mi:dɪən] n (US: also: **median strip**) bande médiane

media research n étude f de l'audience

mediate ['mi:dɪeɪt] vi servir d'intermédiaire

mediation [mi:dɪ'eɪʃən] n médiation f

mediator ['mi:dɪeɪtər] n médiateur(-trice)

medic ['mɛdɪk] n (inf: doctor) toubib mf (inf) ; (student) carabin m (inf)

Medicaid ['mɛdɪkeɪd] n (US) assistance médicale aux indigents

medical ['mɛdɪkl] adj médical(e) ▶ n (also: **medical examination**) visite médicale ; (: private) examen médical

medical certificate n certificat médical

medical student n étudiant(e) en médecine

Medicare ['mɛdɪkeər] n (US) régime d'assurance maladie

medicated ['mɛdɪkeɪtɪd] adj traitant(e), médicamenteux(-euse)

medication [mɛdɪ'keɪʃən] n (drugs etc) médication f

medicinal [mɛ'dɪsɪnl] adj médicinal(e)

medicine ['mɛdsɪn] n médecine f ; (drug) médicament m

medicine chest n pharmacie f (murale ou portative)

medicine man n (irreg) sorcier m

medieval [mɛdɪ'i:vl] adj médiéval(e)

mediocre [mi:dɪ'əukər] adj médiocre

mediocrity [mi:dɪ'ɔkrɪtɪ] n médiocrité f

meditate ['mɛdɪteɪt] vi: **to ~ (on)** méditer (sur)

meditation [mɛdɪ'teɪʃən] n méditation f

Mediterranean [mɛdɪtə'reɪnɪən] adj méditerranéen(ne) ; **the ~ (Sea)** la (mer) Méditerranée

medium ['mi:dɪəm] adj moyen(ne) ▶ n (pl **media** ['mi:dɪə]) (means) moyen m ; (pl **mediums**: person) médium m ; **the happy ~** le juste milieu

medium-dry ['mi:dɪəm'draɪ] adj demi-sec

medium-sized ['mi:dɪəm'saɪzd] adj de taille moyenne

medium wave n (Radio) ondes moyennes, petites ondes

medley ['mɛdlɪ] n mélange m

meek [mi:k] adj doux (douce), humble

meet [mi:t] (pt, pp **met** [mɛt]) vt rencontrer ; (by arrangement) retrouver, rejoindre ; (for the first time) faire la connaissance de ; (go and fetch): **I'll ~ you at the station** j'irai te chercher à la gare ; (opponent, danger, problem) faire face à ; (requirements) satisfaire à, répondre à ; (bill, expenses) régler, honorer ; **pleased to ~ you!** enchanté ! ; **nice meeting you** ravi d'avoir fait votre connaissance ▶ vi (friends) se rencontrer ; se retrouver ; (in session) se réunir ; (join: lines, roads) se joindre ▶ n (BRIT Hunting) rendez-vous m de chasse ; (US Sport) rencontre f, meeting m ▶ **meet up** vi: **to ~ up with sb** rencontrer qn ▶ **meet with** vt fus (difficulty) rencontrer ; **to ~ with success** être couronné(e) de succès

meeting ['mi:tɪŋ] n (of group of people) réunion f ; (between individuals) rendez-vous m ; (formal) assemblée f ; (Sport: rally) rencontre, meeting m ; (interview) entrevue f ; **she's at** or **in a ~** (Comm) elle est en réunion ; **to call a ~** convoquer une réunion

meeting place n lieu m de (la) réunion ; (for appointment) lieu de rendez-vous

mega ['mɛgə] adv (inf): **he's ~ rich** il est hyper-riche

megabit ['mɛgəbɪt] n (Comput) mégabit m

megabyte ['mɛgəbaɪt] n (Comput) méga-octet m

megalomaniac [mɛgələu'meɪnɪæk] n mégalomane mf

megaphone ['mɛgəfəun] n porte-voix m inv

megapixel ['mɛgəpɪksl] n mégapixel m

megaton ['mɛgətʌn] n mégatonne f

megawatt ['mɛgəwɔt] n mégawatt m

meh [mɛ] excl bof

melancholy ['mɛlənkəlɪ] n mélancolie f ▶ adj mélancolique

melanoma [mɛlə'nəumə] n mélanome m

mellow ['mɛləu] adj velouté(e), doux (douce) ; (colour) riche et profond(e) ; (fruit) mûr(e) ▶ vi (person) s'adoucir

melodic [mɪ'lɔdɪk] adj mélodique

melodious [mɪ'ləudɪəs] adj mélodieux(-euse)

m

melodrama ['mɛləʊdrɑːmə] n mélodrame m
melodramatic [mɛlədrə'mætɪk] adj mélodramatique
melody ['mɛlədɪ] n mélodie f
melon ['mɛlən] n melon m
melt [mɛlt] vi fondre ; (become soft) s'amollir ; (fig) s'attendrir ▶ vt faire fondre
▶ **melt away** vi fondre complètement
▶ **melt down** vt fondre
meltdown ['mɛltdaʊn] n fusion f (du cœur d'un réacteur nucléaire)
melting point ['mɛltɪŋ-] n point m de fusion
melting pot ['mɛltɪŋ-] n (fig) creuset m ; **to be in the ~** être encore en discussion
member ['mɛmbə⁽ʳ⁾] n membre m ; (of club, political party) membre, adhérent(e) ▶ cpd: **~ country/state** n pays m/état m membre
Member of Parliament n (BRIT) député m
Member of the European Parliament n Eurodéputé m
Member of the House of Representatives n (US) membre m de la Chambre des représentants
Member of the Scottish Parliament n (BRIT) député m au Parlement écossais
membership ['mɛmbəʃɪp] n (becoming a member) adhésion f ; admission f ; (being a member) qualité f de membre, fait m d'être membre ; (members) membres mpl, adhérents mpl ; (number of members) nombre m des membres or adhérents
membership card n carte f de membre
membrane ['mɛmbreɪn] n membrane f
memento [mə'mɛntəʊ] n souvenir m
memo ['mɛməʊ] n note f (de service)
memoir ['mɛmwɑː⁽ʳ⁾] n mémoire m, étude f ; **memoirs** npl mémoires
memo pad n bloc-notes m
memorabilia [mɛmrə'bɪlɪə] npl objets mpl de collection ; **rock and pop ~** des objets de collection sur le rock et la pop
memorable ['mɛmərəbl] adj mémorable
memorandum [mɛmə'rændəm] (pl **memoranda** [-də]) n note f (de service) ; (Diplomacy) mémorandum m
memorial [mɪ'mɔːrɪəl] n mémorial m ▶ adj commémoratif(-ive)
Memorial Day n (US) voir article

● **MEMORIAL DAY**
●
● **Memorial Day** est un jour férié aux
● États-Unis, le dernier lundi de mai dans la
● plupart des États, à la mémoire des soldats
● américains morts au combat.

memorize ['mɛməraɪz] vt apprendre or retenir par cœur
memory ['mɛmərɪ] n (also Comput) mémoire f ; (recollection) souvenir m ; **to have a good/bad ~** avoir une bonne/mauvaise mémoire ; **loss of ~** perte f de mémoire ; **in ~ of** à la mémoire de
memory card n (for digital camera) carte f mémoire
memory stick n (Comput: flash pen) clé f USB ; (: card) carte f mémoire
men [mɛn] npl of **man**

menace ['mɛnɪs] n menace f ; (inf: nuisance) peste f, plaie f ; **a public ~** un danger public ▶ vt menacer
menacing ['mɛnɪsɪŋ] adj menaçant(e)
menagerie [mɪ'nædʒərɪ] n ménagerie f
mend [mɛnd] vt réparer ; (darn) raccommoder, repriser ; **to ~ one's ways** s'amender ▶ n reprise f ; **on the ~** en voie de guérison
mending ['mɛndɪŋ] n raccommodages mpl
menfolk ['mɛnfəʊk] npl hommes mpl
menial ['miːnɪəl] adj de domestique, inférieur(e) ; subalterne
meningitis [mɛnɪn'dʒaɪtɪs] n méningite f
menopausal [mɛnə'pɔːzl] adj ménopausé(e)
menopause ['mɛnəpɔːz] n ménopause f
menservants ['mɛnsəːvənts] npl of **manservant**
men's room n (US): **the ~** les toilettes fpl pour hommes
menstrual ['mɛnstruəl] adj menstruel(le)
menstruate ['mɛnstrueɪt] vi avoir ses règles
menstruation [mɛnstru'eɪʃən] n menstruation f
menswear ['mɛnzwɛə⁽ʳ⁾] n vêtements mpl d'hommes
mental ['mɛntl] adj mental(e) ; **~ illness** maladie mentale
mental hospital n hôpital m psychiatrique
mentality [mɛn'tælɪtɪ] n mentalité f
mentally ['mɛntlɪ] adv: **to be ~ handicapped** être handicapé(e) mental(e) ; **the ~ ill** les malades mentaux
menthol ['mɛnθɒl] n menthol m
mention ['mɛnʃən] n mention f ▶ vt mentionner, faire mention de ; **don't ~ it!** je vous en prie, il n'y a pas de quoi ! ; **I need hardly ~ that ...** est-il besoin de rappeler que ... ? ; **not to ~ ..., without mentioning ...** sans parler de ..., sans compter ...
mentor ['mɛntɔː⁽ʳ⁾] n mentor m
menu ['mɛnjuː] n (set menu, Comput) menu m ; (list of dishes) carte f ; **could we see the ~?** est-ce qu'on peut voir la carte ?
menu-driven ['mɛnjuːdrɪvn] adj (Comput) piloté(e) par menu
meow [mɪ'aʊ] vi see **miaow**
MEP n abbr = **Member of the European Parliament**
mercantile ['məːkəntaɪl] adj marchand(e) ; (law) commercial(e)
mercenary ['məːsɪnərɪ] adj (person) intéressé(e), mercenaire ▶ n mercenaire m
merchandise ['məːtʃəndaɪz] n marchandises fpl ▶ vt commercialiser
merchandiser ['məːtʃəndaɪzə⁽ʳ⁾] n marchandiseur m
merchant ['məːtʃənt] n négociant m, marchand m ; **timber/wine ~** négociant en bois/vins, marchand de bois/vins
merchant bank n (BRIT) banque f d'affaires
merchantman ['məːtʃəntmən] n (irreg) navire marchand
merchant navy, (US) merchant marine n marine marchande
merciful ['məːsɪful] adj miséricordieux(-euse), clément(e)

mercifully ['mɜːsɪflɪ] adv avec clémence ;
(*fortunately*) par bonheur, Dieu merci
merciless ['mɜːsɪlɪs] adj impitoyable, sans pitié
mercilessly ['mɜːsɪlɪslɪ] adv impitoyablement
mercurial [mɜːˈkjuərɪəl] adj changeant(e) ;
(*lively*) vif (vive)
mercury ['mɜːkjurɪ] n mercure m
mercy ['mɜːsɪ] n pitié f, merci f ; (Rel)
miséricorde f ; **to have ~ on sb** avoir pitié de
qn ; **at the ~ of** à la merci de
mercy killing n euthanasie f
mere [mɪəʳ] adj simple ; (*chance*) pur(e) ; **a ~ two
hours** seulement deux heures
merely ['mɪəlɪ] adv simplement, purement
merge [mɜːdʒ] vt unir ; (Comput) fusionner,
interclasser ▶ vi (*colours, shapes, sounds*) se mêler ;
(*roads*) se joindre ; (Comm) fusionner
merger ['mɜːdʒəʳ] n (Comm) fusion f
meridian [məˈrɪdɪən] n méridien m
meringue [məˈræŋ] n meringue f
merit ['mɛrɪt] n mérite m, valeur f ▶ vt mériter
meritocracy [mɛrɪˈtɔkrəsɪ] n méritocratie f
mermaid ['mɜːmeɪd] n sirène f
merriment ['mɛrɪmənt] n gaieté f
merry ['mɛrɪ] adj gai(e) ; **M~ Christmas!** joyeux
Noël !
merry-go-round ['mɛrɪɡəuraund] n manège m
mesh [mɛʃ] n mailles fpl ; **wire ~** grillage m
(métallique), treillis m (métallique) ▶ vi (*gears*)
s'engrener
mesmerize ['mɛzməraɪz] vt ensorceler,
hypnotiser
mesmerizing ['mɛzməraɪzɪŋ] adj ensorcelant(e)
mess [mɛs] n désordre m, fouillis m, pagaille f ;
(*muddle: of life*) gâchis m ; (: *of economy*) pagaille f ;
(*dirt*) saleté f ; (Mil) mess m, cantine f ; **to be (in)
a ~** être en désordre ; **to be/get o.s. in a ~** (*fig*)
être/se mettre dans le pétrin
▶ **mess about, mess around** vi (*inf*) perdre son
temps
▶ **mess about with, mess around with** vt fus
(*inf*) chambarder, tripoter
▶ **mess up** vt (*inf: dirty*) salir ; (: *spoil*) gâcher
▶ **mess with** (*inf*) vt fus (*challenge, confront*) se
frotter à ; (*interfere with*) toucher à
message ['mɛsɪdʒ] n message m ; **can I leave
a ~?** est-ce que je peux laisser un message ? ;
are there any messages for me? est-ce que
j'ai des messages ? ; **to get the ~** (*fig, inf*) saisir,
piger ▶ vt envoyer un message (à) ; **she
messaged me on Facebook** elle m'a envoyé un
message sur Facebook
message board n (*on Internet*) forum m
message switching ['mɛsɪdʒ -swɪtʃɪŋ] n (Comput)
commutation f de messages
messaging ['mɛsɪdʒɪŋ] n messagerie f
messenger ['mɛsɪndʒəʳ] n messager m
Messiah [mɪˈsaɪə] n Messie m
Messrs, Messrs. ['mɛsəz] abbr (*on letters:
= messieurs*) MM
messy ['mɛsɪ] adj (*dirty*) sale ; (*untidy*) en désordre
Met [mɛt] n abbr (US) = **Metropolitan Opera**
met [mɛt] pt, pp of **meet** ▶ adj abbr
(= *meteorological*) météo inv
metabolic [mɛtəˈbɔlɪk] adj métabolique

metabolism [mɛˈtæbəlɪzəm] n métabolisme m
metal ['mɛtl] n métal m ▶ cpd en métal ▶ vt
empierrer
metallic [mɛˈtælɪk] adj métallique
metallurgy [mɛˈtælədʒɪ] n métallurgie f
metalwork ['mɛtlwɜːk] n (*craft*) ferronnerie f
metamorphosis [mɛtəˈmɔːfəsɪs] (pl
metamorphoses [-siːz]) n métamorphose f
metaphor ['mɛtəfəʳ] n métaphore f
metaphorical [mɛtəˈfɔrɪkl] adj métaphorique
metaphysical [mɛtəˈfɪzɪkl] adj métaphysique
metaphysics [mɛtəˈfɪzɪks] n métaphysique f
mete [miːt]: **to ~ out** vt fus infliger
meteor ['miːtɪəʳ] n météore m
meteoric [miːtɪˈɔrɪk] adj (*fig*) fulgurant(e)
meteorite ['miːtɪəraɪt] n météorite mf
meteorological [miːtɪərəˈlɔdʒɪkl] adj
météorologique
meteorologist [miːtɪəˈrɔlədʒɪst] n
météorologue mf
meteorology [miːtɪəˈrɔlədʒɪ] n météorologie f
meter ['miːtəʳ] n (*instrument*) compteur m ; (*also:
parking meter) parc(o)mètre m ; (US: *unit*)
= **metre** ▶ vt (US Post) affranchir à la machine
methane ['miːθeɪn] n méthane m
method ['mɛθəd] n méthode f ; **~ of payment**
mode m or modalité f de paiement
methodical [mɪˈθɔdɪkl] adj méthodique
Methodist ['mɛθədɪst] adj, n méthodiste mf
method of payment n (*also:* **payment method**)
mode m or méthode f de paiement
methodology [mɛθəˈdɔlədʒɪ] n
méthodologie f
methylated spirit ['mɛθɪleɪtɪd-] n (Brit)
alcool m à brûler
meticulous [mɛˈtɪkjuləs] adj (*person*)
méticuleux(-euse) ; (*care, attention*)
minutieux(-euse)
meticulously [məˈtɪkjuləslɪ] adv (*planned,
researched*) méticuleusement ; (*detailed*)
minutieusement
Met Office n (Brit): **the ~** ≈ la Météorologie
nationale
metre, (US) **meter** ['miːtəʳ] n mètre m
metric ['mɛtrɪk] adj métrique ; **to go ~** adopter
le système métrique
metrical ['mɛtrɪkl] adj métrique
metrication [mɛtrɪˈkeɪʃən] n conversion f au
système métrique
metric system n système m métrique
metric ton n tonne f
metro ['mɛtrəu] n métro m
metronome ['mɛtrənəum] n métronome m
metropolis [mɪˈtrɔpəlɪs] n métropole f
metropolitan [mɛtrəˈpɔlɪtən] adj
métropolitain(e) ; **the M~ Police** (Brit) la
police londonienne
mettle ['mɛtl] n courage m
mew [mjuː] vi (*cat*) miauler
mews [mjuːz] n (Brit): **~ cottage** maisonnette
aménagée dans une ancienne écurie ou remise
Mexican ['mɛksɪkən] adj mexicain(e) ▶ n
Mexicain(e)
Mexico ['mɛksɪkəu] n Mexique m
Mexico City n Mexico

m

mezzanine ['mɛtsəni:n] n mezzanine f; (of shops, offices) entresol m
mezzo-soprano [mɛtsəusə'prɑ:nəu] n mezzo-soprano f
MFA n abbr (US: = Master of Fine Arts) titre universitaire
mfr abbr = **manufacture; manufacturer**
mg abbr (= milligram) mg
Mgr abbr (= Monseigneur, Monsignor) Mgr; (= manager) dir
MHR n abbr (US) = **Member of the House of Representatives**
MHz abbr (= megahertz) MHz
MI abbr (US) = **Michigan**
MI5 n abbr (BRIT: = Military Intelligence 5) ≈ DST f
MI6 n abbr (BRIT: = Military Intelligence 6) ≈ DGSE f
MIA abbr (= missing in action) disparu(e) au combat
miaow [mi:'au] vi (also: **meow**) miauler
mice [maɪs] npl of **mouse**
Mich. abbr (US) = **Michigan**
micro ['maɪkrəu] n (also: **microcomputer**) micro(-ordinateur m) m
micro... [maɪkrəu] prefix micro...
microbe ['maɪkrəub] n microbe m
microbiologist [maɪkrəubaɪ'ɔlədʒɪst] n microbiologiste mf
microbiology [maɪkrəubaɪ'ɔlədʒɪ] n microbiologie f
microblog ['maɪkrəublɔg] n microblog m
microbrewery ['maɪkrəubruərɪ] n microbrasserie f
microchip ['maɪkrəutʃɪp] n (Elec) puce f
microcomputer ['maɪkrəukəm'pju:təʳ] n micro-ordinateur m
microcosm ['maɪkrəukɔzəm] n microcosme m
microeconomics ['maɪkrəui:kə'nɔmɪks] n micro-économie f
microfiche ['maɪkrəufi:ʃ] n microfiche f
microfilm ['maɪkrəufɪlm] n microfilm m ▶ vt microfilmer
microlight ['maɪkrəulaɪt] n ULM m
micrometer [maɪ'krɔmɪtəʳ] n palmer m, micromètre m
micro-organism [maɪkrəu'ɔ:gənɪzəm] n micro-organisme m
microphone ['maɪkrəfəun] n microphone m
microprocessor ['maɪkrəu'prəusesəʳ] n microprocesseur m
microscope ['maɪkrəskəup] n microscope m; **under the ~** au microscope
microscopic [maɪkrə'skɔpɪk] adj microscopique
microwave ['maɪkrəuweɪv] n (also: **microwave oven**) (four m à) micro-ondes m ▶ vt cuire au micro-ondes
mid [mɪd] adj: **~ May** la mi-mai; **~ afternoon** le milieu de l'après-midi; **in ~ air** en plein ciel; **he's in his ~ thirties** il a dans les trente-cinq ans
midday [mɪd'deɪ] n midi m
middle ['mɪdl] n milieu m; (waist) ceinture f, taille f; **in the ~ of the night** au milieu de la nuit; **I'm in the ~ of reading it** je suis (justement) en train de le lire ▶ adj du milieu; (average) moyen(ne)

middle age n tranche d'âge aux limites floues, entre la quarantaine et le début du troisième âge
middle-aged [mɪdl'eɪdʒd] adj d'un certain âge, ni vieux ni jeune; (pej: values, outlook) conventionnel(le), rassis(e)
Middle Ages npl: **the ~** le Moyen Âge
middle class n, **middle classes** npl: **the ~(es)** ≈ les classes moyennes
middle-class [mɪdl'klɑ:s] adj bourgeois(e)
Middle East n: **the ~** le Moyen-Orient
Middle Eastern adj du Moyen-Orient
middleman ['mɪdlmæn] n (irreg) intermédiaire m
middle management n cadres moyens
middle name n second prénom
middle-of-the-road ['mɪdləvðə'rəud] adj (policy) modéré(e), du juste milieu; (music etc) plutôt classique, assez traditionnel(le)
middle school n (US) école pour les enfants de 12 à 14 ans, ≈ collège m; (BRIT) école pour les enfants de 8 à 14 ans
middleweight ['mɪdlweɪt] n (Boxing) poids moyen
middling ['mɪdlɪŋ] adj moyen(ne)
midge [mɪdʒ] n moucheron m
midget ['mɪdʒɪt] n nain(e) ▶ adj minuscule
midi system ['mɪdɪ-] n chaîne f midi
Midlands ['mɪdləndz] npl comtés du centre de l'Angleterre
midnight ['mɪdnaɪt] n minuit m; **at ~** à minuit
midpoint ['mɪdpɔɪnt] n (between places, things) point m médian; (middle) milieu m; **the ~ of one's life** la moitié de sa vie
midriff ['mɪdrɪf] n estomac m, taille f
midst [mɪdst] n: **in the ~ of** au milieu de
midsummer [mɪd'sʌməʳ] n milieu m de l'été
Midsummer's Day n Saint-Jean f
midway [mɪd'weɪ] adj, adv: **~ (between)** à mi-chemin (entre); **~ through ...** au milieu de ..., en plein(e) ...
midweek [mɪd'wi:k] adj du milieu de la semaine ▶ adv au milieu de la semaine, en pleine semaine
Midwest [mɪd'wɛst] n: **in the ~** dans le Midwest ▶ cpd (town) du Midwest; **the ~ states** les États du Midwest
midwife ['mɪdwaɪf] (pl **midwives** [-vz]) n sage-femme f
midwifery ['mɪdwɪfərɪ] n obstétrique f
midwinter [mɪd'wɪntəʳ] n milieu m de l'hiver
miffed [mɪft] adj (inf) fâché(e), vexé(e)
might [maɪt] vb see **may** ▶ n puissance f, force f
mighty ['maɪtɪ] adj puissant(e) ▶ adv (inf) rudement
migraine ['mi:greɪn] n migraine f
migrant ['maɪgrənt] n (bird, animal) migrateur m; (person) migrant(e); nomade mf ▶ adj migrateur(-trice); migrant(e); nomade; (worker) saisonnier(-ière)
migrate [maɪ'greɪt] vi migrer
migration [maɪ'greɪʃən] n migration f
migratory ['maɪgrətrɪ] adj (animal, bird) migrateur(-trice); (pattern, path) migratoire
mike [maɪk] n abbr (= microphone) micro m
Milan [mɪ'læn] n Milan

mild [maɪld] *adj* doux (douce) ; *(reproach, infection)* léger(-ère) ; *(illness)* bénin(-igne) ; *(interest)* modéré(e) ; *(taste)* peu relevé(e) ▶ *n* bière légère

mildew ['mɪldjuː] *n* mildiou *m*

mildly ['maɪldlɪ] *adv* doucement ; légèrement ; **to put it ~** *(inf)* c'est le moins qu'on puisse dire

mildness ['maɪldnɪs] *n* douceur *f*

mile [maɪl] *n* mil(l)e *m* (= 1609 *m*) ; **to do 30 miles per gallon** ≈ faire 9, 4 litres aux cent

mileage ['maɪlɪdʒ] *n* distance *f* en milles, ≈ kilométrage *m*

mileage allowance *n* ≈ indemnité *f* kilométrique

mileometer [maɪ'lɔmɪtəʳ] *n* compteur *m* kilométrique

milestone ['maɪlstəʊn] *n* borne *f* ; *(fig)* jalon *m*

milieu ['miːljə:] *n* milieu *m*

militancy ['mɪlɪtnsɪ] *n* militantisme *m*

militant ['mɪlɪtnt] *adj, n* militant(e)

militarily [mɪlɪ'tɛrɪlɪ] *adv* militairement

militarism ['mɪlɪtərɪzəm] *n* militarisme *m*

militaristic [mɪlɪtə'rɪstɪk] *adj* militariste

military ['mɪlɪtərɪ] *adj* militaire ▶ *n*: **the ~** l'armée *f*, les militaires *mpl*

military service *n* service *m* (militaire or national)

militate ['mɪlɪteɪt] *vi*: **to ~ against** militer contre

militia [mɪ'lɪʃə] *n* milice *f*

milk [mɪlk] *n* lait *m* ▶ *vt* *(cow)* traire ; *(fig: person)* dépouiller, plumer ; *(: situation)* exploiter à fond

milk chocolate *n* chocolat *m* au lait

milk float *n* *(BRIT)* voiture *f* or camionnette *f* du or de laitier

milking ['mɪlkɪŋ] *n* traite *f*

milkman ['mɪlkmən] *n* *(irreg)* laitier *m*

milk shake *n* milk-shake *m*

milk tooth *n* dent *f* de lait

milk truck *n* *(US)* = **milk float**

milky ['mɪlkɪ] *adj* *(drink)* au lait ; *(colour)* laiteux(-euse)

Milky Way *n* Voie lactée

mill [mɪl] *n* moulin *m* ; *(factory)* usine *f*, fabrique *f* ; *(spinning mill)* filature *f* ; *(flour mill)* minoterie *f* ; *(steel mill)* aciérie *f* ▶ *vt* moudre, broyer ▶ *vi* *(also: **mill about)** grouiller

millennium [mɪ'lɛnɪəm] *(pl **millenniums** or **millennia** [-'lɛnɪə])* *n* millénaire *m*

millennium bug *n* bogue *m* or bug *m* de l'an 2000

miller ['mɪləʳ] *n* meunier *m*

millet ['mɪlɪt] *n* millet *m*

milli... ['mɪlɪ] *prefix* milli...

milligram, milligramme ['mɪlɪgræm] *n* milligramme *m*

millilitre, (US) milliliter ['mɪlɪliːtəʳ] *n* millilitre *m*

millimetre, (US) millimeter ['mɪlɪmiːtəʳ] *n* millimètre *m*

milliner ['mɪlɪnəʳ] *n* modiste *f*

millinery ['mɪlɪnərɪ] *n* modes *fpl*

million ['mɪljən] *n* million *m* ; **a ~ pounds** un million de livres sterling

millionaire [mɪljə'nɛəʳ] *n* millionnaire *m*

millionth ['mɪljənθ] *num* millionième

millipede ['mɪlɪpiːd] *n* mille-pattes *m inv*

millisecond ['mɪlɪsɛkənd] *n* millième *m* de seconde

millstone ['mɪlstəʊn] *n* meule *f*

millwheel ['mɪlwiːl] *n* roue *f* de moulin

milometer [maɪ'lɔmɪtəʳ] *n* = **mileometer**

mime [maɪm] *n* mime *m* ▶ *vt, vi* mimer

mimic ['mɪmɪk] *n* imitateur(-trice) ▶ *vt, vi* imiter, contrefaire

mimicry ['mɪmɪkrɪ] *n* imitation *f* ; *(Zool)* mimétisme *m*

Min. *abbr* *(BRIT Pol)* = **ministry**

min. *abbr* *(= minute(s))* mn. ; *(= minimum)* min.

minaret [mɪnə'rɛt] *n* minaret *m*

mince [mɪns] *vt* hacher ; **he does not ~ (his) words** il ne mâche pas ses mots ▶ *vi* *(in walking)* marcher à petits pas maniérés ▶ *n* *(BRIT Culin)* viande hachée, hachis *m*

mincemeat ['mɪnsmiːt] *n* hachis de fruits secs utilisés en pâtisserie ; *(US)* viande hachée, hachis *m*

mince pie *n* sorte de tarte aux fruits secs

mincer ['mɪnsəʳ] *n* hachoir *m*

mincing ['mɪnsɪŋ] *adj* affecté(e)

mind [maɪnd] *n* esprit *m* ; **it is on my ~** cela me préoccupe ; **to change one's ~** changer d'avis ; **to be in two minds about sth** *(BRIT)* être indécis(e) or irrésolu(e) en ce qui concerne qch ; **to my ~** à mon avis, selon moi ; **to be out of one's ~** ne plus avoir toute sa raison ; **to keep sth in ~** ne pas oublier qch ; **to bear sth in ~** tenir compte de qch ; **to have sb/sth in ~** avoir qn/qch en tête ; **to have in ~ to do** avoir l'intention de faire ; **it went right out of my ~** ça m'est complètement sorti de la tête ; **to bring or call sth to ~** se rappeler qch ; **to make up one's ~** se décider ▶ *vt* *(attend to, look after)* s'occuper de ; *(be careful)* faire attention à ; *(object to)*: **I don't ~ the noise** je ne crains pas le bruit, le bruit ne me dérange pas ; **~ you, ...** remarquez, ... ; **"~ the step"** « attention à la marche » ▶ *vi*: **do you ~ if ...?** est-ce que cela vous gêne si ... ? ; **I don't ~** cela ne me dérange pas ; *(don't care)* ça m'est égal ; **never ~** peu importe, ça ne fait rien ; *(don't worry)* ne vous en faites pas

mind-boggling ['maɪndbɔglɪŋ] *adj* *(inf)* époustouflant(e), ahurissant(e)

minded ['maɪndɪd] *adj*: **to be ~ to do sth** avoir l'intention de faire qch ; **if they were so ~, ...** s'ils le voulaient, ...

-minded ['maɪndɪd] *adj*: **fair~** impartial(e) ; **an industrially~ nation** une nation orientée vers l'industrie

minder ['maɪndəʳ] *n* *(child minder)* gardienne *f* ; *(bodyguard)* ange gardien *(fig)*

mindful ['maɪndful] *adj*: **~ of** attentif(-ive) à, soucieux(-euse) de

mindless ['maɪndlɪs] *adj* irréfléchi(e) ; *(violence, crime)* insensé(e) ; *(boring: job)* idiot(e)

mindset ['maɪndsɛt] *n* mentalité *f*

mine¹ [maɪn] *pron* le (la) mien(ne), les miens (miennes) ; **a friend of ~** un de mes amis, un ami à moi ; **this book is ~** ce livre est à moi

mine² [maɪn] n mine f ▶ vt (coal) extraire ; (ship, beach) miner
mine detector n détecteur m de mines
minefield ['maɪnfiːld] n champ m de mines
miner ['maɪnəʳ] n mineur m
mineral ['mɪnərəl] adj minéral(e) ▶ n minéral m ; **minerals** npl (BRIT: soft drinks) boissons gazeuses (sucrées)
mineralogy [mɪnə'rælədʒɪ] n minéralogie f
mineral water n eau minérale
minesweeper ['maɪnswiːpəʳ] n dragueur m de mines
mingle ['mɪŋgl] vt mêler, mélanger ▶ vi: **to ~ with** se mêler à
mingy ['mɪndʒɪ] adj (inf) radin(e)
miniature ['mɪnətʃəʳ] adj (en) miniature ▶ n miniature f
minibar ['mɪnɪbɑːʳ] n minibar m
minibus ['mɪnɪbʌs] n minibus m
minicab ['mɪnɪkæb] n (BRIT) taxi m indépendant
minicomputer ['mɪnɪkəm'pjuːtəʳ] n mini-ordinateur m
minim ['mɪnɪm] n (Mus) blanche f
minima ['mɪnɪmə] npl of **minimum**
minimal ['mɪnɪml] adj minimal(e)
minimalism ['mɪnɪməlɪzəm] n minimalisme m
minimalist ['mɪnɪməlɪst] adj, n minimaliste mf
minimize ['mɪnɪmaɪz] vt (reduce) réduire au minimum ; (play down) minimiser
minimum ['mɪnɪməm] (pl **minima** ['mɪnɪmə]) n minimum m ; **to reduce to a ~** réduire au minimum ▶ adj minimum
minimum lending rate n (Econ) taux m de crédit minimum
mining ['maɪnɪŋ] n exploitation minière ▶ adj minier(-ière) ; de mineurs
minion ['mɪnjən] n (pej) laquais m ; favori(te)
mini-series ['mɪnɪsɪəriːz] n téléfilm m en plusieurs parties
miniskirt ['mɪnɪskəːt] n mini-jupe f
minister ['mɪnɪstəʳ] n (BRIT Pol) ministre mf ; (Rel) pasteur m ▶ vi: **to ~ to sb** donner ses soins à qn ; **to ~ to sb's needs** pourvoir aux besoins de qn
ministerial [mɪnɪs'tɪərɪəl] adj (BRIT Pol) ministériel(le)
ministry ['mɪnɪstrɪ] n (BRIT Pol) ministère m ; (Rel): **to go into the ~** devenir pasteur
mink [mɪŋk] n vison m
mink coat n manteau m de vison
Minn. abbr (US) = **Minnesota**
minnow ['mɪnəu] n vairon m
minor ['maɪnəʳ] adj petit(e), de peu d'importance ; (Mus, poet, problem) mineur(e) ▶ n (Law) mineur(e)
Minorca [mɪ'nɔːkə] n Minorque f
minority [maɪ'nɔrɪtɪ] n minorité f ; **to be in a ~** être en minorité
minster ['mɪnstəʳ] n église abbatiale
minstrel ['mɪnstrəl] n trouvère m, ménestrel m
mint [mɪnt] n (plant) menthe f ; (sweet) bonbon m à la menthe ; **the (Royal) M~, the (US) M~** ≈ l'hôtel m de la Monnaie ▶ adj: **in ~ condition** à l'état de neuf ▶ vt (coins) battre
mint sauce n sauce f à la menthe

minuet [mɪnju'et] n menuet m
minus ['maɪnəs] n (also: **minus sign**) signe m moins ▶ prep moins ; **12 ~ 6 equals 6** 12 moins 6 égal 6 ; **~ 24°C** moins 24°C
minuscule ['mɪnəskjuːl] adj minuscule
minute¹ ['mɪnɪt] n minute f ; (official record) procès-verbal m, compte rendu ; **it is 5 minutes past 3** il est 3 heures 5 ; **wait a ~!** (attendez) un instant ! ; **at the last ~** à la dernière minute ; **up to the ~** (fashion) dernier cri ; (news) de dernière minute ; (machine, technology) de pointe ; **minutes** npl (of meeting) procès-verbal m, compte rendu
minute² [maɪ'njuːt] adj minuscule ; (detailed) minutieux(-euse) ; **in ~ detail** par le menu
minute book n (mɪnɪt-] n registre m des procès-verbaux
minute hand ['mɪnɪt-] n aiguille f des minutes
minutely [maɪ'njuːtlɪ] adv (by a small amount) de peu, de manière infime ; (in detail) minutieusement, dans les moindres détails
minutiae [mɪ'njuːʃɪ] npl menus détails
miracle ['mɪrəkl] n miracle m
miraculous [mɪ'rækjuləs] adj miraculeux(-euse)
mirage ['mɪrɑːʒ] n mirage m
mire ['maɪəʳ] n bourbe f, boue f
mirror ['mɪrəʳ] n miroir m, glace f ; (in car) rétroviseur m ▶ vt refléter
mirror image n image inversée
mirth [məːθ] n gaieté f
misadventure [mɪsəd'ventʃəʳ] n mésaventure f ; **death by ~** (BRIT) décès accidentel
misanthropist [mɪ'zænθrəpɪst] n misanthrope mf
misapply [mɪsə'plaɪ] vt mal employer
misapprehension ['mɪsæprɪ'henʃən] n malentendu m, méprise f
misappropriate [mɪsə'prəuprɪeɪt] vt détourner
misappropriation ['mɪsəprəuprɪ'eɪʃən] n escroquerie f, détournement m
misbehave [mɪsbɪ'heɪv] vi mal se conduire
misbehaviour, (US) misbehavior [mɪsbɪ'heɪvjəʳ] n mauvaise conduite
misc. abbr = **miscellaneous**
miscalculate [mɪs'kælkjuleɪt] vt mal calculer
miscalculation ['mɪskælkju'leɪʃən] n erreur f de calcul
miscarriage ['mɪskærɪdʒ] n (Med) fausse couche f ; **~ of justice** erreur f judiciaire
miscarry [mɪs'kærɪ] vi (Med) faire une fausse couche ; (fail: plans) échouer, mal tourner
miscellaneous [mɪsɪ'leɪnɪəs] adj (items, expenses) divers(es) ; (selection) varié(e)
miscellany [mɪ'selənɪ] n recueil m
mischance [mɪs'tʃɑːns] n malchance f ; **by (some) ~** par malheur
mischief ['mɪstʃɪf] n (naughtiness) sottises fpl ; (fun) farce f ; (playfulness) espièglerie f ; (harm) mal m, dommage m ; (maliciousness) méchanceté f
mischievous ['mɪstʃɪvəs] adj (playful, naughty) coquin(e), espiègle ; (harmful) méchant(e)
misconception ['mɪskən'sepʃən] n idée fausse
misconduct [mɪs'kɔndʌkt] n inconduite f ; **professional ~** faute professionnelle

misconstrue [mɪskən'struː] vt mal interpréter
miscount [mɪs'kaʊnt] vt, vi mal compter
misdeed ['mɪs'diːd] n méfait m
misdemeanour, (US) **misdemeanor**
[mɪsdɪ'miːnəʳ] n écart m de conduite ;
infraction f
misdirect [mɪsdɪ'rɛkt] vt (person) mal
renseigner ; (letter) mal adresser
miser ['maɪzəʳ] n avare mf
miserable ['mɪzərəbl] adj (person, expression)
malheureux(-euse) ; (conditions) misérable ;
(weather) maussade ; (offer, donation) minable ;
(failure) pitoyable ; **to feel ~** avoir le cafard
miserably ['mɪzərəblɪ] adv (smile, answer)
tristement ; (live, pay) misérablement ; (fail)
lamentablement
miserly ['maɪzəlɪ] adj avare
misery ['mɪzərɪ] n (unhappiness) tristesse f ; (pain)
souffrances fpl ; (wretchedness) misère f
misfire [mɪs'faɪəʳ] vi rater ; (car engine) avoir des
ratés
misfit ['mɪsfɪt] n (person) inadapté(e)
misfortune [mɪs'fɔːtʃən] n malchance f,
malheur m
misgiving [mɪs'gɪvɪŋ] n (apprehension) craintes
fpl ; **to have misgivings about sth** avoir des
doutes quant à qch
misguided [mɪs'gaɪdɪd] adj malavisé(e)
mishandle [mɪs'hændl] vt (treat roughly)
malmener ; (mismanage) mal s'y prendre pour
faire or résoudre etc
mishap ['mɪshæp] n mésaventure f
mishear [mɪs'hɪəʳ] vt, vi (irreg: like **hear**) mal
entendre
mishmash ['mɪʃmæʃ] n (inf) fatras m, méli-
mélo m
misinform [mɪsɪn'fɔːm] vt mal renseigner
misinformation [mɪsɪnfə'meɪʃən] n
informations fpl erronées, information f
erronée, fausse information
misinterpret [mɪsɪn'təːprɪt] vt mal interpréter
misinterpretation ['mɪsɪntəːprɪ'teɪʃən] n
interprétation erronée, contresens m
misjudge [mɪs'dʒʌdʒ] vt méjuger, se méprendre
sur le compte de
mislay [mɪs'leɪ] vt (irreg: like **lay**) égarer
mislead [mɪs'liːd] vt (irreg: like **lead¹**) induire en
erreur
misleading [mɪs'liːdɪŋ] adj trompeur(-euse)
misled [mɪs'lɛd] pt, pp of **mislead**
mismanage [mɪs'mænɪdʒ] vt mal gérer ; mal
s'y prendre pour faire or résoudre etc
mismanagement [mɪs'mænɪdʒmənt] n
mauvaise gestion
mismatch ['mɪsmætʃ] n décalage m ; **a ~
between requirements and resources** un
décalage entre les besoins et les ressources ; **a ~
of styles** une discordance des styles
misnomer [mɪs'nəʊməʳ] n terme or qualificatif
trompeur or peu approprié
misogynist [mɪ'sɔdʒɪnɪst] n misogyne mf
misogyny [mɪ'sɔdʒɪnɪ] n misogynie f
misplace [mɪs'pleɪs] vt égarer ; **to be
misplaced** (trust etc) être mal placé(e)
misprint ['mɪsprɪnt] n faute f d'impression

mispronounce [mɪsprə'naʊns] vt mal
prononcer
misquote [mɪs'kwəʊt] vt citer erronément or
inexactement
misread [mɪs'riːd] vt (irreg: like **read**) mal lire
misrepresent [mɪsrɛprɪ'zɛnt] vt (person) donner
une image inexacte de ; (views) déformer
misrepresentation [mɪsrɛprɪzɛn'teɪʃən] n (of
facts, data) déformation f
Miss [mɪs] n Mademoiselle ; **Dear ~ Smith**
Chère Mademoiselle Smith
miss [mɪs] vt (fail to get, attend, see) manquer,
rater ; (appointment, class) manquer ; (escape, avoid)
échapper à, éviter ; (notice loss of: money etc)
s'apercevoir de l'absence de ; (regret the absence
of): **I ~ him/it** il/cela me manque ; **we missed
our train** nous avons raté notre train ; **the bus
just missed the wall** le bus a évité le mur de
justesse ; **you're missing the point** vous êtes à
côté de la question ; **you can't ~ it** vous ne
pouvez pas vous tromper ▶ vi manquer ▶ n (shot)
coup manqué
▶ **miss out** vt (BRIT) oublier
▶ **miss out on** vt fus (fun, party) rater, manquer ;
(chance, bargain) laisser passer

> To translate a sentence like I'm missing my
> parents you have to rephrase it as my parents
> are missing to me.
> I'm missing my parents. **Mes parents me
> manquent.**
> She's missing her boyfriend. **Son petit ami lui
> manque.**

Miss. abbr (US) = **Mississippi**
missal ['mɪsl] n missel m
mis-sell [mɪs'sɛl] vt (irreg: like **sell**) vendre de
façon abusive
mis-selling [mɪs'sɛlɪŋ] n vente f abusive
misshapen [mɪs'ʃeɪpən] adj difforme
missile ['mɪsaɪl] n (Aviat) missile m ; (object
thrown) projectile m
missile base n base f de missiles
missile launcher [-lɔːntʃəʳ] n lance-missiles m
missing ['mɪsɪŋ] adj manquant(e) ; (after escape,
disaster: person) disparu(e) ; **to go ~** disparaître ;
~ person personne disparue, disparu(e) ; **~ in
action** (Mil) porté(e) disparu(e)
mission ['mɪʃən] n mission f ; **on a ~ to sb** en
mission auprès de qn
missionary ['mɪʃənrɪ] n missionnaire mf
mission statement n déclaration f d'intention
missive ['mɪsɪv] n missive f
misspell ['mɪs'spɛl] vt (irreg: like **spell**) mal
orthographier
misspent ['mɪs'spɛnt] adj: **his ~ youth** sa folle
jeunesse
missus ['mɪsɪz] n (inf: wife): **my ~, the ~** bobonne f
(inf) ; (as address): **thanks, ~** merci M'dame (inf)
mist [mɪst] n brume f ▶ vi (also: **mist over, mist
up**) devenir brumeux(-euse) ; (: BRIT: windows)
s'embuer
mistake [mɪs'teɪk] n erreur f, faute f ; **by ~** par
erreur, par inadvertance ; **to make a ~** (in
writing) faire une faute ; (in calculating etc) faire
une erreur ; **there must be some ~** il doit y

m

avoir une erreur, se tromper ; **to make a ~ about sb/sth** se tromper sur le compte de qn/ sur qch ▶ *vt* (*irreg: like* **take**) (*meaning*) mal comprendre ; (*intentions*) se méprendre sur ; **to ~ for** prendre pour

mistaken [mɪsˈteɪkən] *pp of* **mistake** ▶ *adj* (*idea etc*) erroné(e) ; **to be ~** faire erreur, se tromper

mistaken identity *n* erreur *f* d'identité

mistakenly [mɪsˈteɪkənlɪ] *adv* par erreur, par mégarde

mister [ˈmɪstər] *n* (*inf*) Monsieur *m* ; *see* **Mr**

mistletoe [ˈmɪsltəu] *n* gui *m*

mistook [mɪsˈtuk] *pt of* **mistake**

mistranslation [mɪstrænsˈleɪʃən] *n* erreur *f* de traduction, contresens *m*

mistreat [mɪsˈtriːt] *vt* maltraiter

mistress [ˈmɪstrɪs] *n* maîtresse *f* ; (BRIT: *in primary school*) institutrice *f* ; (: *in secondary school*) professeur *m*

mistrust [mɪsˈtrʌst] *vt* se méfier de ▶ *n*: ~ **(of)** méfiance *f* (à l'égard de)

mistrustful [mɪsˈtrʌstful] *adj*: ~ **(of)** méfiant(e) (à l'égard de)

misty [ˈmɪstɪ] *adj* brumeux(-euse) ; (*glasses, window*) embué(e)

misty-eyed [ˈmɪstɪˈaɪd] *adj* les yeux embués de larmes ; (*fig*) sentimental(e)

misunderstand [mɪsʌndəˈstænd] *vt, vi* (*irreg: like* **understand**) mal comprendre

misunderstanding [ˈmɪsʌndəˈstændɪŋ] *n* méprise *f*, malentendu *m* ; **there's been a ~** il y a eu un malentendu

misunderstood [mɪsʌndəˈstud] *pt, pp of* **misunderstand** ▶ *adj* (*person*) incompris(e)

misuse *n* [mɪsˈjuːs] mauvais emploi ; (*of power*) abus *m* ▶ *vt* [mɪsˈjuːz] mal employer ; abuser de

MIT *n abbr* (US) = **Massachusetts Institute of Technology**

mite [maɪt] *n* (*small quantity*) grain *m*, miette *f* ; (BRIT: *small child*) petit(e)

mitigate [ˈmɪtɪgeɪt] *vt* atténuer ; **mitigating circumstances** circonstances atténuantes

mitigation [mɪtɪˈgeɪʃən] *n* atténuation *f*

mitre, (US) **miter** [ˈmaɪtər] *n* mitre *f* ; (*Carpentry*) onglet *m*

mitt [ˈmɪt], **mitten** [ˈmɪtn] *n* moufle *f* ; (*fingerless*) mitaine *f*

mix [mɪks] *vt* mélanger ; (*sauce, drink etc*) préparer ; **to ~ sth with sth** mélanger qch à qch ; **to ~ business with pleasure** unir l'utile à l'agréable ▶ *vi* se mélanger ; (*socialize*): **he doesn't ~ well** il est peu sociable ▶ *n* mélange *m* ; **cake ~** préparation *f* pour gâteau
   ▶ **mix in** *vt* incorporer, mélanger
   ▶ **mix up** *vt* mélanger ; (*confuse*) confondre ; **to be mixed up in sth** être mêlé(e) à qch *or* impliqué(e) dans qch

mixed [mɪkst] *adj* (*feelings, reactions*) contradictoire ; (*school, marriage*) mixte

mixed-ability [ˈmɪkstəˈbɪlɪtɪ] *adj* (*class etc*) sans groupes de niveaux

mixed bag *n*: **it's a (bit of a) ~** il y a (un peu) de tout

mixed blessing *n*: **it's a ~** cela a du bon et du mauvais

mixed doubles *npl* (*Sport*) double *m* mixte

mixed economy *n* économie *f* mixte

mixed grill *n* (BRIT) assortiment *m* de grillades

mixed marriage *n* mariage *m* mixte

mixed salad *n* salade *f* de crudités

mixed-up [mɪkstˈʌp] *adj* (*person*) désorienté(e), embrouillé(e)

mixer [ˈmɪksər] *n* (*for food*) batteur *m*, mixeur *m* ; (*drink*) boisson gazeuse (*servant à couper un alcool*) ; (*person*): **he is a good ~** il est très sociable

mixer tap *n* (robinet *m*) mélangeur *m*

mixture [ˈmɪkstʃər] *n* assortiment *m*, mélange *m* ; (*Med*) préparation *f*

mix-up [ˈmɪksʌp] *n*: **there was a ~** il y a eu confusion

MK *abbr* (BRIT Tech) = **mark**

mk *abbr* = **mark**

mkt *abbr* = **market**

ml *abbr* (= *millilitre(s)*) ml

MLitt [ˈɛmˈlɪt] *n abbr* (= *Master of Literature, Master of Letters*) *titre universitaire*

MLR *n abbr* (BRIT) = **minimum lending rate**

mm *abbr* (= *millimetre*) mm

MMR *n abbr* (= *measles, mumps and rubella*) vaccin *m* ROR (= *rougeole, oreillons, rubéole*)

MN *abbr* (BRIT) = **Merchant Navy**; (US) = **Minnesota**

MO *n abbr* (Med) = **medical officer**; (US inf: = *modus operandi*) méthode *f* ▶ *abbr* (US) = **Missouri**

m.o. *abbr* = **money order**

moan [məun] *n* gémissement *m* ▶ *vi* gémir ; (*inf: complain*): **to ~ (about)** se plaindre (de)

moaner [ˈməunər] *n* (*inf*) rouspéteur(-euse), râleur(-euse)

moaning [ˈməunɪŋ] *n* gémissements *mpl*

moat [məut] *n* fossé *m*, douves *fpl*

mob [mɔb] *n* foule *f* ; (*disorderly*) cohue *f* ; (*pej*): **the ~** la populace ▶ *vt* assaillir

mobile [ˈməubaɪl] *adj* mobile ; **applicants must be ~** (BRIT) les candidats devront être prêts à accepter tout déplacement ▶ *n* (*Art*) mobile *m* ; (BRIT inf: *phone*) (téléphone *m*) portable *m*, mobile *m*

mobile home *n* caravane *f*

mobile phone *n* (téléphone *m*) portable *m*, mobile *m*

mobile phone mast *n* (BRIT Tel) antenne-relais *f*

mobile shop *n* (BRIT) camion *m* magasin

mobility [məuˈbɪlɪtɪ] *n* mobilité *f*

mobilization [məubɪlaɪˈzeɪʃən] *n* mobilisation *f*

mobilize [ˈməubɪlaɪz] *vt, vi* mobiliser

moccasin [ˈmɔkəsɪn] *n* mocassin *m*

mock [mɔk] *vt* ridiculiser ; (*laugh at*) se moquer de ▶ *adj* faux (fausse) ; **mocks** *npl* (BRIT Scol) examens blancs

mockery [ˈmɔkərɪ] *n* moquerie *f*, raillerie *f* ; **to make a ~ of** ridiculiser, tourner en dérision

mocking [ˈmɔkɪŋ] *adj* moqueur(-euse)

mockingbird [ˈmɔkɪŋbəːd] *n* moqueur *m*

mock-up [ˈmɔkʌp] *n* maquette *f*

MOD *n abbr* (BRIT) = **Ministry of Defence**; *see* **defence**

mod [mɔd] *adj see* **convenience**

mod cons [ˈmɔdˈkɔnz] *npl abbr* (BRIT) = **modern conveniences**; *see* **convenience**

mode [məud] *n* mode *m* ; (*of transport*) moyen *m*
model ['mɔdl] *n* modèle *m* ; (*person: for fashion*) mannequin *m* ; (: *for artist*) modèle ▸ *vt* (*with clay etc*) modeler ; **to ~ clothes** présenter des vêtements ; **to ~ o.s. on** ; **to ~ sb/sth on** modeler qn/qch sur ▸ *vi* travailler comme mannequin ▸ *adj* (*railway: toy*) modèle réduit *inv* ; (*child, factory*) modèle
modelling ['mɔdlɪŋ] *n* (*profession*) mannequinat *f* ▸ *cpd* (*contract, career*) de mannequinat
modem ['məudɛm] *n* modem *m*
moderate *adj* ['mɔdərət] modéré(e) ; (*amount, change*) peu important(e) ▸ *n* (Pol) modéré(e) ▸ *vi* ['mɔdəreɪt] se modérer, se calmer ▸ *vt* ['mɔdəreɪt] modérer
moderately ['mɔdərətlɪ] *adv* (*act*) avec modération *or* mesure ; (*expensive, difficult*) moyennement ; (*pleased, happy*) raisonnablement, assez ; **~ priced** à un prix raisonnable
moderation [mɔdə'reɪʃən] *n* modération *f*, mesure *f* ; **in ~** à dose raisonnable, pris(e) *or* pratiqué(e) modérément
moderator ['mɔdəreɪtəʳ] *n* (Rel): **M~** président *m* (*de l'Assemblée générale de l'Église presbytérienne*) ; (Pol) modérateur *m*
modern ['mɔdən] *adj* moderne
modernity [mɔ'dəːnɪtɪ] *n* modernité *f*
modernization [mɔdənaɪ'zeɪʃən] *n* modernisation *f*
modernize ['mɔdənaɪz] *vt* moderniser
modern languages *npl* langues vivantes
modest ['mɔdɪst] *adj* modeste
modesty ['mɔdɪstɪ] *n* modestie *f*
modicum ['mɔdɪkəm] *n*: **a ~ of** un minimum de
modification [mɔdɪfɪ'keɪʃən] *n* modification *f* ; **to make modifications** faire *or* apporter des modifications
modify ['mɔdɪfaɪ] *vt* modifier
modish ['məudɪʃ] *adj* à la mode
Mods [mɔdz] *n abbr* (BRIT: = (*Honour*) *Moderations*) *premier examen universitaire (à Oxford)*
modular ['mɔdjuləʳ] *adj* (*filing, unit*) modulaire
modulate ['mɔdjuleɪt] *vt* moduler
modulation [mɔdju'leɪʃən] *n* modulation *f*
module ['mɔdjuːl] *n* module *m*
Mogadishu [mɔgə'dɪʃuː] *n* Mogadiscio
mogul ['məugl] *n* (*fig*) nabab *m* ; (Ski) bosse *f*
MOH *n abbr* (BRIT) = **Medical Officer of Health**
mohair ['məuhεəʳ] *n* mohair *m*
Mohammed [mə'hæmεd] *n* Mahomet *m*
moist [mɔɪst] *adj* humide, moite
moisten ['mɔɪsn] *vt* humecter, mouiller légèrement
moisture ['mɔɪstʃəʳ] *n* humidité *f* ; (*on glass*) buée *f*
moisturize ['mɔɪstʃəraɪz] *vt* (*skin*) hydrater
moisturizer ['mɔɪstʃəraɪzəʳ] *n* crème hydratante
molar ['məuləʳ] *n* molaire *f*
molasses [məu'læsɪz] *n* mélasse *f*
mold *etc* [məuld] *n* (US) = **mould** *etc*
Moldavia [mɔl'deɪvɪə], **Moldova** [mɔl'dəuvə] *n* Moldavie *f*
Moldavian [mɔl'deɪvɪən], **Moldovan** [mɔl'dəuvən] *adj* moldave

mole [məul] *n* (*animal, spy*) taupe *f* ; (*spot*) grain *m* de beauté
molecular [mə'lεkjuləʳ] *adj* moléculaire
molecule ['mɔlɪkjuːl] *n* molécule *f*
molehill ['məulhɪl] *n* taupinière *f*
molest [məu'lεst] *vt* (*assault sexually*) attenter à la pudeur de ; (*attack*) molester ; (*harass*) tracasser
mollusc ['mɔləsk] *n* mollusque *m*
mollycoddle ['mɔlɪkɔdl] *vt* chouchouter, couver
Molotov cocktail ['mɔlətɔf-] *n* cocktail *m* Molotov
molt [məult] *vi* (US) = **moult**
molten ['məultən] *adj* fondu(e) ; (*rock*) en fusion
mom [mɔm] *n* (US) = **mum**
moment ['məumənt] *n* moment *m*, instant *m* ; (*importance*) importance *f* ; **at the ~** en ce moment ; **for the ~** pour l'instant ; **in a ~** dans un instant ; **"one ~ please"** (*Tel*) « ne quittez pas »
momentarily ['məuməntrɪlɪ] *adv* momentanément ; (US: *soon*) bientôt
momentary ['məuməntərɪ] *adj* momentané(e), passager(-ère)
momentous [məu'mεntəs] *adj* important(e), capital(e)
momentum [məu'mεntəm] *n* élan *m*, vitesse acquise ; (*fig*) dynamique *f* ; **to gather ~** prendre de la vitesse ; (*fig*) gagner du terrain
mommy ['mɔmɪ] *n* (US: *mother*) maman *f*
Mon. *abbr* (= *Monday*) lun.
Monaco ['mɔnəkəu] *n* Monaco *f*
monarch ['mɔnək] *n* monarque *m*
monarchist ['mɔnəkɪst] *n* monarchiste *mf*
monarchy ['mɔnəkɪ] *n* monarchie *f*
monastery ['mɔnəstərɪ] *n* monastère *m*
monastic [mə'næstɪk] *adj* monastique
Monday ['mʌndɪ] *n* lundi *m* ; *see also* **Tuesday**
monetarism ['mʌnɪtərɪzəm] *n* monétarisme *m*
monetarist ['mʌnɪtərɪst] *n* monétariste *mf*
monetary ['mʌnɪtərɪ] *adj* monétaire
money ['mʌnɪ] *n* argent *m* ; **to make ~** (*person*) gagner de l'argent ; (*business*) rapporter ; **I've got no ~ left** je n'ai plus d'argent, je n'ai plus un sou
money belt *n* ceinture-portefeuille *f*
moneyed ['mʌnɪd] *adj* riche
money laundering [-lɔːndərɪŋ] *n* blanchiment *m* d'argent
moneylender ['mʌnɪlεndəʳ] *n* prêteur(-euse)
moneymaker ['mʌnɪmeɪkəʳ] *n* (BRIT *inf: business*) affaire lucrative
moneymaking ['mʌnɪmeɪkɪŋ] *adj* lucratif(-ive), qui rapporte (de l'argent)
money market *n* marché financier
money order *n* mandat *m*
money-spinner ['mʌnɪspɪnəʳ] *n* (*inf*) mine *f* d'or (*fig*)
money supply *n* masse *f* monétaire
Mongol ['mɔŋgəl] *n* Mongol(e) ; (Ling) mongol *m*
mongol ['mɔŋgəl] *adj, n* (Med) mongolien(ne)
Mongolia [mɔŋ'gəulɪə] *n* Mongolie *f*
Mongolian [mɔŋ'gəulɪən] *adj* mongol(e) ▸ *n* Mongol(e) ; (Ling) mongol *m*
mongoose ['mɔŋguːs] *n* mangouste *f*
mongrel ['mʌŋgrəl] *n* (*dog*) bâtard *m*

m

monies ['mʌnɪz] *npl* sommes *fpl* d'argent
monitor ['mɒnɪtəʳ] *n* (*TV*, *Comput*) écran *m*, moniteur *m* ; (*BRIT Scol*) chef *m* de classe ; (*US Scol*) surveillant *m* (d'examen) ▸ *vt* contrôler ; (*foreign station*) être à l'écoute de ; (*progress*) suivre de près
monk [mʌŋk] *n* moine *m*
monkey ['mʌŋkɪ] *n* singe *m*
monkey nut *n* (*BRIT*) cacahuète *f*
monkey wrench *n* clé *f* à molette
mono ['mɒnəu] *adj* mono *inv*
mono... ['mɒnəu] *prefix* mono...
monochrome ['mɒnəkrəum] *adj* monochrome
monocle ['mɒnəkl] *n* monocle *m*
monogamous [mɔ'nɔgəməs] *adj* monogame
monogamy [mɔ'nɔgəmɪ] *n* monogamie *f*
monogram ['mɒnəgræm] *n* monogramme *m*
monolith ['mɒnəlɪθ] *n* monolithe *m*
monologue ['mɒnələg] *n* monologue *m*
monoplane ['mɒnəpleɪn] *n* monoplan *m*
monopolize [mə'nɔpəlaɪz] *vt* monopoliser
monopoly [mə'nɔpəlɪ] *n* monopole *m* ;
  Monopolies and Mergers Commission (*BRIT*) *commission britannique d'enquête sur les monopoles*
monorail ['mɒnəureɪl] *n* monorail *m*
monosodium glutamate ['mɒnəsəudɪəm'glu:təmeɪt] *n* glutamate *m* de sodium
monosyllabic [mɒnəsɪ'læbɪk] *adj* monosyllabique ; (*person*) laconique
monosyllable ['mɒnəsɪləbl] *n* monosyllabe *m*
monotone ['mɒnətəun] *n* ton *m* (*or* voix *f*) monocorde ; **to speak in a ~** parler sur un ton monocorde
monotonous [mə'nɔtənəs] *adj* monotone
monotony [mə'nɔtənɪ] *n* monotonie *f*
monoxide [mɔ'nɔksaɪd] *n*: **carbon ~** oxyde *m* de carbone
monsoon [mɒn'su:n] *n* mousson *f*
monster ['mɒnstəʳ] *n* monstre *m*
monstrosity [mɒns'trɔsɪtɪ] *n* monstruosité *f*, atrocité *f*
monstrous ['mɒnstrəs] *adj* (*huge*) gigantesque ; (*atrocious*) monstrueux(-euse), atroce
Mont. *abbr* (*US*) = **Montana**
montage [mɒn'tɑ:ʒ] *n* montage *m*
Mont Blanc [mɒnblɒŋ] *n* Mont Blanc *m*
month [mʌnθ] *n* mois *m* ; **every ~** tous les mois ; **300 dollars a ~** 300 dollars par mois
monthly ['mʌnθlɪ] *adj* mensuel(le) ▸ *adv* mensuellement ; **twice ~** deux fois par mois ▸ *n* (*magazine*) mensuel *m*, publication mensuelle
Montreal [mɒntrɪ'ɔ:l] *n* Montréal *m*
monument ['mɒnjumənt] *n* monument *m*
monumental [mɒnju'mentl] *adj* monumental(e)
monumental mason *n* marbrier *m*
moo [mu:] *vi* meugler, beugler
mood [mu:d] *n* humeur *f*, disposition *f* ; **to be in a good/bad ~** être de bonne/mauvaise humeur ; **to be in the ~ for** être d'humeur à, avoir envie de
moody ['mu:dɪ] *adj* (*variable*) d'humeur changeante, lunatique ; (*sullen*) morose, maussade
moon [mu:n] *n* lune *f*

moonbeam ['mu:nbi:m] *n* rayon *m* de lune
moon landing *n* alunissage *m*
moonlight ['mu:nlaɪt] *n* clair *m* de lune ▸ *vi* travailler au noir
moonlighting ['mu:nlaɪtɪŋ] *n* travail *m* au noir
moonlit ['mu:nlɪt] *adj* éclairé(e) par la lune ; **a ~ night** une nuit de lune
moonshot ['mu:nʃɔt] *n* (*Space*) tir *m* lunaire
moonstruck ['mu:nstrʌk] *adj* fou (folle), dérangé(e)
moony ['mu:nɪ] *adj*: **to have ~ eyes** avoir l'air dans la lune *or* rêveur
Moor [muəʳ] *n* Maure (Mauresque)
moor [muəʳ] *n* lande *f* ▸ *vt* (*ship*) amarrer ▸ *vi* mouiller
moorings ['muərɪŋz] *npl* (*chains*) amarres *fpl* ; (*place*) mouillage *m*
Moorish ['muərɪʃ] *adj* maure, mauresque
moorland ['muələnd] *n* lande *f*
moose [mu:s] *n* (*pl inv*) élan *m*
moot [mu:t] *vt* soulever ▸ *adj*: **~ point** point *m* discutable
mop [mɔp] *n* balai *m* à laver ; (*for dishes*) lavette *f* à vaisselle ; **~ of hair** tignasse *f* ▸ *vt* éponger, essuyer
  ▸ **mop up** *vt* éponger
mope [məup] *vi* avoir le cafard, se morfondre
  ▸ **mope about, mope around** *vi* broyer du noir, se morfondre
moped ['məupɛd] *n* cyclomoteur *m*
MOR *adj abbr* (*Mus*: = *middle-of-the-road*) tous publics
moral ['mɔrl] *adj* moral(e) ▸ *n* morale *f* ; **morals** *npl* moralité *f*
morale [mɔ'rɑ:l] *n* moral *m*

> In French **la morale** is used for the moral of a story, or to mean *morals*. Use **le moral** for the morale of a person or team.
> *The team's morale is low.*
> **Le moral de l'équipe est bas**.

morality [mə'rælɪtɪ] *n* moralité *f*
moralize ['mɔrəlaɪz] *vi*: **to ~ (about)** moraliser (sur)
morally ['mɔrəlɪ] *adv* moralement
moral victory *n* victoire morale
morass [mə'ræs] *n* marais *m*, marécage *m*
moratorium [mɔrə'tɔ:rɪəm] *n* moratoire *m*
morbid ['mɔ:bɪd] *adj* morbide

(KEYWORD)

more [mɔ:ʳ] *adj* **1** (*greater in number etc*) plus (de), davantage (de) ; **more people/work (than)** plus de gens/de travail (que)
2 (*additional*) encore (de) ; **do you want (some) more tea?** voulez-vous encore du thé ? ; **is there any more wine?** reste-t-il du vin ? ; **I have no** *or* **I don't have any more money** je n'ai plus d'argent ; **it'll take a few more weeks** ça prendra encore quelques semaines
▸ *pron*, davantage ; **more than 10** plus de 10 ; **it cost more than we expected** cela a coûté plus que prévu ; **I want more** j'en veux plus *or* davantage ; **is there any more?** est-ce qu'il en reste ? ; **there's no more** il n'y en a

plus ; **a little more** un peu plus ; **many/much more** beaucoup plus, bien davantage
▶ *adv* plus ; **more dangerous/easily (than)** plus dangereux/facilement (que) ; **more and more expensive** de plus en plus cher ; **more or less** plus ou moins ; **more than ever** plus que jamais ; **once more** encore une fois, une fois de plus ; **and what's more …** et de plus …, et qui plus est …

> When making comparisons, use **plus**.
> *It's more expensive in France.* **En France c'est plus cher.**
> When talking about an additional amount, use **encore**.
> *Would you like some more?* **Vous en voulez encore ?**

moreover [mɔː'rəuvəʳ] *adv* de plus
morgue [mɔːg] *n* morgue *f*
MORI ['mɔːrɪ] *n abbr* (BRIT: = *Market & Opinion Research Institute*) institut de sondage
moribund ['mɒrɪbʌnd] *adj* moribond(e)
morning ['mɔːnɪŋ] *n* matin *m* ; *(as duration)* matinée *f* ; **in the ~** le matin ; **7 o'clock in the ~** 7 heures du matin ; **this ~** ce matin ▶ *cpd* matinal(e) ; *(paper)* du matin
morning-after pill ['mɔːnɪŋ'ɑːftə-] *n* pilule *f* du lendemain
morning sickness *n* nausées matinales
Moroccan [mə'rɒkən] *adj* marocain(e) ▶ *n* Marocain(e)
Morocco [mə'rɒkəu] *n* Maroc *m*
moron ['mɔːrɒn] *n* idiot(e), minus *mf*
moronic [mə'rɒnɪk] *adj* idiot(e), imbécile
morose [mə'rəus] *adj* morose, maussade
morphine ['mɔːfiːn] *n* morphine *f*
morris dancing ['mɒrɪs-] *n* (BRIT) danses folkloriques anglaises
Morse [mɔːs] *n* (also: **Morse code**) morse *m*
morsel ['mɔːsl] *n* bouchée *f*
mortal ['mɔːtl] *adj, n* mortel(le)
mortality [mɔː'tælɪtɪ] *n* mortalité *f*
mortality rate *n* (taux *m* de) mortalité *f*
mortar ['mɔːtəʳ] *n* mortier *m*
mortgage ['mɔːgɪdʒ] *n* hypothèque *f* ; *(loan)* prêt *m* (or crédit *m*) hypothécaire ; **to take out a ~** prendre une hypothèque, faire un emprunt ▶ *vt* hypothéquer
mortgage company *n* (US) société *f* de crédit immobilier
mortgagee [mɔːgə'dʒiː] *n* prêteur(-euse) (sur hypothèque)
mortgagor ['mɔːgədʒəʳ] *n* emprunteur(-euse) (sur hypothèque)
mortician [mɔː'tɪʃən] *n* (US) entrepreneur *m* de pompes funèbres
mortified ['mɔːtɪfaɪd] *adj* mort(e) de honte
mortise lock ['mɔːtɪs-] *n* serrure encastrée
mortuary ['mɔːtjuərɪ] *n* morgue *f*
mosaic [məu'zeɪɪk] *n* mosaïque *f*
Moscow ['mɒskəu] *n* Moscou
Moslem ['mɒzləm] *adj, n* = **Muslim**
mosque [mɒsk] *n* mosquée *f*
mosquito [mɒs'kiːtəu] (*pl* **mosquitoes**) *n* moustique *m*

mosquito net *n* moustiquaire *f*
moss [mɒs] *n* mousse *f*
mossy ['mɒsɪ] *adj* moussu(e)
most [məust] *adj* (*majority of*) la plupart de ; *(greatest amount of)* le plus de ; **~ fish** la plupart des poissons ▶ *pron* la plupart ; *(with plural)* la plupart de ; *(with singular)* la plus grande partie de ; **~ of them** la plupart d'entre eux ; **~ of the time** la plupart du temps ; **at the (very) ~** au plus ; **to make the ~ of** profiter au maximum de ▶ *adv* le plus ; *(very)* très, extrêmement ; **I saw ~** *(more than the others)* c'est moi qui en ai vu le plus ; **the ~** le plus ; **he's the one who talks the ~** c'est lui qui parle le plus ; **the ~ beautiful woman in the world** la plus belle femme du monde

> **le/la/les plus** is used with an adjective to make the superlative. When the French adjective follows the noun the article is repeated: *the easiest question* **la question la plus facile**.
> When the French adjective goes in front of the noun it is not repeated: *the biggest hotels* **les plus grands hôtels**.

mostly ['məustlɪ] *adv* (*chiefly*) surtout, principalement ; *(usually)* généralement
MOT *n abbr* (BRIT) = **Ministry of Transport**; **the ~ (test)** visite technique (annuelle) obligatoire des véhicules à moteur
motel [məu'tɛl] *n* motel *m*
moth [mɒθ] *n* papillon *m* de nuit ; *(in clothes)* mite *f*
mothball ['mɒθbɔːl] *n* boule *f* de naphtaline
moth-eaten ['mɒθiːtn] *adj* mité(e)
mother ['mʌðəʳ] *n* mère *f* ▶ *vt* (*pamper, protect*) dorloter
mother board *n* (Comput) carte-mère *f*
motherhood ['mʌðəhud] *n* maternité *f*
mother-in-law ['mʌðərɪnlɔː] *n* belle-mère *f*
motherly ['mʌðəlɪ] *adj* maternel(le)
mother-of-pearl ['mʌðərəv'pəːl] *n* nacre *f*
Mother's Day *n* fête *f* des Mères
mother's help *n* aide *f* or auxiliaire *f* familiale
mother-to-be ['mʌðətə'biː] *n* future maman
mother tongue *n* langue maternelle
mothproof ['mɒθpruːf] *adj* traité(e) à l'antimite
motif [məu'tiːf] *n* motif *m*
motion ['məuʃən] *n* mouvement *m* ; *(gesture)* geste *m* ; *(at meeting)* motion *f* ; (BRIT: also: **bowel motion**) selles *fpl* ; **to be in ~** *(vehicle)* être en marche ; **to set in ~** mettre en marche ; **to go through the motions of doing sth** *(fig)* faire qch machinalement or sans conviction ▶ *vt, vi*: **to ~ (to) sb to do** faire signe à qn de faire
motionless ['məuʃənlɪs] *adj* immobile, sans mouvement
motion picture *n* film *m*
motivate ['məutɪveɪt] *vt* motiver
motivated ['məutɪveɪtɪd] *adj* motivé(e)
motivation [məutɪ'veɪʃən] *n* motivation *f*
motive ['məutɪv] *n* motif *m*, mobile *m* ; **from the best (of) motives** avec les meilleures intentions (du monde) ▶ *adj* moteur(-trice)

motley ['mɒtlɪ] *adj* hétéroclite ; bigarré(e), bariolé(e)
motor ['məʊtə^r] *n* moteur *m* ; (BRIT inf: vehicle) auto *f* ▶ *adj* moteur(-trice)
motorbike ['məʊtəbaɪk] *n* moto *f*
motorboat ['məʊtəbəʊt] *n* bateau *m* à moteur
motorcade ['məʊtəkeɪd] *n* cortège *m* d'automobiles *or* de voitures
motorcar ['məʊtəkɑː] *n* (BRIT) automobile *f*
motorcoach ['məʊtəkəʊtʃ] *n* (BRIT) car *m*
motorcycle ['məʊtəsaɪkl] *n* moto *f*
motorcycle racing *n* course *f* de motos
motorcyclist ['məʊtəsaɪklɪst] *n* motocycliste *mf*
motoring ['məʊtərɪŋ] (BRIT) *n* tourisme *m* automobile ▶ *adj* (accident) de voiture, de la route ; ~ **holiday** vacances *fpl* en voiture ; ~ **offence** infraction *f* au code de la route
motorist ['məʊtərɪst] *n* automobiliste *mf*
motorize ['məʊtəraɪz] *vt* motoriser
motor mechanic *n* mécanicien *m* garagiste
motor oil *n* huile *f* de graissage
motor racing *n* (BRIT) course *f* automobile
motor scooter *n* scooter *m*
motor trade *n* secteur *m* de l'automobile
motor vehicle *n* véhicule *m* automobile
motorway ['məʊtəweɪ] *n* (BRIT) autoroute *f*
mottled ['mɒtld] *adj* tacheté(e), marbré(e)
motto ['mɒtəʊ] (*pl* **mottoes**) *n* devise *f*
mould, (US) **mold** [məʊld] *n* moule *m* ; (mildew) moisissure *f* ▶ *vt* mouler, modeler ; (fig) façonner
moulder, (US) **molder** ['məʊldə^r] *vi* (decay) moisir
moulding, (US) **mold** ['məʊldɪŋ] *n* (Archit) moulure *f*
mouldy, (US) **moldy** ['məʊldɪ] *adj* moisi(e) ; (smell) de moisi
moult, (US) **molt** [məʊlt] *vi* muer
mound [maʊnd] *n* monticule *m*, tertre *m*
mount [maʊnt] *n* (hill) mont *m*, montagne *f* ; (horse) monture *f* ; (for picture) carton *m* de montage ; (for jewel etc) monture ▶ *vt* monter ; (horse) monter à ; (bike) monter sur ; (exhibition) organiser, monter ; (picture) monter sur carton ; (stamp) coller dans un album ▶ *vi* (inflation, tension) augmenter
▶ **mount up** *vi* s'élever, monter ; (bills, problems, savings) s'accumuler
mountain ['maʊntɪn] *n* montagne *f* ; **to make a ~ out of a molehill** (fig) se faire une montagne d'un rien ▶ *cpd* de (la) montagne
mountain bike *n* VTT *m*, vélo *m* tout terrain
mountaineer [maʊntɪ'nɪə^r] *n* alpiniste *mf*
mountaineering [maʊntɪ'nɪərɪŋ] *n* alpinisme *m* ; **to go ~** faire de l'alpinisme
mountainous ['maʊntɪnəs] *adj* montagneux(-euse)
mountain range *n* chaîne *f* de montagnes
mountain rescue team *n* colonne *f* de secours
mountainside ['maʊntɪnsaɪd] *n* flanc *m* *or* versant *m* de la montagne
mounted ['maʊntɪd] *adj* monté(e)
Mount Everest *n* le mont Everest
mounting ['maʊntɪŋ] *adj* (tension, excitement) croissant(e) ; (ever-increasing): **he ignored his ~ debts** il ignora les dettes qui s'accumulaient ;

in order to cover ~ costs pour compenser l'augmentation des coûts
mourn [mɔːn] *vt* pleurer ▶ *vi*: **to ~ for sb** pleurer qn ; **to ~ for sth** se lamenter sur qch
mourner ['mɔːnə^r] *n* parent(e) *or* ami(e) du défunt ; personne *f* en deuil *or* venue rendre hommage au défunt
mournful ['mɔːnful] *adj* triste, lugubre
mourning ['mɔːnɪŋ] *n* deuil *m* ; **in ~** en deuil ▶ *cpd* (dress) de deuil
mouse [maʊs] (*pl* **mice** [maɪs]) *n* (also Comput) souris *f*
mouse mat *n* (Comput) tapis *m* de souris
mousetrap ['maʊstræp] *n* souricière *f*
moussaka [mu'sɑːkə] *n* moussaka *f*
mousse [muːs] *n* mousse *f*
moustache, (US) **mustache** [məs'tɑːʃ] *n* moustache(s) *f(pl)*
mousy ['maʊsɪ] *adj* (person) effacé(e) ; (hair) d'un châtain terne
mouth [maʊθ] (*pl* **mouths** [maʊðz]) *n* bouche *f* ; (of dog, cat) gueule *f* ; (of river) embouchure *f* ; (of hole, cave) ouverture *f* ; (of bottle) goulot *m* ; (opening) orifice *m*
mouthful ['maʊθful] *n* bouchée *f*
mouth organ *n* harmonica *m*
mouthpiece ['maʊθpiːs] *n* (of musical instrument) bec *m*, embouchure *f* ; (spokesperson) porte-parole *m inv*
mouth-to-mouth ['maʊθtə'maʊθ] *adj*: ~ **resuscitation** bouche à bouche *m*
mouthwash ['maʊθwɒʃ] *n* eau *f* dentifrice
mouth-watering ['maʊθwɔːtərɪŋ] *adj* qui met l'eau à la bouche
movable ['muːvəbl] *adj* mobile
move [muːv] *n* (movement) mouvement *m* ; (in game) coup *m* ; (: turn to play) tour *m* ; (change of house) déménagement *m* ; (change of job) changement *m* d'emploi ; **to get a ~ on** se dépêcher, se remuer ▶ *vt* déplacer, bouger ; (emotionally) émouvoir ; (Pol: resolution etc) proposer ; **can you ~ your car, please?** pouvez-vous déplacer votre voiture, s'il vous plaît ? ; **to ~ sb to do sth** pousser *or* inciter qn à faire qch ▶ *vi* (gen) bouger, remuer ; (traffic) circuler ; (also: **move house**) déménager ; (in game) jouer ; **to ~ towards** se diriger vers
▶ **move about, move around** *vi* (fidget) remuer ; (travel) voyager, se déplacer
▶ **move along** *vi* se pousser
▶ **move away** *vi* s'en aller, s'éloigner
▶ **move back** *vi* revenir, retourner
▶ **move forward** *vi* avancer ▶ *vt* avancer ; (people) faire avancer
▶ **move in** *vi* (to a house) emménager ; (police, soldiers) intervenir
▶ **move into** *vt fus* (house) emménager dans
▶ **move off** *vi* s'éloigner, s'en aller
▶ **move on** *vi* se remettre en route ▶ *vt* (onlookers) faire circuler
▶ **move out** *vi* (of house) déménager
▶ **move over** *vi* se pousser, se déplacer
▶ **move up** *vi* avancer ; (employee) avoir de l'avancement ; (pupil) passer dans la classe supérieure

moveable [muːvəbl] *adj* = **movable**

movement ['muːvmənt] *n* mouvement *m* ;
~ **(of the bowels)** (*Med*) selles *fpl*

mover ['muːvəʳ] *n* auteur *m* d'une proposition

movie ['muːvɪ] *n* film *m* ; **movies** *npl* : **the
movies** le cinéma

movie camera *n* caméra *f*

moviegoer ['muːvɪɡəʊəʳ] *n* (*US*) cinéphile *mf*

movie theater (*US*) *n* cinéma *m*

moving ['muːvɪŋ] *adj* en mouvement ; (*touching*)
émouvant(e) ▶ *n* (*US*) déménagement *m*

mow [məʊ] (*pt* **mowed** [məʊd], *pp* **mowed** or
mown [məʊn]) *vt* faucher ; (*lawn*) tondre
  ▶ **mow down** *vt* faucher

mower ['məʊəʳ] *n* (*also*: **lawnmower**) tondeuse *f*
à gazon

mown [məʊn] *pp of* **mow**

Mozambique [məʊzəm'biːk] *n* Mozambique *m*

MP *n abbr* (= *Military Police*) PM ; (*BRIT*) = **Member
of Parliament** ; (*CANADA*) = **Mounted Police**

MP3 *n* mp3 *m*

MP3 player *n* baladeur *m* numérique, lecteur *m*
mp3

mpg *n abbr* (= *miles per gallon*) (*30 mpg = 9,4 l. aux
100 km*)

mph *abbr* (= *miles per hour*) (*60 mph = 96 km/h*)

MPhil ['em'fɪl] *n abbr* (*US*: = *Master of Philosophy*)
titre universitaire

MPS *n abbr* (*BRIT*) = **Member of the
Pharmaceutical Society**

Mr, (*US*) **Mr.** ['mɪstəʳ] *n* : **Mr X** Monsieur X, M. X

MRC *n abbr* (*BRIT*: = *Medical Research Council*) *conseil
de la recherche médicale*

MRCP *n abbr* (*BRIT*) = **Member of the Royal
College of Physicians**

MRCS *n abbr* (*BRIT*) = **Member of the Royal
College of Surgeons**

MRCVS *n abbr* (*BRIT*) = **Member of the Royal
College of Veterinary Surgeons**

Mrs, (*US*) **Mrs.** ['mɪsɪz] *n* : ~ **X** Madame X, Mme X

MS *n abbr* (= *manuscript*) ms ; (= *multiple sclerosis*)
SEP *f* ; (*US*: = *Master of Science*) *titre universitaire*
  ▶ *abbr* (*US*) = **Mississippi**

Ms, (*US*) **Ms.** [mɪz] *n* (*Miss or Mrs*) : **Ms X** Madame
X, Mme X

MSA *n abbr* (*US*: = *Master of Science in Agriculture*) *titre
universitaire*

MSc *n abbr* = **Master of Science**

MSG *n abbr* = **monosodium glutamate**

MSP *n abbr* (= *Member of the Scottish Parliament*)
député *m* au Parlement écossais

MST *abbr* (*US*: = *Mountain Standard Time*) *heure d'hiver
des Montagnes Rocheuses*

MT *n abbr* (= *machine translation*) TM ▶ *abbr* (*US*)
= **Montana**

Mt *abbr* (*Geo*: = *mount*) Mt

mth *abbr* (= *month*) m

MTV *n abbr* = **music television**

much [mʌtʃ] *adj* beaucoup de ; ~ **milk** beaucoup
de lait ; **we don't have ~ time** nous n'avons pas
beaucoup de temps ▶ *adv, n, pron* beaucoup ;
how ~ is it? combien est-ce que ça coûte ? ; **it's
not** ~ ce n'est pas beaucoup ; **too** ~ trop (de) ;
so ~ tant (de) ; **I like it very/so** ~ j'aime
beaucoup/tellement ça ; **as** ~ **as** autant de ;

thank you very ~ merci beaucoup ; **that's** ~
better c'est beaucoup mieux ; ~ **to my
amazement ...** à mon grand étonnement ...

muck [mʌk] *n* (*mud*) boue *f* ; (*dirt*) ordures *fpl*
  ▶ **muck about** *vi* (*inf*) faire l'imbécile ; (: *waste
time*) traînasser ; (: *tinker*) bricoler ; tripoter
  ▶ **muck in** *vi* (*BRIT inf*) donner un coup de main
  ▶ **muck out** *vt* (*stable*) nettoyer
  ▶ **muck up** *vt* (*inf*: *ruin*) gâcher, esquinter ; (*dirty*)
salir ; (*exam, interview*) se planter à

muckraking ['mʌkreɪkɪŋ] *n* (*fig, inf*)
déterrement *m* d'ordures

mucky ['mʌkɪ] *adj* (*dirty*) boueux(-euse), sale

mucus ['mjuːkəs] *n* mucus *m*

mud [mʌd] *n* boue *f*

muddle ['mʌdl] *n* (*mess*) pagaille *f*, fouillis *m* ;
(*mix-up*) confusion *f* ; **to be in a** ~ (*person*) ne plus
savoir où l'on en est ; **to get in a** ~ (*while
explaining etc*) s'embrouiller ▶ *vt* (*also*: **muddle
up**) brouiller, embrouiller
  ▶ **muddle along** *vi* aller son chemin tant bien
que mal
  ▶ **muddle through** *vi* se débrouiller

muddled ['mʌdld] *adj* (*person*) perdu(e) ; (*ideas,
approach*) confus(e)

muddle-headed [mʌdl'hedɪd] *adj* (*person*) à
l'esprit embrouillé or confus, dans le brouillard

muddy ['mʌdɪ] *adj* boueux(-euse)

mud flats *npl* plage *f* de vase

mudguard ['mʌdɡɑːd] *n* garde-boue *m inv*

mudpack ['mʌdpæk] *n* masque *m* de beauté

mudslide ['mʌdslaɪd] *n* coulée *f* de boue

mud-slinging ['mʌdslɪŋɪŋ] *n* médisance *f*,
dénigrement *m*

muesli ['mjuːzlɪ] *n* muesli *m*

muezzin [muˈezɪn] *n* muezzin *m*

muff [mʌf] *n* manchon *m* ▶ *vt* (*inf*: *shot, catch etc*)
rater, louper ; **to** ~ **it** rater or louper son coup

muffin ['mʌfɪn] *n* (*roll*) petit pain rond et plat ; (*cake*)
petit gâteau au chocolat ou aux fruits

muffle ['mʌfl] *vt* (*sound*) assourdir, étouffer ;
(*against cold*) emmitoufler

muffled ['mʌfld] *adj* étouffé(e), voilé(e)

muffler ['mʌfləʳ] *n* (*scarf*) cache-nez *m inv* ; (*US
Aut*) silencieux *m*

mufti ['mʌftɪ] *n* : **in** ~ en civil

mug [mʌɡ] *n* (*cup*) tasse *f* (*sans soucoupe*) ; (: *for beer*)
chope *f* ; (*inf*: *face*) bouille *f* ; (: *fool*) poire *f* ; **it's
a ~'s game** (*BRIT*) c'est bon pour les imbéciles
  ▶ *vt* (*assault*) agresser
  ▶ **mug up** *vt* (*BRIT inf*: *also*: **mug up on**) bosser,
bûcher

mugger ['mʌɡəʳ] *n* agresseur *m*

mugging ['mʌɡɪŋ] *n* agression *f*

muggins ['mʌɡɪnz] *n* (*inf*) ma pomme

muggy ['mʌɡɪ] *adj* lourd(e), moite

mug shot *n* (*inf*: *Police*) photo *f* de criminel ;
(: *gen*: *photo*) photo d'identité

mulatto [mjuːˈlætəʊ] (*pl* **mulattoes**) *n*
mulâtre(-tresse)

mulberry ['mʌlbrɪ] *n* (*fruit*) mûre *f* ; (*tree*)
mûrier *m*

mule [mjuːl] *n* mule *f*

mull [mʌl] : **to ~ over** *vt* réfléchir à, ruminer

mullah ['mʊlə] *n* mollah *m*

m

mulled [mʌld] *adj*: ~ **wine** vin chaud
mullet ['mʌlɪt] (*pl* ~) *n* (*fish*) mulet *m* ; **red** ~ rouget *m*
multi... ['mʌltɪ] *prefix* multi...
multi-access ['mʌltɪ'ækses] *adj* (*Comput*) à accès multiple
multicoloured, (US) **multicolored** ['mʌltɪkʌləd] *adj* multicolore
multicultural [mʌltɪ'kʌltʃərəl] *adj* multiculturel(le)
multiculturalism [mʌltɪ'kʌltʃərəlɪzəm] *n* multiculturalisme *m*
multifaceted [mʌltɪ'fæsɪtɪd] *adj*: **he's a ~ performer** c'est un artiste aux multiples talents ; **her job is ~** son travail est très varié
multifarious [mʌltɪ'feərɪəs] *adj* divers(es), varié(e)
multilateral [mʌltɪ'lætərl] *adj* (*Pol*) multilatéral(e)
multi-level ['mʌltɪlɛvl] *adj* (US) = **multistorey**
multilingual [mʌltɪ'lɪŋgwəl] *adj* (*country*) multilingue, plurilingue ; (*person*) polyglotte
multimedia ['mʌltɪ'miːdɪə] *adj* multimédia *inv*
multimillionaire [mʌltɪmɪljə'nɛəʳ] *n* milliardaire *mf*
multinational [mʌltɪ'næʃənl] *n* multinationale *f* ▸ *adj* multinational(e)
multiple ['mʌltɪpl] *adj* multiple ▸ *n* multiple *m* ; (BRIT: *also*: **multiple store**) magasin *m* à succursales (multiples)
multiple choice (test) *n* QCM *m*, questionnaire *m* à choix multiple
multiple crash *n* carambolage *m*
multiple sclerosis [-sklɪ'rəʊsɪs] *n* sclérose *f* en plaques
multiplex (cinema) ['mʌltɪplɛks-] *n* (cinéma *m*) multisalles *m*
multiplication [mʌltɪplɪ'keɪʃən] *n* multiplication *f*
multiplication table *n* table *f* de multiplication
multiplicity [mʌltɪ'plɪsɪtɪ] *n* multiplicité *f*
multiply ['mʌltɪplaɪ] *vt* multiplier ▸ *vi* se multiplier
multiracial [mʌltɪ'reɪʃl] *adj* multiracial(e)
multistorey ['mʌltɪ'stɔːrɪ] *adj* (BRIT: *building*) à étages ; (: *car park*) à étages *or* niveaux multiples
multitask ['mʌltɪtɑːsk] *vi* (*also Comput*) être multitâche
multitasking ['mʌltɪtɑːskɪŋ] *n* (*also Comput*) multitâche *m*
multitude ['mʌltɪtjuːd] *n* multitude *f*
mum [mʌm] *n* (BRIT) maman *f* ▸ *adj*: **to keep ~** ne pas souffler mot ; **~'s the word!** motus et bouche cousue !
Mumbai [mum'baɪ] *n* Mumbai
mumble ['mʌmbl] *vt*, *vi* marmotter, marmonner
mumbo jumbo ['mʌmbəu-] *n* (*inf*) baragouin *m*, charabia *m*
mummify ['mʌmɪfaɪ] *vt* momifier
mummy ['mʌmɪ] *n* (BRIT: *mother*) maman *f* ; (*embalmed*) momie *f*
mumps [mʌmps] *n* oreillons *mpl*
munch [mʌntʃ] *vt*, *vi* mâcher
mundane [mʌn'deɪn] *adj* banal(e), terre à terre *inv*

municipal [mju:'nɪsɪpl] *adj* municipal(e)
municipality [mju:nɪsɪ'pælɪtɪ] *n* municipalité *f*
munitions [mju:'nɪʃənz] *npl* munitions *fpl*
mural ['mjuərl] *n* peinture murale
murder ['mə:dəʳ] *n* meurtre *m*, assassinat *m* ; **to commit ~** commettre un meurtre ▸ *vt* assassiner
murderer ['mə:dərəʳ] *n* meurtrier *m*, assassin *m*
murderess ['mə:dərɪs] *n* meurtrière *f*
murderous ['mə:dərəs] *adj* meurtrier(-ière)
murk [mə:k] *n* obscurité *f*
murky ['mə:kɪ] *adj* sombre, ténébreux(-euse) ; (*water*) trouble
murmur ['mə:məʳ] *n* murmure *m* ; **heart ~** (*Med*) souffle *m* au cœur ▸ *vt*, *vi* murmurer
MusB, MusBac *n abbr* (= *Bachelor of Music*) titre universitaire
muscle ['mʌsl] *n* muscle *m* ; (*fig*) force *f*
▸ **muscle in** *vi* s'imposer, s'immiscer
muscular ['mʌskjuləʳ] *adj* musculaire ; (*person, arm*) musclé(e)
muscular dystrophy *n* dystrophie *f* musculaire
MusD, MusDoc *n abbr* (= *Doctor of Music*) titre universitaire
muse [mju:z] *vi* méditer, songer ▸ *n* muse *f*
museum [mju:'zɪəm] *n* musée *m*
mush [mʌʃ] *n* bouillie *f* ; (*pej*) sentimentalité *f* à l'eau de rose
mushroom ['mʌʃrum] *n* champignon *m* ▸ *vi* (*fig*) pousser comme un (*or* des) champignon(s)
mushy ['mʌʃɪ] *adj* (*vegetables, fruit*) en bouillie ; (*movie etc*) à l'eau de rose
music ['mju:zɪk] *n* musique *f*
musical ['mju:zɪkl] *adj* musical(e) ; (*person*) musicien(ne) ▸ *n* (*show*) comédie musicale
musical box *n* = **music box**
musical chairs *npl* chaises musicales ; (*fig*): **to play ~** faire des permutations
musical instrument *n* instrument *m* de musique
music box *n* boîte *f* à musique
music centre *n* chaîne compacte
music hall *n* music-hall *m*
musician [mju:'zɪʃən] *n* musicien(ne)
music stand *n* pupitre *m* à musique
musk [mʌsk] *n* musc *m*
musket ['mʌskɪt] *n* mousquet *m*
muskrat ['mʌskræt] *n* rat musqué
musk rose *n* (*Bot*) rose *f* muscade
Muslim ['mʌzlɪm] *adj*, *n* musulman(e)
muslin ['mʌzlɪn] *n* mousseline *f*
musquash ['mʌskwɔʃ] *n* loutre *f* ; (*fur*) rat *m* d'Amérique, ondatra *m*
mussel ['mʌsl] *n* moule *f*
must [mʌst] *aux vb* (*obligation*): **I ~ do it** je dois le faire, il faut que je le fasse ; (*probability*): **he ~ be there by now** il doit y être maintenant, il y est probablement maintenant ; (*suggestion, invitation*): **you ~ come and see me** il faut que vous veniez me voir ; **I ~ have made a mistake** j'ai dû me tromper ▸ *n* nécessité *f*, impératif *m* ; **it's a ~** c'est indispensable
mustache ['mʌstæʃ] *n* (US) = **moustache**
mustard ['mʌstəd] *n* moutarde *f*
mustard gas *n* ypérite *f*, gaz *m* moutarde

muster ['mʌstə^r] *vt* rassembler ; (*also*: **muster up**: *strength, courage*) rassembler
mustiness ['mʌstɪnɪs] *n* goût *m* de moisi ; odeur *f* de moisi or de renfermé
mustn't ['mʌsnt] = **must not**
musty ['mʌstɪ] *adj* qui sent le moisi or le renfermé
mutant ['mju:tənt] *adj* mutant(e) ▸ *n* mutant *m*
mutate [mju:'teɪt] *vi* subir une mutation
mutation [mju:'teɪʃən] *n* mutation *f*
mute [mju:t] *adj*, *n* muet(te)
muted ['mju:tɪd] *adj* (*noise*) sourd(e), assourdi(e) ; (*criticism*) voilé(e) ; (*Mus*) en sourdine ; (: *trumpet*) bouché(e)
mutilate ['mju:tɪleɪt] *vt* mutiler
mutilation [mju:tɪ'leɪʃən] *n* mutilation *f*
mutinous ['mju:tɪnəs] *adj* (*troops*) mutiné(e) ; (*attitude*) rebelle
mutiny ['mju:tɪnɪ] *n* mutinerie *f* ▸ *vi* se mutiner
mutter ['mʌtə^r] *vt*, *vi* marmonner, marmotter
mutton ['mʌtn] *n* mouton *m*
mutual ['mju:tʃuəl] *adj* mutuel(le), réciproque ; (*benefit, interest*) commun(e)
mutually ['mju:tʃuəlɪ] *adv* mutuellement, réciproquement
Muzak® ['mju:zæk] *n* (*often pej*) musique *f* d'ambiance
muzzle ['mʌzl] *n* museau *m* ; (*protective device*) muselière *f* ; (*of gun*) gueule *f* ▸ *vt* museler

MVP *n abbr* (*US Sport*) = **most valuable player**
MW *abbr* (= *medium wave*) PO
my [maɪ] *adj* mon (ma), mes *pl* ; **my house/car/gloves** ma maison/ma voiture/mes gants ; **I've washed my hair/cut my finger** je me suis lavé les cheveux/coupé le doigt ; **is this my pen or yours?** c'est mon stylo ou c'est le vôtre ?
Myanmar ['maɪænmɑ:^r] *n* Myanmar *m*
myopic [maɪ'ɔpɪk] *adj* myope
myriad ['mɪrɪəd] *n* myriade *f*
myself [maɪ'self] *pron* (*reflexive*) me ; (*emphatic*) moi-même ; (*after prep*) moi ; *see also* **oneself**
mysterious [mɪs'tɪərɪəs] *adj* mystérieux(-euse)
mysteriously [mɪ'stɪərɪəslɪ] *adv* mystérieusement
mystery ['mɪstərɪ] *n* mystère *m*
mystery story *n* roman *m* à suspense
mystic ['mɪstɪk] *n* mystique *mf* ▸ *adj* (*mysterious*) ésotérique
mystical ['mɪstɪkl] *adj* mystique
mysticism ['mɪstɪsɪzəm] *n* mysticisme *m*
mystify ['mɪstɪfaɪ] *vt* (*deliberately*) mystifier ; (*puzzle*) ébahir
mystique [mɪs'ti:k] *n* mystique *f*
myth [mɪθ] *n* mythe *m*
mythical ['mɪθɪkl] *adj* mythique
mythological [mɪθə'lɔdʒɪkl] *adj* mythologique
mythology [mɪ'θɔlədʒɪ] *n* mythologie *f*

m

Nn

N¹, n [ɛn] *n (letter)* N, n *m* ; **N for Nellie**, *(US)* **N for Nan** N comme Nicolas

N² *abbr (= north)* N

'n' [ən] *conj (inf: and)* 'n' ; **country 'n' western** country *inv* ; **a country 'n' western song** une chanson country ; **a fish 'n' chips restaurant** un fish and chips

NA *n abbr (US: = Narcotics Anonymous)* association d'aide aux drogués ; *(US)* = **National Academy**

n/a *abbr (= not applicable)* n.a. ; *(Comm etc)* = **no account**

NAACP *n abbr (US)* = **National Association for the Advancement of Colored People**

NAAFI ['næfɪ] *n abbr (BRIT: = Navy, Army & Air Force Institute)* organisme responsable des magasins et cantines de l'armée

nab [næb] *vt (inf)* pincer, attraper

NACU *n abbr (US)* = **National Association of Colleges and Universities**

nadir ['neɪdɪəʳ] *n (Astronomy)* nadir *m* ; *(fig)* fond *m*, point *m* extrême

naff [næf] *adj (BRIT inf)* nul(le)

nag [næg] *vt (scold)* être toujours après, reprendre sans arrêt ▶ *n (pej: horse)* canasson *m* ; *(person)*: **she's an awful ~** elle est constamment après lui *(or eux etc)*, elle est très casse-pieds

nagging ['nægɪŋ] *adj (doubt, pain)* persistant(e) ▶ *n* remarques continuelles

nail [neɪl] *n (human)* ongle *m* ; *(metal)* clou *m* ; **to pay cash on the ~** *(BRIT)* payer rubis sur l'ongle ▶ *vt* clouer ; **to ~ sth to sth** clouer qch à qch ; **to ~ sb down to a date/price** contraindre qn à accepter *or* donner une date/un prix

nailbrush ['neɪlbrʌʃ] *n* brosse *f* à ongles

nailfile ['neɪlfaɪl] *n* lime *f* à ongles

nail polish *n* vernis *m* à ongles

nail polish remover *n* dissolvant *m*

nail scissors *npl* ciseaux *mpl* à ongles

nail varnish *n (BRIT)* = **nail polish**

Nairobi [naɪˈrəʊbɪ] *n* Nairobi

naïve [naɪˈiːv] *adj* naïf(-ïve)

naïveté [naɪˈiːvteɪ], **naivety** [naɪˈiːvɪtɪ] *n* naïveté *f*

naked ['neɪkɪd] *adj* nu(e) ; **with the ~ eye** à l'œil nu

nakedness ['neɪkɪdnɪs] *n* nudité *f*

NAM *n abbr (US)* = **National Association of Manufacturers**

name [neɪm] *n* nom *m* ; *(reputation)* réputation *f* ; **by ~** par son nom ; de nom ; **in the ~ of** au nom de ; **what's your ~?** comment vous appelez-vous ?, quel est votre nom ? ; **my ~ is Peter** je m'appelle Peter ; **to take sb's ~ and address** relever l'identité de qn *or* les nom et adresse de qn ; **to make a ~ for o.s.** se faire un nom ; **to get (o.s.) a bad ~** se faire une mauvaise réputation ; **to call sb names** traiter qn de tous les noms ▶ *vt* nommer ; *(identify: accomplice etc)* citer ; *(price, date)* fixer, donner

name dropping *n* mention *(pour se faire valoir)* du nom de personnalités qu'on connaît *(ou prétend connaître)*

nameless ['neɪmlɪs] *adj* sans nom ; *(witness, contributor)* anonyme

namely ['neɪmlɪ] *adv* à savoir

nameplate ['neɪmpleɪt] *n (on door etc)* plaque *f*

namesake ['neɪmseɪk] *n* homonyme *m*

nan bread [nɑ:n-] *n* nan *m*

nanny ['nænɪ] *n* bonne *f* d'enfants

nanny goat *n* chèvre *f*

nanotechnology [nænəutɛkˈnɔlədʒɪ] *n* nanotechnologie *f*

nap [næp] *n (sleep)* (petit) somme ▶ *vi*: **to be caught napping** être pris(e) à l'improviste *or* en défaut

NAPA *n abbr (US: = National Association of Performing Artists)* syndicat des gens du spectacle

napalm ['neɪpɑ:m] *n* napalm *m*

nape [neɪp] *n*: **~ of the neck** nuque *f*

napkin ['næpkɪn] *n* serviette *f* (de table)

Naples ['neɪplz] *n* Naples

Napoleonic [nəpəulɪˈɔnɪk] *adj* napoléonien(ne)

nappy ['næpɪ] *n (BRIT)* couche *f*

nappy liner *n (BRIT)* protège-couche *m*

nappy rash *n*: **to have ~** avoir les fesses rouges

narcissistic [nɑ:sɪˈsɪstɪk] *adj* narcissique

narcissus [nɑ:ˈsɪsəs] *(pl* **narcissi** [-saɪ]*) n* narcisse *m*

narcotic [nɑ:ˈkɔtɪk] *n (Med)* narcotique *m*

narcotics [nɑ:ˈkɔtɪkz] *npl (illegal drugs)* stupéfiants *mpl*

nark [nɑ:k] *vt (BRIT inf)* mettre en rogne

narrate [nəˈreɪt] *vt* raconter, narrer

narration [nəˈreɪʃən] *n* narration *f*

narrative ['nærətɪv] *n* récit *m* ▶ *adj* narratif(-ive)

narrator [nəˈreɪtəʳ] *n* narrateur(-trice)

narrow ['nærəu] *adj* étroit(e) ; *(fig)* restreint(e), limité(e) ; **to have a ~ escape** l'échapper belle ▶ *vi (road)* devenir plus étroit, se rétrécir ; *(gap, difference)* se réduire

▶ **narrow down** *vt* restreindre

narrow gauge *adj* (*Rail*) à voie étroite

narrowly ['nærəʊlɪ] *adv*: **he ~ missed injury/ the tree** il a failli se blesser/rentrer dans l'arbre ; **he only ~ missed the target** il a manqué la cible de peu *or* de justesse

narrow-minded [nærəʊ'maɪndɪd] *adj* à l'esprit étroit, borné(e) ; (*attitude*) borné(e)

NAS *n abbr* (*US*) = **National Academy of Sciences**

NASA ['næsə] *n abbr* (*US*: = *National Aeronautics and Space Administration*) NASA *f*

nasal ['neɪzl] *adj* nasal(e)

Nassau ['næsɔː] *n* (*in Bahamas*) Nassau

nastily ['nɑːstɪlɪ] *adv* (*say, act*) méchamment

nastiness ['nɑːstɪnɪs] *n* (*of person, remark*) méchanceté *f*

nasturtium [nəs'tɜːʃəm] *n* capucine *f*

nasty ['nɑːstɪ] *adj* (*person: malicious*) méchant(e) ; (: *rude*) très désagréable ; (*smell*) dégoûtant(e) ; (*wound, situation*) mauvais(e), vilain(e) ; (*weather*) affreux(-euse) ; **to turn ~** (*situation*) mal tourner ; (*weather*) se gâter ; (*person*) devenir méchant ; **it's a ~ business** c'est une sale affaire

NAS/UWT *n abbr* (*BRIT*: = *National Association of Schoolmasters/Union of Women Teachers*) syndicat enseignant

nation ['neɪʃən] *n* nation *f*

national ['næʃənl] *adj* national(e) ▸ *n* (*abroad*) ressortissant(e) ; (*when home*) national(e)

national anthem *n* hymne national

National Curriculum *n* (*BRIT*) programme scolaire commun à toutes les écoles publiques en Angleterre et au Pays de Galles comprenant dix disciplines

national debt *n* dette *f* publique

national dress *n* costume national

National Guard *n* (*US*) milice *f* (*de volontaires*)

National Health Service *n* (*BRIT*) service national de santé, ≈ Sécurité Sociale

⋮ **NATIONAL HEALTH SERVICE**
⋮
⋮ Depuis sa création, en 1948, le **National**
⋮ **Health Service** (ou, plus couramment, NHS)
⋮ a pour mission de fournir des soins de santé
⋮ à tous les résidents du Royaume-Uni. Il s'agit
⋮ du plus grand système de santé public du
⋮ monde. Financé par les contribuables, il est
⋮ fondé sur un grand principe : la gratuité des
⋮ soins de santé pour tous, quels que soient
⋮ leurs revenus. À quelques exceptions près
⋮ (notamment les soins dentaires et les
⋮ médicaments en Angleterre, au pays de
⋮ Galles et en Irlande du Nord), toutes les
⋮ prestations, y compris les consultations
⋮ médicales et les soins hospitaliers, sont
⋮ gratuites. Chacun des quatre pays du
⋮ Royaume-Uni possède son propre système,
⋮ financé et géré de façon indépendante.
⋮ Souvent en butte aux critiques en raison des
⋮ temps d'attente pour les opérations
⋮ chirurgicales et de l'insuffisance des
⋮ effectifs dans les hôpitaux, le NHS fait
⋮ régulièrement l'objet de réformes visant à
⋮ améliorer le service fourni.

National Insurance *n* (*BRIT*) ≈ Sécurité Sociale

⋮ **NATIONAL INSURANCE**
⋮
⋮ Le **National Insurance** est un système de
⋮ cotisations obligatoires versées par les
⋮ travailleurs (par prélèvement à la source sur
⋮ les salaires) et les employeurs du Royaume-
⋮ Uni afin de contribuer au coût de certaines
⋮ prestations sociales : retraite, congé
⋮ maternité, allocations chômage, pension
⋮ d'invalidité. Introduit en 1911 comme
⋮ système d'assurance contre la maladie et le
⋮ chômage, il a été considérablement étendu
⋮ en 1948.

nationalism ['næʃnəlɪzəm] *n* nationalisme *m*

nationalist ['næʃnəlɪst] *adj, n* nationaliste *mf*

nationality [næʃə'nælɪtɪ] *n* nationalité *f*

nationalization [næʃnəlaɪ'zeɪʃən] *n* nationalisation *f*

nationalize ['næʃnəlaɪz] *vt* nationaliser

nationally ['næʃnəlɪ] *adv* du point de vue national ; dans le pays entier

national park *n* parc national

national press *n* presse nationale

National Security Council *n* (*US*) conseil national de sécurité

national service *n* (*Mil*) service *m* militaire

National Trust *n* (*BRIT*) ≈ Caisse *f* nationale des monuments historiques et des sites

⋮ **NATIONAL TRUST**
⋮
⋮ Le **National Trust** est un organisme
⋮ indépendant, à but non lucratif, dont la
⋮ mission est de protéger et de mettre en
⋮ valeur les monuments et les sites
⋮ britanniques en raison de leur intérêt
⋮ historique ou de leur beauté naturelle.

nation state *n* État-nation *m*

nationwide ['neɪʃənwaɪd] *adj* s'étendant à l'ensemble du pays ; (*problem*) à l'échelle du pays entier ▸ *adv* à travers *or* dans tout le pays

native ['neɪtɪv] *n* habitant(e) du pays, autochtone *mf* ; (*in colonies*) indigène *mf* ; **a ~ of Russia** une personne originaire de Russie ▸ *adj* du pays, indigène ; (*country*) natal(e) ; (*language*) maternel(le) ; (*ability*) inné(e) ; **a ~ speaker of French** une personne de langue maternelle française

Native American *n* Indien(ne) d'Amérique ▸ *adj* amérindien(ne)

native speaker *n* locuteur natif ; *see also* **native**

Nativity [nə'tɪvɪtɪ] *n* (*Rel*): **the ~** la Nativité

nativity play *n* mystère *m or* miracle *m* de la Nativité

NATO ['neɪtəʊ] *n abbr* (= *North Atlantic Treaty Organization*) OTAN *f*

natter ['nætəʳ] *vi* (*BRIT*) bavarder

natural ['nætʃrəl] *adj* naturel(le) ; **to die of ~ causes** mourir d'une mort naturelle

natural childbirth *n* accouchement *m* sans douleur

natural gas *n* gaz naturel

natural history *n* histoire naturelle

n

naturalism ['nætʃrəlɪzəm] n naturalisme m
naturalist ['nætʃrəlɪst] n naturaliste mf
naturalization ['nætʃrəlaɪ'zeɪʃən] n naturalisation f; acclimatation f
naturalize ['nætʃrəlaɪz] vt naturaliser; (plant) acclimater; **to become naturalized** (person) se faire naturaliser
naturally ['nætʃrəlɪ] adv naturellement
natural resources npl ressources naturelles
natural selection n sélection naturelle
natural wastage n (Industry) départs naturels et volontaires
nature ['neɪtʃər] n nature f; **by ~** par tempérament, de nature; **documents of a confidential ~** documents à caractère confidentiel
-natured ['neɪtʃəd] suffix: **ill~** qui a mauvais caractère
nature reserve n (BRIT) réserve naturelle
nature trail n sentier de découverte de la nature
naturist ['neɪtʃərɪst] n naturiste mf
naught [nɔːt] n = **nought**
naughtiness ['nɔːtɪnɪs] n (of child) désobéissance f; (of story etc) grivoiserie f
naughty ['nɔːtɪ] adj (child) vilain(e), pas sage; (story, film) grivois(e)
nausea ['nɔːsɪə] n nausée f
nauseate ['nɔːsɪeɪt] vt écœurer, donner la nausée à
nauseating ['nɔːsɪeɪtɪŋ] adj écœurant(e), dégoûtant(e)
nauseous ['nɔːsɪəs] adj nauséabond(e), écœurant(e); (feeling sick): **to be ~** avoir des nausées
nautical ['nɔːtɪkl] adj nautique
nautical mile n mille marin (= 1853 m)
naval ['neɪvl] adj naval(e)
naval officer n officier m de marine
nave [neɪv] n nef f
navel ['neɪvl] n nombril m
navigable ['nævɪgəbl] adj navigable
navigate ['nævɪgeɪt] vt (steer) diriger, piloter ▶ vi naviguer; (Aut) indiquer la route à suivre
navigation [nævɪ'geɪʃən] n navigation f
navigator ['nævɪgeɪtər] n navigateur m
navvy ['nævɪ] n (BRIT) terrassier m
navy ['neɪvɪ] n marine f; **Department of the N~** (US) ministère m de la Marine
navy-blue ['neɪvɪ'bluː] adj bleu marine inv
Nazi ['nɑːtsɪ] adj nazi(e) ▶ n Nazi(e)
NB abbr (= nota bene) NB; (CANADA) = **New Brunswick**
NBA n abbr (US) = **National Basketball Association; National Boxing Association**
NBC n abbr (US: = National Broadcasting Company) chaîne de télévision
NBS n abbr (US: = National Bureau of Standards) office de normalisation
NC abbr (Comm etc) = **no charge**; (US) = **North Carolina**
NCC n abbr (BRIT: = Nature Conservancy Council) organisme de protection de la nature; (US) = **National Council of Churches**
NCO n abbr = **non-commissioned officer**
ND, N. Dak. abbr (US) = **North Dakota**

NE abbr (US) = **Nebraska; New England**
NEA n abbr (US) = **National Education Association**
neap [niːp] n (also: **neap tide**) mortes-eaux fpl
near [nɪər] adj proche; **in the ~ future** dans un proche avenir; **£25,000 or nearest offer** (BRIT) 25 000 livres à débattre ▶ adv près; **to come ~** s'approcher ▶ prep (also: **near to**) près de; **~ here/there** près d'ici/non loin de là ▶ vt approcher de
nearby [nɪə'baɪ] adj proche ▶ adv tout près, à proximité
Near East n: **the ~** le Proche-Orient
nearer ['nɪərər] adj plus proche ▶ adv plus près
nearly ['nɪəlɪ] adv presque; **I ~ fell** j'ai failli tomber; **it's not ~ big enough** ce n'est vraiment pas assez grand, c'est loin d'être assez grand
near miss n collision évitée de justesse; (when aiming) coup manqué de peu or de justesse
nearness ['nɪənɪs] n proximité f
nearside ['nɪəsaɪd] (Aut) n (right-hand drive) côté m gauche; (left-hand drive) côté droit ▶ adj de gauche; de droite
near-sighted [nɪə'saɪtɪd] adj myope
neat [niːt] adj (person, work) soigné(e); (room etc) bien tenu(e) or rangé(e); (solution, plan) habile; (spirits) pur(e); **I drink it ~** je le bois sec or sans eau
neatly ['niːtlɪ] adv avec soin or ordre; (skilfully) habilement
neatness ['niːtnɪs] n (tidiness) netteté f; (skilfulness) habileté f
Nebr. abbr (US) = **Nebraska**
nebulous ['nebjuləs] adj nébuleux(-euse)
necessarily ['nɛsɪsərɪlɪ] adv nécessairement; **not ~** pas nécessairement or forcément
necessary ['nɛsɪsrɪ] adj nécessaire; **if ~** si besoin est, le cas échéant
necessitate [nɪ'sɛsɪteɪt] vt nécessiter
necessity [nɪ'sɛsɪtɪ] n nécessité f; chose nécessaire or essentielle; **in case of ~** en cas d'urgence
neck [nɛk] n cou m; (of horse, garment) encolure f; (of bottle) goulot m; **~ and ~** à égalité; **to stick one's ~ out** (inf) se mouiller ▶ vi (inf) se peloter
necklace ['nɛklɪs] n collier m
neckline ['nɛklaɪn] n encolure f
necktie ['nɛktaɪ] n (esp US) cravate f
nectar ['nɛktər] n nectar m
nectarine ['nɛktərɪn] n brugnon m, nectarine f
née [neɪ] adj: **~ Scott** née Scott
need [niːd] n besoin m; **to be in ~ of** or **have ~ of** avoir besoin de; **£10 will meet my immediate needs** 10 livres suffiront pour mes besoins immédiats; **in case of ~** en cas de besoin, au besoin; **there's no ~ to do ....** il n'y a pas lieu de faire ..., il n'est pas nécessaire de faire ...; **there's no ~ for that** ce n'est pas la peine, cela n'est pas nécessaire ▶ vt avoir besoin de; **to ~ to do** devoir faire; avoir besoin de faire; **you don't ~ to go** vous n'avez pas besoin or vous n'êtes pas obligé de partir; **a signature is needed** il faut une signature

needle ['niːdl] *n* aiguille *f* ; (*on record player*) saphir *m* ▶ *vt* (*inf*) asticoter, tourmenter
needlecord ['niːdlkɔːd] *n* (BRIT) velours *m* mille-raies
needless ['niːdlɪs] *adj* inutile ; ~ **to say, ...** inutile de dire que ...
needlessly ['niːdlɪslɪ] *adv* inutilement
needlework ['niːdlwəːk] *n* (*activity*) travaux *mpl* d'aiguille ; (*object*) ouvrage *m*
needn't ['niːdnt] = **need not**
needy ['niːdɪ] *adj* nécessiteux(-euse)
negation [nɪ'geɪʃən] *n* négation *f*
negative ['nɛgətɪv] *n* (Phot, Elec) négatif *m* ; (Ling) terme *m* de négation ; **to answer in the** ~ répondre par la négative ▶ *adj* négatif(-ive)
negative equity *n* situation dans laquelle la valeur d'une maison est inférieure à celle du prêt immobilier contracté pour la payer
negatively ['nɛgətɪvlɪ] *adv* négativement
negativity [nɛgə'tɪvɪtɪ] *n* négativité *f*
neglect [nɪ'glɛkt] *vt* négliger ; (*garden*) ne pas entretenir ; (*duty*) manquer à ; **to ~ to do sth** négliger or omettre de faire qch ; **to ~ one's appearance** se négliger ▶ *n* (*of person, duty, garden*) le fait de négliger ; **(state of)** ~ abandon *m*
neglected [nɪ'glɛktɪd] *adj* négligé(e), à l'abandon
neglectful [nɪ'glɛktful] *adj* (*gen*) négligent(e) ; **to be ~ of sb/sth** négliger qn/qch
negligee ['nɛglɪʒeɪ] *n* déshabillé *m*
negligence ['nɛglɪdʒəns] *n* négligence *f*
negligent ['nɛglɪdʒənt] *adj* négligent(e)
negligently ['nɛglɪdʒəntlɪ] *adv* par négligence ; (*offhandedly*) négligemment
negligible ['nɛglɪdʒɪbl] *adj* négligeable
negotiable [nɪ'gəuʃɪəbl] *adj* négociable ; **not** ~ (*cheque*) non négociable
negotiate [nɪ'gəuʃɪeɪt] *vi* négocier ; **to ~ with sb for sth** négocier avec qn en vue d'obtenir qch ▶ *vt* (Comm) négocier ; (*obstacle*) franchir, négocier ; (*bend in road*) négocier
negotiating table [nɪ'gəuʃɪeɪtɪŋ-] *n* table *f* des négociations
negotiation [nɪgəuʃɪ'eɪʃən] *n* négociation *f*, pourparlers *mpl* ; **to enter into negotiations with sb** engager des négociations avec qn
negotiator [nɪ'gəuʃɪeɪtə'] *n* négociateur(-trice)
Negress ['niːgrɪs] *n* négresse *f*
Negro ['niːgrəu] (*pl* **Negroes**) *adj* (*gen*) noir(e) ; (*music, arts*) nègre, noir ▶ *n* Noir(e)
neigh [neɪ] *vi* hennir
neighbour, (*US*) **neighbor** ['neɪbə'] *n* voisin(e)
neighbourhood, (*US*) **neighborhood** ['neɪbəhud] *n* (*place*) quartier *m* ; (*people*) voisinage *m*
neighbourhood watch *n* (BRIT: *also:* **neighbourhood watch scheme**) *système de surveillance, assuré par les habitants d'un même quartier*
neighbouring, (*US*) **neighboring** ['neɪbərɪŋ] *adj* voisin(e), avoisinant(e)
neighbourly, (*US*) **neighborly** ['neɪbəlɪ] *adj* obligeant(e) ; (*relations*) de bon voisinage

neither ['naɪðə'] *adj, pron* aucun(e) (des deux), ni l'un(e) ni l'autre ; ~ **of them** ni l'un ni l'autre ▶ *conj*: ~ **do I** moi non plus ; **I didn't move and ~ did Claude** je n'ai pas bougé, (et) Claude non plus ; ~ **did I refuse** (et or mais) je n'ai pas non plus refusé ▶ *adv*: ~ **good nor bad** ni bon ni mauvais
nemesis ['nɛməsɪs] *n* némésis *f*
neo... ['niːəu] *prefix* néo-
neolithic [niːəu'lɪθɪk] *adj* néolithique
neologism [nɪ'ɔlədʒɪzəm] *n* néologisme *m*
neon ['niːɔn] *n* néon *m*
neonatal [niːəu'neɪtəl] *adj* néonatal(e)
neon light *n* lampe *f* au néon
neon sign *n* enseigne (lumineuse) au néon
Nepal [nɪ'pɔːl] *n* Népal *m*
nephew ['nɛvjuː] *n* neveu *m*
nepotism ['nɛpətɪzəm] *n* népotisme *m*
nerd [nəːd] *n* (*inf*) pauvre mec *m*, ballot *m*
nerve [nəːv] *n* nerf *m* ; (*bravery*) sang-froid *m*, courage *m* ; (*cheek*) aplomb *m*, toupet *m* ; **to lose one's** ~ (*self-confidence*) perdre son sang-froid ; **nerves** *npl* (*nervousness*) nervosité *f* ; **he gets on my nerves** il m'énerve ; **to have a fit of nerves** avoir le trac
nerve centre *n* (Anat) centre nerveux ; (*fig*) centre névralgique
nerve gas *n* gaz *m* neuroplégique
nerve-racking ['nəːvrækɪŋ] *adj* angoissant(e)
nervous ['nəːvəs] *adj* nerveux(-euse) ; (*anxious*) inquiet(-ète), plein(e) d'appréhension ; (*timid*) intimidé(e)
nervous breakdown *n* dépression nerveuse
nervously ['nəːvəslɪ] *adv* nerveusement
nervousness ['nəːvəsnɪs] *n* nervosité *f* ; inquiétude *f*, appréhension *f*
nervous wreck *n*: **to be a** ~ être une boule de nerfs
nervy ['nəːvɪ] *adj*: **he's very** ~ il a les nerfs à fleur de peau or à vif
nest [nɛst] *n* nid *m* ; ~ **of tables** table *f* gigogne ▶ *vi* (se) nicher, faire son nid
nest egg *n* (*fig*) bas *m* de laine, magot *m*
nestle ['nɛsl] *vi* se blottir
nestling ['nɛstlɪŋ] *n* oisillon *m*
Net [nɛt] *n* (Comput): **the** ~ (*Internet*) le Net
net [nɛt] *n* filet *m* ; (*fabric*) tulle *f* ▶ *adj* net(te) ▶ *adv*: ~ **of tax** net d'impôt ; **he earns £20,000 ~ per year** il gagne 20 000 livres net par an ▶ *vt* (*fish etc*) prendre au filet ; (*money: person*) toucher ; (: *deal, sale*) rapporter
netball ['nɛtbɔːl] *n* netball *m*
net curtains *npl* voilages *mpl*
net profit *n* bénéfice net
Netherlands ['nɛðələndz] *npl*: **the** ~ les Pays-Bas *mpl*
netiquette ['nɛtɪkɛt] *n* netiquette *f*
nett [nɛt] *adj* = **net**
netting ['nɛtɪŋ] *n* (*for fence etc*) treillis *m*, grillage *m* ; (*fabric*) voile *m*
nettle ['nɛtl] *n* ortie *f*
network ['nɛtwəːk] *n* réseau *m* ▶ *cpd*: **there's no ~ coverage here** il n'y a pas de réseau ici ▶ *vt* (Radio, TV) diffuser sur l'ensemble du réseau ; (*computers*) interconnecter ▶ *vi* créer des réseaux, réseauter

n

networking ['nɛtwəːkɪŋ] *n* réseautage *m*
neuralgia [njuə'rældʒə] *n* névralgie *f*
neurological [njuərə'lɔdʒɪkl] *adj* neurologique
neurologist [njuə'rɔlədʒɪst] *n* neurologue *mf*
neurology [njuə'rɔlədʒɪ] *n* neurologie *f*
neuron ['njuərɔn], **neurone** ['njuərəun] *n*
neurone *m*
neurosis [njuə'rəusɪs] (*pl* **neuroses** [-siːz]) *n*
névrose *f*
neurotic [njuə'rɔtɪk] *adj, n* névrosé(e)
neuter ['njuːtəʳ] *adj* neutre ▶ *n* neutre *m* ▶ *vt*
(*cat etc*) châtrer, couper
neutral ['njuːtrəl] *adj* neutre ▶ *n* (*Aut*) point
mort
neutrality [njuː'trælɪtɪ] *n* neutralité *f*
neutralize ['njuːtrəlaɪz] *vt* neutraliser
neutron bomb ['njuːtrɔn-] *n* bombe *f* à
neutrons
Nev. *abbr* (*US*) = **Nevada**
never ['nɛvəʳ] *adv* (ne ...) jamais ; **I ~ went** je n'y
suis pas allé ; **I've ~ been to Spain** je ne suis
jamais allé en Espagne ; **~ again** plus jamais ;
~ in my life jamais de ma vie ; *see also* **mind**
never-ending [nɛvər'ɛndɪŋ] *adj* interminable
nevertheless [nɛvəðə'lɛs] *adv* néanmoins,
malgré tout
new [njuː] *adj* nouveau (nouvelle) ; (*brand new*)
neuf (neuve) ; **as good as ~** comme neuf

> **nouveau** changes to **nouvel** before a vowel
> or with 'h': *her new computer* **son nouvel**
> **ordinateur**.

New Age *n* New Age *m*
newbie ['njuːbɪ] *n* (*beginner*) newbie *mf* ; (*on forum*)
nouveau (nouvelle)
newborn ['njuːbɔːn] *adj* nouveau-né(e)
new build *n* constructions *fpl* nouvelles
newcomer ['njuːkʌməʳ] *n* nouveau venu
(nouvelle venue)
new-fangled ['njuːfæŋɡld] *adj* (*pej*)
ultramoderne (et farfelu(e))
new-found ['njuːfaund] *adj* de fraîche date ;
(*friend*) nouveau (nouvelle)
Newfoundland ['njuːfənlənd] *n* Terre-Neuve *f*
New Guinea *n* Nouvelle-Guinée *f*
newly ['njuːlɪ] *adv* nouvellement, récemment
newly-weds ['njuːlɪwɛdz] *npl* jeunes mariés *mpl*
new moon *n* nouvelle lune
newness ['njuːnɪs] *n* nouveauté *f* ; (*of fabric,
clothes etc*) état neuf
New Orleans [-'ɔːlənz] *n* la Nouvelle-Orléans
news [njuːz] *n* nouvelle(s) *f(pl)* ; (*Radio, TV*)
informations *fpl*, actualités *fpl* ; **a piece of ~** une
nouvelle ; **good/bad ~** bonne/mauvaise
nouvelle ; **financial ~** (*Press, Radio, TV*) page
financière
news agency *n* agence *f* de presse
newsagent ['njuːzeɪdʒənt] *n* (*BRIT*) marchand *m*
de journaux
news bulletin *n* (*Radio, TV*) bulletin *m*
d'informations
newscaster ['njuːzkɑːstəʳ] *n* (*Radio, TV*)
présentateur(-trice)
news flash *n* flash *m* d'information
newsgroup ['njuːzgruːp] *n* forum *m* Internet

newsletter ['njuːzlɛtəʳ] *n* bulletin *m*
newspaper ['njuːzpeɪpəʳ] *n* journal *m* ;
daily ~ quotidien *m* ; **weekly ~**
hebdomadaire *m*
newsprint ['njuːzprɪnt] *n* papier *m* (de) journal
newsreader ['njuːzriːdəʳ] *n* = **newscaster**
newsreel ['njuːzriːl] *n* actualités (filmées)
newsroom ['njuːzruːm] *n* (*Press*) salle *f* de
rédaction ; (*Radio, TV*) studio *m*
news stand *n* kiosque *m* à journaux
newsworthy ['njuːzwəːðɪ] *adj*: **to be ~** valoir la
peine d'être publié
newt [njuːt] *n* triton *m*
new town *n* (*BRIT*) ville nouvelle
New Year *n* Nouvel An ; **Happy ~!** Bonne
Année ! ; **to wish sb a happy ~** souhaiter la
Bonne Année à qn
New Year's Day *n* le jour de l'An
New Year's Eve *n* la Saint-Sylvestre
New Year's resolution *n* résolution *f* pour la
nouvelle année
New York [-'jɔːk] *n* New York ; (*also*: **New York
State**) New York *m*
New Zealand [-'ziːlənd] *n* Nouvelle-Zélande *f*
▶ *adj* néo-zélandais(e)
New Zealander [-'ziːləndəʳ] *n* Néo-Zélandais(e)
next [nɛkst] *adj* (*in time*) prochain(e) ; (*seat, room*)
voisin(e), d'à côté ; (*meeting, bus stop*) suivant(e) ;
~ time la prochaine fois ; **the ~ day** le
lendemain, le jour suivant *or* d'après ; **~ week**
la semaine prochaine ; **the ~ week** la semaine
suivante ; **~ year** l'année prochaine ; **"turn to
the ~ page**" « voir page suivante » ; **who's ~?**
c'est à qui ? ▶ *adv* la fois suivante ; la prochaine
fois ; (*afterwards*) ensuite ; **when do we meet ~?**
quand nous revoyons-nous ? ; **~ to** *prep* à côté
de ; **~ to nothing** presque rien ▶ *pron*: **the week
after ~** dans deux semaines ; **~ please!** (*at
doctor's etc*) au suivant !
next door *adv* à côté ▶ *adj* (*neighbour*) d'à côté
next-of-kin ['nɛkstəv'kɪn] *n* parent *m* le plus
proche
NF *n abbr* (*BRIT Pol*: = *National Front*) ≈ FN ▶ *abbr*
(*CANADA*) = **Newfoundland**
NFL *n abbr* (*US*) = **National Football League**
Nfld. *abbr* (*CANADA*) = **Newfoundland**
NG *abbr* (*US*) = **National Guard**
NGO *n abbr* (*US*: = *non-governmental organization*)
ONG *f*
NH *abbr* (*US*) = **New Hampshire**
NHL *n abbr* (*US*) = **National Hockey League**
NHS *n abbr* (*BRIT*) = **National Health Service**
NI *abbr* = **Northern Ireland**; (*BRIT*) = **National
Insurance**
Niagara Falls [naɪ'æɡərə-] *npl* les chutes *fpl* du
Niagara
nib [nɪb] *n* (*of pen*) (bec *m* de) plume *f*
nibble ['nɪbl] *vt* grignoter
Nicaragua [nɪkə'ræɡjuə] *n* Nicaragua *m*
Nicaraguan [nɪkə'ræɡjuən] *adj*
nicaraguayen(ne) ▶ *n* Nicaraguayen(ne)
nice [naɪs] *adj* (*holiday, trip, taste*) agréable ; (*flat,
picture*) joli(e) ; (*person*) gentil(le) ; (*distinction,
point*) subtil(e)
nice-looking ['naɪslukɪŋ] *adj* joli(e)

nicely ['naɪslɪ] *adv* agréablement ; joliment ; gentiment ; subtilement ; **that will do** ~ ce sera parfait
niceties ['naɪsɪtɪz] *npl* subtilités *fpl*
niche [niːʃ] *n* (*Archit*) niche *f*
nick [nɪk] *n* (*indentation*) encoche *f* ; (*wound*) entaille *f* ; (*BRIT inf*): **in good** ~ en bon état ; **in the** ~ **of time** juste à temps ▶ *vt* (*cut*): **to** ~ **o.s.** se couper ; (*BRIT inf: steal*) faucher, piquer ; (*: arrest*) choper, pincer
nickel ['nɪkl] *n* nickel *m* ; (*US*) pièce *f* de 5 cents
nickname ['nɪkneɪm] *n* surnom *m* ▶ *vt* surnommer
Nicosia [nɪkə'siːə] *n* Nicosie
nicotine ['nɪkətiːn] *n* nicotine *f*
nicotine patch *n* timbre *m* anti-tabac, patch *m*
niece [niːs] *n* nièce *f*
nifty ['nɪftɪ] *adj* (*inf: car, jacket*) qui a du chic *or* de la classe ; (*: gadget, tool*) astucieux(-euse)
Niger ['naɪdʒər] *n* (*country, river*) Niger *m*
Nigeria [naɪ'dʒɪərɪə] *n* Nigéria *mf*
Nigerian [naɪ'dʒɪərɪən] *adj* nigérien(ne) ▶ *n* Nigérien(ne)
niggardly ['nɪgədlɪ] *adj* (*person*) parcimonieux(-euse), pingre ; (*allowance, amount*) misérable
nigger ['nɪgər] *n* (!) nègre (négresse)
niggle ['nɪgl] *vt* tracasser ▶ *vi* (*find fault*) trouver toujours à redire ; (*fuss*) n'être jamais content(e)
niggling ['nɪglɪŋ] *adj* tatillon(ne) ; (*detail*) insignifiant(e) ; (*doubt, pain*) persistant(e)
night [naɪt] *n* nuit *f* ; (*evening*) soir *m* ; **at** ~ la nuit ; **by** ~ de nuit ; **in the** ~, **during the** ~ pendant la nuit ; **last** ~ (*evening*) hier soir ; (*night-time*) la nuit dernière ; **the** ~ **before last** avant-hier soir
night-bird ['naɪtbəːd] *n* oiseau *m* nocturne ; (*fig*) couche-tard *m inv*, noctambule *mf*
nightcap ['naɪtkæp] *n* boisson prise avant le coucher
night club *n* boîte *f* de nuit
nightdress ['naɪtdres] *n* chemise *f* de nuit
nightfall ['naɪtfɔːl] *n* tombée *f* de la nuit
nightgown ['naɪtgaun] *n* (*US*) chemise *f* de nuit
nightie ['naɪtɪ] *n* chemise *f* de nuit
nightingale ['naɪtɪŋgeɪl] *n* rossignol *m*
nightlife ['naɪtlaɪf] *n* vie *f* nocturne
nightly ['naɪtlɪ] *adj* (*news*) du soir ; (*by night*) nocturne ▶ *adv* (*every evening*) tous les soirs ; (*every night*) toutes les nuits
nightmare ['naɪtmɛər] *n* cauchemar *m*
night porter *n* gardien de nuit, concierge *m* de service la nuit
night safe *n* coffre *m* de nuit
night school *n* cours *mpl* du soir
nightshade ['naɪtʃeɪd] *n*: **deadly** ~ (*Bot*) belladone *f*
night shift *n* équipe *f* de nuit
nightspot ['naɪtspɔt] *n* (*inf*) boîte *f* de nuit
night-time ['naɪttaɪm] *n* nuit *f*
night watchman *n* (*irreg*) veilleur *m* de nuit ; poste *m* de nuit
nightwear ['naɪtwɛər] *n* vêtements *mpl* de nuit
nihilism ['naɪɪlɪzəm] *n* nihilisme *m*
nihilistic [naɪɪ'lɪstɪk] *adj* nihiliste

nil [nɪl] *n* rien *m* ; (*BRIT Sport*) zéro *m*
Nile [naɪl] *n*: **the** ~ le Nil
nimble ['nɪmbl] *adj* agile
nimbyism ['nɪmbɪɪzəm] *n* syndrome *m* du « pas dans mon jardin », *mobilisation contre des décisions d'aménagement du territoire (par ex. implantation d'une déchetterie, d'une ligne haute tension ou d'un parc éolien).*
nine [naɪn] *num* neuf
nineteen ['naɪn'tiːn] *num* dix-neuf
nineteenth [naɪn'tiːnθ] *num* dix-neuvième
ninetieth ['naɪntɪɪθ] *num* quatre-vingt-dixième
ninety ['naɪntɪ] *num* quatre-vingt-dix
ninth [naɪnθ] *num* neuvième
nip [nɪp] *vt* pincer ▶ *vi* (*BRIT inf*): **to** ~ **out/down/ up** sortir/descendre/monter en vitesse ; **to** ~ **into a shop** faire un saut dans un magasin ▶ *n* pincement *m* ; (*drink*) petit verre
nipple ['nɪpl] *n* (*Anat*) mamelon *m*, bout *m* du sein
nippy ['nɪpɪ] *adj* (*BRIT: person*) alerte, leste ; (*: car*) nerveux(-euse)
nit [nɪt] *n* (*in hair*) lente *f* ; (*inf: idiot*) imbécile *mf*, crétin(e)
nit-pick ['nɪtpɪk] *vi* (*inf*) être tatillon(ne)
nitrogen ['naɪtrədʒən] *n* azote *m*
nitroglycerin, nitroglycerine ['naɪtrəʊ'glɪsəriːn] *n* nitroglycérine *f*
nitty-gritty ['nɪtɪ'grɪtɪ] *n* (*inf*): **to get down to the** ~ en venir au fond du problème
nitwit ['nɪtwɪt] *n* (*inf*) nigaud(e)
NJ *n abbr* (*US*) = **New Jersey**
NLF *n abbr* (= *National Liberation Front*) FLN *m*
NLQ *abbr* (= *near letter quality*) qualité *f* courrier
NLRB *n abbr* (*US*: = *National Labor Relations Board*) *organisme de protection des travailleurs*
NM, N. Mex. *abbr* (*US*) = **New Mexico**

(KEYWORD)

no [nəʊ] *adv* (*opposite of "yes"*) non ; **are you coming? — no (I'm not)** est-ce que vous venez ? — non ; **would you like some more? — no thank you** vous en voulez encore ? — non merci
▶ *adj* (*not any*) (ne ...) pas de, (ne ...) aucun(e) ; **I have no money/books** je n'ai pas d'argent/de livres ; **no student would have done it** aucun étudiant ne l'aurait fait ; **"no smoking"** « défense de fumer » ; **"no dogs"** « les chiens ne sont pas admis »
▶ *n* (*pl* **noes**) non *m* ; **I won't take no for an answer** il n'est pas question de refuser

no. *abbr* (= *number*) nº
nobble ['nɔbl] *vt* (*BRIT inf: person: bribe*) soudoyer, acheter ; (*: to speak to*) mettre le grappin sur ; (*Racing: horse, dog*) droguer (*pour l'empêcher de gagner*)
Nobel prize [nəʊ'bɛl-] *n* prix *m* Nobel
nobility [nəʊ'bɪlɪtɪ] *n* noblesse *f*
noble ['nəʊbl] *adj* noble
nobleman ['nəʊblmən] *n* (*irreg*) noble *m*
nobly ['nəʊblɪ] *adv* noblement
nobody ['nəʊbədɪ] *pron* (ne ...) personne
no-claims bonus ['nəʊkleɪmz-] *n* bonus *m*

nocturnal [nɔk'tə:nl] *adj* nocturne
nod [nɔd] *vi* faire un signe de (la) tête *(affirmatif ou amical)* ; *(sleep)* somnoler ▸ *vt*: **to ~ one's head** faire un signe de (la) tête ; *(in agreement)* faire signe que oui ; **they nodded their agreement** ils ont acquiescé d'un signe de la tête ▸ *n* signe *m* de (la) tête
   ▸ **nod off** *vi* s'assoupir
node [nəud] *n* nœud *m* ; *(Anat)* nodule *m*
no-fly zone [nəu'flaɪ-] *n* zone interdite *(aux avions et hélicoptères)*
noise [nɔɪz] *n* bruit *m* ; **I can't sleep for the ~** je n'arrive pas à dormir à cause du bruit
noiseless ['nɔɪzlɪs] *adj* silencieux(-euse)
noisily ['nɔɪzɪlɪ] *adv* bruyamment
noisy ['nɔɪzɪ] *adj* bruyant(e)
nomad ['nəumæd] *n* nomade *mf*
nomadic [nəu'mædɪk] *adj* nomade
no man's land *n* no man's land *m*
nominal ['nɔmɪnl] *adj* *(rent, fee)* symbolique ; *(value)* nominal(e)
nominate ['nɔmɪneɪt] *vt* *(propose)* proposer ; *(appoint)* nommer
nomination [nɔmɪ'neɪʃən] *n* nomination *f*
nominee [nɔmɪ'ni:] *n* candidat agréé ; personne nommée
non- [nɔn] *prefix* non-
nonalcoholic [nɔnælkə'hɔlɪk] *adj* non alcoolisé(e)
nonbreakable [nɔn'breɪkəbl] *adj* incassable
nonce word ['nɔns-] *n* mot créé pour l'occasion
nonchalant ['nɔnʃələnt] *adj* nonchalant(e)
non-commissioned [nɔnkə'mɪʃənd] *adj*: **~ officer** sous-officier *m*
noncommittal [nɔnkə'mɪtl] *adj* évasif(-ive)
nonconformist [nɔnkən'fɔ:mɪst] *n* non-conformiste *mf* ▸ *adj* non-conformiste, dissident(e)
noncooperation ['nɔnkəuɔpə'reɪʃən] *n* refus *m* de coopérer, non-coopération *f*
nondescript ['nɔndɪskrɪpt] *adj* quelconque, indéfinissable
none [nʌn] *pron* aucun(e) ; **~ of you** aucun d'entre vous, personne parmi vous ; **I have ~** je n'en ai pas ; **I have ~ left** je n'en ai plus ; **~ at all** *(not one)* aucun(e) ; **how much milk? — ~ at all** combien de lait ? — pas du tout ; **he's ~ the worse for it** il ne s'en porte pas plus mal
nonentity [nɔ'nɛntɪtɪ] *n* personne insignifiante
nonessential [nɔnɪ'sɛnʃl] *adj* accessoire, superflu(e) ▸ *n*: **nonessentials** le superflu
nonetheless ['nʌnðə'lɛs] *adv* néanmoins
nonevent [nɔnɪ'vɛnt] *n* événement manqué
nonexecutive [nɔnɪg'zɛkjutɪv] *adj*: **~ director** administrateur(-trice), conseiller(-ère) de direction
nonexistent [nɔnɪg'zɪstənt] *adj* inexistant(e)
non-fiction [nɔn'fɪkʃən] *n* littérature *f* non romanesque
nonintervention ['nɔnɪntə'vɛnʃən] *n* non-intervention *f*
non-nuclear [nɔn'nju:kliə*] *adj* *(weapon)* conventionnel(le) ; *(country)* non doté(e) de l'arme nucléaire

no-no ['nəunəu] *n* *(inf)*: **it's a ~** il n'en est pas question
non obst. *abbr* (= *non obstante: notwithstanding*) nonobstant
no-nonsense [nəu'nɔnsəns] *adj* *(manner, person)* plein(e) de bon sens
nonpayment [nɔn'peɪmənt] *n* non-paiement *m*
nonplussed [nɔn'plʌst] *adj* perplexe
non-profit [nɔn'prɔfɪt] *adj* à but non lucratif
non-profit-making [nɔn'prɔfɪtmeɪkɪŋ] *adj* à but non lucratif
non-proliferation [nɔnprəlɪfə'reɪʃən] *n* non-prolifération *f*
nonsense ['nɔnsəns] *n* absurdités *fpl*, idioties *fpl* ; **~!** ne dites pas d'idioties ! ; **it is ~ to say that …** il est absurde de dire que ....
nonsensical [nɔn'sɛnsɪkl] *adj* absurde, qui n'a pas de sens
non-smoker ['nɔn'sməukə*] *n* non-fumeur *m*
non-smoking ['nɔn'sməukɪŋ] *adj* non-fumeur
nonstarter [nɔn'stɑ:tə*] *n*: **it's a ~** c'est voué à l'échec
non-stick ['nɔn'stɪk] *adj* qui n'attache pas
nonstop ['nɔn'stɔp] *adj* direct(e), sans arrêt *(or escale)* ▸ *adv* sans arrêt
nontaxable [nɔn'tæksəbl] *adj*: **~ income** revenu *m* non imposable
non-U ['nɔnju:] *adj abbr* (BRIT *inf*: = *non-upper class*) qui ne se dit *(or* se fait) pas
non-violent [nɔn'vaɪələnt] *adj* *(protest, offender)* non violent(e) ; *(crime)* commis(e) sans user de violence
nonvolatile [nɔn'vɔlətaɪl] *adj*: **~ memory** *(Comput)* mémoire rémanente *or* non volatile
nonvoting [nɔn'vəutɪŋ] *adj*: **~ shares** actions *fpl* sans droit de vote
non-white ['nɔn'waɪt] *adj* de couleur ▸ *n* personne *f* de couleur
noodles ['nu:dlz] *npl* nouilles *fpl*
nook [nuk] *n*: **nooks and crannies** recoins *mpl*
noon [nu:n] *n* midi *m*
no-one ['nəuwʌn] *pron* = **nobody**
noose [nu:s] *n* nœud coulant ; *(hangman's)* corde *f*
nor [nɔ:*] *conj* = **neither** ▸ *adv see* **neither**
norm [nɔ:m] *n* norme *f*
normal ['nɔ:ml] *adj* normal(e) ▸ *n*: **to return to ~** redevenir normal(e)
normality [nɔ:'mælɪtɪ] *n* normalité *f*
normally ['nɔ:məlɪ] *adv* normalement
Norman ['nɔ:mən] *adj*, *n* Normand(e)
Normandy ['nɔ:məndɪ] *n* Normandie *f*
Norse [nɔ:s] *adj* *(mythology, gods)* scandinave ▸ *n* *(language)* norrois *m*
north [nɔ:θ] *n* nord *m* ▸ *adj* nord *inv* ; *(wind)* du nord ▸ *adv* au *or* vers le nord
North Africa *n* Afrique *f* du Nord
North African *adj* nord-africain(e), d'Afrique du Nord ▸ *n* Nord-Africain(e)
North America *n* Amérique *f* du Nord
North American *n* Nord-Américain(e) ▸ *adj* nord-américain(e), d'Amérique du Nord
Northants [nɔ:'θænts] *abbr* (BRIT)
   = **Northamptonshire**

northbound ['nɔːθbaʊnd] *adj (traffic)* en direction du nord ; *(carriageway)* nord *inv*
north-east [nɔːθ'iːst] *n* nord-est *m*
northeastern [nɔːθ'iːstən] *adj (du)* nord-est *inv*
northerly ['nɔːðəlɪ] *adj (wind, direction)* du nord
northern ['nɔːðən] *adj* du nord, septentrional(e)
northerner ['nɔːðənəʳ] *n* habitant(e) du nord ;
  northerners les gens du nord ; **to be a northener** être *or* venir du nord
Northern Ireland *n* Irlande *f* du Nord

: **NORTHERN IRELAND**
: L'Irlande du Nord (**Northern Ireland**), qui fait
: partie du Royaume-Uni, se compose de six
: comtés du nord-est de l'Irlande. Elle est née
: en 1921 de la division de cette dernière en
: Irlande du Nord et Irlande du Sud, devenue
: depuis un État indépendant. La population se
: composait en majorité d'unionistes, désireux
: de rester rattachés au Royaume-Uni, avec
: une importante minorité de républicains,
: catholiques pour la plupart, partisans d'une
: Irlande unifiée et indépendante. L'Irlande du
: Nord a été longtemps marquée par le conflit
: entre ces deux communautés. De la fin des
: années 1960 à la fin des années 1990, elle a
: connu une époque de violence, *The Troubles*,
: qui a fait des milliers de victimes. L'accord
: connu sous le nom de *Good Friday Agreement*
: (accord du Vendredi saint) a marqué une
: étape importante sur la voie de la paix, même
: si le sectarisme et la ségrégation religieuse
: continuent de poser des problèmes.

northernmost ['nɔːðənməʊst] *adj (part)* le (la) plus au nord ; *(tip)* septentrional(e)
North Korea *n* Corée *f* du Nord
North Pole *n*: **the ~** le pôle Nord
North Sea *n*: **the ~** la mer du Nord
North Sea oil *n* pétrole *m* de la mer du Nord
northward ['nɔːθwəd], **northwards** ['nɔːθwədz] *adv* vers le nord
north-west [nɔːθ'wɛst] *n* nord-ouest *m*
northwestern ['nɔːθ'wɛstən] *adj (du)* nord-ouest *inv*
Norway ['nɔːweɪ] *n* Norvège *f*
Norwegian [nɔː'wiːdʒən] *adj* norvégien(ne) ▶ *n* Norvégien(ne) ; *(Ling)* norvégien *m*
nos. *abbr (= numbers)* n^os
nose [nəʊz] *n* nez *m* ; *(of dog, cat)* museau *m* ; *(fig)* flair *m* ; **to pay through the ~ (for sth)** *(inf)* payer un prix excessif (pour qch) ▶ *vi (also:* **nose one's way)** avancer précautionneusement
  ▶ **nose about, nose around** *vi* fouiner *or* fureter *(partout)*
nosebleed ['nəʊzbliːd] *n* saignement *m* de nez
nose-dive ['nəʊzdaɪv] *n* (descente *f* en) piqué *m*
nose drops *npl* gouttes *fpl* pour le nez
nosey ['nəʊzɪ] *adj (inf)* curieux(-euse)
nostalgia [nɔs'tældʒɪə] *n* nostalgie *f*
nostalgic [nɔs'tældʒɪk] *adj* nostalgique
nostril ['nɔstrɪl] *n* narine *f* ; *(of horse)* naseau *m*
nosy ['nəʊzɪ] *adj (inf)* = **nosey**
not [nɔt] *adv* (ne ...) pas ; **he is ~** *or* **isn't here** il n'est pas ici ; **you must ~** *or* **mustn't do that**

tu ne dois pas faire ça ; **I hope ~** j'espère que non ; **~ at all** pas du tout ; *(after thanks)* de rien ; **it's too late, isn't it?** c'est trop tard, n'est-ce pas ? ; **~ yet/now** pas encore/maintenant ; *see also* **only**
notable ['nəʊtəbl] *adj* notable
notably ['nəʊtəblɪ] *adv (particularly)* en particulier ; *(markedly)* spécialement
notary ['nəʊtərɪ] *n (also:* **notary public)** notaire *m*
notation [nəʊ'teɪʃən] *n* notation *f*
notch [nɔtʃ] *n* encoche *f*
  ▶ **notch up** *vt (score)* marquer ; *(victory)* remporter
note [nəʊt] *n* note *f* ; *(letter)* mot *m* ; *(banknote)* billet *m* ; **just a quick ~ to let you know ...** juste un mot pour vous dire ... ; **to take notes** prendre des notes ; **to compare notes** *(fig)* échanger des *(or* leurs *etc)* impressions ; **to take ~ of** prendre note de ; **a person of ~** une personne éminente ▶ *vt (also:* **note down)** noter ; *(notice)* constater
notebook ['nəʊtbuk] *n* carnet *m* ; *(for shorthand etc)* bloc-notes *m*
note-case ['nəʊtkeɪs] *n (BRIT)* porte-feuille *m*
noted ['nəʊtɪd] *adj* réputé(e)
notepad ['nəʊtpæd] *n* bloc-notes *m*
notepaper ['nəʊtpeɪpəʳ] *n* papier *m* à lettres
noteworthy ['nəʊtwəːðɪ] *adj* remarquable
nothing ['nʌθɪŋ] *n* rien *m* ; **he does ~** il ne fait rien ; **~ new** rien de nouveau ; **for ~** *(free)* pour rien, gratuitement ; *(in vain)* pour rien ; **~ at all** rien du tout ; **~ much** pas grand-chose

> **rien** can be used by itself.
> *What's wrong? Nothing.* **Qu'est-ce qui ne va pas ? Rien.**
> If using a verb with **rien**, put **ne** in front of the verb.
> *He does nothing.* **Il ne fait rien.**

n

notice ['nəʊtɪs] *n (announcement, warning)* avis *m* ; *(of leaving)* congé *m* ; *(BRIT: review: of play etc)* critique *f*, compte rendu *m* ; **without ~** sans préavis ; **advance ~** préavis *m* ; **to give sb ~ of sth** notifier qn de qch ; **at short ~** dans un délai très court ; **until further ~** jusqu'à nouvel ordre ; **to give ~, hand in one's ~** *(employee)* donner sa démission, démissionner ; **to take ~ of** prêter attention à ; **to bring sth to sb's ~** porter qch à la connaissance de qn ; **it has come to my ~ that ...** on m'a signalé que ... ; **to escape** *or* **avoid ~** (essayer de) passer inaperçu *or* ne pas se faire remarquer ▶ *vt* remarquer, s'apercevoir de
noticeable ['nəʊtɪsəbl] *adj (difference, improvement)* sensible ; *(effect)* visible
noticeably ['nəʊtɪsəblɪ] *adv (improve, change)* sensiblement ; *(visibly)* visiblement
notice board *n (BRIT)* panneau *m* d'affichage
notification [nəʊtɪfɪ'keɪʃən] *n* notification *f*
notify ['nəʊtɪfaɪ] *vt*: **to ~ sth to sb** notifier qch à qn ; **to ~ sb of sth** avertir qn de qch
notion ['nəʊʃən] *n* idée *f* ; *(concept)* notion *f* ; **notions** *npl (US: haberdashery)* mercerie *f*
notoriety [nəʊtə'raɪətɪ] *n* notoriété *f*

notorious [nəʊˈtɔːrɪəs] *adj* notoire (*souvent en mal*)
notoriously [nəʊˈtɔːrɪəslɪ] *adj* notoirement
Notts [nɔts] *abbr* (*BRIT*) = **Nottinghamshire**
notwithstanding [nɔtwɪθˈstændɪŋ] *adv* néanmoins ▸ *prep* en dépit de
nougat [ˈnuːɡɑː] *n* nougat *m*
nought [nɔːt] *n* zéro *m*
noun [naʊn] *n* nom *m*
nourish [ˈnʌrɪʃ] *vt* nourrir
nourishing [ˈnʌrɪʃɪŋ] *adj* nourrissant(e)
nourishment [ˈnʌrɪʃmənt] *n* nourriture *f*
nous [naʊs] *n* (*BRIT*) bon sens *m* ; **to have political/business ~** être habile en politique/affaires ; **to have the ~ to do sth** avoir l'intelligence de faire qch
Nov. *abbr* (= *November*) nov
Nova Scotia [ˈnəʊvəˈskəʊʃə] *n* Nouvelle-Écosse *f*
novel [ˈnɔvl] *n* roman *m* ▸ *adj* nouveau (nouvelle), original(e)
novelist [ˈnɔvəlɪst] *n* romancier *m*
novella [nəˈvɛlə] *n* roman *m* court
novelty [ˈnɔvəltɪ] *n* nouveauté *f*
November [nəʊˈvɛmbəʳ] *n* novembre *m* ; *see also* **July**
novice [ˈnɔvɪs] *n* novice *mf*
NOW [naʊ] *n abbr* (*US*) = **National Organization for Women**
now [naʊ] *adv* maintenant ; **right ~** tout de suite ; **by ~** à l'heure qu'il est ; **that's the fashion just ~** c'est la mode en ce moment *or* maintenant ; **I saw her just ~** je viens de la voir, je l'ai vue à l'instant ; **I'll read it just ~** je vais le lire à l'instant *or* dès maintenant ; **~ and then**, **~ and again** de temps en temps ; **from ~ on** dorénavant ; **in 3 days from ~** dans *or* d'ici trois jours ; **between ~ and Monday** d'ici (à) lundi ; **that's all for ~** c'est tout pour l'instant ▸ *conj*: **~ (that)** maintenant (que)
nowadays [ˈnaʊədeɪz] *adv* de nos jours
nowhere [ˈnəʊwɛəʳ] *adv* (ne ...) nulle part ; **~ else** nulle part ailleurs
no-win situation [nəʊˈwɪn-] *n* impasse *f* ; **we're in a ~** nous sommes dans l'impasse
noxious [ˈnɔkʃəs] *adj* toxique
nozzle [ˈnɔzl] *n* (*of hose*) jet *m*, lance *f* ; (*of vacuum cleaner*) suceur *m*
NP *n abbr* = **notary public**
nr *abbr* (*BRIT*) = **near**
NS *abbr* (*CANADA*) = **Nova Scotia**
NSC *n abbr* (*US*) = **National Security Council**
NSF *n abbr* (*US*) = **National Science Foundation**
NSPCC *n abbr* (*BRIT*) = **National Society for the Prevention of Cruelty to Children**
NSW *abbr* (*AUSTRALIA*) = **New South Wales**
NT *n abbr* (= *New Testament*) NT *m* ▸ *abbr* (*CANADA*) = **Northwest Territories**
nth [ɛnθ] *adj*: **for the ~ time** (*inf*) pour la énième fois
nuance [ˈnjuːɔns] *n* nuance *f*
nubile [ˈnjuːbaɪl] *adj* nubile ; (*attractive*) jeune et désirable
nuclear [ˈnjuːklɪəʳ] *adj* nucléaire
nuclear disarmament *n* désarmement *m* nucléaire
nuclear family *n* famille *f* nucléaire

nuclear-free zone [ˈnjuːklɪəˈfriː-] *n* zone *f* où le nucléaire est interdit
nucleus [ˈnjuːklɪəs] (*pl* **nuclei** [ˈnjuːklɪaɪ]) *n* noyau *m*
NUCPS *n abbr* (*BRIT*: = *National Union of Civil and Public Servants*) *syndicat des fonctionnaires*
nude [njuːd] *adj* nu(e) ▸ *n* (*Art*) nu *m* ; **in the ~** (tout(e)) nu(e)
nudge [nʌdʒ] *vt* donner un (petit) coup de coude à
nudist [ˈnjuːdɪst] *n* nudiste *mf*
nudist colony *n* colonie *f* de nudistes
nudity [ˈnjuːdɪtɪ] *n* nudité *f*
nugget [ˈnʌɡɪt] *n* pépite *f*
nuisance [ˈnjuːsns] *n*: **it's a ~** c'est (très) ennuyeux *or* gênant ; **he's a ~** il est assommant *or* casse-pieds ; **what a ~!** quelle barbe !
NUJ *n abbr* (*BRIT*: = *National Union of Journalists*) *syndicat des journalistes*
nuke [njuːk] *n* (*inf*) bombe *f* atomique
null [nʌl] *adj*: **~ and void** nul(le) et non avenu(e)
nullify [ˈnʌlɪfaɪ] *vt* invalider
NUM *n abbr* (*BRIT*: = *National Union of Mineworkers*) *syndicat des mineurs*
numb [nʌm] *adj* engourdi(e) ; (*with fear*) paralysé(e) ; **~ with cold** engourdi(e) par le froid, transi(e) (de froid) ; **~ with fear** transi de peur, paralysé(e) par la peur ▸ *vt* engourdir
number [ˈnʌmbəʳ] *n* nombre *m* ; (*numeral*) chiffre *m* ; (*of house, car, telephone, newspaper*) numéro *m* ; **a ~ of** un certain nombre de ; **they were seven in ~** ils étaient (au nombre de) sept ; **wrong ~** (*Tel*) mauvais numéro ▸ *vt* numéroter ; (*amount to*) compter ; **to be numbered among** compter parmi ; **the staff numbers 20** le nombre d'employés s'élève à *or* est de 20
numbered account [ˈnʌmbəd-] *n* (*in bank*) compte numéroté
number plate *n* (*BRIT Aut*) plaque *f* minéralogique *or* d'immatriculation
Number Ten *n* (*BRIT*: *10 Downing Street*) résidence du *Premier ministre*
numbness [ˈnʌmnɪs] *n* torpeur *f* ; (*due to cold*) engourdissement *m*
numbskull [ˈnʌmskʌl] *n* (*inf*) gourde *f*
numeracy [ˈnjuːmərəsɪ] *n* notions *fpl* de calcul ; **people who have problems with literacy and ~** les personnes qui ont des difficultés pour lire, écrire et compter
numeral [ˈnjuːmərəl] *n* chiffre *m*
numerate [ˈnjuːmərɪt] *adj* (*BRIT*): **to be ~** savoir compter
numerical [njuːˈmɛrɪkl] *adj* numérique
numerous [ˈnjuːmərəs] *adj* nombreux(-euse)
nun [nʌn] *n* religieuse *f*, sœur *f*
nunnery [ˈnʌnərɪ] *n* couvent *m*
nuptial [ˈnʌpʃəl] *adj* nuptial(e)
nurse [nəːs] *n* infirmière *f* ; (*also*: **nursemaid**) bonne *f* d'enfants ▸ *vt* (*patient, cold*) soigner ; (*baby*: *BRIT*) bercer (dans ses bras) ; (: *US*) allaiter, nourrir ; (*hope*) nourrir
nursery [ˈnəːsərɪ] *n* (*room*) nursery *f* ; (*institution*) crèche *f*, garderie *f* ; (*for plants*) pépinière *f*
nursery rhyme *n* comptine *f*, chansonnette *f* pour enfants

nursery school n école maternelle
nursery slope n (BRIT Ski) piste f pour débutants
nursing ['nəːsɪŋ] n (profession) profession f d'infirmière ; (care) soins mpl ▶ adj (mother) qui allaite
nursing home n clinique f ; (for convalescence) maison f de convalescence or de repos ; (for old people) maison de retraite
nurture ['nəːtʃəʳ] vt élever
NUS n abbr (BRIT: = National Union of Students) syndicat des étudiants
NUT n abbr (BRIT: = National Union of Teachers) syndicat enseignant
nut [nʌt] n (of metal) écrou m ; (fruit) terme générique désignant les noix, noisettes, etc ; (walnut) noix f ; (hazelnut) noisette f ; (peanut) cacahuète f ▶ adj (chocolate etc) aux noisettes ; **he's nuts** (inf) il est dingue
nutcase ['nʌtkeɪs] n (inf) dingue mf
nutcrackers ['nʌtkrækəz] npl casse-noix m inv, casse-noisette(s) m
nutmeg ['nʌtmɛg] n (noix f) muscade f
nutrient ['njuːtrɪənt] adj nutritif(-ive) ▶ n substance nutritive
nutrition [njuːˈtrɪʃən] n nutrition f, alimentation f

nutritional [njuːˈtrɪʃənəl] adj nutritif(-ive)
nutritionist [njuːˈtrɪʃənɪst] n nutritionniste mf
nutritious [njuːˈtrɪʃəs] adj nutritif(-ive), nourrissant(e)
nuts [nʌts] adj (inf) dingue
nutshell ['nʌtʃɛl] n coquille f de noix ; **in a ~** en un mot
nutter ['nʌtəʳ] n (BRIT inf): **he's a complete ~** il est complètement cinglé
nutty ['nʌtɪ] adj (flavour) à la noisette ; (inf: person) cinglé(e), dingue
nuzzle ['nʌzl] vi: **to ~ up to** fourrer son nez contre
NV abbr (US) = **Nevada**
NVQ n abbr (BRIT) = **National Vocational Qualification**
NWT abbr (CANADA) = **Northwest Territories**
NY abbr (US) = **New York**
NYC abbr (US) = **New York City**
nylon ['naɪlɔn] n nylon m ▶ adj de or en nylon ; **nylons** npl bas mpl nylon
nymph [nɪmf] n nymphe f
nymphomaniac ['nɪmfəuˈmeɪnɪæk] adj, n nymphomane f
NYSE n abbr (US) = **New York Stock Exchange**
NZ abbr = **New Zealand**

Oo

O, o [əu] n (letter) O, o m ; (US Scol: = outstanding) tb (= très bien) ; **O for Oliver**, (US) **O for Oboe** O comme Oscar
oaf [əuf] n balourd m
oak [əuk] n chêne m ▶ cpd de or en (bois de) chêne
O&M n abbr = **organization and method**
O.A.P. n abbr (BRIT) = **old age pensioner**
oar [ɔːʳ] n aviron m, rame f ; **to put** or **shove one's ~ in** (fig, inf) mettre son grain de sel
oarsman ['ɔːzmən], **oarswoman** ['ɔːzwumən] n (irreg) rameur(-euse) ; (Naut, Sport) nageur(-euse)
OAS n abbr (= Organization of American States) OEA f (= Organisation des États américains)
oasis [əu'eɪsɪs] (pl **oases** [əu'eɪsiːz]) n oasis f
oath [əuθ] n serment m ; (swear word) juron m ; **to take the ~** prêter serment ; **on** (BRIT) or **under ~** sous serment ; assermenté(e)
oatmeal ['əutmiːl] n flocons mpl d'avoine
oats [əuts] n avoine f
OAU n abbr (= Organization of African Unity) OUA f (= Organisation de l'unité africaine)
obdurate ['ɔbdjurɪt] adj obstiné(e), impénitent(e) ; intraitable
OBE n abbr (BRIT: = Order of the British Empire) distinction honorifique
obedience [ə'biːdɪəns] n obéissance f ; **in ~ to** conformément à
obedient [ə'biːdɪənt] adj obéissant(e) ; **to be ~ to sb/sth** obéir à qn/qch
obelisk ['ɔbɪlɪsk] n obélisque m
obese [əu'biːs] adj obèse
obesity [əu'biːsɪtɪ] n obésité f
obey [ə'beɪ] vt obéir à ; (instructions, regulations) se conformer à ▶ vi obéir
obituary [ə'bɪtjuərɪ] n nécrologie f
object n ['ɔbdʒɪkt] objet m ; (purpose) but m, objet ; (Ling) complément m d'objet ; **what's the ~ of doing that?** quel est l'intérêt de faire cela ? ; **money is no ~** l'argent n'est pas un problème ▶ vi [əb'dʒɛkt]: **to ~ to** (attitude) désapprouver ; (proposal) protester contre, élever une objection contre ; **I ~!** je proteste ! ; **do you ~ to my smoking?** est-ce que cela vous gêne si je fume ? ▶ vt: **he objected that ...** il a fait valoir or a objecté que ...
objection [əb'dʒɛkʃən] n objection f ; (drawback) inconvénient m ; **if you have no ~** si vous n'y voyez pas d'inconvénient ; **to make** or **raise an ~** élever une objection

objectionable [əb'dʒɛkʃənəbl] adj très désagréable ; choquant(e)
objective [əb'dʒɛktɪv] n objectif m ▶ adj objectif(-ive)
objectively [əb'dʒɛktɪvlɪ] adv objectivement
objectivity [ɔbdʒɪk'tɪvɪtɪ] n objectivité f
object lesson n (fig) (bonne) illustration
objector [əb'dʒɛktəʳ] n opposant(e)
obligation [ɔblɪ'geɪʃən] n obligation f, devoir m ; (debt) dette f (de reconnaissance) ; **"without ~"** « sans engagement »
obligatory [ə'blɪgətərɪ] adj obligatoire
oblige [ə'blaɪdʒ] vt (force): **to ~ sb to do** obliger or forcer qn à faire ; (do a favour) rendre service à, obliger ; **to be obliged to sb for sth** être obligé(e) à qn de qch ; **anything to ~!** (inf) (toujours prêt à rendre) service !
obliging [ə'blaɪdʒɪŋ] adj obligeant(e), serviable
oblique [ə'bliːk] adj oblique ; (allusion) indirect(e) ▶ n (BRIT Typ) barre f oblique
obliterate [ə'blɪtəreɪt] vt effacer
oblivion [ə'blɪvɪən] n oubli m
oblivious [ə'blɪvɪəs] adj: **~ of** oublieux(-euse) de
oblong ['ɔblɔŋ] adj oblong(ue) ▶ n rectangle m
obnoxious [əb'nɔkʃəs] adj odieux(-euse) ; (smell) nauséabond(e)
o.b.o. abbr (US: in classified ads: = or best offer) ≈ à débattre
oboe ['əubəu] n hautbois m
oboist ['əubəuɪst] n hautboïste mf
obscene [əb'siːn] adj obscène
obscenity [əb'sɛnɪtɪ] n obscénité f
obscure [əb'skjuəʳ] adj obscur(e) ▶ vt obscurcir ; (hide: sun) cacher
obscurity [əb'skjuərɪtɪ] n obscurité f
obsequious [əb'siːkwɪəs] adj obséquieux(-euse)
observable [əb'zəːvəbl] adj observable ; (appreciable) notable
observance [əb'zəːvns] n observance f, observation f ; **religious observances** observances religieuses
observant [əb'zəːvnt] adj observateur(-trice)
observation [ɔbzə'veɪʃən] n observation f ; (by police etc) surveillance f
observation post n (Mil) poste m d'observation
observatory [əb'zəːvətrɪ] n observatoire m
observe [əb'zəːv] vt observer ; (remark) faire observer or remarquer
observer [əb'zəːvəʳ] n observateur(-trice)
obsess [əb'sɛs] vt obséder ; **to be obsessed by** or **with sb/sth** être obsédé(e) par qn/qch

obsession [əb'sɛʃən] n obsession f

obsessive [əb'sɛsɪv] adj obsédant(e)

obsolescence [ɔbsə'lɛsns] n vieillissement m ; obsolescence f ; **built-in** or **planned** ~ (Comm) désuétude calculée

obsolescent [ɔbsə'lɛsnt] adj obsolescent(e), en voie d'être périmé(e)

obsolete ['ɔbsəli:t] adj dépassé(e), périmé(e)

obstacle ['ɔbstəkl] n obstacle m

obstacle race n course f d'obstacles

obstetrician [ɔbstə'trɪʃən] n obstétricien(ne)

obstetrics [ɔb'stɛtrɪks] n obstétrique f

obstinacy ['ɔbstɪnəsɪ] n obstination f

obstinate ['ɔbstɪnɪt] adj obstiné(e) ; (pain, cold) persistant(e)

obstreperous [əb'strɛpərəs] adj turbulent(e)

obstruct [əb'strʌkt] vt (block) boucher, obstruer ; (halt) arrêter ; (hinder) entraver

obstruction [əb'strʌkʃən] n obstruction f ; (to plan, progress) obstacle m

obstructive [əb'strʌktɪv] adj obstructionniste

obtain [əb'teɪn] vt obtenir ▸ vi avoir cours

obtainable [əb'teɪnəbl] adj qu'on peut obtenir

obtrusive [əb'tru:sɪv] adj (person) importun(e) ; (smell) pénétrant(e) ; (building etc) trop en évidence

obtuse [əb'tju:s] adj obtus(e)

obverse ['ɔbvə:s] n (of medal, coin) côté m face ; (fig) contrepartie f

obviate ['ɔbvɪeɪt] vt parer à, obvier à

obvious ['ɔbvɪəs] adj évident(e), manifeste

obviously ['ɔbvɪəslɪ] adv manifestement ; (of course): ~, **he** ... or **he** ~ ... il est bien évident qu'il ... ; ~! bien sûr ! ; ~ **not!** évidemment pas !, bien sûr que non !

OCAS n abbr (= Organization of Central American States) ODEAC f (= Organisation des États d'Amérique centrale)

occasion [ə'keɪʒən] n occasion f ; (event) événement m ; **on that** ~ à cette occasion ; **to rise to the** ~ se montrer à la hauteur de la situation ▸ vt occasionner, causer

occasional [ə'keɪʒənl] adj pris(e) (or fait(e) etc) de temps en temps ; (worker, spending) occasionnel(le)

occasionally [ə'keɪʒənəlɪ] adv de temps en temps, quelquefois ; **very** ~ (assez) rarement

occasional table n table décorative

occult [ɔ'kʌlt] adj occulte ▸ n : **the** ~ le surnaturel

occupancy ['ɔkjupənsɪ] n occupation f

occupant ['ɔkjupənt] n occupant m

occupation [ɔkju'peɪʃən] n occupation f ; (job) métier m, profession f ; **unfit for** ~ (house) impropre à l'habitation

occupational [ɔkju'peɪʃənl] adj (accident, disease) du travail ; (hazard) du métier

occupational guidance n (Brit) orientation professionnelle

occupational hazard n risque m du métier

occupational pension n retraite professionnelle

occupational therapy n ergothérapie f

occupier ['ɔkjupaɪəʳ] n occupant(e)

occupy ['ɔkjupaɪ] vt occuper ; **to** ~ **o.s. with** or **by doing** s'occuper à faire ; **to be occupied with sth** être occupé avec qch

occur [ə'kə:ʳ] vi se produire ; (difficulty, opportunity) se présenter ; (phenomenon, error) se rencontrer ; **to** ~ **to sb** venir à l'esprit de qn

occurrence [ə'kʌrəns] n (existence) présence f, existence f ; (event) cas m, fait m

ocean ['əuʃən] n océan m ; **oceans of** (inf) des masses de

ocean bed n fond (sous-)marin

ocean-going ['əuʃəngəuɪŋ] adj de haute mer

Oceania [əuʃɪ'eɪnɪə] n Océanie f

ocean liner n paquebot m

oceanographer [əuʃə'nɔgrəfəʳ] n océanographe mf

ochre ['əukəʳ] adj ocre

o'clock [ə'klɔk] adv : **it is 5** ~ il est 5 heures

OCR n abbr = **optical character reader**; **optical character recognition**

Oct. abbr (= October) oct

octagonal [ɔk'tægənl] adj octogonal(e)

octane ['ɔkteɪn] n octane m ; **high-~ petrol** or (US) **gas** essence f à indice d'octane élevé

octave ['ɔktɪv] n octave f

October [ɔk'təubəʳ] n octobre m ; see also **July**

octogenarian ['ɔktəudʒɪ'nɛərɪən] n octogénaire mf

octopus ['ɔktəpəs] n pieuvre f

odd [ɔd] adj (strange) bizarre, curieux(-euse) ; (number) impair(e) ; (left over) qui reste, en plus ; (not of a set) dépareillé(e) ; **60-~** 60 et quelques ; **at** ~ **times** de temps en temps ; **the** ~ **one out** l'exception f

oddball ['ɔdbɔ:l] n (inf) excentrique mf

oddity ['ɔdɪtɪ] n bizarrerie f ; (person) excentrique mf

odd-job man [ɔd'dʒɔb-] n (irreg) homme m à tout faire

odd jobs npl petits travaux divers

oddly ['ɔdlɪ] adv bizarrement, curieusement

oddments ['ɔdmənts] npl (Brit Comm) fins fpl de série

odds [ɔdz] npl (in betting) cote f ; **the** ~ **are against his coming** il y a peu de chances qu'il vienne ; **it makes no** ~ cela n'a pas d'importance ; **to succeed against all the** ~ réussir contre toute attente ; ~ **and ends** de petites choses ; **at** ~ en désaccord

odds-on [ɔdz'ɔn] adj : **the** ~ **favourite** le grand favori ; **it's** ~ **that he'll come** il y a toutes les chances or gros à parier qu'il vienne

ode [əud] n ode f

odious ['əudɪəs] adj odieux(-euse), détestable

odometer [ɔ'dɔmɪtəʳ] n (US) odomètre m

odour, (US) **odor** ['əudəʳ] n odeur f

odourless, (US) **odorless** ['əudəlɪs] adj inodore

odyssey ['ɔdɪsɪ] n odyssée f

OECD n abbr (= Organization for Economic Cooperation and Development) OCDE f (= Organisation de coopération et de développement économique)

oesophagus, (US) **esophagus** [i:'sɔfəgəs] n œsophage m

oestrogen, (US) **estrogen** ['i:strəudʒən] n œstrogène m

KEYWORD

of [ɔv, əv] *prep* **1** (*gen*) de ; **a friend of ours** un de
nos amis ; **a boy of 10** un garçon de 10 ans ;
that was kind of you c'était gentil de votre
part
2 (*expressing quantity, amount, dates etc*) de ; **a kilo of
flour** un kilo de farine ; **how much of this do
you need?** combien vous en faut-il ? ; **there
were three of them** (*people*) ils étaient 3 ;
(*objects*) il y en avait 3 ; **three of us went** 3
d'entre nous y sont allés (allées) ; **the 5th of
July** le 5 juillet ; **a quarter of 4** (*US*) 4 heures
moins le quart
3 (*from, out of*) en, de ; **a statue of marble** une
statue de *or* en marbre ; **made of wood** (fait) en
bois

Ofcom ['ɔfkɔm] *n abbr* (BRIT: = *Office of
Communications Regulation*) *organe de régulation de
télécommunications*

off [ɔf] *adj, adv* (*engine*) coupé(e) ; (*light, TV*)
éteint(e) ; (*tap*) fermé(e) ; (BRIT: *food*)
mauvais(e), avancé(e) ; (: *milk*) tourné(e) ;
(*absent*) absent(e) ; (*cancelled*) annulé(e) ; **the lid
was ~** (*removed*) le couvercle était retiré *or* n'était
pas mis ; **to run/drive ~** (*away*) partir en
courant/en voiture ; **to be ~** (*to leave*) partir, s'en
aller ; **I must be ~** il faut que je file ; **to be ~
sick** être absent pour cause de maladie ; **a day ~**
un jour de congé ; **to have an ~ day** n'être pas
en forme ; **he had his coat ~** il avait enlevé son
manteau ; **the hook is ~** le crochet s'est
détaché ; le crochet n'est pas mis ; **10% ~** (*Comm*)
10% de rabais ; **it's a long way ~** c'est loin
(d'ici) ; **to be well/badly ~** être bien/mal loti ;
(*financially*) être aisé/dans la gêne ; **~ and on, on
and ~** de temps à autre ; **I'm afraid the
chicken is ~** (BRIT: *not available*) je regrette, il
n'y a plus de poulet ; **that's a bit ~** (*fig, inf*) c'est
un peu fort ▸ *prep* de ; **5 km ~ (the road)** à 5 km
(de la route) ; **~ the coast** au large de la côte ;
a house ~ the main road une maison à l'écart
de la grand-route ; **I'm ~ meat** je ne mange
plus de viande ; je n'aime plus la viande

offal ['ɔfl] *n* (*Culin*) abats *mpl*

offbeat ['ɔfbiːt] *adj* excentrique

off-centre [ɔf'sɛntər] *adj* décentré(e),
excentré(e)

off chance *n*: **on the ~** à tout hasard

off-colour ['ɔf'kʌlər] *adj* (BRIT: *ill*) malade, mal
fichu(e) ; **to feel ~** être mal fichu

off day *n* (*bad day*): **to have an ~** avoir un jour
sans ; (*US: holiday*) jour *m* de congé ; **he had an ~**
il a eu un jour sans, il n'était pas en forme

offence, (*US*) **offense** [ə'fɛns] *n* (*crime*) délit *m*,
infraction *f* ; **to give ~ to** blesser, offenser ; **to
take ~ at** se vexer de, s'offenser de ; **to commit
an ~** commettre une infraction

offend [ə'fɛnd] *vt* (*person*) offenser, blesser
▸ *vi*: **to ~ against** (*law, rule*) contrevenir à,
enfreindre

offender [ə'fɛndər] *n* délinquant(e) ; (*against
regulations*) contrevenant(e)

offending [ə'fɛndɪŋ] *adj* incriminé(e)

offense [ə'fɛns] *n* (*US*) = **offence**

offensive [ə'fɛnsɪv] *adj* offensant(e),
choquant(e) ; (*smell etc*) très déplaisant(e) ;
(*weapon*) offensif(-ive) ▸ *n* (*Mil*) offensive *f*

offer ['ɔfər] *n* offre *f*, proposition *f* ; **to make an ~
for sth** faire une offre pour qch ; **"on ~"** (*Comm*)
« en promotion » ▸ *vt* offrir, proposer ; **to ~ sth
to sb, ~ sb sth** offrir qch à qn ; **to ~ to do sth**
proposer de faire qch

offering ['ɔfərɪŋ] *n* offrande *f*

offhand [ɔf'hænd] *adj* désinvolte ▸ *adv*
spontanément ; **I can't tell you ~** je ne peux
pas vous le dire comme ça

office ['ɔfɪs] *n* (*place*) bureau *m* ; (*position*) charge
f, fonction *f* ; **doctor's ~** (*US*) cabinet (médical) ;
to take ~ entrer en fonctions ; **through his
good offices** (*fig*) grâce à ses bons offices ; **O~ of
Fair Trading** (BRIT) *organisme de protection contre
les pratiques commerciales abusives*

office automation *n* bureautique *f*

office bearer *n* (*of club etc*) membre *m* du bureau

office block, (*US*) **office building** *n* immeuble
m de bureaux

office boy *n* garçon *m* de bureau

office hours *npl* heures *fpl* de bureau ; (*US Med*)
heures de consultation

office manager *n* responsable
administratif(-ive)

officer ['ɔfɪsər] *n* (*Mil etc*) officier *m* ; (*also*: **police
officer**) agent *m* (de police) ; (*of organization*)
membre *m* du bureau directeur

office work *n* travail *m* de bureau

office worker *n* employé(e) de bureau

official [ə'fɪʃl] *adj* (*authorized*) officiel(le) ▸ *n*
officiel *m* ; (*civil servant*) fonctionnaire *mf* ; (*of
railways, post office, town hall*) employé(e)

officialdom [ə'fɪʃldəm] *n* bureaucratie *f*

officially [ə'fɪʃəlɪ] *adv* officiellement

official receiver *n* administrateur *m* judiciaire,
syndic *m* de faillite

officiate [ə'fɪʃɪeɪt] *vi* (*Rel*) officier ; **to ~ as
Mayor** exercer les fonctions de maire ; **to ~ at a
marriage** célébrer un mariage

officious [ə'fɪʃəs] *adj* trop empressé(e)

offing ['ɔfɪŋ] *n*: **in the ~** (*fig*) en perspective

off-key [ɔf'kiː] *adj* faux (fausse) ▸ *adv* faux

off-licence ['ɔflaɪsns] *n* (BRIT: *shop*) débit *m* de
vins et de spiritueux

off-limits [ɔf'lɪmɪts] *adj* (*esp US*) dont l'accès est
interdit

off-line [ɔf'laɪn] *adj* (*Comput*) (en mode)
autonome ; (: *switched off*) non connecté(e)

off-load ['ɔfləud] *vt*: **to ~ sth (onto)** (*goods*)
décharger qch (sur) ; (*job*) se décharger de qch (sur)

off-peak [ɔf'piːk] *adj* aux heures creuses ;
(*electricity, ticket*) au tarif heures creuses

off-putting ['ɔfputɪŋ] *adj* (BRIT: *remark*)
rébarbatif(-ive) ; (*person*) rebutant(e), peu
engageant(e)

off-road vehicle ['ɔfrəud-] *n* véhicule *m*
tout-terrain

off-screen [ɔf'skriːn] *adv, adj* hors écran

off-season [ɔf'siːzn] *adj, adv* hors-saison *inv*

offset ['ɔfsɛt] *vt* (*irreg: like* **set**) (*counteract*)
contrebalancer, compenser ▸ *n* (*also*: **offset
printing**) offset *m*

offshoot ['ɔffuːt] n (fig) ramification f, antenne f ; (: of discussion etc) conséquence f

offshore [ɔf'fɔːʳ] adj (breeze) de terre ; (island) proche du littoral ; (fishing) côtier(-ière) ; **~ oilfield** gisement m pétrolifère en mer

offside ['ɔf'saɪd] n (Aut: with right-hand drive) côté droit ; (: with left-hand drive) côté gauche ▶ adj (Sport) hors jeu ; (Aut: in Britain) de droite ; (: in US, Europe) de gauche

offspring ['ɔfsprɪŋ] n progéniture f

offstage [ɔf'steɪdʒ] adv dans les coulisses

off-the-cuff [ɔfðə'kʌf] adv au pied levé ; de chic

off-the-job ['ɔfðə'dʒɔb] adj : **~ training** formation professionnelle extérieure

off-the-peg ['ɔfðə'pɛg], (US) **off-the-rack** ['ɔfðə'ræk] adv en prêt-à-porter

off-the-record ['ɔfðə'rɛkɔːd] adj (remark) confidentiel(le), sans caractère officiel ▶ adv officieusement

off-white ['ɔfwaɪt] adj blanc cassé inv

often ['ɔfn] adv souvent ; **how ~ do you go?** vous y allez tous les combien ? ; **every so ~** de temps en temps, de temps à autre ; **as ~ as not** la plupart du temps

Ofwat ['ɔfwɔt] n abbr (BRIT: = Office of Water Services) organisme qui surveille les activités des compagnies des eaux

ogle ['əugl] vt lorgner

ogre ['əugəʳ] n ogre m

OH abbr (US) = **Ohio**

oh [əu] excl ô !, oh !, ah !

OHMS abbr (BRIT) = **On His/Her Majesty's Service**

oil [ɔɪl] n huile f ; (petroleum) pétrole m ; (for central heating) mazout m ▶ vt (machine) graisser

oilcan ['ɔɪlkæn] n burette f de graissage ; (for storing) bidon m à huile

oil change n vidange f

oilfield ['ɔɪlfiːld] n gisement m de pétrole

oil filter n (Aut) filtre m à huile

oil-fired ['ɔɪlfaɪəd] adj au mazout

oil gauge n jauge f de niveau d'huile

oil industry n industrie pétrolière

oil level n niveau m d'huile

oil painting n peinture f à l'huile

oil refinery n raffinerie f de pétrole

oil rig n derrick m ; (at sea) plate-forme pétrolière

oilseed rape [ɔɪlsiːd-] n (BRIT) colza m

oilskins ['ɔɪlskɪnz] npl ciré m

oil slick n nappe f de mazout

oil tanker n (ship) pétrolier m ; (truck) camion-citerne m

oil well n puits m de pétrole

oily ['ɔɪlɪ] adj huileux(-euse) ; (food) gras(se)

ointment ['ɔɪntmənt] n onguent m

OK abbr (US) = **Oklahoma**

O.K., okay ['əu'keɪ] (inf) excl d'accord ! ▶ vt approuver, donner son accord à ▶ n : **to give sth one's O.K.** donner son accord à qch ▶ adj (not bad) pas mal, en règle ; en bon état ; sain et sauf ; acceptable ; **is it O.K.?, are you O.K.?** ça va ? ; **are you O.K. for money?** ça va or ira question argent ? ; **it's O.K. with** or **by me** ça me va, c'est d'accord en ce qui me concerne

Okla. abbr (US) = **Oklahoma**

old [əuld] adj vieux (vieille) ; (person) vieux, âgé(e) ; (former) ancien(ne), vieux ; **how ~ are you?** quel âge avez-vous ? ; **he's 10 years ~** il a 10 ans, il est âgé de 10 ans ; **older brother/ sister** frère/sœur aîné(e) ; **any ~ thing will do** n'importe quoi fera l'affaire

> **vieux** changes to **vieil** before a vowel or with 'h' : an old man **un vieil homme**.

old age n vieillesse f

old-age pension ['əuldeɪdʒ-] n (BRIT) retraite f

old-age pensioner ['əuldeɪdʒ-] n (BRIT) retraité(e)

old-fashioned ['əuld'fæʃnd] adj démodé(e) ; (person) vieux jeu inv

old maid n vieille fille

old people's home n (esp BRIT) maison f de retraite

old-style ['əuldstaɪl] adj à l'ancienne (mode)

old-time ['əuld'taɪm] adj du temps jadis, d'autrefois

old-timer [əuld'taɪməʳ] n ancien m

old wives' tale n conte m de bonne femme

oleander [əulɪ'ændəʳ] n laurier m rose

O-level ['əulɛvl] n (in England and Wales: formerly) examen passé à l'âge de 16 ans sanctionnant les connaissances de l'élève, ≈ brevet m des collèges

olive ['ɔlɪv] n (fruit) olive f ; (tree) olivier m ▶ adj (also: **olive-green**) (vert) olive inv

olive oil n huile f d'olive

Olympic [əu'lɪmpɪk] adj olympique ; **the ~ Games, the Olympics** les Jeux mpl olympiques

OM n abbr (BRIT: = Order of Merit) titre honorifique

Oman [əu'mɑːn] n Oman m

OMB n abbr (US: = Office of Management and Budget) service conseillant le président en matière budgétaire

ombudsman ['ɔmbudzmən] n (irreg) médiateur m de la République, protecteur m du citoyen (CANADA)

omelette, omelet ['ɔmlɪt] n omelette f ; **ham/ cheese omelet(te)** omelette au jambon/ fromage

omen ['əumən] n présage m

OMG abbr (inf: = Oh My God !) OMD (= Oh Mon Dieu !)

ominous ['ɔmɪnəs] adj menaçant(e), inquiétant(e) ; (event) de mauvais augure

omission [əu'mɪʃən] n omission f

omit [əu'mɪt] vt omettre ; **to ~ to do sth** négliger de faire qch

omnipotent [ɔm'nɪpətənt] adj omnipotent(e)

omniscient [ɔm'nɪsɪənt] adj omniscient(e)

omnivorous [ɔm'nɪvrəs] adj omnivore

ON abbr (CANADA) = **Ontario**

O

(KEYWORD)

on [ɔn] prep **1** (indicating position) sur ; **on the table** sur la table ; **on the wall** sur le or au mur ; **on the left** à gauche ; **I haven't any money on me** je n'ai pas d'argent sur moi

2 (indicating means, method, condition etc): **on foot** à pied ; **on the train/plane** (be) dans le train/l'avion ; (go) en train/avion ; **on the telephone/radio/television** au téléphone/à la radio/à la télévision ; **to be on drugs** se droguer ; **on holiday,** (US) **on vacation** en vacances ; **on the continent** sur le continent **3** (*referring to time*): **on Friday** vendredi ; **on Fridays** le vendredi ; **on June 20th** le 20 juin ; **a week on Friday** vendredi en huit ; **on arrival** à l'arrivée ; **on seeing this** en voyant cela **4** (*about, concerning*) sur, de ; **a book on Balzac/ physics** un livre sur Balzac/de physique **5** (*at the expense of*): **this round is on me** c'est ma tournée

▶ *adv* **1** (*referring to dress*): **to have one's coat on** avoir (mis) son manteau ; **to put one's coat on** mettre son manteau ; **what's she got on?** qu'est-ce qu'elle porte ?

2 (*referring to covering*): **screw the lid on tightly** vissez bien le couvercle

3 (*further, continuously*): **to walk** *etc* **on** continuer à marcher *etc* ; **on and off** de temps à autre ; **from that day on** depuis ce jour

▶ *adj* **1** (*in operation: machine*) en marche ; (: *radio, TV, light*) allumé(e) ; (: *tap, gas*) ouvert(e) ; (: *brakes*) mis(e) ; **is the meeting still on?** (*not cancelled*) est-ce que la réunion a bien lieu ? ; **it was well on in the evening** c'était tard dans la soirée ; **when is this film on?** quand passe ce film ? **2** (*inf*): **that's not on!** (*not acceptable*) cela ne se fait pas ! ; (*not possible*) pas question !

ONC *n abbr* (BRIT: = *Ordinary National Certificate*) ≈ BT *m*

once [wʌns] *adv* une fois ; (*formerly*) autrefois ; **at ~** tout de suite, immédiatement ; (*simultaneously*) à la fois ; **all at ~** *adv* tout d'un coup ; **~ a week** une fois par semaine ; **~ more** encore une fois ; **I knew this ~** je l'ai connu autrefois ; **~ and for all** une fois pour toutes ; **~ upon a time there was …** il y avait une fois …, il était une fois … ▶ *conj* une fois que + *sub* ; **~ he had left/it was done** une fois qu'il fut parti/ que ce fut terminé

oncoming [ˈɒnkʌmɪŋ] *adj* (*traffic*) venant en sens inverse

OND *n abbr* (BRIT: = *Ordinary National Diploma*) ≈ BTS *m*

(KEYWORD)

one [wʌn] *num* un(e) ; **one hundred and fifty** cent cinquante ; **one by one** un(e) à *or* par un(e) ; **one day** un jour

▶ *adj* **1** (*sole*) seul(e), unique ; **the one book which** l'unique *or* le seul livre qui ; **the one man who** le seul (homme) qui

2 (*same*) même ; **they came in the one car** ils sont venus dans la même voiture

▶ *pron* **1**: **this one** celui-ci (celle-ci) ; **that one** celui-là (celle-là) ; **I've already got one/a red one** j'en ai déjà un(e)/un(e) rouge ; **which one do you want?** lequel voulez-vous ?

2: **one another** l'un(e) l'autre ; **to look at one another** se regarder

3 (*impersonal*) on ; **one never knows** on ne sait jamais ; **to cut one's finger** se couper le doigt ; **one needs to eat** il faut manger

4 (*phrases*): **to be one up on sb** avoir l'avantage sur qn ; **to be at one (with sb)** être d'accord (avec qn)

one-armed bandit [ˈwʌnɑːmd-] *n* machine *f* à sous

one-day excursion [ˈwʌndeɪ-] *n* (*US*) billet *m* d'aller-retour (valable pour la journée)

One-hundred share index [ˈwʌnhʌndrəd-] *n* indice *m* Footsie des cent grandes valeurs

one-man [ˈwʌnˈmæn] *adj* (*business*) dirigé(e) *etc* par un seul homme

one-man band *n* homme-orchestre *m*

one-off [wʌnˈɔf] *n* (BRIT *inf*) exemplaire *m* unique ▶ *adj* unique

one-on-one [wʌnɒnˈwʌn] *adv, adj* en tête à tête

one-parent family [ˈwʌnpɛərənt-] *n* famille monoparentale

one-piece [ˈwʌnpiːs] *adj*: **~ bathing suit** maillot *m* une pièce

onerous [ˈɒnərəs] *adj* (*task, duty*) pénible ; (*responsibility*) lourd(e)

oneself [wʌnˈself] *pron* se ; (*after prep, also emphatic*) soi-même ; **to hurt ~** se faire mal ; **to keep sth for ~** garder qch pour soi ; **to talk to ~** se parler à soi-même ; **by ~** tout seul

one-shot [wʌnˈʃɔt] *n* (*US*) = **one-off**

one-sided [wʌnˈsaɪdɪd] *adj* (*argument, decision*) unilatéral(e) ; (*judgment, account*) partial(e) ; (*contest*) inégal(e)

one-size-fits-all [wʌnsaɪzfɪtsˈɔːl] *adj* (*policy, approach*) taille unique *inv*

one-time [ˈwʌntaɪm] *adj* d'autrefois

one-to-one [ˈwʌntəwʌn] *adj* (*relationship*) univoque

one-upmanship [wʌnˈʌpmənʃɪp] *n*: **the art of ~** l'art de faire mieux que les autres

one-way [ˈwʌnweɪ] *adj* (*street, traffic*) à sens unique

ongoing [ˈɒngəʊɪŋ] *adj* en cours ; (*relationship*) suivi(e)

onion [ˈʌnjən] *n* oignon *m*

on-line [ˈɒnlaɪn] *adj* (*Comput*) en ligne ; (: *switched on*) connecté(e)

onlooker [ˈɒnlukər] *n* spectateur(-trice)

only [ˈəʊnlɪ] *adv* seulement ; **not ~ … but also** non seulement … mais aussi ; **I ~ took one** j'en ai seulement pris un, je n'en ai pris qu'un ; **I saw her ~ yesterday** je l'ai vue hier encore ; **I'd be ~ too pleased to help** je ne serais que trop content de vous aider ▶ *adj* seul(e), unique ; **an ~ child** un enfant unique ▶ *conj* seulement, mais ; **I would come, ~ I'm very busy** je viendrais bien mais j'ai beaucoup à faire

ono *abbr* (BRIT: *in classified ads*: = *or nearest offer*) ≈ à débattre

on-screen [ɒnˈskriːn] *adj* à l'écran

onset [ˈɒnsɛt] *n* début *m* ; (*of winter, old age*) approche *f*

onshore [ˈɒnʃɔːr] *adj* (*wind*) du large

onside [ɒnˈsaɪd] *adv*: **to bring sb ~** gagner qn à sa cause ▶ *adj* (*Football: player*) qui n'est pas hors jeu

onslaught [ˈɒnslɔːt] *n* attaque *f*, assaut *m*

onstage [ɒnˈsteɪdʒ] *adv* en scène ; **~ and offstage** à la scène comme à la ville

Ont. *abbr* (CANADA) = **Ontario**

on-the-job [ˈɒnðəˈdʒɔb] *adj*: **~ training** formation *f* sur place

onto ['ɔntu] *prep* sur
onus ['əunəs] *n* responsabilité *f* ; **the ~ is upon him to prove it** c'est à lui de le prouver
onward ['ɔnwəd], **onwards** ['ɔnwədz] *adv* (*move*) en avant ; **from that time onwards** à partir de ce moment
oodles ['u:dlz] *npl* (*inf*) : ~ **of** un maximum de
oomph [umf] *n* (*inf*) peps *m*(*inf*) ; **to have ~** avoir du peps
oops [ups] *excl* houp ! ; **~-a-daisy!** houp-là !
ooze [u:z] *vi* suinter
opacity [əu'pæsɪtɪ] *n* opacité *f*
opal ['əupl] *n* opale *f*
opaque [əu'peɪk] *adj* opaque
OPEC ['əupɛk] *n abbr* (= *Organization of Petroleum-Exporting Countries*) OPEP *f*
open ['əupn] *adj* ouvert(e) ; (*car*) découvert(e) ; (*road, view*) dégagé(e) ; (*meeting*) public(-ique) ; (*admiration*) manifeste ; (*question*) non résolu(e) ; (*enemy*) déclaré(e) ; **is it ~ to the public?** est-ce ouvert au public ? ; **in the ~ air** en plein air ; **the ~ sea** le large ; **~ ground** (*among trees*) clairière *f* ; (*waste ground*) terrain *m* vague ; **to have an ~ mind (on sth)** avoir l'esprit ouvert (sur qch) ▸ *n*: **in the ~** (*outside*) en plein air ; (*not secret*) au grand jour ▸ *vt* ouvrir ▸ *vi* (*flower, eyes, door, debate*) s'ouvrir ; (*shop, bank, museum*) ouvrir ; (*book etc: commence*) commencer, débuter ; **what time do you ~?** à quelle heure ouvrez-vous ?
▸ **open on to** *vt fus* (*room, door*) donner sur
▸ **open out** *vt* ouvrir ▸ *vi* s'ouvrir
▸ **open up** *vt* ouvrir ; (*blocked road*) dégager ▸ *vi* s'ouvrir
open-air [əupn'ɛəʳ] *adj* en plein air
open-and-shut ['əupnən'ʃʌt] *adj*: **~ case** cas *m* limpide
opencast ['əupnkɑ:st] *adj* à ciel ouvert
open day *n* journée *f* portes ouvertes
open-ended [əupn'ɛndɪd] *adj* (*fig*) non limité(e)
opener ['əupnəʳ] *n* (*also*: **can opener**, **tin opener**) ouvre-boîtes *m*
open-heart surgery [əupn'hɑ:t-] *n* chirurgie *f* à cœur ouvert
opening ['əupnɪŋ] *n* ouverture *f* ; (*opportunity*) occasion *f* ; (*work*) débouché *m* ; (*job*) poste vacant
opening hours *npl* heures *fpl* d'ouverture
opening night *n* (*Theat*) première *f*
open learning *n* enseignement universitaire à la carte, notamment par correspondance ; (*distance learning*) télé-enseignement *m*
open learning centre *n* centre ouvert à tous où l'on dispense un enseignement général à temps partiel
openly ['əupnlɪ] *adv* ouvertement
open-minded [əupn'maɪndɪd] *adj* à l'esprit ouvert
open-necked ['əupnnɛkt] *adj* à col ouvert
openness ['əupnnɪs] *n* (*frankness*) franchise *f*
open-plan ['əupn'plæn] *adj* sans cloisons
open prison *n* prison ouverte
open sandwich *n* canapé *m*
open shop *n* entreprise qui admet les travailleurs non syndiqués
Open University *n* (*Brit*) cours universitaires par correspondance

OPEN UNIVERSITY

L'**Open University**, fondée en 1969, est un organisme d'enseignement universitaire à distance. Cet enseignement comprend des cours en ligne, des devoirs qui sont envoyés par l'étudiant à son directeur ou sa directrice d'études, et un séjour obligatoire en université d'été. Il faut préparer un certain nombre d'unités de valeur pendant une période de temps déterminée et obtenir la moyenne à un certain nombre d'entre elles pour recevoir le diplôme visé. Avec plus de 250 000 inscrits, dont 50 000 étudiants étrangers, l'*Open University* est le plus grand organisme éducatif du Royaume-Uni et l'un des plus grands du monde. Il obtient régulièrement d'excellents résultats, tant en ce qui concerne la qualité des enseignements dispensés que le niveau de satisfaction des étudiants.

opera ['ɔpərə] *n* opéra *m*
opera glasses *npl* jumelles *fpl* de théâtre
opera house *n* opéra *m*
opera singer *n* chanteur(-euse) d'opéra
operate ['ɔpəreɪt] *vt* (*machine*) faire marcher, faire fonctionner ; (*system*) pratiquer ▸ *vi* fonctionner ; (*drug*) faire effet ; **to ~ on sb (for)** (*Med*) opérer qn (de)
operatic [ɔpə'rætɪk] *adj* d'opéra
operating ['ɔpəreɪtɪŋ] *adj* (*Comm: costs, profit*) d'exploitation ; (*Med*): **~ table** table *f* d'opération
operating room *n* (*US Med*) salle *f* d'opération
operating system *n* (*Comput*) système *m* d'exploitation
operating theatre *n* (*Brit Med*) salle *f* d'opération
operation [ɔpə'reɪʃən] *n* opération *f* ; (*of machine*) fonctionnement *m* ; **to have an ~ (for)** se faire opérer (de) ; **to be in ~** (*machine*) être en service ; (*system*) être en vigueur
operational [ɔpə'reɪʃənl] *adj* opérationnel(le) ; (*ready for use*) en état de marche ; **when the service is fully ~** lorsque le service fonctionnera pleinement
operative ['ɔpərətɪv] *adj* (*measure*) en vigueur ; **the ~ word** le mot clef ▸ *n* (*in factory*) ouvrier(-ière)
operator ['ɔpəreɪtəʳ] *n* (*of machine*) opérateur(-trice) ; (*Tel*) téléphoniste *mf*
operetta [ɔpə'rɛtə] *n* opérette *f*
ophthalmologist [ɔfθæl'mɔlədʒɪst] *n* ophtalmologiste *mf*, ophtalmologue *mf*
opiate ['əupɪət] *n* opiacé *m*
opinion [ə'pɪnjən] *n* opinion *f*, avis *m* ; **in my ~** à mon avis ; **to seek a second ~** demander un deuxième avis
opinionated [ə'pɪnjəneɪtɪd] *adj* aux idées bien arrêtées
opinion poll *n* sondage *m* d'opinion
opium ['əupɪəm] *n* opium *m*
opponent [ə'pəunənt] *n* adversaire *mf*
opportune ['ɔpətju:n] *adj* opportun(e)
opportunism [ɔpə'tju:nɪzəm] *n* opportunisme *m*

opportunist [ɔpəˈtjuːnɪst] n opportuniste mf
opportunistic [ɔpətjuːˈnɪstɪk] adj opportuniste
opportunity [ɔpəˈtjuːnɪtɪ] n occasion f; **to take the ~ to do** or **of doing** profiter de l'occasion pour faire
oppose [əˈpəuz] vt s'opposer à; **to be opposed to sth** être opposé(e) à qch; **as opposed to** par opposition à
opposing [əˈpəuzɪŋ] adj (side) opposé(e)
opposite [ˈɔpəzɪt] adj opposé(e); (house etc) d'en face; **"see ~ page"** « voir ci-contre » ▸ adv en face ▸ prep en face de ▸ n opposé m, contraire m; (of word) contraire
opposite number n (BRIT) homologue mf
opposite sex n: **the ~** l'autre sexe
opposition [ɔpəˈzɪʃən] n opposition f
oppress [əˈprɛs] vt opprimer
oppression [əˈprɛʃən] n oppression f
oppressive [əˈprɛsɪv] adj oppressif(-ive)
oppressor [əˈprɛsəʳ] n oppresseur m
opprobrium [əˈprəubrɪəm] n (formal) opprobre m
opt [ɔpt] vi: **to ~ for** opter pour; **to ~ to do** choisir de faire
　▸ **opt out** vi (school, hospital) devenir autonome; (health service) devenir privé(e); **to ~ out of** choisir de ne pas participer à or de ne pas faire
optical [ˈɔptɪkl] adj optique; (instrument) d'optique
optical character reader n lecteur m optique
optical character recognition n lecture f optique
optical fibre n fibre f optique
optician [ɔpˈtɪʃən] n opticien(ne)
optics [ˈɔptɪks] n optique f
optimal [ˈɔptɪml] = **optimum**
optimism [ˈɔptɪmɪzəm] n optimisme m
optimist [ˈɔptɪmɪst] n optimiste mf
optimistic [ɔptɪˈmɪstɪk] adj optimiste
optimistically [ɔptɪˈmɪstɪklɪ] adv avec optimisme
optimize [ˈɔptɪmaɪz] vt (plan, machine) optimiser; (situation, opportunity) tirer le plus grand profit de
optimum [ˈɔptɪməm] adj optimal(e), optimum
option [ˈɔpʃən] n choix m, option f; (Scol) matière f à option; (Comm) option; **to keep one's options open** (fig) ne pas s'engager; **I have no ~** je n'ai pas le choix
optional [ˈɔpʃənl] adj facultatif(-ive); (Comm) en option; **~ extras** accessoires mpl en option, options fpl
optometrist [ɔpˈtɔmətrɪst] n (esp US) optométriste mf
opulence [ˈɔpjuləns] n opulence f; abondance f
opulent [ˈɔpjulənt] adj opulent(e); abondant(e)
OR abbr (US) = **Oregon**
or [ɔːʳ] conj ou; (with negative): **he hasn't seen or heard anything** il n'a rien vu ni entendu; **or else** sinon; ou bien
oracle [ˈɔrəkl] n oracle m
oral [ˈɔːrəl] adj oral(e) ▸ n oral m
orange [ˈɔrɪndʒ] n (fruit) orange f ▸ adj orange inv
orangeade [ɔrɪndʒˈeɪd] n orangeade f
orange juice n jus m d'orange
orangutan, orang-utan [ɔːˈræŋutæn] n orang-outan m
oration [ɔːˈreɪʃən] n discours solennel

orator [ˈɔrətəʳ] n orateur(-trice)
oratorio [ɔrəˈtɔːrɪəu] n oratorio m
oratory [ˈɔrətrɪ] n (art) talent m oratoire; (speech) oraison f
orb [ɔːb] n orbe m
orbit [ˈɔːbɪt] n orbite f; **to be in/go into ~ (round)** être/entrer en orbite (autour de) ▸ vt graviter autour de
orbital [ˈɔːbɪtl] n (also: **orbital motorway**) périphérique f
orchard [ˈɔːtʃəd] n verger m; **apple ~** verger de pommiers
orchestra [ˈɔːkɪstrə] n orchestre m; (US: seating) (fauteuils mpl d')orchestre
orchestral [ɔːˈkɛstrəl] adj orchestral(e); (concert) symphonique
orchestrate [ˈɔːkɪstreɪt] vt (Mus, fig) orchestrer
orchid [ˈɔːkɪd] n orchidée f
ordain [ɔːˈdeɪn] vt (Rel) ordonner; (decide) décréter
ordeal [ɔːˈdiːl] n épreuve f
order [ˈɔːdəʳ] n ordre m; (Comm) commande f; **in ~** en ordre; (document) en règle; **out of ~** (not in correct order) en désordre; (machine) hors service; (telephone) en dérangement; **a machine in working ~** une machine en état de marche; **in ~ of size** par ordre de grandeur; **~ to do/that** pour faire/que + sub; **to place an ~ for sth with sb** commander qch auprès de qn, passer commande de qch à qn; **to be on ~** être en commande; **made to ~** fait sur commande; **to be under orders to do sth** avoir ordre de faire qch; **a point of ~** un point de procédure; **to the ~ of** (Banking) à l'ordre de ▸ vt ordonner; (Comm) commander; **to ~ sb to do** ordonner à qn de faire ▸ vi commander; **I ~ now, please?** je peux commander, s'il vous plaît?
order book n carnet m de commandes
order form n bon m de commande
orderly [ˈɔːdəlɪ] n (Mil) ordonnance f; (Med) garçon m de salle ▸ adj (room) en ordre; (mind) méthodique; (person) qui a de l'ordre
order number n (Comm) numéro m de commande
ordinal [ˈɔːdɪnl] adj (number) ordinal(e)
ordinarily [ɔːdɪˈnɛrɪlɪ] adv (normally) d'ordinaire
ordinary [ˈɔːdnrɪ] adj ordinaire, normal(e); (pej) ordinaire, quelconque; **out of the ~** exceptionnel(le)
ordinary degree n (Scol) ≈ licence f libre

* **ORDINARY DEGREE**
*
* Un **ordinary degree** est un diplôme inférieur
* à l'honours degree que l'on obtient en général
* après trois années d'études universitaires.
* Il peut aussi être décerné en cas d'échec à
* l'honours degree.

ordinary seaman n (irreg) (BRIT) matelot m
ordinary shares npl actions fpl ordinaires
ordination [ɔːdɪˈneɪʃən] n ordination f
ordnance [ˈɔːdnəns] n (Mil: unit) service m du matériel
Ordnance Survey map n (BRIT) ≈ carte f d'État-major

ore [ɔːʳ] n minerai m

Ore., Oreg. abbr (US) = **Oregon**

oregano [ɒrɪˈɡɑːnəu] n origan m

organ [ˈɔːɡən] n organe m ; (Mus) orgue m, orgues fpl

organic [ɔːˈɡænɪk] adj organique ; (crops etc) biologique, naturel(le)

organically [ɔːˈɡænɪklɪ] adv (grow, produce) biologiquement

organism [ˈɔːɡənɪzəm] n organisme m

organist [ˈɔːɡənɪst] n organiste mf

organization [ɔːɡənaɪˈzeɪʃən] n organisation f

organizational [ɔːɡənaɪˈzeɪʃnəl] adj organisationnel(le) ; **at an ~ level** au niveau organisationnel

organization chart n organigramme m

organize [ˈɔːɡənaɪz] vt organiser ; **to get organized** s'organiser

organized [ˈɔːɡənaɪzd] adj (planned) organisé(e) ; (efficient) bien organisé

organized crime n crime organisé, grand banditisme

organized labour n main-d'œuvre syndiquée

organizer [ˈɔːɡənaɪzəʳ] n organisateur(-trice)

orgasm [ˈɔːɡæzəm] n orgasme m

orgy [ˈɔːdʒɪ] n orgie f

Orient [ˈɔːrɪənt] n: **the ~** l'Orient m

orient [ˈɔːrɪənt], **orientate** [ˈɔːrɪənteɪt] vt orienter ; **to be oriented towards sth** (person) être orienté vers qch ; (thing) être axé sur qch

oriental [ɔːrɪˈɛntl] adj oriental(e) ▸ n Oriental(e)

orientate [ˈɔːrɪɛnteɪt] vt = **orient**

orientation [ɔːrɪɛnˈteɪʃən] n (attitudes) tendance f ; (in job) orientation f ; (of building) orientation, exposition f

orienteering [ɔːrɪənˈtɪərɪŋ] n course f d'orientation

orifice [ˈɒrɪfɪs] n orifice m

origami [ɒrɪˈɡɑːmi] n origami m

origin [ˈɒrɪdʒɪn] n origine f ; **country of ~** pays m d'origine

original [əˈrɪdʒɪnl] adj original(e) ; (earliest) originel(le) ▸ n original m

originality [ərɪdʒɪˈnælɪtɪ] n originalité f

originally [əˈrɪdʒɪnəlɪ] adv (at first) à l'origine

originate [əˈrɪdʒɪneɪt] vi: **to ~ from** être originaire de ; (suggestion) provenir de ; **to ~ in** (custom) prendre naissance dans, avoir son origine dans

originator [əˈrɪdʒɪneɪtəʳ] n auteur m

Orkney [ˈɔːknɪ] n (also: **the Orkneys, the Orkney Islands**) les Orcades fpl

ornament [ˈɔːnəmənt] n ornement m ; (trinket) bibelot m

ornamental [ɔːnəˈmɛntl] adj décoratif(-ive) ; (garden) d'agrément

ornamentation [ɔːnəmɛnˈteɪʃən] n ornementation f

ornate [ɔːˈneɪt] adj très orné(e)

ornithologist [ɔːnɪˈθɒlədʒɪst] n ornithologue mf

ornithology [ɔːnɪˈθɒlədʒɪ] n ornithologie f

orphan [ˈɔːfn] n orphelin(e) ▸ vt: **to be orphaned** devenir orphelin

orphanage [ˈɔːfənɪdʒ] n orphelinat m

orthodontist [ɔːθəˈdɒntɪst] n orthodontiste mf

orthodox [ˈɔːθədɒks] adj orthodoxe

orthodoxy [ˈɔːθədɒksɪ] n orthodoxie f

orthopaedic, (US) **orthopedic** [ɔːθəˈpiːdɪk] adj orthopédique

OS abbr (Brit: = Ordnance Survey) ≈ IGN m (= Institut géographique national) ; (Naut) = **ordinary seaman**; (Dress) = **outsize**

O/S abbr = **out of stock**

Oscar [ˈɒskəʳ] n oscar m

oscillate [ˈɒsɪleɪt] vi osciller

OSHA n abbr (US: = Occupational Safety and Health Administration) office de l'hygiène et de la sécurité au travail

Oslo [ˈɒzləu] n Oslo

osmosis [ɒzˈməusɪs] n osmose f ; **by ~** par osmose

ostensible [ɒsˈtɛnsɪbl] adj prétendu(e) ; apparent(e)

ostensibly [ɒsˈtɛnsɪblɪ] adv en apparence

ostentation [ɒstɛnˈteɪʃən] n ostentation f

ostentatious [ɒstɛnˈteɪʃəs] adj prétentieux(-euse) ; ostentatoire

osteopath [ˈɒstɪəpæθ] n ostéopathe mf

osteoporosis [ɒstɪəupəˈrəusɪs] n ostéoporose f

ostracism [ˈɒstrəsɪzəm] n ostracisme m

ostracize [ˈɒstrəsaɪz] vt frapper d'ostracisme

ostrich [ˈɒstrɪtʃ] n autruche f

OT n abbr (= Old Testament) AT m

OTB n abbr (US: = off-track betting) paris pris en dehors du champ de course

O.T.E. abbr (= on-target earnings) primes fpl sur objectifs inclus

other [ˈʌðəʳ] adj autre ; **the ~ one** l'autre ; **some ~ people have still to arrive** on attend encore quelques personnes ; **the ~ day** l'autre jour ▸ pron: **the ~** l'autre ; **others** (other people) d'autres ; **some actor or ~** un certain acteur, je ne sais quel acteur ; **somebody or ~** quelqu'un ; **the car was none ~ than John's** la voiture n'était autre que celle de John ▸ adv: **~ than** autrement que ; à part

otherwise [ˈʌðəwaɪz] adv, conj autrement ; **an ~ good piece of work** par ailleurs, un beau travail

otherworldly [ʌðəˈwəːldlɪ] adj d'un autre monde

OTT abbr (inf) = **over the top**; see **top**

Ottawa [ˈɒtəwə] n Ottawa

otter [ˈɒtəʳ] n loutre f

OU n abbr (Brit) = **Open University**

ouch [autʃ] excl aïe !

ought [ɔːt] aux vb: **I ~ to do it** je devrais le faire, il faudrait que je le fasse ; **this ~ to have been corrected** cela aurait dû être corrigé ; **he ~ to win** (probability) il devrait gagner ; **you ~ to go and see it** vous devriez aller le voir

ounce [auns] n once f (28.35g ; 16 in a pound)

our [ˈauəʳ] adj notre, nos pl ; see also **my**

ours [auəz] pron le (la) nôtre, les nôtres ; see also **mine**[1]

ourselves [auəˈsɛlvz] pl pron (reflexive, after preposition) nous ; (emphatic) nous-mêmes ; **we did it (all) by ~** nous avons fait ça tout seuls ; see also **oneself**

oust [aust] vt évincer

747

out [aut] *adv, adj* dehors ; *(published, not at home etc)* sorti(e) ; *(light, fire)* éteint(e) ; *(on strike)* en grève ; ~ **here** ici ; ~ **there** là-bas ; **he's ~** *(absent)* il est sorti ; *(unconscious)* il est sans connaissance ; **to be ~ in one's calculations** s'être trompé dans ses calculs ; **to run/back** *etc* ~ sortir en courant/en reculant *etc* ; **to be ~ and about** *or* *(US)* **around again** être de nouveau sur pied ; **before the week was ~** avant la fin de la semaine ; **the journey ~** l'aller *m* ; **the boat was 10 km ~** le bateau était à 10 km du rivage ; ~ **loud** *adv* à haute voix ; ~ **of** *prep (outside)* en dehors de ; *(because of: anger etc)* par ; *(from among)*: **10 ~ of 10** 10 sur 10 ; *(without)*: ~ **of petrol** sans essence, à court d'essence ; **made ~ of wood** en *or* de bois ; ~ **of order** *(machine)* en panne ; *(Tel: line)* en dérangement ; ~ **of stock** *(Comm: article)* épuisé(e) ; (: *shop*) en rupture de stock ▶ *vt*: **to ~ sb** révéler l'homosexualité de qn

outage ['autɪdʒ] *n (esp US: power failure)* panne *f or* coupure *f* de courant

out-and-out ['autəndaut] *adj* véritable

outback ['autbæk] *n* campagne isolée ; *(in Australia)* intérieur *m*

outbid [aut'bɪd] *vt (irreg: like* **bid**) surenchérir

outboard ['autbɔːd] *n*: ~ **(motor)** (moteur *m*) hors-bord *m*

outbound ['autbaund] *adj*: ~ **(from/for)** en partance (de/pour)

outbox ['autbɔks] *n (Comput)* boîte *f* d'envoi ; *(US: out-tray)* corbeille *f* du courrier au départ

outbreak ['autbreɪk] *n (of violence)* éruption *f*, explosion *f* ; *(of disease)* de nombreux cas ; **the ~ of war south of the border** la guerre qui s'est déclarée au sud de la frontière

outbuilding ['autbɪldɪŋ] *n* dépendance *f*

outburst ['autbəːst] *n* explosion *f*, accès *m*

outcast ['autkɑːst] *n* exilé(e) ; *(socially)* paria *m*

outclass [aut'klɑːs] *vt* surclasser

outcome ['autkʌm] *n* issue *f*, résultat *m*

outcrop ['autkrɔp] *n* affleurement *m*

outcry ['autkraɪ] *n* tollé (général)

outdated [aut'deɪtɪd] *adj* démodé(e)

outdistance [aut'dɪstəns] *vt* distancer

outdo [aut'duː] *vt (irreg: like* **do**) surpasser

outdoor [aut'dɔːʳ] *adj* de *or* en plein air

outdoors [aut'dɔːz] *adv* dehors ; au grand air

outer ['autəʳ] *adj* extérieur(e) ; ~ **suburbs** grande banlieue

outer space *n* espace *m* cosmique

outfit ['autfɪt] *n* équipement *m* ; *(clothes)* tenue *f* ; *(inf, Comm)* organisation *f*, boîte *f*

outfitter ['autfɪtəʳ] *vt (in* (Brit): **"(gents)' ~'s"** « confection pour hommes »

outgoing ['autgəuɪŋ] *adj (president, tenant)* sortant(e) ; *(character)* ouvert(e), extraverti(e)

outgoings ['autgəuɪŋz] *npl* (Brit: *expenses*) dépenses *fpl*

outgrow [aut'grəu] *vt (irreg: like* **grow**) *(clothes)* devenir trop grand(e) pour

outhouse ['authaus] *n* appentis *m*, remise *f*

outing ['autɪŋ] *n* sortie *f* ; excursion *f*

outlandish [aut'lændɪʃ] *adj* étrange

outlast [aut'lɑːst] *vt* survivre à

outlaw ['autlɔː] *n* hors-la-loi *m inv* ▶ *vt (person)* mettre hors la loi ; *(practice)* proscrire

outlay ['autleɪ] *n* dépenses *fpl* ; *(investment)* mise *f* de fonds

outlet ['autlɛt] *n (for liquid etc)* issue *f*, sortie *f* ; *(for emotion)* exutoire *m* ; *(for goods)* débouché *m* ; *(also*: **retail outlet**) point *m* de vente ; *(US Elec)* prise *f* de courant

outline ['autlaɪn] *n (shape)* contour *m* ; *(summary)* esquisse *f*, grandes lignes ▶ *vt (fig: theory, plan)* exposer à grands traits

outlive [aut'lɪv] *vt* survivre à

outlook ['autluk] *n* perspective *f* ; *(point of view)* attitude *f*

outlying ['autlaɪɪŋ] *adj* écarté(e)

outmanoeuvre [autmə'nuːvəʳ] *vt (rival etc)* avoir au tournant

outmoded [aut'məudɪd] *adj* démodé(e) ; dépassé(e)

outnumber [aut'nʌmbəʳ] *vt* surpasser en nombre

out-of-court [autəv'kɔːt] *adj, adv* à l'aimable

out-of-date [autəv'deɪt] *adj (passport, ticket)* périmé(e) ; *(theory, idea)* dépassé(e) ; *(custom)* désuet(-ète) ; *(clothes)* démodé(e)

out-of-doors [autəv'dɔːz] *adv* = **outdoors**

out-of-the-way ['autəvðə'weɪ] *adj* loin de tout ; *(fig)* insolite

out-of-town [autəv'taun] *adj (shopping centre etc)* en périphérie

outpace [aut'peɪs] *vt* distancer

outpatient ['autpeɪʃənt] *n* malade *mf* en consultation externe

outperform [autpə'fɔːm] *vt* être plus performant que

outpost ['autpəust] *n* avant-poste *m*

outpouring ['autpɔːrɪŋ] *n (fig)* épanchement(s) *m(pl)*

output ['autput] *n* rendement *m*, production *f* ; *(Comput)* sortie *f* ▶ *vt (Comput)* sortir

outrage ['autreɪdʒ] *n (anger)* indignation *f* ; *(violent act)* atrocité *f*, acte *m* de violence ; *(scandal)* scandale *m* ▶ *vt* outrager

outrageous [aut'reɪdʒəs] *adj* atroce ; *(scandalous)* scandaleux(-euse)

outreach programme, *(US)* **outreach program** ['autriːtʃ-] *n* programme *m* de proximité

outrider ['autraɪdəʳ] *n (on motorcycle)* motard *m*

outright *adv* [aut'raɪt] complètement ; *(deny, refuse)* catégoriquement ; *(ask)* carrément ; *(kill)* sur le coup ▶ *adj* ['autraɪt] complet(-ète) ; catégorique

outrun [aut'rʌn] *vt (irreg: like* **run**) dépasser

outsell [aut'sɛl] *vt (irreg: like* **sell**) réaliser de meilleurs chiffres de ventes que

outset ['autsɛt] *n* début *m*

outshine [aut'ʃaɪn] *vt (irreg: like* **shine**) *(fig)* éclipser

outside [aut'saɪd] *n* extérieur *m* ; **at the ~** *(fig)* au plus *or* maximum ▶ *adj* extérieur(e) ; *(remote, unlikely)*: **an ~ chance** une (très) faible chance ; ~ **left/right** *n (Football)* ailier gauche/droit ▶ *adv* (au) dehors, à l'extérieur ▶ *prep* hors de, à l'extérieur de ; *(in front of)* devant

outside broadcast n (Radio, TV) reportage m

outside lane n (Aut: in Britain) voie f de droite ; (: in US, Europe) voie de gauche

outside line n (Tel) ligne extérieure

outsider [aut'saɪdəʳ] n (in race etc) outsider m ; (stranger) étranger(-ère)

outsize ['autsaɪz] adj énorme ; (clothes) grande taille inv

outskirts ['autskə:ts] npl faubourgs mpl

outsmart [aut'sma:t] vt se montrer plus malin(-igne) or futé(e) que

outsource [aut'sɔ:s] vt externaliser

outsourcing [aut'sɔ:sɪŋ] n externalisation f

outspoken [aut'spəukən] adj très franc (franche)

outspokenness [aut'spəukənnɪs] n franc-parler m

outspread [aut'spred] adj (wings) déployé(e)

outstanding [aut'stændɪŋ] adj remarquable, exceptionnel(le) ; (unfinished: work, business) en suspens, en souffrance ; (debt) impayé(e) ; (problem) non réglé(e) ; **your account is still ~** vous n'avez pas encore tout remboursé

outstandingly [aut'stændɪŋlɪ] adv remarquablement

outstay [aut'steɪ] vt : **to ~ one's welcome** abuser de l'hospitalité de son hôte

outstretched [aut'stretʃt] adj (hand) tendu(e) ; (body) étendu(e)

outstrip [aut'strɪp] vt (also fig) dépasser

out-tray ['auttreɪ] n courrier m (« départ »)

outvote [aut'vəut] vt : **to ~ sb (by)** mettre qn en minorité (par) ; **to ~ sth (by)** rejeter qch (par)

outward ['autwəd] adj (sign, appearances) extérieur(e) ; (journey) (d')aller ▶ adv vers l'extérieur

outwardly ['autwədlɪ] adv extérieurement ; en apparence

outwards ['autwədz] adv (esp Brit) = **outward**

outweigh [aut'weɪ] vt l'emporter sur

outwit [aut'wɪt] vt se montrer plus malin que

oval ['əuvl] adj, n ovale m

Oval Office n (US Pol) voir article

• **Oval Office**
• L'**Oval Office** est le bureau personnel du
• président des États-Unis à la Maison-
• Blanche, ainsi appelé du fait de sa forme
• ovale. Par extension, ce terme désigne la
• présidence elle-même.

ovarian [əu'vɛərɪən] adj ovarien(ne) ; (cancer) des ovaires

ovary ['əuvərɪ] n ovaire m

ovation [əu'veɪʃən] n ovation f

oven ['ʌvn] n four m

oven glove n gant m de cuisine

ovenproof ['ʌvnpru:f] adj allant au four

oven-ready ['ʌvnredɪ] adj prêt(e) à cuire

ovenware ['ʌvnwɛəʳ] n plats mpl allant au four

over ['əuvəʳ] adv (par-)dessus ; (excessively) trop ; **~ here** ici ; **~ there** là-bas ; **all ~** (everywhere) partout ; **~ and ~ (again)** à plusieurs reprises ; **to ask sb ~** inviter qn (à passer) ; **to go ~ to sb's** passer chez qn ; **to fall ~** tomber ; **to turn sth ~** retourner qch ; **now ~ to our Paris correspondent** nous passons l'antenne à notre correspondant à Paris ; **the world ~** dans le monde entier ; **she's not ~ intelligent** (Brit) elle n'est pas particulièrement intelligente ▶ adj (finished) fini(e), terminé(e) ; (too much) en plus ; **all ~** (finished) fini(e) ▶ prep sur ; par-dessus ; (above) au-dessus de ; (on the other side of) de l'autre côté de ; (more than) plus de ; (during) pendant ; (about, concerning): **they fell out ~ money/her** ils se sont brouillés pour des questions d'argent/à cause d'elle ; **~ and above** en plus de

over... ['əuvəʳ] prefix: **overabundant** surabondant(e)

overact [əuvər'ækt] vi (Theat) outrer son rôle

overall adj ['əuvərɔ:l] (length) total(e) ; (study, impression) d'ensemble ▶ n ['əuvərɔ:l] (Brit) blouse f ▶ adv [əuvər'ɔ:l] dans l'ensemble, en général ; **overalls** npl (boiler suit) bleus mpl (de travail)

overall majority n majorité absolue

overanxious [əuvər'æŋkʃəs] adj trop anxieux(-euse)

overawe [əuvər'ɔ:] vt impressionner

overbalance [əuvə'bæləns] vi basculer

overbearing [əuvə'bɛərɪŋ] adj impérieux(-euse), autoritaire

overblown [əuvə'bləun] adj exagéré(e)

overboard ['əuvəbɔ:d] adv (Naut) par-dessus bord ; **to go ~ for sth** (fig) s'emballer (pour qch)

overbook [əuvə'buk] vi faire du surbooking

overbooking [,əuvə'bukɪŋ] n surréservation f, surbooking m

overcame [əuvə'keɪm] pt of **overcome**

overcapitalize [əuvə'kæpɪtəlaɪz] vt surcapitaliser

overcast ['əuvəka:st] adj couvert(e)

overcharge [əuvə'tʃa:dʒ] vt : **to ~ sb for sth** faire payer qch trop cher à qn

overcoat ['əuvəkəut] n pardessus m

overcome [əuvə'kʌm] vt (irreg: like **come**) (defeat) triompher de ; (difficulty) surmonter ▶ adj (emotionally) bouleversé(e) ; **~ with grief** accablé(e) de douleur

overconfident [əuvə'kɔnfɪdənt] adj trop sûr(e) de soi

overcrowded [əuvə'kraudɪd] adj bondé(e) ; (city, country) surpeuplé(e)

overcrowding [əuvə'kraudɪŋ] n surpeuplement m ; (in bus) encombrement m

overdo [əuvə'du:] vt (irreg: like **do**) exagérer ; (overcook) trop cuire ; **to ~ it, to ~ things** (work too hard) en faire trop, se surmener

overdone [əuvə'dʌn] adj (vegetables, steak) trop cuit(e)

overdose ['əuvədəus] n dose excessive

overdraft ['əuvədra:ft] n découvert m

overdrawn [əuvə'drɔ:n] adj (account) à découvert

overdrive ['əuvədraɪv] n (Aut) (vitesse f) surmultipliée f

overdue [əuvə'dju:] adj en retard ; (bill) impayé(e) ; (change) qui tarde ; **that change was long ~** ce changement n'avait que trop tardé

overeat [əʊvər'iːt] vi (irreg: like **eat**) trop manger
overeating [əʊvər'iːtɪŋ] n hyperphagie f, tendance f à trop manger
overemphasis [əʊvər'ɛmfəsɪs] n: **to put an ~ on** accorder trop d'importance à
overestimate [əʊvər'ɛstɪmeɪt] vt surestimer
overexcited [əʊvərɪk'saɪtɪd] adj surexcité(e)
overexertion [əʊvərɪg'zəːʃən] n surmenage m (physique)
overexpose [əʊvərɪk'spəʊz] vt (Phot) surexposer
overflow vi [əʊvə'fləʊ] déborder ▶ n ['əʊvəfləʊ] trop-plein m ; (also: **overflow pipe**) tuyau m d'écoulement, trop-plein m
overfly [əʊvə'flaɪ] vt (irreg: like **fly**) survoler
overgenerous [əʊvə'dʒɛnərəs] adj (person) prodigue ; (offer) excessif(-ive)
overgrown [əʊvə'grəʊn] adj (garden) envahi(e) par la végétation ; **he's just an ~ schoolboy** (fig) c'est un écolier attardé
overhang ['əʊvə'hæŋ] vt (irreg: like **hang**) surplomber ▶ vi faire saillie
overhaul vt [əʊvə'hɔːl] réviser ▶ n ['əʊvəhɔːl] révision f
overhead adv [əʊvə'hɛd] au-dessus ▶ adj ['əʊvəhɛd] aérien(ne) ; (lighting) vertical(e) ▶ n ['əʊvəhɛd] (US) = **overheads**
overhead projector n rétroprojecteur m
overheads ['əʊvəhɛdz] npl (BRIT) frais généraux
overhear [əʊvə'hɪər] vt (irreg: like **hear**) entendre (par hasard)
overheat [əʊvə'hiːt] vi devenir surchauffé(e) ; (engine) chauffer
overindulge [əʊvərɪn'dʌldʒ] vi faire des excès ; **to ~ in alcohol** faire des excès de boisson
overjoyed [əʊvə'dʒɔɪd] adj ravi(e), enchanté(e)
overkill ['əʊvəkɪl] n (fig): **it would be ~** ce serait de trop
overland ['əʊvəlænd] adj, adv par voie de terre
overlap vi [əʊvə'læp] se chevaucher ▶ n ['əʊvəlæp] chevauchement m
overleaf [əʊvə'liːf] adv au verso
overload [əʊvə'ləʊd] vt surcharger
overlook [əʊvə'lʊk] vt (have view of) donner sur ; (miss) oublier, négliger ; (forgive) fermer les yeux sur
overlord ['əʊvəlɔːd] n chef m suprême
overly ['əʊvəlɪ] adv excessivement
overmanning [əʊvə'mænɪŋ] n sureffectif m, main-d'œuvre f pléthorique
overnight adv [əʊvə'naɪt] (happen) durant la nuit ; (fig) soudain ; **to stay ~ (with sb)** passer la nuit (chez qn) ; **he stayed there ~** il y a passé la nuit ; **if you travel ~ ...** si tu fais le voyage de nuit ... ; **he'll be away ~** il ne rentrera pas ce soir ▶ adj ['əʊvənaɪt] d'une (or de) nuit ; soudain(e)
overnight bag n nécessaire m de voyage
overpaid [əʊvə'peɪd] adj surpayé(e) ; **grossly ~** largement surpayé
overpass ['əʊvəpɑːs] n (US: for cars) pont autoroutier ; (: for pedestrians) passerelle f, pont m
overpay [əʊvə'peɪ] vt (irreg: like **pay**): **to ~ sb by £50** donner à qn 50 livres de trop
overplay [əʊvə'pleɪ] vt exagérer ; **to ~ one's hand** trop présumer de sa situation

overpower [əʊvə'paʊər] vt vaincre ; (fig) accabler
overpowering [əʊvə'paʊərɪŋ] adj irrésistible ; (heat, stench) suffocant(e)
overpriced [əʊvə'praɪst] adj vendu(e) trop cher(-ère), trop cher(-ère)
overproduction ['əʊvəprə'dʌkʃən] n surproduction f
overran [əʊvə'ræn] pt of **overrun**
overrate [əʊvə'reɪt] vt surestimer
overrated [əʊvə'reɪtɪd] adj surfait(e) ; **to be vastly ~** être très surfait
overreact [əʊvəriː'ækt] vi réagir de façon excessive
overreaction [əʊvəriː'ækʃən] n réaction f excessive
override [əʊvə'raɪd] vt (irreg: like **ride**) (order, objection) passer outre à ; (decision) annuler
overriding [əʊvə'raɪdɪŋ] adj prépondérant(e)
overrule [əʊvə'ruːl] vt (decision) annuler ; (claim) rejeter ; (person) rejeter l'avis de
overrun [əʊvə'rʌn] vt (irreg: like **run**) (Mil: country etc) occuper ; (time limit etc) dépasser ; **the town is ~ with tourists** la ville est envahie de touristes ▶ vi dépasser le temps imparti
overseas [əʊvə'siːz] adv outre-mer ; (abroad) à l'étranger ▶ adj (trade) extérieur(e) ; (visitor) étranger(-ère)
oversee [əʊvə'siː] vt (irreg: like **see**) surveiller
overseer ['əʊvəsɪər] n (in factory) contremaître m
overshadow [əʊvə'ʃædəʊ] vt (fig) éclipser
overshoot [əʊvə'ʃuːt] vt (irreg: like **shoot**) dépasser
oversight ['əʊvəsaɪt] n omission f, oubli m ; **due to an ~** par suite d'une inadvertance
oversimplification [əʊvəsɪmplɪfɪ'keɪʃən] n simplification f hâtive
oversimplify [əʊvə'sɪmplɪfaɪ] vt trop simplifier
oversleep [əʊvə'sliːp] vi (irreg: like **sleep**) se réveiller (trop) tard
overspend [əʊvə'spɛnd] vi (irreg: like **spend**) dépenser de trop ; **we have overspent by 5,000 dollars** nous avons dépassé notre budget de 5 000 dollars, nous avons dépensé 5 000 dollars de trop
overspill ['əʊvəspɪl] n excédent m de population
overstaffed [əʊvə'stɑːft] adj: **to be ~** avoir trop de personnel, être en surnombre
overstate [əʊvə'steɪt] vt exagérer
overstatement [əʊvə'steɪtmənt] n exagération f
overstay [əʊvə'steɪ] vt: **to ~ one's welcome (at sb's)** abuser de l'hospitalité de qn
overstep [əʊvə'stɛp] vt: **to ~ the mark** dépasser la mesure
overstock [əʊvə'stɔk] vt stocker en surabondance
overstretched [əʊvə'strɛtʃt] adj (person) débordé(e) ; **my budget is ~** j'ai atteint les limites de mon budget
overstrike n ['əʊvəstraɪk] (on printer) superposition f, double frappe f ▶ vt [əʊvə'straɪk] (irreg: like **strike**) surimprimer
oversubscribed [əʊvəsəb'skraɪbd] adj (event, service) trop couru(e) ; (shares) sursouscrit(e)

overt [əʊ'vɜːt] *adj* non dissimulé(e)
overtake [əʊvə'teɪk] *vt* (*irreg: like* **take**) dépasser ;
(*BRIT Aut*) dépasser, doubler
overtaking [əʊvə'teɪkɪŋ] *n* (*BRIT Aut*)
dépassement *m*
overtax [əʊvə'tæks] *vt* (*Econ*) surimposer ; (*fig:
strength, patience*) abuser de ; **to ~ o.s.** se
surmener
overthrow [əʊvə'θrəʊ] *vt* (*irreg: like* **throw**)
(*government*) renverser
overtime ['əʊvətaɪm] *n* heures *fpl*
supplémentaires ; **to do** *or* **work ~** faire des
heures supplémentaires
overtime ban *n* refus *m* de faire des heures
supplémentaires
overtired [əʊvə'taɪəd] *adj* surmené(e)
overtly [əʊ'vɜːtlɪ] *adv* ouvertement
overtone ['əʊvətəʊn] *n* (*also:* **overtones**) note *f*,
sous-entendus *mpl*
overtook [əʊvə'tʊk] *pt of* **overtake**
overture ['əʊvətʃʊəʳ] *n* (*Mus, fig*) ouverture *f*
overturn [əʊvə'tɜːn] *vt* renverser ; (*decision, plan*)
annuler ▸ *vi* se retourner
overuse *vt* [əʊvə'juːz] (*thing*) abuser de ; (*word,
idea*) galvauder ▸ *n* [əʊvə'juːs] surexploitation *f*
overview ['əʊvəvjuː] *n* vue *f* d'ensemble
overweight [əʊvə'weɪt] *adj* (*person*) trop
gros(se) ; (*luggage*) trop lourd(e)
overwhelm [əʊvə'wɛlm] *vt* (*subj: emotion*)
accabler, submerger ; (*enemy, opponent*) écraser
overwhelmed [əʊvə'wɛlmd] *adj* (*by emotion*)
bouleversé(e) ; (*by work, trouble*) accablé(e) ; **to be
~ by sth** être accablé par qch ; **to be ~ with sth**
(*requests, responses*) être submergé de qch
overwhelming [əʊvə'wɛlmɪŋ] *adj* (*victory, defeat*)
écrasant(e) ; (*desire*) irrésistible ; **one's ~
impression is of heat** on a une impression
dominante de chaleur
overwhelmingly [əʊvə'wɛlmɪŋlɪ] *adv* (*vote*) en
masse ; (*win*) d'une manière écrasante
overwork [əʊvə'wɜːk] *n* surmenage *m* ▸ *vt*
surmener ▸ *vi* se surmener
overworked [əʊvə'wɜːkt] *adj* (*person*)
surmené(e) ; (*word, phrase*) galvaudé(e)
overwrite [əʊvə'raɪt] *vt* (*irreg: like* **write**) (*Comput*)
écraser
overwrought [əʊvə'rɔːt] *adj* excédé(e)
ovulate ['ɒvjʊleɪt] *vi* ovuler
ovulation [ɒvjʊ'leɪʃən] *n* ovulation *f*
owe [əʊ] *vt* devoir ; **to ~ sb sth, to ~ sth to sb**
devoir qch à qn ; **how much do I ~ you?**
combien est-ce que je vous dois ?

owing to ['əʊɪŋ-] *prep* à cause de, en raison de
owl [aʊl] *n* hibou *m*
own [əʊn] *vt* posséder ▸ *vi* (*BRIT*): **to ~ to sth**
reconnaître *or* avouer qch ; **to ~ to having done
sth** avouer avoir fait qch ▸ *adj* propre ▸ *pron*: **a
room of my ~** une chambre à moi, ma propre
chambre ; **can I have it for my (very) ~?**
puis-je l'avoir pour moi (tout) seul ? ; **to get
one's ~ back** prendre sa revanche ; **on one's ~**
tout(e) seul(e) ; **to come into one's ~** trouver sa
voie ; trouver sa justification
▸ **own up** *vi* avouer
own brand *n* (*Comm*) marque *f* de distributeur
owner ['əʊnəʳ] *n* propriétaire *mf*
owner-occupier ['əʊnər'ɒkjʊpaɪəʳ] *n*
propriétaire occupant
ownership ['əʊnəʃɪp] *n* possession *f* ; **it's under
new ~** (*shop etc*) il y a eu un changement de
propriétaire
own goal *n*: **he scored an ~** (*Sport*) il a marqué
un but contre son camp ; (*fig*) cela s'est
retourné contre lui
ox [ɒks] (*pl* **oxen** ['ɒksn]) *n* bœuf *m*
Oxbridge ['ɒksbrɪdʒ] *n* (*BRIT*) *les universités
d'Oxford et de Cambridge*

OXBRIDGE

Oxbridge, nom formé à partir des mots
Ox(ford) et (Cam)bridge, s'utilise pour parler
de ces deux universités comme formant un
tout, dans la mesure où elles sont toutes deux
les universités britanniques les plus
prestigieuses et mondialement connues.

oxen ['ɒksn] *npl of* **ox**
Oxfam ['ɒksfæm] *n abbr* (*BRIT*: = *Oxford Committee
for Famine Relief*) *association humanitaire*
oxide ['ɒksaɪd] *n* oxyde *m*
Oxon. ['ɒksn] *abbr* (*BRIT*: *Oxoniensis*) = **of Oxford**
oxtail ['ɒksteɪl] *n*: **~ soup** soupe *f* à la queue de
bœuf
oxygen ['ɒksɪdʒən] *n* oxygène *m*
oxygen mask *n* masque *m* à oxygène
oxygen tent *n* tente *f* à oxygène
oxymoron [ɒksɪ'mɔːrɒn] *n* oxymore *m*
oyster ['ɔɪstəʳ] *n* huître *f*
oz. *abbr* = **ounce; ounces**
ozone ['əʊzəʊn] *n* ozone *m*
ozone friendly *adj* qui n'attaque pas *or* qui
préserve la couche d'ozone
ozone hole *n* trou *m* d'ozone
ozone layer *n* couche *f* d'ozone

o

Pp

P¹, p¹ [pi:] *n* (*letter*) P, p *m* ; **P for Peter** P comme Pierre

P² *abbr* = **president; prince**

p² *abbr* (= *page*) p ; (*BRIT*) = **penny; pence**

pa [pɑ:] *n* (*inf*) papa *m*

Pa. *abbr* (*US*) = **Pennsylvania**

P.A. *n abbr* = **personal assistant; public address system** ▸ *abbr* (*US*) = **Pennsylvania**

p.a. *abbr* = **per annum**

PAC *n abbr* (*US*) = **political action committee**

pace [peɪs] *n* pas *m* ; (*speed*) allure *f* ; vitesse *f* ; **to keep ~ with** aller à la même vitesse que ; (*events*) se tenir au courant de ; **to set the ~** (*running*) donner l'allure ; (*fig*) donner le ton ; **to put sb through his paces** (*fig*) mettre qn à l'épreuve ▸ *vi*: **to ~ up and down** faire les cent pas

pacemaker ['peɪsmeɪkəʳ] *n* (*Med*) stimulateur *m* cardiaque ; (*Sport: also*: **pacesetter**) meneur(-euse) de train

pacey ['peɪsɪ] = **pacy**

Pacific [pə'sɪfɪk] *n*: **the ~ (Ocean)** le Pacifique, l'océan *m* Pacifique

pacific [pə'sɪfɪk] *adj* pacifique

pacification [pæsɪfɪ'keɪʃən] *n* pacification *f*

Pacific Rim *n* bassin *m* du Pacifique

pacifier ['pæsɪfaɪəʳ] *n* (*US: dummy*) tétine *f*

pacifism ['pæsɪfɪzəm] *n* pacifisme *f*

pacifist ['pæsɪfɪst] *n* pacifiste *mf*

pacify ['pæsɪfaɪ] *vt* pacifier ; (*soothe*) calmer

pack [pæk] *n* paquet *m* ; (*bundle*) ballot *m* ; (*of hounds*) meute *f* ; (*of thieves, wolves etc*) bande *f* ; (*of cards*) jeu *m* ; (*US: of cigarettes*) paquet ; (*back pack*) sac *m* à dos ▸ *vt* (*goods*) empaqueter, emballer ; (*in suitcase etc*) emballer ; (*box*) remplir ; (*cram*) entasser ; (*press down*) tasser ; damer ; (*Comput*) grouper, tasser ; **to ~ one's bags** faire ses bagages ▸ *vi* faire ses bagages ; **to ~ into** (*room, stadium*) s'entasser dans ; **to send sb packing** (*inf*) envoyer promener qn
▸ **pack in** (*BRIT inf*) *vi* (*machine*) tomber en panne ▸ *vt* (*boyfriend*) plaquer ; **~ it in!** laisse tomber !
▸ **pack off** *vt*: **to ~ sb off to** expédier qn à
▸ **pack up** *vi* (*BRIT inf: machine*) tomber en panne ; (: *person*) se tirer ▸ *vt* (*belongings*) ranger ; (*goods, presents*) empaqueter, emballer

package ['pækɪdʒ] *n* paquet *m* ; (*of goods*) emballage *m*, conditionnement *m* ; (*also*: **package deal**: *agreement*) marché global ; (*purchase*) forfait *m* ; (*Comput*) progiciel *m* ▸ *vt* (*goods*) conditionner

package holiday *n* (*BRIT*) vacances organisées

package tour *n* voyage organisé

packaging ['pækɪdʒɪŋ] *n* (*wrapping materials*) emballage *m* ; (*of goods*) conditionnement *m*

packed [pækt] *adj* (*crowded*) bondé(e)

packed lunch *n* (*BRIT*) repas froid

packer ['pækəʳ] *n* (*person*) emballeur(-euse) ; conditionneur(-euse)

packet ['pækɪt] *n* paquet *m*

packet switching [-swɪtʃɪŋ] *n* (*Comput*) commutation *f* de paquets

pack ice *n* banquise *f*

packing ['pækɪŋ] *n* emballage *m*

packing case *n* caisse *f* (d'emballage)

pact [pækt] *n* pacte *m*, traité *m*

pacy ['peɪsɪ] *adj* (*thriller, comedy*) au rythme enlevé ; (*player, striker*) véloce

pad [pæd] *n* bloc(-notes *m*) *m* ; (*to prevent friction*) tampon *m* ; (*for inking*) tampon *m* encreur ; (*inf: flat*) piaule *f* ▸ *vt* rembourrer ▸ *vi*: **to ~ in/about** *etc* entrer/aller et venir *etc* à pas feutrés

padded ['pædɪd] *adj* (*jacket*) matelassé(e) ; (*bra*) rembourré(e) ; **~ cell** cellule capitonnée

padding ['pædɪŋ] *n* rembourrage *m* ; (*fig*) délayage *m*

paddle ['pædl] *n* (*oar*) pagaie *f* ; (*US: for table tennis*) raquette *f* de ping-pong ▸ *vi* (*with feet*) barboter, faire trempette ▸ *vt*: **to ~ a canoe** *etc* pagayer

paddle steamer *n* bateau *m* à aubes

paddling pool ['pædlɪŋ-] *n* petit bassin

paddock ['pædək] *n* enclos *m* ; (*Racing*) paddock *m*

paddy ['pædɪ] *n* (*also*: **paddy field**) rizière *f*

padlock ['pædlɔk] *n* cadenas *m* ▸ *vt* cadenasser

padre ['pɑ:drɪ] *n* aumônier *m*

paediatrician, (*US*) **pediatrician** [pi:dɪə'trɪʃən] *n* pédiatre *mf*

paediatrics, (*US*) **pediatrics** [pi:dɪ'ætrɪks] *n* pédiatrie *f*

paedophile, (*US*) **pedophile** ['pi:dəufaɪl] *n* pédophile *m*

pagan ['peɪgən] *adj*, *n* païen(ne)

page [peɪdʒ] *n* (*of book*) page *f* ; (*also*: **page boy**) groom *m*, chasseur *m* ; (: *at wedding*) garçon *m* d'honneur ▸ *vt* (*in hotel etc*) (faire) appeler

pageant ['pædʒənt] *n* spectacle *m* historique ; grande cérémonie

pageantry ['pædʒəntrɪ] *n* apparat *m*, pompe *f*

page break *n* fin *f* or saut *m* de page

pager ['peɪdʒəʳ] *n* bip *m* (*inf*), Alphapage® *m*

paginate ['pædʒɪneɪt] *vt* paginer

pagination [pædʒɪ'neɪʃən] n pagination f
pagoda [pə'ɡəʊdə] n pagode f
paid [peɪd] pt, pp of **pay** ▶ adj (work, official)
rémunéré(e) ; (holiday) payé(e) ; **to put ~ to**
(BRIT) mettre fin à, mettre par terre
paid-up ['peɪdʌp], (US) **paid-in** ['peɪdɪn] adj
(member) à jour de sa cotisation ; (shares)
libéré(e) ; **~ capital** capital versé
pail [peɪl] n seau m
pain [peɪn] n douleur f ; (inf: nuisance) plaie f ; **to
be in ~** souffrir, avoir mal ; **to have a ~ in** avoir
mal à or une douleur à or dans ; **to take pains
to do** se donner du mal pour faire ; **on ~ of
death** sous peine de mort
pained ['peɪnd] adj peiné(e), chagrin(e)
painful ['peɪnful] adj douloureux(-euse) ;
(difficult) difficile, pénible
painfully ['peɪnfəlɪ] adv (fig: very) terriblement
painkiller ['peɪnkɪlər] n calmant m,
analgésique m
painless ['peɪnlɪs] adj indolore
painstaking ['peɪnzteɪkɪŋ] adj (person)
soigneux(-euse) ; (work) soigné(e)
paint [peɪnt] n peinture f ▶ vt peindre ; (fig)
dépeindre ; **to ~ the door blue** peindre la porte
en bleu ▶ vi peindre ; **to ~ in oils** faire de la
peinture à l'huile
paintbox ['peɪntbɔks] n boîte f de couleurs
paintbrush ['peɪntbrʌʃ] n pinceau m
painter ['peɪntər] n peintre m
painting ['peɪntɪŋ] n peinture f ; (picture)
tableau m
paint-stripper ['peɪntstrɪpər] n décapant m
paintwork ['peɪntwəːk] n (BRIT) peintures fpl ;
(: of car) peinture f
pair [pɛər] n (of shoes, gloves etc) paire f ; (of people)
couple m ; (twosome) duo m ; **~ of scissors** (paire
de) ciseaux mpl ; **~ of trousers** pantalon m
▶ **pair off** vi se mettre par deux
pairing ['pɛərɪŋ] n (twosome) paire f ; (putting
together: of people) association f ; (: of foods, flavours)
mariage m
pajamas [pə'dʒɑːməz] npl (US) pyjama m
Pakistan [pɑːkɪ'stɑːn] n Pakistan m
Pakistani [pɑːkɪ'stɑːnɪ] adj pakistanais(e) ▶ n
Pakistanais(e)
PAL [pæl] n abbr (TV: = phase alternation line) PAL m
pal [pæl] n (inf) copain (copine)
palace ['pæləs] n palais m
palaeontologist, (US) **paleontologist**
[pæliɔn'tɔlədʒɪst] n paléontologue mf
palatable ['pælɪtəbl] adj bon(ne), agréable au
goût
palate ['pælɪt] n palais m (Anat)
palatial [pə'leɪʃəl] adj grandiose, magnifique
palaver [pə'lɑːvər] n palabres fpl or mpl ;
histoire(s) f(pl)
pale [peɪl] adj pâle ; **~ blue** bleu pâle m inv ; **to
grow** or **turn ~** (person) pâlir ▶ vi pâlir ; **to ~ into
insignificance (beside)** perdre beaucoup
d'importance (par rapport à) ▶ n: **to be beyond
the ~** être au ban de la société
paleness ['peɪlnɪs] n pâleur f
paleontologist [pælɪɔn'tɔlədʒɪst] n (US)
= **palaeontologist**

Palestine ['pælɪstaɪn] n Palestine f
Palestinian [pælɪs'tɪnɪən] adj palestinien(ne)
▶ n Palestinien(ne)
palette ['pælɪt] n palette f
paling ['peɪlɪŋ] n (stake) palis m ; (fence)
palissade f
palisade [pælɪ'seɪd] n palissade f
pall [pɔːl] n (of smoke) voile m ▶ vi: **to ~ (on)**
devenir lassant (pour)
pallbearer ['pɔːlbɛərər] n porteur m de cercueil
pallet ['pælɪt] n (for goods) palette f
palliative ['pælɪətɪv] adj palliatif(-ive) ; **~ care**
soins mpl palliatifs ▶ n palliatif m
pallid ['pælɪd] adj blême
pallor ['pælər] n pâleur f
pally ['pælɪ] adj (inf) copain (copine)
palm [pɑːm] n (Anat) paume f ; (also: **palm tree**)
palmier m ; (leaf, symbol) palme f ▶ vt: **to ~ sth off
on sb** (inf) refiler qch à qn
palmist ['pɑːmɪst] n chiromancien(ne)
Palm Sunday n le dimanche des Rameaux
palpable ['pælpəbl] adj évident(e), manifeste
palpitation [pælpɪ'teɪʃən] n palpitation f
paltry ['pɔːltrɪ] adj dérisoire ; piètre
pamper ['pæmpər] vt gâter, dorloter
pamphlet ['pæmflət] n brochure f ; (political etc)
tract m
pan [pæn] n (also: **saucepan**) casserole f ; (also:
frying pan) poêle f ; (of lavatory) cuvette f ▶ vi
(Cine) faire un panoramique ; **to ~ for gold**
laver du sable aurifère ▶ vt (inf: book, film)
éreinter
panacea [pænə'sɪə] n panacée f
panache [pə'næʃ] n panache m
Panama ['pænəmɑː] n Panama m
Panama Canal n canal m de Panama
pancake ['pænkeɪk] n crêpe f
Pancake Day n (BRIT) mardi gras
pancake roll n rouleau m de printemps
pancreas ['pæŋkrɪəs] n pancréas m
panda ['pændə] n panda m
panda car n (BRIT) ≈ voiture f pie inv
pandemic [pæn'dɛmɪk] n pandémie f
pandemonium [pændɪ'məʊnɪəm] n
tohu-bohu m
pander ['pændər] vi: **to ~ to** flatter bassement ;
obéir servilement à
p&h abbr (US: = postage and handling) frais mpl de
port
P&L abbr = **profit and loss**
p&p abbr (BRIT: = postage and packing) frais mpl de
port
pane [peɪn] n carreau m (de fenêtre), vitre f
panel ['pænl] n (of wood, cloth etc) panneau m ;
(Radio, TV) panel m, invités mpl ; (for interview,
exams) jury m ; (official: of experts) table ronde,
comité m
panel game n (BRIT) jeu m (radiophonique/
télévisé)
panelled, (US) **paneled** ['pænəld] adj
lambrissé(e)
panelling, (US) **paneling** ['pænəlɪŋ] n
boiseries fpl
panellist, (US) **panelist** ['pænəlɪst] n invité(e)
(d'un panel), membre m d'un panel

P

pang – parallel

pang [pæŋ] *n*: **pangs of remorse** pincements *mpl* de remords ; **pangs of hunger/conscience** tiraillements *mpl* d'estomac/de la conscience

panhandler ['pænhændlə'] *n* (*US inf*) mendiant(e)

panic ['pænɪk] *n* panique *f*, affolement *m* ▸ *vi* s'affoler, paniquer

panic buying [-baɪɪŋ] *n* achats *mpl* de précaution

panicky ['pænɪkɪ] *adj* (*person*) qui panique *or* s'affole facilement

panic-stricken ['pænɪkstrɪkən] *adj* affolé(e)

pannier ['pænɪə'] *n* (*on animal*) bât *m* ; (*on bicycle*) sacoche *f*

panorama [pænə'rɑːmə] *n* panorama *m*

panoramic [pænə'ræmɪk] *adj* panoramique

pansy ['pænzɪ] *n* (*Bot*) pensée *f* ; (*inf*) tapette *f*, pédé *m*

pant [pænt] *vi* haleter

pantechnicon [pæn'tɛknɪkən] *n* (*BRIT*) (grand) camion de déménagement

pantheon ['pænθɪən] *n* panthéon *m*

panther ['pænθə'] *n* panthère *f*

panties ['pæntɪz] *npl* slip *m*, culotte *f*

pantihose ['pæntɪhəuz] *n* (*US*) collant *m*

panto ['pæntəu] *n* = **pantomime**

pantomime ['pæntəmaɪm] *n* (*BRIT*) spectacle *m* de Noël

Une **pantomime** (à ne pas confondre avec le mot tel qu'on l'utilise en français), que l'on appelle également de façon familière *panto*, est un genre de farce traditionnellement joué pendant la période de Noël. Le personnage principal est souvent un jeune garçon et il y a toujours une *dame*, c'est-à-dire une vieille femme jouée par un homme, et un méchant. La plupart du temps, l'histoire est basée sur un conte de fées comme Cendrillon ou Le Chat botté, et le public est encouragé à participer en prévenant le héros d'un danger imminent. Ce genre de spectacle, qui s'adresse surtout aux enfants, vise également un public d'adultes au travers des nombreuses plaisanteries faisant allusion à des faits d'actualité.

pantry ['pæntrɪ] *n* garde-manger *m inv* ; (*room*) office *m*

pants [pænts] *npl* (*BRIT: woman's*) culotte *f*, slip *m* ; (: *man's*) slip, caleçon *m* ; (*US: trousers*) pantalon *m*

pantsuit ['pæntsuːt] *n* (*US*) tailleur-pantalon *m*

pantyhose ['pæntɪhəuz] *npl* (*US*) collant *m*

papacy ['peɪpəsɪ] *n* papauté *f*

papal ['peɪpəl] *adj* papal(e), pontifical(e)

paparazzi [pæpə'rætsi:] *npl* paparazzi *mpl*

papaya [pə'paɪə] *n* papaye *f*

paper ['peɪpə'] *n* papier *m* ; (*also:* **wallpaper**) papier peint ; (*also:* **newspaper**) journal *m* ; (*academic essay*) article *m* ; (*exam*) épreuve écrite ; **a piece of ~** (*odd bit*) un bout de papier ; (*sheet*) une feuille de papier ; **to put sth down on ~** mettre qch par écrit ▸ *adj* en *or* de papier ▸ *vt* tapisser (de papier peint) ; **papers** *npl* (*also:* **identity papers**) papiers *mpl* (d'identité)

paper advance *n* (*on printer*) avance *f* (du) papier

paperback ['peɪpəbæk] *n* livre broché *or* non relié ; (*small*) livre *m* de poche ▸ *adj*: **~ edition** édition brochée

paper bag *n* sac *m* en papier

paperboy ['peɪpəbɔɪ] *n* (*selling*) vendeur *m* de journaux ; (*delivering*) livreur *m* de journaux

paper clip *n* trombone *m*

paper handkerchief, paper hankie *n* (*inf*) mouchoir *m* en papier

paperless ['peɪpəlɪs] *adj*: **the ~ office** le bureau sans papier ; **~ trading** (*Finance*) les transactions *fpl* informatisées

paper mill *n* papeterie *f*

paper money *n* papier-monnaie *m*

paper profit *n* profit *m* théorique

paper shop *n* (*BRIT*) marchand *m* de journaux

paperweight ['peɪpəweɪt] *n* presse-papiers *m inv*

paperwork ['peɪpəwəːk] *n* papiers *mpl* ; (*pej*) paperasserie *f*

papier-mâché ['pæpɪeɪ'mæʃeɪ] *n* papier mâché

paprika ['pæprɪkə] *n* paprika *m*

Pap test, Pap smear ['pæp-] *n* (*Med*) frottis *m*

par [pɑː'] *n* pair *m* ; (*Golf*) normale *f* du parcours ; **on a ~ with** à égalité avec, au même niveau que ; **at ~** au pair ; **above/below ~** au-dessus/au-dessous du pair ; **to feel below** *or* **under** *or* **not up to ~** ne pas se sentir en forme

parable ['pærəbl] *n* parabole *f* (*Rel*)

parabola [pə'ræbələ] *n* parabole *f* (*Math*)

parabolic [pærə'bɔlɪk] *adj* parabolique

paracetamol [pærə'siːtəmɔl] *n* (*BRIT*) paracétamol *m*

parachute ['pærəʃuːt] *n* parachute *m* ▸ *vi* sauter en parachute

parachute jump *n* saut *m* en parachute

parachutist ['pærəʃuːtɪst] *n* parachutiste *mf*

parade [pə'reɪd] *n* défilé *m* ; (*inspection*) revue *f* ; (*street*) boulevard *m* ; **a fashion ~** (*BRIT*) un défilé de mode ▸ *vt* (*fig*) faire étalage de ▸ *vi* défiler

parade ground *n* terrain *m* de manœuvre

paradise ['pærədaɪs] *n* paradis *m*

paradox ['pærədɔks] *n* paradoxe *m*

paradoxical [pærə'dɔksɪkl] *adj* paradoxal(e)

paradoxically [pærə'dɔksɪklɪ] *adv* paradoxalement

paraffin ['pærəfɪn] *n* (*BRIT*): **~ (oil)** pétrole (lampant) ; **liquid ~** huile *f* de paraffine

paraffin heater *n* (*BRIT*) poêle *m* à mazout

paraffin lamp *n* (*BRIT*) lampe *f* à pétrole

paragliding ['pærəglaɪdɪŋ] *n* parapente *m*

paragon ['pærəgən] *n* parangon *m*

paragraph ['pærəgrɑːf] *n* paragraphe *m* ; **to begin a new ~** aller à la ligne

Paraguay ['pærəgwaɪ] *n* Paraguay *m*

Paraguayan [pærə'gwaɪən] *adj* paraguayen(ne) ▸ *n* Paraguayen(ne)

paralegal [pærə'liːgl] *n* (*US*) technicien(ne) juridique

parallel ['pærəlɛl] *adj*: **~ (with** *or* **to)** parallèle (à) ; (*fig*) analogue (à) ▸ *n* (*line*) parallèle *f* ; (*fig, Geo*) parallèle *m*

754 · ENGLISH | FRENCH

paralyse, (US) **paralyze** ['pærəlaɪz] vt paralyser
paralysed, (US) **paralyzed** ['pærəlaɪzd] adj
paralysé(e) ; ~ **with fear** paralysé par la peur
paralysis [pə'rælɪsɪs] (pl **paralyses** [-siːz]) n
paralysie f
paralytic [pærə'lɪtɪk] adj paralytique ; (BRIT inf:
drunk) ivre mort(e)
paralyze ['pærəlaɪz] vt (US) = **paralyse**
paramedic [pærə'mɛdɪk] n auxiliaire mf
médical(e)
parameter [pə'ræmɪtər] n paramètre m
paramilitary [pærə'mɪlɪtərɪ] adj paramilitaire
paramount ['pærəmaunt] adj: **of ~ importance**
de la plus haute or grande importance
paranoia [pærə'nɔɪə] n paranoïa f
paranoid ['pærənɔɪd] adj (Psych) paranoïaque ;
(neurotic) paranoïde
paranormal [pærə'nɔːml] adj paranormal(e)
parapet ['pærəpɪt] n parapet m ; **to put one's**
head above the ~ (BRIT) se mouiller
paraphernalia [pærəfə'neɪlɪə] n attirail m,
affaires fpl
paraphrase ['pærəfreɪz] vt paraphraser
paraplegic [pærə'pliːdʒɪk] n paraplégique mf
parapsychology [pærəsaɪ'kɔlədʒɪ] n
parapsychologie f
parasite ['pærəsaɪt] n parasite m
parasitic, parasitical [pærə'sɪtɪk(l)] adj (disease)
parasitaire ; (organism, person) parasite
parasol ['pærəsɔl] n ombrelle f ; (at café etc)
parasol m
paratrooper ['pærətruːpər] n parachutiste m
(soldat)
parboil ['pɑːbɔɪl] vt blanchir
parcel ['pɑːsl] n paquet m, colis m ▸ vt (also:
parcel up) empaqueter
▸ **parcel out** vt répartir
parcel bomb n (BRIT) colis piégé
parcel post n service m de colis postaux
parch [pɑːtʃ] vt dessécher
parched [pɑːtʃt] adj (person) assoiffé(e)
parchment ['pɑːtʃmənt] n parchemin m
pardon ['pɑːdn] n pardon m ; (Law) grâce f ; **I beg**
your ~ je vous demande pardon ; **~? pardon ?**
▸ vt pardonner à ; (Law) gracier ; **~ me!** (after
burping etc) excusez-moi ! ; **~ me?** (what did you
say?) pardon ?
pare [pɛər] vt (BRIT: nails) couper ; (fruit etc) peler ;
(fig: costs etc) réduire
parent ['pɛərənt] n (father) père m ; (mother) mère
f ; **parents** npl parents mpl
parentage ['pɛərəntɪdʒ] n naissance f ; **of**
unknown ~ de parents inconnus
parental [pə'rɛntl] adj parental(e), des parents
parent company n société f mère
parenthesis [pə'rɛnθɪsɪs] (pl **parentheses**
[-siːz]) n parenthèse f ; **in parentheses** entre
parenthèses
parenthood ['pɛərənthud] n paternité f or
maternité f
parenting ['pɛərəntɪŋ] n le métier de parent, le
travail d'un parent
Paris ['pærɪs] n Paris
parish ['pærɪʃ] n paroisse f ; (BRIT: civil)
≈ commune f ▸ adj paroissial(e)

parish council n (BRIT) ≈ conseil municipal
parishioner [pə'rɪʃənər] n paroissien(ne)
Parisian [pə'rɪzɪən] adj parisien(ne), de Paris ▸ n
Parisien(ne)
parity ['pærɪtɪ] n parité f
park [pɑːk] n parc m, jardin public ▸ vt garer ▸ vi
se garer ; **can I ~ here?** est-ce que je peux me
garer ici ?
parka ['pɑːkə] n parka m
park and ride n parking-relais m
parking ['pɑːkɪŋ] n stationnement m ; **"no ~"**
« stationnement interdit »
parking lights npl feux mpl de stationnement
parking lot n (US) parking m, parc m de
stationnement
parking meter n parc(o)mètre m
parking offence, (US) **parking violation** n
infraction f au stationnement
parking place n place f de stationnement
parking ticket n P.-V. m
Parkinson's ['pɑːkɪnsənz] n (also: **Parkinson's**
disease) maladie f de Parkinson, parkinson m
park keeper n (BRIT) gardien(ne) de parc
parkland ['pɑːklænd] n espaces mpl verts
parkway ['pɑːkweɪ] n (US) route f express (en site
vert ou aménagé)
parlance ['pɑːləns] n: **in common/modern ~**
dans le langage courant/actuel
parliament ['pɑːləmənt] n parlement m

: **PARLIAMENT**
:
: Le **Parliament** est l'assemblée législative
: britannique ; elle est composée de deux
: chambres : la House of Commons et la House of
: Lords. Ses bureaux sont les Houses of Parliament
: au palais de Westminster à Londres. Chaque
: Parliament est en général élu pour cinq ans. Ses
: débats sont retransmis à la télévision.

parliamentary [pɑːlə'mɛntərɪ] adj
parlementaire
parlour, (US) **parlor** ['pɑːlər] n salon m
parlous ['pɑːləs] adj (formal) précaire
Parmesan [pɑːmɪ'zæn] n (also: **Parmesan**
cheese) Parmesan m
parochial [pə'rəukɪəl] adj paroissial(e) ; (pej) à
l'esprit de clocher
parody ['pærədɪ] n parodie f
parole [pə'rəul] n: **on ~** en liberté conditionnelle
paroxysm ['pærəksɪzəm] n (Med, of grief)
paroxysme m ; (of anger) accès m
parquet ['pɑːkeɪ] n: **~ floor(ing)** parquet m
parrot ['pærət] n perroquet m
parrot fashion adv comme un perroquet
parry ['pærɪ] vt esquiver, parer à
parsimonious [pɑːsɪ'məunɪəs] adj
parcimonieux(-euse)
parsley ['pɑːslɪ] n persil m
parsnip ['pɑːsnɪp] n panais m
parson ['pɑːsn] n ecclésiastique m ; (Church of
England) pasteur m
part [pɑːt] n partie f ; (of machine) pièce f ; (Theat)
rôle m ; (Mus) voix f ; partie ; (of serial) épisode m ;
(US: in hair) raie f ; **to take ~ in** participer à,
prendre part à ; **to take sb's ~** prendre le parti

755

de qn, prendre parti pour qn ; **on his ~** de sa part ; **for my ~** en ce qui me concerne ; **for the most ~** en grande partie ; dans la plupart des cas ; **for the better ~ of the day** pendant la plus grande partie de la journée ; **to be ~ and parcel of** faire partie de ; **in ~** en partie ; **to take sth in good/bad ~** prendre qch du bon/mauvais côté ▸ *adj* partiel(le) ▸ *adv* = **partly** ▸ *vt* séparer ; (*people*) se séparer ; (*crowd*) s'ouvrir ; (*roads*) se diviser

▸ **part with** *vt fus* (*person*) se séparer de ; (*possessions*) se défaire de

> Use **partie** to mean *section: the first part of the film* **la première partie du film.** The word **part** means *share* or *portion.*

partake [pɑːˈteɪk] *vi* (*irreg: like* **take**) (*formal*): **to ~ of sth** prendre part à qch, partager qch
part exchange *n* (BRIT): **in ~** en reprise
partial [ˈpɑːʃl] *adj* (*incomplete*) partiel(le) ; (*unjust*) partial(e) ; **to be ~ to** aimer, avoir un faible pour
partially [ˈpɑːʃəlɪ] *adv* en partie, partiellement ; partialement
participant [pɑːˈtɪsɪpənt] *n* (*in competition, campaign*) participant(e)
participate [pɑːˈtɪsɪpeɪt] *vi*: **to ~ (in)** participer (à), prendre part (à)
participation [pɑːtɪsɪˈpeɪʃən] *n* participation *f*
participle [ˈpɑːtɪsɪpl] *n* participe *m*
particle [ˈpɑːtɪkl] *n* particule *f* ; (*of dust*) grain *m*
particular [pəˈtɪkjulər] *adj* (*specific*) particulier(-ière) ; (*special*) particulier, spécial(e) ; (*fussy*) difficile, exigeant(e) ; (*careful*) méticuleux(-euse) ; **in ~** en particulier, surtout
particularly [pəˈtɪkjuləlɪ] *adv* particulièrement ; (*in particular*) en particulier
particulars [pəˈtɪkjuləz] *npl* détails *mpl* ; (*information*) renseignements *mpl*
parting [ˈpɑːtɪŋ] *n* séparation *f* ; (BRIT: *in hair*) raie *f* ▸ *adj* d'adieu ; **his ~ shot was ...** il lança en partant ....
partisan [pɑːtɪˈzæn] *n* partisan(e) ▸ *adj* partisan(e) ; de parti
partition [pɑːˈtɪʃən] *n* (Pol) partition *f*, division *f* ; (*wall*) cloison *f*
partly [ˈpɑːtlɪ] *adv* en partie, partiellement
partner [ˈpɑːtnər] *n* (Comm) associé(e) ; (Sport) partenaire *mf* ; (*spouse*) conjoint(e) ; (*lover*) ami(e) ; (*at dance*) cavalier(-ière) ▸ *vt* être l'associé or le partenaire or le cavalier de
partnership [ˈpɑːtnəʃɪp] *n* association *f* ; **to go into ~ (with), form a ~ (with)** s'associer (avec)
partook [pɑːˈtuk] *pt of* **partake**
part owner [pɑːtˈəunər] *n* copropriétaire *mf*
part payment *n* acompte *m*
partridge [ˈpɑːtrɪdʒ] *n* perdrix *f*
part-time [ˈpɑːtˈtaɪm] *adj, adv* à mi-temps, à temps partiel
part-timer [pɑːtˈtaɪmər] *n* (*also*: **part-time worker**) travailleur(-euse) à temps partiel
party [ˈpɑːtɪ] *n* (Pol) parti *m* ; (*celebration*) fête *f* ; (: *formal*) réception *f* ; (: *in evening*) soirée *f* ; (*team*) équipe *f* ; (*group*) groupe *m* ; (Law) partie *f* ; **dinner ~** dîner *m* ; **to give** or **throw a ~** donner

une réception ; **we're having a ~ next Saturday** nous organisons une soirée or réunion entre amis samedi prochain ; **it's for our son's birthday ~** c'est pour la fête (*or* le goûter) d'anniversaire de notre garçon ; **to be a ~ to a crime** être impliqué(e) dans un crime
party dress *n* robe habillée
partygoer [ˈpɑːtɪgəuər] *n* (*attendee*) participant(e) à la fête ; (*party animal*) fêtard(e)
party line *n* (Pol) ligne *f* politique ; (Tel) ligne partagée
party piece *n* numéro habituel
party political broadcast *n* émission réservée à un parti politique.
pass [pɑːs] *vt* (*time, object*) passer ; (*place*) passer devant ; (*friend*) croiser ; (*exam*) être reçu(e) à, réussir ; (*candidate*) admettre ; (*overtake*) dépasser ; (*approve*) approuver, accepter ; (*law*) promulguer ; **to ~ sb sth** passer qch à qn ; **could you ~ the salt/oil, please?** pouvez-vous me passer le sel/l'huile, s'il vous plaît ? ; **to ~ sth through a ring** *etc* (faire) passer qch dans un anneau *etc* ; **could you ~ the vegetables round?** pourriez-vous faire passer les légumes ? ▸ *vi* passer ; (Scol) être reçu(e) or admis(e), réussir ; **she could ~ for 25** on lui donnerait 25 ans ▸ *n* (*permit*) laissez-passer *m inv* ; (*membership card*) carte *f* d'accès or d'abonnement ; (*in mountains*) col *m* ; (Sport) passe *f* ; (Scol): **to get a ~** être reçu(e) (sans mention) ; **things have come to a pretty ~** (BRIT) voilà où on en est ! ; **to make a ~ at sb** (*inf*) faire des avances à qn
▸ **pass away** *vi* mourir
▸ **pass back** *vt* (*return: gen*) rendre ; (: *benefits, savings*) répercuter ; (*message*) transmettre ; (*ball*) repasser
▸ **pass by** *vi* passer ▸ *vt* (*ignore*) négliger
▸ **pass down** *vt* (*customs, inheritance*) transmettre
▸ **pass on** *vi* (*die*) s'éteindre, décéder ▸ *vt* (*hand on*): **to ~ on (to)** transmettre (à) ; (*illness*) passer (à) ; (*price rises*) répercuter (sur)
▸ **pass out** *vi* s'évanouir ; (BRIT Mil) sortir (*d'une école militaire*)
▸ **pass over** *vt* (*ignore*) passer sous silence
▸ **pass up** *vt* (*opportunity*) laisser passer

> When talking about passing an exam use **être reçu à.**
> *Eva passed the exam.* **Eva a été reçue à l'examen.**
> **Passer un examen** means *to take an exam.*

passable [ˈpɑːsəbl] *adj* (*road*) praticable ; (*work*) acceptable
passage [ˈpæsɪdʒ] *n* (*also*: **passageway**) couloir *m* ; (*gen, in book*) passage *m* ; (*by boat*) traversée *f*
passbook [ˈpɑːsbuk] *n* livret *m*
passenger [ˈpæsɪndʒər] *n* passager(-ère)
passer-by [pɑːsəˈbaɪ] *n* passant(e)
passing [ˈpɑːsɪŋ] *adj* (*fig*) passager(-ère) ; **in ~** en passant
passing place *n* (Aut) aire *f* de croisement
passion [ˈpæʃən] *n* passion *f* ; **to have a ~ for sth** avoir la passion de qch
passionate [ˈpæʃənɪt] *adj* passionné(e)
passion fruit *n* fruit *m* de la passion

passion play n mystère m de la Passion
passive ['pæsɪv] adj (also: Ling) passif(-ive)
passive smoking n tabagisme passif
passkey ['pɑːskiː] n passe m
Passover ['pɑːsəʊvəʳ] n Pâque juive
passport ['pɑːspɔːt] n passeport m
passport control n contrôle m des passeports
passport office n bureau m de délivrance des passeports
password ['pɑːswɜːd] n mot m de passe
past [pɑːst] prep (in front of) devant ; (further than) au delà de, plus loin que ; après ; (later than) après ; **he's ~ forty** il a dépassé la quarantaine, il a plus de or passé quarante ans ; **ten/quarter ~ eight** (BRIT) huit heures dix/un or et quart ; **it's ~ midnight** il est plus de minuit, il est passé minuit ; **he ran ~ me** il m'a dépassé en courant, il a passé devant moi en courant ; **I'm ~ caring** je ne m'en fais plus ; **to be ~ it** (BRIT inf: person) avoir passé l'âge ▶ adj passé(e) ; (president etc) ancien(ne) ; **for the ~ few/3 days** depuis quelques/3 jours ; ces derniers/3 derniers jours ▶ n passé m ; **in the ~** (gen) dans le temps, autrefois ; (Ling) au passé
pasta ['pæstə] n pâtes fpl
paste [peɪst] n pâte f ; (Culin: meat) pâté m (à tartiner) ; (: tomato) purée f, concentré m ; (glue) colle f (de pâte) ; (jewellery) strass m ▶ vt coller
pastel ['pæstl] adj pastel inv ▶ n (Art: pencil) (crayon m) pastel ; (: drawing) (dessin m au) pastel ; (colour) ton m pastel inv
pasteurized ['pæstəraɪzd] adj pasteurisé(e)
pastiche [pæ'stiːʃ] n pastiche m
pastille ['pæstl] n pastille f
pastime ['pɑːstaɪm] n passe-temps m inv, distraction f
past master n (BRIT): **to be a ~ at** être expert en
pastor ['pɑːstəʳ] n pasteur m
pastoral ['pɑːstərl] adj pastoral(e)
pastry ['peɪstrɪ] n pâte f ; (cake) pâtisserie f
pasture ['pɑːstʃəʳ] n pâturage m
pasty¹ ['pæstɪ] n petit pâté (en croûte)
pasty² ['peɪstɪ] adj pâteux(-euse) ; (complexion) terreux(-euse)
pat [pæt] vt donner une petite tape à ; (dog) caresser ▶ n: **a ~ of butter** une noisette de beurre ; **to give sb/o.s. a ~ on the back** (fig) congratuler qn/se congratuler ▶ adv: **he knows it (off) ~**, (US) **he has it down ~** il sait cela sur le bout des doigts
patch [pætʃ] n (of material) pièce f ; (eye patch) cache m ; (spot) tache f ; (of land) parcelle f ; (on tyre) rustine f ; **a bad ~** (BRIT) une période difficile ▶ vt (clothes) rapiécer
▶ **patch up** vt réparer
patchwork ['pætʃwɜːk] n patchwork m
patchy ['pætʃɪ] adj inégal(e) ; (incomplete) fragmentaire
pate [peɪt] n: **a bald ~** un crâne chauve or dégarni
pâté ['pæteɪ] n pâté m, terrine f
patent ['peɪtnt, (US) 'pætnt] n brevet m (d'invention) ▶ vt faire breveter ▶ adj patent(e), manifeste
patent leather n cuir verni

patently ['peɪtntlɪ] adv manifestement
patent medicine n spécialité f pharmaceutique
patent office n bureau m des brevets
paternal [pə'tɜːnl] adj paternel(le)
paternalistic [pətɜːnə'lɪstɪk] adj paternaliste
paternity [pə'tɜːnɪtɪ] n paternité f
paternity leave n congé m de paternité
paternity suit n (Law) action f en recherche de paternité
path [pɑːθ] n chemin m, sentier m ; (in garden) allée f ; (of planet) course f ; (of missile) trajectoire f
pathetic [pə'θetɪk] adj (pitiful) pitoyable ; (very bad) lamentable, minable ; (moving) pathétique
pathological [pæθə'lɔdʒɪkl] adj pathologique
pathologist [pə'θɔlədʒɪst] n pathologiste mf
pathology [pə'θɔlədʒɪ] n pathologie f
pathos ['peɪθɔs] n pathétique m
pathway ['pɑːθweɪ] n chemin m, sentier m ; (in garden) allée f
patience ['peɪʃns] n patience f ; (BRIT Cards) réussite f ; **to lose (one's) ~** perdre patience
patient ['peɪʃnt] n malade mf ; (of dentist etc) patient(e) ▶ adj patient(e)
patiently ['peɪʃntlɪ] adv patiemment
patio ['pætɪəʊ] n patio m
patriot ['peɪtrɪət] n patriote mf
patriotic [pætrɪ'ɔtɪk] adj patriotique ; (person) patriote
patriotism ['pætrɪətɪzəm] n patriotisme m
patrol [pə'trəʊl] n patrouille f ; **to be on ~** être de patrouille ▶ vt patrouiller dans
patrol boat n patrouilleur m
patrol car n voiture f de police
patrolman [pə'trəʊlmən] n (irreg) (US) agent m de police
patron ['peɪtrən] n (in shop) client(e) ; (of charity) patron(ne) ; **~ of the arts** mécène m
patronage ['pætrənɪdʒ] n patronage m, appui m
patronize ['pætrənaɪz] vt être (un) client or un habitué de ; (fig) traiter avec condescendance
patronizing ['pætrənaɪzɪŋ] adj condescendant(e)
patron saint n saint(e) patron(ne)
patsy ['pætsɪ] n (US inf) pigeon m
patter ['pætəʳ] n crépitement m, tapotement m ; (sales talk) boniment m ▶ vi crépiter, tapoter
pattern ['pætən] n modèle m ; (Sewing) patron m ; (design) motif m ; (sample) échantillon m ; **behaviour ~** mode m de comportement
patterned ['pætənd] adj à motifs
paucity ['pɔːsɪtɪ] n pénurie f, carence f
paunch [pɔːntʃ] n gros ventre, bedaine f
pauper ['pɔːpəʳ] n indigent(e) ; **~'s grave** fosse commune
pause [pɔːz] n pause f, arrêt m ; (Mus) silence m ▶ vi faire une pause, s'arrêter ; **to ~ for breath** reprendre son souffle ; (fig) faire une pause
pave [peɪv] vt paver, daller ; **to ~ the way for** ouvrir la voie à
pavement ['peɪvmənt] n (BRIT) trottoir m ; (US) chaussée f
pavilion [pə'vɪlɪən] n pavillon m ; tente f ; (Sport) stand m
paving ['peɪvɪŋ] n (material) pavé m, dalle f ; (area) pavage m, dallage m

P

paving stone n pavé m
paw [pɔː] n patte f ▸ vt donner un coup de patte à ; (person: pej) tripoter
pawn [pɔːn] n gage m ; (Chess, also fig) pion m ▸ vt mettre en gage
pawnbroker ['pɔːnbrəukəʳ] n prêteur m sur gages
pawnshop ['pɔːnʃɔp] n mont-de-piété m
pay [peɪ] (pt, pp **paid** [peɪd]) n salaire m ; (of manual worker) paie f ▸ vt payer ; (be profitable to, also fig) rapporter à ; **how much did you ~ for it?** combien l'avez-vous payé ?, vous l'avez payé combien ? ; **I paid £5 for that ticket** j'ai payé ce billet 5 livres ; **to ~ one's way** payer sa part ; (company) couvrir ses frais ; **to ~ dividends** (fig) porter ses fruits, s'avérer rentable ; **it won't ~ you to do that** vous ne gagnerez rien à faire cela ; **to ~ attention (to)** prêter attention (à) ; **to ~ sb a visit** rendre visite à qn ; **to ~ one's respects to sb** présenter ses respects à qn ▸ vi payer ; (be profitable) être rentable ; **can I ~ by credit card?** est-ce que je peux payer par carte de crédit ?
▸ **pay back** vt rembourser
▸ **pay for** vt fus payer
▸ **pay in** vt verser
▸ **pay off** vt (debts) régler, acquitter ; (person) rembourser ; (workers) licencier ; **to ~ sth off in instalments** payer qch à tempérament ▸ vi (scheme, decision) se révéler payant(e)
▸ **pay out** vt (money) payer, sortir de sa poche ; (rope) laisser filer
▸ **pay up** vt (debts) régler ; (amount) payer

> When talking about paying for something no preposition is used in French to translate for.
> I pay for gas and electricity. **Je paie le gaz et l'électricité**.

payable ['peɪəbl] adj payable ; **to make a cheque ~ to sb** établir un chèque à l'ordre de qn
pay-as-you-go [peɪəzjə'gəu] adj (mobile phone) à carte prépayée
pay award n augmentation f
payback ['peɪbæk] n (from investment) bénéfice m ; (from action) avantage m
payday ['peɪdeɪ] n jour m de paie ; **~ loan** (BRIT Finance) prêt personnel de courte durée et d'un montant peu important, dont le taux d'intérêt est très élevé
PAYE n abbr (BRIT: = pay as you earn) système de retenue des impôts à la source
payee [peɪ'iː] n bénéficiaire mf
pay envelope n (US) paie f
paying ['peɪɪŋ] adj payant(e) ; **~ guest** hôte payant
payload ['peɪləud] n charge f utile
payment ['peɪmənt] n paiement m ; (of bill) règlement m ; (of deposit, cheque) versement m ; **advance ~** (part sum) acompte m ; (total sum) paiement anticipé ; **deferred ~, ~ by instalments** paiement par versements échelonnés ; **monthly ~** mensualité f ; **in ~ for, in ~ of** en règlement de ; **on ~ of £5** pour 5 livres
payoff ['peɪɔf] n (benefit) avantage m ; (sweetener) pot-de-vin m ; (to employee) grosse prime f de départ ; **the ~ from sth** l'avantage de qch

payout ['peɪaut] n (from insurance) dédommagement m ; (in competition) prix m
pay packet n (BRIT) paie f
pay phone n cabine f téléphonique, téléphone public
pay raise n (US) = **pay rise**
pay rise n (BRIT) augmentation f (de salaire)
payroll ['peɪrəul] n registre m du personnel ; **to be on a firm's ~** être employé par une entreprise
pay slip n (BRIT) bulletin m de paie, feuille f de paie
pay station n (US) cabine f téléphonique
pay television n chaînes fpl payantes
paywall ['peɪwɔːl] n (Comput) mur m (payant)
PBS n abbr (US: = Public Broadcasting Service) groupement d'aide à la réalisation d'émissions pour la TV publique
PBX n abbr (BRIT: = private branch exchange) PBX m, commutateur m privé
PC n abbr = **personal computer**; (BRIT) = **police constable** ▸ adj abbr = **politically correct** ▸ abbr (BRIT) = **Privy Councillor**
p.c. abbr = **per cent; postcard**
p/c abbr = **petty cash**
PCB n abbr = **printed circuit board**
pcm n abbr (= per calendar month) par mois
PD n abbr (US) = **police department**
pd abbr = **paid**
PDA n abbr (= personal digital assistant) agenda m électronique
PDF, pdf n abbr (Comput: = Portable Document Format) pdf m
PDQ n abbr = **pretty damn quick**
PDSA n abbr (BRIT) = **People's Dispensary for Sick Animals**
PDT abbr (US: = Pacific Daylight Time) heure d'été du Pacifique
pea [piː] n (petit) pois
peace [piːs] n paix f ; (calm) calme m, tranquillité f ; **to be at ~ with sb/sth** être en paix avec qn/qch ; **to keep the ~** (policeman) assurer le maintien de l'ordre ; (citizen) ne pas troubler l'ordre
peaceable ['piːsəbl] adj paisible, pacifique
peaceful ['piːsful] adj (place, time, person) paisible, calme ; (protest, demo) pacifique
peacefully ['piːsfulɪ] adv (sleep, die) paisiblement ; (resolve) de manière pacifique ; (pass off) dans le calme ; **to live ~ with sb** vivre en paix avec qn
peacekeeper ['piːskiːpəʳ] n (force) force gardienne de la paix
peacekeeping ['piːskiːpɪŋ] n maintien m de la paix
peacekeeping force n forces fpl qui assurent le maintien de la paix
peacemaker ['piːsmeɪkəʳ] n conciliateur(-trice) ; **to act as a ~** jouer un rôle de conciliateur
peace offering n gage m de réconciliation ; (humorous) gage de paix
peacetime ['piːstaɪm] n: **in** or **during ~** en temps de paix
peach [piːtʃ] n pêche f

peacock ['piːkɔk] n paon m

peak [piːk] n (mountain) pic m, cime f ; (of cap) visière f ; (fig: highest level) maximum m ; (: of career, fame) apogée m

peaked [piːkt] adj (cap) à visière

peak-hour ['piːkauəʳ] adj (traffic etc) de pointe

peak hours npl heures fpl d'affluence or de pointe

peak period n période f de pointe

peak rate n plein tarif

peaky ['piːkɪ] adj (Brit inf) fatigué(e)

peal [piːl] n (of bells) carillon m ; **peals of laughter** éclats mpl de rire

peanut ['piːnʌt] n arachide f, cacahuète f

peanut butter n beurre m de cacahuète

pear [pɛəʳ] n poire f

pearl [pəːl] n perle f

peasant ['pɛznt] n paysan(ne)

peat [piːt] n tourbe f

pebble ['pɛbl] n galet m, caillou m

peck [pɛk] vt (also: **peck at**) donner un coup de bec à ; (: food) picorer ▶ n coup m de bec ; (kiss) bécot m

pecking order ['pɛkɪŋ-] n ordre m hiérarchique

peckish ['pɛkɪʃ] adj (Brit inf): **I feel ~** je mangerais bien quelque chose, j'ai la dent

pecs [pɛks] npl (inf) pectoraux mpl

peculiar [pɪ'kjuːlɪəʳ] adj (odd) étrange, bizarre, curieux(-euse) ; (particular) particulier(-ière) ; **~ to** particulier à

peculiarity [pɪkjuːlɪ'ærɪtɪ] n bizarrerie f ; particularité f

pecuniary [pɪ'kjuːnɪərɪ] adj pécuniaire

pedagogical [pɛdə'gɔdʒɪkl] adj pédagogique

pedal ['pɛdl] n pédale f ▶ vi pédaler

pedal bin n (Brit) poubelle f à pédale

pedantic [pɪ'dæntɪk] adj pédant(e)

peddle ['pɛdl] vt colporter ; (drugs) faire le trafic de

peddler ['pɛdləʳ] n colporteur m ; camelot m

pedestal ['pɛdəstl] n piédestal m

pedestrian [pɪ'dɛstrɪən] n piéton m ▶ adj piétonnier(-ière) ; (fig) prosaïque, terre à terre inv

pedestrian crossing n (Brit) passage clouté

pedestrianized [pɪ'dɛstrɪənaɪzd] adj: **a ~ street** une rue piétonne

pedestrian precinct, (US) pedestrian zone n (Brit) zone piétonne

pediatrics [piːdɪ'ætrɪks] n (US) = **paediatrics**

pedicure ['pɛdɪkjuəʳ] n soins mpl des pieds ; **to have a ~** se faire soigner les pieds

pedigree ['pɛdɪgriː] n ascendance f ; (of animal) pedigree m ▶ cpd (animal) de race

pedlar ['pɛdləʳ] n = **peddler**

pedophile ['piːdəufaɪl] n (US) = **paedophile**

pee [piː] vi (inf) faire pipi, pisser

peek [piːk] vi jeter un coup d'œil (furtif)

peel [piːl] n pelure f, épluchure f ; (of orange, lemon) écorce f ▶ vt peler, éplucher ▶ vi (paint etc) s'écailler ; (wallpaper) se décoller ; (skin) peler
▶ **peel back** vt décoller
▶ **peel off** vt (sticker, label) décoller

peeler ['piːləʳ] n (potato etc peeler) éplucheur m

peelings ['piːlɪŋz] npl pelures fpl, épluchures fpl

peep [piːp] n (look) coup d'œil furtif ; (sound) pépiement m ▶ vi jeter un coup d'œil (furtif)
▶ **peep out** vi se montrer (furtivement)

peephole ['piːphəul] n judas m

peer [pɪəʳ] vi: **to ~ at** regarder attentivement, scruter ▶ n (noble) pair m ; (equal) pair, égal(e)

peerage ['pɪərɪdʒ] n pairie f

peerless ['pɪəlɪs] adj incomparable, sans égal

peer pressure n (also: **peer group pressure**) influence f de l'entourage

peeved [piːvd] adj irrité(e), ennuyé(e)

peevish ['piːvɪʃ] adj grincheux(-euse), maussade

peg [pɛg] n cheville f ; (for coat etc) patère f ; (Brit: also: **clothes peg**) pince f à linge ▶ vt (clothes) accrocher ; (Brit: groundsheet) fixer (avec des piquets) ; (fig: prices, wages) contrôler, stabiliser

PEI abbr (Canada) = **Prince Edward Island**

pejorative [pɪ'dʒɔrətɪv] adj péjoratif(-ive)

Pekin [piː'kɪn], Peking [piː'kɪŋ] n Pékin

Pekinese, Pekingese [piːkɪ'niːz] n pékinois m

pelican ['pɛlɪkən] n pélican m

pelican crossing n (Brit Aut) feu m à commande manuelle

pellet ['pɛlɪt] n boulette f ; (of lead) plomb m

pell-mell ['pɛl'mɛl] adv pêle-mêle

pelmet ['pɛlmɪt] n cantonnière f ; lambrequin m

pelt [pɛlt] vt: **to ~ sb (with)** bombarder qn (de)
▶ vi (inf: rain) tomber à seaux ; (: run) courir à toutes jambes ▶ n peau f
▶ **pelt down** vi (inf: rain) tomber à seaux ; **it's pelting down** il tombe des cordes

pelvic ['pɛlvɪk] adj pelvien(ne)

pelvis ['pɛlvɪs] n bassin m

pen [pɛn] n (for writing) stylo m ; (for sheep) parc m ; (US inf: prison) taule f ; **to put ~ to paper** prendre la plume

penal ['piːnl] adj pénal(e)

penalize ['piːnəlaɪz] vt pénaliser ; (fig) désavantager

penal servitude [-'səːvɪtjuːd] n travaux forcés

penalty ['pɛnltɪ] n pénalité f ; sanction f ; (fine) amende f ; (Sport) pénalisation f ; (also: **penalty kick**: Football) penalty m ; (: Rugby) pénalité f ; **to pay the ~ for** être pénalisé(e) pour

penalty area, penalty box n (Brit Sport) surface f de réparation

penalty clause n clause pénale

penalty kick n (Football) penalty m

penalty shoot-out [-'ʃuːtaut] n (Football) épreuve f des penalties

penance ['pɛnəns] n pénitence f

pence [pɛns] npl of **penny**

penchant ['pãːʃõŋ] n penchant m

pencil ['pɛnsl] n crayon m
▶ **pencil in** vt noter provisoirement

pencil case n trousse f (d'écolier)

pencil sharpener n taille-crayon(s) m inv

pendant ['pɛndnt] n pendentif m

pending ['pɛndɪŋ] prep en attendant ▶ adj en suspens

pendulum ['pɛndjuləm] n pendule m ; (of clock) balancier m

penetrate ['pɛnɪtreɪt] vt pénétrer dans ; (enemy territory) entrer en ; (sexually) pénétrer

penetrating ['pɛnɪtreɪtɪŋ] adj pénétrant(e)

p

penetration [pɛnɪ'treɪʃən] *n* pénétration *f*
pen friend *n* (*BRIT*) correspondant(e)
penguin ['pɛŋgwɪn] *n* pingouin *m*
penicillin [pɛnɪ'sɪlɪn] *n* pénicilline *f*
peninsula [pə'nɪnsjulə] *n* péninsule *f*
penis ['piːnɪs] *n* pénis *m*, verge *f*
penitence ['pɛnɪtns] *n* repentir *m*
penitent ['pɛnɪtnt] *adj* repentant(e)
penitentiary [pɛnɪ'tɛnʃərɪ] *n* (*US*) prison *f*
penknife ['pɛnnaɪf] *n* canif *m*
Penn., Penna. *abbr* (*US*) = **Pennsylvania**
pen name *n* nom *m* de plume, pseudonyme *m*
pennant ['pɛnənt] *n* flamme *f*, banderole *f*
penniless ['pɛnɪlɪs] *adj* sans le sou
Pennines ['pɛnaɪnz] *npl*: **the ~** les Pennines *fpl*
penny ['pɛnɪ] (*pl* **pennies** ['pɛnɪz] *or* **pence**
[pɛns]) *n* (*BRIT*) penny *m* ; (*US*) cent *m*
pen pal *n* correspondant(e)
penpusher ['pɛnpuʃəʳ] *n* (*pej*) gratte-papier *m inv*
pension ['pɛnʃən] *n* (*from company*) retraite *f* ;
(*Mil*) pension *f*
▶ **pension off** *vt* mettre à la retraite
pensionable ['pɛnʃnəbl] *adj* qui a droit à une
retraite
pensioner ['pɛnʃənəʳ] *n* (*BRIT*) retraité(e)
pension fund *n* caisse *f* de retraite
pension plan *n* plan *m* de retraite
pensive ['pɛnsɪv] *adj* pensif(-ive)
pentagon ['pɛntəgən] *n* pentagone *m* ; **the P~**
(*US Pol*) le Pentagone
pentathlon [pɛn'tæθlən] *n* pentathlon *m*
Pentecost ['pɛntɪkɔst] *n* Pentecôte *f*
penthouse ['pɛnthaus] *n* appartement *m* (de
luxe) en attique
pent-up ['pɛntʌp] *adj* (*feelings*) refoulé(e)
penultimate [pɪ'nʌltɪmət] *adj* pénultième,
avant-dernier(-ière)
penury ['pɛnjurɪ] *n* misère *f*
peony ['piːənɪ] *n* pivoine *f*
people ['piːpl] *npl* gens *mpl* ; personnes *fpl* ;
(*inhabitants*) population *f* ; (*Pol*) peuple *m* ; **I
know ~ who …** je connais des gens qui … ; **the
room was full of ~** la salle était pleine de
monde *or* de gens ; **several ~ came** plusieurs
personnes sont venues ; **~ say that …** on dit *or*
les gens disent que … ; **old ~** les personnes
âgées ; **young ~** les jeunes ▶ *n* (*nation, race*)
peuple *m* ; **a man of the ~** un homme du
peuple ▶ *vt* peupler
PEP [pɛp] *n* (= *personal equity plan*) ≈ CEA *m*
(= *compte d'épargne en actions*)
pep [pɛp] *n* (*inf*) entrain *m*, dynamisme *m*
▶ **pep up** *vt* (*inf*) remonter
pepper ['pɛpəʳ] *n* poivre *m* ; (*vegetable*) poivron *m*
▶ *vt* (*Culin*) poivrer
pepper mill *n* moulin *m* à poivre
peppermint ['pɛpəmɪnt] *n* (*plant*) menthe
poivrée ; (*sweet*) pastille *f* de menthe
pepperoni [pɛpə'rəunɪ] *n* saucisson sec de porc et de
bœuf très poivré.
pepperpot ['pɛpəpɔt] *n* poivrière *f*
pep talk *n* (*inf*) (petit) discours d'encouragement
per [pəːʳ] *prep* par ; **~ hour** (*miles etc*) à l'heure ;
(*fee*) (de) l'heure ; **~ kilo** *etc* le kilo *etc* ; **~ day/
person** par jour/personne ; **~ annum** par an ;

as ~ your instructions conformément à vos
instructions
per annum *adv* par an
per capita *adj, adv* par habitant, par personne
perceive [pə'siːv] *vt* percevoir ; (*notice*)
remarquer, s'apercevoir de
per cent *adv* pour cent ; **a 20 ~ discount** une
réduction de 20 pour cent
percentage [pə'sɛntɪdʒ] *n* pourcentage *m* ; **on a
~ basis** au pourcentage
percentage point *n*: **ten percentage points**
dix pour cent
perceptible [pə'sɛptɪbl] *adj* perceptible
perception [pə'sɛpʃən] *n* perception *f* ; (*insight*)
sensibilité *f*
perceptive [pə'sɛptɪv] *adj* (*remark, person*)
perspicace
perch [pəːtʃ] *n* (*fish*) perche *f* ; (*for bird*) perchoir *m*
▶ *vi* (se) percher
percolate ['pəːkəleɪt] *vt, vi* passer
percolator ['pəːkəleɪtəʳ] *n* percolateur *m* ;
cafetière *f* électrique
percussion [pə'kʌʃən] *n* percussion *f*
peremptory [pə'rɛmptərɪ] *adj* péremptoire
perennial [pə'rɛnɪəl] *adj* perpétuel(le) ; (*Bot*)
vivace ▶ *n* (*Bot*) (*plante f*) vivace *f*, plante
pluriannuelle
perfect *adj* ['pəːfɪkt] parfait(e) ; **he's a ~
stranger to me** il m'est totalement inconnu
▶ *n* ['pəːfɪkt] (*also*: **perfect tense**) parfait *m* ▶ *vt*
[pə'fɛkt] (*technique, skill, work of art*) parfaire ;
(*method, plan*) mettre au point
perfection [pə'fɛkʃən] *n* perfection *f*
perfectionist [pə'fɛkʃənɪst] *n* perfectionniste
mf
perfectly ['pəːfɪktlɪ] *adv* parfaitement ; **I'm ~
happy with the situation** cette situation me
convient parfaitement ; **you know ~ well** vous
le savez très bien
perforate ['pəːfəreɪt] *vt* perforer, percer
perforated ulcer ['pəːfəreɪtɪd-] *n* (*Med*) ulcère
perforé
perforation [pəːfə'reɪʃən] *n* perforation *f* ; (*line of
holes*) pointillé *m*
perform [pə'fɔːm] *vt* (*carry out*) exécuter,
remplir ; (*concert etc*) jouer, donner ▶ *vi* (*actor,
musician*) jouer ; (*machine, car*) marcher,
fonctionner ; (*company, economy*): **to ~ well/
badly** produire de bons/mauvais résultats
performance [pə'fɔːməns] *n* représentation *f*,
spectacle *m* ; (*of an artist*) interprétation *f* ; (*Sport:
of car, engine*) performance *f* ; (*of company, economy*)
résultats *mpl* ; **the team put up a good ~**
l'équipe a bien joué
performer [pə'fɔːməʳ] *n* artiste *mf*
performing [pə'fɔːmɪŋ] *adj* (*animal*) savant(e)
performing arts *npl*: **the ~** les arts *mpl* du
spectacle
perfume ['pəːfjuːm] *n* parfum *m* ▶ *vt* parfumer
perfunctory [pə'fʌŋktərɪ] *adj* négligent(e), pour
la forme
perhaps [pə'hæps] *adv* peut-être ; **~ he'll …**
peut-être qu'il … ; **~ so/not** peut-être que oui/
que non
peril ['pɛrɪl] *n* péril *m*

perilous ['pɛrɪləs] adj périlleux(-euse)

perilously ['pɛrɪləslɪ] adv: **they came ~ close to being caught** ils ont été à deux doigts de se faire prendre

perimeter [pə'rɪmɪtə^r] n périmètre m

perimeter wall n mur m d'enceinte

period ['pɪərɪəd] n période f ; (Hist) époque f ; (Scol) cours m ; (full stop) point m ; (Med) règles fpl ; **a ~ of three weeks** pour (une période de) trois semaines ; **the holiday ~** (BRIT) la période des vacances ▸ adj (costume, furniture) d'époque

periodic [pɪərɪ'ɔdɪk] adj périodique

periodical [pɪərɪ'ɔdɪkl] adj périodique ▸ n périodique m

periodically [pɪərɪ'ɔdɪklɪ] adv périodiquement

period pains npl (BRIT) douleurs menstruelles

peripatetic [pɛrɪpə'tɛtɪk] adj (salesman) ambulant ; (BRIT: teacher) qui travaille dans plusieurs établissements

peripheral [pə'rɪfərəl] adj périphérique ▸ n (Comput) périphérique m

periphery [pə'rɪfərɪ] n périphérie f

periscope ['pɛrɪskəup] n périscope m

perish ['pɛrɪʃ] vi périr, mourir ; (decay) se détériorer

perishable ['pɛrɪʃəbl] adj périssable

perishables ['pɛrɪʃəblz] npl denrées fpl périssables

perishing ['pɛrɪʃɪŋ] adj (BRIT inf: cold) glacial(e)

peritonitis [pɛrɪtə'naɪtɪs] n péritonite f

perjure ['pə:dʒə^r] vt: **to ~ o.s.** se parjurer

perjury ['pə:dʒərɪ] n (Law: in court) faux témoignage ; (breach of oath) parjure m

perk [pə:k] n (inf) avantage m, à-côté m
▸ **perk up** vi (inf: cheer up) se ragaillardir

perky ['pə:kɪ] adj (cheerful) guilleret(te), gai(e)

perm [pə:m] n (for hair) permanente f ▸ vt: **to have one's hair permed** se faire faire une permanente

permanence ['pə:mənəns] n permanence f

permanent ['pə:mənənt] adj permanent(e) ; (job, position) permanent, fixe ; (dye, ink) indélébile ; **I'm not ~ here** je ne suis pas ici à titre définitif ; **~ address** adresse habituelle

permanently ['pə:mənəntlɪ] adv de façon permanente ; (move abroad) définitivement ; (open, closed) en permanence ; (tired, unhappy) constamment

permeable ['pə:mɪəbl] adj perméable

permeate ['pə:mɪeɪt] vi s'infiltrer ▸ vt s'infiltrer dans ; pénétrer

permissible [pə'mɪsɪbl] adj permis(e), acceptable

permission [pə'mɪʃən] n permission f, autorisation f ; **to give sb ~ to do sth** donner à qn la permission de faire qch

permissive [pə'mɪsɪv] adj tolérant(e) ; **the ~ society** la société de tolérance

permit n ['pə:mɪt] permis m ; (entrance pass) autorisation f, laissez-passer m ; (for goods) licence f ▸ vt [pə'mɪt] permettre ; **to ~ sb to do** autoriser qn à faire, permettre à qn de faire ▸ vi: **weather permitting** si le temps le permet

permutation [pə:mju'teɪʃən] n permutation f

pernicious [pə:'nɪʃəs] adj pernicieux(-euse), nocif(-ive)

pernickety [pə'nɪkɪtɪ] adj (inf) pointilleux(-euse), tatillon(ne) ; (task) minutieux(-euse)

peroxide [pə'rɔksaɪd] n eau f oxygénée

perpendicular [pə:pən'dɪkjulə^r] adj, n perpendiculaire f

perpetrate ['pə:pɪtreɪt] vt perpétrer, commettre

perpetrator ['pə:pɪtreɪtə^r] n (of crime) auteur m

perpetual [pə'pɛtjuəl] adj perpétuel(le)

perpetuate [pə'pɛtjueɪt] vt perpétuer

perpetuity [pə:pɪ'tju:ɪtɪ] n: **in ~** à perpétuité

perplex [pə'plɛks] vt (person) rendre perplexe

perplexed [pə'plɛkst] adj perplexe ; **to be ~ about sth** être perplexe quant à qch

perplexing [pə:'plɛksɪŋ] adj embarrassant(e)

perquisites ['pə:kwɪzɪts] npl (also: **perks**) avantages mpl annexes

persecute ['pə:sɪkju:t] vt persécuter

persecution [pə:sɪ'kju:ʃən] n persécution f

perseverance [pə:sɪ'vɪərns] n persévérance f, ténacité f

persevere [pə:sɪ'vɪə^r] vi persévérer

Persia ['pə:ʃə] n Perse f

Persian ['pə:ʃən] adj persan(e) ; **the ~ Gulf** le golfe Persique ▸ n (Ling) persan m

Persian cat n chat persan

persist [pə'sɪst] vi: **to ~ (in doing)** persister (à faire), s'obstiner (à faire)

persistence [pə'sɪstəns] n persistance f, obstination f ; opiniâtreté f

persistent [pə'sɪstənt] adj (headache, cough) persistant(e), tenace ; (noise, rain, problem) persistant(e) ; (person) persévérant(e) ; **~ offender** (Law) multirécidiviste mf

persistently [pə'sɪstəntlɪ] adv (with determination) avec persévérance ; (unfailingly: high) invariablement ; **to be ~ late** persister à être en retard

persnickety [pə'snɪkɪtɪ] adj (US inf) = **pernickety**

person ['pə:sn] n personne f ; **in ~** en personne ; **on** or **about one's ~** sur soi ; **~ to ~ call** (Tel) appel m avec préavis

persona [pə'səunə] n (image) personnage m ; **public ~** personne publique

personable ['pə:snəbl] adj de belle prestance, au physique attrayant

personal ['pə:snl] adj personnel(le) ; **~ belongings, ~ effects** effets personnels ; **~ hygiene** hygiène f intime ; **a ~ interview** un entretien

personal allowance n (Tax) part f du revenu non imposable

personal assistant n secrétaire personnel(le)

personal call n (Tel) communication f avec préavis

personal column n annonces personnelles

personal computer n ordinateur individuel, PC m

personal details npl (on form etc) coordonnées fpl

personal identification number n (Comput, Banking) numéro m d'identification personnel

personality [pə:sə'nælɪtɪ] n personnalité f

personalize ['pə:sənəlaɪz] vt personnaliser

p

personally ['pɜːsnəlɪ] *adv* personnellement ; **to take sth ~** se sentir visé(e) par qch
personal organizer *n* agenda (personnel) ; *(electronic)* agenda électronique
personal property *n* biens personnels
personal stereo *n* Walkman® *m*, baladeur *m*
personify [pəˈsɔnɪfaɪ] *vt* personnifier
personnel [pɜːsəˈnɛl] *n* personnel *m*
personnel department *n* service *m* du personnel
personnel manager *n* chef *m* du personnel
perspective [pəˈspɛktɪv] *n* perspective *f* ; **to get sth into ~** ramener qch à sa juste mesure
perspex® ['pɜːspɛks] *n (BRIT)* Plexiglas® *m*
perspicacious [pɜːspɪˈkeɪʃəs] *adj* perspicace
perspicacity [pɜːspɪˈkæsɪtɪ] *n* perspicacité *f*
perspiration [pɜːspɪˈreɪʃən] *n* transpiration *f*
perspire [pəˈspaɪəʳ] *vi* transpirer
persuade [pəˈsweɪd] *vt*: **to ~ sb to do sth** persuader qn de faire qch, amener *or* décider qn à faire qch ; **to ~ sb of sth/that** persuader qn de qch/que
persuasion [pəˈsweɪʒən] *n* persuasion *f* ; *(creed)* conviction *f*
persuasive [pəˈsweɪsɪv] *adj* persuasif(-ive)
pert [pɜːt] *adj* coquin(e), mutin(e)
pertaining [pɜːˈteɪnɪŋ]: **~ to** *prep* relatif(-ive) à
pertinent ['pɜːtɪnənt] *adj* pertinent(e)
perturb [pəˈtɜːb] *vt* troubler, inquiéter
perturbing [pəˈtɜːbɪŋ] *adj* troublant(e)
Peru [pəˈruː] *n* Pérou *m*
perusal [pəˈruːzl] *n* consultation *f*
peruse [pərˈuːz] *vt* consulter
Peruvian [pəˈruːvjən] *adj* péruvien(ne) ▶ *n* Péruvien(ne)
pervade [pəˈveɪd] *vt* se répandre dans, envahir
pervasive [pəˈveɪsɪv] *adj (smell)* pénétrant(e) ; *(influence)* insidieux(-euse) ; *(gloom, ideas)* diffus(e)
perverse [pəˈvɜːs] *adj* pervers(e) ; *(contrary)* entêté(e), contrariant(e)
perversion [pəˈvɜːʃən] *n* perversion *f*
perversity [pəˈvɜːsɪtɪ] *n* perversité *f*
pervert *n* ['pɜːvɜːt] perverti(e) ▶ *vt* [pəˈvɜːt] pervertir ; *(words)* déformer
pesky ['pɛskɪ] *adj (inf)* casse-pieds *inv*
pessimism ['pɛsɪmɪzəm] *n* pessimisme *m*
pessimist ['pɛsɪmɪst] *n* pessimiste *mf*
pessimistic [pɛsɪˈmɪstɪk] *adj* pessimiste
pest [pɛst] *n* animal *m (or* insecte *m)* nuisible ; *(fig)* fléau *m*
pest control *n* lutte *f* contre les nuisibles
pester ['pɛstəʳ] *vt* importuner, harceler
pesticide ['pɛstɪsaɪd] *n* pesticide *m*
pestilence ['pɛstɪləns] *n* peste *f*
pestle ['pɛsl] *n* pilon *m*
pet [pɛt] *n* animal familier ; *(favourite)* chouchou *m* ; **teacher's ~** chouchou *m* du professeur ▶ *cpd* *(favourite)* favori(e) ; **~ lion** *etc* lion *etc* apprivoisé ; **~ hate** bête noire ▶ *vt* choyer ; *(stroke)* caresser, câliner ▶ *vi (inf)* se peloter
petal ['pɛtl] *n* pétale *m*
peter ['piːtəʳ]: **to ~ out** *vi* s'épuiser ; s'affaiblir
petite [pəˈtiːt] *adj* menu(e)

petition [pəˈtɪʃən] *n* pétition *f* ▶ *vt* adresser une pétition à ▶ *vi*: **to ~ for divorce** demander le divorce
pet name *n (BRIT)* petit nom
petrified ['pɛtrɪfaɪd] *adj (fig)* mort(e) de peur
petrify ['pɛtrɪfaɪ] *vt* pétrifier
petrochemical [pɛtrəˈkɛmɪkl] *adj* pétrochimique
petrodollars ['pɛtrəudɔləz] *npl* pétrodollars *mpl*
petrol ['pɛtrəl] *n (BRIT)* essence *f* ; **I've run out of ~** je suis en panne d'essence
petrol bomb *n* cocktail *m* Molotov
petrol can *n (BRIT)* bidon *m* à essence
petrol engine *n (BRIT)* moteur *m* à essence
petroleum [pəˈtrəuliəm] *n* pétrole *m*
petroleum jelly *n* vaseline *f*
petrol pump *n (BRIT: in car, at garage)* pompe *f* à essence
petrol station *n (BRIT)* station-service *f*
petrol tank *n (BRIT)* réservoir *m* d'essence
petticoat ['pɛtɪkəut] *n* jupon *m*
pettifogging ['pɛtɪfɔgɪŋ] *adj* chicanier(-ière)
pettiness ['pɛtɪnɪs] *n* mesquinerie *f*
petty ['pɛtɪ] *adj (mean)* mesquin(e) ; *(unimportant)* insignifiant(e), sans importance
petty cash *n* caisse *f* des dépenses courantes, petite caisse
petty officer *n* second-maître *m*
petulant ['pɛtjulənt] *adj* irritable
petunia [pəˈtjuːniə] *n* pétunia *m*
pew [pjuː] *n* banc *m* (d'église)
pewter ['pjuːtəʳ] *n* étain *m*
Pfc *abbr (US Mil)* = **private first class**
PFI *n abbr (= Private Finance Initiative)* PPP *m* (= partenariat public-privé)
PG *n abbr (Cine: = parental guidance)* avis des parents recommandé
PGA *n abbr* = **Professional Golfers Association**
PH *n abbr (US Mil: = Purple Heart)* décoration accordée aux blessés de guerre
PHA *n abbr (US: = Public Housing Administration)* organisme d'aide à la construction
phablet ['fæblɪt] *n (Tel: phone plus tablet)* phablet *m*
phallic ['fælɪk] *adj* phallique
phantom ['fæntəm] *n* fantôme *m* ; *(vision)* fantasme *m*
Pharaoh ['fɛərəu] *n* pharaon *m*
pharmaceutical [fɑːməˈsjuːtɪkl] *adj* pharmaceutique ▶ *n*: **pharmaceuticals** produits *mpl* pharmaceutiques
pharmacist ['fɑːməsɪst] *n* pharmacien(ne)
pharmacology [fɑːməˈkɔlədʒɪ] *n* pharmacologie *f*
pharmacy ['fɑːməsɪ] *n* pharmacie *f*
phase [feɪz] *n* phase *f*, période *f*
▶ **phase in** *vt* introduire progressivement
▶ **phase out** *vt* supprimer progressivement
phased [feɪzd] *adj* progressif(-ive)
Ph.D. *abbr* = **Doctor of Philosophy**
pheasant ['fɛznt] *n* faisan *m*
phenomena [fəˈnɔmɪnə] *npl of* **phenomenon**
phenomenal [fɪˈnɔmɪnl] *adj* phénoménal(e)
phenomenon [fəˈnɔmɪnən] *(pl* **phenomena** [-nə]) *n* phénomène *m*
phew [fjuː] *excl* ouf !

phial ['faɪəl] n fiole f
philanderer [fɪ'lændərə^r] n don Juan m
philanthropic [fɪlən'θrɔpɪk] adj
philanthropique
philanthropist [fɪ'lænθrəpɪst] n philanthrope mf
philanthropy [fɪ'lænθrəpɪ] n philanthropie f
philatelist [fɪ'lætəlɪst] n philatéliste mf
philately [fɪ'lætəlɪ] n philatélie f
Philippines ['fɪlɪpi:nz] npl (also: **Philippine Islands**): **the ~** les Philippines fpl
philistine ['fɪlɪstaɪn] n philistin m
philosopher [fɪ'lɔsəfə^r] n philosophe m
philosophical [fɪlə'sɔfɪkl] adj philosophique
philosophize [fɪ'lɔsəfaɪz] vi philosopher ; **to ~ about sth** philosopher sur qch
philosophy [fɪ'lɔsəfɪ] n philosophie f
phishing ['fɪʃɪŋ] n phishing m
phlegm [flɛm] n flegme m
phlegmatic [flɛg'mætɪk] adj flegmatique
phobia ['fəubjə] n phobie f
phobic ['fəubɪk] adj, n phobique mf ; **to be ~ about sth** avoir une phobie de qch
phoenix ['fi:nɪks] n phénix m
phone [fəun] n téléphone m ; **to be on the ~** avoir le téléphone ; (be calling) être au téléphone
▶ vt téléphoner à ▶ vi téléphoner
▶ **phone back** vt, vi rappeler
▶ **phone up** vt téléphoner à ▶ vi téléphoner
phone bill n facture f de téléphone
phone book n annuaire m
phone box, (US) **phone booth** n cabine f téléphonique
phone call n coup m de fil or de téléphone
phonecard ['fəunkɑ:d] n télécarte f
phone-in ['fəunɪn] n (Brit Radio, TV) programme m à ligne ouverte
phone number n numéro m de téléphone
phone tapping [-tæpɪŋ] n mise f sur écoutes téléphoniques
phonetics [fə'nɛtɪks] n phonétique f
phoney ['fəunɪ] adj faux (fausse), factice ; (person) pas franc (franche) ▶ n (person) charlatan m ; fumiste mf
phonics ['fɔnɪks] n (Scol) méthode f syllabique
phonograph ['fəunəgrɑ:f] n (US) électrophone m
phony ['fəunɪ] adj, n = **phoney**
phosphate ['fɔsfeɪt] n phosphate m
phosphorus ['fɔsfərəs] n phosphore m
photo ['fəutəu] n photo f ; **to take a ~ of** prendre en photo
photo... ['fəutəu] prefix photo...
photo album n album m de photos
photocall ['fəutəukɔ:l] n séance f de photos pour la presse
photocopier ['fəutəukɔpɪə^r] n copieur m
photocopy ['fəutəukɔpɪ] n photocopie f ▶ vt photocopier
photoelectric [fəutəuɪ'lɛktrɪk] adj photoélectrique ; **~ cell** cellule f photoélectrique
Photofit® ['fəutəufɪt] n portrait-robot m
photogenic [fəutəu'dʒɛnɪk] adj photogénique
photograph ['fəutəgræf] n photographie f ; **to take a ~ of sb** prendre qn en photo ▶ vt photographier

photographer [fə'tɔgrəfə^r] n photographe mf
photographic [fəutə'græfɪk] adj photographique
photography [fə'tɔgrəfɪ] n photographie f
photojournalism [fəutəu'dʒə:nəlɪzəm] n photojournalisme m
photojournalist [fəutəu'dʒə:nəlɪst] n photojournaliste mf
photon ['fəutɔn] n photon m
photo opportunity n occasion, souvent arrangée, pour prendre des photos d'une personnalité.
Photoshop® ['fəutəuʃɔp] n Photoshop® ▶ vt: **to photoshop a picture** retoucher une image avec Photoshop
Photostat® ['fəutəustæt] n photocopie f, photostat m
photosynthesis [fəutəu'sɪnθəsɪs] n photosynthèse f
phrase [freɪz] n expression f ; (Ling) locution f ▶ vt exprimer ; (letter) rédiger
phrase book n recueil m d'expressions (pour touristes)
physical ['fɪzɪkl] adj physique ; **~ examination** examen médical ; **~ exercises** gymnastique f
physical education n éducation f physique
physically ['fɪzɪklɪ] adv physiquement
physician [fɪ'zɪʃən] n médecin m
physicist ['fɪzɪsɪst] n physicien(ne)
physics ['fɪzɪks] n physique f
physio ['fɪziəu] n (Brit inf: person) kiné mf ; (therapy) physio f
physiological [fɪziə'lɔdʒɪkl] adj physiologique
physiologist [fɪziɔ'lədʒɪst] n physiologiste mf
physiology [fɪzɪ'ɔlədʒɪ] n physiologie f
physiotherapist [fɪziəu'θɛrəpɪst] n kinésithérapeute mf
physiotherapy [fɪziəu'θɛrəpɪ] n kinésithérapie f
physique [fɪ'zi:k] n (appearance) physique m ; (health etc) constitution f
pianist ['pi:ənɪst] n pianiste mf
piano [pɪ'ænəu] n piano m
piano accordion n (Brit) accordéon m à touches
Picardy ['pɪkədɪ] n Picardie f
piccolo ['pɪkələu] n piccolo m
pick [pɪk] n (tool: also: **pick-axe**) pic m, pioche f ; **take your ~** faites votre choix ; **the ~ of** le (la) meilleur(e) de ▶ vt choisir ; (gather) cueillir ; (remove) prendre ; (lock) forcer ; (scab, spot) gratter, écorcher ; **to ~ a bone** ronger un os ; **to ~ one's nose** se mettre les doigts dans le nez ; **to ~ one's teeth** se curer les dents ; **to ~ sb's brains** faire appel aux lumières de qn ; **to ~ pockets** pratiquer le vol à la tire ; **to ~ a quarrel with sb** chercher noise à qn
▶ **pick at** vt fus: **to ~ at one's food** manger du bout des dents, chipoter
▶ **pick off** vt (kill) (viser soigneusement et) abattre
▶ **pick on** vt fus (person) harceler
▶ **pick out** vt choisir ; (distinguish) distinguer
▶ **pick up** vi (improve) remonter, s'améliorer ; **to ~ up where one left off** reprendre là où l'on s'est arrêté ▶ vt ramasser ; (telephone) décrocher ; (collect) passer prendre ; (Aut: give lift to) prendre ;

(*learn*) apprendre ; (*Radio*) capter ; **to ~ up speed** prendre de la vitesse ; **to ~ o.s. up** se relever

pickaxe, (*US*) **pickax** ['pɪkæks] *n* pioche *f*

picket ['pɪkɪt] *n* (*in strike*) gréviste *mf* participant à un piquet de grève ; piquet *m* de grève ▸ *vt* mettre un piquet de grève devant

picket line *n* piquet *m* de grève

pickings ['pɪkɪŋz] *npl*: **there are rich ~ to be had in ...** il y a gros à gagner dans ...

pickle ['pɪkl] *n* (*as condiment: also*: **pickles**) pickles *mpl* ; **in a ~** (*fig*) dans le pétrin ▸ *vt* conserver dans du vinaigre or dans de la saumure

pickled ['pɪkld] *adj* (*food*) au vinaigre

pick-me-up ['pɪkmiˌʌp] *n* remontant *m*

pickpocket ['pɪkpɒkɪt] *n* pickpocket *m*

pick-up ['pɪkʌp] *n* (*also*: **pick-up truck**) pick-up *m* *inv* ; (*Brit: on record player*) bras *m* pick-up

picnic ['pɪknɪk] *n* pique-nique *m* ▸ *vi* pique-niquer

picnic area *n* aire *f* de pique-nique

picnicker ['pɪknɪkəʳ] *n* pique-niqueur(-euse)

pictorial [pɪk'tɔːrɪəl] *adj* illustré(e)

picture ['pɪktʃəʳ] *n* (*also TV*) image *f* ; (*painting*) peinture *f*, tableau *m* ; (*photograph*) photo(graphie) *f* ; (*drawing*) dessin *m* ; (*film*) film *m* ; (*fig: description*) description *f* ; **to take a ~ of sb/sth** prendre qn/qch en photo ; **would you take a ~ of us, please?** pourriez-vous nous prendre en photo, s'il vous plaît ? ; **the overall ~** le tableau d'ensemble ; **to put sb in the ~** mettre qn au courant ▸ *vt* (*imagine*) se représenter ; (*describe*) dépeindre, représenter ; **pictures** *npl*: **the pictures** (*Brit*) le cinéma

picture book *n* livre *m* d'images

picture frame *n* cadre *m*

picture messaging *n* picture messaging *m*, messagerie *f* d'images

picturesque [pɪktʃə'resk] *adj* pittoresque

picture window *n* baie vitrée, fenêtre *f* panoramique

piddling ['pɪdlɪŋ] *adj* (*inf*) insignifiant(e)

pie [paɪ] *n* tourte *f* ; (*of fruit*) tarte *f* ; (*of meat*) pâté *m* en croûte

piebald ['paɪbɔːld] *adj* pie *inv*

piece [piːs] *n* morceau *m* ; (*of land*) parcelle *f* ; (*item*): **a ~ of furniture/advice** un meuble/conseil ; (*Draughts*) pion *m* ; **in pieces** (*broken*) en morceaux, en miettes ; (*not yet assembled*) en pièces détachées ; **to take to pieces** démonter ; **in one ~** (*object*) intact(e) ; **to get back all in one ~** (*person*) rentrer sain et sauf ; **a 10p ~** (*Brit*) une pièce de 10p ; **~ by ~** morceau par morceau ; **a six-~ band** un orchestre de six musiciens ; **to say one's ~** réciter son morceau ▸ *vt*: **to ~ together** rassembler

piecemeal ['piːsmiːl] *adv* par bouts

piece rate *n* taux *m* or tarif *m* à la pièce

piecework ['piːswəːk] *n* travail *m* aux pièces *or* à la pièce

pie chart *n* graphique *m* à secteurs, camembert *m*

Piedmont ['piːdmɒnt] *n* Piémont *m*

pier [pɪəʳ] *n* jetée *f* ; (*of bridge etc*) pile *f*

pierce [pɪəs] *vt* percer, transpercer ; **to have one's ears pierced** se faire percer les oreilles

pierced [pɪəst] *adj* (*ears*) percé(e)

piercing ['pɪəsɪŋ] *adj* (*cry*) perçant(e)

piety ['paɪətɪ] *n* piété *f*

piffling ['pɪflɪŋ] *adj* insignifiant(e)

pig [pɪg] *n* cochon *m*, porc *m* ; (*pej: unkind person*) mufle *m* ; (: *greedy person*) goinfre *m*

pigeon ['pɪdʒən] *n* pigeon *m*

pigeonhole ['pɪdʒənhəʊl] *n* casier *m*

pigeon-toed ['pɪdʒəntəʊd] *adj* marchant les pieds en dedans

piggyback ['pɪgɪbæk] *n* (*also*: **piggyback ride**): **to give sb a ~** porter qn sur son dos ▸ *adv* à califourchon
▸ **piggyback on** *vt* surfer sur

piggy bank ['pɪgɪ-] *n* tirelire *f*

pigheaded ['pɪg'hedɪd] *adj* entêté(e), têtu(e)

piglet ['pɪglɪt] *n* petit cochon, porcelet *m*

pigment ['pɪgmənt] *n* pigment *m*

pigmentation [pɪgmən'teɪʃən] *n* pigmentation *f*

pigmy ['pɪgmɪ] *n* = **pygmy**

pigskin ['pɪgskɪn] *n* (peau *f* de) porc *m*

pigsty ['pɪgstaɪ] *n* porcherie *f*

pigtail ['pɪgteɪl] *n* natte *f*, tresse *f*

pike [paɪk] *n* (*spear*) pique *f* ; (*fish*) brochet *m*

Pilates [pɪ'lɑːtiːz] *n* Pilates *m*

pilchard ['pɪltʃəd] *n* pilchard *m* (*sorte de sardine*)

pile [paɪl] *n* (*pillar, of books*) pile *f* ; (*heap*) tas *m* ; (*of carpet*) épaisseur *f* ; **in a ~** en tas
▸ **pile in** *vi* s'entasser
▸ **pile on** *vt*: **to ~ it on** (*inf*) exagérer
▸ **pile up** *vi* (*accumulate*) s'entasser, s'accumuler
▸ *vt* (*put in heap*) empiler, entasser ; (*accumulate*) accumuler

piles [paɪlz] *npl* hémorroïdes *fpl*

pile-up ['paɪlʌp] *n* (*Aut*) télescopage *m*, collision *f* en série

pilfer ['pɪlfəʳ] *vt* chaparder ▸ *vi* commettre des larcins

pilfering ['pɪlfərɪŋ] *n* chapardage *m*

pilgrim ['pɪlgrɪm] *n* pèlerin *m* ; *voir article*

PILGRIM FATHERS

Les **Pilgrim Fathers** (Pères pèlerins) sont un groupe de puritains qui quittèrent l'Angleterre en 1620 pour fuir les persécutions religieuses. Ayant traversé l'Atlantique à bord du *Mayflower*, ils fondèrent New Plymouth en Nouvelle-Angleterre, dans ce qui est aujourd'hui le Massachusetts. Ces Pères pèlerins sont considérés comme les fondateurs des États-Unis, et l'on commémore chaque année, le jour de *Thanksgiving*, la réussite de leur première récolte.

pilgrimage ['pɪlgrɪmɪdʒ] *n* pèlerinage *m*

pill [pɪl] *n* pilule *f* ; **the ~** la pilule ; **to be on the ~** prendre la pilule

pillage ['pɪlɪdʒ] *vt* piller

pillar ['pɪləʳ] *n* pilier *m*

pillar box *n* (*Brit*) boîte *f* aux lettres (*publique*)

pillion ['pɪljən] *n* (*of motor cycle*) siège *m* arrière ; **to ride ~** être derrière ; (*on horse*) être en croupe

pillory ['pɪlərɪ] *n* pilori *m* ▸ *vt* mettre au pilori

pillow ['pɪləu] n oreiller m

pillowcase ['pɪləukeɪs], **pillowslip** ['pɪləuslɪp]
n taie f d'oreiller

pilot ['paɪlət] n pilote m ▶ cpd (scheme etc) pilote,
expérimental(e) ▶ vt piloter

pilot boat n bateau-pilote m

pilot light n veilleuse f

pimento [pɪ'mɛntəu] n piment m

pimp [pɪmp] n souteneur m, maquereau m

pimple ['pɪmpl] n bouton m

pimply ['pɪmplɪ] adj boutonneux(-euse)

PIN n abbr (= personal identification number) code m
confidentiel

pin [pɪn] n épingle f ; (Tech) cheville f ; (Brit:
drawing pin) punaise f ; (in grenade) goupille f ;
(Brit Elec: of plug) broche f ; **pins and needles**
fourmis fpl ▶ vt (with pins) épingler ; **to ~ sb
against/to** clouer qn contre/à ; **to ~ sth on sb**
(fig) mettre qch sur le dos de qn
▶ **pin down** vt (physically) clouer au sol ; (fig)
obliger à répondre ; **there's something
strange here but I can't quite ~ it down** il y a
quelque chose d'étrange ici, mais je n'arrive
pas exactement à savoir quoi

pinafore ['pɪnəfɔːʳ] n tablier m

pinafore dress n robe-chasuble f

pinball ['pɪnbɔːl] n flipper m

pincers ['pɪnsəz] npl tenailles fpl

pinch [pɪntʃ] n pincement m ; (of salt etc) pincée
f ; **at a ~** à la rigueur ; **to feel the ~** (fig) se
ressentir des restrictions (or de la récession etc)
▶ vt pincer ; (inf: steal) piquer, chiper ▶ vi (shoe)
serrer

pinched [pɪntʃt] adj (drawn) tiré(e) ; **~ with cold**
transi(e) de froid

pincushion ['pɪnkuʃən] n pelote f à épingles

pine [paɪn] n (also: **pine tree**) pin m ▶ vi: **to ~ for**
aspirer à, désirer ardemment
▶ **pine away** vi dépérir

pineapple ['paɪnæpl] n ananas m

pine cone n pomme f de pin

ping [pɪŋ] n (noise) tintement m

ping-pong® ['pɪŋpɔŋ] n ping-pong® m

pink [pɪŋk] adj rose ▶ n (colour) rose m ; (Bot)
œillet m, mignardise f

pinkie, pinky ['pɪŋkɪ] n (inf) petit doigt m

pinking shears ['pɪŋkɪŋ-] npl ciseaux mpl à
denteler

pin money n (Brit) argent m de poche

pinnacle ['pɪnəkl] n pinacle m

pinpoint ['pɪnpɔɪnt] vt indiquer (avec
précision)

pinstripe ['pɪnstraɪp] n rayure très fine

pinstriped ['pɪnstraɪpt] adj à rayures

pint [paɪnt] n pinte f (Brit = 0,57 l ; US = 0,47 l) ; (Brit
inf) ≈ pot m

pinup ['pɪnʌp] n pin-up f inv

pioneer [paɪə'nɪəʳ] n explorateur(-trice) ; (early
settler) pionnier m ; (fig) pionnier, précurseur m
▶ vt être un pionnier de

pioneering [paɪə'nɪərɪŋ] adj (work, research)
pionnier(-ière) ; **~ spirit** esprit de pionnier

pious ['paɪəs] adj pieux(-euse)

pip [pɪp] n (seed) pépin m ; **pips** npl: **the pips**
(Brit: time signal on radio) le top

pipe [paɪp] n tuyau m, conduite f ; (for smoking)
pipe f ; (Mus) pipeau m ▶ vt amener par tuyau ;
pipes npl (also: **bagpipes**) cornemuse f
▶ **pipe down** vi (inf) se taire

pipe cleaner n cure-pipe m

piped music [paɪpt-] n musique f de fond

pipe dream n chimère f, utopie f

pipeline ['paɪplaɪn] n (for gas) gazoduc m,
pipeline m ; (for oil) oléoduc m, pipeline ; **it is in
the ~** (fig) c'est en route, ça va se faire

piper ['paɪpəʳ] n (flautist) joueur(-euse) de
pipeau ; (of bagpipes) joueur(-euse) de
cornemuse

pipe tobacco n tabac m pour la pipe

piping ['paɪpɪŋ] adv: **~ hot** très chaud(e)

piquant ['piːkənt] adj piquant(e)

pique [piːk] n dépit m

piqued [piːkt] adj piqué(e) au vif ; **a bit ~** un peu
dépité(e)

piracy ['paɪərəsɪ] n piraterie f

piranha [pɪ'rɑːnə] (pl ~) n (also: **piranha fish**)
piranha m

pirate ['paɪərət] n pirate m ▶ vt (CD, video, book)
pirater

pirated ['paɪərətɪd] adj pirate

pirate radio n (Brit) radio f pirate

pirouette [pɪru'et] n pirouette f ▶ vi faire une or
des pirouette(s)

Pisces ['paɪsiːz] n les Poissons mpl ; **to be ~** être
des Poissons

piss [pɪs] vi (inf!) pisser (!) ; **~ off!** tire-toi ! (!)

pissed [pɪst] adj (inf!: Brit: drunk) bourré(e) ;
(: US: angry) furieux(-euse)

pistachio [pɪ'stæʃɪəu] n (also: **pistachio nut**)
pistache f ; (tree) pistachier m

piste ['piːst] n piste f

pistol ['pɪstl] n pistolet m

piston ['pɪstən] n piston m

pit [pɪt] n trou m, fosse f ; (also: **coal pit**) puits m
de mine ; (also: **orchestra pit**) fosse
d'orchestre ; (US: fruit stone) noyau m ▶ vt: **to ~
sb against sb** opposer qn à qn ; **to ~ o.s.** or
one's wits against se mesurer à ; **pits** npl (in
motor racing) aire f de service

pitapat ['pɪtə'pæt] adv: **to go ~** (heart) battre la
chamade ; (rain) tambouriner

pitch [pɪtʃ] n (Brit Sport) terrain m ; (throw)
lancement m ; (Mus) ton m ; (of voice) hauteur f ;
(fig: degree) degré m ; (also: **sales pitch**) baratin m,
boniment m ; (Naut) tangage m ; (tar) poix f ; **at
this ~** à ce rythme ▶ vt (throw) lancer ; (tent)
dresser ; (set: price, message) adapter, positionner ;
to be pitched forward être projeté(e) en avant
▶ vi (Naut) tanguer ; (fall): **to ~ into/off** tomber
dans/de
▶ **pitch in** vi (inf: financially) mettre la main à la
poche ; (: make a big effort) donner un coup de
main ; **they all pitched in to help** ils ont tous
mis la main à la poche pour aider ; ils ont tous
donné un coup de main

pitch-black ['pɪtʃ'blæk] adj noir(e) comme poix

pitched battle [pɪtʃt-] n bataille rangée

pitcher ['pɪtʃəʳ] n cruche f

pitchfork ['pɪtʃfɔːk] n fourche f

piteous ['pɪtɪəs] adj pitoyable

pitfall ['pɪtfɔːl] n trappe f, piège m
pith [pɪθ] n (of plant) moelle f; (of orange etc)
intérieur m de l'écorce; (fig) essence f; vigueur f
pithead ['pɪthɛd] n (BRIT) bouche f de puits
pithy ['pɪθɪ] adj piquant(e); vigoureux(-euse)
pitiable ['pɪtɪəbl] adj pitoyable
pitiful ['pɪtɪful] adj (touching) pitoyable;
(contemptible) lamentable
pitifully ['pɪtɪfəlɪ] adv pitoyablement;
lamentablement
pitiless ['pɪtɪlɪs] adj impitoyable
pittance ['pɪtns] n salaire m de misère
pitted ['pɪtɪd] adj: ~ **with** (chickenpox) grêlé(e)
par; (rust) piqué(e) de
pity ['pɪtɪ] n pitié f; **what a ~!** quel dommage!;
it is a ~ that you can't come c'est dommage
que vous ne puissiez venir; **to have** or **take ~
on sb** avoir pitié de qn ▸ vt plaindre
pitying ['pɪtɪɪŋ] adj compatissant(e)
pivot ['pɪvət] n pivot m ▸ vi pivoter
pivotal ['pɪvətl] adj (role, position) pivot
pixel ['pɪksl] n (Comput) pixel m
pixelate ['pɪksɪleɪt] vt (Comput) pixéliser
pixie ['pɪksɪ] n lutin m
pizza ['piːtsə] n pizza f
pizzazz, pizazz [pə'zæz] n (inf) allant m; **a
young woman with a lot of energy and ~** une
jeune femme pleine d'énergie et d'allant
placard ['plækɑːd] n affiche f; (in march)
pancarte f
placate [plə'keɪt] vt apaiser, calmer
placatory [plə'keɪtərɪ] adj d'apaisement,
lénifiant(e)
place [pleɪs] n endroit m, lieu m; (proper position,
job, rank, seat) place f; (house) maison f, logement
m; (in street names): **Laurel P~** ≈ rue des Lauriers;
(home): **at/to his ~** chez lui; **to take ~** avoir lieu;
(occur) se produire; **to take sb's ~** remplacer
qn; **to change places with sb** changer de
place avec qn; **from ~ to ~** d'un endroit à
l'autre; **all over the ~** partout; **out of ~** (not
suitable) déplacé(e), inopportun(e); **I feel out of
~ here** je ne me sens pas à ma place ici; **in the
first ~** d'abord, en premier; **to put sb in his ~**
(fig) remettre qn à sa place; **he's going places**
(fig, inf) il fait son chemin; **it is not my ~ to do
it** ce n'est pas à moi de le faire ▸ vt (position)
placer, mettre; (identify) situer; reconnaître;
to ~ an order with sb (for) (Comm) passer
commande à qn (de); **to be placed** (in race, exam)
se placer; **how are you placed next week?**
comment ça se présente pour la semaine
prochaine?
placebo [plə'siːbəu] n placebo m
place mat n set m de table; (in linen etc)
napperon m
placement ['pleɪsmənt] n placement m; (during
studies) stage m
place name n nom m de lieu
placenta [plə'sɛntə] n placenta m
placid ['plæsɪd] adj placide
placidity [plə'sɪdɪtɪ] n placidité f
plagiarism ['pleɪdʒərɪzəm] n plagiat m
plagiarist ['pleɪdʒərɪst] n plagiaire mf
plagiarize ['pleɪdʒəraɪz] vt plagier

plague [pleɪg] n fléau m; (Med) peste f ▸ vt (fig)
tourmenter; **to ~ sb with questions** harceler
qn de questions
plaice [pleɪs] n (pl inv) carrelet m
plaid [plæd] n tissu écossais
plain [pleɪn] adj (in one colour) uni(e); (clear)
clair(e), évident(e); (simple) simple, ordinaire;
(frank) franc (franche); (not handsome)
quelconque, ordinaire; (cigarette) sans filtre;
(without seasoning etc) nature inv; **in ~ clothes**
(police) en civil; **to make sth ~ to sb** faire
clairement comprendre qch à qn ▸ adv
franchement, carrément ▸ n plaine f
plain chocolate n chocolat m à croquer
plainly ['pleɪnlɪ] adv clairement; (frankly)
carrément, sans détours
plainness ['pleɪnnɪs] n simplicité f
plain speaking n propos mpl sans équivoque;
she has a reputation for ~ elle est bien connue
pour son franc parler or sa franchise
plaintiff ['pleɪntɪf] n plaignant(e)
plaintive ['pleɪntɪv] adj plaintif(-ive)
plait [plæt] n tresse f, natte f ▸ vt tresser, natter
plan [plæn] n plan m; (scheme) projet m ▸ vt (think
in advance) projeter; (prepare) organiser; **to ~ to
do** projeter de faire; **how long do you ~ to
stay?** combien de temps comptez-vous rester?
▸ vi faire des projets
▸ **plan for** vt fus (prepare) préparer; (expect)
prévoir
▸ **plan on** vt fus: **to ~ on doing sth** prévoir de
faire qch; (expect) s'attendre à; **I hadn't
planned on John arriving last night** je ne
m'attendais pas à ce que John arrive hier soir
plane [pleɪn] n (Aviat) avion m; (also: **plane tree**)
platane m; (tool) rabot m; (Art, Math etc) plan m;
(fig) niveau m, plan ▸ adj plan(e); plat(e) ▸ vt
(with tool) raboter
planet ['plænɪt] n planète f
planetarium [plænɪ'tɛərɪəm] n planétarium m
planetary ['plænɪtrɪ] adj planétaire
plank [plæŋk] n planche f; (Pol) point m d'un
programme
plankton ['plæŋktən] n plancton m
planned economy [plænd-] n économie
planifiée
planner ['plænər] n planificateur(-trice); (chart)
planning m; **town** or (US) **city ~** urbaniste mf
planning ['plænɪŋ] n planification f; **family ~**
planning familial
planning permission n (BRIT) permis m de
construire
plant [plɑːnt] n plante f; (machinery) matériel m;
(factory) usine f ▸ vt planter; (bomb) déposer,
poser; (microphone, evidence) cacher
plantation [plæn'teɪʃən] n plantation f
plant pot n (BRIT) pot m de fleurs
plaque [plæk] n plaque f
plasma ['plæzmə] n plasma m
plaster ['plɑːstər] n plâtre m; (also: **plaster of
Paris**) plâtre à mouler; (BRIT: also: **sticking
plaster**) pansement adhésif; **in ~** (BRIT: leg etc)
dans le plâtre ▸ vt plâtrer; (cover): **to ~ with**
couvrir de
plasterboard ['plɑːstəbɔːd] n Placoplâtre® m

plaster cast n (Med) plâtre m ; (model, statue) moule m

plastered ['plɑːstəd] adj (inf) soûl(e)

plasterer ['plɑːstərəʳ] n plâtrier m

plastic ['plæstɪk] n plastique m ▶ adj (made of plastic) en plastique ; (flexible) plastique, malléable ; (art) plastique

plastic bag n sac m en plastique

plastic bullet n balle f de plastique

plastic explosive n plastic m

plasticine® ['plæstɪsiːn] n pâte f à modeler

plastic surgery n chirurgie f esthétique

plate [pleɪt] n (dish) assiette f ; (sheet of metal, on door, Phot) plaque f ; (Typ) cliché m ; (in book) gravure f ; (dental) dentier m ; (Aut: number plate) plaque minéralogique ; **gold/silver ~** (dishes) vaisselle f d'or/d'argent

plateau ['plætəu] (pl **plateaus** or **plateaux** ['plætəuz]) n plateau m

plateful ['pleɪtful] n assiette f, assiettée f

plate glass n verre m à vitre, vitre f

platen ['plætən] n (on typewriter, printer) rouleau m

plate rack n égouttoir m

platform ['plætfɔːm] n (at meeting) tribune f ; (Brit: of bus) plate-forme f ; (stage) estrade f ; (Rail) quai m ; (Pol) plateforme f ; **the train leaves from ~ 7** le train part de la voie 7

platform ticket n (Brit) billet m de quai

platinum ['plætɪnəm] n platine m

platitude ['plætɪtjuːd] n platitude f, lieu commun

platonic [plə'tɒnɪk] adj (feelings, relationship) platonique

platoon [plə'tuːn] n peloton m

platter ['plætəʳ] n plat m

plaudits ['plɔːdɪts] npl applaudissements mpl

plausible ['plɔːzɪbl] adj plausible ; (person) convaincant(e)

play [pleɪ] n jeu m ; (Theat) pièce f (de théâtre) ; **to bring** or **call into ~** faire entrer en jeu ; **~ on words** jeu de mots ▶ vt (game) jouer à ; (team, opponent) jouer contre ; (instrument) jouer de ; (part, piece of music, note) jouer ; (CD etc) passer ; **to ~ a trick on sb** jouer un tour à qn ▶ vi jouer ; **to ~ safe** ne prendre aucun risque ; **they're playing at soldiers** ils jouent aux soldats ; **to ~ into sb's hands** (fig) faire le jeu de qn
▶ **play about, play around** vi (person) s'amuser
▶ **play along** vi (fig): **to ~ along with** (person) entrer dans le jeu de ▶ vt (fig): **to ~ sb along** faire marcher qn
▶ **play back** vt repasser, réécouter
▶ **play down** vt minimiser
▶ **play for** vt fus (Sport: team) jouer pour ; **to ~ for money** (in games) jouer de l'argent ; **to ~ for time** chercher à gagner du temps ; **it's all to ~ for** tout reste à jouer
▶ **play on** vt fus (sb's feelings, credulity) jouer sur ; **to ~ on sb's nerves** porter sur les nerfs de qn
▶ **play up** vi (cause trouble) faire des siennes

playact ['pleɪækt] vi jouer la comédie

playboy ['pleɪbɔɪ] n playboy m

played-out ['pleɪd'aut] adj épuisé(e)

player ['pleɪəʳ] n joueur(-euse) ; (Theat) acteur(-trice) ; (Mus) musicien(ne)

playful ['pleɪful] adj enjoué(e)

playgoer ['pleɪɡəuəʳ] n amateur(-trice) de théâtre, habitué(e) des théâtres

playground ['pleɪɡraund] n cour f de récréation ; (in park) aire f de jeux

playgroup ['pleɪɡruːp] n garderie f

playing card ['pleɪɪŋ-] n carte f à jouer

playing field ['pleɪɪŋ-] n terrain m de sport

playmaker ['pleɪmeɪkəʳ] n (Sport) joueur qui crée des occasions de marquer des buts pour ses coéquipiers

playmate ['pleɪmeɪt] n camarade mf, copain (copine)

play-off ['pleɪɔf] n (Sport) belle f

playpen ['pleɪpɛn] n parc m (pour bébé)

playroom ['pleɪruːm] n salle f de jeux

playschool ['pleɪskuːl] n = **playgroup**

plaything ['pleɪθɪŋ] n jouet m

playtime ['pleɪtaɪm] n (Scol) récréation f

playwright ['pleɪraɪt] n dramaturge m

plc abbr (Brit: = public limited company) ≈ SARL f

plea [pliː] n (request) appel m ; (excuse) excuse f ; (Law) défense f

plea bargaining n (Law) négociations entre le procureur, l'avocat de la défense et parfois le juge, pour réduire la gravité des charges

plead [pliːd] vt plaider ; (give as excuse) invoquer
▶ vi (Law) plaider ; (beg): **to ~ with sb (for sth)** implorer qn (d'accorder qch) ; **to ~ for sth** implorer qch ; **to ~ guilty/not guilty** plaider coupable/non coupable

pleading ['pliːdɪŋ] adj (expression, voice) implorant(e) ▶ n imploration f

pleasant ['plɛznt] adj agréable

pleasantly ['plɛzntlɪ] adv agréablement

pleasantry ['plɛzntrɪ] n (joke) plaisanterie f ; **pleasantries** npl (polite remarks) civilités fpl

please [pliːz] adv s'il te (or vous) plaît ; **my bill, ~** l'addition, s'il vous plaît ; **~ don't cry!** je t'en prie, ne pleure pas ! ▶ vt plaire à ; **~ yourself!** (inf) (faites) comme vous voulez ! ▶ vi (think fit): **do as you ~** faites comme il vous plaira

pleased [pliːzd] adj: **~ (with)** content(e) (de) ; **~ to meet you** enchanté (de faire votre connaissance) ; **we are ~ to inform you that …** nous sommes heureux de vous annoncer que …

pleasing ['pliːzɪŋ] adj plaisant(e), qui fait plaisir

pleasurable ['plɛʒərəbl] adj très agréable

pleasure ['plɛʒəʳ] n plaisir m ; **"it's a ~"** « je vous en prie » ; **with ~** avec plaisir ; **is this trip for business or ~?** est-ce un voyage d'affaires ou d'agrément ?

pleasure cruise n croisière f

pleat [pliːt] n pli m

pleated ['pliːtɪd] adj plissé(e)

pleb ['plɛb] (Brit inf, pej) n prolo m (inf) ; **plebs** npl: **the plebs** la plèbe

plebiscite ['plɛbɪsɪt] n plébiscite m

plectrum ['plɛktrəm] n plectre m

pledge [plɛdʒ] n gage m ; (promise) promesse f
▶ vt engager ; promettre ; **to ~ support for sb** s'engager à soutenir qn ; **to ~ sb to secrecy** faire promettre à qn de garder le secret

plenary ['pliːnərɪ] adj: **in ~ session** en séance plénière

p

plentiful ['plɛntɪful] *adj* abondant(e), copieux(-euse)

plenty ['plɛntɪ] *n* abondance *f*; ~ **of** beaucoup de ; (*sufficient*) (bien) assez de ; **we've got ~ of time** nous avons largement le temps

plethora ['plɛθərə] *n* pléthore *f*; **a ~ of** une pléthore de

pleurisy ['pluərɪsɪ] *n* pleurésie *f*

pliable ['plaɪəbl] *adj* flexible ; (*person*) malléable

pliers ['plaɪəz] *npl* pinces *fpl*

plight [plaɪt] *n* situation *f* critique

plimsolls ['plɪmsəlz] *npl* (BRIT) (chaussures *fpl*) tennis *fpl*

plinth [plɪnθ] *n* socle *m*

PLO *n abbr* (= *Palestine Liberation Organization*) OLP *f*

plod [plɔd] *vi* avancer péniblement ; (*fig*) peiner

plodder ['plɔdə^r] *n* bûcheur(-euse)

plodding ['plɔdɪŋ] *adj* pesant(e)

plonk [plɔŋk] (*inf*) *n* (BRIT: *wine*) pinard *m*, piquette *f* ▶ *vt*: **to ~ sth down** poser brusquement qch

plot [plɔt] *n* complot *m*, conspiration *f*; (*of story, play*) intrigue *f*; (*of land*) lot *m* de terrain, lopin *m*; **a vegetable ~** (BRIT) un carré de légumes ▶ *vt* (*mark out*) tracer point par point ; (Naut) pointer ; (*make graph of*) faire le graphique de ; (*conspire*) comploter ▶ *vi* comploter

plotter ['plɔtə^r] *n* conspirateur(-trice) ; (Comput) traceur *m*

plough, (US) **plow** [plau] *n* charrue *f* ▶ *vt* (*earth*) labourer ; **to ~ money into** investir dans ▶ **plough back** *vt* (Comm) réinvestir ▶ **plough through** *vt fus* (*snow etc*) avancer péniblement dans

ploughing, (US) **plowing** ['plauɪŋ] *n* labourage *m*

ploughman, (US) **plowman** ['plaumən] *n* (*irreg*) laboureur *m*

plow [plau] *n* (US) = **plough**

ploy [plɔɪ] *n* stratagème *m*

pls *abbr* (= *please*) SVP *m*

pluck [plʌk] *vt* (*fruit*) cueillir ; (*musical instrument*) pincer ; (*bird*) plumer ; **to ~ one's eyebrows** s'épiler les sourcils ; **to ~ up courage** prendre son courage à deux mains ▶ *n* courage *m*, cran *m*

plucky ['plʌkɪ] *adj* courageux(-euse)

plug [plʌg] *n* (*stopper*) bouchon *m*, bonde *f*; (Elec) prise *f* de courant ; (Aut: *also*: **spark(ing) plug**) bougie *f*; **to give sb/sth a ~** (*inf*) faire de la pub pour qn/qch ▶ *vt* (*hole*) boucher ; (*inf*: *advertise*) faire du battage pour, matraquer ▶ **plug in** *vt* (Elec) brancher ▶ *vi* (Elec) se brancher

plughole ['plʌghəul] *n* (BRIT) trou *m* (d'écoulement)

plug-in ['plʌgɪn] *n* (Comput) greffon *m*; module *m* d'extension

plum [plʌm] *n* (*fruit*) prune *f* ▶ *adj*: ~ **job** (*inf*) travail *m* en or

plumage ['plu:mɪdʒ] *n* plumage *m*

plumb [plʌm] *adj* vertical(e) ▶ *n* plomb *m* ▶ *adv* (*exactly*) en plein ▶ *vt* sonder ▶ **plumb in** *vt* (*washing machine*) faire le raccordement de

plumber ['plʌmə^r] *n* plombier *m*

plumbing ['plʌmɪŋ] *n* (*trade*) plomberie *f*; (*piping*) tuyauterie *f*

plumbline ['plʌmlaɪn] *n* fil *m* à plomb

plume [plu:m] *n* plume *f*, plumet *m*

plummet ['plʌmɪt] *vi* (*person, object*) plonger ; (*sales, prices*) dégringoler

plump [plʌmp] *adj* rondelet(te), dodu(e), bien en chair ▶ *vt*: **to ~ sth (down) on** laisser tomber qch lourdement sur ▶ **plump for** *vt fus* (*inf*: *choose*) se décider pour ▶ **plump up** *vt* (*cushion*) battre (pour lui redonner forme)

plunder ['plʌndə^r] *n* pillage *m* ▶ *vt* piller

plunge [plʌndʒ] *n* plongeon *m*; (*fig*) chute *f*; **to take the ~** se jeter à l'eau ▶ *vt* plonger ▶ *vi* (*fall*) tomber, dégringoler ; (*dive*) plonger

plunger ['plʌndʒə^r] *n* piston *m*; (*for blocked sink*) (débouchoir *m* à) ventouse *f*

plunging ['plʌndʒɪŋ] *adj* (*neckline*) plongeant(e)

pluperfect [plu:'pə:fɪkt] *n* (Ling) plus-que-parfait *m*

plural ['pluərl] *adj* pluriel(le) ▶ *n* pluriel *m*

plus [plʌs] *n* (*also*: **plus sign**) signe *m* plus ; (*advantage*) atout *m* ; **it's a ~** c'est un atout ▶ *prep* plus ▶ *adv*: **ten/twenty ~** plus de dix/vingt

plus fours *npl* pantalon *m* (de) golf

plush [plʌʃ] *adj* somptueux(-euse) ▶ *n* peluche *f*

plus-one ['plʌs'wʌn] *n* personne qui accompagne un invité à une réception ou une cérémonie.

plutonium [plu:'təunɪəm] *n* plutonium *m*

ply [plaɪ] *n* (*of wool*) fil *m*; (*of wood*) feuille *f*, épaisseur *f*; **three ~ (wool)** *n* laine *f* trois fils ▶ *vt* (*tool*) manier ; (*a trade*) exercer ; **to ~ sb with drink** donner continuellement à boire à qn ▶ *vi* (*ship*) faire la navette

plywood ['plaɪwud] *n* contreplaqué *m*

P.M. *n abbr* (BRIT) = **prime minister**

p.m. *adv abbr* (= *post meridiem*) de l'après-midi

PMS *n abbr* (= *premenstrual syndrome*) syndrome prémenstruel

PMT *n abbr* (= *premenstrual tension*) syndrome prémenstruel

pneumatic [nju:'mætɪk] *adj* pneumatique

pneumatic drill *n* marteau-piqueur *m*

pneumonia [nju:'məunɪə] *n* pneumonie *f*

PO *n abbr* (= *Post Office*) PTT *fpl*; (Mil) = **petty officer**

po *abbr* = **postal order**

POA *n abbr* (BRIT) = **Prison Officers' Association**

poach [pəutʃ] *vt* (*cook*) pocher ; (*steal*) pêcher (*or* chasser) sans permis ▶ *vi* braconner

poached [pəutʃt] *adj* (*egg*) poché(e)

poacher ['pəutʃə^r] *n* braconnier *m*

poaching ['pəutʃɪŋ] *n* braconnage *m*

P.O. Box *n abbr* = **post office box**

pocket ['pɔkɪt] *n* poche *f*; **to be (£5) out of ~** (BRIT) en être de sa poche (pour 5 livres) ▶ *vt* empocher

pocketbook ['pɔkɪtbuk] *n* (*notebook*) carnet *m*; (US: *wallet*) portefeuille *m* ; (: *handbag*) sac *m* à main

pocket knife *n* canif *m*

pocket money *n* argent *m* de poche

pockmarked ['pɔkmɑ:kt] *adj* (*face*) grêlé(e)

pod [pɔd] *n* cosse *f* ▶ *vt* écosser

podcast ['pɔdkɑ:st] *n* podcast *m* ▶ *vi* podcaster

podcasting ['pɔdkɑ:stɪŋ] n podcasting m, baladodiffusion f
podgy ['pɔdʒɪ] adj rondelet(te)
podiatrist [pɔ'daɪətrɪst] n (US) pédicure mf
podiatry [pɔ'daɪətrɪ] n (US) pédicurie f
podium ['pəudɪəm] n podium m
POE n abbr = **port of embarkation; port of entry**
poem ['pəuɪm] n poème m
poet ['pəuɪt] n poète m
poetic [pəu'etɪk] adj poétique
poet laureate n poète lauréat

POET LAUREATE

En Grande-Bretagne, le **poet laureate** est un poète qui reçoit un traitement en tant que poète de la cour et qui est officier de la maison royale à la vie. Le premier d'entre eux fut Ben Jonson, en 1616. Le poète lauréat écrit des poèmes pour marquer les grandes occasions comme les naissances et mariages royaux, ainsi que d'autres événements nationaux d'importance.

poetry ['pəuɪtrɪ] n poésie f
pogrom ['pɔgrəm] n pogrom m
poignant ['pɔɪnjənt] adj poignant(e) ; (sharp) vif (vive)
point [pɔɪnt] n (Geom, Scol, Sport, on scale) point m ; (tip) pointe f ; (in time) moment m ; (in space) endroit m ; (subject, idea) point, sujet m ; (purpose) but m ; (also: **decimal point**): **2 ~ 3 (2.3)** 2 virgule 3 (2,3) ; (BRIT Elec: also: **power point**) prise f (de courant) ; **to make a ~** faire une remarque ; **to make a ~ of doing sth** ne pas manquer de faire qch ; **to make one's ~** se faire comprendre ; **to get/miss the ~** comprendre/ne pas comprendre ; **to come to the ~** en venir au fait ; **when it comes to the ~** le moment venu ; **there's no ~ (in doing)** cela ne sert à rien (de faire) ; **what's the ~?** à quoi ça sert ? ; **to be on the ~ of doing sth** être sur le point de faire qch ; **that's the whole ~!** précisément ! ; **to be beside the ~** être à côté de la question ; **you've got a ~ there!** (c'est) juste ! ; **good points** qualités fpl ; **in ~ of fact** en fait, en réalité ; **~ of departure** (also fig) point de départ ; **~ of order** point de procédure ; **~ of sale** (Comm) point de vente ; **the train stops at Carlisle and all points south** le train dessert Carlisle et toutes les gares vers le sud ▶ vt (show) indiquer ; (wall, window) jointoyer ; (gun etc) **to ~ sth at** braquer or diriger qch sur ▶ vi: **to ~ at** montrer du doigt ; **to ~ to sth** (fig) signaler ; **points** npl (Aut) vis platinées ; (Rail) aiguillage m
▶ **point out** vt (show) montrer, indiquer ; (mention) faire remarquer, souligner
point-blank ['pɔɪnt'blæŋk] adv (fig) catégoriquement ; (also: **at point-blank range**) à bout portant ▶ adj (fig) catégorique
point duty n (BRIT): **to be on ~** diriger la circulation
pointed ['pɔɪntɪd] adj (shape) pointu(e) ; (remark) plein(e) de sous-entendus
pointedly ['pɔɪntɪdlɪ] adv d'une manière significative

pointer ['pɔɪntər] n (stick) baguette f ; (needle) aiguille f ; (dog) chien m d'arrêt ; (clue) indication f ; (advice) tuyau m
pointless ['pɔɪntlɪs] adj inutile, vain(e)
point of view n point m de vue
pointy ['pɔɪntɪ] adj (inf) en pointe
poise [pɔɪz] n (balance) équilibre m ; (of head, body) port m ; (calmness) calme m ▶ vt placer en équilibre ; **to be poised for** (fig) être prêt à
poison ['pɔɪzn] n poison m ▶ vt empoisonner
poisoning ['pɔɪznɪŋ] n empoisonnement m
poisonous ['pɔɪznəs] adj (snake) venimeux(-euse) ; (substance, plant) vénéneux(-euse) ; (fumes) toxique ; (fig) pernicieux(-euse)
poke [pəuk] vt (fire) tisonner ; (jab with finger, stick etc) piquer ; pousser du doigt ; (put): **to ~ sth in(to)** fourrer or enfoncer qch dans ; **to ~ fun at sb** se moquer de qn ▶ n (jab) (petit) coup ; (to fire) coup m de tisonnier
▶ **poke about** vi fureter
▶ **poke out** vi (stick out) sortir ▶ vt: **to ~ one's head out of the window** passer la tête par la fenêtre
poker ['pəukər] n tisonnier m ; (Cards) poker m
poker-faced ['pəukə'feɪst] adj au visage impassible
poky ['pəukɪ] adj exigu(ë)
Poland ['pəulənd] n Pologne f
polar ['pəulər] adj polaire
polar bear n ours blanc
polarization [pəuləraɪ'zeɪʃən] n opposition f
polarize ['pəuləraɪz] vt polariser
Pole [pəul] n Polonais(e)
pole [pəul] n (of wood) mât m, perche f ; (Elec) poteau m ; (Geo) pôle m
poleaxe ['pəulæks] vt (fig) terrasser
pole bean n (US) haricot m (à rames)
polecat ['pəulkæt] n putois m
Pol. Econ. ['pɔlɪkɔn] n abbr = **political economy**
polemic [pɔ'lemɪk] n polémique f
pole star n étoile f polaire
pole vault n saut m à la perche
police [pə'li:s] npl police f ; **a large number of ~ were hurt** de nombreux policiers ont été blessés ▶ vt maintenir l'ordre dans
police car n voiture f de police
police constable n (BRIT) agent m de police
police department n (US) services mpl de police
police force n police f, forces fpl de l'ordre
policeman [pə'li:smən] n (irreg) agent m de police, policier m
police officer n agent m de police
police record n casier m judiciaire
police state n état policier
police station n commissariat m de police
policewoman [pə'li:swumən] n (irreg) femme-agent f
policy ['pɔlɪsɪ] n politique f ; (also: **insurance policy**) police f (d'assurance) ; (of newspaper, company) politique générale ; **to take out a ~** (Insurance) souscrire une police d'assurance
policy holder n assuré(e)
policy-making ['pɔlɪsɪmeɪkɪŋ] n élaboration f de nouvelles lignes d'action

P

polio ['pǝuliǝu] n polio f
Polish ['pǝuliʃ] adj polonais(e) ▸ n (Ling)
polonais m
polish ['pɔliʃ] n (for shoes) cirage m ; (for floor) cire f,
encaustique f ; (for nails) vernis m ; (shine) éclat m,
poli m ; (fig: refinement) raffinement m ▸ vt (put
polish on: shoes, wood) cirer ; (make shiny) astiquer,
faire briller ; (fig: improve) perfectionner
▸ **polish off** vt (work) expédier ; (food) liquider
polished ['pɔliʃt] adj (fig) raffiné(e)
polite [pǝ'lait] adj poli(e) ; **it's not ~ to do that**
ça ne se fait pas
politely [pǝ'laitli] adv poliment
politeness [pǝ'laitnis] n politesse f
politic ['pɔlitik] adj diplomatique
political [pǝ'litikl] adj politique
political asylum n asile m politique
politically [pǝ'litikli] adv politiquement ;
~ correct politiquement correct(e)
politician [pɔli'tiʃǝn] n homme/femme
politique, politicien(ne)
politicize [pǝ'litisaiz] vt politiser
politics ['pɔlitiks] n politique f
polka ['pɔlkǝ] n polka f
polka dot n pois m
poll [pǝul] n scrutin m, vote m ; (also: **opinion
poll**) sondage m (d'opinion) ; **to go to the polls**
(voters) aller aux urnes ; (government) tenir des
élections ▸ vt (votes) obtenir
pollen ['pɔlǝn] n pollen m
pollen count n taux m de pollen
pollinate ['pɔlineit] vt (plant, tree) polliniser
pollination [pɔli'neiʃǝn] n pollinisation f
polling ['pǝuliŋ] n (Pol) élections fpl ; (Tel)
invitation f à émettre
polling booth n (BRIT) isoloir m
polling day n (BRIT) jour m des élections
polling station n (BRIT) bureau m de vote
pollster ['pǝulstǝʳ] n sondeur m,
enquêteur(-euse)
poll tax n (BRIT: formerly) ≈ impôts locaux
pollutant [pǝ'lu:tǝnt] n polluant m
pollute [pǝ'lu:t] vt polluer
polluted [pǝ'lu:tid] adj pollué(e) ; **to be ~ with
sth** être pollué(e) par qch
polluter [pǝ'lu:tǝʳ] n pollueur(-euse)
pollution [pǝ'lu:ʃǝn] n pollution f
polo ['pǝulǝu] n polo m
polo-neck ['pǝulǝunek] adj à col roulé ▸ n
(sweater) pull m à col roulé
polo shirt n polo m
poly ['pɔli] n abbr (BRIT) = **polytechnic**
poly bag n (BRIT inf) sac m en plastique
polyester [pɔli'estǝʳ] n polyester m
polygamy [pǝ'ligǝmi] n polygamie f
polygraph ['pɔligrɑ:f] n détecteur m de
mensonges
Polynesia [pɔli'ni:ziǝ] n Polynésie f
Polynesian [pɔli'ni:ziǝn] adj polynésien(ne) ▸ n
Polynésien(ne)
polyp ['pɔlip] n (Med) polype m
polystyrene [pɔli'stairi:n] n polystyrène m
polytechnic [pɔli'teknik] n (college) IUT m,
Institut m universitaire de technologie
polythene ['pɔliθi:n] n (BRIT) polyéthylène m

polythene bag n sac m en plastique
polyunsaturated [pɔliʌn'sætʃǝreitid] adj
polyinsaturé(e)
polyurethane [pɔli'juǝriθein] n
polyuréthane m
pomegranate ['pɔmigrænit] n grenade f
pommel ['pɔml] n pommeau m ▸ vt = **pummel**
pomp [pɔmp] n pompe f, faste f, apparat m
pompom ['pɔmpɔm] n pompon m
pompous ['pɔmpǝs] adj pompeux(-euse)
pond [pɔnd] n étang m ; (stagnant) mare f
ponder ['pɔndǝʳ] vi réfléchir ▸ vt considérer,
peser
ponderous ['pɔndǝrǝs] adj pesant(e), lourd(e)
pong [pɔŋ] (BRIT inf) n puanteur f ▸ vi schlinguer
pontiff ['pɔntif] n pontife m
pontificate [pɔn'tifikeit] vi (fig): **to ~ (about)**
pontifier (sur)
pontoon [pɔn'tu:n] n ponton m ; (BRIT Cards)
vingt-et-un m
pony ['pǝuni] n poney m
ponytail ['pǝuniteil] n queue f de cheval
pony trekking [-trɛkiŋ] n (BRIT) randonnée f
équestre or à cheval
poo [pu:] n (inf) caca m
poodle ['pu:dl] n caniche m
pooh-pooh ['pu:'pu:] vt dédaigner
pool [pu:l] n (of rain) flaque f ; (pond) mare f ;
(artificial) bassin m ; (also: **swimming pool**)
piscine f ; (sth shared) fonds commun ; (money at
cards) cagnotte f ; (billiards) poule f ; (Comm:
consortium) pool m ; (US: monopoly trust) trust m ;
typing ~, (US) **secretary ~** pool m
dactylographique ▸ vt mettre en commun ;
pools npl (football) ≈ loto sportif ; **to do the
(football) pools** (BRIT) ≈ jouer au loto sportif ;
see also **football pools**

> Use **bassin** to refer to a pool: an ornamental
> pool **un bassin d'agrément. Une bassine** is
> a bowl.

poor [puǝʳ] adj pauvre ; (mediocre) médiocre,
faible, mauvais(e) ▸ npl: **the ~** les pauvres mpl
poorly ['puǝli] adv pauvrement ; (badly) mal,
médiocrement ▸ adj souffrant(e), malade
pop [pɔp] n (noise) bruit sec ; (Mus) musique f
pop ; (inf: drink) soda m ; (US inf: father) papa m
▸ vt (put) fourrer, mettre (rapidement) ; **she
popped her head out of the window** elle
passa la tête par la fenêtre ▸ vi éclater ; (cork)
sauter
▸ **pop in** vi entrer en passant
▸ **pop out** vi sortir
▸ **pop up** vi apparaître, surgir
pop concert n concert m pop
popcorn ['pɔpkɔ:n] n pop-corn m
pope [pǝup] n pape m
poplar ['pɔplǝʳ] n peuplier m
poplin ['pɔplin] n popeline f
popper ['pɔpǝʳ] n (BRIT) bouton-pression m
poppy ['pɔpi] n (wild) coquelicot m ; (cultivated)
pavot m
poppycock ['pɔpikɔk] n (inf) balivernes fpl
Popsicle® ['pɔpsikl] n (US) esquimau m (glace)
pop star n pop star f

populace ['pɔpjuləs] n peuple m
popular ['pɔpjuləᵣ] adj populaire ; (fashionable) à la mode ; **to be ~ (with)** (person) avoir du succès (auprès de) ; (decision) être bien accueilli(e) (par)
popularity [pɔpju'lærɪtɪ] n popularité f
popularize ['pɔpjuləraɪz] vt populariser ; (science) vulgariser
populate ['pɔpjuleɪt] vt peupler
population [pɔpju'leɪʃən] n population f
population explosion n explosion f démographique
populist ['pɔpjulɪst] adj populiste
populous ['pɔpjuləs] adj populeux(-euse)
pop-up ['pɔpʌp] adj (Comput: menu, window) pop up inv ▸ n pop up m inv, fenêtre f pop up
porcelain ['pɔːslɪn] n porcelaine f
porch [pɔːtʃ] n porche m ; (US) véranda f
porcupine ['pɔːkjupaɪn] n porc-épic m
pore [pɔːᵣ] n pore m ▸ vi: **to ~ over** s'absorber dans, être plongé(e) dans
pork [pɔːk] n porc m
pork chop n côte f de porc
pork pie n pâté m de porc en croûte
porn [pɔːn] adj (inf) porno ▸ n (inf) porno m
pornographic [pɔːnə'græfɪk] adj pornographique
pornography [pɔː'nɔgrəfɪ] n pornographie f
porous ['pɔːrəs] adj poreux(-euse)
porpoise ['pɔːpəs] n marsouin m
porridge ['pɔrɪdʒ] n porridge m
port [pɔːt] n (harbour) port m ; (opening in ship) sabord m ; (Naut: left side) bâbord m ; (wine) porto m ; (Comput) port m, accès m ; **to ~** (Naut) à bâbord ; **~ of call** (port d')escale f ▸ cpd portuaire, du port
portability [pɔːtə'bɪlɪtɪ] n portabilité f
portable ['pɔːtəbl] adj portatif(-ive)
portal ['pɔːtl] n portail m
portcullis [pɔːt'kʌlɪs] n herse f
portend [pɔː'tɛnd] vt présager, annoncer
portent ['pɔːtɛnt] n présage m
porter ['pɔːtəᵣ] n (for luggage) porteur m ; (doorkeeper) gardien(ne) ; portier m
portfolio [pɔːt'fəuliəu] n portefeuille m ; (of artist) portfolio m
porthole ['pɔːthəul] n hublot m
portico ['pɔːtɪkəu] n portique m
portion ['pɔːʃən] n portion f, part f
portly ['pɔːtlɪ] adj corpulent(e)
portrait ['pɔːtreɪt] n portrait m
portray [pɔː'treɪ] vt faire le portrait de ; (in writing) dépeindre, représenter ; (subj: actor) jouer
portrayal [pɔː'treɪəl] n portrait m, représentation f
Portugal ['pɔːtjugl] n Portugal m
Portuguese [pɔːtju'giːz] adj portugais(e) ▸ n (pl inv) Portugais(e) ; (Ling) portugais m
Portuguese man-of-war [-mænəv'wɔːᵣ] n (jellyfish) galère f
pose [pəuz] n pose f ; (pej) affectation f ; **to strike a ~** poser (pour la galerie) ▸ vi poser ; (pretend): **to ~ as** se faire passer pour ▸ vt poser ; (problem) créer
poser ['pəuzəᵣ] n question difficile or embarrassante ; (person) = **poseur**

poseur [pəu'zəːᵣ] n (pej) poseur(-euse)
posh [pɔʃ] adj (inf) chic inv ; **to talk ~** parler d'une manière affectée
position [pə'zɪʃən] n position f ; (job, situation) situation f ; **to be in a ~ to do sth** être en mesure de faire qch ▸ vt mettre en place or en position
positive ['pɔzɪtɪv] adj positif(-ive) ; (certain) sûr(e), certain(e) ; (definite) formel(le), catégorique ; (clear) indéniable, réel(le)
positively ['pɔzɪtɪvlɪ] adv (affirmatively, enthusiastically) de façon positive ; (inf: really) carrément ; **to think ~** être positif(-ive)
posse ['pɔsɪ] n (US) détachement m
possess [pə'zɛs] vt posséder ; **like one possessed** comme un fou ; **whatever can have possessed you?** qu'est-ce qui vous a pris ?
possession [pə'zɛʃən] n possession f ; **to take ~ of sth** prendre possession de qch ; **possessions** npl (belongings) affaires fpl
possessive [pə'zɛsɪv] adj possessif(-ive)
possessiveness [pə'zɛsɪvnɪs] n possessivité f
possessor [pə'zɛsəᵣ] n possesseur m
possibility [pɔsɪ'bɪlɪtɪ] n possibilité f ; (event) éventualité f ; **he's a ~ for the part** c'est un candidat possible pour le rôle
possible ['pɔsɪbl] adj possible ; (solution) envisageable, éventuel(le) ; **it is ~ to do it** il est possible de le faire ; **as far as ~** dans la mesure du possible, autant que possible ; **if ~** si possible ; **as big as ~** aussi gros que possible
possibly ['pɔsɪblɪ] adv (perhaps) peut-être ; **if you ~ can** si cela vous est possible ; **I cannot ~ come** il m'est impossible de venir
post [pəust] n (BRIT: mail) poste f ; (: collection) levée f ; (: letters, delivery) courrier m ; (job, situation) poste m ; (pole) poteau m ; (trading post) comptoir (commercial) ; (Internet) billet m, post m ; **by ~** (BRIT) par la poste ; **by return of ~** (BRIT) par retour du courrier ▸ vt (notice) afficher ; (Internet) poster ; (BRIT: send by post, Mil) poster ; (: appoint): **to ~ to** affecter à ; **where can I ~ these cards?** où est-ce que je peux poster ces cartes postales ? ; **to keep sb posted** tenir qn au courant
post... [pəust] prefix post... ; **post-1990** adj d'après 1990 ; adv après 1990
postage ['pəustɪdʒ] n tarifs mpl d'affranchissement ; **~ paid** port payé ; **~ prepaid** (US) franco (de port)
postage stamp n timbre-poste m
postal ['pəustl] adj postal(e)
postal order n mandat(-poste m) m
postbag ['pəustbæg] n (BRIT) sac postal ; (postman's) sacoche f
postbox ['pəustbɔks] n (BRIT) boîte f aux lettres (publique)
postcard ['pəustkɑːd] n carte postale
postcode ['pəustkəud] n (BRIT) code postal
postdate ['pəust'deɪt] vt (cheque) postdater
poster ['pəustəᵣ] n affiche f
poster child n (esp US: for cause: also: **poster boy/girl**) figure f emblématique
poste restante [pəust'rɛstɔnt] n (BRIT) poste restante

posterior [pɔs'tɪərɪər] n (inf) postérieur m, derrière m

posterity [pɔs'tɛrɪtɪ] n postérité f

poster paint n gouache f

post exchange n (US Mil) magasin m de l'armée

post-free [pəust'fri:] adj (BRIT) franco (de port)

postgraduate ['pəust'grædjuət] n ≈ étudiant(e) de troisième cycle

posthumous ['pɔstjuməs] adj posthume

posthumously ['pɔstjuməslɪ] adv après la mort de l'auteur, à titre posthume

posting ['pəustɪŋ] n (BRIT) affectation f

postman ['pəustmən] n (irreg) (BRIT) facteur m

postmark ['pəustmɑ:k] n cachet m (de la poste)

postmarked ['pəustmɑ:kt] adj: **the envelope was ~ Helsinki** l'enveloppe portait le cachet d'Helsinki

postmaster ['pəustmɑ:stər] n receveur m des postes

Postmaster General n ≈ ministre m des Postes et Télécommunications

postmistress ['pəustmɪstrɪs] n receveuse f des postes

post-mortem [pəust'mɔ:təm] n autopsie f

postnatal ['pəust'neɪtl] adj postnatal(e)

post office n (building) poste f; (organization): **the Post Office** les postes fpl

post office box n boîte postale

post-paid ['pəust'peɪd] adj (BRIT) port payé

postpone [pəs'pəun] vt remettre (à plus tard), reculer

postponement [pəs'pəunmənt] n ajournement m, renvoi m

postscript ['pəustskrɪpt] n post-scriptum m

postulate ['pɔstjuleɪt] vt postuler

posture ['pɔstʃər] n posture f; (fig) attitude f ▸ vi poser

postwar [pəust'wɔ:r] adj d'après-guerre

postwoman [pəust'wumən] n (irreg) (BRIT) factrice f

posy ['pəuzɪ] n petit bouquet

pot [pɔt] n (for cooking) marmite f; casserole f; (teapot) théière f; (for coffee) cafetière f; (for plants, jam) pot m; (piece of pottery) poterie f; (inf: marijuana) herbe f; **to go to ~** (inf) aller à vau-l'eau; **pots of** (BRIT inf) beaucoup de, plein de ▸ vt (plant) mettre en pot

potash ['pɔtæʃ] n potasse f

potassium [pə'tæsɪəm] n potassium m

potato [pə'teɪtəu] (pl **potatoes**) n pomme f de terre

potato crisps, (US) **potato chips** npl chips mpl

potato flour n fécule f

potato peeler n épluche-légumes m

potbellied ['pɔtbelɪd] adj (from overeating) bedonnant(e); (from malnutrition) au ventre ballonné

potboiler ['pɔtbɔɪlər] n (Cine, Publishing) film or roman commercial

potency ['pəutnsɪ] n puissance f, force f; (of drink) degré m d'alcool

potent ['pəutnt] adj puissant(e); (drink) fort(e), très alcoolisé(e); (man) viril

potentate ['pəutnteɪt] n potentat m

potential [pə'tɛnʃl] adj potentiel(le) ▸ n potentiel m; **to have ~** être prometteur(-euse); ouvrir des possibilités

potentially [pə'tɛnʃəlɪ] adv potentiellement; **it's ~ dangerous** ça pourrait se révéler dangereux, il y a une possibilité de danger

pothole ['pɔthəul] n (in road) nid m de poule; (BRIT: underground) gouffre m, caverne f

potholer ['pɔthəulər] n (BRIT) spéléologue mf

potholing ['pɔthəulɪŋ] n (BRIT): **to go ~** faire de la spéléologie

potion ['pəuʃən] n potion f

potluck [pɔt'lʌk] n: **to take ~** tenter sa chance

pot plant n plante f d'appartement

potpourri [pəu'puri:] n pot-pourri m

pot roast n rôti m à la cocotte

pot shot n: **to take pot shots at** canarder

potted ['pɔtɪd] adj (food) en conserve; (plant) en pot; (fig: shortened) abrégé(e)

potter ['pɔtər] n potier m; **~'s wheel** tour m de potier ▸ vi (BRIT): **to ~ around** or **about** bricoler

pottery ['pɔtərɪ] n poterie f; **a piece of ~** une poterie

potty ['pɔtɪ] adj (BRIT inf: mad) dingue ▸ n (child's) pot m

potty-training ['pɔtɪtreɪnɪŋ] n apprentissage m de la propreté

pouch [pautʃ] n (Zool) poche f; (for tobacco) blague f; (for money) bourse f

pouf, pouffe [pu:f] n (stool) pouf m

poultice ['pəultɪs] n cataplasme m

poultry ['pəultrɪ] n volaille f

poultry farm n élevage m de volaille

poultry farmer n aviculteur m

pounce [pauns] vi: **to ~ (on)** bondir (sur), fondre (sur) ▸ n bond m, attaque f

pound [paund] n livre f (weight = 453g, 16 ounces; money = 100 pence); (for dogs, cars) fourrière f; **half a ~ (of)** une demi-livre (de); **a five-~ note** un billet de cinq livres ▸ vt (beat) bourrer de coups, marteler; (crush) piler, pulvériser; (with guns) pilonner ▸ vi (heart) battre violemment, taper
▸ **pound on** vt fus (door, table) frapper à grands coups à

pounding ['paundɪŋ] n: **to take a ~** (fig) prendre une râclée

pound sterling n livre f sterling

pour [pɔ:r] vt verser; **to ~ sb a drink** verser or servir à boire à qn ▸ vi couler à flots; (rain) pleuvoir à verse
▸ **pour away, pour off** vt vider
▸ **pour down** vi (rain) pleuvoir à verse
▸ **pour in** vi (people) affluer, se précipiter; (news, letters) arriver en masse; **to come pouring in** (water) entrer à flots; (letters) arriver par milliers; (people) affluer
▸ **pour out** vi (people) sortir en masse ▸ vt vider; (fig) déverser; (serve: a drink) verser

pouring ['pɔ:rɪŋ] adj: **~ rain** pluie torrentielle

pout [paut] n moue f ▸ vi faire la moue

poverty ['pɔvətɪ] n pauvreté f, misère f

poverty line n seuil m de pauvreté

poverty-stricken ['pɔvətɪstrɪkn] adj pauvre, déshérité(e)

poverty trap n (BRIT) piège m de la pauvreté

POW n abbr = **prisoner of war**
powder ['paʊdəʳ] n poudre f ▸ vt poudrer ; **to ~
one's nose** se poudrer ; (euphemism) aller à la
salle de bain
powder compact n poudrier m
powdered milk ['paʊdəd-] n lait m en poudre
powder keg n (fig) poudrière f
powder puff n houppette f
powder room n toilettes fpl (pour dames)
powdery ['paʊdərɪ] adj poudreux(-euse)
power ['paʊəʳ] n (strength, nation) puissance f,
force f ; (ability, Pol: of party, leader) pouvoir m ;
(Math) puissance ; (of speech, thought) faculté f ;
(Elec) courant m ; **to do all in one's ~ to help sb**
faire tout ce qui est en son pouvoir pour aider
qn ; **the world powers** les grandes puissances ;
to be in ~ être au pouvoir ▸ vt faire marcher,
actionner
▸ **power down** vt éteindre, arrêter
▸ **power up** vt allumer
power base n base f de pouvoir
powerboat ['paʊəbəʊt] n (BRIT) hors-bord m
power cut n (BRIT) coupure f de courant
powered ['paʊəd] adj: **~ by** actionné(e) par,
fonctionnant à ; **nuclear-~ submarine**
sous-marin m (à propulsion) nucléaire
power failure n panne f de courant
powerful ['paʊəful] adj puissant(e) ; (performance
etc) très fort(e)
powerfully ['paʊəfulɪ] adv puissamment ; (with
force) avec force
powerhouse ['paʊəhaʊs] n (fig: person) fonceur
m ; **a ~ of ideas** une mine d'idées
powerless ['paʊəlɪs] adj impuissant(e)
powerlessness ['paʊəlɪsnɪs] n impuissance f
power line n ligne f électrique
power of attorney n procuration f
power play n (in politics, business) jeu m de
pouvoir(s) ; (Sport) période f de supériorité
numérique
power point n (BRIT) prise f de courant
power station n centrale f électrique
power steering n direction assistée
power struggle n lutte f pour le pouvoir
powwow ['paʊwaʊ] n conciliabule m
p.p. abbr (= per procurationem: by proxy) p.p.
PPE n abbr (BRIT Scol) = **philosophy, politics and
economics**
PPS n abbr (= post postscriptum) PPS ; (BRIT:
= parliamentary private secretary) parlementaire chargé
de mission auprès d'un ministre
PQ abbr (CANADA: = Province of Quebec) PQ
PR n abbr = **proportional representation; public
relations** ▸ abbr (US) = **Puerto Rico**
Pr. abbr (= prince) Pce
practicability [præktɪkə'bɪlɪtɪ] n possibilité f de
réalisation
practicable ['præktɪkəbl] adj (scheme) réalisable
practical ['præktɪkl] adj pratique
practicality [præktɪ'kælɪtɪ] n (of plan) aspect m
pratique ; (of person) sens m pratique ;
practicalities npl détails mpl pratiques
practical joke n farce f
practically ['præktɪklɪ] adv (almost)
pratiquement

practice ['præktɪs] n pratique f ; (of profession)
exercice m ; (at football etc) entraînement m ;
(business) cabinet m ; clientèle f ; **in ~** (in reality)
en pratique ; **out of ~** rouillé(e) ; **to put sth
into ~** mettre qch en pratique ; **2 hours'
piano ~** 2 heures de travail or d'exercices au
piano ; **target ~** exercices de tir ; **it's
common ~** c'est courant, ça se fait
couramment ▸ vt, vi (US) = **practise**
practice match n match m d'entraînement
practise, (US) **practice** ['præktɪs] vt (work at: piano,
backhand etc) s'exercer à, travailler ; (train for: sport)
s'entraîner à ; (a sport, religion, method) pratiquer ;
(profession) exercer ▸ vi s'exercer, travailler ; (train)
s'entraîner ; (lawyer, doctor) exercer ; **to ~ for a
match** s'entraîner pour un match
practised, (US) **practiced** ['præktɪst] adj (person)
expérimenté(e) ; (performance) impeccable ; (liar)
invétéré(e) ; **with a ~ eye** d'un œil exercé
practising, (US) **practicing** ['præktɪsɪŋ] adj
(Christian etc) pratiquant(e) ; (lawyer) en exercice ;
(homosexual) déclaré
practitioner [præk'tɪʃənəʳ] n praticien(ne)
pragmatic [præg'mætɪk] adj pragmatique
pragmatism ['prægmətɪzəm] n pragmatisme m
pragmatist ['prægmətɪst] n pragmatiste mf
Prague [prɑ:g] n Prague
prairie ['preərɪ] n savane f ; (US): **the prairies** la
Prairie
praise [preɪz] n éloge(s) m(pl), louange(s) f(pl)
▸ vt louer, faire l'éloge de
praiseworthy ['preɪzwə:ðɪ] adj digne de
louanges
pram [præm] n (BRIT) landau m, voiture f
d'enfant
prance [prɑ:ns] vi (horse) caracoler
prank [præŋk] n farce f
prankster ['præŋkstəʳ] n farceur(-euse)
prat [præt] n (BRIT inf) imbécile m, andouille f
prattle ['prætl] vi jacasser
prawn [prɔ:n] n crevette f (rose)
prawn cocktail n cocktail m de crevettes
pray [preɪ] vi prier
prayer [preəʳ] n prière f
prayer book n livre m de prières
pre... ['pri:] prefix pré... ; **pre-1970** adj d'avant
1970 ; adv avant 1970
preach [pri:tʃ] vt, vi prêcher ; **to ~ at sb** faire la
morale à qn
preacher ['pri:tʃəʳ] n prédicateur m ; (US:
clergyman) pasteur m
preamble [prɪ'æmbl] n préambule m
prearranged [pri:ə'reɪndʒd] adj organisé(e) or
fixé(e) à l'avance
precarious [prɪ'keərɪəs] adj précaire
precariously [prɪ'keərɪəslɪ] adv (uncertainly) de
manière précaire ; (unsteadily): **~ balanced** en
équilibre instable
precaution [prɪ'kɔ:ʃən] n précaution f
precautionary [prɪ'kɔ:ʃənrɪ] adj (measure) de
précaution
precede [prɪ'si:d] vt, vi précéder
precedence ['presɪdəns] n préséance f
precedent ['presɪdənt] n précédent m ; **to
establish** or **set a ~** créer un précédent

P

773

preceding [prɪ'siːdɪŋ] *adj* qui précède (*or* précédait)

precept ['priːsɛpt] *n* précepte *m*

precinct ['priːsɪŋkt] *n* (*round cathedral*) pourtour *m*, enceinte *f*; (*US: district*) circonscription *f*, arrondissement *m*; **pedestrian ~** (*BRIT*) zone piétonnière; **shopping ~** (*BRIT*) centre commercial; **precincts** *npl* (*neighbourhood*) alentours *mpl*, environs *mpl*

precious ['prɛʃəs] *adj* précieux(-euse); **your ~ dog** (*ironic*) ton chien chéri, ton chéri chien ▸ *adv* (*inf*): **~ little** *or* **few** fort peu

precipice ['prɛsɪpɪs] *n* précipice *m*

precipitate *adj* [prɪ'sɪpɪtɪt] (*hasty*) précipité(e) ▸ *vt* [prɪ'sɪpɪteɪt] précipiter

precipitation [prɪsɪpɪ'teɪʃən] *n* précipitation *f*

precipitous [prɪ'sɪpɪtəs] *adj* (*steep*) abrupt(e), à pic

précis ['preɪsiː] (*pl* **~** [-z]) *n* résumé *m*

precise [prɪ'saɪs] *adj* précis(e)

precisely [prɪ'saɪslɪ] *adv* précisément

precision [prɪ'sɪʒən] *n* précision *f*

preclude [prɪ'kluːd] *vt* exclure, empêcher; **to ~ sb from doing** empêcher qn de faire

precocious [prɪ'kəʊʃəs] *adj* précoce

preconceived [priːkən'siːvd] *adj* (*idea*) préconçu(e)

preconception [priːkən'sɛpʃən] *n* idée préconçue

precondition ['priːkən'dɪʃən] *n* condition *f* nécessaire

precursor [priː'kəːsəʳ] *n* précurseur *m*

predate ['priː'deɪt] *vt* (*precede*) antidater

predator ['prɛdətəʳ] *n* prédateur *m*, rapace *m*

predatory ['prɛdətərɪ] *adj* rapace

predecessor ['priːdɪsɛsəʳ] *n* prédécesseur *m*

predestination [priːdɛstɪ'neɪʃən] *n* prédestination *f*

predetermine [priːdɪ'təːmɪn] *vt* prédéterminer

predetermined [priːdɪ'təːmɪnd] *adj* prédéterminé(e)

predicament [prɪ'dɪkəmənt] *n* situation *f* difficile

predicate ['prɛdɪkɪt] *n* (*Ling*) prédicat *m*

predicated ['prɛdɪkeɪtɪd] *adj*: **to be ~ on sth** supposer qch

predict [prɪ'dɪkt] *vt* prédire

predictable [prɪ'dɪktəbl] *adj* prévisible

predictably [prɪ'dɪktəblɪ] *adv* (*behave, react*) de façon prévisible; **~ she didn't arrive** comme on pouvait s'y attendre, elle n'est pas venue

prediction [prɪ'dɪkʃən] *n* prédiction *f*

predictor [prɪ'dɪktəʳ] *n* indicateur *m*

predilection [priːdɪ'lɛkʃən] *n* prédilection *f*

predispose [priːdɪs'pəʊz] *vt* prédisposer

predominance [prɪ'dɔmɪnəns] *n* prédominance *f*

predominant [prɪ'dɔmɪnənt] *adj* prédominant(e)

predominantly [prɪ'dɔmɪnəntlɪ] *adv* en majeure partie; (*especially*) surtout

predominate [prɪ'dɔmɪneɪt] *vi* prédominer

pre-eminent [priː'ɛmɪnənt] *adj* prééminent(e)

pre-empt [priː'ɛmt] *vt* (*acquire*) acquérir par droit de préemption; (*fig*) anticiper sur; **to ~ the issue** conclure avant même d'ouvrir les débats

pre-emptive [prɪ'ɛmtɪv] *adj*: **~ strike** attaque (*or* action) préventive

preen [priːn] *vt*: **to ~ itself** (*bird*) se lisser les plumes; **to ~ o.s.** s'admirer

prefab ['priːfæb] *n abbr* (= *prefabricated building*) bâtiment préfabriqué

prefabricated [priː'fæbrɪkeɪtɪd] *adj* préfabriqué(e)

preface ['prɛfəs] *n* préface *f*

prefect ['priːfɛkt] *n* (*BRIT: in school*) élève chargé de certaines fonctions de discipline; (*in France*) préfet *m*

prefer [prɪ'fəːʳ] *vt* préférer; (*Law*): **to ~ charges** procéder à une inculpation; **to ~ coffee to tea** préférer le café au thé; **to ~ doing** *or* **to do sth** préférer faire qch

preferable ['prɛfrəbl] *adj* préférable

preferably ['prɛfrəblɪ] *adv* de préférence

preference ['prɛfrəns] *n* préférence *f*; **in ~ to sth** plutôt que qch, de préférence à qch

preference shares *npl* (*BRIT*) actions privilégiées

preferential [prɛfə'rɛnʃəl] *adj* préférentiel(le); **~ treatment** traitement *m* de faveur

preferred [prɪ'fəːd] *adj* préféré(e)

preferred stock *npl* (*US*) = **preference shares**

prefix ['priːfɪks] *n* préfixe *m*

pregnancy ['prɛgnənsɪ] *n* grossesse *f*

pregnancy test *n* test *m* de grossesse

pregnant ['prɛgnənt] *adj* enceinte; (*animal*) pleine; **3 months ~** enceinte de 3 mois

prehistoric ['priːhɪs'tɔrɪk] *adj* préhistorique

prehistory [priː'hɪstərɪ] *n* préhistoire *f*

prejudge [priː'dʒʌdʒ] *vt* préjuger de

prejudice ['prɛdʒʊdɪs] *n* préjugé *m*; (*harm*) tort *m*, préjudice *m*; **racial ~** préjugés raciaux ▸ *vt* porter préjudice à; (*bias*): **to ~ sb in favour of/ against** prévenir qn en faveur de/contre

prejudiced ['prɛdʒʊdɪst] *adj* (*person*) plein(e) de préjugés; (*in a matter*) partial(e); (*view*) préconçu(e), partial(e); **to be ~ against sb/sth** avoir un parti-pris contre qn/qch; **to be racially ~** avoir des préjugés raciaux

prejudicial [prɛdʒʊ'dɪʃl] *adj* préjudiciable; **~ to sth** préjudiciable à qch

prelate ['prɛlət] *n* prélat *m*

preliminaries [prɪ'lɪmɪnərɪz] *npl* préliminaires *mpl*

preliminary [prɪ'lɪmɪnərɪ] *adj* préliminaire

prelude ['prɛljuːd] *n* prélude *m*

premarital ['priː'mærɪtl] *adj* avant le mariage; **~ contract** contrat *m* de mariage

premature ['prɛmətʃʊəʳ] *adj* prématuré(e); **to be ~ (in doing sth)** aller un peu (trop) vite (en faisant qch)

prematurely ['prɛmətʃʊəlɪ] *adv* prématurément

premeditated [priː'mɛdɪteɪtɪd] *adj* prémédité(e)

premeditation [priː'mɛdɪ'teɪʃən] *n* préméditation *f*

premenstrual [priː'mɛnstruəl] *adj* prémenstruel(le)

premenstrual tension *n* irritabilité *f* avant les règles

premier ['prɛmɪə^r] *adj* premier(-ière), principal(e) ▶ *n* (*Pol: Prime Minister*) premier ministre ; (: *President*) chef *m* de l'État
premiere ['prɛmɪɛə^r] *n* première *f*
Premier League *n* première division
premiership ['prɛmɪəʃɪp] *n* (*of leader*) mandat *m* (*d'un Premier ministre*) ; (*Sport*) championnat *m* de ligue 1
premise ['prɛmɪs] *n* prémisse *f*
premises ['prɛmɪsɪz] *npl* locaux *mpl* ; **on the ~** sur les lieux ; sur place ; **business ~** locaux commerciaux
premium ['pri:mɪəm] *n* prime *f* ; **to be at a ~** (*fig: housing etc*) être très demandé(e), être rarissime ; **to sell at a ~** (*shares*) vendre au-dessus du pair
premium bond *n* (*BRIT*) obligation *f* à prime, bon *m* à lots
premium deal *n* (*Comm*) offre spéciale
premium fuel, (*US*) **premium gasoline** *n* super *m*
premonition [prɛmə'nɪʃən] *n* prémonition *f*
preoccupation [pri:ɔkju'peɪʃən] *n* préoccupation *f*
preoccupied [pri:'ɔkjupaɪd] *adj* préoccupé(e)
pre-owned [pri:'əund] *adj* (*game, car*) d'occasion
prep [prɛp] *adj abbr* = **preparatory school** ▶ *n* (*Scol: = preparation*) étude *f*
prepackaged [pri:'pækɪdʒd] *adj* préempaqueté(e)
prepaid [pri:'peɪd] *adj* payé(e) d'avance
preparation [prɛpə'reɪʃən] *n* préparation *f* ; **in ~ for** en vue de ; **preparations** *npl* (*for trip, war*) préparatifs *mpl*
preparatory [prɪ'pærətərɪ] *adj* préparatoire ; **~ to sth/to doing sth** en prévision de qch/avant de faire qch
preparatory school *n* (*BRIT*) école primaire privée ; (*US*) lycée privé
prepare [prɪ'pɛə^r] *vt* préparer ▶ *vi*: **to ~ for** se préparer à
prepared [prɪ'pɛəd] *adj*: **~ for** préparé(e) à ; **~ to** prêt(e) à
preponderance [prɪ'pɔndərns] *n* prépondérance *f*
preposition [prɛpə'zɪʃən] *n* préposition *f*
prepossessing [pri:pə'zɛsɪŋ] *adj* avenant(e), engageant(e)
preposterous [prɪ'pɔstərəs] *adj* ridicule, absurde
prep school *n* = **preparatory school**
prequel ['pri:kwl] *n* préquel *m*, préquelle *f*
pre-record [pri:rɪ'kɔːd] *vt* préenregistrer
pre-recorded [pri:rɪ'kɔːdɪd] *adj* préenregistré(e) ; **~ broadcast** émission *f* en différé, émission *f* préenregistrée
prerequisite [pri:'rɛkwɪzɪt] *n* condition *f* préalable
prerogative [prɪ'rɔgətɪv] *n* prérogative *f*
presbyterian [prɛzbɪ'tɪərɪən] *adj, n* presbytérien(ne)
presbytery ['prɛzbɪtərɪ] *n* presbytère *m*
preschool ['pri:'sku:l] *adj* préscolaire ; (*child*) d'âge préscolaire
prescience ['prɛsɪəns] *n* prescience *f*
prescient ['prɛsɪənt] *adj* visionnaire

prescribe [prɪ'skraɪb] *vt* prescrire ; **prescribed books** (*BRIT Scol*) œuvres *fpl* au programme
prescription [prɪ'skrɪpʃən] *n* prescription *f* ; (*Med*) ordonnance *f* ; (: *medicine*) médicament *m* (obtenu sur ordonnance) ; **to make up** *or* (*US*) **fill a ~** faire une ordonnance ; **could you write me a ~?** pouvez-vous me faire une ordonnance ? ; **"only available on ~"** « uniquement sur ordonnance »
prescription charges *npl* (*BRIT*) participation *f* fixe au coût de l'ordonnance
prescriptive [prɪ'skrɪptɪv] *adj* normatif(-ive)
pre-season [pri:'si:zən] *cpd* (*training, match*) de présaison
presence ['prɛzns] *n* présence *f* ; **in sb's ~** en présence de qn ; **~ of mind** présence d'esprit
present *adj* ['prɛznt] présent(e) ; (*current*) présent, actuel(le) ; **to be ~ at** assister à ; **those ~** les présents ; **~ tense** présent *m* ▶ *n* ['prɛznt] cadeau *m* ; (*time, tense*) présent *m* ; **to give sb a ~** offrir un cadeau à qn ; **at ~** en ce moment ▶ *vt* [prɪ'zɛnt] présenter ; (*prize, medal*) remettre ; (*give*): **to ~ sb with sth** offrir qch à qn ; **to ~ sb (to sb)** présenter qn (à qn)
presentable [prɪ'zɛntəbl] *adj* présentable
presentation [prɛzn'teɪʃən] *n* présentation *f* ; (*gift*) cadeau *m*, présent *m* ; (*ceremony*) remise *f* du cadeau (*or* de la médaille *etc*) ; **on ~ of** (*voucher etc*) sur présentation de
present-day ['prɛzntdeɪ] *adj* contemporain(e), actuel(le)
presenter [prɪ'zɛntə^r] *n* (*BRIT Radio, TV*) présentateur(-trice)
presently ['prɛzntlɪ] *adv* (*soon*) tout à l'heure, bientôt ; (*with verb in past*) peu après ; (*at present*) en ce moment ; (*US: now*) maintenant
preservation [prɛzə'veɪʃən] *n* préservation *f*, conservation *f*
preservative [prɪ'zə:vətɪv] *n* agent *m* de conservation
preserve [prɪ'zə:v] *vt* (*keep safe*) préserver, protéger ; (*maintain*) conserver, garder ; (*food*) mettre en conserve ▶ *n* (*for game, fish*) réserve *f* ; (*often pl: jam*) confiture *f* ; (: *fruit*) fruits *mpl* en conserve
preset [pri:'sɛt] *vt* prérégler
preshrunk [pri:'ʃrʌŋk] *adj* irrétrécissable
preside [prɪ'zaɪd] *vi* présider
presidency ['prɛzɪdənsɪ] *n* présidence *f*
president ['prɛzɪdənt] *n* président(e) ; (*US: of company*) président-directeur général, PDG *m*
presidential [prɛzɪ'dɛnʃl] *adj* présidentiel(le)
press [prɛs] *n* (*tool, machine, newspapers*) presse *f* ; (*for wine*) pressoir *m* ; (*crowd*) cohue *f*, foule *f* ; **to go to ~** (*newspaper*) aller à l'impression ; **to be in the ~** (*being printed*) être sous presse ; (*in the newspapers*) être dans le journal ▶ *vt* (*push*) appuyer sur ; (*squeeze*) presser, serrer ; (*clothes: iron*) repasser ; (*pursue*) talonner ; (*insist*): **to ~ sth on sb** presser qn d'accepter qch ; (*urge, entreat*): **to ~ sb to do** *or* **into doing sth** pousser qn à faire qch ; **to ~ sb for an answer** presser qn de répondre ; **to ~ charges against sb** (*Law*) engager des poursuites contre qn ; **we are pressed for time** le temps nous manque ▶ *vi*

P

appuyer, peser ; se presser ; **to ~ for sth** faire pression pour obtenir qch
▶ **press ahead** *vi* = **press on**
▶ **press on** *vi* continuer
press agency *n* agence *f* de presse
press clipping *n* coupure *f* de presse
press conference *n* conférence *f* de presse
press cutting *n* = **press clipping**
press-gang ['prɛsgæŋ] *vt* (*fig*): **to ~ sb into doing sth** faire pression sur qn pour qu'il fasse qch
pressing ['prɛsɪŋ] *adj* urgent(e), pressant(e) ▶ *n* repassage *m*
press officer *n* attaché(e) de presse
press release *n* communiqué *m* de presse
press room *n* salle *f* de presse
press stud *n* (*BRIT*) bouton-pression *m*
press-up ['prɛsʌp] *n* (*BRIT*) traction *f*
pressure ['prɛʃəʳ] *n* pression *f* ; (*stress*) tension *f* ; **to put ~ on sb (to do sth)** faire pression sur qn (pour qu'il fasse qch) ▶ *vt* faire pression sur
pressure cooker *n* cocotte-minute® *f*
pressured ['prɛʃəd] *adj* (*tense*) tendu(e)
pressure gauge *n* manomètre *m*
pressure group *n* groupe *m* de pression
pressurize ['prɛʃəraɪz] *vt* pressuriser ; (*BRIT fig*): **to ~ sb (into doing sth)** faire pression sur qn (pour qu'il fasse qch)
pressurized ['prɛʃəraɪzd] *adj* pressurisé(e)
prestige [prɛs'tiːʒ] *n* prestige *m*
prestigious [prɛs'tɪdʒəs] *adj* prestigieux(-euse)
presumably [prɪ'zjuːməblɪ] *adv* vraisemblablement ; **~ he did it** c'est sans doute lui (qui a fait cela)
presume [prɪ'zjuːm] *vt* présumer, supposer ; **to ~ to do** (*dare*) se permettre de faire
presumption [prɪ'zʌmpʃən] *n* supposition *f*, présomption *f* ; (*boldness*) audace *f*
presumptuous [prɪ'zʌmpʃəs] *adj* présomptueux(-euse)
presuppose [priːsə'pəuz] *vt* présupposer
pre-tax [priː'tæks] *adj* avant impôt(s)
pre-teen [priː'tiːn] *adj*, *n* préadolescent(e) ; **~ children** les préadolescents
pretence, (*US*) **pretense** [prɪ'tɛns] *n* (*claim*) prétention *f* ; (*pretext*) prétexte *m* ; **she is devoid of all ~** elle n'est pas du tout prétentieuse ; **to make a ~ of doing** faire semblant de faire ; **on** *or* **under the ~ of doing sth** sous prétexte de faire qch ; **under false pretences** sous des prétextes fallacieux
pretend [prɪ'tɛnd] *vt* (*feign*) feindre, simuler ; **to ~ to do** faire semblant de faire ▶ *vi* (*feign*) faire semblant ; (*claim*): **to ~ to sth** prétendre à qch
pretense [prɪ'tɛns] *n* (*US*) = **pretence**
pretension [prɪ'tɛnʃən] *n* (*claim*) prétention *f* ; **to have no pretensions to sth/to being sth** n'avoir aucune prétention à qch/à être qch
pretentious [prɪ'tɛnʃəs] *adj* prétentieux(-euse)
preterite ['prɛtərɪt] *n* prétérit *m*
pretext ['priːtɛkst] *n* prétexte *m* ; **on** *or* **under the ~ of doing sth** sous prétexte de faire qch
pretty ['prɪtɪ] *adj* joli(e) ▶ *adv* assez
pretzel [prɛtsl] *n* bretzel *m*

prevail [prɪ'veɪl] *vi* (*win*) l'emporter, prévaloir ; (*be usual*) avoir cours ; (*persuade*): **to ~ (up)on sb to do** persuader qn de faire
prevailing [prɪ'veɪlɪŋ] *adj* (*widespread*) courant(e), répandu(e) ; (*wind*) dominant(e)
prevalence ['prɛvələns] *n* prévalence *f*
prevalent ['prɛvələnt] *adj* (*condition*) prévalent(e) ; (*view, attitude*) répandu(e) ; (*fashion*) en vogue
prevarication [prɪværɪ'keɪʃən] *n* (*usage m de*) faux-fuyants *mpl*
prevent [prɪ'vɛnt] *vt*: **to ~ (from doing)** empêcher (de faire)
preventable [prɪ'vɛntəbl] *adj* évitable
preventative [prɪ'vɛntətɪv] *adj* préventif(-ive)
prevention [prɪ'vɛnʃən] *n* prévention *f*
preventive [prɪ'vɛntɪv] *adj* préventif(-ive)
preview ['priːvjuː] *n* (*of film*) avant-première *f* ; (*fig*) aperçu *m*
previous ['priːvɪəs] *adj* (*last*) précédent(e) ; (*earlier*) antérieur(e) ; (*question, experience*) préalable ; **I have a ~ engagement** je suis déjà pris(e) ; **~ to doing** avant de faire
previously ['priːvɪəslɪ] *adv* précédemment, auparavant
prewar [priː'wɔːʳ] *adj* d'avant-guerre
prey [preɪ] *n* proie *f* ▶ *vi*: **to ~ on** s'attaquer à ; **it was preying on his mind** ça le rongeait *or* minait
price [praɪs] *n* prix *m* ; (*Betting: odds*) cote *f* ; **what is the ~ of ...?** combien coûte ... ?, quel est le prix de ... ? ; **to go up** *or* **rise in ~** augmenter ; **to put a ~ on sth** chiffrer qch ; **what ~ his promises now?** (*BRIT*) que valent maintenant toutes ses promesses ? ; **he regained his freedom, but at a ~** il a retrouvé sa liberté, mais cela lui a coûté cher ▶ *vt* (*goods*) fixer le prix de ; tarifer ; **to be priced out of the market** (*article*) être trop cher pour soutenir la concurrence ; (*producer, nation*) ne pas pouvoir soutenir la concurrence
price control *n* contrôle *m* des prix
price-cutting ['praɪskʌtɪŋ] *n* réductions *fpl* de prix
priceless ['praɪslɪs] *adj* sans prix, inestimable ; (*inf: amusing*) impayable
price list *n* tarif *m*
price range *n* gamme *f* de prix ; **it's within my ~** c'est dans mes prix
price tag *n* étiquette *f*
price war *n* guerre *f* des prix
pricey ['praɪsɪ] *adj* (*inf*) chérot *inv*
pricing ['praɪsɪŋ] *n* prix *mpl*
prick [prɪk] *n* (*sting*) piqûre *f* ; (*inf!*) bitte *f* (!) ; connard *m* (!) ▶ *vt* piquer ; **to ~ up one's ears** dresser *or* tendre l'oreille
prickle ['prɪkl] *n* (*of plant*) épine *f* ; (*sensation*) picotement *m*
prickly ['prɪklɪ] *adj* piquant(e), épineux(-euse) ; (*fig: person*) irritable
prickly heat *n* fièvre *f* miliaire
prickly pear *n* figue *f* de Barbarie
pride [praɪd] *n* (*feeling proud*) fierté *f* ; (*pej*) orgueil *m* ; (*self-esteem*) amour-propre *m* ; **to take (a) ~ in** être (très) fier(-ère) de ; **to take a ~ in doing**

mettre sa fierté à faire ; **to have ~ of place** (*Brit*) avoir la place d'honneur ▶ vt : **to ~ o.s. on** se flatter de ; s'enorgueillir de

priest [priːst] *n* prêtre *m*

priestess ['priːstɪs] *n* prêtresse *f*

priesthood ['priːsthʊd] *n* prêtrise *f*, sacerdoce *m*

prig [prɪg] *n* poseur(-euse), fat *m*

prim [prɪm] *adj* collet monté *inv*, guindé(e)

prima facie ['praɪmə'feɪʃɪ] *adj* : **to have a ~ case** (*Law*) avoir une affaire recevable

primal ['praɪməl] *adj* (*first in time*) primitif(-ive) ; (*first in importance*) primordial(e)

primarily ['praɪmərɪlɪ] *adv* principalement, essentiellement

primary ['praɪmərɪ] *adj* primaire ; (*first in importance*) premier(-ière), primordial(e) ▶ *n* (*US : election*) (élection *f*)

primary colour *n* couleur fondamentale

primary school *n* (*Brit*) école *f* primaire

PRIMARY SCHOOL

Les **primary schools** en Grande-Bretagne accueillent les enfants de 4 ou 5 ans à 11 ans. Elles marquent le début du cycle scolaire obligatoire et couvrent les sept premières années de scolarité. Certaines d'entre elles comprennent deux sections : la section des petits (*infant school*) et la section des grands (*junior school*).

primate *n* (*Rel*) ['praɪmɪt] primat *m* ; (*Zool*) ['praɪmeɪt] primate *m*

prime [praɪm] *adj* primordial(e), fondamental(e) ; (*excellent*) excellent(e) ▶ vt (*gun, pump*) amorcer ; (*fig*) mettre au courant ▶ *n* : **in the ~ of life** dans la fleur de l'âge

Prime Minister *n* Premier ministre

primer ['praɪmər] *n* (*book*) premier livre, manuel *m* élémentaire ; (*paint*) apprêt *m*

prime time *n* (*Radio, TV*) heure(s) *f(pl)* de grande écoute

primeval [praɪ'miːvl] *adj* primitif(-ive)

primitive ['prɪmɪtɪv] *adj* primitif(-ive)

primrose ['prɪmrəuz] *n* primevère *f*

primus® ['praɪməs], **primus stove®** *n* (*Brit*) réchaud *m* de camping

prince [prɪns] *n* prince *m*

princely ['prɪnslɪ] *adj* princier(-ière)

princess [prɪn'sɛs] *n* princesse *f*

principal ['prɪnsɪpl] *adj* principal(e) ▶ *n* (*head teacher*) directeur *m*, principal *m* ; (*in play*) rôle principal ; (*money*) principal *m*

principality [prɪnsɪ'pælɪtɪ] *n* principauté *f*

principally ['prɪnsɪplɪ] *adv* principalement

principle ['prɪnsɪpl] *n* principe *m* ; **in ~** en principe ; **on ~** par principe

print [prɪnt] *n* (*mark*) empreinte *f* ; (*letters*) caractères *mpl* ; (*fabric*) imprimé *m* ; (*Art*) gravure *f*, estampe *f* ; (*Phot*) épreuve *f* ; **out of ~** épuisé(e) ▶ vt imprimer ; (*publish*) publier ; (*write in capitals*) écrire en majuscules
▶ **print out** vt (*Comput*) imprimer

printed circuit board ['prɪntɪd-] *n* carte *f* à circuit imprimé

printed matter ['prɪntɪd-] *n* imprimés *mpl*

printer ['prɪntər] *n* (*machine*) imprimante *f* ; (*person*) imprimeur *m*

printhead ['prɪnthɛd] *n* tête *f* d'impression

printing ['prɪntɪŋ] *n* impression *f*

printing press *n* presse *f* typographique

printout ['prɪntaʊt] *n* (*Comput*) sortie *f* imprimante

print wheel *n* marguerite *f*

prior ['praɪər] *adj* antérieur(e), précédent(e) ; (*more important*) prioritaire ; **without ~ notice** sans préavis ; **to have a ~ claim to sth** avoir priorité pour qch ▶ *n* (*Rel*) prieur *m* ▶ *adv* : **~ to doing** avant de faire

prioritize [praɪ'ɒrɪtaɪz] vt (*give priority to*) privilégier ; (*order by importance*) ordonner selon ses priorités

priority [praɪ'ɒrɪtɪ] *n* priorité *f* ; **to have** *or* **take ~ over sth/sb** avoir la priorité sur qch/qn

priory ['praɪərɪ] *n* prieuré *m*

prise [praɪz] vt : **to ~ open** forcer

prism ['prɪzəm] *n* prisme *m*

prison ['prɪzn] *n* prison *f* ▶ *cpd* pénitentiaire

prison camp *n* camp *m* de prisonniers

prisoner ['prɪznər] *n* prisonnier(-ière) ; **the ~ at the bar** l'accusé(e) ; **to take sb ~** faire qn prisonnier

prisoner of war *n* prisonnier(-ière) de guerre

prissy ['prɪsɪ] *adj* bégueule

pristine ['prɪstiːn] *adj* virginal(e)

privacy ['prɪvəsɪ] *n* intimité *f*, solitude *f*

private ['praɪvɪt] *adj* (*not public*) privé(e) ; (*personal*) personnel(le) ; (*house, car, lesson*) particulier(-ière) ; (*quiet : place*) tranquille ; **"~"** (*on envelope*) « personnelle » ; (*on door*) « privé » ; **in (his) ~ life** dans sa vie privée ; **he is a very ~ person** il est très secret ; **to be in ~ practice** être médecin (*or* dentiste *etc*) non conventionné ; **~ hearing** (*Law*) audience *f* à huis-clos ▶ *n* soldat *m* de deuxième classe ; **in ~** en privé

private detective *n* détective privé

private enterprise *n* entreprise privée

private eye *n* détective privé

private limited company *n* (*Brit*) société *f* à participation restreinte (*non cotée en Bourse*)

privately ['praɪvɪtlɪ] *adv* en privé ; (*within oneself*) intérieurement

private parts *npl* parties (génitales)

private property *n* propriété privée

private school *n* école privée

privatization [praɪvətaɪ'zeɪʃən] *n* privatisation *f*

privatize ['praɪvɪtaɪz] vt privatiser

privet ['prɪvɪt] *n* troène *m*

privilege ['prɪvɪlɪdʒ] *n* privilège *m*

privileged ['prɪvɪlɪdʒd] *adj* privilégié(e) ; **to be ~ to do sth** avoir le privilège de faire qch

privy ['prɪvɪ] *adj* : **to be ~ to** être au courant de

privy council *n* conseil privé

PRIVY COUNCIL

Le **Privy Council** est un groupe d'éminents hommes politiques présents ou passés, dont les membres du gouvernement, qui remplissent la fonction de conseillers du souverain britannique. Jadis doté de pouvoirs importants, il n'a plus aujourd'hui de rôle exécutif.

prize [praɪz] n prix m ▸ adj (example, idiot) parfait(e) ; (bull, novel) primé(e) ▸ vt priser, faire grand cas de

prized [praɪzd] adj précieux(-euse) ; **their most ~ possession** leur plus précieuse possession ; **to be ~ for sth** être prisé(e) pour qch

prize-fighter ['praɪzfaɪtə^r] n boxeur professionnel

prize-giving ['praɪzgɪvɪŋ] n distribution f des prix

prize money n argent m du prix

prizewinner ['praɪzwɪnə^r] n gagnant(e)

prizewinning ['praɪzwɪnɪŋ] adj gagnant(e) ; (novel, essay etc) primé(e)

PRO n abbr = **public relations officer**

pro [prəu] n (inf: Sport) professionnel(le) ▸ prep pro ; **pros** npl: **the pros and cons** le pour et le contre

pro- [prəu] prefix (in favour of) pro-

pro-active [prəu'æktɪv] adj dynamique

probability [prɔbə'bɪlɪtɪ] n probabilité f ; **in all ~** très probablement

probable ['prɔbəbl] adj probable ; **it is ~/hardly ~ that …** il est probable/peu probable que …

probably ['prɔbəblɪ] adv probablement

probate ['prəubɪt] n (Law) validation f, homologation f

probation [prə'beɪʃən] n (in employment) (période f d')essai m ; (Law) liberté surveillée ; (Rel) noviciat m, probation f ; **on ~** (employee) à l'essai ; (Law) en liberté surveillée

probationary [prə'beɪʃənrɪ] adj (period) d'essai

probe [prəub] n (Med, Space) sonde f ; (enquiry) enquête f, investigation f ▸ vt sonder, explorer

probity ['prəubɪtɪ] n probité f

problem ['prɔbləm] n problème m ; **to have problems with the car** avoir des ennuis avec la voiture ; **what's the ~?** qu'y a-t-il ?, quel est le problème ? ; **I had no ~ in finding her** je n'ai pas eu de mal à la trouver ; **no ~!** pas de problème !

problematic [prɔblə'mætɪk] adj problématique

problem-solving ['prɔbləmsɔlvɪŋ] n résolution f de problèmes ; **an approach to ~** une approche en matière de résolution de problèmes

procedural [prə'siːdʒərəl] adj procédural(e)

procedure [prə'siːdʒə^r] n (Admin, Law) procédure f ; (method) marche f à suivre, façon f de procéder

proceed [prə'siːd] vi (go forward) avancer ; (act) procéder ; (continue): **to ~ (with)** continuer, poursuivre ; **to ~ to** aller à ; passer à ; **to ~ to do** se mettre à faire ; **I am not sure how to ~** je ne sais pas exactement comment m'y prendre ; **to ~ against sb** (Law) intenter des poursuites contre qn

proceedings [prə'siːdɪŋz] npl (measures) mesures fpl ; (Law: against sb) poursuites fpl ; (meeting) réunion f, séance f ; (records) compte rendu ; actes mpl

proceeds ['prəusiːdz] npl produit m, recette f

process n ['prəusɛs] processus m ; (method) procédé m ; **in ~ en cours ; we are in the ~ of doing** nous sommes en train de faire ▸ vt ['prəusɛs] traiter ▸ vi [prə'sɛs] (Brit formal: go in procession) défiler

processed cheese ['prəusɛst-] n ≈ fromage fondu

processing ['prəusɛsɪŋ] n traitement m

procession [prə'sɛʃən] n défilé m, cortège m ; **funeral ~** (on foot) cortège funèbre ; (in cars) convoi m mortuaire

pro-choice [prəu'tʃɔɪs] adj en faveur de l'avortement

proclaim [prə'kleɪm] vt déclarer, proclamer

proclamation [prɔklə'meɪʃən] n proclamation f

proclivity [prə'klɪvɪtɪ] n inclination f

procrastinate [prəu'kræstɪneɪt] vi faire traîner les choses, vouloir tout remettre au lendemain

procrastination [prəukræstɪ'neɪʃən] n procrastination f

procreation [prəukrɪ'eɪʃən] n procréation f

Procurator Fiscal ['prɔkjureɪtə-] n (Scottish) ≈ procureur m (de la République)

procure [prə'kjuə^r] vt (for o.s.) se procurer ; (for sb) procurer

procurement [prə'kjuəmənt] n achat m, approvisionnement m

prod [prɔd] vt pousser ▸ n (push, jab) petit coup, poussée f

prodigal ['prɔdɪgl] adj prodigue

prodigious [prə'dɪdʒəs] adj prodigieux(-euse)

prodigy ['prɔdɪdʒɪ] n prodige m

produce n ['prɔdjuːs] (Agr) produits mpl ▸ vt [prə'djuːs] produire ; (show) présenter ; (cause) provoquer, causer ; (Theat) monter, mettre en scène ; (TV: programme) réaliser ; (: play, film) mettre en scène ; (Radio: programme) réaliser ; (: play) mettre en ondes

producer [prə'djuːsə^r] n (Theat) metteur m en scène ; (Agr, Comm, Cine) producteur m ; (TV: of programme) réalisateur m ; (: of play, film) metteur en scène ; (Radio: of programme) réalisateur m ; (: of play) metteur en ondes

product ['prɔdʌkt] n produit m

production [prə'dʌkʃən] n production f ; (Theat) mise f en scène ; **to put into ~** (goods) entreprendre la fabrication de

production agreement n (US) accord m de productivité

production line n chaîne f (de fabrication)

production manager n directeur(-trice) de la production

productive [prə'dʌktɪv] adj productif(-ive)

productivity [prɔdʌk'tɪvɪtɪ] n productivité f

productivity agreement n (Brit) accord m de productivité

productivity bonus n prime f de rendement

Prof. [prɔf] abbr (= professor) Prof

profane [prə'feɪn] adj sacrilège ; (lay) profane

profanity [prə'fænɪtɪ] n obscénités fpl

profess [prə'fɛs] vt professer ; **I do not ~ to be an expert** je ne prétends pas être spécialiste

professed [prə'fɛst] adj (self-declared) déclaré(e)

profession [prə'fɛʃən] n profession f ; **the professions** les professions libérales

professional [prə'fɛʃənl] n professionnel(le) ▸ adj professionnel(le) ; (work) de professionnel ; **he's a ~ man** il exerce une profession libérale ; **to take ~ advice** consulter un spécialiste

professionalism [prəˈfɛʃnəlɪzəm] n
professionnalisme m
professionally [prəˈfɛʃnəlɪ] adv
professionnellement ; (Sport: play) en
professionnel ; **I only know him ~** je n'ai avec
lui que des relations de travail
professor [prəˈfɛsəʳ] n professeur m (titulaire d'une
chaire) ; (US: teacher) professeur m
professorship [prəˈfɛsəʃɪp] n chaire f
proffer [ˈprɒfəʳ] vt (hand) tendre ; (remark) faire ;
(apologies) présenter
proficiency [prəˈfɪʃənsɪ] n compétence f,
aptitude f
proficient [prəˈfɪʃənt] adj compétent(e), capable
profile [ˈprəʊfaɪl] n profil m ; **to keep a high/
low ~** (fig) rester or être très en évidence/
discret(-ète)
profit [ˈprɒfɪt] n (from trading) bénéfice m ;
(advantage) profit m ; **to make a ~** faire un or des
bénéfice(s) ; **to sell sth at a ~** vendre qch à
profit ▶ cpd: **~ and loss account** compte m de
profits et pertes ▶ vi: **to ~ (by or from)** profiter
(de)
profitability [prɒfɪtəˈbɪlɪtɪ] n rentabilité f
profitable [ˈprɒfɪtəbl] adj lucratif(-ive),
rentable ; (fig: beneficial) avantageux(-euse) ;
(: meeting) fructueux(-euse)
profit centre n centre m de profit
profiteering [prɒfɪˈtɪərɪŋ] n (pej)
mercantilisme m
profit-making [ˈprɒfɪtmeɪkɪŋ] adj à but lucratif
profit margin n marge f bénéficiaire
profit-sharing [ˈprɒfɪtʃɛərɪŋ] n intéressement
m aux bénéfices
profits tax n (BRIT) impôt m sur les bénéfices
profligate [ˈprɒflɪɡɪt] adj (behaviour, act)
dissolu(e) ; (person) débauché(e) ; (extravagant):
~ (with) prodigue (de)
pro forma [ˈprəʊˈfɔːmə] adj: **~ invoice** facture f
pro-forma
profound [prəˈfaʊnd] adj profond(e)
profoundly [prəˈfaʊndlɪ] adv profondément
profuse [prəˈfjuːs] adj abondant(e)
profusely [prəˈfjuːslɪ] adv abondamment ;
(thank etc) avec effusion
profusion [prəˈfjuːʒən] n profusion f,
abondance f
progeny [ˈprɒdʒɪnɪ] n progéniture f ;
descendants mpl
progesterone [prəˈdʒɛstərəʊn] n progestérone f
prognosis [prɒɡˈnəʊsɪs] (pl **prognoses**
[prɒɡˈnəʊsiːz]) n pronostic m
programmable [prəʊˈɡræməbl] adj
programmable
programme, (US) program [ˈprəʊɡræm] n
(Comput) programme m ; (Radio, TV) émission f
▶ vt programmer
programmer [ˈprəʊɡræməʳ] n
programmeur(-euse)
programming, (US) programing
[ˈprəʊɡræmɪŋ] n programmation f
**programming language, (US) programing
language** n langage m de programmation
progress n [ˈprəʊɡrɛs] progrès m(pl) ; **in ~** en
cours ; **to make ~** progresser, faire des progrès,

être en progrès ▶ vi [prəˈɡrɛs] progresser,
avancer ; **as the match progressed** au fur et à
mesure que la partie avançait
progression [prəˈɡrɛʃən] n progression f
progressive [prəˈɡrɛsɪv] adj progressif(-ive) ;
(person) progressiste
progressively [prəˈɡrɛsɪvlɪ] adv
progressivement
progress report n (Med) bulletin m de santé ;
(Admin) rapport m d'activité ; rapport sur l'état
(d'avancement) des travaux
prohibit [prəˈhɪbɪt] vt interdire, défendre ; **to ~
sb from doing sth** défendre or interdire à qn de
faire qch ; **"smoking prohibited"** « défense de
fumer »
prohibition [prəʊɪˈbɪʃən] n prohibition f
prohibitive [prəˈhɪbɪtɪv] adj (price etc)
prohibitif(-ive)
project n [ˈprɒdʒɛkt] (plan) projet m, plan m ;
(venture) opération f, entreprise f ; (Scol: research)
étude f, dossier m ▶ vt [prəˈdʒɛkt] projeter ▶ vi
[prəˈdʒɛkt] (stick out) faire saillie, s'avancer
projected [prɒˈdʒɛktɪd] adj prévu(e)
projectile [prəˈdʒɛktaɪl] n projectile m
projection [prəˈdʒɛkʃən] n projection f ;
(overhang) saillie f
projectionist [prəˈdʒɛkʃənɪst] n (Cine)
projectionniste mf
projection room n (Cine) cabine f de projection
projector [prəˈdʒɛktəʳ] n (Cine etc) projecteur m
proletarian [prəʊlɪˈtɛərɪən] adj prolétarien(ne)
▶ n prolétaire mf
proletariat [prəʊlɪˈtɛərɪət] n prolétariat m
pro-life [prəʊˈlaɪf] adj contre l'avortement
proliferate [prəˈlɪfəreɪt] vi proliférer
proliferation [prəlɪfəˈreɪʃən] n prolifération f
prolific [prəˈlɪfɪk] adj prolifique
prologue [ˈprəʊlɒɡ] n prologue m
prolong [prəˈlɒŋ] vt prolonger
prolonged [prəˈlɒŋd] adj prolongé(e)
prom [prɒm] n abbr = **promenade; promenade
concert**; (US: ball) bal m d'étudiants ; voir article ;
the Proms série de concerts de musique classique

:**PROM**
:
: Le **prom** (abréviation de **promenade**) est un
: bal organisé à l'intention des élèves pour
: fêter la fin de leurs années de lycée. Cet
: événement d'origine américaine occupe
: une place très importante dans la culture du
: pays et dans la vie des lycéens, avec les
: traditions et les conventions que cela
: implique. Depuis le début du XXIᵉ siècle, les
: proms connaissent également un grand
: succès au Royaume-Uni, même s'ils ne
: revêtent pas encore l'importance culturelle
: de leur équivalent américain.

promenade [prɒməˈnɑːd] n (by sea) esplanade f,
promenade f
promenade concert n concert m (de musique
classique)
promenade deck n (Naut) pont m promenade
prominence [ˈprɒmɪnəns] n proéminence f ;
importance f

p

prominent ['prɒmɪnənt] *adj* (*standing out*) proéminent(e) ; (*important*) important(e) ; **he is ~ in the field of ...** il est très connu dans le domaine de ...

prominently ['prɒmɪnəntlɪ] *adv* (*display, set*) bien en évidence ; **he figured ~ in the case** il a joué un rôle important dans l'affaire

promiscuity [prɒmɪs'kjuːɪtɪ] *n* (*sexual*) légèreté *f* de mœurs

promiscuous [prə'mɪskjuəs] *adj* (*sexually*) de mœurs légères

promise ['prɒmɪs] *n* promesse *f* ; **to make sb a ~** faire une promesse à qn ; **a young man of ~** un jeune homme plein d'avenir ▶ *vt, vi* promettre ; **to ~ well** *vi* promettre

promising ['prɒmɪsɪŋ] *adj* prometteur(-euse)

promissory note ['prɒmɪsərɪ-] *n* billet *m* à ordre

promo ['prəuməu] (*inf*) *n* promo *f* (*inf*) ▶ *cpd* (*film, tour*) promotionnel(le)

promontory ['prɒməntrɪ] *n* promontoire *m*

promote [prə'məut] *vt* promouvoir ; (*venture, event*) organiser, mettre sur pied ; (*new product*) lancer ; **the team was promoted to the second division** (*Brit Football*) l'équipe est montée en 2e division

promoter [prə'məutər] *n* (*of event*) organisateur(-trice)

promotion [prə'məuʃən] *n* promotion *f*

promotional [prə'məuʃənl] *adj* promotionnel(le)

prompt [prɒmpt] *adj* rapide ; **they're very ~** (*punctual*) ils sont ponctuels ; **he was ~ to accept** il a tout de suite accepté ▶ *adv*: **at 8 o'clock ~** à 8 heures précises ▶ *n* (*Comput*) message *m* (de guidage) ▶ *vt* inciter ; (*cause*) entraîner, provoquer ; (*Theat*) souffler (son rôle *or* ses répliques) à ; **to ~ sb to do** inciter *or* pousser qn à faire

prompter ['prɒmptər] *n* (*Theat*) souffleur *m*

promptly ['prɒmptlɪ] *adv* (*quickly*) rapidement, sans délai ; (*on time*) ponctuellement

promptness ['prɒmptnɪs] *n* rapidité *f* ; promptitude *f* ; ponctualité *f*

prone [prəun] *adj* (*lying*) couché(e) (face contre terre) ; (*liable*): **~ to** enclin(e) à ; **to be ~ to illness** être facilement malade ; **to be ~ to an illness** être sujet à une maladie ; **she is ~ to burst into tears if ...** elle a tendance à tomber en larmes si ...

prong [prɒŋ] *n* pointe *f* ; (*of fork*) dent *f*

pronoun ['prəunaun] *n* pronom *m*

pronounce [prə'nauns] *vt* prononcer ; **how do you ~ it?** comment est-ce que ça se prononce ? ; **they pronounced him unfit to drive** ils l'ont déclaré inapte à la conduite ▶ *vi*: **to ~ (up)on** se prononcer sur

pronounced [prə'naunst] *adj* (*marked*) prononcé(e)

pronouncement [prə'naunsmənt] *n* déclaration *f*

pronunciation [prənʌnsɪ'eɪʃən] *n* prononciation *f*

proof [pruːf] *n* preuve *f* ; (*test, of book, Phot*) épreuve *f* ; (*of alcohol*) degré *m* ; **to be 70° ~** = titrer 40 degrés ▶ *adj*: **~ against** à l'épreuve de ▶ *vt* (*Brit*: *tent, anorak*) imperméabiliser

proofread ['pruːfriːd] *vt* corriger

proofreader ['pruːfriːdər] *n* correcteur(-trice) (d'épreuves)

prop [prɒp] *n* support *m*, étai *m* ; (*fig*) soutien *m* ▶ *vt* (*also*: **prop up**) étayer, soutenir ; **to ~ sth against** (*lean*) appuyer qch contre *or* à ; **props** *npl* accessoires *mpl*

Prop. *abbr* (*Comm*) = **proprietor**

propaganda [prɒpə'gændə] *n* propagande *f*

propagate ['prɒpəgeɪt] *vt* propager

propagation [prɒpə'geɪʃən] *n* propagation *f*

propel [prə'pɛl] *vt* propulser, faire avancer

propeller [prə'pɛlər] *n* hélice *f*

propelling pencil [prə'pɛlɪŋ-] *n* (*Brit*) porte-mine *m inv*

propensity [prə'pɛnsɪtɪ] *n* propension *f*

proper ['prɒpər] *adj* (*suited, right*) approprié(e), bon(ne) ; (*seemly*) correct(e), convenable ; (*authentic*) vrai(e), véritable ; (*inf*: *real*) fini(e), vrai(e) ; (*referring to place*): **the village ~** le village proprement dit ; **to go through the ~ channels** (*Admin*) passer par la voie officielle

properly ['prɒpəlɪ] *adv* correctement, convenablement ; (*really*) bel et bien

proper noun *n* nom *m* propre

property ['prɒpətɪ] *n* (*possessions*) biens *mpl* ; (*house etc*) propriété *f* ; (*land*) terres *fpl*, domaine *m* ; (*Chem etc*: *quality*) propriété *f* ; **it's their ~** cela leur appartient, c'est leur propriété

property developer *n* (*Brit*) promoteur immobilier

property owner *n* propriétaire *m*

property tax *n* impôt foncier

prophecy ['prɒfɪsɪ] *n* prophétie *f*

prophesy ['prɒfɪsaɪ] *vt* prédire ▶ *vi* prophétiser

prophet ['prɒfɪt] *n* prophète *m*

prophetic [prə'fɛtɪk] *adj* prophétique

proponent [prə'pəunənt] *n* défenseur *m*

proportion [prə'pɔːʃən] *n* proportion *f* ; (*share*) part *f* ; partie *f* ; **to be in/out of ~ to** *or* **with sth** être à la mesure de/hors de proportion avec qch ; **to see sth in ~** (*fig*) ramener qch à de justes proportions ▶ *vt* proportionner ; **proportions** *npl* (*size*) dimensions *fpl*

proportional [prə'pɔːʃənl] *adj* proportionnel(le)

proportionally [prə'pɔːʃənlɪ] *adv* proportionnellement

proportional representation *n* (*Pol*) représentation proportionnelle

proportionate [prə'pɔːʃənət] *adj* (*in size*) proportionnel(le) ; (*appropriate*) proportionné(e) ; **to be ~ to sth** (*in size*) être proportionnel(le) à qch ; (*appropriate*) être proportionné(e) à qch

proportionately [prə'pɔːʃənətlɪ] *adv* proportionnellement

proposal [prə'pəuzl] *n* proposition *f*, offre *f* ; (*plan*) projet *m* ; (*of marriage*) demande *f* en mariage

propose [prə'pəuz] *vt* proposer, suggérer ; (*have in mind*): **to ~ sth/doing sth** envisager qch/de faire qch ; **to ~ to do** avoir l'intention de faire ▶ *vi* faire sa demande en mariage

proposer [prə'pəuzər] *n* (*Brit*: *of motion etc*) auteur *m*

proposition [prɔpə'zɪʃən] n proposition f ; **to make sb a ~** faire une proposition à qn
propound [prə'paund] vt proposer, soumettre
proprietary [prə'praɪətərɪ] adj de marque déposée ; **~ article** article m or produit m de marque ; **~ brand** marque déposée
proprietor [prə'praɪətə^r] n propriétaire mf
propriety [prə'praɪətɪ] n (seemliness) bienséance f, convenance f
propulsion [prə'pʌlʃən] n propulsion f
pro rata [prəu'rɑːtə] adv au prorata
prosaic [prəu'zeɪɪk] adj prosaïque
Pros. Atty. abbr (US) = **prosecuting attorney**
proscribe [prə'skraɪb] vt proscrire
proscription [prə'skrɪpʃən] n interdiction f
prose [prəuz] n prose f ; (Scol: translation) thème m
prosecute ['prɔsɪkjuːt] vt poursuivre
prosecuting attorney ['prɔsɪkjuːtɪŋ-] n (US) procureur m
prosecution [prɔsɪ'kjuːʃən] n poursuites fpl judiciaires ; (accusing side: in criminal case) accusation f ; (: in civil case) la partie plaignante
prosecutor ['prɔsɪkjuːtə^r] n (lawyer) procureur m ; (also: **public prosecutor**) ministère public ; (US: plaintiff) plaignant(e)
prospect n ['prɔspɛkt] perspective f ; (hope) espoir m, chances fpl ; **we are faced with the ~ of leaving** nous risquons de devoir partir ; **there is every ~ of an early victory** tout laisse prévoir une victoire rapide ▶ vt, vi [prə'spɛkt] prospecter ; **prospects** npl (for work etc) possibilités fpl d'avenir, débouchés mpl
prospecting [prə'spɛktɪŋ] n prospection f
prospective [prə'spɛktɪv] adj (possible) éventuel(le) ; (future) futur(e)
prospector [prə'spɛktə^r] n prospecteur m ; **gold ~** chercheur m d'or
prospectus [prə'spɛktəs] n prospectus m
prosper ['prɔspə^r] vi prospérer
prosperity [prɔ'spɛrɪtɪ] n prospérité f
prosperous ['prɔspərəs] adj prospère
prostate ['prɔsteɪt] n (also: **prostate gland**) prostate f
prosthetic [prɔs'θɛtɪk] adj prothétique
prostitute ['prɔstɪtjuːt] n prostituée f ; **male ~** prostitué m
prostitution [prɔstɪ'tjuːʃən] n prostitution f
prostrate adj ['prɔstreɪt] prosterné(e) ; prostré(e) ▶ vt [prɔ'streɪt]: **to ~ o.s. (before sb)** se prosterner (devant qn)
protagonist [prə'tægənɪst] n protagoniste m
protect [prə'tɛkt] vt protéger
protection [prə'tɛkʃən] n protection f ; **to be under sb's ~** être sous la protection de qn
protectionism [prə'tɛkʃənɪzəm] n protectionnisme m
protectionist [prə'tɛkʃənɪst] adj protectionniste
protection racket n racket m
protective [prə'tɛktɪv] adj protecteur(-trice) ; (clothing) de protection ; **~ custody** (Law) détention préventive
protector [prə'tɛktə^r] n protecteur(-trice)
protégé ['prəutɛʒeɪ] n protégé m
protégée ['prəutɛʒeɪ] n protégée f

protein ['prəutiːn] n protéine f
pro tem [prəu'tɛm] adv abbr (= pro tempore: for the time being) provisoirement
protest n ['prəutɛst] protestation f ▶ vi [prə'tɛst]: **to ~ against/about** protester contre/à propos de ▶ vt [prə'tɛst] protester de ; **to ~ (that)** protester que
Protestant ['prɔtɪstənt] adj, n protestant(e)
Protestantism ['prɔtɪstəntɪzəm] n protestantisme m
protester, protestor [prə'tɛstə^r] n (in demonstration) manifestant(e)
protest march n manifestation f
protocol ['prəutəkɔl] n protocole m
proton ['prəutɔn] n proton m
prototype ['prəutətaɪp] n prototype m
protracted [prə'træktɪd] adj prolongé(e)
protractor [prə'træktə^r] n (Geom) rapporteur m
protrude [prə'truːd] vi avancer, dépasser
protuberance [prə'tjuːbərəns] n protubérance f
proud [praud] adj fier(-ère) ; (pej) orgueilleux(-euse) ; **to be ~ to do sth** être fier de faire qch ; **to do sb ~** (inf) faire honneur à qn ; **to do o.s. ~** (inf) ne se priver de rien
proudly ['praudlɪ] adv fièrement
prove [pruːv] vt prouver, démontrer ; **to ~ o.s.** montrer ce dont on est capable ; **to ~ o.s./itself (to be) useful** etc se montrer or se révéler utile etc ; **he was proved right in the end** il s'est avéré qu'il avait raison ▶ vi: **to ~ correct** etc s'avérer juste etc
proven ['prəuvən, 'pruːvən] pp of **prove** ▶ adj (ability) avéré(e) ; **to have a ~ track record** avoir fait ses preuves
proverb ['prɔvəːb] n proverbe m
proverbial [prə'vəːbɪəl] adj proverbial(e)
provide [prə'vaɪd] vt fournir ; **to ~ sb with sth** fournir qch à qn ; **to be provided with** (person) disposer de ; (thing) être équipé(e) or muni(e) de ▶ **provide for** vt fus (person) subvenir aux besoins de ; (future event) prévoir
provided [prə'vaɪdɪd] conj: **~ (that)** à condition que + sub
Providence ['prɔvɪdəns] n la Providence
provider [prə'vaɪdə^r] n (of goods, services) fournisseur m ; (in family) soutien m (de famille) ; **internet ~** fournisseur d'accès
providing [prə'vaɪdɪŋ] conj à condition que + sub
province ['prɔvɪns] n province f ; (fig) domaine m
provincial [prə'vɪnʃəl] adj provincial(e)
provision [prə'vɪʒən] n (supply) provision f ; (supplying) fourniture f ; approvisionnement m ; (stipulation) disposition f ; **to make ~ for** (one's future) assurer ; (one's family) assurer l'avenir de ; **there's no ~ for this in the contract** le contrat ne prévoit pas cela ; **provisions** npl (food) provisions fpl
provisional [prə'vɪʒənl] adj provisoire ▶ n: **P~** (IRISH Pol) Provisional m (membre de la tendance activiste de l'IRA)
provisional licence n (BRIT Aut) permis m provisoire
provisionally [prə'vɪʒnəlɪ] adv provisoirement

proviso [prə'vaɪzəu] *n* condition *f*; **with the ~ that** à la condition (expresse) que

Provo ['prɔvəu] *n abbr* (*inf*) = **Provisional**

provocation [prɔvə'keɪʃən] *n* provocation *f*

provocative [prə'vɔkətɪv] *adj* provocateur(-trice), provocant(e)

provoke [prə'vəuk] *vt* provoquer ; **to ~ sb to sth/to do** *or* **into doing sth** pousser qn à qch/à faire qch

provoking [prə'vəukɪŋ] *adj* énervant(e), exaspérant(e)

provost ['prɔvəst] *n* (*BRIT: of university*) principal *m* ; (*SCOTTISH*) maire *m*

prow [prau] *n* proue *f*

prowess ['prauɪs] *n* prouesse *f*

prowl [praul] *vi* (*also*: **prowl about, prowl around**) rôder ▸ *n*: **to be on the ~** rôder

prowler ['praulə^r] *n* rôdeur(-euse)

proximity [prɔk'sɪmɪtɪ] *n* proximité *f*

proxy ['prɔksɪ] *n* procuration *f*; **by ~** par procuration

Prozac® ['prəuzæk] *n* Prozac® *m*

PRP *n abbr* (= *performance related pay*) salaire *m* au rendement

prude [pru:d] *n* prude *f*

prudence ['pru:dns] *n* prudence *f*

prudent ['pru:dnt] *adj* prudent(e)

prudish ['pru:dɪʃ] *adj* prude, pudibond(e)

prune [pru:n] *n* pruneau *m* ▸ *vt* élaguer

prurient ['pruərɪənt] *adj* lubrique

pry [praɪ] *vi*: **to ~ into** fourrer son nez dans

PS *n abbr* (= *postscript*) PS *m*

psalm [sɑ:m] *n* psaume *m*

PSAT *n abbr* (*US*) = **Preliminary Scholastic Aptitude Test**

PSBR *n abbr* (*BRIT: = public sector borrowing requirement*) besoins *mpl* d'emprunts des pouvoirs publics

pseud [sju:d] *n* (*BRIT inf: intellectually*) pseudo-intello *m* ; (: *socially*) snob *mf*

pseudo- ['sju:dəu] *prefix* pseudo-

pseudonym ['sju:dənɪm] *n* pseudonyme *m*

PSHE *n abbr* (*BRIT Scol: = personal, social and health education*) cours d'éducation personnelle, sanitaire et sociale préparant à la vie adulte

PST *abbr* (*US: = Pacific Standard Time*) heure d'hiver du Pacifique

PSV *n abbr* (*BRIT*) = **public service vehicle**

psyche ['saɪkɪ] *n* psychisme *m*

psychedelic [saɪkə'dɛlɪk] *adj* psychédélique

psychiatric [saɪkɪ'ætrɪk] *adj* psychiatrique

psychiatrist [saɪ'kaɪətrɪst] *n* psychiatre *mf*

psychiatry [saɪ'kaɪətrɪ] *n* psychiatrie *f*

psychic ['saɪkɪk] *adj* (*also*: **psychical**) (méta)psychique ; (*person*) doué(e) de télépathie *or* d'un sixième sens

psycho ['saɪkəu] *n* (*inf*) psychopathe *mf*

psychoanalysis [saɪkəuə'nælɪsɪs] (*pl* **psychoanalyses** [-si:z]) *n* psychanalyse *f*

psychoanalyst [saɪkəu'ænəlɪst] *n* psychanalyste *mf*

psychological [saɪkə'lɔdʒɪkl] *adj* psychologique

psychologically [saɪkə'lɔdʒɪklɪ] *adv* psychologiquement

psychologist [saɪ'kɔlədʒɪst] *n* psychologue *mf*

psychology [saɪ'kɔlədʒɪ] *n* psychologie *f*

psychometric [saɪkə'mɛtrɪk] *adj* psychométrique ; **~ testing** tests *mpl* psychométriques

psychopath ['saɪkəupæθ] *n* psychopathe *mf*

psychosis [saɪ'kəusɪs] (*pl* **psychoses** [-si:z]) *n* psychose *f*

psychosomatic [saɪkəusə'mætɪk] *adj* psychosomatique

psychotherapist [saɪkəu'θɛrəpɪst] *n* psychothérapeute *mf*

psychotherapy [saɪkəu'θɛrəpɪ] *n* psychothérapie *f*

psychotic [saɪ'kɔtɪk] *adj*, *n* psychotique *mf*

PT *n abbr* (*BRIT: = physical training*) EPS *f*

pt *abbr* = **pint; point**

Pt. *abbr* (*in place names: = Point*) Pte

PTA *n abbr* = **Parent-Teacher Association**

Pte. *abbr* (*BRIT Mil*) = **private**

PTO *abbr* (= *please turn over*) TSVP

PTSD *abbr* = **post-traumatic stress disorder**

PTV *abbr* (*US*) = **pay television**

pub [pʌb] *n abbr* (= *public house*) pub *m*

pub crawl *n* (*BRIT inf*): **to go on a ~** faire la tournée des bars

puberty ['pju:bətɪ] *n* puberté *f*

pubic ['pju:bɪk] *adj* pubien(ne), du pubis

public ['pʌblɪk] *adj* public(-ique) ; **to be ~ knowledge** être de notoriété publique ; **to go ~** (*Comm*) être coté(e) en Bourse ; **to make ~** rendre public ▸ *n* public *m* ; **in ~** en public ; **the general ~** le grand public

public address system *n* (système *m* de) sonorisation *f*, sono *f* (*inf*)

publican ['pʌblɪkən] *n* patron *m* *or* gérant *m* de pub

publication [pʌblɪ'keɪʃən] *n* publication *f*

public company *n* société *f* anonyme

public convenience *n* (*BRIT*) toilettes *fpl*

public holiday *n* (*BRIT*) jour férié

public house *n* (*BRIT*) pub *m*

publicist ['pʌblɪsɪst] *n* publicitaire *mf*

publicity [pʌb'lɪsɪtɪ] *n* publicité *f*

publicize ['pʌblɪsaɪz] *vt* (*make known*) faire connaître, rendre public ; (*advertise*) faire de la publicité pour

public limited company *n* ≈ société *f* anonyme (SA) (*cotée en Bourse*)

publicly ['pʌblɪklɪ] *adv* publiquement, en public

public opinion *n* opinion publique

public ownership *n*: **to be taken into ~** être nationalisé(e), devenir propriété de l'État

public prosecutor *n* ≈ procureur *m* (*de la République*) ; **~'s office** parquet *m*

public relations *n* relations publiques (RP)

public relations officer *n* responsable *mf* des relations publiques

public school *n* (*BRIT*) école privée ; (*US*) école publique

⋮ **PUBLIC SCHOOL**

⋮ Une **public school** est un type d'établissement
⋮ d'enseignement secondaire privé (*private
⋮ school* ou *independent school* étant le terme
⋮ générique). Ce sont des écoles prestigieuses,

aux origines anciennes, avec des frais de scolarité très élevés pour les plus connues (Westminster, Eton, Harrow). Bon nombre d'entre elles sont des pensionnats. Beaucoup ont également une école primaire qui leur est rattachée (une *prep* ou *preparatory school*) pour préparer les élèves au cycle secondaire. Une grande proportion d'élèves vont ensuite à l'université, notamment à Oxford ou Cambridge. Les grands industriels, les députés et les hauts fonctionnaires sortent souvent de ces écoles. Aux États-Unis, le terme *public school* désigne tout simplement une école publique gratuite.

public sector *n* secteur public
public service vehicle *n* (BRIT) véhicule affecté au transport de personnes
public-spirited [pʌblɪk'spɪrɪtɪd] *adj* qui fait preuve de civisme
public transport, (US) **public transportation** *n* transports *mpl* en commun
public utility *n* service public
public works *npl* travaux publics
publish ['pʌblɪʃ] *vt* publier
publisher ['pʌblɪʃəʳ] *n* éditeur *m*
publishing ['pʌblɪʃɪŋ] *n* (*industry*) édition *f* ; (*of a book*) publication *f*
publishing company *n* maison *f* d'édition
pub lunch *n* repas *m* de bistrot
puce [pju:s] *adj* puce
puck [pʌk] *n* (*elf*) lutin *m* ; (*Ice Hockey*) palet *m*
pucker ['pʌkəʳ] *vt* plisser
pudding ['pudɪŋ] *n* (BRIT: *dessert*) dessert *m*, entremets *m* ; (*sweet dish*) pudding *m*, gâteau *m* ; (*sausage*) boudin *m* ; **rice ~** ≈ riz *m* au lait ; **black ~,** (US) **blood ~** boudin (noir)
puddle ['pʌdl] *n* flaque *f* d'eau
puerile ['pjʊəraɪl] *adj* puéril(e)
Puerto Rico ['pwə:təu'ri:kəu] *n* Porto Rico *f*
puff [pʌf] *n* bouffée *f* ▶ *vt*: **to ~ one's pipe** tirer sur sa pipe ; (*also*: **puff out**: *sails, cheeks*) gonfler ; **to ~ out smoke** envoyer des bouffées de fumée ▶ *vi* sortir par bouffées ; (*pant*) haleter
puffed [pʌft] *adj* (*inf*: *out of breath*) tout(e) essoufflé(e)
puffin ['pʌfɪn] *n* macareux *m*
puff pastry, (US) **puff paste** *n* pâte feuilletée
puffy ['pʌfɪ] *adj* bouffi(e), boursouflé(e)
pugnacious [pʌg'neɪʃəs] *adj* pugnace, batailleur(-euse)
puke ['pju:k] (*inf*) *vi* (*also*: **puke up**) dégueuler (*inf*) ▶ *n* dégueulis *m* (*inf*)
pull [pul] *n* (*of moon, magnet, the sea etc*) attraction *f* ; (*fig*) influence *f* ; (*tug*): **to give sth a ~** tirer sur qch ▶ *vt* tirer ; (*trigger*) presser ; (*strain*: *muscle, tendon*) se claquer ; **to ~ a face** faire une grimace ; **to ~ to pieces** mettre en morceaux ; **to ~ one's punches** (*also fig*) ménager son adversaire ; **to ~ one's weight** y mettre du sien ; **to ~ sb's leg** (*fig*) faire marcher qn ; **to ~ strings (for sb)** intervenir (en faveur de qn) ▶ *vi* tirer
▶ **pull about** *vt* (BRIT: *handle roughly*: *object*) maltraiter ; (: *person*) malmener

▶ **pull apart** *vt* séparer ; (*break*) mettre en pièces, démantibuler
▶ **pull away** *vi* (*vehicle*: *move off*) partir ; (*draw back*) s'éloigner
▶ **pull back** *vt* (*lever etc*) tirer sur ; (*curtains*) ouvrir ▶ *vi* (*refrain*) s'abstenir ; (*Mil*: *withdraw*) se retirer
▶ **pull down** *vt* baisser, abaisser ; (*house*) démolir ; (*tree*) abattre
▶ **pull in** *vi* (*Aut*) se ranger ; (*Rail*) entrer en gare
▶ **pull off** *vt* enlever, ôter ; (*deal etc*) conclure
▶ **pull out** *vi* démarrer, partir ; (*withdraw*) se retirer ; (*Aut*: *come out of line*) déboîter ▶ *vt* (*from bag, pocket*) sortir ; (*remove*) arracher ; (*withdraw*) retirer
▶ **pull over** *vi* (*Aut*) se ranger
▶ **pull round** *vi* (*unconscious person*) revenir à soi ; (*sick person*) se rétablir
▶ **pull through** *vi* s'en sortir
▶ **pull together** *vi* (*cooperate*) se serrer les coudes ▶ *vt*: **~ o.s. together** se ressaisir
▶ **pull up** *vi* (*stop*) s'arrêter ▶ *vt* remonter ; (*uproot*) déraciner, arracher ; (*stop*) arrêter
pulley ['pulɪ] *n* poulie *f*
pull-out ['pulaut] *n* (*of forces etc*) retrait *m* ▶ *cpd* (*magazine, pages*) détachable
pullover ['puləuvəʳ] *n* pull-over *m*, tricot *m*
pulmonary ['pʌlmənərɪ] *adj* pulmonaire
pulp [pʌlp] *n* (*of fruit*) pulpe *f* ; (*for paper*) pâte *f* à papier ; (*pej*: *also*: **pulp magazines**) presse *f* à sensation or de bas étage ; **to reduce sth to (a) ~** réduire qch en purée
pulpit ['pulpɪt] *n* chaire *f*
pulsate [pʌl'seɪt] *vi* battre, palpiter ; (*music*) vibrer
pulse [pʌls] *n* (*of blood*) pouls *m* ; (*of heart*) battement *m* ; (*of music, engine*) vibrations *fpl* ; **to feel** or **take sb's ~** prendre le pouls à qn ; **pulses** *npl* (*Culin*) légumineuses *fpl*
pulverize ['pʌlvəraɪz] *vt* pulvériser
puma ['pju:mə] *n* puma *m*
pumice ['pʌmɪs] *n* (*also*: **pumice stone**) pierre *f* ponce
pummel ['pʌml] *vt* rouer de coups
pump [pʌmp] *n* pompe *f* ; (*shoe*) escarpin *m* ▶ *vt* pomper ; (*fig, inf*) faire parler ; **to ~ sb for information** essayer de soutirer des renseignements à qn
▶ **pump up** *vt* gonfler
pumpkin ['pʌmpkɪn] *n* potiron *m*, citrouille *f*
pun [pʌn] *n* jeu *m* de mots, calembour *m*
punch [pʌntʃ] *n* (*blow*) coup *m* de poing ; (*fig*: *force*) vivacité *f*, mordant *m* ; (*tool*) poinçon *m* ; (*drink*) punch *m* ▶ *vt* (*make a hole in*) poinçonner, perforer ; (*hit*): **to ~ sb/sth** donner un coup de poing à qn/sur qch ; **to ~ a hole (in)** faire un trou (dans)
▶ **punch in** *vi* (US) pointer (en arrivant)
▶ **punch out** *vi* (US) pointer (en partant)
punch card, punched card [pʌntʃt-] *n* carte perforée
punch-drunk ['pʌntʃdrʌŋk] *adj* (BRIT) sonné(e)
punch line *n* (*of joke*) conclusion *f*
punch-up ['pʌntʃʌp] *n* (BRIT *inf*) bagarre *f*
punctual ['pʌŋktjuəl] *adj* ponctuel(le)
punctuality [pʌŋktju'ælɪtɪ] *n* ponctualité *f*

punctually ['pʌŋktjuəlɪ] *adv* ponctuellement ; **it will start ~ at 6** cela commencera à 6 heures précises
punctuate ['pʌŋktjueɪt] *vt* ponctuer
punctuation [pʌŋktju'eɪʃən] *n* ponctuation *f*
punctuation mark *n* signe *m* de ponctuation
puncture ['pʌŋktʃəʳ] *n* (*BRIT*) crevaison *f* ; **I have a ~** (*Aut*) j'ai (un pneu) crevé ▶ *vt* crever
pundit ['pʌndɪt] *n* individu *m* qui pontifie, pontife *m*
pungent ['pʌndʒənt] *adj* piquant(e) ; (*fig*) mordant(e), caustique
punish ['pʌnɪʃ] *vt* punir ; **to ~ sb for sth/for doing sth** punir qn de qch/d'avoir fait qch
punishable ['pʌnɪʃəbl] *adj* punissable
punishing ['pʌnɪʃɪŋ] *adj* (*fig: exhausting*) épuisant(e) ▶ *n* punition *f*
punishment ['pʌnɪʃmənt] *n* punition *f*, châtiment *m* ; (*fig, inf*): **to take a lot of ~** (*boxer*) encaisser ; (*car, person etc*) être mis(e) à dure épreuve
punitive ['pjuːnɪtɪv] *adj* punitif(-ive)
Punjab ['pʌndʒaːb] *n* (*also*: **the Punjab**) le Pendjab
punk [pʌŋk] *n* (*person: also*: **punk rocker**) punk *mf* ; (*music: also*: **punk rock**) le punk ; (*US inf: hoodlum*) voyou *m*
punt [pʌnt] *n* (*boat*) bachot *m* ; (*IRISH*) livre irlandaise ▶ *vi* (*BRIT: bet*) parier
punter ['pʌntəʳ] *n* (*BRIT inf: gambler*) parieur(-euse) ; Monsieur *m* tout le monde ; type *m*
puny ['pjuːnɪ] *adj* chétif(-ive)
pup [pʌp] *n* chiot *m*
pupil ['pjuːpl] *n* élève *mf* ; (*of eye*) pupille *f*
puppet ['pʌpɪt] *n* marionnette *f*, pantin *m*
puppet government *n* gouvernement *m* fantoche
puppy ['pʌpɪ] *n* chiot *m*, petit chien
purchase ['pəːtʃɪs] *n* achat *m* ; (*grip*) prise *f* ; **to get a ~ on** trouver appui sur ▶ *vt* acheter
purchase order *n* ordre *m* d'achat
purchase price *n* prix *m* d'achat
purchaser ['pəːtʃɪsəʳ] *n* acheteur(-euse)
purchase tax *n* (*BRIT*) taxe *f* à l'achat
purchasing power ['pəːtʃɪsɪŋ-] *n* pouvoir *m* d'achat
pure [pjuəʳ] *adj* pur(e) ; **a ~ wool jumper** un pull en pure laine ; **~ and simple** pur(e) et simple
purebred ['pjuəbred] *adj* de race
purée ['pjuəreɪ] *n* purée *f*
purely ['pjuəlɪ] *adv* purement
purge [pəːdʒ] *n* (*Med*) purge *f* ; (*Pol*) épuration *f*, purge ▶ *vt* purger ; (*fig*) épurer, purger
purification [pjuərɪfɪ'keɪʃən] *n* purification *f*
purify ['pjuərɪfaɪ] *vt* purifier, épurer
purist ['pjuərɪst] *n* puriste *mf*
puritan ['pjuərɪtən] *n* puritain(e)
puritanical [pjuərɪ'tænɪkl] *adj* puritain(e)
purity ['pjuərɪtɪ] *n* pureté *f*
purl [pəːl] *n* maille *f* à l'envers ▶ *vt* tricoter à l'envers
purloin [pəː'lɔɪn] *vt* dérober
purple ['pəːpl] *adj* violet(te) ; (*face*) cramoisi(e)
purport [pəː'pɔːt] *vi*: **to ~ to be/do** prétendre être/faire

purported [pə'pɔːtɪd] *adj* prétendu(e) *before noun*
purportedly [pə'pɔːtɪdlɪ] *adv* prétendument
purpose ['pəːpəs] *n* intention *f*, but *m* ; **on ~** exprès ; **for illustrative purposes** à titre d'illustration ; **for teaching purposes** dans un but pédagogique ; **for the purposes of this meeting** pour cette réunion ; **to no ~** en pure perte

> Use **exprès** for *on purpose*: I did it on purpose. **Je l'ai fait exprès**. The French word **express** means an express train or an espresso coffee.

purpose-built ['pəːpəs'bɪlt] *adj* (*BRIT*) fait(e) sur mesure
purposeful ['pəːpəsful] *adj* déterminé(e), résolu(e)
purposely ['pəːpəslɪ] *adv* exprès
purr [pəːʳ] *n* ronronnement *m* ▶ *vi* ronronner
purse [pəːs] *n* (*BRIT: for money*) porte-monnaie *m inv*, bourse *f* ; (*US: handbag*) sac *m* (à main) ▶ *vt* serrer, pincer
purser ['pəːsəʳ] *n* (*Naut*) commissaire *m* du bord
purse snatcher [-'snætʃəʳ] *n* (*US*) voleur *m* à l'arraché
pursue [pə'sjuː] *vt* poursuivre ; (*pleasures*) rechercher ; (*inquiry, matter*) approfondir
pursuer [pə'sjuːəʳ] *n* poursuivant(e)
pursuit [pə'sjuːt] *n* poursuite *f* ; (*occupation*) occupation *f*, activité *f* ; **scientific pursuits** recherches *fpl* scientifiques ; **in (the) ~ of sth** à la recherche de qch
purveyor [pə'veɪəʳ] *n* fournisseur *m*
pus [pʌs] *n* pus *m*
push [puʃ] *n* poussée *f* ; (*effort*) gros effort ; (*drive*) énergie *f* ; **at a ~** (*BRIT inf*) à la limite, à la rigueur ▶ *vt* pousser ; (*button*) appuyer sur ; (*thrust*): **to ~ sth (into)** enfoncer qch (dans) ; (*fig: product*) mettre en avant, faire de la publicité pour ; **to ~ a door open/shut** pousser une porte (pour l'ouvrir/pour la fermer) ; **to be pushed for time/money** être à court de temps/d'argent ; **she is pushing fifty** (*inf*) elle frise la cinquantaine ▶ *vi* pousser ; appuyer ; **"~"** (*on door*) « pousser » ; (*on bell*) « appuyer » ; **to ~ for** (*better pay, conditions*) réclamer
▶ **push aside** *vt* écarter
▶ **push ahead** *vi*: **to ~ ahead with sth** (*plans, policies*) poursuivre qch
▶ **push in** *vi* s'introduire de force
▶ **push off** *vi* (*inf*) filer, ficher le camp
▶ **push on** *vi* (*continue*) continuer
▶ **push over** *vt* renverser
▶ **push through** *vt* (*measure*) faire voter ▶ *vi* (*in crowd*) se frayer un chemin
▶ **push up** *vt* (*total, prices*) faire monter
push-bike ['puʃbaɪk] *n* (*BRIT*) vélo *m*
push-button ['puʃbʌtn] *n* bouton(-poussoir *m*) *m*
pushchair ['puʃtʃeəʳ] *n* (*BRIT*) poussette *f*
pusher ['puʃəʳ] *n* (*also*: **drug pusher**) revendeur(-euse) (de drogue), ravitailleur(-euse) (en drogue)
pushover ['puʃəuvəʳ] *n* (*inf*): **it's a ~** c'est un jeu d'enfant

push-up ['puʃʌp] n (US) traction f
pushy ['puʃɪ] adj (pej) arriviste
pussy ['pusɪ], **pussy-cat** ['pusɪkæt] n (inf)
minet m
put [put] (pt, pp ~) vt mettre ; (place) poser,
placer ; (say) dire, exprimer ; (a question) poser ;
(case, view) exposer, présenter ; (estimate)
estimer ; **to ~ sb in a good/bad mood** mettre
qn de bonne/mauvaise humeur ; **to ~ sb to bed**
mettre qn au lit, coucher qn ; **to ~ sb to a lot of
trouble** déranger qn ; **how shall I ~ it?**
comment dirais-je ?, comment dire ? ; **to ~ a
lot of time into sth** passer beaucoup de temps
à qch ; **to ~ money on a horse** miser sur un
cheval ; **I ~ it to you that ...** (BRIT) je (vous)
suggère que ..., je suis d'avis que ... ; **to stay ~**
ne pas bouger
▶ **put about** vi (Naut) virer de bord ▶ vt (rumour)
faire courir
▶ **put across** vt (ideas etc) communiquer ; faire
comprendre
▶ **put aside** vt mettre de côté
▶ **put away** vt (store) ranger
▶ **put back** vt (replace) remettre, replacer ;
(postpone) remettre ; (delay, watch, clock) retarder ;
this will ~ us back ten years cela nous
ramènera dix ans en arrière
▶ **put by** vt (money) mettre de côté, économiser
▶ **put down** vt (parcel etc) poser, déposer ; (pay)
verser ; (in writing) mettre par écrit, inscrire ;
(suppress: revolt etc) réprimer, écraser ; (attribute)
attribuer ; (animal) abattre ; (cat, dog) faire piquer
▶ **put forward** vt (ideas) avancer, proposer ; (date,
watch, clock) avancer
▶ **put in** vt (gas, electricity) installer ; (complaint)
soumettre ; (time, effort) consacrer
▶ **put in for** vt fus (job) poser sa candidature
pour ; (promotion) solliciter
▶ **put off** vt (light etc) éteindre ; (postpone)
remettre à plus tard, ajourner ; (discourage)
dissuader
▶ **put on** vt (clothes, lipstick, CD) mettre ; (light etc)
allumer ; (play etc) monter ; (extra bus, train etc)
mettre en service ; (food, meal: provide) servir ;
(: cook) mettre à cuire or à chauffer ; (weight)
prendre ; (assume: accent, manner) prendre ; (: airs)
se donner, prendre ; (inf: tease) faire marcher ;
(inform, indicate): **to ~ sb on to sb/sth** indiquer
qn/qch à qn ; **to ~ the brakes on** freiner
▶ **put out** vt (take outside) mettre dehors ; (one's
hand) tendre ; (news, rumour) faire courir,
répandre ; (light etc) éteindre ; (person:

inconvenience) déranger, gêner ; (BRIT: dislocate) se
démettre ▶ vi (Naut): **to ~ out to sea** prendre le
large ; **to ~ out from Plymouth** quitter
Plymouth
▶ **put through** vt (Tel: caller) mettre en
communication ; (: call) passer ; (plan) faire
accepter ; ~ **me through to Miss Blair**
passez-moi Miss Blair
▶ **put together** vt mettre ensemble ; (assemble:
furniture) monter, assembler ; (: meal) préparer
▶ **put up** vt (raise) lever, relever, remonter ; (pin
up) afficher ; (hang) accrocher ; (build)
construire, ériger ; (tent) monter ; (umbrella)
ouvrir ; (increase) augmenter ; (accommodate)
loger ; (incite): **to ~ sb up to doing sth** pousser
qn à faire qch ; **to ~ sth up for sale** mettre qch
en vente
▶ **put upon** vt fus: **to be ~ upon** (imposed on) se
laisser faire
▶ **put up with** vt fus supporter
putative ['pjuːtətɪv] adj (formal) putatif(-ive)
putrid ['pjuːtrɪd] adj putride
putt [pʌt] vt, vi putter ▶ n putt m
putter ['pʌtər] n (Golf) putter m
putting green ['pʌtɪŋ-] n green m
putty ['pʌtɪ] n mastic m
put-up ['putʌp] adj: ~ **job** coup monté
puzzle ['pʌzl] n énigme f, mystère m ; (game) jeu
m, casse-tête m ; (jigsaw) puzzle m ; (also:
crossword puzzle) mots croisés ▶ vt intriguer,
rendre perplexe ▶ vi se creuser la tête ; **to ~
over** chercher à comprendre
puzzled ['pʌzld] adj perplexe ; **to be ~ about sth**
être perplexe au sujet de qch
puzzling ['pʌzlɪŋ] adj déconcertant(e),
inexplicable
PVC n abbr (= polyvinyl chloride) PVC m
Pvt. abbr (US Mil) = **private**
pw abbr (= per week) p. sem.
PX n abbr (US Mil) = **post exchange**
pygmy ['pɪgmɪ] n pygmée mf
pyjamas [pɪ'dʒɑːməz] npl (BRIT) pyjama m ; **a
pair of ~** un pyjama
pylon ['paɪlən] n pylône m
pyramid ['pɪrəmɪd] n pyramide f
pyre ['paɪər] n bûcher m
Pyrenean [pɪrə'niːən] adj pyrénéen(ne), des
Pyrénées
Pyrenees [pɪrə'niːz] npl Pyrénées fpl
Pyrex® ['paɪrɛks] n Pyrex® m ▶ cpd: ~ **dish** plat m
en Pyrex
python ['paɪθən] n python m

Qq

Q, q [kju:] n (letter) Q, q m ; **Q for Queen**
Q comme Quintal

Q & A n questions-réponses fpl ► cpd: **a ~ session**
une séance de questions-réponses

Qatar [kæ'tɑːʳ] n Qatar m, Katar m

QC n abbr = **Queen's Counsel**

QED abbr (= quod erat demonstrandum) CQFD

q.t. n abbr (inf) = **quiet; on the q.t.** discrètement

qty abbr (= quantity) qté

quack [kwæk] n (of duck) coin-coin m inv ; (pej:
doctor) charlatan m ► vi faire coin-coin

quad [kwɔd] n abbr = **quadruplet; quadrangle**

quadrangle ['kwɔdræŋgl] n (Math) quadrilatère
m ; (courtyard: abbr: quad) cour f

quadriplegic [kwɔdrɪ'pliːdʒɪk] adj, n
tétraplégique mf

quadruped ['kwɔdrupɛd] n quadrupède m

quadruple [kwɔ'druːpl] adj, n quadruple m ► vt,
vi quadrupler

quadruplet [kwɔ'druːplɪt] n quadruplé(e)

quagmire ['kwægmaɪəʳ] n bourbier m

quail [kweɪl] n (Zool) caille f ► vi: **to ~ at** or **before**
reculer devant

quaint [kweɪnt] adj bizarre ; (old-fashioned)
désuet(-ète) ; (picturesque) au charme vieillot,
pittoresque

quake [kweɪk] vi trembler ► n abbr = **earthquake**

Quaker ['kweɪkəʳ] n quaker(esse)

qualification [kwɔlɪfɪ'keɪʃən] n (often pl: degree
etc) diplôme m ; (training) qualification(s) f(pl) ;
(ability) compétence(s) f(pl) ; (limitation) réserve f,
restriction f ; **what are your qualifications?**
qu'avez-vous comme diplômes ? ; quelles sont
vos qualifications ?

qualified ['kwɔlɪfaɪd] adj (trained) qualifié(e) ;
(professionally) diplômé(e) ; (fit, competent)
compétent(e), qualifié(e) ; (limited)
conditionnel(le) ; **it was a ~ success** ce fut un
succès mitigé ; **~ for/to do** qui a les diplômes
requis pour/pour faire ; qualifié pour/pour
faire

qualifier ['kwɔlɪfaɪəʳ] n (game) éliminatoire f ;
(Grammar) qualificatif m ; **a World Cup ~** une
éliminatoire de la Coupe du Monde

qualify ['kwɔlɪfaɪ] vt qualifier ; (modify)
atténuer, nuancer ; (limit: statement) apporter
des réserves à ► vi: **to ~ (as)** obtenir son diplôme
(de) ; **to ~ (for)** remplir les conditions requises
(pour) ; (Sport) se qualifier (pour)

qualifying ['kwɔlɪfaɪɪŋ] adj: **~ exam** examen m
d'entrée ; **~ round** éliminatoires fpl

qualitative ['kwɔlɪtətɪv] adj qualitatif(-ive)

quality ['kwɔlɪtɪ] n qualité f ; **of good/poor ~** de
bonne/mauvaise qualité ► cpd de qualité

quality control n contrôle m de qualité

quality press n (BRIT): **the ~** la presse
d'information

quality time n moments privilégiés

qualm [kwɑːm] n doute m ; scrupule m ; **to have
qualms about sth** avoir des doutes sur qch ;
éprouver des scrupules à propos de qch

quandary ['kwɔndrɪ] n: **in a ~** devant un
dilemme, dans l'embarras

quango ['kwæŋgəu] n abbr (BRIT: = quasi-
autonomous non-governmental organization)
commission nommée par le gouvernement

quantifiable ['kwɔntɪfaɪəbl] adj quantifiable

quantify ['kwɔntɪfaɪ] vt quantifier

quantitative ['kwɔntɪtətɪv] adj
quantitatif(-ive)

quantity ['kwɔntɪtɪ] n quantité f ; **in ~** en
grande quantité

quantity surveyor n (BRIT) métreur
vérificateur

quantum leap ['kwɔntəm-] n (fig) bond m en
avant

quarantine ['kwɔrntiːn] n quarantaine f

quark [kwɑːk] n quark m

quarrel ['kwɔrl] n querelle f, dispute f ; **to have
a ~ with sb** se quereller avec qn ; **I've no ~ with
him** je n'ai rien contre lui ► vi se disputer, se
quereller ; **I can't ~ with that** je ne vois rien à
redire à cela

quarrelsome ['kwɔrəlsəm] adj
querelleur(-euse)

quarry ['kwɔrɪ] n (for stone) carrière f ; (animal)
proie f, gibier m ► vt (marble etc) extraire

quart [kwɔːt] n ≈ litre m

quarter ['kwɔːtəʳ] n quart m ; (of year) trimestre
m ; (district) quartier m ; (US, CANADA: 25 cents)
(pièce f de) vingt-cinq cents mpl ; **a ~ of an hour**
un quart d'heure ; **it's a ~ to 3**, (US) **it's a ~ of 3**
il est 3 heures moins le quart ; **it's a ~ past 3**,
(US) **it's a ~ after 3** il est 3 heures et quart ;
from all quarters de tous côtés ► vt partager
en quartiers or en quatre ; (Mil) caserner,
cantonner ; **quarters** npl logement m ; (Mil)
quartiers mpl, cantonnement m

quarterback ['kwɔːtəbæk] n (US Football)
quarterback mf

quarter-deck ['kwɔːtədɛk] n (Naut) plage f
arrière

quarter final n quart m de finale
quarterly ['kwɔːtəlɪ] adj trimestriel(le) ▸ adv tous les trois mois ▸ n (Press) revue trimestrielle
quartermaster ['kwɔːtəmɑːstəʳ] n (Mil) intendant m militaire de troisième classe ; (Naut) maître m de manœuvre
quartet, quartette [kwɔː'tɛt] n quatuor m ; (jazz players) quartette m
quarto ['kwɔːtəu] adj, n in-quarto m inv
quartz [kwɔːts] n quartz m ▸ cpd de or en quartz ; (watch, clock) à quartz
quash [kwɔʃ] vt (verdict) annuler, casser
quasi- ['kweɪzaɪ] prefix quasi- + noun ; quasi, presque + adjective
quaver ['kweɪvəʳ] n (Brit Mus) croche f ▸ vi trembler
quay [kiː] n (also: **quayside**) quai m
Que. abbr (Canada) = **Quebec**
queasy ['kwiːzɪ] adj (stomach) délicat(e) ; **to feel ~** avoir mal au cœur
Quebec [kwɪ'bɛk] n (city) Québec ; (province) Québec m
queen [kwiːn] n (gen) reine f ; (Cards etc) dame f
queen mother n reine mère f
Queen's speech n (Brit) discours m de la reine

: **QUEEN'S SPEECH**
:
: Le **Queen's speech** (ou **King's speech**) est le
: discours lu par le souverain à la House of Lords,
: à l'ouverture du Parliament qui a lieu en mai,
: en présence des lords et des députés. Il
: contient le programme de politique générale
: que propose le gouvernement pour la session,
: et il est préparé par le Premier ministre en
: consultation avec le cabinet.

queer [kwɪəʳ] adj étrange, curieux(-euse) ; (suspicious) louche ; (Brit: sick): **I feel ~** je ne me sens pas bien ▸ n (!) homosexuel m
quell [kwɛl] vt réprimer, étouffer
quench [kwɛntʃ] vt (flames) éteindre ; **to ~ one's thirst** se désaltérer
querulous ['kwɛrʊləs] adj (person) récriminateur(-trice) ; (voice) plaintif(-ive)
query ['kwɪərɪ] n question f ; (doubt) doute m ; (question mark) point m d'interrogation ▸ vt (disagree with, dispute) mettre en doute, questionner
quest [kwɛst] n recherche f, quête f
question ['kwɛstʃən] n question f ; **to ask sb a ~, to put a ~ to sb** poser une question à qn ; **to bring** or **call sth into ~** remettre qch en question ; **the ~ is …** la question est de savoir … ; **it's a ~ of doing** il s'agit de faire ; **there's some ~ of doing** il est question de faire ; **beyond ~** sans aucun doute ; **out of the ~** hors de question ▸ vt (person) interroger ; (plan, idea) mettre en question or en doute
questionable ['kwɛstʃənəbl] adj discutable
questioner ['kwɛstʃənəʳ] n personne f qui pose une question (or qui a posé la question etc)
questioning ['kwɛstʃənɪŋ] adj interrogateur(-trice) ▸ n interrogatoire m
question mark n point m d'interrogation
questionnaire [kwɛstʃə'nɛəʳ] n questionnaire m

queue [kjuː] (Brit) n queue f, file f ; **to jump the ~** passer avant son tour ▸ vi (also: **queue up**) faire la queue
quibble ['kwɪbl] vi ergoter, chicaner
quiche [kiːʃ] n quiche f
quick [kwɪk] adj rapide ; (reply) prompt(e), rapide ; (mind) vif (vive) ; (agile) agile, vif (vive) ; **be ~!** dépêche-toi ! ; **to be ~ to act** agir tout de suite ▸ adv vite, rapidement ▸ n: **cut to the ~** (fig) touché(e) au vif
quicken ['kwɪkən] vt accélérer, presser ; (rouse) stimuler ▸ vi s'accélérer, devenir plus rapide
quickfire [kwɪk'faɪəʳ] adj (response, answer) immédiat(e)
quick fix n solution f de fortune
quicklime ['kwɪklaɪm] n chaux vive
quickly ['kwɪklɪ] adv (fast) vite, rapidement ; (immediately) tout de suite
quickness ['kwɪknɪs] n rapidité f, promptitude f ; (of mind) vivacité f
quicksand ['kwɪksænd] n sables mouvants
quickstep ['kwɪkstɛp] n fox-trot m
quick-tempered [kwɪk'tɛmpəd] adj emporté(e)
quick-witted [kwɪk'wɪtɪd] adj à l'esprit vif
quid [kwɪd] n (pl inv: Brit inf) livre f
quid pro quo ['kwɪdprəu'kwəu] n contrepartie f
quiet ['kwaɪət] adj tranquille, calme ; (not noisy: engine) silencieux(-euse) ; (reserved) réservé(e) ; (voice) bas(se) ; (not busy: day, business) calme ; (ceremony, colour) discret(-ète) ; **keep ~!** tais-toi ! ; **I'll have a ~ word with him** je lui en parlerai discrètement ▸ n tranquillité f, calme m ; (silence) silence m ; **on the ~** en secret, discrètement ▸ vt, vi (US) = **quieten**
quieten ['kwaɪətn], **quieten down** vi se calmer, s'apaiser ▸ vt calmer, apaiser
quietly ['kwaɪətlɪ] adv tranquillement ; (silently) silencieusement ; (discreetly) discrètement
quietness ['kwaɪətnɪs] n tranquillité f, calme m ; silence m
quill [kwɪl] n plume f (d'oie)
quilt [kwɪlt] n édredon m ; (continental quilt) couette f
quin [kwɪn] n abbr = **quintuplet**
quince [kwɪns] n coing m ; (tree) cognassier m
quinine [kwɪ'niːn] n quinine f
quintessential [kwɪntɪ'sɛnʃəl] adj (most typical) par excellence ; (essential) caractéristique
quintessentially [kwɪntɪ'sɛnʃəlɪ] adv typiquement
quintet, quintette [kwɪn'tɛt] n quintette m
quintuplet [kwɪn'tjuːplɪt] n quintuplé(e)
quip [kwɪp] n remarque piquante or spirituelle, pointe f ▸ vt: **… he quipped** … lança-t-il
quire ['kwaɪəʳ] n ≈ main f (de papier)
quirk [kwəːk] n bizarrerie f ; **by some ~ of fate** par un caprice du hasard
quirky ['kwəːkɪ] adj singulier(-ère)
quit [kwɪt] (pt, pp ~ or **quitted** ['kwɪtɪd]) vt quitter ; **to ~ doing** arrêter de faire ; **~ stalling!** (US inf) arrête de te dérober ! ▸ vi (give up) abandonner, renoncer ; (resign) démissionner ; **notice to ~** (Brit) congé m (signifié au locataire)
quite [kwaɪt] adv (rather) assez, plutôt ; (entirely) complètement, tout à fait ; **~ new** plutôt neuf ;

q

tout à fait neuf ; **she's ~ pretty** elle est plutôt jolie ; **I ~ understand** je comprends très bien ; **~ a few of them** un assez grand nombre d'entre eux ; **that's not ~ right** ce n'est pas tout à fait juste ; **not ~ as many as last time** pas tout à fait autant que la dernière fois ; **~ (so)!** exactement !

Quito ['kiːtəʊ] n Quito

quits [kwɪts] adj : **~ (with)** quitte (envers) ; **let's call it ~** restons-en là

quitter ['kwɪtə'] n : **I'm not a ~** je ne baisse pas facilement les bras

quiver ['kwɪvə'] vi trembler, frémir ▶ n (for arrows) carquois m

quixotic [kwɪk'sɒtɪk] adj chimérique

quiz [kwɪz] n (on TV) jeu-concours m (télévisé) ; (in magazine etc) test m de connaissances ▶ vt interroger

quizzical ['kwɪzɪkl] adj narquois(e)

quoits [kwɔɪts] npl jeu m du palet

quorum ['kwɔːrəm] n quorum m

quota ['kwəʊtə] n quota m

quotation [kwəʊ'teɪʃən] n citation f ; (of shares etc) cote f, cours m ; (estimate) devis m

quotation marks npl guillemets mpl

quote [kwəʊt] n citation f ; (estimate) devis m ▶ vt (sentence, author) citer ; (price) donner, soumettre ; (shares) coter ▶ vi : **to ~ from** citer ; **to ~ for a job** établir un devis pour des travaux ▶ excl : **~ … unquote** (in dictation) ouvrez les guillemets … fermez les guillemets ; **quotes** npl (inverted commas) guillemets mpl ; **in quotes** entre guillemets

quotient ['kwəʊʃənt] n quotient m

Quran, Qur'an [kɔːˈrɑːn, kɔːˈræn] n : **the ~** le Coran

qv abbr (= quod vide: which see) voir

qwerty keyboard ['kwəːtɪ-] n clavier m QWERTY

Rr

R¹, r [ɑːʳ] *n* (*letter*) R, r *m* ; **R for Robert**, (*US*)
R for Roger R comme Raoul

R² *abbr* (= *right*) dr ; (*US Cine*: = *restricted*) interdit aux
moins de 17 ans ; (*US Pol*: = **republican**; (*BRIT*) *Rex*,
Regina ; (= *river*) riv., fl ; (= *Réaumur (scale)*) R

RA *abbr* = **rear admiral** ▶ *n abbr* (*BRIT*) = **Royal
Academy; Royal Academician**

RAAF *n abbr* = **Royal Australian Air Force**

Rabat [rə'bɑːt] *n* Rabat

rabbi ['ræbaɪ] *n* rabbin *m*

rabbit ['ræbɪt] *n* lapin *m* ▶ *vi*: **to ~ (on)** (*BRIT*)
parler à n'en plus finir

rabbit hole *n* terrier *m* (de lapin)

rabbit hutch *n* clapier *m*

rabble ['ræbl] *n* (*pej*) populace *f*

rabid ['ræbɪd] *adj* enragé(e)

rabies ['reɪbiːz] *n* rage *f*

RAC *n abbr* (*BRIT*: = *Royal Automobile Club*) ≈ ACF *m*

raccoon, racoon [rə'kuːn] *n* raton *m* laveur

race [reɪs] *n* (*species*) race *f* ; (*competition, rush*)
course *f* ; **the human ~** la race humaine ▶ *vt*
(*person*) faire la course avec ; (*horse*) faire courir ;
(*engine*) emballer ▶ *vi* (*compete*) faire la course,
courir ; (*hurry*) aller à toute vitesse, courir ;
(*engine*) s'emballer ; (*pulse*) battre très vite ; **to ~
in/out** *etc* entrer/sortir *etc* à toute vitesse

race car *n* (*US*) = **racing car**

race car driver *n* (*US*) = **racing driver**

racecourse ['reɪskɔːs] *n* champ *m* de courses

racegoer ['reɪsɡəuəʳ] *n* (*esp BRIT*) turfiste *mf*

racehorse ['reɪshɔːs] *n* cheval *m* de course

racer ['reɪsəʳ] *n* (*bike*) vélo *m* de course

race relations *npl* rapports *mpl* entre les races

racetrack ['reɪstræk] *n* piste *f*

racial ['reɪʃl] *adj* racial(e)

racialism ['reɪʃlɪzəm] *n* racisme *m*

racialist ['reɪʃlist] *adj*, *n* raciste *mf*

racing ['reɪsɪŋ] *n* courses *fpl*

racing car *n* (*BRIT*) voiture *f* de course

racing driver *n* (*BRIT*) pilote *m* de course

racism ['reɪsɪzəm] *n* racisme *m*

racist ['reɪsɪst] *adj*, *n* raciste *mf*

rack [ræk] *n* (*for guns, tools*) râtelier *m* ; (*for clothes*)
portant *m* ; (*for bottles*) casier *m* ; (*also*: **luggage
rack**) filet *m* à bagages ; (*also*: **roof rack**) galerie
f ; (*also*: **dish rack**) égouttoir *m* ; **magazine ~**
porte-revues *m inv* ; **shoe ~** étagère *f* à
chaussures ; **toast ~** porte-toast *m* ; **to go to ~
and ruin** (*building*) tomber en ruine ; (*business*)
péricliter ▶ *vt* tourmenter ; **to ~ one's brains**
se creuser la cervelle

▶ **rack up** *vt* accumuler

racket ['rækɪt] *n* (*for tennis*) raquette *f* ; (*noise*)
tapage *m*, vacarme *m* ; (*swindle*) escroquerie *f* ;
(*organized crime*) racket *m*

racketeer [rækɪ'tɪəʳ] *n* (*esp US*) racketteur *m*

racketeering [rækɪ'tɪərɪŋ] *n* racket *m*

raconteur [rækɔn'təːʳ] *n* conteur(-euse)

racquet ['rækɪt] *n* raquette *f*

racy ['reɪsɪ] *adj* plein(e) de verve, osé(e)

RADA [rɑːdə] *n abbr* (*BRIT*) = **Royal Academy of
Dramatic Art**

radar ['reɪdɑːʳ] *n* radar *m* ▶ *cpd* radar *inv*

radar trap *n* (*Aut*: *police*) contrôle *m* radar

radial ['reɪdɪəl] *adj* (*also*: **radial-ply**) à carcasse
radiale

radiance ['reɪdɪəns] *n* éclat *m*, rayonnement *m*

radiant ['reɪdɪənt] *adj* rayonnant(e) ; (*Physics*)
radiant(e)

radiate ['reɪdɪeɪt] *vt* (*heat*) émettre, dégager
▶ *vi* (*lines*) rayonner

radiation [reɪdɪ'eɪʃən] *n* rayonnement *m* ;
(*radioactive*) radiation *f*

radiation sickness *n* mal *m* des rayons

radiator ['reɪdɪeɪtəʳ] *n* radiateur *m*

radiator cap *n* bouchon *m* de radiateur

radiator grill *n* (*Aut*) calandre *f*

radical ['rædɪkl] *adj* radical(e)

radicalism ['rædɪklɪzəm] *n* radicalisme *m*

radicalization [rædɪklaɪ'zeɪʃən] *n*
radicalisation *f*

radii ['reɪdɪaɪ] *npl of* **radius**

radio ['reɪdɪəu] *n* radio *f* ; **on the ~** à la radio
▶ *vi*: **to ~ to sb** envoyer un message radio à qn
▶ *vt* (*information*) transmettre par radio ; (*one's
position*) signaler par radio ; (*person*) appeler par
radio

radioactive ['reɪdɪəu'æktɪv] *adj* radioactif(-ive)

radioactivity ['reɪdɪəuæk'tɪvɪtɪ] *n*
radioactivité *f*

radio announcer *n* annonceur *m*

radio cassette *n* radiocassette *m*

radio-controlled ['reɪdɪəukən'trəuld] *adj*
radioguidé(e)

radiographer [reɪdɪ'ɔɡrəfəʳ] *n* radiologue *mf*
(*technicien*)

radiography [reɪdɪ'ɔɡrəfɪ] *n* radiographie *f*

radiologist [reɪdɪ'ɔlədʒɪst] *n* radiologue *mf*
(*médecin*)

radiology [reɪdɪ'ɔlədʒɪ] *n* radiologie *f*

radio station *n* station *f* de radio

radio taxi *n* radio-taxi *m*

radiotelephone ['reidiəu'tɛlifəun] *n*
radiotéléphone *m*
radiotherapist ['reidiəu'θɛrəpist] *n*
radiothérapeute *mf*
radiotherapy ['reidiəu'θɛrəpi] *n* radiothérapie *f*
radish ['rædiʃ] *n* radis *m*
radium ['reidiəm] *n* radium *m*
radius ['reidiəs] (*pl* **radii** [-iai]) *n* rayon *m* ; (*Anat*)
radius *m* ; **within a ~ of 50 miles** dans un
rayon de 50 milles
radon ['reidɔn] *n* radon *m*
RAF *n abbr* (*BRIT*) = **Royal Air Force**
raffia ['ræfiə] *n* raphia *m*
raffish ['ræfiʃ] *adj* dissolu(e), canaille
raffle ['ræfl] *n* tombola *f* ▶ *vt* mettre comme lot
dans une tombola
raft [rɑːft] *n* (*craft: also*: **life raft**) radeau *m* ; (*logs*)
train *m* de flottage
rafter ['rɑːftə'] *n* chevron *m*
rafting ['rɑːftiŋ] *n* rafting *m*
rag [ræg] *n* chiffon *m* ; (*pej: newspaper*) feuille *f*,
torchon *m* ; (*for charity*) *attractions organisées par les
étudiants au profit d'œuvres de charité* ▶ *vt* (*BRIT inf*)
chahuter, mettre en boîte ; **rags** *npl* haillons
mpl ; **in rags** (*person*) en haillons ; (*clothes*) en
lambeaux
rag-and-bone man [rægən'bəun-] *n* (*irreg*)
chiffonnier *m*
ragbag ['rægbæg] *n* (*fig*) ramassis *m*
rag doll *n* poupée *f* de chiffon
rage [reidʒ] *n* (*fury*) rage *f*, fureur *f* ; **to fly into a
~** se mettre en rage ; **it's all the ~** cela fait
fureur ▶ *vi* (*person*) être fou (folle) de rage ;
(*storm*) faire rage, être déchaîné(e)
ragged ['rægid] *adj* (*edge*) inégal(e), qui
accroche ; (*clothes*) en loques ; (*cuff*) effiloché(e) ;
(*appearance*) déguenillé(e)
raging ['reidʒiŋ] *adj* (*sea, storm*) en furie ; (*fever,
pain*) violent(e) ; **~ toothache** rage *f* de dents ;
in a ~ temper dans une rage folle
rag trade *n* (*inf*): **the ~** la confection
raid [reid] *n* (*Mil*) raid *m* ; (*criminal*) hold-up *m inv* ;
(*by police*) descente *f*, rafle *f* ▶ *vt* faire un raid sur
or un hold-up dans *or* une descente dans
raider ['reidə'] *n* malfaiteur *m*
rail [reil] *n* (*on stair*) rampe *f* ; (*on bridge, balcony*)
balustrade *f* ; (*of ship*) bastingage *m* ; (*for train*)
rail *m* ; **by ~** en train, par le train ; **rails** *npl* rails
mpl, voie ferrée
railcard ['reilkɑːd] *n* (*BRIT*) carte *f* de chemin de
fer ; **young person's ~** carte *f* jeune
railing ['reiliŋ] *n*, **railings** ['reiliŋz] *npl* grille *f*
railway ['reilwei], (*US*) **railroad** ['reilrəud] *n*
chemin *m* de fer ; (*track*) voie *f* ferrée
railway engine *n* locomotive *f*
railway line *n* (*BRIT*) ligne *f* de chemin de fer ;
(*track*) voie ferrée
railwayman ['reilweimən] *n* (*irreg*) cheminot *m*
railway station *n* (*BRIT*) gare *f*
rain [rein] *n* pluie *f* ; **in the ~** sous la pluie ▶ *vi*
pleuvoir ; **it's raining** il pleut ▶ *vt*: **it's raining
cats and dogs** il pleut à torrents
▶ **rain off** *vt* (*BRIT*): **to be rained off** (*game,
match*) être annulé(e) pour cause de pluie
rainbow ['reinbəu] *n* arc-en-ciel *m*

raincoat ['reinkəut] *n* imperméable *m*
raindrop ['reindrɔp] *n* goutte *f* de pluie
rainfall ['reinfɔːl] *n* chute *f* de pluie ;
(*measurement*) hauteur *f* des précipitations
rainforest ['reinfɔrist] *n* forêt tropicale
rainproof ['reinpruːf] *adj* imperméable
rainstorm ['reinstɔːm] *n* pluie torrentielle
rainwater ['reinwɔːtə'] *n* eau *f* de pluie
rainy ['reini] *adj* pluvieux(-euse)
raise [reiz] *n* augmentation *f* ▶ *vt* (*lift*) lever ;
hausser ; (*end: siege, embargo*) lever ; (*build*) ériger ;
(*increase*) augmenter ; (*morale*) remonter ;
(*standards*) améliorer ; (*a protest, doubt*) provoquer,
causer ; (*a question*) soulever ; (*cattle, family*)
élever ; (*crop*) faire pousser ; (*army, funds*)
rassembler ; (*loan*) obtenir ; **to ~ one's glass to
sb/sth** porter un toast en l'honneur de qn/qch ;
to ~ one's voice élever la voix ; **to ~ sb's hopes**
donner de l'espoir à qn ; **to ~ a laugh/a smile**
faire rire/sourire
raisin ['reizn] *n* raisin sec
Raj [rɑːdʒ] *n*: **the ~** l'empire *m* (*aux Indes*)
rajah ['rɑːdʒə] *n* radja(h) *m*
rake [reik] *n* (*tool*) râteau *m* ; (*person*) débauché *m*
▶ *vt* (*garden*) ratisser ; (*fire*) tisonner ; (*with
machine gun*) balayer ▶ *vi*: **to ~ through** (*fig:
search*) fouiller (dans)
▶ **rake in** *vt* (*inf: profits, money*) engranger ; **he's
raking it in** il engrange les bénéfices
rake-off ['reikɔf] *n* (*inf*) pourcentage *m*
rakish ['reikiʃ] *adj* dissolu(e) ; cavalier(-ière)
rally ['ræli] *n* (*Pol etc*) meeting *m*, rassemblement
m ; (*Aut*) rallye *m* ; (*Tennis*) échange *m* ▶ *vt*
rassembler, rallier ; (*support*) gagner ▶ *vi* se
rallier ; (*sick person*) aller mieux ; (*Stock Exchange*)
reprendre
▶ **rally round** *vi* venir en aide ▶ *vt fus* se rallier à ;
venir en aide à
rallying point ['ræliiŋ-] *n* (*Mil*) point *m* de
ralliement
RAM [ræm] *n abbr* (*Comput*: = *random access memory*)
mémoire *f* vive, RAM *f*
ram [ræm] *n* bélier *m* ▶ *vt* (*push*) enfoncer ; (*soil*)
tasser ; (*crash into: vehicle*) emboutir ; (: *lamppost
etc*) percuter ; (*in battle*) éperonner
Ramadan [ræmə'dæn] *n* Ramadan *m*
ramble ['ræmbl] *n* randonnée *f* ▶ *vi* (*walk*) se
promener, faire une randonnée ; (*pej: also*:
ramble on) discourir, pérorer
rambler ['ræmblə'] *n* promeneur(-euse),
randonneur(-euse) ; (*Bot*) rosier grimpant
rambling ['ræmbliŋ] *adj* (*speech*) décousu(e) ;
(*house*) plein(e) de coins et de recoins ; (*Bot*)
grimpant(e)
RAMC *n abbr* (*BRIT*) = **Royal Army Medical Corps**
ramification [ræmifi'keiʃən] *n* ramification *f*
ramp [ræmp] *n* (*incline*) rampe *f* ; (*Aut*)
dénivellation *f* ; (*in garage*) pont *m* ; **on/off ~** (*US
Aut*) bretelle *f* d'accès
rampage ['ræmpeidʒ] *n*: **to be on the ~** se
déchaîner ▶ *vi* [ræm'peidʒ]: **they went
rampaging through the town** ils ont envahi
les rues et ont tout saccagé sur leur passage
rampant ['ræmpənt] *adj* (*disease etc*) qui sévit
rampart ['ræmpɑːt] *n* rempart *m*

ram raiding [-reɪdɪŋ] *n pillage d'un magasin en enfonçant la vitrine avec une voiture volée*

ramshackle ['ræmʃækl] *adj* (*house*) délabré(e) ; (*car etc*) déglingué(e)

RAN *n abbr* = **Royal Australian Navy**

ran [ræn] *pt of* **run**

ranch [rɑːntʃ] *n* ranch *m*

rancher ['rɑːntʃəʳ] *n* (*owner*) propriétaire *m* de ranch ; (*ranch hand*) cow-boy *m*

rancid ['rænsɪd] *adj* rance

rancorous ['ræŋkərəs] *adj* acrimonieux(-euse)

rancour, (*US*) **rancor** ['ræŋkəʳ] *n* rancune *f*, rancœur *f*

R&B *n abbr* = **rhythm and blues**

R&D *n abbr* (= *research and development*) R-D *f*

random ['rændəm] *adj* fait(e) *or* établi(e) au hasard ; (*Comput, Math*) aléatoire ▶ *n*: **at ~** au hasard

random access memory *n* (*Comput*) mémoire vive, RAM *f*

randomize ['rændəmaɪz] *vt* randomiser

randomly ['rændəmlɪ] *adv* (*select, assign*) aléatoirement, au hasard ; (*scattered*) au hasard

R&R *n abbr* (*US Mil*) = **rest and recreation**

randy ['rændɪ] *adj* (*BRIT inf*) excité(e) ; lubrique

rang [ræŋ] *pt of* **ring**

range [reɪndʒ] *n* (*of mountains*) chaîne *f* ; (*of missile, voice*) portée *f* ; (*of products*) choix *m*, gamme *f* ; (*also*: **shooting range**) champ *m* de tir ; (: *indoor*) stand *m* de tir ; (*also*: **kitchen range**) fourneau *m* (de cuisine) ; **price** ~ éventail *m* des prix ; **do you have anything else in this price ~?** avez-vous autre chose dans ces prix ? ; **within (firing) ~** à portée (de tir) ▶ *vt* (*place*) mettre en rang, placer ; (*roam*) parcourir ; **ranged left/ right** (*text*) justifié à gauche/à droite ▶ *vi*: **to ~ over** couvrir ; **to ~ from ... to** aller de ... à

ranger ['reɪndʒəʳ] *n* garde *m* forestier

Rangoon [ræŋ'guːn] *n* Rangoon

rank [ræŋk] *n* rang *m* ; (*Mil*) grade *m* ; (*BRIT: also*: **taxi rank**) station *f* de taxis ; **the ranks** (*Mil*) la troupe ; **the ~ and file** (*fig*) la masse, la base ; **to close ranks** (*Mil, fig*) serrer les rangs ▶ *vi*: **to ~ among** compter *or* se classer parmi ▶ *vt*: **I ~ him sixth** je le place sixième ▶ *adj* (*smell*) nauséabond(e) ; (*hypocrisy, injustice etc*) flagrant(e) ; **he's a ~ outsider** il n'est vraiment pas dans la course

ranking ['ræŋkɪŋ] *n* (*of player, team*) classement *m* ; **in the world rankings** au classement mondial

rankle ['ræŋkl] *vi* (*insult*) rester sur le cœur

ransack ['rænsæk] *vt* fouiller (à fond) ; (*plunder*) piller

ransom ['rænsəm] *n* rançon *f* ; **to hold sb to ~** (*fig*) exercer un chantage sur qn

rant [rænt] *vi* fulminer

ranting ['ræntɪŋ] *n* invectives *fpl*

rap [ræp] *n* petit coup sec ; tape *f* ; (*music*) rap *m* ▶ *vt* (*door*) frapper sur *or* à ; (*table etc*) taper sur

rape [reɪp] *n* viol *m* ; (*Bot*) colza *m* ▶ *vt* violer

rape oil, rapeseed oil ['reɪpsiːd-] *n* huile *f* de colza

rapid ['ræpɪd] *adj* rapide

rapidity [rə'pɪdɪtɪ] *n* rapidité *f*

rapidly ['ræpɪdlɪ] *adv* rapidement

rapids ['ræpɪdz] *npl* (*Geo*) rapides *mpl*

rapist ['reɪpɪst] *n* auteur *m* d'un viol

rapper ['ræpəʳ] *n* rappeur(-euse)

rapport [ræ'pɔːʳ] *n* entente *f*

rapt [ræpt] *adj* (*attention*) extrême ; **to be ~ in contemplation** être perdu(e) dans la contemplation

rapture ['ræptʃəʳ] *n* extase *f*, ravissement *m* ; **to go into raptures over** s'extasier sur

rapturous ['ræptʃərəs] *adj* extasié(e) ; frénétique

rare [rɛəʳ] *adj* rare ; (*Culin: steak*) saignant(e)

rarebit ['rɛəbɪt] *n see* **Welsh rarebit**

rarefied ['rɛərɪfaɪd] *adj* (*air, atmosphere*) raréfié(e)

rarely ['rɛəlɪ] *adv* rarement

raring ['rɛərɪŋ] *adj*: **to be ~ to go** (*inf*) être très impatient(e) de commencer

rarity ['rɛərɪtɪ] *n* rareté *f*

rascal ['rɑːskl] *n* vaurien *m*

rash [ræʃ] *adj* (*person*) imprudent(e) ; (*decision*) inconsidéré(e) ; **don't do anything ~** ne faites rien d'inconsidéré ▶ *n* (*Med*) rougeur *f*, éruption *f* ; (*of events*) série *f* (noire) ; **to come out in a ~** avoir une éruption

rasher ['ræʃəʳ] *n* fine tranche (de lard)

rashly ['ræʃlɪ] *adv* inconsidérément

rasp [rɑːsp] *n* (*tool*) lime *f* ▶ *vt* (*speak: also*: **rasp out**) dire d'une voix grinçante

raspberry ['rɑːzbərɪ] *n* framboise *f*

raspberry bush *n* framboisier *m*

rasping ['rɑːspɪŋ] *adj*: ~ **noise** grincement *m*

Rastafarian [ræstə'fɛərɪən] *adj, n* rastafari *mf*

rat [ræt] *n* rat *m*

ratable ['reɪtəbl] *adj see* **rateable value**

ratatouille [rætə'tuːi] *n* ratatouille *f*

ratchet ['rætʃɪt] *n*: ~ **wheel** roue *f* à rochet

rate [reɪt] *n* (*ratio*) taux *m*, pourcentage *m* ; (*speed*) vitesse *f*, rythme *m* ; (*price*) tarif *m* ; **at a ~ of 60 kph** à une vitesse de 60 km/h ; **at any ~** en tout cas ; ~ **of exchange** taux *or* cours *m* du change ; ~ **of flow** débit *m* ; ~ **of return** (taux de) rendement *m* ; **pulse ~** fréquence *f* des pulsations ▶ *vt* (*price*) évaluer, estimer ; (*people*) classer ; (*deserve*) mériter ; **to ~ sb/sth as** considérer qn/qch comme ; **to ~ sb/sth among** classer qn/qch parmi ; **to ~ sb/sth highly** avoir une haute opinion de qn/qch ; **rates** *npl* (*BRIT: property tax*) impôts locaux

rateable value ['reɪtəbl-] *n* (*BRIT*) valeur locative imposable

ratepayer ['reɪtpeɪəʳ] *n* (*BRIT*) contribuable *mf* (*payant les impôts locaux*)

rather ['rɑːðəʳ] *adv* (*somewhat*) assez, plutôt ; (*to some extent*) un peu ; **it's ~ expensive** c'est assez cher ; (*too much*) c'est un peu cher ; **there's ~ a lot** il y en a beaucoup ; **I would** *or* **I'd ~ go** j'aimerais mieux *or* je préférerais partir ; **I'd ~ not leave** j'aimerais mieux ne pas partir ; **or ~** (*more accurately*) ou plutôt ; **I ~ think he won't come** je crois bien qu'il ne viendra pas

ratification [rætɪfɪ'keɪʃən] *n* ratification *f*

ratify ['rætɪfaɪ] *vt* ratifier

rating ['reɪtɪŋ] *n* (*assessment*) évaluation *f* ; (*score*) classement *m* ; (*Finance*) cote *f* ; (*Naut: category*)

r

classe f; (: sailor: BRIT) matelot m; **ratings** npl
(Radio) indice(s) m(pl) d'écoute; (TV)
Audimat® m

ratio ['reɪʃɪəu] n proportion f; **in the ~ of 100 to
1** dans la proportion de 100 contre 1

ration ['ræʃən] n ration f ▶ vt rationner; **rations**
npl (food) vivres mpl

rational ['ræʃənl] adj raisonnable, sensé(e);
(solution, reasoning) logique; (Med: person) lucide

rationale [ræʃə'nɑːl] n raisonnement m;
justification f

rationalism ['ræʃənlɪzəm] n rationalisme m

rationalization [ræʃnəlaɪ'zeɪʃən] n
rationalisation f

rationalize ['ræʃnəlaɪz] vt rationaliser; (conduct)
essayer d'expliquer or de motiver

rationally ['ræʃnəlɪ] adv raisonnablement;
logiquement

rationing ['ræʃnɪŋ] n rationnement m

rat pack n (BRIT inf) journalistes mpl de la presse
à sensation

rat poison n mort-aux-rats f inv

rat race n foire f d'empoigne

rattan [ræ'tæn] n rotin m

rattle ['rætl] n (of door, window) battement m; (of
coins, chain) cliquetis m; (of train, engine) bruit m de
ferraille; (for baby) hochet m; (of sports fan)
crécelle f ▶ vi cliqueter; (car, bus): **to ~ along**
rouler en faisant un bruit de ferraille ▶ vt
agiter (bruyamment); (inf: disconcert)
décontenancer; (: annoy) embêter
▶ **rattle off** vt (names, statistics) débiter

rattlesnake ['rætlsneɪk] n serpent m à
sonnettes

ratty ['rætɪ] adj (inf) en rogne (inf)

raucous ['rɔːkəs] adj rauque

raucously ['rɔːkəslɪ] adv d'une voix rauque

raunchy ['rɔːntʃɪ] adj (inf: voice, image, act) sexy;
(scenes, film) lubrique

ravage ['rævɪdʒ] vt ravager

ravages ['rævɪdʒɪz] npl ravages mpl

rave [reɪv] vi (in anger) s'emporter; (with
enthusiasm) s'extasier; (Med) délirer ▶ n (party)
rave f, soirée f techno ▶ adj (scene, culture, music)
rave, techno ▶ cpd: **~ review** (inf) critique f
dithyrambique

raven ['reɪvən] n grand corbeau

ravenous ['rævənəs] adj affamé(e)

ravine [rə'viːn] n ravin m

raving ['reɪvɪŋ] adj: **he's ~ mad** il est
complètement cinglé

ravings ['reɪvɪŋz] npl divagations fpl

ravioli [rævɪ'əulɪ] n ravioli mpl

ravish ['rævɪʃ] vt ravir

ravishing ['rævɪʃɪŋ] adj enchanteur(-eresse)

raw [rɔː] adj (uncooked) cru(e); (not processed)
brut(e); (sore) à vif, irrité(e); (inexperienced)
inexpérimenté(e); (weather, day) froid(e) et
humide; **~ deal** (inf: bad bargain) sale coup m;
to get a ~ deal (inf: unfair treatment) être traité(e)
injustement; **~ materials** matières premières

Rawalpindi [rɔːl'pɪndɪ] n Rawalpindi

ray [reɪ] n rayon m; **~ of hope** lueur f d'espoir

rayon ['reɪɔn] n rayonne f

raze [reɪz] vt (also: **raze to the ground**) raser

razor ['reɪzər] n rasoir m

razor blade n lame f de rasoir

razzle ['ræzl], **razzle-dazzle** ['ræzl'dæzl] n
(BRIT inf): **to go on the ~** faire la bringue (inf)

razzmatazz ['ræzmə'tæz] n (inf) tralala m,
tapage m

RC abbr = **Roman Catholic**

RCAF n abbr = **Royal Canadian Air Force**

RCMP n abbr = **Royal Canadian Mounted Police**

RCN n abbr = **Royal Canadian Navy**

RD abbr (US) = **rural delivery**

Rd abbr = **road**

RDC n abbr (BRIT) = **rural district council**

RE n abbr (BRIT: = religious education) instruction
religieuse; (BRIT Mil) = **Royal Engineers**

re [riː] prep concernant

reach [riːtʃ] n portée f, atteinte f; (of river etc)
étendue f; **out of/within ~** (object) hors de/à
portée; **within easy ~ (of)** (place) à proximité
(de), proche (de) ▶ vt atteindre, arriver à;
(conclusion, decision) parvenir à; **to ~ sb by phone**
joindre qn par téléphone ▶ vi s'étendre; (stretch
out hand): **to ~ up/down** etc (for sth) lever/
baisser etc le bras (pour prendre qch)
▶ **reach out** vt tendre ▶ vi: **to ~ out (for)**
allonger le bras (pour prendre)

react [riː'ækt] vi réagir

reaction [riː'ækʃən] n réaction f

reactionary [riː'ækʃənrɪ] adj, n
réactionnaire mf

reactivate [riː'æktɪveɪt] vt réactiver

reactor [riː'æktər] n réacteur m

read [riːd] (pt, pp ~ [rɛd]) vi lire ▶ vt lire;
(understand) comprendre, interpréter; (study)
étudier; (meter) relever; (subj: instrument etc)
indiquer, marquer; **do you ~ me?** (Tel) est-ce
que vous me recevez?; **to take sth as ~** (fig)
considérer qch comme accepté; **to ~ sth into
sb's remarks** voir qch dans les remarques de
qn; **to ~ too much into sth** attacher trop
d'importance à qch
▶ **read out** vt lire à haute voix
▶ **read over** vt relire
▶ **read through** vt (quickly) parcourir;
(thoroughly) lire jusqu'au bout
▶ **read up about, read up on** vt étudier

readable ['riːdəbl] adj facile or agréable à lire

reader ['riːdər] n lecteur(-trice); (book) livre m de
lecture; (BRIT: at university) maître m de
conférences

readership ['riːdəʃɪp] n (of paper etc) (nombre m
de) lecteurs mpl

readily ['rɛdɪlɪ] adv volontiers, avec
empressement; (easily) facilement

readiness ['rɛdɪnɪs] n empressement m; **in ~**
(prepared) prêt(e)

reading ['riːdɪŋ] n lecture f; (understanding)
interprétation f; (on instrument) indications fpl

reading lamp n lampe f de bureau

reading room n salle f de lecture

readjust [riːə'dʒʌst] vt rajuster; (instrument)
régler de nouveau ▶ vi (person): **to ~ (to)** se
réadapter (à)

readjustment [riːə'dʒʌstmənt] n réadaptation f

readout ['riːdaut] n (from instrument) mesure f

ready ['rɛdɪ] *adj* prêt(e) ; *(willing)* prêt, disposé(e) ; *(quick)* prompt(e) ; *(available)* disponible ; **~ for use** prêt à l'emploi ; **to be ~ to do sth** être prêt à faire qch ; **when will my photos be ~?** quand est-ce que mes photos seront prêtes ? ; **to get ~** *(as vi)* se préparer ; *(as vt)* préparer ▸ *n*: **at the ~** *(Mil)* prêt à faire feu ; *(fig)* tout(e) prêt(e)

ready cash *n* (argent *m*) liquide *m*

ready-cooked ['rɛdɪ'kukd] *adj* précuit(e)

ready-made ['rɛdɪ'meɪd] *adj* tout(e) fait(e)

ready-mix ['rɛdɪmɪks] *n (for cakes etc)* préparation *f* en sachet

ready reckoner [-'rɛknəʳ] *n* (Brɪт) barème *m*

ready-to-wear ['rɛdɪtə'wɛəʳ] *adj* (en) prêt-à-porter

reaffirm [riːə'fəːm] *vt* réaffirmer ; **to ~ (that)** ... confirmer que ...

reaffirmation [riːæfə'meɪʃən] *n* réaffirmation *f*

reafforestation [riːəfɔrɪ'steɪʃən] *n (esp* Brɪт*)* reboisement *m*

reagent [riː'eɪdʒənt] *n* réactif *m*

real [rɪəl] *adj (world, life)* réel(le) ; *(genuine)* véritable ; *(proper)* vrai(e) ; **in ~ life** dans la réalité ▸ *adv (US inf: very)* vraiment

real ale *n* bière traditionnelle

real estate *n* biens fonciers *or* immobiliers

realign [riːə'laɪn] *vt (policies, plans)* repenser ; *(party)* réorienter ; *(reposition: objects)* réagencer

realignment [riːə'laɪnmənt] *n (of company, economy)* réorientation*f*

realism ['rɪəlɪzəm] *n* réalisme *m*

realist ['rɪəlɪst] *n* réaliste *mf*

realistic [rɪə'lɪstɪk] *adj* réaliste

realistically [rɪə'lɪstɪklɪ] *adv (pragmatically, accurately)* de façon réaliste ; *(reasonably)* raisonnablement ; *(in reality)* en réalité

reality [riː'ælɪtɪ] *n* réalité *f* ; **in ~** en réalité, en fait

reality TV *n* téléréalité *f*

realizable ['rɪəlaɪzəbl] *adj* réalisable

realization [rɪəlaɪ'zeɪʃən] *n (awareness)* prise *f* de conscience ; *(fulfilment: also: of asset)* réalisation *f*

realize ['rɪəlaɪz] *vt (understand)* se rendre compte de, prendre conscience de ; *(a project,* Comm*: asset)* réaliser

reallocate [riː'æləukeɪt] *vt* redistribuer

really ['rɪəlɪ] *adv* vraiment ; **~?** vraiment ?, c'est vrai ?

realm [rɛlm] *n* royaume *m* ; *(fig)* domaine *m*

real-time ['riːltaɪm] *adj (*Comput*)* en temps réel

realtor ['rɪəltɔːʳ] *n (US)* agent immobilier

ream [riːm] *n* rame *f (de papier)* ; **reams** *npl (inf: fig)* des pages et des pages

reap [riːp] *vt* moissonner ; *(fig)* récolter

reaper ['riːpəʳ] *n (machine)* moissonneuse *f*

reappear [riːə'pɪəʳ] *vi* réapparaître, reparaître

reappearance [riːə'pɪərəns] *n* réapparition *f*

reapply [riːə'plaɪ] *vi*: **to ~ for** *(job)* faire une nouvelle demande d'emploi concernant ; reposer sa candidature à ; *(loan, grant)* faire une nouvelle demande de

reappraisal [riːə'preɪzl] *n* réévaluation *f*

rear [rɪəʳ] *adj* de derrière, arrière *inv* ; *(Aut: wheel etc)* arrière ▸ *n* arrière *m*, derrière *m* ▸ *vt (cattle, family)* élever ▸ *vi (also:* **rear up**: *animal)* se cabrer

rear admiral *n* vice-amiral *m*

rear-engined ['rɪər'ɛndʒɪnd] *adj (*Aut*)* avec moteur à l'arrière

rearguard ['rɪəgɑːd] *n* arrière-garde *f*

rearmament [riː'ɑːməmənt] *n* réarmement *m*

rearrange [riːə'reɪndʒ] *vt* réarranger

rear-view mirror ['rɪəvjuː-] *n (*Aut*)* rétroviseur *m*

rear-wheel drive ['rɪəwiːl-] *n (*Aut*)* traction *f* arrière

reason ['riːzn] *n* raison *f* ; **the ~ for/why** la raison de/pour laquelle ; **to have ~ to think** avoir lieu de penser ; **it stands to ~ that** il va sans dire que ; **she claims with good ~ that** ... elle affirme à juste titre que ... ; **all the more ~ why** raison de plus pour + *infinitive or* pour que + *sub* ; **within ~** dans les limites du raisonnable ▸ *vi*: **to ~ with sb** raisonner qn, faire entendre raison à qn

reasonable ['riːznəbl] *adj* raisonnable ; *(not bad)* acceptable

reasonably ['riːznəblɪ] *adv (behave)* raisonnablement ; *(fairly)* assez ; **one can ~ assume that** ... on est fondé à *or* il est permis de supposer que ...

reasoned ['riːznd] *adj (argument)* raisonné(e)

reasoning ['riːznɪŋ] *n* raisonnement *m*

reassemble [riːə'sɛmbl] *vt* rassembler ; *(machine)* remonter

reassert [riːə'səːt] *vt* réaffirmer

reassess [riːə'sɛs] *vt* réexaminer

reassessment [riːə'sɛsmənt] *n* réexamen *m*

reassurance [riːə'ʃuərəns] *n (factual)* assurance *f*, garantie *f* ; *(emotional)* réconfort *m*

reassure [riːə'ʃuəʳ] *vt* rassurer ; **to ~ sb of** donner à qn l'assurance répétée de

reassuring [riːə'ʃuərɪŋ] *adj* rassurant(e)

reassuringly [riːə'ʃuərɪŋlɪ] *adv (say)* d'un ton rassurant ; **she smiled at me ~** elle m'a souri pour me rassurer

reawakening [riːə'weɪknɪŋ] *n* réveil *m*

rebate ['riːbeɪt] *n (on product)* rabais *m* ; *(on tax etc)* dégrèvement *m* ; *(repayment)* remboursement *m*

rebel *n* ['rɛbl] rebelle *mf* ▸ *vi* [rɪ'bɛl] se rebeller, se révolter

rebellion [rɪ'bɛljən] *n* rébellion *f*, révolte *f*

rebellious [rɪ'bɛljəs] *adj* rebelle

rebelliousness [rɪ'bɛljəsnɪs] *n* esprit *m* de rébellion

rebirth [riː'bəːθ] *n* renaissance *f*

reborn [riː'bɔːn] *adj (*Rel*)*: **to be ~** renaître ; *(fig)*: **to be ~ as sth** se réincarner en qch

rebound *vi* [rɪ'baund] *(ball)* rebondir ▸ *n* ['riːbaund] rebond *m*

rebrand [riː'brænd] *vt* changer l'image de

rebranding [riː'brændɪŋ] *n* changement *m* d'image

rebuff [rɪ'bʌf] *n* rebuffade *f* ▸ *vt* repousser

rebuild [riː'bɪld] *vt (irreg: like* **build***)* reconstruire

rebuke [rɪ'bjuːk] *n* réprimande *f*, reproche *m* ▸ *vt* réprimander

rebut [rɪ'bʌt] *vt* réfuter

rebuttal [rɪ'bʌtl] *n* réfutation *f*

recalcitrant [rɪ'kælsɪtrənt] *adj* récalcitrant(e)

recall *vt* [rɪ'kɔːl] rappeler ; *(remember)* se rappeler, se souvenir de ▸ *n* ['riːkɔl] rappel *m* ; *(ability to remember)* mémoire *f* ; **beyond ~** *adj* irrévocable

r

recant [rɪ'kænt] *vi* se rétracter ; (*Rel*) abjurer
recap ['ri:kæp] *n* récapitulation *f* ▸ *vt, vi* récapituler
recapture [ri:'kæptʃəʳ] *vt* reprendre ; (*atmosphere*) recréer
recede [rɪ'si:d] *vi* s'éloigner ; reculer
receding [rɪ'si:dɪŋ] *adj* (*forehead, chin*) fuyant(e) ; ~ **hairline** front dégarni
receipt [rɪ'si:t] *n* (*document*) reçu *m* ; (*for parcel etc*) accusé *m* de réception ; (*act of receiving*) réception *f* ; **to acknowledge ~ of** accuser réception de ; **we are in ~ of** ... nous avons reçu ... ; **can I have a ~, please?** je peux avoir un reçu, s'il vous plaît ? ; **receipts** *npl* (*Comm*) recettes *fpl*
receivable [rɪ'si:vəbl] *adj* (*Comm*) recevable ; (: *owing*) à recevoir
receive [rɪ'si:v] *vt* recevoir ; (*guest*) recevoir, accueillir ; **"received with thanks"** (*Comm*) « pour acquit » ; **Received Pronunciation** *voir article*

⋮ RECEIVED PRONUNCIATION

⋮ En Grande-Bretagne, la **Received**
⋮ Pronunciation ou **RP** est un accent surtout
⋮ caractéristique du sud de l'Angleterre. Bien
⋮ qu'aucun critère objectif n'en fasse un accent
⋮ supérieur à la façon de parler d'autres régions
⋮ anglaises, il est depuis longtemps associé aux
⋮ élites politiques et financières du pays.
⋮ Depuis les années 1960, les accents régionaux
⋮ ont cependant gagné en visibilité dans les
⋮ médias et la vie publique, à tel point que dans
⋮ certains contextes la RP est parfois perçue de
⋮ façon négative.

receiver [rɪ'si:vəʳ] *n* (*Tel*) récepteur *m*, combiné *m* ; (*Radio*) récepteur ; (*of stolen goods*) receleur *m* ; (*for bankruptcies*) administrateur *m* judiciaire
receivership [rɪ'si:vəʃɪp] *n*: **to go into ~** être placé sous administration judiciaire
recent ['ri:snt] *adj* récent(e) ; **in ~ years** au cours de ces dernières années
recently ['ri:sntlɪ] *adv* récemment ; **as ~ as** pas plus tard que ; **until ~** jusqu'à il y a peu de temps encore
receptacle [rɪ'sɛptɪkl] *n* récipient *m*
reception [rɪ'sɛpʃən] *n* réception *f* ; (*welcome*) accueil *m*, réception
reception centre *n* (BRIT) centre *m* d'accueil
reception desk *n* réception *f*
receptionist [rɪ'sɛpʃənɪst] *n* réceptionniste *mf*
receptive [rɪ'sɛptɪv] *adj* réceptif(-ive)
recess [rɪ'sɛs] *n* (*in room*) renfoncement *m* ; (*for bed*) alcôve *f* ; (*secret place*) recoin *m* ; (*Pol etc: holiday*) vacances *fpl* ; (*US Law: short break*) suspension *f* d'audience ; (*Scol: esp US*) récréation *f*
recession [rɪ'sɛʃən] *n* (*Econ*) récession *f*
recessionista [rɪsɛʃə'nɪstə] *n* recessionista *mf*
recessive [rɪ'sɛsɪv] *adj* (*gene*) récessif(-ive)
recharge [ri:'tʃɑ:dʒ] *vt* (*battery*) recharger
rechargeable [ri:'tʃɑ:dʒəbl] *adj* rechargeable
recipe ['rɛsɪpɪ] *n* recette *f*
recipient [rɪ'sɪpɪənt] *n* (*of payment*) bénéficiaire *mf* ; (*of letter*) destinataire *mf*

reciprocal [rɪ'sɪprəkl] *adj* réciproque
reciprocate [rɪ'sɪprəkeɪt] *vt* retourner, offrir en retour ▸ *vi* en faire autant
recital [rɪ'saɪtl] *n* récital *m*
recitation [rɛsɪ'teɪʃən] *n* récitation *f*
recite [rɪ'saɪt] *vt* (*poem*) réciter ; (*complaints etc*) énumérer
reckless ['rɛkləs] *adj* (*careless*) imprudent(e) ; (*heedless of danger*) téméraire ; ~ **driver** conducteur(-trice) imprudent(e)
recklessly ['rɛkləslɪ] *adv* imprudemment
recklessness ['rɛkləsnɪs] *n* imprudence *f*
reckon ['rɛkən] *vt* (*count*) calculer, compter ; (*consider*) considérer, estimer ; (*think*): **I ~ (that)** ... je pense (que) ..., j'estime (que) ... ▸ *vi*: **to ~ with** (*take into account*) tenir compte de ; **he is somebody to be reckoned with** il ne faut pas le sous-estimer ; **to ~ without sb/sth** ne pas tenir compte de qn/qch
▸ **reckon on** *vt fus* compter sur, s'attendre à
reckoning ['rɛknɪŋ] *n* compte *m*, calcul *m* ; estimation *f* ; **the day of ~** le jour du Jugement
reclaim [rɪ'kleɪm] *vt* (*land: from sea*) assécher ; (: *from forest*) défricher ; (: *with fertilizer*) amender ; (*demand back*) réclamer (le remboursement *or* la restitution de) ; (*waste materials*) récupérer
reclamation [rɛklə'meɪʃən] *n* (*of land*) amendement *m* ; assèchement *m* ; défrichement *m*
recline [rɪ'klaɪn] *vi* être allongé(e) *or* étendu(e)
recliner [rɪ'klaɪnəʳ] *n* fauteuil *m* relax
reclining [rɪ'klaɪnɪŋ] *adj* (*seat*) à dossier réglable
recluse [rɪ'klu:s] *n* reclus(e), ermite *m*
reclusive [rɪ'klu:sɪv] *adj* (*person*) solitaire ; (*life*) de reclus(e)
recognition [rɛkəg'nɪʃən] *n* reconnaissance *f* ; **in ~ of** en reconnaissance de ; **to gain ~** être reconnu(e) ; **transformed beyond ~** méconnaissable
recognizable ['rɛkəgnaɪzəbl] *adj*: ~ **(by)** reconnaissable (à)
recognize ['rɛkəgnaɪz] *vt*: **to ~ (by/as)** reconnaître (à/comme étant)
recoil [rɪ'kɔɪl] *vi* (*person*): **to ~ (from)** reculer (devant) ▸ *n* (*of gun*) recul *m*
recollect [rɛkə'lɛkt] *vt* se rappeler, se souvenir de
recollection [rɛkə'lɛkʃən] *n* souvenir *m* ; **to the best of my ~** autant que je m'en souvienne
recommend [rɛkə'mɛnd] *vt* recommander ; **can you ~ a good restaurant?** pouvez-vous me conseiller un bon restaurant ? ; **she has a lot to ~ her** elle a beaucoup de choses en sa faveur
recommendation [rɛkəmɛn'deɪʃən] *n* recommandation *f*
recommended [rɛkə'mɛndɪd] *adj* conseillé(e), recommandé(e)
recommended retail price *n* (BRIT) prix conseillé
recompense ['rɛkəmpɛns] *vt* récompenser ; (*compensate*) dédommager ▸ *n* récompense *f* ; dédommagement *m*
reconcilable ['rɛkənsaɪləbl] *adj* (*ideas*) conciliable

reconcile ['rɛkənsaɪl] *vt* (*two people*) réconcilier ; (*two facts*) concilier, accorder ; **to ~ o.s. to** se résigner à
reconciliation [rɛkənsɪlɪ'eɪʃən] *n* réconciliation *f* ; conciliation *f*
recondite [rɪ'kɔndaɪt] *adj* abstrus(e), obscur(e)
recondition [ri:kən'dɪʃən] *vt* remettre à neuf ; réviser entièrement
reconnaissance [rɪ'kɔnɪsns] *n* (*Mil*) reconnaissance *f*
reconnect [ri:kə'nɛkt] *vt* (*electricity, water supply*) rebrancher ; (*customer, house*) rebrancher sur le réseau
reconnoitre, (US) **reconnoiter** [rɛkə'nɔɪtə^r] (*Mil*) *vt* reconnaître ▸ *vi* faire une reconnaissance
reconsider [ri:kən'sɪdə^r] *vt* reconsidérer
reconstitute [ri:'kɔnstɪtju:t] *vt* reconstituer
reconstruct [ri:kən'strʌkt] *vt* (*building*) reconstruire ; (*crime, system*) reconstituer
reconstruction [ri:kən'strʌkʃən] *n* reconstruction *f* ; reconstitution *f*
reconstructive [ri:kən'strʌktɪv] *adj* reconstructif(-ive)
reconvene [ri:kən'vi:n] *vt* reconvoquer ▸ *vi* se réunir *or* s'assembler de nouveau
record *n* ['rɛkɔ:d] rapport *m*, récit *m* ; (*of meeting etc*) procès-verbal *m* ; (*register*) registre *m* ; (*file*) dossier *m* ; (*Comput*) article *m* ; (*also*: **police record**) casier *m* judiciaire ; (*Mus*: *disc*) disque *m* ; (*Sport*) record *m* ; **to keep a ~ of** noter ; **to set the ~ straight** (*fig*) mettre les choses au point ; **he is on ~ as saying that …** il a déclaré en public que … ; **Italy's excellent ~** les excellents résultats obtenus par l'Italie ; **off the ~** *adj* officieux(-euse) ; *adv* officieusement ; **public records** archives *fpl* ▸ *adj* ['rɛkɔ:d] record *inv* ; **in ~ time** dans un temps record ▸ *vt* [rɪ'kɔ:d] (*set down*) noter ; (*relate*) rapporter ; (*Mus*: *song etc*) enregistrer
record card *n* (*in file*) fiche *f*
recorded delivery [rɪ'kɔ:dɪd-] *n* (*Brit Post*): **to send sth ~** ≈ envoyer qch en recommandé
recorded delivery letter [rɪ'kɔ:dɪd-] *n* (*Brit Post*) ≈ lettre recommandée
recorder [rɪ'kɔ:də^r] *n* (*Law*) avocat nommé à la fonction de juge ; (*Mus*) flûte *f* à bec
record holder *n* (*Sport*) détenteur(-trice) du record
recording [rɪ'kɔ:dɪŋ] *n* (*Mus*) enregistrement *m*
recording studio *n* studio *m* d'enregistrement
record-keeping ['rɛkɔ:dki:pɪŋ] *n* archivage *m*
record library *n* discothèque *f*
record player *n* tourne-disque *m*
recount [rɪ'kaunt] *vt* raconter
re-count *n* ['ri:kaunt] (*Pol*: *of votes*) nouveau décompte (des suffrages) ▸ *vt* [ri:'kaunt] recompter
recoup [rɪ'ku:p] *vt*: **to ~ one's losses** récupérer ce qu'on a perdu, se refaire
recourse [rɪ'kɔ:s] *n* recours *m* ; expédient *m* ; **to have ~ to** recourir à, avoir recours à
recover [rɪ'kʌvə^r] *vt* récupérer ▸ *vi* (*from illness*) se rétablir ; (*from shock*) se remettre ; (*country*) se redresser

re-cover [ri:'kʌvə^r] *vt* (*chair etc*) recouvrir
recoverable [rɪ'kʌvərəbl] *adj* (*costs*) recouvrable
recovery [rɪ'kʌvərɪ] *n* récupération *f* ; rétablissement *m* ; (*Econ*) redressement *m*
recreate [ri:krɪ'eɪt] *vt* recréer
recreation [rɛkrɪ'eɪʃən] *n* (*leisure*) récréation *f*, détente *f*
recreational [rɛkrɪ'eɪʃənl] *adj* pour la détente, récréatif(-ive)
recreational drug *n* drogue récréative
recreational vehicle *n* (*US*) camping-car *m*
recrimination [rɪkrɪmɪ'neɪʃən] *n* récrimination *f*
recruit [rɪ'kru:t] *n* recrue *f* ▸ *vt* recruter
recruiting office [rɪ'kru:tɪŋ-] *n* bureau *m* de recrutement
recruitment [rɪ'kru:tmənt] *n* recrutement *m*
rectangle ['rɛktæŋgl] *n* rectangle *m*
rectangular [rɛk'tæŋgjulə^r] *adj* rectangulaire
rectify ['rɛktɪfaɪ] *vt* (*error*) rectifier, corriger ; (*omission*) réparer
rector ['rɛktə^r] *n* (*Rel*) pasteur *m* ; (*in Scottish universities*) personnalité élue par les étudiants pour les représenter
rectory ['rɛktərɪ] *n* presbytère *m*
rectum ['rɛktəm] *n* (*Anat*) rectum *m*
recuperate [rɪ'kju:pəreɪt] *vi* (*from illness*) se rétablir
recuperation [rɪˌku:pə'reɪʃən] *n* rétablissement *m* ; **powers of ~** pouvoir *m* de récupération
recuperative [rɪ'ku:pərətɪv] *adj*: **~ powers** pouvoir *m* de récupération
recur [rɪ'kə:^r] *vi* se reproduire ; (*idea, opportunity*) se retrouver ; (*symptoms*) réapparaître
recurrence [rɪ'kə:rns] *n* répétition *f* ; réapparition *f*
recurrent [rɪ'kə:rnt] *adj* périodique, fréquent(e)
recurring [rɪ'kə:rɪŋ] *adj* (*problem*) périodique, fréquent(e) ; (*Math*) périodique
recyclable [ri:'saɪkləbl] *adj* recyclable
recycle [ri:'saɪkl] *vt*, *vi* recycler
recycling [ri:'saɪklɪŋ] *n* recyclage *m*
red [rɛd] *n* rouge *m* ; (*Pol*: *pej*) rouge *mf* ; **in the ~** (*account*) à découvert ; (*business*) en déficit ▸ *adj* rouge ; (*hair*) roux (rousse)
red alert *n* alerte *f* rouge
red-blooded [rɛd'blʌdɪd] *adj* (*inf*) viril(e), vigoureux(-euse)
redbrick university ['rɛdbrɪk-] *n* (*Brit*) *voir article*

: **REDBRICK UNIVERSITY**
:
: Une **redbrick university**, ainsi nommée à
: cause du matériau de construction répandu
: à l'époque (la brique), est une université
: britannique provinciale construite assez
: récemment, en particulier fin XIXe-début XXe
: siècle. Il y en a notamment une à Manchester,
: une à Liverpool et une à Bristol. Ce terme est
: utilisé pour établir une distinction avec les
: universités les plus anciennes et
: traditionnelles.

red carpet treatment *n* réception *f* en grande pompe

Red Cross n Croix-Rouge f
redcurrant ['rɛdkʌrənt] n groseille f (rouge)
redden ['rɛdn] vt, vi rougir
reddish ['rɛdɪʃ] adj rougeâtre ; (hair) plutôt roux (rousse)
redecorate [ri:'dɛkəreɪt] vt refaire à neuf, repeindre et retapisser
redeem [rɪ'di:m] vt (debt) rembourser ; (sth in pawn) dégager ; (fig, Rel) racheter
redeemable [rɪ'di:məbl] adj rachetable ; remboursable, amortissable
redeeming [rɪ'di:mɪŋ] adj (feature) qui sauve, qui rachète (le reste)
redefine [ri:dɪ'faɪn] vt redéfinir
redemption [rɪ'dɛmʃən] n (Rel) rédemption f ; **past** or **beyond ~** (situation) irrémédiable ; (place) qui ne peut plus être sauvé(e) ; (person) irrécupérable
redeploy [ri:dɪ'plɔɪ] vt (Mil) redéployer ; (staff, resources) reconvertir
redeployment [ri:dɪ'plɔɪmənt] n redéploiement m ; reconversion f
redesign [ri:dɪ'zaɪn] vt (building) réaménager ; (system) repenser
redevelop [ri:dɪ'vɛləp] vt rénover
redevelopment [ri:dɪ'vɛləpmənt] n rénovation f
red-haired [rɛd'hɛəd] adj roux (rousse)
red-handed [rɛd'hændɪd] adj: **to be caught ~** être pris(e) en flagrant délit or la main dans le sac
redhead ['rɛdhɛd] n roux (rousse)
red herring n (fig) diversion f, fausse piste
red-hot [rɛd'hɔt] adj chauffé(e) au rouge, brûlant(e)
redirect [ri:daɪ'rɛkt] vt (mail) faire suivre
rediscover [ri:dɪ'skʌvəʳ] vt redécouvrir
redistribute [ri:dɪ'strɪbju:t] vt redistribuer
redistribution [ri:dɪstrɪ'bju:ʃən] n redistribution f
red-letter day ['rɛdlɛtə-] n grand jour m, jour mémorable
red light n: **to go through a ~** (Aut) brûler un feu rouge
red-light district ['rɛdlaɪt-] n quartier mal famé
red meat n viande f rouge
redneck ['rɛdnɛk] n (esp US inf, pej) plouc m (inf)
redness ['rɛdnɪs] n rougeur f ; (of hair) rousseur f
redo [ri:'du:] vt (irreg: like **do**) refaire
redolent ['rɛdələnt] adj: **~ of** qui sent ; (fig) qui évoque
redouble [ri:'dʌbl] vt: **to ~ one's efforts** redoubler d'efforts
redoubtable [rɪ'dautəbl] adj redoutable
redraft [ri:'drɑ:ft] vt remanier
redress [rɪ'drɛs] n réparation f ▶ vt redresser ; **to ~ the balance** rétablir l'équilibre
Red Sea n: **the ~** la mer Rouge
redskin ['rɛdskɪn] n (old) Peau-Rouge mf
red tape n (fig) paperasserie (administrative)
reduce [rɪ'dju:s] vt réduire ; (lower) abaisser ; **"~ speed now"** (Aut) « ralentir » ; **to ~ sth by/to** réduire qch de/à ; **to ~ sb to tears** faire pleurer qn

reduced [rɪ'dju:st] adj réduit(e) ; **"greatly ~ prices"** « gros rabais » ; **at a ~ price** (goods) au rabais ; (ticket etc) à prix réduit
reduction [rɪ'dʌkʃən] n réduction f ; (of price) baisse f ; (discount) rabais m ; réduction ; **is there a ~ for children/students?** y a-t-il une réduction pour les enfants/les étudiants ?
redundancy [rɪ'dʌndənsɪ] n (Brit) licenciement m, mise f au chômage ; **compulsory ~** licenciement ; **voluntary ~** départ m volontaire
redundancy payment n (Brit) indemnité f de licenciement
redundant [rɪ'dʌndnt] adj (Brit: worker) licencié(e), mis(e) au chômage ; (detail, object) superflu(e) ; **to be made ~** (worker) être licencié, être mis au chômage
reed [ri:d] n (Bot) roseau m ; (Mus: of clarinet etc) anche f
re-educate [ri:'ɛdjukeɪt] vt rééduquer
reedy ['ri:dɪ] adj (voice, instrument) ténu(e)
reef [ri:f] n (at sea) récif m, écueil m
reek [ri:k] vi: **to ~ (of)** puer, empester
reel [ri:l] n bobine f ; (Tech) dévidoir m ; (Fishing) moulinet m ; (Cine) bande f ; (dance) quadrille écossais ▶ vt (Tech) bobiner ; (also: **reel up**) enrouler ▶ vi (sway) chanceler ; **my head is reeling** j'ai la tête qui tourne
▶ **reel in** vt (fish, line) ramener
▶ **reel off** vt (say) énumérer, débiter
re-elect [ri:ɪ'lɛkt] vt réélire ; **to ~ sb as sth** réélire qn qch
re-election [ri:ɪ'lɛkʃən] n réélection f
re-enact [ri:ɪn'ækt] vt (incident) reconstituer ; (scene) rejouer
re-enter [ri:'ɛntəʳ] vt (also Space) rentrer dans
re-entry [ri:'ɛntrɪ] n (also Space) rentrée f
re-examine [ri:ɪg'zæmɪn] vt reconsidérer
re-export vt ['ri:ɪks'pɔ:t] réexporter ▶ n [ri:'ɛkspɔ:t] marchandise réexportée ; (act) réexportation f
ref [rɛf] n abbr (inf: = referee) arbitre m
ref. abbr (Comm: = with reference to) réf
refectory [rɪ'fɛktərɪ] n réfectoire m
refer [rɪ'fə:ʳ] vt: **to ~ sth to** (dispute, decision) soumettre qch à ; **to ~ sb to** (inquirer, patient) adresser qn à ; (reader: to text) renvoyer qn à ; **he referred me to the manager** il m'a dit de m'adresser au directeur ▶ vi: **to ~ to** (allude to) parler de, faire allusion à ; (consult) se reporter à ; (apply to) s'appliquer à ; **referring to your letter** (Comm) en réponse à votre lettre
referee [rɛfə'ri:] n arbitre m ; (Tennis) juge-arbitre m ; (Brit: for job application) répondant(e) ▶ vt arbitrer
reference ['rɛfrəns] n référence f, renvoi m ; (mention) allusion f, mention f ; (for job application: letter) références ; lettre f de recommandation ; (person) répondant(e) ; **with ~ to** en ce qui concerne ; (Comm: in letter) me référant à ; **"please quote this ~"** (Comm) « prière de rappeler cette référence »
reference book n ouvrage m de référence
reference library n bibliothèque f d'ouvrages à consulter
reference number n (Comm) numéro m de référence

referendum [rɛfə'rɛndəm] (*pl* **referenda** [-də]) *n* référendum *m*

referral [rɪ'fə:rəl] *n* soumission *f*; **she got a ~ to a specialist** elle a été adressée à un spécialiste

refill *vt* [ri:'fɪl] remplir à nouveau; (*pen, lighter etc*) recharger ▶ *n* ['ri:fɪl] (*for pen etc*) recharge *f*

refine [rɪ'faɪn] *vt* (*sugar, oil*) raffiner; (*taste*) affiner; (*idea, theory*) peaufiner

refined [rɪ'faɪnd] *adj* (*person, taste*) raffiné(e)

refinement [rɪ'faɪnmənt] *n* (*of person*) raffinement *m*

refinery [rɪ'faɪnərɪ] *n* raffinerie *f*

refit (*Naut*) *n* ['ri:fɪt] remise *f* en état ▶ *vt* [ri:'fɪt] remettre en état

reflate [ri:'fleɪt] *vt* (*economy*) relancer

reflation [ri:'fleɪʃən] *n* relance *f*

reflationary [ri:'fleɪʃənrɪ] *adj* de relance

reflect [rɪ'flɛkt] *vt* (*light, image*) réfléchir, refléter; (*fig*) refléter ▶ *vi* (*think*) réfléchir, méditer; **it reflects badly on him** cela le discrédite; **it reflects well on him** c'est tout à son honneur
  ▶ **reflect on** *vt fus* (*think about*) réfléchir à

reflection [rɪ'flɛkʃən] *n* réflexion *f*; (*image*) reflet *m*; **~ on** (*criticism*) critique *f* de; atteinte *f* à; **on ~** réflexion faite

reflective [rɪ'flɛktɪv] *adj* (*person, mood*) méditatif(-ive); (*surface, pool*) réfléchissant(e); **to be ~ of sth** refléter qch

reflector [rɪ'flɛktə^r] *n* (*also Aut*) réflecteur *m*

reflex ['ri:flɛks] *adj*, *n* réflexe *m*

reflexive [rɪ'flɛksɪv] *adj* (*Ling*) réfléchi(e)

reflexologist [ri:flɛks'ɔlədʒɪst] *n* réflexologue *mf*

reflexology [ri:flɛk'sɔlədʒɪ] *n* réflexologie *f*

reforestation [ri:fɔrɪ'steɪʃən] *n* reboisement *m*, reforestation *f*

reform [rɪ'fɔ:m] *n* réforme *f* ▶ *vt* réformer

reformat [ri:'fɔ:mæt] *vt* (*Comput*) reformater

Reformation [rɛfə'meɪʃən] *n*: **the ~** la Réforme

reformatory [rɪ'fɔ:mətərɪ] *n* (*US*) centre *m* d'éducation surveillée

reformed [rɪ'fɔ:md] *adj* amendé(e), assagi(e)

reformer [rɪ'fɔ:mə^r] *n* réformateur(-trice)

refrain [rɪ'freɪn] *vi*: **to ~ from doing** s'abstenir de faire ▶ *n* refrain *m*

refresh [rɪ'frɛʃ] *vt* rafraîchir; (*subj: food, sleep etc*) redonner des forces à

refresher course [rɪ'frɛʃə-] *n* (*Brit*) cours *m* de recyclage

refreshing [rɪ'frɛʃɪŋ] *adj* (*drink*) rafraîchissant(e); (*sleep*) réparateur(-trice); (*fact, idea etc*) qui réjouit par son originalité *or* sa rareté

refreshingly [rɪ'frɛʃɪŋlɪ] *adv*: **~ honest/simple** d'une honnêteté/simplicité rafraîchissante

refreshment [rɪ'frɛʃmənt] *n*: **for some ~** (*eating*) pour se restaurer *or* sustenter; **in need of ~** (*resting etc*) ayant besoin de refaire ses forces

refreshments [rɪ'frɛʃmənts] *npl* rafraîchissements *mpl*

refrigerated [rɪ'frɪdʒəreɪtɪd] *adj* réfrigéré(e)

refrigeration [rɪfrɪdʒə'reɪʃən] *n* réfrigération *f*

refrigerator [rɪ'frɪdʒəreɪtə^r] *n* réfrigérateur *m*, frigidaire *m*

refuel [ri:'fjuəl] *vt* ravitailler en carburant ▶ *vi* se ravitailler en carburant

refuelling, (*US*) **refueling** [ri:'fju:əlɪŋ] *n* (*of aircraft*) ravitaillement *m*

refuge ['rɛfju:dʒ] *n* refuge *m*; **to take ~ in** se réfugier dans

refugee [rɛfju'dʒi:] *n* réfugié(e)

refugee camp *n* camp *m* de réfugiés

refund *n* ['ri:fʌnd] remboursement *m* ▶ *vt* [rɪ'fʌnd] rembourser

refundable [rɪ'fʌndəbl] *adj* remboursable

refurbish [ri:'fə:bɪʃ] *vt* remettre à neuf

refurbishment [ri:'fə:bɪʃmənt] *n* rénovation *f*

refurnish [ri:'fə:nɪʃ] *vt* remeubler

refusal [rɪ'fju:zəl] *n* refus *m*; **to have first ~ on sth** avoir droit de préemption sur qch

refuse¹ ['rɛfju:s] *n* ordures *fpl*, détritus *mpl*

refuse² [rɪ'fju:z] *vt*, *vi* refuser; **to ~ to do sth** refuser de faire qch

refuse collection *n* ramassage *m* d'ordures

refuse disposal *n* élimination *f* des ordures

refusenik [rɪ'fju:znɪk] *n* refuznik *mf*

refute [rɪ'fju:t] *vt* réfuter

regain [rɪ'geɪn] *vt* (*lost ground*) regagner; (*strength*) retrouver

regal ['ri:gl] *adj* royal(e)

regale [rɪ'geɪl] *vt*: **to ~ sb with sth** régaler qn de qch

regalia [rɪ'geɪlɪə] *n* insignes *mpl* de la royauté

regard [rɪ'ga:d] *n* respect *m*, estime *f*, considération *f*; **to give one's regards to** faire ses amitiés à; **"with kindest regards"** « bien amicalement »; **with ~ to** (*also*: **as regards**) en ce qui concerne ▶ *vt* considérer

regarding [rɪ'ga:dɪŋ] *prep* en ce qui concerne

regardless [rɪ'ga:dlɪs] *adv* quand même; **~ of** sans se soucier de

regatta [rɪ'gætə] *n* régate *f*

regency ['ri:dʒənsɪ] *n* régence *f*

regenerate [rɪ'dʒɛnəreɪt] *vt* régénérer ▶ *vi* se régénérer

regeneration [rɪdʒɛnə'reɪʃən] *n* régénération *f*

regent ['ri:dʒənt] *n* régent(e)

reggae ['rɛgeɪ] *n* reggae *m*

régime [reɪ'ʒi:m] *n* régime *m*

regiment *n* ['rɛdʒɪmənt] régiment *m* ▶ *vt* ['rɛdʒɪment] imposer une discipline trop stricte à

regimental [rɛdʒɪ'mɛntl] *adj* d'un régiment

regimentation [rɛdʒɪmen'teɪʃən] *n* réglementation excessive

region ['ri:dʒən] *n* région *f*; **in the ~ of** (*fig*) aux alentours de

regional ['ri:dʒənl] *adj* régional(e)

regional development *n* aménagement *m* du territoire

register ['rɛdʒɪstə^r] *n* registre *m*; (*also*: **electoral register**) liste électorale ▶ *vt* enregistrer, inscrire; (*birth*) déclarer; (*vehicle*) immatriculer; (*luggage*) enregistrer; (*letter*) envoyer en recommandé; (*subj: instrument*) marquer; **to ~ a protest** protester ▶ *vi* s'inscrire; (*at hotel*) signer le registre; (*make impression*) être (bien) compris(e); **to ~ for a course** s'inscrire à un cours

r

registered ['rɛdʒɪstəd] *adj* (*design*) déposé(e) ;
(*BRIT: letter*) recommandé(e) ; (*student, voter*)
inscrit(e) ; **by ~ mail** *or* (*BRIT*) **post** en
recommandé

registered company *n* société immatriculée

registered nurse *n* (*US*) infirmier(-ière)
diplômé(e) d'État

registered office *n* siège social

registered trademark *n* marque déposée

registrar ['rɛdʒɪstrɑːʳ] *n* officier *m* de l'état civil ;
secrétaire *mf* général(e)

registration [rɛdʒɪs'treɪʃən] *n* (*act*)
enregistrement *m* ; (*of student*) inscription *f* ;
(*BRIT Aut: also:* **registration number**) numéro *m*
d'immatriculation

registry ['rɛdʒɪstrɪ] *n* bureau *m* de
l'enregistrement

registry office *n* (*BRIT*) bureau *m* de l'état civil ;
to get married in a ~ ≈ se marier à la mairie

regret [rɪ'grɛt] *n* regret *m* ▶ *vt* regretter ; **to ~
that** regretter que + *sub* ; **we ~ to inform you
that ...** nous sommes au regret de vous
informer que ...

regretfully [rɪ'grɛtfəlɪ] *adv* à *or* avec regret

regrettable [rɪ'grɛtəbl] *adj* regrettable,
fâcheux(-euse)

regrettably [rɪ'grɛtəblɪ] *adv* (*drunk, late*)
fâcheusement ; **~, he ...** malheureusement, il ...

regroup [riː'gruːp] *vt* regrouper ▶ *vi* se
regrouper

regt *abbr* = **regiment**

regular ['rɛgjuləʳ] *adj* régulier(-ière) ; (*usual*)
habituel(le), normal(e) ; (*listener, reader*) fidèle ;
(*soldier*) de métier ; (*Comm: size*) ordinaire ▶ *n*
(*client etc*) habitué(e)

regularity [rɛgju'lærɪtɪ] *n* régularité *f*

regularly ['rɛgjuləlɪ] *adv* régulièrement

regulate ['rɛgjuleɪt] *vt* régler

regulation [rɛgju'leɪʃən] *n* (*rule*) règlement *m* ;
(*adjustment*) réglage *m* ▶ *cpd* réglementaire

regulator ['rɛgjuleɪtəʳ] *n* régulateur(-trice)

regulatory [rɛgju'leɪtrɪ] *adj* régulateur(-trice)

rehab ['riːhæb] *n* désintox *f* (*inf*), désintoxication
f ; **to be in ~** être en désintox *or* désintoxication

rehabilitate [riːə'bɪlɪteɪt] *vt* (*criminal*) réinsérer ;
(*drug addict*) désintoxiquer ; (*invalid*) rééduquer

rehabilitation ['riːəbɪlɪ'teɪʃən] *n* (*of offender*)
réhabilitation *f* ; (*of drug addict*) désintoxication
f ; (*of disabled*) rééducation *f*, réadaptation *f*

rehash [riː'hæʃ] *vt* (*inf*) remanier

rehearsal [rɪ'həːsəl] *n* répétition *f* ; **dress ~**
(répétition) générale *f*

rehearse [rɪ'həːs] *vt* répéter

rehome [riː'həʊm] *vt* (*animal*) faire adopter

rehouse [riː'haʊz] *vt* reloger

reign [reɪn] *n* règne *m* ▶ *vi* régner

reigning ['reɪnɪŋ] *adj* (*monarch*) régnant(e) ;
(*champion*) actuel(le)

reimburse [riːɪm'bəːs] *vt* rembourser

reimbursement [riːɪm'bəːsmənt] *n*
remboursement *m*

rein [reɪn] *n* (*for horse*) rêne *f* ; **to give sb free ~**
(*fig*) donner carte blanche à qn
▶ **rein in** *vt* (*enthusiasm, temper*) réfréner ; (*costs,
inflation*) mettre un frein à

reincarnation [riːɪnkɑː'neɪʃən] *n*
réincarnation *f*

reindeer ['reɪndɪəʳ] *n* (*pl inv*) renne *m*

reinforce [riːɪn'fɔːs] *vt* renforcer

reinforced concrete [riːɪn'fɔːst-] *n* béton
armé

reinforcement [riːɪn'fɔːsmənt] *n* (*action*)
renforcement *m*

reinforcements [riːɪn'fɔːsmənts] *npl* (*Mil*)
renfort(s) *m(pl)*

reinstate [riːɪn'steɪt] *vt* rétablir, réintégrer

reinstatement [riːɪn'steɪtmənt] *n*
réintégration *f*

reintroduce [riːɪntrə'djuːs] *vt* réintroduire

reintroduction [riːɪntrə'dʌkʃən] *n*
réintroduction *f*

reinvent [riːɪn'vɛnt] *vt* réinventer ; **to ~ o.s.** se
réinventer ; **to ~ the wheel** réinventer la roue

reinvention [riːɪn'vɛnʃən] *n* réinvention *f*

reissue [riː'ɪʃjuː] *vt* (*book*) rééditer ; (*film*)
ressortir

reiterate [riː'ɪtəreɪt] *vt* réitérer, répéter

reject *n* ['riːdʒɛkt] (*Comm*) article *m* de rebut ▶ *vt*
[rɪ'dʒɛkt] refuser ; (*Comm: goods*) mettre au
rebut ; (*idea*) rejeter

rejection [rɪ'dʒɛkʃən] *n* rejet *m*, refus *m*

rejig, (*US*) **rejigger** [riː'dʒɪg(əʳ)] *vt* réorganiser

rejoice [rɪ'dʒɔɪs] *vi*: **to ~ (at** *or* **over**) se réjouir
(de)

rejoin [riː'dʒɔɪn] *vt* rejoindre

rejoinder [rɪ'dʒɔɪndəʳ] *n* (*retort*) réplique *f*

rejuvenate [rɪ'dʒuːvəneɪt] *vt* (*person, skin*)
rajeunir ; (*area*) moderniser

rejuvenating [rɪ'dʒuːvəneɪtɪŋ] *adj* (*holiday, break*)
revigorant(e) ; (*treatment*) rajeunissant(e)

rekindle [riː'kɪndl] *vt* rallumer ; (*fig*) raviver

relapse [rɪ'læps] *n* (*Med*) rechute *f*

relate [rɪ'leɪt] *vt* (*tell*) raconter ; (*connect*) établir
un rapport entre ▶ *vi*: **to ~ to** (*connect*) se
rapporter à ; **to ~ to sb** (*interact*) entretenir des
rapports avec qn

related [rɪ'leɪtɪd] *adj* apparenté(e) ; **~ to** (*subject*)
lié(e) à

relating to [rɪ'leɪtɪŋ-] *prep* concernant

relation [rɪ'leɪʃən] *n* (*person*) parent(e) ; (*link*)
rapport *m*, lien *m* ; **in ~ to** ce qui concerne,
par rapport à ; **to bear no ~ to** être sans rapport
avec ; **relations** *npl* (*relatives*) famille *f* ;
diplomatic/international relations relations
diplomatiques/internationales

relationship [rɪ'leɪʃənʃɪp] *n* rapport *m*, lien *m* ;
(*personal ties*) relations *fpl*, rapports ; (*also:* **family
relationship**) lien de parenté ; (*affair*) liaison *f* ;
they have a good ~ ils s'entendent bien

relative ['rɛlətɪv] *n* parent(e) ; **all her relatives**
toute sa famille ▶ *adj* relatif(-ive) ; (*respective*)
respectif(-ive)

relatively ['rɛlətɪvlɪ] *adv* relativement

relativity [rɛlə'tɪvɪtɪ] *n* (*Physics*) relativité *f* ; **the
theory of ~** la théorie de la relativité

relaunch *vt* [riː'lɔːntʃ] relancer ▶ *n* ['riːlɔːntʃ]
relance *f*

relax [rɪ'læks] *vi* (*muscle*) se relâcher ; (*person:
unwind*) se détendre ; (*: calm down*) se calmer ▶ *vt*
relâcher ; (*mind, person*) détendre

relaxation [riːlæk'seɪʃən] *n* relâchement *m* ; (*of mind*) détente *f* ; (*recreation*) détente, délassement *m* ; (*entertainment*) distraction *f*
relaxed [rɪ'lækst] *adj* relâché(e) ; détendu(e)
relaxing [rɪ'læksɪŋ] *adj* délassant(e)
relay ['riːleɪ] *n* (*Sport*) course *f* de relais ▶ *vt* (*message*) retransmettre, relayer
release [rɪ'liːs] *n* (*from prison, obligation*) libération *f* ; (*of gas etc*) émission *f* ; (*of film etc*) sortie *f* ; (*new recording*) disque *m* ; (*device*) déclencheur *m* ▶ *vt* (*prisoner*) libérer ; (*book, film*) sortir ; (*report, news*) rendre public, publier ; (*gas etc*) émettre, dégager ; (*free: from wreckage etc*) dégager ; (*Tech: catch, spring etc*) déclencher ; (*let go: person, animal*) relâcher ; (: *hand, object*) lâcher ; (: *brake*) desserrer ; **to ~ one's grip** *or* **hold** lâcher prise ; **to ~ the clutch** (*Aut*) débrayer
relegate ['rɛləgeɪt] *vt* reléguer ; (*Sport*): **to be relegated** descendre dans une division inférieure
relegation [rɛlɪ'geɪʃən] *n* (*Sport*) relégation *f*
relent [rɪ'lɛnt] *vi* se laisser fléchir
relentless [rɪ'lɛntlɪs] *adj* implacable ; (*non-stop*) continuel(le)
relentlessly [rɪ'lɛntləslɪ] *adv* implacablement ; (*continuously: rain*) sans discontinuer
relevance ['rɛləvəns] *n* pertinence *f* ; **~ of sth to sth** rapport *m* entre qch et qch
relevant ['rɛləvənt] *adj* (*question*) pertinent(e) ; (*corresponding*) approprié(e) ; (*fact*) significatif(-ive) ; (*information*) utile ; **~ to** ayant rapport à, approprié à
reliability [rɪlaɪə'bɪlɪtɪ] *n* sérieux *m* ; fiabilité *f*
reliable [rɪ'laɪəbl] *adj* (*person, firm*) sérieux(-euse), fiable ; (*method, machine*) fiable ; (*news, information*) sûr(e)
reliably [rɪ'laɪəblɪ] *adv*: **to be ~ informed** savoir de source sûre
reliance [rɪ'laɪəns] *n*: **~ (on)** (*trust*) confiance *f* (en) ; (*dependence*) besoin *m* (de), dépendance *f* (de)
reliant [rɪ'laɪənt] *adj*: **to be ~ on sth/sb** dépendre de qch/qn
relic ['rɛlɪk] *n* (*Rel*) relique *f* ; (*of the past*) vestige *m*
relief [rɪ'liːf] *n* (*from pain, anxiety*) soulagement *m* ; (*help, supplies*) secours *m(pl)* ; (*of guard*) relève *f* ; (*Art, Geo*) relief *m* ; **by way of light ~** pour faire diversion
relief map *n* carte *f* en relief
relief road *n* (*Brit*) route *f* de délestage
relieve [rɪ'liːv] *vt* (*pain, patient*) soulager ; (*fear, worry*) dissiper ; (*bring help*) secourir ; (*take over from: gen*) relayer ; (: *guard*) relever ; **to ~ sb of sth** débarrasser qn de qch ; **to ~ sb of his command** (*Mil*) relever qn de ses fonctions ; **to ~ o.s.** (*euphemism*) se soulager, faire ses besoins
relieved [rɪ'liːvd] *adj* soulagé(e) ; **to be ~ that ...** être soulagé que ... ; **I'm ~ to hear it** je suis soulagé de l'entendre
religion [rɪ'lɪdʒən] *n* religion *f*
religious [rɪ'lɪdʒəs] *adj* religieux(-euse) ; (*book*) de piété
religious education *n* instruction religieuse
relinquish [rɪ'lɪŋkwɪʃ] *vt* abandonner ; (*plan, habit*) renoncer à

relish ['rɛlɪʃ] *n* (*Culin*) condiment *m* ; (*enjoyment*) délectation *f* ▶ *vt* (*food etc*) savourer ; **to ~ doing** se délecter à faire
relive [riːˈlɪv] *vt* revivre
reload [riːˈləud] *vt* recharger
relocate [riːləuˈkeɪt] *vt* (*business*) délocaliser ▶ *vi* (*company*) délocaliser ; (*person*) déménager ; **to ~ to** (*person*) déménager à ; (*company*) délocaliser à
relocation [riːləuˈkeɪʃən] *n* (*of company*) délocalisation *f* ; (*of person*) déménagement *m*
reluctance [rɪ'lʌktəns] *n* répugnance *f*
reluctant [rɪ'lʌktənt] *adj* peu disposé(e), qui hésite ; **to be ~ to do sth** hésiter à faire qch
reluctantly [rɪ'lʌktəntlɪ] *adv* à contrecœur, sans enthousiasme
rely on [rɪ'laɪ-] *vt fus* (*be dependent on*) dépendre de ; (*trust*) compter sur
remain [rɪ'meɪn] *vi* rester ; **to ~ silent** garder le silence ; **I ~, yours faithfully** (*Brit: in letters*) je vous prie d'agréer, Monsieur *etc* l'assurance de mes sentiments distingués
remainder [rɪ'meɪndəʳ] *n* reste *m* ; (*Comm*) fin *f* de série
remaining [rɪ'meɪnɪŋ] *adj* qui reste
remains [rɪ'meɪnz] *npl* restes *mpl*
remake ['riːmeɪk] *n* (*Cine*) remake *m*
remand [rɪ'mɑːnd] *n*: **on ~** en détention préventive ▶ *vt*: **to be remanded in custody** être placé(e) en détention préventive
remand home *n* (*Brit*) centre *m* d'éducation surveillée
remark [rɪ'mɑːk] *n* remarque *f*, observation *f* ▶ *vt* (*faire*) remarquer, dire ; (*notice*) remarquer ▶ *vi*: **to ~ on sth** faire une *or* des remarque(s) sur qch
remarkable [rɪ'mɑːkəbl] *adj* remarquable
remarkably [rɪ'mɑːkəblɪ] *adv* remarquablement
remarriage [riːˈmærɪdʒ] *n* remariage *m*
remarry [riːˈmærɪ] *vi* se remarier
rematch ['riːmætʃ] *n* (*esp Brit: repeat match*) revanche *f* ; (*esp US: second meeting*) match *m* retour
remedial [rɪ'miːdɪəl] *adj* (*tuition, classes*) de rattrapage
remedy ['rɛmədɪ] *n*: **~ (for)** remède *m* (contre *or* à) ▶ *vt* remédier à
remember [rɪ'mɛmbəʳ] *vt* se rappeler, se souvenir de ; (*send greetings*): **~ me to him** saluez-le de ma part ; **I ~ seeing it, I ~ having seen it** je me rappelle l'avoir vu *or* que je l'ai vu ; **she remembered to do it** elle a pensé à le faire ; **~ me to your wife** rappelez-moi au bon souvenir de votre femme

> In French, instead of telling people to remember something, one tends to tell them not to forget it.
> *Remember your passport!* **N'oubliez pas votre passeport !**

remembrance [rɪ'mɛmbrəns] *n* souvenir *m*, mémoire *f*
Remembrance Day *n* (*Brit*) ≈ (le jour de) l'Armistice *m*, ≈ le 11 novembre

r

REMEMBRANCE DAY

Remembrance Day ou **Remembrance Sunday** est le dimanche le plus proche du 11 novembre, jour où la Première Guerre mondiale a officiellement pris fin. Il rend hommage aux victimes des deux guerres mondiales. À cette occasion, on observe deux minutes de silence à 11h, heure de la signature de l'armistice avec l'Allemagne en 1918; certaines membres de la famille royale et du gouvernement déposent des gerbes de coquelicots au cénotaphe de Whitehall, et des couronnes sont placées sur les monuments aux morts dans toute la Grande-Bretagne; par ailleurs, les gens portent des coquelicots artificiels fabriqués et vendus par des membres de la légion britannique blessés au combat, au profit des blessés de guerre et de leur famille.

remind [rɪˈmaɪnd] vt: **to ~ sb of sth** rappeler qch à qn ; **to ~ sb to do** faire penser à qn à faire, rappeler à qn qu'il doit faire ; **that reminds me!** j'y pense !

reminder [rɪˈmaɪndəʳ] n (Comm: letter) rappel m ; (note etc) pense-bête m ; (souvenir) souvenir m

reminisce [rɛmɪˈnɪs] vi: **to ~ (about)** évoquer ses souvenirs (de)

reminiscences [rɛmɪˈnɪsnsɪz] npl réminiscences fpl, souvenirs mpl

reminiscent [rɛmɪˈnɪsnt] adj: **~ of** qui rappelle, qui fait penser à

remiss [rɪˈmɪs] adj négligent(e) ; **it was ~ of me** c'était une négligence de ma part

remission [rɪˈmɪʃən] n rémission f ; (of debt, sentence) remise f ; (of fee) exemption f

remit [rɪˈmɪt] vt (send: money) envoyer

remittance [rɪˈmɪtns] n envoi m, paiement m

remix n [ˈriːmɪks] remix m ▸ vt [riːˈmɪks] remixer

remnant [ˈrɛmnənt] n reste m, restant m ; (of cloth) coupon m ; **remnants** npl (Comm) fins fpl de série

remodel [riːˈmɔdl] vt (room, house) réagencer

remonstrate [ˈrɛmənstreɪt] vi: **to ~ (with sb about sth)** se plaindre (à qn de qch)

remorse [rɪˈmɔːs] n remords m

remorseful [rɪˈmɔːsful] adj plein(e) de remords

remorseless [rɪˈmɔːslɪs] adj (fig) impitoyable

remote [rɪˈməut] adj éloigné(e), lointain(e) ; (person) distant(e) ; (possibility) vague ; **there is a ~ possibility that ...** il est tout juste possible que ...

remote control n télécommande f

remote-controlled [rɪˈməutkən'trəuld] adj téléguidé(e)

remotely [rɪˈməutlɪ] adv au loin ; (slightly) très vaguement

remoteness [rɪˈməutnɪs] n (of location) éloignement m ; (of person) attitude f distante

remould [ˈriːməuld] n (BRIT: tyre) pneu m rechapé

removable [rɪˈmuːvəbl] adj (detachable) amovible

removal [rɪˈmuːvəl] n (taking away) enlèvement m ; suppression f ; (BRIT: from house) déménagement m ; (from office: dismissal) renvoi m ; (of stain) nettoyage m ; (Med) ablation f

removal man n (irreg) (BRIT) déménageur m

removal van n (BRIT) camion m de déménagement

remove [rɪˈmuːv] vt enlever, retirer ; (employee) renvoyer ; (stain) faire partir ; (abuse) supprimer ; (doubt) chasser ; **first cousin once removed** cousin(e) au deuxième degré

remover [rɪˈmuːvəʳ] n (for paint) décapant m ; (for varnish) dissolvant m ; **make-up ~** démaquillant m

remunerate [rɪˈmjuːnəreɪt] vt rémunérer

remuneration [rɪmjuːnəˈreɪʃən] n rémunération f

remunerative [rɪˈmjuːnərətɪv] adj rémunéré(e)

Renaissance [rɪˈneɪsɔ̃s] n: **the ~** la Renaissance

renal [ˈriːnl] adj rénal(e)

rename [riːˈneɪm] vt rebaptiser

rend [rɛnd] (pt, pp **rent** [rɛnt]) vt déchirer

render [ˈrɛndəʳ] vt rendre ; (Culin: fat) clarifier

rendering [ˈrɛndərɪŋ] n (Mus etc) interprétation f

rendezvous [ˈrɔndɪvuː] n rendez-vous m inv ▸ vi opérer une jonction, se rejoindre ; **to ~ with sb** rejoindre qn

rendition [rɛnˈdɪʃən] n interprétation f

renegade [ˈrɛnɪgeɪd] n renégat(e)

renege [rɪˈneɪg] vi: **to ~ on sth** revenir sur qch

renew [rɪˈnjuː] vt renouveler ; (negotiations) reprendre ; (acquaintance) renouer

renewable [rɪˈnjuːəbl] adj (energy) renouvelable ; **renewables** énergies fpl renouvelables

renewal [rɪˈnjuːəl] n renouvellement m ; reprise f

renewed [rɪˈnjuːd] adj (interest, vigour) accru(e) ; **~ fighting/violence** une recrudescence des combats/de la violence

renounce [rɪˈnauns] vt renoncer à ; (disown) renier

renovate [ˈrɛnəveɪt] vt rénover ; (work of art) restaurer

renovation [rɛnəˈveɪʃən] n rénovation f ; restauration f

renown [rɪˈnaun] n renommée f

renowned [rɪˈnaund] adj renommé(e)

rent [rɛnt] pt, pp of **rend** ▸ n loyer m ▸ vt louer ; (car, TV) louer, prendre en location ; (also: **rent out**: car, TV) louer, donner en location ▸ **rent out** vt (house, boat) louer

rental [ˈrɛntl] n (for television, car) (prix m de) location f

rent boy n (BRIT inf) jeune prostitué m

renunciation [rɪnʌnsɪˈeɪʃən] n renonciation f ; (self-denial) renoncement m

reopen [riːˈəupən] vt rouvrir

reorder [riːˈɔːdəʳ] vt commander de nouveau ; (rearrange) réorganiser

reorganization [riːɔːgənaɪˈzeɪʃən] n réorganisation f

reorganize [riːˈɔːgənaɪz] vt réorganiser

rep [rɛp] n abbr (Comm) = **representative**; (Theat) = **repertory**

Rep. abbr (Pol) = **representative**; **republican**

repair [rɪˈpɛəʳ] n réparation f ; **in good/bad ~** en bon/mauvais état ; **under ~** en réparation ▸ vt réparer ; **where can I get this repaired?** où est-ce que je peux faire réparer ceci ?

repair kit n trousse f de réparations

repair man n (irreg) réparateur m
repair shop n (Aut etc) atelier m de réparations
reparation [rɛpə'reɪʃən] n réparation f ; **war reparations** réparations de guerre
repartee [rɛpɑː'tiː] n repartie f
repast [rɪ'pɑːst] n (formal) repas m
repatriate [riː'pætrɪeɪt] vt rapatrier
repatriation [riːpætrɪ'eɪʃən] n rapatriement m
repay [riː'peɪ] vt (irreg: like **pay**) (money, creditor) rembourser ; (sb's efforts) récompenser
repayable [rɪ'peɪəbl] adj (loan) remboursable ; **~ over 10 years** remboursable sur 10 ans
repayment [riː'peɪmənt] n remboursement m ; récompense f
repeal [rɪ'piːl] n (of law) abrogation f ; (of sentence) annulation f ▶ vt abroger ; annuler
repeat [rɪ'piːt] n (Radio, TV) reprise f ▶ vt répéter ; (pattern) reproduire ; (promise, attack, also Comm: order) renouveler ; (Scol: a class) redoubler ; **can you ~ that, please?** pouvez-vous répéter, s'il vous plaît ? ▶ vi répéter
repeated [rɪ'piːtɪd] adj répété(e)
repeatedly [rɪ'piːtɪdlɪ] adv souvent, à plusieurs reprises
repeat prescription n (BRIT): **I'd like a ~** je voudrais renouveler mon ordonnance
repel [rɪ'pɛl] vt repousser
repellent [rɪ'pɛlənt] adj repoussant(e) ▶ n: **insect ~** insectifuge m ; **moth ~** produit m antimite(s)
repent [rɪ'pɛnt] vi: **to ~ (of)** se repentir (de)
repentance [rɪ'pɛntəns] n repentir m
repentant [rɪ'pɛntənt] adj (gen) repentant(e) ; (criminal) repenti(e)
repercussions [riːpə'kʌʃənz] npl répercussions fpl
repertoire ['rɛpətwɑː'] n répertoire m
repertory ['rɛpətərɪ] n (also: **repertory theatre**) théâtre m de répertoire
repertory company n troupe théâtrale permanente
repetition [rɛpɪ'tɪʃən] n répétition f
repetitious [rɛpɪ'tɪʃəs] adj (speech) plein(e) de redites
repetitive [rɪ'pɛtɪtɪv] adj (movement, work) répétitif(-ive) ; (speech) plein(e) de redites
rephrase [riː'freɪz] vt reformuler
replace [rɪ'pleɪs] vt (put back) remettre, replacer ; (take the place of) remplacer ; (Tel): **"~ the receiver"** « raccrochez »
replacement [rɪ'pleɪsmənt] n replacement m ; (substitution) remplacement m ; (person) remplaçant(e)
replacement part n pièce f de rechange
replay ['riːpleɪ] n (of match) match rejoué ; (of tape, film) répétition f
replenish [rɪ'plɛnɪʃ] vt (glass) remplir (de nouveau) ; (stock etc) réapprovisionner
replete [rɪ'pliːt] adj rempli(e) ; (well-fed): **~ (with)** rassasié(e) (de)
replica ['rɛplɪkə] n réplique f, copie exacte
replicate ['rɛplɪkeɪt] vt (work, experiment) reproduire
reply [rɪ'plaɪ] n réponse f ; **in ~ (to)** en réponse (à) ; **there's no ~** (Tel) ça ne répond pas ▶ vi répondre

reply coupon n coupon-réponse m
repopulate [riː'pɒpjuleɪt] vt repeupler
report [rɪ'pɔːt] n rapport m ; (Press etc) reportage m ; (BRIT: also: **school report**) bulletin m (scolaire) ; (of gun) détonation f ▶ vt rapporter, faire un compte rendu de ; (Press etc) faire un reportage sur ; (notify: accident) signaler ; (: culprit) dénoncer ; **I'd like to ~ a theft** je voudrais signaler un vol ; **it is reported that** on dit or annonce que ; **it is reported from Berlin that** on nous apprend de Berlin que ▶ vi (make a report) faire un rapport ; (for newspaper) faire un reportage (sur) ; **to ~ (to sb)** (present o.s.) se présenter (chez qn)
report card n (US, SCOTTISH) bulletin m (scolaire)
reportedly [rɪ'pɔːtɪdlɪ] adv: **she is ~ living in Spain** elle habiterait en Espagne ; **he ~ told them to ...** il leur aurait dit de ...
reported speech [rɪ'pɔːtɪd-] n (Ling) discours indirect
reporter [rɪ'pɔːtə'] n reporter m
repose [rɪ'pəuz] n: **in ~** en or au repos
reposition [riːpə'zɪʃən] vt repositionner
repository [rɪ'pɒzɪtrɪ] n (store) dépôt m ; (of information, knowledge) dépositaire mf
repossess [riːpə'zɛs] vt saisir
repossession [riːpə'zɛʃən] n saisie f
repossession order [riːpə'zɛʃən-] n ordre m de reprise de possession
reprehensible [rɛprɪ'hɛnsɪbl] adj répréhensible
represent [rɛprɪ'zɛnt] vt représenter ; (view, belief) présenter, expliquer ; (describe): **to ~ sth as** présenter or décrire qch comme ; **to ~ to sb that** expliquer à qn que
representation [rɛprɪzɛn'teɪʃən] n représentation f ; **representations** npl (protest) démarche f
representative [rɛprɪ'zɛntətɪv] n représentant(e) ; (Comm) représentant(e) (de commerce) ; (US Pol) député m ▶ adj représentatif(-ive), caractéristique
representativeness [rɛprɪ'zɛntətɪvnɪs] n représentativité f
repress [rɪ'prɛs] vt réprimer
repressed [rɪ'prɛst] adj refoulé(e) ; **sexually ~** sexuellement refoulé(e)
repression [rɪ'prɛʃən] n répression f
repressive [rɪ'prɛsɪv] adj répressif(-ive)
reprieve [rɪ'priːv] n (Law) grâce f ; (fig) sursis m, délai m ▶ vt gracier ; accorder un sursis or un délai à
reprimand ['rɛprɪmɑːnd] n réprimande f ▶ vt réprimander
reprint n ['riːprɪnt] réimpression f ▶ vt [riː'prɪnt] réimprimer
reprisal [rɪ'praɪzl] n représailles fpl ; **to take reprisals** user de représailles
reproach [rɪ'prəutʃ] n reproche m ; **beyond ~** irréprochable ▶ vt: **to ~ sb with sth** reprocher qch à qn
reproachful [rɪ'prəutʃful] adj de reproche
reprocess [riː'prəusɛs] vt (nuclear fuel) retraiter
reproduce [riːprə'djuːs] vt reproduire ▶ vi se reproduire
reproduction [riːprə'dʌkʃən] n reproduction f

r

reproductive – residue

reproductive [ri:prə'dʌktɪv] *adj* reproducteur(-trice)

reproof [rɪ'pru:f] *n* reproche *m*

reprove [rɪ'pru:v] *vt* (*action*) réprouver ; (*person*): **to ~ (for)** blâmer (de)

reproving [rɪ'pru:vɪŋ] *adj* réprobateur(-trice)

reptile ['reptaɪl] *n* reptile *m*

Repub. *abbr* (*US Pol*) = **republican**

republic [rɪ'pʌblɪk] *n* république *f*

republican [rɪ'pʌblɪkən] *adj, n* républicain(e)

republicanism [rɪ'pʌblɪkənɪzəm] *n* républicanisme *m*

repudiate [rɪ'pju:dɪeɪt] *vt* (*ally, behaviour*) désavouer ; (*accusation*) rejeter ; (*wife*) répudier

repugnance [rɪ'pʌgnəns] *n* dégoût *m*

repugnant [rɪ'pʌgnənt] *adj* répugnant(e)

repulse [rɪ'pʌls] *vt* repousser

repulsion [rɪ'pʌlʃən] *n* répulsion *f*

repulsive [rɪ'pʌlsɪv] *adj* repoussant(e), répulsif(-ive)

reputable ['repjutəbl] *adj* de bonne réputation ; (*occupation*) honorable

reputation [repju'teɪʃən] *n* réputation *f* ; **to have a ~ for** être réputé(e) pour ; **he has a ~ for being awkward** il a la réputation de ne pas être commode

repute [rɪ'pju:t] *n* (bonne) réputation

reputed [rɪ'pju:tɪd] *adj* réputé(e) ; **he is ~ to be rich/intelligent** *etc* on dit qu'il est riche/intelligent *etc*

reputedly [rɪ'pju:tɪdlɪ] *adv* d'après ce qu'on dit

request [rɪ'kwest] *n* demande *f* ; (*formal*) requête *f* ; **at the ~ of** à la demande de ▶ *vt*: **to ~ (of or from sb)** demander (à qn)

request stop *n* (*Brit: for bus*) arrêt facultatif

requiem ['rekwɪəm] *n* requiem *m*

require [rɪ'kwaɪər] *vt* (*need: subj: person*) avoir besoin de ; (: *thing, situation*) nécessiter, demander ; (*want*) exiger ; (*order*): **to ~ sb to do sth/sth of sb** exiger que qn fasse qch/qch de qn ; **if required** s'il le faut ; **what qualifications are required?** quelles sont les qualifications requises ? ; **required by law** requis par la loi

required [rɪ'kwaɪəd] *adj* requis(e), voulu(e)

requirement [rɪ'kwaɪəmənt] *n* (*need*) exigence *f* ; besoin *m* ; (*condition*) condition *f* (requise)

requisite ['rekwɪzɪt] *n* chose *f* nécessaire ; **toilet requisites** accessoires *mpl* de toilette ▶ *adj* requis(e), nécessaire

requisition [rekwɪ'zɪʃən] *n*: **~ (for)** demande *f* (de) ▶ *vt* (*Mil*) réquisitionner

reroute [ri:'ru:t] *vt* (*train etc*) dérouter

re-run *n* ['ri:rʌn] (*rebroadcast*) rediffusion *f* ; (*of event, experience*) répétition *f* ; (*of elections*) réorganisation *f* ; (*race*) course *f* recourue ▶ *vt* [ri:'rʌn] (*irreg: like* **run**) (*rebroadcast*) rediffuser ; (*election*) refaire ; (*Comput: program, software*) réexécuter ; (*race*) recourir

resale ['ri:'seɪl] *n* revente *f*

resale price maintenance *n* vente au détail à prix imposé

resat [ri:'sæt] *pt, pp of* **resit**

reschedule [ri:'ʃedju:l] *vt* (*event, meeting*) reporter ; (*programme*) reprogrammer ; (*debt*) rééchelonner

rescind [rɪ'sɪnd] *vt* annuler ; (*law*) abroger ; (*judgment*) rescinder

rescue ['reskju:] *n* (*from accident*) sauvetage *m* ; (*help*) secours *mpl* ; **to come to sb's ~** venir au secours de qn ▶ *vt* sauver

rescue party *n* équipe *f* de sauvetage

rescuer ['reskjuər] *n* sauveteur *m*

research [rɪ'sə:tʃ] *n* recherche(s) *f(pl)* ; **a piece of ~** un travail de recherche ; **~ and development** recherche-développement ▶ *vt* faire des recherches sur ▶ *vi*: **to ~ (into sth)** faire des recherches (sur qch)

researcher [rɪ'sə:tʃər] *n* chercheur(-euse)

research work *n* recherches *fpl*

resell [ri:'sel] *vt* (*irreg: like* **sell**) revendre

resemblance [rɪ'zembləns] *n* ressemblance *f* ; **to bear a strong ~ to** ressembler beaucoup à

resemble [rɪ'zembl] *vt* ressembler à

resent [rɪ'zent] *vt* éprouver du ressentiment de, être contrarié(e) par

resentful [rɪ'zentful] *adj* irrité(e), plein(e) de ressentiment

resentment [rɪ'zentmənt] *n* ressentiment *m*

reservation [rezə'veɪʃən] *n* (*booking*) réservation *f* ; (*doubt, protected area*) réserve *f* ; (*Brit Aut: also:* **central reservation**) bande médiane ; **to make a ~ (in an hotel/a restaurant/on a plane)** réserver or retenir une chambre/une table/une place ; **with reservations** (*doubts*) avec certaines réserves

reservation desk *n* (*US: in hotel*) réception *f*

reserve [rɪ'zə:v] *n* réserve *f* ; (*Sport*) remplaçant(e) ; **in ~** en réserve ▶ *vt* (*seats etc*) réserver, retenir ; **reserves** *npl* (*Mil*) réservistes *mpl*

reserve currency *n* monnaie *f* de réserve

reserved [rɪ'zə:vd] *adj* réservé(e)

reserve price *n* (*Brit*) mise *f* à prix, prix *m* de départ

reserve team *n* (*Brit Sport*) deuxième équipe *f*

reservist [rɪ'zə:vɪst] *n* (*Mil*) réserviste *m*

reservoir ['rezəvwɑ:r] *n* réservoir *m*

reset [ri:'set] *vt* (*irreg: like* **set**) remettre ; (*clock, watch*) mettre à l'heure ; (*Comput*) remettre à zéro

resettlement [ri:'setlmənt] *n* (*of people*) relocalisation *f*

reshape [ri:'ʃeɪp] *vt* (*policy*) réorganiser

reshuffle ['ri:ʃʌfl] *n*: **Cabinet ~** (*Brit Pol*) remaniement ministériel

reside [rɪ'zaɪd] *vi* résider

residence ['rezɪdəns] *n* résidence *f* ; **to take up ~** s'installer ; **in ~** (*queen etc*) en résidence ; (*doctor*) résidant(e)

residence permit *n* (*Brit*) permis *m* de séjour

resident ['rezɪdənt] *n* (*of country*) résident(e) ; (*of area, house*) habitant(e) ; (*in hotel*) pensionnaire *mf* ▶ *adj* résidant(e)

residential [rezɪ'denʃəl] *adj* de résidence ; (*area*) résidentiel(le) ; (*course*) avec hébergement sur place

residential school *n* internat *m*

residual [rɪ'zɪdjuəl] *adj* résiduel(le)

residue ['rezɪdju:] *n* reste *m* ; (*Chem, Physics*) résidu *m*

resign [rɪ'zaɪn] *vt (one's post)* se démettre de ; **to ~ o.s. to** *(endure)* se résigner à ▶ *vi* démissionner
resignation [rezɪg'neɪʃən] *n (from post)* démission *f* ; *(state of mind)* résignation *f* ; **to tender one's ~** donner sa démission
resigned [rɪ'zaɪnd] *adj* résigné(e)
resilience [rɪ'zɪlɪəns] *n (of material)* élasticité *f* ; *(of person)* ressort *m*
resilient [rɪ'zɪlɪənt] *adj (person)* qui réagit, qui a du ressort
resin ['rezɪn] *n* résine *f*
resist [rɪ'zɪst] *vt* résister à
resistance [rɪ'zɪstəns] *n* résistance *f*
resistant [rɪ'zɪstənt] *adj*: **~ (to)** résistant(e) (à)
resit *vt* [ri:'sɪt] *(irreg: like* **sit**) *(BRIT: exam)* repasser ▶ *n* ['ri:sɪt] deuxième session *f (d'un examen)*
resolute ['rezəlu:t] *adj* résolu(e)
resolutely ['rezəlu:tlɪ] *adv (refuse, reject)* résolument ; **to remain ~ opposed to sth** rester résolument opposé(e) à qch
resolution [rezə'lu:ʃən] *n* résolution *f* ; **to make a ~** prendre une résolution
resolve [rɪ'zɔlv] *n* résolution *f* ▶ *vt (problem)* résoudre ; *(decide)*: **to ~ to do** résoudre *or* décider de faire
resolved [rɪ'zɔlvd] *adj* résolu(e)
resonance ['rezənəns] *n* résonance *f*
resonant ['rezənənt] *adj* résonnant(e)
resonate ['rezəneɪt] *vi (sound, room)* résonner ; *(be meaningful)*: **to ~ with sb** trouver un écho chez qn
resort [rɪ'zɔ:t] *n (seaside town)* station *f* balnéaire ; *(for skiing)* station de ski ; *(recourse)* recours *m* ; **in the last ~** en dernier ressort ▶ *vi*: **to ~ to** avoir recours à
resound [rɪ'zaund] *vi*: **to ~ (with)** retentir (de)
resounding [rɪ'zaundɪŋ] *adj* retentissant(e)
resource [rɪ'sɔ:s] *n* ressource *f* ; **natural resources** ressources *npl* naturelles ; **to leave sb to his** (*or* **her**) **own resources** *(fig)* livrer qn à lui-même *(or* elle-même)
resourceful [rɪ'sɔ:sful] *adj* ingénieux(-euse), débrouillard(e)
resourcefulness [rɪ'sɔ:sfəlnɪs] *n* ressource *f*
respect [rɪs'pekt] *n* respect *m* ; *(point, detail)*: **in some respects** à certains égards ; **to have** *or* **show ~ for sb/sth** respecter qn/qch ; **out of ~ for** par respect pour ; **with ~ to** en ce qui concerne ; **in ~ of** sous le rapport de, quant à ; **in this ~** sous ce rapport, à cet égard ; **with due ~ I ...** malgré le respect que je vous dois, je ... ▶ *vt* respecter ; **respects** *npl* respects, hommages *mpl* ; **to pay one's respects** présenter ses respects
respectability [rɪspektə'bɪlɪtɪ] *n* respectabilité *f*
respectable [rɪs'pektəbl] *adj* respectable ; *(quite good: result etc)* honorable ; *(: player)* assez bon(ne)
respectful [rɪs'pektful] *adj* respectueux(-euse)
respectfully [rɪ'spektfulɪ] *adv* respectueusement
respective [rɪs'pektɪv] *adj* respectif(-ive)
respectively [rɪs'pektɪvlɪ] *adv* respectivement
respiration [respɪ'reɪʃən] *n* respiration *f*
respirator ['respɪreɪtər] *n* respirateur *m*

respiratory ['respərətərɪ] *adj* respiratoire
respite ['respaɪt] *n* répit *m*
resplendent [rɪs'plendənt] *adj* resplendissant(e)
respond [rɪs'pɔnd] *vi* répondre ; *(react)* réagir
respondent [rɪs'pɔndənt] *n (Law)* défendeur(-deresse)
response [rɪs'pɔns] *n* réponse *f* ; *(reaction)* réaction *f* ; **in ~ to** en réponse à
responsibility [rɪspɔnsɪ'bɪlɪtɪ] *n* responsabilité *f* ; **to take ~ for sth/sb** accepter la responsabilité de qch/d'être responsable de qn
responsible [rɪs'pɔnsɪbl] *adj (liable)*: **~ (for)** responsable (de) ; *(person)* digne de confiance ; *(job)* qui comporte des responsabilités ; **to be ~ to sb (for sth)** être responsable devant qn (de qch)
responsibly [rɪs'pɔnsɪblɪ] *adv* avec sérieux
responsive [rɪs'pɔnsɪv] *adj (student, audience)* réceptif(-ive) ; *(brakes, steering)* sensible
rest [rest] *n* repos *m* ; *(stop)* arrêt *m*, pause *f* ; *(Mus)* silence *m* ; *(support)* support *m*, appui *m* ; *(remainder)* reste *m*, restant *m* ; **the ~ of them** les autres ; **to set sb's mind at ~** tranquilliser qn ▶ *vi* se reposer ; *(be supported)*: **to ~ on** appuyer *or* reposer sur ; *(remain)* rester ; **it rests with him to** c'est à lui de ; **~ assured that ...** soyez assuré que ... ▶ *vt (lean)*: **to ~ sth on/against** appuyer qch sur/contre
restart [ri:'sta:t] *vt (engine)* remettre en marche ; *(work)* reprendre
restaurant ['restərɔnt] *n* restaurant *m*
restaurant car *n (BRIT Rail)* wagon-restaurant *m*
restaurateur [restrə'tər] *n* restaurateur(-trice)
rest cure *n* cure *f* de repos
rested ['restɪd] *adj* reposé(e) ; **to feel ~** se sentir reposé(e)
restful ['restful] *adj* reposant(e)
rest home *n* maison *f* de repos
restitution [restɪ'tju:ʃən] *n (act)* restitution *f* ; *(reparation)* réparation *f*
restive ['restɪv] *adj* agité(e), impatient(e) ; *(horse)* rétif(-ive)
restless ['restlɪs] *adj* agité(e) ; **to get ~** s'impatienter
restlessly ['restlɪslɪ] *adv* avec agitation
restlessness ['restlɪsnɪs] *n* agitation *f*
restock [ri:'stɔk] *vt* réapprovisionner
restoration [restə'reɪʃən] *n (of building)* restauration *f* ; *(of stolen goods)* restitution *f*
restorative [rɪ'stɔrətɪv] *adj* reconstituant(e) ▶ *n* reconstituant *m*
restore [rɪ'stɔ:r] *vt (building)* restaurer ; *(sth stolen)* restituer ; *(peace, health)* rétablir ; **to ~ to** *(former state)* ramener à
restorer [rɪ'stɔ:rər] *n (Art etc)* restaurateur(-trice) *(d'œuvres d'art)*
restrain [rɪs'treɪn] *vt (feeling)* contenir ; *(person)*: **to ~ (from doing)** retenir (de faire)
restrained [rɪs'treɪnd] *adj (style)* sobre ; *(manner)* mesuré(e)
restraint [rɪs'treɪnt] *n (restriction)* contrainte *f* ; *(moderation)* retenue *f* ; *(of style)* sobriété *f* ; **wage ~** limitations salariales
restrict [rɪs'trɪkt] *vt* restreindre, limiter

r

restricted [rɪ'strɪktɪd] *adj* restreint(e) ; (*Brit: document*) confidentiel(le) ; **to be ~ to sb/sth** se limiter à qn/qch

restricted area *n* (*Aut*) zone *f* à vitesse limitée

restriction [rɪs'trɪkʃən] *n* restriction *f*, limitation *f*

restrictive [rɪs'trɪktɪv] *adj* restrictif(-ive)

restrictive practices *npl* (*Industry*) pratiques *fpl* entravant la libre concurrence

rest room *n* (*US*) toilettes *fpl*

restructure [riː'strʌktʃəʳ] *vt* restructurer

restructuring [riː'strʌktʃərɪŋ] *n* restructuration *f*

result [rɪ'zʌlt] *n* résultat *m* ; **as a ~ it is too expensive** il en résulte que c'est trop cher ; **as a ~ of** à la suite de ▸ *vi*: **to ~ (from)** résulter (de) ; **to ~ in** aboutir à, se terminer par

resultant [rɪ'zʌltənt] *adj* résultant(e)

resume [rɪ'zjuːm] *vt* (*work, journey*) reprendre ; (*sum up*) résumer ▸ *vi* (*work etc*) reprendre

résumé ['reɪzjuːmeɪ] *n* (*summary*) résumé *m* ; (*US: curriculum vitae*) curriculum vitae *m inv*

resumption [rɪ'zʌmpʃən] *n* reprise *f*

resurface [riː'səːfɪs] *vi* refaire surface ▸ *vt* (*road*) refaire le revêtement de

resurgence [rɪ'səːdʒəns] *n* réapparition *f*

resurrect [rezə'rekt] *vt* ressusciter

resurrection [rezə'rekʃən] *n* résurrection *f*

resuscitate [rɪ'sʌsɪteɪt] *vt* (*Med*) réanimer

resuscitation [rɪsʌsɪ'teɪʃən] *n* réanimation *f*

retail [rɪ'teɪl] *n* (*vente f* au) détail *m* ▸ *adj* de or au détail ▸ *adv* au détail ▸ *vt* vendre au détail ▸ *vi*: **to ~ at 10 euros** se vendre au détail à 10 euros

retailer ['riːteɪləʳ] *n* détaillant(e)

retailing ['riːteɪlɪŋ] *n* commerce *m* de détail ▸ *cpd* (*industry, business*) de détail

retail outlet *n* point *m* de vente

retail price *n* prix *m* de détail

retail price index *n* ≈ indice *m* des prix

retain [rɪ'teɪn] *vt* (*keep*) garder, conserver ; (*employ*) engager

retainer [rɪ'teɪnəʳ] *n* (*servant*) serviteur *m* ; (*fee*) acompte *m*, provision *f*

retake *vt* [riː'teɪk] (*irreg: like* **take**) (*recapture*) reprendre ; (*exam, course*) repasser ▸ *n* ['riːteɪk] (*exam*) rattrapage *m*, deuxième session *f* ; (*Cine: of scene*) retournage *m*

retaliate [rɪ'tælieɪt] *vi*: **to ~ (against)** se venger (de) ; **to ~ (on sb)** rendre la pareille (à qn)

retaliation [rɪtælɪ'eɪʃən] *n* représailles *fpl*, vengeance *f* ; **in ~ for** par représailles pour

retaliatory [rɪ'tælɪətərɪ] *adj* de représailles

retarded [rɪ'tɑːdɪd] *adj* retardé(e)

retch [retʃ] *vi* avoir des haut-le-cœur

retell [riː'tel] *vt* (*irreg: like* **tell**) (*story, tale: repeat*) raconter à nouveau ; (: *in a new form*) adapter

retention [rɪ'tenʃən] *n* (*keeping*) maintien *m* ; (*of information, fluid, heat*) rétention *f*

retentive [rɪ'tentɪv] *adj*: **~ memory** excellente mémoire

rethink ['riː'θɪŋk] *vt* repenser

reticence ['retɪsns] *n* réticence *f*

reticent ['retɪsnt] *adj* réticent(e)

retina ['retɪnə] *n* rétine *f*

retinue ['retɪnjuː] *n* suite *f*, cortège *m*

retire [rɪ'taɪəʳ] *vi* (*give up work*) prendre sa retraite ; (*withdraw*) se retirer, partir ; (*go to bed*) (aller) se coucher

retired [rɪ'taɪəd] *adj* (*person*) retraité(e)

retiree [rɪtaɪə'riː] *n* (*esp US*) retraité(e)

retirement [rɪ'taɪəmənt] *n* retraite *f*

retirement age *n* âge *m* de la retraite

retiring [rɪ'taɪərɪŋ] *adj* (*person*) réservé(e) ; (*chairman etc*) sortant(e)

retook [riː'tuk] *pt of* **retake**

retort [rɪ'tɔːt] *n* (*reply*) riposte *f* ; (*container*) cornue *f* ▸ *vi* riposter

retrace [riː'treɪs] *vt* reconstituer ; **to ~ one's steps** revenir sur ses pas

retract [rɪ'trækt] *vt* (*statement, claws*) rétracter ; (*undercarriage, aerial*) rentrer, escamoter ▸ *vi* se rétracter ; rentrer

retractable [rɪ'træktəbl] *adj* escamotable

retrain [riː'treɪn] *vt* recycler ▸ *vi* se recycler

retraining [riː'treɪnɪŋ] *n* recyclage *m*

retread *vt* [riː'tred] (*Aut: tyre*) rechaper ▸ *n* ['riːtred] pneu rechapé

retreat [rɪ'triːt] *n* retraite *f* ; **to beat a hasty ~** (*fig*) partir avec précipitation ▸ *vi* battre en retraite ; (*flood*) reculer

retrial [riː'traɪəl] *n* nouveau procès

retribution [retrɪ'bjuːʃən] *n* châtiment *m*

retrieval [rɪ'triːvəl] *n* récupération *f* ; réparation *f* ; recherche *f* et extraction *f*

retrieve [rɪ'triːv] *vt* (*sth lost*) récupérer ; (*situation, honour*) sauver ; (*error, loss*) réparer ; (*Comput*) rechercher

retriever [rɪ'triːvəʳ] *n* chien *m* d'arrêt

retroactive [retrəu'æktɪv] *adj* rétroactif(-ive)

retroactively [retrəu'æktɪvlɪ] *adv* rétroactivement

retrograde ['retrəgreɪd] *adj* rétrograde

retrospect ['retrəspekt] *n*: **in ~** rétrospectivement, après coup

retrospective [retrə'spektɪv] *adj* rétrospectif(-ive) ; (*law*) rétroactif(-ive) ▸ *n* (*Art*) rétrospective *f*

retrospectively [retrə'spektɪvlɪ] *adv* rétrospectivement

return [rɪ'təːn] *n* (*going or coming back*) retour *m* ; (*of sth stolen etc*) restitution *f* ; (*recompense*) récompense *f* ; (*Finance: from land, shares*) rapport *m* ; (*report*) relevé *m*, rapport ; (*Brit: also:* **return ticket**) aller retour *m*, aller et retour *m* ; **by ~ (of post)** par retour (du courrier) ; **in ~ (for)** en échange (de) ; **a ~ to Avignon, please** un aller retour pour Avignon, s'il vous plaît ▸ *cpd* (*journey*) de retour ; (*Brit: airfare*) aller et retour ; (*match*) retour ▸ *vi* (*person etc: come back*) revenir ; (: *go back*) retourner ▸ *vt* rendre ; (*bring back*) rapporter ; (*send back*) renvoyer ; (*put back*) remettre ; (*Pol: candidate*) élire ; **returns** *npl* (*Comm*) recettes *fpl* ; (*Finance*) bénéfices *mpl* ; (: *returned goods*) marchandises renvoyées ; **many happy returns (of the day)!** bon anniversaire !

returnable [rɪ'təːnəbl] *adj* (*bottle etc*) consigné(e)

returner [rɪ'təːnəʳ] *n* femme qui reprend un travail après avoir élevé ses enfants

returning officer [rɪˈtəːnɪŋ-] n (BRIT Pol) président m de bureau de vote
return key n (Comput) touche f de retour
return ticket n (esp BRIT) billet m aller-retour
retweet [riːˈtwiːt] vt (on Twitter) retweeter ▶ n retweet m
reunification [riːjuːnɪfɪˈkeɪʃən] n réunification f
reunion [riːˈjuːnɪən] n réunion f
reunite [riːjuːˈnaɪt] vt réunir
reusable [riːˈjuːzəbl] adj réutilisable
reuse [riːˈjuːz] vt réutiliser
rev [rɛv] n abbr (Aut: = revolution) tour m ▶ vt (also: **rev up**) emballer ▶ vi (also: **rev up**) s'emballer
Rev. abbr = **Reverend**
revaluation [riːvæljuˈeɪʃən] n réévaluation f
revamp [riːˈvæmp] vt (house) retaper ; (firm) réorganiser
rev counter n (BRIT) compte-tours m inv
Revd abbr = **Reverend**
reveal [rɪˈviːl] vt (make known) révéler ; (display) laisser voir
revealing [rɪˈviːlɪŋ] adj révélateur(-trice) ; (dress) au décolleté généreux or suggestif
reveille [rɪˈvælɪ] n (Mil) réveil m
revel [ˈrɛvl] vi: **to ~ in sth/in doing** se délecter de qch/à faire
revelation [rɛvəˈleɪʃən] n révélation f
reveller [ˈrɛvləʳ] n fêtard m
revelry [ˈrɛvlrɪ] n festivités fpl
revenge [rɪˈvɛndʒ] n vengeance f ; (in game etc) revanche f ; **to take ~ (on)** se venger (sur) ▶ vt venger
revengeful [rɪˈvɛndʒful] adj vengeur(-eresse), vindicatif(-ive)
revenue [ˈrɛvənjuː] n revenu m
reverberate [rɪˈvəːbəreɪt] vi (sound) retentir, se répercuter ; (light) se réverbérer
reverberation [rɪvəːbəˈreɪʃən] n répercussion f ; réverbération f
revere [rɪˈvɪəʳ] vt vénérer, révérer
reverence [ˈrɛvərəns] n vénération f, révérence f
Reverend [ˈrɛvərənd] adj vénérable ; (in titles): **the ~ John Smith** (Anglican) le révérend John Smith ; (Catholic) l'abbé (John) Smith ; (Protestant) le pasteur (John) Smith
reverent [ˈrɛvərənt] adj respectueux(-euse)
reverential [rɛvəˈrɛnʃəl] adj révérencieux(-euse)
reverie [ˈrɛvərɪ] n rêverie f
reversal [rɪˈvəːsl] n (of opinion) revirement m ; (of order) renversement m ; (of direction) changement m
reverse [rɪˈvəːs] n contraire m, opposé m ; (back) dos m, envers m ; (of paper) verso m ; (of coin) revers m ; (Aut: also: **reverse gear**) marche f arrière ; **to go into ~** faire marche arrière ▶ adj (direction, effect) inverse ; **in ~ order** en ordre inverse ▶ vt (order, position) changer, inverser ; (direction, policy) changer complètement de ; (decision) annuler ; (roles) renverser ; (car) faire marche arrière avec ; (Law: judgment) réformer ▶ vi (BRIT Aut) faire marche arrière
reverse video n vidéo m inverse
reversible [rɪˈvəːsəbl] adj (garment) réversible ; (procedure) révocable

reversing lights [rɪˈvəːsɪŋ-] npl (BRIT Aut) feux mpl de marche arrière or de recul
reversion [rɪˈvəːʃən] n retour m
revert [rɪˈvəːt] vi: **to ~ to** revenir à, retourner à
review [rɪˈvjuː] n revue f ; (of book, film) critique f ; (of situation, policy) examen m, bilan m ; (US: examination) examen ; **to come under ~** être révisé(e) ▶ vt passer en revue ; faire la critique de ; examiner
reviewer [rɪˈvjuːəʳ] n critique m
revile [rɪˈvaɪl] vt injurier
revise [rɪˈvaɪz] vt réviser, modifier ; (manuscript) revoir, corriger ; **revised edition** édition revue et corrigée ▶ vi (study) réviser
revision [rɪˈvɪʒən] n révision f ; (revised version) version corrigée
revitalization [riːvaɪtəlaɪˈzeɪʃən] n revitalisation f
revitalize [riːˈvaɪtəlaɪz] vt revitaliser
revival [rɪˈvaɪvəl] n reprise f ; (recovery) rétablissement m ; (of faith) renouveau m
revive [rɪˈvaɪv] vt (person) ranimer ; (custom) rétablir ; (economy) relancer ; (hope, courage) raviver, faire renaître ; (play, fashion) reprendre ▶ vi (person) reprendre connaissance ; (: from ill health) se rétablir ; (hope etc) renaître ; (activity) reprendre
revoke [rɪˈvəuk] vt révoquer ; (promise, decision) revenir sur
revolt [rɪˈvəult] n révolte f ▶ vi se révolter, se rebeller ▶ vt révolter, dégoûter
revolting [rɪˈvəultɪŋ] adj dégoûtant(e)
revolution [rɛvəˈluːʃən] n révolution f ; (of wheel etc) tour m, révolution
revolutionary [rɛvəˈluːʃənrɪ] adj, n révolutionnaire mf
revolutionize [rɛvəˈluːʃənaɪz] vt révolutionner
revolve [rɪˈvɔlv] vi tourner
▶ **revolve around** vt fus tourner autour de ; **her life revolves around tennis** sa vie tourne autour du tennis
revolver [rɪˈvɔlvəʳ] n revolver m
revolving [rɪˈvɔlvɪŋ] adj (chair) pivotant(e) ; (light) tournant(e)
revolving door n (porte f à) tambour m
revue [rɪˈvjuː] n (Theat) revue f
revulsion [rɪˈvʌlʃən] n dégoût m, répugnance f
reward [rɪˈwɔːd] n récompense f ▶ vt: **to ~ (for)** récompenser (de)
rewarding [rɪˈwɔːdɪŋ] adj (fig) qui (en) vaut la peine, gratifiant(e) ; **financially ~** financièrement intéressant(e)
rewind [riːˈwaɪnd] vt (irreg: like **wind²**) (watch) remonter ; (tape) réembobiner
rewire [riːˈwaɪəʳ] vt (house) refaire l'installation électrique de
reword [riːˈwəːd] vt formuler or exprimer différemment
rework [riːˈwəːk] vt retravailler
reworking [riːˈwəːkɪŋ] n (of book, story) revisite f
rewound [riːˈwaund] pt, pp of **rewind**
rewritable [riːˈraɪtəbl] adj (CD, DVD) réinscriptible
rewrite [riːˈraɪt] vt (irreg: like **write**) récrire
Reykjavik [ˈreɪkjəviːk] n Reykjavik

RFD *abbr* (*US Post*) = **rural free delivery**
Rh *abbr* (= *rhesus*) Rh
rhapsodize ['ræpsədaɪz] *vi* s'extasier ; **to ~ over
sth** s'extasier sur qch
rhapsody ['ræpsədɪ] *n* (*Mus*) rhapsodie *f* ; (*fig*)
éloge délirant
rhesus negative ['ri:səs-] *adj* (*Med*) de rhésus
négatif
rhesus positive ['ri:səs-] *adj* (*Med*) de rhésus
positif
rhetoric ['rɛtərɪk] *n* rhétorique *f*
rhetorical [rɪ'tɒrɪkl] *adj* rhétorique
rheumatic [ru:'mætɪk] *adj* rhumatismal(e)
rheumatism ['ru:mətɪzəm] *n* rhumatisme *m*
rheumatoid arthritis ['ru:mətɔɪd-] *n*
polyarthrite *f* chronique
rheumatologist [ru:mə'tɒlədʒɪst] *n*
rhumatologue *mf*
Rhine [raɪn] *n*: **the (River) ~** le Rhin
rhinestone ['raɪnstəʊn] *n* faux diamant
rhino ['raɪnəʊ] *n* rhinocéros *m*
rhinoceros [raɪ'nɒsərəs] *n* rhinocéros *m*
Rhodes [rəʊdz] *n* Rhodes *f*
Rhodesia [rəʊ'di:ʒə] *n* Rhodésie *f*
Rhodesian [rəʊ'di:ʒən] *adj* rhodésien(ne) ▶ *n*
Rhodésien(ne)
rhododendron [rəʊdə'dɛndrn] *n*
rhododendron *m*
rhubarb ['ru:ba:b] *n* rhubarbe *f*
rhyme [raɪm] *n* rime *f* ; (*verse*) vers *mpl* ; **without
~ or reason** sans rime ni raison ▶ *vi*: **to ~ (with)**
rimer (avec)
rhythm ['rɪðm] *n* rythme *m*
rhythmic ['rɪðmɪk], **rhythmical** ['rɪðmɪkl] *adj*
rythmique
rhythmically ['rɪðmɪklɪ] *adv* avec rythme
rhythm method *n* méthode *f* des températures
RI *n abbr* (*BRIT*) = **religious instruction** ▶ *abbr* (*US*)
= **Rhode Island**
rib [rɪb] *n* (*Anat*) côte *f* ▶ *vt* (*mock*) taquiner
ribald ['rɪbəld] *adj* paillard(e)
ribbed [rɪbd] *adj* (*knitting*) à côtes ; (*shell*) strié(e)
ribbon ['rɪbən] *n* ruban *m* ; **in ribbons** (*torn*) en
lambeaux
rice [raɪs] *n* riz *m*
rice field *n* rizière *f*
rice pudding *n* riz *m* au lait
rich [rɪtʃ] *adj* riche ; (*gift, clothes*)
somptueux(-euse) ; **to be ~ in sth** être riche en
qch ▶ *npl*: **the ~** les riches *mpl* ; **riches** *npl*
richesses *fpl*
richly ['rɪtʃlɪ] *adv* richement ; (*deserved, earned*)
largement, grandement
richness ['rɪtʃnɪs] *n* richesse *f*
rickets ['rɪkɪts] *n* rachitisme *m*
rickety ['rɪkɪtɪ] *adj* branlant(e)
rickshaw ['rɪkʃɔ:] *n* pousse(-pousse) *m inv*
ricochet ['rɪkəʃeɪ] *n* ricochet ▶ *vi* ricocher
rid [rɪd] (*pt, pp* ~) *vt*: **to ~ sb of** débarrasser qn de ;
to get ~ of se débarrasser de
riddance ['rɪdns] *n*: **good ~!** bon débarras !
ridden ['rɪdn] *pp of* **ride**
riddle ['rɪdl] *n* (*puzzle*) énigme *f* ▶ *vt*: **to be
riddled with** être criblé(e) de ; (*fig*) être en
proie à

ride [raɪd] (*pt* **rode** [rəʊd], *pp* **ridden** ['rɪdn]) *n*
promenade *f*, tour *m* ; (*distance covered*) trajet *m* ;
horse/car ~ promenade *or* tour à cheval/en
voiture ; **to go for a ~** faire une promenade (en
voiture *or* à bicyclette *etc*) ; **to take sb for a ~**
(*fig*) faire marcher qn ; (*cheat*) rouler qn ▶ *vi* (*as
sport*) monter (à cheval), faire du cheval ; (*go
somewhere: on horse, bicycle*) aller (à cheval *or*
bicyclette *etc*) ; (*travel: on bicycle, motor cycle, bus*)
rouler ; **we rode all day/all the way** nous
sommes restés toute la journée en selle/avons
fait tout le chemin en selle *or* à cheval ; **to ~ at
anchor** (*Naut*) être à l'ancre ▶ *vt* (*a horse*)
monter ; (*distance*) parcourir, faire ; **to ~ a
horse/bicycle** monter à cheval/à bicyclette ;
can you ~ a bike? est-ce que tu sais monter à
bicyclette ?
▶ **ride out** *vt*: **to ~ out the storm** (*fig*)
surmonter les difficultés
▶ **ride up** *vi* (*skirt, top*) remonter
rider ['raɪdər] *n* cavalier(-ière) ; (*in race*) jockey *m* ;
(*on bicycle*) cycliste *mf* ; (*on motorcycle*)
motocycliste *mf* ; (*in document*) annexe *f*, clause
additionnelle
ridge [rɪdʒ] *n* (*of hill*) faîte *m* ; (*of roof, mountain*)
arête *f* ; (*on object*) strie *f*
ridicule ['rɪdɪkju:l] *n* ridicule *m* ; dérision *f* ; **to
hold sb/sth up to ~** tourner qn/qch en ridicule
▶ *vt* ridiculiser, tourner en dérision
ridiculous [rɪ'dɪkjuləs] *adj* ridicule
riding ['raɪdɪŋ] *n* équitation *f*
riding school *n* manège *m*, école *f* d'équitation
rife [raɪf] *adj* répandu(e) ; **~ with** abondant(e) en
riff ['rɪf] *n* (*Mus*) riff *m*
riffraff ['rɪfræf] *n* racaille *f*
rifle ['raɪfl] *n* fusil *m* (à canon rayé) ▶ *vt* vider,
dévaliser
▶ **rifle through** *vt fus* fouiller dans
rifle range *n* champ *m* de tir ; (*indoor*) stand *m*
de tir
rift [rɪft] *n* fente *f*, fissure *f* ; (*fig: disagreement*)
désaccord *m*
rig [rɪg] *n* (*also*: **oil rig**: *on land*) derrick *m* ; (: *at sea*)
plate-forme pétrolière ▶ *vt* (*election etc*) truquer
▶ **rig out** *vt* (*BRIT*) habiller ; (: *pej*) fringuer,
attifer
▶ **rig up** *vt* arranger, faire avec des moyens de
fortune
rigging ['rɪgɪŋ] *n* (*Naut*) gréement *m*
right [raɪt] *adj* (*true*) vrai(e), exact(e) ; (*correct*)
bon(ne) ; (*suitable*) approprié(e), convenable ;
(*just*) juste, équitable ; (*morally good*) bien *inv* ; (*not
left*) droit(e) ; **the ~ time** (*precise*) l'heure exacte ;
(*not wrong*) la bonne heure ; **do you have the ~
time?** avez-vous l'heure juste *or* exacte ? ; **to
be ~** (*person*) avoir raison ; (*answer*) être juste *or*
correct(e) ; **to get sth ~** ne pas se tromper sur
qch ; **let's get it ~ this time!** essayons de ne
pas nous tromper cette fois-ci ! ; **you did the ~
thing** vous avez bien fait ; **to put a mistake ~**
(*BRIT*) rectifier une erreur ▶ *n* (*moral good*) bien
m ; (*title, claim*) droit *m* ; (*not left*) droite *f* ; **on
the ~** à droite ; **~ and wrong** le bien et le mal ;
to be in the ~ avoir raison ; **by rights** en toute
justice ▶ *adv* (*answer*) correctement ; (*treat*) bien,

comme il faut ; (*not on the left*) à droite ; **~ now** en
ce moment même ; (*immediately*) tout de suite ;
~ before/after juste avant/après ; **~ against
the wall** tout contre le mur ; **~ ahead** tout
droit ; droit devant ; **~ in the middle** en plein
milieu ; **~ away** immédiatement ; **to go ~ to
the end of sth** aller jusqu'au bout de qch ▸ *vt*
redresser ▸ *excl* bon ! ; **rights** *npl* (*Comm*) droits
mpl ; **film rights** droits d'adaptation
cinématographique

> Use the masculine word **droit** to refer to the
> right to something: *human rights* **les droits de
> l'homme**. The feminine word **droite** means
> *right* as opposed to *left*.

right angle *n* (*Math*) angle droit
righteous ['raɪtʃəs] *adj* droit(e),
vertueux(-euse) ; (*anger*) justifié(e)
righteousness ['raɪtʃəsnɪs] *n* droiture *f*, vertu *f*
rightful ['raɪtful] *adj* (*heir*) légitime
rightfully ['raɪtfəlɪ] *adv* à juste titre,
légitimement
right-hand ['raɪthænd] *adj*: **the ~ side** la droite
right-hand drive *n* conduite *f* à droite ; (*vehicle*)
véhicule *m* avec la conduite à droite
right-handed [raɪt'hændɪd] *adj* (*person*)
droitier(-ière)
right-hand man *n* (*irreg*) bras droit (*fig*)
rightly ['raɪtlɪ] *adv* bien, correctement ; (*with
reason*) à juste titre ; **if I remember ~** (*BRIT*) si je
me souviens bien
right-minded [raɪt'maɪndɪd] *adj* sensé(e),
sain(e) d'esprit
right of way *n* (*on path etc*) droit *m* de passage ;
(*Aut*) priorité *f*
rights issue *n* (*Stock Exchange*) émission
préférentielle *or* de droit de souscription
right to life *n* droit *m* à la vie ▸ *cpd* (*group,
campaign*: *also*: **right-to-life**) antiavortement *inv*
right wing *n* (*Mil, Sport*) aile droite ; (*Pol*) droite *f*
right-wing [raɪt'wɪŋ] *adj* (*Pol*) de droite
right-winger [raɪt'wɪŋəʳ] *n* (*Pol*) membre *m* de la
droite ; (*Sport*) ailier droit
rigid ['rɪdʒɪd] *adj* rigide ; (*principle, control*) strict(e)
rigidity [rɪ'dʒɪdɪtɪ] *n* rigidité *f*
rigidly ['rɪdʒɪdlɪ] *adv* rigidement ; (*behave*)
inflexiblement
rigmarole ['rɪgmərəul] *n* galimatias *m*,
comédie *f*
rigor ['rɪgəʳ] *n* (*US*) = **rigour**
rigor mortis ['rɪgə'mɔːtɪs] *n* rigidité *f*
cadavérique
rigorous ['rɪgərəs] *adj* rigoureux(-euse)
rigorously ['rɪgərəslɪ] *adv* rigoureusement
rigour, (*US*) **rigor** ['rɪgəʳ] *n* rigueur *f*
rig-out ['rɪgaut] *n* (*BRIT inf*) tenue *f*
rile [raɪl] *vt* agacer
rim [rɪm] *n* bord *m* ; (*of spectacles*) monture *f* ; (*of
wheel*) jante *f*
rimless ['rɪmlɪs] *adj* (*spectacles*) à monture
invisible
rind [raɪnd] *n* (*of bacon*) couenne *f* ; (*of lemon etc*)
écorce *f*, zeste *m* ; (*of cheese*) croûte *f*
ring [rɪŋ] (*pt* **rang** [ræŋ], *pp* **rung** [rʌŋ]) *n*
anneau *m* ; (*on finger*) bague *f* ; (*also*: **wedding**

ring) alliance *f* ; (*for napkin*) rond *m* ; (*of people,
objects*) cercle *m* ; (*of spies*) réseau *m* ; (*of smoke etc*)
rond *m* ; (*arena*) piste *f*, arène *f* ; (*for boxing*) ring
m ; (*sound of bell*) sonnerie *f* ; (*telephone call*)
coup *m* de téléphone ; **to give sb a ~** (*Tel*) passer
un coup de téléphone *or* de fil à qn ; **that has
the ~ of truth about it** cela sonne vrai ▸ *vi*
(*telephone, bell*) sonner ; (*person: by telephone*)
téléphoner ; (*ears*) bourdonner ; (*also*: **ring out:**
voice, words) retentir ▸ *vt* (*also*: **ring up**)
téléphoner à, appeler ; **to ~ the bell** sonner ;
the name doesn't ~ a bell (with me) ce nom
ne me dit rien
▸ **ring around** *vi, vt fus* = **ring round**
▸ **ring back** *vt, vi* (*BRIT Tel*) rappeler
▸ **ring in** *vi* (*esp BRIT*) appeler
▸ **ring off** *vi* (*BRIT Tel*) raccrocher
▸ **ring out** *vi* (*voice, words, shot*) retentir
▸ **ring round** (*esp BRIT*) *vi* passer des coups de fil
▸ *vt fus* appeler
▸ **ring up** *vt* (*BRIT Tel*) téléphoner à, appeler
ring binder *n* classeur *m* à anneaux
ring-fence [rɪŋ'fɛns] *vt* (*allocate*) réserver,
allouer ; (*protect*) protéger
ring finger *n* annulaire *m*
ringing ['rɪŋɪŋ] *n* (*of bell*) tintement *m* ; (*louder: of
telephone*) sonnerie *f* ; (: *in ears*)
bourdonnement *m*
ringing tone *n* (*BRIT Tel*) tonalité *f* d'appel
ringleader ['rɪŋliːdəʳ] *n* (*of gang*) chef *m*,
meneur *m*
ringlets ['rɪŋlɪts] *npl* anglaises *fpl*
ringmaster ['rɪŋmɑːstəʳ] *n* (*at the circus*)
Monsieur Loyal *m*
ring road *n* (*BRIT*) rocade *f* ; (*motorway*)
périphérique *m*
ringside ['rɪŋsaɪd] *n*: **at the ~** (*Boxing*) au bord du
ring ; (*at circus*) au bord de la piste ▸ *cpd*: **to have
a ~ view** *or* **seat** (*fig*) être aux premières loges
ringtone ['rɪŋtəun] *n* (*on mobile*) sonnerie *f* (*de
téléphone portable*)
ringworm ['rɪŋwəːm] *n* teigne *f*
rink [rɪŋk] *n* (*also*: **ice rink**) patinoire *f* ; (*for
roller-skating*) skating *m*
rinse [rɪns] *n* rinçage *m* ▸ *vt* rincer
Rio ['riːəu], **Rio de Janeiro** ['riːəudədʒə'nɪərəu]
n Rio de Janeiro
riot ['raɪət] *n* émeute *f*, bagarres *fpl* ; **a ~ of
colours** une débauche *or* orgie de couleurs
▸ *vi* (*demonstrators*) manifester avec violence ;
(*population*) se soulever, se révolter ▸ *adv*: **to
run ~** se déchaîner
rioter ['raɪətəʳ] *n* émeutier(-ière),
manifestant(e)
riot gear *n*: **in ~** casqué et portant un bouclier
rioting ['raɪətɪŋ] *n* émeutes *fpl*
riotous ['raɪətəs] *adj* tapageur(-euse) ;
tordant(e)
riotously ['raɪətəslɪ] *adv*: **~ funny** tordant(e)
riot police *n* forces *fpl* de police intervenant en
cas d'émeute ; **hundreds of ~** des centaines de
policiers casqués et armés
RIP *abbr* (= *rest in peace*) RIP
rip [rɪp] *n* déchirure *f* ▸ *vt* déchirer ▸ *vi* se
déchirer

▸ **rip off** vt (inf: cheat) arnaquer (inf)
▸ **rip out** vt arracher
▸ **rip up** vt déchirer
ripcord ['rɪpkɔːd] n poignée f d'ouverture
ripe [raɪp] adj (fruit) mûr(e) ; (cheese) fait(e)
ripen ['raɪpn] vt mûrir ▸ vi mûrir ; se faire
ripeness ['raɪpnɪs] n maturité f
rip-off ['rɪpɔf] n (inf): **it's a ~!** c'est du vol manifeste !, c'est de l'arnaque ! (inf)
riposte [rɪ'pɔst] n riposte f
ripple ['rɪpl] n ride f, ondulation f ; (of applause, laughter) cascade f ▸ vi se rider, onduler ▸ vt rider, faire onduler
rise [raɪz] (pt **rose** [rəuz], pp **risen** [rɪzn]) n (slope) côte f, pente f ; (hill) élévation f ; (increase: in wages: BRIT) augmentation f ; (: in prices, temperature) hausse f, augmentation ; (fig: of person) ascension f ; **~ to power** montée f au pouvoir ; **to give ~ to** donner lieu à ▸ vi s'élever, monter ; (prices, numbers) augmenter, monter ; (waters, river) monter ; (sun, wind, person: from chair, bed) se lever ; (also: **rise up**: tower, building) s'élever ; (: rebel) se révolter, se rebeller ; (in rank) s'élever ; **to ~ to the occasion** se montrer à la hauteur
▸ **rise above** vt fus (differences, fears) surmonter ; (insults) ignorer
risen ['rɪzn] pp of **rise**
rising ['raɪzɪŋ] adj (increasing: number, prices) en hausse ; (tide) montant(e) ; (sun, moon) levant(e) ▸ n (uprising) soulèvement m, insurrection f
rising damp n humidité f (montant des fondations)
rising star n (also fig) étoile montante
risk [rɪsk] n risque m, danger m ; (deliberate) risque ; **to take** or **run the ~ of doing** courir le risque de faire ; **at ~** en danger ; **at one's own ~** à ses risques et périls ; **it's a fire/health ~** cela présente un risque d'incendie/pour la santé ▸ vt risquer ; **I'll ~ it** je vais risquer le coup
risk capital n capital-risque m
risky ['rɪskɪ] adj risqué(e)
risotto [rɪ'zɔtəu] n risotto m
risqué ['riːskeɪ] adj (joke) risqué(e)
rissole ['rɪsəul] n croquette f
rite [raɪt] n rite m ; **the last rites** les derniers sacrements
ritual ['rɪtjuəl] adj rituel(le) ▸ n rituel m
rival ['raɪvl] n rival(e) ; (in business) concurrent(e) ▸ adj rival(e) ; qui fait concurrence ▸ vt (match) égaler ; (compete with) être en concurrence avec ; **to ~ sb/sth in** rivaliser avec qn/qch de
rivalry ['raɪvlrɪ] n rivalité f ; (in business) concurrence f
river ['rɪvər] n rivière f ; (major, also fig) fleuve m ; **up/down ~** en amont/aval ▸ cpd (port, traffic) fluvial(e)
riverbank ['rɪvəbæŋk] n rive f, berge f
riverbed ['rɪvəbɛd] n lit m (de rivière or de fleuve)
riverfront ['rɪvəfrʌnt] n berges fpl aménagées
riverside ['rɪvəsaɪd] n bord m de la rivière or du fleuve
rivet ['rɪvɪt] n rivet m ▸ vt riveter ; (fig) river, fixer
riveting ['rɪvɪtɪŋ] adj (fig) fascinant(e)

Riviera [rɪvɪ'ɛərə] n: **the (French) ~** la Côte d'Azur ; **the Italian ~** la Riviera (italienne)
rivulet ['rɪvjulət] n ruisseau m
Riyadh [rɪ'jɑːd] n Riyad
RMT n abbr (= Rail, Maritime and Transport) syndicat des transports
RN n abbr = **registered nurse**; (BRIT) = **Royal Navy**
RNA n abbr (= ribonucleic acid) ARN m
RNLI n abbr (BRIT: = Royal National Lifeboat Institution) ≈ SNSM f
RNZAF n abbr = **Royal New Zealand Air Force**
RNZN n abbr = **Royal New Zealand Navy**
road [rəud] n route f ; (in town) rue f ; (fig) chemin m, voie f ; **main ~** grande route ; **major/minor ~** route principale or à priorité/ voie secondaire ; **it takes four hours by ~** il y a quatre heures de route ; **which ~ do I take for ...?** quelle route dois-je prendre pour aller à ...? ; **"~ up"** (BRIT) « attention travaux » ▸ cpd (accident) de la route
road accident n accident m de la circulation
roadblock ['rəudblɔk] n barrage routier
road haulage n transports routiers
roadhog ['rəudhɔg] n chauffard m
roadie ['rəudɪ] n roadie m
roadkill ['rəudkɪl] n animal m tué sur la route
road map n carte routière
road rage n comportement très agressif de certains usagers de la route
road safety n sécurité routière
roadside ['rəudsaɪd] n bord m de la route, bas-côté m ; **by the ~** au bord de la route ▸ cpd (situé(e) etc) au bord de la route
road sign ['rəudsaɪn] n panneau m de signalisation
road sweeper ['rəudswiːpər] n (person) balayeur(-euse) ; (vehicle) balayeuse f
road tax n (BRIT Aut) taxe f sur les automobiles
road user n usager m de la route
roadway ['rəudweɪ] n chaussée f
roadworks ['rəudwəːks] npl travaux mpl (de réfection des routes)
roadworthy ['rəudwəːðɪ] adj en bon état de marche
roam [rəum] vi errer, vagabonder ▸ vt parcourir, errer par
roaming ['rəumɪŋ] n (Tel) roaming m
roar [rɔːr] n rugissement m ; (of crowd) hurlements mpl ; (of vehicle, thunder, storm) grondement m ▸ vi rugir ; hurler ; gronder ; **to ~ with laughter** rire à gorge déployée
roaring ['rɔːrɪŋ] adj: **a ~ fire** une belle flambée ; **a ~ success** un succès fou ; **to do a ~ trade** faire des affaires en or
roast [rəust] n rôti m ▸ vt (meat) (faire) rôtir ; (coffee) griller, torréfier
roast beef n rôti m de bœuf, rosbif m
roasting ['rəustɪŋ] n (inf): **to give sb a ~** sonner les cloches à qn (inf)
rob [rɔb] vt (person) voler ; (bank) dévaliser ; **to ~ sb of sth** voler or dérober qch à qn ; (fig: deprive) priver qn de qch
robber ['rɔbər] n bandit m, voleur m
robbery ['rɔbərɪ] n vol m

robe [rəub] *n* (*for ceremony etc*) robe *f*; (*also:*
bathrobe) peignoir *m*; (*US: rug*) couverture *f*
▸ *vt* revêtir (d'une robe)
robin ['rɔbɪn] *n* rouge-gorge *m*
robot ['rəubɔt] *n* robot *m*
robotic [rəu'bɔtɪk] *adj* (*arm, technology*) robotique ;
(*stiff: movements, speech*) de robot
robotics [rə'bɔtɪks] *n* robotique *m*
robust [rəu'bʌst] *adj* robuste ; (*material, appetite*)
solide
rock [rɔk] *n* (*substance*) roche *f*, roc *m* ; (*boulder*)
rocher *m*, roche ; (*US: small stone*) caillou *m* ;
(*BRIT: sweet*) ≈ sucre *m* d'orge ; **on the rocks**
(*drink*) avec des glaçons ; (*ship*) sur les écueils ;
(*fig: marriage etc*) en train de craquer ▸ *vt* (*swing
gently: cradle*) balancer ; (*: child*) bercer ; (*shake*)
ébranler, secouer ; **to ~ the boat** (*fig*) jouer les
trouble-fête ▸ *vi* se balancer, être ébranlé(e) *or*
secoué(e)
rock and roll, rock 'n' roll *n* rock (and roll) *m*,
rock'n'roll *m*
rock-bottom ['rɔk'bɔtəm] *n* (*fig*) niveau le plus
bas ; **to reach** *or* **touch ~** (*price, person*) tomber au
plus bas ▸ *adj* (*fig: prices*) sacrifié(e)
rock climber *n* varappeur(-euse)
rock climbing *n* varappe *f*
rocker ['rɔkəʳ] *n* (*musician*) rocker *m*,
rockeur(-euse) ; (*esp US: chair*) rocking-chair *m*
rockery ['rɔkərɪ] *n* (jardin *m* de) rocaille *f*
rocket ['rɔkɪt] *n* fusée *f* ; (*Mil*) fusée, roquette *f* ;
(*BRIT Culin*) roquette ▸ *vi* (*prices*) monter en flèche
rocket launcher [-lɔːnʃəʳ] *n* lance-roquettes
m inv
rock face *n* paroi rocheuse
rock fall *n* chute *f* de pierres
rock-hard [rɔk'hɑːd] *adj* dur(e) comme la pierre
Rockies ['rɔkɪz] *npl*: **the ~** les Rocheuses *fpl*
rocking chair ['rɔkɪŋ-] *n* fauteuil *m* à bascule
rocking horse ['rɔkɪŋ-] *n* cheval *m* à bascule
rock-solid [rɔk'sɔlɪd] *adj* (*hard*) complètement
solidifié(e) ; (*reliable: defence, proof*) en béton ; **the
firm is ~ financially** financièrement,
l'entreprise est solide comme un roc
rocky ['rɔkɪ] *adj* (*hill*) rocheux(-euse) ; (*path*)
rocailleux(-euse) ; (*unsteady: table*) branlant(e)
Rocky Mountains *npl*: **the ~** les (montagnes *fpl*)
Rocheuses *fpl*
rod [rɔd] *n* (*metallic*) tringle *f* ; (*Tech*) tige *f* ;
(*wooden*) baguette *f* ; (*also:* **fishing rod**) canne *f* à
pêche
rode [rəud] *pt of* **ride**
rodent ['rəudnt] *n* rongeur *m*
rodeo ['rəudɪəu] *n* rodéo *m*
roe [rəu] *n* (*species: also:* **roe deer**) chevreuil *m* ;
(*of fish: also:* **hard roe**) œufs *mpl* de poisson ;
soft ~ laitance *f*
roe deer *n* chevreuil *m*
rogue [rəug] *n* coquin(e)
roguish ['rəugɪʃ] *adj* coquin(e)
role [rəul] *n* rôle *m*
role-model ['rəulmɔdl] *n* modèle *m* à émuler
role play, role playing *n* jeu *m* de rôle
roll [rəul] *n* rouleau *m* ; (*of banknotes*) liasse *f* ;
(*also:* **bread roll**) petit pain ; (*register*) liste *f* ;
(*sound: of drums etc*) roulement *m* ; (*movement:*

of ship) roulis *m* ▸ *vt* rouler ; (*also:* **roll up**: *string*)
enrouler ; (*also:* **roll out**: *pastry*) étendre au
rouleau, abaisser ▸ *vi* rouler ; (*wheel*) tourner ;
cheese ~ ≈ sandwich *m* au fromage (*dans un petit
pain*)
▸ **roll about, roll around** *vi* rouler çà et là ;
(*person*) se rouler par terre
▸ **roll by** *vi* (*time*) s'écouler, passer
▸ **roll down** *vt* (*car window: blind*) baisser ; (*open*): **to ~
down one's window** baisser sa vitre
▸ **roll in** *vi* (*mail, cash*) affluer
▸ **roll over** *vi* se retourner
▸ **roll up** *vi* (*inf: arrive*) arriver, s'amener ▸ *vt*
(*carpet, cloth, map*) rouler ; (*sleeves*) retrousser ;
to ~ o.s. up into a ball se rouler en boule
roll call *n* appel *m*
roller ['rəuləʳ] *n* rouleau *m* ; (*wheel*) roulette *f* ;
(*for road*) rouleau compresseur ; (*for hair*)
bigoudi *m*
Rollerblade® ['rəubləbleɪd] *npl* roller *m* ; **a pair
of Rollerblades** une paire de rollers
rollerblading ['rəubləbleɪdɪŋ] *n* roller *m* ; **to go ~**
faire du roller
roller blind *n* (*BRIT*) store *m*
roller coaster *n* montagnes *fpl* russes
roller skates *npl* patins *mpl* à roulettes
roller-skating ['rəubləskeɪtɪŋ] *n* patin *m* à
roulettes ; **to go ~** faire du patin à roulettes
rollicking ['rɔlɪkɪŋ] *adj* bruyant(e) et
joyeux(-euse) ; (*play*) bouffon(ne) ; **to have a ~
time** s'amuser follement
rolling ['rəulɪŋ] *adj* (*landscape*) onduleux(-euse)
rolling mill *n* laminoir *m*
rolling pin *n* rouleau *m* à pâtisserie
rolling stock *n* (*Rail*) matériel roulant
roll-on-roll-off ['rəulɔn'rəulɔf] *adj* (*BRIT: ferry*)
roulier(-ière)
rollover ['rəuləuvəʳ] *n* (*in lottery*) enjeu auquel vient
s'ajouter le gros lot du tirage précédent, faute de
gagnant
roly-poly ['rəulɪ'pəulɪ] *n* (*BRIT Culin*) roulé *m* à la
confiture
ROM [rɔm] *n abbr* (*Comput: = read-only memory*)
mémoire morte, ROM *f*
Roman ['rəumən] *adj* romain(e) ▸ *n* Romain(e)
Roman Catholic *adj, n* catholique *mf*
romance [rə'mæns] *n* (*love affair*) idylle *f* ; (*charm*)
poésie *f* ; (*novel*) roman *m* à l'eau de rose
Romanesque [rəumə'nesk] *adj* roman(e)
Romania [rəu'meɪnɪə] *n* = **Rumania**
Romanian [rəu'meɪnɪən] *adj, n* = **Rumanian**
Roman numeral *n* chiffre romain
romantic [rə'mæntɪk] *adj* romantique ; (*novel,
attachment*) sentimental(e)
romanticism [rə'mæntɪsɪzəm] *n* romantisme *m*
romanticize [rəu'mæntɪsaɪz] *vt* romancer,
sentimentaliser ▸ *vi* sentimentaliser
Romany ['rɔmənɪ] *adj* de bohémien ▸ *n*
bohémien(ne) ; (*Ling*) romani *m*
Rome [rəum] *n* Rome
romp [rɔmp] *n* jeux bruyants ▸ *vi* (*also:* **romp
about**) s'ébattre, jouer bruyamment ; **to ~
home** (*horse*) arriver bon premier
rompers ['rɔmpəz] *npl* barboteuse *f*
rondo ['rɔndəu] *n* (*Mus*) rondeau *m*

roof – roughen

roof [ru:f] n toit m ; (of tunnel, cave) plafond m ;
the ~ of the mouth la voûte du palais ▶ vt
couvrir (d'un toit)
roofer ['ru:fəʳ] n couvreur(-euse)
roof garden n toit-terrasse m
roofing ['ru:fɪŋ] n toiture f
roof rack n (Aut) galerie f
rooftop ['ru:ftɒp] n toit m ; **to shout sth from
the rooftops** crier qch sur tous les toits
rook [ruk] n (bird) freux m ; (Chess) tour f ▶ vt (inf:
cheat) rouler, escroquer
rookie ['rukɪ] n (inf: esp Mil) bleu m (inf)
room [ru:m] n (in house) pièce f ; (also: **bedroom**)
chambre f (à coucher) ; (in school etc) salle f ;
(space) place f ; **is there ~ for this?** est-ce qu'il y
a de la place pour ceci ? ; **to make ~ for sb** faire
de la place à qn ; **there is ~ for improvement**
on peut faire mieux ; **rooms** npl (lodging) meublé
m ; **"rooms to let"**, (US) **"rooms for rent"**
« chambres à louer »
▶ **room with** (esp US) vt fus faire chambre
commune avec
rooming house ['ru:mɪŋ-] n (US) maison f de
rapport
roommate ['ru:mmeɪt] n camarade mf de
chambre ; (US) colocataire mf
room service n service m des chambres (dans un
hôtel)
room temperature n température ambiante ;
"serve at ~" (wine) « servir chambré »
roomy ['ru:mɪ] adj spacieux(-euse) ; (garment)
ample
roost [ru:st] n juchoir m ▶ vi se jucher
rooster ['ru:stəʳ] n coq m
root [ru:t] n (Bot, Math) racine f ; (fig: of problem)
origine f, fond m ; **to take ~** (plant, idea) prendre
racine ; **to have its roots in sth** (fig) avoir ses
racines dans qch ▶ vi (plant) s'enraciner
▶ **root about, root around** vi fouiller
▶ **root for** vt fus (inf) applaudir
▶ **root out** vt extirper
▶ **root through** vt fus fouiller dans
root beer n (US) sorte de limonade à base d'extraits
végétaux
rooted ['ru:tɪd] adj: **~ in** (tradition, religion)
enraciné(e) dans ; **to be ~ in sth** (suj: idea,
problem) tirer ses racines de qch ; **deeply ~**
profondément enraciné(e) ; **~ to the spot**
cloué(e) sur place
rootless ['ru:tlɪs] adj (person) déraciné(e) ; (life)
sans racines
rope [rəup] n corde f ; (Naut) cordage m ; **to
know the ropes** (fig) être au courant, connaître
les ficelles ▶ vt (box) corder ; (tie up or together)
attacher ; (climbers: also: **rope together**)
encorder ; (area: also: **rope off**) interdire l'accès
de ; (: divide off) séparer ; **to ~ sb in** (fig)
embringuer qn
rope ladder n échelle f de corde
ropey ['rəupɪ] adj (inf) pas fameux(-euse) or
brillant(e) (inf) ; **I feel a bit ~ today** c'est pas la
forme aujourd'hui
rort [rɔ:t] n (Australia, New Zealand inf) arnaque
f (inf) ▶ vt escroquer
rosary ['rəuzərɪ] n chapelet m

rose [rəuz] pt of **rise** ▶ n rose f ; (also: **rosebush**)
rosier m ; (on watering can) pomme f ▶ adj rose
rosé ['rəuzeɪ] n rosé m
rosebed ['rəuzbɛd] n massif m de rosiers
rosebud ['rəuzbʌd] n bouton m de rose
rosebush ['rəuzbuʃ] n rosier m
rose-coloured, (US) **rose-colored** ['rəuzkʌləd]
adj rose ; **to look at sb/sth through ~ glasses**
or (Brit) **spectacles** ne voir que les bons côtés de
qn/qch ; **to see life through ~ glasses** or (Brit)
spectacles voir la vie en rose
rosehip ['rəuzhɪp] n cynorhodon m
rosemary ['rəuzmərɪ] n romarin m
rosette [rəu'zɛt] n rosette f ; (larger) cocarde f
rosewater ['rəuzwɔ:təʳ] n eau f de rose
ROSPA ['rɒspə] n abbr (Brit) = **Royal Society for
the Prevention of Accidents**
roster ['rɒstəʳ] n: **duty ~** tableau m de service
rostrum ['rɒstrəm] n tribune f (pour un orateur etc)
rosy ['rəuzɪ] adj rose ; **a ~ future** un bel avenir
rot [rɒt] n (decay) pourriture f ; (fig: pej: nonsense)
idioties fpl, balivernes fpl ; **to stop the ~** (Brit
fig) rétablir la situation ; **dry ~** pourriture sèche
(du bois) ; **wet ~** pourriture (du bois) ▶ vt, vi
pourrir
▶ **rot away** vi pourrir
rota ['rəutə] n liste f, tableau m de service ; **on
a ~ basis** par roulement
rotary ['rəutərɪ] adj rotatif(-ive)
rotate [rəu'teɪt] vt (revolve) faire tourner ; (change
round: crops) alterner ; (: jobs) faire à tour de rôle
▶ vi (revolve) tourner
rotating [rəu'teɪtɪŋ] adj (movement) tournant(e)
rotation [rəu'teɪʃən] n rotation f ; **in ~** à tour de rôle
rote [rəut] n: **by ~** machinalement, par cœur
rotor ['rəutəʳ] n rotor m
rotten ['rɒtn] adj (decayed) pourri(e) ; (dishonest)
corrompu(e) ; (inf: bad) mauvais(e), moche ; **to
feel ~** (ill) être mal fichu(e) (inf)
rotting ['rɒtɪŋ] adj pourrissant(e)
rotund [rəu'tʌnd] adj rondelet(te) ; arrondi(e)
rouble, (US) **ruble** ['ru:bl] n rouble m
rouge [ru:ʒ] n rouge m (à joues)
rough [rʌf] adj (cloth, skin) rêche, rugueux(-euse) ;
(terrain) accidenté(e) ; (path) rocailleux(-euse) ;
(voice) rauque, rude ; (person, manner: coarse) rude,
fruste ; (: violent) brutal(e) ; (district, weather)
mauvais(e) ; (sea) houleux(-euse) ; (plan)
ébauché(e) ; (guess) approximatif(-ive) ; **the sea
is ~ today** la mer est agitée aujourd'hui ; **to
have a ~ time (of it)** en voir de dures ; **to feel ~**
(Brit: ill) être mal fichu(e) ; **~ estimate**
approximation f ▶ n (Golf) rough m ▶ vt: **to ~ it**
vivre à la dure ▶ adv: (Brit): **to sleep ~** coucher à
la dure ; **to play ~** jouer avec brutalité
▶ **rough out** vt (draft) ébaucher
▶ **rough up** vt (inf) malmener
roughage ['rʌfɪdʒ] n fibres fpl diététiques
rough-and-ready ['rʌfən'redɪ] adj
(accommodation, method) rudimentaire
rough-and-tumble ['rʌfən'tʌmbl] n agitation f
roughcast ['rʌfkɑ:st] n crépi m
rough copy, rough draft n brouillon m
roughen ['rʌfn] vt (a surface) rendre rude or
rugueux(-euse)

rough justice *n* justice *f* sommaire

roughly ['rʌflɪ] *adv* (*handle*) rudement, brutalement ; (*speak*) avec brusquerie ; (*make*) grossièrement ; (*approximately*) à peu près, en gros ; ~ **speaking** en gros

roughness ['rʌfnɪs] *n* (*of cloth, skin*) rugosité *f* ; (*of person*) rudesse *f* ; brutalité *f*

roughshod ['rʌfʃɔd] *adv*: **to ride ~ over** ne tenir aucun compte de

rough work *n* (*at school etc*) brouillon *m*

roulette [ruː'lɛt] *n* roulette *f*

Roumania *etc* [ruː'meɪnɪə] *n* = **Rumania** *etc*

round [raund] *adj* rond(e) ; **in ~ figures** en chiffres ronds ▶ *n* rond *m*, cercle *m* ; (BRIT: *of toast*) tranche *f* ; (*duty: of policeman, milkman etc*) tournée *f* ; (: *of doctor*) visites *fpl* ; (*game: of cards, in competition*) partie *f* ; (*Boxing*) round *m* ; (*of talks*) série *f* ; **to go the rounds** (*disease, story*) circuler ; **the daily ~** (*fig*) la routine quotidienne ; **~ of ammunition** cartouche *f* ; **~ of applause** applaudissements *mpl* ; **~ of drinks** tournée *f* ; **~ of sandwiches** (BRIT) sandwich *m* ▶ *vt* (*corner*) tourner ; (*bend*) prendre ; (*cape*) doubler ▶ *prep* autour de ; **it's just ~ the corner** c'est juste après le coin ; (*fig*) c'est tout près ; **to go ~ an obstacle** contourner un obstacle ; **go ~ the back** passez par derrière ; **to go ~ a house** visiter une maison, faire le tour d'une maison ; **she arrived ~ noon** (BRIT) elle est arrivée vers midi ; **~ the clock** 24 heures sur 24 ▶ *adv*: **right ~, all ~** tout autour ; **~ about** (*with quantity*) environ ; (*with time*) vers ; **the long way ~** (par) le chemin le plus long ; **all (the) year ~** toute l'année ; **I'll be ~ at 6 o'clock** je serai là à 6 heures ; **to ask sb ~** inviter qn (chez soi) ; **to go ~** faire le tour *or* un détour ; **enough to go ~** assez pour tout le monde ; **to go ~ to sb's (house)** aller chez qn

▶ **round down** *vt* (*number, price*) arrondir

▶ **round off** *vt* (*speech etc*) terminer

▶ **round on** *vt fus* (*person*) s'en prendre à

▶ **round up** *vt* rassembler ; (*criminals*) effectuer une rafle de ; (*prices*) arrondir (au chiffre supérieur)

roundabout ['raundəbaut] *n* (BRIT: *Aut*) rond-point *m* (à sens giratoire) ; (: *at fair*) manège *m* (de chevaux de bois) ▶ *adj* (*route, means*) détourné(e)

rounded ['raundɪd] *adj* arrondi(e) ; (*style*) harmonieux(-euse)

rounders ['raundəz] *npl* (*game*) ≈ balle *f* au camp

roundly ['raundlɪ] *adv* (*fig*) tout net, carrément

round-shouldered ['raund'ʃəuldəd] *adj* au dos rond

round table *n* (*conference*) table *f* ronde

round trip *n* (*voyage m*) aller et retour *m*

round trip ticket *n* billet *m* aller-retour

roundup ['raundʌp] *n* rassemblement *m* ; (*of criminals*) rafle *f* ; **a ~ of the latest news** un rappel des derniers événements

roundworm ['raundwəːm] *n* ver *m* rond

rouse [rauz] *vt* (*wake up*) réveiller ; (*stir up*) susciter, provoquer ; (*interest*) éveiller ; (*suspicions*) susciter, éveiller

rousing ['rauzɪŋ] *adj* (*welcome*) enthousiaste

rout [raut] *n* (*Mil*) déroute *f* ▶ *vt* mettre en déroute

route [ruːt, (US) raut] *n* itinéraire *m* ; (*of bus*) parcours *m* ; (*of trade, shipping*) route *f* ; **"all routes"** (*Aut*) « toutes directions » ; **the best ~ to London** le meilleur itinéraire pour aller à Londres

route map *n* (*for journey*) croquis *m* d'itinéraire ; (*for trains etc*) carte *f* du réseau

router ['ruːtə^r, (US) 'rautə^r] *n* (*Comput*) routeur *m*

routine [ruː'tiːn] *n* (*normal procedure*) routine *f* ; (*act*) numéro *m* ; **as a matter of ~** par routine ; **training/exercise ~** programme *m* d'entraînement/d'exercice ▶ *adj* (*questions, check, test*) de routine ; (*procedure*) d'usage ; (*boring: life, job*) routinier(-ière)

routinely [ruː'tiːnlɪ] *adv* (*as a matter of course*) systématiquement ; (*invariably*) habituellement

roving ['rəuvɪŋ] *adj* (*life*) vagabond(e)

roving reporter *n* reporter volant

row[1] [rəu] *n* (*line*) rangée *f* ; (*of people, seats, Knitting*) rang *m* ; (*behind one another: of cars, people*) file *f* ; **in a ~** (*fig*) d'affilée ▶ *vi* (*in boat*) ramer ; (*as sport*) faire de l'aviron ▶ *vt* (*boat*) faire aller à la rame *or* à l'aviron

row[2] [rau] *n* (*noise*) vacarme *m* ; (*dispute*) dispute *f*, querelle *f* ; (*scolding*) réprimande *f*, savon *m* ▶ *vi* (*also*: **to have a row**) se disputer, se quereller

rowan ['rauən, 'rəuən] *n* (*also*: **rowan tree**) sorbier *m*

rowboat ['rəubəut] *n* (US) canot *m* (à rames)

rowdiness ['raudɪnɪs] *n* tapage *m*, chahut *m* ; (*fighting*) bagarre *f*

rowdy ['raudɪ] *adj* chahuteur(-euse) ; bagarreur(-euse) ▶ *n* voyou *m*

rowdyism ['raudiːɪzəm] *n* tapage *m*, chahut *m*

rower ['rəuə^r] *n* rameur(-euse)

rowing ['rəuɪŋ] *n* canotage *m* ; (*as sport*) aviron *m*

rowing boat *n* (BRIT) canot *m* (à rames)

rowlock ['rɔlək] *n* (BRIT) dame *f* de nage, tolet *m*

royal ['rɔɪəl] *adj* royal(e)

Royal Academy, Royal Academy of Arts *n* (BRIT) l'Académie *f* royale des Beaux-Arts

ROYAL ACADEMY (OF ARTS)

La **Royal Academy** ou **Royal Academy of Arts** est une institution indépendante, financée par des fonds privés, qui réunit des artistes et architectes éminents. Fondée en 1768 par George III pour encourager la peinture, la sculpture et l'architecture, elle est située à Burlington House, sur Piccadilly. Une exposition d'œuvres d'artistes contemporains a lieu tous les étés. L'Académie dispense également des cours de peinture, de sculpture et d'architecture.

Royal Air Force *n* (BRIT) armée *de l'air britannique*

royal blue *adj*, *n* bleu roi *m inv*

royalist ['rɔɪəlɪst] *adj*, *n* royaliste *mf*

Royal Navy *n* (BRIT) marine *de guerre britannique*

royalty ['rɔɪəltɪ] *n* (*royal persons*) (membres *mpl* de la) famille royale ; (*payment: to author*) droits *mpl* d'auteur ; (: *to inventor*) royalties *fpl*

RP *n abbr* (BRIT: = *received pronunciation*)
prononciation *f* standard ; *see also* **Received
Pronunciation**

RPI *n abbr* = **retail price index**

rpm *abbr* (= *revolutions per minute*) t/mn *mpl* (= *tours/
minute*)

RR *abbr* (US) = **railway**

RRP *abbr* = **recommended retail price**

RSA *n abbr* (BRIT) = **Royal Society of Arts**; **Royal
Scottish Academy**

RSI *n abbr* (Med: = *repetitive strain injury*)
microtraumatisme permanent

RSPB *n abbr* (BRIT: = *Royal Society for the Protection of
Birds*) ≈ LPO *f*

RSPCA *n abbr* (BRIT: = *Royal Society for the Prevention
of Cruelty to Animals*) ≈ SPA *f*

R.S.V.P. *abbr* (= *répondez s'il vous plaît*) RSVP

RTA *n abbr* (= *road traffic accident*) accident *m* de la
route

Rt. Hon. *abbr* (BRIT: = *Right Honourable*) titre donné
aux députés de la Chambre des communes

Rt Rev. *abbr* (= *Right Reverend*) très révérend

rub [rʌb] *n* (*with cloth*) coup *m* de chiffon or de
torchon ; (*on person*) friction *f* ; **to give sth a ~**
donner un coup de chiffon or de torchon à qch
▶ *vt* frotter ; (*person*) frictionner ; (*hands*) se
frotter ; **to ~ sb up** (BRIT) or **to ~ sb** (US) **the
wrong way** prendre qn à rebrousse-poil
  ▶ **rub down** *vt* (*body*) frictionner ; (*horse*)
  bouchonner
  ▶ **rub in** *vt* (*ointment*) faire pénétrer
  ▶ **rub off** *vi* partir ; **to ~ off on** déteindre sur
  ▶ **rub out** *vt* effacer ▶ *vi* s'effacer

rubber ['rʌbər] *n* caoutchouc *m* ; (BRIT: *eraser*)
gomme *f* (à effacer)

rubber band *n* élastique *m*

rubber bullet *n* balle *f* en caoutchouc

rubber gloves *npl* gants *mpl* en caoutchouc

rubber plant *n* caoutchouc *m* (*plante verte*)

rubber ring *n* (*for swimming*) bouée *f* (de
natation)

rubber stamp *n* tampon *m*

rubber-stamp [rʌbə'stæmp] *vt* (*fig*) approuver
sans discussion

rubbery ['rʌbəri] *adj* caoutchouteux(-euse)

rubbish ['rʌbɪʃ] *n* (*from household*) ordures *fpl* ; (*fig:
pej*) choses *fpl* sans valeur ; camelote *f* ; (*nonsense*)
bêtises *fpl*, idioties *fpl* ; **what you've just said
is ~** tu viens de dire une bêtise ▶ *vt* (BRIT *inf*)
dénigrer, rabaisser

rubbish bin *n* (BRIT) boîte *f* à ordures, poubelle *f*

rubbish dump *n* (BRIT: *in town*) décharge
publique, dépotoir *m*

rubbishy ['rʌbɪʃi] *adj* (BRIT *inf*) qui ne vaut rien,
moche

rubble ['rʌbl] *n* décombres *mpl* ; (*smaller*) gravats
mpl ; (*Constr*) blocage *m*

rubella [ruː'belə] *n* rubéole *f*

ruble ['ruːbl] *n* (US) = **rouble**

rubric ['ruːbrɪk] *n* (*set of rules*) intitulé *m* ; (*heading*)
rubrique *f*

ruby ['ruːbɪ] *n* rubis *m*

ruby-red *adj* rubis *inv*

RUC *n abbr* (BRIT) = **Royal Ulster Constabulary**

ruched [ruːʃt] *adj* ruché(e)

ruck [rʌk] *n* (*Rugby*) mêlée *f* ouverte, maul *m* ;
(BRIT: *scrap*) mêlée ; (*crease*) faux pli *m*
  ▶ **ruck up** *vi* se plisser

rucksack ['rʌksæk] *n* sac *m* à dos

ruckus ['rʌkəs] *n* (*esp US inf*) remue-ménage *m* ;
to cause a ~ provoquer du remue-ménage

ructions ['rʌkʃənz] *npl* grabuge *m*

rudder ['rʌdər] *n* gouvernail *m*

ruddy ['rʌdɪ] *adj* (*face*) coloré(e) ; (*inf: damned*)
sacré(e) (*inf*), fichu(e) (*inf*)

rude [ruːd] *adj* (*impolite: person*) impoli(e) ; (: *word,
manners*) grossier(-ière) ; (*shocking*) indécent(e),
inconvenant(e) ; **to be ~ to sb** être grossier
envers qn

rudely ['ruːdlɪ] *adv* impoliment ; grossièrement

rudeness ['ruːdnɪs] *n* impolitesse *f* ;
grossièreté *f*

rudiment ['ruːdɪmənt] *n* rudiment *m*

rudimentary [ruːdɪ'mɛntərɪ] *adj* rudimentaire

rue [ruː] *vt* se repentir de, regretter amèrement

rueful ['ruːful] *adj* triste

ruff [rʌf] *n* fraise *f*, collerette *f*

ruffian ['rʌfɪən] *n* brute *f*, voyou *m*

ruffle ['rʌfl] *vt* (*hair*) ébouriffer ; (*clothes*)
chiffonner ; (*water*) agiter ; (*fig: person*)
émouvoir, faire perdre son flegme à ; **to get
ruffled** s'énerver

rug [rʌg] *n* petit tapis ; (BRIT: *blanket*)
couverture *f*

rugby ['rʌgbɪ] *n* (*also*: **rugby football**) rugby *m*

rugged ['rʌgɪd] *adj* (*landscape*) accidenté(e) ;
(*features, character*) rude ; (*determination*) farouche

rugger ['rʌgər] *n* (BRIT *inf*) rugby *m*

ruin ['ruːɪn] *n* ruine *f* ▶ *vt* ruiner ; (*spoil: clothes*)
abîmer ; (: *event*) gâcher ; **ruins** *npl* (*of building*)
ruine(s) ; **in ruins** en ruine

ruination [ruːɪ'neɪʃən] *n* ruine *f*

ruinous ['ruːɪnəs] *adj* ruineux(-euse)

rule [ruːl] *n* règle *f* ; (*regulation*) règlement *m* ;
(*government*) autorité *f*, gouvernement *m* ;
(*dominion etc*): **under British ~** sous l'autorité
britannique ; **it's against the rules** c'est
contraire au règlement ; **by ~ of thumb** à vue
de nez ; **as a ~** normalement, en règle générale
  ▶ *vt* (*country*) gouverner ; (*person*) dominer ;
  (*decide*) décider ; **to ~ that** (*umpire, judge etc*)
  décider que ▶ *vi* commander ; décider ; (*Law*):
  to ~ against/in favour of/on statuer contre/en
  faveur de/sur
  ▶ **rule out** *vt* exclure ; **murder cannot be
  ruled out** l'hypothèse d'un meurtre ne peut
  être exclue

rule book *n* règlement *m* ; **to play by the ~** s'en
tenir au règlement

ruled [ruːld] *adj* (*paper*) réglé(e)

ruler ['ruːlər] *n* (*sovereign*) souverain(e) ; (*leader*)
chef *m* (d'État) ; (*for measuring*) règle *f*

ruling ['ruːlɪŋ] *adj* (*party*) au pouvoir ; (*class*)
dirigeant(e) ▶ *n* (*Law*) décision *f*

rum [rʌm] *n* rhum *m* ▶ *adj* (BRIT *inf*) bizarre

Rumania [ruː'meɪnɪə] *n* Roumanie *f*

Rumanian [ruː'meɪnɪən] *adj* roumain(e) ▶ *n*
Roumain(e) ; (*Ling*) roumain *m*

rumba ['rʌmbə] *n* rumba *f* ; **to dance the ~**
danser la rumba ▶ *cpd* (*steps, rhythm*) de rumba

rumble ['rʌmbl] n (of thunder, traffic) grondement m ; (of stomach, pipe) gargouillement m ▸ vi (thunder) gronder ; (stomach, pipe) gargouiller
rumbling ['rʌmblɪŋ] n (of thunder, traffic) grondement m ; (of stomach) gargouillement m ; **rumblings** npl: **rumblings of discontent** des murmures de mécontentement
rumbustious [rʌm'bʌstʃəs], **rumbunctious** [rʌm'bʌŋkʃəs] adj (US: person) exubérant(e)
ruminate ['ruːmɪneɪt] vi ruminer ; **to ~ on** or **over** or **about sth** ruminer sur qch
rummage ['rʌmɪdʒ] vi fouiller
rumour, (US) **rumor** ['ruːməʳ] n rumeur f, bruit m (qui court) ▸ vt: **it is rumoured that** le bruit court que
rumour mill, (US) **rumor mill** n machine f à rumeurs
rump [rʌmp] n (of animal) croupe f
rumple ['rʌmpl] vt (hair) ébouriffer ; (clothes) chiffonner, friper
rump steak n romsteck m
rumpus ['rʌmpəs] n (inf) tapage m, chahut m ; (quarrel) prise f de bec (inf) ; **to kick up a ~** faire toute une histoire
run [rʌn] (pt **ran** [ræn], pp **~** [rʌn]) n (race) course f ; (outing) tour m or promenade f (en voiture) ; (distance travelled) parcours m, trajet m ; (series) suite f, série f ; (Theat) série de représentations ; (Ski) piste f ; (Cricket, Baseball) point m ; (in tights, stockings) maille filée, échelle f ; **at a ~** au pas de course ; **to go for a ~** aller courir or faire un peu de course à pied ; (in car) faire un tour or une promenade (en voiture) ; **a ~ of luck** une série de coups de chance ; **to have the ~ of sb's house** avoir la maison de qn à sa disposition ; **there was a ~ on** (meat, tickets) les gens se sont rués sur ; **in the long ~** à la longue, à longue échéance ; **in the short ~** à brève échéance, à court terme ; **on the ~** en fuite ; **to make a ~ for it** s'enfuir ▸ vt (business) diriger ; (competition, course) organiser ; (hotel, house) tenir ; (race) participer à ; (Comput: program) exécuter ; (force through: rope, pipe) **to ~ sth through sth** faire passer qch à travers qch ; (to pass: hand, finger) **to ~ sth over sth** promener or passer qch sur qch ; (water, bath) faire couler ; (Press: feature) publier ; **I'll ~ you to the station** je vais vous emmener or conduire à la gare ; **to ~ errands** faire des commissions ; **to ~ a risk** courir un risque ; **it's very cheap to ~** (car, machine) c'est très économique ; **to be ~ off one's feet** (BRIT) ne plus savoir où donner de la tête ▸ vi courir ; (pass: road etc) passer ; (work: machine, factory) marcher ; (bus, train) circuler ; (continue: play) se jouer, être à l'affiche ; (: contract) être valide or en vigueur ; (slide: drawer etc) glisser ; (flow: river, bath, nose) couler ; (colours, washing) déteindre ; (in election) être candidat, se présenter ; **the train runs between Gatwick and Victoria** le train assure le service entre Gatwick et Victoria ; **the bus runs every 20 minutes** il y a un autobus toutes les 20 minutes ; **to ~ on petrol** or (US) **gas/on diesel/off batteries** marcher à l'essence/au diesel/sur piles ; **to ~ for president** être candidat à la

présidence ; **their losses ran into millions** leurs pertes se sont élevées à plusieurs millions
▸ **run about** vi (children) courir çà et là
▸ **run across** vt fus (find) trouver par hasard
▸ **run after** vt fus (to catch up) courir après ; (chase) poursuivre
▸ **run around** vi = **run about**
▸ **run away** vi s'enfuir
▸ **run away with** vt fus: **he let his temper ~ away with him** il s'est laissé emporter par son humeur
▸ **run down** vi (clock) s'arrêter (faute d'avoir été remonté) ▸ vt (Aut: knock over) renverser ; (BRIT: reduce: production) réduire progressivement ; (: factory/shop) réduire progressivement de ; (criticize) critiquer, dénigrer ; **to be ~ down** (tired) être fatigué(e) or à plat
▸ **run in** vt (BRIT: car) roder
▸ **run into** vt fus (meet: person) rencontrer par hasard ; (: trouble) se heurter à ; (collide with) heurter ; **to ~ into debt** contracter des dettes
▸ **run off** vi s'enfuir ▸ vt (water) laisser s'écouler ; (copies) tirer
▸ **run out** vi (person) sortir en courant ; (liquid) couler ; (lease) expirer ; (money) être épuisé(e)
▸ **run out of** vt fus se trouver à court de ; **I've ~ out of petrol** or (US) **gas** je suis en panne d'essence
▸ **run over** vt (Aut) écraser ▸ vt fus (revise) revoir, reprendre
▸ **run through** vt fus (recap) reprendre, revoir ; (play) répéter
▸ **run up** vi: **to ~ up against** (difficulties) se heurter à ▸ vt: **to ~ up a debt** s'endetter
runabout ['rʌnəbaut] n (car) cabriolet m ; (US: boat) canot m à moteur
runaround ['rʌnəraund] n (inf): **to give sb the ~** rester très évasif
runaway ['rʌnəweɪ] adj (horse) emballé(e) ; (truck) fou (folle) ; (person) fugitif(-ive) ; (child) fugueur(-euse) ; (inflation) galopant(e)
rundown ['rʌndaun] n (BRIT: of industry etc) réduction progressive
rune [ruːn] n rune f
rung [rʌŋ] pp of **ring** ▸ n (of ladder) barreau m
run-in ['rʌnɪn] n (inf) accrochage m, prise f de bec (inf)
runner ['rʌnəʳ] n (in race: person) coureur(-euse) ; (: horse) partant m ; (on sledge) patin m ; (for drawer etc) coulisseau m ; (carpet: in hall etc) chemin m
runner bean n (BRIT) haricot m (à rames)
runner-up [rʌnər'ʌp] n second(e)
running ['rʌnɪŋ] n (in race etc) course f ; (of business, organization) direction f, gestion f ; (of event) organisation f ; (of machine etc) marche f, fonctionnement m ; **to be in/out of the ~ for sth** être/ne pas être sur les rangs pour qch ▸ adj (water) courant(e) ; (commentary) suivi(e) ▸ adv: **6 days ~** 6 jours de suite
running commentary n commentaire détaillé
running costs npl (of business) frais mpl de gestion ; (of car): **the ~ are high** elle revient cher
running head n (Typ, Comput) titre courant

r

running mate n (US Pol) candidat à la vice-présidence
runny ['rʌnɪ] adj qui coule
run-off ['rʌnɔf] n (in contest, election) deuxième tour m ; (extra race etc) épreuve f supplémentaire
run-of-the-mill ['rʌnəvðə'mɪl] adj ordinaire, banal(e)
runt [rʌnt] n avorton m
run-through ['rʌnθru:] n répétition f, essai m
run-up ['rʌnʌp] n (Brit): ~ **to sth** période f précédant qch
runway ['rʌnweɪ] n (Aviat) piste f (d'envol or d'atterrissage)
rupee [ru:'pi:] n roupie f
rupture ['rʌptʃəʳ] n (Med) hernie f ▶vt: **to ~ o.s.** se donner une hernie
rural ['ruərl] adj rural(e)
ruse [ru:z] n ruse f
rush [rʌʃ] n course précipitée ; (of crowd, Comm: sudden demand) ruée f ; (hurry) hâte f ; (of anger, joy) accès m ; (current) flot m ; (Bot) jonc m ; (for chair) paille f ; **is there any ~ for this?** est-ce urgent ? ; **we've had a ~ of orders** nous avons reçu une avalanche de commandes ; **I'm in a ~ (to do)** je suis vraiment pressé (de faire) ; **gold ~** ruée vers l'or ▶vt (hurry) transporter or envoyer d'urgence ; (attack: town etc) prendre d'assaut ; (Brit inf: overcharge) estamper ; faire payer ; **don't ~ me!** laissez-moi le temps de souffler ! ; **to ~ sth off** (do quickly) faire qch à la hâte ; (send) envoyer qch d'urgence ▶vi se précipiter
▶**rush through** vt fus (work) exécuter à la hâte
▶vt (Comm: order) exécuter d'urgence
rushed ['rʌʃt] adj (job, work) bâclé(e) ; (meal) sur le pouce ; (busy) débordé(e) ; **to be ~ off one's feet** (inf) être complètement débordé

rush hour n heures fpl de pointe or d'affluence
rush job n travail urgent
rush matting n natte f de paille
rusk [rʌsk] n biscotte f
russet ['rʌsɪt] n roux m ▶ adj roussâtre
Russla ['rʌʃə] n Russie f
Russian ['rʌʃən] adj russe ▶n Russe mf ; (Ling) russe m
rust [rʌst] n rouille f ▶vi rouiller
rustic ['rʌstɪk] adj rustique ▶n (pej) rustaud(e)
rustle ['rʌsl] vi bruire, produire un bruissement ▶vt (paper) froisser ; (US: cattle) voler
rustling ['rʌslɪŋ] n (esp US: of cattle) vol m de bétail ; (sound: of paper) froissement m ; (: of leaves) bruissement m ; (: of silk) frou-frou m
rustproof ['rʌstpru:f] adj inoxydable
rustproofing ['rʌstpru:fɪŋ] n traitement m antirouille
rusty ['rʌstɪ] adj rouillé(e)
rut [rʌt] n ornière f ; (Zool) rut m ; **to be in a ~** (fig) suivre l'ornière, s'encroûter
rutabaga [ru:tə'beɪgə] n (US) rutabaga m
ruthless ['ru:θlɪs] adj sans pitié, impitoyable
ruthlessly ['ru:θlɪslɪ] adv (exploit, deal with) impitoyablement ; **~ efficient** d'une efficacité impitoyable
ruthlessness ['ru:θlɪsnɪs] n dureté f, cruauté f
rutted ['rʌtɪd] adj plein(e) d'ornières
rutting ['rʌtɪŋ] adj en rut
RV abbr (= revised version) traduction anglaise de la Bible de 1885 ▶ n abbr (US) = **recreational vehicle**
rye [raɪ] n seigle m
rye bread n pain m de seigle

Ss

S¹, s [ɛs] n (letter) S, s m ; (US Scol: satisfactory) ≈ assez bien ; **S for Sugar** S comme Suzanne

S² abbr (= south, small) S ; (= saint) St

SA n abbr = **South Africa**; **South America**

Sabbath ['sæbəθ] n (Jewish) sabbat m ; (Christian) dimanche m

sabbatical [sə'bætɪkl] adj: **~ year** année f sabbatique

sabotage ['sæbətɑːʒ] n sabotage m ▸ vt saboter

saboteur [sæbə'təːʳ] n saboteur(-euse)

sabre, (US) **saber** ['seɪbəʳ] n sabre m

sabre rattling, (US) **saber rattling** n tentatives fpl d'intimidation

sac [sæk] n (Anat) sac m

saccharin, saccharine ['sækərɪn] n saccharine f

sachet ['sæʃeɪ] n sachet m

sack [sæk] n (bag) sac m ; **to give sb the ~** renvoyer qn, mettre qn à la porte ; **to get the ~** être renvoyé(e) or mis(e) à la porte ▸ vt (dismiss) renvoyer, mettre à la porte ; (plunder) piller, mettre à sac

sackful ['sækful] n: **a ~ of** un (plein) sac de

sacking ['sækɪŋ] n toile f à sac ; (dismissal) renvoi m

sacrament ['sækrəmənt] n sacrement m

sacred ['seɪkrɪd] adj sacré(e)

sacred cow n (fig) chose sacro-sainte

sacrifice ['sækrɪfaɪs] n sacrifice m ; **to make sacrifices (for sb)** se sacrifier or faire des sacrifices (pour qn) ▸ vt sacrifier

sacrilege ['sækrɪlɪdʒ] n sacrilège m

sacrilegious [sækrɪ'lɪdʒəs] adj sacrilège

sacrosanct ['sækrəusæŋkt] adj sacro-saint(e)

SAD n abbr (= seasonal affective disorder) dépression f saisonnière

sad [sæd] adj (unhappy) triste ; (deplorable) triste, fâcheux(-euse) ; (inf: pathetic: thing) triste, lamentable ; (: person) minable

sadden ['sædn] vt attrister, affliger

saddle ['sædl] n selle f ▸ vt (horse) seller ; **to be saddled with sth** (inf) avoir qch sur les bras

saddlebag ['sædlbæg] n sacoche f

sadism ['seɪdɪzəm] n sadisme m

sadist ['seɪdɪst] n sadique mf

sadistic [sə'dɪstɪk] adj sadique

sadly ['sædlɪ] adv tristement ; (unfortunately) malheureusement ; (seriously) fort

sadness ['sædnɪs] n tristesse f

sado-masochism [seɪdəu'mæsəkɪzəm] n sadomasochisme m

sado-masochist [seɪdəu'mæsəkɪst] n sadomasochiste mf

sado-masochistic [seɪdəumæsə'kɪstɪk] adj sadomasochiste

s.a.e. n abbr (BRIT: = stamped addressed envelope) enveloppe affranchie pour la réponse

safari [sə'fɑːrɪ] n safari m

safari park n réserve f

safe [seɪf] adj (out of danger) hors de danger, en sécurité ; (not dangerous) sans danger ; (cautious) prudent(e) ; (sure: bet) assuré(e) ; **~ from** à l'abri de ; **~ and sound** sain(e) et sauf (sauve) ; **(just) to be on the ~ side** pour plus de sûreté, par précaution ; **it is ~ to say that …** on peut dire sans crainte que … ; **~ journey!** bon voyage ! ▸ n coffre-fort m ▸ adv: **to play ~** ne prendre aucun risque

safe bet n: **it was a ~** ça ne comportait pas trop de risques ; **it's a ~ that he'll be late** il y a toutes les chances pour qu'il soit en retard

safe-breaker ['seɪfbreɪkəʳ] n (BRIT) perceur m de coffre-fort

safe-conduct [seɪf'kɔndʌkt] n sauf-conduit m

safe-cracker ['seɪfkrækəʳ] n = **safe-breaker**

safe-deposit ['seɪfdɪpɔzɪt] n (vault) dépôt m de coffres-forts ; (box) coffre-fort m

safeguard ['seɪfgɑːd] n sauvegarde f, protection f ▸ vt sauvegarder, protéger

safe haven n zone f de sécurité

safekeeping [seɪf'kiːpɪŋ] n bonne garde

safely ['seɪflɪ] adv (assume, say) sans risque d'erreur ; (drive, arrive) sans accident ; **I can ~ say …** je peux dire à coup sûr …

safe passage n: **to grant sb ~** accorder un laissez-passer à qn

safe sex n rapports sexuels protégés

safety ['seɪftɪ] n sécurité f ; **~ first!** la sécurité d'abord !

safety belt n ceinture f de sécurité

safety catch n cran m de sûreté or sécurité

safety net n filet m de sécurité

safety pin n épingle f de sûreté or de nourrice

safety valve n soupape f de sûreté

saffron ['sæfrən] n safran m

sag [sæg] vi s'affaisser, fléchir ; (hem, breasts) pendre

saga ['sɑːgə] n saga f ; (fig) épopée f

sage [seɪdʒ] n (herb) sauge f ; (person) sage m

Sagittarius [sædʒɪ'tɛərɪəs] n le Sagittaire ; **to be ~** être du Sagittaire

sago ['seɪgəu] n sagou m

S

Sahara [səˈhɑːrə] *n*: **the ~ (Desert)** le (désert du) Sahara *m*

Sahel [sæˈhɛl] *n* Sahel *m*

said [sɛd] *pt, pp of* **say**

Saigon [saɪˈɡɒn] *n* Saigon

sail [seɪl] *n* (*on boat*) voile *f* ; (*trip*): **to go for a** faire un tour en bateau ▶ *vt* (*boat*) manœuvrer, piloter ▶ *vi* (*travel: ship*) avancer, naviguer ; (*: passenger*) aller *or* se rendre (en bateau) ; (*set off*) partir, prendre la mer ; (*Sport*) faire de la voile ; **they sailed into Le Havre** ils sont entrés dans le port du Havre
▶ **sail through** *vi, vt fus* (*fig*) réussir haut la main

sailboat [ˈseɪlbəʊt] *n* (*US*) bateau *m* à voiles, voilier *m*

sailing [ˈseɪlɪŋ] *n* (*Sport*) voile *f* ; **to go ~** faire de la voile

sailing boat *n* bateau *m* à voiles, voilier *m*

sailing ship *n* grand voilier

sailor [ˈseɪləʳ] *n* marin *m*, matelot *m*

saint [seɪnt] *n* saint(e)

saintly [ˈseɪntlɪ] *adj* saint(e), plein(e) de bonté

sake [seɪk] *n*: **for the ~ of** (*out of concern for*) pour (l'amour de), dans l'intérêt de ; (*out of consideration for*) par égard pour ; (*in order to achieve*) pour plus de, par souci de ; **arguing for arguing's ~** discuter pour (le plaisir de) discuter ; **for heaven's ~!** pour l'amour du ciel ! ; **for the ~ of argument** à titre d'exemple

salacious [səˈleɪʃəs] *adj* salace

salad [ˈsæləd] *n* salade *f* ; **tomato ~** salade de tomates

salad bowl *n* saladier *m*

salad cream *n* (*BRIT*) *sorte de mayonnaise*

salad dressing *n* vinaigrette *f*

salad oil *n* huile *f* de table

salami [səˈlɑːmɪ] *n* salami *m*

salaried [ˈsælərɪd] *adj* (*staff*) salarié(e), qui touche un traitement

salary [ˈsælərɪ] *n* salaire *m*, traitement *m*

salary scale *n* échelle *f* des traitements

sale [seɪl] *n* vente *f* ; (*at reduced prices*) soldes *mpl* ; **"for ~"** « à vendre » ; **on ~** en vente ; **on ~ or return** vendu(e) avec faculté de retour ; **closing-down** *or* (*US*) **liquidation ~** liquidation *f* (*avant fermeture*) ; **~ and lease back** *n* cession-bail *f* ; **sales** *npl* (*total amount sold*) chiffre *m* de ventes

saleable [ˈseɪləbl] *adj* vendable

saleroom [ˈseɪlruːm] *n* salle *f* des ventes

sales assistant, (*US*) **sales clerk** *n* vendeur(-euse)

sales conference *n* réunion *f* de vente

sales drive *n* campagne commerciale, animation *f* des ventes

sales force *n* (ensemble *m* du) service *m* des ventes

salesgirl [ˈseɪlzɡəːl] *n* vendeuse *f*

salesman [ˈseɪlzmən] *n* (*irreg*) (*in shop*) vendeur *m* ; (*representative*) représentant *m* de commerce

sales manager *n* directeur(-trice) commercial(e)

salesmanship [ˈseɪlzmənʃɪp] *n* art *m* de la vente

salesperson [ˈseɪlzpəːsn] *n* (*in shop*) vendeur(-euse)

sales rep *n* (*Comm*) représentant(e)

sales tax *n* (*US*) taxe *f* à l'achat

saleswoman [ˈseɪlzwʊmən] *n* (*irreg*) (*in shop*) vendeuse *f* ; (*representative*) représentante *f* de commerce

salient [ˈseɪlɪənt] *adj* saillant(e)

saline [ˈseɪlaɪn] *adj* salin(e)

salinity [səˈlɪnɪtɪ] *n* salinité *f*

saliva [səˈlaɪvə] *n* salive *f*

salivate [ˈsælɪveɪt] *vi* saliver ; (*fig*): **to ~ over** *or* **at sth** saliver à la perspective de qch

sallow [ˈsæləʊ] *adj* cireux(-euse)

sally forth, sally out [ˈsælɪ-] *vi* partir plein(e) d'entrain

salmon [ˈsæmən] *n* (*pl inv*) saumon *m*

salmonella [sælməˈnɛlə] *n* (*bacteria*) salmonelle *f* ; (*poisoning*) salmonellose *f*

salmon trout *n* truite saumonée

salon [ˈsælɒn] *n* salon *m*

saloon [səˈluːn] *n* (*US*) bar *m* ; (*BRIT Aut*) berline *f* ; (*ship's lounge*) salon *m*

salsa [ˈsælsə] *n* (*sauce*) sauce *f* piquante à la tomate ; (*music*) salsa *f*

SALT [sɔːlt] *n abbr* (= *Strategic Arms Limitation Talks/ Treaty*) SALT *m*

salt [sɔːlt] *n* sel *m* ; **an old ~** un vieux loup de mer ▶ *vt* saler ▶ *cpd* de sel ; (*Culin*) salé(e)
▶ **salt away** *vt* mettre de côté

salt cellar *n* salière *f*

salt-free [ˈsɔːltˈfriː] *adj* sans sel

saltwater [ˈsɔːltwɔːtəʳ] *adj* (*fish etc*) (d'eau) de mer

salty [ˈsɔːltɪ] *adj* salé(e)

salubrious [səˈluːbrɪəs] *adj* salubre

salutary [ˈsæljutərɪ] *adj* salutaire

salute [səˈluːt] *n* salut *m* ; (*of guns*) salve *f* ▶ *vt* saluer

salvage [ˈsælvɪdʒ] *n* (*saving*) sauvetage *m* ; (*things saved*) biens sauvés *or* récupérés ▶ *vt* sauver, récupérer

salvageable [ˈsælvɪdʒəbəl] *adj* (*object*) récupérable ; (*event*) qui peut être sauvé(e)

salvage vessel *n* bateau *m* de sauvetage

salvation [sælˈveɪʃən] *n* salut *m*

Salvation Army *n* Armée *f* du Salut

salve [sælv] *vt* (*conscience*) apaiser ▶ *n* baume *m* ; *see also* **lip salve**

salver [ˈsælvəʳ] *n* plateau *m* de métal

salvo [ˈsælvəʊ] *n* salve *f*

Samaritan [səˈmærɪtən] *n*: **the Samaritans** (*organization*) ≈ S.O.S. Amitié

samba [ˈsæmbə] *n* samba *f*

same [seɪm] *adj* même ; **the ~ book as** le même livre que ; **on the ~ day** le même jour ; **at the ~ time** en même temps ; (*yet*) néanmoins ▶ *pron*: **the ~** le (la) même, les mêmes ; **all** *or* **just the ~** tout de même, quand même ; **they're one and the ~** (*person/thing*) c'est une seule et même personne/chose ; **to do the ~** faire de même, en faire autant ; **to do the ~ as sb** faire comme qn ; **and the ~ to you!** et à vous de même ! ; (*after insult*) toi-même ! ; **~ here!** moi aussi ! ; **the ~ again!** (*in bar etc*) la même chose !

same-sex marriage [ˈseɪmsɛks-] *n* mariage *m* homosexuel

same-sex relationship ['seimsɛks-] n relation f homosexuelle

samosa [sə'məʊsə] n samosa m, petit pâté indien aux légumes ou à la viande

sample ['sɑ:mpl] n échantillon m ; (Med) prélèvement m ; **to take a ~** prélever un échantillon ; **free ~** échantillon gratuit ▶ vt (food, wine) goûter

sanatorium [sænə'tɔ:rɪəm] (pl **sanatoria** [-rɪə]) n sanatorium m

sanctify ['sæŋktɪfaɪ] vt sanctifier

sanctimonious [sæŋktɪ'məʊnɪəs] adj moralisateur(-trice)

sanction ['sæŋkʃən] n approbation f, sanction f ▶ vt cautionner, sanctionner ; **sanctions** npl (Pol) sanctions ; **to impose economic sanctions on** or **against** prendre des sanctions économiques contre

sanctity ['sæŋktɪtɪ] n sainteté f, caractère sacré

sanctuary ['sæŋktjʊərɪ] n (holy place) sanctuaire m ; (refuge) asile m ; (for wildlife) réserve f

sand [sænd] n sable m ▶ vt sabler ; (also: **sand down**: wood etc) poncer

sandal ['sændl] n sandale f

sandalwood ['sændlwʊd] n (wood) bois m de santal ; (tree) santal m ; (also: **sandalwood oil**) huile f de santal

sandbag ['sændbæg] n sac m de sable

sandblast ['sændblɑ:st] vt décaper à la sableuse

sandbox ['sændbɔks] n (US: for children) tas m de sable

sand castle ['sændkɑ:sl] n château m de sable

sand dune n dune f de sable

sander ['sændər] n ponceuse f

S&M n abbr (= sadomasochism) sadomasochisme m

sandpaper ['sændpeɪpər] n papier m de verre

sandpit ['sændpɪt] n (Brit: for children) tas m de sable

sands [sændz] npl plage f (de sable)

sandstone ['sændstəʊn] n grès m

sandstorm ['sændstɔ:m] n tempête f de sable

sandwich ['sændwɪtʃ] n sandwich m ; **cheese/ham ~** sandwich au fromage/jambon ▶ vt (also: **sandwich in**) intercaler ; **sandwiched between** pris en sandwich entre

sandwich board n panneau m publicitaire (porté par un homme-sandwich)

sandwich course n (Brit) cours m de formation professionnelle

sandy ['sændɪ] adj sablonneux(-euse) ; couvert(e) de sable ; (colour) sable inv, blond roux inv

sane [seɪn] adj (person) sain(e) d'esprit ; (outlook) sensé(e), sain(e)

sang [sæŋ] pt of **sing**

sanguine ['sæŋgwɪn] adj optimiste

sanitarium [sænɪ'tɛərɪəm] (pl **sanitaria** [-rɪə]) n (US) = **sanatorium**

sanitary ['sænɪtərɪ] adj (system, arrangements) sanitaire ; (clean) hygiénique

sanitary towel, (US) **sanitary napkin** n serviette f hygiénique

sanitation [sænɪ'teɪʃən] n (in house) installations fpl sanitaires ; (in town) système m sanitaire

sanitation department n (US) service m de voirie

sanitize ['sænɪtaɪz] vt édulcorer ; **a sanitized version of sth** une version édulcorée de qch

sanity ['sænɪtɪ] n santé mentale ; (common sense) bon sens

sank [sæŋk] pt of **sink**

San Marino ['sænmə'ri:nəʊ] n Saint-Marin m

Santa Claus ['sæntə'klɔ:z] n le Père Noël

Santiago [sæntɪ'ɑ:gəʊ] n (also: **Santiago de Chile**) Santiago (du Chili)

sap [sæp] n (of plants) sève f ▶ vt (strength) saper, miner

sapling ['sæplɪŋ] n jeune arbre m

sapphire ['sæfaɪər] n saphir m

sarcasm ['sɑ:kæzm] n sarcasme m, raillerie f

sarcastic [sɑ:'kæstɪk] adj sarcastique

sarcastically [sɑ:'kæstɪklɪ] adv d'un ton sarcastique

sarcophagus [sɑ:'kɔfəgəs] (pl **sarcophagi** [-gaɪ]) n sarcophage m

sardine [sɑ:'di:n] n sardine f

Sardinia [sɑ:'dɪnɪə] n Sardaigne f

Sardinian [sɑ:'dɪnɪən] adj sarde ▶ n Sarde mf ; (Ling) sarde m

sardonic [sɑ:'dɔnɪk] adj sardonique

sari ['sɑ:rɪ] n sari m

sarin ['sɑ:rɪn] n sarin m

sarong [sə'rɔŋ] n (traditional) sarong m ; (for beach) paréo m

SARS ['sɑ:rz] n abbr = **severe acute respiratory syndrome**

sartorial [sɑ:'tɔ:rɪəl] adj vestimentaire

SAS n abbr (Brit Mil: = Special Air Service) ≈ GIGN m

SASE n abbr (US: = self-addressed stamped envelope) enveloppe affranchie pour la réponse

sash [sæʃ] n écharpe f

sash window n fenêtre f à guillotine

Sask. abbr (Canada) = **Saskatchewan**

sassy ['sæsɪ] adj (esp US inf: cheeky) culotté(e) (inf) ; (stylish) classe (inf)

SAT, SATs n abbr (US) = **Scholastic Aptitude Test(s)**

SAT

Aux États-Unis, les lycéens qui souhaitent faire des études universitaires doivent passer un test : soit le **SAT**, soit l'**ACT**. Le SAT a été introduit en 1926 sous le nom de *Scholastic Aptitude Test*, puis de *Scholastic Assessment Test*. Depuis 2005, l'appellation officielle est *SAT Reasoning Test*. Il comprend trois épreuves : mathématiques, lecture critique, rédaction. L'*ACT* (*American College Test*) a vu le jour en 1959 et se compose de quatre épreuves : anglais, mathématiques, lecture et raisonnement scientifique, plus une épreuve de rédaction facultative. En Angleterre, les collégiens passent à l'âge de 7 ans puis de 11 ans une série de tests appelés *SATs* (*Standard Assessment Tests*) pour permettre aux écoles d'évaluer les progrès de chaque enfant par rapport à ses condisciples.

sat [sæt] pt, pp of **sit**

Sat. *abbr* (= *Saturday*) sa.
Satan ['seɪtn] *n* Satan *m*
satanic [sə'tænɪk] *adj* satanique, démoniaque
Satanism ['seɪtnɪzəm] *n* satanisme *m*
Satanist ['seɪtnɪst] *n* sataniste *mf*
satchel ['sætʃl] *n* cartable *m*
sated ['seɪtɪd] *adj* repu(e) ; blasé(e)
satellite ['sætəlaɪt] *adj*, *n* satellite *m*
satellite dish *n* antenne *f* parabolique
satellite navigation system *n* système *m* de navigation par satellite
satellite television *n* télévision *f* par satellite
satiate ['seɪʃɪeɪt] *vt* rassasier
satin ['sætɪn] *n* satin *m* ▸ *adj* en *or* de satin, satiné(e) ; **with a ~ finish** satiné(e)
satire ['sætaɪəʳ] *n* satire *f*
satirical [sə'tɪrɪkl] *adj* satirique
satirist ['sætɪrɪst] *n* (*writer*) auteur *m* satirique ; (*cartoonist*) caricaturiste *mf*
satirize ['sætɪraɪz] *vt* faire la satire de, satiriser
satisfaction [sætɪs'fækʃən] *n* satisfaction *f*
satisfactorily [sætɪs'fæktrɪlɪ] *adv* de manière satisfaisante
satisfactory [sætɪs'fæktrɪ] *adj* satisfaisant(e)
satisfied ['sætɪsfaɪd] *adj* satisfait(e) ; **to be ~ with sth** être satisfait de qch
satisfy ['sætɪsfaɪ] *vt* satisfaire, contenter ; (*convince*) convaincre, persuader ; **to ~ the requirements** remplir les conditions ; **to ~ sb (that)** convaincre qn (que) ; **to ~ o.s. of sth** vérifier qch, s'assurer de qch
satisfying ['sætɪsfaɪɪŋ] *adj* satisfaisant(e)
satsuma [sæt'suːmə] *n* satsuma *f*
saturate ['sætʃəreɪt] *vt*: **to ~ (with)** saturer (de)
saturated fat ['sætʃəreɪtɪd-] *n* graisse saturée
saturation [sætʃə'reɪʃən] *n* saturation *f*
Saturday ['sætədɪ] *n* samedi *m* ; *see also* **Tuesday**
sauce [sɔːs] *n* sauce *f*
saucepan ['sɔːspən] *n* casserole *f*
saucer ['sɔːsəʳ] *n* soucoupe *f*
saucy ['sɔːsɪ] *adj* impertinent(e)
Saudi ['saudi], **Saudi Arabian** *adj* saoudien(ne) ▸ *n* Saoudien(ne)
Saudi Arabia *n* Arabie *f* Saoudite
sauna ['sɔːnə] *n* sauna *m*
saunter ['sɔːntəʳ] *vi*: **to ~ to** aller en flânant *or* se balader jusqu'à
sausage ['sɔsɪdʒ] *n* saucisse *f* ; (*salami etc*) saucisson *m*
sausage roll *n* friand *m*
sauté ['səuteɪ] *adj* (*Culin*: *potatoes*) sauté(e) ; (*: onions*) revenu(e) ▸ *vt* faire sauter ; faire revenir
sautéed ['səuteɪd] *adj* sauté(e)
savage ['sævɪdʒ] *adj* (*cruel, fierce*) brutal(e), féroce ; (*primitive*) primitif(-ive), sauvage ▸ *n* sauvage *mf* ▸ *vt* attaquer férocement
savagely ['sævɪdʒlɪ] *adv* sauvagement
savagery ['sævɪdʒrɪ] *n* sauvagerie *f*, brutalité *f*, férocité *f*
savannah, savanna [sə'vænə] *n* savane *f*
save [seɪv] *vt* (*person, belongings*) sauver ; (*money*) mettre de côté, économiser ; (*time*) (faire) gagner ; (*keep*) garder ; (*Comput*) sauvegarder ; (*Sport*: *stop*) arrêter ; (*avoid*: *trouble*) éviter ; **it will**

~ me an hour ça me fera gagner une heure ; **to ~ face** sauver la face ; **God ~ the Queen!** vive la Reine ! ▸ *vi* (*also*: **save up**) mettre de l'argent de côté ▸ *n* (*Sport*) arrêt *m* (du ballon) ▸ *prep* sauf, à l'exception de
saver ['seɪvəʳ] *n* (*of money*) épargnant(e)
saving ['seɪvɪŋ] *n* économie *f* ▸ *adj*: **the ~ grace of** ce qui rachète ; **savings** *npl* économies *fpl* ; **to make savings** faire des économies
savings account *n* compte *m* d'épargne
savings and loan association (*US*) *n* ≈ société *f* de crédit immobilier
savings bank *n* caisse *f* d'épargne
saviour, (*US*) **savior** ['seɪvjəʳ] *n* sauveur *m*
savour, (*US*) **savor** ['seɪvəʳ] *n* saveur *f*, goût *m* ▸ *vt* savourer
savoury, (*US*) **savory** ['seɪvərɪ] *adj* savoureux(-euse) ; (*dish*: *not sweet*) salé(e)
savvy ['sævɪ] *n* (*inf*) jugeote *f* (*inf*)
saw [sɔː] *n* (*tool*) scie *f* ▸ *vt* (*pt* **sawed**, *pp* **sawed** *or* **sawn** [sɔːn]) scier ; **to ~ sth up** débiter qch à la scie
sawdust ['sɔːdʌst] *n* sciure *f*
sawmill ['sɔːmɪl] *n* scierie *f*
sawn [sɔːn] *pp of* **saw**
sawn-off ['sɔːnɔf], (*US*) **sawed-off** ['sɔːdɔf] *adj*: **~ shotgun** carabine *f* à canon scié
sax [sæks] *n* (*inf*) saxo *m* (*inf*)
saxophone ['sæksəfəun] *n* saxophone *m*
saxophonist [sæk'sɔfənɪst] *n* saxophoniste *mf*
say [seɪ] (*pt*, *pp* **said** [sɛd]) *vt* dire ; **could you ~ that again?** pourriez-vous répéter ce que vous venez de dire ? ; **to ~ yes/no** dire oui/non ; **she said (that) I was to give you this** elle m'a chargé de vous remettre ceci ; **my watch says 3 o'clock** ma montre indique 3 heures, il est 3 heures à ma montre ; **shall we ~ Tuesday?** disons mardi ? ; **that doesn't ~ much for him** ce n'est pas vraiment à son honneur ; **when all is said and done** en fin de compte, en définitive ; **there is something** *or* **a lot to be said for it** cela a des avantages ; **that is to ~** c'est-à-dire ; **to ~ nothing of** sans compter ; **~ that ...** mettons or disons que ... ; **that goes without saying** cela va sans dire, cela va de soi ▸ *n*: **to have one's ~** dire ce qu'on a à dire ; **to have a ~** avoir voix au chapitre
saying ['seɪɪŋ] *n* dicton *m*, proverbe *m*
SBA *n abbr* (*US*: = *Small Business Administration*) organisme d'aide aux PME
SC *n abbr* (*US*) = **supreme court** ▸ *abbr* (*US*) = **South Carolina**
s/c *abbr* = **self-contained**
scab [skæb] *n* croûte *f* ; (*pej*) jaune *m*
scabby ['skæbɪ] *adj* croûteux(-euse)
scaffold ['skæfəld] *n* échafaud *m*
scaffolding ['skæfəldɪŋ] *n* échafaudage *m*
scalable ['skeɪləbl] *adj* (*Comput*) extensible
scald [skɔːld] *n* brûlure *f* ▸ *vt* ébouillanter
scalding ['skɔːldɪŋ] *adj* (*also*: **scalding hot**) brûlant(e), bouillant(e)
scale [skeɪl] *n* (*of fish*) écaille *f* ; (*Mus*) gamme *f* ; (*of ruler, thermometer etc*) graduation *f*, échelle (graduée) ; (*of salaries, fees etc*) barème *m* ; (*of map, also size, extent*) échelle ; **pay ~** échelle des

salaires ; ~ **of charges** tableau m des tarifs ; **on a large** ~ sur une grande échelle, en grand ; **to draw sth to** ~ dessiner qch à l'échelle ; **small-~ model** modèle réduit ▶ vt (mountain) escalader ; (fish) écailler ; **scales** npl balance f ; (larger) bascule f ; (also: **bathroom scales**) pèse-personne m inv
▶ **scale down** vt réduire

scaled-down [skeɪld'daun] adj à échelle réduite
scale drawing n dessin m à l'échelle
scale model n modèle m à l'échelle
scallion ['skæljən] n oignon m ; (US: salad onion) ciboule f ; (: shallot) échalote f ; (: leek) poireau m
scallop ['skɔləp, 'skæləp] n coquille f Saint-Jacques ; (Sewing) feston m
scalloped ['skɔləpt, 'skæləpt] adj festonné(e)
scalp [skælp] n cuir chevelu ▶ vt scalper
scalpel ['skælpl] n scalpel m
scalper ['skælpə^r] n (US inf: of tickets) revendeur m de billets
scam [skæm] n (inf) arnaque f
scamp [skæmp] vt bâcler
scamper ['skæmpə^r] vi: **to** ~ **away**, ~ **off** détaler
scampi ['skæmpɪ] npl langoustines (frites), scampi mpl
scan [skæn] vt (examine) scruter, examiner ; (glance at quickly) parcourir ; (poetry) scander ; (TV, Radar) balayer ▶ n (Med) scanographie f
scandal ['skændl] n scandale m ; (gossip) ragots mpl
scandalize ['skændəlaɪz] vt scandaliser, indigner
scandalous ['skændələs] adj scandaleux(-euse)
scandalously ['skændələslɪ] adv (behave) de façon scandaleuse ; ~ **overpriced** à un prix scandaleux
Scandinavia [skændɪ'neɪvɪə] n Scandinavie f
Scandinavian [skændɪ'neɪvɪən] adj scandinave ▶ n Scandinave mf
scanner ['skænə^r] n (Radar, Med) scanner m, scanographe m ; (Comput) scanner
scant [skænt] adj insuffisant(e)
scantily ['skæntɪlɪ] adv: ~ **clad** or **dressed** vêtu(e) du strict minimum
scanty ['skæntɪ] adj peu abondant(e), insuffisant(e), maigre
scapegoat ['skeɪpgəut] n bouc m émissaire
scar [skɑ:^r] n cicatrice f ▶ vt laisser une cicatrice or une marque à
scarce [skɛəs] adj rare, peu abondant(e) ; **to make o.s.** ~ (inf) se sauver
scarcely ['skɛəslɪ] adv à peine, presque pas ; ~ **anybody** pratiquement personne ; **I can** ~ **believe it** j'ai du mal à le croire
scarcity ['skɛəsɪtɪ] n rareté f, manque m, pénurie f
scarcity value n valeur f de rareté
scare [skɛə^r] n peur f, panique f ; **bomb** ~ alerte f à la bombe ▶ vt effrayer, faire peur à ; **to** ~ **sb stiff** faire une peur bleue à qn
▶ **scare away**, **scare off** vt faire fuir
scarecrow ['skɛəkrəu] n épouvantail m
scared ['skɛəd] adj: **to be** ~ avoir peur
scaremonger ['skɛəmʌŋgə^r] n alarmiste mf
scaremongering ['skɛəmʌŋgərɪŋ] n alarmisme m

scarf [skɑ:f] (pl **scarves** [skɑ:vz]) n (long) écharpe f ; (square) foulard m
scarlet ['skɑ:lɪt] adj, n écarlate f
scarlet fever n scarlatine f
scarper ['skɑ:pə^r] vi (BRIT inf) ficher le camp (inf)
scarves [skɑ:vz] npl of **scarf**
scary ['skɛərɪ] adj (inf) effrayant(e) ; (film) qui fait peur
scathing ['skeɪðɪŋ] adj cinglant(e), acerbe ; **to be** ~ **about sth** être très critique vis-à-vis de qch
scatter ['skætə^r] vt éparpiller, répandre ; (crowd) disperser ▶ vi se disperser
scatterbrained ['skætəbreɪnd] adj écervelé(e), étourdi(e)
scattered ['skætəd] adj épars(e), dispersé(e)
scatty ['skætɪ] adj (BRIT inf) loufoque (inf)
scavenge ['skævəndʒ] vi (person): **to** ~ **(for)** faire les poubelles (pour trouver) ; **to** ~ **for food** (hyenas etc) se nourrir de charognes
scavenger ['skævəndʒə^r] n éboueur m
SCE n abbr = **Scottish Certificate of Education**
scenario [sɪ'nɑːrɪəu] n scénario m
scene [si:n] n (Theat, fig etc) scène f ; (of crime, accident) lieu(x) m(pl), endroit m ; (sight, view) spectacle m, vue f ; (fig) milieu m, domaine m ; **behind the scenes** (also fig) dans les coulisses ; **to make a** ~ (inf: fuss) faire une scène or toute une histoire ; **to appear on the** ~ (also fig) faire son apparition, arriver ; **the political** ~ la situation politique
scenery ['si:nərɪ] n (Theat) décor(s) m(pl) ; (landscape) paysage m
scenic ['si:nɪk] adj scénique ; offrant de beaux paysages or panoramas
scent [sɛnt] n parfum m, odeur f ; (fig: track) piste f ; (sense of smell) odorat m ; **to put** or **throw sb off the** ~ mettre qn sur une mauvaise piste ▶ vt parfumer ; (smell: also fig) flairer
scented ['sɛntɪd] adj parfumé(e)
sceptic, (US) skeptic ['skɛptɪk] n sceptique mf
sceptical, (US) skeptical ['skɛptɪkl] adj sceptique
scepticism, (US) skepticism ['skɛptɪsɪzəm] n scepticisme m
sceptre, (US) scepter ['sɛptə^r] n sceptre m
Schadenfreude ['ʃɑ:dənfrɔɪdə] n joie f maligne (suscitée par le malheur d'autrui)
schedule ['ʃɛdju:l, (US) 'skɛdju:l] n programme m, plan m ; (of trains) horaire m ; (of prices etc) barème m, tarif m ; **on** ~ à l'heure (prévue) ; à la date prévue ; **to be ahead of/behind** ~ avoir de l'avance/du retard ; **we are working to a very tight** ~ notre programme de travail est très serré or intense ; **everything went according to** ~ tout s'est passé comme prévu ▶ vt prévoir ; **as scheduled** comme prévu
scheduled ['ʃɛdju:ld, (US) 'skɛdju:ld] adj (date, time) prévu(e), indiqué(e) ; (visit, event) programmé(e), prévu ; (train, bus, stop, flight) régulier(-ière)
scheduled flight n vol régulier
schematic [skɪ'mætɪk] adj schématique
scheme [ski:m] n plan m, projet m ; (method) procédé m ; (plot) complot m, combine f ; (arrangement) arrangement m, classification f ;

S

(*pension scheme etc*) régime *m* ; **colour ~ combinaison** *f* de(s) couleurs ▸ *vt, vi* comploter, manigancer
scheming ['ski:mɪŋ] *adj* rusé(e), intrigant(e) ▸ *n* manigances *fpl*, intrigues *fpl*
schism ['skɪzəm] *n* schisme *m*
schizophrenia [skɪtsə'fri:nɪə] *n* schizophrénie *f*
schizophrenic [skɪtsə'frɛnɪk] *adj* schizophrène
schmaltz ['ʃmɔːlts] *n* (*inf*) mièvrerie *f*
schmaltzy ['ʃmɔːltsɪ] *adj* (*inf: song, film, book*) à l'eau de rose, mièvre
scholar ['skɔlər] *n* érudit(e) ; (*pupil*) boursier(-ère)
scholarly ['skɔləlɪ] *adj* érudit(e), savant(e)
scholarship ['skɔləʃɪp] *n* érudition *f* ; (*grant*) bourse *f* (d'études)
school [sku:l] *n* (*gen*) école *f* ; (*secondary school*) collège *m* ; lycée *m* ; (*in university*) faculté *f* ; (*US: university*) université *f* ; (*of fish*) banc *m* ▸ *cpd* scolaire ▸ *vt* (*animal*) dresser
school age *n* âge *m* scolaire
schoolbag ['sku:lbæg] *n* cartable *m*
schoolbook ['sku:lbuk] *n* livre *m* scolaire *or* de classe
schoolboy ['sku:lbɔɪ] *n* écolier *m* ; (*at secondary school*) collégien *m* ; lycéen *m*
schoolchildren ['sku:ltʃɪldrən] *npl* écoliers *mpl* ; (*at secondary school*) collégiens *mpl* ; lycéens *mpl*
schooldays ['sku:ldeɪz] *npl* années *fpl* de scolarité
school friend *n* ami(e) d'école
schoolgirl ['sku:lgə:l] *n* écolière *f* ; (*at secondary school*) collégienne *f* ; lycéenne *f*
schoolhouse ['sku:lhaus] *n* (*US*) école *f*
schooling ['sku:lɪŋ] *n* instruction *f*, études *fpl*
school-leaver ['sku:lli:vər] *n* (*BRIT*) jeune qui vient de terminer ses études secondaires
schoolmaster ['sku:lmɑːstər] *n* (*primary*) instituteur *m* ; (*secondary*) professeur *m*
schoolmate ['sku:lmeɪt] *n* camarade *mf* d'école
school meal, **school lunch** *n* déjeuner *m* à la cantine (scolaire)
schoolmistress ['sku:lmɪstrɪs] *n* (*primary*) institutrice *f* ; (*secondary*) professeur *m*
school report *n* (*BRIT*) bulletin *m* (scolaire)
schoolroom ['sku:lru:m] *n* (salle *f* de) classe *f*
schoolteacher ['sku:lti:tʃər] *n* (*primary*) instituteur(-trice) ; (*secondary*) professeur *m*
schoolwork ['sku:lwə:k] *n* devoirs *mpl*
schoolyard ['sku:ljɑːd] *n* (*US*) cour *f* de récréation
schooner ['sku:nər] *n* (*ship*) schooner *m*, goélette *f* ; (*glass*) grand verre (à xérès)
sciatica [saɪ'ætɪkə] *n* sciatique *f*
science ['saɪəns] *n* science *f* ; **the sciences** les sciences ; (*Scol*) les matières *fpl* scientifiques
science fiction *n* science-fiction *f*
scientific [saɪən'tɪfɪk] *adj* scientifique
scientifically [saɪən'tɪfɪklɪ] *adv* scientifiquement
scientist ['saɪəntɪst] *n* scientifique *mf* ; (*eminent*) savant *m*
sci-fi ['saɪfaɪ] *n abbr* (= *science fiction*) SF *f*
Scilly Isles ['sɪlɪ'aɪlz], **Scillies** ['sɪlɪz] *npl*: **the ~** les Sorlingues *fpl*, les îles *fpl* Scilly

scintillating ['sɪntɪleɪtɪŋ] *adj* scintillant(e), étincelant(e) ; (*wit etc*) brillant(e)
scion ['saɪən] *n* (*lit, fig*) rejeton *m*
scissors ['sɪzəz] *npl* ciseaux *mpl* ; **a pair of ~** une paire de ciseaux
sclerosis [sklɪ'rəusɪs] *n* sclérose *f*
scoff [skɔf] *vt* (*BRIT inf: eat*) avaler, bouffer (*inf*) ▸ *vi*: **to ~ (at)** (*mock*) se moquer (de)
scold [skəuld] *vt* gronder, attraper, réprimander
scolding ['skəuldɪŋ] *n* réprimande *f*
scone [skɔn] *n* petit gâteau dont la version sucrée se mange souvent avec de la crème et de la confiture
scoop [sku:p] *n* pelle *f* (à main) ; (*for ice cream*) boule *f* à glace ; (*Press*) reportage exclusif *or* à sensation
▸ **scoop out** *vt* évider, creuser
▸ **scoop up** *vt* ramasser
scoot [sku:t] *vi* (*inf*) filer (*inf*)
scooter ['sku:tər] *n* (*motor cycle*) scooter *m* ; (*toy*) trottinette *f*
scope [skəup] *n* (*capacity: of plan, undertaking*) portée *f*, envergure *f* ; (: *of person*) compétence *f*, capacités *fpl* ; (*opportunity*) possibilités *fpl* ; **within the ~ of** dans les limites de ; **there is plenty of ~ for improvement** (*BRIT*) cela pourrait être beaucoup mieux
scorch [skɔːtʃ] *vt* (*clothes*) brûler (légèrement), roussir ; (*earth, grass*) dessécher, brûler
scorched earth policy ['skɔːtʃt-] *n* politique *f* de la terre brûlée
scorcher ['skɔːtʃər] *n* (*inf: hot day*) journée *f* torride
scorching ['skɔːtʃɪŋ] *adj* torride, brûlant(e)
score [skɔːr] *n* score *m*, décompte *m* des points ; (*Mus*) partition *f* ; **on that ~** sur ce chapitre, à cet égard ; **to have an old ~ to settle with sb** (*fig*) avoir un (vieux) compte à régler avec qn ; **a ~ of** (*twenty*) vingt ; **scores of** (*fig*) des tas de ▸ *vt* (*goal, point*) marquer ; (*success*) remporter ; (*cut: leather, wood, card*) entailler, inciser ; **to ~ 6 out of 10** obtenir 6 sur 10 ▸ *vi* marquer des points ; (*Football*) marquer un but ; (*keep score*) compter les points
▸ **score out** *vt* rayer, barrer, biffer
scoreboard ['skɔːbɔːd] *n* tableau *m*
scorecard ['skɔːkɑːd] *n* (*Sport*) carton *m*, feuille *f* de marque
scoreless ['skɔːlɪs] *adj* (*game*) qui s'est terminé sur un score vierge ; (*draw, tie*) zéro à zéro
scoreline ['skɔːlaɪn] *n* (*Sport*) score *m*
scorer ['skɔːrər] *n* (*Football*) auteur *m* du but ; buteur *m* ; (*keeping score*) marqueur *m*
scoring ['skɔːrɪŋ] *n* (*of points, goals*) inscription *f* ; (*scorekeeping*) marque *f* ; (*Mus*) arrangements *mpl* ; **to do the ~** tenir la marque
scorn [skɔːn] *n* mépris *m*, dédain *m* ▸ *vt* mépriser, dédaigner
scornful ['skɔːnful] *adj* méprisant(e), dédaigneux(-euse)
scornfully ['skɔːnfulɪ] *adv* avec mépris
Scorpio ['skɔːpɪəu] *n* le Scorpion ; **to be ~** être du Scorpion
scorpion ['skɔːpɪən] *n* scorpion *m*
Scot [skɔt] *n* Écossais(e)
Scotch [skɔtʃ] *n* whisky *m*, scotch *m*

scotch – screw

scotch [skɔtʃ] *vt* faire échouer ; enrayer ; étouffer

Scotch tape® (*US*) *n* scotch® *m*, ruban adhésif

scot-free ['skɔt'fri:] *adj*: **to get off ~** s'en tirer sans être puni(e) ; s'en sortir indemne

Scotland ['skɔtlənd] *n* Écosse *f*

Scots [skɔts] *adj* écossais(e)

Scotsman ['skɔtsmən] *n* (*irreg*) Écossais *m*

Scotswoman ['skɔtswumən] *n* (*irreg*) Écossaise *f*

Scottish ['skɔtɪʃ] *adj* écossais(e) ; **the ~ National Party** le parti national écossais ; **the ~ Parliament** le Parlement écossais

: **SCOTTISH PARLIAMENT**

En 1997, après presque trois siècles d'union politique entre l'Angleterre et l'Écosse, cette dernière a opté à l'issue d'un référendum pour un parlement décentralisé qui siégerait à Édimbourg. En 1999, 129 députés ont été élus et dotés de pouvoirs législatifs dans plusieurs domaines, notamment l'éducation, l'environnement, la santé, la justice, la fiscalité et l'administration locale. Le chef du gouvernement écossais est le *First Minister*, mais le souverain britannique demeure le chef de l'État. En septembre 2014, à l'issue d'un autre référendum, les Écossais ont opté contre l'indépendance totale du reste du Royaume-Uni.

scoundrel ['skaundrl] *n* vaurien *m*

scour ['skauəʳ] *vt* (*clean*) récurer ; frotter ; décaper ; (*search*) battre, parcourir

scourer ['skauərəʳ] *n* tampon abrasif *or* à récurer ; (*powder*) poudre *f* à récurer

scourge [skə:dʒ] *n* fléau *m*

scout [skaut] *n* (*Mil*) éclaireur *m* ; (*also*: **boy scout**) scout *m* ; **girl ~** (*US*) guide *f*
▸ **scout around** *vi* chercher

scoutmaster ['skautmɑ:stəʳ] *n* chef *mf* scout(e)

scowl [skaul] *vi* se renfrogner, avoir l'air maussade ; **to ~ at** regarder de travers

scrabble ['skræbl] *vi* (*claw*): **to ~ (at)** gratter ; **to ~ about** *or* **around for sth** chercher qch à tâtons ▸ *n*: **S~®** Scrabble® *m*

scraggy ['skrægɪ] *adj* décharné(e), efflanqué(e), famélique

scram [skræm] *vi* (*inf*) ficher le camp (*inf*)

scramble ['skræmbl] *n* (*rush*) bousculade *f*, ruée *f*
▸ *vi* grimper/descendre tant bien que mal ; **to ~ for** se bousculer *or* se disputer pour (avoir) ; **to go scrambling** (*Sport*) faire du trial

scrambled eggs ['skræmbld-] *npl* œufs brouillés

scrap [skræp] *n* bout *m*, morceau *m* ; (*inf*: *fight*) bagarre *f* ; (*also*: **scrap iron**) ferraille *f* ; **to sell sth for ~** vendre qch à la casse *or* à la ferraille ▸ *vt* jeter, mettre au rebut ; (*fig*) abandonner, laisser tomber ▸ *vi* (*inf*) se bagarrer ; **scraps** *npl* (*waste*) déchets *mpl*

scrapbook ['skræpbuk] *n* album *m*

scrap dealer *n* marchand *m* de ferraille

scrape [skreɪp] *vt*, *vi* gratter, racler ▸ *n*: **to get into a ~** s'attirer des ennuis

▸ **scrape by** *vi* (*financially*) s'en sortir
▸ **scrape through** *vi* (*exam etc*) réussir de justesse
▸ **scrape together** *vt* (*money*) racler ses fonds de tiroir pour réunir

scraper ['skreɪpəʳ] *n* grattoir *m*, racloir *m*

scrap heap *n* tas *m* de ferraille ; (*fig*): **on the ~** au rancart *or* rebut

scrap merchant *n* (*BRIT*) marchand *m* de ferraille

scrap metal *n* ferraille *f*

scrap paper *n* papier *m* brouillon

scrappy ['skræpɪ] *adj* fragmentaire, décousu(e)

scrap yard *n* parc *m* à ferrailles ; (*for cars*) cimetière *m* de voitures

scratch [skrætʃ] *n* égratignure *f*, rayure *f* ; (*on paint*) éraflure *f* ; (*from claw*) coup *m* de griffe ; **to start from ~** partir de zéro ; **to be up to ~** être à la hauteur ▸ *adj*: **~ team** équipe de fortune *or* improvisée ▸ *vt* (*rub*) (se) gratter ; (*record*) rayer ; (*paint etc*) érafler ; (*with claw, nail*) griffer ; (*Comput*) effacer ▸ *vi* (se) gratter
▸ **scratch out** *vt* (*name, words*) gratter ; **to ~ sb's eyes out** arracher les yeux de qn

scratch card *n* carte *f* à gratter

scratchy ['skrætʃɪ] *adj* (*recording*) grésillant(e) ; (*pen*) qui accroche ; (*sweater, wool*) qui gratte

scrawl [skrɔ:l] *n* gribouillage *m* ▸ *vi* gribouiller

scrawny ['skrɔ:nɪ] *adj* décharné(e)

scream [skri:m] *n* cri perçant, hurlement *m* ; **to be a ~** (*inf*) être impayable (*inf*) ▸ *vi* crier, hurler ; **to ~ at sb to do sth** crier *or* hurler à qn de faire qch

scree [skri:] *n* éboulis *m*

screech [skri:tʃ] *n* cri strident, hurlement *m* ; (*of tyres, brakes*) crissement *m*, grincement *m* ▸ *vi* hurler ; crisser, grincer

screen [skri:n] *n* écran *m* ; (*in room*) paravent *m* ; (*Cine, TV*) écran *m* ; (*fig*) écran, rideau *m* ▸ *vt* masquer, cacher ; (*from the wind etc*) abriter, protéger ; (*film*) projeter ; (*candidates etc*) filtrer ; (*for illness*): **to ~ sb for sth** faire subir un test de dépistage de qch à qn

screen editing [-'edɪtɪŋ] *n* (*Comput*) édition *f* or correction *f* sur écran

screening ['skri:nɪŋ] *n* (*of film*) projection *f* ; (*Med*) test *m* (*or* tests) de dépistage ; (*for security*) filtrage *m*

screen memory *n* (*Comput*) mémoire *f* écran

screenplay ['skri:npleɪ] *n* scénario *m*

screen saver *n* (*Comput*) économiseur *m* d'écran

screenshot ['skri:nʃɔt] *n* (*Comput*) capture *f* d'écran

screen test *n* bout *m* d'essai

screenwriter ['skri:nraɪtəʳ] *n* scénariste *mf*

screenwriting ['skri:nraɪtɪŋ] *n* écriture *f* de scénarios

screw [skru:] *n* vis *f* ; (*propeller*) hélice *f* ▸ *vt* (*also*: **screw in**) visser ; (*inf!*: *woman*) baiser (!) ; **to ~ sth to the wall** visser qch au mur ; **to have one's head screwed on** (*fig*) avoir la tête sur les épaules
▸ **screw up** *vt* (*paper etc*) froisser ; (*inf*: *ruin*) bousiller ; **to ~ up one's eyes** se plisser les yeux ; **to ~ up one's face** faire la grimace

S

821

screwball ['skruːbɔːl] (inf) cpd (comedy) délirant(e) ▶ n doux (douce) dingue
screwdriver ['skruːdraɪvəʳ] n tournevis m
screwed-up ['skruːd'ʌp] adj (inf): **to be** ~ être paumé(e)
screwy ['skruːɪ] adj (inf) dingue, cinglé(e)
scribble ['skrɪbl] n gribouillage m ▶ vt gribouiller, griffonner ; **to ~ sth down** griffonner qch
scribe [skraɪb] n scribe m
script [skrɪpt] n (Cine etc) scénario m, texte m ; (in exam) copie f ; (writing) (écriture f) script m
scripted ['skrɪptɪd] adj (Radio, TV) préparé(e) à l'avance
Scripture ['skrɪptʃəʳ] n Écriture sainte
scriptwriter ['skrɪptraɪtəʳ] n scénariste mf, dialoguiste mf
scroll [skrəul] n rouleau m ▶ vt (Comput) faire défiler (sur l'écran)
  ▶ **scroll down** vt faire défiler ▶ vi (person) faire défiler le texte ; (text) défiler
  ▶ **scroll up** vt faire défiler vers le haut ▶ vi (person) faire défiler le texte vers le haut ; (text, titles) défiler vers le haut
Scrooge [skruːdʒ] n rat m
scrotum ['skrəutəm] n scrotum m
scrounge [skraundʒ] (inf) vt: **to ~ sth (off or from sb)** se faire payer qch (par qn), emprunter qch (à qn) ▶ vi: **to ~ off sb** vivre aux crochets de qn
scrounger ['skraundʒəʳ] n parasite m
scrub [skrʌb] n (clean) nettoyage m (à la brosse) ; (land) broussailles fpl ▶ vt (floor) nettoyer à la brosse ; (pan) récurer ; (washing) frotter ; (reject) annuler
scrubbing brush ['skrʌbɪŋ-] n brosse dure
scruff [skrʌf] n: **by the ~ of the neck** par la peau du cou
scruffy ['skrʌfɪ] adj débraillé(e)
scrum [skrʌm], **scrummage** ['skrʌmɪdʒ] n mêlée f
scrumptious ['skrʌmpʃəs] adj (inf) succulent(e)
scrunch up vt (paper, cloth) chiffonner
scruple ['skruːpl] n scrupule m ; **to have no scruples about doing sth** n'avoir aucun scrupule à faire qch
scrupulous ['skruːpjuləs] adj scrupuleux(-euse)
scrupulously ['skruːpjuləslɪ] adv scrupuleusement ; **to be ~ honest** être d'une honnêteté scrupuleuse
scrutinize ['skruːtɪnaɪz] vt scruter, examiner minutieusement
scrutiny ['skruːtɪnɪ] n examen minutieux ; **under the ~ of sb** sous la surveillance de qn
scuba ['skuːbə] n scaphandre m (autonome)
scuba diving n plongée sous-marine
scuff [skʌf] vt érafler
scuffle ['skʌfl] n échauffourée f, rixe f
scullery ['skʌlərɪ] n arrière-cuisine f
sculpt [skʌlpt] vi, vt sculpter
sculptor ['skʌlptəʳ] n sculpteur m
sculptural ['skʌlptʃərəl] adj sculptural(e)
sculpture ['skʌlptʃəʳ] n sculpture f
sculptured ['skʌlptʃəd] adj sculpté(e)

scum [skʌm] n écume f, mousse f ; (inf, pej: people) rebut m, lie f
scumbag ['skʌmbæg] n (inf, pej) fripouille f (inf)
scupper ['skʌpəʳ] vt (BRIT) saborder
scurrilous ['skʌrɪləs] adj haineux(-euse), virulent(e) ; calomnieux(-euse)
scurry ['skʌrɪ] vi filer à toute allure ; **to ~ off** détaler, se sauver
scurvy ['skəːvɪ] n scorbut m
scuttle ['skʌtl] n (Naut) écoutille f ; (also: **coal scuttle**) seau m (à charbon) ▶ vt (ship) saborder ▶ vi (scamper): **to ~ away, ~ off** détaler
scythe [saɪð] n faux f
SD, S. Dak. abbr (US) = **South Dakota**
SDI n abbr (= Strategic Defense Initiative) IDS f
SDLP n abbr (BRIT Pol) = **Social Democratic and Labour Party**
sea [siː] n mer f ; **on the ~** (boat) en mer ; (town) au bord de la mer ; **by** or **beside the ~** (holiday, town) au bord de la mer ; **by ~** par mer, en bateau ; **out to ~** au large ; (out) **at ~** en mer ; **heavy** or **rough ~(s)** grosse mer, mer agitée ; **a ~ of faces** (fig) une multitude de visages ; **to be all at ~** (fig) nager complètement ▶ cpd marin(e), de (la) mer, maritime
sea bed n fond m de la mer
sea bird n oiseau m de mer
seaboard ['siːbɔːd] n côte f
sea breeze n brise f de mer
sea dog n (old) vieux loup m de mer
seafarer ['siːfɛərəʳ] n marin m
seafaring ['siːfɛərɪŋ] adj (life) de marin ; **~ people** les gens mpl de mer
seafood ['siːfuːd] n fruits mpl de mer
sea front n bord m de mer
seagoing ['siːgəuɪŋ] adj (ship) de haute mer
sea-green ['siːˈgriːn] n bleu-vert m inv ▶ adj bleu-vert inv
seagull ['siːgʌl] n mouette f
seahorse ['siːhɔːs] n hippocampe m
seal [siːl] n (animal) phoque m ; (stamp) sceau m, cachet m ; (impression) cachet, estampille f ; **~ of approval** approbation f ▶ vt sceller ; (envelope) coller ; (: with seal) cacheter ; (decide: sb's fate) décider (de) ; (: bargain) conclure
  ▶ **seal off** vt (close) condamner ; (forbid entry to) interdire l'accès de
  ▶ **seal up** vt (window) sceller ; (holes, cracks) reboucher
sealant ['siːlənt] n mastic m
sea level n niveau m de la mer
sealing wax ['siːlɪŋ-] n cire f à cacheter
sea lion n lion m de mer
sealskin ['siːlskɪn] n peau f de phoque
seam [siːm] n couture f ; (of coal) veine f, filon m ; **the hall was bursting at the seams** la salle était pleine à craquer
seaman ['siːmən] n (irreg) marin m
seamanship ['siːmənʃɪp] n qualités fpl de marin
seamless ['siːmlɪs] adj (Fashion, Sewing) sans couture(s) ; (transition) sans heurt
seamlessly ['siːmlɪslɪ] adv sans heurt
seamy ['siːmɪ] adj louche, mal famé(e)
seance ['seɪɔns] n séance f de spiritisme
seaplane ['siːpleɪn] n hydravion m

seaport ['si:pɔ:t] n port m de mer
search [sə:tʃ] n (for person, thing, Comput) recherche(s) f(pl) ; (of drawer, pockets) fouille f ; (Law: at sb's home) perquisition f ; **in ~ of** à la recherche de ▶ vt fouiller ; (examine) examiner minutieusement ; scruter ▶ vi: **to ~ for** chercher
▶ **search through** vt fus fouiller
search engine n (Comput) moteur m de recherche
searcher ['sə:tʃər] n chercheur(-euse)
searching ['sə:tʃɪŋ] adj (look, question) pénétrant(e) ; (examination) minutieux(-euse)
searchlight ['sə:tʃlaɪt] n projecteur m
search party n expédition f de secours
search warrant n mandat m de perquisition
searing ['sɪərɪŋ] adj (heat) brûlant(e) ; (pain) aigu(ë)
seascape ['si:skeɪp] n marine f
seashell ['si:ʃel] n coquillage m
seashore ['si:ʃɔ:r] n rivage m, plage f, bord m de (la) mer ; **on the ~** sur le rivage
seasick ['si:sɪk] adj: **to be ~** avoir le mal de mer
seasickness ['si:sɪknɪs] n mal m de mer
seaside ['si:saɪd] n bord m de mer
seaside resort n station f balnéaire
season ['si:zn] n saison f ; **to be in/out of ~** être/ne pas être de saison ; **the busy ~** (for shops) la période de pointe ; (for hotels etc) la pleine saison ; **the open ~** (Hunting) la saison de la chasse ▶ vt assaisonner, relever
seasonal ['si:znl] adj saisonnier(-ière)
seasoned ['si:znd] adj (wood) séché(e) ; (fig: worker, actor, troops) expérimenté(e) ; **a ~ campaigner** un vieux militant, un vétéran
seasoning ['si:znɪŋ] n assaisonnement m
season ticket n carte f d'abonnement
seat [si:t] n siège m ; (in bus, train: place) place f ; (Parliament) siège ; (buttocks) postérieur m ; (of trousers) fond m ; **are there any seats left?** est-ce qu'il reste des places ? ; **to take one's ~** prendre place ▶ vt faire asseoir, placer ; (have room for) avoir des places assises pour, pouvoir accueillir ; **to be seated** être assis ; **please be seated** veuillez vous asseoir
seat belt n ceinture f de sécurité
seating ['si:tɪŋ] n sièges fpl, places assises
seating capacity n nombre m de places assises
sea urchin n oursin m
sea water n eau f de mer
seaweed ['si:wi:d] n algues fpl
seaworthy ['si:wə:ðɪ] adj en état de naviguer
SEC n abbr (US: = Securities and Exchange Commission) ≈ COB f (= Commission des opérations de Bourse)
sec. abbr (= second) sec
secateurs [sɛkə'tə:z] npl sécateur m
secede [sɪ'si:d] vi faire sécession
secession [sɪ'sɛʃən] n sécession f
secluded [sɪ'klu:dɪd] adj retiré(e), à l'écart
seclusion [sɪ'klu:ʒən] n solitude f
second¹ ['sɛkənd] num deuxième, second(e) ; **~ floor** (BRIT) deuxième (étage) m ; (US) premier (étage) m ; **to ask for a ~ opinion** (Med) demander l'avis d'un autre médecin ▶ adv (in race etc) en seconde position ▶ n (unit of time)

seconde f ; (Aut: also: **second gear**) seconde ; (in series, position) deuxième mf, second(e) ; (Comm: imperfect) article m de second choix ; (BRIT University) ≈ licence f avec mention ; **Charles the S~** Charles II ; **just a ~!** une seconde !, un instant ! ; (stopping sb) pas si vite ! ▶ vt (motion) appuyer ; **seconds** npl (inf: food) rab m (inf)
second² [sɪ'kɔnd] vt (employee) détacher, mettre en détachement
secondary ['sɛkəndərɪ] adj secondaire
secondary school n (age 11 to 15) collège m ; (age 15 to 18) lycée m
second-best [sɛkənd'bɛst] n deuxième choix m ; **as a ~** faute de mieux
second-class ['sɛkənd'klɑ:s] adj de deuxième classe ; (Rail) de seconde (classe) ; (Post) au tarif réduit ; (pej) de qualité inférieure ; **~ citizen** citoyen(ne) de deuxième classe ▶ adv (Rail) en seconde ; (Post) au tarif réduit
second cousin n cousin(e) issu(e) de germains
seconder ['sɛkəndər] n personne f qui appuie une motion
second-guess ['sɛkənd'gɛs] vt (predict) (essayer d')anticiper ; **they're still trying to ~ his motives** ils essaient toujours de comprendre ses raisons
secondhand ['sɛkənd'hænd] adj d'occasion ; (information) de seconde main ▶ adv (buy) d'occasion ; **to hear sth ~** apprendre qch indirectement
second hand n (on clock) trotteuse f
second-hand bookshop ['sɛkənd'hænd-] n bouquiniste m
second-in-command ['sɛkəndɪnkə'mɑ:nd] n (Mil) commandant m en second ; (Admin) adjoint(e), sous-chef m
secondly ['sɛkəndlɪ] adv deuxièmement ; **firstly ... ~ ...** d'abord ... ensuite ... or de plus ...
secondment [sɪ'kɔndmənt] n (BRIT) détachement m
second-rate ['sɛkənd'reɪt] adj de deuxième ordre, de qualité inférieure
second thoughts npl: **to have ~** changer d'avis ; **on ~** or (US) **thought** à la réflexion
secrecy ['si:krəsɪ] n secret m ; **in ~** en secret
secret ['si:krɪt] adj secret(-ète) ; **to keep sth ~ from sb** cacher qch à qn, ne pas révéler qch à qn ; **keep it ~** n'en parle à personne ▶ n secret m ; **in ~** adv en secret, secrètement, en cachette ; **to make no ~ of sth** ne pas cacher qch
secret agent n agent secret
secretarial [sɛkrɪ'tɛərɪəl] adj de secrétaire, de secrétariat
secretarial college, secretarial school n école f de secrétariat
secretariat [sɛkrɪ'tɛərɪət] n secrétariat m
secretary ['sɛkrətrɪ] n secrétaire mf ; (Comm) secrétaire général ; **S~ of State** (US Pol) ≈ ministre m des Affaires étrangères ; **S~ of State (for)** (Pol) ministre m (de)
secretary-general ['sɛkrətrɪ'dʒɛnərl] n secrétaire général
secrete [sɪ'kri:t] vt (Anat, Biol, Med) sécréter ; (hide) cacher
secretion [sɪ'kri:ʃən] n sécrétion f

S

secretive ['siːkrətɪv] *adj* réservé(e) ; *(pej)* cachottier(-ière), dissimulé(e)
secretly ['siːkrɪtlɪ] *adv* en secret, secrètement, en cachette
secret police *n* police secrète
secret service *n* services secrets
sect [sɛkt] *n* secte *f*
sectarian [sɛk'tɛərɪən] *adj* sectaire
sectarianism [sɛk'tɛərɪənɪzəm] *n* sectarisme *m*
section ['sɛkʃən] *n* section *f* ; *(department)* section ; *(Comm)* rayon *m* ; *(of document)* section, article *m*, paragraphe *m* ; *(cut)* coupe *f* ; **the business** *etc* ~ *(Press)* la page des affaires *etc* ▶ *vt* sectionner
sector ['sɛktər] *n* secteur *m*
secular ['sɛkjulər] *adj* laïque
secularism ['sɛkjulərɪzəm] *n* laïcité *f*
secure [sɪ'kjuər] *adj (free from anxiety)* sans inquiétude, sécurisé(e) ; *(firmly fixed)* solide, bien attaché(e) *(or fermé(e) etc)* ; *(in safe place)* en lieu sûr, en sûreté ; **to make sth** ~ bien fixer *or* attacher qch ▶ *vt (fix)* fixer, attacher ; *(get)* obtenir, se procurer ; *(Comm: loan)* garantir ; **to** ~ **sth for sb** obtenir qch pour qn, procurer qch à qn
secured creditor [sɪ'kjuəd-] *n* créancier(-ière), privilégié(e)
securely [sɪ'kjuəlɪ] *adv (firmly)* solidement ; *(safely)* fermement
security [sɪ'kjuərɪtɪ] *n* sécurité *f*, mesures *fpl* de sécurité ; *(for loan)* caution *f*, garantie *f* ; **to increase** *or* **tighten** ~ renforcer les mesures de sécurité ; ~ **of tenure** stabilité *f* d'un emploi, titularisation *f* ; **securities** *npl (Stock Exchange)* valeurs *fpl*, titres *mpl*
Security Council *n*: **the** ~ le Conseil de sécurité
security forces *npl* forces *fpl* de sécurité
security guard *n* garde chargé de la sécurité ; *(transporting money)* convoyeur *m* de fonds
security risk *n* menace *f* pour la sécurité de l'état *(or d'une entreprise etc)*
sedan [sə'dæn] *n (US Aut)* berline *f*
sedate [sɪ'deɪt] *adj* calme ; posé(e) ▶ *vt* donner des sédatifs à
sedated [sɪ'deɪtɪd] *adj* sous sédation ; **lightly** ~ sous sédation légère
sedation [sɪ'deɪʃən] *n* sédation *f* ; **to be under** ~ être sous calmants
sedative ['sɛdɪtɪv] *n* calmant *m*, sédatif *m*
sedentary ['sɛdntrɪ] *adj* sédentaire
sediment ['sɛdɪmənt] *n* sédiment *m*, dépôt *m*
sedition [sɪ'dɪʃən] *n* sédition *f*
seditious [sɪ'dɪʃəs] *adj* séditieux(-euse)
seduce [sɪ'djuːs] *vt* séduire
seducer [sɪ'djuːsər] *n* séducteur(-trice)
seduction [sɪ'dʌkʃən] *n* séduction *f*
seductive [sɪ'dʌktɪv] *adj* séduisant(e) ; *(smile)* séducteur(-trice) ; *(fig: offer)* alléchant(e)
seductress [sɪ'dʌktrɪs] *n* séductrice *f*
see [siː] *(pt* **saw** [sɔː]*, pp* **seen** [siːn]*) vt (gen)* voir ; *(accompany)*: **to** ~ **sb to the door** reconduire *or* raccompagner qn jusqu'à la porte ; *(ensure)*: **to** ~ **that** veiller à ce que + *sub*, faire en sorte que + *sub*, s'assurer que ; **to go and** ~ **sb** aller voir qn ; **there was nobody to be seen** il n'y avait pas

un chat ; **I don't know what she sees in him** je ne sais pas ce qu'elle lui trouve ; ~ **you!** au revoir !, à bientôt ! ; ~ **you soon/later/tomorrow!** à bientôt/plus tard/demain ! ▶ *vi* voir ; ~ **for yourself** voyez vous-même ; **let me** ~ *(show me)* fais(-moi) voir ; *(let me think)* voyons (un peu) ; **as far as I can** ~ pour autant que je puisse en juger ▶ *n* évêché *m*
▶ **see about** *vt fus (deal with)* s'occuper de
▶ **see off** *vt* accompagner (à l'aéroport *etc*)
▶ **see out** *vt (take to door)* raccompagner à la porte
▶ **see through** *vt* mener à bonne fin ▶ *vt fus* voir clair dans
▶ **see to** *vt fus* s'occuper de, se charger de
seed [siːd] *n* graine *f* ; *(fig)* germe *m* ; *(Tennis etc)* tête *f* de série ; **to go to** ~ *(plant)* monter en graine ; *(fig)* se laisser aller
seeded ['siːdɪd] *adj (Tennis etc)*: **a** ~ **player** une tête de série ; **to be** ~ **second** être tête de série numéro deux
seedless ['siːdlɪs] *adj* sans pépins
seedling ['siːdlɪŋ] *n* jeune plant *m*, semis *m*
seedy ['siːdɪ] *adj (shabby)* minable, miteux(-euse)
seeing ['siːɪŋ] *conj*: ~ **(that)** vu que, étant donné que
seek [siːk] *(pt, pp* **sought** [sɔːt]*) vt* chercher, rechercher ; **to** ~ **advice/help from sb** demander conseil/de l'aide à qn
▶ **seek out** *vt (person)* chercher
seem [siːm] *vi* sembler, paraître ; **there seems to be ...** il semble qu'il y a ..., on dirait qu'il y a ... ; **it seems (that) ...** il semble que ... ; **what seems to be the trouble?** qu'est-ce qui ne va pas ?
seeming ['siːmɪŋ] *adj* apparent(e)
seemingly ['siːmɪŋlɪ] *adv* apparemment
seemly ['siːmlɪ] *adj (old)* convenable
seen [siːn] *pp of* **see**
seep [siːp] *vi* suinter, filtrer
seepage ['siːpɪdʒ] *n* infiltrations *fpl*
seer [sɪər] *n* prophète (prophétesse) voyant(e)
seersucker ['sɪəsʌkər] *n* cloqué *m*, étoffe cloquée
seesaw ['siːsɔː] *n* (jeu *m* de) bascule *f*
seethe [siːð] *vi* être en effervescence ; **to** ~ **with anger** bouillir de colère
see-through ['siːθruː] *adj* transparent(e)
segment ['sɛgmənt] *n* segment *m* ; *(of orange)* quartier *m*
segregate ['sɛgrɪgeɪt] *vt* séparer, isoler
segregation [sɛgrɪ'geɪʃən] *n* ségrégation *f*
Seine [seɪn] *n*: **the (River)** ~ la Seine
seismic ['saɪzmɪk] *adj* sismique
seismological [saɪzmə'lɔdʒɪkl] *adj* sismologique
seismologist [saɪz'mɔlədʒɪst] *n* sismologue *mf*
seize [siːz] *vt (grasp)* saisir, attraper ; *(take possession of)* s'emparer de ; *(opportunity)* saisir ; *(Law)* saisir
▶ **seize on** *vt fus* saisir, sauter sur
▶ **seize up** *vi (Tech)* se gripper
▶ **seize upon** *vt fus* = **seize on**
seizure ['siːʒər] *n (Med)* crise *f*, attaque *f* ; *(of power)* prise *f* ; *(Law)* saisie *f*
seldom ['sɛldəm] *adv* rarement

select [sɪ'lɛkt] adj choisi(e), d'élite ; (hotel, restaurant, club) chic inv, sélect inv ; **a ~ few** quelques privilégiés ▶ vt sélectionner, choisir
selection [sɪ'lɛkʃən] n sélection f, choix m
selection committee n comité m de sélection
selective [sɪ'lɛktɪv] adj sélectif(-ive) ; (school) à recrutement sélectif
selector [sɪ'lɛktər] n (person) sélectionneur(-euse) ; (Tech) sélecteur m
self [sɛlf] (pl **selves** [sɛlvz]) n: **the ~** le moi inv ▶ prefix auto-
self-addressed ['sɛlfə'drɛst] adj: **~ envelope** enveloppe f à mon (or votre etc) nom
self-adhesive [sɛlfəd'hi:zɪv] adj autocollant(e)
self-assertive [sɛlfə'sə:tɪv] adj autoritaire
self-assurance [sɛlfə'ʃuərəns] n assurance f
self-assured [sɛlfə'ʃuəd] adj sûr(e) de soi, plein(e) d'assurance
self-catering [sɛlf'keɪtərɪŋ] adj (BRIT: flat) avec cuisine, où l'on peut faire sa cuisine ; (: holiday) en appartement (or chalet etc) loué
self-centred, (US) **self-centered** [sɛlf'sɛntəd] adj égocentrique
self-cleaning [sɛlf'kli:nɪŋ] adj autonettoyant(e)
self-coloured, (US) **self-colored** [sɛlf'kʌləd] adj uni(e)
self-confessed [sɛlfkən'fɛst] adj (alcoholic etc) déclaré(e), qui ne s'en cache pas
self-confidence [sɛlf'kɔnfɪdns] n confiance f en soi
self-confident [sɛlf'kɔnfɪdnt] adj sûr(e) de soi, plein(e) d'assurance
self-conscious [sɛlf'kɔnʃəs] adj timide, qui manque d'assurance
self-contained [sɛlfkən'teɪnd] adj (BRIT: flat) avec entrée particulière, indépendant(e)
self-control [sɛlfkən'trəul] n maîtrise f de soi
self-defeating [sɛlfdɪ'fi:tɪŋ] adj qui a un effet contraire à l'effet recherché
self-defence, (US) **self-defense** [sɛlfdɪ'fɛns] n autodéfense f ; (Law) légitime défense f
self-discipline [sɛlf'dɪsɪplɪn] n discipline personnelle
self-drive [sɛlf'draɪv] adj (BRIT): **~ car** voiture f de location
self-employed [sɛlfɪm'plɔɪd] adj qui travaille à son compte
self-esteem [sɛlfɪ'sti:m] n amour-propre m
self-evident [sɛlf'ɛvɪdnt] adj évident(e), qui va de soi
self-explanatory [sɛlfɪk'splænətrɪ] adj qui se passe d'explication
self-governing [sɛlf'gʌvənɪŋ] adj autonome
self-harm [sɛlf'hɑ:m] vi s'automutiler ▶ n automutilation f
self-help ['sɛlf'hɛlp] n initiative personnelle, efforts personnels
self-importance [sɛlfɪm'pɔ:tns] n suffisance f
self-indulgent [sɛlfɪn'dʌldʒənt] adj qui ne se refuse rien
self-inflicted [sɛlfɪn'flɪktɪd] adj volontaire
self-interest [sɛlf'ɪntrɪst] n intérêt personnel
selfish ['sɛlfɪʃ] adj égoïste
selfishly ['sɛlfɪʃlɪ] adv égoïstement
selfishness ['sɛlfɪʃnɪs] n égoïsme m

selfless ['sɛlflɪs] adj désintéressé(e), plein(e) d'abnégation
selflessly ['sɛlflɪslɪ] adv avec abnégation
selflessness ['sɛlflɪsnɪs] n dévouement m, abnégation f
self-made man ['sɛlfmeɪd-] n (irreg) self-made man m
self-pity [sɛlf'pɪtɪ] n apitoiement m sur soi-même
self-portrait [sɛlf'pɔ:treɪt] n autoportrait m
self-possessed [sɛlfpə'zɛst] adj assuré(e)
self-preservation ['sɛlfprɛzə'veɪʃən] n instinct m de conservation
self-raising [sɛlf'reɪzɪŋ], (US) **self-rising** [sɛlf'raɪzɪŋ] adj: **~ flour** farine f pour gâteaux (avec levure incorporée)
self-regulatory [sɛlfrɛgju'leɪtərɪ], **self-regulating** [sɛlf'rɛgjuleɪtɪŋ] adj autorégulé(e)
self-reliant [sɛlfrɪ'laɪənt] adj indépendant(e)
self-respect [sɛlfrɪs'pɛkt] n respect m de soi, amour-propre m
self-respecting [sɛlfrɪs'pɛktɪŋ] adj qui se respecte
self-righteous [sɛlf'raɪtʃəs] adj satisfait(e) de soi, pharisaïque
self-rising [sɛlf'raɪzɪŋ] adj (US) = **self-raising**
self-sacrifice [sɛlf'sækrɪfaɪs] n abnégation f
self-same ['sɛlfseɪm] adj même
self-satisfied [sɛlf'sætɪsfaɪd] adj content(e) de soi, suffisant(e)
self-sealing [sɛlf'si:lɪŋ] adj (envelope) autocollant(e)
self-service [sɛlf'sə:vɪs] adj, n libre-service m, self-service m
self-styled ['sɛlfstaɪld] adj soi-disant inv
self-sufficient [sɛlfsə'fɪʃənt] adj indépendant(e)
self-supporting [sɛlfsə'pɔ:tɪŋ] adj financièrement indépendant(e)
self-tanning ['sɛlf'tænɪŋ] adj: **~ cream** or **lotion** etc autobronzant m
self-taught [sɛlf'tɔ:t] adj autodidacte
self-worth [sɛlf'wə:θ] n amour-propre m
sell [sɛl] (pt, pp **sold** [səuld]) vt vendre ; **to ~ sb an idea** (fig) faire accepter une idée à qn ▶ vi se vendre ; **to ~ at** or **for 10 euros** se vendre 10 euros
▶ **sell off** vt liquider
▶ **sell out** vi: **to ~ out (of sth)** (use up stock) vendre tout son stock (de qch) ; **to ~ out (to)** (Comm) vendre son fonds or son affaire (à) ▶ vt vendre tout son stock de ; **the tickets are all sold out** il ne reste plus de billets
▶ **sell up** vi vendre son fonds or son affaire
sell-by date ['sɛlbaɪ-] n date f limite de vente
seller ['sɛlər] n vendeur(-euse), marchand(e) ; **~'s market** marché m à la hausse
selling price ['sɛlɪŋ-] n prix m de vente
Sellotape® ['sɛləuteɪp] n (BRIT) scotch® m
sellout ['sɛlaut] n trahison f, capitulation f ; (of tickets): **it was a ~** tous les billets ont été vendus
selves [sɛlvz] npl of **self**
semantic [sɪ'mæntɪk] adj sémantique
semantics [sɪ'mæntɪks] n sémantique f
semaphore ['sɛməfɔ:r] n signaux mpl à bras ; (Rail) sémaphore m

semblance ['sɛmblns] n semblant m
semen ['siːmən] n sperme m
semester [sɪ'mɛstə^r] n (esp US) semestre m
semi... ['sɛmɪ] prefix semi-, demi- ; à demi, à moitié ▸ n: semi = semidetached (house)
semi-automatic [sɛmɪɔːtə'mætɪk] n arme f semi-automatique
semibreve ['sɛmɪbriːv] n (BRIT) ronde f
semicircle ['sɛmɪsəːkl] n demi-cercle m
semicircular ['sɛmɪ'səːkjulə^r] adj en demi-cercle, semi-circulaire
semicolon [sɛmɪ'kəulən] n point-virgule m
semiconductor [sɛmɪkən'dʌktə^r] n semiconducteur m
semiconscious [sɛmɪ'kɔnʃəs] adj à demi conscient(e)
semidetached (house) [sɛmɪdɪ'tætʃt-] n (BRIT) maison jumelée or jumelle
semi-final [sɛmɪ'faɪnl] n demi-finale f
semi-finalist [sɛmɪ'faɪnlɪst] n demi-finaliste mf
seminal ['sɛmɪnəl] adj (work, author) phare ; (Biol) séminal(e)
seminar ['sɛmɪnɑː^r] n séminaire m
seminary ['sɛmɪnərɪ] n (Rel: for priests) séminaire m
semiprecious [sɛmɪ'prɛʃəs] adj semi-précieux(-euse)
semiquaver ['sɛmɪkweɪvə^r] n (BRIT) double croche f
semiskilled [sɛmɪ'skɪld] adj: ~ worker ouvrier(-ière) spécialisé(e)
semi-skimmed ['sɛmɪ'skɪmd] adj demi-écrémé(e)
semitone ['sɛmɪtəun] n (Mus) demi-ton m
semolina [sɛmə'liːnə] n semoule f
SEN n abbr (BRIT) = State Enrolled Nurse
Sen., sen. abbr = senator; senior
senate ['sɛnɪt] n sénat m ; (US): the S~ le Sénat

• SENATE
:
: Le Senate est la chambre haute du Congress,
: le parlement des États-Unis. Il est composé
: de 100 sénateurs, 2 par État, élus au suffrage
: universel direct tous les 6 ans, un tiers
: d'entre eux étant renouvelé tous les 2 ans.

senator ['sɛnɪtə^r] n sénateur m
send [sɛnd] (pt, pp sent [sɛnt]) vt envoyer ; to ~ by post or (US) mail envoyer or expédier par la poste ; to ~ sb for sth envoyer qn chercher qch ; to ~ word that ... faire dire que ... ; she sends (you) her love elle vous adresse ses amitiés ; to ~ sb to Coventry (BRIT) mettre qn en quarantaine ; to ~ sb to sleep endormir qn ; to ~ sb into fits of laughter faire rire qn aux éclats ; to ~ sth flying envoyer valser qch
▸ send away vt (letter, goods) envoyer, expédier
▸ send away for vt fus commander par correspondance, se faire envoyer
▸ send back vt renvoyer
▸ send for vt fus envoyer chercher ; faire venir ; (by post) se faire envoyer, commander par correspondance
▸ send in vt (report, application, resignation) remettre

▸ send off vt (goods) envoyer, expédier ; (BRIT Sport: player) expulser or renvoyer du terrain
▸ send off for vt fus (information, brochure) se faire envoyer ; (product) commander par correspondance
▸ send on vt (BRIT: letter) faire suivre ; (luggage etc: in advance) (faire) expédier à l'avance
▸ send out vt (invitation) envoyer (par la poste) ; (emit: light, heat, signal) émettre
▸ send out for vt fus (pizza) commander par téléphone
▸ send round vt (letter, document etc) faire circuler
▸ send up vt (person, price) faire monter ; (BRIT: parody) mettre en boîte, parodier
sender ['sɛndə^r] n expéditeur(-trice)
send-off ['sɛndɔf] n: a good ~ des adieux chaleureux
Senegal [sɛnɪ'gɔːl] n Sénégal m
Senegalese [sɛnɪgə'liːz] adj sénégalais(e) ▸ n (pl inv) Sénégalais(e)
senile ['siːnaɪl] adj sénile
senility [sɪ'nɪlɪtɪ] n sénilité f
senior ['siːnɪə^r] adj (older) aîné(e), plus âgé(e) ; (high-ranking) de haut niveau ; (of higher rank): to be ~ to sb être le supérieur de qn ▸ n (older): she is 15 years his ~ elle est son aînée de 15 ans, elle est plus âgée que lui de 15 ans ; (in service) personne f qui a plus d'ancienneté ; P. Jones ~ P. Jones père
senior citizen n personne f du troisième âge
senior high school n (US) ≈ lycée m
seniority [siːnɪ'ɔrɪtɪ] n priorité f d'âge, ancienneté f ; (in rank) supériorité f (hiérarchique)
sensation [sɛn'seɪʃən] n sensation f ; to create a ~ faire sensation
sensational [sɛn'seɪʃənl] adj qui fait sensation ; (marvellous) sensationnel(le)
sensationalism [sɛn'seɪʃənlɪzəm] n sensationnalisme m
sensationalist [sɛn'seɪʃənlɪst] adj sensationnaliste
sense [sɛns] n sens m ; (feeling) sentiment m ; (meaning) sens, signification f ; (wisdom) bon sens ; it makes ~ c'est logique ; there is no ~ in (doing) that cela n'a pas de sens ▸ vt sentir, pressentir ; senses npl raison f ; to come to one's senses (regain consciousness) reprendre conscience ; (become reasonable) revenir à la raison ; to take leave of one's senses perdre la tête
senseless ['sɛnslɪs] adj insensé(e), stupide ; (unconscious) sans connaissance
sense of humour, (US) sense of humor n sens m de l'humour
sensibility [sɛnsɪ'bɪlɪtɪ] n sensibilité f ; sensibilities npl susceptibilité f
sensible ['sɛnsɪbl] adj sensé(e), raisonnable ; (shoes etc) pratique

⚠ Le mot anglais sensible ne veut pas dire sensible.

sensitive ['sɛnsɪtɪv] adj: ~ (to) sensible (à) ; he is very ~ about it c'est un point très sensible (chez lui)

sensitivity [sɛnsɪ'tɪvɪtɪ] n sensibilité f
sensitize ['sɛnsɪtaɪz] vt sensibiliser ; **to ~ sb to sth** sensibiliser qn à qch ; **to be sensitized (to sth)** être sensibilisé(e) (à qch)
sensor ['sɛnsəʳ] n senseur m
sensory ['sɛnsərɪ] adj sensoriel(le)
sensual ['sɛnsjuəl] adj sensuel(le)
sensuous ['sɛnsjuəs] adj voluptueux(-euse), sensuel(le)
sent [sɛnt] pt, pp of **send**
sentence ['sɛntns] n (Ling) phrase f ; (Law: judgment) condamnation f, sentence f ; (: punishment) peine f ; **to pass ~ on sb** prononcer une peine contre qn ▶ vt: **to ~ sb to death/to 5 years** condamner qn à mort/à 5 ans
sentient ['sɛntɪənt] adj doué(e) de sens
sentiment ['sɛntɪmənt] n sentiment m ; (opinion) opinion f, avis m
sentimental [sɛntɪ'mɛntl] adj sentimental(e)
sentimentality [sɛntɪmɛn'tælɪtɪ] n sentimentalité f, sensiblerie f
sentry ['sɛntrɪ] n sentinelle f, factionnaire m
sentry duty n: **to be on ~** être de faction
Seoul [səul] n Séoul
separable ['sɛprəbl] adj séparable
separate adj ['sɛprɪt] séparé(e) ; (organization) indépendant(e) ; (day, occasion, issue) différent(e) ; **~ from** distinct(e) de ; **under ~ cover** (Comm) sous pli séparé ▶ vt ['sɛpəreɪt] séparer ; (distinguish) distinguer ; **to ~ into** diviser en ▶ vi ['sɛpəreɪt] se séparer
separately ['sɛprɪtlɪ] adv séparément
separates ['sɛprɪts] npl (clothes) coordonnés mpl
separation [sɛpə'reɪʃən] n séparation f
separatism ['sɛprɪtɪzəm] n séparatisme m
separatist ['sɛprɪtɪst] adj, n séparatiste mf
sepia ['si:pɪə] adj sépia inv
Sept. abbr (= September) sept
September [sɛp'tɛmbəʳ] n septembre m ; see also **July**
septic ['sɛptɪk] adj septique ; (wound) infecté(e) ; **to go ~** s'infecter
septicaemia [sɛptɪ'si:mɪə] n septicémie f
septic tank n fosse f septique
septuagenarian [sɛptjuədʒɪ'nɛərɪən] adj, n septuagénaire mf
sequel ['si:kwl] n conséquence f ; séquelles fpl ; (of story) suite f
sequence ['si:kwəns] n ordre m, suite f ; (in film) séquence f ; (dance) numéro m ; **in ~** par ordre, dans l'ordre, les uns après les autres ; **~ of tenses** concordance f des temps
sequential [sɪ'kwɛnʃəl] adj: **~ access** (Comput) accès séquentiel
sequin ['si:kwɪn] n sequin m
sequinned, sequined ['si:kwɪnd] adj à sequins
Serb [sə:b] adj serbe ▶ n Serbe mf
Serbia ['sə:bɪə] n Serbie f
Serbian ['sə:bɪən] adj serbe ▶ n Serbe mf ; (Ling) serbe m
Serbo-Croat ['sə:bəu'krəuæt] n (Ling) serbo-croate m
serenade [sɛrə'neɪd] n sérénade f ▶ vt donner une sérénade à

serendipitous [sɛrən'dɪpɪtəs] adj (discovery, event) inespéré(e)
serendipity [sɛrən'dɪpətɪ] n heureux hasard m
serene [sɪ'ri:n] adj serein(e), calme, paisible
serenely [sɪ'ri:nlɪ] adv (say, smile) sereinement
serenity [sə'rɛnɪtɪ] n sérénité f, calme m
sergeant ['sɑ:dʒənt] n sergent m ; (Police) brigadier m
sergeant major n sergent-major m
serial ['sɪərɪəl] n feuilleton m ▶ adj (Comput: interface, printer) série inv ; (: access) séquentiel(le)
serialize ['sɪərɪəlaɪz] vt publier (or adapter) en feuilleton
serial killer n meurtrier m tuant en série
serial number n numéro m de série
series ['sɪərɪz] n série f ; (Publishing) collection f
serious ['sɪərɪəs] adj sérieux(-euse) ; (accident etc) grave ; **are you ~ (about it)?** parlez-vous sérieusement ?
seriously ['sɪərɪəslɪ] adv sérieusement ; (hurt) gravement ; **~ rich/difficult** (inf: extremely) drôlement riche/difficile ; **to take sth/sb ~** prendre qch/qn au sérieux
seriousness ['sɪərɪəsnɪs] n sérieux m, gravité f
sermon ['sə:mən] n sermon m
serotonin [sɛrə'təunɪn] n sérotonine m
serpent ['sə:pənt] n serpent m
serrated [sɪ'reɪtɪd] adj en dents de scie
serum ['sɪərəm] n sérum m
servant ['sə:vənt] n domestique mf ; (fig) serviteur (servante)
serve [sə:v] vt (employer etc) servir, être au service de ; (purpose) servir à ; (customer, food, meal) servir ; (subj: train) desservir ; (apprenticeship) faire, accomplir ; (prison term) faire ; purger ; **are you being served?** est-ce qu'on s'occupe de vous ? ; **it serves him right** c'est bien fait pour lui ; **it serves my purpose** cela fait mon affaire ▶ vi (Tennis) servir ; (be useful): **to ~ as/for/to do** servir de/à/à faire ; **to ~ on a committee/jury** faire partie d'un comité/jury ▶ n (Tennis) service m
▶ **serve out, serve up** vt (food) servir
server ['sə:vəʳ] n (Comput) serveur m
service ['sə:vɪs] n (gen) service m ; (Aut) révision f ; (Rel) office m ; **to be of ~ to sb, to do sb a ~** rendre service à qn ; **~ included/not included** service compris/non compris ; **to put one's car in for ~** donner sa voiture à réviser ; **dinner ~** service de table ▶ vt (car etc) réviser ; **services** npl (Econ: tertiary sector) (secteur m) tertiaire m, secteur des services ; (Brit: on motorway) station-service f ; (Mil): **the Services** npl les forces armées
serviceable ['sə:vɪsəbl] adj pratique, commode
service area n (on motorway) aire f de services
service charge n (Brit) service m
service industries npl les industries fpl de service, les services mpl
serviceman ['sə:vɪsmən] n (irreg) militaire m
service station n station-service f
servicewoman ['sə:vɪswumən] n (irreg) militaire f
serviette [sə:vɪ'ɛt] n (Brit) serviette f (de table)
servile ['sə:vaɪl] adj servile
servitude ['sə:vɪtju:d] n servitude f

sesame ['sɛsəmɪ] *n* sésame *m* ▶ *cpd* (*seed, oil*) de sésame ; (*cracker, biscuit*) au sésame

session ['sɛʃən] *n* (*sitting*) séance *f* ; (*Scol*) année *f* scolaire (*or* universitaire) ; **to be in ~** siéger, être en session *or* en séance

session musician *n* musicien(ne) de studio

set [sɛt] (*pt, pp* ~) *n* série *f*, assortiment *m* ; (*of tools etc*) jeu *m* ; (*Radio, TV*) poste *m* ; (*Tennis*) set *m* ; (*group of people*) cercle *m*, milieu *m* ; (*Cine*) plateau *m* ; (*Theat: stage*) scène *f* ; (: *scenery*) décor *m* ; (*Math*) ensemble *m* ; (*Hairdressing*) mise *f* en plis ; **a ~ of false teeth** un dentier ; **a ~ of dining-room furniture** une salle à manger ▶ *adj* (*fixed*) fixe, déterminé(e) ; (*ready*) prêt(e) ; **to be ~ on doing** être résolu(e) à faire ; **to be all ~ to do** être (fin) prêt(e) pour faire ; **to be (dead) ~ against** être (totalement) opposé à ; **he's ~ in his ways** il n'est pas très souple, il tient à ses habitudes ; **a ~ phrase** une expression toute faite, une locution ▶ *vt* (*place*) mettre, poser, placer ; (*fix, establish*) fixer ; (: *record*) établir ; (*assign: task, homework*) donner ; (*exam*) composer ; (*adjust*) régler ; (*decide: rules etc*) fixer, choisir ; (*Typ*) composer ; **to ~ to music** mettre en musique ; **to ~ on fire** mettre le feu à ; **to ~ free** libérer ; **to ~ sth going** déclencher qch ; **to ~ the alarm clock for seven o'clock** mettre le réveil à sonner à sept heures ; **to ~ sail** partir, prendre la mer ▶ *vi* (*sun*) se coucher ; (*jam, jelly, concrete*) prendre ; (*bone*) se ressouder

▶ **set about** *vt fus* (*task*) entreprendre, se mettre à ; **to ~ about doing sth** se mettre à faire qch
▶ **set aside** *vt* mettre de côté ; (*time*) garder
▶ **set back** *vt* (*in time*): **to ~ back (by)** retarder (de) ; (*place*): **a house ~ back from the road** une maison située en retrait de la route
▶ **set down** *vt* (*subj: bus, train*) déposer
▶ **set in** *vi* (*infection, bad weather*) s'installer ; (*complications*) survenir, surgir ; **the rain has ~ in for the day** c'est parti pour qu'il pleuve toute la journée
▶ **set off** *vi* se mettre en route, partir ▶ *vt* (*bomb*) faire exploser ; (*cause to start*) déclencher ; (*show up well*) mettre en valeur, faire valoir
▶ **set out** *vi*: **to ~ out (from)** partir (de) ; **to ~ out to do** entreprendre de faire ; avoir pour but *or* intention de faire ▶ *vt* (*arrange*) disposer ; (*state*) présenter, exposer
▶ **set up** *vt* (*organization*) fonder, créer ; (*monument*) ériger ; **to ~ up shop** (*fig*) s'établir, s'installer

setback ['sɛtbæk] *n* (*hitch*) revers *m*, contretemps *m* ; (*in health*) rechute *f*

set menu *n* menu *m*

set square *n* équerre *f*

settee [sɛ'tiː] *n* canapé *m*

setting ['sɛtɪŋ] *n* cadre *m* ; (*of jewel*) monture *f* ; (*position: of controls*) réglage *m*

setting lotion *n* lotion *f* pour mise en plis

settle ['sɛtl] *vt* (*argument, matter, account*) régler ; (*problem*) résoudre ; (*Med: calm*) calmer ; (*colonize: land*) coloniser ; **that's settled then** alors, c'est d'accord ! ; **to ~ one's stomach** calmer des maux d'estomac ▶ *vi* (*bird, dust etc*) se poser ; (*sediment*) se déposer ; **to ~ to sth** se mettre sérieusement à qch ; **to ~ for sth** accepter qch,

se contenter de qch ; **to ~ on sth** opter *or* se décider pour qch
▶ **settle down** *vi* (*get comfortable*) s'installer ; (*become calmer*) se calmer ; se ranger
▶ **settle in** *vi* s'installer
▶ **settle up** *vi*: **to ~ up with sb** régler (ce que l'on doit à) qn

settlement ['sɛtlmənt] *n* (*payment*) règlement *m* ; (*agreement*) accord *m* ; (*colony*) colonie *f* ; (*village etc*) village *m*, hameau *m* ; **in ~ of our account** (*Comm*) en règlement de notre compte

settler ['sɛtlər] *n* colon *m*

setup ['sɛtʌp] *n* (*arrangement*) manière *f* dont les choses sont organisées ; (*situation*) situation *f*, allure *f* des choses

seven ['sɛvn] *num* sept

seventeen [sɛvn'tiːn] *num* dix-sept

seventeenth [sɛvn'tiːnθ] *num* dix-septième

seventh ['sɛvnθ] *num* septième

seventieth ['sɛvntɪɪθ] *num* soixante-dixième

seventy ['sɛvntɪ] *num* soixante-dix

sever ['sɛvər] *vt* couper, trancher ; (*relations*) rompre

several ['sɛvərl] *adj, pron* plusieurs *pl* ; **~ of us** plusieurs d'entre nous ; **~ times** plusieurs fois

severance ['sɛvərəns] *n* (*of relations*) rupture *f*

severance pay *n* indemnité *f* de licenciement

severe [sɪ'vɪər] *adj* (*stern*) sévère, strict(e) ; (*serious*) grave, sérieux(-euse) ; (*hard*) rigoureux(-euse), dur(e) ; (*plain*) sévère, austère

severely [sɪ'vɪəlɪ] *adv* sévèrement ; (*wounded, ill*) gravement

severity [sɪ'vɛrɪtɪ] *n* sévérité *f* ; gravité *f* ; rigueur *f*

sew [səu] (*pt* **sewed** [səud], *pp* **sewn** [səun]) *vt, vi* coudre
▶ **sew on** *vt* coudre ; **to ~ on a button** coudre un bouton
▶ **sew up** *vt* (re)coudre ; **it is all sewn up** (*fig*) c'est dans le sac *or* dans la poche

sewage ['suːɪdʒ] *n* vidange(s) *f(pl)*

sewage works *n* champ *m* d'épandage

sewer ['suːər] *n* égout *m*

sewerage ['suːərɪdʒ] *n* tout-à-l'égout *m*

sewing ['səuɪŋ] *n* couture *f* ; (*item(s)*) ouvrage *m*

sewing machine *n* machine *f* à coudre

sewn [səun] *pp* of **sew**

sex [sɛks] *n* sexe *m* ; **to have ~ with** avoir des rapports (sexuels) avec
▶ **sex up** *vt* (*inf*) donner du piquant à

sex act *n* acte sexuel

sex appeal *n* sex-appeal *m*

sex change *n* (*also:* **sex change operation**) (opération *f* de) changement *m* de sexe

sex discrimination *n* (*also:* **sexual discrimination**) discrimination *f* sexuelle

sex education *n* éducation sexuelle

sexism ['sɛksɪzəm] *n* sexisme *m*

sexist ['sɛksɪst] *adj* sexiste

sex life *n* vie sexuelle

sex object *n* femme-objet *f*, objet sexuel

sextet [sɛks'tɛt] *n* sextuor *m*

sexual ['sɛksjuəl] *adj* sexuel(le) ; **~ assault** attentat *m* à la pudeur ; **~ harassment** harcèlement sexuel

sexual intercourse *n* rapports sexuels

sexuality [sɛksju'ælɪtɪ] n sexualité f
sexually ['sɛksjuəlɪ] adv sexuellement
sexy ['sɛksɪ] adj sexy inv
Seychelles [seɪ'ʃɛl(z)] npl: **the ~** les Seychelles fpl
SF n abbr (= science fiction) SF f
SG n abbr (US) = **Surgeon General**
Sgt abbr (= sergeant) Sgt
shabbiness ['ʃæbɪnɪs] n aspect miteux ;
mesquinerie f
shabby ['ʃæbɪ] adj miteux(-euse) ; (behaviour)
mesquin(e), méprisable
shack [ʃæk] n cabane f, hutte f
shackles ['ʃæklz] npl chaînes fpl, entraves fpl
shade [ʃeɪd] n ombre f ; (for lamp) abat-jour m inv ;
(of colour) nuance f, ton m ; (US: window shade)
store m ; (small quantity): **a ~ of** un soupçon de ;
in the ~ à l'ombre ; **a ~ smaller** un tout petit
peu plus petit ▸ vt abriter du soleil, ombrager ;
shades npl (US: sunglasses) lunettes fpl de soleil
shaded ['ʃeɪdɪd] adj (shady) ombragé(e) ; (coloured:
area) ombré(e)
shadow ['ʃædəu] n ombre f ; **without** or **beyond
a ~ of doubt** sans l'ombre d'un doute ▸ vt
(follow) filer
shadow cabinet n (BRIT Pol) cabinet parallèle formé
par le parti qui n'est pas au pouvoir
shadowy ['ʃædəuɪ] adj ombragé(e) ; (dim) vague,
indistinct(e)
shady ['ʃeɪdɪ] adj ombragé(e) ; (fig: dishonest)
louche, véreux(-euse)
shaft [ʃɑːft] n (of arrow, spear) hampe f ; (Aut, Tech)
arbre m ; (of mine) puits m ; (of lift) cage f ; (of light)
rayon m, trait m ; **ventilator ~** conduit m
d'aération or de ventilation
shaggy ['ʃægɪ] adj hirsute ; en broussaille
shake [ʃeɪk] (pt **shook** [ʃuk], pp **shaken** ['ʃeɪkn]) vt
secouer ; (bottle, cocktail) agiter ; (house, confidence)
ébranler ; **to ~ one's head** (in refusal etc) dire or
faire non de la tête ; (in dismay) secouer la tête ;
to ~ hands with sb serrer la main à qn ▸ vi
trembler ▸ n secousse f
▸ **shake off** vt secouer ; (pursuer) se débarrasser de
▸ **shake up** vt secouer
shake-up ['ʃeɪkʌp] n grand remaniement
shakily ['ʃeɪkɪlɪ] adv (reply) d'une voix
tremblante ; (walk) d'un pas mal assuré ; (write)
d'une main tremblante
shaky ['ʃeɪkɪ] adj (hand, voice) tremblant(e) ;
(building) branlant(e), peu solide ; (memory)
chancelant(e) ; (knowledge) incertain(e)
shale [ʃeɪl] n schiste argileux
shall [ʃæl] aux vb: **I ~ go** j'irai ; **~ I open the
door?** j'ouvre la porte ? ; **I'll get the coffee, ~ I?**
je vais chercher le café, d'accord ?
shallot [ʃə'lɔt] n (BRIT) échalote f
shallow ['ʃæləu] adj peu profond(e) ; (fig)
superficiel(le), qui manque de profondeur
sham [ʃæm] n frime f ; (jewellery, furniture)
imitation f ▸ adj feint(e), simulé(e) ▸ vt feindre,
simuler
shaman ['ʃeɪmən] n chaman m
shamanism ['ʃeɪmənɪzəm] n chamanisme m
shambles ['ʃæmblz] n confusion f, pagaïe f,
fouillis m ; **the economy is (in) a complete ~**
l'économie est dans la confusion la plus totale

shambolic [ʃæm'bɔlɪk] adj (inf) bordélique (inf)
shame [ʃeɪm] n honte f ; **it is a ~ (that/to do)**
c'est dommage (que + sub/de faire) ; **what a ~!**
quel dommage ! ; **to put sb/sth to ~** (fig) faire
honte à qn/qch ▸ vt faire honte à
shamefaced ['ʃeɪmfeɪst] adj honteux(-euse),
penaud(e)
shameful ['ʃeɪmful] adj honteux(-euse),
scandaleux(-euse)
shamefully ['ʃeɪmfulɪ] adv honteusement
shameless ['ʃeɪmlɪs] adj éhonté(e), effronté(e) ;
(immodest) impudique
shamelessly ['ʃeɪmlɪslɪ] adv (lie, cheat) sans
vergogne ; (immodestly) sans pudeur
shampoo [ʃæm'puː] n shampooing m ; **~ and
set** shampooing et mise f en plis ▸ vt faire un
shampooing à
shamrock ['ʃæmrɔk] n trèfle m (emblème national
de l'Irlande)
shandy ['ʃændɪ] n bière panachée
shan't [ʃɑːnt] = **shall not**
shanty ['ʃæntɪ] n (hut) baraque f ; (song) chanson
f de marins
shantytown ['ʃæntɪtaun] n bidonville m
SHAPE [ʃeɪp] n abbr (= Supreme Headquarters Allied
Powers, Europe) quartier général des forces alliées en
Europe
shape [ʃeɪp] n forme f ; **to take ~** prendre forme
or tournure ; **in the ~ of a heart** en forme de
cœur ; **I can't bear gardening in any ~ or
form** je déteste le jardinage sous quelque
forme que ce soit ; **to get o.s. into ~** (re)trouver
la forme ▸ vt façonner, modeler ; (clay, stone)
donner forme à ; (statement) formuler ; (sb's ideas,
character) former ; (sb's life) déterminer ; (course of
events) influer sur le cours de ▸ vi (also: **shape up**:
events) prendre tournure ; (: person) faire des
progrès, s'en sortir
shaped [ʃeɪpt] adj: **oddly ~** à la forme étrange ;
~ like sth en forme de qch
-shaped [ʃeɪpt] suffix: **heart~** en forme de
cœur
shapeless ['ʃeɪplɪs] adj informe, sans forme
shapely ['ʃeɪplɪ] adj bien proportionné(e), beau
(belle)
shard [ʃɑːd] n (of glass, metal) éclat m ; (of pottery)
tesson m
share [ʃɛər] n (thing received, contribution) part f ;
(Comm) action f ▸ vt partager ; (have in common)
avoir en commun ; **to ~ out (among** or
between) partager (entre) ▸ vi partager ; **to ~
in** (joy, sorrow) prendre part à ; (profits) participer
à, avoir part à ; (work) partager
share capital n capital social
share certificate n certificat m or titre m
d'action
shareholder ['ʃɛəhəuldər] n actionnaire mf
shareholding ['ʃɛəhəuldɪŋ] n participation f ;
to have a ~ in sth détenir une participation
dans qch
share index n indice m de la Bourse
shareware ['ʃɛəwɛər] n (Comput) partagiciel m
sharia [ʃə'riːə] n charia f ▸ cpd (law, court) de la
charia
shark [ʃɑːk] n requin m

829

sharp [ʃɑːp] *adj* (*razor, knife*) tranchant(e), bien aiguisé(e) ; (*point, needle*) aigu(ë) ; (*nose, chin*) pointu(e) ; (*outline, increase*) net(te) ; (*curve, bend*) brusque ; (*cold, pain*) vif (vive) ; (*taste*) piquant(e), âcre ; (*Mus*) dièse ; (*person: quick-witted*) vif (vive), éveillé(e) ; (*: unscrupulous*) malhonnête ; **to be ~ with sb** être brusque avec qn ; **look ~!** dépêche-toi ! ▸ *n* (*Mus*) dièse *m* ▸ *adv*: **at 2 o'clock ~** à 2 heures pile *or* tapantes ; **turn ~ left** tournez immédiatement à gauche

sharpen [ˈʃɑːpn] *vt* aiguiser ; (*pencil*) tailler ; (*fig*) aviver

sharpener [ˈʃɑːpnəʳ] *n* (*also*: **pencil sharpener**) taille-crayon(s) *m inv* ; (*also*: **knife sharpener**) aiguisoir *m*

sharp-eyed [ʃɑːpˈaɪd] *adj* à qui rien n'échappe

sharpish [ˈʃɑːpɪʃ] *adv* (*BRIT inf: quickly*) en vitesse

sharply [ˈʃɑːplɪ] *adv* (*turn, stop*) brusquement ; (*stand out*) nettement ; (*criticize, retort*) sèchement, vertement

sharpshooter [ˈʃɑːpʃuːtəʳ] *n* tireur(-euse) d'élite

sharp-tempered [ʃɑːpˈtɛmpəd] *adj* prompt(e) à se mettre en colère

sharp-witted [ʃɑːpˈwɪtɪd] *adj* à l'esprit vif, malin(-igne)

shatter [ˈʃætəʳ] *vt* fracasser, briser, faire voler en éclats ; (*fig: upset*) bouleverser ; (*: ruin*) briser, ruiner ▸ *vi* voler en éclats, se briser, se fracasser

shattered [ˈʃætəd] *adj* (*devastated*) bouleversé(e) ; (*inf: exhausted*) crevé(e) (*inf*)

shattering [ˈʃætərɪŋ] *adj* (*devastating: experience*) bouleversant(e) ; (*: blow*) terrible ; (*BRIT inf: exhausting: day, journey*) crevant(e) (*inf*) ▸ *n*: **I heard the ~ of glass** j'ai entendu un bruit de verre brisé

shatterproof [ˈʃætəpruːf] *adj* incassable

shave [ʃeɪv] *vt* raser ▸ *vi* se raser ▸ *n*: **to have a ~** se raser
▸ **shave off** *vt* (*beard, hair*) raser ; (*wood*) raboter ; (*cut*): **to ~ a few seconds off the record** battre le record de quelques secondes

shaven [ˈʃeɪvn] *adj* (*head*) rasé(e)

shaver [ˈʃeɪvəʳ] *n* (*also*: **electric shaver**) rasoir *m* électrique

shaving [ˈʃeɪvɪŋ] *n* (*action*) rasage *m*

shaving brush *n* blaireau *m*

shaving cream *n* crème *f* à raser

shaving foam *n* mousse *f* à raser

shavings [ˈʃeɪvɪŋz] *npl* (*of wood etc*) copeaux *mpl*

shaving soap *n* savon *m* à barbe

shawl [ʃɔːl] *n* châle *m*

she [ʃiː] *pron* elle ; **there ~ is** la voilà ; **~-elephant** *etc* éléphant *m etc* femelle

sheaf [ʃiːf] (*pl* **sheaves** [ʃiːvz]) *n* gerbe *f*

shear [ʃɪəʳ] (*pt* **sheared** [ʃɪəd], *pp* **sheared** *or* **shorn** [ʃɔːn]) *vt* (*sheep*) tondre
▸ **shear off** *vt* tondre ; (*branch*) élaguer

shears [ˈʃɪəz] *npl* (*for hedge*) cisaille(s) *f(pl)*

sheath [ʃiːθ] *n* gaine *f*, fourreau *m*, étui *m* ; (*contraceptive*) préservatif *m*

sheathe [ʃiːð] *vt* gainer ; (*sword*) rengainer

sheath knife *n* couteau *m* à gaine

sheaves [ʃiːvz] *npl of* **sheaf**

shed [ʃɛd] (*pt, pp* ~) *n* remise *f*, resserre *f* ; (*Industry, Rail*) hangar *m* ▸ *vt* (*leaves, fur etc*)

perdre ; (*tears*) verser, répandre ; (*workers*) congédier ; **to ~ light on** (*problem, mystery*) faire la lumière sur

she'd [ʃiːd] = **she had; she would**

sheen [ʃiːn] *n* lustre *m*

sheep [ʃiːp] *n* (*pl inv*) mouton *m*

sheepdog [ˈʃiːpdɔg] *n* chien *m* de berger

sheep farmer *n* éleveur *m* de moutons

sheepish [ˈʃiːpɪʃ] *adj* penaud(e), timide

sheepskin [ˈʃiːpskɪn] *n* peau *f* de mouton

sheepskin jacket *n* canadienne *f*

sheer [ʃɪəʳ] *adj* (*utter*) pur(e), pur et simple ; (*steep*) à pic, abrupt(e) ; (*almost transparent*) extrêmement fin(e) ; **by ~ chance** par pur hasard ▸ *adv* à pic, abruptement

sheet [ʃiːt] *n* (*on bed*) drap *m* ; (*of paper*) feuille *f* ; (*of glass, metal etc*) feuille, plaque *f*

sheet feed *n* (*on printer*) alimentation *f* en papier (feuille à feuille)

sheet lightning *n* éclair *m* en nappe(s)

sheet metal *n* tôle *f*

sheet music *n* partition(s) *f(pl)*

sheik, sheikh [ʃeɪk] *n* cheik *m*

shelf [ʃɛlf] (*pl* **shelves** [ʃɛlvz]) *n* étagère *f*, rayon *m* ; **set of shelves** rayonnage *m*

shelf life *n* (*Comm*) durée *f* de conservation (avant la vente)

shell [ʃɛl] *n* (*on beach*) coquillage *m* ; (*of egg, nut etc*) coquille *f* ; (*explosive*) obus *m* ; (*of building*) carcasse *f* ▸ *vt* (*crab, prawn etc*) décortiquer ; (*peas*) écosser ; (*Mil*) bombarder (d'obus)
▸ **shell out** *vi* (*inf*): **to ~ out (for)** casquer (pour) (*inf*)

she'll [ʃiːl] = **she will; she shall**

shellfire [ˈʃɛlfaɪəʳ] *n* tirs *mpl* d'obus ; **to come under ~** être soumis(e) à des tirs d'obus

shellfish [ˈʃɛlfɪʃ] *n* (*pl inv: crab etc*) crustacé *m* ; (*: scallop etc*) coquillage *m* ▸ *npl* (*as food*) fruits *mpl* de mer

shelling [ˈʃɛlɪŋ] *n* (*Mil*) tirs *mpl* d'obus

shell-shocked [ˈʃɛlʃɔkt] *adj* (*soldier*) atteint(e) de psychose traumatique ; (*inf: stunned*) sous le choc

shell suit *n* survêtement *m*

shelter [ˈʃɛltəʳ] *n* abri *m*, refuge *m* ; **to take ~ (from)** s'abriter (de) ▸ *vt* abriter, protéger ; (*give lodging to*) donner asile à ▸ *vi* s'abriter, se mettre à l'abri

sheltered [ˈʃɛltəd] *adj* (*life*) retiré(e), à l'abri des soucis ; (*spot*) abrité(e)

sheltered housing *n* foyers *mpl* (*pour personnes âgées ou handicapées*)

shelve [ʃɛlv] *vt* (*fig*) mettre en suspens *or* en sommeil

shelves [ʃɛlvz] *npl of* **shelf**

shelving [ˈʃɛlvɪŋ] *n* (*shelves*) rayonnage(s) *m(pl)*

shenanigans [ʃɪˈnænɪgənz] *npl* (*inf*) combines *fpl* (*inf*)

shepherd [ˈʃɛpəd] *n* berger *m* ▸ *vt* (*guide*) guider, escorter

shepherdess [ˈʃɛpədɪs] *n* bergère *f*

shepherd's pie [ˈʃɛpədz-] *n* ≈ hachis *m* Parmentier

sherbet [ˈʃəːbət] *n* (*BRIT: powder*) poudre acidulée ; (*US: water ice*) sorbet *m*

sheriff ['ʃerɪf] (US) n shérif m
sherry ['ʃerɪ] n xérès m, sherry m
she's [ʃiːz] = **she is**; **she has**
Shetland ['ʃetlənd] n (also: **the Shetland Isles** or **Islands**) les îles fpl Shetland
Shetland pony n poney m des îles Shetland
shield [ʃiːld] n bouclier m ; (protection) écran m de protection ▸ vt: **to ~ (from)** protéger (de or contre)
shift [ʃɪft] n (change) changement m ; (work period) période f de travail ; (of workers) équipe f, poste m ; **a ~ in demand** (Comm) un déplacement de la demande ▸ vt déplacer, changer de place ; (remove) enlever ▸ vi changer de place, bouger ; **the wind has shifted to the south** le vent a tourné au sud
shift key n (on keyboard) touche f de majuscule
shiftless ['ʃɪftlɪs] adj fainéant(e)
shift work n travail m par roulement ; **to do ~** travailler par roulement
shifty ['ʃɪftɪ] adj sournois(e) ; (eyes) fuyant(e)
Shiite ['ʃiːaɪt] n Chiite mf ▸ adj chiite
shilling ['ʃɪlɪŋ] n (Brit Hist) shilling m
shilly-shally ['ʃɪlɪʃælɪ] vi tergiverser, atermoyer
shimmer ['ʃɪmər] n miroitement m, chatoiement m ▸ vi miroiter, chatoyer
shin [ʃɪn] n tibia m ▸ vi: **to ~ up/down a tree** grimper dans un/descendre d'un arbre
shindig ['ʃɪndɪg] n (inf) bamboula f (inf)
shine [ʃaɪn] n (pt, pp shone [ʃɔn]) n éclat m, brillant m ▸ vi briller ▸ vt (pt, pp shined) (polish) faire briller or reluire ; **to ~ sth on sth** (torch) braquer qch sur qch
shingle ['ʃɪŋgl] n (on beach) galets mpl ; (on roof) bardeau m
shingles ['ʃɪŋglz] n (Med) zona m
shining ['ʃaɪnɪŋ] adj brillant(e)
Shinto ['ʃɪntəu] n shintoïsme m
shiny ['ʃaɪnɪ] adj brillant(e)
ship [ʃɪp] n bateau m ; (large) navire m ; **on board ~** à bord ▸ vt transporter (par mer) ; (send) expédier (par mer) ; (load) charger, embarquer
▸ **ship off** vt (inf: send away) expédier (inf)
▸ **ship out** vt (send) expédier ; (: by sea) expédier par bateau
shipbuilder ['ʃɪpbɪldər] n constructeur m de navires
shipbuilding ['ʃɪpbɪldɪŋ] n construction navale
ship chandler [-'tʃɑːndlər] n fournisseur m maritime, shipchandler m
shipment ['ʃɪpmənt] n cargaison f
shipowner ['ʃɪpəunər] n armateur m
shipper ['ʃɪpər] n affréteur m, expéditeur m
shipping ['ʃɪpɪŋ] n (ships) navires mpl ; (traffic) navigation f ; (the industry) industrie navale ; (transport) transport m
shipping agent n agent m maritime
shipping company n compagnie f de navigation
shipping lane n couloir m de navigation
shipping line n = **shipping company**
shipshape ['ʃɪpʃeɪp] adj en ordre impeccable
shipwreck ['ʃɪprek] n épave f ; (event) naufrage m
▸ vt: **to be shipwrecked** faire naufrage
shipyard ['ʃɪpjɑːd] n chantier naval
shire ['ʃaɪər] n (Brit) comté m

shirk [ʃəːk] vt esquiver, se dérober à
shirt [ʃəːt] n chemise f ; (woman's) chemisier m ; **in ~ sleeves** en bras de chemise
shirty ['ʃəːtɪ] adj (Brit) de mauvais poil
shit [ʃɪt] excl (inf!) merde (!)
shitless ['ʃɪtlɪs] adj (inf!): **to be bored ~** s'emmerder comme un rat mort (inf) ; **to be scared ~** avoir une peur bleue (inf)
shiver ['ʃɪvər] n frisson m ▸ vi frissonner
shoal [ʃəul] n (of fish) banc m
shock [ʃɔk] n (impact) choc m, heurt m ; (Elec) secousse f, décharge f ; (emotional) choc ; (Med) commotion f, choc ; **it gave us a ~** ça nous a fait un choc ; **it came as a ~ to hear that ...** nous avons appris avec stupeur que ... ; **suffering from ~** (Med) commotionné(e) ▸ vt (scandalize) choquer, scandaliser ; (upset) bouleverser
shock absorber [-əbzɔːbər] n amortisseur m
shocked [ʃɔkt] adj (scandalized) choqué(e) ; (upset) bouleversé(e)
shocker ['ʃɔkər] n (inf): **the news was a real ~ to him** il a vraiment été choqué par cette nouvelle
shocking ['ʃɔkɪŋ] adj (outrageous) choquant(e), scandaleux(-euse) ; (awful) épouvantable
shockingly ['ʃɔkɪŋlɪ] adv (terribly: bad, expensive) affreusement ; (as sentence adverb): **~, ...,** ce qui est un véritable scandale
shockproof ['ʃɔkpruːf] adj anti-choc inv
shock therapy, shock treatment n (Med) (traitement m par) électrochoc(s) m(pl)
shock wave n (also fig) onde f de choc
shod [ʃɔd] pt, pp of **shoe**; **well-~** bien chaussé(e)
shoddy ['ʃɔdɪ] adj de mauvaise qualité, mal fait(e)
shoe [ʃuː] n (pt, pp shod [ʃɔd]) n chaussure f, soulier m ; (also: **horseshoe**) fer m à cheval ; (also: **brake shoe**) mâchoire f de frein ▸ vt (horse) ferrer
shoebrush ['ʃuːbrʌʃ] n brosse f à chaussures
shoehorn ['ʃuːhɔːn] n chausse-pied m
shoelace ['ʃuːleɪs] n lacet m (de soulier)
shoemaker ['ʃuːmeɪkər] n cordonnier m, fabricant m de chaussures
shoe polish n cirage m
shoeshop ['ʃuːʃɔp] n magasin m de chaussures
shoestring ['ʃuːstrɪŋ] n: **on a ~** (fig) avec un budget dérisoire ; avec des moyens très restreints
shoetree ['ʃuːtriː] n embauchoir m
shone [ʃɔn] pt, pp of **shine**
shonky ['ʃɔŋkɪ] adj (Australia, New Zealand inf: untrustworthy) louche (inf)
shoo [ʃuː] excl allez, ouste ! ▸ vt (also: **shoo away**, **shoo off**) chasser
shook [ʃuk] pt of **shake**
shoot [ʃuːt] n (pt, pp **shot** [ʃɔt]) n (on branch, seedling) pousse f ; (shooting party) partie f de chasse ▸ vt (game: hunt) chasser ; (: aim at) tirer ; (: kill) abattre ; (person) blesser/tuer d'un coup de fusil (or de revolver) ; (execute) fusiller ; (arrow) tirer ; (gun) tirer un coup de ; (Cine) tourner ▸ vi (with gun, bow): **to ~ (at)** tirer (sur) ; (Football) shooter, tirer ; **to ~ past sb** passer en flèche devant qn ; **to ~ in/out** entrer/sortir comme une flèche
▸ **shoot down** vt (plane) abattre
▸ **shoot up** vi (fig: prices etc) monter en flèche

S

shooting [ˈʃuːtɪŋ] n (shots) coups mpl de feu ; (attack) fusillade f ; (murder) homicide m (à l'aide d'une arme à feu) ; (Hunting) chasse f ; (Cine) tournage m

shooting range n stand m de tir

shooting star n étoile filante

shop [ʃɔp] n magasin m ; (workshop) atelier m ; **repair ~** atelier de réparations ; **to talk ~** (fig) parler boutique ▸ vi (also: **go shopping**) faire ses courses or ses achats
▸ **shop around** vi faire le tour des magasins (pour comparer les prix) ; (fig) se renseigner avant de choisir or décider

shopaholic [ʃɔpəˈhɔlɪk] n (inf) personne qui achète sans pouvoir s'arrêter

shop assistant n (BRIT) vendeur(-euse)

shop floor n (BRIT fig) ouvriers mpl

shopkeeper [ˈʃɔpkiːpəʳ] n marchand(e), commerçant(e)

shoplift [ˈʃɔplɪft] vi voler à l'étalage

shoplifter [ˈʃɔplɪftəʳ] n voleur(-euse) à l'étalage

shoplifting [ˈʃɔplɪftɪŋ] n vol m à l'étalage

shopper [ˈʃɔpəʳ] n personne f qui fait ses courses, acheteur(-euse)

shopping [ˈʃɔpɪŋ] n (goods) achats mpl, provisions fpl

shopping bag n sac m (à provisions)

shopping cart n (US) chariot m, Caddie® m ; (Internet) panier m (d'achats)

shopping centre, (US) shopping center n centre commercial

shopping mall n centre commercial

shopping trolley n (BRIT) Caddie® m

shop-soiled [ˈʃɔpsɔɪld] adj défraîchi(e), qui a fait la vitrine

shop window n vitrine f

shore [ʃɔːʳ] n (of sea, lake) rivage m, rive f ; **on ~** à terre ▸ vt: **to ~ (up)** étayer

shore leave n (Naut) permission f à terre

shoreline [ˈʃɔːlaɪn] n (of sea) littoral m ; (of lake) rive f

shorn [ʃɔːn] pp of **shear** ▸ adj: **~ of** dépouillé(e) de

short [ʃɔːt] adj (not long) court(e) ; (soon finished) court, bref (brève) ; (person, step) petit(e) ; (curt) brusque, sec (sèche) ; (insufficient) insuffisant(e) ; **to be ~ of sth** être à court de or manquer de qch ; **I'm three ~** il m'en manque trois ; **to be in ~ supply** manquer, être difficile à trouver ; **it is ~ for** c'est l'abréviation or le diminutif de ; **a ~ time ago** il y a peu de temps ; **in the ~ term** à court terme ▸ adv: **~ of doing** à moins de faire ; **everything ~ of** tout sauf ; **to cut ~** (speech, visit) abréger, écourter ; (person) couper la parole à ; **to fall ~ of** ne pas être à la hauteur de ; **to run ~ of** arriver à court de, venir à manquer de ; **to stop ~** s'arrêter net ; **to stop ~ of** ne pas aller jusqu'à ▸ n (also: **short film**) court métrage ; (Elec) court-circuit m ; **in ~** bref ; en bref

shortage [ˈʃɔːtɪdʒ] n manque m, pénurie f

shortbread [ˈʃɔːtbred] n ≈ sablé m

short-change [ʃɔːtˈtʃeɪndʒ] vt: **to ~ sb** ne pas rendre assez à qn

short-circuit [ʃɔːtˈsəːkɪt] n court-circuit m ▸ vt court-circuiter ▸ vi se mettre en court-circuit

shortcoming [ˈʃɔːtkʌmɪŋ] n défaut m

shortcrust pastry [ˈʃɔːt(krʌst)-], (US) **short pastry** n pâte brisée

shortcut [ˈʃɔːtkʌt] n raccourci m

shorten [ˈʃɔːtn] vt raccourcir ; (text, visit) abréger

shortening [ˈʃɔːtnɪŋ] n (Culin) matière grasse

shortfall [ˈʃɔːtfɔːl] n déficit m

shorthand [ˈʃɔːthænd] n (BRIT) sténo(graphie) f ; **to take sth down in ~** prendre qch en sténo

shorthand notebook n bloc m sténo

shorthand typist n (BRIT) sténodactylo mf

shortlist [ˈʃɔːtlɪst] n (BRIT: for job) liste f des candidats sélectionnés

short-lived [ˈʃɔːtˈlɪvd] adj de courte durée

shortly [ˈʃɔːtlɪ] adv bientôt, sous peu

short message service n SMS m

shortness [ˈʃɔːtnɪs] n brièveté f

short notice n: **at ~** au dernier moment

short pastry n (US) = **shortcrust pastry**

shorts [ʃɔːts] npl: **(a pair of) ~** un short

short-sighted [ʃɔːtˈsaɪtɪd] adj (BRIT) myope ; (fig) qui manque de clairvoyance

short-sleeved [ʃɔːtˈsliːvd] adj à manches courtes

short-staffed [ʃɔːtˈstɑːft] adj à court de personnel

short-stay [ʃɔːtˈsteɪ] adj (car park) de courte durée

short story n nouvelle f

short-tempered [ʃɔːtˈtempəd] adj qui s'emporte facilement

short-term [ˈʃɔːttəːm] adj (effect) à court terme

short time n: **to work ~, to be on ~** (Industry) être en chômage partiel, travailler à horaire réduit

short wave n (Radio) ondes courtes

shot [ʃɔt] pt, pp of **shoot** ▸ n coup m (de feu) ; (shotgun pellets) plombs mpl ; (try) coup, essai m ; (injection) piqûre f ; (Phot) photo f ; **to be a good/poor ~** (person) tirer bien/mal ; **to fire a ~ at sb/sth** tirer sur qn/qch ; **to have a ~ at (doing) sth** essayer de faire qch ; **like a ~** comme une flèche ; (very readily) sans hésiter ; **a big ~** (inf) un gros bonnet (inf) ▸ adj (inf): **to get ~ of sb/sth** se débarrasser de qn/qch

shotgun [ˈʃɔtgʌn] n fusil m de chasse

should [ʃud] aux vb: **I ~ go now** je devrais partir maintenant ; **he ~ be there now** il devrait être arrivé maintenant ; **I ~ go if I were you** si j'étais vous j'irais ; **I ~ like to** volontiers, j'aimerais bien ; **~ he phone …** si jamais il téléphone …

shoulder [ˈʃəuldəʳ] n épaule f ; (BRIT: of road) **hard ~** accotement m ; **to look over one's ~** regarder derrière soi (en tournant la tête) ; **to rub shoulders with sb** (fig) côtoyer qn ; **to give sb the cold ~** (fig) battre froid à qn ▸ vt (fig) endosser, se charger de

shoulder bag n sac m à bandoulière

shoulder blade n omoplate f

shoulder strap n bretelle f

shouldn't [ˈʃudnt] = **should not**

shout [ʃaut] n cri m ; **to give sb a ~** appeler qn ▸ vt crier, pousser des cris
▸ **shout down** vt huer
▸ **shout out** vt, vi crier

shouting [ˈʃautɪŋ] n cris mpl

shouting match n (inf) engueulade f (inf), empoignade f (inf)

shove [ʃʌv] vt pousser ; (inf: put): **to ~ sth in** fourrer or ficher qch dans ; **he shoved me out of the way** il m'a écarté en me poussant ▶ n poussée f
▶ **shove off** vi (Naut) pousser au large ; (fig: col) ficher le camp

shovel ['ʃʌvl] n pelle f ▶ vt pelleter, enlever (or enfourner) à la pelle

show [ʃəu] (pt **showed** [ʃəud], pp **shown** [ʃəun]) n (of emotion) manifestation f, démonstration f ; (semblance) semblant m, apparence f ; (exhibition) exposition f, salon m ; (Theat, TV) spectacle m ; (Cine) séance f ; **to ask for a ~ of hands** demander que l'on vote à main levée ; **to be on** ~ être exposé(e) ; **it's just for** ~ c'est juste pour l'effet ; **who's running the ~ here?** (inf) qui est-ce qui commande ici ? ▶ vt montrer ; (film) passer ; (courage etc) faire preuve de, manifester ; (exhibit) exposer ; **can you ~ me where it is, please?** pouvez-vous me montrer où c'est ? ; **to ~ sb to his seat/to the door** accompagner qn jusqu'à sa place/la porte ; **to ~ a profit/loss** (Comm) indiquer un bénéfice/une perte ; **it just goes to ~ that ...** ça prouve bien que ... ▶ vi se voir, être visible
▶ **show around** vt faire visiter ; **would you ~ me around?** tu veux bien me faire visiter ? ; **he showed me around the flat** il m'a fait visiter l'appartement
▶ **show in** vt faire entrer
▶ **show off** vi (pej) crâner ▶ vt (display) faire valoir ; (pej) faire étalage de
▶ **show out** vt reconduire à la porte
▶ **show round** vt (BRIT) = **show around**
▶ **show up** vi (stand out) ressortir ; (inf: turn up) se montrer ▶ vt démontrer ; (unmask) démasquer, dénoncer ; (flaw) faire ressortir

showbiz ['ʃəubɪz] n (inf) showbiz m

show business n le monde du spectacle

showcase ['ʃəukeɪs] n vitrine f

showdown ['ʃəudaun] n épreuve f de force

shower ['ʃauər] n (for washing) douche f ; (rain) averse f ; (of stones etc) pluie f ; (US: party) réunion organisée pour la remise de cadeaux ; **to have** or **take a ~** prendre une douche, se doucher ▶ vi prendre une douche, se doucher ▶ vt: **to ~ sb with** (gifts etc) combler qn de ; (abuse etc) accabler qn de ; (missiles) bombarder qn de

shower cap n bonnet m de douche

shower gel n gel m douche

showerproof ['ʃauəpru:f] adj imperméable

showery ['ʃauərɪ] adj (weather) pluvieux(-euse)

showground ['ʃəugraund] n champ m de foire

showing ['ʃəuɪŋ] n (of film) projection f

show jumping [-dʒʌmpɪŋ] n concours m hippique

showman ['ʃəumən] n (irreg) (at fair, circus) forain m ; (fig) comédien m

showmanship ['ʃəumənʃɪp] n art m de la mise en scène

shown [ʃəun] pp of **show**

show-off ['ʃəuɔf] n (inf: person) crâneur(-euse) (inf), m'as-tu-vu(e) (inf)

showpiece ['ʃəupi:s] n (of exhibition etc) joyau m, clou m ; **that hospital is a ~** cet hôpital est un modèle du genre

showroom ['ʃəurum] n magasin m or salle f d'exposition

showstopper ['ʃəustɔpər] n (inf): **to be a ~** être extraordinaire

show trial n grand procès m médiatique (qui fait un exemple)

showy ['ʃəuɪ] adj tapageur(-euse)

shrank [ʃræŋk] pt of **shrink**

shrapnel ['ʃræpnl] n éclats mpl d'obus

shred [ʃred] n (gen pl) lambeau m, petit morceau ; (fig: of truth, evidence) parcelle f ▶ vt mettre en lambeaux, déchirer ; (documents) détruire ; (Culin: grate) râper ; (: lettuce etc) couper en lanières

shredder ['ʃredər] n (for vegetables) râpeur m ; (for documents, papers) déchiqueteuse f

shrew [ʃru:] n (animal) musaraigne f ; (pej: woman) mégère f

shrewd [ʃru:d] adj astucieux(-euse), perspicace ; (business person) habile

shrewdness ['ʃru:dnɪs] n perspicacité f

shriek [ʃri:k] n cri perçant or aigu, hurlement m ▶ vt, vi hurler, crier

shrift [ʃrɪft] n: **to give sb short ~** expédier qn sans ménagements

shrill [ʃrɪl] adj perçant(e), aigu(ë), strident(e)

shrimp [ʃrɪmp] n crevette grise

shrimp cocktail (US) n cocktail m de crevettes

shrine [ʃraɪn] n châsse f ; (place) lieu m de pèlerinage

shrink [ʃrɪŋk] (pt **shrank** [ʃræŋk], pp **shrunk** [ʃrʌŋk]) vi rétrécir ; (fig) diminuer ; (also: **shrink away**) reculer ; **to ~ from (doing) sth** reculer devant (la pensée de faire) qch ▶ vt (wool) (faire) rétrécir ▶ n (inf, pej) psychanalyste mf

shrinkage ['ʃrɪŋkɪdʒ] n (of clothes) rétrécissement m

shrink-wrap ['ʃrɪŋkræp] vt emballer sous film plastique

shrivel ['ʃrɪvl], **shrivel up** vt ratatiner, flétrir ▶ vi se ratatiner, se flétrir

shrivelled, (US) shriveled [ʃrɪvld] adj ratatiné(e), flétri(e)

shroud [ʃraud] n linceul m ▶ vt: **shrouded in mystery** enveloppé(e) de mystère

Shrove Tuesday ['ʃrəuv-] n (le) Mardi gras

shrub [ʃrʌb] n arbuste m

shrubbery ['ʃrʌbərɪ] n massif m d'arbustes

shrug [ʃrʌg] n haussement m d'épaules ▶ vt, vi: **to ~ (one's shoulders)** hausser les épaules
▶ **shrug off** vt faire fi de ; (cold, illness) se débarrasser de

shrunk [ʃrʌŋk] pp of **shrink**

shrunken ['ʃrʌŋkn] adj ratatiné(e)

shudder ['ʃʌdər] n frisson m, frémissement m ▶ vi frissonner, frémir

shuffle ['ʃʌfl] vt (cards) battre ; **to ~ (one's feet)** traîner les pieds

shun [ʃʌn] vt éviter, fuir

shunt [ʃʌnt] vt (Rail: direct) aiguiller ; (: divert) détourner ▶ vi: **to ~ (to and fro)** faire la navette

shunting yard ['ʃʌntɪŋ-] n voies fpl de garage or de triage

S

shush [ʃuʃ] *excl* chut !
shut [ʃʌt] (*pt, pp* ~) *vt* fermer ▸ *vi* (se) fermer
  ▸ **shut down** *vt* fermer définitivement ;
  (*machine*) arrêter ▸ *vi* fermer définitivement
  ▸ **shut off** *vt* couper, arrêter
  ▸ **shut out** *vt* (*person, cold*) empêcher d'entrer ;
  (*noise*) éviter d'entendre ; (*block: view*) boucher ;
  (: *memory of sth*) chasser de son esprit
  ▸ **shut up** *vi* (*inf: keep quiet*) se taire ▸ *vt* (*close*)
  fermer ; (*silence*) faire taire
shutdown ['ʃʌtdaun] *n* fermeture *f*
shutter ['ʃʌtər] *n* volet *m* ; (*Phot*) obturateur *m*
shuttle ['ʃʌtl] *n* navette *f* ; (*also:* **shuttle service**)
  (service *m* de) navette *f* ▸ *vi* (*vehicle, person*) faire
  la navette ▸ *vt* (*passengers*) transporter par un
  système de navette
shuttlecock ['ʃʌtlkɔk] *n* volant *m* (*de badminton*)
shuttle diplomacy *n* navettes *fpl*
  diplomatiques
shy [ʃaɪ] *adj* timide ; **to fight ~ of** se dérober
  devant ; **to be ~ of doing sth** hésiter à faire
  qch, ne pas oser faire qch ▸ *vi*: **to ~ away from**
  doing sth (*fig*) craindre de faire qch
shyly ['ʃaɪlɪ] *adv* timidement
shyness ['ʃaɪnɪs] *n* timidité *f*
Siam [saɪˈæm] *n* Siam *m*
Siamese [saɪəˈmiːz] *adj*: **~ cat** chat *m* siamois ;
  ~ twins (frères *mpl*) siamois *mpl*, (sœurs *fpl*)
  siamoises *fpl*
Siberia [saɪˈbɪərɪə] *n* Sibérie *f*
siblings ['sɪblɪŋz] *npl* (*formal*) frères et sœurs *mpl*
  (*de mêmes parents*)
Sicilian [sɪˈsɪlɪən] *adj* sicilien(ne) ▸ *n*
  Sicilien(ne)
Sicily ['sɪsɪlɪ] *n* Sicile *f*
sick [sɪk] *adj* (*ill*) malade ; (*Brit: humour*) noir(e),
  macabre ; (*vomiting*): **to be ~** vomir ; **to feel ~**
  avoir envie de vomir, avoir mal au cœur ; **to fall**
  ~ tomber malade ; **to be (off) ~** être absent(e)
  pour cause de maladie ; **a ~ person** un(e)
  malade ; **to be ~ of** (*fig*) en avoir assez de
sick bag *n* sac *m* vomitoire
sick bay *n* infirmerie *f*
sick building syndrome *n* maladie dûe à la
  climatisation, l'éclairage artificiel etc des bureaux
sicken ['sɪkn] *vt* écœurer ▸ *vi*: **to be sickening**
  for sth (*cold, flu etc*) couver qch
sickening ['sɪknɪŋ] *adj* (*fig*) écœurant(e),
  révoltant(e), répugnant(e)
sickle ['sɪkl] *n* faucille *f*
sick leave *n* congé *m* de maladie
sickle-cell anaemia ['sɪklsɛl-] *n* anémie *f* à
  hématies falciformes, drépanocytose *f*
sickly ['sɪklɪ] *adj* maladif(-ive),
  souffreteux(-euse) ; (*causing nausea*)
  écœurant(e)
sickness ['sɪknɪs] *n* maladie *f* ; (*vomiting*)
  vomissement(s) *m(pl)*
sickness benefit *n* (prestations *fpl* de
  l')assurance-maladie *f*
sick note *n* (*from parents*) mot *m* d'absence ; (*from*
  doctor) certificat médical
sick pay *n* indemnité *f* de maladie (*versée par*
  l'employeur)
sickroom ['sɪkruːm] *n* infirmerie *f*

side [saɪd] *n* côté *m* ; (*of animal*) flanc *m* ; (*of lake,*
  road) bord *m* ; (*of mountain*) versant *m* ; (*fig: aspect*)
  côté, aspect *m* ; (*team: Sport*) équipe *f* ; (*TV:*
  channel) chaîne *f* ; **by the ~ of** au bord de ; **~ by ~**
  côte à côte ; **the right/wrong ~** le bon/mauvais
  côté, l'endroit/l'envers *m* ; **they are on our ~** ils
  sont avec nous ; **from all sides** de tous côtés ;
  to rock from ~ to ~ se balancer ; **to take sides**
  (with) prendre parti (pour) ; **a ~ of beef** ≈ un
  quartier de bœuf ▸ *adj* (*door, entrance*) latéral(e)
  ▸ *vi*: **to ~ with sb** prendre le parti de qn, se
  ranger du côté de qn
sideboard ['saɪdbɔːd] *n* buffet *m*
sideboards ['saɪdbɔːdz], (*US*) **sideburns**
  ['saɪdbəːnz] *npl* (*whiskers*) pattes *fpl*
sidecar ['saɪdkɑːʳ] *n* side-car *m*
side dish *n* (plat *m* d')accompagnement *m*
side drum *n* (*Mus*) tambour plat, caisse claire
side effect *n* effet *m* secondaire
sidekick ['saɪdkɪk] *n* (*inf*) sous-fifre *m*
sidelight ['saɪdlaɪt] *n* (*Aut*) veilleuse *f*
sideline ['saɪdlaɪn] *n* (*Sport*) (ligne *f* de) touche *f* ;
  (*fig*) activité *f* secondaire
sidelong ['saɪdlɔŋ] *adj*: **to give sb a ~ glance**
  regarder qn du coin de l'œil
side order *n* garniture *f*
side plate *n* petite assiette
side road *n* petite route, route transversale
sidesaddle ['saɪdsædl] *adv* en amazone
sideshow ['saɪdʃəu] *n* attraction *f*
sidestep ['saɪdstɛp] *vt* (*question*) éluder ; (*problem*)
  éviter ▸ *vi* (*Boxing etc*) esquiver
side street *n* rue transversale
sideswipe ['saɪdswaɪp] *n* pique *f* ; **to take a ~ at**
  sb lancer une pique à qn
sidetrack ['saɪdtræk] *vt* (*fig*) faire dévier de son
  sujet
sidewalk ['saɪdwɔːk] *n* (*US*) trottoir *m*
sideways ['saɪdweɪz] *adv* de côté
siding ['saɪdɪŋ] *n* (*Rail*) voie *f* de garage
sidle ['saɪdl] *vi*: **to ~ up (to)** s'approcher
  furtivement (de)
SIDS [sɪdz] *n abbr* (= *sudden infant death syndrome*)
  mort subite du nourrisson, mort *f* au berceau
siege [siːdʒ] *n* siège *m* ; **to lay ~ to** assiéger
siege economy *n* économie *f* de (temps de)
  siège
Sierra Leone [sɪˈɛrələˈəun] *n* Sierra Leone *f*
siesta [sɪˈɛstə] *n* sieste *f* ; **to have** *or* **take a ~**
  faire la sieste
sieve [sɪv] *n* tamis *m*, passoire *f* ▸ *vt* tamiser,
  passer (au tamis)
sift [sɪft] *vt* passer au tamis *or* au crible ; (*fig*)
  passer au crible ▸ *vi* (*fig*): **to ~ through** passer
  en revue
sigh [saɪ] *n* soupir *m* ▸ *vi* soupirer, pousser un
  soupir
sight [saɪt] *n* (*faculty*) vue *f* ; (*spectacle*) spectacle
  m ; (*on gun*) mire *f* ; **in ~** visible ; (*fig*) en vue ; **out**
  of ~ hors de vue ; **at ~** (*Comm*) à vue ; **at first ~** la
  première vue, au premier abord ; **I know her**
  by ~ je la connais de vue ; **to catch ~ of sb/sth**
  apercevoir qn/qch ; **to lose ~ of sb/sth** perdre
  qn/qch de vue ; **to set one's sights on sth** jeter
  son dévolu sur qch ▸ *vt* apercevoir

sighted ['saɪtɪd] *adj* qui voit ; **partially ~** qui a un certain degré de vision

sightseeing ['saɪtsiːɪŋ] *n* tourisme *m* ; **to go ~** faire du tourisme

sightseer ['saɪtsiːəʳ] *n* touriste *mf*

sign [saɪn] *n* (*gen*) signe *m* ; (*with hand etc*) signe, geste *m* ; (*notice*) panneau *m*, écriteau *m* ; (*also:* **road sign**) panneau de signalisation ; **as a ~ of** en signe de ; **it's a good/bad ~** c'est bon/mauvais signe ; **plus/minus ~** signe plus/moins ; **there's no ~ of a change of mind** rien ne laisse présager un revirement ; **he was showing signs of improvement** il commençait visiblement à faire des progrès
▶ *vt, vi* signer ; **to ~ one's name** signer ; **where do I ~?** où dois-je signer ?
▶ **sign away** *vt* (*rights etc*) renoncer officiellement à
▶ **sign for** *vt fus* (*item*) signer le reçu pour
▶ **sign in** *vi* signer le registre (en arrivant)
▶ **sign off** *vi* (*Radio, TV*) terminer l'émission
▶ **sign on** *vi* (*Mil*) s'engager ; (*BRIT: as unemployed*) s'inscrire au chômage ; (*enrol*) s'inscrire ; **to ~ on for a course** s'inscrire pour un cours ▶ *vt* (*Mil*) engager ; (*employee*) embaucher
▶ **sign out** *vi* signer le registre (en partant)
▶ **sign over** *vt*: **to ~ sth over to sb** céder qch par écrit à qn
▶ **sign up** *vt* (*Mil*) engager ▶ *vi* (*Mil*) s'engager ; (*for course*) s'inscrire

signage ['saɪnɪdʒ] *n* panneautage *m*

signal ['sɪɡnl] *n* signal *m* ▶ *vi* (*Aut*) mettre son clignotant ; **to ~ to sb (to do sth)** faire signe à qn (de faire qch) ▶ *vt* (*person*) faire signe à ; (*message*) communiquer par signaux ; **to ~ a left/right turn** (*Aut*) indiquer *or* signaler que l'on tourne à gauche/droite

signal box *n* (*Rail*) poste *m* d'aiguillage

signalman ['sɪɡnlmən] *n* (*irreg*) (*Rail*) aiguilleur *m*

signatory ['sɪɡnətərɪ] *n* signataire *mf*

signature ['sɪɡnətʃəʳ] *n* signature *f*

signature tune *n* indicatif musical

signet ring ['sɪɡnət-] *n* chevalière *f*

significance [sɪɡ'nɪfɪkəns] *n* signification *f* ; importance *f* ; **that is of no ~** ceci n'a pas d'importance

significant [sɪɡ'nɪfɪkənt] *adj* significatif(-ive) ; (*important*) important(e), considérable

significantly [sɪɡ'nɪfɪkəntlɪ] *adv* (*improve, increase*) sensiblement ; (*smile*) d'un air entendu, éloquemment ; **~, ...** fait significatif, ...

signify ['sɪɡnɪfaɪ] *vt* signifier

signing ['saɪnɪŋ] *n* (*of letter, treaty*) signature *f* ; (*of player, singer*) recrutement *m* ; (*player, singer*) nouvelle recrue *f* ; (*sign language*) langue *f* des signes

sign language *n* langage *m* par signes

signpost ['saɪnpəust] *n* poteau indicateur

Sikh [siːk] *adj, n* Sikh *mf*

Sikhism ['siːkɪzəm] *n* sikhisme *m*

silage ['saɪlɪdʒ] *n* (*fodder*) fourrage vert ; (*method*) ensilage *m*

silence ['saɪlns] *n* silence *m* ▶ *vt* faire taire, réduire au silence

silencer ['saɪlənsəʳ] *n* (*BRIT: on gun, Aut*) silencieux *m*

silent ['saɪlnt] *adj* silencieux(-euse) ; (*film*) muet(te) ; **to keep** *or* **remain ~** garder le silence, ne rien dire

silently ['saɪlntlɪ] *adv* silencieusement

silent partner *n* (*Comm*) bailleur *m* de fonds, commanditaire *m*

silhouette [sɪluːˈet] *n* silhouette *f* ▶ *vt*: **silhouetted against** se profilant sur, se découpant contre

silicon ['sɪlɪkən] *n* silicium *m*

silicon chip *n* puce *f* électronique

silicone ['sɪlɪkəun] *n* silicone *f*

silk [sɪlk] *n* soie *f* ▶ *cpd* de *or* en soie

silky ['sɪlkɪ] *adj* soyeux(-euse)

sill [sɪl] *n* (*also:* **windowsill**) rebord *m* (de la fenêtre) ; (*of door*) seuil *m* ; (*Aut*) bas *m* de marche

silly ['sɪlɪ] *adj* stupide, sot(te), bête ; **to do something ~** faire une bêtise

silo ['saɪləu] *n* silo *m*

silt [sɪlt] *n* vase *f* ; limon *m*

silver ['sɪlvəʳ] *n* argent *m* ; (*money*) monnaie *f* (en pièces d'argent) ; (*also:* **silverware**) argenterie *f* ▶ *adj* (*made of silver*) d'argent, en argent ; (*in colour*) argenté(e) ; (*car*) gris métallisé *inv*

silver-plated [sɪlvə'pleɪtɪd] *adj* plaqué(e) argent

silversmith ['sɪlvəsmɪθ] *n* orfèvre *mf*

silverware ['sɪlvəwɛəʳ] *n* argenterie *f*

silver wedding, silver wedding anniversary *n* noces *fpl* d'argent

silvery ['sɪlvrɪ] *adj* argenté(e)

SIM card ['sɪm-] *abbr* (*Tel: = subscriber identity module card*) carte *f* SIM

similar ['sɪmɪləʳ] *adj*: **~ (to)** semblable (à)

similarity [sɪmɪˈlærɪtɪ] *n* ressemblance *f*, similarité *f*

similarly ['sɪmɪləlɪ] *adv* de la même façon, de même

simile ['sɪmɪlɪ] *n* comparaison *f*

simmer ['sɪməʳ] *vi* cuire à feu doux, mijoter
▶ **simmer down** *vi* (*fig: inf*) se calmer

simper ['sɪmpəʳ] *vi* minauder

simpering ['sɪmprɪŋ] *adj* stupide

simple ['sɪmpl] *adj* simple ; **the ~ truth** la vérité pure et simple

simple interest *n* (*Math, Comm*) intérêts *mpl* simples

simple-minded [sɪmpl'maɪndɪd] *adj* simplet(te), simple d'esprit

simpleton ['sɪmpltən] *n* nigaud(e), niais(e)

simplicity [sɪm'plɪsɪtɪ] *n* simplicité *f*

simplification [sɪmplɪfɪ'keɪʃən] *n* simplification *f*

simplify ['sɪmplɪfaɪ] *vt* simplifier

simplistic [sɪm'plɪstɪk] *adj* simpliste

simply ['sɪmplɪ] *adv* simplement ; (*without fuss*) avec simplicité ; (*absolutely*) absolument

simulate ['sɪmjuleɪt] *vt* simuler, feindre

simulation [sɪmju'leɪʃən] *n* simulation *f*

simulator ['sɪmjuleɪtəʳ] *n* simulateur *m*

simulcast [ˈsɪmlkɑːst] *n* diffusion *f* simultanée (à la radio et à la télévision) ▶ *vt* diffuser en simultané (à la radio et à la télévision) ▶ *cpd* (*interview, debate*) radiotélévisé(e)

S

simultaneous [sɪməl'teɪnɪəs] *adj* simultané(e)
simultaneously [sɪməl'teɪnɪəslɪ] *adv*
simultanément
sin [sɪn] *n* péché *m* ▶ *vi* pécher
Sinai ['saɪneɪaɪ] *n* Sinaï *m*
since [sɪns] *adv*, *prep* depuis ; ~ **then**, **ever** ~
depuis ce moment-là ; ~ **Monday** depuis lundi
▶ *conj* (*time*) depuis que ; (*because*) puisque, étant
donné que, comme ; **(ever)** ~ **I arrived** depuis
mon arrivée, depuis que je suis arrivé

> When talking about since when something
> has been happening use **depuis** and the
> present tense.
> *I've been waiting since ten o'clock*. **J'attends**
> **depuis dix heures**.

sincere [sɪn'sɪər] *adj* sincère
sincerely [sɪn'sɪəlɪ] *adv* sincèrement ; **yours** ~
(*at end of letter*) veuillez agréer, Monsieur (*or*
Madame) l'expression de mes sentiments
distingués *or* les meilleurs
sincerity [sɪn'sɛrɪtɪ] *n* sincérité *f*
sine [saɪn] *n* (*Math*) sinus *m*
sinew ['sɪnjuː] *n* tendon *m* ; **sinews** *npl*
muscles *mpl*
sinful ['sɪnful] *adj* coupable
sing [sɪŋ] (*pt* **sang** [sæŋ], *pp* **sung** [sʌŋ]) *vt*, *vi*
chanter
Singapore [sɪŋgə'pɔːr] *n* Singapour *m*
Singaporean [sɪŋgə'pɔːriən] *adj*
singapourien(ne) ▶ *n* Singapourien(ne)
singe [sɪndʒ] *vt* brûler légèrement ; (*clothes*)
roussir
singer ['sɪŋər] *n* chanteur(-euse)
Singhalese [sɪŋə'liːz] *adj* = **Sinhalese**
singing ['sɪŋɪŋ] *n* (*of person, bird*) chant *m* ; façon *f*
de chanter ; (*of kettle, bullet, in ears*) sifflement *m*
single ['sɪŋgl] *adj* seul(e), unique ; (*unmarried*)
célibataire ; (*not double*) simple ; **not a** ~ **one**
was left il n'en est pas resté un(e), seul(e) ;
every ~ **day** chaque jour sans exception ▶ *n*
(Brit: *also:* **single ticket**) aller *m* (simple) ;
(*record*) 45 tours *m* ; **singles** *npl* (*Tennis*) simple *m* ;
(*single people*) célibataires *mf*
▶ **single out** *vt* choisir ; (*distinguish*) distinguer
single bed *n* lit *m* d'une personne *or* à une place
single-breasted ['sɪŋglbrestɪd] *adj* droit(e)
Single European Market *n*: **the** ~ le marché
unique européen
single file *n*: **in** ~ en file indienne
single-handed [sɪŋgl'hændɪd] *adv* tout(e)
seul(e), sans (aucune) aide
single-minded [sɪŋgl'maɪndɪd] *adj* résolu(e),
tenace
single parent *n* parent *m* solo ; **single-parent**
family famille monoparentale
single room *n* chambre *f* à un lit *or* pour une
personne
singles bar *n* (*esp US*) bar *m* de rencontres pour
célibataires
single-sex school [sɪŋgl'sɛks-] *n* école *f* non
mixte
singlet ['sɪŋglɪt] *n* tricot *m* de corps
singleton ['sɪŋgəltən] *n* (*inf: person*)
célibataire *mf*

single-track road [sɪŋgl'træk-] *n* route *f* à voie
unique
singly ['sɪŋglɪ] *adv* séparément
singsong ['sɪŋsɔŋ] *adj* (*tone*) chantant(e) ▶ *n*
(*songs*): **to have a** ~ chanter quelque chose
(ensemble)
singular ['sɪŋgjulər] *adj* singulier(-ière) ; (*odd*)
singulier, étrange ; (*outstanding*) remarquable ;
(*Ling*) (au) singulier, du singulier ▶ *n* (*Ling*)
singulier *m* ; **in the feminine** ~ au féminin
singulier
singularly ['sɪŋgjulǝlɪ] *adv* singulièrement ;
étrangement
Sinhalese [sɪnhə'liːz] *adj* cingalais(e)
sinister ['sɪnɪstər] *adj* sinistre
sink [sɪŋk] (*pt* **sank** [sæŋk], *pp* **sunk** [sʌŋk]) *n*
évier *m* ; (*washbasin*) lavabo *m* ▶ *vt* (*ship*) (faire)
couler, faire sombrer ; (*foundations*) creuser ;
(*piles etc*): **to** ~ **sth into** enfoncer qch dans ▶ *vi*
couler, sombrer ; (*ground etc*) s'affaisser ; **to** ~
into sth (*chair*) s'enfoncer dans qch ; **he sank**
into a chair/the mud il s'est enfoncé dans un
fauteuil/la boue ; **a sinking feeling** un
serrement de cœur
▶ **sink in** *vi* s'enfoncer, pénétrer ; (*explanation*)
rentrer (*inf*), être compris ; **it took a long time**
to ~ **in** il a fallu longtemps pour que ça rentre
sinking fund *n* fonds *mpl* d'amortissement
sink unit *n* bloc-évier *m*
sinner ['sɪnər] *n* pécheur(-eresse)
Sinn Féin [ʃɪn'feɪn] *n* Sinn Féin *m* (*parti politique*
irlandais qui soutient l'IRA)
Sino- ['saɪnəu] *prefix* sino-
sinuous ['sɪnjuəs] *adj* sinueux(-euse)
sinus ['saɪnəs] *n* (*Anat*) sinus *m inv*
sinusitis [saɪnə'saɪtɪs] *n* sinusite *f*
sip [sɪp] *n* petite gorgée ▶ *vt* boire à petites gorgées
siphon ['saɪfən] *n* siphon *m* ▶ *vt* (*also:* **siphon off**)
siphonner ; (*fig: funds*) transférer ; (: *illegally*)
détourner
sir [səʳ] *n* monsieur *m* ; **S~ John Smith** sir John
Smith ; **yes** ~ oui Monsieur ; **Dear S~** (*in letter*)
Monsieur
siren ['saɪərn] *n* sirène *f*
sirloin ['səːlɔɪn] *n* aloyau *m*
sirloin steak *n* bifteck *m* dans l'aloyau
sirocco [sɪ'rɔkəu] *n* sirocco *m*
sisal ['saɪsəl] *n* sisal *m*
sissy ['sɪsɪ] *n* (*inf: coward*) poule mouillée (*inf*)
sister ['sɪstər] *n* sœur *f* ; (*nun*) religieuse *f*,
(bonne) sœur ; (Brit: *nurse*) infirmière *f* en chef
▶ *cpd*: ~ **organization** organisation *f* sœur ;
~ **ship** sister(-)ship *m*
sisterhood ['sɪstəhud] *n* sororité *f*
sister-in-law ['sɪstərɪnlɔː] *n* belle-sœur *f*
sisterly ['sɪstəlɪ] *adj* sororal(e)
sit [sɪt] (*pt*, *pp* **sat** [sæt]) *vi* s'asseoir ; (*be sitting*)
être assis(e) ; (*assembly*) être en séance, siéger ;
(*for painter*) poser ; (*dress etc*) tomber ; **to** ~ **tight**
ne pas bouger ▶ *vt* (*exam*) passer, se présenter à
▶ **sit about, sit around** *vi* être assis(e) *or* rester à
ne rien faire
▶ **sit back** *vi* (*in seat*) bien s'installer, se carrer
▶ **sit down** *vi* s'asseoir ; **to be sitting down**
être assis(e)

▶ **sit in** vi: **to ~ in on a discussion** assister à une discussion
▶ **sit on** vt fus (jury, committee) faire partie de
▶ **sit out** vt (game) ne pas prendre part à ; (crisis, recession) laisser passer
▶ **sit up** vi s'asseoir ; (straight) se redresser ; (not go to bed) rester debout, ne pas se coucher
sitar ['sɪtɑːʳ, sɪ'tɑːʳ] n sitar m
sitcom ['sɪtkɔm] n abbr (TV: = situation comedy) sitcom f, comédie f de situation
sit-down ['sɪtdaʊn] adj: **a ~ strike** une grève sur le tas ; **a ~ meal** un repas assis
site [saɪt] n emplacement m, site m ; (also: **building site**) chantier m ; (Internet) site m web
▶ vt placer
sit-in ['sɪtɪn] n (demonstration) sit-in m inv, occupation f de locaux
siting ['saɪtɪŋ] n (location) emplacement m
sitter ['sɪtəʳ] n (for painter) modèle m ; (also: **babysitter**) baby-sitter mf
sitting ['sɪtɪŋ] n (of assembly etc) séance f ; (in canteen) service m
sitting member n (Pol) parlementaire mf en exercice
sitting room n salon m
sitting tenant n (BRIT) locataire occupant(e)
situate ['sɪtjueɪt] vt situer
situated ['sɪtjueɪtɪd] adj situé(e)
situation [sɪtju'eɪʃən] n situation f ;
"situations vacant/wanted" (BRIT) « offres/demandes d'emploi »
situation comedy n (TV) comédie f de situation
sit-ups ['sɪtʌps] npl abdominaux mpl ; **to do ~** faire des abdominaux
six [sɪks] num six
six-pack ['sɪkspæk] n (esp US) pack m de six canettes
sixteen [sɪks'tiːn] num seize
sixteenth [sɪks'tiːnθ] num seizième
sixth ['sɪksθ] num sixième ▶ n: **the upper/lower ~** (BRIT Scol) la terminale/la première
sixth form n (BRIT) ≈ classes fpl de première et de terminale
sixth-form college n lycée n'ayant que des classes de première et de terminale
sixtieth ['sɪkstɪɪθ] num soixantième
sixty ['sɪkstɪ] num soixante
size [saɪz] n dimensions fpl ; (of person) taille f ; (of clothing) taille f ; (of shoes) pointure f ; (of estate, area) étendue f ; (of problem) ampleur f ; (of company) importance f ; (glue) colle f ; **I take ~ 14** (of dress etc) ≈ je prends du 42 or la taille 42 ; **the small/large ~** (of soap powder etc) le petit/grand modèle ; **it's the ~ of ...** c'est de la taille (or grosseur) de ..., c'est grand (or gros) comme ... ;
cut to ~ découpé(e) aux dimensions voulues
▶ **size up** vt juger, jauger
sizeable ['saɪzəbl] adj (object, building, estate) assez grand(e) ; (amount, problem, majority) assez important(e)
sizzle ['sɪzl] vi grésiller
SK abbr (CANADA) = **Saskatchewan**
skate [skeɪt] n patin m ; (fish: pl inv) raie f ▶ vi patiner
▶ **skate over, skate around** vt (problem, issue) éluder

skateboard ['skeɪtbɔːd] n skateboard m, planche f à roulettes
skateboarder ['skeɪtbɔːdəʳ] n skateur(-euse)
skateboarding ['skeɪtbɔːdɪŋ] n skateboard m
skate park, skateboard park n skate-park m, skate-parc m
skater ['skeɪtəʳ] n patineur(-euse)
skating ['skeɪtɪŋ] n patinage m
skating rink n patinoire f
skeletal ['skɛlɪtl] adj squelettique ; (remains) de squelette ; (service) spartiate
skeleton ['skɛlɪtn] n squelette m ; (outline) schéma m
skeleton key n passe-partout m
skeleton staff n effectifs réduits
skeptic ['skɛptɪk] n (US) = **sceptic**
skeptical ['skɛptɪkl] adj (US) = **sceptical**
sketch [skɛtʃ] n (drawing) croquis m, esquisse f ; (outline plan) aperçu m ; (Theat) sketch m, saynète f ▶ vt esquisser, faire un croquis or une esquisse de ; (plan etc) esquisser
▶ **sketch out** vt (situation) brosser le tableau de ; (incident, plan) décrire
sketch book n carnet m à dessin
sketch pad n bloc m à dessin
sketchy ['skɛtʃɪ] adj incomplet(-ète), fragmentaire
skew [skjuː] n (BRIT): **on the ~** de travers, en biais
skewed [skjuːd] adj faussé(e)
skewer ['skjuːəʳ] n brochette f
ski [skiː] n ski m ▶ vi skier, faire du ski
ski boot n chaussure f de ski
skid [skɪd] n dérapage m ; **to go into a ~** déraper
▶ vi déraper
skid mark n trace f de dérapage
skid row [skɪd'rəʊ] n (esp US) bas-fonds mpl
skier ['skiːəʳ] n skieur(-euse)
skiing ['skiːɪŋ] n ski m ; **to go ~** (aller) faire du ski
ski instructor n moniteur(-trice) de ski
ski jump n (ramp) tremplin m ; (event) saut m à skis
skilful, (US) **skillful** ['skɪlful] adj habile, adroit(e)
skilfully, (US) **skillfully** ['skɪlfəlɪ] adv habilement, adroitement
ski lift n remonte-pente m inv
skill [skɪl] n (ability) habileté f, adresse f, talent m ; (requiring training) compétences fpl
skilled [skɪld] adj habile, adroit(e) ; (worker) qualifié(e)
skillet ['skɪlɪt] n poêlon m
skillful etc ['skɪlful] adj (US) = **skilful** etc
skim [skɪm] vt (milk) écrémer ; (soup) écumer ; (glide over) raser, effleurer ▶ vi: **to ~ through** (fig) parcourir
skimmed milk [skɪmd-], (US) **skim milk** n lait écrémé
skimp [skɪmp] vt (work) bâcler, faire à la va-vite ; (cloth etc) lésiner sur
▶ **skimp on** vt fus (gen) lésiner sur ; (praise, thanks) être avare de
skimpy ['skɪmpɪ] adj étriqué(e) ; maigre
skin [skɪn] n peau f ; **wet** or **soaked to the ~** trempé(e) jusqu'aux os ▶ vt (fruit etc) éplucher ; (animal) écorcher

skin cancer n cancer m de la peau
skincare ['skɪnkɛəʳ] n soins mpl de la peau ▸cpd
(product, routine) de soins de la peau
skin colour, (US) **skin color** n couleur f de peau
skin-deep ['skɪn'diːp] adj superficiel(le)
skin diver n plongeur(-euse) sous-marin(e)
skin diving n plongée sous-marine
skinflint ['skɪnflɪnt] n grippe-sou m
skin graft n greffe f de peau
skinhead ['skɪnhɛd] n skinhead m
skinny ['skɪnɪ] adj maigre, maigrichon(ne)
skint [skɪnt] adj (BRIT inf) raide (inf)
skin test n cuti(-réaction) f
skintight ['skɪntaɪt] adj (dress etc) collant(e),
ajusté(e)
skip [skɪp] n petit bond or saut ; (BRIT: container)
benne f ▸ vi gambader, sautiller ; (with rope)
sauter à la corde ▸ vt (pass over) sauter ; **to ~
school** (esp US) faire l'école buissonnière
ski pants npl pantalon m de ski
ski pass n forfait-skieur(s) m
ski pole n bâton m de ski
skipper ['skɪpəʳ] n (Naut, Sport) capitaine m ; (in
race) skipper m ▸ vt (boat) commander ; (team)
être le chef de
skipping rope ['skɪpɪŋ-], (US) **skip rope** n corde
f à sauter
ski resort n station f de sports d'hiver
skirmish ['skəːmɪʃ] n escarmouche f,
accrochage m
skirt [skəːt] n jupe f ▸ vt longer, contourner
▸ **skirt around, skirt round** vt fus (lit, fig)
contourner
skirting board ['skəːtɪŋ-] n (BRIT) plinthe f
ski run n piste f de ski
ski slope n piste f de ski
ski suit n combinaison f de ski
skit [skɪt] n sketch m satirique
ski tow n = **ski lift**
skittish ['skɪtɪʃ] adj (nervous) nerveux(-euse) ;
(frivolous) frivole
skittle ['skɪtl] n quille f ; **skittles** npl (game) (jeu m
de) quilles fpl
skive [skaɪv] vi (BRIT inf) tirer au flanc
skulduggery ['skʌldʌgərɪ] n magouilles fpl
skulk [skʌlk] vi rôder furtivement
skull [skʌl] n crâne m
skullcap ['skʌlkæp] n calotte f
skunk [skʌŋk] n mouffette f ; (fur) sconse m
sky [skaɪ] n ciel m ; **to praise sb to the skies**
porter qn aux nues
sky-blue [skaɪ'bluː] adj bleu ciel inv
skydiver ['skaɪdaɪvəʳ] n parachutiste mf
skydiving ['skaɪdaɪvɪŋ] n parachutisme m ; **to
go ~** faire du parachutisme
sky-high [skaɪ'haɪ] adv très haut ▸ adj
exorbitant(e) ; **prices are ~** les prix sont
exorbitants
skylark ['skaɪlɑːk] n (bird) alouette f (des
champs)
skylight ['skaɪlaɪt] n lucarne f
skyline ['skaɪlaɪn] n (horizon) (ligne f d')horizon
m ; (of city) ligne des toits
Skype® [skaɪp] (Internet, Tel) n Skype® ▸ vt
contacter via Skype®

skyscraper ['skaɪskreɪpəʳ] n gratte-ciel m inv
slab [slæb] n plaque f ; (of stone) dalle f ; (of wood)
bloc m ; (of meat, cheese) tranche épaisse
slack [slæk] adj (loose) lâche, desserré(e) ; (slow)
stagnant(e) ; (careless) négligent(e), peu
sérieux(-euse) or consciencieux(-euse) ; (Comm:
market) peu actif(-ive) ; (: demand) faible ; (period)
creux(-euse) ; **business is ~** les affaires vont
mal ▸ n (in rope etc) mou m
slacken ['slækn] vi (also: **slacken off**) ralentir,
diminuer ▸ vt relâcher
slacker ['slækəʳ] n fainéant(e)
slacks [slæks] npl pantalon m
slag [slæg] n scories fpl
slag heap n crassier m
slag off vt (BRIT inf) dire du mal de
slain [sleɪn] pp of **slay**
slake [sleɪk] vt (one's thirst) étancher
slalom ['slɑːləm] n slalom m
slam [slæm] vt (door) (faire) claquer ; (throw) jeter
violemment, flanquer ; (inf: criticize) éreinter,
démolir ▸ vi claquer
slammer ['slæməʳ] n (inf): **the ~** la taule (inf)
slander ['slɑːndəʳ] n calomnie f ; (Law)
diffamation f ▸ vt calomnier ; diffamer
slanderous ['slɑːndrəs] adj calomnieux(-euse) ;
diffamatoire
slang [slæŋ] n argot m
slanging match ['slæŋɪŋ-] n (BRIT inf)
engueulade f, empoignade f
slant [slɑːnt] n inclinaison f ; (fig) angle m, point
m de vue
slanted ['slɑːntɪd] adj tendancieux(-euse)
slanting ['slɑːntɪŋ] adj en pente, incliné(e) ;
couché(e)
slap [slæp] n claque f, gifle f ; (on the back) tape f
▸ vt donner une claque or une gifle (or une tape)
à ; **to ~ on** (paint) appliquer rapidement ▸ adv
(directly) tout droit, en plein
slapdash ['slæpdæʃ] adj (work) fait(e) sans soin or
à la va-vite ; (person) insouciant(e), négligent(e)
slaphead ['slæphɛd] n (BRIT inf) chauve m
slapstick ['slæpstɪk] n (comedy) grosse farce (style
tarte à la crème)
slap-up ['slæpʌp] adj (BRIT): **a ~ meal** un repas
extra or fameux
slash [slæʃ] vt entailler, taillader ; (fig: prices)
casser
slat [slæt] n (of wood) latte f, lame f
slate [sleɪt] n ardoise f ▸ vt (fig: criticize) éreinter,
démolir
slaughter ['slɔːtəʳ] n carnage m, massacre m ; (of
animals) abattage m ▸ vt (animal) abattre ; (people)
massacrer
slaughterhouse ['slɔːtəhaus] n abattoir m
Slav [slɑːv] adj slave ▸ n Slave mf
slave [sleɪv] n esclave mf ▸ vi (also: **slave away**)
trimer, travailler comme un forçat ; **to ~ (away)
at sth/at doing sth** se tuer à qch/à faire qch
slave driver n (inf, pej) négrier(-ière)
slave labour n travail m d'esclave ; **it's just ~**
(fig) c'est de l'esclavage
slaver ['slævəʳ] vi (dribble) baver
slavery ['sleɪvərɪ] n esclavage m
Slavic ['slævɪk] adj slave

slavish ['sleɪvɪʃ] *adj* servile
slavishly ['sleɪvɪʃlɪ] *adv* (*copy*) servilement
Slavonic [sləˈvɒnɪk] *adj* slave
slay [sleɪ] (*pt* **slew** [slu:], *pp* **slain** [sleɪn]) *vt* (*literary*) tuer
slaying ['sleɪɪŋ] *n* (*killing*) mort *f* (violente) ; (*esp US*: *murder*) meurtre *m*
sleaze [sli:z] *n* (*inf*) débauche *f*
sleazy ['sli:zɪ] *adj* miteux(-euse), minable
sled [slɛd] *n* (*US*) = **sledge**
sledge [slɛdʒ] *n* luge *f*
sledgehammer ['slɛdʒhæməʳ] *n* marteau *m* de forgeron
sleek [sli:k] *adj* (*hair, fur*) brillant(e), luisant(e) ; (*car, boat*) aux lignes pures *or* élégantes
sleep [sli:p] (*pt, pp* **slept** [slɛpt]) *n* sommeil *m* ; **to go to ~** s'endormir ; **to have a good night's ~** passer une bonne nuit ; **to put to ~** (*patient*) endormir ; (*animal: euphemism: kill*) piquer ▸ *vi* dormir ; (*spend night*) dormir, coucher ; **to ~ lightly** avoir le sommeil léger ; **to ~ with sb** (*have sex*) coucher avec qn ▸ *vt*: **we can ~ 4** on peut coucher *or* loger 4 personnes
▸ **sleep around** *vi* coucher à droite et à gauche
▸ **sleep in** *vi* (*oversleep*) se réveiller trop tard ; (*on purpose*) faire la grasse matinée
▸ **sleep together** *vi* (*have sex*) coucher ensemble
sleeper ['sli:pəʳ] *n* (*person*) dormeur(-euse) ; (*BRIT Rail: on track*) traverse *f* ; (: *train*) train-couchettes *m* ; (: *carriage*) wagon-lits *m*, voiture-lits *f* ; (: *berth*) couchette *f*
sleepily ['sli:pɪlɪ] *adv* d'un air endormi
sleeping bag *n* sac *m* de couchage
sleeping car *n* wagon-lits *m*, voiture-lits *f*
sleeping partner *n* (*BRIT Comm*) = **silent partner**
sleeping pill *n* somnifère *m*
sleeping sickness *n* maladie *f* du sommeil
sleepless ['sli:plɪs] *adj*: **a ~ night** une nuit blanche
sleeplessness ['sli:plɪsnɪs] *n* insomnie *f*
sleepover ['sli:pəʊvəʳ] *n* nuit *f* chez un copain *or* une copine ; **we're having a ~ at Jo's** nous allons passer la nuit chez Jo
sleepwalk ['sli:pwɔ:k] *vi* marcher en dormant
sleepwalker ['sli:pwɔ:kəʳ] *n* somnambule *mf*
sleepy ['sli:pɪ] *adj* qui a envie de dormir ; (*fig*) endormi(e) ; **to be** *or* **feel ~** avoir sommeil, avoir envie de dormir
sleet [sli:t] *n* neige fondue
sleeve [sli:v] *n* manche *f* ; (*of record*) pochette *f*
sleeveless ['sli:vlɪs] *adj* (*garment*) sans manches
sleigh [sleɪ] *n* traîneau *m*
sleight [slaɪt] *n*: **~ of hand** tour *m* de passe-passe
slender ['slɛndəʳ] *adj* svelte, mince ; (*fig*) faible, ténu(e)
slept [slɛpt] *pt, pp of* **sleep**
sleuth [slu:θ] *n* (*inf*) détective (privé)
slew [slu:] *vi* (*also*: **slew round**) virer, pivoter ▸ *pt of* **slay**
slice [slaɪs] *n* tranche *f* ; (*round*) rondelle *f* ; (*utensil*) spatule *f* ; (*also*: **fish slice**) pelle *f* à poisson ▸ *vt* couper en tranches (*or* en rondelles) ; **sliced bread** pain *m* en tranches

slick [slɪk] *adj* (*skilful*) bien ficelé(e) ; (*salesperson*) qui a du bagout, mielleux(-euse) ▸ *n* (*also*: **oil slick**) nappe *f* de pétrole, marée noire
slid [slɪd] *pt, pp of* **slide**
slide [slaɪd] (*pt, pp* **slid** [slɪd]) *n* (*in playground*) toboggan *m* ; (*Phot*) diapositive *f* ; (*BRIT: also*: **hair slide**) barrette *f* ; (*microscope slide*) (lame *f*) porte-objet *m* ; (*in prices*) chute *f*, baisse *f* ▸ *vt* (faire) glisser ▸ *vi* glisser ; **to let things ~** (*fig*) laisser les choses aller à la dérive
slide projector *n* (*Phot*) projecteur *m* de diapositives
slide rule *n* règle *f* à calcul
slide show *n* diaporama *m*
sliding ['slaɪdɪŋ] *adj* (*door*) coulissant(e) ; **~ roof** (*Aut*) toit ouvrant
sliding scale *n* échelle *f* mobile
slight [slaɪt] *adj* (*slim*) mince, menu(e) ; (*frail*) frêle ; (*trivial*) faible, insignifiant(e) ; (*small*) petit(e), léger(-ère) *before noun* ; **the slightest** le (*or* la) moindre ; **not in the slightest** pas le moins du monde, pas du tout ▸ *n* offense *f*, affront *m* ▸ *vt* (*offend*) blesser, offenser
slightly ['slaɪtlɪ] *adv* légèrement, un peu ; **~ built** fluet(te)
slim [slɪm] *adj* mince ▸ *vi* maigrir ; (*diet*) faire un régime, suivre un régime
slime [slaɪm] *n* vase *f* ; substance visqueuse
slimmer ['slɪməʳ] *n* personne *f* au régime
slimming [slɪmɪŋ] *n* amaigrissement *m* ▸ *adj* (*diet, pills*) amaigrissant(e), pour maigrir ; (*food*) qui ne fait pas grossir
slimy ['slaɪmɪ] *adj* visqueux(-euse), gluant(e) ; (*covered with mud*) vaseux(-euse)
sling [slɪŋ] (*pt, pp* **slung** [slʌŋ]) *n* (*Med*) écharpe *f* ; (*for baby*) porte-bébé *m* ; (*weapon*) fronde *f*, lance-pierre *m* ; **to have one's arm in a ~** avoir le bras en écharpe ▸ *vt* lancer, jeter
slingshot ['slɪŋʃɒt] *n* (*US*) fronde *f*, lance-pierre *m*
slink [slɪŋk] (*pt, pp* **slunk** [slʌŋk]) *vi*: **to ~ away** *or* **off** s'en aller furtivement
slinky ['slɪŋkɪ] *adj* (*clothes*) moulant(e)
slip [slɪp] *n* faux pas ; (*mistake*) erreur *f*, bévue *f* ; (*underskirt*) combinaison *f* ; (*of paper*) petite feuille, fiche *f* ; **to give sb the ~** fausser compagnie à qn ; **a ~ of the tongue** un lapsus ▸ *vt* (*slide*) glisser ; **to ~ sth on/off** enfiler/enlever qch ▸ *vi* (*slide*) glisser ; (*decline*) baisser ; (*move smoothly*): **to ~ into/out of** se glisser *or* se faufiler dans/hors de ; **to let a chance ~ by** laisser passer une occasion ; **it slipped from her hand** cela lui a glissé des mains
▸ **slip away** *vi* s'esquiver
▸ **slip in** *vt* glisser
▸ **slip out** *vi* sortir
▸ **slip up** *vi* faire une erreur, gaffer
slip-on ['slɪpɒn] *adj* facile à enfiler ; **~ shoes** mocassins *mpl*
slippage ['slɪpɪdʒ] *n* (*reduction*) baisse *f*, déclin *m*
slipped disc [slɪpt-] *n* déplacement *m* de vertèbre
slipper ['slɪpəʳ] *n* pantoufle *f*
slippery ['slɪpərɪ] *adj* glissant(e) ; (*fig: person*) insaisissable

S

slip road n (BRIT: to motorway) bretelle f d'accès
slipshod ['slɪpʃɔd] adj négligé(e), peu soigné(e)
slipstream ['slɪpstriːm] n sillage m
slip-up ['slɪpʌp] n bévue f
slipway ['slɪpweɪ] n cale f (de construction or de lancement)
slit [slɪt] (pt, pp ~) n fente f; (cut) incision f; (tear) déchirure f ▶ vt fendre; couper, inciser; déchirer; **to ~ sb's throat** trancher la gorge à qn
slither ['slɪðə'] vi glisser, déraper
sliver ['slɪvə'] n (of glass, wood) éclat m; (of cheese, sausage) petit morceau
slob [slɔb] n (inf) rustaud(e)
slog [slɔg] n (BRIT: effort) gros effort; (: work) tâche fastidieuse ▶ vi travailler très dur
slogan ['sləugən] n slogan m
slop [slɔp] vi (also: **slop over**); déborder; se renverser ▶ vt répandre; renverser
slope [sləup] n pente f, côte f; (side of mountain) versant m; (slant) inclinaison f ▶ vi: **to ~ down** être or descendre en pente; **to ~ up** monter
sloping ['sləupɪŋ] adj en pente, incliné(e); (handwriting) penché(e)
sloppy ['slɔpɪ] adj (work) peu soigné(e), bâclé(e); (appearance) négligé(e), débraillé(e); (film etc) sentimental(e)
slosh [slɔʃ] vi (inf): **to ~ about** or **around** (children) patauger; (liquid) clapoter
sloshed [slɔʃt] adj (inf: drunk) bourré(e) (inf)
slot [slɔt] n fente f; (fig: in timetable, Radio, TV) créneau m, plage f ▶ vt: **to ~ sth into** encastrer or insérer qch dans ▶ vi: **to ~ into** s'encastrer or s'insérer dans
sloth [sləuθ] n (vice) paresse f; (Zool) paresseux m
slot machine n (BRIT: vending machine) distributeur m (automatique), machine f à sous; (for gambling) appareil m or machine à sous
slot meter n (BRIT) compteur m à pièces
slouch [slautʃ] vi avoir le dos rond, être voûté(e) ▶ **slouch about, slouch around** vi traîner à ne rien faire
Slovak ['sləuvæk] adj slovaque; **the ~ Republic** la République slovaque ▶ n Slovaque mf; (Ling) slovaque m
Slovakia [sləu'vækɪə] n Slovaquie f
Slovakian [sləu'vækɪən] adj, n = **Slovak**
Slovene [sləu'viːn] adj slovène ▶ n Slovène mf; (Ling) slovène m
Slovenia [sləu'viːnɪə] n Slovénie f
Slovenian [sləu'viːnɪən] adj, n = **Slovene**
slovenly ['slʌvənlɪ] adj sale, débraillé(e), négligé(e)
slow [sləu] adj lent(e); (watch): **to be ~** retarder; **"~"** (road sign) « ralentir »; **at a ~ speed** à petite vitesse; **to be ~ to act/decide** être lent à agir/décider; **my watch is 20 minutes ~** ma montre retarde de 20 minutes; **business is ~** les affaires marchent au ralenti ▶ adv lentement; **to go ~** (driver) rouler lentement; (in industrial dispute) faire la grève perlée ▶ vt, vi ralentir
▶ **slow down** vi ralentir
slow-acting [sləu'æktɪŋ] adj qui agit lentement, à action lente

slowcoach ['sləukəutʃ] n (BRIT inf) lambin(e)
slowdown ['sləudaun] n ralentissement m
slowly ['sləulɪ] adv lentement
slow motion n: **in ~** au ralenti
slowness ['sləunɪs] n lenteur f
slowpoke ['sləupəuk] n (US inf) = **slowcoach**
sludge [slʌdʒ] n boue f
slug [slʌg] n limace f; (bullet) balle f
sluggish ['slʌgɪʃ] adj (person) mou (molle), lent(e); (stream, engine, trading) lent(e); (business, sales) stagnant(e)
sluice [sluːs] n écluse f; (also: **sluice gate**) vanne f ▶ vt: **to ~ down** or **out** laver à grande eau
slum [slʌm] n (house) taudis m; **slums** npl (area) quartiers mpl pauvres
slumber ['slʌmbə'] n sommeil m
slump [slʌmp] n baisse soudaine, effondrement m; (Econ) crise f ▶ vi s'effondrer, s'affaisser
slung [slʌŋ] pt, pp of **sling**
slunk [slʌŋk] pt, pp of **slink**
slur [sləː'] n bredouillement m; (smear): ~ **(on)** atteinte f (à); insinuation f (contre); **to be a ~ on** porter atteinte à ▶ vt mal articuler
slurp [sləːp] vt, vi boire à grand bruit
slurred [sləːd] adj (pronunciation) inarticulé(e), indistinct(e)
slush [slʌʃ] n neige fondue
slush fund n caisse noire, fonds secrets
slushy ['slʌʃɪ] adj (snow) fondu(e); (street) couvert(e) de neige fondue; (BRIT fig) à l'eau de rose
slut [slʌt] n souillon f
sly [slaɪ] adj (person) rusé(e); (smile, expression, remark) sournois(e); **on the ~** en cachette
smack [smæk] n (slap) tape f; (on face) gifle f ▶ vt donner une tape à; (on face) gifler; (on bottom) donner la fessée à; **to ~ one's lips** se lécher les babines ▶ vi: **to ~ of** avoir des relents de, sentir ▶ adv (inf): **it fell ~ in the middle** c'est tombé en plein milieu or en plein dedans
smacker ['smækə'] n (inf: kiss) bisou m or bise f sonore; (: BRIT: pound note) livre f; (: US: dollar bill) dollar m
small [smɔːl] adj petit(e); (letter) minuscule; **to get** or **grow smaller** diminuer; **to make smaller** (amount, income) diminuer; (object, garment) rapetisser; **a ~ shopkeeper** un petit commerçant ▶ n: **the ~ of the back** le creux des reins
small ads npl (BRIT) petites annonces
small arms npl armes individuelles
small business n petit commerce, petite affaire
small change n petite or menue monnaie
smallholder ['smɔːlhəuldə'] n (BRIT) petit cultivateur
smallholding ['smɔːlhəuldɪŋ] n (BRIT) petite ferme
small hours npl: **in the ~** au petit matin
smallish ['smɔːlɪʃ] adj plutôt or assez petit(e)
small-minded [smɔːl'maɪndɪd] adj mesquin(e)
smallpox ['smɔːlpɔks] n variole f
small print n (in contract etc) clause(s) imprimée(s) en petits caractères
small-scale ['smɔːlskeɪl] adj (map, model) à échelle réduite, à petite échelle; (business, farming) peu important(e), modeste

small talk n menus propos

small-time ['smɔːltaɪm] adj (farmer etc) petit(e) ; **a ~ thief** un voleur à la petite semaine

small-town ['smɔːltaun] adj provincial(e)

smarmy ['smɑːmɪ] adj (BRIT pej) flagorneur(-euse), lécheur(-euse)

smart [smɑːt] adj élégant(e), chic inv ; (clever) intelligent(e) ; (pej) futé(e) ; (quick) vif (vive), prompt(e) ; **the ~ set** le beau monde ; **to look ~** être élégant(e) ▶ vi faire mal, brûler ; **my eyes are smarting** j'ai les yeux irrités or qui me piquent

smart alec, smart aleck n (inf) petit(e) prétentieux(-euse) (inf), monsieur (madame) je-sais-tout (inf)

smart card n carte f à puce

smarten up ['smɑːtn-] vi devenir plus élégant(e), se faire beau (belle) ▶ vt rendre plus élégant(e)

smartly ['smɑːtlɪ] adv (dress) bien ; (quickly) vivement

smartphone ['smɑːtfəun] n smartphone m

smartwatch ['smɑːtwɒtʃ] n smartwatch f

smash [smæʃ] n collision f, accident m ; (Mus) succès foudroyant ; (sound) fracas m ▶ vt casser, briser, fracasser ; (opponent) écraser ; (hopes) ruiner, détruire ; (Sport: record) pulvériser ▶ vi se briser, se fracasser ; s'écraser
▶ **smash up** vt (car) bousiller ; (room) tout casser dans

smashed ['smæʃt] adj (inf: drunk) bourré(e) (inf)

smashing ['smæʃɪŋ] adj (inf) formidable

smash-up ['smæʃʌp] n collision f, accident m

smattering ['smætərɪŋ] n: **a ~ of** quelques notions de

SME n abbr (= small and medium(-sized) enterprise(s)) PME f inv

smear [smɪəʳ] n (stain) tache f ; (mark) trace f ; (Med) frottis m ; (insult) calomnie f ▶ vt enduire ; (make dirty) salir ; (fig) porter atteinte à ; **his hands were smeared with oil/ink** il avait les mains maculées de cambouis/d'encre

smear campaign n campagne f de dénigrement

smear test n (BRIT Med) frottis m

smell [smɛl] (pt, pp **smelt** [smɛlt] or **smelled** [smɛld]) n odeur f ; (sense) odorat m ▶ vt sentir ▶ vi (pej) sentir mauvais ; (food etc): **to ~ (of)** sentir ; **it smells good** ça sent bon

smelly ['smɛlɪ] adj qui sent mauvais, malodorant(e)

smelt [smɛlt] pt, pp of **smell** ▶ vt (ore) fondre

smidgen, smidgeon, smidgin ['smɪdʒən] n (inf): **a ~** un peu

smile [smaɪl] n sourire m ▶ vi sourire

smiley ['smaɪlɪ] adj (inf) souriant(e) ▶ n binette f, smiley m

smiling ['smaɪlɪŋ] adj souriant(e)

smirk [sməːk] n petit sourire suffisant or affecté

smith [smɪθ] n maréchal-ferrant m ; forgeron m

smithereens [smɪðə'riːnz] npl: **to smash sth to ~** briser qch en mille morceaux ; **to get blown to ~** être déchiqueté(e) dans une explosion

smithy ['smɪðɪ] n forge f

smitten ['smɪtn] adj: **~ with** pris(e) de ; frappé(e) de

smock [smɔk] n blouse f, sarrau m

smog [smɔg] n brouillard mêlé de fumée

smoke [sməuk] n fumée f ; **to have a ~** fumer une cigarette ; **to go up in ~** (house etc) brûler ; (fig) partir en fumée ▶ vt, vi fumer ; **do you ~?** est-ce que vous fumez ? ; **do you mind if I ~?** ça ne vous dérange pas que je fume ?

smoke alarm n détecteur m de fumée

smoked ['sməukt] adj (bacon, glass) fumé(e)

smokeless fuel ['sməuklɪs-] n combustible non polluant

smokeless zone ['sməuklɪs-] n (BRIT) zone f où l'usage du charbon est réglementé

smoker ['sməukəʳ] n (person) fumeur(-euse) ; (Rail) wagon m fumeurs

smoke screen n rideau m or écran m de fumée ; (fig) paravent m

smoke shop n (US) (bureau m de) tabac m

smoking ['sməukɪŋ] n: **"no ~"** (sign) « défense de fumer » ; **to give up ~** arrêter de fumer

smoking compartment, (US) **smoking car** n wagon m fumeurs

smoky ['sməukɪ] adj enfumé(e) ; (taste) fumé(e)

smolder ['sməuldəʳ] vi (US) = **smoulder**

smoochy ['smuːtʃɪ] adj (inf) langoureux(-euse)

smooth [smuːð] adj lisse ; (sauce) onctueux(-euse) ; (flavour, whisky) moelleux(-euse) ; (cigarette) doux (douce) ; (movement) régulier(-ière), sans à-coups or heurts ; (landing, takeoff) en douceur ; (flight) sans secousses ; (pej: person) doucereux(-euse), mielleux(-euse) ▶ vt (also: **smooth out**) lisser, défroisser ; (: creases, difficulties) faire disparaître
▶ **smooth over** vt: **to ~ things over** (fig) arranger les choses

smoothie ['smuːðɪ] n (drink) boisson à base de purée de fruits, parfois additionnée de yaourt ou de glace ; (inf: man) charmeur m

smoothly ['smuːðlɪ] adv (easily) facilement, sans difficulté(s) ; **everything went ~** tout s'est bien passé

smother ['smʌðəʳ] vt étouffer

smoulder, (US) **smolder** ['sməuldəʳ] vi couver

SMS n abbr (= short message service) SMS m

SMS message n (message m) SMS m

smudge [smʌdʒ] n tache f, bavure f ▶ vt salir, maculer

smug [smʌg] adj suffisant(e), content(e) de soi

smuggle ['smʌgl] vt passer en contrebande or en fraude ; **to ~ in/out** (goods etc) faire entrer/sortir clandestinement or en fraude

smuggler ['smʌgləʳ] n contrebandier(-ière)

smuggling ['smʌglɪŋ] n contrebande f

smugly ['smʌglɪ] adv d'un air suffisant

smugness ['smʌgnɪs] n suffisance f

smut [smʌt] n (grain of soot) grain m de suie ; (mark) tache f de suie ; (in conversation etc) obscénités fpl

smutty ['smʌtɪ] adj (fig) grossier(-ière), obscène

snack [snæk] n casse-croûte m inv ; **to have a ~** prendre un en-cas, manger quelque chose (de léger)

snack bar n snack(-bar) m

snag [snæg] n inconvénient m, difficulté f

snail [sneɪl] n escargot m

snake [sneɪk] n serpent m

snakeskin ['sneɪkskɪn] n peau f de serpent ▸ cpd (bag, belt) en serpent, en peau de serpent

snap [snæp] n (sound) claquement m, bruit sec ; (photograph) photo f, instantané m ; (game) sorte de jeu de bataille ; **a cold ~** (of weather) un refroidissement soudain de la température ▸ adj subit(e), fait(e) sans réfléchir ▸ vt (fingers) faire claquer ; (break) casser net ; (photograph) prendre un instantané de ; **to ~ one's fingers at** (fig) se moquer de ▸ vi se casser net or avec un bruit sec ; (fig: person) craquer ; (speak sharply) parler d'un ton brusque ; **to ~ open/shut** s'ouvrir/se refermer brusquement
  ▸ **snap at** vt fus (subj: dog) essayer de mordre
  ▸ **snap off** vt (break) casser net
  ▸ **snap up** vt sauter sur, saisir

snap fastener n bouton-pression m

snappy ['snæpɪ] adj prompt(e) ; (slogan) qui a du punch ; **make it ~!** (inf: hurry up) grouille-toi ! (inf), magne-toi ! (inf)

snapshot ['snæpʃɔt] n photo f, instantané m

snare [snɛəʳ] n piège m ▸ vt attraper, prendre au piège

snarl [snɑ:l] n grondement m or grognement m féroce ▸ vi gronder ▸ vt: **to get snarled up** (wool, plans) s'emmêler ; (traffic) se bloquer

snatch [snætʃ] n (fig) vol m ; (small amount): **snatches of** des fragments mpl or bribes fpl de ▸ vt saisir (d'un geste vif) ; (steal) voler ; **to ~ a sandwich** manger or avaler un sandwich à la hâte ; **to ~ some sleep** arriver à dormir un peu ▸ vi: **don't ~!** doucement !
  ▸ **snatch up** vt saisir, s'emparer de

snazzy ['snæzɪ] adj (inf: clothes) classe inv (inf), chouette (inf)

sneak [sni:k] (US pt, pp **snuck** [snʌk]) vi: **to ~ in/ out** entrer/sortir furtivement or à la dérobée ; **to ~ up on sb** s'approcher de qn sans faire de bruit ▸ vt: **to ~ a look at sth** regarder furtivement qch ▸ n (inf: pej: informer) faux jeton

sneakers ['sni:kəz] npl tennis mpl, baskets fpl

sneaking ['sni:kɪŋ] adj: **to have a ~ feeling** or **suspicion that ...** avoir la vague impression que ...

sneaky ['sni:kɪ] adj sournois(e)

sneer [snɪəʳ] n ricanement m ▸ vi ricaner, sourire d'un air sarcastique ; **to ~ at sb/sth** se moquer de qn/qch avec mépris

sneeze [sni:z] n éternuement m ▸ vi éternuer

snide [snaɪd] adj sarcastique, narquois(e)

sniff [snɪf] n reniflement m ▸ vi renifler ▸ vt renifler, flairer ; (glue, drug) sniffer, respirer
  ▸ **sniff at** vt fus: **it's not to be sniffed at** il ne faut pas cracher dessus, ce n'est pas à dédaigner

sniffer dog ['snɪfə-] n (Police) chien dressé pour la recherche d'explosifs et de stupéfiants

sniffle ['snɪfl] vi renifler ▸ n (inf: cold) léger rhume m ; **to have the sniffles** être un peu enrhumé(e)

snigger ['snɪgəʳ] n ricanement m ; rire moqueur ▸ vi ricaner

snip [snɪp] n (cut) entaille f ; (piece) petit bout ; (BRIT inf: bargain) (bonne) occasion or affaire ▸ vt couper

snipe [snaɪp] vi (criticize) critiquer ; **to ~ at sb/ sth** (criticize) critiquer qn/qch ; (shoot at) tirer sur qn/qch sans se faire voir

sniper ['snaɪpəʳ] n (marksman) tireur embusqué

snippet ['snɪpɪt] n bribes fpl

snitch [snɪtʃ] (inf) vi cafter (inf) ; **to ~ on sb** cafter qn ▸ n cafteur(-euse) (inf)

snivel [snɪvl] vi pleurnicher

snivelling ['snɪvlɪŋ] adj larmoyant(e), pleurnicheur(-euse)

snob [snɔb] n snob mf

snobbery ['snɔbərɪ] n snobisme m

snobbish ['snɔbɪʃ] adj snob inv

snog [snɔg] vi (inf) se bécoter

snooker ['snu:kəʳ] n sorte de jeu de billard

snoop [snu:p] vi: **to ~ on sb** espionner qn ; **to ~ about** fureter

snooper ['snu:pəʳ] n fureteur(-euse)

snooty ['snu:tɪ] adj snob inv, prétentieux(-euse)

snooze [snu:z] n petit somme ▸ vi faire un petit somme

snore [snɔ:ʳ] vi ronfler ▸ n ronflement m

snoring ['snɔ:rɪŋ] n ronflement(s) m(pl)

snorkel ['snɔ:kl] n (of swimmer) tuba m

snort [snɔ:t] n grognement m ▸ vi grogner ; (horse) renâcler ▸ vt (inf: drugs) sniffer

snot [snɔt] n (inf) morve f

snotty ['snɔtɪ] adj (inf) morveux(-euse)

snout [snaut] n museau m

snow [snəu] n neige f ▸ vi neiger ▸ vt: **to be snowed under with work** être débordé(e) de travail

snowball ['snəubɔ:l] n boule f de neige

snowboard ['snəubɔ:d] n planche f de snowboard

snowboarder ['snəubɔ:dəʳ] n snowboarder(-euse), surfeur(-euse) des neiges

snowboarding ['snəubɔ:dɪŋ] n snowboard m

snowbound ['snəubaund] adj enneigé(e), bloqué(e) par la neige

snow-capped ['snəukæpt] adj (peak, mountain) couvert(e) de neige

snowdrift ['snəudrɪft] n congère f

snowdrop ['snəudrɔp] n perce-neige m

snowfall ['snəufɔ:l] n chute f de neige

snowflake ['snəufleɪk] n flocon m de neige

snowman ['snəumæn] n (irreg) bonhomme m de neige

snowmobile ['snəuməubi:l] n scooter m des neiges

snowplough, (US) **snowplow** ['snəuplau] n chasse-neige m inv

snowshoe ['snəuʃu:] n raquette f (pour la neige)

snowstorm ['snəustɔ:m] n tempête f de neige

snowy ['snəuɪ] adj neigeux(-euse) ; (covered with snow) enneigé(e)

SNP n abbr (BRIT Pol) = **Scottish National Party**

snub [snʌb] vt repousser, snober ▸ n rebuffade f

snub-nosed [snʌb'nəuzd] adj au nez retroussé

snuck [snʌk] (US) pt, pp of **sneak**

snuff [snʌf] n tabac m à priser ▸ vt (also: **snuff out:** candle) moucher

snuff movie n (inf) film pornographique qui se termine par le meurtre réel de l'un des acteurs

snug [snʌg] *adj* douillet(te), confortable ; *(person)* bien au chaud ; **it's a ~ fit** c'est bien ajusté(e)

snuggle ['snʌgl] *vi:* **to ~ down in bed/up to sb** se pelotonner dans son lit/contre qn

SO *abbr (Banking)* = **standing order**

KEYWORD

so [səʊ] *adv* **1** *(thus, likewise)* ainsi, de cette façon ; **if so** si oui ; **so do** *or* **have I** moi aussi ; **it's 5 o'clock — so it is!** il est 5 heures — en effet ! *or* c'est vrai ! ; **I hope/think so** je l'espère/le crois ; **so far** jusqu'ici, jusqu'à maintenant ; *(in past)* jusque-là ; **quite so!** exactement !, c'est bien ça ! ; **even so** quand même, tout de même **2** *(in comparisons etc: to such a degree)* si, tellement ; **so big (that)** si *or* tellement grand (que) ; **she's not so clever as her brother** elle n'est pas aussi intelligente que son frère **3: so much** *adj, adv* tant (de) ; **I've got so much work** j'ai tant de travail ; **I love you so much** je vous aime tant ; **so many** tant (de) **4** *(phrases):* **10 or so** à peu près *or* environ 10 ; **so long!** *(inf: goodbye)* au revoir !, à un de ces jours ! ; **so to speak** pour ainsi dire ; **so (what)?** *(inf)* (bon) et alors ?, et après ?
▶ *conj* **1** *(expressing purpose):* **so as to do** pour faire, afin de faire ; **so (that)** pour que *or* afin que + *sub* **2** *(expressing result)* donc, par conséquent ; **so that** si bien que, de (telle) sorte que ; **so that's the reason!** c'est donc (pour) ça ! ; **so you see, I could have gone** alors tu vois, j'aurais pu y aller

soak [səʊk] *vt* faire *or* laisser tremper ; *(drench)* tremper ; **to be soaked through** être trempé jusqu'aux os ▶ *vi* tremper
▶ **soak in** *vi* pénétrer, être absorbé(e)
▶ **soak up** *vt* absorber

soaking ['səʊkɪŋ] *adj (also:* **soaking wet)** trempé(e)

so-and-so ['səʊənsəʊ] *n (somebody)* un(e) tel(le)

soap [səʊp] *n* savon *m*

soapbox ['səʊpbɔks] *n* tribune improvisée (en plein air)

soapflakes ['səʊpfleɪks] *npl* paillettes *fpl* de savon

soap opera *n* feuilleton télévisé *(quotidienneté réaliste ou embellie)*

soap powder *n* lessive *f*, détergent *m*

soapsuds ['səʊpsʌds] *npl* mousse *f* de savon

soapy ['səʊpɪ] *adj* savonneux(-euse)

soar [sɔːʳ] *vi* monter (en flèche), s'élancer ; *(building)* s'élancer ; **soaring prices** prix qui grimpent

sob [sɔb] *n* sanglot *m* ▶ *vi* sangloter

s.o.b. *n abbr (US inf!:* = *son of a bitch)* salaud *m* (!)

sobbing ['sɔbɪŋ] *n* sanglots *mpl*

sober ['səʊbəʳ] *adj* qui n'est pas (*or* plus) ivre ; *(serious)* sérieux(-euse), sensé(e) ; *(moderate)* mesuré(e) ; *(colour, style)* sobre, discret(-ète)
▶ **sober up** *vt* dégriser ▶ *vi* se dégriser

sobering ['səʊbərɪŋ] *adj:* **it's a ~ thought** cela donne à réfléchir ; **to have a ~ effect on sb** donner à réfléchir à qn

sobriety [sə'braɪətɪ] *n (not being drunk)* sobriété *f* ; *(seriousness, sedateness)* sérieux *m*

sob story *n (inf, pej)* histoire larmoyante

Soc. *abbr* (= *society)* Soc

so-called ['səʊ'kɔːld] *adj* soi-disant *inv*

soccer ['sɔkəʳ] *n* football *m*

soccer pitch *n* terrain *m* de football

soccer player *n* footballeur *m*

sociability [səʊʃə'bɪlɪtɪ] *n* sociabilité *f*

sociable ['səʊʃəbl] *adj* sociable

social ['səʊʃl] *adj* social(e) ; *(sociable)* sociable ▶ *n* (petite) fête

social climber *n* arriviste *mf*

social club *n* amicale *f*, foyer *m*

Social Democrat *n* social-démocrate *mf*

social insurance *n (US)* sécurité sociale

socialism ['səʊʃəlɪzəm] *n* socialisme *m*

socialist ['səʊʃəlɪst] *adj, n* socialiste *mf*

socialite ['səʊʃəlaɪt] *n* personnalité mondaine

socialization [səʊʃəlaɪ'zeɪʃən] *n* socialisation *f*

socialize ['səʊʃəlaɪz] *vi* voir *or* rencontrer des gens, se faire des amis ; **to ~ with** *(meet often)* fréquenter ; *(get to know)* lier connaissance *or* parler avec

social life *n* vie sociale ; **how's your ~?** est-ce que tu sors beaucoup ?

socially ['səʊʃəlɪ] *adv* socialement, en société

social media *npl* médias *mpl* sociaux

social networking [-'nɛtwə:kɪŋ] *n* réseaux *mpl* sociaux

social networking site *n* site *m* de réseautage

social science *n* sciences humaines

social security *n* aide sociale

social services *npl* services sociaux

social welfare *n* sécurité sociale

social work *n* assistance sociale

social worker *n* assistant(e) social(e)

societal [sə'saɪətl] *adj* sociétal(e)

society [sə'saɪətɪ] *n (club)* société, association *f* ; *(also:* **high society)** (haute) société, grand monde ▶ *cpd (party)* mondain(e)

socio-economic ['səʊsɪəʊi:kə'nɔmɪk] *adj* socioéconomique

sociological [səʊsɪə'lɔdʒɪkl] *adj* sociologique

sociologist [səʊsɪ'ɔlədʒɪst] *n* sociologue *mf*

sociology [səʊsɪ'ɔlədʒɪ] *n* sociologie *f*

sociopath ['səʊsɪəpæθ] *n* sociopathe *mf*

socio-political ['səʊsɪəʊpə'lɪtɪkl] *adj* sociopolitique

sock [sɔk] *n* chaussette *f* ; **to pull one's socks up** *(fig)* se secouer (les puces) ▶ *vt (inf: hit)* flanquer un coup à

socket ['sɔkɪt] *n* cavité *f* ; *(Elec: also:* **wall socket)** prise *f* de courant ; *(for light bulb)* douille *f*

sod [sɔd] *n (of earth)* motte *f* ; *(BRIT inf!)* con *m* (!), salaud *m* (!)
▶ **sod off** *vi:* **~ off!** *(BRIT inf!)* fous le camp !, va te faire foutre ! (!)

soda ['səʊdə] *n (Chem)* soude *f* ; *(also:* **soda water)** eau *f* de Seltz ; *(US: also:* **soda pop)** soda *m*

sodden ['sɔdn] *adj* trempé(e), détrempé(e)

sodium ['səʊdɪəm] *n* sodium *m*

sodium chloride *n* chlorure *m* de sodium

Sod's Law [sɔdz'lɔ:] *n (BRIT inf)* loi *f* de l'emmerdement maximum *(inf)*

sofa ['səʊfə] *n* sofa *m*, canapé *m*

sofa bed *n* canapé-lit *m*

S

Sofia ['səufɪə] n Sofia

soft [sɔft] adj (not rough) doux (douce) ; (not hard) doux, mou (molle) ; (not loud) doux, léger(-ère) ; (kind) doux, gentil(le) ; (weak) indulgent(e) ; (stupid) stupide, débile

softball ['sɔftbɔːl] n (game) softball m ; (ball) balle f de softball

soft-boiled ['sɔftbɔɪld] adj (egg) à la coque

soft drink n boisson non alcoolisée

soft drugs npl drogues douces

soften ['sɔfn] vt (r)amollir ; (fig) adoucir ▸ vi se ramollir ; (fig) s'adoucir

softener ['sɔfnəʳ] n (water softener) adoucisseur m ; (fabric softener) produit assouplissant

soft fruit n (BRIT) baies fpl

soft furnishings npl tissus mpl d'ameublement

soft-hearted [sɔft'hɑːtɪd] adj au cœur tendre

softly ['sɔftlɪ] adv doucement ; (touch) légèrement ; (kiss) tendrement

softness ['sɔftnɪs] n douceur f

soft option n solution f de facilité

soft sell n promotion f de vente discrète

soft target n cible f facile

soft toy n jouet m en peluche

software ['sɔftwɛəʳ] n (Comput) logiciel m, software m

software package n (Comput) progiciel m

softy ['sɔftɪ] n (inf) cœur m sensible

soggy ['sɔgɪ] adj (clothes) trempé(e) ; (ground) détrempé(e)

soil [sɔɪl] n (earth) sol m, terre f ▸ vt salir ; (fig) souiller

soiled [sɔɪld] adj sale ; (Comm) défraîchi(e)

sojourn ['sɔdʒəːn] n (formal) séjour m

solace ['sɔlɪs] n consolation f, réconfort m

solar ['səuləʳ] adj solaire

solarium [sə'lɛərɪəm] (pl **solaria** [-rɪə]) n solarium m

solar panel n panneau m solaire

solar plexus [-'plɛksəs] n (Anat) plexus m solaire

solar power n énergie f solaire

solar system n système m solaire

sold [səuld] pt, pp of **sell**

solder ['səuldəʳ] vt souder (au fil à souder) ▸ n soudure f

soldier ['səuldʒəʳ] n soldat m, militaire m ; **toy ~** petit soldat ▸ vi: **to ~ on** persévérer, s'accrocher

sold out adj (Comm) épuisé(e)

sole [səul] n (of foot) plante f ; (of shoe) semelle f ; (fish: pl inv) sole f ▸ adj seul(e), unique ; **the ~ reason** la seule et unique raison

solely ['səullɪ] adv seulement, uniquement ; **I will hold you ~ responsible** je vous en tiendrai pour seul responsable

solemn ['sɔləm] adj solennel(le) ; (person) sérieux(-euse), grave

sole trader n (Comm) chef m d'entreprise individuelle

solicit [sə'lɪsɪt] vt (request) solliciter ▸ vi (prostitute) racoler

solicitor [sə'lɪsɪtəʳ] n (BRIT: for wills etc) ≈ notaire m ; (: in court) ≈ avocat m

solid ['sɔlɪd] adj (strong, sound, reliable, not liquid) solide ; (not hollow: mass) compact(e) ; (: metal, rock, wood) massif(-ive) ; (meal) consistant(e),

substantiel(le) ; (vote) unanime ; **to be on ~ ground** être sur la terre ferme ; (fig) être en terrain sûr ; **we waited two ~ hours** nous avons attendu deux heures entières ▸ n solide m

solidarity [sɔlɪ'dærɪtɪ] n solidarité f

solid fuel n combustible m solide

solidify [sə'lɪdɪfaɪ] vi se solidifier ▸ vt solidifier

solidity [sə'lɪdɪtɪ] n solidité f

solidly ['sɔlɪdlɪ] adv (firmly: built, based) solidement ; (continuously: work, rain) sans discontinuer ; (unanimously) massivement ; **to sleep ~ for 12 hours** dormir pendant 12 heures d'affilée ; **to be ~ behind/against sb/sth** faire bloc derrière/contre qn/qch

solid-state ['sɔlɪdsteɪt] adj (Elec) à circuits intégrés

soliloquy [sə'lɪləkwɪ] n monologue m

solitaire [sɔlɪ'tɛəʳ] n (gem, BRIT: game) solitaire m ; (US: card game) réussite f

solitary ['sɔlɪtərɪ] adj solitaire

solitary confinement n (in prison) isolement m (cellulaire)

solitude ['sɔlɪtjuːd] n solitude f

solo ['səuləu] n solo m ▸ adv (fly) en solitaire

soloist ['səuləuɪst] n soliste mf

Solomon Islands ['sɔləmən-] npl: **the ~** les (îles fpl) Salomon fpl

solstice ['sɔlstɪs] n solstice m

soluble ['sɔljubl] adj soluble

solution [sə'luːʃən] n solution f

solve [sɔlv] vt résoudre

solvency ['sɔlvənsɪ] n (Comm) solvabilité f

solvent ['sɔlvənt] adj (Comm) solvable ▸ n (Chem) (dis)solvant m

solvent abuse n usage m de solvants hallucinogènes

Somali [səu'mɑːlɪ] adj somali(e), somalien(ne) ▸ n Somali(e), Somalien(ne)

Somalia [səu'mɑːlɪə] n (République f de) Somalie f

Somalian [sə'mɑːlɪən] adj somalien(ne) ▸ n Somalien(ne)

Somaliland [səu'mɑːlɪlænd] n Somaliland m

sombre, (US) **somber** ['sɔmbəʳ] adj sombre, morne

(KEYWORD)

some [sʌm] adj **1** (a certain amount or number of): **some tea/water/ice cream** du thé/de l'eau/de la glace ; **some children/apples** des enfants/pommes ; **I've got some money but not much** j'ai de l'argent mais pas beaucoup **2** (certain: in contrasts): **some people say that ...** il y a des gens qui disent que ... ; **some films were excellent, but most were mediocre** certains films étaient excellents, mais la plupart étaient médiocres **3** (unspecified): **some woman was asking for you** il y avait une dame qui vous demandait ; **he was asking for some book (or other)** il demandait un livre quelconque ; **some day** de ces jours ; **some day next week** un jour la semaine prochaine ; **after some time** après un certain temps ; **at some length** assez

longuement ; **in some form or other** sous une forme ou une autre, sous une forme quelconque
▸ *pron* **1** (*a certain number*) quelques-uns (quelques-unes), certains (certaines) ; **I've got some** (*books etc*) j'en ai (quelques-uns) ; **some (of them) have been sold** certains ont été vendus
2 (*a certain amount*) un peu ; **I've got some** (*money, milk*) j'en ai (un peu) ; **would you like some?** est-ce que vous en voulez ?, en voulez-vous ? ; **could I have some of that cheese?** pourrais-je avoir un peu de ce fromage ? ; **I've read some of the book** j'ai lu une partie du livre
▸ *adv* : **some 10 people** quelque 10 personnes, 10 personnes environ

somebody ['sʌmbədɪ] *pron* = **someone**
someday ['sʌmdeɪ] *adv* un de ces jours, un jour ou l'autre
somehow ['sʌmhau] *adv* d'une façon ou d'une autre ; (*for some reason*) pour une raison ou une autre
someone ['sʌmwʌn] *pron* quelqu'un ; **~ or other** quelqu'un, je ne sais qui
someplace ['sʌmpleɪs] *adv* (*US*) = **somewhere**
somersault ['sʌməsɔːlt] *n* culbute *f*, saut périlleux ▸ *vi* faire la culbute *or* un saut périlleux ; (*car*) faire un tonneau
something ['sʌmθɪŋ] *pron* quelque chose *m* ; **~ interesting** quelque chose d'intéressant ; **~ to do** quelque chose à faire ; **he's ~ like me** il est un peu comme moi ; **it's ~ of a problem** il y a là un problème
sometime ['sʌmtaɪm] *adv* (*in future*) un de ces jours, un jour ou l'autre ; (*in past*): **~ last month** au cours du mois dernier
sometimes ['sʌmtaɪmz] *adv* quelquefois, parfois
somewhat ['sʌmwɔt] *adv* quelque peu, un peu
somewhere ['sʌmwɛəʳ] *adv* quelque part ; **~ else** ailleurs, autre part
son [sʌn] *n* fils *m*
sonar ['səunɑːʳ] *n* sonar *m*
sonata [sə'nɑːtə] *n* sonate *f*
song [sɔŋ] *n* chanson *f* ; (*of bird*) chant *m*
songbird ['sɔŋbəːd] *n* oiseau *m* chanteur
songbook ['sɔŋbuk] *n* chansonnier *m*
songwriter ['sɔŋraɪtəʳ] *n* auteur-compositeur *m*
sonic ['sɔnɪk] *adj* (*boom*) supersonique
son-in-law ['sʌnɪnlɔː] *n* gendre *m*, beau-fils *m*
sonnet ['sɔnɪt] *n* sonnet *m*
sonny ['sʌnɪ] *n* (*inf*) fiston *m* (*inf*)
son of a bitch *n* (*inf!*) fils *m* de pute (!)
sonorous ['sɔnərəs, sə'nɔːrəs] *adj* sonore
soon [suːn] *adv* bientôt ; (*early*) tôt ; **~ afterwards** peu après ; **quite ~** sous peu ; **how ~ can you do it?** combien de temps vous faut-il pour le faire, au plus pressé ? ; **how ~ can you come back?** quand *or* dans combien de temps pouvez-vous revenir, au plus tôt ? ; **see you ~!** à bientôt ! ; *see also* **as**
sooner ['suːnəʳ] *adv* (*time*) plus tôt ; (*preference*): **I would ~ do that** j'aimerais autant *or* je préférerais faire ça ; **~ or later** tôt ou tard ; **no ~**

said than done sitôt dit, sitôt fait ; **the ~ the better** le plus tôt sera le mieux ; **no ~ had we left than ...** à peine étions-nous partis que ...
soot [sut] *n* suie *f*
soothe [suːð] *vt* calmer, apaiser
soothing ['suːðɪŋ] *adj* (*ointment etc*) lénitif(-ive), lénifiant(e) ; (*tone, words etc*) apaisant(e) ; (*drink, bath*) relaxant(e)
SOP *n abbr* = **standard operating procedure**
sop [sɔp] *n*: **that's only a ~** c'est pour nous (*or les etc*) amadouer
sophisticated [sə'fɪstɪkeɪtɪd] *adj* raffiné(e), sophistiqué(e) ; (*machinery*) hautement perfectionné(e), très complexe ; (*system etc*) très perfectionné(e), sophistiqué
sophistication [səfɪstɪ'keɪʃən] *n* raffinement *m*, niveau *m* (de) perfectionnement *m*
sophomore ['sɔfəmɔːʳ] *n* (*US*) étudiant(e) de seconde année
soporific [sɔpə'rɪfɪk] *adj* soporifique ▸ *n* somnifère *m*
sopping ['sɔpɪŋ] *adj* (*also*: **sopping wet**) tout(e) trempé(e)
soppy ['sɔpɪ] *adj* (*pej*) sentimental(e)
soprano [sə'prɑːnəu] *n* (*voice*) soprano *m* ; (*singer*) soprano *mf*
sorbet ['sɔːbeɪ] *n* sorbet *m*
sorcerer ['sɔːsərəʳ] *n* sorcier *m*
sorceress ['sɔːsərɪs] *n* sorcière *f*
sordid ['sɔːdɪd] *adj* sordide
sore [sɔːʳ] *adj* (*painful*) douloureux(-euse), sensible ; (*offended*) contrarié(e), vexé(e) ; **to have a ~ throat** avoir mal à la gorge ; **it's a ~ point** (*fig*) c'est un point délicat ▸ *n* plaie *f*
sorely ['sɔːlɪ] *adv* (*tempted*) fortement
sorrel ['sɔrəl] *n* oseille *f*
sorrow ['sɔrəu] *n* peine *f*, chagrin *m*
sorrowful ['sɔrəuful] *adj* triste
sorry ['sɔrɪ] *adj* désolé(e) ; (*condition, excuse, tale*) triste, déplorable ; (*sight*) désolant(e) ; **~!** pardon !, excusez-moi ! ; **~?** pardon ? ; **to feel ~ for sb** plaindre qn ; **I'm ~ to hear that ...** je suis désolé(e) *or* navré(e) d'apprendre que ... ; **to be ~ about sth** regretter qch
sort [sɔːt] *n* genre *m*, espèce *f*, sorte *f* ; (*make: of coffee, car etc*) marque *f* ; **what ~ do you want?** quelle sorte *or* quel genre voulez-vous ? ; **what ~ of car?** quelle marque de voiture ? ; **I'll do nothing of the ~!** je ne ferai rien de tel ! ; **it's ~ of awkward** (*inf*) c'est plutôt gênant ▸ *vt* (*also*: **sort out**: *select which to keep*) trier ; (: *classify*) classer ; (: *tidy*) ranger ; (: *letters etc*) trier ; (: *Comput*) trier
▸ **sort out** *vt* (*problem*) résoudre, régler
sortie ['sɔːtɪ] *n* sortie *f*
sorting office ['sɔːtɪŋ-] *n* (*Post*) bureau *m* de tri
SOS *n* SOS *m*
so-so ['səusəu] *adv* comme ci comme ça
soufflé ['suːfleɪ] *n* soufflé *m*
sought [sɔːt] *pt, pp of* **seek**
sought-after ['sɔːtɑːftəʳ] *adj* recherché(e)
soul [səul] *n* âme *f* ; **the poor ~ had nowhere to sleep** le pauvre n'avait nulle part où dormir ; **I didn't see a ~** je n'ai vu (absolument) personne

S

845

soul-destroying ['səʊldɪstrɔɪɪŋ] *adj* démoralisant(e)
soulful ['səʊlful] *adj* plein(e) de sentiment
soulless ['səʊllɪs] *adj* sans cœur, inhumain(e)
soul mate *n* âme *f* sœur
soul-searching ['səʊlsə:tʃɪŋ] *n*: **after much ~, I decided ...** j'ai longuement réfléchi avant de décider ...
sound [saʊnd] *adj* (*healthy*) en bonne santé, sain(e) ; (*safe, not damaged*) solide, en bon état ; (*reliable, not superficial*) sérieux(-euse), solide ; (*sensible*) sensé(e) ; **to be of ~ mind** être sain(e) d'esprit ▶ *n* (*noise, volume*) son *m* ; (*louder*) bruit *m* ; (*Geo*) détroit *m*, bras *m* de mer ; **I don't like the ~ of it** ça ne me dit rien qui vaille ▶ *vt* (*alarm*) sonner ; (*also:* **sound out**: *opinions*) sonder ; **to ~ one's horn** (*Aut*) klaxonner, actionner son avertisseur ▶ *vi* sonner, retentir ; (*fig: seem*) sembler (être) ; **to ~ like** ressembler à ; **it sounds as if ...** il semblerait que ..., j'ai l'impression que ...
▶ **sound off** *vi* (*inf*): **to ~ off (about)** la ramener (sur)
sound barrier *n* mur *m* du son
sound bite *n* phrase toute faite (*pour être citée dans les médias*)
sound effects *npl* bruitage *m*
sound engineer *n* ingénieur *m* du son
sounding ['saʊndɪŋ] *n* (*Naut etc*) sondage *m*
sounding board *n* (*Mus*) table *f* d'harmonie ; (*fig*): **to use sb as a ~ for one's ideas** essayer ses idées sur qn
soundly ['saʊndlɪ] *adv* (*sleep*) profondément ; (*beat*) complètement, à plate couture
soundproof ['saʊndpru:f] *vt* insonoriser ▶ *adj* insonorisé(e)
soundproofing ['saʊndpru:fɪŋ] *n* insonorisation *f*
sound system *n* sono(risation) *f*
soundtrack ['saʊndtræk] *n* (*of film*) bande *f* sonore
sound wave *n* (*Physics*) onde *f* sonore
soup [su:p] *n* soupe *f*, potage *m* ; **in the ~** (*fig*) dans le pétrin
soup course *n* potage *m*
soup kitchen *n* soupe *f* populaire
soup plate *n* assiette creuse *or* à soupe
soup spoon ['su:pspu:n] *n* cuiller *f* à soupe
sour ['saʊə'] *adj* aigre, acide ; (*milk*) tourné(e), aigre ; (*fig*) acerbe, aigre ; revêche ; **to go** *or* **turn ~** (*milk, wine*) tourner ; (*fig: relationship, plans*) mal tourner ; **it's ~ grapes** c'est du dépit
source [sɔːs] *n* source *f* ; **I have it from a reliable ~ that** je sais de source sûre que
sour cream, soured cream *n* crème *f* aigre
south [saʊθ] *n* sud *m* ; **to the ~ of** au sud de ▶ *adj* sud *inv* ; (*wind*) du sud ▶ *adv* au sud, vers le sud ; **to travel ~** aller en direction du sud ; **~ of** au sud de
South Africa *n* Afrique *f* du Sud
South African *adj* sud-africain(e) ▶ *n* Sud-Africain(e)
South America *n* Amérique *f* du Sud
South American *adj* sud-américain(e) ▶ *n* Sud-Américain(e)

southbound ['saʊθbaʊnd] *adj* en direction du sud ; (*carriageway*) sud *inv*
south-east [saʊθ'i:st] *n* sud-est *m*
South-East Asia *n* le Sud-Est asiatique
southeastern [saʊθ'i:stən] *adj* du *or* au sud-est
southerly ['sʌðəlɪ] *adj* du sud ; au sud
southern ['sʌðən] *adj* (du) sud ; méridional(e) ; **with a ~ aspect** orienté(e) *or* exposé(e) au sud ; **the ~ hemisphere** l'hémisphère sud *or* austral
southerner ['sʌðənə'] *n* méridional(e)
southernmost ['sʌðənməʊst] *adj*: **the ~ part of sth** l'extrême sud de qch ; **Egypt's ~ city** la ville la plus au sud d'Égypte
South Korea *n* Corée *f* du Sud
South of France *n*: **the ~** le Sud de la France, le Midi
South Pole *n*: **the ~** le pôle Sud
South Sea Islands *npl*: **the ~** l'Océanie *f*
South Seas *npl*: **the ~** les mers *fpl* du Sud
South Vietnam *n* Viêt-Nam *m* du Sud
South Wales *n* sud *m* du Pays de Galles
southward ['saʊθwəd], **southwards** ['saʊθwədz] *adv* vers le sud
south-west [saʊθ'wɛst] *n* sud-ouest *m*
southwestern [saʊθ'westən] *adj* du *or* au sud-ouest
souvenir [su:və'nɪə'] *n* souvenir *m* (*objet*)
sovereign ['sɔvrɪn] *adj*, *n* souverain(e)
sovereignty ['sɔvrɪntɪ] *n* souveraineté *f*
soviet ['səʊvɪət] *adj* soviétique
Soviet Union *n*: **the ~** l'Union *f* soviétique
sow¹ [səʊ] (*pt* **sowed** [səʊd], *pp* **sown** [səʊn]) *vt* semer
sow² [saʊ] *n* truie *f*
soya ['sɔɪə], (*US*) **soy** [sɔɪ] *n*: **~ bean** graine *f* de soja ; **~ sauce** sauce *f* au soja
sozzled ['sɔzld] *adj* (*BRIT inf*) paf *inv*
spa [spɑ:] *n* (*town*) station thermale ; (*also:* **health spa**) spa *m*
space [speɪs] *n* (*gen*) espace *m* ; (*room*) place *f* ; espace ; (*length of time*) laps *m* de temps ; **to clear a ~ for sth** faire de la place pour qch ; **in a confined ~** dans un espace réduit *or* restreint ; **in a short ~ of time** dans peu de temps ; **(with)in the ~ of an hour** en l'espace d'une heure ▶ *cpd* spatial(e) ▶ *vt* (*also:* **space out**) espacer
space bar *n* (*on typewriter*) barre *f* d'espacement
spacecraft ['speɪskrɑ:ft] *n* engin *or* vaisseau spatial
spaceman ['speɪsmæn] *n* (*irreg*) astronaute *m*, cosmonaute *m*
spaceship ['speɪsʃɪp] *n* = **spacecraft**
space shuttle *n* navette spatiale
spacesuit ['speɪssu:t] *n* combinaison spatiale
spacewoman ['speɪswumən] *n* (*irreg*) astronaute *f*, cosmonaute *f*
spacing ['speɪsɪŋ] *n* espacement *m* ; **single/ double ~** (*Typ etc*) interligne *m* simple/double
spacious ['speɪʃəs] *adj* spacieux(-euse), grand(e)
spade [speɪd] *n* (*tool*) bêche *f*, pelle *f* ; (*child's*) pelle ; **spades** *npl* (*Cards*) pique *m*
spadework ['speɪdwə:k] *n* (*fig*) gros *m* du travail
spaghetti [spə'gɛtɪ] *n* spaghetti *mpl*
Spain [speɪn] *n* Espagne *f*

spam [spæm] n (Comput) spam m, pollupostage m ▶ cpd (filter, laws) antispam inv, antipollupostage inv ▶ vt envoyer des spams à, polluposter

spammer ['spæmə'] n (Comput) spammeur(-euse), polluposteur m

span [spæn] n (of bird, plane) envergure f; (of arch) portée f; (in time) espace m de temps, durée f ▶ vt enjamber, franchir; (fig) couvrir, embrasser

spangled ['spæŋgəld] adj pailleté(e); **a dark night sky ~ with stars** une nuit sombre constellée d'étoiles

Spaniard ['spænjəd] n Espagnol(e)

spaniel ['spænjəl] n épagneul m

Spanish ['spænɪʃ] adj espagnol(e), d'Espagne; **~ omelette** omelette f à l'espagnole ▶ n (Ling) espagnol m; **the ~** npl les Espagnols mpl

spank [spæŋk] vt donner une fessée à

spanking ['spæŋkɪŋ] n fessée f ▶ adv (inf: new) flambant; **a ~ new Mercedes** une Mercedes flambant neuve

spanner ['spænə'] n (BRIT) clé f (de mécanicien)

spar [spɑː'] n espar m ▶ vi (Boxing) s'entraîner

spare [speə'] adj de réserve, de rechange; (surplus) de or en trop, de reste; **there are 2 going ~** (BRIT) il y en a 2 de disponible ▶ n (part) pièce f de rechange, pièce détachée ▶ vt (do without) se passer de; (afford to give) donner, accorder, passer; (not hurt) épargner; (not use) ménager; **to ~** (surplus) en surplus, de trop; **to ~ no expense** ne pas reculer devant la dépense; **can you ~ the time?** est-ce que vous avez le temps?; **there is no time to ~** il n'y a pas de temps à perdre; **I've a few minutes to ~** je dispose de quelques minutes

spare part n pièce f de rechange, pièce détachée

spare room n chambre f d'ami

spare time n moments mpl de loisir

spare tyre, (US) **spare tire** n (Aut) pneu m de rechange

spare wheel n (Aut) roue f de secours

sparing ['speərɪŋ] adj: **to be ~ with** ménager

sparingly ['speərɪŋlɪ] adv avec modération

spark [spɑːk] n étincelle f; (fig) étincelle, lueur f ▶ **spark off** vt (riot, row) déclencher

sparkle ['spɑːkl] n scintillement m, étincellement m, éclat m ▶ vi étinceler, scintiller; (bubble) pétiller

sparkler ['spɑːklə'] n cierge m magique

sparkling ['spɑːklɪŋ] adj étincelant(e), scintillant(e); (wine) mousseux(-euse), pétillant(e); (water) pétillant(e), gazeux(-euse)

sparkly ['spɑːklɪ] adj (inf) étincelant(e)

spark plug n bougie f

sparring partner ['spɑːrɪŋ-] n sparring-partner m; (fig) vieil(le) ennemi(e)

sparrow ['spærəʊ] n moineau m

sparse [spɑːs] adj clairsemé(e)

sparsely ['spɑːslɪ] adv: **~ populated** à la population clairsemée; **~ furnished** sommairement meublé(e)

spartan ['spɑːtən] adj (fig) spartiate

spasm ['spæzəm] n (Med) spasme m; (fig) accès m

spasmodic [spæz'mɔdɪk] adj (fig) intermittent(e)

spat [spæt] pt, pp of **spit** ▶ n (US) prise f de bec

spate [speɪt] n (fig): **~ of** avalanche f or torrent m de; **in ~** (river) en crue

spatial ['speɪʃl] adj spatial(e)

spatter ['spætə'] n éclaboussure(s) f(pl) ▶ vt éclabousser ▶ vi gicler

spatula ['spætjulə] n spatule f

spawn [spɔːn] vt pondre; (pej) engendrer ▶ vi frayer ▶ n frai m

SPCA n abbr (US: = Society for the Prevention of Cruelty to Animals) ≈ SPA f

SPCC n abbr (US) = **Society for the Prevention of Cruelty to Children**

speak [spiːk] (pt **spoke** [spəʊk], pp **spoken** ['spəʊkn]) vt (language) parler; (truth) dire; **I don't ~ French** je ne parle pas français; **do you ~ English?** parlez-vous anglais?; **to ~ one's mind** dire ce que l'on pense ▶ vi parler; (make a speech) prendre la parole; **to ~ to sb/of** or **about sth** parler à qn/de qch; **can I ~ to ...?** est-ce que je peux parler à ...?; **speaking!** (on telephone) c'est moi-même!; **it speaks for itself** c'est évident; **~ up!** parle plus fort!; **he has no money to ~ of** il n'a pas d'argent ▶ **speak for** vt fus: **to ~ for sb** parler pour qn; **that picture is already spoken for** (in shop) ce tableau est déjà réservé ▶ **speak out** vi parler haut et fort; **to ~ out against sth** s'élever contre qch; **to ~ out in favour of sth** plaider la cause de qch

speaker ['spiːkə'] n (in public) orateur m; (also: **loudspeaker**) haut-parleur m; (: for stereo etc) baffle m, enceinte f; (: Pol): **the S~** (BRIT) le président de la Chambre des communes or des représentants; (US) le président de la Chambre; **are you a Welsh ~?** parlez-vous gallois?

speaking ['spiːkɪŋ] adj parlant(e); **French-~ people** les francophones mpl; **to be on ~ terms** se parler

spear [spɪə'] n lance f ▶ vt transpercer

spearhead ['spɪəhɛd] n fer m de lance; (Mil) colonne f d'attaque ▶ vt (attack etc) mener

spearmint ['spɪəmɪnt] n (Bot etc) menthe verte

spec [spɛk] n (BRIT inf): **on ~** à tout hasard; **to buy on ~** acheter avec l'espoir de faire une bonne affaire

special ['spɛʃl] adj spécial(e); **take ~ care** soyez particulièrement prudent; **nothing ~** rien de spécial ▶ n (train) train spécial; **today's ~** (at restaurant) le plat du jour

special agent n agent secret

special correspondent n envoyé spécial

special delivery n (Post): **by ~** en express

special effects npl (Cine) effets spéciaux

specialist ['spɛʃəlɪst] n spécialiste mf; **heart ~** cardiologue mf

speciality [spɛʃɪ'ælɪtɪ] n (BRIT) spécialité f

specialization [spɛʃəlaɪ'zeɪʃən] n spécialisation f

specialize ['spɛʃəlaɪz] vi: **to ~ (in)** se spécialiser (dans)

specially ['spɛʃlɪ] adv spécialement, particulièrement

special needs npl (BRIT) difficultés fpl d'apprentissage scolaire

special offer n (Comm) réclame f
special school n (Brit) établissement m
d'enseignement spécialisé
specialty ['spɛʃəltɪ] n (US) = **speciality**
species ['spiːʃiːz] n (pl inv) espèce f
specific [spə'sɪfɪk] adj (not vague) précis(e),
explicite ; (particular) particulier(-ière) ; (Bot,
Chem etc) spécifique ; **to be ~ to** être particulier
à, être le or un caractère (or les caractères)
spécifique(s) de
specifically [spə'sɪfɪklɪ] adv explicitement,
précisément ; (intend, ask, design) expressément,
spécialement ; (exclusively) exclusivement,
spécifiquement
specification [spɛsɪfɪ'keɪʃən] n spécification f ;
stipulation f ; **specifications** npl (of car, building
etc) spécification
specifics [spə'sɪfɪks] npl détails mpl
specify ['spɛsɪfaɪ] vt spécifier, préciser ; **unless
otherwise specified** sauf indication contraire
specimen ['spɛsɪmən] n spécimen m,
échantillon m ; (Med: of blood) prélèvement m ;
(: of urine) échantillon m
specimen copy n spécimen m
specimen signature n spécimen m de
signature
speck [spɛk] n petite tache, petit point ; (particle)
grain m
speckled ['spɛkld] adj tacheté(e), moucheté(e)
specs [spɛks] npl (inf) lunettes fpl
spectacle ['spɛktəkl] n spectacle m ; **spectacles**
npl (Brit) lunettes fpl
spectacle case n (Brit) étui m à lunettes
spectacular [spɛk'tækjulər] adj spectaculaire
▶ n (Cine etc) superproduction f
spectator [spɛk'teɪtər] n spectateur(-trice)
spectator sport n: **football is a great ~** le
football est un sport qui passionne les foules
spectra ['spɛktrə] npl of **spectrum**
spectre, (US) **specter** ['spɛktər] n spectre m,
fantôme m
spectrum ['spɛktrəm] (pl **spectra** [-rə]) n spectre
m ; (fig) gamme f
speculate ['spɛkjuleɪt] vi spéculer ; (ponder): **to ~
about** s'interroger sur
speculation [spɛkju'leɪʃən] n spéculation f ;
conjectures fpl
speculative ['spɛkjulətɪv] adj spéculatif(-ive)
speculator ['spɛkjuleɪtər] n spéculateur(-trice)
sped [spɛd] pt, pp of **speed**
speech [spiːtʃ] n (faculty) parole f ; (talk) discours
m, allocution f ; (manner of speaking) façon f de
parler, langage m ; (language) langage m ;
(enunciation) élocution f
speech day n (Brit Scol) distribution f des prix
speech impediment n défaut m d'élocution
speechless ['spiːtʃlɪs] adj muet(te)
speech therapy n orthophonie f
speed [spiːd] (pt, pp **sped** [spɛd]) n vitesse f ;
(promptness) rapidité f ; **at ~** (Brit) rapidement ;
at full or **top ~** à toute vitesse or allure ; **at a ~ of
70 km/h** à une vitesse de 70 km/h ; **shorthand/
typing speeds** nombre m de mots à la minute
en sténographie/dactylographie ; **a five-~
gearbox** une boîte cinq vitesses ▶ vi (Aut: exceed

speed limit) faire un excès de vitesse ; **to ~ along/
by** etc aller/passer etc à toute vitesse
▶ **speed up** (pt, pp **speeded up**) vi aller plus vite,
accélérer ▶ vt accélérer
speedboat ['spiːdbəut] n vedette f, hors-bord m inv
speed bump n ralentisseur m
speed camera n radar m (automatique)
speedily ['spiːdɪlɪ] adv rapidement,
promptement
speeding ['spiːdɪŋ] n (Aut) excès m de vitesse
speed limit n limitation f de vitesse, vitesse
maximale permise
speedometer [spɪ'dɔmɪtər] n compteur m (de
vitesse)
speed trap n (Aut) piège m de police pour
contrôle de vitesse
speedway ['spiːdweɪ] n (Sport) piste f de vitesse
pour motos ; (also: **speedway racing**) épreuve(s)
f(pl) de vitesse de motos
speedy ['spiːdɪ] adj rapide, prompt(e)
speleologist [spɛlɪ'ɔlədʒɪst] n spéléologue mf
spell [spɛl] (pt, pp **spelt** [spɛlt] or **spelled** [spɛld])
n (also: **magic spell**) sortilège m, charme m ;
(period of time) (courte) période ; **to cast a ~ on sb**
jeter un sort à qn ▶ vt (in writing) écrire,
orthographier ; (aloud) épeler ; (fig) signifier ;
how do you ~ your name? comment
écrivez-vous votre nom ? ; **can you ~ it for me?**
pouvez-vous me l'épeler ? ▶ vi: **he can't ~** il fait
des fautes d'orthographe
▶ **spell out** vt (explain): **to ~ sth out for sb**
expliquer qch clairement à qn
spellbinding ['spɛlbaɪndɪŋ] adj captivant(e)
spellbound ['spɛlbaund] adj envoûté(e),
subjugué(e)
spellcheck ['spɛltʃɛk] vt passer au correcteur
orthographique ▶ n correction f
orthographique ; **to ~ sth** or **to run a ~ over
sth** passer qch au correcteur orthographique
spellchecker ['spɛltʃɛkər] n correcteur m or
vérificateur m orthographique
spelling ['spɛlɪŋ] n orthographe f
spelt [spɛlt] pt, pp of **spell**
spend [spɛnd] (pt, pp **spent** [spɛnt]) vt (money)
dépenser ; (time, life) passer ; (devote) consacrer ;
to ~ time/money/effort on sth consacrer du
temps/de l'argent/de l'énergie à qch
spending ['spɛndɪŋ] n dépenses fpl ;
government ~ les dépenses publiques
spending money n argent m de poche
spending power n pouvoir m d'achat
spendthrift ['spɛndθrɪft] n dépensier(-ière)
spent [spɛnt] pt, pp of **spend** ▶ adj (patience)
épuisé(e), à bout ; (cartridge, bullets) vide ;
~ matches vieilles allumettes
sperm [spəːm] n spermatozoïde m ; (semen)
sperme m
sperm bank n banque f du sperme
spermicide ['spəːmɪsaɪd] n spermicide m
sperm whale n cachalot m
spew [spjuː] vt vomir
▶ **spew out** vt cracher
sphere [sfɪər] n sphère f ; (fig) sphère, domaine m
spherical ['sfɛrɪkl] adj sphérique
sphinx [sfɪŋks] n sphinx m

spice [spaɪs] *n* épice *f* ▸ *vt* épicer
▸ **spice up** *vt* (*story, conversation*) donner du
piquant à, donner du sel à
spiced [spaɪst] *adj* (*dish, sauce*) épicé(e) ; ~ **with**
sth relevé(e) avec qch
spick-and-span ['spɪkən'spæn] *adj* impeccable
spicy ['spaɪsɪ] *adj* épicé(e), relevé(e) ; (*fig*)
piquant(e)
spider ['spaɪdəʳ] *n* araignée *f* ; ~**'s web** toile *f*
d'araignée
spiel [spiːl] *n* laïus *m inv*
spigot ['spɪɡət] *n* (*US*) robinet *m*
spike [spaɪk] *n* pointe *f* ; (*Bot*) épi *m* ; **spikes** *npl* (*Sport*)
chaussures *fpl* à pointes
spike heel *n* (*US*) talon *m* aiguille
spiky ['spaɪkɪ] *adj* (*bush, branch*) épineux(-euse) ;
(*animal*) plein(e) de piquants ; (*hair*) en épis
spill [spɪl] (*pt, pp* **spilt** [-t] *or* **spilled** [-d]) *vt*
renverser ; répandre ; **to ~ the beans** (*inf*)
vendre la mèche ; (*confess*) lâcher le morceau
▸ *vi* se répandre
▸ **spill out** *vi* sortir à flots, se répandre
▸ **spill over** *vi* déborder
spillage ['spɪlɪdʒ] *n* (*of oil*) déversement *m*
(accidentel)
spilt [spɪlt] *pt, pp of* **spill**
spin [spɪn] (*pt, pp* **spun** [spʌn]) *n* (*revolution of
wheel*) tour *m* ; (*Aviat*) (*chute f en*) vrille *f* ; (*trip in
car*) petit tour, balade *f* ; (*on ball*) effet *m* ▸ *vt* (*wool
etc*) filer ; (*wheel*) faire tourner ; (*Brit: clothes*)
essorer ; **to ~ a yarn** débiter une longue
histoire ; **to ~ a coin** (*Brit*) jouer à pile ou face
▸ *vi* (*turn*) tourner, tournoyer
▸ **spin out** *vt* faire durer
▸ **spin round** *vt* faire tourner ▸ *vi* (*wheel, top,
skater*) tourner (sur soi-même) ; (*person: to face
other way*) faire volte-face
spina bifida ['spaɪnə'bɪfɪdə] *n* spina-bifida *m inv*
spinach ['spɪnɪtʃ] *n* épinard *m* ; (*as food*) épinards
mpl
spinal ['spaɪnl] *adj* vertébral(e), spinal(e)
spinal column *n* colonne vertébrale
spinal cord *n* moelle épinière
spindly ['spɪndlɪ] *adj* grêle, filiforme
spin doctor *n* (*inf*) *personne employée pour présenter
un parti politique sous un jour favorable*
spin-dry ['spɪn'draɪ] *vt* essorer
spin-dryer [spɪn'draɪəʳ] *n* (*Brit*) essoreuse *f*
spine [spaɪn] *n* colonne vertébrale ; (*thorn*) épine
f, piquant *m*
spine-chilling ['spaɪntʃɪlɪŋ] *adj* terrifiant(e)
spineless ['spaɪnlɪs] *adj* invertébré(e) ; (*fig*) mou
(molle), sans caractère
spinner ['spɪnəʳ] *n* (*of thread*) fileur(-euse)
spinning ['spɪnɪŋ] *n* (*of thread*) filage *m* ; (*by
machine*) filature *f*
spinning top *n* toupie *f*
spinning wheel *n* rouet *m*
spin-off ['spɪnɔf] *n* sous-produit *m* ; avantage
inattendu
spinster ['spɪnstəʳ] *n* célibataire *f* ; vieille fille
spiral ['spaɪərl] *n* spirale *f* ; **the inflationary ~**
la spirale inflationniste ▸ *adj* en spirale ▸ *vi*
(*fig: prices etc*) monter en flèche

spiral staircase *n* escalier *m* en colimaçon
spire ['spaɪəʳ] *n* flèche *f*, aiguille *f*
spirit ['spɪrɪt] *n* (*soul*) esprit *m*, âme *f* ; (*ghost*)
esprit, revenant *m* ; (*mood*) esprit, état *m*
d'esprit ; (*courage*) courage *m*, énergie *f* ;
community ~ solidarité *f* ; **public ~** civisme *m* ;
spirits *npl* (*drink*) spiritueux *mpl*, alcool *m* ; (*state
of mind*): **in good spirits** de bonne humeur ; **in
low spirits** démoralisé(e)
spirit duplicator *n* duplicateur *m* à alcool
spirited ['spɪrɪtɪd] *adj* vif (vive),
fougueux(-euse), plein(e) d'allant
spirit level *n* niveau *m* à bulle
spiritual ['spɪrɪtjuəl] *adj* spirituel(le) ; (*religious*)
religieux(-euse) ▸ *n* (*also:* **Negro spiritual**)
spiritual *m*
spiritualism ['spɪrɪtjuəlɪzəm] *n* spiritisme *m*
spirituality [spɪrɪtjuˈælətɪ] *n* spiritualité *f*
spit [spɪt] (*pt, pp* **spat** [spæt]) *n* (*for roasting*) broche
f ; (*spittle*) crachat *m* ; (*saliva*) salive *f* ▸ *vi* cracher ;
(*sound*) crépiter ; (*rain*) crachiner
▸ **spit out** *vt* (*food, words*) cracher
spite [spaɪt] *n* rancune *f*, dépit *m* ; **in ~ of** en
dépit de, malgré ▸ *vt* contrarier, vexer
spiteful ['spaɪtful] *adj* malveillant(e),
rancunier(-ière)
spitroast ['spɪt'rəust] *vt* faire rôtir à la broche
spitting ['spɪtɪŋ] *n*: **"~ prohibited"** « défense de
cracher » ▸ *adj*: **to be the ~ image of sb** être le
portrait tout craché de qn
spittle ['spɪtl] *n* salive *f* ; bave *f* ; crachat *m*
spiv [spɪv] *n* (*Brit inf*) chevalier *m* d'industrie,
aigrefin *m*
splash [splæʃ] *n* (*sound*) plouf *m* ; (*of colour*) tache *f*
▸ *vt* éclabousser ▸ *vi* (*also:* **splash about**)
barboter, patauger
▸ **splash out** *vi* (*Brit*) faire une folie
splashdown ['splæʃdaun] *n* amerrissage *m*
splat [splæt] *n* floc *m*
splatter ['splætəʳ] *vi* dégouliner ▸ *vt*
éclabousser
splay-footed [spleɪ'futəd] *adj* marchant les
pieds en dehors
spleen [spliːn] *n* (*Anat*) rate *f*
splendid ['splendɪd] *adj* splendide, superbe,
magnifique
splendour, (*US*) **splendor** ['splendəʳ] *n*
splendeur *f*, magnificence *f*
splice [splaɪs] *vt* épisser
spliff [splɪf] *n* (*inf*) joint *m* (*inf*), pétard *m* (*inf*)
splint [splɪnt] *n* attelle *f*, éclisse *f*
splinter ['splɪntəʳ] *n* (*wood*) écharde *f* ; (*metal*)
éclat *m* ▸ *vi* (*wood*) se fendre ; (*glass*) se briser
splinter group *n* groupe dissident
split [splɪt] (*pt, pp* ~) *n* fente *f*, déchirure *f* ; (*fig:
Pol*) scission *f* ; **to do the splits** faire le grand
écart ▸ *vt* fendre, déchirer ; (*party*) diviser ;
(*work, profits*) partager, répartir ; **let's ~ the
difference** coupons la poire en deux ▸ *vi* (*break*)
se fendre, se briser ; (*divide*) se diviser
▸ **split up** *vi* (*couple*) se séparer, rompre ; (*meeting*)
se disperser
split-level ['splɪtlevl] *adj* (*house*) à deux *or*
plusieurs niveaux
split peas *npl* pois cassés

split personality *n* double personnalité *f*

split second *n* fraction *f* de seconde

splitting ['splitiŋ] *adj*: **a ~ headache** un mal de tête atroce

splodge [splɔdʒ] *n* (*BRIT*) tache *f*

splotch [splɔtʃ] *n* tache *f*

splurge [splə:dʒ] *vi* faire des folies ; **to ~ on sth** dépenser une fortune dans qch

splutter ['splʌtəʳ] *vi* bafouiller ; postillonner

spoil [spɔil] (*pt, pp* **spoiled** [-d] *or* **spoilt** [-t]) *vt* (*damage*) abîmer ; (*mar*) gâcher ; (*child*) gâter ; (*ballot paper*) rendre nul ▸ *vi*: **to be spoiling for a fight** chercher la bagarre

spoils [spɔilz] *npl* butin *m*

spoilsport ['spɔilspɔ:t] *n* trouble-fête *mf*, rabat-joie *m inv*

spoilt [spɔilt] *pt, pp of* **spoil** ▸ *adj* (*child*) gâté(e) ; (*ballot paper*) nul(le)

spoke [spəuk] *pt of* **speak** ▸ *n* rayon *m*

spoken ['spəukn] *pp of* **speak**

spokesman ['spəuksmən] *n* (*irreg*) porte-parole *m inv*

spokesperson ['spəukspə:sn] *n* porte-parole *m inv*

spokeswoman ['spəukswumən] *n* (*irreg*) porte-parole *m inv*

sponge [spʌndʒ] *n* éponge *f* ; (*Culin: also:* **sponge cake**) ≈ biscuit *m* de Savoie ▸ *vt* éponger ▸ *vi*: **to ~ off** vivre aux crochets de

sponge bag *n* (*BRIT*) trousse *f* de toilette

sponge cake *n* ≈ biscuit *m* de Savoie

sponger ['spʌndʒəʳ] *n* (*pej*) parasite *m*

spongy ['spʌndʒi] *adj* spongieux(-euse)

sponsor ['spɔnsəʳ] *n* (*Radio, TV, Sport*) sponsor *m* ; (*for application*) parrain (marraine) ; (*BRIT: for fund-raising event*) donateur(-trice) ▸ *vt* (*programme, competition etc*) parrainer, patronner, sponsoriser ; (*Pol: bill*) présenter ; (*new member*) parrainer ; (*fund-raiser*) faire un don à ; **I sponsored him at £3 a mile** (*in fund-raising race*) je me suis engagé à lui donner 3 livres par mile

sponsored ['spɔnsəd] *adj*: **~ walk** marche *f* (*pour une œuvre caritative*)

sponsorship ['spɔnsəʃip] *n* sponsoring *m* ; patronage *m*, parrainage *m* ; dons *mpl*

spontaneity [spɔntə'neiiti] *n* spontanéité *f*

spontaneous [spɔn'teiniəs] *adj* spontané(e)

spontaneously [spɔn'teiniəsli] *adv* spontanément

spoof [spu:f] *n* (*parody*) parodie *f* ; (*trick*) canular *m*

spook [spu:k] *n* (*inf: ghost*) fantôme *m* ; (*US: secret agent*) barbouze *m* (*inf*) ▸ *vt* faire peur à ; **to be spooked by sth** être effrayé(e) par qch

spooky ['spu:ki] *adj* (*inf*) qui donne la chair de poule

spool [spu:l] *n* bobine *f*

spoon [spu:n] *n* cuiller *f*

spoon-feed ['spu:nfi:d] *vt* nourrir à la cuiller ; (*fig*) mâcher le travail à

spoonful ['spu:nful] *n* cuillerée *f*

sporadic [spə'rædik] *adj* sporadique

spore [spɔ:ʳ] *n* spore *f*

sport [spɔ:t] *n* sport *m* ; (*amusement*) divertissement *m* ; (*person*) chic type *m*/chic fille

f ; **indoor/outdoor sports** sports en salle/de plein air ; **to say sth in ~** dire qch pour rire ▸ *vt* (*wear*) arborer

sporting ['spɔ:tiŋ] *adj* sportif(-ive) ; **to give sb a ~ chance** donner sa chance à qn

sport jacket *n* (*US*) = **sports jacket**

sports car *n* voiture *f* de sport

sportscaster ['spɔ:tska:stəʳ] (*esp US*) *n* commentateur(-trice) sportif(-ive)

sports centre (*BRIT*) *n* centre sportif

sports drink *n* boisson *f* pour le sport

sports ground *n* terrain *m* de sport

sports jacket *n* (*BRIT*) veste *f* de sport

sportsman ['spɔ:tsmən] *n* (*irreg*) sportif *m*

sportsmanship ['spɔ:tsmənʃip] *n* esprit sportif sportivité *f*

sports page *n* page *f* des sports

sports utility vehicle *n* véhicule *m* de loisirs, SUV *m*

sportswear ['spɔ:tswɛəʳ] *n* vêtements *mpl* de sport

sportswoman ['spɔ:tswumən] *n* (*irreg*) sportive *f*

sporty ['spɔ:ti] *adj* sportif(-ive)

spot [spɔt] *n* tache *f* ; (*dot: on pattern*) pois *m* ; (*pimple*) bouton *m* ; (*place*) endroit *m*, coin *m* ; (*also:* **spot advertisement**) message *m* publicitaire ; **on the ~** sur place, sur les lieux ; (*immediately*) sur le champ ; **to put sb on the ~** (*fig*) mettre qn dans l'embarras ; **to come out in spots** se couvrir de boutons, avoir une éruption de boutons ▸ *vt* (*notice*) apercevoir, repérer

spot check *n* contrôle intermittent

spotless ['spɔtlis] *adj* immaculé(e)

spotlight ['spɔtlait] *n* projecteur *m* ; (*Aut*) phare *m* auxiliaire

spot-on [spɔt'ɔn] *adj* (*BRIT inf*) en plein dans le mille

spot price *n* prix *m* sur place

spotted ['spɔtid] *adj* tacheté(e), moucheté(e) ; à pois ; **~ with** tacheté(e) de

spotty ['spɔti] *adj* (*face*) boutonneux(-euse)

spouse [spauz] *n* époux (épouse)

spout [spaut] *n* (*of jug*) bec *m* ; (*of liquid*) jet *m* ▸ *vi* jaillir

sprain [sprein] *n* entorse *f*, foulure *f* ▸ *vt*: **to ~ one's ankle** se fouler or se tordre la cheville

sprang [spræŋ] *pt of* **spring**

sprawl [sprɔ:l] *vi* s'étaler ; **to send sb sprawling** envoyer qn rouler par terre ▸ *n*: **urban ~** expansion urbaine

sprawled [sprɔ:ld] *adj* (*person*) vautré(e)

spray [sprei] *n* jet *m* (en fines gouttelettes) ; (*from sea*) embruns *mpl* ; (*aerosol*) vaporisateur *m*, bombe *f* ; (*for garden*) pulvérisateur *m* ; (*of flowers*) petit bouquet ▸ *vt* vaporiser, pulvériser ; (*crops*) traiter ▸ *cpd* (*deodorant etc*) en bombe *or* atomiseur

spray-paint ['spreipeint] *n* (*also:* **spray paint**) peinture *f* en bombe ▸ *vt* peindre à la bombe, bomber

spread [sprɛd] (*pt, pp* **~**) *n* (*distribution*) répartition *f* ; (*Culin*) pâte *f* à tartiner ; (*inf: meal*) festin *m* ; (*Press, Typ: two pages*) double page *f* ;

middle-age ~ embonpoint *m* (pris avec l'âge)
▶ *vt* (*paste, contents*) étendre, étaler ; (*rumour, disease*) répandre, propager ; (*repayments*)
échelonner, étaler ; (*wealth*) répartir ▶ *vi*
s'étendre ; se répandre ; se propager ; (*stain*)
s'étaler
▶ **spread out** *vi* (*people*) se disperser
spread-eagled ['sprɛdi:gld] *adj*: **to be** *or* **lie** ~
être étendu(e) bras et jambes écartés
spreadsheet ['sprɛdʃi:t] *n* (*Comput*) tableur *m*
spree [spri:] *n*: **to go on a** ~ faire la fête
sprig [sprɪg] *n* rameau *m*
sprightly ['spraɪtlɪ] *adj* alerte
spring [sprɪŋ] (*pt* **sprang** [spræŋ], *pp* **sprung**
[sprʌŋ]) *n* (*season*) printemps *m* ; (*leap*) bond *m*,
saut *m* ; (*coiled metal*) ressort *m* ; (*bounciness*)
élasticité *f* ; (*of water*) source *f* ; **in** ~, **in the** ~ au
printemps ; **to walk with a** ~ **in one's step**
marcher d'un pas souple ▶ *vi* bondir, sauter ;
to ~ **from** provenir de ; **to** ~ **into action** passer
à l'action ▶ *vt*: **to** ~ **a leak** (*pipe etc*) se mettre à
fuir ; **he sprang the news on me** il m'a
annoncé la nouvelle de but en blanc
▶ **spring up** *vi* (*problem*) se présenter, surgir ;
(*plant, buildings*) surgir de terre
springboard ['sprɪŋbɔ:d] *n* tremplin *m*
spring-clean [sprɪŋ'kli:n] *n* (*also*: **spring-
cleaning**) grand nettoyage de printemps
spring onion *n* (*BRIT*) ciboule *f*, cive *f*
spring roll *n* rouleau *m* de printemps
springtime ['sprɪŋtaɪm] *n* printemps *m*
springy ['sprɪŋɪ] *adj* élastique, souple
sprinkle ['sprɪŋkl] *vt* (*pour*) répandre ; verser ;
to ~ **water** *etc* **on**, ~ **with water** *etc* asperger
d'eau *etc* ; **to** ~ **sugar** *etc* **on**, ~ **with sugar** *etc*
saupoudrer de sucre *etc* ; **sprinkled with** (*fig*)
parsemé(e) de
sprinkler ['sprɪŋklə^r] *n* (*for lawn etc*) arroseur *m* ;
(*to put out fire*) diffuseur *m* d'extincteur
automatique d'incendie
sprinkling ['sprɪŋklɪŋ] *n* (*of water*) quelques
gouttes *fpl* ; (*of salt*) pincée *f* ; (*of sugar*) légère
couche
sprint [sprɪnt] *n* sprint *m* ▶ *vi* courir à toute
vitesse ; (*Sport*) sprinter
sprinter ['sprɪntə^r] *n* sprinteur(-euse)
sprite [spraɪt] *n* lutin *m*
spritzer ['sprɪtsə^r] *n* boisson à base de vin blanc et
d'eau de Seltz
sprocket ['sprɔkɪt] *n* (*on printer etc*) picot *m*
sprout [spraut] *vi* germer, pousser
sprouts [sprauts] *npl* (*also*: **Brussels sprouts**)
choux *mpl* de Bruxelles
spruce [spru:s] *n* épicéa *m* ▶ *adj* net(te),
pimpant(e)
▶ **spruce up** *vt* (*smarten up: room etc*) apprêter ;
to ~ **o.s. up** se faire beau (belle)
sprung [sprʌŋ] *pp* of **spring**
spry [spraɪ] *adj* alerte, vif (vive)
SPUC *n abbr* = **Society for the Protection of
Unborn Children**
spud [spʌd] *n* (*inf: potato*) patate *f*
spun [spʌn] *pt, pp of* **spin**
spur [spə:^r] *n* éperon *m* ; (*fig*) aiguillon *m* ; **on
the** ~ **of the moment** sous l'impulsion du

moment ▶ *vt* (*also*: **spur on**) éperonner ;
aiguillonner
spurious ['spjuərɪəs] *adj* faux (fausse)
spurn [spə:n] *vt* repousser avec mépris
spurt [spə:t] *n* jet *m* ; (*of blood*) jaillissement *m* ;
(*of energy*) regain *m*, sursaut *m* ; **to put in** *or* **on
a** ~ (*runner*) piquer un sprint ; (*fig: in work etc*)
donner un coup de collier ▶ *vi* jaillir, gicler
sputter ['spʌtə^r] *vi* = **splutter**
spy [spaɪ] *n* espion(ne) ▶ *vi*: **to** ~ **on** espionner,
épier ▶ *vt* (*see*) apercevoir ▶ *cpd* (*film, story*)
d'espionnage
spying ['spaɪɪŋ] *n* espionnage *m*
spyware ['spaɪwɛə^r] *n* (*Comput*) logiciel *m* espion
Sq. *abbr* (*in address*) = **square**
sq. *abbr* (*Math etc*) = **square**
squabble ['skwɔbl] *n* querelle *f*, chamaillerie *f*
▶ *vi* se chamailler
squad [skwɔd] *n* (*Mil, Police*) escouade *f*, groupe
m ; (*Football*) contingent *m* ; **flying** ~ (*Police*)
brigade volante
squad car *n* (*BRIT Police*) voiture *f* de police
squaddie ['skwɔdɪ] *n* (*Mil: inf*) troufion *m*, bidasse *m*
squadron ['skwɔdrn] *n* (*Mil*) escadron *m* ; (*Aviat,
Naut*) escadrille *f*
squalid ['skwɔlɪd] *adj* sordide, ignoble
squall [skwɔ:l] *n* rafale *f*, bourrasque *f*
squalor ['skwɔlə^r] *n* conditions *fpl* sordides
squander ['skwɔndə^r] *vt* gaspiller, dilapider
square [skwɛə^r] *n* carré *m* ; (*in town*) place *f* ;
(*US: block of houses*) îlot *m*, pâté *m* de maisons ;
(*instrument*) équerre *f* ; **we're back to** ~ **one** (*fig*)
on se retrouve à la case départ ▶ *adj* carré(e) ;
(*honest*) honnête, régulier(-ière) ; (*inf: ideas,
tastes*) vieux jeu *inv*, qui retarde ; **all** ~ quitte ;
à égalité ; **a** ~ **meal** un repas convenable ;
2 metres ~ (de) 2 mètres sur 2 ; **1** ~ **metre**
1 mètre carré ▶ *vt* (*arrange*) régler ; arranger ;
(*Math*) élever au carré ; (*reconcile*) concilier
▶ *vi* (*agree*) cadrer, s'accorder
▶ **square up** *vi* (*BRIT: settle*) régler ; **to** ~ **up with
sb** régler ses comptes avec qn
square bracket *n* (*Typ*) crochet *m*
squarely ['skwɛəlɪ] *adv* carrément ; (*honestly,
fairly*) honnêtement, équitablement
square root *n* racine carrée
squash [skwɔʃ] *n* (*BRIT Sport*) squash *m* ; (*US:
vegetable*) courge *f* ; (*drink*): **lemon/orange** ~
citronnade *f*/orangeade *f* ▶ *vt* écraser
squat [skwɔt] *adj* petit(e) et épais(se),
ramassé(e) ▶ *vi* (*also*: **squat down**) s'accroupir ;
(*on property*) squatter, squattériser
squatter ['skwɔtə^r] *n* squatter *m*
squawk [skwɔ:k] *vi* pousser un *or* des
gloussement(s)
squeak [skwi:k] *n* (*of hinge, wheel etc*) grincement
m ; (*of shoes*) craquement *m* ; (*of mouse etc*) petit
cri aigu ▶ *vi* (*hinge, wheel*) grincer ; (*mouse*)
pousser un petit cri
squeaky ['skwi:kɪ] *adj* grinçant(e) ; **to be** ~
clean (*fig*) être au-dessus de tout soupçon
squeal [skwi:l] *vi* pousser un *or* des cri(s) aigu(s)
or perçant(s) ; (*brakes*) grincer
squeamish ['skwi:mɪʃ] *adj* facilement
dégoûté(e) ; facilement scandalisé(e)

S

squeeze [skwiːz] n pression f; (also: **credit squeeze**) encadrement m du crédit, restrictions fpl de crédit; **a ~ of lemon** quelques gouttes de citron ▸ vt presser; (hand, arm) serrer ▸ vi: **to ~ past/under sth** se glisser avec (beaucoup de) difficulté devant/sous qch
  ▸ **squeeze in** vt (find time for) caser; **I can ~ you in at two o'clock** je peux vous caser à deux heures ▸ vi: **it was a tiny car, but we managed to ~ in** la voiture était toute petite, mais nous avons réussi à nous serrer
  ▸ **squeeze out** vt exprimer; (fig) soutirer
squelch [skwɛltʃ] vi faire un bruit de succion; patauger
squib [skwɪb] n pétard m
squid [skwɪd] n calmar m
squiggle ['skwɪɡl] n gribouillis m
squint [skwɪnt] vi loucher; **to ~ at sth** regarder qch du coin de l'œil; (quickly) jeter un coup d'œil à qch ▸ n: **he has a ~** il louche, il souffre de strabisme
squire ['skwaɪəʳ] n (BRIT) propriétaire terrien
squirm [skwəːm] vi se tortiller
squirrel ['skwɪrəl] n écureuil m
  ▸ **squirrel away** vt (money, objects) mettre en lieu sûr
squirt [skwəːt] n jet m ▸ vi jaillir, gicler ▸ vt faire gicler
Sr abbr = **senior**; (Rel) = **sister**
SRC n abbr (BRIT: = Students' Representative Council) ≈ CROUS m
Sri Lanka [srɪˈlæŋkə] n Sri Lanka m
SRN n abbr (BRIT) = **State Registered Nurse**
SRO abbr (US) = **standing room only**
SS abbr (= steamship) S/S
SSA n abbr (US: = Social Security Administration) organisme de sécurité sociale
SST n abbr (US) = **supersonic transport**
ST abbr (US: = Standard Time) heure officielle
St abbr = **saint**; **street**
stab [stæb] n (with knife etc) coup m (de couteau etc); (of pain) lancée f; (inf: try): **to have a ~ at (doing) sth** s'essayer à (faire) qch ▸ vt poignarder; **to ~ sb to death** tuer qn à coups de couteau
stabbing ['stæbɪŋ] n: **there's been a ~** quelqu'un a été attaqué à coups de couteau ▸ adj (pain, ache) lancinant(e)
stability [stəˈbɪlɪtɪ] n stabilité f
stabilization [steɪbəlaɪˈzeɪʃən] n stabilisation f
stabilize ['steɪbəlaɪz] vt stabiliser ▸ vi se stabiliser
stabilizer [steɪbəlaɪzəʳ] n stabilisateur m
stable ['steɪbl] n écurie f; **riding ~** centre m d'équitation ▸ adj stable
stable boy, stable lad n garçon m d'écurie, lad m
stab wound ['stæbwuːnd] n coup m de couteau
staccato [stəˈkɑːtəu] adv staccato ▸ adj (Mus) piqué(e); (noise, voice) saccadé(e)
stack [stæk] n tas m, pile f; **there's stacks of time** (BRIT inf) on a tout le temps ▸ vt empiler, entasser
stadium ['steɪdɪəm] n stade m

staff [stɑːf] n (work force) personnel m; (BRIT Scol: also: **teaching staff**) professeurs mpl, enseignants mpl, personnel enseignant; (servants) domestiques mpl; (Mil) état-major m; (stick) perche f, bâton m ▸ vt pourvoir du personnel
staffroom ['stɑːfruːm] n salle f des professeurs
Staffs abbr (BRIT) = **Staffordshire**
stag [stæg] n cerf m; (BRIT Stock Exchange) loup m
stage [steɪdʒ] n scène f; (platform) estrade f; (point) étape f, stade m; (profession): **the ~** le théâtre; **in stages** par étapes, par degrés; **to go through a difficult ~** traverser une période difficile; **in the early stages** au début; **in the final stages** à la fin ▸ vt (play) monter, mettre en scène; (demonstration) organiser; (fig: recovery etc) effectuer
stagecoach ['steɪdʒkəutʃ] n diligence f
stage door n entrée f des artistes
stage fright n trac m
stagehand ['steɪdʒhænd] n machiniste m
stage-manage ['steɪdʒmænɪdʒ] vt (fig) orchestrer
stage manager n régisseur m
stagger ['stæɡəʳ] vi chanceler, tituber ▸ vt (person: amaze) stupéfier; bouleverser; (hours, holidays) étaler, échelonner
staggered ['stæɡəd] adj (amazed) stupéfait(e)
staggering ['stæɡərɪŋ] adj (amazing) stupéfiant(e), renversant(e)
staging post ['steɪdʒɪŋ-] n relais m
stagnant ['stæɡnənt] adj stagnant(e)
stagnate [stæɡˈneɪt] vi stagner, croupir
stagnation [stæɡˈneɪʃən] n stagnation f
stag night, stag party n enterrement m de vie de garçon
staid [steɪd] adj posé(e), rassis(e)
stain [steɪn] n tache f; (colouring) colorant m ▸ vt tacher; (wood) teindre
stained [steɪnd] adj taché(e); **to be ~ with sth** être taché(e) de qch
stained glass [steɪnd-] n (decorative) verre coloré; (in church) vitraux mpl; **~ window** vitrail m
stainless ['steɪnlɪs] adj (steel) inoxydable
stainless steel n inox m, acier m inoxydable
stain remover n détachant m
stair [stɛəʳ] n (step) marche f
staircase ['stɛəkeɪs] n = **stairway**
stairlift ['stɛəlɪft] n monte-escaliers m inv
stairs [stɛəz] npl escalier m; **on the ~** dans l'escalier
stairway ['stɛəweɪ] n escalier m
stairwell ['stɛəwɛl] n cage f d'escalier
stake [steɪk] n pieu m, poteau m; (Comm: interest) intérêts mpl; (Betting) enjeu m; **to be at ~** être en jeu; **to have a ~ in sth** avoir des intérêts (en jeu) dans qch ▸ vt risquer, jouer; (also: **stake out**: area) marquer, délimiter; **to ~ a claim (to sth)** revendiquer (qch)
stakeholder ['steɪkhəuldəʳ] n partie f prenante
stakeout ['steɪkaut] n surveillance f; **to be on a ~** effectuer une surveillance
stalactite ['stæləktaɪt] n stalactite f
stalagmite ['stæləɡmaɪt] n stalagmite f

stale [steɪl] *adj* (*bread*) rassis(e) ; (*food*) pas frais (fraîche) ; (*beer*) éventé(e) ; (*smell*) de renfermé ; (*air*) confiné(e)

stalemate ['steɪlmeɪt] *n* pat *m* ; (*fig*) impasse *f*

stalk [stɔːk] *n* tige *f* ▶ *vt* traquer ▶ *vi*: **to ~ out/off** sortir/partir d'un air digne

stall [stɔːl] *n* (*in street, market etc*) éventaire *m*, étal *m* ; (*in stable*) stalle *f* ; **a newspaper/flower** ~ un kiosque à journaux/de fleuriste ▶ *vt* (*Aut*) caler ; (*fig: delay*) retarder ▶ *vi* (*Aut*) caler ; (*fig*) essayer de gagner du temps ; **stalls** *npl* (*Brit: in cinema, theatre*) orchestre *m*

stallholder ['stɔːlhəʊldəʳ] *n* (*Brit*) marchand(e) en plein air

stallion ['stæljən] *n* étalon *m* (*cheval*)

stalwart ['stɔːlwət] *n* partisan *m* fidèle

stamen ['steɪmɛn] *n* étamine *f*

stamina ['stæmɪnə] *n* vigueur *f*, endurance *f*

stammer ['stæməʳ] *n* bégaiement *m* ▶ *vi* bégayer

stamp [stæmp] *n* timbre *m* ; (*also:* **rubber stamp**) tampon *m* ; (*mark, also fig*) empreinte *f* ; (*on document*) cachet *m* ▶ *vi* (*also:* **stamp one's foot**) taper du pied ▶ *vt* (*letter*) timbrer ; (*with rubber stamp*) tamponner
▶ **stamp out** *vt* (*fire*) piétiner ; (*crime*) éradiquer ; (*opposition*) éliminer

stamp album *n* album *m* de timbres(-poste)

stamp collecting [-kəlɛktɪŋ] *n* philatélie *f*

stamp duty *n* (*Brit: on document*) droit *m* de timbre ; (: *on property transaction*) droit de timbre payé par l'acheteur d'un bien immobilier ou d'un terrain

stamped addressed envelope *n* (*Brit*) enveloppe affranchie pour la réponse

stampede [stæm'piːd] *n* ruée *f* ; (*of cattle*) débandade *f*

stamp machine *n* distributeur *m* de timbres

stance [stæns] *n* position *f*

stand [stænd] (*pt, pp* **stood** [stud]) *n* (*position*) position *f* ; (*for taxis*) station *f* (de taxis) ; (*Mil*) résistance *f* ; (*structure*) guéridon *m* ; support *m* ; (*Comm*) étalage *m*, stand *m* ; (*Sport: also:* **stands**) tribune *f* ; (*also:* **music stand**) pupitre *m* ; **to make a ~** prendre position ; **to take a ~ on an issue** prendre position sur un problème ▶ *vi* être *or* se tenir (debout) ; (*rise*) se lever, se mettre debout ; (*be placed*) se trouver ; (*remain: offer etc*) rester valable ; **to ~ for parliament** (*Brit*) se présenter aux élections (*comme candidat à la députation*) ; **it stands to reason** c'est logique ; cela va de soi ; **as things ~** dans l'état actuel des choses ▶ *vt* (*place*) mettre, poser ; (*tolerate, withstand*) supporter ; (*treat, invite*) offrir, payer ; **to ~ sb a drink/meal** payer à boire/à manger à qn ; **I can't ~ him** je ne peux pas le voir ; **to ~ guard** *or* **watch** (*Mil*) monter la garde
▶ **stand aside** *vi* s'écarter
▶ **stand back** *vi* (*move back*) reculer, s'écarter
▶ **stand by** *vi* (*be ready*) se tenir prêt(e) ▶ *vt fus* (*opinion*) s'en tenir à ; (*person*) ne pas abandonner, soutenir
▶ **stand down** *vi* (*withdraw*) se retirer ; (*Law*) renoncer à ses droits
▶ **stand for** *vt fus* (*signify*) représenter, signifier ; (*tolerate*) supporter, tolérer

▶ **stand in for** *vt fus* remplacer
▶ **stand out** *vi* (*be prominent*) ressortir
▶ **stand up** *vi* (*rise*) se lever, se mettre debout
▶ **stand up for** *vt fus* défendre
▶ **stand up to** *vt fus* tenir tête à, résister à

stand-alone ['stændələʊn] *adj* (*Comput*) autonome

standard ['stændəd] *n* (*norm*) norme *f*, étalon *m* ; (*level*) niveau *m* (voulu) ; (*criterion*) critère *m* ; (*flag*) étendard *m* ; **to be** *or* **come up to ~** être du niveau voulu *or* à la hauteur ; **to apply a double ~** avoir *or* appliquer deux poids deux mesures ▶ *adj* (*size etc*) ordinaire, normal(e) ; (*model, feature*) standard *inv* ; (*practice*) courant(e) ; (*text*) de base ; **standards** *npl* (*morals*) morale *f*, principes *mpl*

standardization [stændədaɪ'zeɪʃən] *n* standardisation *f*

standardize ['stændədaɪz] *vt* standardiser

standard lamp *n* (*Brit*) lampadaire *m*

standard of living *n* niveau *m* de vie

standard time *n* heure légale

stand-by ['stændbaɪ] *n* remplaçant(e) ; **to be on ~** se tenir prêt(e) (à intervenir) ; (*doctor*) être de garde ▶ *adj* (*provisions*) de réserve

stand-by generator *n* générateur *m* de secours

stand-by passenger *n* passager(-ère) en stand-by *or* en attente

stand-by ticket *n* (*Aviat*) billet *m* stand-by

stand-in ['stændɪn] *n* remplaçant(e) ; (*Cine*) doublure *f*

standing ['stændɪŋ] *adj* debout *inv* ; (*permanent*) permanent(e) ; (*rule*) immuable ; (*army*) de métier ; (*grievance*) constant(e), de longue date ; **he was given a ~ ovation** on s'est levé pour l'acclamer ; **it's a ~ joke** c'est un vieux sujet de plaisanterie ▶ *n* réputation *f*, rang *m*, standing *m* ; (*duration*): **of 6 months' ~** qui dure depuis 6 mois ; **of many years' ~** qui dure *or* existe depuis longtemps ; **a man of some ~** un homme estimé

standing committee *n* commission permanente

standing order *n* (*Brit: at bank*) virement *m* automatique, prélèvement *m* bancaire ; **standing orders** *npl* (*Mil*) règlement *m*

standing room *n* places *fpl* debout

stand-off ['stændɔf] *n* (*esp US: stalemate*) impasse *f*

stand-offish [stænd'ɔfɪʃ] *adj* distant(e), froid(e)

standpat ['stændpæt] *adj* (*US*) inflexible, rigide

standpipe ['stændpaɪp] *n* colonne *f* d'alimentation

standpoint ['stændpɔɪnt] *n* point *m* de vue

standstill ['stændstɪl] *n*: **at a ~** à l'arrêt ; (*fig*) au point mort ; **to come to a ~** s'immobiliser, s'arrêter

stand-up ['stændʌp] *adj* (*row, fight*) en règle ; **~ comedian** monologuiste *mf* ; **~ comedy** monologue *m* comique

stank [stæŋk] *pt of* **stink**

stanza ['stænzə] *n* strophe *f* ; couplet *m*

staple ['steɪpl] *n* (*for papers*) agrafe *f* ; (*chief product*) produit *m* de base ▶ *adj* (*food, crop, industry etc*) de base principal(e) ▶ *vt* agrafer

S

stapler ['steɪplər] n agrafeuse f
star [stɑːʳ] n étoile f ; (celebrity) vedette f ; **4-~
hotel** hôtel m 4 étoiles ; **2-~ petrol** (BRIT)
essence f ordinaire ; **4-~ petrol** (BRIT) super m
▶ vi: **to ~ (in)** être la vedette (de) ▶ vt avoir pour
vedette ; **stars** npl: **the stars** (Astrology)
l'horoscope m
star attraction n grande attraction
starboard ['stɑːbəd] n tribord m ; **to ~** à tribord
starch [stɑːtʃ] n amidon m ; (in food) fécule f
starched [stɑːtʃt] adj (collar) amidonné(e),
empesé(e)
starchy ['stɑːtʃɪ] adj (food) riche en féculents ;
(person) guindé(e)
stardom ['stɑːdəm] n célébrité f
stare [stɛəʳ] n regard m fixe ▶ vi: **to ~ at** regarder
fixement
starfish ['stɑːfɪʃ] n étoile f de mer
stark [stɑːk] adj (bleak) désolé(e), morne ;
(simplicity, colour) austère ; (reality, poverty) nu(e)
▶ adv: **~ naked** complètement nu(e)
starkers ['stɑːkəz] adj: **to be ~** (BRIT inf) être à
poil
starlet ['stɑːlɪt] n (Cine) starlette f
starlight ['stɑːlaɪt] n: **by ~** à la lumière des
étoiles
starling ['stɑːlɪŋ] n étourneau m
starlit ['stɑːlɪt] adj étoilé(e) ; illuminé(e) par les
étoiles
starry ['stɑːrɪ] adj étoilé(e)
starry-eyed [stɑːrɪ'aɪd] adj (innocent) ingénu(e)
Stars and Stripes npl: **the ~** la bannière étoilée
star sign n signe zodiacal or du zodiaque
star-studded ['stɑːstʌdɪd] adj: **a ~ cast** une
distribution prestigieuse
start [stɑːt] n commencement m, début m ; (of
race) départ m ; (sudden movement) sursaut m ;
(advantage) avance f, avantage m ; **at the ~** au
début ; **for a ~** d'abord, pour commencer ; **to
make an early ~** partir or commencer de bonne
heure ▶ vt commencer ; (cause: fight)
déclencher ; (rumour) donner naissance à ;
(fashion) lancer ; (found: business, newspaper) lancer,
créer ; (engine) mettre en marche ; **to ~ doing** or
to do sth se mettre à faire qch ▶ vi (begin)
commencer ; (begin journey) partir, se mettre en
route ; (jump) sursauter ; **when does the film
~?** à quelle heure est-ce que le film
commence ? ; **to ~ (off) with ...** (firstly)
d'abord ... ; (at the beginning) au
commencement ...
▶ **start off** vi commencer ; (leave) partir
▶ **start out** vi (begin) commencer ; (set out) partir
▶ **start over** vi (US) recommencer
▶ **start up** vi commencer ; (car) démarrer ▶ vt
(fight) déclencher ; (business) créer ; (car) mettre
en marche
starter ['stɑːtəʳ] n (Aut) démarreur m ; (Sport:
official) starter m ; (: runner, horse) partant m ; (BRIT
Culin) entrée f
starting handle ['stɑːtɪŋ-] n (BRIT) manivelle f
starting point ['stɑːtɪŋ-] n point m de départ
starting price ['stɑːtɪŋ-] n prix initial
startle ['stɑːtl] vt faire sursauter ; donner un
choc à

startling ['stɑːtlɪŋ] adj surprenant(e),
saisissant(e)
startlingly ['stɑːtlɪŋlɪ] adv: **he was ~ handsome**
il était d'une beauté saisissante
start-up company, start-up firm n start-up f
star turn n (BRIT) vedette f
starvation [stɑː'veɪʃən] n faim f, famine f ; **to
die of ~** mourir de faim or d'inanition
starve [stɑːv] vi mourir de faim ▶ vt laisser
mourir de faim
starving ['stɑːvɪŋ] adj (dying of hunger) affamé(e) ;
(inf: famished) affamé(e), qui meurt de faim ; **I'm
~!** je meurs de faim !
stash [stæʃ] vt (inf): **to ~ sth away** planquer qch
state [steɪt] n état m ; (Pol) État ; (pomp): **in ~** en
grande pompe ; **to be in a ~** être dans tous ses
états ; **~ of emergency** état d'urgence ; **~ of
mind** état d'esprit ; **the ~ of the art** l'état
actuel de la technologie (or des connaissances)
▶ vt (declare) déclarer, affirmer ; (specify)
indiquer, spécifier ; **States** npl: **the States** les
États-Unis
state control n contrôle m de l'État
stated ['steɪtɪd] adj fixé(e), prescrit(e)
State Department n (US) Département m
d'État, ≈ ministère m des Affaires étrangères
state education n (BRIT) enseignement m
public
stateless ['steɪtlɪs] adj apatride
stately ['steɪtlɪ] adj majestueux(-euse),
imposant(e)
stately home n manoir m or château m (ouvert au
public)
statement ['steɪtmənt] n déclaration f ; (Law)
déposition f ; (Econ) relevé m ; **official ~**
communiqué officiel ; **~ of account, bank ~**
relevé de compte
state-owned ['steɪtəund] adj étatisé(e)
stateroom ['steɪtruːm] n (esp BRIT: in palace) salle
f d'honneur ; (on liner) cabine f de luxe
States [steɪts] npl: **the ~** les États-Unis mpl
state school n école publique
statesman ['steɪtsmən] n (irreg) homme m
d'État
statesmanlike ['steɪtsmənlaɪk] adj (person)
habile homme d'État ; **in a ~ way** en habile
homme d'État
statesmanship ['steɪtsmənʃɪp] n qualités fpl
d'homme d'État
statewide [steɪt'waɪd] adj dans l'État,
≈ provincial(e) ▶ adv à l'échelle de l'État
static ['stætɪk] n (Radio) parasites mpl ; (also:
static electricity) électricité f statique ▶ adj
statique
station ['steɪʃən] n gare f ; (also: **police station**)
poste m or commissariat m (de police) ; (Mil)
poste m (militaire) ; (rank) condition f, rang m ;
action stations postes de combat ▶ vt placer,
poster ; **to be stationed in** (Mil) être en
garnison à
stationary ['steɪʃnərɪ] adj à l'arrêt, immobile
stationer ['steɪʃənəʳ] n papetier(-ière)
stationer's (shop) n (BRIT) papeterie f
stationery ['steɪʃnərɪ] n papier m à lettres, petit
matériel de bureau

stationmaster ['steɪʃənmɑːstə^r] n (*Rail*) chef m de gare

station wagon n (*US*) break m

statistic [stə'tɪstɪk] n statistique f

statistical [stə'tɪstɪkl] adj statistique

statistician [stætɪ'stɪʃən] n statisticien(ne)

statistics [stə'tɪstɪks] n (*science*) statistique f

statuary ['stætjuərɪ] n statuaire f

statue ['stætjuː] n statue f

statuesque [stætju'esk] adj sculptural(e)

statuette [stætju'et] n statuette f

stature ['stætʃə^r] n stature f; (*fig*) envergure f

status ['steɪtəs] n position f, situation f; (*prestige*) prestige m; (*Admin, official position*) statut m

status quo [-'kwəu] n: **the ~** le statu quo

status symbol n marque f de standing, signe extérieur de richesse

statute ['stætjuːt] n loi f; **statutes** npl (*of club etc*) statuts mpl

statute book n ≈ code m, textes mpl de loi

statutory ['stætjutrɪ] adj statutaire, prévu(e) par un article de loi; **~ meeting** assemblée constitutive or statutaire

staunch [stɔːntʃ] adj sûr(e), loyal(e) ▶vt étancher

stave [steɪv] n (*Mus*) portée f ▶vt: **to ~ off** (*attack*) parer; (*threat*) conjurer

stay [steɪ] n (*period of time*) séjour m; (*Law*): **~ of execution** sursis m à statuer ▶vi rester; (*reside*) loger; (*spend some time*) séjourner; **to ~ put** ne pas bouger; **to ~ with friends** loger chez des amis; **to ~ the night** passer la nuit
  ▶**stay away** vi (*from person, building*) ne pas s'approcher; (*from event*) ne pas venir
  ▶**stay behind** vi rester en arrière
  ▶**stay in** vi (*at home*) rester à la maison
  ▶**stay on** vi rester
  ▶**stay out** vi (*of house*) ne pas rentrer; (*strikers*) rester en grève
  ▶**stay up** vi (*at night*) ne pas se coucher

staying power ['steɪɪŋ-] n endurance f

STD n abbr (= *sexually transmitted disease*) MST f; (*BRIT*: = *subscriber trunk dialling*) l'automatique m

stead [sted] n (*BRIT*): **in sb's ~** à la place de qn; **to stand sb in good ~** être très utile or servir beaucoup à qn

steadfast ['stedfɑːst] adj ferme, résolu(e)

steadfastly ['stedfɑːstlɪ] adv résolument

steadily ['stedɪlɪ] adv (*regularly*) progressivement; (*firmly*) fermement; (*walk*) d'un pas ferme; (*fixedly: look*) sans détourner les yeux

steady ['stedɪ] adj stable, solide, ferme; (*regular*) constant(e), régulier(-ière); (*person*) calme, pondéré(e); **a ~ boyfriend** un petit ami ▶vt assurer, stabiliser; (*nerves*) calmer; (*voice*) assurer; **to ~ oneself** reprendre son aplomb

steak [steɪk] n (*meat*) bifteck m, steak m; (*fish, pork*) tranche f

steakhouse ['steɪkhaus] n ≈ grill-room m

steal [stiːl] (*pt* **stole** [stəul], *pp* **stolen** ['stəuln]) vt, vi voler; (*move*) se faufiler, se déplacer furtivement; **my wallet has been stolen** on m'a volé mon portefeuille
  ▶**steal away, steal off** vi s'esquiver

stealth [stelθ] n: **by ~** furtivement

stealthy ['stelθɪ] adj furtif(-ive)

steam [stiːm] n vapeur f; **under one's own ~** (*fig*) par ses propres moyens; **to run out of ~** (*fig: person*) caler; être à bout; **to let off ~** (*fig: inf*) se défouler ▶vt passer à la vapeur; (*Culin*) cuire à la vapeur ▶vi fumer; (*ship*): **to ~ along** filer
  ▶**steam up** vi (*window*) se couvrir de buée; **to get steamed up about sth** (*fig: inf*) s'exciter à propos de qch

steam engine n locomotive f à vapeur

steamer ['stiːmə^r] n (*bateau m à*) vapeur m; (*Culin*) ≈ couscoussier m

steam iron n fer m à repasser à vapeur

steamroller ['stiːmrəulə^r] n rouleau compresseur

steamship ['stiːmʃɪp] n (*bateau m à*) vapeur m

steamy ['stiːmɪ] adj humide; (*window*) embué(e); (*sexy*) torride

steed [stiːd] n (*literary*) coursier m

steel [stiːl] n acier m ▶cpd d'acier

steel band n steel band m

steel industry n sidérurgie f

steelmaker ['stiːlmeɪkə^r] n sidérurgiste m

steel mill n aciérie f, usine f sidérurgique

steelworker ['stiːlwə:kə^r] n ouvrier(-ière) sidérurgiste

steelworks ['stiːlwəːks] n aciérie f

steely ['stiːlɪ] adj (*determination*) inflexible; (*eyes, gaze*) d'acier

steep [stiːp] adj raide, escarpé(e); (*price*) très élevé(e), excessif(-ive) ▶vt (faire) tremper

steeple ['stiːpl] n clocher m

steeplechase ['stiːpltʃeɪs] n steeple(-chase) m

steeplejack ['stiːpldʒæk] n réparateur m de clochers et de hautes cheminées

steeply ['stiːplɪ] adv en pente raide

steer [stɪə^r] n bœuf m ▶vt diriger; (*boat*) gouverner; (*lead: person*) guider, conduire ▶vi tenir le gouvernail; **to ~ clear of sb/sth** (*fig*) éviter qn/qch

steering ['stɪərɪŋ] n (*Aut*) conduite f

steering column n (*Aut*) colonne f de direction

steering committee n comité m d'organisation

steering wheel n volant m

stellar ['stelə^r] adj stellaire

stem [stem] n (*of plant*) tige f; (*of leaf, fruit*) queue f; (*of glass*) pied m ▶vt contenir, endiguer; (*attack, spread of disease*) juguler
  ▶**stem from** vt fus provenir de, découler de

stem cell n cellule f souche

stench [stentʃ] n puanteur f

stencil ['stensl] n stencil m; pochoir m ▶vt polycopier

stenographer [ste'nɔgrəfə^r] n (*US*) sténographe mf

stenography [ste'nɔgrəfɪ] n (*US*) sténo(graphie) f

step [step] n pas m; (*stair*) marche f; (*action*) mesure f, disposition f; **~ by ~** pas à pas; (*fig*) petit à petit; **to be in/out of ~ (with)** (*fig*) aller dans le sens (de)/être déphasé(e) (par rapport à) ▶vi: **to ~ forward/back** faire un pas en avant/arrière, avancer/reculer; **steps** npl (*BRIT*) = **stepladder**

▸ **step aside** vi (lit) faire un pas de côté ; (stand down) se désister

▸ **step back** vi faire un pas en arrière

▸ **step down** vi (fig) se retirer, se désister

▸ **step forward** vi faire un pas en avant, avancer

▸ **step in** vi (fig) intervenir

▸ **step off** vt fus descendre de

▸ **step over** vt fus enjamber

▸ **step up** vt (production, sales) augmenter ; (campaign, efforts) intensifier

step aerobics® npl step® m

stepbrother ['stɛpbrʌðəʳ] n demi-frère m

stepchild ['stɛptʃaɪld] (pl **stepchildren** ['stɛptʃɪldrən]) n beau-fils (belle-fille)

stepdaughter ['stɛpdɔːtəʳ] n belle-fille f

stepfather ['stɛpfɑːðəʳ] n beau-père m

stepladder ['stɛplædəʳ] n (BRIT) escabeau m

stepmother ['stɛpmʌðəʳ] n belle-mère f

stepping stone ['stɛpɪŋ-] n pierre f de gué ; (fig) tremplin m

stepsister ['stɛpsɪstəʳ] n demi-sœur f

stepson ['stɛpsʌn] n beau-fils m

stereo ['stɛrɪəʊ] n (sound) stéréo f ; (hi-fi) chaîne f stéréo ; **in ~** en stéréo ▸ adj (also: **stereophonic**) stéréo(phonique)

stereotype ['stɪərɪətaɪp] n stéréotype m ▸ vt stéréotyper

stereotypical [stɛrɪə'tɪpɪkl] adj stéréotypé(e)

sterile ['stɛraɪl] adj stérile

sterility [stɛ'rɪlɪtɪ] n stérilité f

sterilization [stɛrɪlaɪ'zeɪʃən] n stérilisation f

sterilize ['stɛrɪlaɪz] vt stériliser

sterling ['stəːlɪŋ] adj sterling inv ; (silver) de bon aloi, fin(e) ; (fig) à toute épreuve, excellent(e) ▸ n (currency) livre f sterling inv ; **a pound ~** une livre sterling

sterling area n zone f sterling inv

stern [stəːn] adj sévère ▸ n (Naut) arrière m, poupe f

sternly ['stəːnlɪ] adv sévèrement

sternum ['stəːnəm] n sternum m

steroid ['stɪərɔɪd] n stéroïde m

stethoscope ['stɛθəskəʊp] n stéthoscope m

stevedore ['stiːvədɔːʳ] n docker m, débardeur m

stew [stjuː] n ragoût m ▸ vt, vi cuire à la casserole ; **stewed tea** thé trop infusé ; **stewed fruit** fruits cuits or en compote

steward ['stjuːəd] n (Aviat, Naut, Rail) steward m ; (in club etc) intendant m ; (also: **shop steward**) délégué syndical

stewardess ['stjuːədɛs] n hôtesse f

stewardship ['stjuːədʃɪp] n intendance f

stewing steak ['stjuːɪŋ-], (US) **stew meat** n bœuf m à braiser

St. Ex. abbr = **stock exchange**

stg abbr = **sterling**

STI n abbr (= sexually transmitted infection) IST f (= infection sexuellement transmissible)

stick [stɪk] (pt, pp **stuck** [stʌk]) n bâton m ; (for walking) canne f ; (of chalk etc) morceau m ; **to get hold of the wrong end of the ~** (BRIT fig) comprendre de travers ▸ vt (glue) coller ; (thrust): **to ~ sth into** piquer or planter or enfoncer qch dans ; (inf: put) mettre, fourrer ; (: tolerate) supporter ▸ vi (adhere) tenir, coller ; (remain)

rester ; (get jammed: door, lift) se bloquer ; **to ~ to** (one's promise) s'en tenir à ; (principles) rester fidèle à

▸ **stick around** vi (inf) rester (dans les parages)

▸ **stick out** vi dépasser, sortir ▸ vt: **to ~ it out** (inf) tenir le coup

▸ **stick up** vi dépasser, sortir

▸ **stick up for** vt fus défendre

sticker ['stɪkəʳ] n auto-collant m

sticking plaster ['stɪkɪŋ-] n sparadrap m, pansement adhésif

sticking point ['stɪkɪŋ-] n (fig) point m de friction

stick insect n phasme m

stickleback ['stɪklbæk] n épinoche f

stickler ['stɪklə] n: **to be a ~ for** être pointilleux(-euse) sur

stick shift n (US Aut) levier m de vitesses

stick-up ['stɪkʌp] n (inf) braquage m (inf), hold-up m (inf)

sticky ['stɪkɪ] adj poisseux(-euse) ; (label) adhésif(-ive) ; (fig: situation) délicat(e)

stiff [stɪf] adj (gen) raide, rigide ; (door, brush) dur(e) ; (difficult) difficile, ardu(e) ; (cold) froid(e), distant(e) ; (strong, high) fort(e), élevé(e) ; **to be** or **feel ~** (person) avoir des courbatures ; **to have a ~ back/neck** avoir mal au dos/un torticolis ; **~ upper lip** (BRIT fig) flegme m (typiquement britannique) ▸ adv: **to be bored/scared/frozen ~** s'ennuyer à mourir/ être mort(e) de peur/froid

stiffen ['stɪfn] vt raidir, renforcer ▸ vi se raidir ; se durcir

stiffly ['stɪflɪ] adv (move, stand) avec raideur ; (coldly: say, smile) sèchement

stiffness ['stɪfnɪs] n raideur f

stifle ['staɪfl] vt étouffer, réprimer

stifling ['staɪflɪŋ] adj (heat) suffocant(e)

stigma ['stɪgmə] (pl Bot, Med, Rel **stigmata** [stɪg'mɑːtə], fig **stigmas**) n stigmate m

stigmatize ['stɪgmətaɪz] vt stigmatiser

stile [staɪl] n échalier m

stiletto [stɪ'lɛtəʊ] n (BRIT: also: **stiletto heel**) talon m aiguille

still [stɪl] adj (motionless) immobile ; (calm) calme, tranquille ; (BRIT: mineral water etc) non gazeux(-euse) ; **to stand ~** rester immobile, ne pas bouger ; **keep ~!** ne bouge pas ! ▸ adv (up to this time) encore, toujours ; (even) encore ; (nonetheless) quand même, tout de même ; **he ~ hasn't arrived** il n'est pas encore arrivé, il n'est toujours pas arrivé ▸ n (Cine) photo f

stillbirth ['stɪlbəːθ] n mortinaissance f, naissance f d'un enfant mort-né

stillborn ['stɪlbɔːn] adj mort-né(e)

still life n nature morte

stillness ['stɪlnɪs] n (calm) silence m

stilt [stɪlt] n échasse f ; (pile) pilotis m

stilted ['stɪltɪd] adj guindé(e), emprunté(e)

stimulant ['stɪmjulənt] n stimulant m

stimulate ['stɪmjuleɪt] vt stimuler

stimulating ['stɪmjuleɪtɪŋ] adj stimulant(e)

stimulation [stɪmju'leɪʃən] n stimulation f

stimulus ['stɪmjuləs] (pl **stimuli** ['stɪmjulaɪ]) n stimulant m ; (Biol, Psych) stimulus m

sting [stɪŋ] (*pt, pp* **stung** [stʌŋ]) *n* piqûre *f* ; (*organ*) dard *m* ; (*inf: confidence trick*) arnaque *m* ▶ *vt, vi* piquer ; **my eyes are stinging** j'ai les yeux qui piquent

stingy ['stɪndʒɪ] *adj* (*inf*) avare, pingre (*inf*), chiche (*inf*)

stink [stɪŋk] (*pt* **stank** [stæŋk], *pp* **stunk** [stʌŋk]) *n* puanteur *f* ▶ *vi* puer, empester

stinker ['stɪŋkə^r] *n* (*inf: problem, exam*) vacherie *f* (*inf*) ; (*person*) dégueulasse *mf*

stinking ['stɪŋkɪŋ] *adj* (*fig: inf*) infect(e) (*inf*) ; ~ **rich** bourré(e) de pognon (*inf*)

stint [stɪnt] *n* part *f* de travail ▶ *vi*: **to ~ on** lésiner sur, être chiche de

stipend ['staɪpɛnd] *n* (*of vicar etc*) traitement *m*

stipendiary [staɪ'pɛndɪərɪ] *adj*: ~ **magistrate** juge *m* de tribunal d'instance

stipulate ['stɪpjuleɪt] *vt* stipuler

stipulation [stɪpju'leɪʃən] *n* stipulation *f*, condition *f*

stir [stə:^r] *n* agitation *f*, sensation *f* ; **to give sth a ~** remuer qch ; **to cause a ~** faire sensation ▶ *vt* remuer ▶ *vi* remuer, bouger
▶ **stir up** *vt* exciter ; (*trouble*) fomenter, provoquer

stir-fry ['stə:'fraɪ] *vt* faire sauter ▶ *n*: **vegetable ~** légumes sautés à la poêle

stirring ['stə:rɪŋ] *adj* excitant(e) ; émouvant(e)

stirrup ['stɪrəp] *n* étrier *m*

stitch [stɪtʃ] *n* (*Sewing*) point *m* ; (*Knitting*) maille *f* ; (*Med*) point de suture ; (*pain*) point de côté ▶ *vt* coudre, piquer ; (*Med*) suturer

stoat [stəut] *n* hermine *f* (*avec son pelage d'été*)

stock [stɔk] *n* réserve *f*, provision *f* ; (*Comm*) stock *m* ; (*Agr*) cheptel *m*, bétail *m* ; (*Culin*) bouillon *m* ; (*Finance*) valeurs *fpl*, titres *mpl* ; (*Rail: also*: **rolling stock**) matériel roulant ; (*descent, origin*) souche *f* ; **in ~** en stock, en magasin ; **out of ~** épuisé(e) ; **to take ~** (*fig*) faire le point ; **stocks and shares** valeurs (mobilières), titres ; **government ~** fonds publics ▶ *adj* (*fig: reply etc*) courant(e), classique ▶ *vt* (*have in stock*) avoir, vendre ; **well-stocked** bien approvisionné(e) *or* fourni(e)
▶ **stock up** *vi*: **to ~ up (with)** s'approvisionner (en)

stockade [stɔ'keɪd] *n* palissade *f*

stockbroker ['stɔkbrəukə^r] *n* agent *m* de change

stockbroking ['stɔkbrəukɪŋ] *n* courtage *m* ▶ *cpd* (*firm, company*) de courtage ; (*analyst*) boursier(-ière)

stock control *n* (*Comm*) gestion *f* des stocks

stock cube *n* (*BRIT Culin*) bouillon-cube *m*

stock exchange *n* Bourse *f* (des valeurs)

stockholder ['stɔkhəuldə^r] *n* (*US*) actionnaire *mf*

Stockholm ['stɔkhəum] *n* Stockholm

stocking ['stɔkɪŋ] *n* bas *m*

stocking filler ['stɔkɪŋfɪlə^r] *n* (*BRIT*) petit cadeau *m* de Noël

stock-in-trade ['stɔkɪn'treɪd] *n* (*fig*): **it's his ~** c'est sa spécialité

stockist ['stɔkɪst] *n* (*BRIT*) stockiste *m*

stock market *n* Bourse *f*, marché financier

stock phrase *n* cliché *m*

stockpile ['stɔkpaɪl] *n* stock *m*, réserve *f* ▶ *vt* stocker, accumuler

stockroom ['stɔkru:m] *n* réserve *f*, magasin *m*

stock still *adj*: **to rest/stand ~** rester/se tenir parfaitement immobile

stocktaking ['stɔkteɪkɪŋ] *n* (*BRIT Comm*) inventaire *m*

stocky ['stɔkɪ] *adj* trapu(e), râblé(e)

stodgy ['stɔdʒɪ] *adj* bourratif(-ive), lourd(e)

stoic ['stəuɪk] *n* stoïque *mf*

stoical ['stəuɪkl] *adj* stoïque

stoically ['stəuɪklɪ] *adv* stoïquement

stoicism ['stəuɪsɪzəm] *n* stoïcisme *m*

stoke [stəuk] *vt* garnir, entretenir ; chauffer

stoker ['stəukə^r] *n* (*Rail, Naut etc*) chauffeur *m*

stole [stəul] *pt of* **steal** ▶ *n* étole *f*

stolen ['stəuln] *pp of* **steal**

stolid ['stɔlɪd] *adj* impassible, flegmatique

stomach ['stʌmək] *n* estomac *m* ; (*abdomen*) ventre *m* ▶ *vt* supporter, digérer

stomachache ['stʌməkeɪk] *n* mal *m* à l'estomac *or* au ventre

stomach pump *n* pompe stomacale

stomach ulcer *n* ulcère *m* à l'estomac

stomp [stɔmp] *vi*: **to ~ in/out** entrer/sortir d'un pas bruyant

stone [stəun] *n* pierre *f* ; (*pebble*) caillou *m*, galet *m* ; (*in fruit*) noyau *m* ; (*Med*) calcul *m* ; (*BRIT: weight*) = 6.348 *kg* ; **within a ~'s throw of the station** à deux pas de la gare ▶ *cpd* de *or* en pierre ▶ *vt* (*person*) lancer des pierres sur, lapider ; (*fruit*) dénoyauter

Stone Age *n*: **the ~** l'âge *m* de pierre

stone-cold ['stəun'kəuld] *adj* complètement froid(e)

stoned [stəund] *adj* (*inf: drunk*) bourré(e) (*inf*) ; (: *on drugs*) défoncé(e) (*inf*)

stone-deaf ['stəun'dɛf] *adj* sourd(e) comme un pot

stonemason ['stəunmeɪsn] *n* tailleur *m* de pierre(s)

stonewall [stəun'wɔ:l] *vi* faire de l'obstruction ▶ *vt* faire obstruction à

stonework ['stəunwə:k] *n* maçonnerie *f*

stony ['stəunɪ] *adj* pierreux(-euse), rocailleux(-euse)

stood [stud] *pt, pp of* **stand**

stooge [stu:dʒ] *n* (*inf*) larbin *m* (*inf*)

stool [stu:l] *n* tabouret *m*

stoop [stu:p] *vi* (*also*: **have a stoop**) être voûté(e) ; (*bend: also*: **stoop down**) se baisser, se courber ; (*fig*): **to ~ to sth/doing sth** s'abaisser jusqu'à qch/jusqu'à faire qch

stop [stɔp] *n* arrêt *m* ; (*short stay*) halte *f* ; (*in punctuation*) point *m* ▶ *vt* arrêter ; (*break off*) interrompre ; (*also*: **put a stop to**) mettre fin à ; (*prevent*) empêcher ; **to ~ doing sth** cesser *or* arrêter de faire qch ; **to ~ sb (from) doing sth** empêcher qn de faire qch ; **~ it!** arrête ! ▶ *vi* s'arrêter ; (*rain, noise etc*) cesser, s'arrêter ; **could you ~ here/at the corner?** arrêtez-vous ici/au coin, s'il vous plaît ; **to ~ dead** s'arrêter net
▶ **stop by** *vi* s'arrêter (au passage)
▶ **stop off** *vi* faire une courte halte
▶ **stop up** *vt* (*hole*) boucher

stopcock ['stɔpkɔk] *n* robinet *m* d'arrêt

stopgap ['stɔpgæp] *n* (*person*) bouche-trou *m* ; (*also*: **stopgap measure**) mesure *f* intérimaire

S

stoplights ['stɒplaɪts] *npl* (*Aut*) signaux *mpl* de stop, feux *mpl* arrière

stopover ['stɒpəʊvəʳ] *n* halte *f* ; (*Aviat*) escale *f*

stoppage ['stɒpɪdʒ] *n* arrêt *m* ; (*of pay*) retenue *f* ; (*strike*) arrêt de travail ; (*obstruction*) obstruction *f*

stopper ['stɒpəʳ] *n* bouchon *m*

stop press *n* nouvelles *fpl* de dernière heure

stopwatch ['stɒpwɒtʃ] *n* chronomètre *m*

storage ['stɔːrɪdʒ] *n* emmagasinage *m* ; (*of nuclear waste etc*) stockage *m* ; (*in house*) rangement *m* ; (*Comput*) mise *f* en mémoire *or* réserve

storage heater *n* (*Brit*) radiateur *m* électrique par accumulation

store [stɔːʳ] *n* (*stock*) provision *f*, réserve *f* ; (*depot*) entrepôt *m* ; (*Brit: large shop*) grand magasin ; (*US: shop*) magasin *m* ; **who knows what is in ~ for us?** qui sait ce que l'avenir nous réserve *or* ce qui nous attend ? ; **to set great/little ~ by sth** faire grand cas/peu de cas de qch ▶ *vt* emmagasiner ; (*nuclear waste etc*) stocker ; (*information*) enregistrer ; (*in filing system*) classer, ranger ; (*Comput*) mettre en mémoire ; **stores** *npl* (*food*) provisions
 ▶ **store up** *vt* mettre en réserve, emmagasiner

storehouse ['stɔːhaʊs] *n* entrepôt *m*

storekeeper ['stɔːkiːpəʳ] *n* (*US*) commerçant(e)

storeroom ['stɔːruːm] *n* réserve *f*, magasin *m*

storey, (*US*) **story** ['stɔːrɪ] *n* étage *m*

stork [stɔːk] *n* cigogne *f*

storm [stɔːm] *n* tempête *f* ; (*thunderstorm*) orage *m* ▶ *vi* (*fig*) fulminer ▶ *vt* prendre d'assaut

storm cloud *n* nuage *m* d'orage

storm door *n* double-porte (extérieure)

stormy ['stɔːmɪ] *adj* orageux(-euse)

story ['stɔːrɪ] *n* histoire *f* ; récit *m* ; (*Press: article*) article *m* ; (*: subject*) affaire *f* ; (*US*) = **storey**

storybook ['stɔːrɪbʊk] *n* livre *m* d'histoires *or* de contes

storyline ['stɔːrɪlaɪn] *n* (*of film*) scénario *m* ; (*of book, play*) intrigue *f*

storyteller ['stɔːrɪtɛləʳ] *n* conteur(-euse)

stout [staʊt] *adj* (*strong*) solide ; (*brave*) intrépide ; (*fat*) gros(se), corpulent(e) ▶ *n* bière brune

stove [stəʊv] *n* (*for cooking*) fourneau *m* ; (*: small*) réchaud *m* ; (*for heating*) poêle *m* ; **gas/electric ~** (*cooker*) cuisinière *f* à gaz/électrique

stow [stəʊ] *vt* ranger ; cacher

stowaway ['stəʊəweɪ] *n* passager(-ère) clandestin(e)

straddle ['strædl] *vt* enjamber, être à cheval sur

strafe [strɑːf] *vt* mitrailler

straggle ['strægl] *vi* être (*or* marcher) en désordre ; **straggled along the coast** disséminé(e) tout au long de la côte

straggler ['strægləʳ] *n* traînard *m*

straggling ['stræglɪŋ], **straggly** ['stræglɪ] *adj* (*hair*) en désordre

straight [streɪt] *adj* droit(e) ; (*hair*) raide ; (*frank*) honnête, franc (franche) ; (*simple*) simple ; (*Theat: part, play*) sérieux(-euse) ; (*inf: heterosexual*) hétéro *inv* ; **to put** *or* **get ~** mettre en ordre, mettre de l'ordre dans ; (*fig*) mettre au clair ; **let's get this ~** mettons les choses au point ; **10 ~ wins** 10 victoires d'affilée ▶ *adv* (tout) droit ;

(*drink*) sec, sans eau ; **to go ~ home** rentrer directement à la maison ; **~ away**, **~ off** (*at once*) tout de suite ; **~ off**, **~ out** sans hésiter ▶ *n*: **the ~** (*Sport*) la ligne droite

straighten ['streɪtn] *vt* ajuster ; (*bed*) arranger ▶ **straighten out** *vt* (*fig*) débrouiller ; **to ~ things out** arranger les choses
 ▶ **straighten up** *vi* (*stand up*) se redresser ; (*tidy*) ranger

straighteners ['streɪtnəz] *npl* (*for hair*) lisseur *m*

straight-faced [streɪt'feɪst] *adj* impassible
 ▶ *adv* en gardant son sérieux

straightforward [streɪt'fɔːwəd] *adj* simple ; (*frank*) honnête, direct(e)

strain [streɪn] *n* (*Tech*) tension *f* ; pression *f* ; (*physical*) effort *m* ; (*mental*) tension (nerveuse) ; (*Med*) entorse *f* ; (*streak, trace*) tendance *f* ; élément *m* ; (*breed: of plants*) variété *f* ; (*: of animals*) race *f* ; (*of virus*) souche *f* ; **he's been under a lot of ~** il a traversé des moments difficiles, il est très éprouvé nerveusement ▶ *vt* (*stretch*) tendre fortement ; (*fig: resources etc*) mettre à rude épreuve, grever ; (*hurt: back etc*) se faire mal à ; (*filter*) passer, filtrer ; (*vegetables*) égoutter ▶ *vi* peiner, fournir un gros effort ; **strains** *npl* (*Mus*) accords *mpl*, accents *mpl*

strained [streɪnd] *adj* (*muscle*) froissé(e) ; (*laugh etc*) forcé(e), contraint(e) ; (*relations*) tendu(e)

strainer ['streɪnəʳ] *n* passoire *f*

strait [streɪt] *n* (*Geo*) détroit *m* ; **straits** *npl*: **to be in dire straits** (*fig*) avoir de sérieux ennuis

straitjacket ['streɪtdʒækɪt] *n* camisole *f* de force

strait-laced [streɪt'leɪst] *adj* collet monté *inv*

strand [strænd] *n* (*of thread*) fil *m*, brin *m* ; (*of rope*) toron *m* ; (*of hair*) mèche *f* ▶ *vt* (*boat*) échouer

stranded ['strændɪd] *adj* en rade, en plan

strange [streɪndʒ] *adj* (*not known*) inconnu(e) ; (*odd*) étrange, bizarre

strangely ['streɪndʒlɪ] *adv* étrangement, bizarrement ; *see also* **enough**

stranger ['streɪndʒəʳ] *n* (*unknown*) inconnu(e) ; (*from somewhere else*) étranger(-ère) ; **I'm a ~ here** je ne suis pas d'ici

strangle ['stræŋgl] *vt* étrangler

stranglehold ['stræŋglhəʊld] *n* (*fig*) emprise totale, mainmise *f*

strangulation [stræŋgju'leɪʃən] *n* strangulation *f*

strap [stræp] *n* lanière *f*, courroie *f*, sangle *f* ; (*of slip, dress*) bretelle *f* ▶ *vt* attacher (avec une courroie *etc*)

straphanging ['stræphæŋɪŋ] *n* fait *m* de voyager debout (dans le métro *etc*)

strapless ['stræplɪs] *adj* (*bra, dress*) sans bretelles

strapped [stræpt] *adj*: **to be ~ for cash** (*inf*) être à court d'argent

strapping ['stræpɪŋ] *adj* bien découplé(e), costaud(e)

strappy [stræpɪ] *adj* (*dress*) à bretelles ; (*sandals*) à lanières

Strasbourg ['stræzbəːg] *n* Strasbourg

strata ['strɑːtə] *npl* of **stratum**

stratagem ['strætɪdʒəm] *n* stratagème *m*

strategic [strə'tiːdʒɪk] *adj* stratégique

strategist ['strætɪdʒɪst] *n* stratège *m*

strategy ['strætɪdʒɪ] n stratégie f
stratosphere ['strætəsfɪəʳ] n stratosphère f
stratospheric [strætə'sferɪk] adj (lit)
stratosphérique ; (fig: price, cost) astronomique
stratum ['strɑːtəm] (pl **strata** ['strɑːtə]) n strate
f, couche f
straw [strɔː] n paille f ; **that's the last ~!** ça c'est
le comble !
strawberry ['strɔːbərɪ] n fraise f ; (plant)
fraisier m
stray [streɪ] adj (animal) perdu(e), errant(e) ;
(scattered) isolé(e) ; ~ **bullet** balle perdue ▶ vi
s'égarer
streak [striːk] n bande f, filet m ; (in hair) raie f ;
(fig: of madness etc): **a ~ of** une or des tendance(s)
à ; **to have streaks in one's hair** s'être fait
faire des mèches ; **a winning/losing ~** une
bonne/mauvaise série or période ▶ vt zébrer,
strier ▶ vi: **to ~ past** passer à toute allure
streaker ['striːkəʳ] n streaker(-euse)
streaky ['striːkɪ] adj zébré(e), strié(e)
streaky bacon n (BRIT) ≈ lard m (maigre)
stream [striːm] n (brook) ruisseau m ; (current)
courant m, flot m ; (of people) défilé
ininterrompu, flot ; **against the ~** à contre
courant ; **on ~** (new power plant etc) en service ▶ vt
(Scol) répartir par niveau ▶ vi ruisseler ; **to ~ in/
out** entrer/sortir à flots
streamer ['striːməʳ] n serpentin m, banderole f
stream feed n (on photocopier etc) alimentation f
en continu
streamline ['striːmlaɪn] vt donner un profil
aérodynamique à ; (fig) rationaliser
streamlined ['striːmlaɪnd] adj (Aviat) fuselé(e),
profilé(e) ; (Aut) aérodynamique ; (fig)
rationalisé(e)
street [striːt] n rue f ; **the back streets** les
quartiers pauvres ; **to be on the streets**
(homeless) être à la rue or sans abri
streetcar ['striːtkɑːʳ] n (US) tramway m
street cred [-krɛd] n (inf): **to have ~** être
branché(e) (inf)
street lamp n réverbère m
street light n réverbère m
street lighting n éclairage public
street map, street plan n plan m des rues
street market n marché m à ciel ouvert
streetwise ['striːtwaɪz] adj (inf) futé(e), réaliste
strength [strɛŋθ] n force f ; (of girder, knot etc)
solidité f ; (of chemical solution) titre m ; (of wine)
degré m d'alcool ; **on the ~ of** en vertu de ; **at
full ~** au grand complet ; **below ~** à effectifs
réduits
strengthen ['strɛŋθn] vt renforcer ; (muscle)
fortifier ; (building, Econ) consolider
strenuous ['strɛnjuəs] adj vigoureux(-euse),
énergique ; (tiring) ardu(e), fatigant(e)
strenuously ['strɛnjuəslɪ] adv (deny, object)
énergiquement
stress [strɛs] n (force, pressure) pression f ; (mental
strain) tension (nerveuse), stress m ; (accent)
accent m ; (emphasis) insistance f ; **to lay great ~
on sth** insister beaucoup sur qch ; **to be
under ~** être stressé(e) ▶ vt insister sur,
souligner ; (syllable) accentuer

stressed [strɛst] adj (tense) stressé(e) ; (syllable)
accentué(e)
stressful ['strɛsful] adj (job) stressant(e)
stretch [strɛtʃ] n (of sand etc) étendue f ; (of time)
période f ; **at a ~** d'affilée ▶ vi s'étirer ; (extend):
to ~ to or **as far as** s'étendre jusqu'à ; (be enough:
money, food): **to ~ to** aller pour ▶ vt tendre, étirer ;
(spread) étendre ; (fig) pousser (au maximum) ;
to ~ a muscle se distendre un muscle ; **to ~
one's legs** se dégourdir les jambes
▶ **stretch out** vi s'étendre ; **to ~ out for sth**
allonger la main pour prendre qch ▶ vt (arm etc)
allonger, tendre ; (to spread) étendre
stretcher ['strɛtʃəʳ] n brancard m, civière f
stretcher-bearer ['strɛtʃəbɛərəʳ] n
brancardier m
stretch marks npl (on skin) vergetures fpl
stretchy ['strɛtʃɪ] adj élastique
strewn [struːn] adj: ~ **with** jonché(e) de
stricken ['strɪkən] adj très éprouvé(e) ;
dévasté(e) ; (ship) très endommagé(e) ; ~ **with**
frappé(e) or atteint(e) de
strict [strɪkt] adj strict(e) ; **in ~ confidence** tout
à fait confidentiellement
strictly ['strɪktlɪ] adv strictement ;
~ **confidential** strictement confidentiel(le) ;
~ **speaking** à strictement parler
stridden ['strɪdn] pp of **stride**
stride [straɪd] (pt **strode** [strəud], pp **stridden**
['strɪdn]) n grand pas, enjambée f ; **to take sth
in one's ~** (fig: changes etc) accepter qch sans
sourciller ▶ vi marcher à grands pas
strident ['straɪdnt] adj strident(e)
strife [straɪf] n conflit m, dissensions fpl
strife-ridden ['straɪfrɪdən], **strife-torn**
['straɪftɔːn] adj déchiré(e) par les conflits
strike [straɪk] (pt, pp **struck** [strʌk]) n grève f ; (of
oil etc) découverte f ; (attack) raid m ; **to go on** or
come out on ~ se mettre en grève, faire grève
▶ vt frapper ; (oil etc) trouver, découvrir ; (make:
agreement, deal) conclure ; **to ~ a match** frotter
une allumette ; **to ~ a balance** (fig) trouver un
juste milieu ▶ vi faire grève ; (attack) attaquer ;
(clock) sonner
▶ **strike back** vi (Mil, fig) contre-attaquer
▶ **strike down** vt (fig) terrasser
▶ **strike off** vt (from list) rayer ; (: doctor etc) radier
▶ **strike out** vt rayer
▶ **strike up** vt (Mus) se mettre à jouer ; **to ~ up a
friendship with** se lier d'amitié avec
strikebreaker ['straɪkbreɪkəʳ] n briseur m de
grève
striker ['straɪkəʳ] n gréviste mf ; (Sport) buteur m
striking ['straɪkɪŋ] adj frappant(e),
saisissant(e) ; (attractive) éblouissant(e)
strikingly ['straɪkɪŋlɪ] adv: **to be ~ similar/
different** présenter une ressemblance
frappante/des différences frappantes ; **a ~
handsome man** un homme dont la beauté
attire l'œil
strimmer® ['strɪməʳ] n (BRIT) coupe-bordures m
string [strɪŋ] n ficelle f, fil m ; (row: of beads) rang
m ; (: of onions, excuses) chapelet m ; (: of people, cars)
file f ; (Mus) corde f ; (Comput) chaîne f ; **to pull
strings** (fig) faire jouer le piston ; **to get a job**

S

by pulling strings obtenir un emploi en faisant jouer le piston ; **with no strings attached** *(fig)* sans conditions ; **the strings** *npl* *(Mus)* les instruments *mpl* à cordes ▶ *vt* *(pt, pp* **strung** [strʌŋ]): **to ~ together** enchaîner ▶ **string out** *vt* échelonner
string bean *n* haricot vert
stringed instrument, string instrument *n* *(Mus)* instrument *m* à cordes
stringent ['strɪndʒənt] *adj* rigoureux(-euse) ; *(need)* impérieux(-euse)
string quartet *n* quatuor *m* à cordes
strip [strɪp] *n* bande *f* ; *(Sport)* tenue *f* ; **wearing the Celtic ~** en tenue du Celtic ▶ *vt* *(undress)* déshabiller ; *(paint)* décaper ; *(fig)* dégarnir, dépouiller ; *(also:* **strip down:** *machine)* démonter ▶ *vi* se déshabiller
▶ **strip off** *vt* *(paint etc)* décaper ▶ *vi* *(person)* se déshabiller
strip cartoon *n* bande dessinée
stripe [straɪp] *n* raie *f*, rayure *f* ; *(Mil)* galon *m*
striped ['straɪpt] *adj* rayé(e), à rayures
strip light *n* *(Brit)* (tube *m* au) néon *m*
stripper ['strɪpər] *n* strip-teaseuse *f*
strip-search ['strɪpsəːtʃ] *n* fouille corporelle *(en faisant se déshabiller la personne)* ▶ *vt:* **to ~ sb** fouiller qn *(en le faisant se déshabiller)*
striptease ['strɪptiːz] *n* strip-tease *m*
stripy ['straɪpɪ] *adj* rayé(e)
strive [straɪv] *(pt* **strove** [strəuv], *pp* **striven** ['strɪvn]) *vi:* **to ~ to do/for sth** s'efforcer de faire/d'obtenir qch
strobe [strəub] *n* *(also:* **strobe light)** stroboscope *m*
strode [strəud] *pt of* **stride**
stroke [strəuk] *n* coup *m* ; *(Med)* attaque *f* ; *(caress)* caresse *f* ; *(Swimming: style)* (sorte *f* de) nage *f* ; *(of piston)* course *f* ; **at a ~** d'un (seul) coup ; **on the ~ of 5** à 5 heures sonnantes ; **a ~ of luck** un coup de chance ; **a 2-~ engine** un moteur à 2 temps ▶ *vt* caresser
stroll [strəul] *n* petite promenade ; **to go for a ~** aller se promener *or* faire un tour ▶ *vi* flâner, se promener nonchalamment
stroller ['strəulər] *n* *(US: for child)* poussette *f*
strong [strɔŋ] *adj* *(gen)* fort(e) ; *(healthy)* vigoureux(-euse) ; *(heart, nerves)* solide ; *(distaste, desire)* vif (vive) ; *(drugs, chemicals)* puissant(e) ; **they are 50 ~** ils sont au nombre de 50 ▶ *adv:* **to be going ~** *(company)* marcher bien ; *(person)* être toujours solide
strong-arm ['strɔŋaːm] *adj* *(tactics, methods)* musclé(e)
strongbox ['strɔŋbɔks] *n* coffre-fort *m*
stronghold ['strɔŋhəuld] *n* forteresse *f*, fort *m* ; *(fig)* bastion *m*
strongly ['strɔŋlɪ] *adv* fortement, avec force ; vigoureusement ; solidement ; **I feel ~ about it** c'est une question qui me tient particulièrement à cœur ; *(negatively)* j'y suis profondément opposé(e)
strongman ['strɔŋmæn] *n* *(irreg)* hercule *m*, colosse *m* ; *(fig)* homme *m* à poigne
strongroom ['strɔŋruːm] *n* chambre forte
stroppy ['strɔpɪ] *adj* *(Brit inf)* contrariant(e), difficile

strove [strəuv] *pt of* **strive**
struck [strʌk] *pt, pp of* **strike**
structural ['strʌktʃrəl] *adj* structural(e) ; *(Constr)* de construction ; affectant les parties portantes
structurally ['strʌktʃrəlɪ] *adv* du point de vue de la construction
structure ['strʌktʃər] *n* structure *f* ; *(building)* construction *f*
struggle ['strʌgl] *n* lutte *f* ; **to have a ~ to do sth** avoir beaucoup de mal à faire qch ▶ *vi* lutter, se battre
strum [strʌm] *vt* *(guitar)* gratter de
strung [strʌŋ] *pt, pp of* **string**
strut [strʌt] *n* étai *m*, support *m* ▶ *vi* se pavaner
strychnine ['strɪkniːn] *n* strychnine *f*
stub [stʌb] *n* *(of cigarette)* bout *m*, mégot *m* ; *(of ticket etc)* talon *m* ▶ *vt:* **to ~ one's toe (on sth)** se heurter le doigt de pied (contre qch) ▶ **stub out** *vt* écraser
stubble ['stʌbl] *n* chaume *m* ; *(on chin)* barbe *f* de plusieurs jours
stubborn ['stʌbən] *adj* têtu(e), obstiné(e), opiniâtre
stubbornly ['stʌbənlɪ] *adv* obstinément
stubbornness ['stʌbənnɪs] *n* obstination *f*
stubby ['stʌbɪ] *adj* trapu(e) ; gros(se) et court(e)
stucco ['stʌkəu] *n* stuc *m*
stuck [stʌk] *pt, pp of* **stick** ▶ *adj* *(jammed)* bloqué(e), coincé(e) ; **to get ~** se bloquer *or* coincer
stuck-up [stʌk'ʌp] *adj* prétentieux(-euse)
stud [stʌd] *n* *(on boots etc)* clou *m* ; *(collar stud)* bouton *m* de col ; *(earring)* petite boucle d'oreille ; *(of horses: also:* **stud farm)** écurie *f*, haras *m* ; *(also:* **stud horse)** étalon *m* ▶ *vt* *(fig):* **studded with** parsemé(e) *or* criblé(e) de
student ['stjuːdənt] *n* étudiant(e) ; **law/ medical ~** étudiant en droit/ médecine ▶ *adj* *(life)* estudiantin(e), étudiant(e), d'étudiant ; *(residence, restaurant)* universitaire ; *(loan, movement)* étudiant, universitaire d'étudiant
student driver *n* *(US)* (conducteur(-trice)) débutant(e)
students' union *n* *(Brit: association)* ≈ association *f* des étudiants ; *(: building)* ≈ foyer *m* des étudiants
studied ['stʌdɪd] *adj* étudié(e), calculé(e)
studio ['stjuːdɪəu] *n* studio *m*, atelier *m* ; *(TV etc)* studio
studio flat, *(US)* **studio apartment** *n* studio *m*
studious ['stjuːdɪəs] *adj* studieux(-euse), appliqué(e) ; *(studied)* étudié(e)
studiously ['stjuːdɪəslɪ] *adv* *(carefully)* soigneusement
study ['stʌdɪ] *n* étude *f* ; *(room)* bureau *m* ; **to make a ~ of sth** étudier qch, faire une étude de qch ▶ *vt* étudier ; *(examine)* examiner ▶ *vi* étudier, faire ses études ; **to ~ for an exam** préparer un examen
stuff [stʌf] *n* *(gen)* chose(s) *f(pl)*, truc *m* ; *(belongings)* affaires *fpl*, trucs ; *(substance)* substance *f* ▶ *vt* rembourrer ; *(Culin)* farcir ; *(inf: push)* fourrer ; *(animal: for exhibition)* empailler ; **my nose is stuffed up** j'ai le nez

bouché ; **get stuffed!** (*inf!*) va te faire foutre ! (*!*) ;
stuffed toy jouet *m* en peluche

stuffing ['stʌfɪŋ] *n* bourre *f*, rembourrage *m* ;
(*Culin*) farce *f*

stuffy ['stʌfɪ] *adj* (*room*) mal ventilé(e) *or* aéré(e) ;
(*ideas*) vieux jeu *inv*

stumble ['stʌmbl] *vi* trébucher ; **to ~ across** *or*
on (*fig*) tomber sur

stumbling block ['stʌmblɪŋ-] *n* pierre *f*
d'achoppement

stump [stʌmp] *n* souche *f* ; (*of limb*) moignon *m*
▶ *vt*: **to be stumped** sécher, ne pas savoir que
répondre

stun [stʌn] *vt* (*blow*) étourdir ; (*news*) abasourdir,
stupéfier

stung [stʌŋ] *pt, pp of* **sting**

stunk [stʌŋk] *pp of* **stink**

stunned [stʌnd] *adj* assommé(e) ; (*fig*) sidéré(e)

stunning ['stʌnɪŋ] *adj* (*beautiful*) étourdissant(e) ;
(*news etc*) stupéfiant(e)

stunt [stʌnt] *n* tour *m* de force ; (*in film*) cascade *f*,
acrobatie *f* ; (*publicity*) truc *m* publicitaire ; (*Aviat*)
acrobatie *f* ▶ *vt* retarder, arrêter

stunted ['stʌntɪd] *adj* rabougri(e)

stuntman ['stʌntmæn] *n* (*irreg*) cascadeur *m*

stupefaction [stjuːpɪ'fækʃən] *n* stupéfaction *f*,
stupeur *f*

stupefy ['stjuːpɪfaɪ] *vt* étourdir ; abrutir ; (*fig*)
stupéfier

stupendous [stjuː'pɛndəs] *adj*
prodigieux(-euse), fantastique

stupid ['stjuːpɪd] *adj* stupide, bête

stupidity [stjuː'pɪdɪtɪ] *n* stupidité *f*, bêtise *f*

stupidly ['stjuːpɪdlɪ] *adv* stupidement, bêtement

stupor ['stjuːpər] *n* stupeur *f*

sturdy ['stəːdɪ] *adj* (*person, plant*) robuste,
vigoureux(-euse) ; (*object*) solide

sturgeon ['stəːdʒən] *n* esturgeon *m*

stutter ['stʌtər] *n* bégaiement *m* ▶ *vi* bégayer

sty [staɪ] *n* (*of pigs*) porcherie *f*

stye [staɪ] *n* (*Med*) orgelet *m*

style [staɪl] *n* style *m* ; (*of dress etc*) genre *m* ;
(*distinction*) allure *f*, cachet *m*, style ; (*design*)
modèle *m* ; **in the latest ~** à la dernière mode ;
hair ~ coiffure *f*

stylish ['staɪlɪʃ] *adj* élégant(e), chic *inv*

stylishly ['staɪlɪʃlɪ] *adv* élégamment

stylist ['staɪlɪst] *n* (*hair stylist*) coiffeur(-euse) ;
(*literary stylist*) styliste *mf*

stylistic [staɪ'lɪstɪk] *adj* (*element, change, difference*)
stylistique

stylized ['staɪlaɪzd] *adj* stylisé(e)

stylus ['staɪləs] (*pl* **styli** [-laɪ] *or* **styluses**) *n* (*of
record player*) pointe *f* de lecture

stymie ['staɪmɪ] *vt* (*inf*) entraver ; **to be stymied**
être entravé(e)

Styrofoam® ['staɪrəfəʊm] *n* polystyrène
expansé ▶ *adj* en polystyrène expansé

suave [swɑːv] *adj* doucereux(-euse),
onctueux(-euse)

sub [sʌb] *n abbr* = **submarine**; **subscription**

sub... [sʌb] *prefix* sub..., sous-

subcommittee ['sʌbkəmɪtɪ] *n* sous-comité *m*

subconscious [sʌb'kɔnʃəs] *adj* subconscient(e)
▶ *n* subconscient *m*

subconsciously [sʌb'kɔnʃəslɪ] *adv*
inconsciemment

subcontinent [sʌb'kɔntɪnənt] *n*: **the (Indian) ~**
le sous-continent indien

subcontract *n* ['sʌb'kɔntrækt] contrat *m* de
sous-traitance ▶ *vt* [sʌbkən'trækt] sous-traiter

subcontractor ['sʌbkən'træktər] *n* sous-traitant *m*

subculture ['sʌbkʌltʃər] *n* sous-culture *f*

subdivide [sʌbdɪ'vaɪd] *vt* subdiviser

subdivision ['sʌbdɪvɪʒən] *n* subdivision *f*

subdue [səb'djuː] *vt* subjuguer, soumettre

subdued [səb'djuːd] *adj* contenu(e), atténué(e) ;
(*light*) tamisé(e) ; (*person*) qui a perdu de son
entrain

sub-editor ['sʌb'ɛdɪtər] *n* (*Brit*) secrétaire *mf* de
(la) rédaction

subgroup ['sʌbgruːp] *n* sous-groupe *m*

subheading ['sʌbhɛdɪŋ] *n* sous-titre *m*

subject *n* ['sʌbdʒɪkt] sujet *m* ; (*Scol*) matière *f* ;
to change the ~ changer de conversation ▶ *adj*
['sʌbdʒɪkt]: **to be ~ to** (*law*) être soumis(e) à ;
(*disease*) être sujet(te) à ; **~ to confirmation in
writing** sous réserve de confirmation écrite
▶ *vt* [səb'dʒɛkt]: **to ~ to** soumettre à ; exposer à

subjection [səb'dʒɛkʃən] *n* soumission *f*,
sujétion *f*

subjective [səb'dʒɛktɪv] *adj* subjectif(-ive)

subjectivity [sʌbdʒɛk'tɪvɪtɪ] *n* subjectivité *f*

subject matter *n* sujet *m* ; (*content*) contenu *m*

sub judice [sʌb'djuːdɪsɪ] *adj* (*Law*) devant les
tribunaux

subjugate ['sʌbdʒugeɪt] *vt* subjuguer

subjunctive [səb'dʒʌŋktɪv] *adj* subjonctif(-ive)
▶ *n* subjonctif *m*

sublet [sʌb'lɛt] *vt* sous-louer

sublime [sə'blaɪm] *adj* sublime

subliminal [sʌb'lɪmɪnl] *adj* subliminal(e)

submachine gun ['sʌbmə'ʃiːn-] *n* mitraillette *f*

submarine [sʌbmə'riːn] *n* sous-marin *m*

submerge [səb'məːdʒ] *vt* submerger ;
immerger ▶ *vi* plonger

submersion [səb'məːʃən] *n* submersion *f* ;
immersion *f*

submission [səb'mɪʃən] *n* soumission *f* ; (*to
committee etc*) présentation *f*

submissive [səb'mɪsɪv] *adj* soumis(e)

submit [səb'mɪt] *vt* soumettre ▶ *vi* se soumettre

subnormal [sʌb'nɔːml] *adj* au-dessous de la
normale ; (*person*) arriéré(e)

subordinate [sə'bɔːdɪnət] *adj* (*junior*)
subalterne ; (*Grammar*) subordonné(e) ▶ *n*
subordonné(e)

sub-plot ['sʌbplɔt] *n* intrigue *f* secondaire

subpoena [səb'piːnə] (*Law*) *n* citation *f*,
assignation *f* ▶ *vt* citer *or* assigner (à
comparaître)

subprime ['sʌbpraɪm] *adj* (*Finance: borrower, loan*) à
haut risque ; **~ mortgage** prêt *m* hypothécaire
à haut risque ; **the ~ crisis** la crise des
subprimes

subroutine [sʌbruː'tiːn] *n* (*Comput*) sous-
programme *m*

subscribe [səb'skraɪb] *vi* cotiser ; **to ~ to** (*opinion,
fund*) souscrire à ; (*newspaper*) s'abonner à ; être
abonné(e) à

S

subscriber - sue

subscriber [səb'skraɪbə^r] n (to magazine, service) abonné(e) m

subscript ['sʌbskrɪpt] n (Typ) indice inférieur

subscription [səb'skrɪpʃən] n (to fund) souscription f; (to magazine etc) abonnement m; (membership dues) cotisation f; **to take out a ~ to** s'abonner à

subsequent ['sʌbsɪkwənt] adj ultérieur(e), suivant(e); **~ to** prep à la suite de

subsequently ['sʌbsɪkwəntlɪ] adv par la suite

subservient [səb'sə:vɪənt] adj obséquieux(-euse)

subset ['sʌbset] n sous-ensemble m

subside [səb'saɪd] vi (land) s'affaisser; (flood) baisser; (wind, feelings) tomber

subsidence [səb'saɪdns] n affaissement m

subsidiarity [səbsɪdɪ'ærɪtɪ] n (Pol) subsidiarité f

subsidiary [səb'sɪdɪərɪ] adj subsidiaire; accessoire; (BRIT Scol: subject) complémentaire ▶ n filiale f

subsidize ['sʌbsɪdaɪz] vt subventionner

subsidy ['sʌbsɪdɪ] n subvention f

subsist [səb'sɪst] vi: **to ~ on sth** (arriver à) vivre avec or subsister avec qch

subsistence [səb'sɪstəns] n existence f, subsistance f

subsistence allowance n indemnité f de séjour

subsistence level n niveau m de vie minimum

substance ['sʌbstəns] n substance f; (fig) essentiel m; **a man of ~** un homme jouissant d'une certaine fortune; **to lack ~** être plutôt mince (fig)

substance abuse n abus m de substances toxiques

substandard [sʌb'stændəd] adj (goods) de qualité inférieure, qui laisse à désirer; (housing) inférieur(e) aux normes requises

substantial [səb'stænʃl] adj substantiel(le); (fig) important(e)

substantially [səb'stænʃəlɪ] adv considérablement; en grande partie

substantiate [səb'stænʃɪeɪt] vt étayer, fournir des preuves à l'appui de

substitute ['sʌbstɪtjuːt] n (person) remplaçant(e); (thing) succédané m ▶ vt: **to ~ sth/sb for** substituer qch/qn à, remplacer par qch/qn

substitute teacher n (US) suppléant(e)

substitution [sʌbstɪ'tjuːʃən] n substitution f

subterfuge ['sʌbtəfjuːdʒ] n subterfuge m

subterranean [sʌbtə'reɪnɪən] adj souterrain(e)

subtext ['sʌbtekst] n sujet m sous-jacent

subtitled ['sʌbtaɪtld] adj sous-titré(e)

subtitles ['sʌbtaɪtlz] npl (Cine) sous-titres mpl

subtle ['sʌtl] adj subtil(e)

subtlety ['sʌtltɪ] n subtilité f

subtly ['sʌtlɪ] adv subtilement

subtotal [sʌb'təutl] n total partiel

subtract [səb'trækt] vt soustraire, retrancher

subtraction [səb'trækʃən] n soustraction f

subtropical [sʌb'trɒpɪkl] adj subtropical(e)

suburb ['sʌbəːb] n faubourg m; **the suburbs** la banlieue

suburban [sə'bəːbən] adj de banlieue, suburbain(e)

suburbia [sə'bəːbɪə] n la banlieue

subvention [səb'venʃən] n (subsidy) subvention f

subversion [səb'vəːʃən] n subversion f

subversive [səb'vəːsɪv] adj subversif(-ive)

subvert [səb'vəːt] vt subvertir

subway ['sʌbweɪ] n (BRIT: underpass) passage souterrain; (US: railway) métro m

sub-zero [sʌb'zɪərəu] adj au-dessous de zéro

succeed [sək'siːd] vi réussir; **to ~ in doing** réussir à faire ▶ vt succéder à

succeeding [sək'siːdɪŋ] adj suivant(e), qui suit (or suivent or suivront etc)

success [sək'ses] n succès m; réussite f

successful [sək'sesful] adj qui a du succès; (candidate) choisi(e), agréé(e); (business) prospère, qui réussit; (attempt) couronné(e) de succès; **to be ~ (in doing)** réussir (à faire)

successfully [sək'sesfəlɪ] adv avec succès

succession [sək'seʃən] n succession f; **in ~** successivement; **3 years in ~** 3 ans de suite

successive [sək'sesɪv] adj successif(-ive); **on 3 ~ days** 3 jours de suite or consécutifs

successor [sək'sesə^r] n successeur m

succinct [sək'sɪŋkt] adj succinct(e), bref (brève)

succulent ['sʌkjulənt] adj succulent(e) ▶ n (Bot): **succulents** plantes grasses

succumb [sə'kʌm] vi succomber

such [sʌtʃ] adj tel (telle); (of that kind): **~ a book** un livre de ce genre or pareil, un tel livre; (so much): **~ courage** un tel courage; **~ books** des livres de ce genre or pareils, de tels livres; **making ~ a noise that** faisant un tel bruit que or tellement de bruit que; **~ as** (like) tel (telle) que, comme; **a noise ~ as to** un bruit de nature à; **~ books as I have** les quelques livres que j'ai ▶ adv si; **~ good books** de si bons livres; **~ a long trip** un si long voyage; **~ a long trip that** un voyage si or tellement long que; **~ a long time ago** il y a si or tellement longtemps; **~ a lot of** tellement or tant de ▶ pron: **as ~** en tant que tel (telle), à proprement parler

such-and-such ['sʌtʃənsʌtʃ] adj tel ou tel (telle ou telle)

suchlike ['sʌtʃlaɪk] pron (inf): **and ~** et le reste

suck [sʌk] vt sucer; (breast, bottle) téter; (pump, machine) aspirer

sucker ['sʌkə^r] n (Bot, Zool, Tech) ventouse f; (inf) naïf(-ïve), poire f (inf)

suckle ['sʌkl] vt allaiter

sucrose ['suːkrəuz] n saccharose m

suction ['sʌkʃən] n succion f

suction pump n pompe aspirante

Sudan [su'dɑːn] n Soudan m

Sudanese [suːdə'niːz] adj soudanais(e) ▶ n Soudanais(e)

sudden ['sʌdn] adj soudain(e), subit(e) ▶ n: **all of a ~** soudain, tout à coup

sudden-death [sʌdn'dɛθ] n: **~ play-off** partie supplémentaire pour départager les adversaires

suddenly ['sʌdnlɪ] adv brusquement, tout à coup, soudain

sudoku [su'dəuku:] n sudoku m

suds [sʌdz] npl eau savonneuse

sue [su:] vt poursuivre en justice, intenter un procès à; **to ~ sb for damages** poursuivre qn en dommages-intérêts ▶ vi: **to ~ (for)** intenter un procès (pour) ; **to ~ for divorce** engager une procédure de divorce

suede [sweɪd] n daim m, cuir suédé ▶ cpd de daim

suet ['suɪt] n graisse f de rognon (de bœuf ou de mouton)

Suez Canal ['suːɪz-] n canal m de Suez

suffer ['sʌfəʳ] vt souffrir, subir ; (bear) tolérer, supporter, subir ▶ vi souffrir ; **to ~ from** (illness) souffrir de, avoir ; **to ~ from the effects of alcohol/a fall** se ressentir des effets de l'alcool/des conséquences d'une chute

sufferance ['sʌfərns] n: **he was only there on ~** sa présence était seulement tolérée

sufferer ['sʌfərəʳ] n malade mf ; victime f

suffering ['sʌfərɪŋ] n souffrance(s) f(pl)

suffice [sə'faɪs] vi suffire

sufficient [sə'fɪʃənt] adj suffisant(e) ; **~ money** suffisamment d'argent

sufficiently [sə'fɪʃəntlɪ] adv suffisamment, assez

suffix ['sʌfɪks] n suffixe m

suffocate ['sʌfəkeɪt] vi suffoquer ; étouffer

suffocation [sʌfə'keɪʃən] n suffocation f ; (Med) asphyxie f

suffrage ['sʌfrɪdʒ] n suffrage m ; droit m de suffrage or de vote

suffuse [sə'fjuːz] vt baigner, imprégner ; **the room was suffused with light** la pièce baignait dans la lumière or était imprégnée de lumière

sugar ['ʃugəʳ] n sucre m ▶ vt sucrer

sugar beet n betterave sucrière

sugar bowl n sucrier m

sugar cane n canne f à sucre

sugar-coated ['ʃugə'kəutɪd] adj dragéifié(e)

sugar lump n morceau m de sucre

sugar refinery n raffinerie f de sucre

sugary ['ʃugərɪ] adj sucré(e)

suggest [sə'dʒɛst] vt suggérer, proposer ; (indicate) sembler indiquer ; **what do you ~ I do?** que vous me suggérez de faire ?

suggestion [sə'dʒɛstʃən] n suggestion f

suggestive [sə'dʒɛstɪv] adj suggestif(-ive)

suicidal [suɪ'saɪdl] adj suicidaire

suicide ['suɪsaɪd] n suicide m ; **to commit ~** se suicider ; **~ bombing** attentat m suicide ; see also **commit**

suicide bomber n kamikaze mf

suit [suːt] n (man's) costume m, complet m ; (woman's) tailleur m, ensemble m ; (Cards) couleur f ; (lawsuit) procès m ; **to bring a ~ against sb** intenter un procès contre qn ; **to follow ~** (fig) faire de même ▶ vt (subj: clothes, hairstyle) aller à ; (be convenient for) convenir à ; (adapt): **to ~ sth to** adapter or approprier qch à ; **to be suited to sth** (suitable for) être adapté(e) or approprié(e) à qch ; **well suited** (couple) faits l'un pour l'autre, très bien assortis

suitability [suːtə'bɪlɪtɪ] n (of product) aptitude f à l'usage ; **~ for sth** aptitude f à qch

suitable ['suːtəbl] adj qui convient ; approprié(e), adéquat(e) ; **would tomorrow be ~?** est-ce que demain vous conviendrait ? ; **we found**

somebody ~ nous avons trouvé la personne qu'il nous faut

suitably ['suːtəblɪ] adv comme il se doit (or se devait etc), convenablement

suitcase ['suːtkeɪs] n valise f

suite [swiːt] n (of rooms, also Mus) suite f ; (furniture): **bedroom/dining room ~** (ensemble m de) chambre f à coucher/salle f à manger ; **a three-piece ~** un salon (canapé et deux fauteuils)

suitor ['suːtəʳ] n soupirant m, prétendant m

sulfate ['sʌlfeɪt] n (US) = **sulphate**

sulfur etc ['sʌlfəʳ] n (US) = **sulphur** etc

sulk [sʌlk] vi bouder

sulky ['sʌlkɪ] adj boudeur(-euse), maussade

sullen ['sʌlən] adj renfrogné(e), maussade ; morne

sulphate, (US) **sulfate** ['sʌlfeɪt] n sulfate m ; **copper ~** sulfate de cuivre

sulphur, (US) **sulfur** ['sʌlfəʳ] n soufre m

sulphur dioxide, (US) **sulfur dioxide** n anhydride sulfureux

sulphuric, (US) **sulfuric** [sʌl'fjuərɪk] adj: **~ acid** acide m sulfurique

sultan ['sʌltən] n sultan m

sultana [sʌl'tɑːnə] n (fruit) raisin (sec) de Smyrne

sultry ['sʌltrɪ] adj étouffant(e)

sum [sʌm] n somme f ; (Scol etc) calcul m ▶ **sum up** vt résumer ; (evaluate rapidly) récapituler ▶ vi résumer

> Use the feminine word **somme** to refer to an amount: a sum of money **une somme d'argent**. The masculine word **un somme** means a nap.

Sumatra [su'mɑːtrə] n Sumatra

summarize ['sʌməraɪz] vt résumer

summary ['sʌmərɪ] n résumé m ▶ adj (justice) sommaire

summer ['sʌməʳ] n été m ; **in (the) ~** en été, pendant l'été ▶ cpd d'été, estival(e)

summer camp n (US) colonie f de vacances

summer holidays npl grandes vacances

summerhouse ['sʌməhaus] n (in garden) pavillon m

summertime ['sʌmətaɪm] n (season) été m

summer time n (by clock) heure f d'été

summery ['sʌmərɪ] adj estival(e) ; d'été

summing-up [sʌmɪŋ'ʌp] n résumé m, récapitulation f

summit ['sʌmɪt] n sommet m ; (also: **summit conference**) (conférence f au) sommet

summon ['sʌmən] vt appeler, convoquer ; **to ~ a witness** citer or assigner un témoin ▶ **summon up** vt rassembler, faire appel à

summons ['sʌmənz] n citation f, assignation f ; **to serve a ~ on sb** remettre une assignation à qn ▶ vt citer, assigner

sumo ['suːməu] n: **~ wrestling** sumo m

sump [sʌmp] n (Brit Aut) carter m

sumptuous ['sʌmptjuəs] adj somptueux(-euse)

sun [sʌn] n soleil m ; **in the ~** au soleil ; **to catch the ~** prendre le soleil ; **everything under the ~** absolument tout

Sun. *abbr* (= *Sunday*) dim.
sunbathe ['sʌnbeɪð] *vi* prendre un bain de soleil
sunbeam ['sʌnbiːm] *n* rayon *m* de soleil
sunbed ['sʌnbed] *n* lit pliant ; (*with sun lamp*) lit à ultra-violets
sunblock ['sʌnblɔk] *n* écran *m* total
sunburn ['sʌnbəːn] *n* coup *m* de soleil
sunburned ['sʌnbəːnd], **sunburnt** ['sʌnbəːnt] *adj* brûlé(e) par le soleil ; **to get ~** prendre un coup de soleil
sun cream *n* crème *f* (anti-)solaire
sundae ['sʌndeɪ] *n* sundae *m*, coupe glacée
Sunday ['sʌndɪ] *n* dimanche *m* ; *see also* **Tuesday**
Sunday paper *n* journal *m* du dimanche

SUNDAY PAPER

Les **Sunday papers** sont une véritable institution en Grande-Bretagne et aux États-Unis. La plupart des quotidiens ont une édition du dimanche, avec une équipe de rédacteurs différente des éditions de la semaine. Elle s'accompagne le plus souvent de suppléments spéciaux consacrés aux affaires, au sport, aux voyages, à la vie littéraire, etc, ainsi que d'un magazine en couleur.

Sunday school *n* ≈ catéchisme *m*
sundial ['sʌndaɪəl] *n* cadran *m* solaire
sundown ['sʌndaun] *n* coucher *m* du soleil
sundries ['sʌndrɪz] *npl* articles divers
sundry ['sʌndrɪ] *adj* divers(e), différent(e) ; **all and ~** tout le monde, n'importe qui
sunflower ['sʌnflauəʳ] *n* tournesol *m*
sung [sʌŋ] *pp of* **sing**
sunglasses ['sʌnglɑːsɪz] *npl* lunettes *fpl* de soleil
sun hat *n* chapeau *m* de soleil
sunk [sʌŋk] *pp of* **sink**
sunken ['sʌŋkn] *adj* (*rock, ship*) submergé(e) ; (*cheeks*) creux(-euse) ; (*bath*) encastré(e)
sunlamp ['sʌnlæmp] *n* lampe *f* à rayons ultra-violets
sunlight ['sʌnlaɪt] *n* (lumière *f* du) soleil *m*
sunlit ['sʌnlɪt] *adj* ensoleillé(e)
sun lounger *n* chaise longue
sunny ['sʌnɪ] *adj* ensoleillé(e) ; (*fig*) épanoui(e), radieux(-euse) ; **it is ~** il fait (du) soleil, il y a du soleil
sunrise ['sʌnraɪz] *n* lever *m* du soleil
sun roof *n* (*Aut*) toit ouvrant
sunscreen ['sʌnskriːn] *n* crème *f* solaire
sunset ['sʌnsɛt] *n* coucher *m* du soleil
sunshade ['sʌnʃeɪd] *n* (*lady's*) ombrelle *f* ; (*over table*) parasol *m*
sunshine ['sʌnʃaɪn] *n* (lumière *f* du) soleil *m*
sunspot ['sʌnspɔt] *n* tache *f* solaire
sunstroke ['sʌnstrəuk] *n* insolation *f*
suntan ['sʌntæn] *n* bronzage *m*
suntan lotion *n* lotion *f* or lait *m* solaire
suntanned ['sʌntænd] *adj* bronzé(e)
suntan oil *n* huile *f* solaire
suntrap ['sʌntræp] *n* coin très ensoleillé
super ['suːpəʳ] *adj* (*inf*) formidable
superannuation [suːpərænjuˈeɪʃən] *n* cotisations *fpl* pour la pension

superb [suːˈpəːb] *adj* superbe, magnifique
Super Bowl *n* (*US Sport*) Super Bowl *m*

SUPER BOWL

Le **Super Bowl** est la finale du championnat annuel de la National Football League (NFL), le plus haut niveau du football américain professionnel. Plus de quarante ans après sa première édition, en 1967, le *Super Bowl Sunday* est devenu une tradition, célèbre pour les quantités de nourriture consommées par les millions de fans qui se réunissent pour regarder la finale et les réjouissances de l'après-match à la télévision. La retransmission du *Super Bowl* est l'émission la plus regardée des États-Unis.

superbug ['suːpəbʌg] *n* super bactérie *f*
supercilious [suːpəˈsɪlɪəs] *adj* hautain(e), dédaigneux(-euse)
supercomputer [suːpəkəmˈpjuːtəʳ] *n* superordinateur *m*
superconductor [suːpəkənˈdʌktəʳ] *n* supraconducteur *m*
superficial [suːpəˈfɪʃəl] *adj* superficiel(le)
superficially [suːpəˈfɪʃəlɪ] *adv* superficiellement
superfluous [suˈpəːfluəs] *adj* superflu(e)
superglue ['suːpəgluː] *n* colle forte
superhero ['suːpəhɪərəu] *n* super héros *m*
superhighway ['suːpəhaɪweɪ] *n* (*US*) voie *f* express (à plusieurs files) ; **the information ~** la super-autoroute de l'information
superhuman [suːpəˈhjuːmən] *adj* surhumain(e)
superimpose ['suːpərɪmˈpəuz] *vt* superposer
superintend [suːpərɪnˈtɛnd] *vt* surveiller
superintendent [suːpərɪnˈtɛndənt] *n* directeur(-trice) ; (*Police*) ≈ commissaire *m*
superior [suˈpɪərɪəʳ] *adj* supérieur(e) ; (*Comm: goods, quality*) de qualité supérieure ; (*smug*) condescendant(e), méprisant(e) ▶ *n* supérieur(e) ; **Mother S~** (*Rel*) Mère supérieure
superiority [supɪərɪˈɔrɪtɪ] *n* supériorité *f*
superlative [suˈpəːlətɪv] *adj* sans pareil(le), suprême ▶ *n* (*Ling*) superlatif *m*
superman ['suːpəmæn] *n* (*irreg*) surhomme *m*
supermarket ['suːpəmɑːkɪt] *n* supermarché *m*
supermodel ['suːpəmɔdl] *n* top model *m*
supernatural [suːpəˈnætʃərəl] *adj* surnaturel(le) ▶ *n*: **the ~** le surnaturel
supernova [suːpəˈnəuvə] *n* supernova *f*
superpower ['suːpəpauəʳ] *n* (*Pol*) superpuissance *f*
supersede [suːpəˈsiːd] *vt* remplacer, supplanter
supersonic ['suːpəˈsɔnɪk] *adj* supersonique
superstar ['suːpəstɑːʳ] *n* (*Cine etc*) superstar *f* ; (*Sport*) superchampion(ne) ▶ *adj* (*status, lifestyle*) de superstar
superstition [suːpəˈstɪʃən] *n* superstition *f*
superstitious [suːpəˈstɪʃəs] *adj* superstitieux(-euse)
superstore ['suːpəstɔːʳ] *n* (*BRIT*) hypermarché *m*, grande surface
superstructure ['suːpəstrʌktʃəʳ] *n* superstructure *f*

supertanker ['suːpətæŋkəʳ] n pétrolier géant,
superpétrolier m
supertax ['suːpətæks] n tranche supérieure de
l'impôt
supervise ['suːpəvaɪz] vt (children etc) surveiller ;
(organization, work) diriger
supervision [suːpə'vɪʒən] n surveillance f ;
(monitoring) contrôle m ; (management) direction f ;
under medical ~ sous contrôle du médecin
supervisor ['suːpəvaɪzəʳ] n surveillant(e) ; (in
shop) chef m de rayon ; (Scol) directeur(-trice) de
thèse
supervisory ['suːpəvaɪzərɪ] adj de surveillance
supine ['suːpaɪn] adj couché(e) or étendu(e) sur
le dos
supper ['sʌpəʳ] n dîner m ; (late) souper m ; **to
have ~** dîner ; souper
supplant [sə'plɑːnt] vt supplanter
supple ['sʌpl] adj souple
supplement n ['sʌplɪmənt] supplément m ▸ vt
[sʌplɪ'mɛnt] ajouter à, compléter
supplementary [sʌplɪ'mɛntərɪ] adj
supplémentaire
supplier [sə'plaɪəʳ] n fournisseur m
supply [sə'plaɪ] vt (provide) fournir ; (equip): **to ~
(with)** approvisionner or ravitailler (en) ;
fournir (en) ; (system, machine): **to ~ sth (with
sth)** alimenter qch (en qch) ; (a need) répondre
à ; **it comes supplied with an adaptor** il (or
elle) est pourvu(e) d'un adaptateur ▸ n
provision f, réserve f ; (supplying)
approvisionnement m ; (Tech) alimentation f ;
to be in short ~ être rare, manquer ; **the
electricity/water/gas ~** l'alimentation en
électricité/eau/gaz ; **~ and demand** l'offre f et
la demande ; **supplies** npl (food) vivres mpl ; (Mil)
subsistances fpl ; **office supplies** fournitures
fpl de bureau
supply teacher n (BRIT) suppléant(e)
support [sə'pɔːt] n (moral, financial etc) soutien m,
appui m ; (Tech) support m, soutien ▸ vt
soutenir, supporter ; (financially) subvenir aux
besoins de ; (uphold) être pour, être partisan de,
appuyer ; (Sport: team) être pour ; **to ~ o.s.**
(financially) gagner sa vie
supporter [sə'pɔːtəʳ] n (Pol etc) partisan(e) ;
(Sport) supporter m
supporting [sə'pɔːtɪŋ] adj (wall) d'appui
supporting role n second rôle m
supportive [sə'pɔːtɪv] adj: **my family were
very ~** ma famille m'a été d'un grand soutien
suppose [sə'pəʊz] vt, vi supposer ; imaginer ; **to
be supposed to do/be** être censé(e) faire/être ;
I don't ~ she'll come je suppose qu'elle ne
viendra pas, cela m'étonnerait qu'elle vienne
supposed [sə'pəʊzd, sə'pəʊzɪd] adj (alleged)
supposé(e)
supposedly [sə'pəʊzɪdlɪ] adv soi-disant
supposing [sə'pəʊzɪŋ] conj si, à supposer que+sub
supposition [sʌpə'zɪʃən] n supposition f,
hypothèse f
suppository [sə'pɔzɪtrɪ] n suppositoire m
suppress [sə'prɛs] vt (revolt, feeling) réprimer ;
(information) faire disparaître ; (scandal, yawn)
étouffer

suppression [sə'prɛʃən] n suppression f,
répression f
suppressor [sə'prɛsəʳ] n (Elec etc) dispositif m
antiparasite
supremacy [su'prɛməsɪ] n suprématie f
supreme [su'priːm] adj suprême
Supreme Court n (US) Cour f suprême

: **SUPREME COURT**
:
: La cour suprême (**Supreme Court**) des
: États-Unis, établie en 1789, est la plus haute
: juridiction fédérale, devant tous les
: tribunaux fédéraux et les tribunaux des
: différents États pour les questions de droit
: fédéral. Elle se compose d'un chief justice
: (président) et de huit associate justices (juges)
: nommés par le président des États-Unis et
: confirmés dans leurs fonctions par le Sénat.
: Les justices exercent leur rôle à vie à moins
: qu'ils ne démissionnent, ne prennent leur
: retraite, ou ne soient destitués par le Congrès.
: Chaque État a également une cour suprême,
: qui statue en dernier ressort sur la législation
: et l'administration du système judiciaire de
: l'État en question.

supremely [su'priːmlɪ] adv suprêmement
supremo [su'priːməʊ] n grand chef
Supt. abbr (Police) = **superintendent**
surcharge ['səːtʃɑːdʒ] n surcharge f ; (extra tax)
surtaxe f
sure [ʃuəʳ] adj (gen) sûr(e) ; (definite, convinced) sûr,
certain(e) ; **I'm not ~ how/why/when** je ne sais
pas très bien comment/pourquoi/quand ; **to be
~ of o.s.** être sûr de soi ; **to make ~ of sth/that**
s'assurer de qch/que, vérifier qch/que ▸ adv
(US inf): **that ~ is pretty, that's ~ pretty** c'est
drôlement joli(e) (inf) ; **~!** (of course) bien sûr ! ;
~ enough effectivement
sure-fire ['ʃuəfaɪəʳ] adj (inf) certain(e), infaillible
sure-footed [ʃuə'futɪd] adj au pied sûr
surely ['ʃuəlɪ] adv sûrement ; certainement ;
~ you don't mean that! vous ne parlez pas
sérieusement !
surety ['ʃuərətɪ] n caution f ; **to go** or **stand ~ for
sb** se porter caution pour qn
surf [səːf] n (waves) ressac m ▸ vi (Sport) surfer
▸ vt: **to ~ the Net** surfer sur Internet, surfer sur
le Net
surface ['səːfɪs] n surface f ; **on the ~** (fig) au
premier abord ▸ cpd: **by ~ mail** par voie de
terre ; (by sea) par voie maritime ▸ vt (road) poser
un revêtement sur ▸ vi remonter à la surface ;
(fig) faire surface
surface area n superficie f, aire f
surface mail n courrier m par voie de terre (or
maritime)
surface-to-surface ['səːfɪstə'səːfɪs] adj (Mil)
sol-sol inv
surfboard ['səːfbɔːd] n planche f de surf
surfeit ['səːfɪt] n: **a ~ of** un excès de ; une
indigestion de
surfer ['səːfəʳ] n (in sea) surfeur(-euse) ; (web or
Net) ~ internaute mf
surfing ['səːfɪŋ] n (in sea) surf m

865

surge [sə:dʒ] *n (of emotion)* vague *f* ; *(Elec)* pointe *f* de courant ▸ *vi* déferler ; **to ~ forward** se précipiter (en avant)

surgeon ['sə:dʒən] *n* chirurgien(ne)

Surgeon General *n (US)* chef *m* du service fédéral de la santé publique

surgery ['sə:dʒərɪ] *n* chirurgie *f* ; *(BRIT: room)* cabinet *m* (de consultation) ; *(also:* **surgery hours)** heures *fpl* de consultation ; *(of MP etc)* permanence *f (où le député etc reçoit les électeurs etc)* ; **to undergo ~** être opéré(e)

surgical ['sə:dʒɪkl] *adj* chirurgical(e)

surgically ['sə:dʒɪklɪ] *adv* chirurgicalement

surgical spirit *n (BRIT)* alcool *m* à 90°

surly ['sə:lɪ] *adj* revêche, maussade

surmise [sə:'maɪz] *vt* présumer, conjecturer

surmount [sə:'maunt] *vt* surmonter

surname ['sə:neɪm] *n* nom *m* de famille

surpass [sə:'pɑ:s] *vt* surpasser, dépasser

surplus ['sə:pləs] *n* surplus *m*, excédent *m* ▸ *adj* en surplus, de trop ; *(Comm)* excédentaire ; **it is ~ to our requirements** cela dépasse nos besoins ; **~ stock** surplus *m*

surprise [sə'praɪz] *n (gen)* surprise *f* ; *(astonishment)* étonnement *m* ; **to take by ~** *(person)* prendre au dépourvu ; *(Mil: town, fort)* prendre par surprise ▸ *vt* surprendre, étonner

surprised [sə'praɪzd] *adj (look, smile)* surpris(e), étonné(e) ; **to be ~** être surpris

surprising [sə'praɪzɪŋ] *adj* surprenant(e), étonnant(e)

surprisingly [sə'praɪzɪŋlɪ] *adv (easy, helpful)* étonnamment, étrangement ; **(somewhat) ~, he agreed** curieusement, il a accepté

surreal [sə'rɪəl] *adj* surréel(le)

surrealism [sə'rɪəlɪzəm] *n* surréalisme *m*

surrealist [sə'rɪəlɪst] *adj, n* surréaliste *mf*

surrender [sə'rɛndər] *n* reddition *f*, capitulation *f* ▸ *vi* se rendre, capituler ▸ *vt (claim, right)* renoncer à

surrender value *n* valeur *f* de rachat

surreptitious [sʌrəp'tɪʃəs] *adj* subreptice, furtif(-ive)

surrogate ['sʌrəgɪt] *n (BRIT: substitute)* substitut *m* ▸ *adj* de substitution, de remplacement ; **~ coffee** ersatz *m or* succédané *m* de café

surrogate mother *n* mère porteuse *or* de substitution

surround [sə'raund] *vt* entourer ; *(Mil etc)* encercler

surrounding [sə'raundɪŋ] *adj* environnant(e)

surroundings [sə'raundɪŋz] *npl* environs *mpl*, alentours *mpl*

surtax ['sə:tæks] *n* surtaxe *f*

surtitles ['sə:taɪtlz] *npl* surtitres *mpl*

surveillance [sə:'veɪləns] *n* surveillance *f*

survey *n* ['sə:veɪ] enquête *f*, étude *f* ; *(in house buying etc)* inspection *f*, (rapport *m* d')expertise *f* ; *(of land)* levé *m* ; *(comprehensive view: of situation etc)* vue *f* d'ensemble ▸ *vt* [sə:'veɪ] *(situation)* passer en revue ; *(examine carefully)* inspecter ; *(building)* expertiser ; *(land)* faire le levé de ; *(look at)* embrasser du regard

surveying [sə'veɪɪŋ] *n* arpentage *m*

surveyor [sə'veɪər] *n (of building)* expert *m* ; *(of land)* (arpenteur *m*) géomètre *m*

survival [sə'vaɪvl] *n* survie *f* ; *(relic)* vestige *m* ▸ *cpd (course, kit)* de survie

survive [sə'vaɪv] *vi* survivre ; *(custom etc)* subsister ▸ *vt (accident etc)* survivre à, réchapper de ; *(person)* survivre à

survivor [sə'vaɪvər] *n* survivant(e)

susceptible [sə'sɛptəbl] *adj:* **~ (to)** sensible (à) ; *(disease)* prédisposé(e) (à)

sushi ['su:ʃɪ] *n* sushi *m*

suspect *adj, n* ['sʌspɛkt] suspect(e) ▸ *vt* [səs'pɛkt] soupçonner, suspecter

suspected [səs'pɛktɪd] *adj:* **a ~ terrorist** une personne soupçonnée de terrorisme ; **he had a ~ broken arm** il avait une supposée fracture du bras

suspend [səs'pɛnd] *vt* suspendre

suspended animation [səs'pɛndɪd-] *n:* **in a state of ~** en hibernation

suspended sentence [səs'pɛndɪd-] *n (Law)* condamnation *f* avec sursis

suspender belt [səs'pɛndə-] *n (BRIT)* porte-jarretelles *m inv*

suspenders [səs'pɛndəz] *npl (BRIT)* jarretelles *fpl* ; *(US)* bretelles *fpl*

suspense [səs'pɛns] *n* attente *f*, incertitude *f* ; *(in film etc)* suspense *m* ; **to keep sb in ~** tenir qn en suspens, laisser qn dans l'incertitude

suspension [səs'pɛnʃən] *n (gen, Aut)* suspension *f* ; *(of driving licence)* retrait *m* provisoire

suspension bridge *n* pont suspendu

suspicion [səs'pɪʃən] *n* soupçon(s) *m(pl)* ; **to be under ~** être considéré(e) comme suspect(e), être suspecté(e) ; **arrested on ~ of murder** arrêté sur présomption de meurtre

suspicious [səs'pɪʃəs] *adj (suspecting)* soupçonneux(-euse), méfiant(e) ; *(causing suspicion)* suspect(e) ; **to be ~ of or about sb/sth** avoir des doutes à propos de qn/sur qch, trouver qn/qch suspect(e)

suspiciously [səs'pɪʃəslɪ] *adv (suspecting: ask, look)* avec méfiance ; *(causing suspicion: act, behave)* de manière suspecte ; **it was ~ quiet** il régnait un calme suspect ; **to look/sound ~ like sth** ressembler à s'y méprendre à qch

suss out [sʌs-] *vt (BRIT inf: discover)* supputer *(: understand)* piger *(inf)*

sustain [səs'teɪn] *vt* soutenir ; supporter ; corroborer ; *(subj: food)* nourrir, donner des forces à ; *(damage)* subir ; *(injury)* recevoir

sustainability [səsteɪnə'bɪlɪtɪ] *n* durabilité *f*

sustainable [səs'teɪnəbl] *adj (rate, growth)* qui peut être maintenu(e) ; *(development)* durable

sustainably [sə'steɪnəblɪ] *adv* durablement ; **~ managed** géré(e) durablement

sustained [səs'teɪnd] *adj (effort)* soutenu(e), prolongé(e)

sustenance ['sʌstɪnəns] *n* nourriture *f* ; moyens *mpl* de subsistance

suture ['su:tʃər] *n* suture *f*

SUV *n abbr (esp US: = sports utility vehicle)* SUV *m*, véhicule *m* de loisirs

svelte [svɛlt, sfɛlt] *adj* svelte

SW *abbr (= short wave)* OC

swab [swɔb] *n (Med)* tampon *m* ; prélèvement *m* ▸ *vt (Naut: also:* **swab down)** nettoyer swagger ['swægəʳ] vi plastronner, parader

swallow ['swɔləu] n (bird) hirondelle f ; (of food etc) gorgée f ▸ vt avaler ; (fig: story) gober
▸ swallow up vt engloutir

swam [swæm] pt of swim

swamp [swɔmp] n marais m, marécage m ▸ vt submerger

swampy ['swɔmpɪ] adj marécageux(-euse)

swan [swɔn] n cygne m

swank [swæŋk] vi (inf) faire de l'épate

swanky ['swæŋkɪ] adj (inf: hotel, car) classe (inf)

swan song n (fig) chant m du cygne

swap [swɔp] n échange m, troc m ▸ vt: to ~ (for) échanger (contre), troquer (contre)

SWAPO ['swɑːpəu] n abbr (= South-West Africa People's Organization) SWAPO f

swarm [swɔːm] n essaim m ▸ vi (bees) essaimer ; (people) grouiller ; to be swarming with grouiller de

swarthy ['swɔːðɪ] adj basané(e), bistré(e)

swashbuckling ['swɔʃbʌklɪŋ] adj (film) de cape et d'épée

swastika ['swɔstɪkə] n croix gammée

SWAT n abbr (US: = Special Weapons and Tactics) ≈ CRS f

swat [swɔt] vt écraser ▸ n (BRIT: also: fly swat) tapette f

swathe [sweɪð] vt: to ~ in (bandages, blankets) embobiner de

swatter ['swɔtəʳ] n (also: fly swatter) tapette f

sway [sweɪ] vi se balancer, osciller ; tanguer ▸ vt (influence) influencer ▸ n (rule, power): ~ (over) emprise f (sur) ; to hold ~ over sb avoir de l'emprise sur qn

Swaziland ['swɑːzɪlænd] n Swaziland m

swear [swɛəʳ] (pt swore [swɔːʳ], pp sworn [swɔːn]) vt, vi jurer ; to ~ to sth jurer de qch ; to ~ an oath prêter serment
▸ swear in vt assermenter

swearword ['swɛəwəːd] n gros mot, juron m

sweat [swɛt] n sueur f, transpiration f ; in a ~ en sueur ▸ vi suer

sweatband ['swɛtbænd] n (Sport) bandeau m

sweater ['swɛtəʳ] n tricot m, pull m

sweatshirt ['swɛtʃəːt] n sweat-shirt m

sweatshop ['swɛtʃɔp] n atelier m où les ouvriers sont exploités

sweaty ['swɛtɪ] adj en sueur, moite or mouillé(e) de sueur

Swede [swiːd] n Suédois(e)

swede [swiːd] n (BRIT) rutabaga m

Sweden ['swiːdn] n Suède f

Swedish ['swiːdɪʃ] adj suédois(e) ▸ n (Ling) suédois m

sweep [swiːp] (pt, pp swept [swɛpt]) n coup m de balai ; (curve) grande courbe ; (range) champ m ; (also: chimney sweep) ramoneur m ▸ vt balayer ; (subj: current) emporter ; (subj: fashion, craze) se répandre dans ▸ vi avancer majestueusement or rapidement ; s'élancer ; s'étendre
▸ sweep away vt balayer ; entraîner ; emporter
▸ sweep past vi passer majestueusement or rapidement
▸ sweep up vt, vi balayer

sweeper ['swiːpəʳ] n (person) balayeur m ; (machine) balayeuse f ; (Football) libéro m

sweeping ['swiːpɪŋ] adj (gesture) large ; circulaire ; (changes, reforms) radical(e) ; a ~ statement une généralisation hâtive

sweepstake ['swiːpsteɪk] n sweepstake m

sweet [swiːt] n (BRIT: pudding) dessert m ; (: candy) bonbon m ▸ adj doux (douce) ; (not savoury) sucré(e) ; (fresh) frais (fraîche), pur(e) ; (kind) gentil(le) ; (baby) mignon(ne) ; to smell ~ sentir bon ; to taste ~ avoir un goût sucré ; ~ and sour aigre-doux (douce)

sweetbread ['swiːtbrɛd] n ris m de veau

sweetcorn ['swiːtkɔːn] n maïs doux

sweeten ['swiːtn] vt sucrer ; (fig) adoucir

sweetener ['swiːtnəʳ] n (Culin) édulcorant m

sweetheart ['swiːthɑːt] n amoureux(-euse)

sweetie ['swiːtɪ] n (inf: as address) mon chou m ; (kind person) chou m ; (BRIT inf: candy) bonbon m

sweetly ['swiːtlɪ] adv (smile) gentiment ; (sing, play) mélodieusement

sweetness ['swiːtnɪs] n douceur f ; (of taste) goût sucré

sweet pea n pois m de senteur

sweet potato n patate douce

sweetshop ['swiːtʃɔp] n (BRIT) confiserie f

sweet tooth n: to have a ~ aimer les sucreries

swell [swɛl] (pt swelled [swɛld], pp swollen ['swəulən] or swelled) n (of sea) houle f ▸ adj (US inf: excellent) chouette ▸ vt (increase) grossir, augmenter ▸ vi (increase) grossir, augmenter ; (sound) s'enfler ; (Med: also: swell up) enfler

swelling ['swɛlɪŋ] n (Med) enflure f ; (: lump) grosseur f

sweltering ['swɛltərɪŋ] adj étouffant(e), oppressant(e)

swept [swɛpt] pt, pp of sweep

swerve [swəːv] vi (to avoid obstacle) faire une embardée or un écart ; (off the road) dévier

swift [swɪft] n (bird) martinet m ▸ adj rapide, prompt(e)

swiftly ['swɪftlɪ] adv rapidement, vite

swiftness ['swɪftnɪs] n rapidité f

swig [swɪg] n (inf: drink) lampée f

swill [swɪl] n pâtée f ▸ vt (also: swill out, swill down) laver à grande eau

swim [swɪm] (pt swam [swæm], pp swum [swʌm]) n: to go for a ~ aller nager or se baigner ▸ vi nager ; (Sport) faire de la natation ; (fig: head, room) tourner ; to go swimming aller nager ▸ vt traverser (à la nage) ; (distance) faire (à la nage) ; to ~ a length nager une longueur

swimmer ['swɪməʳ] n nageur(-euse)

swimming ['swɪmɪŋ] n nage f, natation f

swimming baths npl (BRIT) piscine f

swimming cap n bonnet m de bain

swimming costume n (BRIT) maillot m (de bain)

swimmingly ['swɪmɪŋlɪ] adv: to go ~ (wonderfully) se dérouler à merveille

swimming pool n piscine f

swimming trunks npl maillot m de bain

swimsuit ['swɪmsuːt] n maillot m (de bain)

swimwear ['swɪmwɛəʳ] n vêtements mpl de bain

S

swindle ['swɪndl] n escroquerie f ▶ vt escroquer

swindler ['swɪndləʳ] n escroc m

swine [swaɪn] n (pl inv) pourceau m, porc m ; (inf!) salaud m (!)

swine flu n grippe f A

swing [swɪŋ] (pt, pp swung [swʌŋ]) n (in playground) balançoire f ; (movement) balancement m, oscillations fpl ; (change in opinion etc) revirement m ; (Mus) swing m ; rythme m ; **a ~ to the left** (Pol) un revirement en faveur de la gauche ; **to be in full ~** battre son plein ; **to get into the ~ of things** se mettre dans le bain ▶ vt balancer, faire osciller ; (also: **swing round**) tourner, faire virer ▶ vi se balancer, osciller ; (also: **swing round**) virer, tourner ; **the road swings south** la route prend la direction sud

swing bridge n pont tournant

swing door n (BRIT) porte battante

swingeing ['swɪndʒɪŋ] adj (BRIT) écrasant(e) ; considérable

swinging ['swɪŋɪŋ] adj rythmé(e) ; entraînant(e) ; (fig) dans le vent ; **~ door** (US) porte battante

swipe [swaɪp] n grand coup ; gifle f ▶ vt (hit) frapper à toute volée ; gifler ; (inf: steal) piquer (inf) ; (credit card etc) faire passer (dans la machine)

swipe card n carte f magnétique

swirl [swəːl] n tourbillon m ▶ vi tourbillonner, tournoyer

swish [swɪʃ] adj (BRIT inf: smart) rupin(e) ▶ vi (whip) siffler ; (skirt, long grass) bruire

Swiss [swɪs] adj suisse ▶ n (pl inv) Suisse(-sesse)

Swiss French adj suisse romand(e)

Swiss German adj suisse-allemand(e)

Swiss roll n gâteau roulé

switch [swɪtʃ] n (for light, radio etc) bouton m ; (change) changement m, revirement m ▶ vt (change) changer ; (exchange) intervertir ; (invert): **to ~ (round** or **over)** changer de place ▶ **switch off** vt éteindre ; (engine, machine) arrêter ; **could you ~ off the light?** pouvez-vous éteindre la lumière ? ▶ **switch on** vt allumer ; (engine, machine) mettre en marche ; (BRIT: water supply) ouvrir

switchback ['swɪtʃbæk] n (BRIT) montagnes fpl russes

switchblade ['swɪtʃbleɪd] n (also: **switchblade knife**) couteau m à cran d'arrêt

switchboard ['swɪtʃbɔːd] n (Tel) standard m

switchboard operator n (Tel) standardiste mf

Switzerland ['swɪtsələnd] n Suisse f

swivel ['swɪvl] vi (also: **swivel round**) pivoter, tourner

swollen ['swəulən] pp of **swell** ▶ adj (ankle etc) enflé(e)

swoon [swuːn] vi se pâmer

swoop [swuːp] n (by police etc) rafle f, descente f ; (of bird etc) descente en piqué ▶ vi (bird: also: **swoop down**) descendre en piqué, piquer

swop [swɔp] n, vt = **swap**

sword [sɔːd] n épée f

swordfish ['sɔːdfɪʃ] n espadon m

swore [swɔːʳ] pt of **swear**

sworn [swɔːn] pp of **swear** ▶ adj (statement, evidence) donné(e) sous serment ; (enemy) juré(e)

swot [swɔt] vt, vi bûcher, potasser

swum [swʌm] pp of **swim**

swung [swʌŋ] pt, pp of **swing**

sycamore ['sɪkəmɔːʳ] n sycomore m

sycophant ['sɪkəfænt] n flagorneur(-euse)

sycophantic [sɪkə'fæntɪk] adj flagorneur(-euse)

Sydney ['sɪdnɪ] n Sydney

syllable ['sɪləbl] n syllabe f

syllabus ['sɪləbəs] n programme m ; **on the ~** au programme

symbiotic [sɪmbaɪ'ɔtɪk] adj symbiotique

symbol ['sɪmbl] n symbole m

symbolic [sɪm'bɔlɪk], **symbolical** [sɪm'bɔlɪkl] adj symbolique

symbolically [sɪm'bɔlɪklɪ] adv symboliquement

symbolism ['sɪmbəlɪzəm] n symbolisme m

symbolize ['sɪmbəlaɪz] vt symboliser

symmetrical [sɪ'mɛtrɪkl] adj symétrique

symmetry ['sɪmɪtrɪ] n symétrie f

sympathetic [sɪmpə'θɛtɪk] adj (showing pity) compatissant(e) ; (understanding) bienveillant(e), compréhensif(-ive) ; **~ towards** bien disposé(e) envers

⚠ **sympathetic** ne veut pas dire sympathique.

sympathetically [sɪmpə'θɛtɪklɪ] adv avec compassion (or bienveillance)

sympathize ['sɪmpəθaɪz] vi: **to ~ with sb** plaindre qn ; (in grief) s'associer à la douleur de qn ; **to ~ with sth** comprendre qch

sympathizer ['sɪmpəθaɪzəʳ] n (Pol) sympathisant(e)

sympathy ['sɪmpəθɪ] n (pity) compassion f ; **in ~ with** en accord avec ; (strike) en or par solidarité avec ; **with our deepest ~** en vous priant d'accepter nos sincères condoléances ; **sympathies** npl (support) soutien m

symphonic [sɪm'fɔnɪk] adj symphonique

symphony ['sɪmfənɪ] n symphonie f

symphony orchestra n orchestre m symphonique

symposium [sɪm'pəuzɪəm] n symposium m

symptom ['sɪmptəm] n symptôme m ; indice m

symptomatic [sɪmptə'mætɪk] adj symptomatique

synagogue ['sɪnəgɔg] n synagogue f

sync [sɪŋk] n (inf): **in/out of ~** bien/mal synchronisé(e) ; **they're in ~ with each other** (fig) le courant passe bien entre eux

synchromesh [sɪŋkrəu'mɛʃ] n (Aut) synchronisation f

synchronize ['sɪŋkrənaɪz] vt synchroniser ▶ vi: **to ~ with** se produire en même temps que

synchronized swimming ['sɪŋkrənaɪzd-] n natation synchronisée

syncopated ['sɪŋkəpeɪtɪd] adj syncopé(e)

syndicate ['sɪndɪkɪt] n syndicat m, coopérative f ; (Press) agence f de presse

syndicated ['sɪndɪkeɪtɪd] adj (Press: articles) d'agence

syndrome ['sɪndrəum] n syndrome m

synergy ['sɪnədʒɪ] n synergie f

synod ['sɪnəd] *n* synode *m*
synonym ['sɪnənɪm] *n* synonyme *m*
synonymous [sɪ'nɒnɪməs] *adj*: ~ **(with)**
synonyme (de)
synopsis [sɪ'nɒpsɪs] (*pl* **synopses** [-siːz]) *n*
résumé *m*, synopsis *mf*
syntax ['sɪntæks] *n* syntaxe *f*
synthesis ['sɪnθəsɪs] (*pl* **syntheses** [-siːz]) *n*
synthèse *f*
synthesize ['sɪnθɪsaɪz] *vt* synthétiser
synthesizer ['sɪnθəsaɪzər] *n* (*Mus*) synthétiseur *m*
synthetic [sɪn'θɛtɪk] *adj* synthétique ▸ *n*
matière *f* synthétique ; **synthetics** *npl* textiles
artificiels
syphilis ['sɪfɪlɪs] *n* syphilis *f*

syphon ['saɪfən] *n*, *vb* = **siphon**
Syria ['sɪrɪə] *n* Syrie *f*
Syrian ['sɪrɪən] *adj* syrien(ne) ▸ *n* Syrien(ne)
syringe [sɪ'rɪndʒ] *n* seringue *f*
syrup ['sɪrəp] *n* sirop *m* ; (*Brit*: *also*: **golden
syrup**) mélasse raffinée
syrupy ['sɪrəpɪ] *adj* sirupeux(-euse)
system ['sɪstəm] *n* système *m* ; (*order*) méthode
f ; (*Anat*) organisme *m*
systematic [sɪstə'mætɪk] *adj* systématique ;
méthodique
systematically [sɪstə'mætɪklɪ] *adv*
systématiquement
system disk *n* (*Comput*) disque *m* système
systems analyst *n* analyste-programmeur *mf*

S

Tt

T, t [tiː] n (letter) T, t m ; **T for Tommy** T comme Thérèse
TA n abbr (BRIT) = **Territorial Army**
ta [taː] excl (BRIT inf) merci !
tab [tæb] n abbr = **tabulator** ▶ n (loop on coat etc) attache f ; (label) étiquette f ; (on drinks can etc) languette f ; **to keep tabs on** (fig) surveiller
tabby ['tæbɪ] n (also: **tabby cat**) chat(te) tigré(e)
table ['teɪbl] n table f ; **to lay** or **set the** ~ mettre le couvert or la table ; **to clear the** ~ débarrasser la table ; **league** ~ (BRIT Football, Rugby) classement m (du championnat) ; **~ of contents** table des matières ▶ vt (BRIT: motion etc) présenter
tablecloth ['teɪblklɔθ] n nappe f
table d'hôte [taːblˈdəut] adj (meal) à prix fixe
table football n baby-foot m
table lamp n lampe décorative or de table
tablemat ['teɪblmæt] n (for plate) napperon m, set m ; (for hot dish) dessous-de-plat m inv
table salt n sel fin or de table
tablespoon ['teɪblspuːn] n cuiller f de service ; (also: **tablespoonful**: as measurement) cuillerée f à soupe
tablet ['tæblɪt] n (Med) comprimé m ; (: for sucking) pastille f ; (Comput) tablette f (tactile) ; (of stone) plaque f ; **~ of soap** (BRIT) savonnette f
table tennis n ping-pong m, tennis m de table
tabletop ['teɪbltɔp] n plateau m de table
tableware ['teɪblwɛəʳ] n articles mpl de table
table wine n vin m de table
tabloid ['tæblɔɪd] n (newspaper) quotidien m populaire
taboo [təˈbuː] adj, n tabou m
tabulate ['tæbjuleɪt] vt (data, figures) mettre sous forme de table(s)
tabulator ['tæbjuleɪtəʳ] n tabulateur m
tachograph ['tækəgraːf] n tachygraphe m
tachometer [tæˈkɔmɪtəʳ] n tachymètre m
tacit ['tæsɪt] adj tacite
taciturn ['tæsɪtəːn] adj taciturne
tack [tæk] n (nail) petit clou ; (stitch) point m de bâti ; (Naut) bord m, bordée f ; (fig) direction f ; **to change** ~ virer de bord ; **on the wrong** ~ (fig) sur la mauvaise voie ▶ vt (nail) clouer ; (sew) bâtir ; **to** ~ **sth on to (the end of) sth** (of letter, book) rajouter qch à la fin de qch ▶ vi (Naut) tirer un or des bord(s)
tackle ['tækl] n matériel m, équipement m ; (for lifting) appareil m de levage ; (Football, Rugby)
plaquage m ▶ vt (difficulty, animal, burglar) s'attaquer à ; (person: challenge) s'expliquer avec ; (Football, Rugby) plaquer
tacky ['tækɪ] adj collant(e) ; (paint) pas sec (sèche) ; (inf: shabby) moche ; (pej: poor-quality) minable ; (: showing bad taste) ringard(e)
taco ['tækəu] n taco m
tact [tækt] n tact m
tactful ['tæktful] adj plein(e) de tact
tactfully ['tæktfəlɪ] adv avec tact
tactical ['tæktɪkl] adj tactique ; **~ error** erreur f de tactique
tactician [tækˈtɪʃən] n tacticien(ne)
tactics ['tæktɪks] n, npl tactique f
tactile ['tæktaɪl] adj tactile
tactless ['tæktlɪs] adj qui manque de tact
tactlessly ['tæktlɪslɪ] adv sans tact
tad ['tæd] n (inf): **a** ~ un tantinet (inf) ; **it was a ~ confusing** c'était un tantinet déroutant ; **a ~ more expensive** un poil plus cher (inf)
tadpole ['tædpəul] n têtard m
Tadzhikistan [tædʒɪkɪˈstaːn] n = **Tajikistan**
taffeta ['tæfɪtə] n taffetas m ▶ cpd (dress, gown) de taffetas
taffy ['tæfɪ] n (US) (bonbon m au) caramel m
tag [tæg] n étiquette f ; **price/name** ~ étiquette (portant le prix/le nom)
▶ **tag along** vi suivre
tag line n (of joke) chute f ; (: phrase) accroche f
Tahiti [taːˈhiːtɪ] n Tahiti m
Tai Chi [taɪˈtʃiː] n tai chi m
tail [teɪl] n queue f ; (of shirt) pan m ; **to turn** ~ se sauver à toutes jambes ; see also **head** ▶ vt (follow) suivre, filer ; **tails** npl (suit) habit m
▶ **tail away, tail off** vi (in size, quality etc) baisser peu à peu
tailback ['teɪlbæk] n (BRIT) bouchon m
tailcoat ['teɪlkəut] n queue f de pie
tail end n bout m, fin f
tailgate ['teɪlgeɪt] n (Aut) hayon m arrière
tailgating ['teɪlgeɪtɪŋ] n non-respect m des distances de sécurité
tail light n (Aut) feu m arrière
tailor ['teɪləʳ] n tailleur m (artisan) ; ~**'s (shop)** (boutique f de) tailleur ▶ vt: **to** ~ **sth (to)** adapter qch exactement (à)
tailoring ['teɪlərɪŋ] n (cut) coupe f
tailor-made ['teɪlə'meɪd] adj fait(e) sur mesure ; (fig) conçu(e) spécialement
tailpipe ['teɪlpaɪp] n (US) pot m d'échappement

tailwind ['teɪlwɪnd] n vent m arrière inv
taint [teɪnt] vt (meat, food) gâter ; (fig: reputation) salir
tainted ['teɪntɪd] adj (food) gâté(e) ; (water, air) infecté(e) ; (fig) souillé(e)
Taiwan ['taɪ'wɑːn] n Taïwan
Taiwanese [taɪwə'niːz] adj taïwanais(e) ▶ n inv Taïwanais(e)
Tajikistan [tædʒɪkɪ'stɑːn] n Tadjikistan mf
take [teɪk] (pt **took** [tuk], pp **taken** ['teɪkn]) vt prendre ; (gain: prize) remporter ; (require: effort, courage) demander ; (tolerate) accepter, supporter ; (hold: passengers etc) contenir ; (accompany) emmener, accompagner ; (bring, carry) apporter, emporter ; (exam) passer, se présenter à ; (conduct: meeting) présider ; **to ~ sth from** (drawer etc) prendre qch dans ; (person) prendre qch à ; **I ~ it that** je suppose que ; **I took him for a doctor** je l'ai pris pour un docteur ; **to ~ sb's hand** prendre qn par la main ; **to ~ for a walk** (child, dog) emmener promener ; **to be taken ill** tomber malade ; **to ~ it upon o.s. to do sth** prendre sur soi de faire qch ; **~ the first (street) on the left** prenez la première à gauche ; **it won't ~ long** ça ne prendra pas longtemps ; **I was quite taken with her/it** elle/cela m'a beaucoup plu ▶ vi (dye, fire etc) prendre ▶ n (Cine) prise f de vues
▶ **take after** vt fus ressembler à
▶ **take apart** vt démonter
▶ **take away** vt (carry off) emporter ; (remove) enlever ; (subtract) soustraire ▶ vi: **to ~ away from** diminuer
▶ **take back** vt (return) rendre, rapporter ; (one's words) retirer
▶ **take down** vt (building) démolir ; (dismantle: scaffolding) démonter ; (letter etc) prendre, écrire
▶ **take in** vt (deceive) tromper, rouler ; (understand) comprendre, saisir ; (include) couvrir, inclure ; (lodger) prendre ; (orphan, stray dog) recueillir ; (dress, waistband) reprendre
▶ **take off** vi (Aviat) décoller ▶ vt (remove) enlever ; (imitate) imiter, pasticher
▶ **take on** vt (work) accepter, se charger de ; (employee) prendre, embaucher ; (opponent) accepter de se battre contre
▶ **take out** vt sortir ; (remove) enlever ; (invite) sortir avec ; (licence) prendre, se procurer ; **to ~ sth out of** enlever qch de ; (out of drawer etc) prendre qch dans ; **don't ~ it out on me!** ne t'en prends pas à moi ! ; **to ~ sb out to a restaurant** emmener qn au restaurant
▶ **take over** vt (business) reprendre ▶ vi: **to ~ over from sb** prendre la relève de qn
▶ **take to** vt fus (person) se prendre d'amitié pour ; (activity) prendre goût à ; **to ~ to doing sth** prendre l'habitude de faire qch
▶ **take up** vt (one's story) reprendre ; (dress) raccourcir ; (occupy: time, space) prendre, occuper ; (engage in: hobby etc) se mettre à ; (accept: offer, challenge) accepter ; (absorb: liquids) absorber ▶ vi: **to ~ up with sb** se lier d'amitié avec qn
takeaway ['teɪkəweɪ] (BRIT) adj (food) à emporter ▶ n (shop, restaurant) ≈ magasin m qui vend des plats à emporter

take-home pay ['teɪkhəum-] n salaire net
taken ['teɪkən] pp of **take**
takeoff ['teɪkɔf] n (Aviat) décollage m
takeout ['teɪkaut] adj, n (US) = **takeaway**
takeover ['teɪkəuvə] n (Comm) rachat m
takeover bid n offre publique d'achat, OPA f
taker ['teɪkə] n preneur m ; **to fail to find any takers** ne pas trouver preneur
takings ['teɪkɪŋz] npl (Comm) recette f
talc [tælk] n (also: **talcum powder**) talc m
tale [teɪl] n (story) conte m, histoire f ; (account) récit m ; (pej) histoire ; **to tell tales** (fig) rapporter
talent ['tælnt] n talent m, don m
talent competition, talent contest n concours m d'amateurs
talented ['tæləntɪd] adj doué(e), plein(e) de talent
talent scout n découvreur m de vedettes (or joueurs etc)
Taliban ['tælɪbæn] n: **the ~** les talibans ▶ adj taliban(e)
talisman ['tælɪzmən] n talisman m
talk [tɔːk] n (a speech) causerie f, exposé m ; (conversation) discussion f ; (interview) entretien m, propos mpl ; (gossip) racontars mpl (pej) ; **to give a ~** faire un exposé ▶ vi parler ; (chatter) bavarder ; **to ~ about** parler de ; (converse) s'entretenir or parler de ; **talking of films, have you seen …?** à propos de films, as-tu vu … ? ▶ vt (language, politics) parler ; **to ~ shop** parler métier or affaires ; **to ~ sb out of/into doing** persuader qn de ne pas faire/de faire ; **talks** npl (Pol etc) entretiens mpl ; conférence f
▶ **talk over** vt discuter (de)
▶ **talk through** vt (discuss) discuter sérieusement ; (explain): **to ~ sb through sth** expliquer qch à qn ; **to ~ sth through with sb** discuter sérieusement de qch avec qn
talkative ['tɔːkətɪv] adj bavard(e)
talking point ['tɔːkɪŋ-] n sujet m de conversation
talking-to ['tɔːkɪŋtu] n: **to give sb a good ~** passer un savon à qn
talk show n (TV, Radio) émission-débat f
tall [tɔːl] adj (person) grand(e) ; (building, tree) haut(e) ; **to be 6 feet ~** ≈ mesurer 1 mètre 80 ; **how ~ are you?** combien mesurez-vous ?
tallboy ['tɔːlbɔɪ] n (BRIT) grande commode
tallness ['tɔːlnɪs] n grande taille ; hauteur f
tall story n histoire f invraisemblable
tally ['tælɪ] n compte m ; **to keep a ~ of sth** tenir le compte de qch ▶ vi: **to ~ (with)** correspondre (à)
talon ['tælən] n griffe f ; (of eagle) serre f
tambourine [tæmbə'riːn] n tambourin m
tame [teɪm] adj apprivoisé(e) ; (fig: story, style) insipide
Tamil ['tæmɪl] adj tamoul(e), tamil(e) ▶ n Tamoul(e), Tamil(e) ; (Ling) tamoul m, tamil m
tamper ['tæmpə] vi: **to ~ with** toucher à (en cachette ou sans permission)
tampon ['tæmpən] n tampon m hygiénique or périodique

t

871

tan – Taurus

tan [tæn] *n (also:* **suntan**) bronzage *m*; **to get a ~**
bronzer ▶ *vt, vi* bronzer, brunir ▶ *adj (colour)*
marron clair *inv*

tandem ['tændəm] *n* tandem *m*

tandoori [tæn'duərɪ] *adj* tandouri

tang [tæŋ] *n* odeur (*or* saveur) piquante

tangent ['tændʒənt] *n (Math)* tangente *f*; **to go
off at a ~** *(fig)* partir dans une digression

tangerine [tændʒə'riːn] *n* mandarine *f*

tangible ['tændʒəbl] *adj* tangible; **~ assets**
biens réels

Tangier [tæn'dʒɪər] *n* Tanger

tangle ['tæŋgl] *n* enchevêtrement *m*; **to get
in(to) a ~** s'emmêler ▶ *vt* enchevêtrer

tango ['tæŋgəu] *n* tango *m*

tank [tæŋk] *n* réservoir *m*; *(for processing)* cuve *f*;
(for fish) aquarium *m*; *(Mil)* char *m* d'assaut,
tank *m*

tankard ['tæŋkəd] *n* chope *f*

tanker ['tæŋkər] *n (ship)* pétrolier *m*, tanker *m*;
(truck) camion-citerne *m*; *(Rail)* wagon-
citerne *m*

tankini [tæn'kiːnɪ] *n* tankini *m*

tanned [tænd] *adj* bronzé(e)

tannin ['tænɪn] *n* tanin *m*

tanning ['tænɪŋ] *n (of leather)* tannage *m*

Tannoy® ['tænɔɪ] *n (BRIT)* haut-parleur *m*; **over
the ~** par haut-parleur

tantalizing ['tæntəlaɪzɪŋ] *adj (smell)*
extrêmement appétissant(e); *(offer)*
terriblement tentant(e)

tantamount ['tæntəmaunt] *adj:* **~ to** qui
équivaut à

tantrum ['tæntrəm] *n* accès *m* de colère; **to
throw a ~** piquer une colère

Tanzania [tænzə'nɪə] *n* Tanzanie *f*

Tanzanian [tænzə'nɪən] *adj* tanzanien(ne) ▶ *n*
Tanzanien(ne)

Taoiseach ['tiːʃək] *n* Premier ministre de la
République d'Irlande

tap [tæp] *n (on sink etc)* robinet *m*; *(gentle blow)*
petite tape; **on ~** *(beer)* en tonneau; *(fig:
resources)* disponible ▶ *vt* frapper *or* taper
légèrement; *(resources)* exploiter, utiliser;
(telephone) mettre sur écoute

tap dancing *n* claquettes *fpl*

tape [teɪp] *n (for tying)* ruban *m*; *(also:*
magnetic tape) bande *f* (magnétique);
(cassette) cassette *f*; *(sticky)* Scotch® *m*; **on ~**
(song etc) enregistré(e) ▶ *vt (record)* enregistrer
(au magnétoscope *or* sur cassette); *(stick)* coller
avec du Scotch®

tape deck *n* platine *f* d'enregistrement

tape measure *n* mètre *m* à ruban

taper ['teɪpər] *n* cierge *m* ▶ *vi* s'effiler

tape recorder *n* magnétophone *m*

tapered ['teɪpəd], **tapering** ['teɪpərɪŋ] *adj*
fuselé(e), effilé(e)

tapestry ['tæpɪstrɪ] *n* tapisserie *f*

tapeworm ['teɪpwəːm] *n* ver *m* solitaire, ténia *m*

tapioca [tæpɪ'əukə] *n* tapioca *m*

tappet ['tæpɪt] *n (Aut)* poussoir *m* (de soupape)

tar [taː] *n* goudron *m*; **low-/middle-~
cigarettes** cigarettes *fpl* à faible/moyenne
teneur en goudron

tarantula [tə'ræntjulə] *n* tarentule *f*

tardy ['taːdɪ] *adj* tardif(-ive)

target ['taːgɪt] *n* cible *f*; *(fig: objective)*
objectif *m*; **to be on ~** *(project)* progresser
comme prévu

target practice *n* exercices *mpl* de tir (à la
cible)

tariff ['tærɪf] *n (Comm)* tarif *m*; *(taxes)* tarif
douanier

tarmac ['taːmæk] *n (BRIT: on road)* macadam *m*;
(Aviat) aire *f* d'envol ▶ *vt (BRIT)* goudronner

tarnish ['taːnɪʃ] *vt* ternir

tarot ['tærəu] *n* tarot *m*

tarpaulin [taː'pɔːlɪn] *n* bâche goudronnée

tarragon ['tærəgən] *n* estragon *m*

tart [taːt] *n (Culin)* tarte *f*; *(BRIT inf, pej: promiscuous
woman)* pétasse *f (inf)*; *(: prostitute)* poule *f (inf)*
▶ *adj (flavour)* âpre, aigrelet(te); *(remark, reply)*
acide

  ▶ **tart up** *vt (inf):* **to ~ o.s. up** se faire beau
(belle); *(pej)* s'attifer

tartan ['taːtn] *n* tartan *m* ▶ *adj* écossais(e)

tartar ['taːtər] *n (on teeth)* tartre *m*

tartar sauce, tartare sauce ['taːtə-] *n* sauce *f*
tartare

tartly ['taːtlɪ] *adv (say, reply)* d'un ton acide

task [taːsk] *n* tâche *f*; **to take to ~** prendre à
partie

task force *n (Mil, Police)* détachement spécial

taskmaster ['taːskmaːstər] *n:* **he's a hard ~** il
est très exigeant dans le travail

Tasmania [tæz'meɪnɪə] *n* Tasmanie *f*

tassel ['tæsl] *n* gland *m*; pompon *m*

taste [teɪst] *n* goût *m*; *(fig: glimpse, idea)* idée *f*,
aperçu *m*; **to have a ~ of sth** goûter (à) qch;
can I have a ~? je peux goûter?; **to have a ~ for
sth** aimer qch, avoir un penchant pour qch; **to
be in good/bad** *or* **poor ~** être de bon/mauvais
goût ▶ *vt* goûter; **you can ~ the garlic (in it)**
on sent bien l'ail ▶ *vi:* **to ~ bitter** être
amer(-ère); **to ~ of** *(fish etc)* avoir le *or* un goût
de; **it tastes like fish** ça a un *or* le goût de
poisson, on dirait du poisson; **what does it ~
like?** quel goût ça a?

taste bud *n* papille *f*

tasteful ['teɪstful] *adj* de bon goût

tastefully ['teɪstfəlɪ] *adv* avec goût

tasteless ['teɪstlɪs] *adj (food)* insipide; *(remark)*
de mauvais goût

taster ['teɪstər] *n (person)* dégustateur(-trice);
(esp BRIT: foretaste) avant-goût *m*

tasty ['teɪstɪ] *adj* savoureux(-euse),
délicieux(-euse)

tat [tæt] *n (BRIT inf)* camelote *f (inf)*

tattered ['tætəd] *adj see* **tatters**

tatters ['tætəz] *npl:* **in ~** *(also:* **tattered**) en
lambeaux

tattoo [tə'tuː] *n* tatouage *m*; *(spectacle)* parade *f*
militaire ▶ *vt* tatouer

tatty ['tætɪ] *adj (BRIT inf)* défraîchi(e), en piteux
état

taught [tɔːt] *pt, pp of* **teach**

taunt [tɔːnt] *n* raillerie *f* ▶ *vt* railler

Taurus ['tɔːrəs] *n* le Taureau; **to be ~** être du
Taureau

taut [tɔ:t] *adj* tendu(e)

tautology [tɔ:'tɒlədʒɪ] *n* tautologie *f*

tavern ['tævən] *n* taverne *f*

tawdry ['tɔ:drɪ] *adj* criard(e)

tawny ['tɔ:nɪ] *adj* fauve (*couleur*)

tax [tæks] *n* (*on goods etc*) taxe *f* ; (*on income*) impôts *mpl*, contributions *fpl* ; **before/after ~** avant/après l'impôt ; **free of ~** exonéré(e) d'impôt ▶ *vt* taxer ; imposer ; (*fig: patience etc*) mettre à l'épreuve

taxable ['tæksəbl] *adj* (*income*) imposable

tax allowance *n* part *f* du revenu non imposable, abattement *m* à la base

taxation [tæk'seɪʃən] *n* taxation *f* ; impôts *mpl*, contributions *fpl* ; **system of ~** système fiscal

tax avoidance *n* évasion fiscale

tax collector *n* percepteur *m*

tax disc *n* (*BRIT Aut*) vignette *f* (automobile)

tax evasion *n* fraude fiscale

tax exemption *n* exonération fiscale, exemption *f* d'impôts

tax exile *n* personne qui s'expatrie pour raisons fiscales

tax-free ['tæksfri:] *adj* exempt(e) d'impôts

tax haven *n* paradis fiscal

taxi ['tæksɪ] *n* taxi *m* ▶ *vi* (*Aviat*) rouler (lentement) au sol

taxidermist ['tæksɪdə:mɪst] *n* empailleur(-euse) (*d'animaux*)

taxi driver *n* chauffeur *m* de taxi

taxing ['tæksɪŋ] *adj* ardu(e)

tax inspector *n* (*BRIT*) percepteur *m*

taxi rank, (*US*) **taxi stand** *n* station *f* de taxis

taxonomy [tæk'sɒnəmɪ] *n* taxinomie *f*, taxonomie *f*

tax payer [-peɪəʳ] *n* contribuable *mf*

tax rebate *n* ristourne *f* d'impôt

tax relief *n* dégrèvement *or* allègement fiscal, réduction *f* d'impôt

tax return *n* déclaration *f* d'impôts *or* de revenus

tax year *n* année fiscale

TB *n abbr* = **tuberculosis**

tbc *abbr* = **to be confirmed**

tbs., tbsp. *n abbr* (= *tablespoonful*) cuil. *f* à s. (= *cuillerée à soupe*)

TD *n abbr* (*US*) = **Treasury Department**; (: *Football*) = **touchdown**

tea [ti:] *n* thé *m* ; (*BRIT: snack: for children*) goûter *m* ; **high ~** (*BRIT*) collation combinant goûter et dîner

tea bag *n* sachet *m* de thé

tea break *n* (*BRIT*) pause-thé *f*

teacake ['ti:keɪk] *n* (*BRIT*) ≈ petit pain aux raisins

teach [ti:tʃ] (*pt, pp* **taught** [tɔ:t]) *vt*: **to ~ sb sth, to ~ sth to sb** apprendre qch à qn ; (*in school etc*) enseigner qch à qn ; **it taught him a lesson** (*fig*) ça lui a servi de leçon ▶ *vi* enseigner

teacher ['ti:tʃəʳ] *n* (*in secondary school*) professeur *m* ; (*in primary school*) instituteur(-trice) ; **French ~** professeur de français

teacher training college *n* (*for primary schools*) ≈ école normale d'instituteurs ; (*for secondary schools*) collège *m* de formation pédagogique (*pour l'enseignement secondaire*)

teaching ['ti:tʃɪŋ] *n* enseignement *m*

teaching aids *npl* supports *mpl* pédagogiques

teaching assistant *n* aide-éducateur(-trice)

teaching hospital *n* (*BRIT*) C.H.U. *m*, centre *m* hospitalo-universitaire

teaching staff *n* (*BRIT*) enseignants *mpl*

tea cosy *n* couvre-théière *m*

teacup ['ti:kʌp] *n* tasse *f* à thé

teak [ti:k] *n* teck *m* ▶ *adj* en *or* de teck

tea leaves *npl* feuilles *fpl* de thé

team [ti:m] *n* équipe *f* ; (*of animals*) attelage *m* ▶ **team up** *vi*: **to ~ up (with)** faire équipe (avec)

team games *npl* jeux *mpl* d'équipe

teammate ['ti:mmeɪt] *n* coéquipier(-ière)

teamwork ['ti:mwə:k] *n* travail *m* d'équipe

tea party *n* thé *m* (*réception*)

teapot ['ti:pɔt] *n* théière *f*

tear¹ ['tɪəʳ] *n* larme *f* ; **in tears** en larmes ; **to burst into tears** fondre en larmes

tear² [tɛəʳ] (*pt* **tore** [tɔ:ʳ], *pp* **torn** [tɔ:n]) *n* déchirure *f* ▶ *vt* déchirer ; **to ~ to pieces** *or* **to bits** *or* **to shreds** mettre en pièces ; (*fig*) démolir ▶ *vi* se déchirer
▶ **tear along** *vi* (*rush*) aller à toute vitesse
▶ **tear apart** *vt* (*also fig*) déchirer
▶ **tear at** *vt fus* (*prey, meat, clothes*) arracher des lambeaux de
▶ **tear away** *vt*: **to ~ o.s. away (from sth)** (*fig*) s'arracher (de qch)
▶ **tear down** *vt* (*building, statue*) démolir ; (*poster, flag*) arracher
▶ **tear off** *vt* (*sheet of paper etc*) arracher ; (*one's clothes*) enlever à toute vitesse
▶ **tear out** *vt* (*sheet of paper, cheque*) arracher
▶ **tear up** *vt* (*sheet of paper etc*) déchirer, mettre en morceaux *or* pièces

tearaway ['tɛərəweɪ] *n* (*inf*) casse-cou *m inv*

teardrop ['tɪədrɔp] *n* larme *f*

tearful ['tɪəful] *adj* larmoyant(e)

tearfully ['tɪəfulɪ] *adv* (*say, smile*) à travers ses larmes

tear gas ['tɪə-] *n* gaz *m* lacrymogène

tearoom ['ti:ru:m] *n* salon *m* de thé

tease [ti:z] *n* taquin(e) ▶ *vt* taquiner ; (*unkindly*) tourmenter

tea set *n* service *m* à thé

teashop ['ti:ʃɔp] *n* salon *m* de thé

teaspoon ['ti:spu:n] *n* petite cuiller ; (*as measurement: also*: **teaspoonful**) ≈ cuillerée *f* à café

tea strainer *n* passoire *f* (à thé)

teat [ti:t] *n* tétine *f*

teatime ['ti:taɪm] *n* l'heure *f* du thé

tea towel *n* (*BRIT*) torchon *m* (à vaisselle)

tea urn *n* fontaine *f* à thé

tech [tɛk] *n abbr* (*inf*) = **technology**; **technical college**

technical ['tɛknɪkl] *adj* technique

technical college *n* C.E.T. *m*, collège *m* d'enseignement technique

technicality [tɛknɪ'kælɪtɪ] *n* technicité *f* ; (*detail*) détail *m* technique ; **on a legal ~** à cause de (*or* grâce à) l'application à la lettre d'une subtilité juridique ; pour vice de forme

t

technically ['tɛknɪklɪ] adv techniquement ; (strictly speaking) en théorie, en principe

technician [tɛk'nɪʃən] n technicien(ne)

technique [tɛk'niːk] n technique f

techno ['tɛknəu] n (Mus) techno f

technocrat ['tɛknəkræt] n technocrate mf

technological [tɛknə'lɔdʒɪkl] adj technologique

technologically [tɛknə'lɔdʒɪklɪ] adv technologiquement

technologist [tɛk'nɔlədʒɪst] n technologue mf

technology [tɛk'nɔlədʒɪ] n technologie f

tectonic [tɛk'tɔnɪk] adj tectonique

teddy ['tɛdɪ], **teddy bear** n ours m (en peluche)

tedious ['tiːdɪəs] adj fastidieux(-euse)

tedium ['tiːdɪəm] n ennui m

tee [tiː] n (Golf) tee m

teem [tiːm] vi: **to ~ (with)** grouiller (de) ; **it is teeming (with rain)** il pleut à torrents

teen [tiːn] adj = **teenage** ▸ n (US) = **teenager**

teenage ['tiːneɪdʒ] adj (fashions etc) pour jeunes, pour adolescents ; (child) qui est adolescent(e)

teenager ['tiːneɪdʒəʳ] n adolescent(e)

teens [tiːnz] npl: **to be in one's ~** être adolescent(e)

teepee ['tiːpiː] n tipi m

tee-shirt ['tiːʃəːt] n = **T-shirt**

teeter ['tiːtəʳ] vi chanceler, vaciller

teeth [tiːθ] npl of **tooth**

teethe [tiːð] vi percer ses dents

teething ring ['tiːðɪŋ-] n anneau m (pour bébé qui perce ses dents)

teething troubles ['tiːðɪŋ-] npl (fig) difficultés initiales

teetotal ['tiː'təutl] adj (person) qui ne boit jamais d'alcool

teetotaller, (US) **teetotaler** ['tiː'təutləʳ] n personne f qui ne boit jamais d'alcool

TEFL ['tɛfl] n abbr = **Teaching of English as a Foreign Language**

Teflon® ['tɛflɔn] n Téflon® m

Teheran [tɛə'rɑːn] n Téhéran

tel. abbr (= telephone) tél

Tel Aviv ['tɛlə'viːv] n Tel Aviv

telecast ['tɛlɪkɑːst] vt télédiffuser, téléviser

telecommunications ['tɛlɪkəmjuːnɪ'keɪʃənz] n télécommunications fpl

telecommuting [tɛlɪkə'mjuːtɪŋ] n télétravail m

telecoms ['tɛlɪkɔmz] (inf) npl télécoms fpl ▸ cpd (analyst) télécoms ; (firm) de télécoms ; (giant, industry) des télécoms

teleconference ['tɛlɪkɔnfərəns] n téléconférence f

teleconferencing [tɛlɪ'kɔnfərənsɪŋ] n téléconférence(s) f(pl)

telegram ['tɛlɪgræm] n télégramme m

telegraph ['tɛlɪgrɑːf] n télégraphe m

telegraphic [tɛlɪ'græfɪk] adj télégraphique

telegraph pole n poteau m télégraphique

telegraph wire n fil m télégraphique

telemarketing ['tɛlɪmɑːkɪtɪŋ] n télémarketing m

telepathic [tɛlɪ'pæθɪk] adj télépathique

telepathy [tə'lɛpəθɪ] n télépathie f

telephone ['tɛlɪfəun] n téléphone m ; **to have a ~, to be on the ~** (subscriber) avoir le téléphone ; **to be on the ~** (be speaking) être au téléphone ▸ vt (person) téléphoner à ; (message) téléphoner

telephone book n = **telephone directory**

telephone booth, (BRIT) **telephone box** n cabine f téléphonique

telephone call n appel m téléphonique

telephone directory n annuaire m (du téléphone)

telephone exchange n central m (téléphonique)

telephone number n numéro m de téléphone

telephone operator n téléphoniste mf, standardiste mf

telephone tapping [-tæpɪŋ] n mise f sur écoute

telephonist [tɪ'lɛfənɪst] n (BRIT) téléphoniste mf

telephony [tɪ'lɛfənɪ] n téléphonie m

telephoto ['tɛlɪfəutəu] adj: **~ lens** téléobjectif m

teleprinter ['tɛlɪprɪntəʳ] n téléscripteur m

telesales ['tɛlɪseɪlz] npl télévente f

telescope ['tɛlɪskəup] n télescope m ▸ vi se télescoper ▸ vt télescoper

telescopic [tɛlɪ'skɔpɪk] adj télescopique ; (umbrella) à manche télescopique

Teletext® ['tɛlɪtɛkst] n télétexte m

telethon ['tɛlɪθɔn] n téléthon m

televise ['tɛlɪvaɪz] vt téléviser

television ['tɛlɪvɪʒən] n télévision f ; **on ~** à la télévision

television licence n (BRIT) redevance f (de l'audio-visuel)

television programme n (BRIT) émission f de télévision

television set n poste m de télévision, téléviseur m

teleworker ['tɛlɪwəːkəʳ] n télétravailleur(-euse)

teleworking ['tɛlɪwəːkɪŋ] n télétravail m

telex ['tɛlɛks] n télex m ▸ vt (message) envoyer par télex ; (person) envoyer un télex à ▸ vi envoyer un télex

tell [tɛl] (pt, pp told [təuld]) vt dire ; (relate: story) raconter ; (distinguish): **to ~ sth from** distinguer qch de ; **to ~ sb to do** dire à qn de faire ; **to ~ sb about sth** (place, object etc) parler de qch à qn ; (what happened etc) raconter qch à qn ; **to ~ the time** (know how to) savoir lire l'heure ; **can you ~ me the time?** pourriez-vous me dire l'heure ? ; **(I) ~ you what, ...** écoute, ... ; **I can't ~ them apart** je n'arrive pas à les distinguer ▸ vi (talk): **to ~ of** parler de ; (have effect) se faire sentir, se voir

▸ **tell off** vt réprimander, gronder

▸ **tell on** vt fus (inform against) dénoncer, rapporter contre

teller ['tɛləʳ] n (in bank) caissier(-ière)

telling ['tɛlɪŋ] adj (remark, detail) révélateur(-trice)

telltale ['tɛlteɪl] n rapporteur(-euse) ▸ adj (sign) éloquent(e), révélateur(-trice)

telly ['tɛlɪ] n abbr (BRIT inf: = television) télé f

temerity [tə'mɛrɪtɪ] n témérité f

temp [tɛmp] n (Brit: = temporary worker)
intérimaire mf ▶ vi travailler comme
intérimaire

temper ['tɛmpəʳ] n (nature) caractère m ; (mood)
humeur f ; (fit of anger) colère f ; **to be in a ~** être
en colère ; **to lose one's ~** se mettre en colère ;
to keep one's ~ rester calme ▶ vt (moderate)
tempérer, adoucir

temperament ['tɛmprəmənt] n (nature)
tempérament m

temperamental [tɛmprə'mɛntl] adj
capricieux(-euse)

temperance ['tɛmpərns] n modération f ; (in
drinking) tempérance f

temperate ['tɛmprət] adj modéré(e) ; (climate)
tempéré(e)

temperature ['tɛmprətʃəʳ] n température f ; **to
have** or **run a ~** avoir de la fièvre

temperature chart n (Med) feuille f de
température

tempered ['tɛmpəd] adj (steel) trempé(e)

tempest ['tɛmpɪst] n tempête f

tempestuous [tɛm'pɛstjuəs] adj (fig)
orageux(-euse) ; (: person) passionné(e)

tempi ['tɛmpi:] npl of **tempo**

template ['tɛmplɪt] n patron m

temple ['tɛmpl] n (building) temple m ; (Anat)
tempe f

templet ['tɛmplɪt] n = **template**

tempo ['tɛmpəu] (pl **tempos** or **tempi** ['tɛmpi:]) n
tempo m ; (fig: of life etc) rythme m

temporal ['tɛmpərl] adj temporel(le)

temporarily ['tɛmpərərɪlɪ] adv
temporairement ; provisoirement

temporary ['tɛmpərərɪ] adj temporaire,
provisoire ; (job, worker) temporaire ;
~ secretary (secrétaire f) intérimaire f ; **a ~
teacher** un professeur remplaçant or
suppléant

temporize ['tɛmpəraɪz] vi atermoyer ;
transiger

tempt [tɛmpt] vt tenter ; **to ~ sb into doing**
induire qn à faire ; **to be tempted to do sth**
être tenté(e) de faire qch

temptation [tɛmp'teɪʃən] n tentation f

tempting ['tɛmptɪŋ] adj tentant(e) ; (food)
appétissant(e)

ten [tɛn] num dix ▶ n: **tens of thousands** des
dizaines fpl de milliers

tenable ['tɛnəbl] adj défendable

tenacious [tə'neɪʃəs] adj tenace

tenacity [tə'næsɪtɪ] n ténacité f

tenancy ['tɛnənsɪ] n location f ; état m de
locataire

tenant ['tɛnənt] n locataire mf

tend [tɛnd] vt s'occuper de ; (sick etc) soigner ▶ vi:
to ~ to do avoir tendance à faire ; **to ~ to** (colour)
tirer sur

tendency ['tɛndənsɪ] n tendance f

tender ['tɛndəʳ] adj tendre ; (delicate) délicat(e) ;
(sore) sensible ; (affectionate) tendre, doux
(douce) ▶ n (Comm: offer) soumission f ; (money):
legal ~ cours légal ; **to put in a ~ (for)** faire une
soumission (pour) ; **to put work out to ~** (Brit)
mettre un contrat en adjudication ▶ vt offrir ;

to ~ one's resignation donner sa démission
▶ **tender for** vt fus soumissionner à un appel
d'offres

tenderize ['tɛndəraɪz] vt (Culin) attendrir

tenderly ['tɛndəlɪ] adv tendrement

tenderness ['tɛndənɪs] n tendresse f ; (of meat)
tendreté f

tendon ['tɛndən] n tendon m

tenement ['tɛnəmənt] n immeuble m (de
rapport)

Tenerife [tɛnə'ri:f] n Ténérife f

tenet ['tɛnət] n principe m

Tenn. abbr (US) = **Tennessee**

tenner ['tɛnəʳ] n (Brit inf) billet m de dix livres

tennis ['tɛnɪs] n tennis m ▶ cpd (club, match, racket,
player) de tennis

tennis ball n balle f de tennis

tennis court n (court m de) tennis m

tennis elbow n (Med) synovite f du coude

tennis match n match m de tennis

tennis player n joueur(-euse) de tennis

tennis racket n raquette f de tennis

tennis shoes npl (chaussures fpl de) tennis mpl

tenor ['tɛnəʳ] n (Mus) ténor m ; (of speech etc) sens
général

tenpin bowling ['tɛnpɪn-] n (Brit) bowling m (à
10 quilles)

tense [tɛns] adj tendu(e) ; (person) tendu,
crispé(e) ▶ n (Ling) temps m ▶ vt (tighten: muscles)
tendre

tenseness ['tɛnsnɪs] n tension f

tension ['tɛnʃən] n tension f

tent [tɛnt] n tente f

tentacle ['tɛntəkl] n tentacule m

tentative ['tɛntətɪv] adj timide, hésitant(e) ;
(conclusion) provisoire

tenterhooks ['tɛntəhuks] npl: **on ~** sur des
charbons ardents

tenth [tɛnθ] num dixième

tent peg n piquet m de tente

tent pole n montant m de tente

tenuous ['tɛnjuəs] adj ténu(e)

tenure ['tɛnjuəʳ] n (of property) bail m ; (of job)
période f de jouissance ; statut m de titulaire

tepid ['tɛpɪd] adj tiède

tequila [tɪ'ki:lə] n tequila f

Ter. abbr = **terrace**

term [təːm] n (limit) terme m ; (word) terme,
mot m ; (Scol) trimestre m ; (Law) session f ;
~ of imprisonment peine f de prison ; **his ~
of office** la période où il était en fonction ; **in
the short/long ~** à court/long terme ▶ vt
appeler ; **terms** npl (conditions) conditions fpl ;
(Comm) tarif m ; **"easy terms"** (Comm)
« facilités de paiement » ; **to come to terms
with** (problem) faire face à ; **to be on good
terms with** bien s'entendre avec, être en bons
termes avec

terminal ['təːmɪnl] adj terminal(e) ; (disease)
dans sa phase terminale ; (patient) incurable
▶ n (Elec) borne f ; (for oil, ore etc, also Comput)
terminal m ; (also: **air terminal**) aérogare f ;
(Brit: also: **coach terminal**) gare routière

terminally ['təːmɪnlɪ] adv: **to be ~ ill** être en
phase terminale

t

terminate ['tə:mɪneɪt] *vt* mettre fin à ; *(pregnancy)* interrompre ▸ *vi*: **to ~ in** finir en *or* par

termination [tə:mɪ'neɪʃən] *n* fin *f* ; cessation *f* ; *(of contract)* résiliation *f* ; **~ of pregnancy** *(Med)* interruption *f* de grossesse

termini ['tə:mɪnaɪ] *npl of* **terminus**

terminology [tə:mɪ'nɔlədʒɪ] *n* terminologie *f*

terminus ['tə:mɪnəs] *(pl* **termini** ['tə:mɪnaɪ]) *n* terminus *m inv*

termite ['tə:maɪt] *n* termite *m*

term paper *n (US University)* dissertation trimestrielle

terrace ['tɛrəs] *n* terrasse *f* ; *(BRIT: row of houses)* rangée *f* de maisons *(attenantes les unes aux autres)* ; **the terraces** *(BRIT Sport)* les gradins *mpl*

terraced ['tɛrəst] *adj (garden)* en terrasses ; *(in a row: house)* attenant(e) aux maisons voisines

terracotta ['tɛrə'kɔtə] *n* terre cuite

terra firma [tɛrə'fə:mə] *n*: **to be on ~** être sur la terre ferme

terrain [tɛ'reɪn] *n* terrain *m (sol)*

terrestrial [tɪ'rɛstrɪəl] *adj* terrestre

terrible ['tɛrɪbl] *adj* terrible, atroce ; *(weather, work)* affreux(-euse), épouvantable

terribly ['tɛrɪblɪ] *adv* terriblement ; *(very badly)* affreusement mal

terrier ['tɛrɪəᵣ] *n* terrier *m (chien)*

terrific [tə'rɪfɪk] *adj (very great)* fantastique, incroyable, terrible ; *(wonderful)* formidable, sensationnel(le)

terrified ['tɛrɪfaɪd] *adj* terrifié(e) ; **to be ~ of sth** avoir très peur de qch

terrify ['tɛrɪfaɪ] *vt* terrifier

terrifying ['tɛrɪfaɪɪŋ] *adj* terrifiant(e)

terrifyingly ['tɛrɪfaɪɪŋlɪ] *adv (deep, high)* effroyablement ; *(escalate, shake)* de manière terrifiante

territorial [tɛrɪ'tɔ:rɪəl] *adj* territorial(e)

territorial waters *npl* eaux territoriales

territory ['tɛrɪtərɪ] *n* territoire *m*

terror ['tɛrəᵣ] *n* terreur *f*

terrorism ['tɛrərɪzəm] *n* terrorisme *m*

terrorist ['tɛrərɪst] *n* terroriste *mf*

terrorist attack *n* attentat *m* terroriste

terrorize ['tɛrəraɪz] *vt* terroriser

terry ['tɛrɪ] *n (also:* **terry cloth, terry towelling***)* éponge *f*, tissu-éponge *m* ▸ *cpd (nappy, bathrobe)* en éponge, en tissu-éponge

terse [tə:s] *adj (style)* concis(e) ; *(reply)* laconique

tertiary ['tə:ʃərɪ] *adj* tertiaire ; **~ education** *(BRIT)* enseignement *m* postscolaire

TESL ['tɛsl] *n abbr* = **Teaching of English as a Second Language**

test [tɛst] *n (trial, check)* essai *m* ; *(: of goods in factory)* contrôle *m* ; *(of courage etc)* épreuve *f* ; *(Med)* examen *m* ; *(Chem)* analyse *f* ; *(exam: of intelligence etc)* test *m* (d'aptitude) ; *(Scol)* interrogation *f* de contrôle ; *(also:* **driving test***)* (examen du) permis *m* de conduire ; **to put sth to the ~** mettre qch à l'épreuve ▸ *vt* essayer ; contrôler ; mettre à l'épreuve ; examiner ; analyser ; tester ; faire subir une interrogation à

▸ **test for** *vt fus (virus)* dépister ; *(drugs, oil)* rechercher la présence de

▸ **test out** *vt (idea, theory)* mettre à l'épreuve

testament ['tɛstəmənt] *n* testament *m* ; **the Old/New T~** l'Ancien/le Nouveau Testament

test ban *n (also:* **nuclear test ban***)* interdiction *f* des essais nucléaires

test case *n (Law)* affaire *f* qui fait jurisprudence

test drive *n* essai *m* sur route

tester ['tɛstəᵣ] *n (device)* testeur *m* ; *(person)*: **she is a computer software ~** elle teste des logiciels

testes ['tɛsti:z] *npl* testicules *mpl*

test flight *n* vol *m* d'essai

testicle ['tɛstɪkl] *n* testicule *m*

testify ['tɛstɪfaɪ] *vi (Law)* témoigner, déposer ; **to ~ to sth** *(Law)* attester qch ; *(gen)* témoigner de qch

testimonial [tɛstɪ'məʊnɪəl] *n (reference)* recommandation *f* ; *(gift)* témoignage *m* d'estime

testimony ['tɛstɪmənɪ] *n (Law)* témoignage *m*, déposition *f*

testing ['tɛstɪŋ] *adj (situation, period)* difficile

test match *n (Cricket, Rugby)* match international

testosterone [tɛs'tɔstərəʊn] *n* testostérone *f*

test paper *n (Scol)* interrogation écrite

test pilot *n* pilote *m* d'essai

test tube *n* éprouvette *f*

test-tube baby ['tɛsttju:b-] *n* bébé-éprouvette *m*

testy ['tɛstɪ] *adj* irritable

tetanus ['tɛtənəs] *n* tétanos *m*

tetchy ['tɛtʃɪ] *adj* hargneux(-euse)

tether ['tɛðəᵣ] *vt* attacher ▸ *n*: **at the end of one's ~** à bout (de patience)

tetraplegic [tɛtrə'pli:dʒɪk] *adj, n* tétraplégique *mf*

Tex. *abbr (US)* = **Texas**

text [tɛkst] *n* texte *m* ; *(on mobile phone)* SMS *m inv*, texto® *m* ▸ *vt* envoyer un SMS *or* texto® à

textbook ['tɛkstbuk] *n* manuel *m*

textile ['tɛkstaɪl] *n* textile *m*

text message *n* SMS *m inv*, texto® *m*

text messaging [-'mɛsɪdʒɪŋ] *n* messagerie textuelle

textual ['tɛkstjuəl] *adj* textuel(le)

texture ['tɛkstʃəᵣ] *n* texture *f* ; *(of skin, paper etc)* grain *m*

TGIF *abbr (inf)* = **thank God it's Friday**

TGWU *n abbr (BRIT:* = *Transport and General Workers' Union)* syndicat de transporteurs

Thai [taɪ] *adj* thaïlandais(e) ▸ *n* Thaïlandais(e) ; *(Ling)* thaï *m*

Thailand ['taɪlænd] *n* Thaïlande *f*

Thames [tɛmz] *n*: **the (River) ~** la Tamise

than [ðæn, ðən] *conj* que ; *(with numerals)*: **more ~ 10/once** plus de 10/d'une fois ; **I have more/less ~ you** j'en ai plus/moins que toi ; **she has more apples ~ pears** elle a plus de pommes que de poires ; **it is better to phone ~ to write** il vaut mieux téléphoner (plutôt) qu'écrire ; **she is older ~ you think** elle est plus âgée que tu le crois ; **no sooner did he leave ~ the phone rang** il venait de partir quand le téléphone a sonné

thank [θæŋk] vt remercier, dire merci à ; **~ you (very much)** merci (beaucoup) ; **~ heavens, ~ God** Dieu merci ; **thanks** npl remerciements mpl ; **thanks!** merci ! ; **thanks to** prep grâce à

thankful ['θæŋkful] adj: **~ (for)** reconnaissant(e) (de) ; **~ for/that** (relieved) soulagé(e) de/que

thankfully ['θæŋkfəlɪ] adv avec reconnaissance ; avec soulagement ; (fortunately) heureusement ; **~ there were few victims** il y eut fort heureusement peu de victimes

thankless ['θæŋklɪs] adj ingrat(e)

Thanksgiving (Day) ['θæŋksgɪvɪŋ-] n jour m d'action de grâce

: **THANKSGIVING (DAY)**
:
: **Thanksgiving (Day)** est un jour de congé aux
: États-Unis, le quatrième jeudi du mois de
: novembre, commémorant la bonne récolte
: que les Pèlerins venus de Grande-Bretagne
: ont faite en 1621. Traditionnellement, c'était
: un jour où l'on remerciait Dieu et où l'on
: organisait un grand festin. Aujourd'hui, on
: fête *Thanksgiving* par un grand repas de famille
: où l'on sert un menu traditionnel : dinde et
: sauce aux airelles, patates douces, tarte au
: potiron. Des matches ont lieu pour l'occasion
: entre les grandes équipes de football
: américain du pays, et de nombreuses villes
: organisent un défilé. Une fête semblable,
: mais qui n'a aucun rapport avec les Pères
: Pèlerins, a lieu au Canada le deuxième lundi
: d'octobre.

(KEYWORD)

that [ðæt] adj (pl **those**: demonstrative) ce, cet + vowel or h mute, cette f ; **that man/woman/ book** cet homme/cette femme/ce livre ; (not this) cet homme-là/cette femme-là/ce livre-là ; **that one** celui-là (celle-là)
▶ pron **1** (pl **those**: demonstrative) ce ; (not this one) cela, ça ; (that one) celui (celle) ; **who's that?** qui est-ce ? ; **what's that?** qu'est-ce que c'est ? ; **is that you?** c'est toi ? ; **I prefer this to that** je préfère ceci à cela or ça ; **that's what he said** c'est or voilà ce qu'il a dit ; **will you eat all that?** tu vas manger tout ça ? ; **that is (to say)** c'est-à-dire, à savoir ; **at** or **with that, he ...** là-dessus, il ... ; **do it like that** fais-le comme ça
2 (relative: subject) qui ; (: object) que ; (: after prep) lequel (laquelle), lesquels (lesquelles) pl ; **the book that I read** le livre que j'ai lu ; **the books that are in the library** les livres qui sont dans la bibliothèque ; **all that I have** tout ce que j'ai ; **the box that I put it in** la boîte dans laquelle je l'ai mis ; **the people that I spoke to** les gens auxquels or à qui j'ai parlé ; **not that I know of** pas à ma connaissance
3 (relative: of time) où ; **the day that he came** le jour où il est venu

▶ conj que ; **he thought that I was ill** il pensait que j'étais malade
▶ adv (demonstrative): **I don't like it that much** ça ne me plaît pas tant que ça ; **I didn't know it was that bad** je ne savais pas que c'était si or aussi mauvais ; **that high** aussi haut ; si haut ; **it's about that high** c'est à peu près de cette hauteur

thatched [θætʃt] adj (roof) de chaume ; **~ cottage** chaumière f

Thatcherism ['θætʃərɪzəm] n thatchérisme m

thaw [θɔː] n dégel m ▶ vi (ice) fondre ; (food) dégeler ; **it's thawing** (weather) il dégèle ▶ vt (food) (faire) dégeler

(KEYWORD)

the [ðiː, ðə] def art **1** (gen) le, la f, l' + vowel or h mute, les pl (NB : à + le(s) = **au(x)** ; de + le = **du** ; de + les = **des**) ; **the boy/girl/ink** le garçon/la fille/l'encre ; **the children** les enfants ; **the history of the world** l'histoire du monde ; **give it to the postman** donne-le au facteur ; **to play the piano/flute** jouer du piano/de la flûte
2 (+ adj to form n) le, la f, l' + vowel or h mute, les pl ; **the rich and the poor** les riches et les pauvres ; **to attempt the impossible** tenter l'impossible
3 (in titles): **Elizabeth the First** Elisabeth première ; **Peter the Great** Pierre le Grand
4 (in comparisons): **the more he works, the more he earns** plus il travaille, plus il gagne de l'argent ; **the sooner the better** le plus tôt sera le mieux

theatre, (US) **theater** ['θɪətəʳ] n théâtre m ; (also: **lecture theatre**) amphithéâtre m, amphi m (inf) ; (Med: also: **operating theatre**) salle f d'opération

theatre-goer, (US) **theater-goer** ['θɪətəgəʊəʳ] n habitué(e) du théâtre

theatrical [θɪˈætrɪkl] adj théâtral(e) ; **~ company** troupe f de théâtre

theft [θeft] n vol m (larcin)

their [ðeəʳ] adj leur, leurs pl ; see also **my**

theirs [ðeəz] pron le (la) leur, les leurs ; **it is ~** c'est à eux ; **a friend of ~** un de leurs amis ; see also **mine**[1]

them [ðem, ðəm] pron (direct) les ; (indirect) leur ; (stressed, after prep) eux (elles) ; **I see ~** je les vois ; **give ~ the book** donne-leur le livre ; **give me a few of ~** donnez m'en quelques uns (or quelques unes) ; see also **me**

theme [θiːm] n thème m

themed [θiːmd] adj (esp BRIT: restaurant, bar) à thème

theme music, theme tune n (of film) thème m principal ; (TV, Radio) musique f de générique, indicatif m

theme park n parc m à thème

theme song n chanson principale

themselves [ðəmˈsɛlvz] pl pron (reflexive) se ; (emphatic, after prep) eux-mêmes (elles-mêmes) ; **between ~** entre eux (elles) ; see also **oneself**

t

877

then [ðɛn] *adv* (*at that time*) alors, à ce moment-là ; (*next*) puis, ensuite ; (*and also*) et puis ; **by ~** (*past*) à ce moment-là ; (*future*) d'ici là ; **from ~ on** dès lors ; **before ~** avant ; **until ~** jusqu'à ce moment-là, jusque-là ; **and ~ what?** et puis après ? ; **what do you want me to do ~?** (*afterwards*) que veux-tu que je fasse ensuite ? ; (*in that case*) bon alors, qu'est-ce que je fais ? ▸ *conj* (*therefore*) alors, dans ce cas ▸ *adj*: **the ~ president** le président d'alors or de l'époque

theologian [θɪəˈlɒdʒən] *n* théologien(ne)
theological [θɪəˈlɒdʒɪkl] *adj* théologique
theology [θɪˈɒlədʒɪ] *n* théologie *f*
theorem [ˈθɪərəm] *n* théorème *m*
theoretical [θɪəˈrɛtɪkl] *adj* théorique
theoretically [θɪəˈrɛtɪklɪ] *adv* théoriquement
theorize [ˈθɪəraɪz] *vi* élaborer une théorie ; (*pej*) faire des théories
theory [ˈθɪərɪ] *n* théorie *f*
therapeutic [θɛrəˈpjuːtɪk] *adj* thérapeutique
therapist [ˈθɛrəpɪst] *n* thérapeute *mf*
therapy [ˈθɛrəpɪ] *n* thérapie *f*

(KEYWORD)

there [ðɛəʳ] *adv* **1**: **there is, there are** il y a ; **there are 3 of them** (*people, things*) il y en a 3 ; **there is no-one here/no bread left** il n'y a personne/il n'y a plus de pain ; **there has been an accident** il y a eu un accident **2** (*referring to place*) là, là-bas ; **it's there** c'est là(-bas) ; **in/on/up/down there** là-dedans/là-dessus/là-haut/en bas ; **he went there on Friday** il y est allé vendredi ; **to go there and back** faire l'aller-retour ; **I want that book there** je veux ce livre-là ; **there he is!** le voilà !
3: **there, there!** (*esp to child*) allons, allons !

Remember to spell the word **là** with an accent: *She's there!* **Elle est là !** The accent distinguishes it from the feminine article, **la**.

thereabouts [ˈðɛərəˈbauts] *adv* (*place*) par là, près de là ; (*amount*) environ, à peu près
thereafter [ðɛərˈɑːftəʳ] *adv* par la suite
thereby [ˈðɛəbaɪ] *adv* ainsi
therefore [ˈðɛəfɔːʳ] *adv* donc, par conséquent
there's [ˈðɛəz] = **there is; there has**
thereupon [ðɛərəˈpɒn] *adv* (*at that point*) sur ce ; (*formal: on that subject*) à ce sujet
thermal [ˈθəːml] *adj* thermique ; **~ paper/printer** papier *m*/imprimante *f* thermique ; **~ underwear** sous-vêtements *mpl* en Thermolactyl®
thermodynamics [ˈθəːmədaɪˈnæmɪks] *n* thermodynamique *f*
thermometer [θəˈmɒmɪtəʳ] *n* thermomètre *m*
thermonuclear [ˈθəːməuˈnjuːklɪəʳ] *adj* thermonucléaire
Thermos® [ˈθəːməs] *n* (*also:* **Thermos flask**) thermos® *m or f*
thermostat [ˈθəːməustæt] *n* thermostat *m*
thesaurus [θɪˈsɔːrəs] *n* dictionnaire *m* synonymique

these [ðiːz] *pl pron* ceux-ci (celles-ci) ▸ *pl adj* ces ; (*not those*): **~ books** ces livres-ci
thesis [ˈθiːsɪs] (*pl* **theses** [ˈθiːsiːz]) *n* thèse *f*
they [ðeɪ] *pl pron* ils (elles) ; (*stressed*) eux (elles) ; **~ say that ...** (*it is said that*) on dit que ...
they'd [ðeɪd] = **they had; they would**
they'll [ðeɪl] = **they shall; they will**
they're [ðɛəʳ] = **they are**
they've [ðeɪv] = **they have**
thick [θɪk] *adj* épais(se) ; (*crowd*) dense ; (*stupid*) bête, borné(e) ; **it's 20 cm ~** ça a 20 cm d'épaisseur ▸ *n*: **in the ~ of** au beau milieu de, en plein cœur de
thicken [ˈθɪkn] *vi* s'épaissir ▸ *vt* (*sauce etc*) épaissir
thicket [ˈθɪkɪt] *n* fourré *m*, hallier *m*
thickly [ˈθɪklɪ] *adv* (*spread*) en couche épaisse ; (*cut*) en tranches épaisses ; **~ populated** à forte densité de population
thickness [ˈθɪknɪs] *n* épaisseur *f*
thickset [θɪkˈsɛt] *adj* trapu(e), costaud(e)
thick-skinned [θɪkˈskɪnd] *adj* (*fig*) peu sensible
thief [θiːf] (*pl* **thieves** [θiːvz]) *n* voleur(-euse)
thieving [ˈθiːvɪŋ] *n* vol *m* (*larcin*)
thigh [θaɪ] *n* cuisse *f*
thighbone [ˈθaɪbəun] *n* fémur *m*
thimble [ˈθɪmbl] *n* dé *m* (à coudre)
thin [θɪn] *adj* mince ; (*skinny*) maigre ; (*soup*) peu épais(se) ; (*hair, crowd*) clairsemé(e) ; (*fog*) léger(-ère) ▸ *vt* (*hair*) éclaircir ; (*also:* **thin down**: *sauce, paint*) délayer ▸ *vi* (*fog*) s'éclaircir ; (*also:* **thin out**: *crowd*) se disperser ; **his hair is thinning** il se dégarnit
thing [θɪŋ] *n* chose *f* ; (*object*) objet *m* ; (*contraption*) truc *m* ; **first ~ (in the morning)** à la première heure, tout de suite (le matin) ; **last ~ (at night), he ...** juste avant de se coucher, il ... ; **the ~ is ...** c'est que ... ; **for one ~** d'abord ; **the best ~ would be to** le mieux serait de ; **to have a ~ about** (*be obsessed by*) être obsédé(e) par ; (*hate*) détester ; **poor ~!** le (*or* la) pauvre ! ; **things** *npl* (*belongings*) affaires *fpl* ; **how are things?** comment ça va ?
think [θɪŋk] (*pt, pp* **thought** [θɔːt]) *vi* penser, réfléchir ; **to ~ about sth/sb** penser à qch/qn ; **I'll ~ about it** je vais y réfléchir ; **to ~ of** penser à ; **what do you ~ of it?** qu'en pensez-vous ? ; **what did you ~ of them?** qu'avez-vous pensé d'eux ? ; **to ~ of doing** avoir l'idée de faire ; **to ~ well of** avoir une haute opinion de ; **~ again!** attention, réfléchis bien ! ; **to ~ aloud** penser tout haut ▸ *vt* penser, croire ; (*imagine*) s'imaginer ; **I ~ so/not** je crois or pense que oui/non
▸ **think back** *vi* repenser ; **thinking back, I ...** quand j'y repense, je ...
▸ **think out** *vt* (*plan*) bien réfléchir à ; (*solution*) trouver
▸ **think over** *vt* bien réfléchir à ; **I'd like to ~ things over** (*offer, suggestion*) j'aimerais bien y réfléchir un peu
▸ **think through** *vt* étudier dans tous les détails
▸ **think up** *vt* inventer, trouver
thinker [ˈθɪŋkəʳ] *n* penseur(-euse)

thinking ['θɪŋkɪŋ] n: **to my (way of)** ~ selon moi
think tank n groupe m de réflexion
thinly ['θɪnlɪ] adv (cut) en tranches fines ; (spread) en couche mince
thinness ['θɪnnɪs] n minceur f ; maigreur f
third [θəːd] num troisième ▸ n troisième mf ; (fraction) tiers m ; (Aut) troisième (vitesse) f ; (BRIT Scol: degree) ≈ licence f avec mention passable ; **a ~ of** le tiers de
third-degree burns ['θəːdɪɡriː-] npl brûlures fpl au troisième degré
thirdly ['θəːdlɪ] adv troisièmement
third party insurance n (BRIT) assurance f au tiers
third-rate ['θəːd'reɪt] adj de qualité médiocre
Third World n: **the** ~ le Tiers-Monde
thirst [θəːst] n soif f
thirsty ['θəːstɪ] adj qui a soif, assoiffé(e) ; (work) qui donne soif ; **to be** ~ avoir soif
thirteen [θəː'tiːn] num treize
thirteenth [θəː'tiːnθ] num treizième
thirtieth ['θəːtɪɪθ] num trentième
thirty ['θəːtɪ] num trente

[KEYWORD]

this [ðɪs] adj (pl **these**: demonstrative) ce, cet + vowel or h mute, cette f ; **this man/woman/book** cet homme/cette femme/ce livre ; (not that) cet homme-ci/cette femme-ci/ce livre-ci ; **this one** celui-ci (celle-ci) ; **this time** cette fois-ci ; **this time last year** l'année dernière à la même époque ; **this way** (in this direction) par ici ; (in this fashion) de cette façon, ainsi
▸ pron (pl **these**: demonstrative) ce ; (not that one) celui-ci (celle-ci), ceci ; **who's this?** qui est-ce ? ; **what's this?** qu'est-ce que c'est ? ; **I prefer this to that** je préfère ceci à cela ; **they were talking of this and that** ils parlaient de choses et d'autres ; **this is where I live** c'est ici que j'habite ; **this is what he said** voici ce qu'il a dit ; **this is Mr Brown** (in introductions) je vous présente Mr Brown ; (in photo) c'est Mr Brown ; (on telephone) ici Mr Brown
▸ adv (demonstrative): **it was about this big** c'était à peu près de cette grandeur or grand comme ça ; **I didn't know it was this bad** je ne savais pas que c'était si or aussi mauvais

thistle ['θɪsl] n chardon m
thong [θɒŋ] n lanière f
thorn [θɔːn] n épine f
thorny ['θɔːnɪ] adj épineux(-euse)
thorough ['θʌrə] adj (search) minutieux(-euse) ; (knowledge, research) approfondi(e) ; (work, person) consciencieux(-euse) ; (cleaning) à fond
thoroughbred ['θʌrəbred] n (horse) pur-sang m inv
thoroughfare ['θʌrəfɛər] n rue f ; **"no ~"** (BRIT) « passage interdit »
thoroughgoing ['θʌrəɡəʊɪŋ] adj (analysis) approfondi(e) ; (reform) profond(e)
thoroughly ['θʌrəlɪ] adv (search) minutieusement ; (study) en profondeur ; (clean) à fond ; (very) tout à fait ; **he ~ agreed** il était tout à fait d'accord

thoroughness ['θʌrənɪs] n soin (méticuleux)
those [ðəʊz] pl pron ceux-là (celles-là) ▸ pl adj ces ; (not these): ~ **books** ces livres-là
though [ðəʊ] conj bien que + sub, quoique + sub ; **even** ~ quand bien même + cond ▸ adv pourtant ; **it's not easy,** ~ pourtant, ce n'est pas facile
thought [θɔːt] pt, pp of **think** ▸ n pensée f ; (idea) idée f ; (opinion) avis m ; (intention) intention f ; **after much** ~ après mûre réflexion ; **I've just had a** ~ je viens de penser à quelque chose ; **to give sth some** ~ réfléchir à qch
thoughtful ['θɔːtful] adj (deep in thought) pensif(-ive) ; (serious) réfléchi(e) ; (considerate) prévenant(e)
thoughtfully ['θɔːtfulɪ] adv pensivement ; avec prévenance
thoughtfulness ['θɔːtfulnɪs] n prévenance f
thoughtless ['θɔːtlɪs] adj qui manque de considération
thoughtlessly ['θɔːtlɪslɪ] adv inconsidérément
thoughtlessness ['θɔːtlɪsnɪs] n manque m de considération
thought-provoking ['θɔːtprəvəukɪŋ] adj stimulant(e)
thousand ['θauzənd] num mille ; **one** ~ mille ; **two** ~ deux mille ; **thousands of** des milliers de
thousandth ['θauzəntθ] num millième
thrash [θræʃ] vt rouer de coups ; (inf: defeat) donner une raclée à (inf)
▸ **thrash about** vi se débattre
▸ **thrash out** vt débattre de
thrashing ['θræʃɪŋ] n (inf) raclée f (inf)
thread [θred] n fil m ; (of screw) pas m, filetage m ▸ vt (needle) enfiler ; **to** ~ **one's way between** se faufiler entre
threadbare ['θredbɛər] adj râpé(e), élimé(e)
threat [θret] n menace f ; **to be under** ~ **of** être menacé(e) de
threaten ['θretn] vi (storm) menacer ▸ vt: **to** ~ **sb with sth/to do** menacer qn de qch/de faire
threatening ['θretnɪŋ] adj menaçant(e)
three [θriː] num trois
three-dimensional [θriːdɪ'menʃənl] adj à trois dimensions ; (film) en relief
threefold ['θriːfəuld] adv: **to increase** ~ tripler
three-piece suit ['θriːpiːs-] n complet m (avec gilet)
three-piece suite [θriːpiːs-] n salon m (canapé et deux fauteuils)
three-ply [θriː'plaɪ] adj (wood) à trois épaisseurs ; (wool) trois fils inv
three-quarters [θriː'kwɔːtəz] pron trois-quarts mpl ▸ adv: ~ **full** aux trois-quarts plein
threesome ['θriːsəm] n groupe m de trois personnes
three-wheeler [θriː'wiːlər] n (car) voiture f à trois roues
thresh [θreʃ] vt (Agr) battre
threshing machine ['θreʃɪŋ-] n batteuse f
threshold ['θreʃhəuld] n seuil m ; **to be on the** ~ **of** (fig) être au seuil de
threshold agreement n (Econ) accord m d'indexation des salaires
threw [θruː] pt of **throw**

thrift [θrɪft] n économie f
thrifty ['θrɪftɪ] adj économe
thrill [θrɪl] n (excitement) émotion f, sensation forte ; (shudder) frisson m ▸ vi tressaillir, frissonner ▸ vt (audience) électriser
thrilled [θrɪld] adj: ~ (with) ravi(e) de
thriller ['θrɪləʳ] n film m (or roman m or pièce f) à suspense
thrilling ['θrɪlɪŋ] adj (book, play etc) saisissant(e) ; (news, discovery) excitant(e)
thrive [θraɪv] (pt **thrived** [-d] or **throve** [θrəuv], pp **thrived** [-d] or **thriven** ['θrɪvn]) vi pousser or se développer bien ; (business) prospérer ; **he thrives on it** cela lui réussit
thriving ['θraɪvɪŋ] adj vigoureux(-euse) ; (business, community) prospère
throat [θrəut] n gorge f ; **to have a sore ~** avoir mal à la gorge
throb [θrɔb] n (of heart) pulsation f ; (of engine) vibration f ; (of pain) élancement m ▸ vi (heart) palpiter ; (engine) vibrer ; (pain) lanciner ; (wound) causer des élancements ; **my head is throbbing** j'ai des élancements dans la tête
throes [θrəuz] npl: **in the ~ of** au beau milieu de ; en proie à ; **in the ~ of death** à l'agonie
thrombosis [θrɔm'bəusɪs] n thrombose f
throne [θrəun] n trône m
throng ['θrɔŋ] n foule f ▸ vt se presser dans
throttle ['θrɔtl] n (Aut) accélérateur m ▸ vt étrangler
through [θru:] prep à travers ; (time) pendant, durant ; (by means of) par, par l'intermédiaire de ; (owing to) à cause de ; **(from) Monday ~ Friday** (US) de lundi à vendredi ▸ adj (ticket, train, passage) direct(e) ; **"no ~ traffic"** (US) « passage interdit » ; **"no ~ road"** (BRIT) « impasse » ▸ adv à travers ; **to let sb ~** laisser passer qn ; **to put sb ~ to sb** (Tel) passer qn à qn ; **to be ~** (BRIT Tel) avoir la communication ; (esp US: have finished) avoir fini
throughout [θru:'aut] prep (place) partout dans ; (time) durant tout(e) le (la) ▸ adv partout
throughput ['θru:put] n (of goods, materials) quantité de matières premières utilisée ; (Comput) débit m
throve [θrəuv] pt of **thrive**
throw [θrəu] (pt **threw** [θru:], pp **thrown** [θrəun]) n jet m ; (Sport) lancer m ▸ vt lancer, jeter ; (Sport) lancer ; (rider) désarçonner ; (fig) décontenancer ; (pottery) tourner ; **to ~ a party** donner une réception
▸ **throw about, throw around** vt (litter etc) éparpiller
▸ **throw away** vt jeter ; (money) gaspiller
▸ **throw in** vt (Sport: ball) remettre en jeu ; (include) ajouter
▸ **throw off** vt se débarrasser de
▸ **throw out** vt jeter ; (reject) rejeter ; (person) mettre à la porte
▸ **throw together** vt (clothes, meal etc) assembler à la hâte ; (essay) bâcler
▸ **throw up** vi vomir
throwaway ['θrəuəweɪ] adj à jeter
throwback ['θrəubæk] n: **it's a ~ to** ça nous etc ramène à

throw-in ['θrəuɪn] n (Sport) remise f en jeu
thrown [θrəun] pp of **throw**
thru [θru:] prep (US) = **through**
thrush [θrʌʃ] n (Zool) grive f ; (Med: esp in children) muguet m ; (: in women: BRIT) muguet vaginal
thrust [θrʌst] (pt, pp ~) n (Tech) poussée f ▸ vt pousser brusquement ; (push in) enfoncer
thrusting ['θrʌstɪŋ] adj dynamique ; qui se met trop en avant
thud [θʌd] n bruit sourd
thug [θʌg] n voyou m
thuggery ['θʌgərɪ] n brutalité f
thuggish ['θʌgɪʃ] adj brutal(e)
thumb [θʌm] n (Anat) pouce m ; **to give sb/sth the thumbs up/thumbs down** donner/ refuser de donner le feu vert à qn/qch ▸ vt (book) feuilleter ; **to ~ a lift** faire de l'auto-stop, arrêter une voiture
▸ **thumb through** vt (book) feuilleter
thumb index n répertoire m (à onglets)
thumbnail ['θʌmneɪl] n ongle m du pouce
thumbnail sketch n croquis m
thumbtack ['θʌmtæk] n (US) punaise f (clou)
thump [θʌmp] n grand coup m ; (sound) bruit sourd ▸ vt cogner sur ▸ vi cogner, frapper
thunder ['θʌndəʳ] n tonnerre m ▸ vi tonner ; (train etc): **to ~ past** passer dans un grondement or un bruit de tonnerre
thunderbolt ['θʌndəbəult] n foudre f
thunderclap ['θʌndəklæp] n coup m de tonnerre
thunderous ['θʌndrəs] adj étourdissant(e)
thunderstorm ['θʌndəstɔːm] n orage m
thunderstruck ['θʌndəstrʌk] adj (fig) abasourdi(e)
thundery ['θʌndərɪ] adj orageux(-euse)
Thurs, Thur, Thu abbr (= Thursday) jeu.
Thursday ['θəːzdɪ] n jeudi m ; see also **Tuesday**
thus [ðʌs] adv ainsi
thwart [θwɔːt] vt contrecarrer
thyme [taɪm] n thym m
thyroid ['θaɪrɔɪd] n thyroïde f
tiara [tɪ'ɑːrə] n (woman's) diadème m
Tibet [tɪ'bet] n Tibet m
Tibetan [tɪ'betən] adj tibétain(e) ▸ n Tibétain(e) ; (Ling) tibétain m
tibia ['tɪbɪə] n tibia m
tic [tɪk] n tic (nerveux)
tick [tɪk] n (sound: of clock) tic-tac m ; (mark) coche f ; (Zool) tique f ; **to put a ~ against sth** cocher qch ; **in a ~** (BRIT inf) dans un instant ; **to buy sth on ~** (BRIT inf) acheter qch à crédit ▸ vi faire tic-tac ▸ vt (item on list) cocher
▸ **tick off** vt (item on list) cocher ; (person) réprimander, attraper
▸ **tick over** vi (BRIT: engine) tourner au ralenti ; (: fig) aller or marcher doucettement
ticker tape ['tɪkə-] n bande f de téléscripteur ; (US: in celebrations) ≈ serpentin m
ticket ['tɪkɪt] n (for train, bus, tube) ticket m ; (in shop: on goods) étiquette f ; (from cash register) reçu m, ticket ; (for library) carte f ; (also: **parking ticket**) contravention f, p.-v. m ; (US Pol) liste électorale (soutenue par un parti) ;

to get a (parking) ~ (*Aut*) attraper une contravention (pour stationnement illégal)

ticket agency *n* (*Theat*) agence *f* de spectacles

ticket barrier *n* (*Brit Rail*) portillon *m* automatique

ticket collector *n* contrôleur(-euse)

ticket holder *n* personne munie d'un billet

ticket inspector *n* contrôleur(-euse)

ticket machine *n* billetterie *f* automatique

ticket office *n* guichet *m*, bureau *m* de vente des billets

tickle ['tɪkl] *n* chatouillement *m* ▶ *vi* chatouiller ▶ *vt* chatouiller ; (*fig*) plaire à ; faire rire

ticklish ['tɪklɪʃ] *adj* (*person*) chatouilleux(-euse) ; (*which tickles: blanket*) qui chatouille ; (: *cough*) qui irrite ; (*problem*) épineux(-euse)

tidal ['taɪdl] *adj* à marée

tidal wave *n* raz-de-marée *m inv*

tidbit ['tɪdbɪt] *n* (*esp US*) = **titbit**

tiddlywinks ['tɪdlɪwɪŋks] *n* jeu *m* de puce

tide [taɪd] *n* marée *f* ; (*fig: of events*) cours *m* ; **high/low ~** marée haute/basse ▶ *vt*: **to ~ sb over** dépanner qn

tidily ['taɪdɪlɪ] *adv* avec soin, soigneusement

tidiness ['taɪdɪnɪs] *n* bon ordre ; goût *m* de l'ordre

tidings ['taɪdɪŋz] *npl* nouvelle *f* ; **to be the bearer of bad ~** être le porteur de mauvaises nouvelles

tidy ['taɪdɪ] *adj* (*room*) bien rangé(e) ; (*dress, work*) net (nette), soigné(e) ; (*person*) ordonné(e), qui a de l'ordre ; (: *in character*) soigneux(-euse) ; (*mind*) méthodique ▶ *vt, vi* (*also*: **tidy up**) ranger ; **to ~ o.s. up** s'arranger

tie [taɪ] *n* (*string etc*) cordon *m* ; (*Brit: also*: **necktie**) cravate *f* ; (*fig: link*) lien *m* ; (*Sport: draw*) égalité *f* de points ; match nul ; (*match*) rencontre *f* ; (*US Rail*) traverse *f* ; **"black/white ~"** « smoking/habit de rigueur » ; **family ties** liens de famille ▶ *vt* (*parcel*) attacher ; (*ribbon*) nouer ; **to ~ sth in a bow** faire un nœud à or avec qch ; **to ~ a knot in sth** faire un nœud à qch ▶ *vi* (*Sport*) faire match nul ; finir à égalité de points

▶ **tie down** *vt* attacher ; **to ~ sb down to** (*fig*) contraindre qn à accepter ; **to feel tied down** (*by relationship*) se sentir coincé(e)

▶ **tie in** *vi*: **to ~ in (with)** (*correspond*) correspondre (à)

▶ **tie on** *vt* (*Brit: label etc*) attacher (avec une ficelle)

▶ **tie up** *vt* (*parcel*) ficeler ; (*dog, boat*) attacher ; (*prisoner*) ligoter ; (*arrangements*) conclure ; **to be tied up** (*busy*) être pris(e) or occupé(e)

tie-break ['taɪbreɪk], **tie-breaker** ['taɪbreɪkə^r] *n* (*Tennis*) tie-break *m* ; (*in quiz*) question *f* subsidiaire

tie-on ['taɪɔn] *adj* (*Brit: label*) qui s'attache

tie-pin ['taɪpɪn] *n* (*Brit*) épingle *f* de cravate

tier [tɪə^r] *n* gradin *m* ; (*of cake*) étage *m*

Tierra del Fuego [tɪˈɛrədɛlˈfweɪgəu] *n* Terre *f* de Feu

tie tack *n* (*US*) épingle *f* de cravate

tiff [tɪf] *n* petite querelle

tiger ['taɪgə^r] *n* tigre *m*

tight [taɪt] *adj* (*rope*) tendu(e), raide ; (*clothes*) étroit(e), très juste ; (*budget, programme, bend*) serré(e) ; (*control*) strict(e), sévère ; (*inf: drunk*) ivre, rond(e) ▶ *adv* (*squeeze*) très fort ; (*shut*) à bloc, hermétiquement ; **to be packed ~** (*suitcase*) être bourré(e) ; (*people*) être serré(e) ; **hold ~!** accrochez-vous bien !

tighten ['taɪtn] *vt* (*rope*) tendre ; (*screw*) resserrer ; (*control*) renforcer ▶ *vi* se tendre ; se resserrer

▶ **tighten up** *vt* (*screw, knot*) resserrer ; (*rules, security*) renforcer

tightfisted [taɪt'fɪstɪd] *adj* avare

tight-lipped ['taɪt'lɪpt] *adj*: **to be ~ (about sth)** (*silent*) ne pas desserrer les lèvres or les dents (au sujet de qch) ; **she was ~ with anger** elle pinçait les lèvres de colère

tightly ['taɪtlɪ] *adv* (*grasp*) bien, très fort

tightrope ['taɪtrəup] *n* corde *f* raide

tights [taɪts] *npl* (*Brit*) collant *m*

tigress ['taɪgrɪs] *n* tigresse *f*

tilde ['tɪldə] *n* tilde *m*

tile [taɪl] *n* (*on roof*) tuile *f* ; (*on wall or floor*) carreau *m* ▶ *vt* (*floor, bathroom etc*) carreler

tiled [taɪld] *adj* en tuiles ; carrelé(e)

tiling ['taɪlɪŋ] *n* (*tiled area*) carrelage *m*

till [tɪl] *n* caisse (enregistreuse) ▶ *vt* (*land*) cultiver ▶ *prep, conj* = **until**

tiller ['tɪlə^r] *n* (*Naut*) barre *f* (du gouvernail)

tilt [tɪlt] *vt* pencher, incliner ▶ *vi* pencher, être incliné(e) ▶ *n* (*slope*) inclinaison *f* ; **to wear one's hat at a ~** porter son chapeau incliné sur le côté ; **(at) full ~** à toute vitesse

timber ['tɪmbə^r] *n* (*material*) bois *m* de construction ; (*trees*) arbres *mpl*

time [taɪm] *n* temps *m* ; (*epoch: often pl*) époque *f*, temps ; (*by clock*) heure *f* ; (*moment*) moment *m* ; (*occasion, also Math*) fois *f* ; (*Mus*) mesure *f* ; **a long ~** un long moment, longtemps ; **four at a ~** quatre à la fois ; **for the ~ being** pour le moment ; **from ~ to ~** de temps en temps ; **~ after ~, ~ and again** bien des fois ; **at times** parfois ; **in ~** (*soon enough*) à temps ; (*after some time*) avec le temps, à la longue ; (*Mus*) en mesure ; **in a week's ~** dans une semaine ; **in no ~** en un rien de temps ; **any ~** n'importe quand ; **on ~** à l'heure ; **to be 30 minutes behind/ahead of ~** avoir 30 minutes de retard/d'avance ; **by the ~ he arrived** quand il est arrivé, le temps qu'il arrive + *sub* ; **5 times 5** 5 fois 5 ; **what ~ is it?** quelle heure est-il ? ; **what ~ do you make it?** quelle heure avez-vous ? ; **what ~ is the museum/shop open?** à quelle heure ouvre le musée/ magasin ? ; **to have a good ~** bien s'amuser ; **we (or they etc) had a hard ~** ça a été difficile or pénible ; **~'s up!** c'est l'heure ! ; **I've no ~ for it** (*fig*) cela m'agace ; **he'll do it in his own (good) ~** (*without being hurried*) il le fera quand il en aura le temps ; **he'll do it in** or (*US*) **on his own ~** (*out of working hours*) il le fera à ses heures perdues ; **to be behind the times** retarder (sur son temps) ▶ *vt* (*race*) chronométrer ; (*programme*) minuter ; (*visit*) fixer ; (*remark etc*) choisir le moment de

time-and-motion study ['taɪmənd'məuʃən-] n étude f des cadences

time bomb n bombe f à retardement

time clock n horloge pointeuse

time-consuming ['taɪmkənsju:mɪŋ] adj qui prend beaucoup de temps

time difference n décalage m horaire

time frame n délais mpl

time-honoured, (US) **time-honored** ['taɪmɒnəd] adj consacré(e)

timekeeper ['taɪmki:pəʳ] n (Sport) chronomètre m

time lag n (BRIT) décalage m ; (: in travel) décalage horaire

timeless ['taɪmlɪs] adj éternel(le)

time limit n limite f de temps, délai m

timeline ['taɪmlaɪn] n (time frame) calendrier m ; (diagram) ligne f du temps, ligne f des temps

timely ['taɪmlɪ] adj opportun(e)

time off n temps m libre

time out n (in sport) temps m mort ; (break) interruption f ; **to take ~ to do sth** interrompre ses activités pour faire qch

time-poor [taɪm'puəʳ] adj qui a peu de temps

timer ['taɪməʳ] n (in kitchen) compte-minutes m inv ; (Tech) minuteur m

time-saving ['taɪmseɪvɪŋ] adj qui fait gagner du temps

timescale ['taɪmskeɪl] n délais mpl

time-share ['taɪmʃeəʳ] n maison f/appartement m en multipropriété

time-sharing ['taɪmʃeərɪŋ] n (Comput) temps partagé

time sheet n feuille f de présence

time signal n signal m horaire

time switch n (BRIT) minuteur m ; (: for lighting) minuterie f

timetable ['taɪmteɪbl] n (Rail) (indicateur m) horaire m ; (Scol) emploi m du temps ; (programme of events etc) programme m

time zone n fuseau m horaire

timid ['tɪmɪd] adj timide ; (easily scared) peureux(-euse)

timidity [tɪ'mɪdɪtɪ] n timidité f

timing ['taɪmɪŋ] n minutage m ; (Sport) chronométrage m ; **the ~ of his resignation** le moment choisi pour sa démission

timing device n (on bomb) mécanisme m de retardement

Timor ['ti:mɔ:ʳ] n Timor

Timorese ['tɪmɔ:ri:z] adj timorais(e) ▶ n Timorais(e)

timpani ['tɪmpənɪ] npl timbales fpl

tin [tɪn] n étain m ; (also: **tin plate**) fer-blanc m ; (BRIT: can) boîte f (de conserve) ; (for baking) moule m (à gâteau) ; (for storage) boîte ; **a ~ of paint** un pot de peinture

tinfoil ['tɪnfɔɪl] n papier m d'étain or d'aluminium

tinge [tɪndʒ] n nuance f ▶ vt: **tinged with** teinté(e) de

tingle ['tɪŋgl] n picotement m ; frisson m ▶ vi picoter ; (person) avoir des picotements

tinker ['tɪŋkəʳ] n rétameur ambulant ; (gipsy) romanichel m
▶ **tinker with** vt fus bricoler, rafistoler

tinkle ['tɪŋkl] vi tinter ▶ n (inf): **to give sb a ~** passer un coup de fil à qn

tin mine n mine f d'étain

tinned [tɪnd] adj (BRIT: food) en boîte, en conserve

tinnitus ['tɪnɪtəs] n (Med) acouphène m

tinny ['tɪnɪ] adj métallique

tin opener [-'əupnəʳ] n (BRIT) ouvre-boîte(s) m

tinsel ['tɪnsl] n guirlandes fpl de Noël (argentées)

Tinseltown ['tɪnsltaun] n Hollywood la clinquante

tint [tɪnt] n teinte f ; (for hair) shampooing colorant ▶ vt (hair) faire un shampooing colorant à

tinted ['tɪntɪd] adj (hair) teint(e) ; (spectacles, glass) teinté(e)

tiny ['taɪnɪ] adj minuscule

tip [tɪp] n (end) bout m ; (protective: on umbrella etc) embout m ; (gratuity) pourboire m ; (BRIT: for coal) terril m ; (BRIT: for rubbish) décharge f ; (advice) tuyau m ▶ vt (waiter) donner un pourboire à ; (tilt) incliner ; (overturn: also: **tip over**) renverser ; (empty: also: **tip out**) déverser ; (predict: winner etc) pronostiquer ; **how much should I ~?** combien de pourboire est-ce qu'il faut laisser ? ; **he tipped out the contents of the box** il a vidé le contenu de la boîte
▶ **tip off** vt prévenir, avertir

tip-off ['tɪpɔf] n (hint) tuyau m

tipped ['tɪpt] adj (BRIT: cigarette) (à bout) filtre inv ; **steel-~** à bout métallique, à embout de métal

Tipp-Ex® ['tɪpɛks] n (BRIT) Tipp-Ex® m

tipple ['tɪpl] (BRIT) vi picoler ▶ n: **to have a ~** boire un petit coup

tipster ['tɪpstəʳ] n (Racing) pronostiqueur m

tipsy ['tɪpsɪ] adj un peu ivre, éméché(e)

tiptoe ['tɪptəu] n: **on ~** sur la pointe des pieds

tiptop ['tɪptɔp] adj: **in ~ condition** en excellent état

tirade [taɪ'reɪd] n diatribe f

tire ['taɪəʳ] n (US) = **tyre** ▶ vt fatiguer ▶ vi se fatiguer
▶ **tire out** vt épuiser

tired ['taɪəd] adj fatigué(e) ; **to be/feel/look ~** être/se sentir/avoir l'air fatigué ; **to be ~ of** en avoir assez de, être las (lasse) de

tiredness ['taɪədnɪs] n fatigue f

tireless ['taɪəlɪs] adj infatigable, inlassable

tire pressure n (US) = **tyre pressure**

tiresome ['taɪsəm] adj ennuyeux(-euse)

tiring ['taɪərɪŋ] adj fatigant(e)

tissue ['tɪʃu:] n tissu m ; (paper handkerchief) mouchoir m en papier, kleenex® m

tissue paper n papier m de soie

tit [tɪt] n (bird) mésange f ; (inf: breast) nichon m (inf) ; **to give ~ for tat** rendre coup pour coup

titan ['taɪtən] n titan m

titanium [tɪ'teɪnɪəm] n titane m

titbit ['tɪtbɪt] n (food) friandise f ; (before meal) amuse-gueule m inv ; (news) potin m

titillate ['tɪtɪleɪt] vt titiller, exciter

titivate ['tɪtɪveɪt] vt pomponner

title ['taɪtl] n titre m ; (Law: right): ~ **(to)** droit m (à)

titled ['taɪtld] adj (lady, gentleman) titré(e)

title deed n (Law) titre (constitutif) de propriété

title page n page f de titre

title role n rôle principal

titter ['tɪtə^r] vi rire (bêtement)

tittle-tattle ['tɪtltætl] n bavardages mpl

titular ['tɪtjʊlə^r] adj (in name only) nominal(e)

tizzy ['tɪzɪ] n: **to be in a ~** être dans tous ses états

T-junction ['tiːˈdʒʌŋkʃən] n croisement m en T

TM n abbr = **trademark; transcendental meditation**

TN abbr (US) = **Tennessee**

TNT n abbr (= trinitrotoluene) TNT m

[KEYWORD]

to [tuː, tə] prep (with noun/pronoun) **1** (direction) à ; (: towards) vers ; envers ; **to go to France/Portugal/London/school** aller en France/au Portugal/à Londres/à l'école ; **to go to Claude's/the doctor's** aller chez Claude/le docteur ; **the road to Edinburgh** la route d'Édimbourg

2 (as far as) (jusqu')à ; **to count to 10** compter jusqu'à 10 ; **from 40 to 50 people** de 40 à 50 personnes

3 (with expressions of time): **a quarter to 5** 5 heures moins le quart ; **it's twenty to 3** il est 3 heures moins vingt

4 (for, of) de ; **the key to the front door** la clé de la porte d'entrée ; **a letter to his wife** une lettre (adressée) à sa femme

5 (expressing indirect object) à ; **to give sth to sb** donner qch à qn ; **to talk to sb** parler à qn ; **it belongs to him** cela lui appartient, c'est à lui ; **to be a danger to sb** être dangereux(-euse) pour qn

6 (in relation to) à ; **3 goals to 2** 3 (buts) à 2 ; **30 miles to the gallon** ≈ 9,4 litres aux cent (km)

7 (purpose, result): **to come to sb's aid** venir au secours de qn, porter secours à qn ; **to sentence sb to death** condamner qn à mort ; **to my surprise** à ma grande surprise

▸ prep (with vb) **1** (simple infinitive): **to go/eat** aller/manger

2 (following another vb): **to want/try/start to do** vouloir/essayer de/commencer à faire

3 (with vb omitted): **I don't want to** je ne veux pas

4 (purpose, result) pour ; **I did it to help you** je l'ai fait pour vous aider

5 (equivalent to relative clause): **I have things to do** j'ai des choses à faire ; **the main thing is to try** l'important est d'essayer

6 (after adjective etc): **ready to go** prêt(e) à partir ; **too old/young to ...** trop vieux/jeune pour ...

▸ adv: **push/pull the door to** tirez/poussez la porte ; **to go to and fro** aller et venir

toad [təʊd] n crapaud m

toadstool ['təʊdstuːl] n champignon (vénéneux)

toady ['təʊdɪ] vi flatter bassement

toast [təʊst] n (Culin) pain grillé, toast m ; (drink, speech) toast ; **a piece** or **slice of** ~ un toast ▸ vt (Culin) faire griller ; (drink to) porter un toast à

toaster ['təʊstə^r] n grille-pain m inv

toastie ['təʊstɪ] n (BRIT inf) sandwich m grillé ; **a cheese and ham** ~ ≈ un croque-monsieur

toastmaster ['təʊstmɑːstə^r] n animateur m pour réceptions

toast rack n porte-toast m inv

tobacco [təˈbækəʊ] n tabac m ; **pipe** ~ tabac à pipe

tobacconist [təˈbækənɪst] n marchand(e) de tabac ; **~'s (shop)** (bureau m de) tabac m

Tobago [təˈbeɪgəʊ] n see **Trinidad and Tobago**

toboggan [təˈbɔgən] n toboggan m ; (child's) luge f

today [təˈdeɪ] adv, n (also fig) aujourd'hui m ; **what day is it ~?** quel jour sommes-nous aujourd'hui ? ; **what date is it ~?** quelle est la date aujourd'hui ? ; **~ is the 4th of March** aujourd'hui nous sommes le 4 mars ; **a week ago ~** il y a huit jours aujourd'hui

toddler ['tɔdlə^r] n enfant mf qui commence à marcher, bambin m

toddy ['tɔdɪ] n grog m

to-do [təˈduː] n (fuss) histoire f, affaire f

toe [təʊ] n doigt m de pied, orteil m ; (of shoe) bout m ; **big** ~ gros orteil ; **little** ~ petit orteil ▸ vt: **to ~ the line** (fig) obéir, se conformer

TOEFL n abbr = **Test(ing) of English as a Foreign Language**

toehold ['təʊhəʊld] n prise f

toenail ['təʊneɪl] n ongle m de l'orteil

toffee ['tɔfɪ] n caramel m

toffee apple n (BRIT) pomme caramélisée

tofu ['təʊfuː] n fromage m de soja

toga ['təʊgə] n toge f

together [təˈgɛðə^r] adv ensemble ; (at same time) en même temps ; **~ with** prep avec

togetherness [təˈgɛðənɪs] n camaraderie f ; intimité f

toggle switch ['tɔgl-] n (Comput) interrupteur m à bascule

Togo ['təʊgəʊ] n Togo m

togs [tɔgz] npl (inf: clothes) fringues fpl

toil [tɔɪl] n dur travail, labeur m ▸ vi travailler dur ; peiner

toilet ['tɔɪlət] n (BRIT: lavatory) toilettes fpl, cabinets mpl ; **to go to the ~** aller aux toilettes ; **where's the ~?** où sont les toilettes ? ▸ cpd (bag, soap etc) de toilette

> Use the plural **les toilettes** to translate toilet: Where's the toilet? **Où sont les toilettes ?** The singular word has other meanings.

toilet bag n (BRIT) nécessaire m de toilette

toilet bowl n cuvette f des W.-C.

toilet paper n papier m hygiénique

toiletries ['tɔɪlətrɪz] npl articles mpl de toilette

toilet roll n rouleau m de papier hygiénique

toilet water n eau f de toilette

to-ing and fro-ing ['tuːɪŋənˈfrəʊɪŋ] n (BRIT) allées et venues fpl

token ['təukən] n (sign) marque f, témoignage m ; (metal disc) jeton m ; (voucher) bon m, coupon m ; **by the same ~** (fig) de même ; **book ~** (BRIT) chèque-livre m ; **gift ~** bon-cadeau m ▶ adj (fee, strike) symbolique

tokenism ['təukənızəm] n (Pol): **it's just ~** c'est une politique de pure forme

Tokyo ['təukjəu] n Tokyo

told [təuld] pt, pp of **tell**

tolerable ['tɔlərəbl] adj (bearable) tolérable ; (fairly good) passable

tolerably ['tɔlərəblı] adv: **~ good** tolérable

tolerance ['tɔlərns] n (also Tech) tolérance f

tolerant ['tɔlərnt] adj: **~ (of)** tolérant(e) (à l'égard de)

tolerate ['tɔləreıt] vt supporter ; (Med, Tech) tolérer

toleration [tɔlə'reıʃən] n tolérance f

toll [təul] n (tax, charge) péage m ; **the accident ~ on the roads** le nombre des victimes de la route ▶ vi (bell) sonner

tollbridge ['təulbrıdʒ] n pont m à péage

toll call n (US Tel) appel m (à) longue distance

toll-free ['təul'fri:] adj (US) gratuit(e) ▶ adv gratuitement

tomato [tə'mɑ:təu] (pl **tomatoes**) n tomate f

tomato sauce n sauce f tomate

tomb [tu:m] n tombe f

tombola [tɔm'bəulə] n tombola f

tomboy ['tɔmbɔı] n garçon manqué

tombstone ['tu:mstəun] n pierre tombale

tomcat ['tɔmkæt] n matou m

tomorrow [tə'mɔrəu] adv, n (also fig) demain m ; **the day after ~** après-demain ; **a week ~** demain en huit ; **~ morning** demain matin

ton [tʌn] n tonne f (Brit : = 1016 kg ; US = 907 kg ; metric = 1000 kg) ; (Naut: also: **register ton**) tonneau m (= 2.83 cu.m) ; **tons of** (inf) des tas de

tonal ['təunl] adj tonal(e)

tone [təun] n ton m ; (of radio, BRIT Tel) tonalité f ▶ vi (also: **tone in**) s'harmoniser
▶ **tone down** vt (colour, criticism) adoucir ; (sound) baisser
▶ **tone up** vt (muscles) tonifier

tone-deaf [təun'dɛf] adj qui n'a pas d'oreille

toner ['təunə*] n (for photocopier) encre f

Tonga [tɔŋə] n îles fpl Tonga

tongs [tɔŋz] npl pinces fpl ; (for coal) pincettes fpl ; (for hair) fer m à friser

tongue [tʌŋ] n langue f ; **~ in cheek** adv ironiquement

tongue-tied ['tʌŋtaıd] adj (fig) muet(te)

tonic ['tɔnık] n (Med) tonique m ; (Mus) tonique f ; (also: **tonic water**) Schweppes® m

tonight [tə'naıt] adv, n cette nuit ; (this evening) ce soir ; **(I'll) see you ~!** à ce soir !

tonnage ['tʌnıdʒ] n (Naut) tonnage m

tonne [tʌn] n (BRIT: metric ton) tonne f

tonsil ['tɔnsl] n amygdale f ; **to have one's tonsils out** se faire opérer des amygdales

tonsillitis [tɔnsı'laıtıs] n amygdalite f ; **to have ~** avoir une angine or une amygdalite

too [tu:] adv (excessively) trop ; (also) aussi ; **it's ~ sweet** c'est trop sucré ; **I went ~** moi aussi, j'y suis allé ; **~ much** (as adv) trop ; (as adj) trop de ; **~ many** adj trop de ; **~ bad!** tant pis !

took [tuk] pt of **take**

tool [tu:l] n outil m ; (fig) instrument m ▶ vt travailler, ouvrager

toolbar ['tu:lbɑ:ʳ] n barre f d'outils

tool box n boîte f à outils

tool kit n trousse f à outils

toot [tu:t] n coup m de sifflet (or de klaxon) ▶ vi siffler ; (with car-horn) klaxonner

tooth [tu:θ] (pl **teeth** [ti:θ]) n (Anat, Tech) dent f ; **to have a ~ pulled** se faire arracher une dent ; **to brush one's teeth** se laver les dents ; **by the skin of one's teeth** (fig) de justesse

toothache ['tu:θeık] n mal m de dents ; **to have ~** avoir mal aux dents

toothbrush ['tu:θbrʌʃ] n brosse f à dents

toothless ['tu:θlıs] adj (person, smile) édenté(e) ; (ineffective: organization) sans réel pouvoir ; (: law) sans effet

toothpaste ['tu:θpeıst] n (pâte f) dentifrice m

toothpick ['tu:θpık] n cure-dent m

tooth powder n poudre f dentifrice

top [tɔp] n (of mountain, head) sommet m ; (of page, ladder) haut m ; (of list, queue) commencement m ; (of box, cupboard, table) dessus m ; (lid: of box, jar) couvercle m ; (: of bottle) bouchon m ; (toy) toupie f ; (Dress: blouse etc) haut m ; (: of pyjamas) veste f ; **the ~ of the milk** (BRIT) la crème du lait ; **at the ~ of the stairs/page/street** en haut de l'escalier/de la page/de la rue ; **from ~ to bottom** de fond en comble ; **on ~ of** sur ; (in addition to) en plus de ; **from ~ to toe** (BRIT) de la tête aux pieds ; **at the ~ of the list** en tête de liste ; **at the ~ of one's voice** à tue-tête ; **over the ~** (inf: behaviour etc) qui dépasse les limites ▶ adj du haut ; (in rank) premier(-ière) ; (best) meilleur(e) ; **at ~ speed** à toute vitesse ▶ vt (exceed) dépasser ; (be first in) être en tête de
▶ **top up**, (US) **top off** vt (bottle) remplir ; (salary) compléter ; **to ~ up one's mobile (phone)** recharger son compte

topaz ['təupæz] n topaze f

top-class ['tɔp'klɑ:s] adj de première classe ; (Sport) de haute compétition

topcoat ['tɔpkəut] n pardessus m

topflight ['tɔpflaıt] adj excellent(e)

top floor n dernier étage

top hat n haut-de-forme m

top-heavy [tɔp'hɛvı] adj (object) trop lourd(e) du haut

topiary ['təupıərı] n topiaire f

topic ['tɔpık] n sujet m, thème m

topical ['tɔpıkl] adj d'actualité

topless ['tɔplıs] adj (bather etc) aux seins nus ; **~ swimsuit** monokini m

top-level ['tɔplɛvl] adj (talks) à l'échelon le plus élevé

topmost ['tɔpməust] adj le (la) plus haut(e)

top-notch ['tɔp'nɔtʃ] adj (inf) de premier ordre

topographical [tɔpə'græfıkl] adj topographique

topography [tə'pɔgrəfı] n topographie f

topping ['tɔpɪŋ] n (Culin) couche de crème, fromage etc qui recouvre un plat
topple ['tɔpl] vt renverser, faire tomber ▶ vi basculer ; tomber
top-ranking ['tɔpræŋkɪŋ] adj très haut placé(e)
top-secret ['tɔp'si:krɪt] adj ultra-secret(-ète)
top-security ['tɔpsə'kjuərɪtɪ] adj (BRIT) de haute sécurité
topsy-turvy ['tɔpsɪ'tə:vɪ] adj, adv sens dessus-dessous
top-up ['tɔpʌp] n (for mobile phone) recharge f, minutes fpl ; **would you like a ~?** (drink) je vous en remets or rajoute ?
top-up card n (for mobile phone) recharge f
top-up loan n (BRIT) prêt m complémentaire
torch [tɔ:tʃ] n torche f ; (BRIT: electric) lampe f de poche
torchlight ['tɔ:tʃlaɪt] n: **by ~** à la lumière de lampes de poche ▶ cpd (procession, parade) aux flambeaux
tore [tɔ:ʳ] pt of **tear²**
torment n ['tɔ:mɛnt] tourment m ▶ vt [tɔ:'mɛnt] tourmenter ; (fig: annoy) agacer
tormentor [tɔ:'mɛntəʳ] n tourmenteur(-euse)
torn [tɔ:n] pp of **tear²** ▶ adj: **~ between** (fig) tiraillé(e) entre
tornado [tɔ:'neɪdəu] (pl **tornadoes**) n tornade f
torpedo [tɔ:'pi:dəu] (pl **torpedoes**) n torpille f
torpedo boat n torpilleur m
torpor ['tɔ:pəʳ] n torpeur f
torrent ['tɔrnt] n torrent m
torrential [tɔ'rɛnʃl] adj torrentiel(le)
torrid ['tɔrɪd] adj torride ; (fig) ardent(e)
torsion ['tɔ:ʃən] n torsion f
torso ['tɔ:səu] n torse m
tortoise ['tɔ:təs] n tortue f
tortoiseshell ['tɔ:təʃel] adj en écaille
tortuous ['tɔ:tjuəs] adj tortueux(-euse)
torture ['tɔ:tʃəʳ] n torture f ▶ vt torturer
torturer ['tɔ:tʃərəʳ] n tortionnaire m
Tory ['tɔ:rɪ] adj, n (BRIT Pol) tory mf, conservateur(-trice)
toss [tɔs] vt lancer, jeter ; (BRIT: pancake) faire sauter ; (head) rejeter en arrière ; **to ~ a coin** jouer à pile ou face ▶ vi: **to ~ for sth** (BRIT) jouer qch à pile ou face ; **to ~ and turn** (in bed) se tourner et se retourner ▶ n (movement: of head etc) mouvement soudain ; (: of coin) tirage m à pile ou face ; **to win/lose the ~** gagner/perdre à pile ou face ; (Sport) gagner/perdre le tirage au sort
tot [tɔt] n (BRIT: drink) petit verre ; (child) bambin m
▶ **tot up** vt (BRIT: figures) additionner
total ['təutl] adj total(e) ▶ n total m ; **in ~** au total ▶ vt (add up) faire le total de, additionner ; (amount to) s'élever à
totalitarian [təutælɪ'tɛərɪən] adj totalitaire
totalitarianism [təutælɪ'tɛərɪənɪzəm] n totalitarisme m
totality [təu'tælɪtɪ] n totalité f
totally ['təutəlɪ] adv totalement
tote bag [təut-] n fourre-tout m inv
totem pole ['təutəm-] n mât m totémique
totter ['tɔtəʳ] vi chanceler ; (object, government) être chancelant(e)

toucan ['tu:kən] n toucan m
touch [tʌtʃ] n contact m, toucher m ; (sense, skill: of pianist etc) toucher ; (fig: note, also Football) touche f ; **the personal ~** la petite note personnelle ; **to put the finishing touches to sth** mettre la dernière main à qch ; **a ~ of** (fig) un petit peu de ; une touche de ; **in ~ with** en contact or rapport avec ; **to get in ~ with** prendre contact avec ; **I'll be in ~** je resterai en contact ; **to lose ~** (friends) se perdre de vue ; **to be out of ~ with events** ne pas être au courant de ce qui se passe ▶ vt (gen) toucher ; (tamper with) toucher à
▶ **touch down** vi (Aviat) atterrir ; (on sea) amerrir
▶ **touch on** vt fus (topic) effleurer, toucher
▶ **touch up** vt (paint) retoucher
touch-and-go ['tʌtʃən'gəu] adj incertain(e) ; **it was ~ whether we did it** nous avons failli ne pas le faire
touchdown ['tʌtʃdaun] n (Aviat) atterrissage m ; (on sea) amerrissage m ; (US Football) essai m
touched [tʌtʃt] adj (moved) touché(e) ; (inf) cinglé(e)
touching ['tʌtʃɪŋ] adj touchant(e), attendrissant(e)
touchline ['tʌtʃlaɪn] n (Sport) (ligne f de) touche f
touchpad ['tʌtʃpæd] n (Comput) touchpad m
touch screen n (Tech) écran m tactile ; **~ mobile** (téléphone) portable m à écran tactile ; **~ technology** technologie f à écran tactile
touch-sensitive ['tʌtʃsensɪtɪv] adj (keypad) à effleurement ; (screen) tactile
touch-type ['tʌtʃtaɪp] vi taper au toucher
touchy ['tʌtʃɪ] adj (person) susceptible
tough [tʌf] adj dur(e) ; (resistant) résistant(e), solide ; (meat) dur, coriace ; (firm) inflexible ; (journey) pénible ; (task, problem, situation) difficile ; (rough) dur ; **~ luck!** pas de chance ! ; tant pis ! ▶ n (gangster etc) dur m
toughen ['tʌfn] vt rendre plus dur(e) (or plus résistant(e) or plus solide)
toughness ['tʌfnɪs] n dureté f ; résistance f ; solidité f
toupee ['tu:peɪ] n postiche m
tour ['tuəʳ] n voyage m ; (also: **package tour**) voyage organisé ; (of town, museum) tour m, visite f ; (by band) tournée f ; **to go on a ~ of** (museum, region) visiter ; **to go on ~** partir en tournée ▶ vt visiter
tour guide n (person) guide mf
touring ['tuərɪŋ] n voyages mpl touristiques, tourisme m
tourism ['tuərɪzm] n tourisme m
tourist ['tuərɪst] n touriste mf ▶ adv (travel) en classe touriste ▶ cpd touristique ; **the ~ trade** le tourisme
tourist class n (Aviat) classe f touriste
tourist office n syndicat m d'initiative
touristy ['tuərɪstɪ] adj (inf) touristique
tournament ['tuənəmənt] n tournoi m
tourniquet ['tuənɪkeɪ] n (Med) garrot m
tour operator n (BRIT) organisateur m de voyages, tour-opérateur m
tousled ['tauzld] adj (hair) ébouriffé(e)

t

885

tout [taut] *n* (*BRIT: ticket tout*) revendeur *m* de billets ▸ *vi:* **to ~ for** essayer de raccrocher, racoler ▸ *vt* (*BRIT*): **to ~ sth (around)** essayer de placer *or* (re)vendre qch

tow [təu] *n:* **to give sb a ~** (*Aut*) remorquer qn; **"on ~"**, (*US*) **"in ~"** (*Aut*) « véhicule en remorque » ▸ *vt* remorquer; (*caravan, trailer*) tracter
▸ **tow away** *vt* (*subj: police*) emmener à la fourrière; (: *breakdown service*) remorquer

toward [tə'wɔːd], **towards** [tə'wɔːdz] *prep* vers; (*of attitude*) envers, à l'égard de; (*of purpose*) pour; **~ noon/the end of the year** vers midi/la fin de l'année; **to feel friendly ~ sb** être bien disposé envers qn

towel ['tauəl] *n* serviette *f* (de toilette); (*also:* **tea towel**) torchon *m*; **to throw in the ~** (*fig*) jeter l'éponge

towelling ['tauəlɪŋ] *n* (*fabric*) tissu-éponge *m*

towel rail, (*US*) **towel rack** *n* porte-serviettes *m inv*

tower ['tauəʳ] *n* tour *f* ▸ *vi* (*building, mountain*) se dresser (majestueusement); **to ~ above** *or* **over sb/sth** dominer qn/qch

tower block *n* (*BRIT*) tour *f* (d'habitation)

towering ['tauərɪŋ] *adj* très haut(e), imposant(e)

towline ['təulaɪn] *n* (câble *m* de) remorque *f*

town [taun] *n* ville *f*; **to go to ~** aller en ville; (*fig*) y mettre le paquet; **in the ~** dans la ville, en ville; **to be out of ~** (*person*) être en déplacement

town centre *n* (*BRIT*) centre *m* de la ville, centre-ville *m*

town clerk *n* ≈ secrétaire *mf* de mairie

town council *n* conseil municipal

town crier [-'kraɪəʳ] *n* (*BRIT*) crieur public

town hall *n* ≈ mairie *f*

townie ['tauni] *n* (*BRIT inf*) citadin(e)

town plan *n* plan *m* de ville

town planner *n* urbaniste *mf*

town planning *n* urbanisme *m*

townsfolk ['taunzfəuk] *npl* (*old*) habitants *mpl* de la ville

township ['taunʃɪp] *n* banlieue noire (*établie sous le régime de l'apartheid*)

townspeople ['taunzpiːpl] *npl* gens *mpl* de la ville; **the ~ of Warwick** les gens de Warwick

towpath ['təupɑːθ] *n* (chemin *m* de) halage *m*

towrope ['təurəup] *n* (câble *m* de) remorque *f*

tow truck *n* (*US*) dépanneuse *f*

toxic ['tɔksɪk] *adj* toxique

toxic asset *n* (*Econ*) actif *m* toxique

toxic bank *n* (*Econ*) bad bank *f*, banque *f* toxique

toxicity [tɔk'sɪsɪtɪ] *n* toxicité *f*

toxicologist [tɔksɪ'kɔlədʒɪst] *n* toxicologue *mf*

toxicology [tɔksɪ'kɔlədʒɪ] *n* toxicologie *f*

toxin ['tɔksɪn] *n* toxine *f*

toy [tɔɪ] *n* jouet *m*
▸ **toy with** *vt fus* jouer avec; (*idea*) caresser

toyshop ['tɔɪʃɔp] *n* magasin *m* de jouets

trace [treɪs] *n* trace *f*; **without ~** (*disappear*) sans laisser de traces; **there was no ~ of it** il n'y en avait pas trace ▸ *vt* (*draw*) tracer, dessiner; (*follow*) suivre la trace de; (*locate*) retrouver

traceable ['treɪsəbl] *adj:* **to be ~ to sth** être attribuable à qch

trace element *n* oligo-élément *m*

trachea [trə'kɪə] *n* (*Anat*) trachée *f*

tracing paper ['treɪsɪŋ-] *n* papier-calque *m*

track [træk] *n* (*mark*) trace *f*; (*path: gen*) chemin *m*, piste *f*; (: *of bullet etc*) trajectoire *f*; (: *of suspect, animal*) piste *f*; (*Rail*) voie ferrée, rails *mpl*; (*Comput, Sport*) piste *f*; (*on CD*) piste *f*; (*on record*) plage *f*; **to keep ~ of** suivre; **to be on the right ~** (*fig*) être sur la bonne voie ▸ *vt* suivre la trace *or* la piste de
▸ **track down** *vt* (*prey*) trouver et capturer; (*sth lost*) finir par retrouver

tracker dog ['trækə-] *n* (*BRIT*) chien dressé pour suivre une piste

track events *npl* (*Sport*) épreuves *fpl* sur piste

tracking station ['trækɪŋ-] *n* (*Space*) centre *m* d'observation de satellites

track meet *n* (*US*) réunion sportive sur piste

track record *n:* **to have a good ~** (*fig*) avoir fait ses preuves

tracksuit ['træksuːt] *n* survêtement *m*

tract [trækt] *n* (*Geo*) étendue *f*, zone *f*; (*pamphlet*) tract *m*; **respiratory ~** (*Anat*) système *m* respiratoire

traction ['trækʃən] *n* traction *f*

tractor ['træktəʳ] *n* tracteur *m*

trade [treɪd] *n* commerce *m*; (*skill, job*) métier *m*; **foreign ~** commerce extérieur ▸ *vi* faire du commerce; **to ~ with/in** faire du commerce avec/le commerce de ▸ *vt* (*exchange*): **to ~ sth (for sth)** échanger qch (contre qch)
▸ **trade in** *vt* (*old car etc*) faire reprendre

trade barrier *n* barrière commerciale

trade deficit *n* déficit extérieur

Trade Descriptions Act *n* (*BRIT*) loi contre les appellations et la publicité mensongères

trade discount *n* remise *f* au détaillant

trade fair *n* foire(-exposition) commerciale

trade-in ['treɪdɪn] *n* reprise *f*

trade-in price *n* prix *m* à la reprise

trademark ['treɪdmɑːk] *n* marque *f* de fabrique

trade mission *n* mission commerciale

trade name *n* marque déposée

trade-off ['treɪdɔf] *n* (*exchange*) échange *f*; (*balancing*) équilibre *m*

trader ['treɪdəʳ] *n* commerçant(e), négociant(e)

trade secret *n* secret *m* de fabrication

tradesman ['treɪdzmən] *n* (*irreg*) (*shopkeeper*) commerçant *m*; (*skilled worker*) ouvrier qualifié

trade union *n* syndicat *m*

trade unionist [-'juːnjənɪst] *n* syndicaliste *mf*

trade wind *n* alizé *m*

trading ['treɪdɪŋ] *n* affaires *fpl*, commerce *m*

trading estate *n* (*BRIT*) zone industrielle

trading stamp *n* timbre-prime *m*

tradition [trə'dɪʃən] *n* tradition *f*; **traditions** *npl* coutumes *fpl*, traditions

traditional [trə'dɪʃənl] *adj* traditionnel(le)

traditionalist [trə'dɪʃənlɪst] *adj, n* traditionaliste *mf*

traditionally [trə'dɪʃənlɪ] *adv* (*by tradition*) traditionnellement ; (*in an old-fashioned way*) de manière traditionnelle ; ~ ... selon la tradition ...

traffic ['træfɪk] *n* trafic *m* ; (*cars*) circulation *f*
▶ *vi*: **to ~ in** (*pej: liquor, drugs*) faire le trafic de

traffic calming [-'kɑːmɪŋ] *n* ralentissement *m* de la circulation

traffic circle *n* (*US*) rond-point *m*

traffic island *n* refuge *m* (pour piétons)

traffic jam *n* embouteillage *m*

trafficker ['træfɪkə^r] *n* trafiquant(e)

trafficking ['træfɪkɪŋ] *n* trafic *m* ; **drug ~** le trafic de drogue

traffic lights *npl* feux *mpl* (de signalisation)

traffic offence *n* (*BRIT*) infraction *f* au code de la route

traffic sign *n* panneau *m* de signalisation

traffic violation *n* (*US*) = **traffic offence**

traffic warden *n* contractuel(le)

tragedy ['trædʒədɪ] *n* tragédie *f*

tragic ['trædʒɪk] *adj* tragique

tragically ['trædʒɪklɪ] *adv* (*die, end*) tragiquement

tragicomedy [trædʒi'kɔmədɪ] *n* tragicomédie *f*

trail [treɪl] *n* (*tracks*) trace *f*, piste *f* ; (*path*) chemin *m*, piste *f* ; (*of smoke etc*) traînée *f* ; **to be on sb's ~** être sur la piste de qn ▶ *vt* (*drag*) traîner, tirer ; (*follow*) suivre ▶ *vi* traîner ; (*in game, contest*) être en retard
▶ **trail away, trail off** *vi* (*sound, voice*) s'évanouir ; (*interest*) disparaître
▶ **trail behind** *vi* traîner, être à la traîne

trailblazer ['treɪlbleɪzə^r] *n* pionnier(-ière)

trailer ['treɪlə^r] *n* (*Aut*) remorque *f* ; (*US: caravan*) caravane *f* ; (*Cine*) bande-annonce *f*

trailer truck *n* (*US*) (camion *m*) semi-remorque *m*

train [treɪn] *n* train *m* ; (*in underground*) rame *f* ; (*of dress*) traîne *f* ; (*BRIT: series*): **~ of events** série *f* d'événements ; **to go by ~** voyager par le train *or* en train ; **what time does the ~ from Paris get in?** à quelle heure arrive le train de Paris ? ; **is this the ~ for ...?** c'est bien le train pour ... ? ; **one's ~ of thought** le fil de sa pensée ▶ *vt* (*apprentice, doctor etc*) former ; (*Sport*) entraîner ; (*dog*) dresser ; (*memory*) exercer ; (*point: gun etc*): **to ~ sth on** braquer qch sur ; **to ~ sb to do sth** apprendre à qn à faire qch ; (*employee*) former qn à faire qch ▶ *vi* recevoir sa formation ; (*Sport*) s'entraîner

train attendant *n* (*US*) employé(e) des wagons-lits

trained [treɪnd] *adj* qualifié(e), qui a reçu une formation ; dressé(e)

trainee [treɪ'niː] *n* stagiaire *mf* ; (*in trade*) apprenti(e)

trainer ['treɪnə^r] *n* (*Sport*) entraîneur(-euse) ; (*of dogs etc*) dresseur(-euse) ; **trainers** *npl* (*shoes*) chaussures *fpl* de sport

training ['treɪnɪŋ] *n* formation *f* ; (*Sport*) entraînement *m* ; (*of dog etc*) dressage *m* ; **in ~** (*Sport*) à l'entraînement ; (*fit*) en forme

training college *n* école professionnelle ; (*for teachers*) ≈ école normale

training course *n* cours *m* de formation professionnelle

training shoes *npl* chaussures *fpl* de sport

train wreck *n* (*fig*) épave *f* ; **he's a complete ~** c'est une épave

traipse [treɪps] *vi* (se) traîner, déambuler

trait [treɪt] *n* trait *m* (de caractère)

traitor ['treɪtə^r] *n* traître *m*

trajectory [trə'dʒɛktərɪ] *n* trajectoire *f*

tram [træm] *n* (*BRIT: also:* **tramcar**) tram(way) *m*

tramline ['træmlaɪn] *n* ligne *f* de tram(way)

tramp [træmp] *n* (*person*) vagabond(e), clochard(e) ; (*inf, pej: woman*): **to be a ~** être coureuse ▶ *vi* marcher d'un pas lourd ▶ *vt* (*walk through: town, streets*) parcourir à pied

trample ['træmpl] *vt*: **to ~ (underfoot)** piétiner ; (*fig*) bafouer

trampoline ['træmpəliːn] *n* trampoline *m*

trance [trɑːns] *n* transe *f* ; (*Med*) catalepsie *f* ; **to go into a ~** entrer en transe

tranche [trɑːnʃ] *n* tranche *f*

tranquil ['træŋkwɪl] *adj* tranquille

tranquillity [træŋ'kwɪlɪtɪ] *n* tranquillité *f*

tranquillizer, (*US*) **tranquilizer** ['træŋkwɪlaɪzə^r] *n* (*Med*) tranquillisant *m*

transact [træn'zækt] *vt* (*business*) traiter

transaction [træn'zækʃən] *n* transaction *f* ; **cash ~** transaction au comptant ; **transactions** *npl* (*minutes*) actes *mpl*

transatlantic ['trænzət'læntɪk] *adj* transatlantique

transcend [træn'sɛnd] *vt* transcender ; (*excel over*) surpasser

transcendental [trænsɛn'dɛntl] *adj*: **~ meditation** méditation transcendantale

transcontinental [trænskɔntɪ'nɛntl] *adj* transcontinental(e)

transcribe [træn'skraɪb] *vt* transcrire

transcript ['trænskrɪpt] *n* transcription *f* (*texte*)

transcription [træn'skrɪpʃən] *n* transcription *f*

transept ['trænsɛpt] *n* transept *m*

transfer *n* ['trænsfə^r] (*gen, also Sport*) transfert *m* ; (*Pol: of power*) passation *f* ; (*of money*) virement *m* ; (*picture, design*) décalcomanie *f* ; (: *stick-on*) autocollant *m* ; **by bank ~** par virement bancaire ▶ *vt* [træns'fə:^r] transférer ; passer ; virer ; décalquer

transferable [træns'fə:rəbl] *adj* transmissible, transférable ; **"not ~"** « personnel »

transfer desk *n* (*Aviat*) guichet *m* de transit

transfix [træns'fɪks] *vt* transpercer ; (*fig*): **transfixed with fear** paralysé(e) par la peur

transform [træns'fɔ:m] *vt* transformer

transformation [trænsfə'meɪʃən] *n* transformation *f*

transformer [træns'fɔ:mə^r] *n* (*Elec*) transformateur *m*

transfusion [træns'fjuːʒən] *n* transfusion *f*

transgender [trænz'dʒɛndə^r] *adj, n* transgenre *mf*

transgress [trænz'grɛs] *vt* transgresser

transgression [trænz'grɛʃn] *n* transgression *f*

transgressor [trænz'grɛsə^r] *n* (*formal*) transgresseur *m*

transient ['trænzɪənt] *adj* transitoire, éphémère

transistor [træn'zɪstər] *n* (*Elec: also:* **transistor radio**) transistor *m*

transit ['trænzɪt] *n*: **in ~** en transit

transit camp *n* camp *m* de transit

transition [træn'zɪʃən] *n* transition *f*

transitional [træn'zɪʃənl] *adj* transitoire

transitive ['trænzɪtɪv] *adj* (*Ling*) transitif(-ive)

transit lounge *n* (*Aviat*) salle *f* de transit

transitory ['trænzɪtərɪ] *adj* transitoire

translate [trænz'leɪt] *vt*: **to ~ (from/into)** traduire (du/en); **can you ~ this for me?** pouvez-vous me traduire ceci?

translation [trænz'leɪʃən] *n* traduction *f*; (*Scol: as opposed to prose*) version *f*

translator [trænz'leɪtər] *n* traducteur(-trice)

translucent [trænz'luːsnt] *adj* translucide

transmission [trænz'mɪʃən] *n* transmission *f*

transmit [trænz'mɪt] *vt* transmettre; (*Radio, TV*) émettre

transmitter [trænz'mɪtər] *n* émetteur *m*

transparency [træns'pεərnsɪ] *n* (*Brit Phot*) diapositive *f*

transparent [træns'pærnt] *adj* transparent(e)

transpire [træns'paɪər] *vi* (*become known*): **it finally transpired that …** on a finalement appris que …; (*happen*) arriver

transplant *vt* [træns'plɑːnt] transplanter; (*seedlings*) repiquer ▶ *n* ['trænsplɑːnt] (*Med*) transplantation *f*; **to have a heart ~** subir une greffe du cœur

transport *n* ['trænspɔːt] transport *m*; **public ~** transports en commun; **Department of T~** (*Brit*) ministère *m* des Transports ▶ *vt* [træns'pɔːt] transporter

transportation [trænspɔː'teɪʃən] *n* (moyen *m* de) transport *m*; (*of prisoners*) transportation *f*; **Department of T~** (*US*) ministère *m* des Transports

transport café *n* (*Brit*) ≈ routier *m*, ≈ restaurant *m* des routiers

transporter [træns'pɔːtər] *n* avion-cargo *m*

transpose [træns'pəuz] *vt* transposer

transsexual [trænz'sεksjuəl] *adj, n* transsexuel(le)

transverse ['trænzvɜːs] *adj* transversal(e)

transvestite [trænz'vεstaɪt] *n* travesti(e)

trap [træp] *n* (*snare, trick*) piège *m*; (*carriage*) cabriolet *m*; **to set** *or* **lay a ~ (for sb)** tendre un piège (à qn); **to shut one's ~** (*inf*) la fermer ▶ *vt* prendre au piège; (*immobilize*) bloquer; (*confine*) coincer

trap door *n* trappe *f*

trapeze [trə'piːz] *n* trapèze *m*

trapped [træpt] *adj* piégé(e); **to feel ~** se sentir piégé(e)

trapper ['træpər] *n* trappeur *m*

trappings ['træpɪŋz] *npl* ornements *mpl*; attributs *mpl*

trash [træʃ] *n* (*inf, pej: goods*) camelote *f*; (: *nonsense*) sottises *fpl*; (*US: rubbish*) ordures *fpl*

trash can *n* (*US*) poubelle *f*

trashy ['træʃɪ] *adj* (*inf*) de camelote (*inf*), qui ne vaut rien

trauma ['trɔːmə] *n* traumatisme *m*

traumatic [trɔː'mætɪk] *adj* traumatisant(e)

traumatize ['trɔːmətaɪz] *vt* traumatiser

travel ['trævl] *n* voyage(s) *m(pl)* ▶ *vi* voyager; (*move*) aller, se déplacer; (*news, sound*) se propager; **this wine doesn't ~ well** ce vin voyage mal ▶ *vt* (*distance*) parcourir

travel agency *n* agence *f* de voyages

travel agent *n* agent *m* de voyages

travel brochure *n* brochure *f* touristique

travel insurance *n* assurance-voyage *f*

traveller, (*US*) **traveler** ['trævlər] *n* voyageur(-euse); (*Comm*) représentant(e) de commerce

traveller's cheque, (*US*) **traveler's check** *n* chèque *m* de voyage

travelling, (*US*) **traveling** ['trævlɪŋ] *n* voyage(s) *m(pl)* ▶ *adj* (*circus, exhibition*) ambulant(e) ▶ *cpd* (*bag, clock*) de voyage; (*expenses*) de déplacement

travelling salesman, (*US*) **traveling salesman** *n* (*irreg*) voyageur *m* de commerce

travelogue ['trævəlɔg] *n* (*book, talk*) récit *m* de voyage; (*film*) documentaire *m* de voyage

travel-sick ['trævlsɪk] *adj*: **to get ~** avoir le mal de la route (*or* de mer *or* de l'air)

travel sickness *n* mal *m* de la route (*or* de mer *or* de l'air)

traverse ['trævəs] *vt* traverser

travesty ['trævəstɪ] *n* parodie *f*

trawl [trɔːl] *vi* pêcher au chalut ▶ *n* (*search*) exploration *f*; **a ~ through sth** une exploration de qch ▶ **trawl through** *vt fus* éplucher

trawler ['trɔːlər] *n* chalutier *m*

tray [treɪ] *n* (*for carrying*) plateau *m*; (*on desk*) corbeille *f*

treacherous ['trεtʃərəs] *adj* traître(sse); (*ground, tide*) dont il faut se méfier; **road conditions are ~** l'état des routes est dangereux

treachery ['trεtʃərɪ] *n* traîtrise *f*

treacle ['triːkl] *n* mélasse *f*

tread [trεd] (*pt* **trod** [trɔd], *pp* **trodden** ['trɔdn]) *n* (*step*) pas *m*; (*sound*) bruit *m* de pas; (*of tyre*) chape *f*, bande *f* de roulement ▶ *vi* marcher ▶ **tread on** *vt fus* marcher sur

treadle ['trεdl] *n* pédale *f* (*de machine*)

treadmill ['trεdmɪl] *n* (*lit*) tapis *m* roulant; (*fig*) corvée *f*

treas. *abbr* = **treasurer**

treason ['triːzn] *n* trahison *f*

treasure ['trεʒər] *n* trésor *m* ▶ *vt* (*value*) tenir beaucoup à; (*store*) conserver précieusement

treasure hunt *n* chasse *f* au trésor

treasurer ['trεʒərər] *n* trésorier(-ière)

treasury ['trεʒərɪ] *n* trésorerie *f*; **the T~, the T~ Department** (*US*) ≈ le ministère des Finances

treasury bill *n* bon *m* du Trésor

treat [triːt] *n* petit cadeau, petite surprise; **it was a ~** ça m'a (*or* nous a *etc*) vraiment fait plaisir ▶ *vt* traiter; **to ~ sb to sth** offrir qch à qn; **to ~ sth as a joke** prendre qch à la plaisanterie

treatable ['triːtəbl] *adj* soignable

treatise ['triːtɪz] *n* traité *m* (*ouvrage*)

treatment ['tri:tmənt] n traitement m ; **to have ~ for sth** (Med) suivre un traitement pour qch

treaty ['tri:tɪ] n traité m

treble ['trɛbl] adj triple ▶ n (Mus) soprano m ▶ vt, vi tripler

treble clef n clé f de sol

tree [tri:] n arbre m

treeless ['tri:lɪs] adj sans arbre

tree-lined ['tri:laɪnd] adj bordé(e) d'arbres

treetop ['tri:tɔp] n cime f d'un arbre

tree trunk n tronc m d'arbre

trek [trɛk] n (long walk) randonnée f ; (tiring walk) longue marche, trotte f ▶ vi (as holiday) faire de la randonnée

trellis ['trɛlɪs] n treillis m, treillage m

tremble ['trɛmbl] vi trembler

trembling ['trɛmblɪŋ] n tremblement m ▶ adj tremblant(e)

tremendous [trɪ'mɛndəs] adj (enormous) énorme ; (excellent) formidable, fantastique

tremendously [trɪ'mɛndəslɪ] adv énormément, extrêmement + adjective ; formidablement

tremor ['trɛməʳ] n tremblement m ; (also: **earth tremor**) secousse f sismique

tremulous ['trɛmjuləs] adj tremblant(e)

trench [trɛntʃ] n tranchée f

trenchant ['trɛntʃənt] adj (criticism, views) incisif(-ive)

trench coat n trench-coat m

trench warfare n guerre f de tranchées

trend [trɛnd] n (tendency) tendance f ; (of events) cours m ; (fashion) mode f ; **~ towards/away from doing** tendance à faire/à ne pas faire ; **to set the ~** donner le ton ; **to set a ~** lancer une mode

trendsetter ['trɛndsɛtəʳ] n personne qui lance une mode

trendy ['trɛndɪ] adj (idea, person) dans le vent ; (clothes) dernier cri inv

trepidation [trɛpɪ'deɪʃən] n vive agitation

trespass ['trɛspəs] vi : **to ~ on** s'introduire sans permission dans ; (fig) empiéter sur ; **"no trespassing"** « propriété privée », « défense d'entrer »

trespasser ['trɛspəsəʳ] n intrus(e) ; **"trespassers will be prosecuted"** « interdiction d'entrer sous peine de poursuites »

trestle ['trɛsl] n tréteau m

trestle table n table f à tréteaux

triage ['tri:ɑːʒ] n (in hospital) triage m

trial ['traɪəl] n (Law) procès m, jugement m ; (test: of machine etc) essai m ; (worry) souci m ; **~ by jury** jugement par jury ; **to be sent for ~** être traduit(e) en justice ; **to be on ~** passer en jugement ; **by ~ and error** par tâtonnements ; **trials** npl (unpleasant experiences) épreuves fpl ; (Sport) épreuves éliminatoires ; **horse trials** concours m hippique

trial balance n (Comm) balance f de vérification

trial basis n : **on a ~** pour une période d'essai

trial period n période f d'essai

trial run n essai m

triangle ['traɪæŋgl] n (Math, Mus) triangle m

triangular [traɪ'æŋgjuləʳ] adj triangulaire

triathlete [traɪ'æθliːt] n triathlète mf

triathlon [traɪ'æθlən] n triathlon m

tribal ['traɪbl] adj tribal(e)

tribe [traɪb] n tribu f

tribesman ['traɪbzmən] n (irreg) membre m de la tribu

tribulation [trɪbju'leɪʃən] n tribulation f, malheur m

tribunal [traɪ'bju:nl] n tribunal m

tributary ['trɪbjutərɪ] n (river) affluent m

tribute ['trɪbjuːt] n tribut m, hommage m ; **to pay ~ to** rendre hommage à

trice [traɪs] n : **in a ~** en un clin d'œil

triceps ['traɪsɛps] n triceps m

trick [trɪk] n (magic) tour m ; (joke, prank) tour, farce f ; (skill, knack) astuce f ; (Cards) levée f ; **to play a ~ on sb** jouer un tour à qn ; **it's a ~ of the light** c'est une illusion d'optique causée par la lumière ; **that should do the ~** (inf) ça devrait faire l'affaire ▶ vt attraper, rouler ; **to ~ sb into doing sth** persuader qn par la ruse de faire qch ; **to ~ sb out of sth** obtenir qch de qn par la ruse

trickery ['trɪkərɪ] n ruse f

trickle ['trɪkl] n (of water etc) filet m ▶ vi couler en un filet or goutte à goutte ; **to ~ in/out** (people) entrer/sortir par petits groupes

trick question n question-piège f

trickster ['trɪkstəʳ] n arnaqueur(-euse), filou m

tricky ['trɪkɪ] adj difficile, délicat(e)

tricycle ['traɪsɪkl] n tricycle m

trifle ['traɪfl] n bagatelle f ; (Culin) ≈ diplomate m ▶ adv : **a ~ long** un peu long ▶ vi : **to ~ with** traiter à la légère

trifling ['traɪflɪŋ] adj insignifiant(e)

trigger ['trɪgəʳ] n (of gun) gâchette f ▶ **trigger off** vt déclencher

trigger-happy [trɪgə'hæpɪ] adj (inf) à la gâchette facile ; **to be ~** avoir la gâchette facile

trigonometry [trɪgə'nɔmətrɪ] n trigonométrie f

trilby ['trɪlbɪ] n (BRIT: also: **trilby hat**) chapeau mou, feutre m

trill [trɪl] n (of bird, Mus) trille m

trillion ['trɪljən] num (a million million) billion m (mille milliards)

trilogy ['trɪlədʒɪ] n trilogie f

trim [trɪm] adj net(te) ; (house, garden) bien tenu(e) ; (figure) svelte ▶ n (haircut etc) légère coupe ; (embellishment) finitions fpl ; (on car) garnitures fpl ; **to keep in (good) ~** maintenir en (bon) état ▶ vt (cut) couper légèrement ; (Naut: a sail) gréer ; (decorate) : **to ~ (with)** décorer (de)

trimmings ['trɪmɪŋz] npl décorations fpl ; (extras: esp Culin) garniture f

Trinidad and Tobago ['trɪnɪdæd-] n Trinité et Tobago f

Trinity ['trɪnɪtɪ] n : **the ~** la Trinité

trinket ['trɪŋkɪt] n bibelot m ; (piece of jewellery) colifichet m

trio ['tri:əu] n trio m

trip [trɪp] n voyage m ; (excursion) excursion f ; (stumble) faux pas ; **on a ~** en voyage ▶ vi faire un faux pas, trébucher ; (go lightly) marcher d'un pas léger

▶ **trip up** *vi* trébucher ▶ *vt* faire un croc-en-jambe à
tripartite [traɪˈpɑːtaɪt] *adj* triparti(e)
tripe [traɪp] *n* (*Culin*) tripes *fpl* ; (*pej: rubbish*) idioties *fpl*
triple [ˈtrɪpl] *adj* triple ▶ *adv*: ~ **the distance/the speed** trois fois la distance/la vitesse
triple jump *n* triple saut *m*
triplets [ˈtrɪplɪts] *npl* triplés(-ées)
triplicate [ˈtrɪplɪkət] *n*: **in** ~ en trois exemplaires
tripod [ˈtraɪpɒd] *n* trépied *m*
Tripoli [ˈtrɪpəlɪ] *n* Tripoli
tripper [ˈtrɪpəʳ] *n* (*BRIT*) touriste *mf* ; excursionniste *mf*
tripwire [ˈtrɪpwaɪəʳ] *n* fil *m* de déclenchement
trite [traɪt] *adj* banal(e)
triumph [ˈtraɪʌmf] *n* triomphe *m* ▶ *vi*: **to** ~ **(over)** triompher (de)
triumphal [traɪˈʌmfl] *adj* triomphal(e)
triumphant [traɪˈʌmfənt] *adj* triomphant(e)
trivia [ˈtrɪvɪə] *npl* futilités *fpl*
trivial [ˈtrɪvɪəl] *adj* insignifiant(e) ; (*commonplace*) banal(e)
triviality [trɪvɪˈælɪtɪ] *n* caractère insignifiant ; banalité *f*
trivialize [ˈtrɪvɪəlaɪz] *vt* rendre banal(e)
trod [trɒd] *pt of* **tread**
trodden [ˈtrɒdn] *pp of* **tread**
troll [trɒl] *n* (*Comput*) troll *m*, trolleur(-euse)
trolley [ˈtrɒlɪ] *n* chariot *m*
trolley bus *n* trolleybus *m*
trollop [ˈtrɒləp] *n* prostituée *f*
trombone [trɒmˈbəʊn] *n* trombone *m*
trombonist [trɒmˈbəʊnɪst] *n* tromboniste *mf*
troop [truːp] *n* bande *f*, groupe *m* ▶ *vi*: **to ~ in/out** entrer/sortir en groupe ; **trooping the colour** (*BRIT*) (*ceremony*) le salut au drapeau ; **troops** *npl* (*Mil*) troupes *fpl* ; (: *men*) hommes *mpl*, soldats *mpl*
troop carrier *n* (*plane*) avion *m* de transport de troupes ; (*Naut: also:* **troopship**) transport *m* (*navire*)
trooper [ˈtruːpəʳ] *n* (*Mil*) soldat *m* de cavalerie ; (*US: policeman*) ≈ gendarme *m*
troopship [ˈtruːpʃɪp] *n* transport *m* (*navire*)
trophy [ˈtrəʊfɪ] *n* trophée *m*
tropic [ˈtrɒpɪk] *n* tropique *m* ; **in the tropics** sous les tropiques ; **T~ of Cancer/Capricorn** tropique du Cancer/Capricorne
tropical [ˈtrɒpɪkl] *adj* tropical(e)
trot [trɒt] *n* trot *m* ; **on the ~** (*BRIT fig*) d'affilée ▶ *vi* trotter
▶ **trot out** *vt* (*excuse, reason*) débiter ; (*names, facts*) réciter les uns après les autres
trouble [ˈtrʌbl] *n* difficulté(s) *f(pl)*, problème(s) *m(pl)* ; (*worry*) ennuis *mpl*, soucis *mpl* ; (*bother, effort*) peine *f* ; (*Pol*) conflit(s) *m(pl)*, troubles *mpl* ; (*Med*): **stomach** *etc* ~ troubles gastriques *etc* ; **to be in** ~ avoir des ennuis ; (*ship, climber etc*) être en difficulté ; **to have ~ doing sth** avoir du mal à faire qch ; **to go to the ~ of doing** se donner le mal de faire ; **it's no ~!** je vous en prie ! ; **the ~ is …** le problème, c'est que … ; **what's the ~?** qu'est-ce qui ne va pas ? ▶ *vt* (*disturb*) déranger, gêner ; (*worry*) inquiéter ; **please don't ~**

yourself je vous en prie, ne vous dérangez pas ! ▶ *vi*: **to ~ to do** prendre la peine de faire ; **troubles** *npl* (*Pol etc*) troubles ; (*personal*) ennuis, soucis
troubled [ˈtrʌbld] *adj* (*person*) inquiet(-ète) ; (*times, life*) agité(e)
trouble-free [ˈtrʌblfriː] *adj* sans problèmes *or* ennuis
troublemaker [ˈtrʌblmeɪkəʳ] *n* élément perturbateur, fauteur *m* de troubles
troubleshooter [ˈtrʌblʃuːtəʳ] *n* (*problem solver*) expert *m* ; (*in conflict*) médiateur(-trice)
troubleshooting [ˈtrʌblʃuːtɪŋ] *n* résolution *f* de problèmes
troublesome [ˈtrʌblsəm] *adj* (*child*) fatigant(e), difficile ; (*cough*) gênant(e)
trouble spot *n* point chaud (*fig*)
troubling [ˈtrʌblɪŋ] (*times, thought*) inquiétant(e)
trough [trɒf] *n* (*also:* **drinking trough**) abreuvoir *m* ; (*also:* **feeding trough**) auge *f* ; (*depression*) creux *m* ; (*channel*) chenal *m* ; ~ **of low pressure** (*Meteorology*) dépression *f*
trounce [traʊns] *vt* (*inf: defeat*) battre à plates coutures (*inf*)
troupe [truːp] *n* troupe *f*
trouser press *n* presse-pantalon *m inv*
trousers [ˈtraʊzəz] *npl* pantalon *m* ; **short ~** (*BRIT*) culottes courtes
trouser suit *n* (*BRIT*) tailleur-pantalon *m*
trousseau [ˈtruːsəʊ] (*pl* **trousseaux** *or* **trousseaus** [-z]) *n* trousseau *m*
trout [traʊt] *n* (*pl inv*) truite *f*
trowel [ˈtraʊəl] *n* truelle *f* ; (*garden tool*) déplantoir *m*
truancy [ˈtruːənsɪ] *n* absentéisme *m* (*scolaire*)
truant [ˈtruːənt] *n*: **to play ~** faire l'école buissonnière
truce [truːs] *n* trêve *f*
truck [trʌk] *n* camion *m* ; (*Rail*) wagon *m* à plate-forme ; (*for luggage*) chariot *m* (à bagages)
truck driver *n* camionneur *m*
trucker [ˈtrʌkəʳ] *n* (*esp US*) camionneur *m*
truck farm *n* (*US*) jardin maraîcher
trucking [ˈtrʌkɪŋ] *n* (*esp US*) transport routier
trucking company *n* (*US*) entreprise *f* de transport (routier)
truckload [ˈtrʌkləʊd] *n* cargaison *f* (*d'un camion*)
truck stop *n* (*US*) ≈ routier *m*, restaurant *m* de routiers
truculent [ˈtrʌkjulənt] *adj* agressif(-ive)
trudge [trʌdʒ] *vi* marcher lourdement, se traîner
true [truː] *adj* vrai(e) ; (*accurate*) exact(e) ; (*genuine*) vrai, véritable ; (*faithful*) fidèle ; (*wall*) d'aplomb ; (*beam*) droit(e) ; (*wheel*) dans l'axe ; **to come** ~ se réaliser ; ~ **to life** réaliste
truffle [ˈtrʌfl] *n* truffe *f*
truism [ˈtruːɪzəm] *n* truisme *m*, lieu *m* commun
truly [ˈtruːlɪ] *adv* vraiment, réellement ; (*truthfully*) sans mentir ; (*faithfully*) fidèlement ; **yours ~** (*in letter*) je vous prie d'agréer, Monsieur (*or* Madame *etc*), l'expression de mes sentiments respectueux

trump [trʌmp] n atout m ; **to come up trumps** (fig) faire des miracles

trump card n atout m ; (fig) carte f maîtresse

trumped-up [trʌmpt'ʌp] adj inventé(e) (de toutes pièces)

trumpet ['trʌmpɪt] n trompette f

trumpeter ['trʌmpɪtər] n trompettiste mf

truncated [trʌŋ'keɪtɪd] adj tronqué(e)

truncheon ['trʌntʃən] n bâton m (d'agent de police) ; matraque f

trundle ['trʌndl] vt, vi : **to ~ along** rouler bruyamment

trunk [trʌŋk] n (of tree, person) tronc m ; (of elephant) trompe f ; (case) malle f ; (US Aut) coffre m ; **trunks** npl (also : **swimming trunks**) maillot m or slip m de bain

trunk call n (Brit Tel) communication interurbaine

trunk road n (Brit) = (route f) nationale f

truss [trʌs] n (Med) bandage m herniaire ▶ vt : **to ~ (up)** (Culin) brider

trust [trʌst] n confiance f ; (responsibility) : **to place sth in sb's ~** confier la responsabilité de qch à qn ; (Law) fidéicommis m ; (Comm) trust m ; **to take sth on ~** accepter qch les yeux fermés ; **in ~** (Law) par fidéicommis ▶ vt (rely on) avoir confiance en ; (entrust) : **to ~ sth to sb** confier qch à qn ; (hope) : **to ~ (that)** espérer (que)
  ▶ **trust in** vt fus croire en
  ▶ **trust to** vt fus (luck, instinct) faire confiance à

trust company n société f fiduciaire

trusted ['trʌstɪd] adj en qui l'on a confiance

trustee [trʌs'tiː] n (Law) fidéicommissaire mf ; (of school etc) administrateur(-trice)

trustful ['trʌstful] adj confiant(e)

trust fund n fonds m en fidéicommis

trusting ['trʌstɪŋ] adj confiant(e)

trustworthy ['trʌstwəːðɪ] adj digne de confiance

trusty ['trʌstɪ] adj fidèle

truth [truːθ] (pl **truths** [truːðz]) n vérité f

truthful ['truːθful] adj (person) qui dit la vérité ; (answer) sincère ; (description) exact(e), vrai(e)

truthfully ['truːθəlɪ] adv sincèrement, sans mentir

truthfulness ['truːθfəlnɪs] n véracité f

try [traɪ] n essai m, tentative f ; (Rugby) essai ; **to give sth a ~** essayer ▶ vt (attempt) essayer, tenter ; (test : sth new : also : **try out**) essayer, tester ; (Law : person) juger ; (strain) éprouver ; **to ~ to do** essayer de faire ; (seek) chercher à faire ; **to ~ one's (very) best** or **one's (very) hardest** faire de son mieux ▶ vi essayer
  ▶ **try on** vt (clothes) essayer ; **to ~ it on** (fig) tenter le coup, bluffer
  ▶ **try out** vt essayer, mettre à l'essai
  ▶ **try for** vt fus (baby) essayer d'avoir ; (gold medal) essayer de décrocher

trying ['traɪɪŋ] adj pénible

tsar [zɑːr] n tsar m

T-shirt ['tiːʃəːt] n tee-shirt m

tsp. abbr (= teaspoonful) c. f à café, cuil. f à café

T-square ['tiːskwɛər] n équerre f en T

tsunami [tsuˈnɑːmɪ] n tsunami m

TT adj abbr (Brit inf) = **teetotal** ▶ abbr (US) = **Trust Territory**

tub [tʌb] n cuve f ; (for washing clothes) baquet m ; (bath) baignoire f

tuba ['tjuːbə] n tuba m

tubby ['tʌbɪ] adj rondelet(te)

tube [tjuːb] n tube m ; (Brit : underground) métro m ; (for tyre) chambre f à air ; (inf : television) : **the ~** la télé

tubeless ['tjuːblɪs] adj (tyre) sans chambre à air

tuber ['tjuːbər] n (Bot) tubercule m

tuberculosis [tjubəːkjuˈləʊsɪs] n tuberculose f

tube station n (Brit) station f de métro

tubing ['tjuːbɪŋ] n tubes mpl ; **a piece of ~** un tube

tubular ['tjuːbjulər] adj tubulaire

TUC n abbr (Brit : = Trades Union Congress) confédération f des syndicats britanniques

tuck [tʌk] n (Sewing) pli m, rempli m ▶ vt (put) mettre
  ▶ **tuck away** vt cacher, ranger ; (money) mettre de côté ; (building) : **to be tucked away** être caché(e)
  ▶ **tuck in** vt rentrer ; (child) border ▶ vi (eat) manger de bon appétit ; attaquer le repas
  ▶ **tuck up** vt (child) border

tucker ['tʌkər] n (Australia, New Zealand inf) bouffe f (inf)

tuck shop n (Brit Scol) boutique f à provisions

Tues., Tue. abbr (= Tuesday) ma., mar.

Tuesday ['tjuːzdɪ] n mardi m ; (the date) **today is ~ 23 March** nous sommes aujourd'hui mardi le 3 mars ; **on ~** mardi ; **on Tuesdays** le mardi ; **every ~** tous les mardis, chaque mardi ; **every other** ~ un mardi sur deux ; **last/next ~** mardi dernier/prochain ; **~ next** mardi qui vient ; **the following ~** le mardi suivant ; **a week/fortnight on ~, ~ week/fortnight** mardi en huit/quinze ; **the ~ before last** l'autre mardi ; **the ~ after next** mardi en huit ; **~ morning/lunchtime/afternoon/evening** mardi matin/midi/après-midi/soir ; **~ night** mardi soir ; (overnight) la nuit de mardi (à mercredi) ; **~'s newspaper** le journal de mardi

tuft [tʌft] n touffe f

tug [tʌg] n (ship) remorqueur m ▶ vt tirer (sur)

tug-of-love [tʌgəvˈlʌv] n lutte acharnée entre parents divorcés pour avoir la garde d'un enfant

tug-of-war [tʌgəvˈwɔːr] n lutte f à la corde

tuition [tjuːˈɪʃən] n (Brit : lessons) leçons fpl ; (: private) cours particuliers ; (US : fees) frais mpl de scolarité

tulip ['tjuːlɪp] n tulipe f

tulle [tjuːl] n tulle m

tumble ['tʌmbl] n (fall) chute f, culbute f ▶ vi tomber, dégringoler ; (somersault) faire une or des culbute(s) ; **to ~ to sth** (inf) réaliser qch
  ▶ vt renverser, faire tomber

tumbledown ['tʌmbldaun] adj délabré(e)

tumble dryer n (Brit) séchoir m (à linge) à air chaud

tumbler ['tʌmblər] n verre (droit), gobelet m

tummy ['tʌmɪ] n (inf) ventre m

tumour, (US) **tumor** ['tjuːmər] n tumeur f

tumult ['tjuːmʌlt] n tumulte m

891

t

tumultuous [tjuːˈmʌltjuəs] *adj*
tumultueux(-euse)

tuna [ˈtjuːnə] *n* (*pl inv*: *also*: **tuna fish**) thon *m*

tundra [ˈtʌndrə] *n* toundra *f*

tune [tjuːn] *n* (*melody*) air *m* ; **to be in/out of ~**
(*instrument*) être accordé/désaccordé ; (*singer*)
chanter juste/faux ; **to be in/out of ~ with** (*fig*)
être en accord/désaccord avec ; **she was
robbed to the ~ of £30,000** (*fig*) on lui a volé la
jolie somme de 10 000 livres ▸ *vt* (*Mus*)
accorder ; (*Radio, TV, Aut*) régler, mettre au point
▸ **tune in** *vi* (*Radio, TV*): **to ~ in (to)** se mettre à
l'écoute (de)
▸ **tune up** *vi* (*musician*) accorder son instrument

tuneful [ˈtjuːnful] *adj* mélodieux(-euse)

tuner [ˈtjuːnəʳ] *n* (*radio set*) tuner *m* ; **piano ~**
accordeur *m* de pianos

tuner amplifier *n* ampli-tuner *m*

tungsten [ˈtʌŋstn] *n* tungstène *m*

tunic [ˈtjuːnɪk] *n* tunique *f*

tuning [ˈtjuːnɪŋ] *n* réglage *m*

tuning fork *n* diapason *m*

Tunis [ˈtjuːnɪs] *n* Tunis

Tunisia [tjuːˈnɪzɪə] *n* Tunisie *f*

Tunisian [tjuːˈnɪzɪən] *adj* tunisien(ne) ▸ *n*
Tunisien(ne)

tunnel [ˈtʌnl] *n* tunnel *m* ; (*in mine*) galerie *f* ▸ *vi*
creuser un tunnel (*or* une galerie)

tunnel vision *n* (*Med*) rétrécissement *m* du
champ visuel ; (*fig*) vision étroite des choses

tunny [ˈtʌnɪ] *n* thon *m*

turban [ˈtəːbən] *n* turban *m*

turbid [ˈtəːbɪd] *adj* boueux(-euse)

turbine [ˈtəːbaɪn] *n* turbine *f*

turbo [ˈtəːbəu] *n* turbo *m*

turbocharged [ˈtəːbəutʃɑːdʒd] *adj* turbo *inv*

turbojet [təːbəuˈdʒɛt] *n* turboréacteur *m*

turboprop [təːbəuˈprɔp] *n* (*engine*)
turbopropulseur *m*

turbot [ˈtəːbət] *n* (*pl inv*) turbot *m*

turbulence [ˈtəːbjuləns] *n* (*Aviat*) turbulence *f*

turbulent [ˈtəːbjulənt] *adj* turbulent(e) ; (*sea*)
agité(e)

tureen [təˈriːn] *n* soupière *f*

turf [təːf] *n* gazon *m* ; (*clod*) motte *f* (de gazon) ;
the T~ le turf, les courses *fpl* ▸ *vt* gazonner
▸ **turf out** *vt* (*inf*) jeter ; jeter dehors

turf accountant *n* (*Brit*) bookmaker *m*

turgid [ˈtəːdʒɪd] *adj* (*speech*) pompeux(-euse)

Turin [tjuəˈrɪn] *n* Turin

Turk [təːk] *n* Turc (Turque)

Turkey [ˈtəːkɪ] *n* Turquie *f*

turkey [ˈtəːkɪ] *n* dindon *m*, dinde *f*

Turkish [ˈtəːkɪʃ] *adj* turc (turque) ▸ *n* (*Ling*) turc *m*

Turkish bath *n* bain turc

Turkish delight *n* loukoum *m*

turmeric [ˈtəːmərɪk] *n* curcuma *m*

turmoil [ˈtəːmɔɪl] *n* trouble *m*,
bouleversement *m*

turn [təːn] *n* tour *m* ; (*in road*) tournant *m* ;
(*tendency: of mind, events*) tournure *f* ; (*performance*)
numéro *m* ; (*Med*) crise *f*, attaque *f* ; **a good ~** un
service ; **a bad ~** un mauvais tour ; **it gave me
quite a ~** ça m'a fait un coup ; **"no left ~"** (*Aut*)
« défense de tourner à gauche » ; **it's your ~**

c'est (à) votre tour ; **in ~** à son tour ; à tour de
rôle ; **to take turns** se relayer ; **to take turns
at** faire à tour de rôle ; **at the ~ of the year/
century** à la fin de l'année/du siècle ; **to take
a ~ for the worse** (*situation, events*) empirer ; **his
health** *or* **he has taken a ~ for the worse** son
état s'est aggravé ▸ *vt* tourner ; (*collar, steak*)
retourner ; (*age*) atteindre ; (*shape: wood, metal*)
tourner ; (*milk*) faire tourner ; (*change*): **to ~ sth
into** changer qch en ▸ *vi* (*object, wind, milk*)
tourner ; (*person: look back*) se (re)tourner ; (*reverse
direction*) faire demi-tour ; (*change*) changer ;
(*become*) devenir ; **to ~ into** se changer en, se
transformer en ; **~ left/right at the next
junction** tournez à gauche/droite au prochain
carrefour
▸ **turn about** *vi* faire demi-tour ; faire un
demi-tour
▸ **turn against** *vt fus*: **to ~ against sb/sth** se
retourner contre qn/qch ▸ *vt*: **to ~ sb against sb**
retourner qn contre qn
▸ **turn around** *vi* (*person*) se retourner ▸ *vt* (*object*)
tourner
▸ **turn away** *vi* se détourner, tourner la tête ▸ *vt*
(*reject: person*) renvoyer ; (: *business*) refuser
▸ **turn back** *vi* revenir, faire demi-tour
▸ **turn down** *vt* (*refuse*) rejeter, refuser ; (*reduce*)
baisser ; (*fold*) rabattre
▸ **turn in** *vi* (*inf: go to bed*) aller se coucher ▸ *vt*
(*fold*) rentrer
▸ **turn off** *vi* (*from road*) tourner ▸ *vt* (*light, radio etc*)
éteindre ; (*tap*) fermer ; (*engine*) arrêter ; **I can't
~ the heating off** je n'arrive pas à éteindre le
chauffage
▸ **turn on** *vt* (*light, radio etc*) allumer ; (*tap*)
ouvrir ; (*engine*) mettre en marche ; **I can't ~ the
heating on** je n'arrive pas à allumer le
chauffage
▸ **turn out** *vt* (*light, gas*) éteindre ; (*produce: goods,
novel, good pupils*) produire ▸ *vi* (*voters, troops*) se
présenter ; **to ~ out to be ...** s'avérer ...,
révéler ...
▸ **turn over** *vi* (*person*) se retourner ▸ *vt* (*object*)
retourner ; (*page*) tourner
▸ **turn round** *vi* faire demi-tour ; (*rotate*)
tourner
▸ **turn to** *vt fus*: **to ~ to sb** s'adresser à qn
▸ **turn up** *vi* (*person*) arriver, se pointer (*inf*) ; (*lost
object*) être retrouvé(e) ▸ *vt* (*collar*) remonter ;
(*radio, heater*) mettre plus fort

turnabout [ˈtəːnəbaut], **turnaround**
[ˈtəːnəraund] *n* volte-face *f inv*

turncoat [ˈtəːnkəut] *n* renégat(e)

turned-up [ˈtəːndʌp] *adj* (*nose*) retroussé(e)

turning [ˈtəːnɪŋ] *n* (*in road*) tournant *m* ; **the
first ~ on the right** la première (rue *or* route)
à droite

turning circle *n* (*Brit*) rayon *m* de braquage

turning point *n* (*fig*) tournant *m*, moment *m*
décisif

turning radius *n* (*US*) = **turning circle**

turnip [ˈtəːnɪp] *n* navet *m*

turnout [ˈtəːnaut] *n* (nombre *m* de personnes
dans l')assistance *f* ; (*of voters*) taux *m* de
participation

turnover ['tə:nəuvə'] *n* (*Comm: amount of money*) chiffre *m* d'affaires ; (*: of goods*) roulement *m* ; (*of staff*) renouvellement *m*, changement *m* ; (*Culin*) sorte de chausson ; **there is a rapid ~ in staff** le personnel change souvent

turnpike ['tə:npaɪk] *n* (*US*) autoroute *f* à péage

turnstile ['tə:nstaɪl] *n* tourniquet *m* (*d'entrée*)

turntable ['tə:nteɪbl] *n* (*on record player*) platine *f*

turn-up ['tə:nʌp] *n* (*BRIT: on trousers*) revers *m*

turpentine ['tə:pəntaɪn] *n* (*also*: **turps**) (essence *f* de) térébenthine *f*

turquoise ['tə:kwɔɪz] *n* (*stone*) turquoise *f* ▶ *adj* turquoise *inv*

turret ['tʌrɪt] *n* tourelle *f*

turtle ['tə:tl] *n* tortue marine

turtleneck (sweater) ['tə:tlnɛk-] *n* pullover *m* à col montant

Tuscany ['tʌskənɪ] *n* Toscane *f*

tusk [tʌsk] *n* défense *f* (*d'éléphant*)

tussle ['tʌsl] *n* bagarre *f*, mêlée *f*

tutor ['tju:tə'] *n* (*BRIT Scol: in college*) directeur(-trice) d'études ; (*private teacher*) précepteur(-trice)

tutorial [tju:'tɔ:rɪəl] *n* (*Scol*) (séance *f* de) travaux *mpl* pratiques

tutu ['tu:tu:] *n* tutu *m*

tuxedo [tʌk'si:dəu] *n* (*US*) smoking *m*

TV [ti:'vi:] *n abbr* (= *television*) télé *f*, TV *f*

TV dinner *n* plateau-repas surgelé

twaddle ['twɔdl] *n* balivernes *fpl*

twang [twæŋ] *n* (*of instrument*) son vibrant ; (*of voice*) ton nasillard ▶ *vi* vibrer ▶ *vt* (*guitar*) pincer les cordes de

tweak [twi:k] *vt* (*nose*) tordre ; (*ear, hair*) tirer

tweed [twi:d] *n* tweed *m*

tweet [twi:t] (*on Twitter*) *n* tweet *m* ▶ *vt*, *vi* tweeter

tweezers ['twi:zəz] *npl* pince *f* à épiler

twelfth [twɛlfθ] *num* douzième

Twelfth Night *n* la fête des Rois

twelve [twɛlv] *num* douze ; **at ~ (o'clock)** à midi ; (*midnight*) à minuit

twenties ['twɛntɪz] *npl* (*age*): **to be in one's ~** avoir la vingtaine ; (*1920s*): **the ~** les années vingt ; (*temperature*): **in the ~** dans les vingt degrés ; **a woman in her ~** une femme d'une vingtaine d'années

twentieth ['twɛntɪɪθ] *num* vingtième

twenty ['twɛntɪ] *num* vingt ; **in ~ fourteen** en deux mille quatorze

twerp [twə:p] *n* (*inf*) imbécile *mf*

twice [twaɪs] *adv* deux fois ; **~ as much** deux fois plus ; **~ a week** deux fois par semaine ; **she is ~ your age** elle a deux fois ton âge

twiddle ['twɪdl] *vt*, *vi*: **to ~ (with) sth** tripoter qch ; **to ~ one's thumbs** (*fig*) se tourner les pouces

twig [twɪg] *n* brindille *f* ▶ *vt*, *vi* (*inf*) piger (*inf*)

twilight ['twaɪlaɪt] *n* crépuscule *m* ; (*morning*) aube *f* ; **in the ~** dans la pénombre

twill [twɪl] *n* sergé *m*

twin [twɪn] *adj*, *n* jumeau (jumelle) ▶ *vt* jumeler

twin-bedded room ['twɪn'bɛdɪd-] *n* = **twin room**

twin beds *npl* lits *mpl* jumeaux

twin-carburettor, (*US*) **twin carburetor** ['twɪnkɑ:bju'rɛtə'] *adj* à double carburateur

twine [twaɪn] *n* ficelle *f* ▶ *vi* (*plant*) s'enrouler

twin-engined [twɪn'ɛndʒɪnd] *adj* bimoteur ; **~ aircraft** bimoteur *m*

twinge [twɪndʒ] *n* (*of pain*) élancement *m* ; (*of conscience*) remords *m*

twinkle ['twɪŋkl] *n* scintillement *m* ; pétillement *m* ▶ *vi* scintiller ; (*eyes*) pétiller

twinning ['twɪnɪŋ] *n* jumelage *m*

twin room *n* chambre *f* à deux lits

twin town *n* ville jumelée

twirl [twə:l] *n* tournoiement *m* ▶ *vt* faire tournoyer ▶ *vi* tournoyer

twist [twɪst] *n* torsion *f*, tour *m* ; (*in wire, flex*) tortillon *m* ; (*bend: in road*) tournant *m* ; (*in story*) coup *m* de théâtre ▶ *vt* tordre ; (*weave*) entortiller ; (*roll around*) enrouler ; (*fig*) déformer ; **to ~ one's ankle/wrist** (*Med*) se tordre la cheville/le poignet ▶ *vi* s'entortiller ; s'enrouler ; (*road, river*) serpenter

twisted ['twɪstɪd] *adj* (*wire, rope*) entortillé(e) ; (*ankle, wrist*) tordu(e), foulé(e) ; (*fig: logic, mind*) tordu

twister ['twɪstə'] *n* (*US*) tornade *f*

twit [twɪt] *n* (*inf*) crétin(e) (*inf*)

twitch [twɪtʃ] *n* (*pull*) coup sec, saccade *f* ; (*nervous*) tic *m* ▶ *vi* se convulser ; avoir un tic

Twitter® ['twɪtə'] *n* Twitter® ▶ *vi* twitter

two [tu:] *num* deux ; **~ by ~, in twos** par deux ; **to put ~ and ~ together** (*fig*) faire le rapprochement

two-bit [tu:'bɪt] *adj* (*esp US inf, pej*) de pacotille

two-door [tu:'dɔ:'] *adj* (*Aut*) à deux portes

two-faced [tu:'feɪst] *adj* (*pej: person*) faux (fausse)

twofold ['tu:fəuld] *adj* (*increase*) de cent pour cent ; (*reply*) en deux parties ▶ *adv*: **to increase ~** doubler

two-piece [tu:'pi:s] *n* (*also*: **two-piece suit**) (costume *m*) deux-pièces *m inv* ; (*also*: **two-piece swimsuit**) (maillot *m* de bain) deux-pièces

two-seater [tu:'si:tə'] *n* (*plane*) (avion *m*) biplace *m* ; (*car*) voiture *f* à deux places

twosome ['tu:səm] *n* (*people*) couple *m*

two-stroke ['tu:strəuk] *n* (*also*: **two-stroke engine**) moteur *m* à deux temps ▶ *adj* à deux temps

two-thirds [tu:'θə:dz] *pron* deux tiers *mpl* ; **~ of sth** les deux tiers de qch ; **by ~** de deux tiers ▶ *adv* aux deux tiers ▶ *adj* (*majority*) aux deux tiers

two-tone ['tu:təun] *adj* (*in colour*) à deux tons

two-way ['tu:weɪ] *adj* (*traffic*) dans les deux sens ; **~ radio** émetteur-récepteur *m*

TX *abbr* (*US*) = **Texas**

tycoon [taɪ'ku:n] *n*: **(business) ~** gros homme d'affaires

type [taɪp] *n* (*category*) genre *m*, espèce *f* ; (*model*) modèle *m* ; (*example*) type *m* ; (*Typ*) type, caractère *m* ; **what ~ do you want?** quel genre voulez-vous ? ; **in bold/italic** = en caractères gras/en italiques ▶ *vt* (*letter etc*) taper (à la machine)

▸ **type in** vt entrer ; **to ~ sth into a computer** entrer qch dans un ordinateur
▸ **type up** vt taper
typecast ['taɪpkɑːst] adj condamné(e) à toujours jouer le même rôle
typeface ['taɪpfeɪs] n police f (de caractères)
typescript ['taɪpskrɪpt] n texte dactylographié
typeset ['taɪpsɛt] vt (irreg: like **set**) composer (en imprimerie)
typesetter ['taɪpsɛtə'] n compositeur m
typewriter ['taɪpraɪtə'] n machine f à écrire
typewritten ['taɪprɪtn] adj dactylographié(e)
typhoid ['taɪfɔɪd] n typhoïde f
typhoon [taɪ'fuːn] n typhon m
typhus ['taɪfəs] n typhus m
typical ['tɪpɪkl] adj typique, caractéristique
typically ['tɪpɪklɪ] adv (as usual) comme d'habitude ; (characteristically) typiquement

typify ['tɪpɪfaɪ] vt être caractéristique de
typing ['taɪpɪŋ] n dactylo(graphie) f
typing error n faute f de frappe
typing pool n pool m de dactylos
typist ['taɪpɪst] n dactylo mf
typo ['taɪpəu] n abbr (inf: = typographical error) coquille f
typography [taɪ'pɔgrəfɪ] n typographie f
tyranny ['tɪrənɪ] n tyrannie f
tyrant ['taɪrənt] n tyran m
tyre, (US) **tire** ['taɪə'] n pneu m
tyre pressure, (US) **tire pressure** n pression f (de gonflage)
Tyrol [tɪ'rəul] n Tyrol m
Tyrolean [tɪrə'liːən], **Tyrolese** [tɪrə'liːz] adj tyrolien(ne) ▸ n Tyrolien(ne)
Tyrrhenian Sea [tɪ'riːnɪən-] n: **the ~** la mer Tyrrhénienne
tzar [zɑː'] n = **tsar**

Uu

U¹, u¹ [ju:] *n (letter)* U, u *m* ; **U for Uncle** U comme Ursule

U² *n abbr (BRIT Cine: = universal)* ≈ tous publics

UAW *n abbr (US: = United Automobile Workers)* syndicat des ouvriers de l'automobile

UB40 *n abbr (BRIT: = unemployment benefit form 40)* numéro de référence d'un formulaire d'inscription au chômage : par extension, le bénéficiaire

U-bend ['ju:bɛnd] *n (BRIT Aut)* coude *m*, virage *m* en épingle à cheveux ; *(in pipe)* coude

uber- ['u:bər-] *prefix* super-

ubiquitous [ju:'bɪkwɪtəs] *adj* doué(e) d'ubiquité, omniprésent(e)

UCAS ['ju:kæs] *n abbr (BRIT)* = **Universities and Colleges Admissions Service**

UDA *n abbr (BRIT)* = **Ulster Defence Association**

UDC *n abbr (BRIT)* = **Urban District Council**

udder ['ʌdər] *n* pis *m*, mamelle *f*

UDI *n abbr (BRIT Pol)* = **unilateral declaration of independence**

UDR *n abbr (BRIT)* = **Ulster Defence Regiment**

UEFA [ju:'eɪfə] *n abbr (= Union of European Football Associations)* UEFA *f*

UFO ['ju:fəu] *n abbr (= unidentified flying object)* ovni *m*

Uganda [ju:'gændə] *n* Ouganda *m*

Ugandan [ju:'gændən] *adj* ougandais(e) ▶ *n* Ougandais(e)

UGC *n abbr (BRIT: = University Grants Committee)* commission d'attribution des dotations aux universités

ugh [ə:h] *excl* pouah !

ugliness ['ʌglɪnɪs] *n* laideur *f*

ugly ['ʌglɪ] *adj* laid(e), vilain(e) ; *(fig)* répugnant(e)

UHF *abbr (= ultra-high frequency)* UHF

UHT *adj abbr (= ultra-heat treated)*: ~ **milk** lait *m* UHT *or* longue conservation

UK *n abbr* = **United Kingdom**

Ukraine [ju:'kreɪn] *n* Ukraine *f*

Ukrainian [ju:'kreɪnɪən] *adj* ukrainien(ne) ▶ *n* Ukrainien(ne) ; *(Ling)* ukrainien *m*

ukulele [ju:kə'leɪlɪ] *n* ukulélé *m*

ulcer ['ʌlsər] *n* ulcère *m* ; **mouth** ~ aphte *f*

Ulster ['ʌlstər] *n* Ulster *m*

ulterior [ʌl'tɪərɪər] *adj* ultérieur(e) ; ~ **motive** arrière-pensée *f*

ultimate ['ʌltɪmət] *adj* ultime, final(e) ; *(authority)* suprême ▶ *n*: **the ~ in luxury** le summum du luxe

ultimately ['ʌltɪmətlɪ] *adv (at last)* en fin de compte ; *(fundamentally)* finalement ; *(eventually)* par la suite

ultimatum [ʌltɪ'meɪtəm] *(pl* **ultimatums** *or* **ultimata** [-tə]*) n* ultimatum *m*

ultramarine [ʌltrəmə'ri:n] *n* outremer *m* ▶ *adj* outremer *inv*

ultrasonic [ʌltrə'sɔnɪk] *adj* ultrasonique

ultrasound ['ʌltrəsaund] *n (Med)* ultrason *m*

ultraviolet ['ʌltrə'vaɪəlɪt] *adj* ultraviolet(te)

umbilical [ʌmbɪ'laɪkl] *adj*: ~ **cord** cordon ombilical

umbrage ['ʌmbrɪdʒ] *n*: **to take** ~ prendre ombrage, se froisser

umbrella [ʌm'brelə] *n* parapluie *m* ; *(for sun)* parasol *m* ; **under the ~ of** *(fig)* sous les auspices de ; chapeauté(e) par

umlaut ['umlaut] *n* tréma *m*

umpire ['ʌmpaɪər] *n* arbitre *m* ; *(Tennis)* juge *m* de chaise ▶ *vt* arbitrer

umpteen [ʌmp'ti:n] *adj (inf)* je ne sais combien de

umpteenth [ʌmp'ti:nθ] *adj (inf)* nième, énième ; **for the** ~ **time** pour la nième fois

UMW *n abbr (= United Mineworkers of America)* syndicat des mineurs

UN *n abbr* = **United Nations**

unabashed [ʌnə'bæʃt] *adj* nullement intimidé(e)

unabated [ʌnə'beɪtɪd] *adj* non diminué(e)

unable [ʌn'eɪbl] *adj*: **to be ~ to** ne (pas) pouvoir, être dans l'impossibilité de ; *(not capable)* être incapable de

unabridged [ʌnə'brɪdʒd] *adj* complet(-ète), intégral(e)

unacceptable [ʌnək'sɛptəbl] *adj (behaviour)* inadmissible ; *(price, proposal)* inacceptable

unaccompanied [ʌnə'kʌmpənɪd] *adj (child, lady)* non accompagné(e) ; *(singing, song)* sans accompagnement

unaccountable [ʌnə'kauntəbl] *adj (inexplicable)* inexplicable ; *(not accountable)* qui n'a pas à répondre de ses actes

unaccountably [ʌnə'kauntəblɪ] *adv* inexplicablement

unaccounted [ʌnə'kauntɪd] *adj*: **two passengers are ~ for** on est sans nouvelles de deux passagers

unaccustomed [ʌnə'kʌstəmd] *adj* inaccoutumé(e), inhabituel(le) ; **to be ~ to sth** ne pas avoir l'habitude de qch

unacquainted [ʌnə'kweɪntɪd] *adj*: **to be ~ with** ne pas connaître

unadulterated [ʌnə'dʌltəreɪtɪd] *adj* pur(e), naturel(le)

unaffected [ʌnə'fɛktɪd] *adj (person, behaviour)* naturel(le) ; *(emotionally)*: **to be ~ by** ne pas être touché(e) par

unafraid [ʌnə'freɪd] *adj*: **to be ~** ne pas avoir peur

unaided [ʌn'eɪdɪd] *adj* sans aide, tout(e) seul(e)

unambiguous [ʌnæm'bɪɡjuəs] *adj* sans ambiguïté

unanimity [juːnə'nɪmɪtɪ] *n* unanimité *f*

unanimous [juː'nænɪməs] *adj* unanime

unanimously [juː'nænɪməslɪ] *adv* à l'unanimité

unanswered [ʌn'ɑːnsəd] *adj (question, letter)* sans réponse

unappealing [ʌnə'piːlɪŋ] *adj (ugly)* laid(e) ; **an ~ habit** une mauvaise habitude

unappetizing [ʌn'æpɪtaɪzɪŋ] *adj* peu appétissant(e)

unappreciative [ʌnə'priːʃɪətɪv] *adj* indifférent(e)

unarmed [ʌn'ɑːmd] *adj (person)* non armé(e) ; *(combat)* sans armes

unashamed [ʌnə'ʃeɪmd] *adj* sans honte ; impudent(e)

unassailable [ʌnə'seɪləbl] *adj (lead)* décisif(-ive) ; *(position)* inattaquable

unassisted [ʌnə'sɪstɪd] *adj* non assisté(e) ▶ *adv* sans aide, tout(e) seul(e)

unassuming [ʌnə'sjuːmɪŋ] *adj* modeste, sans prétentions

unattached [ʌnə'tætʃt] *adj* libre, sans attaches

unattainable [ʌnə'teɪnəbl] *adj* inaccessible

unattended [ʌnə'tɛndɪd] *adj (car, child, luggage)* sans surveillance

unattractive [ʌnə'træktɪv] *adj* peu attrayant(e) ; *(character)* peu sympathique

unauthorized [ʌn'ɔːθəraɪzd] *adj* non autorisé(e), sans autorisation

unavailable [ʌnə'veɪləbl] *adj (article, room, book)* (qui n'est) pas disponible ; *(person)* (qui n'est) pas libre

unavoidable [ʌnə'vɔɪdəbl] *adj* inévitable

unavoidably [ʌnə'vɔɪdəblɪ] *adv* inévitablement

unaware [ʌnə'wɛər] *adj*: **to be ~ of** ignorer, ne pas savoir, être inconscient(e) de

unawares [ʌnə'wɛəz] *adv* à l'improviste, au dépourvu

unbalanced [ʌn'bælənst] *adj* déséquilibré(e)

unbearable [ʌn'bɛərəbl] *adj* insupportable

unbeatable [ʌn'biːtəbl] *adj* imbattable

unbeaten [ʌn'biːtn] *adj* invaincu(e) ; *(record)* non battu(e)

unbecoming [ʌnbɪ'kʌmɪŋ] *adj (unseemly: language, behaviour)* malséant(e), inconvenant(e) ; *(unflattering: garment)* peu seyant(e)

unbeknown [ʌnbɪ'nəʊn], **unbeknownst** [ʌnbɪ'nəʊnst] *adv*: **~ to** à l'insu de

unbelief [ʌnbɪ'liːf] *n* incrédulité *f*

unbelievable [ʌnbɪ'liːvəbl] *adj* incroyable

unbelievably [ʌnbɪ'liːvəblɪ] *adv (fast, stupid)* incroyablement ; *(strange to say)* aussi incroyable que cela puisse paraître

unbelievingly [ʌnbɪ'liːvɪŋlɪ] *adv* avec incrédulité

unbend [ʌn'bɛnd] *vi (irreg: like* **bend***)* se détendre ▶ *vt (wire)* redresser, détordre

unbending [ʌn'bɛndɪŋ] *adj (fig)* inflexible

unbiased, unbiassed [ʌn'baɪəst] *adj* impartial(e)

unblemished [ʌn'blɛmɪʃt] *adj* impeccable

unblinking [ʌn'blɪŋkɪŋ] *adj (eyes, stare)* fixe

unblock [ʌn'blɔk] *vt (pipe)* déboucher ; *(road)* dégager

unborn [ʌn'bɔːn] *adj* à naître

unbounded [ʌn'baʊndɪd] *adj* sans bornes, illimité(e)

unbreakable [ʌn'breɪkəbl] *adj* incassable

unbridled [ʌn'braɪdld] *adj* débridé(e), déchaîné(e)

unbroken [ʌn'brəʊkn] *adj* intact(e) ; *(line)* continu(e) ; *(record)* non battu(e)

unbuckle [ʌn'bʌkl] *vt* déboucler

unburden [ʌn'bəːdn] *vt*: **to ~ o.s.** s'épancher, se livrer

unbutton [ʌn'bʌtn] *vt* déboutonner

uncalled-for [ʌn'kɔːldfɔːr] *adj* déplacé(e), injustifié(e)

uncanny [ʌn'kænɪ] *adj* étrange, troublant(e)

uncaring [ʌn'kɛərɪŋ] *adj* insensible

unceasing [ʌn'siːsɪŋ] *adj* incessant(e), continu(e)

unceremonious [ʌnsɛrɪ'məʊnɪəs] *adj (abrupt, rude)* brusque

uncertain [ʌn'səːtn] *adj* incertain(e) ; *(hesitant)* hésitant(e) ; **we were ~ whether ...** nous ne savions pas vraiment si ... ; **in no ~ terms** sans équivoque possible

uncertainty [ʌn'səːtntɪ] *n* incertitude *f*, doutes *mpl*

unchallenged [ʌn'tʃælɪndʒd] *adj (gen)* incontesté(e) ; *(information)* non contesté(e) ; **to go ~** ne pas être contesté

unchanged [ʌn'tʃeɪndʒd] *adj* inchangé(e)

uncharacteristic [ʌnkærɪktə'rɪstɪk] *adj* contraire à ses habitudes ; **it was ~ of her father to disappear like this** c'était contraire aux habitudes de son père de disparaître ainsi

uncharacteristically [ʌnkærɪktə'rɪstɪklɪ] *adv*: **he has been ~ silent** il est resté anormalement silencieux

uncharitable [ʌn'tʃærɪtəbl] *adj* peu charitable

uncharted [ʌn'tʃɑːtɪd] *adj* inexploré(e)

unchecked [ʌn'tʃɛkt] *adj* non réprimé(e)

uncivilized [ʌn'sɪvɪlaɪzd] *adj* non civilisé(e) ; *(fig)* barbare

unclaimed [ʌn'kleɪmd] *adj* non réclamé(e)

uncle ['ʌŋkl] *n* oncle *m*

unclear [ʌn'klɪər] *adj* (qui n'est) pas clair(e) *or* évident(e) ; **I'm still ~ about what I'm supposed to do** je ne sais pas encore exactement ce que je dois faire

uncluttered [ʌn'klʌtəd] *adj* dépouillé(e)

uncoil [ʌn'kɔɪl] *vt* dérouler ▶ *vi* se dérouler

uncomfortable [ʌn'kʌmfətəbl] *adj* inconfortable, peu confortable ; *(uneasy)* mal à l'aise, gêné(e) ; *(situation)* désagréable

uncomfortably [ʌn'kʌmfətəblɪ] *adv* inconfortablement ; d'un ton *etc* gêné *or* embarrassé ; désagréablement

uncommitted [ʌnkə'mɪtɪd] *adj (attitude, country)* non engagé(e)

uncommon [ʌnˈkɔmən] *adj* rare,
singulier(-ière), peu commun(e)
uncommunicative [ʌnkəˈmjuːnɪkətɪv] *adj*
réservé(e)
uncomplicated [ʌnˈkɔmplɪkeɪtɪd] *adj* simple,
peu compliqué(e)
uncompromising [ʌnˈkɔmprəmaɪzɪŋ] *adj*
intransigeant(e), inflexible
unconcerned [ʌnkənˈsəːnd] *adj* (*unworried*): **to
be ~ (about)** ne pas s'inquiéter (de)
unconditional [ʌnkənˈdɪʃənl] *adj* sans
condition(s)
unconditionally [ʌnkənˈdɪʃənlɪ] *adv* sans
condition(s)
uncongenial [ʌnkənˈdʒiːnɪəl] *adj* peu agréable
unconnected [ʌnkəˈnɛktɪd] *adj* (*unrelated*):
~ (with) sans rapport (avec)
unconscious [ʌnˈkɔnʃəs] *adj* sans connaissance,
évanoui(e) ; (*unaware*): **~ (of)** inconscient(e)
(de) ; **to knock sb ~** assommer qn ▸ *n*: **the ~**
l'inconscient *m*
unconsciously [ʌnˈkɔnʃəslɪ] *adv*
inconsciemment
unconstitutional [ʌnkɔnstɪˈtjuːʃənl] *adj*
anticonstitutionnel(le)
uncontested [ʌnkənˈtɛstɪd] *adj* (*champion*)
incontesté(e) ; (*Pol: seat*) non disputé(e)
uncontrollable [ʌnkənˈtrəuləbl] *adj*
incontrôlable
uncontrollably [ʌnkənˈtrəuləblɪ] *adv*: **to shake
~** être pris(e) de tremblements incontrôlables
uncontrolled [ʌnkənˈtrəuld] *adj* (*laughter, price
rises*) incontrôlé(e)
unconventional [ʌnkənˈvɛnʃənl] *adj* peu
conventionnel(le)
unconvinced [ʌnkənˈvɪnst] *adj*: **to be ~** ne pas
être convaincu(e)
unconvincing [ʌnkənˈvɪnsɪŋ] *adj* peu
convaincant(e)
uncooperative [ʌnkəuˈɔpərətɪv] *adj* qui refuse
de coopérer
uncork [ʌnˈkɔːk] *vt* déboucher
uncorroborated [ʌnkəˈrɔbəreɪtɪd] *adj* non
confirmé(e)
uncouth [ʌnˈkuːθ] *adj* grossier(-ière), fruste
uncover [ʌnˈkʌvər] *vt* découvrir
unctuous [ˈʌŋktjuəs] *adj* onctueux(-euse),
mielleux(-euse)
undamaged [ʌnˈdæmɪdʒd] *adj* (*goods*) intact(e),
en bon état ; (*fig: reputation*) intact
undaunted [ʌnˈdɔːntɪd] *adj* non intimidé(e),
inébranlable
undecided [ʌndɪˈsaɪdɪd] *adj* indécis(e),
irrésolu(e)
undefeated [ʌndɪˈfiːtɪd] *adj* (*team, player*)
invaincu(e)
undelivered [ʌndɪˈlɪvəd] *adj* non remis(e), non
livré(e)
undemanding [ʌndɪˈmɑːndɪŋ] *adj* (*not
challenging: job*) peu exigeant(e) ; (*: book, film*)
facile ; (*person*) accommodant(e)
undemocratic [ʌndɛməˈkrætɪk] *adj*
antidémocratique
undeniable [ʌndɪˈnaɪəbl] *adj* indéniable,
incontestable

undeniably [ʌndɪˈnaɪəblɪ] *adv* (*true, difficult*)
indéniablement ; **~ beautiful** d'une beauté
indéniable
under [ˈʌndər] *prep* sous ; (*less than*) (de) moins
de ; au-dessous de ; (*according to*) selon, en vertu
de ; **from ~ sth** de dessous or de sous qch ;
~ there là-dessous ; **in ~ 2 hours** en moins de 2
heures ; **~ anaesthetic** sous anesthésie ;
~ discussion en discussion ; **~ the
circumstances** étant donné les circonstances ;
~ repair en (cours de) réparation ▸ *adv*
au-dessous ; en dessous
under... [ˈʌndər] *prefix* sous-
underage [ʌndərˈeɪdʒ] *adj* qui n'a pas l'âge
réglementaire
underarm [ˈʌndərɑːm] *adv* par en-dessous ▸ *adj*
(*throw*) par en-dessous ; (*deodorant*) pour les
aisselles
undercapitalized [ʌndəˈkæpɪtəlaɪzd] *adj*
sous-capitalisé(e)
undercarriage [ˈʌndəkærɪdʒ] *n* (*BRIT Aviat*) train
m d'atterrissage
undercharge [ʌndəˈtʃɑːdʒ] *vt* ne pas faire payer
assez à
underclass [ˈʌndəklɑːs] *n* ≈ quart-monde *m*
underclothes [ˈʌndəkləuðz] *npl* sous-
vêtements *mpl* ; (*women's only*) dessous *mpl*
undercoat [ˈʌndəkəut] *n* (*paint*) couche *f* de fond
undercover [ʌndəˈkʌvər] *adj* secret(-ète),
clandestin(e)
undercurrent [ˈʌndəkʌrnt] *n* courant
sous-jacent
undercut [ʌndəˈkʌt] *vt* (*irreg: like* **cut**) vendre
moins cher que
underdeveloped [ˈʌndədɪˈvɛləpt] *adj*
sous-développé(e)
underdog [ˈʌndədɔg] *n* opprimé *m*
underdone [ʌndəˈdʌn] *adj* (*Culin*) saignant(e) ;
(*: pej*) pas assez cuit(e)
underemployed [ʌndərɪmˈplɔɪd] *adj*
sous-employé(e)
underestimate [ˈʌndərˈɛstɪmeɪt] *vt* sous-
estimer, mésestimer
underexposed [ˈʌndərɪksˈpəuzd] *adj* (*Phot*)
sous-exposé(e)
underfed [ʌndəˈfɛd] *adj* sous-alimenté(e)
underfoot [ʌndəˈfut] *adv* sous les pieds
under-funded [ˈʌndəˈfʌndɪd] *adj*: **to be ~**
(*organization*) ne pas être doté(e) de fonds suffisants
undergo [ʌndəˈgəu] *vt* (*irreg: like* **go**) subir ;
(*treatment*) suivre ; **the car is undergoing
repairs** la voiture est en réparation
undergraduate [ʌndəˈgrædjuɪt] *n* étudiant(e)
(qui prépare la licence) ▸ *cpd*: **~ courses** cours
mpl préparant à la licence
underground [ˈʌndəgraund] *adj* souterrain(e) ;
(*fig*) clandestin(e) ▸ *n* (*BRIT: railway*) métro *m* ;
(*Pol*) clandestinité *f*
undergrowth [ˈʌndəgrəuθ] *n* broussailles *fpl*,
sous-bois *m*
underhand [ʌndəˈhænd], **underhanded**
[ʌndəˈhændɪd] *adj* (*fig*) sournois(e), en dessous
underinsured [ʌndərɪnˈʃuəd] *adj* sous-assuré(e)
underlay [ˈʌndəleɪ] *n* (*BRIT*) sous-couche *f*
d'isolation ▸ *pt of* **underlie**

u

underlie [ʌndə'laɪ] vt (*irreg: like* **lie**) être à la base de ; **the underlying cause** la cause sous-jacente

underline [ʌndə'laɪn] vt souligner

underling ['ʌndəlɪŋ] n (*pej*) sous-fifre m, subalterne m

undermanning [ʌndə'mænɪŋ] n pénurie f de main-d'œuvre

undermentioned [ʌndə'mɛnʃənd] adj mentionné(e) ci-dessous

undermine [ʌndə'maɪn] vt saper, miner

underneath [ʌndə'niːθ] adv (en) dessous ▶ prep sous, au-dessous de

undernourished [ʌndə'nʌrɪʃt] adj sous-alimenté(e)

underpaid [ʌndə'peɪd] adj sous-payé(e)

underpants ['ʌndəpænts] npl caleçon m, slip m

underpass ['ʌndəpɑːs] n (*BRIT: for pedestrians*) passage souterrain ; (: *for cars*) passage inférieur

underpin [ʌndə'pɪn] vt (*argument, case*) étayer

underplay [ʌndə'pleɪ] vt (*BRIT*) minimiser

underpopulated [ʌndə'pɔpjuleɪtɪd] adj sous-peuplé(e)

underprice [ʌndə'praɪs] vt vendre à un prix trop bas

underprivileged [ʌndə'prɪvɪlɪdʒd] adj défavorisé(e)

underrate [ʌndə'reɪt] vt sous-estimer, mésestimer

underscore [ʌndə'skɔːr] vt souligner

underseal [ʌndə'siːl] vt (*BRIT*) traiter contre la rouille

undersecretary ['ʌndə'sɛkrətrɪ] n sous-secrétaire m

undersell [ʌndə'sɛl] vt (*irreg: like* **sell**) (*competitors*) vendre moins cher que

undershirt ['ʌndəʃəːt] n (*US*) tricot m de corps

undershorts ['ʌndəʃɔːts] npl (*US*) caleçon m, slip m

underside ['ʌndəsaɪd] n dessous m

undersigned ['ʌndəsaɪnd] adj, n soussigné(e)

underskirt ['ʌndəskəːt] n (*BRIT*) jupon m

understaffed [ʌndə'stɑːft] adj en sous-effectif

understaffing [ʌndə'stɑːfɪŋ] n sous-effectif m

understand [ʌndə'stænd] vt, vi (*irreg: like* **stand**) comprendre ; **I don't** ~ je ne comprends pas ; **I ~ that …** je me suis laissé dire que …, je crois comprendre que … ; **to make o.s. understood** se faire comprendre

understandable [ʌndə'stændəbl] adj compréhensible

understandably [ʌndə'stændəblɪ] adv on le comprend

understanding [ʌndə'stændɪŋ] adj compréhensif(-ive) ▶ n compréhension f ; (*agreement*) accord m ; **to come to an ~ with sb** s'entendre avec qn ; **on the ~ that …** à condition que …

understate [ʌndə'steɪt] vt minimiser

understatement ['ʌndəsteɪtmənt] n: **that's an ~** c'est (bien) peu dire, le terme est faible

understood [ʌndə'stud] pt, pp of **understand** ▶ adj entendu(e) ; (*implied*) sous-entendu(e)

understudy ['ʌndəstʌdɪ] n doublure f

undertake [ʌndə'teɪk] vt (*irreg: like* **take**) (*job, task*) entreprendre ; (*duty*) se charger de ; **to ~ to do sth** s'engager à faire qch

undertaker ['ʌndəteɪkər] n (*BRIT*) entrepreneur m des pompes funèbres, croque-mort m

undertaking [ʌndəteɪkɪŋ] n entreprise f ; (*promise*) promesse f

undertone ['ʌndətəun] n (*low voice*): **in an ~** à mi-voix ; (*of criticism etc*) nuance cachée

undervalue [ʌndə'vælju:] vt sous-estimer

underwater [ʌndə'wɔːtər] adv sous l'eau ▶ adj sous-marin(e)

underway [ʌndə'weɪ] adj: **to be ~** (*meeting, investigation*) être en cours

underwear ['ʌndəwɛər] n sous-vêtements mpl ; (*women's only*) dessous mpl

underweight [ʌndə'weɪt] adj d'un poids insuffisant ; (*person*) (trop) maigre

underwent [ʌndə'wɛnt] pt of **undergo**

underwhelmed [ʌndə'wɛlmd] adj (*hum*) pas (particulièrement) impressionné(e)

underworld ['ʌndəwəːld] n (*of crime*) milieu m, pègre f

underwrite [ʌndə'raɪt] vt (*irreg: like* **write**) (*Finance*) garantir ; (*Insurance*) souscrire

underwriter ['ʌndəraɪtər] n (*Insurance*) souscripteur m

undeserved [ʌndɪ'zəːvd] adj (*reputation*) injustifié(e), immérité(e) ; (*treatment*) injuste

undeserving [ʌndɪ'zəːvɪŋ] adj: **to be ~ of** ne pas mériter

undesirable [ʌndɪ'zaɪərəbl] adj peu souhaitable ; (*person, effect*) indésirable

undeveloped [ʌndɪ'vɛləpt] adj (*land, resources*) non exploité(e)

undies ['ʌndɪz] npl (*inf*) dessous mpl, lingerie f

undignified [ʌn'dɪgnɪfaɪd] adj indigne ; **to be ~** manquer de dignité

undiluted ['ʌndaɪ'luːtɪd] adj pur(e), non dilué(e)

undiplomatic ['ʌndɪplə'mætɪk] adj peu diplomatique, maladroit(e)

undischarged ['ʌndɪs'tʃɑːdʒd] adj: **~ bankrupt** failli(e) non réhabilité(e)

undisciplined [ʌn'dɪsɪplɪnd] adj indiscipliné(e)

undisclosed [ʌndɪs'kləuzd] adj (*sum, address*) non communiqué(e)

undisguised [ʌndɪs'gaɪzd] adj (*dislike, amusement etc*) franc (franche)

undisputed ['ʌndɪs'pjuːtɪd] adj incontesté(e)

undistinguished ['ʌndɪs'tɪŋgwɪʃt] adj médiocre, quelconque

undisturbed [ʌndɪs'təːbd] adj (*sleep*) tranquille, paisible ; **to leave ~** ne pas déranger

undivided [ʌndɪ'vaɪdɪd] adj: **can I have your ~ attention?** puis-je avoir toute votre attention ?

undo [ʌn'duː] vt (*irreg: like* **do**) défaire

undoing [ʌn'duːɪŋ] n ruine f, perte f

undone [ʌn'dʌn] pp of **undo** ▶ adj: **to come ~** se défaire

undoubted [ʌn'dautɪd] adj indubitable, certain(e)

undoubtedly [ʌn'dautɪdlɪ] adv sans aucun doute

undress [ʌn'drɛs] vi se déshabiller ▶ vt déshabiller

undrinkable [ʌn'drɪŋkəbl] adj (*unpalatable*) imbuvable ; (*poisonous*) non potable

undue [ʌn'djuː] adj indu(e), excessif(-ive)

undulating ['ʌndjuleɪtɪŋ] *adj* ondoyant(e), onduleux(-euse)

unduly [ʌn'dju:lɪ] *adv* trop, excessivement

undying [ʌn'daɪɪŋ] *adj* éternel(le)

unearned [ʌn'ə:nd] *adj* (*praise, respect*) immérité(e) ; **~ income** rentes *fpl*

unearth [ʌn'ə:θ] *vt* déterrer ; (*fig*) dénicher

unearthly [ʌn'ə:θlɪ] *adj* surnaturel(le) ; (*hour*) indu(e), impossible

unease [ʌn'i:z] *n* malaise *m* ; **growing ~** un malaise croissant

uneasy [ʌn'i:zɪ] *adj* mal à l'aise, gêné(e) ; (*worried*) inquiet(-ète) ; (*feeling*) désagréable ; (*peace, truce*) fragile ; **to feel ~ about doing sth** se sentir mal à l'aise à l'idée de faire qch

uneconomic ['ʌni:kə'nɒmɪk], **uneconomical** ['ʌni:kə'nɒmɪkl] *adj* peu économique ; peu rentable

uneducated [ʌn'ɛdjukeɪtɪd] *adj* sans éducation

unemotional [ʌnɪ'məʊʃənl] *adj* (*person*) impassible ; (*voice*) qui ne trahit aucune émotion

unemployable [ʌnɪm'plɔɪəbl] *adj* inemployable

unemployed [ʌnɪm'plɔɪd] *adj* sans travail, au chômage ▸ *npl*: **the ~** les chômeurs *mpl*

unemployment [ʌnɪm'plɔɪmənt] *n* chômage *m*

unemployment benefit, (*US*) **unemployment compensation** *n* allocation *f* de chômage

unending [ʌn'ɛndɪŋ] *adj* interminable

unenviable [ʌn'ɛnvɪəbl] *adj* peu enviable

unequal [ʌn'i:kwəl] *adj* inégal(e)

unequalled, (*US*) **unequaled** [ʌn'i:kwəld] *adj* inégalé(e)

unequivocal [ʌnɪ'kwɪvəkl] *adj* (*answer*) sans équivoque ; (*person*) catégorique

unequivocally [ʌnɪ'kwɪvəklɪ] *adv* sans équivoque

unerring [ʌn'ə:rɪŋ] *adj* infaillible, sûr(e)

UNESCO [ju:'nɛskəʊ] *n abbr* (= *United Nations Educational, Scientific and Cultural Organization*) UNESCO *f*

unethical [ʌn'ɛθɪkl] *adj* (*methods*) immoral(e) ; (*doctor's behaviour*) qui ne respecte pas l'éthique

uneven [ʌn'i:vn] *adj* inégal(e) ; (*quality, work*) irrégulier(-ière)

uneventful [ʌnɪ'vɛntful] *adj* tranquille, sans histoires

unexceptional [ʌnɪk'sɛpʃənl] *adj* banal(e), quelconque

unexciting [ʌnɪk'saɪtɪŋ] *adj* pas passionnant(e)

unexpected [ʌnɪk'spɛktɪd] *adj* inattendu(e), imprévu(e)

unexpectedly [ʌnɪk'spɛktɪdlɪ] *adv* (*succeed*) contre toute attente ; (*arrive*) à l'improviste

unexplained [ʌnɪk'spleɪnd] *adj* inexpliqué(e)

unexploded [ʌnɪk'spləʊdɪd] *adj* non explosé(e) or éclaté(e)

unfailing [ʌn'feɪlɪŋ] *adj* (*generosity, kindness*) inépuisable ; (*regularity*) infaillible

unfailingly [ʌn'feɪlɪŋlɪ] *adv* immanquablement ; **he was ~ polite to customers** il était d'une politesse à toute épreuve avec les clients

unfair [ʌn'fɛəʳ] *adj*: **~ (to)** injuste (envers) ; **it's ~ that ...** il n'est pas juste que ...

unfair dismissal *n* licenciement abusif

unfairly [ʌn'fɛəlɪ] *adv* injustement

unfairness [ʌn'fɛənɪs] *n* injustice *f*

unfaithful [ʌn'feɪθful] *adj* infidèle

unfamiliar [ʌnfə'mɪlɪəʳ] *adj* étrange, inconnu(e) ; **to be ~ with sth** mal connaître qch

unfashionable [ʌn'fæʃnəbl] *adj* (*clothes*) démodé(e) ; (*place*) peu chic *inv* ; (*district*) déshérité(e), pas à la mode

unfasten [ʌn'fɑ:sn] *vt* défaire ; (*belt, necklace*) détacher ; (*open*) ouvrir

unfathomable [ʌn'fæðəməbl] *adj* insondable

unfavourable, (*US*) **unfavorable** [ʌn'feɪvrəbl] *adj* défavorable

unfavourably, (*US*) **unfavorably** [ʌn'feɪvrəblɪ] *adv*: **to look ~ upon** ne pas être favorable à

unfeeling [ʌn'fi:lɪŋ] *adj* insensible, dur(e)

unfinished [ʌn'fɪnɪʃt] *adj* inachevé(e)

unfit [ʌn'fɪt] *adj* (*physically: ill*) en mauvaise santé ; (: *out of condition*) pas en forme ; (*incompetent*): **~ (for)** impropre (à) ; (*work, service*) inapte (à)

unflagging [ʌn'flægɪŋ] *adj* infatigable, inlassable

unflappable [ʌn'flæpəbl] *adj* imperturbable

unflattering [ʌn'flætərɪŋ] *adj* (*dress, hairstyle*) qui n'avantage pas ; (*remark*) peu flatteur(-euse)

unflinching [ʌn'flɪntʃɪŋ] *adj* stoïque

unfold [ʌn'fəʊld] *vt* déplier ; (*fig*) révéler, exposer ▸ *vi* se dérouler

unforeseeable [ʌnfɔ:'si:əbl] *adj* imprévisible

unforeseen ['ʌnfɔ:'si:n] *adj* imprévu(e)

unforgettable [ʌnfə'gɛtəbl] *adj* inoubliable

unforgivable [ʌnfə'gɪvəbl] *adj* impardonnable

unforgiving [ʌnfə'gɪvɪŋ] *adj* sans merci

unformatted [ʌn'fɔ:mætɪd] *adj* (*disk, text*) non formaté(e)

unfortunate [ʌn'fɔ:tʃnət] *adj* malheureux(-euse) ; (*event, remark*) malencontreux(-euse)

unfortunately [ʌn'fɔ:tʃnətlɪ] *adv* malheureusement

unfounded [ʌn'faʊndɪd] *adj* sans fondement

unfriend [ʌn'frɛnd] *vt* (*Internet*) supprimer de sa liste d'amis

unfriendly [ʌn'frɛndlɪ] *adj* peu aimable, froid(e), inamical(e)

unfulfilled [ʌnful'fɪld] *adj* (*ambition, prophecy*) non réalisé(e) ; (*desire*) insatisfait(e) ; (*promise*) non tenu(e) ; (*terms of contract*) non rempli(e) ; (*person*) qui n'a pas su se réaliser

unfurl [ʌn'fə:l] *vt* déployer

unfurnished [ʌn'fə:nɪʃt] *adj* non meublé(e)

ungainly [ʌn'geɪnlɪ] *adj* gauche, dégingandé(e)

ungodly [ʌn'gɔdlɪ] *adj* impie ; **at an ~ hour** à une heure indue

ungrateful [ʌn'greɪtful] *adj* qui manque de reconnaissance, ingrat(e)

unguarded [ʌn'gɑ:dɪd] *adj*: **~ moment** moment *m* d'inattention

unhappily [ʌn'hæpɪlɪ] *adv* tristement ; (*unfortunately*) malheureusement

unhappiness [ʌn'hæpɪnɪs] *n* tristesse *f*, peine *f*

unhappy [ʌn'hæpɪ] *adj* triste, malheureux(-euse) ; (*unfortunate: remark etc*)

u

malheureux(-euse) ; (not pleased): **~ with** mécontent(e) de, peu satisfait(e) de

unharmed [ʌn'hɑːmd] adj indemne, sain(e) et sauf (sauve)

UNHCR n abbr (= United Nations High Commission for Refugees) HCR m

unhealthy [ʌn'hɛlθɪ] adj (gen) malsain(e) ; (person) maladif(-ive)

unheard-of [ʌn'hɜːdɔv] adj inouï(e), sans précédent

unheeded [ʌn'hiːdɪd] adj resté(e) lettre morte ; **to go ~** rester lettre morte

unhelpful [ʌn'hɛlpful] adj (person) peu serviable ; (advice) peu utile

unhesitating [ʌn'hɛzɪteɪtɪŋ] adj (loyalty) spontané(e) ; (reply, offer) immédiat(e)

unhesitatingly [ʌn'hɛzɪteɪtɪŋlɪ] adv sans hésitation

unholy [ʌn'həʊlɪ] adj: **an ~ alliance** une alliance contre nature ; **he got home at an ~ hour** il est rentré à une heure impossible

unhook [ʌn'hʊk] vt décrocher ; dégrafer

unhurt [ʌn'hɜːt] adj indemne, sain(e) et sauf (sauve)

unhygienic ['ʌnhaɪ'dʒiːnɪk] adj antihygiénique

UNICEF ['juːnɪsɛf] n abbr (= United Nations International Children's Emergency Fund) UNICEF m, FISE m

unicorn ['juːnɪkɔːn] n licorne f

unidentified [ʌnaɪ'dɛntɪfaɪd] adj non identifié(e) ; see also **UFO**

unification [juːnɪfɪ'keɪʃən] n unification f

uniform ['juːnɪfɔːm] n uniforme m ▶ adj uniforme

uniformity [juːnɪ'fɔːmɪtɪ] n uniformité f

unify ['juːnɪfaɪ] vt unifier

unilateral [juːnɪ'lætərəl] adj unilatéral(e)

unilaterally [juːnɪ'lætərəlɪ] adv unilatéralement

unimaginable [ʌnɪ'mædʒɪnəbl] adj inimaginable, inconcevable

unimaginative [ʌnɪ'mædʒɪnətɪv] adj sans imagination

unimpaired [ʌnɪm'pɛəd] adj intact(e)

unimportant [ʌnɪm'pɔːtənt] adj sans importance

unimpressed [ʌnɪm'prɛst] adj pas impressionné(e)

unimpressive [ʌnɪm'prɛsɪv] adj quelconque

uninhabited [ʌnɪn'hæbɪtɪd] adj inhabité(e)

uninhibited [ʌnɪn'hɪbɪtɪd] adj sans inhibitions ; sans retenue

uninitiated [ʌnɪ'nɪʃeɪtɪd] npl: **the ~** les non-initiés mpl ▶ adj non initié(e) ; **those ~ in sth** les non-initiés à qch

uninjured [ʌn'ɪndʒəd] adj indemne

uninspiring [ʌnɪn'spaɪərɪŋ] adj peu inspirant(e)

uninstall ['ʌnɪnstɔːl] vt (Comput) désinstaller

unintelligent [ʌnɪn'tɛlɪdʒənt] adj inintelligent(e)

unintelligible [ʌnɪn'tɛlɪdʒɪbl] adj inintelligible

unintended [ʌnɪn'tɛndɪd] adj non désiré(e)

unintentional [ʌnɪn'tɛnʃənəl] adj involontaire

unintentionally [ʌnɪn'tɛnʃnəlɪ] adv sans le vouloir

uninterrupted [ʌnɪntə'rʌptɪd] adj (continuous) ininterrompu(e) ; (clear): **an ~ view of sth** une vue dégagée sur qch ; **to continue ~** continuer sans interruption

uninvited [ʌnɪn'vaɪtɪd] adj (guest) qui n'a pas été invité(e)

uninviting [ʌnɪn'vaɪtɪŋ] adj (place) peu attirant(e) ; (food) peu appétissant(e)

union ['juːnjən] n union f ; (also: **trade union**) syndicat m ▶ cpd du syndicat, syndical(e)

unionism ['juːnjənɪzəm] n (Pol) unionisme m ; (also: **trade unionism**) syndicalisme m

unionize ['juːnjənaɪz] vt syndiquer

Union Jack n drapeau du Royaume-Uni

Union of Soviet Socialist Republics n (formerly) Union f des républiques socialistes soviétiques

union shop n entreprise où tous les travailleurs doivent être syndiqués

unique [juː'niːk] adj unique

uniquely [juː'niːklɪ] adv (exclusively) uniquement ; **~ among** cas unique parmi, à la différence des autres ; **to be ~ qualified to do sth** être le (la) mieux apte à faire qch

uniqueness [juː'niːknɪs] n singularité f

unisex ['juːnɪsɛks] adj unisexe

Unison ['juːnɪsn] n (trade union) grand syndicat des services publics en Grande-Bretagne

unison ['juːnɪsn] n: **in ~** à l'unisson, en chœur

unit ['juːnɪt] n unité f ; (section: of furniture etc) élément m, bloc m ; (team, squad) groupe m, service m ; **production ~** atelier m de fabrication ; **kitchen ~** élément de cuisine ; **sink ~** bloc-évier m

unit cost n coût m unitaire

unite [juː'naɪt] vt unir ▶ vi s'unir

united [juː'naɪtɪd] adj uni(e) ; (country, party) unifié(e) ; (efforts) conjugué(e)

United Arab Emirates npl Émirats Arabes Unis

United Kingdom n Royaume-Uni m

United Nations (Organization) n (Organisation f des) Nations unies

United States (of America) n États-Unis mpl

unit price n prix m unitaire

unit trust n (Brit Comm) fonds commun de placement, FCP m

unity ['juːnɪtɪ] n unité f

Univ. abbr = **university**

universal [juːnɪ'vɜːsl] adj universel(le)

universally [juːnɪ'vɜːsəlɪ] adv (by everyone) universellement, par tous ; (everywhere) partout ; (always) toujours

universe ['juːnɪvɜːs] n univers m

university [juːnɪ'vɜːsɪtɪ] n université f ▶ cpd (student, professor) d'université ; (education, year, degree) universitaire

unjust [ʌn'dʒʌst] adj injuste

unjustifiable ['ʌndʒʌstɪ'faɪəbl] adj injustifiable

unjustified [ʌn'dʒʌstɪfaɪd] adj injustifié(e) ; (text) non justifié(e)

unkempt [ʌn'kɛmpt] adj mal tenu(e), débraillé(e) ; mal peigné(e)

unkind [ʌn'kaɪnd] adj peu gentil(le), méchant(e)

unkindly [ʌn'kaɪndlɪ] adv (treat, speak) avec méchanceté

unknown [ʌn'nəun] adj inconnu(e) ; ~ **to me** sans que je le sache ; ~ **quantity** (Math, fig) inconnue f

unladen [ʌn'leɪdn] adj (ship, weight) à vide

unlawful [ʌn'lɔːful] adj illégal(e)

unlawfully [ʌn'lɔːfulɪ] adv illégalement

unleaded [ʌn'lɛdɪd] n (also: **unleaded petrol**) essence f sans plomb

unleash [ʌn'liːʃ] vt détacher ; (fig) déchaîner, déclencher

unleavened [ʌn'lɛvnd] adj sans levain

unless [ʌn'lɛs] conj: ~ **he leaves** à moins qu'il (ne) parte ; ~ **we leave** à moins de partir, à moins que nous (ne) partions ; ~ **otherwise stated** sauf indication contraire ; ~ **I am mistaken** si je ne me trompe

unlicensed [ʌn'laɪsnst] adj (BRIT) non patenté(e) pour la vente des spiritueux

unlike [ʌn'laɪk] adj dissemblable, différent(e) ▶ prep à la différence de, contrairement à

unlikelihood [ʌn'laɪklɪhud] adj improbabilité f

unlikely [ʌn'laɪklɪ] adj (result, event) improbable ; (explanation) invraisemblable

unlimited [ʌn'lɪmɪtɪd] adj illimité(e)

unlisted ['ʌn'lɪstɪd] adj (US Tel) sur la liste rouge ; (Stock Exchange) non coté(e) en Bourse

unlit [ʌn'lɪt] adj (room) non éclairé(e)

unload [ʌn'ləud] vt décharger

unlock [ʌn'lɔk] vt ouvrir

unloved [ʌn'lʌvd] adj mal aimé(e) ; **to feel ~** ne pas se sentir aimé(e)

unlucky [ʌn'lʌkɪ] adj (person) malchanceux(-euse) ; (object, number) qui porte malheur ; **to be ~** (person) ne pas avoir de chance

unmade [ʌn'meɪd] adj (bed) défait(e)

unmanageable [ʌn'mænɪdʒəbl] adj (unwieldy: tool, vehicle) peu maniable ; (: situation) inextricable

unmanned [ʌn'mænd] adj sans équipage

unmannerly [ʌn'mænəlɪ] adj mal élevé(e), impoli(e)

unmarked [ʌn'mɑːkt] adj (unstained) sans marque ; ~ **police car** voiture de police banalisée

unmarried [ʌn'mærɪd] adj célibataire

unmask [ʌn'mɑːsk] vt démasquer

unmatched [ʌn'mætʃt] adj sans égal(e)

unmentionable [ʌn'mɛnʃnəbl] adj (topic) dont on ne parle pas ; (word) qui ne se dit pas

unmerciful [ʌn'məːsɪful] adj sans pitié

unmistakable, unmistakeable [ʌnmɪs'teɪkəbl] adj (voice, sound, smell) caractéristique, reconnaissable entre tous (toutes)

unmistakably, unmistakeably [ʌnmɪs'teɪkəblɪ] adv de toute évidence

unmitigated [ʌn'mɪtɪgeɪtɪd] adj non mitigé(e), absolu(e), pur(e)

unmoved [ʌn'muːvd] adj impassible ; **to remain ~ by sth** rester de marbre face à qch

unnamed [ʌn'neɪmd] adj (nameless) sans nom ; (anonymous) anonyme

unnatural [ʌn'nætʃrəl] adj non naturel(le) ; (perversion) contre nature

unnecessarily [ʌnnɛsə'sɛrɪlɪ] adv inutilement

unnecessary [ʌn'nɛsəsərɪ] adj inutile, superflu(e)

unnerve [ʌn'nəːv] vt faire perdre son sang-froid à

unnerving [ʌn'nəːvɪŋ] adj (experience) troublant(e) ; (habit) déconcertant(e)

unnoticed [ʌn'nəutɪst] adj inaperçu(e) ; **to go ~** passer inaperçu

UNO ['juːnəu] n abbr = **United Nations Organization**

unobservant [ʌnəb'zəːvnt] adj pas observateur(-trice)

unobtainable [ʌnəb'teɪnəbl] adj (Tel) impossible à obtenir

unobtrusive [ʌnəb'truːsɪv] adj discret(-ète)

unoccupied [ʌn'ɔkjupaɪd] adj (seat, table, Mil) libre ; (house) inoccupé(e)

unofficial [ʌnə'fɪʃl] adj (news) officieux(-euse), non officiel(le) ; (strike) ≈ sauvage

unopened [ʌn'əupənd] adj (bottle, envelope) non ouvert(e) ; **she put the letters aside ~** elle mit les lettres de côté sans les ouvrir

unopposed [ʌnə'pəuzd] adj sans opposition

unorthodox [ʌn'ɔːθədɔks] adj peu orthodoxe

unpack [ʌn'pæk] vi défaire sa valise, déballer ses affaires ▶ vt (suitcase) défaire ; (belongings) déballer

unpaid [ʌn'peɪd] adj (bill) impayé(e) ; (holiday) non-payé(e), sans salaire ; (work) non rétribué(e) ; (worker) bénévole

unpalatable [ʌn'pælətəbl] adj (truth) désagréable (à entendre)

unparalleled [ʌn'pærəlɛld] adj incomparable, sans égal

unpardonable [ʌn'pɑːdənəbl] adj impardonnable

unpatriotic ['ʌnpætrɪ'ɔtɪk] adj (person) manquant de patriotisme ; (speech, attitude) antipatriotique

unpick [ʌn'pɪk] vt (seam) défaire ; (fig: argument) démêler

unplanned [ʌn'plænd] adj (visit) imprévu(e) ; (baby) non prévu(e)

unpleasant [ʌn'plɛznt] adj déplaisant(e), désagréable

unplug [ʌn'plʌg] vt débrancher

unpolluted [ʌnpə'luːtɪd] adj non pollué(e)

unpopular [ʌn'pɔpjuləʳ] adj impopulaire ; **to make o.s. ~ (with)** se rendre impopulaire (auprès de)

unprecedented [ʌn'prɛsɪdɛntɪd] adj sans précédent

unpredictable [ʌnprɪ'dɪktəbl] adj imprévisible

unprejudiced [ʌn'prɛdʒudɪst] adj (not biased) impartial(e) ; (having no prejudices) qui n'a pas de préjugés

unprepared [ʌnprɪ'pɛəd] adj (person) qui n'est pas suffisamment préparé(e) ; (speech) improvisé(e)

unprepossessing ['ʌnpriːpə'zɛsɪŋ] adj peu avenant(e)

unpretentious [ʌnprɪ'tɛnʃəs] adj sans prétention(s)

unprincipled [ʌn'prɪnsɪpld] adj sans principes

unproductive [ʌnprə'dʌktɪv] adj improductif(-ive) ; (discussion) stérile

unprofessional [ˌʌnprə'fɛʃənl] *adj (conduct)* contraire à la déontologie

unprofitable [ʌn'prɔfɪtəbl] *adj* non rentable

UNPROFOR [ʌn'prəʊfɔːʳ] *n abbr* (= *United Nations Protection Force*) FORPRONU *f*

unprotected ['ʌnprə'tɛktɪd] *adj (sex)* non protégé(e)

unproven [ʌn'pruːvən, ʌn'prəʊvən], **unproved** [ʌn'pruːvd] *adj* non prouvé(e)

unprovoked [ˌʌnprə'vəʊkt] *adj (attack)* sans provocation

unpublished [ʌn'pʌblɪʃt] *adj (book, letter)* inédit(e), non publié(e) ; *(report)* non publié(e)

unpunished [ʌn'pʌnɪʃt] *adj* impuni(e) ; **to go ~** rester impuni

unqualified [ʌn'kwɔlɪfaɪd] *adj (teacher)* non diplômé(e), sans titres ; *(success)* sans réserve, total(e) ; *(disaster)* total(e)

unquestionably [ʌn'kwɛstʃənəblɪ] *adv* incontestablement

unquestioning [ʌn'kwɛstʃənɪŋ] *adj (obedience, acceptance)* inconditionnel(le)

unravel [ʌn'rævl] *vt* démêler

unreal [ʌn'rɪəl] *adj* irréel(le) ; *(extraordinary)* incroyable

unrealistic ['ʌnrɪə'lɪstɪk] *adj (idea)* irréaliste ; *(estimate)* peu réaliste

unreasonable [ʌn'riːznəbl] *adj* qui n'est pas raisonnable ; **to make ~ demands on sb** exiger trop de qn

unrecognizable [ʌn'rɛkəgnaɪzəbl] *adj* pas reconnaissable

unrecognized [ʌn'rɛkəgnaɪzd] *adj (talent, genius)* méconnu(e) ; *(Pol: régime)* non reconnu(e)

unrecorded [ʌnrɪ'kɔːdɪd] *adj* non enregistré(e)

unrefined [ʌnrɪ'faɪnd] *adj (sugar, petroleum)* non raffiné(e)

unrehearsed [ʌnrɪ'həːst] *adj (Theat etc)* qui n'a pas été répété(e) ; *(spontaneous)* spontané(e)

unrelated [ʌnrɪ'leɪtɪd] *adj* sans rapport ; *(people)* sans lien de parenté

unrelenting [ʌnrɪ'lɛntɪŋ] *adj* implacable ; acharné(e)

unreliable [ʌnrɪ'laɪəbl] *adj* sur qui (*or* quoi) on ne peut pas compter, peu fiable

unrelieved [ʌnrɪ'liːvd] *adj (monotony)* constant(e), uniforme

unremarkable [ʌnrɪ'mɑːkəbl] *adj* quelconque

unremitting [ʌnrɪ'mɪtɪŋ] *adj* inlassable, infatigable, acharné(e)

unrepeatable [ʌnrɪ'piːtəbl] *adj (offer)* unique, exceptionnel(le)

unrepentant [ʌnrɪ'pɛntənt] *adj* impénitent(e)

unrepresentative ['ʌnrɛprɪ'zɛntətɪv] *adj*: **~ (of)** peu représentatif(-ive) (de)

unreserved [ʌnrɪ'zəːvd] *adj (seat)* non réservé(e) ; *(approval, admiration)* sans réserve

unreservedly [ʌnrɪ'zəːvɪdlɪ] *adv* sans réserve

unresponsive [ʌnrɪs'pɔnsɪv] *adj* insensible

unrest [ʌn'rɛst] *n* agitation *f*, troubles *mpl*

unrestricted [ʌnrɪ'strɪktɪd] *adj* illimité(e) ; **to have ~ access to** avoir librement accès *or* accès en tout temps à

unrewarded [ʌnrɪ'wɔːdɪd] *adj* pas récompensé(e)

unripe [ʌn'raɪp] *adj* pas mûr(e)

unrivalled, (US) unrivaled [ʌn'raɪvəld] *adj* sans égal, incomparable

unroll [ʌn'rəʊl] *vt* dérouler

unruffled [ʌn'rʌfld] *adj (person)* imperturbable ; *(hair)* qui n'est pas ébouriffé(e)

unruly [ʌn'ruːlɪ] *adj* indiscipliné(e)

unsafe [ʌn'seɪf] *adj (in danger)* en danger ; *(journey, car)* dangereux(-euse) ; *(method)* hasardeux(-euse) ; **~ to drink/eat** non potable/comestible

unsaid [ʌn'sɛd] *adj*: **to leave sth ~** passer qch sous silence

unsaleable, (US) unsalable [ʌn'seɪləbl] *adj* invendable

unsatisfactory ['ʌnsætɪs'fæktərɪ] *adj* peu satisfaisant(e), qui laisse à désirer

unsavoury, (US) unsavory [ʌn'seɪvərɪ] *adj (fig)* peu recommandable, répugnant(e)

unscathed [ʌn'skeɪðd] *adj* indemne

unscheduled [ʌn'ʃɛdjuːld] *adj* non prévu(e)

unscientific ['ʌnsaɪən'tɪfɪk] *adj* non scientifique

unscrew [ʌn'skruː] *vt* dévisser

unscrupulous [ʌn'skruːpjuləs] *adj* sans scrupules

unseat [ʌn'siːt] *vt (rider)* désarçonner ; *(fig: official)* faire perdre son siège à

unsecured ['ʌnsɪ'kjuəd] *adj*: **~ creditor** créancier(-ière) sans garantie

unseeded [ʌn'siːdɪd] *adj (Sport)* non classé(e)

unseemly [ʌn'siːmlɪ] *adj* inconvenant(e)

unseen [ʌn'siːn] *adj (person)* invisible ; *(danger)* imprévu(e)

unselfish [ʌn'sɛlfɪʃ] *adj* désintéressé(e)

unsettled [ʌn'sɛtld] *adj (restless)* perturbé(e) ; *(unpredictable)* instable ; incertain(e) ; *(not finalized)* non résolu(e)

unsettling [ʌn'sɛtlɪŋ] *adj* qui a un effet perturbateur

unshakable, unshakeable [ʌn'ʃeɪkəbl] *adj* inébranlable

unshaven [ʌn'ʃeɪvn] *adj* non *or* mal rasé(e)

unsightly [ʌn'saɪtlɪ] *adj* disgracieux(-euse), laid(e)

unsigned [ʌn'saɪnd] *adj (document, cheque)* non signé(e)

unskilled [ʌn'skɪld] *adj*: **~ worker** manœuvre *m*

unsociable [ʌn'səʊʃəbl] *adj (person)* peu sociable ; *(behaviour)* qui manque de sociabilité

unsocial [ʌn'səʊʃl] *adj (hours)* en dehors de l'horaire normal

unsold [ʌn'səʊld] *adj* invendu(e), non vendu(e)

unsolicited [ʌnsə'lɪsɪtɪd] *adj* non sollicité(e)

unsolved [ʌn'sɔlvd] *adj* non résolu(e) ; **the murder remains ~** le meurtre n'a toujours pas été résolu

unsophisticated [ʌnsə'fɪstɪkeɪtɪd] *adj* simple, naturel(le)

unsound [ʌn'saund] *adj (health)* chancelant(e) ; *(floor, foundations)* peu solide ; *(policy, advice)* peu judicieux(-euse)

unspeakable [ʌn'spiːkəbl] *adj* indicible ; *(awful)* innommable

unspoiled ['ʌn'spɔɪld], **unspoilt** ['ʌn'spɔɪlt] *adj (place)* non dégradé(e)

unspoken [ʌn'spəukn] *adj* (*word*) qui n'est pas prononcé(e) ; (*agreement, approval*) tacite

unstable [ʌn'steɪbl] *adj* instable

unsteady [ʌn'stɛdɪ] *adj* mal assuré(e), chancelant(e), instable

unstinting [ʌn'stɪntɪŋ] *adj* (*support*) total(e), sans réserve ; (*generosity*) sans limites

unstoppable [ʌn'stɔpəbl] *adj* qu'on ne peut pas arrêter

unstuck [ʌn'stʌk] *adj*: **to come ~** se décoller ; (*fig*) faire fiasco

unsubstantiated ['ʌnsəb'stænʃɪeɪtɪd] *adj* (*rumour*) qui n'est pas confirmé(e) ; (*accusation*) sans preuve

unsuccessful [ʌnsək'sɛsful] *adj* (*attempt*) infructueux(-euse) ; (*writer, proposal*) qui n'a pas de succès ; (*marriage*) malheureux(-euse), qui ne réussit pas ; **to be ~** (*in attempting sth*) ne pas réussir ; ne pas avoir de succès ; (*application*) ne pas être retenu(e)

unsuccessfully [ʌnsək'sɛsfəlɪ] *adv* en vain

unsuitable [ʌn'su:təbl] *adj* qui ne convient pas, peu approprié(e) ; (*time*) inopportun(e)

unsuited [ʌn'su:tɪd] *adj*: **to be ~ for** *or* **to** être inapte *or* impropre à

unsung ['ʌnsʌŋ] *adj*: **an ~ hero** un héros méconnu

unsupported [ʌnsə'pɔ:tɪd] *adj* (*claim*) non soutenu(e) ; (*theory*) qui n'est pas corroboré(e)

unsure [ʌn'ʃuər] *adj* pas sûr(e) ; **to be ~ of o.s.** ne pas être sûr de soi, manquer de confiance en soi

unsuspecting [ʌnsə'spɛktɪŋ] *adj* qui ne se méfie pas

unsweetened [ʌn'swi:tnd] *adj* non sucré(e)

unswerving [ʌn'swə:vɪŋ] *adj* inébranlable

unsympathetic ['ʌnsɪmpə'θɛtɪk] *adj* hostile ; (*unpleasant*) antipathique ; **~ to** indifférent(e) à

untangle [ʌn'tæŋgl] *vt* démêler, débrouiller

untapped [ʌn'tæpt] *adj* (*resources*) inexploité(e)

untaxed [ʌn'tækst] *adj* (*goods*) non taxé(e) ; (*income*) non imposé(e)

unthinkable [ʌn'θɪŋkəbl] *adj* impensable, inconcevable

unthinkingly [ʌn'θɪŋkɪŋlɪ] *adv* sans réfléchir

untidy [ʌn'taɪdɪ] *adj* (*room*) en désordre ; (*appearance, person*) débraillé(e) ; (*person: in character*) sans ordre, désordonné ; débraillé ; (*work*) peu soigné(e)

untie [ʌn'taɪ] *vt* (*knot, parcel*) défaire ; (*prisoner, dog*) détacher

until [ən'tɪl] *prep* jusqu'à ; (*after negative*) avant ; **~ now** jusqu'à présent, jusqu'ici ; **~ then** jusque-là ; **from morning ~ night** du matin au soir *or* jusqu'au soir ▶ *conj* jusqu'à ce que +*sub*, en attendant que +*sub* ; (*in past, after negative*) avant que +*sub* ; **~ he comes** jusqu'à ce qu'il vienne, jusqu'à son arrivée

untimely [ʌn'taɪmlɪ] *adj* inopportun(e) ; (*death*) prématuré(e)

untold [ʌn'təuld] *adj* incalculable ; indescriptible

untouched [ʌn'tʌtʃt] *adj* (*not used etc*) tel(le) quel(le), intact(e) ; (*safe: person*) indemne ; (*unaffected*): **~ by** indifférent(e) à

untoward [ʌntə'wɔ:d] *adj* fâcheux(-euse), malencontreux(-euse)

untrained ['ʌn'treɪnd] *adj* (*worker*) sans formation ; (*troops*) sans entraînement ; **to the ~ eye** à l'œil non exercé

untrammelled [ʌn'træmld] *adj* sans entraves

untranslatable [ʌntrænz'leɪtəbl] *adj* intraduisible

untrue [ʌn'tru:] *adj* (*statement*) faux (fausse)

untrustworthy [ʌn'trʌstwə:ðɪ] *adj* (*person*) pas digne de confiance, peu sûr(e)

unusable [ʌn'ju:zəbl] *adj* inutilisable

unused¹ [ʌn'ju:zd] *adj* (*new*) neuf (neuve)

unused² [ʌn'ju:st] *adj*: **to be ~ to sth/to doing sth** ne pas avoir l'habitude de qch/de faire qch

unusual [ʌn'ju:ʒuəl] *adj* insolite, exceptionnel(le), rare

unusually [ʌn'ju:ʒuəlɪ] *adv* exceptionnellement, particulièrement

unveil [ʌn'veɪl] *vt* dévoiler

unwanted [ʌn'wɔntɪd] *adj* (*child, pregnancy*) non désiré(e) ; (*clothes etc*) à donner

unwarranted [ʌn'wɔrəntɪd] *adj* injustifié(e)

unwary [ʌn'wɛərɪ] *adj* imprudent(e)

unwavering [ʌn'weɪvərɪŋ] *adj* inébranlable

unwelcome [ʌn'wɛlkəm] *adj* importun(e) ; **to feel ~** se sentir de trop

unwell [ʌn'wɛl] *adj* indisposé(e), souffrant(e) ; **to feel ~** ne pas se sentir bien

unwieldy [ʌn'wi:ldɪ] *adj* difficile à manier

unwilling [ʌn'wɪlɪŋ] *adj*: **to be ~ to do** ne pas vouloir faire

unwillingly [ʌn'wɪlɪŋlɪ] *adv* à contrecœur, contre son gré

unwind [ʌn'waɪnd] *vt* (*irreg: like* **wind²**) dérouler ▶ *vi* (*relax*) se détendre

unwise [ʌn'waɪz] *adj* imprudent(e), peu judicieux(-euse)

unwitting [ʌn'wɪtɪŋ] *adj* involontaire

unwittingly [ʌn'wɪtɪŋlɪ] *adv* involontairement

unworkable [ʌn'wə:kəbl] *adj* (*plan etc*) inexploitable

unworthy [ʌn'wə:ðɪ] *adj* indigne

unwrap [ʌn'ræp] *vt* défaire ; ouvrir

unwritten [ʌn'rɪtn] *adj* (*agreement*) tacite

unzip [ʌn'zɪp] *vt* ouvrir (la fermeture éclair de) ; (*Comput*) dézipper

KEYWORD

up [ʌp] *prep*: **he went up the stairs/the hill** il a monté l'escalier/la colline ; **the cat was up a tree** le chat était dans un arbre ; **they live further up the street** ils habitent plus haut dans la rue ; **go up that road and turn left** remontez la rue et tournez à gauche ▶ *vi* (*inf*): **she upped and left** elle a fichu le camp sans plus attendre ▶ *adv* **1** en haut ; en l'air ; (*upwards, higher*): **up in the sky/the mountains** (là-haut) dans le ciel/les montagnes ; **put it a bit higher up** mettez-le un peu plus haut ; **to stand up** (*get up*) se lever, se mettre debout ; (*be standing*) être debout ; **up there** là-haut ; **up above** au-dessus ; **"this side up"** « haut »
2: to be up (*out of bed*) être levé(e) ; (*prices*) avoir augmenté *or* monté ; (*finished*): **when the year**

u

was up à la fin de l'année ; **time's up** c'est l'heure

3: up to (as far as) jusqu'à ; **up to now** jusqu'à présent

4: to be up to (depending on): **it's up to you** c'est à vous de décider ; (equal to): **he's not up to it** (job, task etc) il n'en est pas capable ; (inf: be doing): **what is he up to?** qu'est-ce qu'il peut bien faire ?

5 (phrases): **he's well up in** or **on …** (BRIT: knowledgeable) il s'y connaît en … ; **up with Leeds United!** vive Leeds United ! ; **what's up?** (inf) qu'est-ce qui se passe ? ; **what's up with him?** (inf) qu'est-ce qui lui arrive ?

   ▸ n: **ups and downs** hauts et bas mpl

up-and-coming [ʌpənd'kʌmɪŋ] adj plein(e) d'avenir or de promesses

upbeat ['ʌpbi:t] n (Mus) levé m ; (in economy, prosperity) amélioration f ▸ adj (optimistic) optimiste

upbraid [ʌp'breɪd] vt morigéner

upbringing ['ʌpbrɪŋɪŋ] n éducation f

upcoming ['ʌpkʌmɪŋ] adj tout(e) prochain(e)

update [ʌp'deɪt] vt mettre à jour

upend [ʌp'ɛnd] vt mettre debout

upfront [ʌp'frʌnt] adj (open) franc (franche) ; **to be ~ about sth** ne rien cacher de qch ▸ adv (pay) d'avance

upgrade [ʌp'greɪd] vt (person) promouvoir ; (job) revaloriser ; (property, equipment) moderniser

upheaval [ʌp'hi:vl] n bouleversement m ; (in room) branle-bas m ; (event) crise f

uphill [ʌp'hɪl] adj qui monte ; (fig: task) difficile, pénible ▸ adv (face, look) en amont, vers l'amont ; (go, move) vers le haut, en haut ; **to go ~** monter

uphold [ʌp'həʊld] vt (irreg: like hold) maintenir ; soutenir

upholstery [ʌp'həʊlstərɪ] n rembourrage m ; (cover) tissu m d'ameublement ; (of car) garniture f

upkeep ['ʌpki:p] n entretien m

uplifting [ʌp'lɪftɪŋ] adj qui met de bonne humeur

upload ['ʌpləʊd] vt (Comput) télécharger

upmarket [ʌp'mɑ:kɪt] adj (product) haut de gamme inv ; (area) chic inv

upon [ə'pɔn] prep sur

upper ['ʌpəʳ] adj supérieur(e) ; du dessus ▸ n (of shoe) empeigne f

upper class n: **the ~** la haute société

upper-class [ʌpə'klɑ:s] adj de la haute société, aristocratique ; (district) élégant(e), huppé(e) ; (accent, attitude) caractéristique des classes supérieures

uppercut ['ʌpəkʌt] n uppercut m

upper hand n: **to have the ~** avoir le dessus

Upper House n: **the ~** (in Britain) la Chambre des Lords, la Chambre haute ; (in France, in the US etc) le Sénat

uppermost ['ʌpəməʊst] adj le (la) plus haut(e), en dessus ; **it was ~ in my mind** j'y pensais avant tout autre chose

upper sixth n terminale f

Upper Volta [-'vɔltə] n Haute Volta

upright ['ʌpraɪt] adj droit(e) ; (fig) droit, honnête ▸ n montant m

uprising ['ʌpraɪzɪŋ] n soulèvement m, insurrection f

uproar ['ʌprɔːʳ] n tumulte m, vacarme m ; (protests) protestations fpl

uproarious [ʌp'rɔːrɪəs] adj (event etc) désopilant(e) ; **~ laughter** un brouhaha de rires

uproot [ʌp'ru:t] vt déraciner

upset n ['ʌpsɛt] dérangement m ; **to have a stomach ~** (BRIT) avoir une indigestion ▸ vt [ʌp'sɛt] (irreg: like set) (glass etc) renverser ; (plan) déranger ; (person: offend) contrarier ; (: grieve) faire de la peine à ; bouleverser ▸ adj [ʌp'sɛt] contrarié(e) ; peiné(e) ; (stomach) détraqué(e), dérangé(e) ; **to get ~** (sad) devenir triste ; (offended) se vexer

upset price n (US, Scottish) mise f à prix, prix m de départ

upsetting [ʌp'sɛtɪŋ] adj (offending) vexant(e) ; (annoying) ennuyeux(-euse)

upshot ['ʌpʃɔt] n résultat m ; **the ~ of it all was that …** il a résulté de tout cela que …

upside down ['ʌpsaɪd-] adv à l'envers ; **to turn sth ~** (fig: place) mettre sens dessus dessous

upstage [ʌp'steɪdʒ] vt: **to ~ sb** souffler la vedette à qn

upstairs [ʌp'stɛəz] adv en haut ▸ adj (room) du dessus, d'en haut ▸ n: **the ~** l'étage m ; **there's no ~** il n'y a pas d'étage

upstart ['ʌpstɑːt] n parvenu(e)

upstream [ʌp'striːm] adv en amont

upsurge ['ʌpsəːdʒ] n (of enthusiasm etc) vague f

uptake ['ʌpteɪk] n: **he is quick/slow on the ~** il comprend vite/est lent à comprendre

uptight [ʌp'taɪt] adj (inf) très tendu(e), crispé(e)

up-to-date ['ʌptə'deɪt] adj moderne ; (information) très récent(e)

upturn ['ʌptəːn] n (in economy) reprise f

upturned ['ʌptəːnd] adj (nose) retroussé(e)

upward ['ʌpwəd] adj ascendant(e) ; vers le haut ▸ adv = **upwards**

upwardly-mobile ['ʌpwədlɪ'məʊbaɪl] adj à mobilité sociale ascendante

upwards ['ʌpwədz] adv vers le haut ; (more than): **~ of** plus de ; **and ~** et plus, et au-dessus

URA n abbr (US) = **Urban Renewal Administration**

Ural Mountains ['jʊərəl-] npl (also: **the Urals**): **the ~** les monts mpl Oural, l'Oural m

uranium [jʊə'reɪnɪəm] n uranium m

Uranus [jʊə'reɪnəs] n Uranus f

urban ['əːbən] adj urbain(e)

urban clearway n (BRIT) rue f à stationnement interdit

urbane [əː'beɪn] adj urbain(e), courtois(e)

urbanization [əːbənaɪ'zeɪʃən] n urbanisation f

urchin ['əːtʃɪn] n gosse m, garnement m

Urdu ['ʊəduː] n ourdou m

urge [əːdʒ] n besoin (impératif), envie (pressante) ▸ vt (caution etc) recommander avec insistance ; (person): **to ~ sb to do** exhorter qn à faire, pousser qn à faire, recommander vivement à qn de faire

   ▸ **urge on** vt pousser, presser

urgency ['əːdʒənsɪ] n urgence f ; (of tone) insistance f

urgent ['əːdʒənt] adj urgent(e) ; (plea, tone) pressant(e)

urgently ['əːdʒəntlɪ] adv d'urgence, de toute urgence ; (need) sans délai

urinal ['juərɪnl] n (BRIT: place) urinoir m

urinary ['juərɪnrɪ] adj urinaire

urinate ['juərɪneɪt] vi uriner

urine ['juərɪn] n urine f

URL abbr (= uniform resource locator) URL f

urn [əːn] n urne f ; (also: **tea urn**) fontaine f à thé

Uruguay ['juərəgwaɪ] n Uruguay m

Uruguayan [juərə'gwaɪən] adj uruguayen(ne) ▶ n Uruguayen(ne)

US n abbr = **United States**

us [ʌs] pron nous ; see also **me**

USA n abbr = **United States of America**; (Mil) = **United States Army**

usable ['juːzəbl] adj utilisable

USAF n abbr = **United States Air Force**

usage ['juːzɪdʒ] n usage m

USB stick n clé f USB

USCG n abbr = **United States Coast Guard**

USDA n abbr = **United States Department of Agriculture**

USDAW ['ʌzdɔː] n abbr (BRIT: = Union of Shop, Distributive and Allied Workers) syndicat du commerce de détail et de la distribution

USDI n abbr = **United States Department of the Interior**

use n [juːs] emploi m, utilisation f ; usage m ; (usefulness) utilité f ; **in** ~ en usage ; **out of** ~ hors d'usage ; **to be of** ~ servir, être utile ; **to make** ~ **of sth** utiliser qch ; **ready for** ~ prêt à l'emploi ; **it's no** ~ ça ne sert à rien ; **to have the** ~ **of** avoir l'usage de ▶ aux vb [juːs] (in past only): **she used to do it** elle le faisait (autrefois), elle avait coutume de le faire ; **I used not to** or **I didn't** ~ **to worry so much** je ne m'inquiétais pas autant avant ▶ vt [juːz] (utilize) se servir de, utiliser, employer ; **what's this used for?** à quoi est-ce que ça sert ?

▶ **use up** vt [juːz-] finir, épuiser ; (food) consommer

> Use **utiliser** to mean make use of: You can use my dictionary. **Tu peux utiliser mon dictionnaire.** The verb **user** means to wear out.

used[1] [juːzd] adj (car) d'occasion

used[2] [juːst] adj: **to be** ~ **to** avoir l'habitude de, être habitué(e) à ; **to get** ~ **to** s'habituer à ▶ aux vb see **use**

useful ['juːsful] adj utile ; **to come in** ~ être utile

usefully ['juːsfʊlɪ] adv utilement

usefulness ['juːsfəlnɪs] n utilité f

useless ['juːslɪs] adj inutile ; (inf: person) nul(le)

user ['juːzər] n utilisateur(-trice), usager m

user-friendly ['juːzə'frɛndlɪ] adj convivial(e), facile d'emploi

username ['juːzəneɪm] n (Comput) nom m d'utilisateur

USES n abbr = **United States Employment Service**

usher ['ʌʃər] n placeur m ▶ vt: **to** ~ **sb in** faire entrer qn

usherette [ʌʃə'rɛt] n (in cinema) ouvreuse f

USIA n abbr = **United States Information Agency**

USM n abbr = **United States Mail**; **United States Mint**

USN n abbr = **United States Navy**

USP n abbr = **unique selling proposition**

USPHS n abbr = **United States Public Health Service**

USPO n abbr = **United States Post Office**

USS abbr = **United States Ship**; **United States Steamer**

USSR n abbr = **Union of Soviet Socialist Republics**

usu. abbr = **usually**

usual ['juːʒuəl] adj habituel(le) ; **as** ~ comme d'habitude

usually ['juːʒuəlɪ] adv d'habitude, d'ordinaire

usurer ['juːʒərər] n usurier(-ière)

usurp [juː'zəːp] vt usurper

UT abbr (US) = **Utah**

ute [juːt] n (AUSTRALIA, NEW ZEALAND) pick-up m inv

utensil [juː'tɛnsl] n ustensile m ; **kitchen utensils** batterie f de cuisine

uterus ['juːtərəs] n utérus m

utilitarian [juːtɪlɪ'tɛərɪən] adj utilitaire

utility [juː'tɪlɪtɪ] n utilité f ; (also: **public utility**) service public

utility room n buanderie f

utilization [juːtɪlaɪ'zeɪʃən] n utilisation f

utilize ['juːtɪlaɪz] vt utiliser ; (make good use of) exploiter

utmost ['ʌtməust] adj extrême, le (la) plus grand(e) ; **of the** ~ **importance** d'une importance capitale, de la plus haute importance ▶ n: **to do one's** ~ faire tout son possible

utopia [juː'təupɪə] n utopie f

utter ['ʌtər] adj total(e), complet(-ète) ▶ vt prononcer, proférer ; (sounds) émettre

utterance ['ʌtrns] n paroles fpl

utterly ['ʌtəlɪ] adv complètement, totalement

U-turn ['juː'təːn] n demi-tour m ; (fig) volte-face f inv

UV adj (= ultraviolet) ultraviolet m

Uzbekistan [ʌzbɛkɪ'staːn] n Ouzbékistan m

u

Vv

V, v [viː] *n (letter)* V, v *m* ; **V for Victor** V comme Victor

v. *abbr* = **verse**; (= *vide*) v. ; (= *versus*) vs ; (= *volt*) V

VA, Va. *abbr (US)* = **Virginia**

vac [væk] *n abbr (BRIT inf)* = **vacation**

vacancy ['veɪkənsɪ] *n (job)* poste vacant ; *(room)* chambre *f* disponible ; **"no vacancies"** « complet »

vacant ['veɪkənt] *adj (post)* vacant(e) ; *(seat etc)* libre, disponible ; *(expression)* distrait(e)

vacant lot *n* terrain inoccupé ; *(for sale)* terrain à vendre

vacate [vəˈkeɪt] *vt* quitter

vacation [vəˈkeɪʃən] *n (esp US)* vacances *fpl* ; **to take a ~** prendre des vacances ; **on ~** en vacances

vacation course *n* cours *mpl* de vacances

vacationer [vəˈkeɪʃənər], *(US)* **vacationist** [vəˈkeɪʃənɪst] *n* vacancier(-ière)

vaccinate ['væksɪneɪt] *vt* vacciner

vaccination [væksɪˈneɪʃən] *n* vaccination *f*

vaccine ['væksiːn] *n* vaccin *m*

vacuous ['vækjuəs] *adj* inepte

vacuum ['vækjum] *n* vide *m*

vacuum bottle *n (US)* = **vacuum flask**

vacuum cleaner *n* aspirateur *m*

vacuum flask *n (BRIT)* bouteille *f* thermos®

vacuum-packed ['vækjumpækt] *adj* emballé(e) sous vide

vagabond ['vægəbɔnd] *n* vagabond(e) ; *(tramp)* chemineau *m*, clochard(e)

vagary ['veɪgərɪ] *n* caprice *m*

vagina [vəˈdʒaɪnə] *n* vagin *m*

vaginal [vəˈdʒaɪnl] *adj* vaginal(e)

vagrancy ['veɪgrənsɪ] *n* vagabondage *m*

vagrant ['veɪgrənt] *n* vagabond(e), mendiant(e)

vague [veɪg] *adj* vague, imprécis(e) ; *(blurred : photo, memory)* flou(e) ; **I haven't the vaguest idea** je n'en ai pas la moindre idée

vaguely ['veɪglɪ] *adv* vaguement

vain [veɪn] *adj (useless)* vain(e) ; *(conceited)* vaniteux(-euse) ; **in ~** en vain

valance ['væləns] *n (of bed)* tour *m* de lit

valedictory [vælɪˈdɪktərɪ] *adj* d'adieu

valentine ['væləntaɪn] *n (also : **valentine card**)* carte *f* de la Saint-Valentin

Valentine's Day ['væləntaɪnz-] *n* Saint-Valentin *f*

valet ['vælɪt] *n* valet *m* de chambre

valet parking ['vælɪ-] *n* parcage *m* par les soins du personnel (de l'hôtel *etc*)

valet service ['vælɪ-] *n (for clothes)* pressing *m* ; *(for car)* nettoyage complet

valiant ['vælɪənt] *adj* vaillant(e), courageux(-euse)

valiantly ['vælɪəntlɪ] *adv* vaillamment

valid ['vælɪd] *adj (document)* valide, valable ; *(excuse)* valable

validate ['vælɪdeɪt] *vt (contract, document)* valider ; *(argument, claim)* prouver la justesse de, confirmer

validation [vælɪˈdeɪʃən] *n* validation *f*

validity [vəˈlɪdɪtɪ] *n* validité *f*

valise [vəˈliːz] *n* sac *m* de voyage

valley ['vælɪ] *n* vallée *f*

valour, (US) valor ['vælər] *n* courage *m*

valuable ['væljuəbl] *adj (jewel)* de grande valeur ; *(time, help)* précieux(-euse)

valuables ['væljuəblz] *npl* objets *mpl* de valeur

valuation [væljuˈeɪʃən] *n* évaluation *f*, expertise *f*

value ['væljuː] *n* valeur *f* ; **you get good ~ (for money) in that shop** vous en avez pour votre argent dans ce magasin ; **to lose (in) ~** *(currency)* baisser ; *(property)* se déprécier ; **to gain (in) ~** *(currency)* monter ; *(property)* prendre de la valeur ; **to be of great ~ to sb** *(fig)* être très utile à qn ▸ *vt (fix price)* évaluer, expertiser ; *(appreciate)* apprécier ; *(cherish)* tenir à ; **values** *npl (principles)* valeurs *fpl*

value added tax [-ˈædɪd-] *n (BRIT)* taxe *f* à la valeur ajoutée

valued ['væljuːd] *adj (appreciated)* estimé(e)

valuer ['væljuər] *n* expert *m* (en estimations)

valve [vælv] *n (in machine)* soupape *f* ; *(on tyre)* valve *f* ; *(in radio)* lampe *f* ; *(Med)* valve, valvule *f*

vampire ['væmpaɪər] *n* vampire *m*

van [væn] *n (Aut)* camionnette *f* ; *(BRIT Rail)* fourgon *m*

V and A *n abbr (BRIT)* = **Victoria and Albert Museum**

vandal ['vændl] *n* vandale *mf*

vandalism ['vændəlɪzəm] *n* vandalisme *m*

vandalize ['vændəlaɪz] *vt* saccager

vanguard ['vænɡɑːd] *n* avant-garde *m*

vanilla [vəˈnɪlə] *n* vanille *f* ▸ *cpd (ice cream)* à la vanille

vanish ['vænɪʃ] *vi* disparaître

vanity ['vænɪtɪ] *n* vanité *f*

vanity case *n* sac *m* de toilette

vantage ['vɑːntɪdʒ] *n* : **~ point** bonne position

vaporize ['veɪpəraɪz] *vt* vaporiser ▸ *vi* se vaporiser

vapour, (US) **vapor** ['veɪpər] n vapeur f ; (on window) buée f
variable ['vɛərɪəbl] adj variable ; (mood) changeant(e) ▶ n variable f
variance ['vɛərɪəns] n: **to be at ~ (with)** être en désaccord (avec) ; (facts) être en contradiction (avec)
variant ['vɛərɪənt] n variante f
variation [vɛərɪ'eɪʃən] n variation f ; (in opinion) changement m
varicose ['værɪkəus] adj: **~ veins** varices fpl
varied ['vɛərɪd] adj varié(e), divers(e)
variety [və'raɪətɪ] n variété f ; (quantity) nombre m, quantité f ; **a wide ~ of …** un grand nombre de … ; **for a ~ of reasons** pour diverses raisons
variety show n (spectacle m de) variétés fpl
various ['vɛərɪəs] adj divers(e), différent(e) ; (several) divers, plusieurs ; **at ~ times** (different) en diverses occasions ; (several) à plusieurs reprises
varnish ['vɑːnɪʃ] n vernis m ; (for nails) vernis (à ongles) ▶ vt vernir ; **to ~ one's nails** se vernir les ongles
vary ['vɛərɪ] vt, vi varier, changer ; **to ~ with** or **according to** varier selon
varying ['vɛərɪɪŋ] adj variable
vase [vɑːz] n vase m
vasectomy [væ'sɛktəmɪ] n vasectomie f
Vaseline® ['væsɪliːn] n vaseline f
vast [vɑːst] adj vaste, immense ; (amount, success) énorme
vastly ['vɑːstlɪ] adv infiniment, extrêmement
vastness ['vɑːstnɪs] n immensité f
VAT [væt] n abbr (BRIT: = value added tax) TVA f
vat [væt] n cuve f
Vatican ['vætɪkən] n: **the ~** le Vatican
vatman ['vætmæn] n (irreg) (BRIT inf) contrôleur m de la TVA
vaudeville ['vɔːdəvɪl, 'vəudəvɪl] n (esp US) vaudeville m
vault [vɔːlt] n (of roof) voûte f ; (tomb) caveau m ; (in bank) salle f des coffres ; chambre forte ; (jump) saut m ▶ vt (also: **vault over**) sauter (d'un bond)
vaunted ['vɔːntɪd] adj: **much-~** tant célébré(e)
VC n abbr = **vice-chairman**; (BRIT: = Victoria Cross) distinction militaire
VCR n abbr = **video cassette recorder**
VD n abbr = **venereal disease**
VDU n abbr = **visual display unit**
veal [viːl] n veau m
veer [vɪər] vi tourner ; (car, ship) virer
veg. [vɛdʒ] n abbr (BRIT inf) = **vegetable**; **vegetables**
vegan ['viːgən] n végétalien(ne)
vegeburger ['vɛdʒɪbəːgər] n burger végétarien
vegetable ['vɛdʒtəbl] n légume m ▶ adj végétal(e)
vegetable garden n (jardin m) potager m
vegetarian [vɛdʒɪ'tɛərɪən] adj, n végétarien(ne) ; **do you have any ~ dishes?** avez-vous des plats végétariens ?
vegetate ['vɛdʒɪteɪt] vi végéter
vegetation [vɛdʒɪ'teɪʃən] n végétation f
vegetative ['vɛdʒɪtətɪv] adj (lit) végétal(e) ; (fig) végétatif(-ive)

veggieburger ['vɛdʒɪbəːgər] n = **vegeburger**
vehemence ['viːɪməns] n véhémence f, violence f
vehement ['viːɪmənt] adj violent(e), impétueux(-euse) ; (impassioned) ardent(e)
vehicle ['viːɪkl] n véhicule m
vehicular [vɪ'hɪkjulər] adj: **"no ~ traffic"** « interdit à tout véhicule »
veil [veɪl] n voile m ; **under a ~ of secrecy** (fig) dans le plus grand secret ▶ vt voiler
veiled [veɪld] adj voilé(e)
vein [veɪn] n veine f ; (on leaf) nervure f ; (fig: mood) esprit m
Velcro® ['vɛlkrəu] n velcro® m
vellum ['vɛləm] n (writing paper) vélin m
velocity [vɪ'lɔsɪtɪ] n vitesse f, vélocité f
velour, velours [və'luər] n velours m
velvet ['vɛlvɪt] n velours m
vendetta [vɛn'dɛtə] n vendetta f
vending machine ['vɛndɪŋ-] n distributeur m automatique
vendor ['vɛndər] n vendeur(-euse) ; **street ~** marchand ambulant
veneer [və'nɪər] n placage m de bois ; (fig) vernis m
venerable ['vɛnərəbl] adj vénérable
venereal [vɪ'nɪərɪəl] adj: **~ disease** maladie vénérienne
Venetian blind [vɪ'niːʃən-] n store vénitien
Venezuela [vɛnɛ'zweɪlə] n Venezuela m
Venezuelan [vɛnɛ'zweɪlən] adj vénézuélien(ne) ▶ n Vénézuélien(ne)
vengeance ['vɛndʒəns] n vengeance f ; **with a ~** (fig) vraiment, pour de bon
vengeful ['vɛndʒful] adj vengeur(-geresse)
Venice ['vɛnɪs] n Venise
venison ['vɛnɪsn] n venaison f
venom ['vɛnəm] n venin m
venomous ['vɛnəməs] adj venimeux(-euse)
vent [vɛnt] n conduit m d'aération ; (in dress, jacket) fente f ▶ vt (fig: one's feelings) donner libre cours à
ventilate ['vɛntɪleɪt] vt (room) ventiler, aérer
ventilation [vɛntɪ'leɪʃən] n ventilation f, aération f
ventilation shaft n conduit m de ventilation or d'aération
ventilator ['vɛntɪleɪtər] n ventilateur m
ventriloquist [vɛn'trɪləkwɪst] n ventriloque mf
venture ['vɛntʃər] n entreprise f ; **a business ~** une entreprise commerciale ▶ vt risquer, hasarder ; **to ~ to do sth** se risquer à faire qch ▶ vi s'aventurer, se risquer
venture capital n capital-risque m
venue ['vɛnjuː] n lieu m ; (of conference etc) lieu de la réunion (or manifestation etc) ; (of match) lieu de la rencontre
Venus ['viːnəs] n (planet) Vénus f
veracity [və'ræsɪtɪ] n véracité f
veranda, verandah [və'rændə] n véranda f
verb [vəːb] n verbe m
verbal ['vəːbl] adj verbal(e) ; (translation) littéral(e)
verbalize ['vəːbəlaɪz] vt verbaliser
verbally ['vəːbəlɪ] adv verbalement

V

verbatim [vəˈbeɪtɪm] *adj, adv* mot pour mot
verbose [vəˈbəus] *adj* verbeux(-euse)
verdant [ˈvəːdənt] *adj (literary)* verdoyant(e)
verdict [ˈvəːdɪkt] *n* verdict *m* ; ~ **of guilty/not guilty** verdict de culpabilité/de non culpabilité
verge [vəːdʒ] *n* bord *m* ; **"soft verges"** (BRIT) « accotements non stabilisés » ; **on the ~ of doing** sur le point de faire ▶ **verge on** *vt fus* approcher de
verger [ˈvəːdʒəʳ] *n* (Rel) bedeau *m*
verifiable [vɛrɪˈfaɪəbl] *adj* vérifiable
verification [vɛrɪfɪˈkeɪʃən] *n* vérification *f*
verify [ˈvɛrɪfaɪ] *vt* vérifier
veritable [ˈvɛrɪtəbl] *adj* véritable
vermin [ˈvəːmɪn] *npl* animaux *mpl* nuisibles ; *(insects)* vermine *f*
vermouth [ˈvəːməθ] *n* vermouth *m*
vernacular [vəˈnækjuləʳ] *n* langue *f* vernaculaire, dialecte *m*
verruca [vəˈruːkə] *n* (BRIT) verrue *f* plantaire
versatile [ˈvəːsətaɪl] *adj* polyvalent(e)
versatility [vəːsəˈtɪlɪtɪ] *n* polyvalence *f*
verse [vəːs] *n* vers *mpl* ; *(stanza)* strophe *f* ; *(in Bible)* verset *m* ; **in ~** en vers
versed [vəːst] *adj* : **~ in sth** versé(e) en qch ; **to be well ~ in sth** être (très) versé(e) en qch
version [ˈvəːʃən] *n* version *f*
versus [ˈvəːsəs] *prep* contre
vertebra [ˈvəːtɪbrə] *(pl* **vertebrae** [-briː]) *n* vertèbre *f*
vertebrate [ˈvəːtɪbrɪt] *n* vertébré *m*
vertical [ˈvəːtɪkl] *adj* vertical(e) ▶ *n* verticale *f*
vertically [ˈvəːtɪklɪ] *adv* verticalement
vertiginous [vəːˈtɪdʒɪnəs] *adj (literary)* vertigineux(-euse)
vertigo [ˈvəːtɪgəu] *n* vertige *m* ; **to suffer from ~** avoir des vertiges
verve [vəːv] *n* brio *m* ; enthousiasme *m*
very [ˈvɛrɪ] *adv* très ; **~ well** très bien ; **~ little** très peu ; **~ much** beaucoup ; **the ~ last** le tout dernier ; **at the ~ least** au moins ▶ *adj* : **the ~ book which** le livre même que ; **the ~ thought (of it)** ... rien que d'y penser ... ; **at the ~ end** tout à la fin
vespers [ˈvɛspəz] *npl* vêpres *fpl*
vessel [ˈvɛsl] *n* (Anat, Naut) vaisseau *m* ; *(container)* récipient *m* ; *see also* **blood vessel**
vest [vɛst] *n* (BRIT: *underwear*) tricot *m* de corps ; *(US: waistcoat)* gilet *m* ▶ *vt* : **to ~ sb with sth, to ~ sth in sb** investir qn de qch
vested interest *n* : **to have a ~ in doing** avoir tout intérêt à faire ; **vested interests** *npl* (Comm) droits acquis
vestibule [ˈvɛstɪbjuːl] *n* vestibule *m*
vestige [ˈvɛstɪdʒ] *n* vestige *m*
vestry [ˈvɛstrɪ] *n* sacristie *f*
Vesuvius [vɪˈsuːvɪəs] *n* Vésuve *m*
vet [vɛt] *n abbr* (BRIT: = *veterinary surgeon*) vétérinaire *mf* ; *(US: = veteran)* ancien(ne) combattant(e) ▶ *vt* examiner minutieusement ; *(text)* revoir ; *(candidate)* se renseigner soigneusement sur, soumettre à une enquête approfondie
veteran [ˈvɛtərn] *n* vétéran *m* ; *(also:* **war veteran**) ancien combattant ▶ *adj* : **she's a ~ campaigner for** ... cela fait très longtemps qu'elle lutte pour ...
veteran car *n* voiture *f* d'époque
veterinarian [vɛtrɪˈnɛərɪən] *n* (US) = **veterinary surgeon**
veterinary [ˈvɛtrɪnərɪ] *adj* vétérinaire
veterinary surgeon (BRIT) *n* vétérinaire *mf*
veto [ˈviːtəu] *(pl* **vetoes**) *n* veto *m* ; **to put a ~ on** mettre *(or* opposer) son veto à ▶ *vt* opposer son veto à
vetting [ˈvɛtɪŋ] *n* : **positive ~** enquête *f* de sécurité
vex [vɛks] *vt* fâcher, contrarier
vexed [vɛkst] *adj (question)* controversé(e)
VFD *n abbr* (US) = **voluntary fire department**
VG *n abbr* (BRIT Scol *etc*: = *very good*) tb (= très bien)
VHF *abbr* (= *very high frequency*) VHF
VI *abbr* (US) = **Virgin Islands**
via [ˈvaɪə, ˈviːə] *prep* par, via
viability [vaɪəˈbɪlɪtɪ] *n* viabilité *f*
viable [ˈvaɪəbl] *adj* viable
viaduct [ˈvaɪədʌkt] *n* viaduc *m*
vial [ˈvaɪəl] *n* fiole *f*
vibes [vaɪbz] *npl (inf)* : **I get good/bad ~ about it** je le sens bien/ne le sens pas ; **there are good/bad ~ between us** entre nous le courant passe bien/ne passe pas
vibrant [ˈvaɪbrənt] *adj (sound, colour)* vibrant(e)
vibraphone [ˈvaɪbrəfəun] *n* vibraphone *m*
vibrate [vaɪˈbreɪt] *vi* : **to ~ (with)** vibrer (de) ; *(resound)* retentir (de)
vibration [vaɪˈbreɪʃən] *n* vibration *f*
vibrator [vaɪˈbreɪtəʳ] *n* vibromasseur *m*
vicar [ˈvɪkəʳ] *n* pasteur *m (de l'Église anglicane)*
vicarage [ˈvɪkərɪdʒ] *n* presbytère *m*
vicarious [vɪˈkɛərɪəs] *adj (pleasure, experience)* par procuration
vicariously [vɪˈkɛərɪəslɪ] *adv* par procuration
vice [vaɪs] *n (evil)* vice *m* ; *(Tech)* étau *m*
vice- [vaɪs] *prefix* vice-
vice-chairman [vaɪsˈtʃɛəmən] *n (irreg)* vice-président(e)
vice-chancellor [vaɪsˈtʃɑːnsələʳ] *n* (BRIT) = président(e) d'université
vice-president [vaɪsˈprɛzɪdənt] *n* vice-président(e)
viceroy [ˈvaɪsrɔɪ] *n* vice-roi *m*
vice squad *n* ≈ brigade mondaine
vice versa [ˈvaɪsɪˈvəːsə] *adv* vice versa
vicinity [vɪˈsɪnɪtɪ] *n* environs *mpl*, alentours *mpl*
vicious [ˈvɪʃəs] *adj (attack, murder, blow)* brutal(e) ; *(dog)* méchant(e), dangereux(-euse) ; *(remark, letter)* acerbe ; *(lie)* cruel(le) ; **a ~ circle** un cercle vicieux
viciously [ˈvɪʃəslɪ] *adv (attack, beat)* brutalement ; *(say)* d'un ton acerbe
viciousness [ˈvɪʃəsnɪs] *n* méchanceté *f*, cruauté *f* ; brutalité *f*
vicissitudes [vɪˈsɪsɪtjuːdz] *npl* vicissitudes *fpl*
victim [ˈvɪktɪm] *n* victime *f* ; **to be the ~ of** être victime de
victimization [vɪktɪmaɪˈzeɪʃən] *n* brimades *fpl*, représailles *fpl*
victimize [ˈvɪktɪmaɪz] *vt* brimer ; exercer des représailles sur

victor ['vɪktə^r] n vainqueur m
Victorian [vɪk'tɔːrɪən] adj victorien(ne)
victorious [vɪk'tɔːrɪəs] adj victorieux(-euse)
victory ['vɪktərɪ] n victoire f ; **to win a ~ over sb** remporter une victoire sur qn
video ['vɪdɪəu] n (video film) vidéo f ; (also: **video cassette**) vidéocassette f ; (also: **video cassette recorder**) magnétoscope m ▶ vt (with recorder) enregistrer ; (with camera) filmer ▶ cpd vidéo inv
video camera n caméra f vidéo inv
video cassette n vidéocassette f
video cassette recorder n = **video recorder**
videodisc ['vɪdɪəudɪsk] n vidéodisque m
video game n jeu m vidéo inv
video nasty n vidéo à caractère violent ou pornographique
videophone ['vɪdɪəufəun] n vidéophone m, visiophone m
video recorder n magnétoscope m
video recording n enregistrement m (en) vidéo inv
video shop n vidéoclub m
video tape n bande f vidéo inv ; (cassette) vidéocassette f
video wall n mur m d'images vidéo
vie [vaɪ] vi: **to ~ with** lutter avec, rivaliser avec
Vienna [vɪ'ɛnə] n Vienne
Vietnam, Viet Nam ['vjɛt'næm] n Viêt-nam m, Vietnam m
Vietnamese [vjɛtnə'miːz] adj vietnamien(ne) ▶ n (pl inv) Vietnamien(ne) ; (Ling) vietnamien m
view [vjuː] n vue f ; (opinion) avis m, vue ; **on ~** (in museum etc) exposé(e) ; **in full ~ of sb** sous les yeux de qn ; **to be within ~ (of sth)** être à portée de vue (de qch) ; **an overall ~ of the situation** une vue d'ensemble de la situation ; **in my ~** à mon avis ; **in ~ of the fact that** étant donné que ; **with a ~ to doing sth** dans l'intention de faire qch ▶ vt voir, regarder ; (situation) considérer ; (house) visiter
viewdata ['vjuːdeɪtə] n (BRIT) télétexte m (version téléphonique)
viewer ['vjuːə^r] n (viewfinder) viseur m ; (small projector) visionneuse f ; (TV) téléspectateur(-trice)
viewfinder ['vjuːfaɪndə^r] n viseur m
viewpoint ['vjuːpɔɪnt] n point m de vue
vigil ['vɪdʒɪl] n veille f ; **to keep ~** veiller
vigilance ['vɪdʒɪləns] n vigilance f
vigilant ['vɪdʒɪlənt] adj vigilant(e)
vigilante [vɪdʒɪ'læntɪ] n justicier ou membre d'un groupe d'autodéfense
vignette [vɪ'njɛt] n (résumé) instantané m
vigorous ['vɪgərəs] adj vigoureux(-euse)
vigour, (US) vigor ['vɪgə^r] n vigueur f
Viking ['vaɪkɪŋ] n Viking m ▶ cpd viking inv
vile [vaɪl] adj (action) vil(e) ; (smell, food) abominable ; (temper) massacrant(e)
vilify ['vɪlɪfaɪ] vt calomnier, vilipender
villa ['vɪlə] n villa f
village ['vɪlɪdʒ] n village m
villager ['vɪlɪdʒə^r] n villageois(e)
villain ['vɪlən] n (scoundrel) scélérat m ; (BRIT: criminal) bandit m ; (in novel etc) traître m
villainous ['vɪlənəs] adj sans scrupules

VIN n abbr (US) = **vehicle identification number**
vinaigrette [vɪneɪ'grɛt] n vinaigrette f
vindicate ['vɪndɪkeɪt] vt défendre avec succès ; justifier
vindication [vɪndɪ'keɪʃən] n: **in ~ of** pour justifier
vindictive [vɪn'dɪktɪv] adj vindicatif(-ive), rancunier(-ière)
vindictiveness [vɪn'dɪktɪvnɪs] n: **out of ~** par rancune
vine [vaɪn] n vigne f ; (climbing plant) plante grimpante
vinegar ['vɪnɪgə^r] n vinaigre m
vine grower n viticulteur m
vine-growing ['vaɪngrəuɪŋ] adj viticole ▶ n viticulture f
vineyard ['vɪnjɑːd] n vignoble m
vintage ['vɪntɪdʒ] n (year) année f, millésime m ; **the 1970 ~** le millésime 1970 ▶ cpd (car) d'époque ; (wine) de grand cru
vinyl ['vaɪnl] n vinyle m
viola [vɪ'əulə] n alto m
violate ['vaɪəleɪt] vt violer
violation [vaɪə'leɪʃən] n violation f ; **in ~ of** (rule, law) en infraction à, en violation de
violence ['vaɪələns] n violence f ; (Pol etc) incidents violents
violent ['vaɪələnt] adj violent(e) ; **a ~ dislike of sb/sth** une aversion profonde pour qn/qch
violently ['vaɪələntlɪ] adv violemment ; (ill, angry) terriblement
violet ['vaɪələt] adj (colour) violet(te) ▶ n (plant) violette f
violin [vaɪə'lɪn] n violon m
violinist [vaɪə'lɪnɪst] n violoniste mf
VIP n abbr (= very important person) VIP m
viper ['vaɪpə^r] n vipère f
viral ['vaɪərəl] adj (also Comput) viral(e)
virgin ['vəːdʒɪn] n vierge f ; **she is a ~** elle est vierge ; **the Blessed V~** la Sainte Vierge ▶ adj vierge
virginity [vəː'dʒɪnɪtɪ] n virginité f
Virgo ['vəːgəu] n la Vierge ; **to be ~** être de la Vierge
virile ['vɪraɪl] adj viril(e)
virility [vɪ'rɪlɪtɪ] n virilité f
virtual ['vəːtjuəl] adj (Comput, Physics) virtuel(le) ; (in effect): **it's a ~ impossibility** c'est quasiment impossible ; **the ~ leader** le chef dans la pratique
virtually ['vəːtjuəlɪ] adv (almost) pratiquement ; **it is ~ impossible** c'est quasiment impossible
virtual reality n (Comput) réalité virtuelle
virtue ['vəːtjuː] n vertu f ; (advantage) mérite m, avantage m ; **by ~ of** en vertu or raison de
virtuosity [vəːtju'ɔsɪtɪ] n virtuosité f
virtuoso [vəːtju'əuzəu] n virtuose mf
virtuous ['vəːtjuəs] adj vertueux(-euse)
virulent ['vɪrulənt] adj virulent(e)
virus ['vaɪərəs] n (Med, Comput) virus m
visa ['viːzə] n visa m
vis-à-vis [viːzə'viː] prep vis-à-vis de
visceral ['vɪsərəl] adj viscéral(e)
viscount ['vaɪkaunt] n vicomte m
viscous ['vɪskəs] adj visqueux(-euse), gluant(e)

V

909

vise [vaɪs] n (US Tech) = **vice**
visibility [vɪzɪ'bɪlɪtɪ] n visibilité f
visible ['vɪzəbl] adj visible ; **~ exports/imports** exportations fpl/importations fpl visibles
visibly ['vɪzəblɪ] adv visiblement
vision ['vɪʒən] n (sight) vue f, vision f ; (foresight, in dream) vision
visionary ['vɪʒənrɪ] n visionnaire mf
visit ['vɪzɪt] n visite f ; (stay) séjour m ; **on a private/official ~** en visite privée/officielle ▶ vt (person: US: also : **visit with**) rendre visite à ; (place) visiter
visiting ['vɪzɪtɪŋ] adj (speaker, team) invité(e), de l'extérieur
visiting card n carte f de visite
visiting hours npl heures fpl de visite
visitor ['vɪzɪtər] n visiteur(-euse) ; (to one's house) invité(e) ; (in hotel) client(e)
visitor centre, (US) **visitor center** n hall m or centre m d'accueil
visitors' book n livre m d'or ; (in hotel) registre m
visor ['vaɪzər] n visière f
VISTA ['vɪstə] n abbr (= Volunteers in Service to America) programme d'assistance bénévole aux régions pauvres
vista ['vɪstə] n vue f, perspective f
visual ['vɪzjuəl] adj visuel(le)
visual aid n support visuel (pour l'enseignement)
visual arts npl arts mpl plastiques
visual display unit n console f de visualisation, visuel m
visualization [vɪzjuəlaɪ'zeɪʃən] n visualisation f
visualize ['vɪzjuəlaɪz] vt (picture) visualiser ; (imagine) s'imaginer
visually ['vɪzjuəlɪ] adv visuellement ; **~ handicapped** handicapé(e) visuel(le)
visually-impaired ['vɪzjuəliɪm'pɛəd] adj malvoyant(e)
vital ['vaɪtl] adj vital(e) ; **of ~ importance (to sb/sth)** d'une importance capitale (pour qn/qch)
vitality [vaɪ'tælɪtɪ] n vitalité f
vitally ['vaɪtəlɪ] adv extrêmement
vital statistics npl (of population) statistiques fpl démographiques ; (inf: woman's) mensurations fpl
vitamin ['vɪtəmɪn] n vitamine f
vitiate ['vɪʃɪeɪt] vt vicier
vitreous ['vɪtrɪəs] adj (china) vitreux(-euse) ; (enamel) vitrifié(e)
vitriol ['vɪtrɪəl] n attaques fpl au vitriol
vitriolic [vɪtrɪ'ɔlɪk] adj (fig) venimeux(-euse)
viva ['vaɪvə] n (also : **viva voce**) (examen) oral
vivacious [vɪ'veɪʃəs] adj animé(e), qui a de la vivacité
vivacity [vɪ'væsɪtɪ] n vivacité f
vivid ['vɪvɪd] adj (account) frappant(e), vivant(e) ; (light, imagination) vif (vive)
vividly ['vɪvɪdlɪ] adv (describe) d'une manière vivante ; (remember) de façon précise
vivisection [vɪvɪ'sɛkʃən] n vivisection f
vixen ['vɪksn] n renarde f ; (pej: woman) mégère f
viz [vɪz] abbr (= videlicet: namely) à savoir, c. à d.
VLF abbr = **very low frequency**

V-neck ['viːnɛk] n décolleté m en V
VOA n abbr (= Voice of America) voix f de l'Amérique (émissions de radio à destination de l'étranger)
vocabulary [vəu'kæbjulərɪ] n vocabulaire m
vocal ['vəukl] adj vocal(e) ; (articulate) qui n'hésite pas à s'exprimer, qui sait faire entendre ses opinions ; **vocals** npl voix fpl
vocal cords npl cordes vocales
vocalist ['vəukəlɪst] n chanteur(-euse)
vocation [vəu'keɪʃən] n vocation f
vocational [vəu'keɪʃənl] adj professionnel(le) ; **~ guidance/training** orientation/formation professionnelle
vociferous [və'sɪfərəs] adj bruyant(e)
vodka ['vɔdkə] n vodka f
vogue [vəug] n mode f ; (popularity) vogue f ; **to be in ~** être en vogue or à la mode
voice [vɔɪs] n voix f ; (opinion) avis m ; **in a loud/soft ~** à voix haute/basse ; **to give ~ to** exprimer ▶ vt (opinion) exprimer, formuler
voice mail n (system) messagerie f vocale, boîte f vocale ; (device) répondeur m ; (message) message m vocal
voice-over ['vɔɪsəuvər] n voix off f
void [vɔɪd] n vide m ▶ adj (invalid) nul(le) ; (empty): **~ of** vide de, dépourvu(e) de
voile [vɔɪl] n voile m (tissu)
vol. abbr (= volume) vol
volatile ['vɔlətaɪl] adj volatil(e) ; (person) d'humeur volatile
volatility [vɔlə'tɪlɪtɪ] n (of situation, substance) volatilité f ; (of person, temper) instabilité f
volcanic [vɔl'kænɪk] adj volcanique
volcano [vɔl'keɪnəu] (pl **volcanoes**) n volcan m
volition [və'lɪʃən] n: **of one's own ~** de son propre gré
volley ['vɔlɪ] n (of gunfire) salve f ; (of stones etc) pluie f, volée f ; (Tennis etc) volée f
volleyball ['vɔlɪbɔːl] n volley(-ball) m
volt [vəult] n volt m
voltage ['vəultɪdʒ] n tension f, voltage m ; **high/low ~** haute/basse tension
voluble ['vɔljubl] adj volubile
volume ['vɔljuːm] n volume m ; (of tank) capacité f ; **~ one/two** (of book) tome un/deux ; **his expression spoke volumes** son expression en disait long
volume control n (Radio, TV) bouton m de réglage du volume
volume discount n (Comm) remise f sur la quantité
voluminous [və'luːmɪnəs] adj volumineux(-euse)
voluntarily ['vɔləntrɪlɪ] adv volontairement ; bénévolement
voluntary ['vɔləntərɪ] adj volontaire ; (unpaid) bénévole
voluntary liquidation n (Comm) dépôt m de bilan
voluntary redundancy n (BRIT) départ m volontaire (en cas de licenciement)
volunteer [vɔlən'tɪər] n volontaire mf ▶ vt (information) donner spontanément ; **to ~ to do** se proposer pour faire ▶ vi (Mil) s'engager comme volontaire

voluptuous [və'lʌptjuəs] *adj* voluptueux(-euse)
vomit ['vɔmɪt] *n* vomissure *f* ▸ *vt, vi* vomir
voodoo ['vu:du:] *n* vaudou *m*
voracious [və'reɪʃəs] *adj* vorace ; (*reader*) avide
vote [vəut] *n* vote *m*, suffrage *m* ; (*votes cast*) voix
f, vote ; (*franchise*) droit *m* de vote ; **to put sth to
the ~**, **to take a ~ on sth** mettre qch aux voix,
procéder à un vote sur qch ; **~ for** *or* **in favour
of/against** vote pour/contre ; **~ of censure**
motion *f* de censure ; **~ of thanks** discours *m* de
remerciement ▸ *vt* (*bill*) voter ; (*chairman*) élire ;
(*propose*): **to ~ that** proposer que + *sub* ; **to ~ to do
sth** voter en faveur de faire qch ▸ *vi* voter
voter ['vəutə^r] *n* électeur(-trice)
voting ['vəutɪŋ] *n* scrutin *m*, vote *m*
voting paper *n* (*BRIT*) bulletin *m* de vote
voting right *n* droit *m* de vote
votive ['vəutɪv] *adj* votif(-ive)
vouch [vautʃ]: **to ~ for** *vt fus* se porter garant de
voucher ['vautʃə^r] *n* (*for meal, petrol, gift*) bon *m* ;

(*receipt*) reçu *m* ; **travel ~** bon de transport
vow [vau] *n* vœu *m*, serment *m* ; **to take** *or* **make
a ~ to do sth** faire le vœu de faire qch ▸ *vi* jurer
vowel ['vauəl] *n* voyelle *f*
voyage ['vɔɪɪdʒ] *n* voyage *m* par mer, traversée *f* ;
(*by spacecraft*) voyage
voyeur [vwa:jə:^r] *n* voyeur *m*
voyeurism ['vwaɪərɪzəm] *n* voyeurisme *m*
voyeuristic [vwaɪə'rɪstɪk] *adj* voyeuriste
VP *n abbr* = **vice-president**
vs *abbr* (= *versus*) vs
VSO *n abbr* (*BRIT*: = *Voluntary Service Overseas*)
≈ coopération civile
VT, Vt. *abbr* (*US*) = **Vermont**
vulgar ['vʌlɡə^r] *adj* vulgaire
vulgarity [vʌl'ɡærɪtɪ] *n* vulgarité *f*
vulnerability [vʌlnərə'bɪlɪtɪ] *n* vulnérabilité *f*
vulnerable ['vʌlnərəbl] *adj* vulnérable
vulture ['vʌltʃə^r] *n* vautour *m*
vulva ['vʌlvə] *n* vulve *f*

V

W¹, w¹ ['dʌblju:] *n* (*letter*) W, w *m* ; **W for William**
W comme William

W² *abbr* (= *west*) O ; (*Elec*: = *watt*) W

WA *abbr* (*US*) = **Washington**

wacky ['wæki] *adj* (*inf*: *person, idea*) farfelu(e) ;
(*film, show, humour*) délirant(e)

wad [wɔd] *n* (*of cotton wool, paper*) tampon *m* ; (*of
banknotes etc*) liasse *f*

wadding ['wɔdɪŋ] *n* rembourrage *m*

waddle ['wɔdl] *vi* se dandiner

wade [weɪd] *vi*: **to ~ through** marcher dans,
patauger dans ; (*fig*: *book*) venir à bout de ▸ *vt*
passer à gué

wafer ['weɪfəʳ] *n* (*Culin*) gaufrette *f* ; (*Rel*) pain *m*
d'hostie ; (*Comput*) tranche *f* (de silicium)

wafer-thin ['weɪfə'θɪn] *adj* ultra-mince, mince
comme du papier à cigarette

waffle ['wɔfl] *n* (*Culin*) gaufre *f* ; (*inf*) rabâchage
m ; remplissage *m* ▸ *vi* parler pour ne rien dire ;
faire du remplissage

waffle iron *n* gaufrier *m*

waft [wɔft] *vt* porter ▸ *vi* flotter

wag [wæg] *vt* agiter, remuer ; **the dog wagged
its tail** le chien a remué la queue ▸ *vi* remuer

wage [weɪdʒ] *n* (*also*: **wages**) salaire *m*, paye *f* ;
a day's wages un jour de salaire ▸ *vt*: **to ~ war**
faire la guerre

wage claim *n* demande *f* d'augmentation de
salaire

wage differential *n* éventail *m* des salaires

wage earner [-ə:nəʳ] *n* salarié(e) ; (*breadwinner*)
soutien *m* de famille

wage freeze *n* blocage *m* des salaires

wage packet *n* (*BRIT*) (enveloppe *f* de) paye *f*

wager ['weɪdʒəʳ] *n* pari *m* ▸ *vt* parier

waggle ['wægl] *vt, vi* remuer

wagon, waggon ['wægən] *n* (*horse-drawn*)
chariot *m* ; (*BRIT Rail*) wagon *m* (de
marchandises)

waif [weɪf] *n* gamin(e) des rues

wail [weɪl] *n* gémissement *m* ; (*of siren*)
hurlement *m* ▸ *vi* gémir ; (*siren*) hurler

waist [weɪst] *n* taille *f*, ceinture *f*

waistband ['weɪstbænd] *n* taille *f* ; **with an
elasticated ~** à taille élastique

waistcoat ['weɪskəut] *n* (*BRIT*) gilet *m*

waistline ['weɪstlaɪn] *n* (tour *m* de) taille *f*

wait [weɪt] *n* attente *f* ; **to lie in ~ for** guetter
▸ *vi* attendre ; **to ~ for sb/sth** attendre qn/qch ;
to keep sb waiting faire attendre qn ; **~ for
me, please** attendez-moi, s'il vous plaît ;
~ a minute! un instant ! ; **"repairs while
you ~"** « réparations minute » ; **I can't ~ to …**
(*fig*) je meurs d'envie de …
▸ **wait behind** *vi* rester (à attendre)
▸ **wait on** *vt fus* servir
▸ **wait up** *vi* attendre, ne pas se coucher ; **don't
~ up for me** ne m'attendez pas pour aller vous
coucher

waiter ['weɪtəʳ] *n* garçon *m* (de café), serveur *m*

waiting ['weɪtɪŋ] *n*: **"no ~"** (*BRIT Aut*)
« stationnement interdit »

waiting list *n* liste *f* d'attente

waiting room *n* salle *f* d'attente

waitress ['weɪtrɪs] *n* serveuse *f*

waive [weɪv] *vt* renoncer à, abandonner

waiver ['weɪvəʳ] *n* dispense *f*

wake [weɪk] (*pt* **woke** [wəuk] *or* **waked** [weɪkt],
pp **woken** ['wəukn] *or* **waked**) *vt* (*also*: **wake up**)
réveiller ▸ *vi* (*also*: **wake up**) se réveiller ; **to ~ up
to sth** (*fig*) se rendre compte de qch ▸ *n* (*for dead
person*) veillée *f* mortuaire ; (*Naut*) sillage *m* ; **in
the ~ of** (*fig*) à la suite de ; **to follow in sb's ~**
(*fig*) marcher sur les traces de qn

waken ['weɪkn] *vt, vi* = **wake**

Wales [weɪlz] *n* pays *m* de Galles ; **the Prince
of ~** le prince de Galles ; **the National
Assembly for ~** *le Parlement gallois*

⋮ **NATIONAL ASSEMBLY FOR WALES**

La **National Assembly for Wales** a été créée
en 1998, la majorité de l'électorat gallois
s'étant déclaré favorable à la décentralisation
lors d'un référendum organisé l'année
précédente. Elle diffère du parlement
écossais par le fait que celui-ci possède un
pouvoir législatif considérable dans ses
domaines de responsabilité ainsi qu'en
matière fiscale, tandis que l'assemblée
galloise a un pouvoir législatif plus limité et
n'est pas autorisée à lever des impôts.
Composée de 60 députés, les *AMs* (*Assembly
Members*), qui sont élus pour quatre ans, elle
est placée sous l'autorité du *First Minister*.

walk [wɔːk] *n* promenade *f* ; (*short*) petit tour ;
(*gait*) démarche *f* ; (*path*) chemin *m* ; (*in park etc*)
allée *f* ; (*pace*): **at a quick ~** d'un pas rapide ;
10 minutes' ~ from à 10 minutes de marche
de ; **to go for a ~** se promener ; faire un tour ;
from all walks of life de toutes conditions
sociales ▸ *vi* marcher ; (*for pleasure, exercise*) se

promener ▸ vt (distance) faire à pied ; (dog) promener ; **I'll ~ you home** je vais vous raccompagner chez vous
▸ **walk out** vi (go out) sortir ; (as protest) partir (en signe de protestation) ; (strike) se mettre en grève ; **to ~ out on sb** quitter qn

walkabout ['wɔːkəbaut] n: **to go (on a) ~** (VIP) prendre un bain de foule

walker ['wɔːkəʳ] n (person) marcheur(-euse)

walkie-talkie ['wɔːkɪ'tɔːkɪ] n talkie-walkie m

walking ['wɔːkɪŋ] n marche f à pied ; **it's within ~ distance** on peut y aller à pied

walking holiday n vacances passées à faire de la randonnée

walking shoes npl chaussures fpl de marche

walking stick n canne f

Walkman® ['wɔːkmən] n Walkman® m

walk-on ['wɔːkɔn] adj (Theat: part) de figurant(e)

walkout ['wɔːkaut] n (of workers) grève-surprise f

walkover ['wɔːkəuvəʳ] n (inf) victoire f or examen m etc facile

walkway ['wɔːkweɪ] n promenade f, cheminement piéton

wall [wɔːl] n mur m ; (of tunnel, cave) paroi f ; **to go to the ~** (fig: firm etc) faire faillite
▸ **wall in** vt (garden etc) entourer d'un mur

wallaby ['wɔləbɪ] n wallaby m

wall cupboard n placard mural

walled [wɔːld] adj (city) fortifié(e)

wallet ['wɔlɪt] n portefeuille m ; **I can't find my ~** je ne retrouve plus mon portefeuille

wallflower ['wɔːlflauəʳ] n giroflée f ; **to be a ~** (fig) faire tapisserie

wall hanging n tenture (murale), tapisserie f

wallop ['wɔləp] vt (BRIT inf) taper sur, cogner

wallow ['wɔləu] vi se vautrer ; **to ~ in one's grief** se complaire à sa douleur

wallpaper ['wɔːlpeɪpəʳ] n papier peint ▸ vt tapisser

wall-to-wall ['wɔːltə'wɔːl] adj: **~ carpeting** moquette f

walnut ['wɔːlnʌt] n noix f ; (tree, wood) noyer m

walrus ['wɔːlrəs] (pl **~** or **walruses**) n morse m

waltz [wɔːlts] n valse f ▸ vi valser

wan [wɔn] adj pâle ; triste

wand [wɔnd] n (also: **magic wand**) baguette f (magique)

wander ['wɔndəʳ] vi (person) errer, aller sans but ; (thoughts) vagabonder ; (river) serpenter ▸ vt errer dans

wanderer ['wɔndərəʳ] n vagabond(e)

wandering ['wɔndrɪŋ] adj (tribe) nomade ; (minstrel, actor) ambulant(e)

wanderings ['wɔndrɪŋz] npl errances fpl

wanderlust ['wɔndəlʌst] n soif f de voyages

wane [weɪn] vi (moon) décroître ; (reputation) décliner

wangle ['wæŋgl] (BRIT inf) vt se débrouiller pour avoir ; carotter ▸ n combine f, magouille f

wanker ['wæŋkəʳ] n (inf!) branleur m (!)

wanna ['wɔnə] modal aux vb (inf: want to): **I ~ go** je veux y aller ; **they don't ~ do it** ils veulent pas le faire

wannabe ['wɔnəbiː] adj (inf) aspirant(e) ; **a ~ actor** un aspirant acteur

want [wɔnt] vt vouloir ; (need) avoir besoin de ; (lack) manquer de ; **to ~ to do** vouloir faire ; **to ~ sb to do** vouloir que qn fasse ; **you're wanted on the phone** on vous demande au téléphone ; **"cook wanted"** « on demande un cuisinier »
▸ n (poverty) pauvreté f, besoin m ; **for ~ of** par manque de, faute de ; **wants** npl (needs) besoins mpl
▸ **want in** vi (inf) vouloir en être ; **to ~ in on sth** vouloir être au courant de qch
▸ **want out** vi (inf) vouloir laisser tomber ; **to ~ out of sth** vouloir sortir de qch

want ads npl (US) petites annonces

wanted ['wɔntɪd] adj (criminal) recherché(e) par la police

wanting ['wɔntɪŋ] adj: **to be ~ (in)** manquer (de) ; **to be found ~** ne pas être à la hauteur

wanton ['wɔntn] adj capricieux(-euse), dévergondé(e)

WAP [wæp] n abbr (= wireless application protocol) WAP m

war [wɔːʳ] n guerre f ; **to go to ~** se mettre en guerre ; **to make ~ (on)** faire la guerre (à)

warble ['wɔːbl] n (of bird) gazouillis m ▸ vi gazouiller

warbler ['wɔːbləʳ] n pinson m

war cry n cri m de guerre

ward [wɔːd] n (in hospital) salle f ; (Pol) section électorale ; (Law: child: also: **ward of court**) pupille mf
▸ **ward off** vt parer, éviter

warden ['wɔːdn] n (BRIT: of institution) directeur(-trice) ; (of park, game reserve) gardien(ne) ; (BRIT: also: **traffic warden**) contractuel(le) ; (of youth hostel) responsable mf

warder ['wɔːdəʳ] n (BRIT) gardien m de prison

wardrobe ['wɔːdrəub] n (cupboard) armoire f ; (clothes) garde-robe f ; (Theat) costumes mpl

warehouse ['wɛəhaus] n entrepôt m

warehousing ['wɛəhauzɪŋ] n entreposage m

wares [wɛəz] npl marchandises fpl

warfare ['wɔːfɛəʳ] n guerre f

war game n jeu m de stratégie militaire

warhead ['wɔːhɛd] n (Mil) ogive f

warily ['wɛərɪlɪ] adv avec prudence, avec précaution

warlike ['wɔːlaɪk] adj guerrier(-ière)

warm [wɔːm] adj chaud(e) ; (person, thanks, welcome, applause) chaleureux(-euse) ; (supporter) ardent(e), enthousiaste ; **it's ~** il fait chaud ; **I'm ~** j'ai chaud ; **to keep sth ~** tenir qch au chaud ; **with my warmest thanks/congratulations** avec mes remerciements/mes félicitations les plus sincères
▸ **warm to** vt fus apprendre à apprécier
▸ **warm up** vi (person, room) se réchauffer ; (water) chauffer ; (athlete, discussion) s'échauffer
▸ vt (food) (faire) réchauffer ; (water) (faire) chauffer ; (engine) faire chauffer

warm-blooded ['wɔːm'blʌdɪd] adj (Zool) à sang chaud

war memorial n monument m aux morts

warm-hearted [wɔːm'hɑːtɪd] adj affectueux(-euse)

warmly ['wɔːmlɪ] adv (dress) chaudement ; (thank, welcome) chaleureusement

w

warmonger ['wɔːmʌŋgəʳ] *n* belliciste *mf*
warmongering ['wɔːmʌŋgrɪŋ] *n* propagande *f* belliciste, bellicisme *m*
warmth [wɔːmθ] *n* chaleur *f*
warm-up ['wɔːmʌp] *n* (*Sport*) période *f* d'échauffement
warn [wɔːn] *vt* avertir, prévenir ; **to ~ sb (not) to do** conseiller à qn de (ne pas) faire
warning ['wɔːnɪŋ] *n* avertissement *m* ; (*notice*) avis *m* ; (*signal*) avertisseur *m* ; **without (any) ~** (*suddenly*) inopinément ; (*without notifying*) sans prévenir ; **gale ~** (*Meteorology*) avis de grand vent
warning light *n* avertisseur lumineux
warning triangle *n* (*Aut*) triangle *m* de présignalisation
warp [wɔːp] *n* (*Textiles*) chaîne *f* ▶ *vi* (*wood*) travailler, se voiler *or* gauchir ▶ *vt* voiler ; (*fig*) pervertir
warpath ['wɔːpɑːθ] *n*: **to be on the ~** (*fig*) être sur le sentier de la guerre
warped [wɔːpt] *adj* (*wood*) gauchi(e) ; (*fig*) perverti(e)
warplane ['wɔːpleɪn] *n* avion *m* de guerre
warrant ['wɔrnt] *n* (*guarantee*) garantie *f* ; (*Law*: *to arrest*) mandat *m* d'arrêt ; (: *to search*) mandat de perquisition ▶ *vt* (*justify, merit*) justifier
warrant officer *n* (*Mil*) adjudant *m* ; (*Naut*) premier-maître *m*
warranty ['wɔrəntɪ] *n* garantie *f* ; **under ~** (*Comm*) sous garantie
warren ['wɔrən] *n* (*of rabbits*) terriers *mpl*, garenne *f*
warring ['wɔːrɪŋ] *adj* (*nations*) en guerre ; (*interests etc*) contradictoire, opposé(e)
warrior ['wɔrɪəʳ] *n* guerrier(-ière)
Warsaw ['wɔːsɔː] *n* Varsovie
warship ['wɔːʃɪp] *n* navire *m* de guerre
wart [wɔːt] *n* verrue *f*
wartime ['wɔːtaɪm] *n*: **in ~** en temps de guerre
wary ['wɛərɪ] *adj* prudent(e) ; **to be ~ about** *or* **of doing sth** hésiter beaucoup à faire qch
was [wɔz] *pt of* **be**
wash [wɔʃ] *vt* laver ; (*sweep, carry*: *sea etc*) emporter, entraîner ; (: *ashore*) rejeter ; **he was washed overboard** il a été emporté par une vague ▶ *vi* se laver ; (*sea*): **to ~ over/against sth** inonder/baigner qch ▶ *n* (*paint*) badigeon *m* ; (*clothes*) lessive *f* ; (*washing programme*) lavage *m* ; (*of ship*) sillage *m* ; **to give sth a ~** laver qch ; **to have a ~** se laver, faire sa toilette
▶ **wash away** *vt* (*stain*) enlever au lavage ; (*subj*: *river etc*) emporter
▶ **wash down** *vt* laver ; laver à grande eau
▶ **wash off** *vi* partir au lavage
▶ **wash up** *vi* (*BRIT*) faire la vaisselle ; (*US*: *have a wash*) se débarbouiller
Wash. *abbr* (*US*) = **Washington**
washable ['wɔʃəbl] *adj* lavable
washbasin ['wɔʃbeɪsn] *n* lavabo *m*
washcloth ['wɔʃklɔθ] *n* (*US*) gant *m* de toilette
washed out [wɔʃt'aut] *adj* (*colour*) délavé(e) ; (*person*) vanné(e)
washed up [wɔʃt'ʌp] *adj* (*inf*) fini(e)
washer ['wɔʃəʳ] *n* (*Tech*) rondelle *f*, joint *m*

washing ['wɔʃɪŋ] *n* (*BRIT*: *linen etc*: *dirty*) linge *m* ; (: *clean*) lessive *f*
washing line *n* (*BRIT*) corde *f* à linge
washing machine *n* machine *f* à laver
washing powder *n* (*BRIT*) lessive *f* (en poudre)
Washington ['wɔʃɪŋtən] *n* (*city, state*) Washington *m*
washing-up [wɔʃɪŋ'ʌp] *n* (*BRIT*) vaisselle *f*
washing-up liquid *n* (*BRIT*) produit *m* pour la vaisselle
wash-out ['wɔʃaut] *n* (*inf*) désastre *m*
washroom ['wɔʃrum] *n* (*US*) toilettes *fpl*
wasn't ['wɔznt] = **was not**
Wasp, WASP [wɔsp] *n abbr* (*US inf*: = *White Anglo-Saxon Protestant*) surnom, souvent péjoratif, donné à l'américain de souche anglo-saxonne, aisé et de tendance conservatrice
wasp [wɔsp] *n* guêpe *f*
waspish ['wɔspɪʃ] *adj* irritable
wastage ['weɪstɪdʒ] *n* gaspillage *m* ; (*in manufacturing, transport etc*) déchet *m*
waste [weɪst] *n* gaspillage *m* ; (*of time*) perte *f* ; (*rubbish*) déchets *mpl* ; (*also*: **household waste**) ordures *fpl* ; **it's a ~ of money** c'est de l'argent jeté en l'air ; **to go to ~** être gaspillé(e) ▶ *adj* (*energy, heat*) perdu(e) ; (*food*) inutilisé(e) ; (*land, ground*: *in city*) à l'abandon ; (: *in country*) inculte, en friche ; (*leftover*): **~ material** déchets ; **to lay ~** (*destroy*) dévaster ▶ *vt* gaspiller ; (*time, opportunity*) perdre ; **wastes** *npl* étendue *f* désertique
▶ **waste away** *vi* dépérir
wastebasket ['weɪstbɑːskɪt] *n* = **wastepaper basket**
waste disposal, waste disposal unit *n* (*BRIT*) broyeur *m* d'ordures
wasteful ['weɪstful] *adj* gaspilleur(-euse) ; (*process*) peu économique
waste ground *n* (*BRIT*) terrain *m* vague
wasteland ['weɪstlənd] *n* terres *fpl* à l'abandon ; (*in town*) terrain(s) *m(pl)* vague(s)
wastepaper basket ['weɪstpeɪpə-] *n* corbeille *f* à papier
waste pipe *n* (tuyau *m* de) vidange *f*
waste products *npl* (*Industry*) déchets *mpl* (de fabrication)
waster ['weɪstəʳ] *n* (*inf*) bon(ne) à rien
watch [wɔtʃ] *n* montre *f* ; (*act of watching*) surveillance *f* ; (*guard*: *Mil*) sentinelle *f* ; (: *Naut*) homme *m* de quart ; (*Naut*: *spell of duty*) quart *m* ; **to keep a close ~ on sb/sth** surveiller qn/qch de près ; **to keep ~** faire le guet ▶ *vt* (*look at*) observer ; (: *match, programme*) regarder ; (*spy on, guard*) surveiller ; (*be careful of*) faire attention à ; **~ what you're doing** fais attention à ce que tu fais ▶ *vi* regarder ; (*keep guard*) monter la garde
▶ **watch out** *vi* faire attention
watchband ['wɔtʃbænd] *n* (*US*) bracelet *m* de montre
watchdog ['wɔtʃdɔg] *n* chien *m* de garde ; (*fig*) gardien(ne)
watchful ['wɔtʃful] *adj* attentif(-ive), vigilant(e)
watchmaker ['wɔtʃmeɪkəʳ] *n* horloger(-ère)
watchman ['wɔtʃmən] *n* (*irreg*) gardien *m* ; (*also*: **night watchman**) veilleur *m* de nuit

watch stem n (US) remontoir m
watch strap ['wɔtʃstræp] n bracelet m de montre
watchtower ['wɔtʃtauəʳ] n tour f de guet
watchword ['wɔtʃwəːd] n mot m de passe
water ['wɔːtəʳ] n eau f; **a drink of ~** un verre d'eau; **in British waters** dans les eaux territoriales britanniques; **to pass ~** uriner ▶ vt (plant, garden) arroser ▶ vi (eyes) larmoyer; **to make sb's mouth ~** mettre l'eau à la bouche de qn
▶ **water down** vt (milk etc) couper avec de l'eau; (fig: story) édulcorer
water closet n (BRIT) w.-c. mpl, waters mpl
watercolour, (US) watercolor n ['wɔːtəkʌləʳ] aquarelle f; **watercolours** npl couleurs fpl pour aquarelle
water-cooled ['wɔːtəkuːld] adj à refroidissement par eau
watercourse ['wɔːtəkɔːs] n cours m d'eau
watercress ['wɔːtəkrɛs] n cresson m (de fontaine)
waterfall ['wɔːtəfɔːl] n chute f d'eau
waterfowl ['wɔːtəfaul] n gibier m d'eau
waterfront ['wɔːtəfrʌnt] n (seafront) front m de mer; (at docks) quais mpl
water heater n chauffe-eau m
water hole n mare f
water ice n (BRIT) sorbet m
watering can ['wɔːtərɪŋ-] n arrosoir m
water level n niveau m de l'eau; (of flood) niveau des eaux
water lily n nénuphar m
waterline ['wɔːtəlaɪn] n (Naut) ligne f de flottaison
waterlogged ['wɔːtəlɔgd] adj détrempé(e); imbibé(e) d'eau
water main n canalisation f d'eau
watermark ['wɔːtəmɑːk] n (on paper) filigrane m
watermelon ['wɔːtəmɛlən] n pastèque f
watermill ['wɔːtəmɪl] n moulin m à eau
water polo n water-polo m
waterproof ['wɔːtəpruːf] adj imperméable
water-repellent ['wɔːtərɪpɛlnt] adj hydrofuge
watershed ['wɔːtəʃɛd] n (Geo) ligne f de partage des eaux; (fig) moment m critique, point décisif
waterside ['wɔːtəsaɪd] n bord m de l'eau ▶ cpd (hotel, restaurant) au bord de l'eau
water-skiing ['wɔːtəskiːɪŋ] n ski m nautique
water softener n adoucisseur m d'eau
water tank n réservoir m d'eau
watertight ['wɔːtətaɪt] adj étanche
water vapour n vapeur f d'eau
waterway ['wɔːtəweɪ] n cours m d'eau navigable
waterworks ['wɔːtəwəːks] npl station f hydraulique
watery ['wɔːtərɪ] adj (colour) délavé(e); (coffee) trop faible
watt [wɔt] n watt m
wattage ['wɔtɪdʒ] n puissance f or consommation f en watts
wattle ['wɔtl] n clayonnage m
wave [weɪv] n vague f; (of hand) geste m, signe m; (Radio) onde f; (in hair) ondulation f; (fig: of

enthusiasm, strikes etc) vague; **short/medium ~** (Radio) ondes courtes/moyennes; **long ~** (Radio) grandes ondes; **the new ~** (Cine, Mus) la nouvelle vague ▶ vi faire signe de la main; (flag) flotter au vent; (grass) ondoyer ▶ vt (handkerchief) agiter; (stick) brandir; (hair) onduler; **to ~ goodbye to sb** dire au revoir de la main à qn
▶ **wave aside, wave away** vt (fig: suggestion, objection) rejeter, repousser; (: doubts) chasser; (person): **to ~ sb aside** faire signe à qn de s'écarter
waveband ['weɪvbænd] n bande f de fréquences
wavelength ['weɪvlɛŋθ] n longueur f d'ondes
waver ['weɪvəʳ] vi vaciller; (voice) trembler; (person) hésiter
wavy ['weɪvɪ] adj (hair, surface) ondulé(e); (line) onduleux(-euse)
wax [wæks] n cire f; (for skis) fart m ▶ vt cirer; (car) lustrer; (skis) farter ▶ vi (moon) croître
waxworks ['wækswəːks] npl personnages mpl de cire; musée m de cire
way [weɪ] n chemin m, voie f; (path, access) passage m; (distance) distance f; (direction) chemin, direction f; (manner) façon f, manière f; (habit) habitude f, façon; (condition) état m; **which ~? — this ~/that ~** par où or de quel côté? — par ici/par là; **to crawl one's ~ to ...** ramper jusqu'à ...; **to lie one's ~ out of it** s'en sortir par un mensonge; **to lose one's ~** perdre son chemin; **on the ~ (to)** en route (pour); **to be on one's ~** être en route; **to be in the ~** bloquer le passage; (fig) gêner; **to keep out of sb's ~** éviter qn; **it's a long ~ away** c'est loin d'ici; **the village is rather out of the ~** le village est plutôt à l'écart or isolé; **to go out of one's ~ to do** (fig) se donner beaucoup de mal pour faire; **to be under ~** (work, project) être en cours; **to make ~ (for sb/sth)** faire place à qn/qch), s'écarter pour laisser passer (qn/qch); **to get one's own ~** arriver à ses fins; **put it the right ~ up** (BRIT) mettez-le dans le bon sens; **to be the wrong ~ round** être à l'envers, ne pas être dans le bon sens; **he's in a bad ~** il va mal; **in a ~** dans un sens; **by the ~** à propos; **in some ways** à certains égards; d'un côté; **in the ~ of** en fait de, comme; **by ~ of** (through) en passant par, via; (as a sort of) en guise de; **"~ in"** (BRIT) « entrée »; **"~ out"** (BRIT) « sortie »; **the ~ back** le chemin du retour; **this ~ and that** par-ci par-là; **"give ~"** (BRIT Aut) « cédez la priorité »; **no ~!** (inf) pas question!
waybill ['weɪbɪl] n (Comm) récépissé m
waylay ['weɪleɪ] vt (irreg: like **lay**) attaquer; (fig): **I got waylaid** quelqu'un m'a accroché
wayside ['weɪsaɪd] n bord m de la route; **to fall by the ~** (fig) abandonner; (morally) quitter le droit chemin
way station n (US: Rail) petite gare; (: fig) étape f
wayward ['weɪwəd] adj capricieux(-euse), entêté(e)
W.C. n abbr (BRIT: = water closet) w.-c. mpl, waters mpl
WCC n abbr (= World Council of Churches) COE m (Conseil œcuménique des Églises)

we [wi:] *pl pron* nous

In informal French **on** is often used to mean *we*.
We're going on holiday tomorrow. **On part en vacances demain.**

weak [wi:k] *adj* faible ; (*health*) fragile ; (*beam etc*) peu solide ; (*tea, coffee*) léger(-ère) ; **to grow ~** or **weaker** s'affaiblir, faiblir

weaken ['wi:kn] *vi* faiblir ▶ *vt* affaiblir

weak-kneed ['wi:k'ni:d] *adj* (*fig*) lâche, faible

weakling ['wi:klɪŋ] *n* gringalet *m* ; faible *mf*

weakly ['wi:klɪ] *adj* chétif(-ive) ▶ *adv* faiblement

weakness ['wi:knɪs] *n* faiblesse *f* ; (*fault*) point *m* faible

wealth [wɛlθ] *n* (*money, resources*) richesse(s) *f(pl)* ; (*of details*) profusion *f*

wealth tax *n* impôt *m* sur la fortune

wealthy ['wɛlθɪ] *adj* riche

wean [wi:n] *vt* sevrer

weapon ['wɛpən] *n* arme *f* ; **weapons of mass destruction** armes *fpl* de destruction massive

weaponry ['wɛpənrɪ] *n* armes *fpl*

wear [wɛəʳ] (*pt* **wore** [wɔːʳ], *pp* **worn** [wɔːn]) *n* (*use*) usage *m* ; (*deterioration through use*) usure *f* ; **sportswear/babywear** vêtements *mpl* de sport/pour bébés ; **evening ~** tenue *f* de soirée ; **~ and tear** usure *f* ▶ *vt* (*clothes*) porter ; (*put on*) mettre ; (*beard etc*) avoir ; (*damage: through use*) user ; **to ~ a hole in sth** faire (à la longue) un trou dans qch ▶ *vi* (*last*) faire de l'usage ; (*rub etc through*) s'user
▶ **wear away** *vt* user, ronger ▶ *vi* s'user, être rongé(e)
▶ **wear down** *vt* user ; (*strength*) épuiser
▶ **wear off** *vi* disparaître
▶ **wear on** *vi* se poursuivre ; passer
▶ **wear out** *vt* user ; (*person, strength*) épuiser

wearable ['wɛərəbl] *adj* mettable

wearer ['wɛərəʳ] *n* porteur(-euse) ; **contact lens wearers** les porteurs de lentilles de contact

wearily ['wɪərɪlɪ] *adv* avec lassitude

weariness ['wɪərɪnɪs] *n* épuisement *m*, lassitude *f*

wearisome ['wɪərɪsəm] *adj* (*tiring*) fatigant(e) ; (*boring*) ennuyeux(-euse)

weary ['wɪərɪ] *adj* (*tired*) épuisé(e) ; (*dispirited*) las(lasse), abattu(e) ▶ *vt* lasser ▶ *vi*: **to ~ of** se lasser de

weasel ['wi:zl] *n* (*Zool*) belette *f*

weather ['wɛðəʳ] *n* temps *m* ; **what's the ~ like?** quel temps fait-il ? ; **under the ~** (*fig: ill*) mal fichu(e) ▶ *vt* (*wood*) faire mûrir ; (*storm: lit, fig*) essuyer ; (*crisis*) survivre à

weather-beaten ['wɛðəbi:tn] *adj* (*person*) hâlé(e) ; (*building*) dégradé(e) par les intempéries

weather forecast *n* prévisions *fpl* météorologiques, météo *f*

weatherman ['wɛðəmæn] *n* (*irreg*) météorologue *m*

weatherproof ['wɛðəpru:f] *adj* (*garment*) imperméable ; (*building*) étanche

weather report *n* bulletin *m* météo, météo *f*

weather vane [-veɪn] *n* girouette *f*

weave [wi:v] (*pt* **wove** [wəuv], *pp* **woven** ['wəuvn]) *vt* (*cloth*) tisser ; (*basket*) tresser ▶ *vi* (*pt, pp* **weaved**: *fig*) (*move in and out*) se faufiler

weaver ['wi:vəʳ] *n* tisserand(e)

weaving ['wi:vɪŋ] *n* tissage *m*

web [wɛb] *n* (*of spider*) toile *f* ; (*on duck's foot*) palmure *f* ; (*fig*) tissu *m* ; (*Comput*): **the (World-Wide) W~** le Web

web address *n* adresse *f* Web

webbed ['wɛbd] *adj* (*foot*) palmé(e)

webbing ['wɛbɪŋ] *n* (*on chair*) sangles *fpl*

webcam ['wɛbkæm] *n* webcam *f*

webcast ['wɛbkɑːst] *n* webdiffusion *f*

webinar ['wɛbɪnɑːʳ] *n* (*Comput*) séminaire *m* en ligne ; webinaire *m*

weblog ['wɛblɒg] *n* blog *m*, blogue *m*

webmail ['wɛbmeɪl] *n* webmail *m*

webmaster ['wɛbmɑːstəʳ] *n* webmestre *mf*

web page *n* page *f* Web

website ['wɛbsaɪt] *n* site *m* Web

wed [wɛd] (*pt, pp* **wedded** ['wɛdɪd]) *vt* épouser ▶ *vi* se marier ▶ *n*: **the newly-weds** les jeunes mariés *mpl*

Wed. *abbr* (= *Wednesday*) me.

we'd [wi:d] = **we had; we would**

wedded ['wɛdɪd] *pt, pp* of **wed**

wedding ['wɛdɪŋ] *n* mariage *m*

wedding anniversary *n* anniversaire *m* de mariage ; **silver/golden ~** noces *fpl* d'argent/d'or

wedding day *n* jour *m* du mariage

wedding dress *n* robe *f* de mariée

wedding present *n* cadeau *m* de mariage

wedding ring *n* alliance *f*

wedge [wɛdʒ] *n* (*of wood etc*) coin *m* ; (*under door etc*) cale *f* ; (*of cake*) part *f* ▶ *vt* (*fix*) caler ; (*push*) enfoncer, coincer

wedge-heeled shoes ['wɛdʒhi:ld-], **wedges** ['wɛdʒɪz] *npl* chaussures *fpl* à semelles compensées

wedlock ['wɛdlɒk] *n* (*union f du*) mariage *m*

Wednesday ['wɛdnzdɪ] *n* mercredi *m* ; *see also* **Tuesday**

wee [wi:] *adj* (*Scottish*) petit(e) ; tout(e) petit(e)

weed [wi:d] *n* mauvaise herbe ▶ *vt* désherber
▶ **weed out** *vt* éliminer

weeding ['wi:dɪŋ] *n* désherbage *m*

weedkiller ['wi:dkɪləʳ] *n* désherbant *m*

weedy ['wi:dɪ] *adj* (*man*) gringalet

week [wi:k] *n* semaine *f* ; **once/twice a ~** une fois/deux fois par semaine ; **in two weeks' time** dans quinze jours ; **a ~ today/on Tuesday** aujourd'hui/mardi en huit

weekday ['wi:kdeɪ] *n* jour *m* de semaine ; (*Comm*) jour ouvrable ; **on weekdays** en semaine

weekend [wi:k'ɛnd] *n* week-end *m*

weekend case *n* sac *m* de voyage

weekly ['wi:klɪ] *adv* une fois par semaine, chaque semaine ▶ *adj, n* hebdomadaire *m*

weeknight ['wi:knaɪt] *n* soir *m* de semaine

weep [wi:p] (*pt, pp* **wept** [wɛpt]) *vi* (*person*) pleurer ; (*Med: wound etc*) suinter

weeping willow ['wi:pɪŋ-] *n* saule pleureur

weepy ['wi:pɪ] *n* (*inf: film*) mélo *m*

weft [wɛft] *n* (*Textiles*) trame *f*

weigh [weɪ] *vt, vi* peser ; **to ~ anchor** lever l'ancre ; **to ~ the pros and cons** peser le pour et le contre
▶ **weigh down** *vt* (*branch*) faire plier ; (*fig: with worry*) accabler
▶ **weigh on** *vt fus* (*problem, worry*) peser à ; **to ~ on sb's mind** peser à qn
▶ **weigh out** *vt* (*goods*) peser
▶ **weigh up** *vt* examiner

weighbridge ['weɪbrɪdʒ] *n* pont-bascule *m*

weighing machine ['weɪɪŋ-] *n* balance *f*, bascule *f*

weight [weɪt] *n* poids *m* ; **sold by ~** vendu au poids ; **to put on/lose ~** grossir/maigrir ; **weights and measures** poids et mesures ▶ *vt* alourdir ; (*fig: factor*) pondérer
▶ **weight down** *vt* maintenir en place

weighted ['weɪtɪd] *adj* (*biased*) biaisé(e) ; **to be (heavily) ~ in favour of sth/sb** être (fortement) biaisé(e) en faveur de qch/qn ; **to be ~ against sth/sb** être biaisé en défaveur de qch/qn

weighting ['weɪtɪŋ] *n*: **~ allowance** indemnité *f* de résidence

weightlessness ['weɪtlɪsnɪs] *n* apesanteur *f*

weightlifter ['weɪtlɪftə'] *n* haltérophile *m*

weightlifting ['weɪtlɪftɪŋ] *n* haltérophilie *f*

weight training *n* musculation *f*

weighty ['weɪtɪ] *adj* lourd(e)

weir [wɪə'] *n* barrage *m*

weird [wɪəd] *adj* bizarre ; (*eerie*) surnaturel(le)

weirdo ['wɪədəu] *n* (*inf*) type *m* bizarre

welcome ['wɛlkəm] *adj* bienvenu(e) ; **to be ~** être le (la) bienvenu(e) ; **to make sb ~** faire bon accueil à qn ; **you're ~ to try** vous pouvez essayer si vous voulez ; **you're ~!** (*after thanks*) de rien, il n'y a pas de quoi ▶ *n* accueil *m* ▶ *vt* accueillir ; (*also*: **bid welcome**) souhaiter la bienvenue à ; (*be glad of*) se réjouir de

welcoming ['wɛlkəmɪŋ] *adj* accueillant(e) ; (*speech*) d'accueil

weld [wɛld] *n* soudure *f* ▶ *vt* souder

welder ['wɛldə'] *n* (*person*) soudeur *m*

welding ['wɛldɪŋ] *n* soudure *f* (autogène)

welfare ['wɛlfɛə'] *n* (*wellbeing*) bien-être *m* ; (*social aid*) assistance sociale

welfare state *n* État-providence *m*

welfare work *n* travail social

well [wɛl] *n* puits *m* ▶ *adv* bien ; **~ done!** bravo ! ; **to do ~** bien réussir ; (*business*) prospérer ; **to think ~ of sb** penser du bien de qn ; **as ~** (*in addition*) aussi, également ; **you might as ~ tell me** tu ferais aussi bien de me le dire ; **as ~ as** aussi bien que *or* de ; en plus de ▶ *adj*: **to be ~** aller bien ; **I don't feel ~** je ne me sens pas bien ; **get ~ soon!** remets-toi vite ! ▶ *excl* eh bien ! ; (*relief also*) bon ! ; (*resignation*) enfin ! ; **~, as I was saying ...** donc, comme je disais ...
▶ **well up** *vi* (*tears, emotions*) monter

we'll [wi:l] = **we will; we shall**

well-advised [wɛləd'vaɪzd] *adj* (*action, decision*) sage ; **sb would be ~ to do sth** qn serait bien avisé(e) de faire qch

well-balanced [wɛl'bælənst] *adj* équilibré(e) ; **a ~ diet** une alimentation équilibrée

well-behaved ['wɛlbɪ'heɪvd] *adj* sage, obéissant(e)

well-being ['wɛl'bi:ɪŋ] *n* bien-être *m*

well-bred ['wɛl'brɛd] *adj* bien élevé(e)

well-built ['wɛl'bɪlt] *adj* (*house*) bien construit(e) ; (*person*) bien bâti(e)

well-chosen ['wɛl'tʃəuzn] *adj* (*remarks, words*) bien choisi(e), pertinent(e)

well-deserved ['wɛldɪ'zə:vd] *adj* (bien) mérité(e)

well-developed ['wɛldɪ'vɛləpt] *adj* (*girl*) bien fait(e)

well-disposed ['wɛldɪs'pəuzd] *adj*: **~ to(wards)** bien disposé(e) envers

well-dressed ['wɛl'drɛst] *adj* bien habillé(e), bien vêtu(e)

well-earned ['wɛl'ə:nd] *adj* (*rest*) bien mérité(e)

well-established [wɛlɪ'stæblɪʃt] *adj* bien établi(e)

well-groomed ['wɛl'gru:md] *adj* très soigné(e)

well-heeled ['wɛl'hi:ld] *adj* (*inf: wealthy*) fortuné(e), riche

wellies ['wɛlɪz] *npl* (BRIT *inf*) = **wellingtons**

well-informed ['wɛlɪn'fɔ:md] *adj* (*having knowledge of sth*) bien renseigné(e) ; (*having general knowledge*) cultivé(e)

Wellington ['wɛlɪŋtən] *n* Wellington

wellingtons ['wɛlɪŋtənz] *npl* (*also*: **wellington boots**) bottes *fpl* en caoutchouc

well-kept ['wɛl'kɛpt] *adj* (*house, grounds*) bien tenu(e), bien entretenu(e) ; (*secret*) bien gardé(e) ; (*hair, hands*) soigné(e)

well-known ['wɛl'nəun] *adj* (*person*) connu(e)

well-mannered ['wɛl'mænəd] *adj* bien élevé(e)

well-meaning ['wɛl'mi:nɪŋ] *adj* bien intentionné(e)

wellness ['wɛlnɪs] *n* bien-être *m*

well-nigh ['wɛl'naɪ] *adv*: **~ impossible** pratiquement impossible

well-off ['wɛl'ɔf] *adj* aisé(e), assez riche

well-paid ['wɛl'peɪd] *adj* bien payé(e)

well-read ['wɛl'rɛd] *adj* cultivé(e)

well-spoken ['wɛl'spəukn] *adj* (*person*) qui parle bien ; (*words*) bien choisi(e)

well-stocked ['wɛl'stɔkt] *adj* bien approvisionné(e)

well-timed ['wɛl'taɪmd] *adj* opportun(e)

well-to-do ['wɛltə'du:] *adj* aisé(e), assez riche

well-travelled, (US) **well-traveled** [wɛl'trævld] *adj*: **to be ~** avoir voyagé

well-versed [wɛl'və:st] *adj*: **to be well versed in sth** être très versé(e) en qch

well-wisher ['wɛlwɪʃə'] *n* ami(e), admirateur(-trice) ; **scores of well-wishers had gathered** de nombreux amis et admirateurs s'étaient rassemblés ; **letters from well-wishers** des lettres d'encouragement

well-woman clinic ['wɛlwumən-] *n* centre prophylactique et thérapeutique pour femmes

Welsh [wɛlʃ] *adj* gallois(e) ▶ *n* (*Ling*) gallois *m* ; **the Welsh** *npl* (*people*) les Gallois *mpl*

w

917

Welsh Assembly *n* Parlement gallois
Welshman ['wɛlʃmən] *n* (*irreg*) Gallois *m*
Welsh rarebit *n* croûte *f* au fromage
Welshwoman ['wɛlʃwʊmən] *n* (*irreg*) Galloise *f*
welter ['wɛltəʳ] *n* fatras *m*
went [wɛnt] *pt of* **go**
wept [wɛpt] *pt, pp of* **weep**
were [wəːʳ] *pt of* **be**
we're [wɪəʳ] = **we are**
weren't [wəːnt] = **were not**
werewolf ['wɪəwʊlf] (*pl* **werewolves** [-wʊlvz]) *n*
loup-garou *m*
west [wɛst] *n* ouest *m*; **the W~** l'Occident *m*,
l'Ouest ▶ *adj* (*wind*) d'ouest; (*side*) ouest *inv* ▶ *adv*
à *or* vers l'ouest
westbound ['wɛstbaʊnd] *adj* en direction de
l'ouest; (*carriageway*) ouest *inv*
West Country *n*: **the ~** le sud-ouest de l'Angleterre
westerly ['wɛstəlɪ] *adj* (*situation*) à l'ouest; (*wind*)
d'ouest
western ['wɛstən] *adj* occidental(e), de *or* à
l'ouest ▶ *n* (*Cine*) western *m*
westerner ['wɛstənəʳ] *n* occidental(e)
westernized ['wɛstənaɪzd] *adj* occidentalisé(e)
West German (*formerly*) *adj* ouest-allemand(e)
▶ *n* Allemand(e) de l'Ouest
West Germany *n* (*formerly*) Allemagne *f* de l'Ouest
West Indian *adj* antillais(e) ▶ *n* Antillais(e)
West Indies [-'ɪndɪz] *npl* Antilles *fpl*
Westminster ['wɛstmɪnstəʳ] *n* (*BRIT Parliament*)
Westminster *m*
westward ['wɛstwəd], **westwards** ['wɛstwədz]
adv vers l'ouest
wet [wɛt] *adj* mouillé(e), (*damp*) humide;
(*soaked: also*: **wet through**) trempé(e); (*rainy*)
pluvieux(-euse); **to get ~** se mouiller;
"~ paint" « attention peinture fraîche » ▶ *vt*:
to ~ one's pants *or* **o.s.** mouiller sa culotte,
faire pipi dans sa culotte
wet blanket *n* (*fig*) rabat-joie *m inv*
wetness *n* humidité *f*
wetsuit ['wɛtsuːt] *n* combinaison *f* de plongée
we've [wiːv] = **we have**
whack [wæk] *vt* donner un grand coup à
whacked [wækt] *adj* (*BRIT inf*: *tired*) crevé(e)
whacking ['wækɪŋ] *adj* (*BRIT inf*: *enormous*) un
(une) vache de (*inf*) *before noun* ▶ *adv* vachement
(*inf*); **a ~ great hole** un trou vachement gros
whale [weɪl] *n* (*Zool*) baleine *f*
whaler ['weɪləʳ] *n* (*ship*) baleinier *m*
whaling ['weɪlɪŋ] *n* pêche *f* à la baleine
wharf [wɔːf] (*pl* **wharves** [wɔːvz]) *n* quai *m*

(KEYWORD)

what [wɔt] *adj* **1** (*in questions*) quel(le); **what size
is he?** quelle taille fait-il?; **what colour is it?**
de quelle couleur est-ce?; **what books do you
need?** quels livres vous faut-il?
2 (*in exclamations*): **what a mess!** quel désordre!;
what a fool I am! que je suis bête!
▶ *pron* **1** (*interrogative*) que; de/à/en *etc* quoi;
what are you doing? que faites-vous?,
qu'est-ce que vous faites?; **what is
happening?** qu'est-ce qui se passe?, que se
passe-t-il?; **what are you talking about?** de

quoi parlez-vous?; **what are you thinking
about?** à quoi pensez-vous?; **what is it
called?** comment est-ce que ça s'appelle?;
what about me? et moi?; **what about
doing ...?** et si on faisait ...?
2 (*relative: subject*) ce qui; (: *direct object*) ce que;
(: *indirect object*) ce à quoi, ce dont; **I saw what
you did/was on the table** j'ai vu ce que vous
avez fait/ce qui était sur la table; **tell me what
you remember** dites-moi ce dont vous vous
souvenez; **what I want is a cup of tea** ce que je
veux, c'est une tasse de thé
▶ *excl* (*disbelieving*) quoi!, comment!

whatever [wɔt'ɛvəʳ] *adj*: **take ~ book you
prefer** prenez le livre que vous préférez, peu
importe lequel; **~ book you take** quel que soit
le livre que vous preniez ▶ *pron*: **do ~ is
necessary** faites (tout) ce qui est nécessaire;
~ happens quoi qu'il arrive ▶ *adv* (*also*:
whatsoever): **no reason ~** pas la moindre
raison; **nothing ~** rien du tout
whatsoever [wɔtsəu'ɛvəʳ] *adj see* **whatever**
wheat [wiːt] *n* blé *m*, froment *m*
wheatgerm ['wiːtdʒəːm] *n* germe *m* de blé
wheatmeal ['wiːtmiːl] *n* farine bise
wheedle ['wiːdl] *vt*: **to ~ sb into doing sth**
cajoler *or* enjôler qn pour qu'il fasse qch; **to ~
sth out of sb** obtenir qch de qn par des
cajoleries
wheel [wiːl] *n* roue *f*; (*Aut: also*: **steering wheel**)
volant *m*; (*Naut*) gouvernail *m* ▶ *vt* (*pram etc*)
pousser, rouler ▶ *vi* (*birds*) tournoyer; (*also*:
wheel round: *person*) se retourner, faire
volte-face
wheelbarrow ['wiːlbærəu] *n* brouette *f*
wheelbase ['wiːlbeɪs] *n* empattement *m*
wheelchair ['wiːltʃɛəʳ] *n* fauteuil roulant
wheel clamp *n* (*Aut*) sabot *m* (de Denver)
wheeler-dealer ['wiːlə'diːləʳ] *n* (*pej*)
combinard(e), affairiste *mf*
wheelie-bin ['wiːlɪbɪn] *n* (*BRIT*) poubelle *f* à
roulettes
wheeling ['wiːlɪŋ] *n*: **~ and dealing** (*pej*)
manigances *fpl*, magouilles *fpl*
wheeze [wiːz] *n* respiration bruyante
(*d'asthmatique*) ▶ *vi* respirer bruyamment
wheezy ['wiːzɪ] *adj* sifflant(e)

(KEYWORD)

when [wɛn] *adv* quand; **when did he go?**
quand est-ce qu'il est parti?
▶ *conj* **1** (*at, during, after the time that*) quand,
lorsque; **she was reading when I came in** elle
lisait quand *or* lorsque je suis entré
2 (*on, at which*): **on the day when I met him** le
jour où je l'ai rencontré
3 (*whereas*) alors que; **I thought I was wrong
when in fact I was right** j'ai cru que j'avais
tort alors qu'en fait j'avais raison

In English the present tense follows *when* in
statements about the future. In French the
future must be used: *when I win the lottery*
quand je gagnerai à la loterie.

whenever [wɛn'ɛvəʳ] *adv* quand donc ▸ *conj* quand ; *(every time that)* chaque fois que ; **I go ~ I can** j'y vais quand or chaque fois que je le peux
where [wɛəʳ] *adv, conj* où ; **this is ~** c'est là que ; **~ are you from?** d'où venez vous ?

> Remember to spell **où** with an accent: *Where are you?* **Où es-tu ?** The word **ou** means *or*.

whereabouts ['wɛərəbauts] *adv* où donc ▸ *n*: **nobody knows his ~** personne ne sait où il se trouve
whereas [wɛər'æz] *conj* alors que
whereby [wɛə'baɪ] *adv (formal)* par lequel (or laquelle *etc*)
whereupon [wɛərə'pɔn] *adv* sur quoi, et sur ce
wherever [wɛər'ɛvəʳ] *adv* où donc ▸ *conj* où que +*sub* ; **sit ~ you like** asseyez-vous (là) où vous voulez
wherewithal ['wɛəwɪðɔːl] *n*: **the ~ (to do sth)** les moyens *mpl* (de faire qch)
whet [wɛt] *vt* aiguiser
whether ['wɛðəʳ] *conj* si ; **I don't know ~ to accept or not** je ne sais pas si je dois accepter ou non ; **it's doubtful ~** il est peu probable que +*sub* ; **~ you go or not** que vous y alliez ou non
whey ['weɪ] *n* petit-lait *m*

(KEYWORD)

which [wɪtʃ] *adj* **1** *(interrogative: direct, indirect)* quel(le) ; **which picture do you want?** quel tableau voulez-vous ? ; **which one?** lequel (laquelle) ?
2: **in which case** auquel cas ; **we got there at 8pm, by which time the cinema was full** quand nous sommes arrivés à 20h, le cinéma était complet
▸ *pron* **1** *(interrogative)* lequel (laquelle), lesquels (lesquelles) *pl* ; **I don't mind which** peu importe lequel ; **which (of these) are yours?** lesquels sont à vous ? ; **tell me which you want** dites-moi lesquels or ceux que vous voulez
2 *(relative: subject)* qui ; *(: object)* que ; sur/vers *etc* lequel (laquelle) (NB : à + lequel = **auquel** ; de + lequel = **duquel**) ; **the apple which you ate/which is on the table** la pomme que vous avez mangée/qui est sur la table ; **the chair on which you are sitting** la chaise sur laquelle vous êtes assis ; **the book of which you spoke** le livre dont vous avez parlé ; **he said he knew, which is true/I was afraid of** il a dit qu'il le savait, ce qui est vrai/ce que je craignais ; **after which** après quoi

whichever [wɪtʃ'ɛvəʳ] *adj*: **take ~ book you prefer** prenez le livre que vous préférez, peu importe lequel ; **~ book you take** quel que soit le livre que vous preniez ; **~ way you** de quelque façon que vous +*sub*
whiff [wɪf] *n* bouffée *f* ; **to catch a ~ of sth** sentir l'odeur de qch
while [waɪl] *n* moment *m* ; **for a ~** pendant quelque temps ; **in a ~** dans un moment ; **all the ~** pendant tout ce temps-là ; **we'll make it worth your ~** nous vous récompenserons de

votre peine ▸ *conj* pendant que ; *(as long as)* tant que ; *(as, whereas)* alors que ; *(though)* bien que +*sub*, quoique +*sub*
▸ **while away** *vt (time)* (faire) passer
whilst [waɪlst] *conj* = **while**
whim [wɪm] *n* caprice *m*
whimper ['wɪmpəʳ] *n* geignement *m* ▸ *vi* geindre
whimsical ['wɪmzɪkl] *adj (person)* capricieux(-euse) ; *(look)* étrange
whimsy [wɪmzɪ] *n* fantaisie *f*
whine [waɪn] *n* gémissement *m* ; *(of engine, siren)* plainte stridente ▸ *vi* gémir, geindre, pleurnicher ; *(dog, engine, siren)* gémir
whinge [wɪndʒ] *vi (BRIT inf)* râler ; **to ~ about sth** râler à propos de qch
whip [wɪp] *n* fouet *m* ; *(for riding)* cravache *f* ; *(Pol: person)* chef *m* de file *(assurant la discipline dans son groupe parlementaire)* ▸ *vt* fouetter ; *(snatch)* enlever (or sortir) brusquement
▸ **whip up** *vt (cream)* fouetter ; *(inf: meal)* préparer en vitesse ; *(stir up: support)* stimuler ; *(: feeling)* attiser, aviver
whiplash ['wɪplæʃ] *n (Med: also:* **whiplash injury)** coup *m* du lapin
whipped cream [wɪpt-] *n* crème fouettée
whipping boy ['wɪpɪŋ-] *n (fig)* bouc *m* émissaire
whip-round ['wɪpraund] *n (BRIT)* collecte *f*
whirl [wəːl] *n* tourbillon *m* ▸ *vi* tourbillonner ; *(dancers)* tournoyer ▸ *vt* faire tourbillonner ; faire tournoyer
whirlpool ['wəːlpuːl] *n* tourbillon *m*
whirlwind ['wəːlwɪnd] *n* tornade *f*
whirr [wəːʳ] *vi* vrombir
whirring ['wəːrɪŋ] *n* vrombissement *m*
whisk [wɪsk] *n (Culin)* fouet *m* ▸ *vt (eggs)* fouetter, battre ; **to ~ sb away** or **off** emmener qn rapidement
whiskers ['wɪskəz] *npl (of animal)* moustaches *fpl* ; *(of man)* favoris *mpl*
whisky, *(IRISH, US)* **whiskey** ['wɪskɪ] *n* whisky *m*
whisper ['wɪspəʳ] *n* chuchotement *m* ; *(fig: of leaves)* bruissement *m* ; *(rumour)* rumeur *f* ▸ *vt, vi* chuchoter
whispering ['wɪspərɪŋ] *n* chuchotement(s) *m(pl)*
whist [wɪst] *n (BRIT)* whist *m*
whistle ['wɪsl] *n (sound)* sifflement *m* ; *(object)* sifflet *m* ▸ *vi* siffler ▸ *vt* siffler, siffloter
whistleblower ['wɪslbləuəʳ] *n* dénonciateur(-trice)
whistleblowing ['wɪslbləuɪŋ] *n* dénonciation *f*
whistle-stop ['wɪslstɔp] *adj*: **to make a ~ tour of** *(Pol)* faire la tournée électorale des petits patelins de
Whit [wɪt] *n* la Pentecôte
white [waɪt] *adj* blanc (blanche) ; *(with fear)* blême ; **to turn** or **go ~** *(person)* pâlir, blêmir ; *(hair)* blanchir ▸ *n* blanc *m* ; *(person)* blanc (blanche) ; **the whites** *(washing)* le linge blanc ; **tennis whites** tenue *f* de tennis
whitebait ['waɪtbeɪt] *n* blanchaille *f*
whiteboard ['waɪtbɔːd] *n* tableau *m* blanc ; **interactive ~** tableau (blanc) interactif

w

919

white coffee n (BRIT) café m au lait, (café) crème m

white-collar worker ['waɪtkɔlə-] n employé(e) de bureau

white elephant n (fig) objet dispendieux et superflu

white goods npl (appliances) (gros) électroménager m ; (linen etc) linge m de maison

Whitehall ['waɪthɔːl] n (place) à Londres, quartier gouvernemental ; (government) le gouvernement britannique

white-hot [waɪt'hɔt] adj (metal) incandescent(e)

White House n (US): **the ~** la Maison-Blanche

white lie n pieux mensonge

whiteness ['waɪtnɪs] n blancheur f

white noise n son m blanc

whiteout ['waɪtaʊt] n jour blanc

white paper n (Pol) livre blanc

whitewash ['waɪtwɔʃ] n (paint) lait m de chaux ▶ vt blanchir à la chaux ; (fig) blanchir

whiting ['waɪtɪŋ] n (pl inv: fish) merlan m

Whit Monday n le lundi de Pentecôte

Whitsun ['wɪtsn] n la Pentecôte

whittle ['wɪtl] vt: **to ~ away, to ~ down** (costs) réduire, rogner

whizz [wɪz] vi aller (or passer) à toute vitesse

whizz kid n (inf) petit prodige

WHO n abbr (= World Health Organization) OMS f (Organisation mondiale de la Santé)

who [huː] pron qui

whodunit, whodunnit [huːˈdʌnɪt] n (inf: book, film) polar m (inf)

whoever [huːˈɛvəʳ] pron: **~ finds it** celui (celle) qui le trouve(, qui que ce soit), quiconque le trouve ; **ask ~ you like** demandez à qui vous voulez ; **~ he marries** qui que ce soit or quelle que soit la personne qu'il épouse ; **~ told you that?** qui a bien pu vous dire ça ?, qui donc vous a dit ça ?

whole [həʊl] adj (complete) entier(-ière), tout(e) ; (not broken) intact(e), complet(-ète) ; **the ~ lot (of it)** tout ; **the ~ lot (of them)** tous (sans exception) ▶ n (entire unit) tout m ; (all): **the ~ of** la totalité de, tout(e) le (la) ; **the ~ of the time** tout le temps ; **the ~ of the town** la ville tout entière ; **on the ~, as a ~** dans l'ensemble

wholefood ['həʊlfuːd] n, **wholefoods** ['həʊlfuːdz] npl aliments complets

wholegrains ['həʊlɡreɪnz] npl céréales fpl complètes

wholehearted [həʊl'hɑːtɪd] adj sans réserve(s), sincère

wholeheartedly [həʊl'hɑːtɪdlɪ] adv sans réserve ; **to agree ~** être entièrement d'accord

wholemeal ['həʊlmiːl] adj (BRIT: flour, bread) complet(-ète)

whole note n (US) ronde f

wholesale ['həʊlseɪl] n (vente f en) gros m ▶ adj (price) de gros ; (destruction) systématique

wholesaler ['həʊlseɪləʳ] n grossiste mf

wholesome ['həʊlsəm] adj sain(e) ; (advice) salutaire

wholewheat ['həʊlwiːt] adj = **wholemeal**

wholly ['həʊlɪ] adv entièrement, tout à fait

KEYWORD

whom [huːm] pron **1** (interrogative) qui ; **whom did you see?** qui avez-vous vu ? ; **to whom did you give it?** à qui l'avez-vous donné ?
2 (relative) que ; à/de etc qui ; **the man whom I saw/to whom I spoke** l'homme que j'ai vu/à qui j'ai parlé

whoop [wuːp] vi: **to ~ with delight** pousser des cris de joie ▶ n cri m de joie

whooping cough ['huːpɪŋ-] n coqueluche f

whoops [wuːps] excl (also: **whoops-a-daisy**) oups !, houp-là !

whoosh [wuʃ] vi (inf): **the skiers whooshed past** les skieurs passèrent dans un glissement rapide

whopper ['wɔpəʳ] n (inf: lie) gros bobard ; (: large thing) monstre m, phénomène m

whopping ['wɔpɪŋ] adj (inf: big) énorme

whore [hɔːʳ] n (inf, pej) putain f (inf)

KEYWORD

whose [huːz] adj **1** (possessive: interrogative): **whose book is this?, whose is this book?** à qui est ce livre ? ; **whose pencil have you taken?** à qui est le crayon que vous avez pris ?, c'est le crayon de qui que vous avez pris ? ; **whose daughter are you?** de qui êtes-vous la fille ?
2 (possessive: relative): **the man whose son you rescued** l'homme dont or de qui vous avez sauvé le fils ; **the girl whose sister you were speaking to** la fille à la sœur de qui or de laquelle vous parliez ; **the woman whose car was stolen** la femme dont la voiture a été volée ▶ pron à qui ; **whose is this?** à qui est ceci ? ; **I know whose it is** je sais à qui c'est

Who's Who ['huːz'huː] n ≈ Bottin Mondain

KEYWORD

why [waɪ] adv pourquoi ; **why is he late?** pourquoi est-il en retard ? ; **why not?** pourquoi pas ?
▶ conj: **I wonder why he said that** je me demande pourquoi il a dit ça ; **that's not why I'm here** ce n'est pas pour ça que je suis là ; **the reason why** la raison pour laquelle
▶ excl eh bien !, tiens ! ; **why, it's you!** tiens, c'est vous ! ; **why, that's impossible!** voyons, c'est impossible !

whyever [waɪ'ɛvəʳ] adv pourquoi donc, mais pourquoi

WI n abbr (BRIT: = Women's Institute) amicale de femmes au foyer ▶ abbr (Geo) = **West Indies**; (US) = **Wisconsin**

wick [wɪk] n mèche f (de bougie)

wicked ['wɪkɪd] adj méchant(e) ; (mischievous: grin, look) espiègle, malicieux(-euse) ; (crime) pervers(e) ; (terrible: prices, weather) épouvantable ; (inf: very good) génial(e) (inf)

wicker ['wɪkəʳ] n osier m ; (also: **wickerwork**) vannerie f

wicket ['wɪkɪt] n (Cricket: stumps) guichet m ; (: grass area) espace compris entre les deux guichets

wicket keeper n (Cricket) gardien m de guichet

wide [waɪd] adj large ; (area, knowledge) vaste, très étendu(e) ; (choice) grand(e) ; **it is 3 metres ~** cela fait 3 mètres de large ▶ adv: **to open ~** ouvrir tout grand ; **to shoot ~** tirer à côté

wide-angle lens ['waɪdæŋgl-] n objectif m grand-angulaire

wide-awake [waɪdə'weɪk] adj bien éveillé(e)

wide-eyed [waɪd'aɪd] adj aux yeux écarquillés ; (fig) naïf(-ïve), crédule

widely ['waɪdlɪ] adv (different) radicalement ; (spaced) sur une grande étendue ; (believed) généralement ; (travel) beaucoup ; **to be ~ read** (author) être beaucoup lu(e) ; (reader) avoir beaucoup lu, être cultivé(e)

widen ['waɪdn] vt élargir ▶ vi s'élargir

wideness ['waɪdnɪs] n largeur f

wide open adj grand(e) ouvert(e)

wide-ranging [waɪd'reɪndʒɪŋ] adj (survey, report) vaste ; (interests) divers(e)

widespread ['waɪdspred] adj (belief etc) très répandu(e)

widget ['wɪdʒɪt] n (Comput) widget m

widow ['wɪdəu] n veuve f

widowed ['wɪdəud] adj (qui est devenu(e)) veuf (veuve)

widower ['wɪdəuəʳ] n veuf m

width [wɪdθ] n largeur f ; **it's 7 metres in ~** cela fait 7 mètres de large

widthways ['wɪdθweɪz] adv en largeur

wield [wi:ld] vt (sword) manier ; (power) exercer

wife [waɪf] (pl wives [waɪvz]) n femme f, épouse f

Wi-Fi ['waɪfaɪ] n wifi m ▶ n abbr (= wireless fidelity) WiFi m ▶ adj (hot spot, network) WiFi inv

wig [wɪg] n perruque f

wigging ['wɪgɪŋ] n (Brit inf) savon m, engueulade f

wiggle ['wɪgl] vt agiter, remuer ▶ vi (loose screw etc) branler ; (worm) se tortiller

wiggly ['wɪglɪ] adj (line) ondulé(e)

wiki ['wɪkɪ] n (Internet) wiki m

wild [waɪld] adj sauvage ; (sea) déchaîné(e) ; (idea, life) fou (folle) ; (behaviour) déchaîné(e), extravagant(e) ; (inf: angry) hors de soi, furieux(-euse) ; (: enthusiastic): **to be ~ about** être fou (folle) or dingue de ▶ n: **the ~** la nature ; **wilds** npl régions fpl sauvages

wild card n (Comput) caractère m de remplacement

wildcat ['waɪldkæt] n chat m sauvage

wildcat strike n grève f sauvage

wilderness ['wɪldənɪs] n désert m, région f sauvage

wildfire ['waɪldfaɪəʳ] n: **to spread like ~** se répandre comme une traînée de poudre

wild-goose chase [waɪld'gu:s-] n (fig) fausse piste

wildlife ['waɪldlaɪf] n faune f (et flore f)

wildly ['waɪldlɪ] adv (behave) de manière déchaînée ; (applaud) frénétiquement ; (hit, guess) au hasard ; (happy) follement

wiles [waɪlz] npl ruses fpl, artifices mpl

wilful, (US) **willful** ['wɪlful] adj (person) obstiné(e) ; (action) délibéré(e) ; (crime) prémédité(e)

(KEYWORD)

will [wɪl] aux vb **1** (forming future tense): **I will finish it tomorrow** je le finirai demain ; **I will have finished it by tomorrow** je l'aurai fini d'ici demain ; **will you do it? — yes I will/no I won't** le ferez-vous ? — oui/non ; **you won't lose it, will you?** vous ne le perdrez pas, n'est-ce pas ?

2 (in conjectures, predictions): **he will** or **he'll be there by now** il doit être arrivé à l'heure qu'il est ; **that will be the postman** ça doit être le facteur

3 (in commands, requests, offers): **will you be quiet!** voulez-vous bien vous taire ! ; **will you help me?** est-ce que vous pouvez m'aider ? ; **will you have a cup of tea?** voulez-vous une tasse de thé ? ; **I won't put up with it!** je ne le tolérerai pas !

▶ vt (pt, pp willed): **to will sb to do** souhaiter ardemment que qn fasse ; **he willed himself to go on** par un suprême effort de volonté, il continua

▶ n **1** volonté f ; **to do sth of one's own free will** faire qch de son propre gré ; **against one's will** à contre-cœur

2 (document) testament m

willful ['wɪlful] adj (US) = **wilful**

willing ['wɪlɪŋ] adj de bonne volonté, serviable ; **he's ~ to do it** il est disposé à le faire, il veut bien le faire ▶ n: **to show ~** faire preuve de bonne volonté

willingly ['wɪlɪŋlɪ] adv volontiers

willingness ['wɪlɪŋnɪs] n bonne volonté

will-o'-the-wisp ['wɪləðə'wɪsp] n (also fig) feu follet m

willow ['wɪləu] n saule m

willpower ['wɪl'pauəʳ] n volonté f

willy ['wɪlɪ] n (Brit inf: penis) quéquette f (inf) ; **to give sb the willies** (inf) foutre la trouille à qn (inf)

willy-nilly ['wɪlɪ'nɪlɪ] adv (inf) bon gré mal gré

wilt [wɪlt] vi dépérir

Wilts [wɪlts] abbr (Brit) = **Wiltshire**

wily ['waɪlɪ] adj rusé(e)

wimp [wɪmp] n (inf) mauviette f

win [wɪn] (pt, pp won [wʌn]) n (in sports etc) victoire f ▶ vt (battle, money) gagner ; (prize, contract) remporter ; (popularity) acquérir ▶ vi gagner

▶ **win over** vt convaincre

▶ **win round** vt gagner, se concilier

wince [wɪns] n tressaillement m ▶ vi tressaillir

winch [wɪntʃ] n treuil m

Winchester disk ['wɪntʃɪstə-] n (Comput) disque m Winchester

wind¹ [wɪnd] n (also Med) vent m ; (breath) souffle m ; **the ~(s)** (Mus) les instruments mpl à vent ; **into** or **against the ~** contre le vent ; **to get ~ of sth** (fig) avoir vent de qch ; **to break ~** avoir des gaz ▶ vt (take breath away) couper le souffle à

wind² [waɪnd] (pt, pp wound [waund]) vt enrouler ; (wrap) envelopper ; (clock, toy) remonter ▶ vi (road, river) serpenter

W

▶ **wind down** vt (car window) baisser ; (fig: production, business) réduire progressivement

▶ **wind up** vt (clock) remonter ; (debate) terminer, clôturer

windbreak ['wɪndbreɪk] n brise-vent m inv

windcheater ['wɪndtʃiːtər], (US) **windbreaker** ['wɪndbreɪkər] n anorak m

winder ['waɪndər] n (BRIT: on watch) remontoir m

windfall ['wɪndfɔːl] n coup m de chance

wind farm n ferme f éolienne

winding ['waɪndɪŋ] adj (road) sinueux(-euse) ; (staircase) tournant(e)

wind instrument n (Mus) instrument m à vent

windmill ['wɪndmɪl] n moulin m à vent

window ['wɪndəu] n fenêtre f ; (in car, train: also: **windowpane**) vitre f ; (in shop etc) vitrine f

window box n jardinière f

window cleaner n (person) laveur(-euse) de vitres

window dressing n arrangement m de la vitrine

window envelope n enveloppe f à fenêtre

window frame n châssis m de fenêtre

window ledge n rebord m de la fenêtre

window pane n vitre f, carreau m

window seat n (on plane) place f côté hublot

window-shopping ['wɪndəuʃɔpɪŋ] n: **to go ~** faire du lèche-vitrines

windowsill ['wɪndəusɪl] n (inside) appui m de la fenêtre ; (outside) rebord m de la fenêtre

windpipe ['wɪndpaɪp] n gosier m

wind power n énergie éolienne

windscreen ['wɪndskriːn] n (BRIT) pare-brise m inv

windscreen washer, (US) **windshield washer** n lave-glace m inv

windscreen wiper, (US) **windshield wiper** [-waɪpər] n essuie-glace m inv

windshield ['wɪndʃiːld] n (US) = **windscreen**

windsurfing ['wɪndsəːfɪŋ] n planche f à voile

windswept ['wɪndswɛpt] adj balayé(e) par le vent

wind tunnel n soufflerie f

wind turbine n éolienne f

windy ['wɪndɪ] adj (day) de vent, venteux(-euse) ; (place, weather) venteux ; **it's ~** il y a du vent

wine [waɪn] n vin m ▶ vt: **to ~ and dine sb** offrir un dîner bien arrosé à qn

wine bar n bar m à vin

wine cellar n cave f à vins

wine glass n verre m à vin

wine list n carte f des vins

wine merchant n marchand(e) de vins

winery ['waɪnərɪ] (US) n cave f de vinification, vinerie f

wine tasting [-teɪstɪŋ] n dégustation f (de vins)

wine waiter n sommelier m

wing [wɪŋ] n aile f ; (in air force) groupe m d'escadrilles ; **wings** npl (Theat) coulisses fpl

winger ['wɪŋər] n (Sport) ailier m

wing mirror n (BRIT) rétroviseur latéral

wing nut n papillon m, écrou m à ailettes

wingspan ['wɪŋspæn], **wingspread** ['wɪŋsprɛd] n envergure f

wink [wɪŋk] n clin m d'œil ▶ vi faire un clin d'œil ; (blink) cligner des yeux

winkle ['wɪŋkl] n bigorneau m

winner ['wɪnər] n gagnant(e)

winning ['wɪnɪŋ] adj (team) gagnant(e) ; (goal) décisif(-ive) ; (charming) charmeur(-euse)

winning post n poteau m d'arrivée

winnings ['wɪnɪŋz] npl gains mpl

winsome ['wɪnsəm] adj avenant(e), engageant(e)

winter ['wɪntər] n hiver m ; **in ~** en hiver ▶ vi hiverner

winter sports npl sports mpl d'hiver

wintertime ['wɪntətaɪm] n hiver m

wintry ['wɪntrɪ] adj hivernal(e)

wipe [waɪp] n coup m de torchon (or de chiffon o d'éponge) ; **to give sth a ~** donner un coup de torchon/de chiffon/d'éponge à qch ▶ vt essuyer ; (erase: tape) effacer ; **to ~ one's nose** se moucher

▶ **wipe off** vt essuyer

▶ **wipe out** vt (debt) éteindre, amortir ; (memory) effacer ; (destroy) anéantir

▶ **wipe up** vt essuyer

wiper ['waɪpər] n essuie-glace m

wire ['waɪər] n fil m (de fer) ; (Elec) fil électrique ; (Tel) télégramme m ▶ vt (fence) grillager ; (house) faire l'installation électrique de ; (also: **wire up**) brancher ; (person: send telegram to) télégraphier à

wire brush n brosse f métallique

wire cutters [-kʌtəz] npl cisaille f

wireless ['waɪəlɪs] n (BRIT) télégraphie f sans fil (set) T.S.F. f ▶ adj sans fil

wireless technology n technologie f sans fil

wire netting n treillis m métallique, grillage m

wire service n (US) revue f de presse (par téléscripteur)

wire-tapping ['waɪə'tæpɪŋ] n écoute f téléphonique

wiring ['waɪərɪŋ] n (Elec) installation f électrique

wiry ['waɪərɪ] adj noueux(-euse), nerveux(-euse)

Wis. abbr (US) = **Wisconsin**

wisdom ['wɪzdəm] n sagesse f ; (of action) prudence f

wisdom tooth n dent f de sagesse

wise [waɪz] adj sage, prudent(e) ; (remark) judicieux(-euse) ; **I'm none the wiser** je ne suis pas plus avancé(e) pour autant

▶ **wise up** vi (inf): **to ~ up to** commencer à se rendre compte de

...wise [waɪz] suffix: **timewise** en ce qui concerne le temps, question temps

wisecrack ['waɪzkræk] n (inf) vanne f (inf)

wisecracking ['waɪzkrækɪŋ] adj vanneur(-euse)

wish [wɪʃ] n (desire) désir m ; (specific desire) souhait m, vœu m ; **best wishes** (on birthday etc) meilleurs vœux ; **with best wishes** (in letter) bien amicalement ; **give her my best wishes** faites-lui mes amitiés ▶ vt souhaiter, désirer, vouloir ; **to ~ sb goodbye** dire au revoir à qn ; **he wished me well** il m'a souhaité bonne chance ; **to ~ to do/sb to do** désirer or vouloir faire/que qn fasse ; **to ~ sth on sb** souhaiter qch à qn ▶ vi: **to ~ for** souhaiter

wishbone ['wɪʃbəun] n fourchette f

wishful ['wɪʃful] adj: **it's ~ thinking** c'est prendre ses désirs pour des réalités

wishy-washy ['wɪʃɪ'wɒʃɪ] *adj* (*inf*: *person*) qui manque de caractère, falot(e) ; (: *ideas, thinking*) faiblard(e)

wisp [wɪsp] *n* fine mèche (*de cheveux*) ; (*of smoke*) mince volute *f* ; **a ~ of straw** un fétu de paille

wistful ['wɪstful] *adj* mélancolique

wit [wɪt] *n* (*also*: **wits**: *intelligence*) intelligence *f*, esprit *m* ; (*presence of mind*) présence *f* d'esprit ; (*wittiness*) esprit ; (*person*) homme/femme d'esprit ; **to be at one's wits' end** (*fig*) ne plus savoir que faire ; **to have one's wits about one** avoir toute sa présence d'esprit, ne pas perdre la tête ; **to ~** *adv* à savoir

witch [wɪtʃ] *n* sorcière *f*

witchcraft ['wɪtʃkrɑːft] *n* sorcellerie *f*

witch doctor *n* sorcier *m*

witch-hunt ['wɪtʃhʌnt] *n* chasse *f* aux sorcières

KEYWORD

with [wɪð, wɪθ] *prep* **1** (*in the company of*) avec ; (: *at the home of*) chez ; **we stayed with friends** nous avons logé chez des amis ; **I'll be with you in a minute** je suis à vous dans un instant **2** (*descriptive*): **a room with a view** une chambre avec vue ; **the man with the grey hat/blue eyes** l'homme au chapeau gris/aux yeux bleus **3** (*indicating manner, means, cause*): **with tears in her eyes** les larmes aux yeux ; **to walk with a stick** marcher avec une canne ; **red with anger** rouge de colère ; **to shake with fear** trembler de peur ; **to fill sth with water** remplir qch d'eau **4** (*in phrases*): **I'm with you** (*I understand*) je vous suis ; **to be with it** (*inf*: *up-to-date*) être dans le vent

withdraw [wɪθ'drɔː] *vt* (*irreg*: *like* **draw**) retirer ▶ *vi* se retirer ; (*go back on promise*) se rétracter ; **to ~ into o.s.** se replier sur soi-même

withdrawal [wɪθ'drɔːəl] *n* retrait *m* ; (*Med*) état *m* de manque

withdrawal symptoms *npl*: **to have ~** être en état de manque, présenter les symptômes de sevrage

withdrawn [wɪθ'drɔːn] *pp of* **withdraw** ▶ *adj* (*person*) renfermé(e)

withdrew [wɪθ'druː] *pt of* **withdraw**

wither ['wɪðər] *vi* se faner

withered ['wɪðəd] *adj* fané(e), flétri(e) ; (*limb*) atrophié(e)

withering ['wɪðərɪŋ] *adj* (*look, attack*) cinglant(e)

withhold [wɪθ'həʊld] *vt* (*irreg*: *like* **hold**) (*money*) retenir ; (*decision*) remettre ; **to ~ (from)** (*permission*) refuser (à) ; (*information*) cacher (à)

within [wɪð'ɪn] *prep* à l'intérieur de ; **~ his reach** à sa portée ; **~ sight of** en vue de ; **~ a mile of** à moins d'un mille de ; **~ the week** avant la fin de la semaine ; **~ an hour from now** d'ici une heure ; **to be ~ the law** être légal(e) or dans les limites de la légalité ▶ *adv* à l'intérieur

without [wɪ'ðaʊt] *prep* sans ; **~ a coat** sans manteau ; **~ speaking** sans parler ; **~ anybody knowing** sans que personne le sache ; **to go** or **do ~ sth** se passer de qch

withstand [wɪθ'stænd] *vt* (*irreg*: *like* **stand**) résister à

witness ['wɪtnɪs] *n* (*person*) témoin *m* ; (*evidence*) témoignage *m* ; **to bear ~ to sth** témoigner de qch ; **~ for the prosecution/defence** témoin à charge/à décharge ▶ *vt* (*event*) être témoin de ; (*document*) attester l'authenticité de ▶ *vi*: **to ~ to sth/having seen sth** témoigner de qch/d'avoir vu qch

witness box, (*US*) **witness stand** *n* barre *f* des témoins

witticism ['wɪtɪsɪzəm] *n* mot *m* d'esprit

witty ['wɪtɪ] *adj* spirituel(le), plein(e) d'esprit

wives [waɪvz] *npl of* **wife**

wizard ['wɪzəd] *n* magicien *m*

wizened ['wɪznd] *adj* ratatiné(e)

wk *abbr* = **week**

Wm. *abbr* = **William**

WMD *abbr* (= *weapons of mass destruction*) armes *fpl* de destruction massive

WO *n abbr* = **warrant officer**

wobble ['wɒbl] *vi* trembler ; (*chair*) branler

wobbly ['wɒblɪ] *adj* tremblant(e), branlant(e)

woe [wəʊ] *n* malheur *m*

woeful ['wəʊful] *adj* (*sad*) malheureux(-euse) ; (*terrible*) affligeant(e)

wok [wɒk] *n* wok *m*

woke [wəʊk] *pt of* **wake**

woken ['wəʊkn] *pp of* **wake**

wolf [wʊlf] (*pl* **wolves** [wʊlvz]) *n* loup *m*

woman ['wʊmən] (*pl* **women** ['wɪmɪn]) *n* femme *f* ; **young ~** jeune femme ; **women's page** (*Press*) page *f* des lectrices ▶ *cpd*: **~ doctor** femme *f* médecin ; **~ friend** amie *f* ; **~ teacher** professeur *m* femme

womanhood ['wʊmənhʊd] *n* (*being a woman*) vie *f* de femme ; (*women*) femmes *fpl*

womanize ['wʊmənaɪz] *vi* courir le jupon

womanizer ['wʊmənaɪzər] *n* coureur *m* de jupons

womanly ['wʊmənlɪ] *adj* féminin(e)

womb [wuːm] *n* (*Anat*) utérus *m*

women ['wɪmɪn] *npl of* **woman**

womenfolk ['wɪmɪnfəʊk] *npl* femmes *fpl*

won [wʌn] *pt, pp of* **win**

wonder ['wʌndər] *n* merveille *f*, miracle *m* ; (*feeling*) émerveillement *m* ; **it's no ~ that** il n'est pas étonnant que + *sub* ▶ *vt*: **to ~ whether/why** se demander si/pourquoi ▶ *vi*: **to ~ at** (*surprise*) s'étonner de ; (*admiration*) s'émerveiller de ; **to ~ about** songer à

wonderful ['wʌndəful] *adj* merveilleux(-euse)

wonderfully ['wʌndəfəlɪ] *adv* (+ *adj*) merveilleusement ; (+ *vb*) à merveille

wonky ['wɒŋkɪ] *adj* (BRIT *inf*) qui ne va or ne marche pas très bien

wont [wəʊnt] *n*: **as is his/her ~** comme de coutume

won't [wəʊnt] = **will not**

woo [wuː] *vt* (*woman*) faire la cour à

wood [wʊd] *n* (*timber, forest*) bois *m* ▶ *cpd* de bois, en bois

wood carving *n* sculpture *f* en or sur bois

wooded ['wʊdɪd] *adj* boisé(e)

wooden ['wʊdn] *adj* en bois ; (*fig*: *actor*) raide ; (: *performance*) qui manque de naturel

woodland ['wʊdlənd] n forêt f, région boisée
woodpecker ['wʊdpɛkər] n pic m (oiseau)
wood pigeon n ramier m
woodshed ['wʊdʃɛd] n hangar m à bois
woodwind ['wʊdwɪnd] n (Mus) bois m ; **the ~** les
bois mpl
woodwork ['wʊdwəːk] n menuiserie f
woodworm ['wʊdwəːm] n ver m du bois ; **the
table has got ~** la table est piquée des vers
woof [wʊf] n (of dog) aboiement m ▶ vi aboyer
▶ excl: **~, ~!** oua, oua !
wool [wʊl] n laine f ; **to pull the ~ over sb's
eyes** (fig) en faire accroire à qn
woollen, (US) woolen ['wʊlən] adj de or en
laine ; (industry) lainier(-ière) ▶ n: **woollens**
lainages mpl
woolly, (US) wooly ['wʊlɪ] adj laineux(-euse) ;
(fig: ideas) confus(e)
woozy ['wuːzɪ] adj (inf) dans les vapes (inf)
word [wəːd] n mot m ; (spoken) mot, parole f ;
(promise) parole ; (news) nouvelles fpl ; **~ for ~**
(repeat) mot pour mot ; (translate) mot à mot ;
what's the ~ for "pen" in French? comment
dit-on « pen » en français ? ; **to put sth into
words** exprimer qch ; **in other words** en
d'autres termes ; **to have a ~ with sb** toucher
un mot à qn ; **to have words with sb** (quarrel
with) avoir des mots avec qn ; **to break/keep
one's ~** manquer à sa parole/tenir (sa) parole ;
I'll take your ~ for it je vous crois sur parole ;
to send ~ of prévenir de ; **to leave ~ (with sb/
for sb) that ...** laisser un mot (à qn/pour qn)
disant que ... ▶ vt rédiger, formuler
wording ['wəːdɪŋ] n termes mpl, langage m ; (of
document) libellé m
word of mouth n: **by** or **through ~** de bouche à
oreille
word-perfect ['wəːd'pəːfɪkt] adj: **he was ~ (in
his speech** etc), **his speech** etc **was ~** il savait
son discours etc sur le bout du doigt
wordplay ['wəːdpleɪ] n jeu m de mot(s)
word processing n traitement m de texte
word processor [-prəʊsɛsər] n machine f de
traitement de texte
wordwrap ['wəːdræp] n (Comput) retour m
(automatique) à la ligne
wordy ['wəːdɪ] adj verbeux(-euse)
wore [wɔːr] pt of **wear**
work [wəːk] n travail m ; (Art, Literature) œuvre f ;
to go to ~ aller travailler ; **to set to ~, to start ~**
se mettre à l'œuvre ; **to be at ~ (on sth)**
travailler (sur qch) ; **to be out of ~** être au
chômage or sans emploi ▶ vi travailler ;
(mechanism) marcher, fonctionner ; (plan etc)
marcher ; (medicine) agir ; **how does this ~?**
comment est-ce que ça marche ? ; **the TV isn't
working** la télévision est en panne or ne
marche pas ; **to ~ hard** travailler dur ; **to ~
loose** se défaire, se desserrer ▶ vt (clay, wood etc)
travailler ; (mine etc) exploiter ; (machine) faire
marcher or fonctionner ; (miracles etc) faire ;
works n (Brit: factory) usine f ; npl (of clock,
machine) mécanisme m ; **road works** travaux
mpl (d'entretien des routes)
▶ **work off** vt (energy) dépenser son trop plein

de ; (stress, anger, frustration) évacuer ; (debt)
travailler pour payer
▶ **work on** vt fus travailler à ; (principle) se baser
sur
▶ **work out** vi (plans etc) marcher ; (Sport)
s'entraîner ; **it works out at £100** ça fait 100
livres ▶ vt (problem) résoudre ; (plan) élaborer
▶ **work towards** vt fus (solution, agreement)
travailler à
▶ **work up** vt: **to get worked up** se mettre dans
tous ses états
workable ['wəːkəbl] adj (solution) réalisable
workaholic [wəːkə'hɔlɪk] n bourreau m de
travail
workbench ['wəːkbɛntʃ] n établi m
workbook ['wəːkbʊk] n cahier m d'exercices
workday ['wəːkdeɪ] n (weekday) jour m de travail ;
(esp US: day of work) journée f de travail
worked up [wəːkt-] adj: **to get ~** se mettre dans
tous ses états
worker ['wəːkər] n travailleur(-euse),
ouvrier(-ière) ; **office ~** employé(e) de bureau
work experience n stage m
workforce ['wəːkfɔːs] n main-d'œuvre f
work-in ['wəːkɪn] n (Brit) occupation f d'usine
etc (sans arrêt de la production)
working ['wəːkɪŋ] adj (day, tools etc, conditions) de
travail ; (wife) qui travaille ; (partner, population)
actif(-ive) ; **in ~ order** en état de marche ; **a ~
knowledge of English** une connaissance toute
pratique de l'anglais
working capital n (Comm) fonds mpl de
roulement
working class n classe ouvrière ▶ adj:
working-class ouvrier(-ière), de la classe
ouvrière
working man n (irreg) travailleur m
working party n (Brit) groupe m de travail
working week n semaine f de travail
work-in-progress ['wəːkɪn'prəʊgrɛs] n (Comm)
en-cours m inv ; (: value) valeur f des en-cours
workload ['wəːkləʊd] n charge f de travail
workman ['wəːkmən] n (irreg) ouvrier m
workmanship ['wəːkmənʃɪp] n métier m,
habileté f ; facture f
workmate ['wəːkmeɪt] n collègue mf
work of art n œuvre f d'art
workout ['wəːkaʊt] n (Sport) séance f
d'entraînement
work permit n permis m de travail
workplace ['wəːkpleɪs] n lieu m de travail
works council n comité m d'entreprise
worksheet ['wəːkʃiːt] n (Scol) feuille f
d'exercices ; (Comput) feuille de programmation
workshop ['wəːkʃɔp] n atelier m
work station n poste m de travail
work study n étude f du travail
work surface n plan m de travail
worktop ['wəːktɔp] n plan m de travail
work-to-rule ['wəːktə'ruːl] n (Brit) grève f du
zèle
world [wəːld] n monde m ; **all over the ~** dans le
monde entier, partout dans le monde ; **to
think the ~ of sb** (fig) ne jurer que par qn ;
what in the ~ is he doing? qu'est-ce qu'il peut

bien être en train de faire ? ; **to do sb a ~ of good** faire le plus grand bien à qn ; **W~ War One/Two, the First/Second W~ War** la Première/Deuxième Guerre mondiale ; **out of this ~** adj extraordinaire ▶ cpd (champion) du monde ; (power, war) mondial(e)

World Cup n: **the ~** (Sport) la Coupe du monde

world-famous [wəːldˈfeɪməs] adj de renommée mondiale

worldly [ˈwəːldlɪ] adj de ce monde

world music n world music f

World Series n: **the ~** (US Baseball) le championnat national de baseball

world-wide [ˈwəːldˈwaɪd] adj universel(le) ▶ adv dans le monde entier

World-Wide Web n: **the ~** le Web

worm [wəːm] n (also: **earthworm**) ver m

worn [wɔːn] pp of **wear** ▶ adj usé(e)

worn-out [ˈwɔːnaut] adj (object) complètement usé(e) ; (person) épuisé(e)

worried [ˈwʌrɪd] adj inquiet(-ète) ; **to be ~ about sth** être inquiet au sujet de qch

worrier [ˈwʌrɪəʳ] n inquiet(-ète)

worrisome [ˈwʌrɪsəm] adj inquiétant(e)

worry [ˈwʌrɪ] n souci m ▶ vt inquiéter ▶ vi s'inquiéter, se faire du souci ; **to ~ about** or **over sth/sb** se faire du souci pour or à propos de qch/qn

worrying [ˈwʌrɪɪŋ] adj inquiétant(e)

worse [wəːs] adj pire, plus mauvais(e) ; **to get ~** (condition, situation) empirer, se dégrader ▶ adv plus mal ▶ n pire m ; **a change for the ~** une détérioration ; **he is none the ~ for it** il ne s'en porte pas plus mal ; **so much the ~ for you!** tant pis pour vous !

worsen [ˈwəːsn] vt, vi empirer

worse off adj moins à l'aise financièrement ; (fig): **you'll be ~ this way** ça ira moins bien de cette façon ; **he is now ~ than before** il se retrouve dans une situation pire qu'auparavant

worship [ˈwəːʃɪp] n culte m ; **Your W~** (BRIT: to mayor) Monsieur le Maire (: to judge) Monsieur le Juge ▶ vt (God) rendre un culte à ; (person) adorer

worshipper [ˈwəːʃɪpəʳ] n adorateur(-trice) ; (in church) fidèle mf

worst [wəːst] adj le (la) pire, le (la) plus mauvais(e) ▶ adv le plus mal ▶ n pire m ; **at ~** au pis aller ; **if the ~ comes to the ~** si le pire doit arriver

worst-case [ˈwəːstkeɪs] adj: **the ~ scenario** le pire scénario or cas de figure

worsted [ˈwustɪd] n: (**wool**) **~** laine peignée

worth [wəːθ] n valeur f ; **two pounds' ~ of apples** (pour) deux livres de pommes ▶ adj: **to be ~** valoir ; **how much is it ~?** ça vaut combien ? ; **it's ~ it** cela en vaut la peine, ça vaut la peine ; **it is ~ one's while (to do)** ça vaut la peine (de faire)

worthless [ˈwəːθlɪs] adj qui ne vaut rien

worthwhile [ˈwəːθˈwaɪl] adj (activity) qui en vaut la peine ; (cause) louable ; **a ~ book** un livre qui vaut la peine d'être lu

worthy [ˈwəːðɪ] adj (person) digne ; (motive) louable ; **~ of** digne de

would [wud] aux vb **1** (conditional tense): **if you asked him he would do it** si vous le lui demandiez, il le ferait ; **if you had asked him he would have done it** si vous le lui aviez demandé, il l'aurait fait

2 (in offers, invitations, requests): **would you like a biscuit?** voulez-vous un biscuit ? ; **would you close the door please?** voulez-vous fermer la porte, s'il vous plaît ?

3 (in indirect speech): **I said I would do it** j'ai dit que je le ferais

4 (emphatic): **it would have to snow today!** naturellement il neige aujourd'hui !, il fallait qu'il neige aujourd'hui !

5 (insistence): **she wouldn't do it** elle n'a pas voulu or elle a refusé de le faire

6 (conjecture): **it would have been midnight** il devait être minuit ; **it would seem so** on dirait bien

7 (indicating habit): **he would go there on Mondays** il y allait le lundi

would-be [ˈwudbiː] adj (pej) soi-disant

wouldn't [ˈwudnt] = **would not**

wound¹ [wuːnd] n blessure f ▶ vt blesser ; **wounded in the leg** blessé à la jambe

wound² [waund] pt, pp of **wind²**

wove [wəuv] pt of **weave**

woven [ˈwəuvn] pp of **weave**

wow [wau] (inf) excl ouah ▶ vt enthousiasmer

WP n abbr = **word processing; word processor** ▶ abbr (BRIT inf) = **weather permitting**

WPC n abbr (BRIT) = **woman police constable**

wpm abbr (= words per minute) mots/minute

WRAC n abbr (BRIT: = Women's Royal Army Corps) auxiliaires féminines de l'armée de terre

WRAF n abbr (BRIT: = Women's Royal Air Force) auxiliaires féminines de l'armée de l'air

wrangle [ˈræŋgl] n dispute f ▶ vi se disputer

wrap [ræp] n (stole) écharpe f ; (cape) pèlerine f ; **under wraps** (fig: plan, scheme) secret(-ète) ▶ vt (also: **wrap up**) envelopper ; (: parcel) emballer ; (wind) enrouler

wrapper [ˈræpəʳ] n (on chocolate etc) papier m ; (BRIT: of book) couverture f

wrapping [ˈræpɪŋ] n (of sweet, chocolate) papier m ; (of parcel) emballage m

wrapping paper n papier m d'emballage ; (for gift) papier cadeau

wrath [rɔθ] n courroux m

wreak [riːk] vt (destruction) entraîner ; **to ~ havoc** faire des ravages ; **to ~ vengeance on** se venger de, exercer sa vengeance sur

wreath [riːθ] n couronne f

wreck [rɛk] n (sea disaster) naufrage m ; (ship) épave f ; (vehicle) véhicule accidentée ; (pej: person) loque (humaine) ▶ vt démolir ; (ship) provoquer le naufrage de ; (fig) briser, ruiner

wreckage [ˈrɛkɪdʒ] n débris mpl ; (of building) décombres mpl ; (of ship) naufrage m

wrecker [ˈrɛkəʳ] n (US: breakdown van) dépanneuse f

WREN [rɛn] n abbr (BRIT) membre du WRNS

wren [rɛn] n (Zool) troglodyte m

W

wrench [rɛntʃ] n (Tech) clé f (à écrous) ; (tug) violent mouvement de torsion ; (fig) déchirement m ▸ vt tirer violemment sur, tordre ; **to ~ sth from** arracher qch (violemment) à or de

wrest [rɛst] vt: **to ~ sth from sb** arracher or ravir qch à qn

wrestle ['rɛsl] vi: **to ~ (with sb)** lutter (avec qn) ; **to ~ with** (fig) se débattre avec, lutter contre

wrestler ['rɛslər] n lutteur(-euse)

wrestling ['rɛslɪŋ] n lutte f ; (BRIT: also: **all-in wrestling**) catch m

wrestling match n rencontre f de lutte (or de catch)

wretch [rɛtʃ] n pauvre malheureux(-euse) ; **little ~!** (often humorous) petit(e) misérable !

wretched ['rɛtʃɪd] adj misérable ; (inf) maudit(e) (inf)

wriggle ['rɪgl] n tortillement m ▸ vi (also: **wriggle about**) se tortiller

wring [rɪŋ] (pt, pp **wrung** [rʌŋ]) vt tordre ; (wet clothes) essorer ; (fig): **to ~ sth out of** arracher qch à

wringer ['rɪŋər] n essoreuse f

wringing ['rɪŋɪŋ] adj (also: **wringing wet**) tout mouillé(e), trempé(e)

wrinkle ['rɪŋkl] n (on skin) ride f ; (on paper etc) pli m ▸ vt rider, plisser ▸ vi se plisser

wrinkled ['rɪŋkld], **wrinkly** ['rɪŋklɪ] adj (fabric, paper) froissé(e), plissé(e) ; (surface) plissé ; (skin) ridé(e), plissé

wrist [rɪst] n poignet m

wristband ['rɪstbænd] n (BRIT: of shirt) poignet m ; (: of watch) bracelet m

wrist watch n montre-bracelet f

writ [rɪt] n acte m judiciaire ; **to issue a ~ against sb**, **to serve a ~ on sb** assigner qn en justice

writable ['raɪtəbl] adj (CD, DVD) inscriptible

write [raɪt] (pt **wrote** [rəut], pp **written** ['rɪtn]) vt, vi écrire ; (prescription) rédiger ; **to ~ sb a letter** écrire une lettre à qn

▸ **write away** vi: **to ~ away for** (information) (écrire pour) demander ; (goods) (écrire pour) commander

▸ **write down** vt noter ; (put in writing) mettre par écrit

▸ **write in** vi écrire une lettre ; **you should ~ in and complain** vous devriez écrire une lettre de réclamation

▸ **write off** vt (debt) passer aux profits et pertes ; (project) mettre une croix sur ; (depreciate) amortir ; (smash up: car etc) démolir complètement

▸ **write out** vt écrire ; (copy) recopier

▸ **write up** vt rédiger

write-off ['raɪtɔf] n perte totale ; **the car is a ~** la voiture est bonne pour la casse

write-protect ['raɪtprə'tɛkt] vt (Comput) protéger contre l'écriture

writer ['raɪtər] n auteur m, écrivain m

write-up ['raɪtʌp] n (review) critique f

writhe [raɪð] vi se tordre

writing ['raɪtɪŋ] n écriture f ; (of author) œuvres fpl ; **in ~** par écrit ; **in my own ~** écrit(e) de ma main

writing case n nécessaire m de correspondance

writing desk n secrétaire m

writing paper n papier m à lettres

written ['rɪtn] pp of **write**

WRNS n abbr (BRIT: = Women's Royal Naval Service) auxiliaires féminines de la marine

wrong [rɔŋ] adj (incorrect) faux (fausse) ; (incorrectly chosen: number, road etc) mauvais(e) (not suitable) qui ne convient pas ; (wicked) mal ; (unfair) injuste ; **to be ~** (answer) être faux (fausse) ; (in doing/saying) avoir tort (de dire/ faire) ; **you are ~ to do it** tu as tort de le faire ; **it's ~ to steal, stealing is ~** c'est mal de voler ; **you are ~ about that, you've got it ~** tu te trompes ; **what's ~?** qu'est-ce qui ne va pas ? ; **there's nothing ~** tout va bien ; **what's ~ with the car?** qu'est-ce qu'elle a, la voiture ? ; **I took a ~ turning** je me suis trompé de route ▸ adv mal ; **to go ~** (person) se tromper ; (plan) mal tourner ; (machine) se détraquer ▸ n tort m ; **to be in the ~** avoir tort ▸ vt faire du tort à, léser

wrongdoer ['rɔŋduːər] n malfaiteur m

wrong-foot [rɔŋ'fut] vt (Sport) prendre à contre-pied ; (fig) prendre au dépourvu

wrongful ['rɔŋful] adj injustifié(e) ; **~ dismissal** (Industry) licenciement abusif

wrongly ['rɔŋlɪ] adv à tort ; (answer, do, count) mal, incorrectement ; (treat) injustement

wrong number n (Tel): **you have the ~** vous vous êtes trompé de numéro

wrong side n (of cloth) envers m

wrote [rəut] pt of **write**

wrought [rɔːt] adj: **~ iron** fer forgé

wrung [rʌŋ] pt, pp of **wring**

WRVS n abbr (BRIT: = Women's Royal Voluntary Service) auxiliaires féminines bénévoles au service de la collectivité

wry [raɪ] adj désabusé(e)

wt. abbr (= weight) pds.

WTO n (= World Trade Organisation) OMC f (= Organisation mondiale du commerce)

WV, W.Va. abbr (US) = **West Virginia**

WWW n abbr = **World-Wide Web**

WY, Wyo. abbr (US) = **Wyoming**

WYSIWYG ['wɪzɪwɪg] abbr (Comput: = what you see is what you get) ce que vous voyez est ce que vous aurez

Xx

X, x [ɛks] *n (letter)* X, x *m* ; *(BRIT Cine: formerly)* film interdit aux moins de 18 ans ; **X for Xmas** X comme Xavier

xenophobia [zɛnə'fəubiə] *n* xénophobie *f*

xenophobic [zɛnə'fəubɪk] *adj* xénophobe

Xerox® ['zɪərɔks] *n (also:* **Xerox machine***)* photocopieuse *f* ; *(photocopy)* photocopie *f* ▸ *vt* photocopier

XL *abbr (= extra large)* XL

Xmas ['ɛksməs] *n abbr =* **Christmas**

X-rated ['ɛks'reɪtɪd] *adj (US: film)* interdit(e) aux moins de 18 ans

X-ray ['ɛksreɪ] *n (ray)* rayon *m* X ; *(photograph)* radio(graphie) *f* ▸ *vt* radiographier

xylophone ['zaɪləfəun] *n* xylophone *m*

Y, y [waɪ] *n* (*letter*) Y, y *m* ; **Y for Yellow**, (*US*) **Y for Yoke** Y comme Yvonne
yacht [jɔt] *n* voilier *m* ; (*motor, luxury yacht*) yacht *m*
yachting ['jɔtɪŋ] *n* yachting *m*, navigation *f* de plaisance
yachtsman ['jɔtsmən] *n* (*irreg*) yacht(s)man *m*
yam [jæm] *n* igname *f*
Yank [jæŋk], **Yankee** ['jæŋkɪ] *n* (*pej*) Amerloque *mf*, Ricain(e)
yank [jæŋk] *vt* tirer d'un coup sec
yap [jæp] *vi* (*dog*) japper
yard [jɑːd] *n* (*of house etc*) cour *f* ; (*US: garden*) jardin *m* ; (*measure*) yard *m* (= 914 mm) ; **builder's ~** chantier *m*
yard sale *n* (*US*) brocante *f* (dans son propre jardin)
yardstick ['jɑːdstɪk] *n* (*fig*) mesure *f*, critère *m*
yarn [jɑːn] *n* fil *m* ; (*tale*) longue histoire
yawn [jɔːn] *n* bâillement *m* ▸ *vi* bâiller
yawning ['jɔːnɪŋ] *adj* (*gap*) béant(e)
yd. *abbr* = **yard** ; **yards**
yeah [jɛə] *adv* (*inf*) ouais
year [jɪəʳ] *n* an *m*, année *f* ; (*Scol etc*) année ; **every ~** tous les ans, chaque année ; **this ~** cette année ; **a** *or* **per ~** par an ; **~ in, ~ out** année après année ; **to be 8 years old** avoir 8 ans ; **an eight-~-old child** un enfant de huit ans
yearbook ['jɪəbuk] *n* annuaire *m*
yearly ['jɪəlɪ] *adj* annuel(le) ▸ *adv* annuellement ; **twice ~** deux fois par an
yearn [jəːn] *vi* : **to ~ for sth/to do** aspirer à qch/à faire
yearning ['jəːnɪŋ] *n* désir ardent, envie *f*
yeast [jiːst] *n* levure *f*
yell [jɛl] *n* hurlement *m*, cri *m* ▸ *vi* hurler
yellow ['jɛləu] *adj*, *n* jaune *m*
yellow fever *n* fièvre *f* jaune
yellowish ['jɛləuɪʃ] *adj* qui tire sur le jaune, jaunâtre (*pej*)
Yellow Pages® *npl* (*Tel*) pages *fpl* jaunes
Yellow Sea *n* : **the ~** la mer Jaune
yelp [jɛlp] *n* jappement *m* ; glapissement *m* ▸ *vi* japper ; glapir
Yemen ['jɛmən] *n* Yémen *m*
Yemeni ['jɛmənɪ] *adj* yéménite ▸ *n* Yéménite *mf*
yen [jɛn] *n* (*currency*) yen *m* ; (*craving*) : **~ for/to do** grande envie de/de faire
yeoman ['jəumən] *n* (*irreg*) : **Y~ of the Guard** hallebardier *m* de la garde royale

yes [jɛs] *adv* oui ; (*answering negative question*) si ; **to say ~ (to)** dire oui (à) ▸ *n* oui *m*
yesterday ['jɛstədɪ] *adv*, *n* hier *m* ; **~ morning/evening** hier matin/soir ; **the day before ~** avant-hier ; **all day ~** toute la journée d'hier
yet [jɛt] *adv* encore ; (*in questions*) déjà ; **it is not finished ~** ce n'est pas encore fini *or* toujours pas fini ; **must you go just ~?** dois-tu déjà partir ? ; **have you eaten ~?** vous avez déjà mangé ? ; **the best ~** le meilleur jusqu'ici *or* jusque-là ; **as ~** jusqu'ici, encore ; **a few days ~** encore quelques jours ; **~ again** une fois de plus ▸ *conj* pourtant, néanmoins
yew [juː] *n* if *m*
Y-fronts® ['waɪfrʌnts] *npl* (*BRIT*) slip *m* kangourou
YHA *n abbr* (*BRIT*) = **Youth Hostels Association**
Yiddish ['jɪdɪʃ] *n* yiddish *m*
yield [jiːld] *n* production *f*, rendement *m* ; (*Finance*) rapport *m* ; **a ~ of 5%** un rendement de 5% ▸ *vt* produire, rendre, rapporter ; (*surrender*) céder ▸ *vi* céder ; (*US Aut*) céder la priorité
YMCA *n abbr* (= *Young Men's Christian Association*) ≈ union chrétienne de jeunes gens (UCJG)
yob ['jɔb], **yobbo** ['jɔbəu] *n* (*BRIT inf*) loubar(d) *m* (*inf*)
yodel ['jəudl] *vi* faire des tyroliennes, jodler
yoga ['jəugə] *n* yoga *m*
yoghurt, yogurt ['jɔgət] *n* yaourt *m*
yoke [jəuk] *n* joug *m* ▸ *vt* (*also*: **yoke together**: *oxen*) accoupler
yolk [jəuk] *n* jaune *m* (d'œuf)
Yom Kippur [jɔmkɪ'puəʳ] *n* Yom Kippour *m inv*
yonder ['jɔndəʳ] *adv* là(-bas)
yonks [jɔŋks] *npl* (*inf*) : **for ~** très longtemps ; **we've been here for ~** ça fait une éternité qu'on est ici ; **we were there for ~** on est resté là pendant des lustres
Yorks [jɔːks] *abbr* (*BRIT*) = **Yorkshire**

(KEYWORD)

you [juː] *pron* **1** (*subject*) tu ; (*: polite form*) vous ; (*: plural*) vous ; **you are very kind** vous êtes très gentil ; **you French enjoy your food** vous autres Français, vous aimez bien manger ; **you and I will go** toi et moi *or* vous et moi, nous irons ; **there you are!** vous voilà !
2 (*object: direct, indirect*) te, t' + *vowel* ; vous ; **I know you** je te *or* vous connais ; **I gave it to you** je te l'ai donné, je vous l'ai donné
3 (*stressed*) toi ; vous ; **I told YOU to do it** c'est à toi *or* vous que j'ai dit de le faire

4 *(after prep, in comparisons)* toi ; vous ; **it's for you** c'est pour toi *or* vous ; **she's younger than you** elle est plus jeune que toi *or* vous
5 *(impersonal: one)* on ; **fresh air does you good** l'air frais fait du bien ; **you never know** on ne sait jamais ; **you can't do that!** ça ne se fait pas !

Only use **tu** when speaking to a child, or someone with whom you're on informal terms. If in doubt, use **vous**.

you'd [juːd] = **you had**; **you would**
you'll [juːl] = **you will**; **you shall**
young [jʌŋ] *adj* jeune ; **a ~ man** un jeune homme ; **a ~ lady** *(unmarried)* une jeune fille, une demoiselle ; *(married)* une jeune femme *or* dame ; **my younger brother** mon frère cadet ; **the younger generation** la jeune génération ▶ *npl (of animal)* petits *mpl* ; **the ~** *(people)* les jeunes, la jeunesse
younger [jʌŋɡəʳ] *adj (brother etc)* cadet(te)
youngish [ˈjʌŋɪʃ] *adj* assez jeune
youngster [ˈjʌŋstəʳ] *n* jeune *mf* ; *(child)* enfant *mf*
your [jɔːʳ] *adj* ton (ta), tes *pl* ; *(polite form, pl)* votre, vos *pl* ; *see also* **my**
you're [juəʳ] = **you are**
yours [jɔːz] *pron* le (la) tien(ne), les tiens (tiennes) ; *(polite form, pl)* le (la) vôtre, les vôtres ; **is it ~?** c'est à toi *(or* à vous) ? ; **a friend of ~** un(e) de tes *(or* de vos) amis ; *see also* **faithfully**; **mine¹**; **sincerely**
yourself [jɔːˈsɛlf] *pron (reflexive)* te ; *(: polite form)* vous ; *(after prep)* toi ; vous ; *(emphatic)*

toi-même ; vous-même ; **you ~ told me** c'est vous qui me l'avez dit, vous me l'avez dit vous-même ; *see also* **oneself**
yourselves [jɔːˈsɛlvz] *pl pron* vous ; *(emphatic)* vous-mêmes ; *see also* **oneself**
youth [juːθ] *n* jeunesse *f* ; *(pl* **youths** [juːðz]: *young man)* jeune homme *m* ; **in my ~** dans ma jeunesse, quand j'étais jeune
youth centre, *(US)* **youth center** *n* centre *m* de loisirs *(pour les jeunes)*
youth club *n* centre *m* de jeunes
youthful [ˈjuːθful] *adj* jeune ; *(enthusiasm etc)* juvénile ; *(misdemeanour)* de jeunesse
youthfulness [ˈjuːθfəlnɪs] *n* jeunesse *f*
youth hostel *n* auberge *f* de jeunesse
youth movement *n* mouvement *m* de jeunes
you've [juːv] = **you have**
yowl [jaul] *n* hurlement *m* ; miaulement *m* ▶ *vi* hurler ; miauler
yo-yo [ˈjəujəu] *n* Yo-Yo *m inv*
YT *abbr* (CANADA) = **Yukon Territory**
yuan [juːˈæn] *n* yuan *m*
Yugoslav [ˈjuːɡəuslɑːv] *adj (Hist)* yougoslave ▶ *n* Yougoslave *mf*
Yugoslavia [juːɡəuˈslɑːvɪə] *n (Hist)* Yougoslavie *f*
Yugoslavian [juːɡəuˈslɑːvɪən] *adj (Hist)* yougoslave
yummy [ˈjʌmɪ] *adj (inf)* délicieux(-euse) ; **it smells ~** ça sent super bon
yuppie [ˈjʌpɪ] *n* yuppie *mf*
YWCA *n abbr* (= *Young Women's Christian Association*) union chrétienne féminine

Zz

Z, z [zɛd, (US) ziː] *n* (*letter*) Z, z *m* ; **Z for Zebra** Z comme Zoé

Zaïre [zɑːˈiːəʳ] *n* Zaïre *m*

Zambia [ˈzæmbɪə] *n* Zambie *f*

Zambian [ˈzæmbɪən] *adj* zambien(ne) ▸ *n* Zambien(ne)

zany [ˈzeɪnɪ] *adj* farfelu(e), loufoque

zap [zæp] *vt* (*Comput*) effacer

zeal [ziːl] *n* (*revolutionary etc*) ferveur *f* ; (*keenness*) ardeur *f*, zèle *m*

zealot [ˈzɛlət] *n* fanatique *mf*

zealous [ˈzɛləs] *adj* fervent(e) ; ardent(e), zélé(e)

zebra [ˈziːbrə] *n* zèbre *m*

zebra crossing *n* (*Brit*) passage clouté *or* pour piétons

zeitgeist [ˈzaɪtgaɪst] *n* air *m* du temps

zenith [ˈzɛnɪθ] *n* (*Astronomy*) zénith *m* ; (*fig*) zénith, apogée *m*

zero [ˈzɪərəu] *n* zéro *m* ; **5° below ~** 5 degrés au-dessous de zéro ▸ *vi*: **to ~ in on** (*target*) se diriger droit sur

zero hour *n* l'heure *f* H

zero option *n* (*Pol*): **the ~** l'option *f* zéro

zero-rated [ˈziːrəureɪtɪd] *adj* (*Brit*) exonéré(e) de TVA

zest [zɛst] *n* entrain *m*, élan *m* ; (*of lemon etc*) zeste *m*

zigzag [ˈzɪgzæg] *n* zigzag *m* ▸ *vi* zigzaguer, faire des zigzags

Zimbabwe [zɪmˈbɑːbwɪ] *n* Zimbabwe *m*

Zimbabwean [zɪmˈbɑːbwɪən] *adj* zimbabwéen(ne) ▸ *n* Zimbabwéen(ne)

Zimmer® [ˈzɪməʳ] *n* (*also*: **Zimmer frame**) déambulateur *m*

zinc [zɪŋk] *n* zinc *m*

Zionism [ˈzaɪənɪzəm] *n* sionisme *m*

Zionist [ˈzaɪənɪst] *adj* sioniste ▸ *n* Sioniste *mf*

zip [zɪp] *n* (*also*: **zip fastener**) fermeture *f* éclair® *or* à glissière ; (*energy*) entrain *m* ▸ *vt* (*Comput*: *file*) zipper ; (*also*: **zip up**) fermer (avec une fermeture éclair®)

zip code *n* (*US*) code postal

zip file *n* (*Comput*) fichier *m* zip *inv*

zipper [ˈzɪpəʳ] *n* (*US*) = **zip**

zit [zɪt] *n* (*inf*) bouton *m*

zither [ˈzɪðəʳ] *n* cithare *f*

zodiac [ˈzəudɪæk] *n* zodiaque *m*

zombie [ˈzɔmbɪ] *n* (*fig*): **like a ~** avec l'air d'un zombie, comme un automate

zone [zəun] *n* zone *f*

zoo [zuː] *n* zoo *m*

zoological [zuəˈlɔdʒɪkl] *adj* zoologique

zoologist [zuːˈɔlədʒɪst] *n* zoologiste *mf*

zoology [zuːˈɔlədʒɪ] *n* zoologie *f*

zoom [zuːm] *vi*: **to ~ past** passer en trombe ; **to ~ in (on sb/sth)** (*Phot*, *Cine*) zoomer (sur qn/qch)

zoom lens *n* zoom *m*, objectif *m* à focale variable

zucchini [zuːˈkiːnɪ] *n* (*US*) courgette *f*

Zulu [ˈzuːluː] *adj* zoulou ▸ *n* Zoulou *mf*

Zürich [ˈzjuərɪk] *n* Zurich

L'anglais en situation

French in action

Collaborateurs/Contributors

Laurence Larroche   Anna Stevenson

L'anglais en situation

L'anglais en situation a pour objectif de vous aider à vous exprimer en anglais, dans un style simple et naturel.

Dans le **Mémo des tournures essentielles**, vous trouverez des centaines d'expressions anglaises de base, qui vous permettront de construire vos propres phrases dans toutes sortes de contextes.

La partie correspondance contient des modèles concrets de lettres et d'e-mails pour vos communications privées ou professionnelles, des lettres de candidature et des CV, ainsi que des exemples de formules de politesse employées en début et en fin de lettre, sans oublier des indications pour bien rédiger l'adresse sur l'enveloppe. Nous vous donnons en outre des conseils sous forme de notes pour vous permettre d'adapter ces modèles à vos besoins.

Un chapitre séparé est consacré aux expressions les plus couramment utilisées au téléphone, ainsi qu'au vocabulaire des réseaux sociaux et d'Internet.

L'anglais en situation, complément indispensable de votre dictionnaire, vous permettra de vous exprimer avec aisance dans toutes les situations.

Table des matières

Goûts et préférences

Pour dire ce que l'on aime

I like cakes.	J'aime …
I like things to be in their proper place.	J'aime que …
I really liked the film.	J'ai beaucoup aimé …
I love going to clubs.	J'adore …
What I like best about Matthew are his eyes.	Ce que je préfère …
What I enjoy most is an evening with friends.	Ce que j'aime par-dessus tout, c'est …
I very much enjoyed the trip to the vineyards.	… m'a beaucoup plu.
I've never tasted anything better than this chicken.	… rien … de meilleur que …
I've got a weakness for chocolate cakes.	J'ai un faible pour …
You can't beat a good cup of tea.	Rien ne vaut …
There's nothing quite like a nice hot bath!	Rien de tel que …
My favourite dish is lasagne.	… mon … favori.
Reading is one of my favourite pastimes.	… une de mes … préférées.
I don't mind being alone.	Cela ne me déplaît pas de …

Pour dire ce que l'on n'aime pas

I don't like fish.	Je n'aime pas …
I don't like him at all.	Je ne … aime pas du tout.
I'm not very keen on speaking in public.	Je n'aime pas beaucoup …
I'm not particularly keen on the idea.	… ne m'emballe pas.
I hate chemistry.	Je déteste …
I loathe sport.	J'ai horreur du …
I can't stand being lied to.	Je ne supporte pas que …
If there's one thing I hate it's ironing.	Ce que je déteste le plus, c'est de …

Préférences

I prefer pop to classical music.	Je préfère … à …
I would rather live in Paris.	Je préférerais …
I'd rather die than ask him a favour.	J'aimerais mieux … que de …

Indifférence

It's all the same to me.	Ça m'est égal.
I have no particular preference.	Je n'ai pas de préférence.
As you like.	C'est comme vous voudrez.
It doesn't matter in the least.	Cela n'a aucune importance.
I don't mind.	Peu importe.

Comment demander à quelqu'un ce qu'il aime

Do you like chocolate?	Est-ce que vous aimez …
Do you like cooking?	Est-ce que vous aimez …
Which do you like better: football or cricket?	Qu'est-ce que vous préférez : …
Which would you rather have: the red one or the black one?	Lequel préférez-vous : …
Do you prefer living in the town or in the country?	Est-ce que vous préférez …
What do you like best on television?	Qu'est-ce que vous aimez le plus …

Opinions

Comment demander l'avis de quelqu'un

What do you think about it?	Qu'en pensez-vous ?
What do you think about divorce?	Que pensez-vous du …
What do you think of his behaviour?	Que pensez-vous de …
I'd like to know what you think of his work.	Je voudrais savoir ce que vous pensez de …
I would like to know your views on this.	J'aimerais connaître votre avis sur …
What is your opinion on the team's chances of success?	Quelle est votre opinion sur …
Could you give me your opinion on this proposal?	Est-ce que vous pourriez me donner votre avis sur …
In your opinion, are men and women equal?	À votre avis …
In your view, is this the best solution?	Selon vous …

Comment donner son avis

You are right.	Vous avez raison.
He is wrong.	Il a tort.
He was wrong to resign.	Il a eu tort de …
I think it ought to be possible.	Je pense que …
I think it's a bit premature.	Je crois que …
I think it's quite natural.	Je trouve que …
Personally, I think that it's a waste of money.	Personnellement, je pense que …
I have the impression that her parents don't understand her.	J'ai l'impression que …
I'm sure he is completely sincere.	Je suis certain que …
I'm convinced that there are other possibilities.	Je suis persuadé que …

In my opinion, he hasn't changed.	À mon avis ...
In my view, he's their best player.	Selon moi ...

Comment éviter de donner son avis

It depends.	Ça dépend.
It all depends on what you mean by patriotism.	Tout dépend de ce que vous entendez par ...
I'd rather not express an opinion.	Je préfère ne pas me prononcer.
Actually, I've never thought about it.	À vrai dire, je ne me suis jamais posé la question.
I don't really know.	Je ne sais pas trop.
I'm not sure.	Je ne suis pas sûr.

Approbation et accord

I think it's an excellent idea.	Je trouve que c'est une excellente idée.
What a good idea!	Quelle bonne idée !
I very much enjoyed his speech.	J'ai beaucoup apprécié ...
It's a very good thing.	C'est une très bonne chose.
I think you're right to be wary.	Je trouve que vous avez raison de ...
You were right to leave your bags in left-luggage.	Vous avez bien fait de ...
Developing countries rightly believe that most pollution comes from developed countries.	... estiment à juste titre que ...
You're quite justified in complaining.	Vous avez bien raison de ...
I share this view.	Je partage cette opinion.
I fully share your concern.	Je partage entièrement ...
We support the creation of jobs.	Nous sommes favorables à ...
We are in favour of a united Europe.	Nous sommes en faveur de ...
It is true that mistakes were made.	Il est vrai que ...
That is absolutely correct.	C'est tout à fait exact.
I agree with you.	Je suis d'accord avec vous.
I entirely agree with you.	Je suis entièrement d'accord avec toi.

Désapprobation et désaccord

I think he was wrong to borrow so much money.	Je trouve qu'il a eu tort de ...
It's a pity that you didn't tell me.	C'est dommage que ...
It is regrettable that they allowed this to happen.	Il est regrettable que ...
I dislike the idea intensely.	... me déplaît profondément.
I can't stand lies.	Je ne supporte pas ...
We are against hunting.	Nous sommes contre ...
I am dead against it.	Je suis absolument contre.
We do not condone violence.	Nous ne tolérons pas ...
I am opposed to compulsory screening.	Je suis opposé au ...
I don't share this point of view.	Je ne partage pas ce point de vue.
I am disappointed by his attitude.	Je suis déçu par ...
I am deeply disappointed.	Je suis profondément déçu.
You shouldn't have said that.	Tu n'aurais pas dû ...
What gives him the right to act like this?	De quel droit ...
I disagree.	Je ne suis pas d'accord.
We don't agree with them.	Nous ne sommes pas d'accord avec ...
I totally disagree with what he said.	Je ne suis absolument pas d'accord avec ...
It is not true to say that the disaster was inevitable.	C'est faux de dire que ...
You are wrong!	Vous vous trompez !

Réclamations

I'm not happy with my room.	Je ne suis pas satisfait de ...
I'm very disappointed with the service provided by your hotel.	Je suis très déçu du ...
I would like to make a complaint.	Je voudrais faire une réclamation.
I'd like to speak to the manager, please.	Je voudrais parler au responsable, s'il vous plaît.
There is a problem with the booking.	Il y a un problème avec ...
That's totally unacceptable.	C'est absolument inacceptable.
Can you see to it straightaway?	Pourriez-vous vous en occuper tout de suite ?

Excuses

Pour s'excuser

Sorry.	Excusez-moi.
Oh, sorry! I've got the wrong number.	Oh, pardon !
Sorry to bother you.	Excusez-moi de vous déranger.
I'm sorry I woke you.	Je suis désolé de ...
I'm terribly sorry about the misunderstanding.	Je suis navré de ...
I do apologize.	Je vous prie de m'excuser.
We hope our readers will excuse this oversight.	Nous prions ... de bien vouloir excuser ...

En assumant la responsabilité de ce qui s'est passé

It's my fault; I should have left earlier.	C'est (de) ma faute : j'aurais dû ...
I shouldn't have laughed at her.	Je n'aurais pas dû ...
We were wrong not to check this information.	Nous avons eu tort de ne pas ...
I take full responsibility for what I did.	J'assume seul l'entière responsabilité de ...
I admit that I should have made more of an effort.	Je reconnais que ...

En niant toute responsabilité

It's not my fault.	Ce n'est pas (de) ma faute.
It isn't my fault if we're late.	Ce n'est pas (de) ma faute si ...
I didn't do it on purpose.	Je ne l'ai pas fait exprès.
I had no option.	Je ne pouvais pas faire autrement.
But I thought that it was ok to park here.	J'avais pourtant cru comprendre que ...
I thought I was doing the right thing in warning him.	J'avais cru bien faire en ...

En exprimant ses regrets

I'm sorry, but it's impossible.	Je regrette, mais ...
I'm afraid we're fully booked.	Je regrette, mais ...
Unfortunately we are unable to meet your request.	Il nous est malheureusement impossible de ...

Explications

Causes

I didn't buy anything **because** I had no money.	... parce que ...
I arrived late **because of** the traffic.	... à cause de ...
Since you insist, I'll come again tomorrow.	Puisque ...
As I lived near the library, I used it a lot.	Comme ...
Given the present situation, finding a job will be difficult.	Vu ...
Given that there is an economic crisis, it is difficult to find work.	Étant donné que ...
Considering how many problems we had, we did well.	Étant donné ...
It was a broken axle **that caused** the derailment.	C'est ... qui a provoqué ...
He resigned **for** health **reasons.**	... pour des raisons de ...
The theatre is closing, **due to lack of** funds.	... faute de ...
The project was abandoned **owing to** legal problems.	... en raison de ...
Many cancers **are linked to** smoking.	... sont dus à ...
The problem is that people are disillusioned with politics.	Le problème vient de ce que ...
The drop in sales **is the result of** high interest rates.	... est due à ...
The quarrel **resulted from** a misunderstanding.	... a pour origine ...

Conséquences

I have to leave tonight, **so** I can't come with you.	... donc ...
Distribution has been improved **so that** readers now get their newspaper earlier.	... de telle sorte que ...
This cider is fermented for a very short time and is **consequently** low in alcohol.	... par conséquent ...
Our lack of consultation **has resulted in** a duplication of effort.	... a eu pour conséquence ...
That's why they are easy to remember.	Voilà pourquoi ...

Comparaisons

Gambling **can be compared to** a drug.	On peut comparer ... à ...
The shape of Italy **is often compared to** a boot.	... est souvent comparée à ...
The noise **was comparable to** that of a large motorbike.	... était comparable à ...
Africa is still underpopulated **compared with** Asia.	... comparé à ...

In the UK, the rate of inflation increased slightly **compared to** the previous year.	... par rapport à ...
What is so special about a holiday in Florida **as compared to** one in Spain?	... par rapport à ...
This story **is like** a fairy tale.	... ressemble à ...
He loved this countryside, which **reminded him of** Ireland.	... lui rappelait ...
Frightening levels of unemployment, **reminiscent of those** of the 30s.	... rappelant ceux ...
The snowboard **is the equivalent** on snow **of** the skateboard.	... est l'équivalent ... de ...
This sum **corresponds to** six months' salary.	... correspond à ...
A 'bap'? **It's the same thing as** a bread roll.	C'est la même chose que ...
It comes to the same thing in terms of calories.	Ça revient au même ...
Borrowing without permission and stealing **add up to the same thing**.	... reviennent au même.

Pour souligner une différence

No catastrophe **can compare with** the tsunami of 2004.	Aucune ... ne peut être comparée à ...
Modern factories **cannot be compared with** those our grandparents worked in.	On ne peut pas comparer ... à ...
The actions of this group **are in no way comparable to** those of terrorists.	... n'ont rien de comparable avec ...
The newspaper reports **differ** on this point.	... divergent ...
The history of the United States **in no way resembles** our own.	... ne ressemble en rien à ...
There are worse things than losing a European cup final.	Il y a des événements bien plus tragiques que ...
This film **is less** interesting **than** his first one.	... est moins ... que ...
That's got nothing to do with it.	Ça n'a rien à voir.
These are two completely different things.	Ce sont deux choses complètement différentes.
Women's life expectancy is 81 years, **while** men's is 72.	... tandis que ...
While the consumption of wine and beer is decreasing, the consumption of bottled water is increasing.	Alors que ...

Demandes et propositions

Demandes

I'd like another beer.	Je voudrais ...
I'd like to know the times of trains to Lille.	Je voudrais connaître ...
Could you give us a hand?	Pourriez-vous ...
Can you tell Eleanor the good news?	Est-ce que vous pouvez ...
Could you please show me the way out?	Auriez-vous l'obligeance de ...
Could I ask you for a few minutes of your time?	Puis-je vous demander de ...
Be an angel, pop to the baker's for me.	Sois gentille ...
If you wouldn't mind waiting for a moment.	Merci de bien vouloir ...
Would you mind opening the window?	Est-ce que cela vous dérangerait de ...
Would you be very kind and save my seat for me?	Auriez-vous l'obligeance de ...
I would be grateful if you could reply as soon as possible.	Je vous serais reconnaissant de ...

Propositions

I can come and pick you up **if** you like.	Je peux ... si ...
I could go with you.	Je pourrais ...
Do you fancy a bit of Stilton?	Ça te dit ...
How about a pear tart?	Que diriez-vous de ...
Would you like to see my photos?	Ça vous dirait de ...
Would you like to have dinner with me one evening?	Est-ce que vous voulez ...
Do you want me to go and get your car?	Est-ce que vous voulez que ...

Conseils et suggestions

Comment demander conseil

What would you do if you were me?	À ma place, que feriez-vous ?
Would you accept, **if you were me?**	... à ma place ?
What's your opinion on this?	Quel est votre avis sur la question ?
What, in your opinion, should be done to reduce pollution?	À votre avis, que peut-on faire pour ...
What would you advise?	Que me conseillez-vous ?

What would you advise me to do?	Que me conseillez-vous de faire ?
Which would you recommend, Majorca or Ibiza?	Qu'est-ce que vous me conseillez …
If we were to sponsor a player, **who would you recommend?**	… lequel nous conseilleriez-vous ?
What strategy **do you suggest?**	Quelle … proposez-vous ?
How would you deal with unemployment?	Qu'est-ce que vous proposez contre …

Comment donner un conseil

If I were you, I'd be a bit wary.	À votre place …
If I were you I wouldn't say anything.	À ta place …
Take my advice, buy your tickets in advance.	Je vous conseille de …
A word of advice: read the instructions.	Un conseil …
A useful tip: always have some pasta in your cupboard.	Un bon conseil …
As you like languages, **you ought to** study to be a translator.	… vous devriez …
You should see a specialist.	Vous devriez …
You would do well to see a solicitor.	Vous feriez bien de …
You would do better to spend the money on a new car.	Vous feriez mieux de …
You could perhaps ask someone to go with you.	Vous pourriez peut-être …
You could try being a little more understanding.	Vous pourriez …
Perhaps you should speak to a plumber about it.	Il faudrait peut-être que …
Perhaps we ought to try a different approach.	Il faudrait peut-être …
Why don't you phone him?	Pourquoi ne pas …
How about downloading a film?	Et si on …
How about 3 March at 10.30am?	… ça vous va ?
It might be better to give her money rather than jewellery.	Il vaudrait peut-être mieux …
It would be better to wait a bit.	Il serait préférable de …

Encouragements

Well done!	Bravo !
Go on, you'll get there!	Vas-y, …
Very good, carry on.	C'est très bien …
Congratulations, you did very well.	Je vous félicite, …
You've done some very good work.	C'est du très bon travail.

Mises en garde

I **warn you**, I intend to get my own back.	Je vous préviens ...
I'd **better warn you that** he knows you did it.	Mieux vaut que je te prévienne ...
Don't forget to keep a copy of your income tax return.	N'oubliez pas de ...
Remember: keep your luggage where you can see it at all times	N'oubliez pas de ...
Beware of buying tickets from touts.	Attention ...
Whatever you do, don't leave your camera in the car.	Surtout, ne ... jamais ...
If you don't book early **you risk** being disappointed.	... tu risques de ...

Intentions et souhaits

Pour demander à quelqu'un ce qu'il compte faire

What **are you going to do**?	Qu'est-ce que vous allez faire ?
What **will you do if** you fail your exams?	Qu'est-ce que tu vas faire si ...
What **are you going to do** when you get back?	Qu'allez-vous faire ...
Do you have anything planned?	Avez-vous des projets ?
Can we expect you next Sunday?	On peut compter sur vous ...
Are you planning to spend all of the holiday here?	Est-ce que tu comptes ...
Are you planning on staying long?	Vous comptez ...
What **are you planning to do with** your collection?	Que comptez-vous faire de ...
What **are you thinking of doing**?	Qu'est-ce que vous envisagez de faire ?
Do you intend to go into teaching?	Est-ce que tu as l'intention de ...
Are you thinking of making another film in Europe?	Songez-vous à ...

Pour dire ce qu'on a l'intention de faire

I **was planning to** go to Ajaccio on 8 July.	Je comptais ...
She **plans to** go to India for a year.	Elle prévoit de ...
There **are plans to** build a new stadium.	Il est prévu de ...
The bank **intends to** close a hundred branches.	... a l'intention de ...
I **am thinking of** giving up politics.	Je songe à ...
I **have decided to** get a divorce.	J'ai décidé de ...
I **have made up my mind to** stop smoking.	Je suis décidé ...

We never had any intention of talking to the press.

Il n'a jamais été dans nos intentions de ...

That's settled, we'll go to Florida in May.

C'est décidé ...

For me, living abroad is out of the question.

Il n'est pas question ... de ...

Souhaits

I'd like to be able to play as well as him.

Je voudrais ...

I'd like to go hang-gliding.

J'aimerais ...

I would like my photos to be published.

J'aimerais que ...

I would like to have had a brother.

J'aurais aimé ...

I want to act in films.

Je veux ...

Ian wanted at all costs to prevent his boss finding out.

... voulait à tout prix ...

We wish to preserve our independence.

Nous souhaitons ...

I hope to have children.

J'espère ...

We hope that children will watch this programme with their parents.

Nous espérons que ...

Do you dream of winning the lottery?

Vous rêvez de ...

I dream of having a big house.

Mon rêve serait de ...

Obligation

I must find somewhere to live.

Il faut que je ...

We really must see each other more often!

Il faut absolument qu'on ...

If you're going to Poland, you must learn Polish.

... vous devez ...

He made his secretary answer all his calls.

... exigeait que ...

My mother makes me eat spinach.

... me force à ...

The hijackers demanded that the plane fly to New York.

... ont exigé que ...

A serious illness forced me to cancel my holiday.

... m'a obligé à ...

He was obliged to borrow more and more money.

... a été obligé de ...

Mary had no choice but to invite him.

... n'avait pas pu faire autrement que de ...

The only thing you can do is say no.

La seule chose à faire, c'est de ...

Many mothers have to work; they have no other option.

... sont obligées de ... elles n'ont pas le choix.

She had the baby adopted because she had no other option.

... elle ne pouvait pas faire autrement.

School is compulsory until the age of sixteen.

... est obligatoire ...

It is essential to know some history, if we are to understand the situation.

Il est indispensable de ...

Permission

Comment demander la permission de faire quelque chose

Can I ask you something?	Je peux ...
Is it ok if I come now, or is it too early?	Ça ne vous dérange pas si ...
You don't **mind if** I smoke, do you?	Ça ne vous dérange pas que ...
Do you mind if I open the window?	Est-ce que ça vous dérange si ...
Would you mind if I had a look in your briefcase, madam?	Vous permettez que ...
Could I have permission to leave early?	Est-ce que je peux vous demander la permission de ...

Autorisation

Do as you please.	(Vous) faites comme vous voulez.
Go ahead!	Allez-y !
Please do.	Je vous en prie.
No, of course I don't mind.	Bien sûr que non.
I have nothing against it.	Je n'y vois pas d'inconvénient.
Pupils **are allowed to** wear what they like.	... ont le droit de ...

Défense

I forbid you to go out!	Je te défends de ...
It's forbidden.	C'est défendu.
Smoking in the toilet **is forbidden.**	Il est interdit de ...
Child labour is **strictly forbidden by** a UN convention.	... formellement interdit par ...
No entry!	Défense d'entrer !
No parking.	Stationnement interdit.
It's not allowed.	C'est interdit.
You are not allowed to swim in the lake.	Il est interdit de ...
We weren't allowed to eat or drink while on duty.	On n'avait pas le droit de ...
That's out of the question.	Il n'en est pas question.

Certitude, probabilité et possibilité

Certitude

Undoubtedly, there will be problems.	Il est certain que ...
That course of action would **undoubtedly** lead to problems later.	... sans doute ...
They were **no doubt** right.	... sans doute ...
There is no doubt that the country's image has suffered.	Il ne fait aucun doute que ...
It's bound to cause trouble.	Cela va sûrement ...
Clearly the company is in difficulties.	Il est évident que ...
A foreign tourist is **quite obviously** a rare sight here.	... de toute évidence ...
It is undeniable that she was partly to blame.	Il est indéniable que ...
I am sure you will like my brother.	Je suis sûre que ...
I am sure that I will win.	Je suis sûr de ...
I'm sure that I won't get bored working with him.	J'ai la certitude que ...
I am certain that we are on the right track.	Je suis certain que ...
I am convinced that there are other solutions.	Je suis persuadé que ...

Probabilité

The price of petrol will **probably** rise.	Il est probable que ...
Inflation will **very probably** exceed 10%.	... très probablement ...
It is highly probable that they will abandon the project.	Il est fort probable que ...
The trend **is likely** to continue.	Il est probable que ...
The construction work **should** start in April.	... devrait ...
He **must have** forgotten to open the windows.	Il a dû ...

Possibilité

It's possible.	C'est possible.
It is possible that they got your name from the electoral register.	Il est possible que ...
It is not impossible that he has gone to Paris.	Il n'est pas impossible que ...
That might be more expensive.	Il se peut que ...
He may have misunderstood.	Il a peut-être ...
This virus **may** be extremely infectious.	Il se peut que ...
It may be that it will take time to achieve peace.	Il se peut que ...
In a few months everything **could** change.	... peut ...
Perhaps I am mistaken.	Peut-être que ...

L'ANGLAIS EN SITUATION

Incertitude, improbabilité et impossibilité

Incertitude

I'm not sure (that) it's useful.	Je ne suis pas sûr que ...
I'm not sure I'll manage.	Je ne suis pas certain de ...
We cannot be sure that the problem will be solved.	Il n'est pas certain que ...
I very much doubt he'll adapt to not working.	Je doute fort que ...
Is it wise? **I doubt it.**	J'en doute.
He began to **have doubts about** his doctor's competence.	... douter de ...
I wonder if we've made much progress in this area.	Je me demande si ...
There is no guarantee that a vaccine can be developed.	Il n'est pas garanti que ...
Nobody knows exactly what happened.	Personne ne sait exactement ...

Improbabilité

He **probably won't** change his mind.	... ne ... probablement pas ...
It is unlikely that there'll be any tickets left.	Il est peu probable que ...
I'd be surprised if they had your size.	Ça m'étonnerait que ...
They are not likely to get the Nobel prize for Economics!	Ils ne risquent pas de ...
There is not much chance the growth rate will exceed 1.5%.	Il y a peu de chances que ...
There's no danger we'll get bored.	Nous ne risquons pas de ...
It would be amazing if everything went according to plan.	Il serait étonnant que ...

Impossibilité

It's impossible.	C'est impossible.
It is not possible for the government to introduce this Bill before the recess.	Il n'est pas possible que ...
This information **cannot be** wrong.	Il est impossible que ...
There is no chance of their helping us.	Il n'y a aucune chance que ...

Salutations

Hello!	Bonjour !
Hi!	Salut !
Good morning!	Bonjour !
Good afternoon!	Bonjour !
Good evening!	Bonsoir !
How's it going?	Comment ça va ?
How's things?	Comment (ça) va ?
How's life?	Comment (ça) va ?
How are you?	Comment allez-vous ?

Réponses

Very well, thanks, and you?	Très bien, merci, et vous ?
Fine, thanks.	Bien, merci.
Great!	Super bien !
So-so.	Comme ci comme ça.
Could be worse.	On fait aller.
Not bad, thanks.	Pas mal, merci.

Présentations

This is Charles.	Je te présente …
Let me introduce you to my girlfriend.	Je vous présente …
I'd like you to meet my husband.	Je vous présente …
I don't believe you know one another.	Je ne crois pas que vous vous connaissiez.

Une fois qu'on a été présenté

Pleased to meet you.	Enchanté.
Hello, how do you do?	Enchanté de faire votre connaissance.
Hi, I'm Jane.	Salut, moi c'est …

Pour prendre congé

Bye!	Au revoir !
Goodbye!	Au revoir !
Good night!	Bonne nuit !
See you!	Salut !
See you later!	À tout à l'heure !
See you soon!	À bientôt !

See you tomorrow!	À demain !
See you next week!	À la semaine prochaine !
See you (on) Thursday!	À jeudi !

Vœux et félicitations

Happy Birthday!	Bon anniversaire !
Many happy returns!	Bon anniversaire !
Merry Christmas!	Joyeux Noël !
Happy New Year!	Bonne année !
Happy Anniversary!	Bon anniversaire de mariage !
Congratulations!	Félicitations !
Welcome!	Soyez les bienvenus !
Good luck!	Bonne chance !
Safe journey!	Bon voyage !
Have fun!	Amusez-vous bien !
Get well soon!	Bon rétablissement !
Take care!	Fais bien attention à toi !
Cheers!	(À votre) santé !
Enjoy your meal!	Bon appétit !

Remerciements

Thank you.	Merci.
Thank you for your cooperation.	Merci de …
Thank you for being so patient.	Je vous remercie de …
Thank you very much.	Merci beaucoup.
Thank you ever so much.	Merci mille fois.
How can I ever thank you?	Je ne sais pas comment vous remercier.
We are very grateful to you for putting our daughter up.	Nous vous sommes très reconnaissants de …

Pour commencer et terminer vos e-mails et vos lettres

Les lettres d'affaires

Formule de début	Formule de fin
Dear Sirs Dear Sir Dear Madam Dear Sir or Madam	Yours faithfully *(Brit)* Sincerely (yours) *(US)*
Dear Professor Meldrum Dear Ms Gilmour Dear Jayne McKenzie	Yours sincerely *(Brit)* Sincerely (yours) *(US)*
Dear Bill Dear David and Carrie	Best wishes Kind regards Best regards

Pour commencer un e-mail/une lettre d'affaires

Thank you for your email/letter	Je vous remercie de votre e-mail/lettre
In reply to your letter of ...	En réponse à votre lettre du ...
Further to ...	Suite à ...
I am writing to ...	Je vous écris pour ...
Please ...	Je vous prie de ...
Please find enclosed/attached ...	Veuillez trouver ci-joint ...
I would be grateful if you would ...	Je vous serais reconnaissant de ...
We are pleased to inform you ...	Nous avons le plaisir de vous informer ...
We regret to inform you ...	Nous sommes au regret de vous informer ...

Pour terminer un e-mail/une lettre d'affaires

I look forward to hearing from you.	Dans l'attente de votre réponse.
Thanking you in advance for your help.	En vous remerciant à l'avance pour votre aide.
If you require any further information please do not hesitate to contact me.	N'hésitez pas à me contacter pour toute information complémentaire.

| If I can help you with anything else, please do get back in touch. | Si je peux vous aider en quoi que ce soit, n'hésitez pas à me recontacter. |

| Once again, I apologize for any inconvenience. | Veuillez m'excuser à nouveau pour le désagrément occasionné. |

Les lettres personnelles

Formule de début	Formule de fin
Dear Mr and Mrs Roberts	Yours (assez soutenu)
Dear Kate and Jeremy	With best wishes
Dear Aunt Jane and Uncle Alan	Love from
Dear Granny	Lots of love from (familier)

Pour commencer un e-mail/une lettre personnel(le)

It was lovely to hear from you.	Cela m'a fait plaisir d'avoir de vos nouvelles.
Thank you for your letter.	Merci pour ta lettre.
I'm sorry I haven't written sooner.	Je suis désolé de ne pas t'avoir écrit plus tôt.
I hope all is well with you.	J'espère que tu vas bien.

Pour terminer un e-mail/une lettre personnel(le)

Write soon.	Écris-moi vite.
Say hello to ... for me.	Dis bonjour à ... de ma part.
Give my regards to ...	Transmettez mes amitiés à ...
Give my love to ...	Embrasse ... pour moi.
... sends his/her best wishes.	... me charge de te transmettre ses amitiés.
... sends his/her love.	... t'embrasse.

E-mail formel

	New Message		
File **Edit** **View** **Tools**	**Compose** **Help** **Send**		
To: aldunn@amd_pr.co.uk	New		
Cc:	Reply to Sender		
Bcc:	Reply to All		
Subject: Request for possible internship	Forward		
	Attachment		

Dear Mr Dunn

I am currently in my final year of a marketing degree at Oxford Brookes University and am interested in pursuing a career in public relations. I would like to enquire as to the possibility of carrying out an internship with your company this summer.

I know that AMD is one of the leading PR companies in the area and is particularly renowned for its work with social media, which is a great interest of mine and an area I am currently researching for my dissertation. I am expected to gain a first-class degree and have won several student awards in the course of my studies.

I am keen to learn more about the PR industry and believe I have several skills that would make me a valuable asset to your company. I have attached my CV which will give you more information about my background and would welcome the opportunity to come for interview.

Looking forward to hearing from you soon.

Yours sincerely

Sally Anderson

L'ANGLAIS EN SITUATION

E-mail personnel

	New Message		
File **Edit** **View** **Tools**	**Compose**	**Help** **Send**	✉

To: nicfraser@gmail.com | **New**

Cc: | **Reply to Sender**

Bcc: | **Reply to All**

Subject: Party! | **Forward**

| **Attachment**

Hi Nicky

I'm just emailing to see if you and Pete are free next Saturday as we're having a party here to celebrate Andy's 40th. We've invited around 50 people so it should be a really good night, and we can make as much noise as we like as the kids will be staying with their grandparents :-)

Really hope you can both make it! If so, we look forward to seeing you any time after 8pm.

Take care

Jennifer

File	Fichier
Edit	Édition
View	Affichage
Tools	Outils
Compose	Composer
Help	Aide
Send	Envoyer
New	Nouveau message
Reply to Sender	Répondre
Reply to All	Répondre à tous
Forward	Faire suivre
Attachment	Fichier joint
To	À
Cc	Cc
Bcc (blind carbon copy)	Copie cachée
Subject	Objet
From	De
Sent	Date

L'ANGLAIS EN SITUATION

Lettre formelle

Alice Aubeuf
Les Glycines
12, chemin des Écoliers
87430 CERGY-LES-VOIS
France

International Language Centre
University of Liverpool
134 New Road
LIVERPOOL
L1 0BU

11 February 2014

Dear Sir/Madam ◄───

I am writing to ask for information about the summer language courses you offer. I am especially interested in the two-week intensive Business English course. I have been studying English at university in France but would like to improve my knowledge of business terminology and learn how to communicate with English-speaking companies.

I have looked at your website but there is no up-to-date information on prices for the intensive courses and so I would be grateful if you could send me a price list. Could you also tell me if there are still places available for the course beginning on 11 August?

Finally, I would also need accommodation in Liverpool and would like to know if you rent out rooms in the university halls of residence during the summer months. If so, could you advise me on how much a single room costs per week and who I would contact to reserve a room?

Thank you in advance and I look forward to hearing from you soon.

Yours faithfully ◄───

Alice Aubeuf

> On utilise cette formule lorsque l'on ne connaît pas le nom du destinataire.

CV britannique

Rosalind A. Williamson
11 North Street, Barnton NE6 2BT
Tel: 01294 476230
Mob: 07763 687 422
rosawilliamson@gmail.com

Aujourd'hui, dans les CV en anglais, il n'est plus nécessaire d'indiquer sa date de naissance ni sa situation de famille.

Enthusiastic, career-driven professional with eight years' experience in events management now seeking a fresh challenge in a position that will allow me to use my energy, creativity, and organizational skills in a fast-paced environment.

CORE COMPETENCIES
- Excellent time management and organizational skills
- Enthusiastic and inspiring team leader
- Exemplary communication and client-handling skills

PROFESSIONAL EXPERIENCE

2008 to date: Events Organizer, Association of Marketing Professionals, Barnton
- Responsible for planning and managing c. 15 events per year to strict budgetary requirements
- Conducted research to identify new business opportunities
- Chaired regular meetings with clients to discuss requirements and budgets
- Communicated with external professionals to ensure efficient running of each event
- Responsible for training new and existing staff; line manager of team of five

2006-2008: Marketing Executive, Beech Tree Theatre, Bournemouth
- Managed and updated online content
- Built successful relationships with clients and festival organizers
- Enhanced brand image through direct and online marketing
- Maintained all databases and computer records

Si vous possédez des diplômes français, utilisez une formulation du type **equivalent to A-levels** (baccalauréat), **equivalent to BA (Hons)** (licence de lettres), etc.

QUALIFICATIONS ←

2005-2006: Postgraduate Diploma in Event Management, City University

2001-2005: University of Bournemouth, BA (Hons) Italian with Marketing – 2:1

2001: A-levels in Italian (A), English Literature (B), Business Studies (B)

OTHER SKILLS

Computer literate (Windows, Excel, PowerPoint, QuarkXPress, Wordpress)
Full clean driving licence
Member of the Chartered Institute of Marketing
Excellent working knowledge of Italian, conversational French

INTERESTS

Travel (have travelled extensively throughout Europe and North America), riding and sailing.

REFEREES

Ms Alice Brownlie
Managing Director
Association of Marketing Professionals
7 Howden Road
Barnton NE4 3KL
Email: abrownlie@amp.com

Ms Gwen Arthur
Marketing Manager
Beech Tree Theatre
Attersley Street
Bournemouth BN4 6TH
Email: gwenarthur@beechtree.co.uk

L'ANGLAIS EN SITUATION

CV américain

Le CV s'appelle **résumé** en anglais américain. Il est en général plus court et moins détaillé qu'un CV britannique.

Ross G. Brewer
450 Eastfield Street, Pittsburgh, PA 15201
Tel: 553 901-9785
rgbrewer@gmail.com

PROFILE
Web developer with 8 years' experience in HTML, CSS and SEO working as part of a technical team with line management of 3 junior staff members. Core responsibilities involve planning, creating and managing corporate websites for a range of blue-chip clients.

EMPLOYMENT HISTORY
Webwise, Pittsburgh, PA, November 2009 – Present
Senior Web Developer

- Responsible for creating and managing websites for around 10 high-profile clients from the finance sector
- Manage a team of 3 Junior Web Developers
- In charge of inhouse SEO training for new hires

Pennsylvania State University, Philadelphia, PA, 2005 – 2009
Technical Instructor

- Technical instructor and curriculum developer for the Web Development undergraduate course

EDUCATION
Si vous possédez un diplôme français, utilisez une formulation du type **equivalent to Bachelor of Science degree** (licence de sciences).

State University of New York, 2000 – 2004

Bachelor of Science degree in Computer Science and Systems Management
Overall GPA 3.7/4.0

GPA = « grade point average » ou moyenne des notes obtenues sur toute la durée des études.

REFERENCES
Available on request

On peut soit donner sur son CV les coordonnées des personnes dont on se recommande, soit attendre que l'employeur les demande (le plus souvent juste avant l'offre d'emploi).

Lettre de candidature

Claudine Martinon
Le Clos des Papillons
13678 VILLECROZE
France
18 April 2014

The Manager
La Fourchette
Clifton Passage
WELLS
LL33 0BU

Dear Sir or Madam

> Lorsqu'on ignore si le destinataire est un homme ou une femme, il convient d'utiliser la formule ci-contre. Toutefois, si l'on connaît le nom de la personne, on utilise la présentation suivante :
>
> **Ms Claire Harvey**
> **Manager**
> **La Fourchette** etc
>
> Pour commencer votre lettre, la formule à employer est la suivante :
>
> **Dear Ms Harvey**

With reference to your advertisement in the Guardian of 15 April, I would like to apply for the job of junior wine waiter. I have just graduated from university in Aix-en-Provence, where I studied languages. I am well informed about wines, since my family has a vineyard in Villecroze. In the university holidays I often worked in our own wine shop, where visitors are able to taste our wines. I therefore have plenty of experience of talking to people about wine, in English, French and German. I also have experience of working as a waitress: last year I worked for three months at a well-known restaurant in Aix-en-Provence (Les Trois Gouttes). The manager would be pleased to give me a reference.

I would like to work in England as I am interested in finding out about British tastes in wine. I would particularly like to work in your restaurant, which has such a good reputation.

Yours faithfully

Claudine Martinon

enc: CV

Comment rédiger l'adresse sur une enveloppe

Adresses britanniques

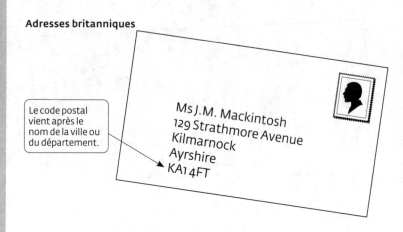

Le code postal vient après le nom de la ville ou du département.

Ms J.M. Mackintosh
129 Strathmore Avenue
Kilmarnock
Ayrshire
KA1 4FT

Adresses américaines

MARK SMITH
968 W MICHIGAN STREET
SEATTLE, WA 98060-1024
USA

Le code postal vient après le nom de la ville et l'abréviation de l'État.

Abréviations couramment employées dans les adresses

Ave = avenue	Dr = drive	Pl = place	Sq = square
Cres = crescent	Gdns = gardens	Rd = road	St = street

Réseaux sociaux

an account	un compte
to check one's account	vérifier son compte
a blog	un blog
to comment (on)	faire un commentaire sur
to create/open an account	créer/ouvrir un compte
a dashboard	un tableau de bord
a (discussion) thread	un fil de discussion
a DM (direct message)	un message privé (MP), un message direct
to DM sb	envoyer un message privé *ou* un MP à quelqu'un
a follower	un suiveur, une suiveuse; un(e) abonné(e)
to follow	suivre
a forum	un forum
a friend	un(e) ami(e)
to friend	ajouter à sa liste d'amis
a hashtag	un mot-dièse, un hashtag
a news feed	un news feed, un fil d'actualités *ou* de nouvelles
a profile	un profil
a profile picture	une photo du profil
an RSS feed	un fil d'actualités *ou* de nouvelles RSS
a status update	une mise à jour du statut
to tag sb in a photo	taguer qn sur une photo
a trending topic	un sujet tendance
a tweet	un tweet
to tweet (about)	tweeter (sur)
to retweet	retweeter
to unfollow	arrêter de suivre
a wall	un mur
to post sth on/to sb's wall	poster qch sur le mur de qn
to write on sb's wall	écrire sur le mur de qn

Abréviations courantes dans les e-mails et SMS

2 = *to, too, to-* (*e.g.* **2moro** = *tomorrow*)

4 = *for*

b4 = *before*

btw = *by the way*

c = *see*

im(h)o = *in my (humble) opinion*

l8r = *later*

lol = *laugh out loud*

OMG = *oh my God*

pls *or* **plz** = *please*

r = *are*

rly = *really*

soz = *sorry*

thx = *thanks*

u = *you*

ur = *your, you're*

Téléphone et Internet

Les différents types de communication

Local/national call.	Communication locale/ interurbaine.
I want to make an international call.	Je voudrais appeler l'étranger.
I want to make a reverse charge call to a Paris number (*Brit*) ou I want to call a Paris number collect (*US*).	Je voudrais appeler ... en PCV.
How do I get an outside line?	Comment est-ce que je peux téléphoner à l'extérieur ?

Les renseignements

What is the number for directory enquiries (*Brit*) ou directory assistance (*US*)?	Quel est le numéro des renseignements ?
Can you give me the number for Europost, 20 Cumberland Street, Newquay?	Je voudrais le numéro de ...
What is the code for Martinique?	Quel est l'indicatif de ...
What is the number for the speaking clock?	Quel est le numéro de l'horloge parlante ?

Réponses

The number you require is 0181-613 3297. (*o-one-eight-one six-one-three three-two-nine-seven*)	Le numéro que vous avez demandé est le ...
I'm sorry, there's no listing under that name.	Je regrette, mais il n'y a pas d'abonné à ce nom.
The number you require is ex-directory (*Brit*) ou unlisted (*US*).	Le numéro que vous avez demandé est sur liste rouge.

Lorsque l'abonné répond

Could I speak to Mr Sanderson, please?	Pourrais-je parler à ...
Could you put me through to Dr Evans, please?	Pourriez-vous me passer ...
Can I have extension 6578, please?	Pourriez-vous me passer le poste ...
I'll call back in half an hour.	Je rappellerai dans ...
Would you ask him to call me when he gets back?	Pourriez-vous lui demander de me rappeler à son retour ?

Au standard

Who shall I say is calling?	C'est de la part de qui ?
I'm putting you through.	Je vous le passe.
I have a call from Tokyo for Mrs Thomson.	J'ai un appel de ... pour ...
I've got Miss Martin on the line.	J'ai ... en ligne.
Dr Roberts is on another line. Do you want to hold?	... est en ligne, vous patientez ?
Please hold.	Ne quittez pas.
There's no reply.	Ça ne répond pas.
Would you like to leave a message?	Voulez-vous laisser un message ?

Messages enregistrés

The number you have dialled has not been recognized. Please hang up.	Le numéro de votre correspondant n'est plus attribué. Veuillez raccrocher.
The number you have dialled has been changed to 020-7789 0044.	Le numéro de votre correspondant a changé. Veuillez composer désormais le ...
All the lines are busy right now. Please try again later.	Par suite de l'encombrement des lignes, votre appel ne peut aboutir. Veuillez rappeler ultérieurement.
Hello, you have reached Sunspot Insurance. Please wait, your call will be answered shortly.	Bonjour, vous êtes en communication avec ... Veuillez patienter, nous allons donner suite à votre appel dans quelques instants.
Hello, you are through to Emma and Matthew Hargreaves. Please leave a message after the tone and we'll get back to you. Thanks.	Bonjour, vous êtes bien chez ... Laissez un message après le bip sonore et nous vous rappellerons dès notre retour.

Pour répondre au téléphone

Hello, it's Anne speaking.	Allô, c'est ... à l'appareil.
Speaking.	C'est moi.
Who's speaking?	Qui est à l'appareil ?

Assistance technique

Where can I charge my mobile *(Brit) ou* cell *(US)* (phone)?

Où est-ce que je peux recharger mon portable ?

I need a new battery.

Il me faut une batterie neuve.

I'd like to buy a SIM card with/ without a contract.

Je voudrais acheter une carte SIM avec/sans abonnement.

En cas de difficulté

I can't get through.

Je n'arrive pas à avoir le numéro.

Their phone is out of order.

Leur téléphone est en dérangement.

We have been cut off.

Nous avons été coupés.

I must have dialled the wrong number.

J'ai dû faire un faux numéro.

This is a very bad line.

La ligne est très mauvaise.

I can't get a signal here.

Il y a une mauvaise réception ici.

I can't get a network.

Je n'ai pas de réseau.

You're breaking up.

Je ne te capte plus.

I've run out of credit.

Je n'ai plus de crédit.

Internet

Do you have an Internet connection/Wi-Fi?

Y a-t-il une connexion Internet/wi-fi ?

What's the Wi-Fi password?

Quel est le mot de passe pour le wi-fi ?

I've forgotten my password.

J'ai oublié mon mot de passe.

Do you know the website address?

Connaissez-vous l'adresse du site Web ?

I would like to download the timetable.

Je voudrais télécharger ...

Are you on Twitter®/Facebook®?

Est-ce que vous êtes sur Twitter®/Facebook® ?

French in action

The aim of **French in action** is to help you express yourself simply but correctly in fluent, natural French.

The **Sentence builder** section features hundreds of phrases in which the key elements have been translated, providing an invaluable point of reference when you then construct your own sentences.

The section on correspondence contains practical models of personal and business letters and emails, job applications and CVs, together with examples of standard opening and closing formulae and information on how to address an envelope. This section also offers guidance notes to help you adapt these models to your needs.

A separate section covers all the expressions you might need to make different types of phone calls as well as useful vocabulary on social networking and using the Internet.

We hope you will find **French in action** both relevant and useful and that, used in conjunction with the dictionary, it will improve your understanding and enjoyment of French.

Contents

Likes, dislikes and preferences

Saying what you like

J'aime les gâteaux.	I like ...
J'aime que les choses soient à leur place.	I like ...
J'ai bien aimé le film.	I liked ...
J'adore sortir en boîte.	I love ...
Ce que je préfère chez Laurent, c'est son enthousiasme.	What I like most ...
Ce que j'aime par-dessus tout, c'est son sourire.	What I like most of all is ...
La visite des vignobles **m'a beaucoup plu.**	I very much enjoyed ...
J'ai un faible pour le chocolat.	I've got a weakness for ...
Rien ne vaut un bon café.	You can't beat ...
Rien de tel qu'un bon bain chaud !	There's nothing better than ...
Le couscous est **mon** plat **favori.**	My favourite ...
La lecture est **une de mes** activités **préférées.**	... one of my favourite ...
Cela ne me déplaît pas de sortir seule.	I don't mind ...

Saying what you dislike

Je n'aime pas le poisson.	I don't like ...
Je n'aime pas beaucoup parler en public.	I'm not very keen on ...
Je ne l'aime pas du tout.	I don't like ... at all.
Cette idée **ne m'emballe pas.**	I'm not particularly keen on ...
Je déteste la chimie.	I hate ...
J'ai horreur du sport.	I loathe ...
Je ne supporte pas qu'on me mente.	I can't stand ...
Sa façon d'agir **ne me plaît pas du tout.**	I don't like ... at all.
Ce que je déteste le plus, c'est le repassage.	What I hate most is ...

Saying what you prefer

Je préfère le rock **à** la musique classique.	I prefer ... to ...
Je préférerais vivre à Paris.	I would rather ...
J'aimerais mieux mourir **que de** lui demander un service.	I'd sooner ... than ...

Expressing indifference

Ça m'est égal.	It's all the same to me.
Je n'ai pas de préférence.	I have no preference either way.
C'est comme vous voudrez.	As you wish.

Cela n'a aucune importance.	It doesn't matter in the least.
Peu importe.	I don't mind.

Asking what someone likes

Est-ce que vous aimez les frites ?	Do you like ...
Est-ce que vous aimez faire la cuisine ?	Do you like ...
Est-ce que cela vous plaît de vivre en ville ?	Do you enjoy ...
Qu'est-ce que vous préférez : la mer ou la montagne ?	Which do you like better ...
Vous préférez lequel, le rouge ou le noir ?	Which do you prefer ...
Est-ce que vous préférez vivre à la campagne ou en ville ?	Do you prefer ...
Qu'est-ce que vous aimez le plus à la télévision ?	What do you like best ...

Opinions

Asking for opinions

Qu'en pensez-vous ?	What do you think about it?
Que pensez-vous de sa façon d'agir ?	What do you think of ...
Je voudrais savoir ce que vous pensez de son travail.	I'd like to know what you think of ...
J'aimerais connaître votre avis sur ce problème.	I would like to know your views on ...
Est-ce que vous pourriez me donner votre opinion sur cette émission ?	What do you think of ...
Quelle est votre opinion sur la peine de mort ?	What is your opinion on ...
À votre avis, hommes et femmes sont-ils égaux ?	In your opinion ...
Selon vous, faut-il donner plus de liberté aux jeunes ?	In your opinion ...

Expressing opinions

Vous avez raison.	You are right.
Il a tort.	He is wrong.
Il a eu tort de démissionner.	He was wrong to ...
Je pense que ce sera possible.	I think ...
Je crois que c'est un peu prématuré.	I think ...
Je trouve que c'est bizarre.	I find it ...
Personnellement, je pense que c'est trop cher.	Personally, I think that ...
Il me semble que vous vous trompez.	I think ...
J'ai l'impression que ses parents ne la comprennent pas.	I get the impression that ...

Je suis **certain qu'**il est tout à fait sincère.	I'm sure ...
Je suis **sûr que** Marc va gagner.	I'm sure ...
Je suis **persuadé qu'**il y a d'autres solutions.	I am convinced that ...
À mon avis, il n'a pas changé.	In my opinion ...
D'après moi, il a fait une erreur.	In my view ...
Selon moi, c'est impossible.	In my view ...

Being noncommittal

Ça dépend.	It depends.
Tout dépend de ce que vous **entendez par** là.	It all depends what you mean by ...
Je ne peux pas me prononcer.	I'd rather not express an opinion.
Je n'ai pas d'opinion bien précise à ce sujet.	I have no definite opinion on this.
Je ne me suis jamais posé la question.	I have never thought about it.
Je ne sais pas trop.	I don't really know.
Je ne suis pas sûr.	I'm not sure.

Approval and agreement

Je trouve que c'est une excellente idée.	I think it's an excellent idea.
Quelle bonne idée !	What a good idea!
J'ai beaucoup apprécié son article.	I really enjoyed ...
C'est une très bonne chose.	It's a very good thing.
Je trouve **que vous avez raison de** vous méfier.	I think you're right to ...
Vous avez bien fait de laisser vos bagages à la consigne.	You were right to ...
Vous n'avez pas tort de critiquer le gouvernement.	You're quite justified in ...
Je partage cette opinion.	I share this view.
Je partage votre inquiétude.	I fully share your ...
Nous sommes favorables à la création d'emplois.	We are in favour of ...
Nous sommes en faveur d'une Europe unie.	We are in favour of ...
Il est exact que c'est un risque à prendre.	It is true that ...
Il est vrai que cette erreur aurait pu être évitée.	It is true that ...
Je suis d'accord avec vous.	I agree with you.
Je suis entièrement d'accord avec toi.	I entirely agree with you.

Disapproval and disagreement

Je trouve qu'il a eu tort d'emprunter autant d'argent.

I think he was wrong to ...

Il est dommage qu'il ait réagi ainsi.

It's a pity that ...

Il est regrettable qu'ils ne nous aient pas prévenus.

It is regrettable that ...

Cette idée me déplaît profondément.

I dislike ... intensely.

Je ne supporte pas le mensonge.

I can't stand ...

Nous sommes contre la chasse.

We are against ...

Je suis absolument contre.

I am dead against it.

Je refuse cette solution.

I reject ...

Je suis opposé à toute forme de censure.

I am opposed to ...

Je ne partage pas ce point de vue.

I don't share this point of view.

Je suis déçu par son attitude.

I am disappointed by ...

Je suis profondément déçu.

I am deeply disappointed.

Tu n'aurais pas dû lui parler sur ce ton.

You shouldn't have ...

Nous ne pouvons accepter de voir la situation se dégrader.

We can't stand by and ...

C'est inacceptable.

This is unacceptable.

De quel droit agit-il de la sorte ?

What gives him the right to ...

Je ne suis pas d'accord.

I disagree.

Nous ne sommes pas d'accord avec eux.

We don't agree with ...

Je ne suis absolument pas d'accord avec ce qu'il a dit.

I totally disagree with ...

C'est faux de dire que cette erreur était inévitable.

It is wrong to say that ...

Vous vous trompez !

You're wrong!

Complaints

Je ne suis pas satisfait de ma chambre.

I'm not happy with ...

Je suis très déçu du service fourni par votre hôtel.

I'm very disappointed with ...

Je voudrais faire une réclamation.

I would like to make a complaint.

Je voudrais parler au responsable, s'il vous plaît.

I would like to speak to the manager, please.

Il y a un problème avec la réservation.

There is a problem with ...

C'est absolument inacceptable.

That's totally unacceptable.

Pourriez-vous vous en occuper tout de suite ?

Can you see to it straightaway?

FRENCH IN ACTION

Apologies

How to say sorry

Excusez-moi.	Sorry.
Excusez-moi de vous déranger.	Sorry to bother you.
Oh, pardon ! J'ai dû faire un faux numéro.	Oh, sorry!
Je suis désolé de vous avoir réveillé.	I am sorry I ...
Je suis désolé pour tout ce qui s'est passé.	I am sorry about ...
Je vous prie de m'excuser.	I do apologize.
Nous prions nos lecteurs de bien vouloir excuser cette omission.	We hope ... will excuse ...

Admitting responsibility

C'est (de) ma faute : j'aurais dû partir plus tôt.	It's my fault, I should have ...
Je n'aurais pas dû me moquer d'elle.	I shouldn't have ...
Nous avons eu tort de ne pas vérifier cette information.	We were wrong not to ...
J'assume seul l'entière responsabilité de cette erreur.	I take full responsibility for ...
Je reconnais que j'aurais dû faire un effort.	I admit that ...

Disclaiming responsibility

Ce n'est pas (de) ma faute.	It's not my fault.
Ce n'est pas (de) ma faute si nous sommes en retard.	It's not my fault if ...
Je ne l'ai pas fait exprès.	I didn't do it on purpose.
Je ne pouvais pas faire autrement.	I had no other option.
J'avais pourtant cru comprendre que je pouvais me garer là.	But I thought that ...
J'avais cru bien faire en le prévenant.	I thought I was doing the right thing in ...

Apologizing for being unable to do something

Je regrette, mais ce n'est pas possible.	I'm sorry, but ...
Je suis désolé, mais je ne peux pas vous aider.	I'm sorry, but ...
Il nous est malheureusement impossible d'accéder à votre demande.	Unfortunately, it's impossible for us to ...

FRENCH IN ACTION

Explanations

Causes

Je n'ai rien acheté **parce que** je n'ai pas d'argent.	... because ...
Je suis arrivé en retard **à cause des** embouteillages.	... because of ...
Puisque tu insistes, je vais rester un jour de plus.	Since ...
Comme j'habitais près de la bibliothèque, j'y allais souvent.	As ...
Je ne pourrai pas venir **car** je n'ai pas fini.	... as ...
Vu la situation actuelle, nous ne pouvons pas nous prononcer.	Given ...
Étant donné la crise, il est difficile de trouver du travail.	Given ...
C'est une rupture d'essieu **qui a provoqué** le déraillement.	It was ... that caused ...
Le théâtre va fermer **faute de** moyens.	... due to lack of ...
Il a donné sa démission **pour des raisons de** santé.	... for ... reasons.
Le projet a été abandonné **en raison de** problèmes juridiques.	... owing to ...
Le malaise des enseignants **est lié à** la difficulté de leur métier.	... is linked to ...
Le problème vient de ce que les gens sont déçus par la politique.	The problem is that ...
Le ralentissement des exportations **provient de** la chute de la demande européenne.	... is the result of ...
La haine **résulte de** l'incompréhension.	... results from ...

Consequences

Je dois partir ce soir. Je ne pourrai **donc** pas venir avec vous.	... so ...
La distribution a été améliorée, **de telle sorte que** les lecteurs trouveront leur journal plus tôt.	... so that ...
Le cidre nouveau est très peu fermenté et **par conséquent** très peu alcoolisé.	... consequently ...
Ce manque de concertation **a eu pour conséquence** une duplication inutile de nos efforts.	... has resulted in ...
Voilà pourquoi on s'en souvient.	That's why ...

Comparisons

On peut **comparer** la télévision **à** une drogue.	... can be compared to ...
Un texte **qui tient** à la fois **du** conte et du récit d'aventures.	... which has elements of ...
Le Centre Pompidou **est souvent comparé à** un paquebot.	... is often compared to ...
Le bruit **était comparable à** celui d'une moto dépourvue de silencieux.	... was comparable to ...
L'Afrique reste un continent sous-peuplé **comparé à** l'Asie.	... compared with ...
Par comparaison avec l'Islande, l'Irlande a un climat tropical.	Compared to ...
Les investissements publicitaires ont connu une légère progression **par rapport à** l'année dernière.	... compared to ...
Cette histoire **ressemble à** un conte de fées.	... is like ...
Il adorait cette campagne qui **lui rappelait** l'Irlande.	... reminded him of ...
Des taux de chômage effrayants, **rappelant ceux** des années 30.	... reminiscent of those ...
Il me fait penser à mon frère.	He reminds me of ...
Le surf des neiges **est l'équivalent** sur neige **de** la planche à roulettes.	... is the equivalent ... of ...
Cette somme **correspond à** six mois de salaire.	... corresponds to ...
C'est la même chose.	It's the same thing.
Cela revient au même.	It comes to the same thing.
Ce disque **n'est ni meilleur ni moins bon que** les autres.	... is no better and no worse than ...

Stressing differences

Aucune catastrophe **ne peut être comparée au** tsunami de 2004.	No ... can compare with ...
On ne peut pas comparer les usines modernes **à** celles où travaillaient nos grands-parents.	... cannot be compared with ...
Les actions de ce groupe **n'ont rien de comparable avec** les agissements des terroristes.	... are in no way comparable to ...
Sa démarche le **différencie de** son frère.	... distinguishes ... from ...
L'histoire des États-Unis **ne ressemble en rien** à la nôtre.	... in no way resembles ...
Ça n'a rien à voir.	That's got nothing to do with it.
Ce sont deux choses complètement différentes.	These are two completely different things.

FRENCH IN ACTION

Il y a des événements bien plus tragiques que de perdre une finale de Coupe d'Europe.	There are worse things than ...
Le gruyère **est meilleur que** le comté.	... is better than ...
Son deuxième film **est moins** réussi **que** le premier.	... is less ... than ...
L'espérance de vie des femmes est de 81 ans, **tandis que** celle des hommes est de 72 ans.	... while ...
Alors que la consommation de vin et de bière diminue, l'eau minérale est un marché en expansion.	While ...

Requests and offers

Requests

Je voudrais trois tartelettes.	I'd like ...
Je voudrais connaître les horaires des trains pour Lille.	I'd like to ...
Pourriez-vous nous donner un coup de main ?	Could you ...
Est-ce que vous pouvez annoncer la bonne nouvelle à Éliane ?	Can you ...
Est-ce que vous pourriez venir me chercher ?	Could you ...
Sois gentille, fais un saut chez le boulanger.	Be an angel ...
Auriez-vous l'amabilité de m'indiquer la sortie ?	Would you be so kind as to ...
Auriez-vous la gentillesse de nous donner la recette ?	Would you be so kind as to ...
Auriez-vous l'obligeance de me garder ma place ?	Would you be very kind and ...
Puis-je vous demander de m'accorder un instant ?	Could I trouble you to ...
Merci de bien vouloir patienter.	If you wouldn't mind ...
Est-ce que cela vous dérangerait d'ouvrir la fenêtre ?	Would you mind ...
Je vous serais reconnaissant de me prévenir dès que possible.	I would be grateful if you would ...
Je vous serais reconnaissant de bien vouloir me communiquer votre décision d'ici vendredi.	I would be grateful if you would ...

Offers

Je peux passer vous prendre, **si** vous voulez.	I can ... if ...
Je pourrais vous accompagner.	I could ...
Ça te dirait, une glace ?	Do you fancy ...
Ça vous dirait d'aller faire un tour ?	How do you fancy ...
Que diriez-vous d'une balade en forêt ?	Do you feel like ...

Est-ce que vous **voulez** que j'aille chercher votre voiture ?

Do you want me to …

Est-ce que vous **voulez** dîner avec nous un soir ?

Would you like to …

Advice and suggestions

Asking for advice or suggestions

À ma place, que feriez-vous ?

What would you do if you were me?

Quel est votre avis sur la question ?

What's your opinion on the matter?

Qu'est-ce que vous me **conseillez**, les Baléares ou les Canaries ?

Which would you recommend …

Que me **conseillez-vous** de faire ?

What would you advise me to do?

Parmi les excursions à faire, **laquelle nous conseilleriez-vous ?**

… which would you recommend?

Quelle stratégie **proposez-vous ?**

What … do you suggest?

Que **proposez-vous** pour réduire la pollution ?

What, in your opinion, should be done to …

Qu'est-ce que vous **proposez** contre le chômage ?

How would you deal with …

Offering advice or suggestions

À votre place, je me méfierais.

If I were you …

Si j'étais toi, je ne dirais rien.

If I were you …

Si je peux vous donner un conseil, achetez votre billet à l'avance.

If I may give you a bit of advice …

Un conseil : lisez le mode d'emploi.

A word of advice …

Un bon conseil : n'attendez pas le dernier moment pour faire votre réservation.

A useful tip …

Vous devriez voir un spécialiste.

You should …

Vous feriez bien de consulter un avocat.

You would do well to …

Vous feriez mieux d'acheter une nouvelle voiture.

You would do better to …

Vous pourriez peut-être demander à quelqu'un de vous le traduire.

You could perhaps …

Vous pourriez montrer un peu plus de compréhension.

You could …

Pourquoi ne pas lui téléphoner ?

Why don't you …

Il faudrait peut-être essayer autre chose.

Perhaps we ought to …

Et si on allait au cinéma ?

How about …

Je **vous propose** le 3 mars à 10 h 30.	How about …
Il **vaudrait mieux** lui offrir de l'argent qu'un bijou.	It might be better to …
Il **serait préférable d'**attendre le résultat.	It would be better to …

Encouraging someone

Bravo !	Well done!
Vas-y, tu vas y arriver !	Go on, …
C'est très bien, continuez comme ça.	Very good …
Je vous félicite, vous vous êtes très bien débrouillé.	Congratulations, …
C'est du très bon travail.	You've done some very good work.

Warnings

Je vous préviens, je ne me laisserai pas faire.	I warn you …
Je te préviens que ça ne sera pas facile.	I'd better warn you that …
N'oubliez pas de conserver le double de votre déclaration d'impôts.	Don't forget to …
Méfiez-vous des apparences.	Remember: appearances can be deceptive.
Surtout, n'y allez **jamais** le samedi.	Whatever you do, don't …
Si tu ne viens pas, **tu risques de** le regretter.	… you risk …
Attention, ça pourrait vous attirer des ennuis.	Be careful, that could …

Intentions and desires

Asking what someone intends to do

Qu'est-ce que vous allez faire ?	What are you going to do?
Qu'est-ce que tu vas faire si tu rates ton examen ?	What will you do if …
Qu'allez-vous faire en rentrant? **Avez-vous des projets ?**	What are you going to do … ? Do you have anything planned?
Quels sont vos projets ?	What are your plans?
Est-ce que tu comptes passer tes vacances ici ?	Are you planning to …
Vous comptez rester longtemps ?	Are you planning on …
Que comptez-vous faire de votre collection ?	What are you planning to do with …
Comment comptez-vous faire ?	What are you thinking of doing?
Tu as l'intention de passer des concours ?	Do you intend to …
Songez-vous à refaire un film en Europe ?	Are you thinking of …

Talking about intentions

Je comptais m'envoler pour Ajaccio le 8 juillet.	I was planning to …
Elle prévoit de voyager pendant un an.	She plans to …
Il est prévu de construire un nouveau stade.	There are plans to …
Ils envisagent d'avoir plusieurs enfants.	They are thinking of …
Cette banque **a l'intention de** fermer un grand nombre de succursales.	… intends to …
Je songe à abandonner la politique.	I am thinking of …
J'ai décidé de changer de carrière.	I have decided to …
Je suis décidée à arrêter de fumer.	I have made up my mind to …
Je me suis décidée à y aller.	I have made up my mind to …
C'est décidé, nous partons à la campagne.	That's settled …
Il n'a jamais été dans nos intentions de lui cacher la vérité.	We never had any intention of …
Il n'est pas question pour moi **de** renoncer à ce projet.	There is no question of …

Wishes

Je veux faire du cinéma.	I want to …
Je voudrais savoir jouer aussi bien que lui.	I'd like to …
J'aimerais faire du deltaplane.	I'd like to …
J'aimerais que mes photos soient publiées dans la presse.	I would like …
J'aurais aimé avoir un frère.	I would have liked to …
Lionel **voulait à tout prix** partir le soir-même.	… wanted at all costs …
Nous souhaitons préserver notre indépendance.	We wish to …
J'espère avoir des enfants.	I hope to …
Nous espérons que les enfants regarderont cette émission avec leurs parents.	We hope that …
Vous rêvez de faire le tour du monde ?	Do you dream of …
Mon rêve serait d'avoir une grande maison.	My dream would be to …

Obligation

Il faut que je me trouve un logement.	I must …
Il faut absolument qu'on se revoie avant le 23 !	We really must …
Si vous allez en Pologne, **vous devez** venir nous voir.	… you must …
Les auteurs du détournement **ont exigé que** l'avion reparte vers New York.	… demanded that …
Ça **me force à** faire de l'exercice.	… makes me …

Une violente crise d'asthme **m'a obligé à** consulter un médecin. ... forced me to ...

Je suis obligé de partir. I have to ...

Il est obligé de travailler, **il n'a pas le choix.** He has to ... he has no other option.

Je ne peux pas faire autrement que d'accepter. I have no choice but to ...

L'école **est obligatoire** jusqu'à seize ans. ... is compulsory ...

Il est indispensable de voyager pour comprendre les autres. It is essential to ...

Permission

Asking for permission

Je peux téléphoner ? Can I ...

Je peux vous demander quelque chose ? Can I ...

Est-ce que je peux passer vous dire un petit bonjour tout à l'heure ? Can I ...

Ça ne vous dérange pas si j'arrive en avance ? Is it all right if ...

Ça ne vous dérange pas que je fume ? Do you mind if ...

Est-ce que ça vous dérange si j'ouvre la fenêtre ? Do you mind if ...

Vous permettez, Madame, **que** je regarde ce qu'il y a dans votre sac ? Would you mind if ...

Giving permission

(Vous) faites comme vous voulez. Do as you please.

Allez-y ! Go ahead!

Je vous en prie. Please do.

Je n'y vois pas d'inconvénient. I have nothing against it.

Vous avez le droit de porter plainte. You have the right to ...

Saying something is not allowed

Je te défends de sortir ! I forbid you to ...

C'est défendu. It's forbidden.

Il est interdit de fumer dans les toilettes. ... is forbidden.

Le travail des enfants **est formellement interdit par** une convention de l'ONU. ... is strictly forbidden by ...

Défense d'entrer. No entry.

Stationnement interdit. No parking.

Interdiction de stationner. No parking.

C'est interdit. It's not allowed.

Elle interdit à ses enfants **d'**ouvrir la porte. She forbids ... to ...

Tu n'as pas le droit. You're not allowed.

On n'avait pas le droit de manger ni de boire pendant le service.

We weren't allowed to ...

Il n'en est pas question.

That's out of the question.

Certainty, probability and possibility

Certainty

Il est certain qu'il y aura des problèmes.

Undoubtedly ...

Il ne fait aucun doute que ce produit connaîtra un réel succès.

There is no doubt that ...

Il est évident qu'il traverse une période difficile.

Clearly ...

C'est de toute évidence la seule chose à faire.

Quite obviously ...

Il est indéniable qu'il a eu tort d'agir ainsi.

It is undeniable that ...

Je suis sûre que mon frère te plaira.

I am sure that ...

Je suis sûr de gagner.

I am sure that I ...

Je suis certain que nous sommes sur la bonne voie.

I am certain that ...

J'ai la certitude qu'en travaillant avec lui, je ne m'ennuierai pas.

I am sure that ...

Je suis persuadé qu'il y a d'autres solutions.

I am convinced that ...

Il va gagner, c'est obligé.

He's bound to ...

Probability

Il est probable que le prix du pétrole va continuer d'augmenter.

... probably ...

Le taux d'inflation dépassera très probablement les 10 %.

... very probably ...

80 % des problèmes de peau sont sans doute d'origine psychique.

... undoubtedly ...

Ils avaient sans doute raison.

... no doubt ...

Les travaux devraient débuter au mois d'avril.

... should ...

Il se pourrait bien qu'ils cherchent à tester nos réactions.

It is quite possible that ...

La France a de fortes chances de gagner.

France stands a very good chance of winning.

Il a dû oublier d'ouvrir les fenêtres.

He must have ...

Possibility

C'est possible.

It is possible.

Il est possible que cela coûte plus cher.

That might ...

Il n'est pas impossible qu'il soit parti à Paris.

It is not impossible that ...

Il se pourrait que l'Amérique ait été découverte par des Chinois.

It is possible that ...

FRENCH IN ACTION

Il **se peut que** ce virus soit particulièrement virulent.	... **may** ...
En quelques mois tout **peut** changer.	... could ...
Les négociations **pourraient** aboutir très prochainement.	... could ...
Il a **peut-être** mal compris.	Maybe ...
Peut-être que je me trompe.	Perhaps ...

Doubt, improbability and impossibility

Doubt

Je ne suis pas sûr que ce soit utile.	I'm not sure ...
Je ne suis pas sûre d'y arriver.	I'm not sure I'll ...
Je ne suis pas certain d'avoir raison.	I'm not sure I'm ...
Il n'est pas certain que cela soit une bonne idée.	I'm not certain that ...
Personne ne sait si un vaccin pourra être mis au point.	Nobody knows whether ...
Je me demande si nous avons fait beaucoup de progrès dans ce domaine.	I wonder if ...
Est-ce sage ? **J'en doute.**	I doubt it.
Il se mit à **douter de** la compétence de son médecin.	... to have doubts about ...
Je doute fort qu'il accepte de rester inactif.	I very much doubt ...
On ne sait pas exactement ce qui s'est passé.	Nobody knows exactly ...

Improbability

Il **ne** changera **probablement pas** d'avis.	... probably won't ...
Il est peu probable qu'il reste encore des places.	It is unlikely that ...
Ça m'étonnerait qu'ils aient ta pointure.	I'd be surprised if ...
Il serait étonnant que tout se passe conformément aux prévisions.	It would be amazing if ...
Nous ne risquons pas de nous ennuyer.	There's no danger of ...
Elles ne risquent pas d'avoir le prix Nobel d'économie.	They are not likely to ...
Il y a peu de chances que le taux de croissance dépasse 1,5 %.	There is not much chance of ...

Impossibility

C'est impossible.	It's impossible.
Il n'est pas possible qu'il n'y ait rien à faire.	It is not possible that ...
Il est impossible que ces renseignements soient faux.	... cannot ...
Il n'y a aucune chance qu'ils viennent à notre secours.	There is no chance of ...

FRENCH IN ACTION

Greetings

Bonjour !	Hello!
Bonsoir !	Good evening!
Salut !	Hi!
Comment allez-vous ?	How are you?
Comment ça va ?	How's things?

What to say in reply

Très bien, merci, et vous ?	Very well, thanks, and you?
Ça va, et toi ?	Fine, thanks, how about you?
Super bien !	Great!
On fait aller.	Could be worse.
Pas mal, merci.	Not bad, thanks.
Couci-couça.	So-so.

Introductions

Je vous présente Charles.	This is ...
Je vous présente mon amie.	May I introduce ...
Marc ; Laurent	Marc, this is Laurent; Laurent, Marc.
Je ne crois pas que vous vous connaissiez.	I don't believe you know one another.

Replying to an introduction

Enchanté.	Pleased to meet you.
Enchanté or Ravi de faire votre connaissance.	How do you do?
Salut, moi c'est Dominique.	Hi, I'm ...

Leavetaking

Au revoir !	Goodbye!
Bonne nuit !	Good night!
Salut !	Bye!
Ciao !	See you!
À bientôt !	See you later!
À demain !	See you tomorrow!
À la semaine prochaine !	See you next week!
À jeudi !	See you Thursday!

Best wishes

Bon anniversaire !	Happy Birthday!
Joyeux Noël !	Merry Christmas!
Bonne année !	Happy New Year!
Félicitations !	Congratulations!
Bon voyage !	Safe journey!
Bonne chance !	Good luck!
Bienvenue !	Welcome!
Amusez-vous bien !	Have fun!
Bon appétit !	Enjoy your meal!
(À votre) santé !	Cheers!
Tchin-tchin !	Cheers!
À la tienne/À la vôtre !	Cheers!

Thanks

Merci.	Thank you.
Merci de votre coopération.	Thank you for ...
Merci beaucoup.	Thank you very much.
Je vous remercie d'avoir été si patients.	Thank you for ...
Je ne sais pas comment vous remercier.	How can I ever thank you?
Nous vous sommes très reconnaissants d'avoir hébergé notre fille.	We are very grateful to you for ...

FRENCH IN ACTION

Starting and ending emails and letters

In formal correspondence

Beginning	End
Monsieur le Directeur	Je vous prie d'agréer, Monsieur le Directeur, l'assurance de ma considération distinguée
Messieurs Monsieur Madame	Je vous prie d'agréer, Messieurs (or Monsieur or Madame), mes salutations distinguées or Veuillez accepter, Messieurs (or Monsieur or Madame), mes salutations distinguées
Cher Monsieur/Chère Madame	Croyez, cher Monsieur (or chère Madame), à l'expression de mes sentiments les meilleurs
Cher Thomas/Chère Océane	Cordialement (in email only)

Starting a formal email or letter

Je vous remercie de votre e-mail/lettre …	Thank you for your email/letter …
En réponse à votre lettre du …	In reply to your letter of …
Suite à …	Further to …
Je vous écris pour …	I am writing to …
Je vous prie de …	Please …
Veuillez trouver ci-joint …	Please find enclosed/attached …
Je vous serais reconnaissant de …	I would be grateful if you would …
Nous avons le plaisir de vous informer …	We are pleased to inform you …
Nous sommes au regret de vous informer …	We regret to inform you …

Ending a formal email or letter

Dans l'attente de votre réponse, je vous prie d'agréer mes salutations distinguées.	I look forward to hearing from you soon. Yours sincerely/Yours faithfully
N'hésitez pas à me contacter pour toute information complémentaire.	If you require any further information please do not hesitate to contact me.
En vous remerciant à l'avance pour votre aide.	Thanking you in advance for your help.

Si je peux vous aider en quoi que ce soit, n'hésitez pas à me recontacter.	If I can help you with anything else, please do get back in touch.
Veuillez m'excuser à nouveau pour le désagrément occasionné.	Once again, I apologize for any inconvenience.

In personal correspondence

Beginning	End
Cher Monsieur	Recevez, cher monsieur, mes cordiales salutations *(fairly formal)*
Chers Jean et Sylvie	Bien amicalement
Chère tante Laure	Je t'embrasse bien affectueusement
Mon cher Laurent	Grosses bises *(very informal)*
Salut Myriam	À la prochaine *(very informal)*

Starting a personal email or letter

Je te remercie de ton e-mail/ta lettre ...	Thanks for your email/letter ...
J'ai été très content d'avoir de tes nouvelles.	It was lovely to hear from you.
Je suis désolé de ne pas vous avoir répondu plus vite.	I'm sorry I didn't reply sooner.
J'espère que tu vas bien.	I hope all is well with you.

Ending a personal email or letter

Écris-moi vite.	Write soon.
Dis bonjour à ... de ma part.	Say hello to ... for me.
Transmettez mes amitiés à ...	Give my regards to ...
Embrasse ... pour moi.	Give my love to ...
... me charge de te transmettre ses amitiés.	... sends his/her best wishes.
... t'embrasse.	... sends his/her love.

Formal email

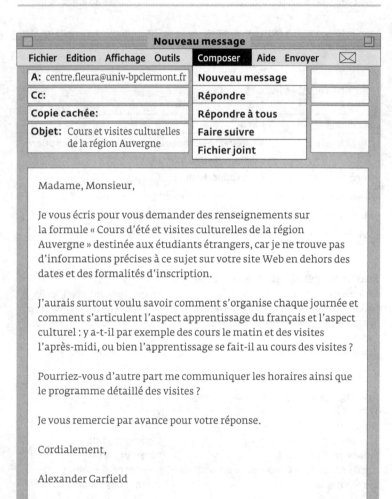

Nouveau message

Fichier　Edition　Affichage　Outils　Composer　Aide　Envoyer　✉

A: centre.fleura@univ-bpclermont.fr	Nouveau message
Cc:	Répondre
Copie cachée:	Répondre à tous
Objet: Cours et visites culturelles de la région Auvergne	Faire suivre
	Fichier joint

Madame, Monsieur,

Je vous écris pour vous demander des renseignements sur la formule « Cours d'été et visites culturelles de la région Auvergne » destinée aux étudiants étrangers, car je ne trouve pas d'informations précises à ce sujet sur votre site Web en dehors des dates et des formalités d'inscription.

J'aurais surtout voulu savoir comment s'organise chaque journée et comment s'articulent l'aspect apprentissage du français et l'aspect culturel : y a-t-il par exemple des cours le matin et des visites l'après-midi, ou bien l'apprentissage se fait-il au cours des visites ?

Pourriez-vous d'autre part me communiquer les horaires ainsi que le programme détaillé des visites ?

Je vous remercie par avance pour votre réponse.

Cordialement,

Alexander Garfield

FRENCH IN ACTION

Personal email

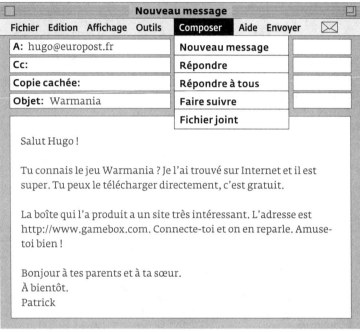

	Nouveau message	
Fichier Edition Affichage Outils	**Composer** Aide Envoyer ✉	
A: hugo@europost.fr	**Nouveau message**	
Cc:	**Répondre**	
Copie cachée:	**Répondre à tous**	
Objet: Warmania	**Faire suivre**	
	Fichier joint	

Salut Hugo !

Tu connais le jeu Warmania ? Je l'ai trouvé sur Internet et il est super. Tu peux le télécharger directement, c'est gratuit.

La boîte qui l'a produit a un site très intéressant. L'adresse est http://www.gamebox.com. Connecte-toi et on en reparle. Amuse-toi bien !

Bonjour à tes parents et à ta sœur.
À bientôt.
Patrick

Fichier	File
Édition	Edit
Affichage	View
Outils	Tools
Composer	Compose
Aide	Help
Envoyer	Send
Nouveau message	New
Répondre	Reply to Sender
Répondre à tous	Reply to All
Faire suivre	Forward
Fichier joint	Attachment
À	To
Cc	Cc
Copie cachée	Bcc (blind carbon copy)
Objet	Subject
De	From
Date	Sent

FRENCH IN ACTION

Formal letter

The town or city from which the letter is being sent should be included along with the date. The article **le** should be included in the date.

Laurent Messier
47, rue de la Préfecture
06300 NICE

Jeanne Horlier
Bibliothèque des Musées de Strasbourg
1, Place Hans Jean Arp,
67076 Strasbourg Cedex

Nice, le 24 juin 2014

Madame,

Actuellement étudiant en deuxième année de DUT information-communication option métiers du livre et du patrimoine, je suis à la recherche d'un stage obligatoire de 2 mois dans le cadre de cette formation. Je serais particulièrement intéressé par un stage d'assistant bibliothécaire au sein d'une bibliothèque spécialisée dans les arts comme la vôtre.

Passionné de peinture, j'ai acquis, en plus de ma formation, une solide culture générale en histoire de l'art grâce aux cours du soir que j'ai suivis durant trois ans à l'École du Louvre.

J'ai également effectué l'année dernière, toujours dans le cadre du DUT, un stage d'un mois à la bibliothèque Arthur Rimbaud (75004 Paris), où j'ai beaucoup appris quant au fonctionnement des bibliothèques de prêt et aux tâches quotidiennes des agents qui y travaillent.

Dans l'espoir de pouvoir vous rencontrer prochainement pour vous convaincre de ma motivation, je vous prie d'agréer, Madame, mes salutations distinguées.

Laurent Messier

Laurent Messier

For alternatives see p. 50

CURRICULUM VITÆ

LEGUEN Marine   30 ans
29, rue de Vannes   célibataire
35000 RENNES   nationalité française
Tél : 2 99 02 71 28/7 93 92 36 54
e-mail : mleguen@gmail.fr

Assistante de direction

7 ans d'expérience dans l'export
Excellente capacité d'organisation, grande aisance
relationnelle

EXPÉRIENCE PROFESSIONNELLE

mars 2009 à ce jour
Assistante du directeur à l'exportation, Agriventes, Rennes

- Participation à l'élaboration et suivi des budgets annuels clients
- Suivi des contrats, supervision des portefeuilles de commandes
- Interface commerciaux/administration des ventes/clients
- Marketing : organisation et participation aux évènements professionnels, élaboration des outils marketing (notamment maquettes des insertions publicitaires)

2007–2009
Secrétaire de direction, France-Exportations, Cognac

- Suivi de la clientèle
- Coordination marketing, production, douanes, logistique
- Organisation de salons

If you have British or American etc qualifications you should use wording such as **équivalence baccalauréat (3 A-levels)**, **équivalence licence de lettres (BA Hons)** etc.

DIPLÔMES

2007	Diplôme de secrétaire bilingue (anglais), délivré par l'École de commerce de Poitiers
2006	Licence de langues étrangères appliquées (anglais et russe), Université de Poitiers
2002	Baccalauréat (langues) – mention assez bien

LANGUES

anglais et russe (courant), allemand (bonnes connaissances)

INFORMATIQUE

Excellente maîtrise du Pack Office (tableaux croisés sous Excel, animations sous PowerPoint, publipostage sous Word, Outlook)

LOISIRS

Voyages (Russie, Europe du Sud, Royaume-Uni, États-Unis) ; voile

RÉFÉRENCES

Jean-Alain Reboul
Directeur à l'exportation
Agriventes
192, route de Lorient
PA Rennes Ouest
35000 Rennes
02 99 54 12 13
jareboul@agriventes.fr

Although it is not essential to give references on French CVs, recruiters are increasingly keen to see this information. You can either give contact details or write **Références fournies sur demande**.

Covering letter

This is appropriate if you are writing to a company. However, if you are writing to the holder of a particular post use the following:
Monsieur le Directeur (*or* **Madame la Directrice**) **des ressources humaines**
Société GERBAULT etc
and begin the letter:
Monsieur le Directeur des ressources humaines,

If you know the name of the person you should use the following:
Monsieur Alain Dupont
Directeur des ressources humaines
Société GERBAULT etc
and begin the letter:
Monsieur,

Marine LEGUEN
29, rue de Vannes
35000 RENNES

Service du Personnel
Société GERBAULT
85, bd de la Liberté
35000 RENNES

Rennes, le 12 juillet 2014

Madame, Monsieur,

Votre annonce parue dans le Monde du 8 juillet concernant un poste d'assistante de direction dans votre service Import-Export m'a particulièrement intéressée.

Mon expérience de quatre ans en tant qu'assistante de direction dans le service d'exportation d'une petite entreprise m'a permis d'acquérir un sens des responsabilités ainsi qu'une grande capacité d'adaptation et d'organisation. Le poste que vous proposez m'intéresse tout particulièrement car j'aimerais beaucoup pouvoir utiliser dans le cadre de mon travail ma connaissance de la langue et de la culture russes, acquise lors de mes études et enrichie par de nombreux voyages.

Je me tiens à votre disposition pour vous apporter de plus amples renseignements sur ma formation et mon expérience.

Je vous prie, Madame, Monsieur, de bien vouloir agréer mes salutations distinguées.

Marine Leguen

Marine Leguen
PJ : CV

FRENCH IN ACTION

How to address an envelope

On the front

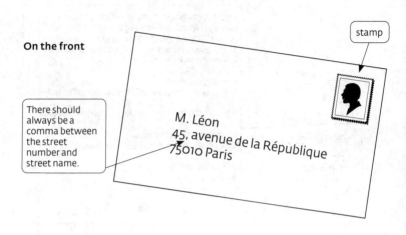

stamp

There should always be a comma between the street number and street name.

M. Léon
45, avenue de la République
75010 Paris

On the back

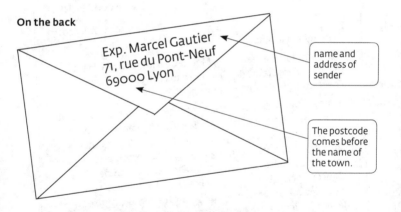

Exp. Marcel Gautier
71, rue du Pont-Neuf
69000 Lyon

name and address of sender

The postcode comes before the name of the town.

Common abbreviations used in addresses

av. = avenue	bd = boulevard	Exp. = expéditeur
fg = faubourg	pas. = passage	pl. = place

FRENCH IN ACTION

Social networking

un(e) ami(e)	a friend
ajouter à sa liste d'amis	to friend
un blog	a blog
un compte	an account
vérifier son compte	to check one's account
créer/ouvrir un compte	to create/open an account
faire un commentaire sur	to comment (on)
un fil d'actualités *or* de nouvelles RSS	an RSS feed
un fil de discussion	a (discussion) thread
un forum	a forum
un mot-dièse, un hashtag	a hashtag
un message privé, un MP, un message direct	a DM, a direct message
envoyer un message privé *or* un MP à qn	to DM sb
une mise à jour du statut	a status update
un mur	a wall
écrire sur le mur de qn	to write on sb's wall
un news feed, un fil d'actualités *or* de nouvelles	a news feed
une photo du profil	a profile picture
poster qch sur le mur de qn	to post sth on *or* to sb's wall
un profil	a profile
retweeter	to retweet
un suiveur, une suiveuse ; un(e) abonné(e)	a follower
suivre	to follow
arrêter de suivre	to unfollow
un sujet tendance	a trending topic
un tableau de bord	a dashboard
taguer qn sur une photo	to tag sb in a photo
un tweet	a tweet
tweeter (sur)	to tweet (about)

Abbreviations used in emails and text messages

@+ = *à plus tard*
2M1 = *demain*
6né = *ciné(ma)*
AM = *après-midi*
ama = *à mon avis*
asap = *aussi vite que possible*
ASV = *âge, sexe, ville*
b1 = *bien*

bal = *boîte aux lettres*
biz = *bisous, bises*
bjr = *bonjour*
bsr = *bonsoir*
c = *c'est, ces*
dsl = *désolé*
HT = *acheter*

IR = *hier*
ki = *qui*
koi = *quoi*
lol, mdr = *mort de rire*
NRV = *énervé*
pk = *pourquoi*
slt = *salut*

FRENCH IN ACTION

Telephone and Internet

Different types of call

Je voudrais appeler l'étranger.
I'd like to make an international call.

Je voudrais appeler Londres en PCV.
I'd like to make a reverse charge call *(Brit)* to a ... number *or* I'd like to call a ... number collect *(US)*.

Comment est-ce que je peux téléphoner à l'extérieur ?
How do I get an outside line?

Asking for information

Quel est le numéro des renseignements ?
What is the number for directory enquiries *(Brit) or* directory assistance *(US)*?

Je voudrais le numéro de la société Europost, 20, rue de la Marelle, à Pierrefitte.
Can you give me the number for ...

Quel est l'indicatif de la Martinique ?
What is the code for ...

Quel est le numéro de l'horloge parlante ?
What is the number for the speaking clock?

Receiving information

Le numéro que vous avez demandé est le 01 40 32 37 12. (**zéro-un quarante trente-deux trente-sept douze**)
The number you require is ...

Je regrette, mais il n'y a pas d'abonné à ce nom.
I'm sorry, there's no listing under that name.

Le numéro que vous avez demandé est sur liste rouge.
The number you require is ex-directory *(Brit) or* unlisted *(US)*.

When your number answers

Je voudrais parler à *or* Pourrais-je parler à M. Wolff, s'il vous plaît ?
Could I speak to ...

Pourriez-vous me passer le docteur Henderson, s'il vous plaît ?
Could you put me through to ...

Pourriez-vous me passer le poste 52 64, s'il vous plaît ?
Can I have extension ...

Je rappellerai dans une demi-heure.
I'll call back in ...

Pourriez-vous lui demander de me rappeler à son retour ?
Would you ask him to call me when he gets back?

FRENCH IN ACTION

The switchboard operator speaks

C'est de la part de qui ?
Je vous le passe.
J'ai un appel de Tokyo pour Mme Thomson.
J'ai Mlle Martin en ligne.
Le docteur Roberts est en ligne, vous patientez ?
Ne quittez pas.
Ça ne répond pas.
Voulez-vous laisser un message ?

Who shall I say is calling?
I'm putting you through.
I have a call from ... for ...
I've got ... on the line.
... is on another line. Do you want to hold?
Please hold.
There's no reply.
Would you like to leave a message?

Recorded messages

Le numéro de votre correspondant n'est plus attribué. Veuillez consulter l'annuaire ou le service de renseignements.

The number you have dialled has not been recognized. Please consult the telephone directory or directory enquiries.

Le numéro de votre correspondant a changé. Veuillez composer désormais le 33 42 21 70.

The number you have dialled has been changed to ...

Par suite de l'encombrement des lignes, votre appel ne peut aboutir. Veuillez rappeler ultérieurement.

All the lines are busy right now. Please try again later.

Bonjour, vous êtes en communication avec le service des ventes. Veuillez patienter, nous allons donner suite à votre appel dans quelques instants.

Hello, you have reached ... Please wait, your call will be answered shortly.

Bonjour, vous êtes bien chez M. et Mme Martin. Laissez un message après le bip sonore et nous vous rappellerons dès notre retour. Merci.

Hello, you are through to ... Leave a message after the tone and we'll get back to you.

Answering the telephone

C'est moi or lui-même (or elle-même).
Qui est à l'appareil ?

Speaking.
Who's speaking?

Technical help

Où est-ce que je peux recharger mon portable ?
Il me faut une batterie neuve.
Je voudrais acheter une carte SIM avec/sans abonnement.

Where can I charge my mobile (Brit) or cell (US) (phone)?
I need a new battery.
I'd like to buy a SIM card with/ without a contract.

FRENCH IN ACTION

When in trouble

Je n'arrive pas à avoir le numéro.	I can't get through.
Leur téléphone est en dérangement.	Their phone is out of order.
Nous avons été coupés.	We have been cut off.
J'ai dû faire un faux numéro.	I must have dialled the wrong number.
La ligne est très mauvaise.	This is a very bad line.
Je n'ai pas de réseau.	I can't get a network.
Je ne te capte plus.	You're breaking up.
Je n'ai plus de crédit.	I've run out of credit.

Internet

Y a-t-il une connexion Internet/wi-fi ?	Do you have an Internet connection/Wi-Fi?
Quel est le mot de passe pour le wi-fi ?	What's the Wi-Fi password?
J'ai oublié mon mot de passe.	I've forgotten my password.
Connaissez-vous l'adresse du site Web ?	Do you know the website address?
Je voudrais télécharger les horaires.	I would like to download ...
Est-ce que vous êtes sur Twitter®/Facebook® ?	Are you on Twitter®/Facebook®?

Grammaire anglaise

Table des matières

1   La prononciation

La prononciation de l'anglais, notamment des voyelles, est moins régulière que celle du français. Vous trouverez des règles de prononciation ci-dessous. Il est utile de connaître l'API (Alphabet phonétique international), utilisé dans cet ouvrage, pour pouvoir lire et apprendre la prononciation des mots.

1.1   Les voyelles

En anglais, les voyelles sont **brèves** ou **longues**. Les voyelles longues sont prolongées ; on les indique en phonétique par deux points : [ɑː], [ɔː], etc.

SYMBOLE	EXEMPLES	CONSEILS DE PRONONCIATION
Voyelles brèves		
[æ]	m**a**n, c**a**t	Ressemble au « **a** » de « n**a**tte » en plus fermé.
[ɛ]	l**e**t, br**ea**th	Un peu moins ouvert et plus bref que le « **è** » français.
[ɪ]	s**i**t, k**i**ss	Plus ouvert que le « **i** » français, ce son est à mi-chemin entre le « **é** » et le « **i** ».
[ɔ]	h**o**t, w**a**sp	Plus ouvert que notre « **o** », il se prononce dans le fond de la bouche.
[u]	f**u**ll, b**oo**k	Plus bref que le « **ou** » français, il se prononce dans le fond de la bouche.
[ʌ]	f**u**n, bl**oo**d	Ressemble au « **eu** » de « m**eu**ble » en plus bref. Fermez un peu plus la bouche pour le prononcer.
[ə]	**a**bove, c**o**nnect	On appelle ce son « **schwa** ». Il correspond à notre « **e** » muet et n'est pas accentué.
Voyelles longues		
[ɑː]	l**ar**ge, c**al**m	Ressemble au « **â** » de « p**â**te » en plus long.
[əː]	**ur**gent, w**or**k	Ressemble au « **eu** » de « p**eu** » en plus long.
[iː]	s**ea**, k**ey**	Un « **i** » très long.
[ɔː]	w**all**, b**orn**	Comme le « **au** » de « p**au**me » mais plus ouvert et plus long ; se prononce dans le fond de la bouche.
[uː]	sh**oe**, m**oo**n	Proche du « **ou** » français en plus long.

65

1.2   Les diphtongues et les triphtongues

Il s'agit de deux ou trois voyelles prononcées d'une seule émission de voix et ne formant donc qu'une seule syllabe. La diphtongue réunit deux sons vocaliques et la triphtongue, trois.

SYMBOLE	EXEMPLES	CONSEILS DE PRONONCIATION
Diphtongues		
[aɪ]	l**i**fe, cr**y**	Se prononce comme un « **a** » immédiatement suivi d'un « **i** ».
[au]	n**ow**, **ou**t	Se prononce comme un « **a** » immédiatement suivi d'un « **ou** ».
[ɛə]	th**ere**, f**air**	Ressemble au « **ai** » de « ch**ai**r » en plus long.
[eɪ]	d**ay**, l**a**te	Ressemble au son « **eille** » de « v**eille** ».
[əu]	g**o**, l**ow**	Combinaison d'un « **o** » fermé et d'un « **ou** ».
[ɪə]	b**eer**, h**ere**	Combinaison d'un « **i** » long et d'un « **e** » bref.
[ɔɪ]	b**oy**, b**oi**l	Ressemble au « **oï** » de « langue d'**oï**l ».

Une triphtongue est une diphtongue suivie d'un « **schwa** » [ə].

Triphtongues

[aɪə]	f**ire**, h**igher**
[auə]	h**our**, sh**ower**
[eɪə]	l**ayer**
[əuə]	l**ower**

1.3   Les consonnes

La plupart des consonnes anglaises se prononcent comme en français. Toutefois, certaines nécessitent un peu d'entraînement ; c'est le cas des lettres **h** et **r** et des sons [ð] et [θ].

SYMBOLE	EXEMPLES	CONSEILS DE PRONONCIATION
[b]	baby, bag	Se prononce comme en français, sauf lorsqu'il est muet comme dans bomb (b final), plumber, doubt, etc.
[p]	pulp, puppy	Se prononce comme en français. Le p est muet dans tous les mots commençant par ps- : psychology, psychiatrist.
[d]	dog, daddy	Se prononce comme en français.
[t]	try, toe	Se prononce comme en français.
[k]	cork, kiss	Se prononce comme le « c » de « craindre ». En début de mot, devant un n, ne se prononce pas : know, knee, knit, etc. Les lettres ch se prononcent [k] dans certains mots : chemist, cholesterol, school, etc.
[g]	guess, gig	Se prononce comme le « g » de « gratuit ».
[s]	so, rice	Se prononce comme le « s » de « si ».
[z]	cousin, zoo	Se prononce comme le « z » de « zoo ».
[ʃ]	sugar, should	Se prononce comme le « ch » de « chien ».
[ʒ]	pleasure, casual	Se prononce comme le « j » de « je ».
[tʃ]	church	Se prononce comme le « tch » de « Tchécoslovaquie ».
[dʒ]	judge, giant	Se prononce comme le « dj » de « jean ».
[f]	farm, enough	Se prononce comme en français. Souvent, les lettres gh ne se prononcent pas, par exemple dans daughter ou high, mais elles se prononcent comme notre « f » dans les mots comme cough, laugh, etc.
[v]	very, of	Se prononce comme notre « v ».
[θ]	thin, maths	Il faut placer le bout de la langue sous les dents supérieures et souffler.
[ð]	that, other	Il faut placer le bout de la langue sous les dents supérieures, souffler et produire un son sifflant comme le « z ».
[l]	little, ball	Se prononce comme en français, sauf lorsqu'il est muet comme dans almond, could, half, etc.
[r]	right, arrow	Se prononce à mi-chemin entre le « r » et le « w » français, avec la langue proche du palais.
[m]	mummy, comb	Se prononce comme en français.
[n]	nine, nothing	Se prononce comme en français.
[ŋ]	song, bank	Ressemble au « ng » de « parking ».

[h]	**h**eat, **h**air	Mettez votre main devant votre bouche et expirez (vous devez sentir votre souffle sur votre main). C'est ainsi que **h** se prononce en anglais.
		Muet dans quelques mots, comme : **h**onour, **h**our, **h**onest.
[x]	lo**ch**, Ba**ch**	Prononciation entre le « **k** » et le « **h** » anglais. N'existe que dans certains mots d'origine écossaise ou étrangère.

1.4   Les semi-consonnes (ou semi-voyelles)

| [j] | **y**et | Se prononce comme le « **-ill** » de « mou**illé** ». |
| [w] | **w**all, **w**et | Se prononce comme le « **w** » de « **w**estern ». Le **w** ne se prononce pas devant **r** et dans les mots commençant par **who** : **w**rite, **w**rong, **w**hole. |

1.5   L'accentuation

En français, les mots s'accentuent sur la dernière syllabe. En anglais, en revanche, l'accent est différent pour chaque mot. Il y a en outre un accent dit « de phrase » sur le mot considéré comme le plus important de la phrase. L'anglais est donc, contrairement au français, une langue rythmée.

Les mots se terminant par **-ee**, **-eer**, **-oo**, **-oon** ont tendance à être accentués sur la dernière syllabe, ceux se terminant par **-ian**, **-ion**, **-ious**, **-ic**, **-ics** sur l'avant-dernière syllabe et ceux finissant par **-graphy**, **-ity**, **-ible** sur l'avant-avant-dernière syllabe. Mais il existe de nombreuses exceptions. Il faut donc apprendre la prononciation de chaque mot.

2.1   Les noms dénombrables et indénombrables

Certaines choses sont des éléments individuels pouvant être comptés un par un. Les noms qui servent à les décrire sont des **noms dénombrables** qui possèdent une forme au singulier, ainsi qu'une forme au **pluriel** avec la terminaison **-s**.

> **... one table, ... two cats, ... three hundred pounds**
> *... une table, ... deux chats, ... trois cents livres*

➤ Attention aux changements orthographiques que peut entraîner l'ajout de terminaisons :

> **church → churches**   **lady → ladies**
> **knife → knives**   **tomato → tomatoes**

➤ Certains noms possèdent des pluriels irréguliers, qui ne se forment pas avec la terminaison **-s** :

> **child → children**   **mouse → mice**
> **foot → feet**   **tooth → teeth**
> **man → men**   **woman → women**

Il existe par ailleurs des choses qui ne peuvent se compter une par une ; elles sont désignées par des **noms indénombrables** :

> **The donkey needed <u>food</u> and <u>water</u>.**
> *L'âne avait besoin de nourriture et d'eau.*
> **All prices include <u>travel</u> to and from London.**
> *Tous les prix incluent l'aller-retour à Londres.*

Souvent, ces choses se rapportent à :

des substances :	**coal ▲ food ▲ ice ▲ iron ▲ rice ▲ steel ▲ water**
des qualités humaines :	**courage ▲ cruelty ▲ honesty ▲ patience**
des sentiments :	**anger ▲ happiness ▲ joy ▲ pride ▲ relief ▲ respect**
des activités :	**aid ▲ help ▲ sleep ▲ travel ▲ work**
des abstractions :	**beauty ▲ death ▲ freedom ▲ fun ▲ life ▲ luck**

Attention : dans certains cas, l'anglais utilise un indénombrable pour désigner quelque chose qui en français est dénombrable, du fait qu'il considère l'ensemble des éléments plutôt que les éléments de l'ensemble pris un par un. Par exemple, **furniture** signifie « mobilier, meubles » et pour dire « un meuble », il faut utiliser l'expression **a piece of furniture**. Souvenez-vous des règles suivantes quand vous employez des indénombrables :

- Les indénombrables n'ont qu'une seule forme. Ils ne possèdent pas de pluriel :

> advice ▲ baggage ▲ equipment ▲ furniture ▲
> homework ▲ information ▲ knowledge ▲ luggage
> machinery ▲ money ▲ news ▲ traffic

I needed help with my homework.
J'avais besoin d'aide pour mes devoirs.
The news is not good.
Les nouvelles ne sont pas bonnes.

- Certains indénombrables se terminent en **-s** et ressemblent à des dénombrables au pluriel. Ils s'emploient cependant avec un verbe au singulier. Ils désignent souvent :

des disciplines scolaires :	**mathematics ▲ physics**
des activités :	**athletics ▲ gymnastics**
des jeux :	**cards ▲ darts ▲ skittles**
des maladies :	**measles ▲ mumps**

Mathematics is too difficult for me.
Les maths, c'est trop difficile pour moi.

- Les indénombrables s'emploient souvent avec des tournures désignant une quantité approximative comme **some**, ou un élément comme **a loaf of**, **packets of** ou **a piece of**. **A bit of** est courant dans la langue parlée :

Please buy some bread when you go to the shop.
Achète du pain quand tu iras à l'épicerie, s'il te plaît.
Let me give you some advice.
Laisse-moi te donner un conseil.
He gave me a very good piece of advice.
Il m'a donné un très bon conseil.

I could do with a bit of help.
Ça m'arrangerait qu'on m'aide un peu.

- Comme en français, certains indénombrables relatifs à la nourriture ou à la boisson peuvent devenir dénombrables lorsqu'ils désignent des quantités définies :

Do you like coffee? (indénombrable)
Est-ce que tu aimes le café ?
We asked for two coffees. (dénombrable)
Nous avons demandé deux cafés.

- Certains noms sont indénombrables lorsqu'ils font référence à une chose en général et dénombrables quand ils renvoient à un cas particulier :

Education should be free for everyone.
L'éducation devrait être gratuite pour tout le monde.
I am interested in the education of young children.
Je m'intéresse à l'éducation des jeunes enfants.
Victory was now assured.
La victoire était maintenant assurée.
The political party won a convincing victory.
Le parti a remporté une nette victoire.

- D'autres noms peuvent s'employer au pluriel ou au singulier mais avec un sens différent :

Troops are being sent in today.
Des troupes seront envoyées aujourd'hui.
A troop of children ran past.
Une bande d'enfants passa en courant.

- Certains s'emploient généralement sans déterminant :

> **airs ▲ expenses ▲ goods ▲ refreshments ▲ riches**

They have agreed to pay for travel and expenses.
Ils ont accepté de payer le déplacement et les frais.

2.2   **Les noms collectifs**

Avec un **nom collectif**, nom qui désigne un groupe de personnes ou de choses, le verbe peut être au pluriel ou au singulier selon que le groupe est considéré comme un seul ensemble ou plusieurs individus :

> army ▲ audience ▲ committee ▲ company ▲ crew
> enemy ▲ family ▲ flock ▲ gang ▲ government ▲ group
> herd ▲ media ▲ navy ▲ press ▲ public ▲ staff ▲ team

Our family is well known in the village.
Notre famille est bien connue dans le village.
My family are from the North.
Ma famille vient du Nord.

2.3   Un nom peut être accompagné d'autres mots qui précisent son sens et qui font partie du groupe nominal. Ces mots peuvent être des déterminants, des adjectifs, un autre nom, éventuellement précédé d'une préposition ou suivi d'un pronom relatif (« que... », « qui... », etc.) :

He was eating a cake.
Il mangeait un gâteau.
He was using blue ink.
Il utilisait de l'encre bleue.
I like chocolate cake.
J'aime le gâteau au chocolat.
I spoke to a girl in a dark grey dress.
J'ai parlé à une fille qui portait une robe gris foncé.
She wrote to the man who employed me.
Elle a écrit à l'homme qui m'employait.
The front door of the house was wide open.
La porte d'entrée de la maison était grande ouverte.

2.4 Lorsqu'un nom précise le sens d'un autre, il est placé juste devant. En français, on emploie une construction avec une préposition (« de », « à ») ou parfois un adjectif.

a mathematics exam
un examen de mathématiques
chocolate cake
le gâteau au chocolat
the oil industry
l'industrie pétrolière

2.5 On emploie un groupe comportant la préposition **of** :

- Après des noms qui font référence à une action ou un fait pour en indiquer le sujet ou l'objet :

the arrival of the police
l'arrivée de la police
the destruction of their city
la destruction de leur ville

- Pour dire de quelle matière une chose est faite :

a wall of stone
un mur de ou en pierre

- Pour parler du thème d'un texte ou d'une image :

a picture of them in the paper
une photo d'eux dans le journal

2.6 Le groupe nominal peut comporter d'autres prépositions :

- Quand on décrit quelque chose ou quelqu'un à l'aide d'un lieu auquel on l'associe, on emploie la préposition de lieu correspondante :

the house on the prairie
la maison dans la prairie
the woman in the shop
la femme de la boutique

- **with** pour indiquer ce qu'une personne a sur elle :

  a girl with red hair
  une fille aux cheveux roux
  the man with the gun
  l'homme au pistolet

- **in** quand on veut indiquer ce qu'une personne porte :

  a man in a raincoat
  un homme portant un imperméable
  the man in dark glasses
  l'homme aux lunettes noires

- **to** avec les noms suivants :

  > **alternative ▲ answer ▲ approach ▲ attitude
  > devotion ▲ introduction ▲ invitation ▲ reaction
  > reference ▲ resistance ▲ return**

  This was my first real introduction to Africa.
  C'était mon premier vrai contact avec l'Afrique.

- **for** avec les noms suivants :

  > **admiration ▲ desire ▲ dislike ▲ need ▲ reason ▲ respect
  > responsibility ▲ search ▲ substitute ▲ taste ▲ thirst**

  They have a pressing need for money.
  Ils ont besoin d'argent de toute urgence.

- **on** avec les noms suivants :

  > **agreement ▲ attack ▲ comment ▲ effect ▲ tax**

  His pay rise will have a negligible effect on his standard of living.
  Son augmentation aura un effet négligeable sur son niveau de vie.

- **in** avec les noms suivants :

> **decrease ▲ difficulty ▲ fall ▲ increase ▲ rise**

They demanded a large increase in wages.
Ils exigeaient une grosse augmentation de salaire.

2.7 Pour indiquer à qui appartient quelque chose, on utilise un nom suivi d'une apostrophe et d'un **s ('s)** :

Sylvia put her hand on John's arm.
Sylvia posa la main sur le bras de John.
Could you give me your doctor's phone number?
Pourrais-tu me donner le numéro de téléphone de ton médecin ?
They have bought Sue and Tim's car.
Ils ont acheté la voiture de Sue et Tim.

Si le nom est un pluriel se terminant par **-s**, on met seulement l'apostrophe. Si le pluriel ne se termine pas en **-s**, on ajoute l'apostrophe et le **s** :

It is not his parents' problem.
Ce n'est pas le problème de ses parents.
Where are the children's shoes?
Où sont les chaussures des enfants ?

Cette forme s'emploie beaucoup pour faire référence au domicile de quelqu'un ou à l'endroit où travaille un professionnel spécialisé. Elle sous-entend les mots **house** ou **shop** :

He's round at David's.
Il est chez David.
She must go to the chemist's.
Elle doit aller à la pharmacie.

Elle s'utilise aussi quand une tournure temporelle décrit un autre nom :

They have four weeks' holiday per year.
Ils ont quatre semaines de vacances par an.

2.8   Les pronoms

On utilise un **pronom personnel** pour remplacer un nom :

> **John took the book and opened it.**
> *John prit le livre et l'ouvrit.*
> **My father is overweight – he weighs over 15 stone.**
> *Mon père est en surpoids : il pèse plus de 95 kilos.*
> **He rang Mary and invited her to dinner.**
> *Il a appelé Mary et l'a invitée à dîner.*
> **"Have you been to London?" – "Yes, it was very interesting."**
> *« Tu es allé à Londres ? » – « Oui, c'était très intéressant. »*
> **I do the washing up, he does the cooking.**
> *Je fais la vaisselle, il fait la cuisine.*

2.9   Les pronoms, comme les noms, peuvent avoir deux fonctions par rapport au verbe : sujet ou objet. Les pronoms objets peuvent être soit objets directs du verbe, soit s'employer après une préposition ou après **be** quand c'est le verbe principal.

- Formes **sujets** :

> I ▲ you ▲ he ▲ she ▲ it ▲ we ▲ you ▲ they

- Formes **objets** :

> me ▲ you ▲ him ▲ her ▲ it ▲ us ▲ you ▲ them

We were all sitting in a cafe with him.
Nous étions tous assis avec lui dans un café.
Did you give it to them?
Tu le leur as donné ?
Who is it? – It's me.
Qui est-ce ? – C'est moi.
There was only John, Baz and me in the room.
Il n'y avait que John, Baz et moi dans la pièce.

➢ Attention : l'anglais utilise **you** pour tutoyer comme pour vouvoyer. La distinction que fait le français entre « tu » et « vous » n'existe pas en anglais. Si on veut se montrer particulièrement respectueux avec son interlocuteur, il faut donc passer par le contexte, par exemple en employant des formules de politesse.

2.10 **You** et **they** peuvent s'employer pour parler des gens en général et équivalent alors à « on » ou à une forme impersonnelle :

They say she's very clever.
On dit qu'elle est très intelligente.
You have to drive on the left in Britain.
En Grande-Bretagne, il faut conduire à gauche.

2.11 **It** peut s'employer comme sujet impersonnel pour exprimer des généralités à propos de l'heure, de la date, du temps qu'il fait :

What time is it?
Quelle heure est-il ?
It is 19 January.
On est le 19 janvier.
It is rainy and cold.
Il pleut et il fait froid.
It is too far to walk.
C'est trop loin pour y aller à pied.
I like it here. Can we stay a bit longer?
J'aime bien cet endroit. Est-ce qu'on peut rester un peu plus ?

2.12 **They/them** peuvent renvoyer à :

- **Somebody/someone**, **anybody/anyone**, même si ceux-ci sont toujours suivis d'un verbe au singulier :

If anybody comes, tell them I'm not in.
Si jamais quelqu'un vient, dites-lui que je ne suis pas là.

- Des noms collectifs, même après un verbe au singulier :

His family was waiting in the next room, but they had not yet been informed.
Sa famille attendait dans la pièce voisine, mais n'avait pas encore été informée.

2.13   **Les pronoms possessifs**

Quand on veut dire à qui appartient quelque chose, on utilise un **pronom possessif** :

> **mine** ▲ **yours** ▲ **his** ▲ **hers** ▲ **its** ▲ **ours** ▲ **theirs**

Is that coffee yours or mine?
Ce café est le tien ou le mien ?
It was his fault, not ours.
C'était de sa faute, pas de la nôtre.

2.14   **Les pronoms réfléchis**

Quand le pronom objet désigne la même personne que le sujet, on emploie un **pronom réfléchi** :

> Singulier : **myself** ▲ **yourself** ▲ **himself** ▲ **herself** ▲ **itself**
> Pluriel : **ourselves** ▲ **yourselves** ▲ **themselves**

He should give himself more time.
Il devrait se donner plus de temps.

Les pronoms réfléchis s'emploient aussi pour créer un effet d'insistance. Dans ce cas, ils équivalent à « moi(-même), toi(-même), soi(-même) », etc. :

I made it myself.
Je l'ai fait moi-même.

On emploie aussi un pronom réfléchi après une préposition (sauf dans les locutions adverbiales de lieu et après la préposition **with** lorsqu'elle signifie « en compagnie de ») :

Tell me about yourself.
Parle-moi de toi.
You should have your notes in front of you.
Tu devrais avoir tes notes devant toi.
He would have to bring Judy with him.
Il faudrait qu'il vienne avec Judy.

2.15 one, ones

One, **ones** sont des pronoms que l'on emploie pour parler de choses qui relèvent du même type mais se distinguent par certaines caractéristiques. Ils permettent de ne pas avoir à mentionner à nouveau le type de chose dont on parle et de ne parler que de ce qui la distingue de l'autre :

> **My car is the blue one.**
> *Ma voiture est la bleue.*
> **Don't you have one with flowers instead of a bird?**
> *Vous n'en avez pas un avec des fleurs plutôt qu'un oiseau ?*
> **Are the new curtains longer than the old ones?**
> *Est-ce que les nouveaux rideaux sont plus longs que les anciens ?*

2.16   **One** s'emploie en anglais recherché pour énoncer une généralité à partir de son propre cas, afin de donner l'impression que l'opinion exprimée est largement partagée :

> **One has to think of the practical side of things.**
> *Il faut penser à l'aspect pratique des choses.*
> **One never knows what to say in such situations.**
> *On ne sait jamais que dire dans de telles situations.*

2.17 Les déterminants

Devant un nom ou un adjectif (au début du groupe nominal, donc), on emploie souvent un **déterminant**. Il y en a de différentes sortes : certains s'utilisent pour désigner quelque chose de concret ou qui a déjà été nommé, d'autres renvoient à quelque chose de général, qu'on évoque pour la première fois. Beaucoup peuvent aussi s'employer comme pronoms.

Les déterminants sont :

> **the**
> **this ▲ these ▲ that ▲ those**
> **a/an**
> **some ▲ any ▲ no**

les quantifieurs	much ▲ many ▲ little ▲ few ▲ all ▲ most ▲
	a little ▲ a few ▲ the whole ▲ every ▲ each ▲
	both ▲ half ▲ either▲ other ▲another ▲
	more ▲ less ▲ fewer
les adjectifs possessifs	my ▲ your ▲ his ▲ her ▲ its ▲ our ▲ their
les adjectifs interrogatifs	what ▲ which ▲ whose
les numéraux	one ▲ two ▲ three ▲ four ...

I met the two Swedish girls in London.
J'ai rencontré les deux Suédoises à Londres.
I don't like this picture.
Je n'aime pas cette photo.
There was a man in the lift.
Il y avait un homme dans l'ascenseur.
He was treated like any other customer.
On l'a traité comme n'importe quel client.
There weren't many people.
Il n'y avait pas beaucoup de monde.
Most people agreed.
La plupart des gens étaient d'accord.
We need more time.
Nous avons besoin de plus de temps.
We ought to eat less fat.
Nous devrions manger moins de graisse.
Few people like him.
Peu de gens l'apprécient.
We had a few drinks.
Nous avons bu quelques verres.

2.18 The s'utilise généralement comme les articles définis français correspondants « le, la, les » :

The girls were not at home.
Les filles n'étaient pas à la maison.
I don't like using the phone.
Je n'aime pas me servir du téléphone.
My father's favourite flower is the rose.
La fleur préférée de mon père est la rose.
We spent our holidays in the Canaries.
Nous avons passé nos vacances aux Canaries.

2.19 En anglais, pour parler d'un type de chose, d'animal ou de personne de manière générale, on utilise le pluriel du nom seul, sans déterminant :

Many adults don't listen to children.
Beaucoup d'adultes n'écoutent pas les enfants.
Whales are mammals, the same as mice and dogs.
Les baleines sont des mammifères, comme les souris et les chiens.

➤ Notez que l'on peut aussi parler d'un type de chose ou d'animal ou de personne en termes généraux avec un nom au singulier. On utilise alors **the** :

The whale is a mammal, the same as the mouse and the dog.
La baleine est un mammifère, comme la souris et le chien.

2.20 On n'emploie pas **the** dans les locutions adverbiales de temps construites avec **at, by, on** :

on Monday
lundi
by night
la nuit

• On ne l'emploie pas non plus avec les noms de lacs et de montagnes (mais on l'emploie avec les noms de chaînes de montagnes) :

Lake Michigan is in the north of the United States.
Le lac Michigan est dans le nord des États-Unis.
Mount Everest is in the Himalayas and Aconcagua in the Andes.
Le mont Everest est dans l'Himalaya et l'Aconcagua dans les Andes.

• Il n'est pas employé dans les adresses, ni pour dire les chiffres ou les lettres :

A famous shopping area of London is Oxford Street.
Oxford Street est un quartier commerçant connu de Londres.
The main post office is at 11 Union Street.
La grande poste est au 11, Union Street.
The winning number is 3545.
Le numéro gagnant est le 3545.

Z is the last letter of the alphabet.
Le z est la dernière lettre de l'alphabet.

- On l'utilise avec des adjectifs comme **rich**, **poor**, **young**, **old** et **unemployed**, ainsi qu'avec certains adjectifs de nationalité, pour parler de groupes de personnes :

They were discussing the problem of the unemployed.
Ils débattaient du problème des chômeurs.
The French are opposed to the idea.
Les Français sont opposés à cette idée.

2.21   this, that, these, those

This signifie « ce, cet, cette » et **these** est sa forme plurielle (« ces »). **That** signifie aussi « ce, cet, cette » ; il est employé à la place de **this** dans certains contextes, par exemple lorsqu'on veut indiquer l'éloignement. **Those** est sa forme plurielle :

This book is a present from my mother.
Ce livre est un cadeau de ma mère.
When did you buy that hat?
Quand as-tu acheté ce chapeau ?

Ces déterminants s'utilisent aussi comme pronoms :

This is a list of rules.
Ceci est une liste de règles.
'I brought you these'. Adam held out a bag of grapes.
« Je t'ai apporté ça ». Adam me tendit un sac de raisin.
That looks interesting.
Ça a l'air intéressant.
Those are mine.
Celles-là sont les miennes.

Ils peuvent aussi s'employer pour parler de choses qui ont déjà été mentionnées ou que l'on s'apprête à mentionner :

That was an interesting word you used just now.
Tu viens d'utiliser un mot intéressant.

These are not easy questions to answer.
Ce ne sont pas des questions auxquelles il est facile de répondre.
This is what I want to say: it wasn't my idea.
Voici ce que je veux dire : ce n'était pas mon idée.

2.22   A/an s'utilisent comme leurs équivalents français, les articles indéfinis « un, une » :

I got a postcard from Susan.
J'ai reçu une carte postale de Susan.
His brother was a sensitive child.
Son frère était un enfant sensible.
I chose a picture that reminded me of my own country.
J'ai choisi une image qui me rappelait mon propre pays.

On écrit **an** devant un mot qui commence par une voyelle ou un **h** muet :

an apple
an honest man
an hour

Si le son n'est pas une voyelle ou si c'est une semi-voyelle, il s'écrit **a** :

- **a university**
  a hamster
  a dog

- Pour parler de la profession de quelqu'un, on utilise **a/an** après **be** et les autres verbes qui introduisent un attribut du sujet :

  He became a school teacher.
  Il est devenu professeur.
  She is a model and an artist.
  Elle est mannequin et artiste.

➤ Notez que quand on veut insister sur la quantité, c'est-à-dire préciser qu'il ne s'agit pas de deux, trois, quatre... mais bien d'un seul, on emploie **one** :

I got (only) one postcard from Susan (in the three years she was abroad).
J'ai reçu une (seule) carte postale de Susan (pendant les trois ans où elle était à l'étranger).

- On utilise par ailleurs **a/an** avec **hundred** et **thousand**, qui peuvent aussi s'employer avec **one** :

  I've just spent a hundred pounds.
  Je viens de dépenser cent livres.
  I've told you a thousand times!
  Je te l'ai dit mille fois !

- **A/an** s'emploient en parlant d'une quantité, pour dire « et demi(e) » :

  One and a half sugars in my coffee, please.
  Un sucre et demi dans mon café, s'il vous plaît.

- On l'utilise avant ou après **half** pour dire « un demi-, une demi- » :

  She took a half-hour to write one email.
  Il lui a fallu une demi-heure pour écrire un e-mail.
  You'll have to walk for half an hour.
  Vous devrez marcher une demi-heure.

2.23   some, any, no

- **Some** et **any** sont utilisés comme articles indéfinis pluriels :

  He has bought some plants for the house.
  Il a acheté des plantes pour la maison.
  Do you have any suggestions?
  Avez-vous des suggestions ?

- **Some** et **any** s'emploient pour parler d'une quantité indéterminée :

  There's some chocolate cake over there.
  Il y a du gâteau au chocolat là-bas.
  I had some good ideas.
  J'ai eu de bonnes idées.

Ask her if you have any questions.
Adressez-vous à elle si vous avez des questions.

• **Some** peut s'employer dans des questions polies ou quand on attend une réponse positive :

Would you like some coffee?
Voulez-vous du café ?
Could you give me some examples?
Est-ce que tu pourrais me donner des exemples ?

• **Any** s'emploie dans les questions et les négations. On l'utilise aussi avec les noms au singulier dans le sens de « n'importe quel » :

Are there any apples left?
Est-ce qu'il reste des pommes ?
I don't have any money.
Je n'ai pas d'argent.
Any container will do.
N'importe quel récipient conviendra.

• **No** peut s'employer au lieu de **not ... any** dans une négation :

I don't see any problem in that./I see no problem in that.
Je ne vois là aucun problème.

• **Some** et **any** peuvent s'employer à la place du nom, comme des pronoms. Dans le cas de **no**, le pronom correspondant est **none** :

You need change? I think I've got some on me.
Tu as besoin de monnaie ? Je crois que j'en ai sur moi.
Children? – No, I don't have any./No, I have none.
Des enfants ? – Non, je n'en ai pas.

• On utilise **some** et **any** avec les indénombrables dans le sens de « du, de la » ; dans les contextes négatifs, on utilise « no » pour dire « pas de, aucun, sans » :

I have left some food for you in the fridge.
Je t'ai laissé de quoi manger dans le frigo.
He's left me with no money.
Il m'a laissé sans argent.

85

- On les emploie avec des noms pluriels dans le sens de « certains, des »
ou « pas de, aucun » :

Some trains are running late.
Certains trains ont du retard.
Are there any jobs only men can do?
Y a-t-il des emplois que seuls les hommes peuvent occuper ?
There weren't any tomatoes left./There were no tomatoes left.
Il ne restait pas de tomates.

2.24 **Some, any, no** et **every** se combinent avec **-body** ou **-one** pour dire
« quelqu'un, n'importe qui, personne, tout le monde », avec **-thing**
pour dire « quelque chose, n'importe quoi, rien, tout », et avec **-where**
pour dire « quelque part, n'importe où, nulle part, partout » :

> **anybody ▲ anyone ▲ anything ▲ anywhere**
> **everybody ▲everyone ▲ everything ▲ everywhere**
> **nobody ▲ no one ▲ nothing ▲ nowhere**
> **somebody ▲ someone ▲ something ▲ somewhere**

I was there for an hour before anybody came.
J'ai attendu une heure avant que quelqu'un ne vienne.
It had to be someone with a car.
Il fallait que ce soit quelqu'un qui ait une voiture.
Jane said nothing for a while.
Pendant un moment, Jane n'a rien dit.
Everyone knows that.
Tout le monde sait ça.

- Si ces mots sont en position de sujet du verbe, celui-ci est au singulier
même si l'on fait référence à plus d'une personne ou plus d'une chose :

Everyone knows that.
Tout le monde sait ça.
Is anybody there?
Il y a quelqu'un ?

- Après une forme combinée avec **-body** ou **-one**, on utilise le pronom
personnel **they** et un verbe au pluriel :

Anybody can say what they think.
Tout le monde peut dire ce qu'il pense.

• On utilise ces formes suivies de **else** pour dire « plus, autre, différent » :

I don't want to see anybody else today.
Je ne veux voir personne d'autre aujourd'hui.
I don't like it here. Let's go somewhere else.
Je n'aime pas cet endroit. Allons ailleurs.

2.25 « Beaucoup » se dit **much** avec un indénombrable, dans le sens de « une grande quantité de » ou **many** dans le sens de « un grand nombre de ». De même, « peu de » se dit **little** quand on veut dire « une petite quantité de » et **few** quand on veut dire « un petit nombre de » :

I haven't got much time.
Je n'ai pas beaucoup de temps.
He wrote many novels.
Il a écrit de nombreux romans.
He has little time for that.
Il a peu de temps pour cela.
Visitors to our house? There were few.
Des visiteurs ? Nous en avions peu.

2.26 **Much** s'emploie seulement dans des négations, sauf quand il accompagne **very**, **so** et **too** :

He didn't speak much English.
Il ne parlait pas beaucoup anglais.

2.27 Au lieu de **much**, dans une phrase affirmative, on utilise habituellement d'autres expressions qui s'emploient aussi avec des dénombrables :

He needed a lot of attention.
Il avait besoin de beaucoup d'attention.
I've got plenty of *ou* lots of money.
J'ai beaucoup d'argent.

2.28   Very s'emploie avec **much, many, little** et **few** :

Very many old people live alone.
De très nombreuses personnes âgées vivent seules.
We have very little time.
Nous avons très peu de temps.
Very few shops are closed on Sundays.
Très peu de magasins sont fermés le dimanche.

2.29   So s'utilise avec **much/many** dans le sens de « tant », « tellement » et avec **little/few** dans celui de « si peu » :

They have so much money and we have so little.
Ils ont tellement d'argent et nous en avons si peu.
There were so few people interested that we had to cancel the course.
Il y avait si peu de gens intéressés que nous avons dû annuler le stage.

2.30   Too s'emploie avec **much/many** dans le sens de « trop de » et avec **little/few** dans celui de « trop peu de » :

Too many people still smoke.
Trop de gens continuent de fumer.
The team has too few good players.
L'équipe a trop peu de bons joueurs.

2.31   All s'utilise avec des dénombrables et des indénombrables dans le sens de « tous les » ou « tout ». **The** peut s'utiliser après **all**, qui peut se placer à différents endroits de la phrase, selon ce sur quoi on veut insister :

All children should be able to swim by the age of ten.
Tous les enfants devraient savoir nager avant l'âge de dix ans.
He soon lost all hope of becoming a rock star.
Il perdit bientôt tout espoir de devenir une star du rock.
All the items are priced individually./The items are all priced individually.
Tous les articles sont étiquetés.

2.32 **Every** s'emploie aussi dans le sens de « tous les », mais avec des dénombrables au singulier et un verbe au singulier :

Every child has milk every day.
Tous les enfants boivent du lait tous les jours.
She spoke to every person at that party.
Elle a parlé à tout le monde à cette fête.

2.33 **Every** se combine avec **-body** et **-one** pour signifier « tous, tout le monde », avec **-thing** pour signifier « tout » et avec **-where** pour dire « partout » :

Everyone else is downstairs.
Tous les autres sont en bas.

2.34 **Each** s'emploie avec ou sans nom dans le sens de « chaque, chacun, chacune ». Souvent, son sens équivaut à celui de **every**, « tous les, toutes les » :

Each county is subdivided into several districts.
Chaque comté est subdivisé en plusieurs districts.
Each applicant has five choices.
Chaque candidat a cinq choix.
Oranges are twenty pence each.
Les oranges coûtent vingt pence chacune.

2.35 **Both** s'emploie pour dire « les deux, tous les deux » :

Dennis held his coffee in both hands.
Dennis tenait son café à deux mains.
Both children were happy with their presents.
Les deux enfants étaient contents de leurs cadeaux.
Both the young men agreed to come.
Les deux jeunes hommes acceptèrent de venir.

- **Both... and...** signifie « aussi bien... que... » lorsqu'on évoque deux choses ou deux personnes en même temps :

  I am looking for opportunities both in this country and abroad.
  Je suis à la recherche d'offres aussi bien ici qu'à l'étranger.

2.36 **Either** s'emploie pour évoquer deux choses ou deux personnes, quand on veut dire « l'un ou l'autre, n'importe lequel des deux » ou encore « les deux ». **Neither** est sa forme négative. Ils s'utilisent aussi dans certaines réponses :

  There were tables on either side of the door.
  Il y avait des tables des deux côtés de la porte.
  You can sit at either side of the table.
  Tu peux t'asseoir de n'importe quel côté de la table.
  Which one do you prefer ? – Either will do.
  Lequel est-ce que tu préfères ? – N'importe lequel fera l'affaire.
  Neither man knew what he was doing.
  Aucun des deux hommes ne savait ce qu'il faisait.

- **Either... or...** s'emploie dans le sens de « ou (bien)... ou... », ou « soit... soit... », quand on veut dire que, de deux possibilités, une seule est valable. **Neither... nor...**, sa forme négative, s'emploie dans le sens de « ni... ni... » :

  You either love him or hate him.
  Ou tu l'adores, ou tu le détestes.
  I was expecting you neither today nor tomorrow.
  Je ne t'attendais ni aujourd'hui ni demain.

2.37 **The other** s'emploie dans le sens de « l'autre » quand on parle de deux choses ou de deux personnes. Au pluriel, la forme reste la même :

  The other customer has gone.
  L'autre client est parti.
  The other European countries have beaten us.
  Les autres pays européens nous ont battus.

2.38 **Another** s'emploie avec les dénombrables dans le sens de « un autre ». Son pluriel est **other** (« d'autres »). Avec un nombre et un dénombrable pluriel, **another** a le sens de « de plus » :

Could I have another cup of coffee?
Est-ce que je pourrais avoir une autre tasse de café ?
I've got other things to do.
J'ai d'autres choses à faire.
He worked for another four years.
Il a travaillé encore quatre ans.

3.1   En anglais, les adjectifs se placent généralement juste devant le nom :

She bought a red scarf.
Elle a acheté une écharpe rouge.
There was no clear evidence.
Il n'y avait pas de preuve évidente.

3.2   Certains adjectifs se placent exclusivement devant le nom, comme épithètes. Par exemple, on dit **an atomic bomb** mais pas **The bomb was atomic.** Parmi ceux-ci :

> eastern ▲ northern ▲ southern ▲ western ▲ atomic
> ▲ countless ▲ existing ▲ indoor ▲ introductory
> ▲ maximum ▲ neighbouring ▲ occasional ▲ outdoor

He sent countless letters to the newspapers.
Il envoya d'innombrables lettres aux journaux.

D'autres s'emploient presque toujours comme attributs. Par exemple, on peut dire **She was glad** mais pas **a glad woman** :

> afraid ▲ alive ▲ alone ▲ asleep ▲ aware ▲ content ▲ due
> ▲ glad ▲ ready ▲ sorry ▲ sure ▲ unable ▲ well

I wanted to be alone.
Je voulais être seul.
He wasn't sorry for what he'd done.
Il ne regrettait pas ce qu'il avait fait.

3.3   Certains adjectifs sont souvent suivis d'une préposition et d'un groupe nominal :

> aware of ▲ accustomed to ▲ fond of
> unaccustomed to ▲ unaware of ▲ used to

She's very fond of you.
Elle t'apprécie beaucoup.
He is unaccustomed to the heat.
Il n'est pas habitué à la chaleur.

3.4 Certains adjectifs peuvent être employés seuls ou bien suivis d'une préposition particulière. Les adjectifs suivants peuvent s'utiliser seuls ou suivis de **of** pour préciser la raison d'un état d'esprit, d'un sentiment :

> afraid ▲ ashamed ▲ convinced ▲ critical ▲ envious
> ▲ frightened ▲ jealous ▲ proud ▲ scared ▲ suspicious ▲ tired

They may feel jealous (of your success).
Peut-être qu'ils seront jaloux (de ton succès).
I was terrified (of being alone).
J'étais terrifié (à l'idée d'être seul).

3.5 Les adjectifs suivants s'emploient seuls ou avec **of** pour préciser à qui on attribue telle ou telle qualité :

> brave ▲ careless ▲ clever ▲ intelligent
> sensible ▲ silly ▲ stupid
> thoughtful ▲ unreasonable ▲ wrong

That was clever (of you)!
Très malin (de ta part) !
I turned the job down, which was stupid (of me).
J'ai refusé le travail, ce qui est idiot (de ma part).

3.6 Les adjectifs suivants s'emploient seuls ou avec un sujet impersonnel + **of** + le sujet de l'action, ou bien avec un sujet personnel + **to** + l'objet de l'action :

> cruel ▲ friendly ▲ generous ▲ good ▲ kind ▲ mean ▲ nasty
> ▲ nice ▲ polite ▲ rude ▲ unfriendly ▲ unkind

He is very rude.
Il est très grossier.
It was rude of him to leave so suddenly.
C'était grossier de sa part de s'en aller si soudainement.
She was rude to him for no reason.
Elle a été grossière avec lui sans raison.

3.7 Sont employés seuls ou avec **to** les adjectifs qui évoquent habituellement :

> la similarité : **close ▲ equal ▲ identical ▲ related ▲ similar**
> le mariage : **engaged ▲ married**
> la loyauté : **devoted ▲ loyal**
> le rang : **junior ▲ senior**

My problems are very similar (to yours).
Mes problèmes sont très semblables (aux tiens).
He was dedicated (to his job).
Il s'investissait beaucoup (dans son travail).

3.8 On utilise seuls ou avec **with** pour préciser la cause d'un sentiment :

> **bored ▲ content ▲ displeased ▲ impatient**
> **pleased ▲ satisfied**

Don't be so impatient (with her)!
Ne sois pas si impatient (avec elle) !
He was pleased (with her).
Il était content (d'elle).

3.9 On utilise seuls ou avec **for** pour préciser la cause ou spécifier à qui on attribue une qualité :

> **common ▲ difficult ▲ easy ▲ essential ▲ important**
> **necessary ▲ possible ▲ unnecessary ▲ unusual ▲ usual**

It's difficult for young people on their own.
C'est difficile pour les jeunes qui sont seuls.
It was unusual for them to go away at the weekend.
C'était rare qu'ils s'en aillent le week-end.

3.10 On utilise seuls ou avec **about** pour préciser de quoi il est question et **with** pour préciser de qui il est question :

> angry ▲ annoyed ▲ delighted ▲ disappointed
> fed up ▲ furious ▲ happy ▲ upset

They looked very angry.
Ils avaient l'air très fâchés.
She was still angry about his comment.
Elle était toujours fâchée à cause de sa remarque.
I'm very angry with you.
Je suis très fâché contre toi.

3.11 Certains adjectifs relatifs aux mesures se placent après le nom désignant la mesure :

He was about six feet tall.
Il mesurait à peu près un mètre quatre-vingts.
The water was several metres deep.
L'eau était profonde de plusieurs mètres.
The baby is nine months old.
Le bébé a neuf mois.

3.12 Quand il y a plus d'un adjectif devant un nom, celui qui exprime un avis vient devant celui qui décrit objectivement. Entre des adjectifs attributs, on met simplement **and** :

You live in a nice big house.
Ta maison est jolie et grande.
She was wearing a beautiful pink suit.
Elle portait un beau tailleur rose.
He's tall and slim.
Il est grand et mince.

- Lorsque deux adjectifs ou plus expriment une opinion, celui dont le sens est le plus général vient en premier :

I sat in a lovely comfortable armchair.
Je m'assis dans un joli fauteuil confortable.

95

- Quand deux adjectifs ou plus décrivent des caractéristiques, ils se placent selon l'ordre suivant :

taille   forme   âge   couleur   nationalité   matière

We met some young Chinese girls.
Nous avons fait la connaissance de jeunes Chinoises.
There was a large round wooden table in the room.
Il y avait une grande table ronde en bois dans la pièce.

- Quand on emploie les formes comparatives d'un adjectif, celles-ci se placent avant les autres adjectifs :

Some of the best English actors have gone to live in Hollywood.
Certains des meilleurs acteurs anglais sont partis vivre à Hollywood.
These are the highest monthly figures on record.
Ce sont les chiffres mensuels les plus hauts jamais relevés.

- Quand deux noms se suivent, l'adjectif, quel qu'il soit, se place toujours avant le premier nom, jamais entre les deux :

He works in the French film industry.
Il travaille dans l'industrie française du cinéma.
He receives a large weekly cash payment.
Il reçoit un important versement hebdomadaire en espèces.

3.13 Les propositions subordonnées

Les mots interrogatifs peuvent s'employer pour poser des questions. **Who**, **which**, **when**, **where** et **why** peuvent aussi s'employer pour former des propositions subordonnées qui jouent le même rôle qu'un adjectif dans l'énoncé principal en précisant les caractéristiques du nom :

The woman who lives next door is very friendly.
La femme qui habite à côté est très gentille.
The car that I wanted to buy was not for sale.
La voiture que je voulais acheter n'était pas à vendre.

- **Who** sert à désigner des personnes et **which** des choses. On les remplace souvent par **that** :

He was the man who ou **that bought my house.**
C'était l'homme qui a acheté ma maison.
There was ice cream which ou **that mum had made herself.**
Il y avait de la glace que maman avait faite elle-même.

• Si le verbe de la proposition relative contient une préposition, cette préposition se place à la fin de la proposition :

The house that we lived in was huge.
La maison dans laquelle nous vivions était immense.

• **Who**, **which** et **that** peuvent être omis s'ils ne jouent pas le rôle de sujet :

The woman who lives next door is very friendly.
La femme qui habite à côté est très gentille.
The car (that) I wanted to buy was not for sale.
La voiture que je voulais acheter n'était pas à vendre.
The house (that) we lived in was huge.
La maison où nous vivions était immense.

• **Whose** est le possessif de **who** ; il s'utilise dans le sens de « dont » :

We have only told the people whose work is relevant to this project.
Nous en avons seulement informé les gens dont le travail est en rapport avec ce projet.

• Après les propositions qui évoquent le temps, un moment etc., on emploie **when**. Après celles qui évoquent un lieu, on emploie **where**.

This is the year when profits should increase.
Cette année est celle où les profits devraient augmenter.
He showed me the place where they worked.
Il m'a montré l'endroit où ils travaillaient.

• Le mot **reason(s)** est suivi de **why** :

There are several reasons why he can't do that.
Il y a plusieurs raisons pour lesquelles il ne peut pas faire cela.

4 Le verbe et le groupe verbal

4.1 L'anglais repose beaucoup moins sur les terminaisons que le français pour indiquer la personne ou le temps du verbe. En effet, ceux-ci sont signalés dans le premier cas par les pronoms et souvent, dans le second, par les auxiliaires ou les modaux :

We wanted to know what happened.
Nous voulions savoir ce qui s'était passé.
Did she phone you?
Est-ce qu'elle t'a téléphoné ?
We will see how simple a language can be.
Nous verrons combien une langue peut être simple.
I might not go.
Il est possible que je n'y aille pas.

4.2 Sauf pour le **présent simple** ou le **prétérit** à la forme affirmative, l'**impératif** à la forme affirmative ou les formes impersonnelles telles que l'**infinitif**, le **gérondif** ou les **participes**, on conjugue les verbes en combinant le verbe principal avec un verbe auxiliaire, qui indique le **temps** ou la **voix** (**active** ou **passive**) :

I have seen it before.
Je l'ai déjà vu.
Had you heard about it?
Est-ce que tu en avais entendu parler ?
It could not be done.
Ça n'était pas faisable.
They have been robbed.
Ils ont été volés.

4.3 Les verbes auxquels on peut ajouter la terminaison **-ed** pour les temps du passé s'appellent les **verbes réguliers**. D'autres verbes changent de forme : ce sont les **verbes irréguliers**. Les **verbes réguliers** ont quatre formes :

- la **base verbale**, qui est celle sous laquelle on rencontre le verbe dans un dictionnaire et qui s'utilise pour pratiquement toutes les personnes au **présent**, avec les **modaux** et dans la construction **to...**
- la forme en **-s**, que l'on a uniquement au **présent** quand le sujet est à la troisième personne du singulier

- la forme du **participe présent** (ou **gérondif**) : **-ing**
- la forme du **participe passé** : **-ed**

N'oubliez pas que les modifications orthographiques entraînées par l'ajout d'une terminaison ne font pas d'un verbe un verbe irrégulier :

try →	tries →	trying →	tried
reach →	reaches →	reaching →	reached
dance →	dances →	dancing →	danced
dip →	dips →	dipping →	dipped

4.4   Les verbes irréguliers peuvent avoir trois, quatre ou cinq formes différentes et il arrive qu'on ait une forme distincte pour le passé et une autre pour le participe. Toutes ces formes apparaissent après la base verbale dans la partie anglais-français du dictionnaire :

cost →	costs →	costing →	cost →	cost
think →	thinks →	thinking →	thought →	thought
swim →	swims →	swimming →	swam →	swum

4.5   **Les verbes auxiliaires : be, have, do**

En anglais, on dénombre trois verbes auxiliaires : **be**, **have** et **do**

	be	have	do
	be	have	do
présent	am/is/are	have/has	do/does
-ing	being	having	doing
passé	was/were	had	did
participe passé	been	had	done

Quand il est auxiliaire, **be** peut être accompagné :

- d'un verbe en **-ing** pour les formes **progressives** (ou **continues**, formes parfois notées **BE + V-ing**) :

He is living in Germany.
Il vit en Allemagne.
They were going to phone you.
Ils allaient t'appeler.

- d'un **participe passé** pour la **voix passive** :

  These cars are made in Japan.
  Ces voitures sont fabriquées au Japon.
  The walls were covered with posters.
  Les murs étaient couverts d'affiches.

Have s'emploie comme verbe auxiliaire avec un **participe passé** pour former les temps du **parfait** (formes **HAVE + V-en**) :

  I have changed my mind.
  J'ai changé d'avis.
  I wish you had met Guy.
  J'aurais aimé que tu rencontres Guy.

Have et **be** s'emploient ensemble pour former les formes **progressives** (ou **continues**) du **present perfect** et du **plus-que-parfait** (aussi appelé **pluperfect**), ainsi que leur **voix passive** :

  He has been working very hard recently.
  Il travaille très dur depuis quelque temps.
  They had been walking for half an hour.
  Cela faisait une demi-heure qu'ils marchaient.
  The guest-room window has been repaired.
  La fenêtre de la chambre d'amis a été réparée.
  The people had been told the show was cancelled.
  On avait dit aux gens que le spectacle était annulé.

Do s'emploie comme **auxiliaire** :

- pour la forme négative ou interrogative des verbes au **présent simple** et au **prétérit** :

  He doesn't think he can come to the party.
  Il ne pense pas pouvoir venir à la fête.
  Do you like her new haircut?
  Est-ce que tu aimes sa nouvelle coiffure ?
  She didn't buy the house.
  Elle n'a pas acheté la maison.

- dans les phrases affirmatives, mais uniquement pour insister sur le verbe ; dans ce cas, **do** est accentué à l'oral :

  People do make mistakes.
  Si, les gens font des erreurs.

4.6   Le verbe principal peut être précédé :

- d'un ou deux **auxiliaires**

  I had met him in Bristol.
  Je l'avais rencontré à Bristol.
  The car was being repaired.
  La voiture était en réparation.

- d'un **modal**

  You can go now.
  Tu peux partir maintenant.
  I would like to ask you a question.
  J'aimerais vous poser une question.

- d'un **modal** et d'un ou deux **auxiliaires**

  I could have spent the whole year on it.
  J'aurais pu y passer toute l'année.
  She would have been delighted to see you.
  Elle aurait été ravie de te voir.

4.7   Les temps progressifs (ou continus)

Les temps **progressifs** (**BE** + **V-ing**) sont les suivants :

- **présent progressif** = **BE** au présent + **-ing** :

  They're (= They are) having a meeting.
  Ils sont en réunion.

- **futur progressif** = will + BE + -ing :

  She'll (= She will) be leaving tomorrow.
  Elle part demain.

- **passé progressif** (ou **prétérit progressif**) = passé de BE + -ing :

  The train was going very fast.
  Le train allait très vite.

- **present perfect progressif** = présent de HAVE + been + -ing :

  I've (= I have) been living here since last year.
  Cela fait un an que je vis ici.

- **plus-que-parfait progressif** = passé de HAVE + been + -ing :

  I'd (= I had) been walking for hours when I saw the road.
  Cela faisait des heures que je marchais quand j'ai vu la route.

Le **progressif** sert à :

- indiquer qu'une action se déroule avant et après une autre action qui vient l'interrompre

  The phone always rings when I'm having a bath.
  Le téléphone sonne toujours quand je suis en train de prendre un bain.
  He was watching television when the doorbell rang.
  Il regardait la télévision quand on a sonné à la porte.

- exprimer la durée

  We had been living in Athens for five years.
  Nous vivions depuis cinq ans à Athènes.
  They'll be staying with us for a couple of weeks.
  Ils vont passer deux semaines chez nous.

- décrire un état ou une situation temporaire

  I'm living in London at the moment.
  Je vis à Londres en ce moment.

He was working at home at the time.
Il travaillait chez lui à ce moment-là.
She's been spending the summer in Europe.
Elle passe l'été en Europe.

- dire que quelque chose se passe ou est en train de se passer

The children are growing quickly.
Les enfants grandissent à toute vitesse.
Her English was improving.
Son anglais s'améliorait.
I'm looking at the photographs my brother sent me.
Je suis en train de regarder les photos que mon frère m'a envoyées.

➤ Les verbes de perception s'emploient plus souvent avec le modal **can** qu'avec le progressif :

I can smell gas.
Je sens une odeur de gaz.

4.8   Les temps simples

Les **temps simples** s'emploient sans verbe auxiliaire à la forme affirmative. Le verbe se place juste après le sujet, sauf avec certains adverbes qui viennent s'insérer à cet endroit :

She often talks about her children.
Elle parle souvent de ses enfants.
I live in London.
Je vis à Londres.
George comes every Monday.
George vient tous les lundis.
I lived in Aberdeen.
J'ai vécu à Aberdeen.
George came every Tuesday.
George venait tous les mardis.

Les **temps simples** sont les suivants :

- **présent simple** = base verbale (+ **-s** pour **he/she/it**)

  I live just outside London.
  J'habite juste à côté de Londres.
  He likes Spain.
  Il aime l'Espagne.

- **passé simple** (ou **prétérit**) :

  - base verbale + **-ed** pour les **verbes réguliers**

    I liked her a lot.
    Je l'aimais beaucoup.

  - autres formes pour les verbes irréguliers

    I bought six CDs.
    J'ai acheté six CD.

➤ Avec la négation **not** et dans les questions, on utilise l'auxiliaire **do** ou **does** au **présent**, et **did** au **passé** :

  I don't live in Birmingham.
  Je n'habite pas à Birmingham.
  George doesn't come every Friday.
  George ne vient pas tous les vendredis.
  Do you live round here?
  Tu habites par ici ?
  Does your husband do most of the cooking?
  Est-ce ton mari qui fait le plus souvent la cuisine ?
  George didn't come every Thursday.
  George ne venait pas tous les jeudis.
  Did you see him?
  Est-ce que tu l'as vu ?

4.9 Les temps du **présent** sont le **présent simple**, le **present perfect** et leurs **formes progressives**.

Le **présent simple** sert :

- à parler du présent en général, de quelque chose d'habituel, qui arrive régulièrement

  George lives in Birmingham.
  George vit à Birmingham.
  Do you eat meat?
  Est-ce que tu manges de la viande ?

- à énoncer une vérité générale

  Water boils at 100 degrees Celsius.
  L'eau bout à 100 degrés.

- à parler du futur quand on évoque quelque chose de planifié ou de prévisible

  The next train leaves at two fifteen in the morning.
  Le prochain train part à deux heures et quart du matin.
  It's Tuesday tomorrow.
  Demain, c'est mardi.

4.10 Le **present perfect** se forme avec le présent de **HAVE** suivi du verbe au **participe passé** (souvent noté **V-en**) :

  She's (= She has) **often climbed that tree.**
  Elle est souvent montée à cet arbre.
  I've (= I have) **lost my passport.**
  J'ai perdu mon passeport.

Le **present perfect** s'emploie :

- pour évoquer les effets présents d'un événement ou d'une action du passé

  I'm afraid I've forgotten my book.
  Je suis désolé, mais j'ai oublié mon livre.
  Have you heard from Jill recently?
  As-tu eu des nouvelles de Jill récemment ?

Karen has just phoned you.
Karen vient de te téléphoner.

- lorsqu'on parle d'une période qui a débuté dans le passé et qui se prolonge dans le présent

    Have you really lived here for ten years?
    Est-ce que ça fait vraiment dix ans que tu vis ici ?
    He has worked here since 1987.
    Il travaille ici depuis 1987.

- Pour faire référence au futur dans la subordonnée de temps

    Tell me when you have finished.
    Dis-moi quand tu as fini.
    I'll write to you as soon as I have heard from Jenny.
    Je t'écrirai dès que j'aurai eu des nouvelles de Jenny.

4.11   Les **temps** du **passé** sont le **prétérit (simple past)** et le **plus-que-parfait (pluperfect)** et leurs formes continues.

- Le **pluperfect** (ou **plus-que-parfait**) se forme avec **HAVE** suivi du verbe au **participe passé** :

    He had lived in the same village all his life.
    Il avait vécu toute sa vie dans le même village.
    I had forgotten my book.
    J'avais oublié mon livre.

- Le **prétérit** s'emploie pour évoquer une action du passé qui est complètement révolue. Il se traduit le plus souvent par le **passé composé** et l'**imparfait** :

    I woke up early and got out of bed.
    Je me suis réveillé tôt et je me suis levé.
    She lived just outside London.
    Elle habitait juste à côté de Londres.
    We usually spent the winter at Aunt Meg's house.
    Nous passions généralement l'hiver chez tante Meg.

- Le **plus-que-parfait** s'emploie :

- quand on fait référence à un moment antérieur à un autre moment du passé

  I apologized because I had forgotten my book.
  Je me suis excusé car j'avais oublié mon livre.

- si l'on évoque une période qui a commencé à un moment antérieur dans le passé et qui s'est prolongée un moment, auquel cas on a recours à la forme continue

  I was about 20. I had been studying French for a couple of years.
  J'avais une vingtaine d'années. J'étudiais le français depuis deux ans.

➤ Dans les énoncés suivants, la seconde option est plus polie, moins directe ; on a parfois recours au passé pour être plus courtois.

  Do you want to see me now? ou **Did you want to see me now?**
  Vous voulez me voir maintenant ? ou *Vous vouliez me voir maintenant ?*
  I wonder if you can help me. ou **I was wondering if you could help me.**
  Je me demande si vous pouvez m'aider. ou *Je me demandais si vous pourriez m'aider.*

4.12 for, since, ago

- **Ago** équivaut à « il y a » ; il se place après l'expression qui se réfère au laps de temps écoulé depuis qu'une action complètement révolue a eu lieu. Avec **ago**, le verbe de la proposition principale est toujours au **prétérit** :

  We moved into this house five years ago.
  Nous avons emménagé dans cette maison il y a cinq ans.

- **For** exprime la durée d'une action. Avec **for**, le verbe de la proposition principale peut être :

- au **prétérit** si ce qui est évoqué est complètement révolu

  We lived in China for two years.
  Nous avons vécu deux ans en Chine.

- au **present perfect**, le plus souvent à la **forme continue**, pour indiquer que l'action a débuté dans le passé et se prolonge dans le présent

We have been living here for five years.
Cela fait cinq ans que nous vivons ici.
I have been a member of the swimming club for many years.
Cela fait des années que je suis membre du club de natation.

- au **past perfect** (HAVE au **prétérit** suivi du verbe au **participe passé**) ou sa **forme progressive** (**past perfect continuous**) quand on évoque deux événements ou actions passés

We had been working ou **We had worked there for nine months when the company closed.**
Cela faisait neuf mois que nous travaillions dans l'entreprise quand elle a fermé.

- au **futur** :

We will be in Spain for two weeks.
Nous passerons deux semaines en Espagne.
I'll be staying with you for a month.
Je passerai un mois chez toi.

- **Since** indique le début précis d'une action : il est suivi d'une date, d'un jour ou d'un événement précis. Le verbe de la proposition principale peut être :

- au **present perfect**, généralement à la **forme continue** (**present perfect continuous**) pour indiquer que l'action a débuté dans le passé et se prolonge dans le présent

We have been living here since 1990.
Nous vivons ici depuis 1990.
I've been in politics since I was at university.
Je fais de la politique depuis l'université.

- au **past perfect** ou au **past perfect continuous** quand on évoque deux actions ou événements qui ont eu lieu dans le passé

I had not seen him since Christmas.
Je ne l'avais pas vu depuis Noël.
He hadn't played since he was 20.
Il n'avait pas joué depuis l'âge de 20 ans.

4.13 Les modaux sont :

> will ▲ shall ▲ would ▲ can ▲ could
> may ▲ might ▲ must ▲ should ▲ ought to

Ils n'ont qu'une seule forme et s'emploient avec l'infinitif sans **to**, à l'exception de **ought**.

Il n'est pas possible d'employer deux modaux ensemble ni d'associer modal et auxiliaire. Ainsi, on ne dit pas **He will can come**, mais **He will be able to come** ; on a recours à la tournure **be able to**, qui a le même sens que **can**.

4.14 **Will** est un modal que l'on emploie la plupart du temps pour parler du futur :

The weather tomorrow will be warm and sunny.
Demain, le temps sera chaud et ensoleillé.
I'm tired. I think I'll go to bed.
Je suis fatigué. Je crois que je vais aller me coucher.
Don't be late. I'll be waiting for you.
Ne sois pas en retard. Je t'attendrai.

- Quand on parle d'intentions personnelles, on utilise **will** :

I'll call you tonight.
Je t'appellerai ce soir.

- **Will** s'utilise aussi pour demander quelque chose ou lancer une invitation :

Will you do me a favour?
Est-ce que tu peux me rendre un service ?
Will you come to my party on Saturday?
Tu veux venir à ma fête samedi ?

4.15 **Shall** s'emploie seulement avec **I** et **we**, principalement dans des interrogations, pour faire une suggestion à une autre personne :

Shall we go and see a film?
Veux-tu qu'on aille voir un film ?

Shall I shut the door?
Veux-tu que je ferme la porte ?

4.16 A l'oral, **would** s'emploie avec **you** pour lancer une invitation à quelqu'un ou lui demander poliment de faire quelque chose :

Would you tell her Adrian phoned?
Pourriez-vous lui dire qu'Adrian a téléphoné ?
Would you mind doing the washing up?
Est-ce que ça te dérangerait de faire la vaisselle ?
Would you like a drink?
Est-ce que tu veux boire quelque chose ?

- **Would** s'emploie avec des verbes come **like** pour demander un service, dire ce que l'on veut ou accepter quelque chose qu'on se voit offrir :

We'd like seats near the front, please.
Nous voudrions des places vers l'avant, s'il vous plaît.
I wouldn't like to see something so disgusting.
Je n'aimerais pas voir quelque chose d'aussi dégoûtant.
I'd like you to finish this work by Thursday.
Je voudrais que vous finissiez ce travail pour jeudi.
I wouldn't mind a cup of tea.
Je prendrais bien une tasse de thé.

- Suivi de **rather** ou **sooner** et de la base verbale, on emploie **would** pour exprimer ses préférences :

He'd rather be playing golf.
Il préférerait être en train de jouer au golf.
I'd sooner walk than take the bus.
Je préférerais marcher plutôt que de prendre le bus.

4.17 can, could, be able to

- On emploie **can** pour dire que quelque chose peut se réaliser :

Cooking can be a real pleasure.
Cuisiner peut être un véritable plaisir.

- On emploie **could** quand on veut dire que quelque chose pourrait ou aurait pu se réaliser :

  There could be a storm.
  Il pourrait y avoir une tempête.
  You could have gone to Paris.
  Tu aurais pu aller à Paris.
  If I'd been there, I could have helped you.
  Si j'avais été là, j'aurais pu t'aider.

- **Can** (**présent**) et **could** (**passé** ou **conditionnel**) s'utilisent pour parler de la capacité à faire quelque chose ; ils se traduisent souvent par « pouvoir » :

  He could run faster than anybody else.
  Il courait plus vite que n'importe qui d'autre.
  She couldn't have taken the car, because Jim was using it.
  Elle n'aurait pas pu prendre la voiture parce que c'est Jim qui l'avait.

- On les emploie aussi pour dire que quelqu'un sait faire quelque chose parce qu'il l'a appris ; ils se traduisent souvent par « savoir » :

  He can't dance.
  Il ne sait pas danser.
  A lot of them couldn't read or write.
  Beaucoup d'entre eux ne savaient ni lire ni écrire.

- Pour les temps auxquels il n'est pas possible de conjuguer **can**, on utilise la tournure équivalente **be able to** :

  Nobody else will be able to read it.
  Personne d'autre ne pourra le lire.
  He enjoyed the satisfaction of being able to do the job well.
  Il avait la satisfaction de pouvoir faire ce travail comme il fallait.
  Everyone used to be able to have free eye tests.
  Avant, tout le monde pouvait passer gratuitement un examen de la vue.

- Cette expression peut aussi s'employer là où **can** ou **could** seraient possibles :

  She was able to tie her own shoelaces./She could tie her own shoelaces.
  Elle savait attacher ses lacets toute seule.

- À l'oral, **can** et **could** s'emploient pour faire une demande polie ou une proposition :

  Can I help you with the dishes?
  Est-ce que je peux t'aider à faire la vaisselle ?
  Could I help you carry those bags?
  Est-ce que je peux t'aider à porter ces sacs ?
  We could go to the cinema on Friday.
  On pourrait aller au cinéma vendredi.
  Could you do me a favour?
  Est-ce que tu pourrais me rendre un service ?

- **Can**, **could**, **may** ou **be allowed to** s'emploient pour demander la permission. La tournure avec **may** est la plus soutenue :

  Can I ask a question?
  Est-ce que je peux poser une question ?
  Could I just interrupt a minute?
  Est-ce que je peux vous interrompre une minute ?
  May I have a cigarette?
  Puis-je avoir une cigarette ?

- Seuls **can** et **may** s'emploient pour accorder la permission :

  You can borrow that pen if you want to.
  Tu peux emprunter ce stylo si tu veux.
  You may leave as soon as you have finished.
  Tu peux partir dès que tu as fini.

- Pour exprimer la permission, on peut aussi employer **be allowed to** aux temps auxquels **may** n'existe pas :

  It was only after several months that I was allowed to visit her.
  Ce ne fut qu'au bout de quelques mois qu'on m'autorisa à lui rendre visite.
  Teachers will be allowed to decide for themselves.
  Les professeurs seront autorisés à décider eux-mêmes.

4.18 **May** et **might** s'emploient pour dire qu'il est possible que quelque chose ait lieu ou ait eu lieu :

  He might come.
  Il se peut qu'il vienne.

You may have noticed this advertisement.
Peut-être as-tu remarqué cette publicité.

4.19 must et have to

Pour dire que quelque chose doit être fait, doit arriver ou doit être d'une certaine façon, on emploie **must** :

The plants must have plenty of sunshine.
Les plantes ont besoin de beaucoup de soleil.
You must come to the meeting.
Il faut que tu viennes à la réunion.

Lorsqu'une personne donne son avis sur ce qu'une autre personne doit faire, on utilise **must**. S'il ne s'agit pas d'un point de vue personnel, on emploie **have to** :

They have to pay the bill by Thursday. *(ils ont une dette)*
They must pay the bill by Thursday. *(parce que c'est à moi qu'ils doivent cet argent)*
Il faut qu'ils règlent la facture avant jeudi.
She has to go now. *(car elle a des choses à faire)*
She must go now. *(car je l'ai décidé)*
Il faut qu'elle parte maintenant.

4.20 Should et ought to sont synonymes ; ils signifient « il faudrait que... » ou « devoir » au conditionnel en français :

We should send her a postcard.
Il faudrait qu'on lui envoie une carte postale.
You ought not to see him again.
Tu devrais arrêter de le voir.
We ought to have stayed in tonight.
Nous aurions dû rester à la maison ce soir.

4.21 L'impératif

La forme affirmative de l'**impératif** est la même que celle de la base verbale. Elle n'est pas précédée d'un pronom :

Come to my place.
Viens chez moi.
Start when you hear the bell.
Commencez quand vous entendrez la cloche.
Sit down and let me get you a drink.
Assieds-toi et laisse-moi te servir un verre.
Be careful!
Sois prudent !

Le **négatif** se construit avec l'auxiliaire **do** ou **never** + base verbale

Do not write in this book.
N'écris pas dans ce livre.
Don't go so fast.
Ne va pas si vite.
Never open the front door to strangers.
N'ouvre jamais la porte à des inconnus.

En anglais, l'impératif s'utilise avec les personnes que l'on connaît bien, ou dans des situations d'urgence ou de danger. Dans la plupart des autres cas, on emploie les modaux ou les constructions avec **let**, qui permettent de transformer un ordre en requête polie :

Would you mind waiting a moment?
Voulez-vous bien patienter un instant ?

4.22 let + groupe nominal + base verbale

L'impératif avec **let** s'emploie pour demander que l'on permette à une personne de faire quelque chose. Quand cette personne est celle qui parle, c'est une manière de proposer de rendre un service :

Let Philip have a look at it.
Laisse Philip regarder.
Let them go to bed late.
Laisse-les se coucher tard.
Let me take your coat.
Laisse-moi prendre ton manteau.

La forme négative se construit avec l'auxiliaire **do** : **don't** + **let** + groupe nominal + base verbale :

> **Don't let me make you late for your appointment.**
> *Je ne voudrais pas te mettre en retard pour ton rendez-vous.*

On emploie **let** avec **us** lorsque celui qui parle s'inclut dans un groupe. La forme contractée **let's** est plus fréquente. À la forme négative, on dit **let's not** ou **don't let's** :

> **Let's go outside.**
> *Allons dehors.*
> **Let us consider a very simple example.**
> *Prenons un exemple très simple.*
> **Let's not/Don't let's talk about that.**
> *Ne parlons pas de cela.*

4.23 Les verbes à deux objets

Certains verbes ont deux objets. L'objet qui renvoie à la personne (complément d'objet second) peut se mettre soit directement après le verbe, soit après l'autre objet, auquel cas il est précédé de **for** ou **to** :

> **They booked me a place.** ou **They booked a place for me.**
> *Ils m'ont réservé une place.*
> **I had given my cousin some books on India.** ou **I had given some books on India to my cousin.**
> *J'avais donné des livres sur l'Inde à mon cousin.*

Lorsqu'il comporte plus de deux mots, le groupe nominal objet qui renvoie à des personnes se place généralement derrière l'autre complément d'objet :

> **She taught physics to pupils at the local school.**
> *Elle enseignait la physique aux élèves de l'école du quartier.*

4.24 La proposition infinitive

Cette construction est introduite par un verbe (éventuellement suivi d'une préposition si c'est un **phrasal verb**), suivi d'un nom ou pronom complément et d'un verbe à l'infinitif avec **to**. Le verbe principal est souvent un verbe exprimant une volonté, un désir ou un ordre :

The teacher wants all pupils to write an essay for tomorrow.
Le professeur veut que tous les élèves fassent une rédaction pour demain.
We'll wait for you to finish.
Nous attendrons que tu finisses.
I'd like him to phone me back.
J'aimerais qu'il me rappelle.

Pour mettre une proposition infinitive à la forme négative, on place **not** devant **to** :

I asked you not to say anything.
Je t'ai demandé de ne rien dire.
You can expect John not to lie.
Tu peux compter sur le fait que John ne mentira pas.

4.25 On utilise un **pronom réfléchi** pour montrer que l'objet et le sujet du verbe de l'énoncé renvoient à la même personne :

Ann poured herself a drink.
Ann se servit un verre.
The men formed themselves into a row.
Les hommes se mirent en rang.
Here's the money, go and buy yourself an ice cream.
Voici l'argent, va t'acheter une glace.

• Les verbes pronominaux en français ne le sont pas nécessairement en anglais : c'est le cas de **shave**, **dress**, **wash** :

I usually shave before breakfast.
Normalement, je me rase avant le petit-déjeuner.
He prefers to shave himself, even with that broken arm.
Il préfère se raser lui-même, même avec son bras cassé.

• **Attention** : pour parler d'une partie du corps, on emploie un possessif en anglais là où le français utilise une forme réfléchie :

I hurt my foot.
Je me suis fait mal au pied.
He cut his nails before going out.
Il s'est coupé les ongles avant de sortir.

- Pour souligner la réciprocité d'une action, on peut employer **each other** ou **one another** comme objet du verbe. Ils interviennent souvent avec les verbes qui expriment des contacts physiques, comme **embrace**, **fight**, **hug**, **kiss**, **touch** etc. :

We embraced each other.
Nous nous sommes étreints.
They fought one another desperately for it.
Ils se le sont disputé avec acharnement.
It was the first time they had touched one another.
C'était la première fois qu'ils se touchaient.

- Certains verbes sont suivis d'un groupe nominal comportant une préposition. On met alors la préposition avant **each other** ou **one another** :

They parted from each other after only two weeks.
Ils se sont séparés après deux semaines seulement.
We talk to one another as often as possible.
Nous nous parlons le plus souvent possible.

4.26 Les **phrasal verbs** (verbes à particule) sont la combinaison d'un verbe avec un adverbe ou une préposition. Le sens de base du verbe peut parfois changer radicalement :

Turn right at the next corner.
Tourne à droite au prochain croisement.
She turned off the radio.
Elle a éteint la radio.
She broke her arm in the accident.
Elle s'est cassé le bras dans l'accident.
They broke out of prison on Thursday night.
Ils se sont évadés de prison jeudi soir.

Ces verbes à particule se répartissent en quatre groupes :

- Ceux du premier groupe n'ont pas de complément d'objet ; ils sont **intransitifs** :

> break out ▲ catch on ▲ check up ▲ come in ▲ get by
> give in ▲ go away ▲ grow up ▲ ring off ▲ start up
> stay up ▲ stop off ▲ watch out ▲ wear off

War broke out in September.
La guerre éclata en septembre.
You'll have to stay up late tonight.
Tu devras veiller tard ce soir.

- Ceux du second groupe ont un objet qui se place après le verbe et sa préposition :

> bargain for ▲ deal with ▲ fall for ▲ look after
> part with ▲ pick on ▲ set about ▲ take after

She looked after her invalid mother.
Elle s'occupait de sa mère invalide.
Peter takes after his father but John is more like me.
Peter tient de son père, mais John me ressemble davantage.

- Pour les verbes à particule du troisième groupe, l'objet s'intercale entre le verbe et la particule :

> bring round ▲ keep up ▲ knock out

They tried to bring her round.
Ils ont essayé de la ranimer.

- Certains verbes appartiennent à la fois au second et au troisième groupe, car l'objet peut se placer soit après la particule, soit après le verbe :

> fold up ▲ hand over ▲ knock over ▲ point out
> pull down ▲ put away ▲ put up ▲ rub out ▲ sort out
> take up ▲ tear up ▲ throw away ▲ try out

It took ages to clean up the mess. ou **It took ages to clean the mess up.**
Ça a pris un temps fou pour nettoyer les saletés.

- Cependant, si l'objet est un pronom, il se place toujours juste après le verbe :

There was such a mess. It took ages to clean it up.
C'était vraiment sale. Ça a pris un temps fou à nettoyer.

- Les verbes de la quatrième catégorie sont ceux dont l'objet est introduit par une préposition qui vient s'ajouter à leur propre particule :

Verbe + particule + préposition + objet

> **come in for ▲ come up against ▲ get on with**
> **lead up to ▲ look forward to ▲ put up with**
> **stick up for ▲ walk out on**

I'm looking forward to my holiday.
J'ai hâte d'être en vacances.
Children have to learn to stick up for themselves.
Les enfants doivent apprendre à se débrouiller par eux-mêmes.

- Un petit nombre de verbes du quatrième groupe acceptent un autre objet juste après le verbe :

Verbe + objet + particule + préposition + objet

> **do out of ▲ put down to ▲ put up to**
> **take out on ▲ talk out of**

John tried to talk her out of it.
John essaya de l'en dissuader.

4.27 Quand on veut attirer l'attention sur ce qui subit l'action (objet ou personne) et non sur son origine, on utilise la **voix passive**. Seuls les verbes transitifs peuvent se mettre au passif :

Mr Smith locks the gate at six o'clock every night.
M. Smith ferme le portail à six heures tous les soirs.
The gate is locked at six o'clock every night.
Le portail est fermé à six heures tous les soirs.

The storm destroyed dozens of trees.
La tempête a détruit des dizaines d'arbres.
Dozens of trees were destroyed.
Des dizaines d'arbres ont été détruits.

- La structure de la voix passive est la suivante :
  (modal +) forme de **BE** + participe passé

  Jobs are still being lost.
  Il y a toujours des pertes d'emplois.
  What can be done?
  Qu'est-ce qu'on peut faire ?
  We won't be beaten.
  Nous ne nous laisserons pas vaincre.
  He couldn't have been told by Jimmy.
  Ce n'est pas possible que Jimmy le lui ait dit.

- Dans le cas des verbes à deux objets, n'importe lequel des deux objets peut être sujet de la phrase passive :

  The secretary was given the key. ou **The key was given to the secretary.**
  La clé a été donnée à la secrétaire.
  The books will be sent to you. ou **You will be sent the books.**
  Les livres vous seront envoyés.

➤ **Get** s'emploie parfois en anglais parlé au lieu de **be** pour former le passif :

  Our car gets cleaned every weekend.
  Notre voiture est lavée tous les week-ends.
  I don't get paid until the end of the month.
  Je ne suis payé qu'à la fin du mois.

- Lorsqu'on utilise la voix passive, il est fréquent de ne pas préciser l'origine de l'action, soit parce qu'on ne la connaît pas, soit parce qu'on ne veut pas le faire, soit parce que cette information n'a pas d'importance. Si on souhaite donner celle-ci, on la place après le verbe, précédée de la préposition **by** :

  He was shot in the chest by an armed robber.
  Il a été blessé à la poitrine par un cambrioleur armé.

4.29 **Les tournures impersonnelles**

Le pronom **it** peut être employé comme sujet d'un énoncé sans faire pour autant référence à quelque chose qui a déjà été cité. Cet emploi impersonnel de **it** s'utilise en particulier pour parler des heures ou des dates :

> **It is nearly one o'clock.**
> *Il est presque une heure.*
> **It's the sixth of April today.**
> *On est le six avril aujourd'hui.*

- **It** + verbes qui renvoient au temps qu'il fait :

> **It's still raining.**
> *Il pleut toujours.*
> **It was pouring with rain.**
> *Il pleuvait à verse.*

- On emploie **it** + forme de **be** + adjectif (+ nom) et **it** + forme de **get** + adjectif pour décrire le temps qu'il fait ou les changements de temps :

> **It's a lovely day.**
> *C'est une journée magnifique.*
> **It was getting cold.**
> *Il commençait à faire froid.*

- **It** + forme de **be** + adjectif/groupe nominal s'emploient pour donner une opinion sur un endroit, une situation, un événement :

> **It was terribly cold outside.**
> *Il faisait terriblement froid dehors.*
> **It's fun working for him.**
> *C'est sympa de travailler pour lui.*
> **It was a pleasure to be there.**
> *C'était un plaisir d'être là.*

- **It** + les verbes qui expriment des sentiments, des états d'esprit comme **interest**, **please**, **surprise** ou **upset** + pronom/groupe nominal + **that**.../**to**... s'emploient pour indiquer la réaction de quelqu'un face à quelque chose, une situation ou un événement :

It surprised me that he should want to talk about his work.
Cela m'a surpris qu'il veuille parler de son travail.
It upset her friends to hear that she was ill.
Ses amis ont été peinés d'apprendre qu'elle était malade.

- **There** peut être employé dans un tour impersonnel. Il est alors suivi d'un groupe verbal contenant l'une des formes de **be**, **appear to be** ou **seem to be** :

There is work to be done.
Il y a du travail à faire.
There'll be a party tonight.
Il va y avoir une fête ce soir.
There appears to be a mistake in the bill.
Il semble y avoir une erreur dans l'addition.

4.30 **there is/there are**

Le verbe qui suit **there** est au singulier (**is**, **has**, **appears**, **seems**) si le groupe nominal qui vient après (ou le premier nom s'il y en a plusieurs) est au singulier ou indénombrable :

There is one point we must add here.
Il y a un point que nous devons ajouter ici.
There seems to be an error in the calculations.
Il semble qu'il y ait une erreur dans les calculs.

Si le groupe nominal est au pluriel, ou devant des expressions comme **a number (of)**, **a lot (of)** et **a few (of)**, le verbe qui suit **there** est au pluriel :

There were two men in the room.
Il y avait deux hommes dans la pièce.
There were a lot of children in the street.
Il y avait beaucoup d'enfants dans la rue.

4.31 Le verbe au **gérondif** (forme en **-ing**) peut s'employer pour former un adjectif à partir d'un verbe. Il se place juste avant le nom ou après le verbe comme tout adjectif :

He lives in a charming house just outside the town.
Il habite une maison charmante juste à l'entrée de la ville.
His novels are always interesting.
Ses romans sont toujours intéressants.
Britain is an ageing society.
La société britannique est vieillissante.

- Le gérondif s'emploie après le nom pour apporter des informations sur l'action de celui-ci à un moment précis ou en général :

Most of the people strolling in the park were teenagers.
La plupart des gens qui se promenaient dans le parc étaient des adolescents.
The employees working there were not very friendly.
Les employés qui travaillaient là n'étaient pas très sympathiques.

- Le gérondif s'emploie après **while** (et **whilst** en anglais britannique) pour exprimer la simultanéité :

I like listening to classical music while working.
J'aime écouter de la musique classique tout en travaillant.
He twisted his ankle whilst running for the bus.
Il s'est tordu la cheville en courant pour attraper l'autobus.

- La forme en **-ing** du gérondif peut également remplir la fonction d'un nom, qui peut être soit sujet, soit complément du verbe. Contrairement aux autres noms, ce nom verbal n'est généralement pas précédé d'un article et ne se met jamais au pluriel. Il peut cependant parfois être modifié par un adjectif (et un adverbe) :

Smoking is bad for you.
Fumer nuit à la santé.
Swimming can be good exercise.
La natation peut être un bon exercice.
Do you like travelling?
Tu aimes voyager ?
There was some very good singing in the competition.
Certains concurrents ont très bien chanté.

- La forme en **-ing** peut être en position de complément, après une préposition :

I'd be interested in seeing his films.
Ça m'intéresserait de voir ses films.

They've been talking about building a new school.
On parle de construire une nouvelle école.

- Certains mots en **-ing** sont devenus des noms à part entière et se comportent donc normalement : ils peuvent se mettre au pluriel, être précédés d'un article, d'un adjectif, etc. :

This is my favourite painting by Rembrandt.
C'est mon tableau préféré de Rembrandt.
There are several new buildings on this street.
Il y a plusieurs bâtiments neufs dans cette rue.

- Le gérondif en **-ing** s'emploie après le verbe principal pour décrire une action dont le sujet est le même que celui du verbe principal. Il peut être mis au passif. Certains verbes sont suivis de la forme infinitive **to...** et d'autres, comme **bother**, **try** ou **prefer**, peuvent se construire des deux façons :

I don't mind telling you.
Ça ne me dérange pas de te le dire.
I've just finished reading that book.
Je viens de finir ce livre.
She carried on reading.
Elle continua de lire.
I dislike being interrupted.
Je déteste être interrompu.
I didn't bother answering./I didn't bother to answer.
Je n'ai pas pris la peine de répondre .

- La forme du gérondif **-ing** s'emploie après **come** et **go** pour parler d'une activité sportive ou physique :

They came running out.
Ils sont sortis en courant.
Did you say they might go camping?
Tu as bien dit qu'ils iraient peut-être camper ?

- La forme du gérondif **-ing** s'emploie après certains verbes comme **catch**, **find**, **imagine**, **leave**, **prevent**, **stop**, **watch** et leur objet. L'objet du verbe principal est sujet du verbe en **-ing** :

He left them making their calculations.
Il les a laissés faire leurs calculs.
I found her waiting for me outside.
Je l'ai trouvée en train de m'attendre dehors.

4.32 On utilise l'**infinitif** avec **to...** après certains verbes quand le sujet du verbe à l'infinitif est le même que celui du verbe principal :

> **She had agreed to let us use her flat.**
> *Elle avait accepté de nous laisser occuper son appartement.*
> **I decided not to go out for the evening.**
> *J'ai décidé de ne pas sortir ce soir-là.*
> **England failed to win a place in the finals.**
> *L'Angleterre ne s'est pas qualifiée pour la finale.*

- L'infinitif avec **to...** s'emploie après certains verbes suivis d'un complément d'objet qui est le sujet de l'infinitif :

> **I asked her to explain.**
> *Je lui ai demandé d'expliquer.*
> **I waited for him to speak.**
> *J'ai attendu qu'il parle.*
> **I want you to help me.**
> *Je veux que tu m'aides.*

4.33 Le **participe passé** du verbe peut s'employer comme adjectif :

> **A bored student complained to his teacher.**
> *Un étudiant qui s'ennuyait s'est plaint à son professeur.*
> **The bird had a broken wing.**
> *L'oiseau avait une aile cassée.*
> **The man injured in the accident was taken to hospital.**
> *L'homme blessé dans l'accident fut emmené à l'hôpital.*
> **She was wearing a dress bought in Paris.**
> *Elle portait une robe achetée à Paris.*

4.34 Les formes interrogatives

En anglais comme en français, l'ordre de la phrase change pour les questions directes mais pas pour les questions indirectes. Dans ce dernier cas, on utilise des formes verbales simples et non les formes avec **do** :

> **What will you talk about?**
> *De quoi parlerez-vous ?*

I'd like to know what you will talk about.
J'aimerais savoir de quoi vous parlerez.
Did you have a good rest?
Vous êtes-vous bien reposé ?
I asked him if he'd had a good rest.
Je lui ai demandé s'il s'était bien reposé.

4.35 Pour les questions auxquelles on répond par « oui » ou par « non », on place l'auxiliaire du verbe au début, avant le sujet. L'ordre du reste de la phrase est inchangé.

On répond à ce genre de question en plaçant après **yes** ou **no** l'auxiliaire, le modal ou la forme contractée de **be** correspondante, avec **not** si la réponse est **no** :

Is he coming? – Yes, he is./No, he isn't.
Est-ce qu'il vient ? – Oui./Non.
Can John swim? – Yes, he can./No, he can't.
Est-ce que John sait nager ? – Oui./Non.
Will you have finished by lunchtime? – No, I won't.
Est-ce que tu auras fini avant le déjeuner ? – Non.
Have you finished yet? – Yes, I have./No, I haven't.
Est-ce que tu as fini ? – Oui./Non.
Was it lonely without us? – Yes, it was.
Est-ce que vous vous êtes sentis seuls sans nous ? – Oui.

N'oubliez pas qu'avec les temps simples on emploie **do** comme auxiliaire pour ce genre de questions :

Do you like wine ? – Yes, I do./No, I don't.
Vous aimez le vin ? – Oui./Non.
Did he go to the theatre? – Yes, he did./No, he didn't.
Est-ce qu'il est allé au théâtre ? – Oui./Non.
Do you have any questions? – Yes, we do./No, we don't.
Est-ce que vous avez des questions ? – Oui./Non.

Lorsque son sens se rapproche de « posséder », **have** peut aussi se placer directement avant le sujet sans auxiliaire, mais cette tournure est moins habituelle :

Has he any idea what it's like?
Est-ce qu'il a la moindre idée de ce que ça fait ?

4.36 En anglais parlé, il est courant de poser des questions en ajoutant des **question tags** pour demander confirmation de quelque chose que l'on vient de dire. La « question tag » reprend le verbe de la phrase qui précède par l'intermédiaire de l'auxiliaire seul suivi de son sujet. S'il n'y a pas de négation dans ce qui vient d'être dit, on met **not** dans la « question tag » ; inversement, si ce qui vient d'être dit est une négation, il n'y a pas de **not** dans la « question tag » :

They don't live here, do they?
Ils n'habitent pas ici, il me semble ?
You haven't seen it before, have you?
Tu ne l'as pas encore vu, si ?
You will stay in touch, won't you?
Tu donneras des nouvelles, d'accord ?
It is quite warm, isn't it?
Il fait assez chaud, non ?

4.37   neither/nor

Pour dire « moi non plus, toi non plus » etc., on emploie **neither/nor** suivi de l'auxiliaire et du sujet, ou bien du sujet puis de la forme négative de l'auxiliaire suivis de **either** :

I don't know where it is. – Neither do I./Nor do I./I don't either.
Je ne sais pas où c'est. – Moi non plus.

Pour dire « moi aussi, toi aussi » etc. on emploie **so** suivi de l'auxiliaire et du sujet :

I have been working a lot. – So have all the others.
J'ai beaucoup travaillé. – Tous les autres aussi.

4.38   **Les mots interrogatifs anglais sont :**

> what ▲ which ▲ when ▲ where ▲ who ▲ whom ▲ whose
> ▲ why ▲ how ▲ how much ▲ how many ▲ how long

Whom s'emploie seulement en anglais recherché. Les mots interrogatifs viennent toujours en premier dans les questions.

Avec ces mots, l'ordre de l'auxiliaire et du sujet s'inverse comme dans n'importe quelle interrogation :

How many are there?
Combien y en-a-t-il ?
Which do you like best?
Lequel préfères-tu ?
When would you be coming down?
Quand viendrais-tu ?
Why did you do it?
Pourquoi as-tu fait ça ?
Where did you get that from?
Où as-tu trouvé ça ?
Whose idea was it?
Qui a eu cette idée ?

La seule exception intervient quand le sujet de l'interrogative est celui du verbe, auquel cas l'ordre des mots ne change pas. Notez qu'on utilise alors des formes verbales simples sans avoir recours à l'auxiliaire **do** :

Who could have done it?
Qui a pu faire cela ?
What happened?
Qu'est-ce qui s'est passé ?
Which is the best restaurant?
Lequel de ces restaurants est le meilleur ?

Si l'on a une préposition, elle est rejetée à la fin. Dans le cas de **whom** cependant, elle vient toujours avant le pronom :

What's this for?
À quoi ça sert ?
What's the book about?
Quel est le sujet du livre ?
With whom were you talking?
Avec qui est-ce que tu parlais ?

How peut s'employer seul dans le sens de « comment », mais il peut aussi accompagner les adjectifs et les adverbes, ainsi que **many** et **much** :

How did you know we were coming?
Comment as-tu su que nous venions ?
How old are your children?
Quel âge ont vos enfants ?
How long have you lived here?
Depuis combien de temps vis-tu ici ?
How many were there?
Combien étaient-ils ?

4.39 La négation

Aux temps composés, la négation des verbes se construit en mettant le mot **not** (à la forme contractée ou non) après le premier verbe. Aux temps simples, il faut employer un auxiliaire à la forme négative :

They do not need to talk.
Ils n'ont pas besoin de parler.
I was not smiling.
Je ne souriais pas.
I haven't been playing football.
Je n'ai pas joué au foot.

➢ Souvenez-vous qu'avec **do** comme verbe principal on utilise aussi l'auxiliaire **do** :

I didn't do it.
Ce n'est pas moi qui ai fait ça.

Le tableau suivant montre quelques-unes des formes contractées les plus fréquentes :

isn't	aren't	wasn't	weren't	hasn't
haven't	hadn't	doesn't	don't	didn't
can't	couldn't	mightn't	mustn't	oughtn't
shan't	shouldn't	won't	wouldn't	daren't
needn't				

5.1   Les mots qui indiquent le moment, la modalité, le lieu, ou qui donnent des précisions sur les circonstances dans lesquelles quelque chose a eu lieu s'appellent **adverbes**. Leur rôle peut aussi être rempli par un groupe nominal, avec ou sans préposition, ou par deux adverbes ensemble. Dans ce cas on parle de **locutions adverbiales**.

> **Sit there quietly and listen to this music.**
> *Reste assis sans faire de bruit et écoute cette musique.*
> **Come and see me next week.**
> *Viens me voir la semaine prochaine.*
> **The children were playing in the park.**
> *Les enfants jouaient dans le parc.*
> **He did not play well enough to win.**
> *Il n'a pas joué assez bien pour gagner.*

5.2   Les adverbes ou locutions adverbiales qui répondent aux questions « comment ? », « où ? » et « quand ? » se placent après le verbe et son objet, s'il en a un :

> **She sang beautifully.**
> *Elle chantait merveilleusement bien.*
> **The book was lying on the table.**
> *Le livre était posé sur la table.*
> **The car broke down yesterday.**
> *La voiture est tombée en panne hier.*
> **I did learn to play a few tunes very badly.**
> *J'ai appris à jouer très mal quelques airs.*

5.3   Si plusieurs locutions renvoyant à ces notions se suivent, on les place d'habitude dans l'ordre suivant : comment + où + quand :

> **She spoke very well at the village hall last night.**
> *Elle a très bien parlé à la salle communale hier soir.*

5.4   Les adverbes ou locutions adverbiales qui donnent une indication sur la fréquence, la probabilité ou l'imminence d'un événement se placent juste avant le verbe principal, que la forme du verbe soit simple ou composée :

She occasionally comes to my house.
Elle vient chez moi à l'occasion.
You have very probably heard the news by now.
Tu as très probablement appris la nouvelle maintenant.
They had already given me the money.
Ils m'avaient déjà donné l'argent.
She really enjoyed the party.
Elle s'est vraiment amusée à la fête.

5.5 On peut mettre en relief un adverbe ou une locution adverbiale en les plaçant ailleurs dans l'énoncé :

Slowly, he opened his eyes.
Doucement, il ouvrit les yeux.
In September I travelled to California.
En septembre, je suis allé en Californie.
Next to the coffee machine stood a pile of cups.
À côté de la machine à café s'élevait une pile de gobelets.

➢ Vous noterez dans ce dernier exemple que dans les expressions de lieu, le verbe peut se placer avant le sujet.

L'adverbe ou la locution adverbiale composée de deux adverbes peut se placer juste devant le verbe principal pour être mis en valeur :

He deliberately chose it because it was cheap.
Il l'a choisi exprès parce que c'était bon marché.
I very much wanted to go with them.
Je voulais vraiment aller avec eux.

On peut changer l'ordre habituel pour mettre l'accent sur un point précis :

They were sitting in the car quite happily.
Ils étaient assis dans la voiture, très contents.
At the meeting last night, she spoke very well.
Hier soir à la réunion, elle a très bien parlé.

5.6 Certains adverbes ou locutions adverbiales nous disent à quelle fréquence quelque chose se produit :

> **a lot ▲ always ▲ ever ▲ frequently ▲ hardly ever
> never ▲ normally ▲ occasionally ▲ often
> rarely ▲ sometimes ▲ usually**

We often swam in the sea.
Nous nagions souvent dans la mer.
She never comes to my parties.
Elle ne vient jamais à mes fêtes.

D'autres s'emploient pour exprimer la probabilité :

> **certainly ▲ definitely ▲ maybe ▲ obviously
> perhaps ▲ possibly ▲ probably ▲ really**

I definitely saw her yesterday.
Je suis sûr de l'avoir vue hier.
The driver probably knows the best route.
Le chauffeur connaît probablement le meilleur itinéraire.

Ces adverbes se placent *avant* un verbe simple et peuvent s'intercaler entre l'auxiliaire et le verbe des formes composées :

He sometimes works downstairs in the kitchen.
Il travaille parfois en bas dans la cuisine.
You are definitely wasting your time.
Il est certain que tu perds ton temps.
I have never had such a horrible meal!
Je n'ai jamais mangé un repas aussi mauvais !
I shall never forget this day.
Je n'oublierai jamais ce jour.

➤ Notez que ces adverbes se placent normalement *après* **be** quand c'est le verbe principal :

He is always careful with his money.
Il fait toujours très attention à son argent.
You are probably right.
Tu as probablement raison.

5.7   Perhaps se place en général au début de l'énoncé tandis que a lot vient en général après le verbe principal :

Perhaps the beaches are cleaner in the north.
Peut-être que les plages sont plus propres dans le Nord.
I go swimming a lot in the summer.
Je nage beaucoup en été.

5.8   Ever s'emploie en général dans les questions, les négations ou dans les phrases conditionnelles. On l'utilise parfois dans des affirmations, par exemple après un superlatif :

Have you ever been to a football match?
Est-ce que tu es déjà allé à un match de football ?
Don't ever do that again!
Ne refais jamais ça !
If you ever need anything, just call me.
Si jamais tu as besoin de quoi que ce soit, appelle-moi.
She is the best dancer I have ever seen.
C'est la meilleure danseuse que j'aie jamais vue.

➤   Notez qu'il existe deux façons de dire « jamais » : **never** ou **not ever** :

Don't ever do that again! ou **Never do that again!**
Ne refais jamais ça !

5.9   still, yet, already

Dans les phrases affirmatives, **still** signifie « toujours », même s'il se traduit parfois par « encore ». On le met devant le verbe aux temps simples. Il s'intercale entre les deux éléments des formes composées et suit le verbe **be** :

My family still lives in India.
Ma famille vit toujours en Inde.
You will still get tickets, if you hurry.
Tu peux encore avoir des billets si tu te dépêches.
We were still waiting for the election results.
Nous attendions toujours le résultat des élections.

His father is still alive.
Son père est toujours vivant.

- Dans les phrases négatives, **still** peut être mis après le sujet et avant le verbe pour exprimer la surprise ou l'impatience :

You still haven't given us the keys.
Tu ne nous as toujours pas donné les clés.

➤ Notez que **still** peut s'employer au début d'un énoncé dans le sens de « malgré tout, quand même » :

Still, he is my brother, so I'll have to help him.
C'est quand même mon frère, alors il va falloir que je l'aide.

- **Yet** s'emploie dans le sens de « encore » quand il est à la fin d'un énoncé négatif et de « déjà » quand il est à la fin d'une question :

We haven't got the tickets yet.
Nous n'avons pas encore les billets.
Have you joined the swimming club yet?
Est-ce que tu t'es (déjà) inscrit au club de natation ?

- **Yet** s'utilise aussi en début d'énoncé dans le sens de « cependant, pourtant » :

They know they won't win, yet they keep on trying.
Ils savent qu'ils ne gagneront pas, pourtant ils persistent.

- Les expressions **any longer** ou **any more** signifient « plus » dans les phrases négatives, où elles se placent à la fin :

I couldn't wait any longer.
Je ne pouvais plus attendre.
He's not going to play any more.
Il ne va plus jouer.

- **Already** signifie « déjà » dans les affirmations. Il se place avant le verbe quand celui-ci est à un temps simple, entre les deux éléments quand il est à un temps composé, et après le verbe **be** :

I already know her.
Je la connais déjà.
I've already seen them.
Je les ai déjà vus.
I am already aware of that problem.
Je suis déjà au courant de ce problème.

Pour le mettre en relief, on peut le placer en fin de phrase :

I've done it already.
Je l'ai déjà fait.

5.10 Notez que si **really** vient en début d'énoncé, il exprime la surprise,
alors qu'en position finale c'est un adverbe de manière :

Really, I didn't know that!
Vraiment, je n'étais pas au courant !
He wanted it really, but he was too shy to ask.
Il le voulait vraiment, mais il était trop timide pour demander.

5.11 Certains adverbes ou locutions adverbiales renforcent ou réduisent
l'intensité de ce qu'exprime le verbe :

I totally disagree.
Je ne suis pas du tout d'accord.
I can nearly swim.
Je sais presque nager.
The building was almost entirely destroyed.
Le bâtiment a été presque entièrement détruit.

5.12 Certains adverbes d'intensité peuvent se mettre avant ou après le
verbe principal, ou après l'objet s'il y en a un :

> badly ▲ completely ▲ greatly ▲ seriously ▲ strongly ▲ totally

I disagree completely ou **I completely disagree with John Taylor.**
Je ne suis pas du tout d'accord avec John Taylor.
That argument doesn't convince me totally ou **totally convince me.**
Cet argument ne me convainc pas tout à fait.

D'autres s'emploient surtout juste avant le verbe principal :

> almost ▲ largely ▲ nearly ▲ quite ▲ really

He almost crashed into a lorry.
Il a failli rentrer dans un camion.
I quite like it.
J'aime bien.

5.13   **A lot** et **very much** se placent après le verbe principal ou après l'objet s'il y en a un. **Very much** peut se placer après le sujet et devant les verbes comme **want**, **prefer** et **enjoy** :

She helped a lot.
Elle nous a beaucoup aidés.
We liked him very much.
Nous l'aimions beaucoup.
I very much wanted to take it with me.
J'avais très envie de l'emporter avec moi.

5.14   Certains adverbes d'intensité qui précisent le sens d'adjectifs ou d'adverbes se placent devant ces derniers :

> awfully ▲ extremely ▲ fairly ▲ pretty
> quite ▲ rather ▲ really ▲ very

It's a fairly large office, with filing space.
C'est un bureau assez grand, avec des rangements.

➢   Notez que **rather** peut se placer devant ou derrière **a** ou **an** lorsqu'un adjectif et un nom viennent après :

Seaford is rather a pleasant town. ou **Seaford is a rather pleasant town.**
Seaford est une ville plutôt agréable.

5.15   On forme souvent les adverbes de manière en ajoutant la terminaison **-ly** à l'adjectif. Dans de nombreux cas, un adverbe en **-ly** équivaut à un adverbe français en « -ment », mais pas systématiquement :

Adjectifs		Adverbes
bad	→	badly
beautiful	→	beautifully
quick	→	quickly
quiet	→	quietly
soft	→	softly

Attention : il n'est pas possible de former des adverbes à partir d'adjectifs se terminant déjà par **-ly**. Par exemple on ne peut pas dire **He smiled at you friendlily.** À la place, on emploie parfois un groupe nominal introduit par une préposition :

> **He smiled at me in a friendly way.**
> *Il m'a adressé un sourire amical.*

5.16 Certains adverbes de manière comme **fast**, **hard** et **late** ont la même forme que les adjectifs correspondants :

> **I've always been interested in fast cars.**
> *Je m'intéresse depuis toujours aux voitures rapides.*
> **He was driving too fast.**
> *Il conduisait trop vite.*
> **It was a hard job.**
> *C'était un travail difficile.*
> **He works very hard.**
> *Il travaille très dur.*
> **The train arrived late, as usual.**
> *Le train est arrivé en retard, comme d'habitude.*

5.17 Il est rare d'employer des groupes nominaux comme locutions adverbiales de manière, qu'ils comportent une préposition ou non. Cela est parfois nécessaire cependant, en particulier quand il n'existe pas d'adverbe pour ce que l'on veut dire. Le groupe nominal comporte en général un nom comme **way**, **fashion** ou **manner** :

> **She asked me in such a nice manner that I couldn't refuse.**
> *Elle me l'a demandé si gentiment que je n'ai pas pu refuser.*
> **They spoke in angry tones.**
> *Ils parlaient sur un ton irrité.*

6.1   Les adjectifs d'une syllabe et ceux de deux syllabes qui se terminent par une consonne + **-y** prennent la terminaison **-er**. Attention aux changements d'orthographe que peut entraîner l'ajout d'une terminaison.

> angry ▲ busy ▲ dirty ▲ easy ▲ friendly
> funny ▲ heavy ▲ lucky ▲ silly ▲ tiny

This is harder than I thought.
C'est plus dur que je ne pensais.
It couldn't be easier.
Ça ne pourrait pas être plus facile.

• Certains adjectifs de deux syllabes fréquemment employés peuvent suivre le modèle **more** + adjectif ou prendre la terminaison **-er**, mais la première construction est plus fréquente :

> common ▲ cruel ▲ gentle ▲ handsome ▲ likely
> narrow ▲ pleasant ▲ polite ▲ simple ▲ stupid

This solution is simpler. / This solution is more simple.
Cette solution est plus simple.
This illness used to be more common ou **used to be commoner among men.**
Cette maladie était plus courante chez les hommes.

6.2   L'adjectif **more** (« plus de ») se place devant des noms indénombrables ou devant des noms dénombrables au pluriel :

His visit might do more harm than good.
Sa visite fera peut-être plus de mal que de bien.
He does more hours than I do.
Il fait plus d'heures que moi.

• **Less** s'emploie avec les indénombrables ; avec les dénombrables, on utilise **fewer** :

This machinery uses less energy.
Ces machines consomment moins d'énergie.

There are fewer trees here.
Il y a moins d'arbres ici.

6.3   Les tournures « plus… plus… » et « moins… moins… » se traduisent par
the more… the more… et the less… the less… :

The more I see this house, the more I want to buy it.
Plus je vois cette maison, plus j'ai envie de l'acheter.
The less you try, the less you succeed.
Moins tu essaies, moins tu y arrives.
The bigger a parcel is, the more expensive it is to post.
Plus un colis est gros, plus il est cher à envoyer.

- Pour les expressions du type « de plus en plus », « de moins en moins »
  etc., l'anglais a recours à la répétition du comparatif et à la conjonction
  and :

She seemed less and less interested.
Elle semblait de moins en moins intéressée.
It's getting harder and harder to find a job.
Cela devient de plus en plus difficile de trouver un travail.

- **As… as…** s'emploie avec les adjectifs pour dire « aussi… que… ». Avec les
  noms, cette tournure est associée à **much/many** :

You're as funny as your sister.
Tu es aussi drôle que ta sœur.
He doesn't get as many calls as I do.
Il ne reçoit pas autant d'appels que moi.

6.4   **Most** et la terminaison **-est** sont employés dans le sens de « le plus,
la plus, les plus », dans les mêmes cas que **more** et la terminaison **-er**.
Certains adjectifs ont cependant des formes irrégulières :

good	→ better	→	best
bad	→ worse	→	worst
far	→ farther/further	→	farthest/furthest

Tokyo is Japan's largest city.
Tokyo est la plus grande ville du Japon.
He was the most interesting person there.
C'était la personne la plus intéressante de l'assemblée.
This really is the worst book I've ever read.
C'est vraiment le pire livre que j'aie jamais lu.

6.5   **Most** peut aussi s'employer sans idée de comparaison, dans le sens de « très », auquel cas on n'utilise pas **the** :

This book is most interesting.
Ce livre est très intéressant.
This book is the most interesting.
Ce livre est le plus intéressant.

6.6   **So… that** s'emploie dans les comparaisons et a pour équivalents « si … que, tellement … que » :

He is so busy that we never get to see him.
Il est si occupé que nous ne pouvons jamais le voir.

So peut aussi accompagner un groupe nominal précédé de **many/ much/few/little** :

I want to do so many different things.
Je veux faire tellement de choses.

6.7   **Such a…** s'emploie devant un nom au singulier comme intensif. Au pluriel, le **a** est omis. S'il est accompagné d'un adjectif, le nom vient après :

There was such a noise we couldn't hear.
Il y avait un tel bruit que nous n'entendions rien.
They said such nice things about you.
Ils ont dit des choses si gentilles sur toi.

Les prépositions suivantes s'emploient pour introduire des compléments de lieu :

7.1   On emploie **at** pour parler d'un endroit particulier :

She waited at the bus stop for over 20 minutes.
Elle a attendu à l'arrêt de bus pendant plus de 20 minutes.

- **At** s'utilise avec **back**, **bottom**, **end**, **front** et **top** pour désigner les différentes parties d'un endroit :

Mr Castle was waiting at the bottom of the stairs.
M. Castle attendait en bas de l'escalier.
I saw a taxi at the end of the street.
J'ai vu un taxi au bout de la rue.

- Il s'utilise pour les lieux publics et les institutions, et aussi pour dire « à la maison » (**at home**) et « au travail » (**at work**) :

I have to be at the station by ten o'clock.
Je dois être à la gare pour dix heures.
She wanted to stay at home.
Elle voulait rester à la maison.

- On l'utilise aussi, de la même façon que pour faire référence au domicile de quelqu'un, pour désigner un commerce ou un service spécialisé :

'Where were you last night?' – 'At Mick's house.'
« Où étais-tu hier soir ? » – « Chez Mick. »
I'll see you at Fred's house.
Je te verrai chez Fred.
I buy my bread at the local baker's.
J'achète mon pain chez le boulanger du coin.

- Quand on veut parler d'une adresse, **at** permet de donner le numéro du bâtiment :

They used to live at 5, Weston Road.
Ils habitaient au 5, Weston Road.

7.2   **On** s'emploie quand on considère un lieu comme une surface :

I sat down on the sofa.
Je m'assis sur le canapé.
She put her keys on the table.
Elle posa ses clés sur la table.

- Il est aussi employé pour un lieu que l'on voit comme un point sur une ligne, par exemple une route, une ligne de train, une rivière ou une côte :

Scrabster is on the north coast.
Scrabster est sur la côte nord.
Oxford is on the A34 between Birmingham and London.
Oxford est sur la A34 entre Birmingham et Londres.
He lived on Fifth Avenue in New York City.
Il habitait sur la Cinquième Avenue à New York.

7.3   **In** s'emploie avec les pays, les régions, les villes et les villages :

A thousand homes in the east of Scotland suffered power cuts.
Un millier de foyers dans l'est de l'Écosse ont été touchés par des coupures de courant.
I've been teaching at a school in London.
J'enseigne dans une école à Londres.

- On l'utilise aussi avec les récipients de tous types, pour parler de ce qu'ils contiennent :

She kept the cards in a little box.
Elle rangeait les cartes dans une petite boîte.

- Ou encore pour un bâtiment quand il est question des personnes ou des choses qui se trouvent à l'intérieur :

They were sitting having dinner in the restaurant.
Ils étaient assis, en train de dîner, dans le restaurant.

7.4   at/in

On peut souvent considérer un lieu de deux manières : comme une institution ou comme un bâtiment. On utilise alors respectivement **at** ou **in** :

> **I had a hard day at the office.**
> *J'ai eu une dure journée au bureau.*
> **I left my coat behind in the office.**
> *J'ai oublié mon manteau dans le bureau.*
> **There's a good film at the cinema.**
> *Il y a un bon film au cinéma.*
> **It was very cold in the cinema.**
> *Il faisait très froid dans le cinéma.*

7.5   **On, onto** et **off** s'emploient pour faire référence à la position ou au mouvement d'une personne à l'intérieur et à l'extérieur de moyens de transport : bus, train, bateau et avion. Pour attirer l'attention sur la position ou le mouvement à l'intérieur ou à l'extérieur du véhicule lui-même plutôt que sur le moyen de transport, on peut employer **in**, **into** et **out of** :

> **Why don't you come on the train with me to New York?**
> *Pourquoi est-ce que tu ne viens pas avec moi en train à New York ?*
> **Peter Hurd was already on the plane from California.**
> *Peter Hurd était déjà dans l'avion en provenance de Californie.*
> **Mr Bixby stepped off the train and walked quickly to the exit.**
> *M. Bixby descendit du train et se dirigea rapidement vers la sortie.*
> **The passengers in the plane were beginning to panic.**
> *Les passagers de l'avion commençaient à paniquer.*
> **We jumped out of the bus and ran into the nearest shop.**
> *Nous avons sauté du bus pour courir vers la boutique la plus proche.*

7.6   On emploie **in**, **into** et **out of** pour parler de la position ou du mouvement d'une personne ou d'une chose à l'intérieur et à l'extérieur d'une voiture, d'un camion, etc. :

> **I followed them in my car.**
> *Je les ai suivis avec ma voiture.*

Mr Ward happened to be getting into his lorry.
Il se trouva que M. Ward était en train de monter dans son camion.
She was carried out of the ambulance.
On la sortit de l'ambulance.

7.7   Pour préciser le moyen de transport que l'on emprunte pour se rendre quelque part, on emploie **by** :

> **by bicycle ▲ by bus ▲ by car ▲ by coach ▲ by plane ▲ by train**

She had come by car with her husband.
Elle était venue en voiture avec son mari.
**I left Walsall in the afternoon and went by bus
and train to Nottingham.**
*J'ai quitté Walsall dans l'après-midi et je me suis rendu
à Nottingham en bus et en train.*
Marie decided to continue on foot.
Marie décida de continuer à pied.

7.8   Les prépositions suivantes s'utilisent dans des expressions de temps :

• **At** s'emploie avec :

Les heures :	**at eight o'clock ▲ at 3.15**
Les fêtes religieuses :	**at Christmas ▲ at Easter**
Les repas :	**at breakfast ▲ at lunchtime**
Certains moments précis :	**at night ▲ at the weekend**
	▲ at weekends

• **In** s'emploie avec :

Les saisons :	**in autumn ▲ in the spring**
Les années et les siècles :	**in 1985 ▲ in the year 2000**
	▲ in the 19th century
Les mois :	**in July ▲ in December**
Les moments de la journée :	**in the morning ▲ in the evenings**

➤ Notez que **in** est aussi utilisé pour parler du futur :

I think we'll find out in the next few days.
Je pense qu'on le saura dans les jours qui viennent.

• **On** s'emploie avec :

Les jours de la semaine :	**on Monday**
	▲ **on Tuesday morning**
	▲ **on Sunday evenings**
Les jours fixes :	**on Christmas Day**
	▲ **on my birthday**
	▲ **on his wedding anniversary**
Les dates :	**on 14 July**

• **For** s'emploie avec les verbes à tous les temps pour exprimer la durée de quelque chose :

He is in Italy for a month.
Il est en Italie pour un mois.
I remained silent for a long time.
Je suis resté silencieux pendant un long moment.
I will be in London for three months.
Je serai à Londres pour trois mois.

• **During** et **over** servent à parler de la période de temps pendant laquelle quelque chose se passe :

I saw him twice during the summer holidays.
Je l'ai vu deux fois pendant les vacances d'été.
Will you stay in Edinburgh over Christmas?
Est-ce que tu resteras à Édimbourg à Noël ?

➤ Attention : **during** ne s'emploie pas pour dire combien de temps quelque chose dure. On ne dit pas **I went there during three weeks**. Pour ce sens on emploie **for**.

- **By** s'emploie pour dire « pas après », « pas plus tard que » :

  By eleven o'clock, Brody was back in his office.
  À onze heures, Brody était de retour dans son bureau.
  Can we get this finished by tomorrow?
  Est-ce qu'on peut finir ça pour demain ?

Les préfixes et les suffixes sont des éléments qui se placent respectivement au début et à la fin de certains mots et qui en changent le sens. La plupart des suffixes ont également pour effet de modifier la catégorie grammaticale du mot en question.

8.1 **Les principaux préfixes sont :**

un- ▲ dis- ▲ mis- ▲ over- ▲ under-

* **un-** et **dis-** sont des préfixes qui expriment le contraire :

conscious	→	unconscious	*(inconscient)*
comfortable	→	uncomfortable	*(inconfortable)*
honour	→	dishonour	*(déshonneur)*
integrate	→	disintegrate	*(désintégrer)*

* **mis-** traduit l'idée d'erreur :

guided	→	misguided	*(dans l'erreur)*
understand	→	misunderstand	*(mal comprendre)*
informed	→	misinformed	*(mal informé)*

* **over-** traduit l'idée d'excès :

heat → **overheat** *(surchauffer)* ; zealous → **overzealous** *(trop zélé)*

* **under-** traduit l'idée d'insuffisance :

done	→	underdone	*(pas assez cuit)*
paid	→	underpaid	*(sous-payé)*

8.2 **Les principaux suffixes sont :**

> -ness ▲ -hood ▲ -ism ▲ -ist ▲ -less ▲ -ful ▲ -ly ▲ -able ▲ -er

- **-ness**, **-hood** et **-ism** transforment un adjectif en nom :

kind	→	kindness	*(gentillesse)*
child	→	childhood	*(enfance)*
real	→	realism	*(réalisme)*

- **-ist** s'ajoute à un nom pour en faire un autre nom (personne qui pratique une profession ou un instrument particulier), ou à un adjectif pour en faire un nom ou un autre adjectif (adepte d'un courant de pensée) :

physics	→	physicist	*(physicien)*
piano	→	pianist	*(pianiste)*
social	→	socialist	*(socialiste)*

- **-less** (qui donne l'idée de privation) et **-ful** (qui donne l'idée de complétude ou plénitude) transforment un nom en adjectif :

| heart | → | heartless | *(impitoyable)* |
| joy | → | joyful | *(joyeux)* |

- **-ly** transforme un adjectif en adverbe, notamment en adverbe de manière :

| nasty | → | nastily | *(méchamment)* |
| ironic | → | ironically | *(ironiquement)* |

- **-able** et **-ible** transforment un verbe en adjectif de possibilité :

debate	→	debatable	*(discutable)*
avoid	→	avoidable	*(évitable)*
access	→	accessible	*(accessible)*

- **-er** transforme un verbe en nom :

| farm | → | farmer | *(agriculteur)* |
| play | → | player | *(joueur)* |